2016年财政规章制度选编

2016 NIAN CAIZHENG GUIZHANG ZHIDU XUANBIAN

（上　册）

山东省财政厅法规处　编

中国财经出版传媒集团

经济科学出版社
Economic Science Press

图书在版编目（CIP）数据

2016 年财政规章制度选编/山东省财政厅法规处编 .
—北京：经济科学出版社，2017.7
ISBN 978 - 7 - 5141 - 8252 - 1

Ⅰ.①2…　Ⅱ.①山…　Ⅲ.①地方财政 - 财政制度 -
汇编 - 山东 - 2016　Ⅳ.①F812.752

中国版本图书馆 CIP 数据核字（2017）第 173015 号

责任编辑：于海汛
责任校对：徐领柱　隗立娜
责任印制：潘泽新

2016 年财政规章制度选编

山东省财政厅法规处　编

经济科学出版社出版、发行　新华书店经销

社址：北京市海淀区阜成路甲 28 号　邮编：100142

总编部电话：010 - 88191217　发行部电话：010 - 88191522

网址：www. esp. com. cn

电子邮件：esp@ esp. com. cn

天猫网店：经济科学出版社旗舰店

网址：http：// jjkxcbs. tmall. com

北京汉德鼎印刷有限公司印装

880 × 1230　16 开　81.75 印张　2600000 字

2017 年 7 月第 1 版　2017 年 7 月第 1 次印刷

ISBN 978 - 7 - 5141 - 8252 - 1　定价：138.00 元

（图书出现印装问题，本社负责调换。电话：010 - 88191510）

（版权所有　侵权必究　举报电话：010 - 88191586

电子邮箱：dbts@ esp. com. cn）

目 录

一、综合管理类

二、税政管理类

三、预算管理类

四、国库管理类

五、政府采购监督管理类

六、行政政法财务类

七、教科文财务类

八、经济建设财务类

九、农业财务类

十、社会保障财务类

十一、企业财务类

十二、金融与国际合作管理类

十三、基层财务管理类

十四、会计管理类

十五、资产管理类

十六、农村综合改革管理类

十七、文化资产管理类

十八、预算绩效管理类

十九、政府购买服务管理类

二十、政府引导基金管理类

二十一、预算评审类

二十二、农业综合开发管理类

一、

综合管理类

省财政厅 省海洋与渔业厅关于印发《山东省海洋生态补偿管理办法》的通知

2016 年 1 月 28 日 鲁财综〔2016〕7 号

各市人民政府，各县（市、区）人民政府，省政府各部门、各直属机构，各大企业，各高等院校：

《山东省海洋生态补偿管理办法》已经省政府同意，现印发给你们，请认真贯彻执行。

附件：山东省海洋生态补偿管理办法

附件：

山东省海洋生态补偿管理办法

第一章 总 则

第一条 为保护海洋生态环境，推动海洋产业转型升级，促进海洋经济、社会发展与环境保护相协调，依据《中华人民共和国海洋环境保护法》《山东省海洋环境保护条例》《山东省海域使用管理条例》等法律、法规，结合本省实际，制定本办法。

第二条 在山东省管辖海域内，海洋生态补偿管理工作适用本办法。

第三条 海洋生态补偿是以保护海洋生态环境、促进人海和谐为目的，根据海洋生态系统服务价值、海洋生物资源价值、生态保护需求，综合运用行政和市场手段，调节海洋生态环境保护和海洋开发利用活动之间利益关系，建立海洋生态保护与补偿管理机制。

第四条 海洋生态补偿包括海洋生态保护补偿和海洋生态损失补偿。

第五条 海洋生态补偿遵循环境公平、社会公平，坚持使用资源付费和谁污染环境、谁破坏生态谁付费原则，实行资源有偿使用制度和生态补偿制度。

第六条 海洋行政主管部门和财政部门负责海洋生态补偿管理工作。

第二章 海洋生态保护补偿管理

第七条 海洋生态保护补偿是指各级政府履行海洋生态保护责任，对海洋生态系统、海洋生物资源等进行保护或修复的补偿性投入。

第八条 海洋生态保护补偿范围：

（一）海洋自然保护区、海洋特别保护区、水产种质资源保护区；

（二）划定为海洋生态红线区的海域；

（三）省或设区的市人民政府确定需保护的其他海域；

（四）国家一类、二类保护海洋物种；

（五）列入《中国物种红色名录》中的其他海洋物种；

（六）渔业行政管理部门确定需保护的其他海洋物种。

第九条　海洋生态保护补偿形式：

（一）浅海海底生态再造。实行播殖海藻、投放人工鱼礁等，恢复浅海渔业生物种群；

（二）海湾综合治理。修复保护海洋生态、景观和原始地貌，恢复海湾生态服务功能；

（三）河口生境修复。实行排污控制、河口清淤、植被恢复，修复受损河口生境和自然景观；

（四）优质岸线恢复。清理海滩和岸滩，退出占有的优质岸线，恢复海岸自然属性和景观；

（五）潮间带湿地绿化；

（六）其他需要进行的海洋保护补偿形式。

第十条　海洋生态保护补偿资金主要包括各级财政投入、用海建设项目海洋生态损失补偿资金等。鼓励和引导社会资本参与海洋生态保护建设投入。

第十一条　海洋生态保护补偿活动应符合海洋环境保护等相关规划，实行项目管理。省和国家批准的海洋生态保护项目，其保护补偿支出按照有关规定纳入省级财政预算管理。省以下批准的海洋生态保护项目，其保护补偿支出按照有关规定纳入同级财政预算管理。

第三章　海洋生态损失补偿管理

第十二条　海洋生态损失补偿是指用海者履行海洋环境资源有偿使用责任，对因开发利用海洋资源造成的海洋生态系统服务价值和生物资源价值损失进行的资金补偿。

第十三条　海洋生态损失补偿应在编制用海项目海洋环境影响评价报告时进行专章论述。

第十四条　海洋生态损失补偿资金依据《用海建设项目海洋生态损失补偿评估技术导则》（DB37/T1448－2015）的标准计算。

第十五条　海洋行政主管部门负责组织相关专家、用海者、环境影响评价报告编制单位，对海洋生态损失补偿金额进行评审核定、签字确认。

第十六条　各级海洋行政主管部门根据用海项目环境影响评价文件核准权限，负责海洋生态损失补偿资金的具体征缴工作。

第十七条　海洋生态损失补偿资金免缴范围：

（一）公益性用海建设项目；

（二）高潮线以上用海建设项目（不含占用水面区域）。

第十八条　养殖用海项目海洋生态损失补偿资金的减免，由各市根据项目用海审批权限确定。

第十九条　海洋生态损失补偿资金作为国有资源有偿使用收入纳入省级预算管理，统筹安排用于海洋生态保护补偿支出。

第二十条　海洋生态损失补偿资金优先用于海洋生态环境保护修复相关工作。具体包括：

（一）受损海洋生态修复与整治；

（二）受损海洋生物资源的恢复；

（三）海洋环境污染事故应急处置；

（四）海洋环境常规监测和海洋工程建设项目海洋环境影响跟踪监测；

（五）海洋生态损失与补偿的调查取证、评价鉴定和诉讼等支出；

（六）与海洋生态环境保护有关的其他支出。

第四章　监 督 检 查

第二十一条　对侵占、截留、挪用海洋生态保护补偿资金和海洋生态损失补偿资金的单位及责任人，依照有关规定对其进行行政处分；涉嫌犯罪的，移送司法机关处理。

第二十二条　未经批准或者骗取批准非法用海的，由海洋行政主管部门根据实际情况确定是否责令恢复原状，并根据有关法律法规对相关单位和责任人进行严肃处理。

第二十三条　上级财政部门、海洋行政主管部门依法对下级财政部门、海洋行政主管部门的海洋生态保护补偿资金和海洋生态损失补偿资金的使用管理进行监督检查。

第二十四条　环境影响评价机构在评估工作中出现重大差错或者弄虚作假，致使海洋生态损失补偿核定错误，由海洋行政主管部门通报批评；涉嫌犯罪的，移送司法机关处理。

第二十五条　海洋生态保护补偿资金和海洋生态损失补偿资金的使用管理情况按年度公开，接受社会监督。

第五章　附　　则

第二十六条　本办法自 2016 年 3 月 1 日起施行，有效期至 2020 年 12 月 31 日。

省财政厅　省住房和城乡建设厅关于印发《山东省城镇和困难工矿区老旧住宅小区综合整治改造奖补资金管理办法》的通知

2016 年 2 月 24 日　鲁财综〔2016〕10 号

各市财政局、住房城乡建设局（建委）、房管局、城管（市政）局：

为规范我省城镇和困难工矿区老旧住宅小区综合整治改造奖补资金管理，充分发挥资金使用效益，根据省政府《关于运用财政政策措施进一步推动全省经济转方式调结构稳增长的意见》（鲁政发〔2015〕14 号）和省住建厅、发改委、财政厅等十一部门《关于推进全省老旧小区整治改造和物业管理的意见》（鲁建发〔2015〕5 号）等有关要求，我们研究制定了《山东省城镇和困难工矿区老旧住宅小区综合整治改造奖补资金管理办法》。现予印发，请认真遵照执行。

附件：山东省城镇和困难工矿区老旧住宅小区综合整治改造奖补资金管理办法

附件：

山东省城镇和困难工矿区老旧住宅小区综合整治改造奖补资金管理办法

第一条　为加强和规范城镇和困难工矿区老旧住宅小区综合整治改造奖补资金（以下简称"奖补资金"）管理，充分发挥资金使用效益，确保城镇和困难工矿区老旧住宅小区综合整治改造工作取得实效，根据财政资金管理有关规定，制定本办法。

第二条　本办法所称奖补资金，是根据省政府开展城镇和困难工矿区老旧住宅小区综合整治改造工作目标和任务，由省级财政预算安排，用于支持城镇和困难工矿区老旧住宅小区综合整治改造的专项资金。

第三条　奖补资金的支持范围包括：

（一）城镇建成区中 1995 年前建成投入使用的住宅小区。小区（组团、楼院）位于国有土地上，住宅由楼房组成，主体建筑基本完好，未纳入棚户区、城中村改造及重大项目建设计划，未来 10 年内不会拆迁改造。

（二）困难工矿区中 1995 年前建成投入使用的住宅小区。省属国有企业困难工矿区，特别是山东能源集团（含淄矿、枣矿、肥矿、新矿、龙矿、临矿）、兖矿集团困难工矿区中的住宅小区（组团、楼院），住宅由楼房组成，主体建筑基本完好，未纳入国有工矿棚户区、企业搬迁、企业基建或技改等改造计划，未来 10 年内不会拆迁改造。

各类配套设施较差、居民群众整治改造意愿强烈的小区，可适当放宽建成年限。

第四条 综合整治改造内容主要包括：治安防控设施、环卫消防设施、小区环境设施、小区基础设施、专业物业服务以及小区居民整治改造意愿强烈的其他项目。

第五条 依据整治内容，老旧住宅小区综合整治工作可使用的资金主要包括：

（一）财政投资；

（二）住宅专项维修资金；

（三）小区或住宅原产权单位从利润中提取的公积金（企业）或从结余提取的职工福利基金（事业单位）；

（四）水电气暖和通信等专营单位设施改造资金；

（五）承担老旧小区管理任务的物业企业投资；

（六）企业资助资金；

（七）政策性贷款资金；

（八）社会投资等其他资金。

各地可在符合规划要求、保证建筑结构安全的前提下，探索采用增建商业设施、增建公共租赁住房等途径进行融资，鼓励和吸引社会资金参与综合整治。老旧小区整治改造涉及国有企业的，企业要积极落实责任，加大资金筹措力度，予以积极配合，多渠道筹集整治改造资金。

按照《山东省住宅专项维修资金管理办法》（鲁建发〔2015〕2 号）和住房城乡建设部办公厅、财政部办公厅《关于进一步发挥住宅专项维修资金在老旧小区和电梯更新改造中支持作用的通知》（建办房〔2015〕52 号）规定，鼓励各地盘活住宅专项维修资金，用于住宅共用部位、共用设施设备的维修、更新和改造。

第六条 奖补资金的分配应贯彻省委、省政府决策部署，遵循"统筹安排、客观公正、透明规范、奖补结合"的原则，以各地当年改造面积、改造户数为基数，按照因素法分配。对省属国有企业困难工矿区较多等重点地区，予以适当倾斜。

计算公式为：某市县年度奖补资金数额 =（该市县年度老旧小区改造面积 ÷ $\sum$ 各市县年度老旧小区改造面积×40% + 该市县年度老旧小区改造户数 ÷ $\sum$ 各市县年度老旧小区改造户数×60%）×年度奖补资金总额。具体数额结合各地财政困难程度及工作开展情况等因素统筹计算确定。

第七条 各级要充分发挥省级奖补资金的引导作用，不断加大城镇和困难工矿区老旧住宅小区综合整治改造资金的投入和相关资金整合力度，积极创新资金使用和管理方式，切实提高资金使用效益。

鼓励各地利用国家政策性贷款资金，通过政府购买服务、政府与社会资本合作（PPP 模式）等形式，推动老旧住宅小区综合整治改造工作。

第八条 各级财政部门要按照"专项管理，分账核算，专款专用，讲究绩效"的要求，加强奖补资金管理，切实规范资金的筹集、拨付、使用、决算审计等各项工作。

第九条 市级财政部门收到奖补资金文件后，应在 30 日内将资金分配落实到相关县（市、区），并督促县（市、区）财政部门按规定程序及时、足额将奖补资金拨付到项目实施单位，确保项目早开工、早完工。项目实施单位要加强项目核算管理，切实提高资金使用效益。

第十条 财政、住房城乡建设等部门应对奖补资金使用和项目进展情况进行监督检查和跟踪问效，杜绝截留、挤占和挪用，确保资金及时足额到位和项目按时完成。

第十一条 对弄虚作假，套取、截留、挤占、挪用奖补资金等行为，省财政厅将按照《预算法》《财政违法行为处罚处分条例》等有关法律法规进行处理。情节严重的，将追回补助资金，并依法追究相关单位和个人的责任。追回的补助资金将用于奖励老旧小区综合整治改造工作较好的地区。

第十二条 本办法由省财政厅、省住房城乡建设厅负责解释，各地可根据本办法制定具体实施办法。

第十三条 本办法自 2016 年 2 月 24 日起施行，有效期至 2021 年 2 月 23 日。《山东省城镇和困难工矿区老旧住宅小区综合整治改造试点奖补资金管理暂行办法》（鲁财综〔2015〕52 号）同时废止。

省财政厅　省物价局关于重新公布我省人力资源社会保障部门行政事业性收费项目的通知

2016 年 3 月 18 日　鲁财综〔2016〕14 号

省人力资源社会保障厅，各市财政局、物价局，省财政直接管理县（市）财政局：

为进一步规范行政事业性收费管理，按照中央和省推进收费清理改革有关要求，现对重新审核后的我省人力资源社会保障部门行政事业性收费项目予以公布，并就征缴有关问题通知如下：

一、职业技能鉴定考试考务费

各级人力资源社会保障部门所属职业技能鉴定（指导）中心以及经各级人力资源社会保障部门批准设立的其他职业技能鉴定机构，在组织实施职业技能鉴定考试时，向报名参加考试的人员收取考试考务费。其中，所收取的考务费由省级职业技能鉴定机构与人力资源社会保障部结算。

职业技能鉴定考试项目依据《劳动法》、《职业分类大典》及人力资源社会保障部有关规定执行。

二、专业技术人员职业资格考试考务费

各级人力资源社会保障部门所属考试机构，向报名参加专业技术人员职业资格考试的人员收取考试考务费。其中，所收取的考务费由省级相关考试机构与中央相关部委结算。

三、机关事业单位人员录用考试报名考务费

人力资源社会保障部门对参加国家公务员录用考试、事业单位招聘的人员收取机关事业单位人员录用考试报名考务费。

四、专业技术职务评审费

各级专业技术职务评审委员会对参加专业技术职务资格评审的人员收取评审费。

上述收费项目的具体收费标准按相关规定执行。

我省人力资源社会保障部门行政事业性收费属政府非税收入，纳入财政预算管理。各级人力资源社会保障部门应到财政部门申请执收项目编码，领购山东省财政厅统一印制的山东省财政票据，通过"山东省

非税收入征收和财政票据管理系统"全额缴入国库。

收费单位应严格按上述规定执行，不得擅自增加收费项目、扩大收费范围，并自觉接受财政、物价、审计部门的监督检查。对违规多征、减征、免征或缓征收费等行为，依照《预算法》《财政违法行为处罚处分条例》等法律法规依法处理。

本通知自发布之日起执行。此前有关规定与本通知不一致的，以本通知为准。

附件：山东省人力资源社会保障部门行政事业性收费项目

附件：

山东省人力资源社会保障部门行政事业性收费项目

一、中央立项的行政事业性收费项目

（一）职业技能鉴定考试考务费

（二）专业技术人员职业资格考试考务费

1. 专业技术人员计算机应用能力考试
2. 价格鉴证师执业资格考试
3. 注册城市规划师资格考试
4. 专业技术人员职称外语等级考试
5. 经济专业技术资格考试
6. 执业药师（中药师）资格考试
7. 监理工程师执业资格考试
8. 造价工程师执业资格考试
9. 出版专业技术人员职业资格考试
10. 注册安全工程师执业资格考试
11. 注册设备监理师执业资格考试
12. 投资建设项目管理师职业水平考试
13. 注册化工工程师执业资格考试
14. 注册公用设备工程师执业资格考试
15. 注册土木工程师（港口与航道工程）执业资格考试
16. 注册电气工程师执业资格考试
17. 环境影响评价工程师职业资格考试
18. 助理社会工作师、社会工作师职业水平考试
19. 招标师职业资格考试
20. 注册测绘师资格考试
21. 一、二级注册计量师资格考试
22. 注册建造师执业资格考试
23. 注册环保工程师执业资格考试
24. 注册土木工程师（水利水电工程）执业资格考试
25. 计算机软件专业技术资格和水平考试
26. 卫生专业技术资格考试

27. 管理咨询师职业水平考试
28. 统计专业技术资格考试
29. 翻译专业资格（水平）考试
30. 审计专业技术资格考试
31. 一级注册消防工程师资格考试
32. 房地产估价师考试
33. 中国国际化人才外语考试

二、省级立项的行政事业性收费项目

（一）机关事业单位人员录用考试报名考务费
（二）专业技术职务评审费

省财政厅关于贯彻落实鲁政发〔2015〕8号文件做好企业规范化公司制改制中行政事业性收费项目减免工作的通知

2016 年 4 月 15 日　鲁财综〔2016〕16 号

各市财政局：

　　为贯彻落实《关于加快推动规模企业规范化公司制改制的意见》（鲁政发〔2015〕8 号，以下简称《改制意见》）有关要求，做好改制过程中行政事业性收费项目减免工作，充分发挥政策效用，支持企业发展，现将有关事项通知如下：

一、充分认识减免收费项目的重要意义

　　实施规模企业规范化公司制改制，是贯彻落实党的十八大和十八届三中、四中、五中全会精神及省委、省政府决策部署的重要举措，是加快建立现代企业制度、夯实企业发展基础、拓宽企业融资渠道的必然要求。做好规模企业规范化公司制改制中行政事业性收费项目减免工作，有利于减轻企业负担，提高企业竞争力，促进全省经济持续健康发展。

二、明确减免内容，规范减免行为

　　《改制意见》规定，"企业在改制过程中一次性发生的土地、房产、车辆等权证过户，企业用水权、用电权、用气（热）权及其他无形资产过户，相关部门应按规定减免收市级（含）以下行政事业性收费，涉及国有资产的，按照国有资产有关管理规定办理。企业在改制过程中需办理房屋所有权初始登记的，国土资源、住房城乡建设等有关部门应依法办理相关手续，按规定免收市级（含）以下行政事业性收费"。各市财政部门应严格按照上述规定，不折不扣地落实好减免政策。

三、加大宣传力度，提高政策知晓度

　　各市财政部门要组织好《改制意见》中行政事业性收费项目减免政策的学习和宣传工作，通过政府网站或公共媒体等渠道，加强相关政策宣传解读，做好舆论引导。各市要在吃透相关文件精神的基础

上，及时将有关要求传达到县（市、区）相关收费单位及规模企业，提高政策知晓度，促进政策全面落实。

四、加强沟通协调，定期上报情况

各市财政部门要主动与金融办、经信委及各收费单位联系，加强沟通协调，分工协作，配合联动，实时掌握规模企业规范化公司制改制中行政事业性收费项目减免工作开展情况，并在每半年终了15个工作日内，将有关情况形成书面材料，连同《_____市规模企业规范化公司制改制中行政事业性收费项目减免情况汇总表》（详见附件），一并报送省财政厅综合处。

联系人：王群

联系电话：0531 - 82669845　82920772（传真）

邮箱：cztzhc1113@126.com

附件：_____市规模企业规范化公司制改制中行政事业性收费项目减免情况汇总表

附件：

_____市规模企业规范化公司制改制中行政事业性收费项目减免情况汇总表

填报单位：_____市财政局（盖章）

减免事项	减免金额（万元）	
一、规模企业在改制过程中一次性发生的土地、房产、车辆等权证过户和办理房屋所有权初始登记的，按相关规定免收市级（含）以下行政事业性收费。	市级	县级
1. 土地登记费		
2. 房屋登记费		
3. 房屋转让手续费		
4.		
5.		
……		
小计		
二、规模企业用水权、用电权、用气权（热）权及其他无形资产过户，相关部门应按规定减免收市级（含）以下行政事业性收费。	市级	县级
1.		
2.		
3.		
……		
小计		
合计		

备注：上表数据均为市级和县（市、区）级的汇总数。

省财政厅　省物价局转发财政部　国家发展改革委《关于扩大18项行政事业性收费免征范围的通知》的通知

2016 年 4 月 29 日　鲁财综〔2016〕19 号

各市财政局、发展改革委、物价局，省财政直接管理县（市）财政局，省农业厅、省林业厅、省质量技术监督局：

现将财政部、国家发展改革委《关于扩大 18 项行政事业性收费免征范围的通知》（财税〔2016〕42 号）转发给你们，并结合我省实际，提出如下意见，请一并贯彻执行。

一、自 2016 年 5 月 1 日起，我省将现行对小微企业免征的 18 项行政事业性收费的范围扩大到所有企业和个人。具体收费项目见附件。

二、上述行政事业性收费免征范围扩大后，各级财政部门要做好经费保障工作，妥善安排相关部门和单位预算，保障正常工作开展，积极支持相关事业发展。

三、有关部门和单位要到原购领票据的财政部门办理财政票据缴销手续。有关行政事业性收费的清欠收入，应按照财政部门规定的渠道全额上缴国库。

四、各级各有关部门和单位要严格执行本通知规定，不得以任何理由拖延或拒绝执行，不得以其他名目或转为经营服务性收费方式变相继续收费。各级财政、物价部门要加强对落实本通知情况的监督检查，对不按规定免征相关收费项目的，按有关规定给予处罚，并追究相关责任人的行政责任。

附件：财政部　国家发展改革委关于扩大 18 项行政事业性收费免征范围的通知

附件：

财政部　国家发展改革委关于扩大 18 项行政事业性收费免征范围的通知

2016 年 4 月 20 日　财税〔2016〕42 号

农业部、国家质量监督检验检疫总局、国家林业局，各省、自治区、直辖市、计划单列市财政厅（局）、发展改革委、物价局，新疆生产建设兵团财务局、发展改革委：

为落实《国务院关于落实〈政府工作报告〉重点工作部门分工的意见》（国发〔2016〕20 号），现将扩大 18 项行政事业性收费免征范围有关政策通知如下：

一、将现行对小微企业免征的 18 项行政事业性收费的免征范围扩大到所有企业和个人。具体收费项目见附件。

二、扩大上述行政事业性收费免征范围后，各级财政部门要做好经费保障工作，妥善安排相关部门和单位预算，保障工作正常开展，积极支持相关事业发展。

三、有关部门和单位要到财政部门办理财政票据缴销手续。有关收费的清欠收入，应当按照财政部门规定渠道，全额上缴国库。

四、各地区、各有关部门和单位要严格执行本通知规定，不得以任何理由拖延或者拒绝执行。各级财政、价格部门要加强对落实本通知情况的监督检查，对不按规定免征相关收费项目的，按有关规定给予处罚，并追究责任人的行政责任。

五、本通知自 2016 年 5 月 1 日起执行。

附件：扩大免征范围的 18 项行政事业性收费

附件：

扩大免征范围的 18 项行政事业性收费

农业部门

1. 国内植物检疫费
2. 新兽药审批费
3. 《进口兽药许可证》审批费
4. 《兽药典》、《兽药规范》和兽药专业标准收载品种生产审批费
5. 已生产兽药品种注册登记费
6. 拖拉机号牌（含号牌架、固定封装置）费
7. 拖拉机行驶证费
8. 拖拉机登记证费
9. 拖拉机驾驶证费
10. 拖拉机安全技术检验费
11. 渔业船舶登记（含变更登记）费

质量监督检验检疫部门

12. 社会公用计量标准证书费
13. 标准物质定级证书费
14. 国内计量器具新产品型式批准证书费
15. 修理计量器具许可证考核费
16. 计量考评员证书费
17. 计量授权考核费

林业部门

18. 林权勘测费

省财政厅　省国土资源厅　中国人民银行济南分行
中国银监会山东监管局转发《财政部　国土资源部
中国人民银行　银监会关于规范土地储备和
资金管理等相关问题的通知》的通知

2016 年 5 月 18 日　鲁财综〔2016〕24 号

各市财政局、国土资源局，省财政直接管理县（市）财政局，人民银行（山东省）各市中心支行、分行营业管理部，各银监分局：

现将《财政部　国土资源部　中国人民银行　银监会关于规范土地储备和资金管理等相关问题的通

知》（财综〔2016〕4 号）转发给你们，请认真执行。

　　附件：财政部　国土资源部　中国人民银行　银监会关于规范土地储备和资金管理等相关问题的通知

附件：

财政部　国土资源部　中国人民银行　银监会关于规范土地储备和资金管理等相关问题的通知

2016 年 2 月 2 日　财综〔2016〕4 号

　　各省、自治区、直辖市、计划单列市财政厅（局）、国土资源主管部门，新疆生产建设兵团财务局、国土资源局，中国人民银行上海总部，各分行、营业管理部，省会（首府）城市中心支行、副省级城市中心支行，各省、自治区、直辖市银监局：

　　根据《预算法》以及《中共中央　国务院关于分类推进事业单位改革的指导意见》、《国务院关于加强地方政府性债务管理的意见》（国发〔2014〕43 号）等有关规定，为规范土地储备和资金管理行为，促进土地储备健康发展，现就有关问题通知如下：

一、清理压缩现有土地储备机构

　　各地区应当结合事业单位分类改革，对现有土地储备机构进行全面清理。为提高土地储备工作效率，精简机构和人员，每个县级以上（含县级）法定行政区划原则上只能设置一个土地储备机构，统一隶属于所在行政区划国土资源主管部门管理。对于重复设置的土地储备机构，应当在压缩归并的基础上，按规定重新纳入土地储备名录管理。鉴于土地储备机构承担的依法取得土地、进行前期开发、储存以备供应土地等工作主要是为政府部门行使职能提供支持保障，不能或不宜由市场配置资源，因此，按照事业单位分类改革的原则，各地区应当将土地储备机构统一划为公益一类事业单位。各地区应当将现有土地储备机构中从事政府融资、土建、基础设施建设、土地二级开发业务部分，从现有土地储备机构中剥离出去或转为企业，上述业务对应的人员、资产和债务等也相应剥离或划转。上述工作由地方各级国土资源主管部门商同级财政部门、人民银行分支机构、银监部门等机构提出具体意见，经同级人民政府批准后实施，并于 2016 年 12 月 31 日前完成。

二、进一步规范土地储备行为

　　按照《国土资源部　财政部　人民银行关于印发〈土地储备管理办法〉的通知》（国土资发〔2007〕277 号）和《国土资源部　财政部　人民银行　银监会关于加强土地储备与融资管理的通知》（国土资发〔2012〕162 号）的规定，各地区应当进一步规范土地储备行为。土地储备工作只能由纳入名录管理的土地储备机构承担，各类城投公司等其他机构一律不得再从事新增土地储备工作。土地储备机构不得在土地储备职能之外，承担与土地储备职能无关的事务，包括城市基础设施建设、城镇保障性安居工程建设等事务，已经承担的上述事务应当按照本通知第一条规定限期剥离和划转。

三、合理确定土地储备总体规模

　　各地土地储备总体规模，应当根据当地经济发展水平、当地财力状况、年度土地供应量、年度地方政府债务限额、地方政府还款能力等因素确定。现有土地储备规模偏大的，要加快已储备土地的前期开发和供应进度，相应减少或停止新增以后年度土地储备规模，避免由于土地储备规模偏大而形成土地资源利用不充分和地方政府债务压力。

四、妥善处置存量土地储备债务

对清理甄别后认定为地方政府债务的截至 2014 年 12 月 31 日的存量土地储备贷款，应纳入政府性基金预算管理，偿债资金通过政府性基金预算统筹安排，并逐步发行地方政府债券予以置换。

五、调整土地储备筹资方式

土地储备机构新增土地储备项目所需资金，应当严格按照规定纳入政府性基金预算，从国有土地收益基金、土地出让收入和其他财政资金中统筹安排，不足部分在国家核定的债务限额内通过省级政府代发地方政府债券筹集资金解决。自 2016 年 1 月 1 日起，各地不得再向银行业金融机构举借土地储备贷款。地方政府应在核定的债务限额内，根据本地区土地储备相关政府性基金收入、地方政府性债务风险等因素，合理安排年度用于土地储备的债券发行规模和期限。

六、规范土地储备资金使用管理

根据《预算法》等法律法规规定，从 2016 年 1 月 1 日起，土地储备资金从以下渠道筹集：一是财政部门从已供应储备土地产生的土地出让收入中安排给土地储备机构的征地和拆迁补偿费用、土地开发费用等储备土地过程中发生的相关费用；二是财政部门从国有土地收益基金中安排用于土地储备的资金；三是发行地方政府债券筹集的土地储备资金；四是经财政部门批准可用于土地储备的其他资金；五是上述资金产生的利息收入。土地储备资金主要用于征收、收购、优先购买、收回土地以及储备土地供应前的前期开发等土地储备开支，不得用于土地储备机构日常经费开支。土地储备机构所需的日常经费，应当与土地储备资金实行分账核算，不得相互混用。

土地储备资金的使用范围包括：

（一）征收、收购、优先购买或收回土地需要支付的土地价款或征地和拆迁补偿费用。包括土地补偿费和安置补助费、地上附着物和青苗补偿费、拆迁补偿费，以及依法需要支付的与征收、收购、优先购买或收回土地有关的其他费用。

（二）征收、收购、优先购买或收回土地后进行必要的前期土地开发费用。储备土地的前期开发，仅限于与储备宗地相关的道路、供水、供电、供气、排水、通讯、照明、绿化、土地平整等基础设施建设。各地不得借土地储备前期开发，搭车进行与储备宗地无关的上述相关基础设施建设。

（三）按照本通知规定需要偿还的土地储备存量贷款本金和利息支出。

（四）经同级财政部门批准的与土地储备有关的其他支出。包括土地储备工作中发生的地籍调查、土地登记、地价评估以及管护中围栏、围墙等建设等支出。

七、推动土地收储政府采购工作

地方国土资源主管部门应当积极探索政府购买土地征收、收购、收回涉及的拆迁安置补偿服务。土地储备机构应当积极探索通过政府采购实施储备土地的前期开发，包括与储备宗地相关的道路、供水、供电、供气、排水、通讯、照明、绿化、土地平整等基础设施建设。地方财政部门、国土资源主管部门应当会同辖区内土地储备机构制定项目管理办法，并向社会公布项目实施内容、承接主体或供应商条件、绩效评价标准、最终结果、取得成效等相关信息，严禁层层转包。项目承接主体或供应商应当严格履行合同义务，按合同约定数额获取报酬，不得与土地使用权出让收入挂钩，也不得以项目所涉及的土地名义融资或者变相融资。对于违反规定的行为，将按照《预算法》《政府采购法》《政府采购法实施条例》《政府购买服务管理办法（暂行）》等规定进行处理。

八、加强土地储备项目收支预决算管理

土地储备机构应当于每年第三季度根据当地经济发展水平、上年度地方财力状况、近三年土地供应量、

上年度地方政府债务限额、地方政府还款能力等因素，按照宗地编制下一年度土地储备资金收支项目预算，经主管部门审核后，报同级财政部门审定。其中：属于政府采购范围的应当按照规定编制政府采购预算，属于政府购买服务项目的应当同时编制政府购买服务预算，并严格按照有关规定执行。地方财政部门应当认真审核土地储备资金收支预算，统筹安排政府性基金预算、地方政府债券收入和存量贷款资金。土地储备支出首先从国有土地收益基金、土地出让收入、存量贷款资金中安排，不足部分再通过省级政府发行的地方政府债券筹集资金解决。财政部门应当及时批复土地储备机构土地储备项目收支预算。

土地储备机构应当严格按照同级财政部门批复的预算执行，并根据土地收购储备的工作进度，提出用款申请，经主管部门审核后，报同级财政部门审批。其中：属于财政性资金的土地储备支出，按照财政国库管理制度的有关规定执行。土地储备机构需要调整土地储备资金收支项目预算的，应当按照规定编制预算调整方案，经主管部门审核后，按照规定程序报同级财政部门批准后执行。

每年年度终了，土地储备机构要按照同级财政部门规定，向同级财政部门报送土地储备资金收支项目决算，并详细提供宗地支出情况。土地储备资金收支项目决算由同级财政部门负责审核或者由具有良好信誉、执业质量高的会计师事务所等相关中介机构进行审核。

土地储备机构应当按照国家关于资产管理的有关规定，做好土地储备资产的登记、核算、评估等各项工作。

九、落实好相关部门责任

规范土地储备和资金管理行为，是进一步完善土地储备制度，促进土地储备健康发展的重要举措。各级财政、国土资源部门和人民银行分支机构、银监部门等要高度重视，密切合作，周密部署，强化督导，确保上述各项工作顺利实施。

财政部、国土资源部、人民银行、银监会将按照职责分工，会同有关部门抓紧修订《土地储备管理办法》、《土地储备资金财务管理暂行办法》、《土地储备资金会计核算办法（试行）》、《土地储备统计报表》等相关制度。

省级财政、国土资源主管部门和人民银行分支机构、银监部门应当加强对市县土地储备和资金管理工作的指导，督促市县相关部门认真贯彻落实本通知规定，并于 2017 年 3 月 31 日前，将本地区贯彻落实情况以书面形式报告财政部、国土资源部、人民银行和银监会。

此前土地储备和资金管理的相关规定与本通知规定不一致的，以本通知规定为准。

省财政厅　省林业厅关于调整森林植被恢复费
征收标准引导节约集约利用林地的通知

2016 年 6 月 20 日　鲁财综〔2016〕33 号

各市财政局、林业局，省财政直接管理县（市）财政局、林业局：

为加强森林植被恢复费征管，引导各类建设项目节约集约利用林地，严守我省林地生态红线，根据财政部、国家林业局《关于调整森林植被恢复费征收标准引导节约集约利用林地的通知》（财税〔2015〕122 号，以下简称《通知》）规定，经研究，现将我省调整森林植被恢复费征收标准有关问题通知如下：

一、明确征收标准

（一）郁闭度 0.2 以上的乔木林地（含采伐迹地、火烧迹地）、竹林地、苗圃地，每平方米 10 元；灌木林地、疏林地、未成林造林地，每平方米 6 元；宜林地，每平方米 3 元。

（二）国家和省级公益林林地，郁闭度 0.2 以上的乔木林地（含采伐迹地、火烧迹地）、竹林地、苗圃地，每平方米 20 元；灌木林地、疏林地、未成林造林地，每平方米 12 元；宜林地，每平方米 6 元。

（三）对城市规划区的林地，按照以下标准征收：

郁闭度 0.2 以上的乔木林地（含采伐迹地、火烧迹地）、竹林地、苗圃地，每平方米 20 元；灌木林地、疏林地、未成林造林地，每平方米 12 元；宜林地，每平方米 6 元。

国家和省级公益林林地，郁闭度 0.2 以上的乔木林地（含采伐迹地、火烧迹地）、竹林地、苗圃地，每平方米 40 元；灌木林地、疏林地、未成林造林地，每平方米 24 元；宜林地，每平方米 12 元。

（四）对城市规划区外的林地，按占用征收林地建设项目性质实行不同征收标准，具体为：

1. 属于公共基础设施建设项目（包括公路、铁路、机场、港口码头、水利、电力、通讯、能源基地、电网、油气管网等建设项目）、公共事业建设项目（包括教育、科技、文化、卫生、体育、环境和资源保护、防灾减灾、文物保护、社会福利、市政公用等建设项目）以及国防建设项目的，按照以下标准征收：

郁闭度 0.2 以上的乔木林地（含采伐迹地、火烧迹地）、竹林地、苗圃地，每平方米 10 元；灌木林地、疏林地、未成林造林地，每平方米 6 元；宜林地，每平方米 3 元。

国家和省级公益林林地，郁闭度 0.2 以上的乔木林地（含采伐迹地、火烧迹地）、竹林地、苗圃地，每平方米 20 元；灌木林地、疏林地、未成林造林地，每平方米 12 元；宜林地，每平方米 6 元。

2. 属于经营性建设项目（包括商业、服务业、工矿业、仓储、城镇住宅、旅游开发、养殖、经营性墓地等建设项目）的，按照以下标准征收：

郁闭度 0.2 以上的乔木林地（含采伐迹地、火烧迹地）、竹林地、苗圃地，每平方米 20 元；灌木林地、疏林地、未成林造林地，每平方米 12 元；宜林地，每平方米 6 元。

国家和省级公益林林地，郁闭度 0.2 以上的乔木林地（含采伐迹地、火烧迹地）、竹林地、苗圃地，每平方米 40 元；灌木林地、疏林地、未成林造林地，每平方米 24 元；宜林地，每平方米 12 元。

二、规范征收管理

市、县（市、区）林业部门是森林植被恢复费的执收主体。林业部门要严格按规定的范围、标准和时限要求，征收森林植被恢复费，通过"山东省非税收入征收和财政票据管理系统"将森林植被恢复费及时足额缴入相应级次国库。省级和市县级森林植被恢复费分成比例分别为 20% 和 80%。

三、明确免征范围

根据《通知》规定，对农村居民按规定标准建设住宅，农村集体经济组织修建乡村道路、学校、幼儿园、敬老院、福利院、卫生院等社会公益项目以及保障性安居工程，免征森林植被恢复费。法律、法规规定减免森林植被恢复费的，从其规定。

四、严格资金管理

森林植被恢复费属政府性基金项目，应严格落实"收支两条线"规定，全额纳入预算管理。任何单位和个人均不得违反规定，擅自改变征收对象，调整征收范围、标准和期限，不得减征、免征或停征森林植被恢复费，不得截留、挪用和坐收坐支。各级财政、审计部门应加强对森林植被恢复费征缴情况的监管，对违反非税收入管理规定的行为，严格按照国家有关法律法规处理。

本通知自 2016 年 7 月 1 日起施行。

省财政厅　省发展和改革委员会　省经济和信息化委员会　省民政厅　省物价局关于转发《涉企收费清理情况专项检查方案》的通知

2016 年 8 月 2 日　鲁财综〔2016〕48 号

各市人民政府，各县（市、区）人民政府，省政府各部门、各直属机构：

经省政府同意，现将财政部、国家发展改革委、工业和信息化部、民政部《关于印发〈涉企收费清理情况专项检查方案〉的通知》（财税〔2016〕76 号）转发给你们，并提出以下意见，请一并执行。

一、统一思想，加强领导，切实抓好组织实施

开展涉企收费清理情况专项检查工作，是贯彻落实国务院加强涉企收费管理、减轻企业负担、促进民间投资和实体经济发展、推进供给侧改革、规范市场秩序的重要举措，已被列入 2016 年国务院重点督查事项。各级、各部门（单位）要从讲政治的高度，充分认识开展涉企收费清理情况专项检查工作的重要性，进一步牢固树立大局意识、全局观念，切实加强组织领导，建立领导责任制，抓好组织实施，确保圆满完成检查工作任务。

二、明确任务，突出重点，迅速开展专项检查

涉企收费清理情况专项检查工作由省财政厅会同省发展改革委、省经济和信息化委、省民政厅、省物价局牵头组织实施。省财政厅负责涉企行政事业性收费和政府性基金清理情况专项检查工作，省经济和信息化委负责企业负担清理情况专项检查工作，省民政厅负责全省性行业协会商会涉企收费清理情况专项检查工作，省物价局负责经营服务性涉企收费清理情况专项检查工作。各市、县（市、区）政府要按照专项检查要求，制定本地区专项检查的具体工作方案，明确工作目标，及时分解任务，尽快组织实施。省直各部门（单位）要按照专项检查的要求，负责组织对本部门、本系统所属行政事业单位、主管的行业协会商会及举办企业的涉企收费清理情况进行专项检查。要严格按照国家确定的涉企收费清理情况专项检查任务，认真开展自查自纠，对发现的问题即知即改，迅速整改到位。

三、健全机制，加强协调，确保工作取得实效

各级政府要建立由财政、发展改革、经济和信息化、民政、物价等相关部门相互配合的工作机制，建立联席会议和联络员制度，加强统一组织和协调。省直各牵头部门（单位）要建立专项检查内部工作机制，主要负责同志为第一责任人，分管负责同志要盯上靠上，并指定专人负责，明确责任，抓好落实。各相关部门（单位）要按照任务分工，落实工作责任，做好工作衔接，加强支持配合，形成合力，提高效率。省财政厅、省发展改革委、省经济和信息化委、省民政厅、省物价局要及时跟踪工作进展情况，加强督促检查，确保工作取得实效。

省直各部门（单位）和各市财政、发展改革、经济和信息化、民政、物价部门要对涉企收费自查自纠工作组织情况、取得的成效、存在的问题、下一步的工作措施和建议进行总结，形成书面报告，于 8 月 10 日前分别报送省财政厅、省发展改革委、省经济和信息化委、省民政厅、省物价局和省政府督查室，省里

将组织力量对各市自查情况进行重点抽查。在此基础上，省直各牵头部门要按任务分工，分别汇总形成书面报告。

各地、各部门（单位）要认真做好迎接国家重点检查的准备工作。对重点检查中查实的违规乱收费问题，将严肃追究相关部门和单位责任人的责任，处理情况将纳入省政府督察问责范围。

附件：1.《财政部国家发展改革委工业和信息化部民政部关于印发〈涉企收费清理情况专项检查方案〉的通知》（财税〔2016〕76 号）

2. 2013 年以来国家和我省出台的普遍性降费政策文件

3. 各相关部门任务分工

附件 1：

财政部　国家发展改革委　工业和信息化部　民政部关于印发《涉企收费清理情况专项检查方案》的通知

2016 年 7 月 13 日　财税〔2016〕76 号

各省、自治区、直辖市人民政府，国务院各部委、各直属机构：

为贯彻落实《国务院办公厅关于进一步做好民间投资有关工作的通知》（国办发明电〔2016〕12 号）精神，财政部、国家发展改革委、工业和信息化部、民政部制定了《涉企收费清理情况专项检查方案》，已经国务院同意。现印发你们，请认真贯彻执行。

附件：涉企收费清理情况专项检查方案

附件：

涉企收费清理情况专项检查方案

为进一步加强涉企收费管理，减轻企业负担，促进实体经济发展，经国务院同意，财政部会同国家发展改革委、工业和信息化部、民政部将对地方涉企收费清理情况开展专项检查，特制定本方案。

一、检查目标

通过专项检查，确保国家各项普遍性降费政策落地生根，已经取消的收费项目不再征收，已经降低的收费标准执行到位；坚决遏制各种乱收费，切实降低企业成本负担；对确需保留的涉企收费基金项目，建立科学规范、公开透明的管理制度；研究提出进一步的政策措施，加快建立完善监管机制。

二、检查范围和重点

范围包括：行政机关、事业单位、代行政府职能的社会团体收取的涉企行政事业性收费和政府性基金，行政审批前置、涉及市场监管和准入以及其他具有强制垄断性的涉企经营服务性收费，行业协会商会涉企收费等。检查的重点是：

（一）对于国家明令取消、停征、免征，以及降低收费标准的行政事业性收费和政府性基金项目（政策文件见附件），未按规定落实到位的；

（二）违反行政事业性收费和政府性基金立项审批管理规定，擅自设立收费基金项目、提高征收标准、扩大征收范围的；

（三）没有法定依据设立行政审批前置中介服务（包括各类技术审查、论证、评估、评价、检验、检测、鉴证、鉴定、证明、咨询、试验等，下同）并收费的；

（四）没有法定依据设立投资审批前置中介服务并收费的；

（五）政府部门及所属单位通过设置不合理的市场监管和准入条件，增加企业缴费负担的；

（六）将政府职责范围内的事项交由事业单位或中介组织承担并收取费用的；

（七）政府部门及所属单位利用电子政务平台搭车收费的；

（八）政府部门及所属单位利用行政检查搭车收费，或要求被检查单位接受付费服务的；

（九）政府部门及所属单位违规要求企业提供各类审计、年检、鉴证报告，增加企业负担的；

（十）中介服务机构利用行政职能、垄断地位指定服务、强制服务并收费的；

（十一）行业协会商会强制企业入会收取会费，强制参加会议、培训、展览、评比、表彰等收取费用的；

（十二）行业协会商会依靠代行政府职能或利用行政资源擅自设立收费项目、提高收费标准的；

（十三）未按规定公布行政事业性收费、政府性基金、行政审批前置中介服务收费和实行政府定价的经营服务性收费目录清单，以及未建立常态化公示制度的；

（十四）企业反映强烈的其他违规收费行为。

三、工作安排

（一）自查自纠阶段（7月15日至8月15日）。各省（区、市）财政、价格、工业和信息化、民政等部门按照职责分工，对本地区涉企收费的现状进行摸底调查，查清涉企收费种类、性质、标准、范围、数额和依据。同时，通过书面调查、座谈交流、问卷调查、第三方评估等方式，广泛听取意见和建议，了解企业缴费情况及负担水平。在调查摸底的基础上，对照检查范围和重点，对本地区涉企收费认真开展自查自纠。对于不符合收费管理规定的、不符合当前实际情况的收费项目一律取消，对过高的收费标准要坚决降低。各省（区、市）财政、价格、工业和信息化、民政部门要对涉企收费自查自纠工作的组织情况、取得的成效、存在的问题、下一步的工作措施和建议进行总结，于8月15日前将总结报告报送财政部，抄送国家发展改革委、工业和信息化部、民政部和国办督查室。

（二）实地检查阶段（8月16日至8月31日）。财政部、国家发展改革委、工业和信息化部、民政部将会同有关部门组成4个检查组，对部分省（区、市）进行实地检查，检查省份和时间另行通知。同时，审计署将对涉企收费情况进行重点审计，持续跟踪，审计结果按月抄送财政部和国办督查室。

（三）整改治理阶段（9月1日至9月30日）。财政部、国家发展改革委将根据各省（区、市）涉企收费自查自纠和实地检查情况，公布取消、调整和规范涉企收费的政策措施。同时，发挥各级减轻企业负担领导小组（联席会议）机制作用，依托减轻企业负担举报平台，加大对违规收费行为的查处曝光力度。对查实的乱收费问题，将追究相关部门和单位责任人的责任，处理情况将纳入国务院大督查问责范围。整改治理阶段结束后，将及时形成专项检查报告报国务院。

四、其他事项

（一）组织实施。专项检查工作由财政部会同国家发展改革委、工业和信息化部牵头组织实施，民政部按职责分工承担有关工作。各省（区、市）人民政府要建立由财政、价格、工业和信息化、民政等相关部门配合的工作机制，统筹安排、认真实施。

（二）加强舆论引导。专项检查工作事关全局，涉及面广、政策性强，各地区、各有关部门将通过政府网站和公共媒体等渠道，加强涉企收费政策宣传解读，及时发布信息，做好舆论引导工作，营造良好的舆论氛围。

附：2013年以来国家出台的普遍性降费政策文件

附:

2013 年以来国家出台的普遍性降费政策文件

1.《国务院办公厅关于进一步加强涉企收费管理减轻企业负担的通知》（国办发〔2014〕30 号）

2.《财政部　国家发展改革委关于公布取消和免征一批行政事业性收费的通知》（财综〔2013〕67 号）

3.《财政部　国家发展改革委关于公布取消 314 项行政事业性收费的通知》（财综〔2013〕98 号）

4.《国家发展改革委　财政部关于降低部分行政事业性收费标准的通知》（发改价格〔2013〕1494 号）

5.《财政部　国家发展改革委关于全面清理涉及煤炭原油天然气收费基金有关问题的通知》（财税〔2014〕74 号）

6.《财政部　国家发展改革委关于减免养老和医疗机构行政事业性收费有关问题的通知》（财税〔2014〕77 号）

7.《财政部　国家发展改革委关于取消、停征和免征一批行政事业性收费的通知》（财税〔2014〕101 号）

8.《财政部　国家税务总局关于对小微企业免征有关政府性基金的通知》（财税〔2014〕122 号）

9.《财政部　国家发展改革委关于取消有关水运涉企行政事业性收费项目的通知》（财税〔2015〕92 号）

10.《财政部　国家发展改革委关于取消和暂停征收一批行政事业性收费有关问题的通知》（财税〔2015〕102 号）

11.《国家发展改革委　财政部关于降低住房转让手续费受理商标注册费等部分行政事业性收费标准的通知》（发改价格〔2015〕2136 号）

12.《财政部关于取消、停征和整合部分政府性基金项目等有关问题的通知》（财税〔2016〕11 号）

13.《财政部　国家税务总局关于扩大有关政府性基金免征范围的通知》（财税〔2016〕12 号）

14.《财政部　国家发展改革委关于扩大 18 项行政事业性收费免征范围的通知》（财税〔2016〕42 号）

附件 2:

2013 年以来国家和我省出台的普遍性降费政策文件

1.《国务院办公厅关于进一步加强涉企收费管理减轻企业负担的通知》（国办发〔2014〕30 号）

2.《财政部　国家发改委关于全面清理涉及煤炭原油石油天然气收费基金有关问题的通知》（财税〔2014〕74 号）

3.《财政部关于取消和暂停征收一批行政事业性收费有关问题的通知》（财税〔2015〕102 号）

4.《财政部关于取消　停征和整合部分政府性基金项目等有关问题的通知》（财税〔2016〕11 号）

5.《财政部　国家税务总局关于扩大有关政府性基金免征范围的通知》（财税〔2016〕12 号）

6.《山东省人民政府办公厅关于清理规范行政事业性收费项目的通知》（鲁政办字〔2013〕110 号）

7.《山东省人民政府办公厅关于清理规范行政事业性收费项目的通知》（鲁政办字〔2015〕224 号）

8.《转发〈财政部　国家发展改革委关于公布取消和免征一批行政事业性收费的通知〉的通知》（鲁财综〔2013〕76 号）

9.《关于贯彻落实收费基金政策有关问题的通知》（鲁财综〔2014〕75 号）

10.《转发〈财政部　国家发展改革委关于取消有关水运涉企行政事业性收费项目的通知〉的通知》（鲁财综〔2015〕69 号）

11.《转发〈财政部　国家发展改革委关于扩大 18 项行政事业性收费免征范围的通知〉的通知》（鲁

财综〔2016〕19号）

12.《山东省物价局　山东省财政厅转发〈国家发展改革委　财政部关于降低部分行政事业性收费标准的通知〉的通知》（鲁价费发〔2013〕105号）

13.《山东省物价局关于降低出入境检验检疫收费标准促进外经贸发展的通知》（鲁价费发〔2015〕77号）

14.《山东省物价局　山东省财政厅关于贯彻落实发改价格〔2015〕2136号文件降低住房转让手续费等部分行政事业性收费标准的通知》（鲁价费发〔2015〕88号）

15.《山东省物价局关于放开、取消部分收费项目促进外贸稳增长的通知》（鲁价综发〔2015〕89号）

16.《关于明确〈山东省定价目录〉有关事项的通知》（鲁价综发〔2016〕58号）

附件3：

各相关部门任务分工

（排在第一位的为牵头部门）

（一）对于国家明令取消、停征、免征，以及降低收费标准的行政事业性收费和政府性基金项目（政策文件见附件），未按规定落实到位的。（省财政厅、省物价局）

（二）违反行政事业性收费和政府性基金立项审批管理规定，擅自设立收费基金项目、提高征收标准、扩大征收范围的。（省财政厅、省物价局）

（三）没有法定依据设立行政审批、投资审批前置中介服务（包括各类技术审查、论证、评估、评价、检验、检测、鉴证、鉴定、证明、咨询、试验等，下同）并收费的。（省物价局、省发展改革委、省财政厅）

（四）政府部门及所属单位通过设置不合理的市场监管和准入条件，增加企业缴费负担的。（省物价局、省财政厅、省经济和信息化委）

（五）将政府职责范围内的事项交由事业单位或中介组织承担并收取费用的。（省民政厅、省财政厅、省物价局、省经济和信息化委）

（六）政府部门及所属单位利用电子政务平台搭车收费的。（省经济和信息化委、省物价局、省财政厅）

（七）政府部门及所属单位利用行政检查搭车收费，或要求被检查单位接受付费服务的。（省财政厅、省物价局、省民政厅、省经济和信息化委）

（八）政府部门及所属单位违规要求企业提供各类审计、年检、鉴证报告，增加企业负担的。（省财政厅、省物价局、省经济和信息化委）

（九）中介服务机构利用行政职能、垄断地位指定服务、强制服务并收费的。（省民政厅）

（十）行业协会商会强制企业入会收取会费，强制参加会议、培训、展览、评比、表彰等收取费用的。（省民政厅、省经济和信息化委）

（十一）行业协会商会依靠代行政府职能或利用行政资源擅自设立收费项目、提高收费标准的。（省民政厅、省财政厅、省物价局）

（十二）未按规定公布行政事业性收费、政府性基金、行政审批前置中介服务收费和实行政府定价的经营服务性收费目录清单，以及未建立常态化公示制度的。（省财政厅、省物价局、省民政厅、省经济和信息化委）

（十三）企业反映强烈的其他违规收费行为。（省经济和信息化委、省财政厅、省物价局、省民政厅）

省财政厅　省国土资源厅关于进一步明确全面推开营改增试点后我省土地整治项目预算定额标准过渡规定的通知

2016 年 8 月 4 日　鲁财综〔2016〕49 号

各市财政局、国土资源局，各省财政直接管理县（市）财政局：

为进一步加强土地整治项目预算管理，提高预算编制的科学性、规范性，满足土地整治项目在营业税改征增值税后的工程计价需要，根据财政部、国家税务总局《关于全面推开营业税改征增值税试点的通知》（财税〔2016〕36 号）有关规定，结合我省土地整治实际，对现行《山东省土地开发整理预算定额标准》（以下简称《定额标准》）制定过渡规定。现将有关事项通知如下：

一、适用范围

使用新增建设用地土地有偿使用费，合同签订日期在 2016 年 5 月 1 日（含）以后的土地整治项目，应按本规定编制预算；使用其他资金的土地整治项目，可参照本规定编制预算。

二、《定额标准》相关费用调整规定

（一）工程施工费费用构成规定

工程施工费费用构成调整见表 1。

表 1　　　　　　　　　　　　　　工程施工费费用构成调整表

序号	费用名称	计算式	备注
1	直接费	直接工程费 + 措施费	《定额标准》相关费用构成、费率标准、限价标准不变
2	间接费	直接费（或人工费）× 费率	
3	利润	直接费 + 间接费（或人工费）× 费率	
4	价差	材、机价差按《定额标准》执行	
5	工程施工费	1 + 2 + 3 + 4	

（二）税金

税金由两部分组成：增值税与附加税费。其计算标准见表 2。

表 2　　　　　　　　　　　　　　税金费用构成

序号	费用名称	计算式	备注
1	增值税	1.2 - 1.1	销项税额 - 进项税额
1.1	进项税额		按实际取得增值税专用发票金额计算
1.2	销项税额	工程施工费 × 增值税税率或征收率	工程施工费各项均应以不含税价格计算，具体税率标准详见表 3
2	附加税费	增值税税额 × 附加税费率	税费率标准详见表 4
3	税金	1 + 2	

表3 增值税纳税标准

项目名称	税率或征收率（%）
税率（一般计税法）	11
征收率（简易计税法）	3

表4 附加税费标准

纳税地点	税费率（%）
城市市区	13
县城、建制镇	11
城市市区、县城、建制镇以外	7

（三）《定额标准》中设备购置费、其他费用、不可预见费不作调整。

三、其他

（一）对本规定执行过程中发现的问题，请及时向省财政厅、省国土资源厅反馈。

（二）本规定由省财政厅和省国土资源厅负责解释。

（三）本规定自发布之日起施行。《定额标准》中与本规定不一致的，以本规定为准。

省财政厅　省物价局关于明确经营性道路客货运输驾驶员从业资格考试考务费征收管理有关问题的通知

2016 年 9 月 13 日　鲁财综〔2016〕57 号

省交通运输厅：

你厅《关于经营性道路客货运输驾驶员从业资格考试考务费征收管理有关情况的函》（鲁交运〔2016〕9 号）收悉。为规范我省经营性道路客货运输驾驶员从业资格考试考务费（以下简称"考试考务费"）征收管理，按照财政部相关规定，现就有关问题通知如下：

一、规范征缴管理

省道路运输管理机构是考试考务费的执收主体，也可委托各设区市道路运输管理机构收取（设区市道路运输管理机构没有独立财务机构的，由设区市交通运输主管部门作为受委托机构收取）。省道路运输管理机构应到省财政厅申请考试考务费执收编码。省道路运输管理机构或受委托的执收单位，向参加经营性道路客货运输驾驶员从业资格考试的考生，开具省财政厅统一印制的山东省财政票据，由缴款人到非税收入代收银行缴款，通过"山东省非税收入征收与财政票据管理系统"全额缴入省级国库。考试考务费收费标准按照省物价局、省财政厅、省交通运输厅有关规定执行。

考试考务费由考务费和考试费组成，全额纳入省级预算管理。其中，应上缴中央财政的考务费，由省道路运输管理机构依照部门预算管理有关规定，按照理论考试 8 元/考生、专业知识应用能力考试 10 元/考生的标准，与交通运输部所属职业资格中心进行清算。

二、加强监督检查

考试考务费属行政事业性收费，应严格落实"收支两条线"管理规定，任何单位和个人不得截留、挪用和坐收坐支。省道路运输管理机构或受委托的执收单位，应严格按规定程序收费，不得擅自增加收费项目、扩大收费范围，并自觉接受财政、物价、审计部门的监督检查。对违反非税收入管理规定的行为，将严格按照国家法律法规有关规定处理。

本通知规定自 2016 年 10 月 1 日起执行。

省财政厅　省物价局关于同意青岛市收取养犬管理服务费的批复

2016 年 9 月 30 日　鲁财综〔2016〕59 号

青岛市财政局、物价局：

你市《关于申请将养犬管理服务费纳入山东省行政事业性收费目录的请示》收悉。为切实加强对犬只的安全管理，规范城市居民养犬行为，根据《关于清理规范行政事业性收费项目的通知》（鲁政办字〔2015〕224 号）有关规定，经研究，同意你市自 2016 年 10 月 1 日起，对养犬单位或个人收取养犬管理服务费。其中，对军（警）用犬只、导盲犬、肢体重残的残疾人饲养的辅助犬和科研实验用犬等特种（用）犬饲养单位和个人，免征养犬管理服务费。

请你市按照非税收入管理有关规定，切实加强养犬管理服务费的征缴管理，确保及时足额征缴入库。养犬管理服务费具体收费标准由青岛市物价局会同市财政局制定，并报省物价局、省财政厅备案后执行。

省财政厅　省人民防空办公室关于进一步规范防空地下室易地建设费征缴管理有关问题的通知

2016 年 12 月 12 日　鲁财综〔2016〕73 号

各市财政局、人民防空办公室，省财政直接管理县（市）财政局：

为进一步规范我省防空地下室易地建设费（以下简称"易地建设费"）征缴管理，严格执行减免政策，根据国家和省有关规定，现将有关事项通知如下。

一、规范征缴管理

（一）规范征缴程序。市县人民防空主管部门是易地建设费的具体执收部门，要严格按照规定的范围和标准及时足额征收易地建设费，确保应收尽收。人民防空主管部门应向同级财政部门申请易地建设费项目执收编码，在收取易地建设费时，向缴款人开具省财政厅统一监制的山东省财政票据，收费收入通过"山东省非税收入征收与财政票据管理系统"足额缴入相应级次国库。

（二）明确分成缴库方式。市县级征收的易地建设费省级分成 10%，缴入省级国库，统筹用于全省人防重点项目建设。

二、严格减免审批

按照省政府《关于清理市县实施非行政许可审批事项有关问题的通知》（鲁政字〔2015〕279号）规定，将新建民用建筑项目防空地下室易地建设费减免审查调整为其他行政权力，由设区市人民防空主管部门实施。

（一）人民防空主管部门要严格执行国家规定的减免政策，加强对易地建设费减免的审查工作。除国家规定的减免项目外，任何部门和个人不得擅自批准减免易地建设费；任何地方和部门不得将减免易地建设费作为招商引资的优惠条件。易地建设费具体减免规定详见附件。

（二）人民防空主管部门要科学编制易地建设费减免权力运行流程图，明确步骤、环节和时限，按规定要求在办公场所公示，并通过政府网站等途径向社会公布，接受群众监督。要结合本地实际，进一步推进办事流程简化和服务方式创新，使易地建设费减免审查更加快捷高效。

设区市财政部门、人民防空主管部门应结合本地区实际，按照国家规定的减免政策，研究制定易地建设费减免审批管理的具体实施办法，报经同级人民政府同意后，按规定程序公布。

三、加强监督检查

易地建设费属政府非税收入，应严格落实"收支两条线"规定，全额纳入财政预算管理。任何单位和个人不得截留、挪用和坐收坐支。各级人民防空主管部门要严格按规定程序收取，不得擅自增加收费项目、扩大收费范围，并自觉接受财政、物价、审计部门的监督检查。对违反非税收入管理规定的，将严格按照国家法律法规有关规定处理。

本通知由省财政厅会同省人民防空办公室负责解释，自2017年1月1日起施行，有效期至2021年度12月31日。

附件：防空地下室易地建设费减免相关规定

附件：

防空地下室易地建设费减免相关规定

项目名称	减免方式	文件依据	执行期限
新建幼儿园、学校教学楼、养老院、为残疾人服务的生活设施	减半	计价格〔2000〕474号	文件有效期内
临时民用建筑和不增加面积的危房翻新改造商品住宅项目；因遭受水灾、火灾或其他不可抗拒的灾害造成损坏后按原面积修复的民用建筑	全免		
因地质、地形等条件限制不宜修建防空地下室的经济适用住房、廉租住房、棚户区改造、旧住宅区整治项目	全免	国发〔2007〕24号 财综〔2007〕53号	文件有效期内
因地质、地形等条件限制不宜修建防空地下室的公共租赁住房项目	全免	国办发〔2011〕45号	文件有效期内
非营利性养老和医疗机构建设	全免	财税〔2014〕77号	文件有效期内
营利性养老和医疗机构建设	减半		
全省城镇和农村、公立和民办、教育系统和非教育系统的所有中小学校（含幼儿园）维修、加固、重建、改扩建项目	全免	国办发〔2013〕103号 鲁财综〔2015〕63号	文件有效期内
备注	国家对减免防空地下室易地建设费有新规定的，从其规定。		

省财政厅 省国土资源厅关于印发《山东省土地整治项目竣工财务决算管理办法》的通知

2016 年 12 月 16 日   鲁财综〔2016〕76 号

各市财政局、国土资源局，省财政直接管理县（市）财政局：

为进一步加强我省土地整治项目资金管理，规范竣工财务决算编报审核工作，现将《山东省土地整治项目竣工财务决算管理办法》予以印发，请遵照执行。执行中如有问题，请及时向我们反馈。

附件：山东省土地整治项目竣工财务决算管理办法

附件：

山东省土地整治项目竣工财务决算管理办法

第一章 总   则

第一条 为进一步加强我省土地整治项目资金管理，规范竣工财务决算编报审核工作，根据《中华人民共和国预算法》《中华人民共和国会计法》《山东省土地整治条例》《基本建设项目竣工财务决算管理暂行办法》和《山东省新增建设用地土地有偿使用费资金使用管理办法》（鲁财综〔2015〕99 号）等有关规定，制定本办法。

第二条 本办法适用于我省范围内财政性资金投资的土地整治项目（以下简称"项目"）竣工财务决算编报审核管理工作。

第三条 竣工财务决算管理，按照项目审批权限，实行分级负责。省财政厅、省国土资源厅负责项目竣工财务决算管理制度的制定和指导实施工作，设区市财政部门、国土资源部门负责项目竣工财务决算的审核批复工作，县（市、区）财政部门、国土资源部门负责项目工程结算的审核批复和项目竣工财务决算资料的报送工作。设区市、县（市、区）国土资源部门、财政部门要指导和督促项目承担单位开展竣工项目工程结算及财务决算编报工作。项目工程结算和项目竣工财务决算的审查，可以由财政部门、国土资源部门自行组织预算（投资）评审机构完成，也可以委托具有专业能力的社会中介机构（以下统称评审机构）完成。

第四条 项目竣工财务决算由项目承担单位负责组织编制。项目承担单位是指由国土资源部门确定的，对项目建设履行项目法人责任，对投资方负责的单位。

第二章 竣工财务决算编制和报送

第五条 项目竣工后，项目承担单位应及时进行项目工程结算，组织编制项目工程结算报告，并对项目工程结算的真实性、合法性和合规性负责。项目工程结算由项目所在地国土资源部门审查后，报送同级财政部门审核，出具审核结论。

第六条　项目承担单位应在项目工程结算审核通过后，依据本办法及财政投资管理相关规定，认真做好项目竣工财务决算编报工作，并对竣工财务决算的真实性、合法性和合规性负责。

第七条　项目竣工财务决算的编制依据主要包括：国家和省有关法律法规、技术规程；经批准的可行性研究报告、规划设计、预算及相关调整文件；招标文件及招标投标书，施工、勘察设计、监理及设备采购等合同，政府采购审批文件、采购合同；历年下达的项目年度建设任务、资金预算；工程结算资料；有关会计及财务管理资料；其他有关资料。

第八条　项目竣工财务决算的内容主要包括：竣工财务决算说明书、项目竣工财务决算报表及相关资料（附件1）。

第九条　竣工财务决算说明书是指对项目预算的批复与执行、资金管理、项目实施及竣工财务决算等情况的综合说明性文件（附件2）。主要内容包括：

（一）项目预算批复、执行、调整和资金申请拨付及到位情况；

（二）竣工财务决算编制情况及决算与预算差异原因分析；

（三）项目资金管理及决算存在的问题、建议；

（四）项目资金管理制度建设及财经纪律执行情况；

（五）资金结余及处理情况；

（六）各项管理费用的列支依据及其构成情况；

（七）不可预见费动用情况；

（八）会计账务处理、财产物资清理及债权债务的清偿情况；

（九）项目概况，包括项目名称、项目承接（招投标或指定等）方式、项目工程价款结算、项目建设期限和项目完成情况以及工程施工合同履行等情况；

（十）历次审计、检查、审核、稽察意见及整改落实情况；

（十一）经济、生态和社会效益指标的分析、计算情况及绩效评价分析；

（十二）项目自验、初验及绩效评价情况；

（十三）其他需要说明的事项。

第十条　相关资料主要包括：

（一）项目可行性研究报告、初步设计报告及规划设计、预算及调整批复文件的复印件；

（二）项目年度建设计划及财政资金预算下达文件的复印件；

（三）审计、检查意见或文件的复印件；

（四）经有关部门或单位进行项目竣工决（结）算审核的，需附完整的审核报告及审核表，审核报告内容应当详实，包括审核说明、审核依据、审核结果、意见、建议；

（五）其他与项目决算相关的资料。

第十一条　竣工财务决算报表是指由竣工财务决算总表（附件3-1）、资产负债表（附件3-2）、竣工财务决算支出明细表（附件3-3）、固定资产移交明细表（附件3-4）组成的综合性报表。

第十二条　竣工财务决算编制程序为：

（一）成立由项目承担单位负责人、项目预决算编制人员、财务人员及其他有关人员组成的项目竣工财务决算编制小组；

（二）将项目的各项数据和资料核对一致，按规定格式和内容编制财务决算报表；

（三）全面核实项目实施和预算执行情况，编写竣工财务决算说明书；

（四）编制、补充、核实、初审项目竣工财务决算的各项报表，项目承担单位负责人和有关人员应签字、盖章；

（五）竣工财务决算报告应内容完整、数字准确、章印（签字）齐全、手续完备，财务说明详实充分。

第十三条　竣工财务决算由项目承担单位在项目竣工验收前，报财政、国土资源部门审核。具体报送时间由负责组织审核的财政、国土资源部门确定。

第三章　竣工财务决算审核

第十四条　竣工财务决算审核，是指由各级财政、国土资源部门组织的，对各项目承担单位上报的项目预算执行及竣工财务决算报告的真实性、合法性、合规性和效益性进行全面审核的行为。

第十五条　竣工财务决算审核的主要内容：

（一）项目预算及执行情况；

（二）项目资金筹集、使用、结余及管理情况；

（三）工程、设备政府采购及招标情况；

（四）工程结算审查情况；

（五）设计及预算变更情况；

（六）合同条款是否符合国家有关规定；

（七）财务、会计制度执行情况；

（八）交付使用资产等是否真实、完整；

（九）竣工财务决算报表是否正确，账表、账实是否相符；

（十）项目在建设过程中历次检查和审计所提的重大问题整改落实情况；

（十一）项目产生的经济效益、生态效益和社会效益；

（十二）其他需要审核的内容。

第十六条　竣工财务决算审核程序和要求：

（一）财政部门收到竣工财务决算后，会同国土资源部门拟定审核实施方案，确定组织方式和评审机构，向项目承担单位下达审核通知。

（二）评审机构按审核通知及有关规定对竣工财务决算实施审查，形成初步审查意见；在与项目承担单位充分沟通、征求意见的基础上，形成审查报告。审查报告应客观、公正、真实、全面反映审核情况，须由项目承担单位签字确认。

（三）对竣工财务决算内容有异议的，由评审机构采取实地勘查或延伸调查等方式予以确认，对存在的问题，责成相关单位按规定纠正，并修改完善竣工财务决算。

（四）评审机构应在竣工财务决算审查工作结束后，按规定出具审查报告及相关材料（附件4）。

第十七条　项目承担单位应积极配合竣工财务决算审核工作，并提供下列资料：

（一）竣工财务决算；

（二）可行性研究报告、经批复的项目规划设计及预算等文件；

（三）招投标文件、施工合同、招标用图纸和竣工图纸等相关资料；

（四）设计及预算变更批复文件、施工组织设计和监理报告；

（五）经项目监理单位审核的工程进度结算清单和详细的工程结算表；

（六）设备采购合同、协议；

（七）工程结算审查报告及其他有关资料；

（八）项目有关账簿、会计凭证、报表等财务资料；

（九）项目监理日志及监理工作总结；

（十）项目内部控制管理制度；

（十一）其他需要提供的资料。

第四章　竣工财务决算批复

第十八条　竣工财务决算实行"先审核、后批复"的办法。市级财政、国土资源部门对各县（市、区）上报的财务决算组织审核，依据竣工财务决算审核报告及有关情况进行批复（附件5）。

对于项目竣工财务决算审核过程中发现的问题，项目承担单位要及时整改，并将其列入项目竣工验收的主要内容。项目承担单位要按照项目竣工财务决算批复及有关规定，办理资产移交手续。项目结余资金要按照相关资金管理办法进行管理。项目结余资金主要包括现金、银行存款等货币资金和库存未用材料、物资和设备等。

第十九条　凡无正当理由项目施工期限超过预算批复一年以上的，或不按规定编报项目竣工财务决算的，暂不安排该县（市、区）相关项目。

第二十条　项目承担单位应在批复竣工财务决算后，将各项资料整理归档，并按照档案管理要求装订成册。符合竣工验收条件的项目，及时申请竣工验收。

第五章　附　　则

第二十一条　各地可根据本办法，结合实际，制定本行政区域内土地整治项目竣工财务决算管理实施细则，并报省财政厅、省国土资源厅备案。

第二十二条　本办法由省财政厅和省国土资源厅负责解释。

第二十三条　本办法自2017年2月1日起施行，有效期至2021年12月31日。鲁财综〔2010〕4号文件同时废止，以往与本办法相抵触的，以本办法规定为准。

附件：1.××××（项目）竣工财务决算报告（封面）（略）

2.××××（项目）竣工财务决算说明书（略）

3.××××（项目）竣工财务决算报表（略）

4.××××（项目）竣工财务决算报告审查表（略）

5.××××（项目）竣工财务决算审核报告（略）

二、

税政管理类

财政部　国家税务总局关于继续实行农产品批发市场　农贸市场房产税　城镇土地使用税优惠政策的通知

2016 年 1 月 13 日　财税〔2016〕1 号

各省、自治区、直辖市、计划单列市财政厅（局）、地方税务局，西藏、宁夏自治区国家税务局，新疆生产建设兵团财务局：

为贯彻落实《国务院办公厅关于促进内贸流通健康发展的若干意见》（国办发〔2014〕51 号），进一步支持农产品流通体系建设，决定继续对农产品批发市场、农贸市场给予房产税和城镇土地使用税优惠。现将有关政策通知如下：

一、对专门经营农产品的农产品批发市场、农贸市场使用（包括自有和承租，下同）的房产、土地，暂免征收房产税和城镇土地使用税。对同时经营其他产品的农产品批发市场和农贸市场使用的房产、土地，按其他产品与农产品交易场地面积的比例确定征免房产税和城镇土地使用税。

二、农产品批发市场和农贸市场，是指经工商登记注册，供买卖双方进行农产品及其初加工品现货批发或零售交易的场所。农产品包括粮油、肉禽蛋、蔬菜、干鲜果品、水产品、调味品、棉麻、活畜、可食用的林产品以及由省、自治区、直辖市财税部门确定的其他可食用的农产品。

三、享受上述税收优惠的房产、土地，是指农产品批发市场、农贸市场直接为农产品交易提供服务的房产、土地。农产品批发市场、农贸市场的行政办公区、生活区，以及商业餐饮娱乐等非直接为农产品交易提供服务的房产、土地，不属于本通知规定的优惠范围，应按规定征收房产税和城镇土地使用税。

四、符合上述免税条件的企业需持相关材料向主管税务机关办理备案手续。

五、本通知自 2016 年 1 月 1 日至 2018 年 12 月 31 日执行。

财政部　国家税务总局关于中国农业发展银行涉农贷款营业税优惠政策的通知

2016 年 1 月 18 日　财税〔2016〕3 号

各省、自治区、直辖市、计划单列市财政厅（局）、地方税务局，北京、西藏、宁夏、青海省（自治区、直辖市）国家税务局，新疆生产建设兵团财务局：

为了贯彻落实《国务院关于同意中国农业发展银行改革实施总体方案的批复》（国函〔2014〕154 号）精神，现就中国农业发展银行涉农贷款营业税政策通知如下：

一、自 2016 年 1 月 1 日至 2018 年 12 月 31 日，对中国农业发展银行总行及其各分支机构提供涉农贷款（具体涉农贷款业务清单见附件）取得的利息收入减按 3% 的税率征收营业税。

二、享受上述优惠的纳税人应当按照《中华人民共和国营业税暂行条例》（国务院令第 540 号）第九条及其他相关规定，单独核算享受营业税减税政策的贷款利息收入；未单独核算的，不得享受本通知第一条规定的营业税政策。

附件：享受营业税优惠政策的涉农贷款业务清单

附件：

享受营业税优惠政策的涉农贷款业务清单

一、粮食、棉花、油料、食糖、猪肉、化肥、羊毛等重要农产品（含农副产品）收储、调控、购销贷款

二、农业农村基础设施建设、水利建设贷款

三、农村土地流转和规模化经营贷款

四、农民集中住房建设、农村人居环境建设、涉农棚户区改造贷款

五、农村流通体系建设贷款

六、农业生产资料、技术改造、科技贷款

七、农业综合开发贷款

八、农业产业化龙头企业贷款

九、农产品（含农副产品）仓储设施贷款

十、县域城镇建设贷款（房地产业、城市基础设施建设贷款除外）

十一、易地扶贫搬迁、贫困地区基础设施建设、贫困地区特色产业发展等其他专项扶贫贷款

十二、农业小企业贷款

财政部　国家税务总局关于员工制家政服务营业税政策的通知

2016 年 1 月 18 日　财税〔2016〕9 号

各省、自治区、直辖市、计划单列市财政厅（局）、地方税务局，北京、西藏、宁夏、青海省（自治区、直辖市）国家税务局，新疆生产建设兵团财务局：

为了落实国务院决策部署，现将员工制家政服务营业税政策明确如下：

《财政部　国家税务总局关于员工制家政服务免征营业税的通知》（财税〔2011〕51 号）规定的员工制家政服务营业税免税政策，自 2014 年 10 月 1 日至 2018 年 12 月 31 日继续执行。纳税人已缴纳的应予免征的营业税，允许从纳税人以后的营业税应纳税款中抵减，家政服务业实施营业税改征增值税改革之日前抵减不完的予以退税。

财政部　国家税务总局关于保险保障基金有关税收政策问题的通知

2016 年 2 月 3 日　财税〔2016〕10 号

各省、自治区、直辖市、计划单列市财政厅（局）、国家税务总局、地方税务总局，新疆生产建设兵团财

务局：

经国务院批准，对保险保障基金继续予以税收优惠政策。现将有关事项明确如下：

一、对中国保险保障基金有限责任公司（以下简称保险保障基金公司）根据《保险保障基金管理办法》（以下简称《管理办法》）取得的下列收入，免征企业所得税：

1. 境内保险公司依法缴纳的保险保障基金；

2. 依法从撤销或破产保险公司清算财产中获得的受偿收入和向有关责任方追偿所得，以及依法从保险公司风险处置中获得的财产转让所得；

3. 捐赠所得；

4. 银行存款利息收入；

5. 购买政府债券、中央银行、中央企业和中央级金融机构发行债券的利息收入；

6. 国务院批准的其他资金运用取得的收入。

二、对保险保障基金公司根据《管理办法》取得的下列收入，免征营业税：

1. 境内保险公司依法缴纳的保险保障基金；

2. 依法从撤销或破产保险公司清算财产中获得的受偿收入和向有关责任方追偿所得。

三、对保险保障基金公司下列应税凭证，免征印花税：

1. 新设立的资金账簿；

2. 在对保险公司进行风险处置和破产救助过程中签订的产权转移书据；

3. 在对保险公司进行风险处置过程中与中国人民银行签订的再贷款合同；

4. 以保险保障基金自有财产和接收的受偿资产与保险公司签订的财产保险合同。

对与保险保障基金公司签订上述产权转移书据或应税合同的其他当事人照章征收印花税。

四、除第二条外，本通知自 2015 年 1 月 1 日起至 2017 年 12 月 31 日止执行。第二条自 2015 年 1 月 1 日起至金融保险业实施营业税改征增值税改革之日止执行。《财政部　国家税务总局关于保险保障基金有关税收政策继续执行的通知》（财税〔2013〕81 号）同时废止。

财政部　国家税务总局关于城市公交站场道路客运站场城市轨道交通系统城镇土地使用税优惠政策的通知

2016 年 2 月 4 日　财税〔2016〕16 号

各省、自治区、直辖市、计划单列市财政厅（局）、地方税务局，西藏、宁夏、青海省（自治区）国家税务局，新疆生产建设兵团财务局：

为支持公共交通发展，经国务院批准，现将城市公交站场、道路客运站场、城市轨道交通系统城镇土地使用税优惠政策通知如下：

一、对城市公交站场、道路客运站场、城市轨道交通系统运营用地，免征城镇土地使用税。

二、城市公交站场运营用地，包括城市公交首末车站、停车场、保养场、站场办公用地、生产辅助用地。

道路客运站场运营用地，包括站前广场、停车场、发车位、站务用地、站场办公用地、生产辅助用地。

城市轨道交通系统运营用地，包括车站（含出入口、通道、公共配套及附属设施）、运营控制中心、车辆基地（含单独的综合维护中心、车辆段）以及线路用地，不包括购物中心、商铺等商业设施用地。

三、城市公交站场、道路客运站场，是指经县级以上（含县级）人民政府交通运输主管部门等批准建设的，为公众及旅客、运输经营者提供站务服务的场所。

城市轨道交通系统，是指依规定批准建设的，采用专用轨道导向运行的城市公共客运交通系统，包括地铁系统、轻轨系统、单轨系统、有轨电车、磁浮系统、自动导向轨道系统、市域快速轨道系统，不包括旅游景区等单位内部为特定人群服务的轨道系统。

四、符合上述免税条件的单位，须持相关文件及用地情况等向主管税务机关办理备案手续。

五、本通知执行期限为2016年1月1日至2018年12月31日。

财政部　国家税务总局关于继续实行农村饮水安全工程建设运营税收优惠政策的通知

2016年2月25日　财税〔2016〕19号

各省、自治区、直辖市、计划单列市财政厅（局）、国家税务局、地方税务局，新疆生产建设兵团财务局：

为支持农村饮水安全工程（以下简称饮水工程）巩固提升，经国务院批准，继续对饮水工程的建设、运营给予税收优惠。现将有关政策通知如下：

一、对饮水工程运营管理单位为建设饮水工程而承受土地使用权，免征契税。

二、对饮水工程运营管理单位为建设饮水工程取得土地使用权而签订的产权转移书据，以及与施工单位签订的建设工程承包合同免征印花税。

三、对饮水工程运营管理单位自用的生产、办公用房产、土地，免征房产税、城镇土地使用税。

四、对饮水工程运营管理单位向农村居民提供生活用水取得的自来水销售收入，免征增值税。

五、对饮水工程运营管理单位从事《公共基础设施项目企业所得税优惠目录》规定的饮水工程新建项目投资经营的所得，自项目取得第一笔生产经营收入所属纳税年度起，第一年至第三年免征企业所得税，第四年至第六年减半征收企业所得税。

六、本文所称饮水工程，是指为农村居民提供生活用水而建设的供水工程设施。本文所称饮水工程运营管理单位，是指负责饮水工程运营管理的自来水公司、供水公司、供水（总）站（厂、中心）、村集体、农民用水合作组织等单位。

对于既向城镇居民供水，又向农村居民供水的饮水工程运营管理单位，依据向农村居民供水收入占总供水收入的比例免征增值税；依据向农村居民供水量占总供水量的比例免征契税、印花税、房产税和城镇土地使用税。无法提供具体比例或所提供数据不实的，不得享受上述税收优惠政策。

七、符合上述减免税条件的饮水工程运营管理单位需持相关材料向主管税务机关办理备案手续。

八、上述政策（第五条除外）自2016年1月1日至2018年12月31日执行。

财政部　国家税务总局　住房城乡建设部关于调整房地产交易环节契税　营业税优惠政策的通知

2016年2月17日　财税〔2016〕23号

各省、自治区、直辖市、计划单列市财政厅（局）、地方税务局、住房城乡建设厅（建委、房地局），西藏、宁夏、青海省（自治区）国家税务局，新疆生产建设兵团财务局、建设局：

根据国务院有关部署，现就调整房地产交易环节契税、营业税优惠政策通知如下：

一、关于契税政策

（一）对个人购买家庭唯一住房（家庭成员范围包括购房人、配偶以及未成年子女，下同），面积为90平方米及以下的，减按1%的税率征收契税；面积为90平方米以上的，减按1.5%的税率征收契税。

（二）对个人购买家庭第二套改善性住房，面积为90平方米及以下的，减按1%的税率征收契税；面积为90平方米以上的，减按2%的税率征收契税。

家庭第二套改善性住房是指已拥有一套住房的家庭，购买的家庭第二套住房。

（三）纳税人申请享受税收优惠的，根据纳税人的申请或授权，由购房所在地的房地产主管部门出具纳税人家庭住房情况书面查询结果，并将查询结果和相关住房信息及时传递给税务机关。暂不具备查询条件而不能提供家庭住房查询结果的，纳税人应向税务机关提交家庭住房实有套数书面诚信保证，诚信保证不实的，属于虚假纳税申报，按照《中华人民共和国税收征收管理法》的有关规定处理，并将不诚信记录纳入个人征信系统。

按照便民、高效原则，房地产主管部门应按规定及时出具纳税人家庭住房情况书面查询结果，税务机关应对纳税人提出的税收优惠申请限时办结。

（四）具体操作办法由各省、自治区、直辖市财政、税务、房地产主管部门共同制定。

二、关于营业税政策

个人将购买不足2年的住房对外销售的，全额征收营业税；个人将购买2年以上（含2年）的住房对外销售的，免征营业税。

办理免税的具体程序、购买房屋的时间、开具发票、非购买形式取得住房行为及其他相关税收管理规定，按照《国务院办公厅转发建设部等部门关于做好稳定住房价格工作意见的通知》（国办发〔2005〕26号）、《国家税务总局 财政部 建设部关于加强房地产税收管理的通知》（国税发〔2005〕89号）和《国家税务总局关于房地产税收政策执行中几个具体问题的通知》（国税发〔2005〕172号）的有关规定执行。

三、关于实施范围

北京市、上海市、广州市、深圳市暂不实施本通知第一条第二项契税优惠政策及第二条营业税优惠政策，上述城市个人住房转让营业税政策仍按照《财政部 国家税务总局关于调整个人住房转让营业税政策的通知》（财税〔2015〕39号）执行。

上述城市以外的其他地区适用本通知全部规定。

本通知自2016年2月22日起执行。

财政部 国家税务总局关于部分国家储备商品有关税收政策的通知

2016年3月11日 财税〔2016〕28号

各省、自治区、直辖市、计划单列市财政厅（局）、地方税务局，西藏、宁夏、青海省（自治区）国家税务局，新疆生产建设兵团财务局：

为支持国家商品储备业务发展，经国务院批准，现将中央和地方部分商品储备政策性业务（以下简称商品储备业务）有关税收政策明确如下：

一、对商品储备管理公司及其直属库资金账簿免征印花税；对其承担商品储备业务过程中书立的购销合同免征印花税，对合同其他各方当事人应缴纳的印花税照章征收。

二、对商品储备管理公司及其直属库承担商品储备业务自用的房产、土地，免征房产税、城镇土地使用税。

三、本通知所称商品储备管理公司及其直属库，是指接受中央、省、市、县四级政府有关部门委托，承担粮（含大豆）、食用油、棉、糖、肉、盐（限于中央储备）6 种商品储备任务，取得财政储备经费或补贴的商品储备企业。

中粮集团有限公司所属储备库接受中国储备粮管理总公司、分公司及其直属库委托，承担的粮（含大豆）、食用油商品储备业务，按本通知第一条、第二条规定享受税收优惠。

四、承担中央政府有关部门委托商品储备业务的储备管理公司及其直属库，以及接受中国储备粮管理总公司、分公司及其直属库的委托承担粮（含大豆）、食用油等商品储备业务的中粮集团有限公司所属储备库名单见附件。

承担省、市、县政府有关部门委托商品储备业务的储备管理公司及其直属库名单由省、自治区、直辖市财政、税务部门会同有关部门明确或制定具体管理办法，并报省、自治区、直辖市人民政府批准后予以发布。

名单若有变化，财政、税务等部门应及时进行调整。

五、本通知执行时间为 2016 年 1 月 1 日至 2018 年 12 月 31 日。2016 年 1 月 1 日以后已缴上述应予免税的税款，从企业应缴纳的相应税款中抵扣。

六、符合上述免税条件的企业，应当按照税收减免管理规定，持相关材料向主管税务机关办理减免税备案手续。

如发现不符合本通知规定政策的企业及其直属库，应取消其免税资格。

请遵照执行。

附件：中央储备商品管理公司及其直属库名单

附件：

中央储备商品管理公司及其直属库名单

一、中国储备粮管理总公司及直属库

（一）中国储备粮管理总公司
（二）中国储备粮管理总公司直属库、直属企业
1. 中国储备粮管理总公司北京分公司
2. 中储粮油脂有限公司
3. 中储粮物流有限公司
4. 中央储备粮北京顺义直属库
5. 中央储备粮北京密云直属库
6. 中央储备粮天津东丽直属库
7. 中央储备粮天津东丽直属库大港分库
8. 中央储备粮天津蓟县直属库
9. 中央储备粮天津蓟县直属库宁河分库

10. 中央储备粮天津武清直属库
11. 中央储备粮天津武清直属库宝坻分库
12. 中央储备粮天津保税区直属库
13. 中储粮（天津）仓储物流有限公司
14. 中储粮承德粮油质监中心
15. 中央储备粮沧州直属库
16. 中央储备粮沧州直属库献县分库
17. 中央储备粮沧州直属库泊头分库
18. 中央储备粮沧州直属库肃宁分库
19. 中央储备粮沧州直属库吴桥分库
20. 中央储备粮承德直属库
21. 中央储备粮承德直属库兴隆分库
22. 中央储备粮承德直属库丰宁县分库
23. 中央储备粮承德直属库承德县分库
24. 中央储备粮衡水直属库
25. 中央储备粮衡水直属库饶阳分库
26. 中央储备粮衡水直属库冀州分库
27. 中央储备粮衡水直属库武邑分库
28. 中央储备粮衡水直属库深州分库
29. 中央储备粮邢台直属库
30. 中央储备粮邯郸直属库
31. 中央储备粮邯郸直属库大名分库
32. 中央储备粮邯郸直属库永年分库
33. 中央储备粮邯郸直属库武安分库
34. 中央储备粮邯郸直属库峰峰分库
35. 中央储备粮邯郸直属库磁县分库
36. 中央储备粮邯郸直属库临漳分库
37. 中央储备粮邯郸直属库魏县分库
38. 中央储备粮邯郸直属库馆陶分库
39. 中央储备粮邯郸直属库曲周分库
40. 中央储备粮保定直属库
41. 中央储备粮保定直属库定州分库
42. 中央储备粮新乐直属库
43. 中央储备粮新乐直属库高邑分库
44. 中央直属库新乐直属库深泽分库
45. 中央储备粮故城直属库
46. 中央储备粮故城直属库故城兴粮分库
47. 中央储备粮故城直属库景县分库
48. 中央储备粮张家口直属库
49. 中央储备粮石家庄直属库
50. 中央储备粮石家庄直属库辛集分库
51. 中央储备粮秦皇岛直属库
52. 中央储备粮秦皇岛直属库乐亭分库

53. 中央储备粮秦皇岛直属库海阳分库
54. 中央储备粮霸州直属库
55. 中央储备粮三河直属库
56. 中央储备粮涿州直属库
57. 中央储备粮涿州直属库高碑店分库
58. 中央储备粮唐山直属库
59. 中央储备粮河北黄骅港直属库有限责任公司
60. 中储粮邢台仓储有限责任公司
61. 中储粮平泉仓储有限责任公司
62. 中国储备粮管理总公司山西分公司
63. 山西中储粮粮油质监中心
64. 中央储备粮太原直属库
65. 中央储备粮太原直属库平定分库
66. 中央储备粮大同直属库
67. 山西中储粮大同御东直属库
68. 中央储备粮大同直属库阳高分库
69. 中央储备粮襄垣直属库
70. 中央储备粮襄垣直属库长子分库
71. 中央储备粮襄垣直属库黎城分库
72. 中央储备粮襄垣直属库漳源分库
73. 中央储备粮襄垣直属库开村分库
74. 中央储备粮忻州直属库
75. 中央储备粮忻州直属库原平分库
76. 中央储备粮忻州直属库阳盂分库
77. 中央储备粮洪洞直属库
78. 中央储备粮河津直属库
79. 中央储备粮河津直属库夏县分库
80. 中央储备粮怀仁直属库
81. 山西中储粮太谷直属库
82. 山西中储粮寿阳直属库
83. 山西中储粮介休直属库
84. 山西中储粮介休直属库文水分库
85. 山西太谷国储粮食储备有限公司
86. 中国储备粮管理总公司内蒙古分公司
87. 中储粮内蒙古粮油质量监督检查中心
88. 中央储备粮包头直属库
89. 中央储备粮通辽东郊直属库
90. 中央储备粮通辽东郊直属库欧里分库
91. 中央储备粮通辽东郊直属库西辽河分库
92. 中央储备粮呼伦贝尔直属库
93. 中央储备粮呼伦贝尔直属库阿荣旗分库
94. 中央储备粮呼伦贝尔直属库兴安分库
95. 中央储备粮呼伦贝尔直属库太平庄分库

96. 中央储备粮呼伦贝尔直属库哈拉苏收纳库

97. 中央储备粮巴彦淖尔直属库

98. 中央储备粮巴彦淖尔直属库五原分库

99. 中央储备粮巴彦淖尔直属库乌拉山分库

100. 中央储备粮巴彦淖尔直属库德岭山分库

101. 中央储备粮赤峰直属库

102. 中央储备粮赤峰直属库牛营子分库

103. 中央储备粮赤峰直属库下坎子分库

104. 中央储备粮赤峰直属库河南营分库

105. 中央储备粮赤峰直属库西桥分库

106. 中央储备粮赤峰直属库恩州分库

107. 中央储备粮赤峰直属库北道分库

108. 中央储备粮赤峰直属库王府分库

109. 内蒙古蒙惠粮食有限责任公司敖汉羊场粮库

110. 中央储备粮海拉尔直属库

111. 中央储备粮海拉尔直属库额尔古纳市分库

112. 中央储备粮海拉尔直属库大雁分库

113. 中央储备粮鄂尔多斯直属库

114. 中央储备粮鄂尔多斯直属库白泥井分库

115. 中央储备粮乌兰浩特直属库

116. 中央储备粮乌兰浩特直属库突泉分库

117. 中央储备粮乌兰浩特直属库杜尔基收储库

118. 中央储备粮乌兰浩特直属库扎赉特旗第四分库

119. 中央储备粮乌兰浩特直属库白音胡硕分库

120. 中央储备粮乌兰浩特直属库扎赉特旗绰勒分库

121. 中央储备粮乌兰浩特直属库扎赉特旗巨宝分库

122. 中央储备粮乌兰浩特直属库大石寨分库

123. 中央储备粮乌兰浩特直属库旧库区

124. 中央储备粮乌兰察布直属库

125. 中央储备粮锡林郭勒直属库

126. 中央储备粮通辽直属库

127. 中央储备粮通辽直属库庆和分库

128. 中央储备粮通辽直属库余粮堡分库

129. 中央储备粮通辽直属库莫力庙分库

130. 中央储备粮呼和浩特直属库

131. 中央储备粮呼和浩特直属库金山油脂库

132. 中央储备粮呼和浩特直属库达拉特分库

133. 中央储备粮呼和浩特直属库托克托分库

134. 中央储备粮阿拉善直属库

135. 中央储备粮达拉特直属库

136. 中央储备粮达拉特直属库恩格贝分库

137. 中储粮北方公司尼尔基直属库

138. 中央储备粮嫩江直属库红彦分库

139. 中央储备粮红彦直属库
140. 中央储备粮大杨树直属库
141. 中央储备粮通辽甘旗卡直属库
142. 中央储备粮通辽甘旗卡直属库金宝屯分库
143. 中央储备粮通辽甘旗卡直属库常胜分库
144. 中央储备粮通辽甘旗卡直属库海斯改分库
145. 中央储备粮通辽甘旗卡直属库阿古拉分库
146. 中央储备粮通辽甘旗卡直属库汐子分库
147. 中储粮通辽鸿远仓储有限责任公司
148. 中国储备粮管理总公司辽宁分公司
149. 辽宁中储粮粮油质监中心
150. 中储粮物流大连粮油质监中心
151. 中央储备粮鞍山千山直属库
152. 中央储备粮鞍山千山直属库大石桥分库
153. 中央储备粮鞍山直属库
154. 中央储备粮鞍山直属库海城分库
155. 中央储备粮鞍山直属库望台分库
156. 中央储备粮鞍山直属库岫岩分库
157. 中央储备粮营口直属库
158. 中央储备粮新民直属库
159. 中央储备粮铁岭直属库
160. 中央储备粮台安直属库
161. 中央储备粮台安直属库黑山分库
162. 中央储备粮丹东直属库
163. 中央储备粮丹东直属库东港分库
164. 中央储备粮朝阳直属库
165. 中央储备粮朝阳直属库喀左分库
166. 中央储备粮朝阳直属库竹林分库
167. 中央储备粮朝阳直属库羊山分库
168. 中央储备粮朝阳直属库山嘴子库区
169. 中央储备粮锦州直属库
170. 中央储备粮锦州直属库凌海分库
171. 中央储备粮抚顺直属库
172. 中央储备粮抚顺直属库本溪分库
173. 中央储备粮阜新直属库
174. 中央储备粮阜新直属库清河门分库
175. 中央储备粮阜新直属库彰武分库
176. 中央储备粮老边直属库
177. 中央储备粮老边直属库站前分库
178. 中央储备粮大连直属库
179. 中央储备粮建平直属库
180. 中央储备粮建平直属库凌源分库
181. 中央储备粮昌图直属库

182. 中央储备粮昌图直属库双庙子分库

183. 中央储备粮昌图直属库宝力分库

184. 中央储备粮沈阳直属库

185. 中央储备粮葫芦岛直属库

186. 中央储备粮葫芦岛直属库建昌分库

187. 中央储备粮盘锦直属库

188. 中央储备粮盘锦直属库大洼分库

189. 中央储备粮辽阳直属库

190. 中央储备粮辽阳直属库刘二堡分库

191. 中央储备粮盘锦油脂直属库

192. 中储粮北方物流有限公司

193. 中央储备粮辽宁辽北直属库（中储粮北方物流有限公司马仲河分库）

194. 中储粮北方物流有限公司甘井子分库

195. 中储粮营口储运有限责任公司

196. 中储粮（盘锦）物流有限公司

197. 中储粮大连储运有限责任公司

198. 中国储备粮管理总公司吉林分公司

199. 吉林中储粮粮油质监中心有限公司

200. 中央储备粮榆树直属库

201. 中央储备粮榆树直属库保寿分库（榆树中储粮保寿粮库）

202. 榆树中储粮恩育粮库

203. 中央储备粮长春直属库

204. 吉林汇通粮食有限公司劝农粮库分公司

205. 吉林汇通大屯粮库有限公司

206. 中央储备粮双辽直属库

207. 中央储备粮双辽直属库堡石图分库

208. 中央储备粮吉林直属库

209. 吉林市中心粮库

210. 吉林市九座粮库

211. 吉林市乌拉街国家粮食储备库

212. 中央储备粮农安直属库

213. 中央储备粮农安直属库华家分库（农安华家粮食储备库）

214. 中央储备粮永吉直属库

215. 永吉县粮库

216. 中央储备粮白山直属库

217. 柳河县五道沟粮库

218. 中央储备粮龙嘉直属库

219. 九台市沐石河粮食储备库

220. 中央储备粮公主岭直属库

221. 中央储备粮长春直属库分库

222. 中央储备粮蛟河直属库

223. 中央储备粮蛟河直属库蛟河分库

224. 中央储备粮舒兰直属库

225. 舒兰市白旗粮库

226. 舒兰市莲花粮库

227. 中央储备粮舒兰直属库舒兰分库

228. 舒兰市平安粮库

229. 中央储备粮镇赉直属库

230. 中央储备粮通榆直属库

231. 中央储备粮四平平东直属库

232. 吉林四平国家粮食储备库

233. 吉林梨树郭家店国家粮食储备库

234. 梨树县梨树一粮库

235. 四平市孤家子粮库

236. 中央储备粮延吉直属库

237. 吉林安图国家粮食储备库

238. 吉林龙井国家粮食储备库

239. 中央储备粮辽源直属库

240. 中央储备粮辽源直属库东站分库.

241. 中央储备粮松原直属库

242. 中央储备粮松原直属库善友分库

243. 松原中储粮风华粮库

244. 中央储备粮珲春直属库

245. 汪清县天桥岭粮库

246. 中央储备粮梅河口直属库

247. 中央储备粮柳河直属库

248. 中央储备粮柳河直属库圣水分库

249. 中央储备粮扶余直属库

250. 扶余中储粮陶赖昭粮库

251. 扶余中储粮长春岭粮库

252. 吉林磐石中储粮直属库

253. 吉林白城国家粮食储备库

254. 中央储备粮洮南直属库

255. 洮南市洮安粮食储备库

256. 吉林大安中储粮直属库

257. 吉林省粮食中心库

258. 德惠市布海粮库

259. 德惠市第三粮库

260. 吉林省金发粮库

261. 吉林汇通粮食有限公司

262. 中央储备粮敦化直属库

263. 吉林长岭中储粮直属库

264. 中央储备粮白城直属库

265. 公主岭范家屯粮食收储库

266. 农安开安粮食储备库

267. 吉林白城国储粮食储备有限公司

268. 中储粮松原直属库乾安惠中仓储有限责任公司

269. 中央储备粮永吉直属库桦甸分库

270. 蛟河市新站粮库

271. 吉林省前郭粮食中心库

272. 洮南市安定粮食储备库

273. 洮南市福顺粮食储备库

274. 洮南市聚宝粮食储备库

275. 洮南市万宝粮食储备库

276. 洮南市那金粮食储备库

277. 洮南市蛟流河粮食储备库

278. 吉林洮南铁东粮食收储库

279. 中国储备粮管理总公司黑龙江分公司

280. 中储粮北方农业开发有限公司

281. 黑龙江中储粮质监中心有限公司

282. 中央储备粮哈尔滨直属库

283. 中央储备粮齐齐哈尔直属库

284. 中央储备粮牡丹江直属库

285. 中央储备粮鸡西直属库

286. 中央储备粮创业直属库

287. 中央储备粮双鸭山直属库

288. 中央储备粮建三江直属库

289. 中央储备粮鹤岗直属库

290. 中央储备粮佳木斯直属库

291. 中央储备粮宾县直属库

292. 中央储备粮讷河直属库

293. 中央储备粮肇东直属库

294. 中央储备粮甘南直属库

295. 中央储备粮虎林直属库

296. 中央储备粮海伦直属库

297. 中央储备粮林甸直属库

298. 中央储备粮浓江直属库

299. 中央储备粮七台河直属库

300. 中央储备粮绥化直属库

301. 中央储备粮汤原直属库

302. 中央储备粮通河直属库

303. 中央储备粮五常直属库

304. 中央储备粮赵光直属库

305. 中央储备粮肇州直属库

306. 黑龙江中央储备粮抚远直属库

307. 黑龙江中央储备粮前锋直属库

308. 黑龙江中储粮阿城直属库

309. 黑龙江中储粮巴彦万发屯直属库

310. 中央储备粮哈尔滨直属库饶河分库

311. 黑龙江中央储备粮大兴直属库

312. 中央储备粮鹤岗直属库军川分库

313. 中央储备粮鹤岗直属库绥滨分库

314. 中央储备粮佳木斯直属库东河分库

315. 中央储备粮牡丹江直属库海林分库

316. 中央储备粮牡丹江直属库穆棱分库

317. 中央储备粮浓江直属库鸭绿河分库

318. 勃利县双河粮库有限责任公司

319. 绥化中储粮仓储有限责任公司

320. 黑龙江中储粮五常山河直属库

321. 黑龙江中储粮依兰直属库

322. 中央储备粮宾县直属库宾州分库

323. 中央储备粮宾县直属库宁远分库

324. 中央储备粮齐齐哈尔直属库龙江分库

325. 中央储备粮齐齐哈尔直属库依安分库

326. 中央储备粮齐齐哈尔直属库富裕分库

327. 中央储备粮齐齐哈尔直属库哈拉海分库

328. 中央储备粮齐齐哈尔直属库富拉尔基分库

329. 黑龙江国储粮食储备有限公司

330. 中央储备粮齐齐哈尔直属库克东分库

331. 黑龙江中央储备粮宝清直属库

332. 中央储备粮鸡西直属库柳毛分库

333. 中央储备粮嫩江直属库

334. 中央储备粮嫩江直属库九三分库

335. 中央储备粮绥棱直属库

336. 中央储备粮北安直属库

337. 中央储备粮大庆直属库

338. 中央储备粮大庆直属库安达分库

339. 黑龙江中储粮双城直属库

340. 黑龙江中储粮木兰直属库有限公司

341. 黑龙江中储粮双城五家直属库

342. 黑龙江中储粮双城临江直属库

343. 黑龙江中储粮双城韩甸直属库

344. 中央储备粮上海直属库

345. 上海中储粮收储经销有限公司

346. 中央储备粮上海直属油库

347. 中国储备粮管理总公司南京分公司

348. 南京中储粮粮油质监中心

349. 中央储备粮邳州直属库

350. 邳州中储粮收储经销有限公司

351. 中央储备粮苏州直属库

352. 中央储备粮扬州直属库

353. 中央储备粮淮安直属库

354. 江苏中储粮苏王米业有限公司
355. 中央储备粮宿迁直属库
356. 中央储备粮徐州直属库
357. 中央储备粮连云港直属库
358. 连云港粮油进出口接运总公司
359. 中央储备粮南通直属库
360. 中储粮南通直属库有限公司
361. 中央储备粮盐城直属库
362. 中储粮镇江仓储有限公司
363. 中央储备粮南京直属库
364. 中储粮南京六合仓储有限责任公司
365. 中央储备粮泰州直属库
366. 中储粮泰州仓储有限责任公司
367. 中央储备粮常州直属库
368. 中央储备粮镇江直属库
369. 中储粮油脂（张家港）有限公司
370. 中国储备粮管理总公司浙江分公司
371. 中央储备粮杭州直属库
372. 中央储备粮宁波直属库
373. 中央储备粮宁波直属库余姚分库
374. 中央储备粮宁波直属库宁海分库
375. 中央储备粮温州直属库
376. 中央储备粮湖州直属库
377. 中央储备粮嘉兴直属库
378. 中央储备粮金华直属库
379. 中央储备粮衢州直属库
380. 中央储备粮舟山直属库
381. 中央储备粮玉环直属库
382. 中央储备粮丽水直属库
383. 中国储备粮管理总公司安徽分公司
384. 安徽中储粮粮油质监中心
385. 中央储备粮安庆直属库
386. 中央储备粮蚌埠直属库
387. 中央储备粮淮南直属库
388. 中央储备粮亳州直属库
389. 中央储备粮涡阳直属库
390. 中央储备粮巢湖直属库
391. 安徽国储粮食储备有限公司
392. 中央储备粮滁州直属库
393. 中央储备粮阜阳直属库
394. 中央储备粮合肥直属库
395. 中央储备粮淮北直属库
396. 中央储备粮六安直属库

397. 中央储备粮庐江直属库

398. 中储粮庐江福合仓储有限公司

399. 中央储备粮宿州直属库

400. 中央储备粮铜陵直属库

401. 中央储备粮黄山直属库

402. 中央储备粮池州直属库

403. 中央储备粮芜湖直属库

404. 中央储备粮宣城直属库

405. 中储粮广德德合仓储有限责任公司

406. 中国储备粮管理总公司合肥油脂库

407. 中国储备粮管理总公司福建分公司

408. 中央储备粮福州直属库

409. 中央储备粮厦门直属库

410. 中央储备粮厦门直属库平和分库

411. 中央储备粮莆田直属库

412. 中央储备粮泉州直属库

413. 中央储备粮三明直属库

414. 中央储备粮邵武直属库

415. 中央储备粮邵武直属库建瓯分库

416. 中央储备粮长乐直属库

417. 中央储备粮漳州直属库

418. 中国储备粮管理总公司江西分公司

419. 江西中储粮粮油质监中心

420. 中央储备粮万年直属库

421. 中央储备粮万年直属库陈营分库

422. 中央储备粮万年直属库鄱阳分库

423. 中央储备粮万年直属库高家岭分库

424. 中央储备粮万年直属库芦田分库

425. 江西中储粮新余直属库

426. 中央储备粮泰和直属库

427. 中央储备粮泰和直属库万安分库

428. 中央储备粮泰和直属库遂川分库

429. 中央储备粮泰和直属库井冈山分库

430. 中央储备粮上饶直属库

431. 中央储备粮上饶直属库德兴分库

432. 中央储备粮上饶直属库婺源分库

433. 中央储备粮上饶直属库都昌分库

434. 中央储备粮上饶直属库广丰分库

435. 中央储备粮上高直属库

436. 中央储备粮瑞金直属库

437. 中央储备粮瑞金直属库石城分库

438. 中央储备粮瑞金直属库南丰分库

439. 中央储备粮萍乡直属库

440. 中央储备粮宁都直属库

441. 中央储备粮宁都直属库兴国分库

442. 中央储备粮南昌直属库

443. 中央储备粮九江直属库

444. 中央储备粮九江直属库湖口分库

445. 中央储备粮九江直属库修水分库

446. 中央储备粮金溪直属库

447. 中央储备粮金溪直属库资溪分库

448. 中央储备粮景德镇直属库

449. 中央储备粮吉水直属库

450. 中央储备粮吉水直属库峡江分库

451. 中央储备粮吉水直属库永丰分库

452. 中央储备粮吉安直属库

453. 中央储备粮吉安直属库敦厚分库

454. 中央储备粮吉安直属库安福分库

455. 中央储备粮横峰直属库

456. 中央储备粮横峰直属库弋阳分库

457. 中央储备粮横峰直属库铅山分库

458. 江西中储粮弋阳直属库圭峰分库

459. 中央储备粮高安直属库

460. 中央储备粮高安直属库靖安分库

461. 中央储备粮赣州直属库

462. 中央储备粮赣州直属库信丰分库

463. 中央储备粮赣州直属库定南分库

464. 中央储备粮丰城直属库

465. 中央储备粮抚州直属库

466. 中央储备粮抚州直属库乐安分库

467. 中央储备粮抚州直属库东乡分库

468. 中央储备粮宜春直属库

469. 中央储备粮鹰潭直属库

470. 中央储备粮贵溪直属库

471. 中央储备粮贵溪直属库余江分库

472. 中国储备粮管理总公司山东分公司

473. 山东中储粮粮油质监中心

474. 中央储备粮济南直属库

475. 中央储备粮莱芜直属库

476. 中央储备粮青岛直属库

477. 中央储备粮青岛直属库平度分库

478. 中央储备粮青岛直属库莱西分库

479. 中央储备粮淄博直属库

480. 中央储备粮淄博直属库高青分库

481. 中央储备粮枣庄直属库

482. 中央储备粮枣庄直属库滕州分库

483. 中央储备粮枣庄直属库台儿庄分库

484. 中央储备粮枣庄直属库山亭分库

485. 中央储备粮东营直属库

486. 中央储备粮东营直属库广饶分库

487. 中央储备粮烟台直属库

488. 中央储备粮烟台直属库莱州分库

489. 中储粮莱阳仓储有限责任公司

490. 中储粮海阳仓储有限责任公司

491. 中央储备粮潍坊直属库

492. 中央储备粮昌邑储备库

493. 潍坊国家粮食储备有限公司

494. 中央储备粮潍坊仓储有限公司

495. 中央储备粮高密仓储有限公司

496. 中央储备粮济宁直属库

497. 中央储备粮济宁直属库金乡分库

498. 中央储备粮济宁直属库汶上有限公司

499. 中央储备粮济宁直属库汶上寅寺仓储有限责任公司

500. 中央储备粮泰安直属库

501. 中央储备粮泰安直属库肥城分库

502. 山东肥城国家粮食储备库

503. 中央储备粮泰安直属库宁阳分库

504. 中央储备粮泰安直属库东平分库

505. 中央储备粮威海直属库

506. 中央储备粮威海直属库乳山分库

507. 中央储备粮威海直属库荣成分库

508. 中储粮威海仓储有限责任公司

509. 中央储备粮日照直属库

510. 中央储备粮临沂直属库

511. 中央储备粮临沂直属库沂南分库

512. 中央储备粮临沂直属库沂水分库

513. 中央储备粮临沂直属库平邑分库

514. 中央储备粮临沂直属库蒙阴分库

515. 中央储备粮临沂直属库苍山分库

516. 中央储备粮临沂直属库临沭分库

517. 中央储备粮临沂直属库莒南分库

518. 中央储备粮德州直属库

519. 中央储备粮德州直属库乐陵分库

520. 中央储备粮德州直属库夏津有限公司

521. 禹城裕丰粮食购销有限公司

522. 中央储备粮聊城直属库

523. 中央储备粮莘县直管库有限公司

524. 中央储备粮阳谷直管库

525. 中央储备粮聊城直属库冠县分库

526. 中央储备粮聊城直属库高唐分库

527. 聊城中储粮仓储有限责任公司

528. 中央储备粮滨州直属库

529. 中央储备粮滨州直属库惠民分库

530. 中央储备粮菏泽直属库

531. 中央储备粮菏泽直属库单县分库

532. 中央储备粮菏泽直属库巨野分库

533. 中央储备粮菏泽直属库东明分库

534. 聊城中储粮物流有限公司

535. 中储粮山东粮油购销公司

536. 中储粮莱州丰和物流有限公司

537. 中储粮日照粮油储备库

538. 中国储备粮管理总公司河南分公司

539. 河南中储粮粮油质监中心有限公司

540. 中央储备粮郑州直属库

541. 中央储备粮郑州直属库荥阳分库

542. 中央储备粮新港直属库

543. 中央储备粮新港直属库西华分库

544. 中央储备粮开封直属库

545. 中央储备粮开封直属库尉氏县分库

546. 中央储备粮开封直属库兰考分库

547. 中央储备粮洛阳直属库

548. 中央储备粮洛阳直属库偃师分库

549. 中央储备粮洛阳直属库新安分库

550. 中央储备粮平顶山直属库

551. 中央储备粮平顶山直属库宝丰分库

552. 中央储备粮安阳直属库

553. 中央储备粮安阳直属库滑县道口分库

554. 中央储备粮安阳直属库滑县牛屯分库

555. 中央储备粮安阳直属库安阳县永和分库

556. 中央储备粮安阳直属库内黄县井店分库

557. 河南中储粮林州直属库

558. 中央储备粮鹤壁直属库

559. 中央储备粮鹤壁直属库浚县分库

560. 中央储备粮新乡直属库

561. 中央储备粮新乡直属库延津分库

562. 中央储备粮卫辉直属库

563. 中央储备粮卫辉直属库获嘉分库

564. 中央储备粮焦作直属库

565. 中央储备粮焦作直属库温县分库

566. 中央储备粮焦作直属库博爱收储库

567. 中央储备粮焦作直属库修武收储库

568. 中央储备粮焦作直属库沁阳分库

569. 中央储备粮焦作直属库武陟分库

570. 中央储备粮焦作直属库谷旦收储库

571. 中央储备粮焦作直属库武陟乔庙收储库

572. 中央储备粮焦作直属库济源分库

573. 中央储备粮焦作直属库孟州分库

574. 中央储备粮濮阳直属库

575. 中央储备粮许昌直属库

576. 中央储备粮许昌直属库鄢陵分库

577. 中央储备粮许昌直属库长葛分库

578. 中央储备粮许昌直属库禹州分库

579. 中央储备粮漯河直属库

580. 中央储备粮漯河直属库舞阳分库

581. 中央储备粮漯河直属库召陵分库

582. 中央储备粮漯河直属库临颍分库

583. 中央储备粮三门峡直属库

584. 中央储备粮商丘直属库

585. 中央储备粮商丘直属库夏邑分库

586. 中央储备粮商丘直属库睢阳分库

587. 中央储备粮商丘直属库夏邑杨集分库

588. 中央储备粮商丘直属库夏邑车站分库

589. 河南中储粮虞城直属库

590. 中央储备粮永城直属库

591. 中央储备粮宁陵直属库

592. 中央储备粮周口直属库

593. 中央储备粮周口直属库商水分库

594. 中央储备粮周口直属库淮阳分库

595. 中央储备粮周口直属库商水谭庄分库

596. 中央储备粮沈丘直属库

597. 中央储备粮沈丘直属库鹿邑太清分库

598. 中央储备粮沈丘直属库鹿邑赵东分库

599. 中央储备粮沈丘直属库槐店分库

600. 中央储备粮沈丘直属库郸城分库

601. 中央储备粮沈丘直属库郸城城郊分库

602. 项城市盈科粮食收储管理有限公司

603. 太康县禾谷粮食收储管理有限公司

604. 淮阳县德方粮油购销有限公司

605. 中央储备粮驻马店直属库

606. 中央储备粮驻马店直属库泌阳分库

607. 中央储备粮驻马店直属库西平分库

608. 中央储备粮驻马店直属库正阳分库

609. 中央储备粮驻马店直属库平舆分库

610. 中央储备粮驻马店直属库遂平分库

611. 驻马店市前进粮油有限公司

612. 中央储备粮新蔡直属库

613. 中央储备粮南阳向东直属库

614. 中央储备粮南阳向东直属库光武分库

615. 中央储备粮南阳向东直属库卧龙分库

616. 河南中储粮南阳直属库漯河分库

617. 中央储备粮邓州直属库

618. 中央储备粮信阳直属库

619. 中央储备粮信阳直属库查山分库

620. 中央储备粮潢川直属库

621. 中央储备粮潢川直属库息县分库

622. 中央储备粮潢川直属库淮滨分库

623. 中央储备粮新郑直属库

624. 河南豫粮麦业有限公司

625. 河南豫粮麦业有限公司开封粮库

626. 河南豫粮麦业有限公司鹤壁粮库

627. 河南豫粮麦业有限公司滑县粮库

628. 河南豫粮麦业有限公司延津库

629. 河南豫粮麦业有限公司漯河粮库

630. 鄢陵东方粮油仓储有限公司

631. 漯河东方粮油仓储有限公司

632. 河南延津金麦粮食储备库

633. 中国储备粮管理总公司湖北分公司

634. 湖北中储粮粮油质监中心

635. 中央储备粮武汉直属库

636. 中央储备粮荆州直属库

637. 中央储备粮宜昌直属库

638. 中央储备粮宜昌直属库仙草分库

639. 中央储备粮宜昌直属库当阳分库

640. 中央储备粮襄阳直属库

641. 中央储备粮襄阳直属库南漳分库

642. 中央储备粮襄阳直属库老河口分库

643. 中央储备粮荆门直属库

644. 湖北兴农粮食产业发展有限公司

645. 中央储备粮黄冈直属库

646. 湖北建元农业发展有限公司

647. 中央储备粮黄冈直属库武穴分库

648. 中央储备粮黄冈直属库英山分库

649. 中央储备粮咸宁直属库

650. 中央储备粮孝感直属库

651. 中央储备粮孝感直属库汉川分库

652. 中央储备粮随州直属库

653. 中央储备粮随州直属库广水分库

654. 湖北中储粮仙桃直属库

655. 湖北中储粮潜江直属库
656. 湖北中储粮天门直属库
657. 湖北中储粮大冶直属库
658. 湖北中储粮鄂州直属库
659. 湖北中储粮洪湖直属库
660. 湖北中储粮监利直属库
661. 湖北中储粮油脂有限公司
662. 中央储备粮天门直属油库
663. 中国储备粮管理总公司湖南分公司
664. 湖南中储粮粮油质监中心
665. 中央储备粮岳阳直属库
666. 中央储备粮岳阳直属库临湘分库
667. 中央储备粮岳阳直属库华容分库
668. 中央储备粮岳阳直属库卫农分库
669. 中央储备粮长沙直属库
670. 中央储备粮长沙直属库湘阴分库
671. 中央储备粮临澧直属库
672. 中央储备粮临澧直属库澧县分库
673. 中央储备粮湘潭直属库
674. 中央储备粮湘潭直属库韶山分库
675. 中央储备粮湘潭直属库湘乡分库
676. 湘潭市板塘粮油仓库
677. 中央储备粮张家界直属库
678. 中央储备粮张家界直属库慈利分库
679. 中央储备粮怀化直属库
680. 中央储备粮怀化直属库靖州分库
681. 中央储备粮永州直属库
682. 中央储备粮永州直属库东安分库
683. 中央储备粮永州直属库祁阳分库
684. 中央储备粮永州直属库零陵分库
685. 中央储备粮衡阳直属库
686. 中央储备粮衡阳直属库衡东分库
687. 中央储备粮衡阳直属库祁东分库
688. 中央储备粮宁乡直属库
689. 中央储备粮宁乡直属库望城分库
690. 湖南盛湘粮食购销集团有限公司
691. 中央储备粮株洲直属库
692. 中央储备粮株洲直属库茶陵分库
693. 中储粮醴陵购销公司
694. 株洲市粮油仓库
695. 中央储备粮汨罗直属库
696. 中央储备粮汨罗直属库平江分库
697. 中央储备粮郴州直属库

698. 中央储备粮邵阳直属库
699. 中央储备粮邵阳直属库白仓分库
700. 中央储备粮益阳直属库
701. 中央储备粮益阳直属库桃江分库
702. 中央储备粮常德直属库
703. 中央储备粮常德直属库汉寿分库
704. 中央储备粮湘西州直属库
705. 中央储备粮湘西州直属库永顺分库
706. 中央储备粮娄底直属库
707. 中央储备粮娄底直属库双峰分库
708. 中国储备粮管理总公司广州分公司
709. 广州中储粮粮油质监中心
710. 中央储备粮江门直属库
711. 中央储备粮江门直属库台山分库
712. 中央储备粮惠州直属库
713. 中央储备粮汕尾直属库
714. 中央储备粮肇庆直属库
715. 中央储备粮云浮直属库
716. 中央储备粮广州直属库
717. 中央储备粮清远直属库
718. 中央储备粮揭阳直属库
719. 中央储备粮汕头直属库
720. 中央储备粮潮州直属库
721. 中央储备粮茂名直属库
722. 中央储备粮阳江直属库
723. 中央储备粮深圳直属库
724. 中央储备粮佛山直属库
725. 中央储备粮河源直属库
726. 中央储备粮东莞油脂直属库
727. 中央储备粮新沙港直属库
728. 中国储备粮管理总公司广西分公司
729. 中央储备粮南宁直属库
730. 中央储备粮梧州直属库
731. 中央储备粮贺州直属库
732. 中央储备粮北海直属库
733. 中央储备粮桂林直属库
734. 中央储备粮平果直属库
735. 防城港中储粮仓储有限公司
736. 防城港中储粮油脂有限公司
737. 南宁港中储粮仓储有限公司
738. 中储粮物流（梧州）有限公司
739. 中央储备粮海口直属库
740. 中央储备粮三亚直属库

741. 中央储备粮海口直属库琼海分库
742. 中央储备粮海口直属库八所分库
743. 中央储备浪海口直属库文昌分库
744. 中央储备粮海南老城直属库
745. 中央储备粮重庆直属库
746. 中储粮重庆江津仓储有限责任公司
747. 中央储备粮重庆綦江直属库
748. 中储粮重庆涪陵粮油储备有限公司
749. 中国储备粮管理总公司成都分公司
750. 中储粮成都粮食储藏科学研究所
751. 成都中储粮粮油质监有限公司
752. 中央储备粮成都直属库
753. 中储粮成都新津仓储有限责任公司
754. 中央储备粮金堂直属库
755. 中央储备粮广元直属库
756. 中央储备粮广元直属库剑阁分库
757. 中央储备粮广元直属库南江分库
758. 中央储备粮泸州直属库
759. 中央储备粮眉山直属库
760. 中央储备粮绵阳直属库
761. 中央储备粮绵阳直属库三台分库
762. 中央储备粮南充直属库
763. 中央储备粮内江直属库
764. 中央储备粮遂宁直属库
765. 中央储备粮自贡直属库
766. 中央储备粮资阳直属库
767. 中央储备粮西昌直属库
768. 中储粮成都青白江仓储有限责任公司
769. 中央储备粮广安直属库
770. 中央储备粮四川新津直属库
771. 中国储备粮管理总公司贵州分公司
772. 中央储备粮贵阳直属库
773. 中央储备粮遵义直属库
774. 中央储备粮六盘水直属库
775. 中央储备粮兴义直属库
776. 中央储备粮都匀直属库
777. 中央储备粮凯里直属库
778. 中储粮贵州分公司毕节直属库
779. 中储粮贵州分公司安顺直属库
780. 中国储备粮管理总公司云南分公司
781. 中央储备粮昆明直属库
782. 中央储备粮曲靖直属库
783. 中央储备粮大理直属库

784. 中央储备粮德宏直属库

785. 中央储备粮景洪直属库

786. 中央储备粮楚雄直属库

787. 中央储备粮丽江直属库

788. 中央储备粮文山直属库

789. 中央储备粮普洱直属库

790. 中储粮红河国家粮食储备有限责任公司

791. 中储粮昭通国家粮食储备有限责任公司

792. 中央储备粮拉萨直属库

793. 中国储备粮管理总公司西安分公司

794. 西安中储粮粮油质监中心

795. 中央储备粮西安大明宫直属库

796. 中央储备粮榆林直属库

797. 中央储备粮安康直属库

798. 中央储备粮延安直属库

799. 中央储备粮汉中直属库

800. 中央储备粮蒲城直属库

801. 中央储备粮商洛直属库

802. 中央储备粮宝鸡直属库

803. 中央储备粮渭南高田直属库

804. 中央储备粮铜川直属库

805. 中央储备粮渭南直属库

806. 宝鸡市陈仓区第六寨粮库

807. 陕西扶风国家粮食储备库

808. 陕西兴平国家粮食储备库

809. 中央储备粮咸阳直属库

810. 陕西咸阳西郊国家粮食储备库

811. 中国储备粮管理总公司兰州分公司

812. 中储粮兰州质监中心有限公司

813. 中央储备粮天水直属库

814. 中央储备粮高台直属库

815. 中央储备粮兰州直属库

816. 中央储备粮榆中直属库

817. 中央储备粮金昌直属库

818. 中央储备粮白银直属库

819. 中央储备粮武威直属库

820. 中央储备粮酒泉直属库

821. 中央储备粮庆阳直属库

822. 中央储备粮定西直属库

823. 中央储备粮陇南直属库

824. 中央储备粮平凉直属库

825. 中央储备粮格尔木直属库

826. 中央储备粮西宁直属库

827. 中央储备粮平安直属库
828. 中央储备粮中宁直属库
829. 中央储备粮银川直属库
830. 中国储备粮管理总公司新疆分公司
831. 新疆中储粮粮油质监中心
832. 中央储备粮石河子直属库
833. 中央储备粮阿克苏直属库
834. 中央储备粮阿克苏直属库图木舒克分库
835. 中央储备粮阜康直属库
836. 中央储备粮精河直属库
837. 中央储备粮巴音郭楞直属库
838. 中央储备粮奎屯直属库
839. 中央储备粮哈密直属库
840. 中央储备粮伊犁直属库
841. 中央储备粮喀什直属库
842. 中央储备粮乌鲁木齐直属库
843. 中央储备粮五家渠直属库
844. 中央储备粮奇台直属库
845. 中央储备粮和田直属库
846. 中央储备粮塔城直属库
847. 中央储备粮阿勒泰直属库
848. 中储粮新疆分公司新源直属库

二、中国储备棉管理总公司及直属储备棉库

（一）中国储备棉管理总公司
（二）中国储备棉管理总公司直属单位
1. 中储棉天津有限公司
2. 中国储备棉管理总公司天津直属库
3. 中储棉阜阳有限公司
4. 中储棉兰州有限公司
5. 中储棉漯河有限公司
6. 中储棉武汉有限公司
7. 中储棉岳阳有限公司
8. 中储棉徐州有限公司
9. 中储棉盐城有限公司
10. 中储棉绍兴有限公司
11. 中储棉青岛有限公司
12. 中储棉九江有限公司
13. 中国储备棉管理总公司九江直属库
14. 中储棉西安有限公司
15. 中国储备棉管理总公司泾阳直属库
16. 中储棉新疆有限责任公司
17. 中储棉广东有限责任公司

18. 中储棉库尔勒有限责任公司
19. 中储棉阿克苏有限公司
20. 中储棉德州有限责任公司
21. 中储棉四川有限责任公司
22. 中储棉菏泽有限责任公司
23. 中储棉襄阳有限责任公司
24. 中储棉永安有限公司
25. 中储棉如皋有限公司
26. 中储棉山东诸城有限公司
27. 中储棉物流有限公司
28. 中储棉乌鲁木齐有限责任公司
29. 中储棉新疆物流有限公司

三、华商储备商品管理中心及中央直属储备糖库、肉库

（一）华商储备商品管理中心

（二）中央直属储备糖库

1. 南通中央直属储备糖库（中糖世纪股份有限公司江苏分公司、中国糖业酒类集团公司南通储运公司）
2. 漤口中央直属储备糖库（中糖世纪股份有限公司湖北分公司）
3. 蚌埠中央直属储备糖库（中糖世纪股份有限公司安徽分公司）
4. 新郑中央直属储备糖库（中糖世纪股份有限公司河南分公司）
5. 塘沽中央直属储备糖库（天津中糖物流公司、中糖世纪股份有限公司塘沽分公司、中皇有限公司）
6. 廊坊中央直属储备糖库（河北中糖物流有限公司）
7. 霸州中央直属储备糖库（河北中糖华洋物流有限公司）
8. 西营门中央直属储备糖库（天津中糖华丰物流有限公司）
9. 顺德中央直属储备糖库（广东中糖贸易发展有限公司、广东中糖贸易发展有限公司顺德分公司）
10. 北海中央直属储备糖库（广西中糖物流有限公司）
11. 德阳中央直属储备糖库（四川中糖物流有限公司、中国糖酒集团成都有限责任公司）
12. 魏善庄中央直属储备糖库（北京中糖物流有限公司）
13. 漳州中央直属储备糖库（漳州中糖物流有限公司、福建中糖糖业发展有限公司）
14. 宁波中央直属储备糖库（宁波中糖物流有限公司）
15. 营口中央直属储备糖库（辽宁中糖物流有限公司）
16. 青岛中央直属储备糖库（青岛中糖海湾物流有限公司）
17. 小塘中央直属储备糖库（佛山市华商物流有限公司）
18. 德州中央直属储备糖库（山东中糖物流有限公司）
19. 昭陵中央直属储备糖库（湖南中糖物流有限公司）
20. 湛江中央直属储备糖库（湛江中糖糖业有限公司、湛江中糖糖业有限公司霞山分公司）
21. 昆明中央直属储备糖库（云南中糖物流有限公司）
22. 长春中央直属储备糖库（长春华商物流有限公司）
23. 南宁中央直属储备糖库（广西中糖糖业发展有限公司）
24. 中粮（唐山）糖业有限公司

（三）中央直属储备肉冷库

1. 保定中央直属储备肉冷库（中食产业集团保定有限公司）
2. 南阳中央直属储备肉冷库（南阳华商冷藏物流有限公司）

3. 张家口中央直属清真储备肉冷库（华商（张家口）清真冷藏有限公司）

4. 蒲江中央直属储备肉冷库（中国食品集团公司、中食成都冷藏物流有限公司）

5. 周口中央直属储备肉冷库（中国食品集团公司、中食（周口）冷藏物流有限公司）

6. 太仓中央直属储备肉冷库（太仓华商冷藏物流有限公司）

7. 汕尾中央直属储备肉冷库（汕尾华商冷藏物流有限公司）

8. 德州中央直属储备肉冷库（德州华商冷藏物流有限公司）

9. 大连中央直属储备肉冷库（大连华商冷藏物流有限公司）

10. 长春中央直属储备肉冷库（长春华商冷藏物流有限公司）

11. 北京中央直属储备肉冷库（中国食品集团公司、北京中食兴瑞冷链物流有限公司）

12. 武汉中央直属储备肉冷库（中国食品集团公司、中食武汉冷藏物流有限公司）

13. 长沙中央直属储备肉冷库（中国食品集团公司、长沙中食冷藏有限公司）

14. 合肥中央直属储备肉冷库（中国食品集团公司、合肥中食冷藏有限公司）

四、中国盐业总公司新郑 206 盐库

五、中粮集团有限公司所属储备库

1. 北京顺义中宏国家粮食储备库

2. 中国植物油公司

3. 中国华粮物流集团北京粮食销区中心供应库

4. 北京八达岭华天国家粮食储备库

5. 中国华粮物流集团扎兰屯国家粮食储备库

6. 中国华粮物流集团前进国家粮食储备库

7. 大连北良国家粮食储备库有限公司

8. 沈阳香雪面粉股份有限公司

9. 中国华粮物流集团白城直属库

10. 中国华粮物流集团朝阳国家粮食储备库

11. 华粮集团五棵树粮食中转库

12. 中国华粮物流集团龙镇国家粮食储备库

13. 中国华粮物流集团讷河国家粮食储备库

14. 黑龙江宝泉岭中谷国家粮食储备库

15. 中国华粮物流集团佳木斯粮食中转库

16. 中国华粮物流集团克山粮库

17. 中国华粮物流集团绥化粮库

18. 中国华粮物流集团桦南粮库

19. 中国华粮物流集团密山粮库

20. 中国华粮物流集团迎春粮库

21. 中国华粮物流集团克东国家粮食储备库

22. 中国华粮物流集团富锦粮库

23. 中国华粮物流集团嫩江国家粮食储备库

24. 中粮米业（虎林）有限公司

25. 江苏江阴中谷国家粮食储备库

26. 中粮粮油安徽国家粮食储备库

27. 中粮（江西）米业有限公司

28. 九江中谷国家粮食储备库
29. 山东东明中谷国家粮食储备库
30. 临清中谷国家粮食储备库
31. 中国华粮物流集团青山港口库
32. 中国华粮物流集团城陵矶港口库
33. 湖南长沙中谷国家粮食储备库
34. 中国华粮物流集团防城港港口库

财政部　国家税务总局关于铁路债券利息
收入所得税政策问题的通知

2016 年 3 月 10 日　财税〔2016〕30 号

各省、自治区、直辖市、计划单列市财政厅（局）、国家税务局、地方税务局，新疆生产建设兵团财务局：

经国务院批准，现就投资者取得中国铁路总公司发行的铁路债券利息收入有关所得税政策通知如下：

一、对企业投资者持有 2016～2018 年发行的铁路债券取得的利息收入，减半征收企业所得税。

二、对个人投资者持有 2016～2018 年发行的铁路债券取得的利息收入，减按 50% 计入应纳税所得额计算征收个人所得税。税款由兑付机构在向个人投资者兑付利息时代扣代缴。

三、铁路债券是指以中国铁路总公司为发行和偿还主体的债券，包括中国铁路建设债券、中期票据、短期融资券等债务融资工具。

请遵照执行。

财政部　国家税务总局关于对利用废弃的动植物油生产
纯生物柴油免征消费税政策执行中有关问题的通知

2016 年 3 月 18 日　财税〔2016〕35 号

各省、自治区、直辖市、计划单列市财政厅（局）、国家税务局，新疆生产建设兵团财务局：

《财政部　国家税务总局关于对利用废弃的动植物油生产纯生物柴油免征消费税的通知》（财税〔2010〕118 号）第一条第二项中"《柴油机燃料调合生物柴油（BD100）》"是指"《柴油机燃料调合用生物柴油（BD100）》"，请遵照执行。

财政部　国家税务总局关于全面推开营业税
改征增值税试点的通知

2016 年 3 月 23 日　财税〔2016〕36 号

各省、自治区、直辖市、计划单列市财政厅（局）、国家税务局、地方税务局，新疆生产建设兵团财务局：

经国务院批准，自 2016 年 5 月 1 日起，在全国范围内全面推开营业税改征增值税（以下称营改增）试点，建筑业、房地产业、金融业、生活服务业等全部营业税纳税人，纳入试点范围，由缴纳营业税改为缴纳增值税。现将《营业税改征增值税试点实施办法》《营业税改征增值税试点有关事项的规定》《营业税改征增值税试点过渡政策的规定》和《跨境应税行为适用增值税零税率和免税政策的规定》印发你们，请遵照执行。

本通知附件规定的内容，除另有规定执行时间外，自 2016 年 5 月 1 日起执行。《财政部　国家税务总局关于将铁路运输和邮政业纳入营业税改征增值税试点的通知》（财税〔2013〕106 号）、《财政部　国家税务总局关于铁路运输和邮政业营业税改征增值税试点有关政策的补充通知》（财税〔2013〕121 号）、《财政部　国家税务总局关于将电信业纳入营业税改征增值税试点的通知》（财税〔2014〕43 号）、《财政部　国家税务总局关于国际水路运输增值税零税率政策的补充通知》（财税〔2014〕50 号）和《财政部　国家税务总局关于影视等出口服务适用增值税零税率政策的通知》（财税〔2015〕118 号），除另有规定的条款外，相应废止。

各地要高度重视营改增试点工作，切实加强试点工作的组织领导，周密安排，明确责任，采取各种有效措施，做好试点前的各项准备以及试点过程中的监测分析和宣传解释等工作，确保改革的平稳、有序、顺利进行。遇到问题请及时向财政部和国家税务总局反映。

附件：1. 营业税改征增值税试点实施办法（略）
　　　2. 营业税改征增值税试点有关事项的规定（略）
　　　3. 营业税改征增值税试点过渡政策的规定（略）
　　　4. 跨境应税行为适用增值税零税率和免税政策的规定（略）

财政部　国家税务总局关于营改增后契税　房产税 土地增值税　个人所得税计税依据问题的通知

2016 年 4 月 25 日　财税〔2016〕43 号

各省、自治区、直辖市、计划单列市财政厅（局）、地方税务局，西藏、宁夏、青海省（自治区）国家税务局，新疆生产建设兵团财务局：

经研究，现将营业税改征增值税后契税、房产税、土地增值税、个人所得税计税依据有关问题明确如下：

一、计征契税的成交价格不含增值税。

二、房产出租的，计征房产税的租金收入不含增值税。

三、土地增值税纳税人转让房地产取得的收入为不含增值税收入。

《中华人民共和国土地增值税暂行条例》等规定的土地增值税扣除项目涉及的增值税进项税额，允许在销项税额中计算抵扣的，不计入扣除项目，不允许在销项税额中计算抵扣的，可以计入扣除项目。

四、个人转让房屋的个人所得税应税收入不含增值税，其取得房屋时所支付价款中包含的增值税计入财产原值，计算转让所得时可扣除的税费不包括本次转让缴纳的增值税。

个人出租房屋的个人所得税应税收入不含增值税，计算房屋出租所得可扣除的税费不包括本次出租缴纳的增值税。个人转租房屋的，其向房屋出租方支付的租金及增值税额，在计算转租所得时予以扣除。

五、免征增值税的，确定计税依据时，成交价格、租金收入、转让房地产取得的收入不扣减增值税额。

六、在计征上述税种时，税务机关核定的计税价格或收入不含增值税。

本通知自 2016 年 5 月 1 日起执行。

财政部　国家税务总局关于公益股权捐赠企业所得税政策问题的通知

2016 年 4 月 20 日　财税〔2016〕45 号

各省、自治区、直辖市、计划单列市财政厅（局）、国家税务局、地方税务局，新疆生产建设兵团财务局：

为支持和鼓励公益事业发展，根据《中华人民共和国企业所得税法》及其实施条例有关规定，经国务院批准，现将股权捐赠企业所得税政策问题通知如下：

一、企业向公益性社会团体实施的股权捐赠，应按规定视同转让股权，股权转让收入额以企业所捐赠股权取得时的历史成本确定。

前款所称的股权，是指企业持有的其他企业的股权、上市公司股票等。

二、企业实施股权捐赠后，以其股权历史成本为依据确定捐赠额，并依此按照企业所得税法有关规定在所得税前予以扣除。公益性社会团体接受股权捐赠后，应按照捐赠企业提供的股权历史成本开具捐赠票据。

三、本通知所称公益性社会团体，是指注册在中华人民共和国境内，以发展公益事业为宗旨、且不以营利为目的，并经确定为具有接受捐赠税前扣除资格的基金会、慈善组织等公益性社会团体。

四、本通知所称股权捐赠行为，是指企业向中华人民共和国境内公益性社会团体实施的股权捐赠行为。企业向中华人民共和国境外的社会组织或团体实施的股权捐赠行为不适用本通知规定。

五、本通知自 2016 年 1 月 1 日起执行。

本通知发布前企业尚未进行税收处理的股权捐赠行为，符合本通知规定条件的可比照本通知执行，已经进行相关税收处理的不再进行税收调整。

请遵照执行。

财政部　国家税务总局关于进一步明确全面推开营改增试点金融业有关政策的通知

2016 年 4 月 29 日　财税〔2016〕46 号

各省、自治区、直辖市、计划单列市财政厅（局）、国家税务局、地方税务局，新疆生产建设兵团财务局：

经研究，现将营改增试点期间有关金融业政策补充通知如下：

一、金融机构开展下列业务取得的利息收入，属于《营业税改征增值税试点过渡政策的规定》（财税〔2016〕36 号，以下简称《过渡政策的规定》）第一条第（二十三）项所称的金融同业往来利息收入：

（一）质押式买入返售金融商品。

质押式买入返售金融商品，是指交易双方进行的以债券等金融商品为权利质押的一种短期资金融通业务。

（二）持有政策性金融债券。

政策性金融债券，是指开发性、政策性金融机构发行的债券。

二、《过渡政策的规定》第一条第（二十一）项中，享受免征增值税的一年期及以上返还本利的人身保险包括其他年金保险，其他年金保险是指养老年金以外的年金保险。

三、农村信用社、村镇银行、农村资金互助社、由银行业机构全资发起设立的贷款公司、法人机构在县（县级市、区、旗）及县以下地区的农村合作银行和农村商业银行提供金融服务收入，可以选择适用简易计税方法按照 3% 的征收率计算缴纳增值税。

村镇银行，是指经中国银行业监督管理委员会依据有关法律、法规批准，由境内外金融机构、境内非金融机构企业法人、境内自然人出资，在农村地区设立的主要为当地农民、农业和农村经济发展提供金融服务的银行业金融机构。

农村资金互助社，是指经银行业监督管理机构批准，由乡（镇）、行政村农民和农村小企业自愿入股组成，为社员提供存款、贷款、结算等业务的社区互助性银行业金融机构。

由银行业机构全资发起设立的贷款公司，是指经中国银行业监督管理委员会依据有关法律、法规批准，由境内商业银行或农村合作银行在农村地区设立的专门为县域农民、农业和农村经济发展提供贷款服务的非银行业金融机构。

县（县级市、区、旗），不包括直辖市和地级市所辖城区。

四、对中国农业银行纳入"三农金融事业部"改革试点的各省、自治区、直辖市、计划单列市分行下辖的县域支行和新疆生产建设兵团分行下辖的县域支行（也称县事业部），提供农户贷款、农村企业和农村各类组织贷款（具体贷款业务清单见附件）取得的利息收入，可以选择适用简易计税方法按照 3% 的征收率计算缴纳增值税。

农户贷款，是指金融机构发放给农户的贷款，但不包括按照《过渡政策的规定》第一条第（十九）项规定的免征增值税的农户小额贷款。

农户，是指《过渡政策的规定》第一条第（十九）项所称的农户。

农村企业和农村各类组织贷款，是指金融机构发放给注册在农村地区的企业及各类组织的贷款。

五、本通知自 2016 年 5 月 1 日起执行。

附件：享受增值税优惠的涉农贷款业务清单

附件：

享受增值税优惠的涉农贷款业务清单

1. 法人农业贷款
2. 法人林业贷款
3. 法人畜牧业贷款
4. 法人渔业贷款
5. 法人农林牧渔服务业贷款
6. 法人其他涉农贷款（煤炭、烟草、采矿业、房地产业、城市基础设施建设和其他类的法人涉农贷款除外）
7. 小型农田水利设施贷款
8. 大型灌区改造
9. 中低产田改造
10. 防涝抗旱减灾体系建设
11. 农产品加工贷款
12. 农业生产资料制造贷款

13. 农业物资流通贷款
14. 农副产品流通贷款
15. 农产品出口贷款
16. 农业科技贷款
17. 农业综合生产能力建设
18. 农田水利设施建设
19. 农产品流通设施建设
20. 其他农业生产性基础设施建设
21. 农村饮水安全工程
22. 农村公路建设
23. 农村能源建设
24. 农村沼气建设
25. 其他农村生活基础设施建设
26. 农村教育设施建设
27. 农村卫生设施建设
28. 农村文化体育设施建设
29. 林业和生态环境建设
30. 个人农业贷款
31. 个人林业贷款
32. 个人畜牧业贷款
33. 个人渔业贷款
34. 个人农林牧渔服务业贷款
35. 农户其他生产经营贷款
36. 农户助学贷款
37. 农户医疗贷款
38. 农户住房贷款
39. 农户其他消费贷款

财政部　国家税务总局关于进一步明确全面推开营改增试点有关劳务派遣服务　收费公路通行费抵扣等政策的通知

2016 年 4 月 30 日　财税〔2016〕47 号

各省、自治区、直辖市、计划单列市财政厅（局）、国家税务局、地方税务局，新疆生产建设兵团财务局：

经研究，现将营改增试点期间劳务派遣服务等政策补充通知如下：

一、劳务派遣服务政策

一般纳税人提供劳务派遣服务，可以按照《财政部　国家税务总局关于全面推开营业税改征增值税试点的通知》（财税〔2016〕36 号）的有关规定，以取得的全部价款和价外费用为销售额，按照一般计税方法计算缴纳增值税；也可以选择差额纳税，以取得的全部价款和价外费用，扣除代用工单位支付给劳务派遣员工的工资、福利和为其办理社会保险及住房公积金后的余额为销售额，按照简易计税方法依 5% 的征收率计算缴纳增值税。

小规模纳税人提供劳务派遣服务，可以按照《财政部　国家税务总局关于全面推开营业税改征增值税试点的通知》（财税〔2016〕36 号）的有关规定，以取得的全部价款和价外费用为销售额，按照简易计税方法依 3% 的征收率计算缴纳增值税；也可以选择差额纳税，以取得的全部价款和价外费用，扣除代用工单位支付给劳务派遣员工的工资、福利和为其办理社会保险及住房公积金后的余额为销售额，按照简易计税方法依 5% 的征收率计算缴纳增值税。

选择差额纳税的纳税人，向用工单位收取用于支付给劳务派遣员工工资、福利和为其办理社会保险及住房公积金的费用，不得开具增值税专用发票，可以开具普通发票。

劳务派遣服务，是指劳务派遣公司为了满足用工单位对于各类灵活用工的需求，将员工派遣至用工单位，接受用工单位管理并为其工作的服务。

二、收费公路通行费抵扣及征收政策

（一）2016 年 5 月 1 日至 7 月 31 日，一般纳税人支付的道路、桥、闸通行费，暂凭取得的通行费发票（不含财政票据，下同）上注明的收费金额按照下列公式计算可抵扣的进项税额：

$$高速公路通行费可抵扣进项税额 = 高速公路通行费发票上注明的金额 \div (1 + 3\%) \times 3\%$$

$$一级公路、二级公路、桥、闸通行费可抵扣进项税额 = 一级公路、二级公路、桥、闸通行费发票上注明的金额 \div (1 + 5\%) \times 5\%$$

通行费，是指有关单位依法或者依规设立并收取的过路、过桥和过闸费用。

（二）一般纳税人收取试点前开工的一级公路、二级公路、桥、闸通行费，可以选择适用简易计税方法，按照 5% 的征收率计算缴纳增值税。

试点前开工，是指相关施工许可证注明的合同开工日期在 2016 年 4 月 30 日前。

三、其他政策

（一）纳税人提供人力资源外包服务，按照经纪代理服务缴纳增值税，其销售额不包括受客户单位委托代为向客户单位员工发放的工资和代理缴纳的社会保险、住房公积金。向委托方收取并代为发放的工资和代理缴纳的社会保险、住房公积金，不得开具增值税专用发票，可以开具普通发票。

一般纳税人提供人力资源外包服务，可以选择适用简易计税方法，按照 5% 的征收率计算缴纳增值税。

（二）纳税人以经营租赁方式将土地出租给他人使用，按照不动产经营租赁服务缴纳增值税。

纳税人转让 2016 年 4 月 30 日前取得的土地使用权，可以选择适用简易计税方法，以取得的全部价款和价外费用减去取得该土地使用权的原价后的余额为销售额，按照 5% 的征收率计算缴纳增值税。

（三）一般纳税人 2016 年 4 月 30 日前签订的不动产融资租赁合同，或以 2016 年 4 月 30 日前取得的不动产提供的融资租赁服务，可以选择适用简易计税方法，按照 5% 的征收率计算缴纳增值税。

（四）一般纳税人提供管道运输服务和有形动产融资租赁服务，按照《营业税改征增值税试点过渡政策的规定》（财税〔2013〕106 号）第二条有关规定适用的增值税实际税负超过 3% 部分即征即退政策，在 2016 年 1 月 1 日至 4 月 30 日期间继续执行。

四、本通知规定的内容，除另有规定执行时间外，自 2016 年 5 月 1 日起执行。

财政部　国家税务总局　发展改革委　工业和信息化部
关于软件和集成电路产业企业所得税优惠政策
有关问题的通知

2016 年 5 月 4 日　财税〔2016〕49 号

各省、自治区、直辖市、计划单列市财政厅（局）、国家税务局、地方税务局、发展改革委、工业和信息化主管部门：

按照《国务院关于取消和调整一批行政审批项目等事项的决定》（国发〔2015〕11 号）和《国务院关于取消非行政许可审批事项的决定》（国发〔2015〕27 号）规定，集成电路生产企业、集成电路设计企业、软件企业、国家规划布局内的重点软件企业和集成电路设计企业（以下统称软件、集成电路企业）的税收优惠资格认定等非行政许可审批已经取消。为做好《财政部　国家税务总局关于进一步鼓励软件产业和集成电路产业发展企业所得税政策的通知》（财税〔2012〕27 号）规定的企业所得税优惠政策落实工作，现将有关问题通知如下：

一、享受财税〔2012〕27 号文件规定的税收优惠政策的软件、集成电路企业，每年汇算清缴时应按照《国家税务总局关于发布〈企业所得税优惠政策事项办理办法〉的公告》（国家税务总局公告 2015 年第 76 号）规定向税务机关备案，同时提交《享受企业所得税优惠政策的软件和集成电路企业备案资料明细表》（见附件）规定的备案资料。

为切实加强优惠资格认定取消后的管理工作，在软件、集成电路企业享受优惠政策后，税务部门转请发展改革、工业和信息化部门进行核查。对经核查不符合软件、集成电路企业条件的，由税务部门追缴其已经享受的企业所得税优惠，并按照税收征管法的规定进行处理。

二、财税〔2012〕27 号文件所称集成电路生产企业，是指以单片集成电路、多芯片集成电路、混合集成电路制造为主营业务并同时符合下列条件的企业：

（一）在中国境内（不包括港、澳、台地区）依法注册并在发展改革、工业和信息化部门备案的居民企业；

（二）汇算清缴年度具有劳动合同关系且具有大学专科以上学历职工人数占企业月平均职工总人数的比例不低于 40%，其中研究开发人员占企业月平均职工总数的比例不低于 20%；

（三）拥有核心关键技术，并以此为基础开展经营活动，且汇算清缴年度研究开发费用总额占企业销售（营业）收入（主营业务收入与其他业务收入之和，下同）总额的比例不低于 5%；其中，企业在中国境内发生的研究开发费用金额占研究开发费用总额的比例不低于 60%；

（四）汇算清缴年度集成电路制造销售（营业）收入占企业收入总额的比例不低于 60%；

（五）具有保证产品生产的手段和能力，并获得有关资质认证（包括 ISO 质量体系认证）；

（六）汇算清缴年度未发生重大安全、重大质量事故或严重环境违法行为。

三、财税〔2012〕27 号文件所称集成电路设计企业是指以集成电路设计为主营业务并同时符合下列条件的企业：

（一）在中国境内（不包括港、澳、台地区）依法注册的居民企业；

（二）汇算清缴年度具有劳动合同关系且具有大学专科以上学历的职工人数占企业月平均职工总人数的比例不低 40%，其中研究开发人员占企业月平均职工总数的比例不低于 20%；

（三）拥有核心关键技术，并以此为基础开展经营活动，且汇算清缴年度研究开发费用总额占企业销售（营业）收入总额的比例不低于 6%；其中，企业在中国境内发生的研究开发费用金额占研究开发费用总额的比例不低于 60%。

（四）汇算清缴年度集成电路设计销售（营业）收入占企业收入总额的比例不低于 60%，其中集成电路自主设计销售（营业）收入占企业收入总额的比例不低于 50%；

（五）主营业务拥有自主知识产权；

（六）具有与集成电路设计相适应的软硬件设施等开发环境（如 EDA 工具、服务器或工作站等）；

（七）汇算清缴年度未发生重大安全、重大质量事故或严重环境违法行为。

四、财税〔2012〕27 号文件所称软件企业是指以软件产品开发销售（营业）为主营业务并同时符合下列条件的企业：

（一）在中国境内（不包括港、澳、台地区）依法注册的居民企业；

（二）汇算清缴年度具有劳动合同关系且具有大学专科以上学历的职工人数占企业月平均职工总人数的比例不低于 40%，其中研究开发人员占企业月平均职工总数的比例不低于 20%；

（三）拥有核心关键技术，并以此为基础开展经营活动，且汇算清缴年度研究开发费用总额占企业销售（营业）收入总额的比例不低于 6%；其中，企业在中国境内发生的研究开发费用金额占研究开发费用总额的比例不低于 60%；

（四）汇算清缴年度软件产品开发销售（营业）收入占企业收入总额的比例不低于 50%（嵌入式软件产品和信息系统集成产品开发销售（营业）收入占企业收入总额的比例不低于 40%），其中：软件产品自主开发销售（营业）收入占企业收入总额的比例不低于 40%（嵌入式软件产品和信息系统集成产品开发销售（营业）收入占企业收入总额的比例不低于 30%）；

（五）主营业务拥有自主知识产权；

（六）具有与软件开发相适应软硬件设施等开发环境（如合法的开发工具等）；

（七）汇算清缴年度未发生重大安全、重大质量事故或严重环境违法行为。

五、财税〔2012〕27 号文件所称国家规划布局内重点集成电路设计企业除符合本通知第三条规定，还应至少符合下列条件中的一项：

（一）汇算清缴年度集成电路设计销售（营业）收入不低于 2 亿元，年应纳税所得额不低于 1 000 万元，研究开发人员占月平均职工总数的比例不低于 25%；

（二）在国家规定的重点集成电路设计领域内，汇算清缴年度集成电路设计销售（营业）收入不低于 2 000 万元，应纳税所得额不低于 250 万元，研究开发人员占月平均职工总数的比例不低于 35%，企业在中国境内发生的研究开发费用金额占研究开发费用总额的比例不低于 70%。

六、财税〔2012〕27 号文件所称国家规划布局内重点软件企业是除符合本通知第四条规定，还应至少符合下列条件中的一项：

（一）汇算清缴年度软件产品开发销售（营业）收入不低于 2 亿元，应纳税所得额不低于 1 000 万元，研究开发人员占企业月平均职工总数的比例不低于 25%；

（二）在国家规定的重点软件领域内，汇算清缴年度软件产品开发销售（营业）收入不低于 5 000 万元，应纳税所得额不低于 250 万元，研究开发人员占企业月平均职工总数的比例不低于 25%，企业在中国境内发生的研究开发费用金额占研究开发费用总额的比例不低于 70%；

（三）汇算清缴年度软件出口收入总额不低于 800 万美元，软件出口收入总额占本企业年度收入总额比例不低于 50%，研究开发人员占企业月平均职工总数的比例不低于 25%。

七、国家规定的重点软件领域及重点集成电路设计领域，由国家发展改革委、工业和信息化部会同财政部、税务总局根据国家产业规划和布局确定，并实行动态调整。

八、软件、集成电路企业规定条件中所称研究开发费用政策口径，2015 年度仍按《国家税务总局关于印发〈企业研究开发费用税前扣除管理办法（试行）〉的通知》（国税发〔2008〕116 号）和《财政部 国家税务总局关于研究开发费用税前加计扣除有关政策问题的通知》（财税〔2013〕70 号）的规定执行，2016 年及以后年度按照《财政部 国家税务总局 科技部关于完善研究开发费用税前加计扣除政策的通知》（财税〔2015〕119号）的规定执行。

九、软件、集成电路企业应从企业的获利年度起计算定期减免税优惠期。如获利年度不符合优惠条件的，应自首次符合软件、集成电路企业条件的年度起，在其优惠期的剩余年限内享受相应的减免税优惠。

十、省级（自治区、直辖市、计划单列市，下同）财政、税务、发展改革和工业和信息化部门应密切配合，通过建立核查机制并有效运用核查结果，切实加强对软件、集成电路企业的后续管理工作。

（一）省级税务部门应在每年3月20日前和6月20日前分两批将汇算清缴年度已申报享受软件、集成电路企业税收优惠政策的企业名单及其备案资料提交省级发展改革、工业和信息化部门。其中，享受软件企业、集成电路设计企业税收优惠政策的名单及备案资料提交给省级工业和信息化部门，省级工业和信息化部门组织专家或者委托第三方机构对名单内企业是否符合条件进行核查；享受其他优惠政策的名单及备案资料提交给省级发展改革部门，省级发展改革部门会同工业和信息化部门共同组织专家或者委托第三方机构对名单内企业是否符合条件进行核查。

2015年度享受优惠政策的企业名单和备案资料，省级税务部门可在2016年6月20日前一次性提交给省级发展改革、工业和信息化部门。

（二）省级发展改革、工业和信息化部门应在收到享受优惠政策的企业名单和备案资料两个月内将复核结果反馈省级税务部门（第一批名单复核结果应在汇算清缴期结束前反馈）。

（三）每年10月底前，省级财政、税务、发展改革、工业和信息化部门应将核查结果及税收优惠落实情况联合汇总上报财政部、税务总局、国家发展改革委、工业和信息化部。

如遇特殊情况汇算清缴延期的，上述期限可相应顺延。

（四）省级财政、税务、发展改革、工业和信息化部门可以根据本通知规定，结合当地实际，制定具体操作管理办法，并报财政部、税务总局、发展改革委、工业和信息化部备案。

十一、国家税务总局公告2015年第76号所附《企业所得税优惠事项备案管理目录（2015年版）》第38、41、42、43、46项软件、集成电路企业优惠政策不再作为"定期减免税优惠备案管理事项"管理，本通知执行前已经履行备案等相关手续的，在享受税收优惠的年度仍应按照本通知的规定办理备案手续。

十二、本通知自2015年1月1日起执行。《财政部　国家税务总局关于进一步鼓励软件产业和集成电路产业发展企业所得税政策的通知》（财税〔2012〕27号）第九条、第十条、第十一条、第十三条、第十七条、第十八条、第十九条和第二十条停止执行。国家税务总局公告2015年第76号所附《企业所得税优惠事项备案管理目录（2015年版）》第38项至43项及第46至48项软件、集成电路企业优惠政策的"备案资料""主要留存备查资料"规定停止执行。

附件：享受企业所得税优惠政策的软件和集成电路企业备案资料明细表

附件：

享受企业所得税优惠政策的软件和集成电路企业备案资料明细表

企业类型	备案资料（复印件须加盖企业公章）
集成电路生产企业	1. 在发展改革或工业和信息化部门立项的备案文件（应注明总投资额、工艺线宽标准）复印件以及企业取得的其他相关资质证书复印件等； 2. 企业职工人数、学历结构、研究开发人员情况及其占企业职工总数的比例说明，以及汇算清缴年度最后一个月社会保险缴纳证明等相关证明材料； 3. 加工集成电路产品主要列表及国家知识产权局（或国外知识产权相关主管机构）出具的企业自主开发或拥有的一至两份代表性知识产权（如专利、布图设计登记、软件著作权等）的证明材料； 4. 经具有资质的中介机构鉴证的企业财务会计报告（包括会计报表、会计报表附注和财务情况说明书）以及集成电路制造销售（营业）收入、研究开发费用、境内研究开发费用等情况说明； 5. 与主要客户签订的一至两份代表性销售合同复印件； 6. 保证产品质量的相关证明材料（如质量管理认证证书复印件等）； 7. 税务机关要求出具的其他材料。

续表

企业类型	备案资料（复印件须加盖企业公章）
集成电路设计企业	1. 企业职工人数、学历结构、研究开发人员情况及其占企业职工总数的比例说明，以及汇算清缴年度最后一个月社会保险缴纳证明等相关证明材料； 2. 企业开发销售的主要集成电路产品列表，以及国家知识产权局（或国外知识产权相关主管机构）出具的企业自主开发或拥有的一至两份代表性知识产权（如专利、布图设计登记、软件著作权等）的证明材料； 3. 经具有资质的中介机构鉴证的企业财务会计报告（包括会计报表、会计报表附注和财务情况说明书）以及集成电路设计销售（营业）收入、集成电路自主设计销售（营业）收入、研究开发费用、境内研究开发费用等情况表； 4. 第三方检测机构提供的集成电路产品测试报告或用户报告，以及与主要客户签订的一至两份代表性销售合同复印件； 5. 企业开发环境等相关证明材料； 6. 税务机关要求出具的其他材料。
软件企业	1. 企业开发销售的主要软件产品列表或技术服务列表； 2. 主营业务为软件产品开发的企业，提供至少1个主要产品的软件著作权或专利权等自主知识产权的有效证明文件，以及第三方检测机构提供的软件产品测试报告；主营业务仅为技术服务的企业提供核心技术说明； 3. 企业职工人数、学历结构、研究开发人员及其占企业职工总数的比例说明，以及汇算清缴年度最后一个月社会保险缴纳证明等相关证明材料； 4. 经具有资质的中介机构鉴证的企业财务会计报告（包括会计报表、会计报表附注和财务情况说明书）以及软件产品开发销售（营业）收入、软件产品自主开发销售（营业）收入、研究开发费用、境内研究开发费用等情况说明； 5. 与主要客户签订的一至两份代表性的软件产品销售合同或技术服务合同复印件； 6. 企业开发环境相关证明材料； 7. 税务机关要求出具的其他材料。
国家规划布局内重点软件企业	1. 企业享受软件企业所得税优惠政策需要报送的备案资料； 2. 符合第二类条件的，应提供在国家规定的重点软件领域内销售（营业）情况说明； 3. 符合第三类条件的，应提供商务主管部门核发的软件出口合同登记证书，以及有效出口合同和结汇证明等材料； 4. 税务机关要求提供的其他材料。
国家规划布局内重点集成电路设计企业	1. 企业享受集成电路设计企业所得税优惠政策需要报送的备案资料； 2. 符合第二类条件的，应提供在国家规定的重点集成电路设计领域内销售（营业）情况说明； 3. 税务机关要求提供的其他材料。

财政部　国家税务总局关于外国驻华使（领）馆及其馆员在华购买货物和服务增值税退税政策的通知

2016 年 4 月 29 日　财税〔2016〕51 号

各省、自治区、直辖市、计划单列市财政厅（局）、国家税务局，新疆生产建设兵团财务局：

根据《维也纳外交关系公约》、《维也纳领事关系公约》、《中华人民共和国外交特权与豁免条例》、《中华人民共和国领事特权与豁免条例》、《中华人民共和国增值税暂行条例》和《财政部　国家税务总局关于全面推开营业税改征增值税试点的通知》（财税〔2016〕36 号）等有关规定，现就外国驻华使（领）馆及其馆员在华购买货物和服务增值税退税政策通知如下：

一、中华人民共和国政府在互惠对等原则的基础上，对外国驻华使（领）馆及其馆员在中华人民共和国境内购买的货物和服务，实行增值税退税政策。

二、本通知第一条所称货物和服务，是指按规定征收增值税、属于合理自用范围内的生活办公类货物和服务。生活办公类货物和服务，是指为满足日常生活、办公需求购买的货物和服务。工业用机器设备、金融服务以及其他财政部和国家税务总局规定的货物和服务，不属于生活办公类货物和服务。

三、外国驻华使（领）馆及其馆员申请增值税退税的生活办公类货物和服务，应符合以下要求：

1. 除自来水、电、燃气、暖气、汽油、柴油外，购买货物申请退税单张发票的销售金额（含税价格）

应当超过 800 元（含 800 元）人民币；购买服务申请退税单张发票的销售金额（含税价格）应当超过 300 元（含 300 元）人民币。

2. 使（领）馆馆员个人购买货物和服务，除车辆外，每人每年申报退税销售金额（含税价格）不超过 12 万元人民币。

3. 非增值税免税货物和服务。

四、增值税退税额，为增值税发票上注明的税额。增值税发票上未注明税额的，为按照不含税销售额和增值税征收率计算的税额。

五、本通知所称馆员，是指外国驻华使（领）馆的外交代表（领事官员）及行政技术人员，但是中国公民的或在中国永久居留的除外。外交代表（领事官员）和行政技术人员是指《中华人民共和国外交特权与豁免条例》第二十八条第（五）、（六）项和《中华人民共和国领事特权与豁免条例》第二十八条第（四）、（五）项规定的人员。

六、各国际组织驻华代表机构及其人员按照有关协定享有免税待遇的，可参照执行上述政策。

七、外国驻华使（领）馆及其馆员、国际组织驻华代表机构及其人员在华购买货物和服务增值税退税的具体管理办法，由国家税务总局商财政部、外交部另行制定。如中外双方需就退税问题另行制定协议的，由外交部商财政部、国家税务总局予以明确。

八、本通知自 2016 年 5 月 1 日起执行。《财政部　国家税务总局关于外国驻华使领馆及外交人员购买的自用汽柴油增值税实行零税率的通知》（财税字〔1994〕100 号）、《财政部　国家税务总局关于外国驻华使（领）馆及其外交人员购买中国产物品有关退税问题的通知》（财税字〔1997〕81 号）和《财政部　国家税务总局关于国际组织驻华代表机构及其官员购买中国产物品有关退税问题的通知》（财税字〔1998〕71 号）同时废止。

财政部　国家税务总局关于促进残疾人就业增值税优惠政策的通知

2016 年 5 月 5 日　财税〔2016〕52 号

各省、自治区、直辖市、计划单列市财政厅（局）、国家税务局，新疆生产建设兵团财务局：

为继续发挥税收政策促进残疾人就业的作用，进一步保障残疾人权益，经国务院批准，决定对促进残疾人就业的增值税政策进行调整完善。现将有关政策通知如下：

一、对安置残疾人的单位和个体工商户（以下称纳税人），实行由税务机关按纳税人安置残疾人的人数，限额即征即退增值税的办法。

安置的每位残疾人每月可退还的增值税具体限额，由县级以上税务机关根据纳税人所在区县（含县级市、旗，下同）适用的经省（含自治区、直辖市、计划单列市，下同）人民政府批准的月最低工资标准的 4 倍确定。

二、享受税收优惠政策的条件

（一）纳税人（除盲人按摩机构外）月安置的残疾人占在职职工人数的比例不低于 25%（含 25%），并且安置的残疾人人数不少于 10 人（含 10 人）；

盲人按摩机构月安置的残疾人占在职职工人数的比例不低于 25%（含 25%），并且安置的残疾人人数不少于 5 人（含 5 人）。

（二）依法与安置的每位残疾人签订了一年以上（含一年）的劳动合同或服务协议。

（三）为安置的每位残疾人按月足额缴纳了基本养老保险、基本医疗保险、失业保险、工伤保险和生育保险等社会保险。

（四）通过银行等金融机构向安置的每位残疾人，按月支付了不低于纳税人所在区县适用的经省人民政府批准的月最低工资标准的工资。

三、《财政部　国家税务总局关于教育税收政策的通知》（财税〔2004〕39 号）第一条第 7 项规定的特殊教育学校举办的企业，只要符合本通知第二条第（一）项第一款规定的条件，即可享受本通知第一条规定的增值税优惠政策。这类企业在计算残疾人人数时可将在企业上岗工作的特殊教育学校的全日制在校学生计算在内，在计算企业在职职工人数时也要将上述学生计算在内。

四、纳税人中纳税信用等级为税务机关评定的 C 级或 D 级的，不得享受本通知第一条、第三条规定的政策。

五、纳税人按照纳税期限向主管国税机关申请退还增值税。本纳税期已交增值税额不足退还的，可在本纳税年度内以前纳税期已交增值税扣除已退增值税的余额中退还，仍不足退还的可结转本纳税年度内以后纳税期退还，但不得结转以后年度退还。纳税期限不为按月的，只能对其符合条件的月份退还增值税。

六、本通知第一条规定的增值税优惠政策仅适用于生产销售货物，提供加工、修理修配劳务，以及提供营改增现代服务和生活服务税目（不含文化体育服务和娱乐服务）范围的服务取得的收入之和，占其增值税收入的比例达到 50% 的纳税人，但不适用于上述纳税人直接销售外购货物（包括商品批发和零售）以及销售委托加工的货物取得的收入。

纳税人应当分别核算上述享受税收优惠政策和不得享受税收优惠政策业务的销售额，不能分别核算的，不得享受本通知规定的优惠政策。

七、如果既适用促进残疾人就业增值税优惠政策，又适用重点群体、退役士兵、随军家属、军转干部等支持就业的增值税优惠政策的，纳税人可自行选择适用的优惠政策，但不能累加执行。一经选定，36 个月内不得变更。

八、残疾人个人提供的加工、修理修配劳务，免征增值税。

九、税务机关发现已享受本通知增值税优惠政策的纳税人，存在不符合本通知第二条、第三条规定条件，或者采用伪造或重复使用残疾人证、残疾军人证等手段骗取本通知规定的增值税优惠的，应将纳税人发生上述违法违规行为的纳税期内按本通知已享受到的退税全额追缴入库，并自发现当月起 36 个月内停止其享受本通知规定的各项税收优惠。

十、本通知有关定义

（一）残疾人，是指法定劳动年龄内，持有《中华人民共和国残疾人证》或者《中华人民共和国残疾军人证（1 至 8 级）》的自然人，包括具有劳动条件和劳动意愿的精神残疾人。

（二）残疾人个人，是指自然人。

（三）在职职工人数，是指与纳税人建立劳动关系并依法签订劳动合同或者服务协议的雇员人数。

（四）特殊教育学校举办的企业，是指特殊教育学校主要为在校学生提供实习场所、并由学校出资自办、由学校负责经营管理、经营收入全部归学校所有的企业。

十一、本通知规定的增值税优惠政策的具体征收管理办法，由国家税务总局制定。

十二、本通知自 2016 年 5 月 1 日起执行，《财政部　国家税务总局关于促进残疾人就业税收优惠政策的通知》（财税〔2007〕92 号）、《财政部　国家税务总局关于将铁路运输和邮政业纳入营业税改征增值税试点的通知》（财税〔2013〕106 号）附件 3 第二条第（二）项同时废止。纳税人 2016 年 5 月 1 日前执行财税〔2007〕92 号和财税〔2013〕106 号文件发生的应退未退的增值税余额，可按照本通知第五条规定执行。

财政部　国家税务总局关于全面推进资源税改革的通知

2016 年 5 月 9 日　财税〔2016〕53 号

各省、自治区、直辖市、计划单列市人民政府，国务院各部委、各直属机构：

根据党中央、国务院决策部署，为深化财税体制改革，促进资源节约集约利用，加快生态文明建设，现就全面推进资源税改革有关事项通知如下：

一、资源税改革的指导思想、基本原则和主要目标

（一）指导思想。

全面贯彻党的十八大和十八届三中、四中、五中全会精神，按照"五位一体"总体布局和"四个全面"战略布局，牢固树立和贯彻落实创新、协调、绿色、开放、共享的发展理念，全面推进资源税改革，有效发挥税收杠杆调节作用，促进资源行业持续健康发展，推动经济结构调整和发展方式转变。

（二）基本原则。

一是清费立税。着力解决当前存在的税费重叠、功能交叉问题，将矿产资源补偿费等收费基金适当并入资源税，取缔违规、越权设立的各项收费基金，进一步理顺税费关系。

二是合理负担。兼顾企业经营的实际情况和承受能力，借鉴煤炭等资源税费改革经验，合理确定资源税计税依据和税率水平，增强税收弹性，总体上不增加企业税费负担。

三是适度分权。结合我国资源分布不均衡、地域差异较大等实际情况，在不影响全国统一市场秩序前提下，赋予地方适当的税政管理权。

四是循序渐进。在煤炭、原油、天然气等已实施从价计征改革基础上，对其他矿产资源全面实施改革。积极创造条件，逐步对水、森林、草场、滩涂等自然资源开征资源税。

（三）主要目标。

通过全面实施清费立税、从价计征改革，理顺资源税费关系，建立规范公平、调控合理、征管高效的资源税制度，有效发挥其组织收入、调控经济、促进资源节约集约利用和生态环境保护的作用。

二、资源税改革的主要内容

（一）扩大资源税征收范围。

1. 开展水资源税改革试点工作。鉴于取用水资源涉及面广、情况复杂，为确保改革平稳有序实施，先在河北省开展水资源税试点。河北省开征水资源税试点工作，采取水资源费改税方式，将地表水和地下水纳入征税范围，实行从量定额计征，对高耗水行业、超计划用水以及在地下水超采地区取用地下水，适当提高税额标准，正常生产生活用水维持原有负担水平不变。在总结试点经验基础上，财政部、国家税务总局将选择其他地区逐步扩大试点范围，条件成熟后在全国推开。

2. 逐步将其他自然资源纳入征收范围。鉴于森林、草场、滩涂等资源在各地区的市场开发利用情况不尽相同，对其全面开征资源税条件尚不成熟，此次改革不在全国范围统一规定对森林、草场、滩涂等资源征税。各省、自治区、直辖市（以下统称省级）人民政府可以结合本地实际，根据森林、草场、滩涂等资源开发利用情况提出征收资源税的具体方案建议，报国务院批准后实施。

（二）实施矿产资源税从价计征改革。

1. 对《资源税税目税率幅度表》（见附件）中列举名称的 21 种资源品目和未列举名称的其他金属矿实行从价计征，计税依据由原矿销售量调整为原矿、精矿（或原矿加工品）、氯化钠初级产品或金锭的销售额。列举名称的 21 种资源品目包括：铁矿、金矿、铜矿、铝土矿、铅锌矿、镍矿、锡矿、石墨、硅藻土、高岭土、萤石、石灰石、硫铁矿、磷矿、氯化钾、硫酸钾、井矿盐、湖盐、提取地下卤水晒制的盐、煤层（成）气、海盐。

对经营分散、多为现金交易且难以控管的粘土、砂石，按照便利征管原则，仍实行从量定额计征。

2. 对《资源税税目税率幅度表》中未列举名称的其他非金属矿产品，按照从价计征为主、从量计征为辅的原则，由省级人民政府确定计征方式。

（三）全面清理涉及矿产资源的收费基金。

1. 在实施资源税从价计征改革的同时，将全部资源品目矿产资源补偿费费率降为零，停止征收价格调节基金，取缔地方针对矿产资源违规设立的各种收费基金项目。

2. 地方各级财政部门要会同有关部门对涉及矿产资源的收费基金进行全面清理。凡不符合国家规定、地方越权出台的收费基金项目要一律取消。对确需保留的依法合规收费基金项目，要严格按规定的征收范围和标准执行，切实规范征收行为。

（四）合理确定资源税税率水平。

1. 对《资源税税目税率幅度表》中列举名称的资源品目，由省级人民政府在规定的税率幅度内提出具体适用税率建议，报财政部、国家税务总局确定核准。

2. 对未列举名称的其他金属和非金属矿产品，由省级人民政府根据实际情况确定具体税目和适用税率，报财政部、国家税务总局备案。

3. 省级人民政府在提出和确定适用税率时，要结合当前矿产企业实际生产经营情况，遵循改革前后税费平移原则，充分考虑企业负担能力。

（五）加强矿产资源税收优惠政策管理，提高资源综合利用效率。

1. 对符合条件的采用充填开采方式采出的矿产资源，资源税减征 50%；对符合条件的衰竭期矿山开采的矿产资源，资源税减征 30%。具体认定条件由财政部、国家税务总局规定。

2. 对鼓励利用的低品位矿、废石、尾矿、废渣、废水、废气等提取的矿产品，由省级人民政府根据实际情况确定是否减税或免税，并制定具体办法。

（六）关于收入分配体制及经费保障。

1. 按照现行财政管理体制，此次纳入改革的矿产资源税收入全部为地方财政收入。

2. 水资源税仍按水资源费中央与地方 1∶9 的分成比例不变。河北省在缴纳南水北调工程基金期间，水资源税收入全部留给该省。

3. 资源税改革实施后，相关部门履行正常工作职责所需经费，由中央和地方财政统筹安排和保障。

（七）关于实施时间。

1. 此次资源税从价计征改革及水资源税改革试点，自 2016 年 7 月 1 日起实施。

2. 已实施从价计征的原油、天然气、煤炭、稀土、钨、钼等 6 个资源品目资源税政策暂不调整，仍按原办法执行。

三、做好资源税改革工作的要求

（一）加强组织领导。各省级人民政府要加强对资源税改革工作的领导，建立由财税部门牵头、相关部门配合的工作机制，及时制定工作方案和配套政策，统筹安排做好各项工作，确保改革积极稳妥推进。对改革中出现的新情况新问题，要采取适当措施妥善加以解决，重大问题及时向财政部、国家税务总局报告。

（二）认真测算和上报资源税税率。各省级财税部门要对本地区资源税税源情况、企业经营和税费负担状况、资源价格水平等进行全面调查，在充分听取企业意见基础上，对《资源税税目税率幅度表》中列举名称的 21 种实行从价计征的资源品目和粘土、砂石提出资源税税率建议，报经省级人民政府同意后，于 2016 年 5 月 31 日前以正式文件报送财政部、国家税务总局，同时附送税率测算依据和相关数据（包括税费项目及收入规模，应税产品销售量、价格等）。计划单列市资源税税率由所在省份统一测算报送。

（三）确保清费工作落实到位。各地区、各有关部门要严格执行中央统一规定，对涉及矿产资源的收费基金进行全面清理，落实取消或停征收费基金的政策，不得以任何理由拖延或者拒绝执行，不得以其他名目变相继续收费。对不按规定取消或停征有关收费基金、未按要求做好收费基金清理工作的，要予以严肃查处，并追究相关责任人的行政责任。各省级人民政府要组织开展监督检查，确保清理收费基金工作与资源税改革同步实施、落实到位，并于 2016 年 9 月 30 日前将本地区清理收费措施及成效报财政部、国家税务总局。

（四）做好水资源税改革试点工作。河北省人民政府要加强对水资源税改革试点工作的领导，建立试点工作推进机制，及时制定试点实施办法，研究试点重大问题，督促任务落实。河北省财税部门要与相关部门密切配合、形成合力，深入基层加强调查研究，跟踪分析试点运行情况，及时向财政部、国家税务总局等部门报告试点工作进展情况和重大政策问题。

（五）加强宣传引导。各地区和有关部门要广泛深入宣传推进资源税改革的重要意义，加强政策解读，回应社会关切，稳定社会预期，积极营造良好的改革氛围和舆论环境。要加强对纳税人的培训，优化纳税服务，提高纳税人税法遵从度。

全面推进资源税改革涉及面广、企业关注度高、工作任务重，各地区、各有关部门要提高认识，把思想和行动统一到党中央、国务院的决策部署上来，切实增强责任感、紧迫感和大局意识，积极主动作为，扎实推进各项工作，确保改革平稳有序实施。

附件：资源税税目税率幅度表

附件：

资源税税目税率幅度表

序号	税目		征税对象	税率幅度
1	金属矿	铁矿	精矿	1%～6%
2		金矿	金锭	1%～4%
3		铜矿	精矿	2%～8%
4		铝土矿	原矿	3%～9%
5		铅锌矿	精矿	2%～6%
6		镍矿	精矿	2%～6%
7		锡矿	精矿	2%～6%
8		未列举名称的其他金属矿产品	原矿或精矿	税率不超过20%
9	非金属矿	石墨	精矿	3%～10%
10		硅藻土	精矿	1%～6%
11		高岭土	原矿	1%～6%
12		萤石	精矿	1%～6%
13		石灰石	原矿	1%～6%
14		硫铁矿	精矿	1%～6%
15		磷矿	原矿	3%～8%

续表

序号	税目		征税对象	税率幅度
16	非金属矿	氯化钾	精矿	3%～8%
17		硫酸钾	精矿	6%～12%
18		井矿盐	氯化钠初级产品	1%～6%
19		湖盐	氯化钠初级产品	1%～6%
20		提取地下卤水晒制的盐	氯化钠初级产品	3%～15%
21		煤层（成）气	原矿	1%～2%
22		粘土、砂石	原矿	每吨或立方米 0.1～5 元
23		未列举名称的其他非金属矿产品	原矿或精矿	从量税率每吨或立方米不超过 30 元；从价税率不超过 20%
24		海盐	氯化钠初级产品	1%～5%

备注：
1. 铝土矿包括耐火级矾土、研磨级矾土等高铝粘土。
2. 氯化钠初级产品是指井矿盐、湖盐原盐、提取地下卤水晒制的盐和海盐原盐，包括固体和液体形态的初级产品。
3. 海盐是指海水晒制的盐，不包括提取地下卤水晒制的盐。

财政部　国家税务总局关于资源税改革
具体政策问题的通知

2016 年 5 月 9 日　财税〔2016〕54 号

各省、自治区、直辖市、计划单列市财政厅（局）、地方税务局，西藏、宁夏回族自治区国家税务局，新疆生产建设兵团财务局：

根据党中央、国务院决策部署，自 2016 年 7 月 1 日起全面推进资源税改革。为切实做好资源税改革工作，确保《财政部　国家税务总局关于全面推进资源税改革的通知》（财税〔2016〕53 号，以下简称《改革通知》）有效实施，现就资源税（不包括水资源税，下同）改革具体政策问题通知如下：

一、关于资源税计税依据的确定

资源税的计税依据为应税产品的销售额或销售量，各税目的征税对象包括原矿、精矿（或原矿加工品，下同）、金锭、氯化钠初级产品，具体按照《改革通知》所附《资源税税目税率幅度表》相关规定执行。对未列举名称的其他矿产品，省级人民政府可对本地区主要矿产品按矿种设定税目，对其余矿产品按类别设定税目，并按其销售的主要形态（如原矿、精矿）确定征税对象。

（一）关于销售额的认定。

销售额是指纳税人销售应税产品向购买方收取的全部价款和价外费用，不包括增值税销项税额和运杂费用。

运杂费用是指应税产品从坑口或洗选（加工）地到车站、码头或购买方指定地点的运输费用、建设基金以及随运销产生的装卸、仓储、港杂费用。运杂费用应与销售额分别核算，凡未取得相应凭证或不能与销售额分别核算的，应当一并计征资源税。

（二）关于原矿销售额与精矿销售额的换算或折算。

为公平原矿与精矿之间的税负，对同一种应税产品，征税对象为精矿的，纳税人销售原矿时，应将原矿销售额换算为精矿销售额缴纳资源税；征税对象为原矿的，纳税人销售自采原矿加工的精矿，应将精矿销售额折算为原矿销售额缴纳资源税。换算比或折算率原则上应通过原矿售价、精矿售价和选矿比计算，也可通过原矿销售额、加工环节平均成本和利润计算。

金矿以标准金锭为征税对象，纳税人销售金原矿、金精矿的，应比照上述规定将其销售额换算为金锭销售额缴纳资源税。

换算比或折算率应按简便可行、公平合理的原则，由省级财税部门确定，并报财政部、国家税务总局备案。

二、关于资源税适用税率的确定

各省级人民政府应当按《改革通知》要求提出或确定本地区资源税适用税率。测算具体适用税率时，要充分考虑本地区资源禀赋、企业承受能力和清理收费基金等因素，按照改革前后税费平移原则，以近几年企业缴纳资源税、矿产资源补偿费金额（铁矿石开采企业缴纳资源税金额按 40% 税额标准测算）和矿产品市场价格水平为依据确定。一个矿种原则上设定一档税率，少数资源条件差异较大的矿种可按不同资源条件、不同地区设定两档税率。

三、关于资源税优惠政策及管理

（一）对依法在建筑物下、铁路下、水体下通过充填开采方式采出的矿产资源，资源税减征 50%。

充填开采是指随着回采工作面的推进，向采空区或离层带等空间充填废石、尾矿、废渣、建筑废料以及专用充填合格材料等采出矿产品的开采方法。

（二）对实际开采年限在 15 年以上的衰竭期矿山开采的矿产资源，资源税减征 30%。

衰竭期矿山是指剩余可采储量下降到原设计可采储量的 20%（含）以下或剩余服务年限不超过 5 年的矿山，以开采企业下属的单个矿山为单位确定。

（三）对鼓励利用的低品位矿、废石、尾矿、废渣、废水、废气等提取的矿产品，由省级人民政府根据实际情况确定是否给予减税或免税。

四、关于共伴生矿产的征免税的处理

为促进共伴生矿的综合利用，纳税人开采销售共伴生矿，共伴生矿与主矿产品销售额分开核算的，对共伴生矿暂不计征资源税；没有分开核算的，共伴生矿按主矿产品的税目和适用税率计征资源税。财政部、国家税务总局另有规定的，从其规定。

五、关于资源税纳税环节和纳税地点

资源税在应税产品的销售或自用环节计算缴纳。以自采原矿加工精矿产品的，在原矿移送使用时不缴纳资源税，在精矿销售或自用时缴纳资源税。

纳税人以自采原矿加工金锭的，在金锭销售或自用时缴纳资源税。纳税人销售自采原矿或者自采原矿加工的金精矿、粗金，在原矿或者金精矿、粗金销售时缴纳资源税，在移送使用时不缴纳资源税。

以应税产品投资、分配、抵债、赠与、以物易物等，视同销售，依照本通知有关规定计算缴纳资源税。

纳税人应当向矿产品的开采地或盐的生产地缴纳资源税。纳税人在本省、自治区、直辖市范围开采或者生产应税产品，其纳税地点需要调整的，由省级地方税务机关决定。

六、其他事项

（一）纳税人用已纳资源税的应税产品进一步加工应税产品销售的，不再缴纳资源税。纳税人以未税产品和已税产品混合销售或者混合加工为应税产品销售的，应当准确核算已税产品的购进金额，在计算加工后的应税产品销售额时，准予扣减已税产品的购进金额；未分别核算的，一并计算缴纳资源税。

（二）纳税人在 2016 年 7 月 1 日前开采原矿或以自采原矿加工精矿，在 2016 年 7 月 1 日后销售的，按本通知规定缴纳资源税；2016 年 7 月 1 日前签订的销售应税产品的合同，在 2016 年 7 月 1 日后收讫销售款或者取得索取销售款凭据的，按本通知规定缴纳资源税；在 2016 年 7 月 1 日后销售的精矿（或金锭），其所用原矿（或金精矿）如已按从量定额的计征方式缴纳了资源税，并与应税精矿（或金锭）分别核算的，不再缴纳资源税。

（三）对在 2016 年 7 月 1 日前已按原矿销量缴纳过资源税的尾矿、废渣、废水、废石、废气等实行再利用，从中提取的矿产品，不再缴纳资源税。

上述规定，请遵照执行。此前规定与本通知不一致的，一律以本通知为准。

财政部　国家税务总局　水利部关于印发《水资源税改革试点暂行办法》的通知

2016 年 5 月 9 日　财税〔2016〕55 号

河北省人民政府：

根据党中央、国务院决策部署，自 2016 年 7 月 1 日起在你省实施水资源税改革试点。现将《水资源税改革试点暂行办法》印发给你省，请遵照执行。

请你省按照本通知要求，切实做好水资源税改革试点工作，建立健全工作机制，及时制定实施方案和配套政策，精心组织、周密安排，确保改革试点顺利进行。对试点中出现的新情况新问题，要研究采取适当措施妥善加以解决。重大政策问题及时向财政部、国家税务总局、水利部报告。

附件：水资源税改革试点暂行办法

附件：

水资源税改革试点暂行办法

第一条　为促进水资源节约、保护和合理利用，根据党中央、国务院决策部署，制定本办法。

第二条　本办法适用于河北省。

第三条　利用取水工程或者设施直接从江河、湖泊（含水库）和地下取用地表水、地下水的单位和个人，为水资源税纳税人。

纳税人应按《中华人民共和国水法》、《取水许可和水资源费征收管理条例》等规定申领取水许可证。

第四条　水资源税的征税对象为地表水和地下水。

地表水是陆地表面上动态水和静态水的总称，包括江、河、湖泊（含水库）、雪山融水等水资源。

地下水是埋藏在地表以下各种形式的水资源。

第五条 水资源税实行从量计征。应纳税额计算公式：

$$应纳税额 = 取水口所在地税额标准 \times 实际取用水量$$

水力发电和火力发电贯流式取用水量按照实际发电量确定。

第六条 按地表水和地下水分类确定水资源税适用税额标准。

地表水分为农业、工商业、城镇公共供水、水力发电、火力发电贯流式、特种行业及其他取用地表水。地下水分为农业、工商业、城镇公共供水、特种行业及其他取用地下水。

特种行业取用水包括洗车、洗浴、高尔夫球场、滑雪场等取用水。

河北省可以在上述分类基础上，结合本地区水资源状况、产业结构和调整方向等进行细化分类。

第七条 对水力发电和火力发电贯流式以外的取用水设置最低税额标准，地表水平均不低于每立方米0.4元，地下水平均不低于每立方米1.5元。

水力发电和火力发电贯流式取用水的税额标准为每千瓦小时0.005元。

具体取用水分类及适用税额标准由河北省人民政府提出建议，报财政部会同有关部门确定核准。

第八条 对取用地下水从高制定税额标准。

对同一类型取用水，地下水水资源税税额标准要高于地表水，水资源紧缺地区地下水水资源税税额标准要大幅高于地表水。

超采地区的地下水水资源税税额标准要高于非超采地区，严重超采地区的地下水水资源税税额标准要大幅高于非超采地区。在超采地区和严重超采地区取用地下水（不含农业生产取用水和城镇公共供水取水）的具体适用税额标准，由河北省人民政府在非超采地区税额标准2~5倍幅度内提出建议，报财政部会同有关部门确定核准；超过5倍的，报国务院备案。

城镇公共供水管网覆盖范围内取用地下水的，水资源税税额标准要高于公共供水管网未覆盖地区，原则上要高于当地同类用途的城市供水价格。

第九条 对特种行业取用水，从高制定税额标准。

第十条 对超计划或者超定额取用水，从高制定税额标准。除水力发电、城镇公共供水取用水外，取用水单位和个人超过水行政主管部门批准的计划（定额）取用水量，在原税额标准基础上加征1~3倍，具体办法由河北省人民政府提出建议，报财政部会同有关部门确定核准；加征超过3倍的，报国务院备案。

第十一条 对超过规定限额的农业生产取用水，以及主要供农村人口生活用水的集中式饮水工程取用水，从低制定税额标准。

农业生产取用水包括种植业、畜牧业、水产养殖业、林业取用水。

第十二条 对企业回收利用的采矿排水（疏干排水）和地温空调回用水，从低制定税额标准。

第十三条 对下列取用水减免征收水资源税：

（一）对规定限额内的农业生产取用水，免征水资源税。

（二）对取用污水处理回用水、再生水等非常规水源，免征水资源税。

（三）财政部、国家税务总局规定的其他减税和免税情形。

第十四条 水资源税由地方税务机关依照《中华人民共和国税收征收管理法》和本办法有关规定征收管理。

第十五条 水资源税的纳税义务发生时间为纳税人取用水资源的当日。

第十六条 水资源税按季或者按月征收，由主管税务机关根据实际情况确定。不能按固定期限计算纳税的，可以按次申报纳税。

第十七条 在河北省区域内取用水的，水资源税由取水审批部门所在地的地方税务机关征收。其中，由流域管理机构审批取用水的，水资源税由取水口所在地的地方税务机关征收。

在河北省内纳税地点需要调整的，由省级地方税务机关决定。

第十八条 按照国务院或其授权部门批准的跨省、自治区、直辖市水量分配方案调度的水资源，水资源税由调入区域取水审批部门所在地的地方税务机关征收。

第十九条 建立地方税务机关与水行政主管部门协作征税机制。

水行政主管部门应当定期向地方税务机关提供取水许可情况和超计划（定额）取用水量，并协助地方税务机关审核纳税人实际取用水的申报信息。

纳税人根据水行政主管部门核准的实际取用水量向地方税务机关申报纳税，地方税务机关将纳税人相关申报信息与水行政主管部门核准的信息进行比对，并根据核实后的信息征税。

水资源税征管过程中发现问题的，地方税务机关和水行政主管部门联合进行核查。

第二十条 河北省开征水资源税后，将水资源费征收标准降为零。

第二十一条 水资源税改革试点期间，水行政主管部门相关经费支出由同级财政预算统筹安排和保障。对原有水资源费征管人员，由地方政府统筹做好安排。

第二十二条 河北省人民政府根据本办法制定具体实施办法，报国务院备案。

第二十三条 水资源税改革试点期间涉及的有关政策，由财政部、国家税务总局研究确定。

第二十四条 本办法自 2016 年 7 月 1 日起实施。

财政部　国家税务总局关于进一步明确全面推开营改增试点有关再保险　不动产租赁和非学历教育等政策的通知

2016 年 6 月 18 日　财税〔2016〕68 号

各省、自治区、直辖市、计划单列市财政厅（局）、国家税务局、地方税务局，新疆生产建设兵团财务局：

经研究，现将营改增试点期间有关再保险、不动产租赁和非学历教育等政策补充通知如下：

一、再保险服务

（一）境内保险公司向境外保险公司提供的完全在境外消费的再保险服务，免征增值税。

（二）试点纳税人提供再保险服务（境内保险公司向境外保险公司提供的再保险服务除外），实行与原保险服务一致的增值税政策。再保险合同对应多个原保险合同的，所有原保险合同均适用免征增值税政策时，该再保险合同适用免征增值税政策。否则，该再保险合同应按规定缴纳增值税。

原保险服务，是指保险分出方与投保人之间直接签订保险合同而建立保险关系的业务活动。

二、不动产经营租赁服务

1. 房地产开发企业中的一般纳税人，出租自行开发的房地产老项目，可以选择适用简易计税方法，按照 5% 的征收率计算应纳税额。纳税人出租自行开发的房地产老项目与其机构所在地不在同一县（市）的，应按照上述计税方法在不动产所在地预缴税款后，向机构所在地主管税务机关进行纳税申报。

房地产开发企业中的一般纳税人，出租其 2016 年 5 月 1 日后自行开发的与机构所在地不在同一县（市）的房地产项目，应按照 3% 预征率在不动产所在地预缴税款后，向机构所在地主管税务机关进行纳税申报。

2. 房地产开发企业中的小规模纳税人，出租自行开发的房地产项目，按照 5% 的征收率计算应纳税额。纳税人出租自行开发的房地产项目与其机构所在地不在同一县（市）的，应按照上述计税方法在不动产所在地预缴税款后，向机构所在地主管税务机关进行纳税申报。

三、一般纳税人提供非学历教育服务，可以选择适用简易计税方法按照 3% 征收率计算应纳税额。

四、纳税人提供安全保护服务，比照劳务派遣服务政策执行。

五、各党派、共青团、工会、妇联、中科协、青联、台联、侨联收取党费、团费、会费，以及政府间国际组织收取会费，属于非经营活动，不征收增值税。

六、本通知自 2016 年 5 月 1 日起执行。

财政部 国家税务总局关于金融机构同业往来等增值税政策的补充通知

2016 年 6 月 30 日 财税〔2016〕70 号

各省、自治区、直辖市、计划单列市财政厅（局）、国家税务局、地方税务局，新疆生产建设兵团财务局：

经研究，现将营改增试点期间有关金融业政策补充通知如下：

一、金融机构开展下列业务取得的利息收入，属于《营业税改征增值税试点过渡政策的规定》（财税〔2016〕36 号，以下简称《过渡政策的规定》）第一条第（二十三）项所称的金融同业往来利息收入：

（一）同业存款。

同业存款，是指金融机构之间开展的同业资金存入与存出业务，其中资金存入方仅为具有吸收存款资格的金融机构。

（二）同业借款。

同业借款，是指法律法规赋予此项业务范围的金融机构开展的同业资金借出和借入业务。此条款所称"法律法规赋予此项业务范围的金融机构"主要是指农村信用社之间以及在金融机构营业执照列示的业务范围中有反映为"向金融机构借款"业务的金融机构。

（三）同业代付。

同业代付，是指商业银行（受托方）接受金融机构（委托方）的委托向企业客户付款，委托方在约定还款日偿还代付款项本息的资金融通行为。

（四）买断式买入返售金融商品。

买断式买入返售金融商品，是指金融商品持有人（正回购方）将债券等金融商品卖给债券购买方（逆回购方）的同时，交易双方约定在未来某一日期，正回购方再以约定价格从逆回购方买回相等数量同种债券等金融商品的交易行为。

（五）持有金融债券。

金融债券，是指依法在中华人民共和国境内设立的金融机构法人在全国银行间和交易所债券市场发行的、按约定还本付息的有价证券。

（六）同业存单。

同业存单，是指银行业存款类金融机构法人在全国银行间市场上发行的记账式定期存款凭证。

二、商业银行购买央行票据、与央行开展货币掉期和货币互存等业务属于《过渡政策的规定》第一条第（二十三）款第 1 项所称的金融机构与人民银行所发生的资金往来业务。

三、境内银行与其境外的总机构、母公司之间，以及境内银行与其境外的分支机构、全资子公司之间的资金往来业务属于《过渡政策的规定》第一条第（二十三）款第 2 项所称的银行联行往来业务。

四、人民币合格境外投资者（RQFII）委托境内公司在我国从事证券买卖业务，以及经人民银行认可的境外机构投资银行间本币市场取得的收入属于《过渡政策的规定》第一条第（二十二）款所称的金融商品转让收入。

银行间本币市场包括货币市场、债券市场以及衍生品市场。

五、本通知自 2016 年 5 月 1 日起执行。

财政部 国家税务总局关于延长边销茶
增值税政策执行期限的通知

2016 年 7 月 25 日   财税〔2016〕73 号

各省、自治区、直辖市、计划单列市财政厅（局）、国家税务局、地方税务局，新疆生产建设兵团财务局：

经国务院批准，《财政部 国家税务总局关于继续执行边销茶增值税政策的通知》（财税〔2011〕89号）规定的增值税政策继续执行至 2018 年 12 月 31 日。

文到之日前，已征的按照本通知规定应予免征的增值税，可抵减纳税人以后月份应缴纳的增值税或予以退还。

财政部 国家税务总局关于纳税人异地预缴增值税有关
城市维护建设税和教育费附加政策问题的通知

2016 年 7 月 12 日   财税〔2016〕74 号

各省、自治区、直辖市、计划单列市财政厅（局）、国家税务局、地方税务局，新疆生产建设兵团财务局：

根据全面推开"营改增"试点后增值税政策调整情况，现就纳税人异地预缴增值税涉及的城市维护建设税和教育费附加政策执行问题通知如下：

一、纳税人跨地区提供建筑服务、销售和出租不动产的，应在建筑服务发生地、不动产所在地预缴增值税时，以预缴增值税税额为计税依据，并按预缴增值税所在地的城市维护建设税适用税率和教育费附加征收率就地计算缴纳城市维护建设税和教育费附加。

二、预缴增值税的纳税人在其机构所在地申报缴纳增值税时，以其实际缴纳的增值税税额为计税依据，并按机构所在地的城市维护建设税适用税率和教育费附加征收率就地计算缴纳城市维护建设税和教育费附加。

三、本通知自 2016 年 5 月 1 日起执行。

财政部 国家税务总局关于继续执行光伏
发电增值税政策的通知

2016 年 7 月 25 日   财税〔2016〕81 号

各省、自治区、直辖市、计划单列市财政厅（局）、国家税务局、新疆生产建设兵团财务局：

经国务院批准，继续对光伏发电实行增值税优惠政策，现将有关事项通知如下：

自 2016 年 1 月 1 日至 2018 年 12 月 31 日，对纳税人销售自产的利用太阳能生产的电力产品，实行增值税即征即退 50% 的政策。文到之日前，已征的按本通知规定应予退还的增值税，可抵减纳税人以后月份应缴纳的增值税或予以退还。

请遵照执行。

财政部　国家税务总局关于继续执行高校学生公寓和食堂有关税收政策的通知

2016 年 7 月 25 日　财税〔2016〕82 号

各省、自治区、直辖市、计划单列市财政厅（局）、国家税务局、地方税务局，新疆生产建设兵团财务局：

经国务院批准，现对继续执行高校学生公寓和食堂的有关税收政策通知如下：

一、自 2016 年 1 月 1 日至 2018 年 12 月 31 日，对高校学生公寓免征房产税；对与高校学生签订的高校学生公寓租赁合同，免征印花税。

二、对按照国家规定的收费标准向学生收取的高校学生公寓住宿费收入，自 2016 年 1 月 1 日至 2016 年 4 月 30 日，免征营业税；自 2016 年 5 月 1 日起，在营改增试点期间免征增值税。

三、对高校学生食堂为高校师生提供餐饮服务取得的收入，自 2016 年 1 月 1 日至 2016 年 4 月 30 日，免征营业税；自 2016 年 5 月 1 日起，在营改增试点期间免征增值税。

四、本通知所述"高校学生公寓"，是指为高校学生提供住宿服务，按照国家规定的收费标准收取住宿费的学生公寓。

"高校学生食堂"，是指依照《学校食堂与学生集体用餐卫生管理规定》（教育部令第 14 号）管理的高校学生食堂。

五、文到之日前，已征的按照本通知规定应予免征的房产税和印花税，分别从纳税人以后应缴纳的房产税和印花税中抵减或者予以退还；已征的应予免征的营业税，予以退还；已征的应予免征的增值税，可抵减纳税人以后月份应缴纳的增值税或予以退还。

财政部　国家税务总局关于部分营业税和增值税政策到期延续问题的通知

2016 年 7 月 25 日　财税〔2016〕83 号

各省、自治区、直辖市、计划单列市财政厅（局）、国家税务局、地方税务局，新疆生产建设兵团财务局：

经国务院批准，现对继续执行农村金融、三农事业部涉农贷款、邮政代办金融保险和新疆国际大巴扎项目有关税收政策通知如下：

一、《财政部　国家税务总局关于农村金融有关税收政策的通知》（财税〔2010〕4 号）第三条规定的"对农村信用社、村镇银行、农村资金互助社、由银行业机构全资发起设立的贷款公司、法人机构所在地在县（含县级市、区、旗）及县以下地区的农村合作银行和农村商业银行的金融保险业收入减按 3% 的税率征收营业税"政策的执行期限延长至 2016 年 4 月 30 日。

二、《财政部　国家税务总局关于中国农业银行三农金融事业部涉农贷款营业税优惠政策的通知》（财税〔2015〕67 号）的执行期限延长至 2016 年 4 月 30 日。

三、自 2016 年 1 月 1 日起，中国邮政集团公司及其所属邮政企业为金融机构代办金融保险业务取得的代理收入，在营改增试点期间免征增值税。

四、自 2016 年 1 月 1 日至 2016 年 4 月 30 日，新疆国际大巴扎物业服务有限公司和新疆国际大巴扎文化旅游产业有限公司从事与新疆国际大巴扎项目有关的营业税应税业务，免征营业税；自 2016 年 5 月 1 日至 2016 年 12 月 31 日，对上述营改增应税业务，免征增值税。

五、文到之日前，已征的按照本通知规定应予免征的营业税，予以退还；已征的应予免征的增值税，可抵减纳税人以后月份应缴纳的增值税或予以退还。

财政部　国家税务总局关于城市公交企业购置公共汽电车辆免征车辆购置税的通知

2016 年 7 月 25 日　财税〔2016〕84 号

各省、自治区、直辖市、计划单列市财政厅（局）、国家税务局，新疆生产建设兵团财务局：

经国务院批准，现将城市公交企业购置公共汽电车辆免征车辆购置税有关政策通知如下：

一、自 2016 年 1 月 1 日起至 2020 年 12 月 31 日止，对城市公交企业购置的公共汽电车辆免征车辆购置税。

上述城市公交企业是指，由县级以上（含县级）人民政府交通运输主管部门认定的，依法取得城市公交经营资格，为公众提供公交出行服务的企业。

上述公共汽电车辆是指，由县级以上（含县级）人民政府交通运输主管部门按照车辆实际经营范围和用途等界定的，在城市中按规定的线路、站点、票价和时刻表营运，供公众乘坐的经营性客运汽车和无轨电车。

二、免税车辆因转让、改变用途等原因不再属于免税范围的，应按照《中华人民共和国车辆购置税暂行条例》第十五条的规定补缴车辆购置税。

三、城市公交企业在办理车辆购置税纳税申报时，需向所在地主管税务机关提供所在地县级以上（含县级）交通运输主管部门出具的城市公交企业和公共汽电车辆认定证明，主管税务机关依据证明文件为企业办理免税手续。城市公交企业办理免税手续的截止日期为 2021 年 3 月 31 日，逾期不办理的，不予免税。

四、2016 年 1 月 1 日后城市公交企业购置的公共汽电车辆，在本通知下发前已缴纳车辆购置税的，主管税务机关按规定退还已征税款。

财政部　国家税务总局关于收费公路通行费增值税抵扣有关问题的通知

2016 年 8 月 3 日　财税〔2016〕86 号

各省、自治区、直辖市、计划单列市财政厅（局）、国家税务局、地方税务局，新疆生产建设兵团财务局：

为保证营业税改征增值税试点的平稳运行，现将收费公路通行费增值税抵扣有关问题通知如下：

一、增值税一般纳税人支付的道路、桥、闸通行费，暂凭取得的通行费发票（不含财政票据，下同）上注明的收费金额按照下列公式计算可抵扣的进项税额：

高速公路通行费可抵扣进项税额 = 高速公路通行费发票上注明的金额 ÷（1 + 3%）× 3%

一级公路、二级公路、桥、闸通行费可抵扣进项税额 = 一级公路、二级公路、桥、闸通行费发票上注明的金额 ÷（1 + 5%）× 5%

通行费，是指有关单位依法或者依规设立并收取的过路、过桥和过闸费用。

二、本通知自 2016 年 8 月 1 日起执行，停止执行时间另行通知。

财政部　海关总署　国家税务总局关于融资租赁货物出口退税政策有关问题的通知

2016 年 8 月 2 日　财税〔2016〕87 号

各省、自治区、直辖市、计划单列市财政厅（局）、国家税务局，海关总署广东分署、各直属海关，新疆生产建设兵团财务局：

经研究，现将融资租赁货物出口退税政策有关问题通知如下：

一、《财政部　海关总署　国家税务总局关于在全国开展融资租赁货物出口退税政策试点的通知》（财税〔2014〕62 号）第一条第一项中的"融资租赁企业、金融租赁公司及其设立的项目子公司"，包括融资租赁企业、金融租赁公司，以及上述企业、公司设立的项目子公司。

二、融资租赁企业，是指经商务部批准设立的外商投资融资租赁公司、经商务部和国家税务总局共同批准开展融资业务试点的内资融资租赁企业、经商务部授权的省级商务主管部门和国家经济技术开发区批准的融资租赁公司。

金融租赁公司，是指中国银行业监督管理委员会批准设立的金融租赁公司。

财政部　国家税务总局关于科技企业孵化器税收政策的通知

2016 年 8 月 11 日　财税〔2016〕89 号

各省、自治区、直辖市、计划单列市财政厅（局）、国家税务局、地方税务局，新疆生产建设兵团财务局：

经国务院批准，现就科技企业孵化器（含众创空间，以下简称孵化器）有关税收政策通知如下：

一、自 2016 年 1 月 1 日至 2018 年 12 月 31 日，对符合条件的孵化器自用以及无偿或通过出租等方式提供给孵化企业使用的房产、土地，免征房产税和城镇土地使用税；自 2016 年 1 月 1 日至 2016 年 4 月 30 日，对其向孵化企业出租场地、房屋以及提供孵化服务的收入，免征营业税；在营业税改征增值税试点期间，对其向孵化企业出租场地、房屋以及提供孵化服务的收入，免征增值税。

二、符合非营利组织条件的孵化器的收入，按照企业所得税法及其实施条例和有关税收政策规定享受企业所得税优惠政策。

三、享受本通知规定的房产税、城镇土地使用税以及营业税、增值税优惠政策的孵化器，应同时符合以下条件：

（一）孵化器需符合国家级科技企业孵化器条件。国务院科技行政主管部门负责发布国家级科技企业孵化器名单。

（二）孵化器应将面向孵化企业出租场地、房屋以及提供孵化服务的业务收入在财务上单独核算。

（三）孵化器提供给孵化企业使用的场地面积（含公共服务场地）应占孵化器可自主支配场地面积的 75% 以上（含 75%）。孵化企业数量应占孵化器内企业总数量的 75% 以上（含 75%）。

公共服务场地是指孵化器提供给孵化企业共享的活动场所，包括公共餐厅、接待室、会议室、展示室、活动室、技术检测室和图书馆等非营利性配套服务场地。

四、本通知所称"孵化企业"应当同时符合以下条件：

（一）企业注册地和主要研发、办公场所必须在孵化器的孵化场地内。

（二）新注册企业或申请进入孵化器前企业成立时间不超过 2 年。

（三）企业在孵化器内孵化的时间不超过 48 个月。纳入"创新人才推进计划"及"海外高层次人才引进计划"的人才或从事生物医药、集成电路设计、现代农业等特殊领域的创业企业，孵化时间不超过 60 个月。

（四）符合《中小企业划型标准规定》所规定的小型、微型企业划型标准。

（五）单一在孵企业入驻时使用的孵化场地面积不大于 1 000 平方米。从事航空航天等特殊领域的在孵企业，不大于 3 000 平方米。

（六）企业产品（服务）属于科学技术部、财政部、国家税务总局印发的《国家重点支持的高新技术领域》规定的范围。

五、本通知所称"孵化服务"是指为孵化企业提供的属于营业税"服务业"税目中"代理业"、"租赁业"和"其他服务业"中的咨询和技术服务范围内的服务，改征增值税后是指为孵化企业提供的"经纪代理"、"经营租赁"、"研发和技术"、"信息技术"和"鉴证咨询"等服务。

六、省级科技行政主管部门负责定期核实孵化器是否符合本通知规定的各项条件，并报国务院科技行政主管部门审核确认。国务院科技行政主管部门审核确认后向纳税人出具证明材料，列明用于孵化的房产和土地的地址、范围、面积等具体信息，并发送给国务院税务主管部门。

纳税人持相应证明材料向主管税务机关备案，主管税务机关按照《税收减免管理办法》等有关规定，以及国务院科技行政主管部门发布的符合本通知规定条件的孵化器名单信息，办理税收减免。

请遵照执行。

财政部　国家税务总局关于恢复玉米深加工产品出口退税率的通知

2016 年 8 月 19 日　财税〔2016〕92 号

各省、自治区、直辖市、计划单列市财政厅（局）、国家税务局，新疆生产建设兵团财务局：

经国务院批准，自 2016 年 9 月 1 日起，将玉米淀粉、酒精等玉米深加工产品的增值税出口退税率恢复至 13%。玉米深加工产品清单见附件。本通知所列货物适用的出口退税率，以出口货物报关单上注明的出口日期界定。

附件：玉米深加工产品清单

附件：

玉米深加工产品清单

序号	产品编码	产品名称	调整后退税率（%）
1	11081200	玉米淀粉	13
2	21039010	味精	13
3	22071000	浓度≥80% 的未改性乙醇	13
4	23031000	制造淀粉过程中的残渣及类似品	13
5	29054200	季戊四醇	13

序号	产品编码	产品名称	调整后退税率（%）
6	29054300	甘露糖醇	13
7	29054400	山梨醇	13
8	29181100	乳酸及其盐和酯	13
9	29181600	葡糖酸及其盐和酯	13
10	29224110	赖氨酸	13

财政部　国家税务总局关于供热企业增值税　房产税城镇土地使用税优惠政策的通知

2016 年 8 月 24 日　财税〔2016〕94 号

北京、天津、河北、山西、内蒙古、辽宁、大连、吉林、黑龙江、山东、青岛、河南、陕西、甘肃、宁夏、新疆、青海省（自治区、直辖市、计划单列市）财政厅（局）、国家税务局、地方税务局，新疆生产建设兵团财务局：

为保障居民供热采暖，经国务院批准，现将"三北"地区供热企业（以下简称供热企业）增值税、房产税、城镇土地使用税政策通知如下：

一、自 2016 年 1 月 1 日至 2018 年供暖期结束，对供热企业向居民个人（以下统称居民）供热而取得的采暖费收入免征增值税。

向居民供热而取得的采暖费收入，包括供热企业直接向居民收取的、通过其他单位向居民收取的和由单位代居民缴纳的采暖费。

免征增值税的采暖费收入，应当按照《中华人民共和国增值税暂行条例》第十六条的规定单独核算。通过热力产品经营企业向居民供热的热力产品生产企业，应当根据热力产品经营企业实际从居民取得的采暖费收入占该经营企业采暖费总收入的比例确定免税收入比例。

本条所称供暖期，是指当年下半年供暖开始至次年上半年供暖结束的期间。

二、自 2016 年 1 月 1 日至 2018 年 12 月 31 日，对向居民供热而收取采暖费的供热企业，为居民供热所使用的厂房及土地免征房产税、城镇土地使用税；对供热企业其他厂房及土地，应当按规定征收房产税、城镇土地使用税。

对专业供热企业，按其向居民供热取得的采暖费收入占全部采暖费收入的比例计算免征的房产税、城镇土地使用税。

对兼营供热企业，视其供热所使用的厂房及土地与其他生产经营活动所使用的厂房及土地是否可以区分，按照不同方法计算免征的房产税、城镇土地使用税。可以区分的，对其供热所使用厂房及土地，按向居民供热取得的采暖费收入占全部采暖费收入的比例计算减免税。难以区分的，对其全部厂房及土地，按向居民供热取得的采暖费收入占其营业收入的比例计算减免税。

对自供热单位，按向居民供热建筑面积占总供热建筑面积的比例计算免征供热所使用的厂房及土地的房产税、城镇土地使用税。

三、本通知所称供热企业，是指热力产品生产企业和热力产品经营企业。热力产品生产企业包括专业供热企业、兼营供热企业和自供热单位。

四、本通知所称"三北"地区，是指北京市、天津市、河北省、山西省、内蒙古自治区、辽宁省、大连市、吉林省、黑龙江省、山东省、青岛市、河南省、陕西省、甘肃省、青海省、宁夏回族自治区和新疆维吾尔自治区。

财政部 国家税务总局关于延续免征国产抗艾滋病病毒药品增值税政策的通知

2016 年 9 月 1 日 财税〔2016〕97 号

各省、自治区、直辖市、计划单列市财政厅（局）、国家税务局，新疆生产建设兵团财务局：

为继续支持艾滋病防治工作，经国务院批准，现将国产抗艾滋病病毒药品增值税政策通知如下：

一、自 2016 年 1 月 1 日至 2018 年 12 月 31 日，继续对国产抗艾滋病病毒药品免征生产环节和流通环节增值税（国产抗艾滋病病毒药物品种清单见附件）。

二、享受上述免征增值税政策的国产抗艾滋病病毒药品，为国家卫生计生委委托中国疾病预防控制中心通过公开招标方式统一采购、各省（自治区、直辖市）艾滋病药品管理部门分散签约支付的抗艾滋病病毒药品。药品生产企业申请办理免税时，应向主管税务机关提交加盖企业公章的药品供货合同复印件、中标通知书复印件及中国政府采购网中标公告。

三、抗艾滋病病毒药品的生产企业和流通企业应分别核算免税药品和其他货物的销售额；未分别核算的，不得享受增值税免税政策。

四、纳税人销售本通知规定的享受免税政策的国产抗艾滋病病毒药品，如果已向购买方开具了增值税专用发票，应将专用发票追回后方可就已售药品申请办理免税。凡专用发票无法追回的，一律按照规定征收增值税，不予免税。

附件：国产抗艾滋病病毒药物品种清单

附件：

国产抗艾滋病病毒药物品种清单

序号	药物品种
1	齐多夫定
2	拉米夫定
3	奈韦拉平
4	依非韦伦
5	替诺福韦
6	洛匹那韦
7	利托那韦
8	阿巴卡韦

国产抗艾滋病病毒药物，包括上表中所列药物及其制剂，以及由两种或三种药物组成的复合制剂。

财政部 国家税务总局关于国家大学科技园税收政策的通知

2016 年 9 月 5 日 财税〔2016〕98 号

各省、自治区、直辖市、计划单列市财政厅（局）、国家税务局、地方税务局，新疆生产建设兵团财务局：

经国务院批准，现就国家大学科技园（以下简称科技园）有关税收政策通知如下：

一、自 2016 年 1 月 1 日至 2018 年 12 月 31 日，对符合条件的科技园自用以及无偿或通过出租等方式提供给孵化企业使用的房产、土地，免征房产税和城镇土地使用税；自 2016 年 1 月 1 日至 2016 年 4 月 30 日，对其向孵化企业出租场地、房屋以及提供孵化服务的收入，免征营业税；在营业税改征增值税试点期间，对其向孵化企业出租场地、房屋以及提供孵化服务的收入，免征增值税。

二、符合非营利组织条件的科技园的收入，按照企业所得税法及其实施条例和有关税收政策规定享受企业所得税优惠政策。

三、享受本通知规定的房产税、城镇土地使用税以及营业税、增值税优惠政策的科技园，应当同时符合以下条件：

（一）科技园符合国家大学科技园条件。国务院科技和教育行政主管部门负责发布国家大学科技园名单。

（二）科技园将面向孵化企业出租场地、房屋以及提供孵化服务的业务收入在财务上单独核算。

（三）科技园提供给孵化企业使用的场地面积（含公共服务场地）占科技园可自主支配场地面积的 60% 以上（含 60%），孵化企业数量占科技园内企业总数量的 75% 以上（含 75%）。

公共服务场地是指科技园提供给孵化企业共享的活动场所，包括公共餐厅、接待室、会议室、展示室、活动室、技术检测室和图书馆等非营利性配套服务场地。

四、本通知所称"孵化企业"应当同时符合以下条件：

（一）企业注册地及主要研发、办公场所在科技园的工作场地内。

（二）新注册企业或申请进入科技园前企业成立时间不超过 3 年。

（三）企业在科技园内孵化的时间不超过 48 个月。海外高层次创业人才或从事生物医药、集成电路设计等特殊领域的创业企业，孵化时间不超过 60 个月。

（四）符合《中小企业划型标准规定》所规定的小型、微型企业划型标准。

（五）单一在孵企业使用的孵化场地面积不超过 1 000 平方米。从事航空航天、现代农业等特殊领域的单一在孵企业，不超过 3 000 平方米。

（六）企业产品（服务）属于科技部、财政部、国家税务总局印发的《国家重点支持的高新技术领域》规定的范围。

五、本通知所称"孵化服务"是指为孵化企业提供的属于营业税"服务业"税目中"代理业"、"租赁业"和"其他服务业"中的咨询和技术服务范围内的服务，改征增值税后是指为孵化企业提供的"经纪代理"、"经营租赁"、"研发和技术"、"信息技术"和"鉴证咨询"等服务。

六、国务院科技和教育行政主管部门负责组织对科技园是否符合本通知规定的各项条件定期进行审核确认，并向纳税人出具证明材料，列明纳税人用于孵化的房产和土地的地址、范围、面积等具体信息，并发送给国务院税务主管部门。

纳税人持相应证明材料向主管税务机关备案，主管税务机关按照《税收减免管理办法》等有关规定，以及国务院科技和教育行政主管部门发布的符合本通知规定条件的科技园名单信息，办理税收减免。

财政部 国家税务总局关于行政和解金有关税收政策问题的通知

2016 年 9 月 18 日　财税〔2016〕100 号

各省、自治区、直辖市、计划单列市财政厅（局）、国家税务局、地方税务局，新疆生产兵团财务局：

根据《中华人民共和国企业所得税法》及《中华人民共和国个人所得税法》的有关规定，现就证券期货领域有关行政和解金税收政策问题明确如下：

一、行政相对人交纳的行政和解金，不得在所得税税前扣除。

二、中国证券投资者保护基金公司（简称投保基金公司）代收备付的行政和解金不属于投保基金公司的收入，不征收企业所得税。

投保基金公司取得行政和解金时应使用财政票据。

三、对企业投资者从投保基金公司取得的行政和解金，应计入企业当期收入，依法征收企业所得税；对个人投资者从投保基金公司取得的行政和解金，暂免征收个人所得税。

四、本通知自 2016 年 1 月 1 日起执行。

财政部 国家税务总局关于完善股权激励和技术入股有关所得税政策的通知

2016 年 9 月 20 日　财税〔2016〕101 号

各省、自治区、直辖市、计划单列市财政厅（局）、国家税务局、地方税务局，新疆生产建设兵团财务局：

为支持国家大众创业、万众创新战略的实施，促进我国经济结构转型升级，经国务院批准，现就完善股权激励和技术入股有关所得税政策通知如下：

一、对符合条件的非上市公司股票期权、股权期权、限制性股票和股权奖励实行递延纳税政策

（一）非上市公司授予本公司员工的股票期权、股权期权、限制性股票和股权奖励，符合规定条件的，经向主管税务机关备案，可实行递延纳税政策，即员工在取得股权激励时可暂不纳税，递延至转让该股权时纳税；股权转让时，按照股权转让收入减除股权取得成本以及合理税费后的差额，适用"财产转让所得"项目，按照 20% 的税率计算缴纳个人所得税。

股权转让时，股票（权）期权取得成本按行权价确定，限制性股票取得成本按实际出资额确定，股权奖励取得成本为零。

（二）享受递延纳税政策的非上市公司股权激励（包括股票期权、股权期权、限制性股票和股权奖励，下同）须同时满足以下条件：

1. 属于境内居民企业的股权激励计划。

2. 股权激励计划经公司董事会、股东（大）会审议通过。未设股东（大）会的国有单位，经上级主管部门审核批准。股权激励计划应列明激励目的、对象、标的、有效期、各类价格的确定方法、激励对象

获取权益的条件、程序等。

3. 激励标的应为境内居民企业的本公司股权。股权奖励的标的可以是技术成果投资入股到其他境内居民企业所取得的股权。激励标的股票（权）包括通过增发、大股东直接让渡以及法律法规允许的其他合理方式授予激励对象的股票（权）。

4. 激励对象应为公司董事会或股东（大）会决定的技术骨干和高级管理人员，激励对象人数累计不得超过本公司最近 6 个月在职职工平均人数的 30%。

5. 股票（权）期权自授予日起应持有满 3 年，且自行权日起持有满 1 年；限制性股票自授予日起应持有满 3 年，且解禁后持有满 1 年；股权奖励自获得奖励之日起应持有满 3 年。上述时间条件须在股权激励计划中列明。

6. 股票（权）期权自授予日至行权日的时间不得超过 10 年。

7. 实施股权奖励的公司及其奖励股权标的公司所属行业均不属于《股权奖励税收优惠政策限制性行业目录》范围（见附件）。公司所属行业按公司上一纳税年度主营业务收入占比最高的行业确定。

（三）本通知所称股票（权）期权是指公司给予激励对象在一定期限内以事先约定的价格购买本公司股票（权）的权利；所称限制性股票是指公司按照预先确定的条件授予激励对象一定数量的本公司股权，激励对象只有工作年限或业绩目标符合股权激励计划规定条件的才可以处置该股权；所称股权奖励是指企业无偿授予激励对象一定份额的股权或一定数量的股份。

（四）股权激励计划所列内容不同时满足第一条第（二）款规定的全部条件，或递延纳税期间公司情况发生变化，不再符合第一条第（二）款第 4 至 6 项条件的，不得享受递延纳税优惠，应按规定计算缴纳个人所得税。

二、对上市公司股票期权、限制性股票和股权奖励适当延长纳税期限

（一）上市公司授予个人的股票期权、限制性股票和股权奖励，经向主管税务机关备案，个人可自股票期权行权、限制性股票解禁或取得股权奖励之日起，在不超过 12 个月的期限内缴纳个人所得税。《财政部 国家税务总局关于上市公司高管人员股票期权所得缴纳个人所得税有关问题的通知》（财税〔2009〕40 号）自本通知施行之日起废止。

（二）上市公司股票期权、限制性股票应纳税款的计算，继续按照《财政部 国家税务总局关于个人股票期权所得征收个人所得税问题的通知》（财税〔2005〕35 号）、《财政部 国家税务总局关于股票增值权所得和限制性股票所得征收个人所得税有关问题的通知》（财税〔2009〕5 号）、《国家税务总局关于股权激励有关个人所得税问题的通知》（国税函〔2009〕461 号）等相关规定执行。股权奖励应纳税款的计算比照上述规定执行。

三、对技术成果投资入股实施选择性税收优惠政策

（一）企业或个人以技术成果投资入股到境内居民企业，被投资企业支付的对价全部为股票（权）的，企业或个人可选择继续按现行有关税收政策执行，也可选择适用递延纳税优惠政策。

选择技术成果投资入股递延纳税政策的，经向主管税务机关备案，投资入股当期可暂不纳税，允许递延至转让股权时，按股权转让收入减去技术成果原值和合理税费后的差额计算缴纳所得税。

（二）企业或个人选择适用上述任一项政策，均允许被投资企业按技术成果投资入股时的评估值入账并在企业所得税前摊销扣除。

（三）技术成果是指专利技术（含国防专利）、计算机软件著作权、集成电路布图设计专有权、植物新品种权、生物医药新品种，以及科技部、财政部、国家税务总局确定的其他技术成果。

（四）技术成果投资入股，是指纳税人将技术成果所有权让渡给被投资企业、取得该企业股票（权）

的行为。

四、相关政策

（一）个人从任职受雇企业以低于公平市场价格取得股票（权）的，凡不符合递延纳税条件，应在获得股票（权）时，对实际出资额低于公平市场价格的差额，按照"工资、薪金所得"项目，参照《财政部 国家税务总局关于个人股票期权所得征收个人所得税问题的通知》（财税〔2005〕35 号）有关规定计算缴纳个人所得税。

（二）个人因股权激励、技术成果投资入股取得股权后，非上市公司在境内上市的，处置递延纳税的股权时，按照现行限售股有关征税规定执行。

（三）个人转让股权时，视同享受递延纳税优惠政策的股权优先转让。递延纳税的股权成本按照加权平均法计算，不与其他方式取得的股权成本合并计算。

（四）持有递延纳税的股权期间，因该股权产生的转增股本收入，以及以该递延纳税的股权再进行非货币性资产投资的，应在当期缴纳税款。

（五）全国中小企业股份转让系统挂牌公司按照本通知第一条规定执行。

适用本通知第二条规定的上市公司是指其股票在上海证券交易所、深圳证券交易所上市交易的股份有限公司。

五、配套管理措施

（一）对股权激励或技术成果投资入股选择适用递延纳税政策的，企业应在规定期限内到主管税务机关办理备案手续。未办理备案手续的，不得享受本通知规定的递延纳税优惠政策。

（二）企业实施股权激励或个人以技术成果投资入股，以实施股权激励或取得技术成果的企业为个人所得税扣缴义务人。递延纳税期间，扣缴义务人应在每个纳税年度终了后向主管税务机关报告递延纳税有关情况。

（三）工商部门应将企业股权变更信息及时与税务部门共享，暂不具备联网实时共享信息条件的，工商部门应在股权变更登记 3 个工作日内将信息与税务部门共享。

六、本通知自 2016 年 9 月 1 日起施行

中关村国家自主创新示范区 2016 年 1 月 1 日至 8 月 31 日之间发生的尚未纳税的股权奖励事项，符合本通知规定的相关条件的，可按本通知有关政策执行。

附件：股权奖励税收优惠政策限制性行业目录

附件：

股权奖励税收优惠政策限制性行业目录

门类代码	类别名称
A（农、林、牧、渔业）	（1）03 畜牧业（科学研究、籽种繁育性质项目除外） （2）04 渔业（科学研究、籽种繁育性质项目除外）
B（采矿业）	（3）采矿业（除第 11 类开采辅助活动）
C（制造业）	（4）16 烟草制品业 （5）17 纺织业（除第 178 类非家用纺织制成品制造） （6）19 皮革、毛皮、羽毛及其制品和制鞋业

门类代码	类别名称
C（制造业）	（7）20 木材加工和木、竹、藤、棕、草制品业 （8）22 造纸和纸制品业（除第 223 类纸制品制造） （9）31 黑色金属冶炼和压延加工业（除第 314 类钢压延加工）
F（批发和零售业）	（10）批发和零售业
G（交通运输、仓储和邮政业）	（11）交通运输、仓储和邮政业
H（住宿和餐饮业）	（12）住宿和餐饮业
J（金融业）	（13）66 货币金融服务 （14）68 保险业
K（房地产业）	（15）房地产业
L（租赁和商务服务业）	（16）租赁和商务服务业
O（居民服务、修理和其他服务业）	（17）79 居民服务业
Q（卫生和社会工作）	（18）84 社会工作
R（文化、体育和娱乐业）	（19）88 体育 （20）89 娱乐业
S（公共管理、社会保障和社会组织）	（21）公共管理、社会保障和社会组织（除第 9421 类专业性团体和 9422 类行业性团体）
T（国际组织）	（22）国际组织

说明：以上目录按照《国民经济行业分类》（GB/T 4754 – 2011）编制。

财政部 国家税务总局关于 2016 年森林消防专用车免征车辆购置税的通知

2016 年 9 月 18 日 财税〔2016〕102 号

河北、山西、内蒙古、吉林、江苏、浙江、安徽、江西、山东、湖南、广东、广西、重庆、四川、云南、新疆、陕西省（自治区、直辖市）财政厅（局）、国家税务局：

根据《财政部、国家税务总局关于防汛专用等车辆免征车辆购置税的通知》（财税〔2001〕39 号）的规定，对国家林业局申请的 2016 年 311 辆森林消防指挥车、222 辆森林消防运兵车和 119 辆森林消防运水车免征车辆购置税（具体免税车辆指标详见附件）。免税指标的使用截止期限为 2017 年 10 月 31 日。

购车单位在办理车辆购置税纳税申报手续时，需向所在地主管税务机关提供车辆内观、外观彩色 5 寸照片 1 套，出示国家林业局森林防火办公室配发的"森林消防专用车证"和"森林消防车辆调拨分配通知单"。主管税务机关依据本通知所附的免税车辆指标分配表以及车辆内观、外观彩色照片、"森林消防专用车证"和"森林消防车辆调拨分配通知单"（照片及证单式样从国家税务总局 FTP 服务器的"LOCAL/货物和劳务税司/车辆购置税处/森林消防专用指挥车免税图册"地址下载）为购车单位办理免税手续。

免税车辆因转让、改变用途等原因不再属于免税范围的，应按照《中华人民共和国车辆购置税暂行条例》第十五条的规定补缴车辆购置税。

附件：1. 2016 年森林消防指挥车免征车辆购置税指标分配表

2. 2016 年森林消防运兵车免征车辆购置税指标分配表

3. 2016 年森林消防运水车免征车辆购置税指标分配表

附件 1：

2016 年森林消防指挥车免征车辆购置税指标分配表

单位：辆

地区＼车型	江铃 JX5036XZHL	尼桑 ZN5025XZHHBG5	东风 ZN5021XZHVAU5	猎豹 LBA5031XZHLQ4	三菱 GMC5031XZHD	合计
河北	9			1		10
内蒙古	2	8		12	7	29
吉林		1	1			2
江苏		1	3	5	2	11
浙江		17				17
安徽		1			1	2
山东	2			1		3
广东	4				15	19
广西	1		3	2	3	9
重庆				1	1	2
四川		2	1		6	9
云南	5	4	12	60	41	122
陕西	1		1	2		4
新疆	1	14	3	11	43	72
合计	25	48	24	95	119	311

附件 2：

2016 年森林消防运兵车免征车辆购置税指标分配表

单位：辆

地区＼车型	南京 NJ5045XZHA	北京 BJ5030XYB2CEB2	全顺 JX5049XYBML2	大通 SH5041XYBA4D5	合计
河北			1		1
山西	6	11			17
内蒙古	10	57			67
吉林	2	1			3
浙江			5	6	11
江西				1	1
山东		19			19
湖南			1		1
广西	10	8	1	3	22
四川			2		2
云南	21	21	9		51
陕西		1		2	3
新疆	3	7	8	6	24
合计	52	125	27	18	222

附件 3：

2016 年森林消防运水车免征车辆购置税指标分配表

单位：辆

地区 \ 车型	北京 BJ5042GGS12	合计
山西	30	30
内蒙古	23	23
吉林	1	1
山东	12	12
广西	11	11
云南	29	29
陕西	1	1
新疆	12	12
合计	119	119

财政部　国家税务总局关于调整化妆品消费税政策的通知

2016 年 9 月 30 日　财税〔2016〕103 号

各省、自治区、直辖市、计划单列市财政厅（局）、国家税务局，新疆生产建设兵团财务局：

为了引导合理消费，经国务院批准，现将化妆品消费税政策调整有关事项通知如下：

一、取消对普通美容、修饰类化妆品征收消费税，将“化妆品”税目名称更名为“高档化妆品”。征收范围包括高档美容、修饰类化妆品、高档护肤类化妆品和成套化妆品。税率调整为 15%。

高档美容、修饰类化妆品和高档护肤类化妆品是指生产（进口）环节销售（完税）价格（不含增值税）在 10 元/毫升（克）或 15 元/片（张）及以上的美容、修饰类化妆品和护肤类化妆品。

二、本通知自 2016 年 10 月 1 日起执行。

财政部　国家税务总局关于银行业金融机构存款保险保费企业所得税税前扣除有关政策问题的通知

2016 年 10 月 8 日　财税〔2016〕106 号

各省、自治区、直辖市、计划单列市财政厅（局）、国家税务局、地方税务局，新疆生产建设兵团财务局：

根据《中华人民共和国企业所得税法》及《中华人民共和国企业所得税法实施条例》的有关规定，现就银行业金融机构存款保险保费企业所得税税前扣除政策问题明确如下：

一、银行业金融机构依据《存款保险条例》的有关规定、按照不超过万分之一点六的存款保险费率，计算交纳的存款保险保费，准予在企业所得税税前扣除。

二、准予在企业所得税税前扣除的存款保险保费计算公式如下：

准予在企业所得税税前扣除的存款保险保费 = 保费基数 × 存款保险费率

保费基数以中国人民银行核定的数额为准。

三、准予在企业所得税税前扣除的存款保险保费，不包括存款保险保费滞纳金。

四、银行业金融机构是指《存款保险条例》规定在我国境内设立的商业银行、农村合作银行、农村信用合作社等吸收存款的银行业金融机构。

五、本通知自 2015 年 5 月 1 日起执行。

财政部　国家税务总局　民政部关于生产和装配伤残人员专门用品企业免征企业所得税的通知

2016 年 10 月 24 日　财税〔2016〕111 号

各省、自治区、直辖市、计划单列市财政厅（局）、国家税务局、地方税务局、民政厅（局），新疆生产建设兵团财务局、民政局：

经国务院批准，现对生产和装配伤残人员专门用品的企业征免企业所得税政策明确如下：

一、自 2016 年 1 月 1 日至 2020 年 12 月 31 日期间，对符合下列条件的居民企业，免征企业所得税：

1. 生产和装配伤残人员专门用品，且在民政部发布的《中国伤残人员专门用品目录》范围之内。

2. 以销售本企业生产或者装配的伤残人员专门用品为主，其所取得的年度伤残人员专门用品销售收入（不含出口取得的收入）占企业收入总额60%以上。

收入总额，是指《中华人民共和国企业所得税法》第六条规定的收入总额。

3. 企业账证健全，能够准确、完整地向主管税务机关提供纳税资料，且本企业生产或者装配的伤残人员专门用品所取得的收入能够单独、准确核算。

4. 企业拥有假肢制作师、矫形器制作师资格证书的专业技术人员不得少于 1 人；其企业生产人员如超过 20 人，则其拥有假肢制作师、矫形器制作师资格证书的专业技术人员不得少于全部生产人员的1/6。

5. 具有与业务相适应的测量取型、模型加工、接受腔成型、打磨、对线组装、功能训练等生产装配专用设备和工具。

6. 具有独立的接待室、假肢或者矫形器（辅助器具）制作室和假肢功能训练室，使用面积不少于 115 平方米。

二、享受本通知税收优惠的企业，应当按照《国家税务总局关于发布〈企业所得税优惠政策事项办理办法〉的公告》（国家税务总局公告 2015 年第 76 号）规定向税务机关履行备案手续，妥善保管留存备查资料。

附件：中国伤残人员专门用品目录

附件：

中国伤残人员专门用品目录

产品名称	单位	用途及材料结构
一、上肢假肢		
1. 手部假肢		
假手指	只	用于手指截肢的装饰性假肢　成品硅胶
假手指	只	用于手指截肢的装饰性假肢　定制硅胶仿真
部分手假肢	只	用于部分手截肢的装饰性假肢　成品硅胶

产品名称	单位	用途及材料结构
部分手假肢	只	用于部分手截肢的装饰性假肢　硅胶仿真手套
部分手假肢	只	用于部分手截肢的装饰性假肢　定制硅胶仿真手套
半掌单自由度肌电假肢	具	用于掌骨截肢
半掌肌电手假肢功能训练费	天	用于掌骨截肢患者肌电信号和功能训练
2. 腕离断假肢		
腕离断装饰手假肢	具	用于腕关节离断　有被动功能
腕离断装饰手假肢	具	用于腕关节离断　有被动功能　硅胶仿真手套
腕离断自身力源手假肢	具	用于腕关节离断　牵引索控制假手　树脂接受腔
腕离断自身来源手假肢	具	用于腕关节离断　牵引索控制假手　树脂接受腔　硅胶仿真手套
腕离断单自由度肌电手假肢	具	用于腕关节离断　双层树脂接受腔
腕离断假肢功能训练费	天	用于腕离断截肢患者肌电信号和功能训练
3. 前臂假肢		
前臂装饰手假肢	具	用于前臂截肢　有被动功能
前臂装饰手假肢	具	用于前臂截肢　有被动功能　硅胶仿真手套
前臂自身力源手假肢	具	用于前臂截肢　牵引索控制假手　树脂接受腔
前臂电动手假肢	具	用于前臂截肢　单自由度　开关控制假手　双层树脂接受腔
前臂单自由度肌电手假肢	具	用于前臂截肢　肌电信号控制假手　双层树脂接受腔
前臂双自由度肌电手假肢	具	用于前臂截肢　肌电信号控制假手　双层树脂接受腔
前臂双自由度比例控制肌电手假肢	具	用于前臂截肢　肌电信号控制假手　双层树脂接受腔
前臂假肢功能训练费	天	用于前臂截肢患者肌电信号和功能训练
4. 肘离断假肢		
骨骼式肘离断装饰手假肢	具	用于肘关节离断　有被动功能　双层树脂接受腔
壳式肘离断装饰手假肢	具	用于肘关节离断　有被动功能　双层树脂接受腔
肘离断自身力源手假肢	具	用于肘关节离断　牵引索实现屈肘和开闭手动作双层树脂接受腔
肘离断单自由度肌电手假肢	具	用于肘关节离断　自身力源肘关节　肌电信号控制手　双层树脂接受腔
肘离断双自由度肌电手假肢	具	用于肘关节离断　自身力源肘关节　肌电信号控制手　双层树脂接受腔
肘离断假肢功能训练费	天	用于肘离断截肢患者肌电信号和功能训练
5. 上臂假肢		
骨骼式上臂装饰手假肢	具	用于上臂截肢　有被动功能　双层树脂接受腔
壳式上臂装饰手假肢	具	用于上臂截肢　有被动功能　双层树脂接受腔
上臂自身力源手假肢	具	用于上臂中长残肢　牵引索实现屈肘和开闭手动作　双层树脂接受腔
上臂自身力源手假肢	具	用于上臂短残肢　牵引索实现屈肘和开闭手动作　双层树脂接受腔
上臂单自由度肌电手假肢	具	用于上臂截肢　自身力源肘关节　肌电信号控制手　双层树脂接受腔
上臂双自由度肌电手假肢	具	用于上臂截肢　自身力源肘关节　肌电信号控制手双层树脂接受腔
上臂电动肘关节单自由度肌电手假肢	具	用于上臂截肢　开关控制肘关节　肌电信号控制手双层树脂接受腔
上臂电动肘关节双自由度肌电手假肢	具	用于上臂截肢　开关控制肘关节　肌电信号控制手双层树脂接受腔
上臂电动肘关节双自由度比例控制肌电手假肢	具	用于上臂截肢　开关控制肘关节　肌电信号控制手双层树脂接受腔
上臂三自由度肌电手假肢	具	用于上臂截肢　肌电信号控制肘关节和手　双层树脂接受腔

产品名称	单位	用途及材料结构
上臂三自由度比例控制肌电手假肢	具	用于上臂截肢　肌电信号控制肘关节和手　双层树脂接受腔
上臂假肢功能训练费	天	用于上臂截肢患者肌电信号和功能训练
6. 肩部假肢		
骨骼式肩离断装饰手假肢	具	用于肩关节离断等　有被动功能　双层树脂接受腔
壳式肩离断装饰手假肢	具	用于肩关节离断等　有被动功能　双层树脂接受腔
肩离断电动肘关节两自由度肌电手假肢	具	用于肩关节离断等　开关控制肘关节　肌电信号控制手　双层树脂接受腔
肩离断三自由度肌电手假肢	具	用于肩关节离断等　肌电信号控制肘关节和手　双层树脂接受腔
肩离断三自由度比例控制肌电手假肢	具	用于肩关节离断等　肌电信号控制肘关节和手　双层树脂接受腔
肩离断假肢功能训练费	天	用于肩离断截肢患者肌电信号和功能训练
二、下肢假肢		
1. 足部假肢		
部分足假肢	具	用于部分足截肢　取型　硅胶制作
部分足假肢	具	用于部分足截肢　取型　硅胶仿真制作
足部假肢	具	用于足部截肢　碳纤增强树脂接受腔、聚氨酯脚
足部假肢	具	用于足部截肢　碳纤增强树脂接受腔、碳纤储能脚
足部假肢功能训练费	天	用于足部截肢患者功能训练
2. 小腿假肢		
小腿假肢接受腔	个	全面接触式 PTK 接受腔
临时小腿假肢	具	用于小腿截肢　EVA 内衬套　树脂（或 PP）全面接触式 PTK 接受腔（不包括零部件）
壳式 SACH 脚小腿假肢	具	用于小腿截肢　EVA 内衬套　树脂（或 PP）全面接触式 PTK 接受腔
壳式单轴动踝脚小腿假肢	具	用于小腿截肢　EVA 内衬套　树脂（或 PP）全面接触式 PTK 接受腔
壳式储能脚小腿假肢	具	用于小腿截肢　EVA 内衬套　树脂（或 PP）全面接触式 PTK 接受腔
壳式万向踝脚小腿假肢	具	用于小腿截肢　EVA 内衬套　树脂（或 PP）全面接触式 PTK 接受腔
骨骼式合金钢 SACH 脚小腿假肢	具	用于小腿截肢　EVA 内衬套　树脂（或 PP）全面接触式 PTK 接受腔合金钢连接件
骨骼式不锈钢 SACH 脚小腿假肢	具	用于小腿截肢　EVA 内衬套　树脂（或 PP）全面接触式 PTK 接受腔不锈钢连接件
骨骼式钛合金 SACH 脚小腿假肢	具	用于小腿截肢　EVA 内衬套　树脂（或 PP）全面接触式 PTK 接受腔钛合金连接件
骨骼式镁铝合金 SACH 脚小腿假肢	具	用于小腿截肢　EVA 内衬套　树脂（或 PP）全面接触式 PTK 接受腔镁铝合金连接件
骨骼式碳纤 SACH 脚小腿假肢	具	用于小腿截肢　EVA 内衬套　树脂（或 PP）全面接触式 PTK 接受腔　碳纤连接件
骨骼式合金钢储能脚小腿假肢	具	用于小腿截肢　EVA 内衬套　树脂（或 PP）全面接触式 PTK 接受腔合金钢连接件
骨骼式不锈钢储能脚小腿假肢	具	用于小腿截肢　EVA 内衬套　树脂（或 PP）全面接触式 PTK 接受腔不锈钢连接件
骨骼式钛合金碳纤储能脚小腿假肢	具	用于小腿截肢　EVA 内衬套　树脂（或 PP）全面接触式 PTK 接受腔钛合金连接件
骨骼式镁铝合金碳纤储能脚小腿假肢	具	用于小腿截肢　EVA 内衬套　树脂（或 PP）全面接触式 PTK 接受腔镁铝合金连接件
骨骼式碳纤储纤能脚小腿假肢	具	用于小腿截肢　EVA 内衬套　树脂（或 PP）全面接触式 PTK 接受腔碳纤连接件
骨骼式合金钢单轴动踝脚小腿假肢	具	用于小腿截肢　EVA 内衬套　树脂（或 PP）全面接触式 PTK 接受腔合金钢连接件
骨骼式不锈钢单轴动踝脚小腿假肢	具	用于小腿截肢　EVA 内衬套　树脂（或 PP）全面接触式 PTK 接受腔不锈钢连接件
骨骼式钛合金单轴动踝脚小腿假肢	具	用于小腿截肢　EVA 内衬套　树脂（或 PP）全面接触式 PTK 接受腔钛合金连接件
骨骼式镁铝合金单轴动踝脚小腿假肢	具	用于小腿截肢　EVA 内衬套　树脂（或 PP）全面接触式 PTK 接受腔镁铝合金连接件

续表

产品名称	单位	用途及材料结构
骨骼式合金钢万向踝脚小腿假肢	具	用于小腿截肢 EVA 内衬套 树脂（或 PP）全面接触式 PTK 接受腔合金钢连接件
骨骼式不锈钢万向踝脚小腿假肢	具	用于小腿截肢 EVA 内衬套 树脂（或 PP）全面接触式 PTK 接受腔不锈钢连接件
骨骼式钛合金万向踝脚小腿假肢	具	用于小腿截肢 EVA 内衬套 树脂（或 PP）全面接触式 PTK 接受腔钛合金连接件
骨骼式镁铝合金万向踝脚小腿假肢	具	用于小腿截肢 EVA 内衬套 树脂（或 PP）全面接触式 PTK 接受腔镁铝合金连接件
骨骼式碳纤万向踝小腿假肢	具	用于小腿截肢 EVA 内衬套 树脂（或 PP）全面接触式 PTK 接受腔碳纤连接件
小腿假肢功能训练费	天	用于小腿截肢患者功能训练
3. 膝部假肢		
骨骼式合金钢 SACH 脚膝部假肢	具	用于膝关节离断和小腿极短截肢 合金钢膝离断关节和连接件 EVA 内衬套 树脂（或 PP）接受腔
骨骼式不锈钢 SACH 脚膝部假肢	具	用于膝关节离断和小腿极短截肢 不锈钢膝离断关节和连接件 EVA 内衬套 树脂（或 PP）接受腔
骨骼式钛合金 SACH 脚膝部假肢	具	用于膝关节离断和小腿极短截肢 钛合金膝离断关节和连接件 EVA 内衬套 树脂（或 PP）接受腔
骨骼式镁铝合金 SACH 脚膝部假肢	具	用于膝关节离断和小腿极短截肢 镁铝合金膝离断关节和连接件 EVA 内衬套 树脂（或 PP）接受腔
骨骼式碳纤 SACH 脚膝部假肢	具	用于膝关节离断和小腿极短截肢 碳纤膝关节和碳纤连接件 EVA 内衬套 树脂（或 PP）接受腔
骨骼式合金钢储能脚膝部假肢	具	用于膝关节离断和小腿极短截肢 合金钢膝离断关节和连接件 EVA 内衬套 树脂（或 PP）接受腔
骨骼式不锈钢储能脚膝部假肢	具	用于膝关节离断和小腿极短截肢 不锈钢膝离断关节和连接件 EVA 内衬套 树脂（或 PP）接受腔
骨骼式钛合金储能脚膝部假肢	具	用于膝关节离断和小腿极短截肢 钛合金膝离断关节和连接件 EVA 内衬套 树脂（或 PP）接受腔
骨骼式镁铝合金储能脚膝部假肢	具	用于膝关节离断和小腿极短截肢 镁铝合金膝离断关节和连接件 EVA 内衬套 树脂（或 PP）接受腔
骨骼式碳纤万向踝和储能脚膝部假肢	具	用于膝关节离断和小腿极短残肢 碳纤膝关节和碳纤连接件 EVA 内衬套 树脂（或 PP）接受腔
骨骼式合金钢单轴动踝脚膝部假肢	具	用于膝关节离断和小腿极短截肢 合金钢膝离断关节和连接件 EVA 内衬套 树脂（或 PP）接受腔
骨骼式不锈钢单轴动踝脚膝部假肢	具	用于膝关节离断和小腿极短截肢 不锈钢膝离断关节和连接件 EVA 内衬套 树脂（或 PP）接受腔
骨骼式钛合金单轴动踝脚膝部假肢	具	用于膝关节离断和小腿极短截肢 钛合金膝离断关节和连接件 EVA 内衬套 树脂（或 PP）接受腔
骨骼式镁铝合金单轴动踝脚膝部假肢	具	用于膝关节离断和小腿极短截肢 镁铝合金膝离断关节和连接件 EVA 内衬套 树脂（或 PP）接受腔
骨骼式合金钢万向踝脚膝部假肢	具	用于膝关节离断和小腿极短截肢 合金钢膝离断关节和连接件 EVA 内衬套 树脂（或 PP）接受腔
骨骼式不锈钢万向踝脚膝部假肢	具	用于膝关节离断和小腿极短截肢 不锈钢膝离断关节和连接件 EVA 内衬套 树脂（或 PP）接受腔
骨骼式钛合金万向踝脚膝部假肢	具	用于膝关节离断和小腿极短截肢 钛合金膝离断关节和连接件 EVA 内衬套 树脂（或 PP）接受腔

产品名称	单位	用途及材料结构
骨骼式镁铝合金万向踝脚膝部假肢	具	用于膝关节离断和小腿极短截肢　镁铝合金膝离断关节和连接件　EVA 内衬套　树脂（或 PP）接受腔
骨骼式碳纤万向踝膝部假肢	具	用于膝关节离断和小腿极短残肢　碳纤膝关节和碳纤连接件　EVA 内衬套　树脂（或 PP）接受腔
骨骼式碳纤万向踝气压膝部假肢	具	用于膝关节离断和小腿极短残肢　碳纤气压膝关节和碳纤连接件　EVA 内衬套　树脂（或 PP）接受腔
膝部假肢功能训练费	天	用于膝部截肢患者功能训练
4. 大腿假肢		
坐骨包容式大腿假肢接受腔	个	普通树脂（或 PP）接受腔
坐骨包容式大腿假肢接受腔	个	树脂（或 PP）双层接受腔（内腔软，外腔硬）
坐骨包容式大腿假肢接受腔	个	特制木材和树脂接受腔（内腔木材，外腔树脂）
临时大腿假肢	具	用于大腿截肢（步态训练用，不含部件）
骨骼式不锈钢单轴膝关节 SACH 脚大腿假肢	具	用于大腿截肢　不锈钢连接件　普通树脂（或 PP）坐骨包容式接受腔
骨骼式钛合金单轴膝关节 SACH 脚大腿假肢	具	用于大腿截肢　钛合金连接件　普通树脂（或 PP）坐骨包容式接受腔
骨骼式镁铝合金单轴膝关节 SACH 脚大腿假肢	具	用于大腿截肢　镁铝合金连接件　普通树脂（或 PP）坐骨包容式接受腔
骨骼式不锈钢单轴膝关节储能脚大腿假肢	具	用于大腿截肢　不锈钢连接件　普通树脂（或 PP）坐骨包容式接受腔
骨骼式钛合金单轴膝关节储能脚大腿假肢	具	用于大腿截肢　钛合金连接件　普通树脂（或 PP）坐骨包容式接受腔
骨骼式镁铝合金单轴膝关节储能脚大腿假肢	具	用于大腿截肢　镁铝合金连接件　普通树脂（或 PP）坐骨包容式接受腔
骨骼式不锈钢单轴膝关节单轴脚大腿假肢	具	用于大腿截肢　不锈钢连接件　普通树脂（或 PP）坐骨包容式接受腔
骨骼式钛合金单轴膝关节单轴脚大腿假肢	具	用于大腿截肢　钛合金连接件　普通树脂（或 PP）坐骨包容式接受腔
骨骼式镁铝合金单轴膝关节单轴脚大腿假肢	具	用于大腿截肢　镁铝合金连接件　普通树脂（或 PP）坐骨包容式接受腔
骨骼式不锈钢单轴膝关节万向踝脚大腿假肢	具	用于大腿截肢　不锈钢连接件　普通树脂或 PP 坐骨包容式接受腔
骨骼式钛合金单轴膝关节万向踝脚大腿假肢	具	用于大腿截肢　钛合金连接件　普通树脂或 PP 坐骨包容式接受腔
骨骼式镁铝合金单轴膝关节万向踝脚大腿假肢	具	用于大腿截肢　镁铝合金连接件　普通树脂或 PP 坐骨包容式接受腔
骨骼式不锈钢多轴膝关节 SACH 脚大腿假肢	具	用于大腿截肢　不锈钢连接件　普通树脂或 PP 坐骨包容式接受腔
骨骼式钛合金多轴膝关节 SACH 脚大腿假肢	具	用于大腿截肢　钛合金连接件　普通树脂或 PP 坐骨包容式接受腔
骨骼式镁铝合金多轴膝关节 SACH 脚大腿假肢	具	用于大腿截肢　镁铝合金连接件　普通树脂或 PP 坐骨包容式接受腔
骨骼式碳纤多轴膝关节 SACH 脚大腿假肢	具	用于大腿截肢　碳纤膝关节和碳纤连接件　普通树脂或 PP 坐骨包容式接受腔
骨骼式不锈钢多轴膝关节储能脚大腿假肢	具	用于大腿截肢　不锈钢连接件　普通树脂或 PP 坐骨包容式接受腔
骨骼式钛合金多轴膝关节储能脚大腿假肢	具	用于大腿截肢　钛合金连接件　普通树脂或 PP 坐骨包容式接受腔
骨骼式镁铝合金多轴膝关节储能脚大腿假肢	具	用于大腿截肢　镁铝合金连接件　普通树脂或 PP 坐骨包容式接受腔
骨骼式不锈钢多轴膝关节万向踝脚大腿假肢	具	用于大腿截肢　不锈钢连接件　普通树脂或 PP 坐骨包容式接受腔
骨骼式钛合金多轴膝关节万向踝脚大腿假肢	具	用于大腿截肢　钛合金连接件　普通树脂或 PP 坐骨包容式接受腔
骨骼式镁铝合金多轴膝关节万向踝脚大腿假肢	具	用于大腿截肢　镁铝合金连接件　普通树脂或 PP 坐骨包容式接受腔
骨骼式碳纤多轴膝关节万向踝大腿假肢	具	用于大腿截肢　碳纤连接件　普通树脂或 PP 坐骨包容式接受腔
骨骼式碳纤多轴膝关节万向踝储能脚大腿假肢	具	用于大腿截肢　碳纤连接件　碳纤储能脚　普通树脂（或 PP）坐骨包容式接受腔
骨骼式碳纤多轴膝关节万向踝储能脚大腿假肢	具	用于大腿截肢　碳纤连接件　碳纤储能脚（脚套分离）　普通树脂或 PP 坐骨包容式接受腔

产品名称	单位	用途及材料结构
骨骼式气压膝关节 SACH 脚大腿假肢	具	用于大腿截肢　不锈钢连接件　普通树脂或 PP 坐骨包容式接受腔
骨骼式液压膝关节 SACH 脚大腿假肢	具	用于大腿截肢　不锈钢连接件　普通树脂或 PP 坐骨包容式接受腔
骨骼式气压膝关节储能脚大腿假肢	具	用于大腿截肢　钛合金连接件　普通树脂或 PP 坐骨包容式接受腔
骨骼式液压膝关节储能脚大腿假肢	具	用于大腿截肢　钛合金连接件　普通树脂或 PP 坐骨包容式接受腔
骨骼式气压膝关节单轴脚大腿假肢	具	用于大腿截肢　不锈钢钢连接件　普通树脂或 PP 坐骨包容式接受腔
骨骼式液压膝关节单轴脚大腿假肢	具	用于大腿截肢　不锈钢连接件　普通树脂或 PP 坐骨包容式接受腔
骨骼式气压膝关节万向踝脚大腿假肢	具	用于大腿截肢　钛合金连接件　普通树脂或 PP 坐骨包容式接受腔
骨骼式碳纤多轴膝关节万向踝气压膝大腿假肢	具	用于大腿截肢　碳纤气压膝关节和碳纤连接件　普通树脂或 PP 坐骨包容式接受腔
骨骼式碳纤多轴膝关节万向踝气压膝大腿假肢	具	用于大腿截肢　碳纤双缸气压膝关节和碳纤连接件　普通树脂或 PP 坐骨包容式接受腔
骨骼式液压膝关节万向踝能脚大腿假肢	具	用于大腿截肢　钛合金连接件　普通树脂或 PP 坐骨包容式接受腔
大腿假肢功能训练费	天	用于大腿截肢患者功能训练
5. 髋部假肢		
骨骼式不锈钢多轴膝关节 SACH 脚髋部假肢	具	用于髋关节离断和大腿极短残肢　不锈钢连接件　树脂或 PP 接受腔（髋关节可以用铝合金）
骨骼式钛合金多轴膝关节 SACH 脚髋部假肢	具	用于髋关节离断和大腿极短残肢　钛合金连接件　树脂或 PP 接受腔（髋关节可以用铝合金）
骨骼式镁铝金多轴膝关节 SACH 脚髋部假肢	具	用于髋关节离断和大腿极短残肢　镁铝合金连接件　树脂或 PP 接受腔（髋关节可以用铝合金）
骨骼式碳纤多轴膝关节单轴脚髋离断假肢	具	用于髋关节离断和大腿极短残肢　碳纤连接件　树脂或 PP 接受腔碳纤髋关节
骨骼式不锈钢多轴膝关节储能脚髋部假肢	具	用于髋关节离断和大腿极短残肢　不锈钢连接件　树脂或 PP 接受腔（髋关节可以用铝合金）
骨骼式钛合金多轴膝关节储能脚髋部假肢	具	用于髋关节离断和大腿极短残肢　钛合金连接件　树脂接受腔（髋关节可以用铝合金）
骨骼式碳纤多轴膝关节储能脚髋离断假肢	具	用于髋关节离断和大腿极短残肢　碳纤连接件　树脂或 PP 接受腔碳纤髋关节碳纤储能脚
骨骼式碳纤多轴膝关节储能脚髋离断假肢	具	用于髋关节离断和大腿极短残肢　碳纤连接件　树脂或 PP 接受腔　碳纤髋关节碳纤储能脚（脚套分离）
骨骼式碳纤气压膝关节单轴脚髋离断假肢	具	用于髋关节离断和大腿极短残肢　碳纤连接件　树脂或 PP 接受腔碳纤髋关节碳纤气压关节
骨骼式镁铝金多轴膝关节储能脚髋部假肢	具	用于髋关节离断和大腿极短残肢　镁铝合金连接件　树脂（或 PP）接受腔（髋关节可以用铝合金）
骨骼式不锈钢多轴膝关节单轴脚髋部假肢	具	用于髋关节离断和大腿极短残肢　不锈钢连接件　树脂接受腔（髋关节可以用铝合金）
骨骼式钛合金多轴膝关节单轴脚髋部假肢	具	用于髋关节离断和大腿极短残肢　钛合金连接件　树脂（或 PP）接受腔（髋关节可以铝合金）
骨骼式镁铝金多轴膝关节单轴脚髋部假肢	具	用于髋关节离断和大腿极短残肢　镁铝合金连接件　树脂（或 PP）接受腔（髋关节可以用铝合金）

产品名称	单位	用途及材料结构
骨骼式不锈钢多轴膝关节万向踝脚髋部假肢	具	用于髋关节离断和大腿极短残肢　不锈钢连接件　树脂（或 PP）接受腔（髋关节可以铝合金）
骨骼式钛合金多轴膝关节万向踝脚髋部假肢	具	用于髋关节离断和大腿极短残肢　钛合金连接件　树脂（或 PP）接受腔（髋关节可以铝合金）
骨骼式镁铝金多轴膝关节万向踝脚髋部假肢	具	用于髋关节离断和大腿极短残肢　镁铝合金连接件　树脂（或 PP）接受腔（髋关节可以用铝合金）
髋部假肢功能训练费	天	用于髋部截肢患者功能训练
三、上肢矫形器		
1. 手部矫形器		
手指矫形器	具	用于单指手指固定（可调式）
手指矫形器	具	用于单指手指固定（包括槌状、鹅颈、扣眼）
手指矫形器	具	用于手指恢复功能锻炼（包括指伸、指曲）
掌指矫形器	具	用于手指固定（可调式）
掌指矫形器	具	用于手指损伤固定
掌指矫形器	具	用于手指恢复功能锻炼
短式手指功能康复支架	具	用于手指挛缩畸形
长式手指功能康复支架	具	用于手指挛缩畸形
手部功能训练矫形器	具	用于手指挛缩畸形
橡筋式手指康复附件	具	用于手指挛缩畸形　手指康复支架配件
弹簧式手指康复附件	具	用于手指挛缩畸形　手指康复支架配件
2. 腕部矫形器		
腕手矫形器	具	用于腕部损伤固定（可调式）
腕手矫形器	具	用于腕部损伤固定（手功能位）
腕手矫形器	具	用于腕部恢复功能锻炼
护腕	只	用于腕关节损伤和预防损伤
腕关节矫形器	具	用于腕关节骨折及伤残固定
腕关节矫形器	具	用于腕关节骨折及伤残固定　低温板材
3. 前臂矫形器		
前臂矫形器	具	用于前臂骨折及伤残固定
前臂矫形器	具	用于前臂骨折及伤残固定　低温板材
肘腕手矫形器	具	用于肘腕部或前臂损伤固定（可调式）
肘腕手矫形器	具	用于肘腕部或前臂损伤固定
肘腕手矫形器	具	用于肘腕部或前臂恢复功能锻炼
护肘	只	用于肘关节损伤和预防损伤

续表

产品名称	单位	用途及材料结构
4. 上臂矫形器		
上臂矫形器	具	用于上臂骨折及伤残固定
上臂矫形器	具	用于上臂骨折及伤残固定　低温板材
前臂吊带	个	用于上臂损伤辅助固定位置
5. 肩部矫形器		
肩锁关节脱位固定带	个	用于肩锁关节脱位后固定
肩锁带	个	用于肩锁骨骨折后固定
肩肘腕手矫形器	具	用于上臂或肘部损伤固定（可调式）
肩肘腕手矫形器	具	用于上臂或肘部损伤固定
肩肘腕手矫形器	具	用于上臂或肘部恢复功能锻炼
肩关节矫形器	具	用于肩关节损伤
肩外展支架	具	用于肩关节及肱骨骨折　固定式
肩外展支架	具	用于肩关节及肱骨骨折　可调式
护肩	只	用于肩关节损伤和预防损伤
四、脊柱矫形器		
1. 颈部矫形器		
颈托	个	用于颈椎损伤　金属支条
曲边围领	个	PE 板
曲边围领	个	舒适
曲边围领	个	用于颈椎轻度损伤
曲边围领	个	软围领
曲边围领	个	充气
颈托	个	用于颈椎轻度损伤（取型制作）
颈托	个	用于颈椎轻度损伤
费城围领	个	用于颈椎病或颈椎轻度损伤（有牵引功能）
进口充气式颈椎矫形器	个	用于颈椎轻度损伤（成品）
充气式颈椎矫形器	个	用于颈椎轻度损伤（成品）
四连杆支撑颈椎矫形器	具	用于颈椎损伤
颈胸矫形器	具	用于颈椎损伤固定
颈胸矫形器	具	用于颈椎损伤（可调式）
头颈胸矫形器	具	用于颈椎损伤（普通型）
头颈胸矫形器	具	用于颈椎损伤（核磁兼容型）
头颈胸矫形器	具	用于颈椎损伤（成品）
头颈胸矫形器	具	用于颈椎损伤（取型制作）
胸枕颌支撑矫形器	具	用于颈椎损伤
颈胸腰骶	具	用于颈胸腰椎损伤（取型制作）

产品名称	单位	用途及材料结构
2. 胸腰骶椎矫形器		
胸腰骶椎矫形器	具	用于腰椎损（成品）
胸腰骶椎矫形器	具	用于胸腰骶椎损伤　金属支条
泰勒式胸腰骶椎矫形器	具	用于胸腰骶椎损伤　金属支条
密尔沃基颈胸腰骶部矫形器	具	用于矫正脊柱变形　金属支条
腰椎矫形器	具	用于腰椎损伤　金属支条
海泊式脊柱过伸矫形器	具	用于胸腰椎后凸畸形
弹性围腰	件	用于腰椎轻度损伤
弹性围腰	件	用于腰椎轻度损伤（带支条）
胸腰椎矫形器	具	用于矫正脊柱变形
胸腰椎矫形器	具	用于矫正脊柱变形（进口材料）
腰骶椎矫形器	具	用于腰骶椎疼痛（成品）
腰骶矫形器	具	用于腰骶椎疼痛（取型制作）
骶椎矫形器	具	用于骶椎疼痛（取型制作）
骶髋护围	件	用于骶髋关节损伤后期的康复
加强型围腰	件	用于腰椎骨折和损伤后期的康复
加高式软性围腰	件	用于腰椎骨折和损伤后期的康复
框架脊柱过伸矫形器	具	用于腰椎骨折及损伤的康复
脊柱过伸矫形器	具	用于胸腰椎后凸畸形
色努矫形器	具	用于矫正脊柱变形　塑料板和金属支条
里昂矫形器	具	用于矫正脊柱变形　塑料板和金属支条
大阪一大	具	用于矫正脊柱变形　塑料板和金属支条
查尔斯顿	具	用于矫正脊柱变形　塑料板
波士顿	具	用于矫正脊柱变形　塑料板
软性脊柱侧弯矫形器	件	用于矫正脊柱轻度变形　纺织材料
五、下肢矫形器		
1. 足部矫形器		
单矫形鞋	双	用于下肢不等长及足部病变　牛皮、矮腰
单矫形鞋	双	用于下肢不等长及足部病变　牛皮、高腰
单矫形鞋	双	用于下肢不等长及足部病变　牛皮、超高腰
棉矫形鞋	双	用于下肢不等长及足部病变　牛皮、矮腰
棉矫形鞋	双	用于下肢不等长及足部病变　牛皮、高腰
棉矫形鞋	双	用于下肢不等长及足部病变　牛皮、超高腰
足部综合病变病理鞋	只	用于足部发生多种疾病的矫形
布朗矫形鞋	只	用于矫正足部畸形

产品名称	单位	用途及材料结构
平足垫	只	用于扁平足（成品）
平足垫	只	用于扁平足（取型制作）
平足横弓垫	只	用于扁平足及横弓塌陷
半足鞋垫	只	用于足部病变
全足矫形平足垫	只	用于足部病变
足跟垫	只	用于减轻跟骨刺引起的疼痛
跗骨垫	只	用于减轻跗骨部位压力
硅胶足弓垫	只	用于扁平足
分趾梳	只	用于脚趾叠压
硅胶跖骨垫	只	用于足部骨骼病变
足趾矫形器	只	用于脚趾畸形
硅胶跗骨垫	只	用于减轻跗骨部位压力
硅胶足跟垫	只	用于减轻跟骨刺引起的疼痛
拇外翻矫正带	只	用于矫正拇外翻
拇外翻趾夹垫	只	用于矫正拇外翻
2. 足踝部矫形器		
踝固定带	只	用于踝关节损伤
踝足矫形器	只	用于小腿外伤或畸形　双侧夹板
踝足矫形器	只	用于小腿外伤或畸形（双侧金属支条）
踝足矫形器	只	用于小腿外伤或畸形（髌韧带承重式）
踝足矫形器	只	用于小腿外伤或畸形（钛合金支条）
踝足矫形器	只	用于足、踝畸形矫正
塑料托板踝足矫形器	只	用于腓神经损伤
踝足矫形器	只	用于足、踝畸形矫正
3. 膝部矫形器		
膝内外翻矫形器	只	用于 X 和 O 型腿矫正（夜用型）取型制作
膝关节保护矫形器	只	用于膝关节韧带损伤（包括侧副和十字韧带）
膝关节反屈矫形器	只	用于矫正膝关节反屈
膝踝足矫形器	只	用于大腿、小腿骨折或神经损伤及畸形
膝关节限位矫形器	只	用于大腿、小腿骨折或神经损伤恢复功能锻炼
膝踝足矫形器	只	用于大腿、小腿骨折或神经损伤及畸形坐骨承重
膝踝足矫形器	只	用于大腿、小腿骨折或神经损伤及畸形铝合金件
膝部矫形器	只	用于大腿、小腿骨折或神经韧带损伤及畸形
组建式膝矫形器	只	用于大腿、小腿骨折或神经韧带损伤及畸形

产品名称	单位	用途及材料结构
4. 髋膝踝足矫形器		
单侧低温板髋人字矫形器	具	用于大腿骨、骨股胫骨折及术后固定
单侧高温板髋人字矫形器	具	用于大腿骨、骨股胫骨折及术后固定
双侧低温板髋人字矫形器	具	用于大腿骨、骨股胫骨折及术后固定
双侧高温板髋人字矫形器	具	用于大腿骨、骨股胫骨折及术后固定
髋膝踝足矫形器	只	用于大腿骨折或神经损伤及畸形　不锈钢件
髋膝踝足矫形器	只	用于大腿骨折或神经损伤及畸形　铝合金件
髋膝踝足矫形器	只	用于大腿骨折或神经损伤及畸形　钛合金件
髋膝踝足截瘫矫形器	只	用于截瘫病人辅助站立或近距离行走不锈钢件
髋膝踝足截瘫矫形器	只	用于截瘫病人辅助站立或近距离行走钛合金件
髋矫形器（RB 吊带）	具	用于出生数周内婴儿髋臼发育不良及髋脱位
髋矫形器	具	用于周岁内幼儿髋臼发育不良及髋脱位
髋矫形器	具	用于周岁以上学龄前儿童髋臼发育不良及髋脱位
髋矫形器	具	术后康复
髋矫形器	具	闭合复位
髋矫形器	具	术中固定式
六、轮椅车		
轮椅防褥疮坐垫	个	用于肢体瘫患残疾人座椅
轮椅防褥疮褥垫	个	用于肢体瘫患残疾人座椅
偏瘫轮椅	辆	用于肢体偏瘫残疾人代步工具　手摇驱动方式
道路型三轮轮椅车	辆	用于肢体残疾人代步工具　手摇驱动方式
普通型轮椅	辆	用于肢体残疾人和老年人代步工具　助推及手摇驱动方式
功能性轮椅	辆	用于肢体残疾人和老年人代步工具　助推及手摇驱动方式
铝合金轻型功能性轮椅	辆	用于肢体残疾人和老年人代步工具　助推及手摇驱动方式
道路型三轮电动轮椅	辆	用于肢体残疾人代步工具　电动及手动驱动方式
室内型四轮电动轮椅	辆	用于肢体残疾人代步工具　电动及手动驱动方式
七、其他产品		
疝气带	只	用于疝气病
假眼	只	用于眼球缺损　普通树脂
假眼	只	用于眼球缺损　新型高分子材料
假鼻	只	用于鼻部缺损　硅胶
假耳	只	用于耳部缺损　硅胶
假乳	只	用于乳房缺损　硅胶
自粘性硅胶片 120×150×2	片	帮助平复伤残的瘢痕，尽快适应穿戴假肢
自粘性硅胶片 120×60×2	片	帮助平复伤残的瘢痕，尽快适应穿戴假肢

产品名称	单位	用途及材料结构
自粘性硅胶片 120×25×2	片	帮助平复残肢的瘢痕，尽快适应穿戴假肢
轻度静脉曲张袜	只	用于腿部静脉曲张　弹力织物（进口）
治疗静脉曲张袜	只	用于腿部静脉曲张　弹力织物（进口）
残肢袜	只	用于残肢的保护　织物
小腿内衬套	只	取型，重新制作，EVA 材质
不锈钢拐杖	只	
铝合金拐杖	只	
木拐杖	只	
电镀铁拐	只	
三脚手杖	只	
四脚手杖	只	
助行器	只	
坐便器	只	

注：1. 未注明产地的材料和部件均属国产（包括台湾、香港地区）材料和部件；

2. 上肢假肢的功能一般特指假手的功能，三自由度是指假手二自由度、肘关节一个自由度；

3. 大腿假肢除气压、液压膝关节外，均按结构分类。本《目录》大腿假肢价格中的接受腔指单层接受腔；

4. 硅（凝）胶制产品使用寿命不低于 6 个月，一般正常使用 1 至 1.5 年；

5. 假脚使用寿命不低于 24 个月，一般正常使用 2 至 3 年；

6. 假肢主要零部件使用寿命不低于 36 个月，一般正常使用 36 至 60 个月；

7. 本《目录》中的下肢假肢连接管是指常用的铝管；

8. 矫形器的是按人体使用部位分类；

9. 矫形器的塑料板材和金属材料使用寿命一般正常使用分别是 6 至 12 个月和 36 至 60 个月，矫形器的穿戴时间必须谨遵医嘱；

10. 假肢矫形器种类繁多，本目录不可能尽收于内，各装配机构可在大类别中选择接近的产品价格参考。

财政部　国家税务总局关于提高机电　成品油等产品出口退税率的通知

2016 年 11 月 4 日　财税〔2016〕113 号

各省、自治区、直辖市、计划单列市财政厅（局）、国家税务局，新疆生产建设兵团财务局：

经国务院批准，提高机电、成品油等产品的增值税出口退税率。现就有关事项通知如下：

一、将照相机、摄影机、内燃发动机、汽油、航空煤油、柴油等产品的出口退税率提高至 17%。提高出口退税率的产品清单见附件。

二、本通知自 2016 年 11 月 1 日起执行。本通知所列货物适用的出口退税率，以出口货物报关单上注明的出口日期界定。

附件：提高出口退税率的产品清单

附件：

提高出口退税率的产品清单

序号	产品编码	产品名称	调整后退税率（%）
1	27101210	车用汽油及航空汽油	17
2	27101911	航空煤油	17
3	27101923	柴油	17
4	39093010	聚合 MDI	17
5	68141000	粘聚或复制云母制的板、片、带	17
6	70022010	光导纤维预制棒	17
7	7006000001	液晶玻璃基板，6 代以上，不含 6 代	17
8	7006000002	液晶玻璃基板，6 代及以下	17
9	70071190	车辆用钢化安全玻璃	17
10	70072190	车辆用层压安全玻璃	17
11	70199021002	多层印制电路板用玻璃纤维布浸胶制粘结片	17
12	73158100	日字环节链	17
13	73158200	其他焊接链	17
14	84071020	输出功率 >298kw 航空器点燃式发动机	17
15	84073100	排气量≤50cc 往复式活塞发动机	17
16	84073200	排气量 50～250cc 往复式活塞发动机	17
17	84073300	排气量 250～1 000cc 往复式活塞发动机	17
18	8408209020	升功率≥50kw 的输出功率 <132.39kw 的轿车用柴油发动机	17
19	8408209090	功率 <132.39kw 其他用柴油机（指第 87 章车辆用压燃式活塞内燃发动机）	17
20	84131100	分装燃料或润滑油的泵	17
21	84131900	其他装有或可装计量装置的泵	17
22	84132000	手泵	17
23	84133021	输出功率在 132.39 千瓦（180 马力）及以上的发动机用燃油泵	17
24	84133029	其他燃油泵	17
25	84133030	润滑油泵	17
26	84133090	其他燃油泵、润滑油泵或冷却剂泵	17
27	84134000	混凝土泵	17
28	8413501020	气动式耐腐蚀波纹或隔膜泵（流量大于 0.6m³/h，接触表面由特殊耐腐蚀材料制成）	17
29	8413501090	其他非农业用气动往复式排液泵	17
30	8413502020	电动式耐腐蚀波纹或隔膜泵（流量大于 0.6m³/h，接触表面由特殊耐腐蚀材料制成）	17
31	8413502030	电动往复式排液多重密封泵（两用物项管制）	17
32	8413502090	其他非农业用电动往复式排液泵	17
33	8413503190	其他非农业用柱塞泵	17
34	8413503920	液压式耐腐蚀波纹或隔膜泵（流量大于 0.6m³/h，接触表面由特殊耐腐蚀材料制成）	17

续表

序号	产品编码	产品名称	调整后退税率（%）
35	8413503990	其他非农业用液压往复式排液泵	17
36	8413509020	其他耐腐蚀波纹或隔膜泵（流量大于0.6m³/h，接触表面由特殊耐腐蚀材料制成）	17
37	8413509090	其他非农用往复式排液泵	17
38	8413602110	电动齿轮多重密封泵（非农业用回转式排液泵）	17
39	8413602190	其他非农业用电动齿轮泵（回转式排液泵，多重密封泵除外）	17
40	8413602202	非农业用回转式液压油泵（输入转速＞2 000r/min，输入功率＞190kw，最大流量＞2*280L/min）	17
41	8413602220	液压齿轮多重密封泵（非农业用回转式排液泵）	17
42	8413602290	其他非农业用液压齿轮泵（回转式排液泵，多重密封泵除外）	17
43	8413602990	其他非农业用齿轮泵（回转式排液泵）	17
44	8413603110	电动叶片多重密封泵（非农业用回转式排液泵）	17
45	8413603190	其他非农业用电动叶片泵（回转式排液泵，多重密封泵除外）	17
46	8413603210	液压叶片多重密封泵（非农业用回转式排液泵）	17
47	8413603290	其他非农业用液压叶片泵（回转式排液泵，多重密封泵除外）	17
48	8413603990	其他非农业用叶片泵（回转式排液泵）	17
49	8413604010	螺杆多重密封泵（非农业用回转式排液泵）	17
50	8413604090	其他非农业用螺杆泵（回转式排液泵，多重密封泵除外）	17
51	8413605090	其他非农业用径向柱塞泵（回转式排液泵）	17
52	8413606090	其他非农业用轴向柱塞泵（回转式排液泵）	17
53	8413609090	其他回转式排液泵	17
54	8413701020	液体推进剂用泵（转速≥10 000转/分，出口压力≥7 000千帕的）	17
55	8413701030	离心泵多重密封泵（两用物项管制）	17
56	8413701090	其他非农用离心泵（转速在10 000转/分及以上）	17
57	8413709190	其他非农业用电动潜油泵及潜水电泵（转速在10 000转/分以下）	17
58	8413709920	一次冷却剂泵（全密封驱动泵，有惯性质量系统的泵，及鉴定为NC-1泵等）	17
59	8413709930	转速小于10 000转/分的离心式屏蔽泵（流量大于0.6m³/h，接触表面由特殊耐腐蚀材料制成）	17
60	8413709940	转速小于10 000转/分的离心式磁力泵（流量大于0.6m³/h，接触表面由特殊耐腐蚀材料制成）	17
61	8413709950	液体推进剂用泵（8 000＜转速＜10 000转/分，出口压力≥7 000千帕的）	17
62	8413709960	其他离心泵多重密封泵（两用物项管制）	17
63	8413709990	其他非农业用离心泵（转速在10 000转/分以下）	17
64	8413810020	生产重水用多级泵（专门为利用氨－氢交换法生产重水而设计或制造的多级泵）	17
65	8413810090	其他非农用液体泵	17
66	84138200	液体提升机	17
67	84141000	真空泵	17
68	84142000	手动或脚踏式空气泵	17

续表

序号	产品编码	产品名称	调整后退税率（％）
69	84145110	功率≤125 瓦的吊扇	17
70	84145120	功率≤125 瓦的换气扇	17
71	84145130	功率≤125 瓦，有旋转导风轮的风扇	17
72	84145191	功率≤125 瓦的台扇	17
73	84145192	功率≤125 瓦的落地扇	17
74	84145193	功率≤125 瓦的壁扇	17
75	84145199	功率≤125 瓦其他风扇、风机	17
76	84145910	其他吊扇	17
77	84145920	其他换气扇	17
78	8414599020	吸气＞1m³/min 的耐 UF6 腐蚀的鼓风机（轴向离心式或正排量鼓风机，出风口压力达 500 千帕，压力比为 10∶1 或更低）	17
79	8414599030	吸气≥2m³/min 的耐 UF6 腐蚀鼓风机（轴向离心式或正排量鼓风机，压力比在 1.2∶1 和 6∶1 之间）	17
80	8414599040	吸气≥56m³/s 的鼓风机（用于循环硫化氢气体的单级、低压头离心式鼓风机）	17
81	8414599091	其他台扇、落地扇、壁扇（电动机输出功率超过 125W 的）	17
82	8414599099	其他风机、风扇	17
83	84146010	抽油烟机	17
84	84146090	罩最大边长≤120cm 的通风罩或循环气罩	17
85	84148010	燃气轮机用的自由活塞式发生器	17
86	84148020	二氧化碳压缩机	17
87	84148030	发动机用增压器	17
88	8414809056	其他厌氧微生物柜（具有与三级生物安全柜类似标准）	17
89	84149011	用于制冷设备的压缩机进、排气阀片	17
90	84149020	风机、风扇、通风罩及循环气罩零件	17
91	84159010	制冷量≤4 千大卡/时等空调的零件	17
92	84159090	制冷量＞4 千大卡/时等空调的零件	17
93	84161000	使用液体燃料的炉用燃烧器	17
94	84162011	使用天然气的燃烧器	17
95	84162019	其他使用气体燃料的炉用燃烧器	17
96	84162090	使用粉状固体燃料的炉用燃烧器	17
97	84163000	机械加煤机及类似装置	17
98	84171000	矿砂、金属的热处理用炉及烤箱	17
99	84172000	面包房用烤炉及烘箱等	17
100	84178010	炼焦炉	17
101	84178020	放射性废物焚烧炉	17
102	84178030	水泥回转窑	17
103	84178040	石灰石分解炉	17
104	84178050	垃圾焚烧炉	17

续表

序号	产品编码	产品名称	调整后退税率（％）
105	84178090	其他非电热的工业用炉及烘箱	17
106	84191100	燃气快速热水器	17
107	84192000	医用或实验室用消毒器具	17
108	84193200	木材、纸浆、纸或纸板用干燥器	17
109	84193910	微空气流动陶瓷坯件干燥器	17
110	84193990	其他用途的干燥器	17
111	84194010	提净塔	17
112	84194020	精馏塔	17
113	84194090	其他蒸馏或精馏设备	17
114	84195000	热交换装置	17
115	84196090	其他液化空气或其他气体的机器	17
116	84198100	加工热饮料、烹调、加热食品的机器	17
117	84198910	加氢反应器	17
118	84198990	其他利用温度变化处理材料的机器	17
119	84201000	砑光机或其他滚压机器	17
120	84211100	奶油分离器	17
121	84211210	干衣量≤10kg 的离心干衣机	17
122	84211290	干衣量＞10kg 的离心干衣机	17
123	84211910	脱水机	17
124	84211920	固液分离机	17
125	84211990	其他离心机	17
126	84212110	家用型过滤或净化水的机器及装置	17
127	84212191	船舶压载水处理设备	17
128	84212199	其他过滤或净化水的装置	17
129	84212200	过滤或净化饮料的机器及装置	17
130	84212300	内燃发动机的燃油过滤器	17
131	84212910	其他压滤机	17
132	84212990	其他液体的过滤、净化机器及装置	17
133	84213100	内燃发动机的进气过滤器	17
134	84213910	家用型气体过滤、净化机器及装置	17
135	84213921	工业用静电除尘器	17
136	84213922	工业用袋式除尘器	17
137	84213923	工业用旋风式除尘器	17
138	84213924	电袋复合除尘器	17
139	84213929	工业用其他除尘器	17
140	84213930	内燃发动机排气过滤及净化装置	17
141	84213940	烟气脱硫装置	17
142	84213950	烟气脱硝装置	17

续表

序号	产品编码	产品名称	调整后退税率（%）
143	84213990	其他气体的过滤、净化机器及装置	17
144	84219110	干衣量≤10kg 离心干衣机零件	17
145	84219910	家用型过滤、净化装置用零件	17
146	84219990	其他过滤、净化装置用零件	17
147	84221100	家用型洗碟机	17
148	84221900	非家用型洗碟机	17
149	84222000	瓶子及其他容器的洗涤或干燥机器	17
150	84223010	饮料及液体食品罐装设备	17
151	84223021	水泥全自动灌包机	17
152	84223029	其他水泥包装机	17
153	84223030	其他包装机	17
154	84223090	其他装填密封等包封机器	17
155	84224000002	按 17% 征税的其他包装或打包机器（包括热缩包装机器）	17
156	84229010	洗碟机用零件	17
157	84229020	饮料及液体食品灌装设备用零件	17
158	84231000	体重计、婴儿秤及家用秤	17
159	84232010	电子皮带秤	17
160	84232090	其他输送带上连续称货的秤	17
161	84233010	定量包装秤	17
162	84233020	定量分选秤	17
163	84233030	配料秤	17
164	84233090	其他恒定秤、物料定量装袋或容器用秤	17
165	84238110	最大称量≤30kg 的计价秤	17
166	84238120	最大称量≤30kg 的弹簧秤	17
167	84238190	最大称量≤30kg 的其他衡器	17
168	84238210	最大称量 30~5 000kg 的地中衡	17
169	84238290	最大称量 30~5 000kg 的其他衡器	17
170	84238910	其他地中衡	17
171	84238920	其他轨道衡	17
172	84238930	其他吊秤	17
173	84238990	其他衡器	17
174	84239000	衡器用的各种砝码、秤砣及其零件	17
175	84241000	灭火器	17
176	84242000	喷枪及类似器具	17
177	84243000	喷汽机、喷砂机及类似喷射机	17
178	84328010	草坪及运动场地滚压机	17
179	84328090002	按 17% 征税的园艺机械	17
180	84331100	机动旋转式割草机	17

序号	产品编码	产品名称	调整后退税率（%）
181	84331900	草坪、公园等用其他割草机	17
182	84342000	乳品加工机器	17
183	84351000	制酒、果汁等的压榨、轧碎机	17
184	84368000012	按17%征税的青储饲料切割上料机	17
185	84368000022	按17%征税的自走式饲料搅拌投喂车	17
186	84368000902	按17%征税的园艺等用的其他机器	17
187	84371010002	按17%征税的光学色差颗粒选别机（色选机）	17
188	84381000	糕点、通心粉、面条的生产加工机器	17
189	84382000	生产糖果、可可粉、巧克力的机器	17
190	84383000	制糖机器	17
191	84384000	酿酒机器	17
192	84385000	肉类或家禽加工机器	17
193	84386000	水果、坚果或蔬菜加工机器	17
194	84388000	84章其他未列名食品等加工机器	17
195	84391000	制造纤维素纸浆的机器	17
196	84392000	纸或纸板的抄造机器	17
197	84393000	纸或纸板的整理机器	17
198	84399100	制造纤维素纸浆的机器零件	17
199	84399900	制造或整理纸及纸板的机器零件	17
200	84401010	锁线装订机	17
201	84401020	胶订机	17
202	84401090	其他书本装订机器	17
203	84411000	切纸机	17
204	84412000	制造包、袋或信封的机器	17
205	84413010	纸塑铝复合罐生产设备	17
206	84413090	其他制造箱、盒、桶及类似容器的机器	17
207	84414000	纸浆、纸或纸板制品模制成型机器	17
208	84418010	制造纸塑铝软包装的生产设备	17
209	84418090	其他制造纸浆制品、纸制品的机器	17
210	84419010	切纸机零件	17
211	84423010	铸字机	17
212	84423021	计算机直接制版设备	17
213	84423029	去制版机器、器具及设备	17
214	84423090	其他铸字、制版用机器、器具及设备	17
215	84431100	卷取进料式胶印机	17
216	84431200	办公室用片取进料式胶印机	17
217	84431311	平张纸进料式单色胶印机	17
218	84431312	平张纸进料式双色胶印机	17

序号	产品编码	产品名称	调整后退税率（％）
219	84431313	平张纸进料式四色胶印机	17
220	84431319	平张纸进料式其他胶印机	17
221	84431390	其他胶印机	17
222	84431400	卷取进料式凸版印刷机	17
223	84431500	其他凸版印刷机	17
224	84431600	苯胺印刷机	17
225	84431700	照像凹版印刷机	17
226	84431921	圆网印刷机	17
227	84431922	平网印刷机	17
228	84431929	其他网式印刷机	17
229	84431980	其他印刷机	17
230	84433222	可以网络连接的静电照相印刷机（激光印刷机）	17
231	84433229	可以网络连接的其他数字印刷设备	17
232	84433911	直接法静电感光复印设备	17
233	84433912	间接法静电感光复印设备	17
234	84433921	带有光学系统的感光复印设备	17
235	84433922	接触式感光复印设备	17
236	84433923	热敏复印设备	17
237	84433924	热升华复印设备	17
238	84433931	其他独立的喷墨印刷机	17
239	84433932	其他独立的静电照相印刷机（激光印刷机）	17
240	84433939	其他独立的数字印刷设备	17
241	84433990	其他独立的电传打字机	17
242	84439111	卷筒料给料机	17
243	84439119	其他传统印刷机用辅助机器	17
244	84509010	干衣量≤10kg 的洗衣机零件	17
245	84509090	干衣量＞10kg 的洗衣机零件	17
246	84511000	干洗机	17
247	84512100	干衣量≤10kg 的干燥机	17
248	84512900	干衣量＞10kg 的干燥机	17
249	84513000	熨烫机及挤压机（包括熔压机）	17
250	84514000	洗涤、漂白或染色机器	17
251	84515000	纺织物卷绕、退绕、折叠、剪切或剪齿边机器	17
252	84518000	税号 84.51 所列其他未列名的机器	17
253	84531000	生皮、皮革的处理、鞣制或加工机器	17
254	84532000	鞋靴制作或修理机器	17
255	84538000	毛皮及其他皮革的制作或修理机器	17
256	84569020	水射流切割机	17

续表

序号	产品编码	产品名称	调整后退税率（%）
257	84671100	旋转式手提风动工具	17
258	84671900	其他手提式风动工具	17
259	84672100	电动钻	17
260	84672210	电动链锯	17
261	84672290	其他电动锯	17
262	84672910	电动砂磨工具	17
263	84672920	电刨	17
264	84672990	其他电动工具	17
265	84678100	手提式液压或其他动力链锯	17
266	84678900	其他手提式液压或其他动力工具	17
267	84681000	手提喷焊器	17
268	84682000	其他气体焊或表面回火机器及装置	17
269	84688000	其他焊接机器及装置	17
270	84690011	文字处理机	17
271	84690012	自动打字机	17
272	84690020	其他电动打字机	17
273	84690030	其他非电动打字机	17
274	84701000	电子计算器及袖珍式数据录放机器	17
275	84702100	装有打印装置的电子计算器	17
276	84702900	其他电子计算器	17
277	84703000	其他计算机器	17
278	84709000	邮资盖戳机、售票机及类似机器	17
279	84721000	胶版复印机、油印机	17
280	84723010	邮政信件分拣及封装设备	17
281	84723090	其他信件分类、折叠、信封装封机等机器	17
282	84729010	自动柜员机	17
283	84729021	打洞机	17
284	84729022	订书机	17
285	84729029	其他装订用机器	17
286	84729030	碎纸机	17
287	84729040	地址印写机及地址铭牌压印机	17
288	84729090	其他办公室用机器	17
289	84741000	固体矿物的分类、筛选、分离或洗涤机器	17
290	84742010	齿辊式破碎及磨粉机器	17
291	84742020	球磨式破碎及磨粉机器	17
292	84742090	其他破碎及磨粉机器	17
293	84751000	白炽灯泡、灯管等的封装机	17
294	84752100	制造光导纤维及其预制棒的机器	17

续表

序号	产品编码	产品名称	调整后退税率（%）
295	84752911	连续式玻璃热弯炉	17
296	84752912	玻璃纤维拉丝机（光纤拉丝机除外）	17
297	84752919	其他玻璃热加工设备	17
298	84752990	其他玻璃及其制品的制造或热加工机器	17
299	84762100	装有加热或制冷装置的饮料自动销售机	17
300	84762900	其他饮料自动销售机	17
301	84768100	装有加热或制冷装置的自动售货机	17
302	84768900	其他自动售货机	17
303	84771010	注塑机	17
304	84771090	其他加工橡胶或塑料的注射机	17
305	84772010	塑料造粒机	17
306	84772090	其他加工橡胶或塑料的挤出机	17
307	84773010	挤出吹塑机	17
308	84773020	注射吹塑机	17
309	84773090	其他吹塑机	17
310	84774010	塑料中空成型机	17
311	84774020	塑料压延成型机	17
312	84774090	其他真空模塑及热成型机器	17
313	84775100	用于充气轮胎或内胎模塑或翻新的机器	17
314	84775910	三维打印机（3D 打印机）	17
315	84775990	其他模塑或成型机器	17
316	84778000	其他橡胶或塑料加工机器	17
317	84781000	其他未列名的烟草加工及制作机器	17
318	84792000	提取加工动物或植物油脂的机器	17
319	84793000	木碎料板或木纤维板的挤压机	17
320	84794000	绳或缆的制造机器	17
321	84796000	蒸发式空气冷却器	17
322	84798110	绕线机	17
323	84798190	其他处理金属的机械	17
324	84798200	其他混合、研磨、筛选、均化等机器	17
325	84798940	邮政用包裹、印刷品分拣设备	17
326	84798950	放射性废物压实机	17
327	84798999	本章其他税号未列名机器及机械器具	17
328	84801000	金属铸造用型箱	17
329	84802000	型模底板	17
330	84803000	阳模	17
331	84804110	压铸模	17
332	84804120	粉末冶金用压模	17

序号	产品编码	产品名称	调整后退税率（%）
333	84804190	其他金属、硬质合金用注模或压模	17
334	84804900	金属、硬质合金用其他型模	17
335	84805000	玻璃用型模	17
336	84806000	矿物材料用型模	17
337	84807110	硫化轮胎用囊式型模	17
338	84807190	其他塑料或橡胶用注模或压模	17
339	84807900	塑料或橡胶用其他型模	17
340	84834010	滚子螺杆传动装置	17
341	84834020	行星齿轮减速器	17
342	86071100	铁道及电车道机车的驾驶转向架	17
343	86071200	铁道及电车道机车非驾驶转向架	17
344	86090011	20 英尺保温式集装箱	17
345	86090012	20 英尺罐式集装箱	17
346	86090019	20 英尺其他集装箱	17
347	86090021	40 英尺保温式集装箱	17
348	86090022	40 英尺罐式集装箱	17
349	86090029	40 英尺其他集装箱	17
350	86090030	45、48、53 英尺的集装箱	17
351	86090090	其他集装箱	17
352	87082930	车窗玻璃升降器	17
353	87091110	短距离运输货物电动牵引车	17
354	87091190	其他电动短矩离运货车	17
355	87091910	短距离运输货物其他牵引车	17
356	87091990	其他非电动短矩离运货车	17
357	87150000	婴孩车及其零件	17
358	87161000	供居住或野营用厢式挂车及半挂车	17
359	87162000002	按17%征税的农用自装或自卸式挂车及半挂车	17
360	87163110	油罐挂车及半挂车	17
361	87163190	其他罐式挂车及半挂车	17
362	87163910	货柜挂车及半挂车	17
363	87163990	其他货运挂车及半挂车	17
364	87164000	其他未列名挂车及半挂车	17
365	87168000	其他未列名非机械驱动车辆	17
366	9002199020	手机及平板电脑用物镜（800 万像素及以上）	17
367	90061010	电子分色机	17
368	90061090	其他制版照相机	17
369	90063000	特种用途的照相机	17
370	90064000	一次成像照相机	17

序号	产品编码	产品名称	调整后退税率（%）
371	90065100	通过镜头取景的照相机	17
372	90065210	缩微照相机	17
373	90065290	使用胶片宽＜35mm 的其他照相机	17
374	90065300	其他照相机	17
375	90065910	激光照排设备	17
376	90065990	其他照相机	17
377	90071010	高速摄影机	17
378	90071090	其他摄影机	17
379	90072010	数字式放映机	17
380	90072090	放映机	17
381	90085010	幻灯机	17
382	90085020	缩微胶卷、缩微胶片或其他缩微品的阅读机，不论是否可以进行复制	17
383	90085031	正射投影仪	17
384	90085039	其他影像投影仪	17
385	90085040	照片（电影片除外）放大机及缩片机	17
386	90101010	电影用胶卷的自动显影装置及设备	17
387	90101020	特种照相胶卷自动显影装置及设备	17
388	90101091	彩色胶卷用自动显影及设备	17
389	90101099	其他胶卷的自动显影装置及设备	17
390	90105010	负片显示器	17
391	90105021	电影用的洗印装置	17
392	90105022	特种照相用的洗印装置	17
393	90105029	其他照相用的洗印装置	17
394	90106000	银幕及其他投影屏幕	17
395	90112000	缩微照相等用的其他显微镜	17
396	90138020	光学门眼	17
397	90262010	压力/差压变送器	17
398	90262090	测量、检验压力的仪器及装置	17
399	90268010	测量气体流量的仪器及装置	17
400	90268090	测量或检验气体的除流量、压力以外其他变化量的仪器及装置	17
401	90271000	气体或烟雾分析仪	17
402	90275000	使用光学射线的其他仪器及装置	17
403	90278011	集成电路生产用氦质谱检漏台	17
404	90278012	质谱联用仪	17
405	90278019	其他质谱仪	17
406	90278091	曝光表	17
407	90278099	其他理化分析仪器及装置	17
408	90283011	单相感应式电度表	17

序号	产品编码	产品名称	调整后退税率（%）
409	90283012	三相感应式电度表	17
410	90283013	单相电子式（静止式）电度表	17
411	90283014	三相电子式（静止式）电度表	17
412	90283019	其他电度表	17
413	90283090	其他电量计	17
414	90321000	恒温器	17
415	90322000	恒压器	17
416	95030010	供儿童乘骑的带轮玩具及玩偶车	17
417	95030031	玩具电动火车	17
418	95030082	其他带动力装置的玩具及模型	17

财政部　国家税务总局关于保险公司准备金支出企业所得税税前扣除有关政策问题的通知

2016 年 11 月 2 日　财税〔2016〕114 号

各省、自治区、直辖市、计划单列市财政（局）、国家税务局、地方税务局，新疆生产建设兵团财务局：

根据《中华人民共和国企业所得税法》和《中华人民共和国企业所得税法实施条例》的有关规定，现就保险公司准备金支出企业所得税税前扣除有关问题明确如下：

一、保险公司按下列规定缴纳的保险保障基金，准予据实税前扣除：

1. 非投资型财产保险业务，不得超过保费收入的 0.8%；投资型财产保险业务，有保证收益的，不得超过业务收入的 0.08%，无保证收益的，不得超过业务收入的 0.05%。

2. 有保证收益的人寿保险业务，不得超过业务收入的 0.15%；无保证收益的人寿保险业务，不得超过业务收入的 0.05%。

3. 短期健康保险业务，不得超过保费收入的 0.8%；长期健康保险业务，不得超过保费收入的 0.15%。

4. 非投资型意外伤害保险业务，不得超过保费收入的 0.8%；投资型意外伤害保险业务，有保证收益的，不得超过业务收入的 0.08%，无保证收益的，不得超过业务收入的 0.05%。

保险保障基金，是指按照《中华人民共和国保险法》和《保险保障基金管理办法》规定缴纳形成的，在规定情形下用于救助保单持有人、保单受让公司或者处置保险业风险的非政府性行业风险救助基金。

保费收入，是指投保人按照保险合同约定，向保险公司支付的保险费。

业务收入，是指投保人按照保险合同约定，为购买相应的保险产品支付给保险公司的全部金额。

非投资型财产保险业务，是指仅具有保险保障功能而不具有投资理财功能的财产保险业务。

投资型财产保险业务，是指兼具有保险保障与投资理财功能的财产保险业务。

有保证收益，是指保险产品在投资收益方面提供固定收益或最低收益保障。

无保证收益，是指保险产品在投资收益方面不提供收益保证，投保人承担全部投资风险。

二、保险公司有下列情形之一的，其缴纳的保险保障基金不得在税前扣除：

1. 财产保险公司的保险保障基金余额达到公司总资产 6% 的。

2. 人身保险公司的保险保障基金余额达到公司总资产 1% 的。

三、保险公司按国务院财政部门的相关规定提取的未到期责任准备金、寿险责任准备金、长期健康险责任准备金、已发生已报案未决赔款准备金和已发生未报案未决赔款准备金，准予在税前扣除。

1. 未到期责任准备金、寿险责任准备金、长期健康险责任准备金依据经中国保监会核准任职资格的精算师或出具专项审计报告的中介机构确定的金额提取。

未到期责任准备金，是指保险人为尚未终止的非寿险保险责任提取的准备金。

寿险责任准备金，是指保险人为尚未终止的人寿保险责任提取的准备金。

长期健康险责任准备金，是指保险人为尚未终止的长期健康保险责任提取的准备金。

2. 已发生已报案未决赔款准备金，按最高不超过当期已经提出的保险赔款或者给付金额的 100% 提取；已发生未报案未决赔款准备金按不超过当年实际赔款支出额的 8% 提取。

已发生已报案未决赔款准备金，是指保险人为非寿险保险事故已经发生并已向保险人提出索赔、尚未结案的赔案提取的准备金。

已发生未报案未决赔款准备金，是指保险人为非寿险保险事故已经发生、尚未向保险人提出索赔的赔案提取的准备金。

四、保险公司经营财政给予保费补贴的农业保险，按不超过财政部门规定的农业保险大灾风险准备金（简称大灾准备金）计提比例，计提的大灾准备金，准予在企业所得税前据实扣除。具体计算公式如下：

本年度扣除的大灾准备金＝本年度保费收入×规定比例－上年度已在税前扣除的大灾准备金结存余额

按上述公式计算的数额如为负数，应调增当年应纳税所得额。

财政给予保费补贴的农业保险，是指各级财政按照中央财政农业保险保费补贴政策规定给予保费补贴的种植业、养殖业、林业等农业保险。

规定比例，是指按照《财政部关于印发〈农业保险大灾风险准备金管理办法〉的通知》（财金〔2013〕129 号）规定的计提比例。

五、保险公司实际发生的各种保险赔款、给付，应首先冲抵按规定提取的准备金，不足冲抵部分，准予在当年税前扣除。

六、本通知自 2016 年 1 月 1 日至 2020 年 12 月 31 日执行。

财政部　商务部　国家税务总局关于继续执行研发机构采购设备增值税政策的通知

2016 年 11 月 16 日　财税〔2016〕121 号

各省、自治区、直辖市、计划单列市财政厅（局）、商务主管部门、国家税务局，新疆生产建设兵团财务局：

为了鼓励科学研究和技术开发，促进科技进步，经国务院批准，继续对内资研发机构和外资研发中心采购国产设备全额退还增值税。现将有关事项明确如下：

一、适用采购国产设备全额退还增值税政策的内资研发机构和外资研发中心包括：

（一）科技部会同财政部、海关总署和国家税务总局核定的科技体制改革过程中转制为企业和进入企业的主要从事科学研究和技术开发工作的机构；

（二）国家发展改革委会同财政部、海关总署和国家税务总局核定的国家工程研究中心；

（三）国家发展改革委会同财政部、海关总署、国家税务总局和科技部核定的企业技术中心；

（四）科技部会同财政部、海关总署和国家税务总局核定的国家重点实验室和国家工程技术研究中心；

（五）国务院部委、直属机构和省、自治区、直辖市、计划单列市所属专门从事科学研究工作的各类科研院所；

（六）国家承认学历的实施专科及以上高等学历教育的高等学校；

（七）符合本通知第二条规定的外资研发中心；

（八）财政部会同国务院有关部门核定的其他科学研究机构、技术开发机构和学校。

二、外资研发中心，根据其设立时间，应分别满足下列条件：

（一）2009 年 9 月 30 日及其之前设立的外资研发中心，应同时满足下列条件：

1. 研发费用标准：（1）对外资研发中心，作为独立法人的，其投资总额不低于 500 万美元；作为公司内设部门或分公司的非独立法人的，其研发总投入不低于 500 万美元；（2）企业研发经费年支出额不低于 1 000 万元。

2. 专职研究与试验发展人员不低于 90 人。

3. 设立以来累计购置的设备原值不低于 1 000 万元。

（二）2009 年 10 月 1 日及其之后设立的外资研发中心，应同时满足下列条件：

1. 研发费用标准：作为独立法人的，其投资总额不低于 800 万美元；作为公司内设部门或分公司的非独立法人的，其研发总投入不低于 800 万美元。

2. 专职研究与试验发展人员不低于 150 人。

3. 设立以来累计购置的设备原值不低于 2 000 万元。

外资研发中心须经商务主管部门会同有关部门按照上述条件进行资格审核认定。具体审核认定办法见附件 1。在 2015 年 12 月 31 日（含）以前，已取得退税资格未满 2 年暂不需要进行资格复审的、按规定已复审合格的外资研发中心，在 2015 年 12 月 31 日享受退税未满 2 年的，可继续享受至 2 年期满。

经认定的外资研发中心，因自身条件变化不再符合退税资格的认定条件或发生涉税违法行为的，不得享受退税政策。

三、具体退税管理办法由国家税务总局会同财政部另行制定。

四、本通知的有关定义。

（一）本通知所述"投资总额"，是指外商投资企业批准证书或设立、变更备案回执所载明的金额。

（二）本通知所述"研发总投入"，是指外商投资企业专门为设立和建设本研发中心而投入的资产，包括即将投入并签订购置合同的资产（应提交已采购资产清单和即将采购资产的合同清单）。

（三）本通知所述"研发经费年支出额"，是指近两个会计年度研发经费年均支出额；不足两个完整会计年度的，可按外资研发中心设立以来任意连续 12 个月的实际研发经费支出额计算；现金与实物资产投入应不低于 60%。

（四）本通知所述"专职研究与试验发展人员"，是指企业科技活动人员中专职从事基础研究、应用研究和试验发展三类项目活动的人员，包括直接参加上述三类项目活动的人员以及相关专职科技管理人员和为项目提供资料文献、材料供应、设备的直接服务人员，上述人员须与外资研发中心或其所在外商投资企业签订 1 年以上劳动合同，以外资研发中心提交申请的前一日人数为准。

（五）本通知所述"设备"，是指为科学研究、教学和科技开发提供必要条件的实验设备、装置和器械。在计算累计购置的设备原值时，应将进口设备和采购国产设备的原值一并计入，包括已签订购置合同并于当年内交货的设备（应提交购置合同清单及交货期限），上述设备应属于本通知《科技开发、科学研究和教学设备清单》所列设备（见附件 2）。对执行中国产设备范围存在异议的，由主管税务机关逐级上报国家税务总局商财政部核定。

五、本通知规定的税收政策执行期限为 2016 年 1 月 1 日至 2018 年 12 月 31 日，具体从内资研发机构和外资研发中心取得退税资格的次月 1 日起执行。《财政部　商务部　海关总署　国家税务总局关于继续执行研发机构采购设备税收政策的通知》（财税〔2011〕88 号）同时废止。

附件：1. 外资研发中心采购国产设备退税资格审核认定办法

　　　　2. 科技开发、科学研究和教学设备清单

附件 1：

外资研发中心采购国产设备退税资格审核认定办法

为落实好外资研发中心（包括独立法人和非独立法人研发中心，以下简称研发中心）采购国产设备相关税收政策，特制定以下资格审核认定办法：

一、资格条件的审核

（一）各省、自治区、直辖市、计划单列市及新疆生产建设兵团商务主管部门会同同级财政、国税部门（以下简称审核部门），根据本地情况，制定审核流程和具体办法。研发中心应按本通知有关要求向其所在地商务主管部门提交申请材料。

（二）商务主管部门牵头召开审核部门联席会议，对研发中心上报的申请材料进行审核，按照本通知正文第二条所列条件和本审核认定办法要求，确定符合退税资格条件的研发中心名单。

（三）经审核，对符合退税资格条件的研发中心，由审核部门以公告形式联合发布，并将名单抄送商务部（外资司）、财政部（税政司）、国家税务总局（货物和劳务税司）备案。对不符合有关规定的，由商务主管部门根据联席会议的决定出具书面审核意见，并说明理由。上述公告或审核意见应在审核部门受理申请之日起 45 个工作日之内作出。

（四）审核部门每两年对已获得退税资格的研发中心进行资格复审。对于不再符合条件的研发中心取消其享受退税优惠政策的资格。

二、需报送的材料

研发中心申请采购国产设备退税资格，应提交以下材料：

（一）研发中心采购国产设备退税资格申请书和审核表；

（二）研发中心为独立法人的，应提交外商投资企业批准证书或设立、变更备案回执及营业执照复印件；研发中心为非独立法人的，应提交其所在外商投资企业的外商投资企业批准证书或设立、变更备案回执及营业执照复印件；

（三）验资报告及上一年度审计报告复印件；

（四）研发费用支出明细、设备购置支出明细和清单以及通知规定应提交的材料；

（五）专职研究与试验发展人员名册（包括姓名、工作岗位、劳动合同期限、联系方式）。

（六）审核部门要求提交的其他材料。

三、相关工作的管理

（一）在公告发布后，列入公告名单的研发中心，可按有关规定直接向其所在地国税部门申请办理采购国产设备退税手续。

（二）审核部门在共同审核认定研发中心资格的过程中，可到研发中心查阅有关资料，了解情况，核实其报送的申请材料的真实性。同时应注意加强对研发中心的政策指导和服务，提高工作效率。

（三）省级商务主管部门应将《外资研发中心采购设备免、退税资格审核表》有关信息及时录入外商投资综合管理信息系统研发中心选项。

附：外资研发中心采购设备免、退税资格审核表附：

外资研发中心采购设备免、退税资格审核表

编码：_____

研发中心名称				
设立批准/备案机关				
组织机构代码/统一社会信用代码		研发中心设立日期		年 月 日
研发中心性质		□独立法人　　□分公司　　□内设部门		
联系人		电话	传真	
经营范围				
研发领域（可多选）	□电子□生物医药□新能源□新材料□环保□汽车□化工□农业□软件开发□专用设备□轻工□其他			
投资总额/研发总投入（万美元）		专职研究与试验发展人员人数		
研发经费年支出额（万元）		已缴税金（元）		
累计采购设备原值（万元）	进口设备			
	采购国产设备			
	总计			

以下由审核部门填写				
审核意见			□通过 □未通过	
各部门签字 （盖章）	商务	财政	海关	税务
	年 月 日	年 月 日	年 月 日	年 月 日
公告日期	年 月 日			

注：1. 外资研发中心为分公司或内设机构的，企业名称和组织机构代码/统一社会信用代码均填写其所在外商投资企业。
　　2. 币种以表内标注为准，金额根据当年人民币汇率平均价计算。
　　3. 已缴税金为自2016年1月1日起，外资研发中心采购符合条件的设备所缴纳的增值税。

附件2：

科技开发、科学研究和教学设备清单

　　科技开发、科学研究和教学设备，是指符合《中华人民共和国增值税暂行条例实施细则》（财政部国家税务总局令第50号）第二十一条"固定资产"的相关规定，为科学研究、教学和科技开发提供必要条件的实验设备、装置和器械（不包括中试设备）。具体包括以下四类：

一、实验环境方面

（一）教学实验仪器及装置；
（二）教学示教、演示仪器及装置；

（三）超净设备（如换气、灭菌、纯水、净化设备等）；

（四）特殊实验环境设备（如超低温、超高温、高压、低压、强腐蚀设备等）；

（五）特殊电源、光源设备；

（六）清洗循环设备；

（七）恒温设备（如水浴、恒温箱、灭菌仪等）；

（八）小型粉碎、研磨制备设备。

二、样品制备设备和装置

（一）特种泵类（如分子泵、离子泵、真空泵、蠕动泵、蜗轮泵、干泵等）；

（二）培养设备（如培养箱、发酵罐等）；

（三）微量取样设备（如取样器、精密天平等）；

（四）分离、纯化、浓缩设备（如离心机、层析、色谱、萃取、结晶设备、旋转蒸发器等）；

（五）气体、液体、固体混合设备（如旋涡混合器等）；

（六）制气设备、气体压缩设备；

（七）专用制样设备（如切片机、压片机、镀膜机、减薄仪、抛光机等），实验用注射、挤出、造粒、膜压设备；实验室样品前处理设备。

三、实验室专用设备

（一）特殊照相和摄影设备（如水下、高空、高温、低温等）；

（二）科研飞机、船舶用关键设备；

（三）特种数据记录设备（如大幅面扫描仪、大幅面绘图仪、磁带机、光盘机等）；

（四）材料科学专用设备（如干胶仪、特种坩埚、陶瓷、图形转换设备、制版用干板、特种等离子体源、离子源、外延炉、扩散炉、溅射仪、离子刻蚀机，材料实验机等），可靠性试验设备，微电子加工设备，通信模拟仿真设备，通信环境试验设备；

（五）小型熔炼设备（如真空、粉末、电渣等），特殊焊接设备；

（六）小型染整、纺丝试验专用设备；

（七）电生理设备。

四、计算机工作站，中型、大型计算机

财政部　国家税务总局　商务部　科技部　国家发展改革委
关于在服务贸易创新发展试点地区推广技术先进型服务企业所得税优惠政策的通知

2016 年 11 月 10 日　财税〔2016〕122 号

天津、上海、海南、深圳、浙江、湖北、广东、四川、江苏、山东、黑龙江、重庆、贵州、陕西省（直辖市、计划单列市）财政厅（局）、国家税务局、地方税务局、商务主管部门、科技厅（委、局）、发展改革委：

为加快服务贸易发展，进一步推进外贸结构优化，根据国务院有关决定精神，现就在服务贸易创新发展试点地区推广技术先进型服务企业所得税优惠政策通知如下：

一、自 2016 年 1 月 1 日起至 2017 年 12 月 31 日止，在天津、上海、海南、深圳、杭州、武汉、广州、成都、苏州、威海和哈尔滨新区、江北新区、两江新区、贵安新区、西咸新区等 15 个服务贸易创新发展试点地区（以下简称试点地区）实行以下企业所得税优惠政策：

1. 符合条件的技术先进型服务企业减按 15% 的税率征收企业所得税。

2. 符合条件的技术先进型服务企业实际发生的职工教育经费支出，不超过工资薪金总额 8% 的部分，准予在计算应纳税所得额时扣除；超过部分准予在以后纳税年度结转扣除。

二、本通知所称技术先进型服务企业须满足的条件及有关管理事项，按照《财政部　国家税务总局　商务部　科技部　国家发展改革委关于完善技术先进型服务企业有关企业所得税政策问题的通知》（财税〔2014〕59 号）的相关规定执行。其中，企业须满足的技术先进型服务业务领域范围按照本通知所附《技术先进型服务业务领域范围（服务贸易类）》执行。

三、试点地区人民政府（管委会）财政、税务、商务、科技和发展改革部门应加强沟通与协作，发现新情况、新问题及时上报财政部、国家税务总局、商务部、科技部和发展改革委。

四、《财政部　国家税务总局　商务部　科技部　国家发展改革委关于完善技术先进型服务企业有关企业所得税政策问题的通知》（财税〔2014〕59 号）继续有效。

附件：技术先进型服务业务领域范围（服务贸易类）

附件：

技术先进型服务业务领域范围（服务贸易类）

类别	适用范围
一、计算机和信息服务	
1. 信息系统集成服务	系统集成咨询服务；系统集成工程服务；提供硬件设备现场组装、软件安装与调试及相关运营维护支撑服务；系统运营维护服务，包括系统运行检测监控、故障定位与排除、性能管理、优化升级等。
2. 数据服务	数据存储管理服务，提供数据规划、评估、审计、咨询、清洗、整理、应用服务，数据增值服务，提供其他未分类数据处理服务。
二、研究开发和技术服务	
3. 研究和实验开发服务	物理学、化学、生物学、基因学、工程学、医学、农业科学、环境科学、人类地理科学、经济学和人文科学等领域的研究和实验开发服务。
4. 工业设计服务	对产品的材料、结构、机理、形状、颜色和表面处理的设计与选择；对产品进行的综合设计服务，即产品外观的设计、机械结构和电路设计等服务。
5. 知识产权跨境许可与转让	以专利、版权、商标等为载体的技术贸易。知识产权跨境许可是指授权境外机构有偿使用专利、版权和商标等；知识产权跨境转让是指将专利、版权、商标等知识产权售卖给境外机构。
三、文化技术服务	
6. 文化产品数字制作及相关服务	采用数字技术对舞台剧目、音乐、美术、文物、非物质文化遗产、文献资源等文化内容以及各种出版物进行数字化转化和开发，为各种显示终端提供内容，以及采用数字技术传播、经营文化产品等相关服务。
7. 文化产品的对外翻译、配音及制作服务	将本国文化产品翻译或配音成其他国家语言，将其他国家文化产品翻译或配音成本国语言以及与其相关的制作服务。
四、中医药医疗服务	
8. 中医药医疗保健及相关服务	与中医药相关的远程医疗保健、教育培训、文化交流等服务。

财政部　国家税务总局关于 2016 年防汛专用车免征车辆购置税的通知

2016 年 11 月 16 日　财税〔2016〕123 号

江苏、安徽、山东、重庆、西藏、陕西省（自治区、直辖市）财政厅（局）、国家税务局：

根据《财政部　国家税务总局关于防汛专用等车辆免征车辆购置税的通知》（财税〔2001〕39 号）的规定，对列入各省、自治区、直辖市 2016 年防汛专用车配置计划，并经国家防汛抗旱总指挥部办公室核定的 24 辆防汛专用车免征车辆购置税（具体免税车辆指标详见附件）。免税指标的使用截止期限为 2017 年 6 月 30 日，过期失效。

购车单位在办理车辆购置税纳税申报手续时，需向所在地主管税务机关提供车辆内观、外观彩色 5 寸照片 1 套，出示国家防汛抗旱总指挥部办公室随车配发的"防汛专用车证"。主管税务机关依据本通知所附的免税车辆指标分配表及车辆内观、外观彩色照片、"防汛专用车证"（照片及证单式样从国家税务总局 FTP 服务器的"LOCAL/货物和劳务税司/车辆购置税处/国家防汛抗旱总指挥部防汛专用车免税图册"地址下载）为购车单位办理免税手续。

免税车辆因转让、改变用途等原因不再属于免税范围的，应按照《中华人民共和国车辆购置税暂行条例》第十五条的规定补缴车辆购置税。

附件：2016 年防汛专用车免征车辆购置税指标分配表

附件：

2016 年防汛专用车免征车辆购置税指标分配表

厂家及车型 地区	四川一汽丰田汽车有限公司 丰田牌 SCT6484GR5/SCT6484TR5	江铃汽车股份有限公司 福特牌 JX6490PA5	安徽猎豹汽车有限公司 猎豹牌 LBA6482LQ4	合计
江苏			4	4
安徽	2			2
山东	1	2	1	4
重庆	1			1
西藏	9			9
陕西		1	3	4
合计	13	3	8	24

财政部　国家税务总局关于落实降低企业杠杆率税收支持政策的通知

2016 年 11 月 22 日　财税〔2016〕125 号

各省、自治区、直辖市、计划单列市财政厅（局）、国家税务局、地方税务局，新疆生产建设兵团财务局：

按照党中央、国务院决策部署，根据《国务院关于积极稳妥降低企业杠杆率的意见》（国发〔2016〕54号，以下简称《意见》）有关精神，现就落实降低企业杠杆率税收政策工作通知如下：

一、充分认识贯彻落实降杠杆税收支持政策的重要意义

近年来，我国企业杠杆率高企，债务规模增长过快，企业债务负担不断加重。党中央、国务院从战略高度对降低企业杠杆率工作作出决策部署，把去杠杆列为供给侧结构性改革"三去一降一补"的五大任务之一。《意见》将"落实和完善降杠杆财税支持政策"作为重要任务。各级财税部门要充分认识积极稳妥降低企业杠杆率的重要性，坚决贯彻执行中央决策部署，严格按照《意见》要求认真落实好有关税收政策，充分发挥税收职能作用，切实减轻企业负担、降低企业成本，为企业降杠杆创造良好的外部环境。

二、落实好降杠杆相关税收支持政策

（一）企业符合税法规定条件的股权（资产）收购、合并、债务重组等重组行为，可按税法规定享受企业所得税递延纳税优惠政策。

（二）企业以非货币性资产投资，可按规定享受5年内分期缴纳企业所得税政策。

（三）企业破产、注销，清算企业所得税时，可按规定在税前扣除有关清算费用及职工工资、社会保险费用、法定补偿金。

（四）企业符合税法规定条件的债权损失可按规定在计算企业所得税应纳税所得额时扣除。

（五）金融企业按照规定提取的贷款损失准备金，符合税法规定的，可以在企业所得税税前扣除。

（六）在企业重组过程中，企业通过合并、分立、出售、置换等方式，将全部或者部分实物资产以及与其相关联的债权、负债和劳动力，一并转让给其他单位和个人，其中涉及的货物、不动产、土地使用权转让行为，符合规定的，不征收增值税。

（七）企业重组改制涉及的土地增值税、契税、印花税，符合规定的，可享受相关优惠政策。

（八）符合信贷资产证券化政策条件的纳税人，可享受相关优惠政策。

三、工作要求

降杠杆相关税收政策涵盖交易多个环节，涉及面广，政策内容多。各级财税部门要高度重视，进一步加强学习培训，熟悉、掌握政策内容；要加强对纳税人的宣传辅导，跟踪税收政策执行情况和实施效应，加强调研反馈，及时了解执行中遇到的问题，研究提出调整和完善税收政策的建议。

特此通知。

财政部 国家税务总局 证监会关于深港股票市场交易互联互通机制试点有关税收政策的通知

2016年11月5日 财税〔2016〕127号

各省、自治区、直辖市、计划单列市财政厅（局）、国家税务局、地方税务局，新疆生产建设兵团财务局，上海、深圳证券交易所，中国证券登记结算公司：

经国务院批准，现就深港股票市场交易互联互通机制试点（以下简称深港通）涉及的有关税收政策问

题明确如下：

一、关于内地投资者通过深港通投资香港联合交易所有限公司（以下简称香港联交所）上市股票的所得税问题

（一）内地个人投资者通过深港通投资香港联交所上市股票的转让差价所得税。

对内地个人投资者通过深港通投资香港联交所上市股票取得的转让差价所得，自 2016 年 12 月 5 日起至 2019 年 12 月 4 日止，暂免征收个人所得税。

（二）内地企业投资者通过深港通投资香港联交所上市股票的转让差价所得税。

对内地企业投资者通过深港通投资香港联交所上市股票取得的转让差价所得，计入其收入总额，依法征收企业所得税。

（三）内地个人投资者通过深港通投资香港联交所上市股票的股息红利所得税。

对内地个人投资者通过深港通投资香港联交所上市 H 股取得的股息红利，H 股公司应向中国证券登记结算有限责任公司（以下简称中国结算）提出申请，由中国结算向 H 股公司提供内地个人投资者名册，H 股公司按照 20% 的税率代扣个人所得税。内地个人投资者通过深港通投资香港联交所上市的非 H 股取得的股息红利，由中国结算按照 20% 的税率代扣个人所得税。个人投资者在国外已缴纳的预提税，可持有效扣税凭证到中国结算的主管税务机关申请税收抵免。

对内地证券投资基金通过深港通投资香港联交所上市股票取得的股息红利所得，按照上述规定计征个人所得税。

（四）内地企业投资者通过深港通投资香港联交所上市股票的股息红利所得税。

1. 对内地企业投资者通过深港通投资香港联交所上市股票取得的股息红利所得，计入其收入总额，依法计征企业所得税。其中，内地居民企业连续持有 H 股满 12 个月取得的股息红利所得，依法免征企业所得税。

2. 香港联交所上市 H 股公司应向中国结算提出申请，由中国结算向 H 股公司提供内地企业投资者名册，H 股公司对内地企业投资者不代扣股息红利所得税款，应纳税款由企业自行申报缴纳。

3. 内地企业投资者自行申报缴纳企业所得税时，对香港联交所非 H 股上市公司已代扣代缴的股息红利所得税，可依法申请税收抵免。

二、关于香港市场投资者通过深港通投资深圳证券交易所（以下简称深交所）上市 A 股的所得税问题

1. 对香港市场投资者（包括企业和个人）投资深交所上市 A 股取得的转让差价所得，暂免征收所得税。

2. 对香港市场投资者（包括企业和个人）投资深交所上市 A 股取得的股息红利所得，在香港中央结算有限公司（以下简称香港结算）不具备向中国结算提供投资者的身份及持股时间等明细数据的条件之前，暂不执行按持股时间实行差别化征税政策，由上市公司按照 10% 的税率代扣所得税，并向其主管税务机关办理扣缴申报。对于香港投资者中属于其他国家税收居民且其所在国与中国签订的税收协定规定股息红利所得税率低于 10% 的，企业或个人可以自行或委托代扣代缴义务人，向上市公司主管税务机关提出享受税收协定待遇退还多缴税款的申请，主管税务机关查实后，对符合退税条件的，应按已征税款和根据税收协定税率计算的应纳税款的差额予以退税。

三、关于内地和香港市场投资者通过深港通买卖股票的增值税问题

1. 对香港市场投资者（包括单位和个人）通过深港通买卖深交所上市 A 股取得的差价收入，在营改

增试点期间免征增值税。

　　2. 对内地个人投资者通过深港通买卖香港联交所上市股票取得的差价收入，在营改增试点期间免征增值税。

　　3. 对内地单位投资者通过深港通买卖香港联交所上市股票取得的差价收入，在营改增试点期间按现行政策规定征免增值税。

四、关于内地和香港市场投资者通过深港通转让股票的证券（股票）交易印花税问题

　　香港市场投资者通过深港通买卖、继承、赠与深交所上市 A 股，按照内地现行税制规定缴纳证券（股票）交易印花税。内地投资者通过深港通买卖、继承、赠与联交所上市股票，按照香港特别行政区现行税法规定缴纳印花税。

　　中国结算和香港结算可互相代收上述税款。

五、关于香港市场投资者通过沪股通和深股通参与股票担保卖空的证券（股票）交易印花税问题

　　对香港市场投资者通过沪股通和深股通参与股票担保卖空涉及的股票借入、归还，暂免征收证券（股票）交易印花税。

六、本通知自 2016 年 12 月 5 日起执行

财政部　国家税务总局关于对超豪华小汽车加征消费税有关事项的通知

2016 年 11 月 29 日　　财税〔2016〕129 号

各省、自治区、直辖市、计划单列市财政厅（局）、国家税务局，新疆生产建设兵团财务局：

　　为了引导合理消费，促进节能减排，经国务院批准，对超豪华小汽车加征消费税。现将有关事项通知如下：

　　一、"小汽车"税目下增设"超豪华小汽车"子税目。征收范围为每辆零售价格 130 万元（不含增值税）及以上的乘用车和中轻型商用客车，即乘用车和中轻型商用客车子税目中的超豪华小汽车。对超豪华小汽车，在生产（进口）环节按现行税率征收消费税基础上，在零售环节加征消费税，税率为 10% 。

　　二、将超豪华小汽车销售给消费者的单位和个人为超豪华小汽车零售环节纳税人。

　　三、超豪华小汽车零售环节消费税应纳税额计算公式：

$$应纳税额 = 零售环节销售额（不含增值税，下同）× 零售环节税率$$

　　国内汽车生产企业直接销售给消费者的超豪华小汽车，消费税税率按照生产环节税率和零售环节税率加总计算。消费税应纳税额计算公式：

$$应纳税额 = 销售额 × （生产环节税率 + 零售环节税率）$$

　　四、上述规定自 2016 年 12 月 1 日起执行。对于 11 月 30 日（含）之前已签订汽车销售合同，但未交

付实物的超豪华小汽车，自 12 月 1 日（含）起 5 个工作日内，纳税人持已签订的汽车销售合同，向其主管税务机关备案。对按规定备案的不征收零售环节消费税，未备案以及未按规定期限备案的，征收零售环节消费税。

附件：调整后的小汽车税目税率表

附件：

调整后的小汽车税目税率表

税目	税率	
	生产（进口）环节	零售环节
小汽车		
1. 乘用车		
（1）气缸容量（排气量，下同）在 1.0 升（含 1.0 升）以下的	1%	
（2）气缸容量在 1.0 升以上至 1.5 升（含 1.5 升）的	3%	
（3）气缸容量在 1.5 升以上至 2.0 升（含 2.0 升）的	5%	
（4）气缸容量在 2.0 升以上至 2.5 升（含 2.5 升）的	9%	
（5）气缸容量在 2.5 升以上至 3.0 升（含 3.0 升）的	12%	
（6）气缸容量在 3.0 升以上至 4.0 升（含 4.0 升）的	25%	
（7）气缸容量在 4.0 升以上的	40%	
2. 中轻型商用客车	5%	
3. 超豪华小汽车	按子税目 1 和子税目 2 的规定征收	10%

财政部　国家税务总局　国家发展改革委关于垃圾填埋沼气发电列入《环境保护、节能节水项目企业所得税优惠目录（试行）》的通知

2016 年 12 月 1 日　财税〔2016〕131 号

各省、自治区、直辖市、计划单列市财政厅（局）、国家税务局、地方税务局、发展改革委，新疆生产建设兵团财务局、发展改革委：

按照国务院促进民间投资健康发展的有关决定精神，落实垃圾填埋沼气发电项目所得税政策，现将有关问题通知如下：

一、将垃圾填埋沼气发电项目列入《财政部　国家税务总局　国家发展改革委关于公布环境保护节能节水项目企业所得税优惠目录（试行）的通知》（财税〔2009〕166 号）规定的"沼气综合开发利用"范围。

二、企业从事垃圾填埋沼气发电项目取得的所得，符合《环境保护、节能节水项目企业所得税优惠目录（试行）》规定优惠政策条件的，可依照规定享受企业所得税优惠。

本通知自 2016 年 1 月 1 日起执行。

财政部　国家税务总局关于大型客机和大型客机发动机整机设计制造企业房产税　城镇土地使用税政策的通知

2016 年 11 月 28 日　财税〔2016〕133 号

各省、自治区、直辖市、计划单列市财政厅（局）、地方税务局，西藏、宁夏自治区国家税务局，新疆生产建设兵团财务局：

经国务院批准，现将大型客机、大型客机发动机整机设计制造企业房产税、城镇土地使用税政策通知如下：

对在中国境内从事大型客机、大型客机发动机整机设计制造的企业及其全资子公司自用的科研、生产、办公房产及土地，免征房产税、城镇土地使用税。

本通知所称大型客机，是指空载重量大于 45 吨的民用客机；大型客机发动机，是指起飞推力大于 14 000 公斤的民用客机发动机。

本通知执行期限为 2015 年 1 月 1 日至 2018 年 12 月 31 日。

财政部　国家税务总局关于减征 1.6 升及以下排量乘用车车辆购置税的通知

2016 年 12 月 13 日　财税〔2016〕136 号

各省、自治区、直辖市、计划单列市财政厅（局）、国家税务局，新疆生产建设兵团财务局：

经国务院批准，现就减征 1.6 升及以下排量乘用车车辆购置税有关事项通知如下：

一、自 2017 年 1 月 1 日起至 12 月 31 日止，对购置 1.6 升及以下排量的乘用车减按 7.5% 的税率征收车辆购置税。自 2018 年 1 月 1 日起，恢复按 10% 的法定税率征收车辆购置税。

二、本通知所称乘用车，是指在设计和技术特性上主要用于载运乘客及其随身行李和（或）临时物品、含驾驶员座位在内最多不超过 9 个座位的汽车。具体包括：

（一）国产轿车："中华人民共和国机动车整车出厂合格证"（以下简称合格证）中"车辆型号"项的车辆类型代号（车辆型号的第一位数字，下同）为"7"，"排量和功率（ml/kw）"项中排量不超过 1 600ml，"额定载客（人）"项不超过 9 人。

（二）国产专用乘用车：合格证中"车辆型号"项的车辆类型代号为"5"，"排量和功率（ml/kw）"项中排量不超过 1 600ml，"额定载客（人）"项不超过 9 人，"额定载质量（kg）"项小于额定载客人数和 65kg 的乘积。

（三）其他国产乘用车：合格证中"车辆型号"项的车辆类型代号为"6"，"排量和功率（ml/kw）"项中排量不超过 1 600ml，"额定载客（人）"项不超过 9 人。

（四）进口乘用车。参照国产同类车型技术参数认定。

三、乘用车购置日期按照《机动车销售统一发票》或《海关关税专用缴款书》等有效凭证的开具日期确定。

四、新能源汽车车辆购置税政策按照《财政部　国家税务总局　工业和信息化部关于免征新能源汽车车辆购置税的公告》（财政部　国家税务总局　工业和信息化部公告 2014 年第 53 号）执行。

财政部　国家税务总局关于明确金融　房地产开发
教育辅助服务等增值税政策的通知

2016 年 12 月 21 日　财税〔2016〕140 号

各省、自治区、直辖市、计划单列市财政厅（局）、国家税务局、地方税务局，新疆生产建设兵团财务局：

现将营改增试点期间有关金融、房地产开发、教育辅助服务等政策补充通知如下：

一、《销售服务、无形资产、不动产注释》（财税〔2016〕36 号）第一条第（五）项第 1 点所称"保本收益、报酬、资金占用费、补偿金"，是指合同中明确承诺到期本金可全部收回的投资收益。金融商品持有期间（含到期）取得的非保本的上述收益，不属于利息或利息性质的收入，不征收增值税。

二、纳税人购入基金、信托、理财产品等各类资产管理产品持有至到期，不属于《销售服务、无形资产、不动产注释》（财税〔2016〕36 号）第一条第（五）项第 4 点所称的金融商品转让。

三、证券公司、保险公司、金融租赁公司、证券基金管理公司、证券投资基金以及其他经人民银行、银监会、证监会、保监会批准成立且经营金融保险业务的机构发放贷款后，自结息日起 90 天内发生的应收未收利息按现行规定缴纳增值税，自结息日起 90 天后发生的应收未收利息暂不缴纳增值税，待实际收到利息时按规定缴纳增值税。

四、资管产品运营过程中发生的增值税应税行为，以资管产品管理人为增值税纳税人。

五、纳税人 2016 年 1～4 月转让金融商品出现的负差，可结转下一纳税期，与 2016 年 5～12 月转让金融商品销售额相抵。

六、《财政部　国家税务总局关于全面推开营业税改征增值税试点的通知》（财税〔2016〕36 号）所称"人民银行、银监会或者商务部批准"、"商务部授权的省级商务主管部门和国家经济技术开发区批准"从事融资租赁业务（含融资性售后回租业务）的试点纳税人（含试点纳税人中的一般纳税人），包括经上述部门备案从事融资租赁业务的试点纳税人。

七、《营业税改征增值税试点有关事项的规定》（财税〔2016〕36 号）第一条第（三）项第 10 点中"向政府部门支付的土地价款"，包括土地受让人向政府部门支付的征地和拆迁补偿费用、土地前期开发费用和土地出让收益等。

房地产开发企业中的一般纳税人销售其开发的房地产项目（选择简易计税方法的房地产老项目除外），在取得土地时向其他单位或个人支付的拆迁补偿费用也允许在计算销售额时扣除。纳税人按上述规定扣除拆迁补偿费用时，应提供拆迁协议、拆迁双方支付和取得拆迁补偿费用凭证等能够证明拆迁补偿费用真实性的材料。

八、房地产开发企业（包括多个房地产开发企业组成的联合体）受让土地向政府部门支付土地价款后，设立项目公司对该受让土地进行开发，同时符合下列条件的，可由项目公司按规定扣除房地产开发企业向政府部门支付的土地价款。

（一）房地产开发企业、项目公司、政府部门三方签订变更协议或补充合同，将土地受让人变更为项目公司；

（二）政府部门出让土地的用途、规划等条件不变的情况下，签署变更协议或补充合同时，土地价款总额不变；

（三）项目公司的全部股权由受让土地的房地产开发企业持有。

九、提供餐饮服务的纳税人销售的外卖食品，按照"餐饮服务"缴纳增值税。

十、宾馆、旅馆、旅社、度假村和其他经营性住宿场所提供会议场地及配套服务的活动，按照"会议展览服务"缴纳增值税。

十一、纳税人在游览场所经营索道、摆渡车、电瓶车、游船等取得的收入，按照"文化体育服务"缴纳增值税。

十二、非企业性单位中的一般纳税人提供的研发和技术服务、信息技术服务、鉴证咨询服务，以及销售技术、著作权等无形资产，可以选择简易计税方法按照3%征收率计算缴纳增值税。

非企业性单位中的一般纳税人提供《营业税改征增值税试点过渡政策的规定》（财税〔2016〕36号）第一条第（二十六）项中的"技术转让、技术开发和与之相关的技术咨询、技术服务"，可以参照上述规定，选择简易计税方法按照3%征收率计算缴纳增值税。

十三、一般纳税人提供教育辅助服务，可以选择简易计税方法按照3%征收率计算缴纳增值税。

十四、纳税人提供武装守护押运服务，按照"安全保护服务"缴纳增值税。

十五、物业服务企业为业主提供的装修服务，按照"建筑服务"缴纳增值税。

十六、纳税人将建筑施工设备出租给他人使用并配备操作人员的，按照"建筑服务"缴纳增值税。

十七、自2017年1月1日起，生产企业销售自产的海洋工程结构物，或者融资租赁企业及其设立的项目子公司、金融租赁公司及其设立的项目子公司购买并以融资租赁方式出租的国内生产企业生产的海洋工程结构物，应按规定缴纳增值税，不再适用《财政部　国家税务总局关于出口货物劳务增值税和消费税政策的通知》（财税〔2012〕39号）或者《财政部　国家税务总局关于在全国开展融资租赁货物出口退税政策试点的通知》（财税〔2014〕62号）规定的增值税出口退税政策，但购买方或者承租方为按实物征收增值税的中外合作油（气）田开采企业的除外。

2017年1月1日前签订的海洋工程结构物销售合同或者融资租赁合同，在合同到期前，可继续按现行相关出口退税政策执行。

十八、本通知除第十七条规定的政策外，其他均自2016年5月1日起执行。此前已征的应予免征或不征的增值税，可抵减纳税人以后月份应缴纳的增值税。

财政部　国家税务总局关于大型客机和新支线飞机增值税政策的通知

2016年12月15日　财税〔2016〕141号

各省、自治区、直辖市、计划单列市财政厅（局）、国家税务局，新疆生产建设兵团财务局：

经国务院批准，现将大型客机和新支线飞机有关增值税政策通知如下：

一、对纳税人从事大型客机、大型客机发动机研制项目而形成的增值税期末留抵税额予以退还。

本条所称大型客机，是指空载重量大于45吨的民用客机。本条所称大型客机发动机，是指起飞推力大于14 000公斤的民用客机发动机。

二、对纳税人生产销售新支线飞机暂减按5%征收增值税，并对其因生产销售新支线飞机而形成的增值税期末留抵税额予以退还。

本条所称新支线飞机，是指空载重量大于25吨且小于45吨、座位数量少于130个的民用客机。

三、纳税人符合本通知第一、二条规定的增值税期末留抵税额，可在初次申请退税时予以一次性退还。

四、纳税人收到退税款项的当月，应将退税额从增值税进项税额中转出。未按规定转出的，按《中华人民共和国税收征收管理法》有关规定承担相应法律责任。

五、退还的增值税税额由中央和地方按照现行增值税分享比例共同负担。

六、本通知的执行期限为2015年1月1日至2018年12月31日。

财政部　海关总署　国家税务总局关于鼓励
科普事业发展进口税收政策的通知

2016 年 2 月 4 日　财关税〔2016〕6 号

各省、自治区、直辖市、计划单列市财政厅（局）、国家税务局，新疆生产建设兵团财务局，海关总署广东分署、各直属海关：

经国务院批准，自 2016 年 1 月 1 日至 2020 年 12 月 31 日，对公众开放的科技馆、自然博物馆、天文馆（站、台）和气象台（站）、地震台（站）、高校和科研机构对外开放的科普基地，从境外购买自用科普影视作品播映权而进口的拷贝、工作带，免征进口关税，不征进口环节增值税；对上述科普单位以其他形式进口的自用影视作品，免征进口关税和进口环节增值税。进口科普影视作品的商品名称及税号见附件。

以上科普单位进口的自用科普影视作品，由省、自治区、直辖市、计划单列市财政厅（委、局）认定，经认定享受税收优惠政策的进口科普影视作品，由海关凭相关证明办理免税手续。

附件：科普影视作品的商品名称及税号（2016 年版）

附件：

科普影视作品的商品名称及税号（2016 年版）

2016 年税则号列	商品名称
37.05	已曝光已冲洗的摄影硬片及软片，但电影胶片除外：
3705.1000	——供复制胶版用
	——其他：
3705.9010	——教学专用幻灯片
	——缩微胶片：
3705.9021	——书籍、报刊的
3705.9029	——其他
3705.9090	——其他
37.06	已曝光已冲洗的电影胶片，不论是否配有声道或仅有声道：
	——宽度在 35 毫米及以上：
3706.1010	——教学专用
3706.1090	——其他
	——其他：
3706.9010	——教学专用
3706.9090	——其他
85.23	录制声音或其他信息用的圆盘、磁带、固态非易失性数据存储器件、"智能卡"及其他媒体，不论是否已录制，包括供复制圆盘用的母片及母带，但不包括第三十七章的产品：
	——磁性媒体：
	——其他：
	——磁带：

2016 年税则号列	商品名称
8523.2928	——重放声音或图像信息的磁带
	——光学媒体：
	——其他：
8523.4090	——其他

财政部　商务部　海关总署　国家税务总局　国家旅游局
关于印发《口岸进境免税店管理暂行办法》的通知

2016 年 2 月 18 日　财关税〔2016〕8 号

各省、自治区、直辖市、计划单列市财政厅（局）、商务主管部门、国家税务局、旅游局，新疆生产建设兵团财务局，海关总署广东分署、各直属海关，财政部驻各省、自治区、直辖市、计划单列市财政监察专员办事处：

2015 年 4 月 28 日国务院第 90 次常务会议决定，增设和恢复口岸进境免税店。财政部会同商务部、海关总署、国家税务总局、国家旅游局研究提出了口岸进境免税店政策和增设方案。

国务院同意在广州白云、杭州萧山、成都双流、青岛流亭、南京禄口、深圳宝安、昆明长水、重庆江北、天津滨海、大连周水子、沈阳桃仙、西安咸阳和乌鲁木齐地窝堡等机场口岸，深圳福田、皇岗、沙头角、文锦渡口岸，珠海闸口口岸，黑河口岸等水陆口岸各设 1 家口岸进境免税店［《国务院关于口岸进境免税店政策和增设方案的批复》（国函〔2015〕221 号）］。

为落实国务院决定，规范管理口岸进境免税店，确保口岸进境免税店政策的顺利实施，现印发《口岸进境免税店管理暂行办法》，请遵照执行。

附件：口岸进境免税店管理暂行办法

附件：

口岸进境免税店管理暂行办法

第一条　为规范口岸进境免税店管理工作，依照有关法律法规和我国口岸进境免税店政策，制定本办法。

第二条　口岸进境免税店，指设立在对外开放的机场、水运和陆路口岸隔离区域，按规定对进境旅客免进口税购物的经营场所。口岸进境免税店具体经营适用对象、商品品种、免税税种、金额数量等应严格按照口岸进境免税店政策的有关规定执行。

第三条　国家对口岸进境免税店实行特许经营。国家统筹安排口岸进境免税店的布局和建设。口岸进境免税店的布局选址应根据出入境旅客流量，结合区域布局因素，满足节约资源、保护环境、有序竞争、避免浪费、便于监管的要求。

第四条　除国务院另有规定外，对原经国务院批准具有免税品经营资质，且近 3 年有连续经营口岸和市内进出境免税店业绩的企业，放开经营免税店的地域和类别限制，准予这些企业平等竞标口岸进境免税店经营权。口岸进境免税店必须由具有免税品经营资质的企业绝对控股（持股比例大于 50%）。

第五条　设立口岸进境免税店的数量、口岸和营业场所的规模控制，由财政部会同商务部、海关总署、国家税务总局和国家旅游局提出意见报国务院审批。

第六条　经营口岸进境免税店应当符合海关监管要求，经海关批准，并办理注册手续。

第七条　口岸进境免税店一般由机场或其他招标人通过招标方式确定经营主体。如果不具备招标条件，比如在进出境客流量较小、开店面积有限等特殊情况下，可提出申请并报财政部核准，按照《中华人民共和国政府采购法》规定的竞争性谈判等其他方式确定经营主体。

第八条　新设立或经营合同到期的口岸进境免税店经营主体经招标或核准后，招标人或口岸业主与免税品经营企业每次签约的经营期限不超过 10 年。协议到期后不得自动续约，应根据本办法第七条的规定重新确定经营主体。

第九条　招标人或口岸业主经招标或采用其他经核准的方式与免税品经营企业达成协议后，应向财政部、商务部、海关总署、国家税务总局和国家旅游局备案。备案时需提交以下材料：

（一）经营主体合作协议（包括各股东持股比例、经营主体业务关联互补情况等。独资设立免税店除外）；

（二）经营主体的基本情况（包括企业性质、营业范围、生产经营，资产负债等方面）；

（三）口岸与经营主体设立口岸进境免税店的协议。

第十条　经营主体的股权结构、经营状况等基本情况发生重大变化时，应向财政部、商务部、海关总署、国家税务总局和国家旅游局报告。

第十一条　自国务院批准设立口岸进境免税店的规模控制之日起，机场或其他招标人应在 6 个月内完成招标。经营口岸进境免税店自海关批准之日起，经营主体应在 1 年内完成免税店建设并开始营业。经批准设立的口岸进境免税店无正当理由未按照上述时限要求对外营业的，或者暂停经营 1 年以上的，机场或其他招标人按照本办法第五条、第六条和第七条的规定重新办理审批手续、确定经营主体。

第十二条　口岸进境免税店原则上不得扩大营业场所面积，不得设立分店和分柜台。确需扩大营业场所面积、设立分店和分柜台的，按照本办法第五条、第六条规定的开设新店程序审批。

第十三条　口岸进境免税店缴纳免税商品特许经营费办法，暂按《财政部关于印发〈免税商品特许经营费缴纳办法〉的通知》（财企〔2004〕241 号）和《财政部关于印发〈免税商品特许经营费缴纳办法〉的补充通知》（财企〔2006〕70 号）规定执行。

第十四条　财政部、商务部、海关总署、国家税务总局和国家旅游局应加强相互联系和信息交换，并根据职责分工，加强协作配合，对口岸进境免税店工作实施有效管理。

第十五条　财政部、商务部、海关总署、国家税务总局和国家旅游局可以定期对口岸进境免税店经营情况进行核查，发现违反相关法律法规和规章制度的，依法予以处罚。

第十六条　本办法由财政部、商务部、海关总署、国家税务总局和国家旅游局负责解释。

第十七条　本办法自 2016 年 2 月 18 日起施行。

财政部　海关总署　国家税务总局关于调整进口天然气税收优惠政策有关问题的通知

2016 年 3 月 4 日　财关税〔2016〕16 号

各省、自治区、直辖市、计划单列市财政厅（局）、国家税务局，海关总署广东分署、各直属海关，财政部驻各省、自治区、直辖市、计划单列市财政监察专员办事处：

根据 2015 年 11 月国家发展改革委对非居民用天然气价格调整情况，现对《财政部　海关总署　国家税务总局关于对2011～2020年期间进口天然气及2010年底前"中亚气"项目进口天然气按比例返还进口环节增值税有关问题的通知》（财关税〔2011〕39号）和《财政部　海关总署　国家税务总局关于调整进口天然气税收优惠政策有关问题的通知》（财关税〔2014〕67号）有关事项进行调整，具体通知如下：

一、自2016年1月1日起，将液化天然气销售定价调整为28.34元/GJ，将管道天然气销售定价调整为1.00元/立方米。

二、2015年10～12月期间，液化天然气销售定价适用33.58元/GJ，管道天然气销售定价适用1.19元/立方米。

特此通知。

财政部　海关总署　国家税务总局关于跨境电子商务零售进口税收政策的通知

2016年3月24日　财关税〔2016〕18号

各省、自治区、直辖市、计划单列市财政厅（局）、国家税务局，新疆生产建设兵团财务局，海关总署广东分署、各直属海关：

为营造公平竞争的市场环境，促进跨境电子商务零售进口健康发展，经国务院批准，现将跨境电子商务零售（企业对消费者，即B2C）进口税收政策有关事项通知如下：

一、跨境电子商务零售进口商品按照货物征收关税和进口环节增值税、消费税，购买跨境电子商务零售进口商品的个人作为纳税义务人，实际交易价格（包括货物零售价格、运费和保险费）作为完税价格，电子商务企业、电子商务交易平台企业或物流企业可作为代收代缴义务人。

二、跨境电子商务零售进口税收政策适用于从其他国家或地区进口的、《跨境电子商务零售进口商品清单》范围内的以下商品：

（一）所有通过与海关联网的电子商务交易平台交易，能够实现交易、支付、物流电子信息"三单"比对的跨境电子商务零售进口商品；

（二）未通过与海关联网的电子商务交易平台交易，但快递、邮政企业能够统一提供交易、支付、物流等电子信息，并承诺承担相应法律责任进境的跨境电子商务零售进口商品。

不属于跨境电子商务零售进口的个人物品以及无法提供交易、支付、物流等电子信息的跨境电子商务零售进口商品，按现行规定执行。

三、跨境电子商务零售进口商品的单次交易限值为人民币2 000元，个人年度交易限值为人民币20 000元。在限值以内进口的跨境电子商务零售进口商品，关税税率暂设为0%；进口环节增值税、消费税取消免征税额，暂按法定应纳税额的70%征收。超过单次限值、累加后超过个人年度限值的单次交易，以及完税价格超过2 000元限值的单个不可分割商品，均按照一般贸易方式全额征税。

四、跨境电子商务零售进口商品自海关放行之日起30日内退货的，可申请退税，并相应调整个人年度交易总额。

五、跨境电子商务零售进口商品购买人（订购人）的身份信息应进行认证；未进行认证的，购买人（订购人）身份信息应与付款人一致。

六、《跨境电子商务零售进口商品清单》将由财政部商有关部门另行公布。

七、本通知自2016年4月8日起执行。

特此通知。

财政部　海关总署　国家税务总局关于新型显示器件项目进口设备增值税分期纳税政策的通知

2016 年 6 月 1 日　财关税〔2016〕30 号

各省、自治区、直辖市、计划单列市财政厅（局）、国家税务局，新疆生产建设兵团财务局，海关总署广东分署、各直属海关，财政部驻各省、自治区、直辖市、计划单列市财政监察专员办事处：

为落实中央经济工作会议有关精神，推进新常态下信息技术产业实体经济发展，促进产业结构优化升级，支持国内新型显示器件生产企业降低税费成本，更好地参与国际竞争，经国务院批准，现将新型显示器件项目进口设备增值税分期纳税的有关政策通知如下：

一、对新型显示器件项目于 2015 年 1 月 1 日至 2018 年 12 月 31 日期间进口的关键新设备，准予在首台设备进口之后的 6 年（连续 72 个月）期限内，分期缴纳进口环节增值税，6 年内每年（连续 12 个月）依次缴纳进口环节增值税总额的 0%、20%、20%、20%、20%、20%，期间允许企业缴纳税款超过上述比例。

二、新型显示器件生产企业在分期纳税期间，按海关事务担保的规定，对未缴纳的税款提供海关认可的银行保证金或银行保函形式的税款担保，不予征收缓税利息和滞纳金。

三、对企业已经缴纳的进口环节增值税不予退还。

四、上述分期纳税有关政策的具体操作办法依照《关于新型显示器件项目进口设备增值税分期纳税的暂行规定》（见附件）执行。

附件：关于新型显示器件项目进口设备增值税分期纳税的暂行规定

附件：

关于新型显示器件项目进口设备增值税分期纳税的暂行规定

一、根据国务院批准的对新型显示器件项目进口设备增值税分期纳税有关政策的精神，特制定本规定。

二、承建新型显示器件项目的企业至少于首台设备进口时间的 3 个月前，分别向省级（含自治区、直辖市、计划单列市，下同）财政部门、企业所在地直属海关提交进口设备增值税分期纳税的申请。（一）企业申请文件需说明企业及项目有关情况，如项目建设进度、产能设计和初期产量、投产和量产时间、产品类型等，并附投资主管部门出具的项目备案（或核准）文件，如已取得鼓励类项目确认书应一并报送。（二）企业申报享受分期纳税政策的进口环节增值税总额，同时说明有关进口关键新设备的种类、金额以及进口起止时间等相关信息。（三）按照海关事务担保的规定，企业还应申报在分期纳税期间提供税款担保的具体方案，包括拟提供税款担保的种类、担保机构的名称、担保金额、次数、期限等内容。（四）经企业所在地直属海关同意后，企业在申报时可选择按季度或按月分期缴纳进口环节增值税的方式。

三、省级财政部门在接到相关企业申请文件后，会同企业所在地直属海关应在 1 个月内完成对企业申请文件的完备性和合规性的初审，并出具审核意见。初审应确保企业申请享受政策的设备属于 2015 年 1 月 1 日至 2018 年 12 月 31 日期间进口的关键新设备。企业申请及初审材料齐全后，由省级人民政府将上述材料及时报送财政部，并抄报海关总署和国家税务总局。

四、财政部会同海关总署、国家税务总局对申报材料进行审核，确定准予分期纳税的总税额，并按此税额分期征缴。自企业申报的首台设备进口时间开始，第一年（即前12个月）不需缴纳设备进口环节增值税。从第二年开始，按季度或按月分期缴纳进口环节增值税：即从首台设备进口时间的次年所对应的季度开始，于每季度的最后15日内向企业所在地直属海关至少缴纳准予分期纳税总税额的1/20；或从首台设备进口时间的次年所对应的月份开始，于每月的最后10日内向企业所在地直属海关至少缴纳准予分期纳税总税额的1/60；期间允许企业缴纳税款超过上述比例。

五、财政部会同海关总署、国家税务总局对申请材料审核同意后，正式通知相关省级财政部门、企业所在地直属海关和省级国家税务局，并抄送相关省级人民政府，由省级人民政府通知相关企业。相关企业凭此通知并按照申请文件中载明的税款担保方案提供海关认可的银行保证金或银行保函，到企业所在地直属海关办理准予分期纳税的有关手续。

六、在准予分期纳税的6个年度内，对经核定的准予分期缴纳的税款，不征收缓税利息和滞纳金。企业应主动配合海关履行纳税义务，否则不能享受分期纳税的有关优惠政策。

七、企业在分期纳税期间，如实际进口金额超出原有申报金额20%时，须及时向省级财政部门提交变更申请。省级财政部门会同企业所在地直属海关审核后，上报财政部并抄送海关总署、国家税务总局。财政部会同海关总署和国家税务总局负责审核，若审核同意，则通知相关省级财政部门、企业所在地直属海关和省级国家税务局纳税方案的变更。如企业实际进口金额低于原有申报金额80%时，也可依照上述流程提交分期纳税方案的变更申请。

八、企业在最后一次纳税时，海关应对该项目全部应纳税款进行汇算清缴，并完成项目实际应纳税额的计征工作。企业所在地直属海关会同省级财政部门将企业在分期纳税期间的实际纳税情况汇总报送财政部、海关总署和国家税务总局。

九、本规定由财政部会同海关总署、国家税务总局负责解释。

财政部　海关总署　国家税务总局关于动漫企业进口动漫开发生产用品税收政策的通知

2016年8月1日　财关税〔2016〕36号

各省、自治区、直辖市、计划单列市财政厅（局）、国家税务总局，新疆生产建设兵团财务局，海关总署广东分署、各直属海关：

经国务院批准，为推动我国动漫产业健康快速发展，支持产业升级优化，"十三五"期间继续实施动漫企业进口动漫开发生产用品税收政策。现将有关内容通知如下：

一、自2016年1月1日至2020年12月31日，经国务院有关部门认定的动漫企业自主开发、生产动漫直接产品，确需进口的商品可享受免征进口关税及进口环节增值税的政策。

二、为有效实施政策，财政部、海关总署、国家税务总局会同文化部共同制定了《动漫企业进口动漫开发生产用品免征进口税收的暂行规定》（见附件）。

请各单位遵照执行。

附件：动漫企业进口动漫开发生产用品免征进口税收的暂行规定

附件：

动漫企业进口动漫开发生产用品免征进口税收的暂行规定

一、根据国务院批准的动漫企业进口税收政策，特制定本规定。

二、本规定所指经国务院有关部门认定的动漫企业应符合以下标准：（一）符合文化部等相关部门制定的动漫企业认定基本标准。（二）具备自主开发、生产动漫直接产品的资质和能力。

三、本规定所称动漫直接产品包括：

（一）漫画：单幅和多格漫画、插画、漫画图书、动画抓帧图书、漫画报刊、漫画原画等；

（二）动画：动画电影、动画电视剧、动画短片、动画音像制品，影视特效中的动画片段，科技、军事、气象、医疗等影视节目中的动画片段等；

（三）网络动漫（含手机动漫）：以计算机互联网和移动通信网等信息网络为主要传播平台，以电脑、手机及各种手持电子设备为接收终端的动画、漫画作品，包括 FLASH 动画、网络表情、手机动漫等。

四、符合本规定第二款标准的动漫企业于每年的 9 月底前向文化部提出申请，由文化部会同财政部、海关总署、国家税务总局对动漫企业的进口免税资格进行审核。审核合格的，由文化部、财政部、海关总署、国家税务总局于每年的 11 月底前联合公布下一年度享受进口税收政策的动漫企业名单。

五、对已获得进口免税资格的动漫企业实行年审制度，由文化部负责。文化部、财政部、海关总署、国家税务总局在公布下一年度享受进口税收政策动漫企业名单时，同时公布年审合格和年审不合格的动漫企业名单。对年审不合格的动漫企业，自下一年度起取消其享受进口税收政策的资格。

对于动漫企业存在以虚报情况获得进口免税资格的，经文化部查实后，将撤销有关动漫企业的进口免税资格。文化部及时将有关情况通报财政部、海关总署、国家税务总局。有关动漫企业应立即补缴在动漫企业进口税收政策项下已免税进口有关商品的相应税款。

六、获得进口免税资格的动漫企业，进口《动漫企业免税进口动漫开发生产用品清单》（附后）范围内的商品免征进口关税和进口环节增值税。该清单由财政部会同相关部门根据国内配套产业发展状况及动漫企业的实际需求变化适时调整。海关审核进口商品是否符合免税范围时，以《动漫企业免税进口动漫开发生产用品清单》所列的商品名称和技术规格为准。凡国务院规定一律不得减免税的 20 种进口商品，不在上述免税范围之列。

七、文化部应在每年的 3 月底前将上一年度实际免税进口的商品、数量、免税金额及所用于的项目汇总函告财政部，同时抄送海关总署和国家税务总局。

八、对用于自主开发、生产动漫直接产品免税进口的商品，未经海关审核同意，不得擅自转让、抵押、质押、移作他用或者进行其他处置。如有违反，按国家有关法律、法规和海关相关管理规定处理。

九、为保障政策衔接，2016 年享受进口税收政策的动漫企业名单由文化部会同财政部、海关总署、国家税务总局另行公布。

十、本规定有效期为 2016 年 1 月 1 日至 2020 年 12 月 31 日。

十一、本规定由财政部会同海关总署、国家税务总局解释。

附：动漫企业免税进口动漫开发生产用品清单

附：

动漫企业免税进口动漫开发生产用品清单

编号	商品类别	商品名称	税则号列	技术规格	商品简单描述	主要功能用途
1	二维无纸动画制作软件	二维无纸动画制作软件	85234920 49070090 49119900	工作模式：点阵式、矢量式、像素式；支持分辨率>1 920P；支持口型自动对位。	光盘、授权书等各种载体	二维无纸动画造型建立、动画口型同步、动画关键帧制作、上色、特效制作等全流程数字生产。
		动漫平面设计与概念设定绘制软件	85234920 49070090 49119900	支持无限大像素或者矢量数字文件的导入、处理、添加特效、输出等；可支持RGB色彩空间与16比特以上色彩空间。	光盘、授权书等各种载体	对数字像素图像或者数字矢量文件进行处理，可以对数字图像和画面进行大小、亮度、清晰度、图像合成、特殊效果、文字等分层处理。主要应用于动漫设计和数字绘制领域。
2	定格动画软件	定格动画创作软件	85234920 49070090 49119900	可以24、25或者30帧/秒速率预览动画影片；支持输入映像等功能；可以使用素材加工类工具对拍摄时的辅助构建进行修复和删除。	光盘、授权书等各种载体	支持全流程的定格动画类产品的生产。
3	三维建模、动画、材质与特效软件	三维建模、三维材质贴图软件	85234920	可以进行各种三维建模工作，材质与贴图制作工作。	光盘、授权书等各种载体	专门的计算机三维模型的创建、编辑、修改与制作；三维模型的贴图和材质绘制、编辑、赋予等制作。
		三维动画与特效综合软件	85234920 49070090 49119900	支持三维建模、动画、特效、灯光材质、渲染等功能；真实三维制作环境，可创建多台三维摄像机，并对摄像机轨迹进行任意自由运用；具备布料模拟、毛发模拟、流体刚体模拟、特效粒子系统等工具。	光盘、授权书等各种载体	计算机三维图象与内容的生产与制作，包括三维动画、建模、灯光材质、特效、渲染等各个流程环节的制作。
		三维可视化预览软件	85234920 49070090 49119900	可进行各种形式的三维可视化预览项目的制作。	光盘、授权书等各种载体	可为动漫影视作品生产提供前期视觉预览支持。在正式拍摄与制作之前将生产内容用低模和简单动画模拟演员走位，取景，摄影机角度，摄影机运动、特效与三维制作等。
4	虚拟现实与沉浸式制作软件	虚拟现实与沉浸式制作软件	85234920 49070090 49119900	可进行虚拟现实场景的建模、特效以及程序编辑，能够完成虚拟现实产品的打包输出。能够进行虚拟现实技术的研发，包括模型库、脚本开发、渲染引擎等技术内容。	光盘、授权书等各种载体	用于制作和设计虚拟现实类、互动实时交互类和沉浸式体验等系统与应用的软件。能够进行虚拟现实技术的研发。
5	环幕与球幕沉浸式体验设备和软件	球幕、环幕影院系统	84798999	120度以上的视野；5个以上独立声道。	特殊幕布，环幕、球幕影院特制外结构装置与构件等	利用特殊幕布和装置组成的沉浸式一体的特殊球幕、环幕影院。
		多通道融合与校正软件	85234920 49070090 49119900	支持至少三台以上1 280分辨率以上投影的边缘融合；支持任意曲面，伽马校正，几何体校正、色彩与明度校正等；支持4 000以上融合分辨率，可支持立体融合。	光盘、授权书等各种载体	对多台投影组成的投影画面进行边缘融合、变形校正、色彩和明度校正、几何体校正等。支持多投影、立体投影。

编号	商品类别	商品名称	税则号列	技术规格	商品简单描述	主要功能用途
6	虚拟实时特效生成设备和软件	便携式虚拟特效系统	84714920 84714940 84714999 84715020 84715040	实时抠像、合成、虚拟环境渲染、色彩匹配软件功能；工作站（计算机、一体机）8GPU＋4CPU 以上。	软硬件一体化工作站	对影视特效中的计算机动画（CG 动画）进行实时匹配和实时监看。
		摄影棚几何测量套件	90154000 85234920 90318090	可测量范围≥10 米；精度≥10 毫米。	全站仪、寻像器、数据采集器、数据接口和转换软件	
		镜头标定套件	90318090	标定定焦、变焦镜头。	标准图形板和辅助器材	
		惯性传感器	90148000	轴向≥6 轴。	高精度三轴陀螺仪	
		光学传感器	90314990	图像采集速率＞100 帧/秒	光学传感器	
		无线跟焦系统	85269200	无线传输、适合 PL 卡扣镜头。	无线跟焦器、接收器和驱动装置	
		绿幕涂料	32091000	抠像专用绿幕涂料。	涂料	
7	3D 立体动画制作设备和软件	立体信号采集输出设备	85219090	支持 1 920＊1 080 以上分辨率的立体画面的采集和输出； 支持单眼、并排（Side－by－Side）、隔行（Line－by－Line）以及立体模式的采集和输出； 支持动漫制作主流软件的调用。	视频采集卡、可配置外置接口箱	立体画面制作软件到监看设备的中介。
		立体制作软件和插件	85234920 49119900	能够完成 1 920＊1 080 以上分辨率的立体画面的特效合成、色彩校正、立体矫正以及相关立体效果的制作。	动漫制作软件针对立体制作进行的软件升级以及针对立体制作功能的第三方插件	针对立体画面制作特点的专门的技术工具。
		便携式立体制作集成设备	84714999	支持 1 920＊1 080 以上分辨率的立体画面的采集、输出和监看； 支持主流立体制作软件和插件并能够无缝切换； 支持内置阵列存储，并支持 2K 以上画幅画面的实时播放； 工作站（计算机、一体机）8GPU＋4CPU 以上。	便携式立体制作一体机（工作站）	立体制作设备的集成系统。
8	镜头轨迹运动控制设备与软件	运动拍摄控制系统	85234920 84289090	机头旋转速度每秒钟 90 度以上； 系统移动速度大于每秒钟 2 米； 运动误差小于 0.01 毫米； 有效载荷 30 公斤以上。	底座、机械控制臂、旋转控制塔身、摄影设备安装架、精确轨道。	由软件控制的精密机械与电子装置，实现对所安装的摄像机的运动轨迹进行精确控制与记录。

编号	商品类别	商品名称	税则号列	技术规格	商品简单描述	主要功能用途
9	运动捕捉系统	电磁式运动捕捉系统	90318090	可记录六维信息，可同时得到空间位置和方向信息； 采样速率小于每秒15~120次（依赖于模型和传感器的数量）； 工作站（计算机、一体机）8GPU + 4CPU以上。	电磁发射器、信号接收器、数据处理接口、专用计算机（工作站）。	用于动画制作，将表演者的肢体动作或者面部表情进行数字化采集。
		光学式运动捕捉系统	90314990	捕捉精度误差<0.001毫米； 采集速度大于120次每秒； 分辨率大于400万像素； 支持多单元、多摄像机的实时三维运动数据采集。	高分辨率、高速数字摄像头，数据手套，图像数据线器，专用采集服装等。	
		惯性导航式动作捕捉系统	90318090	节点数>10个； 传输范围（户外）>100米； 传输范围（市内无障碍）>750米； 传感器分辨率<0.1度； 实际分辨率<2度。	机械式传感器组件、图像数据集线器。	
10	数字合成、特效、调色软件及设备	三维渲染器	49119900 84714940 84714999 85234920	支持局部光线跟踪； 支持全局光照明； 支持高动态范围贴图； 支持毛发、真实阴影等渲染； 工作站（计算机、一体机）8GPU + 4CPU以上。	光盘、授权书等各种载体及工作站	计算机三维图形专业渲染和处理软件。
		数字合成与特效软件	85234920 49119900	具备真实三维合成环境； 支持大部分常用图像与视频格式； 支持4通道以上图像； 支持浮点格式合成模式； 具备所有主要合成功能。	光盘、授权书等各种载体。	通过计算机对数字内容（图像、视频、序列、文字等）进行处理和加工，并提供内容管理功能。对原始数字内容进行制作生成新的数字内容。包括分层合成、特效制作、抠像、跟踪、三维处理、立体效果制作、色彩处理、文字处理等等功能在内的创作与制作。
		数字合成与特效软硬件一体化设备	49119900 84714920 84714940 84714999 85234920	支持2K立体以上无压缩10比特图像序列的实时采集、播放、制作与输出； 支持浮点色彩空间； 支持三维合成环境和三维数据； 具备三维跟踪、粒子特效系统等功能； 工作站（计算机、一体机）8GPU + 4CPU以上。	超高性能工作站土机，专用操控面板，高级显示设备，外置高速特殊存储装置，高性能特殊图形处理卡；光盘、授权书等各种载体。	
		数字调色软件	49119900 85234920	支持1 920以上分辨率的制作。	光盘、授权书等各种载体。	
		数字调色软硬一体化设备	84714920 84714940 85234920	支持2K/4K以上级别立体无压缩图像序列的调色； 支持未转码常用原生数字拍摄格式的调色和处理； 可进行一级、二级和区域调色，包括所有常用调色工具； 支持所有常用色彩空间； 工作站（计算机、一体机）8GPU + 4CPU以上。	超高性能工作站主机，专用操控面板，高级显示设备，外置高速特殊存储装置，高性能特殊图形处理卡；光盘、授权书等各种载体。	对高分辨率数字内容（包括视频、序列与图像）进行精细的后期数字色彩处理与调整。

编号	商品类别	商品名称	税则号列	技术规格	商品简单描述	主要功能用途
11	数字剪辑与套底软件及设备	数字非线性剪辑、套底软件	49119900 85234920	支持所有高清、标清格式文件的剪辑与处理，包括素材导入、管理、剪辑、音频、绘画、文字、图像设计、特效、转场等功能与工具；支持至少 1 920 以上分辨率项目制作。	光盘、授权书等各种载体	对数字内容（视频、图像序列、音频、文字等）进行管理和非线性编辑。具备数据采集、输入、编辑、特技处理、字幕制作、转场制作、音频处理、转码输出等功能。
		数字非线性剪辑、套底软硬件一体化系统	49119900 84714920 84714940 84714999 85234920	支持所有高清、标清格式文件的剪辑与处理，并可对结果实时回放；可以进行 2k 分辨率以上项目剪辑；支持立体项目；支持通用数字文件编码格式与数字摄像机编码格式；工作站（计算机、一体机）8GPU + 4CPU 以上。	超高性能工作站主机，专用操控面板，高级显示设备，外置高速特殊存储装置，高性能特殊图形处理卡，光盘、授权书等各种载体	
12	音源设备与软件、音频后期处理软件与设备	音频后期处理软件	49119900 85234920	可同时处理 128 个以上音轨；支持最多 1 024 轨声音同步混合与播放。	光盘、授权书等各种载体。	对动漫影视作品的音乐、声音进行处理和加工。
		数字调音台	85234920 85437099	可同时处理 128 个以上音轨；支持最多 1 024 轨声音同步混合与播放；全部模块具备自动化记忆功能，可根据时间点记忆音轨数据（包括调音旋钮和调音推子位置），可无限还原每一步操作。	工作站式数字调音台与相关配件	
13	项目管理系统	动漫项目制作流程管理软件	49119900 85234920	支持云端的项目信息追踪；支持在线和线下的效果预览；支持项目制作数据管理；可同时处理多个制作项目的同步进程管理和每个项目的数字资产管理。	光盘、授权书等各种载体	用于收集、管理、控制和分发制作过程的任务和相关信息，对制作的成本、进度、质量进行控制和协调，对任务进行组织和分发管理。

财政部　海关总署　国家税务总局关于中资"方便旗"船回国登记进口税收政策问题的通知

2016 年 8 月 31 日　财关税〔2016〕42 号

各省、自治区、直辖市、计划单列市财政厅（局）、国家税务局，海关总署广东分署、各直属海关：

为鼓励部分中资"方便旗"船回国登记，提升我国航运安全水平，国务院批准调整完善中资"方便旗"船税收优惠政策。现将有关问题通知如下：

一、对 2012 年 12 月 31 日前已在境外办理船舶登记手续悬挂"方便旗"的中资船舶（中方出资比例不低于 50% 的船舶），在 2016 年 9 月 1 日至 2019 年 9 月 1 日期间报关进口的，免征关税和进口环节增值税。进口单位可选择国内任一船籍港办理船舶登记手续。

二、进口单位可在 2016 年 10 月 31 日、2017 年至 2019 年每年 3 月 1 日前向交通运输部提出申请（具体申请程序及相关要求由交通运输部另行规定），交通运输部初审汇总后报财政部，经财政部会同海关总署、税务总局等有关部门进行审定后，对符合条件的船舶，由进口单位向海关办理相关的减免税手续。

财政部 海关总署 国家税务总局关于"十三五"期间煤层气勘探开发项目进口物资免征进口税收的通知

2016 年 9 月 28 日   财关税〔2016〕45 号

各省、自治区、直辖市、计划单列市财政厅（局）、国家税务局，新疆生产建设兵团财务局，海关总署广东分署、各直属海关：

为支持煤层气的勘探开发和煤矿瓦斯治理，经国务院批准，现将"十三五"期间煤层气勘探开发项目进口物资的税收政策通知如下：

一、自 2016 年 1 月 1 日至 2020 年 12 月 31 日，中联煤层气有限责任公司及其国内外合作者（以下简称中联煤层气公司），在我国境内进行煤层气勘探开发项目，进口国内不能生产或性能不能满足要求，并直接用于勘探开发的设备、仪器、零附件、专用工具（详见本通知所附管理规定所附的《勘探开发煤层气免税进口物资清单》，以下简称《免税物资清单》），免征进口关税和进口环节增值税。

二、国内其他从事煤层气勘探开发的单位，应在实际申报进口相关物资前按有关规定程序向财政部提出申请，经财政部商海关总署、国家税务总局等有关部门认定后，比照中联煤层气公司享受上述进口税收优惠政策。

三、符合本通知规定的勘探开发项目项下暂时进口《免税物资清单》所列的物资，准予免征进口关税和进口环节增值税。进口时海关按暂时进口货物办理手续。超出海关规定暂时进口时限仍需继续使用的，经海关审查确认可予延期，在暂时进口（包括延期）期限内准予按本通知规定免征进口关税和进口环节增值税。

四、符合本通知规定的勘探开发项目项下租赁进口《免税物资清单》所列的物资准予免征进口关税和进口环节增值税，租赁进口《免税物资清单》以外的物资应按有关规定照章征税。

五、本通知规定的勘探开发项目进口物资免征进口税收的具体管理规定详见附件。

附件：关于煤层气勘探开发项目进口物资免征进口税收的管理规定

附件：

关于煤层气勘探开发项目进口物资免征进口税收的管理规定

一、根据国务院批准的有关"十三五"期间继续执行煤层气勘探开发项目进口物资免征关税和进口环节增值税政策的精神，特制定本规定。

二、本规定所指的进口免税物资是指在我国境内进行煤层气勘探开发项目所需进口的国内不能生产或性能不能满足要求，并直接用于勘探开发的设备、仪器、零附件、专用工具，具体物资清单附后。

三、除中联煤层气有限责任公司及其国内外合作者外，国内其他从事煤层气勘探开发的单位，应在实际申报进口相关物资前的每年 3 月底前，向财政部提交免税资格的申请文件（其中地方单位应通过省级财政部门向财政部提交申请），同时抄报海关总署和国家税务总局。对逾期提交的申请文件，财政部将不予受理。申请文件应说明申请单位的基本情况以及其所承担的煤层气勘探开发项目情况（包括项目执行期限）、拟进口物资的应用范围，同时附上已取得的探矿证或采矿证以及煤层气勘探开发项目的批准文件。非项目业主单位的承包商需与项目业主单位共同出具关于煤层气勘探开发项目的承包证明文件。财政部商海关总署、国家税务总局每年在汇总申请文件后，审核申请单位的免税资格，并确认可享受免税的项目清单。

四、中联煤层气有限责任公司应于每年 11 月底前将下一年度符合政策范围的勘探开发项目（包括合作项目）汇总报财政部，并对照上一年度，对项目的变化情况进行说明。财政部商海关总署、国家税务总局等有关部门确认享受免税项目清单，清单包括执行项目的进口单位。具有免税资格的进口单位向项目所在地海关申请办理项目所需物资进口减免税手续。

五、进口单位在办理免税手续时，应向海关提交符合政策规定的进口物资清单，并填报对应的已经审核项目。其中，中联煤层气有限责任公司组织的煤层气勘探开发合作项目，需出具经中联煤层气有限责任公司审核确认的用于该项目的进口物资清单。具体操作办法由海关总署另行制定。

六、本规定所附《勘探开发煤层气免税进口物资清单》（以下简称《免税物资清单》）根据执行情况由财政部会同海关总署、国家税务总局等有关部门适时调整。海关审核该类进口商品免税时，如税则号列与《免税物资清单》所列不一致，应以《免税物资清单》所列的货品名称和技术指标为准。

七、在实际进口中，如有《免税物资清单》中未具体列名但确需进口用于我国煤层气的设备、仪器、零附件、专用工具，由海关总署会同财政部、国家税务总局审定。

八、对用于勘探开发煤层气的免税进口物资，未经海关核准，不得抵押、质押、转让、移作他用或者进行其他处置。如有违反，按国家有关法律、法规及相关规定处理。

经海关审核同意，依据本规定免税进口的物资可在经审核认定的不同煤层气勘探开发项目之间转移或转让，并可临时用于煤矿瓦斯治理和抢险救灾。具体操作办法由海关总署另行制定。

九、中联煤层气有限责任公司及其他经认定的煤层气勘探开发单位，应于每年 3 月底前将上一年度本单位各项目实际进口的免税物资清单、进口金额、免税额、物资使用等情况汇总报财政部备案，并抄报海关总署、国家税务总局。财政部会同海关总署、国家税务总局等有关部门对各有关单位的免税执行情况进行核查，对擅自超出确定的项目范围使用免税进口物资的单位，按有关规定处理，严重违反本规定的，将取消免税资格。

十、本规定由财政部会同海关总署、国家税务总局负责解释。

十一、本规定的有效期为 2016 年 1 月 1 日至 2020 年 12 月 31 日。

附：勘探开发煤层气免税进口物资清单

附：

勘探开发煤层气免税进口物资清单

序号	税则号列	货品名称	技术规格	备注
一、地震勘探数据采集仪器、设备				
1	90158000	全数字地震采集系统		
二、钻井类				
（一）钻机、钻机部件及零附件				
2	84311000 84312010 84313100 84313900 84314200 84314310 84314320 84314390 84314999	车装钻机、空气钻机、井下水平长钻孔钻机的部件及零附件		进口日期截止到2018 年 12 月 31 日

序号	税则号列	货品名称	技术规格	备注
	（二）钻井设备			
3	84834090	变速箱	功率≥600KW，精度≤1‰	
	（三）钻井用仪器、仪表			
4	85258011	鹰眼井下视像仪		
	（四）钻井液处理设备、测量监测仪器			
5	49070090	地层伤害模拟评价系统（软件）		
	（五）钻井定向井工具及其零附件			
6	90278090	地质导向系统		
7	90158000	陀螺测斜仪		
8	84314310	短半径水平井钻井专用工具（包括：柔性钻杆、同向双弯头等）		进口日期截止到2018年12月31日
9	90318090	水平井穿针专用工具		
		上述设备的零附件		
	（六）钻井工具、井下工具			
10	84314320	套管补贴工具		
11	84314310	井下可变径稳定器		
三、测井、录井、试气、井下作业类				
	（一）压裂设备及其零附件			
12	90328990	煤层气压裂控制系统及设备及其零附件	单机额定输出功率>2 500马力	进口日期截止到2018年12月31日
	（二）测井及井下仪器			
13	90278090	岩芯分析仪		
14	90278090	含水率测井仪	直径≥39mm	
15	90158000	地层测试仪	直径≥38mm	
16	90158000	倾角测井仪	直径≥38mm	
17	90158000	成像测井仪	直径≥38mm	
18	90222900	碳氧比测井仪	直径≥38mm	
19	90261000	流量测井仪	直径≥38mm，三通道以上	
20	90262090	微地震检测仪		
		上述仪器的零附件		

序号	税则号列	货品名称	技术规格	备注
	（三）地面及井下仪器			
21	90251910 90258000 90261000 90262000 90308990 90328990	压力变送器、压差变送器、温度变送器、光导液位计、传感器	压力、物位、流量测量仪表仅包括三通道以上	
22	90318090	综合标定仪、液面测试仪		
		上述仪器、设备的零附件		
	四、开发作业类			
	（一）煤层气、水生产作业用各种压缩机及其零附件			
23	84148090	天然气压缩机		进口日期截止到 2018 年 12 月 31 日
		上述设备的零附件		
	（二）注入、排供及油气水处理设备			
24	84148020 84148090	二氧化碳及气体注入、监测配套设备及零附件		
	（三）井下生产设备			
25	84678900 84818019	多段压裂井下工具、（裸眼）封隔器及其零附件		进口日期截止到 2018 年 12 月 31 日
26	85437099	等离子脉冲发生装置及其零附件		
	（四）煤层气或井场动力设备及其零附件			
27	84136010 84136090 84135020 84135090	螺杆泵装置、电潜泵装置、电潜螺杆泵装置	≥50 方/天	进口日期截止到 2018 年 12 月 31 日
28	85016300 85016410 85016420 85016430 85023900	燃气发电机组	不包括电驱动钻机配套发电机；交流：单机容量＞500KW 级	
		上述设备的零附件		
	（五）煤层气开发生产实验室用仪器及其零附件			
29	90321000	吸附仪	重力法	
30	90322000	岩心渗透率仪		
		上述仪器的零附件		

序号	税则号列	货品名称	技术规格	备注
	（六）煤层气排采自动装置系统及监控仪表和配套设施及零附件			
31	90288190 90282090 90261000 90262000 90281090 90282090	煤层气生产监测控制仪表、煤层气排采数据采集、监控设备和零附件（含相关变频器、传感器、电缆等）		进口日期截止到2018 年 12 月 31 日
32	85044099	变频器		进口日期截止到2018 年 12 月 31 日
	五、特种工程车辆类			
		归入 8 705 的以下特种车：		
33	87059080	氮气泡沫压裂车组	单车氮气排量＞500Sm³/min	
		上述车辆的零附件		
	六、煤层气储运类			
	（一）煤层气地面集输大直径阀门、油气专用三相分离设备及其零附件			
34	84811000 84813000 84814000 84818021 84818029 84818090	安全阀、减压阀、关断阀、气压传动阀、止回阀、截止阀、多路阀、控制阀、调节阀	直径≥1/8″，调节阀仅包括公称通径大于400mm	
35	84212990	气体净化机		进口日期截止到2018 年 12 月 31 日
		上述设备的零附件		
	（二）煤层气集输用动力装置、设备及控制装置、设备及其零附件			
36	90328990 90329000	控制器、自动中继控制装置（中间站）及其零附件		
	七、消防、防火装置			
37	84798920	防爆除湿机		
38	84137090 84148090	氧气冲压泵、消防泵、泡沫泵		
39	84798990	泡沫发生器		
40	84248990	安全冲洗装置		
	八、在国内制造供应特定地区煤层气勘探、开采作业用的机器和设备确需进口的零附件、山地钻机的零附件			
41	84071020	燃气发动机	额定功率＞300KW	进口日期截止到2018 年 12 月 31 日

财政部　海关总署　国家税务总局关于扶持新型显示器件产业发展有关进口税收政策的通知

2016 年 12 月 5 日　财关税〔2016〕62 号

各省、自治区、直辖市、计划单列市财政厅（局）、国家税务局，新疆生产建设兵团财务局，海关总署广东分署、各直属海关：

经国务院批准，为继续推动我国新型显示器件产业的发展，支持产业升级优化，"十三五"期间继续实施新型显示器件以及上游原材料、零部件生产企业进口物资的税收政策。现将有关内容通知如下：

一、自 2016 年 1 月 1 日至 2020 年 12 月 31 日，新型显示器件（包括薄膜晶体管液晶显示器件、有机发光二极管显示面板）生产企业进口国内不能生产的自用生产性（含研发用）原材料和消耗品，免征进口关税，照章征收进口环节增值税；进口建设净化室所需国内尚无法提供（即国内不能生产或性能不能满足）的配套系统以及维修进口生产设备所需零部件免征进口关税和进口环节增值税。

二、自 2016 年 1 月 1 日至 2020 年 12 月 31 日，对符合国内产业自主化发展规划的彩色滤光膜、偏光片等属于新型显示器件产业上游的关键原材料、零部件的生产企业进口国内不能生产的自用生产性原材料、消耗品，免征进口关税。

三、为有效实施政策，财政部、海关总署、国家税务总局会同相关部门制定了《关于新型显示器件及上游关键原材料、零部件生产企业进口物资税收政策的暂行规定》（见附件）。

四、财政部会同相关部门制定新型显示器件产业相关免税进口商品清单，并将根据国内配套产业的发展情况进行适时调整。

请各单位遵照执行。

附件：关于新型显示器件及上游关键原材料、零部件生产企业进口物资税收政策的暂行规定

附件：

关于新型显示器件及上游关键原材料、零部件生产企业进口物资税收政策的暂行规定

一、根据国务院批准的扶持新型显示器件产业发展的进口税收政策，特制定本规定。

二、本规定中所指新型显示器件包括薄膜晶体管液晶显示器件（TFT－LCD）、有机发光二极管显示面板（OLED）2 类。上游关键原材料、零部件包括彩色滤光膜、偏光片等。

三、新型显示器件生产企业进口规定范围内的自用生产性（含研发用）原材料和消耗品，免征进口关税，免税进口物资清单见附 1－1、1－2 和附 2－1、2－2；进口建设净化室所需的规定范围内的配套系统，免征进口关税和进口环节增值税，免税进口物资清单见附 1－3、附 2－3。新型显示器件生产企业超出免税物资清单范围进口的物资，应照章征税。

四、新型显示器件生产企业在经核定的年度进口金额内，进口维修规定范围内的进口生产设备所需零部件，免征进口关税和进口环节增值税，进口生产设备的清单见附 1－4、附 2－4。零部件年度免税进口金额根据企业所进口生产设备的总值及设备使用年限，按照附 3 所列进口生产设备维修用零部件免税进口金

额计算公式确定。新型显示器件生产企业超出年度免税进口金额进口的维修用零部件，应照章征税。

五、彩色滤光膜、偏光片生产企业进口规定范围内的自用生产性（含研发用）原材料、消耗品，免征进口关税，免税进口物资清单见附4、5。彩色滤光膜、偏光片生产企业超出免税物资清单范围进口的物资，应照章征税。

六、国家发展改革委会同工业和信息化部将国内新型显示器件生产企业、彩色滤光膜及偏光片生产企业的名单函告财政部、海关总署、国家税务总局，并根据行业发展需要，对名单进行动态调整。名单中新增企业、名称变更或发生资产重组的企业，分别自国家发展改革委和工业和信息化部函告之日和函告中明确的企业名称变更或发生资产重组之日起，享受新型显示器件进口税收政策；终止生产经营的企业，自国家发展改革委和工业和信息化部函告中明确的企业终止生产经营之日起，停止享受新型显示器件进口税收政策。

对于其中涉及进口用于维修规定范围内的进口生产设备所需零部件的新型显示器件生产企业，国家发展改革委会同工业和信息化部将附3所列公式所需的新型显示器件生产企业"进口生产设备总值""设备的使用年限"等系数同时函告财政部。财政部会同海关总署和国家税务总局核算出新型显示器件生产企业各年度维修用零部件的免税进口金额并印发通知。

七、海关对上述进口物资进行减免税审核确认时，应以相关免税进口物资清单所列的中文商品名称和性能指标为准，相关免税进口物资清单所列税则号列作为参考。

八、享受免税政策的新型显示器件生产企业、彩色滤光膜及偏光片生产企业应于每年1月31日前通过省级财政部门向财政部报告上一年度政策执行效果，附《进口物资金额及免税额统计表》（见附6），并抄送海关总署和国家税务总局。

九、财政部将会同相关部门根据国内配套产业的发展情况，适时调整新型显示器件产业相关免税进口物资清单。新型显示器件生产企业、彩色滤光膜及偏光片生产企业以及其他相关原材料、零部件的供应企业，可通过省级财政部门、相关行业主管部门或行业协会向财政部提出调整免税进口物资清单的具体建议。

十、其他符合国内产业自主化发展方向的上游关键原材料、零部件生产企业，由财政部会同相关部门共同研究确定可否享受免税政策。

十一、新型显示器件生产企业、彩色滤光膜及偏光片生产企业根据本规定免税进口的物资，只能用于本企业的生产建设，不得擅自转让、移作他用或进行其他处置，违反本规定的企业将被取消享受政策的资格。

十二、财政部会同海关总署、国家税务总局、国家发展改革委、工业和信息化部加强政策的事中事后管理。财政部等有关部门及其工作人员在政策执行过程中，存在违反执行免税政策规定的行为，以及滥用职权、玩忽职守、徇私舞弊等违法违纪行为的，按照《预算法》《公务员法》《行政监察法》《财政违法行为处罚处分条例》等国家有关规定追究相应责任；涉嫌犯罪的，移送司法机关处理。

十三、本规定由财政部会同海关总署、国家税务总局负责解释。

十四、本规定执行时间为2016年1月1日至2020年12月31日。

附：1. 薄膜晶体管液晶显示器件生产企业进口物资清单

2. 有机发光二极管显示面板生产企业进口物资清单

3. 进口生产设备维修用零部件免税进口金额计算公式

4. 彩色滤光膜生产企业进口物资清单

5. 偏光片生产企业进口物资清单

6. 进口物资金额及免税额统计表

附 1：

薄膜晶体管液晶显示器件生产企业进口物资清单

薄膜晶体管液晶显示器件生产企业进口生产性原材料清单

附 1-1

序号	类别	商品名称	英文名称（供参考）	税则号列（供参考）	性能指标	免税期限
1	玻璃 玻璃/玻璃纤维/玻璃液晶屏	玻璃微粒/有机硅硼盐微粒边框胶纤维	GLass Fiber	70182000/70199090		至 2018 年 12 月 31 日
2		低温多晶硅用玻璃基板	LTPS Glass	70060000	应变点≥670℃，热膨胀系数≤39×10^{-7}/℃	
3		金属氧化物用玻璃基板	IGZO Glass	70060000	制程温度≥350 度以上，背面粗糙度≥0.4 纳米	
4		盖板玻璃（强化玻璃）	Strengthen Glass	70060000	强度≥500Mpa	至 2018 年 12 月 31 日
5		液晶玻璃基板	Liquid Crystal Glass	70060000	仅用于 8.5 代线和 8.6 代线	至 2018 年 12 月 31 日
6	彩膜	彩色滤光膜/彩色滤光片	Color Filter	90019090	仅用于 1 100mm * 1 300mm，上述长和宽指标须同时满足；宽视角（高级超维场转换 ADS/平面内开关 IPS/边场效应开关 FFS）型或弯曲向列（TN）型中用于 10.1 寸以下（含 10.1 寸）	至 2017 年 12 月 31 日
7		光阻/光阻剂/光刻胶	Color Resist/Photo Resist （R、G、B、BM、PS、OVER COAT、BCS、BPS、PAC）	32041700/37070000/37071000	彩膜光阻/彩膜光阻剂/彩膜光刻胶（红、绿、蓝、黑、间隙粒子、平坦层）	至 2018 年 12 月 31 日
8	模具	光罩/掩模版（掩膜板/掩膜版）	Photo Mask	37059090/90029090/84805000/84807190	所有 LTPS MASK（低温多晶硅用掩模版）MASK，或者使 Array/CF 6 代线以上（含 6 代线）MASK，以下述其中一种技术的所有尺寸 MASK（GT MASK/Half tone/Gray tone/UV2A/SSM）	至 2018 年 12 月 31 日
9	丙烯酸树脂类膜 胶膜	偏光片	Polarizer	90012000	满足以下条件之一：1. 偏光片甲单体厚度≤90um（单体厚度/不包括保护膜、离型膜、扩散胶层、增亮膜的厚度）2. 偏振光参数：偏振光 360 度 3. 表面方块电阻小于等于 1 * 10 的 10 次方欧姆 4. 耐热温度大于等于 95 摄氏度，同时耐低温度小于等于 -40 摄氏度。	至 2018 年 12 月 31 日

续表

序号	类别		商品名称	英文名称（供参考）	税则号列（供参考）	性能指标	免税期限
10	胶膜	丙烯酸树脂类膜	各向异性导电膜/各向异性导电膜自粘塑料膜/各向异性导电胶片/各向异性导电晶片	ACF	40059100/40059900/38249099		
11			层间绝缘膜/保护膜	Organic Insulator/Over Coat	39209990/39202090/39069090/39206200		至2018年12月31日
12	液晶	液晶	液晶	Liquid Crystal	29029090/38249099		至2018年12月31日
13	背光模组	导光板组件	导光板	Light Guide Plate (L. G. P)	90019090	厚度≤0.4mm	至2018年12月31日
14			棱镜膜/聚对苯二甲酸乙二醇酯（PET）复合光学膜	PRISM SHEET	90019090		至2018年12月31日
15	表面取向剂	聚酰亚胺	聚酰亚胺取向液/聚酰亚胺取向液酸溶液/聚酰亚胺酸取向液聚酰亚胺	Polyimide For Alignment Film	39119000/38249099/32089090		
16	靶材	靶材	靶材（钛，铜）旋转靶（铝，钛，钼，铜，硅）	TARGET (Ti, Cu) TARGET (Al, Ti, Mo, Cu, Si)	76081000/74071090/81029900/76169990/84869091		
17			靶材（铝钕，钼铌，钼钛，铜锌氧化物，铝钕，钼钕，铟镓锌锡，氧化铟锡）旋转靶（铝钕，钼钕，钼钛，铟锌氧化物，铟锌氧化物，氧化铌）	TARGET (Al－Nd, Mo－Nd, ITO, Mo－Nb, Mo－Ti, IZO, IGZO) TARGET (Al－Nd, Mo－Nd, ITO, Mo－Nb, Mo－Ti, IZO, IGZO, NbOx)	76169990/81129930/79070090		
18	树脂	树脂类	硅球/导电金球/导电晶球	MICRO SPHERICAL, PLASTIC BEADS/Silica Beads/Electric Beads/Silica Ball/Au Ball/Aub Ball	71159010/70182000		
19			隔垫物/垫料	SPACER	39269090/39269010/38249099/39039000/39059900		

续表

序号	类别	商品名称	英文名称（供参考）	税则号列（供参考）	性能指标	免税期限
20	树脂类	边框胶/封框胶（环氧树脂）/密封胶/封口材料	Sealant	35061000/35069120/32141090		
21		紫外线固化树脂/防湿绝缘胶/防湿绝缘液/防湿绝缘涂料	Ultraviolet curing resin/UV Tuffy/Tuffy	39191010/38249099/35061000/35069900/32141010		
22		硅树脂/硅胶/矽胶	SILICON RESIN	39100000/35069190		
23	树脂	光学绝缘树脂/光学弹性树脂	Over Coat（Insulate/Passivation of TP）/SVR	39073000/35069900		
24		触摸屏用光学胶	Optical Clear Adhesive（OCA）；Liquid Optical Clear Adhesive（LOCA）	39199090		
25		非感光型有机绝缘树脂	PTS	39073000		
26	导电树脂	转印银浆/银环氧胶/芳基胺聚合物（银胶）/转印电极材料/银胶/银浆/Ag环氧胶	AG Paste/Ag Epoxy	38249099		
27	高纯度混合气体高纯度高纯气体成膜气体其他高纯度特殊气体	硅烷	GAS（SiH$_4$）	28500090	SiH$_4$ 纯度≥99.999% N$_2$ 含量≤0.5ppmv H$_2$ 含量≤20ppmv O$_2$ 含量≤0.06ppmv	
28		磷烷/磷烷混氢/20%磷烷氢混合气/1%磷烷氢混合气	GAS（PH$_3$）/GAS（PH$_3$/H$_2$）/GAS（20% PH$_3$/H$_2$），GAS（1% PH$_3$/H$_2$）	28500090/28480000	磷烷纯度≥99.9995%；氢气纯度≥99.9999%	
29	高纯气体	1%磷化氢-硅烷混合气	Gas（1% PH$_3$/SiH$_4$）	38249099		
30		三氯化硼	Gas（BCL$_3$）	28121049/28273990	三氯化硼纯度≥99.999% Ca≤50ppbv；K≤50ppbv；Mg≤10ppbv；Na≤50ppbv	
31		氙气/高纯氙	Gas（Xe）	28042900	H$_2$O≤0.5ppmv	
32		0.4%氙氖混合气	0.4% Xe/Ne	38249099/28042900		

续表

序号	类别	商品名称	英文名称（供参考）	税则号列（供参考）	性能指标	免税期限
33		1%氟氖混合气	1% F_2/Ne	38249099/28042900		
34		乙硼烷氢混合气（乙硼烷）	Gas（B_2H_6/H_2）	28500090		
35		激光退火用混合气体/含氢氖激光退火用混合气体	H_2 + Ne/H_2 inNe	28042900/28261990	纯度≥99.999%　H_2O≤3ppmv	至2018年12月31日
36	高纯度混合气高纯度成膜气体其他高纯度特殊气体	气体吸附剂	Adsorbent	38249099		
37		正硅酸乙酯	Liquid（TEOS）	29209090	纯度≥99.9999999%	至2018年12月31日
38		氮氢混合气	Gas（H_2/N_2）	29270000		
39		氯化氢/氢氮混合气	Gas（4.5%HCL/0.9%H_2/94.6%Ne）	38249099		
40		氢气/氩气混合气体	Gas（3%H2/Ar）	28042900		
41		氦气	He	28042900	氦气纯度≥99.999%	
42	高纯气体	四氟化硅	SiF_4	28129019	纯度≥99.998%；CO_2含量≤1ppmv；CO含量≤0.5ppmv；HF含量≤5ppmv；P、B、As含量≤0.5ppmv	
43		乙炔	C_2H_2	29012920		至2018年12月31日
44		含氢和氯化氢的氖	4.5% HCl in Ne	28042900		
45	高纯度刻蚀气体	三氟化硼/三氟化硼同位素	11BF3	28129019/28459000	B-11（%）≥99.7% O_2/Ar、SO_2、CO_2、N_2、HF、SiF_4杂质≤25ppmv	
46	刻蚀液	带缓释剂氢氟酸	H. F with buffer	38249099/28111100		至2018年12月31日
47		二氧化硅蚀刻液/缓冲氧化层刻蚀液	BHF	28261910/28111100		
48		刻蚀液（铜）	ETCHANT（CU）	28092019/38101000/28080000/3824909九		至2018年12月31日

续表

序号	类别		商品名称	英文名称（供参考）	税则号列（供参考）	性能指标	免税期限
49	光刻工艺用化学品	显影液/光刻胶/去胶液/增粘剂/稀释剂/静电防止剂	乙酸丁脂/稀释剂/醋酸丁脂	THINNER	29153300/38140000		至 2018 年 12 月 31 日
50			光刻胶	PHOTO RESIST	37071000		至 2018 年 12 月 31 日
51			稀释剂	Thinner	38140000		至 2018 年 12 月 31 日
52	化学洗剂	玻璃基板洗剂/PI洗剂/液晶洗剂	清洁剂	DETERGENT	34021900/34022090		至 2018 年 12 月 31 日
53			PI 前清洗剂/硅烷液	CLEANER（PI&ASS'Y）	29225090	仅用于铜工艺	至 2018 年 12 月 31 日
54			转印凸版（APR 版）清洗剂/RT 丙脂 APR 版清洗剂	CLEANER for APR PLATE	38101000/29322090		
55			剥离剂/剥离液	PI/PR stripper	38101000	仅用于铜工艺	至 2018 年 12 月 31 日

附 1—2 薄膜晶体管液晶显示器件生产企业进口生产性消耗品清单

序号	类别		商品名称	英文名称（供参考）	税则号列（供参考）	免税期限
1	灯类	曝光灯	高压水银灯	Ultra High Pressure Mercury Lamp	85393290	
2			低压水银灯（曝光机小灯）	Mercury Lamp	85393290	
3			周边曝光用紫外线灯	Mercury Lamp	85394900/85393210	
4		其他灯类	氙灯	xeon lamp	85393290	
5			金属卤化物灯	metal halogen Lamp	85393290	
6			（精密）荧光灯/光学检测荧光灯，中心波长为 330 纳米的	Fluorescent Lingt	85393190	

续表

序号	类别	商品名称	英文名称（供参考）	税则号列（供参考）	免税期限
7	灯类	纯水装置用紫外线灯	UV Lamp for purified water system/EUV Lamp	85394900	
8	其他灯类	特种灯部品/离子灯丝	dedicated lamp/Ion Fliament	85390000/85399000	
9		红外线灯	IR LAMP	85394900	
10		激光紫外线灯/激光灯管	laser UV lamp/ELA Laser Lamp	85394900	
11	过滤器 空气过滤芯	空气过滤器（筒式）/空气过滤器（无硼）	Filter	84213990/84219990	
12		外气调和器用过滤器	Filter	84213990	
13		纯水装置用过滤器	filter	84212199	
14	水过滤介质	纯水装置用离子交换树脂（阴离子）/抛光树脂	Filter (Anion Exchange Resin)/Polishing Resin	39140000	
15		纯水装置用离子交换树脂（阳离子）/抛光树脂	Filter (Cation Exchange Resin)/Polishing Resin	39140000	
16	其他过滤芯	洗净装置用过滤器筒式过滤器	Filter	84212199	
17		化学过滤器	Filter/Chemical Filter	84213990/84219990/84212990	
18	金属类 电极板	电极板/干刻（DE）用上部电极板/上电极板/扩散器	(ACC, DEC) elerration Grid Extraction Grid, Groung Grid/Shield Plate/Diffuser	84669390/83111000/84869099/71159010	
19		干刻（DE）用下部电极板/下电极板	Shield Plate/Susceptor	84669390	
20	其他	探测器框架	prober frame/prober assembly	90319000	
21		靶材托板/背板/靶材衬背	backing plate	84869091	
22		壁板/盖板	Liner/Baffle/Insulator/Cover	76061290	
23	探针	台阶高差测定用测定针	prober	90309000	
24		除静电针	anti-static pin	90309000	
25		探针板	prober card	90309000	
26	检测仪器耗材 消耗品	紫外线固化装置用光学部件	UV solid parts	90029090	
27		电子枪灯丝	electric gun filament	85409990	
28		气体检测器	gas detector	90271000	
29		皮拉尼真空计	vaccum gauge	90318090	
30		电光调制器	Modulator	85371090	

续表

序号	类别		商品名称	英文名称（供参考）	税则号列（供参考）	免税期限
31	密封件	各类 O 型圈及其他密封垫	O 型圈/密封圈/密封垫	O ring	40169310	
32			衬垫/垫片	pad ring	68042290/40169310	
33	陶瓷件	绝缘陶瓷	真空连接管道（VCR）填密片	VCR ring	69091900	
34			陶瓷件	ceramic parts	69091900	
35			陶瓷滚轮	Ceramic Roller	69091900	
36	膜类	臭氧溶解膜	溶解膜	adhesive tape	34039900	
37			显影液再生装置用光刻胶去除膜	PR stripper	34039900	
38	配向耗材	摩擦布/刮板	摩擦布/摩擦布	rubbing cloth	63071000/59039090	
39			摩擦辊轴	rubbing roller	84553000	
40			刮刀辊/V 型刮刀板/铁氟龙刮刀	doctor roller/V Block/Teflon Blade	84553000/40059100/39269010	
41			感光板/取向版	APR Plate/PI plate	39269010/40169990/37059090	
42	注射器类	注射器及配件	液晶滴下（ODF）专用注射器/注射器/滴下用箍	Syringe/ODF ring	39269090/84799090	
43			注射器用 O 型圈	O ring for Syringe	40169390	
44			注射器用密封垫片	Syringe sealing pad	40169390	
45	刀具/磨具	各种切割刀轮/刀轴/磨具刀等	切断用刀片/刀轮/刀轴	cutter knife/wheel/axis	82089000	至 2018 年 12 月 31 日
46			切断用夹具	cutter jig	84661000	
47			倒角用研磨砂轮	grinding wheel	68042210/68042190	
48			显示屏清洁器用研磨带/研磨带/研磨片	grinding tape/Polishing Sheet	68138900/84869099/68053000	
49			切断模具	TCP punching tools	84807900	
50			各向异性导电胶切割器	ACF cutter	84778000	
51			垫料供给用研磨管	rubbing pipe	84669200	

续表

序号	类别		商品名称	英文名称（供参考）	税则号列（供参考）	免税期限
52	喷嘴	金属喷嘴/塑料喷嘴	金属喷嘴/塑料喷嘴/特氟隆喷嘴（清洗和涂覆用）	Metal nozzle/Plastic nozzle/Teflon nozzle	84249090/84248999	
53	滚筒/衬垫	滚筒类	偏光板剥离商用胶带	POL stripper tape	39199090	至2018年12月31日
54			偏光板料贴用滚筒	POL attach roller	84869099	
55			偏光板清扫滚筒	POL clean roll	84869099	
56			剥离滚筒	stripper roll	84869099	
57		衬垫类	吸附衬垫	PAD	68130000/39269010	
58			吸附板	Transfer Sheet	39219090	
59			显示屏清洁器用吸附衬垫	clean pad	68138100	
60		聚四氟乙烯纸	缓冲材料（封装预压）	cushion（TCP pre-bonding）	39209910	至2018年12月31日
61			缓冲材料（封装正式压接）	cushion（TCP bonding）	39209910	至2018年12月31日
62			缓冲材料（基板预压）	cushion（PCB pre-bonding）	39209910	至2018年12月31日
63			缓冲材料（基板正式压接）	cushion（PCB bonding）	39209910	至2018年12月31日
64	胶带类	各类净化耐热胶带	粘合胶带	adhesive tape	39199090	至2018年12月31日
65			硅胶膜	silicon sheet	39209990	至2018年12月31日
66			特氟隆导热膜	Teflon sheet	38249099	至2018年12月31日
67	石墨		石墨挡板	Graphite Plate	68151000	

续表

序号	类别	商品名称	英文名称（供参考）	税则号列（供参考）	免税期限
68	腔体 / 激光腔体	激光腔体	Laser chamber	84869099	
69	激光光学配件 / 光学组件配件	激光管窗口/激光灯管窗	Laser Turb window	84869099	
70	修补剂 / 金属修补粉末	六羰基钨	WC06	29319090	
71	传送系统	轴承	BEARING	84828000	
72	传送系统	清洗用毛刷总成	ROLL BRUSH ASS'Y	96032900	

附 1－3

薄膜晶体管液晶显示器器件生产企业进口净化室配套系统清单

序号	类别		商品名称	税则号列（供参考）
1	供电系统	电量补偿、储能发电装置	电量补偿、储能发电装置	85437099/85023900
2	特气供应系统	气体供给装置	气瓶柜、气瓶架	84798999
3		阀盘、阀箱	阀门分配盘	84818040
4		阀盘、阀箱	阀门分配箱	84818040
5		毒气探测器	气体检测仪	90271000
6		气体净化器	气体净化器	84213990
7		吹扫盘面	吹扫盘面	84818090/84819010
8		磅秤	钢瓶秤	84238290
9		管配件	超洁净阀门管配件（不锈钢管道，调压阀，球阀，逆止阀，隔膜阀，过滤器，不锈钢接头）	73044190/73064000/73072300/73072900/84818010/84813000/84818031/84818040/84819010/84811000/84213990
10		监控器与监控装置	监控器与监控装置（含监视器）	85371019
11		温控设备	温控箱	90328990
12	有毒气体净化系统	有毒气体处理机	有毒气体处理机（POU）	84213990

续表

序号	类别		商品名称	税则号列（供参考）
13	有机废气处理系统	转轮装置	吸附浓缩转轮箱体、转轮、配件	84213990/7318590
14	化学品供给系统	化学药品供应装置	化学品储存罐	73090000
15			化学品供应柜	84135010
16			化学品混合柜	84798200
17			洁净阀箱	84818040
18			洁净不锈钢管及其配件、管阀	73064000/73044190
19			洁净聚四氟乙烯管及其配件、管阀	39173100/39174000
20		化学品控制装置	化学品泄漏检测装置	90261000
21			化学品监控装置	90268090
22			浓度分析仪器	90278099
23		二氧化碳灭火系统	有机溶剂自动二氧化碳灭火系统	84241000
24	超纯水处理系统	超纯水处理装置	反渗透（RO）膜	39209990
25			脱气膜	39209990
26			超滤膜（PFA）	39209990
27			离子交换树脂	39140000
28			紫外（UV）杀菌灯	85394900
29			压力容器	39209990
30			过滤器	84212199
31		超纯水控制装置	控制装置	85371090/85371011
32			监测仪表	90308990
33		超纯水管材配件	洁净聚氯乙烯（Clean－PVC）管道	39172300
34			洁净聚氯乙烯管件、阀门（Clean－PVC）	39174000/84818040/84818039
35	大宗气体供应系统	阀门、管配件	超洁净阀门管配件（不锈钢管道、调压阀、球阀、蝶阀、波纹管阀、逆止阀、隔膜阀、过滤器、不锈钢接头）	73044190/73064000/73072300/73072900/84818010/84813000/84818031/84818040/84819010/84811000/84213990

续表

序号	类别	商品名称	税则号列（供参考）
36	大宗气体供应系统	气体流量侦测	流量计，精度指数达到 0.1%	90261000
37		侦测无尘室液体泄漏系统	寻址液体侦测系统	90319090
38		液态丙烷加热成气态丙烷供应给混合器	气化器	84682000
39		气体混合输出设备	文氏管式混合器	84682000

附 1－4　薄膜晶体管液晶显示器件生产企业进口生产设备清单（用于确定维修所需进口的零部件免税范围）

序号	工序	设备分类	设备名称	设备英文名称（供参考）	相关零部件免税期限
1	阵列	成膜设备	等离子增强化学气相沉积设备/化学气相沉积机/等离子加强气相沉积设备/化学气相成膜装置	PECVD/CVD/Plasma Enhanced Chemical Vapor Deposition	至 2018 年 12 月 31 日
2			常压化学气相沉积设备	APCVD	
3			溅射机（装置）/真空金属溅镀机/金属氧化物/铜锡氧化物成膜装置	Sputter/Metal Sputter/ITO Sputter/Metal/IGZO/ITO Sputter Equipment	
4			离子注入机/离子植入机	Ion implant/Implanter	
5			特殊尾气处理装置/废气处理机/CVD 制程残气处理机/燃烧式尾气处理设备/无膜残气 CVD 制程气处理机	Gas Treatment Equipment/scrubber/Combustion type waste gas abatement equipment/Gas scrubber system	
6		光刻系统	涂胶显影机（装置）	Track/Coater Developer Equipment/Coater	
7			涂胶机	Pre Coater/Coater	
8			显影机	Developer	
9			显像液供给再生设备/显影液再生系统设备/显影液循环系统/显影液稀释再生管理装置	Developer Recycle System/TMAH developer dilution equipment/TMAH developer dilution recycle management equipment	
10			浓度管理设备（装置）/显影液浓度管理装置/现地供应系统	Developer Control System/Developer Management Equipment	

续表

序号	工序	设备分类	设备名称	设备英文名称（供参考）	相关零部件免税期限
11	阵列	光刻系统	玻璃温控机/曝光前基板温度安定装置/贴合前温度调节装置	Temperature Control Unit/Before Exposure Temperature Control Unit/Pre-bonding Temperature Regulating Equipment	
12			紫外光固化装置/I线紫外线处理系统/紫外线曝光机	UV Cure Equipment/IUV system/IUV	
13		曝光装置	曝光机（一次/分步）/曝光机（装置）/阵列曝光机	Exposure System/Scanner Exposure/Exposure System (Equipment)/Array Exposure/Exposure	
14			周边曝光＆印字曝光机/打标机/边缘曝光机/边缘打码曝光系统/周边曝光（装置）	Titler & Edge Expo./Titler/Edge exposure/Array Titler with Edge Exposure/Edge exposure/EXPOSURE EDGE (equipment)/Edge Exposure Equipment	
15		刻蚀/去胶设备	软X射线静电消除器/X射线静电消除器	Photo Ionizer/Ionizer	
16			湿法刻蚀机（装置）/阵列湿法刻蚀机/化学湿法湿法蚀刻机	Wet Etcher (Equipment) /Array Wet Etcherr	
17			干刻蚀机（装置）（CDE/RIE/PE）/干刻灰化机台/干法刻蚀机	Dry Etcher/Dry Asher	
18			EPD终点探测系统/EPD终点探测机（设备）/终点检测仪	EPD System	
19		退火设备类	剥离装置/剥离机/湿式剥离机	Stripper/Wet Stripper/Resist Stripper Equipment	
20			退火炉/快速退火炉/烘干炉/烧结炉装置	Anneal M/C/Oven equipment/Anneal oven	
21			退火处理机/快速退火处理机	DL Anneal/Rapid Thermal Anneal	
22			激光退火机	Excimer Laser Anneal/ELA	
23			预处理装置	Pre – Compaction System	
24		返修设备	激光化学气相沉积修补机（设备）/配线修正装置/激光化学成膜机	Laser CVD Repair/Array CVD Repair/Laser CVD Repair	
25			激光修补机-CF	Laser Repair	
26			切割修复机/激光切割修复机/激光修复仪	Array Cut Repair	
27			阵列研磨复机	Array tape repair	
28			化学气相淀积修复机	Array CVD Repair	
29			光刻胶激光修正装置	Photoresist Laser Repair	
30			异物研磨装置	Grinding Repair Equipment	

续表

序号	工序	设备分类	设备名称	设备英文名称（供参考）	相关零部件免税期限
31		曝光设备	激光打标机/激光打码机（装置）	Laser Mark System/Laser Mark	
32			配向膜印刷机（装置）	PI Coater	
33			配向膜固化机（装置）/配向膜硬化炉/配向膜烘烤装置	PI MainCure/PI Maincure Ove/PI Oven Equipment	
34		取向膜印刷设备	蒸发测量仪	Steam Tester	
35			取向膜传送机	PI Transfer M/C	
36			配向膜喷涂机/配向膜列印机/配向膜涂布机	PI Inkjet/PI Inkjet Printer	
37			摩擦设备/配向膜摩擦机/摩擦机	Rubbing Machine/Rubbing	
38		摩擦设备	布毛自动检查机/摩擦后自动光学检查机	Rubbing Cloth Inspection/Rubbing AOI	
39	成盒	紫外光配向设备	紫外光配向设备（装置）/配向膜光配向机	UV/A/Ultraviolet – Light Alignment Equipment/PI Photo Alignment	
40			垫料固着设备/隔垫物固化机	Spacer Cure	
41			自动除泡机/加压脱泡装置	Auto Clave/Autoclave Equipment	
42		成盒及液晶注入设备	边框胶涂布机（装置）	Seal Dispenser Equipment	
43			银胶胶涂布/银胶涂布机	Ag Dispenser	
44			液晶滴下/液晶滴下机（装置）	LC Dispenser（Equipment）	
45			对盒机/成盒对位检查机	cell aligner	
46			真空贴合机（装置）	Vacuum Aligner（Assembly Equipment）	
47			本硬化炉/框胶固化装置/配向膜预热固化装置/配向膜预烘烤炉/摩擦工艺清洗后烘干炉/配向膜固化机	Heat Cure/Vacuum Pressure Oven/PI Precure Oven/PI Maincure oven/ARC OVEN/Heat Cure/PI Precure/ODF Oven Equipment	
48		成盒及液晶注入设备	UV硬化/UV硬化机/紫外光固化装置/紫外线固化机	UV Cure/Seal UV Cure/UV Cure Equipment	
49			枚叶式真空脱气装置	Slot Type Degassing	

续表

序号	工序	设备分类	设备名称	设备英文名称（供参考）	相关零部件免税期限
50		减薄设备	玻璃刻蚀机/面板薄化装置	Glass Slim Etcher System/Panel Etching Equipment	至 2018 年 12 月 31 日
51			玻璃薄化计算机集成生产控制系统/薄化在线控制系统/玻璃薄化蚀刻机/玻璃薄化涂布装置	Slim In-line System/Slimming Inline Control System	至 2018 年 12 月 31 日
52			树脂剥离装置	Seal removing equipment	至 2018 年 12 月 31 日
53			树脂涂布装置	Sealing equipment	至 2018 年 12 月 31 日
54		倒角装置	倒角装置/倒角机/磨边机/玻璃边缘研磨机/端子研磨装置	Edge Grinder/After Cell Cutting Beveling/Panel Edge Grinding Equipment	至 2018 年 12 月 31 日
55			偏光板贴付机（装置）/偏光片高精贴付机	Pol Attacher/Polarizer Attachment Equipment	
56			装卸机（装置）	LD/ULD ROBOT	
57			偏贴开捆/偏贴捆包装置	POL unpacking/packing equipment	
58			偏光板卸料/面取卸料/偏光板卸料装置/装载机	Pol Loader/UNLOADER/Pol Loader	
59	成盒	偏光板粘着设备	半自动偏光板贴附机（装置）/偏光板贴片机/偏光片贴附机	Pol Attacher	
60			偏光板剪切机	Pol Cutting	
61			偏光板贴附脱泡机/重工偏光板贴附脱泡机	Polarizer Attach Auto Clave/Rework Polarizer Attach Auto Clave	
62			偏光板剥离机（装置）/偏光片返修机/偏光板重工装置	Pol Repair/Polarizer Attachment Rework Equipment/Pol Remove	
63			激光短路环切割机/快速线切割机	laser short ring cutter	
64		修复设备	激光修复机/修复机/激光黑化修复装置	Cell Laser Repair/Repair/Laser/DM/BM Repair Equipment	
65			保管炉（老化炉）/老化机/烘烤炉装置/老化装置	Aging Oven/Oven/AGING CHARMBER SYSTEM/Multi Aging System	
66			电极边维修系统	Pad repair system	
67			液晶面板成盒修复机/CELL 修复机	Cell Repair	

续表

序号	工序	设备分类	设备名称	设备英文名称（供参考）	相关零部件免税期限
68	成盒	其他设备	液晶脱泡机（装置）	LC Evaporator/LC Debubbler	
69			边框胶脱泡搅拌机/框胶脱泡充填装置/边框胶脱泡机	Sealant Evaporation/Seal Degas Machine/Seal Mix and Charge Equipment	
70			静电监测系统/静电监测仪	Static Monitoring Sys	
71			离子发生器（风扇型/X 射线型）/X 射线除静电	Ionizer（Blower/X-ray）/X-RAY	
72			静电平衡测量仪	ESD Balance Measurement	
73			激光焊切机/激光划痕机	Laser trimmer	
74			切割机/成型机/玻璃基板切割机/异形切割机/单片切断装置（划片机）	Scriber/CELL Cutting Scriber/CELL Pre Cutting Scriber/Special Cutting Scriber/Glass Scribing Equipment/Breaker	
75	模块	ACF 贴付装置	ACF 输入输出粘贴设备（装置）/异方性导电膜贴附设备（装置）	ACF Attacher/ACF attachment device	
76			3D 光学膜片贴合设备（装置）	3D Film Lamination	
77		TCP 压接装置	TCP 输入输出设备（装置）	TCP Loader	
78			TCP 输出压接装置/TCP 输出压接设备	TCP Pre-Bonding	
79			TCP 实装及基板压接装置/TCP 实装及基板压接设备	TCP Main-Bonding	
80			TCP 贴装设备/柔性电路板压接装置	TCP Bonder/OLB & PWB bonding/COF Bonding Equipment	
81		COG 压接装置	COG 压接装置/集成电路贴附机/COG 压着机/集成电路自动绑定机/驱动电路板压接装置	COG bonder/IC Bonding Equipment	
82		FPC 压接装置	FPC 压接装置/柔性印刷电路板贴附机/FPC 压着机/柔性线路板压接机	FPC bonder/FPC bonding	
83		COF 贴附装置	液晶面板 COF 贴附装置	cof bonder	
84		焊接装置	PCB（印刷线路板）焊接机/印刷电路板压接装置	PCB BonderPCB Bonding Equipment	
85			OLB 半自动（外引线焊接）机/半自动（外引线压合）机/驱动电路压接重工装置/压接重工装置	OLB Semi Auto M/C/IC Bonding Rework Equipment/Bonding Rework Equipment	

序号	工序	设备分类	设备名称	设备英文名称（供参考）	相关零部件免税期限
86	模块	贴附装置	液晶面板 FOG 贴附装置	FOG Bonder	
87		贴附装置	液晶面板 FOB 贴附设备	FOB Bonder	
88		修复装置	激光修复机	Laser Repair	
89		修复装置	维修系统	Repair System	
90		背光贴合装置	背光源自动贴合装置/背光组装机	Automatic Backlight Assembly Equipment/Assembiy	
91		涂胶设备	可重工胶涂布机	Dispenser	
92		贴合固化设备	水胶贴合机/重工水胶贴合机	OCR Attaching Machine/Rework OCR Attaching Machine	
93		贴合固化设备	紫外线固化机	UV Curing Machine	
94	品质管理		椭偏仪	Elipsometer	
95		分析仪器	多通道延迟系统/多通道延迟设备	Retardation & Polarzation Sys	
96		分析仪器	探针仪/光电特性探测机	prober tester/EPM PROBER	
97		分析仪器	X 射线能谱仪/探针仪探针台/TFT 特性在线测试基台/模组在线检测台	X - ray Energy spectrum/Probe Station	
98		分析仪器	双束聚焦离子电子显微镜（系统)/傅立叶红外光谱仪/荧光光谱分析仪	SEM & EDS/Dual Focused Ion & Electron Beam （system)/FT - IR	
99	动力	干燥机	吸附式干燥机	Dryer	
100	彩膜	成膜设备	彩膜溅射机/磁控溅射机/彩膜氧化铟锡溅射机/铟锡氧化物成膜装置	C/F SPUTTER/CF ITO/ITO Sputter Equipment	
101		光刻设备	彩膜显影机（系统/装置）	CF developer（system）	
102		光刻设备	涂胶机/彩膜涂布机（装置）/彩膜涂覆机/彩膜涂胶机	CF COATER/COATER	
103		曝光设备	彩膜曝光机/彩膜近接式曝光机（装置）	CF EXPOSURE/CF Aligner/Proximity Exposure Eqipment	
104		曝光设备	彩膜打码机/彩膜标码机/彩膜曝光/边缘打码曝光系统 打码曝光机印字机	CF TITLER/Titler Exposure/Array Titler with Edge Exposure/TITLER	
105		刻蚀/去胶设备	铟锡氧化物剥离机	ITO Stripper	
106		刻蚀/去胶设备	光阻剥离装置/彩膜剥离清洗装置	Resist Stripping Machine/CF Rework Equipment/Stripper	

续表

序号	工序	设备分类	设备名称	设备英文名称（供参考）	相关零部件免税期限
107	彩膜	烘箱类	平板显示器彩膜后烘设备/彩膜后烘机/固化炉/彩膜烘烤装置	Posthake/CF Photo OVEN/OVEN/CF Oven Equipment	
108			彩膜紫外线干燥设备/退火炉	CF Oven	
109			热盘/冷盘彩膜加热冷却机/彩膜预烘机/软烤机	HP/CP /CF HPCP /Pre Bake Machine	
110			平板显示器后烘设备热交换器	Heat Exchanger	
111			彩膜氧化铟锡后烘机	CF ITO Oven	
112			脱水烘烤机	Dehydration Bake Machine	
113		返修设备	彩膜检查修复机/平板显示器彩膜修复机/彩膜色彩研磨激光修复机/彩膜激光修补机/研磨补机/彩膜光阻修补机	CF REVIEW & REPAIR/CF Laser Repair/Tape repair/CF INK Repair/CF REVIEW & REPAIR/CF Repair Equipment/Repair Equipment	
114			彩膜返修机/彩色滤光片修复机	CF REWORK	
115			平板显示器刻蚀线路修复机	CF Pattern Repair	
116			彩膜基板再生机	CF rework	
117	触摸屏	印刷设备	触摸屏网印机	TP Printer	至 2018 年 12 月 31 日
118			触摸屏二次印刷及紫外线固化一体机	2nd Printer & UV Curing	至 2018 年 12 月 31 日
119			触摸屏手动网印机	manual Printer	至 2018 年 12 月 31 日
120		压接装置	触摸屏柔性电路板压接装置	FOG Bonder	至 2018 年 12 月 31 日
121			触摸屏手动柔性电路板压接装置	Manual FOG Bonder	至 2018 年 12 月 31 日
122		涂胶设备	触摸屏点胶机/TSP涂布机	Dam Dispenser – Add/TSP Coater	至 2018 年 12 月 31 日
123		贴膜设备	触摸屏保护膜贴附装置	PPF ATTACH	至 2018 年 12 月 31 日
124			触摸屏面板贴合装置	OGS Lamination	至 2018 年 12 月 31 日
125			触摸屏贴合自动化辅助装置	Lamination Inline Equipment	至 2018 年 12 月 31 日
126		贴膜设备	触摸屏手动贴合装置	MANUAL LAMINATION	至 2018 年 12 月 31 日
127		生产管理系统	触摸屏刻蚀液浓度管理系统	EMS	至 2018 年 12 月 31 日
128		切割设备	触摸屏玻璃切割机	Laser Scriber	至 2018 年 12 月 31 日
129			触摸屏手动切割装置	TP Cutting	至 2018 年 12 月 31 日

续表

序号	工序	设备分类	设备名称	设备英文名称（供参考）	相关零部件免税期限
130	触摸屏	曝光装置	触摸屏分布式重复曝光机/TSP 曝光机	TP EXPOSURE/TSP Exposure	至 2018 年 12 月 31 日
131		抛光设备	触摸屏抛光自动化辅助装置	Polish Inline	至 2018 年 12 月 31 日
132			触摸屏抛光机	POLOSH	至 2018 年 12 月 31 日
133		回收系统	废酸回收系统	Waste Collect System	至 2018 年 12 月 31 日
134		光刻系统	触摸屏湿法剥离机	TP WET STRIPPER	至 2018 年 12 月 31 日
135			触摸屏湿法刻蚀机	TP WET ETCHER	至 2018 年 12 月 31 日
136			触摸屏显影液循环供给系统/显影液控制测定系统	TP DEVELOPER RECYCLE/DCS	至 2018 年 12 月 31 日
137		覆膜设备	触摸屏抗酸膜附装置	AHF Attach（Type A&B）	至 2018 年 12 月 31 日
138			触摸屏保护膜贴合机/保护膜涂布机	PPF Attach/Protect film coater	至 2018 年 12 月 31 日
139			触摸屏贴膜装置	MANUAL FILM ATTACH	至 2018 年 12 月 31 日
140		返修设备	触摸屏 SENSOR 修复机	TP Sensor Renair	至 2018 年 12 月 31 日
141			触摸屏激光修复机	LASER REPAIR MICROSCOPE	至 2018 年 12 月 31 日
142		倒角装置	触摸屏磨边机	EDGE GRINDER	至 2018 年 12 月 31 日
143			触摸屏玻璃磨边装置/触摸屏手动磨边机	Edge Grinder/Manual Edge Grinder	至 2018 年 12 月 31 日
144		打孔设备	触摸屏打孔装置	Hole Punch	至 2018 年 12 月 31 日
145		成膜设备	触摸屏磁控溅射机	TP SPUTTER	至 2018 年 12 月 31 日
146			触摸屏防划伤防划指纹膜喷涂装置	ASF Coating	至 2018 年 12 月 31 日
147			触摸屏防划伤防划指纹膜蒸镀装置	ASF PVD	至 2018 年 12 月 31 日
148	清洗	清洗设备	清洗机/氢氟酸清洗机/平板显示器玻璃基板清洗机/彩膜清洗机/玻璃材料清洗机/成膜前清洗装置/成膜后清洗装置/触摸屏氢氟酸刻蚀及清洗装置	Cleaner/HF Cleane/Cleaner Equipment/CF Cleaner/Initial cleaner/Pre Dep Cleaner/Post ITO Equipment/HF Etch & Clean/EUV Lamp Housing/WET Cleaning Equipment	
149			周转盒（基板架）清洗机/个片周转盒洗净机/共通周转盒洗净机/平板显示器玻璃承载盒清洗机/卡匣清洗机（装置）	Cassette Cleaner/Cassette Cleaner Equipment/CF Cassette Cleaner/Cassette Cleaning Equipment	

续表

序号	工序	设备分类	设备名称	设备英文名称（供参考）	相关零部件免税期限
150			多晶硅刻蚀机	Slice etcher	
151			超声波清洗机/浸泡式清洗机/配向印刷版清洗机/臭氧水发生器/干式清洗机	US Cleaner System/APR Cleaner/USC Cleaner/USC System/O/Generator/Dry cleaner/APR Plate cleaner	
152			PI 投入前清洗机/配向前清洗机（装置）/配向膜涂布前基板清洗机	PI Pre – Cleaner/Pre – PI Cleaning Equipment	
153			摩擦后清洗机	Rubbing Post – Cleaner/After Rubbing Cleaning Equipment	
154			屏清洗机/液晶屏清洗设备/等离子清洗机/端子清洗机/液晶显示屏专用端子清洁机	cell cleaning equipment panel cleanning equipment/Plasma Cleaner/Edge Cleaner/AP Plasma Equipment/Cell Wet System panel cleanning equipment/Plasma Cleaner	
155			彩膜掩模版（掩膜板/掩模版）清洗机/光罩清洗机/触摸屏光罩清洗机/掩模版自动清洗装置	CF MASK CLEANER/Mask Cleaner/TP Mask Cleaner/Mask Cleaning Equipment	
156	清洗	清洗设备	平板显示器紫外线清洗机/紫外线灰化机紫外线清洗机/紫外光清洗装置/激态粒子紫外光清洗机	CF UV Asher UV Cleaner/E – UV/Excimer Ultraviolet Cleaning Equipment	
157			涂胶零件清洗机	Wagon Cleaner	
158			气体异味处理系统设备/气体燃烧洗涤器/湿式洗涤器/氢氧化钠洗涤器	Volatile Organic Compound system	
159			触摸屏撕膜清洗机/触摸屏清洗机/触摸屏涂胶前清洗机/触摸屏等离子清洗装置/触摸屏切割后清洗机/触摸屏网版清洗机	Peeling Cleaner B/INITIAL CLEANER/TP PHOTO CLEANER/TP AP PLASMA/TP After Cutting Cleaner/Printer Mask Cleaner	
160			配向膜剥离洗净装置/配向膜剥离洗净机/配向后清洗机	PI Cleaner/PI REWORK/PI Stripping equipment/After Rubbing Cleaner	
161			配向版净机/APR 版清洗机	PI Cleaner/APR Clenaer	
162			薄化后清洗装置	After-etching cleaner	
163			树脂涂覆后清洗装置	After-sealing cleaner	
164			磨边清洗机/磨角后面板清洗机	Grinder Cleaner/cleaner/After beveling cleaner	
165			倒角后清洗机	Cullet Cleaner	
166			偏振片前清洗机/偏光板贴附前清洗装置/偏光板清洗机	Pol Cleaner/LC panel cleaning device	

续表

序号	工序	设备分类	设备名称	设备英文名称（供参考）	相关零部件免税期限
167	检查	检查/检测设备	在线自动光学检查设备（系统）/彩膜自动光学检测机（系统）/（离线）自动光学检查系统/TSP自动光学检测系统/面板外观检查机	In－Line AOI CF AOI/CF Inspector/TSP AOI（Inline）/Cell Panel Inspection（Equipment）/AOI	
168			膜厚测量机（设备）/ARRAY膜厚测量机/CELL PI膜厚测量机/CF膜厚测量机/膜厚膜质检查装置（仪）	Film Thickness Measure/ARRAY THICKNESS MEASURE-MENT MACHINE/CELL PI THICKNESS MEASUREMENT MACHINE/CF THICKNESS MEASUREME/Film Thickness Measurement Equipment（System）	
169			表面电阻测试仪/表面电阻测试设备（装置）	Surface resistance tester/ARRAY STEP PROFILE & POINT PROBE/RESISTANCE MESSUREMENT	
170			CD测量设备（装置）/线宽量测仪	CD MEASUREMENT（Equipment）	
171			阵列自动测试仪/阵列缺陷自动测试设备/阵列检查装置	Array Auto Tester/Array Tester/ARRAY TESTER/Array tester, TEG	
172			粒子计数器/粒子计数器/面板异物测定装置	Particle Counter/Particle Inspection Equipment	
173			自动（手动）外观检查装置/自动外观检查机/自动外观检查机/自动/手动宏观检查装置	Visual Inspection/AUTO GROSS TESTER/Macro Inspec-tion/Auto/Manual Macro Inspection Equipment	
174			开路/短路测试仪/短路检查机/开短路检查机（装置）	OS Tester/O/S TESTER/Open/Short Inspection Equipment	
175			宏观缺陷检查机/宏观微观缺陷检查机/宏观微观测定机/玻璃边缘检查机/宏观检查机	MAC/MIC/Macro Inspection/MAC/Edge Inspection/CF Macro/MACRO REVIEW/Macro Inspection/MIC Inspection	
176			热成像异常检查装置/特性检查装置	Thermal Imaging Inspection Equipment/TEG tester － Array/TEG Tester	
177			在线系统（CF）/彩膜在线设备/光间隔体量测机	Inline System （CF）/CF/CF/PS MEASUREMENT/PS MEASUREMENT/CF Inline Control System	
178			彩膜曝光图案光学检测机/彩膜三元坐标测定机/长寸法与线幅测定装置	CF TP/CD/CF CDTP MEASUREMENT/Total Pitch/Line width Measurement Equipment	
179			火灾自动报警装置	Fire Extinguisher	
180			彩膜曝光前异物检查装置	CF Particle Inspection Equipment	

续表

序号	工序	设备分类	设备名称	设备英文名称（供参考）	相关零部件免税期限
181	检查	检查/检测设备	透过率测定装置/复合功能测定装置	Transmittance Measurement Equipment/Compound function Measurement Equipment/MCPDTransmit tance Measurement Equipment	
182			不均匀检查机/重力不均检查机/配向前检查机	Gray Mura Insp. /Mura Inspection/Gravity mura inspection/Before PI Inspection/Mura Inspection Equipment	
183			隔垫物散布检查及返工设备/PS（柱状隔垫物）检查装置/PS（柱状隔垫物）检查机/彩膜柱状阵列测定机/柱高测量装置	Spacer Inspection/PS Inspection/PS MEASUREMENT/Photo Spacer Height Measurement Equipment	
184			基板长度间距测定设备（装置）/对盒测定机	Glass Length Inspection/PS Measurement/Align Inspectiont	
185			对位检查机（装置）	Alignment Inspection	
186			盒厚检测机/盒内光学测量机/液晶盒厚度测量仪/盒厚检查装置	Cell Gap Inspection/Cell Gap Measurement Machine	
187			液晶电阻测量机（设备）/液晶电阻测试设备	LC Resistivity	
188			自动点灯检查装置/一次点灯检测机/二次点灯检测机/点灯测试检查设备/液晶屏点灯检查装置/在线点灯检查装置/便携式点灯检查仪（信号发生器）/模组点灯检查装置（信号发生器）	Automatic SL Inspection Equipment/Light On Test/After Pol Light On Test/PORTABLE INSPECTION M/C/MULTI FUNCTION TESTER/MULTIDRIVING DISPLAY SYSTEM/LCM INSPECTION	
189			光学特性检查机（装置）/光学特性检查仪（装置）/压接检查装置/压接组立检查装置	Inspection/Bonding and Assembly Inspection Equipment/Inspection/Bonding and Assembly Inspection Equipment	
190			返修/品质检查机/返修检查机/外观自动检测机/阵列返修机/自动修复设备	Rework/QA Inspection/Rework Inspection/Rework Inspection/Rework/Auto Repair System	
191			基板变形检测设备	TPCD	
192			CNC自动光学检查机	GLASS INSPECTION OGS CNC	
193			配向膜外观检查机（装置）/配向膜检查机（装置）/取向膜返修机/配向膜涂布后基板宏观检查机/配向膜自动光学检查装置	PI Visual Inspection/PI Inspection/PI Rework/PI Macro Inspection Equipment/PI Automatic Optical Inspection Equipment	

续表

序号	工序	设备分类	设备名称	设备英文名称（供参考）	相关零部件免税期限
194	检查	检查/检测设备	边框胶检查机（装置/设备）/框胶全面检查装置	Seal Inspection/Seal Inspection Equipment	
195			偏贴后自动检查装置	Automatic Inspection Equipment after Polarizer Attachment	
196			X射线检测仪/X射线检查机	X – Ray Detector/X – RAY INSPECTION	
197			玻璃拆包机/玻璃解包装置	Dense Unpacking M/C/Un packer	至2018年12月31日
198			基板移载机/机器人系统/玻璃装卸机/玻璃基板分选机/玻璃基板传输机	Glass Loader/Robot system/Pre – Sorter/Robot	至2018年12月31日
199			在线设备/在线系统/在线系统（Ass'y）	Inline system/In – Line System（Ass'y）	至2018年12月31日
200			套装淀积网板装置/套装淀积网板设备	Sputter Mask Kit	至2018年12月31日
201			港湾式储存搬送机（设备/装置）/自动化物料输送系统/自动物料搬送装置/玻璃基板自动存储机/储存搬送装置	Bay Stockor/AMHS/Stockor/Auto Material Handling System	至2018年12月31日
202	搬运	搬运设备	天棚搬送设备（装置）	OHS	至2018年12月31日
203			机器手/机器人/液晶面板机械手臂/搬运机械臂	Robot	至2018年12月31日
204			洁净吊车/洁净间运输系统	CleanRoom Crane	至2018年12月31日
205			自动搬送设备（装置）/掩模版自动搬送装置/掩模版搬送装置	AGV/Mask AGV	至2018年12月31日
206			气体异味处理系统设备/光阻异味处理设备	Volatile Organic Compound System	至2018年12月31日
207			无尘箱型升降机	Clean Cage Type Lifter	至2018年12月31日
208			平板显示器玻璃基板拆包机/彩膜玻璃拆包机/液晶屏打包机/摩擦配向在线系统/切割在线系统/面板检测在线系统/分选机	CF DENSE UNPACKER/CF PP BOX PACKER/CF Unpacker/PACKING/Rub Inline System/Cut Inline System/Cell Test Inline System/Cell Sorter/PACKING	至2018年12月31日
209			配向膜基板搬运机/成盒线玻璃基板搬送机/配向曝光基板搬运机/配向膜曝光基板移载装置	PI Transfer System/ODF Inline Transfer System/LC Photo – Alignment Transfer System/PI UV Vertical Alignment Transfer System/Glass Transfer Equipment	至2018年12月31日

续表

序号	工序	设备分类	设备名称	设备英文名称（供参考）	相关零部件免税期限
210			彩膜拣选机/玻璃基板交换机	COLOR FILTER SORTER/Exchanger	至 2018 年 12 月 31 日
211			玻璃对位索引机（彩膜）/玻璃自动装载机	FEEDER	至 2018 年 12 月 31 日
212			彩膜溅射机装卸载机械手/液晶面板机械手臂	CF SPUTTER INDEX/Robot	至 2018 年 12 月 31 日
213			掩模版（掩膜板/掩膜版）自动储存设备	MASK STOCKER	至 2018 年 12 月 31 日
214			彩膜自动化物料输运系统/自动化立体仓储设备（彩膜）	CF AMHS	至 2018 年 12 月 31 日
215	搬运	搬运设备	高架台车卡匣输送机/高空传输系统	Over Head Cassette Converyor/Overhead Converyor	至 2018 年 12 月 31 日
216			彩色滤光片传输系统	Color Filter Line Converyor Handlling System	至 2018 年 12 月 31 日
217			铟锡氧化物金属溅射传输装置	ITO Sputter Transfer	至 2018 年 12 月 31 日
218			自动化立体仓储设备	STOCKER	至 2018 年 12 月 31 日
219			触摸屏机械手/TSP 玻璃打包机	GLASS ROBOT/TSP Glass Packer/GLASS GLASS ROBOT	至 2018 年 12 月 31 日

附 2：

有机发光二极管显示面板生产企业进口物资清单

有机发光二极管显示面板生产企业进口生产性原材料清单

附 2－1

序号	类别		商品名称	英文名称（供参考）	税则号列（供参考）	性能指标	免税期限
1	玻璃	玻璃/玻璃纤维/OLED屏	原板玻璃/低温多晶硅用玻璃基板/玻璃盖板/玻璃后盖	Glass substrate/LTPS Glass/Cover Glass	70031900/70060000/70052900		
2			OLED 用触摸屏玻璃	Touch Panel Glass/AMOLED On Cell TP	70200011/70031900		
3	基板	聚酰亚胺	柔性显示聚酰亚胺/柔性 PI 液/柔性显示塑胶基板	Polyimide/PI	38249099/32089090		

续表

序号	类别		商品名称	英文名称（供参考）	税则号列（供参考）	性能指标	免税期限
4	模具	模具	光罩/掩模版（掩膜板/掩膜版）	Photo Mask	37059090/90029090		
5		丙烯酸树脂类膜	防眩膜/偏光片/圆偏光片	Antiglaring Film/Polarizer	90012000		
6			各向异性导电晶片/各向异性导电膜/自粘塑料膜（人·出·修补）/各向异性导电胶片	ACF	32099010/32099020/32099090/32091000/39199090/38249099		
7	胶膜		触控膜/触摸薄膜	Touch Film	90019090/39269010		
8			盖板薄膜	Cover Film	90019090		
9			保护膜	Film	39209990/39191099		
10			三层复合膜/背胶/石墨背胶/铜箔背胶	Three Layer Protect tape/Tape/Glue	90019090/38012000		
11			3D光学膜	3DLensFilm	90019090		
12	传感器	触摸传感器	OLED用触摸传感器	Touch Sensor	38249099/39269010		
13	靶材	靶材	靶材（铝钕、钼、铬、氧化铟锡、钼铌、银铋铌、钼镍、钨、钛、银、铜、钼钛、铜镓、铜镍锌氧化物）	TARGET（Al－Nd, Mo－Nb, Cr, ITO, Mo－W, Al－Ni－La, Ti, Ag－Bi－Nd, Ag－Ni－Cu－La, Al－Ni－Ge－Nd, Ag, IZO, IGZO, Cu, Mo－Ti）	76052900/81021000/81122900/81129290/80012090/28259090/76169910/81089010/81089090/71069190/71159010/71069110/76042910/38249099/74071090/84869091		
14	树脂	树脂类	边框胶封框胶（环氧树脂）/密封胶/封口材料/UV填充材料/固体干膜/玻璃封装胶/边缘密封UV胶/硅球	Sealant/UV Glue/filler/face sealant/UV Bonder/Gap sealingUV Glue/Silica Beads/Silica Ball	35061000/35069120/38249099/35069190/39191010/71159010/28112210/28112290		
15			紫外线固化树脂/触摸屏用光学胶	Ultraviolet Curing Resin/UV Tuffy/Optical Clear Adhesive (OCA)；Liquid Optical Clear Adhesive (LOCA)	39191010/35069120/35069900/32141010		

续表

序号	类别		商品名称	英文名称（供参考）	税则号列（供参考）	性能指标	免税期限
16	树脂	树脂类	光学绝缘树脂/液态光学透明胶/光学弹性树脂	Over Coat（Insulate/Pass ivation of TP）/Liquid Optical Clear Adhensive/Super Visual Resin/LOCA/SVR	39073000/35069900/35069120		
17			硬化材料	Hard Coating Material	39269090		
18		导电树脂	转印银浆/银还原氧胶/芳基酸与芳基胺聚合物（银胶）/转印电极材料/银胶	AG Paste/Ag Epoxy	38249099		
19	绝缘材料	绝缘胶	绝缘层胶/有机胶	Insulation（PI）/Organic	37071000		
20			隔离柱胶	RIB glue	37071000		
21	光阻剂	光阻	彩膜光阻（OLED）/彩膜光阻剂（OLED）（bank、蓝色、红色、绿色、像素分隔绝缘层、平坦绝缘层、隔离柱子绝缘层）	Organic photo resist (bank, blue, red, green, PDL, PLN, PS)	37071000		
22	高纯固体材料		有机空穴传输材料/有机 P/N 型掺杂材料/有机空穴传输层掺杂材料/电荷产生层材料	organic hole transport/Organic hole transport doped Material/organicho letransport dopedMaterial/Charge Generation Layer material	29212900/29029090/29215900/29329990/29339900/29269090		
23		高纯有机材料	有机电子传输材料	organic electron transport	29212900/29029090/29339900/32049090		
24			有机空穴注入材料	organic hole injection	29029090/29215900/29339900/32049090		
25			有机发光材料	organic emitting material	29029090/29336990/32049090/29215900		
26			磷光发光材料	phosphor emitting material	29029090		
27			有机电子注入材料	EIL/Organic Electron Injection Material	29029090		
28			有机材料保护层	CPL	85364110		

续表

序号	类别		商品名称	英文名称（供参考）	税则号列（供参考）	性能指标	免税期限
29	高纯固体材料	高纯有机材料	有机电子阻挡材料	EBL/Organic Electron Blocking Material	29029090		
30		高纯有机材料	有机电效率增强材料	EIL/Organic Electron Injection Material	29029090		
31		高纯有机材料	有机空穴阻挡材料	HBL/Organic Hole Blocking Material	29029090		
32		高折射率无机材料	硒化锌/硫化锌	ZnSe, ZnS	26080000		
33		高分子材料	打印油墨	Print Ink/Inkjet Ink	29029090		
34		高纯金属	阴极材料高纯铝、银、铜、钙、镁、氟化锂等/高纯活泼碱金属锂、钾、铯等/高纯活泼碱土金属钙、钡等/高纯金属材料锗	Cathode Material (Al, Ag, Cu, Ca, Mg, Yb, LiF); Lithium (Li), potass ium (K), cesium (CS) Ca, Ba, Ge	76052900/71069110/28051200/74031111/81043000/25291000/26179090/28053019/28469039		
35	封装材料	干燥剂	固体干燥剂/液体干燥剂	Desiccant	28051200/38249099		
36		封装用玻璃粉	封接用玻璃粉/玻璃胶	Glass Frit	70182000/70189000/35061000		
37		后盖	金属后盖/阻水膜后盖	Metal Cover/barrierfilmc over	70060000/72259990		
38		金属掩模版/框架	金属掩模版（掩模板/掩膜版）/精密金属掩模版/框架/掩模条 电铸掩模版	MASK/masksheet/fra me	72221900/72259990/72283090/73269019/84869099		
39		薄膜封装材料	OLED 薄膜封装材料/丙烯酸酯单体	monomer	38249099		
40	高纯气体	高纯度混合气体 高纯度成膜气体	硅烷	Gas（SiH$_4$）	28500000	SiH$_1$ 纯度≥99.999% N$_2$ 含量≤0.5ppmv H$_2$ 含量≤20ppmv O$_2$ 含量≤0.06ppmv	
41		高纯度特殊气体	磷烷/20%磷烷氢混合气/1%磷烷氢混合气	GAS（PH$_3$, 20% PH$_3$/H$_2$, 1% PH$_3$/H$_2$）	28500000/28480000	磷烷纯度≥99.9995%; 氢气纯度≥99.9999%	

续表

序号	类别	商品名称	英文名称（供参考）	税则号列（供参考）	性能指标	免税期限
42		乙硼烷氢混合气（乙硼烷）	Gas（B_2H_6/H_2）	28500000		
43		四乙基原硅酸盐/正硅酸乙酯	Gas（TEOS）/Liquid（TEOS）	28399000	纯度≥99.9999999%	
44		氙气/高纯氙	Gas（Xe）	28042900	H_2O≤0.5ppmv	
45	高纯气体	激光退火用混合气体/含氢氖激光退火用混合气体	HCL + H_2 + Ne/H_2inNe	28042900/28261990	纯度≥99.999% H_2O≤3ppmv	
46	高纯度混合气体成膜气体	氯气	Gas（Cl_2）	28011000	氯气纯度≥99.999% 1. CO_2 含量≤4ppmv 2. O_2 含量≤1ppmv 3. CO≤0.5ppmv 4. CH_4 含量≤0.5ppmv	至2018年12月31日
47	高纯度其他特殊气体	氦气	He	28042900	氦气纯度≥99.999%	
48		三氯化硼	Gas（BCl_3）	28121049	三氯化硼 纯度≥99.999% Ca≤50ppbv; K≤50ppbv; Mg≤10ppbv; Na≤50ppbv	
49		三氯化硼/三氟化硼同位素	Gas（BF_3）/Enrich11BF_3 Gas	28129019/28261990	B–11（%）≥99.7% O_2/Ar、SO_2、CO_2、N_2、HF、SiF_4 杂质≤2ppmv	
50		氯化氢氢混合气	HCLGas/HCL	28061000		至2018年12月31日
51		1%磷化氢-硅烷混合气	Gas（1% PH_3/SiH_4）	38249099		
52		五氟乙烷	C_2HF_5 Gas	28261990		

续表

序号	类别		商品名称	英文名称（供参考）	税则号列（供参考）	性能指标	免税期限
53	高纯气体	高纯度混合气体高纯度成膜气体其他高纯度特殊气体	四氟化硅	SiF_4	28129019	纯度≥99.998% CO_2 含量≤1ppmv CO 含量≤0.5ppmv HF 含量≤5ppmv P、B、As 含量≤0.5ppmv	
54			乙炔	C_2H_2	29012920		至 2018年12月31日
55	刻蚀液		带缓释剂氢氟酸	HF with buffer	38249099/28111100		
56			刻蚀液（银、氧化铟锡、铝）	Etachant（Ag，ITO，AL）	28092010/38101000		
57	光刻工艺用化学品	显影液/光刻胶	双（三甲基硅）胺/六甲基二硅烷胺/附着剂	HMDS	29310000/29211990/37071000		
58		去胶液/增粘剂	光刻胶	PHOTO RESIST	37071000		
59		稀释剂/静电防止剂	湿法剥离液/剥离液/脱膜液	Strip（Stripper）/Stripper	38140000/38249099/32049090/37079090/28152000		
60			六甲基二甲硅醚	HMDSO	29420000		
61	化学洗剂	玻璃基板清洗剂/PI洗剂	非离子界面活性剂	Nonionics Modefier/Additive/Buffered Etch	34021300		
62			清洗剂/清洗液/掩模版）清洗液	Cleaner/Washer/Mask resiner	34021900/38101000		

附 2－2

有机发光二极管显示面板生产企业进口生产性原材料清单

序号	类别		商品名称	英文名称（供参考）	税则号列（供参考）	免税期限
1	灯类	曝光灯	高压水银灯	UL/Ultra High Pressure Mercury Lamp	85393290	
2			周边曝光用紫外线灯/紫外线灯管/远紫外灯	Mercury Lamp/ELV lamp/UV lamp	85394900/85393240	
3			氙灯	Xe Lamp	94054090	
4			卤素灯/卤化物灯/金属卤素灯/金属卤化物灯	Halogen Lamp/Metal Halogen Lamp	85393290	
5		其他灯类	光学检测荧光灯	Fluorescent Lamp	70010000	
6			纯水装置用紫外线灯	UV Lamp for purified water system	85394900	
7			离子注入用离子源	Ion source for lonimplant system	90278019	
8			光学检测 LED 灯	LED Lamp	90319000	
9			激光紫外线灯/激光灯管	laser UV Lamp/Laser Lamp	85394900/85394100	
10	过滤器	空气过滤芯	空气过滤器（筒式）/（无硼）	Filter	84213990/84219990	
11		水过滤介质	离子交换树脂（阴离子）/抛光树脂	Filter（Anion Exchange Resin）/Polishing Resin	39140000	
12		其他过滤芯	化学过滤器	chemical filter	84212990/84213990	
13		其他类	磁铁/磁条/橡胶磁铁	Magnet/Rubber Magnet	85051900	
14	蒸发源	加热源	坩埚/蒸发源/蒸发舟	Crucible/evaporation source/Pbn－boat/BN－Boat	69039000	
15			加热丝/钨丝	Heat Thread/Tungsten Filament	81019600	
16	金属类	挡板	后板/挡板	Shield Plate	76069100/76061290/84869099	
17			靶材托板/背板/靶材衬背	Backing plate	76169910	
18		组件	隔离片	insulator	76041090/84869099	
19			滚轮衬套	roller bushing	76169910	

续表

序号	类别		商品名称	英文名称（供参考）	税则号列（供参考）	免税期限
20	金属类	探针	台阶高差测定用测定针/AFM 用探针/除静电针	prober/anti-static pin	90309000	
21		其他	探测器框架	prober frame/prober assembly	90319000	
22			加热板	heat plate	84869099	
23			金属防护板	sus shielding plate	73269019	
24	检测器消耗品	检测器消耗品	晶振片/晶振	Crystal sensor/CRYSTAL	85416000	
25			离子规	ION Gauge	39140000	
26			皮拉尼真空计	Vaccum Gauge	90318090	
27	分析设备消耗品	灯丝	电子束灯丝	E beam tip	81019600	
28	密封件	各类 O 型圈及其他密封衬垫	密封件	Sealing Ring	40169910	
29			O 型圈	O Ring	40169910	
30			吸附衬垫、衬垫	Pad ring	68130000	
31	陶瓷件	绝缘陶瓷	真空连接管道（VCR）填密片	VCR ring	69091200/69091100/69091900	
32		陶瓷件	陶瓷组件	Liner/Defense block	69091900	
33	注射器类	注射器及配件	点胶针头	Dispenser Head	90183100/73269090	
34	刀具/磨具	各种切割刀轮/刀轴/磨具	切断用刀片/刀轮/刀轴	Cutter Knife/Wheel/Axis	82089000/82079090	至 2018 年 12 月 31 日
35			ACF 切割器	ACF Cutter	84778000	
36		聚四氟乙烯纸	缓冲材料（TCP 预压）	Cushion（TCP pre-bonding）	84799090/39209910	至 2018 年 12 月 31 日
37			缓冲材料（TCP 正式压接）	Cushion（TCP bonding）	84799090/39209910	至 2018 年 12 月 31 日
38			缓冲材料（基板预压）	Cushion（PCB pre-bonding）	84799090/39209910	至 2018 年 12 月 31 日
39			缓冲材料（基板正式压接）	Cushion（PCB bonding）	84799090/39209910	至 2018 年 12 月 31 日
40	喷嘴	金属喷嘴/塑料喷嘴	金属喷嘴 塑料喷嘴/特氟隆喷嘴（清洗和涂覆用）	Metal nozzle/Plastic nozzle/Teflon nozzle	84249090	至 2018 年 12 月 31 日
41	离子注入机配件	离子源	起弧室	arc chamber	84863090	

续表

序号	类别		商品名称	英文名称（供参考）	税则号列（供参考）	免税期限
42	离子束源	离子束	防护石墨/石墨板/石墨挡板	graphite sheild/graphitecover	84869099/38019090/70200019	
43		激光腔体	激光腔体	Laser chamber	84869099	
44	修补剂	金属修补粉末	六羰基钨	WCO6	29319090	
45	绑定设备消耗品	铁氟龙	铁氟龙	teflon	39174000/39209910	
46		硅胶条	硅胶条	Silicone Sealing	39269010	
47	控制系统	PLC控制	PLC模块	PLC Module	85371011	
48	等离子体源	常压等离子体源	常压等离子体头	AP head	84869099	
49	电极	铂金电极	EC 电极	EC electrode	85369090	
50		防护窗	防护窗	Protect window	84869099	
51	激光光学配件	光学组件	光束分离器	Beam splitter	84869099	
52			激光灯管窗	Laser Turb window	84869099	
53			输出耦合器	Output coupler	84869099	
54			退火窗	Anneal window	84869099	
55	激光器类	激光器部件	微孔过滤器	Millipore filter	84869099	
56	切割机平台同纸	切割机平台同纸	切割机平台同纸	work table film	84869099	

附 2－3

有机发光二极管显示面板生产企业进口净化室配套系统清单

序号	类别		商品名称	税则号列（供参考）
1	供电系统	电量补偿、储能发电装置	电量补偿、储能发电装置	85437099/85023900
2	特气供应系统	气体供给装置	气瓶柜/气瓶架	84798999
3		阀盘，阀箱	阀门分配盘	84818040
4			阀门分配箱	84818040

续表

序号	类别		商品名称	税则号列（供参考）
5	特气供应系统	毒气探测器	气体检测仪	90271000
6		气体净化器	气体净化器	84213990
7		吹扫盘面	吹扫盘面	84818090/84819010
8		磅秤	钢瓶秤	84238290
9		管配件	超洁净阀门管配件（不锈钢管道、调压阀、球阀、逆止阀、隔膜阀、过滤器、不锈钢接头）	73044190/73064000/73072300/73072900/84813000/84818031/84818040/84819010/84811000/84213990
10	监控气体压力及流量变化的主要装置		监控器与监控装置（含监视器）	85371019
11	温控设备		温控箱	90321000/90328990
12	有毒气体净化系统	有毒气体处理机	有毒气体处理机（POU）	84213990
13	有机废气处理系统	转轮装置	吸附浓缩转轮箱体、转轮、配件	84213990/73181590
14	化学品供给系统	化学药品供应装置	化学品储存罐	73090000
15			化学品供应柜	84135010
16			化学品混合柜	84798200
17			洁净阀箱	84818040
18		化学品控制装置	洁净不锈钢管及其配件、管阀	73064000/73044190
19			洁净聚四氟乙烯管及其配件、管阀	39173100/39174000
20			化学品泄漏检测装置	90261000
21			化学品监控装置	90268090/85371011
22			浓度分析仪器	90278099
23	二氧化碳灭火系统		有机溶剂自动二氧化碳灭火系统	84241000
24	超纯水处理系统		反渗透（RO）膜	39209990
25			脱气膜	39209990
26			超滤膜（PFA）	39209990
27			离子交换树脂	39140000
28			紫外（UV）杀菌灯	85394900

续表

序号	类别		商品名称	税则号列（供参考）
29	超纯水处理系统	超纯水处理装置	压力容器	39209990
30			过滤器	84212199
31		超纯水控制装置	控制装置	85371090/85371011
32			监测仪表	90308990
33		超纯水管材配件	洁净聚氯乙烯（Clean-PVC）管道	39172300
34			洁净聚氯乙烯管件，阀门（Clearm-PVC）	39174000/84818040/84818039
35		阀门，管配件	超洁净阀门管配件（不锈钢管道，调压阀，球阀，蝶阀，波纹管阀，逆止阀，隔膜阀，过滤器，不锈钢接头）	73044190/73064000/73072300/73072900/84813000/84818031/84818040/84819010/84811000/84213990
36	大宗气体供应系统	气体流量侦测	流量计（精度指数达到0.1%）	90261000
37		侦测无尘室液体泄漏系统	寻址液体侦漏系统	90318090
38		液态丙烷加热成气态丙烷供应给混合器	气化器	84682000
39		气体混合输出设备	文氏管式混合器	84682000

附2-4

有机发光二极管显示面板生产企业进口生产设备清单

（用于确定维修所需进口的零部件免税范围）

序号	工序	设备分类	设备名称	设备英文名称（供参考）
1	基板	烘炉	固化机（炉）/对流式加热炉/有机膜层后烘机/框胶硬化机/柔性基板固化机/平板显示器玻璃贴合封框胶热硬化炉	Oven/Baking Machine/PL Oven/Before ODF Oven/Seal Main Cure Oven/Vacuum Pressure Oven/Flexible Substrate Baking Machine
2			装卸载装置/成盒前玻璃基板搬送机/装卸料机/索引机	Loader & Unloader/ODF Inline Transfer System/LD/ULD/Index/Indexer
3			天棚搬送装置	OHS
4		移载、存储	机械手/机器人/无尘机械手	ROBOT/Clean robots
5			基板搬运车	MGV/AGV
6			港湾式储存搬送装置/存储搬送装置/卡匣式自动装卸运输机	Bay Stockor/Stockor

续表

序号	工序	设备分类	设备名称	设备英文名称（供参考）
7		成膜	溅射机/阵列真空金属溅射机/氧化铟锡真空溅射机	Sputtering machine
8			等离子加强气相沉积设备/化学气相沉积机（装置）/等离子化学气相沉积设备	PECVD/CVD
9			涂布机/涂覆机/柔性基板涂布机	Coater/PI COATER/COATER/PI Inkjet Printer/Flexible Substrate Coater
10			曝光机/边缘曝光机/打码及边缘曝光机/阵列曝光机	Exposure Machine/Exposure/Edge Exposure/Titler & Edge Exposure
11			长尺寸测定仪	Total Pitch/Total Pitch Measurement
12			基板打标机	Numbering M/C/titler
13		涂胶、曝光、显影	显影机/涂布显影机/涂胶显影机	Developing Machine/Coater & Developing Machine/TRACK
14			恒温污染物处理设备	TAU
15			曝光前温控设备/温控器	TCU
16			显影回收系统	Photo Resist Segregation System
17			清洗回收系统	Cleaner Recycle System
18			平板显示器显影显影液控制系统/平板显示器显影显影液回收循环系统	Developer Control System/DRS
19	基板		激光打标机	Laser marking machine
20			干法刻蚀机/边缘涂胶机	Dry Etcher/Coater
21			湿法刻蚀机/高粘度PI涂布设备	Wet Etcher/High Viscosity PI Coating System
22			HF蚀刻机	HF Etcher
23		蚀刻、离子注入、晶化、活化、退火	离子注入掺杂设备/离子注入机	Ion implanter/ION DOPING SYSTEM
24			快速退火机（炉/设备）/快速热退火预热机	RTA
25			立式数控电烘箱	Vertical Anneal
26			退火炉/高温退火炉/高温工艺炉/烘焙炉/氧化铟锡退火机	Anneal M/C/Metal Anneal/Furnace/Oven
27			晶化炉	Crystallization
28			激光晶化装置/激光退火机/准分子激光退火机	Laser Crystallization machine/ELA
29			灰化机	ASHER
30			加热恒温设备	Heating Jacket
31		脱膜	干法剥离机	Dry Stripper M/C
32			湿法剥离机/预处理装置	Wet Stripper M/C/Pre – Compaction System
33		修补工序	激光化学气相沉积修补设备/化学气相沉积修补设备/开路修复机	Array Lazer CVD Repair/CVD Repair/Open Repair

续表

序号	工序	设备分类	设备名称	设备英文名称（供参考）
34	基板	修补工序	阵列返修设备/平板显示器玻璃基板修理机/自动光学检查机	Array Repair/ARRAY CUT REPAIR/PI Dry Rework/PI Wet Rework/Automatic optical inspection machine
35			激光修补机/激光修复机/切断式修复机/掩模版激光修复机	Laser Repair Machine/CUT Repair/Mask Laser Repair
36			蒸镀机/平板显示器蒸镀机	Evaporation Unit/FMM EV SYSTEM
37			掩模版（掩膜版/掩膜版）张紧机/平板显示器掩模版张紧机	Mask Tension Machine/FMM Tension M/C
38		蒸镀	有机材料提纯机	Organic Materials sublimation Machine
39			氦质谱检漏仪/平板显示器检漏仪	Helium Leak Detector/Leak Detector
40			干泵	dry pump
41			等离子清洗机/平板显示器玻璃基板等离子清洗装置	Plasma cleaner/AP Plasma
42			对位检查装置/平板显示器玻璃基板对位光学检测机	Alignment Inspection/Align Inspection
43			点灯设备	Light On (In-Line)
44	面板		封装机/平板显示器玻璃基板紫外固化封装系统	Encapsulation Unit/UV SEAL SYSTEM
45			点胶机/可重工胶涂布机/框胶涂布机	Epoxy coating machine/Dispenser/Seal Dispenser
46			氮气传送设备	N₂ transfer Equipment
47			frit激光固化机/平板显示器玻璃基板版激光固化机	Laser frit solidifying machine/Frit Laser Seal
48			frit丝印机/平板显示器玻璃基板网版印刷机	Frit screen printing machine/SCREEN PRINTER
49		封装	CVD封装机	CVD encapsulation machine
50			贴合机/平板显示器玻璃基板真空贴盒机	assembly/VACUUM ALIGNER
51			紫外线固化机/平板显示器紫外线固化炉/框胶紫外线硬化机/紫外光固化机	UV Lamp M/C/UV CURE/Seal UV Cure/UV Curing
52			原子层沉积设备	ALD
53			激光剥离设备	Laser Lift Off machine
54			平板显示器玻璃基板边缘抛光机	Edge Polishing
55			无机膜成膜设备	TFE PECVD
56			有机膜成膜设备	TFE Inkjet Printer System
57			有机膜修复设备	IJP Repair M/C
58			薄膜封装热老化炉	TFE Aging Oven
59			上贴膜机/下贴膜机/贴合机	Top Laminator/Bottom Laminator/Lamination

续表

序号	工序	设备分类	设备名称	设备英文名称（供参考）
60	面板	封装	光学胶印刷机	Resin Printer
61			热压机	Hotpress
62			激光剥离机	LLO
63			撕膜机	Delaminator
64		老练	平板显示器平板老化测试系统/平板显示器老化设备/高温老化机/老化测试机	Aging Equipment/PANEL AGING/stick aging/Aging Chamber/Aging Oven
65			薄膜封装系统	Thin Film Encapsulation System
66	老练、模组		平板显示器基板切割机/平板显示器基板切割打磨机/切割划片机/玻璃基板分段切割机/异形切割机/激光切线设备	Glass plate scribing machine/Scriber System/STICK CUT/Q CUT/Q cut scribe/Glass Gutting & Polisher/Cut Scriber/CELL Cutting Scriber/CELL Pre Cutting Scriber/Special Cutting Scriber/Laser Trimmer/Laser Auto Trimmer/CELL single Cutting Scriber
67			玻璃裂片机/裂片机	Glass Break Machine/Breaker
68			玻璃磨边机/玻璃基板磨边系统/磨边机/玻璃面板磨边机	Glass Edge Grind machine/Edge Grinder/After Cell Cutting Beveling
69		模组	ACF贴付机	ACF Bonding Machine
70			绑定机（COG/COF/FOG/FOF）	Bonding Machine
71			偏光片裁切机	Polarizer Cutting Machine
72			偏光片清洗机/端子清洗机	Polarizer Cleaner/Edge Cleaner
73			偏光片贴片机/重工偏光板自动附机/上覆膜机/下覆膜机	Polarizer Attaching Machine/Rework Polarizer Attach Machine/TOP Laminator/BOTTOM Laminator
74			水胶贴合机/重工水胶贴合机/真空贴合机/贴合设备/果冻胶贴合机	OCR Attaching Machine/Rework OCR Attaching Machine/Vacuum Alignment Box/Laminator
75			背光组装机	Assembly
76			激光切割机	Laser Cutting
77			边缘倒角机	Edge Chamfering
78			伽马校正机	Gamma Tuning
79			Mura补偿机	Mura Compensation

续表

序号	工序	设备分类	设备名称	设备英文名称（供参考）
80	化学品、气体装置	化学品、气体装置	尾气处理机/废气处理机	Gas Scrubber
81	动力	水、电、气体装置	有毒气体处理机/吸附浓缩转轮	POU/VOC
82	清洗	清洗设备	基板玻璃清洗机/成盒前清洗机/紫外光清洗机/高压喷淋清洗机/超声波清洗机/氢氟酸连接式清洗机/直水连接式清洗机/基板初始清洗机/基板独立式清洗机/基板预清洗机/平板显示器玻璃清洗机	Washing Cleaner/Before ODF Cleaner/Dry cleaner/APR Cleaner/UV2A Mask Cleaner/EUV/HPMJ/USC/HF Docking Cleaner/DI Docking Cleaner/Initial Cleaner/Local Cleaner/Pre Cleaner
83			蒸镀前清洗（机）/平板显示器玻璃基板初始清洗机/平板显示器玻璃基板等离子清洗装置	Pre Cleaner before Evaportion/Initial Cleaner/AP Plasma
84			面板清洗机/平板显示器取向膜印刷版前清洗机/平板显示器取向膜印刷版清洗机/平板显示器玻璃基板摩擦清洗机/磨边清洗机	Panel Cleaner/APR Cleaner/Rubbing Cleaner/After beveling cleaner/After Pre Cut Cleaning/Panel Cleaner/Cut Cleaner
85			基板搬运篮清洗机/掩模版承载台清洗机	Cassette Cleaner/Mask Cassette Cleaner
86			接触角测试仪	Contact Angle Measuring Instrument
87			掩膜版（掩膜板/掩膜版）清洗机/Frame 掩膜版清洗机/平板显示器网版掩膜版清洗机	Mask cleaner/Mask clean/SCREEN MASK CLEANER
88			封装玻璃清洗机/封装前清洗机	ENCAPSULATION GLASS WASHING UNIT/Pre EN Clean
89			有机膜紫外漂白仪/紫外线曝光机	IUV
90			臭氧发生器	O_3 Generator
91			有机掩模版卡夹清洗机	Mask CST Clean
92	检测	检测设备	玻璃微粒计数器/成盒对位检查机/重力不均匀测量机/框胶检查机/盒内光学测量机	Glass particle counter/Inspection/UV2A Mask Inspection/Mis Alignment Inspection/Gravity Mura Measurement/Tilt Angle Measurement/Seal Inspector/Cell Gap Measurement/Machine/Cell Gap Measurement
93			线宽和坐标测量仪/平板显示器玻璃基板光学检测机/关键尺寸测量机/基板光刻尺寸光学检测机/玻璃剥除后剥膜机	line&width and coordinator Measurement System/CD/TP Measurement/Initial STR
94			薄膜厚度测量仪/椭圆偏振仪/平板显示器玻璃胶厚度光学检查机/椭偏仪/平板显示器有机膜光谱椭偏仪	Thickness Meter System/Thickness Measurement/Ellipsometer/Thickness Inspection
95			自动光学检查机（系统/装置）/掩模版自动光学检查机	AOI

续表

序号	工序	设备分类	设备名称	设备英文名称（供参考）
96			结晶检查机	Crystallinity Measurement
97			断路/短路检测机	O/S Tester
98			刻蚀气体光学监测仪	HMS
99			阵列检查仪/平板显示器阵列缺陷自动检查设备/热成像短路检查机	Array Test/ARRAY TEST SYSTEM/Thermol Inspection
100			EPD终点探测系统/终点检测仪	EPD System
101			电学特性测量设备（仪）/平板显示器电学测量设备/电流电压测量仪	EPM Tester/C/V Measure/C V Measure EQP
102			面板信号测试设备	GOA Measurement
103			三维测试机/阵列扫描电镜检查机/平板显示器三次元精确测量系统/精确 3D 测量系统	3D Profiler/A – SEM/Precision 3D Scaller System
104	检测	检测设备	点亮检查设备/一次点灯检测机/二次点灯检测机/点灯测试机	Inspection set/Light On 1 Test/After Pol Light On Test
105			自动检测机	Auto Cell Test
106			信号发生器/平板显示器图形信号发生器/信号探针测试平台/平板显示器面板信号测试设备/讯号产生器	Signal Generator/PATTERN GENERATOR/Probe Station/GOA
107			平板显示器等离子体光谱仪/平板显示器有机模光谱椭偏仪/平板显示器紫外可视分光光度计/紫外可视分光光度计/荧光分光光度计/X 射线荧光光谱仪/等离子体光谱仪/复闭叶红外光谱仪	RAMAN spectrometer/ICP/ELLIPSOMETER/UV/VIS/P L/UV – VIS/PL/XRF/FT – IR
108			宏观缺陷检查机/平板显示器宏观缺陷检查机/宏观微观缺陷检测机/自动宏观检测机	MAC/MIC/Inline Auto Macro/Auto Macro
109			有机发光寿命测试设备/平板显示器单元寿命测试系统/高加速寿命检测机/平板显示器模组寿命测试系统/平板显示器寿命测试系统	OLED Lifetime Test Equipment/Unit cell lifetime system/Panel lifetime system/HALT/Module lifetime system
110			飞行时间二次离子质谱仪	TOF SIMS
111			平板显示器光学测试系统	Optical Test System

附 3:

进口生产设备维修用零部件免税进口金额计算公式

根据国外以往同类设备的运行以及维修经验，国内新型显示器件生产企业进口设备维修用零部件的年度免税进口限额按如下经验公式计算：

$$I = \alpha\% * P，其中 \alpha = f(n) = \begin{cases} 2.25n & (0 \leq n \leq 2) \\ 7 - n & (3 \leq n \leq 4) \\ 2.5 & (5 \leq n \leq 8) \\ 1.25n - 7.5 & (9 \leq n \leq 10) \\ 5 & (11 \leq n \leq 15) \end{cases}$$

I 代表进口设备维修用零部件的年度进口总额；a% 代表每年进口的零部件总额与生产设备价值之间的百分比值，该比值反映了零部件的需求量与设备的使用年限及故障发生率之间的一般经验规律（呈碗型曲线）；P 代表进口生产设备总值；n 代表设备的使用年限。

文件确定；n 代表设备的使用年限。

附 4:

彩色滤光膜生产企业进口物资清单

附 4 - 1:

彩色滤光膜生产企业进口原材料清单

序号	类别	商品名称	英文名称（供参考）	税则号列（供参考）	性能指标	免税期限
1	模具	光罩/掩膜板	Photo Mask	90019090/37059090/90029090/84805000/84807190	仅用于 Half tone	
2	靶材	氧化铟锡靶材	ITO Target	28259090/84869091		
3	光阻/光阻剂	光阻/光阻剂/彩膜用光阻（红、绿、蓝、黑、间隙粒子、平坦层）	COLOR RESIST（R、G、B、BM、PS、OVER COAT）	32041700/37071000	彩膜光阻/彩膜光阻剂/彩膜光刻胶（红、绿、蓝、黑、间隙粒子、平坦层）	至 2018 年 12 月 31 日
4	触摸屏零配件	盖板玻璃（强化玻璃）	Strengthen Glass	70060000		至 2018 年 12 月 31 日

附4-2

彩色滤光膜生产企业进口消耗品清单

序号	类别		商品名称	英文名称（供参考）	税则号列（供参考）
1	灯类	曝光灯	高压水银灯	Ultra High Pressure Mercury Lamp	85393290/85393240
2			激光紫外线灯/激光灯管	Laser UV Lamp/ELA Laser Lamp	85394900
3		其他灯类	氙灯	Xeon Lamp	85393290/85393990
4			金属岗化物灯	Metal Halogen Lamp	85393290
5			（精密）荧光灯/光学检测荧光灯（中心波长330纳米）	Fluorescent Lingt	85393290/85393199
6	过滤器	水过滤介质	纯水装置用紫外线灯	UV Lamp for Purified Water System	85394900
7			纯水装置用过滤器	filter	84212199/84212990
8			纯水装置用离子交换树脂（阴离子）/抛光树脂	Filter（Anion Exchange Resin）	39140000/39140000
9			纯水装置用离子交换树脂（阳离子）/抛光树脂	Filter（Cation Exchange Resin）	39140000/39140000
10		其他过滤芯	化学过滤器	Filter	84213990/84219990
11	金属类	其他	靶材托板	Backing Plate	81089090
12			高压真空关闭阀门	Lock Valve	84814000
13			玻璃基板运送载体	Carrier	84864039
14			精密轴承	Precison Bearing	84828000
15			弹簧片	Spring	73201090
16	密封件	各类O型圈及其他密封垫	衬垫	pad ring	68042290
17			O型圈	O Ring	40169910
18	陶瓷件	绝缘陶瓷	陶瓷件	Ceramic parts	69091900
19			陶瓷滚轮	Ceramic Roller	69091900
20	刀具/磨料	各种切割刀轮/刀轴/磨具/磨料等	彩膜缺陷修补用研磨带	Griding Tape	68053000/68130000/84869099
21			彩膜缺陷修补用修补带	Dry film	68053000/68130000/84869099/96121000
22			彩膜缺陷修补用掩膜带	Mask film tape	68053000/68130000/84869099/39209200
23	喷嘴	金属喷嘴	金属喷嘴（清洗和涂覆用）	Metal Nozzle	84249090
24		塑料喷嘴	塑料喷嘴（清洗和涂覆用）	Plastic Nozzle	84249090
25			特氟隆喷嘴（清洗和涂覆用）	Teflon Nozzle	84249090
26		风刀	风刀	Air knife	90330000/84869099
27		液刀	液刀	Liquid knife	90330000/84869099

续表

序号	类别		商品名称	英文名称（供参考）	税则号列（供参考）
28	滚筒/衬垫	滚筒类	基板清洗用滚筒	Clean Roller	84669090/84869099/9603509|
29			剥离滚筒	Stripper roller	84669090/84869099
30		衬垫类	吸附衬垫	PAD	68130000/68138100
31	激光光学配件	激光腔体	激光腔体	Laser chamber	84869099
32		光学组件	激光灯管窗	Laser Turb window	84869099
33		激光头	激光头	Laser head	90139010/90139090
34		激光单元	激光发生器单元	Laser unit	90069199
35	包材	外包装箱	塑料包装箱	PP – box	39231000

附 5：

偏光片生产企业进口物资清单

附 5 – 1　偏光片生产企业进口原材料清单

序号	类别	商品名称	英文名称（供参考）	税则号列（供参考）	性能指标	免税期限
1	聚乙烯醇膜	聚乙烯醇膜（PVA 膜）	Polyvinyl Alcohol Film	39209990		
2	三醋酸纤维素膜（胶膜）	三醋酸纤维素膜	Triacetyl Cellulose Film	39207300	TAC 膜，1.33 米≤幅宽＜1.49 米且厚度≤60 微米，或幅宽≥1.49 米	至 2018 年 12 月 31 日
3		三醋酸纤维素膜	TAC Film (Compensation Film, Anti – Reflection, Anti – Glare, Wide – View Film, Hard – Coating, Anti – Contamination, Anti – Static)	39207300	补偿膜/防反射涂层/防眩光涂层/宽视角涂层/硬化涂层/防污涂层/防静电涂层	至 2018 年 12 月 31 日
4	环戊烯膜	环戊烯膜（COP 膜/补偿膜）	Cyclo—olefin Polymer Film/Cyclo—olefin Polymer Film	39209990		
5	亚克力膜	亚克力膜	Acrylic film	39205100		

续表

序号	类别	商品名称	英文名称（供参考）	税则号列（供参考）	性能指标	免税期限
6	聚碳酸酯膜	聚碳酸酯膜（无补偿补偿膜）	Polycarbonate Film/Polycarbonate Film	39206100		至2018年12月31日
7	聚对苯二甲酸乙二醇酯薄膜	聚对苯二甲酸乙二醇酯剥离膜/聚酯薄膜	PET Release Film	39199090/39206200		至2018年12月31日
8		聚对苯二甲酸乙二醇酯反射膜	PET Reflection Film	39199090		至2018年12月31日
9		聚对苯二甲酸乙二醇酯保护膜	PET Protection Film	39199090/39206200		至2018年12月31日
10		聚对苯二甲酸乙二醇酯薄膜	PET Film（For PVA protection）/PET Film（Anti-glare）/PET Film（Anti-reflection）	39199090/39206200	PVA 保护用/防眩光/防反射位相差值≥8 000nm	
11	胶膜	全视角光学膜	O-Film	39199090/39206200		
12	多层增透膜	多层增透膜（APF膜）/增亮膜（APF膜）	Avdanced Polarizer Film	39199090/39206900		至2018年12月31日
13	聚乙烯薄膜	聚乙烯保护膜	PE Protection Film	39201090/39206200		至2018年12月31日
14	粘接剂	压敏胶（树脂）/丙烯酸聚合物	Acrylic Resin	35069190		
15		硬化剂	Hardener	38249099		
16		聚乙烯醇粉（PVA粉）	Polyvinyl Alcohol Powder	39053000		
17		架桥剂	Bridging Agent	29161290		
18		光固化型粘合剂	UV curable resin	35069900		
19	涂层粒子	涂层粒子（聚苯乙烯/二氧化硅粒子/丙烯酸酯类）	Coating particles（polystyrene/Silica/acrylate）	39031990/39039000/28112290/39069090		至2018年12月31日
20	涂层液	涂层液（其他成分/丙烯酸酯类）	Coating materials（others/acrylate）	35069190/32082010		至2018年12月31日
21	光引发剂	光引发剂	Photoinitiator	38249099		至2018年12月31日

续表

序号	类别	商品名称	英文名称（供参考）	税则号列（供参考）	性能指标	免税期限
22	光配向材料	光配向材料（以肉桂酸酯为主要成分）	Optical alignment (Cinnamic acid vinyl ester)	29161290		至2018年12月31日
23	碘	碘	Iodin	28012000	非挥发性成分≤0.012%	
24	碘化钾	碘化钾	Potassium iodide	28276000	纯度≥99%	
25	有机染料	偏光片用有机染料	Organic dye for polarizer	32041700		

附 5-2 偏光片生产企业进口消耗品清单

序号	类别		商品名称	英文名称（供参考）	税则号列（供参考）
1	生产性消耗品		粘尘辊筒	POL Clean Roller	8439190/40169990
2			偏光片制造胶辊	POL Rubber Roller	8439190/84869099
3		辊筒/擦拭用工业纸/静电消除扇	氯化聚氯乙烯（CPVC）收放卷管芯	CPVC Roller	73269090
4			丙烯腈-丁二烯-苯乙烯收放卷管芯	ABS Roller	73269090
5			纤维增强复合塑料收放卷管芯	FRB Roller	73269090
6			碳纤维增强复合塑料放卷管芯	Carbon Roller	73269090
7	切割刀具类		水切刀	Water glass cutter	70200019

进口物资金额及免税额统计表

（企业名称）

附 6:

	2016 年			2017 年			2018 年			2019 年			2020 年		
	进口金额（万美元）	免征进口关税（万元）	免征进口环节增值税（万元）	进口金额（万美元）	免征进口关税（万元）	免征进口环节增值税（万元）	进口金额（万美元）	免征进口关税（万元）	免征进口环节增值税（万元）	进口金额（万美元）	免征进口关税（万元）	免征进口环节增值税（万元）	进口金额（万美元）	免征进口关税（万元）	免征进口环节增值税（万元）
原材料															
消耗品															
净化室配套系统															
零部件															
合计															

财政部　海关总署　国家税务总局关于"十三五"期间进口种子种源税收政策管理办法的通知

2016 年 11 月 24 日　财关税〔2016〕64 号

公安部、国家安全部、农业部、国家林业局，中央军委联合参谋部，武警总部，各省、自治区、直辖市、计划单列市财政厅（局）、国家税务局，新疆生产建设兵团财务局，海关总署广东分署、各直属海关：

经国务院批准，在"十三五"期间，即 2016 年 1 月 1 日至 2020 年 12 月 31 日，继续对进口种子（苗）、种畜（禽）、鱼种（苗）和种用野生动植物种源（以下简称种子种源）免征进口环节增值税（以下简称免税）。为加强种子种源进口免税政策管理，现将有关事项通知如下：

一、免税政策目标

种子种源进口免税政策旨在支持引进和推广良种，加强物种资源保护，丰富我国动植物资源，发展优质、高产、高效农林业，降低农林产品生产成本。

二、免税品种范围

（一）与农林业生产密切相关，并直接用于或服务于农林业生产的下列种子（苗）、种畜（禽）和鱼种（苗）（以下简称种子种苗）：

1. 用于种植和培育各种农作物和林木的种子（苗）；
2. 用于饲养以获得各种畜禽产品的种畜（禽）；
3. 用于培育和养殖的水产种（苗）；
4. 用于农林业科学研究与试验的种子（苗）、种畜（禽）和水产种（苗）。

（二）野生动植物种源。

（三）警用工作犬及其精液和胚胎。

三、免税申请条件

（一）种子种苗进口免税应同时符合以下条件：

1. 在免税货品清单内，即属于附件 1 第一至第三部分所列货品。

2. 直接用于或服务于农林业生产。免税进口的种子种苗不得用于度假村、俱乐部、高尔夫球场、足球场等消费场所或运动场所的建设和服务。

（二）野生动植物种源进口免税应同时符合以下条件：

1. 在免税货品清单内，即属于附件 1 第四部分所列货品。

2. 用于科研，或育种，或繁殖。进口单位应是具备研究和培育繁殖条件的动植物科研院所、动物园、专业动植物保护单位、养殖场和种植园。

（三）免税进口工作犬相关货品应为军队、武警、公安、安全部门（含缉私警察）进口的警用工作犬，以及繁育用的工作犬精液和胚胎。

四、免税政策操作流程

（一）种子种苗和野生动植物种源操作流程。

申请免税进口第二条（一）、（二）项下货品的进口单位，应向农业部或国家林业局（以下称产业主管部门）提出年度免税进口需求。产业主管部门汇总后向财政部提出年度免税进口建议，财政部会同海关总署和国家税务总局在附件 1 所列免税货品清单范围内，核定年度免税进口计划。产业主管部门在年度免税进口计划内为进口单位进行有关单据的标注工作。进口单位在产业主管部门标注的免税品种、数量范围内，按有关规定向海关申请办理减免税手续。具体流程及要求如下：

1. 进口单位提出进口需求。

符合第三条（一）、（二）规定的进口单位，应按照产业主管部门相关规定，向其提出年度免税进口需求，说明需要免税进口的品种、数量、最终用途等必要情况。其中，以科研为目的，申请免税进口野生动植物种源的，应说明科研项目简况，并在科研项目结束后 60 日内，向产业主管部门提供科研项目成果。

2. 产业主管部门提出免税进口建议。

产业主管部门不迟于当年 11 月 30 日，结合产业发展规划、进口单位免税进口需求以及免税进口计划执行情况，在附件 1 所列免税货品清单范围内，向财政部提出今后年度免税进口建议，并抄送海关总署和国家税务总局。

产业主管部门应在免税进口建议中，对建议数量的增减情况进行分析说明，其中以育种或繁殖为目的的野生动植物种源，建议数量应以确保野生动植物存活和种群繁衍的合理需要为限。

产业主管部门提出的免税进口建议，应涵盖其主管的全部免税进口货品，可以包括连续数个年度免税进口数量，并按照附件 2 格式报送。

3. 财政部会同有关部门核定年度免税进口计划。

财政部会同海关总署、国家税务总局对产业主管部门报送的年度免税进口建议进行审核，在附件 1 所列免税货品清单范围内，核定年度免税进口品种和数量。核定的年度免税进口数量原则上不低于上一年度核定数量的 40%。

经核定的年度免税进口计划在公历年度当年内有效，不得跨年度结转。除特殊情况外，已经核定的年度免税进口计划原则上不予追加。

4. 产业主管部门标注确认进口单位的免税进口品种和数量。

产业主管部门在对动植物苗种进（出）口、种子苗木（种用）进口、野生动植物种源进（出）口审批的同时，应分别按照附件 3、4、5 表格，标注确认进口单位所进口的品种和数量是否符合年度免税进口计划所核定的免税品种、数量范围，并对可转让和销售的种子种源（仅限于附件 1 第 1～3 项，第 9～11 项，第 16～30 项，第 44～47 项货品）的免税品种和数量范围，在"最终用途"栏内标注"可转让和销售"。

对于每个免税品种，产业主管部门标注确认的免税数量合计，不得超出对该品种核定的年度免税进口计划数量。

在当年免税进口计划印发之日前，对于上一年度免税进口计划中已列名的品种，产业主管部门在对进口审批的同时，可以在上一年度核定的免税进口计划数量的 40% 以内，标注确认免税进口品种和数量，并对可转让和销售的种子种源（仅限于附件 1 第 1～3 项，第 9～11 项，第 16～30 项，第 44～47 项货品）的免税品种和数量范围，在"最终用途"栏内标注"可转让和销售"。

5. 进口单位办理进口减免税手续。

进口单位应在附件 3、4、5 表格明确的有效期内，严格按照产业主管部门标注确认的免税品种、数量、最终用途，按海关有关规定向海关申请办理减免税手续。

未经产业主管部门标注确认免税的进口货品应照章征收进口环节增值税。

（二）工作犬相关货品操作流程。

申请免税进口第二条（三）项下货品且符合第三条（三）项规定的进口单位，凭主管部门出具的证明有关工作犬和工作犬精液及胚胎属于免税品种范围的说明文件，以及其他相关材料，按有关规定向海关申请办理减免税手续。

五、免税政策监管

种子种源在免税进口后，由产业主管部门和工作犬相关货品的主管部门加强管理。产业主管部门和工作犬相关货品的主管部门应确保进口单位和免税进口种子种源的最终用途符合第三条规定。

免税进口的种子种源，除产业主管部门按第四条相关规定已标注"可转让和销售"的以外，未经合理种植试验、培育、养殖或饲养，不得擅自转让和销售。产业主管部门应在本通知印发后2个月内另行制定出台"合理种植试验、培育、养殖或饲养"的标准，并配合有关部门做好相关工作。对违反本通知规定的种子种源进口单位，暂停其1年免税资格；对依法被追究刑事责任的种子种源进口单位，暂停其3年免税资格。

从2017年起，产业主管部门每年不迟于1月31日向财政部报送上一年度免税进口计划执行情况，并对免税进口计划执行率较低的品种，进行分析说明。进口计划执行情况按照附件6、7格式提供，同时抄送海关总署和国家税务总局。

财政部将会同海关总署、国家税务总局等有关部门适时对政策执行情况进行监督检查。对擅自超出核定免税进口计划以及超过上一年度核定免税计划数量40%标注确认免税进口品种和数量的产业主管部门，一经核实，财政部将会同海关总署、国家税务总局将有关情况函告产业主管部门，请其限期整改。

财政部、海关总署、国家税务总局及农业部、国家林业局等有关部门及其工作人员在种子种源进口免税政策执行过程中，存在违反执行免税政策规定的行为，以及滥用职权、玩忽职守、徇私舞弊等违法违纪行为的，按照《预算法》、《公务员法》、《行政监察法》、《财政违法行为处罚处分条例》等国家有关规定追究相应责任；涉嫌犯罪的，移送司法机关处理。

六、文件有效期

本通知有效期为2016年1月1日至2020年12月31日。

从印发之日起，对《财政部、国家税务总局关于"十二五"期间进口种子（苗）种畜（禽）鱼种（苗）和种用野生动植物种源税收问题的通知》（财关税〔2011〕9号）、《财政部　海关总署　国家税务总局关于种子（苗）种畜（禽）鱼种（苗）和种用野生动植物种源免征进口环节增值税政策及2011年进口计划的通知》（财关税〔2011〕36号）、《财政部　海关总署　国家税务总局关于印发〈"十二五"期间进口种子种源进口免税政策管理办法〉的通知》（财关税〔2011〕76号）、《财政部　海关总署　国家税务总局关于调整2015年进口种子种源进口免税政策执行方式有关问题的通知》（财关税〔2015〕38号）予以废止。

附件：1. 进口种子种源免税货品清单

2. 20××年种子种源免税进口计划建议表

3. 中华人民共和国农业部动植物苗种进（出）口审批表

4. 国家林业局种子苗木（种用）进口许可表

5. 国家濒管办进口种用野生动植物种源确认表

6. 20××年种子（苗）、种畜（禽）和鱼种（苗）免税进口计划执行情况表

7. 20××年种用野生动植物种源免税进口计划执行情况表

附件 1：

进口种子种源免税货品清单

序号	货品简化名称
一、种子（苗）	
1	无根插枝及接穗
2	水果、干果种子（苗）
3	菌种
4	松、杉、柏类种子
5	桉、相思类种子
6	蔷薇、木兰类种子
7	桦、樟树种子
8	棕榈、漆、槭种子
9	种用薯类
10	豆类种子
11	瓜类种子
12	咖啡种子
13	茶种
14	蚕种
15	桑苗
16	麦类种子
17	玉米种子
18	水稻种子
19	其他谷物种子
20	种用花生
21	麻类种子
22	种用油菜子
23	种用向日葵籽
24	棉花种子
25	郁金香种球
26	百合种球
27	唐菖蒲种球
28	种用芝麻
29	其他油料种子
30	甜菜种子
31	紫苜蓿子
32	三叶草子
33	羊茅子
34	早熟禾子
35	黑麦草种子

序号	货品简化名称
36	梯牧草种子
37	柱花草种子
38	狗牙根种子
39	苏丹草种子
40	结缕草种子
41	绿肥种子
42	草坪种子
43	其他饲草、饲料植物种子
44	花卉种子（苗、球、茎）
45	蔬菜类
46	其他种植用的种子、果实及孢子
47	其他种植用根、茎、苗、牙等繁殖材料
48	药材类种子（苗）
49	甘蔗种苗
50	天然橡胶种子
51	烟草种子
二、种畜（禽）	
52	改良种用的马
53	改良种用的牛
54	改良种用的猪
55	改良种用的绵羊
56	改良种用的山羊
57	改良种用的兔
58	改良种用的鸡
59	改良种用的火鸡
60	改良种用的其他家禽
61	改良种用的其他活动物
62	种用禽蛋
63	牛的精液
64	动物精液（牛精液除外）
65	种用动物胚胎
66	其他遗传物质
三、鱼种（苗）	
67	鳟鱼鱼苗
68	鳗鱼鱼苗
69	鲤鱼鱼苗
70	其他鱼苗及其卵或受精卵或发眼卵

序号	货品简化名称
71	龙虾种苗
72	大螯虾种苗
73	小虾、对虾种苗
74	蟹种苗
75	其他甲壳动物种苗或卵
76	牡蛎（蚝）种苗
77	扇贝（包括海扇）种苗
78	贻贝种苗
79	墨鱼及鱿鱼种苗
80	蜗牛及螺种苗
81	水生无脊椎动物的种苗
82	经济藻类种苗及其配子或孢子
四、种用野生动植物	
	兽类
83	有袋类
84	灵长类
85	鲸类
86	大型蝠类
87	熊类
88	浣熊类
89	鼬类
90	犬狐类
91	灵猫类
92	狮虎豹类
93	猫类
94	海豹类（包括海狮、海狗、海象）
95	海牛类
96	鹿类
97	野牛类
98	羚羊类
99	野羊类
100	野驼类（包括原驼、骆马）
101	象类
102	斑马类
103	貘类
104	犀牛类
105	大型啮齿类

序号	货品简化名称
106	野马
107	河马
	鸟类
108	鸵鸟类
109	鹈鹕类
110	企鹅类
111	鹳鹤类
112	火烈鸟类
113	雁鸭类
114	鹰隼类
115	猫头鹰类
116	雉鸡类
117	鸥类
118	鸽鸠类
119	鹦鹉类
120	犀鸟类
121	雀鸟类
	爬行类
122	龟鳖类
123	鳄类
124	蜥蜴类
125	蛇类
	两栖类
126	蛙蟾类
127	鲵螈类
	鱼类
128	观赏鱼类
129	鲟类
130	鳗类
131	鲨类
	昆虫类
132	蝴蝶类
133	观赏昆虫类
134	贝类
135	珊瑚类
	植物
136	兰花类

序号	货品简化名称
137	参类
138	苏铁类
139	仙人掌类
140	仙客来类
141	樟类
142	木棉类
143	红豆杉类
144	大戟类
145	蚌壳蕨类
146	骨碎补类
147	菊类
148	杨柳类
149	棕榈类
150	百合类
151	山茶类
152	槭树类
153	桑类
154	石松类
155	壳斗类

附件 2：

20××年种子种源免税进口建议表

序号	货品简化名称	规格	单位	年度数量	当年已标注确认数量	备注

附件3：

中华人民共和国农业部动植物苗种进（出）口审批表

有效期：　年　月　日至　年　月　日

审批编号：

进（出）口单位									
地址									
邮政编码			电话				进（出）口口岸		
国外供种单位							进（出）口国家（地区）		
进（出）口代理单位							代理单位联系人		
货物（品种）名称								
中文名称	拉丁学名或英文名称	类别	单位	数量	使用（种植）地区	最终用途		备注
总外汇额（美元）				折合人民币数额（元）				

确认意见：进口单位进口上述种子种源的品种和数量，符合财政部、海关总署、国家税务总局年度免税文件（具体文件号）的有关规定。 　　　　　　　经办人： 　　　　　年　月　日（盖章）	审批机关 　　　　　　　负责人： 　　　　　　　经办人： 　　　　　年　月　日（盖章）

备注：涉及草种进口的，因草种进口审批已下放至省级草原行政主管部门，审批机关一栏无需加盖公章。此表对应_____（填写省级草种进口审批单号）方为有效。

注：本表一式五联，审核机关、检疫部门、审批机关、海关、进口单位各执一联。机打出具，字迹清楚，涂改、手写无效。

中华人民共和国农业部监制

附件4：

国家林业局种子苗木（种用）进口许可表

有效期：　年　月　日至　年　月　日

编号：

进口单位						
地址						
邮政编码		电话			进口口岸	
进口代理单位					出口国家	
进口物种	拉丁学名		类别	数量	单位	最终用途

续表

总外汇额 （美元）		折合人民币 数额（元）	

确认意见：
进口单位进口上述种子（或种苗、种球、穗条）的品种和数量，符合财政部、海关总署、国家税务总局年度免税文件（具体文件号）的有关规定。

年 月 日（盖章）

备注：

注：本表一式四联，国家林业局场圃总站、国家林业局许可办、海关、进口单位各执一联。机打出具，字迹清楚，涂改、手写无效。

附件 5：

国家濒管办进口种用野生动植物种源确认表

有效期： 年 月 日至 年 月 日   编号：

进口单位					
地址					
邮政编码		电话		进口口岸	
进口代理单位				出口国家	
进口物种	拉丁学名		数量	单位	最终用途
总外汇额 （美元）			折合人民币 数额（元）		

确认意见：
进口单位进口上述野生动植物活体的品种和数量，符合财政部、海关总署、国家税务总局年度免税文件（具体文件号）的有关规定。

年 月 日（盖章）

备注：

注：本表一式三联，国家濒管办、海关、进口单位各执一联。机打出具，字迹清楚，涂改、手写无效。

附件6：

20××年种子（苗）、种畜（禽）和鱼种（苗）免税进口计划执行情况表

20××年财政部、海关总署、国家税务总局核定的品种和数量				20××年实际进口情况								
1	2	3	4	5	6	7	8	9	10	11	12	13
序号	货品简化名称	单位	数量	税则号列	货品具体名称	进口单位名称	实际进口数量（数量单位对应第3列）	进口完成率（计算公式：第8列/第4列）	实际进口总额（万元）	实际总免税额（万元）	货品最终用途或流向	备注
一、	种子（苗）											
二、	种畜（禽）											
三、	鱼种（苗）											

附件7：

20××年种用野生动植物种源免税进口计划执行情况表

20××年财政部、海关总署、国家税务总局核定的品种和数量				20××年实际进口情况									
1	2	3	4	5	6	7	8	9	10	11	12	13	14
序号	货品简化名称	单位	数量	税则号列	货品具体名称	进口单位名称	进口单位类别[注1]	实际进口数量（数量单位对应第3列）	进口完成率（计算公式：第9列/第4列）	实际进口总额（万元）	实际总免税额（万元）	货品最终用途[注2]	备注

注：1. "动植物科研院所、动物园、专业动植物保护单位、养殖场、种植园"之一。
　　2. "科研、育种、繁殖"之一。

财政部　海关总署　国家税务总局关于 2016 年种子种源免税进口计划的通知

2016 年 11 月 24 日　财关税〔2016〕65 号

农业部、国家林业局，各省、自治区、直辖市、计划单列市财政厅（局）、国家税务局，新疆生产建设兵团财务局，海关总署广东分署、各直属海关：

经国务院批准，"十三五"期间继续对进口种子（苗）、种畜（禽）、鱼种（苗）和种用野生动植物种源免征进口环节增值税。农业部 2016 年种子（苗）、种畜（禽）、鱼种（苗）免税进口计划，以及国家林业局 2016 年种子（苗）和种用野生动植物种源免税进口计划已经核定（见附件 1、2、3）。请按照《财政部　海关总署　国家税务总局关于"十三五"期间进口种子种源税收政策管理办法的通知》（财关税〔2016〕64 号）有关规定执行。

经主管部门审核确认符合免税进口条件的进口单位，就其在 2016 年 1 月 1 日至本通知印发之日起 15 日内进口的符合免税品种和数量范围的种子种源，对其中已缴纳进口环节增值税且尚未申报增值税进项税额抵扣的部分，在 2016 年 12 月 31 日前，凭主管税务机关出具的《进口种子种源增值税进项税额未抵扣证明》（附件 4）向海关申请办理退税手续。海关按规定办理减免税审核确认手续后，对符合退税条件的，退还已征进口环节增值税。逾期未申请办理退税手续的，不予退税。

特此通知。

附件：1. 农业部 2016 年种子（苗）种畜（禽）鱼种（苗）免税进口计划

2. 国家林业局 2016 年种子（苗）免税进口计划

3. 国家林业局 2016 年种用野生动植物种源免税进口计划

4. 进口种子种源增值税进项税额未抵扣证明

附件 1：

农业部 2016 年种子（苗）种畜（禽）鱼种（苗）免税进口计划

序号	名称	规格①	单位	数量
1	无根插枝及接穗		万条	0.13
2	水果、干果种子（苗）		吨	2.2
2	水果、干果种子（苗）		万株	0.21
3	菌种		吨	0.15
9	种用薯类		吨	0.2
10	豆类种子		吨	2 000
11	瓜类种子		吨	90.62
16	麦类种子		吨	0.98
17	玉米种子		吨	393.3
19	其他谷物种子		吨	1.23
21	麻类种子		吨	112.5
24	棉花种子		吨	0.13

续表

序号	名称	规格①	单位	数量
20，22，23，28，29	种用花生、油菜子、向日葵籽、芝麻及其他油料种子		吨	1 067
25，26，27	郁金香、百合、唐菖蒲种球		万头	3 000
30	甜菜种子		吨	973.2
31	紫苜蓿子		吨	5 400
32	三叶草子		吨	1 865
33	羊茅子		吨	8 708
34	早熟禾子		吨	3 364
35	黑麦草种子		吨	18 661.5
42	草坪种子		吨	960
43	其他饲草、饲料植物种子		吨	3 600
44	花卉种子（苗、球、茎）		万株	163.8
45	蔬菜类		吨	12 266
46	其他种植用的种子、果实及孢子		吨	20.16
47	其他种植用根、茎、苗、芽等繁殖材料		万株	0.25
52	改良种用的马		匹	260
53	改良种用的牛		万头	30
54	改良种用的猪		万头	2.2
55	改良种用的绵羊		只	30 780
56	改良种用的山羊		只	7 000
57	改良种用的兔		只	9 000
58	改良种用的鸡		万只	240
60	改良种用的其他家禽		万只	8.5
61	改良种用的其他活动物		万头（只）	0.89
62	种用禽蛋		万枚	3
63	牛的精液		万剂	80
64	动物精液（牛精液除外）		万剂	2.67
65	种用动物胚胎		万枚	0.9
67	鳟鱼鱼苗	鱼卵及苗	万尾（粒）	4 000
68	鳗鱼鱼苗	鱼苗	吨	66.15
70	其他鱼苗及其卵或受精卵或发眼卵	亲本及苗	万尾（粒）	5 248.8
71，72，74，75	龙虾、大螯虾、蟹的种苗及其他甲壳动物种苗或卵	亲本及苗	万尾（粒）	1 029
73	小虾、对虾种苗	亲本及苗	万尾	140
76～78	牡蛎（蚝）、扇贝（包括海扇）、贻贝种苗	亲贝及苗	万个（枚）	0.49
81	水生无脊椎动物的种苗	亲本及苗	万尾	0.44
82	经济藻类种苗及其配子或孢子	亲本及苗	万株	0.13
122	龟鳖类	种龟及幼体	万只	2.4②

注①：具体规格见《中华人民共和国农业部动植物苗种进（出）口审批表》备注说明。

注②：其中濒危野生龟鳖类不超过1 000只。

附件 2：

国家林业局 2016 年种子（苗）免税进口计划

序号	名称	单位	数量
1	无根插枝及接穗	万株	300
2	水果、干果种子（苗）	吨	150
2	水果、干果种子（苗）	万株	100
4	松、杉、柏类种子	吨	200
5	桉、相思类种子	吨	1.4
8	棕榈、漆、槭种子	吨	16.2
25	郁金香种球	吨	50
25	郁金香种球	万粒	10 000
26	百合种球	吨	50
26	百合种球	万粒	10 000
27	唐菖蒲种球	吨	35
27	唐菖蒲种球	万粒	200
32	三叶草子	吨	2 000
33	羊茅子	吨	9 000
34	早熟禾子	吨	4 500
35	黑麦草种子	吨	12 500
38	狗牙根种子	吨	1 700
42	草坪种子	吨	4 000
44	花卉种子（苗、球、茎）	吨	54
44	花卉种子（苗、球、茎）	万株	1 500
44	花卉种子（苗、球、茎）	万粒	4 000
46	其他种植用的种子、果实及孢子	吨	450
46	其他种植用的种子、果实及孢子	万粒	100
47	其他种植用根、茎、苗、芽等繁殖材料	万株	243

附件 3：

国家林业局 2016 年种用野生动植物种源免税进口计划

序号	名称	单位	数量
	兽类		
83	有袋类	只/匹/头	36
84	灵长类	只/匹/头	2 300
85	鲸类	只/匹/头	92
86	大型蝠类	只/匹/头	5
87	熊类	只/匹/头	8
88	浣熊类	只/匹/头	5
89	鼬类	只/匹/头	1 000

序号	名称	单位	数量
90	犬狐类	只/匹/头	1 000
91	灵猫类	只/匹/头	5
92	狮虎豹类	只/匹/头	72
93	猫类	只/匹/头	5
94	海豹类（包括海狮、海狗、海象）	只/匹/头	126
95	海牛类	只/匹/头	9
96	鹿类	只/匹/头	104
97	野牛类	只/匹/头	5
98	羚羊类	只/匹/头	20
99	野羊类	只/匹/头	5
100	野驼类（包括原驼、骆马）	只/匹/头	30
101	象类	只/匹/头	15
102	斑马类	只/匹/头	57
103	貘类	只/匹/头	8
104	犀牛类	只/匹/头	51
105	大型啮齿类	只/匹/头	50
106	野马	只/匹/头	5
107	河马	只/匹/头	5
	鸟类		
108	鸵鸟类	只/匹/头	274
109	鹈鹕类	只/匹/头	108
110	企鹅类	只/匹/头	130
111	鹳鹤类	只/匹/头	135
112	火烈鸟类	只/匹/头	284
113	雁鸭类	只/匹/头	180
114	鹰隼类	只/匹/头	41
115	猫头鹰类	只/匹/头	5
116	雉鸡类	只/匹/头	26
117	欧类	只/匹/头	5
118	鸽鸠类	只/匹/头	5
119	鹦鹉类	只/匹/头	329
120	犀鸟类	只/匹/头	41
121	雀类	只/匹/头	13
	爬行类		
122	龟鳖类	只/匹/头	1 000
123	鳄类	只/匹/头	1 000
124	蜥蜴类	只/匹/头	240
125	蛇类	只/匹/头	240

续表

序号	名称	单位	数量
	两栖类		
126	蛙蟾类	只/匹/头	25
127	鲵螈类	只/匹/头	5
	鱼类		
128	观赏鱼类	只/匹/头	274
129	鲟类	只/匹/头	48
130	鳗类	只/匹/头	17
131	鲨类	只/匹/头	35
	昆虫类		
132	蝴蝶类	只/匹/头	25
133	观赏昆虫类	只/匹/头	25
134	贝类	只/匹/头	25
135	珊瑚类	只/匹/头	13
	植物		
136	兰花类	万株	58
137	参类	千克	20
138	苏铁类	千克	5
138	苏铁类	万株	2.5
139	仙人掌类	万株	2.5
140	仙客来类	万株	2.5
141	樟类	千克	2.5
141	樟类	万株	1
142	木棉类	千克	2.5
142	木棉类	万株	1
143	红豆杉类	万株	10
144	大戟类	万株	2.5
145	蚌壳蕨类	千克	2.5
145	蚌壳蕨类	万株	1
146	骨碎补类	万株	2.5
147	菊类	万株	2.5
148	杨柳类	万株	2.5
149	棕榈类	万株	2.5
150	百合类	万株	2.5
151	山茶类	万株	2.5
152	槭树类	万株	2.5
153	桑类	万株	2.5
154	石松类	万株	2.5
155	壳斗类	万株	2.5

附件4：

进口种子种源增值税进项税额未抵扣证明

编号：主管税务机关代码＋四位流水号

纳税人名称		纳税人识别号	
		海关企业代码	
种子种源进口时间		年　月　日	
海关进口增值税专用缴款书	该纳税人一般贸易项下进口种子种源，取得海关报关单（报关单号：_____）、进口增值税专用缴款书（凭证号：_____），进口环节增值税税额为（大写）_____ ￥_____元。		
进项税额抵扣情况	经审核，该纳税人上述海关进口增值税专用缴款书税额尚未申报抵扣。		
其他需要说明的事项			
审核意见：	复核意见：		局长意见：
审核人：　　　　　年　月　日	复核人：　　　　　年　月　日		局领导：　（局章）　　　　　年　月　日

注：本表由种子种源进口单位所在地主管税务机关填写并盖章确认。

财政部　海关总署　国家税务总局关于享受进口税收优惠政策的中资"方便旗"船舶清单的通知

2016 年 12 月 30 日　财关税〔2016〕67 号

各省、自治区、直辖市、计划单列市财政厅（局）、国家税务局，海关总署广东分署、各直属海关：

根据《财政部　海关总署　国家税务总局关于中资"方便旗"船回国登记进口税收政策问题的通知》（财关税〔2016〕42 号）的规定，经审定，"长航瑞海"等 13 艘中资"方便旗"船舶可享受免征关税和进口环节增值税的优惠，具体船舶清单见附件。

附件：享受进口税收优惠政策的中资"方便旗"船舶清单

附件：

享受进口税收优惠政策的中资"方便旗"船舶清单

序号	中文船名	英文船名	境外登记日期	船型	载重吨	船籍	名义所有人	实际所有人
1	长航瑞海	CSC RUIHAI	2012 年 2 月	干散货多用途船	12 498	香港	CSC RUIHAI CO., LIMITED	上海长航国际海运有限公司
2	长航鑫海	CSC XINHAI	2012 年 6 月	干散货多用途船	12 480	香港	CSC XINHAI CO., LIMITED	上海长航国际海运有限公司

序号	中文船名	英文船名	境外登记日期	船型	载重吨	船籍	名义所有人	实际所有人
3	北仑海狮	BEILUN SEA LION	2010 年 3 月	散货船	75 971	香港	香港海狮航运有限公司	宁波经济技术开发区龙盛航运有限公司
4	宁波海豚	NINGBO DOLPHIN	2011 年 7 月	散货船	76 032	香港	香港海豚航运有限公司	宁波经济技术开发区龙盛航运有限公司
5	宁波海豹	NINGBO SEAL	2011 年 8 月	散货船	76 048	香港	香港海豹航运有限公司	宁波经济技术开发区龙盛航运有限公司
6	宁波海鲸	NINGBO WHALE	2012 年 7 月	散货船	76 039	香港	香港海鲸航运有限公司	宁波经济技术开发区龙盛航运有限公司
7	秀山	XIU SHAN	2012 年 11 月	杂货船	6 450	伯利兹	夷东航运有限公司（香港）	公司王大鹏、侯文海等 2 人
8	嘉安	PEACE	2011 年 9 月	散货船	75 000	香港	深能（香港）永平航运有限公司	深圳能源集团股份有限公司
9	嘉宁	HARMONY	2011 年 11 月	散货船	75 000	香港	深能（香港）昌平航运有限公司	深圳能源集团股份有限公司
10	北海	BEI HAI	2006 年 8 月	一船干货船	7 990	香港	博洋船务有限公司 BEYOND MARITIME TRANSPORT LIMITED	公民王秉才、梁燕妮、胡博、时婉莉、孙英男、盛卉、吕慧、王冠、刘彦、王文彤、李令猛、杨光、隋锐、曲光键、王玥等 15 人
11	太平	TAI PING	2008 年 4 月	一船干货船	7 990	香港	蓝海商船有限公司 BLUE OCEAN MERCHANT MARINE LIMITED	公民王秉才、梁燕妮、胡博、时婉莉、孙英男、盛卉、吕慧、王冠、刘彦、王文彤、李令猛、杨光、隋锐、曲光键、王玥等 15 人
12	海洋石油 697	HAI YANG SHI YOU 697	2009 年 11 月	近海供应船（拖船）	3 132.19	香港	中海昌船务有限公司 ZHONG HAI CHANG SHIPPING COMPANY LIMITED	交通运输部上海打捞局
13	乾坤	CHIPOLBROK COSMOS	2011 年 12 月	杂货船	30 280	香港	CHIPOLBROK SUN MARITIME COMPANY LIMITED	中国政府出资 50%

财政部　海关总署　国家税务总局关于"十三五"期间在我国陆上特定地区开采石油（天然气）进口物资税收政策的通知

2016 年 12 月 29 日　财关税〔2016〕68 号

各省、自治区、直辖市、计划单列市财政厅（局）、国家税务局，新疆生产建设兵团财务局，海关总署广东分署、各直属海关：

为支持我国陆上特定地区石油（天然气）的勘探开发，经国务院批准，现将"十三五"期间在我国陆上特定地区开采石油（天然气）进口物资税收政策通知如下：

一、本通知所指陆上特定地区为：我国领土内的沙漠、戈壁荒漠（详见附件1）和中外合作开采（指勘探和开发，下同）经国家批准的陆上石油（天然气）中标区块（对外谈判的合作区块视同中标区块）。

二、自2016年1月1日至2020年12月31日，在我国领土内的沙漠、戈壁荒漠（详见附件1）进行石油（天然气）开采作业的自营项目，进口国内不能生产或性能不能满足要求，并直接用于开采作业的设备、仪器、零附件、专用工具（详见附件2管理规定的附1《开采陆上特定地区石油（天然气）免税进口物资清单》，以下简称《免税物资清单》），在规定的免税进口额度内，免征进口关税；在经国家批准的陆上石油（天然气）中标区块内进行石油（天然气）开采作业的中外合作项目，进口国内不能生产或性能不能满足要求，并直接用于开采作业的《免税物资清单》所列范围内的物资，在规定的免税进口额度内，免征进口关税和进口环节增值税。

三、符合本通知规定的开采项目项下免税进口的物资实行《免税物资清单》与年度免税进口额度相结合的管理方式（管理规定见附件2）。

四、符合本通知规定的开采项目项下暂时进口《免税物资清单》所列的物资，准予免税。进口时海关按暂时进口货物办理手续。超出海关规定的暂时进口时限仍需继续使用的，经海关审核确认可予延期。在暂时进口（包括延期）期限内准予按本通知第二条规定免税。暂时进口物资不纳入免税进口额度管理。

五、符合本通知规定的沙漠、戈壁荒漠自营项目项下租赁进口《免税物资清单》所列的物资准予免征进口关税，符合本通知规定的中外合作项目项下租赁进口《免税物资清单》所列的物资准予免征进口关税和进口环节增值税，上述进口物资均纳入免税进口额度统一管理。租赁进口《免税物资清单》以外的物资应按有关规定照章征税。

附件：1. 享受特定地区政策的地域范围

2. 关于在我国陆上特定地区开采石油（天然气）进口物资税收政策的管理规定

附件1：

享受特定地区政策的地域范围

单位：平方公里

所在地区	地域名称	分布地区	面积
新疆维吾尔自治区	塔克拉玛干沙漠	塔里木盆地	337 600
	古尔班通古特沙漠	准噶尔盆地	48 800
	库姆塔格沙漠	新疆东部地区	22 800
	库木库里沙漠	阿尔金山山间盆地	2 448
	鄯善库姆塔格沙漠	吐鲁番盆地	2 500
	阿克别勒沙漠	焉耆盆地	674
	霍城沙漠	伊犁霍城	485
	福海沙漠	艾比湖东南	463
	乌苏沙漠	额尔齐斯河南侧	5 513
	布尔津—哈巴河—吉木乃沙漠		400
内蒙古自治区	巴丹吉林沙漠		6 645
	腾格里沙漠		6 405
	乌兰布和沙漠		1 485
	库布其沙漠		2 415
	毛乌素沙漠		4 815

续表

所在地区	地域名称	分布地区	面积
内蒙古自治区	浑善达克沙地		3 210
	科尔沁沙地		6 345
	呼伦贝尔沙地		720
青海省	柴达木盆地沙漠及戈壁荒沙漠	柴达木盆地	68 367
西藏自治区	藏北戈壁荒漠区	藏北	600 000

附件 2：

关于在我国陆上特定地区开采石油（天然气）
进口物资税收政策的管理规定

一、根据国务院批准的有关"十三五"期间继续执行在我国陆上特定地区开采石油（天然气）进口物资税收政策的精神，特制定本规定。

二、本规定所指的免税进口物资是指在我国陆上特定地区进行石油（天然气）开采（指勘探和开发，下同）作业的项目所需进口的国内不能生产或性能不能满足要求，并直接用于勘探、开发作业的设备、仪器、零附件、专用工具，详见《免税物资清单》。

三、中国石油天然气集团公司、中国石油化工集团公司作为项目主管单位，应于每年 3 月底前将当年各项目申请免税物资（包括租赁进口的物资）的计划进口额以及下一年度是否有 2015 年确认的存续项目有效期到期等情况汇总报财政部，并对照上一年度对进口额的增减情况进行分析说明。有关项目主管单位应将开采项目免税进口额度申请文件同时抄报海关总署和国家税务总局。

四、享受税收优惠政策的年度免税进口额度由财政部商海关总署、国家税务总局等有关部门确定。年度免税进口额度将结合企业实际进口需求、项目投资具体情况、往年免税政策执行情况、国际油价水平、企业利润水平、国家财政收支状况等因素综合确定。收到上述各项目主管单位申请当年免税进口额度文件后，财政部商海关总署和国家税务总局，原则上在 40 个工作日内印发当年免税进口额度。

除遇特殊情况外，已经下达的年度免税进口额度原则上不予追加。

五、"十三五"期间，财政部不再单独印发经确认的开采项目清单，各项目主管单位依据有关部门出具的项目证明文件、《免税物资清单》及年度免税进口额度，于当年内完成对符合政策规定范围的项目、项目执行单位及其免税进口物资清单的认定，并按规定如实填报和出具《我国陆上特定地区开采石油（天然气）项目及其进口物资确认表》（以下简称《确认表》，格式详见附2）。

2015 年已经财政部、海关总署和国家税务总局共同审核认定的项目，在"十三五"期间继续存续的，在存续期内继续享受本规定税收优惠政策，各项目主管单位按本条第一款出具《确认表》，并应在存续项目有效期结束前及时向财政部、海关总署、国家税务总局报备，明确项目截止时间。

对于"十三五"期间经各项目主管单位确定的项目，项目执行单位应持《确认表》等有关资料向海关申请办理进口减免税手续，办理减免税手续的具体办法由海关总署另行制定。

六、为适应企业连续生产的实际需要、简化操作以及强化各项目主管单位的自身管理责任和意识，在当年度免税进口额度印发前，各项目主管单位可以在上一年度已确定的免税进口额度 40% 以内，提前对项目执行单位免税进口物资清单予以认定。对于擅自超出上述额度对执行项目单位免税进口物资清单进行认定的，财政部商海关部署、国家税务总局后相应扣减当年的免税进口额度，情节严重的，将暂停确定该项目主管单位下一年度申请的免税进口额度。

七、本规定附1所列《免税物资清单》根据执行情况由财政部会同海关总署、国家税务总局等有关部门适时调整。海关对上述进口物资进行减免税审核确认时，以《免税物资清单》所列的货品名称和技术指标为准，税则号列作为参考。

八、在实际进口中，如有《免税物资清单》中未具体列名但确需进口用于我国陆上特定地区开采石油（天然气）的设备、仪器、零附件、专用工具，由海关总署会同财政部、国家税务总局确定。

九、2016～2017年的年度免税进口额度准予各项目主管单位合并申报、下达并使用，有效期截至2017年底。除以上特殊情况外，经确定的各项目主管单位的年度免税进口额度当年有效，不得跨年度使用，有关物资须在当年内申报进口。

十、各项目主管单位应于每年3月底前将上一年度本单位政策执行情况汇总报财政部，并抄报海关总署、国家税务总局。财政部会同海关总署、国家税务总局等有关部门在政策执行期间，对各项目主管单位每年申报的新增自营项目免税执行情况进行核查，对申报的其他项目组织进行抽查，发现项目主管单位超出《免税物资清单》范围认定的，按有关规定处理，严重违反规定的，取消项目主管单位的免税资格；发现项目主管单位擅自超出政策规定的项目范围或擅自超出上年免税进口额度认定的，暂停确定该项目主管单位下一年度的免税进口额度。

十一、对符合本规定用于开采陆上特定地区石油（天然气）的免税进口物资，在海关监管年限内，未经海关审核同意，不得抵押、质押、转让、移作他用或者进行其他处置。如有违反，按国家有关法律、法规及相关规定处理。

十二、财政部、海关总署、国家税务总局等有关部门的工作人员在免税政策执行过程中，存在违反免税政策规定的行为，以及滥用职权、玩忽职守、徇私舞弊等违法违纪行为的，按照《预算法》、《公务员法》、《行政监察法》、《财政违法行为处罚处分条例》等国家有关规定追究相应责任；涉嫌犯罪的，移送司法机关处理。

十三、本规定由财政部会同海关总署、国家税务总局负责解释。

十四、本规定有效期为2016年1月1日至2020年12月31日。

附：1. 开采陆上特定地区石油（天然气）免税进口物资清单

2. 我国陆上特定地区开采石油（天然气）项目及其进口物资确认表

3. 项目进口额申报表

附1：

开采陆上特定地区石油（天然气）免税进口物资清单

序号	税则号列	货品名称	技术指标	备注
一、用于特定地区石油（天然气）勘探与开发的物资设备及零部件				
1	90158000	地震仪		
2	90158000	地震测井仪		
3	90158000	检测仪		
4	90158000	地震仪主机		
5	90158000	数字检波器		
6	90158000	浅层折射仪	接收道数≥96CH	
7	90158000	编/译码器、电控箱体		
8	90158000	地面采集设备		
9	90158000	检波器测试仪		
10	85444110	地震电缆		

续表

序号	税则号列	货品名称	技术指标	备注
11	90171000	绘图仪	分辨率≥200dpi	
12	90148000	测量定位仪、参考站、流动站		
13	90158000	测深仪		
14	90148000	声学定位系统		进口日期截止到 2018 年 12 月 31 日
15	90158000	声速仪		
16	90148000	综合导航系统		
17	90158000	电法仪		
18	90158000	电磁仪		
19	85261090	地质雷达		
20	90158000	重力仪		
21	90158000	磁力仪		
22	84291190	沙漠推土机		
23	89069010	空气船		
24	84304119	连续油管钻机设备		
25	84304900	连续油管钻井井下配套工具		
26	85021100 85021200 85021310 85021320 85023900	发电机/组（柴油、天然气）		
27	84118200	燃气轮机		
28	84099093	发动机（柴油、天然气）		
29	84834090	变矩器		
30	90258000	密度仪		
31	90328900	垂直钻井系统		进口日期截止到 2017 年 12 月 31 日
32	84834090	导向马达		
33	90318090	随钻测量仪	测量参数≥13 个	
34	90318090	陀螺测斜仪		
35	84834090	旋转导向系统		
36	82071990	分支井开窗工具		
37	84314310	井下工具（永久封、滑套、坐落短节）		
38	84314310	旋转头	压力≥2 000Psi	
39	84108090	制氮装置的增压机和膜管		
40	84314310	分级箍		
41	84314310	浮箍	最大承压能力 >45 兆帕	
42	84314310	浮鞋	最大承压能力 >45 兆帕	

序号	税则号列	货品名称	技术指标	备注
43	73042900	气密封特殊丝扣套管		
44	73042900	气密封特殊丝扣油管		
45	90328990	测井地面系统		
46	90318090	随钻测井仪		
47	28444090	放射性源		
48	84314310	石油或天然气钻探机用打捞工具	尺寸≥2 3/8″	
49	85446012	测井电缆	直流电压≥500V	进口日期截止到2018年12月31日
50	90158000	测井仪（放射性、成像、地层测试、地层倾角、流动剖面、特殊井眼、井径、卡点指示、地层元素、核磁）		进口日期截止到2018年12月31日
51	90262010	压力传感器	精度≤0.1	
52	90262010	录井传感器	工作环境温度：-48℃~60℃	
53	84818090	封隔器	耐温≥150℃	进口日期截止到2018年12月31日
54	83071000	连续油管	油管直径≥2 7/8″	
55	84314310	石油或天然气钻探机用测试工具		
56	84818090	电缆桥塞		
57	90262010 90262090 90268000	电子压力计	耐温≥175℃，精度≤0.02%满量程	
58	90303990	电导率变送器	最大量程≥2 000mS/cm，精度≤0.05%满量程	
59	84162011 84162019	燃烧器		
60	84798999	注蒸汽泡沫装置		
61	84021900	余热回收装置	额定蒸发量≥45t/h	
62	84148090	压缩机/组（天然气、空气、凝析油开采注气、蒸汽）	排气量≥4 000m³/h，排气压力>20MPa，蒸汽不限	
63	84137099	离心泵		
64	84148020	二氧化碳及气体配套注入设备		
65	84122990 84123900	执行机构（电动、气动、气液联动、液动）		
66	90318090	分子量测定仪		

序号	税则号列	货品名称	技术指标	备注
67	90268000 90281090 90282090 90318090	监测控制仪表		
68	84714991	自动化控制系统（SCADA、DCS、ESD、SIS、FGS、PLC、RTU）		
69	84306100	气动夯锤		
70	84798999	管道对口器	管道直径 > 28″	进口日期截止到2017 年 12 月 31 日
71	84798999	管道封口器	管道直径 > 12″	进口日期截止到2017 年 12 月 31 日
72	84798999	管道清管器	管道直径 > 12″，管道距离 ≥200km	进口日期截止到2017 年 12 月 31 日
73	90278099	非金属检测仪	读测精度 ≤0.1μs	
74	90278099	金属材料探测仪	探测深度 ≥3 000mm	
75	90318090	测厚仪	分辨率 ≤0.1μm（测量范围 < 100μm）；分辨率 ≤1μm（测量范围 ≥ 100μm）	
76	87042230	地震勘探沙漠车底盘	门式桥、离地间隙 ≥440mm、螺旋弹簧悬挂	
77	8481	油、气田用阀门（电磁阀、安全阀、减压阀、调节阀、关断阀、气压传动阀、油压传动阀、止回阀、球阀、排气阀、控制阀、J－T 阀）	耐腐	
78	85065000	锂电池	耐高温 ≥150℃	
79		上述设备、仪器、专用工具的零部件		
二、用于制造供特定地区石油（天然气）勘探与开发的设备确需进口的零附件				
1. 可控震源零附件				
80	84834090	变速箱	工程机械用，非车辆用	
81	84834090	分动箱	工程机械用，非车辆用	
82	84834090	齿轮箱	工程机械用，非车辆用	
83	84089093	车载柴油发动机	功率 ≥200HP	进口日期截止到2019 年 12 月 31 日
84	84122910	驱动马达		
85	84138100	驱动泵		
86	84138100	振动泵		
87	84198990	液压冷却器	散热能力 ≥100KW	
88	84212990	高精度滤油器		
89	84812010	伺服阀	频率：6 ~ 250HZ	

序号	税则号列	货品名称	技术指标	备注
90	87085073	驱动桥	静载桥荷≥17t	
		2. 山地钻机、沙漠摩托的零附件		
91	84079090	汽油发动机	净重＜70KG，功率＞22HP，非车辆用	
92	84089093	柴油发动机	净重＜80KG，功率＞18HP，非车辆用	
93	84144000	空压机	排气压力＞0.7MPa	
		3. 地震勘探车、沼泽车的零附件		
94	84082010	柴油发动机	100～600HP	
95	87084060	变速箱	传递功率≥300KW，输入扭矩≥1 500NM	
96	84834090	分动箱		
97	84834090	取力器（箱）		
98	87085060	驱动桥	沼泽车用桥及桥荷≥13t的重型桥	
		4. 地面采集设备的零附件		
99	85366900	地震电缆插头		
100	85366900	检波器插头		
101	90159000	高精度检波器芯体	误差指标＜2.5%	

附2：

我国陆上特定地区开采石油（天然气）项目及其进口物资确认表

编号：

申请免税项目执行单位名称： 地址： 邮编：	项目执行单位经办人姓名： 联系电话：
陆上特定地区名称：	开采项目名称：
项目备案确认书编号/项目批复号：	
申报进口口岸：	项目执行单位有关项目所在地海关：
进口货物收发货人名称：	
进口货物名称：	

进口合同号：	进口货物金额（含币种）：	进口货物数量：

续表

申请免税政策依据：	项目主管单位办理部门的审核签章
	年 月 日

备注：
1. 本表由各项目主管单位负责印制，如实填报，一次性使用，内容不得更改，复印件无效。如"进口货物名称"栏不能填写详尽的，应随附盖有项目主管单位办理部门签章的物资清单，本表和所附清单应加盖骑缝章。
2. 本表"开采项目名称栏"，除填写开采项目名称外，还应同时标注该项目为自营项目或中外合作项目。
3. 本表"项目备案确认书编号/项目批复号"栏，应如实填写由国家有关部门出具的以下文件名称及文号：自营勘探项目的探矿权证；自营开发项目的备案确认书；中外合作开采项目的核准文件等有关证明材料。
4. 本表编号由项目主管单位办理部门按年份、顺序编号。
5. 本表一式三联，第一联由海关留存，第二联由各项目主管单位留存，第三联由申请免税项目执行单位留存。

附3：

项目进口额申报表

项目类别	项目名称	所属区域	项目所在地海关	计划进口额（万美元）	主要进口设备范围简要说明	备注
勘探项目	1.					
	2.					
	……					
勘探项目计划进口额小计						
开发项目	1.					
	2.					
	……					
开发项目计划进口额小计						
项目进口额总计						

说明：首次申请的自营勘探项目，应详细说明探矿权证标明的区域与勘探项目所处具体区域的关系；首次申请的自营开发项目，应详细说明项目备案确认书中的名称以及项目所处的具体区域。

财政部 海关总署 国家税务总局关于"十三五"期间在我国海洋开采石油（天然气）进口物资免征进口税收的通知

2016 年 12 月 29 日 财关税〔2016〕69 号

各省、自治区、直辖市、计划单列市财政厅（局）、国家税务局，新疆生产建设兵团财务局，海关总署广东分署、各直属海关：

为支持我国海洋石油（天然气）的勘探开发，经国务院批准，现将"十三五"期间在我国海洋开采石油（天然气）进口物资税收政策通知如下：

一、自 2016 年 1 月 1 日至 2020 年 12 月 31 日，在我国海洋进行石油（天然气）开采作业（指勘探和开发，下同）的项目，进口国内不能生产或性能不能满足要求，并直接用于开采作业的设备、仪器、零附件、专用工具（详见附件管理规定的附 1《开采海洋石油（天然气）免税进口物资清单》，以下简称《免税物资清单》），在规定的免税进口额度内，免征进口关税和进口环节增值税。

二、本通知所指海洋为：我国内海、领海、大陆架以及其他海洋资源管辖海域（包括浅海滩涂）。

三、符合本通知规定的石油（天然气）开采项目项下免税进口的物资实行《免税物资清单》与年度免税进口额度相结合的管理方式（管理规定见附件）。

四、符合本通知规定的石油（天然气）开采项目项下暂时进口《免税物资清单》所列的物资，准予免税。有关物资进口时，海关按暂时进口货物办理手续。上述暂时进口物资超出海关规定的暂时进口时限仍需继续使用的，经海关审核确认可予延期。在暂时进口（包括延期）期限内准予按本通知第一条规定免税。暂时进口物资不纳入免税进口额度管理。

五、符合本通知规定的石油（天然气）开采项目项下租赁进口《免税物资清单》所列的物资，准予按本通知第一条规定免税，并纳入免税进口额度统一管理。租赁进口《免税物资清单》以外的物资应按有关规定照章征税。

六、1994 年 12 月 31 日之前批准的对外合作"老项目"与其他项目适用统一的《免税物资清单》。

附件：关于在我国海洋开采石油（天然气）进口物资免征进口税收的管理规定

附件：

关于在我国海洋开采石油（天然气）进口
物资免征进口税收的管理规定

一、根据国务院批准的有关"十三五"期间继续执行在我国海洋开采石油（天然气）进口物资免征关税和进口环节增值税政策的精神，特制定本规定。

二、本规定所指的免税进口物资是指在我国海洋进行石油（天然气）开采（指勘探和开发，下同）作业的项目所需进口的国内不能生产或性能不能满足要求，并直接用于开采作业的设备、仪器、零附件、专用工具，详见《免税物资清单》。

三、国土资源部、中国海洋石油总公司、中国石油天然气集团公司、中国石油化工集团公司作为项目主管单位，应于每年 3 月底前将当年各项目申请免税物资（包括租赁进口的物资）的计划进口额以及下一年度是否有 2015 年确认的存续项目（含"老项目"）有效期到期等情况汇总报财政部，并对照上一年度对进口额的增减情况进行分析说明。有关项目主管单位应将开采项目免税进口额度申请文件同时抄报海关总署和国家税务总局。

四、享受税收优惠政策的年度免税进口额度由财政部商海关总署、国家税务总局等有关部门确定。年度免税进口额度将结合企业实际进口需求、项目投资具体情况、往年免税政策执行情况、国际油价水平、企业利润水平、国家财政收支状况等因素综合确定。收到上述各项目主管单位申请当年免税进口额度文件后，财政部商海关总署和国家税务总局，原则上在 40 个工作日内印发当年免税进口额度。

除遇特殊情况外，已经下达的年度免税进口额度原则上不予追加。

五、"十三五"期间，财政部不再单独印发经确认的开采项目清单，各项目主管单位依据有关部门出具的项目证明文件、《免税物资清单》及年度免税进口额度，于当年内完成对符合政策规定范围的项目、项目执行单位及其免税进口物资清单的认定，并按规定如实填报和出具《我国海洋开采石油（天然气）项目及其进口物资确认表》（以下简称《确认表》，格式详见附 2）。

2015 年已经财政部、海关总署和国家税务总局共同审核认定的项目，在"十三五"期间继续存续的，在存续期内继续享受本规定税收优惠政策，各项目主管单位按本条第一款出具《确认表》，并应在存续项目有效期结束前及时向财政部、海关总署、国家税务总局报备，明确项目截止时间。

对于"十三五"期间经各项目主管单位确定的项目，项目执行单位应持《确认表》等有关资料向海关申请办理进口减免税手续，办理减免税手续的具体办法由海关总署另行制定。

六、为适应企业连续生产的实际需要、简化操作以及强化各项目主管单位的自身管理责任和意识，在当年度免税进口额度印发前，各项目主管单位可以在上一年度已确定的免税进口额度的 40% 以内，提前对项目执行单位免税进口物资清单予以认定。对于擅自超出上述规定额度对项目执行单位免税进口物资清单进行认定的，财政部商海关总署、国家税务总局后相应扣减当年的免税进口额度，情节严重的，将暂停确定该项目主管单位下一年度申请的免税进口额度。

七、本规定附 1 所列《免税物资清单》根据执行情况由财政部会同海关总署、国家税务总局等有关部门适时调整。海关对上述进口物资进行减免税审核确认时，以《免税物资清单》所列的货品名称和技术指标为准，税则号列作为参考。

八、在实际进口中，如有《免税物资清单》中未具体列名但确需进口用于我国海洋开采石油（天然气）的设备、仪器、零附件、专用工具，由海关总署会同财政部、国家税务总局确定。

九、2016 至 2017 年的年度免税进口额度准予各项目主管单位合并申报、下达并使用，有效期截至 2017 年底。除以上特殊情况外，经确定的各项目主管单位的年度免税进口额度当年有效，不得跨年度使用，有关物资须在当年内申报进口。

十、各项目主管单位应于每年 3 月底前将上一年度本单位政策执行情况汇总报财政部，并抄报海关总署、国家税务总局。财政部会同海关总署、国家税务总局等有关部门在政策执行期间，对各项目主管单位的免税执行情况组织抽查，发现项目主管单位超出《免税物资清单》范围认定的，按有关规定处理，严重违反规定的，取消项目主管单位的免税资格；发现项目主管单位擅自超出政策规定的项目范围或擅自超出上年免税进口额度认定的，暂停确定该项目主管单位下一年度的免税进口额度。

十一、对符合规定用于开采海洋石油（天然气）的免税进口物资，在海关监管年限内，未经海关审核同意，不得抵押、质押、转让、移作他用或者进行其他处置。如有违反，按国家有关法律、法规及相关规定处理。

十二、财政部、海关总署、国家税务总局等有关部门的工作人员在免税政策执行过程中，存在违反免税政策规定的行为，以及滥用职权、玩忽职守、徇私舞弊等违法违纪行为的，按照《预算法》、《公务员法》、《行政监察法》、《财政违法行为处罚处分条例》等国家有关规定追究相应责任；涉嫌犯罪的，移送司法机关处理。

十三、本规定由财政部会同海关总署、国家税务总局负责解释。

十四、本规定的有效期为 2016 年 1 月 1 日至 2020 年 12 月 31 日。

附：1. 开采海洋石油（天然气）免税进口物资清单

2. 我国海洋开采石油（天然气）项目及其进口物资确认表

3. 项目进口额申报表

附 1：

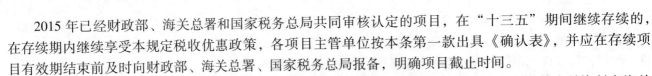

开采海洋石油（天然气）免税进口物资清单

序号	税则号列	货品名称	技术指标	备注
1	89069010	勘探船（物探船、勘查船）		限租赁进口和暂时进口
2	89052000	钻井平台（半潜式钻井平台、自升式钻井平台）	半潜式钻井平台：作业水深≥1 000 英尺 自升式钻井平台：作业水深≥300 英尺	限租赁进口和暂时进口。其中，技术指标适用于租赁进口，暂时进口不受技术指标限制

序号	税则号列	货品名称	技术指标	备注
3	89019080 89040000 89059090 89051000 89069010	海洋工程作业船（起重船、饱和潜水支持船、三用工作船、驳船、拖轮、抛石船、油田守护供应船、铺管船、安装船）	起重船：吊装能力≥5 000 吨 饱和潜水支持船：自带饱和潜水系统 三用工作船：动力定位级别≥DP2 驳船：具有滑移下水功能或者半潜功能 拖轮：配合无动力或动力不足的驳船使用 抛石船：抛石作业水深≥1 000 米	限租赁进口和暂时进口。其中，技术指标适用于租赁进口，暂时进口不受技术指标限制
4	89079000	浮式生产储油轮		限租赁进口和暂时进口
5	84089092	柴油机（船用除外）	功率≥350 千瓦，防腐防爆	
6	84081000	船用柴油发动机	功率≥300 千瓦	
7	84195000	印刷式热交换装置		
8	85269190	导航仪		
9	84138100	液压泵站	功率≥55 千瓦	
10	85269190 85318000	综合导航系统		
11	84212990	油水分离器	排放浓度≤45PPM	进口日期截止到 2018 年 12 月 31 日
12	89069010	工作艇	航速≥15 节	
13	84148090	空压机	排量≥9 方/小时	
14	84871000	推进系统（伸缩式推进系统、折臂式推进系统、全回转式推进系统、CPP 推进系统）		
15	85044099	变频器		
16	84871000	侧推器	功率≥240 千瓦	
17	85015300 85016410	发电机	功率≥300 千瓦	
18	85021200 85021310 85021320 85023900	发电机组	功率≥300 千瓦	
19	90148000	定位系统	级别：DP2、DP3	DP2 级别进口日期截止到 2019 年 12 月 31 日
20	90141000	电罗经	艏向精度达到 0.05 度或更高	
21	90148000	计程仪	精度≤±1%（航程）	
22	90328990	自动操舵仪		
23	84122990	液压泵、液压马达		
24	84253990	液压绞车	载荷≥4 吨	
25	84253990	气动绞车	载荷≥3 吨	
26	84253190	电动绞车	载荷≥1 吨	
27	84263000 84269900	吊机	安全载荷≥50 吨	进口日期截止到2018 年 12 月 31 日

序号	税则号列	货品名称	技术指标	备注
28	84253190 84253990	锚机	用于半潜式平台锚泊定位	
29	84211990	分油机	处理量≥10 方/小时	
30	84189900	冷却装置	冷却能力≥20 千瓦	进口日期截止到 2018 年 12 月 31 日
31	90261000	液位遥测装置		
32	90328990	阀门遥控装置		进口日期截止到 2018 年 12 月 31 日
33	90148000 90158000	测深仪、经纬仪、视距仪、测距仪、多波束测深仪		
34	90158000	全站仪		
35	90158000	单/多道地震系统		
36	90158000	海洋物探地震源系统		
37	90158000	地层剖面仪		
38	90158000	地震采集系统/地震仪		
39	90159000	地震炮缆		
40	90159000	接收采集段		
41	90318090	检测仪/设备		
42	90158000	定深/定向控制器		
43	90148000	浮标定位系统		
44	89079000	浮体		
45	90158000	CPT 测试系统		
46	90158000	海流计	工作深度≥2 000 米	
47	90328990	海洋地震导航综合处理系统		
48	84798999	空气枪	体积≥10 立方英寸	
49	90158000	水面定位仪		
50	84798999	扩展器/扩展器收放系统		
51	90158000	声呐系统		
52	90159000	数字包	≥24 位	
53	90159000	前导段/前导段防折器		
54	90158000	海流剖面仪		
55	90158000	取样器		进口日期截止到 2017 年 12 月 31 日
56	90158000	水速鸟/声速鸟/声学鸟/水鸟		进口日期截止到 2019 年 12 月 31 日
57	90158000	水下声学定位器		进口日期截止到 2018 年 12 月 31 日
58	90158000	拖缆定位系统		进口日期截止到 2018 年 12 月 31 日
59	90159000	验潮仪		
60	90158000	涌浪补偿器/姿态传感器		
61	84122100	补偿器		
62	90318090	综合记录器		
63	90158000	空气枪控制器		

序号	税则号列	货品名称	技术指标	备注
64	90158000	海洋重力仪		
65	85269190	反射尾标		
66	90158000	磁力仪		
67	90158000	海洋磁力梯度仪		
68	90158000	海洋物探地震仪器		
69	90158000	水下声学传输通信器（系统）		进口日期截止到 2019 年 12 月 31 日
70	90158000	前视声呐系统		
71	84795010	水下机器人	水深≥500 米	
72	90158000	深水调查系统 AUV		进口日期截止到 2018 年 12 月 31 日
73	90158000	深海拖曳观测系统		
74	85258011	水下摄像系统		
75	84798999	声学释放器（系统）		
76	90158000	海底磁测系统		
77	90158000	海底热流仪		
78	90158000	触探仪		
79	90158000	锥探仪		
80	90158000	测探仪		
81	90158000	海底观测基站		
82	73121000	专用取样钢缆		
83	85444911 85444921 85446012	电缆（等浮电缆、屏蔽电缆、海底电缆、控制电缆、电潜泵电缆、仪表电缆、数据电缆、铠装数据电缆、输送电缆等）		
84	85269190	GPS 接收机	定位精度≤15 厘米	
85	84289090	等浮电缆收放装置		
86	85234920	软件（解释软件、开发软件、系统软件、集成软件、定位导航软件、采集软件、处理软件、反演软件、叠加软件、工程软件等）		
87	84717020	阵列机		
88	84717020	磁盘机		
89	85232923	地震磁带		
90	90148000	船位仪系统		
91	90148000	定位导航设备		
92	90158000	动力定位装置		
93	85269200	无线电遥控设备		
94	90278099	分析仪		
95	85149010	熔样机		
96	84742010	碎样机		

序号	税则号列	货品名称	技术指标	备注
97	90278099	测定仪		
98	90278099	自动电位滴定仪		
99	90221990	X 射线衍射仪		
100	90278099	岩芯分析仪		
101	90158000	三轴试验系统		
102	84314310 84798999	顶部驱动装置	载荷≤150 吨或载荷≥450 吨	进口日期截止到 2017 年 12 月 31 日
103	84122100	张紧系统		
104	90328990	控制装置		
105	84798999	自动灌浆装置		
106	90158000	测井地面系统		
107	90158000	测井仪（储层动态检测测井仪、垂直地震测井仪、生产井测井仪）		
108	90158000	综合录井仪	接入传感器数量≥60；采集频率＞50Hz；防暴级别为 DNV2.7.2	
109	28444090	放射源		
110	90328990	监测仪/自动监测装置		
111	84176234	脉冲编码调制解调器		
112	90158000	旋转导向钻井工具		
113	90158000	地层测试仪		进口日期截止到 2018 年 12 月 31 日
114	90159000	偏心器		
115	90251910 90262090 90292090 90318090	传感器		
116	90158000	录井岩屑称重仪		
117	90158000	多臂井径仪		
118	90318090	张力计		
119	84212990	三相分离器		
120	84798999	连续油管设备	注入头最大提升 140 000 磅	进口日期截止到 2018 年 12 月 31 日
121	84314310	环空操作压力工具/APR 测试工具（包括：伸缩接头、RD 循环阀、泄压阀、多次循环阀、选择测试阀、测试阀、液压旁通、震击器、安全接头、RTTS/XHP 封隔器、RD 取样器、单相取样器、油管试压阀、RD 旁通、井下安全阀、风暴阀）		

序号	税则号列	货品名称	技术指标	备注
122	84289090	机械手	作业深度≥1 500 米	
123	84798990 84814000	井下工具（井下安全阀、插入密封、定位密封、隔离密封、沉砂封隔器、封隔器总成）		
124	84314310	扶正器	尺寸≥20 英寸	
125	90158000	无线随钻测量仪（随钻中子测量仪；随钻密度测量仪；随钻压力测量仪；随钻电阻率测量仪；随钻伽马测量仪；随钻直井测斜仪）		
126	90158000	陀螺测量仪		
127	84212990	清洁器		进口日期截止到 2018 年 12 月 31 日
128	84741000	振动筛		进口日期截止到 2018 年 12 月 31 日
129	94060000	工作间（录井工作间、水下机器人控制间）		
130	84798999	井口装置		
131	84314310	导向基座		
132	84798999	悬挂器	尺寸≥5 英寸	
133	84798999	下入工具		进口日期截止到 2019 年 12 月 31 日
134	84818090 84818040	水下采油树		进口日期截止到 2019 年 12 月 31 日
135	73042400 73042910 73042920 73042930	导管	外径≥36 英寸	
136	73062900	隔水管	外径≥21 英寸	进口日期截止到 2018 年 12 月 31 日
137	84798999	连接器		进口日期截止到 2018 年 12 月 31 日
138	84818040	水下井口管汇		进口日期截止到 2018 年 12 月 31 日
139	84798999	防喷器（万能防喷器、闸板防喷器、旋转防喷器等）	工作压力≥2 000PSI	
140	84138100	试压装置	压力≥2 000PSI	
141	90328990	防喷器控制系统		
142	84314310 85372090 90328990	控制盘		
143	85319010	防火防爆检测系统		
144	85311000 85318010	报警系统（装置）		

续表

序号	税则号列	货品名称	技术指标	备注
145	85309000 85318090 94054010 94054020 94054090	灯具（扫海灯、探照灯）		
146	90271000 90318090	气体探测仪		进口日期截止到 2018 年 12 月 31 日
147	85437099	遇难者搜寻器		
148	73129000	吊索		
149	84148090 84798999	呼吸器充气机		
150	84798999	两栖逃生系统		
151	63072000	安全带	拉力≥150 千克	
152	56081900 56090000	吊笼	安全载荷≥2 500 千克	
153	84289090	架工逃生装置		
154	84688000 85158000	水下焊接设备		
155	84798999 84799090	水下切割设备		
156	84798999	饱和潜水设备	水深≥100 米	
157	84123100 84123900	气压动力装置		
158	61130000	潜水服		
159	90148000	水下指南针		
160	90200000	潜水头盔		
161	84122990	液压/气动动力扳手		
162	84798990	吸油机		进口日期截止到 2018 年 12 月 31 日
163	40169990	围油栏		进口日期截止到 2018 年 12 月 31 日
164	79070090	防腐挂片		
165	85437099	外加电流防腐装置		进口日期截止到 2018 年 12 月 31 日
166	88021210 88021220	直升机	5 吨＜空载重量＜10 吨	
167	84253990	拖缆机	载荷≥450 吨	进口日期截止到 2018 年 12 月 31 日
168	84798999	酸性介质生产模块		
169	90328990	处理模块		
170	84161000	燃烧器		
171	84051000	惰性气体发生器	生产量≥10 000 立方英尺/小时	
172	84714991	中央控制系统		

序号	税则号列	货品名称	技术指标	备注
173	90282090	原油计量橇		
174	84798999	原油外输装置		
175	84212199	海水处理装置		进口日期截止到 2018 年 12 月 31 日
176	84798999	单点系泊系统		
177	40092100 40094100	输油软管		进口日期截止到 2019 年 12 月 31 日
178	84798999	油轮铰接式摇柱		
179	89079000	浮筒（深水海管回收浮筒、单点系泊浮筒）		进口日期截止到 2018 年 12 月 31 日
180	40094200 40092200	柔性立管	尺寸≥6 英寸	
181	40069010	橡胶护舷	水平受力≥800 吨，垂向受力≥160 吨，变形＜50%	
182	84682000 84688000 85158000	焊接设备	2G、5G、6G 自动焊	进口日期截止到 2018 年 12 月 31 日
183	84589900 84619090 84798190	H 型钢切割设备	切割精度为±5mm	进口日期截止到 2018 年 12 月 31 日
184	84289090	模块平板车		进口日期截止到 2018 年 12 月 31 日
185	84301000	打桩设备		
186	84253190 84253990	吊桩器		
187	84798990	对中器	管径≥8 英寸	
188	84295900	水下挖沟机		
189	84798999	溢油回收装置		进口日期截止到 2018 年 12 月 31 日
190	84118100	燃气轮机		进口日期截止到 2019 年 12 月 31 日
191	85013300 85013400 85015300	电动马达	功率≥75 千瓦	
192	85065000	锂电池	耐温≥100℃或≤－50℃	
193	84212990 84219990	海水淡化装置	处理量≥30 方/天	
194	84148090	压缩机	功率≥7.5 千瓦	
195	84211920 84211990	水力旋流器	处理量≥150 方/小时	
196	84212990 84213990	过滤装置	精度≥50 目	

续表

序号	税则号列	货品名称	技术指标	备注
197	84798999	氯化装置		
198	84798999	脱氧装置		
199	84798999	导管架封隔器		
200	84798999	夹紧器		
201	40091100 83071000	控制管线		
202	73079900 84314310	转换接头		
203	90262090	测压系统		
204	84289090	抓管机		进口日期截止到 2018 年 12 月 31 日
205	73042900	气密封特殊丝扣油管（套管）		
206	84148090	天然气离心式压缩机组	功率≥120 千瓦	
207	73069000	海底管汇	水深≥300 米	进口日期截止到 2018 年 12 月 31 日
208	84798999	油（气）运输设备		
209	84811000 84812010 84812020 84813000 84814000 84818021 84818039 84818040 84818090	阀门（包括电磁阀、安全阀、减压阀、调节阀、关断阀、气压传动阀、油压传动阀、止回阀、多路阀、泵保护阀、排气阀、控制阀、高压闸阀、井口安全阀、平衡阀、保温阀、液动阀、防爆阀、浮阀、真空阀、循环阀、测试阀、进气阀、示功阀、空气启动阀、喷油阀、球阀、闸阀、截止阀、单旋塞阀、双旋塞阀、液压阀）		
210	84131900 84133030 84135010 84135020 84135090 84137091 84137099 84138100 84142000	泵（包括原油外输泵、混输泵、热媒油泵、冷凝泵、计量泵、液氮泵、电潜泵、离心泵、压载泵、消防泵、柱塞泵、螺杆泵、燃油泵、润滑油泵、海水提升泵、循环水泵）		进口日期截止到 2018 年 12 月 31 日
211	90261000	雷达液位计、磁致伸缩液位计、核子界面仪		
212	90262090	压力表（计）	压力≥10 000PSI	
213	73269019	清管器		进口日期截止到 2018 年 12 月 31 日
214	73072100 73079100	法兰	特殊材料法兰：超级双相钢、镍基合金625/825 等；或特殊型式法兰：旋转法兰、锥形锁紧法兰、卡箍接头法兰	
215	84619090	坡口机	坡口尺寸精度：±0.05mm	
216	90328990	自动遥测装置		

序号	税则号列	货品名称	技术指标	备注
217	90318090	多功能探伤仪		
218	73071100	挠性接头/球接头		
219	73071100	伸缩节		进口日期截止到2018年12月31日
220	84289090	防喷器/隔水管/采油树起重设备	载荷≥20吨	进口日期截止到2018年12月31日
221	84289090	防喷器/隔水管/采油树运移设备	载荷≥20吨	进口日期截止到2018年12月31日
222	90278099	激光粒度分析仪		
223	90318090	水下电位测量仪	工作水深≥50米	
224	90318090	水下超声波测厚仪	工作水深≥50米	
225	90158000	惯性导航系统	2分钟修正漂移≤5米，5分钟修正漂移≤30米	
226	90158000	剪切波速仪	最大工作压力≥20MPa	
227	90158000	可控源电磁勘探系统	发射源电流≥1 000安培	
228	84193990	天然气处理装置（三甘醇脱水处理装置、乙二醇脱水处理装置）		
229	84798999	废热回收系统		
230	85371019	船舶联合操控台（非编程数控装置）		
231	84248999	水下清洗设备（含水枪）	水深≥50米	
232	84798999	水下打磨设备	水深≥50米	
233	84798999	水下喷射式挖掘设备	水深≥50米	
234	84798999	空气排载系统	排量≥1万方/小时	
235	90318090	调平器（测平）	调平的最小重量≥800吨	
236	84798999	涨桩器（带液压装置）	适用桩径≥300毫米	
237	84798999	水下管线回收装置	海管直径≥12英寸	
238	84798999	翻桩器（带液压装置）	适用桩径≥1 000毫米	
239	84269900	船用巨型起重机	起升装置能力≥1万吨	
240	84251900	船体起升装置（非滚筒式）	起升能力≥1 000吨	
241	90318090	电火花测漏仪		
242	40092200 85444221	脐带缆		进口日期截止到2019年12月31日
243	84798999	水下液压分配装置		
244	73051100	深水海底管线	水深≥300米	
245	56075000 73121000	系泊缆		
246	73269019	深水套管头	尺寸≥7英寸	
247	90318090	缆绳张力测量系统		
248	84798999	液压防溜桩器	载荷≥100吨	

序号	税则号列	货品名称	技术指标	备注
249	84798999	喷淋阀撬	开启时间≤5 秒，材质为镍铝青铜	
250	90328990	水下生产控制系统		进口日期截止到 2018 年 12 月 31 日
251	90328990	智能完井系统		
252	73269019	鲨鱼钳拖销		
253	84314310	扶中器		
254	84834090	齿轮箱		进口日期截止到 2018 年 12 月 31 日
255	84289090	等浮电缆回收保护装置		
256	84798999	组合式下套管工具		
257	90268090	温盐深测量仪		
258	73042400 73043120 73043920 73045120 73045920	高扭矩套管	最大扭矩值≥39 000 英尺磅	
259	84131100	直升机加油装置	油罐容量：1 立方~10 立方	
260	73121000	转喷器		进口日期截止到 2018 年 12 月 31 日
261	84818040	流量计	接口尺寸≥1/8 英寸	
262	84314310	水下测试树（包括：水下树、防喷阀、承留阀、扶正器、承压短节、剪切短节、悬挂器、储能器、隔水管控制装置、隔水管密封短接、注入短节、脐带缆、绞车、控制面板、脐带缆抱卡、冲洗装置、地面电控面板、油管挂送入工具、脐带缆滑轮、7.375 英寸完井流动头）		
263	84283990	排管机	立柱旋转范围：0~250 度	进口日期截止到 2018 年 12 月 31 日
264	84283990	折臂吊	夹钳夹持范围：20 英寸及以下	进口日期截止到 2018 年 12 月 31 日
265	84283910	桥吊	提升能力：0~20 吨	进口日期截止到 2018 年 12 月 31 日
266	84261943	下部导向臂	伸缩范围：800mm~6 000mm	进口日期截止到 2018 年 12 月 31 日
267	84289090	防喷器下部导向装置	防喷器穿过该设备的扶正开口尺寸≤8 米	进口日期截止到 2018 年 12 月 31 日
268	84289090	隔水管张力器系统	总张力≥200 吨	进口日期截止到 2018 年 12 月 31 日
269	84212990	污水处理装置	出水水质：耐热大肠杆菌量≤400/100ml/MPN，总悬浮固体量≤80mg/l	
270	84798999	液压水密门（铰链式、滑动式）	系统压力 0~2 000PSI	
271	84798999	真空收集装置	真空压力在 -0.4bar 至 -1bar 之间	进口日期截止到 2018 年 12 月 31 日
272	84798999	套管扶正装置	额定承载≥200 千克	进口日期截止到 2018 年 12 月 31 日
273	84211920	甩干机	处理能力≥50 吨/小时	进口日期截止到 2018 年 12 月 31 日
274	90278099	稠化仪	最高工作温度≥300℃	
275	90278099	超声波强度仪	额定温度≥200℃	
276	90278099	机械式静胶凝测试仪		

续表

序号	税则号列	货品名称	技术指标	备注
277	90328990	高压保护系统		
278	39269090 40169990	导管架桩腿减震单元/导管架桩腿对准单元		
279	84798999	软管铺设系统	张紧力≥50T	
280	84798999	注入撬	重量≥80KG，工作压力≥110bar	
281	90158000	多普勒计速器	频率≥300khz，精度≥±1.15%，±0.2cm/s	
282	84122990	对接探头	工作压力≥110bar	
283	84798999	水下热插拔注入器	工作压力≥110bar	
284	73089000	A吊	安全载荷≥100mT	
285	84272090	自行式液压模块化运输装置	单轴载荷≥30吨；2mm≥移动控制精度≥−2mm	进口日期截止到2018年12月31日
286	84289090	空气浮扬移动运输系统	顶升能力≥2 500KN	
287	84572000	数控切管机	切割管径范围≥1.2米；切割方式：火焰切割	
288	84798999	张力腿平台张力腿系统		
289	84798999	顶张式立管系统		
290	84798999	张力腿支撑结构	铸件且屈服强度≥345MPa	
291	84798999	集成海上监测系统		
292	84394900	液压提升钻机	钩载≥180tons	
293	84798990	深水卷铺系统	张力≥200mT，卷筒装载能力≥1 800mT	
294	84798990	深水水下模块处理系统	系统安全工作载荷≥60mT	
295	90158000	航空重力仪		
296	90158000	航空磁力梯度仪		
297		以上设备、仪器、专用工具的安装调试工具、零附件		

附2：

我国海洋开采石油（天然气）项目及其进口物资确认表

编号：

申请免税项目执行单位名称：	项目执行单位经办人姓名：
地址： 邮编：	 联系电话：
海洋开采地区名称：	开采项目名称：
项目备案确认书编号/项目批复号：	
申报进口口岸：	项目执行单位有关项目所在地海关：
进口货物收发货人名称：	
进口货物名称：	

进口合同号：	进口货物金额（含币种）：	进口货物数量：

续表

申请免税政策依据:	项目主管单位办理部门的审核签章
	年 月 日

备注:

1. 本表由各项目主管单位负责印制,如实填报,一次性使用,内容不得更改,复印件无效。如"进口货物名称"栏不能填写详尽的,应随附盖有项目主管单位办理部门签章的物资清单,本表和所附清单应加盖骑缝章。

2. 本表"项目备案确认书编号/项目批复号"栏,应如实填写由国家有关部门出具的以下文件的名称及文号:国土资源部所属单位海洋勘探项目的项目计划批复文件的名称及文号;其他单位自营勘探项目的探矿权证,自营开发项目的备案确认书,中外合作开采项目的核准文件等有关证明材料。

3. 本表编号由项目主管单位办理部门按年份、顺序编号。

4. 本表一式三联,第一联由海关留存,第二联由各项目主管单位留存,第三联由申请免税项目执行单位留存。

附 3:

项目进口额申报表

项目类别	项目名称	项目性质（自营/中外合作）	所属海域	项目所在地海关	计划进口额（万美元）	主要进口设备范围简要说明	备注
勘探项目	1.						
	2.						
	……						
勘探项目计划进口额小计							
开发项目	1.						
	2.						
	……						
开发项目计划进口额小计							
项目进口额总计							

财政部 海关总署 国家税务总局关于"十三五"期间支持科技创新进口税收政策的通知

2016 年 12 月 27 日 财关税〔2016〕70 号

各省、自治区、直辖市、计划单列市财政厅（局）、国家税务局,海关总署广东分署、各直属海关,新疆生产建设兵团财务局:

为深入实施创新驱动发展战略,发挥科技创新在全面创新中的引领作用,规范科学研究、科技开发和教学用品免税进口行为,经国务院批准,特制定支持科技创新进口税收政策,现将有关政策内容通知如下:

一、对科学研究机构、技术开发机构、学校等单位进口国内不能生产或者性能不能满足需要的科学研究、科技开发和教学用品,免征进口关税和进口环节增值税、消费税;对出版物进口单位为科研院所、学校进口用于科研、教学的图书、资料等，免征进口环节增值税。

二、本通知第一条中科学研究机构、技术开发机构、学校和出版物进口单位等是指：

（一）国务院部委、直属机构和省、自治区、直辖市、计划单列市所属从事科学研究工作的各类科研院所。

（二）国家承认学历的实施专科及以上高等学历教育的高等学校。

（三）国家发展改革委会同财政部、海关总署和国家税务总局核定的国家工程研究中心；国家发展改革委会同财政部、海关总署、国家税务总局和科技部核定的企业技术中心。

（四）科技部会同财政部、海关总署和国家税务总局核定的：1. 科技体制改革过程中转制为企业和进入企业的主要从事科学研究和技术开发工作的机构；2. 国家重点实验室及企业国家重点实验室；3. 国家工程技术研究中心。

（五）科技部会同民政部核定或者各省、自治区、直辖市、计划单列市及新疆生产建设兵团科技主管部门会同同级民政部门核定的科技类民办非企业单位。

（六）工业和信息化部会同财政部、海关总署、国家税务总局核定的国家中小企业公共服务示范平台（技术类）。

（七）各省、自治区、直辖市、计划单列市及新疆生产建设兵团商务主管部门会同同级财政、国税部门和外资研发中心所在地直属海关核定的外资研发中心。

（八）国家新闻出版广电总局批准的下列具有出版物进口许可的出版物进口单位：中国图书进出口（集团）总公司及其具有独立法人资格的子公司、中国经济图书进出口公司、中国教育图书进出口有限公司、北京中科进出口有限责任公司、中国科技资料进出口总公司、中国国际图书贸易集团有限公司。

（九）财政部会同有关部门核定的其他科学研究机构、技术开发机构、学校。

三、本通知第一条所述科学研究机构、技术开发机构、学校等单位进口国内不能生产或者性能不能满足需要的科学研究、科技开发和教学用品免税清单（含出版物进口单位为科研院所、学校进口用于科研、教学的图书、资料等），由财政部会同海关总署、国家税务总局制定并另行发布。

四、财政部会同有关部门根据科学研究、科技开发和教学用品需求变化及国内生产发展等情况，适时对第三条进口科学研究、科技开发和教学用品免税清单进行调整。

五、本通知有关的政策管理办法由财政部会同有关部门另行发布。

六、经海关审核同意，科学研究机构、技术开发机构、学校可将免税进口的科学研究、科技开发和教学用品用于其他单位的科学研究、科技开发和教学活动。

对纳入国家网络管理平台统一管理、符合本通知规定的免税进口的科学仪器设备，在符合监管条件的前提下，准予用于其他单位的科学研究、科技开发和教学活动。具体管理办法由科技部会同海关总署等有关部门另行制定并发布。

经海关审核同意，医院类高等学校、专业和科学研究机构以科学研究或教学为目的，可将免税进口的医疗检测、分析仪器及其附件用于其附属、所属医院的临床活动，或用于开展临床实验所需依托的其分立前附属、所属医院的临床活动。其中，大中型医疗检测、分析仪器，限每所医院每 5 年每种 1 台。

七、违反本通知规定，将免税进口的科学研究、科技开发和教学用品擅自转让、移作他用或者进行其他处置的，按照有关规定处罚，有关进口单位在 1 年内不得享受本通知规定的进口税收政策；依法被追究刑事责任的，有关进口单位在 3 年内不得享受本通知规定的进口税收政策。

八、海关总署根据本通知制定海关具体实施办法。

九、本通知自 2016 年 1 月 1 日起实施，2020 年 12 月 31 日截止。自实施之日起，《财政部　科技部　民政部　海关总署　国家税务总局关于科技类民办非企业单位适用科学研究和教学用品进口税收政策的通知》（财关税〔2012〕54 号）同时废止。

财政部 教育部 国家发展改革委 科技部 工业和信息化部 民政部 商务部 海关总署 国家税务总局 国家新闻出版广电总局关于支持科技创新进口税收政策管理办法的通知

2017 年 1 月 14 日 财关税〔2016〕71 号

各省、自治区、直辖市、计划单列市财政厅（局）、教育厅（局）、发展改革委、科技厅（委、局）、工业和信息化主管部门、民政厅（局）、商务厅（局）、国家税务局，海关总署广东分署、各直属海关，新疆生产建设兵团财务局、科技局、民政局、商务局：

为深入贯彻落实党中央、国务院关于创新驱动发展战略有关精神，发挥科技创新在全面创新中的引领作用，经国务院批准，财政部、海关总署、国家税务总局联合印发了《关于"十三五"期间支持科技创新进口税收政策的通知》（财关税〔2016〕70 号）。为加强政策管理，现将支持科技创新进口税收政策管理办法通知如下：

一、国务院部委、直属机构所属从事科学研究工作的各类科研院所，由科技部核定名单，函告海关总署，并抄送本通知第八条出版物进口单位。此类科研院所持凭主管部门批准成立的文件、《事业单位法人证书》，按海关规定办理有关减免税手续。

各省、自治区、直辖市、计划单列市所属从事科学研究工作的各类科研院所，由本级科技主管部门核定名单，函告相关科研院所所在地直属海关，并抄送本通知第八条出版物进口单位。此类科研院所持凭主管部门批准成立的文件、《事业单位法人证书》，按海关规定办理有关减免税手续。

二、国家承认学历的实施专科及以上高等学历教育的高等学校，由教育部核定并在教育部门户网站公布，按海关规定办理有关减免税手续。

三、国家发展改革委会同财政部、海关总署和国家税务总局核定的国家工程研究中心的免税进口资格，按国家发展和改革委员会会同有关部门另行制定的国家工程研究中心管理办法确定。

国家发展改革委会同财政部、海关总署、国家税务总局和科技部核定的企业技术中心，按《国家企业技术中心认定管理办法》（国家发展改革委 科技部 财政部 海关总署 国家税务总局令第 34 号）确定免税资格，按海关规定办理有关减免税手续。

四、科技部会同财政部、海关总署和国家税务总局核定的科技体制改革过程中转制为企业和进入企业的主要从事科学研究和技术开发工作的机构、国家重点实验室、企业国家重点实验室、国家工程技术研究中心的免税进口管理办法由科技部会同有关部门另行制定。

五、科技部会同民政部核定或者各省、自治区、直辖市、计划单列市及新疆生产建设兵团科技主管部门会同同级民政部门核定的科技类民办非企业单位的免税进口管理办法见附件1。

六、工业和信息化部会同财政部、海关总署、国家税务总局核定的国家中小企业公共服务示范平台（技术类）的免税进口管理办法见附件2。

七、各省、自治区、直辖市、计划单列市及新疆生产建设兵团商务主管部门会同同级财政、国税部门和外资研发中心所在地直属海关核定的外资研发中心的免税进口管理办法见附件3。

八、国家新闻出版广电总局批准的下列具有出版物进口许可的出版物进口单位：中国图书进出口（集团）总公司及其具有独立法人资格的子公司、中国经济图书进出口公司、中国教育图书进出口有限公司、北京中科进出口有限责任公司、中国科技资料进出口总公司、中国国际图书贸易集团有限公司，按海关规定办理有关减免税手续。免税进口商品销售对象中的科研院所是指本通知第一条中经核定的科研院所；学校是指本通知第二条中经核定的高等学校。

出版物进口单位应在每年 3 月 31 日前将上一年度免税进口图书、资料等情况报财政部、海关总署、国家税务总局、国家新闻出版广电总局备案。备案信息应包括商品种类、进口额、免税进口商品的销售流向、使用单位等。

对出版物进口单位为科研院所、学校进口用于科研、教学的图书、资料等的免税范围，按进口科学研究、科技开发和教学用品免税清单中的"五、图书、文献、报刊及其他资料（包括只读光盘、微缩平片、胶卷、地球资料卫星照片、科技和教学声像制品）"执行。

九、财政部会同有关部门核定的其他科学研究机构、技术开发机构、学校，比照上述有关条款进行免税进口管理。

十、财政部等有关部门及其工作人员在政策执行过程中，存在违反执行免税政策规定的行为，以及滥用职权、玩忽职守、徇私舞弊等违法违纪行为的，按照《预算法》、《公务员法》、《行政监察法》、《财政违法行为处罚处分条例》等国家有关规定追究相应责任；涉嫌犯罪的，移送司法机关处理。

本通知自 2016 年 1 月 1 日起实施。

附件：1. 科技类民办非企业单位免税进口科学研究、科技开发和教学用品管理办法

2. 国家中小企业公共服务示范平台（技术类）免税进口科学研究、科技开发和教学用品管理办法

3. 外资研发中心免税进口科学研究、科技开发和教学用品管理办法

附件 1：

科技类民办非企业单位免税进口科学研究、科技开发和教学用品管理办法

第一条 本办法所指的民办非企业单位，应同时具备下列条件：

（一）依照《民办非企业单位登记管理暂行条例》、《民办非企业单位登记暂行办法》的要求，在民政部或省、自治区、直辖市、计划单列市和新疆生产建设兵团民政部门登记注册的、具有法人资格的民办非企业单位；

（二）资产总额在 300 万元人民币（含）以上；

（三）从事科学研究的专业技术人员（指大专以上学历或中级以上技术职称专业技术人员）在 20 人以上，且占全部人员的比例不低于 60%；

（四）兼职的科研人员不超过 25%。

第二条 符合上述条件的科技类民办非企业单位，应向科技部或省、自治区、直辖市、计划单列市、新疆生产建设兵团科技主管部门提出免税资格申请，科技主管部门会同同级民政部门按本办法第一条所列条件对其进行免税资格审核认定，对经认定符合免税资格条件的单位颁发免税资格证书，免税资格证书标明"颁发日期"，同时函告上述单位所在地直属海关。经认定符合免税资格条件的单位，自免税资格证书颁发之日起，可按规定享受支持科技创新进口税收政策。

第三条 科技主管部门会同同级民政部门对科技类民办非企业单位的免税资格进行复审。对复审未通过的单位，撤销其免税资格，注明撤销日期，并函告单位所在地直属海关。自撤销之日起，取消其免税资格。

第四条 已经获得免税资格的科技类民办非企业单位，如存在以虚报情况获得免税资格的，经科技部门会同民政部门查实后，除按有关法律法规和有关规定处理外，将撤销其免税资格，注明撤销日期，并函告同级海关，自撤销之日起，取消其免税资格。

科技主管部门会同民政部门及时将有关情况通报单位所在地直属海关，有关科技类民办非企业单位应

补缴在支持科技创新进口税收政策项下已免税进口有关科学研究、科技开发和教学用品的相关税款。

第五条　经认定符合免税资格条件的科技类民办非企业单位可持有效的免税资格证书和其他有关材料，按海关规定办理减免税手续。

第六条　经认定符合免税资格条件的科技类民办非企业单位免税进口与本单位承担的科研任务直接相关的科学研究、科技开发和教学用品的范围，按照进口科学研究、科技开发和教学用品免税清单执行。

第七条　财政部会同科技部、民政部、海关总署和国家税务总局根据实际需要，适时对本办法第一条所列科技类民办非企业单位免税资格的认定条件进行调整。

附件 2：

国家中小企业公共服务示范平台（技术类）免税进口科学研究、科技开发和教学用品管理办法

第一条　本办法所指的示范平台（技术类）应同时满足以下条件：

1. 属于工业和信息化部认定的国家中小企业公共服务示范平台范围，且平台类别为技术类；

2. 资产总额不低于 1 000 万元；

3. 累计购置设备总额（国产和进口设备原值）不低于 300 万元；

4. 具有良好的服务资质和业绩，年服务中小企业在 150 家以上，用户满意度在 90% 以上；

5. 在专业服务领域或区域内有一定的声誉和品牌影响力。

第二条　符合本管理办法第一条条件的示范平台（技术类），应于每年 3 月 1 日前向所在省、自治区、直辖市、计划单列市、新疆生产建设兵团中小企业主管部门（以下简称省级中小企业主管部门）提出书面申请，并附以下材料：

1. 进口科学研究、科技开发和教学用品免税资格审核表（见附 1）；

2. 资产总额和累计购置设备总额的专项审计报告；

3. 年度服务中小企业情况的报告；

4. 省级中小企业主管部门对平台服务中小企业户数及满意度的测评意见（具体测评要求以及测评意见表详见附 2、3）。

5. 审核部门要求提交的其他材料。

第三条　省级中小企业主管部门会同同级财政、国税部门和示范平台（技术类）所在地直属海关对提出申请的示范平台的免税资格进行初审，并将审核意见于每年 3 月底前报工业和信息化部。工业和信息化部会同财政部、海关总署、国家税务总局对示范平台（技术类）的免税资格进行最终审核。工业和信息化部、财政部、海关总署、国家税务总局联合公布享受支持科技创新进口税收政策的示范平台（技术类）名单。

经认定符合免税资格条件的新增单位，自名单公布之日起，可按规定享受支持科技创新进口税收政策。

第四条　经认定符合免税资格条件的示范平台（技术类）免税进口范围按照进口科学研究、科技开发和教学用品免税清单执行。

第五条　经认定符合免税资格条件的示范平台（技术类）应按照海关规定，向海关申请办理相关进口科学研究、科技开发和教学用品的减免税手续。

第六条　示范平台（技术类）免税资格每两年复审一次。享受支持科技创新进口税收政策的示范平台（技术类）将复审申请报告和两年的工作总结报省级中小企业主管部门。省级中小企业主管部门对其服务中小企业的业绩进行测评，出具测评意见，报工业和信息化部。

工业和信息化部会同财政部、海关总署、国家税务总局对示范平台（技术类）的免税资格进行复审。复审不合格的，由工业和信息化部、财政部、海关总署、国家税务总局联合公布名单。对复审不合格的示范平台（技术类），自名单公布之日起，取消其免税资格。

第七条 已经获得免税资格的示范平台（技术类），如存在以虚报情况获得免税资格的，经工业和信息化部查实后，除按有关法律法规和有关规定处理外，将撤销其免税资格。

工业和信息化部及时将有关情况通报财政部、海关总署和国家税务总局，有关示范平台（技术类）应补缴在支持科技创新进口税收政策项下已免税进口有关科学研究、科技开发和教学用品的相关税款。

第八条 工业和信息化部应于每年6月底前，将汇总的经认定符合免税资格条件的示范平台（技术类）上一年度政策执行情况函告财政部，同时抄送海关总署和国家税务总局。

第九条 财政部会同工业和信息化部、海关总署和国家税务总局根据实际需要，适时对本办法第一条所列示范平台（技术类）免税资格的认定条件进行调整。

附：1. 国家中小企业公共服务示范平台（技术类）进口科学研究、科技开发和教学用品免税资格审核表
　　2. 国家中小企业公共服务示范平台（技术类）服务满意度测评要求
　　3. 国家中小企业公共服务示范平台（技术类）服务满意度测评意见表

附1：

国家中小企业公共服务示范平台（技术类）进口科学研究、科技开发和教学用品免税资格审核表

省（市）：_____

平台机构名称						
国家示范平台批准时间、类别						
法人代表姓名			联系电话			
平台性质	□企业　　□事业　　□民办非企业单位　　□其他					
联系人		电话			传真	
服务内容						
资产总额（万元）			员工人数			
年营业收入（万元）			专职技术人员数			
年服务小企业数（家）			服务满意度（%）			
累计购置设备原值（万元）				台（套）数		
省市测评、审核意见：（服务户数、满意度）					□通过　□未通过	
省级部门签字（盖章）	省级中小企业管理部门		财政部门	直属海关		国税部门
	年　月　日		年　月　日	年　月　日		年　月　日

注：1. "资产总额"是指为建设平台而投入的资产，包括即将投入并签订购置合同的资产，应提交已采购资产清单和即将采购资产的合同清单。
　　2. "累计购置设备原值"是指将为建设本平台而进口的设备和采购的国产设备的原值合并计算，包括已签订购置合同并于当年内交货的设备原值，当年交货的设备应提交购置合同清单及交货期限。

附 2：

国家中小企业公共服务示范平台（技术类）服务满意度测评要求

一、测评组织

由省级中小企业管理部门组织对申请享受支持科技创新进口税收政策的示范平台上年度的服务户数和满意度情况进行测评。

二、测评数量

根据示范平台上年度服务中小企业户数（不得低于 150 家）随机抽取 10%，了解其对示范平台服务情况和满意度。

三、测评方法

对随机抽取的中小企业客户，采取上门拜访、电话询问、网络互动、书面征求意见等方式，并将测评意见表报工业和信息化部。

附 3：

国家中小企业公共服务示范平台（技术类）服务满意度测评意见表

服务平台名称			
测评方法	□上门拜访　　□电话询问　　□网络互动　　□书面征求　　□其他		
抽样企业名称			
地址			
从业人员 （人数）		主营业务 收入	□4 亿元以下 □2 000 万元以下 □300 万元以下
被访人员姓名	职务		联系电话

	很满意	基本满意	不满意
服务质量			
服务价格			
服务态度			
总体评价			

省中小企业管理部门意见：

盖章
年　月　日

附件3：

外资研发中心免税进口科学研究、科技开发和教学用品管理办法

第一条　本管理办法所指外资研发中心，根据其设立时间，应分别满足下列条件：

（一）对2009年9月30日及其之前设立的外资研发中心，应同时满足下列条件：

1. 研发费用标准：（1）对外资研发中心，作为独立法人的，其投资总额不低于500万美元；作为公司内设部门或分公司的非独立法人的，其研发总投入不低于500万美元；（2）企业研发经费年支出额不低于1 000万元。

2. 专职研究与试验发展人员不低于90人。

3. 设立以来累计购置的设备原值不低于1 000万元。

（二）对2009年10月1日及其之后设立的外资研发中心，应同时满足下列条件：

1. 研发费用标准：作为独立法人的，其投资总额不低于800万美元；作为公司内设部门或分公司的非独立法人的，其研发总投入不低于800万美元。

2. 专职研究与试验发展人员不低于150人。

3. 设立以来累计购置的设备原值不低于2 000万元。

其中，有关定义如下：

（1）"投资总额"，是指外商投资企业批准证书或设立、变更备案回执所载明的金额。

（2）"研发总投入"，是指外商投资企业专门为设立和建设本研发中心而投入的资产，包括即将投入并签订购置合同的资产（应提交已采购资产清单和即将采购资产的合同清单）。

（3）"研发经费年支出额"，是指近两个会计年度研发经费年均支出额；不足两个完整会计年度的，可按外资研发中心设立以来任意连续12个月的实际研发经费支出额计算；现金与实物资产投入应不低于60%。

（4）"专职研究与试验发展人员"，是指企业科技活动人员中专职从事基础研究、应用研究和试验发展三类项目活动的人员，包括直接参加上述三类项目活动的人员以及相关专职科技管理人员和为项目提供资料文献、材料供应、设备的直接服务人员，上述人员须与外资研发中心或其所在外商投资企业签订1年以上劳动合同，以外资研发中心提交申请的前一日人数为准。

（5）"设备"，是指为科学研究、教学和科技开发提供必要条件的实验设备、装置和器械。在计算累计购置的设备原值时，应将进口设备和采购国产设备的原值一并计入，包括已签订购置合同并于当年内交货的设备（应提交购置合同清单及交货期限），适用本办法的上述进口设备范围为进口科学研究、科技开发和教学用品免税清单所列商品。

第二条　*资格条件审核*

（一）各省、自治区、直辖市、计划单列市及新疆生产建设兵团商务主管部门会同同级财政、国税部门和外资研发中心所在地直属海关（以下简称审核部门），根据本地情况，制定审核流程和具体办法。研发中心应按本办法有关要求向其所在地商务主管部门提交申请材料。

（二）商务主管部门牵头召开审核部门联席会议，对外资研发中心上报的申请材料进行审核，按照本办法第一条所列条件和要求，确定符合免税资格条件的研发中心名单。

（三）经审核，对符合免税资格条件的外资研发中心，由审核部门以公告形式联合发布，并将名单抄送商务部（外资司）、财政部（关税司）、海关总署（关税征管司）、国家税务总局（货物和劳务税司）备案。对不符合有关规定的，由商务主管部门根据联席会议的决定出具书面审核意见，并说明理由。上述公

告或审核意见应在审核部门受理申请之日起 45 个工作日之内做出。

符合免税资格条件的外资研发中心，自公告发布之日起，可按规定享受支持科技创新进口税收政策，按照进口科学研究、科技开发和教学用品免税清单免税进口。在 2015 年 12 月 31 日（含）以前，已取得免税资格未满 2 年暂不需要进行资格复审的、按规定已复审合格的外资研发中心，在 2015 年 12 月 31 日享受免税未满 2 年的，可继续享受至 2 年期满。

（四）审核部门每两年对已获得免税资格的外资研发中心进行资格复审。对于复审不合格的研发中心，名单函告外资研发中心所在地直属海关，抄送海关总署（关税征管司）备案，并在函中明确取消复审不合格的研发中心享受支持科技创新进口税收政策资格的日期。

第三条 外资研发中心申请进口设备免税资格，应提交以下材料：

（一）外资研发中心进口设备免税资格申请书和审核表；

（二）外资研发中心为独立法人的，应提交外商投资企业批准证书或设立、变更备案回执及营业执照复印件；研发中心为非独立法人的，应提交其所在外商投资企业的外商投资企业批准证书或设立、变更备案回执及营业执照复印件；

（三）验资报告及上一年度审计报告复印件；

（四）研发费用支出明细、设备购置支出明细和清单以及通知规定应提交的材料；

（五）专职研究与试验发展人员名册（包括姓名、工作岗位、劳动合同期限、联系方式）；

（六）审核部门要求提交的其他材料。

第四条 相关工作管理

（一）列入公告名单的符合免税资格条件的外资研发中心，可按有关规定向海关申请办理减免税手续。

（二）审核部门在共同审核认定研发中心资格的过程中，可到研发中心查阅有关资料，了解情况，核实其报送的申请材料的真实性。同时应注意加强对研发中心的政策指导和服务，提高工作效率。

（三）省级商务主管部门应将《外资研发中心采购设备免、退税资格审核表》有关信息及时录入外商投资综合管理信息系统。

附表：外资研发中心采购设备免、退税资格审核表

附表：

外资研发中心采购设备免、退税资格审核表

编码：

研发中心名称				
设立批准/备案机关				
组织机构代码/统一社会信用代码		研发中心设立日期		年　月　日
研发中心性质		□独立法人　　□分公司　　□内设部门		
联系人	电话		传真	
经营范围				
研发领域 （可多选）	□电子　□生物医药　□新能源　□新材料　□环保　□汽车　□化工　□农业 □软件开发　□专用设备　□轻工　□其他_____			
投资总额/研发总投入（万美元）		专职研究与试验发展人员人数		
研发经费年支出额（万元）		已缴纳税金（元）		
累计采购设备原值（万元）	进口设备			
	采购国产设备			
	总计			

以下由审核部门填写				
审核意见				□通过 □未通过
各部门签字（盖章）	商务	财政	海关	税务
	年 月 日	年 月 日	年 月 日	年 月 日
公告日期	年 月 日			

注：1. 外资研发中心为分公司或内设机构的，企业名称和组织机构代码/统一社会信用代码均填写其所在外商投资企业。
　　2. 币种以表内标注为准，金额根据当年人民币汇率平均价计算。
　　3. "已缴纳税金"为自2016年1月1日起，外资研发中心采购符合条件的设备所缴纳的增值税。

财政部　海关总署　国家税务总局关于公布进口科学研究、科技开发和教学用品免税清单的通知

2016年12月27日　财关税〔2016〕72号

各省、自治区、直辖市、计划单列市财政厅（局）、国家税务局，海关总署广东分署、各直属海关，新疆生产建设兵团财务局：

为深入贯彻落实党中央、国务院关于创新驱动发展战略有关精神，发挥科技创新在全面创新中的引领作用，经国务院批准，财政部、海关总署、国家税务总局联合印发了《关于"十三五"期间支持科技创新进口税收政策的通知》（财关税〔2016〕70号）。

现将进口科学研究、科技开发和教学用品免税清单（详见附件）予以公布，自2016年1月1日起实施。

附件：进口科学研究、科技开发和教学用品免税清单

附件：

进口科学研究、科技开发和教学用品免税清单

一、分析、测量、检查、计量、观测、发生信号、处理信号的仪器、仪表及其附件。其中包括进行分析、测量、检查、计量、观测等工作必需的传感器或类似装置及附件。

税号：《中华人民共和国进出口税则》（以下简称税则）第84、85、90章；91.05；91.06；进口的有关附件不受税号限制。

二、实验、教学用的设备，不包括用于中试和生产的设备。其中包括：

（一）实验环境方面。

1. 教学实验仪器及装置；

2. 教学示教、演示仪器及装置;

3. 净化设备(如换气、灭菌、纯水设备等);

4. 特殊实验环境设备(如超低温、超高温、高压、低压、强腐蚀设备、搭载实验仪器的减震平台等);

5. 特殊电源、光源设备(如电极、开关、线圈、各种光源等);

6. 清洗循环设备;

7. 恒温设备(如水浴、恒温箱、灭菌仪等);

8. 小型粉碎、研磨制备设备;

9. 光学元器件;

10. 其他。

(二)样品制备设备和装置。

1. 特种泵类(如分子泵、离子泵、真空泵、蠕动泵、涡轮泵、干泵等);

2. 培养设备(如培养箱、发酵罐等);

3. 微量取样设备(如移液管、取样器、精密天平等);

4. 分离、纯化、浓缩设备(如离心机、层析、色谱、萃取、结晶设备、旋转蒸发器等);

5. 气体、液体、固体混合设备(如旋涡混合器等);

6. 制气设备、气体压缩设备;

7. 专用制样设备(如切片机、压片机、镀膜机、减薄仪、抛光机等),实验用注射、挤出、造粒、膜压设备;实验室样品前处理设备;

8. 实验室用器具(如分配器、量具、循环器、清洗器、拉制器、制刀器、制冷设备、刺激器、工具等);

9. 其他。

(三)实验室专用设备。

1. 特种照相和摄影设备(如水下、高空、高速、高分辨率、不可见光等);

2. 科研飞机、船舶用关键设备和部件;

3. 特种数据记录设备(如大幅面扫描仪、大幅面绘图仪、磁带机、光盘机、磁盘阵列等);

4. 特殊电子部件(如电路板、特种晶体管、专用集成电路等);

5. 材料科学专用设备(如干胶仪、特种坩埚、陶瓷、图形转换设备、制版用干板、特种等离子体源、离子源、外延炉、扩散炉、溅射仪、离子刻蚀机,材料实验机等),可靠性试验设备,微电子加工设备,通信模拟仿真设备,通信环境试验设备;

6. 小型熔炼设备(如真空、粉末、电渣等),特殊焊接设备;

7. 小型染整、纺丝试验专用设备;

8. 电生理设备;

9. 精密位移设备(如微操作器、精密移动台、定位仪等);

10. 其他。

税号:69.01;69.02;69.03;69.09;69.14;84.01 - 84.05;84.07;84.08(除 8408.1000 外);84.10 - 84.72;84.74 - 84.87;85.01 - 85.02;85.04 - 85.07;85.11;85.14 - 85.15;8516.2;85.17 - 85.21;85.23;85.25 - 85.28;85.30 - 85.37;85.39 - 85.46;8548.9000;88.03;88.05;90.01 - 90.03;90.06;90.07;90.13;90.16;90.18;90.19;90.23 - 90.32;9405.4;9405.5;94.06;

本条中,(一)10. 其他(二)8. 实验室用器具(如分配器、量具、循环器、清洗器、拉制器、制刀器、制冷设备、刺激器、工具等)9. 其他(三)5. 材料科学专用设备中的"特种坩埚"10. 其他,不受税号限制。

三、计算机工作站,中型、大型计算机。其中,包括数据交换仪

税号:8471.4110;8471.4190;8471.4910;8471.4999;8517.60。

四、用于维修依照《关于"十三五"期间支持科技创新进口税收政策的通知》已免税进口的仪器、仪

表和设备或者用于改进、扩充依照《关于"十三五"期间支持科技创新进口税收政策的通知》可予免税进口的仪器、仪表和设备的功能，而单独进口的专用零部件及配件（自进口的仪器、仪表和设备海关放行之日起五年内）

税号：不受税号限制。

五、图书、文献、报刊及其他资料（包括只读光盘、微缩平片、胶卷、地球资料卫星照片、科技和教学声像制品）

税号：49.01 - 49.11；85.23。

六、各种载体形式的讲稿、音像资料、幻灯片、计算机软件及软件许可证

税号：49.06 - 49.07；49.11；84.71；85.23。

七、标本、模型

税号：9705.0000；模型不受税号限制。

八、实验用材料，包括试剂、生物中间体和制品、药物、同位素等专用材料。其中包括：

1. 无机试剂、有机试剂、生化试剂；

2. 新合成或新发现的化学物质或化学材料；

3. 研究用的矿石、矿物燃料、矿物油及其副产品；

4. 科研用的电子产品原材料（如超纯硅、光刻胶、蒸镀源、靶材、衬底等）、特种金属材料（含高纯度金属材料等）、膜材料，各种分析用的标准物、固定相；

5. 实验或研究用的水（超纯水、导电水、去离子水等），空气（液态空气、压缩空气、已除去惰性气体的空气等），超纯氮、氦（包括液氮、液氦等）以及其他超纯气体（如超纯氙气等）；

6. 科研用的各种催化剂、助剂及添加剂（包括防老化剂、防腐剂、促进剂、粘合剂、硫化剂、光吸收剂、发泡剂、消泡剂、乳化剂、破乳剂、分散剂、絮凝剂、抗静电剂、引发剂、渗透剂、光稳定剂、再生活化剂等）；

7. 高分子化合物：特种塑料、树脂、橡胶（耐高、低温，耐强酸碱腐蚀、抗静电、高机械强度，或易降解等）。

税号：税则第25 ~ 40章；本条第4项不受税号限制。

九、实验用动物

税号：税则第1和第3章。

十、医疗检测、分析仪器及其附件（限于医药类学校、专业和医药类科学研究机构、技术开发机构）

税号：90.18 - 90.22。

十一、优良品种植物及种子（限于农林类学校、专业和农林类科学研究机构、技术开发机构）

税号：税则第6 ~ 10章。

十二、乐器，包括弦乐类、管乐类、打击乐和弹拨乐类、键盘乐类、电子乐类等专业乐器（限于艺术类学校、专业和艺术类科学研究机构、技术开发机构）

税号：37.04 - 37.06；84.71；85.23；92.01 - 92.07。

十三、体育器材（限于体育类学校、专业和体育类科学研究机构、技术开发机构）

税号：95.06。

十四、教练飞机（限于飞行类学校）

税号：88.02。

十五、船舶所用关键设备（限于航运类学校）

税号：8406.1000；8408.1000（仅包括功率在8000 ~ 10000千瓦的高速船用柴油发动机）。

十六、非汽油、柴油动力样车（限于汽车类学校、专业和汽车类科学研究机构、技术开发机构）

税号：8701.9090；8702.90；8703.9000；8704.1030；87.05。

国家发展和改革委员会　工业和信息化部
财政部　海关总署　公告

2016 年 10 月 17 日　2016 年第 24 号

为贯彻《国务院关于印发进一步鼓励软件产业和集成电路产业发展若干政策的通知》（国发〔2011〕4号），落实现行集成电路生产企业有关进口税收优惠政策，经确认，现将线宽小于 0.25 微米或投资额超过80 亿元、线宽小于 0.5 微米（含）的集成电路生产企业名单公布（详见附件）。名单中线宽小于 0.25 微米的企业、线宽小于 0.5 微米（含）的企业，分别自 2015 年 6 月 1 日和 2015 年 11 月 20 日起执行。

此前相关政策文件公布的享受集成电路生产企业进口税收优惠政策的企业名单与本公告所列名单不一致的，以本公告为准。根据行业发展状况和企业变化情况，企业名单将适时进行调整并公布。

特此公告。

附件：集成电路线宽小于 0.25 微米或投资额超过 80 亿元、线宽小于 0.5 微米（含）的集成电路生产企业名单

附件：

线宽小于 0.25 微米或投资额超过 80 亿元、线宽小于 0.5 微米（含）的集成电路生产企业名单

序号	企业名称	类型	备注
1	上海华力微电子有限公司	线宽小于 0.25 微米	存续企业
2	英特尔半导体（大连）有限公司	线宽小于 0.25 微米	存续企业
3	和舰科技（苏州）有限公司	线宽小于 0.25 微米	存续企业
4	上海集成电路研发中心有限公司	线宽小于 0.25 微米	存续企业
5	上海先进半导体制造股份有限公司	线宽小于 0.25 微米	存续企业
6	台积电（中国）有限公司	线宽小于 0.25 微米	存续企业
7	无锡华润上华科技有限公司	线宽小于 0.25 微米	存续企业
8	武汉新芯集成电路制造有限公司	线宽小于 0.25 微米	存续企业
9	中国电子科技集团公司第十三研究所	线宽小于 0.25 微米	存续企业
10	中芯国际集成电路制造（北京）有限公司	线宽小于 0.25 微米	存续企业
11	中芯国际集成电路制造（上海）有限公司	线宽小于 0.25 微米	存续企业
12	中芯国际集成电路制造（天津）有限公司	线宽小于 0.25 微米	存续企业
13	中航（重庆）微电子有限公司	线宽小于 0.25 微米	存续企业
14	德州仪器半导体制造（成都）有限公司	线宽小于 0.25 微米	存续企业
15	SK 海力士半导体（中国）有限公司	线宽小于 0.25 微米	存续企业
16	上海华虹宏力半导体制造有限公司	线宽小于 0.25 微米	存续企业
17	中芯北方集成电路制造（北京）有限公司	线宽小于 0.25 微米	存续企业

序号	企业名称	类型	备注
18	三星（中国）半导体有限公司	线宽小于 0.25 微米	新增企业
19	中芯国际集成电路制造（深圳）有限公司	线宽小于 0.25 微米	新增企业
20	联芯集成电路制造（厦门）有限公司	线宽小于 0.25 微米	新增企业
21	宁波时代全芯科技有限公司	线宽小于 0.25 微米	新增企业
22	中芯长电半导体（江阴）有限公司	线宽小于 0.25 微米	新增企业
23	无锡华润微电子有限公司	线宽小于 0.25 微米	新增企业
24	台积电（南京）有限公司	线宽小于 0.25 微米	新增企业
25	福建省晋华集成电路有限公司	线宽小于 0.25 微米	新增企业
26	合肥晶合集成电路有限公司	线宽小于 0.25 微米	新增企业
27	中芯国际集成电路新技术研发（上海）有限公司	线宽小于 0.25 微米	新增企业
28	淮安德科码半导体有限公司	线宽小于 0.25 微米	新增企业
29	武汉高芯科技有限公司	线宽小于 0.25 微米	新增企业
30	厦门市三安集成电路有限公司	线宽小于 0.25 微米	新增企业
31	杭州士兰集成电路有限公司	线宽小于 0.5 微米（含）	存续企业
32	无锡华润华晶微电子有限公司	线宽小于 0.5 微米（含）	存续企业
33	无锡华润上华半导体有限公司	线宽小于 0.5 微米（含）	存续企业
34	江苏东晨电子科技有限公司	线宽小于 0.5 微米（含）	新增企业
35	上海新进半导体制造有限公司	线宽小于 0.5 微米（含）	新增企业
36	深圳方正微电子有限公司	线宽小于 0.5 微米（含）	新增企业
37	福建福顺微电子有限公司	线宽小于 0.5 微米（含）	新增企业
38	长沙创芯集成电路有限公司	线宽小于 0.5 微米（含）	新增企业
39	重庆中科渝芯电子有限公司	线宽小于 0.5 微米（含）	新增企业
40	吉林华微电子股份有限公司	线宽小于 0.5 微米（含）	新增企业
41	上海新进芯微电子有限公司	线宽小于 0.5 微米（含）	新增企业
42	苏州能讯高能半导体有限公司	线宽小于 0.5 微米（含）	新增企业
43	西安卫光科技有限公司	线宽小于 0.5 微米（含）	新增企业
44	北京微电子技术研究所	线宽小于 0.5 微米（含）	新增企业
45	华越微电子有限公司	线宽小于 0.5 微米（含）	新增企业
46	中国振华集团永光电子有限公司	线宽小于 0.5 微米（含）	新增企业
47	无锡中微晶园电子有限公司	线宽小于 0.5 微米（含）	新增企业
48	西安微电子技术研究所	线宽小于 0.5 微米（含）	新增企业
49	河南芯睿电子科技有限公司	线宽小于 0.5 微米（含）	新增企业
50	中国电子科技集团公司第五十八研究所	线宽小于 0.5 微米（含）	新增企业
51	中国电子科技集团公司第五十五研究所	线宽小于 0.5 微米（含）	新增企业
52	中科芯集成电路股份有限公司	线宽小于 0.5 微米（含）	新增企业

国家税务总局　财政部　海关总署关于开展赋予海关特殊监管区域企业增值税一般纳税人资格试点的公告

2016 年 10 月 14 日　2016 年第 65 号

根据《国务院关于促进外贸回稳向好的若干意见》（国发〔2016〕27 号），国家税务总局、财政部和海关总署选择部分海关特殊监管区域开展赋予企业增值税一般纳税人资格试点，现将有关事项公告如下：

一、在昆山综合保税区、苏州工业园综合保税区、上海松江出口加工区、河南郑州出口加工区、郑州新郑综合保税区、重庆西永综合保税区和深圳盐田综合保税区开展赋予企业增值税一般纳税人资格试点。

上述试点区域内符合增值税一般纳税人登记管理有关规定的企业，可自愿向试点区域所在地主管税务机关、海关申请成为试点企业，向主管税务机关依法办理增值税一般纳税人资格登记。

二、试点企业自增值税一般纳税人资格生效之日起，适用下列税收政策。

（一）试点企业进口自用设备（包括机器设备、基建物资和办公用品）时，暂免征收进口关税、进口环节增值税、消费税（以下简称进口税收）。上述暂免进口税收按照该进口自用设备海关监管年限平均分摊到各个年度，每年年终对本年暂免的进口税收按照当年内外销比例进行划分，对外销比例部分执行试点企业所在海关特殊监管区域的税收政策，对内销比例部分比照执行海关特殊监管区域外（以下简称区外）税收政策补征税款。

（二）除进口自用设备外，购买的下列货物适用保税政策：

1. 从境外购买并进入试点区域的货物。

2. 从海关特殊监管区域（试点区域除外）或海关保税监管场所购买并进入试点区域的保税货物。

3. 从试点区域内非试点企业购买的保税货物。

4. 从试点区域内其他试点企业购买的未经加工的保税货物。

（三）销售的下列货物，向税务机关申报缴纳增值税、消费税：

1. 向境内区外销售的货物。

2. 向保税区、不具备退税功能的保税监管场所销售的货物（未经加工的保税货物除外）。

3. 向试点区域内其他试点企业销售的货物（未经加工的保税货物除外）。

试点企业销售上述货物中含有保税货物的，按照保税货物进入海关特殊监管区域时的状态向海关申报缴纳进口税收，并按照规定补缴缓税利息。

（四）向海关特殊监管区域或者海关保税监管场所销售的未经加工的保税货物，继续适用保税政策。

（五）销售的下列货物（未经加工的保税货物除外），适用出口退（免）税政策，税务机关凭海关提供的与之对应的出口货物报关单电子数据审核办理试点企业申报的出口退（免）税。

1. 离境出口的货物。

2. 向海关特殊监管区域（试点区域、保税区除外）或海关保税监管场所（不具备退税功能的保税监管场所除外）销售的货物。

3. 向试点区域内非试点企业销售的货物。

（六）除财政部、海关总署、国家税务总局另有规定外，试点企业适用区外关税、增值税、消费税的法律、法规。

三、区外销售给试点企业的加工贸易货物，继续按现行税收政策执行；销售给试点企业的其他货物（包括水、蒸汽、电力、燃气）不再适用出口退税政策，按照规定缴纳增值税、消费税。

四、税务、海关两部门加强税收征管和货物监管的信息交换。对适用出口退税政策的货物，海关向税务部门传输出口报关单结关信息电子数据。

　　五、本公告自 2016 年 11 月 1 日起施行。

　　特此公告。

省财政厅　省国家税务局　省地方税务局关于公布
2015 年第二批具备免税资格的非营利组织名单的通知

2016 年 1 月 4 日　鲁财税〔2016〕1 号

各市财政局、国家税务局、地方税务局：

　　根据《财政部、国家税务总局关于非营利组织免税资格认定管理有关问题的通知》（财税〔2014〕13 号）规定，经省财政厅、省国税局、省地税局共同审核确认，山东预防医学会等 19 个单位具备非营利组织免税资格（名单见附件）。

　　经认定的非营利组织，凡当年符合《企业所得税法》、《企业所得税法实施条例》和有关规定免税条件的收入，免予征收企业所得税；当年不符合免税条件的收入，照章征收企业所得税。主管税务部门在政策执行过程中，如发现非营利组织不再具备本通知规定的免税条件，应及时报告省财税部门，并按规定对其复核。

　　非营利组织应在有效期满前三个月内提出复审申请，未提出复审申请或复审不合格的，其享受免税优惠的资格到期自动失效。

　　附件：具备免税资格的非营利组织名单

附件：

具备免税资格的非营利组织名单

序号	单位	免税期限
1	山东预防医学会	2015～2019 年度
2	山东针灸学会	2015～2019 年度
3	山东大学校友会	2015～2019 年度
4	山东省通俗文艺研究会	2015～2019 年度
5	山东省机械工业科学技术协会	2015～2019 年度
6	山东省企业法律风险研究会	2015～2019 年度
7	山东省兽药协会	2015～2019 年度
8	山东省深基础工程协会	2015～2019 年度
9	济南市见义勇为基金会	2016～2020 年度
10	济南市残疾人福利基金会	2016～2020 年度
11	山东省中小企业管理咨询协会	2016～2020 年度
12	山东省青春创业促进会	2016～2020 年度
13	山东能源学会	2016～2020 年度
14	山东省医药行业协会	2016～2020 年度
15	山东省农业生产资料协会	2016～2020 年度
16	山东省保健科技协会	2016～2020 年度

续表

序号	单位	免税期限
17	山东省民防协会	2016～2020 年度
18	山东省快递协会	2016～2020 年度
19	山东省心理健康教育研究会	2016～2020 年度

备注：鲁财税〔2014〕44 号文件认定的"山东省政府法制协会"名称有误，应为"山东省政府法制学会"，免税资格有效期仍为 2014～2018 年度。

省财政厅　省地方税务局　省住房和城乡建设厅转发《财政部　国家税务总局　住房城乡建设部关于调整房地产交易环节契税　营业税优惠政策的通知》的通知

2016 年 2 月 24 日　鲁财税〔2016〕4 号

各市财政局、地方税务局、住房城乡建设局、房管局：

现将《财政部　国家税务总局　住房城乡建设部关于调整房地产交易环节契税　营业税优惠政策的通知》（财税〔2016〕23 号）转发给你们，并就政策执行口径提出以下意见，请一并贯彻落实。

一、关于契税政策

居民因个人房屋被征收重新承受住房，属于家庭唯一住房，面积为 90 平方米及以下的，对差价部分减按 1% 的税率征收契税；面积为 90 平方米以上的，对差价部分减按 1.5% 的税率征收契税。属于家庭第二套改善性住房，面积为 90 平方米及以下的，对差价部分减按 1% 的税率征收契税；面积为 90 平方米以上的，对差价部分减按 2% 的税率征收契税。

二、关于住房认定

（一）"家庭唯一住房"、"家庭第二套改善性住房"由购房所在地房地产主管部门查询纳税人家庭成员（范围包括购房人、配偶以及未成年子女）住房情况，出具书面查询结果，并将查询结果和相关住房情况信息及时传递给主管税务机关，纳税人持书面查询结果办理涉税事项。

房地产主管部门应无偿为纳税人提供住房情况查询服务。

（二）住房情况查询范围为拟购住房所在县（市、区）行政区域。

（三）纳税人应在房地产主管部门出具家庭住房情况书面查询结果后的五个工作日内办理涉税事项。

（四）农村居民经批准在户口所在地按照规定标准建设的自用住宅不列入查询范围。

本通知规定自 2016 年 2 月 22 日起执行。对已缴纳契税的购房单位和个人，在未办理房屋权属变更登记前退房的，退还已纳契税；在办理房屋权属登记后退房的，不予退还已纳契税。

省财政厅　省国家税务局　省地方税务局　省科学技术厅转发《财政部、国家税务总局、科技部关于完善研究开发费用税前加计扣除政策的通知》的通知

2016 年 3 月 21 日　鲁财税〔2016〕7 号

各市财政局、国家税务局、地方税务局、科技局：

现将《财政部、国家税务总局、科技部关于完善研究开发费用税前加计扣除政策的通知》（财税〔2015〕119 号）转发给你们，并提出以下意见，请认真贯彻执行。

一、税务机关对企业享受加计扣除优惠的研发项目有异议的，应将有异议的研发项目相关材料和税务机关存疑理由按规定格式报所属市级科技部门申请鉴定。

二、市级科技部门接到税务机关转请鉴定材料后应及时出具鉴定意见，反馈提报单位。

具体鉴定工作规程另行制定印发。

省财政厅　省国家税务局　省地方税务局关于推动规模企业规范化改制有关税收政策的通知

2016 年 3 月 22 日　鲁财税〔2016〕8 号

各市财政局、国家税务局、地方税务局：

为贯彻落实《山东省人民政府关于加快推动规模企业规范化公司制改制的意见》（鲁政发〔2015〕8 号）要求，充分发挥税收调节作用，加快推动我省规模企业规范化改制，现将支持企业改制重组有关税收政策明确如下：

一、增值税、营业税

（一）纳税人在资产重组过程中，通过合并、分立、出售、置换等方式，将全部或者部分实物资产以及与其相关联的债权、负债和劳动力一并转让给其他单位和个人，不属于增值税的征税范围，其中涉及的货物转让，不征收增值税。

（二）纳税人在资产重组过程中，通过合并、分立、出售、置换等方式，将全部或者部分实物资产以及与其相关联的债权、债务和劳动力一并转让给其他单位和个人的行为，不属于营业税的征税范围，其中涉及的不动产、土地使用权转让，不征收营业税。以无形资产、不动产投资入股，参与接受投资方利润分配、共同承担投资风险的行为，不征收营业税。

二、企业所得税

企业重组符合一定条件的，适用特殊性税务处理。

（一）同时符合下列规定条件的企业重组，重组交易各方对交易中股权支付暂不确认相关资产所得或

损失，仅对非股权支付确认相关资产所得或损失，并调整相应资产的计税基础：具有合理的商业目的；且不以减少、免除或者推迟缴纳税款为主要目的；被收购、合并或分立部分的资产或股权比例符合规定的比例；企业重组后的连续 12 个月内不改变重组资产原来的实质性经营活动；重组交易对价中涉及股权支付金额符合规定的比例；企业重组中取得股权支付的原主要股东，在重组后连续 12 个月内，不得转让所取得的股权。并按以下规定进行特殊性税务处理：

1. 债务重组。企业债务重组确认的应纳税所得额占该企业当年应纳税所得额 50% 以上，可以在 5 个纳税年度的期间内，均匀计入各年度的应纳税所得额。企业发生债权转股权业务，对债务清偿和股权投资两项业务暂不确认有关债务清偿所得或损失，股权投资的计税基础以原债权的计税基础确定。企业的其他相关所得税事项保持不变。

2. 股权收购。收购企业购买的股权不低于被收购企业全部股权的 50%，且收购企业在该股权收购发生时的股权支付金额不低于其交易支付总额的 85%，可以选择按以下规定处理：被收购企业的股东取得收购企业股权的计税基础，以被收购股权的原有计税基础确定。收购企业取得被收购企业股权的计税基础，以被收购股权的原有计税基础确定。收购企业、被收购企业的原有各项资产和负债的计税基础和其他相关所得税事项保持不变。

3. 资产收购。受让企业收购的资产不低于转让企业全部资产的 50%，且受让企业在该资产收购发生时的股权支付金额不低于其交易支付总额的 85%，可以选择按以下规定处理：转让企业取得受让企业股权的计税基础，以被转让资产的原有计税基础确定。受让企业取得转让企业资产的计税基础，以被转让资产的原有计税基础确定。

4. 企业合并。企业股东在该企业合并发生时取得的股权支付金额不低于其交易支付总额的 85%，以及同一控制下且不需要支付对价的企业合并，可以选择按以下规定处理：合并企业接受被合并企业资产和负债的计税基础，以被合并企业的原有计税基础确定。被合并企业合并前的相关所得税事项由合并企业承继。可由合并企业弥补的被合并企业亏损的限额＝被合并企业净资产公允价值×截至合并业务发生当年年末国家发行的最长期限的国债利率。被合并企业股东取得合并企业股权的计税基础，以其原持有的被合并企业股权的计税基础确定。

5. 企业分立。被分立企业所有股东按原持股比例取得分立企业的股权，分立企业和被分立企业均不改变原来的实质经营活动，且被分立企业股东在该企业分立发生时取得的股权支付金额不低于其交易支付总额的 85%，可以选择按以下规定处理：分立企业接受被分立企业资产和负债的计税基础，以被分立企业的原有计税基础确定。被分立企业已分立出去资产相应的所得税事项由分立企业承继。被分立企业未超过法定弥补期限的亏损额可按分立资产占全部资产的比例进行分配，由分立企业继续弥补。被分立企业的股东取得分立企业的股权（以下简称"新股"），如需部分或全部放弃原持有的被分立企业的股权（以下简称"旧股"），"新股"的计税基础应以放弃"旧股"的计税基础确定。如不需放弃"旧股"，则其取得"新股"的计税基础可从以下两种方法中选择确定：直接将"新股"的计税基础确定为零；或者以被分立企业分立出去的净资产占被分立企业全部净资产的比例先调减原持有的"旧股"的计税基础，再将调减的计税基础平均分配到"新股"上。

6. 企业发生涉及中国境内与境外之间（包括港澳台地区）的股权和资产收购交易，还应同时符合下列条件，才可选择适用特殊性税务处理规定：非居民企业向其 100% 直接控股的另一非居民企业转让其拥有的居民企业股权，没有因此造成以后该项股权转让所得预提税负担变化，且转让方非居民企业向主管税务机关书面承诺在 3 年（含 3 年）内不转让其拥有受让方非居民企业的股权；非居民企业向与其具有 100% 直接控股关系的居民企业转让其拥有的另一居民企业股权；居民企业以其拥有的资产或股权向其 100% 直接控股的非居民企业进行投资；财政部、国家税务总局核准的其他情形。

（二）对 100% 直接控制的居民企业之间，以及受同一或相同多家居民企业 100% 直接控制的居民企业之间按账面净值划转股权或资产，凡具有合理商业目的、不以减少、免除或者推迟缴纳税款为主要目的，股权或资产划转后连续 12 个月内不改变被划转股权或资产原来实质性经营活动，且划出方企业和划入方企业均未在会计上确认损益的，可以选择按照以下规定进行特殊性税务处理：划出方企业和划入方企业均不确认所得。划入方企业取得被划转股权或资产的计税基础，以被划转股权或资产的原账面净值确定。划入方企业取得的被划转资产，应按其原账面净值计算折旧扣除。

（三）实行查账征收的居民企业以非货币性资产对外投资确认的非货币性资产转让所得，可自确认非货币性资产转让收入年度起不超过连续 5 个纳税年度的期间内，分期均匀计入相应年度的应纳税所得额，按规定计算缴纳企业所得税。

三、土地增值税

（一）非公司制企业整体改建为有限责任公司或者股份有限公司，有限责任公司（股份有限公司）整体改建为股份有限公司（有限责任公司）的，不改变原企业的投资主体，并承继原企业权利、义务的，对改建前的企业将国有土地、房屋权属转移、变更到改建后的企业，暂不征土地增值税。

（二）按照法律规定或者合同约定，两个或两个以上企业合并为一个企业，且原企业投资主体存续的，对原企业将国有土地、房屋权属转移、变更到合并后的企业，暂不征土地增值税。

（三）按照法律规定或者合同约定，企业分设为两个或两个以上与原企业投资主体相同的企业，对原企业将国有土地、房屋权属转移、变更到分立后的企业，暂不征土地增值税。

（四）单位、个人在改制重组时以国有土地、房屋进行投资，对其将国有土地、房屋权属转移、变更到被投资的企业，暂不征土地增值税。

上述改制重组有关土地增值税政策不适用于房地产开发企业。以上政策执行期限自 2015 年 1 月 1 日至 2017 年 12 月 31 日。

四、契税

（一）企业改制。企业按照《中华人民共和国公司法》有关规定整体改制，包括非公司制企业改制为有限责任公司或股份有限公司，有限责任公司变更为股份有限公司，股份有限公司变更为有限责任公司，原企业投资主体存续并在改制（变更）后的公司中所持股权（股份）比例超过 75%，且改制（变更）后公司承继原企业权利、义务的，对改制（变更）后公司承受原企业土地、房屋权属，免征契税。

（二）事业单位改制。事业单位按照国家有关规定改制为企业，原投资主体存续并在改制后企业中出资（股权、股份）比例超过 50% 的，对改制后企业承受原事业单位土地、房屋权属，免征契税。

（三）公司合并。两个或两个以上的公司，依照法律规定、合同约定，合并为一个公司，且原投资主体存续的，对合并后公司承受原合并各方土地、房屋权属，免征契税。

（四）公司分立。公司依照法律规定、合同约定分立为两个或两个以上与原公司投资主体相同的公司，对分立后公司承受原公司土地、房屋权属，免征契税。

（五）企业破产。企业依照有关法律法规规定实施破产，债权人（包括破产企业职工）承受破产企业抵偿债务的土地、房屋权属，免征契税；对非债权人承受破产企业土地、房屋权属，凡按照《中华人民共和国劳动法》等国家有关法律法规政策妥善安置原企业全部职工，与原企业全部职工签订服务年限不少于三年的劳动用工合同的，对其承受所购企业土地、房屋权属，免征契税；与原企业超过 30% 的职工签订服务年限不少于三年的劳动用工合同的，减半征收契税。

（六）资产划转。对承受县级以上人民政府或国有资产管理部门按规定进行行政性调整、划转国有土地、房屋权属的单位，免征契税。同一投资主体内部所属企业之间土地、房屋权属的划转，包括母公司与其全资子公司之间，同一公司所属全资子公司之间，同一自然人与其设立的个人独资企业、一人有限公司之间土地、房屋权属的划转，免征契税。

（七）债权转股权。经国务院批准实施债权转股权的企业，对债权转股权后新设立的公司承受原企业的土地、房屋权属，免征契税。

（八）划拨用地出让或作价出资。以出让方式或国家作价出资（入股）方式承受原改制重组企业、事业单位划拨用地的，不属上述规定的免税范围，对承受方应按规定征收契税。

（九）公司股权（股份）转让。在股权（股份）转让中，单位、个人承受公司股权（股份），公司土地、房屋权属不发生转移，不征收契税。

以上政策执行期限自 2015 年 1 月 1 日至 2017 年 12 月 31 日。

五、印花税

就经县级以上人民政府及企业主管部门批准改制的企业，在改制过程中涉及的印花税政策列示如下：

（一）实行公司制改造的企业在改制过程中成立的新企业（重新办理法人登记的），其新启用的资金账簿记载的资金或因企业建立资本纽带关系而增加的资金，凡原已贴花的部分可不再贴花，未贴花的部分和以后新增加的资金按规定贴花。

（二）以合并或分立方式成立的新企业，其新启用的资金账簿记载的资金，凡原已贴花的部分可不再贴花，未贴花的部分和以后新增加的资金按规定贴花。

（三）企业改制前签订但尚未履行完的各类应税合同，改制后需要变更执行主体的，对仅改变执行主体、其余条款未作变动且改制前已贴花的，不再贴花。

（四）企业因改制签订的产权转移书据免予贴花。

六、工作要求

企业进行规范化公司改制，是建立现代企业制度、完善法人治理的前提。在经济新常态形势下，推动规模企业规范化改制，可为企业实施稳健经营、对接资本市场创造条件、打好基础，对推动供给侧结构性改革，实现去产能、去库存、降成本、补短板的目标任务将发挥重要作用。各市财税部门要高度重视，充分认识落实规模企业规范化改制税收政策的重要意义，进一步简化工作程序，提高工作效率，认真落实好各项税收政策。同时，要加大政策宣传力度，指导企业用足用好国家相关税收优惠政策，加快我省规模企业规范化改制步伐，促进经济社会持续健康发展。

各市财税部门应在半年终了 15 个工作日内，上报企业享受税收优惠政策和减免税情况。

省财政厅　省国家税务局　省地方税务局　省民政厅关于公益性捐赠税前扣除资格确认审批有关调整事项的通知

2016 年 4 月 27 日　鲁财税〔2016〕13 号

各市财政局、国家税务局、地方税务局、民政局：

《国务院关于取消非行政许可审批事项的决定》（国发〔2015〕27 号）已将"公益性捐赠税前扣除资格确认"作为非行政许可审批事项予以取消。为做好公益性捐赠税前扣除资格后续管理工作，财政部、国家税务总局、民政部于 2015 年 12 月 31 日下发了《关于公益性捐赠税前扣除资格确认审批有关调整事项的通知》（财税〔2015〕141 号）。为贯彻落实国发〔2015〕27 号和财税〔2015〕141 号文件精神，按照山东省人民政府办公厅《关于发挥财税政策导向作用加快公益慈善事业发展的通知》（鲁政办字〔2015〕192 号）要求，现就公益性社会组织公益性捐赠税前扣除资格确认工作有关问题，通知如下：

一、调整事项

为简化工作程序、减轻社会组织负担，合理调整公益性社会组织捐赠税前扣除资格确认程序，对社会组织报送捐赠税前扣除资格申请报告和相关材料的环节予以取消，即《财政部　国家税务总局　民政部关于公益性捐赠税前扣除有关问题的通知》（财税〔2008〕160号）第六条、第七条停止执行，改由财政、税务、民政等部门结合社会组织登记注册、公益活动情况联合确认公益性捐赠税前扣除资格，并以公告形式发布名单。

二、确认程序

经县级以上人民政府民政部门批准成立的社会组织，本年度内新申请登记成立的，由民政部门通知其在登记环节填列《公益性社会组织公益性捐赠税前扣除资格情况表》（见附件1）；以前年度登记设立的，由民政部门通知其在年检环节填列《公益性社会组织公益性捐赠税前扣除资格情况表》。各市财政局、国税局、地税局、民政局就其填列材料、年度检查、评估等情况对其公益性进行联合确认，符合公益性社会组织条件的，填写《××年公益性社会组织公益性捐赠税前扣除资格确认名单汇总表》（见附件2），分别报送省财政、税务、民政部门。由省财政厅、国税局、地税局、民政厅对符合条件的公益性社会组织联合公布其公益性捐赠税前扣除资格。

三、确认条件

确认具有公益性捐赠税前扣除资格的社会组织，应符合《中华人民共和国慈善法》和《中华人民共和国企业所得税法实施条例》第五十二条第一项到第八项规定的条件，以及财税〔2008〕160号、财税〔2010〕45号文件中规定的条件。

四、时间安排

2015年度具有公益性捐赠税前扣除资格的社会组织确认名单，各市于2016年5月13日前联合上报。省财政厅、国税局、地税局和民政厅于2016年5月31日前公布全省公益性社会组织公益性捐赠税前扣除资格名单。今后每年分别于7月、次年1月分批确认公布名单。

五、其他要求

各级财政、税务、民政部门应加强沟通合作，建立部门会商、协调机制，切实将取消公益性捐赠税前扣除资格确认审批事项落实到位；要按照"放管结合"的要求，加强公益性社会组织的后续管理，建立信息公开制度，加大对公益性社会组织监督检查及违规处罚力度。对在社会组织监督检查或税务检查中发现不符合条件的公益性社会组织，由确认机关取消公益性捐赠税前扣除资格，并向社会公告。

各级民政部门在社会组织登记、年检过程中，要采取组织填写公益性捐赠税前扣除资格调查表、发放明白纸等形式，为公益性社会组织搞好服务，推动公益性捐赠税前扣除政策落实。

公益性社会组织要建立信息公开制度，加大信息公开力度，及时公开接受捐赠收入和支出情况，应按照登记管理机关要求，在指定的网站、媒体上公布年度工作报告和年度审计报告，自觉接受社会监督。

以上通知，请遵照执行。

附件：1. 公益性社会组织公益性捐赠税前扣除资格情况表
　　　2. ××年公益性社会组织公益性捐赠税前扣除资格确认名单汇总表

附件 1：

公益性社会组织公益性捐赠税前扣除资格情况表

单位：万元

社会组织名称				成立登记时间	
社会组织类型	□社会团体　□基金会　□民办非企业				
登记管理机关				业务主管单位	
法定代表人				联系电话	
住所				邮政编码	
宗旨					
业务范围					
公益活动领域	□救助灾害、救济贫困、扶助残疾人等困难的社会群体和个人的活动； □教育、科学、文化、卫生、体育事业； □环境保护、社会公共设施建设； □促进社会发展和进步的其他社会公共和福利事业，具体描述为：				

符合税法相关规定	依法登记，具有法人资格			□是；□否	
	企业所得税主管税务机关			□国税；□地税	
	以发展公益事业为宗旨，且不以营利为目的			□是；□否	
	全部资产及其增值为法人所有			□是；□否	
	收益和营运结余主要用于符合本社会组织设立目的的事业			□是；□否	
	终止后的剩余财产不归属任何个人或者营利组织			□是；□否	
	不经营与设立目的无关的业务			□是；□否	
	有健全的财务会计制度			□是；□否	
	捐赠者不以任何形式参与社会组织财产的分配			□是；□否	

公益性活动开展情况	申请前 3 个年度	公益性活动支出	年度总收入	公益支出占总收入比例
	××××年			
	××××年			
	××××年			

申请前 3 个年度行政处罚	××××年	□是；□否		
	××××年	□是；□否		
	××××年	□是；□否		

申请前 2 个年度检查情况	××××年度	□合格；□基本合格；□不合格；□新成立		
	××××年度	□合格；□基本合格；□不合格；□新成立		

社会组织评估	评估等级	
	评估结果公布时间	
	评估结果有效期	

接受捐赠收入和支出信息公开平台	
年度工作报告、年度审计报告信息公开平台	

声明：本组织保证以上所提供资料内容真实、准确和完整，并为此承担责任。	（印章） 年　月　日
登记管理机关意见	（印章） 年　月　日

注：新注册登记公益性社会组织，不填写处罚、年检、评估的内容。

附件2：

××年公益性社会组织公益性捐赠税前扣除资格确认名单汇总表

市（县市区）民政局（盖章）：　　　　　　　　　　　　　　　　　　　　　填表时间：

序号	社会组织名称	登记管理机关	登记时间	统一代码
1				
2				
3				
4				
5				
6				
7				
8				
9				
10				
11				
12				

省财政厅　省地方税务局转发财政部、国家税务总局关于部分国家储备商品有关税收政策的通知

2016 年 5 月 6 日　鲁财税〔2016〕14 号

各市财政局、地税局：

　　现将《财政部、国家税务总局关于部分国家储备商品有关税收政策的通知》（财税〔2016〕28 号）转发给你们，并提出以下意见，请一并贯彻执行。

一、企业申报

　　各市财政局、地税局会同有关部门，对本市范围内受省、市、县政府部门委托，承担粮（含大豆）、食用油、棉、糖、肉等商品储备业务，并取得财政储备经费或补贴的商品储备管理公司及其直属库进行统计测算。商品储备管理公司及其直属库申报材料主要包括：

　　1. 营业执照原件及复印件；

　　2. 省、市、县级政府部门委托储备计划文件原件及复印件；

　　3. 取得财政储备经费或补贴相关文件原件及复印件；

　　4. 商品储备企业免税测算表（见附件）。

二、核实上报

　　各市财政局、地税局会同有关部门，认真审核相关材料，并保留申报材料复印件备查，必要时进行现

场核实，确定符合规定条件的商品储备管理公司及其直属库名单，并于 6 月 31 日前，将名单及全市商品储备企业免税测算表，以正式文件联合上报省财政厅和省地税局。

附件：商品储备企业免税测算表（略）

省财政厅　省国家税务局　省地方税务局关于公布 2016 年第一批具备免税资格的非营利组织名单的通知

2016 年 5 月 25 日　鲁财税〔2016〕15 号

各市财政局、国家税务局、地方税务局：

根据《财政部、国家税务总局关于非营利组织免税资格认定管理有关问题的通知》（财税〔2014〕13 号）规定，经省财政厅、省国税局、省地税局共同审核确认，山东省建材工业协会等 7 个单位具备非营利组织免税资格（名单见附件）。

附件：具备免税资格的非营利组织名单

附件：

具备免税资格的非营利组织名单

序号	单位	免税期限
1	山东省建材工业协会	2015～2019 年度
2	山东省家具协会	2015～2019 年度
3	山东省技能人才开发协会	2015～2019 年度
4	山东省国防科技工业协会	2015～2019 年度
5	山东省爆破器材行业协会	2015～2019 年度
6	山东省家用电器行业协会	2015～2019 年度
7	山东省物联网协会	2015～2019 年度

中共山东省委宣传部　省财政厅　省国家税务局省地方税务局关于认定山东影视制作有限公司为转制文化企业的通知

2016 年 5 月 31 日　鲁财税〔2016〕17 号

各市党委宣传部、财政局、国税局、地税局：

根据财政部、国家税务总局、中宣部《关于继续实施文化体制改革中经营性文化事业单位转制为企业若干税收政策的通知》（财税〔2014〕84 号）规定，省委宣传部、省财政厅、省国税局和省地税局联合对山东影视制作有限公司进行了审核，同意认定其为转制文化企业，转制基准日为 2012 年 5 月 25 日。

省财政厅　省国家税务局　省地方税务局　省民政厅
关于 2015 年度山东省公益性社会组织公益性
捐赠税前扣除资格名单公告

2016 年 5 月 31 日　鲁财税〔2016〕18 号

根据企业所得税法及实施条例有关规定，按照《关于公益性捐赠税前扣除资格确认审批有关调整事项的通知》（财税〔2015〕141 号）有关要求，现将 2015 年度公益性社会组织公益性捐赠税前扣除资格名单公告如下：

1. 山东省慈善总会
2. 山东省青少年发展基金会
3. 山东省公安民警优抚基金会
4. 山东省教育基金会
5. 山东省中国石油大学教育发展基金会
6. 山东大学教育基金会
7. 山东财经大学教育基金会
8. 山东商业职业技术学院助学基金会
9. 山东科技大学教育发展基金会
10. 山东省中国海洋大学教育基金会
11. 山东省青岛第二中学教育发展基金会
12. 山东农业大学教育发展基金会
13. 山东省胜利石油工程技术创新基金会
14. 山东工商学院教育发展基金会
15. 山东省友芳公益基金会
16. 山东省普觉公益基金会
17. 山东泛海公益基金会
18. 山东省企联企业管理科学基金会
19. 山东省山大齐鲁医院医疗援助基金会
20. 山东现代公益基金会
21. 山东省见义勇为基金会
22. 山东省儿童少年福利基金会
23. 山东省乐安慈孝公益基金会
24. 山东省鲁东大学教育发展基金会
25. 山东理工大学教育发展基金会
26. 济南大学教育发展基金会
27. 济南市残疾人福利基金会
28. 济南市见义勇为基金会
29. 青岛市教育发展基金会
30. 青岛市见义勇为基金会
31. 青岛滨海学院教育发展基金会

32. 青岛大学教育发展基金会
33. 青岛科技大学教育发展基金会
34. 青岛农业大学教育发展基金会
35. 青岛理工大学教育发展基金会
36. 青岛市残疾人福利基金会
37. 青岛市华泰公益基金会
38. 威海市见义勇为基金会
39. 淄博市见义勇为基金会
40. 莘县卓越教育基金会
41. 威海市恒盛文化艺术发展基金会
42. 烟台市枫林公益基金会
43. 聊城大学教育发展基金会
44. 聊城市见义勇为基金会
45. 日照职业技术学院教育基金会
46. 烟台大学教育发展基金会
47. 潍坊市铭仁文化发展基金会
48. 德州市见义勇为基金会
49. 滨州市见义勇为基金会
50. 济南慈善总会
51. 济南三株扶困基金会
52. 济南历下慈善总会
53. 平阴县慈善总会
54. 淄博市慈善总会
55. 张店区慈善总会
56. 淄川区慈善总会
57. 周村区慈善总会
58. 临淄区慈善总会
59. 高青县慈善总会
60. 沂源县慈善总会
61. 东营市慈善总会
62. 东营市乳癌病友关怀协会
63. 东营市义工协会
64. 东营市消防志愿者协会
65. 东营市阳光助残协会
66. 东营市观鸟协会
67. 东营市河口区慈善总会
68. 东营市河口区环境保护协会
69. 烟台市慈善总会
70. 烟台市芝罘区慈善总会
71. 烟台市福山区慈善总会
72. 烟台市牟平区慈善总会
73. 龙口市慈善总会
74. 莱州市慈善总会

75. 蓬莱市慈善总会

76. 招远市慈善总会

77. 招远汇丰爱心慈善基金会

78. 海阳市慈善总会

79. 长岛县慈善总会

80. 潍坊市慈善总会

81. 潍坊市自行车运动协会

82. 潍坊市奎文区慈善总会

83. 潍坊市潍城区慈善总会

84. 潍坊市坊子区慈善总会

85. 潍坊市寒亭区慈善总会

86. 青州市慈善总会

87. 寿光市慈善总会

88. 安丘市慈善总会

89. 昌邑市慈善总会

90. 高密市慈善总会

91. 临朐县慈善总会

92. 昌乐县慈善总会

93. 潍坊高新技术产业开发区慈善总会

94. 山东潍坊经济开发区慈善总会

95. 潍坊峡山生态经济开发区慈善总会

96. 泰安市慈善事业促进会

97. 泰安市老园丁爱心接力志愿者协会

98. 泰安市道宏慈善协会

99. 泰安市容环境卫生协会

100. 泰安市康复慈善协会

101. 泰安市养老服务业协会

102. 泰安市营养学会

103. 泰安市泰山慈善基金会

104. 泰安市纳税人协会

105. 泰安市社会公益慈善联合会

106. 威海南海爱心基金会

107. 威海市慈善总会

108. 威海市文登仁济基金会

109. 威海市文登区慈善总会

110. 威海市环翠区慈善总会

111. 荣成市慈善总会

112. 荣成市青年志愿者协会

113. 乳山市慈善总会

114. 乳山市青年志愿者协会

115. 乳山市老干部志愿者协会

116. 威海经济技术开发区慈善总会

117. 威海火炬高技术产业开发区慈善总会

118. 威海临港经济技术开发区慈善总会
119. 日照市慈善总会
120. 莱芜市慈善总会
121. 临沂市慈善总会
122. 沂水县慈善总会
123. 德州青年义工协会
124. 德州市志愿者协会
125. 德州市慈善总会
126. 德州市德城区慈善总会
127. 夏津县慈善总会
128. 禹城市慈善总会
129. 临邑县慈善总会
130. 临邑县阳光志愿者协会
131. 齐河县慈善总会
132. 菏泽市慈善总会
133. 牡丹区慈善总会
134. 曹县慈善总会
135. 定陶区慈善总会
136. 成武县慈善总会
137. 单县慈善总会
138. 巨野县慈善总会
139. 郓城县慈善总会
140. 鄄城县慈善总会
141. 东明县慈善总会

省财政厅　省地方税务局关于全面实施资源税改革的通知

2016 年 7 月 8 日　鲁财税〔2016〕23 号

各市财政局、地方税务局：

根据财政部、国家税务总局《关于全面推进资源税改革的通知》（财税〔2016〕53 号）和《关于资源税改革具体政策问题的通知》（财税〔2016〕54 号）要求，并结合山东实际，我省研究制定了资源税改革方案，自 2016 年 7 月 1 日起全面实施。改革方案已经省政府同意并报财政部和国家税务总局核准，为做好贯彻落实工作，现将有关事项通知如下：

一、关于资源税税目和适用税率

此次资源税改革我省共设定 31 个税目，其中，13 个税目为国家《资源税税目税率幅度表》列举名称的资源品目，18 个税目为我省列举名称的资源品目（具体税目税率详见附件 1、附件 2）。

二、关于原矿销售额和精矿销售额换算

为公平原矿与精矿资源税负，依据财政部、国家税务总局换算比或折算率确定原则和我省矿产企业实际，铁矿原矿的换算比暂定为1.34，井矿盐原矿的换算比暂定为3，金矿原矿的换算比暂定为1.05，金矿精矿的换算比暂定为1.04。

金矿原矿的换算比和金矿精矿的换算比，适用于以金矿原矿、金矿精矿的实际含金量、约定比例（一般为93%左右）、标准金锭牌价计算销售额的销售方式。其他销售方式应按照以上方法据实核定计税销售额。

三、关于资源税优惠政策

对依法在建筑物下、铁路下、水体下通过充填开采方式采出的矿产资源，资源税减征50%；对实际开采年限在15年以上的衰竭期矿山开采的矿产资源，资源税减征30%；对从尾矿中提取的矿产品，资源税减征50%；对从废渣、废水、废气中提取的矿产品，免征资源税。

对从低品位矿、废石中提取的矿产品，暂不给予税收优惠。

四、关于收费基金清理

各市要严格执行中央统一规定，对涉及矿产资源的收费基金进行全面清理，确保清理收费基金工作与资源税改革同步实施、落实到位，并于2016年9月10日前将本地区清理工作措施及成效报省财政厅、省地方税务局。

五、工作要求

全面推进资源税改革涉及面广、工作任务重，各级财税部门要提高认识，切实加强组织领导，扎实推进各项工作；及时跟踪分析资源税改革运行中出现的新情况、新问题；加强宣传引导，做好政策解读，提高纳税服务水平，确保改革平稳有序推进。

附件：1. 山东省资源税税目税率表（中央列举名称）（略）

2. 山东省资源税税目税率表（省级列举名称）（略）

省财政厅 省国家税务局 省地方税务局 省民政厅关于2016年度山东省公益性社会组织公益性捐赠税前扣除资格名单（第一批）公告

2016年8月26日 鲁财税〔2016〕28号

根据企业所得税法及实施条例有关规定，按照《关于公益性捐赠税前扣除资格确认审批有关调整事项的通知》（财税〔2015〕141号）有关要求，现将2016年度第一批公益性社会组织公益性捐赠税前扣除资格名单公告如下：

1. 山东省中国石油大学教育发展基金会
2. 青岛市残疾人福利基金会
3. 山东省送温暖工程基金会
4. 山东省企联企业管理科学基金会
5. 山东省胜利油田地学开拓基金会
6. 青岛绿华资源利用基金会
7. 青岛市残疾儿童医疗康复基金会
8. 威海市见义勇为基金会
9. 山东省残疾人福利基金会
10. 山东省彩虹援助基金会
11. 淄博市见义勇为基金会
12. 山东省儿童少年福利基金会
13. 山东环境保护基金会
14. 山东省青少年发展基金会
15. 济南市残疾人福利基金会
16. 山东省公安民警优抚基金会
17. 潍坊市铭仁文化发展基金会
18. 青岛市教育发展基金会
19. 济南市见义勇为基金会
20. 青岛市青少年发展基金会
21. 山东省见义勇为基金会
22. 山东省教育基金会
23. 聊城市陈光教育基金会
24. 山东省人口关爱基金会
25. 淄博市淄川区杨寨爱心救助基金会
26. 山东大学教育基金会
27. 泰安市教育基金会
28. 青岛市见义勇为基金会
29. 青岛滨海学院教育发展基金会
30. 山东省武训教育基金会
31. 潍坊市人口关爱基金会
32. 山东财经大学教育基金会
33. 山东商业职业技术学院助学基金会
34. 山东科技大学教育发展基金会
35. 山东外事翻译职业学院教育基金会
36. 山东省青年创业就业基金会
37. 青岛市天泰公益基金会
38. 莘县卓越教育基金会
39. 威海市恒盛文化艺术发展基金会
40. 山东省中国海洋大学教育基金会
41. 滨州市见义勇为基金会
42. 东营市见义勇为基金会
43. 烟台市枫林公益基金会

44. 山东省乐安慈孝公益基金会

45. 临沂市见义勇为基金会

46. 青岛市爱国健身公益基金会

47. 烟台市见义勇为基金会

48. 德州市见义勇为基金会

49. 山东理工大学教育发展基金会

50. 青岛市华泰公益基金会

51. 青岛大学教育发展基金会

52. 青岛科技大学教育发展基金会

53. 山东省青岛第二中学教育发展基金会

54. 青岛农业大学教育发展基金会

55. 山东农业大学教育发展基金会

56. 山东英才学院教育发展基金会

57. 聊城市见义勇为基金会

58. 山东省胜利石油工程技术创新基金会

59. 山东省南山老龄事业发展基金会

60. 聊城大学教育发展基金会

61. 山东工商学院教育发展基金会

62. 莱芜市见义勇为基金会

63. 山东省友芳公益基金会

64. 山东省普觉公益基金会

65. 山东省体育基金会

66. 济宁市见义勇为基金会

67. 济南大学教育发展基金会

68. 日照职业技术学院教育基金会

69. 枣庄市见义勇为基金会

70. 山东泛海公益基金会

71. 潍坊市见义勇为基金会

72. 青岛理工大学教育发展基金会

73. 烟台大学教育发展基金会

74. 山东师范大学教育基金会

75. 山东省山大齐鲁医院医疗援助基金会

76. 山东现代公益基金会

77. 山东省老龄事业发展基金会

78. 山东省鲁东大学教育发展基金会

79. 山东省慈善总会

80. 泰安市社会治安见义勇为奖励基金会

81. 济南京剧国粹发展基金会

82. 济南市三株扶困基金会

83. 济南铭源人才发展基金会

84. 济南市单应桂艺术基金会

85. 济南慈善总会

86. 济南市艺术教育促进会

87. 济南历下慈善总会

88. 济南历城慈善总会

89. 章丘市肾病救助基金会

90. 平阴县慈善总会

91. 淄博市慈善总会

92. 张店区慈善总会

93. 淄川区慈善总会

94. 周村区慈善总会

95. 临淄区慈善总会

96. 高青县慈善总会

97. 沂源县慈善总会

98. 潍坊市慈善总会

99. 潍坊市坊子区慈善总会

100. 青州市慈善总会

101. 安丘市慈善总会

102. 昌邑市慈善总会

103. 高密市慈善总会

104. 昌乐县慈善总会

105. 潍坊高新技术产业开发区慈善总会

106. 潍坊峡山生态经济开发区慈善总会

107. 高密市志愿者协会

108. 泰安市肢体残疾人协会

109. 泰安市慈善总会

110. 泰安市慈善事业促进会

111. 泰安市居家养老协会

112. 泰安市老园丁爱心接力志愿者协会

113. 泰安市科普志愿者联合会

114. 泰安市社会公益慈善联合会

115. 泰安市泰山义工联合会

116. 泰安市根本源公益慈善基金会

117. 泰安市创业促进会

118. 泰安市泰山艺术基金会

119. 泰安市营养学会

120. 泰安市纳税人协会

121. 泰安市道宏慈善协会

122. 泰安市容环境卫生协会

123. 泰安市康复慈善协会

124. 泰安市养老服务业协会

125. 泰安市泰山文化志愿服务联合会

126. 泰安市法律援助志愿者协会

127. 泰安市眼科学会

128. 泰安市健康公益事业发展协会

129. 泰安市泰山慈善基金会

130. 泰安市泰山爱心人慈善协会
131. 泰安市泰山养老服务协会
132. 宁阳县爱心人公益协会
133. 宁阳县春风公益协会
134. 宁阳县慈善协会
135. 肥城市慈善总会
136. 新泰市慈善总会
137. 日照市慈善总会
138. 莱芜市慈善总会
139. 临沂市罗庄区慈善总会

省财政厅　省国家税务局　省地方税务局　省发展和改革委员会　省经济和信息化委员会关于核查软件和集成电路企业所得税优惠有关问题的通知

2016 年 9 月 22 日　鲁财税〔2016〕30 号

各市财政局、国税局、地税局、发展改革委、经济和信息化委：

为落实好软件和集成电路企业所得税优惠政策，加强对软件和集成电路企业的后续管理，按照《财政部、国家税务总局、发展改革委、工业和信息化部关于软件和集成电路产业企业所得税优惠政策有关问题的通知》（财税〔2016〕49 号）要求，现将我省相关企业所得税优惠核查工作有关问题通知如下：

一、各市国税局、地税局要于每年 3 月 15 日前和 6 月 15 日前，分两批将汇算清缴已申报享受软件、集成电路企业税收优惠政策的企业优惠情况统计表及其备案资料书面报送省国税局、省地税局。省国税局、省地税局于每年 3 月 20 日前和 6 月 20 日前，分两批以公函形式将汇算清缴年度已申报享受软件、集成电路企业税收优惠政策的企业名单及备案资料移交省发展改革委、省经济和信息化委，公函内容包括移送的享受税收优惠政策的企业户数、企业类型、享受税收优惠年度，并附送相关企业名单和备案资料。

二、省发展改革委、省经济和信息化委在收到享受优惠政策的企业名单和备案资料后，于每年 5 月 20 日前和 8 月 20 日前，将复核结果以正式文件反馈省国税局、省地税局和省财政厅。反馈文件包括以下内容：

1. 经核查符合集成电路生产企业、集成电路设计企业、软件企业、国家规划布局内重点集成电路设计企业、国家规划布局内重点软件企业的名单，及其产品和研究开发费用指标情况（见附件 1）；

2. 经核查不符合集成电路生产企业、集成电路设计企业、软件企业、国家规划布局内重点集成电路设计企业、国家规划布局内重点软件企业的名单，及其核查意见（见附件 2）。

三、每年 10 月 10 日前，省财政厅、省国税局、省地税局、省发展改革委、省经济和信息化委将核查结果及税收优惠落实情况汇总后形成正式文件，于当年 10 月 31 日前联合上报财政部、国家税务总局、发展改革委、工业和信息化部。

附件：1. 符合软件、集成电路产业企业条件的产品及研究开发费用指标情况表
　　　2. 不符合软件、集成电路产业企业条件的企业核查情况反馈表

附件 1：

符合软件、集成电路产业企业条件的产品及研究开发费用指标情况表

金额单位：元

企业名称		
产品收入指标情况		
企业类型	产品名称	销售收入
一、集成电路生产企业	1. ……	
二、集成电路设计企业	1. ……	
其中：集成电路自主设计	1. ……	
三、软件企业	1. ……	
其中：1. 嵌入式软件产品和信息系统集成产品开发	1. ……	
2. 软件产品自主开发	1. ……	
其中：嵌入式软件产品和信息系统集成产品自主开发	1. ……	
四、国家规划布局内的重点集成电路设计企业	1. ……	
五、国家规划布局内的重点软件企业	1. ……	
研究开发费用指标情况		
研究开发项目名称	中国境内发生的研究开发费用金额	
一、		
二、		
……		

附件 2：

不符合软件、集成电路产业企业条件的企业核查情况反馈表

企业名称：　　　　　　　　　　　统一社会信用代码（或纳税人识别号）：

企业类型	备案资料	核查意见	备注
集成电路 生产企业	1. 在发展改革或工业和信息化部门立项的备案文件（应注明总投资额、工艺线宽标准）复印件以及企业取得的其他相关资质证书复印件等；		
	2. 企业职工人数、学历结构、研究开发人员情况及其占企业职工总数的比例说明，以及汇算清缴年度最后一个月社会保险缴纳证明等相关证明材料；		
	3. 加工集成电路产品主要列表及国家知识产权局（或国外知识产权相关主管机构）出具的企业自主开发或拥有的一至两份代表性知识产权（如专利、布图设计登记、软件著作权等）的证明材料；		

企业类型	备案资料	核查意见	备注
集成电路生产企业	4. 经具有资质的中介机构鉴证的企业财务会计报告（包括会计报表、会计报表附注和财务情况说明书）以及集成电路制造销售（营业）收入、研究开发费用、境内研究开发费用等情况说明；		
	5. 与主要客户签订的一至两份代表性销售合同复印件；		
	6. 保证产品质量的相关证明材料（如质量管理认证证书复印件等）；		
	7. 税务机关要求出具的其他材料。		
集成电路设计企业	1. 企业职工人数、学历结构、研究开发人员情况及其占企业职工总数的比例说明，以及汇算清缴年度最后一个月社会保险缴纳证明等相关证明材料；		
	2. 企业开发销售的主要集成电路产品列表，以及国家知识产权局（或国外知识产权相关主管机构）出具的企业自主开发或拥有的一至两份代表性知识产权（如专利、布图设计登记、软件著作权等）的证明材料；		
	3. 经具有资质的中介机构鉴证的企业财务会计报告（包括会计报表、会计报表附注和财务情况说明书）以及集成电路设计销售（营业）收入、集成电路自主设计销售（营业）收入、研究开发费用、境内研究开发费用等情况表；		
	4. 第三方检测机构提供的集成电路产品测试报告或用户报告，以及与主要客户签订的一至两份代表性销售合同复印件；		
	5. 企业开发环境等相关证明材料；		
	6. 税务机关要求出具的其他材料。		
软件企业	1. 企业开发销售的主要软件产品列表或技术服务列表；		
	2. 主营业务为软件产品开发的企业，提供至少1个主要产品的软件著作权或专利权等自主知识产权的有效证明文件，以及第三方检测机构提供的软件产品测试报告；主营业务仅为技术服务的企业提供核心技术说明；		
	3. 企业职工人数、学历结构、研究开发人员及其占企业职工总数的比例说明，以及汇算清缴年度最后一个月社会保险缴纳证明等相关证明材料；		
	4. 经具有资质的中介机构鉴证的企业财务会计报告（包括会计报表、会计报表附注和财务情况说明书）以及软件产品开发销售（营业）收入、软件产品自主开发销售（营业）收入、研究开发费用、境内研究开发费用等情况说明；		
	5. 与主要客户签订的一至两份代表性的软件产品销售合同或技术服务合同复印件；		
	6. 企业开发环境相关证明材料；		
	7. 税务机关要求出具的其他材料。		
国家规划布局内重点软件企业	1. 企业享受软件企业所得税优惠政策需要报送的备案资料；		
	2. 符合第二类条件的，应提供在国家规定的重点软件领域内销售（营业）情况说明；		
	3. 符合第三类条件的，应提供商务主管部门核发的软件出口合同登记证书，以及有效出口合同和结汇证明等材料；		
	4. 税务机关要求提供的其他材料。		
国家规划布局内重点集成电路设计企业	1. 企业享受集成电路设计企业所得税优惠政策需要报送的备案资料；		
	2. 符合第二类条件的，应提供在国家规定的重点集成电路设计领域内销售（营业）情况说明；		
	3. 税务机关要求提供的其他材料。		

省财政厅　省地方税务局关于公布山东省 2016～2018 年享受商品储备业务税收政策企业名单的通知

2016 年 10 月 18 日　鲁财税〔2016〕33 号

各市财政局、地方税务局：

根据《财政部、国家税务总局关于部分国家储备商品有关税收政策的通知》（财税〔2016〕28 号）要求，经省政府批准，现将承担省、市、县政府有关部门委托商品储备业务的储备管理公司及其直属库名单予以公布，并执行以下税收政策：

一、对商品储备管理公司及其直属库资金账簿免征印花税，对其承担商品储备业务过程中书立的购销合同免征印花税，对合同其他各方当事人应缴纳的印花税照章征收。

二、对商品储备管理公司及其直属库承担商品储备业务自用的房产、土地，免征房产税、城镇土地使用税。

本通知执行时间为 2016 年 1 月 1 日至 2018 年 12 月 31 日。2016 年 1 月 1 日以后已缴上述应予免税的税款，从企业应缴纳的相应税款中抵扣。

附件：山东省 2016～2018 年享受商品储备业务税收政策企业名单（略）

省财政厅　省国家税务局　省地方税务局　省民政厅关于确认山东省扶贫开发基金会等单位公益性捐赠税前扣除资格的公告

2016 年 10 月 26 日　鲁财税〔2016〕35 号

根据企业所得税法及实施条例有关规定，按照《财政部、国家税务总局、民政部关于公益性捐赠税前扣除资格确认审批有关调整事项的通知》（财税〔2015〕141 号）有关要求，经省财政厅、省国税局、省地税局、省民政厅联合确认，以下单位公益性捐赠税前扣除资格如下：

1	山东省扶贫开发基金会	具有 2016 年公益性捐赠税前扣除资格
2	山东省人口关爱基金会	具有 2015 年公益性捐赠税前扣除资格
3	青岛市青少年发展基金会	
4	青岛市天泰公益基金会	
5	山东省青年创业就业基金会	
6	山东外事翻译职业学院教育基金会	
7	山东省武训教育基金会	
8	山东省南山老龄事业发展基金会	

9	山东师范大学教育基金会	
10	山东省残疾人福利基金会	
11	山东英才学院教育发展基金会	
12	山东省体育基金会	具有 2015 年公益性捐赠税前扣除资格
13	山东省老龄事业发展基金会	
14	泰安市教育基金会	
15	烟台市见义勇为基金会	

省财政厅　省国家税务局　省地方税务局关于公布 2016 年第二批具备免税资格的非营利组织名单的通知

2016 年 11 月 29 日　鲁财税〔2016〕40 号

各市财政局、国家税务局、地方税务局：

根据《财政部、国家税务总局关于非营利组织免税资格认定管理有关问题的通知》（财税〔2014〕13 号）规定，经省财政厅、省国税局、省地税局共同审核确认，山东省妇幼保健协会等 17 文件个单位具备非营利组织免税资格（名单见附件）。

经认定的非营利组织，凡当年符合《企业所得税法》及其《实施条例》和有关规定免税条件的收入，免予征收企业所得税；当年不符合免税条件的收入，照章征收企业所得税。主管税务机关在政策执行过程中，如发现非营利组织不再具备本通知规定的免税条件，应及时报告省级财税部门，由省级财税部门按规定对其进行复核。

非营利组织应在有效期满前三个月内提出复审申请，未提出复审申请或复审不合格的，其享受免税优惠的资格到期自动失效。

附件：具备免税资格的非营利组织名单

附件：

具备免税资格的非营利组织名单

序号	单位	免税期限
1	山东省妇幼保健协会	2015 ~ 2019 年度
2	山东省土地估价师与土地登记代理人协会	2015 ~ 2019 年度
3	山东省船舶工业行业协会	2015 ~ 2019 年度
4	山东省涂料行业协会	2015 ~ 2019 年度
5	山东省轻工业安全生产管理协会	2015 ~ 2019 年度
6	山东林学会	2015 ~ 2019 年度
7	山东省民间融资机构协会	2015 ~ 2019 年度
8	山东省海洋工程咨询协会	2015 ~ 2019 年度

续表

序号	单位	免税期限
9	山东省人口关爱基金会	2015～2019 年度
10	山东国际孙子兵法研究交流中心	2015～2019 年度
11	山东省稀土行业协会	2015～2019 年度
12	山东省非公立医疗机构协会	2016～2020 年度
13	山东硅酸盐学会	2016～2020 年度
14	山东省日用硅酸盐工业协会	2016～2020 年度
15	山东省煤矿矿用产品行业协会	2016～2020 年度
16	山东省胜利石油工程技术创新基金会	2016～2020 年度
17	山东煤炭学会	2016～2020 年度

三、

预算管理类

财政部关于专员办进一步加强财政预算监管工作的意见

2016 年 3 月 28 日　财预〔2016〕38 号

财政部驻各省、自治区、直辖市、计划单列市财政监察专员办事处：

在财政部党组的正确决策和坚强领导下，近年来，财政部驻各地财政监察专员办事处（以下简称专员办）认真贯彻落实《财政部关于专员办加强财政预算监管工作的通知》（财预〔2014〕352 号）精神，积极转变思想观念，明确角色定位，完善规章制度，创新工作机制，稳步推进工作转型，嵌入财政主体业务并有序实施财政预算监管，取得了阶段性明显成果，在组织建设、业务能力建设等方面发生了历史性变化，对深化财政预算管理改革和贯彻落实重大财政政策起到了重要保障作用。同时，专员办转型工作尚处于"爬坡"过程中，还面临一些困难和问题。为了推动专员办转型到位并充分发挥其作用，按照部党组关于专员办进一步加强财政预算监管工作的决定精神，现提出以下意见：

一、深入推进专员办工作转型

按照财政部党组对专员办工作转型的决策部署，秉持"财政部干什么，专员办就在前方干什么"的理念，突出"财政预算管理的问题在哪里，专员办的工作重心就在哪里"的思路，在已有转型工作基础上，抓住"一个核心"，即预算这个核心，把专员办业务嵌入预算管理，进一步做深做实，见实效并机制化；逐步实现"两个拓展"，即在预算监管的基础上，逐步实现向财政业务监管全覆盖拓展，监管方式和职能向加强政策研究拓展，全面反映驻在地财政运行情况并提出政策建议；建立和完善"两个联动"机制，即财政部各司局同专员办的联动机制、财政部同地方财政部门的预算监管联动机制，不断提升专员办财政预算监管工作成效，树立监管权威，把专员办的潜力更大程度释放出来。

二、进一步将专员办业务嵌入预算管理工作做深做实

继续做好属地中央预算单位预算编制监管，建立完善基础数据库，全面审核基础数据，督促建立完善项目库，加强对入库项目立项依据、实施方案、预算需求、绩效目标等的审核，提高入库项目质量，提升预算编制的科学性。

以国库动态监控系统为依托，对属地中央预算单位预算执行进度、资金使用方向、项目实施效果等全面监控，发现问题及时纠正，督促属地中央预算单位加快预算执行、盘活资金存量、控制结转结余，提升预算执行的时效性、规范性、安全性。

在试点基础上，逐步扩大部门决算审核范围，对其项目绩效自评情况进行抽查，全面、真实反映财政资金使用情况和执行效果，提升预算执行的有效性。

努力实现专员办对预算编制和执行全链条嵌入，根据授权对属地中央预算单位预算管理的重要环节和节点审核把关，强化专员办监管成果应用，推动改进预算编制和执行并形成制度化机制。

三、逐步实现专员办财政业务监管全覆盖

推进中央对地方转移支付监管，做好省级财政部门提交中央补助资金申请的审核，对地方财政部门分配、下达、落实和使用中央转移支付情况进行全面监控，及时反映监管中发现的问题。

强化地方政府债务监督，配合做好中央对地方政府债务的限额管理、预算管理、风险管理以及数据统计报告等工作，加强地方政府债券发行、使用和偿还等监管，并对地方政府债务风险变化和违法违规举债担保等进行动态监控。

加强中央重大项目执行监督，对社会公众关注及对经济社会发展有较大影响的重大民生政策和重大专项支出，专员办要予以优先和重点监管。

全面推进预算绩效管理，加强绩效目标审核，实施绩效监控，开展绩效评价，督促相关单位积极应用评价结果，密切跟踪相关后续政策完善和有关问题的整改落实情况。

按照"精减、精准"、"有针对性、关注重大问题"的原则精选检查项目，做精、做优专项检查工作，提升检查成效；建立健全《预算法》执行情况检查和严肃财经纪律长效机制，加大检查力度，发挥惩戒作用，增强财政监督检查的威慑力和社会影响力。

加强法规制度执行情况的调查研究，提出改进意见和建议；做好国有资产、非税收入、国际金融组织贷款、会计信息质量等其他财政工作的监管，实现所授权的财政业务监管全面覆盖。

四、充分发挥专员办就地管理和政策研究作用

发挥专员办就地就近优势，指导地方财政加强预算编制管理，督促地方将提前下达的转移支付及时分解下达并全额编入预算，并依据党中央、国务院确定的重大财政政策，研究评估地方预算编制的准确性和科学性。

借助地方预算综合管理等系统，辅以核查、调查等方式，全面掌握地方收入状况、支出结构等信息，及时发现和反映地方财政运行中苗头性、趋势性问题，特别是对全国有重大影响的共性问题。

参与中央重大财税体制改革，协助做好政策出台前的调研，加强对地方财政落实中央重大财政政策的监督和管理，对政策实施效果进行评估。围绕地方财政运行和重大问题，组织开展有重点、系统性的调查研究，提出针对性、建设性的政策建议。

五、完善财政部部内司局同专员办的联动机制

进一步厘清财政部部内司局的业务范围和职责，充分发挥其扁平化管理作用，围绕财政部各司局的工作重点，及时、细化、精准指导专员办的监管工作，进行政策解答，研究解决专员办反映的问题。

落实财政部预算司的牵头管理职责，对需财政部部内司局共同解决的综合性、基础性、交叉性问题，预算司要统筹协调、积极推动，会同部内司局及时研究解决，并加强与专员办常态化的沟通联系，实现常规工作靠机制、特殊事项靠授权，使专员办始终处于"自主运行、精准指导"的状态中，确保专员办工作和财政部部内司局有效联动、形成合力。

建立财政部指导专员办工作司局协调机制，充分发挥财政预算监管工作协调小组作用，强化财政部部内司局的联络和沟通，开展定期的交流协商，研究部署工作，通报工作进展，总结经验做法，协调解决问题，确保财政部部内司局在组织指导专员办工作上协调一致、运转高效。

进一步均衡财政部部内司局安排专员办承担的业务工作量，协调各项工作的时间安排，做好年度财政预算监管工作计划的统筹，严格控制执行中新增监管事项。年度监管计划应保持一定"弹性"，为专员办自主开展工作留出空间。

六、建立健全财政部同地方财政部门的预算监管联动机制

将财政部对地方财政的管理同专员办工作转型结合起来，引导专员办围绕中央重大财税政策落实、地方财政运行、财政风险防控、预决算公开等实施有效监管，及时发现和反映地方财政管理中出现的问题，

配合财政部相关司局研究解决并督促落实。未能及时发现地方财政管理中的问题，或发现问题但未及时反映、报告，要对相关专员办进行问责。

财政部部内司局要及时将相关财税政策、工作要求等告知专员办，提示专员办关注地方财政管理中可能出现的问题，指导专员办开展有针对性的监管，及时协调解决专员办监管工作中涉及地方财政部门的有关问题。财政部部内司局未认真履行对专员办工作的指导责任，要对相关司局进行问责。

对专员办监管中发现的地方财政管理中的违规违纪等重大问题，财政部有关司局要依据《预算法》等法规提出处理意见，约谈相关省级财政部门主要负责人，将有关情况在财政系统内进行通报，并抄送所在省（自治区、直辖市、计划单列市）人民政府，提出相关问责建议。

七、重视和加强专员办财政预算监管成果的应用

完善专员办财政预算监管成果应用机制，对专员办形成的财政预算监管成果，原则上财政部部内司局都要将其作为预算编制、执行、决算及其他财政工作的重要依据，并及时向专员办反馈监管成果采纳情况。

对专员办形成的调研成果，财政部部内司局要及时进行归纳、分析，将其作为衡量财政政策执行效果的尺子、完善政策和制定法规制度的重要依据。对重要调研成果要以适当方式上报国务院，通报所在省（自治区、直辖市、计划单列市）人民政府。

要把专员办监管成果应用作为必经环节嵌入预算编制、执行、决算管理流程，作为完善财政预算管理的必要内容。对无故不采纳、不应用专员办合理意见建议而带来的问题、造成的后果，相关单位和人员要承担相应的责任。

八、加强专员办工作的组织制度保障

加强专员办党建工作。进一步落实专员办党建工作责任制，强化"一岗双责"，落实"两个责任"，狠抓廉洁自律准则、纪律处分条例和巡视工作条例的贯彻落实，聚焦全面从严治党加大对专员办的巡视力度，进一步抓好整改落实，始终把纪律挺在前面。

加强内控建设。财政部部内司局要把对专员办的业务指导、监管成果应用等纳入本司局的业务流程设计，对各个环节和重要节点提出具体审核把关要求，并嵌入内控系统，监督执纪问责。各专员办要严格执行财政部内控制度办法、专员办内控基本制度和操作规程等，完善内控机制，确保内控措施全覆盖，有效防范业务、法律和廉政等风险。

加强专员办干部队伍建设和财务管理。继续深化干部人事制度改革，进一步充实专员办领导班子力量，优化干部队伍结构，适时调整内设处室职责，优化内设处室人员配备。不断规范专员办预算管理、资产处置、会计核算等，保障专员办开展工作所需经费。

提高专员办内部管理水平。进一步完善顶层制度设计，对专员办转型后的业务工作以相应的制度予以固化，对与专员办转型要求不相符、不衔接的规章制度进行清理修订。建立专员办业务工作考核机制，将考核结果以适当方式通报，并作为干部选拔、调整和年度考核的重要参考。加大财政部对专员办的业务对口培训，促进专员办之间的横向业务交流。积极推进政府购买服务，聘请社会第三方力量参与财政预算监管工作。加快专员办信息系统建设，尽快实现与财政部内主要业务系统、地方财政等部门相关信息系统的互联互通，保证专员办及时获取监管信息。

强化外部协调配合。财政部各司局要加强同中央各部门和地方财政部门的沟通，协调中央各部门和地方财政部门及时开放信息系统，全面提供基础信息，如实反映存在问题，提供必要保障条件，并加强同专员办之间的沟通协调，积极配合专员办做好财政预算监管工作，不断提升财政预算管理水平，提高财政资金使用效益。

财政部关于印发《中央对地方资源枯竭城市转移支付办法》的通知

2016 年 6 月 30 日　　财预〔2016〕97 号

各省、自治区、直辖市、计划单列市财政厅（局）：

为进一步完善资源枯竭城市转移支付制度，经请示国务院同意，财政部研究制定了《中央对地方资源枯竭城市转移支付办法》，现予印发。

附件：中央对地方资源枯竭城市转移支付办法

附件：

中央对地方资源枯竭城市转移支付办法

第一条　为促进资源枯竭城市和独立工矿区实现经济转型，规范中央对地方资源枯竭城市转移支付资金管理，按照《国务院关于促进资源型城市可持续发展的若干意见》（国发〔2007〕38 号）等有关规定，制定本办法。

第二条　中央对地方资源枯竭城市转移支付为一般性转移支付资金。

资源枯竭城市应当将转移支付资金主要用于解决本地因资源开发产生社保欠账、环境保护、公共基础设施建设和棚户区改造等历史遗留问题。享受转移支付补助的独立工矿区/采煤沉陷区所在县（市、区）应当将转移支付资金重点用于棚户区搬迁改造、塌陷区治理、化解民生政策欠账等方面。其中，资源枯竭城市转移支付中直接用于企业搬迁和支持企业技术改造等方面的支出不得超过总额的 10%。

第三条　中央对地方资源枯竭城市转移支付的补助对象包括：

（一）经国务院批准的资源枯竭城市；

（二）参照执行资源枯竭城市转移支付政策的城市；

（三）部分转型压力较大的独立工矿区和采煤沉陷区，独立工矿区采取先行试点，逐步推开的办法，由财政部商有关部门和地方研究确定试点范围。

第四条　补助地区属于第三条第（一）、（二）项的，第一轮补助期限为 4 年，第一轮期满后，根据国务院有关部门的评价结果，转型未成功的市县延续补助 5 年。补助政策到期后，按一定比例分年给予退坡补助。

补助地区属于第三条第（三）项的，补助期限暂定为 3 年。到期后视转型情况和资金使用绩效确定后续补助政策。

第五条　资源枯竭城市转移支付资金分配遵循以下原则：

（一）客观公正。选取影响资源枯竭城市财政运行的客观因素，采用统一规范的方式进行分配。

（二）公开透明。转移支付测算过程和分配结果公开透明。

（三）分类补助。体现资源枯竭市（县、区）的类别差异。

（四）激励约束。建立考核机制，根据考核情况予以相应的奖惩。

第六条　中央对地方资源枯竭城市转移支付按以下公式分配：

资源枯竭城市转移支付 = 定额补助 + 因素补助 + 奖惩资金

第七条 定额补助考虑县级、市辖区、参照执行资源枯竭城市转移支付政策的城市、独立工矿区的差异，分为四个档次，补助金额根据预算安排情况确定。

第八条 因素补助分资源枯竭城市、独立工矿区/采煤沉陷区两类。参照执行资源枯竭城市转移支付政策的城市暂不享受因素补助。

资源枯竭城市因素补助按照以下公式计算：

资源枯竭城市因素补助 = 按因素法分配的资源枯竭城市转移支付总额 × [各市县非农人口（市辖区采用总人口）占比 × 人均财力系数 × 困难程度系数 × 成本差异系数 × 资源枯竭程度系数 × 资源类型系数]

人均财力系数根据各地区财力总额和人口总数分市、县、区分别确定。

困难程度系数和成本差异系数参照当年中央对地方均衡性转移支付办法测算。

资源枯竭程度系数参照可利用资源储量占累计查明储量的比重分档确定。

资源类型系数分林木资源和煤炭等其他资源两类。其中，林木资源类系数为80%、煤炭等其他资源类系数为100%。

独立工矿区/采煤沉陷区因素补助按照以下公式计算：

独立工矿区/采煤沉陷区因素补助 = 按因素法分配的独立工矿区转移支付总额 × 财力状况系数

第九条 奖惩资金按照以下规则确定：

（一）考核结果较差的地区，扣减当年一定比例的转移支付增量及存量资金。

（二）考核结果优秀的地区获得的奖励资金 = 奖励资金总额 × （该地定额与因素补助之和 ÷ 获得奖励地区定额与因素补助总额）

第十条 中央对地方资源枯竭城市转移支付资金分配到省、自治区、直辖市（以下统称省）。省级财政部门可根据本地实际情况，制定省对下转移支付办法，其补助范围不得超出本办法明确的资源枯竭城市转移支付范围，对下分配总额不得低于中央财政下达的资源枯竭城市转移支付额。具体享受转移支付的基层政府财政部门要会同相关部门制定资金使用方向及绩效目标方案，切实将资金用于本办法规定的领域和方向。

第十一条 各省财政部门应当强化对行政区域内资源枯竭城市转移支付资金监督管理，参照《资源枯竭城市绩效评价暂行办法》（财预〔2011〕441号）有关规定，会同发展改革部门对基层政府资金使用方向和绩效目标给予综合评价，定期监督考核，年度结果报财政部和国家发展改革委备案。

第十二条 本办法由财政部负责解释。

第十三条 本办法自印发之日起实行。

财政部关于印发《2016年中央对地方重点生态功能区转移支付办法》的通知

2016年9月9日　财预〔2016〕117号

各省、自治区、直辖市、计划单列市财政厅（局）：

为规范转移支付分配、使用和管理，发挥财政资金在维护国家生态安全、推进生态文明建设中的重要作用，经国务院批准，我们制定了《2016年中央对地方重点生态功能区转移支付办法》，现予印发。

附件：2016年中央对地方重点生态功能区转移支付办法

附件：

2016 年中央对地方重点生态功能区转移支付办法

第一条 为维护国家生态安全，促进生态文明建设，引导地方政府加强生态环境保护，提高国家重点生态功能区等生态功能重要地区所在地政府的基本公共服务保障能力，中央财政设立重点生态功能区转移支付（以下简称转移支付）。

第二条 转移支付支持范围包括：

（一）《全国主体功能区规划》中限制开发的国家重点生态功能区和京津冀协同发展、"两屏三带"、海南国际旅游岛等生态功能重要区域所属县（包括县级市、市辖区、旗等，以下统称为重点生态县域）。

（二）《全国主体功能区规划》中的禁止开发区域。

（三）其他生态功能重要区域和在生态环境保护建设方面开展相关工作的地区。

中央财政根据有关规划制定和财力情况，加大转移支付支持力度，并根据绩效考核情况建立转移支付范围动态调整机制。

第三条 转移支付资金按以下原则进行分配：

（一）公平公正，公开透明。选取客观因素进行公式化分配，转移支付办法和分配结果公开。

（二）分类处理，突出重点。综合考虑生态指标、财力水平、贫困状况等情况对补助县市实施分档分类的补助机制，在补助力度上体现差异，支持生态环境保护和脱贫攻坚。

（三）注重激励，强化约束。建立健全资金分配使用考核和生态环境保护综合评价机制，加大转移支付与考评结果挂钩的奖惩力度，激励地方加大生态环境保护力度，提高资金使用效率。

第四条 转移支付资金选取影响财政收支的客观因素，按县测算，下达到省、自治区、直辖市、计划单列市（以下统称省）。

（一）重点补助：对重点生态县域，中央财政按照标准财政收支缺口并考虑补助系数测算。其中，标准财政收支缺口参照均衡性转移支付测算办法，结合中央与地方生态环境保护治理财政事权和支出责任划分，将各地生态环境保护方面的特殊支出、聘用贫困人口转为生态保护人员的增支情况作为转移支付测算的重要因素，补助系数根据标准财政收支缺口情况、生态保护区域面积、产业发展受限对财力的影响情况和贫困情况等因素分档分类测算。

（二）禁止开发补助：对禁止开发区域，中央财政根据各省禁止开发区域的面积和个数等因素分省测算，向国家自然保护区和国家森林公园两类禁止开发区倾斜。

（三）引导性补助：对省以下建立完善生态保护补偿机制和有关试点示范，适当给予引导性补助，已经享受重点补助的地区不再重复补助。

第五条 各省转移支付应补助额按下列公式计算：

某省重点生态功能区转移支付应补助额＝重点补助＋禁止开发补助＋引导性补助

当年测算转移支付数额少于上年的省，中央财政按上年数额下达。为保障各地转移支付的稳定性，根据各地获得资金增幅进行适当控制调整。

第六条 财政部对省对下资金分配情况、享受转移支付的县的资金使用情况等进行绩效考核，并会同有关部门完善生态环境保护综合评价办法。根据考核评价情况实施奖惩，激励地方加大生态环境保护力度，提高资金使用效益。对考核评价结果优秀的地区给予奖励。对生态环境质量变差、发生重大环境污染事件、主要污染物排放超标、实行产业准入负面清单不力和生态扶贫工作成效不佳的地区，根据实际情况对转移支付资金予以扣减。

各省实际转移支付额按下列公式计算：

某省重点生态功能区转移支付实际补助额＝该省重点生态功能区转移支付应补助额±奖惩资金

第七条　省级财政部门应当根据本地实际情况，制定省对下重点生态功能区转移支付办法，规范资金分配，加强资金管理，将各项补助资金落实到位。补助对象原则上不得超出本办法确定的转移支付范围，分配的转移支付资金总额不得低于中央财政下达的重点生态功能区转移支付额。

第八条　享受转移支付的地区应当切实增强生态环境保护意识，将转移支付资金用于保护生态环境和改善民生，加大生态扶贫投入，不得用于楼堂馆所及形象工程建设和竞争性领域，同时加强对生态环境质量的考核和资金的绩效管理。

第九条　本办法由财政部负责解释。

第十条　本办法自印发之日起实行。《中央对地方国家重点生态功能区转移支付办法》（财预〔2015〕126号）同时废止。

财政部关于印发《专员办开展中央对地方专项转移支付监管暂行办法》的通知

2016年10月9日　财预〔2016〕136号

财政部驻各省、自治区、直辖市、计划单列市财政监察专员办事处：

为规范财政部驻各地财政监察专员办事处开展中央对地方专项转移支付监管工作，提高财政资金管理使用的规范性、安全性和有效性，我们制定了《专员办开展中央对地方专项转移支付监管暂行办法》，现予以印发，请遵照执行。

附件：专员办开展中央对地方专项转移支付监管暂行办法

附件：

专员办开展中央对地方专项转移支付监管暂行办法

第一章　总　　则

第一条　为规范财政部驻各地财政监察专员办事处（以下简称专员办）开展中央对地方专项转移支付监管工作，提高财政资金管理使用的规范性、安全性和有效性，根据《中华人民共和国预算法》、《财政部关于专员办进一步加强财政预算监管工作的意见》（财预〔2016〕38号）、《中央对地方专项转移支付管理办法》（财预〔2015〕230号）等规定，制定本办法。

第二条　本办法所称中央对地方专项转移支付（以下简称专项转移支付）监管，是指专员办按照工作职责和财政部要求，以专项转移支付为对象开展的审核、监控、评价、督导、核查、检查、调研等监督管理活动。

第三条　专员办开展专项转移支付监管，应当遵循依法依规、规范有序、客观公正、及时有效的原则。

第四条　财政部部内相关司局（以下简称部内相关司局）、专员办及地方财政部门应当建立健全监管联动机制，按职责分工，共同做好专项转移支付监管工作。

部内相关司局应当及时将专项转移支付相关政策、资金分配结果等基础资料提供专员办，提出明确的监管要求，及时对专员办监管工作进行指导，协调解决监管工作中遇到的问题，充分利用专员办提交的监管成果，并将监管成果利用情况以适当方式反馈专员办。

地方财政部门应当建立同专员办的信息共享机制，推进实现相关信息系统的互联互通，及时将专项转移支付提前下达、申请、分配、使用、管理、绩效等信息提供专员办，并对相关材料的真实性、完整性、准确性负责。应当积极配合专员办开展监管工作，并对专员办监管工作中发现和指出的问题，及时采取相关措施整改落实。

专员办应当加强同部内相关司局和地方财政部门的沟通联系，按照相关工作要求，认真履行专项转移支付监管职责，根据需要会同地方财政部门开展联合监管，积极反馈预算监管中发现的重大问题，及时完成相关工作并报送部内相关司局。对部内相关司局提出的整改要求，应当认真督导地方财政部门予以落实。

第二章　提前下达督导

第五条　对财政部每年 10 月 31 日前提前下达的下一年度专项转移支付预计数，专员办应当在指标文件下达后，按照部内相关司局要求做好相应的督导工作，督促地方将提前下达的专项转移支付按时分解下达并全额编入本级政府预算。

第六条　专员办开展专项转移支付提前下达督导，主要采取对地方财政部门报送的资料进行书面核查的方式，并应充分利用地方预算综合管理系统。确有必要时，可以采取现场核查方式。

第七条　专员办在开展督导工作时，应当重点关注以下内容：

（一）分解及时。省级财政部门是否在收到财政部下达的预算指标文件后 30 日内将其下达到本行政区域县级以上各级财政部门。

（二）下达完整。县级以上地方各级财政部门是否按照规定范围和比例下达指标，是否存在应下未下情况。

（三）编制完整。地方各级财政部门是否将上级财政部门提前下达的指标全额编入本级财政预算，基层政府预算特别是县级政府预算年初到位率是否达到规定要求。

（四）编列准确。是否按照规定的科目、要求等准确编制预算，预算编制是否符合党中央、国务院等确定的重大财政政策要求。

（五）其他需要督导事项。如已明确下达到具体项目的专项转移支付预计数是否落实到具体单位、项目等。

第八条　对专项转移支付提前下达督导中发现的问题，专员办应当及时提醒相关财政部门进行纠正。对违反相关规定且问题较为严重的，专员办应当发出整改通知并督促落实。

上述有关情况，连同督导工作其他情况，应当详细记录在案，形成工作底稿。

第九条　各省级财政部门应当在每年 11 月 30 日前将提前下达下一年度专项转移支付情况报财政部备案的同时，抄送当地专员办。专员办应当结合日常开展的督导工作，对其报送的相关材料进行核查和分析，确有必要时，可以进行现场核查，形成相应的工作报告，并按有关要求于每年 12 月 15 日前报送部内相关司局。

第十条　专员办报送的提前下达督导工作报告应主要包括以下内容：

（一）本地区提前下达专项转移支付总体情况；

（二）有关提前下达督导工作开展情况；

（三）省级财政部门报备材料核查情况；

（四）存在的主要问题及原因分析；

（五）整改落实情况及下一步改进建议；

（六）其他需要特别说明的情况。

第三章　预算申报审核

第十一条　对按有关规定应当由地方政府有关部门向财政部及中央主管部门上报的专项转移支付申报材料，应当逐级审核上报，并由省级财政部门会同省级主管部门在规定时间内将有关材料抄送当地专员办。专员办应当按照工作职责和部内相关司局具体要求对其进行审核并提出审核意见。

第十二条　专员办开展的专项转移支付审核，分为一般性审核和重点审核两种模式。对专项转移支付的具体审核模式，由部内相关司局根据需要在年度监管工作计划中确定。

第十三条　一般性审核是指对相关专项转移支付申报材料开展的总体性审核，主要包括以下内容：

（一）申报材料要件是否齐全；

（二）各项材料的要素是否完整；

（三）相关内容是否详尽，表达是否清晰；

（四）有关工作流程是否履行；

（五）各相关部门的审核意见是否明确；

（六）其他需要关注的事项。

第十四条　重点审核是指在一般性审核基础上，对专项转移支付的要素进行的具体审核，主要包括以下内容：

（一）资金的政策导向是否符合国家政策；

（二）预期使用方向是否符合相关制度办法规定；

（三）是否参考以前年度绩效评价结果，预期绩效目标是否清晰、明确、合理，并和资金申请额度相匹配；

（四）需审核的数据是否真实、准确；

（五）项目是否具备必要的实施条件；

（六）是否存在同其他中央专项转移支付项目的交叉重复；

（七）以前年度使用是否存在问题及整改落实情况；

（八）其他需要重点关注的事项。

第十五条　专员办应当在规定的时间内完成相关审核工作并将审核意见报送部内相关司局。部内相关司局应当根据审核工作量合理确定审核时限，为专员办留出足够时间。

对地方相关部门未按时提交材料的，专员办应当及时提醒；对提交材料不符合要求的，专员办应当及时通知相关部门补充完善。

对无合理客观理由超过规定期限未提交材料或者不按要求补充完善资料，造成专员办无法在规定时间内完成审核的，专员办可以不予受理或者不出具审核意见，并将有关情况在相关报告中予以反映。

第十六条　专员办在对申报资料审核的过程中，应加强同地方相关部门的沟通，及时就申报资料中的疑点问题进行核证。确有必要的，可以进行现场核查。

第十七条　专员办提出的审核意见应客观、公正，并对是否安排资金或者对申请资金如何调整等形成明确意见，提出明确建议。对出具否定意见或者无法出具意见的情况，应当作出详尽说明。

专员办的有关审核情况，包括资金申请总体情况、审核工作开展情况、发现的问题及沟通情况、相关审核结果，以及对资金支持项目、方向、方式、额度等调整完善政策建议等，形成工作底稿，随同审核意见一并上报。

第十八条　部内相关司局在分配专项转移支付时，应将专员办的审核意见作为重要依据，并遵循以下规定处理：

（一）对以基础数据为依据分配的专项转移支付，原则上以专员办审核后的基础数据为准；

（二）对专员办无法出具意见或者出具否定意见的，应当会同主管部门视情况暂缓或者停止安排相关资金；

（三）对专员办提出的相关调整建议，应当作为资金分配的重要参考。

（四）对实际分配结果同专员办意见差异较大的，部内相关司局应在上报部领导相关签报等报告中作出说明，待部领导批准后以适当方式将差异原因等反馈相关专员办。

第四章　预算执行监控

第十九条　专员办应充分发挥就地就近优势，按照工作职责和财政部要求，逐步建立和完善监控体系，对本地区专项转移支付的预算执行情况进行全面监控，并对部分专项转移支付开展重点监控。

重点监控项目由部内相关司局提出并纳入年度监管计划，也可以由专员办根据工作需要和各地实际自行确定并报部内相关司局备案后实施。

第二十条　全面监控是指以本地区所有中央对地方专项转移支付为对象，对其预算执行总体情况开展的监控，重点包括但不限于以下内容：

（一）下达及时性。地方财政部门是否在接到上级专项转移支付后，在规定时间内及时下达本级相关部门或者下级财政部门；

（二）共同责任落实。国务院、财政部明确规定地方有具体负担数额、比例的共担类专项转移支付中地方承担资金部分是否落实；

（三）预算执行进度。预算资金的实际支付情况，以及整体进度是否符合相关要求等；

（四）存量资金盘活。是否存在未按规定及时拨付、调剂、缴回，造成资金闲置沉淀；

（五）专项转移支付整合。专项转移支付整合使用情况，以及是否符合有关规定要求等；

（六）其他违规情况。是否存在未按规定预算科目下达预算、主管部门（单位）直接向下级下达资金、违规将资金从国库转入财政专户等情况；

（七）其他需要关注的内容。如是否及时全面地对财政、审计等部门发现的问题进行整改落实等。

第二十一条　重点监控是指以具体专项转移支付为对象，对其项目具体实施情况开展的监控。监控内容除第二十条所规定内容外，还应重点包括以下内容：

（一）资金是否落实到规定项目上，是否存在截留、挤占、挪用或者擅自调剂等违规使用问题；

（二）资金具体用途是否符合国家政策规定和既定使用方向要求；

（三）项目实际进展情况，以及是否按照批复的项目计划或者实施方案实施等；

（四）项目实施是否围绕绩效目标开展，是否发生偏离，能否如期实现绩效目标；

（五）其他需要重点关注的内容。

第二十二条　专员办应当进一步加强同地方财政部门的信息共享，充分借助信息系统全面收集整理数据，对相关疑点及时进行沟通，结合通过规定途径获取的稳增长财政政策数据和分析报告等开展全面监控，形成相应的工作报告。

全面监控报告应当围绕监控内容对有关监控情况进行描述，反映发现的问题，进行原因分析，提出改进建议。

专员办应当将专项转移支付的全面监控情况统筹纳入财政部建立的有关统计报告机制中，将全面监控报告作为季度评估报告的组成内容，按季上报部内相关司局。

第二十三条　重点监控采取点面结合的方式。专员办既要利用相关信息系统掌握基础数据，也应当根据需要抽取一定比例的项目单位，对项目的实施情况进行现场核查，为重点监控报告提供必要的佐证材料。

对重点监控报告提交时间和内容有具体要求的，按要求执行；没有具体要求的，可以根据需要不定期提交部内相关司局，相关报告内容可以主要集中在发现的问题及改进建议上，并在年度预算执行结束后，形成重点监控报告，于下一年 1 月 30 日前报送部内相关司局。

重点监控报告主要包括但不限于以下内容：

（一）纳入重点监控范围的专项转移支付总体执行情况；

（二）围绕监控内容的重点监控开展情况；

（三）监控中发现的问题及整改落实情况；

（四）尚未纠正的主要问题及原因分析；

（五）具体改进及完善的意见和建议。

第二十四条　对专员办形成的专项转移支付执行监控成果，应当充分应用。

对预算执行中专员办监控发现的问题，现行文件有明确规定的，专员办应当及时提出处理意见并报部内相关司局备案；现行文件无明确规定或者属于重大问题的，专员办应当及时上报部内相关司局，部内相关司局应当及时提出处理意见，告知地方财政部门并抄送当地专员办。

对财政部提出的处理意见，专员办应当督促地方相关部门整改落实。地方有关部门拒不整改或者整改不到位的，专员办应当及时上报部内相关司局，由财政部会同相关主管部门视情况暂停或者取消该项目的执行。

对专员办提交的预算执行监控报告，部内相关司局应当高度重视，充分参考其所提出的意见建议，进一步完善财政政策、优化支出结构、调整支出方向、健全规章制度，并作为以后年度预算安排的重要依据。

第五章　预算绩效评价

第二十五条　专员办按照部内相关司局要求，对专项转移支付开展年度绩效评价，或者对到期或者执行时间达到一定期限的专项转移支付开展中期绩效评价，也可以根据需要对省级财政部门开展的专项转移支付绩效评价实施再评价。

绩效评价项目及评价方式，由部内相关司局提出，列入年度监管工作计划。

第二十六条　专员办应当按照部内相关司局提出的绩效评价方案，结合当地实际予以必要的细化，全面收集基础信息，开展必要的现场核查，依据科学合理的评价指标，对专项转移支付的绩效情况进行客观公正的评判，并按规定的格式、内容等要求形成绩效评价报告，按时上报部内相关司局。

第二十七条　部内相关司局应当充分利用专员办提交的绩效评价结果，将其作为以后年度预算安排的重要参考，以适当形式向社会公开，依据相关要求向国务院、全国人大等进行报告。对故意或者重大过失造成资金无效或者绩效低下的地方部门（单位）或者人员，向地方政府提出问责建议等。

第二十八条　经部内相关司局确认的绩效评价结果应当及时反馈专员办，由专员办督促相关部门落实评价结果应用意见和整改要求，并进行整改跟踪。

第二十九条　专员办在开展绩效评价工作中，可以根据工作需要和财政部有关规定，采取政府购买服务的方式，委托社会第三方协助实施，并加强对第三方的指导和监督。同时，注重与省级财政部门绩效评价工作的协同。

第六章　其他监管事项

第三十条　对省级政府提出设立专项转移支付的申请，部内相关司局应当将其转所在地专员办，由专员办依据专项转移支付的设立条件等进行审核，并提出明确意见或者建议，作为财政部决策的重要参考。

对中央部门提出的设立专项转移支付的申请，部内有关司局可以根据实际工作需要，委托专员办开展必要的审核。

第三十一条　对财政部提前下达专项转移支付指标之前，需要地方相关部门向财政部和中央部门上报的申请材料，专员办应当按照部内相关司局要求，参照本办法第三章的有关规定进行审核并提出意见。

第三十二条　对按照财政部要求应开展的专项转移支付预算、决算等公开工作，专员办应当及时进行督导。对公开不及时、不到位的，应当及时督促整改，情况严重的应当及时向部内相关司局反映。

第三十三条　对中央基建投资涉及专员办的专项转移支付监管工作，参照本办法规定执行。

第三十四条 专员办应当进一步夯实基础工作，建立健全专项转移支付管理工作台账，收集基础信息，提高信息质量，督促地方财政部门加强专项转移支付项目库建设，根据工作需要采取提前介入等方式主动开展相关工作。

第七章 专项转移支付检查

第三十五条 专员办在开展专项转移支付监管活动中发现违法违规疑点问题或举报线索要开展检查的，应当按财政检查工作办法等规定要求实施。

第三十六条 组织专员办开展专项转移支付全国性、区域性、行业性合法合规检查的，应当纳入年度检查计划，按照国务院"双随机、一公开"的有关要求开展。

第三十七条 开展专项转移支付检查，应当按规定制作工作底稿、出具检查报告；对查出的违法违规行为，应当依法依规处理处罚，并充分利用处理处罚决定，及时反馈利用情况。

第八章 附 则

第三十八条 专员办开展中央对地方一般性转移支付监管工作，可以参照本办法执行。

第三十九条 专员办应当依据本办法，结合具体的专项转移支付管理办法和当地实际，制定本办的专项转移支付监管工作细则并报财政部备案。

第四十条 专员办应当按照财政部内控制度和本办内控操作规程以及部内相关司局要求等认真开展专项转移支付监管工作，对未认真履职的，应当承担相应的监管责任。

对拒绝、干扰或者不予配合有关专项转移支付监管工作的地方财政部门和主管部门及其工作人员，依据有关法律法规予以处理，并视情况报请同级政府进行行政问责。

第四十一条 本办法自印发之日起施行。

财政部关于印发《中央财政农业转移人口市民化奖励资金管理办法》的通知

2016 年 11 月 18 日 财预〔2016〕162 号

各省、自治区、直辖市、计划单列市财政厅（局）：

按照《国务院关于实施支持农业转移人口市民化若干财政政策通知》（国发〔2016〕44 号）要求，为支持农业转移人口市民化，推进新型城镇化，财政部研究制定了《中央财政农业转移人口市民化奖励资金管理办法》，现予印发。

附件：中央财政农业转移人口市民化奖励资金管理办法

附件：

中央财政农业转移人口市民化奖励资金管理办法

按照《国务院关于实施支持农业转移人口市民化若干财政政策的通知》（国发〔2016〕44 号）要

求，中央财政在均衡性转移支付资金中安排农业转移人口市民化奖励资金。为建立农业转移人口市民化奖励机制，根据《预算法》、《国务院关于改革和完善中央对地方转移支付制度的意见》（国发〔2014〕71号）和财政部关于中央对地方均衡性转移支付相关规定，现制定中央财政农业转移人口市民化奖励资金管理办法。

一、目标和原则

实施农业转移人口市民化奖励机制，增强省以下各级政府落实农业转移人口市民化政策的财政保障能力，推动落实中央确定的1亿左右农业转移人口和其他常住人口在城镇落户的目标任务，逐步使农业转移人口与当地户籍人口享受同等基本公共服务，促进基本公共服务均等化。奖励资金按如下原则进行分配：

（一）突出重点。以各省农业转移人口实际进城落户数为核心因素，加大对农业转移人口进城落户较多地区的支持。

（二）促进均等。通过激励手段对财政困难地区给予倾斜，缩小地区间在提供基本公共服务能力上的差距，推进地区间基本公共服务均等化和进城落户农业转移人口与当地户籍居民享受同等基本公共服务"两个均等化"。

（三）体现差异。对跨省落户和省内落户实行不同的奖励标准，对吸纳跨省区市流动农业转移人口较多地区倾斜支持，兼顾中央政府对跨省流动的支持和强化省级政府均衡省内流动的职责。

（四）积极引导。结合户籍制度改革有关要求，引导部分城市加大支出结构调整力度，加大对已进城落户和尚不具备落户条件的农业转移人口提供基本公共服务的力度。

二、分配办法

根据国发〔2016〕44号文件，中央财政奖励资金根据农业转移人口实际进城落户以及地方提供基本公共服务情况，并适当考虑农业转移人口流动、城市规模等因素进行测算分配，向吸纳跨省（区、市）流动农业转移人口较多地区和中西部中小城镇倾斜。奖励资金采取因素法分配，主要考虑因素和测算依据如下：

一是农业转移人口实际进城落户人数。主要以公安部门审核汇总的数据，区分跨省区市落户人数、省内跨地市落户人数和市内落户人数，采取不同权重，体现各地在吸纳不同流入地农业转移人口的差异。

二是地方提供基本公共服务成本。主要是参照各地人均财政支出水平，人均财政支出水平越高的地区，奖励越多，加大对公共服务成本较高的落户地的支持。

三是各地财政困难程度。参考各省财政困难程度系数，对中西部财政困难地区的奖励力度更大，有利于推进公共服务均等化。

四是工作努力程度和绩效。对户籍制度改革工作推进、相关配套政策出台等方面进展较快、成效明显的省份给予一次性定额奖励。

三、资金使用和管理

省级财政部门要结合中央资金安排情况，结合自身财力，建立省对下农业转移人口市民化奖励机制。基层财政部门要统筹上级奖励资金和自有财力，安排用于农业转移人口基本公共服务、增强社区能力以及支持城市基础设施运行维护等方面。各级财政部门要加强资金监管，提高资金使用效益，确保中央财政农业转移人口市民化支持政策落实到位。

本办法自发布之日起施行。

财政部关于印发《财政部驻各地财政监察专员办事处实施地方政府债务监督暂行办法》的通知

2016 年 11 月 24 日　财预〔2016〕175 号

各省、自治区、直辖市、计划单列市财政厅（局），财政部驻各省、自治区、直辖市、计划单列市财政监察专员办事处：

为贯彻落实党中央、国务院决策部署，加强财政部对地方政府债务的监督，发挥财政部驻各地财政监察专员办事处的作用，防范财政金融风险，根据《中华人民共和国预算法》、《国务院关于加强地方政府性债务管理的意见》（国发〔2014〕43 号）、《国务院办公厅关于印发地方政府性债务风险应急处置预案的通知》（国办函〔2016〕88 号）等规定，我部制定了《财政部驻各地财政监察专员办事处实施地方政府债务监督暂行办法》。

现予印发，请遵照执行。

附件：财政部驻各地财政监察专员办事处实施地方政府债务监督暂行办法

附件：

财政部驻各地财政监察专员办事处实施地方政府债务监督暂行办法

第一章　总　　则

第一条　为加强财政部对地方政府债务的监督，充分发挥财政部驻各地财政监察专员办事处（以下简称专员办）的作用，明确专员办监督责任和权力，规范监督行为，根据《中华人民共和国预算法》、《财政违法行为处罚处分条例》、《国务院关于加强地方政府性债务管理的意见》（国发〔2014〕43 号）、《国务院办公厅关于印发地方政府性债务风险应急处置预案的通知》（国办函〔2016〕88 号）等规定，制定本办法。

第二条　省、自治区、直辖市政府财政部门（以下简称省级财政部门）负责统一管理本地区政府债务。专员办根据财政部有关规定和要求对所在地政府债务实施日常监督。

第三条　专员办监督内容包括地方政府债务限额管理、预算管理、风险预警、应急处置，以及地方政府和融资平台公司融资行为。

第四条　专员办应当综合运用调研、核查、检查等手段，建立常态化的地方政府债务监督机制，必要时可延伸至相关政府部门、事业单位、融资平台公司、金融机构等单位。

专员办应当建立信息共享机制。专员办发现跨地区的违法违规线索，应当向相关地区专员办及时反馈。

第五条　专员办应当重点加强对政府债务高风险地区的监督，定期评估风险。专员办开展地方政府债务专项检查，应当遵循国务院"双随机、一公开"有关要求。

第六条　地方财政部门应当配合专员办工作，及时提供有关情况、资料和数据，并对其真实性、准确性和完整性负责。专员办延伸检查时，相关政府部门、事业单位、融资平台公司、金融机构等单位应当积极配合，及时提供融资合同、担保凭证、财务报表等相关资料。

省级财政部门下达省本级和市县政府的地方政府债务限额、新增限额，以及编制地方政府债务月报、年报和风险事件报告，应当抄送专员办。

第二章　地方政府债务预算管理和风险应急处置监督

第七条　专员办对地方政府债务限额管理情况进行监督，主要包括：

（一）新增地方政府债务限额情况。全省、自治区、直辖市每年新增一般债务余额、新增专项债务余额应当分别控制在财政部下达的新增一般债务限额、新增专项债务限额之内；

（二）地方政府债务年末余额情况。全省、自治区、直辖市年末一般债务余额、专项债务余额应当分别控制在财政部下达的一般债务限额、专项债务限额之内；地方政府负有偿还责任的国际金融组织和外国政府贷款转贷债务（以下简称外债转贷）应当控制在财政部下达的外债转贷额度之内；

（三）地方政府债务余额的增减变化情况。安排财政预算资金偿还存量政府债务、通过政府和社会资本合作方式化解存量政府债务等应当符合制度规定，严禁弄虚作假化解存量政府债务行为；存量或有债务转化为政府债务，应当符合《财政部关于对地方政府债务实行限额管理的实施意见》（财预〔2015〕225号）规定并报省级政府批准，及时置换成地方政府债券。

第八条　专员办对地方政府债务预算编制进行监督，主要包括：

（一）地方政府一般债券、地方政府负有偿还责任的外债转贷应当纳入一般公共预算管理，地方政府专项债券应当纳入政府性基金预算管理；

（二）存量政府债务应当按照规定纳入预算管理；

（三）地方政府债务还本付息支出、置换债券发行费用支出应当列入年度预算，并按财政部规定的政府收支分类科目列报；

（四）存量或有债务按照规定转化为政府债务后，其还本付息支出应当纳入预算管理。

第九条　专员办对地方政府债务预算调整进行监督，主要包括：

（一）新增政府债务应当列入预算调整方案；

（二）新增政府债务应当有明确对应的公益性资本支出项目、偿还计划和稳定的偿债资金来源，利息和发行费用安排应当符合规定。

第十条　专员办对地方政府债务预算执行进行监督，主要包括：

（一）新增政府债务应当用于预算批复的公益性资本支出项目，确需改变用途的应当按照规定程序办理；

（二）新增专项债务资金应当按照对应的政府性基金预算科目列报，调入的专项收入应当用于偿还对应的专项债务本息；

（三）地方政府债券置换存量债务应当履行规定程序，置换债券资金应当用于偿还清理甄别认定的截至2014年底的存量政府债务，以及按规定转化为政府债务的存量或有债务；

（四）地方政府一般债务利息支出应当按照规定通过一般公共预算收入支付，不得通过一般债券资金支付；

（五）地方政府专项债务利息支出应当按照规定通过政府性基金预算收入及调入专项收入等支付，不得通过专项债券资金支付；

（六）地方政府债券发行应当遵守发行制度规定、履行规定的程序，及时、准确、如实、完整披露债券发行信息等；

（七）地方政府债务举借、使用、偿还等情况，应当依法依规向社会公开。

第十一条　专员办对地方政府债务风险化解和应急处置进行监督，主要包括：

（一）地方各级政府应当建立地方政府债务风险管理与应急处置制度；

（二）列入风险提示或预警范围的高风险地区，应当制定并落实各项风险化解措施；

（三）发生地方政府债务风险事件的地区，应当按照国办函〔2016〕88 号文件规定采取相应级别的应急响应措施；按照规定实施财政重整的地区，应当执行拓宽财源渠道、优化支出结构、处置政府资产等措施。

第三章　地方政府和融资平台公司融资行为监督

第十二条　专员办对地方政府融资行为进行监督，主要包括：

（一）除发行地方政府债券、外债转贷外，地方政府及其所属部门不得以任何方式举借债务，不得为任何单位和个人的债务以任何方式提供担保；

（二）地方政府及其所属部门参与社会资本合作项目，以及参与设立创业投资引导基金、产业投资引导基金等各类基金时，不得承诺回购其他出资人的投资本金，承担其他出资人投资本金的损失，或者向其他出资人承诺最低收益；

（三）地方政府及其所属部门、事业单位、社会团体，不得以机关事业单位及社会团体的国有资产为其他单位或企业融资进行抵押或质押；

（四）学校、幼儿园、医院等以公益为目的的事业单位、社会团体，不得以教育设施、医疗卫生设施和其他社会公益设施进行抵押融资；

（五）地方政府及其所属部门不得以政府债务对应的资产重复融资。

第十三条　专员办对融资平台公司融资行为进行监督，主要包括：

（一）地方政府及其所属部门将土地注入融资平台公司应当履行法定的出让或划拨程序，不得将公益性资产作为资本注入融资平台公司，不得将储备土地作为资产注入融资平台公司，不得承诺将储备土地预期出让收入作为融资平台公司偿债资金来源；

（二）只承担公益性项目建设或运营任务、主要依靠财政性资金偿还债务的融资平台公司，不得以财政性资金、国有资产抵（质）押或作为偿债来源进行融资（包括银行贷款、企业债券、公司债券、信托产品、中期票据、短期融资券等各种形式）；

（三）融资平台公司举借债务应当由企业决策机构决定，政府及其所属部门不得以文件、会议纪要、领导批示等任何形式要求或决定企业为政府举债或变相为政府举债；

（四）地方政府及其所属部门、公益目的事业单位和人民团体不得违反法律法规等规定，以出具担保函、承诺函、安慰函等任何形式为融资平台公司融资提供担保。

第十四条　专员办应当坚持"发现一起、查处一起、曝光一起"，及时制止地方政府和融资平台公司违法违规融资行为。

第四章　监 督 处 理

第十五条　专员办开展地方政府债务日常监督发现违法违规线索，以及收到财政部、审计署等部门移交或反映的线索，应当于 5 个工作日内启动核查或检查工作。

第十六条　专员办查实地方政府债务违法违规问题，应当依据《中华人民共和国预算法》、《财政违法行为处罚处分条例》等法律法规和国家财政管理有关规定作出处理；其中属于依法应当追究有关政府及部门、单位人员责任的，专员办应当依法提出处理意见报财政部。

第五章　附　　则

第十七条　财政部要求专员办参加全国性地方政府债务专项检查，应当纳入年度检查计划。

第十八条　专员办实施地方政府债务监督纳入专员办财政预算监管业务工作考核范围。

第十九条　专员办应当按季度向财政部报送地方政府债务监督情况的书面报告，发现重要情况及时报告。

第二十条　本办法自印发之日起执行。

省财政厅　省扶贫开发领导小组办公室关于印发《山东省公益事业扶贫基金使用管理办法》的通知

2016 年 6 月 30 日　鲁财预〔2016〕30 号

各市财政局、扶贫办，省财政直接管理县（市）财政局、扶贫办：

为规范公益事业扶贫基金管理，充分发挥资金使用效益，我们研究制定了《山东省公益事业扶贫基金使用管理办法》，现印发给你们，请认真贯彻执行。

附件：山东省公益事业扶贫基金使用管理办法

附件：

山东省公益事业扶贫基金使用管理办法

第一条　根据省委、省政府扶贫开发工作部署，为支持贫困地区公益设施建设，加快改善老、孤、病、残等建档立卡农村贫困人口生活条件，设立省公益事业扶贫基金，并制定本办法。

第二条　2016～2018 年脱贫攻坚期内，省财政每年通过中央革命老区转移支付和省级财政专项彩票公益金等多渠道筹措资金 10 亿元，三年共计筹措 30 亿元，用于设立公益事业扶贫基金（以下简称"基金"）。

第三条　基金主要投向农村贫困人口较多、扶贫任务较重、公益设施薄弱的财政困难县（市、区），重点支持敬老院、福利院、残疾人康复中心、特殊教育学校等公益设施建设，以及符合本地实际需要的其他公益事业项目。

第四条　省直相关部门主要负责政策制定、基金拨付、制度建设和监督考核，指导市县落实基金项目。县级作为实施主体，根据本地脱贫攻坚规划统筹运作基金，承担基金安全、规范、有效使用的主体责任。

第五条　基金实行因素法分配，采取省级切块下达、县级运作实施的管理方式。省直有关部门主要依据农村贫困人口数量、人均财力水平等因素，将基金切块分配到农村贫困人口较多、扶贫任务重、公益设施建设薄弱的财政困难县（市、区）。

第六条　基金下达到县（市、区）后，县级政府要按照"聚焦扶贫、充分授权、因地制宜、精准发力"的要求，结合本地实际，在本办法规定的使用范围内研究确定具体公益扶贫项目，并制定项目年度实施方案。项目确定后，各市及省财政直管县财政部门要及时汇总基金扶持项目实施方案，分别报省财政厅、省扶贫办备案。

第七条　县级财政部门要严格按照项目实施进度和规定用途拨付资金。县级财政、扶贫部门要会同有关部门加强对项目实施的指导监督，建立项目实施管理档案，协调解决项目实施中遇到的困难和问题，确保项目顺利实施。

各地要及时将基金使用管理和项目实施情况报省财政厅、省扶贫办，年终形成总结报告，书面报省财政厅、省扶贫办。

第八条 建立基金绩效评价制度。年度终了,省财政厅、省扶贫办对各县(市、区)基金使用管理、项目建设及社会效益等情况开展绩效考核,考核结果将作为安排下一年度基金的参考依据。

第九条 各级财政、扶贫部门要会同相关部门,切实加强对基金的管理和监督,确保基金规范运作和安全使用。

省财政厅将对基金使用情况开展专项监督检查,并配合审计、监察部门做好专项审计、监察工作。对检查或审计发现的违法违规问题,将依照《预算法》、《财政违法行为处罚处分条例》等有关规定,严肃追究相关人员责任。

第十条 按照省统筹整合使用财政涉农资金支持脱贫攻坚的部署要求,鼓励基金与其他财政性资金、社会资本投资等统筹结合使用,放大公益扶贫效应。

对基金扶持的项目,省级优先给予增信支持,统筹运作争取国开行、农发行等金融机构加大扶贫贷款投入和利率优惠。

对省级引导基金参股的各类基金,跟进投资公益事业扶贫基金扶持项目的,省级引导基金让利比例提高到 100%,调动社会资本加大扶贫投资的积极性。

第十一条 各有关市、县(市、区)可根据本办法,结合本地区实际制定基金运作实施细则,并报省财政厅、省扶贫办备案。

第十二条 本办法由省财政厅负责解释。现行规定与本办法不一致的,以本办法为准。

第十三条 本办法自 2016 年 8 月 1 日起施行,有效期至 2020 年 12 月 31 日。

省财政厅关于印发《2016 年省级激励性转移支付办法》的通知

2016 年 7 月 6 日　鲁财预〔2016〕33 号

各市财政局、省财政直接管理县(市)财政局:

现将《2016 年省级激励性转移支付办法》印发给你们,请结合本地实际,认真贯彻执行。

附件:2016 年省级激励性转移支付办法

附件:

2016 年省级激励性转移支付办法

第一条 为贯彻落实省委、省政府关于加快转方式调结构的决策部署,进一步引导和激励各地实现工作指导重大转变,加强激励性转移支付管理,促进全省经济转型发展与提质增效,制定本办法。

第二条 本办法所称省级激励性转移支付(以下简称激励性转移支付)是指由省级预算安排的一般性转移支付,用于对转方式调结构工作成效明显的地区进行奖励。

第三条 激励性转移支付资金管理遵循以下原则:

(一)客观公正,公开透明。与省对市科学发展综合考核指标有效衔接,选取与转方式调结构成效紧密相关的客观指标,实行因素法分配,转移支付办法和分配结果公开。

（二）强化激励，突出重点。建立转移支付分配与转方式调结构成效挂钩机制，注重结果导向，强化激励功能，引导各地聚焦转型发展的重点领域和关键环节。

（三）加强监督，省市联动。加强监督检查，强化跟踪问效，切实发挥好激励性转移支付资金引导作用，激发市县发展活力与动力，形成推进全省转方式调结构的工作合力。

第四条 激励性转移支付分配范围为全省 17 个设区市。

第五条 激励性转移支付资金采用因素法分配，主要依据上年度各地服务业发展、城镇化水平、节能减排、财政运行质量等指标完成情况，按照统一公式计算确定。

（一）计算公式

某市激励性转移支付资金＝激励性转移支付资金总额×（该市上年服务业发展水平及改善程度考核值×权重 20%

＋该市上年城镇化发展水平及改善程度考核值×权重 40%

＋该市上年节能减排水平及改善程度考核值×权重 20% ＋该市上年财政运行质量考核值

×权重 20%）×该市修正系数×转移支付系数

（二）分配因素

1. 服务业发展水平及改善程度考核值。根据各市服务业增加值、服务业增加值占比及提高幅度二级指标计算确定。指标数据来源于省统计局。

2. 城镇化发展水平及改善程度考核值。根据各市城镇人口数、常住人口城镇化率及提高幅度、户籍人口城镇化率及提高幅度、外来务工人员、城中村和城边村原有居民及其他农村地区就地转移就业人口落户城镇人口数二级指标计算确定。指标数据来源于省住房城乡建设厅。

3. 节能减排水平及改善程度考核值。根据各市单位生产总值能耗减少量及下降率、主要污染物（包括化学需氧量、氨氮、二氧化硫、氮氧化物）"十二五"规划目标完成情况、空气细颗粒物（PM2.5）浓度现状及改善率二级指标计算确定。指标数据来源于省统计局和省环保厅。

4. 财政运行质量考核值。根据各市税收占比及提高幅度、主体税收占比及提高幅度、县级人均财力均衡度及提高幅度二级指标计算确定。指标数据来源于省财政厅。

以上指标考核值采用功效系数法计算，每项指标基础值为总值的 40%。计算公式：某市某项指标考核值＝［40% ＋（该市完成值－各市最差值）÷（各市最优值－各市最差值）×60%］。

（三）修正系数

主要根据上年度各市人均财力、人均支出以及总人口数确定。计算公式：

某市修正系数＝某市人均支出系数×20% ＋某市人均财力系数×20% ＋某市总人口系数×60%。

其中，某市人均支出＝某市一般公共预算支出÷某市总人口数；某市人均财力＝某市可用财力÷某市财政供养人员数。以上三项指标系数采用功效系数法分别确定，每项指标基础值为总值的 60%。

（四）转移支付系数

根据各市经济发展质量指标、因素权重以及修正系数等因素确定。计算公式为：

转移支付系数＝$1 \div \sum_i (\sum_j$ 某市经济发展质量某因素考核值×某因素权重×某市修正系数)。

$i = 1，2，\cdots，17$，全省 17 个市。

$j = 1，2，\cdots，4$，某市 4 项考核指标。

第六条 激励性转移支付按因素法切块分配到市。各市财政部门应依据本办法，结合本地实际，制定具体实施办法，并将省级资金主要分配到县级，重点向财政困难县倾斜。其中分配给省财政直接管理县（市）和 17 个新增现代预算管理制度改革试点县的资金，一般不得低于所辖县（市、区）的平均水平。各市财政部门要在省级资金下达后 30 日内，将本市实施办法和资金分配方案报省财政厅审查备案。

第七条 市县财政部门要将省级资金统筹用于促进经济转型发展以及落实重大民生政策，严禁用于"三公"经费支出和楼堂馆所建设，严禁投向一般竞争性领域。

第八条 市县财政部门要加强资金监管，严格按规定使用激励性转移支付资金。对违反规定的，省财政厅将约谈相关市县财政部门负责同志，责令限期整改。对整改不力的，省财政厅将扣减该地区下一年度激励性转移支付资金。

第九条 市级财政部门应及时向同级人大报告激励性转移支付分配、使用和管理情况，并按规定向社会公开相关资金管理办法、分配结果等情况，主动接受人大和社会监督。

第十条 本办法由省财政厅负责解释。

省财政厅关于印发《2016 年山东省重点生态功能区转移支付办法》的通知

2016 年 10 月 12 日 鲁财预〔2016〕55 号

各市财政局、省财政直接管理县（市）财政局：

为加强重点生态功能区转移支付资金管理，根据财政部《2016 年中央对地方国家重点生态功能区转移支付办法》（财预〔2016〕117 号），结合我省实际，我们制定了《2016 年山东省重点生态功能区转移支付办法》，现予印发，请遵照执行。

附件：2016 年山东省重点生态功能区转移支付办法

附件：

2016 年山东省重点生态功能区转移支付办法

第一条 为促进生态文明建设，规范转移支付管理，引导生态功能区加大生态环境保护力度，根据财政部《2016 年中央对地方国家重点生态功能区转移支付办法》（财预〔2016〕117 号），结合我省实际，制定本办法。

第二条 重点生态功能区转移支付是指省级结合中央转移支付补助，为帮助重点生态功能区生态保护和民生改善而设立的一般性转移支付。

第三条 转移支付资金分配遵循以下原则：

（一）公平公正，公开透明。选取客观因素进行公式化分配，转移支付办法和分配结果公开。

（二）分类处理，突出重点。根据纳入转移支付范围区域生态功能特点分类测算，重点扶持国家重点生态功能区、国家自然保护区和省级重要水源地。

（三）注重激励，强化约束。对中央生态保护综合评价结果优秀的地区给予奖励，对生态环境变差、发生重大环境污染事件的地区，相应扣减转移支付资金。

第四条 转移支付补助对象包括：

（一）纳入国家重点生态功能区转移支付范围的重点生态功能区所属县（市、区，以下简称县）。

（二）黄河三角洲高效生态经济区和国家级自然保护区所属县。

（三）跨区域重要河流水源地所属县。

（四）城镇重要饮用水水源地及南水北调东线重点水源保护区所属县。

具体名单附后。

第五条 重点生态功能区转移支付资金由国家重点生态功能区、国家级自然保护区、省级跨区域重要河流水源地、省级城镇重要饮用水水源地及南水北调东线重点水源保护区补助资金四部分组成。

第六条 转移支付资金采取因素法分配，主要依据人口规模、生态保护区域面积、生态环保支出、财力缺口、财政困难程度等因素确定。测算公式如下：

（一）某县国家重点生态功能区补助资金＝重点生态县补助资金总额×（该县人口规模/纳入此类补助范围市县的人口总规模×权重25%＋该县区域面积/纳入此类补助范围市县的区域总面积×权重25%＋该县生态环保支出/纳入此类补助范围市县的生态环保支出总额×权重25%＋该县财力缺口/纳入此类补助范围市县的财力缺口总额×权重25%）×该县困难系数×该类转移支付系数。

（二）某县国家自然保护区补助资金＝自然保护区补助资金总额×（该县人口规模/纳入此类补助范围市县的人口总规模×权重35%＋该县区域面积/纳入此类补助范围市县的区域总面积×权重35%＋该县生态环保支出/纳入此类补助范围市县的生态环保支出总额×权重30%）×该县困难系数×该类转移支付系数。

（三）某县跨区域重要河流水源地补助资金＝跨区域重要河流水源地补助资金总额×（该县人口规模/纳入此类补助范围市县的人口总规模×权重35%＋该县重要河流流域面积/纳入此类补助范围重要河流流域总面积×权重35%＋该县生态环保支出/纳入此类补助范围市县的生态环保支出总额×权重30%）×该县困难系数×该类转移支付系数。

（四）某县城镇重要饮用水水源地及南水北调东线重点水源保护区补助资金＝城镇重要饮用水水源地及南水北调东线重点水源保护区补助总额×（该县水源地取水量/纳入此类补助范围水源地总取水量×权重35%＋该县水源地服务人口/纳入此类补助范围水源地服务总人口×权重35%＋该县生态环保支出/纳入此类补助范围市县的生态环保支出总额×权重30%）×该县困难系数×该类转移支付系数。

以上指标比重采用功效系数法计算，每项指标基础值为总值的60%。计算公式：某市某项指标考核值＝［60%＋（该市完成值－各市最差值）÷（各市最优值－各市最差值）×40%］。

其中：

财政困难系数和转移支付系数，分别根据各县财力水平、因素比重情况确定。用公式表述为：

某县困难系数＝县级人均支出系数×0.7＋县级人均财力系数×0.3；

某类转移支付系数＝1÷∑［某县各因素/纳入此类范围地区各因素总额×各因素权重×某县困难系数］。

第七条 重点生态功能区转移支付奖惩资金根据财政部绩效考核结果确定。对考核评价结果优秀的地区给予奖励；对考核结果较差的地区，即生态环境质量变差、发生重大环境污染事件、主要污染物排放超标、实行产业准入负面清单不力和生态扶贫工作成效不佳的地区，根据实际情况对转移支付资金予以扣减；对发生重大环境污染事故的地区，下一年度将取消其享受此项转移支付的资格。

第八条 重点生态功能区转移支付资金测算到县，直接下达到市和省财政直接管理县（市）。市级财政部门根据本地实际情况，制定重点生态功能区转移支付资金管理办法。市级补助对象原则上不得超出本办法确定的转移支付范围，分配的转移支付资金总额不得低于省级下达的转移支付额。各市在接到省级转移支付资金后，应于三十日内正式下达到县，并将资金分配方案报省财政厅备案。

第九条 享受省级重点生态功能区转移支付县要将转移支付资金用于保护生态环境和改善民生等基本公共服务领域，加大生态扶贫投入，不得用于楼堂馆所及形象工程建设和竞争性领域。各市县要加强生态环境质量考核和资金绩效管理。

第十条 本办法由省财政厅负责解释。

第十一条 本办法自印发之日起施行，《山东省重点生态功能区转移支付办法》（鲁财预〔2014〕29号）同时废止。

附件：2016年重点生态功能区转移支付名单

附件：

2016 年重点生态功能区转移支付名单

类型	所在市	所在县	类型	所在市	所在县
一、国家重点生态县	淄博市	沂源县	三、省级重要河流水源地	济南市	槐荫区
	烟台市	长岛县		烟台市	招远市
	潍坊市	临朐县		潍坊市	青州市
	日照市	五莲县		济宁市	微山县
	临沂市	沂水县、费县、蒙阴县、平邑县		莱芜市	钢城区
				聊城市	莘县、高唐县
二、国家自然保护区	淄博市	高青县		菏泽市	东明县
	东营市	东营区、河口区、广饶县、垦利区、利津县	四、省级城镇重要饮用水水源地及南水北调重点水源保护区	济南市	历城区、长清区
	烟台市	昆嵛山自然保护区管委会、莱州市		淄博市	博山区、淄川区
	潍坊市	寒亭区、昌邑市、寿光市		烟台市	福山区
	济宁市	泗水县		潍坊市	峡山区、潍城区
	威海市	荣成市、乳山市		泰安市	岱岳区、东平县
	德州市	乐陵市、庆云县		威海市	文登区
	滨州市	惠民县、阳信县、无棣县、沾化县、博兴县、邹平县、滨城区		德州市	武城县

省财政厅关于印发《山东省省直部门办公业务用房维修改造项目支出预算标准（试行）》的通知

2016 年 10 月 28 日   鲁财预〔2016〕59 号

省直各部门：

　　根据省委、省政府《山东省实施〈党政机关厉行节约反对浪费条例〉办法》（鲁发〔2014〕5 号）、省政府《关于深化预算管理制度改革的实施意见》（鲁政发〔2014〕20 号）以及发展改革委、住房城乡建设部《党政机关办公用房建设标准》（发改投资〔2014〕2674 号）等有关规定，我们在深入调研和充分论证的基础上，制定了《山东省省直部门办公业务用房维修改造项目支出预算标准（试行）》（以下简称《标准》），现印发给你们，并就有关事项通知如下：

　　一、《标准》供我省纳入省级部门预算管理的行政机关和事业单位（以下统称省直部门）申报办公业务用房维修改造项目预算使用。

　　二、省直部门办公业务用房维修改造应当本着厉行节约、反对浪费的原则，以消除安全隐患、恢复和完善使用功能、降低能源资源消耗为重点，做到经济、适用、简朴。《标准》综合单价为省直部门办公业务用房维修改造项目支出预算编制、审核和评审的最高限额，不是必须达到的标准。

　　三、《标准》中的综合单价包括人工费、材料费、机械费、管理费、利润及相应发生的措施费、维修产生的建筑垃圾清运费等。设备购置费应当通过市场询价方式另行计核；按规定应当缴纳的规费和税金，在综合单价之外另行计核。

四、省直部门应当确保申报资料真实、准确、完整。《标准》中未包含的维修改造内容，可根据需要，并结合市场行情据实申报，并在申报预算时予以说明。

五、办公业务用房在保修范围和保修期限内发生的工程质量问题，应当按照国家有关规定和合同约定，由相关施工单位履行保修义务，不在维修改造预算范围。办公业务用房共用部位、共用设施等的维修改造，按照合同约定应当由物业管理企业负责，且维修费用应当由物业管理费负担的，不在维修改造预算范围。

六、《标准》自印发之日起施行。执行过程中，将根据社会经济发展、市场行情变化和预算管理需要，适时予以调整。

附件：山东省省直部门办公业务用房维修改造项目支出预算标准（试行）

附件：

山东省省直部门办公业务用房维修改造项目支出预算标准（试行）

金额单位：元

一、建筑安装工程						
序号	编号	项目名称	综合单价	计量单位	实施内容	备注
（一）拆除工程						
	拆-1	混凝土、钢筋混凝土构件等拆除	600	m²	1. 混凝土、钢筋混凝土构件拆除；2. 人工、机械综合考虑；3. 垃圾清理及外运（外运距离综合考虑）；4. 包括相应的措施费；5. 按体积以立方米计算	
	拆-2	屋面拆除	60	m²	1. 刚性屋面、带泥背瓦等屋面基层、面层、防水及保温拆除；2. 垃圾清理及外运（外运距离综合考虑）；3. 包括相应的措施费；4. 按面积以平方米计算	如只拆除面层、防水层或保温层，按照30元/m²计核
	拆-3	块料面层拆除	60	m²	1. 铲除各种块料面层及基层拆除；2. 垃圾清理及外运（外运距离综合考虑）；3. 包括相应的措施费；4. 按面积以平方米计算	
（二）建筑工程						
1		主体结构工程				
	建1-1	挖土方	45	m²	1. 挖、填、弃土方及外运土方（外运距离、挖深综合考虑）；2. 综合考虑基底钎探和因场地狭小而发生的场内倒土、运土等因素，以及相应的措施费；3. 按实挖体积以立方米计算	
	建1-2	挖石方	120	m²	1. 破碎石方、清运、集中挖装、外运（破碎机械、外运距离、挖深综合考虑）；2. 包括相应的措施费；3. 按实挖体积以立方米计算	
	建1-3	砌筑	650	m²	1. 砌筑砖砌块基础、墙体、零星项目等；2. 包括墙面钢丝网、砌体加固筋等内容，以及相应的措施费；3. 按实砌体积以立方米计算	
	建1-4	钢筋混凝土浇筑	2 500	m²	1. 浇筑基础、柱、梁、板、墙、楼梯等混凝土项目；2. 包括钢筋制作、运输、加工、安装等内容，以及相应的措施费；3. 按混凝土体积以立方米计算	

序号	编号	项目名称	综合单价	计量单位	实施内容	备注
2		保温防水工程				
	建2-1	保温层	125	m²	1. 屋面保温层厚度及材质综合考虑；2. 包括基层找平处理、珍珠岩找坡等内容，以及相应的措施费；3. 按实际面积以平方米计算	
	建2-2	防水层	110	m²	1. 防水层按不上人屋面卷材（两遍）、涂膜（两遍）、刚性防水等材质综合考虑；2. 包括基层找平处理等工作内容，以及相应的措施费；3. 按实际面积以平方米计算	
3		白铁工程及其他				
	建3-1	雨水排水管	85	m	1. 各种管材材质综合考虑；2. 包括漏斗及雨水口等工作内容，以及相应的措施费；3. 按实际长度以米计算	
4		构筑物及其他工程				
	建4-1	道路（水泥、沥青等）	220	m²	1. 道路路面基层、垫层、面层等所有施工内容；2. 包括挖、填、弃土方及外运土方（外运距离、挖深综合考虑）路沿石、原有道路拆除等工作内容，以及相应的措施费；3. 按实际面积以平方米计算	
	建4-2	检查井、雨水井等	2 200	座	1. 检查井砌筑、井盖制作安装、抹灰等所有施工内容；2. 包括挖、填、弃土方及外运土方（外运距离、挖深综合考虑）等工作内容，以及相应的措施费；3. 按座计算	
	建4-3	室外围墙	1 200	m	1. 砌筑基础及基层处理、贴装饰面、安装围栏等所有施工内容；2. 包含挖、填、弃基础土方及外运土方（外运距离综合考虑，挖深综合考虑）等工作内容，以及相应的措施费；3. 按实际长度以米计算	
	建4-4	绿化工程		m²	1. 施工现场清理，场地平整，苗木购置、移植、栽植、养护，排灌设施设置，草皮种植；2. 按绿化面积以平方米计算	通过市场询价方式计核
（三）装饰装修工程						
1		楼地面工程				
	装1-1	基本装修	160	m²	1. 根据发展改革委、住房城乡建设部制定的《党政机关办公用房建设标准》（发改投资〔2014〕2674号，下同）规定，楼地面可选用普通PVC地材、地砖、水泥砂浆等；2. 包括地面基层处理及相应材质踢脚线等工作内容，以及相应的措施费；3. 按实际面积以平方米计算	
	装1-2	中级装修	200	m²	1. 楼地面可选用中档复合木地板、PVC地材、石材、地砖；2. 包括地面基层处理及相应材质踢脚线等工作内容，以及相应的措施费；3. 按实际面积以平方米计算	
	装1-3	中高级装修	270	m²	1. 楼地面可选用中高档石材、木材、普通化纤地毯；2. 包括地面基层处理及相应材质踢脚线等工作内容，以及相应的措施费；3. 按实际面积以平方米计算	
2		墙柱面工程				
	装2-1	基本装修	45	m²	1. 墙、柱面、顶棚选用普通涂料；2. 包括墙面基层处理、旧墙面铲除及外运等工作内容，以及相应的措施费；3. 按实际面积以平方米计算	

续表

序号	编号	项目名称	综合单价	计量单位	实施内容	备注
	装2-2	中级装修	115	m²	1. 墙、柱面可选用中档饰面板、涂料或壁纸；2. 包括墙面基层处理、旧墙面铲除及外运等工作内容，以及相应的措施费；3. 按实际面积以平方米计算	
	装2-3	中高级装修	200	m²	1. 墙、柱面可选用中档饰面板或涂料；2. 包括墙面基层处理、旧墙面铲除及外运等工作内容，以及相应的措施费；3. 按实际面积以平方米计算	
	装2-4	石材墙面	470	m²	1. 含墙面基层处理；2. 按中等材质、施工方式等综合考虑；3. 包括相应的措施费；4. 按实际面积以平方米计算	
	装2-5	轻质隔墙、成品隔断等	225	m²	1. 轻质隔墙、成品隔断等；2. 包括墙龙骨制作安装、成品隔断制作安装等工作内容，以及相应的措施费；3. 按实际隔墙隔断面积以平方米计算	
3		天棚吊顶工程				
	装3-1	基本装修（涂料）	45	m²	1. 天棚刷普通涂料；2. 包括相应的措施费；3. 按天棚吊顶投影面积以平方米计算	
	装3-2	基本装修（饰面板）	100	m²	1. 天棚选用普通饰面板吊顶；2. 包括旧工程拆除及清理外运、吊顶龙骨、各种面层板安装及灯孔开孔制作等工作内容，以及相应的措施费；3. 按天棚吊顶投影面积以平方米计算	
	装3-3	中级装修	140	m²	1. 天棚可做中档饰面板吊顶；2. 包括旧工程拆除及清理外运、吊顶龙骨、各种面层板安装及灯孔开孔制作等工作内容，以及相应的措施费；3. 按天棚吊顶投影面积以平方米计算	
	装3-4	中高级装修	230	m²	1. 天棚可做中高档饰面板吊顶；2. 包括旧工程拆除及清理外运、吊顶龙骨、各种面层板安装及灯孔开孔制作等工作内容，以及相应的措施费；3. 按天棚吊顶投影面积以平方米计算	
4		门窗工程				
	装4-1	普通木门	600	m²	1. 选用普通复合木门；2. 包括装饰门及门套线制作安装、五金件、门吸等安装，旧门拆除和清理外运，及相应的措施费；3. 按洞口面积以平方米计算	
	装4-2	中档木门、玻璃门	1 100	m²	1. 选用中档复合木门或玻璃门；2. 包括装饰门及门套线制作安装、五金件、门吸等安装，旧门拆除和清理外运，及相应的措施费；3. 按洞口面积以平方米计算	
	装4-3	中高档木门或玻璃门	1 800	m²	1. 选用中高档复合木门或玻璃门；2. 包括装饰门及门套线制作安装、五金件、门吸等安装，旧门拆除和清理外运，及相应的措施费；3. 按洞口面积以平方米计算	
	装4-4	防火、防盗门	1 000	m²	1. 防火门及防盗门制作安装；2. 包括门套线制作安装、五金件等安装，旧门拆除和清理外运，及相应的措施费；3. 按洞口面积以平方米计算	
	装4-5	铝合金窗	700	m²	1. 按隔热断桥铝合金窗框、中空玻璃制作安装考虑；2. 包括纱扇制作安装、五金件等安装，旧窗户拆除和清理外运，及相应的措施费；3. 按洞口面积以平方米计算	

序号	编号	项目名称	综合单价	计量单位	实施内容	备注
5		外墙面装饰工程				
	装 5－1	外墙面装饰涂料	100	m²	1. 真石漆、外墙涂料等装饰综合考虑，含旧墙面铲除和清理外运；2. 包括相应的措施费；3. 按实际外装面积以平方米计算	
	装 5－2	外墙面装饰幕墙	1 000	m²	1. 石材、金属、玻璃等幕墙的所有施工内容，含旧墙面拆除和清理外运；2. 按中等饰面材质考虑；3. 包括相应的措施费；4. 按实际外装面积以平方米计算	
		（四）给排水安装工程				
	给－1	给水安装	20	m²	1. 给水、热水管道、阀门、水表等安装、保温、套管等；2. 包括旧工程拆除和清理外运，以及相应的措施费；3. 按实际改造办公用房建筑面积以平方米计算	
	给－2	排水安装	20	m²	1. 排水管道、地漏、清扫口等实施内容；2. 包括旧工程拆除和清理外运，以及相应的措施费；3. 按实际改造办公用房建筑面积以平方米计算	
	给－3	卫生器具安装	15	m²	1. 坐便器、洗面盆、洗涤槽、拖布池、水龙头等实施内容；2. 包括旧工程拆除和清理外运，以及相应的措施费；3. 按实际改造办公用房建筑面积以平方米计算	
	给－4	其他	10	m²	1. 墙面切割及打墙、板洞；2. 包括旧工程拆除和清理外运，以及相应的措施费；3. 按实际改造办公用房建筑面积以平方米计算	
		（五）电气安装工程				
	电－1	普通办公室电气安装	65	m²	1. 采用普通照明灯具或高效节能光源，包括插座安装、管线敷设、配电箱安装；2. 包括旧工程拆除和清理外运，以及相应的措施费；3. 按建筑面积以平方米计算	不含配电箱等设备价格
	电－2	会议室、接待室电气安装	270	m²	1. 采用装饰性灯具和高效节能型光源，包括插座安装、管线敷设、配电箱安装；2. 包括旧工程拆除和清理外运，以及相应的措施费；3. 按建筑面积以平方米计算	不含配电箱等设备价格
	电－3	弱电及智能化安装	15	m²	1. 弱电及智能化系统的插座安装、管线敷设、分弱电箱等实施内容；2. 包括旧工程拆除和清理外运，以及相应的措施费；3. 按建筑面积以平方米计算	不含机房设备价格
		（六）采暖制冷安装工程				
	采－1	采暖工程（非中央空调）安装	90	m²	1. 管道、阀门、暖气片、保温设施等实施内容；2. 选用铜铝、钢制等散热器，地暖盘管等综合考虑；3. 按中档材质考虑；4. 包括旧工程拆除和清理外运，以及相应的措施费；5. 按实际改造采暖供热建筑面积以平方米计算	
	采－2	中央空调系统管道及末端设备安装	320	m²	1. 风机盘管、管道、阀门、风管、风阀、控制线路、保温设施等安装；2. 按中档偏上材质考虑；3. 包括旧工程拆除和清理外运，以及相应的措施费；4. 按空调实际制冷采暖面积以平方米计算；5. 部分空调设施维修改造、局部零星维修改造，在综合单价以内据实计核	

序号	编号	项目名称	综合单价	计量单位	实施内容	备注
	采–3	中央空调机房系统安装			1. 机房和冷却塔设备、管道、阀门、控制线路、电气、保温设施等安装；2. 按中档材质考虑；3. 包括旧设备设施拆除和清理外运，以及相应的措施费	根据选用空调规格、型号和参数等，通过市场询价方式计核
				(七) 消防安装工程		
	消–1	消防栓系统安装	30	m²	1. 管道、管件、阀门安装，管道冲洗、试压、调试及刷漆、保温等处理，墙体开洞、堵洞，套管制作安装，消防箱安放，墙体恢复及处理，栓体、枪、水带、消火栓等配置安装；2. 包括原有管道、阀门、消火栓等拆除和清理外运，以及相应的措施费；3. 按建筑面积以平方米计算	不含消防设备价格
	消–2	喷淋系统安装	70	m²	1. 管道、管件、阀门安装，管道冲洗、试压、调试及刷漆、保温等处理，墙体开洞、堵洞，套管制作安装，喷头、水流指示器、信号蝶阀、湿式报警阀等配置安装，消防水系统调试等；2. 包括原有管道、阀门、喷头等拆除和清理外运，以及相应的措施费；3. 按建筑面积以平方米计算	不含消防设备价格
	消–3	消防电系统安装	20	m²	1. 桥架、桥架支撑架、防火堵洞安装，配管敷设、墙体剔槽、墙体恢复处理、接线盒埋设，线缆敷设、与原有线缆的结合，消防端子箱、新模块、按钮、烟感、温感、消防广播等配置安装及与原有消防系统的融合，新软件及消防控制系统和硬件安装调试，消防电梯、防火门、排烟口及整个消防系统调试；2. 包括原有桥架、消防端子箱、硬件、配管、线缆、模块、按钮、消防广播、元器件等部件拆除和清理外运，以及相应的措施费；3. 按建筑面积以平方米计算	不含消防设备价格
	消–4	防火卷帘安装	500	m²	1. 防火卷帘购置、安装，与消防系统的对接，防火卷帘控制箱接线，墙体开洞、堵洞，以及系统调试等；2. 包括旧工程拆除和清理外运，以及相应的措施费；3. 按洞口尺寸以平方米计算	
				......		
				(八) 规费和税金		
		规费			根据山东省住房和城乡建设厅《印发〈建筑业营改增建设工程计价依据调整实施意见〉的通知》(鲁建办字〔2016〕20号) 和济南市城乡建设委员会实施意见 (济建标字〔2016〕2号) 规定，规费包括安全文明施工费 (4.52%)、工程排污费 (0.28%)、社会保障费 (1.52%)、住房公积金 (0.22%)、危险作业意外伤害保险 (0.16%)，计费基数为本《标准》建筑安装工程造价 (不含设备购置费、工程建设其他费用、可抵扣进项税额增值税)	
		税金			根据山东省住房和城乡建设厅《印发〈建筑业营改增建设工程计价依据调整实施意见〉的通知》(鲁建办字〔2016〕20号) 规定，本《标准》中的税金指按国家税法规定应计入建设工程造价内的增值税 (11%)，计税基数为本《标准》建筑安装工程造价 (不含设备购置费、工程建设其他费用、可抵扣进项税额增值税) 与规费之和	

二、设备购置						
序号	编号	项目名称	单价	计量单位	规格、型号、参数等	备注
（九）电气设备购置						
	电购-1					通过市场询价方式计核
	……	……				通过市场询价方式计核
（十）消防设备购置						
	消购-1					通过市场询价方式计核
	……	……				通过市场询价方式计核
（十一）中央空调设备购置						
	空购-1					通过市场询价方式计核
	……	……				通过市场询价方式计核
（十二）电梯购置						
	梯-1	电梯购置（含免费安装）		部		通过市场询价方式计核
……						

三、工程建设其他费用						
序号	项目名称	金额	计取基数	计核标准	备注	
（一）	工程设计费				根据《关于进一步放开建设项目专业服务价格的通知》（发改价格〔2015〕299 号）规定，实行市场调节价，按照市场行情计核	根据实际需要确定是否计取
（二）	招标代理费				根据《关于进一步放开建设项目专业服务价格的通知》（发改价格〔2015〕299 号）规定，实行市场调节。根据《招标代理服务收费管理暂行办法》（计价格〔2002〕1980 号）"招标代理服务费用应由招标人支付，招标人、招标代理机构与投标人另有约定的，从其约定"的规定和当前通行做法，招标代理服务费由中标人支付	不予计取
（三）	工程监理费				根据《关于进一步放开建设项目专业服务价格的通知》（发改价格〔2015〕299 号）规定，实行市场调节价，按照市场行情计核	根据实际需要确定是否计取
（四）	工程造价咨询费				根据《工程造价咨询服务收费管理暂行办法》（建标造函〔2007〕8 号）规定，实行政府指导价，结合当前通行做法和市场行情计核	根据实际需要确定是否计取
（五）	项目建设管理费				在《基本建设项目建设成本管理规定》（财建〔2016〕504 号）规定的额度内，实行总额控制	根据实际需要确定是否计取
……						

省财政厅转发《财政部关于切实做好地方预决算公开工作的通知》《财政部关于印发〈地方预决算公开操作规程〉的通知》的通知

2016 年 11 月 21 日　鲁财预〔2016〕65 号

各市财政局、省财政直接管理县（市）财政局，省直各部门：

现将《财政部关于切实做好地方预决算公开工作的通知》（财预〔2016〕123 号）、《财政部关于印发〈地方预决算公开操作规程〉的通知》（财预〔2016〕143 号）转发给你们，并结合我省实际，提出如下意见，请一并贯彻执行。

一、扎实开展预决算集中公开工作。各市、县（市、区）要以政府门户网站为主要平台集中公开预决算信息，并保持长期公开状态。自 2017 年起，要在本级政府门户网站"政务公开"版块设立"预决算公开"专栏，集中公开本级政府预决算、部门预决算、"三公"经费预决算等信息，方便社会公众查阅和监督。省直各部门要主动通过本部门门户网站公开部门预决算、"三公"经费预决算等信息，同时将相关信息提供给省财政厅，由省财政厅通过省政府门户网站集中公开部门预决算相关信息。

二、严格落实预决算公开操作规程。各级财政部门和政府其他各部门要认真履行预决算公开职责，在预算法规定的时限内，按照统一规范的内容、方式，及时公开各级政府预决算和部门预决算相关信息。要建立健全预决算公开保密审查机制，在确保信息安全的前提下，全面推进预决算公开各项工作。要积极创造条件，主动公开重点项目的预算绩效目标、绩效评价结果及应用等情况，加快推进绩效信息公开工作。

三、健全预决算公开工作考核制度。根据《市县预决算公开考评暂行办法》（鲁财预〔2015〕24 号），省财政厅将对各市及所辖县（市、区）预决算公开情况进行年度考评，并将考评结果作为对各市财政管理绩效综合评价的重要内容。同时，建立省直部门预决算公开情况通报制度，对省直部门年度预决算公开情况在一定范围内进行通报，并纳入省政府政务公开工作考核范围。各市也要建立相应的考评制度，进一步加强对县乡和部门预决算公开工作的考核监督。

四、做好预决算公开排查问题整改工作。对 2015 年财政部驻山东省财政监察专员办事处预决算公开专项检查以及近期省财政厅驻市财政检查办事处预决算公开检查发现的问题，各级各部门要认真查找原因，逐项整改落实，进一步提升预决算公开工作水平。

附件：1. 财政部关于切实做好地方预决算公开工作的通知
　　　2. 财政部关于印发《地方预决算公开操作规程》的通知

附件 1：

财政部关于切实做好地方预决算公开工作的通知

2016 年 9 月 23 日　财预〔2016〕123 号

各省、自治区、直辖市、计划单列市财政厅（局），财政部驻各省、自治区、直辖市、计划单列市财政监察专员办事处：

近年来，地方各级财政部门和各部门认真贯彻落实党中央、国务院决策部署，积极推进预决算公开，各项工作取得明显成效。但监督检查发现，地方预决算公开还存在一些突出问题，主要是：主动公开意识不强，主体责任履行不力，未公开部门预决算的单位较多，已公开的预决算不同程度存在不够细化、时间滞后、公开渠道不规范的问题。为切实解决上述问题，进一步做好预决算公开工作，遵照党中央、国务院领导重要批示精神，现就有关事项通知如下：

一、统一思想，充分认识预决算公开的重要意义

公开透明是现代财政制度的重要准则和基本特征。建立全面规范、公开透明的预算制度，是党的十八届三中全会决定提出的明确要求，是推进国家治理体系和治理能力现代化、发挥财政基础和重要支柱作用的关键举措。新修改的《预算法》、《国务院关于深化预算管理制度改革的决定》，以及中共中央办公厅、国务院办公厅《关于进一步推进预算公开工作的意见》，建立了预决算公开的法律和制度框架。深入贯彻落实预决算公开规定，强化预算监督，是打造阳光财政，促进透明政府、法治政府、廉洁政府建设的重要保证。地方各级财政部门和各部门要高度重视，将思想统一到党中央、国务院决策部署上来，增强责任心和使命感，以对党和人民高度负责的态度，进一步采取切实有效措施改进工作，确保预决算公开取得明显成效。

二、标本兼治，积极完善预决算公开长效机制

（一）进一步落实预决算公开主体责任。《预算法》规定，经本级人民代表大会或者本级人民代表大会常务委员会批准的预算、预算调整、决算、预算执行情况的报告和报表，由本级政府财政部门向社会公开。经本级政府财政部门批复的部门预算，由各部门向社会公开。地方各级财政部门和各部门要严格执行《预算法》，牢固树立依法公开观念，增强主动公开意识，切实履行公开责任，扎实做好预决算公开工作。

（二）加强预决算公开的指导和组织协调。地方各级财政部门和各部门要在本级政府信息公开工作主管部门的领导下，进一步完善预决算公开制度，明确责任，健全机制，完善措施。省级财政部门要加强对本地区预决算公开工作的督促指导，形成合力，共同推进预决算公开工作。

（三）扎实改进预决算公开基础工作。地方各级财政部门和各部门要进一步改进预决算编制，提高预决算的完整性、规范性、准确性，切实细化预决算内容，为公开预决算创造良好条件。县级以上地方财政部门要建立预决算公开统一平台，在现有公开渠道的基础上，进一步拓宽公开渠道，改进公开方式，从2017 年起将本级政府预决算、部门预决算在平台上集中公开，方便社会公众查阅和监督。

（四）健全预决算公开工作考核制度。地方各级财政部门和各部门要结合本地区、本部门实际情况，建立健全预决算公开工作考核指标体系，将预决算公开情况纳入地方财政和部门工作绩效考核范围，强化职能部门和相关人员责任。财政部建立考核机制，将地方预决算公开情况纳入中央财政对地方财政工作考核体系。

（五）加强预决算公开工作的监督检查。地方各级财政部门和各部门要按照本级政府要求，并积极配合政府信息公开工作主管部门，采取专项检查、抽查等方式，加强对本地区预决算公开实施情况的监督检查。财政部驻各省、自治区、直辖市、计划单列市财政监察专员办事处（以下简称专员办）要按照国务院要求，加强对地方预决算公开情况的监督检查工作。

（六）认真落实责任追究制度。地方各级财政部门、专员办对检查发现的问题，应当发现一起、曝光一起、纠正一起，层层传导压力，并将情况及时向政府信息公开工作主管部门报告。对不依法履行公开义务、不按规定公开预决算的，要建议监察机关依照《预算法》、《政府信息公开条例》规定，追究直接负责的主管人员和其他直接责任人员的责任。

三、切实整改，推进预决算公开工作取得明显进展

（一）坚决纠正检查发现的违法行为。对2015 年地方预决算公开专项检查发现的问题，地方各级财政部门要高度重视，认真对照《预算法》和中央有关文件规定，逐一甄别，依法应当公开的要督促部门立即

公开，公开要素不全的要督促部门补充公开，公开形式不规范的要督促部门采用规范形式公开。省级财政部门要做好组织协调工作，确保逐个落实，没有遗漏，并在 10 月 15 日前将落实情况上报财政部，抄送所在地专员办。专员办要加强监督，确保上述工作落实到位。

（二）抓紧对 2016 年预决算公开情况进行排查。对 2016 年地方预决算公开情况，地方各级财政部门要逐一排查，排查发现的问题要立即纠正，务必使 2016 年预决算公开工作有明显改进。

（三）及早布置 2017 年预决算公开工作。对 2017 年预决算公开工作，地方各级财政部门和各部门要及早谋划，提前部署。要切实制定好工作方案，明确部门职责、预决算公开范围、公开工作程序，保证公开工作有序开展。要依法依规公开预决算，除涉及国家秘密外，不得少公开、不公开应当公开的事项，确保公开情况真实、内容完整。

附件 2：

财政部关于印发《地方预决算公开操作规程》的通知

2016 年 10 月 27 日   财预〔2016〕143 号

各省、自治区、直辖市、计划单列市财政厅（局）；财政部驻各省、自治区、直辖市、计划单列市财政监察专员办事处：

现将《地方预决算公开操作规程》印发给你们，请认真贯彻执行。

附件：地方预决算公开操作规程

附件：

地方预决算公开操作规程

一、总　　则

第一条　为贯彻落实党的十八届三中全会关于建立全面规范、公开透明预算制度要求和党中央、国务院有关决策部署，进一步改进地方预决算公开工作，根据《中华人民共和国预算法》、《中华人民共和国政府信息公开条例》等法律法规规定，制定本规程。

第二条　本规程所称地方预决算，是指经地方各级人民代表大会或其常务委员会批准的预算、预算调整、决算、预算执行情况的报告及报表（以下简称政府预决算），以及经地方各级政府财政部门批复的部门预算、决算及报表（以下简称部门预决算）。

第三条　地方预决算公开的原则是：以公开为常态，不公开为例外，依法依规公开预决算。除涉及国家秘密外，不得少公开、不公开应当公开的事项，保证公开内容全面、真实、完整。通过公开进一步促进财政改革，促进财税政策落实，促进财政管理规范，促进政府效能提高。

第四条　地方预决算公开的基本要求是：公开及时，内容准确，形式规范。坚持问题导向，重视公开实效，聚焦社会热点，回应公众关切。方便社会监督，公开内容公众找得着、看得懂、能监督。

二、预决算公开职责

第五条　地方各级财政部门在本级政府信息公开工作主管部门领导下，组织开展本地区预决算公开工作，制定本地区预决算公开的规定，负责向社会公开政府预决算；指导和督促本级各部门和下级财政部门预决算公开工作，向本级政府信息公开工作主管部门和上一级政府财政部门报告本地区预决算公开情况。

第六条　地方各部门在本级政府信息公开工作主管部门领导下，组织开展本部门预决算公开工作，制定本部门预决算公开规定，负责向社会公开本部门预决算，向本级政府信息公开工作主管部门和本级政府财政部门报告本部门预决算公开情况。

第七条　地方各级财政部门和各部门应当树立依法公开观念，增强主动公开意识，切实履行主动公开责任；加强沟通合作，相互配合，共同推进本地区预决算公开工作。

三、预决算公开时间

第八条　政府预决算应当在本级人民代表大会或其常务委员会批准后 20 日内向社会公开。地方各级财政部门必须在法律规定的时限内公开，鼓励公开时间适当提前。

第九条　部门预决算应当在本级政府财政部门批复后 20 日内向社会公开。地方各部门必须在法律规定的时限内公开，鼓励公开时间适当提前，原则上在同一天集中公开。

四、政府预决算公开内容

第十条　地方各级财政部门应当公开一般公共预算、政府性基金预算、国有资本经营预算、社会保险基金预算四本预算。涉及国家秘密的除外。

第十一条　地方一般公共预算原则上至少公开 6 张报表，包括：①一般公共预算收入表。②一般公共预算支出表。③一般公共预算本级支出表。④一般公共预算本级基本支出表。⑤一般公共预算税收返还和转移支付表。⑥政府一般债务限额和余额情况表。

地方本级汇总的一般公共预算"三公"经费，包括预算总额，以及因公出国（境）费、公务用车购置及运行费（区分公务用车购置费、公务用车运行费两项）、公务接待费分项数额，由地方各级财政部门负责公开，并对增减变化情况进行说明。

第十二条　地方政府性基金预算原则上至少公开 4 张报表，包括：①政府性基金收入表。②政府性基金支出表。③政府性基金转移支付表。④政府专项债务限额和余额情况表。

第十三条　地方国有资本经营预算原则上至少公开 2 张报表，包括：①国有资本经营预算收入表。②国有资本经营预算支出表。对下安排转移支付的应当公开国有资本经营预算转移支付表。

第十四条　地方社会保险基金预算原则上至少公开 2 张报表，包括：①社会保险基金收入表。②社会保险基金支出表。没有数据的表格应当列出空表并说明。

第十五条　地方一般公共预算、政府性基金预算、国有资本经营预算和社会保险基金预算报表中涉及本级支出的，应当公开到功能分类项级科目。一般公共预算基本支出应当公开到经济性质分类款级科目，专项转移支付应当分地区、分项目公开。

第十六条　地方各级财政部门在公开政府预决算时，应当对财政转移支付安排、举借政府债务、预算绩效工作开展情况等重要事项进行解释、说明。

五、部门预决算公开内容

第十七条　地方部门预决算公开的内容为地方各级财政部门批复的部门预决算及报表，包括部门收支总体情况和财政拨款收支情况，其中：财政拨款收支情况包括一般公共预算、政府性基金预算、国有资本经营预算拨款收支情况。涉及国家秘密的除外。

第十八条 部门收支总体情况原则上至少公开3张报表，包括：①部门收支总体情况表。②部门收入总体情况表。③部门支出总体情况表。

财政拨款收支情况原则上至少公开5张报表，包括：①财政拨款收支总体情况表。②一般公共预算支出情况表。③一般公共预算基本支出情况表。④一般公共预算"三公"经费支出情况表。⑤政府性基金预算支出情况表。没有数据的表格应当列出空表并说明。

第十九条 一般公共预算支出情况表公开到功能分类项级科目。一般公共预算基本支出表公开到经济性质分类款级科目。一般公共预算"三公"经费支出表按"因公出国（境）费"、"公务用车购置及运行费"、"公务接待费"公开，其中，"公务用车购置及运行费"应当细化到"公务用车购置费"、"公务用车运行费"两个项目。

第二十条 地方各部门公开预决算的同时，应当一并公开本部门的职责、机构设置情况、预决算收支增减变化、机关运行经费安排以及政府采购等情况的说明，并对专业性较强的名词进行解释。

各地区应结合工作进展情况，推动各部门逐步公开国有资产占用、重点项目预算的绩效目标和绩效评价结果等情况。

本条第一款所称机关运行经费，是指各部门的公用经费，包括办公及印刷费、邮电费、差旅费、会议费、福利费、日常维修费、专用材料及一般设备购置费、办公用房水电费、办公用房取暖费、办公用房物业管理费、公务用车运行维护费以及其他费用。

六、预决算公开方式

第二十一条 地方各级财政部门和各部门建有门户网站的，应当在门户网站公开预决算，并永久保留，其中当年预决算应当公开在网站醒目位置；没有门户网站的，应当采取措施在公开媒体公开预决算，并积极推动门户网站建设。

第二十二条 自2017年起，地方各级财政部门应当在本级政府或财政部门门户网站上设立预决算公开统一平台（或专栏），将政府预决算、部门预决算在平台（或专栏）上集中公开。对在统一平台公开政府预决算、部门预决算，应当编制目录，对公开内容进行分类、分级，方便公众查阅和监督。

七、涉密事项管理

第二十三条 地方各级财政部门和各部门应当建立健全预决算公开保密审查机制，严格依照《中华人民共和国保守国家秘密法》、《中华人民共和国政府信息公开条例》等法律法规规定进行审查。

第二十四条 地方各级财政部门和各部门在依法公开政府预决算、部门预决算时，对涉及国家秘密的内容不予公开。部分内容涉及国家秘密的，在确保安全的前提下，按照下列原则处理：

（一）同一功能分类款级科目下，大部分项级科目涉密的，仅公开到该款级科目；

（二）同一功能分类类级科目下，大部分款级科目涉密的，仅公开到该类级科目；

（三）个别功能分类款级科目或项级科目涉密的，除不公开该涉密科目外，同一级次的"其他支出"科目也不公开。

八、保 障 措 施

第二十五条 地方各级财政部门应当加强对本地区预决算公开工作的指导，及时制定预决算公开规范，明确政府预决算和部门预决算公开时间、内容、程序，选择部分工作基础好的下级财政部门和有关部门制作公开模版，提供下级财政部门、本级各部门参照，提高本地区政府预决算、部门预决算公开的规范化水平。

第二十六条 地方各级财政部门要将预决算公开情况纳入地方财政工作考核范围，选择预决算公开的及时性、完整性、准确性、细化程度，以及公开形式是否规范、组织是否切实有效等指标，结合社会公众评价，对本级各部门和下级财政部门预决算公开情况进行考核。各部门要结合实际，将预决算公开纳入绩效考核范围，增强职能部门和相关人员责任。

第二十七条 地方各级财政部门应当在本级政府信息公开工作主管部门领导下，开展预决算公开检查。财政部驻各省、自治区、直辖市、计划单列市财政监察专员办事处（以下简称专员办）应当按照国务院要求，将地方预决算公开工作纳入日常监督范围，对地方预决算公开情况进行监督检查。

地方各级财政部门、专员办应当对预决算公开检查结果进行量化评价、排名，排名情况在系统内通报。检查中发现的问题要坚决曝光，监督整改。整改不力的可采取通报、约谈和现场督导等方式，督促整改到位。

第二十八条 地方预决算公开检查中发现依法应当追究责任的，应当移送政府信息公开工作主管部门和监察机关，建议其依照《中华人民共和国预算法》、《中华人民共和国政府信息公开条例》等法律法规的规定，对直接负责的主管人员和其他直接责任人员给予处分。

九、附　则

第二十九条 本规程自印发之日起执行。地方各级财政部门可结合实际情况制定实施细则。

地方各级财政部门在执行中发现问题，应当及时向财政部报告。

省财政厅关于印发《省对市财政管理绩效考核与激励暂行办法》的通知

2016 年 12 月 15 日　鲁财预〔2016〕73 号

各市财政局、省财政直接管理县（市）财政局：

为贯彻《国务院办公厅关于对真抓实干成效明显地方加大激励支持力度的通知》（国办发〔2016〕82 号）精神，根据《财政部关于印发〈财政管理绩效考核与激励暂行办法〉的通知》（财预〔2016〕177 号），结合我省实际，我们制定了《省对市财政管理绩效考核与激励暂行办法》，现予印发，请认真贯彻执行。

附件：省对市财政管理绩效考核与激励暂行办法

附件：

省对市财政管理绩效考核与激励暂行办法

为贯彻《国务院办公厅关于对真抓实干成效明显地方加大激励支持力度的通知》（国办发〔2016〕82 号）精神，鼓励市县财政部门主动作为、真抓实干、推动改革、加强管理，根据《财政部关于印发〈财政管理绩效考核与激励暂行办法〉的通知》（财预〔2016〕177号）规定，结合我省实际，制定本办法。

一、考核对象

除青岛市参与财政部考核外，全省其他16个设区市均纳入省级考核范围。省财政直接管理县（市）纳入所在市考核范围，省级不再单独考核。

二、考核内容和指标

本办法为年度工作绩效考核，主要考核各市对财政部和省财政厅部署年度重点工作落实情况。考核采用百分制。具体考核内容和分值如下：

（一）预算执行进度（15分）。考核各市一般公共预算支出进度和政府性基金预算支出进度2项指标，分值比例为12∶3。

某市得分＝某市一般公共预算支出进度得分＋某市政府性基金预算支出进度得分。

其中，各市一般公共预算支出进度和政府性基金预算支出进度，为省财政厅按月通报支出进度的算术平均值。

（二）收入质量（15分）。考核各市税收占比静态指标以及提高幅度动态指标2项指标，分值比例为7.5∶7.5。

某市得分＝某市税收占比得分＋某市税收占比提高幅度得分。

其中，税收占比静态指标＝（税收收入÷一般公共预算收入）×100%，税收占比高于全省平均水平5个百分点以上的即得满分（7.5分）；税收占比提高幅度动态指标＝当年税收占比－上年税收占比。

（三）盘活存量资金（15分）。考核各市存量资金静态指标、动态指标和支出进度指标3项指标，分值比例为6∶6∶3。

某市得分＝某市存量资金静态指标得分＋某市存量资金动态指标得分＋某市存量资金支出进度指标得分。

其中，存量资金静态指标＝（当年存量资金规模÷财政支出规模）×100%；存量资金动态指标＝〔（当年存量资金规模－上年存量资金规模）÷上年存量资金规模〕×100%；存量资金支出进度指标，为省财政厅按月统计的各市已收回财政存量资金中形成实际支出资金占比的算术平均值。

上述存量资金包括一般公共预算、政府性基金预算和国有资本经营预算结转结余，上级转移支付结转结余，部门预算结转结余，预算稳定调节基金，预算周转金及其他存量资金等。

（四）国库库款管理（15分）。考核各市库款余额同比变动、库款余额相对水平、库款保障水平、公开发行置换债券资金置换完成率4项指标，分值比例为4∶4∶3∶4。

某市得分＝某市库款余额同比变动指标得分＋某市库款余额相对水平指标得分＋某市库款保障水平指标得分＋某市公开发行置换债券资金置换完成率指标得分。

其中，库款余额同比变动、库款余额相对水平、库款保障水平、公开发行置换债券资金置换完成率，均为省财政厅按月通报库款考核结果的算术平均值。

（五）地方政府债务管理（15分）。考核各市政府债务率、利息支出率、逾期债务率3项指标，分值比例为5∶5∶5。

某市得分＝某市政府债务率得分＋某市利息支出率得分＋某市逾期债务率得分。

其中，政府债务率＝（年末政府债务余额÷综合财力）×100%；利息支出率＝（当年债务付息支出÷综合财力）×100%；逾期债务率＝（年末逾期债务余额÷年末政府债务余额）×100%。上述政府债务均包含一般债务和专项债务，综合财力为一般公共预算支出与政府性基金预算支出之和。

（六）预决算公开（15分）。考核各市预算公开率、决算公开率、其他信息公开率3项指标，分值比例为6∶6∶3。

某市得分＝某市预算公开率得分＋某市决算公开率得分＋某市其他信息公开率得分。

其中，预算公开率、决算公开率、其他信息公开率，依据财政部和省财政厅组织的预决算公开专项核查结果计算。

（七）推进财政资金统筹使用（10 分）。考核各市对下一般性转移支付占比及提高幅度 2 项指标，分值比例为 5∶5。

某市得分 = 某市对下一般性转移支付占比得分 + 某市对下一般性转移支付占比提高幅度得分。

其中，某市对下一般性转移支付占比 =（当年市对下一般性转移支付 ÷ 市对下转移支付总额）× 100%；一般性转移支付占比提高幅度 = 当年市对下一般性转移支付占比 − 上年市对下一般性转移支付占比。上述口径不包括省级下达省财政直接管理县（市）的转移支付。

（八）扣减指标（−10 分）。以审计署、财政部专员办和省审计厅、省财政厅各驻市财政检查办事处等开展的监督检查为依据，对发现的问题每个扣减 1 分，扣满 10 分为止。

三、评分办法

（一）指标评分。省对各市指标评分采用功效系数法计算，每项指标基础值为总值的 40%。其中，

正向功效系数法计算公式：某项指标得分 =［40% +（某市某项指标 − 各市最小值）/（各市最大值 − 各市最小值）× 60%］× 该指标分值。适用于预算执行进度、收入质量、存量资金支出进度、置换债券资金置换完成率、预决算公开、推进财政资金统筹使用等指标。

反向功效系数法计算公式：某项指标得分 =［40% +（各市最大值 − 某市某项指标）/（各市最大值 − 各市最小值）× 60%］× 该指标分值。适用于存量资金静态指标和动态指标、库款余额同比变动、库款余额相对水平、库款保障水平、地方政府债务管理等指标。

（二）评分程序。次年 1 月 10 日前，各市要将相关数据及时报送省财政厅。省财政厅依据预算执行快报等统计数据，对各市财政管理绩效情况进行综合考核排名。

四、奖惩措施

（一）实施综合性奖励政策。对财政管理绩效考核综合排名前 5 位的市，省级将利用中央财政绩效考核奖励资金、收回的专项转移支付沉淀资金以及年度预算中安排资金等渠道，按每市 1 000 万元给予奖励，并从 5 市中向财政部推荐全国财政管理先进市县名单。各市要参照本办法对所辖县（市、区）进行考核，财力状况较好的市可统筹自有财力加大对先进县（市、区）的奖励力度。

（二）实施单项奖惩政策

1. 将预算执行进度考核结果与省级转移支付、专项债券额度挂钩。对全年一般公共预算和政府性基金支出进度考核排名前 3 位的市，省级在安排下年度均衡性转移支付或新增政府专项债券额度时给予适当奖励；对考核排名后 3 位的市，省级相应核减下年度均衡性转移支付或新增政府专项债券额度。

2. 将盘活存量资金考核结果与县级基本财力保障机制补助资金挂钩。对各市年末财政存量资金规模比上年末增加部分，以及已收回财政存量资金中未形成支出部分，在测算县级基本财力保障机制补助资金时，按照 30% 的比例计入可用财力，督促市县进一步压减财政存量资金。

3. 将地方政府置换债券资金拨付进度及债务管理情况与债券额度分配挂钩。对置换债券资金拨付进度快、实施效果好及债务管理规范的市，省级在下年度新增政府债券额度分配上给予适当倾斜；对收到上级公开发行置换债券资金年底仍未拨付以及债务管理差的市，省级将适当扣减下年度新增政府债券分配额度。

4. 将库款考核结果与省级库款调度挂钩。对国库库款管理考核排名靠前、支出进度快、暂付（存）款压减力度大的市，省级将根据其库款余额情况加快资金调度；对库款考核排名靠后、支出进度慢、暂付（存）款压减力度小的市，省级将根据其库款余额情况减少或缓调资金。

（三）建立通报约谈制度。省对市财政管理绩效综合考核结果向各市财政部门通报，同时抄送各市人民政府。对综合考核排名前 3 位的市，予以通报表扬；对排名后 3 位的市，省级将通过约谈督促整改，市财政局主要负责同志需到省财政厅当面说明情况。相关市的整改措施及结果，要形成书面报告，于每年 1

月底前报省财政厅。

本办法自印发之日起施行。

附件：省对市财政管理绩效考核指标说明

附件：

省对市财政管理绩效考核指标说明

一级指标	二级指标	分值	指标说明
合计		100分	
一、预算执行进度（15分）	一般公共预算支出进度	12分	指省财政厅按月通报一般公共预算支出进度和政府性基金预算支出进度的算术平均值。
	政府性基金预算支出进度	3分	
二、收入质量（15分）	税收占比静态指标	7.5分	指税收占一般公共预算收入比重。
	税收占比提高幅度动态指标	7.5分	指当年税收占比较上年提高幅度。
三、盘活存量资金（15分）	存量资金静态指标	6分	指年末存量资金规模占当年财政支出的比重。
	存量资金动态指标	6分	指年末存量资金规模比上年末变动幅度。
	存量资金支出进度	3分	指省财政厅按月统计的各市已收回财政存量资金中形成实际支出资金占比的算术平均值。
四、国库库款管理（15分）	库款余额同比变动	4分	指省财政厅按月通报考核指标结果的算术平均值。
	库款余额相对水平	4分	
	库款保障水平	3分	
	公开发行置换债券资金置换完成率	4分	
五、地方政府债务管理（15分）	政府债务率	5分	指年末政府债务余额占综合财力的比重。
	利息支出率	5分	指当年债务付息支出占综合财力的比重。
	逾期债务率	5分	指年末逾期债务余额占年末政府债务余额的比重。
六、预决算公开（15分）	预算公开率	6分	依据财政部和省财政厅组织的预决算公开专项核查结果计算。
	决算公开率	6分	
	其他信息公开率	3分	
七、推进财政资金统筹使用（10分）	市对下一般性转移支付占比	5分	指当年市对下一般性转移支付占市对下转移支付总额的比重。
	市对下一般性转移支付占比提高幅度	5分	指当年市对下一般性转移支付占比较上年提高幅度。
八、扣减指标（-10分）	对中央和省级审计或财政监督检查发现的问题每个扣1分，扣满10分为止。		

四、

国库管理类

财政部关于做好 2016 年地方政府债券发行工作的通知

2016 年 1 月 25 日　财库〔2016〕22 号

各省、自治区、直辖市、计划单列市财政厅（局、委），中央国债登记结算有限责任公司、中国证券登记结算有限责任公司，上海证券交易所、深圳证券交易所：

根据《预算法》、《国务院关于加强地方政府性债务管理的意见》（国发〔2014〕43 号）、《财政部关于印发〈地方政府一般债券发行管理暂行办法〉的通知》（财库〔2015〕64 号）、《财政部关于印发〈地方政府专项债券发行管理暂行办法〉的通知》（财库〔2015〕83 号）等有关规定，现就做好 2016 年地方政府债券（以下简称地方债）发行工作有关事宜通知如下：

一、科学合理设定地方债发行规模

（一）省、自治区、直辖市、经省政府批准自办债券发行的计划单列市人民政府（以下统称地方政府）依法自行组织本地区地方债发行、利息支付和本金偿还。地方债发行兑付有关工作由地方政府财政部门（以下简称地方财政部门）负责办理。

（二）地方政府发行新增债券的规模不得超过财政部下达的当年本地区新增债券限额；发行置换债券的规模不得超过财政部下达的当年本地区置换债券发行规模上限，执行过程中可以根据实际情况减少当年置换债券发行规模。对于根据地方政府债务限额管理规定，利用腾出的债务限额空间发行债券的，以及通过发行新的地方债偿还到期旧的地方债的，应当在置换债券发行规模上限内统筹考虑。

（三）地方财政部门应当根据资金需求、存量债务到期情况、债券市场状况等因素，按照各季度债券发行量大致均衡的原则，科学安排债券发行。对于新增债券，地方财政部门应当根据对应项目资金需求、库款情况等因素，合理确定发行进度安排。对于置换债券，在满足到期存量债务偿还需求的前提下，各地每季度置换债券发行量原则上控制在当年本地区置换债券发行规模上限的 30% 以内（累计计算），即截至第一季度末发行量不得超过 30%，截至第二季度末发行量不得超过 60%，截至第三季度末发行量不得超过 90%。

二、按照市场化、规范化原则组织债券发行

（一）2016 年地方债通过公开发行和定向承销方式发行。地方财政部门、地方债承销团成员（以下简称承销团成员）、信用评级机构及其他相关主体在地方债发行中应当遵循市场化原则。

（二）地方财政部门应当按照财政部有关制度规定，结合本地区实际情况，规范完善本地区地方债发行有关制度。各地制定的债券招标发行规则、发行兑付办法等制度文件在一个自然年度内原则上不得更改。

（三）地方财政部门应当严格执行财政部和本地区制定的地方债发行有关制度，认真做好地方债发行工作。

三、规范有序开展地方债公开发行工作

（一）公开发行的地方债主要通过承销团面向全国银行间债券市场、证券交易所债券市场发行。地方财政部门与承销团成员签订的地方债承销协议仍在有效期之内的地区，可继续沿用此前的承销团；承销协

议已到期的地区，应当按有关规定重新组建承销团。地方财政部门如需增补承销团成员，应当提前公布增补通知，按照有关规定择优确定增补成员，并及时公布增补结果。

（二）公开发行的地方债应当进行债项信用评级。地方财政部门与信用评级机构签订的信用评级协议仍在有效期之内的地区，可继续沿用此前选择的信用评级机构；信用评级协议已到期的地区，应当按有关规定重新选择信用评级机构，合理设定评级费用标准，避免信用评级机构采用压低评级费用等方式进行恶性竞争。信用评级机构应当严格遵守有关制度规定和职业规范，不得弄虚作假。

（三）地方财政部门应当按照政府信息公开和债券市场监管有关规定，切实做好债券发行前信息披露、债券发行结果披露、债券存续期信息披露、重大事项披露、还本付息披露等相关工作。同时，应当逐步扩大地方债信息披露内容范围，在 2015 年财政部对地方债信息披露相关要求的基础上，结合实际情况更新有关信息，并增加披露以下内容：

1. 披露本地区财政收支状况时，按照地方政府本级、全辖（不含省级政府辖区内单独发行地方债的计划单列市）口径同时公布近三年一般公共预算收支、政府性基金预算收支、国有资本经营预算收支。其中，2014 年数据按决算口径公布，2015 年数据在决算编制完成之前按预算口径公布，在决算编制完成之后按决算口径公布，2016 年数据按预算口径公布。

2. 披露本地区地方政府债务状况时，公布经清理甄别确定的截至 2014 年底、2015 年底的地方政府债务余额情况，以及 2015 年、2016 年地方政府债务限额情况。

地方财政部门应当按规定及时披露相关信息，并对信息的真实性、准确性、完整性负责。

（四）公开发行的地方债可通过招标和公开承销两种方式发行。单一期次债券发行额在 5 亿元以上（含 5 亿元）的应当通过招标方式发行。

采用招标方式发行地方债时，地方财政部门应当制定招标发行规则，并合理设定承销团成员最低投标限额、最低承销限额、最高投标限额、债券投标利率区间上下限等技术参数，其中单个承销团成员最高投标限额不得超过每期债券发行量的 30%，投标利率区间下限不得低于发行日前 1 至 5 个工作日相同待偿期记账式国债收益率平均值。竞争性招标时间原则上为 40 分钟。

地方债缴款日为招标日（T 日）后第一个工作日（即 T+1 日），承销团成员不迟于缴款日将发行款缴入发行文件中规定的国家金库××省（自治区、直辖市、计划单列市）分库对应账户。债权登记日为招标日后第二个工作日（即 T+2 日），地方财政部门于债权登记日按约定方式通知登记结算机构办理债权确认。地方债上市日为招标日后第三个工作日（即 T+3 日）。

四、积极采用定向承销方式发行置换债券

（一）对于地方政府存量债务中的银行贷款部分，地方财政部门应当与银行贷款对应债权人协商后，采用定向承销方式发行置换债券予以置换；对于地方政府存量债务中向信托、证券、保险等其他机构融资形成的债务，经各方协商一致，地方财政部门也应积极采用定向承销方式发行置换债券予以置换。

（二）地方财政部门应当积极与存量债务债权人协商，尽早确定采用定向承销方式发行债券置换的存量债务范围，并加强负责债务预算管理与债券发行管理等内设机构之间的沟通协调，同时，应当与当地中国人民银行分支机构、银监局密切配合，共同推动定向承销工作顺利开展。相关金融机构应当按有关规定积极参与地方债定向承销工作。

（三）地方财政部门应当合理设定债券发行时间。拟采用定向承销方式发行债券置换的存量债务，如在债券发行时尚未到期，地方财政部门应当提前与相关各方协商确定原债务结息时间、计息方法等，做好相关准备工作。

（四）地方财政部门应当与簿记管理人协商合理确定簿记建档规则。簿记管理人负责簿记建档具体运行，簿记建档竞争性申购时间原则上为 40 分钟。

五、进一步加强债券发行现场管理

（一）财政部授权中央国债登记结算有限责任公司（以下简称国债登记公司）为财政部国债发行招投标系统技术支持部门，授权上海证券交易所、深圳证券交易所为财政部证券交易所国债发行招投标系统技术支持部门。技术支持部门为发行现场提供技术支持、信息安全维护及现场保障等服务。

（二）地方债发行现场区域包括操作区和观摩区。发行现场应当与其他区域严格隔离，并在债券发行全程实施必要的无线电屏蔽。

（三）各地应当派出监督员负责监督发行现场相关工作合规有序进行，其中至少有一名非财政部门监督员在操作区监督。财政部可派出观察员现场观察发行情况，财政部观察员由财政部国库司或财政部国库司委托发债地区当地财政监察专员办事处派出。采用招标方式发行时，金融机构人员不得进入发行现场；采用定向承销方式发行时，除簿记管理人外，其他金融机构人员不得进入发行现场。地方财政部门应当严格控制发行现场人数，并不迟于发行日前两个工作日，将进入发行现场的发行人员、簿记管理人、监督员、观察员名单提供给技术支持部门并抄送财政部。

（四）发行人员、簿记管理人、监督员、观察员应当于发行开始前进入发行现场，不得携带任何有通讯功能的设备，并履行登记手续。债券发行过程中，进入发行现场的人员均不得离开，不得违反规定对外泄露发行信息。技术支持人员应当于发行开始前离开发行现场。发行过程中如需技术支持人员帮助，发行人员或簿记管理人在征得监督员同意后，使用专用固定电话通知技术支持人员进入发行现场。

（五）发行人员应当如实填写发行现场情况记录表，详细记录进入操作区人员、进入时间、竞争性招标（或申购）期间有无离开、通讯设备是否已交、固定电话使用情况等，并由监督员签字确认。

（六）技术支持部门应当核对实际进入发行现场的人员与报备的人员名单，妥善保管进入发行现场人员的通讯设备，并做好发行现场技术支持服务，在发行过程中安排人员在操作区和观摩区附近值守。

六、改善地方债流动性，推进地方债投资主体多元化

（一）地方财政部门应当积极推动本地区承销团成员参与地方债二级市场交易，鼓励承销团成员之间在回购等业务中接受地方债作为抵（质）押品。地方财政部门开展承销团组建和管理相关工作时，应当将相关金融机构参与地方债二级市场交易情况作为重要参考。

（二）鼓励具备条件的地区开展在上海等自由贸易试验区发行地方债试点工作，在符合有关规定的前提下吸引外资法人金融机构参与自由贸易试验区地方债发行，积极探索积累可复制、可推广的经验。

（三）鼓励地方财政部门在合法合规、风险可控的前提下，研究探索面向社会保险基金、住房公积金、企业年金、职业年金、保险公司等机构投资者和个人投资者发行地方债。

七、切实做好债券资金管理和还本付息工作

（一）采用公开发行方式发行的置换债券资金，只能用于偿还清理甄别确定的截至 2015 年 12 月 31 日地方政府债务的本金，以及清理甄别确定的截至 2014 年 12 月 31 日地方政府或有债务本金按照《财政部关于对地方政府债务实行限额管理的实施意见》（财预〔2015〕225 号）规定可以转化为地方政府债务的部分，对违规改变置换债券资金用途的行为，依法依规严肃处理。本级财政部门、存量债务债权人、债务人、有关主管部门应当共同签订协议，明确还款金额、还款时间及相关责任等，由地方各级财政部门按照财政国库管理制度有关规定、协议约定和偿债进度直接支付给债权人。地方各级财政部门应当提前与存量债务债权人、债务人等沟通协商，做好偿债相关准备工作，尤其是置换未到期存量债务的，必须提前与债权人

协商一致。置换工作要及时组织执行,防止债券资金在国库中沉淀。

(二)拟在 2016 年采用公开发行方式发行债券置换的存量债务,如在债券发行前到期,在严格保障财政支付需要的前提下,库款余额超过一个半月库款支付水平的地区,地方财政部门可以在债券发行之前在债券发行额内予以垫付。置换债券发行后,要及时将资金回补国库。

(三)地方财政部门要高度重视,强化债券偿还主体责任,制定完善地方债还本付息相关制度,准确编制还本付息计划,提前落实并及时足额拨付还本付息资金,切实维护政府债券信誉。

(四)国债登记公司等登记结算机构应当加强对地方财政部门还本付息工作的服务,及时准确提供地方债还本付息相关信息。

八、加强组织领导,确保地方债发行工作顺利完成

(一)地方财政部门应当于每季度最后一个月 15 日之前,向财政部报送下季度存量债务分月到期量和地方债发行初步安排(包括季度计划发行量和初步发行时间等),财政部汇总各地情况后及时反馈地方财政部门,作为地方财政部门制订具体发行计划的参考。2016 年第一季度存量债务分月到期量和置换债券发行初步安排,地方财政部门应当于 1 月 31 日前向财政部报送。报送格式详见附件。

(二)财政部将做好地方债发行与国债发行平稳衔接,对各地区发债进度做必要的组织协调。地方财政部门应当不迟于发行日前 7 个工作日将债券发行具体安排报财政部备案,财政部统筹把握地方债发行节奏和进度,按照"先备案先得"的原则协调各地发行时间等发行安排。同期限地方债与记账式国债原则上不在同一时段发行,不同地区同期限地方债原则上不在同一时段发行,同期限一般债券和专项债券原则上不在同一时段发行。

(三)地方财政部门要高度重视,完善地方债发行管理相关制度,充实债券发行管理力量,明确岗位职责,加强内部控制,规范操作流程。组建承销团、开展信息披露和信用评级、组织债券发行等制度文件原则上应当在对外公布前报财政部备案。在地方债发行兑付过程中出现重大事项应当及时向财政部报告。

(四)债券发行完毕后,地方财政部门及财政部驻各地财政监察专员办事处应当及时对债券资金使用情况进行跟踪监控。

地方债发行其他相关事宜,按照《财政部关于做好 2015 年地方政府一般债券发行工作的通知》(财库〔2015〕68 号)、《财政部关于做好 2015 年地方政府专项债券发行工作的通知》(财库〔2015〕85 号)、《财政部　中国人民银行　银监会关于 2015 年采用定向承销方式发行地方政府债券有关事宜的通知》(财库〔2015〕102 号)等有关规定执行。

附件:2016 年第_____季度存量债务到期量和地方债发行初步安排情况表(略)

省财政厅转发《财政部关于加强和规范地方财政专户管理的指导意见》的通知

2016 年 1 月 26 日　鲁财库〔2016〕3 号

各市财政局、省财政直接管理县(市)财政局:

现将《财政部关于加强和规范地方财政专户管理的指导意见》(财库〔2015〕257 号,以下简称《指导意见》)转发给你们,并结合我省实际提出以下意见,请一并贯彻执行。

一、全面梳理，认真整改

近年来，经过持续清理整顿，各级财政专户管理不断规范。但从财政检查和审计情况看，有些市县仍然存在不少问题，影响了财政资金安全。比如，有的未经财政部核准擅自开立财政专户；有的未严格按照财政检查、审计意见及时撤并财政专户；个别地方仍然没有将财政专户归口财政国库部门统一管理，等等。各地要切实增强法纪意识和责任意识，按照《指导意见》要求，全面梳理存量财政专户，确保2016年4月底前将下列问题整改落实到位。一是未按规定程序报经财政部核准的财政专户，将资金归并到其他账户后予以撤销；二是财政部发文、各级财政检查以及审计部门在审计意见中要求撤并的财政专户，必须严格按照规定整改到位；三是以地方制发的各类文件或有关会议纪要等为开户依据，以及其他无政策依据设立的财政专户，不符合《预算法》和国务院有关文件要求，必须予以撤销；四是未实行归口管理的财政专户，要制定时间表，限期交接，并按照相互配合、相互制约的原则，明确业务处（科）室和国库处（科）职责，确保资金运行安全、顺畅；五是将专户资金违规借出周转使用的，要制订计划，限期收回。

二、健全制度，规范管理

要强化财政专户管理。严格执行《预算法》和《国务院办公厅转发财政部关于进一步加强财政专户管理意见的通知》（国办发〔2012〕17号）有关规定开立财政专户，并按程序报财政部核准。未经财政部核准，一律不得擅自开立财政专户。进一步健全财政专户管理制度。各市县要按照"相互制约、相互协调"原则，进一步完善财政专户管理办法，明确分工，严格按照会计制度规定设置岗位，建立国库与开户行、业务处（科）室定期对账制度，为财政专户安全化、规范化管理提供制度保障。健全财政专户管理档案制度。各级财政部门应在清理、规范本级财政专户的基础上，建立财政专户管理档案制度，对各类财政专户实施动态管理。建立财政专户定期报告制度。各级财政部门要按照要求建立财政专户定期报告制度，及时向上级财政部门报送本级财政专户管理情况。严格规范财政专户资金收支管理。应上缴国库的非税收入要严格按规定时间缴入国库，严禁违规将财政专户资金从国库转入财政专户，或违规将财政专户资金支付到预算单位实有资金银行账户。

三、加强领导，确保落实

财政专户管理事关财政资金安全，事关干部队伍安全，各级财政部门主要负责同志要亲自过问、亲自协调、亲自督办；要制定财政专户管理整改方案，明确时间表，落实责任人，确保《指导意见》各项要求落到实处。各级要按照"下管一级"的原则，加强对所属辖区落实《指导意见》情况的督导检查，通过开展"拉网式"检查，及时发现问题加以纠正。省财政厅将结合《财政部关于全面开展财政资金安全检查工作的通知》（财库〔2015〕216号）有关部署，对各市及省财政直接管理县（市）财政专户规范落实情况进行全面检查，对落实《指导意见》不力的，将予以通报批评或追究责任。

各市请于2016年5月10日前，将本市（含省财政直接管理的县、市）加强规范财政专户情况汇总后，通过财政内部邮件系统上报省财政厅国库处（报表格式见附件）。

联系人：宋晓宁

联系电话：0531－82669703

邮箱：宋晓宁/国库处/财政厅/sdcz@sdcz

附件：财政部关于加强和规范地方财政专户管理的指导意见

附件：

财政部关于加强和规范地方财政专户管理的指导意见

2015 年 12 月 30 日　财库〔2015〕257 号

各省、自治区、直辖市、计划单列市财政厅（局）：

　　根据《预算法》和《国务院关于深化预算管理制度改革的决定》（国发〔2014〕45 号），以及财政部有关制度规定，现就加强和规范财政专户管理提出如下意见，请认真组织执行。

一、高度重视财政专户管理

　　加强和规范财政专户管理，对于完善国库单一账户体系、规范财政资金运行、盘活财政存量资金等具有重要意义。近年来，各级财政部门认真贯彻落实国务院决策部署，积极主动工作，在清理规范财政专户方面取得了阶段性成果，财政专户数量大幅精减，专户管理逐渐规范。但目前仍存在一些问题，主要是地方自行出台政策设立的专户较多，专户沉淀的资金规模较大，管理基础工作仍需加强。新《预算法》首次从法律的高度对财政专户管理作出了明确规定，同时强调了违反规定开设财政专户的法律责任；《国务院关于深化预算管理制度改革的决定》等文件对存量和新增财政专户的管理提出了明确要求；财政部制定《财政专户管理办法》等一系列制度办法，严格要求规范财政专户管理；审计部门也多次就地方财政专户管理提出审计意见。各地财政部门要将财政专户管理工作摆到重要位置，认真学习领会法律法规和各项制度规定的精神实质，充分认识加强和规范财政专户的必要性和重要意义，主动向政府汇报工作情况，加强与相关部门的沟通协调，依法规范存量专户，严格控制新增专户，加大力度盘活专户存量资金，继续强化内控机制建设，全面推进地方财政专户规范管理。

二、切实规范存量财政专户

　　各地财政部门要按照《国务院关于深化预算管理制度改革的决定》等有关文件要求，切实加强对存量财政专户的规范管理。其中：财政部发文要求撤销或合并的专户，以及审计部门在审计意见中要求撤销的专户，必须严格按照规定落实或整改到位。以地方制发的各类文件或有关会议纪要等为开户依据设立的财政专户，以及其他无政策依据设立的财政专户，不符合《预算法》和国务院有关文件要求，各地财政部门要抓紧开展自查，主动进行规范，2016 年 4 月底之前应当将相关专户撤销。除了上述情况外，对其他财政专户的处理意见，财政部将另行通知。

三、严格控制新增财政专户

　　各地财政部门开立财政专户，必须严格执行《预算法》和《国务院办公厅转发财政部关于进一步加强财政专户管理意见的通知》（国办发〔2012〕17 号）有关规定，并按程序报经财政部核准。未经财政部核准，各地一律不得擅自开立财政专户，也不得在制发的各类文件中擅自作出开设财政专户的规定。各地省级财政部门对市县财政部门开设财政专户的申请，要严格履行审核把关职责。财政部暂只对有关社会保险基金专户、非税收入专户、国际金融组织贷款专户进行核准。

四、加强财政专户资金管理

　　各地财政部门要严格执行《国务院办公厅关于进一步做好盘活财政存量资金工作的通知》（国办发〔2014〕70 号）和《财政部关于收回财政存量资金预算会计处理有关问题的通知》（财预〔2015〕81 号）等文件规定，加大力度盘活财政专户存量资金，应当调入国库的资金要按规定及时调入国库。严格规范财政专户资金收支管理，应上缴国库的非税收入要严格按规定时间缴入国库，严禁违规将财政资金从国库转入财政专户，或违规将财政专户资金支付到预算单位实有资金银行账户。禁止将财政专户资金借出周转使用，已经出借的资金要限期收回。

五、规范开户银行选择

各地财政部门要按照"公平、公开、公正"的原则，择优选择开户银行。财政部门选择财政专户开户银行，应当采取招投标方式；确因情况特殊的，应采取集体决策机制选择开户银行，同时要记录采用集体决策方式的原因和最后决定等。财政部门应与开户银行签订账户管理协议，全面清晰界定双方权利与义务关系；定期对开户银行财政专户管理业务进行评估，防范财政资金风险。严格要求开户银行履行财政专户信息保密责任，除法律、行政法规明确允许的情形外，应拒绝任何单位和个人查询财政专户存款和有关资料。

六、加强财政专户管理内控机制建设

各地财政部门要对财政专户资金管理风险点进行认真梳理和排查，根据《财政总预算会计管理基础工作规定》（财库〔2012〕1号）要求，结合本地实际，制定科学规范、监督制衡的财政专户资金风险防控机制。科学设置岗位职责分工，严格资金收支程序，加强印鉴、票据管理，规范会计核算，完善对账制度，夯实和健全内部管理基础制度，确保财政专户管理规范和资金管理安全。

省级财政部门要加强对本地区规范财政专户工作的组织督导，2016年5月15日前，将本次规范财政专户情况汇总上报财政部国库司（报表格式见附件）。2016年财政部将对地方财政专户规范情况进行抽查，对落实不到位的，将进行通报或追究责任。

联系人：欧阳灿　　联系电话：010－68552250
　　　　黄　河　　联系电话：010－68553579
附录：2015年地方财政专户规范落实情况表

附件：

2015 年地方财政专户规范落实情况表

序号	省市县	开户银行	银行账号	核算内容	开户依据	已撤销	未撤销	备注

续表

序号	省市县	开户银行	银行账号	核算内容	开户依据	已撤销	未撤销	备注

注：本表仅填列有问题的财政专户的规范落实情况。

省财政厅转发《财政部关于 2016 年地方财政库款管理有关工作的通知》

2016 年 2 月 3 日　鲁财库〔2016〕5 号

各市财政局（不含青岛）、省财政直接管理县（市）财政局：

现将《财政部关于 2016 年地方财政库款管理有关工作的通知》（财库〔2016〕13 号）转发给你们，并提出以下意见，请一并贯彻执行。

一、完善省对下资金调度办法

树立全省国库库款资金"一盘棋"的思想，逐步构建全省"大国库"的资金调度新模式。省财政厅在对全省各级国库库款收支流量预测分析的基础上，根据各地库款余额情况，按照合规合理的"需求导向"进行资金调度，科学合理确定资金调度数额，调度方式由每月初固定拨付与月度执行中实时拨付相结合，逐步实现资金调度的动态化管理。对于库款资金较为充裕，保障水平较高的市县，省财政厅可暂缓调度资金，或只下达预算指标暂不调度资金。对年初预算安排到位率高，预算执行进度快的市县，由于客观原因形成的库款资金紧张，保障水平低，省财政厅可根据暂付款压缩和支出进度情况，适当加快资金调度，促进稳增长、保民生各项政策更好更快落实。市县两级可参照省级的做法，结合当地实际，加强和改进资金调度管理。

二、提高国库库款资金收益

充分认识国库资金的"时间价值"，各地在确保预算执行正常支付的前提下，合理控制库款规模，逐步实现最优库底余额，努力增加国库资金收益，盘活库款资源。省财政厅将完善代市县财政进行现金管理操作的规模，充分发挥国库现金管理的政策导向功能，引导金融机构增加存贷款规模，优化贷款投向，支持全省经济社会发展。

三、明确库款月报工作要求

《财政国库库款情况月报》《财政专户资金情况月报》按月编报，各市财政部门汇总审核后于每月 5 日前（遇节假日顺延，下同）报送省财政厅。《财政暂存款项与暂付款项构成情况统计表》和财政库款分析材料按季编报，各市财政部门于每季度结束后 5 日内与月度库款数据一并报送。各级财政部门要切实履行库款月报数据审核职责，确保数据真实准确，严格按照时间要求报送。为加强管理，省财政厅将对各市 2016 年库款月报编制工作质量进行考核，对数据信息失真、报送迟缓拖沓的市，予以通报和约谈。

附件：财政部关于 2016 年地方财政库款管理有关工作的通知

附件：

财政部关于 2016 年地方财政库款管理有关工作的通知

2016 年 1 月 21 日　财库〔2016〕13 号

各省、自治区、直辖市、计划单列市财政厅（局）：

根据《国务院关于编制 2016 年中央预算和地方预算的通知》（国发〔2015〕65 号）、《国务院办公厅关于进一步做好盘活财政存量资金工作的通知》（国办发〔2014〕70 号），以及财政部有关文件规定，为进一步加强库款管理，现就有关工作通知如下：

一、高度重视财政库款工作，提升库款管理水平

全面加强库款管理，对于保障预算执行、加强宏观调控、更好发挥财政资金支持和服务稳增长作用具有重要意义。国务院对库款管理工作高度重视，多次要求加强管理、盘活存量、把钱用在"刀刃"上。2015 年以来，在各级财政部门的共同努力下，库款管理取得阶段性成效，截至 2015 年末，地方库款连续 9 个月同比下降。但同时，仍存在部分地区库款规模和保障水平偏高、预算执行进度偏慢和政府置换债券资金支拨不及时等问题。2016 年财政收支形势仍然比较严峻，库款管理工作面临"增效益"和"防风险"的双重任务。各级财政部门要充分认识加强库款管理的重要性，认真贯彻落实国务院决策部署，将库款管理工作放在重要位置，切实加强组织领导，积极采取有效措施，健全完善库款管理工作机制，既要有效压降库款规模，也要严格防范支付风险，在切实保障支付基础上，充分发挥财政资金效益，促进财政稳增长政策更好的落实。

二、强化库款管理机制，切实发挥财政资金对稳增长的促进作用

（一）加强和改进库款调度管理。各级财政部门要合理安排转移支付资金调度拨付时间，形成相对稳定的工作机制，2016 年中央财政每月向省级财政调度库款一般不低于两次，省市级财政部门也要及时对下调度库款。省级财政国库部门要加强全省库款统筹管理，建立合理的库款调度机制。对于库款保障水平过高的地区，上级财政部门要适当缓调资金，或只下达预算指标暂不调度资金。对于年初预算安排到位率高、预算执行进度快的地区，上级财政部门可根据预算指标下达情况，适当加快资金调度，促进稳增长、保民生各项政策更好更快落实。

（二）督促预算单位加快预算执行。各级财政部门要加强用款计划考核管理，及时跟踪监测预算单位预算执行情况，特别是加强与稳增长相关的重大政策项目落实情况的统计分析。对于预算执行进度较慢、结余结转资金较高的预算单位，要切实加强工作指导，采取通报、约谈等措施，督促其查找原因改进工作，加快预算执行进度，发挥财政资金效益。

（三）加快存量债务置换工作。各级财政国库部门要配合有关部门提前做好存量债务置换前期准备工作，督促加快存量债务置换工作进度，对于已发行入库或收到上级转贷的置换债券资金，原则上要在一个月内完成置换，不得将置换债券资金长期滞留国库。按照《财政部关于地方财政通过库款垫付拟发政府债券资金有关工作的通知》（财库〔2015〕108 号）文件规定，规范有序做好通过库款垫付拟发政府债券资

金工作。

（四）积极盘活财政存量资金。各级财政部门要继续做好盘活财政存量资金工作，对于已收回国库的存量资金，要加强后续执行工作监测，尽快形成实际支出，防止"二次沉淀"。按照《财政部关于收回财政存量资金预算会计处理有关问题的通知》（财预〔2015〕81 号）等文件规定，财政专户中应当调入国库的结余结转等资金要及时调入国库，禁止在财政专户中长期沉淀。

（五）规范推进国库现金管理。国库现金管理试点地区要建立和完善国库现金流量预测体系，合理控制库款规模，在保障支付前提下，逐步扩大现金管理操作规模和频率，提高财政资金使用效益。

三、健全库款月报工作机制，加强库款运行监测统计分析

（一）关于月报报表构成。地方财政库款月报由 3 张报表和财政库款分析材料构成，报表分别为《地方财政国库库款情况月报》（附表 1）、《地方财政专户资金情况月报》（附表 2）、《地方财政暂存款项与暂付款项构成情况统计表》（附表 3）。

（二）关于报送时间。《地方财政国库库款情况月报》（附表 1）和《地方财政专户资金情况月报》（附表 2）按月编报，由省级财政部门汇总审核后于每月 7 日前（遇节假日顺延，下同）报送财政部（国库司）。《地方财政暂存款项与暂付款项构成情况统计表》（附表 3）和财政库款分析材料按季编报，分别于每季度结束后 7 日内与月度库款数据一并报送。

（三）关于库款报表调整事项。自编报 2016 年 1 月份库款月报开始，删除原库款月报表中"社保基金"、"预抵税收返还"等内容，变更"暂存款"、"暂付款"等内容，增加"地方政府新增债券收入"、"地方政府新增债券转贷收入"等内容（详见附件 4）。

（四）关于财政库款分析材料。各级财政部门要高度重视库款分析工作，结合本地实际研究建立库款分析指标体系，及时发现情况、反映问题，发挥决策参考作用。库款分析材料要简明清晰，重点突出，主要应包括本地区库款规模和库款保障水平变动趋势、地方政府置换债券发行及置换情况、土地出让收入变动情况、暂存款项和暂付款项变动情况、国库现金管理操作情况等。财政专户分析材料要重点对非税收入专户和专项支出专户中的资金变动情况等进行分析。如果季度当中有关月份库款出现大幅波动等情况，应随月度数据报送详细说明。

（五）关于库款月报工作管理。各级财政部门要将库款月报工作作为加强财政国库管理的重要基础工作，强化数据收集整理，严格数据审核校验，按时报送月报信息。省级财政部门要切实履行本地区库款月报数据审核职责，确保库款月报数据准确、报送及时。目前库款月报已成为财政部按月向国务院上报的重要信息，为加强管理，2016 年财政部将对地方库款月报编报工作质量进行考核，对于经常发生数据信息失真、报送迟缓拖沓等问题的地区，将予以通报。

四、加强风险管理，确保财政库款安全运行

（一）完善内控制度。各级财政部门要高度重视国库内控管理工作，严格执行《财政总预算会计管理基础工作规定》（财库〔2012〕1 号）的有关规定，切实加强和规范财政总预算会计基础管理，明确岗位职责分工，严格资金收付、调度管理，规范印鉴、票据、会计档案管理，严格执行对账制度，全面完善内控管理机制，保障财政资金安全运行。

（二）切实防范库款支付风险隐患。各级财政部门要高度重视库款支付保障工作，防范潜在支付风险隐患。省级财政部门要研究建立库款支付风险预警机制和库款应急调度机制，对于库款保障水平低于 0.8 倍的地区要纳入关注范围；对于库款保障水平连续 3 个月低于 0.5 倍的地区要重点关注，及时分析库款收支情况，防范潜在支付风险；对于库款保障水平连续 3 个月低于 0.3 倍的地区要进行预警，上级财政部门要按日监测其库款情况，出现库款支付困难时要结合实际加强资金调度管理，化解支付风险。各级财政国库部门要加强库款收支管理，加快各项预算资金的收缴入库，提高非税收入缴库效率，缴入财政专户的非税收入资金必须在 10 个工作日内足额缴入国库；加强本级支出库款调度管理，库款较低的地区，总会计要

根据资金性质的轻重缓急，科学合理调度库款。

（三）规范权责发生制核算。各级财政部门要严格执行《财政部关于进一步规范地方国库资金和财政专户资金管理的通知》（财库〔2014〕175号）有关规定，切实规范权责发生制列支核算，严禁违规采取权责发生制方式虚列支出。要结合库款月报信息，加强对权责发生制列支资金消化情况的统计监测，及时清理以前年度权责发生制列支资金，消化进度明显低于序时进度的地区要及时采取有效措施，加快组织执行。

（四）规范国库资金拨付管理。各级财政部门要进一步规范财政专户和预算单位银行账户资金管理，加强国库与财政专户和预算单位账户间的资金拨付管理。严禁违规将国库资金转入财政专户，严禁违规将财政资金支付到预算单位实有资金账户。清理撤销的财政专户中的资金，要按规定并入其他财政专户分账核算或及时缴入国库。

（五）加强财政借垫款管理。各级财政部门要进一步加强财政借垫款管理，加大清理力度，对于符合规定应当在预算中安排的款项，要及时安排预算并转列支出；对于不符合制度规定的借垫款要限期收回。严格规范财政对外借款审批程序，加强财政对外借款日常管理，建立财政对外借款收回保证和责任追究机制。

省级财政部门要根据本通知规定，健全符合本地实际的库款管理制度机制，加强对下级财政部门库款管理工作的指导，扎实做好组织执行。财政部将继续加强对全国库款情况的统计监测，对于2016年库款规模和保障水平过高的地区，将适时通报、督导。

联系人：国库司总会计一处 何宏、欧阳灿

联系电话：010－68552254、68552250

附件：1. 地方财政国库库款情况月报
2. 地方财政专户资金情况月报
3. 地方财政暂存款项和暂付款项构成情况统计表
4. 2016年地方财政库款月报编制要求

附件1：

地方财政国库库款情况月报

编制单位：　　　　　　　　　　　年　月　　　　　　　　　　单位：万元

序号	项目	年初至本期累计数				上年同期累计数				填列说明
		全省	省本级	市本级	县及县以下	全省	省本级	市本级	县及县以下	
1	期初库款余额									1＝8＋9
2	一般公共预算余额									总会计账面数
3	政府性基金余额									总会计账面数
4	国有资本经营预算余额									总会计账面数
5	暂存款项									仅填列国库数据，不包括专户数据
6	暂付款项									仅填列国库数据，不包括专户数据，以负数填列
7	其他									8＝1－（2至6合计数）
8	期初库款净额									金库（含代理金库）中（尾号001账户）的库存余额
9	期初国库现金管理余额									仅由地方国库现金管理试点省份填列
10	本期库款流入									金库报表收入数据

续表

序号	项目	年初至本期累计数				上年同期累计数				填列说明
		全省	省本级	市本级	县及县以下	全省	省本级	市本级	县及县以下	
11	一般公共预算收入									总会计账面数
12	其中：税收收入									总会计账面数
13	非税收入									总会计账面数
14	政府性基金收入									总会计账面数
15	其中：国有土地使用权出让收入									总会计账面数
16	国有资本经营预算收入									总会计账面数
17	转移性收入									总会计账面数
18	地方政府债券收入									18＝19 至 22 合计数
19	其中：地方政府新增债券收入									总会计账面数，省本级填，市本级、县及县以下不填
20	地方政府置换债券收入									总会计账面数，省本级填，市本级、县及县以下不填
21	地方政府新增债券转贷收入									总会计账面数，市本级、县及县以下填，省本级不填
22	地方政府置换债券转贷收入									总会计账面数，市本级、县及县以下填，省本级不填
23	国库现金管理到期收回									金库报表数据，仅地方国库现金管理试点省份填列
24	暂付款项收回									总会计账面数
25	暂存款项									总会计账面数
26	其他库款流入									26＝10－11－14－16－17－18－23－24－25
27	本期库款流出									金库报表支出数据
28	一般公共预算支出									总会计账面数
29	政府性基金支出									总会计账面数
30	国有资本经营预算支出									总会计账面数
31	转移性支出									总会计账面数
32	地方政府债券支出									32＝33 至 36 合计数
33	其中：地方政府新增债券本级支出									总会计账面数
34	地方政府新增债券转贷支出									总会计账面数
35	地方政府置换债券本级支出									总会计账面数
36	地方政府置换债券转贷支出									总会计账面数
37	国库现金管理操作									金库报表数据，仅由地方国库现金管理试点省份填列
38	暂付款项									总会计账面数
39	拨付暂存款项									总会计账面数

续表

序号	项目	年初至本期累计数				上年同期累计数				填列说明
		全省	省本级	市本级	县及县以下	全省	省本级	市本级	县及县以下	
40	其中：动用以前年度权责发生制列支									总会计账面数
41	其他库款流出									41＝27－28－29－30－31－32－37－38－39
42	期末库款余额									42＝49＋50
43	一般公共预算余额									43＝2＋11＋17＋19＋21－28－31－33－34
44	政府性基金余额									44＝3＋14－29
45	国有资本经营预算余额									45＝4＋16－30
46	暂存款项									46＝5＋25－39
47	暂付款项									47＝6＋24－38
48	其他									48＝42－（43至47合计数）
49	期末库款净额									在金库（含代理金库）中（尾号001账户）的库存余额
50	期末国库现金管理余额									仅由地方国库现金管理试点省份填列

附件2：

地方财政专户资金情况月报

编制单位：　　　　　　　　　　　　　　　　　年　　月　　　　　　　　　　　　　　　　　单位：万元

序号	项目	年初至本期累计数				上年同期数				填列说明
		全省	省本级	市本级	县及县以下	全省	省本级	市本级	县及县以下	
1	1. 期初资金余额									1＝2至8合计数
2	社保基金专户									账面数
3	非税收入专户									账面数
4	事业收入专户									账面数
5	代管资金专户									账面数
6	专项支出类专户									账面数
7	偿债准备金专户									账面数
8	其他专户									账面数
9	2. 本期资金流入									9＝10＋11＋12＋13＋14＋16＋17
10	社保基金专户									账面数
11	非税收入专户									账面数
12	事业收入专户									账面数
13	代管资金专户									账面数
14	专项支出类专户									账面数
15	其中：粮食风险基金									账面数
16	偿债准备金专户									账面数

续表

序号	项目	年初至本期累计数				上年同期数				填列说明
		全省	省本级	市本级	县及县以下	全省	省本级	市本级	县及县以下	
17	其他专户									账面数
18	3. 本期资金流出									18 = 19 + 20 + 21 + 22 + 23 − 25 − 26 + 27
19	社保基金专户									账面数
20	非税收入专户									账面数
21	事业收入专户									账面数
22	代管资金专户									账面数
23	专项支出类专户									账面数
24	其中：粮食风险基金									账面数
25	偿债准备金专户									账面数
26	其他专户									账面数
27	撤户后缴入国库资金									账面数
28	4. 期末资金余额									28 = 1 + 9 − 18
29	社保基金专户									29 = 2 + 10 − 19
30	非税收入专户									30 = 3 + 11 − 20
31	事业收入专户									31 = 4 + 12 − 21
32	代管资金专户									32 = 5 + 13 − 22
33	专项支出类专户									33 = 6 + 14 − 23
34	偿债准备金专户									34 = 7 + 16 − 25
35	其他专户									35 = 28 − (29 至 34 合计数)

附件3：

地方财政暂存款项与暂付款项构成情况统计表

年　　月

单位：万元

序号	项目 级次	全省	省本级	市本级	县及县以下	填列说明
1	暂存款项					1 = 2 + 3 + 11
2	应付国库集中支付结余					总会计账面数，科目 2011
3	其他应付款					总会计账面数，科目 2015
4	从融资平台借款					
5	从预算单位借款					
6	从银行贷款					
7	从企业借款					
8	代征社会保险费					在国库中社会保险费余额
9	收回存量资金					
10	其他					10 = 3 − (4 至 9 合计数)
11	应付代管资金					总会计账面数，科目 2017

序号	项目 　　　　级次	全省	省本级	市本级	县及县以下	填列说明
1	暂付款项					科目 1021 借出款项 – 科目 1036 其他应收款
2	借出款项					总会计账面数，科目 1021
3	对预算单位借款					
4	对企业借款					
5	对融资平台借款					
6	其他					6 = 2 –（3 至 5 合计数）
7	垫付资金					7 = 8 至 12 合计数
8	垫付公益性项目资金					
9	垫付土地收储征地成本					
10	垫付地方债务到期本息					
11	垫付上级专项配套资金					
12	其他					
13	其他					13 = 1 –（2 + 7）

附件 4：

2016 年地方财政库款月报编制要求

根据修订后的《财政总预算会计制度》和库款管理工作需要，对 2016 年库款报表作进一步调整，现将有关具体要求说明如下：

一、月报内容调整变更情况

（一）删除项目。删除原《地方财政国库库款情况月报》（附件 1）中"（6）社会保险基金余额"，"（18）社会保险基金收入"，"（20）其中：预抵税收返还"，"（31）社会保险基金支出"，"（45）社会保险基金余额"；删除原《地方财政暂存款与暂付款构成情况统计表》（附件 3）中"（10）财政专户缴入国库资金"。

（二）变更项目。原《地方财政国库库款情况月报》（附件 1）和《地方财政暂存款与暂付款构成情况统计表》（附件 3）中"暂存款"统一变更为"暂存款项"，"暂付款"统一变更为"暂付款项"；原《地方财政国库库款情况月报》（附件 1）中，"公共财政预算"统一变更为"一般公共预算"，"预算周转金等其他国库资金余额"变更为"其他"；原《地方财政暂存款与暂付款构成情况统计表》（附件 3）中"（2）权责发生制列支"变更为"（2）应付国库集中支付结余"，"（9）其他临时性借款"变更为"（10）其他"。

（三）新增项目。《地方财政国库库款情况月报》（附件 1）中增加"（19）其中：地方政府新增债券收入"，"（20）地方政府置换债券收入"，"（21）地方政府新增债券转贷收入"，"（22）地方政府置换债券转贷收入"，"（33）其中：地方政府新增债券本级支出"，"（34）地方政府新增债券转贷支出"，"（35）地方政府置换债券本级支出"，"（36）地方政府置换债券转贷支出"；《地方财政专户资金情况月报》（附件 2）中增加"（7）偿债准备金专户"，"（16）偿债准备金专户"，"（25）偿债准备金专户"，"（34）偿债准备金专户"；《地方财政暂存款项与暂付款项构成情况统计表》（附件 3）中增加"（8）代征社会保险费"，"（9）收回存量资金"，"（11）应付代管资金"。

二、数据口径与勾稽关系

编报时应严格按照数据口径和勾稽关系要求填列，确保报表数据准确完整（数据口径与勾稽关系详见报表填列说明）。

三、填列注意事项

（一）《地方财政国库库款情况月报》（附件1）和《地方财政暂存款项与暂付款项构成情况统计表》（附件3）数据只填列人民银行金库（001账号）发生的现金流，不含在人民银行和商业银行开设的各类专户数据。

（二）《地方财政国库库款情况月报》（附件1）中期初数据依据决算初步数据填列，年度中可根据决算数据作相应调整，调整以后本年内各期不可再变更。

（三）"暂存款项"填列口径为修订后的《财政总预算会计制度》中"2011 应付国库集中支付结余"、"2015 其他应付款"、"2017 应付代管资金"3 个科目资金之和。"暂付款项"填列口径为"1021 借出款项"、"1036 其他应收款"2 个科目资金之和。在国库中核算的代征社保费在"暂存款项"中填列。

（四）《地方财政国库库款情况月报》（附件1）中"（11）一般公共预算收入"、"（12）其中：税收收入"、"（13）非税收入"、"（14）政府性基金收入"、"（15）其中：国有土地使用权出让收入"、"（16）国有资本经营预算收入"、"（28）一般公共预算支出"、"（29）政府性基金支出"、"（30）国有资本经营预算支出"等收支数据应与同期财政预算执行数据保持一致。

（五）《地方财政国库库款情况月报》（附件1）中"（19）地方政府新增债券收入"、"（20）地方政府置换债券收入"、"（21）地方政府新增债券转贷收入"、"（22）地方政府置换债券转贷收入"中均只填列产生现金流的公开发行债券数据，不含定向承销数据。

（六）《地方财政国库库款情况月报》（附件1）、《地方财政专户资金情况月报》（附件2）、《地方财政暂存款项与暂付款项构成情况统计表》（附件3）的数据单位均为"万元"，保留两位小数。

省财政厅关于印发《2016 年山东省政府债券招标发行兑付办法》的通知

2016 年 2 月 29 日   鲁财库〔2016〕9 号

2016 年山东省政府债券承销团成员，中央国债登记结算有限责任公司，中国证券登记结算有限责任公司，上海证券交易所，深圳证券交易所：

为规范 2016 年山东省政府债券招标发行工作，根据财政部有关规定，我们研究制定了《2016 年山东省政府债券招标发行兑付办法》，现予发布，请遵照执行。

附件：2016 年山东省政府债券招标发行兑付办法

附件：

2016 年山东省政府债券招标发行兑付办法

第一章 总 则

第一条 为规范 2016 年山东省政府债券招标发行兑付管理，根据《财政部关于印发〈地方政府一般债券发行管理暂行办法〉的通知》（财库〔2015〕64 号）、《财政部关于印发〈地方政府专项债券发行管理暂行办法〉的通知》（财库〔2015〕83 号）、《财政部关于做好 2016 年地方政府债券发行工作的通知》（财库〔2016〕22 号）要求，以及有关法律法规规定，制定本办法。

第二条　本办法适用于 2016 年山东省人民政府作为发行和偿还主体，由山东省财政厅具体办理债券发行、利息支付和本金偿还的山东省政府债券的发行和兑付管理。不包括定向承销方式发行的政府债券。

第三条　2016 年山东省政府债券分为一般债券和专项债券，一般债券期限为 3 年、5 年、7 年和 10 年，专项债券期限为 3 年、5 年、7 年和 10 年。其中 3 年期、5 年期、7 年期债券利息按年支付，10 年期债券利息按半年支付。债券发行后可按规定在全国银行间债券市场和证券交易所债券市场（以下简称"交易场所"）上市流通。

第四条　2016 年山东省政府债券采取公开招标方式发行。每期发行数额、发行时间、期限结构等要素由山东省财政厅确定。

第二章　发行与上市

第五条　山东省财政厅按照公开、公平、公正原则，组建 2016 年山东省政府债券承销团，承销团成员在 30 家左右。

第六条　山东省财政厅与山东省政府债券承销团成员签订债券承销协议，明确双方权利和义务。承销团成员可以委托其在山东省的分支机构代理签订并履行债券承销协议。

第七条　经山东省财政厅委托，上海新世纪资信评估投资服务有限公司开展 2016 年山东省政府债券信用评级，并在债券存续期内每年开展跟踪评级。

第八条　山东省政府债券招标日 5 个工作日前（含第 5 个工作日），山东省财政厅通过中国债券信息网、山东省财政厅门户网站等渠道向社会公布山东省政府债券发行文件、信用评级报告、经济运行及债务情况。山东省政府债券存续期内，山东省财政厅通过中国债券信息网、山东省财政厅门户网站等渠道持续披露山东省财政经济运行情况、跟踪评级报告和影响偿债能力的重大事项。

第九条　山东省财政厅于招标日借用"财政部国债发行招投标系统"组织招投标工作，并邀请非财政部门派出监督员现场监督招投标过程。参与投标机构为 2016 年山东省政府债券承销团成员。

第十条　招投标结束后，山东省财政厅不迟于招标日日终，通过中国债券信息网、山东省财政厅门户网站等渠道向社会公布中标结果。

第十一条　招投标结束至缴款日（招标日后第 1 个工作日）为山东省政府债券发行分销期。中标的承销团成员可于分销期内在交易场所采取场内挂牌和场外签订分销合同的方式，向符合规定的投资者分销。

第十二条　山东省政府债券的债权确立实行见款付券方式。承销团成员应不晚于缴款日将发行款缴入国家金库山东省分库。山东省财政厅于债权登记日（即招标日后第 2 个工作日）中午 12：00 前，将发行款入库情况通知中央国债登记结算有限责任公司（以下简称"国债登记公司"）办理债权登记和托管，并委托国债登记公司将涉及中国证券登记结算有限责任公司（以下简称"证券登记公司"）上海、深圳分公司分托管的部分，于债权登记日通知证券登记公司上海、深圳分公司。如山东省财政厅未在规定时间内通知国债登记公司办理债权登记和托管，国债登记公司可顺延后续业务处理时间。

第十三条　山东省财政厅发行 3 年期、5 年期、7 年期、10 年期山东省政府债券，向承销商支付的发行费，3 年期为发行面值的 0.5‰，5 年期、7 年期、10 年期为发行面值的 1‰。

第十四条　在确认足额收到债券发行款后，山东省财政厅于缴款日后 5 个工作日内（含第 5 个工作日）办理发行费拨付。

第十五条　山东省政府债券于上市日（招标日后第 3 个工作日）起，按规定在交易场所上市流通。

第三章　还本付息

第十六条　山东省财政厅不迟于还本付息日前 5 个工作日，通过指定网站公布还本付息事项，并按规定办理山东省政府债券还本付息。

第十七条 国债登记公司应当不迟于还本付息日前 11 个工作日将还本付息信息通知山东省财政厅。

第十八条 山东省财政厅应当不迟于还本付息日前 2 个工作日，将债券还本付息资金划至国债登记公司账户。国债登记公司应当于还本付息日前第 2 个工作日日终前，将证券交易所市场债券还本付息资金划至证券登记公司账户。国债登记公司、证券登记公司应按时拨付还本付息资金，确保还本付息资金于还本付息日足额划至各债券持有人账户。

第四章 法律责任和罚则

第十九条 承销团成员违反本办法第十二条规定，未按时足额缴纳山东省政府债券发行款的，按逾期支付额和逾期天数，以当期债券票面利率的两倍折成日息向山东省财政厅支付违约金。违约金计算公式为：

$$违约金 = 逾期支付额 \times (票面利率 \times 2 \div 当前计息年度实际天数) \times 逾期天数$$

其中，当前计息年度实际天数指自起息日起对月对日算一年所包括的实际天数，下同。

第二十条 山东省财政厅违反本办法第十三条、第十四条规定，未按时足额向承销团成员支付发行费，按逾期支付额和逾期天数，以当期债券票面利率的两倍折成日息向承销团成员支付违约金。计算公式为：

$$违约金 = 逾期支付额 \times (票面利率 \times 2 \div 当前计息年度实际天数) \times 逾期天数$$

第二十一条 国债登记公司、证券登记公司等机构，因管理不善或操作不当，给其他方造成经济损失的，应当承担赔偿责任，并追究相关责任人法律责任。

第五章 附 则

第二十二条 本办法下列用语的含义：

（一）招标日，是指山东省政府债券发行文件规定的山东省财政厅组织发行招投标的日期。

（二）缴款日，是指山东省政府债券发行文件规定的承销团成员将认购山东省政府债券资金缴入国家金库山东省分库的日期。

（三）上市日，是指山东省政府债券按有关规定开始在交易场所上市流通的日期。

（四）还本付息日，是指山东省政府债券发行文件规定的投资者应当收到本金或利息的日期。

第二十三条 本办法由山东省财政厅负责解释。

第二十四条 本办法自公布之日起施行。

省财政厅关于印发《2016 年山东省政府债券招标发行规则》的通知

2016 年 2 月 29 日　鲁财库〔2016〕10 号

2016 年山东省政府债券承销团成员，中央国债登记结算有限责任公司，中国证券登记结算有限责任公司，上海证券交易所，深圳证券交易所：

为规范 2016 年山东省政府债券招标发行工作，根据财政部有关规定，我们研究制定了《2016 年山东省政府债券招标发行规则》，现予以发布，请遵照执行。

附件：2016 年山东省政府债券招标发行规则

附件：

2016年山东省政府债券招标发行规则

一、招标方式

2016年公开发行的山东省政府债券，借用"财政部国债发行招投标系统"（以下简称"招标系统"）面向2016年山东省政府债券承销团（以下简称"承销团"）招标发行，采用单一价格荷兰式招标方式，招标标的为利率。全场最高中标利率为当期山东省政府债券票面利率，各中标承销团成员按面值承销。

二、投标限定

（一）投标标位限定。投标标位变动幅度为0.01%。每一承销团成员最高、最低标位差为30个标位，无需连续投标。投标标位区间为招标日前1至5个工作日（含第1和第5个工作日）中国债券信息网公布的中债银行间固定利率国债收益率曲线中，待偿期为3年、5年、7年或10年的国债收益率算数平均值与该平均值上浮15%（四舍五入计算到0.01%）之间。

（二）投标量限定。主承销商最低、最高投标限额分别为每期债券发行量的11%、30%；承销团一般成员最低、最高投标限额分别为每期债券发行量的2%、30%。单一标位最低投标限额为0.1亿元，最高投标限额为每期发行量的30%。投标量变动幅度为0.1亿元的整数倍。

（三）最低承销额限定。主承销商最低承销额为每期债券发行量的8%；承销团一般成员无最低承销额限制。

上述比例均计算至0.1亿元，0.1亿元以下四舍五入。

三、中标原则

（一）中标募入顺序。按照低利率优先的原则对有效投标逐笔募入，直到募满招标额为止。

（二）最高中标利率标位中标分配顺序。以各承销团成员在最高中标利率标位的有效投标量占该标位总有效投标量的权重进行分配，最小中标单位为0.1亿元，分配后仍有尾数时，按投标时间优先原则分配。

四、债权登记与托管

（一）在招标工作结束后15分钟内，各中标承销团成员应通过招标系统填制"债权托管申请书"，在中央国债登记结算有限责任公司（以下简称"国债登记公司"）和中国证券登记结算有限责任公司（以下简称"证券登记公司"）上海、深圳分公司选择托管。逾期未填制的，系统默认全部在国债登记公司托管。

（二）券种注册和承销额度注册。国债登记公司，证券登记公司上海、深圳分公司根据招标结果办理券种注册，根据各中标承销团成员选择的债券托管数据为各中标机构办理承销额度注册。

（三）山东省政府债券的债权确立实行见款付券方式。承销团成员不晚于缴款日（招标日后第1个工作日）将发行款缴入国家金库山东省分库。山东省财政厅于债权登记日（即招标日后第2个工作日）中午12：00前，将发行款入库情况通知国债登记公司办理债权登记和托管，并委托国债登记公司将涉及证券登记公司上海、深圳分公司分托管的部分，于债权登记日通知证券登记公司上海、深圳分公司。如山东省财政厅未在规定时间内通知国债登记公司办理债权登记和托管，国债登记公司可顺延后续业务处理时间。

五、分销

山东省政府债券分销，是指在规定的分销期内，中标承销团成员将中标的全部或部分山东省政府债券债权额度转让给非承销团成员的行为。

（一）分销方式。山东省政府债券采取场内挂牌、场外签订分销合同等方式分销。

（二）分销对象。山东省政府债券承销团成员间不得分销。非承销团成员通过分销获得的山东省政府债券债权额度，在分销期内不得转让。

（三）分销价格。承销团成员根据市场情况自定价格分销。

六、应急流程

招标系统客户端出现技术问题，承销团成员可以在山东省政府债券发行文件所规定的时间内，将内容齐全的《地方政府债券自行发行应急投标书》或《地方政府债券自行发行债权托管应急申请书》（详见附件）传真至国债登记公司，委托国债登记公司代为投标或托管债权。

（一）承销团成员如需进行应急投标（或债权托管），应及时通过拨打招标室电话告知山东省财政厅招标人员。

（二）应急时间以国债登记公司收到应急投标书（或债权托管应急申请书）的时间为准。应急投标截止时间为当期山东省政府债券投标截止时间，债权托管应急申请截止时间为当期山东省政府债券债权托管截止时间。

（三）应急投标书（或债权托管应急申请书）录入招标系统后，申请应急的承销团成员将无法通过招标系统投标（或托管债权）。应急投标书（或债权托管应急申请书）录入招标系统前，该承销团成员仍可通过招标系统投标（或托管债权）。

（四）如承销团成员既通过招标系统投标（或托管债权），又进行应急投标（或债权托管），或进行多次应急投标（或债权托管），以最后一次有效投标（或债权托管）为准；如承销团成员应急投标（或债权托管）内容与通过招标系统投标（或托管债权）的内容一致，不做应急处理。

（五）除山东省财政厅通知延长应急投标时间外，晚于投标截止时间的应急投标为无效投标。

（六）国债登记公司确认招标时间内其负责维护的招标系统或通讯主干线运行出现问题时，山东省财政厅将通过中债发行业务短信平台（010－88170678），通知经报备的承销团成员常规联系人、投标操作人，延长招标应急投标时间至投标截止时间后半小时。通知内容为"［招标室通知］201×年×月×日山东省政府债券招标应急投标时间延长半小时"。

七、其他

（一）承销团成员承销 2016 年山东省政府债券情况，作为以后年度组建山东省政府债券承销团的重要参考。

（二）为加强发债定价现场管理，确保发债定价过程公平、规范、有序进行，招标发行现场的发行人员、监督员，分别由山东省财政厅、山东省审计厅等有关职能部门派员担任。

（三）执行中如有变动，以当期山东省政府债券发行文件为准。

（四）本规则自公布之日起施行，有效期截至 2016 年 12 月 31 日。

附件：1. 地方政府债券自行发行应急投标书

2. 地方政府债券自行发行债权托管应急申请书

附件 1：

地方政府债券自行发行应急投标书
业务凭单号：<u>A01</u>

<u>   </u>：

由于我单位远程招投标系统客户端出现故障，现以书面形式发送<u>   </u>年（<u>   </u>期）<u>   </u>

省政府_____债券发行（首场/追加）应急投标书。我单位承诺：本应急投标书由我单位授权经办人填写，内容真实、准确、完整，具有与系统投标同等效力，我单位自愿承担应急投标所产生风险。

投标方名称：_____

自营托管账号：□□□□□□□□□□□

投标日期：_____年_____月_____日【要素1】

债券代码：_____【要素2】

投标标位（ %或 元/百元面值）		投标量（亿元）	
标位1【要素3】		投标量【要素4】	
标位2		投标量	
标位3		投标量	
标位4		投标量	
标位5		投标量	
标位6		投标量	
合计			

（注：标位不够可自行添加）

电子密押：_____ _____ _____ _____ （16位数字）

联系人：_____

联系电话：_____　　单位印章

注意事项：

1. 应急投标书填写须清晰，不得涂改。

2. 本应急投标书进行电子密押计算时共有4项要素，其中要素1在电子密押器中已默认显示，如与应急投标书不符时，请手工修正密押器的要素1；要素2~4按应急投标书所填内容顺序输入密押器，输入内容与应急投标书填写内容必须完全一致。

3. 1号发行室电话：010-66061801、1802、1803、1804　1号发行室传真：010-63949558

　　2号发行室电话：010-66061771、1772、1773、1774　1号发行室传真：010-63949559

　　3号发行室电话：010-88170531、0532、0533、0534　1号发行室传真：010-63949556

附件2：

地方政府债券自行发行债权托管应急申请书
业务凭单号：A02

_____：

由于我单位远程招投标系统客户端出现故障，现以书面形式发送_____年（_____期）_____省政府_____债券债权托管应急申请书。我单位承诺：本债权托管应急申请书由我单位授权经办人填写，内容真实、准确、完整，具有与系统投标同等效力，我单位自愿承担应急投标所产生风险。

投标方名称：_____

自营托管账号：□□□□□□□□□□□

申请日期：_____年_____月_____日【要素1】

债券代码：_____【要素2】

托管机构	债权托管面额（亿元）
中央国债登记公司【要素 3】	
证券登记公司（上海）	
证券登记公司（深圳）	
合计【要素 4】	

电子密押：_____ _____ _____ _____ （16 位数字）

联系人：_____

联系电话：_____　　　　单位印章

注意事项：

1. 应急申请书填写须清晰，不得涂改。

2. 本应急申请书进行电子密押计算时共有 4 项要素，其中要素 1 在电子密押器中已默认显示，如与应急申请书不符时，请手工修正密押器的要素 1；要素 2～4 按应急申请书所填内容顺序输入密押器，输入内容与应急申请书填写内容必须完全一致。

3. 1 号发行室电话：010 – 66061801、1802、1803、1804　　1 号发行室传真：010 – 63949558

　　2 号发行室电话：010 – 66061771、1772、1773、1774　　1 号发行室传真：010 – 63949559

　　3 号发行室电话：010 – 88170531、0532、0533、0534　　1 号发行室传真：010 – 63949556

省财政厅　省国家税务局　省地方税务局　中国人民银行济南分行转发《财政部　国家税务总局　中国人民银行关于 2016 年财税库银税收收入电子缴库横向联网有关工作事项的通知》的通知

2016 年 5 月 26 日　鲁财库〔2016〕38 号

各市财政局、国家税务局、地方税务局，中国人民银行（山东省）各市中心支行、分行营业管理部，各国有商业银行山东省分行，中国邮政储蓄银行山东省分行，山东省农村信用社联合社，恒丰银行，各股份制商业银行济南、青岛分行，北京银行、天津银行济南分行，齐鲁银行，汇丰银行、渣打银行、东亚银行、恒生银行济南分行，中国银联山东分公司：

　　现将《财政部、国家税务总局、中国人民银行关于 2016 年财税库银税收收入电子缴库横向联网有关工作事项的通知》（财库〔2016〕66 号）（以下简称"《通知》"）转发给你们，并结合我省实际情况，提出如下意见，请一并贯彻执行。

一、进一步完善组织领导和沟通协调机制

　　各级财政、国税、地税部门和人民银行（国库）及各联网商业银行要积极构建各层级、点对点的联系机制，明确部门分工和负责人，定期沟通交流，加强协调配合。各联网机构要按《通知》要求于 5 月 30 日～6 月 17 日、7 月 25 日～8 月 12 日期间开放横向联网测试环境，组织拟上线银行业金融机构开展系统联调测试。

二、进一步深化信息共享和分析利用

各级财政、税务部门和人民银行（国库）要积极创造条件，不断完善信息共享方式，扩大信息共享内容。要积极推动建立财税信息交换统一框架，加强财税信息分析利用，提高预算执行分析预测和国库现金流量预测水平。

三、进一步扩大横向联网业务范围和拓展创新业务

积极推动网上银行、手机银行等新型缴税方式的推广应用。推进电子退库、更正、免抵调库业务，逐步用电子税票取代纸质税票，提升纳税服务水平，提高退税效率，助推企业转型，上半年将选择部分单位开展试点，优化业务流程和内控制度，年底前在全省推开。

四、进一步强化银行业金融机构的业务指导和管理

人民银行各市中心支行、分行营业管理部要根据辖区内银行业金融机构申请情况，组织开展业务测试、系统联调和上线工作，加强对其横向联网业务的指导和管理，并按季度向人民银行济南分行报告业务开展情况及存在的问题。各银行业金融机构办理横向联网业务参照《山东省银行业金融机构办理财税库银税收收入电子缴库业务管理暂行办法》（济银发〔2016〕42号）执行。各股份制商业银行济南、青岛分行要按各自管辖范围，组织辖区内机构做好2016年度横向联网工作。

已开办横向联网业务的银行业金融机构省级管辖机构（含各股份制商业银行青岛分行）要确定2016年度横向联网业务联系人2～3名（含部门负责人1人），并填写《山东省财税库银横向联网业务联系人名单》（附件），于6月18日前书面报送人民银行济南分行1320房间或传真至0531－86167348。

附件：1. 财政部　国家税务总局　中国人民银行关于2016年财税库银税收收入电子缴库横向联网有关工作事项的通知
2. 山东省财税库银横向联网业务联系人名单

附件1：

财政部　国家税务总局　中国人民银行关于2016年财税库银税收收入电子缴库横向联网有关工作事项的通知

2016年4月7日　财库〔2016〕66号

各省、自治区、直辖市、计划单列市财政厅（局）、国家税务局、地方税务局，中国人民银行上海总部、各分行、营业管理部、省会（首府）城市中心支行、副省级城市中心支行，各国有商业银行、股份制商业银行、外资银行，中国邮政储蓄银行，中国银联：

为进一步推进财税库银税收收入电子缴库横向联网（以下简称横向联网）工作，根据《财政部　国家税务总局　中国人民银行关于印发〈财税库银税收收入电子缴库横向联网实施方案〉的通知》（财库〔2007〕49号）等有关规定，现将2016年横向联网有关工作事项通知如下：

一、2016年工作总体要求

2015年，在各级财政部门、税务机关、人民银行（国库）和商业银行等联网单位的共同努力和密切配

合下，全国横向联网工作取得新的进展和成效。横向联网电子缴税覆盖范围进一步扩大，电子退库、更正、免抵调业务稳步推行。横向联网在提高税收收入征缴工作效率和服务水平、保证税款及时足额入库、支持跨部门信息共享的作用得到进一步发挥。

2016 年，各级联网单位要加强组织领导和沟通协作，进一步做好扩大横向联网覆盖范围、拓展横向联网创新业务推广应用、健全横向联网系统运维机制、深化财税信息共享和利用、完善相关制度机制、配合金税三期推广上线等各项工作，推进横向联网工作提质增效。

二、2016 年主要工作安排

（一）进一步扩大横向联网覆盖范围。进一步扩大市、县横向联网上线范围和纳税人采用横向联网方式缴税的范围，提高横向联网电子缴税占比。

（二）进一步拓展横向联网创新业务推广应用。积极总结推广横向联网电子退库、更正、免抵调业务试点经验，优化业务流程和内控制度，进一步扩大电子退库、更正、免抵调业务推行范围。积极推进多渠道电子缴税应用，推动网上银行缴税、手机银行缴税等新型业务创新工作。

（三）进一步健全横向联网系统运行维护机制。优化完善跨部门之间紧密联合运行维护机制，进一步加强各部门的运维协作，确保在故障出现第一时点全面响应及处置。做好系统及网络、服务器、存储设备、数据库等软硬件环境的升级优化工作，确保系统性能和软硬件环境满足业务发展需要。采取有效措施解决横向联网系统运行问题，进一步提升横向联网系统办理电子缴税扣款成功率，保障横向联网系统传递共享数据的完整性、准确性和及时性。

（四）深化财税信息共享和分析利用。积极推进财政部门与税务机关之间建立财税信息交换统一框架，加强财税信息分析利用，促进提高预算执行分析预测水平和国库现金流量预测水平。

（五）推进相关制度修订完善工作。总结横向联网推广经验，根据横向联网工作发展要求，开展相关制度的修订完善工作。

（六）做好税务系统金税三期工程系统上线工作。按照工作计划，2016 年，将完成辽宁、福建、江西、黑龙江、湖北、陕西、江苏、浙江、北京、天津、上海、大连、青岛、厦门、宁波、深圳等省（直辖市、计划单列市）的正式上线工作。各上线地区财政部门、税务机关、人民银行（国库）、商业银行应加强沟通、建立机制、密切协作，充分保障金税三期工程系统测试上线过程中所需环境、数据及人员支持等方面的资源要求，确保系统平稳顺利上线。

三、有关工作要求

（一）进一步完善协调机制。财政部门、税务机关、人民银行（国库）、商业银行要构建完善各层级、点对点的联系机制，明确部门职责，落实负责人员，定期沟通交流，注意加强协调，研究财税库银横向联网相关工作。

（二）做好联网上线基础工作。新上线地区要做好设备配置、网络连接、数据整理等准备工作，制定详细的应急处理预案。根据实际业务需要，按照横向联网系统业务需求书和技术方案要求，编写联调测试业务案例。按照《2016 年财税库银税收收入电子缴库横向联网上线测试时间安排》（见附件）进行联调测试，及时排除测试中发现的问题，通过测试后，方可组织系统正式上线运行。

（三）加强宣传培训工作。要采取多种形式对纳税人进行广泛宣传，开展好纳税人委托商业银行划缴税款的签约工作。做好纳税人服务工作，及时帮助纳税人解决采用横向联网方式缴税时遇到的问题。加强财政部门、税务机关、人民银行（国库）、商业银行业务和技术人员的培训，提高工作质量和效率。

（四）注意及时跟踪反馈。要做好系统运行情况的跟踪记录，及时发现问题、解决问题。不断总结经验，细化操作规程，遇有重大情况及时向上级部门报告。

附件：2016 年财税库银税收收入电子缴库横向联网上线测试时间安排

附件：

2016 年财税库银税收入电子缴库横向联网上线测试时间安排

任务名称	开始时间	完成时间	责任单位	备注	关键时间点
第一批					
联调测试工作启动					
联网单位申请		2016 年 4 月 29 日			
新上线省地税部门申请		2016 年 4 月 29 日	有关省财政厅、地税局、人民银行		
新上线省国税部门申请		2016 年 4 月 29 日	有关省国税局、人民银行		
新上线地方商业银行申请		2016 年 4 月 29 日	有关省人民银行		
已上线省扩面推广申请（需联调）		2016 年 4 月 29 日	已上线省人民银行		
确定联调测试地区和联网单位		2016 年 4 月 29 日	财政部、国家税务总局、人民银行		◆
制定上报实施方案和计划		2016 年 4 月 29 日	各联调测试省税务、人民银行		
软件开发及测试优化（联网单位）		2016 年 5 月 23 日	联网单位		◆
联网单位接口软件开发		2016 年 5 月 23 日	联网单位		
联网单位相关系统改造		2016 年 5 月 23 日	联网单位		
接口软件测试和优化		2016 年 5 月 23 日	联网单位		
联调测试	2016 年 5 月 24 日	2016 年 6 月 17 日	各联调测试省税务、人民银行		◆
制定联调测试方案		2016 年 5 月 24 日	国家税务总局、人民银行		
联调测试部署		2016 年 5 月 24 日	各联调测试省税务、人民银行		
联调测试联网信息统计		2016 年 5 月 24 日	人民银行		
联网单位分配节点代码		2016 年 5 月 26 日	国家税务总局、人民银行	税务生产证书、财政、地方性银行测试证书	
测试 CA 证书及生产 CA 证书下发	2016 年 5 月 25 日	2016 年 5 月 29 日	人民银行		
连通性测试	2016 年 5 月 27 日	2016 年 6 月 8 日	人民银行	含网络及 MQ 的调整	◆
联调测试第一轮	2016 年 5 月 30 日	2016 年 6 月 11 日	联网单位	财政可选参加，通过即可	◆
软件修改与完善	2016 年 6 月 10 日	2016 年 6 月 17 日	联网单位		
联调测试第二轮	2016 年 6 月 12 日		人民银行	财政可选参加，通过即可	◆
软件定版					
联网单位接口软件定版		2016 年 7 月 1 日	联网单位		◆
生产环境集成（联网单位）	2016 年 7 月 1 日	2016 年 7 月 8 日	联网单位		◆
软、硬件及 CA 证书到位		2016 年 7 月 1 日	人民银行	地方性银行 CA 证书下发	
系统集成	2016 年 7 月 1 日	2016 年 7 月 2 日	联网单位		
集成测试	2016 年 7 月 3 日	2016 年 7 月 4 日	人民银行		
上线运行	2016 年 7 月 5 日	2016 年 7 月 8 日	人民银行		◆

续表

任务名称	开始时间	完成时间	责任单位	备注	关键时间点
第二批					
联调测试工作启动					
联网单位申请		2016年6月20日			
新上线省地税部门申请		2016年6月20日	有关省财政厅、地税局、人民银行		
新上线省国税部门申请		2016年6月20日	有关省国税局、人民银行		
新上线地方商业银行申请		2016年6月20日	有关省人民银行		
已上线省扩面推广申请（需联调）		2016年6月20日	已上线省人民银行		
确定联调测试地区和联网单位		2016年6月20日	财政部、国家税务总局、人民银行		◆◆
制定上报实施方案和计划		2016年6月20日	各联调测试省税务、人民银行		
软件开发及测试优化（联网单位）		2016年7月11日			◆◆
联网单位接口软件开发		2016年7月11日	联网单位		
联网单位相关系统改造		2016年7月11日	联网单位		
接口软件测试和优化		2016年7月11日	联网单位		
联调测试	2016年7月18日	2016年8月12日			◆◆
制定联调测试方案		2016年7月18日	各联调测试省税务、人民银行		
联调测试部署		2016年7月18日	国家税务总局、人民银行		
联调测试联网信息统计		2016年7月18日	各联调测试省税务、人民银行		
联网单位分配节点代码		2016年7月18日	人民银行		
测试CA证书及生产CA证书下发	2016年7月21日	2016年7月22日	国家税务总局、人民银行	税务生产证书、财政、地方性银行测试证书	
连通性测试	2016年7月23日	2016年7月24日	人民银行、联网单位	含网络及MQ的调整	
联调测试第一轮	2016年7月25日	2016年8月5日	人民银行、联网单位	财政可选参加，通过即可	◆◆
软件修改与完善	2016年8月6日	2016年8月7日	人民银行、联网单位		
联调测试第二轮	2016年8月8日	2016年8月12日	人民银行、联网单位	财政可选参加，通过即可	◆◆
软件定版					
联网单位接口软件定版（联网单位）		2016年8月31日	联网单位		◆◆
生产环境集成（软、硬件及CA证书到位）					
软、硬件及CA证书到位	2016年9月1日	2016年9月1日	人民银行、联网单位	财政、地方性银行CA证书下发	◆◆
系统集成	2016年9月1日	2016年9月2日	人民银行、联网单位		
集成测试	2016年9月3日	2016年9月4日	人民银行、联网单位		
上线运行	2016年9月5日	2016年9月9日	人民银行、联网单位		◆◆

附件2：

山东省财税库银横向联网业务联系人名单

单位	部门	联系人	职务	电话	手机

省财政厅转发《财政部关于采取有效措施进一步加强地方财政库款管理工作的通知》的通知

2016 年 6 月 12 日　鲁财库〔2016〕48 号

各市财政局（不含青岛）、省财政直接管理县（市）财政局：

现将《财政部关于采取有效措施进一步加强地方财政库款管理工作的通知》（财库〔2016〕81 号）转发给你们，并提出以下意见，请一并贯彻执行。

一、建立预算编制与执行管理联动互动机制

预算编制管理是库款管理的源头。各级财政部门要进一步细化预算编制，提高预算年初到位率，加快预算下达进度。对于年初没有落实到具体单位的本级代编预算、执行中上级下达的转移支付等财政资金，各级财政部门要会同有关部门结合经济和社会事业发展情况，抓紧落实到具体单位，减少资金滞留。推进财政中期规划管理，提高项目预算编制的科学性、准确性。切实加强对预算单位的用款计划管理，加快资金审核和支付，完善预算执行动态监控机制，建立健全支出进度通报分析制度，促进预算单位落实预算执行主体责任，切实加快预算执行进度。要按照《财政部关于推进地方盘活财政存量资金有关事项的通知》（财预〔2015〕15 号）、《省财政厅关于进一步推进盘活财政存量资金工作有关事项的通知》（鲁财预〔2015〕11 号）等有关规定，定期分类清理一般公共预算、政府性基金、转移支付和部门预算等结余结转资金，将结余结转资金管理与预算编制紧密结合，切实压减结余结转资金规模。要重点加强预算单位国库集中支付结余资金和财政清理收回存量资金的安排使用。

二、建立重大支出项目落实情况动态监测管理机制

各级财政部门要按照《财政部关于 2016 年地方财政库款管理有关工作的通知》（财库〔2016〕13 号）等有关规定，做好地方政府存量债务置换的前期准备工作，抓紧履行汇报程序，尽快做好与举债单位的工作衔接，对于已入库的上级转贷公开发行置换债券资金，原则上要在一个月内完成置换。市县财政部门要

尽快向下级财政部门转贷资金，并切实采取措施，督促加快置换债券资金的支拨，防止资金长期滞留国库。要进一步加强转移支付资金管理，特别是要会同有关方面加强稳增长重大政策项目组织落实，尽快形成实际支出。省财政厅将建立健全统计报告制度，动态跟踪稳增长重大政策项目落实等情况，对执行进度较慢的项目、未按规定及时分解下达或者闲置沉淀的专项资金，将采取收回资金、调整用途等方式统筹用于经济社会发展急需资金支出的领域，引导各地尽快落实稳增长财政政策。

三、建立资金调度与库款规模挂钩机制

省财政厅将库款考核排名、支出进度、暂付（存）款压缩情况与对下资金调度挂钩。对库款考核排名靠前、支出进度快、暂付（存）款压缩力度大的地方，省级将根据其库款余额情况加快资金调度；对库款考核排名靠后、支出进度慢、暂付（存）款压缩力度小的地方，省级将根据其库款余额情况减少或缓调资金。各市要加强对全市库款的统筹管理，研究建立符合本地实际的库款调度机制。

四、建立财政库款考核通报机制

参照财政部做法，省财政厅将按月对各市财政库款情况进行考核；不定期对考核排名靠前的地方通报表扬，对考核排名靠后的地方通报批评。考核指标包括库款余额同比变动、库款余额相对水平、库款保障水平、公开发行置换债券资金置换完成率、一般公共预算支出累计同比增幅等，自 2016 年 6 月份开始，各市要随库款月报编报上月库款考核情况表。

五、建立财政库款管理第一责任人机制

各级财政部门主要负责同志作为库款管理第一责任人，要切实抓好本级财政各项库款管理工作。省财政厅将根据地方库款规模变化和考核情况，不定期约谈考核排名最后 3 个市的财政部门主要负责同志。被约谈的市要及时采取措施，并在约谈之后 1 个月内，以市财政局正式文件形式，向省财政厅报告采取的措施和整改成效。

附件：财政部关于采取有效措施进一步加强地方财政库款管理工作的通知

附件：

财政部关于采取有效措施进一步加强
地方财政库款管理工作的通知

2016 年 5 月 11 日　财库〔2016〕81 号

各省、自治区、直辖市、计划单列市财政厅（局）：

根据《预算法》、《国务院办公厅关于进一步做好盘活财政存量资金工作的通知》（国办发〔2014〕70 号）、《国务院关于编制 2016 年中央预算和地方预算的通知》（国发〔2015〕65 号）、《财政部关于 2016 年地方财政库款管理有关工作的通知》（财库〔2016〕13 号）等有关规定，为切实加强地方财政库款管理，现就有关工作要求和措施通知如下：

一、进一步提高认识，切实加强库款管理工作

2016 年全国库款管理工作任务更加艰巨，各级财政部门必须进一步采取切实有效措施加强管理。一季

度全国经济虽然稳中向好因素增多，但基础还不够牢固，经济下行压力仍然较大，必须继续实施积极财政政策，加快预算执行进度，压减库款规模，充分发挥财政资金的使用效益。2016年地方政府置换债券大规模发行，一定程度上拉高了库款规模，使库款管理的复杂性加大。国务院对库款管理工作高度重视，2016年以来几次要求财政部门认真分析研判，采取督办和制度性措施强化地方库款管理，不能一方面地方喊缺钱，另一方面又支不出去。总体看，各地区能够按照国务院要求积极采取落实措施，大部分地区工作成效明显。但也有部分地区，仍存在预算下达不够及时、预算执行进度偏慢、政府置换债券资金支拨不够及时等问题，导致库款规模偏大、库款保障水平偏高，财政资金不能及时形成支出，难以发挥政策效益。为此，各级财政部门要充分认识当前加强库款管理工作的必要性和紧迫性，进一步贯彻落实国务院要求，针对本地区管理薄弱环节，逐项研究提出工作措施，合理压降库款规模，提高财政资金使用效益，更好地服务于稳增长、促发展大局。

二、关于进一步加强库款管理的有关要求

（一）进一步加强预算编制管理。预算编制管理是库款管理的源头。各级财政部门要进一步加强预算编制管理，提高预算到位率，加快预算下达进度。在严格执行《预算法》关于预算资金下达时限要求的基础上，尽可能将下达时间前移，为基层财政和预算单位加快支出腾出时间。已经收到转移支付资金的地方和部门，要尽快分解落实。继续推进财政中期规划管理，提前做好项目储备，避免"钱等项目"，造成资金沉淀。

（二）进一步加强财政支出预算执行管理。预算执行管理是库款管理的基础。各级财政部门要切实加强内部预算管理部门、国库管理部门等的协调配合，共同推进预算执行管理。要建立健全预算执行动态监控机制，加强分单位、分项目的统计分析和重点督导，建立健全对预算单位的用款计划考核、预算执行进度考核通报等制度，强化结余结转与预算安排挂钩等机制，促进预算单位落实预算执行主体责任，切实加快预算执行进度。

（三）加快结余结转资金清理收回和统筹使用。各级财政部门要按照《财政部关于推进地方盘活财政存量资金有关事项的通知》（财预〔2015〕15号）等有关规定，及时分类清理一般公共预算、政府性基金、转移支付和部门预算等结余结转资金。要重点加强预算单位国库集中支付结余资金和财政清理收回存量资金的安排使用，避免形成"二次沉淀"。尽快研究完善总预算会计管理，及时核算确认结余结转资金消化情况，按季度或半年对结余结转资金消化情况进行考核分析，有针对性加快结余结转资金消化进度，确保落实结余资金两年内消化完毕的工作要求。

（四）切实加强地方政府置换债券资金置换工作。各地区要按照财库〔2016〕13号文件等有关规定，提前做好地方政府存量债务置换的前期准备工作，对于已入库的公开发行置换债券资金，原则上要在一个月内完成置换。省级财政部门要尽快向市县财政部门转贷资金，并切实采取措施，督促市县财政部门加快置换债券资金的支拨，防止资金长期滞留国库。

（五）加强库款统计分析和形势预判。各级财政部门要结合库款月报工作机制，加强对本地区库款运行的监测和统计分析，及时发现库款管理中存在的问题，研究提出有针对性的措施建议加以解决。要结合对本地区宏观经济运行、财政预算收支、存量债务规模变化等形势，加强对未来一段时期库款运行态势的预判，及时制定应对预案。库款规模和保障水平过高的地区，要结合分析预判，及时提出综合性管理措施；库款规模和保障水平过低的地区，要制定风险预案切实防范库款支付风险。

三、关于进一步加强库款管理的措施

（一）健全完善地方财政库款考核通报机制。财政部将按月对地方财政库款情况进行考核；不定期对考核排名靠前的地区通报表扬，对考核排名靠后的地区通报批评。考核指标包括库款余额同比变动、库款余额相对水平、库款保障水平、公开发行置换债券资金置换完成率、一般公共预算支出累计同比增幅等方面，自2016年6月份开始，省级财政部门要随库款月报编报上月库款考核信息表（《2016年地方财政库款

考核排名办法》和地方财政库款考核情况表见附件)。

(二)建立地方财政库款约谈机制。财政部将根据地方库款规模变化和考核情况,不定期约谈考核排名最后的 6 个地区,并将约谈情况予以通报;被约谈地区要及时采取措施,并在约谈之后 2 个月内,以省级财政部门正式文件形式,向财政部报告采取的措施和整改成效。

(三)强化转移支付资金调度与地方库款规模挂钩机制。财政部对于库款考核排名靠前的地区将适当加快转移支付资金拨付进度和频率;对于排名靠后的地区将适当缓调资金;对于被约谈的地区将暂缓 1 个月的转移支付资金调度。省级财政国库部门要加强对全省库款的统筹管理,研究建立符合本地实际的库款调度机制。

(四)建立稳增长重大项目落实情况动态监测管理机制。各级财政部门要进一步加强转移支付资金管理,特别是要会同有关方面加强稳增长重大政策项目组织落实,尽快形成实际支出。财政部将在已建立地方预算执行动态监控机制基础上,动态跟踪稳增长重大政策项目落实等情况,对执行进度较慢的项目、未按规定及时分解下达或者闲置沉淀的专项资金,将采取收回资金、调整用途等方式统筹用于经济社会发展急需资金支持的领域。

(五)建立健全库款管理责任制。各级财政部门要建立健全库款管理责任制,明确工作任务,层层落实责任。各级财政部门主要负责人要作为库款管理第一责任人,切实抓好本级财政各项库款管理工作;国库管理部门、预算管理部门、债务管理部门等方面要分工负责,逐项抓好落实,通过扎实有效的工作,切实将国务院工作要求落到实处,更好地发挥财政资金对宏观调控和稳增长政策落实的促进作用。

附件:1. 2016 年地方财政库款考核排名办法

2. 2016 年＿＿＿＿＿月份地方财政库款考核情况表

附件 1:

2016 年地方财政库款考核排名办法

为进一步督促地方加强库款管理,财政部将采用以下 5 项指标,对各省(自治区、直辖市、计划单列市)库款情况按月进行考核。有关考核指标和得分计算方法如下:

一、地方库款管理考核指标

(一)库款余额同比变动。库款余额同比变动指标,是指月末库款余额较上年同期的变动幅度。其中,库款余额统计口径为库款净额与同期国库现金管理余额之和。非国库现金管理试点地区自行开展的国库资金定期存款等余额,以及试点地区在开始试点之前自行开展的国库资金定期存款等余额,要一并计入现金管理余额统计范围。该指标权重 25%。

(二)库款余额相对水平。库款余额相对水平指标,是指月末库款余额/本年度月均库款流出的倍数。月末库款余额口径同上款规定。该指标权重 25%。

(三)库款保障水平。库款保障水平指标,是指月末库款净额/本年度月均库款流出的倍数。其中,库款净额是指国家金库中的财政存款金额;本年度月均库款流出,是指截至考核月末的年度内月均库款流出规模。该指标权重 20%。

(四)公开发行置换债券资金置换完成率。公开发行置换债券资金置换完成率指标,是指截至考核月末的年度内累计置换出国库的公开发行置换债券资金金额/截至考核月末的年度内累计公开发行入库的置换债券资金金额与上年结转的置换债券资金金额之和。该指标权重 20%。

(五)一般公共预算支出累计同比增幅。一般公共预算支出累计同比增幅指标,是指截至考核月末,地方财政本年累计一般公共预算支出较上年同期的变动幅度,数据口径与同期预算执行数据一致。该指标权重 10%。

二、计分方法与考核排名

（一）单项排名。5 项指标分别进行排名，具体为：库款余额同比变动指标按照下降幅度由大到小排名；库款余额相对水平指标按照由低到高排名；库款保障水平指标按照由低到高排名；公开发行置换债券资金置换完成率指标按照由高到低排名；一般公共预算支出累计同比增幅指标按照由高到低排名。

（二）单项得分。单项指标排名第 1 位的计 100 分，排序每靠后一位减少 2 分。如排名出现并列情况，后续地区仍按照自然顺序排名计分，不跳跃排名和计分。库款保障水平低于 0.8 倍（含 0.8 倍）的地区，库款保障水平指标并列为第 1 位，得 100 分。

（三）综合得分。各地区库款考核综合得分为：综合得分＝库款余额同比变动指标得分×25% ＋库款余额相对水平指标得分×25% ＋库款保障水平指标得分×20% ＋公开发行置换债券资金置换完成率指标得分×20% ＋一般公共预算支出累计同比增幅指标得分×10%。

（四）考核排名。库款考核工作按照综合得分由高到低排名。

三、数据统计报送

从 2016 年 6 月份开始，省级财政部门需按月汇总统计库款情况考核相关数据，填写《2016 年_____月份地方财政库款考核情况表》，随当月库款月报一并报送财政部。省级财政部门要对所上报数据的真实性严格把关，对数据差错较多的地区财政部将通报批评。

附件 2：

2016 年_____月份地方财政库款考核情况表

编制单位：　　　　　　　　　　　　　编制日期：

一、考核指标（%、倍）		
1	库款余额同比变动	$1 = [(6+7) - (8+9)]/(8+9)$
2	库款余额相对水平	$2 = (6+7)/10$
3	库款保障水平	$3 = 6/10$
4	公开发行置换债券资金置换完成率	$4 = 11/(12+13)$
5	一般公共预算支出累计同比增幅	
二、相关数据（万元）		
6	本月末库款净额	
7	本月末国库现金管理金额（含自行开展的国库资金定期存款、通知存款等余额）	
8	上年同期库款净额	
9	上年同期国库现金管理金额（含自行开展的国库资金定期存款、通知存款等余额）	
10	截至本月末的年度内月均库款流出金额	
11	截至本月末的年度内累计置换出库的置换债券金额	
12	截至本月末的年度内累计公开发行的地方政府置换债券金额	
13	2015 年结转（当年已发行入库但未完成置换）的置换债券金额	

省财政厅　省审计厅　中国人民银行济南分行
关于做好省级行政事业单位银行账户清理规范
工作有关事项的通知

2016 年 8 月 17 日　鲁财库〔2016〕56 号

省直各部门，各国有商业银行山东省分行，交通银行山东省分行，中国邮政储蓄银行山东省分行，山东省农村信用社联合社，恒丰银行，各股份制商业银行济南分行：

根据省委办公厅、省政府办公厅《关于开展省级行政事业单位银行账户清理规范工作的通知》（鲁办发电〔2016〕102 号，以下简称《通知》）要求，为确保清理规范银行账户工作有序进行，现将有关事项通知如下：

一、关于清理规范工作主要内容

此次清理规范工作按照"单位自查自纠、主管部门审核把关、多部门协同推进"的方式进行，省财政厅、省审计厅和人民银行济南分行成立省级行政事业单位银行账户清理规范联合办公室（以下简称"联合办公室"，办公地点设在省财政厅），具体负责清理规范工作的组织协调事宜。省直各部门、单位应按《通知》要求进行自查自纠，并在规定时限内将自查自纠情况逐级报送主管部门；主管部门对所属单位自查清理情况进行全面检查，及时纠正不合规做法，并负责汇总上报本机关和所属单位的相关材料。联合办公室和省财政厅对口部门预算管理处对报送材料进行审核，对不符合要求的，及时通知部门单位进行整改。全面核实阶段工作结束后，向各部门、单位下达《部门、单位银行账户目录》。各部门、单位再存有目录外账户的，省财政厅、省审计厅、人民银行济南分行按照有关规定进行处理，情节严重的，按照"小金库"进行处理。

（一）撤销 7 类账户。省级预算单位要及时撤销以下账户：未经财政部门批准擅自开立的银行账户；1 年内未发生资金往来业务的结算账户；超过有效期限但未按规定履行延期批准手续的临时存款账户；已完成还款任务的贷款账户；专项资金使用完毕的专用存款账户；基本建设已完成竣工决算且项目资金结算完毕的基本建设专用存款账户；其他超出规定范围的账户。

（二）可以保留开设 8 类账户。省级预算单位经批准可以保留开设以下账户：单位零余额账户；党费账户；工会经费账户；省级预算单位所属异址、异地办公的非法人独立核算机构或派出机构可在办公所在地保留开立一个往来资金专用存款账户；有外汇收付业务的保留开设外汇专用存款账户；其他按照法律、法规、规章或相关文件规定对特定用途资金需专项管理和使用的可保留开设一个专用存款账户；有银行贷款的保留开设贷款账户。此外，基本建设尚未完成竣工决算或项目资金尚未结算完毕的基本建设专用存款账户，可暂予保留，待相关工作完成后应立即撤销。

（三）按单位性质进行规范化处理的其他账户。

1. 行政单位。单位零余额账户定性为基本存款账户。按照确需原则，经批准每个单位可保留开设一个往来资金专用存款账户。

2. 参公事业单位、财政拨款事业单位、财政补贴事业单位。除医院、高校（含职业院校、技师学院等，下同）、科研院所等单位外，每个单位保留开设一个实有资金基本存款账户。

3. 医院、高校、科研院所等事业单位。除保留开设一个实有资金基本存款账户外，还可保留开设以下账户：一是医疗保险定点医院按医保部门要求设立的专用存款账户；二是开展银医、银校等合作服务在合作银行设立的专用存款账户。上述单位不得多头开户，在银行业金融机构同一个支行只允许开设一个账户。

4. 经费自理事业单位。纳入省级部门预算管理的经费自理单位，其账户参照医院、高校、科研院所等事业单位管理。与财政没有经常性经费领拨关系的经费自理单位及省级预算单位所属未纳入预算管理且独立核算的食堂、幼儿园，执行国有企业银行账户管理相关规定，财政部门不再对其账户进行审批管理。

此次清理规范，凡有未通过集体决策或公开招标选择开户银行的，应按照"三重一大"要求实行集体决策或通过公开招标方式重新选择开户银行，并将结果在本部门、单位范围内进行公示。

二、关于清理规范资料报送要求

各部门在单位自查清理结束并对所属单位专项核查阶段工作完成后，应及时将相关材料报送省财政厅对口部门预算管理处。需要报送的材料主要包括：

（一）清理规范工作开展情况。每个部门需报送以下材料电子版一份及加盖部门公章的纸质材料两份：

1. 清理规范工作总结。主要包括本部门清理规范工作组织领导情况、主要工作措施以及清理规范成效等内容。

2. 单位账户清理规范情况一览表。各部门通过"省级预算单位银行账户管理系统"（以下简称"账户管理系统"）生成并打印《省级预算单位拟保留银行账户一览表》（详见附件1）；根据所属单位撤户情况汇总填报《省级预算单位已撤销银行账户一览表》（详见附件2）。

3. 承诺书。各部门主要负责同志签署《承诺书》（详见附件4），对本部门机关及所属单位清理规范情况的真实性、准确性、完整性负责。所属各单位主要负责同志签署的《承诺书》由主管部门留存，不再向省财政厅报送。

（二）预算单位保留开立账户的证明材料。各单位应按照"一户一档"的要求，根据申请保留开立账户性质，通过"账户管理系统"报送相关证明材料，作为主管部门、省财政厅以及相关机构审核的基本依据。驻地在省外的预算单位相关资料，由其上一级预算单位代为填报。

1. 申请保留开立基本存款账户的，应提供机构编制、民政等部门批准本单位成立的文件、统一社会信用代码证（或有效的组织机构代码证）、事业单位法人证、社会团体法人登记证。

2. 申请保留开立专用存款账户的，应分别情况提供以下材料：

（1）保留开立党费、工会经费户，应提供该单位或有关部门的批文或证明材料；

（2）单位所属异址、异地办公的非法人独立核算机构或派出机构，在办公所在地保留开立往来资金专用存款账户的，应提供设立该非法人独立核算机构或派出机构的相关文件或证明材料；

（3）保留开立医保结算专用存款账户的，应提供纳入医保定点医院范围的文件等证明材料或协议；

（4）保留开立银医、银校合作专用存款账户的，应提供开展银医、银校等合作服务的合同书或协议等证明材料；

（5）因按规定需要专项管理和使用的资金申请保留开立专用存款账户的，应提供相应的法律、法规、规章或相关文件；

（6）其他有关证明材料。

3. 申请保留开立贷款户的，应提供正式的贷款合同。

4. 申请保留开立临时存款账户的，应提供省委、省政府或省级机构编制部门批准成立该临时机构的文件。

以上每个账户都应附送集体决策会议纪要或公开招标中标通知书。

（三）非预算单位账户情况一览表。非预算单位只需要填报《省级非预算单位银行账户情况一览表》（详见附件3，电子版和两份加盖单位公章的纸质表格），由主管部门汇总报送至省财政厅。

三、关于落实整改意见的要求

联合办公室和省财政厅对口部门预算管理处对部门报送的清理规范情况进行审核，发现有不符合《通知》规定的，由省财政厅对口部门预算管理处通知部门单位完成撤销账户、补充手续等整改。单位应在规定时间内完成整改工作，逾期不整改的，将进行通报。

（一）及时撤销相关账户。未按要求撤销账户的单位，应自接到整改通知之日起 10 个工作日内，完成撤销账户手续，并将《撤销单位银行结算账户申请书》通过"账户管理系统"报省财政厅对口部门预算管理处。

（二）及时履行集体决策或公开招标程序。未按要求履行开户银行选择程序的单位，接到整改通知后，可通过集体决策或公开招标选择开户银行。通过集体决策选择开户银行的，应在 10 个工作日内完成集体决策程序，并将会议纪要通过"账户管理系统"报省财政厅对口部门预算管理处；通过公开招标选择开户银行的，应立即进行招标，并在完成公开招标工作后 2 个工作日内，将中标通知书通过"账户管理系统"报省财政厅对口部门预算管理处。

（三）及时将相关资金上缴国库。属盘活存量财政资金上缴省级国库的，单位应自接到通知之日起 10 个工作日内，将资金缴入国库，按有关规定做好账务处理和核算。

四、关于行政单位相关账户性质变更操作

在自查清理阶段，行政单位应按《通知》要求将零余额账户变更为单位基本存款账户，并可按照确需原则，申请将原实有资金基本存款账户变更为往来资金账户，性质为专用存款账户。银行账户的开立、变更、撤销等程序应符合《人民币银行结算账户管理办法》等账户业务管理规定。具体办理步骤：

（一）提出变更账户性质申请。单位登录"账户管理系统"生成并打印《省级预算单位开立（变更）银行账户申请审批表》（一式四份加盖单位公章，无需其他资料），到省财政厅（济大路 3 号省财政厅办公楼 1107 房间）办理审核签章手续。

（二）办理账户性质变更手续。单位持《省级预算单位开立（变更）银行账户申请审批表》到零余额账户开户银行，办理零余额账户变更为基本存款账户手续；到原实有资金基本存款账户开户银行，办理基本存款账户变更为专用存款账户手续。因各银行所需材料不同，预算单位应提前与开户银行做好沟通，将有关资料准备齐全后有序做好转户工作，确保原实有资金基本存款账户与零余额账户性质变更于 1 天内完成。

五、关于开户银行办理账户开立、撤销事宜的要求

对单位办理账户开立、撤销手续的，开户银行应一次性全面、准确告知单位所需相关资料，并及时予以办理。

省财政厅国库处联系人：宋晓宁　联系电话：0531－82669631　0531－82669553

省审计厅联系人：陈爽　联系电话：0531－86199632

人民银行济南分行联系人：丁岩　联系电话：0531－86167168

附件：1. 省级预算单位拟保留银行账户一览表

2. 省级预算单位已撤销银行账户一览表

3. 省级非预算单位银行账户情况一览表

4. 承诺书（略）

附件 1:

省级预算单位拟保留银行账户一览

主管部门（公章）：　　　　　　　　　　　　　　　　　　　　　　　　　　　　　　　　　財政对口部门预算管理处（公章）：

预算单位编码	单位名称	序号	账户名称	开户银行	账号	大额支付行号	账户性质	账户用途	资金余额（元）	其中：由撤销账户转入（元）	一年内是否发生资金往来业务	是否经过集体决策或公开招标确定开户行	联系人	联系人手机号码	备注	財政对口部门预算管理处工作审核意见			撤户截止日期
																保留	撤销		

单位负责人（签章）：　　　　　　财务负责人（签章）：　　　　　　经办人（签章）：　　　　　　填报日期：

注：1. 本表由主管部门负责汇总填报，反映纳入清理范围的部门及所属预算单位拟保留银行账户的信息。
2. "预算单位编码"指部门预算编码，指主管部门确定的单位序号；
3. "序号"栏填写单位账户序号，一个序号对应一个银行账户，不同的预算单位序号分别从"1"开始依次计序；
4. "账户性质"指填本基本存款账户、专用存款账户、一般存款账户和临时存款账户；
5. "账户用途"栏填写账户核算内容，如：零余额或工会经费，党费经费等，任来资金结算等，非指定专项用途的填"其他资金"；
6. 联系人、联系人手机号码每单位填报一栏即可，无需重复填报；
7. "填报日期"由主管部门填写；
8. 財政对口部门预算管理处在"財政对口部门预算管理处审核意见"中"保留"或"撤销"栏内画"√"。"撤户截止日期"指財政对口部门预算管理处通知预算单位撤销账户的截止月、日。

附件2：

省级预算单位已撤销银行账户一览表

主管部门（公章）：　　　　　　　　　　　　　　　　　　　　　　　财政对口部门预算管理处（公章）：

预算单位编码	单位名称	序号	账户名称	账号	开户银行	账户性质	账户用途	资金余额（元）	其中：上缴国库资金金额（元）	是否提供撤户申请书	联系人	联系人手机号码	备注

单位负责人（签章）：　　　　财务负责人（签章）：　　　　经办人（签章）：　　　　填报日期：

注：1. 本表由主管部门负责汇总填报，反映纳入清理范围的部门及所属预算单位按规定已撤销银行账户的信息；

2. "预算单位编码"指部门预算编审工作确定的单位序号；

3. "序号"栏填写单位账户序号，一个序号对应一个银行账户，不同的预算单位序号分别从"1"开始依次计序；

4. "账户性质"指基本存款账户、专用存款账户、一般存款账户和临时存款账户；

5. "账户用途"栏填写账户核算内容，如：零余额或工会经费、党费经费、贷款、往来资金结算等，非指定专项用途的填"其他资金"；

6. 联系人、联系人手机号码每单位填报一栏即可，无需重复填报。

附件3：

省级非预算单位银行账户情况一览表

主管部门（公章）：　　　　　　　　　　　　　　　　　　　　　　　填报日期：

单位名称	序号	账户名称	账号	开户银行	账户性质	资金余额（元）	是否经过集体决策或招投标确定开户行	联系人	联系人手机号码	备注

续表

单位名称	序号	账户名称	账号	开户银行	账户性质	资金余额（元）	是否经过集体决策或招投标确定开户行	联系人	联系人手机号码	备注

单位负责人（签章）：　　　　　财务负责人（签章）：　　　　　经办人（签章）：

注：1. 本表由主管部门负责汇总填报，反映纳入清理规范范围的非预算单位按规定保留银行账户的信息；

2. "序号"栏填写单位账户序号，一个序号对应一个银行账户，不同的预算单位序号分别从"1"开始依次计序；

3. "账户性质"指基本存款账户、专用存款账户、一般存款账户和临时存款账户；

4. 联系人、联系人手机号码每单位填报一栏即可，无需重复填报。

省财政厅　省审计厅　中国人民银行济南分行关于印发《山东省省级预算单位银行账户管理暂行办法》的通知

2016 年 8 月 17 日　鲁财库〔2016〕57 号

省直各部门，各国有商业银行山东省分行，交通银行山东省分行，中国邮政储蓄银行山东省分行，山东省农村信用社联合社，恒丰银行，各股份制商业银行济南分行：

为深化财政国库管理制度改革，进一步规范省级预算单位银行账户管理，强化资金监管，根据省委办公厅、省政府办公厅《关于开展省级行政事业单位银行账户清理规范工作的通知》（鲁办发电〔2016〕102 号）、省政府《关于深化预算管理制度改革的实施意见》（鲁政发〔2014〕20 号）及有关法律法规，我们研究制定了《山东省省级预算单位银行账户管理暂行办法》，现印发给你们，请遵照执行。

附件：山东省省级预算单位银行账户管理暂行办法

附件：

山东省省级预算单位银行账户管理暂行办法

第一章　总　　则

第一条　为深化财政国库管理制度改革，进一步规范省级预算单位银行账户管理，根据省委办公厅、省政府办公厅《关于开展省级行政事业单位银行账户清理规范工作的通知》（鲁办发电〔2016〕102 号）、省政府《关于深化预算管理制度改革的实施意见》（鲁政发〔2014〕20 号）及有关法律法规，制定本办法。

第二条　本办法所称省级预算单位银行账户，是指省级预算单位在银行业金融机构开立的银行结算账户。

第三条　本办法适用于纳入预算管理的省直部门及所属行政事业单位、社团组织，以及省委、省政府或省级机构编制部门批准成立的临时机构（以下统称为"省级预算单位"）。

省级财政预算单列的企业集团公司，只对其零余额账户进行管理。省级预算单位开立、变更、撤销公有住房出售收入账户、维修基金账户、住房公积金账户、因注册验资开设的账户，以及财政专户管理不适用本办法。

第四条　省级预算单位银行账户的开立、变更、撤销，实行省财政厅审批（备案）、人民银行核准（备案）制度。

未经省财政厅审批同意，银行业金融机构不得为省级预算单位办理银行账户开立业务。省级预算单位银行账户的开立、使用、变更、撤销和管理应符合人民银行结算账户管理规定。

第五条　省级预算单位须由财务机构统一办理本单位银行账户的开立、变更、撤销手续，并负责本单位银行账户的管理。

第六条　省级预算单位负责人对本单位银行账户申请开立及使用的合法性、合规性、安全性负责。

第二章　银行账户的设置

第七条　省级预算单位银行账户按账户性质分为基本存款账户、专用存款账户、一般存款账户和临时存款账户。

（一）基本存款账户。指省级预算单位因办理日常转账结算和现金收付需要开立的银行账户。

（二）专用存款账户。指省级预算单位依据法律、法规、规章，或国务院、中央部委、省政府、省级财政部门文件，对其有特定用途资金进行专项管理而开立的银行账户。

（三）一般存款账户。指省级预算单位为办理贷款转存、贷款归还等与贷款相关的业务而开立的银行账户。该账户不得办理其他资金的收付结算，不得办理现金支取。

（四）临时存款账户。指省委、省政府或省级机构编制部门批准成立的临时机构，因业务需要开立的银行账户。

第八条　省级预算单位经批准可开立以下账户：

（一）与省财政有经常性经费领拨关系的单位，可开立单位零余额账户，用于办理国库集中支付业务，不得办理资金转入（退款除外）。

（二）按相关规定，可开立党费、工会经费专用存款账户。

（三）省级预算单位所属异址、异地办公的非法人独立核算机构或派出机构，可在办公所在地开立一个往来资金专用存款账户。

（四）省级预算单位有外汇收付业务的，可开立一个外汇专用存款账户。

（五）其他按照法律、法规、规章，或国务院、中央部委、省政府、省级财政部门文件规定，对特定用途资金需专项管理和使用的，可开立相应的专用存款账户。

（六）省级预算单位有贷款业务的，可开立相应的贷款账户，性质为一般存款账户，贷款归还完毕不再与该银行发生续贷业务的，应及时撤销。

（七）省委、省政府或省级机构编制部门批准成立的临时机构，因业务需要可开立临时存款账户。

第九条　除第八条规定的账户外，省级预算单位经批准按性质还可开立以下账户：

（一）行政单位。单位零余额账户定性为基本存款账户。按照确需原则，还可开立一个往来资金专用存款账户，用于核算往来资金及其他资金，但不能违规转入财政性资金。

（二）参公事业单位、财政拨款事业单位、财政补贴事业单位。除医院、高校（含职业院校、技师学院等，下同）、科研院所等单位外，每个单位可开立一个实有资金基本存款账户。

（三）医院、高校、科研院所等事业单位以及纳入预算管理的经费自理事业单位。除开立一个实有资金基本存款账户外，根据确需原则，可以开立以下账户：（1）医疗保险定点医院按医保部门有关要求开立的专用存款账户；（2）开展银医、银校等合作服务在合作银行开立的专用存款账户。上述单位不得多头开户，在银行业金融机构同一个支行只允许开设一个账户。

第三章　银行账户的开立

第十条　省级预算单位开立银行账户，应按本办法规定程序报省财政厅审批，核准类银行结算账户应由开户行报经所在地人民银行核准。二级以下（含二级）预算单位应逐级上报至一级预算单位审查同意，同时还应提供相关材料。

第十一条　省级预算单位零余额账户应在省级国库集中支付代理银行中选择开立。

第十二条　省级预算单位开立银行账户时，应向省财政厅报送开立银行账户的申请报告（以下简称"申请报告"）以及其他相关证明材料。

（一）"申请报告"应说明申请开户的依据或理由，写明单位预算编码、单位性质、单位法定代表人或主要负责人姓名、新开账户的名称、性质、用途等，并加盖本单位公章。

（二）"相关证明材料"包括：

1. 申请开立基本存款账户的，应提供机构编制、民政等部门批准本单位成立的文件、统一社会信用代码证（或有效的组织机构代码证）、事业单位法人证、社会团体法人登记证。

2. 申请开立专用存款账户的，应分别情况提供以下材料：

（1）开立党费、工会经费户，应提供该单位或有关部门的批文或证明材料；

（2）单位所属异址、异地办公的非法人独立核算机构或派出机构，在办公所在地开立往来资金专用存款账户的，应提供设立该非法人独立核算机构或派出机构的相关文件或证明材料；

（3）开立医保结算专用存款账户的，应提供纳入医保定点医院范围的文件等证明材料或协议；

（4）开立银医、银校合作专用存款账户的，应提供开展银医、银校等合作服务的合同书或协议等证明材料；

（5）因按规定需要专项管理和使用的资金申请开立专用存款账户的，应提供相应的法律、法规、规章或相关文件；

（6）其他有关证明材料。

3. 申请开立贷款户的，应提供正式的贷款合同。

4. 申请开立临时存款账户的，应提供省委、省政府或省级机构编制部门批准成立该临时机构的文件。

第十三条　基层预算单位材料备齐后，登陆"省级预算单位银行账户管理系统"（以下简称"账户管理系统"），将开户申请和证明材料通过"账户管理系统"逐级报送至一级预算单位进行审查，经一级预算单位审查同意后报省财政厅初审。

第十四条　省财政厅部门预算管理处（以下简称"部门处"）对省级预算单位报送的开户申请和相关证明材料进行合规性审核，应在收到材料后2个工作日内完成初核。初核通过的，将初核意见通过"账户管理系统"送省财政厅国库处（以下简称"国库处"）；初核不通过的，直接将结果通过"账户管理系统"通知预算单位并退回申请材料。部门处2个工作日内未完成初核的，系统将默认为同意，并将开户申请和意见送国库处。

第十五条　国库处收到开户申请和部门处初核意见后，一般应在2个工作日内完成预审工作，因特殊事项需进一步核实的，应在5个工作日内完成预审工作，并将结果通过"账户管理系统"通知预算单位。预审不通过的，应将申请资料退回预算单位。

第十六条　省级预算单位收到省财政厅预审通过的通知后，应通过集体决策或竞争性方式选择确定开户行，到开户行申请预留账号，通过"账户管理系统"填写并生成完整的《省级预算单位开立（变更）银行账户申请审批表》（详见附件，以下简称"申请表"），连同集体决策的会议纪要或竞争性选择的中标通知书，一并发送至省财政厅。同时，打印一式四份"申请表"加盖预算单位公章送国库处，省财政厅审批同意后，加盖"山东省财政厅银行账户审批专用章"。

第十七条　省级预算单位持省财政厅盖章的"申请表"，按照人民银行银行结算账户管理有关规定，到开户行办理开户手续。

第十八条　银行账户生效后，开户行应及时通知省级预算单位。省级预算单位登陆"账户管理系统"，完成向省财政厅备案程序。

第四章　银行账户变更与撤销

第十九条　省级预算单位银行账户原则上应保持稳定。因特殊事项需要变更开户行的，应按照与申请开户相同的程序进行申请，提供相应的证明材料。经省财政厅审批同意后，省级预算单位持纸质的"申请表"一式四份到省财政厅加盖"山东省财政厅银行账户审批专用章"，按规定撤销原银行结算账户，同时按有关规定程序办理新账户开立手续，并将原账户资金余额如数转入新开立账户。上述手续完毕后，应就账户变更向省财政厅进行备案。特殊事项包括：

（一）预算单位办公地址搬迁，或原开户行办公地址搬迁，且确需变更开户行的；

（二）预算单位合并，且确需变更开户行的；

（三）开户行未按规定履行协议，或出现运营风险、内控制度不健全、管理不善的；

（四）其他确需变更开户行的。

第二十条　省级预算单位发生下列变更事项，不需报经省财政厅审批，可在办理变更手续后 5 个工作日内，通过"账户管理系统"提出备案信息变更申请直接发送国库处，由国库处据以修改相关备案信息。变更事项包括：

（一）单位名称变更，但不改变开户行及账号的；

（二）因开户行原因（如系统升级）变更银行账号或银行名称，但不改变开户行的；

（三）单位法定代表人或主要负责人变更的。

第二十一条　对贷款户等设有使用期限的账户，如确需延长使用期限的，省级预算单位应在账户到期前一个月提出申请，并按本办法第三章规定的程序报批。审批期间，账户按原使用期限执行。

第二十二条　省级预算单位发生下列事项，不需报省财政厅审批，但应按规定及时撤销有关账户，并在撤销账户 5 个工作日内向省财政厅办理备案手续：

（一）银行账户开立后 1 年内未发生资金往来业务的；

（二）临时存款账户使用期满的；

（三）银行贷款到期的；

（四）专项资金使用完毕的；

（五）省级预算单位被合并，被合并单位银行账户应全部撤销，资金余额转入合并单位的同类账户，销户备案手续由合并单位办理；

（六）省级预算单位合并组建一个新的省级预算单位，应按照本办法有关规定确定新单位的账户体系，合并前各单位原有账户不继续使用的，应全部撤销；

（七）省级预算单位因机构改革等原因被撤销的，应按规定撤销其银行账户，账户资金余额按有关政策处理。其销户工作由其上一级预算单位按规定办理备案手续。

第五章　银行账户年检

第二十三条　省财政厅对省级预算单位银行账户实行年检制度，原则上每两年年检一次。

第二十四条　省级预算单位根据本单位银行账户情况，据实填报《省级预算单位银行账户年检申请表》，通过"账户管理系统"报送省财政厅进行年检。

第二十五条　省财政厅对年检中发现的问题，区别不同情况，依法依规进行处理：

（一）未按规定报省财政厅批准开立的银行账户，经审查不符合开户条件的一律撤销；符合开户条件的，责令有关单位说明原因，并立即补办审批手续。同时，将开户行违规开立账户情况，抄送人民银行济南分行；

（二）对未经批准逾期继续使用的银行账户，责令有关单位履行报批手续；不符合延期条件的，限期撤销账户；

（三）按照本办法第二十二条其他应撤未撤的账户，应责令有关单位限期撤销。

第六章　银行账户管理与监督

第二十六条　省级预算单位应按财政和人民银行等部门规定的用途管理和使用银行账户，不得将财政性资金转为定期存款或理财产品，不得出租、出借银行账户。

第二十七条　主管部门应加强对所属省级预算单位银行账户的监督管理，定期对所属预算单位银行账户管理使用情况进行监督检查。发现所属预算单位不按规定开立、使用、变更、撤销、年检银行账户的，应及时督促纠正；纠正无效的，应提请有关职能部门按规定进行处理。

第二十八条　省财政厅、省审计厅、人民银行济南分行在各自职责范围内对省级预算单位银行账户实施监督管理。

（一）省财政厅建立省级预算单位银行账户管理系统，对省级预算单位开立的银行账户实行目录管理和年检制度；

（二）省审计厅结合部门预算执行情况审计等各类审计，对省级预算单位实施监督检查，查处违反本办法规定的行为；

（三）人民银行济南分行负责监督、检查银行结算账户业务，对省级预算单位、银行业金融机构违反银行结算账户管理规定及本办法有关规定的行为依法依规进行处罚；

（四）各监管机构实行监管信息共享，建立协同监管的工作机制。

第二十九条　各监督管理机构在对省级预算单位账户实施监督检查时，受查单位应通过"账户管理系统"打印《部门、单位银行结算账户目录》，并如实提供资金收付的管理情况，不得以任何理由拖延、拒绝、阻挠、隐瞒；有关银行业金融机构应如实提供受查省级预算单位银行账户及资金收付等情况，不得隐瞒。

第三十条　各监督管理机构在对省级预算单位实施监督检查中，发现有违反本规定行为的，应责令违规单位立即纠正；对应追究省级预算单位有关人员责任和银行业金融机构有关人员责任的，移送相关部门处理；涉嫌犯罪的，移送司法机关处理。

第七章　附　　则

第三十一条　本办法由省财政厅、省审计厅、人民银行济南分行负责解释。

第三十二条　本办法自 2016 年 9 月 18 日起实施，有效期至 2018 年 9 月 17 日。《关于委托财政厅驻有关市财政检查办事处对驻济以外省级单位银行账户实施审批管理的通知》（鲁财库〔2007〕9 号）同时废止。此前有关省级预算单位银行账户的其他规定与本办法不一致的，按本办法规定执行。

附件：省级预算单位开立（变更）银行账户申请审批表

附件：

省级预算单位开立（变更）银行账户申请审批表

单位全称		预算单位编码	
单位性质		单位地址	
账户名称		银行账号	
开户银行		账户性质	
账户用途		有效期限	
币种		财政对口部门预算管理处	
单位联系人		联系电话	
开立事由			
变更事由			
财政部门审核意见 审批章		开户银行 业务受理章	

注：本表一式四联，财政部门、人民银行、预算单位、开户银行各留一份。

五、

政府采购监督管理类

财政部　国家发展改革委关于调整公布第十九期节能产品政府采购清单的通知

2016 年 1 月 28 日　财库〔2016〕23 号

党中央有关部门，国务院各部委、各直属机构，全国人大常委会办公厅，全国政协办公厅，高法院，高检院，各民主党派中央，有关人民团体，各省、自治区、直辖市、计划单列市财政厅（局）、发展改革委（经信委、工信委、工信厅、经信局），新疆生产建设兵团财务局、发展改革委、工信委：

为推进和规范节能产品政府采购，现将第十九期节能产品政府采购清单（以下简称节能清单）印发给你们，有关事项通知如下：

一、节能清单中的计算机设备（台式计算机、便携式计算机和平板式微型计算机）、输入输出设备（激光打印机、针式打印机、液晶显示器）、制冷空调设备、镇流器、生活用电器（空调机、电热水器）、照明设备（普通照明用自镇流荧光灯、普通照明用双端荧光灯）、电视设备、视频监控设备、便器、水嘴等品目为政府强制采购的节能产品（具体品目以"★"标注）。其他品目为政府优先采购的节能产品。

二、未列入本期节能清单的产品，不属于政府强制采购、优先采购的节能产品范围。台式计算机产品性能参数作为附件（附件 2）予以强制执行，即凡与附件 2 所列性能参数不一致的产品，不属于本期节能清单的产品。节能清单中产品的制造商名称或地址在清单执行期内依法变更的，经相关认证机构核准并办理认证证书变更手续后，在本期节能清单内继续有效。

三、已经确定实施的政府集中采购协议供货涉及政府强制采购节能产品范围的，集中采购机构应当按照本期节能清单重新组织协议供货活动或进行调整。政府采购工程以及与工程建设有关的货物采购应当执行节能产品政府强制采购和优先采购政策。采购人及其委托的采购代理机构应当在采购文件和采购合同中列明使用节能产品的要求。

四、若所需产品属于政府强制采购节能产品范围，但本期节能清单中无对应细化分类或节能清单中的产品无法满足工作需要的，可在节能清单之外采购。

五、本通知发布之后开展的政府采购活动，应当执行本期节能清单。在此之前已经开展但尚未进入评审环节的政府采购活动，应当按照采购文件的约定执行上期或本期节能清单，采购文件未约定的，可以同时执行上期和本期节能清单。

六、相关企业应当保证其列入节能清单的产品在本期节能清单执行期内稳定供货，凡发生制造商及其代理商不接受参加政府采购活动邀请、列入节能清单的产品无法正常供货以及其他违反《承诺书》内容情形的，采购人、采购代理机构应当及时将有关情况向财政部反映。财政部将根据具体违规情形，对有关供应商作出暂停列入节能清单三个月至两年的处理。

七、节能清单将于 2016 年 7 月再次调整并公布，财政部将会同国家发展改革委对 2016 年 5 月 31 日前取得节能认证证书的产品进行审核和公示。

八、公示、调整节能清单以及暂停列入节能清单等有关文件及附件在中华人民共和国财政部网站（http：//www.mof.gov.cn）、中国政府采购网（http：//www.ccgp.gov.cn）、国家发展改革委网站（http://www.ndrc.gov.cn）和中国质量认证中心网站（http：//www.cqc.com.cn）上发布，请自行查阅、下载。

请遵照执行。

附件：1. 第十九期节能产品政府采购清单（略）

　　　2. 第十九期节能产品政府采购清单台式计算机性能参数（附件请从网上下载）（略）

财政部　环境保护部关于调整公布第十七期
环境标志产品政府采购清单的通知

2016 年 1 月 29 日　财库〔2016〕24 号

党中央有关部门，国务院各部委、各直属机构，全国人大常委会办公厅，全国政协办公厅，高法院，高检院，各民主党派中央，有关人民团体，各省、自治区、直辖市、计划单列市财政厅（局）、环境保护厅（局），新疆生产建设兵团财务局、环保局：

为推进和规范环境标志产品政府采购，现将第十七期环境标志产品政府采购清单（以下简称环保清单）印发你们，有关事项通知如下：

一、环保清单所列产品为政府优先采购产品。对于同时列入环保清单和节能产品政府采购清单的产品，应当优先于只列入其中一个清单的产品。

二、未列入本期环保清单的产品，不属于政府优先采购的环境标志产品范围。台式计算机产品性能参数作为附件（附件 2）予以强制执行，即凡与附件 2 所列性能参数不一致的产品，不属于本期环保清单的产品。环保清单中产品的制造商名称或地址在清单执行期内依法变更的，经相关认证机构核准并办理认证证书变更手续后，在本期环保清单内继续有效。

三、政府采购工程以及与工程建设有关的货物采购应当执行环境标志产品政府优先采购政策。采购人及其委托的采购代理机构应当在采购文件和采购合同中列明使用环境标志产品的要求。

四、本通知发布之后开展的政府采购活动，应当执行本期环保清单。在本期环保清单发布前已经开展但尚未进入评审环节的政府采购活动，应当按照采购文件的约定执行上期或本期环保清单，采购文件未约定的，可以同时执行上期和本期环保清单。

五、相关企业应当保证其列入环保清单的产品在本期环保清单执行期内稳定供货，凡发生制造商及其代理商不接受参加政府采购活动邀请、列入环保清单的产品无法正常供货以及其他违反《承诺书》内容情形的，采购人、采购代理机构应当及时将有关情况向财政部反映。财政部将根据具体违规情形，对有关供应商作出暂停列入环保清单三个月至两年的处理，并在网站上公告。

六、环保清单将于 2016 年 7 月再次调整并公布，财政部将会同环境保护部对 2016 年 5 月 31 日前取得环境标志认证证书的产品进行审核和公示。

七、公示、调整环保清单以及暂停列入环保清单等有关文件及附件在中华人民共和国财政部网站（http：//www. mof. gov. cn）、中国政府采购网（http：//www. ccgp. gov. cn）、中华人民共和国环境保护部网站（http：//www. zhb. gov. cn）、中国绿色采购网（http：//www. cgpn. org）上发布，请自行查阅、下载。

请遵照执行。

附件：1. 第十七期环境标志产品政府采购清单（略）
　　　2. 第十七期环境标志产品政府采购清单台式计算机性能参数（附件请从网上下载）（略）

财政部关于加强政府采购活动内部控制管理的指导意见

2016 年 6 月 29 日　财库〔2016〕99 号

党中央有关部门，国务院各部委、各直属机构，全国人大常委会办公厅，全国政协办公厅，高法院，高检

院，各民主党派中央，有关人民团体，中央国家机关政府采购中心，中共中央直属机关采购中心，全国人大机关采购中心，各省、自治区、直辖市、计划单列市财政厅（局）、政府采购中心，新疆生产建设兵团财务局、政府采购中心：

加强对政府采购活动的内部控制管理，是贯彻《中共中央关于全面推进依法治国若干重大问题的决定》的重要举措，也是深化政府采购制度改革的内在要求，对落实党风廉政建设主体责任、推进依法采购具有重要意义。近年来，一些采购人、集中采购机构和政府采购监管部门积极探索建立政府采购活动内部控制制度，取得了初步成效，但总体上还存在体系不完整、制度不健全、发展不平衡等问题。为了进一步规范政府采购活动中的权力运行，强化内部流程控制，促进政府采购提质增效，现提出如下意见：

一、总体要求

（一）指导思想。

贯彻党的十八大和十八届三中、四中、五中全会精神，按照"四个全面"战略布局，适应政府职能转变和构建现代财政制度需要，落实政府采购法律法规要求，执行《行政事业单位内部控制规范（试行）》（财会〔2012〕21号）和《财政部关于全面推进行政事业单位内部控制建设的指导意见》（财会〔2015〕24号）相关规定，坚持底线思维和问题导向，创新政府采购管理手段，切实加强政府采购活动中的权力运行监督，有效防范舞弊和预防腐败，提升政府采购活动的组织管理水平和财政资金使用效益，提高政府采购公信力。

（二）基本原则。

1. 全面管控与突出重点并举。将政府采购内部控制管理贯穿于政府采购执行与监管的全流程、各环节，全面控制，重在预防。抓住关键环节、岗位和重大风险事项，从严管理，重点防控。

2. 分工制衡与提升效能并重。发挥内部机构之间，相关业务、环节和岗位之间的相互监督和制约作用，合理安排分工，优化流程衔接，提高采购绩效和行政效能。

3. 权责对等与依法惩处并行。在政府采购执行与监管过程中贯彻权责一致原则，因权定责、权责对应。严格执行法律法规的问责条款，有错必究、失责必惩。

（三）主要目标。

以"分事行权、分岗设权、分级授权"为主线，通过制定制度、健全机制、完善措施、规范流程，逐步形成依法合规、运转高效、风险可控、问责严格的政府采购内部运转和管控制度，做到约束机制健全、权力运行规范、风险控制有力、监督问责到位，实现对政府采购活动内部权力运行的有效制约。

二、主要任务

（一）落实主体责任。

采购人应当做好政府采购业务的内部归口管理和所属单位管理，明确内部工作机制，重点加强对采购需求、政策落实、信息公开、履约验收、结果评价等的管理。

集中采购机构应当做好流程控制，围绕委托代理、编制采购文件和拟订合同文本、执行采购程序、代理采购绩效等政府采购活动的重点内容和环节加强管理。

监管部门应当强化依法行政意识，围绕放管服改革要求，重点完善采购方式审批、采购进口产品审核、投诉处理、监督检查等内部管理制度和工作规程。

（二）明确重点任务。

1. 严防廉政风险。牢固树立廉洁是政府采购生命线的根本理念，把纪律和规矩挺在前面。针对政府采购岗位设置、流程设计、主体责任、与市场主体交往等重点问题，细化廉政规范、明确纪律规矩，形成严密、有效的约束机制。

2. 控制法律风险。切实提升采购人、集中采购机构和监管部门的法治观念，依法依规组织开展政府采购活动，提高监管水平，切实防控政府采购执行与监管中的法律风险。

3. 落实政策功能。准确把握政府采购领域政策功能落实要求，严格执行政策规定，切实发挥政府采购在实现国家经济和社会发展政策目标中的作用。

4. 提升履职效能。落实精简、统一、效能的要求，科学确定事权归属、岗位责任、流程控制和授权关系，推进政府采购流程优化、执行顺畅，提升政府采购整体效率、效果和效益。

三、主要措施

（一）明晰事权，依法履职尽责。采购人、采购代理机构和监管部门应当根据法定职责开展工作，既不能失职不作为，也不得越权乱作为。

1. 实施归口管理。采购人应当明确内部归口管理部门，具体负责本单位、本系统的政府采购执行管理。归口管理部门应当牵头建立本单位政府采购内部控制制度，明确本单位相关部门在政府采购工作中的职责与分工，建立政府采购与预算、财务（资金）、资产、使用等业务机构或岗位之间沟通协调的工作机制，共同做好编制政府采购预算和实施计划、确定采购需求、组织采购活动、履约验收、答复询问质疑、配合投诉处理及监督检查等工作。

2. 明确委托代理权利义务。委托采购代理机构采购的，采购人应当和采购代理机构依法签订政府采购委托代理协议，明确代理采购的范围、权限和期限等具体事项。采购代理机构应当严格按照委托代理协议开展采购活动，不得超越代理权限。

3. 强化内部监督。采购人、集中采购机构和监管部门应当发挥内部审计、纪检监察等机构的监督作用，加强对采购执行和监管工作的常规审计和专项审计。畅通问题反馈和受理渠道，通过检查、考核、设置监督电话或信箱等多种途径查找和发现问题，有效分析、预判、管理、处置风险事项。

（二）合理设岗，强化权责对应。合理设置岗位，明确岗位职责、权限和责任主体，细化各流程、各环节的工作要求和执行标准。

1. 界定岗位职责。采购人、集中采购机构和监管部门应当结合自身特点，对照政府采购法律、法规、规章及制度规定，认真梳理不同业务、环节、岗位需要重点控制的风险事项，划分风险等级，建立制度规则、风险事项等台账，合理确定岗位职责。

2. 不相容岗位分离。采购人、集中采购机构应当建立岗位间的制衡机制，采购需求制定与内部审核、采购文件编制与复核、合同签订与验收等岗位原则上应当分开设置。

3. 相关业务多人参与。采购人、集中采购机构对于评审现场组织、单一来源采购项目议价、合同签订、履约验收等相关业务，原则上应当由 2 人以上共同办理，并明确主要负责人员。

4. 实施定期轮岗。采购人、集中采购机构和监管部门应当按规定建立轮岗交流制度，按照政府采购岗位风险等级设定轮岗周期，风险等级高的岗位原则上应当缩短轮岗年限。不具备轮岗条件的应当定期采取专项审计等控制措施。建立健全政府采购在岗监督、离岗审查和项目责任追溯制度。

（三）分级授权，推动科学决策。明确不同级别的决策权限和责任归属，按照分级授权的决策模式，建立与组织机构、采购业务相适应的内部授权管理体系。

1. 加强所属单位管理。主管预算单位应当明确与所属预算单位在政府采购管理、执行等方面的职责范围和权限划分，细化业务流程和工作要求，加强对所属预算单位的采购执行管理，强化对政府采购政策落实的指导。

2. 完善决策机制。采购人、集中采购机构和监管部门应当建立健全内部政府采购事项集体研究、合法性审查和内部会签相结合的议事决策机制。对于涉及民生、社会影响较大的项目，采购人在制定采购需求时，还应当进行法律、技术咨询或者公开征求意见。监管部门处理政府采购投诉应当建立健全法律咨询机制。决策过程要形成完整记录，任何个人不得单独决策或者擅自改变集体决策。

3. 完善内部审核制度。采购人、集中采购机构确定采购方式、组织采购活动，监管部门办理审批审核事项、开展监督检查、做出处理处罚决定等，应当依据法律制度和有关政策要求细化内部审核的各项要素、审核标准、审核权限和工作要求，实行办理、复核、审定的内部审核机制，对照要求逐层把关。

（四）优化流程，实现重点管控。加强对采购活动的流程控制，突出重点环节，确保政府采购项目规范运行。

1. 增强采购计划性。采购人应当提高编报与执行政府采购预算、实施计划的系统性、准确性、及时性和严肃性，制定政府采购实施计划执行时间表和项目进度表，有序安排采购活动。

2. 加强关键环节控制。采购人、集中采购机构应当按照有关法律法规及业务流程规定，明确政府采购重点环节的控制措施。未编制采购预算和实施计划的不得组织采购，无委托代理协议不得开展采购代理活动，对属于政府采购范围未执行政府采购规定、采购方式或程序不符合规定的及时予以纠正。

3. 明确时限要求。采购人、集中采购机构和监管部门应当提高政府采购效率，对信息公告、合同签订、变更采购方式、采购进口产品、答复询问质疑、投诉处理以及其他有时间要求的事项，要细化各个节点的工作时限，确保在规定时间内完成。

4. 强化利益冲突管理。采购人、集中采购机构和监管部门应当厘清利益冲突的主要对象、具体内容和表现形式，明确与供应商等政府采购市场主体、评审专家交往的基本原则和界限，细化处理原则、处理方式和解决方案。采购人员及相关人员与供应商有利害关系的，应当严格执行回避制度。

5. 健全档案管理。采购人、集中采购机构和监管部门应当加强政府采购记录控制，按照规定妥善保管与政府采购管理、执行相关的各类文件。

四、保障措施

采购人、集中采购机构和监管部门要深刻领会政府采购活动中加强内部控制管理的重要性和必要性，结合廉政风险防控机制建设、防止权力滥用的工作要求，准确把握政府采购工作的内在规律，加快体制机制创新，强化硬的制度约束，切实提高政府采购内部控制管理水平。

（一）加强组织领导。建立政府采购内部控制管理工作的领导、协调机制，做好政府采购内部控制管理各项工作。要严格执行岗位分离、轮岗交流等制度，暂不具备条件的要创造条件逐步落实，确不具备条件的基层单位可适当放宽要求。集中采购机构以外的采购代理机构可以参照本意见建立和完善内部控制管理制度，防控代理执行风险。

（二）加快建章立制。抓紧梳理和评估本部门、本单位政府采购执行和监管中存在的风险，明确标准化工作要求和防控措施，完善内部管理制度，形成较为完备的内部控制体系。

（三）完善技术保障。运用信息技术落实政府采购内部控制管理措施，政府采购管理交易系统及采购人内部业务系统应当重点强化人员身份验证、岗位业务授权、系统操作记录、电子档案管理等系统功能建设。探索大数据分析在政府采购内部控制管理中的应用，将信息数据科学运用于项目管理、风险控制、监督预警等方面。

（四）强化运行监督。建立内部控制管理的激励约束机制，将内部控制制度的建设和执行情况纳入绩效考评体系，将日常评价与重点监督、内部分析和外部评价相结合，定期对内部控制的有效性进行总结，加强评估结果应用，不断改进内部控制管理体系。财政部门要将政府采购内部控制制度的建设和执行情况作为政府采购监督检查和对集中采购机构考核的重要内容，加强监督指导。

财政部　环境保护部关于调整公布第十八期
环境标志产品政府采购清单的通知

2016 年 7 月 27 日　财库〔2016〕117 号

党中央有关部门，国务院各部委、各直属机构，全国人大常委会办公厅，全国政协办公厅，高法院，高检院，各民主党派中央，有关人民团体，各省、自治区、直辖市、计划单列市财政厅（局）、环境保护厅（局），新疆生产建设兵团财务局、环保局：

　　为推进和规范环境标志产品政府采购，现将第十八期"环境标志产品政府采购清单"（以下简称环保清单）印发你们，有关事项通知如下：

　　一、环保清单（附件 1）所列产品为政府优先采购产品。对于同时列入环保清单和节能产品政府采购清单的产品，应当优先于只列入其中一个清单的产品。

　　二、未列入本期环保清单的产品，不属于政府优先采购的环境标志产品范围。环保清单中的产品，其制造商名称或地址在清单执行期内依法变更的，经相关认证机构核准并办理认证证书变更手续后，仍属于本期环保清单的范围。台式计算机产品的性能参数详见附件 2，凡与附件 2 所列性能参数不一致的台式计算机产品，不属于本期环保清单的范围。

　　三、政府采购工程以及与工程建设有关的货物采购应当执行环境标志产品政府优先采购政策。采购人及其委托的采购代理机构应当在采购文件和采购合同中列明使用环境标志产品的要求。

　　四、在本通知发布之后开展的政府采购活动，应当执行本期环保清单。在本通知发布之前已经开展但尚未进入评审环节的政府采购活动，应当按照采购文件的约定执行上期或本期环保清单，采购文件未约定的，可同时执行上期和本期环保清单。

　　五、相关企业应当保证其列入环保清单的产品在本期环保清单执行期内稳定供货，凡发生制造商及其代理商不接受参加政府采购活动邀请、列入环保清单的产品无法正常供货以及其他违反《承诺书》内容情形的，采购人、采购代理机构应当及时将有关情况向财政部反映。财政部将根据具体违规情形，对有关供应商作出暂停列入环保清单三个月至两年的处理。

　　六、投影仪（A020202）与速印机（A02021001）将从下一期开始列入环保清单。

　　七、环保清单将于 2017 年 1 月再次调整并公布，财政部将会同环境保护部对 2016 年 11 月 30 日前取得环境标志认证证书，且认证证书在 2017 年 1 月 31 日之后持续有效的产品进行审核和公示。

　　八、公示、调整环保清单以及暂停列入环保清单等有关文件及附件在中华人民共和国财政部网站（http：//www.mof.gov.cn）、中国政府采购网（http：//www.ccgp.gov.cn）、中华人民共和国环境保护部网站（http：//www.zhb.gov.cn）、中国绿色采购网（http：//www.cgpn.org）上发布，请自行查阅、下载。

　　请遵照执行。

　　附件：1. 第十八期环境标志产品政府采购清单（略）
　　　　　2. 第十八期环境标志产品政府采购清单台式计算机性能参数（附件请从网上下载）（略）

财政部　国家发展改革委关于调整公布第二十期
节能产品政府采购清单的通知

2016 年 7 月 29 日　财库〔2016〕118 号

党中央有关部门，国务院各部委、各直属机构，全国人大常委会办公厅，全国政协办公厅，高法院，高检

院，各民主党派中央，有关人民团体，各省、自治区、直辖市、计划单列市财政厅（局）、发展改革委（经信委、工信委、工信厅、经信局），新疆生产建设兵团财务局、发展改革委、工信委：

为推进和规范节能产品政府采购，现将第二十期"节能产品政府采购清单"（以下简称节能清单）印发给你们，有关事项通知如下：

一、节能清单（附件1）所列产品包括政府强制采购和优先采购的节能产品。其中，台式计算机、便携式计算机、平板式微型计算机、激光打印机、针式打印机、液晶显示器、制冷空调设备、镇流器、空调机、电热水器、普通照明用自镇流荧光灯、普通照明用双端荧光灯、电视设备，视频监控设备中的数字硬盘录像机、监控电视墙（拼接显示器）、监视器，以及便器、水嘴等品目为政府强制采购的节能产品（具体品目以"★"标注）。其他品目为政府优先采购的节能产品。

二、未列入本期节能清单的产品，不属于政府强制采购、优先采购的节能产品范围。节能清单中的产品，其制造商名称或地址在清单执行期内依法变更的，经相关认证机构核准并办理认证证书变更手续后，仍属于本期节能清单的范围。台式计算机产品的性能参数详见附件2，凡与附件2所列性能参数不一致的台式计算机产品，不属于本期节能清单的范围。

三、采购人拟采购的产品属于政府强制采购节能产品范围，但本期节能清单中无对应细化分类或节能清单中的产品无法满足工作需要的，可在节能清单之外采购。

四、在本通知发布之后开展的政府采购活动，应当执行本期节能清单。在本通知发布之前已经开展但尚未进入评审环节的政府采购活动，应当按照采购文件的约定执行上期或本期节能清单，采购文件未约定的，可同时执行上期和本期节能清单。

五、已经确定实施的政府集中采购协议供货涉及政府强制采购节能产品的，集中采购机构应当按照本期节能清单重新组织协议供货活动或对相关产品进行调整。政府采购工程以及与工程建设有关的货物采购应当执行节能产品政府强制采购和优先采购政策。采购人及其委托的采购代理机构应当在采购文件和采购合同中列明使用节能产品的要求。

六、相关企业应当保证其列入节能清单的产品在本期节能清单执行期内稳定供货，凡发生制造商及其代理商不接受参加政府采购活动邀请、列入节能清单的产品无法正常供货以及其他违反《承诺书》内容情形的，采购人、采购代理机构应当及时将有关情况向财政部反映。财政部将根据具体违规情形，对有关供应商作出暂停列入节能清单三个月至两年的处理。

七、以太网交换机（A0201020201）、其他制冷空调设备（A02052399）中的冷却塔将从下一期开始列入节能清单优先采购范围。

八、节能清单将于2017年1月再次调整并公布，财政部将会同国家发展改革委对2016年11月30日前取得节能认证证书，且认证证书在2017年1月31日之后持续有效的产品进行审核和公示。

九、公示、调整节能清单以及暂停列入节能清单等有关文件及附件在中华人民共和国财政部网站（http：//www.mof.gov.cn）、中国政府采购网（http：//www.ccgp.gov.cn）、国家发展改革委网站（http：//www.ndrc.gov.cn）和中国质量认证中心网站（http：//www.cqc.com.cn）上发布，请自行查阅、下载。

请遵照执行。

附件：1. 第二十期节能产品政府采购清单（略）
2. 第二十期节能产品政府采购清单台式计算机性能参数（附件请从网上下载）（略）

财政部关于在政府采购活动中查询及使用信用记录有关问题的通知

2016年8月1日   财库〔2016〕125号

党中央有关部门，国务院各部委、各直属机构，全国人大常委会办公厅，全国政协办公厅，高法院，高检

院，各民主党派中央，有关人民团体，中央国家机关政府采购中心，中共中央直属机关采购中心，全国人大机关采购中心，各省、自治区、直辖市、计划单列市财政厅（局）、政府采购中心，新疆生产建设兵团财务局、政府采购中心：

为落实《国务院关于印发社会信用体系建设规划纲要（2014～2020 年）的通知》（国发〔2014〕21 号）、《国务院关于建立完善守信联合激励和失信联合惩戒制度加快推进社会诚信体系建设的指导意见》（国发〔2016〕33 号）以及《国务院办公厅关于运用大数据加强对市场主体服务和监管的若干意见》（国办发〔2015〕51 号）有关要求，推进社会信用体系建设、健全守信激励失信约束机制，现就政府采购活动中查询及使用信用记录有关事项通知如下：

一、高度重视信用记录查询及使用工作

诚实信用是政府采购活动的基本原则之一。在政府采购活动中查询及使用信用记录，对参与政府采购活动的供应商、采购代理机构及评审专家进行守信激励、失信约束，是政府相关部门开展协同监管和联合惩戒的重要举措，对降低市场运行成本、改善营商环境、高效开展市场经济活动具有重要作用，有利于形成"一处违规、处处受限"的信用机制。

近年来，财政部与有关部门联合签署了《关于对重大税收违法案件当事人实施联合惩戒措施的合作备忘录》（发改财金〔2014〕3062 号）、《失信企业协同监管和联合惩戒合作备忘录》（发改财金〔2015〕2045 号）、《关于对违法失信上市公司相关责任主体实施联合惩戒的合作备忘录》（发改财金〔2015〕3062 号）、《关于对失信被执行人实施联合惩戒的合作备忘录》（发改财金〔2016〕141 号）、《关于对安全生产领域失信生产经营单位及其有关人员开展联合惩戒的合作备忘录》（发改财金〔2016〕1001 号），依法限制相关失信主体参与政府采购活动。各地区各部门要进一步提高认识，推动建立政府采购活动信用记录查询及使用工作机制，加快建立政府采购信用评价制度，有效应用信用信息和信用报告，积极推进政府采购领域联合惩戒工作。

二、认真做好信用记录查询及使用工作

（一）总体要求。

各地区各部门应当按照社会信用体系建设有关要求，根据社会信用体系建设情况，创造条件将相关主体的信用记录作为供应商资格审查、采购代理机构委托、评审专家管理的重要依据。

（二）信用记录查询渠道。

各级财政部门、采购人、采购代理机构应当通过"信用中国"网站（www.creditchina.gov.cn）、中国政府采购网（www.ccgp.gov.cn）等渠道查询相关主体信用记录，并采取必要方式做好信用信息查询记录和证据留存，信用信息查询记录及相关证据应当与其他采购文件一并保存。

（三）信用记录的使用。

1. 采购人或者采购代理机构应当在采购文件中明确信用信息查询的查询渠道及截止时点、信用信息查询记录和证据留存的具体方式、信用信息的使用规则等内容。采购人或者采购代理机构应当对供应商信用记录进行甄别，对列入失信被执行人、重大税收违法案件当事人名单、政府采购严重违法失信行为记录名单及其他不符合《中华人民共和国政府采购法》第二十二条规定条件的供应商，应当拒绝其参与政府采购活动。

两个以上的自然人、法人或者其他组织组成一个联合体，以一个供应商的身份共同参加政府采购活动的，应当对所有联合体成员进行信用记录查询，联合体成员存在不良信用记录的，视同联合体存在不良信用记录。

2. 各级财政部门应当在评审专家选聘及日常管理中查询有关信用记录，对具有行贿、受贿、欺诈等不

良信用记录的人员不得聘用为评审专家,已聘用的应当及时解聘。

依法自行选定评审专家的,采购人或者采购代理机构应当查询有关信用记录,不得选定具有行贿、受贿、欺诈等不良信用记录的人员。

3. 采购人委托采购代理机构办理政府采购事宜的,应当查询其信用记录,优先选择无不良信用记录的采购代理机构。

4. 采购人及采购代理机构应当妥善保管相关主体信用信息,不得用于政府采购以外事项。

三、工作要求

(一)各级财政部门和有关部门应当根据政府采购法及其实施条例相关规定,对参加政府采购活动的供应商、采购代理机构、评审专家的不良行为予以记录,并纳入统一的信用信息平台。

(二)各级财政部门应当切实加强政府采购信息化建设,做好相关技术保障,建立与相关信用信息平台的数据共享机制,逐步实现信用信息推送、接收、查询、应用的自动化。

(三)各地区各部门应当根据上述原则和要求,在政府采购活动中积极推进信用信息的共享和使用,研究制定符合本地本部门实际情况的具体操作程序和办法,落实相关工作要求,及时将信用信息使用情况反馈至财政部。

财政部关于完善中央单位政府采购预算管理和中央高校科研院所科研仪器设备采购管理有关事项的通知

2016 年 11 月 10 日   财库〔2016〕194 号

党中央有关部门,国务院各部委、各直属机构,全国人大常委会办公厅,全国政协办公厅,高法院,高检院,各民主党派中央,有关人民团体,新疆生产建设兵团,各省、自治区、直辖市、计划单列市财政厅(局):

为进一步完善中央单位政府采购预算管理,落实中共中央办公厅、国务院办公厅《关于进一步完善中央财政科研项目资金管理等政策的若干意见》有关中央高校、科研院所科研仪器设备采购管理的要求,现将有关事项通知如下:

一、完善中央单位政府采购预算管理

全面完整编制政府采购预算是加强政府采购管理的重要基础。中央单位应随部门预算编制一并编制政府采购预算。预算执行中部门预算资金调剂(包括追加、追减或调整结构)需要明确政府采购预算的,应按部门预算调剂的有关程序和规定一并办理,由主管预算单位报财政部(部门预算管理司)审核批复。

除部门预算资金调剂情形外,中央单位预算执行中预算支出总金额不变但需要单独调剂政府采购预算的类别(货物、工程、服务)和金额,以及使用非财政拨款资金采购需要明确政府采购预算的,由主管预算单位报财政部(国库司)备案。备案文件中应当载明中央单位名称、预算项目名称及编码、采购项目名称以及政府采购预算的类别、金额和调剂原因等项目基本情况说明。备案由主管预算单位组织在现行的"政府采购计划管理系统"(以下简称采购计划系统)中录入政府采购预算,并上传备案文件的电子扫描件。录入的政府采购预算作为中央单位编报政府采购计划、申请变更政府采购方式和采购进口产品的依据。

中央单位应准确区分不同类型，根据采购项目情况据实进行政府采购预算的报批和备案管理，不得随意调减政府采购预算以规避政府采购和公开招标。

二、完善中央高校、科研院所科研仪器设备采购管理

（一）中央高校、科研院所可自行采购科研仪器设备。

中央高校、科研院所可自行组织或委托采购代理机构采购各类科研仪器设备，采购活动应按照政府采购法律制度规定执行。

（二）对中央高校、科研院所采购进口科研仪器设备实行备案制管理。

中央高校、科研院所采购进口科研仪器设备，应按规定做好专家论证工作，参与论证的专家可自行选定，专家论证意见随采购文件存档备查。中央高校、科研院所通过采购计划系统对采购进口科研仪器设备进行备案，可单次或分次批量在采购计划系统"中央高校、科研院所科研仪器设备进口"模块中编报采购计划。

（三）简化中央高校、科研院所科研仪器设备变更政府采购方式审批流程。

中央高校、科研院所达到公开招标数额标准的科研仪器设备采购项目需要采用公开招标以外采购方式的，申请变更政府采购方式时可不再提供单位内部会商意见，但应将单位内部会商意见随采购文件存档备查。中央高校、科研院所申请变更政府采购方式时可注明"科研仪器设备"，财政部将予以优先审批。申请变更为单一来源采购方式的专业人员论证和审核前公示，以及提交一揽子变更申请等工作，按《中央预算单位变更政府采购方式审批管理办法》（财库〔2015〕36 号）的规定执行。

（四）中央高校、科研院所可自行选择科研仪器设备评审专家。

中央高校、科研院所科研仪器设备采购，可在政府采购评审专家库外自行选择评审专家。自行选择的评审专家与供应商有利害关系的，应严格执行回避有关规定。评审活动完成后，中央高校、科研院所应在评审专家名单中对自行选定的评审专家进行标注，并随同中标、成交结果一并公告。

（五）加强对科研仪器设备采购的内部控制管理。

中央高校、科研院所应按照《财政部关于加强政府采购活动内部控制管理的指导意见》（财库〔2016〕99 号）的规定，进一步完善内部管理规定，加强科研仪器设备采购的内控管理，严格执行政府采购相关规定，主动公开政府采购相关信息，做到科研仪器设备采购的全程公开、透明、可追溯。

本通知自 2017 年 1 月 1 日起开始执行。

各地区可参照本通知精神，结合实际，完善相关管理规定。

财政部关于印发《政府采购评审专家管理办法》的通知

2016 年 11 月 18 日　财库〔2016〕198 号

党中央有关部门，国务院各部委、各直属机构，全国人大常委会办公厅，全国政协办公厅，高法院，高检院，有关人民团体，各省、自治区、直辖市、计划单列市财政厅（局），中共中央直属机关采购中心、中央国家机关政府采购中心、全国人大机关采购中心、国家税务总局集中采购中心、海关总署物资装备采购中心、中国人民银行集中采购中心、公安部警用装备采购中心：

现将财政部制定的《政府采购评审专家管理办法》印发给你们，请遵照执行。

附件：政府采购评审专家管理办法（略）

财政部关于进一步加强政府采购需求和履约验收管理的指导意见

2016 年 11 月 25 日　财库〔2016〕205 号

党中央有关部门，国务院各部委、各直属机构，全国人大常委会办公厅，全国政协办公厅，高法院、高检院，各民主党派中央，有关人民团体，各省、自治区、直辖市、计划单列市财政厅（局），新疆生产建设兵团财务局：

　　近年来，各地区、各部门认真贯彻政府采购结果导向改革要求，落实《中华人民共和国政府采购法》及其实施条例有关规定，不断加强政府采购需求和履约验收管理，取得了初步成效。但从总体上看，政府采购需求和履约验收管理还存在认识不到位、责任不清晰、措施不细化等问题。为了进一步提高政府采购需求和履约验收管理的科学化、规范化水平，现就有关工作提出以下意见：

一、高度重视政府采购需求和履约验收管理

　　依法加强政府采购需求和履约验收管理，是深化政府采购制度改革、提高政府采购效率和质量的重要保证。科学合理确定采购需求是加强政府采购源头管理的重要内容，是执行政府采购预算、发挥采购政策功能、落实公平竞争交易规则的重要抓手，在采购活动整体流程中具有承上启下的重要作用。严格规范开展履约验收是加强政府采购结果管理的重要举措，是保证采购质量、开展绩效评价、形成闭环管理的重要环节，对实现采购与预算、资产及财务等管理工作协调联动具有重要意义。各地区、各部门要充分认识政府采购需求和履约验收管理的重要性和必要性，切实加强政府采购活动的源头和结果管理。

二、科学合理确定采购需求

　　（一）采购人负责确定采购需求。采购人负责组织确定本单位采购项目的采购需求。采购人委托采购代理机构编制采购需求的，应当在采购活动开始前对采购需求进行书面确认。

　　（二）采购需求应当合规、完整、明确。采购需求应当符合国家法律法规规定，执行国家相关标准、行业标准、地方标准等标准规范，落实政府采购支持节能环保、促进中小企业发展等政策要求。除因技术复杂或者性质特殊，不能确定详细规格或者具体要求外，采购需求应当完整、明确。必要时，应当就确定采购需求征求相关供应商、专家的意见。采购需求应当包括采购对象需实现的功能或者目标，满足项目需要的所有技术、服务、安全等要求，采购对象的数量、交付或实施的时间和地点，采购对象的验收标准等内容。采购需求描述应当清楚明了、规范表述、含义准确，能够通过客观指标量化的应当量化。

　　（三）加强需求论证和社会参与。采购人可以根据项目特点，结合预算编制、相关可行性论证和需求调研情况对采购需求进行论证。政府向社会公众提供的公共服务项目，采购人应当就确定采购需求征求社会公众的意见。需求复杂的采购项目可引入第三方专业机构和专家，吸纳社会力量参与采购需求编制及论证。

　　（四）严格依据采购需求编制采购文件及合同。采购文件及合同应当完整反映采购需求的有关内容。采购文件设定的评审因素应当与采购需求对应，采购需求相关指标有区间规定的，评审因素应当量化到相应区间。采购合同的具体条款应当包括项目的验收要求、与履约验收挂钩的资金支付条件及时间、争议处理规定、采购人及供应商各自权利义务等内容。采购需求、项目验收标准和程序应当作为采购合同的附件。

三、严格规范开展履约验收

（五）采购人应当依法组织履约验收工作。采购人应当根据采购项目的具体情况，自行组织项目验收或者委托采购代理机构验收。采购人委托采购代理机构进行履约验收的，应当对验收结果进行书面确认。

（六）完整细化编制验收方案。采购人或其委托的采购代理机构应当根据项目特点制定验收方案，明确履约验收的时间、方式、程序等内容。技术复杂、社会影响较大的货物类项目，可以根据需要设置出厂检验、到货检验、安装调试检验、配套服务检验等多重验收环节；服务类项目，可根据项目特点对服务期内的服务实施情况进行分期考核，结合考核情况和服务效果进行验收；工程类项目应当按照行业管理部门规定的标准、方法和内容进行验收。

（七）完善验收方式。对于采购人和使用人分离的采购项目，应当邀请实际使用人参与验收。采购人、采购代理机构可以邀请参加本项目的其他供应商或第三方专业机构及专家参与验收，相关验收意见作为验收书的参考资料。政府向社会公众提供的公共服务项目，验收时应当邀请服务对象参与并出具意见，验收结果应当向社会公告。

（八）严格按照采购合同开展履约验收。采购人或者采购代理机构应当成立验收小组，按照采购合同的约定对供应商履约情况进行验收。验收时，应当按照采购合同的约定对每一项技术、服务、安全标准的履约情况进行确认。验收结束后，应当出具验收书，列明各项标准的验收情况及项目总体评价，由验收双方共同签署。验收结果应当与采购合同约定的资金支付及履约保证金返还条件挂钩。履约验收的各项资料应当存档备查。

（九）严格落实履约验收责任。验收合格的项目，采购人应当根据采购合同的约定及时向供应商支付采购资金、退还履约保证金。验收不合格的项目，采购人应当依法及时处理。采购合同的履行、违约责任和解决争议的方式等适用《中华人民共和国合同法》。供应商在履约过程中有政府采购法律法规规定的违法违规情形的，采购人应当及时报告本级财政部门。

四、工作要求

（十）强化采购人对采购需求和履约验收的主体责任。采购人应当切实做好需求编制和履约验收工作，完善内部机制、强化内部监督、细化内部流程，把采购需求和履约验收嵌入本单位内控管理流程，加强相关工作的组织、人员和经费保障。

（十一）加强采购需求和履约验收的业务指导。各级财政部门应当按照结果导向的改革要求，积极研究制定通用产品需求标准和采购文件标准文本，探索建立供应商履约评价制度，推动在政府采购评审中应用履约验收和绩效评价结果。

（十二）细化相关制度规定。各地区、各部门可根据本意见精神，研究制定符合本地区、本部门实际情况的具体办法和工作细则，切实加强政府采购活动中的需求和履约验收管理。

财政部办公厅关于做好政府采购有关信用
主体标识码登记工作的通知

2016 年 8 月 8 日　财办库〔2016〕320 号

各省、自治区、直辖市、计划单列市财政厅（局），新疆生产建设兵团财务局：

为进一步做好政府采购信用信息共享工作，落实《财政部关于在政府采购活动中查询及使用信用记录有关问题的通知》（财库〔2016〕125号）相关要求，完善政府采购信用信息，现将相关事项通知如下：

一、按照《财政部办公厅关于报送政府采购严重违法失信行为信息记录的通知》（财办库〔2014〕526号）有关要求，财政部在中国政府采购网建立"政府采购严重违法失信行为记录名单"专栏，集中发布全国政府采购严重违法失信行为信息记录。地方各级财政部门在登记政府采购严重违法失信行为信息记录时，若信用主体为企业法人，应录入统一社会信用代码、组织机构代码、工商登记号、税务登记号中的任意一项（以下简称主体标识码）；若信用主体为自然人，应当录入当事人身份证号码。

二、根据《财政部关于做好政府采购代理机构资格认定行政许可取消后相关政策衔接工作的通知》（财库〔2014〕122号）有关要求，代理机构在中国政府采购网或其工商注册地所在地省级分网站进行网上登记。各省级财政部门在组织本地区政府采购代理机构网上登记时，应当要求代理机构录入主体标识码。

三、各省级财政部门应当高度重视信用信息的登记和发布工作，确保信用信息的完整性和准确性，做好相关组织工作，及时调整相关系统设置，并通知本地区各级财政部门和社会代理机构做好有关工作。

财政部办公厅关于对中央预算单位政府采购执行情况实行动态监管的通知

2016年11月17日　财办库〔2016〕413号

党中央有关部门办公厅（室），国务院各部委、各直属机构办公厅（室），全国人大常委会办公厅秘书局，全国政协办公厅秘书局，高法院办公厅，高检院办公厅，各民主党派中央办公厅，有关人民团体办公厅（室），新疆生产建设兵团财务局，各省、自治区、直辖市、计划单列市财政厅（局）：

为切实加强对中央预算单位政府采购活动的事中事后监管，推动中央预算单位依法依规开展政府采购活动，财政部决定对中央预算单位政府采购执行情况实行动态监管。现将有关事项通知如下：

一、推进中央预算单位采购执行情况动态监管

财政部（国库司）依托中国政府采购网、政府采购计划管理系统等信息系统，对采购项目采购预算和计划编报、单一来源采购审核前公示、采购公告、中标（成交）结果公告和采购合同公告等环节的数据信息进行核对校验，对中央预算单位政府采购项目执行情况实行动态监管。财政部（国库司）将动态监管中发现的疑点问题定期反馈主管预算单位核实，对违法违规问题依法进行处理。

二、动态监管的主要内容

（一）政府采购预算和计划编报情况。重点监管中央预算单位是否违规调剂政府采购预算，规避公开招标和政府采购；是否超采购预算或计划开展采购活动。

（二）政府采购审核审批事项执行情况。重点监管中央预算单位达到公开招标数额标准以上的货物、服务采购项目采用公开招标以外采购方式的，在发布采购公告前是否按规定报财政部审批；采购进口产品的采购项目，在发布采购公告前是否按规定报财政部审核或备案。

（三）政府采购信息公开情况。重点监管中央预算单位是否按规定在中国政府采购网发布招标公告、竞争性谈判公告、竞争性磋商公告、询价公告、中标（成交）结果公告和采购合同公告。

三、有关工作要求

各主管预算单位应加强本系统政府采购项目执行管理，督促所属预算单位做好政府采购活动的内控管理，积极配合财政部（国库司）对动态监管中发现疑点问题的核实处理，对违法违规问题及时进行整改，切实提高政府采购规范化管理水平。

各地区可参照本通知精神，结合实际，开展本地区预算单位政府采购执行情况动态监管工作。

省财政厅关于进一步加强政府采购预算管理的通知

2016 年 8 月 16 日　鲁财采〔2016〕19 号

省直各部门，各政府采购代理机构：

为落实审计整改要求，进一步规范政府采购预算编制，提升政府采购执行效率，根据省审计厅《关于省财政厅具体组织 2015 年度省级预算执行和其他财政收支情况的审计决定》（鲁审财决〔2016〕24 号，以下简称《审计决定》）中有关问题和审计建议，现将有关事项通知如下。

一、关于未实行政府采购问题

《审计决定》显示，2015 年有 58 个单位在未编制政府采购预算的情况下，以非政府采购方式办理了集中采购目录内或分散采购限额标准以上的支出事项，涉及金额 2.23 亿元。根据审计发现问题，省财政厅对今年以来的"应采未采"项目资金进行了分类统计，截至 2016 年 7 月底，发现仍有部分部门单位存在此类问题。

（一）已发现的"应采未采"问题处理。对本次审计发现问题，各部门单位要引起高度重视，切实提高认识、强化责任，就本单位近两年来"应采未采"项目进行全面梳理、查明原因、认真整改，整改情况于 2016 年 8 月 31 日前报省财政厅各部门预算管理处。

（二）2016 年预算执行中类似问题的处理。各部门单位根据已下达预算资金情况，结合工作实际，对属于政府采购范畴的，按照《2016 年度山东省省级政府集中采购目录》等有关规定提出政府采购预算追加申请，由省财政厅相关处室调整相应预算。今后，凡属于"应编未编"政府采购预算的项目，一经发现，将按照《政府采购法》及其实施条例等规定，对部门单位及相关责任人给予相应处理；此类项目，各部门单位一律不得申请财政性资金支付。

（三）政府采购预算要"应编尽编"。在今后的部门预算编制中，凡部门单位使用财政性资金以及以财政性资金作为还款来源的借贷资金，采购集中采购目录以内或者采购限额标准以上的货物、工程和服务项目，均应编制政府采购预算。尤其是适用《招标投标法》及其实施条例的工程建设项目，应全部纳入政府采购预算编制范围。

（四）关于适用《招标投标法》工程建设项目的有关具体操作。凡属政府采购预算项目，在"应编尽编"的基础上，要严格落实"应采尽采"要求。对适用《招标投标法》及其实施条例的工程建设项目，在"山东省政府采购管理交易系统"内填报建议书时，应注明"是否执行建设部门工程招投标程序"，如选择"是"，即可不在系统内反映项目的公告发布、项目论证、专家抽取等具体操作。项目招标完成后，须在系统内录入合同方可申请资金支付。

对于与建筑物和构筑物的新建、改建和扩建无关的系统工程、网络工程、监控工程、智能化工程等，不属于《招标投标法》适用范围的，应严格按照《政府采购法》及其实施条例要求组织采购活动。

二、关于政府采购预算执行不到位问题

《审计决定》中关于预算执行不到位的问题，一是未按规定时间编制政府采购计划。2015 年有 436 个部门单位的 3 989 项采购事项未在年初政府采购预算批复后 2 个月内编制政府采购计划，涉及金额 20.14 亿元，占当年年初批复政府采购预算的 18.6%。二是未按规定时间执行并签订政府采购合同。截至 2015 年 11 月底，年初批复政府采购预算指标中有 513 个部门单位的 14.61 亿元未签订政府采购合同，占年初批复政府采购预算的 13.5%。截至 12 月底，仍有 411 个部门单位的 7.99 亿元尚未签订政府采购合同。以上情形均违反了《山东省政府采购管理办法》的有关规定。

各部门单位要高度重视审计查处问题，认真做好问题整改，全面提升采购执行效率。政府采购项目预算批复后要抓紧开展相关工作，加强统筹协调，合理安排时间，确保在规定时间内提交建议书，尽快组织采购活动，及时签订采购合同。省财政厅自 2016 年 8 月起，建立政府采购预算执行定期通报和重点约谈制度，于每年二三季度末、第四季度每月末公布各部门单位预算执行进度，督促加快预算执行，尽早完成采购任务；年终对全年执行情况进行集中通报，对未按时完成采购活动的单位进行重点约谈，并将预算执行情况反馈各相关处室，作为下一年度预算安排的重要参考。年底前采购项目尚未进入执行环节的，按照政府采购预算管理办法有关规定收回相应预算指标。

附件：1. 2015 年度省级预算执行审计中发现的"应采未采"问题汇总表（不发）
2. 2015 年度省级预算执行审计中发现的"应采未采"问题表（略）

省财政厅关于公布《2017 年度山东省省级政府
集中采购目录》的通知

2016 年 9 月 19 日　鲁财采〔2016〕26 号

省直各部门、单位，各政府采购代理机构：

为进一步贯彻简政放权、放管结合、优化服务要求，改进政府采购管理，规范政府采购活动，提升预算执行效率，根据《政府采购法》及其实施条例和《山东省政府采购管理办法》有关规定，我们制定了《2017 年度山东省省级政府集中采购目录》（以下简称《集中采购目录》），现予公布，并就有关事项通知如下：

一、集中采购限额标准

政府采购分为集中采购和分散采购，纳入《集中采购目录》内的政府采购品目，均实行集中采购。

对适用批量集中采购方式以外的集中采购品目，货物、服务类同一个二级品目内单项或批量采购 20 万元以下（含 20 万元）、工程类同一个二级品目内单项或批量采购 30 万元以下（含 30 万元）的，只需编报政府采购预算，具体采购活动可由预算单位自行组织，也可委托采购代理机构组织。

二、分散采购限额标准

《集中采购目录》以外、采购预算金额在限额标准（含）以上的项目实行分散采购，预算单位可委托

省政府采购中心或社会代理机构进行采购。其中，货物类采购限额标准为单项或年度批量预算金额 50 万元；工程类和服务类采购限额标准分别为单项或年度批量预算金额 100 万元。

三、公开招标数额标准

采购公开招标数额标准以上的项目，必须采用公开招标方式。因特殊情况确需采用非公开招标采购方式的，应在采购活动开始前获得省财政厅政府采购监督管理部门的批准。公开招标的具体数额标准如下：

货物类和服务类：同一预算项目下，单项或批量采购金额一次性达到 200 万元以上（含 200 万元）。

工程类：建筑物和构筑物的新建、改建、扩建及其相关的货物、工程和服务项目，按照省工程管理有关规定执行，目前标准为 200 万元（含 200 万元，工程勘察、设计、监理项目单项合同估算金额 50 万元以上）。工程类项目，无论适用《政府采购法》还是《招标投标法》，凡属于部门、单位使用财政性资金以及以财政性资金作为还款来源的借贷资金，均应编制政府采购预算。

四、政府采购代理目录划分

《集中采购目录》分为"集中采购机构采购目录"和"社会代理机构采购目录"两部分。

（一）A、B、C 品目属于"集中采购机构采购目录"，由部门、单位委托省政府采购中心采购。

（二）D、E、F 品目属于"社会代理机构采购目录"，由部门、单位委托政府采购社会代理机构采购，也可委托省政府采购中心采购。

（三）实行分散采购的，省直各部门、单位上报政府采购建议书时，选择"G01 其他货物""G02 其他工程"和"G03 其他服务"品目，可委托政府采购社会代理机构或省政府采购中心采购。

五、批量集中采购范围

采购 5 台以上（含 5 台）台式计算机、台式一体机、便携式计算机、打印机、投影仪、复印机、桌面多功能一体机、空调，实行批量集中采购。

六、协议供货范围

"集中采购机构采购目录"中，下列物品单项或批量采购金额 200 万元以下的，实行协议供货。其中，小型机、车辆和消防设备的协议供货不受此金额限制。具体包括：

A03 办公自动化设备及耗材：小型机、台式计算机、便携式计算机、计算机工作站、液晶显示器、PC 服务器、存储设备、交换机、路由器、无线接入点（AP）、防火墙、统一威胁管理（UTM）、入侵检测（IDS）、入侵防御（IPS）、网闸、VPN、安全审计系统、上网行为管理系统、财务软件、杀毒软件、正版软件、负载均衡设备、打印机、多功能一体机、传真机、复印机、速印机、投影仪、DLP 数字背投、数字展台、交互式一体机、交互式电子白板、扫描仪、数字照相机、摄像机、移动存储设备、外置光盘刻录机、不间断电源（UPS）、碎纸机、硒鼓、墨盒、碳粉、色带、复印纸、硬件防毒墙、录音笔、电话机、饮水器、电视机；

A04 车辆：单次或批量采购 10 辆以下的轿车、多用途乘用车、消防车、微型面包车、皮卡车、客车；

A07 空调、空气调节设备：空调机、精密恒温恒湿空调；

A08 音、视频设备：MCU（视频会议主机系统）；

A15 消防设备：消防器材。

七、定点采购范围

法律服务、车辆加油、车辆维修、车辆保险，以及公开招标数额标准以下的家具、印刷和单项金额80万元以下小额工程项目实行定点采购。其中，小额工程项目主要包括：房屋建筑工程、建筑装饰装修工程、弱电工程（含建筑智能化工程、电子工程和安防工程）、消防设施工程、机电设备安装工程、城市园林绿化工程、建筑防水工程。家具、印刷、小额工程项目年度采购总额不能超过公开招标数额标准。

八、高等院校、医院耗材类采购

增加"耗材"品目，具体包括教学耗材和医用耗材。其中，教学耗材主要指"实验、实践教学中日常使用的低值易耗品"，医用耗材主要指"医疗过程中日常使用的低值易耗品"。凡高等院校、医院采购此类品目的，可自行采购，也可委托采购代理机构组织，但各品目年度自行采购总额不得超过200万元（含200万元）。

九、高等院校、科研院所科研仪器设备采购管理

为激发高校、科研机构的创新活力，充分发挥科研经费的使用效益，参照中共中央办公厅、国务院办公厅《关于进一步完善中央财政科研项目资金管理等政策的若干意见》，改进科研仪器设备采购管理，将高等院校、科研院所购置的科研仪器设备调出《集中采购目录》，允许省属高等院校、科研院所自行采购科研仪器设备并自主选择评审专家。具体科研仪器设备范围，由各高等院校、科研院所按照资金性质及用途自主认定。同时，高等院校、科研院所的科研仪器设备所用耗材一并实行自行采购。

十、社会代理机构和招投标采购场所选择

（一）对驻济以外省直部门、单位采购"集中采购机构采购目录"内的，除适用协议供货、批量集中采购方式外的品目，允许委托当地集中采购机构、社会代理机构或省政府采购中心采购。

（二）对采购金额1 000万元以上（含1 000万元）的民生项目或国家、省重点推行的政府购买服务及政府和社会资本合作项目，应委托省政府采购中心组织，其他项目可由预算单位自主选择社会代理机构组织。

（三）对省直各部门、单位在政府采购预算批复两个月内上报政府采购建议书，且经省政府采购中心确认后一个月内无法安排采购的，根据预算单位的实际采购需求，经省级财政部门审核，可调整由社会代理机构组织实施。

（四）对社会代理机构代理的公开招标数额以上项目，一般应到省政府采购中心组织，也可自行选择具有完备电子监控设施的场所组织。

十一、政府采购进口产品审核管理

省直部门、单位需购买《2017年度山东省省级政府采购进口产品目录》（以下简称《进口产品目录》，详见附件2）内进口产品的，且编制预算时已选择进口产品的，不需报送书面申请材料。年度执行中确需采购进口产品且不属于《进口产品目录》内的，或预算编制时未选择《进口产品目录》中相应进口产品的，应在编报政府采购建议书前，向省财政厅报送进口产品采购申请。属于《进口产品目录》内的，不需要附专家论证意见；《进口产品目录》外的，应按照相关规定组织专家论证并出具专家论证意见。

十二、严格落实政府采购政策

政府采购制度的主要功能之一就是不断推动国家经济社会发展目标的实现，省直各部门、单位应按照国家有关规定，认真执行支持创新、本国产品采购、促进中小企业发展、优先采购节能环保产品、扶持监狱企业等采购政策。对于政策支持范围内的品目，应通过制定需求标准、预留采购份额、价格评审优惠、优先采购和强制采购等措施，加大落实力度。

十三、其他

在预算执行过程中，省财政厅可根据政府采购法律法规有关规定和年度预算执行进度需要，对《政府集中采购目录》内项目进行适当调整。

本通知自 2016 年 11 月 1 日起施行，有效期至 2017 年 12 月 31 日。

附件：1. 2017 年度山东省省级政府集中采购目录

2. 2017 年度山东省省级政府采购进口产品目录

附件 1：

2017 年度山东省省级政府集中采购目录

集中采购机构采购目录		
品目编码	品目名称	备注
A	货物	
A01	家具	定点采购。
A0101	床类	包括木质床类、竹质床类、金属床类等。
A0102	台、桌类	包括写字台、书桌、前台桌等。
A0103	椅凳类	包括扶手椅、凳子等。
A0104	沙发类	包括皮沙发、布面料沙发等。
A0105	柜类	
A0106	架类	包括密集架、书架、货架等。
A0107	屏风类	
A02	公务服装	
A0201	制服	
A0202	普通服装	包括皮革服装。
A0203	鞋、靴及附件	
A0204	被服附件	包括帽子、围巾、领带、手套、皮带、拉链、纽扣等其他被服附件。
A0205	床上装具	不包括电热卧具。包括床褥单、被面、枕套、被罩、床罩、毯子、寝具及相关用品、毛巾被、枕巾等其他床上用具。
A0206	室内装具	包括台布（桌布）、毛巾、方巾、盥洗、厨房用织物制品、窗帘及类似品、垫子套等其他室内装具。
A03	办公自动化设备及耗材	
A0301	计算机	
A030101	巨型计算机	

品目编码	品目名称	备注
集中采购机构采购目录		
A030102	大型计算机	
A030103	中型计算机	
A030104	小型计算机	
A030105	台式计算机	5 台以上（含 5 台）实行批量集中采购，5 台以下可以协议供货。
A030106	便携式计算机	5 台以上（含 5 台）实行批量集中采购，5 台以下可以协议供货。
A030107	掌上电脑	
A030108	平板式微型计算机	
A030109	计算机工作站	图形工作站协议供货。
A0302	服务器	
A030201	PC 服务器	协议供货。
A030202	小型机	协议供货。
A0303	信息安全设备	
A030301	防火墙	硬件防火墙、统一威胁管理（UTM）协议供货。
A030302	入侵检测设备	入侵检测（IDS）协议供货。
A030303	入侵防御设备	入侵防御（IPS）、硬件防毒墙协议供货。
A030304	漏洞扫描设备	
A030305	容灾备份设备	
A030306	网络隔离设备	
A030307	安全审计设备	安全审计系统、上网行为管理系统协议供货。
A030308	安全路由器	
A030309	计算机终端安全设备	包括加密狗、U 盾等。
A030310	网闸	协议供货。
A030311	密码产品	
A030312	虚拟专用网（VPN）设备	VPN 协议供货。
A0304	计算机网络设备	
A030401	路由器	协议供货。
A030402	交换机	协议供货。
A030403	集线器	
A030404	光传输设备	包括光端机、多业务传输送设备等。
A030405	终端接入设备	包括 XDSL 设备、上网卡、调制解调器等。
A030406	网络控制设备	包括通信（控制）处理机、通信控制器、集中器、终端控制器、集群控制器、多站询问单位等其他网络控制设备。
A030407	网络接口和适配器	包括网络接口、通信适配器、接口适配器、光纤转换器等其他网络接口和适配器。
A030408	网络收发设备	包括网络收发器、网络转发器、网络分配器等其他网络收发设备。
A030409	网络连接设备	无线接入点（AP）协议供货。 包括网关、网桥等其他网络连接设备。

续表

	集中采购机构采购目录	
品目编码	品目名称	备注
A030410	网络检测设备	包括协议分析器、协议测试设备、差错检测设备等其他网络检测设备。
A030411	负载均衡设备	协议供货。
A0305	计算机软件	
A030501	操作系统	
A030502	数据库管理系统	
A030503	中间件	
A030504	办公套件	
A030505	支撑软件	包括需求分析软件、建模软件、集成开发环境、测试软件、开发管理软件、逆向工程软件和再工程软件、其他支撑软件。
A030506	应用软件	财务软件协议供货。 包括通用应用软件和行业应用软件。
A030507	嵌入式软件	包括嵌入式操作系统、嵌入式数据库系统、嵌入式开发与仿真软件、嵌入式应用软件、其他嵌入式软件。
A030508	信息安全软件	杀毒软件协议供货。 包括基础和平台类安全软件、数据安全软件、网络与边界安全软件、专用安全软件、安全测试评估软件、安全应用软件、安全支撑软件、安全管理软件、其他信息安全软件。
A0306	终端设备	
A030601	触摸式终端设备	
A030602	终端机	
A0307	存储设备	
A030701	磁盘阵列	协议供货。
A030702	光盘库	
A030703	磁带机	
A030704	磁带库	
A030705	网络存储设备	光纤交换机协议供货。 包括 NAS 设备。
A030706	移动存储设备	协议供货。 包括闪存盘（优盘）、移动硬盘、软盘、光盘等。
A0308	打印机	5 台以上（含 5 台）实行批量集中采购，5 台以下可以协议供货。
A030801	喷墨打印机	
A030802	激光打印机	批量集中采购。
A030803	热式打印机	包括热传式打印机、热敏式打印机等。
A030804	针式打印机	
A0309	显示设备	指显示器。
A030901	液晶显示器	协议供货。
A030902	阴极射线管显示器	
A030903	等离子显示器	
A0310	扫描仪	协议供货。

集中采购机构采购目录		
品目编码	品目名称	备注
A0311	机柜	
A0312	中控设备	
A0313	不间断电源（UPS）	协议供货。
A0314	硒鼓	协议供货。包括再生鼓粉盒。
A0315	碳粉	协议供货。
A0316	墨盒	协议供货。
A0317	色带	协议供货。
A0318	复印纸	协议供货。
A0319	电话机	协议供货。
A0320	传真机	协议供货。
A0321	复印机	5台以上（含5台）实行批量集中采购，5台以下可以协议供货。
A0322	投影仪	5台以上（含5台）实行批量集中采购，5台以下可以协议供货。用于测量、测绘等专用投影仪除外。
A0323	多功能一体机	5台以上（含5台）实行批量集中采购，5台以下可以协议供货。具有多种办公功能的设备入此，例如带有打印功能的复印机等。
A0324	摄像机	协议供货。
A0325	照相机	
A032501	数字照相机	协议供货。指数码相机。
A032502	通用照相机	包括便携式照相机、胶片照相机、盘片照相机、一次性（玩具）照相机、座式照相机等。
A032503	特殊照相机	包括高速照相机、遥控照相机、夜视照相机等。
A0326	镜头及器材	
A0327	电子白板	
A0328	LED显示屏	包括单基色显示屏、双基色显示屏、全彩色显示屏等。
A0329	触控一体机	包括室内型、户外型触摸屏等。
A0330	刻录机	
A0331	速印机	
A0332	数码印刷机	
A0333	装订机	
A0334	销毁设备	包括碎纸机、光盘粉碎机、硬盘粉碎机、芯片粉碎机。
A033401	碎纸机	
A033402	光盘粉碎机	
A033403	硬盘粉碎机	
A033404	芯片粉碎机	
A0335	录音笔	协议供货。
A0336	饮水器	协议供货。包括净水机、软水机、纯水机等。
A0337	电视机	协议供货。

续表

集中采购机构采购目录		
品目编码	品目名称	备注
A04	车辆	新能源汽车优先采购。
A0401	载货汽车（含自卸汽车）	协议供货。包括皮卡车。
A0402	乘用车（轿车）	包括驾驶员座位在内不超过（含）9 个座位。
A040201	轿车	协议供货。
A040202	越野车	协议供货。
A040203	商务车	协议供货。
A0403	客车	
A040301	小型客车	协议供货。 除驾驶员座位外，座位数超过 9 座，但不超过（含）16 座。
A040302	大中型客车	协议供货。 除驾驶员座位外，座位数超过（含）16 座。
A0404	专用车辆	（不包含改装类车辆）
A040401	工程作业车辆	
A040402	消防车	
A040403	警车	
A040404	布障车	
A040405	清障车	
A040406	排爆车	
A040407	装甲防暴车	
A040408	通讯指挥车	
A040409	交通划线车	
A040410	防弹车	
A040411	医疗车	
A040412	通信专用车	
A040413	抢险车	包括救护车等。
A040414	人民法院特种专业技术用车	包括电视卫星转播车等。
A040415	渔政执法车	包括防汛应急抢险检测车、防汛抢险桥测车等。
A040416	船检执法车	
A040417	机动起重车	
A040418	垃圾车	
A040419	洒水车	
A040420	街道清洗清扫车	
A040421	除冰车	指汽车起重机。
A040422	扫雪车	
A0405	摩托车	
A0406	轨道交通装备	
A05	水上交通运输设备	

集中采购机构采购目录		
品目编码	品目名称	备注
A0501	货船	包括杂货船、多用途货船、集装箱货船、滚装货船、原油船、成品油船、污油船、水船、煤船、矿砂船、天然气船、液化石油气船、化学品船、运木船、冷藏船（鲜货船）、其他货船。
A0502	客船及拖船	包括客船、客货船、旅游船、轮渡船、气垫船、拖船、其他客船及拖船。
A0503	驳船	包括仓口驳船、甲板驳船、分节驳船、原油驳船、成品油驳船、储油驳船、水驳船、煤驳船、油渣驳船、化学品驳船、盐驳船、客驳船、港驳船、其他驳船。
A0504	渔船	包括拖网渔船、围网渔船、钓船，刺网类渔船，敷网类渔船，多种作业船，渔品加工船，收鲜运输船，渔业执法船，渔业调查、实习船，休闲渔船，渔业辅助船，其他渔船。
A0505	海洋、内水调查和开发船	包括科学考察船，科学研究船，测量船，其他海洋、内水调查和开发船。
A0506	电气作业和海底工程作业船	包括电站船、电焊船、布缆船、带缆船、铺管船、水下作业船、潜水工作船、潜水器母船、其他电气作业和海底工程作业船。
A0507	挖泥、打桩船（驳）	包括挖泥船，吹泥船，挖砂船，抛石船，铲石船，泥驳，砂驳，石驳，打桩船，打夯船，采金船，铺排船，其他挖泥、打桩船（驳）。
A0508	起重船和囤船	包括起重船、抛（起）锚船、囤船、趸船、其他起重船和囤船。
A0509	水面工作船	包括航标船，航政船，引水船，供应船，护堤、护山船，检查监督船，破冰船，水上水厂船，多用途船，试航辅助船，海监船，浮标作业船，其他水面工作船。
A0510	特种作业船	包括特种运水船，垃圾船，污水处理船，浮油回收船，油、水泵船，消防船，医疗船，打捞船，救生船，环保船，鱼苗船，其他特种作业船。
A0511	机动船	包括交通艇、巡逻艇、缉私艇、工作艇、指挥艇、侦勘艇、装备艇、橡皮艇、冲锋舟、摩托艇、其他机动船。
A0512	浮船坞、码头和维修工作船	包括浮船坞，浮码头，舾装工作船，一般修理船，水线修理船，其他浮船坞、码头和维修工作船。
A0513	船舶制造专用设备	包括放样、号料设备、钢材预处理流水线、管子加工流水线、平面分段流水线、联动生产流水线、船台小车、船舶试验设备、其他船舶制造专用设备。
A06	电梯	包括载人电梯、载货电梯、载人载货两用电梯、消防电梯等。
A07	空调、空气调节设备	
A0701	恒温机、恒温机组	
A0702	专用制冷、空调设备	包括机房用空调机组、恒温恒湿精密空调等其他专用制冷、空调设备。
A0703	空调机	5台以上（含5台）实行批量集中采购，包括制冷量14 000W及以下的空调类。
A0704	风扇	
A0705	通风机	
A0706	空气滤洁器	
A0707	空气净化设备	
A0708	排烟系统	
A0709	取暖器	
A0710	调湿调温机	
A0711	去湿机组	

续表

	集中采购机构采购目录	
品目编码	品目名称	备注
A0712	加湿机组	
A08	音、视频设备	
A0801	录像机	包括光盘录像设备、磁带型录像机等。
A0802	通用摄像机	指普通摄像机,包括摄像机附件设备。
A0803	摄录一体机	
A0804	平板显示设备	
A0805	电视唱盘	
A0806	激光视盘机	VCD、DVD 等设备入此。
A0807	视频监控设备	包括监控摄像机、报警传感器、数字硬盘录像机、监控电视墙（拼接显示器）、监视器、门禁系统等。
A0808	视频处理器	
A0809	字幕机	
A0810	录放音机	
A0811	收音机	
A0812	功放机	
A0813	电唱机	包括单声道唱机、立体声唱机等。
A0814	音响电视组合机	
A0815	话筒设备	
A0816	录音外围设备	
A0817	扩音设备	
A0818	音箱	包括效果器、特效器、压缩器等。
A0819	复读机	
A0820	语音语言实验室设备	
A0821	音视频播放设备	
A0822	闭路播放设备	
A0823	同声现场翻译设备及附属设备	
A0824	会议、广播及音乐欣赏系统	
A0825	视频会议控制台	MCU（视频会议主机系统）协议供货。
A0826	视频会议多点控制器	
A0827	视频会议会议室终端	
A0828	音视频矩阵	
A09	农用物资	
A0901	种子种苗	
A0902	农药	
A0903	化肥	
A0904	有机肥	
A10	义务教科书	包括教辅材料、新华字典等。

续表

集中采购机构采购目录		
品目编码	品目名称	备注
A11	药品	列入国家基本药物目录的药品除外。
A12	疫苗	
A1201	人用疫苗	
A1202	兽用疫苗	
A13	彩票销售设备	
A14	专用物资	
A1401	救灾物资	
A1402	防汛物资	
A1403	抗旱物资	
A1404	储备物资	
A15	消防设备	仅包含协议供货内产品。
B	工程	
B01	监控系统工程安装	定点采购。
B02	楼宇设备自控系统工程	定点采购。
B03	保安监控和防盗报警系统工程	定点采购。
B04	智能卡系统工程	定点采购。
B05	通信系统工程	定点采购。
B06	卫星和共用电视系统工程	定点采购。
B07	计算机网络系统工程	定点采购。 包括高校多媒体教室、校园网络、远程医疗诊断、远程教育等系统建设项目。
B08	灯光音响工程	定点采购。
B09	视频（电视、电话）会议室建设工程	定点采购。
B10	消防工程	定点采购。
B1001	火灾自动报警设备及安装	定点采购。
B1002	水系统消防设备及安装	定点采购。
B1003	气体灭火系统设备及安装	定点采购。
B11	通风和空调设备安装	定点采购。
B12	电梯安装	定点采购。
C	服务	
C01	信息技术服务	指为用户提供开发、应用信息技术的服务，以及以信息技术为手段支持用户业务活动的服务。
C0101	软件开发服务	指专门从事计算机软件的程序编制、分析等服务。
C0102	信息系统集成实施服务	指通过结构化的综合布线系统和计算机网络技术，将各个分离的设备、功能和信息等集成到相互关联的、统一协调的系统之中的服务。
C0103	数据处理服务	指向用户提供的信息和数据的分析、整理、计算、存储等加工处理服务。

<table>
<tr><td colspan="3" align="center">集中采购机构采购目录</td></tr>
<tr><td align="center">品目编码</td><td align="center">品目名称</td><td align="center">备注</td></tr>
<tr><td align="center">C0104</td><td align="center">信息化工程监理服务</td><td>指依据国家有关法律法规、技术标准和信息系统工程监理合同，由独立第三方机构提供的监督管理信息系统工程项目实施的服务，包括：
——通用布缆系统工程监理；
——电子设备机房系统工程监理；
——计算机网络系统工程监理；
——软件工程监理；
——信息化工程安全监理；
——信息技术服务工程监理。</td></tr>
<tr><td align="center">C0105</td><td align="center">测试评估认证服务</td><td>指具有相关资质的第三方机构提供的对软件、硬件、网络、质量管理、能力成熟度评估、信息技术服务管理及信息安全管理等，是否满足规定要求而进行的测试、评估和认证服务。</td></tr>
<tr><td align="center">C02</td><td align="center">维修和保养服务</td><td>指机械设备的修理和保养服务。</td></tr>
<tr><td align="center">C0201</td><td align="center">计算机设备维修和保养服务</td><td>包括计算机设备、计算机网络设备、信息安全设备等的维修和保养服务。</td></tr>
<tr><td align="center">C0202</td><td align="center">办公设备维修和保养服务</td><td>包括电话机、传真机、复印机等的维修和保养服务。</td></tr>
<tr><td align="center">C0203</td><td align="center">车辆维修和保养服务</td><td>包括载货汽车、汽车挂车、乘用车等车辆的维修和保养服务。</td></tr>
<tr><td align="center">C0204</td><td align="center">车辆加油服务</td><td>定点采购。</td></tr>
<tr><td align="center">C0205</td><td align="center">空调、电梯维修和保养服务</td><td>包括制冷空调、电梯等的维修和保养服务。</td></tr>
<tr><td align="center">C03</td><td align="center">法律服务</td><td>定点采购。</td></tr>
<tr><td align="center">C0301</td><td align="center">法律诉讼服务</td><td>包括：
——刑事诉讼法律服务；
——民事诉讼法律服务；
——行政诉讼法律服务；
——涉外诉讼法律服务；
——其他法律诉讼服务。</td></tr>
<tr><td align="center">C0302</td><td align="center">法律咨询服务</td><td>包括：
——刑事诉讼法律咨询服务；
——民事诉讼法律咨询服务；
——行政诉讼法律咨询服务；
——涉外诉讼法律咨询服务；
——其他法律咨询服务。</td></tr>
<tr><td align="center">C04</td><td align="center">银行服务</td><td></td></tr>
<tr><td align="center">C0401</td><td align="center">银行代理服务</td><td>包括集中支付、支票承兑、代发工资、代收水电费等代理服务。</td></tr>
<tr><td align="center">C05</td><td align="center">机动车保险服务</td><td>定点采购。</td></tr>
<tr><td align="center">C06</td><td align="center">印刷服务</td><td>定点采购。</td></tr>
<tr><td align="center">C0601</td><td align="center">单证印刷服务</td><td>包括各类表单、证件、证书的印刷服务。</td></tr>
<tr><td align="center">C0602</td><td align="center">票据印刷服务</td><td>包括发票、收据等票据的印刷服务。</td></tr>
<tr><td align="center">C0603</td><td align="center">材料等印刷服务</td><td>主要包括：
——资料汇编、书籍杂志印刷服务；
——信封印刷服务；
——日历、名片、卡片、广告等的印刷服务。
不适用于单位日常使用的文件、公文、会议材料等的印刷服务。</td></tr>
<tr><td align="center">C07</td><td align="center">物业管理服务</td><td>指办公场所或其他公用场所水电供应维护、设备运行、门窗保养维护、保洁、保安等的管理服务。</td></tr>
<tr><td align="center">C08</td><td align="center">租赁服务</td><td></td></tr>
<tr><td align="center">C0801</td><td align="center">车辆及其他运输机械租赁服务</td><td>包含公务用车租赁</td></tr>
<tr><td align="center">C0802</td><td align="center">房屋租赁</td><td></td></tr>
</table>

续表

	社会代理机构采购目录	
品目编码	品目名称	备注
D	货物	
D01	照明设备	指成套灯具。
D0101	建筑用灯具	
D0102	车、船用灯	包括船用信号灯，汽车用信号灯，其他车、船用灯等。
D0103	室内照明灯具	包括嵌入灯、吸顶灯、吊灯、壁灯、可移式灯等。
D0104	场地用灯	
D0105	路灯	包括投光灯、探照灯等。
D0106	发光标志、铭牌	
D0107	体育比赛用灯	
D0108	摄影专用灯	
D0109	LED 照明设备	
D02	锅炉	
D0201	工业锅炉	包括常压蒸汽锅炉、承压蒸汽锅炉、高温热水锅炉、工业用热水锅炉、余热锅炉等。
D0202	民用锅炉	
D03	广播电视电影设备	
D0301	广播专用录放音设备	
D0302	调音台	
D0303	监听机（机组）	
D0304	声处理设备	广播、电视通用。
D0305	收音设备	
D0306	播控设备	
D0307	虚拟演播室设备	
D0308	声画编辑机	
D0309	自动编辑机	
D0310	时基校正器	
D0311	动画录像控制器	
D0312	非线性编辑设备	
D0313	广播级摄像机	
D0314	准广播级摄像机	
D0315	业务摄像机	
D0316	电视电影设备	
D0317	字幕信号发生器	
D0318	时钟信号设备	
D0319	虚拟演播室设备	
D0320	普通电视设备	包括有线电视前端设备、有线电视终端设备、有线电视传输复盖设备等。

社会代理机构采购目录		
品目编码	品目名称	备注
D0321	特殊环境应用电视监视设备	包括微光电视设备、高温电视设备、防爆电视设备、防腐电视设备、防潮电视设备等。
D0322	特殊功能应用电视设备	包括侦察电视设备、测量电视设备、跟踪电视设备、显微电视设备等。
D0323	特种成像应用电视设备	包括 X 光电视设备、紫外电视设备、红外电视设备等。
D0324	广播发射机	包括中波、短波、调频、调频立体声、数字音频等广播发射机。
D0325	调频广播差转机	
D0326	机动广播发射机	
D0327	广播发射天馈系统	立体声调频广播差转机入此。
D0328	电视发射机	包括米波、分米波、双伴音、数字广播电视发射机。
D0329	电视发射天馈系统	
D0330	可接收无线电话和无线电报的广播接收机	
D0331	机动车辆用需外接电源的广播接收设备	
D0332	发信机	
D0333	微波传输天馈系统	
D0334	特技视频处理设备	
D0335	视频切换设备	
D0336	静止图像存储器	
D04	仪器仪表	
D0401	自动化仪表	包括温度仪表、压力仪表、流量仪表、物位及机械量仪表、显示及调节仪表、气动、电动单元组合仪表、基地式仪表、绘图仪、集中控制装置、执行器等。
D0402	电工仪器仪表	包括电度表、实验室电工仪器及指针式电表、电阻测量仪器、记录电表、电磁示波器、测磁仪器、扩大量程装置等。
D0403	光学仪器	包括显微镜、光学计量仪器、物理光学仪器、光学测试仪器、电子光学及离子光学仪器、航测仪器、光谱遥感仪器、红外仪器、激光仪器、望远镜、眼镜、光导纤维和纤维束、透镜、棱镜、反射镜等。
D0404	分析仪器	包括电化学分析仪器、物理特性分析仪器及校准仪器、热学式分析仪器、光学式分析仪器、波谱仪、质谱仪、色谱仪、磁式分析仪、晶体振荡式分析仪、蒸馏及分离式分析仪、气敏式分析仪、化学变色式分析仪、多种原理分析仪、环境监测仪器及综合分析装置等。
D0405	试验仪器及装置	包括分析天平及专用天平、动力测试仪器、试验箱及气候环境试验设备、生物、医学样品制备设备、型砂铸造试验仪器及装置、真空检测仪器、土工测试仪器、实验室高压釜、电子可靠性试验设备等。
D0406	计算仪器	包括液体比重计、玻璃温度计、气压计、湿度计、液体压力计、气体与液体计量仪表、速度测量仪表、产量计数器、计步器、量仪、钟表及定时仪器等。
D0407	电子和通信测量仪器	包括数字、模拟仪表及功率计、元件器件参数测量仪、时间及频率测量仪器、网络特性测量仪器、衰减器、滤波器、放大器、场强干扰测量仪器及测量接收机、波形参数测量仪器、电子示波器、通讯、导航测试仪器、有线电测量仪等。

	社会代理机构采购目录	
品目编码	品目名称	备注
D0408	计量标准器具及量具、衡器	包括长度计量标准器具、热学计量标准器具、力学计量标准器具、电磁学计量标准器具、无线电计量标准器具、时间频率计量标准器具、电离辐射计量标准器具、光学计量标准器具、声学计量标准器具、化学计量标准器具等。
D0409	量具	包括量规、卡尺、千分尺、量尺、量带、高度尺、角度尺、指示表、刻线尺、光洁度样块、标准齿轮、量具附件等。
D0410	衡器	
D05	医疗设备	
D0501	医用电生理设备	包括心电诊断仪器、脑电诊断仪器、肌电诊断仪器、眼电诊断仪器、诱发电位设备、电声诊断仪器、监护仪器、生理参数遥测仪器、生理记录仪器、生理研究实验仪器、气体分析测定装置、肺功能仪、睡眠监测设备、血流量及容量测定装置、电子血压测定装置、运动生理参数测定装置、心磁图仪器、心输出量测定仪器等。
D0502	医用光学仪器	包括眼科光学仪器、手术显微镜及放大镜等。
D0503	医用超声波仪器及设备	包括超声诊断仪器、超声治疗设备等。
D0504	医用激光仪器及设备	包括激光手术和治疗设备、激光诊断仪器等。
D0505	医用内窥镜	包括硬式内窥镜、纤维内窥镜、医用内窥镜附属设备等。
D0506	物理治疗及康复设备	包括电疗仪器、微波及射频治疗设备、光疗仪器、水疗设备、体疗仪器、高低压氧仓、蜡疗设备、热疗设备、磁疗设备、康复及体育治疗仪器设备等。
D0507	中医设备	包括中医诊断设备、中医治疗设备等。
D0508	医用磁共振设备	
D0509	医用 X 线设备	包括通用 X 线诊断设备、专用 X 线诊断设备、数字化 X 线诊断设备、X 线电子计算机断层扫描装置等。
D0510	医用 X 线附属设备及部件	包括医用 X 线附属设备、医用影像显示器等。
D0511	医用高能射线设备	包括医用高能射线治疗设备、X 线治疗设备等。
D0512	核医学设备	包括核医学诊断设备、核医学治疗设备、医用核素检测设备等。
D0513	医用射线防护用具及装置	
D0514	医用射线监检测设备及用具	
D0515	临床检验设备	包括免疫设备、生化分析设备、微生物学设备、细胞核组织培养设备、血液学设备、血气分析仪、尿液化验设备、病理学设备、实验室辅助器具、设施及设备、特殊实验设备、医用化验基础设备等。
D0516	体外循环设备及血液处理设备	包括人工心肺及辅助设备、血液透析及辅助设备、血液净化及辅助装置、腹膜透析装置及辅助装置、人工肝支持系统及辅助装置等。
D0517	人工脏器及功能辅助装置	包括人工心脏瓣膜、人造管腔、人工器官、器官缺损修补材料等。
D0518	假肢装置及材料	
D0519	手术急救设备及器具	包括心脏急救设备、手术床、诊疗床、手术电刀设备、麻醉设备、呼吸设备、手术照明设备、吸引设备、冲洗减压器具等。
D0520	口腔科设备及技工室器具	包括口腔综合治疗设备、牙科椅、牙钻及配件、洁牙、补牙设备、牙种植设备及配件等。
D0521	病房护理设备	包括病床、输液设备及器具、器械台、柜等器具、医用推车及器具、病人生活用车、担架及器具、婴儿保育设备、呼叫系统、医用制气、供气、吸气装置等。

社会代理机构采购目录		
品目编码	品目名称	备注
D0522	消毒灭菌设备及器具	包括压力蒸汽灭菌设备、医用超声波净化设备、气体灭菌设备及器具、光线、射线灭菌设备等。
D0523	医用低温、冷疗设备	
D0524	医疗质控设备	
D0525	药房设备及器具	包括药品贮藏设备、药房设备、中药制备设备及器具等。
D06	医用器械及耗材	高值医用耗材除外。
D0601	基础外科手术器械	
D0602	显微外科手术器械	
D0603	神经外科手术器械	
D0604	眼科手术器械	
D0605	耳鼻喉科手术器械	
D0606	口腔科手术器械	
D0607	胸腔心血管外科手术器械	
D0608	腹部外科手术器械	
D0609	泌尿肛肠外科手术器械	
D0610	矫形外科（骨科）手术器械	
D0611	儿科手术器械	
D0612	妇产科手术器械	
D0613	计划生育科手术器械	
D0614	注射穿刺器械	
D0615	烧伤（整形）科手术器械	
D0616	体温表	
D0617	血压计	
D0618	听诊器	
D0619	防疫、防护卫生装备及器具	包括医疗箱类、急救盒类、急救包类、防毒设备及器具等。
D0620	电子助视器	
D0621	助听器	
D0622	轮椅	
D0623	兽医用电子诊断设备	
D0624	疫苗组织捣碎机	
D0625	疫苗冷冻干燥机	
D0626	动物疫病防治设备	
D0627	血型试剂	包括确定血型试剂、测定血清特征试剂、血型技术所需的相关试剂等。
D0628	影像检查用化学药制剂	包括口服 X 光检查造影剂、注射用 X 光检查造影剂等。
D0629	器官功能检查剂	包括妊娠诊断剂、酚磺酞注射液、刚果红注射液等。
D0630	有衬背的诊断或实验用试剂	包括极谱纸、石蕊试纸等。
D0631	无衬背的诊断或实验用试剂	包括基因诊断试剂、乙肝诊断试剂、艾滋诊断试剂等。

品目编码	品目名称	备注
	社会代理机构采购目录	
D0632	空心胶囊	包括明胶胶囊、粉浆装药空囊、植物胶囊等。
D07	兽用药品	
D0701	兽用化学药品	
D0702	兽用血清制品	
D0703	兽用诊断制品	
D0704	兽用微生态制品	
D0705	兽用中药材	
D0706	兽用中成药	
D0707	兽用化学药品	
D0708	兽用抗生素	
D0709	兽用生化药品	
D0710	兽用放射性药品	
D0711	兽用外用杀虫剂	
D0712	兽用消毒剂	
D08	无线电监测设备	
D09	文艺设备	
D0901	乐器	包括弓弦乐器、管乐器、打击乐器、键盘乐器、乐器辅助用品及配件、其他乐器。
D0902	演出服装	包括戏剧服装、舞蹈服装、其他演出服装。
D0903	舞台设备	包括舞台机械系统，幕布系统，舞台灯具及辅助设备，舞台音响设备，活动舞台，皮影、木偶、道具、布景、舞台用地胶，其他舞台设备。
D0904	影剧院设备	包括自动售票系统、观众座椅、电影放映设备、其他影剧院设备。
D0905	文艺设备零附件	
D10	体育设备	
D1001	田赛设备	包括标枪、铁饼、铅球、链球、跳高架、撑杆跳高架、横杆、撑杆等。
D1002	径赛设备	包括跨栏架、起跑器、接力棒、障碍架、发令枪、终点柱等。
D1003	球类设备	包括足球设备、篮球设备、排球设备、乒乓球设备、羽毛球设备、网球设备、垒球设备、冰球设备、手球设备、水球设备、曲棍球设备、高尔夫球设备、马球设备、橄榄球设备、藤球设备、台球设备、沙弧球设备、壁球设备、保龄球设备、棒球设备、其他球类设备。
D1004	体操设备	包括单杠、双杠、高低杠、平衡木、吊环、鞍马、跳马、弹簧板、助跳板等。
D1005	举重设备	包括举重杠铃、举重台、杠铃片、锁紧器、哑铃、壶铃、哑铃架等。
D1006	游泳设备	包括游泳池和戏水池等。
D1007	跳水设备	
D1008	水上运动设备	包括滑水板、冲浪板、帆板、体育运动用船等。
D1009	潜水运动设备	
D1010	冰上运动设备	包括冰球、冰球拍、冰球围网、冰球网柱、旱冰鞋、直排式旱冰鞋等。
D1011	雪上运动设备	包括滑雪屐、滑雪板扣件、滑雪杖、雪橇等。

续表

品目编码	品目名称	备注
	社会代理机构采购目录	
D1012	射击设备	包括普通气枪、汽步枪、汽手枪、运动步枪、运动手枪等。
D1013	击剑设备	包括重剑、轻剑、花剑等。
D1014	射箭设备	包括弓箭、弓弩等。
D1015	摩托车运动设备	
D1016	自行车运动设备	
D1017	赛车运动设备	
D1018	赛马和马术运动设备	
D1019	拳击、跆拳道设备	
D1020	摔跤、柔道设备	
D1021	散打、武术设备	包括单剑、双剑、竹刀、单刀、双刀、剑穗等。
D1022	棋牌类运动设备	包括扑克牌、桥牌等。
D1023	航模、海模及其他模型设备	
D1024	垂钓器具和用品	包括钓鱼竿、鱼线轮、鱼线、鱼钩、鱼漂、鱼篓、钓鱼用支架等。
D1025	登山设备	包括登山镐、登山绳、登山安全带、攀岩模拟器等。
D1026	健身设备	包括跑步机、电动跑步机、健身车、踏步器、登高器、漫步器等。
D1027	运动康复设备	包括震动按摩器、磁性震动按摩器、电动足底按摩器、多功能按摩器、按摩沙发磁力按摩床、水力按摩浴缸、足底按摩轮、手握式按摩圈等。
D1028	残疾人体育及训练设备	包括轮椅篮球设备、轮椅橄榄球设备、硬地滚球设备、脑瘫足球设备、盲人足球设备、盲人门球设备、坐式排球设备、残疾人健身与康复训练设备、其他残疾人体育设备。
D1029	体育运动辅助设备	包括场馆设施辅助器材、裁判用计时记分器材、记分牌、裁判桌、裁判椅、发奖台等。
D11	图书	
D1101	普通图书	
D1102	盲文图书	
D1103	电子图书	
D1104	普通期刊	不包括各单位日常工作开展所需订阅的报纸、杂志、期刊等。
D1105	电子期刊	
D12	耗材	
D1201	教学耗材	实验、实践教学中日常使用的低值易耗品
D1202	医用耗材	医疗过程中日常使用的低值易耗品
E	工程	
E01	建筑物施工	定点采购。
E0101	办公用房施工	
E0102	业务用房施工	
E0103	监狱施工	包括看守所、劳教所、拘留所和戒毒所等。
E02	构筑物施工	指构筑物主体工程的施工。
E0201	铁路工程施工	

续表

社会代理机构采购目录		
品目编码	品目名称	备注
E0202	公路工程施工	
E0203	机场跑道施工	
E0204	高速公路工程施工	
E0205	桥梁工程施工	
E0206	隧道工程施工	
E0207	水利工程施工	
E0208	市内管道、电缆及其有关工程铺设	包括燃气管道、供暖管道、供水管道、电缆工程、通信线路的铺设。
E0209	公共设施施工	园林绿化工程施工定点采购。 包括室外体育和娱乐设施、园林绿化工程施工。
E0210	环保工程施工	包括污水和固定废物处理、荒山绿化、防沙工程、江河湖泊治理、人工湿地、天然林保护工程施工。
E03	装修工程	定点采购。 包括木工装修、砌筑装修、瓷砖装修、玻璃装配、抹灰装修、石制装修、门窗安装、涂料装修、其他装修。
E04	房屋修缮	定点采购。 主要指对已建成的建筑物进行拆改、翻修和维护，包括抗震加固，下水管道改造，防水，木门窗、钢门窗及木修理等。
E05	电力系统安装	包括建筑物照明设备安装、电力系统安装。
E06	供暖设备安装	包括：有关非电供暖设备的安装服务、中央供暖控制系统安装和保养服务、地区供暖系统的连接服务、建筑物内部锅炉和燃烧器的保养和维修服务等。
E07	燃气设备安装	包括各种流体（例如医院里的氧气）供应的设备和其他气动式设备的安装服务，不包括环流供暖装置工程服务、通风和空调设备工程服务。
F	服务	
F01	系统运行维护服务	指为满足信息系统正常运行及优化改进的要求，对用户信息系统的基础环境、硬件、软件及安全等提供的各种技术支持和管理服务。
F02	展览服务	
F0201	博览会服务	
F0202	专业技术产品展览服务	包括：电子、通讯产品展览服务、汽车展览服务、机械设备展览服务、其他专业技术产品展览服务等。
F0203	文化产品展览服务	包括：图书展览服务、集邮展览服务、纪念品展览服务、其他文化产品展览服务等。
F03	建筑物清洁服务	指对建筑物内外墙、玻璃幕墙、地面、天花板及烟囱的清洗服务，包括：建筑物外墙清洗服务；建筑物玻璃幕墙和其他建筑物墙面清洗、建筑物内清洁服务；建筑物地面、墙面和其他建筑物内清洁服务、烟囱清洗服务、建筑物管道疏通、清洁与消毒服务等。
F04	电信和其他信息传输服务	
F05	工程咨询管理服务	
F0501	设计前咨询服务	指涉及工程技术可行性、环境影响研究、经济型评估等设计前的咨询服务。
F0502	工程勘探服务	包括地质、水文、地球物理等工程勘探服务。
F0503	工程设计服务	包括设计图纸绘制、成本限制、施工计划等。

续表

社会代理机构采购目录		
品目编码	品目名称	备注
F0504	装修设计服务	指工程内部空间的规划设计服务。
F0505	工程项目管理服务	包括招标代理和各类合同执行等管理服务。
F0506	工程监理服务	指具有相应资质的工程监理企业，接受建设单位的委托，承担其项目管理工作，并代表建设单位对承建单位的建设行为进行监控的专业化服务。

附件 2：

2017 年度山东省省级政府采购进口产品目录

品目编码	品目名称	进口产品设备名称	备注
A03	办公自动化设备及耗材	PC 服务器	
		小型机	
		网络设备	包括负载均衡设备
		系统软件	
		工具软件	
		应用软件	
		杀毒软件	
		数据库软件	
		存储区域网络设备 SAN	
		网络附属存储设备 NAS	
		直接附属存储设备 DAS	
		磁带机	
		磁带库	
		磁盘阵列	
		移动存储设备	
		打印机	
		速印机	
		扫描仪	
		不间断电源（UPS）	
		卡片机	包括存储卡、存储设备
		普通单反相机	包括存储卡、存储设备
		全画幅单反相机	包括存储卡、存储设备
		数码摄像机	包括存储卡、存储设备
A08	音、视频设备	音频处理器	
		多媒体接入小盒	
		音频编码器	
		音频解码器	
		音频复用器	
		音频处理器	

品目编码	品目名称	进口产品设备名称	备注
A08	音、视频设备	响度控制器	
		音频切换器	
		话筒线路分配器	
		电话耦合器	
		音频处理器	
		音频测试仪	
		音频信号发生器	
		音频矩阵	
		音频监测仪	
		高频监测仪	
		音频报警器	
		高频报警器	
		配电监测仪	
		综合测试仪	
		周边机箱	
		各类视音频周边板卡	
		监视器	
		精密监视器	
		标清多格式放像机、录像机	
		高清多格式放像机、录像机	
		摄像机电缆	
		专业摄像机三脚架	
		摇臂	
		触摸屏	
		话筒	
		无线话筒接收机	
		无线话筒及接收机	
		采访用电容话筒	
		采访用动圈话筒	
		话筒挑杆	
		鹅颈话筒	
		专用话筒防风套件	
		各类指向话筒	
		耳机	
		耳机信号分配器	
		音频信号放大器	
		硬盘播放器	
A12	疫苗	脊髓灰质炎灭活疫苗（预填充注射器型）	

品目编码	品目名称	进口产品设备名称	备注
A15	消防设备	消防头盔	
		消防手套	
		消防员灭火防护靴	
		正压式消防空气呼吸器	
		消防轻型安全绳	
		消防护目镜	
		抢险救援头盔	
		抢险救援手套	
		抢险救援靴	
		消防员隔热防护服	
		消防员避火防护服	
		二级化学防护服	
		一级化学防护服	
		特级化学防护服	
		核沾染防护服	
		防爆服	
		电绝缘装具	
		防高温手套	
		防化手套	
		消防通用安全绳	
		消防 I 类安全吊带	
		消防 II 类安全吊带	
		消防 III 类安全吊带	
		消防防坠落辅助部件	
		空气充填泵	
		移动供气源	
		正压式消防氧气呼吸器	
		强制送风呼吸器	
		潜水装具	
		消防员呼救器后场接收装置	
		无线视频传输系统	
		无线通信装置	
		防爆手持电台	
		消防员单兵定位装置	
		有毒气体探测仪	
		军事毒剂侦检仪	
		可燃气体检测仪	
		水质分析仪	

品目编码	品目名称	进口产品设备名称	备注
A15	消防设备	电子气象仪	
		无线复合气体探测仪	
		生命探测仪	
		消防用红外热像仪	
		漏电探测仪	
		核放射探测仪	
		电子酸碱测试仪	
		移动式生物快速侦检仪	
		便携危险化学品检测片	
		消防救生气垫	
		气动起重气垫	
		救援支架	
		救生抛投器	
		水面漂浮救生绳	
		电动剪扩钳	
		液压动力源	
		液压破拆工具组	
		液压万向剪切钳	
		双轮异向切割锯	
		机动链锯	
		无齿锯	
		气动切割刀	
		重型支撑套具	
		冲击钻	
		凿岩机	
		玻璃破碎器	
		手持式钢筋速断器	
		多功能刀具	
		混凝土液压破拆工具组	
		便携式汽油金属切割器	
		手动破拆工具组	
		便携式防盗门破拆工具组	
		毁锁器	
		内封式堵漏袋	
		外封式堵漏袋	
		捆绑式堵漏袋	
		金属堵漏套管	
		堵漏枪	

续表

品目编码	品目名称	进口产品设备名称	备注
A15	消防设备	阀门堵漏套具	
		注入式堵漏工具	
		强磁堵漏工具	
		粘贴式堵漏工具	
		电磁式堵漏工具	
		气动吸盘式堵漏器	
		移动发电机	
		移动式排烟机	
		移动照明灯组	
		手动隔膜抽吸泵	
		防爆输转泵	
		粘稠液体抽吸泵	
		坑道小型空气输送机	
		排污泵	
		公众洗消站	
		单人洗消帐篷	
		生化洗消装置	
		有机磷降解酶	
		消防排烟机器人	
		大流量移动消防炮	
		消防灭火机器人	
		多功能消防水枪	
		移动式细水雾灭火装置	
		机动消防泵（含手抬泵、浮艇泵）	
		移动式消防炮	
		城市主战消防车	
		水罐消防车	
		泡沫消防车	
		压缩空气泡沫消防车	
		多剂联用消防车	
		干粉消防车	
		高层供水消防车	
		登高平台消防车	
		云梯消防车	
		举高喷射消防车	
		抢险救援消防车	
		照明消防车	
		排烟消防车	

品目编码	品目名称	进口产品设备名称	备注
A15	消防设备	化学事故抢险救援消防车	
		防化洗消消防车	
		核生化侦检消防车	
		通信指挥消防车	
		隧道专用消防车	
		路轨两用消防车	
		强臂破拆消防车	
		供气消防车	
		器材消防车	
		供液消防车	
		供水消防车	
		自装卸式消防车	
		装备抢修车	
		远程供水系统	
		车辆底盘	
		取力器	
		消防泵及泵系统	
		泡沫比例混合器	
		空气压缩泡沫系统	
		车载炮	
		牵引绞盘	
		车载发电机	
		车载升降照明灯	
		消防泵压力平衡控制装置及控制系统	
D03	广播电视电影设备	ISDN、DDN、S20、S25 设备接、发器	
		专业 CD、DVD、MD、MPS、硬盘录放机	
		专业声卡	
		广播级摄录一体机	
		其他摄像机配套设备	
		广播级演播室摄像机	
		分路放大器	
		广播级摄像机镜头	
		调音台及配套设备	
		混音器	
		延时器	
		监听音箱	
		画面分割器	
		电话耦合器	

品目编码	品目名称	进口产品设备名称	备注
D03	广播电视电影设备	监听选择切换器	
		端子排	
		中波发射机	
		中波天线	
		调频发射机	
		调频天线	
		调频、中波信号指标测试仪	
		音频、网络分析仪	
		高频功率测试仪	
		舞台用专业扬声器	
		测光表	
		光功率计	
		示波器	
		频谱仪	
		数字电桥	
		播出切换台及及其配套系列产品	
		高清、标清编解码器	
		高标清上下变换器	
		制式转换器	
		专业接口跳线架	
		加嵌器	
		解嵌器	
		D/A 转换器	
		A/D 转换器	
		多格式处理器	
		L－Band 矩阵及其配套系列产品	
		广播级视频切换台	
		播出矩阵、交换器及其显示、通讯接口等系列	
		键控器	
		高清播出视频服务器配套系列产品	
		高标清兼容播出视频服务器配套系列产品	
		高标清上载视频服务器配套系列产品	
		二级备播存储体配套系列产品	
		数字切换矩阵及其配套系列产品	
		切换开关及其配套系列产品	
		高标清垫片服务器	
		调光台	
		演播室 DLP 拼接大屏幕	

品目编码	品目名称	进口产品设备名称	备注
D03	广播电视 电影设备	防雷器	
		专业灯光设备	
		舞台灯光	
		对讲系统交换和终端	
		视频特技台	
		无线图像传输发射机 + 天线	
		无线图像传输接收机	
		视频分配器	
		无线图像传输天线	
		对讲系统交换和终端	
		通话矩阵	
		转播车卫星车专用车体	
		通话接口箱	
		通话控制面板	
		通话天线系统	
		通话系统基站	
		便携卫星上行系统	
		车载卫星天线	
		外拍用灯光套件	
		摄像机无线微波系统	
		同步机	
		帧同步	
		同步信号自动倒换器	
		标清卫星接收机	
		高清卫星接收机	
		高标清兼容卫星接收机	
		中频调制器	
		上变频器	
		速调管功放	
		行波管功放	
		固态功放	
		信标接收机	
		SDI/ASI 分配器	
		ASI 信号自动切换器	
		测试转发器	
		码流适配器	
		波导倒换开关	
		数字卫星接收机	

品目编码	品目名称	进口产品设备名称	备注
D03	广播电视电影设备	视频质量监测仪	
		内容监测仪	
		波形监测仪	
		音频分析仪	
		视音频综合测试仪	
		编码器	
		复用器	
		天线跟踪控制器	
		恒压充气机	
		软波导	
		视频光端机	
		L 波段光端机	
		SDI／ASI 光端机	
		码流分析仪	
		频谱分析仪	
		视频信号发生器	
		卫星信号放大器	
		卫星信号接收机	
		卫星信号调制器	
		卫星信号解调器	
		卫星天线	
		Ku 波段射频单元	
		软波导	
		射频连接电缆	
		中频连接电缆	
		多工器	
		假负载	
		馈管	
		馈线	
		转换开关	
		功分器	
		反射板	
		天线控制器	
		视频矩阵（地球站使用设备）	
		音视频分配器（地球站使用设备）	
		音视频切换开关（地球站使用设备）	
		L 波段矩阵（地球站使用设备）	
		数字微波设备	
		电视天线	
		数字电视发射机	

品目编码	品目名称	进口产品设备名称	备注
D04	仪器仪表	偏振光显微镜	
		金相显微镜	
		荧光分光光度计	
		紫外－可见分光光度计	
		便携式分光光度计	
		便携式水质快速测定仪	
		电感耦合等离子质谱仪	
		液相色谱－电感耦合等离子体质谱仪	
		液相色谱质谱联用仪	
		气相色谱质谱联用仪	
		飞行时间质谱	
		同位素质谱仪	
		磁质谱仪	
		离子迁移谱仪	
		X－射线粉末衍射仪	
		X 射线荧光光谱仪	
		液闪计数仪	
		γ 计数仪	
		能量色散 X 射线荧光光谱仪	
		X 荧光光谱仪	
		便携式 X 射线荧光测定仪	
		中红外柴油分析仪	
		液体颗粒污染物测定仪	
		电感耦合等离子体发射光谱仪	
		便携式拉曼光谱	
		便携式光谱仪	
		原子吸收分光光度计	
		红外光谱仪	
		便携式傅立叶红外气体分析仪	
		全自动汞仪	
		激光粒径分析仪	
		便携式红外水中油快速测定仪	
		便携式红外总油脂/总石油烃分析仪	
		便携式重金属测定仪	
		流动注射分析仪	
		离子色谱仪	
		氨基酸分析仪	
		气相色谱仪	

品目编码	品目名称	进口产品设备名称	备注
D04	仪器仪表	液相色谱仪	
		非甲烷总烃色谱分析仪	
		高频红外氧氮氢联测仪	
		高频红外碳硫仪	
		核磁共振波谱仪	
		暗管探测仪	
		便携式流速流测定仪	
		地下水位测定仪	
		氮分析仪	
		COD 测定仪	
		多功能水质分析仪	
		自动电位滴定仪	
		纳米粒度及 ZETA 电位和绝对分子量分析仪	
		便携式多功能烟气测试仪	
		便携式重金属分析仪	
		插入式遥控快速烟气测试仪	
		便携式生物毒性分析仪	
		场发射扫描电镜	
		电子探针	
		倒置显微镜	
		正置显微镜	
		高倍光学显微镜系统	
		高倍荧光显微镜系统	
		激光共聚焦显微镜	
		透射电镜	
		小动物活体成像系统	
		全自动全息数字切片扫描分析系统	
		石蜡包埋机	
		冷冻切片机	
		全自动染色机	
		显微注射仪	
		化学发光，荧光和可见光成像系统	
		同步热分析 – 质谱联用仪	
		同步热分析 – 红外联用仪	
		差示扫描量热仪	
		热重分析仪	
		全自动病原微生物检测系统	
		全自动生化分析仪	

品目编码	品目名称	进口产品设备名称	备注
D04	仪器仪表	全自动菌落计数仪	
		流式细胞仪	
		荧光定量 PCR 仪	
		超声细胞粉碎系统	
		高速冷冻离心机	
		电泳系统	
		酶标仪	
		高效毛细管电泳仪	
		薄层色谱分析仪	
		蛋白质纯化系统	
		核酸蛋白测定仪	
		自动原位杂交仪	
		全自动免疫组化染色仪	
		冷冻干燥机	
		细胞融合系统	
		基因枪	
		多功能活体/单细胞基因电转化仪	
		移液器	
		移液枪	
		蛋白质表达差异分析系统	
		凝胶成像系统	
		基因测序仪	
		多肽合成仪	
		核酸提取纯化系统	
		蛋白质 – 细胞实时相互作用分析系统	
		细胞代谢检测仪	
		全自动跨膜电阻测量仪	
		叶绿素荧光分析仪	
		开路式土壤碳通量测量系统	
		光合作用测量系统	
		土壤非饱和导水率测量系统	
		叶面积根系统分析仪	
		远红外谷物分析仪	
		植物冠层分析仪	
		总有机碳分析仪	
		细菌检定分类系统	
		生物发光测量仪	
		发光细菌毒性检测仪	

品目编码	品目名称	进口产品设备名称	备注
D04	仪器仪表	PID 检测仪	
		普通地物光谱仪	
		光合系统测定仪	
		便携式水质多参数测定仪	
		低本底 α、β 计数器	
		氢钍分析器	
		高纯锗 γ 谱仪	
		液体闪烁测量仪	
		重金属在线连续监测仪	
		生物毒性在线分析仪	
		化学需氧量在线监测仪	
		氨氮在线分析仪	
		叶绿素水质在线监测仪	
		总磷水质在线监测仪	
		总氮水质在线监测仪	
		高锰酸盐指数水质自动分析仪	
		总有机碳水质自动分析仪	
		挥发性有机物水质在线监测仪	
		水质五参数在线监测仪	
		烟气在线连续监测仪	
		颗粒物（PM10）分析仪	
		颗粒物（PM2.5）分析仪	
		颗粒物（PM1）分析仪	
		总悬浮颗粒物分析仪	
		二氧化硫分析仪	
		氮氧化物分析仪	
		臭氧分析仪	
		一氧化碳分析仪	
		挥发性有机气体分析仪	
		硫化氢分析仪	
		黑炭仪	
		能见度仪	
		酸沉降监测设备	
		在线离子色谱	
		氨气监测仪	
		颗粒物粒谱分析仪	
		一氧化二氮分析仪	
		在线重金属监测仪	

品目编码	品目名称	进口产品设备名称	备注
D04	仪器仪表	颗粒物手工采样器	
		颗粒物滤膜自动称重系统	
		动态气体校准仪	
		零气发生器	
		微波消解仪	
		全自动冷冻研磨仪	
		酸纯化仪	
		消解罐	
		全自动固相萃取仪－氮吹浓缩联机系统	
		全自动样品净化浓缩联用仪	
		旋转蒸发器	
		均质器	
		精密电子稀释仪	
		电子分析天平	
		放射性气溶胶自动连续监测仪	
		气溶胶大流量采样器	
		GPC 凝胶净化系统	
		快速溶剂萃取仪	
		固相萃取装置	
		有机样品浓缩仪	
		自动顶空进样器	
		吹扫捕集浓缩仪	
		热脱附仪	
		大气预浓缩系统（苏玛罐）	
		冷冻喷雾干燥机	
		高温高剪切试验仪	
		纤维素分析仪	
		氧气分析仪	
		脂肪测定仪	
		全自动膳食纤维测定仪	
		油脂分析仪	
		啤酒泡持性测定仪	
		全自动凯氏定氮仪	
		高压蒸气灭菌器	
		紫外老化试验箱	
		锥形量热仪气体分析柜	
		有机卤素分析仪	
		土壤呼吸观测系统	

品目编码	品目名称	进口产品设备名称	备注
D04	仪器仪表	芯片扫描仪	
		芯片洗涤机	
		EBC 比色计	
		罗维朋比色计	
		电子测氡仪	
		钠度计	
		超低温冰箱	
		芯片杂交仪	
		质构仪	
		手持超声波 C 扫描系统	
		便携式磁粉探伤仪	
		TOFD 探伤仪	
		数字式磁粉探伤机	
		棉花大容量自动测试仪	
		国际标准水洗机	
		水冷日晒色牢度仪及配件	
		超声波疲劳试验机	
		导热系数测定仪	
		动态光散射粒度表征系统带自动加样器	
		热性质测试系统	
		旋转流变仪	
		便携式测距仪	
		30 米高档金属盒尺	
		表面粗糙度测量仪	
		光栅式指示表检定装置	
		激光干涉仪测量直线度棱镜组	
		无线型回转轴校准装置	
		激光干涉仪	
		测厚仪	
		高温干体校验炉	
		黑体炉	
		高精测温仪	
		小型三相点瓶及保存装置	
		无传输线温度记录仪	
		数字式高温湿度计	
		温湿度检定箱	
		标准辐射温度计	
		精密表面温度计	

续表

品目编码	品目名称	进口产品设备名称	备注
D04	仪器仪表	精密露点仪	
		质量比较仪	
		全自动砝码检测系统	
		液体超声波流量计	
		气体腰轮流量计	
		称重显示仪	
		力传感器	
		数字密度仪	
		水蒸气透过率测试仪	
		立式金属罐容量计量系统	
		组合式硬度计	
		流量计算机	
		电磁流量计	
		电气安全分析仪	
		数字多用表	
		电能质量分析仪	
		多功能电气综合测试仪	
		声级计	
		色差计	
		电脑焦度计	
		大型标准光源箱	
		示波器检定装置	
		CT 机质量检测仪	
		多参数监护仪检定装置	
		血液透析机质量检测检定装置	
		X 射线机多功能质量检测仪	
		转速表	
		生命体征模拟器	
		血氧饱和度模拟仪	
		电波暗室	
		精密露点仪	
		核磁性能检测模体	
		雷达测速仪	
		电子式接地电阻测试仪	
		漏电流测试仪	
		静电电阻测试仪	
		电视信号发生器	
		梳妆波发生器	

品目编码	品目名称	进口产品设备名称	备注
D04	仪器仪表	太赫兹扩频收发系统（110~330GHz）	
		毫米波矢量网络分析仪	
		便携式 x - γ 剂量率仪	
		高压电离室	
		便携式合金分析仪	
		便携式超小型工业 X 光机	
		高精度裂纹快速探测仪	
		储罐底板漏磁检测系统	
		测管仪	
		听漏仪	
		管道自动爬行连续测厚系统	
		工频场强仪	
		电磁干扰测量仪	
		选频分析仪	
		超声波高温探头	
		声发射仪	
		便携式可燃气体检测仪	
		应力测定仪（残余应力分析仪）	
		内窥镜	
		红外热成像仪	
		密间距管地电位检测仪	
		直流电压梯度检测仪	
		综合气象仪	
		扶梯带度测试仪	
		变频钳形电流表	
		电梯综合检测仪	
		密间隔管地电位检测仪	
		埋地管道外防腐层检测仪	
		接地电阻测试仪	
		地下管道探测定位仪	
		电火花检测仪	
		电梯振动分析仪	
		3D 塑形机	
		电梯数字化综合检测系统	
		便携式氡钍测量仪	
		中子剂量率仪	
		α、β 表面污染测量仪	
		放射源搜寻系统	

品目编码	品目名称	进口产品设备名称	备注
D04	仪器仪表	放射性核素识别仪	
		灭菌探头	
		除颤监护仪	
		细丝热电偶焊接机	
		自平衡式光学平台	
		除颤效应检测仪	
		超纯水系统	
		层析系统	
		多功能电穿孔系统	
		动态热机械分析仪	
		全自动比表面积和孔径分析仪	
		矿相显微镜	
		光量计	
		256 通道神经信号处理器	
		U 盘式土壤温度记录仪	
		土壤气体采样器	
		土壤养分测定仪	
		元素分析仪	
		土壤紧实度仪	
		微生物鉴定系统	
		植物生理生态监测系统	
		磁力搅拌低温槽	
		旋片式真空油泵	
		斑马鱼幼鱼心电图系统	
		二氧化碳细胞培养箱	
		土壤养分测定仪	
		水质分析仪	
		植物荧光成像仪	
		多通道热流仪	
		多气体分析仪	
		高光谱成像系统	
		扫描电子显微镜能谱仪	
		红外照相机	
		激光清洗机	
		电子鼻	
		电子舌	
		便携式 X 射线衍射仪/X 射线荧光光谱联用仪	
		傅里叶显微红外光谱分析仪	

品目编码	品目名称	进口产品设备名称	备注
D04	仪器仪表	激光诱导击穿光谱仪	
		台式 X 射线衍射仪	
		台式 X 射线荧光光谱仪	
		X–CT 计算机断层扫描系统（工业 CT）	
		X 射线探伤仪	
		便携 X 射线探伤仪	
		便携激光分析仪	
		低场强核磁共振波谱仪	
		高效液相色谱仪	
		制备型液相色谱仪	
		近红外分析仪	
		便携式近红外分析仪	
		材料力学试验机	
		材料可靠性测试系统	
		全自动切胶仪	
		蠕动泵	
		分子杂交炉	
		PCR 仪	
		真空离心浓缩仪	
		连续稀释器	
		样品快速制备系统	
		全自动组织染色封片一体机	
		平行旋转蒸发器	
		氮吹浓缩器	
		织物渗水性测试仪	
		无菌隔离系统	
		MTS 多通道电液伺服加载系统	
		便携式溶氧仪	
		便携式氧化还原电位仪	
		槽式转印仪	
		草坪测度仪	
		差分 GPS 手持机	
		沉降值测定仪	
		串联四级杆液质联用仪	
		垂直雾滴分布测量仪	
		动静态激光光散射仪	
		动态力学热分析仪	
		多模式读板机	

品目编码	品目名称	进口产品设备名称	备注
D04	仪器仪表	多功能土壤钻孔采集挖掘机	
		多通道蛋白质分组系统	
		多样品研磨珠均质仪	
		高速自动比表面与空隙度分析仪	
		高通量测序仪	
		根系分析仪	
		混合型球磨仪	
		小区条播机	
		冷榨油机	
		快速粘度分析仪	
		近红外面粉分析仪	
		吹泡仪	
		粉质仪	
		面团拉伸仪	
		手持式元素分析仪	
		三相电能质量分析仪	
		变压器油介损测试仪	
		电参数测试仪	
		多联式过滤系统	
		氙灯老化试验箱	
		便携式夜视仪	
		手持远程测距仪	
		水面拖曳式负脉冲浅地层剖面仪	
		侧扫声呐	
		海洋磁力仪	
		购置多波束条带测深系统（含船用高精度激光陀螺）	
		多普勒海流计	
		测深仪	
		水下测距仪	
		便携式海图导航手持 GPS	
		r 能谱仪	
		X 线（CT）输出评价系统	
		X 线机性能检测设备	
		γ 刀头部检测模体	
		放疗定位智能检测仪	
		放射活度计	
		个人剂量仪	
		剂量率仪	

续表

品目编码	品目名称	进口产品设备名称	备注
D04	仪器仪表	热释光剂量仪	
		乳腺性能检测仪	
		甲醛测定仪	
		颗粒物采样切割器	
		挥发性有机毒气体检测仪	
		智能定标仪	
D05	医疗设备	MRI（磁共振成像设备）	
		CT（X 线计算机断层扫描仪）	
		ECT（单光子发射计算机断层扫描仪）	
		X 线机	
		DSA（数字减影血造影 X 线机）	
		数字胃肠 X 线机	
		乳腺钼钯 X 线机	
		C 型臂 X 线机	
		彩色超声诊断仪	
		动态心电图机	
		颅脑多普勒诊断仪	
		电脑验光仪	
		胎心监护仪	
		中央多参数监护仪	
		脑电图机	
		肺功能诊断仪	
		心电图分析系统	
		血液动力学检测仪	
		动态血压仪	
		麻醉深度检测仪	
		骨密度仪	
		直接数字化 X 射线摄影系统（DR）	
		计算机放射摄影仪（CR）	
		肌电图记录仪	
		运动平板试验系统	
		神经功能检测仪	
		LA（医用电子直线加速器）	
		机器人导航手术系统	
		眼科准分子激光仪	
		美容激光仪	
		CO_2 激光仪	
		超声碎石机	

品目编码	品目名称	进口产品设备名称	备注
D05	医疗设备	前列腺治疗机	
		牙科综合治疗台	
		耳鼻喉科治疗台	
		新生儿培养箱	
		排（咳）痰机	
		高频电刀	
		氩气刀	
		离子刀	
		床边持续血滤机	
		血液透析机	
		乳腺微创旋切系统	
		超声刀	
		超声乳化吸引刀	
		双极电凝器	
		静脉曲张激光治疗系统	
		手术动力系统	
		电动手术床（含无影灯、麻醉设备）	
		大型生化分析仪	
		流式细胞仪	
		血流变检测仪	
		电子显微镜	
		尿液分析仪	
		显微镜	
		计数器	
		放射免疫诊断仪	
		病理切片机	
		脱水机	
		包埋机	
		全自动血球仪	
		血小板聚集仪	
		生物安全柜	
		酶标仪	
		洗板机	
		全自动血型配血仪	
		血气分析仪	
		电解质分析仪	
		自动盖片机	
		荧光 PCR 仪	

品目编码	品目名称	进口产品设备名称	备注
D05	医疗设备	核酸抽提仪	
		紫外分光光度计	
		凝胶图像分析系统	
		血标本涂片机	
		X 线辐照仪	
		实时荧光定量扩增仪	
		核酸冷冻离心干燥机	
		病毒载量测定装置	
		DNA 测序仪	
		真空冷冻干燥机	
		高精度恒温恒湿箱	
		微波消解器	
		1/100 万电子天平	
		等离子光谱分析系统	
		等离子发射光谱－质谱联用仪	
		石墨炉原子吸收分光光谱仪	
		气相色谱－质谱联用仪	
		液相色谱－质谱联用仪	
		毛细管电泳仪	
		制备色谱仪	
		逆流色谱仪	
		飞行时间质谱仪	
		磁质谱仪	
		分离质谱仪	
		核磁共振波谱仪	
		流动注射分析仪	
		双向蛋白电泳仪	
		低本底谱仪（高纯锗）	
		便携式谱仪	
		低本底液体闪烁测量仪	
		神经信号处理器	
		除颤监护仪	
		细胞牵张仪	
		全自动细菌鉴定仪	
		全自动血培养仪	
		超声波细胞破碎仪	
		粪便分析工作站	
		低温高速离心机	

品目编码	品目名称	进口产品设备名称	备注
D05	医疗设备	图像采集显微镜	
		厌氧微需氧培养系统	
		全自动血液分析仪	
		能量平台	
		小儿精细手术器械	
		钬激光	
		小儿泌尿综合手术台	
		体外膜肺氧合（ECMO）	
		新型三维电生理导航系统	
		糖尿病的一体化管及血管神经诊治系统	
		血管组织凝闭系统	
		电子结肠镜	
		内镜自动清洗设备	
		Cool－tip 技术的 Valleylab 射频消融系统	
		RIT113 放疗质控软件及验证模体	
		Eclipse 治疗放疗计划系统	
		铒激光皮肤治疗系统	
		内窥镜手术器械控制系统	
		生化辐射仪	
		动物血液分析仪	
		组织处理器	
		眼底多波长激光仪	
		全自动染色体图像分析系统	
		脑室镜系统	
		脉冲染料激光仪	
		外周神经刺激器	
		复苏安妮全身/带电子显示器	
		光纤麻醉喉镜	
		微量注射泵	
		单臂立体定位仪	
		小动物麻醉机	
		生物刺激反馈仪	
		心肺复苏机	
		除颤仪	
		胚胎培养及观察系统	
		多功能称重翻身 ICU 病床	
		染色体自动扫描分析系统	
		快速血液浓度检测仪	

品目编码	品目名称	进口产品设备名称	备注
D05	医疗设备	高清电子腹腔镜系统	
		超声高频外科集成系统的超声刀头	
		手柄	
		智能双极电刀	
		人工肝血液净化装置	
		电子荧光支气管镜	
		内科电子胸腔镜	
		呼吸内镜工作站	
		超声波治疗系统	
		口腔全景 X 光机	
		数字化平板胃肠机	
		麻醉超声引导系统	
		麻醉输注工作站	
		纤维喉镜工作站	
		激光疼痛治疗仪	
		电疗组合工作台	
		移动数字化 X 射线摄影机	
		电子胃镜	
		电子结肠镜	
		电刀	
		水刀	
		胃肠动力学检查系统	
		全自动凝血分析仪	
		电化学发光分析仪	
		射频消融仪	
		全数字化乳腺钼靶摄影系统	
		鼻内窥镜	
		移动 C 型臂	
		高清小关节镜系统	
		电脑曲率验光仪	
		多功能冷冻治疗仪	
		栓子检测诊断仪	
		准分子激光治疗仪	
		低温等离子耳鼻喉科手术系统	
		耳鼻喉综合动力系统	
		听力检测设备	
		皮肤镜	
		靶控输注泵	

品目编码	品目名称	进口产品设备名称	备注
D05	医疗设备	手术放大镜	
		可视喉镜	
		麻醉多功能监护仪	
		腹腔镜 B 超	
		电子胆道镜	
		电子胃镜及氩离子凝固器	
		双能 X 射线骨密度仪	
		乳管镜	
		事件相关电位系统（Neuroscan ERP）	
		眼动追踪系统 1（SMI RED500）	
		眼动追踪系统 2（Eyelink 1 000 Plus）	
		呼吸带（ADInstrument MLT1 132 Piezo Respiratory Belt Transducer）	
		VoceVista 喉头仪（VoceVista Electroglottograph（EGG）Model）	
		多通道信号采集仪（ADInstrument PowerLab 16/30）	
		308 紫外线准分子照射系统	
		ATP 荧光检测仪	
		气密性压力测试仪器	
		BPPV 眩晕诊疗系统	
		CO_2 浓度测定仪	
		压平眼压计	
		Mimics 交互式医学影像控制系统（快速成型（RP）模块和手术模拟模块）	
		Mi – to 筋膜体位治疗床	
		OSCE 考试平台	
		PACS 系统	
		pH 计	
		Powerlab 数据采集分析系统	
		Retro c 80 平板涂抹器	
		Rota – Rod 转棒仪	
		VIP 眼科综合检查台	
		阿基米德悬吊及运动康复工作站	
		白内障超声乳化系统	
		白内障手术模拟训练系统	
		半导体激光治疗系统	
		膀胱镜、镜鞘	
		鼻声反射仪	
		鼻阻力计	
		病理标本钙化成像系统	
		病理带锯/骨组织病理切割机	

品目编码	品目名称	进口产品设备名称	备注
D05	医疗设备	病理分析处理装置	
		病人加温系统	
		病原微生物快速筛选系统	
		玻片打号机	
		激光疼痛治疗仪	
		超声根管治疗仪	
		超声骨刀	
		超声骨切割系统	
		晨检仪	
		程序降温仪	
		充气加温仪	
		床边 ACT 检测仪	
		单细胞膜片钳系统	
		蛋白半干转系统	
		蛋白干转仪	
		氮气发生器	
		等离子空气消毒机	
		等离子空气消毒机洁净罩	
		低速冷冻离心机	
		电刀功能检测仪	
		电动肌肉振动及测试系统	
		电动降温毯	
		电动取皮刀	
		电动取皮机	
		电动手术位置固定架系统	
		电动移液器	
		电外科工作站	
		电子腔镜及配套器械	
		吊塔、吊桥	
		动态光散射粒度仪	
		动物鼠尾血压测定仪	
		多标记耐药检测仪	
		多功能读板机	
		多功能皮肤测试仪	
		多种废液回收系统	
		耳科电钻	
		耳声发射测试仪	
		二氧化碳培养箱（三气）	

品目编码	品目名称	进口产品设备名称	备注
D05	医疗设备	发光免疫分析仪	
		放射治疗配套软件	
		放射治疗配套设备	
		非接触性眼压计	
		非镇静听性脑干反应	
		分子杂交仪	
		妇科工作站	
		腹腔镜虚拟训练系统	
		干扰电疼痛治疗仪	
		干式生化分析仪	
		肝纤维化扫描仪	
		肝脏测量检测仪	
		高档影像尿动力学平台	
		高内涵细胞成像分析系统	
		高清宫腔镜	
		高清肾镜	
		高通量组织粉碎仪	
		根管测量治疗仪	
		根管长度测量仪	
		功率自行车（上肢）	
		功率自行车（下肢）	
		宫腔电切镜	
		宫腔检查镜	
		共聚焦显微镜系统	
		关节活动训练器	
		关节镜等离子汽化仪	
		光刻机	
		光学相干断层扫描仪（OCT）	
		光学相干生物测量仪	
		恒温水浴	
		恒温箱	
		红外线热影像摄影系统	
		喉内镜	
		化学发光检测系统	
		活细胞工作站	
		肌电诱发电位仪	
		肌松监测仪	
		激光破膜及精子放大系统	

品目编码	品目名称	进口产品设备名称	备注
D05	医疗设备	激光治疗系统	
		脊柱微创 Quadrant 通道系统	
		加压冷疗系统	
		间接免疫荧光法标本及载片全自动操作仪	
		肩关节镜修复系统	
		检测计量仪	
		交叉韧带钻	
		经皮测胆红素仪	
		经皮肾镜	
		经皮氧/二氧化碳分压监测仪	
		康复训练系统	
		可调节脊柱矫形床	
		可视纤维支气管镜	
		空气净化器	
		空氧混合仪	
		口腔 X 线数字成像系统（CBCT）	
		口腔种植系统	
		框架拉钩	
		冷冻台	
		连续心排量监测仪（移植）	
		颅内压监护仪	
		脉搏氧饱和仪	
		脉冲场凝胶电泳仪	
		脉冲磁场治疗仪	
		免疫分析仪	
		免疫印迹电泳仪（western blot）	
		免疫印迹判读仪	
		模拟仿真测试评价训练系统	
		内镜送水泵	
		内镜用二氧化碳泵	
		内脏脂肪检测装置	
		男科工作站	
		脑中风检测筛查评估系统	
		皮肤荧光检测系统	
		平衡测试仪	
		平滑肌张力测定系统	
		起搏器兼分析仪	
		气动咬骨钳	

品目编码	品目名称	进口产品设备名称	备注
D05	医疗设备	气动肢体循环促进装置	
		气流分析仪	
		全身姿势矫正评估与训练系统	
		全自动 Western blot 分析系统	
		全自动革兰染片仪	
		全自动精子分析仪	
		全自动切胶系统	
		全自动食品微生物定量分析系统	
		全自动液基薄层细胞制片染色系统	
		全自动荧光免疫分析仪	
		染色体分散室	
		人体成分分析仪	
		人体功能扫描仪	
		人体姿态稳定性分析诊断系统	
		乳腺触诊成像系统	
		三气细胞培养箱	
		射波刀	
		深静脉血栓防治系统	
		神经手术电磁导航系统	
		神经外科头架	
		肾脏灌注运输器	
		声波振动步行训练机	
		声波振动起立床	
		实时动态血糖监测胰岛素泵系统	
		实时动态胰岛素泵系统	
		实验室全自动洗瓶机	
		实验室用纯水机	
		手术计划系统	
		手术数字一体化设备	
		输尿管镜	
		输血输液加温系统	
		输液泵	
		输液设备分析仪	
		数码裂隙灯	
		数字化打印装置	
		数字化肌肉功能评估系统	
		数字化手术室	
		数字化医疗体检车	

品目编码	品目名称	进口产品设备名称	备注
D05	医疗设备	数字震动阈值检查系统	
		双目间接检眼镜	
		双腔起搏器	
		双色红外荧光成像系统	
		双通道纤维输尿管肾镜	
		水激光口腔治疗仪	
		水疗设备	
		体外冲击波治疗仪	
		体外培养细胞机械加力装置	
		体外循环静脉血氧饱和度监测仪	
		听觉神经生理工作站	
		通用气管支气管镜（硬质气管镜）系统	
		吞咽言语治疗仪	
		微电极记录系统	
		微生物基因指纹鉴定系统	
		微型微孔板离心机	
		温度振荡器	
		下排风式不锈钢取材台	
		下肢动静脉加压泵或加压足泵	
		下肢连续性被动活动运动康复器	
		纤维宫腔镜工作站	
		显微操作仪	
		小儿尿道电切、切开系统	
		小儿输尿管镜	
		小儿一体化膀胱镜（Fr11）	
		小儿一体化膀胱镜（Fr7.9）	
		心电模拟器	
		心肺运动联合测试机	
		心输出量测量仪 PICCO2	
		心脏临时起搏器	
		新生儿黄疸治疗仪	
		新生儿快速脑干诱发电位	
		旋磨治疗仪	
		血管内皮功能检测仪	
		血管内热交换控制器	
		血培养仪	
		血栓弹力图检测仪	
		血透内瘘修护仪（远红外线治疗仪）	

品目编码	品目名称	进口产品设备名称	备注
D05	医疗设备	血细胞分离机	
		牙周治疗仪	
		眼表综合分析仪	
		眼底造影机	
		眼科广域成像系统（含眼底造影）	
		眼科裂隙灯	
		眼震电图仪	
		厌氧工作站	
		样品试管分拣核对系统	
		药敏分析仪	
		液氮罐	
		一体化手术间	
		医用 3D 打印机系统	
		医用臭氧治疗仪	
		医用射线防护用品	
		医用射线质控设备	
		医用生物力学检测系统（美国，INSTRON）	
		医用图像采集、分析系统	
		医用制冰机	
		胰岛素泵	
		影像后处理设备及软件	
		硬质胸腔镜	
		杂交手术间	
		掌式 CO_2 监测仪	
		真空静脉回流辅助装置（VAVD）	
		支气管镜下治疗系统	
		中央纯水系统	
		主动脉内球囊反搏泵	
		椎间孔镜手术系统	
		自动气体灭菌器	
		自体血回输仪	
		综合弱视治疗机	
D06	医用器械及耗材	乳腺活检枪	
		精密手术器械	
		玻璃体切割仪	
		角膜板层刀仪	
		角膜板层刀刀柄	
		冠脉搭桥手术器械	
		膨宫机	

省财政厅关于省属高等院校和科研院所科研仪器
设备采购管理有关事项的通知

2016 年 12 月 6 日　鲁财采〔2016〕43 号

省直各部门、单位，各政府采购代理机构：

　　为充分发挥科研项目资金使用效益，激发高等院校、科研院所创新活力，促进科技事业发展，根据山东省人民政府办公厅《关于进一步推行政府购买服务　加快政府采购改革的意见》（鲁政办字〔2016〕207号），参照财政部《关于完善中央单位政府采购预算管理和中央高校、科研院所科研仪器设备采购管理有关事项的通知》（财库〔2016〕194 号）精神，现就省属高等院校、科研院所科研仪器设备采购有关事项通知如下：

一、完善科研项目资金政府采购预算编制

　　凡高等院校、科研院所科研项目资金中，涉及《政府集中采购目录》内或者采购限额标准以上的科研仪器设备，一律编制政府采购预算，并明确"科研项目资金"性质。

　　年度执行中，确需对"科研项目资金"项目政府采购预算内要素进行调整的，可直接在"山东省政府采购管理交易系统"（以下简称"采购系统"）内变更，不需再报省财政厅审核。涉及"科研项目资金"调增或调减政府采购预算的，仍按省财政厅预算调整有关规定程序办理，报省财政厅相关部门预算管理处审核批复。

二、完善科研仪器设备自行采购机制

　　各高等院校、科研院所可自行组织或委托代理机构采购各类科研仪器设备，采购活动应按照政府采购法律制度规定执行。对科研所需的家具、办公自动化设备、车辆等通用类货物，仍按照当前采购组织形式，通过协议供货、定点采购或批量集中采购等方式采购。

　　（一）明确政府采购方式。各高等院校、科研院所自行组织或委托代理机构组织采购活动过程中，应根据《政府采购法》及其实施条例相关规定，结合实际采购需求，选择相应的政府采购方式，包括公开招标、邀请招标、竞争性谈判、竞争性磋商、询价或单一来源，不得规避政府采购法定流程。

　　（二）申请采购进口产品。科研仪器设备一般应采购本国产品。因科研需要采购进口产品且属于省级《进口产品采购目录》外的，应按照财政部《政府采购进口产品管理办法》（财库〔2007〕119 号）规定，在组织专家论证后，通过采购系统备案并获得备案意见，相关论证专家可自行选定。所采购进口产品属于《进口产品采购目录》内的，可直接在预算编报或建议书填报时选择对应的进口产品。

　　（三）申请非招标采购方式。对公开招标数额标准以下的项目，各高等院校、科研院所可根据采购需求等，自行选择相应的采购方式；公开招标数额标准以上的，应选择公开招标、邀请招标采购方式，因特殊情况，确需采用公开招标以外采购方式的，采购单位应在采购系统内上报变更申请，并注明"科研资金项目"，省财政厅将予以优先审批。其中，对申请变更为单一来源采购方式的，由采购单位按照《政府采购非招标采购方式管理办法》（财政部令第 74 号）规定，在"中国山东政府采购网"公示无异议后，将专业人员论证意见及公示情况一并上传采购系统，由省财政厅审核备案。

　　（四）确认政府采购建议书。各高等院校、科研院所确需对"科研项目资金"政府采购预算进行调整

的，填报政府采购建议书时，可直接对相关各要素进行变更，包括采购品名、采购方式、代理机构、进口产品等，变更确认后直接通过"直通车"在采购系统内备案。建议书执行后需调整的，在采购系统内通过"建议书变更"进行备案（委托代理机构组织的，需代理机构确认）。

（五）选择评审专家。各高等院校、科研院所科研仪器设备的评审专家抽取和使用，应执行财政部《政府采购评审专家管理办法》（财库〔2016〕198号）相关规定，并根据采购方式依法确定评审专家数量及人员组成。采购单位可自行选择评审专家。自行选择的评审专家与供应商有利害关系的，应严格执行有关回避规定。评审活动开始前，采购单位和代理机构不得泄露评审专家相关信息。评审活动结束后，采购单位或代理机构应将自行选定的评审专家信息及专家评审打分情况录入采购系统。

（六）备案政府采购合同。高等院校、科研院所应当自中标（成交）通知书发出之日起30日内，按照采购文件确定的事项，在采购系统内录入采购活动及中标（成交）供应商相关信息，实行政府采购合同网上备案。合同备案信息应明确具体采购方式，对公开招标数额以上项目未经省财政厅核准而采用非招标采购方式的，无法录入合同信息，也不予支付财政性资金。

（七）公开政府采购信息。除涉密情形外，各高等院校、科研院所应参照《山东省政府采购信息公开管理暂行办法》（鲁财采〔2015〕10号）有关规定，由采购单位或代理机构通过"中国山东政府采购网"，对科研仪器设备采购的采购需求、采购预算、采购文件、采购结果、采购合同和履约验收情况予以全面公开，保证采购全过程的公开、透明、可追溯。

三、加强科研项目资金采购监督检查

（一）加强采购单位内部控制管理。各高等院校、科研院所应建立岗位清晰、职责明确、权责对等的政府采购内部控制管理机制，理顺政府采购链条，严格控制科研项目资金范围，加大科研仪器设备采购管理力度。尤其在采购需求和履约验收环节，切实履行采购主体责任，确保采购项目的质量和效率。对自行组织采购活动的，要提高采购文件编制和采购活动组织水平，保证采购活动依法合规、有序高效。

（二）建立自行采购监督检查机制。将高等院校、科研院所的科研仪器设备自行采购纳入信息公开和代理机构年度检查重点，对未按规定组织采购活动和公开采购信息的，一律按照《政府采购法》及其实施条例和《山东省政府采购管理办法》等规定，追究采购单位或代理机构责任。

（三）实施采购结果评价反馈。建立科研项目资金的政府采购结果评价反馈机制，充分发挥结果评价的引导和约束作用，并将采购评价结果反馈至项目评审、预算申请和资产管理等方面，形成政府采购闭环管理。对资金使用不当或效率低下的，予以通报和约谈，并作为以后年度预算安排的依据。

本通知自2017年1月10日起施行，有效期至2022年1月9日。

省财政厅关于延续性服务项目政府采购有关问题的通知

2016年12月23日　鲁财采〔2016〕45号

省直各部门、单位：

为贯彻落实《山东省关于进一步推行政府购买服务加快政府采购改革的意见》（鲁政办字〔2016〕207号），进一步优化延续性服务项目政府采购组织形式，方便预算单位采购履行期限一年以上服务项目或者续签服务合同，提高采购工作绩效，现将有关问题通知如下：

一、关于采购履行期限一年以上服务项目

对服务内容、数量及标准等需求相对固定的服务项目，以及当期服务对前期的基础性工作依赖程度较高的延续性项目，且合同价格在合同存续期间上下浮动不超过 5% 的，在年度预算有保障的前提下，可一次采购并签订不超过 3 年履行期限的政府采购总括合同。

采购人拟采购此类服务项目的，应通过"政府采购管理交易系统"的"预采购"模块发起，并予以标识，经省财政厅部门预算管理处同意后，依法依规组织采购活动。

采购结束后，采购人在"政府采购管理交易系统"中录入不超过 3 年履行期限的总括合同，待政府采购预算指标与总括合同关联形成正式合同后，采购人以正式合同发起支付申请。

二、关于续签政府采购服务合同

对于《山东省省级政府集中采购目录》内的 C 类或 F 类服务项目，如果前期投入大、成本高、频繁更换服务商容易产生较大经济和社会成本，当期服务对前期基础性工作依赖度高、延续性强，且初始合同为政府采购合同并履行良好的，经省财政厅核准后，可与原供应商续签服务合同，续签时限原则上不得超过 5 年。

采购人需续签此类政府采购服务合同的，应通过"政府采购管理交易系统"的"公文流转"模块，按年度向省财政厅政府采购监督管理处提出申请，经核准后，可与原供应商续签合同。

续签合同的服务内容、数量、标准、金额原则上不变。续签合同金额确需增加的，各年度调增金额均不得超过初始政府采购合同的 10%；必须超过的，应重新组织采购。

三、其他有关要求

（一）符合续签服务合同条件的项目，采购人可以根据实际情况确定是否重新组织采购。

（二）采购履行期限一年以上的服务项目，采购人和供应商应按总括合同的约定执行，执行期满后应当重新组织采购，不得续签服务合同。

（三）现已纳入定点采购范围的服务项目，继续执行定点采购政策，定点服务价格可以低于定点服务商的投标报价。

以上规定自 2017 年 1 月 1 日起执行，此前规定与本文不一致的，以本通知为准。

各设区的市可参照本规定执行。

省财政厅关于印发《山东省政府采购预算单位内部控制管理规范》的通知

2016 年 12 月 28 日　鲁财采〔2016〕48 号

各市财政局、省财政直接管理县（市）财政局，省直各部门、单位，各政府采购代理机构：

为贯彻落实财政部《关于加强政府采购活动内部控制管理的指导意见》（财库〔2016〕99 号），充分发挥预算单位的主体作用，积极营造规范、有序、高效的政府采购秩序，结合我省实际，我厅制定了《山东省政府采购预算单位内部控制管理规范》，并就加强预算单位政府采购活动内部控制管理（以下简称

"内控管理")提出如下意见,请一并贯彻执行。

一、高度重视内控管理机制建设

加强对政府采购活动的内控管理,是贯彻《中共中央关于全面推进依法治国若干重大问题的决定》的一项重要举措,也是深化政府采购制度改革的内在要求,对落实党风廉政建设主体责任、推进依法采购具有重要意义。各预算单位应充分认识加强政府采购内控管理的重要性,深入贯彻党的十八大和十八届三中、四中、五中、六中全会精神,认真落实政府采购法律法规要求,严格执行《行政事业单位内部控制规范(试行)》(财会〔2012〕21 号)和《财政部关于全面推进行政事业单位内部控制建设的指导意见》(财会〔2015〕24 号)相关规定,切实加强政府采购活动中的权力运行监督,有效防范舞弊和预防腐败,将内控管理贯穿于政府采购决策、执行和监督全过程,不断提升政府采购活动的组织管理水平和财政资金使用效益。

二、准确把握内控管理机制建设的原则和目标

坚持"全面管控与突出重点并举、分工制衡与提升效能并重、权责对等与依法惩处并行"的基本原则,按照"分事行权、分岗设权、分级授权"的制衡要求,完善制度、健全机制、细化措施、规范流程,逐步形成依法合规、运转高效、风险可控、问责严格的政府采购内部运转和管控制度,做到约束机制健全、权力运行规范、风险控制有力、监督问责到位,实现对政府采购活动内部权力运行的有效制约。

三、尽快完善相关具体落实措施

各预算单位应按照加强内控管理的要求,结合《山东省政府采购预算单位内部控制管理规范》,落实主体责任、明确关键任务、指定牵头部门,重点就岗位设置、决策机制、流程设计、时限要求、利益回避等具体事项,制定切实可行的落实措施,明确标准化工作要求和防控制度,加强内部责任管理和流程控制,形成完备的内控管理体系。

四、全面保障内控管理机制建设有序开展

各预算单位要充分认识加强内控管理的重要性和必要性,建立政府采购内控管理工作的领导和协调机制,梳理和评估本部门、单位政府采购执行和监管中存在的风险,有针对性地优化工作流程,实现有效管控。建立内控管理激励约束机制,将内控管理机制建设和执行情况纳入绩效考评体系,定期对内控管理的有效性进行总结评估,并加强评估结果应用,不断改进完善内控管理机制。财政部门将把内控管理机制建设纳入政府采购监督检查的重要内容,加强监督指导。

本通知自 2017 年 2 月 1 日起施行,有效期至 2022 年 1 月 31 日

附件:山东省政府采购预算单位内部控制管理规范

附件:

山东省政府采购预算单位内部控制管理规范

为进一步理顺政府采购活动组织链条,规范政府采购行为,落实预算单位在政府采购活动中的主体责

任，强化政府采购活动中的权力制约和责任追究，现就加强预算单位内部控制管理提出如下规范要求。

一、完善预算单位内部控制管理工作机制

（一）成立采购工作领导小组。预算单位应当成立由项目使用部门以及财务（资金）、采购（招标）、资产、审计等相关人员组成的政府采购工作领导小组（以下简称"采购领导小组"），负责研究确定本单位政府采购活动的重大决策、重要事项，以及重大项目的采购需求确定、代理机构和采购方式选择、中标（成交）供应商确定、履约验收报告审定等工作。采购领导小组组长应当由单位主要负责人担任。领导小组成员与项目参与供应商存在利害关系的，应当回避相关采购项目。对涉及民生、社会影响较大、预算金额较大的政府采购事项，应当建立法律、技术咨询和公开征求意见等机制，形成完整决策"链条"，并予以记录备查，任何个人不得单独决策或者擅自改变集体决策。

（二）明确政府采购管理部门。预算单位内部应明确政府采购管理部门或者归口管理部门（以下简称"采购管理部门"），具体负责本单位政府采购管理工作，牵头负责政府采购预算编制、采购计划备案、采购活动组织实施、采购合同签订、履约验收、资金支付、政策功能落实、采购信息公开、询问和质疑答复、结果评价以及与财政部门、预算主管部门的业务沟通和衔接等工作。

（三）实行不相容岗位分离。预算单位内部岗位之间，应根据业务流程及职责权限，建立彼此协调和相互制衡机制，既做到采购与财务、资产、审计及使用部门的有效衔接，又确保采购需求制定与内部审核、采购文件编制与复审、采购评审与结果确定、采购组织与履约验收、合同签订与验收评价等关联岗位互相分离。

（四）加强岗位风险防控。对照政府采购法律、法规、规章及制度规定，全面梳理不同业务、流程、环节、岗位的风险事项，划分风险等级，建立风险防控台账。对关键岗位实施重点监督和定期轮岗，对需求制定、专家抽取、现场评审与监督、合同签订、履约验收等重要事项，原则上应当由 2 人以上共同办理，并明确主要负责人员。

（五）强化协同监督检查。各预算单位应按照信息公开有关要求，加大政府采购信息公开力度，在"中国山东政府采购网"及单位门户网站公开采购信息，以公开促监督，以监督促规范。采购管理部门要及时将政府采购执行情况和监督检查工作情况等相关信息报纪检监察和审计部门。充分发挥内部审计等部门的监督作用，建立协同监督机制，确保政府采购活动规范开展。

二、建立科学规范的政府采购预算管理机制

（一）科学编制政府采购预算。对使用财政性资金或者以财政性资金作为还款来源的借贷资金，购买政府集中采购目录内或者目录外且采购限额标准以上的货物、服务和工程项目，预算单位应全部编制政府采购预算，实现应编尽编。各预算单位采购管理部门应及时汇总单位内部采购需求，提前做好需求论证和市场调研，科学编制政府采购预算，做到编实、编准、编细，切实减少预算调整及资金结转。

（二）严格控制政府采购预算调整。政府采购预算应据实编制、按需采购，各预算单位采购管理部门应按照批复的政府采购预算组织实施采购活动。政府采购预算年度执行中原则上不予调整，确因工作需要调整的，由项目所在部门向采购管理部门提出调整申请，按照相关规定履行变更程序。预算调整较频繁的（年度调整金额占预算总额 30% 以上的），将作为预算编制不规范情形，纳入预算单位内控管理考核事项。

（三）加快政府采购预算执行。年初政府采购预算批复后，采购管理部门应统筹规划年度政府采购预算执行进度，及时备案政府采购计划，抓紧细化采购需求，督促采购代理机构尽快开展采购活动；采购活动结束后，在规定时间内签订政府采购合同，履行验收程序，加快资金支付进度，确保采购活动规范高效。政府采购预算尚未批复的项目，如确有必要，可充分利用"预采购"制度，提前组织开展采购活动。

三、依法合规组织实施政府采购活动

（一）准确细化政府采购需求。在前期需求论证的基础上，采购项目使用部门应进一步细化政府采购

需求，详细确定采购项目的技术规格、实现目标或功能、工程量清单以及具体要求等，包括满足项目使用的所有技术、服务、安全、质量等要素，采购对象的数量、交付或实施的时间和地点、验收标准等内容，采购需求描述应当依法合规、详细客观、清楚明了、含义准确，不得含有倾向性或指定性的描述、暗示。对涉及民生、社会影响较大、预算金额较大的重大项目，应由采购领导小组研究确定采购需求。

（二）合理选择采购方式和代理机构。按照各种采购方式的法定情形及《政府集中采购目录》，结合实际采购需求，合理确定适用的政府采购方式，杜绝拆分项目规避公开招标。公开招标数额标准以上的项目，应优先选择招标方式；确需采用非招标方式的，报采购领导小组研究后形成方式选择意见，按规定程序报同级财政部门审批。鼓励预算单位以公开竞争方式优先选择信用水平较高、执业能力较强的社会代理机构，对应由集中采购机构代理的项目，不得违规委托社会代理机构组织实施。

（三）优先采购本国产品。政府采购应当优先采购本国货物、工程和服务，确因采购项目在中国境内无法获取或者无法以合理的商业条件获取的、为在中国境外使用而进行采购的以及其他法律和行政法规另有规定的，可以选择采购进口产品。采购进口产品申请获得设区市以上财政部门核准后，可在采购文件中标注"允许采购进口产品，但不能排斥国内同类产品参与竞争"。未报进口产品采购申请或者采购申请未经核准的，一律不得采购进口产品。

（四）规范订立委托代理协议。委托代理机构开展采购活动的，应当在备案政府采购计划后5个工作日内签订委托代理协议，明确代理采购的范围、权限和期限等具体事项，并约定双方权利和义务。委托代理协议应当明确以下内容：采购项目的基本情况；采购范围和方式；预算单位和代理机构在采购需求的制定，公告的发布，采购文件的编制、印刷、发售和澄清，接收投标、响应文件，组织开标和评审以及中标（成交）供应商的确定，项目采购完成的期限，签订合同，履约验收，以及答复供应商的疑问、质疑等方面的权利和义务；违约责任；纠纷解决途径等。预算单位和代理机构应当按照委托代理协议行使各自职权、履行各自义务，《政府采购法》及其实施条例明确由预算单位承担的法律责任，预算单位不得将相关事项委托给代理机构而转移责任，代理机构也不得超越代理权限组织采购活动。

（五）公正参与政府采购评审活动。预算单位应当派出人员作为采购人代表参与政府采购评审活动，具体人员由预算单位按照要求确定。除采购人代表外，预算单位可派员进入评审现场实施监督，但不得超过2人，不能参与评审打分。预算单位采购人代表及监督人员参加评审活动，必须出具单位委托书。采购人代表不得担任评审小组组长，不得向评审专家作倾向性、误导性的解释或者说明。采购人代表打分与其他评审专家相比具有畸高或畸低的，应当在签署评审报告时作出书面解释。除国务院财政部门规定情形外，预算单位和代理机构不得以任何理由组织重新评审，确需重新组织评审的，应当书面报告本级财政部门；预算单位或者代理机构不得通过对样品进行检测、对供应商进行考察等改变评审结果。

（六）按序确定中标（成交）供应商。采购管理部门或者采购领导小组应当自收到评审报告之日起5个工作日内在评审报告推荐的中标（成交）供应商中按顺序确定中标（成交）供应商，自中标（成交）供应商确定之日起2个工作日内，应当发出中标（成交）通知书，并在"中国山东政府采购网"上公告中标（成交）结果。

（七）及时签订政府采购合同。预算单位应当在中标（成交）通知书发出之日起30日内，按照采购文件确定的事项签订政府采购合同，明确采购内容、采购方式、采购金额、交付方式、担保形式、支付方式、履约责任和违约风险等内容。预算单位应鼓励供应商以信用担保方式缴纳履约保证金，逐步取消以预留合同尾款作为供应商质保金或担保金的形式，质保金和履约保证金不得重复收取。预算单位应根据合同约定，按照同级财政部门有关资金支付管理规定，及时办理资金支付等事项。

（八）积极畅通政府采购救济渠道。预算单位是答复供应商询问和质疑的主体责任人，除已委托授权代理机构范围内的询问或质疑事项应由代理机构答复外，其他均应由预算单位在法定时限内作出书面答复。对供应商投诉事项以及任何单位和个人的控告、检举，预算单位应积极配合财政部门做好调查取证和答复处理等工作。采购管理部门牵头负责涉及本单位政府采购事项的询问、质疑和投诉答复工作。

（九）认真组织履约验收。采购管理部门或者采购领导小组应当按照政府采购合同，包括规定的技术、服务、安全和质量标准等组织履约验收，验收人员应当与采购人员相分离。预算单位委托代理机构组织履约验收的，应当在委托代理协议中明确验收内容、标准及验收责任，并对验收结果进行书面确认。向社会公众提供的公共服务项目，验收时应当邀请服务对象参与并出具意见，验收结果应当向社会公告。验收结束后，预算单位或者采购领导小组应当形成验收报告。

（十）妥善保管采购项目档案。采购管理部门负责采购文件（包括音视频资料）的档案保管工作，采购领导小组决策意见、会商意见等应一并纳入采购文件进行档案管理。采购文件可以电子档案方式保存，保存期限应自采购活动结束之日起不少于 15 年。

四、推动政府采购政策功能落实

政府采购应当有助于实现国家经济和社会发展目标，如节约能源、保护环境、帮扶福利企业、扶持监狱企业、促进中小企业发展等。预算单位作为落实上述政策功能直接、重要的责任主体，应在采购需求制定、采购文件编制和项目评审中充分体现政府采购政策功能，如对符合采购政策功能的产品或服务设置一定的技术标准或质量标准规定；专门面向监狱企业、福利企业或者中小企业等，在某一项目或者全部项目中预留一定采购份额；按照相关规定给予中小企业、节能环保产品等价格扣除或评审加分优惠；在技术、服务等指标同等满足的条件下，应当优先采购列入节能和环境标志产品政府采购清单的产品等。

五、探索行之有效的结果评价反馈机制

建立采购结果评价机制，促进政府采购绩效不断提高。采购管理部门牵头负责政府采购项目结果评价工作，结合预算绩效评价，围绕采购质量、采购价格、采购绩效等核心要素，设立科学合理的采购结果指标体系，对政府采购的目标实现、功能体现、政策落实、透明程度、节约资金，以及合规性、公正性、时效性等进行综合评价，形成采购评价结果对采购预算、采购需求及采购评审的有效反馈，并向代理机构、评审专家和供应商的政府采购信用体系提供基础信息。

六、

行政政法财务类

省财政厅　省旅游局关于印发《山东省乡村旅游发展资金管理暂行办法》的通知

2016 年 2 月 22 日　鲁财行〔2016〕7 号

各市财政局、旅游局（不含青岛），省财政直接管理县（市）财政局、旅游局：

现将《山东省乡村旅游发展专项资金管理暂行办法》印发给你们，请遵照执行。

附件：山东省乡村旅游发展资金管理暂行办法

附件：

山东省乡村旅游发展资金管理暂行办法

第一条　为规范省乡村旅游发展资金管理，提高资金使用效益，推动乡村旅游转型升级，根据山东省人民政府《关于贯彻落实国发〔2014〕31 号文件促进旅游业改革发展的实施意见》（鲁政发〔2014〕21 号）和省财政厅、省旅游局《山东省旅游发展专项资金使用管理办法》（鲁财行〔2015〕91 号）等规定，制定本办法。

第二条　本办法所称乡村旅游发展资金是指省财政从旅游发展专项资金中安排用于乡村旅游发展的专项资金。

第三条　乡村旅游发展资金使用遵循以下原则：

（一）引导激励。以市场融资、社会筹资为主，财政引导扶持为辅，对乡村旅游业发展给予必要支持，切实发挥财政资金对乡村旅游投入的引导作用。

（二）突出重点。乡村旅游发展资金坚持专款专用，重点解决当前全省乡村旅游发展存在的突出问题，促进乡村旅游提档升级。

（三）项目主体。转移支付资金主要用于重点项目的支持奖励。凡申报支持资金的单位（市、县、镇、村），必须以项目为载体，做到项目和项目实施单位明确具体。

（四）跟踪问效。各级财政、旅游主管部门要加强对乡村旅游发展资金使用的监督管理、绩效考核，确保资金及时足额到位，切实提高资金使用效益。

第四条　申请乡村旅游发展资金应达到以下基本条件：

（一）所在市、县（市、区）对乡村旅游发展高度重视，财政安排资金支持乡村旅游发展；

（二）市、县（市、区）财政、旅游主管部门对上年度乡村旅游奖补资金及时足额划拨到位；各类资金使用规范科学，效益明显，无截留、挪用问题；

（三）资源禀赋好，乡村风情浓郁，传统文化保护良好，有一定数量的古村落和历史遗存，具有较高的乡村记忆价值；

（四）交通区位优势明显，道路顺畅通达，旅游咨询服务中心、交通指引标识、公共厕所、公共停车场等公共服务设施配套完善；

（五）旅游扶贫项目符合国家和省精准扶贫、产业扶贫等相关规定。

第五条　乡村旅游发展资金支持范围。主要用于乡村旅游宣传推广、从业人员教育培训、乡村旅游点规划策划、标准化推广及旅游精准扶贫、全域旅游发展、乡村旅游示范村培育、保护开发传统古村落、乡村旅游重点项目培育、乡村旅游公共服务设施建设奖补等方面。

第六条 乡村旅游发展专项资金用于省级的支出。包括：

（一）宣传推广。用于利用传统媒体、平面媒体、户外媒体、网络媒体等各类媒体，以及旅游电商等平台，对乡村旅游进行形象推广和产品推介、预订。

（二）教育培训。用于组织乡村旅游带头人境内外精准交流；组织高等院校旅游院系"送智下乡"等。

（三）开展乡村旅游工作。用于全省乡村旅游工作的推进和开展。包括：标准化建设、法规制定、课题研究、资料印刷、统计分析等必要的工作经费。

（四）乡村旅游规划。用于旅游扶贫村及重点乡村旅游项目的规划编制。

第七条 乡村旅游发展专项资金用于对下的转移支付。包括：

（一）推进旅游精准扶贫。全面实施《山东省旅游精准扶贫实施方案》，2016 年至 2017 年，重点帮扶 400 个村，配合相关部门帮扶 600 个村，直接间接带动 50 万贫困人口整体脱贫。其中，2016 年支持 150 个，重点支持 50 个，每个支持 40 万元；一般支持 100 个，每个 10 万元。支持资金主要用于帮扶贫困户开办农家乐、农副产品销售、就业工资补贴、贫困户参与乡村旅游的原始股份以及旅游精准扶贫的其他支出。

（二）发展全域旅游示范。坚持"处处都是旅游环境，人人都是旅游形象"发展理念，集中财力办大事，促进乡村旅游与新型城镇化、农业现代化、美丽乡村建设、生态文明乡村建设等相融合，打造一批发展全域旅游的示范市、示范县、示范镇，带动全省发展全域旅游。

1. 全域旅游示范市。对全域旅游发展走在全省前列，生态环境优良、历史悠久、民俗多样，旅游资源在全省具有独一性，已经组织海内外顶尖策划团队编制乡村旅游实施规划，旅游咨询服务中心、信息指引、道路交通等基础设施完备，有 2 个以上县（市、区）成方连片发展乡村旅游，取得明显经济社会和生态环境效益的市重点支持，每年支持 1 个，支持 800 万元。

2. 全域旅游示范县。对全域旅游发展走在全省前列，生态环境优良、历史文化悠久、民俗文化多样、自然资源独特，已经专业策划机构编制乡村旅游实施规划，旅游咨询服务中心、信息指引、道路交通等基础设施完备，有 3 个以上镇成方连片发展乡村旅游，取得明显经济社会和生态环境效益的县（市、区）重点支持，每年支持 5 个，每个支持 500 万元。

3. 全域旅游示范镇。对全域旅游发展走在全省前列，生态环境优良、历史文化悠久、民俗文化多样、自然资源独特，已经组织编制乡村旅游发展规划，旅游咨询服务中心、信息指引、道路交通等基础设施完备，有 5 个以上村成方连片发展乡村旅游，取得明显经济社会和生态环境效益的乡镇（街道）予以支持，每年支持 15 个，每个支持 50 万元。

（三）乡村旅游示范村。对基础较好、资源丰富、特色鲜明，旅游咨询服务中心、信息指引、道路交通等基础设施配套，经济社会和生态环境效益突出，产业发展走在全省前列，具有示范引领作用的村重点支持。每年支持 36 个村，每个奖励 30 万元。

（四）保护开发传统古村镇。坚持保护开发并重，以国家和省级传统古村落（2014 年 119 个）为基础，引导支持历史悠久、文化传承多、遗迹遗存丰富、生态环境优美的传统古村镇，因地制宜发展乡村旅游。每年支持 16 个，每个支持 30 万元。

第八条 管理与划拨。

省财政厅根据财政资金管理规定，将乡村旅游发展资金按不同用途分别下达省旅游局和项目所在地的市、县（市、区）财政局。其中乡村旅游规划编制、教育培训和宣传推广以及必要的工作经费，由省旅游局提出具体使用申请，省财政厅审核、批复，列入省旅游局部门预算。旅游精准扶贫、培育全域旅游示范市县镇、乡村旅游示范村、保护开发传统古村镇、乡村旅游重点项目奖励支持等奖补资金，由省财政下达给项目所在地市、县（市、区）财政局，然后拨付给项目单位专项使用。

第九条 申报程序。

（一）每年一季度，省旅游局会同省财政厅根据当年省乡村旅游发展专项资金的规模和用途，下发《山东省乡村旅游发展资金分配方案》（以下简称《方案》）。

（二）县级旅游、财政主管部门（含省财政直接管理的县、市）根据《方案》对申报项目进行汇总、初审，报市旅游、财政主管部门复审后向省旅游局、省财政厅提出申请，并提供以下材料：

1. 项目基本情况。包括项目名称、投资主体、投资总额、建设期限、经营情况以及项目进度、自筹（配套）资金落实情况、申请资金的具体使用范围以及5张5寸项目照片；

2. 乡村旅游项目发展规划；

3. 山东省乡村旅游发展资金支持项目申报表。

（三）为加快预算执行进度，尽快发挥资金效益，省旅游局、省财政厅根据上年检查验收情况对各地上报项目进行初审，并组织验收组对各地推荐单位和项目进行复查；同时委托专家对推荐单位和项目进行评估，根据验收和专家评估情况确定奖补单位及额度，并按法定时限下达资金分配文件。

第十条 监督管理与绩效评价。

（一）省旅游局会同省财政厅通过建立项目库、制定标准等措施，以及审核申请、立项审批、监督实施、决算管理等程序，对乡村旅游发展专项资金使用实施全程管理。奖励扶持项目经省旅游局、省财政厅验收后，通过相关媒体予以公示。

（二）市、县旅游主管部门会同财政部门对乡村旅游发展资金使用绩效情况进行自查，并将自查报告于每年8月底前报省旅游局、省财政厅。省财政厅、省旅游局组织有关部门对全省乡村旅游发展资金使用情况进行检查督导，并将绩效评价情况作为下一预算年度确定支持资金规模和使用方向的重要依据。

（三）乡村旅游发展资金的使用和管理要严格执行财政财务制度，确保专款专用。乡村旅游设施建设与改造项目严格实行项目化管理，界定责任，明确标准。对投资额较大的项目，严格依法按照程序进行招投标，坚持公开透明，确保新建项目达标、工程管理规范、资金使用安全。

（四）各级财政、旅游主管部门要切实加强项目监督检查，对擅自变更专项资金用途、转移或挪用资金、项目管理混乱、资金浪费严重、建设标准差、弄虚作假、采取不正当手段骗取项目资金的，停止拨款并收回已拨付资金。同时，按照《预算法》、《财政违法行为处罚处分条例》等有关规定，对责任单位和责任人进行处理。

第十一条 本办法由省财政厅、省旅游局负责解释。

第十二条 本办法自2016年4月1日起施行，有效期至2018年3月31日。原《山东省乡村旅游发展专项资金使用管理暂行办法》（鲁财行〔2014〕69号）同时废止。

省财政厅　省旅游局关于印发《山东省新建改建旅游厕所奖励暂行办法》的通知

2016年2月19日　鲁财行〔2016〕8号

各市财政局、旅游局（不含青岛），省财政直接管理县（市）财政局、旅游局：

现将《山东省新建改建旅游厕所奖励暂行办法》印发给你们，请遵照执行。

附件：山东省新建改建旅游厕所奖励暂行办法

附件：

山东省新建改建旅游厕所奖励暂行办法

第一章 总 则

第一条 为推动全省旅游厕所建设管理各项任务保质保量按时完成，根据《山东省人民政府办公厅关于印发山东省旅游厕所建设管理实施方案的通知》（鲁政办字〔2015〕203 号）、《山东省省级财政专项资金管理暂行办法》（鲁政办发〔2014〕35 号）、《山东省省级旅游发展专项资金管理办法》（鲁财行〔2015〕91 号）要求，制定本办法。

第二章   奖励对象和范围

第二条   对纳入全省旅游厕所新建改建任务的旅游景区、交通集散点、旅游餐馆、旅游娱乐场所、城市商业街、加油站、购物面积在 300 平方米以上的商场（含超市）等厕所改造建设进行奖励。

第三条   奖励资金以设区市为单位拨付。设区市范围内保质保量、按时完成省级旅游厕所改造任务的，省级财政部门拨付奖励资金，由当地财政部门对旅游厕所业主给予奖励；没有完成的，不予奖励；超额完成的，超额部分一并纳入奖励范围。

第三章   奖 励 条 件

第四条   省旅游局牵头负责依据以下标准对奖励对象进行评估：

（一）新建改建旅游厕所纳入全省旅游厕所新建改建计划，并建设完成、投入使用。

（二）新建改建旅游厕所符合住房城乡建设部《城市公共厕所设计标准》（CJJ 14 - 2005）和国家旅游局《旅游厕所质量等级的划分与评定标准》要求。

（三）新建改建旅游厕所与当地旅游发展、所在地环境和旅游者活动的场所相适应，不盲目追求高等级化。

（四）对体现新技术应用并符合实用、卫生、方便、节能节水要求的生态环保型旅游厕所，给予适当奖励倾斜。

第四章   奖励申报审核程序

第五条   申报。由旅游厕所建设业主单位于次年 1 月 30 日前申报奖励资金。申报时须提供旅游厕所建设前后实景图片及文字说明（山东省新建改建旅游厕所奖励申报表见附件）。

第六条   审核。县（市、区）、市旅游厕所管理部门会同本级财政部门对申报情况进行审核报送。省旅游局负责对各市上报省级材料的汇总审核。

第七条   验收。省旅游局会同省财政等部门组成验收组，对各市旅游厕所建设情况进行抽查验收，抽查比例不低于申报数的 20%。

第八条   奖励。验收合格后，省旅游局等部门拟定奖励对象名单和奖励资金额度，并通过媒体进行公示公告，接受监督。公示公告结束后，由省财政厅向各市拨付奖励资金。

第五章   奖励标准和资金来源

第九条   中央财政下达的国家旅游产业发展基金用于旅游厕所建设的部分，由省财政厅会同省旅游局，根据各市纳入国家旅游局"旅游厕所革命"范围的旅游厕所建设任务和完成情况，按因素法测算后用于奖励各设区市。

第十条   省财政每年统筹 6 000 万元，由省财政厅会同省旅游局根据各地旅游厕所建设完成情况下达各市。各市结合本地实际情况提出分配方案（2016 年资金根据 2015 年实际完成情况进行奖励，并根据各市厕所建设总量先期拨付部分资金，统筹用于下年度厕所的奖励），并报省财政厅和省旅游局备案。

第十一条   新建改建旅游厕所奖励标准按照厕位总数（不含男小便池）进行划分。其中，新建厕所奖励标准：厕位数量20个（含）以上的，每座奖励10万元；厕位数量10~20个（含10个），每座奖励5万元；厕位数量5~10个（含5个）的，每座奖励2万元；厕位数量5个以下的，每座奖励1万元。

改建厕所奖励标准：厕位数量20个（含）以上的，每座奖励3万元；厕位数量10~20个（含10个）的，每座奖励2万元；厕位数量5~10个（含5个）的，每座奖励1万元；厕位数量5个以下的，每座奖励0.5万元。

具体奖励金额将依据全省旅游厕所新建改建不同规模比例适当调整。

第十二条　对采用新技术建设的旅游厕所和符合实用、卫生、方便、节能节水要求建设的生态环保型旅游厕所，达到以上建设标准的，奖励标准上浮50%。

第六章　监督审计

第十三条　各级财政、旅游部门要加强对项目的监督检查，对擅自变更专项资金用途、转移或挪用资金、项目管理混乱、资金浪费严重、建设标准差、弄虚作假、采取不正当手段骗取项目资金的，停止拨款，并收回已拨付的资金。同时，按照《预算法》《财政违法行为处罚处分条例》有关规定，对有关责任单位和责任人予以严肃处理。

第七章　附　则

第十四条　各级要根据本办法要求，制定本地支持旅游厕所建设的奖励办法。

第十五条　本办法由省财政厅、省旅游局负责解释。

第十六条　本办法自2016年4月1日起施行，有效期至2018年3月31日。

附件：山东省新改建旅游厕所奖励申报表

附件：

山东省新改建旅游厕所奖励申报表

山东省旅游局制

项目名称			申报级别	A/AA/AAA	
项目类别	旅游景区/交通集散点/乡村旅游点（公厕）/旅游餐馆/旅游娱乐场所/城市商业街/加油站/商场（含超市）		业主单位		
所处位置			建筑性质	新建/改建	
建筑面积	平方米		使用面积	平方米	
男厕建筑面积			女厕建筑面积		
建设总投资			竣工日期		
厕位总数	个	男　个	女　个	男女厕位比例	
坐蹲位数	个	坐　个	蹲　个	坐蹲位比例	
残疾人厕位	个	备注	是否生态厕所		
县相关部门意见　　　　　　　　　　　　年　月　日			市相关部门意见　　　　　　　　　　　　年　月　日		

备注：申报时须提交旅游厕所内外部有关照片和相关文字材料。

省财政厅关于印发《山东省省直机关工作人员差旅住宿费标准明细表》的通知

2016 年 4 月 22 日 鲁财行〔2016〕27 号

省直各部门、单位：

按照《山东省省直机关差旅费管理办法》（鲁财行〔2014〕4 号）和《关于调整山东省省直机关差旅住宿费标准等有关问题的通知》（鲁财行〔2015〕83 号）有关规定，省直机关工作人员在省内出差，按照省财政厅调整后的省内出差住宿费限额标准执行；到省外出差按照财政部发布的相关地区出差住宿费限额标准执行。目前，财政部已将各地标准汇总发布。我厅对有关标准进行整理，形成了《山东省省直机关工作人员差旅住宿费标准明细表》，现印发给你们，自 2016 年 5 月 1 日起执行。

该明细标准已同时发布到省财政厅门户网站，各部门、单位可自行下载。今后如有调整，我厅将及时更新发布。

附件：山东省省直机关工作人员差旅住宿费标准明细表

附件：

山东省省直机关工作人员差旅住宿费标准明细表

单位：元/人·天

地区（城市）		住宿费标准			旺季地区	旺季浮动标准			
		省级	厅局级	其他人员		旺季期间	旺季上浮价		
							省级	厅局级	其他人员
省内	济南市、淄博市、枣庄市、东营市、烟台市、潍坊市、济宁市、泰安市、威海市、日照市	800	480	380	烟台市、威海市、日照市	7～9 月	960	570	450
	青岛市	800	490	380	青岛市	7～9 月	960	590	450
	莱芜市、临沂市、德州市、聊城市、滨州市、菏泽市	800	460	360					
北京	全市	1 100	650	500					
天津	6 个中心城区、滨海新区、东丽区、西青区、津南区、北辰区、武清区、宝坻区、静海区、蓟县	800	480	380					
	宁河区	600	350	320					
河北	石家庄市、张家口市、秦皇岛市、廊坊市、承德市、保定市	800	450	350	张家口市	7～9 月、11～3 月	1 200	675	525
					秦皇岛市	7～8 月	1 200	680	500
					承德市	7～9 月	1 000	580	580
	其他地区	800	450	310					

续表

地区 （城市）		住宿费标准			旺季地区	旺季浮动标准			
		省级	厅局级	其他 人员		旺季期间	旺季上浮价		
							省级	厅局级	其他 人员
山西	太原市、大同市、晋城市	800	480	350					
	临汾市	800	480	330					
	阳泉市、长治市、晋中市	800	480	310					
	其他地区	800	400	240					
内蒙古	呼和浩特市	800	460	350					
	其他地区	800	460	320	海拉尔市、满洲里市、阿尔山市	7～9月	1 200	690	480
					二连浩特市	7～9月	1 000	580	400
					额济纳旗	9～10月	1 200	690	480
辽宁	沈阳市	800	480	350					
	其他地区	800	480	330					
大连	全市	800	490	350	全市	7～9月	960	590	420
吉林	长春市、吉林市、延边州、长白山管理区	800	450	350	吉林市、延边州、长白山管理区	7～9月	960	540	420
	其他地区	750	400	300					
黑龙江	哈尔滨市	800	450	350	哈尔滨市	7～9月	960	540	420
	其他地区	750	450	300	牡丹江市、伊春市、大兴安岭地区、黑河市、佳木斯市	6～8月	900	540	360
上海	全市	1 100	600	500					
江苏	南京市、苏州市、无锡市、常州市、镇江市	900	490	380					
	其他地区	900	490	360					
浙江	杭州市	900	500	400					
	其他地区	800	490	340					
宁波	全市	800	450	350					
安徽	全省	800	460	350					
福建	福州市、泉州市、平潭综合实验区	900	480	380					
	其他地区	900	480	350					
厦门	全市	900	500	400					
江西	全省	800	470	350					
河南	郑州市	900	480	380					
	其他地区	800	480	330	洛阳市	4～5月上旬	1 200	720	500
湖北	武汉市	800	480	350					
	其他地区	800	480	320					
湖南	长沙市	800	450	350					
	其他地区	800	450	330					

续表

地区 （城市）		住宿费标准			旺季地区	旺季浮动标准			
						旺季期间	旺季上浮价		
		省级	厅局级	其他 人员			省级	厅局级	其他 人员
广东	广州市、珠海市、佛山市、东莞市、中山市、江门市	900	550	450					
	其他地区	850	530	420					
深圳	全市	900	550	450					
广西	南宁市	800	470	350					
	其他地区	800	470	330	桂林市、北海市	1～2 月、 7～9 月	1 040	610	430
海南	海口市、三沙市、儋州市、五指山市、文昌市、琼海市、万宁市、东方市、定安县、屯昌县、澄迈县、临高县、白沙县、昌江县、乐东县、陵水县、保亭县、琼中县、洋浦开发区	800	500	350	海口市、文昌市、澄迈县	11～2 月	1 040	650	450
					琼海市、万宁市、陵水县、保亭县	11～3 月	1 040	650	450
	三亚市	1 000	600	400	三亚市	10～4 月	1 200	720	480
重庆	9 个中心城区、北部新区	800	480	370					
	其他地区	770	450	300					
四川	成都市	900	470	370					
	阿坝州、甘孜州	800	430	330					
	绵阳市、乐山市、雅安市	800	430	320					
	宜宾市	800	430	300					
	凉山州	750	430	330					
	德阳市、遂宁市、巴中市	750	430	310					
	其他地区	750	430	300					
贵州	贵阳市	800	470	370					
	其他地区	750	450	300					
云南	昆明市、大理州、丽江市、迪庆州、西双版纳州	900	480	380					
	其他地区	900	480	330					
西藏	拉萨市	800	500	350	拉萨市	6～9 月	1 200	750	530
	其他地区	500	400	300	其他地区	6～9 月	800	500	350
陕西	西安市	800	460	350					
	榆林市、延安市	680	350	300					
	杨凌区	680	320	260					
	咸阳市、宝鸡市	600	320	260					
	渭南市、韩城市	600	300	260					
	其他地区	600	300	230					
甘肃	兰州市	800	470	350					
	其他地区	700	450	310					

续表

地区 （城市）		住宿费标准			旺季地区	旺季浮动标准			
						旺季期间	旺季上浮价		
		省级	厅局级	其他人员			省级	厅局级	其他人员
青海	西宁市	800	500	350	西宁市	6~9月	1 200	750	530
	玉树州、果洛州	600	350	300	玉树州	5~9月	900	525	450
	海北州、黄南州	600	350	250	海北州、黄南州	5~9月	900	525	375
	海东市、海南州	600	300	250	海东市、海南州	5~9月	900	450	375
	海西州	600	300	200	海西州	5~9月	900	450	300
宁夏	银川市	800	470	350					
	其他地区	800	430	330					
新疆	乌鲁木齐市	800	480	350					
	石河子市、克拉玛依市、昌吉州、伊犁州、阿勒泰地区、博州、吐鲁番市、哈密地区、巴州、和田地区	800	480	340					
	克州	800	480	320					
	喀什地区	780	480	300					
	阿克苏地区	700	450	300					
	塔城地区	700	400	300					

省财政厅　省人民政府法制办公室关于进一步加强政府法律顾问经费保障和管理工作的通知

2016 年 5 月 31 日　鲁财行〔2016〕31 号

各市财政局、法制办，省财政直接管理县（市）财政局、法制办，省直各部门：

为贯彻落实省政府关于加强政府法律顾问经费保障工作的有关要求，推动政府法律顾问工作顺利开展，根据中央和省委、省政府有关规定，现就进一步加强我省政府法律顾问经费保障和管理工作有关事项通知如下：

一、高度重视政府法律顾问经费保障和管理工作

近年来，全省各级各部门着力加强政府法律顾问参与政府工作的常态化机制建设，各级政府法律顾问发挥专业优势，积极献言献策，为推动政府依法行政、加快法治政府建设，促进全省经济社会发展发挥了重要作用。加强政府法律顾问经费保障和管理，是各级财政部门的重要任务，是政府法律顾问依法履职尽责的重要保障。各级财政部门要充分认识加强政府法律顾问经费保障和管理工作的重要意义，合理安排财政预算，切实加大工作力度，推进我省政府法律顾问工作顺利开展。

二、加大政府法律顾问经费保障力度

各级财政部门要按照《山东省人民政府办公厅关于建立政府法律顾问制度的意见》（鲁政办字〔2014〕

63 号）要求，不断加大财政支持力度，将政府法律顾问工作经费纳入同级财政预算予以保障。政府各部门聘请法律顾问等购买法律服务相关费用，应按照本级政府预算管理要求，编入本部门年度预算，结合部门日常公用经费或专项经费统筹安排。

各级要加快制定完善政府购买法律服务的相关制度办法，按照政府购买服务政策和工作流程，加大政府向社会购买法律服务的工作力度。属于政府采购法适用范围的（《政府集中采购》目录内或者采购限额标准以上的）法律服务项目，应按照政府采购法律法规规定，采用公开招标、邀请招标、竞争性谈判、竞争性磋商、单一来源采购等方式确定承接主体。不属于政府采购法适用范围的（《政府集中采购》目录外且采购限额标准以下的）法律服务项目，可由购买主体根据法律服务项目特点，采用定向委托或竞争性评审方式确定承接主体。具备条件的地方，可由政府法制机构会同财政部门，通过定点采购法律服务项目的方式，合理确定政府法律顾问服务价格，规范服务内容。

三、加强政府法律顾问经费管理

各级政府法制机构要会同财政部门，根据本地实际研究制定政府法律顾问工作费用的具体支付办法，明确支付内容、支付程序等，进一步规范政府法律顾问费用支付工作。政府法制机构要加强对政府法律顾问的规范选用、综合考评和动态调整，对本级政府所属部门、机构的政府法律顾问工作进行指导和规范。各级各部门要加强协调配合，健全完善本地区政府法律顾问经费管理、工作报酬支付等制度办法，严格执行有关财务管理规定，切实加强政府法律顾问费用支出管理；严格经费审批使用手续，确保专款专用；加强经费预算管理与预算执行的跟踪反馈和监督检查，确保政策到位、资金到位、监管到位；要及时研究解决工作中遇到的新情况、新问题，切实将政府法律顾问经费保障工作落到实处。

省财政厅 省统计局关于进一步加强第三次农业普查经费保障和管理工作的通知

2016 年 12 月 21 日 鲁财行〔2016〕65 号

各市财政局、统计局，省财政直接管理县（市）财政局、统计局：

为推进全省第三次农业普查工作顺利开展，今年 10 月 31 日至 11 月 8 日，省农业普查领导小组办公室对部分市第三次农业普查工作准备情况进行了督导检查。总体看，各级普查工作经费基本落实到位，但个别经济欠发达县的普查经费仍没有足额落实，有些市县没有落实普查指导员和普查员（以下简称"两员"）补贴经费或经费承担比例较低，造成基层负担比例过大，给乡镇落实"两员"补贴经费带来较大困难。省政府对此高度重视，省领导专门作出批示，要求各地财政部门落实好普查经费和"两员"补贴经费，确保相关经费按时足额拨付。为贯彻落实省政府要求，推动农业普查工作顺利开展，现就进一步加强我省第三次农业普查经费保障和管理工作有关事项通知如下：

一、高度重视农业普查经费保障和管理工作

农业普查是一项重大的国情国力调查，是全面了解"三农"基本情况、准确把握"三农"发展变化最重要的统计调查。做好第三次农业普查，全面查清我省农业、农村、农民情况，了解掌握我省农村发展新面貌和农民生活新变化，对于全面建成小康社会、实现党的第一个百年奋斗目标、科学制定"三农"政策和发展规划，具有十分重要的意义。各级要充分认识开展第三次农业普查工作的重要性和紧迫性，合理安

排财政预算，进一步加强第三次农业普查经费保障和管理，推动我省第三次农业普查工作顺利开展。

二、加大农业普查经费保障力度

各级统计部门要本着精打细算、勤俭普查的原则，从严从紧编制普查经费预算，切实提高预算编制的科学性、准确性，减少盲目性和重复投入。要严格控制普查经费开支标准和支出范围，充分利用现有设备资源，对确须配备的设备，要实行政府采购和国库集中支付，最大限度节约经费支出，降低普查成本。各级财政部门要按照《国务院第三次全国农业普查领导小组办公室、财政部关于做好第三次全国农业普查经费保障工作的通知》（国农普办字〔2016〕2号）以及省政府要求，将第三次农业普查相关经费纳入同级财政预算予以保障，确保资金按时拨付、足额到位。

认真落实普查人员劳动报酬经费。第三次农业普查所需普查指导员和普查员应尽可能从相关单位选调，不足部分可从社会招聘。选调的普查指导员和普查员的工资由原单位支付，其福利待遇保持不变，并保留其原有工作岗位。原单位经费特别困难的，可由地方财政给予适当补助。招聘的普查指导员和普查员的劳动报酬，由市、县、乡财政部门按比例承担，具体承担比例由各市财政部门结合本地实际研究确定，在农业普查经费中予以安排，并统一由聘用单位支付。各级财政部门要切实履行好经费保障责任，按照分级负担的原则，配合统计部门落实好"两员"补贴经费，确保社会招聘普查指导员和普查员的劳动报酬及时足额支付。

保障必要的普查工作经费。各级财政部门要立足农业普查工作实际，有效配置财政资源，切实保障普查日常工作开展。对公车改革后，县、乡普查用车难等实际困难，各级要按规定认真研究，妥善解决。

三、加强农业普查经费管理

各级统计、财政部门要严格按照《统计部门周期性普查和大型调查经费开支规定》（国统字〔2003〕74号）等文件要求，做好第三次农业普查相关经费管理工作。要健全本地区农业普查经费和"两员"补贴经费管理等相关制度，严格执行有关财务管理规定，严格履行经费审批使用手续，严格按照农业普查经费支出范围和规定用途使用资金，注重控制普查成本，防止铺张浪费，确保专款专用；要加强经费预算管理与预算执行的跟踪反馈和监督检查，确保政策到位、资金到位、监管到位；要及时研究解决工作中遇到的新情况、新问题，切实将农业普查经费保障工作落到实处。

各市财政部门要会同统计部门按照本通知要求，切实加强第三次农业普查经费保障和管理工作，并将贯彻落实情况于12月30日前书面报送省财政厅、省统计局。

七、

教科文财务类

财政部 教育部关于做好免除普通高中建档立卡家庭经济困难学生学杂费有关工作的通知

2016 年 8 月 30 日 财教明电〔2016〕1 号

各省、自治区、直辖市、计划单列市人民政府，国务院有关部门、有关直属机构：

国务院第 144 次常务会议审议通过了《财政部 教育部关于免除普通高中建档立卡家庭经济困难学生学杂费的意见》，文件将于近日印发。考虑到秋季开学在即，为确保政策顺利实施，现将有关事项通知如下：

一、关于免学杂费有关问题

（一）免学杂费对象

免学杂费对象为普通高中建档立卡等家庭经济困难学生（含非建档立卡的家庭经济困难残疾学生、农村低保家庭学生、农村特困救助供养学生）。其中，建档立卡家庭经济困难学生是指符合国务院扶贫办发布的《扶贫开发建档立卡工作方案》相关规定，在全国扶贫开发信息系统中建立电子信息档案，持有《扶贫手册》的普通高中学生。各省免学杂费学生人数由各省根据全国中小学学生学籍信息管理系统和全国扶贫开发信息系统等有关数据确定。

（二）免学杂费标准

免学杂费标准按照各省级人民政府及其价格、财政主管部门批准的学费标准执行（不含住宿费）。

（三）财政补助方式

对公办学校，因免学杂费导致学校收入减少的部分，由财政按照免学杂费学生人数和免学杂费标准补助学校，以保证学校正常运转。

对民办学校，按照享受免学杂费政策学生人数和当地同类型公办学校免学杂费标准予以补助。其中，民办学校学杂费标准高于当地同类型公办学校学费标准的部分，学校可以按规定继续向学生收取。

（四）财政补助资金拨付时间

为保证普通高中正常运转，避免因免收或退费造成学校出现资金缺口，2016 年秋季学期免学杂费中央补助资金采取先预拨再清算的方式，预拨资金将于近期下达，待中央核定各地免学杂费财政补助标准后再予以清算。各地财政部门要按照特事特办的原则，采取有力措施，最晚应于 2016 年 9 月 30 日前将免学杂费补助资金（含地方应承担部分）拨付到普通高中。各地教育部门应在免学杂费补助资金下达后，尽快组织学校启动相关学杂费免收或退还工作。

（五）学杂费免收及退还

今年秋季学期开学时，不得向符合免学杂费条件的普通高中学生收取学杂费。已收取学杂费的普通高中，应及时向学生退还已缴纳的 2016 年秋季学期学杂费（不含住宿费）；按学年缴纳学杂费的，也应一次性退还学生. 学杂费退还工作最晚应于 2016 年 10 月底前完成。

公办学校按照"收多少，退多少"的原则，向符合免学杂费条件的学生退还实际收取的学杂费。民办学校按当地同类型公办学校退费标准退费，学杂费标准高于当地同类型公办学校的部分可不退还学生；低于公办学校学杂费标准的，按学生实际缴纳学费标准退还。

（六）其他事项

各地普通高中免学杂费政策范围宽于或标准高于中央要求的，可继续执行。

二、加强管理，确保政策落实到位

各省级财政、教育部门应充分考虑本行政区域内普通高中学杂费收费标准、已实施免学杂费政策补助标准等因素，合理确定本省建档立卡等家庭经济困难学生免学杂费财政补助标准，汇总统计各县（市、区）免学杂费具体情况（详见附件），并于 2016 年 9 月 30 日前报财政部、教育部核定。各级教育部门要加强学校基础管理工作，完善学生学籍信息管理系统；做好与民政部门、扶贫办公室、残疾人联合会相关数据对接，加强符合免学杂费条件学生的资格认定工作，保证学生基本信息真实准确，指导和督促学校公示享受免学杂费政策的学生信息，确保"公开、公平、公正"；加大监督检查力度，对虚报学生人数、骗取财政资金等行为，将依法严肃查处。

附件：_____省（区、市）普通高中建档立卡家庭经济困难学生免学杂费情况表

附件：

_____省（区、市）普通高中建档立卡家庭经济困难学生免学杂费情况表

单位：元/人·学期，人

	享受免学杂费政策学生人数				学杂费标准	财政补助标准
	合计	建档立卡家庭经济困难学生	家庭经济困难残疾学生	农村低保家庭学生	农村特困救助供养学生		
全省合计							
××县（市、区）							
××县（市、区）							
……							

注：1. 享受免学杂费政策学生如存在类似既是建档立卡又是农村低保的情况，按唯一类型统计，不可交叉重复。
2. "全省合计"行中"学杂费标准"如无全省统一标准可不填列，"财政补助标准"需按全省平均水平填列。

财政部　教育部关于印发《城乡义务教育补助经费管理办法》的通知

2016 年 11 月 11 日　财科教〔2016〕7 号

各省、自治区、直辖市、计划单列市财政厅（局）、教育厅（局、教委），新疆生产建设兵团财务局、教育局：

为加强城乡义务教育补助经费管理，提高经费使用效益，现将《城乡义务教育补助经费管理办法》印发你们，请遵照执行。执行中如有问题，请及时反馈我们。

附件：城乡义务教育补助经费管理办法

附件：

城乡义务教育补助经费管理办法

第一条　为加强城乡义务教育补助经费管理，提高资金使用效益，推进义务教育均衡发展，根据《国

务院关于进一步完善城乡义务教育经费保障机制的通知》（国发〔2015〕67号）和有关法律制度规定，制定本办法。

　　第二条　本办法所称城乡义务教育补助经费（以下简称补助经费），是指中央财政设立的用于支持城乡义务教育发展的转移支付资金。本办法所称城市、农村地区划分标准：国家统计局最新版本的《统计用区划代码》中的第5~6位（区县代码）为01~20且《统计用城乡划分代码》中的第13~15位（城乡分类代码）为111的主城区为城市，其他地区为农村。

　　第三条　补助经费管理遵循"城乡统一、重在农村，统筹安排、突出重点，客观公正、规范透明，注重实效、强化监督"的原则。

　　第四条　补助经费由财政部、教育部根据党中央、国务院有关决策部署和义务教育改革发展工作重点确定支持内容。现阶段，重点支持本办法第五条至第七条所规定的内容。

　　第五条　落实城乡义务教育经费保障机制。主要包括：

　　（一）对城乡义务教育学生（含民办学校学生）免除学杂费、免费提供教科书，对家庭经济困难寄宿生补助生活费。民办学校学生免除学杂费标准按照中央确定的生均公用经费基准定额标准执行。免费提供国家规定课程教科书和免费为小学一年级新生提供正版学生字典所需资金，由中央财政全额承担（含以2016年为基数核定的出版发行少数民族文字教材亏损补贴），具体根据各省份义务教育在校生数、补助标准、教科书循环使用等因素核定。家庭经济困难寄宿生生活费补助资金由中央与地方按规定比例分担，中央财政补助经费具体根据各省份义务教育寄宿生数、寄宿生贫困面、补助标准、分配系数等因素核定（补助标准、分配系数及分配公式详见附表，下同）。中央财政对城市学生的免费教科书和寄宿生生活费补助从2017年春季学期开始。

　　（二）对城乡义务教育学校（含民办学校）按照不低于生均公用经费基准定额的标准补助公用经费，并适当提高寄宿制学校、规模较小学校、北方取暖地区学校、特殊教育学校和随班就读残疾学生的公用经费补助水平。公用经费补助资金由中央与地方按规定比例分担，中央财政补助经费具体根据生均公用经费基准定额、各省份义务教育在校生数、规模较小学校数、分配系数等因素核定。城乡义务教育生均公用经费基准定额由中央统一确定。

　　本办法所称公用经费是指保障义务教育学校正常运转、完成教育教学活动和其他日常工作任务等方面支出的费用，具体支出范围包括：教学业务与管理、教师培训、实验实习、文体活动、水电、取暖、交通差旅、邮电，仪器设备及图书资料等购置，房屋、建筑物及仪器设备的日常维修维护等。不得用于人员经费、基本建设投资、偿还债务等方面的支出。其中，教师培训费按照学校年度公用经费预算总额的5%安排，用于教师按照学校年度培训计划参加培训所需的差旅费、伙食补助费、资料费和住宿费等开支。

　　（三）巩固完善农村义务教育学校校舍安全保障长效机制，支持公办学校维修改造、抗震加固、改扩建校舍及其附属设施。中西部地区所需资金由中央与地方按规定比例分担，中央财政补助经费具体根据各省份农村义务教育在校生数、生均校舍面积标准、安全校舍面积、使用年限、单位面积补助标准、分配系数等因素核定；中央财政对东部地区采取"以奖代补"方式给予适当奖补，补助经费具体根据各省份农村义务教育在校生数、财力状况、校舍安全保障投入及危房改造成效等因素核定。

　　（四）对地方落实集中连片特困地区乡村教师生活补助等政策给予综合奖补，中央财政补助经费根据相关省份落实乡村教师生活补助政策等中央有关决策部署情况、义务教育改革发展情况、工作努力程度等因素核定，地方可统筹用于城乡义务教育经费保障机制相关支出。

　　现阶段，以各地实际发放乡村教师月人均生活补助标准与中央综合奖补标准（月人均200元）的比值为参考值，设立综合奖补标准调整系数。中央财政按照综合奖补标准、参考调整系数核定相关省份综合奖补资金。

　　第六条　实施农村义务教育阶段学校教师特设岗位计划。中央财政对特岗教师给予工资性补助，补助资金根据在岗特岗教师人数、补助标准与相关省份据实结算。

第七条　实施农村义务教育学生营养改善计划。国家试点地区营养膳食补助所需资金，由中央财政全额承担，用于向学生提供等值优质的食品，不得以现金形式直接发放，不得用于补贴教职工伙食、学校公用经费，不得用于劳务费、宣传费、运输费等工作经费，具体根据国家试点地区覆盖学生数、补助标准核定；对于地方试点，中央财政给予适当奖补，具体根据地方试点地区覆盖学生数、地方财政投入、组织管理、实施效果等因素核定。现阶段，对地方试点膳食补助标准达到每生每天 4 元以上的省份，中央财政按照每生每天 2 元标准给予奖补；对未达到 4 元的省份，按照每生每天 1.5 元的标准给予奖补。

第八条　财政部、教育部根据党中央、国务院有关决策部署、义务教育改革发展实际以及财力状况适时调整第五条至第七条相关补助标准及分配因素。

城乡义务教育补助经费分配公式为：某省份城乡义务教育补助经费＝城乡义务教育经费保障机制资金＋特岗教师工资性补助资金＋学生营养改善计划补助资金。

第九条　省级财政、教育部门应当于每年 2 月底前向财政部、教育部报送当年补助经费申报材料。申报材料需经财政部驻当地财政监察专员办事处审核后报送。逾期不提交的，相应扣减相关分配因素得分。申报材料主要包括：

（一）上年度补助经费安排使用情况，主要包括上年度补助经费使用情况、年度绩效目标完成情况、地方财政投入情况、主要管理措施、问题分析及对策。

（二）当年工作计划，主要包括当年全省义务教育工作目标和绩效目标、重点任务和资金安排计划，绩效目标要明确、具体、可考核。

（三）上年度省级财政安排用于推动义务教育均衡发展方面的资金统计表及相关预算文件。

第十条　补助经费由财政部、教育部共同管理。教育部负责审核地方相关材料和数据，提供资金测算需要的基础数据，并提出资金需求测算方案。财政部根据中央转移支付资金管理相关规定，会同教育部研究确定各省份补助经费预算金额。省级财政、教育部门明确省级及省以下各级财政、教育部门在经费分担、资金使用管理等方面的责任，切实加强资金管理。

第十一条　财政部和教育部于每年全国人民代表大会批准中央预算后三十日内正式下达补助经费预算。每年 10 月 31 日前，提前下达下一年度补助经费预计数。省级财政、教育部门在收到补助经费预算文件后，应当在三十日内按照预算级次合理分配、及时下达，并抄送财政部驻当地财政监察专员办事处。

第十二条　补助经费支付执行国库集中支付制度。其中，城乡义务教育经费保障机制资金（包括免费教科书、公用经费、寄宿生生活费、校舍安全保障长效机制和综合奖补等补助经费）拨付暂按照现行有关规定执行。补助经费涉及政府采购的，按照政府采购有关法律制度执行。国家课程免费教科书由省级教育、财政部门结合当地实际，按政府采购有关规定统一组织采购。

第十三条　省级财政、教育部门在分配补助经费时，应当结合本地区年度义务教育重点工作和本省省级财政安排的城乡义务教育补助经费，加大省级统筹力度，重点向农村地区倾斜，向边远地区、贫困地区、民族地区、革命老区倾斜。省级财政、教育部门要按责任、按规定切实落实应承担的资金；合理界定寄宿生贫困面，提高资助的精准度；合理确定校舍安全保障长效机制项目管理的具体级次和实施办法；统筹落实好特岗教师在聘任期间的工资津补贴等政策；指导省以下各级财政、教育部门科学确定营养改善计划供餐模式及经费补助方式等。

第十四条　县（区）级财政、教育部门应当落实经费管理的主体责任，加强区域内相关教育经费的统筹安排和使用，兼顾不同规模学校运转的实际情况，向寄宿制学校、规模较小学校、薄弱学校倾斜，保障规模较小学校和教学点的基本需求；加强学校预算管理，细化预算编制，硬化预算执行，强化预算监督；规范学校财务管理，确保补助经费使用安全、规范和有效。县（区）级教育部门应会同财政、建设等有关部门，定期对辖区内学校校舍进行排查、核实，结合本地学校布局调整等规划，编制校舍安全保障总规划和年度计划，按照本省校舍安全保障长效机制项目管理有关规定，负责组织实施项目，项目实施和资金安排情况，要逐级上报省级教育、财政部门备案。

第十五条 学校应当建立健全预算管理制度，按照轻重缓急、统筹兼顾的原则安排使用公用经费，既要保证开展日常教育教学活动所需的基本支出，又要适当安排促进学生全面发展所需的活动经费支出；制定完善内部经费管理办法，细化公用经费等支出范围与标准，加强实物消耗核算，建立规范的经费、实物等管理程序，建立物品采购登记台账，健全物品验收、进出库、保管、领用制度，明确责任，严格管理；建立健全内部控制制度、经济责任制度等监督制度，依法公开财务信息，依法接受主管部门和财政、审计等部门的监督；做好给予个人有关补助的信息公示工作，接受社会公众监督。

第十六条 财政部、教育部根据工作需要适时组织开展补助经费监督检查和绩效管理。地方各级财政、教育部门应当加强补助经费的监督检查和绩效管理，建立健全全过程预算绩效管理机制，不断提高资金使用效益，并按照规定做好信息公开工作。各级教育部门要加强基础信息管理，确保学生信息、学校基本情况、教师信息等数据真实准确。财政部驻各地财政监察专员办事处应当按照工作职责和财政部要求，对补助经费实施监管。

第十七条 补助经费要建立"谁使用、谁负责"的责任机制。严禁将补助经费用于平衡预算、偿还债务、支付利息、对外投资等支出，不得从补助经费中提取工作经费或管理经费。对于挤占、挪用、虚列、套取补助经费等行为，按照《预算法》、《财政违法行为处罚处分条例》等国家有关法律规定严肃处理。

第十八条 各级财政、教育部门及其工作人员在补助经费分配方案的制定和复核过程中，违反规定分配补助经费或者向不符合条件的单位（或项目）分配补助经费以及滥用职权、玩忽职守、徇私舞弊的，按照《预算法》、《公务员法》、《行政监察法》、《财政违法行为处罚处分条例》等国家有关规定追究相应责任，涉嫌犯罪的，移送司法机关处理。

第十九条 本办法由财政部、教育部负责解释。各省级财政、教育部门应当根据本办法，结合各地实际，制定具体管理办法，报财政部、教育部备案，并抄送财政部驻当地财政监察专员办事处。

第二十条 本办法自 2016 年 12 月 1 日起施行。财政部、教育部发布的《对农村义务教育阶段家庭经济困难学生免费提供教科书工作暂行管理办法》（财教〔2004〕5 号）、《农村中小学公用经费支出管理暂行办法》（财教〔2006〕5 号）、《农村中小学校舍维修改造专项资金管理暂行办法》（财教〔2006〕6 号）、《东部地区农村中小学校舍维修改造"以奖代补"专项资金管理暂行办法》（财教〔2006〕287 号）、《关于变更东部地区农村中小学校舍维修改造工作情况材料报送时间的通知》（财办教〔2010〕36 号）、《农村义务教育学生营养改善计划专项资金管理暂行办法》（财教〔2012〕231 号）、《进城务工农民工随迁子女接受义务教育中央财政奖励实施暂行办法》（财教〔2008〕490 号）同时废止。上述文件涉及相关工作的管理办法由教育部会同相关部门另行制定。

附：城乡义务教育补助经费相关补助标准、分配系数及分配公式

附：

城乡义务教育补助经费相关补助标准、分配系数及分配公式

主要内容		补助标准	分配系数	分配公式
城乡义务教育经费保障机制资金	国家规定课程免费教科书（含字典）	小学 90 元/年·人，循环比例为补助标准的（64% + 36% × 35%）		补助经费 = 小学在校生数 × 90 元/年·人 × (64% + 36% × 35%) + 初中在校生数 × 180 元/年·人 × (86% + 14% × 35%) + （小学一年级在校生数 × 14 元/年·人）
		初中 180 元/年·人，循环比例为补助标准的（86% + 14% × 35%）		
		小学一年级字典 14 元/年·人		
	家庭经济困难寄宿生生活费	小学 1 000 元/年·人	0.5	补助经费 = 寄宿生数 × 寄宿生贫困面 × 补助标准 × 分配系数
		初中 1 250 元/年·人		

续表

主要内容		补助标准	分配系数	分配公式
城乡义务教育经费保障机制资金	公用经费补助	生均公用经费基准定额：中西部地区小学 600 元/年·人、初中 800 元/年·人，东部地区小学 650 元/年·人、初中 850 元/年·人	西部地区及中部地区比照西部大开发政策的县（市、区）分配系数为 0.8，中部其他地区为 0.6，东部地区为 0.5	补助经费 = [在校生数×（生均公用经费基准定额 + 取暖费补助标准）+（寄宿生数×200 元/年·人）+（残疾学生数×6 000 元/年·人）+（农村不足 100 人的规模较小学校数×100 – 规模较小学校在校生数）×生均公用经费基准定额]×分配系数
		寄宿制学校 200 元/年·人		
		特殊教育学校和随班就读残疾学生 6 000 元/年·人		
		北方地区取暖费补助标准逐省核定		
	农村校舍安全保障长效机制补助	中部地区 800 元/平方米、西部地区 900 元/平方米，适当提高高寒高海拔地区补助标准	0.5	补助经费 = [（（农村义务教育在校生数×生均建筑面积标准 – 安全校舍面积）×折旧率 1 + 安全校舍面积×折旧率 2]×补助标准×分配系数 折旧率 1 为 1/30 年，折旧率 2 为 1/50 年
		东部地区给予适当奖补		某省份奖补资金 = 该省份农村在校生数/（∑ 有关各省份农村在校生数）×权重 + 该省份财力状况×权重 + 该省份校舍安全保障投入/（∑ 有关各省份校舍安全保障投入）×权重 + 该省份危房改造成效/（∑ 有关各省份危房改造成效）×权重 + ……（相关因素及权重根据校舍安全保障工作安排适时调整）
	综合奖补	中央奖补标准：2 400 元/年·人； 设立调整系数：以各地乡村教师年生活补助标准与中央奖补标准的比值为参考值，分档确定调整系数（参考值≥2，调整系数为 2；1.5≤参考值 <2，调整系数为 1.5；1≤参考值 <1.5，调整系数为 1；参考值 <1，调整系数为 0.5）		奖补经费 = 享受政策教师数×中央奖补标准×调整系数
特岗教师工资性补助资金		中部地区 2.8 万元/年·人，西部地区 3.1 万元/年·人		补助经费 = 在岗特岗教师人数×补助标准
学生营养改善计划补助资金		国家试点地区：800 元/年·人		补助经费 = 国家试点学生数×补助标准
		地方试点奖补：达到 800 元/年·人的省份，按照 400 元/年·人给予奖补；未达到的，按照 300 元/年·人给予奖补		奖补经费 = 地方试点学生数×奖补标准

财政部　教育部关于印发《农村义务教育薄弱学校改造补助资金管理办法》的通知

2016 年 12 月 5 日　财科教〔2016〕28 号

有关省、自治区、直辖市财政厅（局）、教育厅（局、教委），新疆生产建设兵团财务局、教育局：

为规范和加强农村义务教育薄弱学校改造补助资金管理，提高资金使用效益，根据国家有关法律制度规定，财政部、教育部修订了《农村义务教育薄弱学校改造补助资金管理办法》，现予印发，请遵照执行。

附件：农村义务教育薄弱学校改造补助资金管理办法

附件：

农村义务教育薄弱学校改造补助资金管理办法

第一章 总 则

第一条 为规范和加强农村义务教育薄弱学校改造补助资金（以下简称薄改补助资金）管理，提高资金使用效益，支持全面改善贫困地区义务教育薄弱学校基本办学条件工作，根据国家有关法律制度规定，制定本办法。

第二条 薄改补助资金是由中央财政设立、通过一般公共预算安排、用于改善贫困地区义务教育薄弱学校基本办学条件的资金。

第三条 薄改补助资金由财政部和教育部共同管理。财政部负责薄改补助资金中期财政规划和年度预算编制，会同教育部分配及下达资金，对资金使用情况进行监督和绩效评价；教育部负责薄弱学校改造计划规划编制，指导和推动薄弱学校改造计划的实施工作，运用信息化等手段加强项目管理，会同财政部做好资金使用情况监督和绩效评价工作。

第四条 薄改补助资金使用管理遵循"总量控制、突出重点，奖补结合、省级统筹，公平公正、规范透明"的原则。

第五条 地方各级财政要结合自身财力，增加对改善贫困地区义务教育薄弱学校基本办学条件的经费投入。

第二章 资金使用范围

第六条 薄改补助资金支持范围以中西部省份（含新疆生产建设兵团）贫困地区薄弱学校为主，适当兼顾部分东部省份的贫困地区薄弱学校。

本办法的贫困地区是指集中连片特困地区县、国家扶贫开发工作重点县、贫困的民族县和边境县，以及其他贫困县。其他贫困县由省级教育和财政部门在对义务教育阶段学校全面摸底排查基础上，根据基本办学条件的差距，认为确实应当纳入薄改补助资金支持范围的县（市）。省会城市所辖区不列入本办法所指的贫困地区，市（州、盟）所辖区原则上不列入本办法所指的贫困地区。

本办法的薄弱学校是指教学、生活设施条件等不能满足基本需求的农村义务教育阶段学校（含县城义务教育阶段学校）。

第七条 薄改补助资金支持的薄弱学校必须是已列入当地学校布局规划、拟长期保留的农村义务教育阶段公办学校。

非义务教育阶段公办学校、小学附设的学前班或者幼儿园、完全中学和十二年一贯制学校的高中部、民办学校、地市及以上城市义务教育阶段学校以及因打造"重点校"而形成的超大规模学校不纳入支持范围。

第八条 薄改补助资金用于"校舍及设施建设类"和"设备及图书购置类"两类项目。

（一）"校舍及设施建设类"项目主要包括：

1. 新建、改建和修缮必要的教室、实验室、图书室，以及农村小学必要的运动场等教学设施；

2. 新建、改建和修缮农村小学必要的学生宿舍、食堂（伙房）、开水房、厕所、澡堂等生活设施，以及必要的校园安全等附属设施；

3. 现有县镇"大班额"义务教育学校（小学班额超过 56 人、初中班额超过 66 人的义务教育学校）必要的扩容改造；

4. 在宽带网络接入学校的条件下建设校园内信息化网络基础设施。

（二）"设备及图书购置类"项目主要包括：

1. 购置必要的教学实验仪器设备、音体美器材等教学仪器设备；

2. 为宿舍、食堂（伙房）、水房等公共生活设施配置必要的家具、设备，以及必要的校园安保设备等；

3. 购置适合中小学生阅读的图书；

4. 购置计算机、投影仪等必要的多媒体教学设备和信息化网络设备等。

第九条　以下内容不得列入薄改补助资金使用范围：

（一）独立建筑的办公楼、礼堂、体育馆、塑胶跑道、游泳馆（池）、教师周转宿舍等；

（二）一次性投入低于 5 万元的校舍维修和零星设备购置项目；

（三）教育行政部门机关及直属非教学机构的建设和设备购置等；

（四）其他超越基本办学条件范畴的事项。

第十条　薄改补助资金严禁用于偿还债务；严禁用于平衡预算、发放人员津补贴以及冲抵地方应承担的校舍维修改造长效机制、公用经费等支出。

第三章　资金分配与拨付

第十一条　薄改补助资金采取因素法分配，因素包括：区域因素、基础因素、投入因素、绩效因素和管理因素五类。先按照西部地区 50%、中部地区 40%、东部地区 10% 的区域因素确定西部、中部、东部分地区补助资金规模后，再按其他因素分配到相关省份。其中：

基础因素（80%），下设贫困人口数及贫困发生率、人均可用财力、义务教育学生数、基本办学条件经费理论缺口数等子因素。各子因素数据通过相关统计资料获得。

投入因素（10%），下设生均财政义务教育支出水平及增长率、上一年度省级财政安排用于改善薄弱学校办学条件方面的专项资金等子因素。各子因素数据通过相关统计资料和各省份资金申报材料获得。

绩效因素（5%），由教育部会同财政部依据各省份制定的全面改善薄弱学校基本办学条件实施方案年度任务完成情况及相关标准，组织考核获得计量数据。

管理因素（5%），主要包括各类数据录入审核等业务工作管理，以及资金监督管理等情况。由教育部会同财政部组织考核获得计量数据。

薄改补助资金计算公式为：

$$
\text{某省份薄改补助资金} = \left(\frac{\text{该省份贫困人口数}}{\sum \text{有关省份贫困人口数}} \times \text{权重} + \frac{\text{该省份生均财政义务教育支出水平}}{\sum \text{有关省份生均财政义务教育支出水平}} \times \text{权重} \right.
$$

$$
\left. + \frac{\text{该省份绩效因素评分}}{\sum \text{有关省份绩效因素评分}} \times \text{权重} + \frac{\text{该省份管理因素评分}}{\sum \text{有关省份管理因素评分}} \times \text{权重} + \cdots \right)
$$

$$
\times \text{薄改补助资金年度预算总额}
$$

第十二条　财政部和教育部每年 10 月 31 日之前提前通知各省份下一年度部分薄改补助资金预算指标；每年在全国人民代表大会审查批准中央预算后九十日内，正式下达全年薄改补助资金预算。

第十三条　省级财政、教育部门在收到薄改补助资金（含提前下达预计数）后，应当在三十日内按照预算级次将预算合理分配、及时下达，并抄送财政部驻当地财政监察专员办事处。有条件的，可以与项目一同下达。

第十四条　县级财政和教育部门应当在收到上级薄改补助资金预算文件后的三十日内，按照薄弱学校改造计划项目规划，将资金科学合理地分配到学校，落实到项目。

第十五条　县级财政和教育部门应当按照资金下达的项目计划组织项目实施，并及时将资金分配结果、项目执行情况录入全国薄弱学校改造计划管理信息系统，加强项目信息化管理。

第十六条　县级教育和财政部门在分配薄改补助资金时，要坚持"实用、够用、安全、节俭"的原则，把满足基本需要放在首位，优先建设、购置教学和学生生活最急需的基本设备和设施。要注重投入效益，做到改一所，成一所，防止项目过于分散。

严禁超标准建设和豪华建设。严禁将资金向少数优质学校集中，拉大教育差距。严禁举债改善义务教育薄弱学校基本办学条件。

第十七条　省级财政和教育部门应当根据省域内薄弱学校基本办学条件改善任务和完成时限等因素，合理分配中央、地方财政资金，做到规范分配、合理使用，确保资金分配公平公正，切实防范廉政风险。

第十八条　分配薄改补助资金时，应当与农村义务教育经费保障机制的校舍维修改造长效机制、中西部农村初中校舍改造工程和地方实施的其他义务教育项目资金相互衔接，统筹安排，避免重复支持。

第四章　资　金　申　报

第十九条　省级财政和教育部门应当在每年 3 月 15 日前，向财政部和教育部提出当年薄改补助资金申报材料。

第二十条　省级财政和教育部门报送的申报材料包括：

（一）上年度薄改补助资金安排使用情况工作总结，主要内容包括上年度全面改善薄弱学校基本办学条件工作落实情况及绩效目标完成情况、薄改补助资金安排使用情况、地方财政投入情况、主要管理措施、问题分析及对策。

（二）当年工作计划，主要包括当年工作目标和绩效目标、重点任务和资金安排计划，绩效目标要明确、具体、可考核。

（三）上年度省级财政安排改善薄弱学校办学条件方面的专项资金统计表及相应预算文件。

（四）年度工作任务完成情况表，即对照《教育部办公厅　国家发展改革委办公厅　财政部办公厅关于制定全面改善贫困地区义务教育薄弱学校基本办学条件实施方案的通知》（教基一厅〔2014〕26 号）附件所列各项年度绩效目标和工作任务，分别列示完成情况。

第二十一条　薄改补助资金申报材料作为开展绩效评价和资金分配的依据之一。逾期不提交申报材料的，在分配当年资金时，"绩效"和"管理"两个因素作零分处理。

第五章　资金管理与绩效评价

第二十二条　薄改补助资金要严格执行国库集中支付制度，确保专款专用。

第二十三条　教育部和财政部对薄改补助资金实施目标管理。省级教育和财政部门要统筹组织、指导协调项目管理工作，督促薄改补助资金落实到项目。省级以下教育和财政部门应当建立薄改补助资金项目库，实行项目管理，确保薄改补助资金使用可检查、可监控和可考核。

第二十四条　除高寒和高海拔地区外，薄改补助资金支持的校舍及设施建设类项目原则上应当在资金下达到省后两年内完成。

项目完成后要及时办理验收和结算手续，同时办理固定资产入账手续。未经验收或验收不合格的建设项目和设施设备不得交付使用。

第二十五条　项目预算下达后，因不可抗力等客观原因导致项目无法实施时，按照"谁审批谁负责"的原则，履行项目变更和预算调剂审批手续。

第二十六条　项目实施完成后，若有结余资金，由县级财政和教育部门统一管理和使用；项目资金不足的，由县级财政和教育部门统筹安排弥补。

第二十七条　财政部和教育部根据各省份薄弱学校改造计划工作进展情况，适时组织开展绩效评价或再评价。各省份制定的薄弱学校改造计划实施目标和计划将作为财政部和教育部对各省份进行绩效评价的主要依据，绩效评价结果作为财政部和教育部分配各省份资金的依据。

绩效评价工作方案另行制定。

第二十八条 地方各级财政、教育部门应当加强补助经费的监督检查和绩效管理，建立健全全过程预算绩效管理机制，不断提高资金使用效益。

第二十九条 实施薄改补助资金支持的项目，应当执行政府采购等法律制度的有关规定，落实有关政策要求，规范采购行为。实施薄改补助资金支持的校舍及设施建设类项目，属于基本建设的，应当履行基本建设程序，严格执行相关建设标准和要求，新建项目要符合抗震设防和综合防灾要求，确保工程质量。

第六章 资金监督检查和问责

第三十条 明确资金监管职责。地方各级财政和教育部门要明确职责，加强协作。财政部门主要负责薄改补助资金的预算安排、资金拨付、管理和监督；教育部门主要负责基础数据的真实性、准确性和完整性，项目规划的编报和年度项目遴选申报、资金使用管理和监督检查。

第三十一条 建立信息公开制度。地方各级财政部门要按照财政预算公开的总体要求做好信息公开工作。地方特别是县级教育部门应当通过当地媒体、部门网站等方式，向社会公示薄弱学校改造计划总体规划、年度资金安排、工作进展等情况。其中，年度资金安排应包括项目学校名单、项目内容和资金额度，在县级教育部门的门户网站公示时间不少于一年。

对薄改补助资金支持的项目，项目学校应当全程公开从立项、实施到验收的相关信息。

第三十二条 建立监督检查制度。实行国家重点检查、省市定期巡查、县级经常自查的监督检查机制。

各级财政部门应当将薄改补助资金管理使用情况列入重点监督检查范围，加强薄改补助资金的监督检查。各级教育部门应当对薄改补助资金的使用管理及效果进行定期检查。

各学校应当强化内部监管，自觉接受外部监督，配合审计机关将薄弱学校改造计划资金使用情况纳入每年重点审计内容，进行全过程跟踪审计。

有条件的地方，还可以通过政府购买服务，聘请具备资质的社会中介组织参与监督检查。

第三十三条 对于报送虚假信息、骗取薄改补助资金的，一经查实，中央财政将相应扣减下一年度资金；情节严重的，取消该省份分配薄改补助资金的资格，并在全国范围内予以通报。

第三十四条 薄改补助资金要建立"谁使用、谁负责"的责任机制。严禁将资金用于平衡预算、偿还债务、支付利息、对外投资等支出，不得从补助资金中提取工作经费或管理经费。对于挤占、挪用、虚列、套取补助资金等行为，按照《预算法》、《财政违法行为处罚处分条例》等国家有关法律规定严肃处理。

第三十五条 各级财政、教育部门及其工作人员在薄改补助资金分配方案的制定和复核过程中，违反规定分配资金或者向不符合条件的单位（或项目）分配补助资金以及滥用职权、玩忽职守、徇私舞弊的，按照《预算法》、《公务员法》、《行政监察法》、《财政违法行为处罚处分条例》等国家有关法律规定追究责任；涉嫌犯罪的，移送司法机关处理。

第七章 附 则

第三十六条 地方财政和教育部门可以依据本办法，制定地方薄改补助资金管理和使用的具体办法或者实施细则。

第三十七条 新疆生产建设兵团财务和教育部门依照本办法执行。

第三十八条 本办法自 2017 年 1 月 1 日起施行。原《农村义务教育薄弱学校改造补助资金管理办法》（财教〔2015〕3 号）同时废止。

财政部　教育部关于印发《现代职业教育质量提升计划专项资金管理办法》的通知

2016 年 12 月 5 日　财科教〔2016〕31 号

各省、自治区、直辖市、计划单列市财政厅（局）、教育厅（局、教委），新疆生产建设兵团财务局、教育局：

　　为规范和加强现代职业教育质量提升计划专项资金管理，提高资金使用效益，根据国家有关法律制度规定，财政部、教育部修订了《现代职业教育质量提升计划专项资金管理办法》，现予印发，请遵照执行。

　　附件：现代职业教育质量提升计划专项资金管理办法

附件：

现代职业教育质量提升计划专项资金管理办法

　　第一条　为加强和规范现代职业教育质量提升计划专项资金管理，提高资金使用效益，促进现代职业教育改革发展，根据国家有关法律制度规定，制定本办法。

　　第二条　本办法所称现代职业教育质量提升计划专项资金（以下简称专项资金），是指中央财政通过专项转移支付安排，用于支持现代职业教育改革发展的资金。

　　第三条　专项资金管理遵循"中央引导、省级统筹，科学规划、合理安排，责任清晰、规范管理，专款专用、注重实效"的原则。

　　第四条　专项资金由财政部、教育部根据党中央、国务院有关决策部署和职业教育改革发展工作重点确定支持内容。现阶段重点支持：

　　（一）支持各地建立完善以改革和绩效为导向的高等职业院校生均拨款制度，引导高等职业教育创新发展。

　　（二）支持各地在优化布局的基础上，改扩建中等职业学校校舍、实验实训场地以及其他附属设施，配置图书和教学仪器设备等，推动建立健全中等职业学校生均拨款制度。

　　（三）支持各地加强"双师型"专任教师培养培训，提高教师教育教学水平；支持职业院校设立兼职教师岗位，优化教师队伍人员结构。

　　（四）支持有条件的地方探索通过政府和社会资本合作模式加强中等职业学校实训基地建设，以及推进职业教育改革发展等相关工作。具体支持内容和方式，由财政部、教育部根据党中央、国务院有关要求、相关规划以及年度重点工作等研究确定。

　　第五条　专项资金采取因素法分配。具体分配公式为：

　　某省份专项资金 = 高职院校生均拨款奖补 + 中职学校改善办学条件奖补 + 职业院校教师素质提高计划奖补

　　（一）高职院校生均拨款奖补资金包括拨款标准奖补和改革绩效奖补两部分。

　　拨款标准奖补根据各地提高高职院校生均财政拨款水平的具体情况核定。2017 年以前，对于年生均财政拨款水平尚未达到 12 000 元的省份，中央财政以 2013 年为基期对生均财政拨款水平增量部分按一定比例给予拨款标准奖补。具体奖补比例，根据东部地区 25%、中西部地区 35% 的基本比例以及各省财力状况等因素确定。对于年生均财政拨款水平已达到 12 000 元且以后年度不低于 12 000 元的省份，给予拨款标准奖补并稳定支持。对于年生均财政拨款水平下降的省份，暂停当年拨款标准奖补。

改革绩效奖补根据各地推进高职院校改革进展情况核定。2014～2017 年，改革绩效奖补资金规模根据中央财政财力状况和各地高等职业教育改革进展情况等因素确定。2018 年起，当各地年生均财政拨款水平全部不低于 12 000 元时，中央财政将进一步加大改革绩效奖补力度。改革绩效奖补分配因素包括基础因素、投入因素、管理创新因素。其中：基础因素（权重 60%）下设订单班毕业生比重、双师型教师比重、生师比等子因素。投入因素（权重 20%）下设生均财政拨款水平、民办高职院校生均举办者投入水平等子因素。管理创新因素（权重 20%）下设中央专项资金使用管理情况、专业设置与产业结构契合度等子因素。

$$某省份改革绩效奖补 = \left(\frac{该省份订单班毕业生总数占毕业生总数比例}{\sum 有关省份订单班毕业生总数占毕业生总数比例} \times 权重 \right.$$
$$+ \frac{该省份民办高职院校生均举办者投入平均值}{\sum 有关省份民办高职院校生均举办者投入平均值} \times 权重$$
$$\left. + \frac{该省份专项资金管理使用情况}{\sum 有关省份专项资金管理使用情况} \times 权重 + \cdots \right)$$
$$\times 改革绩效奖补年度资金预算$$

（二）中职学校改善办学条件奖补资金采取因素法分配，因素包括：区域因素、基础因素、投入因素、管理创新因素。先按照西部地区 50%、中部地区 40%、东部地区 10% 的区域因素确定西部、中部、东部分地区奖补资金规模后，再按其他因素分配到相关省份。其中：基础因素（权重 60%）下设中职在校生数、校均规模、中职建档立卡学生分布等子因素。投入因素（权重 20%）下设生均公共财政支出、非财政性职业教育经费占比等子因素。管理创新因素（权重 20%）下设中央专项资金使用管理情况、制定生均拨款制度情况、举办内地西藏和新疆中职班情况、推进政府和社会资本合作模式情况等子因素。

$$某省份改善办学条件奖补 = \left(\frac{该省份中职在校生数}{\sum 有关省份中职在校生数} \times 权重 \right.$$
$$+ \frac{该省份生均公共财政支出}{\sum 有关省份生均公共财政支出} \times 权重$$
$$\left. + \frac{该省份中央专项资金使用管理情况}{\sum 有关省份中央专项资金使用管理情况} \times 权重 + \cdots \right)$$
$$\times 中职学校改善办学条件奖补年度资金预算$$

（三）职业院校教师素质提高计划奖补资金分配因素包括基础因素、投入因素、管理创新因素。其中：基础因素（权重 60%）下设职业院校专任教师数、双师型教师数等子因素。投入因素（权重 20%）下设教师队伍建设资金投入情况等子因素。管理创新因素（权重 20%）下设中央专项资金使用管理情况、计划目标完成情况等子因素。

$$某省份职业院校教师素质提高计划奖补 = \left(\frac{该省份职业院校专任教师数}{\sum 有关省份职业院校专任教师数} \times 权重 \right.$$
$$+ \frac{该省份教师队伍建设资金投入情况}{\sum 有关省份教师队伍建设资金投入情况} \times 权重$$
$$\left. + \frac{该省份中央专项资金使用管理情况}{\sum 有关省份中央专项资金使用管理情况} \times 权重 + \cdots \right)$$
$$\times 职业院校教师素质提高计划奖补年度资金预算$$

各因素数据主要通过相关统计资料、各省份资金申报材料以及考核结果获得。

第六条　省级财政、教育部门应当于每年 3 月 15 日前向财政部、教育部提出当年专项资金申报材料，并抄送财政部驻当地财政监察专员办事处。逾期不提交的，相应扣减相关分配因素得分。申报材料主要包括：

（一）上年度专项资金安排使用情况，主要包括上年度专项资金使用情况、年度绩效目标完成情况、地方财政投入情况、主要管理措施、问题分析及对策。

（二）当年工作计划，主要包括当年全省职业教育工作目标和绩效目标、重点任务和资金安排计划，绩效目标要明确、具体、可考核。

（三）上年度省级财政安排用于推动职业教育改革发展方面的专项资金统计表及相应预算文件。

第七条 专项资金由财政部、教育部共同管理。教育部提出资金需求测算方案，财政部根据中央财政专项转移支付资金管理相关规定，会同教育部研究确定具体预算金额。

第八条 财政部、教育部于每年全国人民代表大会批准中央预算后九十日内正式下达专项资金预算。每年 10 月 31 日前，向各省份提前下达下一年度专项资金预计数。省级财政、教育部门在收到专项资金（含提前下达预计数）后，应当在三十日内按照预算级次将预算合理分配、及时下达，并抄送财政部驻当地财政监察专员办事处。

专项资金支付按照国库集中支付制度有关规定执行。涉及政府采购的，应当按照政府采购有关法律制度执行。

第九条 省级财政、教育部门在分配专项资金时，应当加大省级统筹力度，结合本地区年度职业教育重点工作，注重投入效益，防止项目过于分散，并向农村、边远、贫困、民族地区以及主要经济带等区域经济重点发展地区倾斜，向现代农业、先进制造业、现代服务业、战略性新兴产业等国家急需特需专业，以及技术技能积累和民族文化传承与创新方面的专业倾斜。

第十条 具体项目承担单位收到专项资金后，要按预算和国库管理有关规定，建立健全内部管理机制，制定资金管理办法，加快预算执行进度。

第十一条 各级财政、教育部门应当按照《中央对地方专项转移支付绩效目标管理暂行办法》（财预〔2015〕163 号）要求，做好绩效目标管理相关工作。

第十二条 省级财政、教育部门应当加强统筹管理，合理分配专项资金。省以下教育、财政部门应当督促相关项目单位严格执行项目预算，确保项目如期完成。

属于基本建设的项目，应当严格履行基本建设程序，落实相关建设标准和要求，严禁超标准建设和豪华建设，并确保工程质量。年度未支出的专项资金，按照财政部对结转结余资金管理的有关规定进行管理。

第十三条 财政部、教育部根据各地专项资金使用管理情况，适时开展监督检查和绩效管理。财政部驻各地财政监察专员办事处应当按照工作职责和财政部要求，对专项资金的预算执行实施监管。监督检查、绩效管理和预算监管结果作为分配专项资金的重要参考。

第十四条 专项资金应当专款专用，建立"谁使用、谁负责"的责任机制。严禁将专项资金用于偿还债务、支付利息、对外投资、弥补其他项目资金缺口等，不得从专项资金中提取工作经费或管理经费。对于挤占、挪用、虚列、套取专项资金等行为，将按照《预算法》、《财政违法行为处罚处分条例》等国家有关法律规定严肃处理。

第十五条 各级财政、教育部门及其工作人员在专项资金分配方案的制定和复核过程中，违反规定分配专项资金或者向不符合条件的单位（或项目）分配专项资金以及滥用职权、玩忽职守、徇私舞弊的，按照《预算法》、《公务员法》、《行政监察法》、《财政违法行为处罚处分条例》等国家有关法律规定追究责任；涉嫌犯罪的，移送司法机关处理。

第十六条 本办法由财政部、教育部负责解释。各省级财政、教育部门可以根据本办法规定，结合本地实际，制定具体管理办法，抄送财政部驻当地财政监察专员办事处。

第十七条 本办法自 2017 年 1 月 1 日起施行。原《现代职业教育质量提升计划专项资金管理办法》（财教〔2015〕525 号）同时废止。

财政部　教育部关于印发《特殊教育补助资金管理办法》的通知

2016 年 12 月 5 日　财科教〔2016〕32 号

有关省、自治区、直辖市财政厅（局）、教育厅（局、教委），新疆生产建设兵团财务局、教育局：

　　为规范和加强特殊教育补助资金管理，提高资金使用效益，根据国家有关法律制度规定，财政部、教育部修订了《特殊教育补助资金管理办法》，现予印发，请遵照执行。

　　附件：特殊教育补助资金管理办法

附件：

特殊教育补助资金管理办法

　　第一条　为加强和规范特殊教育补助资金（以下简称补助资金）管理，提高资金使用效益，支持特殊教育发展，根据国家有关法律制度规定，制定本办法。

　　第二条　补助资金是由中央财政设立、通过一般公共预算安排、用于支持特殊教育发展的资金。

　　第三条　补助资金由财政部和教育部共同管理。财政部负责组织补助资金中期财政规划和年度预算编制，会同教育部分配下达资金，对资金使用情况进行监督和绩效管理；教育部负责指导地方编制项目规划，审核地方申报材料，提出资金需求测算方案，推动组织实施工作，会同财政部做好资金使用情况监督和绩效管理工作。

　　第四条　补助资金使用管理遵循"中央引导、突出重点、省级统筹、规范透明"的原则。

　　第五条　补助资金支持范围为全国独立设置的特殊教育学校和招收较多残疾学生随班就读的义务教育阶段学校。重点支持中西部省份和东部部分困难地区。补助资金主要用于以下方面：

　　（一）支持特殊教育学校改善办学条件，为特殊教育学校配备特殊教育教学专用设备设施和仪器等。

　　（二）支持特教资源中心（教室）建设，为资源中心和义务教育阶段普通学校的资源教室配备必要的特殊教育教学和康复设备。

　　（三）支持向重度残疾学生接受义务教育提供送教上门服务，为送教上门的教师提供必要的交通补助；支持探索教育与康复相结合的医教结合实验，配备相关仪器设备，为相关人员提供必要的交通补助。

　　第六条　补助资金按因素法分配到相关省份，由省级财政和教育部门统筹安排，合理使用。分配因素及其权重和计算公式如下：

　　基础因素（60%），下设义务教育阶段特殊教育学生数、特殊教育学校数、人均可用财力等子因素；绩效因素（40%），下设特殊教育经费投入增幅、普通学校随便就读学生数增幅等子因素。各因素数据主要通过相关统计资料、各省份资金申报材料以及考核结果获得。

　　计算公式为：

$$某省份补助资金 = \left(\frac{该省份特殊教育学生数}{\sum 有关省份特殊教育学生数} \times 权重 + \frac{该省份特殊教育资金投入增幅}{\sum 有关省份特殊教育资金投入增幅} \times 权重 + \cdots \right)$$
$$\times 补助资金年度预算总额$$

第七条 省级财政和教育部门应当在每年 3 月 15 日前，向财政部和教育部提出当年补助资金申报材料，并抄送财政部驻当地财政监察专员办事处。申报材料主要包括：

（一）上年度资金使用管理情况。主要包括上年度全省资金安排与分配情况、工作进展情况、资金效益和有关建议意见等。上年度省本级财政安排支持特殊教育发展方面的专项资金统计表及相应预算文件。

（二）本年度工作方案。主要包括当年工作目标和绩效目标、重点任务和资金预算安排、执行计划及时间表，绩效目标要明确、具体、可考核。

补助资金申报材料作为开展绩效评价和资金分配的依据之一。逾期不提交申报材料的，在分配当年资金时，相关因素作零分处理。

第八条 财政部、教育部于每年全国人民代表大会批准中央预算后九十日内正式下达补助资金预算。每年 10 月 31 日前，向各省份提前下达下一年度补助资金预计数。省级财政、教育部门在收到补助资金（含提前下达预计数）后，应当在三十日内按照预算级次合理分配、及时下达，并抄送财政部驻当地财政监察专员办事处。

第九条 补助资金支付应当按照国库集中支付有关规定执行。

第十条 财政部和教育部对补助资金实施目标管理。省级财政和教育部门应当统筹组织、指导协调相关管理工作，建立健全项目管理制度，督促县级财政和教育部门将补助资金落实到项目。

支持特殊教育学校改善办学条件，应当优先支持未达到《特殊教育学校建设标准》和《三类特殊教育学校教学与医疗康复仪器设备配备标准》的学校；资源中心应当设立在 30 万人口以下且未建立特殊教育学校的县，资源教室应当优先设立在招收较多残疾学生随班就读且在当地学校布局调整规划中长期保留的义务教育阶段学校；"医教结合"实验项目应当优先选择具备整合教育、卫生、康复等资源的能力，能够提供资金、人才、技术等相应支持保障条件的地区和学校。

第十一条 县级教育和财政部门应当督促项目单位严格执行项目预算，加快项目实施进度，确保项目如期完成。

项目实施中涉及政府采购的，应当严格执行政府采购有关法律法规及制度。项目实施完成后，应当及时办理验收和结算手续，同时办理固定资产入账手续。未经验收或验收不合格的设施设备不得交付使用。

第十二条 项目预算下达后，因不可抗力等客观原因导致项目无法实施时，按照"谁审批、谁负责"的原则，履行项目和预算变更审批手续。

第十三条 项目实施完成后，若有结余资金，由县级财政部门按有关规定使用。

第十四条 财政部和教育部对补助资金管理使用情况适时开展监督检查和绩效管理。财政部驻各地财政监察专员办事处应按规定和财政部要求，对补助资金实施全面预算监管。监督检查、绩效评价和预算监管结果作为分配补助资金的重要参考依据。

地方各级财政和教育部门要加强补助资金使用的管理，对预算执行、资金使用和财务管理等情况进行监督检查和绩效管理，建立健全全过程预算绩效管理机制，不断提高资金使用效益。项目单位应当建立健全内部监督约束机制，确保补助资金管理和使用安全、规范。

第十五条 地方各级财政部门要按照财政预决算公开的要求做好信息公开工作。各省级财政、教育部门应当通过网站等方式及时公开本省份年度项目遴选办法和结果、资金安排情况及工作进展等情况。县级教育部门应当将项目名称、立项时间、实施进展、经费使用和验收结果等信息予以全程公开。

第十六条 补助资金要建立"谁使用、谁负责"的责任机制。严禁将资金用于平衡预算、偿还债务、支付利息、对外投资等支出，不得从补助资金中提取工作经费或管理经费。对于挤占、挪用、虚列、套取补助资金等行为，按照《预算法》、《财政违法行为处罚处分条例》等国家有关法律规定严肃处理。

第十七条 各级财政、教育部门及其工作人员在补助资金分配方案的制定和复核过程中，违反规定分配补助资金或者向不符合条件的单位（或项目）分配补助资金以及滥用职权、玩忽职守、徇私舞弊的，按照《预算法》、《公务员法》、《行政监察法》、《财政违法行为处罚处分条例》等国家有关法律规定追究责任；涉嫌犯罪的，移送司法机关处理。

第十八条　本办法由财政部、教育部负责解释和修订。地方财政和教育部门可以依据本办法，制定地方补助资金管理和使用的具体办法或者实施细则，并抄送财政部驻当地财政监察专员办事处。

第十九条　本办法自 2017 年 1 月 1 日起施行。原《特殊教育补助资金管理办法》（财教〔2015〕463号）同时废止。

财政部　教育部关于印发《支持学前教育发展资金管理办法》的通知

2016 年 12 月 5 日　财科教〔2016〕33 号

各省、自治区、直辖市、计划单列市财政厅（局）、教育厅（局、教委），新疆生产建设兵团财务局、教育局：

为规范和加强支持学前教育发展资金管理，提高资金使用效益，根据国家有关法律制度规定，财政部、教育部修订了《支持学前教育发展资金管理办法》，现予印发，请遵照执行。

附件：支持学前教育发展资金管理办法

附件：

支持学前教育发展资金管理办法

第一章　总　　则

第一条　为规范和加强中央财政支持学前教育发展资金（以下简称学前教育发展资金）管理，提高资金使用效益，根据《国务院关于当前发展学前教育的若干意见》（国发〔2010〕41 号）及国家有关法律制度规定，制定本办法。

第二条　本办法所称学前教育发展资金，是由中央财政设立、通过一般公共预算安排、用于奖补支持各地扩大学前教育资源、开展幼儿资助的资金。

第三条　学前教育发展资金由财政部和教育部共同管理。财政部负责组织学前教育发展资金中期财政规划和年度预算编制，会同教育部分配及下达资金，对学前教育发展资金使用情况进行监督检查；教育部负责制定学前教育专项计划，为预算编制和资金分配提供基础数据，会同财政部对项目执行情况进行专项检查，共同做好项目管理。

第四条　学前教育发展资金分配使用管理遵循"总量控制，突出重点，省级统筹，规范透明"的原则。

第二章　资金使用范围

第五条　学前教育发展资金支持的范围为各省、自治区、直辖市、计划单列市及新疆生产建设兵团（以下简称各省份），重点支持中西部和东部困难省份，并向农村、边远、贫困和民族地区倾斜。

第六条　学前教育发展资金分为两类，即"扩大资源"类项目资金和"幼儿资助"类项目资金。前者用于奖补支持地方多种渠道扩大普惠性学前教育资源，后者用于奖补支持地方健全幼儿资助制度。

第七条　"扩大资源"类项目资金由地方财政和教育部门统筹用于以下几方面支出：

（一）支持在农村和城乡结合部新建、改扩建公办幼儿园、改善办园条件等；

（二）通过政府购买服务、奖励等方式支持普惠性民办幼儿园发展；

（三）支持企业事业单位、城市街道、农村集体举办的幼儿园向社会提供普惠性服务；

（四）支持农民工随迁子女在流入地接受学前教育；

（五）支持在偏远农村地区实施学前教育巡回支教试点。

第八条　"幼儿资助"类项目资金用于资助普惠性幼儿园在园家庭经济困难儿童、孤儿和残疾儿童接受学前教育。

第九条　学前教育发展资金严禁用于偿还债务；严禁用于平衡预算。

第三章　资金分配与拨付

第十条　财政部和教育部根据资金总量和学前教育改革发展工作需要，分别确定"扩大资源"和"幼儿资助"两类项目资金的规模，按因素法分配。

第十一条　"扩大资源"类项目资金中，学前教育巡回支教奖补资金根据每年志愿者人数和新增支教点数据实核算，其余按照因素法进行分配。其中，巡回支教奖补标准为：西部地区每人每年补助 1.5 万元，中部地区每人每年补助 1 万元，东部地区每人每年补助 0.5 万元，对新设立的巡回支教点给予一次性补助1.5 万元。

其他"扩大资源"类项目资金分配因素包括区域因素、基础与绩效因素、投入与努力因素、改革与管理因素。先按照西部地区 50%、中部地区 40%、东部地区 10% 的区域因素确定西部、中部、东部分地区奖补资金规模后，再按其他因素分配到相关省份。其中：

基础与绩效因素（60%），指学前教育事业发展目标及其实现情况。主要包括在园幼儿数、民办幼儿园在园幼儿数、人均可用财力、贫困发展率等子因素。各子因素数据根据相关事业发展统计资料获得。

投入与努力因素（30%），指学前教育投入情况。主要包括上年度地方学前教育生均一般公共财政预算支出、社会力量投入（主要是民办学校举办者投入、社会捐赠等）总量等子因素。各子因素数据通过相关教育经费统计数据获得。

改革与管理因素（10%），指推进学前教育改革、加强资金管理等情况。主要根据推进学前教育综合改革、中央财政学前教育发展资金管理和使用、制度建设、工作总结材料等情况综合核定，由教育部会同财政部组织考核获得计量数据。

计算公式为：

$$
\text{某省份扩大资源类资金} = \text{该省份巡回支教奖补} + \left(\frac{\text{该省份在园幼儿数}}{\sum \text{有关省份在园幼儿数}} \times \text{权重} \right.
$$

$$
+ \frac{\text{该省份生均财政学前教育支出水平}}{\sum \text{有关省份生均财政学前教育支出水平}} \times \text{权重}
$$

$$
\left. + \frac{\text{该省份管理因素评分}}{\sum \text{有关省份管理因素评分}} \times \text{权重} + \cdots \right)
$$

$$
\times \text{其他扩大资源类项目资金年度预算总额}
$$

第十二条　"幼儿资助"类项目资金采取因素法分配，因素包括：区域因素、基础因素、投入因素、管理因素。先按照西部地区 50%、中部地区 40%、东部地区 10% 的区域因素确定西部、中部、东部分地区奖补资金规模后，再按其他因素分配到相关省份。其中：

基础因素（60%），主要是在园幼儿数，数据根据事业发展统计资料获得；投入因素（30%）主要是地方财政幼儿资助投入，数据通过相关教育经费统计获得；管理因素（10%），主要是资助政策评分，由教育部会同财政部组织考核获得计量数据。

计算公式为：

$$某省份幼儿资助类项目资金 = \left(\frac{该省份在园幼儿数}{\sum 有关省份在园幼儿数} \times 权重 + \frac{该省份地方财政幼儿资助投入}{\sum 有关省份地方财政幼儿资助投入} \times 权重 \right.$$
$$\left. + \frac{该省份资助政策评分}{\sum 有关省份资助政策评分} \times 权重 + \cdots \right) \times 幼儿资助类项目资金年度预算总额$$

第十三条 财政部和教育部每年 10 月 31 日之前提前通知各省份下一年度部分学前教育发展资金预算指标；每年在全国人民代表大会审查批准中央预算后 90 日内，正式下达全年学前教育发展资金预算。

第十四条 省级财政、教育部门在收到学前教育发展资金（含提前下达预计数）后，应当在三十日内按照预算级次将预算合理分配、及时下达，并抄送财政部驻当地财政监察专员办事处。

第十五条 县级财政和教育部门应当在收到上级预算文件后的 30 日内，将资金分配落实到具体项目或者幼儿园，资金分配结果应当同时录入学前教育相关管理信息系统。

第十六条 各级财政部门拨付学前教育发展资金，要严格执行国库集中支付制度。

第十七条 项目实施完成后，若有结余资金，由县级财政部门统筹安排。另有规定的，按有关规定执行。

第四章 资金申报

第十八条 省级财政和教育部门应当在每年 3 月 15 日前，向财政部和教育部报送当年学前教育发展资金申报材料，并抄送财政部驻当地财政监察专员办事处。

第十九条 学前教育发展资金申报材料主要内容包括：

（一）上年度学前教育"扩大资源"类项目资金使用情况工作总结及当年工作计划，工作总结内容包括上年度学前教育事业发展工作基础，综合改革及相关制度建立情况，为扩大资源所采取的措施、学前教育发展资金安排使用情况、工作成效及存在问题，省级及省级以下财政学前教育投入及增长情况（不含幼儿资助资金投入）等；工作计划内容包括工作目标、重点任务、主要措施和资金安排计划等。

（二）上年度"幼儿资助"类项目资金使用情况工作总结及当年工作计划，包括幼儿资助制度建立健全和落实、中央财政学前教育发展资金安排、地方财政幼儿资助投入、工作成效等情况，以及当年完善制度、工作措施和资金安排等方面的计划。

（三）上年度省级财政对学前教育各项投入的预算文件。

第二十条 学前教育发展资金申报材料是资金分配的重要依据。逾期不提交申报材料的省份，在分配当年资金时，"扩大资源"类项目资金中的"改革与管理"因素作零分处理。

第五章 资金监督检查和问责

第二十一条 财政部和教育部对学前教育发展资金分类实施目标管理，根据各省工作进展情况，适时组织开展绩效评价。

"扩大资源"类项目资金，地方财政和教育部门要根据学前教育发展目标和各地实际，统筹确定扩大学前教育资源的方式和资金比例，采取适宜的资金管理方式，厉行勤俭节约，反对铺张浪费。加强项目库建设和管理。属于基本建设的项目，要严格履行基本建设程序，项目完成后要及时办理竣工决算和资产移交等手续。属于政府采购范围的项目，应该严格执行政府采购法律制度规定。

"幼儿资助"类项目资金，地方财政和教育部门要向贫困地区倾斜，合理确定资助范围和资助标准，建立幼儿资助管理信息系统和动态调整机制，通过减免保育教育费、补助伙食费等方式，确保家庭经济困难幼儿接受普惠性学前教育。

第二十二条 地方财政和教育部门要明确职责，分级管理，加强监督，提高资金使用效益。

地方财政部门主要负责制定适合当地实际的资金管理办法、相关支出补助标准、多渠道扩大资源和幼儿资助等管理制度，安排资金预算并按时拨付、会同有关部门和单位按规定实施政府采购，监督检查资金使用情况，对本地资金管理中的重大事项组织调研、核查和处理。

地方教育部门主要负责指导本地和幼儿园编制学前教育发展规划，提出年度资金预算建议，参与制定资金管理办法、相关支出补助标准、多渠道扩大资源和幼儿资助等管理制度。建立健全相关管理信息系统，提供学前教育基础数据，负责指导项目实施和管理工作，指导督促幼儿园建立健全财务管理制度和专项资金管理办法，检查专项资金使用情况。

第二十三条　地方教育和财政部门应定期沟通交流项目实施成效，及时采取措施，解决项目实施中存在的困难，加快项目实施进度，确保项目质量。

第二十四条　地方各级财政部门要按照财政预算公开的总体要求做好信息公开工作。地方特别是县级教育部门应当通过当地媒体、部门网站等方式，向社会公示扩大学前教育资源总体规划、年度资金安排等情况。

获得学前教育发展资金支持的幼儿园，应当将支持项目名称、立项时间、实施进展、经费使用和验收等信息通过园内公告栏予以全程公开，有条件的还可通过幼儿园门户网站公开。

第二十五条　学前教育发展资金要建立"谁使用、谁负责"的责任机制。严禁将资金用于平衡预算、偿还债务、支付利息、对外投资等支出，不得从资金中提取工作经费或管理经费。对于挤占、挪用、虚列、套取专项资金等行为，按照《预算法》、《财政违法行为处罚处分条例》等国家有关法律规定严肃处理。

第二十六条　各级财政、教育部门及其工作人员在学前教育发展资金分配方案的制定和复核过程中，违反规定分配资金或者向不符合条件的单位（或项目）分配资金以及滥用职权、玩忽职守、徇私舞弊的，按照《预算法》、《公务员法》、《行政监察法》、《财政违法行为处罚处分条例》等国家有关法律规定追究责任；涉嫌犯罪的，移送司法机关处理。

第六章　附　　则

第二十七条　省级财政和教育部门应当依据本办法，结合本地实际，制定学前教育发展资金具体使用管理办法。

第二十八条　本办法自 2017 年 1 月 1 日起施行。《中央财政支持学前教育发展资金管理办法》（财教〔2015〕222 号）同时废止。

财政部　教育部　人力资源社会保障部关于印发《中等职业学校国家助学金管理办法》的通知

2016 年 12 月 6 日　财科教〔2016〕35 号

各省、自治区、直辖市、计划单列市财政厅（局）、教育厅（局、教委），人力资源社会保障厅（局），新疆生产建设兵团财务局、教育局社会保障局：

为规范和加强中等职业学校国家助学金管理，提高资金使用效益，根据国家有关法律制度规定，财政部、教育部、人力资源和社会保障部修订了《中等职业学校国家助学金管理办法》，现予印发，请遵照执行。

附件：中等职业学校国家助学金管理办法

附件：

中等职业学校国家助学金管理办法

第一条 为了规范中等职业学校国家助学金管理（以下简称国家助学金），确保资助工作顺利实施，根据国家有关法律制度规定，制定本办法。

第二条 本办法所称中等职业学校是指经政府有关部门依法批准设立，实施全日制中等学历教育的各类职业学校，包括公办和民办的普通中专、成人中专、职业高中、技工学校和高等院校附属的中专部、中等职业学校等。

第三条 国家助学金资助对象是具有中等职业学校全日制学历教育正式学籍的一、二年级在校涉农专业学生和非涉农专业家庭经济困难学生。

六盘山区、秦巴山区、武陵山区、乌蒙山区、滇桂黔石漠化区、滇西边境山区、大兴安岭南麓山区、燕山—太行山区、吕梁山区、大别山区、罗霄山区等 11 个连片特困地区和西藏及四省藏区、新疆南疆四地州中等职业学校农村学生（不含县城）全部纳入享受国家助学金范围。

第四条 国家助学金由中央和地方政府共同出资设立，主要资助受助学生的生活费开支，资助标准每生每年 2 000 元。以后年度，将根据经济发展水平和财力状况适时调整资助标准。

计算公式为：

$$某省份中央财政应承担的国家助学金 = 该省份受助学生人数 \times 资助标准 \times 中央财政分担比例$$

第五条 国家助学金按学期申请和评定，按月发放。学校应将《中等职业学校国家助学金申请表》（附 1）及《中等职业学校国家助学金申请指南》（附 2）随同入学通知书一并寄发给录取的新生。新生和二年级学生在新学年开学一周内向就读学校提出申请，并递交相关证明材料。

中等职业学校应当根据本办法和各地制定的国家助学金实施细则，受理学生申请，组织初审，并通过全国中等职业学校学生管理信息系统和技工学校学生管理信息系统报至同级学生资助管理机构审核、汇总。学生资助管理机构将审核结果在相关学校内进行不少于 5 个工作日的公示。

第六条 财政部、教育部、人力资源和社会保障部于每年全国人民代表大会批准中央预算后九十日内正式下达国家助学金预算。每年 10 月 31 日前，向各省份提前下达下一年度国家助学金预计数。省级财政、教育、人力资源和社会保障部门在收到国家助学金（含提前下达预计数）后，应当在三十日内按照预算级次将预算合理分配、及时下达，并抄送财政部驻当地财政监察专员办事处。

第七条 国家助学金通过学生资助卡发放给受助学生。中等职业学校或学生资助管理机构为每位受助学生办理学生资助卡，学生本人持身份证原件和学生证，到发卡银行网点柜台激活资助卡后方可使用。不得向学生收取卡费或押金等费用，也不得以实物或服务等形式，抵顶或扣减国家助学金。

第八条 中等职业学校国家助学金实行学校法人代表负责制，校长是第一责任人，对学校助学工作负主要责任。学校应当制定本校国家助学金具体实施办法，设立专门机构和配备专职人员具体负责助学工作。

中等职业学校应当建立专门档案，将学生申请表、受理结果、资金发放等有关凭证和工作情况分年度建档备查。

第九条 省级教育、人力资源社会保障、财政部门要根据实际情况，对享受资助政策的民办中等职业学校，在办学条件、学费标准、招生就业、资助家庭经济困难学生措施等方面做出明确规定，督促民办中等职业学校依法办学，规范收费。

第十条 国家鼓励地方政府、行业企业和社会团体设立中等职业学校助学金、奖学金，鼓励和引导金融机构为接受中等职业教育的学生提供助学贷款。

中等职业学校应当开辟"绿色通道"，对携有可证明其家庭经济困难材料的新生，可先办理入学手续，根据核实后的家庭经济情况予以不同方式的资助，再办理学籍注册。

第十一条 财政部、教育部、人力资源和社会保障部根据工作需要适时开展监督检查和绩效管理。地方各级财政、教育、人力资源和社会保障部门应当加强国家助学金的监督检查和绩效管理，建立健全全过程预算绩效管理机制，不断提高资金使用效益，并按照规定做好信息公开工作。财政部驻各地财政监察专员办事处应当按照工作职责和财政部要求，对国家助学金实施监管。

第十二条 国家助学金应当专款专用、专账核算。对于挤占、挪用、虚列、套取国家助学金等行为，将按照《预算法》、《财政违法行为处罚处分条例》等国家有关法律规定严肃处理。

第十三条 各级财政、教育、人力资源和社会保障部门及其工作人员在国家助学金分配方案的制定和复核过程中，违反规定分配国家助学金或者向不符合条件的单位分配国家助学金以及滥用职权、玩忽职守、徇私舞弊的，按照《预算法》、《公务员法》、《行政监察法》、《财政违法行为处罚处分条例》等国家有关法律规定追究责任；涉嫌犯罪的，移送司法机关处理。

第十四条 本办法由财政部、教育部、人力资源和社会保障部负责解释，各省（区、市）可依据本办法制定实施细则，并报财政部、教育部、人力资源社会保障部备案。

第十五条 本办法自 2017 年 1 月 1 日起施行。原《中等职业学校国家助学金管理办法》（财教〔2013〕110 号）同时废止。

　　附：1. 中等职业学校国家助学金申请表
　　　　2. 中等职业学校国家助学金申请指南

附 1：

中等职业学校国家助学金申请表

学校名称：

学生姓名		性别		出生年月		民族	
专业		□涉农 □非涉农		年级班级		入学时间	
家庭成员情况	姓名	年龄	与本人关系	工作或学习单位			
家庭经济状况	户籍所在地		□农村 □县镇 □县城 □城市		主要收入来源		
	家庭住址				邮编联系电话		
	家庭人口总数		家庭年收入			人均年收入	
申请助学金的主要理由	申请人签名：　　　　　家长签名： 　　　　　　　　　　年　　月　　日						

班级审核意见	
	班主任：　　　　签字 　年　　月　　日
学校审核意见	
	负责人：　　　　公章 　年　　月　　日
同级资助部门公示结果	
	负责人：　　　　公章 　年　　月　　日

附 2：

中等职业学校国家助学金申请指南

◆享受国家助学金政策的学校

享受国家助学金政策的学校是指经政府有关部门依法批准设立，实施全日制中等学历教育的各类职业学校，包括公办和民办的普通中专、成人中专、职业高中、技工学校和高等学校附属的中专部、中等职业学校等。

◆国家助学金资助对象

国家助学金资助对象是具有中等职业学校全日制学历教育正式学籍的在校一、二年级在校涉农专业学生和非涉农专业家庭经济困难学生。涉农专业范围，根据教育部发布的《中等职业学校专业目录（2010 年修订）》（教职成〔2010〕4 号）及专业设置管理办法等规定，涉农专业范围为：农林牧渔类所有 32 个专业，以及轻纺食品类的粮油饲料加工技术、粮油储运与检验技术和医药卫生类的农村医学专业等 3 个专业。

六盘山区、秦巴山区、武陵山区、乌蒙山区、滇桂黔石漠化区、滇西边境山区、大兴安岭南麓山区、燕山—太行山区、吕梁山区、大别山区、罗霄山区等 11 个连片特困地区和西藏及四省藏区、新疆南疆四地州中等职业学校农村学生（不含县城）全部纳入享受助学金范围。

◆国家助学金资助标准

国家助学金主要用于受助学生的生活费开支，资助标准为每生每年 2 000 元。

◆国家助学金申请、审批与发放程序

国家助学金按学期申请和评定，按月发放。具体流程如下：

①学生应在入学前办理好身份证。

②学生填写《中等职业学校国家助学金申请表》，在新学年开学一周内向就读学校提交，并递交家庭

经济困难相关证明材料；

③学校受理学生申请并组织初审；

④有关部门审批，并将拟资助学生名单在学校内进行不少于5个工作日的公示；

⑤学校或学生资助管理机构为每位受助学生办理中职学生资助卡。由有关部门将助学金直接发放到资助卡中，学生凭本人身份证、学生证至相关银行激活资助卡，方可取款。发卡银行不得向学生收取卡费或押金等费用，也不得从学生享受的国家助学金中抵扣。

财政部　教育部　人力资源社会保障部关于印发《中等职业学校免学费补助资金管理办法》的通知

2016年12月6日　财科教〔2016〕36号

各省、自治区、直辖市、计划单列市财政厅（局）、教育厅（局、教委），人力资源社会保障厅（局），新疆生产建设兵团财务局、社会保障局：

为规范和加强中等职业免学费补助资金管理，提高资金使用效益，根据国家有关法律制度规定，财政部、教育部、人力资源和社会保障部修订了《中等职业学校免学费补助资金管理办法》，现予印发，请遵照执行。

附件：中等职业学校免学费补助资金管理办法

附件：

中等职业学校免学费补助资金管理办法

第一条　为了规范中等职业学校免学费补助资金管理，确保免学费政策顺利实施，根据国家有关法律制度规定，制定本办法。

第二条　本办法所称中等职业学校是指经政府有关部门依法批准设立，实施全日制中等学历教育的各类职业学校，包括公办和民办的普通中专、成人中专、职业高中、技工学校和高等院校附属的中专部、中等职业学校等。

第三条　中等职业学校免学费补助资金是指中等职业学校学生享受免学费政策后，为弥补学校运转出现的经费缺口，财政核拨的补助资金。

第四条　中等职业学校免学费补助资金由中央和地方财政共同承担，省级财政统筹落实，省和省以下各级财政根据各省（区、市）人民政府及其价格主管部门批准的公办中等职业学校学费标准予以补助。

第五条　中央财政统一按每生每年平均2 000元测算标准和一定比例与地方财政分担，具体分担比例为：西部地区，不分生源，分担比例为8∶2；中部地区，生源地为西部地区的，分担比例为8∶2，生源地为其他地区的，分担比例为6∶4；东部地区，生源地为西部地区和中部地区的，分担比例分别为8∶2和6∶4，生源地为东部地区的，分担比例分省确定。

第六条　中等职业学校免学费资金的补助方式为：第一、二、三学年因免除学费导致公办学校运转出现的经费缺口，由财政按照享受免学费政策学生人数和免学费标准补助学校。

对在职业教育行政管理部门依法批准、符合国家标准的民办学校就读的一、二、三年级符合免学费政策条件的学生，按照当地同类型同专业公办学校免除学费标准给予补助。民办学校经批准的学费标准高于补助的部分，学校可以按规定继续向学生收取。

计算公式为：

某省份中央财政应承担的免学费补助资金＝该省份享受免学费政策学生人数×免学费补助测算标准×中央财政分担比例

第七条 财政部、教育部、人力资源和社会保障部于每年全国人民代表大会批准中央预算后九十日内正式下达免学费补助资金预算。每年 10 月 31 日前，向各省份提前下达下一年度免学费补助资金预计数。省级财政、教育、人力资源和社会保障部门在收到免学费补助资金（含提前下达预计数）后，应当在三十日内按照预算级次将预算合理分配、及时下达，并抄送财政部驻当地财政监察专员办事处。

第八条 中等职业学校应当根据本办法和各地制定的免学费实施细则，受理学生申请，组织初审，并通过全国中等职业学校学生管理信息系统和技工学校学生管理信息系统报至同级学生资助管理机构审核、汇总。学生资助管理机构将审核结果在相关学校内进行不少于 5 个工作日的公示。

第九条 中等职业学校免学费工作实行学校法人代表负责制，校长是第一责任人，对学校免学费工作负主要责任。中等职业学校应当加强财务管理，建立规范的预决算制度，按照预算管理的要求，编制综合预算，收支全部纳入学校预算管理，年终应当编制决算。

第十条 各地职业教育行政管理部门应当加强学生学籍管理，建立健全学生信息档案，保证享受免学费政策的学生信息完整和准确。

第十一条 每年春季学期开学前，各地职业教育行政管理部门应当对中等职业学校办学资质进行全面清查并公示，对年检不合格的学校，取消其享受免学费补助资金的资格。各地职业教育行政管理部门应当根据《民办教育促进法》的规定，加强对民办中等职业学校的监管，纳入免学费补助范围的民办学校名单由省级教育和人力资源社会保障部门负责审定。

第十二条 财政部、教育部、人力资源和社会保障部根据工作需要适时开展监督检查和绩效管理。地方各级财政、教育、人力资源和社会保障部门应当加强免学费补助资金的监督检查和绩效管理，建立健全全过程预算绩效管理机制，不断提高资金使用效益，并按照规定做好信息公开工作。财政部驻各地财政监察专员办事处应当按照工作职责和财政部要求，对免学费补助资金实施监管。对于挤占、挪用、虚列、套取免学费补助资金等行为，将按照《预算法》、《财政违法行为处罚处分条例》等国家有关法律规定严肃处理。

第十三条 各级财政、教育、人力资源和社会保障部门及其工作人员在免学费补助资金分配方案的制定和复核过程中，违反规定分配免学费补助资金或者向不符合条件的单位分配免学费补助资金以及滥用职权、玩忽职守、徇私舞弊的，按照《预算法》、《公务员法》、《行政监察法》、《财政违法行为处罚处分条例》等国家有关法律规定追究责任；涉嫌犯罪的，移送司法机关处理。

第十四条 本办法由财政部、教育部、人力资源和社会保障部负责解释。各省（区、市）可依据本办法制定实施细则，并报财政部、教育部、人力资源社会保障部备案。

第十五条 本办法自 2017 年 1 月 1 日起施行。原《中等职业学校免学费补助资金管理办法》（财教〔2013〕84 号）同时废止。

财政部 教育部关于印发《普通高中国家助学金管理办法》的通知

2016 年 12 月 5 日 财科教〔2016〕37 号

各省、自治区、直辖市、计划单列市财政厅（局）、教育厅（局、教委），新疆生产建设兵团财务局、教育局：

　　为规范和加强普通高中国家助学金管理，提高资金使用效益，根据国家有关法律制度规定，财政部、教育部修订了《普通高中国家助学金管理办法》，现予印发，请遵照执行。
　　附件：普通高中国家助学金管理办法

附件：

普通高中国家助学金管理办法

　　第一条　为加强普通高中国家助学金管理（以下简称国家助学金），确保资助工作顺利实施，根据国家有关法律制度规定，制定本办法。
　　第二条　本办法适用于根据国家有关规定批准设立、实施普通高中学历教育的全日制普通高中学校和完全中学的高中部。
　　第三条　普通高中国家助学金的资助对象为具有正式注册学籍的普通高中在校生中的家庭经济困难学生。
　　第四条　普通高中国家助学金资助面约占全国普通高中在校生总数的20%。财政部、教育部根据生源情况、平均生活费用等因素综合确定各省资助面。其中：东部地区为10%、中部地区为20%、西部地区为30%。各地可结合实际，在确定资助面时适当向农村地区、贫困地区和民族地区倾斜。
　　第五条　国家助学金由中央和地方政府共同出资设立。地方所属普通高中国家助学金所需资金由中央与地方财政按比例分担。中央部门所属普通高中国家助学金政策，与所在地区同步实施，所需经费按照现行经费渠道予以保障。
　　第六条　普通高中国家助学金平均资助标准为每生每年2 000元，用于资助家庭经济困难学生的学习和生活费用开支，具体标准由各地结合实际在1 000~3 000元范围内确定，可以分为2~3档。
　　计算公式为：
　　　　某省份中央财政应承担的国家助学金 = 该省份普通高中学生人数 × 资助面 × 资助标准 × 中央财政分担比例
　　第七条　国家助学金的基本申请条件：
　　1. 热爱祖国，拥护中国共产党的领导；
　　2. 遵守宪法和法律，遵守学校规章制度；
　　3. 诚实守信，道德品质优良；
　　4. 勤奋学习，积极上进；
　　5. 家庭经济困难，生活俭朴。
　　第八条　国家助学金按学年申请和评审，按学期发放。
　　第九条　财政部、教育部于每年全国人民代表大会批准中央预算后九十日内正式下达国家助学金预算。每年10月31日前，向各省份提前下达下一年度国家助学金预计数。省级财政、教育部门在收到国家助学金（含提前下达预计数）后，应当在三十日内按照预算级次将预算合理分配、及时下达，并抄送财政部驻当地财政监察专员办事处。
　　第十条　各普通高中要根据本办法和各地制定的国家助学金实施细则，结合家庭经济困难学生等级认定情况，于每年9月30日前受理学生申请，并按照公开、公平、公正的原则，对学生提交的《普通高中国家助学金申请表》及相关材料，组织由学校领导、班主任和学生代表组成的评审小组进行认真评审，并在学校内进行不少于5个工作日的公示。公示无异议后，即可发放国家助学金。每年11月15日前，各普通高中将当年国家助学金政策的落实情况报同级教育、财政部门备案。
　　第十一条　各普通高中要把资助家庭经济困难学生作为一项重要的工作任务，实行校长负责制，指定专门机构，确定专职人员，具体负责此项工作。学校要制定国家助学金具体实施办法，要为每位受助学生分别办理银行储蓄卡，直接将国家助学金发放到受助学生手中，一律不得以实物或服务等形式，抵顶或扣减国家助学金。为学生办理银行储蓄卡，不得向学生收取卡费或押金等费用，也不得从学生享受的国家助学金中抵扣。

各普通高中要建立专门档案，将学生申请表、受理结果、资金发放等有关凭证和工作情况分年度建档备查。

第十二条 各地教育行政部门和普通高中要加强学生学籍管理，统筹利用现有中小学电子学籍信息系统，建立完善普通高中学生电子学籍及学生资助信息系统，确保学生资助信息真实、可靠。

第十三条 财政部、教育部根据工作需要适时开展监督检查和绩效管理。地方各级财政、教育部门应当加强国家助学金的监督检查和绩效管理，建立健全全过程预算绩效管理机制，不断提高资金使用效益，并按照规定做好信息公开工作。财政部驻各地财政监察专员办事处应当按照工作职责和财政部要求，对国家助学金实施监管。

第十四条 国家助学金应当专款专用、专账核算。对于挤占、挪用、虚列、套取国家助学金等行为，将按照《预算法》、《财政违法行为处罚处分条例》等国家有关法律规定严肃处理。

第十五条 各级财政、教育部门及其工作人员在国家助学金分配方案的制定和复核过程中，违反规定分配国家助学金或者向不符合条件的单位分配国家助学金以及滥用职权、玩忽职守、徇私舞弊的，按照《预算法》、《公务员法》、《行政监察法》、《财政违法行为处罚处分条例》等国家有关法律规定追究责任；涉嫌犯罪的，移送司法机关处理。

第十六条 普通高中要从事业收入中足额提取3%～5%的经费，用于减免学费、设立校内奖助学金和特殊困难补助等支出。中央部门所属普通高中提取的具体比例由财政部商中央主管部门确定，地方所属普通高中提取的具体比例由各省（自治区、直辖市）确定。

第十七条 民办普通高中学校按照国家有关规定规范办学、举办者按照本办法第十四条规定的比例从事业收入中足额提取经费用于资助家庭经济困难学生的，其招收的符合本办法规定申请条件的普通高中学生，也可以申请国家助学金，具体办法由各省（自治区、直辖市）制定。

第十八条 各级财政、教育部门要进一步落实、完善鼓励捐资助学的相关优惠政策措施，积极引导和鼓励企业、社会团体及个人等面向普通高中设立奖学金、助学金。

第十九条 本办法由财政部、教育部负责解释。

第二十条 本办法自2017年1月1日起施行。《普通高中国家助学金管理暂行办法》（财教〔2010〕461号）同时废止。

财政部 教育部关于印发《支持地方高校改革发展资金管理办法》的通知

2016年12月9日 财科教〔2016〕72号

各省、自治区、直辖市、计划单列市财政厅（局）、教育厅（教育局、教委），新疆生产建设兵团财务局、教育局：

根据《国务院关于改革和完善中央对地方转移支付制度的意见》（国发〔2014〕71号）有关精神以及《财政部关于印发〈中央对地方专项转移支付管理办法〉的通知》（财预〔2015〕230号）等有关规定，为更好地支持地方高校内涵式发展、提高高等教育质量，中央财政在原支持地方高校发展资金、地方高校生均拨款奖补资金的基础上，整合设立支持地方高校改革发展资金。为规范和加强支持地方高校改革发展资金管理，提高资金使用效益，根据国家有关规定，财政部、教育部制定了《支持地方高校改革发展资金管理办法》。现予印发，请遵照执行。

附件：支持地方高校改革发展资金管理办法

附件：

支持地方高校改革发展资金管理办法

第一条 为规范和加强支持地方高校改革发展资金管理，提高资金使用效益，促进地方高校内涵式发展，根据国家有关法律制度规定，制定本办法。

第二条 本办法所称支持地方高校改革发展资金（以下简称年项资金），是指中央财政通过专项转移支付安排，用于支持地方公办普通本科高校（以下简称地方高校）改革发展的资金。

第三条 专项资金管理遵循"中央引导、省级统筹，科学规划、合理安排，权责清晰、规范管理，专款专用、注重绩效"的原则。

第四条 专项资金由财政部、教育部根据党中央、国务院有关决策部署和高等教育改革发展工作重点确定支持内容。现阶段支持重点：

（一）支持各地改革完善地方高校预算拨款制度，逐步提高生均拨款水平，促进地方高校持续健康发展。

（二）支持地方高校深化改革和内涵式发展，加强教学实验平台、科研平台、实践基地、公共服务体系和人才队伍建设等，提高教学水平和创新能力。

（三）按照国家有关重大决策部署，支持地方推进一流大学和一流学科建设等。

财政部、教育部根据党中央、国务院有关要求、相关规划以及年度重点工作等，适时完善支持内容。

第五条 财政部、教育部对专项资金采取因素法分配。分配因素包括生均拨款类因素、发展改革类因素两类。

（一）生均拨款类因素（75%），主要包括生均拨款水平、在校生人数、奖补比例或定额等。

（二）发展改革类因素（25%），主要包括地方高校数量、所在区域及财力状况、学科水平等质量指标、改革及管理情况等。

上述因素的相关数据主要通过有关统计资料和各省份申报材料获得。

财政部、教育部根据高等教育改革发展新形势等情况，适时完善相关因素和权重。

第六条 专项资金由财政部、教育部共同管理。财政部会同教育部根据中央对地方专项转移支付管理的相关规定，编制专项资金三年滚动规划，研究确定并下达各省份专项资金年度预算。各省级财政、教育部门根据财政部、教育部下达的预算金额，结合各地高校预算拨款制度，具体分配和安排专项资金。

第七条 各省级财政、教育部门应当于每年3月15日前向财政部、教育部报送当年专项资金申报材料，并抄送财政部驻当地财政监察专员办事处。逾期不提交的，相应扣减相关因素的分配额度。申报材料主要包括：

（一）上年度专项资金安排使用情况，主要包括上年度专项资金安排原则和具体情况、年度绩效目标完成情况、地方财政投入情况、资金管理情况、存在的问题等。

（二）当年工作计划，主要包括当年支持地方高校改革发展的重点任务、资金安排计划、绩效目标等。

（三）省级财政支持地方高校改革发展的相关情况，主要包括预算拨款制度性文件、上年度省级财政安排的相关资金统计表及预算文件等。

第八条 财政部、教育部于每年全国人民代表大会批准中央预算后90日内正式下达专项资金预算，并按规定做好公开工作。每年 10 月 31 日前，向各省份提前下达下一年度专项资金预计数。省级财政、教育部门接到专项资金（含提前下达预计数）后，应当及时编入本级预算并下达地方高校，同时将相关文件抄送财政部驻当地财政监察专员办事处。

专项资金支付按照国库集中支付制度有关规定执行。涉及政府采购的，应当按照政府采购有关法律制度执行。

第九条 省级财政、教育部门在分配专项资金时，要结合本地区高等教育改革发展重点工作，加大统筹力度，突出支持重点，强化政策导向，向拥有高水平学科的高校倾斜，向办学质量高、办学特色鲜明的高校倾斜，向民族院校和民族地区高校倾斜，向转型发展、协同创新等改革成效好的高校倾斜，向资金管理绩效好的高校倾斜。

地方高校在具体使用专项资金时，要注重巩固本科教学基础地位，向教育教学改革和人才培养机制改革倾斜，提高教学水平和人才培养质量。

第十条 专项资金不得用于基本建设、对外投资、偿还债务、支付利息、捐赠赞助等支出，不得提取工作经费或管理经费。年度结转结余资金按照国家有关规定管理。对于挤占、挪用、虚列、套取专项资金等行为，按照《中华人民共和国预算法》、《财政违法行为处罚处分条例》等国家有关法律规定严肃处理。

第十一条 各级财政、教育部门应当按照《中央对地方专项转移支付绩效目标管理暂行办法》（财预〔2015〕163 号）要求，做好绩效目标管理相关工作。

第十二条 财政部、教育部根据各地专项资金使用管理情况，适时开展监督检查和绩效评价。财政部驻各地财政监察专员办事处按照工作职责和财政部要求，对专项资金进行监管。监督检查、绩效评价和预算监管结果作为分配专项资金的重要参考。各省级财政、教育部门应当加强专项资金的监督检查和绩效管理，建立健全全过程预算绩效管理机制，不断提高资金使用效益，并按照规定做好信息公开工作。

第十三条 地方高校是专项资金使用管理的责任主体，应当严格遵守国家财政财务制度和财经纪律，建立健全内部管理机制，加强内部控制，加快预算执行，确保资金使用安全、规范、有效，并自觉接受审计、监察、财政及主管部门的监督检查。

第十四条 各级财政、教育部门及其工作人员在专项资金分配等审批工作中，存在违反规定分配资金或者向不符合条件的单位（或项目）分配资金以及其他滥用职权、玩忽职守、徇私舞弊等行为的，按照《中华人民共和国预算法》、《中华人民共和国公务员法》、《中华人民共和国行政监察法》、《财政违法行为处罚处分条例》等国家有关规定追究相应责任；涉嫌犯罪的，移送司法机关处理。

第十五条 本办法由财政部、教育部负责解释。各省级财政、教育部门应当根据本办法规定，结合本地区地方高校预算拨款制度等实际情况，制定具体管理办法，报财政部、教育部备案，并抄送财政部驻当地财政监察专项办事处。

第十六条 本办法自 2017 年 1 月 1 日起施行。《财政部关于印发〈中央财政支持地方高校发展专项资金管理办法〉的通知》（财教〔2010〕21 号）同时废止。

山东省人民政府关于贯彻国发〔2015〕67 号文件进一步完善城乡义务教育经费保障机制的通知

2016 年 1 月 28 日　鲁政发〔2016〕1 号

各市人民政府，各县（市、区）人民政府，省政府各部门、各直属机构，各大企业，各高等院校：

为贯彻《国务院关于进一步完善城乡义务教育经费保障机制的通知》（国发〔2015〕67 号），统筹城乡义务教育资源均衡配置，推动义务教育事业持续健康发展，省政府决定，自2016年起，调整完善义务教育经费保障机制，用2年的时间，建立统一的、各级政府分项目按比例分担的城乡义务教育经费保障机制，推进城乡义务教育均衡发展。现就有关事项通知如下：

一、主要内容

（一）统一城乡义务教育"两免一补"政策。对城乡义务教育学生免除学杂费、免费提供教科书，对家庭经济困难寄宿生补助生活费（统称"两免一补"）。民办学校学生免除学杂费标准按照省财政厅、教育厅确定的生均公用经费基准定额执行。免费教科书资金，除国家规定课程由中央财政全额承担外，地方课程由省财政承担。家庭经济困难寄宿生生活费补助资金，省与各市、省财政直接管理县（以下简称"直管县"）分担比例不变。

（二）统一城乡义务教育学校生均公用经费基准定额。省财政厅、教育厅统一确定全省义务教育学校生均公用经费基准定额。对城乡义务教育学校（含民办学校）按照不低于基准定额的标准补助公用经费，所需资金由省与各市、直管县继续按现行比例分担。适当提高寄宿制学校、规模较小学校补助水平，所需资金按照生均公用经费基准定额分担比例执行。现有公用经费补助标准高于基准定额的，要确保水平不降低，同时鼓励各地结合实际提高公用经费补助标准。省财政厅、教育厅适时对基准定额进行调整。

（三）巩固完善农村义务教育学校校舍安全保障长效机制。省财政结合中央校舍维修改造资金、全面改善贫困地区义务教育薄弱学校基本办学条件资金，对各地农村公办义务教育学校维修改造、抗震加固、改扩建校舍及其附属设施给予支持。城市公办义务教育学校校舍安全保障长效机制由各市建立，所需经费由各市承担。

（四）巩固落实城乡义务教育教师工资政策。省财政加大对欠发达地区的转移支付力度，支持各地落实教师工资政策。县级政府确保县域内义务教育教师工资按时足额发放，教育部门在分配绩效工资时，要加大对艰苦边远贫困地区和薄弱学校的倾斜力度。

继续实施全面改善贫困地区义务教育薄弱学校基本办学条件、解决城镇普通中小学大班额问题等重点工程，着力解决城乡义务教育发展中存在的突出问题。

二、实施步骤

（一）自2016年春季学期起，统一城乡义务教育学校生均公用经费基准定额。我省确定2016年生均公用经费基准定额为：普通小学每生每年710元、普通初中每生每年910元。在此基础上，对寄宿制学校按照寄宿生年生均200元标准增加公用经费补助，对农村不足100人的规模较小学校，按100人核定公用经费；特殊教育学校按每生每年6 000元标准补助公用经费。同时，按照国家有关要求，我省将城市义务教育免杂费补助政策转化为公用经费补助政策。

（二）自2017年春季学期起，统一城乡义务教育学生"两免一补"政策。在继续落实好农村学生"两免一补"和城市学生免除学杂费政策的同时，向城市学生免费提供教科书并推行部分教科书循环使用制度；对城市家庭经济困难寄宿生给予生活费补助，将城乡家庭经济困难寄宿生生活费补助范围统一扩大到在校寄宿生的30%。

2017年，进一步提高农村规模较小学校的经费保障水平。对农村超过100人不足200人的规模较小的学校，按200人核定公用经费。

（三）以后年度，根据义务教育发展过程中出现的新情况和新问题，适时完善城乡义务教育经费保障机制相关政策措施。

高校、农场、林场等所属义务教育学校经费保障机制，与所在地区同步完善，所需经费按照现行体制予以保障。

三、组织保障

各地、各有关部门要高度重视，加强组织领导。市级政府要发挥统筹作用，制定切实可行的实施方案，加大对区域内困难地区的支持。各市要将实施方案于 2016 年 2 月底前报省财政厅、教育厅。县级政府要按照义务教育"以县为主"的管理体制，落实管理主体责任。各级教育部门要结合人口流动的规律、趋势和城市发展规划，科学合理布局义务教育学校。要加强义务教育基础信息管理工作，确保学生学籍信息、学校基本情况、教师信息等数据真实准确。各级财政部门要按照经费分担责任，足额落实应承担的资金，并确保资金及时足额拨付到位。各级价格、审计、监察等部门要齐抓共管，共同加强对义务教育资金使用管理、学校收费等情况的监督检查。

本通知自印发之日起执行。以往规定与本通知规定不一致的，按本通知规定执行。

山东省人民政府关于贯彻国发〔2015〕46 号文件
进一步加强民族教育、内地民族学生教育管理
服务和教育对口支援工作的意见

2016 年 3 月 2 日　鲁政发〔2016〕6 号

各市人民政府，各县（市、区）人民政府，省政府各部门、各直属机构，各大企业，各高等院校：

为贯彻落实《国务院关于加快发展民族教育的决定》（国发〔2015〕46 号），现就进一步加强我省民族教育、内地民族学生教育管理服务和教育对口支援工作提出以下意见：

一、加强思想政治教育，培育中华民族共同体意识

（一）培育和践行社会主义核心价值观。在民族学校、内地民族班和高等学校的少数民族大学生中，坚持不懈地开展中国特色社会主义和中国梦宣传教育活动，引导各族学生增强中国特色社会主义道路自信、理论自信、制度自信，树立正确的国家观、民族观、宗教观、历史观、文化观，深刻认识中国是全国各族人民共同缔造的国家，中华文化是包括 56 个民族的文化，中华文明是各族共同创造的文明，中华民族是各民族共有的大家庭。创新教育载体和方式，形式多样地开展体现社会主义核心价值观要求的主题教育实践活动，提高思想政治教育的针对性和时效性。坚持深入开展法制教育、公民意识教育和心理健康教育。试点开展马克思主义宗教观、党的宗教工作方针政策和有关宗教法律法规教育，引导各民族师生正确认识和看待宗教问题。

（二）强化爱国主义教育和民族团结教育。在民族学校、内地民族班和高等学校的少数民族大学生中，深入开展爱国主义教育和民族团结教育，建立民族团结教育常态化机制。引导各族学生牢固树立"三个离不开"思想，不断增强对伟大祖国、中华民族、中华文化、中国共产党、中国特色社会主义的认同。在各级各类学校中深入推进民族团结教育进学校、进课堂、进头脑，在小学高年级和初中开设民族团结教育专题课，在普通高中的思想政治课程中强化民族团结教育内容，在普通高校和中等职业学校开设党的民族理论与政策课程。农村义务教育阶段把民族团结教育教材纳入免费教科书范围。

（三）促进各民族学生交往交流交融。在内地民族班开展走班制等多种教学管理模式试点，探索推进混班教学、混合住宿，组织开展当地学生与内地民族班学生之间互帮互学、结成友好班级等活动，促进内地民族班学生融入当地学习、生活。内地民族班办班学校和高等学校要积极开展各族学生共同参与的体育、

文艺、联谊等活动，促进各民族学生互学互融、共同成长。鼓励少数民族学生积极参加学校社团组织和文体活动。

二、办好民族学校，支持民族教育优先发展

（一）支持民族学校提高教学质量和办学水平。实施民族学校提升工程，将民族学校建设纳入薄弱学校改造、大班额专项规划和学前教育第二期三年行动计划予以保障。加强民族学校师资队伍建设，充分发挥"县管校聘"机制作用，加强教师资源均衡配置，抽调城镇优秀教师到农村民族学校任教；对长期在民族学校任教或作出突出贡献的教师，在评选先进、职称评定等方面予以优先考虑。鼓励免费师范生到民族学校任教，逐步壮大教师队伍。定期举办民族学校师资和管理人员培训班，不断提高教学质量和办学水平。

（二）切实保障少数民族学生受教育的权利。落实"控辍保学"责任制，努力消除义务教育阶段少数民族学生辍学现象。对未进入普通高中学习的少数民族初中毕业生，要安排进入职业院校学习；对不能升学和就业的少数民族高中阶段毕业生，要进一步开展就业技能培训，逐步实现少数民族未升学就业的高初中毕业生职业培训全覆盖。认真执行少数民族考生升学加分政策。做好民族学校少数民族学生资助工作，确保应助尽助。

三、健全和完善工作机制，不断提高内地民族班和高等学校少数民族大学生教育管理服务水平

（一）有序扩大内地民族班招生规模，逐步提高生均经费补助标准，改善办学条件。依据国家内地民族班招生总体方案，有序扩大内地民族班招生规模。内地民族班生均经费补助标准根据我省经济和社会发展水平实行动态调整，自2016年起，提高到每生每年15 000元，其中高（初）中班的经费由省、市各承担50%，中职班的经费在中央财政拨付的基础上，不足部分由省财政承担。各办班市要切实做好配套经费的落实，同时督促办班学校认真做好经费的使用管理，改善办学条件。

（二）不断提高内地民族班和高校少数民族大学生教育管理服务水平。坚持"严、爱、细"原则，对各民族学生实行统一标准、统一要求、统一管理。推行内地民族班一对一、一对多的全员育人导师制，用心用情关爱学生，帮助解决学习生活困难。合理设置课程，关心关注民族学生学习实际，强化课堂教学，加强课后辅导，确保民族学生顺利完成学业。办好清真食堂，合理稳定饭菜价格，做好清真食品的原料进货和储运管理，鼓励有条件的学校统一采购清真食品原料，保证饭菜质量和食品卫生安全。在新疆、西藏籍少数民族学生集中的学校，按照50∶1的生师比配齐配强政治素质高、懂双语、会管理的少数民族管理教师。进一步加强对从事内地民族班和高校少数民族大学生教育管理服务工作的校长、教师、班主任（辅导员）的思想政治和业务能力培训。

（三）切实提高从事内地民族班学生教育管理服务工作的教职工待遇。专职从事内地民族班教育管理服务工作满1学年，以及到受援民族地区支教1学年（含1学年）以上的教师，视同具有农村学校、薄弱学校工作经历。对从事内地民族班教育管理服务工作的教职工，在评聘职务（职称）、评选先进时给予倾斜，对作出突出贡献的人员，按照国家有关规定给予表彰。各级人力资源社会保障和财政部门在核定内地民族班办班学校绩效工资总量时，要适当给予倾斜。

（四）坚持依法治校，强化安全管理，维护校园安全稳定。内地民族班办班学校和各高等学校要依据国家法律法规，扎实推进依法治校。全面贯彻党的宗教工作基本方针和有关宗教的法律法规，坚持教育与宗教相分离，任何组织和个人不得利用宗教进行妨碍国家教育制度的活动，不得在学校传播宗教、发展教徒、设立宗教活动场所、开展宗教活动、建立宗教组织。全方位加强校园安全管理，全力维护校园安全稳定。

（五）加强少数民族毕业生就业创业指导。高等学校要根据少数民族大学生的特点，有针对性地开设就业指导课程，普及创业教育，引导少数民族学生树立正确的择业观，增强创业意识和创业能力。对就业困难学生开展一对一就业指导、重点推荐。加大就业政策宣传力度，引导少数民族毕业生到基层就业、到企业就业、自主创业。鼓励我省企业吸纳少数民族毕业生就业。

（六）完善高校少数民族大学生资助和奖励体系。将在我省高校就读的新疆、西藏和青海海北籍少数民族家庭经济困难大学生，全部纳入国家助学金补助范围，按照就高原则落实国家助学金标准。认真做好普通高校新疆、西藏和青海海北籍少数民族大学生省政府励志奖学金评选、发放工作。综合利用绿色通道、减免学费、勤工助学和校内奖助学金等多种资助政策，确保在我省高校就读的新疆、西藏和青海海北籍少数民族家庭经济困难大学生顺利完成学业。安排对口支援资金用于资助受援地在内地学习的学生。

四、加大教育对口支援力度，助力受援民族地区教育事业快速发展

（一）坚持重点突出，加大对受援民族地区双语教育、职业教育和学前教育的支援力度。科学编制教育对口支援项目规划，对口支援资金继续加大对教育事业的倾斜支持力度。以双语师资队伍建设为关键点，提升受援民族地区双语教育水平。探索"组团式"帮扶受援民族地区职业院校新模式，促进受援民族地区加快发展现代职业教育。新建或改扩建标准化寄宿制中小学校，实现初中进城、小学进乡（镇）的目标，让受援民族地区的孩子学习在学校、生活在学校、成长在学校。将农村幼儿园建设纳入新农村建设规划，提高受援民族地区农村学前教育整体水平。

（二）完善常态化工作机制，全力做好教育对口支援工作。立足于人才培养培训，继续做好骨干培训、支教送教、合作教研等教育支援项目。适度增加我省省属高校在受援民族地区的招生计划，重点增加工科类和高职招生计划。帮助受援民族地区的高校加强人才培养、师资队伍建设、学科专业建设和科学研究。鼓励我省高校免费面向受援民族地区开放继续教育数字资源。帮助受援民族地区加强教育信息化基础设施建设和数字资源建设，提高教育信息化水平。

（三）扩大教育对口支援交流合作的层次和规模。适度扩大我省与受援民族地区学校结对交流数量，提高交流合作实效。创新工作方式，鼓励我省与受援民族地区教师、学生建立多种平台，积极开展交流交往活动。组织更多受援民族地区的少年儿童到山东参加"手拉手心连心"夏令营等活动，增进两地少年儿童之间的相互了解和友谊。

各级政府要把民族教育、内地民族学生教育管理服务和教育对口支援工作纳入重要议事日程，建立由主要负责同志负总责、分管负责同志具体负责，教育部门牵头，机构编制、发展改革、民族事务、财政、人力资源社会保障等部门密切配合的工作机制，督促抓好民族教育相关任务落实。教育行政部门要会同有关部门定期开展专项督导检查。

山东省人民政府关于印发推进一流大学和
一流学科建设方案的通知

2016 年 12 月 26 日　鲁政发〔2016〕34 号

各市人民政府，各县（市、区）人民政府，省政府各部门、各直属机构，各大企业，各高等院校：

现将《推进一流大学和一流学科建设方案》印发给你们，请结合实际认真贯彻落实。

附件：推进一流大学和一流学科建设方案

附件：

推进一流大学和一流学科建设方案

为贯彻落实《国务院关于印发统筹推进世界一流大学和一流学科建设总体方案的通知》（国发〔2015〕64 号），深入推进我省高等教育综合改革，增强我省高等学校的综合实力和学科竞争力，努力建设高等教育强省，推进我省一流大学和一流学科（以下简称"双一流"）建设，制定本方案。

一、建设目标

以立德树人为根本，以支撑人才强省战略和创新驱动发展战略、服务我省经济社会发展为导向，以学科建设为基础，支持高水平学科保持领先水平，鼓励优势特色学科争创一流，推动若干所大学和一批学科达到国际知名、国内领先水平，带动我省高等教育持续健康发展，为经济文化强省建设提供更加有力的人才保障、智力支持和科技支撑。

（一）积极支持山东大学、中国海洋大学、中国石油大学等驻鲁部属高校进入国家"双一流"建设工程，力争一批学科进入世界一流或世界前列；积极支持省属高校争创国内一流，力争一批学科进入国内领先或世界一流。到 2020 年，全省高校有若干学科进入教育部学位与研究生教育发展中心学科评估排名前 10%；有 50 个左右学科进入基本科学指标数据库（Essential Science Indicators，ESI）学科排名前 1%，并实现进入 1‰的突破；1~2 所大学进入世界一流行列，6 所左右省属高校每校有 3 个以上学科进入 ESI 排名前 1%，学术影响力排名进入国内高校前 100 名，建成国内高水平大学。到 2030 年，争取有更多学科进入世界一流行列，10 个左右学科进入 ESI 学科排名前 1‰，达到世界领先水平；1~2 所大学进入世界高校 500 强。

（二）以 5 年为一个建设周期，将立项建设学科打造成为我省高端人才集聚地、科技研创发源地、创新人才供给地，形成标志性成果。

——形成一批高水平学术团队。引进、培育、整合并举，力争每个立项建设学科形成 2 个以上由国家级高层次专家领衔的学术团队，造就一批活跃在国际学术前沿、能够服务国家和我省重大战略需求、年龄结构合理、创新能力突出的杰出人才队伍。

——构建一批高水平创新平台。以高水平学科发展为基础，以战略性、前瞻性研究课题为中心，以提高解决重大问题能力、原始创新能力和服务国家决策能力为目标，培育、建设一批一流的国家重点实验室、国家工程（技术）中心、协同创新中心、教育部人文社科研究基地和具有中国特色、世界影响的新型高校智库等平台。

——产出一批高水平科研成果。围绕学术前沿、国家战略目标和我省创新驱动需求，组织开展基础研究，产出一批原创性成果；围绕解决制约产业发展的应用基础类创新问题，加强核心技术、关键技术、前沿技术研究，产出一批原创性技术成果，强化产学研合作，创新科研成果转化机制，推动一批关键技术成果转变为现实生产力；加强社会发展重大问题研究和中华优秀传统文化传承创新，产出一批具有重大影响的人文社会科学研究成果以及高质量、高品位的精神文化产品。

——培养一批高素质创新人才。以一流学科建设成效和高水平科研成果带动专业建设与发展；建立学科专业、科研教学互动机制，加快学科发展成果转化为教学资源。构建研教结合、产学互动的人才培养模式，突出强化实践能力和创新创业能力，着力提高研究生教育质量。努力培养具有历史使命感和社会责任心、富有科学精神、创新意识、创造能力和国际视野的创新型、应用型、复合型优秀人才。

二、立项条件

（一）一流学科。符合以下两类条件之一的学科，经学校申请，可认定为一流学科立项建设学科：

1. 在教育部学位与研究生教育发展中心第四轮及以后学科评估排名前 20% 的学科，或入选泰山学者优势特色学科人才团队支持计划的学科，或稳定在 ESI 学科排名前 1% 一年以上的学科。

2. 同时满足以下条件的博士学位授权学科。

（1）有院士、千人计划人才、国家高层次人才特殊支持计划人才、长江学者、青年长江学者、国家杰出青年科学基金获得者等高水平专家（人文社科学科包含全职泰山学者专家）领衔的学术团队；

（2）有国家级重点（工程）实验室、工程（技术）研究中心、教育部人文社会科学重点研究基地或省部级协同创新中心、重点（工程）实验室等创新平台作依托；

（3）近 5 年有国家级科技奖励（首位），且拥有多项实现转化应用并取得重大社会经济效益的科研成果的自然科学学科；或有教育部高等学校科学研究优秀成果奖（人文社会科学）二等奖以上（首位）或入选国家哲学社会科学成果文库等标志性学术成果的人文社科学科；或接近 ESI 学科排名前 1%（潜力值在 0.9 以上），且有 3 篇以上 ESI 学科高被引论文的学科。

（二）一流大学。同时符合下列条件的省属高校，经学校申请，可认定为一流大学立项建设单位：

1. 学科基础雄厚。学科门类齐全、优势明显，认定期内有 3 个及以上学科稳定在 ESI 学科排名前 1% 一年以上，或进入教育部学位与研究生教育发展中心学科评估排名前 10%，或被列入国家一流学科建设项目。

2. 有高水平的学术团队。有 3 个及以上由院士、千人计划人才、国家高层次人才特殊支持计划人才、长江学者、青年长江学者、国家杰出青年科学基金获得者等国家级专家领衔的学术团队。

3. 有高水平的标志性成果。近 5 年内至少获得 1 项国家级科技成果一等奖（首位），或 1 项教育部高等学校科学研究优秀成果奖（人文社会科学）一等奖（首位），或 2 项国家级科技成果二等奖（首位），或 2 项教育部高等学校科学研究优秀成果奖（人文社会科学）二等奖（首位），或入选国家哲学社会科学成果文库 2 项。

4. 具备高水平创新人才培养能力。属博士学位授权单位，有完整的学士、硕士和博士人才培养体系，育人成效显著。

5. 积极推进高等教育综合改革。在完善内部治理结构、建立现代大学制度、改革教育教学、创新科研体制机制方面走在前列，在促进科学研究和学科建设水平、协同育人、校院两级管理体制、国际交流合作等方面取得明显改革成效。

三、推进措施

（一）科学规划学科布局。适应经济社会发展需求，立足我省高等教育发展实际，科学规划一流学科建设布局。对接国际标准，优先支持优势突出学科，冲击世界一流；对接国家创新驱动发展战略和我省重大战略需求，重点支持具有原始创新能力和解决重大问题能力的节能环保、新一代信息技术、新能源等战略性新兴产业学科，服务产业技术变革和结构升级；对接我省社会事业需求，统筹应用型为主的理工类学科和人文社会科学类学科发展，增强交叉与融合，培植新的学科增长点，促进协调发展。

（二）强化财政支持。"十三五"期间，省财政加大投入力度，加强资金统筹，多渠道筹集 50 亿元，积极支持"双一流"建设；建设期内，对立项建设的一流学科，根据规划分年度拨付支持经费，对立项建设的一流大学，根据规划安排支持经费；2016 年，对每个立项建设的一流学科，按自然科学类 2 000 万元左右、人文社科类 1 000 万元左右的标准拨付支持经费。对进入国家"双一流"建设行列的部属高校，按国家要求予以相应的配套支持。完善政府、社会、学校相结合的共建机制，推动各市、县（区）政府和行业、企业围绕科技进步、人才培养等加强与高校的合作，从人力、物力和财力等方面予以支持，形成多元投入、合力支持的共建局面。各建设高校要统筹预算安排，加大对建设项目的投入，扩大社会合作，积极吸引社会捐赠，多渠道汇聚资源，增强自我发展能力。

（三）集聚优势资源。根据立项建设学科布局和分类，整合部分省属科研院所和高校教育科研资源，汇聚学科发展资源优势。省"泰山学者优势特色学科人才团队支持计划"和"高校协同创新中心建设计划"优先支持立项建设学科。适度增加立项建设学科研究生招生计划，优先支持立项建设学科增设博士学位授权点，增强拔尖创新人才培养能力，促进学科优势转化为人才培养优势。扩大立项建设学科在人才引进、资源配置等方面的自主权，激发学科发展的内生动力。

（四）完善高校治理结构。按照建立现代大学制度要求，完善高校内部治理结构。坚持和完善党委领导下的校长负责制，建立健全党委统一领导、党政分工合作、协调运行的工作机制；建立健全以学术委员会为核心的学术管理体系，完善学术管理的制度，探索教授治学的有效途径，充分发挥学术委员会在学科建设、学术评价、学术发展等方面的作用；完善民主管理与监督机制，促进治理体系和治理能力现代化。

（五）创新管理机制。把立项建设学科作为改革试点，创新科研项目经费管理、人才及资源配置管理机制，在人、财、物等方面向重点建设学科倾斜。适应学科发展需求，最大限度地减少行政对学术的干预。支持立项建设学科探索建立人才团队、科研项目、基地平台、成果转化一体化协同发展机制，完善科教协同育人，努力将科技资源优势转化为经济社会发展和人才培养优势，推动学科建设水平整体提升。以创新为导向，优化学术环境，支持立项建设学科加强知识产权保护，抵制学术不端行为，形成坚守学术诚信、完善学术人格、遵守学术规范、维护学术尊严、正确行使学术权力、履行社会责任的良好学风。

（六）加强合作交流。加强与国内外高水平大学、科研机构和著名企业的合作。积极支持立项建设学科的学术团队参加和争办国内外学术会议，组织开展学术活动，拓展师生互派、学分互认、课程交换等合作领域。鼓励引导高校主动参与国际认证，引进高层次人才和优质教育资源，提升合作层次，深化合作内容，在开放中提升竞争能力。

（七）强化绩效考评。建立考评机制，根据建设目标和建设任务建立考核评价指标体系。实行年度报告、3 年中期评估和 5 年期满考核验收相结合的办法，对立项建设学科进行评价考核。积极采用教育部学位与研究生教育发展中心学科评估排名、ESI 排名以及世界著名大学排行榜等第三方评价。强化绩效激励，实行滚动建设和退出相结合的管理机制，根据考核结果、资金使用效益，动态调整支持力度。鼓励高校争创一流，中期评估前成熟一个支持一个，达到立项标准即纳入建设范围。对未完成中期建设目标的立项建设学科，减拨或停止其支持经费；对 5 年建设期满考核优秀的项目，予以奖励和滚动支持。

四、组织实施

"双一流"建设由省政府统筹，省教育厅、省财政厅、省发展改革委负责规划部署、推进实施、监督管理等工作，日常工作由省教育厅承担。各立项建设高校要建立"双一流"建设机制，统筹相关工作。

（一）实施步骤。各高校按照本方案的要求，针对立项条件组织申请，经认定的立项建设高校要科学编制学科建设方案，各学科具体建设目标分为基本建设目标和协议目标，两类目标均为今后绩效考核依据。完成本方案规定的建设目标为基本建设目标；协议目标采用一校一案方式，由每个建设单位根据各自学科的不同基础，针对文件中所列的建设任务，突出特色优势，自行提出建设规划和目标，与教育厅协商后以协议的形式确定，并签订目标任务承诺书。

（二）管理监督。根据本方案制定绩效评价和资金管理等制度，构建信息发布平台，实时公布建设进展情况，接受社会监督。

（三）落实责任。"双一流"建设实行项目负责人制，落实高校的主体责任，校长为第一责任人，学科带头人为建设学科直接责任人；各有关部门按照鲁办发〔2016〕19 号文件的责任分工和本方案的要求，协同推进我省"双一流"建设。

省委办公厅　省政府办公厅
关于推进高等教育综合改革的意见

2016 年 4 月 22 日　鲁办发〔2016〕19 号

为贯彻落实党的十八大和十八届三中、四中、五中全会精神，深入贯彻习近平总书记系列重要讲话和视察山东重要讲话、重要批示精神，全面实施国家及山东省中长期教育改革和发展规划纲要，推动我省高校特色发展、争创一流，提高人才培养质量，提升智力支撑能力，服务经济社会发展，经省委、省政府同意，现就推进我省高等教育综合改革提出如下意见。

一、以完善治理结构为抓手，推进现代大学制度建设

1. 加强高校党的建设。坚持和完善党委领导下的校长负责制。高校党委要充分发挥领导核心作用，支持校长依法独立行使职权，建立健全党委统一领导、党政分工合作、协调运行的工作机制，实行集体领导与个人分工负责相结合，按照集体领导、民主集中、个别酝酿、会议决定的原则，集体讨论决定学校重大问题和重要事项，凡属学校重大决策、重大人事任免、重大项目安排、大额度资金使用事项必须由党委集体研究作出决定，讨论决定前必须充分论证，广泛听取意见。完善党委（常委）会、校长办公会例会制度，党委（常委）会原则上每月不少于 2 次，校长办公会每周不少于 1 次，会议必须有书面记录，实行定期报告和检查制度。加强院、系等基层党组织建设，配齐配强党务工作力量，加强组织员队伍建设，做好发展党员和党员教育、管理、服务工作。发展党内基层民主，充分发挥基层党组织战斗堡垒作用和党员先锋模范作用，汇聚起推动高校综合改革的强大合力。高校改革过程中出现的新组织，应同步建立健全党的基层组织。建立健全民办高校党组织，设立党的基层委员会，推动建立向民办高校委派党委书记制度。民办高校党委作为学校的政治核心，要加强对学校的政治领导和思想领导，落实社会主义核心价值观和社会主义民主法制教育，对学校的发展规划、人事安排、财务预算、基本建设、招生收费等重大事项，参与研究讨论，提出意见建议，保证学校坚持正确的办学方向。

2. 健全学术委员会制度。依法设立学术委员会，健全以学术委员会为核心的学术管理体系与组织架构，统筹行使学术事务的决策、审议、评定和咨询等职权；完善学术管理的体制、制度，探索教授治学的有效途径，充分发挥学术委员会在学科建设、专业设置、学术评价、职称评聘、学术发展和学风建设等事项上的重要作用。学术委员会委员一般应由学校不同学科、专业的教授及具有正高级以上专业技术职务的人员组成，并有一定比例的青年教师，总数一般为不低于 15 人的单数。其中，担任学校及职能部门党政领导职务的委员，不超过委员总人数的 1/4；不担任党政领导职务及院系主要负责人的专任教授，不少于委员总人数的 1/2；校党委书记和校长一般不担任学术委员会负责人，不担任科研项目主要负责人。建立完善对违反学术规范、学术道德行为的认定程序和办法，形成良好的学术氛围。

3. 建立完善学校理事会。依据教育部《普通高等学校理事会规程（试行）》及学校章程设立理事会，充分发挥理事会对学校改革发展的咨询、协商、审议、监督等功能。理事会组成人员一般不少于 21 人，校外理事不低于总人数的 50%，各方面代表在理事会所占的比例应当相对均衡。高校应建立健全理事会制度，制定理事会章程，健全与理事会成员之间的协商、合作机制，充分发挥理事会的作用。理事会每年至少召开 1 次全体会议；也可召开专题会议，或者设立若干专门小组负责相关具体事务。

4. 加强民主管理。健全党建带团建机制，完善高校群团组织，充分发挥群团组织参与民主管理作用。切实保障教职工参与学校民主管理和监督，学校章程建设、发展规划、年度工作、财务工作、教职工队伍

建设、教育教学改革、校园建设等重大事项，须经教职工代表大会审议通过。积极拓展学生参与学校民主管理的渠道，进一步完善学生代表大会制度，推进学生自主管理。完善多元参与的校内治理体系，加强议事协商，拓展师生代表参与学校决策的渠道。

5. 强化监督机制。加强学校财经管理与监督，建立高校总会计师制度，总会计师岗位设置由机构编制部门按程序审批，总会计师实行交流任职。建立年度预算审查和决算审签制度，开展学校党委书记、校长同步审计，建立任前告知和任中审计制度，严格离任审计。完善校务公开制度，坚持公开为常态、不公开为例外，重点加大高校在招生考试、财务资产及收费管理等方面的信息公开力度，保障教职工、学生、社会公众对学校重大事项、重要制度的知情权，接受各方监督。

6. 严格回避制度。严格执行国家有关法律法规和《党政领导干部任职回避暂行规定》。学校领导干部本人或近亲属及来往密切的个人参与干部选拔任用、人事考核奖惩、职称评聘、项目评审、奖助学金评定等活动时，领导干部要事先声明并主动回避，不得以任何形式施加影响；不得以委托、承包、租赁等形式，经营管理其任职学校校办产业等国有资产；不得参与其任职学校基建修缮工程和教材图书、仪器设备、大宗物资采购等工作。学校吸纳社会资源开展合作、共建等项目，必须与领导干部近亲属及来往密切的个人发生利益关系或经济往来时，领导干部应主动回避；确因工作职责等特殊原因难以回避的，领导干部个人要主动说明、报告、备案，相关事项须经学校领导班子集体研究决定。组织部门要定期检查、核对领导干部回避制度执行情况，对违反规定者，严肃问责。

7. 完善学校章程。2016 年年底前，各高校要根据本意见，全面完成学校章程修改制定工作。学校章程应载明学校内部治理结构组织框架、运行机制和决策程序，把加强党的领导和党的建设作为章程的重要内容，完善以章程为核心的制度体系，健全决策机制，规范执行程序，完善党建工作规章制度，使学校运行有章可循、有据可依，形成自主办学、自我约束、社会监督的长效机制。

二、以改革用人制度为重点，扩大高校办学自主权

8. 实行人员控制总量备案制。全面实行人员控制总量备案管理，高校根据办学定位、类型特点、学生数等自主拟定校内教学、科研、教辅机构设置方案，确定人员控制总量，向相关部门报备。原编制内人员事业身份记录在案，控制总量内人员享受同等待遇。

9. 创新用人机制。高校在人员控制总量内按规定自主制定岗位设置方案；自主安排、执行用人计划，并建立动态调整机制；自主公开招聘各类人才，可采取考察方式直接招聘学校紧缺的专业人才、高层次人才。岗位设置、公开招聘方案及招聘结果向相关部门报备。适当提高高校高级专业技术岗位结构比例，从事实验技术教学的教师可根据岗位资格条件、本人工作能力和业绩，参与正高级专业技术岗位的竞聘上岗。高校可统筹使用中初级专业技术岗位。全面推进职称制度改革，由学校根据教师能力和业绩，自主组织评价、竞聘上岗、按岗聘用，并颁发聘书。

10. 完善绩效工资制度。完善以业绩贡献和能力水平为导向、以目标管理和目标考核为重点，符合高等教育特点的绩效工资制度，将教职工的工资收入与岗位职责、工作业绩、实际贡献以及知识、技术、成果等直接挂钩，多劳多得、优绩优酬、同工同薪。在国家政策指导下，高校在绩效工资控制总量内自主决定校内收入分配，并建立动态调整机制，重点向教学一线、关键岗位、业务骨干和突出贡献人员倾斜。

11. 改革专业设置管理。实施专业设置负面清单制度，定期公布本科专业限制性目录和预警目录，允许高校在限制性目录和预警目录外自主设置专业，有条件的高校可根据需要，自行设置经济社会发展急需的专业方向，向相关部门报备。

12. 开展二级学院取消行政级别改革试点。创新二级学院管理体制，2016 年选择 5 所左右省属高校试点取消二级学院行政级别，实行职员制，进一步理顺校院两级管理体制，提高二级学院管理的专业化水平。参照同类别同等级人员任职年限和条件，建立有利于相关人员职业发展的职级晋升、交流任职、薪酬分配等制度体系。鼓励高校在二级学院开辟试验区，扩大其人、财、物等方面的管理权，形成局部优势，打造

学术高地，突显办学特色。2016 年 6 月底前，制定省属高校取消二级学院行政级别试点方案。

三、以转变发展模式为着力点，提高办学质量和水平

13. 稳定办学规模。建立办学规模定期核定机制，根据培养周期，从学科基础、师资结构、专业设置、研创能力、培养水平等方面全面评估学校办学能力，以办学能力、社会需求等为依据，综合考虑办学类型、专业特色等因素，动态调控办学规模。2016 年，逐校核定办学规模，确定规模上限，对超过上限的学校，逐渐调减招生计划。

14. 优化专业布局。建立人才需求预测分析机制，优化专业宏观布局。根据社会需求和产业发展布局，增加工学、农学类专业，鼓励新兴学科专业发展。提升医学、教育学类专业办学层次，2016 年起，实施师范生免费教育，提高职业吸引力和人才培养专业化水平。稳定法学、经济学、管理学类专业，突出办学特色，培养复合型人才，实现差异化发展。整合理学、文学、历史学、哲学、艺术学等科类专业，强化学科，淡化专业，提升办学层次。实施专业同城跨校整合，将重复布点多、不符合学校发展定位和办学特色的专业，整合到专业优势突出的学校。

15. 启动"双一流"建设计划。积极支持驻鲁部属高校建设世界一流和国际知名高水平大学。"十三五"期间，重点扶持 6 所左右省属高校和 20 个左右优势学科，争创国内一流。重点建设 10 所左右应用型高校进入国内先进行列，继续实施优势特色专业发展支持计划，强化应用型人才培养。按照学科分类，整合省属科研院所和高校教育科研资源，集聚资源优势，形成发展合力，促进高水平大学建设，2016 年选择 2 所学科特点突出、基础条件较好的科研院所先行试点，积累经验，逐步推开。2016 年 4 月底前，制定统筹推进一流大学和一流学科建设总体方案，6 月底前制定科研院所与高等学校资源整合试点方案。

16. 加快完善高校科技创新体系。建立以需求为导向、创新为核心、协同为纽带、服务为目的的高校科技创新体系，增强高校知识创新能力、人才培养质量提升能力和服务经济社会发展能力。加强科研立项管理，改革完善科研选题和评价体系，确定专业、开放、透明、公平的资源配置方式，最大限度减少行政影响和干预。创新科研组织方式，构建人才团队、科研项目、基地平台、成果转化一体化协同推动的高校科技创新模式，搭建校企产学研合作平台，强化学科与行业产业对接，积极推进与科研院所、企业开展多层面、广角度的协同创新。优化科研管理环境，在国家政策制度框架下，扩大高校在科研立项、人财物管理、科研方向选择、国际科技交流等方面的自主权，建立支持高校大型科研仪器设备开放共享政策，提高科研仪器设备的使用效率。设立专职岗位，建立高校科技成果转化和知识产权运营机制，加快高校知识产权成果的转移、转化。完善高校科研经费管理办法，优化投入结构，突出导向引领、坚持扶优扶特、强化跟踪问效，提高科研经费的使用效益。继续实施高校协同创新计划，加强新型高校智库建设，重点建设一批解决区域发展重大需求的重点实验室、工程技术研究中心、协同创新中心和人文社科研究基地。2016 年 6 月底前，制定改革高校科研体制服务创新驱动发展战略实施方案。

四、以立德树人为根本，深化教育教学改革

17. 构建"四位一体"的德育体系。以社会主义核心价值观为主线，构建思政育人、文化育人、专业育人、实践育人"四位一体"的德育体系。完善高校思想政治理论课特聘教授制度，优化思想政治课程，制定建设规划，以项目形式推进思想政治理论课改革，提高思想政治课的思想性、针对性和感染力。融合优秀传统文化、区域文化、大学文化，突出齐鲁文化品牌，形成山东德育特色。挖掘专业课的德育元素，在传授专业知识的同时，强化科学精神、职业道德教育。通过社会实践活动，增强学生对社会的认知感和责任感。2016 年 6 月底前，研究制定高校德育综合改革指导纲要，出台相关课程标准和基本规范。

18. 改进教学内容和方式。注重厚基础、宽领域、广适应、强能力，强化对学生科学思维、创新能力的训练，激发学生学术探究和实践历练的热情，扩大学生知识面，提高综合素质和适应能力。更新教学内

容、凝练核心课程、提高课程质量，形成通识教育和专业教育相互衔接、相互支撑的课程体系。改革体育和艺术教育，增强学生体质和文化素养，促进学生全面发展、个性发展。创新教学方式、方法，构建自主学习、多元学习模式，鼓励小班教学，开展启发式、讨论式、探究式、参与式教学，大力提倡案例教学。完善学习方式，发挥在线课程作用，加强慕课、微课和混合式课程建设和教育信息化建设，增强学生运用网络资源学习的能力。深化学分制改革，形成学生自主选择专业、课程、学习进程和任课教师的机制，建立与学分制相配套的学生管理、教师评价等制度体系。扩大学分制改革范围，每年增加试点学校 10 所左右，到 2020 年，全省本科高校全面推行学分制。

19. 建立多元育人模式。探索本科综合评价录取等招生制度改革，扩大高校招生自主权，促进高校科学选才，为学生提供多样化选择，2016 年 6 月底前出台深化考试招生制度改革实施方案。深化贯通培养模式改革，完善高职与本科、中职与本科贯通分段培养模式，制定专业目录，优化专业布局，实施动态管理，2016 年委托第三方对 2013 年试点的学校和专业进行质量评估，淘汰管理水平低、达不到培养标准的学校和专业。实施研究生教育质量提升计划，着力培养创新型、实践型、复合型高层次人才。争取在法学和教师教育领域试点本科教育与专业硕士贯通培养。建立校际合作育人模式，支持高校建立校际联盟、专业联盟，互派教师、互换学生、互认学分，鼓励学生跨学校、跨学科、跨专业选修课程，满足多样化学习需求。增强高校科研育人功能，实施学科专业、教学、科研一体化建设，支持教师依托科研项目开设研究性、创新性课程，鼓励教师把科研成果转化为教学资源。完善重点实验室、研究基地等向本科生开放制度，鼓励学生参与教师科研项目，提高创新能力。

20. 强化创新创业教育。围绕创新创业人才培养要求，完善人才培养方案，开发创新创业类课程，使课程体系、课程标准、课程内容与学科发展前沿、行业标准对接，促进专业教育与创新创业教育有机融合。提高实践课比重，工农医类专业实践学分比例逐渐达到 30% 以上，人文社科类专业达到 20% 以上。加强实践教学平台建设，"十三五"期间，重点建设一批开放式综合实验教学中心和创新创业教育示范中心。强化大学生创新创业实践训练，每年择优支持 100 项大学生创新创业训练项目。鼓励企业接纳学生开展顶岗实习，政府按政策规定对符合条件的企业给予财政补贴，落实税收减免政策。深入实施系列卓越人才教育培养计划，培养造就一大批创新创业能力强、适应经济社会发展需要的各类型高质量专业技术人才。实施弹性学制，允许学生休学创业，修业年限最长可延至 8 年，对完成规定学业的学生及时核发学业证书，按学期审核学位授予资格、办理就业报到手续。

五、以师德学养为核心，加强教师队伍建设

21. 完善师德建设体系。开展以社会主义核心价值观教育、理想信念教育、法制教育和职业道德教育为重点的师德专题教育。完善教育引导、制度规范、监督约束、查处警示的师德建设长效机制，建立新教师入职宣誓制度，强化其责任感、使命感和职业荣誉感。引导广大教师恪守职业道德规范，树立良好教风和诚信学风，以道德追求、学术素养和人格魅力教育感染学生。强化高校师德建设主体责任，建立健全师德考核、年度评议等制度和师德投诉举报平台，构建高校、教师、学生、家长和社会多方参与的师德监督体系，有效防止师德失范行为。建立重大问题报告和舆情快速反应机制，严肃查处违背教师职业道德的行为。

22. 加强教师培养培训。继续实施高校青年教师成长计划，选派优秀青年骨干教师赴海内外高水平大学访学研修，培育一批具有国际视野、创新活力、发展潜力的高素质青年后备人才。加强实践教学能力建设，完善教师到企业和基层一线实践锻炼制度，并将其作为职称评聘的重要依据；扩大高等学校与行业、企事业单位人员互聘工作（"双百计划"）实施范围。创新方式方法，推进教师培训、教学咨询、学术交流、质量评估等工作的常态化、制度化。

23. 加快引进海内外高层次人才。深化实施泰山学者工程，加大引进力度，集聚海内外高端人才来我省高校从事教学科研工作。围绕一流大学和一流学科建设，实施泰山学者优势特色学科人才团队支持计划

和高校优势特色学科人才团队培育计划，加快引进一批活跃在国际学术前沿、满足国家和省重大战略需求、具有国际一流水平的学科领军人物和创新团队。完善人才配套政策，加强集成支持，根据引进人才类别层次，按有关规定给予创业启动资金、科研启动资金、科研经费、安家补贴、子女入学等支持，积极吸纳、培养、用好、留住各类人才，特别是高层次领军人才及其团队。

24. 健全教师考核评价体系。以有理想信念、有道德情操、有扎实学识、有仁爱之心为标准，立足教学科研规律和人才特质，根据不同类型的岗位，建立重师德、重能力、重业绩、重贡献的分类考核指标体系，实施按岗分类考核。建立多元主体评价机制，以学生评教为基础，综合教学督导人员、同行专家和管理人员评教结果，形成对教师师德和教学质量的考核评价结果，与岗位聘任、年度考核、评优评奖等挂钩。考核评价不合格者，在教师岗位聘任、年度考核、评优评奖等工作中实行一票否决。

六、以扩大开放为切入点，拓展丰富教育资源

25. 加强国内外合作办学。借力国家"一带一路"战略，支持高校海外办学、开展专业教育国际认证，鼓励我省驻外企业设立留学生奖励基金，吸引国外学生来鲁留学、就业，提高省内高校毕业生海外就业创业竞争力。充分利用我省历史文化资源优势，支持高校与国外高校合作建立孔子学院，与教育援外、对外投资等领域的省重大战略项目相结合，推动齐鲁优秀文化走向世界。加强与国外友好省州高校、国内 985 高水平大学的合作，积极引进国际知名高校来鲁开展合作办学，大力支持 985 高校来鲁建立分校、研究生院。

26. 推进市校合作共赢。鼓励设区市政府与学校主管部门建立合作共建机制，与高校开展合作，参与学校专业建设、人才引进与培养、科技研创等工作，支持驻地高校发展，提高高校办学水平。高校要充分发挥自身优势和特色，主动对接地方经济社会发展和产业需求，优化学科专业结构，提高服务地方经济社会发展的能力。

27. 支持社会力量办学。放宽社会资本准入条件，支持企业、社会团体和个人等社会力量通过独资、合资、合作等形式举办高等教育，探索发展国有民办、民办公助、混合股份等多元化办学模式。将民办高校纳入同级教育专项、科技专项扶持范围，重点支持学科专业建设、师资培训、科学研究等。开展公办高校对口帮扶民办高校，鼓励资源共享。切实落实民办高等教育机构教师在资格认定、职称评聘、进修培训、评先选优、课题申请、国际交流等方面与公办教师享受同等待遇。推进非营利性民办高校教师养老保险与公办高校教师同等待遇试点工作。

28. 鼓励校企合作办学。支持高校深化产教融合，促进人才培养、科研创新、学科专业建设与产业发展相融合，全面增强教育服务经济社会发展能力。鼓励高校与行业企业共同建设专业，共同制定人才培养方案，共同开发课程，共建实习实训基地。支持高校与行业企业组建教育集团、专业联盟，建立校企合作协调推进机制。支持企业在高校建立研发中心，合作开展重大课题攻关和重大项目研创。畅通高校教师与行业企业人才双向交流渠道，提升校企合作创新和人才培养水平。

七、以加大财政投入为重点，完善高等教育综合改革保障机制

29. 探索开放多元的质量监控与评价体系。建立分类和综合相结合的高校评价体系，组织实施年度专业评估、本科教学工作审核评估和高校科研水平评价，探索实施以人才培养、科学研究、社会服务和文化传承为主要指标的大学综合评价。改革评价方式，按照学校不同的发展定位和人才培养目标，实施分类评价，探索开展同行评价、用户评价、社会评价和第三方评价，提高评价的科学性、客观性和开放性。加强评价结果应用，把评价结果作为绩效奖补、资源配置的重要依据。实施高校办学质量报告制度，向社会公开发布教学质量年度报告、专业人才培养状况年度报告和毕业生就业质量年度报告，加强社会监督，促进高校不断自我完善，提高办学水平。

30. 加大财政经费投入。建立生均拨款正常增长机制，逐步提高生均定额标准。优化项目设置，加大支持力度，强化项目引导。"十三五"期间，设立专项经费，实施一流大学和一流学科建设工程，支持高校争创高水平大学和学科；实施应用型高水平高校建设工程和优势特色专业发展支持计划，支持高校向应用型转型发展，提升应用型人才培养能力；实施创新创业教育示范中心、开放式大型实验教学中心建设工程和大学生创新创业训练计划，支持高校强化创新创业教育；实施泰山学者优势特色学科人才团队支持计划、高校青年教师成长计划、高校优势特色学科人才团队培育计划，支持高校加强人才队伍建设；实施高等学校协同创新计划，支持高校提高科技研创水平和服务经济社会发展能力。

31. 优化资源配置。完善高校预算拨款制度改革，探索按生均定额、专项拨款、绩效奖补相结合的方式确定高校财政拨款，构建科学规范、公平公正、导向清晰、讲求绩效的预算拨款制度。突出教学质量、学科专业水平、办学特色等因素，制定科学合理的绩效评价指标和考评机制，根据考评结果，实行以奖代补，传递更加清晰的政策导向。充分发挥财政拨款的杠杆作用，在省属本科高校全面实施拨款定额改革，对鼓励发展的专业和限制发展的专业，逐步扩大上、下浮动比例，引导高校转变办学模式，突出办学特色、争创一流。建立招生计划优化调整机制，制定普通高等学校招生计划优化调整实施方案，每年统筹10%的招生计划，综合考虑专业办学条件、高考专业志愿内录取情况、新生入学报到情况和就业情况等因素，调剂用于特色明显、优势突出、社会急需以及适应新兴产业的专业，在全省教育事业计划中统一下达。

32. 丰富筹资渠道。完善成本分担机制，合理确定学费标准并动态调整，进一步推进高校学分制收费改革，逐步形成科学规范、富有活力的高校收费机制。积极探索通过地方政府债券、争取国家政策性银行低息专项贷款等多种方式筹集经费，不断拓宽高校建设资金来源渠道。鼓励商业银行探索拓宽抵质押物范围，有针对性地创新金融产品，为高校发展提供融资支持。

33. 建立有效推动机制。高等教育综合改革是一项系统工程，必须加强组织领导。省教育厅要牵头建立统筹协调机制，研究解决改革中的突出问题。省直各有关部门要制定和完善配套政策措施，精心组织实施。高校所在市党委、政府要研究制定支持高校深化改革的政策措施，形成良好区域环境。各高校党委要把综合改革摆在突出位置，根据改革的总体部署，制定本校改革实施方案，明确时间表、路线图并报省教育厅备案。要进一步加大宣传力度，充分调动各方面的积极性和创造性，营造良好改革环境。

附件：山东省推进高等教育综合改革工作任务分解表

附件：

山东省推进高等教育综合改革工作任务分解表

序号	重点任务	牵头单位	协助单位	时间进度
1	指导公办高校完善党委（常委）会、校长办公会例会制度，制定出台加强公办高校院（系）级党组织建设的意见、向民办高校委派党委书记实施办法。加强高校党的建设，完善高校决策的民主性、科学性。	省委高校工委	省委组织部、省教育厅	2016年6月底前完成意见和实施办法制定工作，12月底前高校完成制度建设工作，持续推进。
2	督促高校健全以学术委员会为核心的学术管理体系与组织架构，建立完善对违反学术规范、学术道德行为的认定程序和办法。	省教育厅		2015年12月底前完成，持续完善。
3	督导公办高校建立和完善理事会，建立健全理事会制度；完善教职工代表大会制度和学生代表大会制度。	省教育厅	省编办、省总工会、团省委	2016年12月底开展高校制度建设及执行情况检查，持续推进。
4	研究制定省属公办本科高等学校总会计师制度实施方案，配齐总会计师。	省委组织部	省编办、省委高校工委、省教育厅、省财政厅	2016年6月底前完成方案制定工作，逐步配齐总会计师。
5	开展高校党委书记、校长同步审计，建立任前告知和任中审计制度，严格离任审计。	省审计厅	省委组织部、省委高校工委、省教育厅	持续推进。

续表

序号	重点任务	牵头单位	协助单位	时间进度
6	推进高校实施信息公开，加大招生考试，财务资产及收费管理等方面的信息公开力度。	省教育厅	省委高校工委、省财政厅、省物价局、省总工会	2016 年 12 月底前全省普通本科高校全面实行信息公开，持续推进。积极推进高职院校和民办院校实行信息公开。
7	严格省管高校回避制度，定期检查、核对领导干部回避制度执行情况。	省委高校工委	省委组织部、省教育厅	2016 年 12 月底前完成首次检查工作，每 2 年检查一次。
8	研究制定高校章程配套制度指导目录，指导高校完善以章程为核心的制度体系，完善执行与监督机制。	省教育厅		2016 年 6 月底前完成目录制定工作，12 月底前高校完成制度体系建设，持续推进。
9	研究制定山东省属公办高等学校人员控制总量备案制实施方案，全面实行人员控制总量备案管理。	省编办	省教育厅、省人力资源社会保障厅	2016 年 6 月底前完成方案制定工作，持续推进。
10	研究调整山东省高等学校岗位设置结构比例标准，全面实行岗位设置及人员招聘备案制，全面推进高校职称制度改革；指导高校在绩效工资控制总量内，自主建立并完善以目标管理和目标考核为重点的绩效工资制度。	省人力资源社会保障厅	省教育厅、省财政厅	2016 年 6 月底前修改并出台《山东省高等学校岗位设置结构比例指导标准》，持续推进。
11	实施专业设置负面清单制度，允许高校在限制性目录和预警目录外自主设置专业，有条件的高校自行设置经济社会发展急需的专业方向。	省教育厅		持续推进。
12	研究制定山东省省属高校取消二级学院行政级别改革试点方案，选择 5 所左右省属高校开展试点工作	省委高校工委	省委组织部、省编办、省教育厅、省人力资源社会保障厅	2016 年 6 月底前完成方案制定工作，12 月底前启动改革试点，持续推进。
13	研究制定山东省高等学校办学规模核定方案，逐校核定办学规模，根据核定办学规模，相应调整高校年度招生计划；指导高校调整专业科类布局，实施专业同城跨校整合。	省教育厅	省发展改革委、省人力资源社会保障厅	2016 年 6 月底前完成方案制定工作，12 月底前完成首次核定工作，持续推进。
14	制定出台山东省师范生免费教育实施办法，实施师范生免费教育。	省教育厅	省财政厅	2016 年 6 月底前出台实施办法并启动实施，持续推进。
15	研究制定山东省统筹推进一流大学和一流学科建设总体方案，重点扶持 6 所左右省属高校和 20 个左右优势学科，争创国内一流。	省教育厅	省委组织部、省发展改革委、省科技厅、省财政厅、省人力资源社会保障厅	2016 年 4 月底前完成方案制定工作，6 月底前启动实施，持续推进。
16	研究制定山东省高水平应用型本科高校建设方案，重点建设 10 所左右应用型高校进入国内先进行列，继续实施优势特色专业发展支持计划。	省教育厅	省发展改革委、省财政厅	2016 年 6 月底前完成方案制定工作，9 月底前启动实施，持续推进。
17	研究制定山东省科研院所与高等学校资源整合试点方案，选择 2 所学科特点突出、基础条件较好的科研院所开展试点。	省教育厅	省委组织部、省编办、省财政厅、省人力资源社会保障厅	2016 年 6 月底前完成方案制定工作，12 月底前启动实施，持续推进。
18	研究制定改革高等学校科研体制服务创新驱动发展战略实施方案，实施高校协同创新计划。	省教育厅	省委宣传部、省科技厅、省财政厅	2016 年 6 月底前完成方案制定工作，启动实施，持续推进。
19	研究制定山东省高等学校德育综合改革指导纲要，出台相关课程标准和基本规范，构建"四位一体"的德育体系。	省委高校工委	省委宣传部、省教育厅	2016 年 6 月底前完成纲要制定工作，持续推进。
20	研究制定本科专业人才培养方案修订指导意见、职业院校建立教学诊断与改进制度工作方案，指导高校创新课程体系、更新教学方法、完善学习方式，全面提高教学质量。	省教育厅		2016 年 6 月底前完成意见、方案制定工作，持续推进。

序号	重点任务	牵头单位	协助单位	时间进度
21	扩大学分制改革试点范围，推进高校不断完善学分制管理体系，到2020年全省本科高校全面推行学分制。	省教育厅		持续推进。
22	探索本科综合评价录取等招生制度改革，研究制定山东省深化考试招生制度改革实施方案。	省教育厅		2016年5月底前出台改革方案，持续推进。
23	制定高职与本科、中职与本科贯通分段培养专业目录。研究制定高职与本科、中职与本科贯通分段培养质量评估实施方案，委托第三方对2013年试点学校和专业进行质量评估。	省教育厅		2016年6月底前完成专业目录和评估实施方案制定工作，12月底前完成试点学校评估工作，持续推进。
24	制定并实施研究生教育质量提升计划。	省教育厅		2016年12月底前完成计划制定工作，持续推进。
25	研究制定山东省关于全面深化高等学校创新创业教育改革的实施意见，推进高校完善专业人才培养方案，深入实施系列卓越人才教育培养计划。	省教育厅	省财政厅、省人力资源社会保障厅	2016年4月底前完成实施意见制定工作，持续推进。
26	重点建设一批开放式综合实验教学中心和创新创业教育示范中心。	省教育厅	省财政厅	2016年12月底前完成调研，2017年启动实施，持续推进。
27	每年择优支持100项大学生创新创业训练项目。	省教育厅	省财政厅	持续推进。
28	按政策规定对符合条件的企业给予财政补贴，落实税收减免政策，鼓励企业接纳学生开展顶岗实习。	省国税局、省地税局	省经济和信息化委、省教育厅、省财政厅、省人力资源社会保障厅	持续推进。
29	制定出台关于实施第三期高等学校青年教师成长计划的意见，加强青年教师培养。	省教育厅	省财政厅	2016年6月底完成意见制定工作，持续推进。
30	扩大"双百计划"实施范围。	省教育厅	省人力资源社会保障厅	2016年启动，持续推进。
31	深化实施泰山学者工程，实施泰山学者优势特色学科人才团队支持计划和高校优势特色学科人才团队培育计划，完善人才配套政策。	省委组织部	省教育厅、省财政厅、省人力资源社会保障厅	持续推进。
32	指导高校健全教师考核评价体系。	省教育厅	省人力资源社会保障厅	持续推进。
33	鼓励我省驻外企业设立留学生奖励基金，吸引国外学生来鲁留学、就业。	省商务厅	省教育厅	持续推进。
34	研究制定山东省高等学校设置"十三五"规划，积极引进国际知名高校来鲁办学，大力支持985高校来鲁建立分校、研究生院。	省教育厅		2016年12月底前完成规划制定工作，持续推进。
35	研究制定关于进一步促进社会力量办学的意见，支持社会力量通过独资、合资、合作等形式举办高等教育，落实促进民办高校发展相关政策。	省教育厅	省民政厅、省财政厅、省人力资源社会保障厅、省金融办	2016年12月底前完成意见制定工作，持续推进。
36	支持高校与行业企业组建教育集团、专业联盟，建立校企合作协调推进机制。	省教育厅	省经济和信息化委、省科技厅、省财政厅、省人力资源社会保障厅	持续推进。

续表

序号	重点任务	牵头单位	协助单位	时间进度
37	研究制定本科专业评估方案，组织开展专业年度评估。探索实施大学综合评价。探索开展第三方评价。	省教育厅		2016 年 6 月底前完成专业评估方案制定工作并启动实施。2017 年试点开展大学综合评价和第三方评价，持续推进。
38	逐步提高生均定额标准。设立专项建设经费，加大支持力度，强化项目引导。探索按生均定额、专项拨款、绩效奖补相结合的方式确定高校财政拨款。在省属本科高校全面实施拨款定额改革。	省财政厅	省教育厅	2016 年启动，持续推进。
39	建立招生计划优化调整机制，统筹 10% 的招生计划，综合考虑专业办学条件、高考专业志愿内录取情况、新生入学报到情况和就业情况等因素，调剂用于特色明显、优势突出、社会急需以及适应新兴产业的专业。	省教育厅	省发展改革委、省人力资源社会保障厅	2016 年启动，持续推进。
40	完善成本分担机制。合理确定学费标准并动态调整，进一步推进高校学分制收费改革。	省物价局	省教育厅、省财政厅	2016 年启动，持续推进。
41	积极探索通过地方政府债券、争取国家政策性银行低息专项贷款等多种方式筹集经费。鼓励商业银行探索拓宽抵质押物范围，有针对性地创新金融产品，为高校发展提供融资支持。	省金融办	省教育厅、省财政厅	2016 年启动，持续推进。

省人民政府办公厅转发省财政厅等部门关于在教育卫生计生交通运输领域开展省与市县事权和支出责任划分试点的意见的通知

2016 年 1 月 12 日　鲁政办发〔2016〕2 号

各市人民政府，各县（市、区）人民政府，省政府各部门、各直属机构，各大企业，各高等院校：

省财政厅、编办、教育厅、交通运输厅、卫生计生委《关于在教育卫生计生交通运输领域开展省与市县事权和支出责任划分试点的意见》已经省政府同意，现转发给你们，请认真贯彻执行。各市、县（市、区）要结合本地区实际，积极探索，大胆尝试，改革试点中发现的问题，要及时向省财政厅、编办及相关主管部门反映。

附件：关于在教育卫生计生交通运输领域开展省与市县事权和支出责任划分试点的意见

附件：

关于在教育卫生计生交通运输领域开展省与市县事权和支出责任划分试点的意见

省财政厅　省编办　省教育厅　省交通运输厅　省卫生计生委

教育、卫生计生、交通运输领域与民生密切相关，是推进基本公共服务均等化的重点和关键。近年来，各级加快转变政府职能,不断完善教育、卫生计生、交通运输投入机制,全省教育、卫生计生、交通运输等领域基本公共服务保障水平稳步提高,基本形成了覆盖城乡、分级负担的公共服务保障体系。在教育、卫生计生、交通运输领域开展省与市县事权和支出责任划分试点,确定事权项目清单,理顺支出责任,有利于进一步明确各级政府职责,提高公共服务供给效率和质量;有利于积累改革经验,为全面深化省与市县事权和支出责任划分改革,加快形成法制规范、分工合理、职责明确、运转高效的政府间事权纵向配置和运行机制创造有利条件。根据《中共山东省委山东省人民政府关于深化财税体制改革的意见》(鲁发〔2014〕18号)要求,现就在教育、卫生计生、交通运输领域开展省与市县事权和支出责任划分试点工作提出以下意见:

一、总体要求

(一)指导思想。

全面贯彻省委、省政府关于深化财税体制改革的战略部署,坚持立足全局、统筹规划、分步实施、重点突破,在科学界定政府与市场、社会边界的基础上,通过实施清单式管理和动态调整机制,逐项梳理确定教育、卫生计生、交通运输领域省与市县主要事权项目,探索理顺划分省与市县相关领域事权和支出责任,实现教育、卫生计生、交通运输领域事权和支出责任在省、市、县各级的科学、清晰、合理配置,为全面推进省以下事权和支出责任划分积累经验、探索路子。

(二)基本原则。

事权划分坚持外部性、信息复杂性和激励相容原则。受益范围覆盖全省的教育、卫生计生、交通运输事务作为省级事权,地区性的事务作为市县事权,跨区域事务作为省与市县共同事权。对信息复杂程度较高以及市县能够有效治理的全省性教育、卫生计生、交通运输事务,省级可委托市县负责,以提高行政效率。省与市县按照事权划分相应承担和分担支出责任,逐步形成事权和支出责任相适应的制度。

二、主要内容

根据试点总体要求,自2016年起,逐项研究拟定省与市县教育、卫生计生、交通运输领域事权项目清单,合理确定分级事权划分方案。在此基础上,按照事权与支出责任相适应的原则,分别确定省与市县支出责任(具体划分清单见附件),为2020年全面完成省以下地方事权和支出责任划分改革积累经验、奠定基础。

(一)教育领域。

1.省级事权:省级教育行政管理机构运行和管理;省属普通高等教育、技师教育、成人教育、广播电视教育、干部教育及其他教育管理;全省义务教育阶段免费提供教科书等。

2.市县事权:市县级教育行政管理机构运行和管理;学前教育管理;义务教育管理;普通高中和中等职业教育(含技工教育)管理;市属高等教育、技师教育、成人教育、广播电视教育、干部教育及其他教育管理等。

3.省与市县共同事权:学前教育政府助学管理;义务教育学校日常公用经费(含免杂费)管理,义务教育家庭经济困难寄宿生生活补助;普通高中国家助学管理,中等职业教育(含技工教育)免学费、国家助学管理;高校毕业生基层就业学费助学贷款补偿管理等。

(二)卫生计生领域。

1.省级事权:省级卫生与计划生育行政管理机构运行和管理;省级公立医院运行和管理;省级专业公共卫生机构运行和管理;省级基本医疗保险基金收支缺口补助等。

2.市县事权:市县级卫生与计划生育行政管理机构运行和管理;市县级公立医院运行和管理;基层医疗卫生机构运行和管理,老年乡村医生生活补助;市县级专业公共卫生机构运行和管理;市县级基本医疗保险基金收支缺口补助等。

3. 省与市县共同事权：基层医疗卫生机构实施基本药物制度；村卫生室实施基本药物制度；基本公共卫生服务管理、重大公共卫生服务管理、突发公共卫生事件应急处理；居民基本医疗保险政府补助，基本医疗保险基金收支缺口补助；实施城乡医疗救助等。

（三）交通运输领域。

1. 省级事权：省级交通运输行政管理机构运行和管理；普通国道、省道日常养护等。

2. 市县事权：市县级交通运输行政管理机构运行和管理；普通国道、省道新建改线工程，普通国道、省道拓宽改造超出省定建设标准以外的工程；农村公路建设及日常养护；一般性内河航道建设维护；沿海港口航道、防波堤、锚地等公用基础设施建设；综合客运枢纽建设等。

3. 省与市县共同事权：普通国道、省道的大修、中修，普通国道、省道拓宽改造建设标准内的工程；京杭运河主航道和区域性重要航道、船闸建设维护等。

以上事权划分，将根据中央改革政策以及试点中发现的问题，及时进行调整、补充、完善。按照事权与支出责任相适应的原则，省级事权由省级全额承担支出责任，原则上通过省本级支出安排，省级直接组织实施；市县事权由市县承担支出责任，市县履行本级事权存在支出缺口的，省级可通过一般性转移支付给予支持；省与市县共同事权，在科学评价各级财政保障能力的基础上，逐项确定省与市县的支出分担责任。省级可通过安排转移支付，将部分省级事权委托市县承担。

三、组织实施

各级、各有关部门要充分认识推进教育、卫生计生、交通运输领域省与市县事权和支出责任划分改革试点的重要意义，以高度的责任感、使命感和改革创新精神，确保试点工作顺利推进。

（一）合理划分市县两级事权和支出责任。各市要在全省改革试点的统一制度框架内，结合本地区实际，本着有利于调动基层和相关部门积极性的原则，研究理顺市县两级教育、卫生计生、交通运输领域事权和支出责任划分。加快推进教育、卫生计生、交通运输领域政府购买社会服务改革，凡市场和社会组织能够自主解决的事项，要尽可能交由具备条件的社会组织、机构承担，推动公共服务提供主体多元化。省里将选择部分市，分别在教育、卫生计生、交通运输领域开展事权和支出责任划分试点改革跟踪督导，认真总结改革经验，解决改革中发现的问题，及时对相关领域事权和支出责任划分进行动态调整和优化，推动改革试点不断引向深入。

（二）全面落实分级支出保障责任。各级要对照教育、卫生计生、交通运输领域省与市县事权和支出责任划分清单，进一步优化财政支出结构，优先安排预算用于保障本级政府负责的事权支出项目，足额落实应承担的财政支出责任，确保本级承担的公共服务资金及时足额拨付到位，不断提高公共服务保障水平。要进一步完善转移支付制度，切实增强财政困难县保障能力，稳步推进教育、卫生计生、交通运输领域基本公共服务均等化。

（三）完善工作机制。各级、各有关部门要加强组织领导，明确部门职责分工，统筹各方力量，确保改革取得实效。财政、机构编制部门主要负责改革工作的总体设计、统筹协调和督促落实。教育、卫生计生、交通运输等主管部门要发挥部门主体责任，认真研究提出本部门事权和支出责任划分意见和依据，进一步理顺部门内部职责划分，实现本级事权的科学、清晰、高效配置和有效实施。对本方案事权项目清单中未列明的事权，各级、各有关部门可参照省里划分原则进行补充，并提出支出责任划分建议，及时向省财政厅、编办及省直有关部门报告。

附件：教育、卫生计生、交通运输领域省与市县事权和支出责任划分清单

附件：

教育、卫生计生、交通运输领域省与市县事权和支出责任划分清单

事权分类			事权划分	支出责任划分
一级事权	二级事权	三级事权		
教育	教育管理	行政运行	按隶属关系负责	省市县财政分别负担
		行政管理		
	学前教育管理	教师工资	市县负责	市县财政全额负担
		日常公用经费		
		师资培训		市县负担，省级负担骨干教师培训及全员远程培训
		园舍新建、改扩建、维修改造		市县负担，省级给予引导支持
		保教、生活设施设备购置		
		学前教育政府助学金	省市县共同负责	省市县财政按比例分担
	义务教育管理	教师工资	市县负责	市县财政全额负担
		日常公用经费（含免杂费）	省市县共同负责	省市县财政按比例分担
		师资培训	市县负责	市县负担，省级负担骨干教师培训及全员远程培训
		教师交流支教	市县负责	市县负担，跨市域、县域交流支教省级给予引导支持
		免除义务教育课本费	省级负责	省财政全额负担
		校舍新建、改扩建、维修改造	市县负责	市县负担，省级给予引导支持
		教学、生活设施设备购置	市县负责	市县负担，省级给予引导支持
		义务教育家庭经济困难寄宿生生活费补助	省市县共同负责	省市县财政按比例分担
	普通高中教育管理	教师工资	市县负责	市县财政全额负担
		日常公用经费		
		师资培训		市县负担，省级负担高中校长任职资格培训及全员远程培训
		校舍新建、改扩建、维修改造		市县财政全额负担
		教学、生活设施设备购置		
		普通高中国家助学金	省市县共同负责	省市县财政按比例分担
	中等职业教育（含技工教育）管理	教师工资	市县负责	市县财政全额负担
		日常公用经费		
		师资培训		市县负担，省级负担骨干教师培训
		学生实习实训		市县财政全额负担
		校企合作		市县负担，省级给予引导支持
		实训基地建设		
		专业建设		
		校舍新建、改扩建、维修改造		市县财政全额负担
		教学、生活设施设备购置		
		中等职业教育免学费、国家助学金	省市县共同负责	省市县财政按比例分担

续表

事权分类			事权划分	支出责任划分
一级事权	二级事权	三级事权		
教育	普通高等教育管理	教师工资	按隶属关系负责	省属学校省财政全额负担；市属学校市财政负担，省级给予引导支持
		日常公用经费		
		学科专业建设		
		教学实验平台建设		
		科研平台和专业能力实践基地建设		
		公共服务体系建设		
		人才培养和创新团队建设		
		学生实习实训		
		校企合作		
		师资培训		
		校舍新建、改扩建、维修改造		
		教学、生活设施设备购置		
		高校研究生国家助学金、学业奖学金		
		高校本专科生国家助学金、国家励志奖学金	按隶属关系负责	省属学校省财政全额负担，市属学校省市财政按比例分担
		高校国家助学贷款贴息及风险补偿金		
		高校毕业生基层就业学费助学贷款补偿	省市县共同负责	省市县财政按比例分担
	技师教育管理	人员经费、日常公用经费、项目经费	按隶属关系负责	省市县财政分别负担
	成人教育管理			
	广播电视教育管理			
	干部教育管理			
	其他教育管理			
卫生计生	医疗卫生与计划生育管理	行政运行	按隶属关系负责	省市县财政分别负担
		行政管理		
	公立医院运行和管理	综合医院	按隶属关系负责	省市县财政分别负担
		中医（民族）医院		
		传染病医院		
		职业病防治医院		
		精神病医院		
		妇产医院		
		儿童医院		
		其他专科医院		
		福利医院		
		行业医院		
		处理医疗欠费		

事权分类			事权划分	支出责任划分
一级事权	二级事权	三级事权		
卫生计生	基层医疗卫生机构运行和管理	基层医疗卫生机构实施基本药物制度	省市县共同负责	省市县财政按比例分担
		村卫生室实施基本药物制度		
		基层医疗卫生机构事业经费保障	市县负责	市县财政全额负担
		老年乡村医生生活补助		市县负担，省级对财政困难县给予补助
	专业公共卫生机构运行和管理	疾病预防控制机构	按隶属关系负责	省市县财政分别负担
		卫生监督机构		
		妇幼保健机构（妇幼健康和计划生育服务机构）		
		精神卫生机构		
		应急救治机构		
		采供血机构		
		其他专业公共卫生机构		
	公共卫生服务管理	基本公共卫生服务	省市县共同负责	省市县财政按比例分担
		重大公共卫生服务		
		突发公共卫生事件应急处理	按发生区域负责	省市县财政分别负担
	基本医疗保险	居民基本医疗保险政府补助	省市县共同负责，统筹地区承担	省市县财政按比例分担
		基本医疗保险基金收支缺口补助		省市县按统筹地区分别负担
	城乡医疗救助	城乡医疗救助	省市县共同负责	省市县财政分别分担
交通运输	交通运输管理	行政运行	按隶属关系负责	省市县财政分别负担
		行政管理		
	普通国道、省道	大修、中修	省市共建以省为主	临时工程、路面工程、桥梁工程，交叉工程（含互通式立体交叉、分离式立体交叉、通道、平面交叉范围内的大中桥梁、路面工程、交通安全设施）、交通工程及沿线设施，设备及工器具购置，工程监理、竣（交）工验收试验检测等属省级事权，由省财政负担；路基土石方工程，边坡防护，防护支挡工程，边沟和排水工程，土路肩的硬化，特殊路基处理，小桥涵工程，交通工程及沿线设施中的停车区及服务区管理养护附属工程，绿化、环保和景观设计工程，土地征用、拆迁补偿，以及前期准备、建设单位管理、设计文件审费、研究实验、专项评价、施工机构迁移、联合试运转、生产人员培训等其他工程属市县事权，由市县财政负担
		新建及改线工程	市县负责	市县负担，省级定额补助
		拓宽改造（标准内部分）①	同"大修、中修"	同"大修、中修"
		拓宽改造（标准外部分）	市县负责	市县财政全额负担
		日常养护	省级负责	省财政全额负担

续表

事权分类			事权划分	支出责任划分
一级事权	二级事权	三级事权		
交通运输	农村公路	建设	市县负责	市县负担，省级适当补助
		养护		
	内河航运	京杭运河主航道和区域性重要航道、船闸建设维护	省市县共同负责	内河水运主航道和区域性重要航道、船闸建设投资以省为主承担；建设土地征用、拆迁安置等其他费用由市县承担
		一般性航道和旅游客运航道及其附属设施建设	市县负责	市县负担，省级可适当补助
	沿海港口	沿海港口航道、防波堤、锚地等公用基础设施建设	市县负责	市县负担，省级可适当补助
	站场	综合客运枢纽建设	市县负责	市县负担，省级适当补助

注：①普通国道、省道拓宽改造建设标准是指，一级公路路基宽 24.5 米，路面宽 21 米，桥梁外侧宽 24.5 米；二级公路路基宽 12 米，路面宽 10 米，桥梁外侧宽 12 米。
②本表中省级承担的支出责任包括中央一般性转移支付资金。

山东省人民政府办公厅关于贯彻国办发〔2015〕36 号文件全面深化高等学校创新创业教育改革的实施意见

2016 年 4 月 5 日　鲁政办发〔2016〕13 号

各市人民政府，各县（市、区）人民政府，省政府各部门、各直属机构，各大企业，各高等院校：

为贯彻落实《国务院办公厅关于深化高等学校创新创业教育改革的实施意见》（国办发〔2015〕36 号），服务全省创新驱动发展战略和经济提质增效升级，经省政府同意，现就全面深化高等学校创新创业教育改革提出以下实施意见：

一、总体要求

（一）指导思想。全面贯彻党的教育方针，落实立德树人根本任务，坚持创新引领创业、创业带动就业，主动适应经济发展新常态，牢固树立创新创业教育理念，将深化高等学校创新创业教育改革作为大众创业、万众创新的重要环节，作为高等教育综合改革的有效突破口，作为大学生实现更高质量创业就业的有力保障，政府、高校、行业、企业及科研院所多方联动，师生员工全员参与，全面促进高等教育与科技、经济、社会深度融合，加快培养规模宏大、富有创新精神、勇于投身实践的创新创业人才队伍，进一步提升高等教育对经济社会发展贡献度，为建设经济文化强省提供强大人力资源支撑。

（二）基本原则。坚持问题导向、重点突破，分类施策、精准实施，凝聚力量、协同推进。面向全体，着力增强学生的创新精神、创业意识和创新创业能力，努力促进学生全面发展；面向全程，补齐培养短板，将创新创业教育融入人才培养全过程，融入教师的教育教学中，实现全员育人、全程育人；面向未来，将服务当前需求与培育未来生产力相结合，促进学生当前发展与终身发展相结合，构建有利于学生可持续发展的创新创业教育长效机制。

（三）任务目标。紧紧围绕高等教育综合改革、现代职业教育体系建设等重大教育战略，到 2017 年，形成一批可复制、可借鉴、可推广的制度成果，创新创业教育基本普及，实现新一轮大学生创业引领计划预期目标；到2020年，人才培养质量显著提升，学生创新创业能力明显增强，投身创业实践学生显著增加，基本形成科学先进、广泛认同、具有山东特色、走在全国前列的高校创新创业教育体系。

二、深化人才培养模式改革

（一）完善人才培养质量标准。2017年年底前，完成高职专业教学指导方案的制订工作。各高校要结合自身办学定位、服务面向和人才培养目标，依据本科专业类教学质量国家标准、高职高专专业教学标准和博士、硕士学位基本要求，参照相关部门、科研院所、行业企业制修订的专业人才评价标准和创新创业素质能力要求，制订本校本专科、研究生专业教学质量标准和课程标准，明确创新创业教育目标要求，将创新精神、创业意识和创新创业能力纳入人才培养质量标准。

（二）健全学科专业调整机制。从2016年起，建立高校毕业生就业和重点产业人才供需年度报告制度。根据经济社会发展变化和创新创业产业调整状况，完善学科专业预警、退出管理办法，定期公布全省高校专业限制性目录和预警目录，开展专业办学水平诊断与评价，并将诊断评价结果与招生计划、生均拨款等挂钩，支持优势、特色学科专业发展，限制饱和学科专业。尽快建立需求导向的学科专业结构和创业就业导向的人才培养类型结构调整新机制。

（三）构建协同育人机制。支持建立校企、校地、校校、校所以及国际合作的协同育人机制，鼓励共同制订人才培养方案、开展学科专业建设、开发开设课程。各单位要积极主动承担大学生参观学习、社会实践、毕业（顶岗）实习等，政府机关、国有企事业单位要率先履行责任，对符合条件的大学生可给予适当补助。推动高校尽快打通一级学科或专业类下相近学科专业的基础课程，开设跨学科专业的交叉课程，建立跨学校、跨院系、跨学科、跨专业，联合行业企业交叉培养创新创业人才的机制。

（四）健全创新创业教育课程体系。各高校要建立人才培养方案定期修订制度，科学合理设置创新创业必修课和选修课，纳入学分管理。从2016年起，各高校均要设置创新创业教育课程，面向全体学生分层分类开设研究方法、学科专业前沿等通识课程，开设体现行业特点、融入创新创业思维和方法的专业课程；对有创业意愿的学生开设创业指导及实训类课程；对已经开始创业实践的学生开展企业经营管理类职场指导与帮助。从2016年起，每年遴选认定创新创业方面的省级精品资源共享课。到2017年，全省基本建立起依次递进、有机衔接、科学合理、应对实战的创新创业教育专门课程群。

（五）改革教学方式和考核方式。广泛开展启发式、讨论式、参与式和项目化教学，培养学生的思辨性和创造性思维，激发创新创业灵感。教师要把最新学术发展、技术研发成果和创新实践经验融入课堂教学，实行线上线下相结合的混合式教学。高校要着力为学生量身定做个性化教学模式，积极采用面试、实践操作、论文、作品等多元化考核方式，试行非标准答案考试，注重考察学生学习过程和运用知识分析、解决问题的能力，促进结果考核向过程考核、知识考核向能力考核、单一考核方式向多元考核方式转变。

（六）加快推进学分制改革。2020年前，所有普通本科高校和大部分高职院校实行学分制教学管理。实施弹性学制，放宽学生修业年限至基本修业年限的2倍，允许学生根据需要与学校协商调整学业进程，保留学籍休学创新创业。对参与创新创业的学生，学校要支持其跨学科专业修读课程或转入相关专业学习。2016年年底前，各高校要建立创新创业学分积累与转换制度，将学生的创新实验、技术研发、发表论文、获得专利、竞赛成绩和自主创业等折算为创新创业学分，将学生参与课题研究、项目实验及研发等活动认定为课堂学习，建立创新创业档案和成绩单，客观记录并科学评价学生创新创业情况。

（七）完善创新创业竞赛机制。2016年，制定山东省高等学校创新创业竞赛项目实施办法，支持省级教学指导委员会、行业企业和高校多种形式举办各类专题竞赛，鼓励高校参加各类创新创业竞赛，并将参赛情况纳入高校评估体系。对优秀竞赛项目和获奖选手、指导教师等按规定给予奖励。深入实施大学生创新创业训练计划，进一步扩大项目覆盖面。实施"齐鲁创新创业雏鹰计划"，每年立项支持500个优秀大学生创新创业项目。

三、加强创新创业教育基础能力建设

（一）建设校内大学生创新创业教育基地。高校要充分整合校内场地资源，依托现有实验实训场所、科技园、孵化基地、学生活动中心等，盘活改造其他闲置场所，加强专业实验室、虚拟仿真实验室、创业实验室和训练中心建设，建设一批低成本、便利化、全要素、开放式的高校众创空间，全天候免费向师生开放，实现创新与创业相结合、线上与线下相结合、孵化与投资相结合。从 2016 年起，允许学校资本、设备参与创投，除以资产盈利为主要目的的合作项目外，以校企合作育人为主要目的的学校资产利用，可不经过政府公共资源交易平台，直接采取议标形式确定合作对象和合同条款。"十三五"期间，在全省高校重点支持建设 20 个左右省级开放式资源共享的大型实验教学中心、100 个左右省级大学生创新创业教育示范中心。

（二）建立综合性大学生创新创业实践平台。从 2016 年起，各地各有关部门要充分利用大学科技园、科技企业孵化器、高新技术产业开发区、经济技术开发区、工业园、城市配套商业设施、闲置办公及厂房等资源，建设大学生创业孵化基地和创新创业园，同时鼓励社会资本参与或独立投资建设大学生创新创业园。鼓励高校新建、改建、与地方共建或吸引社会资本参与投资建设综合性大学生创新创业平台，对省级大学生创业孵化示范基地和示范园区给予一次性奖补。支持在校大学生、应届毕业和毕业未满 5 年的毕业生入驻大学生创新创业园，对符合条件的学生给予经营场所租金补贴。支持符合市场经营主体登记条件的在校大学生，依法申请办理营业执照注册登记手续，并对其享受相关优惠政策给予指导。支持各地各有关部门将科技创新资源向在校大学生免费开放，并将开放情况纳入各类研究基地、重点实验室、科技园评估标准。

（三）配齐配强创新创业教育教师队伍。重点加强校外兼职教师队伍建设，落实高等学校兼职教师招聘及经费补助政策，以及科研人员在企业与高校之间、高校与高校之间流动的社会保险关系转移接续办法，支持高校自主选聘知名专家、创业成功者、企业家、风险投资人、技能大师等各行各业优秀人才到高校兼任创新创业导师，兼职教师不纳入编制实名制管理。2016 年，组建全省高校创新创业导师库。各高校要细化新进教师公开招聘岗位资格条件，将行业企业任职或兼职经历作为招聘相关专业教师和创业导师的必要条件。完善高校教师培训体系，从 2016 年起，每年培训 300 名以上创新创业教育骨干教师；高校要建立面向全体教师的创新创业教育全员培训制度，并积极选派教师参加行业企业培训。建立校内创业导师到行业企业挂职制度，所有校内专兼职创业导师均应具有 1 年以上行业企业工作经验或自主创业经验。

（四）建立健全教师创新创业激励机制。2016 年，各高校要出台指导意见，建立健全高校创新创业教育和就业指导专职教师专业技术职务晋升机制。加强教师创新创业执教能力考核，以学生创新创业能力提升为主要标志，将创新创业教育业绩纳入教师专业技术职务评聘和绩效考核，对业绩突出的教师，学校可单定政策、单设指标、单列经费，重点激励支持。完善教师工作成果认定办法，将教学成果与科研成果同等对待，将创新创业教育成果与专业领域业绩成果同等对待。落实高校科技成果"三权"下放及成果转化收益比例、股权激励、绩效激励等政策，鼓励教师带领学生在职创新创业。从 2016 年起，每年选拔认定创新创业教育教学名师。

四、完善创新创业教育政策保障及服务体系

（一）建立健全工作机制。发挥山东省教育发展和体制改革领导小组的统筹协调作用，共同做好高校创新创业教育改革工作，省教育行政部门联合有关部门成立高校创新创业教育专家指导委员会，开展研究、咨询、指导、服务等工作。发挥山东省高校毕业生就业工作联席会议作用，省人力资源社会保障部门联合有关部门定期分析大学毕业生就业创业形势，加强对毕业生的就业创业指导服务，推动更多大学生实现更高质量就业创业。各高校要落实主体责任，成立由校长任组长、分管校领导任副组长、有关部门负责人参

加的领导小组，并明确创新创业教育具体管理机构。具备条件的高校可成立创新创业学院，创新创业学院采取灵活的组织制度和运行模式，一般由分管校领导兼任院长，相关部门主要负责人及利益相关方参与，可依托学校行政部门、二级学院、大学科技园（创业园）、大学生创业孵化基地、大学生创业园等设置，学校在制度、人员、经费、场地等方面予以保障。2018 年前，在全省支持建设 30 所左右省级示范性创新创业教育高等学校。各高校要制定创新创业教育改革实施方案，一校一策，并于 2016 年 5 月底前报省教育厅及行业主管部门备案后向社会公布，同时抄送省人力资源社会保障厅。

（二）拓宽资金支持渠道。各级、各有关部门要整合财政和社会资金，支持大学生创新创业活动。省财政安排资金，支持实施"山东高校创新创业教育能力提升行动计划"。继续统筹实施"大学生创业引领计划"。各高校要优化经费支出结构，多渠道统筹并安排资金，支持创新创业教育改革，并设立创新创业奖学金。从 2016 年起，山东省教育基金会通过向社会各界募集资金，支持设立山东省大学生创新创业教育奖励基金。鼓励社会组织、公益团体、企事业单位和个人设立大学生创业风险投资基金，以多种形式向自主创业大学生提供资金支持，优先支持风投资金进入大学生创新创业领域，或为大学生建设创新创业项目库。完善小微企业名录系统，将大学生创业形成的市场主体纳入小微企业名录，推进小微企业优惠政策及扶持资金落到实处。

（三）优化服务指导体系。相关部门及高校要梳理并汇编有利于大学生创新创业的工商、融资、税收等方面优惠政策，通过在各种媒体开设专栏、政策宣讲、微信推送、举办论坛沙龙、发放明白纸等途径和方式，立体化、全方位向高校师生发布、解读相关政策。各级公共就业（人才）服务机构、就业创业指导中心、法律援助中心（工作站）等社会服务机构，将创业大学生的人事代理、档案保管、职称评定、社会保险办理和接续、权益保障和法律咨询等纳入服务范围。研发适合学生的创新创业网络教育课程。建立在校和离校学生就业创业信息跟踪系统。2016 年，建立全省创新创业教育服务网络信息平台。

（四）营造良好工作氛围。要将创新创业教育质量作为衡量高校办学水平、考核领导班子的重要内容，纳入高校教育教学评估和学科专业评估指标体系，列入本专科、研究生教学质量年度报告和毕业生就业质量年度报告，逐步引入第三方评估。要大力宣传加强高校创新创业教育的必要性、紧迫性、重要性，及时总结、推广、宣传高校创新创业教育改革先进典型和经验，在相关评优评先活动中加大对创新创业优秀师生的倾斜力度，营造敢为人先、敢冒风险、宽容失败、重奖成功的良好氛围和环境，使创新创业成为管理者办学、教师教学、学生求学的理性认知与行动自觉。

附件：重点任务分工及进度安排表

附件：

重点任务分工及进度安排表

序号	工作任务	负责单位	时间进度
1	各高校制订本校本专科、研究生专业教学质量标准和课程标准，明确创新创业教育目标要求，将创新精神、创业意识和创新创业能力纳入人才培养质量标准。	各高等学校	按年度组织实施
2	建立高校毕业生就业和重点产业人才供需年度报告制度。	省人力资源社会保障厅、省教育厅、省发展改革委、省经济和信息化委	按年度组织实施
3	定期公布全省高校专业限制性目录和预警目录，开展专业办学水平诊断和评价，并将诊断评价结果与招生计划、生均拨款等挂钩。	省教育厅、省财政厅、省发展改革委等有关部门	按年度组织实施
4	各单位要积极主动承担大学生参观学习、社会实践、毕业（顶岗）实习等，政府机关、国有企事业单位要率先履行责任，对符合条件的大学生可给予适当补助。	省经济和信息化委、省科技厅、省国资委、省教育厅、省人力资源社会保障厅等有关部门	按年度组织实施

续表

序号	工作任务	负责单位	时间进度
5	推动高校尽快打通一级学科或专业类下相近学科专业的基础课程，开设跨学科专业的交叉课程，建立跨学校、跨院系、跨学科、跨专业，联合行业企业交叉培养创新创业人才的机制。	省教育厅、省经济和信息化委	2016 年
6	健全创新创业教育课程体系，改革教学方式和考核方式。2020 年前，所有普通本科高校和大部分高职院校实行学分制教学管理。实施弹性学制，允许学生根据需要与学校协商调整学业进程，保留学籍休学创新创业。对参与创新创业的学生，学校要支持其跨学科专业修读课程或转入相关专业学习。2016 年年底前，各高校要建立创新创业学分积累与转换制度。	省教育厅，各高等学校	按年度组织实施
7	制定山东省高等学校创新创业竞赛项目实施办法。深入实施大学生创新创业训练计划，进一步扩大项目覆盖面。实施"齐鲁创新创业雏鹰计划"，每年立项支持 500 个优秀大学生创新创业项目。	省教育厅、省人力资源社会保障厅、省经济和信息化委、省科技厅、省金融办等有关部门	2016 年
8	建设校内大学生创新创业教育基地。高校要充分整合和依托校内场地资源，建设一批低成本、便利化、全要素、开放式的高校众创空间。"十三五"期间，在全省高校重点建设 20 个左右省级开放式资源共享的大型实践教学中心、100 个左右省级大学生创新创业教育基地。	省教育厅、省人力资源社会保障厅、省发展改革委、省经济和信息化委、省科技厅、省国资委，各市人民政府	按年度组织实施
9	建立综合性大学生创新创业实践平台。从 2016 年起，各地各有关部门要充分利用大学科技园、科技企业孵化器、高新技术产业开发区、经济技术开发区、工业园、城市配套商业设施、闲置办公及厂房等资源，建设大学生创业孵化基地和创新创业园，同时鼓励社会资本参与或独立投资建设大学生创新创业园。鼓励高校新建、改建、与地方共建或吸引社会资本参与投资建设综合性大学生创新创业平台，对省级大学生创业孵化示范基地和示范园区给予一次性奖补。	省人力资源社会保障厅、省教育厅、省发展改革委、省经济和信息化委、省科技厅等有关部门，各市人民政府	按年度组织实施
10	支持符合市场经营主体登记条件的在校大学生，依法申请办理营业执照注册登记手续，并对其享受相关优惠政策给予指导。支持各地各有关部门将科技创新资源向在校大学生免费开放，并将开放情况纳入各类研究基地、重点实验室、科技园评估标准。	省工商局、省科技厅、省教育厅	
11	重点加强校外兼职教师队伍建设，落实高等学校兼职教师招聘及经费补助政策，以及科研人员在企业与高校之间、高校与高校之间流动的社会保险关系转移接续办法，支持高校自主选聘知名专家、创业成功者、企业家、风险投资人、技能大师等各行各业优秀人才到高校兼任创新创业导师，兼职教师不纳入编制实名制管理。	省编办、省教育厅、省经济和信息化委、省人力资源社会保障厅	2016 年
12	组建全省高校创新创业导师库。	省教育厅、省人力资源社会保障厅、省经济和信息化委	2016 年
13	各高等学校要细化新进教师公开招聘岗位资格条件，将行业企业任职或兼职经历作为招聘相关专业教师和创业导师的必要条件。	各高等学校	2016 年
14	完善高校教师培训体系，从 2016 年起，每年培训 300 名以上创新创业教育骨干教师；高校要建立面向全体教师的创新创业教育全员培训制度，并积极选派教师参加行业企业培训。	省教育厅、省经济和信息化委、省人力资源社会保障厅等有关部门，各高等学校	按年度组织实施
15	建立校内创业导师到行业企业挂职制度，所有校内专兼职创业导师均应具有 1 年以上行业企业工作经验或自主创业经验。	省经济和信息化委、省教育厅、各高等学校	按年度组织实施
16	2016 年，各高校要出台指导意见，建立健全高校创新创业就业教育和就业指导专职教师专业技术职务晋升机制。	各高校	2016 年
17	将创新创业教育业绩纳入教师专业技术职务评聘和绩效考核，对业绩突出的教师，学校可单定政策、单设指标、单列经费，重点激励支持。	省人力资源社会保障厅、省教育厅、省经济和信息化委、省科技厅，各市人民政府，各高校	按年度组织实施

序号	工作任务	负责单位	时间进度
18	落实高校科技成果"三权"下放及成果转化收益比例、股权激励、绩效激励等政策，鼓励带领学生在职创新创业。	省财政厅、省教育厅、省科技厅、省人力资源社会保障厅等有关部门，各高校	按年度组织实施
19	省教育行政部门联合有关部门成立高校创新创业教育专家指导委员会，开展创新创业研究、咨询、指导、服务等工作。	省教育厅等有关部门	2016 年
20	各高校要落实主体责任，成立由校长任组长、分管校长任副组长、有关部门负责人参加的领导小组，并明确创新创业教育具体管理机构。具备条件的高校可成立创新创业学院，创新创业学院采取灵活的组织制度和运行模式，一般由分管校长兼任院长，相关部门主要负责人及利益相关方参与，可依托学校行政部门、二级学院、大学科技园（创业园）、大学生创业孵化基地、大学生创业园等设置，学校在制度、人员、经费、场地等方面予以保障。	各高校	2016 年
21	2018 年前，在全省支持建设 30 个左右省级示范性创新创业教育高等学校。	省教育厅等有关部门，各高校	2018 年
22	各高校要制定创新创业教育改革实施方案，一校一策，并于 2016 年 5 月底前报省教育厅及行业主管部门备案后向社会公布，同时抄送省人力资源社会保障厅。	省教育厅及行业主管部门，各高校	2016 年 5 月底
23	各级、各有关部门要整合财政和社会资金，支持大学生创新创业活动。省财政安排资金，支持实施"山东高校创新创业教育能力提升行动计划"。继续统筹实施"大学生创业引领计划"。	省财政厅、省发展改革委、省教育厅、省人力资源社会保障厅，各市人民政府	2016 年
24	各高校要优化经费支出结构，多渠道统筹并安排资金，支持创新创业教育改革，并设立创新创业奖学金。	各高校	2016 年
25	从 2016 年起，山东省教育基金会通过向社会各界募集资金，支持设立山东省大学生创新创业教育奖励基金。鼓励社会组织、公益团体、企事业单位和个人设立大学生创业风险投资基金，以多种形式向自主创业大学生提供资金支持，优先支持风投资金进入大学生创新创业领域，或为大学生建设创新创业项目库。完善小微企业名录系统，将大学生创业形成的市场主体纳入小微企业名录，推进小微企业优惠政策及扶持资金落到实处。	省教育厅、省工商局、省民政厅、省人力资源社会保障厅等有关部门，各高校	2016 年
26	相关部门及高校要梳理并汇编有利于大学生创新创业的工商、融资、税收等方面优惠政策，通过在各种媒体开设专栏、政策宣讲、微信推送、举办论坛沙龙、发放明白纸等多种途径和方式，立体化、全方位向高校师生发布、解读相关政策。	省人力资源社会保障厅、省教育厅等相关部门按照各自职责推进，各高校	按年度组织实施
27	各级公共就业（人才）服务机构、就业创业指导中心、法律援助中心（工作站）等专业公共社会服务机构，将创业大学生的人事代理、档案保管、职称评定、社会保险办理和接续、权益保障和法律咨询等纳入服务范围。	省人力资源社会保障厅、省教育厅、省公安厅、省司法厅、团省委，各市人民政府，各高校	按年度组织实施
28	要将创新创业教育质量作为衡量高校办学水平、考核领导班子的重要内容，纳入高校教育教学评估和学科专业评估指标体系，列入本专科、研究生教学质量年度报告和毕业生就业质量年度报告，逐步引入第三方评估。	省教育厅、省人力资源社会保障厅等相关部门	2016 年

省财政厅　省教育厅关于免除普通高中建档立卡
家庭经济困难学生学杂费的意见

2016 年 9 月 28 日　鲁财教〔2016〕53 号

各市人民政府，省政府有关部门、有关直属机构：

按照《财政部教育部关于免除普通高中建档立卡家庭经济困难学生学杂费的意见》（财教〔2016〕292号）、《中共山东省委山东省人民政府关于贯彻落实中央扶贫开发工作部署坚决打赢脱贫攻坚战的意见》（鲁发〔2015〕22号）等要求，经省政府同意，从 2016 年春季学期起，我省免除普通高中建档立卡家庭经济困难学生学杂费。现就有关工作提出如下意见：

一、主要内容

（一）免学杂费对象

免学杂费对象为普通高中建档立卡等家庭经济困难学生（含非建档立卡的家庭经济困难残疾学生、农村低保家庭学生、农村特困救助供养学生）。其中，建档立卡家庭经济困难学生是指符合国务院扶贫办发布的《扶贫开发建档立卡工作方案》相关规定，在全国扶贫开发信息系统中建立电子信息档案，持有《扶贫手册》的普通高中学生。各市免学杂费学生人数由各市根据全国中小学生学籍信息管理系统和全国扶贫开发信息系统有关数据确定。

（二）免学杂费标准

免学杂费标准按照各市人民政府及其价格、财政主管部门批准的普通高中学费标准执行（不含住宿费）。

（三）财政补助方式

对公办学校，因免学杂费导致学校收入减少的部分，由财政按照免学杂费学生人数和免学杂费标准补助学校，以保证学校正常运转。

对民办学校，按照享受免学杂费政策学生人数和当地同类型公办学校免学杂费标准予以补助。其中，民办学校学杂费标准高于当地同类型公办学校学费标准的部分，学校可以按规定继续向学生收取。

（四）补助资金分担办法

按照财政部、教育部要求，结合我省 2016 年 3 月印发的《山东省教育厅　山东省财政厅关于加强建档立卡农村家庭经济困难学生资助工作的通知》（鲁教财字〔2016〕1号），2016 年免学杂费所需资金，由市、县（市、区）财政负责落实，省财政结合中央补助资金，根据各地免学杂费资金需求情况和财力状况等给予奖补。

自 2017 年春季学期起，免学杂费补助资金由中央、省、市、县级财政按比例分担，省财政对各市（省财政直接管理县）分担办法参照城乡义务教育经费保障机制政策执行。省财政逐市、逐县（市、区）核定免学杂费财政补助标准，原则上三年核定一次。各市应充分考虑本行政区域内普通高中学杂费收费标准、已实施免学杂费政策补助标准等因素，合理确定免学杂费财政补助标准，并报省财政厅、教育厅核定。

（五）2016 年补助资金拨付时间

各市、县（市、区）要按照中央和省文件要求，足额安排资金，严格落实免除学杂费政策。为保证普通高中正常运转，避免因免收或退费造成学校出现资金缺口，各地财政部门要按照特事特办的原则，采取有力措施，务必于 2016 年 9 月 30 日前将免学杂费补助资金拨付到普通高中。各地春季学期免学杂费补助资金尚未拨付到位的，务必一并落实。各地教育部门应在免学杂费补助资金下达后，尽快组织学校启动相关学杂费免收或退还工作。

（六）学杂费免收及退还

从 2016 年春季学期起，不得向符合免学杂费条件的普通高中学生收取学杂费。已收取学杂费的普通高中，应及时向学生退还已缴纳的 2016 年春季、秋季学期学杂费（不含住宿费）。学杂费退还工作应于 2016 年 10 月底前完成。

各地普通高中免学杂费政策范围宽于或标准高于本意见要求的，可继续执行。

二、工作要求

（一）加强组织领导，强化统筹协调。各市要发挥统筹指导作用，结合精准扶贫、精准脱贫的要求，制定切实可行的实施方案，逐县（市、区）确定免学杂费标准，督促县（市、区）落实应承担资金，确保政策落实到位。省政府有关部门要发挥职能作用，加强工作指导和协调。

（二）规范收费行为，强化基础管理。各公办普通高中不得因免学杂费而提高其他收费标准或擅立收费项目。各地要按照《民办教育促进法》及其实施条例的要求，进一步规范民办普通高中各项收费的管理。各级教育行政管理部门要加强普通高中基础信息管理工作，完善全国中小学学生学籍信息管理系统，做好与民政部门、扶贫办公室、残疾人联合会相关数据对接工作。普通高中要安排专人，做好免学杂费对象认定工作，保证学生基本信息真实准确。

（三）落实经费责任，强化资金管理。各级财政、教育部门要统筹安排上级补助资金和本级应承担的资金，并确保及时足额拨付到位。加强普通高中预算管理，细化预算编制，严格预算执行，强化预算监督。加强学校财务资产管理等基础性工作，规范会计核算，严格按规定范围和标准支出，确保免学杂费资金使用安全、规范和有效。

（四）推进信息公开，强化监督检查。各地要采取多种形式加强政策宣传解读，使相关学生及时了解受助权利，营造良好的社会氛围。要加强监督检查和信息公开工作，按规定公布政策落实情况，并接受社会监督。对于虚报学生人数、骗取补助资金等行为，将按照《财政违法行为处罚处分条例》等有关规定严肃处理，并追究相关学校领导的责任。

省财政厅 省教育厅关于印发《山东省校园足球发展资金管理办法》的通知

2016 年 11 月 25 日 鲁财教〔2016〕65 号

各市财政局、教育局，山东体育学院：

为贯彻落实《教育部等 6 部门关于加快发展青少年校园足球的实施意见》（教体艺〔2015〕6 号）、《山东省教育厅等 6 部门关于加快发展青少年校园足球的实施意见》（鲁教体发〔2015〕2 号），促进校园足球运动健康发展，自 2016 年起，省财政设立校园足球发展资金。为加强资金管理，我们研究制定了《山东省校园足球发展资金管理办法》，现印发给你们，请遵照执行。

附件：山东省校园足球发展资金管理办法

附件：

山东省校园足球发展资金管理办法

第一章 总 则

第一条 为改善全省中小学校园足球训练条件，促进校园足球运动健康发展，省财政设立校园足球发展资金（以下简称"校园足球资金"），支持 16 个市级校园足球训练营和山东体育学院日照校区、临沂市青少年综合性实践基地 2 个省级训练营运转。为规范和加强校园足球资金管理，提高资金使用效益，根据有关法律法规和国家相关管理制度，制定本办法。

第二条 校园足球资金实行因素法分配。

第三条 校园足球资金用于参加训练营活动的学生、教师、专家和专业团队的食宿、培训及办公费用。

第二章 资金分配

第四条 省财政厅、省教育厅根据各市学生规模、县（市、区）数量等因素，核定各市级校园足球训练营资金金额；根据承担的训练、比赛和培训任务规模等因素，核定各省级校园足球训练营资金金额。

第五条 每年在省人民代表大会批准省级预算后 30 日内，省财政厅、省教育厅将校园足球资金预算下达各市和山东体育学院。

第三章 资金使用

第六条 校园足球资金用于训练营的以下支出：

（一）参训学生、教师的食宿费用，人身意外伤害保险费用；

（二）聘请专家和专业团队的食宿费用、劳动报酬；

（三）购置训练、比赛、教学等必要的器材、图书、设施、设备；

（四）日常运行管理费。训练营运行中发生的办公费、印刷费、水电费、会议费、差旅费、岗位补助等。

第七条 校园足球资金不得抵顶地方应承担的公用经费；不得用于偿还债务、支付工程欠款。

第四章 资金监督管理

第八条 校园足球资金须严格按照财政国库管理制度的有关规定拨付，实行单独核算，专款专用。

第九条 对应纳入政府采购范围的货物、工程和服务，应当按照《中华人民共和国政府采购法》等有关法律制度规定，建立规范的招投标机制和相应的责任机制，严格执行政府采购程序规范。

第十条 校园足球资金原则上应于当年形成支出，如有结余结转，要严格按照省财政厅有关财政拨款结余结转资金管理的规定执行。

第十一条 使用校园足球资金形成的固定资产，均属于国有资产，应及时纳入训练营所属单位资产进行统一管理，认真维护。

第十二条 各市财政、教育部门应加强对校园足球资金的管理，确保专款专用。省财政厅、省教育厅将依据有关规定，不定期对资金管理使用情况进行监督检查。资金的使用和管理须接受审计部门和社会监督。

第十三条　各市财政、教育部门应制定校园足球发展资金绩效评价办法，认真开展总结和自评，并于每年年底前将校园足球资金预算执行、资金使用效益、资金管理等情况以正式文件报省财政厅、省教育厅。省财政厅、省教育厅将根据各市工作进展情况，适时开展校园足球发展资金管理使用绩效评价，绩效评价结果作为省级分配资金的重要因素。

第十四条　对违反本办法规定，有下列行为之一的，省财政厅将扣回已经下拨的资金，并按照《预算法》《财政违法行为处罚处分条例》等有关规定给予严肃处理：

（一）弄虚作假骗取资金的；

（二）挤占、截留、挪用资金的；

（三）违反规定擅自改变资金用途的。

第五章　附　　则

第十五条　本办法由省财政厅、省教育厅负责解释。

第十六条　本办法自 2016 年 12 月 31 日起施行，有效期至 2020 年 12 月 31 日。

省财政厅　省教育厅关于印发《山东省高水平应用型大学建设奖补资金管理办法》的通知

2016 年 12 月 7 日　鲁财教〔2016〕74 号

有关高等学校：

为贯彻落实《省委办公厅、省政府办公厅关于推进高等教育综合改革的意见》（鲁办发〔2016〕19号），支持应用型大学建设，"十三五"期间，省财政设立高水平应用型大学建设奖补资金。为加强资金管理，我们研究制定了《山东省高水平应用型大学建设奖补资金管理办法》，现印发给你们，请遵照执行。

附件：山东省高水平应用型大学建设奖补资金管理办法

附件：

山东省高水平应用型大学建设奖补资金管理办法

第一章　总　　则

第一条　为贯彻落实《省委办公厅、省政府办公厅关于推进高等教育综合改革的意见》（鲁办发〔2016〕19 号）、《省教育厅、省财政厅关于印发推进高水平应用型大学建设实施方案的通知》（鲁教高字〔2016〕8 号，以下简称《实施方案》）等文件精神，"十三五"期间，省财政设立高水平应用型大学建设奖补资金（以下简称"奖补资金"）。为加强资金管理，制定本办法。

第二条　"十三五"期间，我省推进高水平应用型大学建设，引导、支持高校以高素质应用型人才培养为目标、以专业建设为着力点，强化学校特色，提高人才培养质量，增强服务经济社会发展能力，推动一批专业和若干大学向高水平应用型方向转型发展，努力进入全国前列。

第三条　对经认定立项建设的应用型重点专业（群）和培育专业（群），根据规划分年度拨付支持经费；对立项建设的应用型大学，根据规划安排支持经费。

第二章　立项认定和资金下达

第四条　有条件的高校按照《实施方案》要求，提出应用型专业认定申请；在取得一定成效基础上，提出高水平应用型大学认定申请。

第五条　按照《实施方案》确定的条件，省教育厅组织专家对学校申请进行审核认定，符合相应条件的专业可分别认定为应用型重点专业、培育专业；符合条件的高校可认定为高水平应用型大学。

第六条　省财政厅根据省教育厅公布的立项建设专业和高校名单，按相应标准下达高水平应用型大学建设奖补资金。年度奖补资金，具备条件的纳入高校年初部门预算批复，奖补标准根据年度预算规模确定。

第三章　资 金 使 用

第七条　奖补资金用于立项建设应用型专业和大学的以下支出：

（一）专业建设费。包括专业人才培养方案修订、课程与课程群建设、共享专业教学资源库建设等方面的支出。

（二）师资建设费。包括教师教学能力提升、教学团队建设、聘用实践教学兼职教师、选送教师接受实践教学培训锻炼、专业教师进修访学培训等方面的支出。

（三）人才培养费。包括提升学生创新创业能力，支持学生实践实训活动等方面的支出。

（四）基础条件建设费。包括教学条件装备、实验材料购置和实践实训基地、实验教学中心、虚拟仿真教学中心等平台建设，及教研科研实验室建设与改造费用等方面的支出。

（五）教研科研活动费。包括为开展教学研究和提升专业建设水平而开展的科研工作、教研科研课题论证、协作研究、成果出版发表以及推广应用等方面的支出。

（六）合作交流费。包括应用型专业成员参加国际国内学术会议、专题研讨会以及开展合作研究、邀请国际国内相关专家对专业建设进行咨询、指导等方面的支出。

（七）日常费用。包括开展上述工作发生的会议费、差旅费、岗位补助等。

第四章　资金监督管理

第八条　奖补资金必须严格按照财政国库管理制度有关规定拨付，实行单独核算，专款专用。立项建设高校要制定完善经费管理制度，健全内部控制机制，确保经费规范、合理、有效使用。

第九条　对应纳入政府采购范围的货物、工程和服务，应当按照《中华人民共和国政府采购法》等有关法律制度规定，建立规范的招投标制度和相应的责任机制，严格执行政府采购程序。

第十条　奖补资金原则上应于当年形成支出，如有结余结转，要严格按照省财政厅有关财政拨款结余结转资金管理规定执行。

第十一条　使用奖补资金形成的固定资产，均属于国有资产，应及时纳入高校资产进行统一管理，认真维护，共享共用。

第十二条　立项建设高校应制定奖补资金绩效评价办法，认真开展总结和自评，并于每年年底前将奖补资金预算执行、资金使用效益、资金管理等情况以正式文件报省财政厅、省教育厅。省财政厅、省教育厅将适时开展奖补资金管理使用绩效评价，对执行效果不佳或未实现预期目标的，责成高校予以整改；整改不力的，视情节轻重减拨、停拨或扣回奖补资金。

第十三条 立项建设高校要严格执行国家和省有关财经法律法规。省财政厅、省教育厅将不定期对奖补资金管理使用情况进行监督检查。对违反本办法规定，有下列行为之一的，省财政厅将扣回已经下拨的资金，并按照《预算法》《财政违法行为处罚处分条例》等有关规定给予严肃处理：

（一）弄虚作假骗取资金的；

（二）挤占、截留、挪用资金的；

（三）违反规定擅自改变资金用途的。

第五章　附　　则

第十四条 本办法由省财政厅、省教育厅负责解释。

第十五条 本办法自 2017 年 2 月 1 日起施行，有效期至 2020 年 12 月 31 日。

省财政厅　省教育厅关于印发《山东省一流大学和一流学科建设奖补资金管理办法》的通知

2016 年 12 月 13 日　鲁财教〔2016〕77 号

有关高等学校：

为贯彻落实《省委办公厅、省政府办公厅关于推进高等教育综合改革的意见》（鲁办发〔2016〕19 号），支持一流大学和一流学科建设，"十三五"期间，省财政设立一流大学和一流学科建设奖补资金。为加强资金管理，我们研究制定了《山东省一流大学和一流学科建设奖补资金管理办法》，现印发给你们，请遵照执行。

附件：山东省一流大学和一流学科建设奖补资金管理办法

附件：

山东省一流大学和一流学科建设奖补资金管理办法

第一章　总　　则

第一条 为贯彻落实《省委办公厅、省政府办公厅关于推进高等教育综合改革的意见》（鲁办发〔2016〕19 号）、我省《推进一流大学和一流学科建设方案》（以下简称《建设方案》）等文件精神，"十三五"期间，省财政设立一流大学和一流学科建设奖补资金（以下简称奖补资金）。为加强资金管理，制定本办法。

第二条 "十三五"期间，我省推进一流大学和一流学科建设，以学科建设为着力点，支持高水平学科保持领先水平、争创一流，推动若干所大学达到国际知名、国内领先，增强我省高等学校的综合实力和学科竞争力，带动我省高等教育持续健康快速发展。

第三条 对经认定立项建设的一流学科，根据规划分年度拨付支持经费；对立项建设的一流大学，根据规划安排支持经费。

第二章 立项认定和资金下达

第四条 有条件的高校按照《建设方案》要求，明确办学定位，集聚资源优势，提出一流学科立项申请；在取得一定成效基础上，提出一流大学认定申请。

第五条 按照《建设方案》确定的条件，省教育厅组织专家对学校申请进行审核认定，符合相应条件的学科可认定为一流学科立项建设学科；符合条件的高校可认定为一流大学立项建设单位。

第六条 省财政厅根据省教育厅公布的立项建设学科和高校名单，按相应标准下达建设奖补资金。年度奖补资金，具备条件的纳入高校年初部门预算批复，奖补标准根据年度预算规模确定。

第三章 资 金 使 用

第七条 奖补资金用于一流学科和一流大学的以下支出：

（一）学科平台条件建设费。包括学科建设所必需的实验室等学科平台的建设改造，教学科研仪器设备、图书资料、数据库、信息化设备购置等方面的支出。

（二）学科梯队建设费。包括国内外领军人物和创新团队人才引进、学术带头人培养及青年学术骨干的培养培训等方面的支出。

（三）科研活动费。包括为提升学科建设水平而开展的科学研究、成果出版发表及推广应用等方面的支出。

（四）人才培养费。包括提升学生特别是研究生的创新研究意识、研究能力等方面的支出。

（五）学术交流合作费。包括举办、参加高层次国际性和全国性学术会议及邀请国内外知名学者讲学等方面的支出。

（六）日常费用。包括开展上述工作所发生的会议费、差旅费、岗位补助等方面的支出。

第四章 资金监督管理

第八条 奖补资金必须严格按照财政国库管理制度的有关规定拨付，实行单独核算、专款专用。立项建设高校要制定完善经费管理制度，健全内部控制机制，确保经费规范、合理、有效使用。

第九条 对应纳入政府采购范围的货物、工程和服务，应当按照《中华人民共和国政府采购法》等有关法律制度规定，建立规范的招投标机制和相应的责任机制，严格执行政府采购程序。

第十条 奖补资金原则上应于当年形成支出，如有结余结转，要严格按照省财政厅有关财政拨款结余结转资金管理规定执行。

第十一条 使用奖补资金形成的固定资产，均属于国有资产，应及时纳入高校资产进行统一管理，认真维护，共享共用。

第十二条 立项建设高校应制定奖补资金绩效评价办法，认真开展总结和自评，并于每年年底前将奖补资金预算执行、资金使用效益、资金管理等情况以正式文件报省财政厅、省教育厅。省财政厅、省教育厅将适时开展奖补资金管理使用绩效评价，对执行效果不佳或无法实现预期目标的，责成高校予以整改。整改不力的，视情节轻重减拨、停拨或扣回奖补资金。

第十三条 立项建设高校要严格执行国家和省有关财经法律法规。省财政厅、省教育厅将不定期对奖补资金管理使用情况进行监督检查。对违反本办法规定，有下列行为之一的，省财政厅将扣回已经下拨的资金，并按照《预算法》《财政违法行为处罚处分条例》等有关规定给予严肃处理：

（一）弄虚作假骗取资金的；

（二）挤占、截留、挪用资金的；

（三）违反规定擅自改变资金用途的。

第五章　附　　则

第十四条　本办法由省财政厅、省教育厅负责解释。

第十五条　本办法自 2017 年 2 月 1 日起施行，有效期至 2020 年 12 月 31 日。

省财政厅　省教育厅　省民政厅　省文化厅　省卫生和计划生育委员会　省体育局关于继续对民办教育、文化、卫生、体育、养老新上项目实行贷款贴息的通知

2016 年 3 月 28 日　鲁财办〔2016〕15 号

各市财政局、教育局、民政局、文化广电新闻出版局、卫生计生委、体育局：

为认真贯彻《山东省人民政府关于运用财政政策措施进一步推动全省经济转方式调结构稳增长的意见》（鲁政发〔2015〕14 号）精神，继续落实好民办教育、文化、卫生、体育、养老新上项目贷款财政贴息政策，鼓励引导社会资本发展公益性事业，现就有关事项通知如下：

一、政策内容

2016 年，对民办教育、文化、卫生、体育、养老新上项目从银行类金融机构取得的实际贷款，继续按中国人民银行一年期贷款基准利率（以借款凭据提款日期基准利率为准）和借款凭据提款期限（最长不超过 3 年）给予财政贴息。贴息资金由省财政负担 70%，市县财政负担 30%，市县负担比例由各市财政局确定。

（一）支持对象

山东省省行政区域内（不含青岛）民办教育、文化、卫生、体育、养老机构。具体支持对象及项目类型包括：

1. 各级各类民办学校（含民办幼儿园和社会资本举办的独立学院，不含民办培训机构）新上基本建设、设备购置、房屋租赁项目。

2. 各级民办文化馆、图书馆、博物馆、美术馆、画院（不含画廊）、传统文化传习机构、非物质文化遗产展示传承保护机构、演出机构新上基本建设、设备购置、房屋租赁项目。

3. 各级各类符合区域卫生规划和卫生资源配置标准，依法取得设置审批或执业许可的民办医疗机构新上基本建设、取得卫生计生行政部门配置许可证的甲类和乙类大型医用设备购置、房屋租赁项目。

4. 各级民办体育场馆、全民健身场所、全民健身活动组织、体育竞赛表演组织、运动康复机构、体育休闲旅游基地或体育公园、体育项目学校、体育资源服务信息平台、体育文化传播与科学研究机构新上基本建设、设备购置、场馆场地房屋租赁项目。

5. 民办养老机构新上项目，具体包括：养老院、老年养护院等各类养老机构（不含养老地产）基本建设、设备购置和房屋租赁项目；改善老年人居住条件和生活环境的便利化社区养老服务设施和养老服务信

息平台建设项目；为老年人提供生活照料、健康服务、文化娱乐、精神慰藉、法律咨询服务的居家养老服务型小微企业，以及各类规模化、连锁化、品牌化的养老服务组织和机构建设项目。

（二）申请贴息机构条件

1. 依法在有关部门登记或按规定免予登记的民办学校、公益性文化、医疗、体育、养老机构或其举办者，具有独立法人资格；

2. 依法经营、规范管理，具有健全的核算和管理体系，近三年未发生骗取、套取财政扶持资金等行为；

3. 财务状况良好，具有较高资信等级和相应的资金筹措能力。

（三）贷款金额

实际贷款金额原则上不低于 10 万元。

（四）贷款日期

贷款协议签订及提款日期：2015 年 11 月 16 日至 2016 年 10 月 31 日。

（五）贴息限额

省财政对同一独立法人机构贴息总额不超过 500 万元。

二、贴息申请

（一）县级教育、民政、文化、卫生计生、体育主管部门（以下简称"主管部门"）会同财政部门具体负责项目组织申报工作。符合本通知规定的民办机构可向所在县（市、区）主管部门申请贷款贴息，市本级项目可直接向市级主管部门提出申请。

（二）申请主体应提供贷款贴息申请报告（含对项目基本情况的介绍）、银行贷款协议及入账证明、资金用途证明（基本建设施工合同、采购合同、租赁合同等）、项目公益性说明、机构或项目举办者法人登记、法人身份证明等有关材料，并出具对材料真实性、合法性负责的承诺书；需一并提供上述材料扫描件（电子版）。

三、申报审核

（一）县级主管部门会同财政部门对申报项目进行初审，将符合条件的项目报市级审核。市级主管部门会同财政部门审核通过后，以正式文件并附《贷款情况汇总表》（见附件）及申请主体申报材料，连同上述材料扫描件（电子版）一并报省级主管部门。省财政直接管理县（市）（以下简称"省直管县"）贷款贴息申报材料由所在市负责审核汇总。

（二）省级主管部门会同省财政厅对各市上报申请项目进行审核汇总后，转送省财政厅驻有关市财政检查办事处（以下简称"检查办事处"）审核。

（三）省级主管部门、省财政厅根据检查办事处审核意见对申请项目进行审核确认，确定省级补助贴息项目及金额。

（四）申报工作分四批进行。市级主管部门会同财政部门分别于 5 月、7 月、9 月和 11 月中旬向省级主管部门报送申请材料（报送日期截至 11 月 20 日）。检查办事处收到申请材料后 10 个工作日内审核完毕，并及时将审核意见反馈相关处室。省财政厅将根据汇总审核情况，分批下达贴息资金。

四、有关要求

（一）各市财政局、教育局、民政局、文化广电新闻出版局、卫生计生委、体育局，要认真按照本通知要求，结合当地实际，科学合理制定实施细则和工作方案，明确任务分工，认真履行职责，严格审核项目，确保贴息政策有效落实。

（二）各级各有关部门要将审核认定的贷款贴息项目，通过当地媒体、部门网站等途径，向社会公开，并接受审计检查和各方监督。

（三）对获得财政贴息的银行贷款项目，贷款主体应对项目立项、实施、验收等全程信息进行公开。

（四）申请主体若提前还贷或贷款项目中止，应及时向主管部门和财政部门申请清算贴息。

（五）享受财政贴息的贷款资金不得用于借新还旧及偿还各类债务。

（六）对弄虚作假套取财政贴息资金的，按有关法律法规进行处理。

附件：贷款情况汇总表

附件：

贷款情况汇总表

填报单位：　　　　　　　　　　　　申报日期：　　　　　　　　　　　　单位：万元

申报单位	项目名称	贷款主体	贷款用途	贷款发放机构	贷款协议签署日期	提款日期	提款额	贷款期间	利息总额	单次提款利息（按一年期贷款基准利率计算）
××市合计										
市本级小计										
××学校								如：2015年××月××日～××年××月××日		
××文化馆								如：2015年××月××日～××年××月××日		
××体育中心								如：2015年××月××日～××年××月××日		
××医院								如：2015年××月××日～××年××月××日		
××养老院								如：2015年××月××日～××年××月××日		
××县小计										
××学校								如：2015年××月××日～××年××月××日		

市级主管部门（盖章）：　　　　市级财政部门（盖章）：　　　　财政检查办事处（盖章）：

联系人：　　　　　　　　　　联系人：　　　　　　　　　　联系人：

省教育厅　省财政厅关于印发推进高水平应用型大学建设实施方案的通知

2016 年 9 月 5 日　鲁教高字〔2016〕8 号

各普通本科高校：

现将《推进高水平应用型大学建设实施方案》印发给你们，请根据相关要求组织好申报工作。

附件：推进高水平应用型大学建设实施方案

附件：

推进高水平应用型大学建设实施方案

为贯彻落实《省委办公厅省政府办公厅关于推进高等教育综合改革的意见》（鲁办发〔2016〕19 号），促进高校转型发展、特色发展，提高应用型人才培养质量，增强服务经济社会发展能力，制定我省高水平应用型大学建设实施方案。

一、建设目标

以立德树人为根本，以培养高素质应用型人才为目标，以专业建设为着力点，突出强化学校特色，促进人才培养与产业优化升级、经济转型发展紧密对接，推动一批特色专业和若干所大学向高水平应用大学发展。到 2020 年，建成 60 个左右高水平应用型重点专业，进入全国同类专业前 10%，推动 10 所左右高校综合实力排名进入全国应用型本科高校前 10%；培育建设 40 个左右专业，逐步达到高水平应用型重点专业建设标准；适应现代农业、先进制造业、战略性新兴产业、现代服务业等经济社会发展需求，形成一批特色鲜明、优势突出的专业群，为我省经济社会发展提供更加有力的人才和技术支撑。

——培养大批高素质应用型人才。完善协同育人机制，积极推进校企、校地、校所、校校深度合作，建立产教融合、协同育人的人才培养模式，实现专业链与产业链、课程内容与职业标准、教学与生产过程对接。提高实践课比重，理工农医类本科专业实践教学学分比例占总学分比例不低于 30%，人文社会科学类专业不于 25%。加大课程改革力度，着力开发专业特色课程和在线开放课程，满足学生多样化学习需求。实行弹性学制，允许学生休学创业，加强创新创业教育，提高就业能力和就业质量，毕业生总体就业率达到 95% 以上。

——产出一批高水平应用技术成果。积极融入以企业为主体的区域、行业技术创新体系，以解决战略性新兴产业关键技术、社会发展重大（重点）问题为导向，广泛开展应用技术研究和科技服务。不断完善政策，支持并鼓励教师和企业联合开发新产品、新技术，产出一批高水平原创性应用技术成果，推动一批关键生产技术突破。设立专门机构和专职岗位，建立高校科技成果转化和知识产权运营机制，加快高校知识产权成果的转移、转化，及时将科技研发成果转化为经济社会效益和课程教学资源。立项建设专业须与行业企业联合，并至少获一项省部级及以上科研奖励等标志性成果。

——建成一批高水平应用型人才培养平台。"十三五"期间，建成 20 个左右省级及以上应用型人才培养平台。推进学校与行业企业合作发展，以强化实践教学环节和提升应用技术研创能力为重点，建设一批开放式综合实验教学中心和创新创业教育示范中心、大学生实践教学基地、重点实验室、工程（技术）研究中心等人才培养平台，为应用型人才培养提供有力支撑。

——建设具有高水平实践教学能力的师资队伍。建设期内，每个建设专业拥有职业资格证书或2年以上行业企业工作经历或主持2项以上应用型研究项目的教师（以下简称"双师型"教师）比例达到40%以上，聘用企业或行业专家担任兼职教师的比例达到25%以上。调整教师结构，积极引进行业公认的专才，聘请企业优秀专业技术人才、管理人才和高技能人才作为专业建设带头人、担任专兼职教师；有计划地选送教师到企业接受培训、挂职工作和实践锻炼；提升专业教师整体实践教学水平和应用技术研发能力。

二、立项条件

（一）专业立项条件

省属公办高校本科专业，同时符合学科基础和专业基础条件者可申请认定高水平应用型重点专业，符合专业基础条件者可申请认定高水平应用型培育专业。

1. 学科基础

（1）学校拥有支撑申报专业建设的省级及以上重点实验室、工程（技术）研究中心、协同创新中心、人文社科研究基地等科研平台；

（2）所申报专业相关学科近5年至少获得1项省级及以上科技奖励或获得至少5项授权国家发明专利；

（3）所申报专业相关学科近5年解决战略性新兴产业关键技术、社会发展重大（重点）问题等应用性课题占承担课题总数的比例不低于50%，科研成果转化效果显著。

2. 专业基础

（1）以申报立项建设专业为核心，与行业基础、技术领域相同或学科基础相近的3个以上相关专业形成专业群。

（2）核心专业须紧密对接行业产业，与《山东省国民经济和社会发展第十三个五年规划纲要》重点支持发展的现代农业、先进制造业、战略性新兴产业、现代服务业，以及传统产业转型升级等相对应。

（3）核心专业"双师型"教师占比达到25%以上；

（4）核心专业应为实施校企联合培养、毕业生总体就业率在90%以上，或列入国家、省卓越计划试点的优势特色专业；或为经济社会发展急需的新兴专业。

（5）专业群内的所有专业，实践教学学分占比不低于25%（人文社会科学类专业不低于15%）。

（二）学校立项条件

建设期内，具有符合该建设方案建设目标要求的专业达到10个以上（含学校自建专业），专业课"双师型"教师比例达到40%以上，毕业生总体就业率达到95%以上，应用型专业比例达到50%以上，建成开放共享的综合实验教学中心、创新创业教育示范中心、大学生实践教学基地、重点实验室、工程（技术）研究中心等人才培养平台的学校，通过期中评估考核，经学校申请，认定立项建设10所左右高水平应用型大学。

三、推进措施

（一）强化财政经费支持。"十三五"期间，省财政将加大投入力度，加强资金统筹，多渠道筹集20亿元，积极支持高水平应用型大学建设。对立项建设的应用型专业，根据规划分年度拨付支持经费，对立项建设的应用型大学，根据规划安排支持经费。2016年，对每个立项建设专业拨付经费400万元，每个培育建设专业拨付经费150万元。所属高校应调整支出结构，加大对立项建设和培育建设专业的投入力度，同时积极争取国家有关部委、地方政府和相关企事业单位的投入和政策支持，多渠道筹集建设资金，确保顺利实施。

（二）创新管理机制。立项建设高校应按照责权利相统一的原则，进一步扩大专业所在学院在人、财、物等方面的自主管理权，支持立项建设专业探索建立体制机制、教学团队、课程体系、教学平台、应用技术研发和成果转化一体化协同发展的应用型人才培养新机制。探索实行合约管理，确定专业建设目标，细化建设任务指标，明确责任分工，做到校、院、专业各级负责人和专业建设团队成员，人人有任务，个个有责任，工作有考核，结果有奖惩，形成科学规范的专业建设管理机制。

（三）实行绩效考评。根据建设目标和建设任务建立考核指标体系，实行年度报告、3 年中期评估和 5 年期满考核验收制度。中期评估和期满考核，综合考虑建设目标和任务完成情况、省专业评估排名和第三方评价结果，对专业建设绩效进行全面考核。根据考核结果、资金使用与管理等情况，动态调整支持力度。立项建设专业未完成中期建设目标的，减拨或停止其支持经费；超额完成中期建设目标的，适当增加支持经费。

四、组织实施

（一）组织领导。"推进高水平应用型大学建设方案"的组织实施，由省政府统筹，省教育厅组织实施。各建设高校要建立相应的领导机制和工作机制，统筹协调相关工作；要明确目标，细化措施，落实责任；要加大宣传力度，营造良好氛围，扎实推进各项建设工作。

（二）实施步骤。各高校按照本方案的要求，根据立项条件提出申请，省教育厅组织认定。立项建设专业所在高校应科学编制建设方案，与省教育厅签订目标任务书。建设目标分为基本建设目标和协议目标，两类目标均作为绩效考核依据；本方案中明确规定的建设目标为基本建设目标，每个建设单位应根据自身基础，突出特色优势，提出协议目标，协议目标采取"一校一案"方式协商制定。

（三）管理监督。各高校要制定相应的配套措施、绩效评价及资金管理等制度，明确资源配置和资金筹集等安排；在建设过程中，充分发挥学校学术委员会的作用。省教育厅建立信息发布平台，定期公布立项单位建设情况，接受社会监督。

（四）责任落实。高水平应用型大学建设的主体是高校，校长是第一责任人，专业负责人是立项建设专业的直接责任人。要明确责任，落实分工，加强监督，力求实效。

省人民政府学位委员会　省教育厅　省财政厅关于印发山东省研究生教育质量提升计划的通知

2016 年 7 月 23 日　鲁学位〔2016〕6 号

各研究生培养单位：

为落实《省委办公厅省政府办公厅关于推进高等教育综合改革的意见》（鲁办发〔2016〕19 号），深化研究生教育改革，创新人才培养模式，经研究制定《山东省研究生教育质量提升计划》，现印发给你们。请结合本单位实际，制定具体实施方案，通过加强研究生课程、案例库、联合培养基地建设和导师队伍建设，促进我省研究生教育上水平、提质量，为经济文化强省建设提供更加有力的人才支持和智力支撑。

附件：山东省研究生教育质量提升计划

附件：

山东省研究生教育质量提升计划

为深入贯彻落实《省委办公厅　省政府办公厅关于推进高等教育综合改革的意见》（鲁办发〔2016〕

19号），深化研究生教育改革，提升研究生培养质量，根据《教育部　国家发展改革委　财政部关于深化研究生教育改革的意见》（教研〔2013〕1号）、《国务院学位委员会　教育部关于加强学位与研究生教育质量保证和监督体系建设的意见》（学位〔2014〕3号）、《教育部关于改进和加强研究生课程建设的意见》（教研〔2014〕5号）以及《教育部关于加强专业学位研究生案例教学和联合培养基地建设的意见》（教研〔2015〕1号），结合我省实际，制定本计划。

一、指导思想

全面贯彻落实党的十八大、十八届三中、四中、五中全会精神和习近平总书记系列重要讲话精神，牢固树立创新、协调、绿色、开放、共享的发展理念，扎实推进研究生教育改革。坚持以服务需求、提高质量为主线，以创新机制、优化结构、开放包容、协同育人为重点，加快转变研究生培养模式，更加突出质量和效益，为建设经济文化强省提供强有力的人才支持和智力支撑。

二、总体目标

通过实施研究生教育质量提升计划，达到"三建设、三加强"的总体目标。即：建设一批研究生教育优质课程，构建符合人才培养需要的课程体系；建设一批专业学位研究生教学案例库，深化专业学位研究生培养模式改革；建设一批研究生教育联合培养基地，形成协同育人的培养平台；加强学位授权点建设，构建符合需要的学位授权体系；加强导师培养培训，建设造诣精湛、德学双馨的师资队伍；加强国际交流合作，扩大研究生教育开放度。努力建设规模结构适应需要、培养模式各具特色、整体质量不断提升、拔尖创新人才不断涌现的研究生教育体系，使之成为我省高端人才聚集器、科技创新倍增器和优秀文化传承创新推进器。

三、具体任务

（一）加强学位授权点建设，进一步优化布局结构

面向我省经济社会发展的战略重点和产业结构优化对人才的需求，加强学位授权点动态调整，优化布局结构，克服同质化倾向，促进学科的交叉融合，突出优势特色。依据学位授权点合格评估要素进行综合分析、科学评估，制定改进提升方案，强化师资队伍、基础条件等建设，全面提升学位授权点水平。

着力建设优势明显的学位授权点，重点建设一批具有创新实力、适应战略性新兴产业发展的学位授权学科；强化建设一批社会需求旺盛的专业学位授权点，增强人才培养的适应性和多样性；积极推进学科交叉融合，培植一批新的学位授权增长点，促进学位授权点建设更加协调、更富特色、更有质量。

（二）加强优质课程建设，进一步突出创新性和实践性

强化研究生培养单位课程建设的主体责任，完善课程建设规划，创新标准，落实任务，加强考核监督；加大对课程建设的投入，奖优汰劣，为研究生培养质量提升奠定基础；突出抓好优质课程建设，充分体现培养单位的学科特色和专业优势。

依据培养目标和学位要求，坚持以创新能力培养为导向，以专业学位课程和特色优势课程建设为核心，整合资源，创新设置，增强内容的原创性和学术前沿性；开发双语教学课程、实践性课程、系列讲座课程，构建符合培养需要的课程体系。

创新教学方式，开展探究式、讨论式、互动式教学，注重前沿引领和方法传授，培养研究生自主学习和独立开展科学研究的能力；加强教学服务平台和数字化课程中心建设，为研究生课程学习提供信息和技术支持。

以课程教学目标为依据，创新考核方式，探索课程考试、课程论文、社会调研、作品设计等多种考核形式，全面检测和评价研究生的学习过程、学习行为和学习结果；完善课程教学评价监督体系，加强对课程教学的管理与监督。

"十三五"期间，每年遴选建设100门省级优质课程，发挥课程建设试点项目的示范和带动作用。

（三）加强案例教学库建设，促进专业学位研究生教学与实践有机融合

以授课教师为主体，吸收行业、企业等有关领域专家及研究生等共同参与，建立案例教学科研团队，把案例编写与案例研究紧密结合，开发更多高水平教学案例。

根据专业学位培养目标和培养方案，落实案例教学任务，明确要求，规范程序，注重效果，形成新的教学模式。完善评价标准，建立激励机制，把案例研究、编写、教学情况及参加案例教学培训等情况，纳入考核体系，引导和激励教师潜心钻研、精心设计、认真实施案例教学。加强案例教学交流研讨，整合案例资源，促进教学案例共建共享。

"十三五"期间，每年遴选建设 100 个省级优秀教学案例库，建立"山东省专业学位案例库和教学案例推广平台"，促进教学案例的研究、开发和使用。

（四）加强联合培养基地建设，形成协同育人新机制

建立产学研用有机融合的协同育人模式和长效机制。鼓励培养单位与行业、企业、社会组织等联合建立人才培养基地，共同制定培养目标，合作建设相关课程，参与教育教学过程和培养质量评价。改进研究生联合基地的建设和管理，提高学术学位研究生科研训练水平和专业学位研究生实践能力培养水平。

"十三五"期间，每年遴选建设 100 个示范性研究生教育联合培养基地，根据不同学科和专业学位类别的特点，分类建立健全基地建设标准体系、管理体系和评价体系，充分发挥基地优势，构建"双师型"团队。

以创建示范性研究生教育联合培养基地为驱动，大力推进实践教学，促进研究生实践能力培养，充分发挥示范性研究生教育联合培养基地先行先试的引领带动作用。经过评估验收，对合作良好、机制健全、运转高效、管理科学的联合培养基地冠名"山东省研究生教育联合培养示范基地"。

（五）加强导师队伍建设，改进和完善管理机制

改进研究生导师遴选与聘任办法，变导师资格为导师岗位，变导师资格遴选制为导师招生资格审查制，实现对研究生导师的动态管理。

实行学术学位、专业学位导师的分类管理。对学术学位导师，通过学术交流和访学增强对学术前沿的把握和探究能力，不断提升科研指导水平；对专业学位导师，推动校内导师主动参与行业实践，加强与科研院所和企业的交流，自觉接触和了解行业实际，提高导师在研究生培养过程中的作用和针对性。到"十三五"末，基本形成相对独立稳定的专业学位研究生导师队伍。

定期对研究生导师进行培训，实现导师培训规范化。适时组织集中学习有关学位与研究生教育政策规定和制度要求，紧密结合导师工作实际，突出培训的针对性和实效性；支持导师开展学术交流、访学和参与行业企业实践，促进导师职业发展。

完善导师负责制，明确导师岗位职责与学术权利，加强师德、教风和学风建设，充分发挥导师在研究生培养各环节的育人主导作用。

（六）加强开放体系建设，推进研究生教育国际化进程

鼓励各培养单位每年选派不低于当年招生人数 3% 的研究生赴海外参加学术会议或开展短期访学，增强研究生的国际交流、沟通与合作能力；吸引外国留学生来驻鲁高校攻读学位，营造中外研究生共学互融、跨文化交流的良好环境。

积极引进国外优质课程、教材和教学案例，构建国际化研究生教育课程体系。

坚持选派导师出国研修与引进国外高水平人才指导并举，提升导师队伍的国际化水平；有计划地组织有关管理人员，到海外高水平大学考察学习，开阔视野，借鉴经验，提升研究生教育管理水平。

四、保障措施

（一）制定具体实施方案。各研究生培养单位要按照本计划的要求，针对研究生培养中的问题和薄弱环节，深入分析，认真研究，制定措施，强化责任，把实施方案制定好、落实好。

（二）优化资源配置。对接经济社会发展和产业需求，广开门路，拓宽渠道，通过合作共建、协同创新、联合攻关等形式，积极争取政府部门、行业组织、科研院所、企事业单位等多方支持与资助。

（三）加强项目管理。建立科学规范、公正合理、讲求实效的绩效评价指标体系和考核评价机制，加强对立项项目的考评，把考评结果作为经费支持的重要依据。

（四）营造良好改革环境。把实施研究生教育质量提升计划同"双一流"建设、人才队伍建设、科技创新平台建设等统筹谋划，协同推进，综合施策，充分调动各方面的积极性和创造性，为研究生教育质量提升计划的实施营造良好环境。

省教育厅等部门关于印发山东省师范生免费教育实施办法的通知

2016 年 5 月 10 日   鲁教师发〔2016〕1 号

各市人民政府，各县（市、区）人民政府，省政府有关部门，有关高等院校：

经省政府同意，现将《山东省师范生免费教育实施办法》印发给你们，请认真贯彻执行。

附件：山东省师范生免费教育实施办法

附件：

山东省师范生免费教育实施办法

为加强农村教师队伍建设，培养"下得去、留得住、教得好"一专多能的教师，根据《国务院办公厅转发教育部等部门关于完善和推进师范生免费教育意见的通知》（国办发〔2012〕2 号）和《山东省人民政府办公厅关于印发山东省〈乡村教师支持计划（2015～2020 年）〉实施办法的通知》（鲁政办发〔2015〕60 号）精神，制定本实施办法。

一、实施师范生免费教育

自 2016 年起，在省属高校实行师范生免费教育。根据全省农村中小学教师队伍建设需要，免费师范生重点培养学有专长、胜任多学科教学的小学全科教师和一专多能的初中短缺学科教师。凡热爱教育事业，毕业后志愿到农村学校长期任教，具备普通高考报考条件和认定教师资格身体条件的高中阶段毕业生均可报考免费师范生。

二、建立健全经费保障机制

免费师范生在校学习期间免除学费、住宿费，并给予一定的生活补助。所需经费由省财政按每生每年 10 000 元的标准拨付高校。其中生活补助经费标准为每生每年 4 000 元，学校按每人每月（共 10 个月，寒暑假除外）400 元标准足额发放给免费师范生。根据经济发展水平和财力状况，逐步提高免费师范生经费拨付标准和生活补助标准。

优秀免费师范生可参加国家奖学金、省政府奖学金评选。鼓励各地政府和社会各界设立免费师范生专项奖学金。

三、科学制定免费师范生招生计划

县级教育行政部门会同机构编制、财政、人力资源社会保障等部门根据教师队伍建设规划，统筹考虑开足开全课程对师资的需求和农村中小学编制使用情况，确定免费师范生需求计划及学科分布，经县（市、区）政府同意，于每年 10 月底前，由市教育行政部门会同机构编制、人力资源社会保障部门审核汇总，并报经同级政府批准后，统一报省教育行政部门。省教育行政部门商省机构编制部门同意后，遴选确定承担免费师范生培养任务的高校，统筹安排高校免费师范生分专业招生计划，确保招生培养与教师岗位需求有效衔接。

四、完善免费师范生招生录取办法

市、县（市、区）教育行政部门做好宣传发动和报名工作。免费师范生在本科提前批次录取，考生成绩须达到本科录取控制分数线。报考免费师范生须承诺，毕业后到农村学校从事教育教学工作不少于 6 年。已录取的免费师范生报到入学前，要与招生高校和定向就业市教育行政部门签订培养协议，明确三方权利和义务。鼓励和支持免费师范生长期从教、终身从教。未按规定签订三方协议者，取消入学资格。

根据《普通高等学校学生管理规定》和教育部师范生免费教育相关政策，免费师范生入学后可按照学校规定在师范免费教育范围内进行二次专业调整。有志从教并符合条件的非师范专业优秀学生，在入学 2 年内，本人提出申请，经学校和定向就业市教育行政部门同意，可在学校核定的计划内转为免费师范生，由学校按标准返还其学费、住宿费，补发生活费补助。

五、创新免费师范生培养模式

承担免费师范生培养任务的高校要按照德育为先、一专多能、面向农村、强化实践的原则，创新免费师范生培养模式，系统设计培养方案，建立高校、地方政府与中小学"三位一体"协同培养机制。建立免费师范生实习、见习基地，强化教育实践，落实实习支教制度，确保培养质量。

六、健全免费师范生就业办法

免费师范生就业工作，在市级政府领导下，由市教育行政部门会同人力资源社会保障部门按照事业单位公开招聘制度的要求，组织用人学校与毕业生在需求岗位范围内进行双向选择，为每位毕业生落实任教学校。

免费师范毕业生一般安排到学科教师紧缺的农村学校。有关县（市、区）政府要先使用农村中小学空余编制，必要时通过使用临时周转专户编制等途径，确保免费师范生有编有岗。

确有特殊情况要求在省内跨市任教的，需经承担培养任务的学校审核、签订协议的市教育行政部门批准，接收的市教育行政部门同意后，可跨市就业。接收市要安排其到农村学校任教，履行服务期承诺。

七、规范免费师范生履约管理

因个人原因（因病休学等除外）中断学业，或未在培养期满取得毕业证书、学位证书、教师资格证书者，市教育行政部门、高校有权与其解除协议，免费师范生应按规定退还已享受的师范生免费教育经费。

免费师范生毕业后，未按协议到农村中小学任教的，要按规定退还师范生免费教育经费，并交纳该费用 50% 的违约金。免费师范毕业生在农村学校任教未满 6 年的，根据服务期未满年限，按比例退还师范生免费教育经费和交纳违约金。免费师范毕业生在协议规定服务期内，可在农村学校间从事教育管理工作或进行交流。市教育行政部门负责本行政区域内免费师范毕业生的履约管理，建立诚信档案，公布违约记录，并记入人事档案，负责管理违约退还和违约金。

八、支持免费师范毕业生专业发展

免费师范生在培养期和服务期内，一般不得报考脱产研究生，符合条件的可在职攻读与教学业务相关的硕士学位。符合条件的免费师范毕业生在职培训纳入中小学教师省级培训计划。

九、建立健全各部门协同工作机制

教育行政部门牵头负责免费师范生招生、培养、教师资格认定、就业指导、落实工作岗位、办理派遣等工作；人力资源社会保障部门负责免费师范毕业生人事接转工作；机构编制部门负责落实免费师范毕业生到农村中小学校任教的编制；财政部门负责落实相关经费保障。市、县（市、区）政府应为免费师范毕业生到农村学校任教服务提供必要的工作生活条件和周转宿舍。有关高校需加强免费师范生职业理想和师德教育，引导师范生立志于长期从教、终身从教，确保培养质量。

本办法自 2016 年 6 月 11 日施行，有效期至 2021 年 6 月 10 日。

中共中央办公厅　国务院办公厅印发《关于进一步完善中央财政科研项目资金管理等政策的若干意见》的通知

2016 年 7 月 20 日　中办发〔2016〕50 号

各省、自治区、直辖市党委和人民政府，中央和国家机关各部委，中央军委办公厅，各人民团体：

《关于进一步完善中央财政科研项目资金管理等政策的若干意见》已经党中央、国务院同意，现印发给你们，请结合实际认真贯彻落实。

附件：关于进一步完善中央财政科研项目资金管理等政策的若干意见

附件：

关于进一步完善中央财政科研项目资金管理等政策的若干意见

《中共中央、国务院关于深化体制机制改革加快实施创新驱动发展战略的若干意见》和《国务院关于改进加强中央财政科研项目和资金管理的若干意见》印发以来，有力激发了创新创造活力，促进了科技事业发展，但也存在一些改革措施落实不到位、科研项目资金管理不够完善等问题。为贯彻落实中央关于深化改革创新、形成充满活力的科技管理和运行机制的要求，进一步完善中央财政科研项目资金管理等政策，现提出以下意见。

一、总体要求

全面贯彻落实党的十八大和十八届三中、四中、五中全会及全国科技创新大会精神，以邓小平理论、"三个代表"重要思想、科学发展观为指导，深入学习贯彻习近平总书记系列重要讲话精神，按照党中央、国务院决策部署，牢固树立和贯彻落实创新、协调、绿色、开放、共享的发展理念，深入实施创新驱动发展战略，促进大众创业、万众创新，进一步推进简政放权、放管结合、优化服务，改革和创新科研经费使用和管理方式，促进形成充满活力的科技管理和运行机制，以深化改革更好激发广大科研人员积极性。

——坚持以人为本。以调动科研人员积极性和创造性为出发点和落脚点，强化激励机制，加大激励力度，激发创新创造活力。

——坚持遵循规律。按照科研活动规律和财政预算管理要求，完善管理政策，优化管理流程，改进管理方式，适应科研活动实际需要。

——坚持"放管服"结合。进一步简政放权、放管结合、优化服务，扩大高校、科研院所在科研项目资金、差旅会议、基本建设、科研仪器设备采购等方面的管理权限，为科研人员潜心研究营造良好环境。同时，加强事中事后监管，严肃查处违法违纪问题。

——坚持政策落实落地。细化实化政策规定，加强督查，狠抓落实，打通政策执行中的"堵点"，增强科研人员改革的成就感和获得感。

二、改进中央财政科研项目资金管理

（一）简化预算编制，下放预算调剂权限。根据科研活动规律和特点，改进预算编制方法，实行部门预算批复前项目资金预拨制度，保证科研人员及时使用项目资金。下放预算调剂权限，在项目总预算不变的情况下，将直接费用中的材料费、测试化验加工费、燃料动力费、出版/文献/信息传播/知识产权事务费及其他支出预算调剂权下放给项目承担单位。简化预算编制科目，合并会议费、差旅费、国际合作与交流费科目，由科研人员结合科研活动实际需要编制预算并按规定统筹安排使用，其中不超过直接费用10%的，不需要提供预算测算依据。（财政部、项目主管部门、项目承担单位负责）

（二）提高间接费用比重，加大绩效激励力度。中央财政科技计划（专项、基金等）中实行公开竞争方式的研发类项目，均要设立间接费用，核定比例可以提高到不超过直接费用扣除设备购置费的一定比例：500万元以下的部分为20%，500万元至1 000万元的部分为15%，1 000万元以上的部分为13%。加大对科研人员的激励力度，取消绩效支出比例限制。项目承担单位在统筹安排间接费用时，要处理好合理分摊间接成本和对科研人员激励的关系，绩效支出安排与科研人员在项目工作中的实际贡献挂钩。（项目主管部门、项目承担单位负责）

（三）明确劳务费开支范围，不设比例限制。参与项目研究的研究生、博士后、访问学者以及项目聘用的研究人员、科研辅助人员等，均可开支劳务费。项目聘用人员的劳务费开支标准，参照当地科学研究和技术服务业从业人员平均工资水平，根据其在项目研究中承担的工作任务确定，其社会保险补助纳入劳务费科目列支。劳务费预算不设比例限制，由项目承担单位和科研人员据实编制。（项目承担单位、项目主管部门负责）

（四）改进结转结余资金留用处理方式。项目实施期间，年度剩余资金可结转下一年度继续使用。项目完成任务目标并通过验收后，结余资金按规定留归项目承担单位使用，在2年内由项目承担单位统筹安排用于科研活动的直接支出；2年后未使用完的，按规定收回。（项目承担单位、项目主管部门负责）

（五）自主规范管理横向经费。项目承担单位以市场委托方式取得的横向经费，纳入单位财务统一管理，由项目承担单位按照委托方要求或合同约定管理使用。（项目承担单位负责）

三、完善中央高校、科研院所差旅会议管理

（一）改进中央高校、科研院所教学科研人员差旅费管理。中央高校、科研院所可根据教学、科研、管理工作实际需要，按照精简高效、厉行节约的原则，研究制定差旅费管理办法，合理确定教学科研人员乘坐交通工具等级和住宿费标准。对于难以取得住宿费发票的，中央高校、科研院所在确保真实性的前提下，据实报销城市间交通费，并按规定标准发放伙食补助费和市内交通费。（中央高校、科研院所负责）

（二）完善中央高校、科研院所会议管理。中央高校、科研院所因教学、科研需要举办的业务性会议（如学术会议、研讨会、评审会、座谈会、答辩会等），会议次数、天数、人数以及会议费开支范围、标准等，由中央高校、科研院所按照实事求是、精简高效、厉行节约的原则确定。会议代表参加会议所发生的城市间交通费，原则上按差旅费管理规定由所在单位报销；因工作需要，邀请国内外专家、学者和有关人员参加会议，对确需负担的城市间交通费、国际旅费，可由主办单位在会议费等费用中报销。（中央高校、科研所负责）

四、完善中央高校、科研院所科研仪器设备采购管理

（一）改进中央高校、科研院所政府采购管理。中央高校、科研院所可自行采购科研仪器设备，自行选择科研仪器设备评审专家。财政部要简化政府采购项目预算调剂和变更政府采购方式审批流程。中央高校、科研院所要切实做好设备采购的监督管理，做到全程公开、透明、可追溯。（财政部、中央高校、科研院所负责）

（二）优化进口仪器设备采购服务。对中央高校、科研院所采购进口仪器设备实行备案制管理。继续落实进口科研教学用品免税政策。（财政部、海关总署、税务总局负责）

五、完善中央高校、科研院所基本建设项目管理

（一）扩大中央高校、科研院所基本建设项目管理权限。对中央高校、科研院所利用自有资金、不申请政府投资建设的项目，由中央高校、科研院所自主决策，报主管部门备案，不再进行审批。国家发展改革委和中央高校、科研院所主管部门要加强对中央高校、科研院所基本建设项目的指导和监督检查。（国家发展改革委、中央高校和科研所主管部门负责）

（二）简化中央高校、科研院所基本建设项目审批程序。中央高校、科研院所主管部门要指导中央高校、科研院所编制五年建设规划，对列入规划的基本建设项目不再审批项目建议书。简化中央高校、科研院所基本建设项目城乡规划、用地以及环评、能评等审批手续，缩短审批周期。（中央高校和科研院所主管部门负责）

六、规范管理，改进服务

（一）强化法人责任，规范资金管理。项目承担单位要认真落实国家有关政策规定，按照权责一致的要求，强化自我约束和自我规范，确保接得住、管得好。制定内部管理办法，落实项目预算调剂、间接费用统筹使用、劳务费分配管理、结余资金使用等管理权限；加强预算审核把关，规范财务支出行为，完善内部风险防控机制，强化资金使用绩效评价，保障资金使用安全规范有效；实行内部公开制度，主动公开项目预算、预算调剂、资金使用（重点是间接费用、外拨资金、结余资金使用）、研究成果等情况。（项目承担单位负责）

（二）加强统筹协调，精简检查评审。科技部、项目主管部门、财政部要加强对科研项目资金监督的制度规范、年度计划、结果运用等的统筹协调，建立职责明确、分工负责的协同工作机制。科技部、项目主管部门要加快清理规范委托中介机构对科研项目开展的各种检查评审，加强对前期已经开展相关检查结果的使用，推进检查结果共享，减少检查数量，改进检查方式，避免重复检查、多头检查、过度检查。（科技部、项目主管部门、财政部负责）

（三）创新服务方式，让科研人员潜心从事科学研究。项目承担单位要建立健全科研财务助理制度，为科研人员在项目预算编制和调剂、经费支出、财务决算和验收等方面提供专业化服务，科研财务助理所需费用可由项目承担单位根据情况通过科研项目资金等渠道解决。充分利用信息化手段，建立健全单位内部科研、财务部门和项目负责人共享的信息平台，提高科研管理效率和便利化程度。制定符合科研实际需要的内部报销规定，切实解决野外考察、心理测试等科研活动中无法取得发票或财政性票据，以及邀请外国专家来华参加学术交流发生费用等的报销问题。（项目承担单位负责）

七、加强制度建设和工作督查，确保政策措施落地见效

（一）尽快出台操作性强的实施细则。项目主管部门要完善预算编制指南，指导项目承担单位和科研人员科学合理编制项目预算；制定预算评估评审工作细则，优化评估程序和方法，规范评估行为，建立健全与项目申请者及时沟通反馈机制；制定财务验收工作细则，规范委托中介机构开展的财务检查。2016年9月1日前，中央高校、科研院所要制定出台差旅费、会议费内部管理办法，其主管部门要加强工作指导

和统筹；2016 年年底前，项目主管部门要制定出台相关实施细则，项目承担单位要制定或修订科研项目资金内部管理办法和报销规定。以后年度承担科研项目的单位要于当年制定出台相关管理办法和规定。（项目主管部门、中央高校和科研院所主管部门、中央高校、科研院所、项目承担单位负责）

（二）加强对政策措施落实情况的督查指导。财政部、科技部要适时组织开展对项目承担单位科研项目资金等管理权限落实、内部管理办法制定、创新服务方式、内控机制建设、相关事项内部公开等情况的督查，对督查情况以适当方式进行通报，并将督查结果纳入信用管理，与间接费用核定、结余资金留用等挂钩。审计机关要依法开展对政策措施落实情况和财政资金的审计监督。项目主管部门要督促指导所属单位完善内部管理，确保国家政策规定落到实处。（财政部、科技部、审计署、项目主管部门负责）

财政部、中央级社科类科研项目主管部门要结合社会科学研究的规律和特点，参照本意见尽快修订中央级社科类科研项目资金管理办法。（财政部、中央级社科类科研项目主管部门负责）

各地区要参照本意见精神，结合实际，加快推进科研项目资金管理改革等各项工作。

财政部 科技部关于印发《中央引导地方科技发展专项资金管理办法》的通知

2016 年 5 月 16 日 财教〔2016〕81 号

各省、自治区、直辖市、计划单列市财政厅（局）、科技厅（局），新疆生产建设兵团财务局、科技局：

为深入实施创新驱动发展战略、落实科技体制改革部署，按照加强中央对地方专项转移支付管理有关要求，我们制定了《中央引导地方科技发展专项资金管理办法》。现印发给你们，请遵照执行。执行中如有问题，请及时向我们反映。

附件：中央引导地方科技发展专项资金管理办法

附件：

中央引导地方科技发展专项资金管理办法

第一章 总 则

第一条 为规范中央引导地方科技发展专项资金（以下简称专项资金）管理，提高专项资金使用效益，根据《中华人民共和国预算法》、《中华人民共和国科技进步法》等国家有关法律法规，制定本办法。

第二条 本办法所称专项资金是指中央财政通过专项转移支付安排的，用于支持地方政府围绕国家科技发展战略和地方经济社会发展目标，改善地方科研基础条件，优化科技创新环境，支持基层科技工作，促进科技成果转移转化，提升区域科技创新能力的资金。

第三条 专项资金由财政部、科技部共同负责管理。财政部会同科技部制定专项资金管理制度，适时对专项资金进行评估，调整分配因素权重和支持方向。科技部会同财政部审定省级科技部门、财政部门上报的三年滚动规划，对专项资金管理使用开展绩效评价。

第四条 省级财政部门、科技部门应当结合本省实际制定专项资金管理细则，进一步明确资金使用重点方向和范围、支持方式和标准、三年滚动规划项目遴选标准和程序、资金支付方式、绩效管理及信息公开等。

第五条 专项资金管理遵循"中央引导、省级统筹，整合资源、完善体系，绩效导向、激励相容"的原则。

第二章　支持范围与方式

第六条 专项资金支持以下四个方面：

（一）地方科研基础条件和能力建设。主要指地市级以上地方政府所属科研单位（不含转为企业或其他事业单位的单位）的科研仪器设备购置和科研基础设施维修改造。

（二）地方专业性技术创新平台。主要指依托大学、科研院所、企业、转制科研机构建立的，通过产学研协同创新机制为区域发展提供研究开发支撑的专业性平台，包括产业技术研究院、技术创新中心（实验室、研究中心）、新型研发组织等。

（三）地方科技创新创业服务机构。主要指为中小微企业技术创新、基层科技创新活动提供技术转移、检验检测认证、创业孵化、知识产权、科技咨询、科技金融、科技资源共享等专业或综合性服务机构，包括科技园区、众创空间、科技企业孵化器、生产力促进中心、分析测试中心、技术转移机构、科技特派员工作站、科技金融服务中心等。

（四）地方科技创新项目示范。主要指围绕国家区域发展战略，结合科技惠民、县域科技、科技扶贫等任务，对政策目标明确、公益性属性明显、引导带动作用突出、惠及人民群众的科技成果进行转化应用的项目示范。

第七条 支持地方科研基础条件建设的资金一般采取直接补助的方式。支持地方专业性技术创新平台、地方科技创新创业服务机构和地方科技创新项目示范的资金，鼓励地方综合采用直接补助、后补助、以奖代补、贷款贴息、发放创新券等多种投入方式。

第八条 事业单位不得将专项资金用于支付各种罚款、捐款、赞助、投资、偿还债务等支出，不得用于编制内在职人员工资性支出和离退休人员离退休费，以及国家规定禁止列支的其他支出。

第三章　分　配　方　法

第九条 专项资金采取因素法分配，分配因素及权重安排如下：

（一）体现地方科研综合能力的因素（40%），主要包括：区域科研活动量和科技条件水平、科技资源开放共享水平等。

（二）体现地方创新综合能力的因素（40%），主要包括：区域创新示范试点推进、科技创新评估建设、科技创新服务机构培育、科技金融创新活动、区域技术市场活跃程度等。

（三）绩效考评因素（20%），主要根据上一年度绩效评价结果和财政部驻当地财政监察专员办事处（以下简称专员办）预算监管报告以及地方落实国家科技改革与发展重大政策等情况。

分配因素细化指标及权重见中央引导地方科技发展专项资金分配因素表（见附表）。

第十条 专项资金计算分配公式如下：

$$某省专项资金预算数 = 某省分配因素得分 / \sum 各省分配因素得分 × 专项资金总额$$

其中：

$$某省分配因素得分 = \sum (某省分配因素值 / 全国该项分配因素总值 × 相应权重) × 某省财政困难程度系数$$

财政困难程度系数根据中央对地方均衡性转移支付办法确定。

第四章　下达与备案

第十一条 省级科技部门、财政部门每年根据本省科技创新规划和年度工作重点，编制专项资金三年滚动规划，报科技部、财政部审核，并抄送专员办。

三年滚动规划应当包括工作目标、重点任务及项目、组织管理、保障措施等。项目内容应包括实施主体、目标任务、绩效目标、资金规模及结构、支持方式、实施期限等信息。

第十二条　科技部会同财政部对各省份报送的三年滚动规划进行审核，并在 30 日内将审核意见反馈省级科技部门、财政部门。审核的依据有：与国家科技发展规划和科技创新政策的对接情况、设定的区域创新体系建设目标合理性、科技创新资源配置的效率、重大项目的示范引导作用等。省级科技部门、财政部门应当根据审核意见修改完善三年滚动规划。

第十三条　财政部、科技部按本办法规定，于每年 10 月 31 日前提前下达下年度专项资金预计数，全国人民代表大会审查批准中央预算后 90 日内正式下达专项资金预算。

第十四条　省级财政部门、科技部门应当在财政部、科技部下达预算数后 30 日内，将本省专项资金实施方案报财政部、科技部备案，并抄送专员办。实施方案应包括项目安排、支持内容、支持方式、项目绩效目标、组织实施能力与条件、预期社会经济效益等。

当年专项资金实施方案所安排的项目应当在经科技部、财政部审核后的三年滚动规划重点任务及项目范围内。

第十五条　对拟分配到企业的专项资金，省级财政部门、科技部门应当通过官方网站等媒介向社会公示，公示期一般不少于 7 日，公示无异议后方可上报备案并组织实施。

第十六条　专项资金实施方案备案后不得随意调整。如需调整，应当将调整情况及原因报财政部、科技部备案。

第十七条　专项资金支付按照国库集中支付有关规定执行。涉及政府采购的，应当按照政府采购有关法律执行。

第五章　监督与绩效

第十八条　获得专项资金的单位，应当按照国家财务、会计制度的有关规定进行账务处理，严格按规定使用资金，并自觉接受监督检查。

第十九条　省级财政部门、科技部门按照职责分工，加强对项目组织实施的监督检查。

第二十条　财政部、科技部根据专项资金的管理使用情况，适时开展监督检查。专员办按照工作职责和财政部要求，对专项资金预算执行情况进行监管，监管报告定期报送财政部。科技部会同财政部对专项资金管理使用情况组织开展绩效专评。

第二十一条　凡有下列行为之一的，财政部将采取通报批评、停止拨款、收回专项资金等措施，并依照《财政违法行为处罚处分条例》规定处理。对严重违规、违纪、违法犯罪的相关责任主体，按程序纳入科研严重失信行为记录。

（一）编报虚假预算，套取专项资金的；

（二）挤占、截留、挪用专项资金的；

（三）未按照专项资金支持范围使用的；

（四）其他违反国家财经纪律的行为。

第六章　附　　则

第二十二条　本办法由财政部、科技部负责解释。

第二十三条　本办法自印发之日起实施，《中央补助地方科技基础条件专项资金管理办法》（财教〔2012〕396 号）同时废止。

附表：中央引导地方科技发展专项资金分配因素表

附表：

<h3 style="text-align:center">中央引导地方科技发展专项资金分配因素表</h3>

分配因素	指标及权重
地方科研综合能力	区域科研活动量（10%）
	科技条件水平（20%）
	科技资源开放共享水平（10%）
地方创新综合能力	区域创新示范试点推进（10%）
	技术创新平台建设（10%）
	科技创新服务机构培育（10%）
	科技金融创新活动（5%）
	区域技术市场活跃程度（5%）
管理因素	主要根据地方对专项资金三年滚动规划的编制质量、分配的合规性、组织管理水平等情况，结合专员办预算监管报告以及地方落实国家科技改革与发展重大政策情况〔近期主要指落实《促进科技成果转化法》、《国务院关于改进加强中央财政科研项目和资金管理的若干意见》（国发〔2014〕11号）和《国务院印发关于深化中央财政科技计划（专项、基金等）管理改革方案的通知》（国发〔2014〕64号）〕确定（20%）

财政部　科技部关于印发《国家重点研发计划资金管理办法》的通知

2016 年 12 月 30 日　财科教〔2016〕113 号

国务院有关部委、有关直属机构，各省、自治区、直辖市、计划单列市财政厅（局）、科技厅（委、局），新疆生产建设兵团财务局、科技局，有关单位：

　　为了保障国家重点研发计划的组织实施，规范国家重点研发计划资金管理和使用，根据《国务院关于改进加强中央财政科研项目和资金管理的若干意见》（国发〔2014〕11号）、《国务院印发关于深化中央财政科技计划（专项、基金等）管理改革方案的通知》（国发〔2014〕64号）和《中共中央办公厅、国务院办公厅印发〈关于进一步完善中央财政科研项目资金管理等政策的若干意见〉的通知》，以及国家有关财经法规和财务管理制度，我们制定了《国家重点研发计划资金管理办法》。现印发给你们，请遵照执行。

　　附件：国家重点研发计划资金管理办法

附件：

国家重点研发计划资金管理办法

第一章　总　　则

第一条　为规范国家重点研发计划资金管理和使用，提高资金使用效益，根据《国务院关于改进加强中央财政科研项目和资金管理的若干意见》（国发〔2014〕11 号）、《国务院印发关于深化中央财政科技计划（专项、基金等）管理改革方案的通知》（国发〔2014〕64 号）和《中共中央办公厅国务院办公厅印发〈关于进一步完善中央财政科研项目资金管理等政策的若干意见〉的通知》，以及国家有关财经法规和财务管理制度，结合国家重点研发计划管理特点，制定本办法。

第二条 国家重点研发计划由若干目标明确、边界清晰的重点专项组成，重点专项采取从基础前沿、重大共性关键技术到应用示范全链条一体化组织实施方式。重点专项下设项目，项目可根据自身特点和需要下设课题。重点专项实行概预算管理，重点专项项目实行预算管理。

第三条 国家重点研发计划实行多元化投入方式，资金来源包括中央财政资金、地方财政资金、单位自筹资金和从其他渠道获得的资金。中央财政资金支持方式包括前补助和后补助，具体支持方式在编制重点专项实施方案和年度项目申报指南时予以明确。

第四条 本办法主要规范中央财政安排的采用前补助支持方式的国家重点研发计划资金（以下简称"重点研发计划资金"），中央财政后补助支持方式具体规定另行制定。其他来源的资金应当按照国家有关财务会计制度和相关资金提供方的具体使用管理要求，统筹安排和使用。

第五条 重点专项项目牵头承担单位、课题承担单位和课题参与单位（以下简称"承担单位"）应当是在中国大陆境内注册、具有独立法人资格的科研院所、高等院校、企业等。

第六条 重点研发计划资金的管理和使用遵循以下原则：

（一）集中财力，突出重点。重点研发计划资金聚焦重点专项研发任务，重点支持市场机制不能有效配置资源的公共科技活动。注重加强统筹规划，避免资金安排分散重复。

（二）明晰权责，放管结合。政府部门不再直接管理具体项目，委托项目管理专业机构（以下简称"专业机构"）开展重点专项项目资金管理。充分发挥承担单位资金管理的法人责任，完善内控机制建设，提高管理服务水平。

（三）遵循规律，注重绩效。重点研发计划资金的管理和使用，应当体现重点专项组织实施的特点，遵循科研活动规律和依法理财的要求。强化事中和事后监管，完善信息公开公示制度，建立面向结果的绩效评价机制，提高资金使用效益。

第七条 重点研发计划资金实行分级管理、分级负责。财政部、科技部负责研究制定重点研发计划资金管理制度，组织重点专项概算编制和评估，组织开展对重点专项资金的监督检查；财政部按照资金管理制度，核定批复重点专项概预算；专业机构是重点专项资金管理和监督的责任主体，负责组织重点专项项目预算申报、评估、下达和项目财务验收，组织开展对项目资金的监督检查；承担单位是项目资金管理使用的责任主体，负责项目资金的日常管理和监督。

第二章　重点专项概预算管理

第八条 重点专项概算是指对专项实施周期内，专项任务实施所需总费用的事前估算，是重点专项预算安排的重要依据。重点专项概算包括总概算和年度概算。

第九条 专业机构根据重点专项的目标和任务，编报重点专项概算，报财政部、科技部。

第十条 重点专项概算应当同时编制收入概算和支出概算，确保收支平衡。

重点专项收入概算包括中央财政资金概算和其他来源的资金概算。

重点专项支出概算包括支出总概算和年度支出概算。专业机构应当在充分论证、科学合理分解重点专项任务基础上，根据任务相关性、配置适当性和经济合理性的原则，按照任务级次和不同研发阶段编列支出概算。

第十一条 财政部、科技部委托相关机构对重点专项概算进行评估。根据评估结果，结合财力可能，财政部核定并批复重点专项中央财政资金总概算和年度概算。

第十二条 中央财政资金总概算一般不予调整。重点专项任务目标发生重大变化等导致中央财政资金总概算确需调整的，专业机构在履行相关任务调整审批程序后，提出调整申请，经科技部审核后，按程序报财政部审批。总概算不变，重点专项年度间重大任务调整等导致年度概算需要调整的，由专业机构提出申请，经科技部审核后，按程序报财政部审批。

第十三条 专业机构根据核定的概算组织项目预算申报和评估，提出项目安排建议和重点专项中央财政资金预算安排建议，项目安排建议按程序报科技部，预算安排建议按照预算申报程序报财政部。无部门预算申报渠道的专业机构，通过科技部报送。

第十四条 科技部对项目安排建议进行合规性审核。财政部结合科技部意见，按照预算管理要求向专业机构下达重点专项中央财政资金预算（不含具体项目预算），并抄送科技部。

第十五条 重点专项中央财政资金预算一般不予调剂，因概算变化等确需调剂的，由专业机构提出申请，按程序报财政部批准。

第十六条 在重点专项实施周期内，由于年度任务调整等导致专业机构当年未下达给项目牵头承担单位的资金，可以结转下一年度继续使用。由于重点专项因故中止等原因，专业机构尚未下达给项目牵头承担单位的资金，按规定上缴中央财政。

第三章 项目资金开支范围

第十七条 重点专项项目资金由直接费用和间接费用组成。

第十八条 直接费用是指在项目实施过程中发生的与之直接相关的费用。主要包括：

（一）设备费：是指在项目实施过程中购置或试制专用仪器设备，对现有仪器设备进行升级改造，以及租赁外单位仪器设备而发生的费用。应当严格控制设备购置，鼓励开放共享、自主研制、租赁专用仪器设备以及对现有仪器设备进行升级改造，避免重复购置。

（二）材料费：是指在项目实施过程中消耗的各种原材料、辅助材料等低值易耗品的采购及运输、装卸、整理等费用。

（三）测试化验加工费：是指在项目实施过程中支付给外单位（包括承担单位内部独立经济核算单位）的检验、测试、化验及加工等费用。

（四）燃料动力费：是指在项目实施过程中直接使用的相关仪器设备、科学装置等运行发生的水、电、气、燃料消耗费用等。

（五）出版/文献/信息传播/知识产权事务费：是指在项目实施过程中，需要支付的出版费、资料费、专用软件购买费、文献检索费、专业通信费、专利申请及其他知识产权事务等费用。

（六）会议/差旅/国际合作交流费：是指在项目实施过程中发生的会议费、差旅费和国际合作交流费。在编制预算时，本科目支出预算不超过直接费用预算10%的，不需要编制测算依据。承担单位和科研人员应当按照实事求是、精简高效、厉行节约的原则，严格执行国家和单位的有关规定，统筹安排使用。

（七）劳务费：是指在项目实施过程中支付给参与项目的研究生、博士后、访问学者以及项目聘用的研究人员、科研辅助人员等的劳务性费用。

项目聘用人员的劳务费开支标准，参照当地科学研究和技术服务业从业人员平均工资水平，根据其在项目研究中承担的工作任务确定，其社会保险补助纳入劳务费科目开支。劳务费预算应据实编制，不设比例限制。

（八）专家咨询费：是指在项目实施过程中支付给临时聘请的咨询专家的费用。专家咨询费不得支付给参与本项目及所属课题研究和管理的相关工作人员。专家咨询费的管理按照国家有关规定执行。

（九）其他支出：是指在项目实施过程中除上述支出范围之外的其他相关支出。其他支出应当在申请预算时详细说明。

第十九条 间接费用是指承担单位在组织实施项目过程中发生的无法在直接费用中列支的相关费用。主要包括：承担单位为项目研究提供的房屋占用，日常水、电、气、暖消耗，有关管理费用的补助支出，以及激励科研人员的绩效支出等。

第二十条 结合承担单位信用情况，间接费用实行总额控制，按照不超过课题直接费用扣除设备购置费后的一定比例核定。具体比例如下：

（一）500 万元及以下部分为 20%；

（二）超过 500 万元至 1 000 万元的部分为 15%；

（三）超过 1 000 万元以上的部分为 13%。

第二十一条 间接费用由承担单位统筹安排使用。承担单位应当建立健全间接费用的内部管理办法，公开透明、合规合理使用间接费用，处理好分摊间接成本和对科研人员激励的关系。绩效支出安排应当与科研人员在项目工作中的实际贡献挂钩。

课题中有多个单位的，间接费用在总额范围内由课题承担单位与参与单位协商分配。承担单位不得在核定的间接费用以外，再以任何名义在项目资金中重复提取、列支相关费用。

第四章　项目预算编制与审批

第二十二条 重点专项项目预算由收入预算与支出预算构成。项目预算由课题预算汇总形成。

（一）收入预算包括中央财政资金和其他来源资金。对于其他来源资金，应充分考虑各渠道的情况，并提供资金提供方的出资承诺，不得使用货币资金之外的资产或其他中央财政资金作为资金来源。

（二）支出预算应当按照资金开支范围确定的支出科目和不同资金来源分别编列，并对各项支出的主要用途和测算理由等进行详细说明。

第二十三条 重点专项项目不得在预算申报前先行设置控制额度，可在重点专项年度申报指南中公布重点专项概算。

项目实行两轮申报的，预申报环节时，项目申报单位提出所需专项资金预算总额；正式申报环节时，专业机构综合考虑重点专项概算、项目任务设置、预申报情况以及专家建议等，组织项目申报单位编报预算。

项目实行一轮申报的，按照正式申报环节要求组织编报预算。

第二十四条 项目申报单位应当按照政策相符性、目标相关性和经济合理性原则，科学、合理、真实地编制预算，对仪器设备购置、参与单位资质及拟外拨资金进行重点说明，并申明现有的实施条件和从单位外部可能获得的共享服务。项目申报单位对直接费用各项支出不得简单按比例编列。

第二十五条 专业机构委托相关机构开展项目预算评估。预算评估机构应当具有丰富的国家科技计划预算评估工作经验、熟悉国家科技计划和资金管理政策、建立了相关领域的科技专家队伍支撑、拥有专业的预算评估人才队伍等。

第二十六条 预算评估应当按照规范的程序和要求，坚持独立、客观、公正、科学的原则，对项目以及课题申报预算的政策相符性、目标相关性和经济合理性进行评估。

预算评估过程中不得简单按比例核减直接费用预算，同时应当建立健全与项目申报单位的沟通反馈机制。

第二十七条 专业机构根据预算评估结果，提出重点专项项目预算安排建议，并予以公示。

第二十八条 专业机构根据财政部下达的重点专项预算和科技部对项目安排建议的审核意见，向项目牵头承担单位下达重点专项项目预算，并与项目牵头承担单位签订项目任务书（含预算）。

项目任务书（含预算）是项目和课题预算执行、财务验收和监督检查的依据。项目任务书（含预算）应以项目预算申报书为基础，突出绩效管理，明确项目考核目标、考核指标及考核方法，明晰各方责权，明确课题承担单位和参与单位的资金额度，包括其他来源资金和其他配套条件等。

第五章　项目预算执行与调剂

第二十九条 专业机构应当按照国库集中支付制度规定，及时办理向项目牵头承担单位支付年度项目资金的有关手续。实行部门预算批复前项目资金预拨制度。

项目牵头承担单位应当根据课题研究进度和资金使用情况，及时向课题承担单位拨付资金。课题承担单位应当按照研究进度，及时向课题参与单位拨付资金。课题参与单位不得再向外转拨资金。

逐级转拨资金时，项目牵头承担单位或课题承担单位不得无故拖延资金拨付，对于出现上述情况的单位，专业机构将采取约谈、暂停项目后续拨款等措施。

第三十条 承担单位应当严格执行国家有关财经法规和财务制度，切实履行法人责任，建立健全项目资金内部管理制度和报销规定，明确内部管理权限和审批程序，完善内控机制建设，强化资金使用绩效评价，确保资金使用安全规范有效。

第三十一条 承担单位应当建立健全科研财务助理制度，为科研人员在项目预算编制和调剂、资金支出、财务决算和验收方面提供专业化服务。

第三十二条 承担单位应当将项目资金纳入单位财务统一管理，对中央财政资金和其他来源的资金分别单独核算，确保专款专用。按照承诺保证其他来源的资金及时足额到位。

第三十三条 承担单位应当建立信息公开制度，在单位内部公开项目立项、主要研究人员、资金使用（重点是间接费用、外拨资金、结余资金使用等）、大型仪器设备购置以及项目研究成果等情况，接受内部监督。

第三十四条 承担单位应当严格执行国家有关支出管理制度。对应当实行"公务卡"结算的支出，按照中央财政科研项目使用公务卡结算的有关规定执行。对于设备费、大宗材料费和测试化验加工费、劳务费、专家咨询费等，原则上应当通过银行转账方式结算。对野外考察、心理测试等科研活动中无法取得发票或者财政性票据的，在确保真实性的前提下，可按实际发生额予以报销。

第三十五条 承担单位应当严格按照资金开支范围和标准办理支出，不得擅自调整外拨资金，不得利用虚假票据套取资金，不得通过编造虚假劳务合同、虚构人员名单等方式虚报冒领劳务费和专家咨询费，不得通过虚构测试化验内容、提高测试化验支出标准等方式违规开支测试化验加工费，不得随意调账变动支出、随意修改记账凭证，严禁以任何方式使用项目资金列支应当由个人负担的有关费用和支付各种罚款、捐款、赞助、投资等。

第三十六条 承担单位应当按照下达的预算执行。项目在研期间，年度剩余资金结转下一年度继续使用。预算确有必要调剂时，应当按照以下调剂范围和权限，履行相关程序：

（一）项目预算总额调剂，项目预算总额不变、课题间预算调剂，课题预算总额不变、课题参与单位之间预算调剂以及增减参与单位的，由项目牵头承担单位或课题承担单位逐级向专业机构提出申请，专业机构审核评估后，按有关规定批准。

（二）课题预算总额不变，课题直接费用中材料费、测试化验加工费、燃料动力费、出版/文献/信息传播/知识产权事务费、其他支出预算如需调剂，课题负责人根据实施过程中科研活动的实际需要提出申请，由课题承担单位批准，报项目牵头承担单位备案。设备费、差旅/会议/国际合作交流费、劳务费、专家咨询费的预算一般不予调增，需调减用于课题其他直接支出的，可按上述程序办理调剂审批手续；如有特殊情况确需调增的，由项目（课题）负责人提出申请，经项目牵头承担单位同意后，报专业机构批准。

（三）课题间接费用预算总额不得调增，经课题承担单位与课题负责人协商一致后，可以调减用于直接费用。

第三十七条 项目牵头承担单位应当在每年的 4 月 20 日前，审核课题上年度收支情况，汇总形成项目年度财务决算报告，并报送专业机构。决算报告应当真实、完整、账表一致。

项目资金下达之日起至年度终了不满三个月的项目，当年可以不编报年度财务决算，其资金使用情况在下一年度的年度决算报告中编制反映。

第三十八条 项目实施过程中，行政事业单位使用中央财政资金形成的固定资产属于国有资产，应当按照国家有关国有资产管理的规定执行。企业使用中央财政资金形成的固定资产，按照《企业财务通则》等相关规章制度执行。

承担单位使用中央财政资金形成的知识产权等无形资产的管理，按照国家有关规定执行。

使用中央财政资金形成的大型科学仪器设备、科学数据、自然科技资源等，按照规定开放共享。

第三十九条　项目或课题因故撤销或终止，项目牵头承担单位或课题承担单位财务部门应当及时清理账目与资产，编制财务报告及资产清单，报送专业机构。专业机构组织清查处理，确认并回收结余资金（含处理已购物资、材料及仪器设备的变价收入），统筹用于重点专项后续支出。

第六章　项目财务验收

第四十条　项目执行期满后，项目牵头承担单位应当及时组织课题承担单位清理账目与资产，如实编制课题资金决算。项目牵头承担单位审核汇总后向专业机构提出财务验收申请。

财务验收申请应当在项目执行期满后的三个月内提出。

第四十一条　专业机构按照有关规定组织财务验收。财务验收前，应当选择符合要求的会计师事务所进行财务审计，财务审计报告是财务验收的重要依据。

财务验收工作应当在项目牵头承担单位提出财务验收申请后的六个月内完成。

在财务验收前，专业机构应按照项目任务书的规定检查承担单位的科技报告呈交情况，未按规定呈交的，应责令其补交科技报告。

第四十二条　财务验收应当按项目组织，以项目下设的课题为单元开展和出具财务验收结论，综合形成项目财务验收意见，并告知项目牵头承担单位。

第四十三条　存在下列行为之一的，不得通过财务验收：

（一）编报虚假预算，套取国家财政资金；

（二）未对重点研发计划资金进行单独核算；

（三）截留、挤占、挪用重点研发计划资金；

（四）违反规定转拨、转移重点研发计划资金；

（五）提供虚假财务会计资料；

（六）未按规定执行和调剂预算；

（七）虚假承诺其他来源的资金；

（八）资金管理使用存在违规问题拒不整改；

（九）其他违反国家财经纪律的行为。

第四十四条　课题承担单位应当在财务验收完成后一个月之内及时办理财务结账手续。

完成课题任务目标并通过财务验收，且承担单位信用评价好的，结余资金在财务验收完成起两年内由承担单位统筹安排用于科研活动的直接支出；两年后结余资金未使用完的，上缴专业机构，统筹用于重点专项后续支出。

未通过财务验收或整改后通过财务验收的课题，或承担单位信用评价差的，结余资金由专业机构收回，统筹用于重点专项后续支出。

第四十五条　专业机构应当在财务验收完成后一个月内，将财务验收相关材料整理归档，并将验收结论报科技部备案。验收结论应当按规定向社会公开。

第四十六条　科技部对财务审计和财务验收进行随机抽查。对财务审计，重点抽查审计依据充分性、结论可靠性、审计工作质量及对重大违规问题的披露情况；对财务验收，重点抽查验收程序规范性、依据充分性、结论可靠性和项目结余资金管理情况。

第七章　监督检查

第四十七条　财政部、科技部、相关主管部门、专业机构和承担单位应当根据职责和分工，建立覆盖资金管理使用全过程的资金监督检查机制。监督检查应当加强统筹协调，加强信息共享，避免交叉重复。

第四十八条 科技部、财政部应当根据重点研发计划资金监督检查年度计划和实施方案，通过专项检查、专项审计、年度报告分析、举报核查、绩效评价等方式，对专业机构内部管理、重点专项资金管理使用规范性和有效性进行监督检查，对承担单位法人责任和内部控制、项目资金拨付的及时性、项目资金管理使用规范性、安全性和有效性等进行抽查。

第四十九条 相关主管部门应当督促所属承担单位加强内控制度和监督制约机制建设、落实重点专项项目资金管理责任，配合财政部、科技部开展监督检查和整改工作。

第五十条 专业机构应当组织开展对重点专项资金的管理和监督，并配合有关部门开展监督检查；对监督检查中发现问题较多的承担单位，采取警示、指导和培训等方式，加强对承担单位的事前风险预警和防控。

专业机构应当在每年末总结当年的重点专项资金管理和监督情况，并报科技部备案。

第五十一条 承担单位应当按照本办法和国家相关财经法规及财务管理规定，完善内部控制和监督制约机制，加强支撑服务条件建设，提高对科研人员的服务水平，建立常态化的自查自纠机制，保证项目资金安全。

项目牵头承担单位应当加强对课题承担单位的指导和监督，积极配合有关部门和机构的监督检查工作。

第五十二条 承担单位在预算编报、资金拨付、资金管理和使用、财务验收、监督检查等环节存在违规行为的，应当严肃处理。科技部、财政部、专业机构视情况轻重采取约谈、通报批评、暂停项目拨款、终止项目执行、追回已拨资金、阶段性或永久取消项目承担者项目申报资格等措施，并将有关结果向社会公开。涉嫌犯罪的，移送司法机关处理。

监督检查和验收过程中发现重要疑点和线索需要深入核查的，科技部、财政部可以移交相关单位的主管部门。主管部门应当按照有关规定和要求及时进行核查，并将核查结果及处理意见反馈科技部、财政部。

第五十三条 经本办法第五十二条规定作出正式处理，存在违规违纪和违法且造成严重后果或恶劣影响的责任主体，纳入科研严重失信行为记录，加强与其他社会信用体系衔接，实施联合惩戒。

第五十四条 重点研发计划资金管理实行责任倒查和追究制度。财政部、科技部及其相关工作人员在重点专项概预算审核下达，专业机构及其相关工作人员在重点专项项目资金分配等环节，存在违反规定安排资金或其他滥用职权、玩忽职守、徇私舞弊等违法违纪行为的，按照《中华人民共和国预算法》、《中华人民共和国公务员法》、《中华人民共和国行政监察法》、《财政违法行为处罚处分条例》等有关规定追究相关单位和人员的责任，涉嫌犯罪的，移送司法机关处理。

第五十五条 科技部、财政部按照信用管理相关规定，对专业机构、承担单位、项目（课题）负责人、评估机构、会计师事务所、咨询评审专家等参与资金管理使用的行为进行记录和信用评价。

相关信用记录是重点研发计划项目预算核定、结余资金管理、监督检查、专业机构遴选和调整等的重要依据。信用记录与资金监督频次挂钩，对于信用好的机构和人员，可减少或在一定时期内免除监督检查；对于信用差的，应当作为监督检查的重点，加大监督检查频次。

第八章　附　　则

第五十六条 管理要求另有规定的重点专项按有关规定执行。

第五十七条 本办法自发布之日起施行。2015 年 7 月 7 日财政部、科技部颁布的《关于中央财政科技计划管理改革过渡期资金管理有关问题的通知》（财教〔2015〕154 号）和 2016 年 4 月 18 日财政部办公厅、科技部办公厅颁布的《关于国家重点研发计划重点专项预算管理有关规定（试行）的通知》（财办教〔2016〕25 号）同时废止。

省委办公厅　省政府办公厅印发《关于完善财政科研项目资金管理政策的实施意见》的通知

2016 年 12 月 28 日　鲁办发〔2016〕71 号

各市党委和人民政府，省委和省政府各部门（单位），各人民团体，各高等院校：

《关于完善财政科研项目资金管理政策的实施意见》已经省委、省政府同意，现印发给你们，请结合实际认真贯彻执行。

附件：关于完善财政科研项目资金管理政策的实施意见

附件：

关于完善财政科研项目资金管理政策的实施意见

为认真贯彻落实《中共中央办公厅、国务院办公厅印发〈关于进一步完善中央财政科研项目资金管理等政策的若干意见〉的通知》（中办发〔2016〕50 号）精神，完善财政科研项目资金管理政策，现结合我省实际，提出如下实施意见。

一、总体要求和基本原则

（一）总体要求

全面贯彻党的十八大和十八届三中、四中、五中、六中全会及全国科技创新大会精神，深入贯彻习近平总书记系列重要讲话精神，认真落实省委、省政府关于深化科技体制改革加快创新发展的战略部署，进一步推进简政放权、放管结合、优化服务，改革和创新科研项目资金使用和管理方式，充分激发广大科研人员的积极性、创造性，加快形成充满活力的科技管理和运行机制，为我省加快实施创新驱动发展战略提供有力保障。

（二）基本原则

坚持以人为本。以调动科研人员积极性和创造性为出发点和落脚点，强化激励机制，加大激励力度，激发创新创造活力。

坚持遵循规律。按照科研活动规律和财政预算管理要求，完善管理政策，优化管理流程，改进管理方式，适应科研活动实际需要。

坚持"放管服"结合。进一步简政放权、放管结合、优化服务，赋予高等院校、科研院所更大自主权，为科研人员潜心研究营造良好环境。同时，加强事中事后监管，严肃查处违纪违法问题。

坚持政策落实落地。细化实化政策规定，加强督查，狠抓落实，打通政策执行中的"堵点"，增强科研人员改革的成就感和获得感。

二、改进科研项目资金管理

（一）简化项目预算编制。根据科研活动规律和特点，改进预算编制方法，对符合条件的科研项目，可实行部门预算批复前资金预拨。简化预算编制科目，合并会议费、差旅费、国际合作与交流费科目，由科研人员结合科研活动实际需要编制预算并按规定统筹安排使用，其中不超过直接费用10%的，不需提供预算测算依据。

（二）下放预算调剂权限。在项目总预算不变的情况下，直接费用中的材料费、测试化验加工费、燃料动力费、出版/文献/信息传播/知识产权事务费及其他支出的预算调剂由项目承担单位负责。

（三）改变项目资金支付方式。科技部门要做好项目立项和预算执行的衔接，会同财政部门及时批复项目和预算。取消科研项目资金财政直接支付管理方式，实行财政授权支付。项目主管部门和单位结合项目实施和资金使用进度，及时办理资金支付。

（四）改进项目结转结余资金留用处理方式。项目实施期间，年度剩余资金可结转下一年度继续使用。项目完成任务目标并通过验收后，结余资金按规定留归项目承担单位继续使用，在2年内由项目承担单位统筹安排用于科研活动的直接支出；2年后仍未使用完的，按规定收回。

（五）扩大劳务费开支范围。劳务费预算不设比例限制，由项目承担单位和科研人员据实编制。参与项目研究的研究生、博士后、访问学者以及项目聘用的研究人员、科研辅助人员等的劳务费，均可在项目经费中开支。项目聘用人员劳务费开支标准，可根据当地科学研究、技术服务业从业人员平均工资水平和其在项目研究中承担的工作任务确定，其社会保险补助纳入劳务费科目列支。

（六）提高间接费用比重。间接费用核定比例可以提高到不超过直接费用扣除设备购置费的一定比例：500万元以下的部分为20%，500万元至1 000万元的部分为15%，1 000万元以上的部分为13%。

（七）取消绩效支出比例限制。加大对科研人员的激励力度，取消绩效支出占间接费用比例限制。项目承担单位在统筹安排间接费用时，应处理好合理分摊间接成本和对科研人员激励的关系，绩效支出安排与科研人员在项目工作中的实际贡献挂钩。

（八）自主规范管理横向经费。项目承担单位以接受委托、利用社会资金开展技术攻关、提供科技服务等市场委托方式取得的横向经费，签订委托合同，纳入单位财务统一管理，由项目承担单位按照委托方要求或合同约定管理使用。

三、赋予高等院校、科研院所更大自主权

（一）下放差旅费、会议费、咨询费管理权限。高等院校、科研院所可根据教学、科研等活动实际需要，按照精简高效、厉行节约的原则，研究制定差旅费、会议费、咨询费管理办法，合理确定教学科研人员乘坐交通工具等级和住宿费标准，会议次数、天数、人数和会议费开支范围、标准，以及咨询费开支标准。对于难以取得住宿费发票的，在确保真实性的前提下，据实报销城市间交通费，并按规定标准发放伙食补助费和市内交通费。对于因工作需要，邀请国内外专家、学者和有关人员参加会议，确需负担的城市间交通费、国际旅费，可由主办单位在会议费等费用中报销。

（二）对教学科研人员因公临时出国实行区别管理。高等院校、科研院所教学科研人员因公临时出国开展教育教学活动、科学研究、学术访问、出席重要国际学术会议以及执行国际学术组织履职任务等学术交流合作任务，单位与个人的出国批次数、团组人数、在外停留天数根据实际需要安排。教学科研人员出国开展学术交流合作年度计划由各高等院校、科研院所负责管理，并按外事审批权限报备，不列入国家工作人员因公临时出国批次限量管理范围。对科研经费中列支的国际学术交流费用管理区别于一般出国经费，可根据预算据实安排。

（三）简化科研仪器设备政府采购管理。高等院校、科研院所可自行采购科研仪器设备，自行选择科研仪器设备评审专家。在政府采购预算内，高等院校、科研院所可根据需要自主调整采购项目。采购进口仪器设备由审批制改为备案制管理，落实进口科研教学用品免税政策。项目承担单位应制定科研仪器设备采购管理规范，切实做到公开透明、便捷高效、可追溯。

（四）扩大基本建设项目自主权。对于利用自有资金、不申请政府投资的科研基本建设项目，由高等院校、科研院所自主决策，报投资主管部门备案，不再进行审批。高等院校、科研院所主管部门应指导高等院校、科研院所编制五年建设规划，对列入规划的基本建设项目不再审批项目建议书。简化基本建设项

目城乡规划、用地以及环评、能评等审批手续，缩短审批周期。

（五）鼓励科技成果转移转化。落实高等院校、科研院所科技成果转化收益自主处置有关政策。对高等院校、科研院所建立的科技成果转移转化机构，各级政府应给予政策和资金支持。鼓励高等院校、科研院所对科研仪器设备购置、科技成果转移转化开展社会融资。

四、提升科研项目资金管理服务水平

（一）健全政府科技决策工作机制。完善科技工作重大问题沟通机制，科技部门要加强科技发展优先领域、重点任务、重大项目等方面的统筹协调。建设高水平科技智库，健全由技术专家、企业家、科研人员和政府部门共同参与的科技决策及论证机制，提升重大科技决策的科学性。

（二）拓展财政科研经费投入渠道。发挥财政政策的杠杆效应和导向作用，引导民间资本开展科技创新创业。积极推广政府和社会资本合作（PPP）、科技贷款风险补偿等模式在科技领域的应用。加大政府股权引导基金支持科技创新力度，推动更多具有重大价值的科技成果转化应用。创新自然科学基金管理机制，通过接受社会捐赠、与社会机构共同设立联合基金等方式，拓宽基础研究投入渠道。

（三）优化财政科技资金投入结构与方式。对需要长期投入的基础研究、原始创新和公益性科技事业以及共性关键技术研究，注重定向委托和竞争性选择相结合，以无偿资助方式给予持续稳定支持。对市场导向明确的技术创新项目，注重发挥市场配置技术创新资源的导向作用，综合运用股权投资、风险补偿、贷款贴息等资助方式予以支持。对符合条件的科研项目，鼓励通过自主选题，开展前瞻性、储备性研究。

（四）创新财务服务方式。建立健全科研财务助理制度，为科研人员在项目预算编制和调剂、经费支出、财务决算和验收等方面提供专业化服务。聘请科研财务助理所需费用，可由项目承担单位根据情况通过科研项目资金等渠道解决。充分利用信息化手段，建立单位内部科研、财务部门和项目负责人共享的信息平台，提高科研管理效率。制定符合科研实际需要的内部报销规定，切实解决野外考察、心理测试等科研活动中无法取得发票或财政性票据，以及邀请外国专家来华参加学术交流发生费用等报销问题。

（五）强化项目法人责任。项目承担单位是科研项目实施和科研经费管理使用的责任主体，应切实履行在项目申请、组织实施、验收和资金使用等方面的管理职责，强化自我约束和自我规范，确保接得住、管得好。加强预算审核把关，规范财务支出行为，完善内部风险防控机制，强化项目绩效目标管理和资金使用绩效评价，保障资金使用安全规范有效。落实科技报告制度，按规定及时向项目主管部门提交科技报告。实行内部公开制度，主动公开项目预算、预算调剂、资金使用（重点是间接费用、外拨资金、结余资金使用）、研究成果等情况，让项目单位和科研人员取得放心、用得安心。

（六）加强督查指导。财政部门、科技部门要对本意见贯彻落实情况适时组织督促检查，并将督查结果纳入信用管理，与间接费用核定、结余资金留用等挂钩。科技部门、项目主管部门要加快清理规范与科研项目有关的各种检查评审，推进检查结果共享，减少检查数量，避免重复检查、多头检查、过度检查。审计机关要依法开展对政策措施落实情况和科研项目资金的审计监督。对发现的违规违纪违法问题，有关部门要按照有关规定严肃查处。

本意见发布之日起 3 个月内，项目主管部门应制定出台相关实施方案，并督促指导所属单位完善内部管理。高等院校、科研院所应制定出台差旅费、会议费、咨询费等相关内部管理制度，项目承担单位应制定或修订科研项目资金内部管理制度。

省财政厅、省社科类科研项目主管部门要根据中央级社科类科研项目资金管理办法规定，结合社会科学研究的规律和特点，参照本意见另行制定我省社科类科研项目资金管理办法。

各地要结合实际，加快推进科研项目资金管理改革等各项工作。

此前有关文件规定与本意见不一致的，以本意见为准。

省财政厅　省科学技术厅关于印发《山东省支持培育科技成果转移转化服务机构补助资金管理暂行办法》的通知

2016 年 9 月 7 日　鲁财教〔2016〕44 号

各市财政局、科技局，省财政直接管理县（市）财政局、科技局，省直有关部门，各高等院校、科研院所，各有关单位：

现将《山东省支持培育科技成果转移转化服务机构补助资金管理暂行办法》印发给你们，请遵照执行。

附件：山东省支持培育科技成果转移转化服务机构补助资金管理暂行办法

附件：

山东省支持培育科技成果转移转化服务机构补助资金管理暂行办法

第一条　为培育和壮大我省科技成果转移转化服务机构（以下简称"服务机构"），加快推进技术转移、科技成果转化产业化，根据省政府《推动资本市场发展和重点产业转型升级财政政策措施》（鲁政发〔2016〕20 号）规定，结合我省实际，制定本办法。

第二条　本办法所称服务机构是指在省内从事科技咨询、技术评估、技术转移、成果转化等专业化服务活动的独立法人机构或高校、科研院所内设机构。

第三条　鼓励、支持高校、科研院所以各种形式建立或引进各类服务机构，开展科技成果转移转化活动。

鼓励、支持高校、科研院所与科技类社团组织、社会化专业技术转移服务机构合作，发挥学科、人才、信息等优势，建立转移转化服务机构联盟，开展科技成果转移转化活动。

第四条　鼓励服务机构加入省科技成果转化服务平台，以备案形式申请纳入省级服务机构范围。

第五条　省级服务机构一般应具备以下条件：

（一）独立法人机构应已在省内注册，且主要从事科技成果转移转化专业活动，高校、科研院所内设机构应具有开展科技成果转移转化的能力；

（二）机构成立 1 年以上，具有不少于 3 人的专职服务团队；

（三）有明确的科技服务流程、健全的内部管理体系；

（四）具有开展业务所需要的办公条件和设施；

（五）经营状况良好，独立法人机构上年度科技成果转移转化主营业务收入不低于 30 万元，促成技术交易额不低于 500 万元；高校、科研院所内设机构上年度促成技术交易额不低于 500 万元或促成 5 项以上科技成果转化；

（六）信誉良好。

第六条　申请备案服务机构应于每年 2 月底前向所在地设区的市科技局或省直主管部门提报申请备案材料及相关证明资料。各市科技局和省直主管部门应于每年 3 月 31 日前按规定严格审查备案材料，择优推荐符合条件、业绩突出的服务机构纳入省级服务机构备案范围。

第七条　省科技厅负责对申请备案材料进行复核，并在省科技成果转化服务平台进行备案公示（公示期为五个工作日）。公示期满无异议的，纳入省级服务机构范围。

第八条 省级服务机构应于每年 3 月 31 日前，向省科技厅、省财政厅报送上年度科技成果转化统计报告和工作总结。

第九条 对促成不低于 5 项我省高校和科研院所科技成果在省内转化，年度技术合同成交额在 2 000 万元以上的省级服务机构，省级财政按照合同成交额的 1.5% 给予补助，最多不超过 50 万元。同一项目多次转让，仅就增值部分给予补助；同一项技术转移活动仅补助一次。

符合条件的省级服务机构应于每年 2 月底前，将上年度技术合同登记、技术交易凭证等有关证明材料以及补助资金申请报告报送省科技厅。省科技厅审核汇总后，省财政厅按照规定下达和拨付补助资金。

第十条 受托承担省重大科技成果转化任务、进入示范性国家技术转移机构范围的服务机构，省级财政一次性给予最高 600 万元的奖励。

第十一条 省科技厅、省财政厅组织对省级服务机构开展年度考核，对年度考评为优秀的，认定为省科技成果转移转化示范机构，并优先推荐国家技术转移示范机构、示范性国家技术转移机构。对首次认定为省科技成果转移转化示范机构的服务机构，省级财政一次性给予每家 20 万元经费补助。

第十二条 省科技厅、省财政厅组织对省科技成果转移转化示范机构开展定期评估（评估周期为两年），对定期评估结果为优秀的，省级财政给予每家 30 万元经费补助。对省内国家技术转移示范机构，根据国家考核评价结果，对考评结果为优秀的，省级财政给予每家 50 万元经费补助。

第十三条 补助经费主要用于服务机构开展科技成果转移转化服务条件建设、业务培训，以及举办科技成果推介会等相关活动支出。

第十四条 鼓励服务机构聘用技术经理人充实人员结构，强化服务基础和手段，完善服务功能，拓展服务领域，不断提高为科技成果转移转化提供服务和支撑的能力。

第十五条 省科技厅负责制定补助资金绩效目标，组织做好绩效自评工作。省财政厅会同省科技厅组织开展绩效评价。

第十六条 获得补助资金的服务机构要切实加强对补助资金的使用管理，自觉接受财政、审计等部门的监督检查，严格执行财务规章制度和会计核算办法。

第十七条 省财政厅、省科技厅根据有关规定，对补助资金使用情况进行监督检查。

第十八条 补助资金管理实行责任追究机制。对弄虚作假、截留、挪用、挤占、骗取补助资金等行为，按照《中华人民共和国预算法》《财政违法行为处罚处分条例》（国务院令第 427 号）等有关规定进行处理，并依法追究有关单位及其相关人员责任。

第十九条 省级服务机构年度考核办法和省科技成果转移转化示范机构定期评估办法，由省科技厅、省财政厅另行制定。

第二十条 各市可参照本办法，研究制定本地支持培育服务机构发展资金补助管理办法。在青岛市注册的独立法人服务机构以及青岛市属高校和科研院所内设服务机构不纳入补助范围。

第二十一条 本办法由省财政厅、省科技厅负责解释。

第二十二条 本办法自 2016 年 11 月 1 日起施行，有效期至 2018 年 10 月 31 日。

省财政厅关于印发《山东省医学科学院医药卫生科技创新工程经费管理办法》的通知

2016 年 9 月 9 日　鲁财教〔2016〕45 号

山东省医学科学院：

现将《山东省医学科学院医药卫生科技创新工程经费管理办法》印发给你们，请遵照执行。

附件：山东省医学科学院医药卫生科技创新工程经费管理办法

附件：

山东省医学科学院医药卫生科技创新工程经费管理办法

第一条　为加强和规范山东省医学科学院医药卫生科技创新工程经费（以下简称"工程经费"）管理，提高财政资金使用效益，根据国家和省有关规定，结合工作实际，制定本办法。

第二条　本办法所称工程经费，是指由省级财政预算安排，专门用于山东省医学科学院实施医药卫生科技创新工程的资金，重点支持基础医学与成果转化创新、疾病预防控制创新、临床诊疗技术创新和医学信息与管理创新等方面。

第三条　工程经费使用管理坚持"科学安排、择优支持、鼓励竞争、规范使用、厉行节约、注重绩效"的原则。

第四条　工程经费支出主要由科研平台建设支出、人才引进培养支出、创新工程研究支出、绩效支出以及其他支出部分构成。具体包括：

（一）科技平台建设支出。主要是开展创新工程发生的科研平台建设费、设备购置费、信息网络建设等改善研发条件的支出。

（二）人才引进培养支出。主要是开展创新工程发生的人才引进费、培训费、外聘人员经费、高层次人才配套经费等支出。

（三）创新工程研究支出。主要是开展创新工程发生的与科学研究直接相关的试剂材料费、测试化验加工费、燃料动力费、差旅费、学术会议费、国际合作与交流费、文献及知识产权事务费、专家咨询费、劳务费等科研活动支出。

（四）绩效支出。主要是开展创新工程发生的绩效支出，属于科研成本性支出，根据获得创新经费总量及团队的成效和资金使用情况适时调整。

（五）其他支出。主要是开展创新工程发生的除上述费用之外的其他支出。

第五条　山东省医学科学院根据创新任务计划和项目周期，科学合理编制预算方案和具体开支计划，规范支出范围，明确执行标准，着力提高资金使用效益。对跨年度实施的项目，要分年度安排资金预算，当年按照年度预算落实项目任务。

第六条　项目承担单位应严格按照项目计划确定的建设内容和目标实施项目，不得擅自变更项目内容或调整投资，确需变更或调整的，应按规定程序实施。

第七条　与外单位联合开展课题研究，需要外拨工程经费的，应签订合作合同，并明确科研任务和开支计划，加强资金有效监管。

第八条　工程经费实行专账管理。各资金使用单位要建立健全内部控制制度，确保专款专用。

第九条　工程经费使用管理中涉及政府采购、政府购买服务、国有资产、结余结转等问题，严格按照有关规定执行。

第十条　工程经费实行绩效目标管理。编报年度预算时，应向省财政厅报送工程经费绩效目标，作为绩效评价的依据。年度预算执行终了，应对工程经费使用效果进行绩效评价，并将评价报告报省财政厅。省财政厅对绩效评价结果予以核查，并将评价结果作为安排以后年度工程经费的重要依据。

第十一条　山东省医学科学院应根据本办法制定相应工程经费管理办法，保证经费使用管理科学、规范、高效。

第十二条　山东省医学科学院应按规定在一定范围内公开工程经费管理等相关制度，以及经费使用等情况，并接受财政、审计等部门监督检查。

第十三条　工程经费使用管理应严格遵守财政、财务规章制度和财经纪律。对经费使用管理过程中出现的违法违规行为，严格按照《中华人民共和国预算法》《财政违法行为处罚处分条例》（国务院令第427号）等有关规定进行处理，并依法追究有关单位及相关人员责任。

第十四条　本办法由省财政厅负责解释。

第十五条　本办法自 2016 年 11 月 1 日起施行，有效期至 2020 年 12 月 31 日。

省财政厅关于印发《山东省科学院科技创新工程经费管理办法》的通知

2016 年 9 月 22 日　鲁财教〔2016〕50 号

山东省科学院：

现将《山东省科学院科技创新工程经费管理办法》印发给你们，请遵照执行。

附件：山东省科学院科技创新工程经费管理办法

附件：

山东省科学院科技创新工程经费管理办法

第一条　为加强和规范山东省科学院科技创新工程经费（以下简称"工程经费"）管理，提高财政资金使用效益，根据国家和省有关规定，结合工作实际，制定本办法。

第二条　本办法所称工程经费，是指由省级财政预算安排，专门用于山东省科学院实施科技创新工程的资金，重点支持信息技术、海洋技术、生物技术与医药、智能制造与新材料、新能源与环境技术创新和科技战略咨询等方面。

第三条　工程经费使用管理坚持"科学安排、择优支持、鼓励竞争、规范使用、厉行节约、注重绩效"的原则。

第四条　工程经费支出主要由科研平台建设支出、人才引进培养支出、创新工程研究支出、绩效支出以及其他支出构成。具体包括：

（一）科研平台建设支出。主要是开展科技创新工程发生的科研平台建设费、设备购置费、信息网络建设等改善研发条件的支出。

（二）人才引进培养支出。主要是开展科技创新工程发生的人才引进费、培训费、外聘人员经费、高层次人才配套经费等支出。

（三）创新工程研究支出。主要是开展科技创新研究和科技智库研究发生的设备费、材料费、测试化验加工费、外协费、燃料动力费、差旅费、学术会议费、国际合作与交流费、文献/数据库及知识产权事务费、专家咨询费、劳务费、宣传推介费等活动支出。

（四）绩效支出。主要是开展科技创新工程发生的绩效支出，属于科研成本性支出，根据获得创新经费总量及团队的成效和资金使用情况适时调整。

（五）其他支出。主要是开展科技创新工程发生的除上述费用之外按相关规定准予列支的支出。

第五条　山东省科学院根据科技创新任务计划和项目周期，科学合理编制预算方案和具体开支计划，规范支出范围，明确执行标准，着力提高资金使用效益。对跨年度实施的项目，要分年度安排资金预算，当年按照年度预算落实项目任务。

第六条　项目承担单位应严格按照项目计划确定的建设内容和目标实施项目，不得擅自变更项目内容或调整投资，确需变更或调整的，应按规定程序实施。

第七条　与外单位联合开展课题研究，需要外拨工程经费的，应签订合作合同，并明确科研任务和开支计划，加强资金有效监管。

第八条　工程经费实行专账管理。各资金使用单位要建立健全内部控制制度，确保专款专用。

第九条　工程经费使用管理中涉及政府采购、政府购买服务、国有资产、结余结转等问题，严格按照有关规定执行。

第十条　工程经费实行绩效目标管理。编报年度预算时，应向省财政厅报送工程经费绩效目标，作为绩效评价的依据。年度预算执行终了，应对工程经费使用效果进行绩效评价，并将评价报告报省财政厅。省财政厅对绩效评价结果予以核查，并将评价结果作为安排以后年度工程经费的重要依据。

第十一条　山东省科学院应根据本办法制定相应工程经费管理办法，保证经费使用管理科学、规范、安全、高效。

第十二条　山东省科学院应按规定在一定范围内公开工程经费管理等相关制度，以及经费使用等情况，并接受财政、审计等部门监督检查。

第十三条　工程经费使用管理应严格遵守财政、财务规章制度和财经纪律。对经费使用管理过程中出现的违法违规行为，严格按照《中华人民共和国预算法》《财政违法行为处罚处分条例》（国务院令第427号）等有关规定进行处理，并依法追究有关单位及相关人员责任。

第十四条　本办法由省财政厅负责解释。

第十五条　本办法自 2016 年 10 月 23 日起施行，有效期至 2020 年 12 月 31 日。

省财政厅　省科学技术厅关于印发《山东半岛国家自主创新示范区发展建设资金管理办法》的通知

2016 年 11 月 2 日　鲁财教〔2016〕60 号

济南、青岛、淄博、烟台、潍坊、威海市财政局、科技局：

现将《山东半岛国家自主创新示范区发展建设资金管理办法》印发给你们，请遵照执行。

附件：山东半岛国家自主创新示范区发展建设资金管理办法

附件：

山东半岛国家自主创新示范区发展建设资金管理办法

第一章　总　　则

第一条　为加快山东半岛国家自主创新示范区（以下简称"自创区"）建设进程，规范自创区发展建设资金（以下简称"发展资金"）管理，发挥资金使用效益，制定本办法。

第二条　发展资金由省级财政预算安排，专项用于支持"十三五"期间自创区发展建设。鼓励市级财政资金积极参与，扩大资金规模，发挥共建作用。

第三条　发展资金由省财政厅和省科技厅共同管理。按照深化科技体制改革要求，科学规划资金使用方向，合理确定资金分配因素权重，保证资金按时落实到位，加强资金使用监督管理，确保资金使用规范安全有效。

省科技厅负责年度发展资金预算编报，会同省财政厅确定资金使用方向，审定资金分配计划，根据需要适当调整分配因素权重和支持方向，开展资金使用管理绩效自评。

省财政厅负责发展资金预算管理，按照规定下达和拨付资金，对资金使用管理情况组织监督检查和绩效评价。

第四条　自创区所在市财政、科技部门应根据本办法，加强对发展资金使用的监管。自创区各高新区是发展资金使用的责任主体，应严格按照资金重点支持方向，完善项目遴选标准和程序，优化支持方式，放大资金效应，强化绩效管理，加大信息公开力度，自觉接受社会监督，确保充分发挥资金效益，促进自创区加快发展。

第二章　支持范围与方式

第五条　发展资金重点支持以下方面：

（一）产业关键技术研发。落实以蓝色经济引领产业转型升级要求，突出园区重点产业加快发展，形成特色。实施重大技术创新工程，开展协同创新，围绕产业技术需求，支持重大核心技术和关键共性技术攻关，提升重点产业核心竞争力，增强全产业链的创新能力，壮大创新型产业集群规模，带动园区产业转型升级、产品提质增效。

（二）技术研发与公共服务平台建设。围绕园区产业发展和企业技术需求，按照全省科技创新平台建设规划，布局支持园区建设发展的重大技术研发和公共服务平台，进一步聚集国内外先进科技与智力资源，带动企业参与基础研究，切实提升园区源头创新整体实力，实现平台对区域经济发展重要支撑和辐射带动作用。

（三）完善科技服务体系。重点支持体制机制灵活、服务当地主导产业发展绩效显著的创业孵化、技术交易、科技金融、知识产权、检验检测等各类科技服务机构建设，助力科技型中小微企业发展壮大。

第六条　鼓励地方综合采用直接补助、后补助、以奖代补、贷款贴息、发放创新券等多种方式使用发展资金。

第三章　分　配　方　法

第七条　发展资金分配采取因素法和定向定额补助相结合的方法。对实行财政计划单列的青岛市，采取定向定额分配，予以激励补助。对其他五市采取因素法分配，分配因素及权重安排如下：

1. 体制机制创新因素（30%）。主要包括：园区所在市级政府鼓励支持自创区建设制定出台政策措施；自创区管理体制和运行机制创新情况；自创区发展规划与实施方案等政策文件制定及落实情况；开展创新政策先行先试与落实国家、省相关政策情况；市级政府和高新区支持自创区发展增加资金投入情况等。

2. 创新环境营造因素（10%）。主要包括：自创区研究与试验发展经费支出、省级以上科技创新平台建设、高新技术企业培育、技术合同成交以及知识产权创造、运用和保护等情况。

3. 产业创新发展因素（30%）。主要包括：自创区生产总值、公共财政预算收入、高新技术产业发展、高新技术产品出口、主导产业发展等情况。

4. 创新增长点培育因素（10%）。主要包括：科技型小微企业培育情况、创新创业服务机构建设情况、创业投资机构发展情况等。

5. 科技合作交流因素（10%）。主要包括：外资研发机构引进情况；企业设立海外研发机构情况；国际科技合作基地、院士工作站等国内外科技合作平台建设情况等。

6. 创新创业人才聚集因素（10%）。主要包括：省级以上高层次创新人才数及新增数、高新技术企业研发人员数量等。

第八条　因素法分配计算公式如下：

某市（高新区）资金预算数＝某市（高新区）分配因素得分／$\sum$ 5家高新区分配因素得分×资金额

其中

某市（高新区）分配因素得分＝$\sum$ 某市（高新区）分配因素各指标分值

第四章　预算编报及执行

第九条　市级科技、财政部门应组织和指导高新区，按照本办法规定的发展资金重点支持方向，根据自创区建设发展实际情况和年度工作重点，认真编制本地年度发展资金实施方案，并于每年1月底前上报省科技厅、省财政厅。

年度发展资金实施方案应包括当年资金规模及结构、项目安排、支持内容、绩效目标、组织实施能力与条件、预期社会经济效益等。当年资金所安排的项目应当在自创区发展规划纲要和实施意见确定的重点任务范围内。

第十条　省科技厅、省财政厅对各市上报的年度发展资金实施方案进行审核，根据自创区发展情况和资金分配办法，确定年度资金分配计划，并将实施方案审核意见反馈市级科技、财政部门。市级科技、财政部门按照审核意见，组织指导高新区修改实施方案。各高新区将实施方案中的项目立项等情况向社会公示，公示期一般不少于7个工作日。公示期满后，市级科技、财政部门将修改后的实施方案上报省科技厅、省财政厅备案并组织实施。

第十一条　省财政厅、省科技厅根据年度资金分配计划，下达各市发展资金。

第十二条　市级科技、财政部门应于每年1月底前，将上年度发展资金使用情况上报省科技厅、省财政厅。

上年度发展资金使用情况，应包括上年度本市高新区建设发展情况，上年度资金预算执行和资金使用情况，项目进展情况，带动地方财政和社会资金投入情况，以及取得的经济社会效益等。

第十三条　年度发展资金实施方案备案后，原则上不再调整。

第十四条　由于不可抗力或者市场、技术、人员、资金等情况发生重大变化，造成年度发展资金实施方案确需调整的，高新区应向市级科技、财政部门提出申请，由市级科技、财政部门提出意见，报省科技厅、省财政厅审核备案。

第五章　监督管理与绩效评价

第十五条　获得发展资金的单位，应当按照国家财务、会计制度有关规定进行账务处理，严格按规定使用资金，并自觉接受监督检查。

第十六条　各高新区应根据本办法，制定发展资金管理细则，加强对具体项目的组织实施和获得资金的使用管理。各市财政、科技部门应加强对具体项目组织实施和资金使用的监督检查。

第十七条　省财政厅、省科技厅对发展资金使用管理情况，适时组织监督检查，开展绩效评价。绩效评价结果作为资金分配和调整的重要依据，不按规定范围和方向使用的，省财政厅将按规定收回下达资金，并在下一年度分配时作为扣减因素。

第十八条　发展资金使用管理实行责任追究机制，对资金使用管理过程中出现的套取、挤占、截留、挪用资金等违法违规行为，按照《中华人民共和国预算法》《财政违法行为处罚处分条例》等有关规定进行处理，并依法追究有关单位及相关人员责任。对严重违法违规相关责任主体，按程序纳入科研严重失信行为记录。

第六章　附　　则

第十九条　本办法由省财政厅、省科技厅负责解释。

第二十条　本办法自 2016 年 12 月 5 日起施行，有效期至 2020 年 12 月 31 日。

省财政厅　省科学技术厅关于印发《山东省小微企业升级高新技术企业财政补助资金管理办法》的通知

2016 年 11 月 2 日　鲁财教〔2016〕59 号

各市财政局、科技局，省财政直接管理县（市）财政局、科技局：

现将《山东省小微企业升级高新技术企业财政补助资金管理办法》印发给你们，请遵照执行。

附件：山东省小微企业升级高新技术企业财政补助资金管理办法

附件：

山东省小微企业升级高新技术企业财政补助资金管理办法

第一条　为深入贯彻《中共山东省委、山东省人民政府关于深入推进供给侧结构性改革的实施意见》（鲁发〔2016〕12 号）和《中共山东省委、山东省人民政府关于深化科技体制改革加快创新发展的实施意见》（鲁发〔2016〕28 号）精神，加强和规范小微企业升级高新技术企业财政补助资金（以下简称"补助资金"）管理，提高资金使用效益，制定本办法。

第二条　本办法所称补助资金，是指由省级财政预算安排，对通过高新技术企业认定的小微企业给予的补助经费。

第三条　补助资金适用于通过山东省高新技术企业认定管理机构认定的小微企业，不含期满 3 年重新认定的小微企业。

本办法所称小微企业，是指从业人员不足 300 人、销售收入不足 5 000 万元的企业。

第四条　补助资金采用后补助方式，给予符合条件的小微企业一次性补助 10 万元，主要用于企业研究开发活动。

第五条　通过高新技术企业认定的小微企业，应于次年 2 月底前向所在市科技部门提出补助申请。

第六条　市级科技部门会同同级财政部门对当地企业申报情况进行审核，确定补助对象，汇总后报送省科技厅。

第七条　省科技厅负责对各市补助资金申报情况进行复核。复核结果在省科技厅网站向社会公示 7 个工作日。

第八条　公示期满后，省科技厅会同省财政厅下达补助资金计划，省财政厅按规定拨付补助资金。

第九条　各市财政部门在补助资金下达后一个月内，将补助资金拨付至企业。

第十条　省财政厅会同省科技厅对补助资金使用管理情况进行监督检查，对政策实施情况开展绩效评价。

第十一条　鼓励各市制定配套政策，共同加强培育，推动更多小微企业成为高新技术企业。

第十二条　获得补助资金企业应强化资金使用管理，严格执行财务规章制度和会计核算办法，切实提高资金使用效益。

第十三条　补助资金管理实行责任追究机制。对弄虚作假、截留、挪用、挤占、骗取补助资金等行为，按照《中华人民共和国预算法》《财政违法行为处罚处分条例》（国务院令第427号）等有关规定进行处理，并依法追究有关单位及相关人员责任。

第十四条　本办法由省财政厅、省科技厅负责解释。

第十五条　本办法自2016年12月15日起施行，有效期至2020年12月31日。

附件：山东省小微企业升级高新技术企业财政补助资金申报表

附件：

山东省小微企业升级高新技术企业财政补助资金申报表

填报日期：　　年　月　日　　　　　　　　　　　　　　　　　　　　　　　单位：万元

企业名称（全称）						
单位所处行政区域		市			县（区）	
是否三证合一	□是	统一社会信息代码				
	□否	组织机构代码				
法定代表人		手机号		联系人		手机号
通讯地址			电子邮箱			
高新技术企业证书编号		企业认定前一年度销售收入		企业认定前一年度税后利润		
发证日期		企业认定当年度销售收入		企业认定当年度税后利润		
企业认定前一年度从业人数（全年平均人数）						

本申请表上填写的有关内容真实、有效，本企业愿为此承担有关法律责任。

公司盖章　　　　　法定代表人签章　　　年　月　日

市科技局审核意见	
	单位盖章　　年　月　日
市财政局审核意见	
	单位盖章　　年　月　日

备注：销售收入和从业人数数据应与企业年度纳税申报表数据一致。

省财政厅　省科学技术厅　省国家税务局　省地方税务局 关于印发《山东省企业研究开发财政补助资金 管理暂行办法》的通知

2016 年 12 月 23 日　鲁财教〔2016〕80 号

各市财政局、科技局、国税局、地税局，省财政直接管理县（市）财政局、科技局、国税局、地税局：

现将《山东省企业研究开发财政补助资金管理暂行办法》印发给你们，请遵照执行。

附件：山东省企业研究开发财政补助资金管理暂行办法

附件：

山东省企业研究开发财政补助资金管理暂行办法

第一条　为深入贯彻《中共山东省委、山东省人民政府关于深化科技体制改革加快创新发展的实施意见》（鲁发〔2016〕28 号）和《山东省人民政府关于印发推动资本市场发展和重点产业转型升级财政政策措施的通知》（鲁政发〔2016〕20 号）有关要求，进一步加强和规范企业研究开发财政补助资金（以下简称"补助资金"）管理，提高资金使用效益，制定本办法。

第二条　本办法所称补助资金，是指由财政预算安排，用于引导和激励企业增加研发投入的后补助资金。

第三条　补助资金由省级、市级及以下财政按一定比例承担，其中，省级财政承担50%，市级及以下财政各自承担比例由各市自行确定。

第四条　省级补助资金由省财政厅、省科技厅负责管理，与市级设立的企业研究开发财政补助资金联合支持实施企业研究开发补助工作。

第五条　拟与省级联合实施企业研究开发补助工作的市，应根据本办法，由市级财政部门会同科技、税务部门制定本市补助资金（以下简称"市补助资金"）具体管理办法，并报省财政厅、省科技厅、省国税局、省地税局备案。

第六条　受补助企业须同时满足以下条件：

（一）在山东省境内（不含青岛市）注册、会计核算健全的居民企业；

（二）已建立研发准备金制度，并先行投入自筹资金开展研发活动；

（三）按规定完成年度研发费用加计扣除备案，已享受研发费用加计扣除政策；

（四）年销售收入 2 亿元以上企业，当年度研发投入须较上年度增加且占当年销售收入的3%（含）以上，连续两个纳税年度享受研发费用加计扣除政策；年销售收入 2 亿元（含）以下企业，当年度研发投入须占当年销售收入的5%（含）以上。

第七条　补助标准

（一）符合第六条的年销售收入 2 亿元以上企业，按其较上年度新增享受研发费用加计扣除费用部分的 10% 给予补助；

（二）符合第六条的年销售收入 2 亿元（含）以下企业，按其当年享受研发费用加计扣除费用总额的 10% 给予补助；

（三）单个企业年度最高补助金额不超过 1 000 万元。

第八条 申请补助资金的企业，应在完成年度研发费用加计扣除备案手续后，向所在地科技部门提出补助申请。

第九条 市级科技部门会同财政、税务部门按规定对当地企业补助资金申报情况进行审核，参考企业上年度已备案的研发费用加计扣除情况，确定补助对象，核定省级和市级及以下分别承担的补助金额，汇总后报送省科技厅。省财政直接管理县（市）补助资金申报情况由所在市汇总上报。

第十条 省科技厅会同省国税局、省地税局对申报企业研发费用加计扣除进行核对。省科技厅对各市上报补助资金申报材料进行复核，复核结果在省科技厅网站向社会公示 7 个工作日。

第十一条 公示期满后，省科技厅会同省财政厅下达企业研发资金补助计划，省财政厅据此下达省级补助资金。

第十二条 各市应在省级补助资金下达后一个月内，将省级补助资金拨付至企业。同时，根据企业研发资金补助计划，下达市补助资金，并于下达后 7 个工作日内将资金下达文件上报省财政厅、省科技厅。

第十三条 省财政厅会同省科技厅加强对补助资金落实情况的监督检查，省科技厅委托第三方对政策实施、资金使用等情况开展绩效评价。

第十四条 各地财政部门负责对补助资金的使用情况进行监督管理，科技部门负责对企业研发准备金制度落实及企业研发活动开展情况进行监督管理，税务部门会同科技部门负责指导和帮助企业用好研发费用加计扣除政策。

第十五条 各级财政、科技、国税、地税部门应建立管理信息交流通报机制，定期召开协调会议，及时解决工作中遇到的问题。

第十六条 补助资金用于企业开展研究开发活动。获得补助的企业应对该资金及其发生的支出进行单独核算，加强对补助资金的使用管理，并持续加大研发投入。

第十七条 对发现不符合补助条件或应据实核减补助额度的，按照财政管理级次予以追缴。对弄虚作假、截留、挪用、挤占、骗取补助资金等行为，按照《中华人民共和国预算法》《财政违法行为处罚处分条例》（国务院令第 427 号）等相关规定进行处理，并依法追究相关单位和人员责任。

第十八条 本办法由省财政厅、省科技厅、省国税局、省地税局负责解释。

第十九条 本办法自 2016 年 12 月 26 日起施行，对 2016 年度、2017 年度企业研发投入情况按照本办法予以补助，有效期至 2018 年 12 月 25 日。

省财政厅关于印发《山东省哲学社会科学类 项目资金管理办法》的通知

2016 年 12 月 30 日　鲁财教〔2016〕82 号

省直各部门、单位，各市财政局、省财政直接管理县（市）财政局：

现将《山东省哲学社会科学类项目资金管理办法》印发给你们，请遵照执行。

附件：山东省哲学社会科学类项目资金管理办法

附件：

山东省哲学社会科学类项目资金管理办法

第一章 总 则

第一条 为规范我省哲学社会科学类项目资金使用管理，提高财政资金使用效益，更好地推动哲学社会科学繁荣发展，参照《国家社会科学基金项目资金管理办法》（财教〔2016〕304 号）和《高等学校哲学社会科学繁荣计划专项资金管理办法》（财教〔2016〕317 号）相关规定，根据《关于深化科技体制改革加快创新发展的实施意见》（鲁发〔2016〕28 号）、《关于完善财政科研项目资金管理政策的实施意见》（鲁办发〔2016〕71 号）精神，结合我省实际，制定本办法。

第二条 本办法适用于财政拨款的哲学社会科学类研究项目资金、非研究项目资金（以下统称"项目资金"）以及管理资金的使用管理。其中，研究项目资金是指围绕我省哲学社会科学繁荣发展设立的各类科研项目资金的总称；非研究项目资金是指支持我省哲学社会科学科研机构（或者团队、智库）建设、优秀成果奖励等项目资金的总称；管理资金是指省委宣传部、省科学技术厅等项目主管部门在项目实施过程中因管理性工作所需的费用。

第三条 项目资金的使用管理，以出成果、出人才为目标，坚持以人为本、遵循规律、"放管服"结合、公开公正、厉行节约的原则，突出理论创新和实际贡献，在简政放权的同时，注重规范管理、改进服务，为科研人员潜心研究创造良好条件和宽松环境，充分激发科研人员的积极性、创造性。

第四条 项目承担单位是项目资金管理的责任主体，负责项目资金的日常管理和监督。

第五条 项目负责人是项目资金使用的直接责任人，对资金使用的合规性、合理性、真实性和相关性承担相应经济与法律责任。

第六条 项目资金应当纳入项目承担单位财务统一管理，单独核算，专款专用。使用管理中涉及政府采购、政府购买服务、国有资产管理、国库集中支付的，严格按照相关规定执行。

第二章 开 支 范 围

第七条 研究项目资金包括在项目研究过程中发生的直接费用和间接费用。

第八条 直接费用是指在项目研究过程中发生的与之直接相关的费用，具体包括：

（一）资料费：指在项目研究过程中需要支付的图书（包括外文图书）购置费，资料收集、整理、复印、翻拍、翻译费，专用软件购买费，文献检索费等。

（二）数据采集费：指在项目研究过程中发生的调查、访谈、数据购买、数据分析及相应技术服务购买等费用。

（三）会议费/差旅费/国际合作与交流费：指在项目研究过程中开展学术研讨、咨询交流、考察调研等活动而发生的会议、交通、食宿等费用，以及项目研究人员出国及赴港澳台、外国专家来华及港澳台专家来内地开展学术合作与交流的费用。其中，不超过直接费用20%的，不需要提供预算测算依据。

（四）设备费：指在项目研究过程中购置设备和设备耗材、升级维护现有设备以及租用外单位设备而发生的费用。

设备购置应当严格控制，鼓励共享、租赁以及对现有设备进行升级。

（五）专家咨询费：指在项目研究过程中支付给临时聘请咨询专家的费用。

专家咨询费预算由项目负责人按照项目研究实际需要编制，支出标准可参照国家有关规定执行。

（六）劳务费：指在项目研究过程中支付给参与项目研究的研究生、博士后、访问学者以及项目聘用的研究人员、科研辅助人员等的劳务费用。

项目聘用人员的劳务费开支标准，参照当地科学研究和技术服务业人员平均工资水平以及在项目研究中承担的工作任务确定，其社会保险补助费用纳入劳务费列支。劳务费预算应根据项目研究实际需要编制。

（七）印刷费/宣传费：指在项目研究过程中支付的打印、印刷和出版、成果推介等费用。

（八）其他支出：除上述费用之外，与项目研究任务有相关性和必要性，且应当在编制预算时单独列示、单独核定的其他费用。

第九条 间接费用是指项目承担单位在组织实施项目过程中发生的无法在直接费用中列支的相关费用，主要用于补偿项目承担单位为项目研究提供的现有仪器设备及房屋、水、电、气、暖消耗等间接成本，有关管理费用，以及激励项目科研人员的绩效支出等。

间接费用一般按照不超过项目资助总额的一定比例核定。具体比例如下：20万元及以下部分为50%，超过20万元至50万元的部分为40%；超过50万元至500万元的部分为20%；超过500万元的部分为13%。

对于科研规模较小的项目（经费不超过2万元），原则上可采取后补助方式，主管部门验收合格后拨付项目资金，全部作为间接费用使用。

第十条 间接费用由项目承担单位统筹管理使用。加大对项目科研人员的激励力度，取消绩效支出比例限制。项目承担单位应当处理好合理分摊间接成本和对科研人员激励的关系，根据科研人员在项目工作中的实际贡献，结合项目研究进度和完成质量，在核定的间接费用范围内，公开公正安排绩效支出，充分发挥绩效支出的激励作用。

项目承担单位不得在核定的间接费用以外再以任何名义在项目资金中重复提取、列支相关费用。

第十一条 非研究项目资金按照"绩效导向、稳定支持、目标管理、动态调整"的原则进行资助和管理。

对优秀研究机构（或者团队、智库）的资助，可以通过委托第三方评估的方式予以确定。研究机构（或者团队、智库）在核定的非研究项目资金总额内，根据绩效目标，按规定自主编制资金预算，自主决定使用方向。同时，应当完善资金管理办法，提高资金使用效益，注重发挥绩效激励作用，尊重科研工作者的创造性劳动，体现知识创造价值。主管部门与受资助研究机构（或者团队、智库）约定建设周期内的目标任务，委托第三方进行评价考核，根据实际绩效实行有差别的稳定支持，并采取动态调整的管理方式。

对获得政府社会科学优秀成果奖的成果，包括被采用和向有关部门报送的有价值、高水平的咨政成果，按规定实行后期资助和事后奖励。

第十二条 管理资金用于项目组织、协调、评审、鉴定等管理性工作，专款专用、单独列示，不得用于与项目管理无关的支出。在项目管理过程中，应按照"管、办、评"分离原则，推进政府购买服务，委托专业机构开展项目管理工作，切实转变政府职能。

第三章 预算编制与审核

第十三条 项目预算应当按照目标相关性、政策相符性和经济合理性原则，根据项目研究需要和资金开支范围，科学合理、实事求是编制。对研究项目直接费用支出的主要用途和测算理由应作出说明。

第十四条 跨单位合作的项目，应当根据合作协议分别编制单项预算，并由项目牵头承担单位汇总编制项目总预算。确需外拨资金的，应当在项目预算中单独列示，并附外拨资金直接费用支出预算。间接费用外拨金额，由项目承担单位和合作单位协商确定。

项目承担单位应当按照合作协议和审核通过的项目预算，及时转拨合作单位资金。

第十五条 主管部门应根据预算编制和中期财政规划要求，按照项目中期财政规划与年度预算相结合的原则，向财政部门报送项目资金三年支出规划和年度预算建议数。财政部门按程序审核后批复年度预算。

第十六条 研究项目预算由主管部门一次核定，并按年度分期分批下达。对于未通过年度或中期检查的，暂缓下达下一年度后续项目预算。根据绩效考核情况，下达间接费用中的绩效支出。

非研究项目资金采取一次核定、按年度一次性下达的方式。

第四章 预算执行与决算

第十七条 研究项目采取"压茬"管理，项目预算随主管部门预算一并提交，上年第四季度组织申报、评审，次年第一季度完成立项并下达项目经费，逐步建立先评审立项后预算的管理体制。

第十八条 研究项目预算批准后应严格执行，有以下情况确需调整的，提请项目承担单位审核同意后，报主管部门审批：

（一）由于项目内容或者项目计划作出重大调整等原因，需要增加或减少项目预算总额。

（二）原项目预算未列示外拨资金，需要增列。

第十九条 研究项目直接费用预算确需调剂的，按以下规定予以调整：

（一）资料费、数据采集费、设备费、印刷费/宣传费和其他支出预算需要调剂的，由项目负责人提出申请，报项目承担单位审批。

（二）会议费/差旅费/国际合作与交流费、专家咨询费、劳务费预算一般不予调增，需要调减用于项目其他方面支出的，由项目负责人提出申请，报项目承担单位审批；如有特殊情况确需调增的，由项目负责人提出申请，经项目承担单位审核同意后，报主管部门审批。

研究项目间接费用预算不得调剂。

第二十条 项目承担单位应当严格执行有关科研资金支出管理制度。对应当实行公务卡结算的支出，按照公务卡结算有关规定执行。专家咨询费、劳务费等支出，原则上应当通过银行转账方式结算，从严控制现金支出事项。

对于野外考察、数据采集等科研活动中无法取得发票或财政性票据的支出，在确保真实性的前提下，项目承担单位可按实际发生额予以报销。

第二十一条 项目完成后，项目负责人应当会同科研、财务、审计、资产等管理部门及时清理账目与资产，如实编制项目决算表，不得随意调账变动支出、随意修改记账凭证。

有外拨资金的项目，外拨资金决算经合作单位财务、审计部门审核并签署意见后，按规定汇总编制项目资金决算。

第二十二条 对于研究项目资金，项目在研期间年度剩余资金可以结转下一年度继续使用。项目研究成果完成并通过审核验收后，结余资金可用于项目最终成果出版及后续研究的直接支出。若项目研究成果通过审核验收 2 年后结余资金仍有剩余的，应当按原渠道退回，结转下年统筹用于资助项目研究。研究成果未通过审核验收的项目，结余资金按原渠道退回。

对于非研究项目资金和管理资金，按照财政部门关于结转结余资金管理有关规定执行。

第二十三条 对于因故被终止执行项目的结余资金，以及因故被撤销项目的已拨资金，项目承担单位应当按原渠道退回。

第五章 管理与监督

第二十四条 主管部门应履行以下管理职责：

（一）健全完善归口科研项目管理制度，分类制定具体的项目资金管理办法，加强项目资金预决算管理。

（二）建立项目资金绩效评价和结果应用制度，加强项目资金使用绩效评估，强化项目结果应用。

（三）建立项目资金使用管理的信用机制，对项目承担单位和项目负责人在项目资金使用管理方面的信誉度进行评价和记录，并作为对项目承担单位信用评级和对项目负责人绩效考评及今后资助的重要依据。

（四）对项目承担单位和项目负责人资金使用管理情况进行不定期检查或专项审计。

第二十五条　项目承担单位应履行以下职责：

（一）制定项目资金内部管理办法，明确审批程序、管理要求和报销规定，落实项目预算调剂、间接费用统筹使用、劳务费分配管理、结余资金使用等管理权限。

（二）加强项目预算审核把关，规范财务支出行为，完善内部风险防控机制，强化资金使用绩效评价，保障资金使用安全规范有效。

（三）建立健全单位内部科研、财务、项目负责人共享的信息平台，提高科研管理效率和便利化程度。

（四）建立健全科研财务助理制度，为科研人员在项目预算编制和调剂、经费支出、项目资金决算和验收等方面提供专业化服务。

（五）建立项目资金使用管理的信息公开机制，在单位内部公开项目预算、预算调剂、决算、项目组人员构成、设备购置、外拨资金、劳务费发放以及间接费用和结余资金使用等情况，自觉接受监督。

（六）自觉接受财政、审计、监察部门和主管部门的监督检查，如实反映情况，提供有关资料。

第二十六条　项目责任人应履行以下职责：

（一）依法依规使用项目资金，不得擅自调整外拨资金，不得利用虚假票据套取资金，不得通过编造虚假劳务合同、虚构人员名单等方式虚报、冒领劳务费和专家咨询费，不得使用项目资金支付各种罚款、捐款、赞助、投资等。

（二）承诺提供真实项目信息并认真遵守项目资金管理有关规定，自觉接受有关部门的监督检查。

第二十七条　违反本办法规定的，依照《中华人民共和国预算法》《财政违法行为处罚处分条例》等有关规定追究法律责任。涉嫌犯罪的，依法移送司法机关处理。

第六章　附　　则

第二十八条　以市场委托方式取得的横向经费，按照委托方要求或者合同约定管理使用。

第二十九条　本办法由省财政厅负责解释。

第三十条　本办法自 2017 年 2 月 1 日起施行，有效期至 2020 年 12 月 31 日。

八、

经济建设财务类

财政部　交通运输部　农业部　国家林业局
关于调整农村客运、出租车、远洋渔业、
林业等行业油价补贴政策的通知

2016 年 4 月 13 日　财建〔2016〕133 号

各省、自治区、直辖市、计划单列市财政厅（局）、交通运输厅（局）、农业厅（局）、林业厅（局），新疆生产建设兵团财务局、交通局、农业局、林业局：

作为成品油价格形成机制改革的重要配套政策和保障措施，农村客运和出租车、远洋渔业、林业等行业油价补贴资金对促进相关行业发展、增加从业者收入、维护社会稳定发挥了重要作用，但也存在一些矛盾和问题。为更好地发挥价格机制作用，促进相关行业健康稳定发展，经国务院同意，从 2015 年起，对农村客运（包括农村道路客运、岛际和农村水路客运，下同）、出租车、远洋渔业、林业等行业油价补贴政策作出调整。现将有关事项通知如下：

一、总体要求

按照党的十八大和十八届三中全会要求，以调整资金使用方式为手段，以保民生、保稳定为目标，按照区别对待、分类实施，盘活存量、健全机制，明确责任、平稳推进的原则，健全支撑保障和激励约束机制，充分发挥市场在资源配置中的决定性作用，促进农村客运、出租车、远洋渔业、林业等行业健康稳定发展。

二、主要内容

（一）以 2014 年农村客运、出租车、远洋渔业、林业等行业油价补贴资金为基数，通过盘活资金存量、转变支持方式、保障支持重点，实现相关支出与用油量及油价脱钩。

（二）分类确定财政支持方式。

1. 将农村客运、出租车行业油价补贴转为一般性转移支付。在总量不减的前提下，对补贴结构作优化。

一是现行农村客运、出租车油价补贴中的费改税补助作为基数保留。2015～2019 年，费改税补助数额以 2014 年实际执行数作为基数，可不作调整。

二是现行农村客运、出租车油价补贴中的涨价补助，以 2014 年为基数，逐年调整。2015～2019 年，现行农村客运、出租车油价补贴中的涨价补助由各省（区、市，以下统称省）以 2014 年实际执行数为基数逐步递减，其中 2015 年减少 15%、2016 年减少 30%、2017 年减少 40%、2018 年减少 50%、2019 年减少 60%，2020 年以后另行确定，相关支出不再与用油量及油价挂钩。

三是调整后的农村客运、出租车油价补助资金继续拨付地方，由地方统筹用于支持公共交通发展，新能源出租车、农村客运补助，水路客运行业结构调整等。各省财政、交通运输等部门根据本地实际制定具体管理办法。

2. 将远洋渔业油价补贴并入现有中央财政船舶报废拆解和船型标准化补贴，对国际渔业资源开发利用和渔船更新改造等能力建设给予支持。

3. 将林业油价补贴并入现有中央财政林业补助资金，并按有关规定统筹使用。

三、保障措施

（一）实行省长负责制，健全工作机制。各省要提高对油价补贴政策调整的认识，加强组织领导，继续实行油价补贴政策落实工作"省长负责制"，落实地方政府农村客运和出租车行业稳定与健康持续发展的主体责任，健全完善政府统一领导，相关部门各司其职、协同配合的工作机制。

（二）明确职责分工，细化实施方案。财政部会同相关部门建立健全相关专项转移支付资金管理办法，省级财政部门会同相关部门加强和规范资金管理。相关部门制定具体实施意见和考核办法，交通运输部负责对农村客运和出租车油价补贴政策调整及行业发展进行考核，具体考核办法由交通运输部商相关部门另行制定。对未按时完成退坡目标，或出现不稳定因素的地区，将报请国务院进行通报，中央财政将根据考核结果扣减对该省的一般性转移支付资金。各省制定本地区农村客运和出租车油价补贴政策调整实施方案，明确政策调整的总体考虑、退坡安排、实施计划以及财政资金使用重点和具体安排等，作为监督检查和绩效考评的依据。

（三）加强宣传引导，营造良好环境。中央和地方有关部门要加强对油价补贴政策调整工作的分类指导和监督检查，及时发现问题，完善政策。各地要有针对性地开展宣传引导工作，突出政策导向，营造良好的舆论环境。

按本通知要求对相关行业油价补贴政策进行调整后，2009 年财政部、国家林业局联合发布的《林业成品油价格补助专项资金管理暂行办法》（财建〔2009〕1007 号）以及财政部、交通运输部联合发布的《城乡道路客运成品油价格补助专项资金管理暂行办法》和《岛际和农村水路客运成品油价格补助专项资金管理暂行办法》（财建〔2009〕1008 号）同时废止。

财政部关于《船舶报废拆解和船型标准化补助资金管理办法》的补充通知

2016 年 6 月 28 日　财建〔2016〕418 号

各省、自治区、直辖市、计划单列市财政厅（局）、交通运输厅（委）、渔业主管部门：

为进一步贯彻落实国务院关于推进内河船型标准化和调整农村客运出租车远洋渔业林业等行业油价补贴政策有关精神，充分发挥船舶报废拆解和船型标准化补助资金政策效应，现将《船舶报废拆解和船型标准化补助资金管理办法》（财建〔2015〕977 号）有关事项补充通知如下：

一、关于船舶报废拆解和船型标准化补助资金用于内河船拆解、改造和新建示范船的有关事项

船舶报废拆解和船型标准化补助资金用于内河船拆解、改造和新建示范船的补助政策延续，补助期间为 2016 年 1 月 1 日至 2017 年 12 月 31 日。新建内河示范船确已开工但在 2017 年 12 月 31 日前未完成船舶建造的，经省级交通运输主管部门和船舶检验机构核查后，统一由交通运输部汇总后报财政部，清算日可延长至 2018 年 12 月 31 日。

（一）改造兼营内河运输的沿海单壳油船，符合下列条件的，可比照内河单壳油船改造纳入补助范围：

1. 船舶种类为 600 载重吨（含）以上的单壳油船；

2. 船舶持有管理部门核发的有效船舶检验、船舶登记、船舶营运等证书；

3. 具有船舶签证簿等证明该船舶兼营内河运输的证明材料；

4. 按现行船舶检验法规规范要求改造为双壳船并经船检机构检验合格。

（二）内河船拆解、改造和新建示范船的补助资金政策延续期间，将新建内河液化天然气（LNG）动力示范船补助政策调整为对采用动力系统整体更新方式改建为 LNG 动力示范船予以补助，补助资金仍由中央财政全额承担。改建 LNG 动力示范船确已开工但在 2017 年 12 月 31 日前未完成船舶改建的，经省级交通运输主管部门和船舶检验机构核查后，统一由交通运输部汇总后报财政部，清算日可延长至 2018 年 6 月 30 日。

1. 现有船舶主推进柴油发动机整体更换为新的 LNG 单燃料发动机或 LNG－柴油双燃料发动机，以及由此引起的 LNG 储罐、机舱布置、船舶结构等的改建，符合下列条件的可以申请补助资金：

（1）申请人具有有效的内河水路运输经营资质；

（2）船舶持有有效船舶检验、船舶登记、船舶营运等证书；

（3）船舶种类为普通货船，船龄在 10 年（含）以内，船舶吨位不低于 400 总吨；

（4）航行于有船型主尺度系列技术要求水域的船舶，应满足交通运输部公布的标准船型主尺度系列公告的要求；

（5）申请人已按《中华人民共和国海事局关于推进船舶应用液化天然气燃料工作有关事项的通知》（海船检〔2014〕671 号）相关要求对船舶适改条件进行评估；

（6）申请人已按照《交通运输部关于印发内河示范船技术评估和认定办法的通知》（交水发〔2014〕144 号）的要求进行技术方案评估和认定；

（7）改建后的船舶应满足中华人民共和国海事局有关内河 LNG 动力船舶检验的规定，并经船检机构检验合格。

2. 补助标准：主机总功率 300KW 以下，单船补助 54 万元；主机总功率 300KW 及以上至未满 600KW，单船补助 66 万元；主机总功率 600KW 及以上至未满 1 000KW，单船补助 76 万元；主机总功率 1 000KW 及以上，单船补助 89 万元。

（三）政策延续期间，新建川江及三峡库区大长宽比示范船的补助标准为单船补助 250 万元。

（四）政策延续期间，新建内河高能效示范船的单位吨位补助额为 0.03 万元/总吨。

（五）政策延续期间，内河船拆解、改造补助标准不变。

二、关于船舶报废拆解和船型标准化补贴用于渔船报废拆解、更新改造和渔业装备设施的有关事项

根据国务院同意的《财政部 交通运输部 农业部 国家林业局关于调整农村客运出租车远洋渔业林业等行业油价补贴政策的通知》（财建〔2016〕133 号），自 2015 年起，远洋渔业油价补贴并入现有中央财政船舶报废拆解和船型标准化补贴，用于远洋渔船更新改造等能力建设和国际渔业资源开发利用，具体包括：远洋渔船（含渔业辅助船）更新改造，专业南极磷虾捕捞加工船建造及改造；远洋渔业基地建设中的公益性项目；国际渔业资源开发利用（不含渔业辅助船）。其中，优先用于远洋渔船更新改造和远洋渔业基地建设。

（一）除符合《船舶报废拆解和船型标准化补助资金管理办法》（财建〔2015〕977 号）第二十九条要求外，符合下列条件的渔船更新改造，也可申请补助资金：

1. 经农业部批准更新改造的远洋渔船（含渔业辅助船），或经农业部批准建造或改造的专业南极磷虾捕捞加工船；

2. 单船不小于 200 总吨，且公约船长不小于 30 米；

3. 在中国境内（大陆）建造且在我国渔船管理部门登记。

（二）除符合《船舶报废拆解和船型标准化补助资金管理办法》（财建〔2015〕977 号）第三十二条要求外，符合下列条件的渔业装备设施建设，也可申请补助资金：

1. 经国家有关部门批准、主要为我国远洋渔船生产配套服务的远洋渔业基地中的公益性项目；

2. 境外建设远洋渔业基地已取得商务部门境外投资许可，并获得所在国政府有关用地等批准文件；

3. 项目企业需具有连续三年以上农业部远洋渔业企业资格，拥有基地所有权和经营管理权。

（三）国际渔业资源开发利用符合下列条件的，可以申请补助资金：

1. 经农业部远洋渔业项目确认的渔船（不含渔业辅助船）；

2. 纳入农业部船位监测系统并正常生产；

3. 渔船在资源开发利用过程中未发生违法违规行为。

（四）上述资金申请、审核、下达、管理和监督等按照《船舶报废拆解和船型标准化补助资金管理办法》（财建〔2015〕977 号）相关规定执行。

（五）上述资金具体实施方案由农业部制定。

以上事项，特此通知。

财政部　农业部关于调整国内渔业捕捞和养殖业油价补贴政策促进渔业持续健康发展的通知

2016 年 6 月 25 日　财建〔2015〕499 号

各省、自治区、直辖市、计划单列市财政厅（局）、渔业主管厅（局），新疆生产建设兵团财务局、渔业主管局：

作为成品油价格形成机制改革的重要配套政策和保障措施，国内渔业捕捞和养殖业油价补贴政策对促进渔业发展、增加渔民收入、维护渔区稳定发挥了重要作用，但也存在一些矛盾和问题。为促进渔业持续健康发展，经国务院同意，从 2015 年起，对国内渔业捕捞和养殖业油价补贴政策作出调整。现将有关事项通知如下：

一、补贴政策调整的必要性

（一）调整国内渔业捕捞和养殖业油价补贴政策是发挥价格机制作用，促进渔业资源环境保护的需要。2006 年以来的渔业油价补贴政策覆盖面广、补贴规模大、持续时间长，扭曲了价格信号，与渔民减船转产政策发生"顶托"。为促进渔业资源环境保护，有必要及时调整渔业油价补贴政策，有关支出不再与用油量挂钩，渔业用油成本由水产品价格"随行就市"进行传导，在相关政策引导下，主要通过价格机制调节渔船数量和作业方式，切实降低渔业捕捞强度。

（二）调整国内渔业捕捞和养殖业油价补贴政策是促进渔业产业结构调整，发展现代渔业的需要。2006 年以来，渔业油价补贴资金刚性增长，既造成了渔业对油价补贴的严重依赖，又加重了财政负担。为激发渔业健康发展的内生动力，需要在保持现有支持力度的基础上，盘活资金存量，优化支持结构，将主要用于弥补渔业生产成本、针对渔民个人的补贴资金统筹使用，既着力保障广大渔民基本利益，又大力推进解决减船转产、渔业生态环境修复、渔船标准化建设等长期制约渔业发展的重点难点问题，促进产业结构调整，加快现代渔业建设。

（三）调整国内渔业捕捞和养殖业油价补贴政策是扩大政府投资，稳定经济增长的需要。我国渔船装备落后，安全性较差，能耗和污染较重，资源破坏性较大；渔港、航标等公共基础设施薄弱，防灾减灾功能不足；水产养殖基础设施条件落后，对环境和生态影响较大；渔业渔政管理基础薄弱，信息化手段落后。加大标准化渔船和深水网箱等现代渔业装备建设，既有利于保障渔民作业安全，提高节能环保性能；又有利于加快渔业生态环境修复，提高渔业可持续发展能力。同时，有利于扩大政府投资，拉动相关产业发展，促进经济稳定增长。

（四）调整国内渔业捕捞和养殖业油价补贴政策是改进财政支持方式，提高财政资金使用效益的需要。渔业情况复杂，渔船等补贴对象作业量、用油量信息采集较难，监管手段滞后，导致补贴政策在执行中走样变形。为此，有必要改进财政支持方式，将大部分渔业油价补贴资金转作一般性转移支付，由地方政府统筹使用。同时发挥地方政府信息对称、就地就近监管的有利优势，改进监管，提高补贴效率。

当前，国际国内成品油价格连续走低，为补贴政策调整提供了有利的"窗口"期。

二、补贴政策调整的指导思想和目标任务

（一）指导思想。按照党的十八大和十八届三中全会的要求，以《国务院关于促进海洋渔业持续健康发展的若干意见》（国发〔2013〕11号）为指导，以调整资金使用方式为手段，以保民生、保生态、保稳定为目标，健全支撑保障和激励约束机制，使国内渔业捕捞和养殖业油价补贴政策与渔业资源保护和产业结构调整等产业政策相协调，促进渔业可持续发展。

（二）原则。

一是综合设计，发挥合力。统筹考虑渔业发展、渔民生产生活等实际情况，着眼渔业长远可持续发展，综合运用财政政策、产业政策及行业管理等措施和手段，强化目标考核，改进管理，形成合力，推动减船转产、降低捕捞强度等目标顺利实现。

二是盘活存量，健全机制。以2014年国内渔业捕捞和养殖业油价补贴清算数为基数，在中央财政补贴规模不变的前提下，盘活存量，调整方式，逐步减少国内捕捞业油价补贴，健全渔业油价补贴与用油量及油价脱钩，与渔民保障、渔业发展、渔区稳定相协调的新机制。

三是明确责任，平稳推进。落实油价补贴政策调整的主体责任，继续实行"省长负责制"，强化省级统筹，由地方通盘解决渔业稳定发展等重点问题，确保国内渔业捕捞和养殖业油价补贴政策调整平稳推进。

（三）目标任务。通过调整优化补贴方式，中央财政补贴资金与用油量彻底脱钩，并健全渔业支撑保障体系，力争到2019年，用5年左右时间，将国内捕捞业油价补贴降至2014年补贴水平的40%，使国内捕捞渔船数和功率数进一步减少，捕捞作业结构进一步优化，捕捞强度得到有效控制，渔业现代化迈出新步伐。

三、补贴政策调整的主要内容

立足国内渔业捕捞和养殖业油价补贴作为国家成品油价格形成机制改革后对渔民生产成本补贴的政策属性，按照总量不减、存量调整、保障重点、统筹兼顾的思路，将补贴政策调整为专项转移支付和一般性转移支付相结合的综合性支持政策。以2014年清算数为基数，将补贴资金的20%部分以专项转移支付形式统筹用于渔民减船转产和渔船更新改造等重点工作；80%通过一般性转移支付下达，由地方政府统筹专项用于渔业生产成本补贴、转产转业等方面。

（一）坚持保障重点，强化对现代渔业建设的支撑，以专项转移支付形式支持渔民减船转产和生态环境修复，以及渔船更新改造等渔业装备建设。

1. 支持渔民减船转产和人工鱼礁建设。按照海洋捕捞强度与资源再生能力平衡协调发展的要求，将现有减船补助标准从2 500元/千瓦提高到5 000元/千瓦，并对渔船拆解等给予一定补助，推动捕捞渔民减船

转产。同时，支持开展人工鱼礁建设，促进渔业生态环境修复。

2. 支持渔船更新改造等现代渔业装备建设。适应渔业发展现代化、专业化的新形势，在严控海洋捕捞渔船数和功率数"双控"指标、不增加捕捞强度的前提下，逐步淘汰双船底拖网、帆张网、三角虎网等对海洋资源破坏性大的作业类型，对纳入管理的老、旧、木质渔船进行更新改造，有计划升级改造选择性好、高效节能、安全环保的标准化捕捞渔船，以船舶所有人为对象，设定标准，分类支持，先减后建，减补挂钩，中央财政对完成减船任务的各省份按一定标准给予渔船更新改造补助。同时，支持深水网箱推广、渔港航标等公共基础设施和全国渔船动态管理系统建设，切实改善渔业发展基础条件。

（二）坚持有保有压，优化补贴结构，以一般性转移支付方式，由地方政府统筹用于解决渔民生产成本和转产转业等方面。一是稳定养殖业油价补贴政策，调整相关核算标准和方式。二是国内捕捞业按渔船作业类型和大小分档定额测算（海洋大中型渔船补贴实行上限控制，并按照船位监测逐步实行按天核算），综合考虑资源养护、船龄等因素，逐步压减国内捕捞业特别是大中型商业性渔船补贴规模，对小型生计性渔船予以适当照顾。上述两类补贴标准和上限由农业部制订发布。除用于上述两类补贴外，一般性转移支付资金由地方政府根据渔业发展实际情况和轻重缓急，实行统筹兼顾，可在中央财政减船转产补助标准基础上加大补助力度，对减船上岸渔民给予就业扶持、培训教育，对渔业资源养护、休禁渔补贴、渔业渔政信息化建设、渔港航标建设、池塘标准化和工厂化循环用水改造等水产养殖基础设施建设给予一定支持。

四、补贴政策调整的保障措施

国内渔业捕捞和养殖业油价补贴政策调整牵涉面广，复杂程度高，政策性强，社会影响大。各地区和相关部门要切实增强大局观念和责任意识，加强组织领导，加强统筹协调，加强监督检查，加强宣传引导，确保政策调整工作顺利推进。

（一）实行省长负责制，健全工作机制。各省份要提高对补贴政策调整的认识，加强组织领导，落实主体责任，继续实行渔业油价补贴政策落实工作"省长负责制"，进一步强化省级统筹，明确地方政府保障渔业发展和社会稳定的"兜底"责任。建立健全党委政府统一领导，相关部门各司其职、协同配合的工作机制，明确职责分工，细化实施方案，做好衔接配套。农业部制发包括补贴标准上限、渔船更新改造及拆船补助标准和减船转产等内容在内的具体实施方案；财政部制发相关资金管理办法；财政部、农业部共同做好指导、监督与考核工作。

（二）制定实施方案，完善配套措施。各省级人民政府要根据本通知精神，结合具体实际，抓紧制定2015～2019年国内渔业捕捞和养殖业油价补贴政策调整实施方案，具体内容包括：补贴政策调整的基本思路和总体考虑；海洋捕捞渔船及功率指标总体压减10%左右的分年度实施计划；渔船更新改造的目标和分年度计划；一般性转移支付资金的使用重点和具体安排；转产转业、渔业资源养护、休禁渔补贴、渔业渔政信息化建设、渔港航标建设、水产养殖基础设施建设等方面资金安排及预期效果等，作为监督检查和绩效考核的重要依据。同时，抓紧完善相关制度办法和配套措施，加大打击涉渔"三无"船舶和各类非法作业的力度，整治船证不符、违法违规使用渔具和渔业水域污染等行为，确保政策调整顺利推进。各省份补贴政策调整实施方案于2015年9月底前报财政部、农业部备案。

（三）加强监督检查，强化目标考核。中央有关部门、地方各级政府和有关部门要加强对油价补贴政策调整工作的分类指导和监督检查，及时发现问题，完善政策。农业部对相关省份海洋捕捞渔船及功率压减指标进行确认落实，每年对各省份减船任务完成情况和渔船"双控"制度实施情况进行督促检查和绩效考核。

（四）加强宣传引导，营造良好环境。各地要有针对性地开展宣传引导工作，突出政策导向，赢得渔民群众和社会的理解支持，营造良好的舆论环境。采取公示、发放宣传册等方式，扩大政策宣传面。

财政部 环境保护部关于支持环境监测体制改革的实施意见

2015 年 11 月 2 日   财建〔2015〕985 号

各省、自治区、直辖市、计划单列市财政厅（局）、环境保护厅（局）：

环境监测是开展生态环保工作的基础，是生态文明建设的重要支撑。近年来，各级财政、环保部门切实加大财政投入，积极开展工作，初步建立了全国环境监测网络，开展了上收大气国家直管监测站的试点，在全国地级以上城市向公众发布实时空气质量监测数据，环境监测能力明显增强，一些地方开展了第三方托管运营等试点探索，取得了积极成效。但当前我国环境监测工作存在的问题也较为突出，中央与地方环境监测事权还没有完全理顺，地方行政干预监测数据的现象依然存在；企业环境监测报告责任没有完全落实，企业排污底数不清。保障群众环境知情权是政府的基本职责，新形势下全面推进生态文明建设也迫切要求加快理顺各级政府间环境监测事权，深化环境监测体制改革，报经国务院领导批准同意，提出如下改革实施意见：

一、财政支持监测体制改革的总体要求、工作目标和基本原则

（一）总体要求。

深入贯彻落实党的十八大、十八届三中、四中和五中全会精神，贯彻落实国务院《生态环境监测网络建设方案》（国办发〔2015〕56 号），理顺国家环境监测管理体系，加快推进环境监测体制改革，中央承担起重要区域、跨界环境质量监测事权，在大气、水、土壤方面形成国家环境监测直管网；各省份承担起辖区内环境质量监测，并强化污染源排放监督性监测，加强环境监管执法；落实企业主体责任，严格执行有关污染排放自行监测与报告制度，从而建立起中央、地方、企业责任边界清晰的环境监测体系，为各级政府环保考核提供准确、权威的数据支撑，夯实生态文明建设的基础。

（二）工作目标。

到 2018 年，全面完成国家监测站点及国控断面的上收工作，国家直管的大气、水、土壤环境质量监测网建立健全；省内环境质量监测体系有效建立，同国控监测数据相互印证、互联互通；环境监测市场化改革迈向深入，第三方托管运营机制普遍实行，环境监测效率大幅度提升，陆海统筹、天地一体、信息共享的生态环境监测体系不断完善，环境监测能力同生态文明建设要求更相适应。

（三）基本原则。

明晰事权、落实责任。按照"谁考核、谁监测"的要求，分清中央与地方在环境质量监测方面的事权与支出责任；依法落实企业排污监测、报告的责任，政府间环境监测事权更加清晰，各方职责得到有效落实。

分级保障、强化支撑。中央及地方环境监测纳入同级财政保障范围。中央财政将加大投入，保障国家环境监测体系网络的建设和运行；地方财政部门也应将环境监测工作作为环保支出的重点予以保障。

分步实施、积极稳妥。环境监测体制改革牵涉面较广，要做好统筹规划，编制 3 年中期财政规划，保障上收环境监测事权重点支出，根据现有环境监测工作能力，逐步上收到位。

二、支持建成国家大气、水、土壤等环境质量监测直管网

中央要准确掌握、客观评价全国生态环境质量总体状况，满足对地方生态环保工作考核要求。根据加

强环境保护和治理的要求，增加国控监测站点和断面建设，将全部国控监测站点和断面分步上收由国家直管。在大气监测方面，适当增加国控监测站点建设并充实监测功能，实现对全国主要地级以上城市全覆盖，满足《大气污染防治行动计划》的考核和评价需要；在水质监测方面，增加国控水质自动监测站点和国控断面，覆盖地级以上城市水域，进一步涵盖国家界河、主要一级和二级支流等 1 400 多条重要河流和 92 个重要湖库、重点饮用水源地等，满足《水污染防治行动计划》考核和评价需要；在土壤监测方面，支持开展全国土壤污染状况加密调查，开展风险点位的监测，覆盖国家重点关注的重要饮用水源地和污染场地土壤，支持建立完善国家环境监测网数据质控体系，提高国家层面的环境监测质量控制和管理水平，保证国家环境监测数据准确可靠。

三、积极推动地方环境监测体制改革

各地应当加快理顺辖区内环境质量监测体系，做好本辖区环境质量监测工作，掌握辖区内生态环境质量的状况以及污染物排放总量，主动接受辖区内群众监督。具备条件的省（自治区、直辖市）可上收辖区内市、县两级的环境质量监测点位、断面，满足省级考核要求。各省、自治区、直辖市、要根据实际情况，明确各项改革任务时间表，并做好相关经费保障。各省级环境监测数据要与国家联网共享。

四、全面落实企业污染源监测的主体责任

企业是说清污染排放情况的第一责任人，应依法自行监测或委托第三方开展监测，及时向环保部门报告排污数据，重点企业还应定期向社会公开监测信息。地方政府要从代替企业排污监测中退出来，切实履行好污染源排放监督性监测的职责，健全重点污染源在线监测体系，强化污染排放过程监管。督促企业履行污染源自行监测及信息公开责任，对弄虚作假、偷排偷放的企业依法惩处。中央对地方政府履行职责加强环境监察。

五、大力推进环境监测市场化改革

中央上收的环境监测站点、监测断面等，除敏感环境数据外，原则上将采取政府购买服务的方式，选择第三方专业公司托管运营。地方应加快环境监测市场化，深化环保事业单位分类改革，培育环境监测市场。政府要进一步加强对第三方环境监测市场监管，强化问责机制，全面建立环境监测标准规范、考核评价及质量控制体系，提高国家层面的环境监测质量控制和管理水平。

各级财政、环保部门要充分认识深化环境监测体制改革的重大意义，要积极作为，切实加强组织协调，确保改革的顺利实施，为不断提高我国环境质量监测水平、推动生态文明建设做出新的贡献。

省财政厅　省住房和城乡建设厅关于印发《山东省省级建筑节能与绿色建筑发展专项资金管理办法》的通知

2016 年 2 月 14 日　鲁财建〔2016〕6 号

各市财政局、住房城乡建委（建设局），有关市市政公用（城管）局，各省财政直接管理县（市）财政局、住房城乡建委（建设局），省直有关部门：

为加强和规范省级建筑节能与绿色建筑发展专项资金管理，我们对《山东省省级建筑节能与绿色建筑发展专项资金管理办法》（鲁财建〔2015〕18号）进行了修订，现印发给你们，请认真贯彻执行。

附件：山东省省级建筑节能与绿色建筑发展专项资金管理办法

附件：

山东省省级建筑节能与绿色建筑发展专项资金管理办法

第一条 根据《山东省民用建筑节能条例》规定及国家、省发展绿色建筑有关要求，省级财政设立建筑节能与绿色建筑发展专项资金（以下简称"专项资金"）。为加强和规范专项资金使用管理，切实提高资金使用效益，充分发挥资金的引导作用，制定本办法。

第二条 本办法所称专项资金，是指省级财政预算安排，专项用于绿色建筑、既有建筑节能改造、公共建筑节能监管体系建设、超低能耗建筑、装配式建筑等发展的资金。

第三条 专项资金管理按照"公开、公平、公正"原则，接受社会监督。

第四条 专项资金采取专项转移支付方式，具体项目组织实施由市、县（市）住房城乡建设、财政主管部门负责。

第五条 专项资金支持范围及条件：

（一）纳入国家计划的既有居住建筑节能改造项目

1. 项目于2007年10月1日之前竣工，能确保安全使用20年以上且未列入近期拆迁计划，改造内容必须包含外围护结构节能改造；

2. 项目须经设区市住房城乡建设主管部门审查批准，列入全省既有居住建筑节能改造计划；

3. 改造项目应在当年完成。

（二）既有公共建筑节能改造示范

1. 实施周期不超过3年，改造后节能率达到20%以上；

2. 大型公共建筑和设置集中空调系统的公共建筑，改造时应同步安装用能分项计量装置和节能监测系统，改造后实时上传能耗数据；

3. 公共建筑节能监测系统建设、运行维护和更新完善等。

（三）绿色建筑示范

1. 项目获得绿色建筑运行标识或二星级（含）以上设计标识，居住建筑规模不小于2万平方米，公共建筑规模不小于5 000平方米；

2. 项目依法取得立项、用地、规划、设计等许可文件，施工、运营过程中未出现较大及以上质量、安全事故。

（四）被动式超低能耗绿色建筑示范

1. 当年可开工建设的被动式超低能耗绿色建筑，其中居住建筑规模不小于5 000平方米，公共建筑规模不小于3 000平方米；

2. 项目依法取得立项、用地、规划等许可文件，有可靠的资金来源。

（五）绿色施工示范

1. 列入省绿色施工科技示范工程创建项目，其中，建筑工程规模不小于8 000平方米、市政工程造价不少于3 000万元；

2. 符合工程建设管理程序，依法取得立项、规划、施工等许可文件，未出现较大及以上质量、安全事故；

3. 编制实施绿色施工专项方案，在"四节一环保"方面有明确要求及量化指标；

4. 有健全的施工管理体系及完备的管理制度，采用绿色施工新技术、新产品、新设备、新工艺。

（六）绿色生态示范城区（城镇）

1. 绿色生态示范城区申报主体为县级及以上政府设立的城市新建区域（新区、经济技术开发区、高新技术产业开发区、工业园区等），绿色生态示范城镇申报主体为全国重点镇、省"百强建设示范行动"示范镇或特色小镇的政府；

2. 申报绿色生态示范城区应按照绿色、生态、低碳理念完成总体规划、控制性详细规划以及建筑、市政、能源、交通等专项规划编制及批复。申报绿色生态示范城镇应完成镇区总体规划及控制性详细规划编制及批复，规划中包括绿色生态有关内容；

3. 绿色生态示范城区起步区（先导区）不小于 3 平方公里，新建建筑全面执行绿色建筑标准。2 年内绿色建筑开工建设规模不小于 60 万平方米，其中二星级及以上绿色建筑比例不低于 50%；

4. 绿色生态示范城镇镇区规划面积不少于 2 平方公里，新建建筑执行绿色建筑标准，使用新型墙体材料，推广可再生能源建筑应用技术，2 年内新开工绿色建筑及完成既有建筑节能改造不少于 15 万平方米，其中至少有 1 个达到二星级及以上绿色建筑标准。

（七）绿色智慧住区（社区）示范

1. 符合绿色智慧住区建设管理标准的新建或既有住区（社区）。其中，新建住区为在建或当年可开工建设的项目，建设规模不小于 10 万平方米，且住区内新建建筑全部执行绿色建筑标准，既有住区规模不小于 15 万平方米；

2. 有明确的具备实力的技术支撑和运维单位，搭建符合相关要求的智慧住区综合信息服务平台，并有与城市公共信息平台对接实施方案；

3. 新建住区规划方案设计和技术设计、既有住区实施方案，应通过省住房城乡建设主管部门组织的技术审查；

4. 开展物业管理、城市管理、社区建设、社会治理、公共服务、商业服务等方面的网格化管理，实现住区管理服务智慧化；

5. 有条件的城市要配套开展城市公共信息平台和建筑物数据库建设，为智慧住区综合信息平台提供基础支撑。

（八）建筑产业现代化试点城市

1. 具备较好的建筑产业现代化发展环境的设区市或县（市、区），在建筑工业化技术体系及部品构件研发、生产、应用等方面具有一定的发展基础和工程应用规模；

2. 在建筑产业现代化方面具备明确的发展目标思路和完善的保障机制，在技术经济政策和推进措施等方面有突破有创新，有良好的示范带动作用；

3. 培育和落实相应规模的生产基地和工程项目，新建住宅采用建筑产业现代化模式建造的比例每年提升 3 个百分点以上。

（九）装配式建筑示范

1. 在建或当年可开工建设的装配式建筑。其中，装配式混凝土结构、钢结构建筑面积分别不小于 5 000 平方米、2 000 平方米，木结构建筑不限面积；

2. 采用装配式混凝土结构、钢结构、木结构及其部品构件建造；

3. 建筑方案设计和技术设计通过省住房城乡建设主管部门组织的技术审查，并满足绿色建筑标准要求；

4. 部品生产类项目已经立项，具备土地使用手续，装配式建筑构件、部品生产流水线方案通过省住房城乡建设主管部门组织的技术审查。

（十）"百年建筑"示范

1. 在建或当年可开工建设的项目，建筑规模 2 000 平方米以上；

2. 建筑结构采用支撑体与填充体相分离的"百年建筑"技术体系，实行建筑、结构、设备和装修一体化设计，采用整体卫浴等内装产业化技术，建筑管线、设备等填充体便于维护更新，建立科学合理的设施运维和物业管理制度；

3. 建筑方案设计和技术设计通过省住房城乡建设主管部门组织的技术审查，并满足绿色建筑标准要求。

（十一）绿色抗震农房示范

1. 位于郯庐断裂带、聊考断裂带影响区域和高烈度地区的翻建或新建的 2 层及以下分散建设的农村住房；

2. 依法取得用地批准手续和乡村建设规划许可证，建筑设计、施工方案等齐全，并应在 1 年内建成并通过验收；

3. 符合《山东省农村民居建筑抗震技术导则》等抗震相关技术要求，使用新型墙体材料，应用墙体、屋面保温隔热技术及节能门窗、灯具，同步设计安装太阳能热水系统，采用被动式太阳能建筑技术、小型户用地源热泵系统、光伏发电技术等的优先予以支持。

（十二）建筑节能与绿色建筑发展规划编制、科研开发、课题研究、标准制定等工作。

第六条　根据形势发展和工作需要，在上述范围内选择确定年度支持方向，并适时对相关指标要求进行调整。既有公共建筑节能改造、绿色建筑、被动式超低能耗绿色建筑、绿色施工、绿色智慧住区（社区）、装配式建筑、"百年建筑"及绿色抗震农房示范，由设区城市财政、住房城乡建设主管部门根据本辖区符合条件的项目情况，分类编制示范申报方案，统一进行申报。

第七条　对纳入国家计划的既有居住建筑节能改造项目，省级按照"以奖代补"的原则，切块分配。各市（县）按本办法规定的原则和标准，拨付到经省备案的改造项目。资金分配计算公式为：

$$市（直管县）奖励资金 = (0.9 \times S_1 + 1 \times S_2) \times A / (0.9 \times \sum S_1 + 1 \times \sum S_2)$$

A：专项资金分配总额；

S_1：该市（直管县）改造类型为［1］+［3］的面积之和；

S_2：该市（直管县）改造类型为［1］+［2］+［3］的面积之和；

［1］：室内采暖系统热计量及温度调控改造；

［2］：热源和供热管网热平衡改造；

［3］：建筑围护结构节能改造。

第八条　既有公共建筑节能改造示范方案批复后，先按改造规模、内容拨付 60% 奖励资金；通过验收后，根据节能量等因素核定下达后续奖励资金，采用合同能源管理的适度增加奖励。

第九条　绿色建筑示范奖励标准为：一星级 15 元/平方米（建筑面积，下同）、二星级 30 元/平方米、三星级 50 元/平方米，单一项目最高不超过 500 万元。示范方案批复后，根据方案包含项目的绿色建筑标识星级，获得二星、三星级设计标识的，先拨付 50%，获得运行标识再拨付 50%；获得运行标识、此前未获得过奖励资金的，一次性拨付奖励资金。

第十条　被动式超低能耗绿色建筑示范按照增量成本（与新建节能建筑相比）给予一定比例的资金奖励。其中，示范方案批复后拨付 50%，通过验收后再拨付 50%。

第十一条　绿色施工示范奖励标准为建筑工程 10 元/平方米、市政工程为工程造价的 0.5%，单一项目最高不超过 50 万元、每市最高不超过 500 万元。其中，示范方案批复后拨付 50%，通过验收后再拨付 50%。奖励资金主要用于支持研发推广绿色施工技术、设备等。

第十二条　绿色生态示范城区、城镇奖励基准分别为 1 000 万元、600 万元，根据规划建设水平、绿色建筑建设规模、能力建设情况等因素，相应核定奖励资金。其中，示范批复后拨付 50%，通过验收后再拨付 50%。示范城区奖励资金主要用于绿色建筑评价和能效测评、弥补绿色建筑增量成本、绿色建筑技术研发和推广等；示范城镇奖励资金主要用于制定示范实施方案、支持绿色建筑建设、开展既有建筑节能改造等。

第十三条 绿色智慧住区（社区）示范奖励资金基准为 200 万元，根据住区规模、建设标准、综合信息服务平台等因素相应调整奖励资金。其中，示范方案批复后拨付 50%，通过验收后再拨付 50%。资金主要用于智慧住区（社区）综合信息服务平台建设等。

第十四条 建筑产业现代化试点城市奖励资金基准为 500 万元，根据工作基础、规划建设水平、产业化发展规模和机制创新等因素，相应核定奖励金额。奖励资金根据试点进展情况分阶段拨付，主要用于支持试点工程增量成本、产业园区基础设施建设，组织技术研发、开展生产应用方面的巡检监测等。

第十五条 装配式建筑示范奖励基准为 100 元/平方米，根据技术水平、工业化建筑评价结果等因素，相应核定奖励资金；"百年建筑"示范奖励标准为 100 元/平方米。装配式建筑和"百年建筑"示范单一项目奖励资金最高不超过 500 万元。其中，示范方案批复后拨付 50%，通过验收后再拨付 50%。资金用于弥补装配式建筑增量成本等。

第十六条 绿色抗震农房示范奖励标准为 2 万元/户，其中，示范方案批复后拨付 50%，通过验收后再拨付 50%。资金用于弥补绿色抗震农房增量成本等。

第十七条 根据技术进步、成本变化等因素，对各类示范奖励标准适时进行调整。

第十八条 各市（县）要认真组织好既有居住建筑改造及各类示范落实，及时将专项资金拨付到位，并做好项目实施和资金管理工作，于每季度初 10 日内向省住房城乡建设主管部门报送上季度资金使用和项目进度情况。省财政、住房城乡建设主管部门将对专项资金落实使用和示范实施情况进行监督检查，并委托第三方机构对预算执行情况开展绩效评价。

第十九条 各市（县）财政、住房城乡建设部门及省直有关部门要切实加强专项资金管理和项目督导，确保专款专用并提高资金使用效益。对在审计等监督检查中发现骗取截留、挪用专项资金的，依照《财政违法行为处罚处分条例》（国务院令第 427 号）有关规定进行严肃处理，同时追回已拨付专项资金，并在两个年度内取消其申请专项资金扶持的资格。

第二十条 本办法由省财政厅、省住房城乡建设厅负责解释。

第二十一条 本办法自 2016 年 3 月 20 日起施行，有效期至 2019 年 3 月 19 日。《山东省省级建筑节能与绿色建筑发展专项资金管理办法》（鲁财建〔2015〕18 号）同时废止。

省财政厅　省海洋与渔业厅关于贯彻落实财政部农业部调整国内渔业捕捞和养殖业油价补贴政策促进渔业持续健康发展的意见

2016 年 2 月 29 日　鲁财建〔2016〕9 号

有关市财政局、海洋与渔业局，省财政直接管理县（市、区）财政局、海洋与渔业局：

为促进渔业持续健康发展，推动渔业产业结构调整，按照《财政部、农业部关于调整渔业油价补贴政策促进渔业持续健康发展的通知》（财建〔2015〕499 号）、《农业部办公厅关于印发国内渔业捕捞和养殖业油价补贴政策调整相关实施方案的通知》（农办渔〔2015〕65 号）要求，经省政府同意，从 2015 年起，对国内渔业捕捞和养殖业油价补贴政策作出调整。现将有关事项通知如下：

一、补贴政策调整的必要性

现行的渔业成品油价格改革财政补贴政策，是成品油价格形成机制改革的重要配套政策和保障措施，在一定时期内较好地弥补了渔业生产成本，增加了渔民收入，促进了渔业稳定发展。但政策在执行过程中也存在着价格信号扭曲、逆向调节、监管滞后等问题。为此，有必要通过调整财政补贴政策、运用价格调节机制、强化行业管理等措施和手段，推动渔业减船转产，降低捕捞强度，促进海洋生态环境修复和产业结构调整。当前，国际国内成品油价格连续走低，也为补贴政策的调整提供了有利"窗口期"。

二、总体思路和目标任务

（一）总体思路。通过调整资金使用方向，统筹考虑渔业发展、渔民生产生活等实际情况，健全支撑保障和激励约束机制，使渔业油价补贴政策与渔业资源保护和产业结构调整等产业政策相协调，促进渔业可持续发展。

（二）目标任务。以保民生、保生态、保稳定为目标，通过调整优化补贴方式，使渔业油价补贴资金与用油量彻底脱钩。力争到 2019 年，国内捕捞业油价补贴降至 2014 年补贴水平的 40%，引导捕捞渔民转产转业，使国内捕捞渔船数和功率数进一步减少，捕捞作业结构进一步优化，捕捞强度得到有效控制。同时，促进渔业装备建设水平进一步提高，渔业产业结构更加合理，渔业现代化建设迈出新步伐。

三、补贴政策调整的主要内容

立足现行国内渔业捕捞和养殖业油价补贴对渔民生产成本补贴的政策属性，按照"盘活存量、调整方式、保障重点、统筹兼顾"的原则，将补贴政策调整为专项转移支付和一般性转移支付相结合的综合性支持政策。具体安排如下：

（一）专项转移支付。坚持保障重点，强化对现代渔业建设的支撑，以专项转移支付形式支持渔民减船转产和生态环境修复，以及渔船更新改造等渔业装备建设。

1. 渔民减船转产。按照海洋捕捞强度与资源再生能力平衡协调发展的要求，国家将现有减船补贴标准从 2 500 元/千瓦提高到 5 000 元/千瓦。以 2014 年我省纳入国家海洋捕捞渔船动态管理系统数据库管理的渔船总功率为基数逐年压减。2015～2019 年总功率压减 15.9 万千瓦，减船 2 215 艘。

2. 渔船更新改造。在严格控制海洋捕捞强度，实施减船转产的基础上，对现有的纳入国家捕捞强度控制范围的海洋捕捞渔船实施更新改造。以船舶所有人为补贴对象，对纳入管理的老、旧、木质渔船，升级改造为"安全、节能、经济、环保、适居"的海洋标准化捕捞渔船进行补贴，提高渔船的安全技术性能，提升渔船现代化装备水平。2015～2019 年，我省计划更新改造 1 553 艘海洋捕捞渔船，同步推进船型标准化建设。

3. 人工鱼礁建设。以减船报废的渔船和人造礁体等为原料，2015～2019 年，在我省国家级海洋牧场示范区及省级人工鱼礁规划区内进行人工鱼礁建设，恢复海洋渔业资源，带动增养殖业、休闲渔业及其他产业发展，实现渔业可持续发展和渔民增收，促进渔业水域生态环境修复。

4. 其他渔业装备设施建设。加强渔港航标等公共基础设施建设和维护，建成布局合理、设施完备、管理有序、运营高效的现代渔港体系，着力提高海洋渔业防灾减灾能力；推广深水抗风浪养殖网箱，逐步调减近海普通网箱养殖，保护近海海域生态环境；加强海洋渔船通信与安全装备建设，推进我省海洋渔船动态监管能力建设，增强渔船安全生产和应急救助能力，保障渔民生命财产安全。

（二）一般性转移支付资金。坚持有保有压，优化支出结构，资金统筹用于解决渔民生产成本、转产转业等方面。具体安排如下：

1. 渔业生产成本补贴（简称油价补贴）资金。一是养殖业油价补贴政策。在考虑养殖面积和核定功率的基础上，适当调低内陆单位养殖面积机动渔船主机功率补贴标准；设置功率补贴上限，使其低于捕捞机动渔船油价补贴核算标准，防止捕捞机动渔船转为养殖机动渔船，抑制养殖机动渔船数量非正常增长；二是国内捕捞业油价补贴政策。综合考虑资源养护、船龄等因素，国内捕捞业按渔船作业类型和大小分档定额设定补贴标准。其中，2016～2019 年大中型海洋捕捞渔船油价补贴标准，分别在上一年度补贴标准的基础上逐年递减 18%，压减大中型商业性渔船补贴规模，对小型生计性渔船予以适当倾斜照顾。具体标准由省海洋与渔业厅另行制定发布。

2. 减船转产阶梯递减补贴资金。为尽早完成压减海洋捕捞渔船功率和数量任务，我省将在国家专项转移支付补贴标准（5 000 元/千瓦）的基础上，从一般性转移支付中再安排资金对渔民减船转产实行梯度递减补贴。具体补贴标准为：2016 年 3 000 元/千瓦，2017 年 2 000 元/千瓦，2018 年 1 000 元/千瓦，2019 年省级将不予以补贴。优先支持压减老旧渔船、木质渔船、大中型渔船以及双船底拖网、帆张网、三角虎网等对渔业资源破坏性较大作业方式的渔船。

3. 其他渔业基础设施建设资金。根据我省渔业现代化发展规划和渔业实际情况，按照"轻重缓急，统筹兼顾"的原则，重点对渔业资源养护、渔业渔政信息化建设、渔港航标建设、池塘标准化和工厂化循环用水改造等水产养殖基础设施建设给予一定支持，以及弥补中央专项转移支付扶持项目不足部分。

四、政策实施范围

（一）渔船范围：纳入全国渔船动态管理系统数据库管理的山东籍渔船。远洋渔业油价补贴政策暂不纳入此次政策调整范围。

（二）项目实施范围：以各具体项目实施方案（由省海洋与渔业厅另行制定）所确定的范围为准。

五、补贴资金的拨付和使用方式

（一）调整后的国内渔业捕捞和养殖业油价补贴资金。以各市 2014 年 12 月 31 日前纳入全国渔船动态管理系统数据库的渔船为基数，按照国家《国内捕捞机动渔船油价补贴标准调整实施方案（试行）》和《养殖机动渔船油价补贴标准调整实施方案（试行）》规定的补贴标准上限，核定每年度各市（县）渔业油价补贴数额，以一般性转移支付方式将补贴资金切块下达各市。各市以国家补贴标准为上限，确定具体申报、审核、发放程序和资金结算方式。

（二）渔船减船转产和更新改造补贴资金。省级根据各市年度渔船减船转产和更新改造任务指标，按照中央和省级补贴标准，将资金切块下达各市。各市可采用"先减后补"、"先建后补"等方式，发放减船转产和渔船更新改造补贴资金。具体发放程序和资金结算方式由各市自行确定。

2015～2019 年，各市因限制使用船龄老旧渔船 2018 年起停发补贴及减船转产等原因产生的腾退资金，可自主安排用于实施方案中规定的相关渔业发展领域。

（三）其他渔业装备及水产养殖基础设施建设补贴资金。每年省级根据全省海域特点、渔船数量、渔港布局、水产养殖发展水平等渔业发展规划要求，结合各市申报的实施方案情况，将渔业装备及基础设施建设项目资金切块下达有关市（县）。有关市（县）根据省级总体实施方案要求和承担的具体建设任务，通过采取"先建后补"、"建补结合"等多种方式，统筹国家、省级及地方财政资金，重点用于渔业装备及水产养殖基础设施建设等方面。中央专项转移支付项目完工后，省级将组织考核、验收工作。省级一般性转移支付项目的考核、验收工作由市级渔业主管部门会同财政部门负责组织实施。

六、补贴政策调整的保障措施

国内渔业捕捞和养殖业油价补贴政策调整涉及广大渔业企业和渔民的切身利益，情况复杂，社会影响大。各级政府和相关部门要统一思想，提高认识，切实增强大局观念和责任意识，强化组织领导，统筹推进，加强监督检查，做好宣传引导，确保政策调整工作顺利推进。

（一）继续实行市长负责制，健全工作机制。各市要提高对补贴政策调整的认识，加强组织领导，落实主体责任。继续实行渔业油价补贴政策"市长负责制"，明确地方政府保障渔业发展和社会稳定的"兜底"责任。建立健全党委政府统一领导，相关部门各司其职、协同配合的工作机制，明确职责分工，细化实施方案，做好衔接配套。省海洋与渔业厅制发渔业捕捞和养殖业补贴调整及渔船更新改造、减船转产等具体实施方案，省财政厅、省海洋与渔业厅共同做好指导、监督和考核工作。

（二）制定实施方案，完善配套措施。各市财政、渔业部门要根据本意见要求，结合工作实际，抓紧制定本市2015～2019年国内渔业捕捞和养殖业油价补贴政策调整工作方案，具体内容包括：补贴政策调整落实的基本思路和总体考虑，海洋捕捞渔船及功率指标压减目标和分年度具体实施方案，渔船更新改造的目标和分年度具体方案，其他一般性转移支付和中央专项转移支付资金补助项目的实施方案。其中，转产转业、渔业资源养护、渔业渔政信息化建设、渔港航标建设、水产养殖基础设施建设等方面的资金安排及预期效果等，将作为今后监督检查和绩效考核的重要依据。各市2015～2019年补贴政策落实总体方案及2015～2016年年度实施方案应于2016年3月15日前报省海洋与渔业厅、省财政厅备案。2015～2016年度实施方案要包括具体项目的建设单位、投资可行性、建设内容、投资规模、绩效目标及管理措施等。自2017年起，各市应于每年4月30日前，将本市年度总体实施方案和具体项目实施方案报省海洋与渔业厅、省财政厅备案。

（三）加强监督检查，强化目标考核。各市政府和有关部门要抓紧完善相关制度办法和配套措施，加强对油价补贴政策调整工作的分类指导和监督检查，加大打击涉渔"三无"船舶和各类非法作业的力度，整治船证不符、违法违规使用渔具和渔业水域污染等行为，确保政策调整顺利推进。省海洋与渔业厅将对有关市海洋渔船及功率压减等指标进行分解下达，并对减船任务完成情况和渔船"双控"制度实施情况进行督导检查和绩效考核。对虚报瞒报考核指标的部门和管理人员，一经查实，严肃处理，并追究相关人员的责任。

（四）加强宣传引导，营造良好环境。各市（县）要主动面向社会和基层，通过多种媒体、多种形式，有针对性地进行政策解读和宣传引导，突出改革调整导向，及时回应社会关切，力争赢得渔民群众和社会的理解支持，营造好政策调整的舆论环境。同时，加强对渔业、渔船的信息监控管理，及时掌握和反馈政策调整动态，确保渔业油价补贴调整政策平稳推进。

本意见有效期至2019年12月31日。

省财政厅　省环境保护厅关于转发《财政部　环境保护部关于支持环境监测体制改革的实施意见》的通知

2016年3月11日　鲁财建〔2016〕19号

各市财政局、环保局：

为做好环境监测体制改革有关工作，现将《财政部、环境保护部关于支持环境监测体制改革的实施意见》（财建〔2015〕985号）转发给你们，请抓好贯彻落实。各级财政、环保部门要充分认识环境监测体制改革的重要意义，切实加强配合、通力合作，扎实推动地方环境监测体制改革和环境监测市场化改革顺利实施。各级财政部门应积极做好相关经费保障和成本测算准备工作，确保监测事权上收正常开展。各级环保部门应按照中央有关部署，配合国家、省级做好监测事权上收工作。

省财政厅　省科学技术厅　省经济和信息化委员会省发展和改革委员会转发财政部　科技部　工业和信息化部　发展改革委　国家能源局《关于"十三五"新能源汽车充电基础设施奖补政策及加强新能源汽车推广应用的通知》的通知

2016 年 3 月 11 日　鲁财建〔2016〕20 号

各市财政局、科技局、经济和信息化委、发展改革委：

为加快我省新能源汽车充电基础设施建设，促进新能源汽车推广应用，现将财政部、科技部、工业和信息化部、发展改革委、国家能源局《关于"十三五"新能源汽车充电基础设施奖补政策及加强新能源汽车推广应用的通知》（财建〔2016〕7 号，以下简称《通知》）转发给你们，并提出以下意见，请认真贯彻执行。

一、认真编制实施方案

各市要结合本地实际，认真研究编制 2016～2020 年新能源汽车推广应用实施方案并及时向社会公布。实施方案应详细、具体，其中，新能源汽车推广计划要明确涉及的行业领域、分车型的年度目标和推广范围（明确到县级行政区划）。请于 2016 年 3 月底前，将实施方案报送省财政厅、省科技厅、省经济和信息化委、省发展改革委等四部门。

二、做好年度资金申报工作

自 2017 年起，每年 2 月 10 日前，各市要按照《通知》要求，根据上年度各车型推广情况，编制充电基础设施奖补资金申请报告，并提供各车型推广情况的相关证明材料。

三、建立信息上报制度

在推广期内，各市要于月度结束后 5 日内，报送上月车辆推广和充电基础设施建设情况；年度结束 20 日内，编写自查报告，报送上一年度车辆推广情况、基础设施建设情况及充电基础设施奖补资金使用情况。

四、明确责任，加强配合

各市要因地制宜，统筹规划，分工协作，明确职责，确保完成新能源汽车推广应用和充电基础设施建设工作任务。

附件：财政部　科技部　工业和信息化部　发展改革委　国家能源局关于"十三五"新能源汽车充电基础设施奖补政策及加强新能源汽车推广应用的通知

附件：

财政部　科技部　工业和信息化部　发展改革委　国家能源局
关于"十三五"新能源汽车充电基础设施奖补政策及加强新能源汽车推广应用的通知

2016 年 1 月 11 日　财建〔2016〕7 号

各省、自治区、直辖市、计划单列市财政厅（局）、科技厅（委、局）、工业和信息化主管部门、发展改革委、能源局，新疆生产建设兵团财务局、科技局、工业和信息化委员会、发展改革委、能源局：

按照《国务院办公厅关于加快新能源汽车推广应用的指导意见》（国办发〔2014〕35 号）、《国务院办公厅关于加快电动汽车充电基础设施建设的指导意见》（国办发〔2015〕73 号）等文件要求，为加快推动新能源汽车充电基础设施建设，培育良好的新能源汽车应用环境，2016～2020 年中央财政将继续安排资金对充电基础设施建设、运营给予奖补。现将有关事项通知如下：

一、奖补对象

中央财政充电基础设施建设运营奖补资金是对充电基础设施配套较为完善、新能源汽车推广应用规模较大的省（区、市）政府的综合奖补。

二、奖补条件

获得中央财政充电基础设施建设运营奖补资金的各省（区、市）应满足以下条件：

（一）新能源汽车推广规模较大。各省（区、市）新能源汽车推广要具备一定数量规模并切实得到应用：

大气污染治理重点区域和重点省市（包括北京、上海、天津、河北、山西、江苏、浙江、山东、广东、海南），2016～2020 年新能源汽车（标准车）推广数量分别不低于 3.0 万辆、3.5 万辆、4.3 万辆、5.5 万辆、7 万辆，且推广的新能源汽车数量占本地区新增及更新的汽车总量比例不低于 2%、3%、4%、5%、6%。

中部省（包括安徽、江西、河南、湖北、湖南）和福建省，2016～2020 年新能源汽车（标准车）推广数量分别不低于 1.8 万辆、2.2 万辆、2.8 万辆、3.8 万辆、5.0 万辆，且推广的新能源汽车数量占本地区新增及更新的汽车总量比例不低于 1.5%、2%、3%、4%、5%。

其他省（区、市）2016～2020 年新能源汽车（标准车）推广数量分别不低于 1.0 万辆、1.2 万辆、1.5 万辆、2.0 万辆、3.0 万辆，且推广的新能源汽车数量占本地区新增及更新的汽车总量比例不低于 1%、1.5%、2%、2.5%、3%。

新能源标准车推广数量以纯电动乘用车为标准进行计算，其他类型新能源汽车按照相应比例进行折算（折算关系见附件 1）。

中央和国家机关及所属公共机构实行属地化考核，即相关单位推广应用的新能源汽车纳入所在省（区、市）统一计算。

（二）配套政策科学合理。各省（区、市）要切实加强组织领导，建立由主要负责同志牵头、各职能部门参加的新能源汽车推广应用工作推进机制；要按照国务院及有关部门要求，结合本地实际，编制 2016～2020 年新能源汽车推广应用实施方案，切实履行政府应承担的职责，制定出台充电基础设施建设运营管理办法和地方鼓励政策，并向社会公布，加快形成适度超前、布局合理、科学高效的充电基础设施体系。

2016 年 4 月底前，各省（区、市）应将新能源汽车推广应用实施方案及充电基础设施建设运营管理办法报财政部、科技部、工业和信息化部、发展改革委、能源局等部门（以下统称五部门）备案。未按要求制定出台的地区不得享受中央财政充电基础设施建设运营奖补资金。

（三）市场公平开放。要严格执行国家统一的新能源汽车推广目录，不得设置或变相设置障碍限制采购外地品牌车辆；不得设置或变相设置障碍限制外地充电设施建设、运营企业进入本地市场；要严格执行全国统一的新能源汽车和充电设施国家标准和行业标准，不得自行制定地方标准；不得对新能源汽车进行重复检测、强制要求汽车生产企业在本地设厂、强制要求整车企业采购本地生产的电池、电机等零部件。经有关部门认定存在上述地方保护行为的省（区、市），中央财政将视情节严重程度对奖补资金进行相应扣减。

三、奖补方式和标准

（一）奖补方式。中央财政对符合上述条件的省（区、市）安排充电设施建设运营奖补资金，奖补资金由中央财政切块下达地方，由各省（区、市）统筹安排用于充电设施建设运营等相关领域。

（二）奖补标准。奖补标准主要根据各省（区、市）新能源汽车推广数量确定，推广量越大，奖补资金获得的越多，具体标准见附件 2。

四、奖补资金使用范围

奖补资金应当专门用于支持充电设施建设运营、改造升级、充换电服务网络运营监控系统建设等相关领域。地方应充分利用财政资金杠杆作用，调动包括政府机关、街道办事处和居委会、充电设施建设和运营企业、物业服务等在内的相关各方积极性，对率先开展充电设施建设运营、改造升级、解决充电难题的单位给予适当奖补，并优先用于支持《国务院办公厅关于加快电动汽车充电基础设施建设的指导意见》（国办发〔2015〕73 号）确定的相关重点任务。

奖补资金不得用于平衡地方财力，不得用于新能源汽车购置补贴和新能源汽车运营补贴。纳入奖补范围的充电设施应符合相应国家和行业相关标准。

中央和国家机关及所属公共机构应同等享受地方政府对本地区公共机构的奖补标准。

五、资金申请和下达

（一）每年 2 月底前，各省（区、市）财政、科技、工业和信息化、发展改革、能源等部门，编制奖补资金申请报告，联合上报至五部门。申请报告应包括：各省（区、市）上年度各车型实际推广情况，并按要求折算成标准车；车辆推广相关证明材料，包括车辆销售发票、车辆注册登记信息、相关技术参数等。

（二）科技部、工业和信息化部、发展改革委、国家能源局组织专家对各省（区、市）资金申请报告进行复核并将结果提交至财政部，财政部按程序拨付奖补资金。

六、监督管理

（一）各省（区、市）财政、科技、工业和信息化、发展改革、能源等部门要对本地区申报材料的真实性、准确性负责，并加强充电基础设施建设运营奖补资金使用的监督管理。对弄虚作假、违规使用资金的地区，将追缴扣回奖补资金。

（二）各省（区、市）要加大充电基础设施支持力度，结合本地区新能源汽车产业发展情况研究制定具体支持措施；鼓励创新投入方式，采取政府和社会资本合作（PPP）模式等建设运营新能源汽车充电设施。

（三）建立信息上报和公示制度。各省（区、市）要建立车辆推广和充电基础设施建设情况上报制度，按月报送新能源汽车推广、充电设施数量情况等信息，并于月度结束后 10 个工作日内逐级上报至五部门。年度结束后一个月内，各省（区、市）应将上一年度车辆推广情况、基础设施建设情况及充电基础设施奖补资金使用情况自查报告上报至五部门，五部门将对各省（区、市）进行综合考核，并向社会公示。

本政策执行期限为2016～2020年。财政部等相关部门将根据产业发展情况适时调整政策。

附件：1. 新能源标准车折算关系表

　　　2. 2016～2020年各省（区、市）新能源汽车充电基础设施奖补标准

附件1：

新能源标准车折算关系表

车型		与标准车折算比例
纯电动乘用车（续驶里程＜150km）		0.8∶1
纯电动乘用车（续驶里程≥150km）		1∶1
插电式混合动力乘用车		1∶1
纯电动客车		12∶1
钛酸锂等纯电动快充客车		20∶1
插电式混合动力客车		5∶1
燃料电池乘用车		30∶1
燃料电池客车		50∶1
纯电动专用车	最大设计总质量≥3 500kg	3∶1
	最大设计总质量＜3 500kg	1.5∶1
插电式混合动力专用车		0.6∶1

附件2：

2016～2020年各省（区、市）新能源汽车充电基础设施奖补标准

单位：辆、万元

年份	大气污染治理重点区域和重点省市			中部省和福建省			其他省（区、市）		
	奖补门槛（标准车推广量）	奖补标准	超出门槛部分奖补标准	奖补门槛（标准车推广量）	奖补标准	超出门槛部分奖补标准	奖补门槛（标准车推广量）	奖补标准	超出门槛部分奖补标准
2016年	30 000	9 000	每增加2 500辆，增加奖补资金750万元。奖补资金最高封顶1.2亿元。	18 000	5 400	每增加1 500辆，增加奖补资金450万元。奖补资金最高封顶1.2亿元。	10 000	3 000	每增加800辆，增加奖补资金240万元。奖补资金最高封顶1.2亿元。
2017年	35 000	9 500	每增加3 000辆，增加奖补资金800万元。奖补资金最高封顶1.4亿元。	22 000	5 950	每增加2 000辆，增加奖补资金550万元。奖补资金最高封顶1.4亿元。	12 000	3 250	每增加1 000辆，增加奖补资金280万元。奖补资金最高封顶1.4亿元。
2018年	43 000	10 400	每增加4 000辆，增加奖补资金950万元。奖补资金最高封顶1.6亿元。	28 000	6 700	每增加2 500辆，增加奖补资金600万元。奖补资金最高封顶1.6亿元。	15 000	3 600	每增加1 200辆，增加奖补资金300万元。奖补资金最高封顶1.6亿元。
2019年	55 000	11 500	每增加5 000辆，增加奖补资金1 000万元。奖补资金最高封顶1.8亿元。	38 000	8 000	每增加3 500辆，增加奖补资金700万元。奖补资金最高封顶1.8亿元。	20 000	4 200	每增加1 500辆，增加奖补资金320万元。奖补资金最高封顶1.8亿元。
2020年	70 000	12 600	每增加6 000辆，增加奖补资金1 100万元。奖补资金最高封顶2亿元。	50 000	9 000	每增加4 500辆，增加奖补资金800万元。奖补资金最高封顶2亿元。	30 000	5 400	每增加2 500辆，增加奖补资金450万元。奖补资金最高封顶2亿元。

省财政厅 省交通运输厅关于印发《山东省专项建设基金投资公路建设项目还本付息工作预案》的通知

2016 年 10 月 12 日 鲁财建〔2016〕80 号

各市人民政府：

按照财政部、交通运输部《关于做好专项建设基金投资公路建设项目还本付息工作预案的指导意见》（财建〔2016〕272 号）有关要求，结合全省专项建设基金投资公路建设项目实际情况，经省政府同意，我们研究制定了《山东省专项建设基金投资公路建设项目还本付息工作预案》，现予印发，请遵照执行。

附件：山东省专项建设基金投资公路建设项目还本付息工作预案

附件：

山东省专项建设基金投资公路建设项目还本付息工作预案

一、工作目标

深入贯彻落实《财政部、交通运输部关于做好专项建设基金投资公路建设项目还本付息工作预案的指导意见》（财建〔2016〕272 号）精神，明确专项建设基金投资公路项目偿债主体责任，加强监督管理，确保按照有关合同及时还本付息，有效防范化解财政金融风险，更好发挥专项建设基金投资政策效应。

二、总体要求

（一）落实偿债主体责任。专项建设基金协议约定的还款方应承担专项建设基金的偿债主体责任，履行偿还义务，明确偿债时限，按时还本付息，不得单方面改变原有债权债务关系，不得转嫁偿债责任和逃废债务。

（二）落实偿债资金来源。专项建设基金协议约定的还款方要按照协议约定，落实年度还本付息资金计划，不得留有缺口，切实做到谁借谁还、风险自担。当年用于专项建设基金的偿债资金，要足额优先列入偿债责任主体单位年度财务计划或年度预算。各级政府要指导和督促有关专项建设基金债务偿还主体单位加强财务管理、拓宽偿债资金筹措渠道、统筹安排专项建设基金还本付息资金。

三、工作措施

（一）加强专项建设基金监管。各级交通运输部门要加强对专项建设基金投资公路建设项目的统计分析，建立专项建设基金投资公路建设项目还本付息情况报告制度，对本级本部门的专项建设基金投资公路建设项目还本付息情况进行持续跟踪、分析。各级交通运输、财政部门要督促专项建设基金投资的政府收费公路项目借款方做好还本付息工作。

（二）确保专项建设基金偿还。对通过股东借款方式投资的政府收费公路项目，由政府收费公路项目借款人按照有关合同履行专项建设基金的偿还责任，政府按相关合同承担的财政补贴部分纳入地方财政预算管理；对通过股东借款方式投资的经营性公路项目，由经营性公路项目法人股东多渠道筹集资金，统筹安排，按照协议约定按时还本付息；对通过股权投资或资本金投入方式投资的经营性公路项目，由协议约定的收购主体或经营性公路项目主体多渠道筹集资金，按照协议约定落实股权收购资金（或减资资金）及投资收益，确保专项建设基金的投资回收。

（三）严格项目审核。各级交通运输部门要发挥行业主管部门优势，严格项目筛选，提前做好公路项目前期准备工作，确保备选项目符合国家交通运输行业发展战略。要加强与本级发展改革部门对接沟通，按照"看得准、有回报"原则，配合本级发展改革部门做好项目的组织、审核、申报工作，从源头上防范专项建设基金投资公路项目还本付息风险。

（四）建立应急处置机制。专项建设基金债务协议约定的债务偿还主体要制定应急处置预案，出现还本付息困难时，要通过压缩经费、处置存量资产等方式，多渠道筹集资金，确保专项建设基金的还本付息。

（五）加强组织领导。各级政府要高度重视，增强大局意识，加强组织领导，搞好协调配合，切实抓好专项建设基金投资公路建设项目的还本付息工作，确保政策贯彻落实到位，着力防范化解金融风险。

省财政厅　省环境保护厅关于印发《大气污染防治专项资金管理办法》实施细则的通知

2016 年 12 月 21 日　鲁财建〔2016〕96 号

各市财政局、环保局，省财政直接管理县（市）财政局、环保局：

为认真贯彻落实中央财政《大气污染防治专项资金管理办法》（财建〔2016〕600 号），加强大气污染防治专项资金使用管理，推进我省大气污染防治工作，我们结合山东实际，制定了《〈大气污染防治专项资金管理办法〉实施细则》，现印发给你们，请认真贯彻执行。

附件：《大气污染防治专项资金管理办法》实施细则

附件：

《大气污染防治专项资金管理办法》实施细则

第一条　为规范和加强大气污染防治专项资金管理，推进大气污染防治工作，提高财政资金使用效益，根据《大气污染防治专项资金管理办法》（财建〔2016〕600 号）、《大气污染防治行动计划》（国发〔2013〕37 号）、《中央对地方专项转移支付管理办法》（财预〔2015〕230 号）等有关规定，结合我省实际，制定本实施细则。

第二条　本细则所称大气污染防治专项资金（以下简称专项资金）是指 2013～2017 年期间，中央财政下达的支持我省开展大气污染防治工作的专项资金。

第三条　专项资金用于国家《大气污染防治行动计划》和《山东省 2013～2020 年大气污染防治规划》确定的大气污染防治工作任务以及省政府下达的其他大气污染防治重点工作等。

第四条　省财政厅会同省环保厅采用因素法测算各市资金额度，综合考虑国务院及省政府下达的工作任务、各市大气污染治理任务量、治污项目完成及预算执行情况、空气质量改善情况、大气污染防治重点工作完成情况等因素。资金安排突出奖惩原则：

（一）对未完成细颗粒物（PM2.5）年均浓度下降率和空气质量优良率提高指标任意一项年度指标任务的，相应扣减该年预算。

（二）对年度空气质量达到国家二级标准的市，落实省大气污染防治重点工作进展情况突出的市、完成空气质量改善目标且细颗粒物（PM2.5）下降率排前三名的市给予奖励，奖励资金额度根据本条上款规定扣减的资金额度和当年预算规模等确定。

第五条　省财政厅会同省环保厅在接到中央财政下达专项资金后 30 日内，向市级（含省财政直管县）财政、环保部门下达资金预算文件。有关市、县（市、区）财政部门接到专项资金后，应当在 30 日内会同环保部门分解下达本行政区域县级财政部门和项目承担单位，同时将资金分配结果报省财政厅、省环保厅备案，并抄送省财政厅驻有关市财政检查办事处。

第六条　项目结转和结余资金按照《山东省人民政府办公厅关于贯彻国办发〔2014〕70 号文件进一步做好盘活财政存量资金工作的通知》（鲁政办发〔2015〕11 号）及其他有关结转结余资金管理规定进行处理。

第七条　省财政厅、省环保厅等部门对专项资金使用情况进行监督检查，并建立省、市、县各级绩效评价工作机制。绩效评价内容主要包括资金使用安全性、规范性和有效性，约束性指标及重点任务完成情况，资金支持项目发挥的效益情况等。

第八条　专项资金支持的项目应当按照信息公开要求，公布资金安排和使用的详细情况、项目安排和具体实施情况等。有关市、县（市、区）财政和环保部门应当将资金使用情况在政府门户网站上予以公布，接受社会监督。

第九条　市、县（市、区）财政、环保部门要建立健全调度、监管及档案管理制度，按季度将资金预算执行和项目进展情况报上一级财政、环保部门，并重点对本辖区内资金使用、工作进度、建设管理、污染物减排以及空气质量改善情况进行监督检查，确保资金使用效益和环境效益。完善资金项目动态档案管理，对立项、环评、验收等有关资料实施专档管理。

第十条　对于截留、挪用、骗取专项资金以及其他违法使用专项资金行为，依照《预算法》《财政违法行为处罚处分条例》等有关规定进行处理。

第十一条　本细则由省财政厅、省环保厅负责解释。

第十二条　本细则自 2017 年 2 月 1 日起施行，有效期至 2019 年 12 月 31 日。

省发展和改革委员会　省财政厅关于印发《山东省区域战略推进专项资金管理办法》的通知

2016 年 6 月 3 日　鲁发改投资〔2016〕583 号

各市发展改革委、财政局，省直有关部门：

现将《山东省区域战略推进专项资金管理办法》印发给你们，请认真遵照执行。

附件：山东省区域战略推进专项资金管理办法

附件：

山东省区域战略推进专项资金管理办法

第一章　总　　则

第一条　为规范和加强山东省区域战略推进专项资金（以下简称"专项资金"）管理，提高资金使用效益，根据《山东半岛蓝色经济区发展规划》《黄河三角洲高效生态经济区发展规划》《省会城市群经济圈发展规划》《西部经济隆起带发展规划》（以下简称"两区一圈一带"规划）和《山东省省级财政专项资金管理暂行办法》，制定本办法。

第二条　专项资金安排使用坚持"投向明晰、重点突出、公开透明、公平公正"的原则，围绕落实"两区一圈一带"规划目标任务，更好地发挥政府投资的引导带动作用，促进全省区域经济快速、健康、协调发展。

第三条　省发展改革委、财政厅共同筹措、管理专项资金。

第二章　专项资金安排

第四条　省区域战略推进专项资金主要采取项目投资（经费）补助、贷款贴息、奖励、资本金注入、股权投资等投资方式，以"切块"、重大事项投资及省政府确定的其他形式安排下达。

第五条　省发展改革委、财政厅根据省委、省政府确定的工作思路和重点，提出年度专项资金的安排意见，经省政府常务会议研究通过后实施。

第六条　专项资金以重大事项形式安排的，由省发展改革委会同省财政厅根据省委、省政府工作部署，研究提出安排意见。

第七条　重大事项需要进一步分解到具体项目的，应制定具体事项的资金管理办法。重大事项属于固定资产投资项目的，应符合项目基本建设程序，遵从固定资产投资项目管理的有关规定。

第八条　专项资金以"切块"形式安排的，由省发展改革委、财政厅向各市下达投资计划（分配方案）和预算指标。各市按照省里确定的"切块"资金投资领域和要求，在40日内将资金分解落实到具体项目，按要求填报拟扶持项目汇总表，附立项批复文件复印件，形成备案申请报告，报省发展改革委备案。省发展改革委主要从是否符合投资方向和本《办法》要求的补助比例、项目产生程序等方面进行审查，在15个工作日内对符合要求的出具同意备案文件，不符合要求的由有关市予以调整，并重新履行备案手续。

第九条　市发展改革委、财政局根据省对"切块"资金有关要求和本地实际，提出本市"切块"资金的具体项目安排意见。"切块"资金以项目申报和重大事项等形式安排。

第十条　"切块"资金以重大事项形式安排的，由市发展改革委、财政局提出安排建议，经市政府会议研究确定。

第十一条　"切块"资金以项目申报形式安排的，应按照以下程序进行：

（一）项目申报。市发展改革委、财政局发布申报指南，明确专项资金投向、安排方式、补助资金额度及比例、申报条件、申报程序等。

（二）项目确定。市发展改革委、财政局按照"科学、客观、公正"的原则，采用组织专家评审或者集体研究决策等方式研究确定扶持项目。

（三）项目公示。市发展改革委、财政局将拟支持的项目名单在7个工作日向社会公示。

（四）项目备案。市发展改革委将拟支持的项目报省发展改革委备案。

（五）资金下达。按照省发展改革委的备案意见，市发展改革委、财政局下达投资计划和预算指标。

第十二条　"切块"资金安排的申报类项目需满足以下条件：

（一）在省内注册并具有法人资格的企事业单位，法人治理结构健全、管理规范；

（二）符合"两区一圈一带"规划要求；

（三）符合国家产业政策，具有较好的经济社会效益预期；

（四）符合省里确定的"切块"资金投资方向；

（五）项目前期工作成熟，已在投资主管部门审批、核准或备案，完成要求的土地或海域、环保、规划等其他审批手续，已经开工建设或者确保一年内能够开工建设。

第十三条　"切块"资金应集中支持事关区域协调发展的重大基础设施及其他规模较大的项目，避免项目安排过多过散。

第十四条 "切块"资金申报类单个项目安排比例和额度,按以下标准执行:

(一)以投资补助、奖励等方式支持的固定资产投资项目,专项资金安排金额不得超过项目总投资的 50%。

(二)贷款贴息类项目贴息率不超过当期银行基准贷款利率,对同一项目的贴息不得连续超过 3 年。

(三)以资本金注入和股权投资等方式支持的项目,按照相关规定执行。

第十五条 专项资金不得重复安排同一申报类项目。项目单位在报送申报文件时应同步报送近三年项目没有省级以上财政资金支持的承诺书。项目单位虚假承诺获得重复安排资金的,由省财政厅收回专项资金,列入省财政专项资金信用负面清单。

第十六条 各市应按照省里确定的资金投向和领域建立专项资金建设项目储备库,"切块"资金支持的项目原则上从项目储备库中产生。项目储备库实行动态管理,定期调整更新。

第三章 专项资金使用管理

第十七条 各级发展改革、财政部门按照"花钱必问效、无效必问责"的要求,建立和完善科学规范的资金使用管理机制,专账管理,专款专用,严禁挤占挪用。应加强资金拨付前的审核和使用中的监督检查,严格按照批准项目的名称、内容和规模实施。

第十八条 "切块"资金支持的经备案同意的项目原则上不得变更。投资计划下达后一年内项目没有开工建设或者因不可抗力等原因不能继续实施的,由市发展改革委、财政局收回资金并按照程序统筹安排到其他符合要求的项目,并重新报省发展改革委履行备案手续。

第十九条 各县(市、区)财政、发展改革部门应做好项目前期工作,提高资金下达效率,按照项目工程进度,及时直接拨付到项目单位。自下达后一年内专项资金仍未拨付到项目单位的,由省财政厅收回专项资金。

第二十条 专项资金拨付项目单位结转两年仍未完工或项目已完工,形成的结转结余资金,由同级财政按照《山东省人民政府办公厅关于贯彻国办发〔2014〕70 号文件进一步做好盘活财政存量资金工作的通知》(鲁政办发〔2015〕11 号)要求,收回统筹安排使用。

第四章 项 目 验 收

第二十一条 项目建设完成后,项目单位应在一年内向所在市发展改革、财政部门申请对专项资金使用情况及项目建设情况进行评估验收。

第二十二条 凡具有下列情况之一的,不通过验收:

(一)项目目标任务没有完成或实现的。

(二)没有按照批准项目的名称、内容和规模实施,擅自变更的。

(三)没有落实项目法人制、招标投标制、合同管理制和工程监理制的。

(四)其他严重违反项目管理和资金管理的行为。

第二十三条 验收结果按照以下情况处理:

(一)通过验收的项目,将验收结果记入该单位信用记录。

(二)未按要求进行验收的项目单位,取消其以后申请专项资金的资格,没有拨付的专项资金,按照《山东省人民政府办公厅关于贯彻国办发〔2014〕70 号文件进一步做好盘活财政存量资金工作的通知》(鲁政办发〔2015〕11 号)要求执行。

(三)未通过验收的项目,必须在 6 个月内完成整改,并重新组织验收。如仍未通过验收,取消其以后申请专项资金的资格,已拨付专项资金由同级财政收回并统筹安排到其他项目。

第五章　专项资金监督管理

第二十四条　省发展改革委、财政厅定期对专项资金支持项目建设和资金使用情况进行监督检查。

第二十五条　各市发展改革、财政部门承担"切块"资金管理的主体责任，应加大监管力度，提高专项资金的管理水平。重大事项资金管理的主体责任由承担单位负责。

第二十六条　省发展改革委、财政厅建立和完善绩效评价体系，每年对上年度专项资金使用管理情况进行绩效评价。绩效评价结果作为今后资金安排的重要依据。

第二十七条　各市发展改革委、财政局每年6月底和12月底前向省发展改革委、财政厅报告专项资金支持项目实施情况，主要包括项目进度、资金使用、项目经济社会生态效益、问题整改和工作建议等。重大事项随时报告。

第二十八条　各级发展改革、财政部门和项目单位应积极配合专项资金的监督检查和审计工作。对发现的问题，相关单位要认真整改，并及时报告整改情况。拒不整改或者整改不到位的，资金由财政部门收回统筹安排使用，并取消其以后申请专项资金的资格。

第二十九条　对专项资金申报、使用和管理过程中出现的违法违纪违规行为，按照《财政违法行为处罚处分条例》和《山东省省级财政专项资金管理暂行办法》等规定处理。

第六章　附　　则

第三十条　各市应根据本办法制定本市专项资金监督管理办法。

第三十一条　本办法由省发展改革委、财政厅负责解释。

第三十二条　本办法自2016年6月15日起施行，有效期至2021年6月14日。原《山东省区域战略推进专项资金管理办法》（鲁发改投资〔2014〕483号）自本办法生效之日起废止。

九、

农业财务类

财政部　农业部关于印发《农业支持保护补贴资金管理办法》的通知

2016 年 6 月 23 日　财农〔2016〕74 号

各省、自治区、直辖市、计划单列市财政厅（局）、农业（农牧、农村经济）厅（局、委、办），新疆生产建设兵团财务局、农业局，中央直属垦区：

为了加强中央财政农业支持保护补贴资金管理，提高资金使用效益，根据《中华人民共和国预算法》等有关规定，财政部会同农业部制定了《农业支持保护补贴资金管理办法》。现予印发，请遵照执行。

附件：农业支持保护补贴资金管理办法

附件：

农业支持保护补贴资金管理办法

第一条　为了加强农业支持保护补贴资金管理，提高资金使用效益，根据《中华人民共和国预算法》、《财政违法行为处罚处分条例》等有关法律法规及国家有关专项转移支付管理的规定，制定本办法。

第二条　农业支持保护补贴资金是中央财政公共预算安排的专项转移支付资金，用于支持耕地地力保护和粮食适度规模经营，以及国家政策确定的其他方向。

第三条　农业支持保护补贴资金由财政部会同农业部分配。财政部结合中央财政农业支持保护补贴资金年度预算安排、农业部提出的分配建议等情况审核下达资金。其中，用于耕地地力保护的资金，根据2015 年各省份耕地地力保护资金规模测算；用于粮食适度规模经营的资金，主要根据 2015 年各省份适度规模经营资金占全国比重，并综合考虑各省份年度农业信贷担保体系建设、绩效考评等情况进行测算。

农业部根据政策确定的实施范围，提出资金分配建议，并会同财政部根据资金管理需要，制定实施指导性意见，细化管理要求。

第四条　省级农业部门会同财政部门，要在本级政府领导下，根据本办法，结合本地实际情况，制定本地区实施方案或指导意见，并报农业部、财政部备案，抄送当地专员办。同时，要加强对县级农业支持保护补贴实施方案审核、补贴工作监督检查、政策实施情况总结等工作。

县级农业部门、财政部门要按照本省统一要求，共同做好组织实施工作。县级农业部门要认真组织做好本辖区内农业支持保护补贴相关数据审核汇总工作，包括农户基本信息、补贴面积、补贴标准、补贴金额等，并应对补贴给农民的资金进行 7 天公示。公示无异议后，县级财政部门会同农业部门应按照便民高效、资金安全的原则，及时通过"一卡（折）通"等方式将补贴资金直接发放给农民。

第五条　农业支持保护补贴用于耕地地力保护的资金，补贴对象原则上为拥有耕地承包权的种地农民。

用于粮食适度规模经营的资金，补贴对象为粮食适度规模生产经营者，重点向种粮大户、家庭农场、农民合作社和农业社会化服务组织等新型经营主体和新型服务主体倾斜。对农业信贷担保体系建设的支持资金统筹用于资本注入、担保费用补助、风险补偿等方面。

第六条　农业支持保护补贴以绿色生态为导向。对已作为畜牧养殖场使用的耕地、林地、成片粮田转为设施农业用地、非农业征（占）用耕地等已改变用途的耕地，以及长年抛荒地、占补平衡中"补"的面积和质量达不到耕种条件的耕地等不予补贴。不予补贴的耕地认定标准和程序由各省级财政部门联合农业部门确定。

鼓励采取多种措施，创新方式方法，提高农作物秸秆综合利用水平，引导农民综合采取秸秆还田、深松整地、减少化肥农药用量、施用有机肥等措施，切实加强耕地质量保护，自觉提升耕地地力。

第七条 农业支持保护补贴资金具体补贴标准、补贴依据和补贴方式等由各省结合本地实际确定，确保政策的连续性和稳定性。

用于耕地地力保护的资金，可与二轮承包耕地面积、计税耕地面积、土地承包经营权确权登记面积或粮食种植面积等挂钩。

用于粮食适度规模经营的资金，可采取贷款贴息、重大技术推广与服务补助等方式支持多种形式的粮食适度规模经营。近几年重点用于支持建立完善农业信贷担保体系。

鼓励按照因地制宜、简便易行、效率与公平兼顾的原则，创新适度规模经营的支持方式。对农业信贷担保机构的资本注入规模和节奏要根据担保业务运营情况合理确定；对新型经营主体贷款贴息不超过贷款利息的50%；对重大技术推广与服务补助，应采取"先服务后补助"、提供物化补助、政府购买服务等方式；不鼓励对新型经营主体实行现金直补。单户补贴要设置合理的补贴规模上限。

第八条 在全国人民代表大会批准预算后90日内，中央财政将农业支持保护补贴预算正式指标下达到省级财政。安排给中央部门的资金，列入其年度部门预算。各省份接到中央财政农业支持保护补贴预算正式指标后，应当在30日内正式下达到本行政区域县级以上各级政府。

第九条 农业支持保护补贴资金的支付，按照国库集中支付制度有关规定执行。属于政府采购管理范围的，按照政府采购有关法律制度规定执行。

上年结转资金可在下年继续使用；连续两年未用完的结转资金，作为结余资金管理。

第十条 加强农业支持保护补贴资金绩效管理。农业支持保护补贴资金应按规定设定绩效目标，开展绩效运行监控。财政部会同农业部按照预算绩效管理规定和资金管理需要，对各省资金使用情况开展绩效评价。省级财政部门会同农业部门按照预算绩效管理规定和资金管理需要，对市县级政策实施情况开展绩效评价。绩效评价结果以适当方式予以通报，并作为资金分配的因素之一。

第十一条 地方各级农业、财政部门要在地方政府统一领导下，共同组织实施农业支持保护补贴政策，并会同有关部门加强监督检查，对政策实施情况进行总结。

省级财政部门会同农业部门根据中央财政下达的资金规模，确定资金具体细化方案，将资金分配结果报财政部备案并抄送当地专员办。专员办按照工作职责和财政部要求，开展农业支持保护补贴资金监管工作。

第十二条 地方各级财政部门应加强组织管理，保障政策的有效实施，支持做好补贴面积核实、补贴公示制度建立、"一卡（折）通"发放资金、推进农民补贴网建设、加强补贴监管等工作。

第十三条 对任何单位和个人滞留截留、虚报冒领、挤占挪用农业支持保护补贴资金，以及其他违反本办法规定的行为，按照《中华人民共和国预算法》、《财政违法行为处罚处分条例》等有关规定追究法律责任。

第十四条 本办法所称省级、各省是指省、自治区、直辖市、计划单列市和新疆生产建设兵团。专员办是指财政部驻各省、自治区、直辖市、计划单列市财政监察专员办事处。

第十五条 本办法由财政部会同农业部解释。

第十六条 本办法自印发之日起施行。《财政部 农业部关于印发〈中央财政农作物良种补贴资金管理办法〉的通知》（财农〔2009〕440号）、《财政部 农业部关于印发〈中央财政天然橡胶良种补贴项目资金管理办法（试行）〉的通知》（财农〔2009〕70号）、《财政部 发展改革委 农业部关于进一步完善农资综合补贴动态调整机制的实施意见》（财建〔2009〕492号）、《中央财政新增农资综合补贴资金集中用于粮食基础能力建设暂行管理办法》（财建〔2009〕786号）、《财政部 发展改革委 农业部 国家粮食局 中国农业发展银行印发〈关于进一步完善对种粮农民直接补贴政策的意见〉的通知》（财建〔2005〕59号）、《财政部关于印发〈2013年对种粮农民直接补贴工作经费管理办法〉的通知》（财建〔2013〕677号）同时废止。

财政部 水利部关于印发《中央财政水利发展资金使用管理办法》的通知

2016 年 12 月 2 日 财农〔2016〕181 号

农业部，各省、自治区、直辖市、计划单列市财政厅（局）、水利（水务）厅（局），新疆生产建设兵团财务局、水利局：

按照《国务院关于改革和完善中央对地方转移支付制度的意见》（国发〔2014〕71 号）、《国务院关于印发推进财政资金统筹使用方案的通知》（国发〔2015〕35 号）以及《中央对地方专项转移支付管理办法》（财预〔2015〕230 号）等相关要求，为规范中央财政水利发展资金使用管理，财政部、水利部制定了《中央财政水利发展资金使用管理办法》。现予印发，请遵照执行。

附件：中央财政水利发展资金使用管理办法

附件：

中央财政水利发展资金使用管理办法

第一条 为加强中央财政水利发展资金管理，提高资金使用的规范性、安全性和有效性，促进水利改革发展，依据《预算法》和《中央对地方专项转移支付管理办法》（财预〔2015〕230 号）等有关法律法规和制度规定，制定本办法。

第二条 本办法所称中央财政水利发展资金（以下简称水利发展资金），是指中央财政预算安排用于支持有关水利建设和改革的专项资金。水利发展资金的分配、使用、管理和监督适用本办法。

水利发展资金使用管理遵循科学规范、公开透明；统筹兼顾、突出重点；绩效管理、强化监督的原则。

纳入中央部门预算的水利发展资金按照部门预算管理有关规定执行。

第三条 水利发展资金由财政部会同水利部负责管理。

财政部负责编制资金预算，审核资金分配方案并下达预算，组织开展预算绩效管理工作，指导地方加强资金管理等相关工作。

水利部负责组织水利发展资金支持的相关规划或实施方案的编制和审核，研究提出资金分配和工作清单建议方案，协同做好预算绩效管理工作，指导地方做好项目和资金管理等相关工作。

地方财政部门主要负责水利发展资金的预算分解下达、资金审核拨付、资金使用监督检查以及预算绩效管理总体工作等。

地方水利部门主要负责水利发展资金相关规划或实施方案编制、项目审查筛选、项目组织实施和监督等，研究提出资金和工作清单分解安排建议方案，做好预算绩效管理具体工作。

第四条 水利发展资金支出范围包括：

（一）农田水利建设，主要用于农田及牧区饲草料地灌排工程设施建设（含"五小水利"、农村河塘清淤整治等）及配套机耕道、农业灌排电力设施、灌溉计量设施建设。

（二）地下水超采区综合治理，主要用于地下水超采区水利工程建设及体制机制创新等。

（三）中小河流治理及重点县综合整治，主要用于中小河流防洪治理及中小河流重点县的水系综合整治。

（四）小型水库建设及除险加固，主要用于新建小型水库及小型病险水库除险加固。

（五）水土保持工程建设，主要用于水土流失综合治理。

（六）淤地坝治理，主要用于病险淤地坝除险加固。

（七）河湖水系连通项目，主要用于江河湖库水系连通工程建设等。

（八）水资源节约与保护，主要用于国家水资源监控能力建设等水资源节约与保护。

（九）山洪灾害防治，主要用于山洪灾害非工程措施建设、重点山洪沟防洪治理等。

（十）水利工程设施维修养护，主要用于补助农田水利设施和县级及以下公益性水利工程维修养护、农业水价综合改革相关支出等。

水利发展资金不得用于征地移民、城市景观、财政补助单位人员经费和运转经费、交通工具和办公设备购置、楼堂馆所建设等支出。

县级可按照从严从紧的原则，在水利发展资金中列支勘测设计、工程监理、工程招标、工程验收等费用，费用上限比例由省级财政部门会同水利部门确定，省、市两级不得在水利发展资金中提取上述费用。

水利发展资金原则上不得用于中央基建投资已安排资金的水利项目。

第五条 水利发展资金实行中期财政规划管理。财政部会同水利部根据党中央、国务院决策部署，水利中长期发展目标，国家宏观调控总体要求和跨年度预算平衡需要，编制水利发展资金三年滚动规划和年度预算。

第六条 水利部汇总编制完成的以水利发展资金为主要资金渠道的相关规划或实施方案应商财政部同意后印发实施。地方水利部门在编制本地区水利发展资金相关规划和实施方案时，应充分征求地方同级财政部门意见。

第七条 中央对各省（自治区、直辖市、计划单列市，以下统称省）分配水利发展资金时，主要采取因素法。对党中央、国务院明确的重点建设项目以及水利建设任务较少的直辖市、计划单列市，可采取定额补助。因素法的分配因素及权重如下：

（一）目标任务（权重50%），以财政部、水利部根据党中央、国务院决策部署，确定的水利发展目标任务为依据，通过相关规划或实施方案明确的分省任务量（或投资额）测算。

（二）政策倾斜（权重20%），以全国贫困县、革命老区县（含中央苏区县）、民族县、边境县个数为依据。

（三）绩效因素（权重30%），以国务院最严格水资源管理制度考核结果，财政部、水利部组织开展的相关绩效评价结果，监督检查结果和预算执行进度等为依据。

省级对市级或县级分配水利发展资金的具体办法，由省级财政、水利部门自行确定。

第八条 财政部应当在每年10月31日前将下一年度水利发展资金预计数和工作清单初步安排情况提前下达省级财政部门，并抄送水利部、省级水利部门和财政部驻各地财政监察专员办事处（以下简称专员办）。财政部应当在全国人民代表大会审查批准中央预算后90日内印发下达水利发展资金预算文件，将水利发展资金正式预算、工作清单下达省级财政部门，批复区域绩效目标作为绩效评价依据，同时抄送水利部、省级水利部门和当地专员办。

工作清单主要包括水利发展资金支持的年度重点工作、支出方向、具体任务指标等，对党中央、国务院明确的重点任务或试点项目，可明确资金额度。

省级财政部门会同省级水利部门依据相关规划或实施方案等分解下达预算，在优先保证完成党中央、国务院确定的重点任务、试点项目和工作清单确定任务的基础上，可根据本地区情况统筹安排各支出方向的资金额度；根据财政部、水利部要求，在规定时间内，将汇总形成的全省绩效目标、分支出方向资金安排情况报财政部、水利部，并抄送当地专员办。

专员办督促地方财政、水利部门分解下达预算，审核区域绩效目标，并在收到省级财政、水利部门抄送的区域绩效目标的20日内，将区域绩效目标审核意见报财政部。

第九条 地方各级水利部门应当会同同级财政部门采取竞争立项、建立健全项目库等方式，及时将资金落实到具体项目。同时，督促项目单位提前做好项目前期工作，加快项目实施和预算执行进度。

第十条　水利发展资金鼓励采取先建后补、以奖代补、民办公助等方式，加大对农户、村组集体、农民专业合作组织等新型农业经营主体实施项目的支持力度；鼓励采用政府和社会资本合作（PPP）模式开展项目建设，创新项目投资运营机制；遵循"先建机制、后建工程"原则，坚持建管并重，支持农业水价综合改革和水利工程建管体制机制改革创新。具体办法由地方自行制定。

第十一条　各级财政部门应当会同同级水利部门按照财政部涉农资金统筹整合使用有关规定，加强水利发展资金统筹整合。分配给贫困县的水利发展资金，按照《国务院办公厅关于支持贫困县开展统筹整合使用财政涉农资金试点的意见》（国办发〔2016〕22号）有关规定执行。

第十二条　水利发展资金的支付按照国库集中支付制度有关规定执行。属于政府采购管理范围的，按照政府采购有关法律法规规定执行。结转结余的资金，按照《预算法》和其他有关结转结余资金管理的相关规定处理。属于政府和社会资本合作项目的，按照国家有关规定执行。

第十三条　各级财政部门应当会同同级水利部门加强水利发展资金预算绩效管理，建立健全全过程预算绩效管理机制，提高财政资金使用效益。水利发展资金绩效管理办法另行制定。

第十四条　财政部应当将水利发展资金分配结果在预算下达文件印发后20日内向社会公开。

第十五条　各级财政部门和水利部门都应加强水利发展资金的监督检查。专员办按照工作职责和财政部要求，开展水利发展资金预算监管工作。分配、管理、使用水利发展资金的部门、单位及个人，应当依法接受审计、纪检监察等部门监督，对发现的问题，应及时制定整改措施并落实。

第十六条　水利发展资金申报、使用管理中存在弄虚作假或挤占、挪用、滞留资金等财政违法行为的，对相关单位及个人，按照《预算法》和《财政违法行为处罚处分条例》进行处罚，情节严重的追究法律责任。

各级财政、水利等有关部门及其工作人员在水利发展资金分配、项目安排中，存在违反规定分配或使用资金，以及其他滥用职权、玩忽职守、徇私舞弊等违法违纪行为的，按照《预算法》、《公务员法》、《行政监察法》、《财政违法行为处罚处分条例》等国家有关规定追究相应责任；涉嫌犯罪的，移送司法机关处理。

第十七条　省级财政部门应当会同省级水利部门，根据本办法并结合本地区实际，制定水利发展资金使用管理实施细则，重点明确省级及以下的部门职责、支出范围、资金分配、支付管理、绩效管理、资金整合、机制创新、监督检查、责任追究等，抄送财政部、水利部及当地专员办。

第十八条　本办法自2017年1月1日起施行。《江河湖库水系综合整治资金使用管理暂行办法》（财农〔2016〕11号）、《农田水利设施建设和水土保持补助资金使用管理办法》（财农〔2015〕226号）、《中央财政山洪灾害防治经费使用管理办法》（财农〔2014〕1号）、《小Ⅱ型病险水库除险加固项目中央专项资金管理办法》（财建〔2013〕574号）、《重点小型病险水库除险加固项目和资金管理办法》（财建〔2010〕436号）、《重点小型病险水库除险加固项目财政专项补助资金管理暂行办法》（财建〔2007〕619号）同时废止。

省财政厅　省扶贫开发领导小组办公室关于印发《山东省特色产业发展扶贫基金使用管理办法》的通知

2016年6月30日　鲁财农〔2016〕29号

各市财政局、扶贫办，各省财政直接管理县（市）财政局、扶贫办：

《山东省特色产业发展扶贫基金使用管理办法》已经省委、省政府同意，现印发给你们，请结合实际认真贯彻执行。

　　附件：山东省特色产业发展扶贫基金使用管理办法

附件：

山东省特色产业发展扶贫基金使用管理办法

　　第一条　为规范特色产业发展扶贫基金管理，提高财政资金使用效益，按照精准扶贫、精准脱贫要求，结合我省实际，制定本办法。

　　第二条　2016～2018 年脱贫攻坚期内，省财政拟每年筹集资金 10 亿元，其中从省财政专项扶贫资金中安排 5 亿元，从农业综合开发产业化资金和现代农业生产发展资金中统筹 5 亿元，设立特色产业发展扶贫基金（以下简称产业扶贫基金）。

　　第三条　产业扶贫基金由省直相关部门负责分配、使用、管理。省财政厅主要负责审核并落实产业扶贫基金预算，分配、拨付基金；省扶贫办或省直相关部门主要负责提出年度基金安排建议，指导市县落实基金项目；省财政厅会同省扶贫办、省直相关部门对基金使用和项目实施进行管理监督。市县财政、扶贫或相关部门负责具体落实。

　　第四条　产业扶贫基金采取省级切块下达、县级运作实施的方式使用管理。省里根据农村贫困人口数量、人均财力水平、特色产业发展情况、绩效考核结果等因素将基金分配到县（市、区），不再收回，由县级结合当地实际，采取直接补助、周转使用、贷款贴息等方式分配使用。

　　第五条　采取周转使用方式的，借款期限一般不超过 1 年，不收取利息或占用费，产业扶贫基金到期后，由县级负责收回，继续周转使用，或采取折股量化等方式明确到农村贫困户和贫困人口。

　　第六条　县级可以将产业扶贫基金与金融扶贫政策结合起来，引导金融机构加大对建档立卡贫困户以及带动贫困户实现脱贫增收的各类经营主体的贷款额度，并可对贷款给予贴息支持。

　　第七条　产业扶贫基金主要支持贫困地区、贫困村、贫困户发展种植、养殖、加工等特色产业，实施电商、光伏、乡村旅游等项目，以及符合本地实际的其他农业产业项目。

　　第八条　产业扶贫基金切块下达到有关县（市、区）后，县级财政、扶贫或相关部门要结合当地实际，按照"渠道不变、充分授权"的原则，研究提出基金运作方案，确定基金扶持项目，并将基金运作方案报市级财政、扶贫或相关部门审核备案。

　　第九条　县级财政部门应按规定及时下达拨付产业扶贫基金。县级扶贫或相关部门要加强对项目实施的指导监督，建立项目实施管理档案，协调解决项目实施中遇到的困难和问题，确保项目顺利实施。

　　第十条　项目完成后，省财政厅、省扶贫办或省直相关部门对各县（市、区）产业扶贫基金使用管理情况进行绩效考核，考核结果将作为安排下一年度产业扶贫基金的参考依据。

　　第十一条　各有关市、县（市、区）要按照省统筹整合使用财政涉农资金支持脱贫攻坚的部署要求，结合本地实际，加强产业扶贫基金与中央、省相关涉农资金的有机衔接，做到相辅相成，互为补充，充分发挥资金规模效益。

　　第十二条　各级财政、扶贫或相关部门要切实加强对产业发展扶贫基金的管理与监督，确保专款专用，任何单位和个人不得截留、挤占、挪用。有关部门、单位要自觉接受审计、纪检监察等有关部门监管，对违反规定的，依照《预算法》、《财政违法行为处罚处分条例》等有关规定进行严肃处理。

　　第十三条　各有关市、县（市、区）可根据本办法，结合本地区实际制定实施细则，并报省财政厅、省扶贫办或省直相关部门备案。

　　第十四条　本办法由省财政厅、省扶贫办和省直相关部门负责解释。

第十五条　本办法自 2016 年 8 月 1 日起施行，有效期至 2020 年 12 月 31 日。

省财政厅　省扶贫开发领导小组办公室　省农业厅
省金融工作办公室关于印发《山东省小额贷款
扶贫担保基金使用管理办法》的通知

2016 年 6 月 30 日　鲁财农〔2016〕30 号

各市财政局、扶贫办、农业局、金融办，各省财政直接管理县（市）财政局、扶贫办、农业局、金融办：

　　为规范小额贷款扶贫担保基金管理，提高资金使用效益，我们研究制定了《山东省小额贷款扶贫担保基金使用管理办法》，现印发给你们，请认真贯彻执行。

　　附件：山东省小额贷款扶贫担保基金使用管理办法

附件：

山东省小额贷款扶贫担保基金使用管理办法

第一章　总　　则

　　第一条　为认真贯彻落实中央和省扶贫工作部署，根据《中共山东省委山东省人民政府关于贯彻落实中央扶贫开发工作部署坚决打赢脱贫攻坚战的意见》（鲁发〔2015〕22 号），经省委、省政府同意，设立小额贷款扶贫担保基金（以下简称"扶贫担保基金"）。为规范扶贫担保基金运营管理，制定本办法。

　　第二条　本办法所称扶贫担保基金，是指通过增信保证等方式为建档立卡农村贫困人口和各类产业扶贫经营主体发展生产提供融资担保服务的政策性基金。

　　第三条　基金来源。扶贫担保基金总规模为 10 亿元，由省财政厅作为注册资本金拨款注入山东省农业融资担保有限责任公司（以下简称"省农业担保公司"），并由省农业担保公司负责具体运营。

　　第四条　基金使用原则。扶贫担保基金使用坚持政府主导与市场运作相结合、精准扶贫与普惠金融相结合、优化服务与防控风险相结合、加强监督与推进创新相结合的原则。

　　第五条　基金运营方式：

　　（一）由省农业担保公司通过设立分支机构、办事处，或与扶贫任务较重的县（市、区）投资合作设立地方农业担保机构，开展小额贷款扶贫担保业务。

　　（二）安排一定扶贫担保基金设立续贷过桥周转金，与地方过桥资金一并为贷款到期出现暂时资金周转困难的经营主体提供短期过渡性资金支持，预防资金链断裂产生的风险损失。续贷过桥周转金的规模及具体操作办法另行制定。

　　第六条　鼓励各市、县（市、区）现有的农业信贷担保机构开展小额贷款扶贫担保业务，或采取联合担保、再担保等方式，与省农业担保公司合作开展小额贷款扶贫担保业务。

第二章　基金管理和运营机构

第七条　省财政厅、省扶贫开发领导小组办公室（以下简称省扶贫办）、省农业厅、省金融办负责对扶贫担保基金的运营进行指导和监管。主要职责：

（一）省财政厅负责扶贫担保基金的筹集、拨付，确定续贷过桥周转金规模，审议批准扶贫担保坏账核销和代偿损失弥补方案，变更扶贫担保基金规模，加强基金监管，建立绩效评价机制，会同省扶贫办、省农业厅等部门对扶贫担保基金使用情况开展绩效评价等。

（二）省扶贫办负责指导做好小额贷款扶贫担保业务与全省金融扶贫工作的衔接，参与扶贫担保基金绩效评价等。

（三）省农业厅负责做好小额贷款扶贫担保业务与全省农业产业扶贫工作的衔接，指导扶贫任务县（市、区）做好参与农业产业扶贫经营主体带动能力认定、扶贫担保项目库建设以及项目推荐，对扶贫担保基金支持的农业产业扶贫经营主体的后续发展给予积极支持和辅导，参与扶贫担保基金绩效评价等。

（四）省金融办负责把扶贫担保基金运营情况纳入监管范围，依法对省农业担保公司的业务活动及其风险状况进行监督管理。

对扶贫担保基金运营中的其他事项，由上述有关部门结合部门职责分工，共同做好相关工作。

第八条　省农业担保公司是扶贫担保基金的具体运营机构，主要职责：

（一）组织开展小额贷款扶贫担保日常业务。

（二）落实扶贫担保基金年度工作计划和阶段性工作任务。

（三）配合有关部门对扶贫任务县（市、区）开展小额贷款扶贫担保业务培训。

（四）提出坏账核销和代偿损失弥补方案。

（五）建立健全小额贷款扶贫担保业务档案。

（六）会同合作金融机构等各方建立小额贷款扶贫担保信用评价与授信体系。

（七）建立扶贫担保基金统计报告制度，定期向有关方面报送扶贫担保业务规模、项目个数、风险控制、续贷过桥周转金使用、股权投资方案、基金运营和脱贫成效等内容。

第九条　扶贫任务县（市、区）负责推动小额贷款扶贫担保项目在当地的对接落实。主要职责：

（一）制定当地小额贷款扶贫担保工作方案并具体组织实施。

（二）结合省级安排的专项扶贫资金和当地实际，积极建立扶贫贷款风险补偿和风险分担机制，落实好贷款贴息、保费补助等优惠政策。

（三）负责建档立卡农村贫困人口和产业扶贫经营主体项目库建设、扶贫带动能力认定、扶贫贷款担保项目推荐等工作。做好建档立卡农村贫困人口和产业扶贫经营主体的保后日常跟踪服务，发现问题及时通知有关方面。

（四）配合有关部门做好小额贷款扶贫担保业务培训、宣传、统计等其他工作。

扶贫任务县（市、区）可参照省里的做法，明确相关部门职责任务，凝聚各方力量共同推动相关工作开展。

第三章　合作金融机构

第十条　合作金融机构，是指与省农业担保公司合作共同开展小额扶贫贷款服务的银行等金融机构。合作金融机构的选择由省农业担保公司和扶贫任务县（市、区）共同商定。

第十一条　合作金融机构条件：

（一）在扶贫任务县（市、区）基本实现乡镇金融服务网点全覆盖。

（二）积极开发适合当地扶贫特点的信贷担保产品和服务，简化信贷流程，提高金融服务的可得性和满意度。

（三）落实扶贫信贷优惠政策，对建档立卡农村贫困人口贷款执行基准利率，对各类产业扶贫经营主体执行优惠贷款利率上浮不超过基准利率的30%。

（四）合作金融机构承担的代偿损失风险不低于10%，具体风险承担比例可与省农业担保公司和扶贫任务县（市、区）共同商定。

（五）对已到期限但未及时还款的，合作金融机构应及时向借款人发出逾期贷款催收通知书，积极履行追索责任。

（六）积极推进建档立卡农村贫困人口和各类产业扶贫经营主体的电子信用档案体系建设。

第四章　扶贫担保基金服务对象

第十二条　扶贫担保基金的服务对象包括：建档立卡农村贫困人口，参与扶贫的农业龙头企业、农民合作社、家庭农场、专业大户等各类新型农业经营主体，以及电商、光伏、乡村旅游等特色扶贫产业项目实施主体。

服务对象的具体条件由省农业担保公司与扶贫任务县（市、区）共同研究确定。

第十三条　服务对象通过小额贷款扶贫担保获得的贷款资金要专项用于扶贫产业经营发展，不得用于股票、期货、房地产、证券等与扶贫工作无关的投资事项以及国家法律法规禁止从事的业务。

第十四条　服务对象要自觉接受财政、扶贫、农业等部门的业务指导和监督，自觉接受省农业担保公司和合作金融机构的信贷结算监督。

第十五条　服务对象的贷款利息和担保费可享受中央农业信贷担保联盟和地方各级财政部门出台的贷款贴息、保费补助等优惠政策。

第五章　扶贫担保基金运营管理

第十六条　扶贫担保基金坚持独立、合规、审慎运营，基金实行专户管理、专账核算，保障基金安全。

第十七条　省农业担保公司在控制风险的前提下，按照扶贫担保基金放大5至10倍的规模提供扶贫贷款担保服务。鼓励扶贫任务县（市、区）安排风险补偿基金，与扶贫担保基金捆绑投入、共担风险。

第十八条　为控制担保风险，省农业担保公司对单笔贷款担保额度设置上限控制。对单个建档立卡农村贫困人口提供的担保责任余额不超过5万元；对单个产业扶贫经营主体及其关联方，每带动一名农村贫困人口可提供5万元担保责任，总担保责任余额原则上不超过200万元。在安排风险补偿基金的扶贫任务县（市、区），省农业担保公司对扶贫带动能力强的单个产业扶贫经营主体及其关联方提供的担保责任余额可适当提高。

第十九条　小额扶贫贷款担保的期限一般为一年。期满后符合条件的可再次申请担保，但最长不超过五年。省农业担保公司可适当降低担保费率，帮助服务对象降低融资成本。

第二十条　扶贫贷款担保的基本程序：建档立卡农村贫困人口或各类产业扶贫经营主体提出贷款申请；扶贫任务县（市、区）受理后，对是否属于建档立卡农村贫困人口、产业扶贫经营主体的扶贫带动能力进行审核认定；农业担保公司组织独立的担保尽职调查，确定担保额度；对省农业担保公司承诺担保的项目，合作金融机构审核并发放贷款。

第二十一条　省农业担保公司、扶贫任务县（市、区）、合作金融机构三方建立合理的代偿风险分担机制。任何一方不可单方撤销担保和信贷责任。必要时引入保险，形成财政、担保、金融、保险协同扶贫机制。

第二十二条 借款人贷款出现逾期，合作金融机构经过追索仍未偿还贷款本息的，扶贫任务县（市、区）、省农业担保公司、合作金融机构三方按照约定的风险分担比例履行代偿责任。代偿后，由扶贫任务县（市、区）牵头组织各方力量开展债务追偿，追偿收回的资金按约定比例归还扶贫任务县（市、区）、省农业担保公司和合作金融机构各方。具体代偿追偿办法由三方在合作协议或合同中约定。

第二十三条 省农业担保公司的代偿损失具有下列情形之一的，可提出坏账申请，按程序报经主管部门审核同意后，核销坏账并冲减扶贫担保基金：

（一）被保证人破产或死亡，其破产财产处置收入或遗产处置收入清偿后仍无法收回的。

（二）经申请强制执行法律程序终结后仍无法收回的。

（三）经主管部门审核认定的其他情形。

第二十四条 省农业担保公司要根据本办法制定小额扶贫贷款担保业务操作细则和工作规程，并报有关部门备案。

第六章 扶持政策与监督检查

第二十五条 各市和扶贫任务县（市、区）要按照省统筹整合使用财政涉农资金支持脱贫攻坚的部署要求，综合利用中央、省相关涉农政策，加大对小额贷款扶贫担保业务的支持力度。同时，加强小额贷款扶贫担保业务与相关涉农项目的有机衔接。

第二十六条 各市和扶贫任务县（市、区）可结合实际，对小额贷款扶贫担保费进行适当补助，并积极建立风险补助、风险救助等机制，应对扶贫信贷担保系统性风险导致的资本流动性危机。省里在制定农业信贷担保费用补贴和风险补助等政策时，向小额贷款扶贫担保业务倾斜。

第二十七条 小额贷款扶贫担保业务的保费收入、计提的风险准备金等，可按照国家有关政策规定享受税收减免等优惠政策。

第二十八条 省农业担保公司每季度末向有关方面报送《扶贫担保基金季度会计报表》《扶贫担保基金季度运行情况报告》，每个会计年度结束后 3 个月内提报经第三方独立审计的《扶贫担保基金年度会计报告》《扶贫担保基金年度运行情况报告》，自觉接受有关方面的监督。

第二十九条 省财政厅会同有关部门加强对小额贷款扶贫担保基金运营的考核管理，对扶贫担保基金开展绩效评价，提高基金使用效益。

第三十条 有关部门加强对扶贫担保基金运营的风险管控和业务指导，针对扶贫担保特点，推行和落实信贷尽职免责制度，并适当提高对扶贫担保不良贷款的容忍度。

第三十一条 省农业担保公司应依法并按照本办法的规定开展小额贷款扶贫担保业务。未按规定开展业务造成的损失由省农业担保公司自行承担，有关部门相应减少直至取消对其的保费补贴和风险补助等政策。

第三十二条 扶贫任务县（市、区）应建立健全部门间联合惩戒机制，对恶意逃废银行债务和恶意脱保的建档立卡农村贫困人口、产业扶贫经营主体，取消其享受小额贷款扶贫担保服务资格。

第三十三条 扶贫担保基金接受审计、财政等部门的监督检查。对违法违纪和违反本办法规定的行为，按照有关规定严肃处理，并依法追究相应的民事、行政责任。构成犯罪的，移交司法部门依法追究刑事责任。

第七章 附 则

第三十四条 本办法由省财政厅会同有关部门负责解释。

第三十五条 本办法自 2016 年 8 月 1 日起实施，有效期至 2020 年 12 月 31 日。

省财政厅关于印发《山东省农科院农业科技创新工程专项资金管理办法》的通知

2016 年 8 月 15 日　鲁财农〔2016〕32 号

省农科院：

　　为加强省农科院农业科技创新工程专项资金管理，切实提高财政资金使用效益，我们研究制定了《山东省农科院农业科技创新工程专项资金管理办法》，现予印发，请认真贯彻执行。

　　附件：山东省农科院农业科技创新工程专项资金管理办法

附件：

山东省农科院农业科技创新工程专项资金管理办法

　　第一条　为加强和规范山东省农科院农业科技创新工程专项资金（以下简称"专项资金"）管理，提高资金使用效益，根据省财政专项资金管理有关规定，结合省农科院农业科技创新工程实际，制定本办法。

　　第二条　本办法所称专项资金，是指由省级财政预算安排，专项用于支持省农科院开展基础理论及原始创新、产业重大技术创新、科技成果集成转化以及农业科技基础工作等方面的资金。

　　第三条　专项资金使用管理的原则：科学安排、规范使用、厉行节约、注重绩效。

　　第四条　省农科院负责编报专项资金预算，确定项目计划，组织项目实施，使用专项资金，实施专项资金管理。

　　第五条　省财政厅负责审核、安排专项资金预算，分配、拨付专项资金，并对专项资金使用、管理等情况进行监督检查。

　　第六条　省农科院要根据创新任务计划和项目周期，科学、合理地编制预算方案。对跨年度实施的项目，要分年度安排资金预算，当年按照年度预算落实项目任务。

　　第七条　项目承担单位要严格按照项目计划确定的建设内容和目标实施项目，不得擅自变更项目内容或调整投资，确需变更或调整的，须按规定程序报批。

　　第八条　专项资金实行专账管理。各资金使用单位要建立健全内部控制制度，确保专款专用，并接受有关部门的监督检查。

　　第九条　专项资金实行全过程预算绩效管理。省农科院要在编报专项资金预算时，明确提出项目完成后将达到的绩效目标，作为绩效评价的依据。年度预算执行完成后，省农科院应对专项资金使用效果进行绩效评价，并将评价报告汇总后报省财政厅。省财政厅对绩效评价结果予以核查，并将评价结果作为安排以后年度专项资金预算的重要依据。

　　第十条　专项资金的使用管理严格遵守国家财政、财务规章制度和财经纪律。任何单位和个人不得截留、挤占、挪用专项资金。违反规定的，依照《中华人民共和国预算法》《财政违法行为处罚处分条例》等有关规定，给予严肃处理。

　　第十一条　根据本办法及有关规定，由省农科院制定具体经费使用管理细则，并报省财政厅备案。

　　第十二条　本办法自 2016 年 10 月 1 日起施行，有效期至 2020 年 12 月 31 日。

十、

社会保障财务类

财政部　人力资源社会保障部关于印发《就业补助资金管理暂行办法》的通知

2015 年 12 月 30 日　财社〔2015〕290 号

各省、自治区、直辖市、计划单列市财政厅（局）、人力资源社会保障厅（局），新疆生产建设兵团财务局、人力资源社会保障局：

为落实好各项就业政策，规范就业补助资金管理，提高资金使用效益，我们制定了《就业补助资金管理暂行办法》，现予印发，请遵照执行。

附件：就业补助资金管理暂行办法

附件：

就业补助资金管理暂行办法

第一章　总　　则

第一条　为落实好各项就业政策，规范就业补助资金管理，提高资金使用效益，根据《中华人民共和国预算法》、《中华人民共和国就业促进法》等相关法律法规，制定本办法。

第二条　就业补助资金是由县级以上人民政府设立，通过一般公共预算安排用于促进就业创业的专项资金，由财政部门会同人力资源社会保障部门（以下简称人社部门）管理。

第三条　就业补助资金管理应遵循的原则：

——公平公正。落实国家普惠性的就业创业政策，重点支持就业困难群体就业，适度向中西部地区、就业工作任务重地区倾斜，促进不同群体间、地区间公平就业。

——激励相容。优化机制设计，奖补结合，先缴（垫）后补，充分发挥各级政策执行部门、政策对象等积极性。

——精准效能。提高政策可操作性和精准性，加强监督与控制，以绩效导向、结果导向强化就业资金管理。

第二章　资金支出范围

第四条　就业补助资金分为对个人和单位的补贴、公共就业服务能力建设补助两类。

对个人和单位的补贴资金用于职业培训补贴、职业技能鉴定补贴、社会保险补贴、公益性岗位补贴、就业见习补贴、求职创业补贴等支出；公共就业服务能力建设补助资金用于就业创业服务补贴和高技能人才培养补助等支出。

第五条　职业培训补贴。享受职业培训补贴的人员范围包括：贫困家庭子女、毕业年度高校毕业生（含技师学院高级工班、预备技师班和特殊教育院校职业教育类毕业生，下同）、城乡未继续升学的应届初高中毕业生、农村转移就业劳动者、城镇登记失业人员（以下简称五类人员），以及符合条件的企业在职职工。

（一）五类人员就业技能培训或创业培训。对参加就业技能培训或创业培训的五类人员，培训后取得职业资格证书的（或专项职业能力证书或培训合格证书，下同），给予一定标准的职业培训补贴。

对为城乡未继续升学的应届初高中毕业生垫支劳动预备制培训费的培训机构，给予一定标准的职业培训补贴。其中农村学员和城市低保家庭学员参加劳动预备制培训的，同时给予一定标准的生活费补贴。

（二）符合条件的企业在职职工岗位技能培训。对按国家有关规定参加企业新型学徒制培训、技师培训的企业在职职工，培训后取得职业资格证书的，给予职工个人或企业一定标准的职业培训补贴。

第六条 职业技能鉴定补贴。对通过初次职业技能鉴定并取得职业资格证书或专项职业能力证书的五类人员，给予职业技能鉴定补贴。

第七条 社会保险补贴。享受社会保险补贴的人员范围包括：就业困难人员和高校毕业生。

（一）就业困难人员社会保险补贴。对招用就业困难人员并缴纳社会保险费的单位，以及通过公益性岗位安置就业困难人员并缴纳社会保险费的单位，按其为就业困难人员实际缴纳的基本养老保险费、基本医疗保险费和失业保险费给予补贴，不包括就业困难人员个人应缴纳的部分。

对就业困难人员灵活就业后缴纳的社会保险费，给予一定数额的社会保险补贴，补贴标准原则上不超过其实际缴费的 2/3。

就业困难人员社会保险补贴期限，除对距法定退休年龄不足 5 年的就业困难人员可延长至退休外，其余人员最长不超过 3 年（以初次核定其享受社会保险补贴时年龄为准）。

（二）高校毕业生社会保险补贴。对招用毕业年度高校毕业生，与之签订 1 年以上劳动合同并为其缴纳社会保险费的小微企业，给予最长 1 年的社会保险补贴。

对离校 1 年内未就业的高校毕业生灵活就业后缴纳的社会保险费，给予一定数额的社会保险补贴，补贴标准原则上不超过其实际缴费的 2/3，补贴期限最长不超过 2 年。

第八条 公益性岗位补贴。享受公益性岗位补贴的人员范围为就业困难人员，重点是大龄失业人员和零就业家庭人员。

对公益性岗位安置的就业困难人员给予岗位补贴，补贴标准参照当地最低工资标准执行。

公益性岗位补贴期限，除对距法定退休年龄不足 5 年的就业困难人员可延长至退休外，其余人员最长不超过 3 年（以初次核定其享受公益性岗位补贴时年龄为准）。

第九条 就业见习补贴。享受就业见习补贴的人员范围为离校 1 年内未就业高校毕业生。对吸纳离校 1 年内未就业高校毕业生参加就业见习并支付见习人员见习期间基本生活费的单位，给予一定标准的就业见习补贴。对见习人员见习期满留用率达到 50% 以上的单位，可适当提高见习补贴标准。

第十条 求职创业补贴。对在毕业年度有就业创业意愿并积极求职创业的低保家庭、残疾及获得国家助学贷款的高校毕业生，给予一次性求职创业补贴。

第十一条 就业创业服务补助。用于加强公共就业创业服务机构服务能力建设，重点支持信息网络系统建设及维护等，以及用于向社会购买基本就业创业服务成果。

第十二条 高技能人才培养补助。重点用于高技能人才培训基地建设和技能大师工作室建设等支出。

第十三条 上述各项针对个人和单位的补贴资金的具体标准，在符合以上原则规定的基础上，由省级财政、人社部门结合当地实际确定。

各地确需新增其他支出项目的，须经省级人民政府批准，并按国家专项转移支付相关管理规定执行。

第十四条 就业补助资金不得用于以下支出：

（一）办公用房建设支出；

（二）职工宿舍建设支出；

（三）购置交通工具支出；

（四）创业担保贷款基金和贴息等支出；

（五）发放人员津贴补贴等支出；

（六）"三公"经费支出。

第三章　资 金 分 配

第十五条　中央财政就业补助资金中用于对个人和单位的补贴资金及公共就业服务能力建设补助中的就业创业服务补助资金，实行因素法分配。

分配因素包括基础因素、投入因素和绩效因素三类。其中：基础因素主要根据劳动力人口等指标，重点考核就业工作任务量；投入因素主要根据地方政府就业资金的安排使用等指标，重点考核地方投入力度；绩效因素主要根据各地失业率和新增就业人数等指标，重点考核各地落实各项就业政策的成效。每年分配资金选择的因素和权重，可根据年度就业工作任务重点适当调整。

第十六条　公共就业服务能力建设补助资金中的高技能人才培养补助资金，实行项目管理，各地人社部门要编制高技能人才培养中长期规划，确定本地区支持的高技能人才重点领域。

各省级人社部门每年需会同财政部门组织专家对拟实施高技能人才项目进行评审，评审结果需报人力资源社会保障部和财政部备案。财政部会同人力资源社会保障部根据各地申报的评审结果给予定额补助。

第十七条　财政部会同人力资源社会保障部于每年9月30日前将下一年度就业补助资金预计数下达至各省级财政和人社部门；每年在全国人民代表大会审查批准中央预算后90日内，正式下达中央财政就业补助资金预算。

第十八条　各省级财政、人社部门应在收到中央财政就业补助资金后30日内，正式下达到市、县级财政和人社部门；省、市级财政、人社部门应当将本级政府预算安排给下级政府的就业补助资金在本级人民代表大会批准预算后60日内正式下达到下级财政、人社部门。地方各级财政、人社部门应对其使用的就业补助资金提出明确的资金管理要求，及时组织实施各项就业创业政策。

第十九条　就业补助资金应按照财政部关于专项转移支付绩效目标管理的规定，做好绩效目标的设定、审核、下达工作。

第四章　资 金 使 用

第二十条　对单位和个人补贴的申领与发放。

（一）职业培训补贴。职业培训补贴实行"先垫后补"的办法。

五类人员应向当地人社部门申请就业技能培训和创业培训补贴并应提供以下材料：《就业创业证》（或《就业失业登记证》，下同）复印件、职业资格证书复印件、培训机构开具的行政事业性收费票据（或税务发票）等。职业培训机构为未继续升学的初高中毕业生代为申请劳动预备制培训补贴的，还应提供以下材料：身份证复印件、初高中毕业证书复印件、代为申请协议；城市低保家庭学员的生活费补贴申请材料还应附城市居民最低生活保障证明材料。

符合条件的企业在职职工应向当地人社部门申请技师培训补贴并应提供以下材料：劳动合同复印件、职业资格证书、培训机构出具的行政事业性收费票据（或税务发票）等。

企业应为在职职工向当地人社部门申请新型学徒制培训补贴并应提供以下材料：职业资格证书、培训机构出具的行政事业性收费票据（或税务发票）等。企业在开展技师培训或新型学徒制培训前，还应将培训计划、培训人员花名册、劳动合同复印件等有关材料报当地人社部门备案。

上述申请材料经人社部门审核后，对五类人员和企业在职职工个人申请的培训补贴或生活费补贴资金，按规定支付到申请者本人个人银行账户；对企业和培训机构代为申请的培训补贴，按规定支付到企业和培训机构在银行开立的基本账户。

（二）职业技能鉴定补贴。五类人员应向当地人社部门申请职业技能鉴定补贴并应提供以下材料：《就业创业证》复印件、职业资格证书复印件、职业技能鉴定机构开具的行政事业性收费票据（或税务发票）等。经人社部门审核后，按规定将补贴资金支付到申请者本人个人银行账户。

（三）社会保险补贴。社会保险补贴实行"先缴后补"的办法。

招用就业困难人员就业的单位和招用毕业年度高校毕业生的小微企业，应向当地人社部门申请社会保险补贴并应提供以下材料：符合条件人员名单、《就业创业证》复印件或毕业证书复印件、劳动合同复印件、社会保险费征缴机构出具的社会保险缴费明细账（单）等。经人社部门审核后，按规定将补贴资金支付到单位在银行开立的基本账户。

灵活就业的就业困难人员和灵活就业的离校 1 年内高校毕业生，应向当地人社部门申请社会保险补贴并应提供以下材料：《就业创业证》复印件或毕业证书复印件、灵活就业证明材料、社会保险费征缴机构出具的社会保险缴费明细账（单）等。经人社部门审核后，按规定将补贴资金支付到申请者本人个人银行账户。

通过公益性岗位安置就业困难人员的单位，应向当地人社部门申请社会保险补贴并应提供以下材料：《就业创业证》复印件、享受社会保险补贴年限证明材料、社会保险费征缴机构出具的社会保险缴费明细账（单）等。经人社部门审核后，按规定将补贴资金支付到单位在银行开立的基本账户。

（四）公益性岗位补贴。通过公益性岗位安置就业困难人员的单位，应向当地人社部门申请公益性岗位补贴并应提供以下材料：《就业创业证》复印件、享受公益性岗位补贴年限证明材料、单位发放工资明细账（单）等。经人社部门审核后，按规定将补贴资金支付到公益性岗位安置人员个人银行账户。

（五）就业见习补贴。离校 1 年内未就业高校毕业生参加就业见习的单位，应向当地人社部门申请就业见习补贴并应提供以下材料：参加就业见习的人员名单、就业见习协议书、《就业创业证》复印件或毕业证书复印件、单位发放基本生活补助明细账（单）等。经人社部门审核后，按规定将补贴资金支付到单位在银行开立的基本账户。

（六）求职创业补贴。符合条件的高校毕业生所在高校应向当地人社部门申请求职创业补贴并应提供以下材料：毕业生获得国家助学贷款（或享受低保或身有残疾）证明材料、毕业证书（或学籍证明）复印件等。申请材料经毕业生所在高校初审报当地人社部门审核后，按规定将补贴资金支付到毕业生在银行开立的个人账户。

第二十一条 公共就业服务能力建设补助资金的使用。

（一）就业创业服务补助。各地要综合考虑基层公共就业服务机构承担免费公共就业服务的工作量，安排补助资金用于保障和提升其服务能力；补助资金还可按政府购买服务相关规定，用于向社会购买基本就业创业服务成果，具体范围由省级财政、人社部门确定。

（二）高技能人才培养补助。

高技能人才培训基地建设项目资金的使用。各地要结合区域经济发展、产业振兴发展规划和新兴战略性产业发展的需要，依托具备高技能人才培训能力的职业培训机构和城市公共实训基地，建设高技能人才培训基地，重点开展高技能人才研修提升培训、高技能人才评价、职业技能竞赛、高技能人才课程研发、高技能人才成果交流等活动。

技能大师工作室建设项目资金的使用。各地要发挥高技能领军人才在带徒传技、技能攻关、技艺传承、技能推广等方面的重要作用，选拔行业、企业生产、服务一线的优秀高技能人才，依托其所在单位建设技能大师工作室，开展培训、研修、攻关、交流等技能传承提升活动。

第二十二条 地方各级人社部门每年要在部门官网上负责对上述各项补贴资金的使用情况向社会公示。公示内容包括：享受各项补贴的单位名称或人员名单（含身份证号）、补贴标准及具体金额等。其中，职业培训补贴还应公示培训的内容、取得的培训成果等；公益性岗位补贴还应公示公益性岗位名称、设立单位、安置人员名单、享受补贴时间等；求职创业补贴应在各高校初审时先行在校内公示。

第二十三条 就业补助资金的支付，按财政国库管理制度相关规定执行。

第五章　资金管理

第二十四条　地方各级财政、人社部门要建立健全财务管理规章制度，强化内部财务管理，优化业务流程，加强内部风险防控。

地方各级人社部门要建立和完善就业补助资金发放台账，做好补助资金使用管理的基础工作，有效甄别享受补贴政策的人员、单位的真实性，防止出现造假行为。落实好政府采购等法律法规的有关规定，规范采购行为。加强信息化建设，将享受补贴人员、项目补助单位、资金标准及预算安排及执行等情况及时纳入管理信息系统，并实现与财政部门的信息共享。

第二十五条　各地财政、人社部门要探索建立科学规范的绩效评价指标体系，积极推进就业补助资金的绩效管理。财政部和人力资源社会保障部要根据各地就业工作情况，定期委托第三方进行就业补助资金绩效评价。地方各级财政和人社部门要对本地区就业补助资金使用情况进行绩效评价，并将评价结果作为就业补助资金分配的重要依据。

第二十六条　各级财政、人社部门要将就业补助资金管理使用情况列入重点监督检查范围，自觉接受审计等部门的检查和社会监督。有条件的地方，可聘请具备资质的社会中介机构开展第三方监督检查。

第二十七条　地方各级财政、人社部门要按照财政预决算管理的总体要求，做好年度预决算工作。

第二十八条　各级财政、人社部门要做好信息公开工作，通过当地媒体、部门网站等向社会公开年度就业工作总体目标、工作任务完成等情况。

第二十九条　地方各级财政、人社部门要建立就业补助资金"谁使用、谁负责"的责任追究机制。对滞留、截留、挤占、挪用、虚列、套取、私分就业补助资金等行为，按照《预算法》、《财政违法行为处罚处分条例》等国家有关规定追究法律责任。对疏于管理、违规使用资金，并直接影响各项促进就业创业政策目标实现的地区，中央财政将相应扣减其下一年度就业补助资金；情节严重的，取消下一年度该地区获得就业补助资金的资格，并在全国范围内予以通报。

第六章　附　则

第三十条　地方各级财政、人社部门可依据本办法，制定就业补助资金管理和使用的具体实施细则。

第三十一条　本办法自2016年1月1日起施行。《财政部　人力资源社会保障部关于进一步加强就业专项资金管理有关问题的通知》（财社〔2011〕64号）同时废止。

财政部　卫生计生委关于进一步完善计划生育投入机制的意见

2016年4月15日　财社〔2016〕16号

各省、自治区、直辖市、计划单列市财政厅（局）、卫生计生委，新疆生产建设兵团财务局、人口计生委：

为贯彻落实党中央、国务院关于实施全面两孩政策、改革完善计划生育服务管理的决策部署，支持统筹推进生育政策、服务管理制度、家庭发展支持体系和治理机制综合改革，促进人口长期均衡发展，现就调整完善计划生育投入机制提出以下意见：

一、充分认识调整完善计划生育投入机制的重要意义

党中央、国务院历来高度重视计划生育工作，《中共中央国务院关于实施全面两孩政策改革完善计划

生育服务管理的决定》明确了稳妥扎实有序实施全面两孩政策、大力提升计划生育服务管理水平、构建有利于计划生育的家庭发展支持体系的目标和任务。

当前和今后一段时期，我国人口发展面临新的形势。实行计划生育 40 多年来，大量独生子女父母逐步进入老龄人口行列，调整计划生育服务管理制度，健全家庭发展体系，意义十分重大，任务十分艰巨。按照党的十八届五中全会关于促进人口均衡发展，坚持计划生育的基本国策，完善人口发展战略，全面实施一对夫妇可生育两个孩子政策，积极开展应对人口老龄化行动等要求，必须进一步完善相关政策措施，建立健全促进人口长期均衡发展的投入机制。

二、调整完善计划生育投入机制的主要内容

按照事权与支出责任相适应的财政体制改革方向，调整完善计划生育投入机制，推动计划生育工作由控制人口数量为主向调控总量、提升素质和优化结构并举转变，由管理为主向更加注重服务家庭转变，由主要依靠政府力量向政府、社会和公民多元共治转变。

（一）加大扶助保障力度。国家规定的计划生育扶助保障项目所需经费，由中央和地方按比例安排，补助资金按照目标人群数量和人（户）均标准、绩效评价结果等因素分配。中央财政以 2015 年补助数为基数，增支部分（包括自然增支和提标增支）对西部地区、中部地区分别按照 80%、60% 的比例，对东部地区按照 50% ~ 10% 不同比例予以补助。继续实施农村部分计划生育家庭奖励扶助制度、计划生育家庭特别扶助制度及"少生快富"工程。

（二）统一城乡独生子女伤残、死亡家庭扶助标准。完善计划生育家庭特别扶助制度，统一城乡独生子女伤残、死亡家庭扶助标准，将农村独生子女伤残、死亡家庭扶助标准提高到与城镇水平一致。根据经济社会发展水平等因素，实行特别扶助制度扶助标准动态调整。

（三）加快独生子女父母奖励费制度改革。按照国家和各地区有关规定落实独生子女父母奖励经费。对全面两孩政策实施后自愿只生育一个子女的夫妻，不再实行独生子女父母奖励优惠等政策。

（四）调整经费使用方向，支持改革完善生育服务管理。按照法律、法规和政策规定，调整支出方向，重点支持实行生育登记服务制度、加强出生人口监测预测、综合治理出生人口性别比偏高、加强基层计划生育人员培训、落实计划生育目标管理责任制考核等工作。同时，支持做好常住人口（含流动人口）计划生育、优生优育、技术服务、宣传教育、信息统计等工作。

（五）鼓励、引导社会资金投入，建立多渠道筹资机制。鼓励企业、社会团体和个人投入计划生育事业，鼓励按照国家有关规定设立人口和计划生育公益基金。积极运用项目合作机制，吸引国内外资金。

三、工作要求

调整完善计划生育投入机制工作，涉及面广，政策性强。各级财政和卫生计生部门要从全局出发，周密部署，统筹安排，扎扎实实把各项政策贯彻落实到位。

（一）加强组织领导，搞好协调配合。各级财政和卫生计生部门要切实加强对调整完善计划生育投入机制工作的组织领导，加强协调，密切配合。省级财政部门要会同卫生计生部门按照本意见的要求，抓紧制定切实可行的实施方案。财政部、卫生计生委将加强对调整完善计划生育投入机制工作的指导和协调。

（二）落实筹资责任，确保投入到位。省级财政部门要会同卫生计生部门统筹考虑与相关政策和制度的有效衔接，有效利用医疗卫生资源，增强基层计划生育部门提供公共服务的能力。保障县级卫生计生部门履行管理和服务职能所必需的经费以及各项扶助保障政策、计划生育技术服务等支出。

（三）完善考核办法，强化资金管理。各地区要将财政投入纳入计划生育工作目标管理责任制考核。财政部门和卫生计生部门要加强预算编制和预算执行管理，确保资金分配及时，资金使用规范、安全和有效。卫生计生部门要按照财政财务管理有关制度规定，努力提高资金使用效益。财政部和卫生计生委将加

强监督检查，实施绩效评价，根据工作开展情况，在安排中央转移支付资金时给予奖惩。

财政部　民政部关于印发《中央财政困难群众基本生活救助补助资金管理办法》的通知

2016 年 7 月 1 日　财社〔2016〕87 号

各省、自治区、直辖市、计划单列市财政厅（局）、民政厅（局），新疆生产建设兵团财务局、民政局：

为贯彻落实《社会救助暂行办法》（国务院令第 649 号），进一步加强中央财政困难群众基本生活救助补助资金管理，财政部、民政部对《中央财政困难群众基本生活救助补助资金管理办法》进行了修订。现印发你们，请遵照执行。

附件：中央财政困难群众基本生活救助补助资金管理办法

附件：

中央财政困难群众基本生活救助补助资金管理办法

第一条　为规范和加强中央财政困难群众基本生活救助补助资金（以下简称补助资金）管理，提高资金使用效益，支持地方做好最低生活保障（以下简称低保）、特困人员救助供养和临时救助工作，根据国家有关法律法规和财政部专项补助资金管理有关规定，制定本办法。

第二条　本办法所称补助资金是指中央财政安排的用于补助各省、自治区、直辖市、计划单列市开展低保、特困人员救助供养和临时救助工作的资金。

第三条　补助资金使用和管理要坚持公开、公平、公正的原则。

第四条　按照预算管理规定，省级民政部门商同级财政部门设定补助资金区域绩效目标，明确资金与工作预期达到的效果，报民政部审核后送财政部复审备案并抄送当地专员办。民政部在完成绩效目标审核后提出补助资金的分配建议送财政部，财政部审核后会同民政部下达补助资金。同时，民政部指导省级民政部门对绩效目标实现情况进行监控，确保绩效目标如期实现。

第五条　补助资金按因素法分配，主要参考城乡困难群众数量、地方财政困难程度、地方财政努力程度、绩效评价结果等因素。每年分配资金选择的因素和权重，可根据年度工作重点适当调整。补助资金重点向贫困程度深、保障任务重、工作绩效好的地区倾斜。

第六条　省级财政部门收到补助资金后，应将其与省本级财政安排的资金统筹使用，商同级民政部门制定本省（自治区、直辖市、计划单列市）资金分配方案，并于 30 日内正式分解下达本行政区域县级以上各级财政部门，同时将资金分配结果报财政部、民政部备案并抄送当地专员办。

第七条　财政部、民政部应当在每年 10 月 31 日前，按当年补助资金实际下达数的一定比例，将下一年度补助资金预计数提前下达省级财政部门，并抄送当地专员办。

各省级财政部门应建立相应的预算指标提前下达制度，在接到预计数后会同民政部门于 30 日内下达本行政区域县级以上各级财政部门，同时将下达文件报财政部、民政部备案，并抄送当地专员办。

第八条　各级财政部门要会同民政部门优化财政支出结构，科学合理编制预算，加强补助资金统筹使用，增加资金有效供给，发挥救助资金合力，提升资金使用效益。

第九条 各级财政部门要会同民政部门采取有效措施，加快预算执行进度，提高预算执行的均衡性和有效性。

对于全年全省（自治区、直辖市、计划单列市）困难群众基本生活救助资金支出少于当年中央财政下达该省（自治区、直辖市、计划单列市）的补助资金的省份，中央财政将在下年分配补助资金时适当减少对该省（自治区、直辖市、计划单列市）的补助。

第十条 财政部、民政部组织开展对补助资金的绩效评价，主要内容包括资金投入与使用、预算执行、资金管理、保障措施、资金使用效益等。同时，将绩效评价结果作为督促指导地方改进工作、分配中央财政补助资金的重要依据。

第十一条 补助资金原则上实行社会化发放，按照国库集中支付制度有关规定，通过银行、信用社等代理金融机构，直接支付到救助对象账户。对于集中供养的特困人员，补助资金统一支付到供养服务机构。县级民政、财政部门应当为救助家庭或个人在代理金融机构办理接受补助资金的账户，也可依托社会保障卡、惠农资金"一卡通"等渠道发放补助资金，代理金融机构不得以任何形式向救助家庭或个人收取账户管理费用。

第十二条 补助资金要专款专用，各级财政、民政部门和经办机构应严格按规定使用，不得擅自扩大支出范围，不得以任何形式挤占、挪用、截留和滞留，不得向救助对象收取任何管理费用。对虚报冒领、挤占挪用补助资金的单位和个人，以及其他违反本办法规定的行为，按照《中华人民共和国预算法》、《财政违法行为处罚处分条例》等有关规定追究法律责任。涉嫌犯罪的，移交司法机关处理。

补助资金不得用于低保、特困人员救助供养和临时救助工作经费。

第十三条 地方各级财政、民政部门应建立健全资金监管机制，定期或不定期地对补助资金的使用管理情况进行检查，及时发现和纠正有关问题，并对资金发放情况进行公示，接受社会监督。

财政部驻各地财政监察专员办事处在规定的职权范围内，依法对补助资金的使用管理情况进行监督。

第十四条 地方各级财政、民政部门应自觉接受审计、监察等部门和社会的监督。

第十五条 各省、自治区、直辖市、计划单列市财政、民政部门可参照本办法，结合当地实际，制定困难群众基本生活救助资金管理具体办法。

第十六条 本办法由财政部会同民政部负责解释。

第十七条 本办法自 2016 年 7 月 1 日开始施行，《财政部 民政部关于印发〈中央财政困难群众基本生活救助补助资金管理办法〉的通知》（财社〔2015〕1 号）同时废止。

财政部 人力资源社会保障部关于机关事业单位
基本养老保险基金财务管理有关问题的通知

2016 年 6 月 30 日 财社〔2016〕101 号

各省、自治区、直辖市财政厅（局）、人力资源社会保障厅（局），新疆生产建设兵团财务局、人力资源社会保障局：

为加强机关事业单位基本养老保险基金财务管理，根据《国务院关于机关事业单位工作人员养老保险制度改革的决定》（国发〔2015〕2 号）等有关文件规定，现就机关事业单位基本养老保险基金财务管理有关问题通知如下：

一、总体要求

（一）本通知适用于根据国家有关规定设立的机关事业单位基本养老保险基金（以下简称基金）。

（二）各级社会保险经办机构（以下简称经办机构）负责基金的日常财务管理和会计核算工作。

（三）基金应纳入社会保障基金财政专户（以下简称财政专户），实行收支两条线管理，单独记账、核算，与企业职工基本养老保险基金分别管理。任何地区、部门、单位和个人均不得挤占、挪用基金，基金不得用于平衡一般公共预算，不得用于经办机构人员和工作经费。各级经办机构的人员经费和发生的基本运行费用、管理费用，纳入本级政府预算。

（四）经办机构为每个机关事业单位基本养老保险参保人员建立终身记录的养老保险个人账户。个人缴费全部记入个人账户，个人账户储存额按国家规定计息。

（五）基金实行预算管理，具体按照国家法律法规和有关文件规定执行。

二、基金收入管理

（一）基金应按照国家规定按时、足额筹集。任何地区、部门、单位和个人不得截留和擅自减免。各级财政部门应根据机关事业单位补助政策及弥补基金收支缺口的需要安排补助资金，纳入同级财政年度预算并按规定程序及时办理拨付手续。

（二）基金收入包括基本养老保险费收入、财政补贴收入、利息收入、委托投资收益、转移收入、上级补助收入、下级上解收入、其他收入。其中：

基本养老保险费收入是指单位和个人按缴费基数的一定比例分别缴纳的社会保险费。

财政补贴收入是指财政给予基金的补贴收入。

利息收入是指基金在收入户、财政专户及支出户中取得的银行存款利息收入或购买国家债券取得的利息收入。

委托投资收益是指基金按照国家有关规定进行投资所取得的收益。

转移收入是指参保对象跨统筹地区和跨不同养老保险制度流动而划入的基金收入。

上级补助收入是指下级经办机构接收上级经办机构拨付的补助收入。

下级上解收入是指上级经办机构接收下级经办机构上解的基金收入。

其他收入是指按照法律法规规定收取的滞纳金以及经统筹地区财政部门核准的其他收入。

（三）在保证基金安全、便于提高管理层次的前提下，统筹地区经办机构可以在商业银行等存款类金融机构设立收入户。收入户开设数量应当按照社会保险基金财务制度等有关规定严格控制。收入户开设银行应当由人力资源社会保障部门根据资信状况、利率优惠、网点分布、服务质量等相关因素，综合评定商业银行管理服务水平，按照国家规定的程序确定。

收入户的主要用途是：暂存单位和个人缴费收入、转移收入、上级补助收入、下级上解收入、该账户的利息收入以及其他收入等。

基金征收机构要按月将征集的基金收入全额上缴财政专户，中央和地方征收机构上缴基金收入的具体时限分别由财政部和各省、自治区、直辖市财政部门规定。收入户除向财政专户划转收入外，不得发生其他支付业务。

三、基金支出管理

（一）基金应按照机关事业单位基本养老保险制度规定的项目和标准支出，任何地区、部门、单位和个人不得擅自调整支出项目、扩大享受人员范围和随意改变支出标准。

（二）基金支出包括：基本养老金支出、转移支出、补助下级支出、上解上级支出、其他支出。

基本养老金支出是指按规定支付给参保机关事业单位工作人员的基本养老保险待遇支出。基本养老金包括基础养老金、个人账户养老金、过渡性养老金，机关事业单位工作人员养老保险制度改革实施前已经退休、退职人员的退休（职）费和病退人员生活费，以及按照人力资源社会保障部、财政部《关于贯彻落实《国务院关于机关事业单位工作人员养老保险制度改革的决定》的通知》（人社部发〔2015〕28 号）规定在 10 年过渡期内退休人员按新老办法对比后的补差资金。

转移支出是指参保人员跨统筹地区和跨不同养老保险制度流动而转出的基金支出。

补助下级支出是指上级经办机构拨付给下级经办机构的补助支出。

上解上级支出是指下级经办机构上解上级经办机构的支出。

其他支出是指经财政部门核准开支的其他支出。

（三）在保证资金安全、便于提高管理层次的前提下，统筹地区经办机构在商业银行等存款类金融机构设立基金支出户（以下简称支出户）。支出户开设数量应按照社会保险基金财务制度等有关规定严格控制。支出户开户银行应当由人力资源社会保障部门根据资信状况、利率优惠、网点分布、服务质量等相关因素，综合评定银行管理服务水平，按照国家规定的程序确定。

有条件的地方可探索对基金实行国库集中支付，支付方式可以采取财政直接支付或财政授权支付，通过零余额账户与财政专户清算。

支出户的主要用途是：接收财政专户拨入的基金；支付基金支出款项；暂存该账户的利息收入；该账户资金利息收入缴入财政专户。

支出户除接收财政专户拨付的基金和暂存该账户的利息收入外，不得发生其他收入业务。

（四）经办机构应根据基金年度预算及分月支出计划，按月在规定的时间内向财政部门报送用款申请，并注明支出项目，加盖本单位公章。财政部门对用款申请审核无误后，应在规定的时间内将基金从财政专户拨入支出户，对基金实行国库集中支付的地区，按国库集中支付有关规定办理。对用款手续不符合要求或数据有误的，财政部门有权不予拨款并应责成经办机构予以纠正。

四、基金结余管理

（一）基金结余按照《国务院关于印发〈基本养老保险基金投资管理办法〉的通知》（国发〔2015〕48 号）有关规定开展投资运营。

（二）在基金出现支付不足时，由财政部门给予补贴，具体补贴办法由统筹地区人民政府予以规定。

五、财政专户管理

（一）统筹地区财政部门应按规定在社会保障基金财政专户中对基金进行分账核算，单独计息。

（二）财政专户的主要用途是：接收基金征收机构转入的基金收入；接受财政对基金的补助收入；接收基金购买国债兑付的本金收入或收回定期存款本金、收回基金委托投资运营的本金、投资收益以及支出户缴入的利息收入等；根据经审定的用款申请，向支出户划拨基金；购买国债或转存定期存款；向上级或下级财政专户划拨基金、与零余额账户清算。

（三）财政专户发生的投资收益直接计入财政专户，经办机构收入户和支出户的利息收入定期缴入财政专户，一并计入基金收入。由开户银行提供一式多联的利息通知单，同时送财政部门和经办机构分别记账。

（四）财政补贴收入由财政部门拨付到财政专户。财政部门和经办机构凭财政专户开户银行出具的一式多联原始凭证进行记账。

（五）发生基金下拨业务时，财政部门根据基金预算，可将基金从财政专户拨入同级经办机构支出户，经下级经办机构收入户进入下级财政专户；也可直接从上级财政专户拨入下级财政专户。发生基金上缴业务时，将基金从财政专户划入同级经办机构支出户，经上级经办机构收入户进入上级财政专户；也可直接从下级财政专户拨入上级财政专户。

（六）将基金结余按规定开展投资运营时，财政部门和经办机构凭财政专户开户银行出具的一式多联原始凭证记账。

六、资产与负债管理

（一）资产包括基金运行过程中形成的现金、银行存款（含收入户存款、财政专户存款、支出户存款）、投资、暂付款项、应收款项等。经办机构和税务机关不得发生现金收付业务。

（二）财政部门要严格做好财政专户管理和基金收支核算工作；经办机构要及时做好基金收入、支出核算工作，并按月与开户金融机构对账。同时，财政部门、经办机构要按月对账，实行税务机关征收养老保险费的地区，财政部门、经办机构和税务机关要按月对账，保证账账相符、账款相符。

暂付款项应定期清理，及时结清。

（三）负债包括基金运行过程中形成的暂收款项等。暂收款项应定期清理，及时偿付。因债权人等特殊原因确实无法偿付的，经财政部门批准后作为基金的其他收入。

七、监督与检查

（一）经办机构应当建立健全内部管理制度和内部控制制度，定期或不定期向社会公告基金收支和结余情况，接受相关部门和社会监督。

（二）人力资源社会保障部门、财政部门和审计部门等要定期或不定期地对财政专户、收入户和支出户的基金收支和结余情况进行监督检查，发现问题及时纠正，并向同级政府和基金监督组织报告。

八、其他事项

（一）各省、自治区、直辖市财政部门会同人力资源社会保障部门根据本通知的规定，结合当地实际制定实施办法，并报财政部、人力资源社会保障部备案。

（二）本通知由财政部商人力资源社会保障部解释。

（三）本通知自 2016 年 7 月 1 日起施行。

财政部　中国残联关于印发《中央财政残疾人事业发展补助资金管理办法》的通知

2016 年 7 月 15 日　财社〔2016〕114 号

各省、自治区、直辖市财政厅（局）、残联，新疆建设兵团财务局、残联：

为进一步规范和加强中央财政残疾人事业发展补助资金管理，切实提高资金使用效益，财政部、中国残联制定了《中央财政残疾人事业发展补助资金管理办法》，现印发给你们，请遵照执行。

附件：中央财政残疾人事业发展补助资金管理办法

附件：

中央财政残疾人事业发展补助资金管理办法

第一章　总　　则

第一条　为了规范和加强中央财政残疾人事业发展补助资金（以下简称补助资金）管理，提高资金使用效益，保障残疾人事业健康发展，根据《国务院关于加快推进残疾人小康进程的意见》（国发〔2015〕7号）和财政部专项补助资金管理有关规定，制定本办法。

第二条 本办法所称补助资金，是指中央财政通过一般公共预算和中央专项彩票公益金安排，用于支持各省、自治区、直辖市残疾人事业发展的资金。

第三条 补助资金的使用管理坚持公开、公平、公正原则。

第二章 资金分配与下达

第四条 按照预算管理规定时限，中国残疾人联合会（以下简称中国残联）每年提出补助资金分配建议报送财政部，财政部审核后下达补助资金。

第五条 补助资金按因素法进行分配，分配因素包括各地需求因素、财力因素和绩效因素三大类，重点向工作任务重、贫困程度深、工作绩效好的地区倾斜。其中：需求因素主要参考各地补助对象数量等指标，财力因素主要参考地方财政困难程度系数指标，绩效因素主要参考绩效评价结果或其他体现相关工作成效的指标。每年分配资金选择的因素和权重，可根据残疾人事业发展需求和年度工作重点适当调整。

第六条 省级财政部门收到补助资金后，应将其与省本级财政安排的资金统筹使用，及时商同级残疾人联合会（以下简称残联）制定补助资金分配方案，于30日内将资金正式分解下达本级有关部门和本行政区域县级以上各级政府财政部门，同时将资金分配结果报财政部备案并抄送财政部驻当地财政监察专员办事处。

第七条 财政部应当在每年10月31日前，按当年补助资金实际下达数的一定比例，将下一年度补助资金预计数提前下达省级财政部门，并抄送中国残联和财政部驻当地财政监察专员办事处。

第三章 资金使用管理

第八条 补助资金统筹用于残疾人康复、教育、就业、扶贫、社会保障、托养、宣传、文化、体育、无障碍改造以及其他残疾人服务等支出。包括以下方面：

（一）残疾人康复。主要用于开展残疾儿童抢救性康复、基本辅助器具适配、成年残疾人基本康复服务等。

（二）残疾人教育。主要用于资助贫困残疾儿童学前教育；中、高等特殊教育学校（院）改善办学条件和实习训练基地建设。

（三）残疾人就业扶贫。主要用于开展农村贫困残疾人实用技术培训，为提高残疾人生产就业能力提供服务。

（四）残疾人托养。主要用于对智力、精神和重度残疾人托养服务给予补贴。

（五）残疾人文化体育。主要用于提供残疾人公共文化服务、扶持特殊艺术和残疾人文化创意产业发展，支持残疾人群众性体育活动、大型残疾人体育赛事开展等。

（六）无障碍改造。主要用于对贫困重度残疾人生活环境无障碍改造给予补助。

（七）残疾评定。主要用于贫困智力、精神和重度残疾人残疾评定给予补贴。

（八）燃油补贴。主要用于发放残疾人机动轮椅车燃油补贴。

（九）服务能力提升。主要用于对地方残疾人康复和托养机构设备购置给予补助。

（十）其他。符合国发〔2015〕7号文件等政策规定的使用方向，且经中国残联商财政部确定的用于促进残疾人事业发展的其他支出。

第九条 各级财政部门、残联不得擅自扩大支出范围，不得以任何形式挤占、挪用、截留和滞留补助资金或从中提取工作经费。

第十条 地方残联负责制定本区域内相关项目实施的具体管理办法和支付标准。补助资金的支付，按照国库集中支付制度有关规定执行。地方各级财政部门、残联应采取措施，切实加快预算执行进度，提高预算执行的均衡性和有效性。

第十一条　补助资金使用中属于政府采购范围的，按照政府采购有关规定执行。鼓励各地按照《国务院办公厅关于政府向社会力量购买服务的指导意见》（国办发〔2013〕96号）、《财政部　民政部　住房城乡建设部　人力资源社会保障部　卫生计生委　中国残疾人联合会关于做好政府购买残疾人服务试点工作的意见》（财社〔2014〕13号）等规定，通过政府购买服务的方式引导社会力量参与提供残疾人服务。

第十二条　补助资金购置的材料、物资、器材和设备等属于固定资产的，应严格执行国家固定资产管理有关规定，防止国有资产流失。

第十三条　各级财政部门、残联应按照《彩票管理条例》、《彩票管理条例实施细则》和《彩票公益金管理办法》等规定，加强对中央专项彩票公益金安排补助资金的使用管理，每年向社会公告资助项目、使用规模和执行情况。彩票公益金资助的基本建设设施、设备或者社会公益活动，应标明彩票公益金资助的标识。

第四章　绩效管理和监督检查

第十四条　各级财政部门、残联应当按照财政部有关中央对地方专项转移支付绩效目标管理的规定，做好专项转移支付资金的绩效目标管理相关工作。各级残联应对相关项目实施情况进行绩效评价，加强评价结果应用。各级财政部门应当将工作绩效情况作为资金安排的重要参考因素。

第十五条　地方各级财政部门、残联应当建立健全资金监管和绩效评价机制。对单位和个人虚报冒领、挤占挪用补助资金及其他违反本办法规定的行为，按照《中华人民共和国预算法》、《财政违法行为处罚处分条例》等有关规定追究法律责任。

财政部驻各地财政监察专员办事处在规定的职权范围内，依法对补助资金的使用管理情况进行监督。

第十六条　地方各级财政部门、残联应自觉接受审计、监察等部门和社会公众的监督。

第五章　附　　则

第十七条　省级人民政府财政部门会同同级残联可以参照本办法，结合当地实际，制定本地区的残疾人事业发展资金管理办法。

第十八条　本办法由财政部会同中国残联负责解释。

第十九条　本办法自2016年8月15日起施行。《财政部　中国残疾人联合会关于印发〈中国残疾人事业"十二五"发展纲要专项资金管理办法〉的通知》（财社〔2013〕1号）、《财政部　中国残联关于印发〈中央专项彩票公益金支持残疾人事业项目资金管理办法〉的通知》（财社〔2011〕228号）同时废止。

财政部　人力资源社会保障部关于机关事业单位养老保险制度改革实施准备期预算管理和基本养老保险基金财务处理有关问题的通知

2016年11月3日　财社〔2016〕161号

各省、自治区、直辖市财政厅（局）、人力资源社会保障厅（局），新疆生产建设兵团财务局、人力资源社会保障局：

按照《国务院关于机关事业单位工作人员养老保险制度改革的决定》（国发〔2015〕2号）和《财政部关于机关事业单位实施养老保险制度改革有关预算管理问题的通知》（财预〔2016〕36号）、《财政部人力资源社会保障部关于机关事业单位基本养老保险基金财务管理有关问题的通知》（财社〔2016〕101号）等文件规定精神，现就机关事业单位养老保险制度改革实施准备期（以下简称准备期）有关预算管理和基本养老保险基金财务处理问题通知如下：

一、准备期定义

准备期是指机关事业单位养老保险制度改革实际实施时间与国家规定实施时间（2014年10月1日）之间的错后期。为不影响退休人员生活，机关事业单位已退休人员在准备期内退休费仍按原资金渠道发放。制度实际实施时，各级社会保险经办机构（以下简称经办机构）、机关事业单位和财政部门应对准备期的基金财务核算及相关年度预算作相应处理。

二、准备期处理的基本原则

（一）明细算账。各级机关事业单位和经办机构应按有关规定和要求准确计算从2014年10月1日起单位和工作人员应缴纳的基本养老保险费（以下简称应缴费）和各机关事业单位已发放列支并应由基本养老保险基金支付的退休费（以下简称退休费），各级财政部门和机关事业单位应区分财政供款方式和负担比例计算应由财政负担的基本养老保险单位缴费和退休费。

（二）全额记账。各级经办机构对于实施准备期内机关事业单位和工作人员应缴基本养老保险费全额确认为基本养老保险费收入，机关事业单位已发放的退休费全额确认为基本养老保险待遇支出。

（三）差额结算。在机关事业单位足额代扣代缴工作人员个人缴费的基础上，按照多退少补的原则，由机关事业单位和所在地经办机构、机关事业单位和同级财政部门、经办机构和同级财政部门分别对单位缴费部分进行差额结算。

三、准备期具体处理办法

（一）机关事业单位。

机关事业单位应将其代扣的工作人员个人应缴费足额缴纳给基金征缴机构。在此基础上，对于单位应缴费，区分财政供款方式，采取不同的处理办法。

财政全额供款单位，如果单位应缴费大于退休费，其差额部分应向同级财政部门申请调增2016年部门预算，并将差额部分由单位缴入基本养老保险基金。如果单位应缴费小于退休费，应向基本养老保险基金申请退回差额部分并缴回同级财政。

财政非全额供款单位，如果单位应缴费大于退休费，其差额部分按财政负担比例采取单位自筹和向财政申请补助（财政补助资金列入2016年部门预算）相结合的方式筹集资金，由单位缴入同级基本养老保险基金。如果单位应缴费小于退休费，单位应向基本养老保险基金申请退回差额部分，并将财政补助部分缴回同级财政。

各机关事业单位应按规定相应调整2016年部门预算。

（二）财政部门。

各级财政部门应调减各机关事业单位2016年财政负担的退休费预算，并调增其"机关事业单位基本养老保险缴费支出"（2080505项）。

如果各级财政部门本级应负担2014年10月1日至政策实施日之间的基本养老保险应缴费大于退休费，差额部分应核拨给同级机关事业单位，由其缴入基本养老保险基金；如果基本养老保险应缴费小于退休费，差额部分应由各机关事业单位缴回同级财政，并作为财政对基本养老保险基金的补助，相应调增"对机关事业单位基本养老保险基金的补助"（2080507项）。

（三）经办机构。

经办机构将各单位实施准备期个人应缴费及单位应缴费，列为2016年基本养老保险费收入，并在具体核算时区分准备期内各年度应缴费收入；将财政对基本养老保险基金的补助，列为2016年财政补贴收入；将各单位实施准备期发放的退休费，列为2016年基本养老金支出，并在具体核算时区分准备期内各年度应发放支出。

四、其他问题

（一）采取上述办法处理后，2014年和2015年机关事业单位部门决算、财政决算及社会保险基金决算均不作调整。

（二）中央国家机关所属京外单位，应按照属地化管理的原则及本通知有关要求，与所属地经办机构和中央财政分别进行清算。

（三）2014年10月1日之前自行开展机关事业单位养老保险制度改革试点的地区，应按照本通知要求和当地工作实际，做好准备期的预算管理和基金财务处理等相关工作。

（四）对于2016年底以前未能启动实施改革的机关事业单位，经办机构、机关事业单位和财政部门应按照本通知要求在2017年对准备期的基金财务核算及相关年度预算作相应处理。

（五）机关事业单位应按规定将准备期职业年金单位应缴费及其代扣的工作人员个人应缴费足额缴纳给基金征缴机构。

本通知自2016年12月1日开始执行。

财政部　民政部关于城乡医疗救助基金管理办法的补充通知

2016年11月30日　财社〔2016〕200号

各省、自治区、直辖市、计划单列市财政厅（局）、民政厅（局），新疆生产建设兵团财务局、民政局：

为进一步加强城乡医疗救助基金监督管理，明确责任追究事项，现将《财政部　民政部关于印发〈城乡医疗救助基金管理办法〉的通知》（财社〔2013〕217号）第十九条修改为：

"存在虚报冒领、挤占挪用、贪污浪费等违纪违法行为的，按照有关法律法规严肃处理。对故意编造虚假信息，骗取上级补助的，除责令立即纠正、扣回、停拨上级补助资金外，还应按规定追究有关单位和人员的责任。

各级财政、民政部门及其工作人员在补助资金的分配审核、使用管理等工作中，存在违反本办法规定的行为，以及其他滥用职权、玩忽职守、徇私舞弊等违法违纪行为的，按照《中华人民共和国预算法》、《中华人民共和国公务员法》、《中华人民共和国行政监察法》、《财政违法行为处罚处分条例》等国家有关规定追究相应责任。涉嫌犯罪的，依法移送司法机关处理。"

财政部　民政部关于孤儿基本生活费专项补助资金管理办法的补充通知

2016年12月7日　财社〔2016〕201号

各省、自治区、直辖市、计划单列市财政厅（局）、民政厅（局），新疆生产建设兵团财务局、民政局：

为进一步加强孤儿基本生活费专项补助资金监督管理，明确责任追究事项，现将《财政部 民政部关于印发〈孤儿基本生活费专项补助资金管理办法〉的通知》（财社〔2012〕226 号）第十条修改为：

"地方各级财政部门、民政部门应当切实加强孤儿基本生活费专项补助资金的预算执行和监督管理工作。应当及时下达中央财政补助资金和地方安排的补助资金，加快预算执行进度，增强预算执行的时效性和均衡性，提高财政资金使用效益。应当专账核算，专款专用，严禁挤占挪用，自觉接受监察、审计等部门的监督检查。财政部、民政部根据需要，对全国孤儿基本生活保障工作和资金管理使用情况进行检查或抽查。

各级财政、民政部门及其工作人员在补助资金的分配审核、使用管理等工作中，存在违反本办法规定的行为，以及其他滥用职权、玩忽职守、徇私舞弊等违法违纪行为的，按照《中华人民共和国预算法》、《中华人民共和国公务员法》、《中华人民共和国行政监察法》、《财政违法行为处罚处分条例》等国家有关规定追究相应责任。涉嫌犯罪的，依法移送司法机关处理。"

财政部 人力资源社会保障部关于《专业技术人才知识更新工程国家级继续教育基地补助经费管理办法》的补充通知

2016 年 12 月 7 日 财社〔2016〕207 号

党中央有关部门，国务院有关部委、有关直属机构，各省、自治区、直辖市、计划单列市财政厅（局）、人力资源社会保障厅（局），新疆生产建设兵团财务局、人力资源社会保障局，有关行业协会、企业、事业单位：

为进一步加强国家级继续教育基地补助经费监督管理，明确责任追究事项，现将《财政部 人力资源社会保障部关于印发〈专业技术人才知识更新工程国家级继续教育基地补助经费管理办法〉的通知》（财行〔2014〕6 号）所附经费管理办法第二十三条修改为"各级财政部门、人力资源社会保障部门及其工作人员在资金审批、下达工作中，存在违反规定分配资金、向不符合条件的单位分配资金、擅自超出规定的范围或者标准分配或使用资金等行为，以及其他滥用职权、玩忽职守、徇私舞弊等违法违纪行为的，按照《预算法》、《公务员法》、《行政监督法》、《财政违法行为处罚处分条例》等国家有关规定追究相应责任；涉嫌犯罪的，移送司法机关处理。对继续教育基地在补助经费监督检查中发现的违法行为，应当及时予以纠正，并依照《财政违法行为处罚处分条例》等有关规定追究责任"。原第二十三条失效。

财政部 人力资源社会保障部关于《高校毕业生"三支一扶"计划中央补助资金管理办法》的补充通知

2016 年 12 月 9 日 财社〔2016〕208 号

各省、自治区、直辖市、计划单列市财政厅（局）、人力资源社会保障厅（局），新疆生产建设兵团财务局、人力资源社会保障局：

为进一步加强"三支一扶"计划中央补助资金监督管理，明确责任追究事项，现将《财政部 人力资源社会保障部关于印发〈高校毕业生"三支一扶"计划中央补助资金管理办法〉的通知》（财社〔2016〕

121 号）所附资金管理办法第二十七条修改为"各级财政部门、人力资源社会保障部门及其工作人员在资金审批、下达工作中，存在违反规定分配资金、向不符合条件的单位或人员分配资金、擅自超出规定的范围或者标准分配或使用资金等行为，以及其他滥用职权、玩忽职守、徇私舞弊等违法违纪行为的，按照《预算法》、《公务员法》、《行政监督法》、《财政违法行为处罚处分条例》等国家有关规定追究相应责任；涉嫌犯罪的，移送司法机关处理"。原第二十七条失效。

财政部　民政部关于《中央财政流浪乞讨人员救助补助资金管理办法》的补充通知

2016 年 12 月 9 日　财社〔2016〕219 号

各省、自治区、直辖市财政厅（局）、民政厅（局），新疆生产建设兵团财务局、民政局：

为进一步加强中央财政流浪乞讨人员救助补助资金监督管理，明确责任追究事项，现将《财政部　民政部关于印发〈中央财政流浪乞讨人员救助补助资金管理办法〉的通知》（财社〔2014〕71 号）第二十九条修改为：

"各级财政、民政部门和救助管理机构及其工作人员在补助资金的分配审核、使用管理等工作中，存在违反本办法规定的行为，以及其他滥用职权、玩忽职守、徇私舞弊等违法违纪行为的，按照《中华人民共和国预算法》、《中华人民共和国公务员法》、《中华人民共和国行政监察法》、《财政违法行为处罚处分条例》等国家有关规定追究相应责任。涉嫌犯罪的，依法移送司法机关处理。"

财政部　民政部关于《中央财政困难群众基本生活救助补助资金管理办法》的补充通知

2016 年 12 月 13 日　财社〔2016〕220 号

各省、自治区、直辖市、计划单列市财政厅（局）、民政厅（局），新疆建设兵团财务局、民政局：

为进一步加强中央财政困难群众基本生活救助补助资金监督管理，明确责任追究事项，现将《财政部　民政部关于印发〈中央财政困难群众基本生活救助补助资金管理办法〉的通知》（财社〔2016〕87 号）第十二条修改为：

"补助资金要专款专用，各级财政、民政部门和经办机构应严格按规定使用，不得擅自扩大支出范围，不得以任何形式挤占、挪用、截留和滞留，不得向救助对象收取任何管理费用。补助资金不得用于低保、特困人员救助供养和临时救助工作经费。

各级财政、民政部门及其工作人员在补助资金的分配审核、使用管理等工作中，存在违反本办法规定的行为，以及其他滥用职权、玩忽职守、徇私舞弊等违法违纪行为的，按照《中华人民共和国预算法》、《中华人民共和国公务员法》、《中华人民共和国行政监察法》、《财政违法行为处罚处分条例》等国家有关规定追究相应责任。涉嫌犯罪的，依法移送司法机关处理。"

财政部　国家卫生计生委关于修订《基层医疗卫生机构实施国家基本药物制度补助资金管理办法》的通知

2016 年 11 月 30 日　财社〔2016〕227 号

各省、自治区、直辖市、计划单列市财政厅（局）、卫生计生委，新疆生产建设兵团财务局、卫生局：

为进一步加强资金管理，现就《基层医疗卫生机构实施国家基本药物制度补助资金管理办法》（财社〔2014〕139 号，以下简称《办法》）作出如下修订：

一、将《办法》第五条修订为"专项补助资金采用'当年预拨、次年考核结算'的方式下达。中央财政补助资金在全国人大批复预算 90 日内下达，次年根据绩效考核结果结算。省级及以下财政部门在收到中央财政补助资金后，要按预算管理有关规定及时分配下达到下级财政部门。市、县组财政、卫生计生部门要统筹分配使用上级财政和本级财政安排的专项补助资金。对社区卫生服务中心（站）和乡镇卫生院，按照'核定任务、核定收支、绩效考核补助'的办法核定补助资金。对村卫生室按乡村医生服务人口数量和人均标准核定补助资金。中央财政补助资金每年 10 月 31 日前按一定比例将下一年度补助资金预算指标提前下达地方"。

二、将《办法》第九条第二款修订为"各级财政、卫生计生部门及其工作人员在专项资金分配、审核工作中，存在违反规定分配资金。向不符合条件的单位（或项目）分配资金或者擅自超出规定的范围或者标准分配或使用专项资金，以及其他滥用职权、玩忽职守、徇私舞弊等违法违纪行为的，按照《中华人民共和国预算法》、《中华人民共和国公务员法》、《中华人民共和国行政监察法》、《财政违法行为处罚处分条例》等国家有关规定追究相应责任；涉嫌犯罪的，移送司法机关处理"。

三、本通知自印发之日起施行。2015 年 7 月财政部、国家卫生计生委印发的《关于修订基层医疗卫生机构实施国家基本药物制度补助资金管理办法的通知》（财社〔2015〕169 号）同时废止。

财政部　卫生计生委关于修订《计划生育服务补助资金管理暂行办法》的通知

2016 年 11 月 30 日　财社〔2016〕228 号

各省、自治区、直辖市、计划单列市财政厅（局）、卫生计生委，新疆生产建设兵团财务局、卫生局：

为进一步加强资金管理，现就《计划生育服务补助资金管理暂行办法》（财社〔2015〕257 号，以下简称《办法》）作出如下修订：

一、将《办法》第二条修订为"本办法所称补助资金，是指中央财政通过专项转移支付方式安排，用于支持各地落实计划生育基本国策，提高计划生育家庭发展能力和出生人口素质，促进基本公共服务均等化以及其他计划生育工作而设立的计划生育服务补助资金"。

二、将《办法》第三条修订为"补助资金包括实施农村部分计划生育家庭奖励扶助制度、计划生育家庭特别扶助制度、西部地区计划生育'少生快富'工程（以下统称'三项制度'）的补助资金"。

三、将《办法》第八条修订为"三项制度补助资金按照目标人群数量、人（户）均标准、绩效评价结果等因素分配。中央财政以 2015 年补助数为基数，增支部分（包括自然增支和提标增支）对西部地区、中部地区分别按照80%、60%的比例，对东部地区按照50%～10%不同比例予以补助"。

四、将《办法》第九条修订为"中央财政按照《预算法》和预算管理有关规定，于每年10月31日前将下一年度补助资金预计数提前下达地方，并在全国人大批准预算后九十日内正式下达补助资金。省级财政部门在收到中央财政补助资金后，应当在三十日内正式下达到本行政区域县级以上各级财政部门，并抄送财政部驻当地财政监察专员办事处"。

五、在《办法》第十六条中增加一款"各级财政、卫生计生部门及其工作人员在专项资金分配、审核工作中，存在违反规定分配资金、向不符合条件的单位（或项目）分配资金或者擅自超出规定的范围或者标准分配或使用专项资金，以及其他滥用职权、玩忽职守、徇私舞弊等违法违纪行为的，按照《中华人民共和国预算法》、《中华人民共和国公务员法》、《中华人民共和国行政监察法》、《财政违法行为处罚处分条例》等国家有关规定追究相应责任；涉嫌犯罪的，移送司法机关处理"。

财政部　卫生计生委　食品药品监管总局　中医药局关于修订《公共卫生服务补助资金管理暂行办法》的通知

2016 年 11 月 30 日　财社〔2016〕229 号

各省、自治区、直辖市、计划单列市财政厅（局）、卫生计生委、食品药品监管局、中医药局，新疆生产建设兵团财务局、卫生局、食品药品监管局：

为进一步加强资金管理，现就《公共卫生服务补助资金管理暂行办法》（财社〔2015〕255 号，以下简称《办法》）作出如下修订：

一、将《办法》第六条修订为"基本公共卫生服务项目补助资金主要用于城市社区卫生服务中心（站）、乡镇卫生院、村卫生室等基层医疗卫生机构提供公共卫生服务所需支出，也可用于其他非基层医疗卫生机构提供公共卫生服务所需支出。承担单位获得的基本公共卫生服务补助资金，在核定服务任务和补助标准、绩效评价补助的基础上，可统筹用于经常性支出；重大公共卫生服务补助资金，主要用于需方补助、工作经费和能力建设等支出"。

二、将《办法》第十条修订为"中央财政按照《预算法》和预算管理有关规定，于每年10月31日前将下一年度补助资金预计数提前下达地方，并在全国人大批准预算后九十日内正式下达补助资金。省级财政部门在收到中央财政补助资金后，应当在三十日内正式下达到本行政区域县级以上各级财政部门，并抄送财政部驻当地财政监察专员办事处"。

三、将《办法》第十四条修订为"各级财政、卫生计生、食品药品监管和中医药部门以及补助资金具体使用单位，要按照财政预算和国库管理有关规定，制定资金管理办法，加强资金管理，规范预算执行管理。补助资金原则上应在当年执行完毕，年度未支出的补助资金按财政部结转结余资金管理有关规定管理。

"补助资金支付按照国库集中支付制度有关规定执行。资金使用过程中，涉及政府采购的，应当按照政府采购有关法律法规及制度执行"。

四、在《办法》第二十条中增加一款"各级财政、卫生计生、食品药品监管、中医药部门及其工作人员在专项资金分配、审核工作中，存在违反规定分配资金、向不符合条件的单位（或项目）分配资金或者擅自超出规定的范围或者标准分配或使用专项资金，以及其他滥用职权、玩忽职守、徇私舞弊等违法违纪行为的，按照《中华人民共和国预算法》、《中华人民共和国公务员法》、《中华人民共和国行政监察法》、《财政违法行为处罚处分条例》等国家有关规定追究相应责任；涉嫌犯罪的，移送司法机关处理"。

财政部 国家卫生计生委 国家中医药管理局关于印发 《医疗服务能力提升补助资金管理暂行办法》的通知

2016 年 11 月 30 日 财社〔2016〕231 号

各省、自治区、直辖市、计划单列市财政厅（局）、卫生计生委、中医药局，新疆生产建设兵团财务局、卫生局：

为规范和加强中央财政医疗服务能力提升补助资金管理，提高资金使用效益，根据有关法律法规和财政部专项资金管理规定，我们制定了《医疗服务能力提升补助资金管理暂行办法》，现印发给你们，请遵照执行。

附件：医疗服务能力提升补助资金管理暂行办法

附件：

医疗服务能力提升补助资金管理暂行办法

第一条 为规范和加强中央财政医疗服务能力提升补助资金（以下简称补助资金）管理，提高资金使用的安全性和有效性，根据有关法律法规和财政部专项资金管理规定，制定本办法。

第二条 本办法所称补助资金，是指中央财政通过专项转移支付方式安排，用于支持医疗服务能力提升方面的资金。

第三条 补助资金管理遵循以下原则：

（一）合理规划，科学论证。要按照医改工作要求及相关规划，合理确定补助资金使用方向，并对补助资金支持项目的必要性、可行性等进行科学论证。

（二）统筹分配，保障重点。要统筹考虑医改工作需要，合理安排补助资金预算，切实保障医疗服务能力提升重点项目的资金需求。

（三）强化管理，注重实效。要加强对补助资金分配、使用过程管理，规范各个环节的管理要求，明确相关主体的权利责任，保障补助资金安全、高效使用。

（四）绩效评价，量效挂钩。要强化对补助资金使用情况的绩效管理，并建立绩效评价情况与资金安排挂钩机制，提高补助资金使用效益。

第四条 补助资金由财政部会同国家卫生计生委、国家中医药局根据国务院医改工作部署安排使用。现阶段重点支持公立医院综合改革、卫生计生人才培养、临床服务能力提升以及其他医改工作，具体补助内容和方式由财政部会同国家卫生计生委、国家中医药局，根据国务院有关要求、医改相关规划以及年度医改重点工作安排研究确定。补助资金主要按照补助对象数量、补助标准以及评价结果等因素分配，采用"当年预拨、次年结算"的方式下达。

第五条 按照《财政部关于印发〈中央对地方专项转移交付绩效目标管理暂行办法〉的通知》（财预〔2015〕163 号）要求，做好补助资金绩效目标的设立、审核、下达工作。

第六条 国家卫生计生委、国家中医药局提出预算安排建议，财政部根据中央财政专项转移支付资金管理相关规定会同相关部门研究确定具体预算金额。

第七条　中央财政按照《预算法》和预算管理有关规定，于每年 10 月 31 日前将下一年度补助资金预计数提前下达地方，并在全国人大批准预算后 90 日内正式下达补助资金。省级财政部门在收到中央财政补助资金后，应当在 30 日内正式下达到本行政区域县级以上各级财政部门，并抄送财政部驻当地财政监察专员办事处。

补助资金支付按照国库集中支付制度有关规定执行。资金使用过程中，涉及政府采购的，应当按照政府采购有关法律法规及制度执行。

第八条　具体使用单位收到补助资金后，要按预算和国库管理有关规定，建立健全内部管理机制，制定资金管理办法，加快预算执行。

第九条　补助资金要专款专用，各级财政、卫生计生、中医药部门要按照项目有关规定安排使用补助资金，不得擅自扩大支出范围，改变支出用途，不得以任何形式挤占、挪用、截留和滞留。年度未支出的补助资金，按财政部对结转结余资金管理的有关规定进行管理。

各级财政、卫生计生、中医药部门及其工作人员在专项资金分配、审核工作中，存在违反规定分配资金、向不符合条件的单位（或项目）分配资金或者擅自超出规定的范围或者标准分配或使用专项资金，以及其他滥用职权、玩忽职守、徇私舞弊等违法违纪行为的，按照《中华人民共和国预算法》、《中华人民共和国公务员法》、《中华人民共和国行政监察法》、《财政违法行为处罚处分条例》等国家有关规定追究相应责任；涉嫌犯罪的，移送司法机关处理。

第十条　各级卫生计生、中医药部门负责业务指导和项目管理，会同财政部门建立健全绩效评价机制，并对相关工作进展情况开展绩效评价，绩效评价结果与补助资金分配挂钩。

第十一条　各级财政、卫生计生、中医药部门要加强对资金使用情况的监督管理，认真开展补助资金管理和使用情况监督检查，及时发现和纠正有关问题。财政部驻当地财政监察专员办事处按有关要求对补助资金实施全面预算监管。

第十二条　本办法由财政部会同国家卫生计生委、国家中医药局负责解释。各省级财政部门会同卫生计生、中医药部门根据本办法，结合本地实际，制定实施细则，抄送财政部驻当地财政监察专员办事处。

第十三条　本办法自印发之日起施行，《公立医院补助资金管理暂行办法》（财社〔2015〕256 号）同时废止。

财政部　人力资源社会保障部　国家卫生计生委关于加强基本医疗保险基金预算管理发挥医疗保险基金控费作用的意见

2016 年 12 月 29 日　财社〔2016〕242 号

各省、自治区、直辖市财政厅（局）、人力资源社会保障厅（局）、卫生计生委，财政部驻各省、自治区、直辖市财政监察专员办事处：

我国基本医疗保险制度自建立以来，覆盖范围不断扩大，保障水平逐步提高，在保障参保人员基本医疗需求、提高群众健康水平等方面发挥了重要作用，但也面临医疗费用不合理增长、基金运行压力增大等问题，存在中长期不可持续的风险。不合理增长的医疗费用部分抵消了政府投入的效果，加重了社会和个人负担。为加强基本医疗保险基金收支预算管理，控制医疗费用不合理增长，减轻个人负担，确保基本医疗保险制度和基金可持续运行，根据《预算法》、《社会保险法》和国务院有关规定，现提出如下意见。

一、加强基本医疗保险基金收支预算管理

（一）科学编制收支预算。各统筹地区要严格按照"以收定支、收支平衡、略有结余"的原则编制收

支预算。根据缴费基数（或缴费标准）、缴费率、参保人数等因素，全面、准确、完整编制基本医疗保险基金收入预算。地方各级财政部门要按照规定足额安排行政事业单位参加基本医疗保险单位缴费支出预算；要按照不低于国家规定标准以及中央和地方分担比例，足额安排政府对城乡居民基本医疗保险参保居民的补助支出预算。综合考虑以前年度支出规模、本地医疗费用水平、医疗费用控制目标、参保人员年龄结构、享受待遇人数、待遇政策调整等因素编制年度支出预算。原则上不应编制当年赤字预算，不得编制基金历年累计结余赤字预算。除基本医疗保险待遇支出、用于大病保险支出、转移支出、上解上级支出、补助下级支出外，原则上不应编制其他支出预算。确需编制其他支出预算或编制预算时需动用历年累计结余弥补当年支出的，需符合社会保险基金财务制度有关规定，并作出详细说明，报同级人民政府审批。各地要在做好年度预算工作基础上，根据国家关于社会保险基金预算和中期财政规划具体部署和安排，结合地方中期财政规划，做好基本医疗保险基金中期收支测算工作。

（二）依法足额征收保费。各统筹地区要进一步扩大基本医疗保险覆盖范围，确保应保尽保。要加强和规范职工基本医疗保险费征收管理，做好缴费基数核定和日常稽核等工作，确保依法按时足额征收职工基本医疗保险费。要按照不低于国家规定的标准足额征收城乡居民基本医疗保险个人缴费，逐步建立个人缴费标准与城乡居民可支配收入相衔接机制，稳步提高个人缴费占总体筹资的比重。统筹地区财政部门要按规定及时将各级财政安排的城乡居民基本医疗保险补助资金拨付至社会保险基金财政专户。加大监督检查力度，进一步提高征收率，杜绝违规缓缴、减免和拖欠等行为，确保应收尽收。

（三）规范个人账户支出。加强职工基本医疗保险个人账户支出管理，个人账户原则上不得用于非医疗支出。逐步优化统账结构，提高统筹基金共济和支付能力。同步改革门诊费用支付方式，开展门诊费用统筹，逐步提高门诊大病及慢性病保障水平，确保参保人员门诊保障水平不降低。

（四）完善待遇支付政策。基本医疗保险待遇标准要与筹资水平及当地经济发展水平相适应。提高基本医疗保障水平不应超过基本医疗保险基金承受能力。在确保基金收支平衡的前提下，合理提高基本医疗保险报销封顶线，全面实施城乡居民大病保险和重特大疾病医疗救助，切实落实各项制度保障责任，做好政策衔接，形成制度合力，稳步提高大病保障水平，缓解因病致贫、因病返贫。结合推进分级诊疗制度建设，完善参保人员在不同层级医疗机构就医的差别化支付政策，充分发挥基本医疗保险支付政策的引导约束作用，促进患者有序流动。适当提高基层医疗卫生机构政策范围内医疗费用报销比例，对符合规定的转诊住院患者可以连续计算起付线。合理拉开基层、县级和城市大医院间报销水平差距，引导参保患者有序就诊，减少无序就医造成的不必要支出。

（五）坚持基金精算平衡。地方各级人力资源社会保障、卫生计生、财政等部门要开展基本医疗保险基金中长期精算，并于每年 6 月底前完成上年度精算报告。参考精算结果，及时完善本地区基本医疗保险实施办法，确保基金精算平衡。

二、严格基本医疗保险基金预算执行

（一）严格收支预算执行。基本医疗保险基金预算应严格按照批准的预算和规定的程序执行，不得随意调整。基本医疗保险经办机构应按规定报告预算执行情况。在执行中因特殊情况需要增加支出或减少收入，应当编制基本医疗保险基金预算调整方案，按社会保险基金预算调整程序经批准后执行。

（二）实施全程实时监控。各统筹地区要按照国家统一规划和部署，完善医疗保险信息系统，对定点医疗机构医疗费用实行事前提醒、事中监控、事后审核的全程实时监管。重点对药品、高值医用耗材使用情况及大型医用设备检查等医疗行为进行跟踪监测评估，及时发现违规行为，并依据《社会保险法》、《执业医师法》、《医疗机构管理条例》等有关法律法规和定点协议对相关医疗机构及医务人员做出相应处罚，促进诊疗行为规范，防止发生不合理医疗费用支出。

（三）做好相关信息披露。推进基本医疗保险基金预算及执行情况向社会公开。基本医疗保险经办机构要按规定公开参保人员医疗保险待遇政策及享受情况等信息，接受社会各界的监督。定点医疗机构要按规定及时公开医院收支情况、医药价格、次均门诊及住院费用、主要病种例均费用等信息，各级卫生计生、人力资源社会保障等部门要对各定点医疗机构费用指标进行排序，定期公布排序结果。

三、实施基本医疗保险支付方式改革

（一）全面改革支付方式。各统筹地区要结合本地实际，全面实施以总额预算为基础，门诊按人头付费，住院按病种、按疾病诊断相关分组（DRGs）、按床日付费等多种方式相结合，适应不同人群、不同疾病及医疗服务特点的复合支付方式，逐步减少按项目付费，将支付方式改革覆盖所有医疗机构和医疗服务。充分发挥基本医疗保险激励约束和控制医疗费用不合理增长作用，促进医疗机构和医务人员主动控制成本和费用，提高医疗资源和基金使用效率，从源头上减轻参保人员医药费用负担。各统筹地区要按要求制定出台全面推进基本医疗保险支付方式改革实施方案，要对支付方式改革效果进行定期评估，并及时改进完善。各省级人力资源社会保障、卫生计生部门要通过设立专家库、改革案例库等方式，加强对统筹地区的指导。

（二）建立质量控制机制。完善服务协议管理和定点医疗机构考核办法，在全面改革支付方式的同时，建立健全对定点医疗机构服务数量及质量的考核评价机制。适应不同支付方式的特点，完善考核办法，并将考核结果与基金支付挂钩，避免医疗机构为控制成本推诿病人、减少必要服务或降低服务质量。

（三）建立激励约束机制。建立健全"结余留用、合理超支分担"的激励约束机制，激励医疗机构提高服务效率和质量。实行按病种付费、按人头付费、按床日付费等支付方式的地区，医疗机构实际发生费用低于约定支付标准的，结余部分由医疗机构留用；实际费用超过约定支付标准的，超出部分由医疗机构承担，对于合理超支部分，可在协商谈判基础上，由医疗机构和医疗保险基金分担。

（四）建立谈判协商机制。统筹地区人力资源社会保障、卫生计生、财政等相关部门应指导基本医疗保险经办机构与定点医疗机构建立谈判协商机制，鼓励参保人员代表参与谈判协商过程。支付方式改革方案要确保医疗保险基金可承受、群众负担总体不增加、医疗机构有激励。坚持公平、公正、公开，要确保定点医疗机构参与支付方式改革方案制定及实施全过程。

（五）同步推进配套改革。按照国务院统一部署，大力推动医保、医疗、医药"三医"联动改革，加快推进公立医院和基层医疗卫生机构体制机制改革，改革医疗服务价格形成机制，制定医疗保险药品支付标准，大力整顿药品生产流通秩序，采取综合措施，有效控制医疗费用不合理增长。

四、加强考核通报和组织实施

（一）建立绩效考核机制。各地要加强对基本医疗保险经办机构的绩效考核，将预算编制、费用控制、服务质量等纳入考核范围，促使其工作重心从审核报销向费用控制、加强收支预算管理、提高服务质量转移。鼓励各统筹地区探索建立与基本医疗保险经办机构工作绩效挂钩的激励机制。

（二）建立表扬通报机制。"十三五"期间，财政部、人力资源社会保障部、国家卫生计生委将联合对各地加强收支预算管理、推进支付方式改革、控制医疗费用不合理增长等情况进行考核（考核指标见附件），对工作推进快、成效好的省份予以通报表扬，对工作进度滞后的省份予以通报批评。将通报考核内容纳入财政部驻各省（区、市）财政监察专员办事处审核范围。

（三）做好组织实施工作。各地要充分认识加强基本医疗保险基金预算管理、控制医疗费用不合理增长的重要性和紧迫性，将此项工作作为今后一段时间完善医疗保险制度、深化医药卫生体制改革的重点任务抓好落实。要明确各自职责，加强协同配合，及时研究解决重大问题，形成工作合力。要加强政策解读和舆论引导，妥善回应社会关切，争取各方理解和支持。省级财政、人力资源社会保障、卫生计生等部门要加强对统筹地区的指导，按要求向财政部、人力资源社会保障部、国家卫生计生委等部门报送基本医疗保险基金运行及控制医疗费用不合理增长等有关情况。本意见自 2017 年 1 月 1 日起施行。

附件：考核指标

附件：

考核指标

一级指标	二级指标	三级指标	所占分值（基础分100分）	考核方案	数据来源	考核对象
结果指标（50）	辖区内所有公立医院费用增幅（30）	辖区内公立医院人均住院费用增幅	15	增幅较上年下降（或增幅上升，但未超过当年GDP增幅2个百分点）即得全部分值，下降每增加1个百分点加1分，上不封顶。增幅超过当年GDP增幅2个百分点，且较上年持平或增加，不得分。	中国卫生和计划生育统计提要	各省（区、市）卫生计生部门
		辖区内公立医院人均门诊费用增幅	15			
	基本医疗保险基金管理规范程度（20）	实施医疗保险全程实时监控	10	实现全程实时监控，得全部分值。未实现不得分。	财政部驻各省（区、市）财政监察专员办事处审核结果	各省（区、市）人力资源社会保障、卫生计生部门
		是否发生挤占挪用、骗保套保和推诿就医等违规行为	10	年度内未出现违规行为，得全部分值。出现违规行为不得分。		
任务指标（50）	基本医疗保险基金预算编制质量（12）	开展基本医疗保险基金预算中期收支测算工作	4	开展中期收支测算工作，得全部分值。未编制不得分。	社会保险基金预决算审核结果	各省（区、市）财政、人力资源社会保障、卫生计生部门
		是否按规定程序动用历年结余	2	未动用历年结余或按规定程序动用历年结余，得全部分值。未按规定程序动用历年结余，不得分。		
		是否编制其他支出预算	2	未编制其他支出预算或按规定程序编制其他支出预算，得全部分值。未按规定程序编制其他支出预算，不得分。		
		是否编制基金预算调整方案	2	未调整预算或按规定程序编制基金预算调整方案，得全部分值。未按规定程序编制基金预算调整方案，不得分。		
		公开基本医疗保险基金年度预算及执行情况等信息	2	公开即得全部分值。未公开不得分。		
	足额征收基本医疗保险保费（8）	按规定开展职工基本医疗保险缴费基数核定和日常稽核工作	3	按规定开展职工基本医疗保险缴费基数核定和日常稽核工作，得全部分值。未开展相关工作不得分。	财政部驻各省（区、市）财政监察专员办事处审核结果（或审计署审计结果）	各省（区、市）人力资源社会保障、卫生计生、财政部门
		按不低于国家规定标准征收城乡居民基本医疗保险个人缴费	3	城乡居民基本医疗保险人均缴费标准不低于国家标准，得全部分值。低于国家标准，不得分。		
		征收管理规范	2	不存在违规缓缴、减免和拖欠等行为，得全部分值。存在以上行为，不得分。		
	开展基本医疗保险基金中长期精算（3）	省级及统筹地区每年6月底前完成上年度精算分析并提交精算报告	3	在规定时间内完成本省（区、市）及辖区内各统筹区精算分析并提交精算报告，得全部分值。未开展或未完成精算不得分。	省级以上人力资源社会保障部、卫生计生委、财政部收到的精算报告为准。省内各统筹区由财政部驻各地财政监察专员办事处审核	

续表

一级指标	二级指标	三级指标	所占分值（基础分100分）	考核方案	数据来源	考核对象
任务指标（50）	公开定点医疗机构费用等信息（2）	定点医疗机构公开年度收支、医药价格及费用等信息	2	按规定公开信息，得全部分值。未按规定公开信息，不得分。	财政部驻各省（区、市）财政监察专员办事处审核结果	各省（区、市）卫生计生部门
	全面改革医疗保险支付方式（15）	在规定时间内制定出台改革方案	3	2017年考核指标。省内各统筹地区在规定时间内制定出台改革方案，得全部分值。未在规定时间内出台，不得分。	以省级人力资源社会保障、卫生计生、财政部门报送材料为准	各省（区、市）人力资源社会保障、卫生计生、财政部门
		及时评估总结和完善支付方式		2018年及以后年度考核指标。省内各统筹地区及时总结评估和完善支付方式，得全部分值。未总结评估和调整支付方式，不得分。		
		省级设立专家库和改革案例库	3	设立了专家库和改革案例库，得全部分值。未设立不得分。		
		建立质量控制机制	3	建立了质量控制机制，得全部分值。未建立不得分。		
		建立激励约束机制	3	建立了激励约束机制，得全部分值。未建立不得分。		
		建立谈判协商机制	3	建立了谈判协商机制，得全部分值。未建立不得分。		
	省级出台控费办法（5）	省级出台控费办法并建立控费考核评价机制	5	省级出台控费办法并建立控费考核评价机制，得全部分值。未建立不得分。		
	统筹地区出台控费办法（5）	统筹地区出台控费办法并建立控费考核评价机制	5	统筹地区出台控费办法并建立控费考核评价机制，得全部分值。未建立不得分。		

注：2018～2020年，每年5月底前各省（区、市）完成对上一年度情况的自评，并将评估结果及评分依据报财政部、人力资源社会保障部、国家卫生计生委（一式三份），同时报财政部驻各省（区、市）财政监察专员办事处，财政部驻各省（区、市）财政监察专员办事处于7月底前将审核结果报三部委，三部委将根据各地自评及财政部驻各省（区、市）财政监察专员办事处审核结果确定各省份最终得分并进行通报。

省财政厅　省卫生和计划生育委员会关于加强公立医院财务和预算管理的实施意见

2016年6月13日　鲁财社〔2016〕21号

各市财政局、卫生计生委，省属部门预算管理公立医院：

为深入推进公立医院体制机制综合改革，规范公立医院预算管理和财务收支运行，加强公立医院成本核算和控制，提升医院管理水平和资源使用效益，根据《中华人民共和国预算法》《医院财务制度》《医院会计制度》《财政部、国家卫生计生委、国家中医药局关于加强公立医院财务和预算管理的指导意见》（财社〔2015〕263号）和深化医药卫生体制改革相关政策规定，现就加强公立医院财务和预算管理提出以下实施意见：

一、实行全面预算管理制度，强化预算约束

公立医院作为预算单位，所有收支应全部纳入部门预算统一管理。公立医院是本单位预算编制、执行、决算编制的责任主体，要以区域卫生规划、卫生资源配置标准、医院发展规划和年度计划目标为依据，综合考虑近年收支情况和医疗收费标准调整等因素，按照同级财政部门及卫生计生等公立医院业务主管部门（以下简称"业务主管部门"）有关预算管理规定，按时编制中期财政规划和年度预算报告。要严格区分收入性质，准确填报收入来源，打实、编准收入预算；统筹考虑非税收入、结余结转资金、财政拨款等资金，根据业务需要，按规定合理编制基本支出和项目支出预算。不得编制赤字预算。要严格按照批复的预算，积极组织收入，保证收入及时收取和记录，不得提前或推迟确认收入，不得虚列或隐瞒收入，确保收入规范合理、准确完整。预算一经批复，原则上不予调整。当医院发展计划有较大调整，或者根据国家有关政策需要增加或减少支出、对预算执行影响较大时，医院应当按照规定程序提出预算调整建议，经业务主管部门审核后报财政部门按规定程序调整预算。收入预算调整后，相应调增或调减支出预算。要建立健全预算编制、审批、执行、监控、调整、决算、分析和考核等制度，强化内部预算管理。

各级业务主管部门负责对公立医院预算、决算、结余资金、资产、负债、对外投资等事项进行全面管理，并积极开展经济管理绩效评价工作。要加强对公立医院年度预算审核，重点审核医院收入是否全面、完整、真实；支出方向和结构是否合规、合理；人员支出是否符合国家和省规定的工资政策及津补贴标准；基本建设、大型设备购置及重点项目支出是否符合区域卫生规划和卫生资源配置标准、是否按规定程序审批并具备项目实施条件。对跨年度实施项目，要制定分年度预算安排建议，合理确定年度支出规模，严格控制不合理支出。严禁公立医院举债建设和举债购置大型医用设备。

各级财政部门要将公立医院全部收支纳入其业务主管部门的部门预算、决算统一批复，并根据公立医院承担的医疗服务和政府指定的专项任务，综合考虑资源配置情况和财力可能，保障重点、兼顾一般，区分轻重缓急，按照政府卫生投入政策和"核定收支、定项补助、超支不补、结余按规定使用"的预算管理办法，合理核定公立医院各项支出。

二、加强成本控制，规范支出和结余管理

（一）强化成本管理

公立医院要按照《医院财务制度》和《医院会计制度》有关规定，建立健全成本管理组织机构和相关制度，加强成本核算与控制，合理划分内部核算单元。在实行医疗业务成本核算的基础上，逐步实行医院全成本核算，并将财政项目补助支出、科教项目支出形成的固定资产折旧和无形资产摊销纳入核算范围，全面反映医院经济运行状况。要以科室、诊次、床日为成本核算对象，结合医保支付方式改革和临床路径的建立，开展按项目、按病种核算成本，逐步完善本单位成本定额和成本费用开支标准，作为下一年度预算和成本管理的依据。要建立健全成本控制考核制度，有效防止资源浪费。

各级业务主管部门要建立医疗机构成本信息库，根据各类医院分项平均成本制定本地区成本定额指导水平，作为医院绩效考核的重要指标。同时，要将成本定额指导水平作为医保支付的重要参考，条件成熟的地区要积极推动按病种成本付费。

各级财政部门要将公立医院成本控制情况作为安排补助资金的重要依据。支持业务主管部门建立健全医院支出标准体系，逐步完善项目支出定额标准，规范支出预算核定办法。

（二）规范支出管理

公立医院要严格落实《医院会计制度》有关规定，对于人员经费、其他费用等，要参照《政府收支分类科目》中的支出经济分类科目进行明细核算。要重点加强人员支出和日常公用支出核算。要单设科目核

算人员工资、津补贴、奖金等发放情况。工资分配方案要在医院内部公开，接受医护人员监督，并报业务主管部门备案。要严格控制日常公用支出，细化"三公"经费、水电费、会议费、物业费、培训费等预算编制，规范列支经济分类科目，年度中预算执行不得随意突破，确保预决算口径、范围衔接一致，消除"编而不支"以及无预算的支出。要按照中央和省厉行节约、反对铺张浪费有关要求，完善内部开支标准，严格控制"三公"经费等公用经费支出，降低行政运行成本。

各级业务主管部门要将经济分类核算的准确程度，作为医院预算编制审核和财务检查的重点内容。探索实行公立医院工资总额预算管理制度，在工资总额范围内允许医院根据内部绩效分配办法自主分配。医院内部绩效分配不得与药品、卫生材料、化验、检查等收入挂钩，核定公立医院工资总额增量时也不得与上述各项收入挂钩。公立医院行政管理支出可参照事业单位人员和公用经费定额水平予以严格控制，并逐步完善形成本地区管理费用定额标准。

（三）加强结余管理

公立医院年度收支出现亏损，须在编报部门决算和下一年度部门预算时对于出现亏损的原因予以详细说明。对于公立医院事业基金滚存结余较多，达到上年度业务支出一定比例的，在编制年度预算时应安排一定数量的事业基金，将事业基金与业务收入和财政补助收入统筹考虑。省属公立医院具体比例由省级业务主管部门根据医院上年度财务报告和医院类别，结合当年医院运行情况，提出初步意见，与财政部门协商一致后，由公立医院按照确定比例将相应事业基金纳入下年度预算统筹安排。市县级公立医院比例由市级财政、业务主管部门结合所属医院实际情况确定。要规范专用基金提取，专用基金滚存较多的可适当降低提取比例或暂停提取。

各级业务主管部门要对事业基金不足以弥补亏损的医院和事业基金滚存结余较大的医院进行重点监控和分析，确保收支结余保持在合理水平。

各级财政部门在审核公立医院预算时，要按上述要求将事业基金与业务收入和财政补助资金统筹安排。

三、建立健全财务报告制度，落实注册会计师审计制度

公立医院要按照预算管理的级次，于每个报告期结束后10个工作日内分别向主管部门和财政部门报送财务报告，内容包括加盖单位公章的财务报表、财务分析等书面文件和电子数据（具体格式、要求按医院财务会计制度执行），其中向主管部门按月度、季度、年度报送，向财政部门按季度、年度报送。

各级业务主管部门对于上半年的财务报告进行不定期监督抽查，必要时可通过政府采购方式聘请会计师事务所等第三方专业机构协助，重点对公立医院人员支出（含管理费用中的人员经费）、对外投资、长期债务、资产核销等事项的合规性进行检查。对于下半年的财务报告，结合事业单位年度决算工作，委托会计师事务所进行审计，在一定范围内公开审计结果，并将其作为医院评价、医院院长及相关责任人绩效考核的重要依据。

各级财政承担委托聘用专业机构所需费用并将其纳入业务主管部门的部门预算。

四、建立财务信息公开制度，强化监督和考核

公立医院是财务信息公开的主体，要按照《医疗卫生服务单位信息公开管理办法》（卫生部令第75号）规定的权限和程序向社会披露相关财务信息，做到公开内容真实、程序规范。财务信息公开的内容要以经专业机构审计核实后的财务报告为基础，重点公开公立医院收支情况、门诊次均医药费用及增幅、住院人均医药费用及增幅、主要病种例均费用等社会公众较为关心的信息。随着深化医药卫生体制改革的推进，要逐步增加信息公开内容。

各级业务主管部门要督促公立医院主动定期向社会公开相关财务信息，并对拟公开信息的内容、来源、标准等进行统一规范，确保数据采集的准确性和公开信息的可比性。要加强区域医疗卫生信息系统的整合，强化信息技术标准统一和数据安全管理。

五、落实三级医院总会计师制度，加强财会人员队伍建设

三级公立医院必须设置总会计师岗位，其他医院有条件的也应设置总会计师岗位。总会计师进入医院领导班子，参与医院重大问题的决策，直接对医院主要负责人负责。三级公立医院上报年度部门预算、决算及相关财务报表时须经总会计师签字。总会计师通过公开公平方式选拔，具体任职资格要求按照《总会计师条例》等法律法规有关规定执行。公立医院财会人员须参加会计从业资格考试，取得会计从业资格证书后方可上岗。公立医院要努力提高财会人员的业务知识水平和工作能力，建立完善定期培训和继续教育机制。

各级业务主管部门要抓紧制定公立医院财会人员队伍尤其是总会计师的培养方案，深入推进财会人员培养工作，提高财会人员专业素养。有条件的地区可实行总会计师委派制和财务主管委派制。

六、完善工作机制，抓好政策落实

各级财政部门和业务主管部门要将加强公立医院财务和预算管理工作纳入公立医院改革的重要内容，统一部署，密切合作，建立联合工作机制，推动各项重点工作任务顺利开展。

（一）加强制度建设，强化基础工作。各级财政部门和业务主管部门要根据当地实际情况细化公立医院财务和预算管理办法，规范财务管理流程，统一信息化技术标准，明确信息披露要求。同时，各级业务主管部门要切实强化主管责任，督促公立医院切实加强财务和预算管理的基础工作，完善内部管理，提高财务和预算管理的科学性。各市财政局、卫生计生委要根据本实施意见制定具体实施办法，并于 2016 年 10 月 30 日前报省财政厅、省卫生计生委备案。

（二）加强监督考核，强化结果运用。各级财政部门和业务主管部门要加强对公立医院财务和预算管理工作的监督检查，定期对公立医院财务和预算管理工作进行考核，并将考核结果与对公立医院及其相关责任人的考核评价挂钩，与对公立医院的财政补助资金分配挂钩。

（三）明确时间进度，强化工作落实。2016 年底，所有公立医院要全面推开全成本核算、财务报告制度和注册会计师审计制度、财务信息公开制度，并结合医保支付方式改革情况，选择部分项目和病种实行按项目、按病种核算成本，形成本地区主要医疗支出成本标准；所有三级公立医院要全面落实总会计师制度。各市要结合公立医院综合改革推进情况，进一步加强公立医院预算管理，从 2017 年初开始，建立并实行全面预算管理制度。

本意见自 2016 年 7 月 1 日起施行，有效期至 2021 年 6 月 30 日。

省财政厅 省卫生和计划生育委员会关于印发《省级医疗卫生和计划生育项目转移支付补助资金管理办法》的通知

2016 年 6 月 17 日 鲁财社〔2016〕24 号

各市财政局、卫生计生委：

为规范和加强省级医疗卫生和计划生育项目补助资金管理，提高资金使用效益，根据有关法律法规和

财政专项资金管理规定，我们研究制定了《省级医疗卫生和计划生育项目转移支付补助资金管理办法》，现印发给你们，请遵照执行。

附件：省级医疗卫生和计划生育项目转移支付补助资金管理办法

附件：

省级医疗卫生和计划生育项目转移支付补助资金管理办法

第一条　为加强和规范省级医疗卫生和计划生育项目转移支付补助资金管理（以下简称补助资金），提高资金使用效益，根据有关法律法规和财政专项资金管理规定，结合我省卫生和计划生育工作要求，制定本办法。

第二条　本办法所称补助资金，是指中央和省级财政安排，用于支持各地实施基本和重大公共卫生服务项目，促进公立医院改革发展，落实计划生育基本国策等方面的转移支付补助资金，主要包括公共卫生服务补助资金、公立医院补助资金、计划生育服务补助资金。

第三条　补助资金按照以下原则分配和管理：

（一）科学论证，合理规划。科学论证项目可行性和必要性，合理确定补助资金使用方向。

（二）分类保障，分级负担。区分不同人群和项目内容，分类制定补助政策，各级财政部门分级落实补助资金预算安排、拨付及管理责任。

（三）优化整合，保障重点。统筹考虑卫生计生事业发展需要，逐步整合项目内容，形成资金合力，切实保障医改和计划生育重点项目落实。

（四）讲求绩效，量效挂钩。加强项目绩效评价管理，建立绩效评价结果与资金分配挂钩机制。

第四条　省财政厅牵头负责补助资金的预算管理、监督检查。省卫生计生委会同省财政厅提出补助资金支持重点和工作任务，对项目安排和实施、任务完成情况进行监督检查和绩效评价。各地卫生计生、财政部门根据省里确定的支持重点和工作任务，负责具体落实和项目实施，并做好资金使用管理、监督检查和跟踪问效等工作。

第五条　公共卫生服务补助资金重点用于开展面向全体城乡居民免费提供基本公共卫生服务项目、面向特定人群或针对特殊公共卫生问题提供重大公共卫生服务项目所需的需方补助、工作经费和能力建设等支出。

公共卫生服务补助资金按照因素法分配。其中，基本公共卫生服务项目补助资金根据各地实施基本公共卫生服务常住人口数量、国家规定的人均经费标准等，统筹考虑区域财力状况和绩效评价情况，对东、中、西部地区按不同比例给予补助，不足部分由市县财政补足；重大公共卫生服务项目补助资金根据任务量和补助标准确定对各地的补助金额，或根据项目分类特点进行分配。

市级卫生计生部门要会同同级财政部门，根据国家和省里确定的公共卫生服务项目、任务和标准，结合本地区疾病谱、经济社会发展水平和财政承受能力，合理确定本地区公共卫生服务项目内容及各项服务标准。在核定服务任务、补助标准、绩效评价补助的基础上，基层医疗卫生机构获得的基本公共卫生服务补助资金，可统筹用于经常性支出。

第六条　公立医院补助资金根据国家医改工作部署和公立医院改革要求安排使用。现阶段重点用于支持公立医院综合改革、住院医师规范化培训、国家临床重点专科建设等工作。

（一）公立医院综合改革补助资金。主要支持推进城市和县级公立医院综合改革相关工作，弥补公立医院因取消药品加成减少的收入，落实政府对公立医院的投入政策。补助资金按照因素法分配，主要根据综合改革实施情况、评价结果等因素分配，采取"全额预拨、考核结算"的方式下达。

（二）住院医师规范化培训补助资金。主要支持按规划开展的住院医师规范化培训工作，包括培训基地能力建设中央补助资金和人员培训补助资金。其中，能力建设项目中央补助资金主要用于按规划建设设置的培训基地设备购置，人员培训补助资金主要用于面向社会招收和单位委派培训对象的生活学习补助以及培训基地教学实践活动等支出的补助。补助资金按照因素法分配，主要根据培训基地和培训对象数量、补助标准以及评价结果等因素分配，采取"全额预拨、考核结算"的方式下达。

（三）国家临床重点专科建设补助资金。主要指由中央补助支持的国家临床重点专科建设，包括对完成临床重点专科建设项目所需的设备购置、人才队伍建设、适宜技术推广等支出的补助。补助资金实行项目法分配，对经过国家评审产生的国家临床重点专科建设项目采取"先期按比例预拨、项目结束后考核结算"的方式下达。国家临床重点专科建设补助资金项目申报指南由国家卫生计生委、国家中医药局和财政部另行发布。

（四）其他方面补助资金。主要支持根据医改工作安排，除上述支出以外，与公立医院改革发展相关的其他工作。具体补助内容和方式由省里根据中央补助资金、国家医改相关规划，以及年度医改重点工作安排研究确定。

第七条　计划生育服务补助资金重点用于实施农村部分计划生育家庭奖励扶助制度、计划生育家庭特别扶助制度，免费提供避孕药具和计划生育技术服务，以及计划生育事业费补助等。其中，实施农村部分计划生育家庭奖励扶助制度和计划生育家庭特别扶助制度要严格按规定对象和标准落实，直接支付到补助对象个人银行账户。

计划生育服务补助资金采取"提前通知，据实结算"的方式，采取因素法分配下达。其中，对农村部分计划生育家庭奖励扶助制度、计划生育家庭特别扶助制度补助资金，省财政按照目标人群数量和人（户）均标准，统筹考虑区域财力状况和绩效评价情况，对东、中、西部地区按不同比例给予补助，不足部分由市县财政补足；对其他计划生育服务补助资金，结合中央对我省补助方式、分配因素等情况下达。

第八条　市县级财政、卫生计生部门要结合本地实际，统筹使用上级和本级财政安排的相关资金，确保年度医疗卫生和计划生育重点项目任务按国家和省里要求按期完成。

第九条　省级财政按《预算法》规定的时间和要求下达补助资金。市级接到省级下达的转移支付后，应于 30 日内正式下达到县级。

第十条　补助资金应按照《财政部关于中央对地方专项转移支付绩效目标管理暂行办法的通知》（财预〔2015〕163 号）要求，做好绩效目标的设立、审核、下达工作。

第十一条　市级卫生计生部门负责项目业务指导和管理，会同同级财政部门建立健全绩效评价机制，并对项目执行情况开展绩效评价。绩效评价内容主要包括：项目组织管理、资金使用情况、任务完成数量、质量和时效，以及经济和社会效益、可持续影响、社会满意度等。绩效评价原则上每年一次，也可根据需要，以一定的项目实施期为限，开展中期绩效评价。省级根据需要开展对各市补助资金绩效评价抽查工作。

第十二条　补助资金要专款专用，各级财政、卫生计生等部门要按照项目有关规定安排使用补助资金，不得擅自扩大支出范围，改变支出用途，不得以任何形式挤占、挪用、截留和滞留。具体使用单位收到补助资金后，要按预算和国库管理有关规定，建立健全内部管理机制，制定资金管理办法，加快预算执行。年度未支出的补助资金，按省财政厅对结转结余资金管理的有关规定进行管理。

第十三条　补助资金依法接受财政、审计、监察等部门监督。必要时，可以委托专业机构或具有资质的社会中介机构开展补助资金监督检查工作。

第十四条　补助资金分配与项目执行进度、绩效评价结果、预算监管结果、监督检查、审计结果挂钩。

第十五条　补助资金支付按照国库集中支付制度有关规定执行。

第十六条　资金使用过程中，涉及政府采购的，按照政府采购有关法律法规等规定执行；涉及资产的，按照国有资产管理规定执行。

第十七条　补助资金实行信用负面清单制度，对弄虚作假、冒领骗取财政专项资金等失信、失范行为进行记录和惩戒。

第十八条　对补助资金管理使用中的违法行为，依照《预算法》《财政违法行为处罚处分条例》（国务院令第 427 号）等有关规定追究法律责任。

第十九条　市级财政、卫生计生部门要结合当地实际，根据本办法制定具体实施细则，报省财政厅、省卫生计生委备案。

第二十条　本办法由省财政厅会同省卫生计生委负责解释。

第二十一条　本办法自 2016 年 7 月 1 日起施行，有效期至 2018 年 6 月 30 日。《山东省财政厅、山东省卫生厅转发〈财政部卫生部关于印发中央补助地方卫生事业专项资金管理暂行办法的通知〉的通知》（鲁财社〔2004〕9 号）、《山东省财政厅、山东省卫生厅等五部门关于印发〈新增国家重大公共卫生服务项目资金管理暂行办法〉的通知》（鲁财社〔2009〕38 号）、《山东省财政厅、山东省卫生厅关于印发〈山东省基本公共卫生服务项目补助资金管理办法〉的通知》（鲁财社〔2011〕38 号）、《山东省财政厅、山东省人口和计划生育委员会关于印发〈山东省基层人口和计划生育事业专项补助资金管理暂行办法〉的通知》（鲁财教〔2006〕55 号）、《山东省人口和计划生育委员会、山东省财政厅关于印发〈山东省农村部分计划生育家庭奖励扶助制度资金管理办法〉的通知》（鲁人口发〔2006〕46 号）、《山东省财政厅、山东省人口和计划生育委员会关于贯彻落实〈财政部　人口计生委关于完善人口和计划生育投入保障机制的意见〉的实施意见》（鲁财教〔2012〕18 号）同时废止，其他文件中与本办法规定不一致的，按本办法规定执行。

省财政厅　省人力资源和社会保障厅关于印发《山东省就业补助资金管理暂行办法》的通知

2016 年 7 月 10 日　鲁财社〔2016〕27 号

各市财政局、人力资源社会保障局，省财政直接管理县（市）财政局、人力资源社会保障局，现代预算管理制度改革试点县（市）财政局、人力资源社会保障局：

为落实好各项就业政策，规范就业补助资金管理，提高资金使用效益，我们制定了《山东省就业补助资金管理暂行办法》，现予印发，请遵照执行。

附件：山东省就业补助资金管理暂行办法

附件：

山东省就业补助资金管理暂行办法

第一章　总　　则

第一条　为落实好各项就业政策，规范就业补助资金管理，提高资金使用效益，根据《中华人民共和国预算法》《中华人民共和国就业促进法》《山东省就业促进条例》等相关法律法规，按照财政部、人力资源社会保障部《关于印发就业补助资金管理暂行办法的通知》（财社〔2015〕290 号）、山东省人民政府《关于进一步做好新形势下农民工工作的意见》（鲁政发〔2013〕22 号）、《关于进一步做好新形势下就业创业工作的意见》（鲁政发〔2015〕21 号）、《关于减轻企业税费负担降低财务支出成本的意见》（鲁政发〔2016〕10 号）有关规定，制定本办法。

第二条 就业补助资金是县级以上人民政府通过一般公共预算安排用于促进就业创业的专项资金，由财政部门会同人力资源社会保障部门（以下简称人社部门）管理。

第三条 就业补助资金管理遵循以下原则：

——公平公正。落实国家和省普惠性就业创业政策，重点支持就业困难群体就业，适度向就业工作任务重、财力薄弱地区倾斜，促进不同群体、不同地区间公平就业。

——激励相容。优化机制设计，奖补结合，先缴（垫）后补，充分发挥各级政策执行部门、政策对象的积极性。

——精准效能。提高政策可操作性和精准性，加强监督与控制，以绩效导向、结果导向强化就业补助资金管理。

第二章　资金支出范围

第四条 就业补助资金分为对个人和单位的补贴、公共就业服务能力建设补助两类。

对个人和单位的补贴资金用于职业培训补贴、职业技能鉴定补贴、社会保险补贴、（公益性）岗位补贴、就业见习补贴、求职创业补贴、一次性创业补贴、一次性创业岗位开发补贴、一次性创业场所租赁补贴、家政服务业从业人员意外伤害保险补贴等支出；公共就业服务能力建设补助资金用于就业创业服务补助和高技能人才培养补助等。

第五条 职业培训补贴。享受职业培训补贴的人员范围包括：贫困家庭子女、毕业学年高校毕业生（含技师学院高级工班、预备技师班和特殊教育院校职业教育类毕业生，下同）、城乡未继续升学的应届初高中毕业生、农村转移就业劳动者（含建档立卡的适龄贫困人口）、城乡登记失业人员、即将刑满释放人员（刑期不足两年的）和强制隔离戒毒人员，以及符合条件的企业在职职工。上述符合条件人员每人每年只能享受一次职业培训补贴，且不得与失业保险的职业培训补贴重复享受。

（一）就业技能培训或创业培训。对符合条件的人员参加就业技能培训或创业培训，培训后取得职业资格证书的（或专项职业能力证书或培训合格证书，下同），给予一定标准的职业培训补贴，具体标准由设区的市根据不同培训职业（工种）的成本、紧缺程度、培训时间等因素合理确定。农村和城市低保家庭未继续升学的应届初高中毕业生参加劳动预备制培训的，同时给予一定标准的生活费补贴，具体标准可参照中等职业学校国家助学金标准，由设区的市自行确定。

省人力资源社会保障厅、省财政厅每年下达加强就业培训提高就业与创业能力培训计划，并统筹就业补助资金和创业带动就业扶持资金，按照计划内实际培训人数和初级工 400 元/人、中级工和高级工 600 元/人、创业培训 800 元/人的标准给予补助。

（二）符合条件的企业在职职工岗位技能培训。对按国家有关规定参加企业新型学徒制培训、技师培训的企业在职职工，培训后取得职业资格证书的，给予职工个人或企业一定标准的职业培训补贴。其中，新型学徒制培训补贴标准按企业支付给培训机构培训费用（以培训机构收费标准和培训费发票为准）的 60% 确定，中、高级技术工人每人每年的培训补贴标准应分别控制在 4 000 元和 6 000 元以内，补贴期限不超过 2 年。技师培训补贴标准，按照相同或可参照职业（工种）补贴标准的 80% 执行。省级组织的"金蓝领"培训由省财政按照技师每人 2 000 元、高级技师每人 5 000 元的标准给予补助。

第六条 职业技能鉴定补贴。对通过初次职业技能鉴定并取得职业资格证书或专项职业能力证书的人员，给予职业技能鉴定补贴。

职业技能鉴定补贴标准，按照省有关部门规定的职业技能鉴定收费标准的 80% 确定。

第七条 社会保险补贴。享受社会保险补贴的人员范围包括：就业困难人员和高校毕业生。

（一）就业困难人员社会保险补贴。对招用就业困难人员并缴纳社会保险费的单位，以及通过公益性岗位安置就业困难人员并缴纳社会保险费的单位，按其为就业困难人员实际缴纳的基本养老保险费、基本医疗保险费和失业保险费给予补贴（不包括个人应缴纳的部分）。

对就业困难人员灵活就业后缴纳的社会保险费，给予一定数额的社会保险补贴，补贴标准不超过其实际缴费的 2/3。

就业困难人员社会保险补贴期限，除对距法定退休年龄不足 5 年的可延长至退休外，其余人员最长不超过 3 年（以初次核定其享受社会保险补贴时年龄为准）。

（二）高校毕业生社会保险补贴。对招用毕业年度高校毕业生，与之签订 1 年以上劳动合同并为其缴纳社会保险费的小微企业，按其实际缴纳的社会保险费，给予最长 1 年的社会保险补贴（不包括个人应缴纳的部分）。

对离校 1 年内未就业的高校毕业生灵活就业后缴纳的社会保险费，给予一定数额的社会保险补贴，补贴标准原则上不超过其实际缴费的 2/3，补贴期限最长不超过 2 年。

高校毕业生社会保险补贴不能与就业困难人员社会保险补贴重复享受。

第八条 （公益性）岗位补贴。享受（公益性）岗位补贴的人员范围为就业困难人员，重点是大龄失业人员、零就业家庭人员、建档立卡的适龄贫困人员。

对公益性岗位安置或单位招用的就业困难人员给予（公益性）岗位补贴，补贴标准参照当地最低工资标准执行。

（公益性）岗位补贴期限，除对距法定退休年龄不足 5 年的就业困难人员可延长至退休外，其余人员最长不超过 3 年（以初次核定其享受补贴时年龄为准）。对家庭生活特别困难、在公益性岗位工作期满后仍难以就业，且工作期间考核优秀的女性 45 周岁、男性 55 周岁以上的人员，经设区的市人力资源社会保障局审核、公示，省人力资源社会保障厅备案后，可适当延长工作期限，续签劳动合同，续签合同最长期限不得超过 3 年。

对现行社会保险补贴和岗位补贴标准（非全日制岗位除外）高于上述规定标准的，已纳入政策享受范围的人员可按原标准执行至补贴享受期满，新享受补贴政策人员按照新标准执行。

第九条 就业见习补贴。享受就业见习补贴的人员范围为择业派遣期内离校未就业山东生源高校毕业生，就业见习补贴期限一般为 6 个月，最长不超过 12 个月。对吸纳符合条件的高校毕业生参加就业见习并支付见习人员见习期间基本生活费（不低于当地最低工资标准）的单位，给予一定标准的就业见习补贴。补贴标准为当地最低工资标准的 50%，对见习期满留用率达到 70% 以上的见习单位，见习补贴比例提高 10 个百分点。

财政困难县（市、区）高校毕业生就业见习基本生活费补助所需经费，省财政按照当地最低工资标准的 30% 予以补助，见习期满留用率达到 70% 以上的县（市、区），省级补助比例提高 10 个百分点。

第十条 求职创业补贴。对在毕业年度有就业创业意愿并积极求职创业的城乡低保家庭、城市零就业家庭、农村贫困家庭、残疾及获得国家助学贷款的高校毕业生，给予一次性求职创业补贴。其中，城乡低保家庭、城市零就业家庭、农村贫困家庭和有残疾人证的高校毕业生补贴标准为 1 000 元/人，其他人员补贴标准为 600 元/人。

第十一条 一次性创业补贴和一次性创业岗位开发补贴。对首次领取小微企业营业执照、正常经营并在创办企业缴纳职工社会保险费满 12 个月的创业人员，给予一次性创业补贴，补贴标准不低于 1.2 万元。有条件的市可将一次性创业补贴政策放宽到符合条件的新注册个体工商户，补贴标准不低于 2 000 元。对吸纳登记失业人员和毕业年度高校毕业生（不含创业者本人，下同）并与其签订 1 年及以上期限劳动合同，按月向招用人员支付不低于当地最低工资标准的工资报酬，足额缴纳职工社会保险费满 4 个月以上的小微企业，按照申请补贴时创造就业岗位数量和每个岗位不低于 2 000 元的标准给予一次性创业岗位开发补贴。

小微企业认定标准按照工业和信息化部、国家统计局、国家发展和改革委员会、财政部《关于印发中小企业划型标准规定的通知》（工信部联企业〔2011〕300 号）规定执行。

一次性创业补贴和一次性创业岗位开发补贴所需资金，可从就业补助资金和创业带动就业扶持资金中统筹安排。

第十二条 一次性创业场所租赁补贴。有条件的市对毕业年度的高等院校、技师学院毕业生和就业困难人员租用经营场地创业，并且未享受场地租赁费用减免的，可给予一次性创业场所租赁补贴，具体标准由设区的市确定，所需资金由各地从就业补助资金和创业带动就业扶持资金中统筹安排。

第十三条 家政服务业从业人员意外伤害保险补贴。家政服务机构按照每人每年不低于 120 元的标准，为法定劳动年龄内家政服务业从业人员购买意外伤害保险，经注册地人社部门审核后，注册地财政部门按每人每年不高于 60 元的标准给予补贴。家政服务业从业人员意外伤害保险由设区的市通过招标选定 2 家左右商业保险公司承办，具体实施办法由设区的市自行制定，并报省人力资源社会保障厅备案。

第十四条 就业创业服务补助。用于加强公共就业创业服务机构服务能力建设，重点支持信息网络系统建设及维护等，以及用于向社会购买基本就业创业服务成果。

第十五条 高技能人才培养补助。重点用于高技能人才培训基地建设、技能大师工作室建设等支出。

第十六条 确需新增其他支出项目的，须经省政府批准，并按照国家专项转移支付相关管理规定执行。

第十七条 就业补助资金不得用于以下支出：

（一）办公用房建设支出；

（二）职工宿舍建设支出；

（三）购置交通工具支出；

（四）创业担保贷款基金和贴息等支出；

（五）发放人员津贴补贴等支出；

（六）"三公"经费支出。

第三章　资金分配

第十八条 省级（含中央补助）就业补助资金中用于对个人和单位的补贴资金及公共就业服务能力建设补助中的就业创业服务补助资金，实行因素法分配。

其中，省级职业培训补助资金按省级下达的培训计划和省级补助标准分配，就业见习补贴资金按财政困难县就业见习人数、见习期限、当地最低工资标准和省级补助比例分配。其他补贴和补助资金分配因素包括基础因素、投入因素和绩效因素三类，其中，基础因素主要根据劳动力人口等指标，重点考核就业工作任务量；投入因素主要根据各市、县（市、区）就业补助资金的安排使用等指标，重点考核地方投入力度和支出进度；绩效因素主要根据各地失业率和新增就业人数等指标，重点考核各地落实各项就业政策的成效。每年分配资金选择的因素和权重，可根据年度就业工作任务重点适当调整。

第十九条 公共就业服务能力建设补助资金中的高技能人才培养补助资金，实行项目管理。省、市人社部门编制高技能人才培养中长期规划，确定本地区支持的高技能人才重点领域。

省人力资源社会保障厅每年会同省财政厅组织专家对拟实施高技能人才项目进行评审，将评审结果报人力资源社会保障部和财政部备案并申请补助。

第二十条 省级按规定提前通知各市、县（市）下一年度就业补助资金，除据实结算项目外，每年在省人代会审查批准省级预算后 60 日内，正式下达省级财政就业补助资金预算。

第二十一条 各市应在收到省级就业补助资金后 30 日内，正式下达到县级财政和人社部门；市、县级应当将本级政府预算安排给下级政府的就业补助资金在本级人民代表大会批准预算后 60 日内正式下达到下级。各级人社、财政部门应对其使用的就业补助资金提出明确的资金管理要求，及时组织实施各项就业创业政策。

第二十二条 就业补助资金应按照国家和省专项转移支付绩效目标管理的有关规定，做好绩效目标的设定、审核、下达工作。

第四章 资 金 使 用

第二十三条 对单位和个人补贴的申领与发放。

（一）职业培训补贴。职业培训补贴实行"先垫后补"的办法。

1. 个人申领职业培训补贴。符合条件的人员应向当地人社部门申请就业技能培训和创业培训补贴，并提供以下材料：《就业创业证》（或《就业失业登记证》、毕业学年高校毕业生《学生证》、劳动预备制培训人员初高中《毕业证》、建档立卡贫困人口身份证明，下同）复印件、职业资格证书复印件、培训机构开具的行政事业性收费票据（或税务发票）等。

2. 培训机构代领职业培训补贴。承担培训任务的机构应向当地人社部门申请培训补贴，并提供以下材料：培训人员花名册和《身份证》复印件、培训人员与培训机构签订的代领职业培训补贴协议书、《就业创业证》复印件、职业资格证书复印件、职业培训机构开具的行政事业性收费票据（或税务发票）等。

职业培训机构为参加劳动预备制培训的农村学员和城市低保家庭学员代为申请生活费补贴的，除上述资料外，还应提供培训人员与培训机构签订的代领生活费补贴协议书、城市低保家庭学员的最低生活保障证明材料。

3. 企业申请职业培训补贴。符合条件的企业向当地人社部门申请新型学徒制培训补贴或技师培训补贴，并提供以下材料：参加培训人员花名册、《身份证》复印件、职业资格证书复印件、劳动合同复印件、培训机构出具的行政事业性收费票据（或税务发票）等。

企业在开展新型学徒制培训和技师培训前，应将培训计划、培训人员花名册等有关材料报当地人社部门备案。

上述申请材料经人社部门审核后，对个人申请的培训补贴或生活费补贴资金，按规定支付到申请者本人个人银行账户；对企业和培训机构代为申请的培训补贴或生活费补贴资金，按规定支付到企业和培训机构在银行开立的基本账户。

（二）职业技能鉴定补贴。职业技能鉴定补贴可由本人申请，也可由培训机构代为申请。符合条件的人员应向当地人社部门申请职业技能鉴定补贴，并提供以下材料：《就业创业证》复印件、职业资格证书（专项能力证书）复印件、职业技能鉴定机构开具的行政事业性收费票据（或税务发票）等。

培训机构向当地人社部门申请职业技能鉴定补贴，除上述材料外，还应提供培训人员与培训机构签订的代领职业技能鉴定补贴协议书。经人社部门审核后，按规定将补贴资金支付到申请者本人个人银行账户或代为申请培训机构在银行开立的基本账户。

（三）社会保险补贴。社会保险补贴实行"先缴后补"的办法。

招用就业困难人员或通过公益性岗位安置就业困难人员的单位和招用毕业年度高校毕业生的小微企业，应向当地人社部门申请社会保险补贴，并提供以下材料：符合条件人员名单、《就业创业证》复印件或毕业证书复印件、劳动合同复印件、社会保险费征缴机构出具的社会保险缴费明细账（单）等。经人社部门审核后，按规定将补贴资金支付到单位在银行开立的基本账户。

灵活就业的就业困难人员和灵活就业的离校1年内高校毕业生，应向当地人社部门申请社会保险补贴，并提供以下材料：《就业创业证》复印件或毕业证书复印件、灵活就业证明材料、社会保险费征缴机构出具的社会保险缴费明细账（单）等。经人社部门审核后，按规定将补贴资金支付到申请者本人个人银行账户。

（四）（公益性）岗位补贴。招用就业困难人员或通过公益性岗位安置就业困难人员的单位，应向当地人社部门申请（公益性）岗位补贴，并提供以下材料：《就业创业证》复印件、享受（公益性）岗位补贴年限证明材料、单位发放工资明细账（单）等。经人社部门审核后，按规定将补贴资金支付到单位在银行开立的基本账户。有条件的地方，可将补贴资金直接支付到就业困难人员本人个人银行账户。

（五）就业见习补贴。吸纳择业派遣期内未就业高校毕业生参加就业见习的单位，应向当地人社部门申请就业见习补贴，并提供以下材料：参加就业见习的人员名单和身份证复印件、就业见习协议书、《就业创业证》复印件或毕业证书复印件、单位发放基本生活补助明细账（单）等。经人社部门审核后，按规定将补贴资金支付到单位在银行开立的基本账户。

（六）求职创业补贴。符合条件的高校毕业生所在高校应向省人力资源社会保障厅申请求职创业补贴，并提供以下材料：毕业生名单，城乡低保家庭、城市零就业家庭、农村贫困家庭、残疾及获得国家助学贷款证明材料，毕业证书（或学籍证明）复印件等。申请材料经毕业生所在高校初审报人社厅审核后，按规定将补贴资金支付到毕业生在银行开立的个人账户。

（七）一次性创业补贴和一次性创业岗位开发补贴。符合条件的小微企业或个体工商户应向注册地人社部门申请一次性创业补贴，并提供以下材料：创业者身份证复印件或《就业创业证》复印件、营业执照原件及复印件、社会保险费征缴机构出具的创业者本人职工社会保险缴费明细账（单）、财务报表等。符合条件的小微企业应向注册地人社部门申请一次性创业岗位开发补贴，并提供以下材料：营业执照原件及复印件、招用人员名单、《就业创业证》和劳动合同复印件、单位发放工资明细账、社会保险费征缴机构出具的职工社会保险缴费明细账（单）、财务报表等。经人社部门审核后，按规定将补贴资金支付到单位在银行开立的基本账户。

（八）一次性创业场所租赁补贴。出台一次性创业场所租赁补贴政策的市、县（市、区），符合条件的创业人员申请此项补贴需提供的资料，由各地根据实际确定。经人社部门审核后，按规定将补贴资金支付到创业者本人个人银行账户。

（九）家政服务业从业人员意外伤害保险补贴。符合条件的家政服务机构应向注册地人社部门申请法定劳动年龄内从业人员意外伤害保险补贴，并提供以下材料：从业人员与企业签订的劳务协议、《就业创业证》复印件或身份证复印件、商业保险机构出具的保险费收费发票和被保险人员名单复印件、家政服务机构营业执照原件及复印件。经人社部门审核后，按规定将补贴资金支付到家政服务机构在银行开立的基本账户。

第二十四条　公共就业服务能力建设补助资金的使用。

（一）就业创业服务补助。各市、县（市、区）要综合考虑基层公共就业服务机构承担免费公共就业创业服务的工作量，安排补助资金用于保障和提升其服务能力，重点支持信息网络系统建设及维护，开展就业失业信息统计和城乡劳动力调查，就业创业证卡工本费等；补助资金还可按政府购买服务相关规定和指导目录，用于向社会力量购买基本就业创业服务成果，重点用于职业介绍、就业创业测评和辅导、就业失业动态监测等。

（二）高技能人才培养补助。

高技能人才培训基地建设项目资金的使用。各市、县（市、区）要结合区域经济发展、产业振兴发展规划和新兴战略性产业发展的需要，依托具备高技能人才培训能力的职业培训机构和城市公共实训基地，建设高技能人才培训基地，重点开展高技能人才研修提升培训、高技能人才评价、职业技能竞赛、高技能人才课程研发、高技能人才成果交流等活动。

技能大师工作室建设项目资金的使用。各市、县（市、区）要发挥高技能领军人才在带徒传技、技能攻关、技艺传承、技能推广等方面的重要作用，选拔行业、企业生产、服务一线的优秀高技能人才，依托其所在单位建设技能大师工作室，开展培训、研修、攻关、交流等技能传承提升活动。

第二十五条　各级人社部门负责对上述各项补贴支出申请材料的全面性、真实性进行审核。申请人或单位提交的各类补贴申请材料，由人社部门通过公共就业人才管理服务信息系统，扫描保存资料电子文档，全程进行信息化审核审批，建立和完善各项就业补贴资金信息数据库和发放台账。人社部门要定期通过本部门官方网站对上述各项补贴资金的使用情况向社会公示。公示内容包括：享受各项补贴的单位名称或人员名单（含隐藏部分字段的身份证号）、补贴标准及具体金额等。其中，职业培训补贴还应公示培训的内容、取得的培训成果等；（公益性）岗位补贴还应公示企业名称、公益性岗位名称及设立单位、招用或安置人员名单、享受补贴时间等；求职创业补贴应在各高校初审时先行在校内公示。

各市、县（市、区）能通过部门内部、系统内部或与其他部门信息共享获取相关信息的，可不要求申请人提供证明材料，具体办法报省人力资源社会保障厅同意后实施。

第二十六条 就业补助资金的支付，按财政国库管理制度相关规定执行。

第五章 资 金 管 理

第二十七条 各级财政、人社部门要建立健全财务管理规章制度，强化内部财务管理，优化业务流程，加强内部风险防控。

各级人社部门要健全和完善就业补助资金审核发放机制，做好补助资金使用管理的基础工作，加强与公安、工商、民政、教育等部门的信息共享，有效甄别享受补贴政策的人员、单位的真实性，防止出现造假行为。落实好政府采购等法律法规的有关规定，规范采购行为。加强信息化建设，推动业务财务一体化管理，将享受补贴人员、项目补助单位、资金标准及预算安排及执行等情况及时纳入管理信息系统，动态反映就业补助资金预算执行进度，并实现与财政部门的信息共享。

第二十八条 各级财政、人社部门要探索建立科学规范的绩效评价指标体系，积极推进就业补助资金的绩效管理。省财政厅和省人力资源社会保障厅根据各地就业工作情况，定期委托第三方进行就业补助资金绩效评价。市、县（市、区）财政和人社部门要对本地区就业补助资金使用情况进行绩效评价，并将评价结果作为就业补助资金分配的重要依据。

第二十九条 各级财政、人社部门要将就业补助资金管理使用情况列入重点监督检查范围，自觉接受审计等部门的检查和社会监督。有条件的地方，可按政府购买服务相关规定，聘请具备资质的社会中介机构开展第三方监督检查。

第三十条 各级财政、人社部门要按照财政预决算管理的总体要求，做好年度预决算工作。

第三十一条 各级人社部门要做好信息公开工作，通过当地媒体、部门网站等向社会公开年度就业工作总体目标、工作任务完成等情况。各市、县（市、区）就业补助资金信息公开情况，纳入全省就业工作考核范围。

第三十二条 各级财政、人社部门要建立就业补助资金"谁使用、谁负责"的责任追究机制。对滞留、截留、挤占、挪用、虚列、套取、私分就业补助资金等行为，按照《预算法》《财政违法行为处罚处分条例》等国家有关规定追究法律责任。对疏于管理、违规使用资金，并直接影响各项促进就业创业政策目标实现的地区，省级将相应扣减其下一年度就业补助资金；情节严重的，取消下年度该地区获得就业补助资金的资格，并在全省范围内予以通报。

第六章 附 则

第三十三条 设区的市财政、人社部门可依据本办法，制定就业补助资金管理和使用的具体实施细则。其中，劳务派遣、电商等新型用工企业享受政策条件由设区的市自行确定。

第三十四条 本办法由省财政厅和省人力资源社会保障厅负责解释。

第三十五条 本办法自2016年8月10日起施行，有效期至2018年8月9日。山东省财政厅、山东省人力资源和社会保障厅《关于印发山东省就业专项资金管理暂行办法的通知》（鲁财社〔2011〕55）、《关于印发〈山东省加强就业培训提高就业与创业能力培训项目省财政补助资金管理办法〉的通知》（鲁财社〔2009〕23号）同时废止。

省财政厅　省人力资源和社会保障厅关于印发《山东省省级大学生创业引领计划专项扶持资金管理暂行办法》的通知

2016 年 9 月 13 日　鲁财社〔2016〕41 号

各市财政局、人力资源社会保障局，省财政直接管理县（市）财政局、人力资源社会保障局：

为推动深入实施大学生创业引领计划，进一步加强省级大学生创业引领计划专项扶持资金管理，充分发挥专项资金使用效益，现将《山东省省级大学生创业引领计划专项扶持资金管理暂行办法》印发给你们，请遵照执行。

附件：山东省省级大学生创业引领计划专项扶持资金管理暂行办法

附件：

山东省省级大学生创业引领计划专项扶持资金管理暂行办法

第一条　为加强省级大学生创业引领计划专项扶持资金管理，切实发挥财政资金使用效益，根据国家和我省实施大学生创业引领计划的有关政策规定，制定本办法。

第二条　省级大学生创业引领计划专项扶持资金（以下简称"省级专项资金"）是省级财政预算安排，用于引导、带动全省普通高校在校大学生、毕业 5 年期内的高校毕业生和出国（境）留学回国人员（以下并称大学生）开展创业实践的专项资金。技师学院高级工班、预备技师班和特殊教育院校职业教育类毕业生参照高校毕业生属地享受相关创业扶持政策。

第三条　省人力资源社会保障厅、省财政厅根据全省年度实施大学生创业引领计划的工作目标、发展需求等情况，经评审论证、综合评估，编制省级专项资金预算。

第四条　省级专项资金通过"以奖代补"方式，按因素法对大学生创业工作成效显著的市、省财政直接管理县（市）（以下简称"省直管县"）给予补助。

第五条　省级专项资金分配主要依据以下因素：

（一）大学生创业工作成效，根据全省大学生创业引领计划工作考核情况确定；

（二）大学生创业管理服务工作量，根据各市县（市、区）大学生数量、创业服务提供量等因素确定；

（三）地方财力状况，根据各市和省直管县人均财力、各级专项资金支出等因素确定。

第六条　每年 2 月底前，各市人力资源社会保障局应向省人力资源社会保障厅报送全市上一年度大学生创业引领计划绩效自评报告，省直管县的情况需在自评报告中单独反映。省人力资源社会保障厅对各市上报的材料进行考核评审，并结合管理服务工作量、地方财力状况、当年省级专项资金预算安排等因素，汇总形成省级补助资金分配意见，经省财政厅复核后按规定拨付。

第七条　各市绩效自评报告主要包括以下内容：

（一）全市、省直管县年度大学生创业引领计划目标任务完成情况，促进大学生创业的各项优惠政策出台及落实情况，大学生参加创业培训、申领营业执照情况，创业成功率等；

（二）大学生创业孵化基地、创业园区以及大学生农村创业特色产业示范平台年度入驻、迁出创业实体数量及管理运行情况；

（三）高校毕业生（大学生）创业基金扶持创业情况；

（四）地方政府与高校合作情况；

（五）各级大学生创业引领计划扶持资金收入、支出、结余情况（需要附扶持资金安排文件及支出证明复印件）；

（六）省级专项资金信息公开情况等。

第八条　省级专项资金主要用于以下支出：

（一）开发大学生创新创业课程；

（二）完善大学生创业案例库和创业项目库；

（三）开展大学生创新创业大赛；

（四）根据创业平台内大学生初创企业数量、创业项目科技含量、带动就业、融资等情况，向大学生创业孵化基地、创业园区和大学生农村创业特色产业示范平台购买大学生创业服务成果（不得用于基本建设、车辆房产等固定资产购置支出）；

（五）设立或补充高校毕业生（大学生）创业基金。

第九条　各级、各有关部门（单位）要自觉接受上级人力资源社会保障、财政和监察、审计部门的监督检查。对违规使用省级专项资金的单位和个人，按照《财政违法行为处罚处分条例》进行严肃处理，构成犯罪的，依法追究刑事责任。

第十条　各市要结合当地实际，进一步研究细化本地区大学生创业引领计划扶持资金管理办法，明确支出范围、标准和购买大学生创业服务成果程序，并向社会公开。

第十一条　各级人力资源社会保障部门要建立完善专项资金使用、发放台账和信息数据库，通过当地媒体、部门网站等向社会公开年度大学生创业引领计划工作总体目标、工作任务完成、资金使用等情况。其中，对单位和个人的补助，应向社会公开扶持的单位名称或人员名单（含隐藏部分字段的身份证号）、补贴标准及具体金额等。

第十二条　各级人力资源社会保障、财政部门要建立科学规范的绩效评价指标体系，积极推进大学生创业引领扶持资金的绩效管理，强化绩效导向、结果导向。各市要对本地区省级专项资金使用情况开展绩效评价，及时向省级报送绩效自评报告。未按规定时间报送绩效自评报告的市，取消当年申请省级专项资金奖补资格。省人力资源社会保障厅根据各地工作情况，定期委托第三方进行省级专项资金绩效评价，对工作推进不力、弄虚作假的予以通报，并适当扣减省级专项资金。

第十三条　本办法由省财政厅、省人力资源社会保障厅负责解释。

第十四条　本办法自 2016 年 10 月 1 日起施行，有效期至 2018 年 10 月 1 日。山东省财政厅、山东省人力资源和社会保障厅《关于印发山东省省级大学生创业专项扶持资金管理使用暂行办法的通知》（鲁财社〔2011〕66 号）同时废止。

省财政厅　省民政厅　财政部驻山东省财政监察专员办事处省宗教事务局　省残疾人联合会关于印发《山东省社会福利救助资金使用管理办法》的通知

2016 年 11 月 4 日　鲁财社〔2016〕52 号

各市财政局、民政局、宗教事务局、残联，省财政直接管理县（市）财政局、民政局、宗教事务局、残联：

现将《山东省社会福利救助资金使用管理办法》印发给你们，请认真贯彻执行。执行中如有问题，请及时向我们反映。

附件：山东省社会福利救助资金使用管理办法

附件：

山东省社会福利救助资金使用管理办法

第一章　总　　则

第一条　为规范社会福利救助资金管理，增强救助资金统筹能力，提高救助资金使用效益，根据《城乡医疗救助基金管理办法》（财社〔2013〕217号）、《中央财政流浪乞讨人员救助资金管理办法》（财社〔2014〕71号）、《中央财政困难群众基本生活救助资金管理办法》（财社〔2016〕87号）、《山东省社会救助办法》（省政府令第279号）等规定，以及中央和省加快推进财政资金统筹使用有关要求，制定本办法。

第二条　本办法所称社会福利救助资金（以下简称"救助资金"），是指各级政府通过一般公共预算资金、福彩公益金、社会捐赠资金等渠道筹集安排，按规定用于困难群众生活、医疗、临时困难等救助的资金。

第三条　救助资金在社会福利救助体系框架内，除救灾资金外，其他投向资金实行县级统筹、捆绑使用。省、市两级一般公共预算安排的救助资金实行捆绑合并，通过一般性转移支付收入整体切块下达县级，县级具体负责统筹安排用于各项社会福利救助、据实列支。

第四条　纳入政府预算的福彩公益金、社会捐赠资金与一般公共预算资金统筹使用，实行统一的资金管理办法、分配方式，形成政策合力。县级据实列支救助支出时，原则上按照先福彩公益金、社会捐助资金，后一般公共预算资金的顺序安排。

第五条　救助资金按照政府"保基本、兜底线、救急难"的总体要求，着力保障好最低生活保障对象、特困人员、贫困和重度残疾人、儿童和教职人员、受灾人员、流浪乞讨人员等困难群体基本生活、医疗或临时性生活困难，维护困难群众基本生存权益。

第六条　救助资金由财政部门和业务主管部门按职责分工管理。

财政部门负责制定救助资金管理制度，组织救助资金预算编制、执行和公开，审核批复资金预算，会同业务主管部门制定资金分配方案，及时拨付资金，为资金安全及时发放提供国库集中支付、涉农"一本通"发放平台等保障服务，履行财政监督职能。

业务主管部门负责社会福利救助日常管理工作，参与制定救助资金管理制度，负责救助资金预算申报、预算执行、按时发放和具体使用管理工作，编制救助资金绩效目标、实施绩效考评，按规定公开资金分配方案、分配结果等信息。

第二章　救助资金预算管理

第七条　业务主管部门按照社会福利救助政策规定，以及年度预算编制要求，在准确统计、测算基础上，编制年度救助资金预算方案和年度项目绩效目标。

同级财政部门对业务主管部门申报的年度预算方案进行审核，本着尽力而为、量力而行、按需保障、注重绩效的原则，统筹一般公共财政预算资金、福彩公益金、社会捐赠资金等，编制年度救助资金预算草案，报经本级人代会审议通过后执行。

第八条 省级救助资金按照公开、公平、公正原则，除已明确补助标准的项目外，其余救助资金主要采取因素法分配，综合参考困难群众人数（或灾情数据、救助量）、财政困难程度、工作绩效等因素。每年分配资金选择的具体测算因素和权重，将按照年度工作重点和任务适当增减调整。工作绩效因素包括绩效评价、预算执行、地方财政努力程度等。

第九条 采取因素法分配的省级救助资金按下列程序分配管理：

（一）省级人代会审议通过年度省级救助资金预算或收到中央救助资金后，省财政厅会同省级业务主管部门商定资金分配因素和权重。

（二）省级业务主管部门组织力量搜集分配因素所需基础统计数据和资料，根据年度预算安排、分配因素及权重进行充分测算论证，在规定期限内提出资金分配方案。

（三）省财政厅对省级业务主管部门提出的资金分配方案进行审核，及时将审核意见反馈业务主管部门。

（四）省级业务主管部门根据省财政厅审核意见，修改完善资金分配方案，按程序进行集体研究后，以书面形式将资金分配方案报省财政厅。省财政厅据此将资金预算指标下达各市县。

第十条 市级财政部门可参照省级分配管理程序和分配方式，在规定时限内及时分配下达上级补助和本级安排的救助资金。

第十一条 县级业务主管部门要认真核定救助对象、救助标准，向同级财政部门提出资金申请。县级财政部门收到资金申请后，要采取定期拨付、预拨结算等预算分配方式，及时将救助资金预算指标下达至同级业务主管部门。

县级业务主管部门收到救助资金预算指标后，要按照国库集中支付管理规定，及时向同级财政部门提报用款计划，通过直接支付或授权支付方式将救助资金支付服务机构或代发金融机构，按时发放救助资金。

第十二条 救助资金按不同投向用于以下支出：

（一）城乡最低生活保障、低收入宗教教职人员生活补助、特困人员分散供养补助的基本生活标准部分、散居孤儿和困境儿童基本生活保障、低保家庭本科新生入学救助、为低保家庭残疾人安装基本型假肢矫形器具、困难残疾人生活补贴和重度残疾人护理补贴等资金，用于为符合条件的保障对象发放补助金。特困人员分散供养补助的照料护理标准部分，可由县级民政部门统筹用于为分散供养特困人员购买或委托照料护理服务。

（二）城乡医疗救助资金，用于按规定资助救助对象参加居民基本医疗保险，以及对政策范围内个人自付医疗费用补助。

（三）临时救助资金，用于对由于各种突发性原因造成临时生活困难的家庭给予临时救助。

（四）自然灾害生活救助资金，用于受灾群众无力克服的衣、食、住、医等临时性生活困难，受灾期间紧急转移抢救、转移和安置受灾群众，抚慰因灾遇难人员家属，恢复重建受灾群众倒损房屋，采购、管理、储运救灾物资等。

（五）特困人员、孤儿和困境儿童机构供养（养育）资金，用于粮油、副食品、生活用燃料、服装、被褥等日常生活用品和零用金，为供养人员日常生活、住院期间的必要照料护理等基本服务发生的人工费、护理费等，经基本医疗保险、大病保险和医疗救助等医疗保障制度规定支付后剩余医疗费补助，以及丧葬费、必要的教育开支等支出。

（六）流浪乞讨人员救助资金，用于救助管理机构开展生活无着的流浪、乞讨人员救助所发生的费用支出，包括：开展巡回救助及引导、护送求助人员等主动救助所需支出，提供饮食、住宿、衣物、个人卫生、安全等基本生活救助支出，紧急救治、卫生防疫、医疗康复等医疗救治支出，文化教育、心理疏导、行为矫治等教育保护服务所需的师资、教具、器材、场地布置等支出，联系亲属、查找受助人员身份信息、协助或接送受助人员返乡所需的通讯、交通、差旅等支出，为暂时查找不到户籍、无家可归的受助人员提供养育照料、生活护理等临时安置和基本服务支出，以及强化流浪未成年人源头预防和治理开展的救助保护线索收集、监护情况调查评估、跟踪回访、监护教育指导、监护支持、监护资格转移诉讼等工作所需的开支。

（七）低保家庭先天性心脏病儿童和残疾孤儿"明天计划"医疗康复费，用于支付承担手术任务的定点医疗机构医疗康复等费用。

第十三条 各级财政部门要不断完善国库集中支付、涉农补贴"一本通"等财政资金管理系统，为业务主管部门安全快捷发放救助资金提供必要服务。

第十四条 救助资金原则上实行社会化发放。

（一）城乡最低生活保障、特困人员分散供养救助的基本生活标准部分、临时救助、散居孤儿基本生活保障、困境儿童救助、困难残疾人生活补贴和重度残疾人护理补贴等资金，按照国库集中支付制度有关规定，通过金融机构直接支付到救助对象账户。其中农村低保资金、农村五保分散供养资金要逐步纳入涉农补贴"一本通"系统发放。县级业务主管部门、财政部门应当为救助对象家庭或个人在代理金融机构办理接受补助资金账户，也可依托社会保障卡、涉农补贴"一本通"等渠道发放补助。特困人员分散供养救助的照料护理标准部分支付给提供照料护理服务的机构。

（二）城乡医疗救助资金纳入社会保障基金财政专户，实行分账核算管理。在社会保障基金财政专户中设立"城乡医疗救助基金专账"用于办理资金筹集、拨付、支付等业务。资助医疗救助对象参保资金，从社会保障基金财政专户"城乡医疗救助基金专账"直接核拨至"城乡居民基本医疗保险专账"；医疗救助对象个人自付医疗费用补助资金，实行"一站式"即时结算的，直接支付到定点医疗机构或定点零售药店，对需业务主管部门审批的事后医疗救助资金，原则上通过转账方式直接支付给救助对象，减少现金支出。

（三）自然灾害生活救助资金，采取现金救助形式的，要遵循财务管理规定，具备条件的逐步纳入涉农补贴"一本通"发放；采取实物救助形式的，要严格按照政府采购管理规定，及时采购救助物资并发放到受灾群众手中。

（四）流浪乞讨人员、集中供养的特困人员和孤儿救助资金，以及低保家庭儿童先天性心脏病和残疾儿童"明天计划"医疗康复费，为低保家庭残疾人安装基本型假肢矫形器具资金，通过国库集中支付方式，将资金支付到服务机构或定点医疗机构。

第十五条 救助资金实行预算绩效管理。业务主管部门按要求编制预算项目支出绩效目标，具体实施绩效评价工作，形成年度绩效评价报告，评价结果作为编制下一年度预算的重要依据。财政部门审核下达预算项目支出绩效目标，对绩效评价工作进行指导。

第十六条 业务主管部门要会同财政部门制定绩效考评办法，建立完善绩效评价指标体系，科学设置评价指标和分值，提高绩效评价的有效性、针对性和可操作性。业务主管部门要按照政府购买服务原则，根据工作情况，积极委托第三方机构对救助政策落实、资金使用、日常管理等实施独立评价。

第十七条 年度终了，救助资金如有结余，可结转下一年度继续使用。连续结转两年以上的救助资金，由上级或同级财政部门收回统筹调入预算稳定调节基金。

第三章 监 督 检 查

第十八条 按照政府信息公开规定和"谁主管、谁负责、谁公开"的原则，建立救助资金信息公开机制，自觉接受社会监督。

（一）业务主管部门负责公开除涉密信息外救助资金管理办法、绩效评价办法、分配因素、公式及结果、绩效评价结果、发放结果等，逐步扩大公开范围，细化公开内容。

（二）财政部门对业务主管部门资金信息公开进行督促指导，将救助资金使用情况纳入日常监督检查。

第十九条 各级财政部门要加强救助资金统筹整合，减少救助资金名目。要认真梳理各类资金安排的救助项目，将功能相同相似的救助资金合并，逐步整合零星救助资金，努力压减叠加救助资金，取消"小、散、乱"等效用不明显救助资金，努力提高救助资金使用效益。

第二十条 业务主管部门要按规定及时将救助对象名单、救助标准、资金发放等信息，以适当形式在一定范围内公示，接受群众监督。

第二十一条 业务主管部门应加强各项救助基础管理工作，规范申请、审核、审批程序，严格救助对象认定，加强基础数据的搜集和整理，保证基础数据和资料的准确性、真实性。

第二十二条 各级业务主管部门、财政部门要通过报刊、广播、电视、互联网等媒体，宣传社会福利救助法规、政策，提高政策知晓度。

第二十三条 各级财政、业务主管部门和经办机构应严格按规定使用救助资金，不得擅自扩大支出范围，不得以任何形式挤占、截留、滞留和挪用，不得将救助资金及结余用于或提取工作经费、大型设备购置和基础设施维修改造等支出，不得向救助对象收取任何管理费。对救助资金使用管理过程中出现的违法违纪违规行为，依照《中华人民共和国预算法》《财政违法行为处罚处分条例》等规定处理。

第二十四条 财政部驻山东省财政监察专员办事处在规定职责范围内，依法对最低生活保障、特困人员救助供养、临时救助等困难群众基本生活救助资金的使用情况进行监督检查。

各级财政、业务主管部门应定期或不定期地进行检查，及时发现和纠正有关问题，并自觉接受审计、监察部门和社会的监督。

第四章 附 则

第二十五条 市县财政、业务主管部门可根据本地实际情况，制定救助资金管理的具体办法。

第二十六条 自然灾害生活救助和城乡医疗救助资金具体使用管理办法另行制定。

第二十七条 本办法由省财政厅、业务主管部门负责解释。业务主管部门包括民政、宗教事务管理等部门。

第二十八条 本办法自 2017 年 1 月 1 日起施行，有效期至 2021 年 12 月 31 日。《山东省农村居民最低生活保障资金管理办法》（鲁财社〔2007〕18 号）、《山东省低保重度残疾人生活补贴资金管理办法》（鲁财社〔2010〕21 号）、《关于印发山东省流浪乞讨人员救助资金管理办法的通知》（鲁财社〔2012〕76 号）同时废止。

省财政厅 省人力资源和社会保障厅转发《财政部 人力资源社会保障部关于机关事业单位养老保险制度改革实施准备期预算管理和基本养老保险基金财务处理有关问题的通知》的通知

2016 年 12 月 20 日 鲁财社〔2016〕68 号

各市财政局、人力资源社会保障局：

现将《财政部、人力资源社会保障部关于机关事业单位养老保险制度改革实施准备期预算管理和基本养老保险基金财务处理有关问题的通知》（财社〔2016〕161 号）转发给你们，并提出以下要求，请一并遵照执行。

一、按规定开展清算工作。各级各部门要认真学习领会财社〔2016〕161 号文件精神，结合《关于机关事业单位基本养老保险基金财务管理有关问题的通知》（鲁财社〔2016〕49 号）等有关规定，坚持"明细算账、全额记账、差额结算"原则，加强沟通，密切配合，切实按照准备期具体处理办法组织开展清算工作。

二、非驻济省直机关事业单位，应按照省人力资源社会保障厅、省财政厅《关于印发山东省机关事业单位工作人员养老保险制度改革实施办法的通知》（鲁人社发〔2015〕46 号）确定的属地化管理原则及本通知要求，与所属地经办机构和省级财政分别进行清算。

三、养老金计发老办法增长率、个人账户记账利率、视同缴费指数等其他未尽事宜，将根据国家相关规定另行通知。

附件：财政部、人力资源社会保障部关于机关事业单位养老保险制度改革实施准备期预算管理和基本养老保险基金财务处理有关问题的通知（财社〔2016〕161 号）（略）

省财政厅　省人力资源和社会保障厅关于印发《山东省创业带动就业扶持资金管理暂行办法》的通知

2016 年 12 月 20 日　鲁财社〔2016〕69 号

各市财政局、人力资源社会保障局，省财政直接管理县（市）财政局、人力资源社会保障局，现代预算管理制度改革试点县（市、区）财政局、人力资源社会保障局：

根据《山东省人民政府办公厅关于促进创业带动就业的意见》（鲁政办发〔2013〕25 号）、《山东省人民政府关于进一步做好新形势下就业创业工作的意见》（鲁政发〔2015〕21 号）和《山东省就业补助资金管理暂行办法》等有关规定，我们制定了《山东省创业带动就业扶持资金管理暂行办法》，现印发给你们，请遵照执行。

附件：山东省创业带动就业扶持资金管理暂行办法

附件：

山东省创业带动就业扶持资金管理暂行办法

第一章　总　　则

第一条　为加强创业带动就业扶持资金管理，确保资金使用规范高效，根据《山东省人民政府办公厅关于促进创业带动就业的意见》（鲁政办发〔2013〕25 号）、《山东省人民政府关于进一步做好新形势下就业创业工作的意见》（鲁政发〔2015〕21 号）、《普惠金融发展专项资金管理办法》（财金〔2016〕85 号）和《山东省就业补助资金管理暂行办法》（鲁财社〔2016〕27 号）等有关规定，结合我省实际，制定本办法。

第二条　本办法所称创业带动就业扶持资金是指各级人民政府按照鲁政办发〔2013〕25 号文件有关规定，在留足本级支付失业保险待遇资金和应对失业风险资金基础上，从本级失业保险基金滚存结余中安排用于扶持创业带动就业的资金。

第三条 创业带动就业扶持资金的支付管理，按照《社会保险基金财务制度》《山东省就业补助资金管理暂行办法》有关规定执行。

第四条 创业带动就业扶持资金按照现行失业保险基金管理使用层次，分级负责，分级管理。

第五条 各级要统筹使用一般公共预算安排的就业补助资金和创业带动就业扶持资金，形成支持就业创业资金合力，提高资金使用效率。

第六条 创业带动就业扶持资金按照专款专用原则，严格按规定用途、范围和程序使用。资金申领程序要科学、严密，支付程序要阳光、透明、快捷。

第二章 资金筹集与使用

第七条 省政府每年从省级失业保险滚存结余基金中安排不少于10亿元，作为省级创业带动就业扶持资金。市级政府结合本地失业保险基金结余状况，每年可从失业保险基金结余中安排本级创业带动就业扶持资金。

第八条 创业带动就业扶持资金主要用于一次性创业补贴、一次性创业岗位开发补贴、一次性创业场所租赁补贴、创业（扶贫）担保贷款贴息及奖补、创业示范平台奖补（创业孵化补贴）、创业大学奖补、创业型城市和创业型街道（社区）奖补、职业培训补贴、创业师资培训、创业训练营补助、扶贫车间一次性奖补、创业典型人物奖励、扶持人力资源服务业发展以及省政府批准的其他支出。

第九条 一次性创业补贴和一次性创业岗位开发补贴。对首次领取小微企业营业执照、正常经营并在创办企业缴纳职工社会保险费满12个月的创业人员，给予一次性创业补贴，每户企业补贴标准不低于1.2万元。对吸纳登记失业人员和毕业年度高校毕业生（不含创业者本人，下同）并与其签订1年及以上期限劳动合同，按月向招用人员支付不低于当地最低工资标准的工资报酬，足额缴纳职工社会保险费满4个月以上的小微企业，按照申请补贴时创造就业岗位数量和每个岗位不低于2 000元的标准给予一次性创业岗位开发补贴。

小微企业认定标准按照工业和信息化部、国家统计局、国家发展和改革委、财政部《关于印发中小企业划型标准规定的通知》（工信部联企业〔2011〕300号）规定执行。

符合条件的小微企业在向注册地人力资源社会保障部门申请一次性创业补贴时，应提供以下材料：创业者身份证复印件或《就业创业证》复印件、营业执照原件及复印件、社会保险费征缴机构出具的创业者本人职工社会保险缴费明细账（单）、财务报表等。符合条件的小微企业在向注册地人力资源社会保障部门申请一次性创业岗位开发补贴时，应提供以下材料：营业执照原件及复印件、招用人员名单、《就业创业证》和劳动合同复印件、单位发放工资明细账、社会保险费征缴机构出具的职工社会保险缴费明细账（单）、财务报表等。一次性创业补贴和一次性创业岗位开发补贴经注册地人力资源社会保障部门审核同意后，按规定程序拨付到小微企业在银行开立的基本账户。

省级按照每户4 800元的标准，根据实际发放小微企业一次性创业补贴情况对各市（不含青岛市，下同）给予补助。各市人力资源社会保障和财政部门应于每年2月底前，联合对辖区内上年度一次性创业补贴发放情况进行汇总，形成申请报告，报省人力资源社会保障厅审核确认，省财政厅复核后对各市给予补助。

有条件的市可将一次性创业补贴政策放宽到符合条件的新注册个体工商户，每户补贴标准不低于2 000元。具体实施办法由各市自行制定。

第十条 一次性创业场所租赁补贴。有条件的市对租用经营场地创业且未享受场地租赁费减免的毕业年度高等院校、技师学院毕业生和就业困难人员，可给予一次性创业场所租赁补贴。具体补贴标准、申领审核程序等由各市确定，所需资金由各地从就业补助资金和创业带动就业扶持资金中统筹安排。

第十一条 创业（扶贫）担保贷款及贴息。符合条件的创业人员，可申请10万元以内（含10万元）创业担保贷款，期限最长不超过3年，利率可在贷款合同签订日贷款基础利率的基础上上浮不超过1个百分点，第一年给予全额贴息，第二年贴息 2/3，第三年贴息 1/3。符合条件的小微企业，可申请 300 万元以内（含 300 万元）创业担保贷款，期限最长不超过 2 年，按照贷款合同签订日贷款基础利率的 50% 给予贴息。

对金融机构向符合条件的自主创业农村贫困人口及吸纳农村贫困人口就业的生产经营主体（单位）发放的创业扶贫担保贷款，按照《山东省创业扶贫担保贷款资金管理办法》（鲁财金〔2016〕6 号）规定给予贴息和担保扶持。

对当年新发放的创业担保贷款（含中央及省市县政府出台的扶持创业担保贷款及创业扶贫担保贷款），按照贷款总额的 1% 给予奖励。

中央财政贴息不足部分、省级贴息部分（含担保费）及奖补资金省级承担部分，由省级创业带动就业扶持资金承担。中央及省市县财政分担比例、具体扶持内容及资金申请拨付办法，根据我省修订后的创业担保贷款资金管理有关规定执行。享受创业扶贫担保贷款的生产经营主体不再重复享受创业担保贷款。

第十二条　创业示范平台奖补（创业孵化补贴）。各地建设的创业孵化基地和创业园区，经评估认定为省级创业孵化示范基地、创业示范园区的，省级根据孵化基地和创业园区入驻企业个数、创业孵化成功率、存续期、促进就业人数、实现经济价值等，给予每处不超过 500 万元的一次性奖补，具体认定办法和资金拨付办法按照《关于印发山东省实施创业孵化基地和创业园区项目管理办法的通知》（鲁人社发〔2014〕15 号）规定办理。驻鲁高校利用自有场地设立的创业孵化基地和创业园区，经评估认定为省级大学生创业孵化示范基地、创业示范园区的，给予每处不超过 300 万元的一次性奖补，具体认定办法和资金拨付办法按照《关于印发〈山东省实施大学生创业孵化基地和大学生创业园项目管理办法〉的通知》（鲁人社发〔2011〕97 号）规定办理。

创业孵化基地和创业园区奖补资金主要用于为入驻企业提供就业创业服务、经营场地租金减免以及基地和园区管理运行经费，不得用于人员经费和基本建设支出。

各地可根据孵化基地和园区入驻企业个数、存活情况、房租减免情况、服务情况、带动就业情况等因素，对孵化基地和园区给予奖补。有条件的市可对经人力资源社会保障部门和财政部门认定的众创空间给予房租、宽带网络、公共软件等补贴，所需资金由市级创业带动就业扶持资金安排。

有条件的市对原安排的创业孵化基地补助资金，可按政府购买服务原则调整支出方向，对认定的孵化基地按规定为创业者提供创业孵化服务的（不含场租减免），按实际孵化成功（注册登记并搬离基地）户数给予创业孵化补贴，具体办法由各市制定。

第十三条　创业大学奖补。根据《关于在全省创建创业大学的指导意见》（鲁人社发〔2014〕45 号），省级对经评估认定为省级示范创业大学的，给予每处 300 万元的一次性奖补，所需资金从省级创业带动就业扶持资金中安排，具体认定办法和资金拨付办法按照《山东省省级示范创业大学评估认定暂行办法》（鲁人社办发〔2016〕63 号）规定执行。

各市可根据创业大学建设运营、培训实训、创业成效等因素，对评估认定为市级示范创业大学的给予一次性奖补，所需资金由市级创业带动就业扶持资金安排。

奖补资金主要用于创业大学开展培训实训、创业服务和创业大学管理运行经费，不得用于人员经费和基本建设支出。

第十四条　创业型城市、街道（社区）奖补。对评估认定的国家级创业型城市、省级创业型城市、省级创业型街道（乡、镇），分别给予一次性奖补 100 万元、50 万元、20 万元；对评估认定的省级"四型就业社区"，给予一次性奖补 5 万元，所需资金从省级创业带动就业扶持资金中安排。各市可参照省里做法，对评估认定的市级创业型县（市、区）、创业型街道（乡、镇）和"四型就业社区"给予一次性奖补，所需资金由市级创业带动就业扶持资金安排。

创业型城市、街道（社区）奖补资金用于落实各项创业扶持政策和开展创业工作，不得用于人员经费和基本建设支出。

第十五条　职业培训补贴。省级统筹就业补助资金和创业带动就业扶持资金，对省下达的职业培训计划，根据绩效考评结果给予补助。

省级职业培训补贴申请、审核和拨付程序，按照《山东省就业补助资金管理暂行办法》有关规定执行。

第十六条 创业师资培训补贴。对参加省人力资源社会保障厅组织的创业培训讲师培训、创业咨询师培训，培训合格并取得相应职业资格证书（或培训合格证书）的学员，给予每人 1 800 元创业师资培训补贴，所需资金从省级创业带动就业扶持资金中安排。承担培训任务的机构申请创业师资培训补贴时，应提供以下材料：培训人员报名申请表、培训人员花名册和身份证复印件、培训合格证书复印件等，经省人力资源社会保障厅审核后，按规定将补贴资金支付到承担培训任务机构在银行开立的基本账户。

市级人力资源社会保障部门组织的创业培训讲师培训、创业咨询师培训补贴标准参照省级补助标准执行，但不得与省级创业师资培训重复补助，所需资金由市级创业带动就业扶持资金安排。

第十七条 创业训练营补助。2016～2018 年，省人力资源社会保障厅每年选拔 500 名有持续发展和领军潜力的初创企业经营者，开展以一对一咨询、理论培训、观摩实训和对接服务为主要内容的创业训练营活动，省级创业带动就业扶持资金按照每人不超过 1.5 万元的标准给予补助。承担创业训练的机构申请创业训练营补助时，应提供培训人员报名申请表、培训人员花名册和身份证复印件、培训合格证书复印件等资料，经省人力资源社会保障厅审核后，按规定将补贴资金拨付到培训机构在银行开立的基本账户。

第十八条 扶贫车间一次性奖补。支持扶贫任务重的县（市、区）利用乡镇、村集体闲置土地、房屋创办厂房式"扶贫车间"，或设置分散加工的居家式"扶贫车间"。对与建档立卡农村贫困人口签订承揽合同，并在 12 个月内给付达到当年省定贫困线标准以上报酬的"扶贫车间"，可按每人 1 000 元的标准给予一次性奖补，所需资金由市级创业带动就业扶持资金安排。"扶贫车间"设立方向所在地人力资源社会保障部门申请奖补资金时，应提供建档立卡贫困人口花名册、承揽合同、报酬领取证明等材料，具体申领办法由各市制定。奖补资金主要用于"扶贫车间"设立和管理运行支出。

第十九条 创业典型人物奖励。对省级每年新评选的"山东省十大大学生创业之星""山东省十大返乡创业农民工"，分别给予 5 万元奖励，对"山东省创业大赛"前十名，根据获奖等次（特等奖、一等奖、二等奖、三等奖）由高到低分别给予 10 万、8 万、5 万、3 万元奖励，奖励资金由省级创业带动就业扶持资金列支。创业典型人物奖励资金经省人力资源社会保障厅审核后，按规定支付到获奖人员个人银行账户。

各市可参照省里的做法，根据实际情况制定市级创业典型人物奖励办法，所需资金从市级创业带动就业扶持资金中安排。

第二十条 人力资源服务业发展扶持资金。经省政府同意，每年从省级创业带动就业扶持资金中安排 2 000 万元，用于扶持全省人力资源服务业发展。扶持资金的使用按《关于印发〈山东省省级人力资源服务业发展资金管理办法〉的通知》（鲁财社〔2014〕21 号）执行。

第三章　管理与控制

第二十一条 加强信息审核。各级人力资源社会保障部门负责对上述各项补贴支出申请材料的全面性、真实性进行审核。申请人（单位）提交的各类补贴申请材料，由人力资源社会保障部门通过公共就业人才管理服务信息系统，扫描保存资料电子文档，全程进行信息化审核审批，建立和完善各项就业创业补贴资金信息数据库和发放台账。各级人力资源社会保障部门要通过本部门门户网站定期向社会公示各项补贴资金审核情况，公示内容包括享受各项补贴的单位名称或人员名单、补贴标准及具体金额等。

各市通过部门内部、系统内部或与其他部门信息共享可获取相关信息的，不得要求申请人重复提供证明材料，具体实施意见报省人力资源社会保障厅、省财政厅同意后实施。

第二十二条 加强预算管理。各级财政和人力资源社会保障部门要按照社会保险基金预算编制要求和程序编制创业带动就业扶持资金预算，经审核后列入年度失业保险基金预算并按规定程序报批。

第二十三条 加强预算执行管理。各级人力资源社会保障部门按照资金使用要求对有关支出项目进行审核后，会同级财政部门下达项目补助资金文件，从失业保险基金财政专户拨付失业保险基金支出户后，按规定支付给奖补资金申请人（单位）。省级创业带动就业扶持资金通过省级失业保险基金支出户转拨至各市失业保险基金收入户（项目单位）。各级财政、人力资源社会保障部门要加强创业带动就业扶持资金预算执行管理工作，建立完善预算执行责任制，及时审核拨付资金，提高预算执行的均衡性。

第二十四条 加强决算管理。各级人力资源社会保障部门在年度终了后，要认真做好创业带动就业扶持资金的清理和对账工作，按规定及时向同级财政部门报送创业带动就业扶持资金年度使用情况和说明，确保内容完整、数据真实。各级财政、人力资源社会保障部门要将审核汇总后的创业带动就业扶持资金支出列入失业保险基金决算"其他促进就业支出"，并在相应明细附表中填列，按规定报送上级财政、人力资源社会保障部门。

第四章 监督检查

第二十五条 创业带动就业扶持资金不得用于部门（单位）人员经费、公用经费、差旅费、会议费或变相用于房屋建筑购建、租赁、交通工具购置等支出。各级财政、人力资源社会保障部门要密切配合，定期或不定期检查创业带动就业扶持资金管理使用情况并及时进行通报，共同研究解决创业带动就业扶持资金使用过程中存在的问题，并自觉接受监察、审计部门和社会监督。

第二十六条 对违规使用创业带动就业扶持资金、存在以下行为的单位和个人，将按照《财政违法行为处罚处分条例》有关规定进行严肃处理；对构成犯罪的，依法追究其刑事责任。

（一）截留、挤占、挪用、贪污创业带动就业扶持资金的；

（二）擅自改变创业带动就业扶持资金用途的；

（三）擅自改变支出范围和标准的；

（四）虚报、冒领、骗取创业带动就业扶持资金的；

（五）其他违反国家有关法律、法规的。

第五章 附 则

第二十七条 各市可根据本办法，结合本地实际情况，制定具体实施细则，并报省财政厅、省人力资源社会保障厅备案。

第二十八条 本办法由省财政厅、省人力资源社会保障厅负责解释。

第二十九条 本办法自 2017 年 1 月 20 日起施行，有效期至 2018 年 12 月 31 日。省财政厅、省人力资源社会保障厅《关于印发山东省创业带动就业扶持资金管理办法的通知》（鲁财社〔2013〕75 号）同时废止。

2016年财政规章制度选编

2016 NIAN CAIZHENG GUIZHANG ZHIDU XUANBIAN

（下　册）

山东省财政厅法规处　编

中国财经出版传媒集团

经济科学出版社

Economic Science Press

目 录

一、综合管理类

二、税政管理类

三、预算管理类

四、国库管理类

五、政府采购监督管理类

六、行政政法财务类

七、教科文财务类

八、经济建设财务类

九、农业财务类

十、社会保障财务类

十一、企业财务类

十二、金融与国际合作管理类

十三、基层财务管理类

十四、会计管理类

十五、资产管理类

十六、农村综合改革管理类

十七、文化资产管理类

十八、预算绩效管理类

十九、政府购买服务管理类

二十、政府引导基金管理类

二十一、预算评审类

二十二、农业综合开发管理类

十一、

企业财务类

国务院关于促进外贸回稳向好的若干意见

2016 年 5 月 5 日　国发〔2016〕27 号

各省、自治区、直辖市人民政府，国务院各部委、各直属机构：

外贸是国民经济重要组成部分和重要推动力量。当前，外贸形势复杂严峻，不确定不稳定因素增多，下行压力不断加大。促进外贸回稳向好，对经济平稳运行和升级发展具有重要意义。为此，提出以下意见：

一、充分发挥出口信用保险作用

进一步降低短期出口信用保险费率。对大型成套设备出口融资应保尽保，在风险可控的前提下，抓紧评估和支持一批中长期险项目。

二、大力支持外贸企业融资

通过差别准备金、利率、再贷款、再贴现等政策，引导金融机构加大对小微企业的支持力度。鼓励和支持金融机构对有订单、有效益的外贸企业贷款。加强银贸合作，鼓励和支持金融机构进一步扩大出口信用保险保单融资和出口退税账户质押融资规模。

三、进一步提高贸易便利化水平

积极改善通关便利化的技术条件，提高机检比例，进一步降低海关出口平均查验率，加强分类指导，对信用好的出口企业降低查验率，对信用差的出口企业加大查验力度。2016 年年底前将国际贸易"单一窗口"建设从沿海地区推广到有条件的中西部地区，建立标准体系，落实主体责任。全面推进通关作业无纸化。

四、调整完善出口退税政策

优化出口退税率结构，对照相机、摄影机、内燃发动机等部分机电产品按征多少退多少的原则退税，确保及时足额退税，严厉打击骗取退税。完善出口退税分类管理办法，逐步提高出口退税一类企业比例，发挥好一类企业的示范带动作用。

五、减免规范部分涉企收费

落实收费目录清单制度和《港口收费计费办法》，加快推进市场化改革，着重打破垄断，加强和创新收费监管，建立打击违规收费机制。加大对电子政务平台收费查处力度，对海关、出入境检验检疫、税务、商务等部门电子政务平台开展全面检查。合理规范港口、保险、运输、银行等收费，支持实体经济发展。加快将货物港务费并入港口建设费。电器电子产品出口符合政策条件的，可按规定免征废弃电器电子产品处理基金。

六、进一步完善加工贸易政策

综合运用财政、土地、金融政策,支持加工贸易向中西部地区转移。中西部地区要加大加工贸易产业用地保障力度,优先纳入供地计划并优先供应,东部地区加工贸易梯度转移腾退用地经批准可转变为商业、旅游、养老等用途。加工贸易企业依法取得的工业用地可按合同约定分期缴纳土地出让价款,对各省(区、市)确定的优先发展产业且用地集约的工业项目可按不低于相关标准的 70% 确定土地出让底价。鼓励转移到中西部地区的加工贸易企业参与电力直接交易。抓紧做好阶段性降低社会保险费率政策落实工作。优化财政支出结构,支持中西部地区加工贸易发展。鼓励金融机构为加工贸易梯度转移项目提供金融支持。

在全国范围内取消加工贸易业务审批,建立健全事中事后监管机制。在符合条件的海关特殊监管区域积极探索货物状态分类监管试点,在税负公平、风险可控的前提下,赋予具备条件的企业增值税一般纳税人资格。在自贸试验区的海关特殊监管区域积极推进选择性征收关税政策先行先试,及时总结评估,在公平税负原则下适时研究扩大试点。

七、支持边境贸易发展

将边贸政策与扶贫政策、民族政策相结合。加大中央财政对边境地区转移支付力度,继续支持边境小额贸易企业发展能力建设,并督促地方规范资金使用,确保将资金落实到基层一线地区,大力促进边境小额贸易企业发展。

八、实行积极的进口政策

完善进口贴息政策,调整《鼓励进口技术和产品目录》,重点支持先进设备、先进技术进口,鼓励企业引进消化吸收再创新。完善现行汽车品牌销售管理办法,切实推进汽车平行进口。赋予符合条件的原油加工企业原油使用和进口资质。降低部分日用消费品关税,引导境外消费回流。

九、加大对外贸新业态的支持力度

开展并扩大跨境电子商务、市场采购贸易方式和外贸综合服务企业试点。支持企业建设一批出口产品"海外仓"和海外运营中心。总结中国(杭州)跨境电子商务综合试验区和市场采购贸易方式的经验,扩大试点范围,对试点地区符合监管条件的出口企业,如不能提供进项税发票,按规定实行增值税免征不退政策,并在发展中逐步规范和完善。加快建立与外贸综合服务企业发展相适应的管理模式,抓紧完善外贸综合服务企业退(免)税分类管理办法。

十、加快国际营销服务体系建设

支持企业建立国际营销网络体系,建设一批境外展示中心、分拨中心、批发市场和零售网点等。鼓励企业建立境外服务保障体系,支持重点企业建设汽车、机床、工程机械、通信、轨道交通、航空、船舶和海洋工程等境外售后维修服务中心及备件生产基地和培训中心。鼓励中国出口信用保险公司、进出口银行、开发银行对企业建设国际营销和售后服务网络提供信保和融资支持。鼓励各类金融机构与企业合作,在重点市场为国际营销服务体系建设提供融资和消费信贷支持。

十一、加快培育外贸自主品牌

鼓励外贸企业创立自主品牌，提升出口质量。建立品牌商品出口统计制度。提高非商业性境外办展质量，培育一批重点行业专业性境外品牌展。加强自主品牌对外宣传，利用高层访问、国际会议、广交会等多渠道加大中国品牌推介力度。利用外经贸发展等专项资金支持品牌、专利等方面境外并购和国际营销体系建设。在风险可控前提下对外贸企业收购境外品牌、营销体系等加大信贷支持。

十二、发挥双向投资对贸易的促进作用

提高国家级经济技术开发区和各类园区的发展水平，加大招商引资力度，稳定外商投资规模和速度，提高引进外资质量。积极引导外资投向新兴产业、高新技术、节能环保等领域。进一步改善投资环境，大力引进国际人才，推动中关村国家自主创新示范区有关人才政策尽快在全国复制推广。促进引资和引智相结合，培育新的外贸经营主体。推动对外投资合作和贸易相结合。大力推进"一带一路"建设和国际产能合作，带动我国产品、技术、标准、服务出口。加大磋商协调力度，推动解决企业"走出去"面临的签证申办难点和普遍性问题。

十三、加强外贸知识产权保护

持续开展外贸领域打击侵权假冒专项行动，依法打击有关违法行为。支持企业开展商标、专利注册保护，加强境外知识产权争端解决和维权援助机制建设。健全多双边知识产权交流和执法协作机制，切实支持进出口企业应对境外知识产权纠纷，有效遏止境外恶意注册、恶意诉讼等行为。加强指导和帮助，提高外贸企业防范和应对国际技术性贸易壁垒的能力和水平。加强外贸领域诚信体系建设，探索建立外贸企业信用评价体系。

十四、加强组织实施

各地区、各部门要进一步提高认识，更加重视外贸工作，加强协调，形成合力。要加大政策落实力度，早部署、早落实，加强督促检查。各地区要提高政策的精准度，借鉴有益经验做法，根据形势需要和本地区实际，出台有针对性的配套措施。各部门要明确责任分工，抓紧制定实施细则。要多措并举，促进外贸创新发展，千方百计稳增长，坚定不移调结构，努力实现外贸回稳向好。

财政部　工业和信息化部关于组织开展智能制造综合标准化与新模式应用工作的通知

2016 年 5 月 18 日　财建〔2016〕276 号

各省、自治区、直辖市、计划单列市财政厅（局）、工业和信息化主管部门，有关中央管理企业：

为深入实施《中国制造2025》，加快制造业智能化转型，培育制造业竞争新优势，财政部、工业和信息化部在2015年实施智能制造专项基础上，自2016年起进一步重点推进智能制造综合标准化与新模式应用工作。现将有关事项通知如下：

一、工作目标

充分发挥标准化在智能制造探索与实践中的基础性和先导性作用，进一步提高智能制造标准、核心软件和工业互联网创新应用能力，通过 3 ~ 5 年持续推进，建立健全国家智能制造标准体系，并在制造业重点领域推广应用；同时，通过支持产学研用联合体的组建，培育推广智能制造新模式，加快智能制造关键技术装备集成应用，促进智能工厂/车间实现运营成本降低 30%，产品研制周期缩短 30%，生产效率提高 20%，产品不良品率降低 30%，能源利用率提高 10%，推动生产方式向柔性、智能、精细化转变，加快构建我国制造业竞争新优势。

二、重点任务

（一）智能制造综合标准化。"智能制造，标准先行"，根据《国家智能制造标准体系建设指南》，支持企业和标准化组织搭建智能制造标准试验验证平台，优先开展智能制造基础共性标准与关键技术标准试验验证，及时启动重点领域行业应用标准试验验证与制定，建立健全政府引导与市场自主制定的协同发展、协调配套、动态完善的智能制造标准体系。

（二）智能制造新模式应用。充分发挥企业推动产业发展的主体作用，支持引导企业按照市场机制组建产学研用一体化的联合体。针对实施智能制造所需关键装备受制于人等问题，聚焦感知、控制、决策、执行等智能制造关键环节，联合体以智能制造标准、核心软件和工业互联网基础与信息安全系统为支撑，大力推进高档数控机床与工业机器人、增材制造装备、传感与控制装备、检测与装配装备、物流与仓储装备 5 大类智能制造关键技术装备的集成应用，系统开展离散型制造、流程型制造、网络协同制造、大规模个性化定制及远程运维服务等智能制造新模式全面推广。

三、工作机制

（一）以试验验证为核心推进智能制造综合标准化。引导企业和标准化组织联合成立标准团队，承担智能制造综合标准化项目任务。承担任务的标准团队须加强基础共性与行业应用标准的上下统一和协同配合，通过搭建智能制造试验验证平台，对所制定的标准进行全流程试验验证，并在制造业重点领域应用推广。

（二）以企业联合体的方式推进智能制造新模式应用。要求用户、系统集成商、软件开发商、核心智能制造装备供应商等单位，以需求为牵引、问题为导向，以技术和资本等为纽带，组建产学研用一体化联合体，推进智能制造新模式应用。鼓励联合体发展成为具有长远商业效益、服务带动制造业智能转型的专业化队伍，逐步形成全社会推进智能制造发展的长效机制。

（三）建立激励约束机制。对于承担智能制造综合标准化和新模式应用项目的标准团队或联合体，结合年度预算安排、项目总投资等确定补助标准。中央财政通过工业转型升级（中国制造 2025）专项等资金予以支持，在项目批复当年下达启动资金，项目通过考核验收后下达后续资金。对于未通过考核验收或工业和信息化部、财政部评估检查的项目，中央财政不再下达后续资金，并收回启动资金。对于检查发现项目承担单位擅自调整实施内容或项目发生重大安全事故、环境污染等问题的，将根据国家法律法规有关规定进行处罚，并进行业内通报，5 年内不得再申报工业和信息化部、财政部联合开展的智能制造项目。

四、工作要求

（一）工作程序。工业和信息化部、财政部发布智能制造综合标准化与新模式应用工作年度通知，逐年明确支持重点、项目申报、资金拨付等具体事项。地方工业和信息化主管部门、财政厅（局）按照年度通知要求，组织辖区内企业（含中央企业）申报工作，向工业和信息化部、财政部推荐项目。工业和信息化部、财政部委托第三方机构组织专家，按照竞争择优方式确定智能制造综合标准化项目和新模式应用项目，经公示后，中央财政下达启动资金。项目通过考核验收后，中央财政下达后续补助资金，未通过考核验收的不再下达并收回启动资金。

（二）组织保障。工业和信息化部、财政部结合智能制造综合标准化与新模式应用实施情况，不断完善工作机制，指导督促地方加快推进智能制造重点工作。地方工业和信息化主管部门、财政厅（局）要加强组织协调，按照职责分工对项目执行、补助资金使用等进行监督，每年 12 月 25 日前向工业和信息化部、财政部报送项目实施情况；组织做好项目考核验收，并及时向财政部、工业和信息化部提出后续补助资金申请。

（三）项目推进。承担项目任务的标准团队或联合体，须按照有关年度申报通知要求出具任务书，承诺如未如期完成项目考核验收，退回中央财政启动资金。标准团队或联合体内部须建立技术、行政两条指挥线，项目牵头企业的行政负责人对项目实施负总责。项目推进过程中，按时向地方工业和信息化主管部门、财政厅（局）报送项目实施进展；项目完工后，及时向所在地工业和信息化主管部门、财政厅（局）提出考核验收和后续补助资金申请。

联系电话：

财政部经济建设司　010 – 68552879

工业和信息化部装备司　010 – 68205624

财政部　国家安全监管总局关于印发《安全生产预防及应急专项资金管理办法》的通知

2016 年 5 月 26 日　财建〔2016〕280 号

各省、自治区、直辖市、计划单列市财政厅（局）、安全生产监督管理局、煤矿安全监察局，新疆生产建设兵团财务局、安全生产监督管理局：

为贯彻落实党中央、国务院关于安全生产工作的决策部署，加快建立全国性的隐患排查治理体系和安全预防控制体系，提高财政资金使用效益，根据《中华人民共和国预算法》等有关规定，我们制定了《安全生产预防及应急专项资金管理办法》。现予以印发，请遵照执行。

附件：安全生产预防及应急专项资金管理办法

附件：

安全生产预防及应急专项资金管理办法

第一条　为规范安全生产预防及应急专项资金管理，提高财政资金使用效益，根据《中华人民共和国预算法》等有关规定，制定本办法。

第二条　本办法所称安全生产预防及应急专项资金（以下简称专项资金）是指中央财政通过一般公共预算和国有资本经营预算安排，专门用于支持全国性的安全生产预防工作和国家级安全生产应急能力建设等方面的资金。

第三条 专项资金旨在引导加大安全生产预防和应急投入，加快排除安全隐患，解决历史遗留问题，强化安全生产基础能力建设，形成安全生产保障长效机制，促使安全生产形势稳定向好。

第四条 专项资金暂定三年，财政部会同国家安全生产监督管理总局及时组织政策评估，适时调整完善或取消专项资金政策。

第五条 专项资金实行专款专用，专项管理。其他中央财政资金已安排事项，专项资金不再重复安排。

第六条 专项资金由财政部门会同安全监管部门负责管理。财政部门负责专项资金的预算管理和资金拨付，会同安全监管部门对专项资金的使用情况和实施效果等加强绩效管理。

第七条 专项资金支持范围包括：

（一）全国性的安全生产预防工作。加快推进油气管道、危险化学品、矿山等重点领域重大隐患整治等。

（二）全国安全生产"一张图"建设。建设包括在线监测、预警、调度和监管执法等在内的国家安全生产风险预警与防控体系，在全国实现互联互通、信息共享。

（三）国家级应急救援队伍（基地）建设及运行维护等。包括跨区域应急救援基地建设、应急演练能力建设、安全素质提升工程及已建成基地和设施运行维护等。

（四）其他促进安全生产工作的有关事项。

财政部会同国家安全生产监督管理总局根据党中央、国务院有关安全生产工作的决策部署，适时调整专项资金支持的方向和重点领域。

第八条 国家安全生产监督管理总局确定总体方案和目标任务，地方安全监管部门及煤矿安全监察机构根据目标任务会同同级财政部门、中央企业（如涉及）在规定时间内编制完成实施方案和绩效目标，报送国家安全生产监督管理总局、财政部。具体事宜由国家安全生产监督管理总局印发工作通知明确。

第九条 国家安全生产监督管理总局在确定总体方案和目标任务的基础上提出专项资金分配建议，财政部综合考虑资金需求和年度预算规模等下达专项资金。

国家级应急救援队伍（基地）建设及运行维护等支出，主要通过中央国有资本经营预算支持，并应当符合国有资本经营预算管理相关规定；其他事项通过一般公共预算补助地方。

第十条 通过一般公共预算补助地方的专项资金应根据以下方式进行测算：

$$\text{某地区分配数额} = \sum \left[\text{某项任务本年度专项资金补助规模} \times \text{补助比例} \times \left(\frac{\text{本年度该地区该项任务量}}{\text{本年度相同补助比例地区该项任务总量}}\right)\right]$$

某项任务年度专项资金补助规模由国家安全生产监督管理总局根据轻重缓急、前期工作基础、工作进展总体情况等提出建议，适时调整。鼓励对具备实施条件、进展较快的事项集中支持，加快收尾。

补助比例主要考虑区域和行业差异等因素，一般分为四档：第一档比例为 10% ～ 15%，第二档为 15% ～ 25%，第三档为 25% ～ 30%，第四档为 30% ～ 40%，四档比例之和为 100%。

第十一条 地方财政部门收到补助地方的专项资金后，应会同同级安全监管部门及时按要求将专项资金安排到具体项目，并按照政府机构、事业单位和企业等分类明确专项资金补助对象。

采用事后补助方式安排的专项资金应当用于同类任务支出。

第十二条 专项资金支付按照财政国库管理制度有关规定执行。

第十三条 各级财政部门应会同同级安全监管部门加强绩效监控、绩效评价和资金监管，强化绩效评价结果应用，对发现的问题及时督促整改，对违反规定，截留、挤占、挪用专项资金的行为，依照《预算法》、《财政违法行为处罚处分条例》规定处理。

第十四条 地方财政部门应会同同级安全监管部门制定专项资金管理实施细则，并及时将专项资金分配结果向社会公开。

第十五条 财政部驻各地财政监察专员办事处按照财政部要求开展预算监管工作。

第十六条 本办法由财政部会同国家安全生产监督管理总局负责解释。

第十七条 本办法自颁布之日起施行。

财政部关于印发《中央财政服务业发展专项资金管理办法》补充规定的通知

2016 年 11 月 30 日   财建〔2016〕833 号

各省、自治区、直辖市、计划单列市财政厅（局）：

为加强和改进中央服务业发展专项资金管理，强化责任追究，现就《中央财政服务业发展专项资金管理办法》（财建〔2015〕256 号）补充规定通知如下：

一、财政部会同相关部门加强对服务业发展专项资金的预算监管和监督检查，发现问题及时督促整改。

二、各级财政、商务、工商、科技、工信、供销合作、知识产权等相关部门及其工作人员在服务业发展专项资金项目审核、资金分配等工作中，存在违规分配资金以及其他滥用职权、玩忽职守、徇私舞弊等违法违纪行为的，按照《预算法》、《公务员法》、《行政监察法》、《财政违法行为处罚处分条例》等国家有关规定追究相应责任；涉嫌犯罪的，移送司法机关处理。

三、本规定自 2017 年 1 月 1 日起施行。

财政部关于印发《中小企业发展专项资金管理办法》的通知

2016 年 12 月 30 日   财建〔2016〕841 号

各省、自治区、直辖市、计划单列市财政厅（局），新疆生产建设兵团财务局：

为促进中小企业特别是小型微型企业健康发展，规范和加强中小企业发展专项资金的管理和使用，根据《中华人民共和国预算法》等有关规定，财政部对《中小企业发展专项资金管理暂行办法》（财建〔2015〕458 号）进行了修订。现将修订后的《中小企业发展专项资金管理办法》印发给你们，请遵照执行。

附件：中小企业发展专项资金管理办法（略）

财政部　安全监管总局关于修订印发《安全生产预防及应急专项资金管理办法》的通知

2016 年 12 月 12 日   财建〔2016〕842 号

各省、自治区、直辖市、计划单列市财政厅（局）、安全生产监督管理局、煤矿安全监察局，新疆生产建设兵团财务局、安全生产监督管理局：

为贯彻落实党中央、国务院关于安全生产工作的决策部署，加快建立全国性的隐患排查治理体系和安全预防控制体系，提高财政资金使用效益，根据《中华人民共和国预算法》等有关规定，财政部对《安全生产预防及应急专项资金管理办法》（财建〔2016〕280 号）进行了修订。现将修订后的《安全生产预防及应急专项资金管理办法》印发给你们，请遵照执行。

附件：安全生产预防及应急专项资金管理办法

附件：

安全生产预防及应急专项资金管理办法

第一条 为规范安全生产预防及应急专项资金管理，提高财政资金使用效益，根据《中华人民共和国预算法》等有关规定，制定本办法。

第二条 本办法所称安全生产预防及应急专项资金（以下简称专项资金）是指中央财政通过一般公共预算和国有资本经营预算安排，专门用于支持全国性的安全生产预防工作和国家级安全生产应急能力建设等方面的资金。

第三条 专项资金旨在引导加大安全生产预防和应急投入，加快排除安全隐患，解决历史遗留问题，强化安全生产基础能力建设，形成安全生产保障长效机制，促使安全生产形势稳定向好。

第四条 专项资金暂定三年，财政部会同国家安全生产监督管理总局及时组织政策评估，适时调整完善或取消专项资金政策。

第五条 专项资金实行专款专用，专项管理。其他中央财政资金已安排事项，专项资金不再重复安排。

第六条 专项资金由财政部门会同安全监管部门负责管理。财政部门负责专项资金的预算管理和资金拨付，会同安全监管部门对专项资金的使用情况和实施效果等加强绩效管理。

第七条 专项资金支持范围包括：

（一）全国性的安全生产预防工作。加快推进油气管道、危险化学品、矿山等重点领域重大隐患整治等。

（二）全国安全生产"一张图"建设。建设包括在线监测、预警、调度和监管执法等在内的国家安全生产风险预警与防控体系，在全国实现互联互通、信息共享。

（三）国家级应急救援队伍（基地）建设及运行维护等。包括跨区域应急救援基地建设、应急演练能力建设、安全素质提升工程及已建成基地和设施运行维护等。

（四）其他促进安全生产工作的有关事项。

财政部会同国家安全生产监督管理总局根据党中央、国务院有关安全生产工作的决策部署，适时调整专项资金支持的方向和重点领域。

第八条 国家安全生产监督管理总局确定总体方案和目标任务，地方安全监管部门及煤矿安全监察机构根据目标任务会同同级财政部门、中央企业（如涉及）在规定时间内编制完成实施方案和绩效目标，报送国家安全生产监督管理总局、财政部。具体事宜由国家安全生产监督管理总局印发工作通知明确。

第九条 国家安全生产监督管理总局在确定总体方案和目标任务的基础上提出专项资金分配建议，财政部综合考虑资金需求和年度预算规模等下达专项资金。

国家级应急救援队伍（基地）建设及运行维护等支出，主要通过中央国有资本经营预算支持，并应当符合国有资本经营预算管理相关规定；其他事项通过一般公共预算补助地方。

第十条 通过一般公共预算补助地方的专项资金应根据以下方式进行测算：

$$某地区分配数额 = \sum \left[某项任务本年度专项资金补助规模 \times 补助比例 \times (本年度该地区该项任务量 / 本年度相同补助比例地区该项任务总量) \right]$$

某项任务年度专项资金补助规模由国家安全生产监督管理总局根据轻重缓急、前期工作基础、工作进展总体情况等提出建议，适时调整。鼓励对具备实施条件、进展较快的事项集中支持，加快收尾。

补助比例主要考虑区域和行业差异等因素，一般分为四档：第一档比例为 10% ~ 15%，第二档为 15% ~ 25%，第三档为 25% ~ 30%，第四档为 30% ~ 40%，四档比例之和为 100%。

第十一条 地方财政部门收到补助地方的专项资金后，应会同同级安全监管部门及时按要求将专项资金安排到具体项目，并按照政府机构、事业单位和企业等分类明确专项资金补助对象。具体项目由地方相关部门会同同级财政部门按照职责分工组织实施，并予以监督。

采用事后补助方式安排的专项资金应当用于同类任务支出。

第十二条 专项资金支付按照财政国库管理制度有关规定执行。

第十三条 各级财政部门应会同同级安全监管部门加强绩效监控和绩效评价，强化绩效评价结果应用。

第十四条 财政部会同国家安全生产监督管理总局加强预算监管和监督检查，发现问题及时督促整改。各级财政、安全监管部门及其工作人员在专项资金分配、项目资金审核等工作中，存在违反规定分配或使用专项资金以及其他滥用职权、玩忽职守、徇私舞弊等违法违纪行为的，按照《预算法》、《公务员法》、《行政监察法》、《财政违法行为处罚处分条例》等国家有关规定追究相应责任；涉嫌犯罪的，移送司法机关处理。

第十五条 地方财政部门应会同同级安全监管部门制定专项资金管理实施细则，并及时将专项资金分配结果向社会公开。

第十六条 本办法由财政部会同国家安全生产监督管理总局负责解释。

第十七条 本办法自颁布之日起施行。财政部、国家安全监管总局《关于印发〈安全生产预防及应急专项资金管理办法〉的通知》（财建〔2016〕280 号）同时废止。

财政部 工业和信息化部关于印发《工业转型升级（中国制造 2025）资金管理办法》的通知

2016 年 12 月 1 日 财建〔2016〕844 号

各省、自治区、直辖市、计划单列市财政厅（局）、工业和信息化主管部门，新疆生产建设兵团财务局、工业和信息化主管部门：

为贯彻落实《中国制造 2025》国家战略和国务院关于工业稳增长的有关要求，中央财政整合设立工业转型升级（中国制造 2025）资金。为进一步规范该资金的管理和使用，提高资金使用效益，财政部、工业和信息化部对《工业转型升级（中国制造 2025）资金管理办法》（财建〔2016〕320 号）进行了修订，现予印发，请遵照执行。

附件：工业转型升级（中国制造 2025）资金管理办法

附件：

工业转型升级（中国制造 2025）资金管理办法

第一章 总 则

第一条 为规范工业转型升级（中国制造 2025）项目管理，提高资金使用效益，根据《预算法》等国家有关法律法规和《国务院关于印发〈中国制造2025〉的通知》（国发〔2015〕28号）、《财政部关于印发〈中央对地方专项转移支付管理办法〉的通知》（财预〔2015〕230号）等文件要求，制定本办法。

　　第二条　本办法所称工业转型升级（中国制造2025）资金（以下简称转型升级资金）是指中央财政安排的，贯彻落实《中国制造2025》确定的制造业创新中心建设工程、智能制造工程、工业强基工程、绿色制造工程、高端装备创新工程等五大工程，提高国家制造创新能力等九大任务，支持工业和信息化领域转变发展方式、促进结构优化提升的资金。

　　第三条　转型升级资金安排的项目由工业和信息化部会同财政部按照部门职责分工组织实施，并予监督。

第二章　资金支持范围及使用

　　第四条　财政部将转型升级资金列入专项转移支付或纳入工业和信息化部部门预算，资金安排时原则上统一管理。

　　第五条　为推进制造业整体水平提升，转型升级资金重点支持《中国制造2025》确定的智能制造、工业强基、绿色制造等战略任务和重点领域，以及首台（套）重大技术装备保险等工业和信息化领域急需开展的重点工作。其中，纳入工业和信息化部部门预算资金兼顾支持工业和信息化部研究确定的其他重点工作。

　　第六条　转型升级资金采用无偿资助（含后补助）、贷款贴息、保险补偿、信用担保、股权投资等支持方式。在转型升级资金安排的重点方向中，原则上采用统一的资金支持方式。资金支付按照国库集中支付制度的有关规定执行。涉及政府采购的，应按照政府采购有关法律制度规定执行。

第三章　资金申报及管理

　　第七条　根据转型升级资金支持方式和实际工作需要，工业和信息化部会同财政部建立项目库、定期评价和退出机制。

　　第八条　两部门根据《中国制造2025》以及工业转型升级等相关规划，发布年度工作指南统一组织实施，工作指南原则上应于每年4月30日前完成，明确当年工业转型升级的重点领域、项目及资金申报、审核、分配、下达等相关工作要求。

　　第九条　工业和信息化部会同财政部按照"公平公正、公开透明"原则，采用招标或委托第三方机构评审的方式遴选项目，并根据招标结果和评审意见，统筹形成资金安排方案，及时下达资金。

　　第十条　财政部、工业和信息化部应当按照《预算法》、《政府信息公开条例》等有关规定，向社会公开工作指南、项目评审标准、程序和结果、资金安排方案，接受业内监督和社会监督。

　　第十一条　项目实施过程中，因实施环境和条件发生重大变化，需要调整资金预算且财政补助资金超过30%的，应按规定程序报工业和信息化部、财政部批准后执行。

　　第十二条　实行后补助资金支持方式实施的项目，待工业和信息化部对项目组织验收后，财政部会同工业和信息化部根据验收情况安排后补助资金。

　　第十三条　财政部、工业和信息化部对转型升级资金组织开展绩效评价工作，加强绩效评价结果的应用。在预算执行过程中，财政部、工业和信息化部视情况对重点方向开展阶段性绩效评价工作，依据评价结果，调整当年或下一年度资金预算。

第四章　监督检查及问责

　　第十四条　财政部、工业和信息化部按职责对转型升级资金的使用情况和项目的执行情况实施监管，可组织专家或委托具有能力的第三方机构进行项目监督检查，也可视情况委托相关单位组织监督检查。监督检查的重点内容为：专项资金是否落实到位，是否使用合规；项目进度是否符合要求；项目单位是否按照实施方案开展工作。

第十五条　地方各级财政部门、工业和信息化主管部门以及中央管理企业应加强对转型升级资金申请、审核、拨付的组织、协调和管理工作，做好配合项目检查、验收及绩效评价等工作。对在组织项目申报、资金下达、验收考核等工作中，存在违反规定分配或使用专项资金以及滥用职权、玩忽职守、徇私舞弊等违法违纪行为的，按照《预算法》、《公务员法》、《行政监察法》、《保守国家秘密法》、《财政违法行为处罚处分条例》等国家有关规定追究相应责任；涉嫌犯罪的，移送司法机关处理。

第十六条　凡有下列行为之一的，财政部、工业和信息化部将依照《财政违法行为处罚处分条例》采取通报批评、追回资金等方式进行处理。对被骗取的转型升级资金，地方政府有关部门自行查出的，由同级政府财政部门收回并按规定及时上缴，中央有关部门组织查出的，由省级政府财政部门负责追回并按规定及时上缴，同时由工业和信息化部责令项目管理单位进行整改，骗取资金的项目单位三年内不得申报转型升级资金。

（一）编报虚假预算，套取转型升级资金；

（二）挤占、截留、挪用转型升级资金的；

（三）未按照转型升级资金支出范围使用的；

（四）因管理不善，造成国家资产损失和浪费的；

（五）其他违反国家财经纪律等行为。

第十七条　财政部、工业和信息化部涉及转型升级资金管理事项的工作人员，如存在以权谋私、滥用职权、玩忽职守、徇私舞弊等违法违纪行为的，按照《预算法》、《公务员法》、《行政监察法》、《保守国家秘密法》、《财政违法行为处罚处分条例》等国家有关规定追究相应责任；涉嫌犯罪的，移送司法机关处理。

第五章　附　　则

第十八条　本办法由财政部、工业和信息化部负责解释。

第十九条　本办法自印发之日起施行。《财政部　工业和信息化部关于印发〈工业转型升级（中国制造2025）资金管理办法〉的通知》（财建〔2016〕320号）同时废止。

山东省人民政府关于减轻企业税费
负担降低财务支出成本的意见

2016年4月13日　鲁政发〔2016〕10号

各市人民政府，各县（市、区）人民政府，省政府各部门、各直属机构，各大企业，各高等院校：

为深入贯彻中央和全省经济工作会议精神，加快推进供给侧结构性改革，进一步减轻企业税费负担，降低财务支出成本，促进实体经济发展，现提出以下意见：

一、降低企业税费负担

1. 全面实施营改增试点。根据国家统一部署，从5月1日起，将营改增试点范围扩大到建筑业、房地产业、金融业和生活服务业，并将企业新增不动产纳入增值税抵扣范围，全面推开营改增试点。新增试点行业的原营业税优惠政策原则上予以延续，对老合同、老项目以及特定行业采取过渡性措施，确保所有行业税负只减不增。

2. 全面落实小微企业税收优惠政策。2017 年 12 月 31 日前，对月销售额或营业额不超过 3 万元（含 3 万元）的小微企业，免征增值税和营业税；对年应纳税所得额在 30 万元以下（含 30 万元）的小型微利企业，其所得减按 50% 计入应纳税所得，并按 20% 的税率缴纳企业所得税。

3. 适当降低纳税人城镇土地使用税负担。2016～2018 年，各市政府可根据本地实际情况，在现行税额幅度内，提出降低城镇土地使用税适用税额标准的意见，报省政府批准后执行。对物流企业自有（包括自用和出租）的大宗商品仓储设施用地，2016 年 12 月 31 日前，减按所属土地等级适用税额标准的 50% 计征城镇土地使用税。

4. 加快出口退税进度。进一步简化审批流程，加强税务与海关信息互联共享，切实提高出口退税效率。支持金融机构开展出口退税账户托管贷款业务，2017 年 12 月 31 日前，对企业发生的出口退税账户托管贷款给予财政贴息。

5. 扩大收费基金优惠政策免征范围。按照国家统一部署，对国内植物检疫费等 18 项涉企行政事业性收费的免征范围，由小微企业扩大到所有企业。2017 年 12 月 31 日前，对符合条件的小微企业，免征教育费附加、地方教育附加、水利建设基金、文化事业建设费和残疾人就业保障金。

6. 停征、降低和整合部分政府性基金。从 2016 年 2 月 1 日起，将育林基金征收标准降为零，停征价格调节基金，将散装水泥专项资金并入新型墙体材料专项基金。从 2016 年 5 月 1 日起，对新型墙体材料专项基金按规定标准的 80% 征收。

7. 降低企业通关成本。深化区域通关一体化改革，加快推进山东电子口岸建设，实行国际贸易"单一窗口"受理，提高口岸通关效率。对进出口环节海关查验没有问题的外贸企业，免除吊装移位仓储费用，由财政负担。

二、降低企业社会保障性支出

8. 降低养老保险单位缴费费率。企业职工基本养老保险单位缴费比例高于 18% 的市，应逐步降至 18%。因单位缴费比例调整形成的基金收支缺口，通过企业职工基本养老保险省级调剂金给予适当补助。

9. 降低职工基本医疗保险费率。统筹基金累计结存规模超过 12 个月的地区，2016 年适当降低职工基本医疗保险单位缴费比例，具体由各统筹地区自行确定。按照国家统一部署，推进生育保险和基本医疗保险合并实施，并根据合并后基金运行情况，适时调整费率。

10. 适当调整企业住房保障政策。根据国家统一部署，结合我省实际，阶段性降低企业住房公积金缴存比例。凡是超出国家规定缴存比例的，必须按规定降下来。对缴存住房公积金确有困难的企业，可在一定幅度内适当降低缴存比例或者缓缴。经济效益下降、支付能力不足、现仍发放住房补贴的企业，应下调住房补贴发放比例。具体办法由省有关部门另行制定。

11. 减轻建筑行业用工缴费负担。2016～2018 年，将建筑企业养老保障金提取比例由 2.6% 下调为 1.3%。对大型或跨年度的工程，一次性缴纳建筑企业养老保障金确有困难的，可分期缴纳。对上一年从未拖欠工程款的建设单位、从未拖欠农民工工资的施工单位、建筑市场信用考核优秀的企业，可免予缴存建筑劳务工资保证金。

12. 建立家政服务从业人员意外伤害保险财政补助制度。从 2016 年起，建立家政服务从业人员意外伤害保险财政补助制度，对家政服务机构按照每人每年 120 元标准，为家政服务从业人员购买的意外伤害保险，注册地财政部门按每人每年不高于 60 元的标准给予补贴，所需资金从各地就业补助资金中列支。

三、降低企业创业创新成本

13. 扩大"创新券"覆盖范围。2016～2018 年，依托"山东省大型科学仪器设备协作共用网"，将

"创新券"政策范围由小微企业扩大到中小微企业，对企业使用高校、科研院所及其他企事业单位科学仪器设备进行检测、试验、分析等活动发生的费用，省级按照西部经济隆起带60%、其他地区40%的比例给予补助，每年最高补助50万元；对提供服务量大、用户评价高、综合效益突出的供给方会员，给予服务总额10%～30%的后补助，每年最高补助200万元。

14. 降低企业研发设计成本。全面落实研发费用加计扣除政策。支持工业设计，在工业行业领域，以政府购买服务方式向"工业云平台"购买基础软件服务，免费向线上企业提供一年期的研发设计、数据管理、协同营销、工程服务、现状诊断、生产保障等信息化集成服务。

15. 降低企业技术设备引进成本。对企业以一般贸易方式进口列入国家和我省《鼓励进口技术和产品目录》范围内的先进技术、设备等，给予进口贴息扶持。其中，对列入省级《鼓励进口技术和产品目录》的，提高省级贴息补助标准，鼓励企业引进适合我省产业转型升级的关键技术和设备。

16. 扩大首台（套）等科技保险财政补偿政策实施范围。对企业购买的重大技术装备和关键核心零部件产品质量保证保险、产品责任保险、综合险，省财政继续按不高于3%的费率上限及实际投保年度保费的80%给予补贴，适当提高单户企业最高财政补贴数额。将高新技术企业购买的产品研发责任保险、关键研发设备保险等纳入保险补偿产品范围，进一步促进装备制造业技术创新和成果转化。

17. 加大对企业知识产权保护财政奖补力度。强化知识产权保护，对企业首次发明专利授权给予申请费、代理费全额补贴；对年授权发明专利达到10件以上的企业给予奖励；对维持5年以上及具有较好市场价值的有效发明专利和获得国外授权的发明专利给予资助；对高校、科研院所与企业通过委托开发、联合研发等形式开展合作并获得知识产权的给予资助。

18. 降低小微企业创业成本。加快小微企业创业创新示范基地建设，"十三五"期间每年遴选不少于10个示范基地，每个示范基地给予不低于800万元的财政补助，集聚各类要素资源，打造支持小微企业发展的集成化创业平台，不断完善公共服务体系。

19. 降低企业职业培训成本。自2016年起，提高"金蓝领"培训省级补助标准，大力实施新型学徒制试点，支持企业加大高技能人才培训力度。继续实施企业家免费培训计划，自2016年起，每年选派100名以上企业家到境外知名高校、培训机构实习研修，联合国内著名高校、知名专家等，举办转型升级能力培训班和专业管理能力短训班，进一步提高企业家管理水平。

四、降低企业融资成本

20. 建立创新融资风险补偿机制。设立省级知识产权质押融资风险补偿基金，对合作银行贷款期限不超过2年且余额不超过500万元的中小微企业知识产权质押贷款形成的呆账，按照实际贷款本金损失的40%给予补偿。建立科技成果转化贷款风险补偿机制，按照一定比例给予合作银行风险补偿，引导合作银行增加科技成果转化项目信贷投放。

21. 健全小微企业贷款风险分担和损失补偿机制。完善小微企业贷款风险补偿和信用担保代偿补偿政策，对合作银行小微企业贷款损失给予30%补偿；对融资担保机构小微企业担保贷款代偿损失，由担保机构、省再担保集团、合作银行和代偿补偿资金，按40∶25∶20∶15比例共同承担。对小微企业、农业种养殖大户和农村各类生产经营性合作组织以及城乡创业者向保险公司申请的小额贷款保证保险保费，按照保费总额30%的标准给予补贴。

22. 培植壮大融资担保机构。省财政多渠道筹集资金，吸引社会资本共同发起设立总规模40亿元的省级融资性担保机构股权投资基金，以股权形式出资参股融资性担保公司，提高担保机构抗风险能力。支持省级农业信贷担保机构做大做强，形成全省政策性农业信贷担保体系，为农业龙头企业产业化经营、新型农业经营主体粮食生产等提供信贷担保服务。

23. 降低外贸企业收汇融资风险。2016年，进一步扩大短期出口信用保险规模，对企业出口信用保险保费财政补贴比例提高到50%，引导出口企业利用出口信用保险政策工具，有效规避出口收汇风险。完善贸易融资风险补偿机制，对贸易融资项下的担保风险，省级贸易融资风险补偿资金、市级财政、银行业金融机构和担保主体，按照 1:2:2:5 的比例共同承担。

24. 支持企业规范化公司制改制。对规模以上企业进行规范化公司制改制，聘请符合省有关部门规定条件的中介机构产生的审计费、评估费、律师费等，由同级财政按照实际发生额的 50% 给予补助，单户企业最高补助 20 万元。对财政困难县（市、区）所需支出，省财政给予适当补助。

25. 鼓励企业通过多层次资本市场融资。将企业改制上市事后奖励变为事前补助，对我省已完成规范化公司制改制，申请在主板、中小板、创业板、境外资本市场首次公开发行股票（IPO）且已被正式受理的企业，按照不超过申请募集规模的 2‰给予一次性补助；对在新三板挂牌的企业，按照不超过募集资金的 2‰给予一次性补助，单户企业补助资金不低于 10 万元，不超过 100 万元；对我省在齐鲁股权交易中心挂牌且进行直接融资的企业，按 10 万元/户给予一次性补助。

26. 降低参与政府采购企业的成本负担。取消政府采购合同预留尾款用作质保金的做法，全面推广政府采购信用担保业务，逐步以信用担保替代现金方式缴纳保证金，减轻中标（成交）企业负担。积极推广政府采购合同融资政策，引导各金融机构利用政府采购信用开发新型融资产品，拓宽企业融资渠道。

27. 加大政府工程款清偿力度。对经清理甄别列入政府债务的已逾期和年内到期的应付工程款，市县两级全部列入年度政府置换债券发行计划，确保逐笔及时清偿到位。健全防控拖欠工程款的长效机制，各类新建政府投资类项目在可行性论证阶段必须落实建设资金来源，切实防止发生新的拖欠。

五、降低企业优化产能支出

28. 支持重点行业化解过剩产能。根据省政府确定的钢铁、煤炭等行业化解过剩产能实施方案，综合考虑化解过剩产能任务完成情况、安置职工人数和市级财力状况，省财政结合中央财政奖补资金，统筹对化解过剩产能中的职工安置费用等进行奖补，并对推进速度快的省属企业和市加大支持力度，引导企业和地方政府综合运用兼并重组、债务重组和破产清算等方式，加快处置"僵尸企业"，实现市场出清。

29. 全面落实企业重组改制税收优惠政策。企业通过合并、分立、出售、置换等方式，转让全部或者部分实物资产以及与其相关联的债权、负债和劳动力的，涉及的货物转让不征增值税，涉及的不动产、土地使用权转让不征营业税（营改增后，暂不征收增值税）。符合条件的股权和资产收购交易，在计算缴纳企业所得税时，可做特殊性税务处理，对股权支付部分暂不确认所得或损失。企业整体改制涉及的国有土地、房屋权属转移、变更的，可暂不征收土地增值税，承受方免征契税，符合条件的企业因改制签订的产权转移书据免征印花税。

30. 降低企业能源利用改造成本。在全省电力行业开展排污权有偿使用和交易试点，根据超低排放改造后的二氧化硫、氮氧化物以及烟粉尘的减排量等因素，以政府优先收储排污权形式，收储改造企业的"富余排污权"，进一步降低大气污染物排放。实施"工业绿动力"计划，对新建、改造的高效煤粉锅炉示范项目，按照不超过 10 万元/蒸吨的标准，省级给予一次性奖励。对太阳能集热系统在工业领域的推广应用，按照日产热水 6 000 元/吨进行一次性补助。企业综合利用资源，生产符合国家产业政策规定的产品取得的应税收入，减按 90% 计入收入总额计算缴纳企业所得税。

山东省人民政府关于贯彻国发〔2016〕27 号文件促进全省外贸回稳向好的实施意见

2016 年 6 月 13 日   鲁政发〔2016〕16 号

各市人民政府，各县（市、区）人民政府，省政府各部门、各直属机构，各大企业，各高等院校：

当前，全省外贸形势复杂严峻，下行压力不断加大。为贯彻落实《国务院关于促进外贸回稳向好的若干意见》（国发〔2016〕27 号），现就促进全省外贸回稳向好提出以下实施意见：

一、加大财税金融支持力度

1. 加大财政资金支持力度。用足用好省级和中央外贸发展专项资金，支持外贸加快转型升级。（省财政厅、省商务厅负责）对 2014～2016 年外贸发展政策措施开展第三方评估，对省级外贸发展专项资金使用情况进行绩效评价。（省商务厅、省财政厅负责）

2. 加大出口信用保险力度。进一步扩大短期出口信用保险规模，对企业出口信用保险保费财政补贴比例提高到 50%。（省财政厅、省商务厅负责）扩大中长期出口信用保险覆盖面，重点支持赊销期限在 90 天以上的长账期业务，对大型成套设备出口融资应保尽保。（中国信保山东分公司负责）

3. 调整完善出口退税政策。加快出口退税进度，进一步提高出口税收函调的质量和效率，推行出口退（免）税无纸化管理，简化审批流程，确保及时足额退税。优化出口退税分类管理办法，提高出口退税一类企业比例。对符合条件的跨境电商企业可先凭增值税专用发票认证信息办理出口退税，事后使用稽核发票信息复核。（省国税局负责）强化对出口货物的税收预警评估，有效防范和严厉打击出口骗税。（省国税局牵头负责）积极争取我省优势产品列入国家出口退税率调整目录，优化我省出口退税率结构，对国家目录明确的部分机电产品按征多少退多少的原则退税。（省国税局，省财政厅，济南海关、青岛海关负责）

4. 大力支持外贸企业融资。运用宏观审慎评估、差别准备金、再贷款、再贴现等货币政策工具，引导金融机构加大对小微企业的支持力度，控制贷款利率上浮幅度。全面落实全口径跨境融资宏观审慎管理政策，允许中资和外资外贸企业在与其资本或净资产挂钩的跨境融资上限内，自主开展本外币跨境融资。支持符合条件的外贸企业通过发行短期融资券、中小企业集合票据、中期票据等从银行间市场直接融资。（人民银行济南分行负责）加强银贸合作，通过实时发布外贸企业融资需求、开展银企对接活动等形式，推动金融机构对有订单、有效益的外贸企业贷款，进一步扩大出口信用保险保单融资、出口退税账户质押、应收账款融资规模。（人民银行济南分行、省金融办、省商务厅、中国信保山东分公司负责）支持金融机构开展出口退税账户托管贷款业务，2017 年年底前对企业发生的出口退税账户托管贷款给予财政贴息。（省财政厅、省商务厅负责）完善贸易融资风险补偿机制，贯彻落实贸易融资项下风险分担与补偿各项工作。（省金融办牵头负责）

二、综合施策降低企业成本

5. 降低制度性交易成本。严格落实进出口收费目录清单和涉企行政事业性收费目录清单制度，清单内的收费项目只减不增。（省物价局、省财政厅负责）加强对海关、出入境检验检疫、税务、商务等涉及进出口部门电子政务平台收费的监督检查，严肃查处违规收费行为。（省物价局牵头负责）对进出口环节海关查验没有问题的外贸企业，免除吊装移位仓储费用，由中央财政负担。（省口岸办、省财政厅牵头负责）

6. 减免规范部分涉企收费。对企业参加"境外百展市场开拓计划"的自办展会和重点新兴市场展会展位费给予全额补助。（省商务厅、省财政厅负责）落实《港口收费计费办法》，完善港口收费目录清单和公示制度，建立港口收费举报制度，加强执法检查，严格查处乱收费行为。（省交通运输厅、省物价局牵头负责）对电器电子产品出口符合政策条件的，免征废弃电器电子产品处理基金。（省财政厅、省环保厅、省发展改革委、省经济信息化委、省地税局，青岛海关、济南海关、省国税局负责）

7. 阶段性降低社会保险费率。2016 年，各市企业职工基本养老保险单位缴费费率统一降至 18%。优化社会险种结构，推进生育保险和基本医疗保险合并实施。有条件的市适当降低职工基本医疗保险费率，

落实降低工伤和失业保险费率政策。（省人力资源和社会保障厅负责）

三、加快培育外贸发展新动能

8. 建设加工贸易梯度转移承接地。积极争取沂蒙革命老区、菏泽市、聊城市和东平县享受国家加工贸易中西部地区政策。（省商务厅、省发展改革委，青岛海关、济南海关牵头负责）综合运用土地、财政、金融政策，支持加工贸易向省内中西部地区转移。（省国土资源厅、省财政厅、省金融办、省商务厅，人民银行济南分行负责）省内中西部地区要加大加工贸易产业用地保障力度，优先纳入供地计划并优先供应。（省国土资源厅负责）鼓励转移到省内中西部地区的加工贸易企业参与电力直接交易。（省经济和信息化委负责）支持金融机构通过发放固定资产贷款、银团贷款、并购贷款、流动资金贷款等方式，为加工贸易梯度转移项目提供金融支持。（省金融办牵头负责）认定培育一批省级加工贸易梯度转移重点承接地。（省商务厅牵头负责）

9. 支持加工贸易转型升级。支持加工贸易企业加强技术研发和设备改造，进入关键零部件和系统集成制造领域，提升产品技术含量和附加值。推动加工贸易与服务贸易融合发展，支持加工贸易企业承接研发设计、检测维修、物流配送、财务结算、分销仓储等服务外包业务。（省商务厅牵头负责）加工贸易梯度转移腾退用地经批准可转变为商业、旅游、养老等用途。（省国土资源厅负责）加工贸易企业依法取得的工业用地可按合同约定分期缴纳土地出让价款，对我省确定的优先发展产业且用地集约的工业项目可按不低于相关标准的70%确定土地出让底价。（省国土资源厅负责）认定一批省级加工贸易转型升级示范企业。（省商务厅牵头负责）

10. 完善加工贸易监管政策。在全省范围内取消加工贸易业务审批，实现加工贸易全程无纸化作业，建立健全事中事后监管机制。（省商务厅，青岛海关、济南海关负责）探索出境加工、服务外包等保税监管模式，引导加工贸易延长产业链。（青岛海关、济南海关负责）

11. 加快国际营销服务体系建设。实施"十百千国际营销网络体系工程"，在"一带一路"沿线国家及自贸区市场认定10个山东产品展示展销中心，支持商贸物流企业在美国、欧盟、日本等主要出口市场建设100个分拨中心，支持1 000家企业建设境外体验店和配送网点，融入境外零售体系。鼓励企业建立境外服务保障体系，支持重点企业建设汽车、机床、工程机械、轨道交通、船舶和海洋工程等境外售后维修服务中心及备件生产基地和培训中心。（省商务厅负责）鼓励政策性金融机构对企业建设国际营销和售后服务网络提供信保和融资支持。（中国信保山东分公司、国家开发银行山东分行、中国进出口银行山东分行负责）鼓励各类金融机构与外贸企业合作，在重点出口市场为国际营销服务体系建设提供融资和消费信贷支持。（省金融办，人民银行济南分行牵头负责）

12. 加快培育国际自主品牌。综合运用多方政策，支持企业开展国际商标注册、专利申请、专利许可、体系认证和标准制定等国际自主品牌建设基础性工作。（省商务厅、省工商局、省质监局、省财政厅、省经济和信息化委、省农业厅、省发展改革委负责）在匈牙利、印度尼西亚、韩国、美国、非洲等重点市场推动建设山东国际自主品牌常年展示中心。鼓励企业建设山东国际自主品牌的线上展示馆、线下体验店，打造面向海外推广山东国际自主品牌的线上公共服务平台。（省商务厅、省财政厅负责）加强国际自主品牌宣传，举办"山东品牌环球行"活动，利用高层访问、国际会议、境内外展览会等多渠道加大山东国际自主品牌推介力度。（省商务厅牵头负责）启动"外贸品牌小镇"培育工程，在工程机械、通信设备、石油装备、轨道交通、纺织服装、农产品等特色产业较为聚集的区域，加快培育建设一批具有国际竞争力的外贸品牌小镇。（省商务厅牵头负责）在风险可控前提下，对企业收购境外品牌加大信贷支持力度。（省金融办，人民银行济南分行负责）

13. 打造跨境电商发展高地。加快落实青岛跨境电子商务综合试验区建设实施方案，建设"两大平台、六个体系"，构建五大发展机制，推进"四合一"发展模式。认定一批省级跨境电商试点城市，复制推广中国（杭州）跨境电子商务综合试验区及青岛等12个国家级试点城市经验。加大对省级公共海外仓宣传推介，探索 B2B2C 扩大出口的新模式，提供一站式仓储配送服务。（省商务厅牵头负责）完善山东特色的跨境电商信用保障机制。（省商务厅、省财政厅，中国信保山东分公司负责）继续开展"跨境电商进万企"专项行动，2016 年推动 1 万家传统外贸企业上线经营。（省商务厅，中国信保山东分公司负责）

14. 提升外贸综合服务功能。建立省级外贸综合服务企业授信风险补偿机制，提高外贸综合服务企业综合服务能力。（省商务厅、省财政厅负责）建立海关企业协调员对接外贸综合服务企业机制，提高海关监管和服务效能。（青岛海关、济南海关负责）加快推进外贸综合服务企业退（免）税分类管理，对符合条件的省级外贸综合服务企业赋予一类企业资质，优先办理退税。（省国税局负责）对中小微企业通过省级外贸综合服务企业形成的进出口数据单独统计。（省商务厅牵头负责）继续开展省级外贸综合服务企业培育工作，推动符合条件的省级外贸综合服务企业争取国家级试点。（省商务厅负责）

15. 加快"走出去"带动出口。大力推进国际产能合作，带动产品、技术、标准、服务出口。（省商务厅、省发展改革委牵头负责）按照"整合资源、整体推介、错位融合，抱团出海"的发展模式，推动大型成套设备出口。（省商务厅、省财政厅，中国信保山东分公司牵头负责）积极争取山东"一带一路"项目纳入国家重大项目清单。（省发展改革委、省商务厅，中国信保山东分公司、国家开发银行山东分行、中国进出口银行山东分行负责）

16. 提升外资对贸易的促进作用。落实好 2016 中国发展高层论坛"山东之夜"签约项目，利用好香港山东周等资源平台，加大招商引资力度。引导外资投向新兴产业、高新技术、节能环保等领域，鼓励外资在我省设立研发中心、生产配套基地，提高引进外资质量。（省商务厅牵头负责）大力引进国际人才，实施"外专双百计划"和"一带一路"外国专家专项计划，畅通引进国际高层次人才服务绿色通道，复制推广中关村国家自主创新示范区有关人才政策。（省人力资源和社会保障厅、省科技厅负责）促进引资和引智相结合，培育新的外贸经营主体。（省商务厅、省人力资源和社会保障厅负责）完善重点外商投资企业"服务大使"制度，努力打造国际化、法治化、便利化投资环境。（省商务厅负责）

17. 提升园区贸易载体功能。提高国家级和省级经济技术开发区外贸发展水平。（省商务厅负责）推动海关特殊监管区域内产业优化升级，大力发展先进制造业，加快发展生产性服务业，积极发展保税加工、保税物流和保税服务等多元化业务。积极争取在符合条件的我省海关特殊监管区域开展货物状态分类监管试点、融资租赁企业进口设备减免税政策和国际转运拼箱试点，税负公平、风险可控的前提下，赋予具备条件的企业增值税一般纳税人资格。（省商务厅、省财政厅，青岛海关、济南海关、省国税局，省地税局负责）

18. 实行积极的进口政策。完善进口贴息政策，调整省级鼓励进口技术和产品目录，鼓励企业引进适合我省产业转型升级的关键技术设备。对企业以一般贸易方式进口列入国家和我省鼓励进口技术和产品目录范围内的先进技术、设备给予进口贴息扶持。（省商务厅、省财政厅负责）积极实施符合国家产业政策鼓励类技改项目进口设备免税政策。（省经济和信息化委负责）支持具备条件的地炼企业争取原油使用和进口资质。（省发展改革委、省经济和信息化委、省商务厅负责）推动符合条件的地炼企业开展进口原油加工贸易成品油复出口业务。（省商务厅，青岛海关、济南海关负责）积极推动港口码头、输油管线、仓储设施建设，有效解决进口原油接卸及运输瓶颈问题。（省发展改革委、省经济和信息化委、省交通运输厅负责）支持建设成品油保税仓库。（青岛海关、济南海关负责）增加与群众生活密切相关的一般消费品进口。发挥流亭机场进境免税店功能，引导境外消费回流。（省商务厅负责）

四、改善外贸营商环境

19. 进一步提高贸易便利化水平。加快山东电子口岸运维机制建设，丰富国际贸易单一窗口功能。建设山东跨境电商单一窗口和青岛跨境电商综试区线上单一窗口。积极改善通关便利化的技术条件，提高机检比例，进一步降低海关出口平均查验率，加强分类指导，对信用差的出口企业加大查验力度，推进"双随机"从货物查验向事后监管延伸。推动共享数据标准化和通关无纸化。全面优化关检合作"三个一"。

（省口岸办，青岛海关、济南海关、山东出入境检验检疫局负责）推动全省欧亚班列有序发展。（省发展改革委牵头负责）进一步提升中韩"经认证的经营者"（AEO）互认工作效能。（青岛海关、济南海关负责）委托大型国有企业保管其非领导班子成员公务普通护照，为国有企业人员出境提供便利，为外向型企业商务人员办理领事认证和亚太经合组织（APEC）商务旅行卡。（省外办负责）落实对韩国签证便利制度，对在中国工作的韩国公司内部流动人员，或在中国领土内设立业务并参与业务运行的韩国投资者，将首期居留期限从1年延长至2年。（省公安厅、省人力资源和社会保障厅负责）

20. 加强知识产权保护。持续开展外贸领域打击侵权假冒专项行动，依法打击违法行为。（省商务厅牵头负责）进一步加强刑事执法国际合作，加大外贸领域知识产权犯罪侦办力度。（省公安厅负责）加快出口农产品质量安全示范省建设，推广应用山东农产品全产业链标准体系。（省商务厅、省农业厅，山东出入境检验检疫局负责）建立涉外知识产权纠纷预警及应急机制，有效遏止境外恶意注册、恶意诉讼等行为。（省知识产权局、省工商局、省商务厅、省贸促会，青岛海关、济南海关负责）充分利用知识产权（专利）资金，加大涉外知识产权维权援助力度。（省知识产权局、省工商局负责）充分利用标准化、检验检测及认证资源，加强国外技术性贸易措施综合应对工作（山东出入境检验检疫局，省质监局、省商务厅负责）加强外贸领域诚信体系建设，探索建立外贸企业信用评价体系。（省商务厅、省发展改革委负责）

21. 加强组织领导和监督检查。健全外贸工作督查和问责机制，实行月调度制度，每月定期通报各市外贸营商环境、重点工作进展和出口市场份额变动情况，开展外贸稳增长专项检查督导。（省商务厅牵头负责）各地区、各部门要进一步提高认识，更加重视外贸工作，加强协调，形成合力。各地区要出台有针对性的配套措施，提高政策的精准度，抓好政策落实。各部门要明确责任分工，抓紧制定实施细则。要促进外贸创新发展，千方百计稳增长，坚定不移调结构，努力实现外贸回稳向好。

省委办公厅　省政府办公厅关于加强企业家队伍建设的意见

2016 年 10 月 14 日　鲁办发〔2016〕56 号

企业家是社会财富创造活动的领导者，是创新发展、转型升级的生力军，是经济文化强省建设的骨干力量。为加快建设一支规模宏大、结构合理、素质优良的企业家队伍，努力在全面建成小康社会进程中走在前列，经省委、省政府同意，现就加强企业家队伍建设提出如下意见。

一、指导原则和主要目标

1. 指导原则

——紧扣发展大局。坚持发展是第一要务，紧紧围绕决胜全面建成小康社会，把加强企业家队伍建设作为应对经济下行、推动创新创业、转变发展方式的重要抓手，努力实现企业家队伍规模、结构、素质与全省经济社会发展相协调。

——坚持创新驱动。深入贯彻新发展理念，推动科技创新、制度创新协同发挥作用，加强地区、行业和企业内外的平衡协调，促进绿色低碳发展。

——突出问题导向。抓住企业家队伍建设的薄弱环节，聚焦"短板"，持续发力，集中突破企业家培养、选用、激励、评价等难题，最大限度激发和释放企业家创新创业活力，着力把懂经营、会管理、善创新的优秀人才集聚到企业中来。

——完善体制机制。充分发挥市场在人才资源配置中的决定性作用和更好发挥政府作用，依法保障和落实企业用人自主权，破除束缚企业家发展的体制机制障碍，创新企业家队伍建设方式方法，培育健康繁荣的职业经理人市场。

2. 主要目标

到"十三五"末，各级各部门关心支持创新创业的行动更加自觉，全社会尊重爱护企业家的氛围更加浓厚，企业家队伍建设领导体制、工作机制更加健全，企业家培养、选用、激励、评价体系更加完善，全省企业家总量明显增加、结构明显优化、素质明显提高，建成一支具有创新精神和创业能力、熟悉国内国际市场、精通企业管理的现代化、国际化企业家队伍。

二、完善企业家队伍建设机制

3. 实施企业家队伍建设"111"工程。以培育规模大、效益好、贡献多、创新强的特大型企业集团为重点，培养造就 100 名以上擅长国际化经营管理、具有一定国际市场影响力的企业家。以培育国内领先企业为目标，以行业骨干企业为重点，培养造就 1 000 名以上经营业绩突出的知名企业家。以培育行业领军企业为目标，以细分市场单项冠军和"专、精、特、新"龙头企业为重点，培养造就 10 000 名以上富有创新精神和工匠精神，在省内具有一定行业或区域影响力的企业家。对优秀企业家所在企业，在其申报项目、资金、试点、示范企业和研发、试验中心时，予以优先考虑。省级层面适时举办"商界精英"大会，邀请世界 500 强企业家参加，打造国际化企业家交流平台。加强企业家协会、企业联合会等行业协会建设，打造产业性和区域性企业家联盟。

4. 健全职业经理人选用机制。建立以合同管理为核心、以岗位管理为基础、以公开招聘为路径的市场化选人用人机制。加快建设职业经理人市场，引导企业大力引进培养具有世界眼光和创新能力的复合型职业经理人。积极创造条件，逐步提高国有企业经营管理人才市场化选聘比例。探索运用多种分配方式，支持企业建立市场导向的差异化薪酬分配制度，实行协议工资、项目薪酬，一事一议、一人一策。支持企业建立中长期激励制度，采用分期支付薪酬、参加持股计划、奖励股票期权、授予公益捐赠额度以及超额利润分享等方式，对职业经理人和实施契约化管理的国有企业经营管理人员进行激励。对奖励国有企业负责人的期权，研究制定合理的变现办法。

5. 加快汇聚企业家人才。支持企业开发利用国内国际人才资源，完善更加开放灵活的人才培养、引进和使用机制。依托知名企业和重点项目，采取项目聘用、技术入股等形式，引进一批企业高级经营管理人才。依托"泰山产业领军人才工程"，遴选引进一批亟需的创新创业高层次人才；鼓励符合条件的海外高层次人才申报国家"千人计划"，引导高层次创新创业人才加速向企业集聚。健全企业家人才制度和企业家后备人才库。研究制定鼓励措施，对引进的企业家人才，在住房、医疗、家属工作安排、子女入托入学等方面给予优惠和便利。

三、提高企业家队伍综合素质

6. 实施企业家素质提升计划。认真落实《山东省企业家培训规划（2016～2020 年）》（见附件）。用 5 年左右时间，对全省规模以上企业的董事长、总经理进行一轮高层次、国际化系统培训，着重培养和提高企业家创新发展、决策管理、资本运作、市场开拓和国际竞争能力。

7. 统筹建设企业家培训载体。依托培训机构和大型企业，按照市场化运作、企业化运营、政府补助相结合的方式，成立山东省企业家网络学院，为企业家学习交流提供即时性、个性化、全天候平台。整合企业家培训各类资源，依托党校、行政学院、社会主义学院、重点高校和有实力的培训机构，建设一批在全国有影响力的企业家培训基地。

8. 拓宽企业家培养国际合作渠道。鼓励有关部门、企业、学校与国外专业机构开展合作培训。持续实施企业家免费培训计划，每年选派 100 名以上企业家到境外著名高校、专业机构和企业学习研修和精准化、专业化考察。选派优秀企业管理人员出国留学攻读工商管理硕士学位，并纳入省政府公派出国项目。

9. 突出抓好青年企业家培养。举办青年企业家培训班，每年选拔 100 名优秀青年企业家，邀请高层专家和著名企业家对其重点培训。实行青年企业家培养"导师制"，选择 20 名省内著名企业家担任青年企业家导师，依托导师所在企业建立青年企业家培育中心，每年选拔 100 名以上优秀青年企业家进入中心培养锻炼。每年选拔 100 名以上优秀青年企业家到世界 500 强企业总部考察、学习、实践锻炼。开展创业齐鲁训练营活动，对创业期企业的青年负责人进行培训。

10. 加强企业家思想政治教育。引导广大企业家积极践行社会主义核心价值观，做爱国敬业、守法经营的典范。注重对年轻一代企业家的思想教育，引导他们继承发扬老一代企业家的创业精神和优良传统。加强非公有制企业党建工作，发挥好党组织在职工群众中的政治核心作用、在企业发展中的政治引领作用，不断扩大党的组织和工作覆盖面。

四、倡导和培育企业家精神

11. 倡导培育敢为人先的创新精神。鼓励企业家加快转换发展动能，坚定爬坡过坎、砥砺前行的决心，坚定谋大事、创大业的信心。支持企业家把创新作为企业发展的第一动力，加快构建高水平研发机构，深化与高校和科研院所合作，增强企业研发实力；创新商业模式，转化发展路径；大力推进企业文化创新，增强企业凝聚力，构建企业命运共同体。

12. 倡导培育精益求精的工匠精神。鼓励企业家爱岗敬业、永不满足、持续专注、守正创新。支持企业制定严格的管理制度、操作规范，一丝不苟抓好落实。鼓励企业家学习应用精细化管理、卓越绩效管理、六西格玛管理、精益生产等先进管理技术和方法，加强标准化管理，形成全员、全方位、全过程的管理体系。引导企业增强品牌意识，增品种、提品质、创品牌，特别要加快培育自主创新品牌，全力提升产品美誉度和企业影响力，走高端高质高效发展之路。

13. 倡导培育诚信尽责的担当精神。鼓励企业家把承担社会责任与企业长远发展结合起来，推动企业、社会和谐共赢发展，树立企业家良好社会形象。落实国有企业负责人公益捐赠额度办法，支持企业家积极回报社会，投身公益事业。引导企业家诚信经营。对诚信记录良好的企业和企业家，在工程招投标、重点项目、资金扶持、融资服务等方面给予激励支持；对诚信记录不良的，在一定范围内予以公布，加大对失信行为的惩戒力度，在政府投资工程招投标、土地供应、财政资金安排等方面实行严格限制。

五、优化企业家成长发展环境

14. 正确界定企业家的社会政治地位。企业家是社会主义事业的建设者，是劳动人民的重要组成部分，同时也是具有专业思维、专业素养的管理人才群体。加大国有企业领导人员与党政领导干部的交流力度。注重吸收民营企业家和企业高级经营管理者中的优秀分子加入党组织。在劳动模范、劳动奖章和青年五四奖章、三八红旗手等评选表彰活动中，要注重选拔优秀企业家。对在推动全省创新发展、转型升级、提质增效中作出突出贡献的优秀中青年企业家，符合标准和条件的，可优先推荐参加省有突出贡献中青年专家评选。对超过任职年龄确需继续留任的优秀国有企业负责人，书面征求上一级组织（人事）部门意见后，按程序办理。

15. 支持企业家积极参与政府决策。建立有利于企业家参与政府决策的机制，发挥好各级党代会代表、人大代表、政协委员中企业家的作用，畅通参政议政、民主监督和建言献策的渠道。政府召开专题性、行业性会议，邀请企业家参加或列席；制定对企业发展产生重要影响的政策，要征求企业家代表的意见。政治素质高、业务能力强的优秀企业家，由省政府聘请担任省政府参事或省政府经济顾问，或由市、县（市、区）政府聘请担任经济顾问，参与经济社会发展重大政策的研究。

16. 改善企业家营商环境。依法保护企业家的人身权、财产权和创新收益，严厉查处侵犯企业家合法权益的各种违法行为。制定企业家紧急事态应对预案，对企业家和企业遇到的重大舆论、知识产权、安全、环保等危机情况，依法予以协调帮助。继续深化"放管服"政策，大力推进简政放权、放管结合、优化服务，着力降低制度性交易成本。加强监管创新，实施公正监管，推进综合监管，探索审慎监管，提高公共服务供给和政务服务效率。对国有企业负责人紧急公务出国提供便利化服务。对市场化选聘、契约化管理的国有企业负责人，其因私出国（境）由所在企业管理。

17. 建立企业家容错机制。充分调动企业家改革的积极性，鼓励创新，宽容失败。研究制定企业家容错机制的具体办法。对在推进企业改革创新过程中依法决策和实施，且勤勉尽责、未谋私利，但由于缺乏经验、政策调整、市场变化以及其他不可抗力等原因造成损失的，免于追究相关责任。

18. 强化对企业家的指导、帮助和服务。构建"亲""清"新型政商关系。建立党政领导干部联系企业家制度，推动各级领导干部加强企业家联系服务。加大融资支持力度，拓宽融资渠道，帮助企业家破解"担保圈""担保链"。做好企业用地服务，促进土地节约集约利用。在为企业办理房地产转让、抵押、租赁、变更等业务中热情搞好服务。改善企业家医疗服务条件，研究制定企业家参照保健对象待遇提供医疗服务具体办法。

19. 加大对优秀企业家宣传力度。对优秀企业家的突出事迹进行认真及时总结，在全省宣传推广。支持新闻媒体贴近经济发展，开设宣传先进企业和优秀企业家的专版、专栏和专题节目，注重发现和选树企业家队伍中的先进典型，广泛宣传优秀企业家的创新精神和社会贡献。积极推动省内权威新闻媒体按规定开展"齐鲁企业家风云人物"选树活动。

六、加强对企业家队伍建设工作的组织领导

20. 完善党管人才工作格局。加强党对企业家队伍建设工作的统一领导，把企业家队伍建设纳入全省人才队伍建设总体规划，作为人才工作目标责任制考核的重要内容，将考核结果作为评价领导班子和领导干部工作实绩的重要依据。

21. 健全工作机制。在省人才工作领导小组领导下，成立省经济和信息化委、省财政厅、省人力资源社会保障厅、省国资委等组成的省加强企业家队伍建设部门联席会议，及时协调解决企业家队伍建设中的重大问题。联席会议日常工作，由省经济和信息化委承担。省直有关部门要密切协作、形成合力。各级政府要建立企业工作日制度，领导干部要主动深入企业，帮助企业家排忧解难。各级财政应统筹相关资金，积极支持企业家队伍建设。

22. 加强督导检查。各级各有关部门要分解任务，明确分工，落实责任，定期调度，督促检查，确保企业家队伍建设各项政策落地到位，取得实效。

附件：1. 山东省企业家培训规划（2016～2020年）
　　　2. 《关于加强企业家队伍建设的意见》工作任务分工方案

附件1：

山东省企业家培训规划（2016～2020年）

一、基本原则和目标任务

（一）基本原则。1. 服务大局。紧紧围绕服务全省工作大局，按照引领经济新常态、推动供给侧结构性改革、实现创新驱动发展和产业转型升级的要求，突出重点，联系实际，按需施教。2. 高端引领。通过

高层次、高水平培训，培养造就一大批在国内外具有较强市场竞争力和影响力的高端企业家，带动引领全省企业家队伍整体素质提升。3. 精准实用。根据企业发展要求和企业家成长需要制定科学合理的培训方案，增强培训的针对性和实效性，使企业家真正学有所思、学有所获、学有所用。4. 系统灵活。坚持开放办学，创新企业家培训体制机制，完善企业家培训体系，采取多元化培训形式，分层培训、上下联动、分级组织、分批实施，对企业家进行系统化、全覆盖式培训，最大限度发掘企业家的创新创造潜力。

（二）目标任务。以提高素质和能力为首要目标，用5年左右时间，对全省规模以上企业董事长、总经理进行一轮高层次、国际化的系统培训，每年培训1.8万人以上，5年培训9万人以上。通过培训，着重培养和提高企业家的创新发展能力、决策管理能力、资本运作能力、市场开拓能力和国际竞争能力，更好发挥推动全省经济社会发展的作用。进一步推动企业家培训改革创新，形成更加科学有效的企业家培训体系。

二、培训重点内容

（一）强化企业家创新发展能力培训。加强企业家精神、创新思维、创新管理、创新体系建设和管理变革、技术革命等方面的培训，引导企业家创新思路理念，从传统产业向现代产业转变，从单纯产品经营向资本运营转变，从产品创新向技术创新、标准引领转变，从国内发展向利用国内国际"两个市场、两种资源"转变，提高企业家创新发展能力。

（二）强化企业家决策管理能力培训。加强世界经济和新技术革命发展趋势、"一带一路""创新驱动""互联网＋"和"中国制造2025"等宏观经济形势、战略决策、产业政策、法律法规方面的培训，同时加强现代企业制度、企业管理前沿理论和先进管理方法工具等方面的培训，提高企业家决策管理能力。

（三）强化企业家资本运作能力培训。加强现代金融、资本市场、企业上市、并购重组、市值管理以及创新创业投资等方面的培训，提高企业家资本运作能力。

（四）强化企业家市场开拓能力培训。加强营销战略、品牌建设、电子商务、网络营销等方面的培训，提高企业家市场开拓能力。

（五）强化企业家国际竞争能力培训。加强全球领导力、跨国经营、跨国投资与并购、国际贸易体系和贸易规则等方面的培训，提高企业家国际竞争能力。

三、培训对象、要求及相关举措

培训对象为全省规模以上企业的董事长、总经理、企业二代接班人。省里主要围绕企业家队伍建设"111"工程和省级重点行业转型升级实施方案中确定的部分企业的董事长、总经理进行培训，各市、县（市、区）负责本区域内其他规模以上企业的企业家培训工作。

（一）优秀企业家

培训对象：优秀企业家和省级重点行业转型升级方案中确定的部分企业的董事长、总经理。

培训要求：适应新一轮工业革命和世界经济一体化的新形势，围绕引领经济发展新常态、推动供给侧结构性改革、实现产业创新转型发展的重点任务和企业家从优秀到卓越的发展需求，着眼于培养企业家的杰出领导力、全球化视野和高度社会责任感，更好地推动企业走向全球，应对经济全球化的挑战。

主要措施：组织高端出国培训。通过国外著名专家教授讲课、世界知名企业考察观摩，学习跨国投资经营、新国际贸易框架下的国际市场开拓、智能制造、"互联网＋""三品"工程建设等内容，帮助企业家应对全球化挑战，增强跨国投资与经营能力。组织"商界精英"大会和"大省工匠"、企业"小巨人"竞赛，举办企业家论坛等，推动企业家与全球商界精英对接交流，拓宽视野、加强合作。每年培训100人以上。

（二）中青年企业家

培训对象：中青年企业家和省级重点行业转型升级方案中确定的部分企业的董事长、总经理及二代接班人。

培训要求：针对全省中青年企业家特点，重点培养中青年企业家的经营理念、创业精神、管理才能和社会责任，特别是培养二代接班人艰苦创业、锐意创新、拼搏向上的精神，把老一代的事业发扬光大，成为未来的商界精英、领军人才和企业合格继承人。

主要措施：举办中青年企业家培训班，组织到世界500强企业总部与国内知名企业总部实践锻炼，实施青年企业家培育计划，开展创业齐鲁训练营活动及系列专题培训。通过理论学习、专题研修、实践锻炼、先进企业现场观摩和老一代企业家传帮带等多种形式，学习世界经济和科技发展趋势、国家宏观战略调控和产业政策、现代企业制度、战略管理、精益管理、财务成本管理、资本运营与风险防控、品牌建设、电子商务、网络营销、工业设计、跨国投资与并购、新国际贸易框架与规则等内容，全面拓宽中青年企业家的战略思维和国际视野，强化创新意识和工匠精神，增加实践经验，强化实务操作能力。其中，每年选拔100名以上优秀中青年企业家参加中青年企业家培训班；每年选拔100名以上优秀中青年企业家到世界著名高校和专业机构学习培训；每年选拔100名以上优秀中青年企业家到世界500强总部实践锻炼，学习时间3个月；每年选送100名以上优秀青年企业家进入"青年企业家培育中心"，由"导师"亲自培养训练；围绕全省创新发展、转型升级、提质增效中心任务和企业家需求，选择培训主题，每年选择1 000人以上参加系列专题培训班。

（三）企业家后备人才

培训对象：高层次经营管理人才、创新创业人才、职业经理人为主。

培训要求：以建设企业家后备人才梯队为目标，着力提高把握经济发展大势、战略决策、创新发展和企业传承等能力，加快培养具有世界眼光和良好职业道德、专业化素养的复合型企业家后备人才，为经济文化强省建设提供充足的企业家后备人才储备。

主要措施：举办企业家后备人才培训。通过国内外知名专家教授和商业机构高层人才授课、青年企业家论坛、先进企业现场考察学习等形式，培训宏观形势分析、战略决策、创新发展、经营管理和企业传承等内容。每年培训400人以上。

（四）各市、县（市、区）企业家

各市、县（市、区）根据本规划，结合实际，制定本地其他规模以上企业的企业家培训计划，并积极组织实施。每年培训1.6万人以上，5年左右培训8万人以上。

四、培训保障措施

（一）加强组织领导。各级各部门要切实加强对企业家培训工作的领导，把企业家培训作为人才工作的重点，纳入人才工作的总体规划和目标责任制的重要内容，加快形成企业家培训工作新格局。

（二）建立协调机制。在省人才工作领导小组的统一领导下，成立省加强企业家队伍建设部门联席会议，及时协调解决企业家培养培训中的重大问题。

（三）加大支持力度。各级政府要切实加大对企业家培训、学习交流和实践锻炼等的支持力度，搞好山东省企业家网络学院等平台建设。督促企业按照规定足额提取职工教育经费，加强企业职工内部培训。鼓励引导政府、企业和社会各方面多元投资，加快企业人才培养引进和重点项目实施。

（四）营造良好氛围。要充分利用报刊、电视、网络等新闻媒体，大力宣传国家和省有关加强企业家培训的政策措施和成功经验，进一步调动广大企业家主动参加培训的积极性，加快实现"要我培训"到"我要培训"的转变，创造更加有利于企业家素质能力提升的良好社会舆论环境。

（五）落实工作责任。各级政府要制定企业家培训5年规划和年度推进计划，对属地规模以上企业的董事长、总经理进行系统培训，明确目标，落实责任，加强督导，严格考核，确保完成企业家培训目标任务。

附件 2：

《关于加强企业家队伍建设的意见》工作任务分工方案

序号	工作任务	牵头部门	参与部门
1	实施企业家队伍建设"111"工程。以培育规模大、效益好、贡献多、创新强的特大型企业集团为重点，培养造就100名以上擅长国际化经营管理、具有一定国际市场影响力的企业家。以培育国内领先企业为目标，以行业骨干企业为重点，培养造就1 000名以上经营业绩突出的知名企业家。以培育行业领军企业为目标，以细分市场单项冠军和"专、精、特、新"龙头企业为重点，培养造就10 000名以上富有创新精神和工匠精神，在省内具有一定行业或区域影响力的企业家。对优秀企业家所在企业，在其申报项目、资金、试点、示范企业和研发、试验中心时，予以优先考虑。	省经济和信息化委	省发展改革委、省科技厅、省财政厅、省国土厅、省商务厅、省国资委、省金融办、人行济南分行
2	省级层面适时举办"商界精英"大会，邀请世界500强企业家参加，打造国际化企业家交流平台。加强企业家协会、企业联合会等行业协会建设，打造产业性和区域性企业家联盟。	省委统战部、省经济和信息化委	省工商联、省民政厅、省财政厅、省商务厅、省外办、省国资委
3	健全职业经理人选用机制。建立以合同管理为核心、以岗位管理为基础、以公开招聘为路径的市场化选人用人机制。加快建设职业经理人市场，引导企业大力引进培养具有世界眼光和创新能力的复合型职业经理人；积极创造条件，逐步提高国有企业经营管理人才市场化选聘比例。探索运用多种分配方式，支持企业建立市场导向的差异化薪酬分配制度，实行协议工资、项目薪酬、一事一议、一人一策；支持企业建立中长期激励制度，采用分期支付薪酬、参加持股计划、奖励股票期权、授予公益捐赠额度以及超额利润分享等方式，对职业经理人和实施契约化管理的国有企业经营管理人员进行激励。对奖励国有企业负责人的期权，研究制定合理的变现办法。	省人力资源社会保障厅、省国资委、省社保基金理事会	省委组织部、省经济和信息化委、省财政厅、省地税局、省国税局
4	加快汇聚企业家后备人才。支持企业开发利用国内国际人才资源，完善更加开放灵活的人才培养、引进和使用机制。依托知名企业和重点项目，采取项目聘用、技术入股等形式，引进一批企业高级经营管理人才。依托"泰山产业领军人才工程"，遴选引进一批亟需的创新创业高层次人才；鼓励符合条件的海外高层次人才申报国家"千人计划"，引导高层次创新创业人才加速向企业集聚。健全企业家后备人才制度和企业家后备人才库。研究制定鼓励措施，对引进的企业家后备人才，在住房、医疗、家属工作安排、子女入托入学等方面给予优惠和便利。	省委组织部、省人力资源社会保障厅	省发展改革委、省经济和信息化委、省教育厅、省科技厅、省财政厅、省国资委
5	实施企业家素质提升计划。认真落实《山东省企业家培训规划（2016～2020年）》（见附件）。用5年左右时间，对全省规模以上企业的董事长、总经理进行一轮高层次、国际化系统培训，着重培养和提高企业家创新发展、决策管理、资本运作、市场开拓和国际竞争能力。	省经济和信息化委	省财政厅、省人力资源社会保障厅、省商务厅、省国资委
6	统筹建设企业家培训载体。依托培训机构和大型企业，按照市场化运作、企业化运营、政府补助相结合的方式，成立山东省企业家网络学院，为企业家学习交流提供即时性、个性化、全天候平台。整合企业家培训各类资源，依托党校、行政学院、社会主义学院、重点高校和有实力的培训机构，建设一批在全国有影响力的企业家培训基地。	省经济和信息化委	省教育厅、省财政厅、省人力资源社会保障厅
7	拓宽企业家培养国际合作渠道。鼓励有关部门、企业、学校与国外专业机构开展合作培训。持续实施企业家免费培训计划，每年选派100名以上企业家到境外著名高校、专业机构和企业学习研修和精准化、专业化考察。	省经济和信息化委	省财政厅、省人力资源社会保障厅、省商务厅、省外办、省国资委
8	选派优秀企业管理人员出国留学攻读工商管理硕士学位，并纳入省政府公派出国项目。	省人力资源社会保障厅	省经济和信息化委
9	突出抓好青年企业家培养。举办青年企业家培训班，每年选拔100名优秀企业家，邀请高层专家和著名企业家对其重点培训。实行青年企业家培养"导师制"，选择20名省内著名企业家担任青年企业家导师，依托导师所在企业建立青年企业家培育中心，每年选拔100名以上优秀青年企业家进入中心培养锻炼。每年选拔100名以上优秀青年企业家到世界500强企业总部考察、学习、实践锻炼。	省经济和信息化委	团省委、省妇联、省财政厅、省人力资源社会保障厅、省外办、省国资委
10	开展创业齐鲁训练营活动，对创业期企业的青年负责人进行培训。	省人力资源社会保障厅	省经济和信息化委

序号	工作任务	牵头部门	参与部门
11	加强企业家思想政治教育。教育广大企业家积极践行社会主义核心价值观，做爱国敬业、守法经营的典范。注重对年轻一代民营企业家的思想教育，引导他们继承发扬老一代企业家的创业精神和优良传统。加强非公有制企业党建工作，发挥好党组织在职工群众中的政治核心作用、在企业发展中的政治引领作用，不断扩大党的组织和工作覆盖面。	省委组织部、省委宣传部、省委统战部	省经济和信息化委、省国资委
12	倡导培育敢为人先的创新精神。鼓励企业家加快转换发展动能，坚定爬坡过坎、砥砺前行的决心，坚定谋大事、创大业的信心。	省委宣传部	省经济和信息化委
13	支持企业家把创新作为企业发展的第一动力，加快构建高水平研发机构，深化与高校和科研院所合作，增强企业研发实力；创新商业模式，转化发展路径；大力推进企业文化创新，增强企业凝聚力，构建企业命运共同体。	省经济和信息化委	省发展改革委、省科技厅、省国资委
14	倡导培育精益求精的工匠精神。鼓励企业家爱岗敬业、永不满足、持续专注、守正创新。	省委宣传部	省经济和信息化委
15	支持企业制定严格的管理制度、操作规范，一丝不苟抓好落实。学习应用精细化管理、卓越绩效管理、六西格玛管理、精益生产等先进管理技术和方法，加强标准化管理，形成全员、全方位、全过程的管理体系。引导企业增强品牌意识，增品种、提品质、创品牌，特别要加快培育自主创新品牌，全力提升产品美誉度和企业影响力，走高端高质高效发展之路。	省经济和信息化委	省国资委、省质监局
16	倡导培育诚信履责的担当精神。鼓励企业家把承担社会责任与企业长远发展结合起来，推动企业、社会和谐共赢发展，树立企业家良好社会形象。	省委宣传部	省经济和信息化委、省人力资源社会保障厅、省环保厅、省安监局
17	落实国有企业负责人公益捐赠额度办法，支持企业家积极回报社会，投身公益事业。	省国资委	省社保基金理事会、省民政厅
18	引导企业家诚信经营。对诚信记录良好的企业和企业家，在工程招投标、重点项目、资金扶持、融资服务等方面给予激励支持；对诚信记录不良的，在一定范围内予以公布，加大对失信行为的惩戒力度，在政府投资工程招投标、土地供应、财政资金安排等方面实行严格限制。	省发展改革委、人行济南分行	省经济和信息化委、省科技厅、省财政厅、省国土厅、省住房城乡建设厅、省国资委、省环保厅、省安监局、省金融办
19	加大国有企业领导人员与党政领导干部的交流力度。注重吸收民营企业家和企业高级经营管理者中的优秀分子加入党组织。	省委组织都	省委统战部、省国资委
20	在劳动模范、劳动奖章和青年五四奖章、三八红旗手等评选表彰活动中，要注重选拔优秀企业家。	省总工会、团省委、省妇联、省工商联	省经济和信息化委、省国资委
21	对在推动全省创新发展、转型升级、提质增效中作出突出贡献的优秀中青年企业家，符合标准和条件的，可优先推荐参加省有突出贡献中青年专家评选。	省人力资源社会保障厅	省经济和信息化委、省国资委
22	对超过任职年龄确需继续留任的优秀国有企业负责人，书面征求上一级组织（人事）部门意见后，按程序办理。	省委组织部、省人力资源社会保障厅	省国资委
23	支持企业家积极参与政府决策。建立有利于企业家参与政府决策的机制，发挥好各级党代会代表、人大代表、政协委员中企业家的作用，畅通参政议政、民主监督和建言献策的渠道。政府召开专题性、行业性会议，邀请企业家参加或列席；制定对企业发展产生重要影响的政策，要征求企业家代表的意见。政治素质高、业务能力强的优秀企业家，由省政府聘请担任省政府参事或省政府经济顾问，或由市、县（市、区）政府聘请担任经济顾问，参与经济社会发展重大政策的研究。	省委组织部、省政府办公厅	省委统战部、省经济和信息化委、省国资委、省政府参事室
24	改善企业家营商环境。依法保护企业家的人身权、财产权和创新收益，严厉查处侵犯企业家合法权益的各种违法行为。	省工商局	省委政法委、省经济和信息化委、省科技厅、省公安厅、省司法厅、省国资委

序号	工作任务	牵头部门	参与部门
25	制定企业家紧急事态应对预案，对企业家和企业遇到的重大舆论、知识产权、安全、环保等危机情况，依法予以协调帮助。	省委政法委	省委宣传部、省经济和信息化委、省科技厅、省公安厅、省司法厅、省环保厅、省安监局
26	继续深化"放管服"政策，大力推进简政放权、放管结合、优化服务，着力降低制度性交易成本。加强监管创新，实施公正监管，推进综合监管，探索审慎监管，提高公共服务供给和政务服务效率。	省政府办公厅	省编办、省发展改革委、省经济和信息化委、省科技厅、省财政厅、省人力资源社会保障厅、省国土厅、省住房城乡建设厅、省环保厅、省地税局、省工商局、省质监局、省安监局、省金融办、省国税局
27	对国有企业负责人紧急公务出国提供便利化服务。	省外办	省国资委
28	建立企业家容错机制。充分调动企业家改革的积极性，鼓励创新，宽容失败。研究制定企业家容错机制的具体办法，对在推进企业改革创新过程中依法决策和实施，且勤勉尽责、未谋私利，但由于缺乏经验、政策调整、市场变化以及其他不可抗力等原因造成损失的，免于追究相关责任。	省国资委、省社保基金理事会	省委组织部、省委宣传部、省委政法委、省经济和信息化委
29	建立党政领导干部联系企业家制度，推动各级领导干部加强企业家联系服务。	省委组织部	省经济和信息化委、省国资委
30	加大融资支持力度，拓宽融资渠道，帮助企业家破解"担保圈"、"担保链"。	省金融办、人行济南分行	省经济和信息化委
31	做好企业用地服务，促进土地节约集约利用。	省国土厅	省经济和信息化委
32	改善企业家医疗服务条件，研究制定企业家参照保健对象待遇提供医疗服务具体办法。	省卫计委	省经济和信息化委、省财政厅、省人力资源社会保障厅
33	在为企业办理房地产转让、抵押、租赁、变更等业务中热情搞好服务。	省住房城乡建设厅	省经济和信息化委、省国土厅
34	加大优秀企业家宣传力度。对优秀企业家的突出事迹进行认真及时总结，在全省宣传推广。支持新闻媒体贴近经济发展，开设宣传先进企业和优秀企业家的专版、专栏和专题节目，注重发现和选树企业家队伍中的先进典型，广泛宣传优秀企业家的创新精神和社会贡献。积极推动省内权威新闻媒体按规定开展"齐鲁企业家风云人物"选树活动。	省委宣传部、省经济和信息化委	省国资委
35	完善党管人才工作格局。加强党对企业家队伍建设工作的统一领导，把企业家队伍建设纳入全省人才队伍建设总体规划，作为人才工作目标责任制考核的重要内容，将考核结果作为评价领导班子和领导干部工作实绩的重要依据。	省委组织部	省经济和信息化委、省国资委
36	健全工作机制。在省人才工作领导小组领导下，成立省经济和信息化委、省财政厅、省人力资源社会保障厅、省国资委等组成的省加强企业家队伍建设部门联席会议，及时协调解决企业家队伍建设中的重大问题。联席会议日常工作，由省经济和信息化委承担。各有关部门要密切协作、形成合力。各级政府要建立企业工作日制度，领导干部要主动深入企业，帮助企业家排忧解难。各级财政应统筹相关资金，积极支持企业家队伍建设。	省经济和信息化委	省财政厅、省人力资源社会保障厅、省国资委
37	加强督导检查。各级各有关部门要分解任务，明确分工，落实责任，定期调度、督促检查，确保企业家队伍建设各项政策落地到位，取得实效。	省政府办公厅、省经济和信息化委	省国资委

山东省人民政府办公厅关于贯彻国办发〔2015〕85号文件进一步加快发展生活性服务业促进消费结构升级的实施意见

2016年9月19日　鲁政办发〔2016〕45号

各市人民政府，各县（市、区）人民政府，省政府各部门、各直属机构，各大企业，各高等院校：

为贯彻落实《国务院办公厅关于加快发展生活性服务业促进消费结构升级的指导意见》（国办发〔2015〕85号），进一步加快发展我省生活性服务业，促进消费结构升级，经省政府同意，现提出以下实施意见。

一、总体要求

（一）指导思想。全面落实党的十八大和十八届三中、四中、五中全会精神，深入学习贯彻习近平总书记系列重要讲话和视察山东重要讲话、重要批示精神，紧紧围绕推进供给侧结构性改革这条主线，加快推进生活性服务业规范化、连锁化、便利化、品牌化、特色化发展，积极培育生活性服务新业态、新模式，推动生活性服务业向精细化、高品质转变，努力满足人民群众日益增长的生活性服务需求，为扩大消费需求、拉动经济增长提供有力支撑，为实现山东由大到强、走在前列提供持续动力。

（二）基本原则。

1. 坚持市场主导。大力保障基本公共服务，充分发挥市场配置资源的决定性作用，着力培育生活性服务消费新热点，满足人民群众多样化、多层次消费需求，引领个性化消费。

2. 坚持创新驱动。大力推动新技术在生活性服务业领域的推广应用，推动服务产品、经营管理和商业模式创新，聚焦重点领域和薄弱环节，实现生活性服务业重点突破，带动生活性服务业全面发展。

3. 坚持质量为本。建立健全生活性服务业质量管理、监督和标准体系，倡导崇尚绿色环保的消费理念，转变生活方式和促进消费结构升级，大力推进服务规范化和标准化，全力打造山东省服务名牌。

4. 坚持特色发展。加强分类指导，发挥各地优势，优先发展基础条件好、产业优势明显、带动作用强、发展前景广阔的重点行业和领域，增强示范带动效应，因地制宜实现差异化、特色化发展。

（三）任务目标。到2020年，全省实现社会消费品零售总额4.5万亿元，年均增长10%左右；电子商务交易规模达到5万亿元；实现旅游消费总额1.2万亿元，基本形成开放共享、城乡一体、便民高效优质的生活性服务业体系。

二、重点领域

（一）批发零售服务。推进新一轮设区城市商业网点规划修编，畅通生产、物流、销售等各个环节，形成城乡双向、内外互通的市场体系；在城市重点构建以商业和新聚集区为引领、社区商业为基础、特色商业街为品牌的商业服务体系，打造"10分钟"便利综合性服务平台；在乡村重点构建以县城商业为龙头、乡镇商贸中心为骨干、村级便利店为基础的农村商业服务体系。引导企业转变观念和经营模式，细分市场，开展特色经营，提高组织化、专业化程度，重点培育1家销售过千亿、10家过百亿、100家过亿元的流通骨干企业。运用云计算、大数据和互联网技术，建设省级流通平台，降低物流成本，构建多元化供应链管理体系，大力发展连锁经营；大力培育电子商务经营主体，不断创新商业模式，促进线上线下融合发展，实施电子商务进农村、进社区工程，重点培育 30 个农村电子商务示范县、一大批电商村和电商镇，推进电商集聚发展，积极开展跨境电子商务试点。（省商务厅、省质监局、省工商局等部门按职责分工负责）

（二）旅游（休闲）服务。实施"旅游＋"和"互联网＋旅游"发展战略，深入推进旅游各要素的协同创新和旅游资源配置优化，通过旅游与相关产业融合互动发展，打造全域旅游示范区。推进十大文化旅游目的地品牌建设，加大"好客山东"品牌的国内外市场营销力度，持续举办"好客山东贺年会"，积极发展入境旅游，完善线上线下网络营销体系，培育会展旅游、邮轮游艇、房车露营、休闲度假、低空飞行、温泉滑雪、养老养生、研学旅游、文化演艺等新业态，推动旅游定制服务，满足个性化需求。加强旅游公共服务和基础设施建设，加大旅游集散中心、旅游咨询服务中心和旅游数据中心建设力度，完善道路引导标识；大力实施旅游厕所革命和卫生专项整治工程、旅游综合环境和安全隐患整治工程；着力培育乡村旅游示范单位，打造一批富有活力的观光旅游、教育培训、科技体验、传统文化、休闲度假和养老养生旅游特色小镇，提高现代乡村旅游发展水平。大力实施大企业驱动工程、大项目拉动工程和大活动带动工程，培育旅游市场主体，指导青岛市、沂南县落实全国旅游业改革创新先行区工作任务，引导各地在资金、资源、规划和公共服务等方面探索新机制、新模式，提高旅游及休闲业创新发展水平。（省旅游发展委、省发展改革委、省商务厅、省公安厅等部门按职责分工负责）

（三）住宿餐饮服务。围绕提高服务民生水平，促进家务劳动社会化。推进餐饮企业规范化管理，规模化、连锁化经营。进一步强化中央厨房建设，制定实施我省中央厨房建设服务地方标准。继续实施早餐示范工程和楼宇午餐工程，保障食品安全。大力发展绿色饭店、经济型商务酒店、农家乐餐住、主题特色酒店等满足大众化消费需求的住宿服务业，有序发展高端星级宾馆，促进住宿餐饮企业连锁化、特色化、品牌化发展；积极推进网上订餐和餐饮共享服务；推进鲁菜标准化建设，加强鲁菜推广、传承与创新，实施"山东美食推介工程"和"餐饮标准化工程"，培育鲁菜名师、名菜、名点、名店，形成鲁菜文化品牌，推动住宿餐饮业提质增效；鼓励餐饮企业通过投资建设蔬菜种植基地、建立农商对接蔬菜直采体系，强化食材原材料源头控制；支持龙头企业打造集高品质农产品及食品销售、餐饮连锁经营、便民生活服务于一体的多元化健康饮食及餐饮服务提供商，拉长住宿餐饮产业链。（省商务厅、省工商局、省质监局、省食品药品监管局、省农业厅等部门按职责分工负责）

（四）居民和家庭服务。健全城乡居民家庭服务体系，推动家庭服务市场多层次、多形式发展。整合、提升家庭服务业公共平台，健全服务网络，实现省级服务平台和各市各类服务平台有效对接，建成功能完善、覆盖全省、全天候的信息服务网络体系。制定全省家政服务标准化建设规划，深入推进家政服务业标准化试点，支持我省家政服务企业参与国家、行业标准制定。完善社区服务网点，鼓励发展集婴幼儿看护、养老、保健、婚姻、家政服务、洗衣、家电维修、护理、殡葬等生活性服务于一体的社区生活服务中心。鼓励在乡村建立综合性服务网点，提高农村居民生活便利化水平。鼓励社会力量创办、发展多种形式的家庭服务机构，逐步构建以准员工制为主导、从业人员注册制为主体、公共服务平台为载体的家政服务体系，构建和谐劳动关系，依法推进工资集体协商，切实维护经营者与劳动者的合法权益。（省商务厅、省人力资源社会保障厅、省发展改革委、省质监局、省工商局等部门按职责分工负责）

（五）健康服务。围绕提升健康素质和水平，逐步建立覆盖全生命周期、业态丰富、结构合理的健康服务体系。放宽准入，支持社会资本（含境外资本）举办高水平、专业化的医疗机构；通过社办公助的形式，扶持一批基础好、有技术优势、群众认可度高的社会医疗机构，提供特色专业医疗服务；支持城市二级医院以托管、合作等形式与社会资本合作，加快向康复医院、老年病专科医院和护理医院转型，逐步建立多元化办医格局，提升医疗服务品质。鼓励发展健康体检、健康咨询、健康文化、健康旅游、体育健身、养生保健等健康服务，积极推进医养结合等多业态融合发展，鼓励二级以上综合医院开设老年病科（区），鼓励基层医疗卫生机构向居民家庭护理服务延伸。继承发展中医药健康服务，推广中医养生保健知识及产品，创新中医药健康服务技术手段，丰富中医药健康服务产品种类，扩大中医服务覆盖面和服务半径，提高中医在医疗服务中的比例和市场份额占有率。加快发展"互联网＋医疗卫生服务业"，建立省、市、县、乡四级远程医疗服务协作体系，培养引进高层次人才，建立以行业需求为导向的医学人才培养供需平衡机制，鼓励医师多点执业，促进人才流动。支持医疗服务评价、健康管理服务评价、健康市场调查等第三方健康服务调查评价机构发展。积极发展健康保险，扩大商业健康保险供给，鼓励探索使用职工基本医疗保险个人账户结余资金购买商业健康保险。（省卫生计生委、省人力资源社会保障厅、省食品药品监管局、山东保监局等部门按职责分工负责）

（六）养老服务。围绕满足老年人多样式、多层次、个性化的养老服务需求，以"把养老服务业培育成一个强大服务产业"为目标，着力打造"孝润齐鲁·安养山东"品牌，不断完善服务设施，规范服务模式，努力构建以居家为基础、社区为依托、机构为补充、医养相结合的养老服务体系。突出居家养老，积极运用网络信息技术，发展紧急呼叫、健康咨询、物品代购等适合老年人的服务项目，健全以企业和社会组织为主体、社区为纽带、信息平台为手段、满足老年人各种养老服务需求的社区居家养老服务网络。推动医养结合，鼓励养老服务与相关产业融合创新发展，推动基本生活照料、康复护理、精神慰藉、文化服务、紧急救援、临终关怀等养老服务的发展，对有需求的失能、部分失能老年人，以机构为依托，做好康复护理服务。加快建立完善长期护理保险制度，鼓励开发包括长期商业护理保险在内的多种老年护理保险产品，保障老年人长期护理服务需求。按照"保基本、兜底线"原则，完善基本养老保险制度，适度合理调整基本养老金水平，积极采取政府购买养老服务等方式，为广大老年人提供基本养老服务。积极发展老年人意外伤害保险，提高老年人抗风险能力。加强农村养老服务，统筹农村公共养老服务设施建设，探索符合农村实际需求的养老服务方式。（省民政厅、省卫生计生委、省人力资源社会保障厅、省老龄办等部门按职责分工负责）

（七）文化服务。着力提升文化服务内涵和品质，积极发展具有山东特色的传统文化艺术，鼓励创造兼具思想性、艺术性和观赏性，人民群众喜闻乐见的优秀文化服务产品，不断满足人民群众日益增长的文化服务需求。推进文化创意和设计服务等新型服务业发展，加快数字内容产业发展，推动文化服务产品制作、传播、消费的数字化、网络化进程，推进动漫游戏等产业优化升级。推进新闻出版精品工程建设，以儒学、道教、民俗、考古等元素为着力点，加大对山东传统文化、红色文化的宣传推介力度。积极发展移动多媒体广播电视、网络广播电视等新媒体、新业态，全面实现广播电影电视数字化、网络化。推动传统媒体与新兴媒体融合发展，提升先进文化的互联网传播吸引力。完善文化产业国际交流交易平台，提升文化产业国际化水平和市场竞争力。加快文化产品市场和生产要素市场建设，发展市场中介组织，形成统一、开放、竞争、有序的文化市场体系，降低文化市场交易成本，提高市场运转效率。探索建立文化产业发展众筹平台，推动艺术品评估、产权交易、投资咨询等服务机构建设。（省文化厅、省新闻出版广电局、省经济和信息化委等部门按职责分工负责）

（八）体育服务。加快建设公共体育场地设施，大力营造全民健身良好氛围，培育体育消费观念，大力推动群众体育与竞技体育协同发展，构建门类齐全、结构合理的体育服务体系，重点培育健身休闲、竞赛表演、场馆服务、中介培训等体育服务业；大力发展体育休闲旅游业，打造广大群众日常休闲健身基地和节假日体育旅游精品线路，大力推动康体融合发展，鼓励社会力量开办体质测试、健康咨询和康复理疗等各类机构。鼓励和支持社会力量举办商业性和群众性体育赛事活动，加快推进社会力量办运动队改革，探索建立与市场接轨的新型场馆管理体制和运营机制，鼓励各地以体育场馆等为载体，打造多功能的城市体育服务综合体；探索完善赛事市场开发和运作模式，打造一批国际性、区域性品牌赛事。加快发展普及性广、关注度高、市场空间大的运动项目，大力发展"互联网＋体育"，推广群众参与广泛的网络体育健身项目。普及健身跑、自行车、登山等运动项目，带动大众化体育运动发展；加快发展体育竞赛表演业；支持各地积极开展特色品牌赛事创建活动，形成"一市一品"赛事体系；鼓励体育优势企业、优势品牌和优势项目"走出去"。（省体育局、省旅游发展委等部门按职责分工负责）

（九）法律服务。加强民生领域法律服务，推进覆盖城乡居民的公共法律服务体系建设，重点抓好法律服务实体、热线和网络三大平台建设，实施法律顾问全覆盖工程，大力发展涉外法律服务，基层法律服务执业机构力争实现乡镇全覆盖，加强对弱势群体的法律服务，加大对老年人、妇女和儿童等法律援助和服务的支持力度。大力发展律师、公证、司法鉴定等法律服务业，推动各市全部建成"12348"法律咨询热线运转体系，打造一批享誉全国的知名法律服务机构，引导法律服务机构培育形成特色业务，吸引国内外著名法律服务品牌到我省设立分支机构。发展公益律师服务机构和公益律师队伍，推动法律服务志愿者队伍建设；实施"一市一品牌、一县一亮点"工程，创建一批县域法律服务品牌和项目，发挥示范带动作用。加强律师事务所管理，强化法律服务队伍专业化、职业化建设，将专业技术职务纳入综合考核体系和职业评价体系，建立违法违规执业惩戒制度。建立法律人才专家库，加强对急需紧缺的高层次、复合型法律服务人才的引进、培养力度，加强对涉外法律人才和青年法律人才的培养。（省司法厅、省人力资源社会保障厅等部门按职责分工负责）

（十）教育培训服务。以提升服务质量为核心，发展形式多样的教育培训服务，逐步形成政府引导、以职业院校和各类培训机构为主体、企业参与的现代职业教育体系和终身职业培训体系。在发展模式上向内涵发展、特色发展转型，建设特色名校，调整优化专业结构，为社区居民提供人文艺术、科学技术、幼儿教育、养老保健、生活休闲、职业技能等方面的教育培训服务，提高社区居民综合技能。在培养模式上向培养应用型、技能型人才转型，深化招生制度改革和职业院校课程改革，加强师资队伍建设，提升高校教师的实务教学与应用研究能力；推进教育培训信息化建设，鼓励学校和企业整合线上线下教育资源，探索职业教育和培训服务新方式，发展远程教育和培训，促进数字资源共建共享；建立家庭、养老、健康、社区教育、老年教育等生活性服务示范性培训基地或体验基地，带动提升行业整体服务水平。在办学体制机制上向多元化发展转型，大力推进民办教育健康发展，积极鼓励和引导民间资金进入教育领域，发展股份制、混合所有制职业院校，允许以资本、知识、技术、管理等要素参与办学，建立营利性和非营利性民办学校分类管理制度。（省教育厅、省人力资源社会保障厅、省经济和信息化委等部门按职责分工负责）

三、重大工程

（一）家务劳动社会化工程。

1. 餐饮服务社会化。加强便民网点建设，实施早餐示范工程，鼓励高端餐饮企业发展大众餐饮网点，大力发展具有浓郁文化特色的地方美食。支持大型餐饮企业建设中央厨房，实现集约采购、集约生产，为大众提供质优价廉的一日三餐服务，推广网络餐饮共享服务。支持机关企事业单位食堂向社会开放，推进餐饮服务社会化发展。拓展餐饮网点服务项目，推动发展养老助餐服务。（省商务厅负责）

2. 家政服务多元化。发挥家政服务平台覆盖广的优势，实现省市县家政服务平台有效对接，建成功能完善、覆盖全省城乡居民、全天候的家政信息服务网络体系。积极开展家政服务业示范企业、示范培训基地等创建活动，逐步完善示范评价标准体系，发挥示范带动作用，创建一批知名家庭服务品牌。支持连锁便利店发展网上订货、实体配送等新模式。（省商务厅、省人力资源社会保障厅、省民政厅等部门按职责分工负责）

3. 养老服务便利化。总结推广医养结合、居家养老经验，强化医疗卫生机构与养老机构合作，健全以企业和社会组织为主体、社区为纽带、信息平台为手段，满足老年人各种养老服务需求的社区居家养老服务网络，推进社区居家养老一体化发展。鼓励多元化建设养老基础设施，到 2020 年每千名老人拥有养老床位 35～40 张，民办和公建民营养老机构占比达到 80% 以上。（省民政厅、省卫生计生委、省老龄办等部门按职责分工负责）

（二）生活品质提升工程。

1. 完善旅游公共服务功能。加快游客集散中心、旅游咨询服务中心和智慧旅游建设，全力打造好客山东旅游公共服务"一张网"。加大对旅游厕所的新建改建支持力度，鼓励旅游景区、商业街区、交通枢纽周边的机关、企事业单位厕所向社会开放；继续扶持乡村旅游实施改厨改厕工程；支持全省统一旅游标识标牌，推动旅游服务标准化。（省旅游发展委负责）

2. 推进城乡环卫一体化建设。健全城乡生活垃圾一体化处理体系，鼓励社区创新再生资源回收管理运营机制，支持农村加强无害化卫生厕所改造，2018 年实现全覆盖；支持农村自来水和宽带进村入户，提高群众生活质量。（省住房城乡建设厅、省水利厅、省环保厅等部门按职责分工负责）

3. 推动发展分享经济。围绕衣、食、住、行、康，加快发展智慧出行、住房短租、生活用品租赁、餐厨分享、康体健身等服务平台，支持公众通过获得使用权实现商品、服务消费；鼓励公众将闲置资源通过社会化平台与他人分享并获得收益，实现存量生活性服务业资源利用最大化，促进创新创业，提供新型就业方式，创新商业模式，发展新兴服务业。（省住房城乡建设厅、省商务厅、省交通运输厅、省卫生计生委、省经济和信息化委等部门按职责分工负责）

（三）标准化和品牌引领工程。

1. 推进标准化建设。总结推广标准化程度较高企业的标准化发展经验，加快家政、养老、健康、体育、文化、旅游、法律、教育等领域的关键标准研制与推广，推动服务产品安全标准化，促进企业服务标准化发展并带动相关领域产业化发展。支持生活性服务业骨干企业、行业协会、产业联盟通过制定团体标准，整合产业链上下游企业，联合开拓市场，增加市场服务供给。（省质监局、省安监局、省发展改革委等部门按职责分工负责）

2. 保护传承老字号。支持老字号企业利用连锁经营、电子商务等现代商业模式，拓展营销渠道，扩大经营规模。挖掘省内中华老字号、山东老字号品牌的文化内涵，支持有市场发展潜力的老字号企业创新经营模式，扩大经营规模，提升品牌影响力。（省商务厅负责）

3. 加强品牌建设。加强指导，提升企业商标注册、运用、管理和保护水平。支持生活性服务业企业争创中国驰名商标、山东省著名商标和山东省服务名牌，通过实施品牌战略开拓市场，提高产品和企业知名度、美誉度和市场竞争力。加大招商力度，吸引外来知名企业、品牌产品和服务进入山东市场，满足居民多元化消费需求。（省工商局、省质监局、省商务厅等部门按职责分工负责）

（四）市场主体培育工程。

1. 鼓励支持大众创业。引导各类创业孵化基地、创业园区、众创空间积极吸纳、扶持生活性服务业小微企业发展，优化创业环境，大力支持创业就业。（省人力资源社会保障厅负责）

2. 加快培育小微企业。通过小微企业数据库和小微企业名录向政府部门推送数据，推动小微企业扶持政策公平、公正、公开地落实。综合运用各项政策措施，支持小微企业加快发展；鼓励小微企业加大品牌建设，加快特色化发展。（省经济和信息化委、省工商局等部门按职责分工负责）

3. 做大做强骨干企业。支持生活性服务业骨干企业通过入股、合作、兼并、重组等方式做大做强，着力打造一批标杆性的生活性服务业企业，鼓励其走向省外、国外开拓市场。（省国资委负责）

四、保障措施

（一）扩大改革开放。

1. 优化发展环境。进一步深化行政审批制度改革，切实破除行政垄断、行业垄断和地方保护，建立统一、开放、竞争、有序的服务业市场。进一步深化投融资体制改革，按照国家制定的市场准入负面清单，研究提出我省市场准入负面清单，以清单方式明确列出禁止和限制投资经营的生活性服务业行业、领域、业务等，清单以外的，各类主体皆可依法平等进入，鼓励和引导各类社会资本投向生活性服务业。加快全省政务服务平台建设，推进省、市、县三级互联互通。深化商事制度改革，全面落实"五证合一、一照一码"登记制度，进一步放宽新注册生活性服务业企业场所登记条件。适时推广生活性服务业企业简易注销制度，建立有序的市场退出机制。（省发展改革委、省政府办公厅、省编办、省工商局等部门按职责分工负责）

2. 扩大市场化服务供给。积极稳妥推进事业单位分类改革，加快生活性服务业行业协会商会与行政机关脱钩，进一步扩大生活性服务业要素供给，激发生活性服务业发展活力。加快科技信息技术在生活服务领域的推广与应用，通过实施"互联网＋"战略，培育生活性服务业新业态、新模式，发展个性化定制服务、全生命周期服务、网络精准营销和在线支持服务等，增加服务新供给，形成服务业发展新动力。（省编办、省发展改革委、省民政厅等部门按职责分工负责）

3. 提升国际化发展水平。弘扬山东儒学、鲁菜、中医药等传统文化，推动有条件的生活性服务业企业"走出去"，抓住"一带一路"、京津冀协同发展等战略机遇，推动大企业大集团通过新建、并购、参股等方式，到省外境外布局，设立分销、展示、交易平台。统一内外资法规规章，探索实行准入前国民待遇负面清单管理模式，优化外商投资环境，提高中介服务专业化水平，突出园区招商、产业链招商，吸引国内外知名生活性服务业企业来鲁投资发展。（省商务厅、省发展改革委等部门按职责分工负责）

（二）强化政策支持。

1. 创新财税政策。按照国家部署扎实推进"营改增"改革，确保国家各项服务业税收优惠政策落实到位，加大政策落实情况督查力度。适当增加省级服务业引导资金规模，发挥政府资金的引导作用，加大对生活性服务业发展的支持力度。"十三五"期间，省级每年安排 10 亿元支持养老服务业发展，重点向社区、居家和农村养老倾斜。充分发挥省级服务业创新发展引导基金作用，积极引导参股子基金支持符合条件的生活性服务业企业发展。依法给予中小型家政服务企业减免城镇土地使用税优惠，或在 3 个月内延期缴纳。到 2017 年 12 月 31 日，对年应纳税所得额低于 30 万元（含 30 万元）并符合相关条件的小型微利企业，其所得减按 50% 计入应纳税所得额，按 20% 的税率缴纳企业所得税。对依法登记备案的住房租赁企业、机构和个人，给予税收优惠政策支持，具体细则参照《山东省人民政府关于运用综合政策措施支持扩大消费的意见》（鲁政发〔2016〕22 号）。（省财政厅、省国税局、省住房城乡建设厅、省民政厅等部门按职责分工负责）

2. 拓宽融资渠道。加大上市挂牌企业后备资源培育力度，筛选一批实力强、前景好的生活性服务业企业进行重点培育，支持符合条件的生活性服务业企业上市融资和发行债券，支持符合条件的创新型、创业型和成长型中小微生活性服务业企业到"新三板"挂牌，鼓励挂牌公司进行股权融资、债券融资。鼓励生活性服务业企业通过应收账款质押、预期收益权质押、动产抵押等抵质押贷款业务进行融资，拓展投融资渠道。建立"政银保"合作机制，开展小额贷款保证保险试点工作。积极稳妥扩大消费信贷，开展消费金融公司试点。在风险可控的前提下，探索养老服务机构土地使用权、房产、收费权等抵质押贷款的可行模式；加大创业担保贷款投放力度，支持社区小型家政、健康服务机构发展；探索开展旅游景区经营权和门票收入权质押贷款业务，推广旅游企业建设用地使用权抵押、林权抵押等贷款业务；创新版权、商标权、收益权等抵质押贷款模式，积极满足文化创意企业融资需求；运用中长期固定资产贷款、银团贷款、政府和社会资本合作（PPP）等方式，支持影视院线、体育场馆、大专院校等公共基础设施建设。（省金融办、山东银监局、山东证监局、省财政厅、省发展改革委、省旅游发展委等部门按职责分工负责）

3. 健全价格机制。建立健全以市场为主导的生活性服务业价格形成机制，规范服务价格。深化景区门票及相关服务价格改革，凡具备市场竞争条件的放开价格；对实行政府定价或政府指导价的，从严核定价格。实施旅游淡旺季差别价格机制，鼓励错峰休假旅游。对免费或低收费向社会开放的公共体育设施给予财政补贴。落实国家银行卡刷卡手续费优惠政策，促进生活性服务业企业健康发展。（省物价局、省财政厅等部门按职责分工负责）

4. 完善土地政策。按照土地利用总体规划，优先安排生活性服务业设施建设用地。"十三五"期间，根据省政府确定的养老服务体系建设任务，按照每张床位 50 平方米的标准，安排养老服务设施专项用地指标，应保尽保。科学调整优化服务业土地供应结构，适当增加服务业发展用地，加快对批而未用土地的处置力度，将盘活的闲置土地、依法收回的各类国有土地和具备"净地"供应条件的储备土地，优先用于服务业项目建设。（省国土资源厅、省民政厅等部门按职责分工负责）

（三）改善消费环境。推动生活性服务业企业信用信息共建共享，整合部门和行业现有信用系统，依托信用山东信息平台，强化失信联合惩戒，逐步形成以诚信为核心的生活性服务业监管制度。规范全省价格系统"12358"、工商系统"12315"等部门举报投诉平台，健全质量举报投诉和质量争议协调解决机制，完善系统大数据功能，严厉打击居民消费领域乱涨价、乱收费、消费欺诈、制售假冒伪劣商品等违法犯罪行为，依法查处垄断和不正当竞争行为，规范服务市场秩序，营造良好消费环境，保护消费者合法权益。（省发展改革委、省物价局、省工商局、省质监局等部门按职责分工负责）

（四）强化基础设施建设。加大生活性服务业基础设施建设力度，通过各种形式广泛吸引社会资本投资建设城市停车设施，大力推广政府和社会资本合作（PPP）模式。鼓励企事业单位、居民小区及个人利用自有土地、地上地下空间建设停车场，允许对外开放并取得相应收益。推动跨地区跨行业跨所有制的物流信息平台建设，在城市社区和村镇布局建设共同配送末端网点，提高"最后一公里"的物流配送效率。推动光纤入户和主要城市的城区公共场所免费无线局域网全覆盖，提高带宽和传输效率，大幅度降低宽带费用。完善生活性服务业各项服务配套功能，大力提升服务业要素资源吸附能力、产业支撑能力和对周边产业辐射带动能力。加大农村生活性服务业基础设施建设投入，着力补齐县、乡、村流通、文化、体育等基础设施短板。（省发展改革委、省财政厅、省经济和信息化委、省商务厅等部门按职责分工负责）

（五）健全质量标准体系。以质量考核为抓手，开展第三方顾客满意度调查，推动各级政府、行业主管部门和服务业企业重视服务质量。加强认证认可体系建设，积极推进绿色食品、有机食品、地理标志产品等认证工作，在生活性服务业领域积极开展山东服务名牌创建工作。全面推动诚信计量体系建设，建立诚信计量管理制度，规范集贸市场、餐饮行业、商品超市等领域计量行为。建立健全与国家、行业配套的服务业标准体系，积极推进国家和省级服务业标准化试点，加大标准实施监督工作力度，及时总结推广经验。（省质监局、省工商局等部门按职责分工负责）

（六）强化职业教育和培训。把职业教育和培训纳入全省教育事业"十三五"规划，各相关学校和培训机构要制定实施方案和工作规划，形成工作合力。适应培养应用型、技术技能型人才的需要，逐步提高高校和职业学校生均拨款标准。按照"分类管理，鼓励特色"的思路，全面实施本科高校"分类拨款"机制改革，集中力量，加大"双一流"大学和现代职业教育体系建设等专项经费支持。探索通过地方政府债券、争取国家政策性银行低息专项贷款等多种形式筹集经费，不断拓宽高校和职业学校建设资金来源渠道。支持企业、社会团体和个人等社会力量通过独资、合资、合作等形式举办各类学校。健全政府补贴、购买服务、贷款贴息、基金奖励、捐资激励等制度，鼓励社会力量办学。（省教育厅、省人力资源社会保障厅等部门按职责分工负责）

（七）完善统计制度。严格执行生活性服务业法律法规，强化对专利、商标、版权等无形资产的开发和保护。按照国家统一制定的生活性服务业分类标准，结合我省实际，完善相关统计制度和指标体系，明确相关部门统计任务，把服务业统计工作纳入对各市政府和服务业主管部门的服务业绩效考核内容，建立健全生活性服务业统计信息共享机制，逐步建立生活性服务业信息定期发布制度。各级政府要建立健全工作协调机制，结合当地服务业发展的实际，抓紧研究制定服务业重点行业转型升级实施方案，把生活性服务业作为转型升级的重点，按照"敲开核桃、一业一策"的要求，分行业研究提出对策措施。省政府有关部门要结合职能职责和工作实际，围绕发展生活性服务业的主要目标任务，抓紧研究制定配套政策措施，成熟一项出台一项，同时要积极对接国家重大工程，为生活性服务业加快发展创造良好条件。（省发展改革委、省科技厅、省工商局、省新闻出版广电局、省统计局等部门按职责分工负责）

山东省人民政府办公厅关于加快全省非煤矿山转型升级提高安全环保节约质效管理水平的意见

2016 年 6 月 6 日　鲁政办字〔2016〕95 号

各市人民政府，各县（市、区）人民政府，省政府各部门、各直属机构，各大企业，各高等院校：

2011 年以来，各级、各有关部门和矿山企业，认真贯彻落实中央和省委、省政府关于安全生产工作的一系列部署，扎实开展非煤矿山整顿关闭和攻坚克难工作，取得了初步成效。截至 2015 年年底，全省共关闭矿山 2 283 家，其中，地下矿山 181 家，矿山总数量比 2010 年减少 59.5%，安全生产条件进一步提升，事故总量和死亡人数逐年下降。但矿山的安全、环保、节约、质效仍处在较低水平，较大、重大事故仍时有发生，特别是 2015 年第四季度，接连发生山东盛大矿业公司井下泥沙透出较大事故和平邑县玉荣商贸有限公司石膏矿重大坍塌事故，全省非煤矿山安全生产形势严峻。为稳步推动矿山企业转型升级，全面提升安全保障能力和办矿水平，实现全省非煤矿山安全形势的稳定好转和各项标准的全面提升，经省政府同意，现提出以下意见：

一、总体目标要求

认真落实省委、省政府决策部署，坚持"安全第一、预防为主、综合治理"方针，以"打非治违"和安全、环保、节约、质效等评级为抓手，摸清底数，列出清单，分类施策，依法整治。利用 3 年左右的时间，通过综合整治，全省非煤矿山最低开采规模全部达到《山东省人民政府办公厅关于进一步加强矿山企业安全生产工作的意见》（鲁政办发〔2011〕67 号）要求（金矿 4 万吨/年，铁矿 15 万吨/年，石膏矿 30 万吨/年，粘土矿 5 万吨/年）并有新的提升，安全生产形势实现根本好转，环境保护指标达到国家和省级标准，矿产资源节约集约水平不断提高，质量效益得到有效提升，落后产能实现有序淘汰。

（一）安全生产水平明显提高。生产矿山安全生产标准化达标率 100%，大中型矿山全部达到二级以上安全标准化、规模化、标准化、机械化、信息化、科学化（以下简称"五化"）水平进一步提高。地下矿山全部达到《山东省金属非金属地下矿山安全生产技术和管理规范》要求；露天矿山全部采用中深孔爆破、机械化装岩和液压二次破碎工艺，饰面石材全面采用轮锯开采工艺；四等傍山型尾矿库和三等以上尾矿库全部安装并运行在线监测设施。矿山企业 10 万从业人员生产安全事故死亡率逐步下降，有效遏制重特大事故，全省非煤矿山安全生产形势实现根本好转。

（二）环境保护水平明显提高。矿山环保手续完备，排放的废水、废气应当稳定达到满足国家和地方排放标准和总量控制的要求；临近居民区环境噪声（扣除本底）满足环境标准要求；严格落实环境影响评价文件等提出的生态保护对策与措施，固体废物贮存、处置场所符合国家标准要求，固体废物实现无害化处置；符合安装条件的，必须安装污染物在线监测设施；突发环境应急预案备案率 100%。

（三）矿产资源开发利用水平明显提高。矿产资源"三率"（即开采回采率、选矿回收率、综合利用率）指标达到国家和省级标准，共伴生矿产及一些低品位、难选冶的资源得到利用，矿产资源节约集约开发利用水平不断提高。

（四）矿山地质环境保护水平明显提高。严格控制矿产资源开发对矿山地质环境的破坏，最大限度地减少和避免矿山地质环境问题的发生，改善和提高矿山地质环境质量。对历史形成、责任灭失的重点老空区开展治理，修复矿山地质环境。

（五）行业发展质量效益明显提高。先进适用的工艺和技术在企业生产、管理、运营各环节得到广泛推广利用，数字化矿山建设在规模以上矿山企业得到全面推广，创新科技、高效管理成为矿山企业发展的根本动力。国家明令禁止使用和淘汰的落后设备、技术、工艺得到全面禁止和淘汰。多年亏损、盈利无望的困难企业全面有序退出市场。全行业综合成本不断降低，质量效益不断提高。

二、重点整治任务

（一）开展"打非治违"专项治理。各市、县（市、区）要摸清矿山企业底数，从产业政策、安全生产、环境保护、矿产资源开发利用以及开采工艺装备、人员资质、质量效益、工商登记、项目审批等方面，全面查清现有非煤矿山企业的现状和问题；在全省范围内开展"打非治违"专项整顿集中行动，对非法矿山企业和违规矿山项目进行全面清理整治。按照"全覆盖、零容忍、严执法、重实效"的要求，对非法设立、不符合国家产业政策和安全生产条件、矿产资源开发利用"三率"达不到国家和省级最低标准、不符合环保要求的矿山，依法坚决予以关闭。同时，加强对废弃矿井的巡查，严厉打击向废弃矿井倾倒有毒有害污染物的行为。因政策性关闭矿山企业，由当地政府负责组织实施，并按照有关规定做好关闭矿山的闭坑地质报告、水土保持、土地复垦、生态恢复和环境保护等工作，依法吊销企业相关证照，并向社会公告。对被责令关闭又擅自恢复生产经营的矿山企业，由当地政府组织有关部门依法强制取缔，并严肃追究有关责任人的责任；构成犯罪的，依法追究刑事责任。

（二）严格把好矿山建设项目准入关。各级政府和有关部门要认真履职尽责，切实把好审批关口，严格执行项目准入规定，从源头控制新增非煤矿山建设项目。

提高矿山建设项目准入门槛，严格审查新上项目的条件和手续。综合考虑安全保障水平、环境容量、排放标准、投入产出等因素，"十三五"期间原则上不再新批地下开采非煤矿山项目。"十三五"之后，确需批建的也要严格审批标准。新建露天矿山一律不低于各设区市政府规定的最低开采规模。严格限制在环境敏感区域建设资源开发项目；严禁在自然保护区内开展任何矿产资源开发活动，建设任何生产设施。禁止在饮用水水源一级保护区内新建、改建、扩建与供水设施和保护水源无关的建设项目；禁止在饮用水水源二级保护区内新建、改建、扩建排放污染物的建设项目；禁止在南水北调工程调水沿线区域核心保护区新建、改建、扩建直接向水体排放污染物的矿产资源开发项目。

矿山企业新建、改建、扩建工程项目的安全、环保等设施，必须与主体工程同时设计、同时施工、同时投入使用；已核准（备案）的项目，必须在通过矿产资源开发利用方案审查、环保影响评价、安全条件审批、矿山地质环境保护与治理恢复方案审查和取得采矿许可证后方可开工建设；项目建成后，安全、环保等未经验收合格的，一律不得投入生产和使用。

（三）实施矿山企业"四评级"制度。按照全省矿山企业安全生产、环境保护、矿产资源开发利用、质量效益等方面的综合评级指标（详见附件4~10），对所有矿山企业进行"四评级"。单项评级和综合评级分别对矿山企业评出"优""中""差"三个等次，对安全生产、环境保护、矿产资源开发利用、质量效益，单项评为"差"的，总评类别即为"差"。通过评级实施三个"一批"，即发展壮大一批、规范提升一批、关闭淘汰一批。总评类别为"优"的企业，列入"发展壮大"一批名单，给予重点扶持；总评类别为"中"的企业，列入"规范提升"一批名单，制定整改方案限期完善提升；总评类别为"差"的企业，经整改后仍未达到法定条件的，列入"关闭淘汰"一批名单，依法予以吊销许可证、责令停产停业，或者撤回许可证、兼并重组。在评级的基础上，各有关部门要建立完善矿山企业安全生产、环境保护、矿产资源开发利用、质量效益管理等台账，依法规范监管。

停产矿山暂不纳入"四评级"范围。恢复生产前，要按照有关规定组织复产检查验收，具备安全生产条件后方可恢复生产。恢复生产后再开展"四评级"活动。

（四）提高矿山企业本质安全水平。（1）全面落实矿山企业安全生产主体责任。要依照《安全生产法》和《山东省生产经营单位安全生产主体责任规定》等法律规章，监督矿山企业逐条逐项落实安全生产主体责任。（2）严格执行矿山安全规程标准。所有地下开采矿山必须严格执行《山东省金属非金属地下矿山安全生产技术与管理规范》，凡达不到标准要求的，一律不得生产。（3）切实加强技术管理。矿山企业领导班子成员中至少要有1名中级以上技术职称的矿山专业人员。地下矿山要设立总工程师（技术负责人），在矿长领导下全面负责矿山的技术管理，加强施工组织设计、作业规程的编制、审批。总工程师必须具备本科以上学历，中级以上技术职称，其安全生产知识和管理能力应当经安全生产监管部门考核合格。地下矿山至少配备具有中级以上职称或者本科以上学历且具有3年以上地下矿山工作经验的采矿、地测、机电专业技术人员各1名。（4）不断加强安全生产培训。矿山企业每年要制定培训计划，保证培训所需经费，依法组织开展全员安全培训，不断提升从业人员的安全意识、素质和自救互救能力。主要负责人和安全管理人员要按国家有关规定参加安全培训。地下矿山企业主要负责人、安全管理人员的安全生产知识和管理能力必须经省安全生产监督管理部门统一考核合格。其中矿长、分管安全生产的副矿长、总工程师、安全管理部门负责人、外包队伍主要负责人要集中培训，统一考核。特种作业人员必须符合规定的从业资格条件。从业人员应当按《金属非金属矿山安全规程》规定的时间接受安全培训，熟悉有关安全生产规章制度和安全操作规程，具备必要的安全生产知识，掌握本岗位的安全操作技能，了解事故应急处理措施，知悉自身在安全生产方面的权利和义务，未经安全培训合格的从业人员，不得上岗作业。（5）加快实施矿山企业科技强安。鼓励有能力的矿山企业研制开发先进适用的技术、装备和工艺，积极引进推广新技术、新工艺、新装备，按规定淘汰落后技术、工艺、装备，不断提升矿山的技术装备水平。鼓励支持中小矿山企业聘请专家队伍和专业机构为其提供安全管理和技术服务。（6）强化矿山设备设施安全管理。要着力抓好矿山企业特别是地下开采矿山通风防火、提升运输、防治水、采空区"四个关键环节"的安全生产。地下矿山提升运输、供电、排水、通风、应急救援等设备设施应使用已取得安全标志的矿用产品，严禁使用国家明令禁止或淘汰的落后工艺、技术和装备。新建、改建、扩建矿山用于提升人员的竖井，除不具备条件外，一律选用多绳摩擦式提升机，并作为"三同时"审查的主要内容之一。现有使用单绳缠绕式提升机提升人员的生产矿山企业，要积极创造条件更换为多绳摩擦式提升机；在未更换前，要加强监测监控，确保安全。地下矿山要完善并有效使用安全避险"六大系统"，2016 年年底前须将井下人员定位系统、监测监控系统与当地安全监管部门的安全生产综合信息平台联网对接。（7）提高监管的效率和防控智能化水平。加快建立健全非煤矿山"三个体系一个平台"，即风险分级管控体系、隐患排查治理体系、行政执法体系和综合信息平台，实现"双重"防控和省、市、县、矿山企业"三个体系"信息互联互通，提高监管的效率和防控的常态化、规范化、智能化水平。（8）持续推进"五化"建设。在大型矿山，以提升运输、通风、排水、供电等系统自动化建设为重点，着力提高现代化水平，实现自动化减人；在中型矿山，以掘进、采矿、运输等环节机械化建设为重点，减少用工人数，实现机械化换人；在小型矿山，以规模化建设为基础，全面深化以岗位达标和专业达标为重点的标准化建设。（9）加大采空区和水害隐患治理。2016 年年底前，采用崩落法开采的地下金属矿山，要全部改造为充填采矿法；采用空场法开采的要改造为充填法或及时进行嗣后充填，消除采空区危害。石膏矿山等非金属地下矿山具备采空区崩落条件的，严格顺序崩落，崩落一段生产一段，严禁形成大面积采空区，未崩落塌实的，不得生产；因水文地质条件复杂不具备崩落条件的，要顺序回填采空区或者采取其他治理措施，未按设计填实或治理的，严禁生产。矿山企业要全面准确掌握矿区范围内采空区及周边老空区及其地质构造、含水层、积水等详细情况，凡存在水害隐患的，要采取疏干、围幕注浆等有效措施，配备适应工作要求的探放水设备，建立和健全防水、排水系统。（10）加强露天矿山和尾矿库安全监管。露天矿山与周边矿山安全距离应不少于 300 米，台阶高度和边坡角要符合有关设计规范要求。尾矿库运营企业要推广使用干式堆放、一次性堆坝、尾砂充填利用等工艺；上游式尾矿坝堆积至最终设计坝高的二分之一到三分之二时，要对坝体进行一次全面勘察，并由有资质的设计单位进行稳定性专项评价；四等傍山型、山谷型尾矿库和三等以上尾矿库全部安装和使用在线监测设施。

（五）深化矿山企业污染治理。依法落实矿山企业环境保护的主体责任，实施更加严格的矿山生态保护和修复措施。矿山排放废水的受纳水体应满足水环境功能区划的要求，固体废物贮存处置场所的运行管理、废气废水的监测处理、地下水的监测监控等应当符合国家和地方标准要求。

（六）搞好矿产资源节约集约利用。加强矿山资源开发利用的规划引导，进一步优化矿山开发布局。矿山企业应健全完善地测机构，配备地质、采矿等专业人员。矿山企业的矿产资源开发利用统计年报、开采信息公示，要如实反映矿山企业开采情况和资源利用情况。建立矿产资源节约集约评价标准，加强矿山企业"三率"指标考核，提高资源节约综合利用水平。

（七）积极开展采空区治理工作。矿山企业停办或者关闭前，要认真履行采空区治理义务，及时消除安全隐患。对历史形成的采空区，要全面摸清底数，逐一编制治理方案，采取切实有效措施进行全面治理。

（八）全面提升质量效益。按照"规模化开采、绿色环保化生产、标准化管理"的要求，强制淘汰落后装备工艺，推广先进适用新技术。大力推广数字化矿山建设，用先进技术保证矿山安全、质量和效益的综合提升。对长期亏损、扭亏无望、不能适应市场竞争环境的企业强制退出。

三、实施步骤

各市、县（市、区）政府按照"属地管理、分级负责"的原则，加快推进非煤矿山转型升级，提高安全、环保、节约、质效管理水平。利用3年左右时间，分4个阶段实施，各阶段要突出重点，压茬进行，交叉开展，时间进度服从质量效果。"打非治违"、隐患排查整改要贯穿全过程，"打非治违"要与全省正在开展的安全生产隐患大排查快整治严执法集中行动有机结合起来，加大措施，依法查处，查必见效。评级工作要严格按照规定的内容和标准，分批次进行，必要时可聘请专家参与。评级结果要通过政府门户网站等媒体向社会公布。

（一）排查摸底与"打非治违"阶段（2016年6~12月）。各市、县（市、区）政府要迅速组织力量对辖区内矿山企业逐一排查摸底，结合实际制定落实方案，全面开展"打非治违"专项治理，从速消除一批安全隐患，做到不留盲区、不漏一企。各市汇总排查摸底情况（1县1册），经市政府负责同志审核签字后，于2016年9月底前，连同各市政府制定的具体落实方案一并报省非煤矿山转型升级联席会议办公室（以下简称省矿山转型办）备案。各市将"打非治违"情况于2016年11月底前上报省矿山转型办。临沂市作为试点要率先开展工作。

（二）综合评级并限期整改阶段（2017年1~12月）。根据排查摸底情况，在企业自评的基础上，各市、县（市、区）政府组织开展矿山企业"评级"，建立信息全面、数据准确的"评级"档案。2017年8月底前，各市、县（市、区）要根据不同评级结果，逐个制定整治方案，做到"一矿一策"，敦促企业限期整改到位，经限期整改仍未达到要求的，依法予以关闭。

（三）检查验收与完善阶段（2018年1~6月）。2018年6月底前，各市要完成对所属县（市、区）开展矿山企业"四评级"的复核验收并形成书面报告上报省矿山转型办。

（四）巩固提升与总结评估阶段（2018年7~12月）。2018年年底前，组织开展一次"回头看"检查，对停产停业整顿、取缔关闭、改造提升的企业进行复查，消除矿山企业事故隐患，提高矿山企业总体安全生产、环境保护、矿产资源开发利用和质量效益水平。各市、县（市、区）政府对3年工作进行全面总结。

四、保障措施

（一）加强组织领导，密切协作配合。坚持全省统一部署、市县政府负责、部门指导协调、各方联合行动，严格落实各级政府和有关部门的属地监管责任，严格落实矿山企业的安全、环保、节约、质效主体责任，建立有目标、有任务、有考核、有奖惩的责任体系。省政府建立由分管领导同志为总召集人的联席会议制度，定期听取汇报，调度进展情况，集中研究解决相关问题。省非煤矿山转型升级联席会议办公室设在省安监局，省经济和信息化委、省国土资源厅、省住房城乡建设厅、省环保厅、省地震局为副主任单位。各市、县（市、区）要建立相应工作机制并明确牵头部门，统筹协调推进，确保工作实效。

（二）完善政策措施，形成工作合力。要加强安全、环保、节约、质效等地方性法规建设，推动出台配套规章。推动技术力量雄厚的大型矿业集团兼并重组小矿和小矿之间整合重组，矿山比较集中的县（市、区），可借鉴成立专门集团公司的经验做法，对辖区内矿山实行统一管理。鼓励专业化安全管理团队以托管、入股等方式管理矿山。积极用好财政、土地、就业等优惠政策，鼓励矿山企业就地转产。要创新投融资方式，充分运用相关政府股权投资引导基金，并吸引社会资本支持重点矿山企业隐患整改、污染治理，加快转型升级。农村危房改造资金要优先重点安排受采空区威胁的村庄；地方政府债券要把采空区的治理作为重点。同时，要用好土地增减挂钩等政策，统筹安排资金用于采空区和尾矿库的治理，省财政要安排相关资金，按规定进行奖补。

（三）强化督导检查，加大执法力度。省矿山转型办要适时组织有关部门对各市工作进展情况进行督导检查。各市、县（市、区）安全生产监管部门要加强综合协调，采取暗查暗访、随机抽查、"回头看"检查以及联合执法、公布"黑名单"、集中曝光警示和约谈相关负责人等多种方式，推动工作落实。矿山企业发生生产安全事故的，一律按照"四不放过"的原则严肃查处、挂牌督办；对隐瞒不报和不查隐患、不整改落实的责任企业和人员，要依法严肃追责。对工作不力、行动迟缓、问题突出的地区和部门，进行通报批评；对从中发现的违法违纪线索和相关部门及人员失职渎职行为，要依法依纪严肃查处。

（四）广泛宣传引导，营造良好氛围。各级、各部门要充分运用报刊、广播、电视和网络等新闻媒体，加强安全、环保、节约、质效等法律法规、产业政策、行业标准的宣传，搞好政策解读，使广大矿山企业进一步提高认识，自觉抓整改、上水平、促发展，引导广大公众积极参与。

　　附件：1. 山东省非煤矿山转型升级联席会议组成人员名单
　　　　　2. 全省非煤矿山采空区治理方案
　　　　　3. 全省尾矿库治理方案
　　　　　4. 山东省非煤矿山企业（地下矿山）安全生产评级标准（试行）
　　　　　5. 山东省非煤矿山企业（露天矿山）安全生产评级标准（试行）
　　　　　6. 山东省尾矿库安全生产评级标准（试行）
　　　　　7. 山东省非煤矿山企业环境保护评级标准（试行）
　　　　　8. 山东省非煤矿山矿产资源开发利用评级标准（试行）
　　　　　9. 山东省非煤矿山企业质量效益评级标准（试行）
　　　　　10. 山东省非煤矿山企业总评级表

附件 1：

山东省非煤矿山转型升级联席会议组成人员名单

　　总召集人：张务锋（副省长）
　　召 集 人：周鲁霞（省政府办公厅副主任）
　　　　　　　李　琥（省国土资源厅厅长）
　　　　　　　付　伟（省安监局局长）
　　成　　员：许竹升（省发展和改革委员会副巡视员）
　　　　　　　王万良（省经济和信息化委员会副主任）
　　　　　　　宋文旭（省财政厅副厅长）
　　　　　　　张庆坤（省国土资源厅巡视员）
　　　　　　　李兴军（省住房城乡建设厅副厅长）
　　　　　　　葛为砚（省环保厅副厅长）
　　　　　　　赵卫东（省安监局副局长）
　　　　　　　姜久坤（省地震局副局长）

　　联席会议办公室（省矿山转型办）设在省安监局，付伟同志兼任办公室主任，王万良、张庆坤、李兴军、葛为砚、赵卫东、姜久坤同志兼任办公室副主任。联席会议不作为省政府议事协调机构，工作任务结束后自行撤销。

附件2：

全省非煤矿山采空区治理方案

为彻底消除非煤矿山采空区安全隐患，保障人民生命财产安全，确定在全省范围内开展非煤矿山采空区治理工作，制定以下工作方案。

一、治理目标

查清全省非煤矿山采空区基本情况；开展预防、治理和监测工程，3年内完成全省具有较大安全隐患的重点非煤矿山采空区治理任务，建立非煤矿山采空区安全隐患防治长效监管机制，保障人民生命和财产安全。

二、治理范围

本次调查治理的工作范围为历史以来全省范围内所有非煤矿山地下开采形成的采空区。

各市、县（市、区）政府要根据本地矿产资源开发利用实际情况，以防范突发性采空区坍塌为重点，划定本地区调查治理的重点，对以下地区尤其要高度重视：济南历城、章丘铁矿、粘土矿开采区；青岛北部金、铁开采区，莱西、胶州等地重晶石、萤石开采区；烟台招远、莱州、龙口、牟平等金矿开采区，栖霞滑石、多金属矿开采区；淄博淄川、张店、博山等铁矿、粘土、陶瓷土开采区；泰安石膏矿开采区；莱芜铁矿开采区；临沂沂水、兰陵铁矿开采区，兰陵、平邑石膏矿开采区；枣庄市中、峄城铁矿开采区，峄城石膏矿开采区。

三、方法步骤

（一）开展非煤矿山采空区调查评价（2016年6～10月）。矿山企业自行或者委托有地质灾害危险性评估资质的地质勘查单位或中介机构对所有采空区开展详细调查，开展危险性评价，编制采空区分布图、建立采空区数据库，为综合防治提供基础依据。

1. 开展采空区调查。摸清采空区位置、分布范围、体量规模、形成时间、危险性和防治责任主体等基本情况。

（1）资料搜集与调查访问。调查搜集区内相关环境地质、水文地质、矿山地质成果，矿山开采历史，开发利用方案和矿山安全设施设计、矿山采掘工程平面图、井上井下对照图、矿山开采工程布置图，有无突发性采空区坍塌发生及其发生时间、塌陷面积、塌陷深度、造成的人员伤亡和财产损失情况，以往采空区调查、监测、治理情况及成果，地表变形情况和防治措施等资料。

（2）地面调查。主要包括：工作区地形地貌、地质构造以及水文地质特征，矿层分布及范围、开采深度和厚度、开采方式，不良地质现象类型、分布位置与规模，地表变形和建筑物变形等方面。

（3）采空区勘察。通过资料搜集与调查访问、地面调查工作还不能查明采空区特征时，应辅以必要的物探、钻探、井下三维扫描及岩土测试等手段，进行采空区勘察。

2. 开展采空区稳定性、危险性评价。根据调查结果，对采空区顶板稳定性和突发性坍塌的危险性进行评价，划定突发性采空坍塌隐患区和危险区。

3. 编制采空区分布图，建立数据库。根据调查结果，建立采空区调查情况数据库，编制采空区平面及断面分布图并实行动态信息跟踪管理，为开展采空区治理和管理工作奠定基础。

4. 编制提交调查成果。调查评价结束后，提交以下成果：（1）调查评价报告。内容主要包括：调查区地质环境条件、矿山开采历史和开采情况，采空区分布及特征、采空区顶板稳定性评价、采空区危险性评价以及采空区治理措施建议、治理责任人等内容。（2）采空区平面分布及危险区分区图；采空区断面分布图。（3）采空区调查数据库。

（二）编制非煤矿山采空区防治规划（2016 年 11～12 月）。对各矿山调查结果进行汇总，组织编制市、县（市、区）非煤矿山采空区防治规划，由地方政府印发实施。防治规划包括规划文本、编制说明、防治规划图、重点防治工程规划表四部分。

1. 规划文本。内容包括：总则、采空区概况、规划编制指导思想和基本原则、规划目标、防治任务和防治重点、主要措施和工作部署、保障措施等。

2. 编制说明。内容包括：任务由来、编制依据、章节组成、编制单位和组织形式、编制过程、主要成果、有关问题说明等。

3. 防治规划图。主要包括：本辖区采空区分布及危险性评价图、防治规划图。

4. 重点防治工程规划表。主要包括：防治工程名称、治理对象、治理面积、工程措施、计划实施时间、资金预算、治理责任等。

（三）编制非煤矿山采空区防治方案（2017 年 1～3 月）。根据防治规划，按照"一矿一策"的要求，对存在突发性采空坍塌隐患的重点非煤矿山采空区逐个制定具体防治方案。采空区防治方案由防治方案文本、施工图及附件三个部分组成。

1. 防治方案文本。内容包括：编制依据、防治目标、防治区范围、预防措施、治理工程设计、监测工程设计、施工组织设计、投资估算等。

2. 施工图。主要包括以下图幅：地质环境条件图、工程地质剖面图、总平面布置图、分项工程平面布置图、分项工程典型剖面图、监测布置图、重点项目和部位细部大样图、新工艺和新方法实施说明及大样图等。

3. 附件。主要包括：设计工程量计算书、基础资料统计表、治理工程预算书、治理工程设计试验报告等。

（四）实施预防和治理工程（2017 年 4 月～2018 年 10 月）。根据防治方案要求，实施重点非煤矿山采空区预防、治理和监测工程。治理结束后，由市、县（市、区）政府组织验收。对于验收不合格的，要重新组织治理，直到合格为止。

1. 对尚未开展治理或无法开展治理工程而留存突发性采空区坍塌隐患的，通过安置警示牌、发放避险明白卡、制定避险应急预案、开展搬迁避让等预防措施，做好险情和安全隐患防范工作。

2. 通过采取工程措施，彻底消除突发性采空区坍塌等安全隐患和险情。对于埋深较浅采空区治理措施主要有：开挖回填、高能量强夯、全部垮落法等措施；对于埋深较深的采空区治理措施包括充填注浆、覆岩结构加固补强及灌注桩等措施。

3. 做好非煤矿山采空区监测工作，对分布范围较大或危险性较大的采空区，必须布设地表变形监测工程，查明地表变形特征、变化规律和发展趋势，为防治工作提供依据。

（五）检查总结（2018 年 11～12 月）。采空区治理工作结束后，各市要按照采空区治理职责分工，分别向省国土资源厅、省安监局写出书面总结，汇总后报省政府。

四、责任分工

（一）各市政府。负责全面组织、协调本市非煤矿山采空区的调查治理工作，编制本市防治规划、建立数据库；筹集资金，组织实施本市历史形成、责任灭失非煤矿山重点采空区调查和防治工程，组织、监督检查本市重点非煤生产矿山采空区调查和防治，对所属县（市、区）调查治理工作进行监督管理和验收。

（二）各县（市、区）政府。组织开展本县（市、区）采空区调查治理工作，编制本县（市、区）防治规划、建立数据库；筹集资金，组织实施本县（市、区）历史形成、责任灭失非煤矿山采空区调查和防治工程，组织、监督检查本县（市、区）非煤生产矿山采空区调查和防治，并对辖区内各调查和防治工程开展验收，消除安全隐患，防范安全事故发生。

（三）各级国土资源部门。指导监督历史形成、责任灭失非煤矿山采空区调查治理工作，用好用足城乡建设用地增减挂钩政策，协调解决受采空区安全威胁村庄搬迁安置的用地指标，组织开展搬迁选址的地质灾害危险性评估。

（四）各级安全监督管理部门。监督地下生产金属矿山全部采用尾砂或者废石回填工艺，严禁出现新的采空区。监督采用空场法的地下生产非金属矿山具备采空区崩落条件的，严格顺序崩落，崩落一段生产一段，严禁形成大面积采空区，未崩落塌实的，不得生产；水文地质条件复杂不具备崩落条件的，顺序回填采空区或者采取其他治理措施，未按设计填实或治理的，严禁生产。

（五）各级财政部门。负责筹措历史形成、责任灭失矿山采空区调查治理经费，会同有关部门修改相应资金使用办法，做好资金拨付以及资金使用情况监督。

（六）各级住房城乡建设部门。负责将受采空区安全威胁村庄纳入棚户改造区范围。整合棚户区改造、农村新型社区建设、农村危房改造、抗震防灾等有关规划的统筹实施。

（七）各级地震监测部门。负责受采空区安全威胁村庄搬迁选址的地震安全性评价等工作，加强采空区塌陷地震的监测，为破坏性塌陷预测提供依据。

（八）非煤矿山生产企业。生产矿山和可以找到责任人的闭坑、关闭矿山是采空区调查治理的责任主体，负责开展本矿山采空区调查评价，编制防治方案，按照有关要求实施预防、治理和监测工程，消除安全隐患。

附件 3：

全省尾矿库治理方案

为进一步强化责任落实、强化依法治理、强化综合整治，彻底消除全省尾矿库安全隐患，制定以下方案。

一、治理目标

通过 3 年专项治理，完成"头顶库"治理任务，全面消灭病库，关闭不具备安全生产条件的尾矿库，依法取缔各类非法尾矿库；四等傍山型、山谷型及三等以上尾矿库全部建立在线监测系统，并有效运行；健全和完善尾矿库安全监督管理体制，消除尾矿库重大安全隐患；建立尾矿库应急救援联动机制；促进企业建立和完善尾矿库安全管理制度，加强现场管理和推广一次性筑坝、干式排尾、尾砂充填、尾矿综合利用等先进适用技术；尾矿库安全生产管理水平得到有效提高，安全生产条件得到明显改善，生产安全事故得到有效防范。

二、治理任务

（一）严格督促尾矿库企业落实主体责任。一是建立健全尾矿库安全生产责任制、规章制度和安全技术操作规程，特别是健全防汛责任制和事故隐患排查治理制度，对尾矿库实施有效的安全管理；建立安全管理机构或者配备安全管理人员。二是加大尾矿库风险评估和隐患排查治理工作，每 3 年至少进行一次安全现状评价；上游式尾矿坝堆积至最终设计坝高的二分之一到三分之二时，对坝体进行一次全面勘察，并进行稳定性专项评价。三是切实提高作业人员安全生产和环境保护意识，预防因"三违"造成的尾矿库生产安全事故和突发环境事件。四是按规定足额提取和合理使用尾矿库安全生产费用，确保在当前矿业经济仍然比较低迷的情况下，尾矿库企业安全生产保障措施落到实处。

（二）加大对"头顶库"等尾矿库治理力度。一是对下游 1 000 米以内有受影响居民和重要设施的"头顶库"，一律不再审批加高扩容，运行到设计最终标高或者不再进行排尾作业时，按规定程序实施闭库。二是加强对下游 2 000 米以内有受影响居民和重要设施"头顶库"的安全管理，在相应安全防范措施上，一律按提高一个等别的标准和要求进行管理。三是加强对回采尾矿库的监督管理，严禁边回采边排放，防止尾矿回采对尾矿坝安全造成影响，尾矿全部回采后不再进行排尾作业的，企业要及时报安监部门履行注销手续。四是以非煤矿山安全生产专家"会诊"监管、风险分级监管为抓手，做好尾矿库安全风险分级管理，切实提高尾矿库科学化安全监管水平。

（三）严格落实尾矿库闭库责任。生产经营单位在尾矿库运行到设计最终标高或者不再进行排尾作业的，要在 1 年内完成闭库工作，闭库要进行闭库前安全现状评价和闭库设计。尾矿库闭库后的安全管理由原生产经营单位负责；解散或者关闭破产生产经营单位的已关闭尾矿库安全管理工作，由生产经营单位出资人或其上级主管单位负责；无上级主管单位或者出资人不明确的，由当地县级以上人民政府指定管理单位。

（四）做好闭库尾矿库土地复垦工作。督促企业严格履行闭库尾矿库的土地复垦义务。尾矿库闭库后，土地复垦义务人应严格按照土地复垦方案要求完成土地复垦义务，并及时向项目所在地国土资源部门申请验收。

三、职责分工

按照属地管理的原则，以尾矿库所在市、县（市、区）政府为主，按照先急后缓、标本兼治、系统治理的原则，全面开展治理工作。国土资源部门负责尾矿库土地复垦验收等工作。安全生产监管部门负责在用尾矿库的安全监管；监督在用尾矿库使用单位严格执行安全生产法律、法规和标准。发展改革部门负责检查尾矿库相关建设工程的立项核准情况。环保部门负责加强尾矿库环境安全隐患的检查和监管；对尾矿库企业进行排污登记；检查企业弃库、闭库环境安全管理责任落实情况；指导地方和企业编制完善尾矿库环境安全应急预案；督促地方和企业整治尾矿库超标排污问题。财政部门负责统筹安排资金用于支持尾矿库治理。

四、方法步骤

（一）调查摸底（2016 年 6 ~ 7 月）。安全生产监管部门负责对全省尾矿库安全运行情况调查摸底，并形成专题报告，进一步摸清尾矿库的安全基础、运行状况、主要安全隐患等；其他相关部门按照工作职责调查摸底。各部门摸底数据实行共享。调查摸底工作可以委托具有能力的中介机构进行，确保尾矿库调查摸底的准确性，为尾矿库治理工作提供数据支撑。在调查摸底的基础上，按照《尾矿库安全技术规程》，对尾矿库安全度进行分类和评级。

（二）制定方案（2016 年 8 ~ 9 月）。按照"一库一策"的要求，对尾矿库逐个制定治理方案，针对每个尾矿库的总体状况和个体差异，有针对性地提出具体治理方案。尾矿库治理方案的内容包括：1. 尾矿库现状及安全设施等基本情况；2. 尾矿库现存危险有害因素和整改难易程度分析；3. 治理达到的目标和要求；4. 采取的方法和措施；5. 经费和物资要求及配备；6. 负责治理的机构和人员；7. 治理的时限要求；8. 安全设施和应急预案。

（三）集中治理（2016 年 10 月 ~ 2018 年 9 月）。按照尾矿库治理方案的要求，有计划、有步骤逐个进行治理。关闭取缔非法和不具备安全生产条件、严重污染环境的尾矿库；将调洪库容小和影响饮水安全、存在重大安全隐患的尾矿库作为治理工作的重点；对下游有受影响居民和重要设施的"头顶库"进行升级改造，提高设计等级或按设计等级上限加固坝体、完善防洪设施及安全监测设施；严格按照有关法律法规和标准要求，加大治理力度，落实安全措施和资金，按期完成专项治理工作；治理结束后，由设区的市政府组织有关部门进行验收，验收人员要签字、备案，对于验收不合格的，要重新组织治理，直到合格为止。

（四）检查总结（2018 年 10 ~ 12 月）。尾矿库专项治理工作结束后，各市要将书面总结材料报省安监局。省安监局会同有关部门对各市尾矿库治理工作进行全面检查、总结，并形成报告报省政府。

附件4：

山东省非煤矿山企业（地下矿山）安全生产评级标准（试行）

_____市_____县（市、区）　　　　　　　　企业名称：_____

项目	评级内容	分值	计分方法	考核方式	得分
一、基本条件（10分）	1. 建设项目"三同时"各阶段资料真实、齐全、完整；基建、生产矿山相关证照齐全有效；自主爆破的矿山爆破作业单位许可证有效，其他矿山有与有资质单位签订的爆破协议	3	证照缺一种或失效不得分；"三同时"资料不全，每项扣1分	查阅相关证照建设项目手续	
	2. 企业成立安全管理机构；主要负责人、安全管理人员、特种作业人员齐备并持证上岗	1	无机构不得分；一人不具备资格扣0.5分	查阅机构成立文件，查阅人员资格证书	
	3. 企业参加安全生产责任保险，按规定提取和使用安全费用	1	无相应票据、提取不足或无当年投入计划和使用台账不得分	查阅责任险交费票据、当年安全投入计划、安全费用提取和使用台账	
	4. 企业领导班子至少有1名专业人员；设立总工程师（技术负责人）并配备符合条件的地测、采矿、机电专业技术人员	2	缺一项不得分	查任命文件和有关资质证书	
	5. 矿山安全出口满足要求；建立机械通风、排水系统；井口标高高于当地最高洪水位1m；提升、通风、排水等特种设备设施检测检验合格有效；一级负荷采用双回路、双电源供电，六大系统正常运转；未使用淘汰设备及工艺	3	每项不符合要求扣1分；使用淘汰设备及工艺不得分	现场检查安全出口、提升设备、通风设备、地表排水、供电、淘汰设备情况，查一级负荷的检测报告	
二、安全管理（10分）	1. 安全管理程序文件和印证材料满足：（1）建立健全以法定代表人负责制为核心的各级安全生产责任制。（2）健全完善安全目标管理、领导下井带班、安全例会、安全检查、安全教育培训复训、生产技术管理、机电设备管理、安全费用提取与使用、重大危险源监控、安全隐患排查治理、安全技术措施审批、特种作业管理、劳动防护用品管理、职业危害预防、生产安全事故报告和应急管理、安全生产奖惩、安全生产档案管理等制度；并保存有完整的运行记录。（3）建立健全各类安全技术规程、操作规程	3	安全生产责任制不全或未及时修订扣1分，各类制度、安全技术规程、操作规程缺一项扣0.1分；缺一项记录扣0.5分	查阅企业安全生产责任制、制度、安全技术规程、操作规程	
	2. 图纸满足：（1）保存完整、及时更新以下图纸：矿区地形地质和水文地质图，井上、井下对照图，中段平面图，通风系统图，提升运输系统图，风、水管网系统图，充填系统图，井下通讯系统图，井上、井下配电系统图和电气设备布置图、井下避灾路线图、安全避险"六大系统"布置图等。（2）井上、井下对照图应清楚标记矿区范围、开采移动范围、地表塌陷区、主要工业场地的位置等信息。如存在相邻矿山，一并标注相邻矿山的矿区范围、开采移动带及其井下主要井巷工程，并定期交换必要图纸。（3）中段平面图应清楚标记采空区（包括已充填采空区）、废弃井巷和计划（年度）开采的采场（矿块）的位置、数量等。（4）通风系统图清楚标记主通风机位置、型号、数量以及主要通风构筑物位置等	2	缺一项图纸扣0.5分；每一项图纸不完善，扣0.1分	查阅图纸	
	3. 外包工程承包单位备案资料齐全有效，与发包单位签订安全生产管理协议，一个生产系统分项发包不得超过3家，不得将主通风、主提升、供排水、供配电、主供风系统及其设备设施的运行管理进行外包	2	无备案资料扣2分，其他每项不满足要求扣0.5分	查阅资料，现场检查	
	4. 水文地质条件复杂的矿山，防水机构、人员配备、探防水设备、防水措施、应急预案、应急物资配备等满足要求	1.5	每项不符合要求扣0.5分	查阅资料	
	5. 设立风险公告栏，为每位员工发放岗位风险告知和安全操作卡，在危险场所和设备设施上张贴风险标志	1.5	每项不符合要求扣0.5分	现场检查	

项目	评级内容	分值	计分方法	考核方式	得分
三、总平面布置（4分）	1. 地表移动范围重叠的相邻矿山采取有效的安全措施；相邻矿山开采安全距离满足设计要求	1	每一项不符合要求均不得分	查阅资料，现场检查	
	2. 矿山建（构）筑物布置在开采移动界限之外或按设计预留了保安矿柱；所有有坠人危险的坑洞加盖或设栅栏，并设置明显的标志和照明；设备的裸露转动部分设防护罩或栅栏；矿石和废石堆场符合设计要求；要害岗位、重要设备和设施及危险区域设置警示标志	2	布置在开采移动界限内未预留保安矿柱不得分，其他每发现一处扣0.5分	查阅安全设施验收评价报告等资料，现场检查	
	3. 重要建构筑物及工业场地所处上下边坡稳定、可靠；矿区道路、有轨运输与无轨运输交叉处、有轨运输行人通行处等危险路段按规定设置限速和警示标志	1	每发现一处扣0.5分	查阅安全设施验收评价报告等资料，现场检查	
四、井巷工程（6分）	1. 竖井及人行天井梯子间畅通，人行梯子间牢固，斜井人行道、行人水平巷道人行道宽度、高度符合设计要求；无轨运输斜坡道人行道宽度、高度及躲避硐室符合设计要求	2	每发现一处不符合规程要求，扣0.5分	查阅资料，现场检查	
	2. 井下巷道、硐室断面符合设计；井巷的所有分道口有注明其所在地点及通往地面出口方向的路标；井下巷道有水灾、火灾逃生方向的指示标志	1.5	一处不符合缺失扣0.5分	现场检查	
	3. 井下巷道和各采掘地点支护方式可靠、有效	1	一处支护不可靠扣0.5分	现场检查	
	4. 报废井巷封闭并设置明显标志，禁止人员入内；竖井与各中段的连接处有足够的照明和高度不小于1.5m的栅栏或金属网；竖井、天井、溜井和漏斗口具有安全警示标志、照明、护栏或隔筛、盖板	1.5	一处不满足规程要求扣0.5分	现场检查，查阅设计	
五、提升运输（16分）	1. 提升装置的机电控制系统应设置齐全且符合规程要求的保护与电气闭锁装置；在交接班、人员上下井时间内，非计算机控制的提升机，应由正司机开车，副司机在场监护	2	未执行操作监护规定不得分；无保护装置或失效每项扣1.0分	现场检查	
	2. 罐笼最大载重量和允许载人数在井口公布；罐笼门关闭后，有防止自行打开的锁闭装置；装载矿车的罐体底板应敷设轨道及与轨道等长的护轨；装载矿车的罐笼内必须安装坚固可靠的阻车器，阻车器的阻爪在阻车时不得自行打开	2	罐笼门的锁闭装置失效或未装设，罐体内阻车器失效或未装设，均不得分；其他每项不符合要求扣0.5分	现场检查	
	3. 地表及各中段井口均装设安全门，地表车场和井底车场进车侧必须装设阻车器；井口和井下各中段井口车场均必须设信号装置，凡使用中段，均应设专职信号工；井口信号与提升机的启动要有闭锁装置，并设有辅助信号装置及电话或话筒	1.5	未装设安全门及阻车器，信号与提升机未闭锁的，均不得分；其他每项不符合要求扣0.5分	现场检查	
	4. 用于升降人员的单绳罐笼，必须装设可靠的防坠器；采用钢丝绳罐道的罐笼提升系统，中间各中段须设稳罐装置；井口、井底和中间各中段安全门必须与罐笼停止位置相联锁；缠绕式提升机卷筒上缠绕钢丝绳的层数应符合要求；提升井架（塔）内应设置过卷挡梁和楔形罐道	2.5	防坠器失效或未装设、未设置过卷挡梁和楔形罐道均不得分；未设稳罐装置，安全门未与罐笼停止位置相联锁，每项扣2分；其他每项不符合要求扣0.5分	现场检查，查阅资料	
	5. 斜井提升绞车卷筒上缠绕钢丝绳的层数应符合要求；提升矿车的斜井，必须安装常闭式防跑车装置；斜井上部和中间车场，必须设阻车器或挡车栏；斜井下部车场要建有躲避硐室；采用人车运送人员的斜井内，必须设有信号装置，并在行车途中的任何地点，每节车厢都能向司机发出信号；斜井人车要有顶棚，并装有可靠的断绳保险器，各车辆的断绳保险器应相互连接；车辆之间除连接装置外，必须附挂保险链	2	缺保护设施，均不得分；其他每项不符合要求扣0.5分	查阅资料，现场检查	

续表

项目	评级内容	分值	计分方法	考核方式	得分
五、提升运输（16分）	6. 井下无轨运输设备应有废气净化装置和灭火装置；在硐口、急弯、陡坡、巷道叉口和视距不足的路段应设置限速标志；井下运输设备必须满足设计要求，且具有矿用标志	1.5	运输设备无矿用标志，不得分；其他每项不符合要求扣0.5分	查阅资料，现场检查	
	7. 矿车应采用不能自行脱钩的连接装置；架线式电机车滑触线悬挂高度及悬挂点的间距符合规程的要求；滑触线穿过风门、防水门时应有可靠的绝缘保护措施，滑触线与金属管线交叉处，应用绝缘物隔开	2.5	每项不符合要求扣0.5分	现场检查	
	8. 装料和卸料点应设空仓、满仓等保护装置，带有声光报警信号并与输送机连锁；带式输送机应设有防胶带撕裂、断带、跑偏等保护装置，并有可靠的制动、胶带清扫以及防止过速、过载、打滑、大块冲击等保护装置，线路上应有信号、电气联锁和停车装置，上行的带式输送机应设防逆转装置	2.0	每项不符合要求扣0.5分	现场检查	
六、通风防尘系统（6分）	1. 矿山通风系统定期进行检测，反风试验有试验记录；井下炸药库及储存动力油的硐室有独立的回风道；封闭所有与采空区相通的影响正常通风的巷道；箕斗井不应兼做入风井	2	每发现一处不符合规程要求扣0.5分	查阅资料，现场检查	
	2. 主扇风机房或控制室有测量风压、风量、电流、电压和轴承温度等仪表，主扇具有相同型号和规格的备用电动机	1.5	每发现一处不符合要求扣0.5分	现场检查	
	3. 总进风量及主要采掘面的风量符合设计，无污风串入工作面；局部通风机为矿用局部通风机；局部通风设置、运转符合规程要求	2.5	每发现一处不符合要求扣0.5分	现场检查	
七、防排水系统（8分）	1. 地表防水设施齐全有效；设计留设的防水矿（岩）柱未破坏	2	每项不符合要求扣1分	查阅相关资料，现场检查	
	2. 井下主要泵房满足水泵同类型号、最少台数、排水能力、两条相同排水管的要求；满足两个独立水仓，且每个水仓能容纳2～4h的井下正常涌水量的要求；主要泵房基座标高高于运输大巷底板标高0.5m以上（潜没式泵房除外）；具备高出泵房地面标高7m以上与井筒连通能畅通通行人的斜巷；装设防水门	6	每项不符合要求扣1分	现场检查	
八、矿山电气系统（10分）	1. 井下电气设备不应接零，井下应采用矿用变压器，若用普通变压器，其中性点不应直接接地，变压器二次侧的中性点不应引出载流中性线（N线）	1	每项不符合要求扣0.5分	查阅资料，现场检查	
	2. 井下永久性中央变配电所硐室，应砌碹支护，顶板和墙壁不得有滴水，电缆沟应无积水；长度超过6m的井下变配电室，应在两端各设一个出口；各出口处均应装有向外开的铁栅栏门；有淹没、火灾、爆炸危险的矿井，应设置防火门或防水门；中央变（配）电所的地面标高，应比其入口处巷道底板标高高出0.5m，与水泵房毗邻时，应高于泵房地面0.3m；电气设备的控制装置，应注明编号和用途，并有停送电标志；硐室入口应悬挂"非工作人员禁止入内"的标志牌，高压电器设备应悬挂"高压危险"的标志牌，并应有照明	2	变配电硐室只有一个安全出口，未设置防火门或防水门，均不得分；其他每项不符合要求扣0.5分	现场检查	
	3. 井下所有电气设备的金属外壳、电缆的配件、金属外皮、巷道中接近电缆线路的金属构筑物等都应接地，所有电力设备的保护接地装置和局部接地装置，应同主接地极连接形成一个总接地网	2	未形成总接地网不得分；其他每项不符合要求扣0.5分	查阅资料，现场检查	
	4. 从井下中央变电所或采区配电所引出的低压馈出线，应装设带有过电流保护的断路器；井下变配电所高压馈出线，应装设单相接地保护装置；低压馈出线，应装设漏电保护装置；井下高、低压线路应装设相间短路和过负荷保护	2	高、低压线路未装设相间短路和过负荷保护不得分；其他每项不符合扣0.5分	查阅资料，现场检查	

续表

项目	评级内容	分值	计分方法	考核方式	得分
八、矿山电气系统（10分）	5. 供电电缆通过防火墙、防水墙或硐室部分，每条应分别用金属管或混凝土管保护，管孔应按实际要求加以密闭	1	每项不符合要求，均不得分	现场检查	
	6. 配电箱应有门，有锁；按负荷装相应的保险丝，不得用金属丝代替；停电检修时，应切断所有开关，将把手加锁，验电、放电和将线路接地，并且悬挂"有人作业，禁止送电"的警示牌	2	停电检修时，未验电、放电和将线路接地均不得分；其他每项不符扣0.5分	查阅资料，现场检查	
九、防火防爆（6分）	1. 井下严禁使用非阻燃电缆、风筒、输送带，主要井巷严禁使用木支护；井下电机室、炸药库等要害岗位，设置警示标志牌；生产供水管兼作消防水管时，每隔50～100m设支管和供水接头；井下严禁使用电炉和灯泡防潮、烘烤和采暖；主要进风巷道、进风井筒及其井架和井口建筑物，井下主要硐室等，应用非可燃性材料建筑；井下各种油类应单独存放于安全地点，动力油储油量应不超过三昼夜的需用量；废弃的油、棉纱、布头、纸和油毡等易燃品放在有盖的铁桶内；易燃易爆器材，严禁放在电缆接头、轨道接头或接地附近	3	每项不符合要求扣1分	查阅资料，现场检查	
	2. 炸药库内备有足够数量的消防器材，库房照明严禁使用投光灯和聚光灯；井下爆破器材库的电气照明应采用防爆型或矿用密闭型电气设备，电线应采用铜芯铠装电缆；可燃性气体和粉尘爆炸危险的井下库区，应使用防爆型移动灯具和防爆手电筒；其他井下库区应使用蓄电池、灯、防爆手电筒作为移动式照明	3	使用投光灯和聚光灯，不得分；其他每项不符合要求扣0.5分	现场检查	
十、采矿工艺与采空区处理（12分）	1. 金属矿山采用充填采矿法或嗣后充填空场法；非金属矿山不稳定采空区采用崩落或者充填采矿法。采场结构参数、回采工艺与安全设施设计一致；建立敲帮问顶制度，作业现场备有敲帮问顶工具	3	采矿方法不符合规定要求不得分；其他每项不符合要求扣1分	查阅资料，现场检查	
	2. 采空区有明确的责任管理部门和分布及治理情况的资料；封闭并悬挂安全警示标志；设置地表沉降观测系统或地下岩移观测系统并记录分析	3	每项不符合要求扣1分	查阅资料，现场检查	
	3. 按设计进行充填作业；充填能力、充填料浆浓度和充填体强度满足设计要求	3	不进行充填作业不得分，每项不符合要求扣1分	查阅资料，现场检查	
	4. 电耙绞车、无轨装运设备等设备设施符合相应的规定；溜破系统有完善的通风系统和除尘设施，卸矿口安设格筛，溜井不得放空、有水流入、杂物卸入等	3	每项不符合要求扣1分	现场检查	
十一、安全避险六大系统（12分）	1. "六大系统"按标准建设并经验收合格后投入使用	6	少一个系统扣1分；未验收合格投入使用扣2分	查阅资料，现场检查	
	2. "六大系统"各类检查、维护、保养、试验记录、台账真实完整，按规定保存数据备份	3	记录、台账每少1项扣1分	查阅资料，现场检查	
	3. "六大系统"设备设施完好，使用正常	3	系统不能正常使用每个扣1分	查阅资料，现场检查	
十二、存在下列情形之一的，评为59分及以下			1. 要素一得分8分以下的；2. 要素二得分8分以下的；3. 自评价之日计算，前一年内发生1次较大以上生产安全责任事故或受到3次以上安全生产行政处罚的		
实际得分：		评级得分：		单项评级：	

说明：
1. 总分100分，每一子项分值扣完为止；2. 实际得分为每一项得分累加值；3. 存在第十二项所列情形之一的，实际得分高于59分则评级得分按59分计，实际得分低于59分则评级得分按实际得分计；4. 根据评级得分，单项评级分为优、中、差三个等次，"90～100"分为"优"，"60～89"分为"中"，"0～59"分为"差"；5. 无关项不得分、不扣分，最后得分换算为百分制；6. 各市可结合当地实际对以上指标体系进行微调。

评级单位：_____ 评级时间：_____

附件5：

山东省非煤矿山企业（露天矿山）安全生产评级标准（试行）

_____市_____县（市、区）　　　　　　　　　企业名称：_____

单元	项目	评价内容	分值	计分方法	考核方式	得分
一、基本条件（20分）	1. 建设程序及证照	生产矿山采矿许可证、安全生产许可证在有效期内；基建矿山建设项目安全"三同时"满足国家有关法律法规要求；自主爆破的矿山应具备有效的爆破作业单位许可证，并在有效期内，其他矿山应与有资质的爆破单位签订爆破协议	6	证照不齐全，不得分；缺少与"三同时"相关的资料，如开发利用方案、矿山安全设施设计、开采设计及审批文件等，均不得分。其他不符合每项扣1分	现场检查矿山档案材料。查验证照原件	
	2. 安全管理机构及人员	设立专门安全管理机构，足额配备的专职安全管理人员，每班必须确保有专（兼）职安全员在岗（配齐配足特种作业人员，并做到持合法、有效资格证上岗	2	未设立专职安全生产管理机构，或配备的专职安全生产管理人员数量不足的，特种作业的人员未持证上岗，配备不齐全不得分	查阅现场资料	
	3. 保险和安全投入	依法参加工伤保险；安全投入符合安全生产要求，并依照国家有关规定足额提取安全生产费用	2	每项不符合要求扣1分，扣完为止。未按规定进行安全投费用提取和使用，安全投入不足的，不得分	查阅工伤保险、安全费用提取及使用文件规定，查看财务明细	
	4. 平面布置	与相邻矿山开采安全距离应符合设计要求。对可能危及对方生产安全的，双方应当签订安全生产管理协议，明确各自的安全生产管理职责和应当采取的安全措施，指定专门人员进行安全检查与协调	2	与相邻矿山安全距离不足，开采存在相互影响未签订安全生产管理协议、未采取安全技术措施的，该项不得分	现场检查，查阅矿山设计资料、开采现状图纸、评价报告	
		小型露天采石场距工作台阶坡底线50米范围内不得从事碎石加工作业	2	工作台阶坡底线50m范围内存在碎石加工作业，不得分	现场检查	
		工业场地内主要建（构）筑物布置位置不应受洪水、滑坡、爆破等影响	2	工业场地受到洪水、滑坡影响，不得分；在采场爆破警戒范围之内，受爆破作业影响但未采取相关安全技术措施，不得分	现场检查	
	5. 设备设施及界桩、视频监控	禁止使用国家安全监管总局发布的《金属非金属矿山禁止使用的设备及工艺目录》中的设备及工艺。特种设备设施要在检验的有效期内	2	对照国家安监总局下发的淘汰设备及工艺目录，发现一项，不得分。一项设备设施未检验或不在有效期内扣0.5分	现场检查	
		在矿界拐点处设置牢固、清晰可见的界桩，安装视频监控设备	2	在界桩上标明属于该拐点的号码，视频监控系统应当画面清晰、信号顺畅、保存完好，且覆盖全矿区，视频监控的影像资料保存时间不少于1个月。缺一项扣0.5分，影像资料保存时间少于1个月不得分	现场检查	
二、安全管理（10分）	1. 安全管理程序文件	建立健全以法定代表人负责制为核心的各级安全生产责任制建立健全各类安全技术规程、操作规程	1	制定的安全生产管理制度每缺一项，扣0.1分；未制定各类安全技术规程、操作规程，不得分；制定的规程与矿山生产实际不相关，不具有指导性，每一处扣0.1分，扣完为止	查阅安全生产管理制度查阅安全技术规程、操作规程	
		矿山要健全完善安全目标管理、安全例会、安全检查、安全教育培训、生产技术管理、机电设备管理、安全费用提取与使用、重大危险源监控、安全隐患排查治理、安全技术措施审批、特种作业管理、劳动防护用品管理、职业危害预防、生产安全事故报告和应急管理、安全生产奖惩、安全生产档案管理等制度	2	制定的安全生产管理制度每缺一项，扣0.1分，扣完为止	查阅安全生产管理制度	

续表

单元	项目	评价内容	分值	计分方法	考核方式	得分
二、安全管理（10分）	2. 安全生产记录文件	完整保存以下安全生产记录文件：培训记录、安全生产会议记录、法定检测记录、安全检查与隐患整改记录、安全设备、安全设备设施和装置维护和校验记录、应急预案及演练记录、职工健康档案、交接班记录等	2	每缺少一项扣0.3分，扣完为止	查阅安全生产各类记录文件	
	3. 图纸	完整保存以下图纸，并根据实际情况的变化即时更新：地形地质图、典型剖面图、采剥工程年末图、防排水系统及排水设备布置图、开采现状图（至少半年更新一次）	2	未绘制与生产实际相符的开采现状图，不得分；其余图纸缺少一项扣0.2分，扣完为止	现场勘查，查阅图纸	
	4. 外包单位	外包工程承包单位应具备有效的安全生产许可证和相应的承包资质，符合国家总局令第62号规定	1	不具备相应资质或证照不齐全，不得分；其余出现不符合项，不得分	查阅外包队伍经安监部门审查备案的相关材料	
	5. 应急管理	制定综合应急预案、专项应急预案、现场处置方案；向当地县级以上安全生产监督管理部门备案。应制定应急预案演练计划，每年至少组织一次综合应急预案演练或者专项应急预案演练，每半年至少组织一次现场处置方案演练	1	一项不符合，该项不得分	查看应急预案、评审记录、备案证明。查阅演练计划、演练记录及演练总结报告	
	6. 风险公示	矿山设风险公告栏，在重大危险源、危险场所和设备设施上张贴风险标志，给每名员工发放岗位风险告知和安全操作卡	1	未设置风险公告栏、标志，扣0.3分，未发放岗位风险告知安全操作卡，扣0.2分	现场检查	
三、采剥工程（23分）	1. 开采方式	台阶高度、平台宽度、台阶坡面角、终了边坡角等采剥要素应与设计一致	3	未按设计要求进行自上而下、分层（台阶）开采，长期"一面墙"生产，不得分。台阶高度超过设计、平台宽度不足、台阶坡面角、终了边坡角过陡的，各扣1分	矿山现场检查查阅矿山设计资料、开采现状图纸、评价报告	
		不能采用台阶式开采的小型采石场，应当自上而下分层顺序开采	2	未分层开采，不得分	矿山现场检查查阅矿山设计资料、开采现状图纸、评价报告	
		露天矿边界上2m范围内，可能危及人员安全的树木及其他植物、不稳固材料和岩石等，应予清除	1	未清理可能危及人员安全的危险源，不得分	现场检查	
		采场坡面倾向不得与岩层倾向一致	1	采场坡面倾向与岩层倾向一致，不得分	查阅矿山地质报告，现场检查	
	2. 穿孔作业	1. 矿山穿孔设备型号应符合设计要求	1	设备与设计不一致，且未经安全性及生产能力论证，该项不得分	查阅矿山设计资料，并现场检查	
		2. 穿孔作业时应采取湿式作业，不能使用湿式凿岩的钻机应安装捕尘装置	2	未采取湿式作业或未安装干式捕尘装置，不得分。限期整改	现场检查	
	3. 爆破管理	成立统一爆破指挥机构，协调指挥爆破安全。应有爆破设计和爆破作业指导书。并在矿山主要出入口处设置爆破警示牌，向相关方告知爆破时间。爆破时，严禁人员、车辆进入爆破警戒线以内	3	未设置协调指挥现场爆破作业的机构，不得分。未编制爆破设计，不得分；爆破设计不具有指导性，错误较多，取值不合理，不得分；有爆破设计，但每次爆破作业未编写爆破作业指导书，不得分。爆破时，警戒范围内人员不避炮，设备不撤离，不得分	查看成立指挥机构文件，查阅爆破作业记录。查阅爆破设计和爆破作业指导书	

单元	项目	评价内容	分值	计分方法	考核方式	得分
三、采剥工程（23分）	3. 爆破管理	爆破作业现场应设置坚固的人员避炮设施，其设置地点、结构及拆移时间，应在采掘计划中规定，并经主管矿长批准。通达避炮掩体的道路不应有任何障碍	2	未设置避炮设施，不得分；避炮设施设置地点、机构、拆移时间未在采掘计划中明确，扣0.5分；通往避炮掩体通道不畅通，扣0.5分	查阅采掘计划，现场检查	
		每次爆破后应及时填写爆破检查记录	1	未及时填写爆破记录，不得分	查阅爆破记录	
		禁止采用扩壶爆破；禁止使用爆破方式对大块矿岩进行二次破碎	1	发现扩壶爆破或爆破二次破碎，该项不得分，停产整改	现场检查	
	4. 火工品管理	爆破使用的火工品，必须由专用车辆运输，专人负责	1	火工品未由专门车辆运输并专人负责，不得分	现场检查	
		建立火工品的领用、消耗台账，数量要吻合，账目要清楚	1	未建立领用、消耗台账，账目不清晰准确，不得分	现场检查台账，清点爆炸材料储存量	
	5. 铲装作业	铲装设备型号应符合安全设施设计要求，必须与台阶高度相匹配。挖掘机汽笛或警报器应完好	2	铲装设备与台阶高度不匹配、现场使用的铲装设备与设计不符，且未经安全性和生产能力论证，不得分	查阅铲装设备合格证及说明书，并现场检查	
		采装工作面要平整，设备整洁，电缆管线摆放整齐，平盘无积水。两台以上的挖掘机在同一平台上作业或上下平台同时作业时，挖掘机的间距符合相关要求	2	每发现一处不符合，扣0.2分，扣完为止。挖掘机间距不符合要求，不得分	现场检查	
四、矿山运输（12分）	1. 公路运输	路面宽度、坡度、缓和坡段长度、转弯半径等相关要素应符合设计要求	3	现场检查发现一处不符合要求，扣1分，扣完为止	查阅矿山设计，并现场检查	
		矿内各种道路，应根据具体情况（弯道、坡道、交叉路口、危险路段）设置安全警示标志。夜间运输，应设置照明设施及反光标识	3	危险地点未设置警示标志，每一处扣0.5分，扣完为止	现场检查	
		山坡填方的弯道、坡度较大的填方地段以及高堤路基路段，外侧应设置护栏、挡车墙等	2	应设置护栏、挡车墙的地点未设置护栏及挡车墙，不得分；设置的护栏或挡车墙不连续，扣1分	现场检查	
		卸矿地点应设置牢固可靠的挡车设施，并设专人指挥。挡车设施的高度应不小于该卸矿点各种运输车辆最大轮胎直径的2/5	2	卸矿地点未按要求设置挡车设施，不得分	现场检查	
		运输车辆应符合设计要求，禁止使用报废车辆运输	2	使用报废车辆，不得分。运输车辆未经检测检验合格，每一台扣0.5分，扣完为止	查阅设备统计台账和车辆检测检验报告，现场核对	
五、供电（10分）	1. 供电线路	从变电所到采矿边界以及采场内爆破安全地带的供电应使用固定线路。架空线架设应符合设计和相关安全规程要求	3	供电未使用固定线路，扣1分。安全距离不满足要求，扣1分。不符合扣0.5分	现场检查	
	2. 供电电压	露天采场照明和特殊场所作业使用电压应符合设计和相关安全规程要求	1	使用电压不符合要求，每发现一处扣0.5分，扣完为止	现场检查	
	3. 接地保护	电气装置、设备的外露可导电部分和构架等接地装置符合相关要求，接地电阻每年测定一次，记录测定结果	3	发现一处不符合要求扣0.5分，扣完为止	现场检查	
	4. 运行管理	用电设备有齐全可靠的防护设施和警示标志；供电设备和线路的停、送电，应严格执行工作票制度。足额配齐绝缘用品	3	发现一处不符合要求扣0.5分，扣完为止。配备不足或检测超期的不得分	查阅台账，现场检查	

续表

单元	项目	评价内容	分值	计分方法	考核方式	得分
六、边坡管理（10 分）	1. 综合管理	设立边坡专（兼）职边坡管理组织或人员，有边坡稳定专项措施及滑坡应急预案	1	发现一处不符合要求扣 0.5 分，扣完为止	查阅文件	
		大、中型矿山或边坡潜在危害性大的矿山，应建立边坡监测系统，对边坡应进行定点定期观测，对存在不稳定因素的最终边坡应长期监测，发现问题及时处理。每 5 年由有资质的中介机构进行一次检测和稳定性分析	2	未建立边坡监测系统并定期观测，不得分；建立边坡监测系统但未定期由中介机构进行边坡检测或稳定性分析，不得分	查阅边坡稳定监测及维护记录，查阅由中介机构编制的边坡稳定性检测或稳定性分析报告	
	2. 日常管理	按要求对表土进行剥离；及时清理平台上的疏松岩土和坡面上的浮石，边坡浮石清除完毕之前，其下方不应生产；人员和设备不应在边坡底部停留	3	平台上有疏松岩土或坡面上有浮石，未及时排险，该项不得分。未剥离扣 1 分	现场检查	
		不应在境界外邻近区域堆卸矿（废）石，增加边坡荷载	2	矿（废）石堆放不符合要求，不得分	现场检查	
		对采场工作帮应每季度检查一次，高陡边帮应每月检查一次，不稳定区段在暴雨过后应及时检查	2	未按要求对工作帮边坡进行检查的，不得分	查看工作帮边坡检查记录	
七、防排水（8 分）	1. 管理机构	水文地质条件复杂的矿山应设置防排水机构；大中型深凹露天矿设专职水文地质人员，建立水文地质档案	2	未按要求设置防排水机构或设专职水文地质人员并建立水文地质档案，不得分	现场检查	
	2. 防排水措施	按设计修建截水沟，且截水沟保持畅通	2	无排水沟、截水沟，不得分	现场检查	
		采场的总出入沟口、平硐口、排水井口等处，都必须采取妥善的防洪措施	1	未采取防洪措施，不得分	现场检查	
		按照设计足量配备防排水设备设施	3	发现一处不符合要求扣 1 分，扣完为止	现场检查	
八、排土场或废石场（7 分）	1. 综合管理	建立完善各类检查、管理制度和操作规程，并进行检查、保存记录	2	发现一处不符合要求扣 0.5 分，扣完为止	查阅资料	
		完整保存各种评价、设计资料和相关图纸，现状平、剖面图应及时测绘	1	发现一处不符合要求扣 0.2 分，扣完为止	逐一核查各项资料	
	2. 现场管理	圈定危险范围，并设立警戒标志，严禁无关人员进入	1	未圈定危险范围或未设立警示标志，不得分	查阅开采现状图纸并现场检查	
		排土作业时，应有专人指挥，按规程作业；作业区、防洪设施的设置要符合设计和相关规程要求	2	发现一处不符合要求扣 0.5 分，扣完为止	现场检查	
		应由有资质条件的中介机构，每 5 年进行一次排土场检测和稳定性分析	1	未进行检测或稳定性分析，不得分	查阅中介机构出具的排土场检测或稳定性分析报告	

九、存在下列情形之一的，评为 59 分以下	在对应处打"√"
1. 单元一得分低于 80% 的，或各单元得分出现低于 50% 的	是□　否□
2. 矿山证照不齐全，或超出有效期未及时办理延期的	是□　否□
3. 矿山未按设计要求进行自上而下、分层（台阶）开采，长期"一面墙"生产；台阶高度超过设计、平盘宽度不足的，经停产整改后，仍验收不合格	是□　否□

单元	项目	评价内容	分值	计分方法	考核方式	得分
		4. 自检查之日计算，自评价之日计算，前一年度内发生过1次导致人员死亡的生产安全责任事故或受到2次以上安全生产行政处罚的			是□　否□	
		5. 矿山超深越界开采的			是□　否□	
		6. 存在省级挂牌督办的重大事故隐患，在整改期限内仍未消除，且矿山不具备整改合格的条件的			是□　否□	

各项得分明细：

单元	基本条件（20分）	安全管理（10分）	采剥工程（23分）	矿山运输（12分）	机电管理（10分）	边坡管理（10分）	防排水（8分）	排土场或废石场（7分）
实际得分								
不涉及项分数								

实际总得分：

折算得分：

评定等级：

说明：

一、现场检查时，配备使用测距、测高、测坡度等相关仪器，现场扣分须拍照留证。

二、总分100分，实际得分为每一项分值累加，不涉及项不得分。

三、折算得分为实际得分与总分100分扣除不涉及项分后的百分比。

四、存在第九项所列情形之一的，实际得分高于59分则评级得分按59分计，实际得分低于59分则评级得分按实际得分计。

五、单项评级分为优、中、差三个等次，具体根据评级得分确定。若评级得分为"90～100"分，单项评级为"优"；若评级得分为"60～89"分，单项评级为"中"；若评级得分为"0～59"分，单项评级为"差"。

六、各市可结合当地实际对以上指标体系进行微调。

评级单位：_____　　　评级时间：_____

附件6：

山东省尾矿库安全生产评级标准（试行）

_____市_____县（市、区）　　　　　　　　　企业名称：_____

项目	评级内容	分值	计分方法	考核方式	得分
一、基本条件（17分）	1. 尾矿库项目安全"三同时"建设程序规范，手续完备；生产尾矿库应具有安全生产许可证，并在有效期内	8	无相关安全部门批复文件，此项不得分；没有安全生产许可证或许可证过期不得分	查阅档案资料	
	2. 企业主要负责人应经培训并取得安全任职资格证书，且证书在有效期内；建立尾矿库安全管理机构并配备相应的安全管理人员；尾矿库特种作业人员必须取得特种作业资格证	6	未建立安全机构扣2分；未配备技术人员或安全员扣1分。尾矿库特种作业人员未培训持证扣1分	查机构设置文件和人员名册；检查尾矿库安全管理人员及尾矿库作业人员资格证书	
	3. 依照有关规定足额提取安全生产费用；依法参加工伤保险或交纳安全生产责任险	3	未依照有关规定足额提取安全生产费用扣1分；未依法参加工伤保险，或交纳安全生产责任险不得分。直到本项目分数扣完为止	查阅资料	
二、安全管理（16分）	1. 建立健全安全生产责任制、岗位作业操作规程及各项管理制度和考核要求。安全培训计划完善并有效执行	7	没有尾矿库安全管理岗位责任制不得分；尾矿库安全责任制不健全扣2分；作业规程和管理制度不健全扣2分；未建立考核机制，扣2分；其他每缺一项扣1分	尾矿库现场检查和查阅资料；考察尾矿库作业人员技能	

项目	评级内容	分值	计分方法	考核方式	得分
二、安全管理（16分）	2. 尾矿库生产运行、检查、检测、隐患整改、事故处理各项记录齐全，保存完好	5	没有记录每项扣1分；记录不完善每项扣1分；记录保存不完好扣1分，直到本项目分数扣完为止	现场检查，查阅资料	
	3. 建立事故应急救援组织，配备必要的应急救援器材和设备。制定应急救援预案，向当地县级以上安全生产监督管理部门备案；每年至少组织一次专项应急预案演练或现场处置方案演练	4	未建立事故应急救援组织的不得分；应急救援人员、器材、设备、物资未得到落实的每项扣1分；没有应急预案的不得分；预案未备案的扣1分；未进行应急演练的扣1分。直到本项目分数扣完为止	现场检查，查看应急预案，应急演练记录资料	
三、总平面布置（10分）	1. 尾矿库上、下游相关设施情况清晰，符合安全设施设计要求。属于"头顶库"的矿山企业，应制定下游人员具体响应、撤离预警联动机制	8	无库区周边设施、构筑物位置及地形图扣3分；头顶库未制定预警联动机制的扣5分	现场查看，查阅资料	
	2. 在库区周边及深水区等危险地段，按要求设置明显的安全警示标志，所有作业点及危险点有足够的照明。尾矿库应设置值班室、材料库、通讯设施等	2	库区、坝周危险地段、地点未设置明显的警示标志，每处扣0.5分；作业点及危险点无足够照明，每处扣0.5分；尾矿库附属设施设置不全的扣1分	现场查看	
四、排放筑坝（30分）	1. 尾矿排放应编制年、季作业计划，统筹安排和实施排放和筑坝工作	5	尾矿排放应严格按照《尾矿库安全技术规程》及安全设施设计要求进行作业，未达到技术要求每项扣5分。直到本项目分数扣完为止	查阅资料，现场检查，查看库内水位线是否与坝体平行，子坝内坡趾是否冲刷，滩面是否出现侧坡等	
	2. 上游式筑坝法，应于坝前均匀放矿，无设计论证不得在库后或一侧岸坡放矿	5			
	3. 按设计要求的高度和坡度堆筑子坝并及时进行坝外坡面维护工作	5			
	4. 坝体排渗设施应按照设计要求布设	5			
	5. 采用干堆工艺时，排入库内的尾矿应整平、碾压堆存。干式堆存尾矿库不得干湿混排	5			
	6. 每三年做一次现状评价、尾矿库运行至相应标高由有资质的勘查单位和设计单位进行坝体勘查和坝体稳定性专项评价	5			
五、尾矿回采（5分）	1. 尾矿回采（取砂）前必须进行回采安全设施设计，且通过相应安监部门审查备案	2	没有回采设计，不得分；未经安监部门审查备案扣2分	查阅资料	
	2. 回采施工范围、工艺符合设计要求，作业时避免对坝体、排洪系统造成损坏。进行回采作业时，不得同时进行排尾作业	3	未按设计施工或回采作业时对原设施造成损坏的均不得分；回采作业时，同时进行排尾作业不得分	现场查看，查阅资料	
六、监测系统（7分）	1. 四等山谷型、傍山型及三等以上尾矿库必须实施在线监测监控系统，其他五等在用尾矿库可采用人工监测系统	3	未按规定实施监测系统不得分；监测设施不完备扣1分；现场管理人员对监测系统不熟练，每项扣1分。直到本项目分数扣完为止	现场检查监测设施，查阅台账记录	
	2. 监测点布设及监测频次符合要求；监测设施设备运行正常，监测数据连续、完整。实时进行记录、分析，指导现场安全管理	4	监测设施设备运行不正常此项不得分；监测数据的变化趋势未能指导现场安全管理扣1分；监测数据异常状况未采取措施进行维护、防范扣1分。监测布设及监测频次不合要求扣1分	检查监测设施，查阅台账记录	

续表

项目	评级内容	分值	计分方法	考核方式	得分
七、排洪防汛（10分）	1. 尾矿库防排洪设施（排水斜槽、排水井、排水管、溢洪道、截洪沟、水位标尺）应齐全，符合设计要求。最高洪水位时同时满足安全超高和最小干滩长度	8	防排洪设施不完备不得分；损坏、淤堵、不畅通每项扣2分。不能同时满足的不得分	现场检查；查看资料	
	2. 汛期前应对防排洪设施进行全面检查、维修和疏浚，确保排洪设施畅通、完好。洪水过后应对防排洪设施进行全面认真的检查与清理，发现问题及时修复	2	未进行汛前检查的不得分；发现问题未采取有效措施的不得分。洪水过后未对防排洪设施进行全面认真的检查不得分；发现问题未及时修复不得分	现场检查，问询有关人员	
八、渗流控制（5分）	尾矿库运行期间坝体浸润线严格按设计要求观测。监测数据应存盘、存档。坝体排渗设施完好、排渗效果良好	5	无监测记录不得分；记录不全扣2分。排渗设施不完好不得分	查看现场及记录	

九、存在下列情形之一的，评为59分及以下				在对应处打"√"	
1. 要素一得13分以下的				是□　否□	
2. 要素二得12分以下的				是□　否□	
3. 存在违规设计、超高堆存、超量储存、超期服役				是□　否□	
4. 后期坝堆积坡度严重陡于设计坡度				是□　否□	
5. 自评价之日计算，前一年内发生一次较大以上生产安全责任事故或受到3次以上安全生产行政处罚的				是□　否□	

实际得分：

评级得分：

单项评级：

说明：
一、总分100分，每一子项分值扣完为止。
二、实际得分为每一项得分累加值。
三、存在第九项所列情形之一的，实际得分高于59分则评级得分按59分计，实际得分低于59分则评级得分按实际得分计。
四、单项评级分为优、中、差三个等次，具体根据评级得分确定。若评级得分为"90～100"分，单项评级为"优"；若评级得分为"60～89"分，单项评级为"中"；若评级得分为"0～59"分，单项评级为"差"。
五、无关项不加分、不减分，最后得分换算为百分制。
六、各市可结合当地实际对以上指标体系进行微调。

评级单位：_____　评级时间：_____

附件7：

山东省非煤矿山企业环境保护评级标准（试行）

_____市_____县（市、区）　　　　　　　　　企业名称：_____

项目	评级内容	分值	计分方法	考核方式	得分
一、企业基本情况（9分）	1. 企业各项目的产业政策符合性情况	3	鼓励类项目得3分；允许类项目得2分；限制类项目得1分；淘汰类项目不得分	现场查看项目环保竣工验收资料	
	2. 项目生产是否产生危险废物	3	产生该类物质未处置的该项不得分	查看环评、环保验收材料	
	3. 企业各项目是否属于高环境风险项目	3	企业未做突发环境事件风险评估不得分；评价为重大环境风险不得分；较大环境风险得1分；一般环境风险得2分	查看风险评估报告	

续表

项目		评级内容	分值	计分方法	考核方式	得分
二、环保手续履行情况（20分）	审批	环评文件审批情况	10	环评文件已经审批得10分；环评文件暂时未获得审批，但按照《山东省人民政府关于印发山东省清理整顿环保违规建设项目工作方案的通知》（鲁政字〔2015〕170号）已经纳入管理名单之内，经审核属于完善类或规范类项目得5分；未批先建，未纳入鲁政字〔2015〕170号管理名单的，该项及验收项不得分（企业存在多个项目的，该项得分取平均值）	现场检查、查阅资料	
	验收	项目环境保护验收情况	10	项目已经获得环境保护竣工验收批复的得10分；项目停运等致使不具备验收条件持续一年以内的得5分；长期运行，不申请验收或者验收不合格仍然生产的不得分（企业存在多个项目的，该项得分取平均值）		
三、污染治理情况（33分）	废气	1. 是否按要求配备可行的有组织工艺废气治理设施；设施运转及运行记录是否正常规范；废气污染物排放是否稳定达标	3	每项达到要求的得1分	现场检查、查阅资料	
		2. 是否有无组织废气处置设施	4	矿石堆场、废石堆场、尾矿库等扬尘未采取有效控制措施的，扣2分；运输道路扬尘未采取有效控制措施的扣2分	现场检查	
		3. 是否建设规范的排气口；是否具备监测条件	2	每项达到要求得1分	现场检查	
	废水	1. 是否按照雨污分流、污污分流、分质处理的原则建设管线	2	按照要求建设管线得2分，否则不得分	环保部门日常监管	
		2. 是否按要求配套建设工艺可行的废水处理设施；运转及运行记录是否正常、规范；废水污染物排放是否达标；总量是否符合要求	4	每项达到要求得1分	环保部门日常监管	
		3. 按照有关规定要求必须安装在线监控设备的是否进行安装；是否与环保部门联网，运行是否规范、数据传输是否正常	3	每项达到要求得1分	环保部门日常监管	
		4. 是否建设规范的排污口；是否具备监测条件	2	每项达到要求得1分	环保部门日常监管	
	固废	是否按照固体废物有关规范要求进行处置和暂存	5	自有处置设施或暂存场所达不到规范要求不得分，各类标识、标牌等不规范的得2分，产生、暂存、利用处理记录不完善的得3分	现场检查	
	噪声	是否通过合理布局噪声源、使用低噪声设备、配套隔声减振降噪等措施，确保噪声达标	3	达不到要求不得分	现场检查	
	生态及地下水	是否采取控制地表变形措施；是否设置地下水监控井；是否开展地下水水位、水质监测	5	未定期开展地表岩移观测扣1分；未采取控制地表变形措施扣1分；未设置地下水监控井扣1分；未开展地下水水位、水质监测扣2分	现场检查	

项目		评级内容	分值	计分方法	考核方式	得分
四、环境风险防控体系建设情况（20分）		1. 是否制定环境应急预案并进行评审和备案	5	未编制预案不得分，未评审得2分，未备案得3分	查看应急预案、评审意见和备案文件	
		2. 是否建立环境风险隐患排查制度和定期开展环境风险隐患排查	2	未建立风险隐患排查机制企业不得分，未定期开展环境风险隐患排查扣1分，未建立环境风险档案扣1分	现场检查	
		3. 是否建设环境风险防控设施和废水三级防控体系	8	未建设环境风险防控设施不得分；未设立事故水池扣5分；未设立外排切断阀扣3分	现场检查	
		4. 是否配备必要的应急物资；是否配备应急监测仪器	2	未配备必要的应急物资扣1分；未配置应急监测仪器扣1分		
		5. 是否定期开展应急演练	3	每年开展少于一次应急演练不得分，无环境应急人员扣2分		
五、环保法律法规遵守情况（10分）	处罚	一年内环境违法行为是否被部、省、市、县区环保部门处罚；是否出现恶意倾倒暗管偷排、长期恶意超标等恶性违法行为	5	一年环境违法行为被部、省、市、县区环保部门处罚的，每起分别扣5、3、2、1分；出现恶意倾倒、暗管偷排、超标等恶性违法行为的，该项不得分	环保部门日常监管	
	挂牌督办	一年内环境违法行为是否被部、省、市环保部门挂牌督办	5	一年内环境违法行为被部、省、市环保部门挂牌督办的每起分别扣5、3、2分	环保部门日常监管	
六、环境管理情况（8分）	组织机构	是否建立环保组织机构；是否完善相关管理制度；是否按规定开展自行监测；环保档案资料是否规范完善	3	无专职环保机构或者管理人员的扣1分；管理制度不完善的扣1分；未按规定开展自律监测的扣2分；环保档案资料不规范、不完善扣1分	环保部门日常监管	
	环境信息公开	是否按要求进行环境信息公开；环境信息公开是否规范完善和及时	2	未按要求进行环境信息公开的该项不得分；环境信息公开不规范、不完善的扣1分	现场检查	
	清洁生产	是否按要求开展强制性清洁生产审核；开展强制性清洁生产审核是否规范、频次是否满足要求	3	未按要求开展强制性清洁生产审核的不得分；开展强制性清洁生产审核不规范或频次不足的扣2分	现场检查	

七、存在下列情形之一的，评为59分及以下	在对应处打√
1. 项目属于国家明令淘汰、禁止建设、不符合国家产业政策的	是□　否□
2. 涉及卫生防护距离内的敏感保护目标未完成搬迁的	是□　否□
3. 无治污设施或者治污设施不健全导致超标的	是□　否□
4. 自评价之日计算，前一年内发生较大及以上突发环境事件的	是□　否□
5. 超污染物总量排放的	是□　否□
6. 非法处置危险废物的	是□　否□
7. 位于自然保护区核心区、缓冲区，饮用水水源保护区等环境敏感区内	是□　否□
8. 固废处置场所、贮存场所不符合国家规定，造成污染的	是□　否□
9. 位于自然保护区实验区内，生态专题报告评价结论确定为有影响的	是□　否□
实际得分：	
评级得分：	
单项评级：	

续表

项目	评级内容	分值	计分方法	考核方式	得分

说明:

一、总分100分,每一子项分值扣完为止。

二、实际得分为每一项得分累加值。

三、存在第六项所列情形之一的,实际得分高于59分则评级得分按59分计,实际得分低于59分则评级得分按实际得分计。

四、单项评级分为优、中、差三个等次,具体根据评级得分确定。若评级得分为90~100分,单项评级为优;若评级得分为60~89分,单项评级为中;若评级得分为0~59分,单项评级为差。

五、各市可结合当地实际对以上指标体系进行微调。

评级单位:＿＿＿＿＿＿＿＿＿＿＿＿＿＿＿＿　评级时间:＿＿＿＿＿＿＿＿＿＿＿＿＿＿＿＿

附件8:

山东省非煤矿山矿产资源开发利用评级标准(试行)

＿＿＿＿市＿＿＿＿县(市、区)　　　　　　　　　　　　企业名称:＿＿＿＿＿＿＿＿＿＿

序号	评级指标	指标内涵	分值	计分方法	考核方式	得分
1	矿山开采回采率	反映矿山企业开发利用矿产资源水平的指标。已发布合理开发利用"三率"指标要求的矿种,达标为符合公布的指标要求;未发布"三率"指标的开采矿种,达标为符合设计或开发利用方案要求	20	矿山实际开采回采率达到国家、省公布的标准或符合设计、开发利用方案要求的,得20分;低于国家、省公布的标准或不符合设计、开发利用方案要求的,不得分	查阅矿山设计或国土资源部门审定的开发利用方案、矿山开发利用统计年报、储量台账、有关报表、图纸等资料	
2	矿山选矿回收率	反映矿山企业回收利用矿石有用组分水平的指标。已发布合理开发利用"三率"指标要求的矿种,达标为符合公布的指标要求;未发布"三率"指标的开采矿种,达标为符合设计或开发利用方案要求	15	矿山实际选矿回收率达到国家、省公布的标准或符合设计、开发利用方案要求的,得15分;低于国家、省公布的标准或不符合设计、开发利用方案要求的,不得分	查阅矿山设计或国土资源部门审定的开发利用方案、矿山开发利用统计年报、有关台账、报表等选矿资料	
3	矿产资源综合利用率	反映共伴生矿产、尾矿、废石和废水等利用水平。已发布合理开发利用"三率"指标要求的矿种,达标为符合公布的指标要求;未发布的矿种,达标为符合设计或开发利用方案要求	15	矿山实际综合利用率达到国家、省公布的标准或符合设计、开发利用方案要求的,得15分;低于国家、省公布的标准或不符合设计、开发利用方案要求的,不得分	查阅矿山设计或国土资源部门审定的开发利用方案、矿山开发利用统计年报、有关台账、报表等综合利用资料	
4	矿产资源开发利用统计年报	反映矿山企业依法办矿、开发利用矿产资源及履行法定义务情况	15	矿山企业按照有关要求如实填写年报的,得15分;不履行法定义务拒绝填写、不如实填写年报的,不得分	查阅矿山开发利用统计年报、储量台账、有关报表、图纸等资料	
5	采矿权开采信息公示	矿山企业在国土资源部门门户网站"矿业权人勘查开采信息公示系统"专栏中填报的矿产资源开采年度信息真实可靠	15	经社会公示、国土资源部门抽查,矿山企业如实填报相关信息的,得15分;经国土资源部门抽查,列入异常名录的,得10分;经国土资源部门抽查,列入严重违法名录的,不得分	查阅采矿权开采信息公示、有关台账、报表、图纸等资料	
6	科技管矿动态监管系统建设	系统动态实时监控矿山资源利用情况,有效防止越界开采	20	系统能够有效监控矿山资源利用情况,有关数据、图纸能够按时上传、更新的,得20分;系统不能有效监控矿山资源利用情况的,数据不能按时上传、更新的,或未进行系统建设安装的,不得分	通过系统检验、测试	

说明:非煤矿山矿产资源开发利用评级分为优、中、差三个等次。评级得分为"90~100"分,单项评级为"优";评级得分为"60~89"分,单项评级为"中";评级得分为"0~59"分,单项评级为"差";矿山企业发现越界开采1起,单项评级即为"差"。

评级单位:＿＿＿＿＿＿＿＿＿＿＿＿＿＿＿＿　评级时间:＿＿＿＿＿＿＿＿＿＿＿＿＿＿＿＿

附件9：

山东省非煤矿山企业质量效益评级标准（试行）

_____市_____县（市、区）　　　　　　　　　　　企业名称：_____

项目	评价内容	分值	计分方法	考核方式	得分
一、生产技术指标（30分）	1. 采矿损失率	10	每高于行业平均值1个百分点，扣0.5分，扣完为止	生产统计报表等相关证明材料	
	2. 采矿贫化率	10	每高于行业平均值1个百分点，扣0.5分，扣完为止	生产统计报表等相关证明材料	
	3. 选矿回收率	10	每低于行业平均值1个百分点，扣0.5分，扣完为止	生产统计报表等相关证明材料	
二、生产能力及生产效率指标（20分）	1. 生产增长率	5	对照行业经营绩效评价值，每低于行业平均值1个百分点，扣0.25分，扣完为止	核查财务部门提供数据以及企业经营增长情况	
	2. 销售增长率	5	对照行业经营绩效评价值，每低于行业平均值1个百分点，扣0.25分，扣完为止	核查财务部门提供数据以及企业经营增长情况	
	3. 实物劳动生产率	5	每低于行业平均值1个百分点，扣0.25分，扣完为止	财务报表等相关材料	
	4. 全员劳动生产率	5	每低于行业平均值1个百分点，扣0.25分，扣完为止	财务报表等相关材料	
三、经济效益指标（10分）	1. 净资产收益率	3	达到行业标准值，得3分；达到行业良好值，得2分；达到平均值，得1分；位于较低值或较差值，不得分	财务报表等相关材料	
	2. 成本费用利润率	3	达到行业标准值，得3分；达到行业良好值，得2分；达到平均值，得1分；位于较低值或较差值，不得分	财务报表等相关材料	
	3. 资本保值增值率	2	达到行业标准值，得2分；达到行业良好或平均值，得1分；位于较低值或较差值，不得分	财务报表等相关材料	
	4. 利润增长或减亏率	2	对照行业经营绩效评价值，每低于行业平均值1个百分点，扣0.25分，扣完为止	核查财务部门提供数据以及企业经营增长情况	
四、科技投入、工艺、装备、生产管理状况（25分）	1. 技术投入比率	6	达到行业标准值，得6分；达到行业良好值，得5分；达到平均值，得3分；位于较低值，得1分；位于较差值，不得分	财务报表等相关材料	
	2. 国家明文要求淘汰的落后设备、技术、工艺是否得到全面淘汰	6	对照企业实际情况，按规定时间和要求淘汰落后设备，得2分；按规定淘汰落后技术，得2分；按规定淘汰落后工艺，得2分	核查主管部门公布的文件，检查企业实施情况	
	3. 先进适用的工艺和技术是否在企业生产、管理、运营各领域得到广泛推广利用	6	对照企业实际情况，已推广利用先进适用工艺，得3分；已推广利用先进适用技术，得3分	核查相关资料以及企业实施情况	
	4. 数字化矿山建设是否在规模以上矿山企业得到推广	7	对照企业实际情况，数字化矿山已建成，得7分；数字化矿山正在建设中，得5分；数字化矿山已列为发展计划，得2分	核查企业相关资料以及实施情况	

续表

项目	评价内容	分值	计分方法	考核方式	得分
五、社会贡献 （15分）	在当地实现财政收入情况	15	5 000 万以上 15 分； 2 000 万～5 000 万 13 分； 1 000 万～2 000 万 10 分； 500 万～1 000 万 8 分； 200 万～500 万 6 分； 200 万以下 4 分	查验相关资料	
六、存在下列情形之一的，评为 59 分及以下				在对应处打"√"	
1. 要素一得 15 分以下的				是□　否□	
2. 要素二得 5 分以下的				是□　否□	
实际得分：					
评级得分：					
单项评级：					
说明： 一、总分 100 分，每一子项分值扣完为止。 二、实际得分为每一项分累加值。 三、存在第六项所列情形之一的，实际得分高于 59 分则评级得分按 59 分计，实际得分低于 59 分则评级得分按实际得分计。 四、单项评级分为优、中、差三个等次，具体根据评级得分确定。若评级得分为"90～100"分，单项评级为"优"；若评级得分为"60～89"分，单项评级为"中"；若评级得分为"0～59"分，单项评级为"差"。 五、各市可结合当地实际对以上指标体系进行微调。					

评级单位：＿＿＿＿＿＿＿＿＿＿＿＿＿＿　　评级时间：＿＿＿＿＿＿＿＿＿＿＿＿＿＿

附件 10：

山东省非煤矿山企业总评级表

＿＿＿＿市＿＿＿＿县（市、区）　　　　　　企业名称：＿＿＿＿＿＿＿＿＿＿＿＿＿＿＿

项目	得分	级别	权重	加权得分	备注
一、安全生产评级			30%		
二、环境保护评级			30%		
三、矿产资源节约集约利用评级			20%		
四、质量效益评级			20%		
总评得分：					
总评类别：					
说明： 一、安全生产评级得分、环境保护评级得分所占权重为 30%，矿产资源节约集约利用和质量效益方面评价得分所占权重为 20%。 二、总评类别分为优、中、差三个等次。安全生产、环境保护、矿产资源节约集约利用和质量效益单项评级均为"中"等级别或以上，则根据各项权重计算出总评得分。总评得分"90～100"分，总评类别为"优"；总评得分"60～89"分，总评类别为"中"；总评得分"0～59"分，总评类别为"差"。 三、安全生产、环境保护、矿产资源节约集约利用和质量效益有一项评级为"差"的，总评类别即为"差"。 四、各市可结合当地实际对以上指标体系进行微调。					

评级单位：＿＿＿＿＿＿＿＿＿＿＿＿＿＿　　评级时间：＿＿＿＿＿＿＿＿＿＿＿＿＿＿

山东省人民政府办公厅关于印发山东省
安全生产"十三五"规划的通知

2016 年 10 月 8 日　鲁政办字〔2016〕168 号

各市人民政府，各县（市、区）人民政府，省政府各部门、各直属机构，各大企业，各高等院校：

《山东省安全生产"十三五"规划》（以下简称《规划》）已经省政府同意，现印发给你们，请认真贯彻执行。

各地、各部门要把安全生产目标、任务、措施和重点工程等纳入本地区、本行业和领域"十三五"发展规划，抓紧制定具体实施方案，做到责任到位、措施到位、投资到位、监管到位。负有安全生产监管监察职责的部门，要加强对《规划》实施工作的组织指导和协调。要加强对《规划》实施工作的管理、评估和考核，强化督促检查，确保"十三五"安全生产规划目标实现。

附件：山东省安全生产"十三五"规划

附件：

山东省安全生产"十三五"规划

2016～2020 年，是山东省国民经济和社会发展第十三个五年规划时期，是全面贯彻党的十八大和十八届三中、四中、五中全会精神，推进我省在全面建成小康社会进程中走在前列，开创经济文化强省建设新局面的关键时期。随着全省经济结构战略性调整和发展方式的加快转变，安全生产工作面临新的形势、新的问题和新的任务。根据《中华人民共和国安全生产法》和《山东省国民经济和社会发展第十三个五年规划纲要》，在认真总结"十二五"安全生产工作经验做法的基础上，经过深入调查研究，广泛征求意见，编制了《山东省安全生产"十三五"规划》。

本规划主要阐述了"十三五"期间我省安全生产工作的总体要求、主要任务和保障措施等，是全省各级、各部门、各单位履行安全生产职责，制定实施政策措施，全面推进安全生产各项工作的重要依据。

一、发展现状和面临的形势

（一）"十二五"安全生产取得重大进展和明显成效。"十二五"期间，面对经济社会发展环境的显著变化和安全生产重大风险考验，在省委、省政府的正确领导下，各地、各有关部门深刻领会和全面贯彻习近平总书记、李克强总理重要指示精神，始终坚持"发展决不能以牺牲人的生命为代价"这条红线意识和底线思维，不断完善安全生产责任体系，加强安全监管，落实企业主体责任，全面开展安全生产大检查，深入开展"打非治违"和隐患排查治理，加强重点行业领域安全整治，强化安全生产基层基础，严格安全目标考核，严肃事故责任追究，各项工作取得积极进展，全省安全生产形势持续稳定好转。与"十一五"末的 2010 年相比，2015 年全省各类生产安全事故、死亡人数分别下降 8.9% 和 15.5%，"十二五"规划目标如期完成。

（二）面临的形势。我省正处于工业化、信息化、城镇化、农业现代化进程的快速发展期，安全生产现状与安全发展的要求仍存在较大差距。我省作为经济和人口大省，生产经营单位多，危险化学品企业数量、油气输送管道长度、高速公路里程、机动车保有量、通航水域和水上养殖面积、特种设备、劳动密集型企业数量庞大；交通、能源、土地等资源和环境承载能力的刚性约束日趋明显；产业层次总体不高，增长方式仍没有从根本上摆脱粗放模式，这些制约安全生产的深层次矛盾问题尚未根本解决。从近几年来各地安全生产工作的总体情况来看，主要存在以下几个方面的问题：一是安全发展理念树得不牢，安全与发展关系处理不够好。有些地方招商引资、新上项目把关不严，安全生产源头控制不力，安全风险较大。受经济下行压力影响，一些地方和企业推动安全生产时考虑地区生产总值、财政收入和经济下行压力过多，实施整顿关闭、执行停产措施态度不坚决、不彻底。二是企业安全生产意识淡薄，主体责任不落实的问题特别突出。不少高危企业经营者是跨行转业经营，安全认知度和管理水平较低，专业人才短缺。安全生产法律法规在有些企业尚未得到有效落实，非法违法行为大量存在。三是在一些行业和领域还存在安全生产执法不规范不严格不到位的问题，安全监管科学化、规范化水平亟待提高。不少地方监管方式落后、装备不足，缺乏信息化、智能化的科学监管手段；有些安全生产检查不深入，执法不严格，没有及时发现和消除隐患；有些行业和属地监管责任不落实，基层安全监管力量严重不足，监管触角难以全覆盖；对安全生产事故的调查处理，个别地方和部门存有"失之于宽、失之于软"的现象，没有起到应有的警示教育作用。

"十三五"时期是全面建成小康社会宏伟目标胜利实现、全面深化改革取得决定性成果、转变经济发展方式取得实质性进展的攻坚时期，也是安全生产工作进入以实现安全发展为目标，推动经济社会发展转型，保障和改善民生，建设安全健康社会的新时期，更是贯彻落实习近平总书记关于安全生产重要指示精神，实现国务院确定的安全生产形势稳定好转目标的决战时期。站在新起点，面临新形势，安全生产既要妥善解决历史遗留问题，又要积极应对新情况、新挑战。创新安全生产技术与管理，完善安全生产法制体系，提高全民安全文化素质，落实安全生产责任，是实现"十三五"时期安全生产奋斗目标的根本途径。

二、指导思想和规划目标

（一）指导思想。全面贯彻党的十八大和十八届三中、四中、五中全会精神，以邓小平理论、"三个代表"重要思想、科学发展观为指导，深入学习贯彻习近平总书记系列重要讲话精神，以创新、协调、绿色、开放、共享的发展理念为引领，坚持安全第一、预防为主、综合治理的方针，牢固树立安全发展理念，坚持人民利益至上，以实现安全生产形势稳定好转为目标，以全面推进依法治安为主题，以深化改革创新为动力，推动安全生产与供给侧结构性改革深度融合，完善安全生产责任体系，强化科技支撑、监管执法和应急处置能力建设，深入开展专项整治，夯实安全生产基础，构建安全生产法治环境，建立安全生产长效机制，实现安全生产与经济社会同步协调发展，为我省在全面建成小康社会进程中走在前列、开创经济文化强省建设新局面提供安全生产保障。

（二）规划目标。到 2020 年，我省安全生产事故风险防控水平和全民安全素质全面提升，重点行业领域安全生产状况明显改善，安全生产监管执法能力、技术支撑能力和事故应急救援能力显著增强，事故总量进一步下降，重特大事故得到有效遏制，职业病危害得到有效治理。与 2015 年相比，生产安全事故起数下降 10%，死亡人数下降 10%；亿元国内生产总值生产安全事故死亡率下降 30%；工矿商贸就业人员十万人生产安全事故死亡率下降 19%；道路交通万车死亡率下降 7%；煤矿百万吨死亡率控制在 0.3 以下，力争达到 0.1；重特大事故起数下降 20%，死亡人数下降 22%。

三、主要任务

（一）建立健全安全生产责任体系。

1. 健全安全监管责任体系。建立健全生产经营单位负责、职工参与、政府监管、行业自律和社会监督的安全生产工作机制。全面建立"党政同责、一岗双责、失职追责"的安全生产责任体系，完善地方党委、政府及部门安全工作职责，落实属地监管责任，实现省、市、县、乡、村安全生产责任全覆盖。全面落实"管行业必须管安全、管业务必须管安全、管生产经营必须管安全"的要求，厘清政府部门安全生产责任清单，落实部门安全监管责任，形成监管合力，提高监管效能。全面推行网格化、实名制安全监管，杜绝责任"空档"和监管"盲区"。

2. 加强安全生产目标责任考核。完善安全生产责任目标考核办法，强化事故控制指标和责任落实的硬约束作用，严格落实安全生产责任书、约谈、"一票否决"等制度。

3. 全面落实企业安全生产主体责任。督促企业严格履行安全生产法定义务，全面落实《山东省生产经营单位安全生产主体责任规定》，建立健全安全生产管理机构，按规定配齐安全生产管理人员、安全总监和注册安全工程师，切实做到安全生产责任到位、投入到位、培训到位、基础管理到位和应急救援到位。推动所有企业建立健全风险分级管控和事故隐患排查治理体系，实现风险管理控制和事故隐患自查自报自改闭环管理。建立企业安全责任清单公示制度，分行业制定加强企业全员安全生产责任制，构建起企业内部人人有责、人人负责的安全生产责任链。推动企业招聘真正懂技术、懂安全的专业技术人员参与管理，补齐短板，增强事故防范能力。深入推进企业安全生产标准化建设，督促企业加强班组管理、岗位管理和现场管理，完善细化企业安全生产岗位责任制。督促企业认真履行职业病防治主体责任，全面落实职业病危害申报、警示告知、日常监测和定期检测、职业卫生宣传培训、建设项目职业卫生"三同时"、职业健康监护等制度，加强职业病危害源头治理。推动大中型企业设立专职安全总监，推动中小企业与安全技术服务机构签订长期安保服务协议。建立企业安全生产诚信约束机制，将企业安全生产诚信情况纳入社会信息体系统一的信用信息平台。建立企业安全生产承诺、不良信用记录、失信"黑名单"、安全诚信评价等制度并向社会公示。对列入失信"黑名单"的企业，在经营、投融资、政府采购、工程招投标、国有土地出让、评选表彰、进出口、出入境、资质审核等方面依法予以限制或禁止。

（二）全面推进安全生产法治建设。

1. 健全完善法规体系。依据《中华人民共和国安全生产法》《中华人民共和国职业病防治法》等法律法规，积极推动《山东省安全生产条例》《山东省职业病防治条例》《山东省消防安全责任制办法》等地方性法规和政府规章的修订完善。研究制定山东省危险化学品安全管理办法、山东省道路交通责任制规定等政府规章和一系列规范性文件，进一步健全安全生产法治保障体系。

2. 制定完善安全生产地方标准。根据经济社会发展和安全生产实际需要，制定完善安全生产地方标准。鼓励有条件的大型企业制定新产品、新材料、新工艺企业安全技术标准。推动企业依据安全生产标准制定完善作业规程和岗位安全操作规程。

3. 全面推进依法行政。对照安全生产法律法规和规章，梳理出安全生产监管职权和责任清单，及时向社会公开，切实做到监管执法不缺位、不越位。按照国家简政放权的要求，改革安全评审制度，制定完善事中和事后监管办法。对保留的安全生产权利事项进一步优化运行流程，简化办事环节，缩短办事时限。完善科学执法制度，按照统筹兼顾、突出重点、量力而行、提高效能的原则，科学制定年度执法计划，明确重点监管对象、检查内容和监管措施。研究推行全员执法、异地执法、联合执法等执法方式，合并安全生产与职业卫生的同类执法事项。改进执法方式，各级安监部门制定公布随机抽查对象名录库和执法检查人员名录库，建立"双随机"抽查机制，并逐步将随机抽查变为各级安监部门监管执法活动的主要方式；完善执法手段，利用信息网络技术实现在线即时监督检测，运用移动执法、电子案卷等非现场执法手段，提高执法效能。建立重大案件查处制度，对造成社会影响的重大案件，由上级安监部门直接查处或者挂牌督办。研究制定安全生产行政执法规定，明确停产停业、停止施工、停止使用相关设施或者设备等行政处罚，以及查封、扣押、停止供电、停止供应民用爆炸物品等行政强制措施的具体情形、时限、执行责任和落实措施。采取适当方式，向社会公开案件执法信息，提高执法透明度和公信力。

4. 加强执法监督。认真贯彻落实《山东省行政执法监督条例》，建立行政执法行为审议制度和重大行政执法决策机制，依法规范执法程序和自由裁量权，评估执法效果，防止滥用职权。健全内部案件调查与行政处罚决定相对分离制度，规范执法行为，落实行政执法责任制。建立行政处罚自由裁量基准制度，细化量化行政处罚裁量权，公开裁量范围、种类和幅度，严格限定和合理规范裁量权。建立执法案件公开裁定制度，对案情相似、违法行为相同的案件，按照一定比例召集相关生产经营单位进行公开裁定。

5. 健全安全生产行政执法与刑事司法衔接机制。贯彻落实最高人民法院、最高人民检察院《关于办理危害生产安全刑事案件适用法律若干问题的解释》，建立通报、移送、受理、立案、办案等制度，加强安全执法与刑事司法的衔接，建立公安、检察、审判机关介入安全执法工作机制，严厉打击安全生产领域违法犯罪行为。

（三）加强安全生产监管执法能力建设。

1. 健全监管执法机构。健全完善安全生产监管执法体系，落实监管责任，强化基层执法力量，优化安全生产监管人员结构。加强基层执法工作调研，探索实行派驻执法、跨区域执法、委托执法和政府购买服务等方式，加强和规范乡（镇、街道）及各类开发区安全生产监管执法工作，明确安全监管责任。

2. 加强监管执法保障。落实《山东省人民政府办公厅关于贯彻国办发〔2015〕20 号文件进一步加强安全生产监管执法工作的意见》（鲁政办发〔2015〕48 号）要求，推动各级政府将安全生产监管执法机构作为政府行政执法机构，健全安全生产监管执法经费保障机制，将执法经费纳入同级财政保障范围，明确执法经费的使用范围、审批程序、保障措施。按照国家和省执法装备配备标准要求，配齐执法装备和执法人员个体防护用品，改善执法工作条件。省、市、县（市、区）、乡（镇、街道）和各类开发区执法人员全部配齐便携式移动执法终端。贯彻国家安全生产监管监察能力建设标准，开展监管监察执法规范化建设。

3. 强化法治教育培训。加大《中华人民共和国安全生产法》等法律法规宣传力度，普及安全生产法律法规知识，提高全民安全生产法治素养，增强安全生产法治意识。把安全法治纳入领导干部教育培训的重要内容，在党校、行政学院开展专题培训，使各级领导干部熟悉安全生产法律法规标准，善于用法治思维和法治方式推动安全生产工作。加强安全生产监管执法人员法律法规和执法程序培训，落实持证上岗和定期轮训制度。定期开展执法文书评审、执法技能竞赛等活动，提高执法检查的职业化和专业化水平。

4. 加强监管执法队伍建设。加强安全生产监管执法人员的思想建设、作风建设和业务建设，建立健全监督考核机制，积极推进执法队伍标准化、规范化建设。建立现场执法全过程记录制度，完善便携式移动执法终端配备标准、使用规范和执法视频归档管理制度，切实做到严格执法、科学执法、文明执法。进一步加强党风廉政建设，强化纪律约束，坚决查处腐败问题和失职渎职行为，宣传推广基层安全生产监管执法的先进典型，树立廉洁执法的良好社会形象。

（四）深化重点领域安全综合治理。

1. 道路交通。以深化道路交通"平安行·你我他"行动为载体，全面推进道路交通安全综合治理。推进公路交通监控系统、交通指挥集成平台和交警执法站建设，在高速公路、国省道和重点县乡道路建成比较完备的智能交通安全系统。健全重在治本的长效机制，建立完善道路交通安全体系，加强农村地区道路交通安全管理，推进农村道路交通安全基础设施建设。建设省市两级城市智慧交通管理系统共享平台，建立全省统一的城市交通管理基础数据库，开展交通管理海量数据挖掘与研判。建立全省高速公路交通管理基础数据库，建设高速公路交通管理平台，挖掘分析高速公路交通管理基础数据。大力推进重点车辆及驾驶人管理、驾驶人培训质量监督等源头管理。健全道路交通事故信息发布机制，推动落实社会单位道路交通安全责任追究工作。构建道路交通事故深度调查工作机制，对全省较大及以上道路交通事故开展联合调查和责任倒查，对负有事故责任的部门、单位和人员进行严肃处理，强力推动责任落实。

2. 消防。全面推行消防安全网格化管理和重点单位户籍化管理，健全火灾隐患常态化排查治理、重大隐患分级治理机制，强化消防安全责任落实。配备举高、专勤等特种消防车辆以及大功率灭火和抢险救援车辆；按标准配备灭火抢险救援装备、消防员基本防护和特种防护装备；推进装备评估结果应用和战勤保障体系建设。完成缺建消防站建设和危旧消防站改造，2020 年市政消火栓建有率达到 100%，完成总队和 10 个支队培训基地建设。加强高层建筑、地下工程、轨道交通、石油化工等特殊火灾扑救研究和演练。发展多种形式消防队伍，全面完成乡镇消防队伍建设达标任务。加强消防职业技能鉴定工作，完善注册消防工程师制度。加快培育和规范发展消防设施维修保养检测、消防安全评估等技术服务机构。

3. 建筑施工。深入开展安全专项治理，突出高支模、深基坑、脚手架等危险性较大分部分项工程及建筑起重机械、施工用电等重点危险源，持续排查整治建筑施工安全隐患，严格闭环整改。落实工程参建各方主体责任，实施安全生产标准化考评，强化建筑业企业三类人员和特种作业人员安全培训、考核，完善安全生产许可证制度，加强安全生产许可的动态管理，推进安全生产标准化、信息化、规范化建设。严厉打击不严格履行法定程序，无资质或超资质承揽工程，违法分包、转包等非法违法行为，发挥建筑市场监管与诚信信息一体化平台作用，营造"诚信激励、失信惩戒"的市场环境。支持大型建筑企业、高等院校和科研院所，组织施工安全预警预防、应急救援、危险源控制等关键技术攻关，加快施工安全新技术成果转换应用。完善建筑施工安全监督制度和安全监管绩效考核机制，强化安全生产目标责任考核，严格安全生产责任追究，严肃查处施工安全违法违规行为。探索以政府购买服务方式，强化安全监督机构辅助力量。鼓励建设单位聘用专业化社会机构提供安全风险管理咨询服务。

4. 煤矿。优化调整矿井生产布局，合理确定生产强度。对全省受水、火、瓦斯、煤尘、冲击地压等灾害威胁矿井开展隐蔽致灾因素普查，建档立案。开展专家现场"会诊"和重大技术难题攻关，着力解决影响煤矿安全生产的重大关键问题。深入开展煤矿"机械化换人、自动化减人"科技强安专项行动，推进采掘运机械化改造，加快淘汰炮采炮掘，力争在超厚超薄、构造复杂煤层机械化开采上实现突破；新建、改扩建煤矿不采用机械化开采的一律不予核准。有条件的矿井推广使用单轨吊、无轨胶轮车、卡轨车等先进装备，逐步取消地轨、架空线、小绞车和普通矿车。推进"智慧化矿山"建设，逐步实现井上下人员、设备、生产作业环境以及主要生产系统的远程监测监控。到2020年，全省煤矿采煤和掘进装载机械化程度均达到96%以上。实施安全质量全面达标工程，推进安全质量标准化动态达标和岗位达标。健全完善区队、班组建制，突出抓好后备区队长、班组长选拔培养，加快形成管理人才培养的良性循环机制。努力实现职业安全健康管理目标，工作场所职业病危害因素浓度（强度）和个人接触水平基本符合国家职业卫生标准和《煤矿安全规程》相关规定。健全各级煤炭管理部门和煤矿企业安全生产调度指挥机构，完善应急值守、信息报告、处置决策、救援协调、现场指挥等制度。

5. 非煤矿山。按照《山东省人民政府办公厅关于加快全省非煤矿山转型升级提高安全环保节约质效管理水平的意见》（鲁政办字〔2016〕95号）及配套的《全省非煤矿山采空区治理方案》和《全省尾矿库治理方案》，大力促进全省非煤矿山转型升级，提高安全、环保、节约、质效管理水平。对非煤矿山企业开展再排查、再摸底，全面开展"打非治违"工作，从速消除一批安全隐患，做到不留盲区、不漏一企。提高非煤矿山建设项目安全准入门槛，严格审查新上项目的条件和手续，"十三五"期间原则上不再新批地下开采非煤矿山项目。对全省非煤矿山企业进行安全生产、环境保护、矿产资源开发利用、质量效益等四个方面的综合评级，通过评级，对非煤矿山发展壮大一批、规范提升一批、关闭淘汰一批。所有地下开采矿山按照《山东省金属非金属地下矿山安全生产技术与管理规范》整改提升，凡达不到标准要求的，一律不得生产。加快建立健全非煤矿山风险分级管控体系、隐患排查治理体系、行政执法体系和综合信息平台，实现"双重"防控和省、市、县（市、区）、矿山企业"三个体系"信息互联互通，提高监管效率和防控常态化、规范化、智能化水平。强化矿山设备设施安全管理，着力抓好矿山企业特别是地下开采矿山通风防火、提升运输、防治水、采空区"四个关键环节"的安全生产。露天开采矿山全部实现车辆运输道路上顶、机械铲装和机械二次破碎。

6. 危险化学品。研究制定我省危险化学品安全生产管理办法以及相配套的政策和规范性文件，进一步加强危险化学品安全管理。严格把好化工项目准入关，提高危险化学品项目准入门槛，从源头控制新增高风险化工项目。推动化工产业转型升级，实施化工企业"三评级一评价"（安全评级、环保评级、节能评级和综合评价），充分利用安全、环保、节能倒闭机制，发展壮大一批、规范提升一批、关闭淘汰一批化工生产企业，提高安全生产保障能力。全面清理整顿现有化工园区（集中区），推动化工企业"进区入园"。开展化工园区风险评估，科学评价园区安全风险及控制水平，确定安全容量，实现总量控制；加强化工园区安全生产一体化管理，着力完善安全基础配套设施，提高园区安全风险管控、隐患排查治理和应急处置能力。持续抓好"两重点一重大"（重点监督危险化学品、重点监管危险化工工艺和危险化学品重大危险源）企业的安全监管，对光气及光气化产品、合成氨、氯碱、炼油以及涉及硝基物产品等重点行业企业，危险工艺生产装置和易燃易爆危化品仓库、油气罐区、危险化学品输送管道等重点部位，检维修和动火、受限空间等特殊作业以及化工装置试生产、开停车等关键环节，实施重点监控。继续推动化工企业加大安全技术改造力度，全面完成"两重点一重大"生产储存装置设施的自动化控制改造；强化危化品企业安全设计管理，消除设计缺陷，提高装置的本质安全水平。加强化工过程安全管理，指导企业采用先进工艺危害分析方法，开展过程风险评估，加强风险管控。落实油气输送管道隐患整改责任，强化监督检查，全力打好油气输送管道隐患整治攻坚战。深化危险化学品重点县（市、区）攻坚，推进大型化工企业和重点县结对帮扶工作，建立和完善危险化学品重点县动态调整机制，实施重点县攻坚滚动推进工作机制。

7. 工贸行业。以风险分级管控和隐患排查治理为主线，突出治理重点环节和部位：冶金行业以冶炼高炉平台炉身炉顶、转炉吹炼和浇铸、有限空间作业、煤气氧气、高温熔融液体和高温物体公路运输等为重点；有色行业以粉尘爆炸、高温熔融液体和高温物体公路运输等为重点；建材行业以高温窑炉、煤气的生产和使用、水泥储存的清仓作业、煤粉制备等场所和生产环节为重点；机械行业以粉尘爆炸、防止物体打击和机械伤害为重点；轻工行业以防止液氨等有毒有害气体泄漏、中毒和火灾、粉尘爆炸等为重点；纺织行业以输配电设施、原棉库、危险品库和老旧厂房、特种设备等为重点；烟草、商贸行业以仓储消防安全、车辆交通安全、特种设备、外来施工队、特种作业人员等为重点；突出液氨使用、煤气使用及易发生粉尘爆炸事故企业的安全管理、企业交叉作业安全管理、受限空间作业安全管理、企业外包工程安全管理，严格查处和纠正违章指挥、违章作业、违反劳动纪律现象，坚决禁止超能力、超强度、超定员生产行为。对隐患排查治理实行台账管理和闭合管理，切实做到整改措施、责任、资金、时限和预案"五到位"。开展自动报警与安全连锁专项改造，重点在煤气危险区域安装固定探头，实现连续监控检测，提高自动报警能力；推广使用安全连锁技术，提高自动化程度。推进烟花爆竹生产企业 2016 年年底前全部有序退出；健全烟花爆竹经营、运输、储存和燃放各环节安全监管机制，强化监管，严肃查处非法违法行为。

8. 水上交通。严格落实船舶恶劣气象禁限航规定，杜绝船舶超抗风等级冒险航行。逐步淘汰老旧船舶，推进客运船舶运力升级换代，引导、推动沿海中小型客船"安全智能、经济舒适、绿色环保"发展。严格市场准入，推动客运公司实行集约化经营。纠正渔船违规航行行为，减少商渔船会遇局面和碰撞隐患。严格港口危险化学品建设项目安全条件审查，强化港口危险货物作业现场安全监管。

9. 海洋渔业。加强渔船管理组织化体系建设，建立依托渔港、合作社、协会、公司等管理渔船体制机制。开展"标准化渔港"建设，加大渔港消防、航标建设和维护力度，提高渔港综合服务保障能力。加强渔船通导、救生和监控等设施、设备建设，提高渔业防灾减灾能力。推进渔船标准化更新改造，实现"渔船大型化、渔具规范化、设备现代化、生产安全化、作业节能化"转变。加强渔船、渔港监控系统、渔船电子标识、渔业通讯、应急救助等渔业安全信息化建设，提升渔港渔船安全监管和突发事件应急处置能力。完善渔业安全管理联动机制，加强部门间合作，拓展内容、提高效果。加强渔业船员培训和管理，推进渔业船员培训机构资质认定，加大船员培训基地和机构建设，强化渔业船员职业技能培训，提高培训质量和水平。

10. 铁路。全面梳理安全管理制度，开展修、废、补、建，形成完善的安全管理制度体系。加强站段车间班组管理，科学界定新体制下站段、车间、班组管理权责，合理确定管理范围，加强管理考核评价。加强设备源头质量控制，加大设备安全投入，全面提高设备管理水平。强化设备管理基础，健全高铁、动车组、和谐型机车管理和维修标准。完善行车安全检测监控体系，提升自然灾害和异物侵限检测和预警水平。加大培训力度，严格重点岗位人员管理。完善关键技术管理岗位和主要行车岗位人员准入制度，保证重点岗位人员具备相应的技术素养和履职能力。建立完善全面全员全过程的安全风险控制体系，动态排查、严密管控管理和作业岗位的安全风险。加强非正常情况应急处置，分系统、分项目建立健全应急处置流程，完善非正常情况应急处置办法，构建导向安全、流程清晰、处置规范的应急处置体系，实现非正常情况风险控制的常态化管理。

11. 民航运输。推进国家航空安全方案和安全管理体系建设，推进导航、航行新技术的运用以及基于安全绩效管理的安全管理体系建设。建立关键岗位人员身体状况和心理状态监控管理体系，加强人员资质能力建设，建立民航企事业单位和个人的诚信档案。加强通用航空安全管理，建立健全通航安全监管程序。加强安全监管人员新技术运用、科学执法、大数据运用等方面的能力建设。制定和完善应急救援预案和事故调查预案，细化工作程序，开展演练，提高处置能力。

12. 民用爆炸物品。不断优化产品结构，重点发展以现场混装炸药、乳化炸药、导爆管雷管等安全、高效产品品种，促进可靠性高、安全性好、节能环保新产品的研发和应用，实现产品的升级换代。继续推进重组整合，支持企业借助资本市场平台开展并购重组，鼓励以产业链为纽带的上下游企业资源整合和延伸，推进一体化进程，使优势资源向龙头和骨干企业集中，进一步提高产业集中度，优化产业布局。推广应用先进生产方式，鼓励企业采用自动化、信息化技术改造传统的生产方式和管理模式，加快现有生产工艺、装备和产品的升级换代。开展民爆行业共性关键技术研发，加强生产过程中的在线检测和质量控制，提高工艺、装备可靠性。大力推广经过实践验证的新技术、新工艺、新设备和新材料；发展并应用安全生产预警、监控、检测和防护等技术手段，实现对民爆企业危险作业场所的有效监控和风险防范。

13. 农业机械。全面实施《农业机械安全监督管理条例》，大力推进农业机械安全监管方式转变。深入开展"平安农机"创建活动，积极探索"平安农机"标准化、规范化示范站点建设。强化省级示范项目带动，全面提高农机事故勘查装备水平和服务能力。以"金农工程"和各地信息化建设项目为依托，开发农机事故统计分析报告、信息采集和发布平台，建立农机事故互通互联、信息共享机制。建立完善农机事故应急救援体系，加强应急队伍培训和农机事故实战演练，全面提升农机安全应急管理规范化建设水平。有效推广应用移动式农机安全检测技术和农机驾驶人考试装备，提升重要农时季节、关键生产环节和重点机械设施的农机安全监管能力。

14. 特种设备。进一步厘清省、市、县三级特种设备安全监管职责，督促特种设备生产、经营、使用单位和检验、检测机构，认真落实法律法规规定的各项义务、责任和要求。依法落实质监部门特种设备安全综合监督管理责任，推动行业管理部门依法落实管理责任。重视系统性风险和隐患的排查治理，构建以特种设备生产、经营、使用单位为主体的隐患排查治理机制，提高隐患治理实效。积极推进全省质监系统特检改革工作，研究新形势下特种设备检验市场的放开和管理办法，加强特种设备检验检测工作的监督管理，推动特种设备能效检验检测基地建设，不断强化特种设备检验检测的技术支撑作用。

（五）建立安全生产风险分级管控、隐患排查治理和信息化监督管理体系。

1. 建立安全生产风险分级管控体系。加强风险源辨识方法和分级、分类标准研究，分行业明确企业危险源分级管控及应急处置措施，建立风险分级管控检查督导、考核和处罚工作机制，实现企业安全管理的精细化和标准化，创新安全生产监管方式，提升监管效能。

2. 建立安全生产隐患排查治理体系。制定各行业重大隐患判定标准，明确各级政府及有关部门的隐患排查治理监管责任、企业的隐患排查治理主体责任。建立起各级安监部门与企业联网的隐患排查治理信息系统，实行企业自查自报自改与政府部门监督检查并网衔接，并建立健全线下配套监管制度，实现分级分类、互联互通、闭环管理。

3. 建立安全生产信息化监督管理体系。充分利用云计算、物联网、大数据等先进技术，建设山东省安全生产综合信息平台，实现与安全生产风险分级管控、隐患排查治理、安全生产监管执法、应急救援等信息共建共享和"大数据"分析利用，推动全省安全生产监督管理工作信息化、智能化。

（六）推动实施科技强安。

1. 加快安全科技研发与成果应用。建立企业、政府、社会多元投入机制，加大安全科技创新力度。充分利用高等院校、科研机构、社会团体等科研资源，加大安防技术装备的研发力度。加大安全科技成果推广力度，搭建"产学研用"一体化平台，完善省、市、县（市、区）和企业等多层次科研成果转化推广机制。充分发挥省安全生产专业技术支撑中心煤矿、非煤矿山、职业危害3个实验室的作用，加强设施和装备建设，开展课题研究，为安全生产提供技术支撑。深入推进"机械化换人、自动化减人"科技强安专项行动，大力提高企业安全生产科技保障能力。

2. 加快培养安全生产专业人才。优化安全生产专业和人才结构，加强企业安全生产专业人才需求与院校人才招生培养对接工作，协调院校加强安全生产专业人才需求调研，鼓励院校根据需求建设以安全生产技术和安全管理为特色的专业或扩大现有专业招生规模。面向安全生产需要，培养安全意识强、具备一定安全生产知识和能力的高素质劳动者、各级专业技术和管理人才，加快培养一批既懂专业技术又懂安全的复合型人才。完善安全生产人才培养机制，鼓励企业与学校合作，采取定向培养、委托培养、联合办学、短期专题培训等多种形式培养专业人才。指导并支持有条件的企业、安全技术科研机构建设安全培训基地，承担职工培训和继续教育，主动接受学生开展实习实训活动。

3. 推动安全生产专业技术中介服务机构规范发展。加强安全中介服务机构监管，推动中介机构规范化、规模化发展，提升技术服务能力和水平。规范和整顿技术服务市场秩序，建立专业中介服务机构诚信体系。推进中小企业安全生产技术援助与服务体系建设。

4. 充实加强安全生产专家队伍。建立完善全省安全生产专家库，加强安全生产专家统一管理，研究制定我省安全生产专家管理办法，对安全生产专家遴选条件、程序、聘用年限、权利义务、劳务费用等作出明确规定。负有安全生产监督管理职责的省有关部门自行组建和管理各自监管行业领域的安全生产专家库，各部门专家通过安全生产专家管理信息系统实现专家资源共享和联动。积极推进专家为安全生产提供政策法律和专业技术支持。

（七）大力开展安全生产教育培训。

1. 构建与安全发展相适应的全员安全生产培训体制机制。落实企业主要负责人、安全管理人员、特种作业人员持证培训和企业内部安全教育培训制度，强化企业安全培训主体责任，确保从业人员熟练掌握岗位安全生产知识和技能。

2. 强化安全生产教育培训基础建设。推动开发建设安全培训网络学习平台，建立省级优秀视频课程资源库。推进安全生产资格考试体系建设，分专业工种建设实训场地完备、教学设施齐全、教学手段先进的安全生产培训和考试基地。

3. 提升全民安全防范意识。加大安全生产公益宣传力度，扎实推进安全生产宣传教育进企业、进学校、进机关、进社区、进农村、进家庭、进公共场所，全面普及安全生产常识，进一步提升全社会的安全文明素质。实施"安全生产月""文明交通行动计划""消防119"及"安康杯"知识竞赛等多种形式的安全生产宣传教育活动。

（八）强化职业卫生工作。

1. 推进职业卫生监管体制建设。加强职业卫生监管机构和队伍建设，大力发展市、县（市、区）、乡（镇、街道）基层监管力量，推进职业卫生监管体制机制创新。加强部门间的协调配合，建立各级职业病防治协调推进机制，形成职业卫生监管合力。落实政府相关部门职业卫生监管责任，建立管行业、管业务、管生产经营必须管职业卫生的责任体系。

2. 强化用人单位职业病危害预防能力建设。建立用人单位自主开展职业病危害预防活动的职业卫生工作机制，推动用人单位依法履行建设项目职业卫生"三同时"，落实职业病危害预防主体责任。建立重点行业领域用人单位职业卫生管理人员培训与考核制度。设立小微型用人单位职业病危害预防的公益性指导与援助平台。

3. 建立职业卫生监管信息体系。围绕职业卫生专项调查、职业病危害项目申报、建设项目职业卫生"三同时"报告、职业卫生技术服务机构监管等，构建职业卫生信息监测体系。建立基于职业病危害治理信息监测与监督执法的职业卫生信息统计制度。建设依托安全生产信息系统的职业卫生监管信息系统，实现职业病危害治理动态监管。

4. 完善职业病危害治理技术支撑体系。建立完善省、市、县三级技术支撑体系。支持多种形式技术服务机构发展，推进职业卫生技术服务机构能力和诚信体系建设。建立职业卫生技术服务机构为小微型用人单位提供技术援助的制度。鼓励有条件的大型企业建立职业卫生检测服务、诊断检查机构。加强职业卫生专家队伍的建设与管理。

（九）完善安全生产应急救援体系。

1. 健全应急管理体制机制。全面加强市、县级政府安全生产应急能力建设，充实基础力量，提高应急管理和救援决策水平。推进大中型企业、高危行业企业全部设置或指定安全生产应急机构，配备专职或兼职安全生产应急管理人员。加强各相关职能部门、企业和应急救援队伍间的应急协作，形成应急救援联动机制。制定完善安全生产应急管理相关规章制度和标准体系，探索制定安全生产应急救援社会化有偿服务政策，鼓励和支持应急救援队伍参与社会救援。探索制定应急物资装备征用补偿政策，明确应急物资装备征用补偿和损害赔偿的程序、方式和标准。

2. 加快应急救援队伍建设。巩固、整合现有安全生产救援队伍资源，重点加强省级、区域性和重点行业领域应急救援基地和应急救援队伍建设，形成布局合理、功能完善、保障有力的应急救援体系。鼓励和支持化工企业聚集区、矿产资源聚集区开展安全生产应急救援队伍一体化示范建设，增强辐射救援能力。加强安全生产应急救援专业装备配备，强化应急物资和紧急运输能力储备，健全应急物资的维护、补充、更新、调运机制，提高应急救援物资保障能力。

3. 加强预案管理和应急演练。建立健全安全生产应急预案体系，加强动态修订和完善。建立完善应急预案备案制度，加强企业应急预案与政府相关应急预案的衔接。建立应急预案演练制度，定期组织开展政企联合、社企联动、多部门协作等形式的应急演练，不断提高应急预案的可操作性和针对性。强化省、市、县（市、区）以及高危行业（领域）大中型企业应急平台基础建设，完善应急平台监测预警、指挥协调、资源管理、预案管理、数字化演练等功能应用。

4. 提高事故应急处置能力。强化应急值守，加强舆情监控，及时准确发布事故信息，正确把握舆论导向。提高事故单位先行处置能力，努力掌握现场应急处置的主动权。赋予企业生产现场带班人员、班组长和调度人员遇到险情时第一时间下达停产撤人命令的直接决策权和指挥权。加强事故现场指挥协调，落实通告、警戒、疏散等必要的应急措施，防止事故扩大和引发次生灾害。加强事故单位与政府应急救援的联动，统筹好各类应急救援力量的协调运用。建立事故应急救援分级指导、总结评估和考核奖惩制度，不断提高应急管理和救援水平。

四、重点工程

（一）安全生产监管信息化建设工程。

研究制定全省安全生产信息化建设规划，建设全省安全监管信息化标准体系，利用云计算技术规划建设集安监业务、企业安全生产、应急救援、安全技术支持等信息于一体的全省安全生产监管云数据中心，强化信息资源的收集、整理、共享和分析利用，建设通用的、开放性的全省安全生产综合监管信息平台，推进全省安全生产监管政务、风险分级管控、隐患排查、执法监察、举报投诉、应急救援、事故调度统计分析等的信息化。

（二）省重大危险源监控中心建设工程。

对全省重大危险源进行全面排查和评估分级，建立重大危险源监控平台，实现全省重大危险源监管信息系统互联互通。督促企业建立重大危险源检测监控系统，着力推进重大危险源企业的自动化改造。

（三）安全生产监管监察能力建设工程。

建设省、市、县（市、区）、乡（镇、街道）和各类开发区（工业园区）安全监管部门执法能力与技术保障体系。特别是保障全省县（市、区）、乡（镇、街道）及各产业园区基层安监执法队伍工作条件，保证全省各级安全生产执法人员培训到位，完善专业技术装备配置，建立全省执法监察信息化支撑平台，建立移动执法支撑体系，提升监管监察执法能力。

（四）安全生产宣教工程。

建立涵盖各地区、各领域的安全生产新闻发言人、安全理论专家、安全生产记者和通讯员、网络评论员、安全生产监督员五支队伍，健全完善安全生产新闻发布制度、应急协调制度和舆情监控制度。加强具有山东地方特色安全宣教品牌建设。构建安全文化引领工程，着力培育安全理念文化、安全制度文化、安全环境文化和安全行为文化，把安全理念、安全制度转化为政府及其有关部门、企业和从业人员的思想共识和自觉行为。

（五）安全生产分级管控和隐患排查治理标准建设推广工程。

选择一批在风险管控、隐患排查治理、信息化建设等安全生产管理工作较好的企业作为行业标杆企业，系统总结其经验做法，进行论证、评估、完善和提升，形成一整套可借鉴、可推广、可套用的企业安全生产风险管控和隐患排查治理标准，由相关部门审定后，作为地方标准发布实施。省有关部门按照职责分工在分管行业领域中组织企业进行落实，在全省逐步建立起风险管控和隐患排查治理双重预防性机制。

（六）危险化学品专项治理工程。

1. 危险化学品重大危险源在线监控和事故预警示范工程。利用先进科技手段，建立重大危险源在线监控及预警网络体系并进行工程示范应用。通过构建政府级重大危险源安全监控平台，收集各危险化学品企业重大危险源监控数据中的工艺参数和预警数据并及时进行分析管理，及时采取措施消除事故隐患，完善重大危险源控制措施，实现全过程、全天候监控危险化学品重大危险源，预防重特大事故发生。

2. 国家功能区安全生产信息化建设示范工程。督促指导青岛市黄岛区做好国家功能区安全生产信息化建设试点工作，通过强化技术支撑，利用互联网技术，建设安监大数据库管理平台，建立高效灵敏、反应快捷、运行可靠的信息化监管体系，提高安全生产监管能力和水平。

3. 化工园区安全生产一体化管理示范工程。开展园区风险评估，提出化工园区安全生产一体化管理示范工程建设标准，构建园区一体化管理信息平台，提高园区安全风险管控、隐患排查治理和应急处置能力。

4. 油气和危险化学品输送管道治理工程。建立山东省油气管道综合信息管理系统，实现在线路规划、土地利用、管道保护、第三方施工、高后果区监、应急处置等各方面的管道安全管理决策支持功能。在全省危险化学品输送管道推广应用工业电视监控系统、可燃有毒气体泄漏检测报警系统、安全联锁系统等安全保障技术，实现全过程、全方位、全时段管理，提升危险化学品输送管道技防水平。

（七）非煤矿山专项治理工程。

1. 全省非煤矿山采空区治理工程。对全省非煤矿山采空区基本情况调查摸底，掌握矿区范围内及周边老空区地质构造、含水层、积水等情况，开展预防、治理和监测工程，完成全省具有较大安全隐患的生产非煤矿山采空区治理任务，建立非煤矿山采空区安全隐患防治长效监管机制；通过采取工程措施，彻底消除突发性采空区坍塌等安全隐患和险情，做好非煤矿山采空区监测工作；采用崩落法、空场法开采的地下金属矿山，全部改造为充填法或进行嗣后充填，不再产生新的采空区；石膏矿山等非金属地下矿山具备采空区崩落条件的，严格顺序崩落，崩落一段生产一段，严禁形成大面积采空区。

2. 全省尾矿库治理工程。完成"头顶库"治理任务，全面消灭病库，关闭不具备安全生产条件的尾矿库，依法取缔各类非法尾矿库；四等傍山型、山谷型及三等以上尾矿库全部建立在线监测系统并有效运行；健全和完善尾矿库安全监督管理体制，消除尾矿库重大安全隐患；建立尾矿库应急救援联动机制；促进企业建立和完善尾矿库安全管理制度，加强现场管理和推广一次性筑坝、干式排尾、尾砂充填、尾矿综合利用等先进适用技术。

（八）道路交通安全综合治理体系工程。

继续深化道路交通"平安行·你我他"行动，完善道路交通安全综合治理体系机制建设。构建公路智能交通安全体系，建设公路交通监控系统、公安交通指挥集成平台和交通安全执法服务体系，构建覆盖全省高速公路、国道、省道和部分重点县（乡）道路的智能交通安全系统，实现对人、车、路、环境等道路交通基本要素的实时监控和动态组织管理。构建农村交通安全治理体系，加大农村地区管理力量和资金投入，整改一批农村道路交通安全隐患，压减一批农村道路交通事故。构建车管源头管理体系，开展防御性驾驶教育培训，研究防御性驾驶理论体系，编制标准化防御性驾驶宣传培训教材资料，引入大中型客货车驾驶人考试体系。以客运车辆为重点，在客运企业推广建立主动安全教育理念，组织客运驾驶人开展防御性驾驶专题培训和集中教育。构建交通安全素质教育宣传体系，依托中小学校、科普基地、爱国主义教育基地等资源，建立一批以体验、互动为主要内容的中小学生（幼儿）交通安全宣传教育基地。在各种媒体建立道路交通安全宣传栏目，制定道路交通安全公益广告发布办法。通过组织公益广告征集大赛等形式，发挥社会专业力量，制作高质量的文明交通公益广告在媒体发布，传播文明交通理念，发挥新闻媒体的影响力和舆论的引导作用。

五、保障措施

（一）牢固树立以人为本、安全发展的理念。

建立经济社会安全发展综合决策机制，实现安全生产与经济社会发展同规划、同部署、同推进。努力从根本上减少导致重特大事故发生的宏观因素。强化红线意识，始终把人民群众的生命安全放在首位，坚守发展决不能以牺牲人的生命为代价这条红线，把安全生产与转方式、调结构、促发展、惠民生紧密结合起来，主动参与供给侧结构性改革，推动落后产能淘汰退出，放大安全生产工作成效，实现安全生产与经济社会同步协调发展。杜绝降低安全标准、违反安全规定的所谓"一站式服务"，确保城市安全运行、企业安全生产、公众安全生活。

（二）完善安全生产综合政策。

完善城乡规划、设计和建设安全准入标准，建立安全专项规划制度和招商引资安全风险评估制度，严格规划准入。完善产业政策，严格限制建设高风险项目。建立安全生产投入多元化保障体系。推动市、县级政府及有条件的乡镇和工业园区建立与安全生产工作相适应的投入保障制度。严格执行安全生产费用提取的适用范围和费率标准，完善与企业发展水平同步的安全生产费用提取和使用制度。全面推广安全生产责任保险制度，增加安全生产社会保障。完善事故伤亡赔付制度，提高企业违法违规和事故成本。鼓励和支持安全生产产业规模化、集约化经营。加大信贷支持安全生产工作力度，鼓励金融机构对有偿还能力的公共安全基础设施建设项目和企业安全技术改造项目给予贷款支持。

（三）强化社会舆论监督。

建立舆论监督和公众监督机制，拓宽和畅通安全生产社会监督渠道。充分发挥工会、共青团、社团组织以及基层社区组织对安全生产的监督作用。完善和规范安全生产信息发布制度，发挥新闻媒体安全生产宣传和监督作用。加大电视、广播、网络、报纸杂志等媒体普及安全知识的力度，开辟安全曝光栏目，对企业安全生产非法违法行为进行经常性的媒体曝光。充分利用政务微博、政务微信等新媒体开展安全生产宣传教育。落实群众举报奖励制度，加大对事故隐患和安全生产违法行为的举报查处力度。保障劳动者合法的安全生产权益，确保劳动者对安全生产的"知情权、参与权、表达权、监督权"。

（四）加强规划督导评估。

各级政府和有关部门要切实履行职责，统筹协调推进落实规划确定的目标、任务。各级安监部门要建立规划实施的评估机制，加强对规划执行情况的监督检查，定期公布各地区、各行业领域安全生产规划目标、指标、重点工程项目的实施进展情况。

山东省人民政府办公厅关于转发省邮政管理局山东省邮政和快递服务业转型升级实施方案的通知

2016 年 8 月 16 日   鲁政办字〔2016〕132 号

各市人民政府，各县（市、区）人民政府，省政府各部门、各直属机构，各大企业，各高等院校：

省邮政管理局《山东省邮政和快递服务业转型升级实施方案》已经省政府同意，现转发给你们，请认真贯彻落实。

附件：山东省邮政和快递服务业转型升级实施方案

附件：

山东省邮政和快递服务业转型升级实施方案

邮政行业包括邮政服务和快递服务，是现代服务业的关键产业和物流领域的先导产业，在降低流通成本、支撑电子商务、服务生产生活、扩大就业渠道等方面发挥了重要作用。为加快推动全省邮政、快递服务业结构调整和转型升级，提升发展质量和效益，特制定本方案。

一、总体要求

（一）指导思想。坚持以创新、协调、绿色、开放、共享发展理念为引领，以落实《国务院关于促进快递业发展的若干意见》（国发〔2015〕61 号）为主线，坚持问题导向，强化创新驱动，推进结构改革，突出均衡协调，培育壮大市场主体，衔接综合交通体系，扩展服务网络惠及范围，保障寄递渠道安全，促进行业转型升级和提质增效，加快建成与山东经济文化强省地位相匹配、与小康社会相适应的现代邮政业。

（二）主要目标。到 2017 年，全省邮政行业业务总量完成 320 亿元，年均增长 25%；业务收入完成 260 亿元，年均增长 21%。其中，快递业务量达到 13 亿件，年均增长 35%；快递业务收入完成 164 亿元，年均增长 30%。全省骨干快递企业乡镇网点覆盖率达到 100%，邮政、快递服务满意度稳步提升。

到 2020 年，基本建成普惠城乡、技术先进、服务优质、安全高效、绿色节能的寄递服务体系，提升邮政普遍服务均等化和便捷化水平，实现"乡乡有网点、村村通快递"，形成覆盖全国、联通国际的邮政、快递服务网络。全省邮政行业业务总量完成 500 亿元，年均增长 20%；业务收入完成 400 亿元，年均增长 18%。快递业务量达到 27 亿件，年均增长 30%；快递业务收入完成 300 亿元，年均增长 25%，实现向邮政、快递强省跨越目标。

二、主要任务

（一）培育壮大邮政、快递企业。

1. 推动邮政企业深化改革。促进邮政服务创新发展，支持邮政企业做优、做强、做大寄递服务主业，重点优化乡镇农村邮政基础网络，加快邮政基础设施开放共享，基本建成农村电商邮政寄递网。深化邮政服务"三农"工作，提升邮政普遍服务均等化和便捷化水平。

2. 推动重点快递企业开展创新转型试点。鼓励各类资本依法进入快递领域，支持快递企业兼并重组、上市融资，整合中小企业，优化资源配置，实现强强联合、优势互补。培育 1 家年业务收入超过 80 亿元和 2~3 家年业务收入超过 30 亿元品牌快递企业。大力实施品牌战略，深入推进"互联网+快递"以及快递"向下、向西、向外""上车、上船、上飞机"等重点工作，吸引国际、国内大型快递企业的总部、区域总部、区域性服务功能设施落户山东，力争"十三五"期间我省快递产业规模进入全国前五位。

（二）促进邮政、快递服务与关联产业协同发展。

1. 促进邮政、快递服务与电子商务协同发展。加快建设邮政行业公共服务信息平台和大数据中心，实现与省内综合电商平台、跨境电商服务平台、城市共同配送公共服务平台等信息互联互通，资源共享，促进线上线下融合创新。推广"电商产业园+邮政快递产业园"融合发展模式，将配套完善邮政、快递功能区纳入省、市级电子商务示范园区认定范畴，建设 3~5 个省级、10~20 个市级电子商务和邮政、快递协同发展示范基地，推动仓配一体化和共同配送。支持青岛市、潍坊市、临沂市等重要节点城市争创中国快递示范城市。实施城市末端配送体系建设，支持邮政、快递企业同社会物业、便利店、社区综合服务平台、校园管理机构和第三方企业等各种社会资源开展合作，共同建设邮政、快递综合服务点、布设智能快件箱，并将其纳入公共服务设施规划和城市共同配送试点支持范畴，创建50～100个邮政、快递综合服务示范点，推进便民消费进社区、便民服务进家庭。

2. 促进邮政、快递与综合交通运输协同发展。推动邮（快）件处理中心、运输通道、接驳场所等功能区与交通枢纽同步规划同步建设。依托我省高速路网，加快发展邮政、快递甩挂运输和多式联运，优化干线运输网络。推动快递服务纳入交通邮政合作范畴，依托城际、城乡客运班线网络资源，扩大公路客运班车代运邮件、快件应用范围。开展高铁快递示范工作，依托省内高铁路网，开通快递专列、高铁快递和电商班列。鼓励利用中韩海运邮路、鲁辽大通道开展寄递业务。推进济南市、青岛市、烟台市、潍坊市、临沂市等城市机场建设航空快件优先配舱、优先安检、加速通关的"绿色通道"。鼓励邮政、快递企业利用我省机场资源完善航空快递运输网络，在机场新建、扩建规划中，要配套建设快递转运中心等快递功能区，统筹推进快递基础设施建设。

3. 促进邮政、快递与现代农业协同发展。推进邮政服务"三农"向纵深发展，加强"农邮共建"，充分利用邮政网点和场地资源，完善县级运营中心、镇级服务中心、村级服务站三级农村消费服务体系，推进"农超对接""农批对接"和"农消对接"，发展便民缴费、代收代投、农资分销、助农取款、科技指导、电商服务等"一站式"综合惠农服务，积极参与农村新型社区服务建设。支持邮政服务"三农"万亩示范田参与高标准农田、粮食高产创建示范方建设，支持邮政企业为农民提供土地托管和农业产前、产中、产后系列化服务。积极推广"快递＋特色农产品"服务模式，实施"快递下乡"工程，畅通"工业品下乡"和"农产品进城"双向流通渠道，整合"万村千乡"、电子商务进农村和邮政、快递乡镇农村服务站点、配送中心、商贸中心等资源，加强与阿里巴巴"千县万村"农村电商项目、农民专业合作社、农业产业化龙头企业、特色经济乡镇对接，提升服务产地直销、订单生产等农业生产新模式的能力，促进山东名优特农产品进城，打造5～10个邮政、快递服务精准扶贫的示范项目。加快发展冷链快递、冷链宅配业务，重点推进产地预冷、冷藏保鲜、温控运输等冷链快递基础设施建设，实现产销市场与冷链快递的高效对接。发挥顺丰、邮政等优质冷链快递服务品牌的引领示范作用，大力发展适应农业生产季节性特点的冷链快递服务，打造山东地标性农产品冷链特色品牌。要加大对公益性、公共性的冷链项目的支持力度，切实落实国家已出台的促进冷链运输物流发展的物流业相关税收优惠政策。

4. 促进邮政、快递服务与先进制造业协同发展。推广山东邮政速递物流与重汽集团、海尔集团的供应链一体化管理示范项目经验，引导邮政、快递企业结合我省产业布局安排，与先进制造业企业结成供应链合作伙伴关系，参与制造业供应链管理，提升产业协作配套水平，打造3～5个邮政、快递服务制造业的"山东样本"。

（三）大力发展跨境寄递服务。推进"快递向外"拓展，以青岛市、烟台市、威海市为重点，依托青岛国家跨境电子商务综合试验区、中韩（烟台）产业园、威海中韩跨境电子商务综合试验区以及相关海关特殊监管区域，加强跨境电商快递产业园区建设。利用邮政设施、邮政国际通道，开展跨境网购等寄递业务。加快推进设立济南国际邮件互换局，实现出口国际邮件总包直封、直飞，提升国际邮件通关转运速度。支持重点快递企业拓展国际快递市场，设立海外分支机构，建设海外仓。鼓励电商、邮政、快递企业与港口、园区、航运公司等联合开展寄递仓储及中转业务创新，形成跨境电商配套服务产业链。

（四）开展邮政、快递服务专项提升行动。

1. 提升邮政、快递服务标准化水平。实施品牌战略，大力提升邮政、快递服务质量，降低邮件、快件延误率、损毁率、丢失率和投诉率，引导企业从价格竞争向服务竞争转变。严格落实邮政普遍服务、快递服务等国家标准，鼓励和指导邮政、快递企业加大基础设施、装备技术、服务流程、内部管理等领域的标准化实施力度，培育邮政、快递标准化服务和管理品牌。

2. 提升邮政、快递服务智能化水平。推进"智慧邮政"建设，发展"互联网＋快递"，加强北斗导航、物联网、云计算、大数据、移动互联以及智能终端、自动分拣、机械化装卸等先进技术装备在邮政、快递服务领域的应用，实现邮政业管理信息化、生产自动化、运输综合化、配送智能化、过程可视化、装备高效化。鼓励邮政、快递企业联合科研机构开展技术创新、协同攻关，利用信息化相关专项资金支持重点企业实施信息化示范项目，促进产业结构优化升级。

3. 提升邮政、快递服务低碳化水平。大力发展绿色包装，支持邮政、快递企业推广使用电子运单、循环化封套、绿色包装材料、环保填充物，倡导用户适度包装，加强包装废弃物回收利用，有效降低材料消耗。积极推进邮政、快递绿色运输，鼓励邮政、快递企业购置新能源汽车、电动三轮车开展邮件、快件运输、收投服务，每年新增或更新车辆中的新能源汽车比例不低于30%，逐年提高比重，并按照国家规定给予补贴优惠。

（五）健全完善行业诚信体系。坚持问题导向，积极融入"信用山东"建设，加快构建诚信邮政体系。以政务诚信建设为导向和表率，坚持依法行政，大力推进政务公开，健全行政监督体系。以营造诚实守信的邮政、快递市场环境为目标，建设诚信企业，建立企业诚信评价体系，完善行业信用档案和失信惩戒机制。引导诚信用邮，推行对用户的收寄验视提醒和告知制度，建立违规寄递"黑名单"和警示制度。以推进诚信文化建设为支撑，健全行业自律约束机制，开展"诚信示范企业""诚信经营示范"等诚信创建活动，营造诚信环境。

三、保障措施

（一）推进地方性法规建设。积极贯彻落实新修订的《中华人民共和国邮政法》，加快推进《山东省邮政条例》修订工作，进一步适应我省邮政行业发展和邮政市场监管面临的新形势、新任务。

（二）强化规划引领作用。科学编制我省邮政业"十三五"发展规划，将邮政和快递基础设施建设纳入各级城市控制性详细规划、修建性详细规划等相关规划。邮政管理、发展改革、经济和信息化、财政、交通运输、住房城乡建设、商务、国土资源、农业等部门加强沟通衔接，共同推动建立常态化、制度化的规划协调推进机制。分解规划重点任务，加强对规划实施和重大事项的跟踪落实和调度评估，落实配套措施。

（三）深入推进简政放权。加快转变政府职能，加强对邮政相关审批权限下放工作的指导监督，大力推进行政审批事项、程序和结果等信息公开。深化快递行业商事制度改革，邮政管理、工商部门要加强沟通协调，推动对快递企业实行同一工商登记机关管辖范围内"一照多址"模式。优化审批流程，规范审批行为，简化快递业务经营许可程序，完善快递业务经营许可变更"绿色通道"制度，改革快递企业年度报告制度，精简企业分支机构、末端网点备案手续，缩短审批时间，提高审批效率。发挥电子口岸、国际陆港等"一站式"通关平台优势，扩大电子商务出口快件清单核放、汇总申报通关模式的适用地域范围，实现进出境邮件、快件便捷通关。

（四）加强邮政市场监管。坚持依法治邮，按照邮政监管"三个清单"要求，依法行使职权，杜绝行政乱作为；依法公开执法信息，坚决防止行政不作为；强化政府监管责任、企业主体责任和监管部门内部管理责任之间的衔接，做到放管结合。深入推进市场监管规范化建设，全面落实邮政市场规范清理要求，加强事中事后监管；推动实施"双随机"检查工作机制，建立健全用户申诉与执法联动机制，加强邮政、快递服务质量满意度监测；全面推广跨区域协作执法检查和综合执法工作，重点开展安全生产主体责任落实执法检查和快递业务经营未经许可、末端网点未备案等专项检查活动，依法查处违法违规行为，规范市场经营秩序。

（五）完善监管体制机制。

1. 加强各级邮政业安全信息监管平台建设。充实监管力量，补齐监管短板，严守安全底线，完善寄递安全管控体系，全力打造"放心快递"。

2. 推进县级邮政监管体系建设。坚持实事求是、突出重点、因地制宜、择需而设的原则，推进县级邮政监管体系建设。

3. 推进寄递安全属地化综合治理。严格落实企业和寄件人安全责任，支持推广应用先进技术装备，增加技防、物防设施建设，加强邮政和快递服务业安全保障。

（六）强化人才队伍支撑。支持引进邮政行业管理和服务高级人才，符合条件的可享受我省高层次高技能人才相应的政策待遇，培育邮政、快递行业高端人才。鼓励高等院校与企业联合建设邮政、快递实训基地，争创国家级邮政、快递产教融合示范项目。各级各有关部门要根据当地劳动力市场需求状况，将邮政、快递业务员培训纳入职业培训补贴范围，对符合政策或专项资金补贴条件的，按规定给予培训补贴。对初次通过邮政行业相关职业（工种）技能鉴定并取得职业资格证书或专项能力证书的符合条件的人员，给予职业技能鉴定补贴。支持邮政和快递业开展岗位练兵和行业技能竞赛活动，对参加技能竞赛取得优异成绩的人员，按规定授予技术能手称号、发放奖励津贴、晋升职业资格。

（七）发挥协会服务功能。指导行业协会按照现代社会组织的要求，建立权责明确、运转协调、有效制衡的法人治理结构，形成自我管理、自我发展、自我约束的运行机制。发挥行业协会的桥梁和纽带作用，督促行业协会优化服务、加强自律，保护行业正当权益。按照政府向社会力量购买服务有关政策要求，对作用发挥明显、社会贡献突出的行业协会优先纳入购买服务范围。支持行业协会深入开展调查研究、技术推广、标准制订和咨询服务、培训交流、理论研究、融资服务等，建立行业企业合作机制，加强产学研用结合，促进企业创新发展。鼓励行业协会健全和完善各项行业基础性工作，积极推动行业规范自律、诚信体系、行业精神文明创建和企业文化建设，不断提升行业服务功能，推动邮政、快递服务业健康发展。

省财政厅关于印发《山东省工业企业结构调整专项奖补资金管理细则》的通知

2016 年 7 月 8 日　鲁财工〔2016〕4 号

各市财政局、省财政直接管理县（市）财政局，有关省属企业：

为加强和规范工业企业结构调整专项奖补资金的管理和使用，根据《财政部关于印发工业企业结构调整专项奖补资金管理办法的通知》（财建〔2016〕253 号）、《财政部关于加强工业企业结构调整专项奖补资金使用管理的通知》（财建〔2016〕321 号）等规定，结合我省实际，我们制定了《山东省工业企业结构调整专项奖补资金管理细则》，现予印发，请遵照执行。

附件：山东省工业企业结构调整专项奖补资金管理细则

附件：

山东省工业企业结构调整专项奖补资金管理细则

第一章　总　　则

第一条　为规范工业企业结构调整专项奖补资金管理和使用，切实提高资金使用效益，支持做好职工分流安置，根据国务院和省政府关于化解钢铁、煤炭等行业过剩产能有关工作部署和《中华人民共和国预算法》、《财政部关于印发工业企业结构调整专项奖补资金管理办法的通知》（财建〔2016〕253 号）、《财政部关于加强工业企业结构调整专项奖补资金使用管理的通知》（财建〔2016〕321 号）等规定，结合我省实际，制定本细则。

第二条　本细则所称工业企业结构调整专项奖补资金（以下简称"专项奖补资金"），是指中央财政安排我省用于支持推动钢铁、煤炭等行业化解过剩产能工作的专项奖补资金，以及省本级财政安排的相关专项资金。

第三条　企业是化解过剩产能的主体。各市政府、省国资委对本地区（监管企业）化解过剩产能、处置僵尸企业工作负总责。各市要多渠道筹集并落实好化解过剩产能所需资金，可采用梯级奖补的方式，鼓励企业多退出产能，稳妥做好职工分流安置。

第二章　分配办法

第四条　专项奖补资金包括支持各市政府的专项奖补资金和支持省属企业的专项奖补资金两部分。其中：对支持各市政府的专项奖补资金，由省财政通过专项转移支付拨付各市；对省属企业的专项奖补资金，由省财政直接拨付。

第五条　专项奖补资金标准按预算总规模与化解过剩产能总目标计算确定，钢铁、煤炭行业专项奖补资金按两行业需安置职工人数等比例确定，各市和省属企业的专项奖补资金分别核定。钢铁煤炭行业和各市、省属企业年度资金规模分别按以下公式确定：

$$1.\ 钢铁行业年度资金规模 = \frac{当年全省钢铁化解过剩产能安置人数}{全省钢煤炭化解过剩产能总安置人数} * 专项奖补资金总额$$

$$煤炭行业年度资金规模 = \frac{当年全省煤炭化解过剩产能安置人数}{全省钢铁煤炭化解过剩产能总安置人数} * 专项奖补资金总额$$

$$2.\ 某市年度资金规模 = 各市专项奖补资金总额 * \left(\frac{某市钢铁（煤炭）去产能任务量}{全部市钢铁（煤炭）去产能任务量} * 40\% + \frac{某市钢铁（煤炭）去产能安置人数}{全部市钢铁（煤炭）去产能安置人数} * 60\% \right)$$

$$3.\ 某省属企业年度资金规模 = 省属企业专项奖补资金总额 * \left(\frac{某企业钢铁（煤炭）去产能任务量}{省属企业钢铁（煤炭）去产能任务量} * 40\% + \frac{某企业钢铁（煤炭）去产能安置人数}{省属企业钢铁（煤炭）去产能安置人数} * 60\% \right)$$

第六条　专项奖补资金分为基础奖补资金和梯级奖补资金两部分。其中，基础奖补资金占当年资金规模的 80%，梯级奖补资金占当年资金规模的 20%。

第七条　基础奖补资金按因素法分配。各因素权重和具体内容如下：

（一）化解产能任务量。权重 40%，主要依据省政府相关部门与省属企业和各市确定的化解过剩产能任务量。

（二）需安置职工人数。权重 60%，由两部分组成：一是内退人员数量；二是解除、终止劳动合同人员数量。

第八条　梯级奖补资金与各市、省属企业超额完成化解过剩产能任务情况挂钩。对完成超过目标任务量的市和省属企业，按该市和省属企业基础奖补资金的一定系数实行梯级奖补。奖励系数按以下办法确定：

对完成超过目标任务量 0～5%（不含，下同）的市、省属企业，系数为超额完成比例；

对完成超过目标任务量 5%～10% 的市、省属企业，系数为超额完成比例的 1.25 倍；

对完成超过目标任务量 10%（含）以上的市、省属企业，系数为超额完成比例的 1.5 倍；最高不超过 30%。

第三章　申请与清算

第九条　按照省政府关于化解过剩产能有关意见要求，省发展改革委、省经济和信息化委、省国资委、省煤炭局根据全省化解钢铁、煤炭等行业过剩产能的目标任务和时间要求，综合平衡确定各市和省属企业化解过剩产能总体目标及年度任务。

各市政府、有关省属企业根据省里确定的总体目标和年度任务制定实施方案并组织实施。各市和省属企业制定的实施方案报省发展改革委、省经济和信息化委、省国资委、省煤炭局等部门备案。

第十条 按照报省政府有关部门备案的实施方案，各市财政局于次年4月15日前向省财政厅提出预拨基础奖补资金申请（省属企业通过省国资委汇总报送）。省财政厅审核汇总后于5月31日前向财政部提出预拨申请。

第十一条 省财政厅根据中央财政预拨的年度基础奖补资金数额，连同省本级安排的奖补资金，按照本细则第五、六、七条有关规定计算并预拨各市和省属企业。

第十二条 年度结束后，国家钢铁煤炭行业化解过剩产能和脱困发展工作部际联席会议将对实施方案完成情况进行核查。核查结果于次年5月10日前公布。各市和省国资委根据核查结果，于次年5月20日前向省财政厅提出专项奖补资金清算申请。省财政厅汇总后向财政部提出我省专项奖补资金清算申请，并根据财政部清算结果对各市和省属企业进行清算：对未完成化解产能任务的，按本细则第七条测算扣回资金；对超额完成化解产能任务的，按本细则第七条和第八条测算拨付余下的资金。

第四章 使用与管理

第十三条 专项奖补资金主要用于钢铁、煤炭行业化解过剩产能职工安置，包括解决企业拖欠的职工工资、社会保险费、内部退养费用、经济补偿金等，具体由各市政府和省属企业结合实际统筹确定。主要用于：

（一）预留企业内退人员的基本生活费、基本养老保险费和基本医疗保险费，内退人员与原企业终止合同应支付的经济补偿金或预留社会保险费和基本生活费，内部退养工伤职工的工伤保险费；

（二）解除、终止劳动合同按规定需支付的经济补偿金和符合《工伤保险条例》规定的工伤保险待遇；

（三）清偿拖欠职工的工资、社会保险费等历史欠费；

（四）弥补行业企业自行管理社会保险收不抵支形成的基金亏空，以及欠付职工的社会保险待遇；

（五）其他符合要求的职工安置工作。

第十四条 各市不得以任何名义截留、挪用专项奖补资金，不得以任何名义从专项奖补资金中提取工作费、管理费或奖励费等各类费用，不得将专项奖补资金用于平衡地方财力。

第十五条 各市、企业应及时收集整理专项奖补资金使用、人员安置、化解产能、债务处理等文件和影像资料，特别是化解产能过剩中的照片和视频资料，为核查、审计等工作提供依据。

第十六条 专项奖补资金年度安排如有结余，可按预算管理办法结转下年继续使用。

第十七条 专项奖补资金支付按照财政国库管理制度有关规定执行。

第五章 监 督 考 核

第十八条 各市必须严格按照《工业企业结构调整专项奖补资金管理办法》和本细则有关规定管理和使用专项奖补资金，如确有需要用于其他方面职工分流安置工作的，必须符合国家现行的职工分流安置相关政策规定。有关职能部门要加强监督检查，堵塞管理漏洞，防止虚报冒领，可成立由行业主管部门牵头，审计、财政、监察、劳动人事等部门参与的审核小组，确保审核结果真实、有效。

第十九条 企业应加强内部监督，建立专项奖补资金发放全流程档案，保存专项奖补资金发放流程的相关资料，每一环节发放责任人和接收人均需签字留档备案。

第二十条 专项奖补资金发放结果要通过本级政府网站、企业网站以及厂务公开、向职代会报告等适当方式向社会公开，自觉接受社会公众监督，公示时间不少于1个月。

第二十一条 审计、财政部门应加强对专项奖补资金的审计和监督检查，对违反本办法规定，虚报、冒领、截留、挤占、挪用专项奖补资金的单位和个人，按照《中华人民共和国预算法》、《财政违法行为处罚处分条例》（国务院令第427号）等有关规定进行处理。财政部门对存在虚报冒领等骗补行为的市和有关企业，将视情况轻重相应扣回专项奖补资金。

第六章　附　则

第二十二条　各市和企业可结合实际制定本地区、本单位专项奖补资金管理使用细则。

第二十三条　本细则由省财政厅会同相关部门按职责分工进行解释。

第二十四条　本细则自 2016 年 8 月 8 日起施行，有效期至 2021 年 8 月 7 日。

省财政厅　省金融工作办公室　省经济和信息化委员会
关于印发《山东省规模企业规范化公司制改制
奖补资金管理暂行办法》的通知

2016 年 9 月 27 日　鲁财工〔2016〕15 号

各市财政局、金融办、经济和信息化委，各省财政直接管理县（市）财政局、金融办、经济和信息化局，省直有关部门、单位：

现将《山东省规模企业规范化公司制改制奖补资金管理暂行办法》印发给你们，请认真贯彻执行。

附件：山东省规模企业规范化公司制改制奖补资金管理暂行办法

附件：

山东省规模企业规范化公司制改制奖补资金管理暂行办法

第一章　总　则

第一条　为贯彻落实省政府《关于加快推动规模企业规范化公司制改制的意见》（鲁政发〔2015〕8 号）、《关于减轻企业税费负担降低财务支出成本的意见》（鲁政发〔2016〕10 号）、《关于印发推动资本市场发展和重点产业转型升级财政政策措施的通知》（鲁政发〔2016〕20 号）等文件精神，进一步推动我省规模企业规范化公司制改制工作，省财政设立山东省规模企业规范化公司制改制奖补资金（以下简称"奖补资金"）。为加强和规范奖补资金管理，制定本办法。

第二条　奖补资金由省级财政预算安排。奖补资金的使用和管理由省财政厅、省金融办、省经济和信息化委共同负责。省金融办会同省财政厅、省经济和信息化委根据每年奖补资金预算规模和全省规模企业规范化公司制改制完成情况，部署资金申报工作。省财政厅负责落实奖补资金，并会同省金融办、省经济和信息化委对奖补资金使用情况进行监督。

第二章　资金的使用范围和条件

第三条　使用范围

（一）对列入全省年度改制工作计划，完成规范化公司制改制并达到鲁政发〔2015〕8 号文件要求的省属规模企业，为进行规范化公司制改制，聘用会计师事务所、资产评估机构、律师事务所、券商等资本市场中介服务机构（以下简称"中介服务机构"）产生的审计费、评估费、律师费、财务顾问服务费等费用（以下简称"中介服务费用"）进行补助；

（二）对规模企业规范化公司制改制工作成效好的市，给予适当奖励；

（三）对根据《关于进一步深化省以下财政体制改革的意见》（鲁政发〔2013〕11号）确定的财政困难县（市、区）（以下简称"财政困难县（市、区）"）所需的规模企业规范化公司制改制中介服务费用补助支出，给予适当补助。

第四条　奖补条件和标准

对省属企业在规模企业规范化公司制改制过程中产生的中介服务费用，按照实际发生额的50%给予补助，对单户企业最高补助20万元，每家企业只能补助一次。

对规模企业规范化公司制改制工作成效好的市的奖励，由省金融办、省经济和信息化委依据规模企业规范化公司制改制工作年度绩效评价结果，参考各市改制企业对接资本市场情况，提出奖励对象意见。

对财政困难县（市、区）所需支出的补助，由省金融办、省经济和信息化委依据规模企业规范化公司制改制完成情况、资金需求和年度奖补资金规模等因素，提出具体补助意见。

第五条　企业改制聘用的中介服务机构应当具备相应的执业资格、执业能力、执业经验和执业质量。具体包括：

1. 会计师事务所应具有证券资格，律师事务所应有一定数量的从事证券法律业务的律师，券商应为经中国证监会依法设立的证券公司，并有保荐机构资格或主办券商业务资格；

2. 有两单以上IPO或三单以上新三板、区域股权交易市场挂牌的项目业绩；

3. 项目团队有相应的从业经验，并保持相对稳定；

4. 有良好的社会信誉，近3年内无不良执业记录，未收到过有关监管部门的处罚。

省金融办将根据全省规模企业规范化公司制改制情况和中介服务机构执业情况，适时建立山东省规模企业规范化公司制改制中介服务机构备选库。

第三章　资金的申请、审核和拨付

第六条　符合补助条件的省属企业申请补助的，以法人为单位进行申报。按照属地原则，经所在地金融、财政、经济和信息化部门初审后，在规定时间逐级联合上报省金融办、省财政厅、省经济和信息化委。

规模企业规范化公司制改制工作成效好的市申请奖励的，由市政府提出申请，在规定时间报送省金融办、省经济和信息化委、省财政厅。

财政困难县（市、区）申请补助的，由县（市、区）级金融、经济和信息化、财政部门提出申请，在规定时间逐级联合上报省金融办、省经济和信息化委、省财政厅。财政困难县（市、区）是县级现代预算管理制度改革试点县（市、区）的，申请材料由县级金融、经济和信息化、财政部门初审后，在规定时间联合上报省金融办、省经济和信息化委、省财政厅。

第七条　省属企业申请奖补资金时应提交以下材料：

1. 市、县级金融、经济和信息化、财政部门联合申请文件（正式公文）；

2. 企业完成规范化公司制改制证明材料；

3. 与中介服务机构签订的改制服务合同（复印件）；

4. 支付中介服务费用相关凭证（复印件）；

5. 其他按规定应提供的材料。

第八条　各市申请奖补资金时应提交以下材料：

1. 市政府出具的申请文件；

2. 全省规模企业规范化公司制改制年度绩效评价结果；

3. 上年度改制企业上市挂牌和直接融资情况；

4. 上年度用于支持规模企业规范化公司制改制工作的费用支出情况；

5. 其他按规定应提供的材料。

第九条 财政困难县（市、区）申请奖补资金时应提交以下材料：

1. 市、县级金融、经济和信息化、财政部门联合申请文件（正式公文）；

2. 企业完成规范化公司制改制证明材料；

3. 与中介服务机构签订的改制服务合同（复印件）；

4. 支付中介服务费用相关凭证（复印件）；

5. 财政困难县（市、区）已补助企业中介服务费用证明材料；

6. 其他按规定应提供的材料。

财政困难县（市、区）是县级现代预算管理制度改革试点县（市、区）的，"材料1"只需提供县级金融、经济和信息化、财政部门联合申请文件（正式公文）。

第十条 省金融办、省经济和信息化委对申请材料进行审核汇总后，提出奖补资金使用意见，经省财政厅复核同意后，按预算级次逐级拨付奖补资金。

第十一条 奖补资金由市、县（市、区）政府根据计划用于支持规模企业规范化公司制改制工作相关费用支出。

第十二条 省财政厅、省金融办、省经济和信息化委负责对奖补资金的使用情况进行监督，对发现的问题按照有关法律法规规定及时处理，保证奖补资金落实到位。

第十三条 享受奖补资金补助的省属规模企业和有关市县政府需按规定如实报送有关材料，并按规定使用奖补资金，自觉接受监督检查。对于通过虚报材料骗取奖补资金或资金使用不规范的，财政部门应追回资金，取消享受奖补资金的资格，并根据有关法律法规规定对相关单位和责任人员进行严肃处理。

第十四条 各级财政、金融、经济和信息化部门要做好奖补资金的审核、拨付工作，加强对奖补资金的监督检查。

对未认真履行审核、检查职责，导致申请主体虚报材料骗取或者挪用奖补资金的部门和单位，上级部门应当责令限期改正，并按照《预算法》《财政违法行为处罚处分条例》（国务院令第 427 号）及其他有关法律法规规定严肃处理。

第四章 附 则

第十五条 在本办法实施前，改制企业已经支付的中介服务费用原则上不再予以补助。

第十六条 根据各市、县（市、区）实际，规模企业规范化公司制改制联席会议办公室设在经济和信息化部门，奖补资金的申请上报由经济和信息化、金融、财政部门联合承担。

第十七条 本办法由省财政厅、省金融办、省经济和信息化委负责解释。

第十八条 本办法自 2016 年 11 月 1 日起实施，有效期至 2018 年 10 月 31 日。

省财政厅关于印发《山东省省级食盐储备资金管理办法》的通知

2016 年 12 月 28 日   鲁财工〔2016〕28 号

省有关部门：

为进一步加强和规范省级食盐储备资金管理，保障食盐储备资金使用安全，提高资金使用效益，我们研究制定了《山东省省级食盐储备资金管理办法》，现予印发，请遵照执行。

附件：山东省省级食盐储备资金管理办法

附件：

山东省省级食盐储备资金管理办法

第一章　总　　则

第一条　为进一步加强和规范省级食盐储备资金（以下简称"食盐储备资金"）管理，保障食盐储备资金使用安全，提高资金使用效益，根据国务院盐业体制改革方案和我省实施方案、食盐储备和应急管理办法等规定，制定本办法。

第二条　食盐储备资金是指由省级财政预算安排，由省盐业集团包干用于省级食盐政府储备的专项资金，包括利息和管理费支出补助。

第三条　食盐储备资金的使用和管理由省财政厅、省经济和信息化委、省盐业集团共同负责。省财政厅负责食盐储备资金的核定、下达和使用监督；省经济和信息化委负责省级食盐政府储备计划的审核和批准；省盐业集团负责编制年度省级食盐政府储备和资金需求计划。

第二章　资金的使用范围和标准

第四条　食盐储备资金的使用对象为接受省政府或相关部门委托，承担省级食盐政府储备任务的食盐生产、批发企业（以下简称"承储企业"）。

第五条　食盐储备资金专项用于承储企业为完成省级食盐政府储备任务而发生的贷款利息和管理费等支出补助。具体包括：

（一）贷款利息支出补助。主要对承储企业通过银行贷款或使用自有资金购买省级食盐政府储备所发生的贷款利息或资金占用费支出给予补助。贷款利息按照承储企业计划内实际储存数量、贷款金额、银行一年期贷款基准利率等因素计算确定。

（二）管理费支出补助。主要对承储企业为完成省级食盐政府储备任务发生的相关管理费支出给予补助。

第六条　食盐储备资金由省盐业集团包干使用，超支不补，结余留用。

第三章　资金的申请、审核和拨付

第七条　省盐业集团根据省政府下达的省级食盐政府储备任务，提出下一年度食盐储备资金需求计划，并于每年9月底前报省经济和信息化委。

第八条　省经济和信息化委根据本办法规定，对省盐业集团提出的资金申请进行审核后，随同部门预算一并报送省财政厅。

第九条　省财政厅根据省经济和信息化委审核意见，提出食盐储备补助数额，按有关程序批复下达省盐业集团。

第十条　在食盐承储期内，因银行贷款基准利率发生较大变化（上下浮动超过10%），省盐业集团可在提报下一年度食盐储备资金需求计划时提出预算调整申请，经省财政厅审核同意后予以调整。

第四章　资金的监督管理

第十一条　省经济和信息化委、省盐业集团要加强食盐储备资金使用和管理，发现问题及时督促整改。

第十二条　省财政厅会同省经济和信息化委、省盐业集团定期对承储企业资金管理使用情况进行不定期检查。对承储企业虚报材料骗取或者挪用补贴资金的，应当责令限期改正，并按照《预算法》《财政违法行为处罚处分条例》（国务院令第 427 号）及其他有关法律法规规定严肃处理。涉嫌违法犯罪的，移交司法机关依法处理。

第五章　附　　则

第十三条　本办法由省财政厅负责解释。

第十四条　本办法自 2017 年 2 月 1 日起实施，有效期至 2019 年 12 月 31 日。

金融与国际合作管理类

国际金融组织和外国政府贷款赠款管理办法

2016 年 10 月 11 日　财政部令第 85 号

第一章　总　　则

第一条　为了规范国际金融组织和外国政府贷款、赠款管理，防范政府债务风险，提高资金使用效益，根据《中华人民共和国预算法》等相关法律、行政法规，制定本办法。

第二条　国际金融组织和外国政府贷款、赠款的管理工作适用本办法。

第三条　本办法所称贷款是指财政部经国务院批准代表国家统一筹借并形成政府外债的贷款，以及与上述贷款搭配使用的联合融资。

本办法所称赠款是指财政部或者经国务院批准由财政部代表国家作为受赠方接受的、不以与贷款搭配使用为前提条件的国际赠款。

第四条　财政部作为政府外债的统一管理部门，负责全国贷款、赠款的统一管理工作。

地方财政部门作为地方政府性债务归口管理部门，负责本地区贷款、赠款的管理工作。

第五条　贷款、赠款的使用应当坚持创新、协调、绿色、开放、共享的发展理念，符合国民经济和社会发展战略，遵循中期财政规划，体现公共财政职能，促进可持续发展。

贷款、赠款的使用包括项目投融资、能力建设、政策咨询等多种形式。

第六条　贷款、赠款的管理应当遵循统一筹措、规模适度，分类管理、责权明晰，讲求绩效、风险可控的原则。

第七条　按照政府承担还款责任的不同，贷款分为政府负有偿还责任贷款和政府负有担保责任贷款。

政府负有偿还责任贷款，应当纳入本级政府的预算管理和债务限额管理，其收入、支出、还本付息纳入一般公共预算管理。

政府负有担保责任贷款，不纳入政府债务限额管理。政府依法承担并实际履行担保责任时，应当从本级政府预算安排还贷资金，纳入一般公共预算管理。

第八条　赠款纳入中央一般公共预算管理。其中：对于赠款方有指定用途的赠款，按预算管理程序审核后相应列入中央部门预算或中央对地方转移支付；对于赠款方无指定用途的赠款，由财政统筹安排使用。

第九条　财政部可以将贷款拨付给省级政府（包括计划单列市，下同）或国务院有关部门（含直属单位，下同）等使用。省级财政部门可以将财政部拨付的贷款逐级拨付给下级政府或者有关部门和单位使用。

财政部可以将贷款转贷给省级政府、国务院有关部门、中央企业、金融机构等使用。省级财政部门可以将转贷的贷款拨付给下级政府或者有关部门和单位使用；省级财政部门也可以将转贷的贷款逐级转贷给下级政府或者有关部门和单位使用。

财政部可以将接受的赠款拨付给省级政府、国务院有关部门、中央企业等机构使用。

第二章　机构职责

第十条　财政部履行下列职责：

（一）统一对外筹借贷款、接受赠款；

（二）制定贷款、赠款的管理制度；

（三）与国务院有关部门研究编制贷款规划；

（四）指导、协调、监督贷款和赠款的立项申报、前期准备、贷款划拨或转贷、赠款分配、资金使用、项目采购、统计监测、债务偿还、绩效管理、成果总结和推广等；

（五）统筹开展贷款、赠款的对外工作，协调推进项目准备，对外磋商谈判，签署相关法律文件，办理生效手续；

（六）将政府负有偿还责任贷款纳入预算管理和债务限额管理，加强对政府负有担保责任贷款的监控，建立债务风险预警和应急处置机制，防范和化解债务风险；

（七）财政部应当履行的其他职责。

第十一条　地方财政部门履行下列职责：

（一）制定本地区利用贷款、赠款的管理制度；

（二）组织、征集、评审本地区贷款、赠款申请，向上级财政部门申报备选项目；

（三）组织和协调本地区贷款、赠款对外工作，参与项目准备和磋商谈判，协助办理法律文件签署和生效手续；

（四）监督项目实施单位和有关机构按照贷款、赠款法律文件的规定履行相应职责，及时采取有效措施处理项目出现的问题，并报告上级财政部门；

（五）办理贷款、赠款资金的支付和提取，监督项目实施单位和有关机构贷款资金使用、项目采购等情况，保障资金使用的安全、规范、有效；

（六）确定转贷或担保机制，落实还款责任，督促并确保贷款按时足额偿还；

（七）将本地区政府负有偿还责任贷款纳入本级预算管理和债务限额管理，加强对本地区政府负有担保责任贷款的监控，建立风险应急处置机制和防控措施，防范和化解债务风险；

（八）组织和实施本地区贷款赠款项目的绩效管理工作，总结和推广本地区贷款赠款项目的成果经验；

（九）地方财政部门应当履行的其他职责。

第十二条　项目实施单位履行下列职责：

（一）按照贷款方或赠款方及国内相关制度要求，开展贷款和赠款项目的准备工作，办理相关审核、审批手续，并按照财政部门要求提供担保或反担保；

（二）按照贷款、赠款法律文件和国内相关规定，落实项目配套资金，组织项目采购，开展项目活动，推进项目进度，监测项目绩效等；

（三）制定并落实贷款、赠款项目的各项管理规定，安全、规范、有效地使用资金；

（四）及时编制和提交项目进度报告、财务报告和完工报告等，全面、客观、真实地反映项目进展情况；

（五）制定贷款偿还计划，筹措和落实还贷资金，按时足额偿还贷款；

（六）建立项目风险应急处置机制和防控措施，防范和化解债务风险；

（七）配合和协助贷款方或赠款方以及国内相关部门开展项目检查、绩效管理和审计等工作；

（八）项目实施单位应当履行的其他职责。

第十三条　跨省、自治区、直辖市、计划单列市的联合执行项目应当由国务院行业主管部门协商财政部等管理部门确定项目协调机构；省内跨地区、跨行业的联合执行项目应当由省级政府确定项目协调机构。

项目协调机构主要履行下列职责：

（一）参与项目立项研究论证，就项目内容、规模、技术、市场等为同级财政部门提供立项咨询意见；

（二）按照贷款方或赠款方及国内相关制度要求，统一组织项目实施单位进行项目准备，协调解决有关问题，开展政策指导和专项业务培训；

（三）按照贷款方或赠款方及国内相关制度要求，协调推进项目执行，定期向同级财政部门汇总报送项目进度报告、财务报告和完工报告；

（四）组织开展项目绩效评价，总结推广项目先进技术、创新模式和管理经验；

（五）配合协助贷款方或赠款方及国内相关部门开展项目检查、绩效管理等工作；

（六）项目协调机构应当履行的其他职责。

贷款项目协调机构项目管理经费预算应当报同级财政部门审批并纳入同级预算管理。

第十四条 财政部门可以按照国内相关制度规定选择具有专业能力的机构提供项目评审、到货核查、绩效评价、监督检查等服务。

项目实施单位可以与财政部门共同选择具有专业能力和相关资质的金融机构，委托其办理贷款资金的提取支付，债务的分割、回收、偿还和统计等业务。

第三章 贷款管理

第一节 贷款筹借

第十五条 贷款筹借包括贷款申请、前期准备、对外磋商与谈判、法律文件签署与生效、执行或转贷及担保协议签署等。

第十六条 财政部定期发布贷款信息公告，公布贷款方提供贷款的规模、领域、条件等。

第十七条 省级财政部门和国务院有关部门、中央企业、金融机构应当根据本办法的规定以及贷款方的要求，组织、征集贷款备选项目。

省级财政部门应当组织专家或委托第三方机构对本地区贷款备选项目的投入领域、贷款方式、融资安排、执行机构能力、绩效目标、偿债机制和债务风险等进行评审，并会同相关部门向财政部报送项目贷款申请书以及具有项目建议书深度的项目文件、还款承诺函、评审报告等配套文件。

国务院有关部门、中央企业、金融机构申报项目的应当向财政部报送项目贷款申请书以及具有项目建议书深度的项目文件、还款承诺函等配套文件。

第十八条 财政部对贷款申请进行审查，并在中央政府和地方政府债务限额内，根据国家重大战略规划、优先发展和改革的重点领域、贷款方的资金使用政策、可用资金额度，结合有关项目绩效评价结果和项目所在地的债务风险情况等，与有关部门研究编制贷款备选项目规划。

第十九条 已列入贷款备选项目规划的，项目实施单位或者项目协调机构应当配合贷款方做好贷款项目前期准备工作并及时办理国内相关审批手续。

各级财政部门应当加强协调和指导，督促项目实施单位按照贷款方的要求完成各项准备工作。

第二十条 在贷款磋商谈判前，有关单位应当完成以下工作：

（一）对于项目贷款来源、金额、内容、实施主体等拟进行重大调整的，应当获得财政部与有关部门确认；对于本地区的项目，省级财政部门应当在报财政部审核确认前重新组织评审；

（二）对于贷款法律文件谈判草本，省级财政部门、中央项目实施单位或中央项目协调机构应当提出修改或确认意见；

（三）对于政府负有担保责任的贷款，项目实施单位应当以财政部门可接受的方式向财政部门提供反担保；

（四）财政部或贷款方要求的其他事项。

第二十一条 财政部根据贷款项目准备情况与贷款方开展贷款磋商谈判。

第二十二条 在贷款方批准贷款后，财政部组织签署贷款法律文件并办理生效事宜。

第二十三条 财政部拨付贷款时，应当与省级政府或者国务院有关部门等签署执行协议。

财政部转贷贷款时，应当与省级政府、国务院有关部门、中央企业或者金融机构等签署转贷协议。

第二十四条 对于财政部拨付的贷款，省级财政部门应当与下级政府或者有关部门和单位签署执行协议。

对于财政部转贷的贷款，省级政府负有偿还责任的，省级财政部门应当与下级政府或者有关部门和单位签署执行协议；省级政府负有担保责任的，省级财政部门应当与下级政府或者有关部门和单位签署转贷协议。

省级以下（不含省级）政府接受上级政府转贷，比照前款规定签署执行协议或者转贷协议。

第二节　贷款使用

第二十五条　贷款使用包括年度计划及预算编制、项目采购、资金支付、财务管理、项目调整、绩效监测及其相关的管理工作等。

第二十六条　项目实施单位或者项目协调机构应当按照有关规定将年度贷款资金和配套资金使用计划、采购计划、出国（境）团组计划等报同级财政部门审核确认或备案。

第二十七条　项目实施单位按照有关规定应当编制部门预算或者单位预算的，应当将其接受的贷款资金全额编入其部门预算或者单位预算管理。

各级财政部门、有关部门和单位应当按照预算管理有关规定做好贷款的预算编制、执行和决算工作。

第二十八条　项目实施单位负责采购代理机构的选择和开展项目采购活动，并接受同级财政部门的监督。

第二十九条　财政部门和中央项目实施单位应当按照贷款法律文件、财政专户和预算单位银行账户管理等有关规定开设和管理贷款指定账户，并按照贷款方要求及国内有关规定进行贷款资金支付和债务分割等。

第三十条　项目实施单位应当按照国家财务会计制度和具体的贷款项目财务会计管理规定，负责贷款项目的财务管理和会计核算，建立健全内部财务会计制度，定期直接向同级财政部门或者通过项目协调机构汇总报送项目进度报告、财务报告等。

第三十一条　贷款使用过程中，有关调整贷款规模、变更项目目标和内容、改变贷款资金用途和支付比例、延长贷款期限等涉及贷款法律文件内容变更的，项目实施单位或者项目协调机构应当通过同级财政部门逐级向财政部提出申请，由财政部与贷款方协商后办理贷款法律文件的变更手续。

第三十二条　贷款项目执行期间如需进行期中调整，省级财政部门、中央项目实施单位或者中央项目协调机构应当在调整前组织开展在建项目绩效评价，根据绩效评价结果提出期中调整方案建议和项目管理整改意见。

第三十三条　省级财政部门、中央项目实施单位或者中央项目协调机构应当在项目完工后适时开展完工项目绩效评价，并做好评价结果的公开与应用工作。

第三十四条　贷款项目完工后，项目实施单位或者项目协调机构应当对项目实施情况进行全面总结和评价，准备项目竣工验收、办理竣工财务决算、提交项目完工报告，明晰产权关系和债权债务关系，做好资产债务移交和登记等工作。

贷款形成国有资产的，其产权管理、核算、评估、处置、收益分配、统计、报告等工作应当按照有关规定进行。

第三十五条　财政部门、项目协调机构和项目实施单位应当及时总结技术、管理、制度、理念等方面的创新成果和经验，并进行推广宣传。

第三节　债务偿还

第三十六条　债务偿还包括还款计划制定、还款安排、欠款回收、还贷准备金管理、影响贷款偿还事项的处理等。

第三十七条　还款责任人应当制定还款计划，落实还款资金来源，保证按时足额还款。

第三十八条　政府负有偿还责任的贷款，财政部门应当按照预算安排及时足额履行还款责任。

第三十九条　政府负有担保责任的贷款，财政部门应当向上一级财政部门提供担保，并督促还款责任人制定还款计划，按时足额还款；必要时，财政部门可以要求企业还款责任人与金融机构就临时性垫付达成信贷服务协议，以确保按时足额还款。

还款责任人未按时还款的，财政部门应当从本级政府还贷准备金中调剂资金用于临时性垫款。

已确定还款责任人无法履行债务的，财政部门应当依法在本级一般公共预算中足额安排资金用于还款。

第四十条 未能履行还款义务的，财政部可以采取财政预算扣款、加收罚息等有效措施以保证欠款回收。地方财政部门可以按照转贷协议约定采取有效措施以保证欠款回收。

第四十一条 县级以上地方政府可以设立贷款还贷准备金，由同级财政部门管理。

第四十二条 还款责任人在遵循审慎原则和建立健全内部控制机制的基础上，可以运用金融工具保值避险。

第四十三条 在债务存续期间，还款责任人如因实行资产重组、企业改制等可能导致产权变更、债权变更或者债务转移等行为将会影响到贷款偿还的，应当事先征得同级财政部门的同意，并就有关债务偿还安排与同级财政部门达成书面协议，保证按时偿还贷款，防止债务逃废。

第四章 赠款管理

第四十四条 赠款管理包括赠款接受、赠款使用、绩效评价与总结、资产管理等。

第四十五条 省级财政部门、国务院有关部门和中央企业等机构应当根据财政部以及赠款方的要求，向财政部报送赠款申请及其项目概念书。

财政部对赠款申请进行审核，并与赠款方磋商制定赠款项目清单。

第四十六条 财政部负责与赠款方进行磋商谈判、组织签署赠款法律文件并办理生效等事宜。

赠款方有要求的，省级财政部门或中央项目实施单位应当在赠款磋商谈判前出具赠款联合融资承诺函。

财政部应当与省级政府、国务院有关部门和中央企业等机构签署赠款执行协议。

第四十七条 项目实施单位应当按照有关规定将赠款年度资金使用计划、采购计划、出国（境）团组计划等报同级财政部门审核确认或备案。

第四十八条 财政部门和中央项目实施单位应当按照赠款法律文件、财政专户和预算单位银行账户管理等有关规定开设和管理赠款指定账户，并按照赠款方要求及国内有关规定进行赠款资金支付。

第四十九条 项目实施单位应当按照国家财务会计制度和具体的赠款项目财务会计管理规定，负责赠款项目的财务管理和会计核算，建立健全内部财务会计制度，定期向同级财政部门报送项目进度报告、财务报告等。

第五十条 赠款使用过程中，有关调整赠款规模、变更项目内容、改变赠款资金用途和支付比例、延长赠款期限等涉及赠款法律文件内容变更的，项目实施单位应当通过同级财政部门逐级提出申请，由财政部与赠款方协商后办理赠款法律文件的变更手续。

第五十一条 省级财政部门和中央项目实施单位应当在项目完工后适时开展赠款项目绩效评价，并做好评价结果的公开与应用工作。

第五十二条 赠款项目完工前，财政部门应当根据有关规定与赠款法律文件的要求明确赠款形成资产的所有权归属。

赠款形成国有资产的，其产权管理、核算、评估、处置、收益分配、统计、报告等工作应当按照有关规定进行。

第五章 法律责任

第五十三条 各级财政部门应当对贷款、赠款项目执行情况实施监督。发现问题的，应当责令项目实施单位采取有效措施，限期加以解决和纠正。

第五十四条 地方财政部门未按本办法第十一条履行相应职责的，财政部可以予以通报批评，在有关问题得到妥善处理前暂停新的贷款赠款安排。

第五十五条 项目实施单位未按本办法第十二条履行相应职责的，财政部门可以采取暂停贷款赠款资金支付、加速未到期贷款债务的偿还、追回已支付资金及其形成的资产、收取贷款违约金等措施。

财政部门可以通过企业信用信息公示系统等平台公示项目实施单位、采购代理机构或者金融机构在贷款赠款使用过程中的失信、违约等行为。

第五十六条 项目实施单位、项目协调机构及财政部门和个人存在以虚报、冒领等手段骗取贷款赠款资金，或者滞留、截留、挪用等违反规定使用贷款赠款资金，或者从中非法获益等行为的，依照相关法律法规的规定处理。

第五十七条 各级财政部门、项目实施单位和项目协调机构的工作人员在贷款、赠款的管理、资金使用和偿还过程中，贪污受贿、滥用职权、玩忽职守、徇私舞弊的，依照相关法律法规的规定处理。

第六章 附 则

第五十八条 省级财政部门可以依照本办法制定本地区贷款、赠款管理的实施办法。

第五十九条 项目实施单位依法直接向国际金融组织和外国政府举借，并经国务院批准由财政部代表中央政府为其提供担保的贷款，参照本办法管理。

第六十条 本办法自 2017 年 1 月 1 日起施行。2006 年 9 月 1 日发布的《国际金融组织和外国政府贷款赠款管理办法》同时废止。

财政部关于印发《外国政府贷款项目代理银行管理办法》的通知

2016 年 11 月 17 日 财国合〔2016〕50 号

国务院有关部委、有关直属机构，各省、自治区、直辖市、计划单列市（不含西藏）财政厅（局），新疆生产建设兵团财务局，财政部驻各省、自治区、直辖市、计划单列市财政监察专员办事处，有关银行、采购公司、计划单列企业集团、中央管理企业：

为落实《国际金融组织和外国政府贷款赠款管理办法》（财政部令第 85 号），完善外国政府贷款项目代理银行管理制度，保证外国政府贷款工作顺利进行，现将我部制定的《外国政府贷款项目代理银行管理办法》印发你们，请遵照执行。

附件：外国政府贷款项目代理银行管理办法

附件：

外国政府贷款项目代理银行管理办法

第一条 为加强外国政府贷款（以下简称贷款）项目代理银行服务的监督和管理，规范代理业务，提高贷款项目管理成效，根据《国际金融组织和外国政府贷款赠款管理办法》等相关规定制定本办法。

第二条　贷款项目代理银行的选聘、管理和监督等相关活动适用本办法。

第三条　本办法所称代理银行，是指接受项目实施单位或财政部门委托，为做好贷款项目前期准备并执行财政部门与项目实施单位签署的贷款项目转贷协议或者执行协议，提供对外联络、咨询服务，代理收付款项及审核、债务核对与统计、结售汇和结算等业务的银行。

第四条　代理银行应当具备以下条件：

（一）依照《中华人民共和国商业银行法》设立的商业银行、经国务院批准设立的政策性银行、开发性金融机构的总行或省级/一级分行；

（二）具备与贷款方认可的境外银行发展业务关系的能力和经验；

（三）熟悉贷款方以及我国贷款管理政策和工作程序，具有负责代理业务的专业部门和人员；

（四）银行总行具有良好的国际市场资信评级。

第五条　负有偿还责任的项目实施单位或财政部门（以下统称债务人）应当根据贷款项目的特点和需求，本着公开公正、竞争择优的原则，依法依规选聘代理银行。

债务人负责代理银行的选聘，并接受同级以上财政部门的指导和监督。

第六条　对于有多个子项目的贷款项目，由省级以上财政部门负责选聘一家代理银行。代理服务费由各子项目债务人根据子项目提款金额按比例分摊。

第七条　债务人使用财政性资金选聘的，应当按照政府采购法律制度规定选聘代理银行。债务人使用非财政性资金选聘的，应当参照政府采购法律制度规定选聘代理银行。

债务人选聘代理银行，应当同时在政府采购指定信息发布媒体和省级以上财政部门门户网站发布相关采购信息。

贷款方对选聘代理银行有特殊要求的，从其规定。

第八条　债务人采用公开招标方式选聘代理银行，应当依照本办法规定的《代理银行评分内容与标准》（附件1），采用综合评分法评定，得分最高的银行中标。

第九条　债务人应当参照委托代理协议范本（附件2）与代理银行签订《委托代理协议》。《委托代理协议》签订前应当报省级以上财政部门审核，签订后报财政部备案。

《委托代理协议》主要包括：代理权限和事项、委托方和受托方权利和义务、代理服务费以及违约责任等内容。

代理业务应当包括但不限于以下范围：

1. 代表债务人与贷款方就项目前期准备、项目执行、债务核对等事项进行业务联系；

2. 根据债务人提交的申请，按照项目贷款协定、转贷或者执行协议的规定和附件3所附的业务流程，及时办理贷款项下提款手续；

3. 按照项目贷款协定、转贷或者执行协议的规定和附件3所附的业务流程，及时办理贷款本息和费用的对外支付；

4. 负责贷款资金使用偿还的统计工作，并根据财政部门要求按时报送贷款债务及相关数据报表等，确保数据的完整与准确。

第十条　代理银行可以根据贷款项目规模、代理业务范围及代理服务成本对其代理的项目收取代理服务费。

代理银行可以按项目转贷或者执行协议中规定的贷款期限，以每次结息日的债务余额（已提取未偿还的贷款本金），按约定的年费率对贷款项目收取代理服务费。代理服务费分档年费率参考如下：

（一）协议贷款金额5 000万美元以下（不含5 000万美元）的项目，年费率不高于0.20%；

（二）协议贷款金额5 000万美元以上（含5 000万美元）的项目，年费率不高于0.15%。

贷款币种为非美元货币的，协议贷款金额可以按项目转贷或者执行协议签署日上月月底外汇管理局公布的外汇中间价进行折算。

代理服务费原则上按人民币收取，按每次结息日前一年最后一个工作日外汇管理局公布的外汇中间价进行折算。

第十一条 代理银行与债务人应当遵循诚实信用、平等互惠的原则认真履行《委托代理协议》。

第十二条 《委托代理协议》签订后，原则上不得更换代理银行。

如果《委托代理协议》须终止，债务人应当按照本办法的规定于《委托代理协议》终止前三个月内重新选定代理银行。在新代理银行确定前，原代理银行应当继续履行相关代理业务，不得中断服务。

第十三条 财政部门适时对代理银行的服务进行调查或评估，并在一定范围内公布结果。

第十四条 在代理银行选聘过程中，各方当事人存在违法、违规行为的，依据相关法律规定处理。

第十五条 国际金融组织贷款项目选聘代理银行可以参照本办法实施。

第十六条 美国进出口银行主权担保贷款和以色列政府贷款项目仍沿用转贷银行做法，转贷银行选聘的程序和标准参照本办法实施。

第十七条 外国政府和国际金融组织贷款项目涉及开设财政专户或预算单位银行账户的，开户银行管理按照财政专户或预算单位银行账户管理有关规定执行。

第十八条 本办法自 2017 年 1 月 1 日起施行。

附件：1. 外国政府贷款项目公开招标选聘代理银行评分内容与标准

2. ××贷款×××项目委托代理协议（范本）

3. 外国政府贷款项目代理收付款项业务流程

附件 1：

外国政府贷款项目公开招标选聘代理银行评分内容与标准

评标采用综合评分法，评分内容和标准具体如下：

一、基本资质（20 分）

参与选聘的代理银行应为依照《中华人民共和国商业银行法》设立的商业银行或经国务院批准设立的政策性银行或开发性金融机构的总行或省级/一级分行（15 分）：符合上述要求的得 15 分，否则得 0 分。

具有良好的国际市场资信评级（5 分）：具有国际市场良好评级的得 5 分，不具有国际评级的得 0 分。

二、机构业绩（25 分）

1. 代理银行历史业绩（20 分）：本银行系统内近 10 年每承办 1 个项目的代理或转贷业务得 3 分，最高 20 分。

2. 代理银行国别业绩（5 分）：本银行系统内近 10 年承办过与本次选聘代理银行的项目相同国别贷款的代理或转贷业务得 5 分，否则得 0 分。

关于外国政府贷款项目的统计口径的说明：（1）以列入财政部备选项目规划（清单）的日期为准；（2）涉及代理/转贷银行、贷款国别变更的，以变更后的备选项目规划（清单）的内容和日期为准；（3）涉及债务人、贷款金额、贷款币种变更的，仍以原备选项目规划（清单）的日期为准；（4）列入备选项目规划（清单）后又取消的项目，不计入业绩统计。

三、专业能力（25 分）

1. 代理银行独立从事外国政府贷款业务的专业团队的情况（10 分）：每有 1 人独立且固定从事外国政府贷款项目代理业务的得 5 分，最高 10 分；没有独立且固定的业务人员的，得 0 分。

2. 拟负责此次外国政府贷款项目人员的经验情况（10 分）：选择团队中经验年限最多的人员，每有 1 年外国政府贷款代理或转贷经验的得 2 分，最高 10 分；没有代理或转贷经验的，得 0 分。

3. 代理银行使用财务管理软件情况（5分）：有专门满足外国政府贷款项目财务核算和统计要求的财务管理软件的得5分，否则得0分。

四、代理服务费费率（15分）

低于管理办法中规定费率的报价中的最低报价得15分，最高报价得5分，其余根据其报价按比例取分。

五、承诺服务方案（15分）

根据项目特点和需要，设定相应的评分指标，比如：缩短办理天数、提供培训、满足其他对账需求等个性化服务内容，但是不得与本办法的其他标准相抵触。

六、扣分因素（本项最高10分）

1. 近三年内财政部门对代理银行的服务进行调查或评估的情况。结果为差的，一次扣5分。
2. 近五年内因失信或违约行为被企业信用公示系统等平台公示的情况。公示一次扣5分。

附件2：

××贷款××××项目委托代理协议（范本）
（以政府负有担保责任的外国政府贷款项目为例）

甲方：
法定代表人：
乙方：
法定代表人（负责人）：

甲乙双方经过友好协商，根据《中华人民共和国合同法》、《国际金融组织和外国政府贷款赠款管理办法》、《外国政府贷款项目代理银行管理办法》等相关法律法规的规定，就甲方利用_____（以下简称贷款方）贷款_____（金额）实施_____（项目名称）（以下简称本项目）委托乙方代理事宜，达成如下协议：

第一条 总 则

1.1 甲方委托乙方作为本项目的代理银行，乙方同意接受甲方的委托。

1.2 乙方应本着诚实信用的原则，以其专业知识和经验做好本项目的代理业务，切实维护甲方的合法权益，认真履行本协议项下的各项义务并保证其代理工作符合中国法律法规、财政部与贷款方签署的相关法律性文件、国际条约和惯例。

1.3 甲方应积极配合乙方的代理工作并与乙方共同遵守财政部与贷款方签署的本项目《贷款协定》以及《转贷协议》的规定和有关的商业惯例。甲乙双方密切配合，确保代理工作的顺利执行。

第二条 代理业务内容

2.1 甲方委托乙方代理以下业务：
（1）代表甲方与贷款方就本项目前期准备、项目执行、债务核对等事项进行业务联系；

（2）根据甲方提交的提款申请，按照本项目《贷款协定》、《转贷协议》、商务合同的规定，办理贷款项下提款手续；

（3）按照本项目《贷款协定》、《转贷协议》的规定，办理贷款本息和费用的对外支付；

（4）负责本项目贷款资金使用偿还的统计工作，并根据财政部门要求按时报送贷款债务及相关数据报表等，确保数据的完整与准确。

2.2　甲方应在本项目《转贷协议》签署后 10 个工作日内，向乙方送达以下文件材料：

（1）本项目《贷款协定》、《转贷协议》；

（2）本项目采购清单、商务合同（如有）；

（3）其他相关文件。

2.3　乙方应根据甲方或甲方委托的采购代理机构提交的经甲方所在地省级财政部门审核的提款申请，按本项目《贷款协定》、《转贷协议》、商务合同的相关规定办理本项目贷款项下提款手续。乙方应在甲方送达合格完备的提款材料之日起 5 个工作日内，办理完毕向贷款方提款的相关手续。

2.4　乙方应每月根据贷款方的提款回单，将本项目贷款资金的提取支付情况通知甲方和甲方所在地省级财政部门。

2.5　本项目贷款资金提取结束后，乙方应将其收到的贷款方制作的《还本确认书》及时送达甲方确认并抄送省级财政部门。甲方应在收到该《还本确认书》之日起的一个月内将其签章确认的《还本确认书》副本退回乙方并抄报省级财政部门。如甲方未能在一个月内将经其签章确认的《还本确认书》副本退回乙方，可视同甲方默认同意该《还本确认书》。

2.6　乙方应按本项目《贷款协定》、《转贷协议》的相关规定，在对外还款日前 30 个工作日书面通知甲方将还本付息付费资金拨付乙方指定账户，并抄送省级财政部门。（对于贷款方不能在 30 个工作日前发送还款通知的，由甲乙双方另行约定还款通知单提前送达的天数。）甲方应在对外还款日前 20 个工作日将资金拨付至乙方指定账户。

2.7　如乙方在对外还款日前 20 个工作日之前未收到甲方付款，乙方应即刻书面通知省级财政部门。在甲方或省级财政部门将资金拨付至乙方账户后，乙方应在对外还款日前或上述资金到账后 5 个工作日内向贷款方办理完毕拨付手续（甲方、乙方和省级财政部门可就此款另行约定）。

2.8　乙方应按照国家有关规定，协助甲方办理每笔提款、还款的结售汇、国际收支申报等手续。

2.9　乙方应定期与贷款方核对账务，并定期向甲方送交本项目贷款提取与偿还情况对账单并抄送省级财政部门。甲方应在对账单回执上注明对账情况，加盖其公章，并在一个月内将对账单回执退还乙方并抄送省级财政部门。

2.10　乙方应负责本项目贷款资金使用、偿还的档案建立和账务记录工作，定期向财政部、省级财政部门、国家外汇管理局以及其他主管部门按照有关统计口径和报表格式等要求报送本项目贷款统计资料。

2.11　乙方受甲方委托，代表甲方与贷款方就本项目前期准备、项目执行、债务核对等问题进行日常沟通，并将有关情况及时通知甲方。乙方无权擅自就沟通事项做任何决定。

第三条　双方保证和约定事项

3.1　甲乙双方是根据中国法律成立或设立，并有效存续的公司或其他类别的法人实体。

3.2　甲乙双方为签署本协议、履行其在本协议项下的义务所需的所有批准、授权及许可均已取得。

3.3　甲乙双方签署本协议、履行其在本协议项下的义务，均不会违反或抵触其现行规章或内部规章、任何法律、法规，或以甲方或乙方为一方的任何合同、契约或协议。

3.4　即使乙方未及时向甲方送达还本付息付费通知，甲方也应按照本项目《贷款协定》、《转贷协议》的规定，按时足额通过乙方向贷款方拨付贷款本金、利息和费用。

3.5 甲方向乙方拨付本项目贷款本金、利息及费用，只有在按照约定币种的相应款项已汇入乙方指定账户之时才视为已经拨付至乙方。

3.6 如商务合同或采购清单发生变更，甲方应在变更完成后10个工作日内书面通知省级财政部门和乙方。

3.7 甲方保证申请提款的采购内容与本项目可行性研究报告和资金申请报告批复一致，与商务合同一致。甲方保证商务合同的贸易背景真实。

3.8 甲方向乙方送达的一切文件、报表及证明，其合法、真实、有效性由甲方负责。乙方只审核提款单据的完整性和表面合规性，对采购内容的真实性不承担审核义务。

3.9 如甲方或甲方委托的采购代理机构不能在商务合同规定的时间向乙方提交经省级财政部门审核的提款申请，甲方应及时将原因向有关供货商书面说明，并同时书面通知省级财政部门和乙方。由此发生的一切责任和损失由甲方承担。

3.10 未经对方书面同意，甲乙双方均不得转让本协议项下的任何权利和义务。

3.11 如甲方在首次提款或贷款全部偿还完毕前要求终止本协议，乙方已收取的各项费用不予退回，甲方还应偿付已发生且未支付的各项费用以及因提前终止本协议而发生的相关费用。

3.12 因本项目《贷款协定》、《转贷协议》未能签约生效，乙方不承担任何相关责任。甲方在本项目失效10个工作日内书面通知乙方，乙方向甲方书面确认后，本协议自动解除。

第四条　代理服务费

4.1 甲方应按本项目贷款项下已提取且未偿还的贷款本金向乙方支付年率为〔　〕%的代理服务费。代理服务费以1年360天为基础按实际天数计算，支付时间与甲方向乙方拨付还本付息付费款项时间相同。代理服务费按人民币收取，按每次结息日前一年最后一个工作日外汇管理局公布的外汇中间价进行折算。

第五条　违约责任

5.1 甲方按照本协议约定按时足额将还本付息付费款项拨付至乙方账户，但乙方未及时足额向贷款方拨付，乙方应承担贷款方计收的罚息，并向甲方书面说明原因。甲方应及时将上述情况报告省级财政部门。

5.2 乙方由于自身原因未及时向甲方送达还本付息付费通知单或出现其他工作疏漏而造成甲方还款延迟，乙方应承担对外垫款责任，并向甲方书面说明原因；由此造成的对外拖欠，全部责任和相应罚息由乙方承担。甲方应及时将上述情况报告省级财政部门。

5.3 除非上述5.2款情况，如甲方或省级财政部门未在本协议2.6、2.7款规定的日期内将还本付息付费资金足额拨付至乙方账户，乙方不承担对外垫付责任，由此造成的对外拖欠，全部责任和相应罚息由甲方承担。

5.4 乙方由于自身原因未在本协议2.3款规定的日期内协助甲方办理完毕提款手续，应向甲方书面说明原因。延误2次以上，甲方应及时上报省级财政部门。

5.5 除国家政策调整和不可抗力外，乙方在本项目执行期间拒不履行代理义务，乙方应将已计收的代理银行费用全部退回甲方，并支付甲方已计收代理银行费用20%的违约金。甲方应及时将上述情况报告省级财政部门。

5.6 甲方未按时足额支付乙方代理服务费用，乙方将对拖欠的代理服务费用按实际天数每日计收万分之三的滞纳金。拖欠超过2年的，乙方可在将书面通知甲方并向省级财政部门报告后，不再承担本协议项下的代理责任，乙方已经收取的代理银行费用不予退回。

第六条 通 知

6.1 本协议的任何一方向另一方发出的任何通知、文件或申请均应以书面形式做出，且任何一方有权选择通过挂号邮寄、特快专递、传真或亲自送交的方式发出。

6.2 如果以传真方式发出的，则在发出当日即视为送达；如果以挂号邮寄的方式，则在投邮后第 7 日视为送达；如果以特快专递的方式，则在投邮后第 3 日视为送 达；如果以亲自送交的方式，则在接收方工作人员签收或递出人员将有关文件置留于接收方的地址，即为送达。

6.3 根据本协议发出的上述通知、文件或申请应按如下地址和号码发送：

致甲方：

地址：

邮编：

电话：

传真：

致乙方：

地址：

邮编：

电话：

传真：

第七条 其 他

7.1 本协议的任何修改或补充文件均须经双方书面确认、签字盖章后生效，构成本协议不可分割的一部分并与本协议具有同等的法律效力。

7.2 如遇国家法律、法规的变化或司法原因导致本协议任何条款成为无效，本协议其他条款的有效性均不受影响。届时，甲乙双方将尽快修改本协议中的有关条款。

7.3 甲乙双方发生争议，应协商解决。如协商无效，可以向人民法院起诉，双方同意选择［甲方/乙方］所在地有管辖权的法院为诉讼管辖法院。

7.4 本协议未列明事项，以本项目《贷款协定》、《转贷协议》为准。

7.5 本协议由甲乙双方法定代表人或授权代表签署，并加盖公章后生效。本协议至甲乙双方的义务履行完毕时终止。

7.6 本协议正本一式两份，甲乙双方各执一份，副本［若干］份，分送有关部门和单位。

甲方   乙方

（公章）   （公章）

法定代表人（或授权签字人）   法定代表人（或授权签字人）

附件 3：

外国政府贷款项目代理收付款项业务流程

1. 对外申请提款

项目实施单位填报提款申请—采购代理机构审核—省级财政部门在收到合格的提款申请材料后的 10 个工作日内完成审核—代理银行在收到合格的提款申请材料后的 5 个工作日内办理完成对外提款手续—贷款

方拨付—代理银行记台账，同时通知省级财政部门和项目实施单位。

2. 对外支付还款

（1）政府负有偿还责任的贷款项目

贷款方发送还款通知给省级财政部门和代理银行，同时抄送财政部和项目实施单位—代理银行至少提前 20 个工作日向省级财政部门送达还款通知单（还款日期为对外还款日期前 5 个工作日）—省级财政部门需提前 5 个工作日将款项拨付至代理银行—代理银行对外还款并记台账，同时通知省级财政部门和项目实施单位。

（2）政府负有担保责任的贷款项目

贷款方发送还款通知给项目实施单位和代理银行，同时抄送财政部和省级财政部门—代理银行至少提前 30 个 * 工作日向项目实施单位送达还款通知单（还款日期为对外还款日期前 20 个工作日），同时抄送省级财政部门—项目实施单位将款项直接拨付至代理银行或者经省级财政部门拨付至代理银行（由省级财政部门决定）—如 20 个工作日前款项未到账，代理银行通知省级财政部门垫款，省级财政部门需提前 5 个工作日将款项拨付至代理银行—代理银行对外还款并记台账，同时通知省级财政部门和项目实施单位。

* 注：对于贷款方不能在 30 个工作日前发送还款通知的，由项目实施单位与代理银行另行约定还款通知单提前送达的天数。

财政部　发展改革委关于进一步共同做好政府和社会资本合作（PPP）有关工作的通知

2016 年 5 月 28 日　财金〔2016〕32 号

各省、自治区、直辖市、计划单列市财政厅（局）、发展改革委，新疆生产建设兵团财务局、发展改革委：

一、稳妥有序推进 PPP 工作

各地要进一步加强舆论宣传力度，引导各界树立正确的理念认识，制订切合实际的工作目标，建立科学合理的工作预期，积极稳妥地鼓励和引导社会资本参与公共产品和服务供给，切实推动 PPP 模式持续健康发展。

二、进一步加强协调配合

各地要进一步加强部门间的协调配合，形成政策合力，积极推动政府和社会资本合作顺利实施。对于涉及多部门职能的政策，要联合发文；对于仅涉及本部门的政策，出台前要充分征求其他部门意见，确保政令统一、政策协同、组织高效、精准发力。

三、扎实做好 PPP 项目前期工作

要加强项目可行性研究，充分论证、科学决策，确保合理有效地提供公共产品和服务。项目决策后，选择条件成熟、适合采用 PPP 模式的项目，依法选择社会资本方，加快前期工作。

四、建立完善合理的投资回报机制

各地要通过合理确定价格和收费标准、运营年限，确保政府补贴适度，防范中长期财政风险。要通过适当的资源配置、合适的融资模式等，降低融资成本，提高资金使用效率。要充分挖掘 PPP 项目后续运营的商业价值，鼓励社会资本创新管理模式，提高运营效率，降低项目成本，提高项目收益。要建立动态可调整的投资回报机制，根据条件、环境等变化及时调整完善，防范政府过度让利。

五、着力提高 PPP 项目融资效率

各地要与中国 PPP 融资支持基金积极做好项目对接，推动中央和地方联动，优化 PPP 项目融资环境，降低融资成本。要坚决杜绝各种非理性担保或承诺、过高补贴或定价，避免通过固定回报承诺、明股实债等方式进行变相融资。

六、强化监督管理

各地要对 PPP 项目有关执行法律、行政法规、行业标准、产品或服务技术规范等进行有效的监督管理，并依法加强项目合同审核与管理，加强成本监督审查。要杜绝固定回报和变相融资安排，在保障社会资本获得合理收益的同时，实现激励相容。

七、加强 PPP 项目信息公开

要实现项目信息的及时发布与投资需求的有效对接，推动市场信息对称和充分公平竞争。要依法及时、充分披露项目实施方案、招标投标、采购文件、项目合同、工程进展、运营绩效等相关信息，切实保障公众知情权，主动接受社会监督，维护公共利益。

财政部关于印发《普惠金融发展专项资金管理办法》的通知

2016 年 9 月 24 日　财金〔2016〕85 号

各省、自治区、直辖市、计划单列市财政厅（局），财政部驻各省、自治区、直辖市、计划单列市财政监察专员办事处，新疆生产建设兵团财务局：

为贯彻落实党中央、国务院《推进普惠金融发展规划（2016～2020 年）》（国发〔2015〕74 号），大力支持普惠金融发展，加快建立与全面建成小康社会相适应的普惠金融服务和保障体系，加强普惠金融发展专项资金管理，提高财政资金使用效益，我们会同有关部门制定了《普惠金融发展专项资金管理办法》，现印发给你们，请认真遵照执行。

为做好 2016 年普惠金融发展专项资金申请及审核拨付工作，请各省级财政部门于 2016 年 10 月 20 日前，将辖区内 2016 年专项资金申请材料汇总审核后报送财政部和财政部驻当地财政监察专员办事处（以下简称专员办）。请各地专员办于 2016 年 11 月 5 日前，出具对省级财政部门专项资金申请材料的审核意见报送财政部，并抄送省级财政部门。

附件：普惠金融发展专项资金管理办法

附件：

普惠金融发展专项资金管理办法

第一章　总　　则

第一条　为贯彻落实《推进普惠金融发展规划（2016～2020 年）》（国发〔2015〕74 号），加快建立普惠金融服务和保障体系，加强普惠金融发展专项资金管理，根据《中华人民共和国预算法》、《国务院关于改革和完善中央对地方转移支付制度的意见》（国发〔2014〕71 号）等有关规定，制定本办法。

第二条　本办法所称普惠金融发展专项资金（以下简称专项资金），是指中央财政用于支持普惠金融发展的专项转移支付资金，包括县域金融机构涉农贷款增量奖励、农村金融机构定向费用补贴、创业担保贷款贴息及奖补、政府和社会资本合作（PPP）项目以奖代补等 4 个使用方向。

第三条　专项资金遵循惠民生、保基本、有重点、可持续的原则，综合运用业务奖励、费用补贴、贷款贴息、以奖代补等方式，引导地方各级人民政府、金融机构以及社会资金支持普惠金融发展，弥补市场失灵，保障农民、小微企业、城镇低收入人群、贫困人群和残疾人、老年人等我国普惠金融重点服务对象的基础金融服务可得性和适用性。

第四条　专项资金采取因素法分配，由中央财政按年度将预算指标定额切块下达至省级财政部门。地方财政部门根据中央财政下达的预算指标，按照有关要求安排使用。

第五条　专项资金的使用和管理遵循公开透明、定向使用、科学规范的基本原则，确保资金使用合理、安全、高效，充分发挥财政资金杠杆作用，引导金融服务向普惠方向延伸。

第六条　财政部负责专项资金的预算管理和资金拨付，并组织对资金使用情况进行预算监管和绩效管理。

第二章　县域金融机构涉农贷款增量奖励政策

第七条　为发挥财政资金对县域经济发展的支持和推动作用，专项资金安排支出用于对符合条件的县域金融机构给予一定奖励，引导其加大涉农贷款投放力度。

第八条　对符合条件的县域金融机构当年涉农贷款平均余额同比增长超过 13% 的部分，财政部门可按照不超过 2% 的比例给予奖励。对年末不良贷款率高于 3% 且同比上升的县域金融机构，不予奖励。

实施涉农贷款增量奖励政策的地区包括河北、山西、内蒙古、辽宁、吉林、黑龙江、江苏、安徽、福建、江西、山东、河南、湖北、湖南、广西、海南、四川、重庆、贵州、云南、西藏、陕西、甘肃、青海、新疆等 25 个省（区、市）。财政部将根据奖励政策实施效果和中央、地方财力情况，结合地方意愿适时调整实施奖励政策的地区范围。

第九条　奖励资金于下一年度拨付，纳入县域金融机构收入核算。

第十条　本章所称县域金融机构，是指县级（含县、县级市、县级区，不含县级以上城市的中心区）区域内具有法人资格的金融机构（以下简称法人金融机构）和其他金融机构（不含农业发展银行）在县及县以下的分支机构。

本章所称涉农贷款，是指符合《涉农贷款专项统计制度》（银发〔2007〕246 号）中的"农户贷款"、"农村企业及各类组织农林牧渔业贷款"和"农村企业及各类组织支农贷款"等 3 类贷款。

本章所称涉农贷款平均余额，是指县域金融机构在年度内每个月末的涉农贷款余额平均值，即每个月末的涉农贷款余额之和除以月数。如果县域金融机构为当年新设，则涉农贷款平均余额为自其开业之月（含）起每个月末的涉农贷款余额平均值，可予奖励的涉农贷款增量按照当年涉农贷款平均余额的 50% 核算。

第三章　农村金融机构定向费用补贴政策

第十一条　为引导和鼓励金融机构主动填补农村金融服务空白，专项资金安排支出用于对符合条件的新型农村金融机构和西部基础金融服务薄弱地区的银行业金融机构（网点）给予一定补贴，支持农村金融组织体系建设，扩大农村金融服务覆盖面。

第十二条　对符合下列各项条件的新型农村金融机构，财政部门可按照不超过其当年贷款平均余额的 2% 给予补贴：

（一）当年贷款平均余额同比增长；

（二）村镇银行的年均存贷比高于 50%（含 50%）；

（三）当年涉农贷款和小微企业贷款平均余额占全部贷款平均余额的比例高于 70%（含 70%）；

（四）财政部门规定的其他条件。

对西部基础金融服务薄弱地区的银行业金融机构（网点），财政部门可按照不超过其当年贷款平均余额的 2% 给予补贴。新型农村金融机构不重复享受补贴。

第十三条　补贴资金于下一年度拨付，纳入金融机构收入统一核算。

第十四条　东、中、西部地区农村金融机构（网点）可享受补贴政策的期限，分别为自该农村金融机构（网点）开业当年（含）起的 3、4、5 年内。农村金融机构（网点）开业超过享受补贴政策的年数后，无论该农村金融机构（网点）是否曾经获得过补贴，都不再享受补贴。如果农村金融机构（网点）开业时间晚于当年的 6 月 30 日，但开业当年未享受补贴，则享受补贴政策的期限从开业次年起开始计算。

东、中、西部地区划分标准按照《关于明确东中西部地区划分的意见》（财办预〔2005〕5 号）规定执行（下同）。

第十五条　对以下几类贷款不予补贴，不计入享受补贴的贷款基数：

（一）当年任一时点单户贷款余额超过 500 万元的贷款；

（二）注册地位于县级（含县、县级市、县级区，不含县级以上城市的中心区）以下区域的新型农村金融机构，其在经监管部门批准的县级经营区域以外发放的贷款；

（三）注册地位于县级以上区域的新型农村金融机构，其网点在所处县级区域以外发放的贷款；

（四）西部基础金融服务薄弱地区的银行业金融机构（网点）在其所在乡（镇）以外发放的贷款。

第十六条　本章所称新型农村金融机构，是指经银监会批准设立的村镇银行、贷款公司、农村资金互助社 3 类农村金融机构。

本章所称基础金融服务薄弱地区，详见财政部 2010 年发布的基础金融服务薄弱地区名单。

本章所称存（贷）款平均余额，是指金融机构（网点）在年度内每个月末的存（贷）款余额平均值，即每个月末的存（贷）款余额之和除以月数。如果金融机构（网点）为当年新设，则存（贷）款平均余额为自其开业之月（含）起每个月末的存（贷）款余额平均值。

本章所称月末贷款余额，是指金融机构在每个月末的各项贷款余额，不包括金融机构的票据贴现、对非存款类金融机构的拆放款项，以及自上年度开始以来从其他金融机构受让的信贷资产。具体统计口径以《中国人民银行金融统计制度》及相关规定为准。

本章所称年均存贷比，是指金融机构当年的贷款平均余额与存款平均余额之比。

本章所称涉农贷款，是指符合《涉农贷款专项统计制度》（银发〔2007〕246 号）规定的涉农贷款，不包括金融机构的票据贴现、对非存款类金融机构的拆放款项，以及自上年度开始以来从其他金融机构受让的信贷资产。

本章所称小微企业，是指符合《中小企业划型标准规定》（工信部联企业〔2011〕300号）规定的小型、微型企业。

第四章　创业担保贷款贴息及奖补政策

第十七条　为实施更加积极的就业政策，以创业创新带动就业，助力大众创业、万众创新，专项资金安排支出用于对符合政策规定条件的创业担保贷款给予一定贴息，减轻创业者和用人单位负担，支持劳动者自主创业、自谋职业，引导用人单位创造更多就业岗位，推动解决特殊困难群体的结构性就业矛盾。

第十八条　对按照《国务院关于进一步做好新形势下就业创业工作的意见》（国发〔2015〕23号）、《中国人民银行　财政部　人力资源社会保障部关于实施创业担保贷款支持创业就业工作的通知》（银发〔2016〕202号）等文件规定发放的个人和小微企业创业担保贷款，财政部门可按照国家规定的贴息标准予以贴息。

享受财政贴息支持的创业担保贷款，作为借款人的个人和小微企业应通过人力资源社会保障部门的借款主体资格审核，持有相关身份证明文件，且经担保基金运营管理机构和经办银行审核后，具备相关创业能力，符合相关担保和贷款条件。

第十九条　专项资金贴息的个人创业担保贷款，最高贷款额度为10万元，贷款期限最长不超过3年，贷款利率可在贷款合同签订日贷款基础利率的基础上上浮一定幅度，具体标准为贫困地区（含国家扶贫开发工作重点县、全国14个集中连片特殊困难地区，下同）上浮不超过3个百分点，中、西部地区上浮不超过2个百分点，东部地区上浮不超过1个百分点，实际贷款利率由经办银行在上述利率浮动上限内与创业担保贷款担保基金运营管理机构协商确定。除助学贷款、扶贫贷款、首套住房贷款、购车贷款以外，个人创业担保贷款申请人及其家庭成员（以户为单位）自提交创业担保贷款申请之日起向前追溯5年内，应没有商业银行其他贷款记录。

专项资金贴息的小微企业创业担保贷款，贷款额度由经办银行根据小微企业实际招用符合条件的人数合理确定，最高不超过200万元，贷款期限最长不超过2年，贷款利率由经办银行根据借款人的经营状况、信用情况等与借款人协商确定。对已享受财政部门贴息支持的小微企业创业担保贷款，政府不再通过创业担保贷款担保基金提供担保形式的支持。

第二十条　创业担保贷款财政贴息，在国家规定的贷款额度、利率和贴息期限内，按照实际的贷款额度、利率和计息期限计算。其中，对贫困地区符合条件的个人创业担保贷款，财政部门给予全额贴息；对其他地区符合条件的个人创业担保贷款，财政部门第1年给予全额贴息，第2年贴息2/3，第3年贴息1/3。对符合条件的小微企业创业担保贷款，财政部门按照贷款合同签订日贷款基础利率的50%给予贴息。对展期、逾期的创业担保贷款，财政部门不予贴息。

经省级或计划单列市人民政府同意，各地可适当放宽创业担保贷款借款人条件、提高贷款利率上限，相关创业担保贷款由地方财政部门自行决定贴息，具体贴息标准和条件由各省（区、市）结合实际予以确定，因此而产生的贴息资金支出由地方财政部门全额承担。对地方财政部门自行安排贴息的创业担保贷款，要与中央财政贴息支持的创业担保贷款分离管理，分账核算，并纳入创业担保贷款财政贴息资金管理信息系统统一管理。

第二十一条　经办银行按照国家财务会计制度和创业担保贷款政策有关规定，计算创业担保贷款应贴息金额，按季度向地市级财政部门申请贴息资金。地市级财政部门审核通过后，在1个月内向经办银行拨付。对省直管县，经省级财政部门同意，可由县级财政部门负责相关贴息资金审核拨付工作。

第二十二条　建立创业担保贷款奖励机制。按各地当年新发放创业担保贷款总额的1%，奖励创业担保贷款工作成效突出的经办银行、创业担保贷款担保基金运营管理机构等单位，用于其工作经费补助。

创业担保贷款奖励性补助资金的奖励基数，包括经省级人民政府同意、由地方财政部门自行决定贴息的创业担保贷款。对主要以基础利率或低于基础利率发放贷款的经办银行，各地财政部门可在奖励资金分配上给予适度倾斜。

第二十三条 本章所称创业担保贷款，是指以具备规定条件的创业者个人或小微企业为借款人，由创业担保贷款担保基金提供担保，由经办此项贷款的银行业金融机构发放，由财政部门给予贴息（小微企业自行选择贴息或担保中的一项），用于支持个人创业或小微企业扩大就业的贷款业务。

本章所称担保基金，是指由地方政府出资设立的，用于为创业担保贷款提供担保的专项基金。担保基金由政府指定的公共服务机构或其委托的融资性担保机构负责运营管理。

本章所称经办银行，是指由各级人民银行分支机构会同财政、人力资源社会保障部门通过公开招标等方式确定的为符合条件的个人和小微企业提供创业担保贷款的银行业金融机构。

第五章 政府和社会资本合作项目以奖代补政策

第二十四条 为吸引社会资本参与公共服务项目的投资、运营管理，提高公共服务供给能力和效率，专项资金安排支出用于对符合条件的 PPP 示范项目和转型为 PPP 项目的地方融资平台公司存量项目给予一定奖励，提高项目操作的规范性，保障项目实施质量，同时，鼓励融资平台公司化解存量地方政府债务。

第二十五条 PPP 项目以奖代补政策面向中央财政 PPP 示范项目和转型为 PPP 项目的地方融资平台公司存量项目。其中，对中央财政 PPP 示范项目中的新建项目，财政部将在项目完成采购确定社会资本合作方后，按照项目投资规模给予一定奖励，具体为投资规模 3 亿元以下的项目奖励 300 万元，3 亿元（含 3 亿元）至 10 亿元的项目奖励 500 万元，10 亿元以上（含 10 亿元）的项目奖励 800 万元。对符合条件、规范实施的转型为 PPP 项目的地方融资平台公司存量项目，财政部将在择优评选后，按照项目转型实际化解存量地方政府债务（政府负有直接偿债责任的一类债务）规模的 2% 给予奖励。中央财政 PPP 示范项目中的存量项目，优先享受奖励资金支持。享受以奖代补政策支持的地方融资平台公司存量项目，通过转型为 PPP 模式化解的项目债务应属于清理甄别认定的截至 2014 年末的存量政府债务。

第二十六条 PPP 项目以奖代补资金作为综合财力补助，纳入项目公司（或社会资本方）、融资平台公司收入统一核算。新建示范项目奖励资金由财政部门统筹用于项目前期费用补助等相关财政支出。

第二十七条 享受以奖代补政策支持的 PPP 项目，必须严格执行国务院和财政部等部门出台的一系列制度文件，科学编制实施方案，合理选择运作方式，认真做好评估论证，择优选择社会资本，加强项目实施监管，切实保障项目选择的适当性、交易结构的合理性、合作伙伴选择的竞争性、财政承受能力的中长期可持续性和项目实施的公开性。

项目采购要严格执行《中华人民共和国政府采购法》、《政府和社会资本合作项目政府采购管理办法》（财库〔2014〕215 号）等规定，充分引入竞争机制，保证项目实施质量。项目合同约定的政府和社会资本合作期限原则上不低于 10 年。

享受以奖代补政策支持的 PPP 项目必须纳入财政部 PPP 综合信息平台项目库，并按规定将项目信息及获得的奖补资金信息录入 PPP 综合信息平台。

第二十八条 不符合示范项目要求被调出示范项目名单的项目，采用建设－移交（BT）方式的项目，通过保底承诺、回购安排、明股实债、融资租赁等方式进行变相融资的项目，以及合同变更成本高、融资结构调整成本高、原债权人不同意转换、不能化解政府债务风险、不能降低项目债务成本、不能实现物有所值的地方融资平台公司存量转型项目，不享受以奖代补政策支持。已经在其他中央财政专项资金中获得奖励性资金支持的 PPP 项目，不再纳入以奖代补政策奖励范围。

第二十九条 申请以奖代补资金支持的 PPP 项目，应按规定向地方财政部门报送专项资金申请材料，经省级财政部门汇总审核后报送财政部。申请材料包括以奖代补资金申请书、项目规范实施承诺书、项目实施方案、物有所值评价报告、财政承受能力论证报告、采购文件、合同文本等重要资料，以及与以奖代补资金申请或审核相关的其他材料。

第三十条 对省级财政部门报送的 PPP 项目以奖代补专项资金申请材料，财政部将组织专家进行综合评审，择优选定符合以奖代补政策支持条件的项目。

PPP项目评审采取集中封闭方式，由专家组对省级财政部门报送的备选项目进行定性和定量评审。评审专家组由PPP领域的咨询机构、学术机构、财务、法律、行业等方面的外部专家，以及财政部门、行业主管部门等政府机构的内部专家共同组成，开展评审时从专家库中随机抽取。项目评审实行回避原则，评审专家不对自身或所在单位参与的项目进行评审。

定性评审侧重审查项目合规性，主要包括主体合规、客体合规、程序合规等。其中，国有企业和融资平台公司作为政府方签署PPP项目合同的项目，以及未按照国家有关规定要求剥离政府性债务并明确公告不再承担地方政府举债融资职能的本地融资平台公司作为社会资本方的项目，不符合主体合规要求。

定量评审侧重审查项目质量，主要包括申报材料的规范性、项目实施方案的合理性、财政中长期的可持续性、项目采用PPP模式的适用性、项目融资的可获得性、项目的实施进度、项目的示范推广价值、化解债务或增加公共服务供给的有效性等。

项目评审由财政部PPP工作领导小组办公室和PPP中心共同制定评审方案，并具体负责组织实施。经专家组评审形成初步评审结果后，报财政部PPP工作领导小组审核。审核通过后形成最终评审结果，由财政部按规定向省级财政部门拨付奖励资金。

第三十一条 享受以奖代补政策支持的PPP项目所在地财政部门要认真做好项目物有所值评价和财政承受能力论证，有效控制政府支付责任，合理确定财政补助金额。省级财政部门要统计监测相关项目的政府支付责任，加强对项目合同执行的监督管理，督促下级财政部门严格履行合同约定，有效保护社会资本合法权益，切实维护政府信用。

对以奖代补政策支持的PPP项目，有关省级财政部门要切实履行财政职能，因地制宜、主动作为，会同项目实施单位和有关部门，为项目的规范实施创造良好环境。积极推动项目加快实施进度，确保项目规范实施、按期落地，形成一批管理水平高、化债效果好、产出结果优、示范效应强的样板项目。

第六章　资金分配和拨付

第三十二条 专项资金由财政部按照各地区可予奖励的县域金融机构涉农贷款平均余额增量、可予补贴的农村金融机构贷款平均余额、创业担保贷款贴息及奖补资金需求、符合条件的中央财政PPP示范项目投资规模和地方融资平台公司存量项目转型化债规模等因素进行分配。具体计算公式如下：

分配给某地区的专项资金总额＝〔（经核定该地区可予奖励的县域金融机构涉农贷款平均余额增量×该地区中央财政分担比例）÷∑（经核定各地区可予奖励的县域金融机构涉农贷款平均余额增量×相应地区中央财政分担比例）×相应权重＋（经核定该地区可予补贴的农村金融机构贷款平均余额×该地区中央财政分担比例）÷∑（经核定各地区可予补贴的农村金融机构贷款平均余额×相应地区中央财政分担比例）×相应权重＋（经核定该地区创业担保贷款贴息及奖补资金需求×该地区中央财政分担比例）÷∑（经核定各地区创业担保贷款贴息及奖补资金需求×相应地区中央财政分担比例）×相应权重＋经核定该地区PPP项目以奖代补资金需求÷∑经核定各地区PPP项目以奖代补资金需求×相应权重〕×（本年专项资金总规模＋∑上年末各地区结余专项资金规模）－该地区上年末结余专项资金规模。

各地区可予奖励的县域金融机构涉农贷款平均余额增量、可予补贴的农村金融机构贷款平均余额、创业担保贷款贴息及奖补资金需求依据各地财政部门上报情况和财政部驻当地财政监察专员办事处（以下简称专员办）审核意见确定。各地区PPP项目以奖代补资金需求依据各地财政部门上报情况、当地专员办审核意见、PPP项目以奖代补专家评审结果确定。相应权重根据上年各方向资金使用情况、中央财政预算安排等因素综合确定。

省级财政部门应参照中央财政的分配方法，在预算规模内合理确定本地区专项资金分配方案，科学规划专项资金各支出方向的资金安排，确保各支出方向的资金总体均衡，统筹兼顾本地普惠金融各领域发展需要，切实提高专项资金使用效益。

第三十三条 用于PPP项目以奖代补的资金由中央财政从专项资金中全额安排，其他领域资金由中央和地方财政共担，东、中、西部地区中央财政与地方财政的分担比例分别为 3 : 7、5 : 5、7 : 3。地方财政分担资金应主要由省级财政安排，原则上东、中、西部地区省级财政负担比例应分别占地方财政分担资金总额的 30%、50%、70% 以上，市、县级财政分担比例由省级财政部门统筹确定。

对未按规定分担资金的地区，经当地专员办或审计部门书面确认后，取消下年度获得相关使用方向中央财政资金的资格。

第三十四条 财政部可以根据专项资金使用情况、中央与地方事权和支出责任划分情况、中央和地方财力情况等，适时调整专项资金分配方法和中央与地方财政分担比例。

第三十五条 省级财政部门负责汇总审核辖区内专项资金申请材料，于每年 3 月 31 日前报送财政部和专员办。申请材料包括本年度专项资金申请情况说明、专项资金申请明细表、中央对地方专项转移支付区域绩效目标申报表、省级财政部门审核意见、上年度专项资金使用情况报告，以及与专项资金申请或审核相关的其他材料。

对未按规定时间报送专项资金申请材料的地区，财政部和专员办不予受理，视同该年度不申请专项资金处理。

第三十六条 专员办对省级财政部门报送的专项资金申请材料进行审核，于每年 4 月 30 日前出具审核意见报送财政部，并抄送省级财政部门。

专员办应对省级财政部门报送的相关材料进行认真审核，根据实际需要开展相应的核查工作。在审核过程中发现严重弄虚作假或重大违规等问题，及时向财政部报告。

第三十七条 财政部结合专员办审核意见，对省级财政部门报送的专项资金申请材料进行审核后，按规定向省级财政部门下达专项资金预算，并抄送当地专员办。

对上年末专项资金结余的地区，财政部将减少安排该地区下一年度专项资金的数额。

第三十八条 省级财政部门收到中央财政下达的专项资金预算后，应参照中央财政的分配方案，结合本地区实际情况，及时将专项资金予以统筹安排，并编制专项资金的审核、拨付和使用情况报告报送财政部备案，并抄送当地专员办。

第三十九条 专项资金的支付，按照国库集中支付制度有关规定执行。专项资金的预算公开，按照中央对地方专项转移支付信息公开管理制度有关规定执行。

第七章　预算监管和绩效管理

第四十条 本办法涉及的银行业金融机构、担保基金运营管理机构、地方融资平台公司、PPP 项目实施机构等相关单位应当如实统计和上报专项资金申请涉及的各项基础数据，对各项基础数据的真实性、合规性负责，并对所属分支机构加强监管。

第四十一条 各级财政部门应当加强对专项资金申请、审核、拨付的组织、协调和管理工作，并会同有关部门对专项资金申请的真实性、合规性以及审核拨付、使用情况加强检查，对检查中发现的问题及时处理和反映，保证专项资金政策落到实处。

第四十二条 专员办应当按照有关政策规定，对专项资金的申请、分配、使用情况进行监管，加强实地抽查，出具意见作为中央和省级财政部门拨付专项资金的依据，并作为调整下年度专项资金分配的重要参考。

第四十三条 财政部门及其派出机构应当加强实地抽查力度，对查出以前年度虚报材料、骗取专项资金的，应当及时予以追回。对被骗取的专项资金，由地方政府有关部门自行查出的，由同级政府财政部门收回。由中央有关部门组织查出的，由省级财政部门负责追回并及时上缴中央财政。

第四十四条 地方各级财政部门及其工作人员、申报使用专项资金的部门、单位及个人有下列行为之一的，依照《中华人民共和国预算法》、《财政违法行为处罚处分条例》等有关法律法规予以处理、处罚，并视情况提请同级政府进行行政问责：

（一）专项资金分配方案制定和复核过程中，有关部门及其工作人员违反规定，擅自改变分配方法、随意调整分配因素以及向不符合条件的单位（或项目）分配资金的；

（二）以虚报冒领、重复申报、多头申报、报大建小等手段骗取专项资金的；

（三）滞留、截留、挤占、挪用专项资金的；

（四）擅自超出规定的范围或者标准分配或使用专项资金的；

（五）未履行管理和监督职责，致使专项资金被骗取、截留、挤占、挪用，或资金闲置沉淀的；

（六）拒绝、干扰或者不予配合有关专项资金的预算监管、绩效评价、监督检查等工作的；

（七）对提出意见建议的单位和个人、举报人、控告人打击报复的；

（八）其他违反专项资金管理的行为。

涉嫌犯罪的，移送司法机关处理。

第四十五条 对未能独立客观地发表意见，在专项资金申请、评审等有关工作中存在虚假、伪造行为的第三方，按照有关法律法规的规定进行处理。

第四十六条 各级财政部门应当按照预算绩效管理的有关规定加强专项资金绩效管理，建立健全全过程预算绩效管理机制。按照《中央对地方专项转移支付绩效目标管理暂行办法》（财预〔2015〕163号）等规定，设定专项资金绩效目标及相应的绩效指标，加强对绩效目标的审核，并将审核确认后的绩效目标予以下达。强化专项资金绩效目标执行监控，确保绩效目标如期实现。按要求开展绩效评价，将绩效评价结果作为完善政策和资金分配的参考依据，不断提高财政资金使用效益，更好地支持普惠金融发展。

第四十七条 地方各级财政部门应当逐步探索建立普惠金融指标体系，对辖区内普惠金融发展状况进行科学评价，为完善专项资金管理制度提供决策参考。

第八章 附 则

第四十八条 中央财政对新疆生产建设兵团专项资金的分配、拨付、使用、管理，以及相关申请材料的申报与审核，参照本办法规定执行。

第四十九条 省级财政部门及新疆生产建设兵团财务局要根据本办法，结合实际制定专项资金管理实施细则，并报送财政部备案。

第五十条 本办法自印发之日起施行，有效期3年。《财政县域金融机构涉农贷款增量奖励资金管理办法》（财金〔2010〕116号）、《农村金融机构定向费用补贴资金管理办法》（财金〔2014〕12号）、《小额担保贷款财政贴息资金管理办法》（财金〔2008〕100号）同时废止。

附：1. 普惠金融发展专项资金申报表

2. 普惠金融发展专项资金申报表填表说明

附1：

普惠金融发展专项资金申报表

表1： _____省（区、市） _____年普惠金融发展专项资金申报表

填报单位：_____省（区、市）财政厅（局）　　　　　　　　　　　　单位：万元，%，家，笔，个

一、县域金融机构涉农贷款增量奖励											
____年涉农贷款发放额		____年涉农贷款平均余额		可予奖励的机构家数	可予奖励的涉农贷款增量	____年奖励资金需求（按2%的奖励上限测算）			上年本项下实际使用奖励资金		上年末本项下结余中央财政专项资金
发放金额	同比变动（%）	平均余额	同比变动（%）			小计	中央财政分担金额	地方财政分担金额	小计	中央财政分担金额	地方财政分担金额

二、农村金融机构定向费用补贴

1. 新型农村金融机构

_____年贷款发放额		_____年贷款平均余额		可予补贴的机构家数	可予补贴的贷款余额	_____年补贴资金需求（按2%的补贴上限测算）			上年本项下实际使用奖励资金			上年末本项下结余中央财政专项资金
发放金额	同比变动（%）	平均余额	同比变动（%）			小计	中央财政分担金额	地方财政分担金额	小计	中央财政分担金额	地方财政分担金额	

2. 基础金融服务薄弱地区银行业金融机构（网点）

_____年贷款发放额		_____年贷款平均余额		可予补贴的机构家数	可予补贴的贷款余额	_____年补贴资金需求（按2%的补贴上限测算）			上年本项下实际使用奖励资金			上年末本项下结余中央财政专项资金
发放金额	同比变动（%）	平均余额	同比变动（%）			小计	中央财政分担金额	地方财政分担金额	小计	中央财政分担金额	地方财政分担金额	

三、创业担保贷款贴息及奖补

_____年创业担保贷款发放额			_____年末创业担保贷款余额			_____年末担保基金余额	_____年创业担保贷款贴息和奖补资金需求			上年本项下实际使用贴息和奖补资金			上年末本项下结余中央财政专项资金
小计	中央财政给予贴息支持的贷款	地方财政自行安排贴息的贷款	小计	中央财政给予贴息支持的贷款	地方财政自行安排贴息的贷款		小计	贴息资金（中央财政给予贴息支持的贷款）	贴息资金（地方财政自行安排贴息的贷款）	奖补资金	小计	贴息资金	奖补资金	

四、政府和社会资本合作项目以奖代补

1. 新建中央财政 PPP 示范项目

新建示范项目数量	_____年完成政府采购的新建示范项目数量				截至上年末累计完成政府采购的新建示范项目数量	截至上年末累计享受以奖代补政策的新建示范项目数量	_____年奖励资金需求	上年本项下实际使用奖励资金	上年末本项下结余中央财政专项资金
	小计	其中：投资规模3亿元以下项目数量	投资规模3亿元（含）至10亿元的项目数量	投资规模10亿元（含）以上的项目数量					

2. 转型为 PPP 项目的地方融资平台公司存量项目

本年申请奖励的存量转型项目数量	转型项目中纳入中央财政示范项目的数量	转型前项目存量地方政府债务规模	转型实际化解项目存量地方政府债务规模	项目转型化债比例	截至上年末累计享受以奖代补政策的存量转型项目数量	_____年奖励资金需求	上年本项下实际使用奖励资金	上年末本项下结余中央财政专项资金

表2：_____省（区、市）_____年县域金融机构涉农贷款增量奖励资金申请详情表

填报单位：_____省（区、市）财政厅（局）　　　　　　　　　　　　　　　　　　　　　　　　单位：万元，家

一、分行政区统计（填报可获得奖励的金融机构数据）									
	_____年涉农贷款发放额		_____年涉农贷款平均余额		可予奖励的机构家数	可予奖励的涉农贷款增量	上年结余奖励资金	奖励资金（按2%的奖励上限测算）		
	发放金额	同比变动（%）	平均余额	同比变动（%）				小计	中央财政分担金额	地方财政分担金额
××县										
××县										
……										
合计										

二、分机构统计（填报所有金融机构数据）									
	_____年涉农贷款发放额		_____年涉农贷款平均余额		_____年末不良贷款率		是否符合奖励条件	可予奖励的涉农贷款增量	奖励资金（按2%的奖励上限测算）
	发放金额	同比变动（%）	平均余额	同比变动（%）	不良率（%）	同比变动（%）			
××银行									
××银行									
……									
合计									

注：1. 分行政区统计填报可获得奖励的县域金融机构数据，分机构统计填报所有县域金融机构数据。

　　2. 县域金融机构是否符合奖励条件在"是否符合奖励条件"一栏中说明，不符合条件的机构"可予奖励的涉农贷款增量"和"奖励资金"为0。

表3：_____省（区、市）_____年农村金融机构定向费用补贴资金申请详情表

填报单位：_____省（区、市）财政厅（局）　　　　　　　　　　　　　　　　　　　　　　单位：万元，家，笔，元

一、分行政区统计（填报可获得补贴的金融机构数据）										
	_____年贷款发放额		_____年贷款平均余额		可予补贴的机构家数	可予补贴的贷款余额	上年结余补贴资金	补贴资金（按2%的补贴上限测算）			备注
	发放金额	同比变动（%）	平均余额	同比变动（%）				小计	中央财政分担金额	地方财政分担金额	
1. 新型农村金融机构											
××县											
××县											
……											
小计											
2. 基础金融服务薄弱地区金融机构											
××县											
××县											
……											
小计											
合计（1+2）											

续表

二、分机构统计（填报所有金融机构数据）

	＿＿年贷款发放额		＿＿年贷款平均余额		涉农及小微企业贷款占比（％）	＿＿年末存贷比（％）	是否符合补贴条件	可予补贴的贷款余额	补贴资金（按2％的补贴上限测算）	备注
	发放金额	同比变动（％）	平均余额	同比变动（％）						
1. 新型农村金融机构										
××村镇银行										
××贷款公司										
××农村资金互助社										
……										
小计										
2. 基础金融服务薄弱地区金融机构										
××乡（镇）××银行										
××乡（镇）××银行										
……										
小计										
合计（1＋2）										

注：1. 分行政区统计填报可获得补贴的金融机构数据，分机构统计填报所有金融机构数据。
　　2. 分机构统计不符合补贴条件的金融机构"可予补贴的贷款余额"为 0。
　　3. 贷款公司和农村资金互助社不需要填写"年末存贷比"。
　　4. 基础金融服务薄弱地区金融机构不需要填写"是否符合补贴条件"。
　　5. 位于基础金融服务薄弱地区的新型农村金融机构及网点，需要同时在新型农村金融机构和基础金融服务薄弱地区金融机构两部分填报数据。
　　6. 位于基础金融服务薄弱地区的新型农村金融机构及网点，如果符合新型农村金融机构补贴条件，在新型农村金融机构补贴部分如实填写可予补贴的贷款余额，在基础金融服务薄弱地区金融机构部分"可予补贴的贷款余额"填写 0，并在备注栏中说明。如果不符合新型农村金融机构的补贴条件，则在基础金融服务薄弱地区金融机构部分如实填写可予补贴的贷款余额。
　　7. 贷款发放额、贷款平均余额等数据的合计数，要剔除新型农村金融机构和基础金融服务薄弱地区金融机构两部分重合的数据。

表 4：　　　　　　省（区、市）　　　　　年创业担保贷款贴息及奖补资金申请详情表

填报单位：　　　　省（区、市）财政厅（局）　　　　　　　　　　　　　　　　　　　　单位：万元、笔

贷款及贴息情况　　　　　　　　经办银行	国有商业银行	股份制商业银行	城市商业银行	农商行和农合行	农村信用社	其他机构	合计
一、上年贷款发放情况							
1. 年度贷款发放额							
其中：个人贷款发放额							
小微企业贷款发放额							
其中：中央财政给予贴息支持的贷款							
地方财政自行安排贴息的贷款							

续表

贷款及贴息情况 \ 经办银行	国有商业银行	股份制商业银行	城市商业银行	农商行和农合行	农村信用社	其他机构	合计
2. 年末贷款余额							
其中：个人贷款年末余额							
小微企业贷款年末余额							
其中：中央财政给予贴息支持的贷款							
地方财政自行安排贴息的贷款							
3. 年度贷款发放笔数							
其中：个人贷款发放笔数							
小微企业贷款发放笔数							
其中：中央财政给予贴息支持的贷款							
地方财政自行安排贴息的贷款							
4. 年末未解除还款责任贷款笔数							
其中：个人贷款笔数							
小微企业贷款笔数							
其中：中央财政给予贴息支持的贷款							
地方财政自行安排贴息的贷款							
二、上年贷款贴息情况							
1. 中央财政拨付贴息资金							
2. 地方财政安排贴息资金							
其中：省级财政安排贴息资金							
省级以下财政安排贴息资金							
3. 应支付给经办银行的贴息资金							
其中：中央财政承担金额							
地方财政承担金额							
4. 实际支付给经办银行的贴息资金							
其中：中央财政承担金额							
地方财政承担金额							
5. 年末结余贴息资金							
其中：中央财政贴息资金结余							
地方财政贴息资金结余							
三、上年贷款奖补情况							
1. 中央财政拨付奖补资金							
2. 地方财政安排奖补资金							
其中：省级财政安排奖补资金							
省级以下财政安排奖补资金							
3. 实际使用奖补资金							
其中：中央财政承担金额							
地方财政承担金额							

续表

贷款及贴息情况 \ 经办银行	国有商业银行	股份制商业银行	城市商业银行	农商行和农合行	农村信用社	其他机构	合计
4. 年末结余奖补资金							
其中：中央财政奖补资金结余							
地方财政奖补资金结余							
四、担保基金情况							
1. 年末担保基金规模							
2. 年度增加的担保基金规模							
五、本年贷款计划							
1. 预计本年贷款发放额							
其中：个人贷款发放额							
小微企业贷款发放额							
其中：中央财政给予贴息支持的贷款							
地方财政自行安排贴息的贷款							
2. 申请中央财政贴息资金							
3. 申请中央财政奖补资金							

表 5：_____省（区、市）_____年 PPP 项目以奖代补资金申请详情表

填报单位：_____省（区、市）财政厅（局）　　　　　　　　　　单位：万元，%

一、新建中央财政 PPP 示范项目

项目名称	项目领域	项目投资规模	PPP 运作方式	是否通过物有所值评价	是否通过财政承受能力论证	政府采购方式	PPP 项目合同签订时间	项目合作期限	项目内部收益率	是否获得其他中央财政奖励性资金支持	申请奖励资金额度	备注
××项目												
××项目												
……												
小计												

二、转型为 PPP 项目的地方融资平台公司存量项目

项目名称	项目领域	项目投资规模	项目转型前存量地方政府债务规模	项目转型实际化解存量地方政府债务规模	PPP 运作方式	是否通过物有所值评价	是否通过财政承受能力论证	政府采购方式	PPP 项目合同签订时间	项目合作期限	项目内部收益率	是否获得其他中央财政奖励性资金支持	申请奖励资金额度	备注
××项目														
××项目														
……														
小计														
合计														

注：1. 由同级财政部门出具 PPP 项目是否通过物有所值评价和是否通过财政承受能力论证的意见。
　　2. 备注中请填写项目获得中央财政专项资金奖励性资金支持的具体情况。

附 2：

普惠金融发展专项资金申报表填表说明

一、_____省（区、市）_____年普惠金融发展专项资金申报表（表1）填表说明

（一）县域金融机构涉农贷款增量奖励。

1. "_____年涉农贷款发放额"填写上年本省（区、市）符合奖励条件的县域金融机构发放的涉农贷款总规模。其中，涉农贷款是指符合《涉农贷款专项统计制度》（银发〔2007〕246号）中"涉农贷款汇总情况统计表"（银统379表）中的"农户贷款"、"农村企业及各类组织农林牧渔业贷款"和"农村企业及各类组织支农贷款"3类贷款。比如，报送2016年的专项资金申报表，则填写2015年相关机构符合条件的涉农贷款发放额。

2. "_____年涉农贷款平均余额"填写上年本省（区、市）符合奖励条件的县域金融机构涉农贷款平均余额的合计数。单家机构的涉农贷款平均余额为该机构上年每个月末的涉农贷款余额之和除以月数。如果县域金融机构为当年新设，则涉农贷款平均余额为自其开业之月（含）起每个月末的涉农贷款余额平均值。

3. "可予奖励的机构家数"填写上年本省（区、市）符合涉农贷款增量奖励条件的县域金融机构数量。

4. "可予奖励的涉农贷款增量"填写上年本省（区、市）符合涉农贷款增量奖励条件可给予奖励的涉农贷款增量规模。如果县域金融机构为当年新设，则涉农贷款平均余额为自其开业之月（含）起每个月末的涉农贷款余额平均值，可予奖励的涉农贷款增量按照当年涉农贷款平均余额的50%核算。

5. "_____年奖励资金需求"填写按照2%的奖励上限测算的本省（区、市）预计的本年县域金融机构涉农贷款增量奖励资金规模。其中，小计＝中央财政分担金额＋地方财政分担金额。比如，报送2016年的专项资金申报表，则填写预计2016年的涉农贷款增量奖励资金需求规模。

6. "上年本项下实际使用奖励资金"填写本省（区、市）上年实际执行的县域金融机构涉农贷款增量奖励资金规模。其中，小计＝中央财政分担金额＋地方财政分担金额。

7. "上年末本项下结余中央财政专项资金"填写上年末本省（区、市）各级地方财政结余的中央财政拨付的县域金融机构涉农贷款增量奖励资金规模。

（二）农村金融机构定向费用补贴。

1. "_____年贷款发放额"填写上年本省（区、市）符合补贴条件的新型农村金融机构和西部基础金融服务薄弱地区的银行业金融机构（网点）所发放的贷款规模。

2. "_____年贷款平均余额"填写上年本省（区、市）符合补贴条件的新型农村金融机构和西部基础金融服务薄弱地区的银行业金融机构（网点）月均贷款平均余额的合计数。单家机构的月均涉农贷款平均余额为该机构上年每个月末的贷款余额之和除以月数。如果金融机构为当年新设，则贷款平均余额为自其开业之月（含）起每个月末的贷款余额平均值。

3. "可予补贴的机构家数"填写上年本省（区、市）符合农村金融机构定向费用补贴条件的机构数量。

4. "可予补贴的贷款余额"填写上年本省（区、市）符合农村金融机构定向费用补贴条件可给予补贴的贷款余额。

5. "_____年补贴资金需求"填写按照2%的补贴上限测算的本省（区、市）预计的本年农村金融机构定向费用补贴资金规模。其中，小计＝中央财政分担金额＋地方财政分担金额。

6. "上年本项下实际使用补贴资金"填写本省（区、市）上年实际执行的农村金融机构定向费用补贴资金规模。其中，小计＝中央财政分担金额＋地方财政分担金额。

7. "上年末本项下结余中央财政专项资金"填写上年末本省（区、市）各级地方财政结余的中央财政拨付的农村金融机构定向费用补贴资金规模。

（三）创业担保贷款贴息及奖补。

1. "_____年创业担保贷款发放额"填写本省（区、市）上年发放的创业担保贷款规模。比如，报送2016年的专项资金申报表，则填写2015年创业担保贷款发放规模。

2. "_____年末创业担保贷款余额"填写本省（区、市）上年末的创业担保贷款余额。

3. "_____年末担保基金余额"填写本省（区、市）上年末的创业担保贷款担保基金规模。

4. "_____年创业担保贷款贴息和奖补资金需求"填写本省（区、市）预计的本年创业担保贷款贴息资金和奖励性补助资金规模。其中，小计＝贴息资金（中央财政给予贴息支持的贷款）＋贴息资金（地方财政自行安排贴息的贷款）＋奖补资金。贴息资金（中央财政给予贴息支持的贷款）和奖补资金均包括中央财政和地方财政按比例各自分担的部分。奖补资金基于上年创业担保贷款发放额（含地方财政自行安排贴息的贷款）测算。

5. "上年本项下实际使用贴息和奖补资金"填写本省（区、市）上年实际执行的创业担保贷款项下的贴息和奖补资金规模，包括中央财政和地方财政各自安排的部分。其中，小计＝贴息资金＋奖补资金。

6. "上年末本项下结余中央财政专项资金"填写上年末本省（区、市）各级地方财政结余的中央财政拨付的创业担保贷款贴息和奖补资金规模。

（四）政府和社会资本合作项目以奖代补。

1. "新建示范项目数量"填写本省（区、市）纳入中央财政PPP示范项目范围的新建项目数量。

2. "_____年完成政府采购的新建示范项目数量"中的"小计"填写本省（区、市）上年完成项目政府采购确定社会资本合作方的中央财政PPP新建示范项目数量。比如，报送2016年的专项资金申报表，则填写2015年完成政府采购的新建示范项目数量。"其中：投资规模3亿元以下项目数量"、"投资规模3亿元（含）至10亿元的项目数量"、"投资规模10亿元（含）以上的项目数量"分别填写符合相应投资规模要求的上年完成项目政府采购确定社会资本合作方的新建示范项目数量。

3. "新建中央财政PPP示范项目"中的"_____年奖励资金需求"填写本省（区、市）本年申请的中央财政新建PPP示范项目奖励资金规模，具体金额依据上年新建示范项目实施情况测算。

4. "本年申请奖励的存量转型项目数量"填写本省（区、市）上年符合基本奖励条件的转型为PPP项目的地方融资平台公司存量项目数量。

5. "转型项目中纳入中央财政示范项目的数量"填写本省（区、市）上年符合基本奖励条件的地方融资平台公司存量转型项目中纳入中央财政PPP示范项目的数量。

6. "转型前项目存量地方政府债务规模"填写本省（区、市）上年所有符合奖励条件的存量转型项目相关存量地方政府债务（政府负有直接偿债责任的一类债务）规模，相关债务须已纳入财政部地方政府债务管理系统，属于清理甄别认定的截至2014年末的存量政府债务。

7. "转型实际化解项目存量地方政府债务规模"填写本省（区、市）上年所有符合基本奖励条件的存量转型项目通过转型为PPP项目实际化解的存量地方政府债务（政府负有直接偿债责任的一类债务）规模。

8. "项目转型化债比例"填写本省（区、市）上年所有符合基本奖励条件的存量转型项目通过转型实际化解的存量地方政府债务规模与项目转型前存量地方政府债务规模的比例。

9. "转型为PPP项目的地方融资平台公司存量项目"中的"_____年奖励资金需求"填写本省（区、市）本年申请的地方融资平台公司存量转型项目奖励资金规模，具体金额依据上年符合奖励条件的存量项目通过转型实际化解的存量地方政府债务规模测算。

10. "上年本项下实际使用奖励资金"填写本省（区、市）上年实际执行的PPP项目以奖代补项下的奖励资金规模。

11. "上年末本项下结余中央财政专项资金"填写上年末本省（区、市）各级财政结余的中央财政拨付的 PPP 项目以奖代补资金规模。

二、_____省（区、市）_____年县域金融机构涉农贷款增量奖励资金申请详情表（表2）填表说明

1. 分行政区统计填写本省（区、市）各县上年可给予涉农贷款增量奖励的县域金融机构相关数据。分机构统计填写本省（区、市）上年所有县域金融机构相关数据。其中，县域金融机构是指县级（含县、县级市、县级区，不含县级以上城市的中心区）区域内具有法人资格的金融机构和其他金融机构（不含农业发展银行）在县及县以下的分支机构。

2. "_____年涉农贷款发放额"，分行政区统计填写本省（区、市）各县上年符合奖励条件的县域金融机构的涉农贷款发放额及其同比变动比例，分机构统计填写本省（区、市）上年所有县域金融机构的涉农贷款发放额及其同比变动比例。其中，涉农贷款是指符合《涉农贷款专项统计制度》（银发〔2007〕246号）中"涉农贷款汇总情况统计表"（银统379表）中的"农户贷款"、"农村企业及各类组织农林牧渔业贷款"和"农村企业及各类组织支农贷款"3类贷款。

3. "_____年涉农贷款平均余额"，分行政区统计填写本省（区、市）各县上年符合奖励条件的县域金融机构的涉农贷款平均余额及其同比变动比例，分机构统计填写本省（区、市）上年所有县域金融机构涉农贷款平均余额及其同比变动比例。单家机构的涉农贷款平均余额为该机构上年每个月末的涉农贷款余额之和除以月数。如果县域金融机构为当年新设，则涉农贷款平均余额为自其开业之月（含）起的每个月末的涉农贷款余额平均值。

4. "可予奖励的机构家数"填写本省（区、市）各县上年符合涉农贷款增量奖励条件的机构数量。

5. "上年结余奖励资金"填写本省（区、市）各县上年末结余的中央财政拨付的涉农贷款增量奖励资金规模。

6. "_____年末不良贷款率"填写本省（区、市）各县域金融机构上年末的不良贷款率及其同比变动比例。

7. "是否符合奖励条件"，上年符合奖励条件的县域金融机构填写"是"，否则填写"否"。

8. "可予奖励的涉农贷款增量"，分行政区统计填写本省（区、市）各县上年符合涉农贷款增量奖励条件可给予奖励的涉农贷款增量规模，分机构统计填写本省（区、市）各县域金融机构上年符合涉农贷款增量奖励条件可给予奖励的涉农贷款增量规模，不符合条件的机构该栏填写"0"。

9. "奖励资金"，分行政区统计填写按照2%的奖励上限测算的预计本省（区、市）各县本年的涉农贷款增量奖励资金规模。其中，小计＝中央财政分担金额＋地方财政分担金额。分机构统计填写按照2%的奖励上限测算的预计本省（区、市）各县域金融机构本年的涉农贷款增量奖励资金规模。

三、_____省（区、市）_____年农村金融机构定向费用补贴资金申请详情表（表3）填表说明

1. 分行政区统计填写本省（区、市）各县上年可给予农村金融机构定向费用补贴的新型农村金融机构、西部基础金融服务薄弱地区金融机构（网点）相关数据。分机构统计填写本省（区、市）上年所有新型农村金融机构、西部基础金融服务薄弱地区金融机构（网点）相关数据，位于西部基础金融服务薄弱地区的新型农村金融机构，需要同时在新型农村金融机构和基础金融服务薄弱地区金融机构两部分填报数据，相关贷款发放额、贷款平均余额等数据的合计数，要剔除新型农村金融机构和基础金融服务薄弱地区金融机构两部分重合的数据。

2. "_____年贷款发放额"，分行政区统计填写本省（区、市）各县上年符合补贴条件的新型农村金融机构和西部基础金融服务薄弱地区金融机构（网点）的贷款发放额及其同比变动比例，分机构统计填写本省（区、市）上年所有新型农村金融机构和西部基础金融服务薄弱地区金融机构（网点）的贷款发放额及其同比变动比例。

3. "_____年贷款平均余额",分行政区统计填写本省（区、市）各县上年符合补贴条件的新型农村金融机构和西部基础金融服务薄弱地区金融机构（网点）的贷款平均余额及其同比变动比例,分机构统计填写本省（区、市）上年所有新型农村金融机构和西部基础金融服务薄弱地区金融机构（网点）的贷款平均余额及其同比变动比例。单家机构的贷款平均余额为该机构上年每个月末的贷款余额之和除以月数。如果金融机构为当年新设,则贷款平均余额为自其开业之月（含）起每个月末的贷款余额平均值。

4. "可予补贴的机构家数"填写本省（区、市）各县上年符合补贴条件的新型农村金融机构、西部基础金融服务薄弱地区金融机构（网点）数量。

5. "涉农及小微企业贷款占比"填写本省（区、市）各新型农村金融机构和西部基础金融服务薄弱地区金融机构（网点）上年涉农贷款和小微企业贷款平均余额占全部贷款平均余额的比例。单家机构的相关贷款平均余额为该机构上年每个月末的相关贷款余额之和除以月数。涉农贷款是指符合《涉农贷款专项统计制度》（银发〔2007〕246 号）规定的涉农贷款,不包括金融机构的票据贴现、对非存款类金融机构的拆放款项,以及自上年度开始以来从其他金融机构受让的信贷资产。小微企业,是指符合《中小企业划型标准规定》（工信部联企业〔2011〕300 号）规定的小型、微型企业。

6. "_____年末存贷比"填写本省（区、市）相关金融机构上年末存贷比。贷款公司和农村资金互助社不需填写该栏。

7. "是否符合补贴条件",上年符合补贴条件的新型农村金融机构、西部基础金融服务薄弱地区金融机构（网点）填写"是",否则填写"否"。

8. "可予补贴的贷款余额",分行政区统计填写本省（区、市）各县上年符合条件的新型农村金融机构和西部基础金融服务薄弱地区金融机构（网点）可给予补贴的贷款余额,分机构统计填写本省（区、市）各新型农村金融机构和西部基础金融服务薄弱地区金融机构（网点）可给予补贴的贷款余额,不符合补贴条件的金融机构该栏填写"0"。位于基础金融服务薄弱地区的新型农村金融机构及网点,如果符合新型农村金融机构补贴条件,在新型农村金融机构补贴部分如实填写可予补贴的贷款余额,在基础金融服务薄弱地区金融机构部分"可予补贴的贷款余额"填写"0",并在备注栏中说明。如果不符合新型农村金融机构的补贴条件,则在基础金融服务薄弱地区金融机构部分如实填写可予补贴的贷款余额。

9. "上年结余补贴资金"填写本省（区、市）各县上年末结余的中央财政拨付的定向费用补贴资金规模。

10. "补贴资金",分行政区统计填写按照2%的补贴上限测算的预计本省（区、市）各县本年的定向费用补贴资金规模。其中,小计 = 中央财政分担金额 + 地方财政分担金额。分机构统计填写按照2%的补贴上限测算的预计本省（区、市）各金融机构本年的定向费用补贴资金规模。

四、_____省（区、市）_____年创业担保贷款贴息及奖补资金申请详情表（表4）填表说明

1. "上年贷款发放额"填写上年本省（区、市）发放的创业担保贷款规模,并分项填写个人贷款和小微企业贷款,以及中央财政给予贴息支持的贷款和地方财政自行安排贴息的贷款的发放规模。其中年度贷款发放额 = 个人贷款发放额 + 小微企业贷款发放额 = 中央财政给予贴息支持的贷款 + 地方财政自行安排贴息的贷款。比如,报送 2016 年的资金申请表,则填写 2015 年相关创业担保贷款发放额。

2. "年末贷款余额"填写上年末本省（区、市）创业担保贷款余额,并分项填写个人贷款和小微企业贷款,以及中央财政给予贴息支持的贷款和地方财政自行安排贴息的贷款的年末余额。如果贷款余额中包括逾期贷款和展期贷款,须用文字说明逾期贷款和展期贷款金额。

3. "年度贷款发放笔数"填写上年本省（区、市）发放的创业担保贷款笔数,并分项填写个人贷款和小微企业贷款,以及中央财政给予贴息支持的贷款和地方财政自行安排贴息的贷款的发放笔数。

4. "年末未解除还款责任的贷款笔数"填写上年末本省（区、市）尚未解除借款人还款责任的创业担保贷款笔数,包括逾期贷款和展期贷款。

5. "中央财政拨付贴息资金"填写上年中央财政拨付的地方统筹用于创业担保贷款贴息的资金规模。

6. "地方财政安排贴息资金"填写上年地方财政在预算中安排的创业担保贷款贴息资金规模，并分项填写省级财政部门和省级以下财政部门安排的贴息资金规模。

7. "应支付给经办银行的贴息资金"填写上年地方财政应支付给经办银行的创业担保贷款贴息资金规模，包括中央财政拨付的贴息资金和地方财政预算安排的贴息资金。

8. "实际支付给经办银行的贴息资金"填写上年地方财政实际拨付给经办银行的创业担保贷款贴息资金规模，包括中央财政拨付的贴息资金和地方财政预算安排的贴息资金。

9. "年末结余贴息资金"填写上年末各级地方财政结余的创业担保贷款贴息资金规模，包括中央财政拨付的贴息资金结余情况和地方财政预算安排的贴息资金结余情况。

10. "中央财政拨付奖补资金"填写上年中央财政拨付的地方统筹用于创业担保贷款奖励性补助的资金规模。

11. "地方财政安排奖补资金"填写上年地方财政在预算中安排的创业担保贷款奖补资金规模，并分项填写省级财政部门和省级以下财政部门安排的奖补资金规模。

12. "实际使用奖补资金"填写上年地方财政实际拨付给奖补对象的创业担保贷款奖补资金规模，包括中央财政拨付的奖补资金和地方财政预算安排的奖补资金。

13. "年末结余奖补资金"填写上年末各级地方财政结余的创业担保贷款奖补资金规模，包括中央财政拨付的奖补资金结余情况和地方财政预算安排的奖补资金结余情况。

14. "年末担保基金规模"填写本省（区、市）上年末创业担保贷款担保基金规模。

15. "年度增加的担保基金规模"填写本省（区、市）上年增加的创业担保贷款担保基金。比如，填报2016年数据则为2015年末的担保基金规模与2014年末担保基金规模的差额。

16. "预计本年贷款发放额"填写预计本省（区、市）本年创业担保贷款发放规模，并分项填写个人贷款和小微企业贷款，以及中央财政给予贴息支持的贷款和地方财政自行安排贴息的贷款的预计发放规模。

17. "申请中央财政贴息资金"填写本省（区、市）本年申请中央财政拨付的创业担保贷款贴息资金规模。

18. "申请中央财政奖补资金"填写本省（区、市）本年申请中央财政拨付的创业担保贷款奖励性补助资金规模，具体金额依据上年创业担保贷款发放情况测算。

19. 本表国有商业银行、股份制商业银行、城市商业银行、农商行和农合行、农村信用社、其他机构的范围按照中国银行业监督管理委员会关于国内银行业金融机构的有关分类执行。

五、_____省（区、市）_____年PPP项目以奖代补资金申请详情表（表5）填表说明

1. "项目领域"填写项目所在的公共服务领域，具体行业与PPP综合信息平台保持一致，共包括19个一级行业，分别是能源、交通运输、水利建设、生态建设和环境保护、市政工程、片区开发、农业、林业、科技、保障性安居工程、旅游、医疗卫生、养老、教育、文化、体育、社会保障、政府基础设施和其他。

2. "项目转型前存量地方政府债务规模"填写本省（区、市）上年符合基本奖励条件的存量转型项目相关存量地方政府债务（政府负有直接偿债责任的一类债务）规模，相关债务须已纳入财政部地方政府债务管理系统，属于清理甄别认定的截至2014年末的存量政府债务。

3. "项目转型实际化解存量地方政府债务规模"填写本省（区、市）上年符合基本奖励条件的存量转型项目通过转型为PPP项目实际化解的存量地方政府债务（政府负有直接偿债责任的一类债务）规模。

4. "PPP运作方式"填写PPP项目采取的具体运作方式，具体包括委托运营（O&M）、管理合同（MC）、建设—运营—移交（BOT）、建设—拥有—运营（BOO）、转让—运营—移交（TOT）、改建—运营—移交（ROT）和其他。

5. "是否通过物有所值评价"和"是否通过财政承受能力论证",通过物有所值评价和财政承受能力论证的 PPP 项目填写"是",否则填写"否"。

6. "政府采购方式"填写项目采购的具体方式,包括公开招标、邀请招标、竞争性谈判、竞争性磋商和单一来源采购。

7. "PPP 项目合同签订时间"填写项目完成采购签署 PPP 项目合同的时间,须填写至×年×月×日。

8. "项目合作期限"填写项目合同明确的项目合作期限,不满整年的须填写至月。

9. "申请奖励资金额度"填写符合基本奖励条件的 PPP 项目本年按规定测算的以奖代补资金规模。

财政部关于在公共服务领域深入推进政府和社会资本合作工作的通知

2016 年 10 月 11 日   财金〔2016〕90 号

各省、自治区、直辖市、计划单列市财政厅（局），新疆生产建设兵团财务局：

为进一步贯彻落实党中央、国务院工作部署,统筹推进公共服务领域深化政府和社会资本合作（PPP）改革工作,提升我国公共服务供给质量和效率,巩固和增强经济持续增长动力,现将有关事项通知如下：

一、大力践行公共服务领域供给侧结构性改革

各级财政部门要联合有关部门,继续坚持推广 PPP 模式"促改革、惠民生、稳增长"的定位,切实践行供给侧结构性改革的最新要求,进一步推动公共服务从政府供给向合作供给、从单一投入向多元投入、从短期平衡向中长期平衡转变。要以改革实现公共服务供给结构调整,扩大有效供给,提高公共服务的供给质量和效率。要以改革激发社会资本活力和创造力,形成经济增长的内生动力,推动经济社会持续健康发展。

二、进一步加大 PPP 模式推广应用力度

在中央财政给予支持的公共服务领域,可根据行业特点和成熟度,探索开展两个"强制"试点。在垃圾处理、污水处理等公共服务领域,项目一般有现金流,市场化程度较高,PPP 模式运用较为广泛,操作相对成熟,各地新建项目要"强制"应用 PPP 模式,中央财政将逐步减少并取消专项建设资金补助。在其他中央财政给予支持的公共服务领域,对于有现金流、具备运营条件的项目,要"强制"实施 PPP 模式识别论证,鼓励尝试运用 PPP 模式,注重项目运营,提高公共服务质量。

三、积极引导各类社会资本参与

各级财政部门要联合有关部门营造公平竞争环境,鼓励国有控股企业、民营企业、混合所有制企业、外商投资企业等各类型企业,按同等标准、同等待遇参与 PPP 项目。要会同有关行业部门合理设定采购标准和条件,确保采购过程公平、公正、公开,不得以不合理的采购条件（包括设置过高或无关的资格条件,过高的保证金等）对潜在合作方实行差别待遇或歧视性待遇,着力激发和促进民间投资。对民营资本设置差别条款和歧视性条款的 PPP 项目,各级财政部门将不再安排资金和政策支持。

四、扎实做好项目前期论证

在充分论证项目可行性的基础上，各级财政部门要及时会同行业主管部门开展物有所值评价和财政承受能力论证。各级财政部门要聚焦公共服务领域，根据《国务院办公厅转发财政部发展改革委人民银行关于在公共服务领域推广政府和社会资本合作模式指导意见的通知》（国办发〔2015〕42号）规定，确保公共资金、资产和资源优先用于提升公共服务的质量和水平，按照政府采购法相关规定择优确定社会资本合作伙伴，切实防止无效投资和重复建设。要严格区分公共服务项目和产业发展项目，在能源、交通运输、市政工程、农业、林业、水利、环境保护、保障性安居工程、医疗卫生、养老、教育、科技、文化、体育、旅游等公共服务领域深化PPP改革工作，依托PPP综合信息平台，建立本地区PPP项目开发目录。

五、着力规范推进项目实施

各级财政部门要会同有关部门统筹论证项目合作周期、收费定价机制、投资收益水平、风险分配框架和政府补贴等因素，科学设计PPP项目实施方案，确保充分体现"风险分担、收益共享、激励相容"的内涵特征，防止政府以固定回报承诺、回购安排、明股实债等方式承担过度支出责任，避免将当期政府购买服务支出代替PPP项目中长期的支出责任，规避PPP相关评价论证程序，加剧地方政府财政债务风险隐患。要加强项目全生命周期的合同履约管理，确保政府和社会资本双方权利义务对等，政府支出责任与公共服务绩效挂钩。

六、充分发挥示范项目引领作用

各级财政部门要联合有关部门，按照"又快又实"、"能进能出"的原则，大力推动PPP示范项目规范实施。要积极为项目实施创造条件，加强示范项目定向辅导，指导项目单位科学编制实施方案，合理选择运作方式，择优选择社会资本，详细签订项目合同，加强项目实施监管，确保示范项目实施质量，充分发挥示范项目的引领性和带动性。要积极做好示范项目督导工作，推动项目加快实施，在一定期限内仍不具备签约条件的，将不再作为示范项目实施。

七、因地制宜完善管理制度机制

各级财政部门要根据财政部PPP相关制度政策，结合各地实际情况，进一步建立健全本地区推广实施PPP模式的制度政策体系，细化对地市及县域地区的政策指导。要结合内部职能调整，进一步整合和加强专门力量，健全机构建设，并研究建立部门间的PPP协同管理机制，进一步梳理PPP相关工作的流程环节，明确管理职责，强调按制度管理、按程序办事。

八、切实有效履行财政管理职能

各级财政部门要会同行业主管部门合理确定公共服务成本，统筹安排公共资金、资产和资源，平衡好公众负担和社会资本回报诉求，构建PPP项目合理回报机制。对于政府性基金预算，可在符合政策方向和相关规定的前提下，统筹用于支持PPP项目。对于使用者付费项目，涉及特许经营权的要依法定程序评估价值，合理折价入股或授予转让，切实防止国有资产流失。对于使用者付费完全覆盖成本和收益的项目，要依据合同将超额收益的政府方分成部分及时足额监缴入国库，并按照事先约定的价格调整机制，确保实现价格动态调整，切实减轻公众负担。

九、简政放权释放市场主体潜力

各级财政部门要联合有关部门，加强项目前期立项程序与 PPP 模式操作流程的优化与衔接，进一步减少行政审批环节。对于涉及工程建设、设备采购或服务外包的 PPP 项目，已经依据政府采购法选定社会资本合作方的，合作方依法能够自行建设、生产或者提供服务的，按照《中华人民共和国招标投标法实施条例》第九条规定，合作方可以不再进行招标。

十、进一步加大财政扶持力度

各级财政部门要落实好国家支持公共服务领域 PPP 项目的财政税收优惠政策，加强政策解读和宣传，积极与中国政企合作投资基金做好项目对接，基金将优先支持符合条件的各级财政部门示范项目。鼓励各级财政部门因地制宜、主动作为，探索财政资金撬动社会资金和金融资本参与 PPP 项目的有效方式，通过前期费用补助、以奖代补等手段，为项目规范实施营造良好的政策环境。

十一、充分发挥 PPP 综合信息平台作用

各级财政部门要通过 PPP 综合信息平台加快项目库、专家库建设，增强监管能力和服务水平。要督促项目实施单位，依托 PPP 综合信息平台，及时向社会公开项目实施方案、合同、实施情况等信息。要加强信息共享，促进项目对接，确保项目实施公开透明、有序推进，保证项目实施质量。

各级财政部门要高度重视，切实发挥好统筹协调作用，主动与有关部门沟通合作，合力做好公共服务领域深化 PPP 改革工作，更好地汇聚社会力量增加公共服务供给。

财政部等关于联合公布第三批政府和社会资本合作示范项目加快推动示范项目建设的通知

2016 年 10 月 11 日　财金〔2016〕91 号

各省、自治区、直辖市、计划单列市财政厅（局）、教育厅（局）、科学技术厅（局）、工业和信息化厅（局、委）、民政厅（局）、人力资源社会保障厅（局）、国土资源厅（局）、环境保护厅（局）、交通运输厅（局、委）、水利厅（局）、农业厅（局）、商务厅（局）、文化厅（局）、卫生和计划生育委员会、体育局、林业局、旅游局、能源局、铁路监督管理局、民用航空局，新疆生产建设兵团财务局、教育局、科技局、工业和信息化委员会、民政局、人力资源社会保障局、国土资源局、交通局、水利局、农业局、商务局、卫生局：

为进一步推进政府和社会资本合作（以下简称 PPP）工作取得实质性进展，发挥示范项目引领作用，调动社会资本参与积极性，财政部会同相关部门联合启动了第三批政府和社会资本合作示范项目申报筛选工作。现将评审结果及有关事宜通知如下：

一、经有关省、自治区、直辖市、计划单列市和部委推荐及专家评审，现确定北京市首都地区环线高速公路（通州—大兴段）等 516 个项目作为第三批 PPP 示范项目（详见附件），计划总投资金额 11 708 亿元。

二、示范项目所在省、自治区、直辖市、计划单列市财政部门和相关行业主管部门要高度重视，密切协作配合。按照国务院和财政部等部门出台的相关制度文件要求，依法择优选择社会资本，鼓励同等条件

下优先选择民营资本；规范推进项目实施，落实示范项目责任制，建立对口联系和跟踪管理机制，确保示范项目实施质量。

三、各级财政部门要切实履行财政管理职能，积极为项目加快落地创造条件。要做好物有所值评价和财政承受能力论证工作，优化工作流程，提高效率；因地制宜给予前期费用补助、以奖代补等资金支持，协调推动示范项目与中国政企合作投资基金进行合作对接；会同有关部门统筹安排财政资金、国有资产等各类公共资产和资源，完善项目回报机制，激发社会资本参与热情。

四、各级财政部门要会同相关行业主管部门按照"又快又实"的示范项目管理要求，积极推动示范项目按期落地。第一批示范项目应于 2016 年底前完成采购，第二批示范项目应于 2017 年 3 月底前完成采购，逾期未完成采购的将调出示范项目名单；第三批示范项目原则上应于 2017 年 9 月底前完成采购。财政部将通过 PPP 综合信息平台加强对示范项目实施进度的动态跟踪，适时对外公布示范项目相关材料和信息，会同相关行业主管部门加强对示范项目的指导和监督。中央财政将对符合条件并完成采购的示范项目及时安排以奖代补资金。

五、PPP 项目用地应当符合土地利用总体规划和年度计划，依法办理建设用地审批手续。在实施建设用地供应时，不得直接以 PPP 项目为单位打包或成片供应土地，应当依据区域控制性详细规划确定的各宗地范围、用途和规划建设条件，分别确定各宗地的供应方式：

（一）符合《划拨用地目录》的，可以划拨方式供应；

（二）不符合《划拨用地目录》的，除公共租赁住房和政府投资建设不以盈利为目的、具有公益性质的农产品批发市场用地可以作价出资方式供应外，其余土地均应以出让或租赁方式供应，及时足额收取土地有偿使用收入；

（三）依法需要以招标拍卖挂牌方式供应土地使用权的宗地或地块，在市、县国土资源主管部门编制供地方案、签订宗地出让（出租）合同、开展用地供后监管的前提下，可将通过竞争方式确定项目投资方和用地者的环节合并实施。

PPP 项目主体或其他社会资本，除通过规范的土地市场取得合法土地权益外，不得违规取得未供应的土地使用权或变相取得土地收益，不得作为项目主体参与土地收储和前期开发等工作，不得借未供应的土地进行融资；PPP 项目的资金来源与未来收益及清偿责任，不得与土地出让收入挂钩。

六、按照"能进能出"的示范项目管理原则，对不具备继续采取 PPP 模式实施条件的第一批和第二批部分示范项目予以调出，包括：天津新能源汽车公共充电设施网络项目、南京市垃圾处理设施项目、渭南市主城区集中供热项目和兰州市轨道交通 2 号线一期工程项目。

财政部关于印发《政府和社会资本合作项目财政管理暂行办法》的通知

2016 年 9 月 24 日　财金〔2016〕92 号

各省、自治区、直辖市、计划单列市财政厅（局），财政部驻各省、自治区、直辖市、计划单列市财政监察专员办事处，新疆生产建设兵团财务局：

根据《预算法》、《政府采购法》及其实施条例、《企业国有资产法》、《国务院办公厅转发财政部、发展改革委、人民银行关于在公共服务领域推广政府和社会资本合作模式指导意见的通知》（国办发〔2015〕42 号），为加强政府和社会资本合作项目财政管理，规范财政部门履职行为，保障合作各方合法权益，现印发《政府和社会资本合作项目财政管理暂行办法》。请遵照执行。

附件：政府和社会资本合作项目财政管理暂行办法

附件：

政府和社会资本合作项目财政管理暂行办法

第一章　总　　则

第一条　为加强政府和社会资本合作（简称 PPP）项目财政管理，明确财政部门在 PPP 项目全生命周期内的工作要求，规范财政部门履职行为，保障合作各方合法权益，根据《预算法》、《政府采购法》、《企业国有资产法》等法律法规，制定本办法。

第二条　本办法适用于中华人民共和国境内能源、交通运输、市政公用、农业、林业、水利、环境保护、保障性安居工程、教育、科技、文化、体育、医疗卫生、养老、旅游等公共服务领域开展的各类 PPP 项目。

第三条　各级财政部门应当会同相关部门，统筹安排财政资金、国有资产等各类公共资产和资源与社会资本开展平等互惠的 PPP 项目合作，切实履行项目识别论证、政府采购、预算收支与绩效管理、资产负债管理、信息披露与监督检查等职责，保证项目全生命周期规范实施、高效运营。

第二章　项目识别论证

第四条　各级财政部门应当加强与行业主管部门的协同配合，共同做好项目前期的识别论证工作。

政府发起 PPP 项目的，应当由行业主管部门提出项目建议，由县级以上人民政府授权的项目实施机构编制项目实施方案，提请同级财政部门开展物有所值评价和财政承受能力论证。

社会资本发起 PPP 项目的，应当由社会资本向行业主管部门提交项目建议书，经行业主管部门审核同意后，由社会资本方编制项目实施方案，由县级以上人民政府授权的项目实施机构提请同级财政部门开展物有所值评价和财政承受能力论证。

第五条　新建、改扩建项目的项目实施方案应当依据项目建议书、项目可行性研究报告等前期论证文件编制；存量项目实施方案的编制依据还应包括存量公共资产建设、运营维护的历史资料以及第三方出具的资产评估报告等。

项目实施方案应当包括项目基本情况、风险分配框架、运作方式、交易结构、合同体系、监管架构等内容。

第六条　项目实施机构可依法通过政府采购方式委托专家或第三方专业机构，编制项目物有所值评价报告。受托专家或第三方专业机构应独立、客观、科学地进行项目评价、论证，并对报告内容负责。

第七条　各级财政部门应当会同同级行业主管部门根据项目实施方案共同对物有所值评价报告进行审核。物有所值评价审核未通过的，项目实施机构可对实施方案进行调整后重新提请本级财政部门和行业主管部门审核。

第八条　经审核通过物有所值评价的项目，由同级财政部门依据项目实施方案和物有所值评价报告组织编制财政承受能力论证报告，统筹本级全部已实施和拟实施 PPP 项目的各年度支出责任，并综合考虑行业均衡性和 PPP 项目开发计划后，出具财政承受能力论证报告审核意见。

第九条　各级财政部门应当建立本地区 PPP 项目开发目录，将经审核通过物有所值评价和财政承受能力论证的项目纳入 PPP 项目开发目录管理。

第三章　项目政府采购管理

第十条　对于纳入 PPP 项目开发目录的项目，项目实施机构应根据物有所值评价和财政承受能力论证审核结果完善项目实施方案，报本级人民政府审核。本级人民政府审核同意后，由项目实施机构按照政府采购管理相关规定，依法组织开展社会资本方采购工作。

项目实施机构可以依法委托采购代理机构办理采购。

第十一条　项目实施机构应当优先采用公开招标、竞争性谈判、竞争性磋商等竞争性方式采购社会资本方，鼓励社会资本积极参与、充分竞争。根据项目需求必须采用单一来源采购方式的，应当严格符合法定条件和程序。

第十二条　项目实施机构应当根据项目特点和建设运营需求，综合考虑专业资质、技术能力、管理经验和财务实力等因素合理设置社会资本的资格条件，保证国有企业、民营企业、外资企业平等参与。

第十三条　项目实施机构应当综合考虑社会资本竞争者的技术方案、商务报价、融资能力等因素合理设置采购评审标准，确保项目的长期稳定运营和质量效益提升。

第十四条　参加采购评审的社会资本所提出的技术方案内容最终被全部或部分采纳，但经采购未中选的，财政部门应会同行业主管部门对其前期投入成本予以合理补偿。

第十五条　各级财政部门应当加强对 PPP 项目采购活动的支持服务和监督管理，依托政府采购平台和 PPP 综合信息平台，及时充分向社会公开 PPP 项目采购信息，包括资格预审文件及结果、采购文件、响应文件提交情况及评审结果等，确保采购过程和结果公开、透明。

第十六条　采购结果公示结束后、PPP 项目合同正式签订前，项目实施机构应将 PPP 项目合同提交行业主管部门、财政部门、法制部门等相关职能部门审核后，报本级人民政府批准。

第十七条　PPP 项目合同审核时，应当对照项目实施方案、物有所值评价报告、财政承受能力论证报告及采购文件，检查合同内容是否发生实质性变更，并重点审核合同是否满足以下要求：

（一）合同应当根据实施方案中的风险分配方案，在政府与社会资本双方之间合理分配项目风险，并确保应由社会资本方承担的风险实现了有效转移；

（二）合同应当约定项目具体产出标准和绩效考核指标，明确项目付费与绩效评价结果挂钩；

（三）合同应当综合考虑项目全生命周期内的成本核算范围和成本变动因素，设定项目基准成本；

（四）合同应当根据项目基准成本和项目资本金财务内部收益率，参照工程竣工决算合理测算确定项目的补贴或收费定价基准。项目收入基准以外的运营风险由项目公司承担；

（五）合同应当合理约定项目补贴或收费定价的调整周期、条件和程序，作为项目合作期限内行业主管部门和财政部门执行补贴或收费定价调整的依据。

第四章　项目财政预算管理

第十八条　行业主管部门应当根据预算管理要求，将 PPP 项目合同中约定的政府跨年度财政支出责任纳入中期财政规划，经财政部门审核汇总后，报本级人民政府审核，保障政府在项目全生命周期内的履约能力。

第十九条　本级人民政府同意纳入中期财政规划的 PPP 项目，由行业主管部门按照预算编制程序和要求，将合同中符合预算管理要求的下一年度财政资金收支纳入预算管理，报请财政部门审核后纳入预算草案，经本级政府同意后报本级人民代表大会审议。

第二十条　行业主管部门应按照预算编制要求，编报 PPP 项目收支预算：

（一）收支测算。每年 7 月底之前，行业主管部门应按照当年 PPP 项目合同约定，结合本年度预算执行情况、支出绩效评价结果等，测算下一年度应纳入预算的 PPP 项目收支数额。

（二）支出编制。行业主管部门应将需要从预算中安排的 PPP 项目支出责任，按照相关政府收支分类科目、预算支出标准和要求，列入支出预算。

（三）收入编制。行业主管部门应将政府在 PPP 项目中获得的收入列入预算。

（四）报送要求。行业主管部门应将包括所有 PPP 项目全部收支在内的预算，按照统一的时间要求报同级财政部门。

第二十一条　财政部门应对行业主管部门报送的 PPP 项目财政收支预算申请进行认真审核，充分考虑绩效评价、价格调整等因素，合理确定预算金额。

第二十二条　PPP 项目中的政府收入，包括政府在 PPP 项目全生命周期过程中依据法律和合同约定取得的资产权益转让、特许经营权转让、股息、超额收益分成、社会资本违约赔偿和保险索赔等收入，以及上级财政拨付的 PPP 专项奖补资金收入等。

第二十三条　PPP 项目中的政府支出，包括政府在 PPP 项目全生命周期过程中依据法律和合同约定需要从财政资金中安排的股权投资、运营补贴、配套投入、风险承担，以及上级财政对下级财政安排的 PPP 专项奖补资金支出。

第二十四条　行业主管部门应当会同各级财政部门做好项目全生命周期成本监测工作。每年一季度前，项目公司（或社会资本方）应向行业主管部门和财政部门报送上一年度经第三方审计的财务报告及项目建设运营成本说明材料。项目成本信息要通过 PPP 综合信息平台对外公示，接受社会监督。

第二十五条　各级财政部门应当会同行业主管部门开展 PPP 项目绩效运行监控，对绩效目标运行情况进行跟踪管理和定期检查，确保阶段性目标与资金支付相匹配，开展中期绩效评估，最终促进实现项目绩效目标。监控中发现绩效运行与原定绩效目标偏离时，应及时采取措施予以纠正。

第二十六条　社会资本方违反 PPP 项目合同约定，导致项目运行状况恶化，危及国家安全和重大公共利益，或严重影响公共产品和服务持续稳定供给的，本级人民政府有权指定项目实施机构或其他机构临时接管项目，直至项目恢复正常经营或提前终止。临时接管项目所产生的一切费用，根据合作协议约定，由违约方单独承担或由各责任方分担。

第二十七条　各级财政部门应当会同行业主管部门在 PPP 项目全生命周期内，按照事先约定的绩效目标，对项目产出、实际效果、成本收益、可持续性等方面进行绩效评价，也可委托第三方专业机构提出评价意见。

第二十八条　各级财政部门应依据绩效评价结果合理安排财政预算资金。

对于绩效评价达标的项目，财政部门应当按照合同约定，向项目公司或社会资本方及时足额安排相关支出。

对于绩效评价不达标的项目，财政部门应当按照合同约定扣减相应费用或补贴支出。

第五章　项目资产负债管理

第二十九条　各级财政部门应会同相关部门加强 PPP 项目涉及的国有资产管理，督促项目实施机构建立 PPP 项目资产管理台账。政府在 PPP 项目中通过存量国有资产或股权作价入股、现金出资入股或直接投资等方式形成的资产，应作为国有资产在政府综合财务报告中进行反映和管理。

第三十条　存量 PPP 项目中涉及存量国有资产、股权转让的，应由项目实施机构会同行业主管部门和财政部门按照国有资产管理相关办法，依法进行资产评估，防止国有资产流失。

第三十一条　PPP 项目中涉及特许经营权授予或转让的，应由项目实施机构根据特许经营权未来带来的收入状况，参照市场同类标准，通过竞争性程序确定特许经营权的价值，以合理价值折价入股、授予或转让。

第三十二条　项目实施机构与项目应当根据法律法规和 PPP 项目合同约定确定项目公司资产权属。对于归属项目公司的资产及权益的所有权和收益权，经行业主管部门和财政部门同意，可以依法设置抵押、质押等担保权益，或进行结构化融资，但应及时在财政部 PPP 综合信息平台上公示。项目建设完成进入稳定运营期后，社会资本方可以通过结构性融资实现部分或全部退出，但影响公共安全及公共服务持续稳定提供的除外。

第三十三条　各级财政部门应当会同行业主管部门做好项目资产移交工作。

项目合作期满移交的，政府和社会资本双方应按合同约定共同做好移交工作，确保移交过渡期内公共服务的持续稳定供给。项目合同期满前，项目实施机构或政府指定的其他机构应组建项目移交工作组，对移交资产进行性能测试、资产评估和登记入账，项目资产不符合合同约定移交标准的，社会资本应采取补救措施或赔偿损失。

项目因故提前终止的，除履行上述移交工作外，如因政府原因或不可抗力原因导致提前终止的，应当依据合同约定给予社会资本相应补偿，并妥善处置项目公司存续债务，保障债权人合法权益；如因社会资本原因导致提前终止的，应当依据合同约定要求社会资本承担相应赔偿责任。

第三十四条　各级财政部门应当会同行业主管部门加强对 PPP 项目债务的监控。PPP 项目执行过程中形成的负债，属于项目公司的债务，由项目公司独立承担偿付义务。项目期满移交时，项目公司的债务不得移交给政府。

第六章　监督管理

第三十五条　各级财政部门应当会同行业主管部门加强对 PPP 项目的监督管理，切实保障项目运行质量，严禁以 PPP 项目名义举借政府债务。

财政部门应当会同相关部门加强项目合规性审核，确保项目属于公共服务领域，并按法律法规和相关规定履行相关前期论证审查程序。项目实施不得采用建设－移交方式。

政府与社会资本合资设立项目公司的，应按照《公司法》等法律规定以及 PPP 项目合同约定规范运作，不得在股东协议中约定由政府股东或政府指定的其他机构对社会资本方股东的股权进行回购安排。

财政部门应根据财政承受能力论证结果和 PPP 项目合同约定，严格管控和执行项目支付责任，不得将当期政府购买服务支出代替 PPP 项目中长期的支付责任，规避 PPP 项目相关评价论证程序。

第三十六条　各级财政部门应依托 PPP 综合信息平台，建立 PPP 项目库，做好 PPP 项目全生命周期信息公开工作，保障公众知情权，接受社会监督。

项目准备、采购和建设阶段信息公开内容包括 PPP 项目的基础信息和项目采购信息，采购文件，采购成交结果，不涉及国家秘密、商业秘密的项目合同文本，开工及竣工投运日期，政府移交日期等。项目运营阶段信息公开内容包括 PPP 项目的成本监测和绩效评价结果等。

财政部门信息公开内容包括本级 PPP 项目目录、本级人大批准的政府对 PPP 项目的财政预算、执行及决算情况等。

第三十七条　财政部驻各地财政监察专员办事处应对 PPP 项目财政管理情况加强全程监督管理，重点关注 PPP 项目物有所值评价和财政承受能力论证、政府采购、预算管理、国有资产管理、债务管理、绩效评价等环节，切实防范财政风险。

第三十八条　对违反本办法规定实施 PPP 项目的，依据《预算法》、《政府采购法》及其实施条例、《财政违法行为处罚处分条例》等法律法规追究有关人员责任；涉嫌犯罪的，依法移交司法机关处理。

第七章　附　则

第三十九条　本办法由财政部负责解释。

第四十条　本办法自印发之日起施行。

财政部关于进一步加强国有金融企业股权
管理工作有关问题的通知

2016 年 12 月 7 日　财金〔2016〕122 号

各中央管理金融企业，各省、自治区、直辖市、计划单列市财政厅（局），新疆生产建设兵团财务局：

为进一步贯彻落实党的十八届三中全会精神，强化以管资本为主加强国有资产监管，规范国有金融企业股权管理工作，提高国有股权管理效率，现就国有金融企业股权管理有关事项通知如下：

一、各级财政部门要加强国有金融资产监管，健全和完善基础管理制度，规范国有产权流转，切实防范国有资产流失，促进国有金融资本保值增值。国有金融企业股东要充分认识股权管理的重要意义，以资本为纽带，以产权为基础，完善管理方式，创新管理机制，提高管理效率。

二、国有金融企业股权管理按照统一政策、分级管理的原则，由中央和地方财政部门负责监督管理。各级财政部门要充分尊重市场经济和企业发展规律，注重通过公司治理结构依法行使股东权利，形成股东行为规范、内部约束有效、运行高效灵活的经营机制，增强国有金融企业市场活力。

（一）中央管理金融企业已完成公司制改革、治理结构健全的，股权管理事项原则上由集团（控股）公司按照公司治理程序自主决策，其中中央管理金融企业本级、集团（控股）公司下属各级重点子公司重大股权管理事项需报财政部履行相关程序。

（二）地方国有金融企业股权管理事项由省级财政部门比照上述原则实施监管。涉及共同持股的，按第一大国有股东归属确定管理权限。

（三）国有金融企业股权管理过程中，涉及政府社会公共管理和金融行业监督管理事项的，应当根据国家规定履行相关程序。

三、股权管理事项包括：设立公司、股份性质变更、增资扩股或减资、股权转让或划转、股权置换、合并或分立等可能引起股权比例变动的事项；国有股权管理方案确认等需要国有资产监管部门履职的事项。

（一）重点子公司一般是指集团（控股）公司具有实际控制权的金融企业和上市公司，以及当期净资产占集团（控股）公司本级净资产超过一定比例的各级子公司。重点子公司净资产所占比例一般不低于集团（控股）公司本级净资产的 5%（含 5%），并综合考虑公司长期发展战略、金融业务布局、财务管理水平、风险管控能力、投资行业范围等因素确定，可根据实际情况适时调整。

（二）重大股权管理事项一般是指可能导致重点子公司实际控制权发生转移的股权管理事项。

四、各级财政部门应严格规范国有金融资产确权、登记、评估、转让、清算、退出等程序和交易行为。按照规范透明、公平公正的原则，进一步加大国有金融企业产权进场公开交易力度，实现全链条、全过程管理。

（一）中央管理金融企业应按规定做好产权登记管理工作，及时、全面、准确反映国有金融资产产权变动情况。

（二）中央管理金融企业非重点子公司产权转让和重点子公司非重大产权转让项目，通过省级以上产权交易机构公开挂牌转让的，经济行为决策由集团（控股）公司按照公司治理程序自主决策，相关资产评估备案工作由集团（控股）公司负责，交易信息应按规定及时报送财政部。

（三）中央管理金融企业为进行企业内部资产重组，通过直接协议方式转让一级子公司产权，未造成国有股权比例发生变动的，由集团（控股）公司按照公司治理程序自主决策。

（四）中央管理金融企业在依法设立的证券交易系统中，转让所持参股上市公司股份的，需遵守证券监管部门有关规定，由集团（控股）公司按照公司治理程序自主决策。

（五）中央管理金融企业质押上市公司股份的，原则上由集团（控股）公司按照公司治理程序自主决策，其中可能涉及重点子公司控制权转移的质押行为需报财政部履行相关程序。

（六）中央管理金融企业因开展正常业务涉及的抵（质）押、抵债、诉讼和商业化购买不良资产等获得的股权资产，相关转让工作按照公司治理程序自主决策，资产评估备案工作由集团（控股）公司负责。

（七）金融资产管理公司买断的政策性债转股项目处置，相关资产评估备案工作由集团（控股）公司负责。

（八）财政部门和国有金融企业可通过无偿划转方式优化国有资本布局。中央管理金融企业内部国有股权无偿划转由集团（控股）公司负责实施，地方国有股东单位所持金融企业股权无偿划转由地方（省级）财政部门负责实施。其中，涉及中央管理金融企业之间、中央和地方之间、跨省（自治区、直辖市、计划单列市）等不同国有主体之间的国有股权无偿划转事宜，由划出方和划入方各自履行决策程序后，联合报财政部履行审核程序。

五、各级财政部门应加强和规范国有金融企业增资扩股行为。国有金融企业开展增资扩股业务，可通过公司治理程序确定意向投资方，意向投资方可通过省级以上产权交易所挂牌选择，其中涉及重点子公司实际控制权转移的，应在履行公司内部决策程序后，将增资方案报送主管财政部门履行相关程序。

需报送的材料包括：1. 国有金融企业关于重点子公司增资扩股问题的申请报告；2. 董事会提出增资扩股预案及董事会决议；3. 重点子公司最近一期财务报告、主要财务数据；4. 最近一期前十大股东名称和持股比例；5. 前次募集资金使用报告和本次募集资金运用的可行性研究报告；6. 拟引入投资方的资格条件、投资金额、持股比例要求和遴选原则等；7. 增资前后企业价值估值报告；8. 以非货币性资产认购股份的，需提供相关资产评估报告；9. 通过产权交易机构选择意向投资方的，还应提交在产权交易机构公布的增资方案。

六、国有股权管理方案是国有金融企业股权管理的重要基础工作，财政部和地方省级财政部门出具的关于国有股权管理方案的确认文件，是有关部门批准成立股份公司、发行审核的必备文件和证券交易所进行股权登记的依据。

国有金融企业应在公开发行上市前，将国有股权管理方案报主管财政部门确认。报送材料包括：1. 国有股东关于国有股权管理问题的申请报告；2. 政府有关部门同意组建股份有限公司的文件或国有发起人关于同意组建股份有限公司的内部决策文件；3. 公司章程；4. 各国有股东的国有资产产权登记证（或能证明其国有身份的法律文件）；5. 非国有股东提供身份证明材料；6. 发起人协议；7. 资产评估合规性审核文件；8. 法律意见书，涉及金融行业监管和外商投资的，还应当对是否符合相关监管规定作书面说明。

七、中央管理金融企业和地方财政部门要建立健全金融企业国有股权管理情况报告制度。

（一）每年5月底之前，各省级财政部门和中央管理金融企业要将上一年度金融企业国有股权管理情况统计汇总后向财政部报告。

（二）各省级财政部门和中央管理金融企业要注意了解和总结在国有股权管理工作中出现的新情况、新问题，对有关重要情况和重大问题要及时向财政部报告。

（三）财政部门在办理上市公司国有股权管理事项时，应当做好信息保密工作。

（四）国有股东在办理上市公司国有股权管理事项时，应当遵守上市公司管理制度，做好相关信息保密、披露工作。

八、地方财政部门可以根据本通知要求，结合地方实际情况，制定本地区地方国有金融企业股权管理实施细则。

九、各级财政部门及其相关工作人员在股权管理审批工作中出现恶意串通中介机构、泄露上市公司重要信息并造成国有资产流失，以及其他滥用职权、玩忽职守、徇私舞弊等违法违纪行为的，按照《公务员法》、《行政监察法》、《财政违法行为处罚处分条例》等国家有关规定追究相应责任；涉嫌犯罪的，移送司法机关处理。

十、本通知自公布之日起施行。我部现行国有金融企业股权管理相关规定与本通知不一致的，以本通知为准。

财政部关于印发《中央财政农业保险保险费补贴管理办法》的通知

2016 年 12 月 19 日   财金〔2016〕123 号

农业部、林业局，各省、自治区、直辖市、计划单列市财政厅（局），财政部驻各省、自治区、直辖市、计划单列市财政监察专员办事处，新疆生产建设兵团财务局，中国储备粮管理总公司、中国农业发展集团有限公司：

为做好中央财政农业保险保险费补贴工作，提高财政补贴资金使用效益，现将《中央财政农业保险保险费补贴管理办法》印发给你们，请遵照执行。执行中如遇相关问题，请及时函告我部。

附件：中央财政农业保险保险费补贴管理办法

附件：

中央财政农业保险保险费补贴管理办法

第一章　总　　则

第一条　为促进农业保险持续健康发展，完善农村金融服务体系，国家支持在全国范围内建立农业保险制度。为加强中央财政农业保险保险费补贴资金管理，更好服务"三农"，根据《预算法》、《农业保险条例》、《金融企业财务规则》等规定，制定本办法。

第二条　本办法所称中央财政农业保险保险费补贴，是指财政部对省级政府引导有关农业保险经营机构（以下简称经办机构）开展的符合条件的农业保险业务，按照保险费的一定比例，为投保农户、农业生产经营组织等提供补贴。

本办法所称经办机构，是指保险公司以及依法设立并开展农业保险业务的农业互助保险等保险组织。本办法所称农业生产经营组织，是指农民专业合作社、农业企业以及其他农业生产经营组织。

第三条　农业保险保险费补贴工作实行政府引导、市场运作、自主自愿、协同推进的原则。

（一）政府引导。财政部门通过保险费补贴等政策支持，鼓励和引导农户、农业生产经营组织投保农业保险，推动农业保险市场化发展，增强农业抗风险能力。

（二）市场运作。财政投入要与农业保险发展的市场规律相适应，以经办机构的商业化经营为依托，充分发挥市场机制作用，逐步构建市场化的农业生产风险保障体系。

（三）自主自愿。农户、农业生产经营组织、经办机构、地方财政部门等各方的参与都要坚持自主自愿，在符合国家规定的基础上，申请中央财政农业保险保险费补贴。

（四）协同推进。保险费补贴政策要与其他农村金融和支农惠农政策有机结合，财政、农业、林业、保险监管等有关单位积极协同配合，共同做好农业保险工作。

第二章　补贴政策

第四条　财政部提供保险费补贴的农业保险（以下简称补贴险种）标的为关系国计民生和粮食、生态安全的主要大宗农产品，以及根据党中央、国务院有关文件精神确定的其他农产品。

鼓励各省、自治区、直辖市、计划单列市（以下简称各地）结合本地实际和财力状况，对符合农业产业政策、适应当地"三农"发展需求的农业保险给予一定的保险费补贴等政策支持。

第五条　中央财政补贴险种标的主要包括：

（一）种植业。玉米、水稻、小麦、棉花、马铃薯、油料作物、糖料作物。

（二）养殖业。能繁母猪、奶牛、育肥猪。

（三）森林。已基本完成林权制度改革、产权明晰、生产和管理正常的公益林和商品林。

（四）其他品种。青稞、牦牛、藏系羊（以下简称藏区品种）、天然橡胶，以及财政部根据党中央、国务院要求确定的其他品种。

第六条　对于上述补贴险种，全国各地均可自主自愿开展，经财政部确认符合条件的地区（以下简称补贴地区），财政部将按规定给予保险费补贴支持。

第七条　在地方自愿开展并符合条件的基础上，财政部按照以下规定提供保险费补贴：

（一）种植业。在省级财政至少补贴25%的基础上，中央财政对中西部地区补贴40%、对东部地区补贴35%；对纳入补贴范围的新疆生产建设兵团、中央直属垦区、中国储备粮管理总公司、中国农业发展集团有限公司等（以下统称中央单位），中央财政补贴65%。

（二）养殖业。在省级及省级以下财政（以下简称地方财政）至少补贴30%的基础上，中央财政对中西部地区补贴50%、对东部地区补贴40%；对中央单位，中央财政补贴80%。

（三）森林。公益林在地方财政至少补贴40%的基础上，中央财政补贴50%；对大兴安岭林业集团公司，中央财政补贴90%。商品林在省级财政至少补贴25%的基础上，中央财政补贴30%；对大兴安岭林业集团公司，中央财政补贴55%。

（四）藏区品种、天然橡胶。在省级财政至少补贴25%的基础上，中央财政补贴40%；对中央单位，中央财政补贴65%。

第八条　在上述补贴政策基础上，中央财政对产粮大县三大粮食作物保险进一步加大支持力度。

对省级财政给予产粮大县三大粮食作物农业保险保险费补贴比例高于25%的部分，中央财政承担高出部分的50%。其中，对农户负担保险费比例低于20%的部分，需先从省级财政补贴比例高于25%的部分中扣除，剩余部分中央财政承担50%。在此基础上，如省级财政进一步提高保险费补贴比例，并相应降低产粮大县的县级财政保险费负担，中央财政还将承担产粮大县县级补贴降低部分的50%。

当县级财政补贴比例降至0时，中央财政对中西部地区的补贴比例，低于42.5%（含42.5%）的，按42.5%确定；在42.5%～45%（含45%）之间的，按上限45%确定；在45%～47.5%（含47.5%）之间的，按上限47.5%确定。对中央单位符合产粮大县条件的下属单位，中央财政对三大粮食作物农业保险保险费补贴比例由65%提高至72.5%。

本办法所称三大粮食作物是指稻谷、小麦和玉米。本办法所称产粮大县是指根据财政部产粮（油）大县奖励办法确定的产粮大县。

第九条　鼓励省级财政部门结合实际，对不同险种、不同区域实施差异化的农业保险保险费补贴政策，加大对重要农产品、规模经营主体、产粮大县、贫困地区及贫困户的支持力度。

第三章　保险方案

第十条　经办机构应当公平、合理的拟订农业保险条款和费率。属于财政给予保险费补贴险种的保险条款和保险费率，经办机构应当在充分听取各地人民政府财政、农业、林业部门和农民代表意见的基础上拟订。

第十一条 补贴险种的保险责任应涵盖当地主要的自然灾害、重大病虫害和意外事故等；有条件的地方可稳步探索以价格、产量、气象的变动等作为保险责任，由此产生的保险费，可由地方财政部门给予一定比例补贴。

第十二条 补贴险种的保险金额，以保障农户及农业生产组织灾后恢复生产为主要目标，主要包括：

（一）种植业保险。原则上为保险标的生长期内所发生的直接物化成本（以最近一期价格等相关主管部门发布或认可的数据为准，下同），包括种子、化肥、农药、灌溉、机耕和地膜等成本。

（二）养殖业保险。原则上为保险标的的生理价值，包括购买价格和饲养成本。

（三）森林保险。原则上为林木损失后的再植成本，包括灾害木清理、整地、种苗处理与施肥、挖坑、栽植、抚育管理到树木成活所需的一次性总费用。

鼓励各地和经办机构根据本地农户的支付能力，适当调整保险金额。对于超出直接物化成本的保障部分，应当通过适当方式予以明确，由此产生的保险费，有条件的地方可以结合实际，提供一定的补贴，或由投保人承担。

第十三条 地方财政部门应会同有关部门逐步建立当地农业保险费率调整机制，合理确定费率水平。连续 3 年出现以下情形的，原则上应当适当降低保险费率，省级财政部门应当依法予以监督：

（一）经办机构农业保险的整体承保利润率超过其财产险业务平均承保利润率的；

（二）专业农业保险经办机构的整体承保利润率超过财产险行业平均承保利润率的；

（三）前两款中经办机构财产险业务或财产险行业的平均承保利润率为负的，按照近 3 年相关平均承保利润率的均值计算。

本办法所称承保利润率为 1 - 综合成本率。

第十四条 经办机构应当合理设置补贴险种赔付条件，维护投保农户合法权益。补贴险种不得设置绝对免赔，科学合理的设置相对免赔。

第十五条 经办机构可以通过"无赔款优待"等方式，对本保险期限内无赔款的投保农户，在下一保险期限内给予一定保险费减免优惠。

农户、农业生产经营组织、地方财政、中央财政等按照相关规定，以农业保险实际保险费和各方保险费分担比例为准，计算各方应承担的保险费金额。

第十六条 补贴险种的保险条款应当通俗易懂、表述清晰，保单上应当明确载明农户、农业生产经营组织、地方财政、中央财政等各方承担的保险费比例和金额。

第四章　保障措施

第十七条 农业保险技术性强、参与面广，各地应高度重视，结合本地财政状况、农户承受能力等，制定切实可行的保险费补贴方案，积极稳妥推动相关工作开展。

鼓励各地和经办机构采取有效措施，加强防灾减损工作，防范逆向选择与道德风险。鼓励各地根据有关规定，对经办机构的展业、承保、查勘、定损、理赔、防灾防损等农业保险工作给予支持。

第十八条 各地和经办机构应当因地制宜确定具体投保模式，坚持尊重农户意愿与提高组织程度相结合，积极发挥农业生产经营组织、乡镇林业工作机构、村民委员会等组织服务功能，采取多种形式组织农户投保。

由农业生产经营组织、乡镇林业工作机构、村民委员会等单位组织农户投保的，经办机构应当在订立补贴险种合同时，制订投保清单，详细列明投保农户的投保信息，并由投保农户或其授权的直系亲属签字确认。

第十九条 各地和经办机构应当结合实际，研究制定查勘定损工作标准，对定损办法、理赔起点、赔偿处理等具体问题予以规范，切实维护投保农户合法权益。

第二十条　经办机构应当在与被保险人达成赔偿协议后 10 日内，将应赔偿的保险金支付给被保险人。农业保险合同对赔偿保险金的期限有约定的，经办机构应当按照约定履行赔偿保险金义务。

经办机构原则上应当通过财政补贴"一卡通"、银行转账等非现金方式，直接将保险赔款支付给农户。如果农户没有财政补贴"一卡通"和银行账户，经办机构应当采取适当方式确保将赔偿保险金直接赔付到户。

第二十一条　经办机构应当在确认收到农户、农业生产经营组织自缴保险费后，方可出具保险单，保险单或保险凭证应发放到户。经办机构应按规定在显著位置，或通过互联网、短信、微信等方式，将惠农政策、承保情况、理赔结果、服务标准和监管要求进行公示，做到公开透明。

第二十二条　财政部门应当认真做好保险费补贴资金的筹集、拨付、管理、结算等各项工作，与农业、林业、保险监管、水利、气象、宣传等部门，协同配合，共同把农业保险保险费补贴工作落到实处。

第五章　预 算 管 理

第二十三条　农业保险保险费补贴资金实行专项管理、分账核算。财政部承担的保险费补贴资金，列入年度中央财政预算。省级财政部门承担的保险费补贴资金，由省级财政预算安排，省级以下财政部门承担的保险费补贴资金，由省级财政部门负责监督落实。

第二十四条　农业保险保险费补贴资金实行专款专用、据实结算。保险费补贴资金当年出现结余的，抵减下年度预算；如下年度不再为补贴地区，中央财政结余部分全额返还财政部。

第二十五条　省级财政部门及有关中央单位应于每年 3 月底之前，编制当年保险费补贴资金申请报告，并报送财政部，抄送财政监察专员办事处（以下简称专员办）。同时，对上年度中央财政农业保险保险费补贴资金进行结算，编制结算报告，并送对口专员办审核。当年资金申请和上年度资金结算报告内容主要包括：

（一）保险方案。包括补贴险种的经办机构、经营模式、保险品种、保险费率、保险金额、保险责任、补贴区域、投保面积、单位保险费、总保险费等相关内容。

（二）补贴方案。包括农户自缴保险费比例及金额、各级财政补贴比例及金额、资金拨付与结算等相关情况。

（三）保障措施。包括主要工作计划、组织领导、监督管理、承保、查勘、定损、理赔、防灾防损等相关措施。

（四）直接物化成本数据。价格等相关主管部门发布的最近一期农业生产直接物化成本数据（直接费用）。保险金额超过直接物化成本的，应当进行说明，并测算地方各级财政应承担的补贴金额。

（五）产粮大县情况。对申请产粮大县政策支持的，省级财政部门及有关中央单位应单独报告产粮大县三大粮食作物投保情况，包括产粮大县名单、产粮大县三大粮食作物种植面积、投保面积、保险金额、2015 年以来各级财政补贴比例等。

（六）相关表格。省级财政部门及有关中央单位应填报上年度中央财政农业保险保险费补贴资金结算表（附件 1、附件 3），当年中央财政农业保险保险费补贴资金测算表（附件 2、附件 4）以及《农业保险保险费补贴资金到位承诺函》，专员办对上年度资金结算情况进行审核后，填报中央财政农业保险保险费补贴资金专员办确认结算表（附件 1、附件 3）。

（七）其他材料。财政部要求、地方财政部门认为应当报送或有必要进行说明的材料。

第二十六条　地方财政部门及有关中央单位对报送材料的真实性负责，在此基础上专员办履行审核职责。专员办重点审核上年度中央财政补贴资金是否按规定用途使用、相关险种是否属于中央财政补贴范围、中央财政补贴资金是否层层分解下达等。专员办可根据各地实际情况以及国家有关政策规定，适当扩大审核范围。

原则上，专员办应当在收到结算材料后 1 个月内，出具审核意见送财政部，并抄送相关财政部门或中央单位。省级财政部门及有关中央单位应当在收到专员办审核意见后 10 日内向财政部报送补贴资金结算材料，并附专员办审核意见。

第二十七条　省级财政部门及有关中央单位应加强和完善预算编制工作，根据补贴险种的投保面积、投保数量、保险金额、保险费率和保险费补贴比例等，测算下一年度各级财政应当承担的保险费补贴资金，并于每年 10 月 10 日前上报财政部，并抄送对口专员办。

第二十八条　对未按上述规定时间报送专项资金申请材料的地区，财政部和专员办不予受理，视同该年度该地区（单位）不申请中央财政农业保险保险费补贴。

第二十九条　对于省级财政部门和中央单位上报的保险费补贴预算申请，符合本办法规定条件的，财政部将给予保险费补贴支持。

第三十条　财政部在收到省级财政部门、中央单位按照本办法第二十五条规定报送的材料以及专员办审核意见，结合预算收支和已预拨保险费补贴资金等情况，清算上年度并拨付当年剩余保险费补贴资金。

对以前年度中央财政补贴资金结余较多的地区，省级财政部门（中央单位）应当进行说明。对连续两年结余资金较多且无特殊原因的地方（中央单位），财政部将根据预算管理相关规定，结合当年中央财政收支状况、地方（中央单位）实际执行情况等，收回中央财政补贴结余资金，并酌情扣减该地区（单位）当年预拨资金。

第三十一条　省级财政部门在收到中央财政补贴资金后，原则上应在 1 个月内对保险费补贴进行分解下达。地方财政部门应当根据农业保险承保进度及签单情况，及时向经办机构拨付保险费补贴资金，不得拖欠。

第三十二条　省级财政部门应随时掌握补贴资金的实际使用情况，及时安排资金支付保险费补贴，确保农业保险保单依法按时生效。对中央财政应承担的补贴资金缺口，省级财政部门可在次年向财政部报送资金结算申请时一并提出。

第三十三条　保险费补贴资金支付按照国库集中支付制度有关规定执行。

上级财政部门通过国库资金调度将保险费补贴资金逐级拨付下级财政部门。保险费补贴资金不再通过中央专项资金财政零余额账户和中央专项资金特设专户支付。

有关中央单位的保险费补贴资金，按照相关预算管理体制拨付。

第六章　机构管理

第三十四条　省级财政部门或相关负责部门应当根据相关规定，建立健全补贴险种经办机构评选、考核等相关制度，按照公平、公正、公开和优胜劣汰的原则，通过招标等方式确定符合条件的经办机构，提高保险服务水平与质量。招标时要考虑保持一定期限内县域经办机构的稳定，引导经办机构加大投入，提高服务水平。

第三十五条　补贴险种经办机构应当满足以下条件：

（一）经营资质。符合保险监督管理部门规定的农业保险业务经营条件，具有经保险监管部门备案或审批的保险产品。

（二）专业能力。具备专门的农业保险技术人才、内设机构及业务管理经验，能够做好条款设计、费率厘定、承保展业、查勘定损、赔偿处理等相关工作。

（三）机构网络。在拟开展补贴险种业务的县级区域具有分支机构，在农村基层具有服务站点，能够深入农村基层提供服务。

（四）风险管控。具备与其业务相适应的资本实力、完善的内控制度、稳健的风险应对方案和再保险安排。

（五）信息管理。信息系统完善，能够实现农业保险与其他保险业务分开管理，单独核算损益，满足信息统计报送需求。

（六）国家及各地规定的其他条件。

第三十六条　经办机构要增强社会责任感，兼顾社会效益与经济效益，把社会效益放在首位，不断提高农业保险服务水平与质量：

（一）增强社会责任感，服务"三农"全局，统筹社会效益与经济效益，积极稳妥做好农业保险工作；

（二）加强农业保险产品与服务创新，合理拟定保险方案，改善承保工作，满足日益增长的"三农"保险需求；

（三）发挥网络、人才、管理、服务等专业优势，迅速及时做好灾后查勘、定损、理赔工作；

（四）加强宣传公示，促进农户了解保险费补贴政策、保险条款及工作进展等情况；

（五）强化风险管控，预防为主、防赔结合，协助做好防灾防损工作，通过再保险等有效分散风险；

（六）其他工作。

第三十七条　经办机构应当按照《财政部关于印发〈农业保险大灾风险准备金管理办法〉的通知》（财金〔2013〕129号）的规定，及时、足额计提农业保险大灾风险准备金，逐年滚存，逐步建立应对农业大灾风险的长效机制。

第三十八条　除农户委托外，地方财政部门不得引入中介机构，为农户与经办机构办理中央财政补贴险种合同签订等有关事宜。中央财政补贴险种的保险费，不得用于向中介机构支付手续费或佣金。

第七章　监督检查

第三十九条　省级财政部门应当按照中央对地方专项转移支付绩效评价有关规定，建立和完善农业保险保险费补贴绩效评价制度，并探索将其与完善农业保险政策、评选保险经办机构等有机结合。

农业保险保险费补贴主要绩效评价指标原则上应当涵盖政府部门（预算单位）、经办机构、综合效益等。各单位可结合实际，对相关指标赋予一定的权重或分值，或增加适应本地实际的其他指标，合理确定农业保险保险费补贴绩效评价结果。

各省级财政部门应于每年8月底之前将上年度农业保险保险费补贴绩效评价结果报财政部，同时抄送对口专员办。

第四十条　财政部将按照"双随机、一公开"等要求，定期或不定期对农业保险保险费补贴工作进行监督检查，对农业保险保险费补贴资金使用情况和效果进行评价，作为研究完善政策的参考依据。

地方各级财政部门应当建立健全预算执行动态监控机制，加强对农业保险保险费补贴资金动态监控，定期自查本地区农业保险保险费补贴工作，财政部驻各地财政监察专员办事处应当定期或不定期抽查，有关情况及时报告财政部。

第四十一条　禁止以下列方式骗取农业保险保险费补贴：

（一）虚构或者虚增保险标的，或者以同一保险标的进行多次投保；

（二）通过虚假理赔、虚列费用、虚假退保或者截留、代领或挪用赔款、挪用经营费用等方式，冲销投保农户缴纳保险费或者财政补贴资金；

（三）其他骗取农业保险保险费补贴资金的方式。

第四十二条　对于地方财政部门、经办机构以任何方式骗取保险费补贴资金的，财政部及专员办将责令其改正并追回相应保险费补贴资金，视情况暂停其中央财政农业保险保险费补贴资格等，专员办可向财政部提出暂停补贴资金的建议。

各级财政、专员办及其工作人员在农业保险保险费补贴专项资金审核工作中，存在报送虚假材料、违反规定分配资金、向不符合条件的单位分配资金或者擅自超出规定的范围或者标准分配或使用专项资金，以及滥用职权、玩忽职守、徇私舞弊等违法违纪行为的，按照《预算法》、《公务员法》、《行政监察法》、《财政违法行为处罚处分条例》等国家有关规定追究相应责任；涉嫌犯罪的，移送司法机关处理。

第八章　附　　则

第四十三条　各地和经办机构应当根据本办法规定，及时制定和完善相关实施细则。

第四十四条　本办法自 2017 年 1 月 1 日起施行。《财政部关于印发〈中央财政种植业保险保险费补贴管理办法〉的通知》（财金〔2008〕26 号）、《财政部关于印发〈中央财政养殖业保险保险费补贴管理办法〉的通知》（财金〔2008〕27 号）、《财政部关于中央财政森林保险保险费补贴试点工作有关事项的通知》（财金〔2009〕25 号）同时废止，其他有关规定与本办法不符的，以本办法为准。

附：1. 中央财政农业保险保险费补贴资金结算表（不包括产粮大县）

　　2. 中央财政农业保险保险费补贴资金测算表（不包括产粮大县）

　　3. 中央财政产粮大县三大粮食作物农业保险保险费补贴资金结算表

　　4. 中央财政产粮大县三大粮食作物农业保险保险费补贴资金测算表

附 1：

中央财政农业保险保险费补贴资金结算表（不包括产粮大县）

填报单位：　　　　　　　　　　　　　　单位：元/亩（头），万亩，万头，万元　　　　填报日期：

	种植面积（存栏）	参保率	投保数量	单位保额	直接物化成本	保险费率	单位保费	保费规模	中央财政补贴		省级财政补贴		市县财政补贴		农户承担	
									金额	比例	金额	比例	金额	比例	金额	比例
一、种植业合计																
其中：水稻																
小麦																
玉米																
油料作物																
糖料作物																
棉花																
马铃薯																
二、养殖业合计																
其中：能繁母猪																
奶牛																
育肥猪																
三、森林合计																
其中：公益林																
商品林																
四、藏区品种合计																
其中：青稞																
牦牛																
藏系羊																
总计																

附2：

中央财政农业保险保险费补贴资金测算表（不包括产粮大县）

填报单位：　　财政厅（局）/中央单位　　　　　　　单位：元/亩（头），万亩，万头，万元　　　　填报日期：

	种植面积（存栏）	参保率	投保数量	单位保额	直接物化成本	保险费率	单位保费	保费规模	中央财政补贴		省级财政补贴		市县财政补贴		农户承担	
									金额	比例	金额	比例	金额	比例	金额	比例
一、种植业合计																
其中：水稻																
小麦																
玉米																
油料作物																
糖料作物																
棉花																
马铃薯																
二、养殖业合计																
其中：能繁母猪																
奶牛																
育肥猪																
三、森林合计																
其中：公益林																
商品林																
四、藏区品种合计																
其中：青稞																
牦牛																
藏系羊																
总计																

附3：

中央财政产粮大县三大粮食作物农业保险保险费补贴资金结算表

填报单位：　　　　　　　　　　　　　　　　单位：元/亩，万亩，万元　　　　　填报日期：

	种植面积	单位保额	直接物化成本	投保数量	保费规模	占产粮大县的比重	占全省的比重	中央财政补贴		省级财政补贴		市级财政补贴		县级财政补贴		农户承担	
								金额	比例	金额	比例	金额	比例	金额	比例	金额	比例
一、稻谷																	
类型1																	
类型2																	
类型3																	
二、小麦																	
类型1																	
类型2																	
类型3																	

续表

	种植面积	单位保额	直接物化成本	投保数量	保费规模	占产粮大县的比重	占全省的比重	中央财政补贴		省级财政补贴		市级财政补贴		县级财政补贴		农户承担	
								金额	比例	金额	比例	金额	比例	金额	比例	金额	比例
三、玉米																	
类型1																	
类型2																	
类型3																	
合计																	

附4:

中央财政产粮大县三大粮食作物农业保险保险费补贴资金测算表

填报单位：　　财政厅（局）/中央单位　　　　　　单位：元/亩，万亩，万元　　　　　　填报日期：

	种植面积	单位保额	直接物化成本	投保数量	保费规模	占产粮大县的比重	占全省的比重	中央财政补贴		省级财政补贴		市级财政补贴		县级财政补贴		农户承担	
								金额	比例	金额	比例	金额	比例	金额	比例	金额	比例
一、稻谷																	
类型1																	
类型2																	
类型3																	
二、小麦																	
类型1																	
类型2																	
类型3																	
三、玉米																	
类型1																	
类型2																	
类型3																	
合计																	

省财政厅关于印发《山东省"政府和社会资本合作"项目奖补资金管理办法》的通知

2016 年 2 月 22 日　鲁财金〔2016〕4 号

各市财政局、省财政直接管理县（市）财政局：

为进一步规范和加强我省"政府和社会资本合作"项目奖补资金管理，提高资金使用效益，我们研究制定了《山东省"政府和社会资本合作"项目奖补资金管理办法》，现予以印发，请遵照执行。

附件：山东省"政府和社会资本合作"项目奖补资金管理办法

附件：

山东省"政府和社会资本合作"项目奖补资金管理办法

第一章 总 则

第一条 为进一步规范和加强政府和社会资本合作（PPP）项目奖补资金（以下简称"奖补资金"）管理，提高资金使用效益，更好地调动各级开展政府和社会资本合作工作的积极性，根据《国务院办公厅转发财政部、发展改革委、人民银行关于在公共服务领域推广政府和社会资本合作模式指导意见的通知》（国办发〔2015〕42号）、《山东省人民政府关于运用财政政策措施进一步推动全省经济转方式调结构稳增长的意见》（鲁政发〔2015〕14号）、《山东省人民政府办公厅转发省财政厅、省发展改革委、人民银行济南分行关于在公共服务领域推广政府和社会资本合作模式的指导意见的通知》（鲁政办发〔2015〕35号）和财政资金管理有关规定，制定本办法。

第二条 本办法所称奖补资金，是指由省财政预算安排，专项用于支持开展政府和社会资本合作工作的奖补资金，统筹用于补助各市、县（市、区）财政部门开展政府和社会资本合作项目的规划设计、可行性研究、物有所值评价和财政承受能力论证等前期费用。

第三条 省财政按照"奖补结合"的原则，根据各级开展政府和社会资本合作工作情况，给予一次性奖励和补助。

第四条 各级财政部门要按照"据实申请、严格审核、鼓励先进、引导投入"的原则，科学分配、规范使用和管理奖补资金。

第二章 申报条件和分配原则

第五条 奖补资金的申报条件：

（一）已纳入财政部信息统计平台的省级储备库项目；

（二）政府与社会资本方已签订PPP正式合同。

第六条 奖补资金的分配原则：

对通过政府和社会资本合作模式化解存量债务的项目以及列入国家示范和省级示范项目，省财政分别按照每个项目70万元、50万元、40万元（同时列入国家示范和省级重点的项目，按最高额度奖励）的标准，奖励项目所在市、县（市、区）。扣除以上奖励后的资金，按因素法确定分配额度。每个县（市、区）奖补资金总额不超过1 000万元。

（一）基础因素，所占权重为30%。已开展政府和社会资本合作项目的市、县（市、区）均可获得基础性补助资金；

（二）投资额占比因素，所占权重为40%。根据合同约定投资额占全省所有签约项目总投资额的比例确定奖励额度；

（三）项目个数占比因素，所占权重为30%。签订合同项目个数占全省的比例确定奖励额度。

$$奖补资金 = （省财政预算安排数 - 奖励资金总额）\times \left(\frac{30\%}{符合奖补要求的市，县（市、区）个数} + \frac{合同约定投资额 \times 40\%}{全省所有签约项目总投资额} + \frac{签订合同项目个数 \times 30\%}{全省所有签约项目总个数} \right) + 奖励资金$$

第三章　奖补资金的申请、审核和拨付

第七条　申请奖补资金需提供以下材料：

（一）政府和社会资本合作项目正式合同复印件；

（二）化解存量债务的有关证明材料；

（三）政府对项目实施政府和社会资本合作模式的审核批复复印件；

（四）政府和社会资本合作项目奖补资金申请表（见附件）。

第八条　各市财政局应按申报通知要求组织所辖区、县（市）和省财政直接管理县（市）做好奖补资金申报工作，已获得过省级奖补资金的项目不在申报范围内，并于 5 月底前将申报材料报送省财政厅。

第九条　省财政厅对申报材料进行审核把关，并组织专家进行评审，根据评审意见于 6 月底前下达资金分配文件。

第四章　监　督　管　理

第十条　各级财政部门要严格按规定报送有关材料，不得弄虚作假、套取骗取奖补资金。对虚报材料骗取资金的，省财政厅将依法收回，并依据《财政违法行为处罚处分条例》（国务院令第 427 号）等有关规定，对有关单位和责任人进行处理处罚。

第十一条　各级财政部门要加强对奖补资金的管理，加快拨付进度，切实做到专款专用，严禁截留、滞留、转移、挪用资金。省财政厅将会同有关部门加强对奖补资金使用管理情况的监督检查。对违反国家财政财务制度的，将按照有关规定严肃处理，并收回奖补资金。

第五章　附　　则

第十二条　各市应结合当地实际，制定具体的实施细则，并报省财政厅备案。

第十三条　本办法由省财政厅负责解释。

第十四条　本办法自 2016 年 4 月 1 日起施行，有效期至 2019 年 3 月 31 日。

附件：山东省"政府和社会资本合作"项目奖补资金申请表

附件：

山东省"政府和社会资本合作"项目奖补资金申请表

填制单位（盖章）：　　　　　　　　　　　　　　　　　　　　　　　　　　　填报年度：

项目所在地	项目名称	合同签订日期	合同约定投资额（亿元）	是否为存量债务转化项目	化解存量债务规模（亿元）
市本级					
** 县（市、区）					
** 县（市、区）					

省财政厅　省金融工作办公室关于印发《山东省金融创新发展引导资金管理暂行办法》的通知

2016 年 6 月 12 日　鲁财金〔2016〕20 号

各市财政局、金融办，省财政直接管理县（市）财政局、金融办：

为加快全省金融业改革发展，根据《山东省服务业发展专项资金管理暂行办法》（鲁财办〔2014〕35 号），我们修订完善了《山东省金融创新发展引导资金管理暂行办法》。现印发给你们，请认真遵照执行。

附件：山东省金融创新发展引导资金管理暂行办法

附件：

山东省金融创新发展引导资金管理暂行办法

第一章　总　　则

第一条　为贯彻落实《山东省人民政府关于加快全省金融改革发展的若干意见》（鲁政发〔2013〕17 号），进一步加强和规范金融创新发展引导资金管理，根据有关政策和规定，制定本办法。

第二条　本办法所称金融创新发展引导资金（以下简称"引导资金"），是指省级服务业发展专项资金中，主要用于省政府对全省地方金融企业发展、金融创新引导推广、金融信息平台建设等方面给予引导支持的资金。

第三条　本办法相关用语的含义如下：

（一）金融企业是指具有金融业务许可证的银行类、证券类、保险类金融企业法人及其分支机构。地方金融企业是指注册地在我省的金融企业法人。

（二）地方金融组织是指依法设立，从事相关地方金融活动的小额贷款公司、融资担保公司、民间融资机构、开展权益类交易和介于现货与期货之间的大宗商品交易的交易场所、开展信用互助的农民专业合作社、私募投资管理机构和国务院及其有关部门授权省人民政府监督管理的从事金融活动的其他机构或者组织等。

第四条　引导资金的管理和使用遵循公开透明、专项使用、科学管理、加强监督的原则。

第二章　资金的使用范围和条件

第五条　引导资金的使用范围

（一）地方金融企业发展。主要包括金融人才补助、新设金融机构总部补助、地方金融企业规模增量奖励、双优小额贷款公司定向费用补贴等方面。

（二）金融创新引导推广。主要包括资本市场发展引导资金、金融创新试点奖励资金等方面。

（三）金融信息平台建设。主要包括金融综合服务信息平台、金融信息系统建设所需的设备购置费用、软件研发费用和运营维护费用。

第六条 引导资金的申请条件

（一）金融人才补助。加大对金融人才的吸引聚集力度，按照《山东省人民政府关于加快全省金融改革发展的若干意见》（鲁政发〔2013〕17号）要求，对符合条件的金融高端人才按规定给予适当奖励。对由省人才工作领导小组确定的"齐鲁金融之星"，按照有关规定给予补助。

（二）新设金融机构总部补助。完善全省金融体系建设，引导发挥"总部优势"，对在我省新设立的金融企业法人机构、金融企业省级总部，给予不超过300万元的一次性开办费补助。

（三）地方金融企业规模增量奖励。对全省地方金融企业绩效评价达到一定等级的金融企业（银行类和其他类A级、证券类和保险类BB级），对其上年度主营业务收入同比增长超过7%的部分，按照不超过2%的比例给予增量奖励，奖励资金上限为200万元。奖励资金纳入金融企业当年收入核算。

（四）双优小额贷款公司定向费用补贴。对全省绩效评价A级以上、分类评级达到1级以上的小额贷款公司，上年度发放的小微企业贷款平均余额，按照不超过3‰的比例给予定向费用补贴（贷款平均余额是指每季度末贷款余额的平均值）。补贴资金纳入小额贷款公司当年收入核算。

（五）资本市场发展引导资金。对我省已完成规范化公司制改制，申请在主板、中小板、创业板、境外资本市场首次公开发行股票（IPO），且经具有批准权限的部门或机构已经正式受理的企业，按照不超过申请募集规模2‰的比例给予一次性补助。对在新三板挂牌的企业，按照不超过募集资金2‰的比例给予一次性补助，每家企业补助资金不低于10万元，不超过100万元。对我省在齐鲁股权交易中心挂牌且进行直接融资的企业，给予每家10万元的一次性补助。

（六）金融创新试点奖励资金。引导和鼓励各地、各金融企业和地方金融组织在推进社会信用体系建设、金融产品、普惠金融、风险防控等方面进行创新，对有突出贡献的金融创新试点县（市、区）、新型农村合作金融试点县（市、区）、金融企业和地方金融组织予以奖励。

（七）对省级金融综合服务信息平台、金融信息系统的开发、建设及运营维护等给予补贴。

第三章　资金申请、审核和拨付

第七条 省金融办负责引导资金的组织申报工作，并提出资金初步使用意见。省财政厅负责引导资金的预算管理和审定下达工作。省金融办、省财政厅负责对引导资金的落实和使用情况进行监督、检查。

第八条 各金融企业、地方金融组织参照引导资金使用范围和具体条件，以法人（或省级管理总部）为单位组织资金申报，于每年3月31日前向所在地同级金融办提出资金申请。申报时应提交以下材料：

（一）引导资金申请文件（正式公文）；

（二）新设金融机构总部补助需提供：

1. 新设金融机构总部补助申请表（见附件1）；

2. 相关审批文件复印件及营业执照、金融业务许可证复印件。

（三）申报地方金融企业规模增量奖励需提供：

1. 地方金融企业规模增量奖励资金申请表（见附件2）；

2. 地方金融企业绩效评价等级证书复印件；

3. 经审计的年度财务报表利润表复印件。

（四）申报双优小额贷款公司定向费用补贴需提供：

1. 小额贷款公司贷款发放及补贴资金申请表（见附件3）；

2. 地方金融企业绩效评价等级证书复印件；

3. 小额贷款公司分类评级等级通报文件复印件。

（五）申报资本市场发展引导资金需提供：

1. 资本市场发展引导资金申请表（见附件4）；

2. 发行券商（或机构）出具的募集资金规模证明文件。

（六）申报金融创新试点奖励资金需提供：

1. 金融创新试点奖励资金申请表（见附件5）；

2. 金融创新情况报告（正式文件）。

第九条　县（市、区）金融办汇总金融企业和地方金融组织引导资金申请后，会同财政部门进行初审，联合出具审核意见，并于每年4月30日前报送市金融办。

第十条　市金融办汇总各县（市、区）、市属地方金融企业和金融组织引导资金申请后，会同财政部门进行复核，联合出具审核意见，并于每年5月15日前报送省金融办。金融企业省级管理总部、省属地方金融企业和金融组织直接报送省金融办。

第十一条　省金融办对引导资金申请材料进行审核汇总后，提出资金初步使用意见，并于每年5月31日前送省财政厅。

第十二条　省财政厅审查后，拨付引导资金。各市、县（市、区）财政部门收到引导资金后，要于15个工作日内将引导资金拨付相关地方金融企业和金融组织。

第四章　监督检查及绩效评价

第十三条　省金融办、省财政厅要不定期对引导资金的审核、拨付、使用情况进行监督检查，对检查中发现的问题要按照有关法律法规及时处理，保证政府引导政策落实到位。

第十四条　省金融办会同省财政厅按照有关规定，做好年度引导资金绩效评价工作，出具绩效评价报告，并以此作为今后政策调整的依据。

第十五条　金融企业和地方金融组织须按规定如实报送有关材料，不得弄虚作假，骗取、套取引导资金。对虚报材料，骗取引导资金的，财政部门要追回资金，并按照《财政违法行为处罚处分条例》等有关规定严肃处理。对不按规定执行国家金融企业财务制度和不按时报送相关数据的，根据具体情况，取消其参与申报的资格。

第十六条　各级财政和金融部门要做好引导资金的审核、拨付工作，加强对引导资金的监督检查。对未认真履行审核、检查职责，导致地方金融企业和金融组织虚报材料骗取引导资金或挪用引导资金的，上级部门要责令限期改正，并按照《财政违法行为处罚处分条例》规定，对有关单位和责任人员进行严肃处理。

第五章　附　　则

第十七条　本办法由省财政厅、省金融办负责解释。

第十八条　本办法自2016年6月15日起施行，有效期至2018年6月14日。《山东省金融创新发展引导资金管理暂行办法》（鲁财金〔2014〕25号）同时废止。

附件：1. 新设金融机构总部补助申请表（略）

　　　2. 地方金融企业规模增量奖励资金申请表（略）

　　　3. 小额贷款公司贷款发放及补贴资金申请表（略）

　　　4. 资本市场发展引导资金申请表（略）

　　　5. 金融创新试点奖励资金申请表（略）

省财政厅　省金融工作办公室关于印发《山东省小额贷款保证保险补贴资金管理暂行办法》的通知

2016 年 9 月 7 日　鲁财金〔2016〕42 号

各市财政局、金融办，省财政直接管理县（市）财政局，有关省属金融机构：

为贯彻落实《山东省人民政府关于印发推动资本市场发展和重点产业转型升级财政政策措施的通知》（鲁政发〔2016〕20 号）要求，经研究，决定对原有山东省小额贷款保证保险补贴资金管理办法作相应调整。现将修订后的《山东省小额贷款保证保险补贴资金管理暂行办法》印发给你们，请认真遵照执行。

附件：山东省小额贷款保证保险补贴资金管理暂行办法

附件：

山东省小额贷款保证保险补贴资金管理暂行办法

第一章　总　　则

第一条　为贯彻落实《山东省人民政府关于贯彻国发〔2014〕29 号文件加快发展现代保险服务业的意见》（鲁政发〔2015〕9 号）、《山东省人民政府关于印发推动资本市场发展和重点产业转型升级财政政策措施的通知》（鲁政发〔2016〕20 号）有关规定，加强和规范小额贷款保证保险补贴资金使用管理，制定本办法。

第二条　小额贷款保证保险，是指小微企业、农业种养殖大户和农村各类生产经营性合作组织以及城乡创业者在申请流动性贷款时，向保险公司投保，银行以保单作为担保方式向投保人发放贷款，当贷款人未按合同约定履行还贷义务并在等待期结束后，由保险公司按照相关约定承担贷款损失赔偿责任的保险业务。

小额贷款保证保险补贴资金（以下简称"补贴资金"），是指省财政安排用于对全省各市开展小额贷款保证保险业务进行保费补贴和超赔风险补偿的资金。

第三条　鼓励各大保险公司积极参与小额贷款保证保险试点工作。申请参与试点的保险公司注册资本金应在 20 亿元以上，并须向省金融办提交参与试点申请，省金融办汇总后，会同省财政厅、山东保监局共同评审确定。

第四条　补贴资金的管理和使用遵循公开透明、专项使用、科学管理、加强监督的原则。

第二章　资金的使用范围和标准

第五条　实施保费补贴。对于小微企业、农业种养殖大户和农村各类生产经营性合作组织以及城乡创业者向保险公司申请的小额贷款保证保险保费，自 2016 年 7 月 19 日起，按照保费总额 50% 的标准给予补贴。

第六条　实施超赔风险补偿。对于保险公司开展小额贷款保证保险业务年度内发生的赔偿总额超过保费收入 150% 的部分，按照 50% 的标准给予风险补偿。

第七条　上述所需资金省财政承担 70%，市县承担 30%。其中，对于省财政直接管理县（市），省财政承担 90%。

第三章　补贴资金申请、审核和拨付

第八条　省财政厅负责补贴资金的预算管理、审定下达，以及对落实和使用情况进行监督、检查。各市财政部门负责做好补贴资金的预决算管理、审核、拨付等各项工作。

第九条　补贴资金采取预拨方式，各市财政局应于每年 3 月 31 日前将上年度补贴资金决算和本年度预算情况报送省财政厅，省财政厅根据各市决算情况确认上年度补贴资金使用及结转金额，并预拨当年补贴资金。

第十条　纳入试点范围的保险经办机构可以根据业务开展情况，以市为单位申报补贴资金，由各保险经办机构市级分公司统一向市金融办提出资金申请，经市金融办审核并签章确认后，报送市级财政部门，市级财政部门核定后拨付补贴资金。各市财政部门应于每季度终了后 15 日内将补贴资金使用情况报省财政厅备案。

第十一条　保险经办机构申报资金时应提交以下材料：

（一）补贴资金申请文件（正式公文）；

（二）小额贷款保证保险补贴资金申请表（详见附件）；

（三）相关业务证明材料复印件。

第四章　监督检查及绩效评价

第十二条　省财政厅将会同有关部门对补贴资金的审核、拨付、使用情况进行不定期监督检查，对检查中发现的问题，将按照有关法律法规及时处理，确保扶持政策落实到位。

第十三条　省金融办会同省财政厅按照有关政策规定，做好年度补贴资金绩效评价工作，出具绩效评价报告，并以此作为今后政策调整的依据。

第十四条　各保险经办机构须按规定如实报送有关材料，严禁弄虚作假，骗取、套取补贴资金。对于骗取、套取补贴资金的，财政部门将追回资金，取消其获得补贴资金的资格，并根据有关法律法规对相关单位和责任人员进行严肃处理。

第十五条　各市财政部门和市金融办要做好补贴资金的审核、拨付工作，加强监督检查。对未认真履行审核、检查职责，导致骗取、挪用补贴资金的部门和单位，应责令其限期改正，并按《预算法》《财政违法行为处罚处分条例》规定，对有关单位和责任人员进行严肃处理。

第五章　附　　则

第十六条　本办法由省财政厅、省金融办负责解释。

第十七条　本办法自 2016 年 10 月 8 日起施行，有效期至 2017 年 12 月 31 日，原《山东省小额贷款保证保险补贴资金管理暂行办法》（鲁财金〔2015〕27 号）同时废止。

附件：小额贷款保证保险补贴资金申请表

附件：

小额贷款保证保险补贴资金申请表

单位：万元

申报单位（盖章）			申报年度		年
联系人			联系电话		
保费收入情况	一季度	二季度	三季度	四季度	合计
申请保费补贴	万元				
保险赔付情况	一季度	二季度	三季度	四季度	合计
申请风险补偿	万元				
补贴资金合计	万元				
业务开展情况 （可另附页）					
市金融办意见				（盖章） 年　月　日	

省财政厅关于开展"政银保"贷款保证保险业务的通知

2016 年 9 月 10 日　鲁财金〔2016〕47 号

各市财政局、省财政直接管理县（市）财政局：

　　根据《山东省人民政府关于印发推动资本市场发展和重点产业转型升级财政政策措施的通知》（鲁政发〔2016〕20 号）、《山东省小额贷款保证保险补贴资金管理暂行办法》（鲁财金〔2016〕42 号）、《山东省小微企业贷款风险补偿资金管理暂行办法》（鲁财企〔2015〕36 号）要求，为进一步扩大小微企业、涉农贷款信贷规模，推进保证保险业务开展，在平等、自愿、诚实、信用的基础上，省财政厅开展了"政银保"业务，并同中国建设银行山东省分行、中国银行山东省分行、中国农业银行山东省分行等 11 家银行和泰山保险、信达财险两家保险公司，签订了《山东省"政银保"贷款保证保险业务合作协议》（以下简称"《协议》"），建立了以政府扶持小微企业发展为导向，以银行贷款投入为基础，以保证保险为保障的"政银保"业务合作贷款体系，为解决融资难问题构筑平台。根据《协议》内容和有关政策要求，现就相关事项通知如下：

一、"政银保"基本定义

　　（一）"政银保"含义。"政银保"贷款保证保险业务是指由财政、银行和保险公司联合推出的风险分担的贷款保证保险业务。借款人在向银行申请流动性贷款时，由保险公司承保，保费总额财政补贴 50%，对保险公司开展该项业务发生的赔偿损失超过 150% 的部分，由财政按照 50% 的标准给予风险补偿；对贷款本金损失，由财政、银行、保险公司按照 3：2：5 的比例承担。

（二）贷款对象。"政银保"业务的贷款对象为在山东省行政区域内（不含青岛）注册并从事生产经营活动，符合工业和信息化部等四部委《关于印发中小企业划型标准规定的通知》（工信部联企业〔2011〕300 号）规定，经省级税务部门确认依法纳税，并纳入中国人民银行济南分行省域征信服务平台目录的小型微型企业，包括符合上述条件的农业种养殖大户和农村各类生产经营性合作组织以及城乡创业者（以上统称"小微企业"）。

（三）贷款额度。"政银保"单户贷款额控制在 300 万元以内，贷款必须用于本企业生产经营，不包括房地产公司贷款、融资平台公司贷款和非生产经营性固定资产投资项目贷款。

（四）贷款期限。"政银保"贷款期限最长为一年。

（五）贷款利率。贷款利率上浮比例原则上不得超过中国人民银行公布的同期贷款基准利率的 30%。

（六）保险费率。年化保险费率 3%，费率计算基数按贷款本金计算。

二、合作方义务

（一）财政部门义务

1. 对于小微企业向保险公司申请的"政银保"贷款保证保险保费，由财政按照保费总额 50% 的标准给予补贴。所需资金，由省财政承担 70%，市县承担 30%。其中对省财政直接管理县（市），省财政承担 90%。补贴资金由财政部门按季度拨付经办保险公司。

2. 对保险公司开展的"政银保"贷款保证保险业务，待协议期满后，其赔偿总额超过保费收入 150% 的部分，由财政按照 50% 的标准给予风险补偿。所需资金，由省财政承担 70%，市县承担 30%。其中，对于省财政直接管理县（市），省财政承担 90%。

3. 对银行方面向小微企业发放的贷款，在贷款逾期认定为不良且保险公司已承担坏账损失后，给予银行贷款本金损失 30% 的补偿。

（二）银行义务

1. 银行（含经银行授权开办贷款业务的下属分支机构，下同）根据签署的"政银保"贷款业务合作协议，协调所辖分支机构，筛选有贷款需求、符合贷款条件的对象给予贷款。

2. 达到"三个不低于"的要求。即在有效提高贷款增量的基础上，实现小微企业贷款增速不低于各项贷款平均增速，小微企业贷款户数不低于上年同期户数，小微企业申贷获得率不低于上年同期水平。

3. 负责向财政部门、保险公司提出风险补偿和保险理赔申请。对已申请补偿或已获得财政补偿的不良贷款（呆账），仍应积极采取措施督促贷款对象及时履行还款义务，将清收所得按照三方约定的 3：2：5 承担比例，在 10 日内返还财政部门、保险公司。

（三）保险公司义务

保险公司（含经保险公司授权开办保险业务的下属分支机构，下同）对"政银保"确定的贷款对象贷款本金提供还贷保证保险，并按照本协议和保险合同的约定承担保险责任。对"政银保"范围内的贷款逾期认定为不良后，保险公司应按照贷款本金的 50% 先行代偿，同时可委托银行对代偿部分进行追偿。

三、保费补贴及风险补偿程序

（一）保费补贴流程。保费补贴流程按照《山东省小额贷款保证保险补贴资金管理暂行办法》（鲁财金〔2016〕42 号）执行，保险经办机构可根据业务开展情况，以市为单位申报补贴资金，由各保险经办机构市级分公司统一向市金融办提出资金申请，经市金融办审核并签章确认，报送市级财政部门核定后拨付补贴资金。

（二）风险补偿程序。"政银保"范围内的贷款逾期或欠息两个月，按相关规定认定为不良后，合作银行应于 5 个工作日内，向保险公司申请启动代偿（或理赔）程序，保险公司按照合作协议确定的承担比例（50%）先行代偿，代偿（或理赔）资金应于申请后 15 个工作日内到位，同时银行启动债务追偿程序。对小微企业发放的贷款逾期认定为不良后产生的贷款本金损失，财政部门承担 30%，银行承担 20%，保险公司承担 50%。风险补偿程序应按照《山东省小微企业贷款风险补偿资金管理暂行办法》（鲁财企〔2015〕36 号）、《关于做好 2016 年小微企业贷款风险补偿资金申报工作的通知》（鲁财企〔2016〕2 号）要求执行。

（三）债务追偿。对贷款对象发放的贷款在实施代偿以后，银行保留继续追偿的权利，追回的资金或企业恢复还款收回的资金，按代偿比例偿还财政部门和保险公司。

（四）协助职责。对于发生的逾期贷款，各方要切实强化清收责任。以银行为主，保险公司协助，并采取行政和法律手段做好催收工作。

四、信息报送及有关要求

（一）完善"政银保"业务信息报送。合作银行应以省级分行或地方商业银行总行为单位，按照《关于做好 2016 年小微企业贷款风险补偿资金申报工作的通知》（鲁财企〔2016〕2 号）要求，于每季度终了后 15 日内，向省中小企业局、省财金投资集团报送上一季度小微企业贷款（含担保贷款）情况。此外，应于每季度终了后 15 日内，向省财政厅、保险公司通报"政银保"贷款业务进展情况和逾期贷款风险补偿（或理赔）金使用情况，合作保险公司应于每季度终了后 5 日内向省财政厅报送承保情况（附件 2），确保信息互通共享。

（二）严格申请材料审查及处罚措施。财政部门将会同有关部门不定期对风险补偿资金和补贴资金的审核、拨付、使用情况进行监督检查。对合作金融机构弄虚作假或与企业合谋骗贷、套取风险补偿和补贴资金的，一经查实，依法追回资金并取消其合作金融机构资格。同时，根据国家有关法律法规规定，对相关单位和责任人员进行严肃处理。

五、其他事项

未纳入本次"政银保"贷款保证保险业务合作金融机构名单的保险经办机构开展的保证保险业务，仍按照《山东省小额贷款保证保险补贴资金管理暂行办法》（鲁财金〔2016〕42 号）执行，不享受贷款本金损失由政银保三方按 3：2：5 比例承担的政策优惠。各市财政部门应于每季度终了后 15 日内将小额贷款保证保险补贴资金使用情况报省财政厅备案（附件 3）。

附件：1."政银保"贷款保证保险业务合作金融机构名单
2."政银保"贷款保证保险业务开展情况统计表（由合作金融机构填写）
3. 小额贷款保证保险补贴资金使用情况表（由各级财政部门填写）

附件 1：

"政银保"贷款保证保险业务合作金融机构名单

类型	序号	名称
银行	1	中国建设银行山东省分行
	2	中国银行山东省分行
	3	中国农业银行山东省分行
	4	浦发银行济南分行
	5	华夏银行济南分行

类型	序号	名称
银行	6	中国民生银行济南分行
	7	中信银行济南分行
	8	浙商银行济南分行
	9	齐鲁银行
	10	威海市商业银行
	11	青岛银行
保险	1	信达财产保险股份有限公司山东省分公司
	2	泰山财产保险股份有限公司

附件2：

"政银保"贷款保证保险业务开展情况统计表（由合作金融机构填写）

填报单位：　　（公章）　　　　　　　　　　　　　　　年第___季度　　　　　　　　　　　　　　单位：万元、笔

填报时间：　年　月　日

序号	由银行填写			由保险公司填写			
	新增贷款额	新增贷款笔数	新增不良贷款额	新增贷款额	新增保费收入		新增风险补偿支出
					总额	其中：由财政承担部分	

注：1. 新增贷款额、新增贷款笔数、新增不良贷款额均指本季度新增的"政银保"业务相关情况；

　　2. 新增保费收入（总额）为本季度新增贷款额＊3%，其中，财政承担50%；

　　3. 新增风险补偿支出为本季度保险公司对"政银保"贷款逾期认定为不良后产生的贷款本金损失支出部分。

附件3：

小额贷款保证保险补贴资金使用情况表（由各级财政部门填写）

填报单位：××市财政局（公章）　　　　　　　　　　　　　　　　　　　　　　填报时间：　年　月　日

	合计	2016年一季度			2016年二季度			2016年三季度			2016年四季度		
		新增贷款额	保费补贴支出	超赔风险补偿支出	新增贷款额	保费补贴支出	超赔风险补偿支出	新增贷款额	保费补贴支出	超赔风险补偿支出	新增贷款额	保费补贴支出	超赔风险补偿支出
"政银保"贷款保证保险													
未纳入"政银保"范围内的金融机构开展的小额贷款保证保险业务													
合计													

注：1. 新增贷款额是指本季度新开展的贷款业务金额；

　　2. 保费补贴支出为本季度财政部门对新增贷款保费补贴支出，具体为新增贷款额＊3%＊50%；

　　3. 超赔风险补偿支出为对保险公司年度内发生的赔偿总额超过保费收入150%的部分，按照50%的标准支出的风险补偿额；

　　4. 各市财政部门应于每季度终了后15日内将小额贷款保证保险补贴资金使用情况报省财政厅备案，2017年以及后年度开展情况仍按照本表格填报。

省财政厅　省金融工作办公室　中国人民银行济南分行 中国银行业监督管理委员会山东监管局　中国保险 监督管理委员会山东监管局关于加强"政银保" 贷款保证保险工作的通知

2016 年 12 月 2 日　鲁财金〔2016〕56 号

各市财政局、金融办、人民银行中心支行、银监局、保监分局，省财政直接管理县（市）财政局，各有关银行及保险业金融机构：

为进一步放大保险增信对扩大信贷投放的促进作用，有效缓解企业贷款难、贷款贵问题，根据《山东省小额贷款保证保险补贴资金管理暂行办法》（鲁财金〔2016〕42 号）、《关于开展"政银保"贷款保证保险业务的通知》（鲁财金〔2016〕47 号）、《山东省小微企业贷款风险补偿资金管理暂行办法》（鲁财企〔2015〕36 号）文件精神以及省领导批示意见，经研究，确定在现行"政银保"政策基础上，进一步扩大政策支持范围、加大支持力度。现将有关事项通知如下：

一、扩大贷款对象范围

贷款对象由目前依据工业和信息化部等四部委《关于印发中小企业划型标准规定的通知》（工信部联企业〔2011〕300 号）规定，经省级税务部门确认依法纳税，并纳入中国人民银行济南分行省域征信服务平台目录的小型微型企业，扩大到中小微型企业，包括符合上述条件的农业种养殖大户和农村各类生产经营性合作组织以及城乡创业者。

二、提高单户贷款额度

单户贷款额由目前的不超过 300 万元，提高到不超过 1 000 万元；在一个会计年度内可以分次贷款，累计总额不超过 1 000 万元。贷款必须用于本企业生产经营，主要用于流动资金贷款，不适用于房地产公司贷款、融资平台公司贷款和非生产经营性固定资产投资项目贷款。

三、放宽贷款期限、利率及保险费率

各市可在充分考虑企业负担的情况下，结合当地实际，遵循政策性和市场化相结合的原则，对有订单、有效益、有发展前景的企业，在现行"政银保"政策对保险费率、期限及银行贷款利率限定基础上，适当提高上浮比例和延长贷款期限。其中，保险费率暂定不超过原费率（3%）一倍、贷款期限不超过 2 年，贷款利率上浮比例不超过 50%，具体期限、利率及保险费率等由贷款企业与金融保险机构协商确定，省财政不再作具体比例要求。

各市可根据当地实际情况，建立"政银保"三方合作机制，更广泛地引导中小微企业通过"政银保"模式获得贷款支持，提高保险承保覆盖面，有效降低各类金融风险，确保政策实效。

四、放开合作金融机构限制

取消"政银保"业务准入门槛，按照自主自愿、公开公正原则，凡是有意愿、有能力开展"政银保"

业务的银行、保险等金融机构，均可开展业务，并按规定享受财政补贴。

五、明确财政补贴政策

（一）关于保费补贴问题。按照固定费率基数 3% 计算保费，财政部门按 50% 给予补贴。所需资金由省财政承担 70%，市县承担 30%。其中，对省财政直接管理县（市），省财政承担 90%。

（二）关于超赔风险补偿问题。对单户 300 万元以下（含 300 万元）贷款，保险公司赔偿总额超过该部分贷款年度保费收入 150% 的部分，由财政承担 50%；对于单笔 300 万元以上、1 000 万元以下贷款以及单户多次贷款累计超过 300 万元以上部分贷款，保险公司赔偿总额超过该部分贷款年度保费收入 150% 的部分，由财政承担 20%。所需资金由省财政承担 70%，市县承担 30%。其中，对省财政直接管理县（市），省财政承担 90%。

（三）关于贷款本金损失补偿问题。对银行发放的符合"政银保"政策范围的贷款，在贷款逾期认定为不良且保险公司已承担坏账损失的 50% 后，省级贷款风险补偿资金将对本金损失给予 30% 的补偿。

六、有关要求

（一）各司其职，形成合力。各市县财政局、金融办、人民银行、银监局、保监局要加强协作，努力形成工作合力，积极推动"政银保"工作深入开展。积极发挥第三方中介机构的作用，通过保险增信扩大银行业金融机构对中小企业的信贷投放力度，鼓励金融保险机构建立与"政银保"业务开展情况挂钩的奖惩机制，切实缓解中小微企业贷款难、贷款贵问题。各级财政部门要做好资金筹集及拨付工作，会同金融办认真开展资金审核、绩效评价等，会同有关部门定期或不定期对"政银保"工作开展及资金使用情况进行督查，对发现的问题按照有关法律法规及时处理，确保政策落实到位。各级地方金融管理部门要加强对合作金融、保险机构开展"政银保"贷款业务的指导、协调和监督，确保规范运作。各级人民银行应积极发挥窗口指导作用，引导银行业金融机构加强与保险公司协作，积极开展"政银保"合作贷款业务，创新信贷产品和服务方式，简化审批流程。要按照《关于山东省金融业统一征信体系建设的指导意见》（济银发〔2016〕314 号）规定，积极推动辖内保险机构接入人民银行征信系统，为"政银保"贷款保证保险提供信息查询服务。要在省内建立全金融领域失信人员信息共建共享机制，将"政银保"业务失信人员先行纳入人民银行征信系统。各级银监部门要督促和引导银行业金融机构丰富小微企业金融服务机构类型，加大专营机构建设力度，支持设立小微支行，创新小微企业金融服务模式和产品，规范服务收费。进一步落实差异化监管政策，指导和督促银行业金融机构落实并完善小微企业金融服务尽职免责制度。各级保监部门要积极引导鼓励保险公司开展相关业务，探索建立与政府、银行间更广泛的合作模式，丰富支持中小微企业发展的保险增信产品，鼓励协调保险机构通过建立共保等模式，提高保险保障水平，降低经营风险。

（二）立足实际，狠抓落实。各市要尽快研究制定实施细则，确保"政银保"政策规范运行。开展业务的金融、保险机构名单及签署的合作协议等文件，需报机构所属地同级财政部门备案。

（三）明确时限，按时报送。有关"政银保"业务保费补贴及补偿资金申请程序、信息报送等要求，仍按照鲁财金〔2016〕42 号、鲁财金〔2016〕47 号文件规定执行。为加强信息互通共享，合作银行、保险公司等金融机构，应在每季度终了后 15 日内，同时向省财政厅、省金融办、人民银行济南分行、山东银监局、山东保监局报送"政银保"业务开展情况。鲁财金〔2016〕42 号、鲁财金〔2016〕47 号、鲁财企〔2015〕36 号文件中有关"政银保"业务表述与本通知不一致的，以本通知为准。

十三、

基层财务管理类

省财政厅关于印发《省级农业支持保护补贴工作经费管理办法》的通知

2016 年 12 月 16 日　鲁财基〔2016〕14 号

各市财政局：

　　为进一步加强农业支持保护补贴工作经费管理，我们研究制定了《省级农业支持保护补贴工作经费管理办法》，现予印发，请遵照执行。

　　附件：省级农业支持保护补贴工作经费管理办法

附件：

省级农业支持保护补贴工作经费管理办法

　　第一条　为加强农业支持保护补贴工作经费管理，落实好农业支持保护补贴政策，根据财政部有关规定，结合我省实际，制定本办法。

　　第二条　农业支持保护补贴工作经费（以下简称"工作经费"）为统筹中央财政补助、中央财政批准从粮食风险基金结余资金中列支额度、省级预算安排等资金，集中用于农业支持保护补贴工作的经费补助和奖励资金。

　　第三条　工作经费主要用于农业支持保护补贴资金发放、资金监管、齐鲁惠民"一本通"管理使用、乡镇财政信息化建设、开展宣传培训以及相关工作的支出。

　　第四条　工作经费分配按照向基层倾斜原则，优先保证县乡财政部门等基层单位工作需要。

　　第五条　工作经费分配采取分类确定的办法，以各市所辖乡镇（街道办事处）数量、补贴发放数额等为基础，并结合综合考评等相关因素确定补助数额。

　　第六条　综合考评主要根据农业支持保护补贴资金发放、惠民补贴资金监管、齐鲁惠民"一本通"管理使用、乡镇财政信息化建设、信息宣传开展情况及上级交办工作完成情况等指标，进行综合考评评价。

　　第七条　工作经费通过粮食风险基金专户拨付，财政部门应加强与农业发展银行的工作配合，及时将资金拨付到位。

　　第八条　工作经费应严格按照规定用途使用，依据国家财政、财务规章制度，加强管理监督。发现违规违纪问题，按照有关规定进行严肃处理。

　　第九条　各市应于每年 12 月 15 日前，将省级农业支持保护补贴工作经费分配使用情况报省财政厅。

　　第十条　各市可参照《省级农业支持保护补贴工作经费管理办法》，制定本地实施办法，并报省财政厅备案。

　　第十一条　本办法由省财政厅负责解释。

　　第十二条　本办法自印发之日起施行。

会计管理类

财政部关于全面推进行政事业单位
内部控制建设的指导意见

2015 年 12 月 21 日   财会〔2015〕24 号

党中央有关部门，国务院各部委、各直属机构，全国人大常委会办公厅，全国政协办公厅，高法院，高检院，各民主党派中央，有关人民团体，各省、自治区、直辖市、计划单列市财政厅（局），新疆生产建设兵团财务局：

内部控制是保障组织权力规范有序、科学高效运行的有效手段，也是组织目标实现的长效保障机制。自《行政事业单位内部控制规范（试行）》（财会〔2012〕21 号，以下简称《单位内控规范》）发布实施以来，各行政事业单位积极推进内部控制建设，取得了初步成效。但也存在部分单位重视不够、制度建设不健全、发展水平不平衡等问题。党的十八届四中全会通过的《中共中央关于全面推进依法治国若干重大问题的决定》明确提出："对财政资金分配使用、国有资产监管、政府投资、政府采购、公共资源转让、公共工程建设等权力集中的部门和岗位实行分事行权、分岗设权、分级授权，定期轮岗，强化内部流程控制，防止权力滥用"，为行政事业单位加强内部控制建设指明了方向。为认真贯彻落实党的十八届四中全会精神，现对全面推进行政事业单位内部控制建设提出以下指导意见。

一、总体要求

（一）指导思想。高举中国特色社会主义伟大旗帜，认真贯彻落实党的十八大和十八届三中、四中、五中全会精神，深入贯彻习近平总书记系列重要讲话精神，全面推进行政事业单位内部控制建设，规范行政事业单位内部经济和业务活动，强化对内部权力运行的制约，防止内部权力滥用，建立健全科学高效的制约和监督体系，促进单位公共服务效能和内部治理水平不断提高，为实现国家治理体系和治理能力现代化奠定坚实基础、提供有力支撑。

（二）基本原则。

1. 坚持全面推进。行政事业单位（以下简称单位）应当按照党的十八届四中全会决定关于强化内部控制的精神和《单位内控规范》的具体要求，全面建立、有效实施内部控制，确保内部控制覆盖单位经济和业务活动的全范围，贯穿内部权力运行的决策、执行和监督全过程，规范单位内部各层级的全体人员。

2. 坚持科学规划。单位应当科学运用内部控制机制原理，结合自身的业务性质、业务范围、管理架构，合理界定岗位职责、业务流程和内部权力运行结构，依托制度规范和信息系统，将制约内部权力运行嵌入内部控制的各个层级、各个方面、各个环节。

3. 坚持问题导向。单位应当针对内部管理薄弱环节和风险隐患，特别是涉及内部权力集中的财政资金分配使用、国有资产监管、政府投资、政府采购、公共资源转让、公共工程建设等重点领域和关键岗位，合理配置权责，细化权力运行流程，明确关键控制节点和风险评估要求，提高内部控制的针对性和有效性。

4. 坚持共同治理。充分发挥内部控制与其他内部监督机制的相互促进作用，形成监管合力，优化监督效果；充分发挥政府、单位、社会和市场的各自作用，各级财政部门要加强统筹规划、督促指导，主动争取审计、监察等部门的支持，共同推动内部控制建设和有效实施；单位要切实履行内部控制建设的主体责任；要建立公平、公开、公正的市场竞争和激励机制，鼓励社会第三方参与单位内部控制建设和发挥外部监督作用，形成单位内部控制建设的合力。

（三）总体目标。以单位全面执行《单位内控规范》为抓手，以规范单位经济和业务活动有序运行为主线，以内部控制量化评价为导向，以信息系统为支撑，突出规范重点领域、关键岗位的经济和业务活动运行流程、制约措施，逐步将控制对象从经济活动层面拓展到全部业务活动和内部权力运行，到 2020 年，基本建成与国家治理体系和治理能力现代化相适应的，权责一致、制衡有效、运行顺畅、执行有力、管理科学的内部控制体系，更好发挥内部控制在提升内部治理水平、规范内部权力运行、促进依法行政、推进廉政建设中的重要作用。

二、主要任务

（一）健全内部控制体系，强化内部流程控制。单位应当按照内部控制要求，在单位主要负责人直接领导下，建立适合本单位实际情况的内部控制体系，全面梳理业务流程，明确业务环节，分析风险隐患，完善风险评估机制，制定风险应对策略；有效运用不相容岗位相互分离、内部授权审批控制、归口管理、预算控制、财产保护控制、会计控制、单据控制、信息内部公开等内部控制基本方法，加强对单位层面和业务层面的内部控制，实现内部控制体系全面、有效实施。

已经建立并实施内部控制的单位，应当按照本指导意见和《单位内控规范》要求，对本单位内部控制制度的全面性、重要性、制衡性、适应性和有效性进行自我评价、对照检查，并针对存在的问题，抓好整改落实，进一步健全制度，提高执行力，完善监督措施，确保内部控制有效实施。内部控制尚未建立或内部控制制度不健全的单位，必须于 2016 年底前完成内部控制的建立和实施工作。

（二）加强内部权力制衡，规范内部权力运行。分事行权、分岗设权、分级授权和定期轮岗，是制约权力运行、加强内部控制的基本要求和有效措施。单位应当根据自身的业务性质、业务范围、管理架构，按照决策、执行、监督相互分离、相互制衡的要求，科学设置内设机构、管理层级、岗位职责权限、权力运行规程，切实做到分事行权、分岗设权、分级授权，并定期轮岗。分事行权，就是对经济和业务活动的决策、执行、监督，必须明确分工、相互分离、分别行权，防止职责混淆、权限交叉；分岗设权，就是对涉及经济和业务活动的相关岗位，必须依职定岗、分岗定权、权责明确，防止岗位职责不清、设权界限混乱；分级授权，就是对各管理层级和各工作岗位，必须依法依规分别授权，明确授权范围、授权对象、授权期限、授权与行权责任、一般授权与特殊授权界限，防止授权不当、越权办事。同时，对重点领域的关键岗位，在健全岗位设置、规范岗位管理、加强岗位胜任能力评估的基础上，通过明确轮岗范围、轮岗条件、轮岗周期、交接流程、责任追溯等要求，建立干部交流和定期轮岗制度，不具备轮岗条件的单位应当采用专项审计等控制措施。对轮岗后发现原工作岗位存在失职或违法违纪行为的，应当按国家有关规定追责。

（三）建立内控报告制度，促进内控信息公开。针对内部控制建立和实施的实际情况，单位应当按照《单位内控规范》的要求积极开展内部控制自我评价工作。单位内部控制自我评价情况应当作为部门决算报告和财务报告的重要组成内容进行报告。积极推进内部控制信息公开，通过面向单位内部和外部定期公开内部控制相关信息，逐步建立规范有序、及时可靠的内部控制信息公开机制，更好发挥信息公开对内部控制建设的促进和监督作用。

（四）加强监督检查工作，加大考评问责力度。监督检查和自我评价，是内部控制得以有效实施的重要保障。单位应当建立健全内部控制的监督检查和自我评价制度，通过日常监督和专项监督，检查内部控制实施过程中存在的突出问题、管理漏洞和薄弱环节，进一步改进和加强内部控制；通过自我评价，评估内部控制的全面性、重要性、制衡性、适应性和有效性，进一步改进和完善内部控制。同时，单位要将内部监督、自我评价与干部考核、追责问责结合起来，并将内部监督、自我评价结果采取适当的方式予以内部公开，强化自我监督、自我约束的自觉性，促进自我监督、自我约束机制的不断完善。

三、保障措施

（一）加强组织领导。各地区、各部门要充分认识全面推进行政事业单位内部控制建设的重要意义，把制约内部权力运行、强化内部控制，作为当前和今后一个时期的重要工作来抓，切实加强对单位内部控制建设的组织领导，建立健全由财政、审计、监察等部门参与的协调机制，协同推进内部控制建设和监督检查工作。同时，积极探索建立单位财务报告内部控制实施情况注册会计师审计制度，将单位内部控制建设纳入制度化、规范化轨道。

（二）抓好贯彻落实。单位要按照本指导意见确定的总体要求、主要任务和时间表，认真抓好内部控制建设，确保制度健全、执行有力、监督到位。单位主要负责人应当主持制定工作方案，明确工作分工，配备工作人员，健全工作机制，充分利用信息化手段，组织、推动本单位内部控制建设，并对建立与实施内部控制的有效性承担领导责任。

（三）强化督导检查。各级财政部门要加强对单位内部控制建立与实施情况的监督检查，公开监督检查结果，并将监督检查结果、内部控制自我评价情况和注册会计师审计情况作为安排财政预算、实施预算绩效评价与中期财政规划的参考依据。同时，加强与审计、监察等部门的沟通协调和信息共享，形成监督合力，避免重复检查。

（四）深入宣传教育。各地区、各部门、各单位要加大宣传教育力度，广泛宣传制约内部权力运行、强化内部控制的必要性和紧迫性，广泛宣传相关先进经验和典型做法，引导单位广大干部职工自觉提高风险防范和抵制权力滥用意识，确保权力规范有序运行。同时，要加强对单位领导干部和工作人员有关制约内部权力运行、强化内部控制方面的教育培训，为全面推进行政事业单位内部控制建设营造良好的环境和氛围。

代理记账管理办法

2016 年 2 月 16 日　财政部令第 80 号

第一条　为了加强代理记账资格管理，规范代理记账活动，促进代理记账行业健康发展，根据《中华人民共和国会计法》等法律、行政法规，制定本办法。

第二条　代理记账资格的申请、取得和管理，以及代理记账机构从事代理记账业务，适用本办法。

本办法所称代理记账机构是指依法取得代理记账资格，从事代理记账业务的机构。

本办法所称代理记账是指代理记账机构接受委托办理会计业务。

第三条　除会计师事务所以外的机构从事代理记账业务应当经县级以上地方人民政府财政部门（以下简称审批机关）批准，领取由财政部统一规定样式的代理记账许可证书。具体审批机关由省、自治区、直辖市、计划单列市人民政府财政部门确定。

会计师事务所及其分所可以依法从事代理记账业务。

第四条　符合下列条件的机构可以申请代理记账资格：

（一）为依法设立的企业；

（二）持有会计从业资格证书的专职从业人员不少于 3 名；

（三）主管代理记账业务的负责人具有会计师以上专业技术职务资格且为专职从业人员；

（四）有健全的代理记账业务内部规范。

第五条　申请代理记账资格的机构，应当向所在地的审批机关提交申请报告并附送下列材料：

（一）营业执照复印件；

（二）从业人员会计从业资格证书，主管代理记账业务的负责人具备会计师以上专业技术职务资格的证明；

（三）专职从业人员在本机构专职从业的书面承诺；

（四）代理记账业务内部规范。

第六条   审批机关审批代理记账资格应当按照下列程序办理：

（一）申请人提交的申请材料不齐全或不符合规定形式的，应当在 5 日内一次告知申请人需要补正的全部内容，逾期不告知的，自收到申请材料之日起即视为受理；申请人提交的申请材料齐全、符合规定形式的，或者申请人按照要求提交全部补正申请材料的，应当受理申请。

（二）受理申请后应当按照规定对申请材料进行审核，并自受理申请之日起 20 日内作出批准或者不予批准的决定。20 日内不能作出决定的，经本审批机关负责人批准可延长 10 日，并应当将延长期限的理由告知申请人。

（三）作出批准决定的，应当自作出决定之日起 10 日内向申请人发放代理记账许可证书，并向社会公示。

（四）作出不予批准决定的，应当自作出决定之日起 10 日内书面通知申请人。书面通知应当说明不予批准的理由，并告知申请人享有依法申请行政复议或者提起行政诉讼的权利。

第七条   申请人应当自取得代理记账许可证书之日起 20 日内通过企业信用信息公示系统向社会公示。

第八条   代理记账机构名称、主管代理记账业务的负责人发生变更，设立或撤销分支机构，跨原审批机关管辖地迁移办公地点的，应当自作出变更决定或变更之日起 30 日内依法向审批机关办理变更登记，并应当自变更登记完成之日起 20 日内通过企业信用信息公示系统向社会公示。

代理记账机构变更名称的，应当向审批机关提交营业执照复印件，领取新的代理记账许可证书，并同时交回原代理记账许可证书。

代理记账机构跨原审批机关管辖地迁移办公地点的，迁出地审批机关应当及时将代理记账机构的相关信息及材料移交迁入地审批机关。

第九条   代理记账机构设立分支机构的，分支机构应当及时向其所在地的审批机关办理备案登记。

分支机构名称、主管代理记账业务的负责人发生变更的，分支机构应当按照要求向其所在地的审批机关办理变更登记。

代理记账机构应当在人事、财务、业务、技术标准、信息管理等方面对其设立的分支机构进行实质性的统一管理，并对分支机构的业务活动、执业质量和债务承担法律责任。

第十条   未设置会计机构或配备会计人员的单位，应当委托代理记账机构办理会计业务。

第十一条   代理记账机构可以接受委托办理下列业务：

（一）根据委托人提供的原始凭证和其他相关资料，按照国家统一的会计制度的规定进行会计核算，包括审核原始凭证、填制记账凭证、登记会计账簿、编制财务会计报告等；

（二）对外提供财务会计报告；

（三）向税务机关提供税务资料；

（四）委托人委托的其他会计业务。

第十二条   委托人委托代理记账机构代理记账，应当在相互协商的基础上，订立书面委托合同。委托合同除应具备法律规定的基本条款外，应当明确下列内容：

（一）双方对会计资料真实性、完整性各自应当承担的责任；

（二）会计资料传递程序和签收手续；

（三）编制和提供财务会计报告的要求；

（四）会计档案的保管要求及相应的责任；

（五）终止委托合同应当办理的会计业务交接事宜。

第十三条   委托人应当履行下列义务：

（一）对本单位发生的经济业务事项，应当填制或者取得符合国家统一的会计制度规定的原始凭证；

（二）应当配备专人负责日常货币收支和保管；

（三）及时向代理记账机构提供真实、完整的原始凭证和其他相关资料；

（四）对于代理记账机构退回的，要求按照国家统一的会计制度的规定进行更正、补充的原始凭证，应当及时予以更正、补充。

第十四条　代理记账机构及其从业人员应当履行下列义务：

（一）遵守有关法律、法规和国家统一的会计制度的规定，按照委托合同办理代理记账业务；

（二）对在执行业务中知悉的商业秘密予以保密；

（三）对委托人要求其作出不当的会计处理，提供不实的会计资料，以及其他不符合法律、法规和国家统一的会计制度行为的，予以拒绝；

（四）对委托人提出的有关会计处理相关问题予以解释。

第十五条　代理记账机构为委托人编制的财务会计报告，经代理记账机构负责人和委托人负责人签名并盖章后，按照有关法律、法规和国家统一的会计制度的规定对外提供。

第十六条　县级以上人民政府财政部门对代理记账机构及其从事代理记账业务情况实施监督检查。

第十七条　代理记账机构应当于每年 4 月 30 日之前，向审批机关报送下列材料：

（一）代理记账机构基本情况表（附表）；

（二）专职从业人员变动情况。

代理记账机构设立分支机构的，分支机构应当于每年 4 月 30 日之前向其所在地的审批机关报送上述材料。

第十八条　代理记账机构采取欺骗、贿赂等不正当手段取得代理记账资格的，由审批机关撤销其资格。

第十九条　代理记账机构在经营期间达不到本办法规定的资格条件的，审批机关发现后，应当责令其在 60 日内整改；逾期仍达不到规定条件的，由审批机关撤销其代理记账资格。

第二十条　代理记账机构有下列情形之一的，审批机关应当办理注销手续，收回代理记账许可证书并予以公告：

（一）代理记账机构依法终止的；

（二）代理记账资格被依法撤销或撤回的；

（三）法律、法规规定的应当注销的其他情形。

第二十一条　代理记账机构违反本办法第七条、第八条、第九条、第十四条、第十七条规定，以及违反第五条第三项规定、作出不实承诺的，由县级以上人民政府财政部门责令其限期改正，拒不改正的，列入重点关注名单，并向社会公示，提醒其履行有关义务；情节严重的，由县级以上人民政府财政部门按照有关法律、法规给予行政处罚，并向社会公示。

第二十二条　代理记账机构从业人员在办理业务中违反会计法律、法规和国家统一的会计制度的规定，造成委托人会计核算混乱、损害国家和委托人利益的，由县级以上人民政府财政部门依据《中华人民共和国会计法》等有关法律、法规的规定处理。

代理记账机构有前款行为的，县级以上人民政府财政部门应当责令其限期改正，并给予警告；有违法所得的，可以处违法所得 3 倍以下罚款，但最高不得超过 3 万元；没有违法所得的，可以处 1 万元以下罚款。

第二十三条　委托人故意向代理记账机构隐瞒真实情况或者委托人会同代理记账机构共同提供虚假会计资料的，应当承担相应法律责任。

第二十四条　未经批准从事代理记账业务的，由县级以上人民政府财政部门按照有关法律、法规予以查处。

第二十五条　县级以上人民政府财政部门及其工作人员在代理记账资格管理过程中，滥用职权、玩忽职守、徇私舞弊的，依法给予行政处分；涉嫌犯罪的，移送司法机关处理。

第二十六条　代理记账机构依法成立的行业组织，应当维护会员合法权益，建立会员诚信档案，规范会员代理记账行为，推动代理记账信息化建设。

代理记账行业组织应当接受县级以上人民政府财政部门的指导和监督。

第二十七条　本办法规定的"5 日"、"10 日"、"20 日"、"30 日"均指工作日。

第二十八条　省级人民政府财政部门可以根据本办法制定具体实施办法，报财政部备案。

第二十九条　外商投资企业申请代理记账资格，从事代理记账业务按照本办法和其他有关规定办理。

第三十条　本办法自 2016 年 5 月 1 日起施行，财政部 2005 年 1 月 22 日发布的《代理记账管理办法》（财政部令第 27 号）同时废止。

附表：代理记账机构基本情况表

附表：

代理记账机构基本情况表

_____年度

代理记账机构（分支机构）基本信息			
代理记账许可证书编号		发证日期	
机构名称		组织形式	
注册号/统一社会信用代码		成立日期	
注册资本/出资总额（万元）		企业类型	
办公地址（与注册地不一致时填写实际办公地址）		邮政编码	
机构负责人姓名		机构负责人身份证号	
股东/合伙人数量		机构人员数量	
联系人姓名		联系电话	
传真号码		电子邮箱	
本年度业务总收入（万元）		其中：代理记账业务收入（万元）	
代理客户数量		分支机构数量	

代理记账业务负责人信息			
业务负责人姓名		会计专业技术资格证书管理号	资格等级

专职从业人员信息			
姓名	会计从业资格证书档案号	会计专业技术资格证书管理号	资格等级

我机构保证本表所填内容全部属实

代理记账机构负责人签名（或签章）：

代理记账机构盖章

年　月　日

注：1. "组织形式"栏根据以下选择填写：有限责任公司、股份有限公司、分公司、非公司企业法人、企业非法人分支机构、个人独资企业、普通合伙企业、特殊普通合伙企业、有限合伙企业。

2. "企业类型"栏根据以下选择填写：内资企业、外商投资企业、港澳商投资企业、台商投资企业。

3. 分支机构填写时，代理记账许可证书编号及发证日期填写总部机构的证书信息；表中部分栏目对分支机构不适用的，分支机构可不用填写。

财政部关于修改《会计从业资格管理办法》的决定

2016 年 5 月 11 日　财政部令第 82 号

经财政部部务会议决定，对《会计从业资格管理办法》作如下修改：

一、将第六条修改为："新疆生产建设兵团财务局应当按照财政部有关规定，负责所属单位的会计从业资格的管理。

中央军委后勤保障部、中国人民武装警察部队后勤部应当按照财政部有关规定，分别负责中国人民解放军、中国人民武装警察部队系统的会计从业资格的管理。"

二、将第九条修改为："县级以上地方人民政府财政部门、新疆生产建设兵团财务局、中央军委后勤保障部、中国人民武装警察部队后勤部（以下简称会计从业资格管理机构）应当对申请参加会计从业资格考试人员的条件进行审核，符合条件的，允许其参加会计从业资格考试。"

三、将第十二条修改为："各省、自治区、直辖市、计划单列市财政厅（局）（以下简称省级财政部门），新疆生产建设兵团财务局，中央军委后勤保障部、中国人民武装警察部队后勤部，应当按照本办法第五条、第六条规定，负责组织实施会计从业资格考试的下列事项：

（一）制定会计从业资格考试考务规则；

（二）组织会计从业资格考试软件系统的建设及管理；

（三）接收并管理财政部下发的会计从业资格无纸化考试题库；

（四）组织开展会计从业资格考试；

（五）监督检查会计从业资格考试考风、考纪，并依法对违规违纪行为进行处理处罚。

省级财政部门、新疆生产建设兵团财务局、中央军委后勤保障部和中国人民武装警察部队后勤部应当根据本办法制定、公布会计从业资格考试的报考办法、考务规则、考试相关要求、报名条件和考试科目。"

四、将第十四条修改为："财政部统一规定会计从业资格证书样式和编号规则。

省级财政部门负责本地区会计从业资格证书的印制；新疆生产建设兵团财务局、中央军委后勤保障部和中国人民武装警察部队后勤部分别负责相应会计从业资格证书的印制。"

五、将第二十一条修改为："持证人员所属会计从业资格管理机构发生变化的，应当及时办理调转登记手续。

持证人员所属会计从业资格管理机构在省级财政部门、新疆生产建设兵团财务局各自管辖范围内发生变化的，应当持会计从业资格证书、工作证明（或户籍证明、居住证明）到调入地所属会计从业资格管理机构办理调转登记。

持证人员所属会计从业资格管理机构跨省级财政部门、新疆生产建设兵团财务局、中央军委后勤保障部和中国人民武装警察部队后勤部管辖范围发生变化的，应当及时填写调转登记表，持会计从业资格证书，到原会计从业资格管理机构办理调出手续。持证人员应当自办理调出手续之日起 3 个月内，持会计从业资格证书、调转登记表和在调入地的工作证明（或户籍证明、居住证明），到调入地会计从业资格管理机构办理调入手续。"

六、将第三十四条修改为："省级财政部门、新疆生产建设兵团财务局、中央军委后勤保障部和中国人民武装警察部队后勤部可以根据本办法制定具体实施办法，报财政部备案。"

财政部 国家档案局关于印发《会计师事务所审计档案管理办法》的通知

2016 年 1 月 11 日   财会〔2016〕1 号

各省、自治区、直辖市财政厅（局）、档案局，深圳市财政委员会、档案局：

为规范会计师事务所审计档案管理，保障审计档案的真实、完整、有效和安全，充分发挥审计档案的重要作用，根据《中华人民共和国档案法》《中华人民共和国注册会计师法》《中华人民共和国档案法实施办法》及有关规定，财政部、国家档案局制定了《会计师事务所审计档案管理办法》，现予印发，自 2016 年 7 月 1 日起施行。

附件：会计师事务所审计档案管理办法

附件：

会计师事务所审计档案管理办法

第一章 总 则

第一条 为规范会计师事务所审计档案管理，保障审计档案的真实、完整、有效和安全，充分发挥审计档案的重要作用，根据《中华人民共和国档案法》《中华人民共和国注册会计师法》《中华人民共和国档案法实施办法》及有关规定，制定本办法。

第二条 在中华人民共和国境内依法设立的会计师事务所管理审计档案，适用本办法。

第三条 本办法所称审计档案，是指会计师事务所按照法律法规和执业准则要求形成的审计工作底稿和具有保存价值、应当归档管理的各种形式和载体的其他历史记录。

第四条 审计档案应当由会计师事务所总所及其分所分别集中管理，接受所在地省级财政部门和档案行政管理部门的监督和指导。

第五条 会计师事务所首席合伙人或法定代表人对审计档案工作负领导责任。

会计师事务所应当明确一名负责人（合伙人、股东等）分管审计档案工作，该负责人对审计档案工作负分管责任。

会计师事务所应当设立专门岗位或指定专人具体管理审计档案并承担审计档案管理的直接责任。审计档案管理人员应当接受档案管理业务培训，具备良好的职业道德和专业技能。

第六条 会计师事务所应当结合自身经营管理实际，建立健全审计档案管理制度，采用可靠的防护技术和措施，确保审计档案妥善保管和有效利用。

会计师事务所从事境外发行证券与上市审计业务的，应当严格遵守境外发行证券与上市保密和档案管理相关规定。

第二章　归档、保管与利用

第七条　会计师事务所从业人员应当按照法律法规和执业准则的要求，及时将审计业务资料按审计项目整理立卷。

审计档案管理人员应当对接收的审计档案及时进行检查、分类、编号、入库保管，并编制索引目录或建立其他检索工具。

第八条　会计师事务所不得任意删改已经归档的审计档案。按照法律法规和执业准则规定可以对审计档案作出变动的，应当履行必要的程序，并保持完整的变动记录。

第九条　会计师事务所自行保管审计档案的，应当配置专用、安全的审计档案保管场所，并配备必要的设施和设备。

会计师事务所可以向所在地国家综合档案馆寄存审计档案，或委托依法设立、管理规范的档案中介服务机构（以下简称中介机构）代为保管。

第十条　会计师事务所应当按照法律法规和执业准则的规定，结合审计业务性质和审计风险评估情况等因素合理确定审计档案的保管期限，最低不得少于十年。

第十一条　审计档案管理人员应当定期对审计档案进行检查和清点，发现损毁、遗失等异常情况，应当及时向分管负责人或经其授权的其他人员报告并采取相应的补救措施。

第十二条　会计师事务所应当严格执行审计档案利用制度，规范审计档案查阅、复制、借出等环节的工作。

第十三条　会计师事务所对审计档案负有保密义务，一般不得对外提供；确需对外提供且符合法律法规和执业准则规定的，应当严格按照规定办理相关手续。手续不健全的，会计师事务所有权不予提供。

第三章　权属与处置

第十四条　审计档案所有权归属会计师事务所并由其依法实施管理。

第十五条　会计师事务所合并的，合并各方的审计档案应当由合并后的会计师事务所统一管理。

第十六条　会计师事务所分立后原会计师事务所存续的，在分立之前形成的审计档案应当由分立后的存续方统一管理。

会计师事务所分立后原会计师事务所解散的，在分立之前形成的审计档案，应当根据分立协议，由分立后的会计师事务所分别管理，或由其中一方统一管理，或向所在地国家综合档案馆寄存，或委托中介机构代为保管。

第十七条　会计师事务所因解散、依法被撤销、被宣告破产或其他原因终止的，应当在终止之前将审计档案向所在地国家综合档案馆寄存或委托中介机构代为保管。

第十八条　会计师事务所分所终止的，应当在终止之前将审计档案交由总所管理，或向所在地国家综合档案馆寄存，或委托中介机构代为保管。

第十九条　会计师事务所交回执业证书但法律实体存续的，应当在交回执业证书之前将审计档案向所在地国家综合档案馆寄存或委托中介机构代为保管。

第二十条　有限责任制会计师事务所及其分所因组织形式转制而注销，并新设合伙制会计师事务所及分所的，转制之前形成的审计档案由新设的合伙制会计师事务所及分所分别管理。

第二十一条　会计师事务所及分所委托中介机构代为保管审计档案的，应当签订书面委托协议，并在协议中约定审计档案的保管要求、保管期限以及其他相关权利义务。

第二十二条　会计师事务所及分所终止或会计师事务所交回执业证书但法律实体存续的，应当在交回执业证书时将审计档案的处置和管理情况报所在地省级财政部门备案。委托中介机构代为保管审计档案的，应当提交书面委托协议复印件。

第四章　鉴定与销毁

第二十三条　会计师事务所档案部门或档案工作人员所属部门（以下统称档案管理部门）应当定期与相关业务部门共同开展对保管期满的审计档案的鉴定工作。

经鉴定后，确需继续保存的审计档案应重新确定保管期限；不再具有保存价值且不涉及法律诉讼和民事纠纷的审计档案应当登记造册，经会计师事务所首席合伙人或法定代表人签字确认后予以销毁。

第二十四条　会计师事务所销毁审计档案，应当由会计师事务所档案管理部门和相关业务部门共同派员监销。销毁电子审计档案的，会计师事务所信息化管理部门应当派员监销。

第二十五条　审计档案销毁决议或类似决议、审批文书和销毁清册（含销毁人、监销人签名等）应当长期保存。

第五章　信息化管理

第二十六条　会计师事务所应当加强信息化建设，充分运用现代信息技术手段强化审计档案管理，不断提高审计档案管理水平和利用效能。

第二十七条　会计师事务所对执业过程中形成的具有保存价值的电子审计业务资料，应当采用有效的存储格式和存储介质归档保存，建立健全防篡改机制，确保电子审计档案的真实、完整、可用和安全。

第二十八条　会计师事务所应当建立电子审计档案备份管理制度，定期对电子审计档案的保管情况、可读取状况等进行测试、检查，发现问题及时处理。

第六章　监　督　管　理

第二十九条　会计师事务所从业人员转所执业的，离所前应当办理完结审计业务资料交接手续，不得将属于原所的审计业务资料带至新所。

禁止会计师事务所及其从业人员损毁、篡改、伪造审计档案，禁止任何个人将审计档案据为己有或委托个人私存审计档案。

第三十条　会计师事务所违反本办法规定的，由省级以上财政部门责令限期改正。逾期不改的，由省级以上财政部门予以通报、列为重点监管对象或依法采取其他行政监管措施。

会计师事务所审计档案管理违反国家保密和档案管理规定的，由保密行政管理部门或档案行政管理部门分别依法处理。

第七章　附　　则

第三十一条　会计师事务所从事审阅业务和其他鉴证业务形成的业务档案参照本办法执行。有关法律法规另有规定的，从其规定。

第三十二条　本办法自 2016 年 7 月 1 日起施行。

财政部关于大力支持香港澳门特别行政区会计专业人士担任内地会计师事务所合伙人有关问题的通知

2016 年 5 月 16 日　财会〔2016〕9 号

各省、自治区、直辖市财政厅（局），深圳市财政委员会：

2015 年 11 月，内地分别与香港、澳门特别行政区签署了《内地与香港〈关于建立更紧密经贸关系的安排〉服务贸易协议》和《内地与澳门〈关于建立更紧密经贸关系的安排〉服务贸易协议》（以下统称《服务贸易协议》），自 2016 年 6 月 1 日起实施。为认真落实《服务贸易协议》，支持和规范取得中国注册会计师资格的港澳永久性居民（以下简称港澳会计专业人士）担任内地合伙制会计师事务所合伙人，促进港澳会计专业人士在内地发展兴业，现就有关问题通知如下：

一、认真学习、准确把握《服务贸易协议》规定

《服务贸易协议》涉及港澳会计专业人士担任合伙制会计师事务所合伙人的内容有 3 项：一是港澳会计专业人士可在内地担任合伙制会计师事务所合伙人，会计师事务所的控制权须由内地居民持有，具体要求按照内地财政主管部门的规定执行；二是担任合伙人的港澳会计专业人士在内地有固定住所，其中每年在内地居留不少于 6 个月；三是港澳会计专业人士申请成为内地会计师事务所合伙人时，已在港澳取得的审计工作经验等同于相等时间的内地审计工作经验。

前款所称合伙制会计师事务所，包括普通合伙会计师事务所和特殊普通合伙会计师事务所。

各省级财政部门应当认真学习、准确把握上述规定，严格按照《注册会计师法》、会计师事务所执业许可管理有关规章制度（以下简称有关规章制度）和《服务贸易协议》规定办理审批工作，确保审批工作依法、规范、高效、便捷进行。

二、明确审批条件，简化审批要求

港澳会计专业人士在内地申请合伙制会计师事务所执业许可并担任合伙人的，应当向拟设立会计师事务所工商登记地所属的省级财政部门提出会计师事务所执业许可申请并经其批准；港澳会计专业人士申请加入内地已经取得执业许可的合伙制会计师事务所并担任合伙人的，应当由该会计师事务所向工商登记地所属的省级财政部门备案。省级财政部门应当根据《注册会计师法》和有关规章制度，及时办理审批或者备案。

（一）申请条件。

港澳会计专业人士申请担任内地合伙制会计师事务所合伙人，应当符合《注册会计师法》和有关规章制度对合伙人资格条件的规定，包括具有中国注册会计师资格、满足审计工作经验年限要求和未受行政处罚要求等，并符合下列要求：

1. 会计师事务所首席合伙人（或者履行最高管理职责的其他职务）须为内地居民或者具有中国国籍的港澳永久性居民；

2. 在合伙协议中对会计师事务所经营管理决策相关事项作出约定，其中具有中国内地居民身份的合伙人在经营管理决策中的表决权不得低于 51%；

3. 港澳会计专业人士在内地有固定住所，其中每年在内地居留不少于 6 个月。

（二）申请材料。

港澳会计专业人士申请担任内地合伙制会计师事务所的合伙人，应当按照《注册会计师法》和有关规章制度的规定向省级财政部门提交申请材料。各省级财政部门应当结合法规制度、申请条件和审批流程明确申请材料清单，并一次性告知申请人。省级财政部门在审查申请材料过程中，应当重点审核下列事项：

1. 中国注册会计师资格证书复印件；

2. 港澳永久性居民身份证明材料复印件；拟担任首席合伙人的，还应当提交经本人签字确认的不具有其他国家国籍的声明书；

3. 由港澳会计师事务所出具的在港澳的审计工作经验证明材料；

4. 载有经营管理决策表决权比例的书面合伙协议复印件；

5. 在内地有固定住所的产权证明复印件或者租赁协议等使用权证明复印件（附出租方产权证明复印件）。

申请人对所提交的申请材料的真实性、准确性、完整性负责。

省级财政部门有权要求申请人出示有关证明材料的原件，确保复印件与原件相符。经审核无误的，应当将无需留存的相关原件当场退还申请人，并对申请人材料中受港澳法律保护的个人敏感信息严格保密。

港澳会计专业人士申请担任内地合伙制会计师事务所合伙人时涉及办理工商登记或者变更手续的，按照内地工商行政管理部门的规定执行。

三、有关要求

（一）各省级财政部门应当深刻认识内地与港澳签署《服务贸易协议》的重要意义，高度重视港澳会计专业人士申请担任内地合伙制会计师事务所合伙人相关工作，本着依法、便民、高效的原则开展审批或者备案，既严格依法行政，又切实优化服务，保障港澳会计专业人士在内地发展兴业的合法权益。同时，应当大力加强事中事后监管，保障市场竞争公平有序。

（二）港澳会计专业人士应当严格按照《注册会计师法》、有关规章制度和执业准则、规则的要求执行注册会计师业务；应当按照《合伙企业法》和合伙协议妥善处理与内地合伙人的关系，共同建设和维护良好的合伙文化；应当自觉接受省级以上财政部门对其执业活动的监管，勤勉尽责执业；应当依法履行纳税义务，及时足额纳税。

内地法律法规和规章制度对境外人员接触涉密单位、场所和资料有限制性规定的，从其规定。

财政部或者各省（区、市）人民政府（含其财政部门）此前发布的涉及港澳会计专业人士来内地担任合伙制会计师事务所合伙人相关试点政策的规范性文件与本通知规定不一致的，以本通知为准。

港澳会计专业人士担任普华永道中天会计师事务所（特殊普通合伙）、德勤华永会计师事务所（特殊普通合伙）、安永华明会计师事务所（特殊普通合伙）和毕马威华振会计师事务所（特殊普通合伙）合伙人，按本土化转制有关规定执行，不适用本通知规定。

本通知自 2016 年 6 月 1 日起施行。

财政部关于印发《管理会计基本指引》的通知

2016 年 6 月 22 日　财会〔2016〕10 号

党中央有关部门，国务院各部委、各直属机构，全国人大常委会办公厅，全国政协办公厅，高法院，高检院，各省、自治区、直辖市、计划单列市财政厅（局），新疆生产建设兵团财务局，财政部驻各省、自治区、直辖市、计划单列市财政监察专员办事处：

为促进单位（包括企业和行政事业单位）加强管理会计工作，提升内部管理水平，促进经济转型升级，根据《中华人民共和国会计法》、《财政部关于全面推进管理会计体系建设的指导意见》等，我部制定了《管理会计基本指引》，现予印发，请各单位在开展管理会计工作中参照执行。

附件：管理会计基本指引

附件：

管理会计基本指引

第一章　总　　则

第一条　为促进单位（包括企业和行政事业单位，下同）加强管理会计工作，提升内部管理水平，促进经济转型升级，根据《中华人民共和国会计法》、《财政部关于全面推进管理会计体系建设的指导意见》等，制定本指引。

第二条　基本指引在管理会计指引体系中起统领作用，是制定应用指引和建设案例库的基础。管理会计指引体系包括基本指引、应用指引和案例库，用以指导单位管理会计实践。

第三条　管理会计的目标是通过运用管理会计工具方法，参与单位规划、决策、控制、评价活动并为之提供有用信息，推动单位实现战略规划。

第四条　单位应用管理会计，应遵循下列原则：

（一）战略导向原则。管理会计的应用应以战略规划为导向，以持续创造价值为核心，促进单位可持续发展。

（二）融合性原则。管理会计应嵌入单位相关领域、层次、环节，以业务流程为基础，利用管理会计工具方法，将财务和业务等有机融合。

（三）适应性原则。管理会计的应用应与单位应用环境和自身特征相适应。单位自身特征包括单位性质、规模、发展阶段、管理模式、治理水平等。

（四）成本效益原则。管理会计的应用应权衡实施成本和预期效益，合理、有效地推进管理会计应用。

第五条　管理会计应用主体视管理决策主体确定，可以是单位整体，也可以是单位内部的责任中心。

第六条　单位应用管理会计，应包括应用环境、管理会计活动、工具方法、信息与报告等四要素。

第二章　应用环境

第七条　单位应用管理会计，应充分了解和分析其应用环境。管理会计应用环境，是单位应用管理会计的基础，包括内外部环境。

内部环境主要包括与管理会计建设和实施相关的价值创造模式、组织架构、管理模式、资源保障、信息系统等因素。

外部环境主要包括国内外经济、市场、法律、行业等因素。

第八条　单位应准确分析和把握价值创造模式，推动财务与业务等的有机融合。

第九条　单位应根据组织架构特点，建立健全能够满足管理会计活动所需的由财务、业务等相关人员组成的管理会计组织体系。有条件的单位可以设置管理会计机构，组织开展管理会计工作。

第十条　单位应根据管理模式确定责任主体，明确各层级以及各层级内的部门、岗位之间的管理会计责任权限，制定管理会计实施方案，以落实管理会计责任。

第十一条　单位应从人力、财力、物力等方面做好资源保障工作，加强资源整合，提高资源利用效率效果，确保管理会计工作顺利开展。

单位应注重管理会计理念、知识培训，加强管理会计人才培养。

第十二条　单位应将管理会计信息化需求纳入信息系统规划，通过信息系统整合、改造或新建等途径，及时、高效地提供和管理相关信息，推进管理会计实施。

第三章　管理会计活动

第十三条　管理会计活动是单位利用管理会计信息，运用管理会计工具方法，在规划、决策、控制、评价等方面服务于单位管理需要的相关活动。

第十四条　单位应用管理会计，应做好相关信息支持，参与战略规划拟定，从支持其定位、目标设定、实施方案选择等方面，为单位合理制定战略规划提供支撑。

第十五条　单位应用管理会计，应融合财务和业务等活动，及时充分提供和利用相关信息，支持单位各层级根据战略规划做出决策。

第十六条　单位应用管理会计，应设定定量定性标准，强化分析、沟通、协调、反馈等控制机制，支持和引导单位持续高质高效地实施单位战略规划。

第十七条　单位应用管理会计，应合理设计评价体系，基于管理会计信息等，评价单位战略规划实施情况，并以此为基础进行考核，完善激励机制；同时，对管理会计活动进行评估和完善，以持续改进管理会计应用。

第四章　工　具　方　法

第十八条　管理会计工具方法是实现管理会计目标的具体手段。

第十九条　管理会计工具方法是单位应用管理会计时所采用的战略地图、滚动预算管理、作业成本管理、本量利分析、平衡计分卡等模型、技术、流程的统称。管理会计工具方法具有开放性，随着实践发展不断丰富完善。

第二十条　管理会计工具方法主要应用于以下领域：战略管理、预算管理、成本管理、营运管理、投融资管理、绩效管理、风险管理等。

（一）战略管理领域应用的管理会计工具方法包括但不限于战略地图、价值链管理等；

（二）预算管理领域应用的管理会计工具方法包括但不限于全面预算管理、滚动预算管理、作业预算管理、零基预算管理、弹性预算管理等；

（三）成本管理领域应用的管理会计工具方法包括但不限于目标成本管理、标准成本管理、变动成本管理、作业成本管理、生命周期成本管理等；

（四）营运管理领域应用的管理会计工具方法包括但不限于本量利分析、敏感性分析、边际分析、标杆管理等；

（五）投融资管理领域应用的管理会计工具方法包括但不限于贴现现金流法、项目管理、资本成本分析等；

（六）绩效管理领域应用的管理会计工具方法包括但不限于关键指标法、经济增加值、平衡计分卡等；

（七）风险管理领域应用的管理会计工具方法包括但不限于单位风险管理框架、风险矩阵模型等。

第二十一条 单位应用管理会计，应结合自身实际情况，根据管理特点和实践需要选择适用的管理会计工具方法，并加强管理会计工具方法的系统化、集成化应用。

第五章 信息与报告

第二十二条 管理会计信息包括管理会计应用过程中所使用和生成的财务信息和非财务信息。

第二十三条 单位应充分利用内外部各种渠道，通过采集、转换等多种方式，获得相关、可靠的管理会计基础信息。

第二十四条 单位应有效利用现代信息技术，对管理会计基础信息进行加工、整理、分析和传递，以满足管理会计应用需要。

第二十五条 单位生成的管理会计信息应相关、可靠、及时、可理解。

第二十六条 管理会计报告是管理会计活动成果的重要表现形式，旨在为报告使用者提供满足管理需要的信息。管理会计报告按期间可以分为定期报告和不定期报告，按内容可以分为综合性报告和专项报告等类别。

第二十七条 单位可以根据管理需要和管理会计活动性质设定报告期间。一般应以公历期间作为报告期间，也可以根据特定需要设定报告期间。

第六章 附　　则

第二十八条 本指引由财政部负责解释。

第二十九条 本指引自印发之日起施行。

财政部关于印发《政府会计准则第1号——存货》等4项具体准则的通知

2016 年 7 月 6 日　财会〔2016〕12 号

党中央有关部门，国务院各部委、各直属机构，全国人大常委会办公厅，全国政协办公厅，高法院，高检院，各民主党派中央，有关人民团体，各省、自治区、直辖市、计划单列市财政厅（局），新疆生产建设兵团财务局：

为了适应权责发生制政府综合财务报告制度改革需要，规范政府存货、投资、固定资产和无形资产的会计核算，提高会计信息质量，根据《政府会计准则——基本准则》，我部制定了《政府会计准则第1号——存货》、《政府会计准则第2号——投资》、《政府会计准则第3号——固定资产》和《政府会计准则第4号——无形资产》，现予印发，自 2017 年 1 月 1 日起施行。实施范围另行通知。

执行中有何问题，请及时反馈我部。

附件：1. 政府会计准则第 1 号——存货

　　　2. 政府会计准则第 2 号——投资

　　　3. 政府会计准则第 3 号——固定资产

　　　4. 政府会计准则第 4 号——无形资产

附件 1：

政府会计准则第 1 号——存货

第一章 总 则

第一条 为了规范存货的确认、计量和相关信息的披露，根据《政府会计准则——基本准则》，制定本准则。

第二条 本准则所称存货，是指政府会计主体在开展业务活动及其他活动中为耗用或出售而储存的资产，如材料、产品、包装物和低值易耗品等，以及未达到固定资产标准的用具、装具、动植物等。

第三条 政府储备物资、收储土地等，适用其他相关政府会计准则。

第二章 存货的确认

第四条 存货同时满足下列条件的，应当予以确认：

（一）与该存货相关的服务潜力很可能实现或者经济利益很可能流入政府会计主体；

（二）该存货的成本或者价值能够可靠地计量。

第三章 存货的初始计量

第五条 存货在取得时应当按照成本进行初始计量。

第六条 政府会计主体购入的存货，其成本包括购买价款、相关税费、运输费、装卸费、保险费以及使得存货达到目前场所和状态所发生的归属于存货成本的其他支出。

第七条 政府会计主体自行加工的存货，其成本包括耗用的直接材料费用、发生的直接人工费用和按照一定方法分配的与存货加工有关的间接费用。

第八条 政府会计主体委托加工的存货，其成本包括委托加工前存货成本、委托加工的成本（如委托加工费以及按规定应计入委托加工存货成本的相关税费等）以及使存货达到目前场所和状态所发生的归属于存货成本的其他支出。

第九条 下列各项应当在发生时确认为当期费用，不计入存货成本：

（一）非正常消耗的直接材料、直接人工和间接费用。

（二）仓储费用（不包括在加工过程中为达到下一个加工阶段所必需的费用）。

（三）不能归属于使存货达到目前场所和状态所发生的其他支出。

第十条 政府会计主体通过置换取得的存货，其成本按照换出资产的评估价值，加上支付的补价或减去收到的补价，加上为换入存货发生的其他相关支出确定。

第十一条 政府会计主体接受捐赠的存货，其成本按照有关凭据注明的金额加上相关税费、运输费等确定；没有相关凭据可供取得，但按规定经过资产评估的，其成本按照评估价值加上相关税费、运输费等确定；没有相关凭据可供取得、也未经资产评估的，其成本比照同类或类似资产的市场价格加上相关税费、运输费等确定；没有相关凭据且未经资产评估、同类或类似资产的市场价格也无法可靠取得的，按照名义金额入账，相关税费、运输费等计入当期费用。

第十二条 政府会计主体无偿调入的存货，其成本按照调出方账面价值加上相关税费、运输费等确定。

第十三条 政府会计主体盘盈的存货，按规定经过资产评估的，其成本按照评估价值确定；未经资产评估的，其成本按照重置成本确定。

第四章　存货的后续计量

第十四条 政府会计主体应当根据实际情况采用先进先出法、加权平均法或者个别计价法确定发出存货的实际成本。计价方法一经确定，不得随意变更。

对于性质和用途相似的存货，应当采用相同的成本计价方法确定发出存货的成本。

对于不能替代使用的存货、为特定项目专门购入或加工的存货，通常采用个别计价法确定发出存货的成本。

第十五条 对于已发出的存货，应当将其成本结转为当期费用或者计入相关资产成本。

按规定报经批准对外捐赠、无偿调出的存货，应当将其账面余额予以转销，对外捐赠、无偿调出中发生的归属于捐出方、调出方的相关费用应当计入当期费用。

第十六条 政府会计主体应当采用一次转销法或者五五摊销法对低值易耗品、包装物进行摊销，将其成本计入当期费用或者相关资产成本。

第十七条 对于发生的存货毁损，应当将存货账面余额转销计入当期费用，并将毁损存货处置收入扣除相关处置税费后的差额按规定作应缴款项处理（差额为净收益时）或计入当期费用（差额为净损失时）。

第十八条 存货盘亏造成的损失，按规定报经批准后应当计入当期费用。

第五章　存货的披露

第十九条 政府会计主体应当在附注中披露与存货有关的下列信息：

（一）各类存货的期初和期末账面余额。

（二）确定发出存货成本所采用的方法。

（三）以名义金额计量的存货名称、数量，以及以名义金额计量的理由。

（四）其他有关存货变动的重要信息。

第六章　附　　则

第二十条 本准则自 2017 年 1 月 1 日起施行。

附件 2：

政府会计准则第 2 号——投资

第一章　总　　则

第一条 为了规范投资的确认、计量和相关信息的披露，根据《政府会计准则——基本准则》，制定本准则。

第二条 本准则所称投资，是指政府会计主体按规定以货币资金、实物资产、无形资产等方式形成的债权或股权投资。

第三条　投资分为短期投资和长期投资。

短期投资，是指政府会计主体取得的持有时间不超过 1 年（含 1 年）的投资。

长期投资，是指政府会计主体取得的除短期投资以外的债权和股权性质的投资。

第四条　政府会计主体外币投资的折算，适用其他相关政府会计准则。

第二章　短　期　投　资

第五条　短期投资在取得时，应当按照实际成本（包括购买价款和相关税费，下同）作为初始投资成本。

实际支付价款中包含的已到付息期但尚未领取的利息，应当于收到时冲减短期投资成本。

第六条　短期投资持有期间的利息，应当于实际收到时确认为投资收益。

第七条　期末，短期投资应当按照账面余额计量。

第八条　政府会计主体按规定出售或到期收回短期投资，应当将收到的价款扣除短期投资账面余额和相关税费后的差额计入投资损益。

第三章　长　期　投　资

第九条　长期投资分为长期债权投资和长期股权投资。

第一节　长期债权投资

第十条　长期债券投资在取得时，应当按照实际成本作为初始投资成本。

实际支付价款中包含的已到付息期但尚未领取的债券利息，应当单独确认为应收利息，不计入长期债券投资初始投资成本。

第十一条　长期债券投资持有期间，应当按期以票面金额与票面利率计算确认利息收入。

对于分期付息、一次还本的长期债券投资，应当将计算确定的应收未收利息确认为应收利息，计入投资收益；对于一次还本付息的长期债券投资，应当将计算确定的应收未收利息计入投资收益，并增加长期债券投资的账面余额。

第十二条　政府会计主体按规定出售或到期收回长期债券投资，应当将实际收到的价款扣除长期债券投资账面余额和相关税费后的差额计入投资损益。

第十三条　政府会计主体进行除债券以外的其他债权投资，参照长期债券投资进行会计处理。

第二节　长期股权投资

第十四条　长期股权投资在取得时，应当按照实际成本作为初始投资成本。

（一）以支付现金取得的长期股权投资，按照实际支付的全部价款（包括购买价款和相关税费）作为实际成本。

实际支付价款中包含的已宣告但尚未发放的现金股利，应当单独确认为应收股利，不计入长期股权投资初始投资成本。

（二）以现金以外的其他资产置换取得的长期股权投资，其成本按照换出资产的评估价值加上支付的补价或减去收到的补价，加上换入长期股权投资发生的其他相关支出确定。

（三）接受捐赠的长期股权投资，其成本按照有关凭据注明的金额加上相关税费确定；没有相关凭据可供取得，但按规定经过资产评估的，其成本按照评估价值加上相关税费确定；没有相关凭据可供取得、也未经资产评估的，其成本比照同类或类似资产的市场价格加上相关税费确定。

（四）无偿调入的长期股权投资，其成本按照调出方账面价值加上相关税费确定。

第十五条 长期股权投资在持有期间，通常应当采用权益法进行核算。政府会计主体无权决定被投资单位的财务和经营政策或无权参与被投资单位的财务和经营政策决策的，应当采用成本法进行核算。

成本法，是指投资按照投资成本计量的方法。

权益法，是指投资最初以投资成本计量，以后根据政府会计主体在被投资单位所享有的所有者权益份额的变动对投资的账面余额进行调整的方法。

第十六条 在成本法下，长期股权投资的账面余额通常保持不变，但追加或收回投资时，应当相应调整其账面余额。

长期股权投资持有期间，被投资单位宣告分派的现金股利或利润，政府会计主体应当按照宣告分派的现金股利或利润中属于政府会计主体应享有的份额确认为投资收益。

第十七条 采用权益法的，按照如下原则进行会计处理：

（一）政府会计主体取得长期股权投资后，对于被投资单位所有者权益的变动，应当按照下列规定进行处理：

1. 按照应享有或应分担的被投资单位实现的净损益的份额，确认为投资损益，同时调整长期股权投资的账面余额。

2. 按照被投资单位宣告分派的现金股利或利润计算应享有的份额，确认为应收股利，同时减少长期股权投资的账面余额。

3. 按照被投资单位除净损益和利润分配以外的所有者权益变动的份额，确认为净资产，同时调整长期股权投资的账面余额。

（二）政府会计主体确认被投资单位发生的净亏损，应当以长期股权投资的账面余额减记至零为限，政府会计主体负有承担额外损失义务的除外。

被投资单位发生净亏损，但以后年度又实现净利润的，政府会计主体应当在其收益分享额弥补未确认的亏损分担额等后，恢复确认投资收益。

第十八条 政府会计主体因处置部分长期股权投资等原因无权再决定被投资单位的财务和经营政策或者参与被投资单位的财务和经营政策决策的，应当对处置后的剩余股权投资改按成本法核算，并以该剩余股权投资在权益法下的账面余额作为按照成本法核算的初始投资成本。其后，被投资单位宣告分派现金股利或利润时，属于已计入投资账面余额的部分，作为成本法下长期股权投资成本的收回，冲减长期股权投资的账面余额。

政府会计主体因追加投资等原因对长期股权投资的核算从成本法改为权益法的，应当自有权决定被投资单位的财务和经营政策或者参与被投资单位的财务和经营政策决策时，按成本法下长期股权投资的账面余额加上追加投资的成本作为按照权益法核算的初始投资成本。

第十九条 政府会计主体按规定报经批准处置长期股权投资，应当冲减长期股权投资的账面余额，并按规定将处置价款扣除相关税费后的余额作应缴款项处理，或者按规定将处置价款扣除相关税费后的余额与长期股权投资账面余额的差额计入当期投资损益。

采用权益法核算的长期股权投资，因被投资单位除净损益和利润分配以外的所有者权益变动而将应享有的份额计入净资产的，处置该项投资时，还应当将原计入净资产的相应部分转入当期投资损益。

第四章　投资的披露

第二十条 政府会计主体应当在附注中披露与投资有关的下列信息：

（一）短期投资的增减变动及期初、期末账面余额。

（二）各类长期债权投资和长期股权投资的增减变动及期初、期末账面余额。

（三）长期股权投资的投资对象及核算方法。

（四）当期发生的投资净损益，其中重大的投资净损益项目应当单独披露。

第五章　附　　则

第二十一条　本准则自 2017 年 1 月 1 日起施行。

附件 3：

政府会计准则第 3 号——固定资产

第一章　总　　则

第一条　为了规范固定资产的确认、计量和相关信息的披露，根据《政府会计准则——基本准则》，制定本准则。

第二条　本准则所称固定资产，是指政府会计主体为满足自身开展业务活动或其他活动需要而控制的，使用年限超过 1 年（不含 1 年）、单位价值在规定标准以上，并在使用过程中基本保持原有物质形态的资产，一般包括房屋及构筑物、专用设备、通用设备等。

单位价值虽未达到规定标准，但是使用年限超过 1 年（不含 1 年）的大批同类物资，如图书、家具、用具、装具等，应当确认为固定资产。

第三条　公共基础设施、政府储备物资、保障性住房、自然资源资产等，适用其他相关政府会计准则。

第二章　固定资产的确认

第四条　固定资产同时满足下列条件的，应当予以确认：

（一）与该固定资产相关的服务潜力很可能实现或者经济利益很可能流入政府会计主体；

（二）该固定资产的成本或者价值能够可靠地计量。

第五条　通常情况下，购入、换入、接受捐赠、无偿调入不需安装的固定资产，在固定资产验收合格时确认；购入、换入、接受捐赠、无偿调入需要安装的固定资产，在固定资产安装完成交付使用时确认；自行建造、改建、扩建的固定资产，在建造完成交付使用时确认。

第六条　确认固定资产时，应当考虑以下情况：

（一）固定资产的各组成部分具有不同使用年限或者以不同方式为政府会计主体实现服务潜力或提供经济利益，适用不同折旧率或折旧方法且可以分别确定各自原价的，应当分别将各组成部分确认为单项固定资产。

（二）应用软件构成相关硬件不可缺少的组成部分的，应当将该软件的价值包括在所属的硬件价值中，一并确认为固定资产；不构成相关硬件不可缺少的组成部分的，应当将该软件确认为无形资产。

（三）购建房屋及构筑物时，不能分清购建成本中的房屋及构筑物部分与土地使用权部分的，应当全部确认为固定资产；能够分清购建成本中的房屋及构筑物部分与土地使用权部分的，应当将其中的房屋及构筑物部分确认为固定资产，将其中的土地使用权部分确认为无形资产。

第七条　固定资产在使用过程中发生的后续支出，符合本准则第四条规定的确认条件的，应当计入固定资产成本；不符合本准则第四条规定的确认条件的，应当在发生时计入当期费用或者相关资产成本。

将发生的固定资产后续支出计入固定资产成本的，应当同时从固定资产账面价值中扣除被替换部分的账面价值。

第三章 固定资产的初始计量

第八条 固定资产在取得时应当按照成本进行初始计量。

第九条 政府会计主体外购的固定资产，其成本包括购买价款、相关税费以及固定资产交付使用前所发生的可归属于该项资产的运输费、装卸费、安装费和专业人员服务费等。

以一笔款项购入多项没有单独标价的固定资产，应当按照各项固定资产同类或类似资产市场价格的比例对总成本进行分配，分别确定各项固定资产的成本。

第十条 政府会计主体自行建造的固定资产，其成本包括该项资产至交付使用前所发生的全部必要支出。

在原有固定资产基础上进行改建、扩建、修缮后的固定资产，其成本按照原固定资产账面价值加上改建、扩建、修缮发生的支出，再扣除固定资产被替换部分的账面价值后的金额确定。

为建造固定资产借入的专门借款的利息，属于建设期间发生的，计入在建工程成本；不属于建设期间发生的，计入当期费用。

已交付使用但尚未办理竣工决算手续的固定资产，应当按照估计价值入账，待办理竣工决算后再按实际成本调整原来的暂估价值。

第十一条 政府会计主体通过置换取得的固定资产，其成本按照换出资产的评估价值加上支付的补价或减去收到的补价，加上换入固定资产发生的其他相关支出确定。

第十二条 政府会计主体接受捐赠的固定资产，其成本按照有关凭据注明的金额加上相关税费、运输费等确定；没有相关凭据可供取得，但按规定经过资产评估的，其成本按照评估价值加上相关税费、运输费等确定；没有相关凭据可供取得、也未经资产评估的，其成本比照同类或类似资产的市场价格加上相关税费、运输费等确定；没有相关凭据且未经资产评估、同类或类似资产的市场价格也无法可靠取得的，按照名义金额入账，相关税费、运输费等计入当期费用。

如受赠的系旧的固定资产，在确定其初始入账成本时应当考虑该项资产的新旧程度。

第十三条 政府会计主体无偿调入的固定资产，其成本按照调出方账面价值加上相关税费、运输费等确定。

第十四条 政府会计主体盘盈的固定资产，按规定经过资产评估的，其成本按照评估价值确定；未经资产评估的，其成本按照重置成本确定。

第十五条 政府会计主体融资租赁取得的固定资产，其成本按照其他相关政府会计准则确定。

第四章 固定资产的后续计量

第一节 固定资产的折旧

第十六条 政府会计主体应当对固定资产计提折旧，但本准则第十七条规定的固定资产除外。

折旧，是指在固定资产的预计使用年限内，按照确定的方法对应计的折旧额进行系统分摊。

固定资产应计的折旧额为其成本，计提固定资产折旧时不考虑预计净残值。

政府会计主体应当对暂估入账的固定资产计提折旧，实际成本确定后不需调整原已计提的折旧额。

第十七条 下列各项固定资产不计提折旧：

（一）文物和陈列品；

（二）动植物；

（三）图书、档案；

（四）单独计价入账的土地；

（五）以名义金额计量的固定资产。

第十八条　政府会计主体应当根据相关规定以及固定资产的性质和使用情况，合理确定固定资产的使用年限。

固定资产的使用年限一经确定，不得随意变更。

政府会计主体确定固定资产使用年限，应当考虑下列因素：

（一）预计实现服务潜力或提供经济利益的期限；

（二）预计有形损耗和无形损耗；

（三）法律或者类似规定对资产使用的限制。

第十九条　政府会计主体一般应当采用年限平均法或者工作量法计提固定资产折旧。

在确定固定资产的折旧方法时，应当考虑与固定资产相关的服务潜力或经济利益的预期实现方式。

固定资产折旧方法一经确定，不得随意变更。

第二十条　固定资产应当按月计提折旧，并根据用途计入当期费用或者相关资产成本。

第二十一条　固定资产提足折旧后，无论能否继续使用，均不再计提折旧；提前报废的固定资产，也不再补提折旧。已提足折旧的固定资产，可以继续使用的，应当继续使用，规范实物管理。

第二十二条　固定资产因改建、扩建或修缮等原因而延长其使用年限的，应当按照重新确定的固定资产的成本以及重新确定的折旧年限计算折旧额。

第二节　固定资产的处置

第二十三条　政府会计主体按规定报经批准出售、转让固定资产或固定资产报废、毁损的，应当将固定资产账面价值转销计入当期费用，并将处置收入扣除相关处置税费后的差额按规定作应缴款项处理（差额为净收益时）或计入当期费用（差额为净损失时）。

第二十四条　政府会计主体按规定报经批准对外捐赠、无偿调出固定资产的，应当将固定资产的账面价值予以转销，对外捐赠、无偿调出中发生的归属于捐出方、调出方的相关费用应当计入当期费用。

第二十五条　政府会计主体按规定报经批准以固定资产对外投资的，应当将该固定资产的账面价值予以转销，并将固定资产在对外投资时的评估价值与其账面价值的差额计入当期收入或费用。

第二十六条　固定资产盘亏造成的损失，按规定报经批准后应当计入当期费用。

第五章　固定资产的披露

第二十七条　政府会计主体应当在附注中披露与固定资产有关的下列信息：

（一）固定资产的分类和折旧方法。

（二）各类固定资产的使用年限、折旧率。

（三）各类固定资产账面余额、累计折旧额、账面价值的期初、期末数及其本期变动情况。

（四）以名义金额计量的固定资产名称、数量，以及以名义金额计量的理由。

（五）已提足折旧的固定资产名称、数量等情况。

（六）接受捐赠、无偿调入的固定资产名称、数量等情况。

（七）出租、出借固定资产以及以固定资产投资的情况。

（八）固定资产对外捐赠、无偿调出、毁损等重要资产处置的情况。

（九）暂估入账的固定资产账面价值变动情况。

第六章　附　　则

第二十八条　本准则自 2017 年 1 月 1 日起施行。

附件4：

政府会计准则第4号——无形资产

第一章　总　　则

第一条　为了规范无形资产的确认、计量和相关信息的披露，根据《政府会计准则——基本准则》，制定本准则。

第二条　本准则所称无形资产，是指政府会计主体控制的没有实物形态的可辨认非货币性资产，如专利权、商标权、著作权、土地使用权、非专利技术等。

资产满足下列条件之一的，符合无形资产定义中的可辨认性标准：

（一）能够从政府会计主体中分离或者划分出来，并能单独或者与相关合同、资产或负债一起，用于出售、转移、授予许可、租赁或者交换。

（二）源自合同性权利或其他法定权利，无论这些权利是否可以从政府会计主体或其他权利和义务中转移或者分离。

第二章　无形资产的确认

第三条　无形资产同时满足下列条件的，应当予以确认：

（一）与该无形资产相关的服务潜力很可能实现或者经济利益很可能流入政府会计主体；

（二）该无形资产的成本或者价值能够可靠地计量。

政府会计主体在判断无形资产的服务潜力或经济利益是否很可能实现或流入时，应当对无形资产在预计使用年限内可能存在的各种社会、经济、科技因素做出合理估计，并且应当有确凿的证据支持。

第四条　政府会计主体购入的不构成相关硬件不可缺少组成部分的软件，应当确认为无形资产。

第五条　政府会计主体自行研究开发项目的支出，应当区分研究阶段支出与开发阶段支出。

研究是指为获取并理解新的科学或技术知识而进行的独创性的有计划调查。

开发是指在进行生产或使用前，将研究成果或其他知识应用于某项计划或设计，以生产出新的或具有实质性改进的材料、装置、产品等。

第六条　政府会计主体自行研究开发项目研究阶段的支出，应当于发生时计入当期费用。

政府会计主体自行研究开发项目开发阶段的支出，先按合理方法进行归集，如果最终形成无形资产的，应当确认为无形资产；如果最终未形成无形资产的，应当计入当期费用。

政府会计主体自行研究开发项目尚未进入开发阶段，或者确实无法区分研究阶段支出和开发阶段支出，但按法律程序已申请取得无形资产的，应当将依法取得时发生的注册费、聘请律师费等费用确认为无形资产。

第七条　政府会计主体自创商誉及内部产生的品牌、报刊名等，不应确认为无形资产。

第八条　与无形资产有关的后续支出，符合本准则第三条规定的确认条件的，应当计入无形资产成本；不符合本准则第三条规定的确认条件的，应当在发生时计入当期费用或者相关资产成本。

第三章　无形资产的初始计量

第九条　无形资产在取得时应当按照成本进行初始计量。

第十条   政府会计主体外购的无形资产，其成本包括购买价款、相关税费以及可归属于该项资产达到预定用途前所发生的其他支出。

政府会计主体委托软件公司开发的软件，视同外购无形资产确定其成本。

第十一条   政府会计主体自行开发的无形资产，其成本包括自该项目进入开发阶段后至达到预定用途前所发生的支出总额。

第十二条   政府会计主体通过置换取得的无形资产，其成本按照换出资产的评估价值加上支付的补价或减去收到的补价，加上换入无形资产发生的其他相关支出确定。

第十三条   政府会计主体接受捐赠的无形资产，其成本按照有关凭据注明的金额加上相关税费确定；没有相关凭据可供取得，但按规定经过资产评估的，其成本按照评估价值加上相关税费确定；没有相关凭据可供取得、也未经资产评估的，其成本比照同类或类似资产的市场价格加上相关税费确定；没有相关凭据且未经资产评估、同类或类似资产的市场价格也无法可靠取得的，按照名义金额入账，相关税费计入当期费用。

确定接受捐赠无形资产的初始入账成本时，应当考虑该项资产尚可为政府会计主体带来服务潜力或经济利益的能力。

第十四条   政府会计主体无偿调入的无形资产，其成本按照调出方账面价值加上相关税费确定。

第四章   无形资产的后续计量

第一节   无形资产的摊销

第十五条   政府会计主体应当于取得或形成无形资产时合理确定其使用年限。

无形资产的使用年限为有限的，应当估计该使用年限。无法预见无形资产为政府会计主体提供服务潜力或者带来经济利益期限的，应当视为使用年限不确定的无形资产。

第十六条   政府会计主体应当对使用年限有限的无形资产进行摊销，但已摊销完毕仍继续使用的无形资产和以名义金额计量的无形资产除外。

摊销是指在无形资产使用年限内，按照确定的方法对应摊销金额进行系统分摊。

第十七条   对于使用年限有限的无形资产，政府会计主体应当按照以下原则确定无形资产的摊销年限：

（一）法律规定了有效年限的，按照法律规定的有效年限作为摊销年限；

（二）法律没有规定有效年限的，按照相关合同或单位申请书中的受益年限作为摊销年限；

（三）法律没有规定有效年限、相关合同或单位申请书也没有规定受益年限的，应当根据无形资产为政府会计主体带来服务潜力或经济利益的实际情况，预计其使用年限；

（四）非大批量购入、单价小于 1 000 元的无形资产，可以于购买的当期将其成本一次性全部转销。

第十八条   政府会计主体应当按月对使用年限有限的无形资产进行摊销，并根据用途计入当期费用或者相关资产成本。

政府会计主体应当采用年限平均法或者工作量法对无形资产进行摊销，应摊销金额为其成本，不考虑预计残值。

第十九条   因发生后续支出而增加无形资产成本的，对于使用年限有限的无形资产，应当按照重新确定的无形资产成本以及重新确定的摊销年限计算摊销额。

第二十条   使用年限不确定的无形资产不应摊销。

第二节   无形资产的处置

第二十一条   政府会计主体按规定报经批准出售无形资产，应当将无形资产账面价值转销计入当期费用，并将处置收入大于相关处置税费后的差额按规定计入当期收入或者做应缴款项处理，将处置收入小于相关处置税费后的差额计入当期费用。

第二十二条　政府会计主体按规定报经批准对外捐赠、无偿调出无形资产的，应当将无形资产的账面价值予以转销，对外捐赠、无偿调出中发生的归属于捐出方、调出方的相关费用应当计入当期费用。

第二十三条　政府会计主体按规定报经批准以无形资产对外投资的，应当将该无形资产的账面价值予以转销，并将无形资产在对外投资时的评估价值与其账面价值的差额计入当期收入或费用。

第二十四条　无形资产预期不能为政府会计主体带来服务潜力或者经济利益的，应当在报经批准后将该无形资产的账面价值予以转销。

第五章　无形资产的披露

第二十五条　政府会计主体应当按照无形资产的类别在附注中披露与无形资产有关的下列信息：

（一）无形资产账面余额、累计摊销额、账面价值的期初、期末数及其本期变动情况。

（二）自行开发无形资产的名称、数量，以及账面余额和累计摊销额的变动情况。

（三）以名义金额计量的无形资产名称、数量，以及以名义金额计量的理由。

（四）接受捐赠、无偿调入无形资产的名称、数量等情况。

（五）使用年限有限的无形资产，其使用年限的估计情况；使用年限不确定的无形资产，其使用年限不确定的确定依据。

（六）无形资产出售、对外投资等重要资产处置的情况。

第六章　附　　则

第二十六条　本准则自 2017 年 1 月 1 日起施行。

财政部　银监会关于进一步规范银行函证及回函工作的通知

2016 年 7 月 12 日　财会〔2016〕13 号

各省、自治区、直辖市、计划单列市财政厅（局），各银监局，各政策性银行、大型银行、股份制银行，邮储银行，外资银行：

银行函证是注册会计师独立审计的核心程序之一，银行回函对于注册会计师在审计工作中识别财务报表错误与舞弊行为至关重要。为进一步规范银行函证及回函工作，保证审计工作质量，维护金融市场秩序，现将有关事项通知如下：

一、高度重视银行函证回函工作

银行函证回函工作是金融服务的内在组成部分，也关系到金融安全的维护与保障。高质高效的银行函证回函工作，有助于夯实市场主体会计信息质量、防范金融风险、维护金融秩序，有助于各政策性银行、商业银行、农村合作银行、农村信用社和村镇银行（以下统称银行）加强内部控制，降低运营风险、法律风险和声誉风险，推动社会信用体系的建设。

随着金融业务的创新发展，企业与银行之间资金往来的形式复杂多样，原询证函格式无法覆盖新的业务情形。另外，也存在着部分银行对回函工作不够重视、回函不完整、不及时等问题，损害了银行回函作为审计证据的可靠性，也易引发银行的经营风险。

各银行应从健全内部管理、防范金融风险、承担社会责任的高度，充分认识银行函证的重要性，提升服务意识，高度重视并切实做好银行函证的回函工作。

二、规范银行函证及回函工作

注册会计师应当根据具体业务的需要，从本通知所附银行询证函格式中选择适当的银行询证函，并确保函证的完整规范有效。注册会计师应当对银行询证函及回函中所列信息严格保密，仅用于审计（验资）目的，并按照执业准则的要求形成业务工作底稿。

各银行应严格规范银行函证回函工作。各银行原则上应当在被审计单位签署的银行询证函原件上确认、填写相关信息并签章；如不在询证函原件上回复而采用银行系统自动生成的相关报告并签章作为回复的，应对询证函列示的全部项目作出回应。银行应对回函信息的真实性和准确性负责。银行应于收到询证函之日起 10 个工作日内，按照询证函所载致送的会计师事务所地址，将回函直接寄往会计师事务所。会计师事务所对被审计单位开户行的回函真实性存有疑虑或开户行未对全部函证事项及时回函的情况下，可向开户行的上级行反映投诉，上级行应督促开户行积极配合办理，或由上级行直接办理。

三、严格银行函证回函的内部控制

为有效防范因银行函证回函不实导致的运营风险、法律风险和声誉风险，银行应在以下方面建立和完善银行函证回函工作的内部控制，并确保其有效运行：

（一）明确回函的工作流程，建立相应的授权机制和制衡机制，实现不相容职责的分离；

（二）规范询证函回函用章的管理制度，明确回函用章；

（三）校验询证函印章，确定其与预留印鉴一致无误后，方可办理回函业务；

（四）询证函回函人员应注意核查询证函内容及格式、留存相关回函复印件或影像文件，当发现询证函所载信息与银行信息不相符时，应在回函上按照要求列明不符事项；

（五）加强回函的复核控制，即由函证处理人员根据原始业务记录进行填写，并由主管人员根据授权复核后在回函上签字并加盖有效印章；

（六）建立完备的回函操作记录，记录中应体现处理过程及主管人员复核签字等内控程序；

（七）将回函工作纳入银行内审或内控检查范畴，并对所发现问题及回函投诉事项建立缺陷整改、责任认定和问责机制；

（八）银行函证受理部门名称、地址、联系电话应当公开透明。

四、建立健全银行函证集中处理机制

鼓励各银行对信息系统功能进行升级和扩展，使针对同一客户的所有信息能够集中显示，同时应当加强对信息系统的安全管理和授权管理。鼓励各银行建立银行函证的集中处理机制，如全国性或区域性银行函证处理中心，负责集中处理注册会计师或其他第三方的银行询证函，以保障回函工作的质量和效率。

五、加强回函监管工作

金融监管部门将强化监管，对于银行在办理回函工作中出现的失信行为，依照相关法律法规予以处理，追究法律责任。

本通知对银行的监管要求适用于企业集团财务公司。本通知自 2016 年 10 月 1 日起施行，《关于做好企业的银行存款　借款及往来款项函证工作的通知》（财协字〔1999〕1 号）中有关银行询证函的相关规定同时废止。

  附件：1. 审计业务银行询证函（通用格式）

     2. 审计业务银行询证函（备选格式）

     3. 验资业务银行询证函（通用格式）

附件 1：

审计业务银行询证函（通用格式）

编号：

××（银行）：

  本公司聘请的××会计师事务所正在对本公司＿＿＿＿＿＿＿年度（或期间）的财务报表进行审计，按照中国注册会计师审计准则的要求，应当询证本公司与贵行相关的信息。下列第 1～14 项信息出自本公司的记录：

  （1）如与贵行记录相符，请在本函"结论"部分签字、签章；

  （2）如有不符，请在本函"结论"部分列明不符项目及具体内容，并签字和签章。

  本公司谨授权贵行将回函直接寄至××会计师事务所，地址及联系方式如下：

回函地址：

联系人：   电话：   传真：   邮编：

电子邮箱：

本公司谨授权贵行可从本公司××账户支取办理本询证函回函服务的费用。

  截至＿＿＿＿＿＿年＿＿＿月＿＿＿日，本公司与贵行相关的信息列示如下：

  1. 银行存款

账户名称	银行账号	币种	利率	账户类型	余额	起止日期	是否用于担保或存在其他使用限制	备注

  除上述列示的银行存款外，本公司并无在贵行的其他存款。

  注："起止日期"一栏仅适用于定期存款，如为活期或保证金存款，可只填写"活期"或"保证金"字样；"账户类型"列明账户性质，如基本户、一般户等。

  2. 银行借款

借款人名称	银行账号	币种	余额	借款日期	到期日期	利率	抵（质）押品/担保人	备注

除上述列示的银行借款外，本公司并无自贵行的其他借款。

注：如存在本金或利息逾期未付行为，在"备注"栏中予以说明。

3. 自_____年____月____日起至_____年____月____日期间内注销的账户

账户名称	银行账号	币种	注销账户日

除上述列示的注销账户外，本公司在此期间并未在贵行注销其他账户。

4. 本公司作为贷款方的委托贷款

账户名称	银行账号	资金借入方	币种	利率	余额	贷款起止日期	备注

除上述列示的委托贷款外，本公司并无通过贵行办理的其他委托贷款。

注：如资金借入方存在本金或利息逾期未付行为，在"备注"栏中予以说明。

5. 本公司作为借款方的委托贷款

账户名称	银行账号	资金借出方	币种	利率	余额	贷款起止日期	备注

除上述列示的委托贷款外，本公司并无通过贵行办理的其他委托贷款。

注：如存在本金或利息逾期未付行为，在"备注"栏中予以说明。

6. 担保（包括保函）

（1）本公司为其他单位提供的、以贵行为担保受益人的担保

被担保人	担保方式	担保余额	担保到期日	担保合同编号	备注

除上述列示的担保外，本公司并无其他以贵行为担保受益人的担保。

注：如采用抵押或质押方式提供担保的，应在"备注"栏中说明抵押或质押物情况；如被担保方存在本金或利息逾期未付行为，在"备注"栏中予以说明。

（2）贵行向本公司提供的担保

被担保人	担保方式	担保金额	担保到期日	担保合同编号	备注

除上述列示的担保外，本公司并无贵行提供的其他担保。

7. 本公司为出票人且由贵行承兑而尚未支付的银行承兑汇票

银行承兑汇票号码	承兑银行名称	结算账户账号	票面金额	出票日	到期日

除上述列示的银行承兑汇票外，本公司并无由贵行承兑而尚未支付的其他银行承兑汇票。

8. 本公司向贵行已贴现而尚未到期的商业汇票

商业汇票号码	付款人名称	承兑人名称	票面金额	出票日	到期日	贴现日	贴现率	贴现净额

除上述列示的商业汇票外，本公司并无向贵行已贴现而尚未到期的其他商业汇票。

9. 本公司为持票人且由贵行托收的商业汇票

商业汇票号码	承兑人名称	票面金额	出票日	到期日

除上述列示的商业汇票外，本公司并无由贵行托收的其他商业汇票。

10. 本公司为申请人、由贵行开具的、未履行完毕的不可撤销信用证

信用证号码	受益人	信用证金额	到期日	未使用金额

除上述列示的不可撤销信用证外，本公司并无由贵行开具的、未履行完毕的其他不可撤销信用证。

11. 本公司与贵行之间未履行完毕的外汇买卖合约

类别	合约号码	买卖币种	未履行的合约买卖金额	汇率	交收日期
贵行卖予本公司					
本公司卖予贵行					

除上述列示的外汇买卖合约外，本公司并无与贵行之间未履行完毕的其他外汇买卖合约。

12. 本公司存放于贵行托管的有价证券或其他产权文件

有价证券或其他产权文件名称	产权文件编号	数量	金额

除上述列示的有价证券或其他产权文件外，本公司并无存放于贵行托管的其他有价证券或其他产权文件。

13. 本公司购买的由贵行发行的未到期银行理财产品

产品名称	产品类型	认购金额	购买日	到期日	币种

除上述列示的银行理财产品外，本公司并无购买其他由贵行发行的理财产品。

14. 其他

注：此项应填列注册会计师认为重大且应予函证的其他事项，如欠银行的其他负债或者或有负债、除外汇买卖外的其他衍生交易、贵金属交易等。

（预留印鉴）

年　月　日

经办人：

职　务：

电　话：

_____以下由被询证银行填列_____

结论：

经本行核对，所函证项目与本行记载信息相符。特此函复。

年　月　日　　　经办人：　职务：　电话：
复核人：　职务：　电话：
（银行盖章）

经本行核对，存在以下不符之处。

年　月　日　　　经办人：　职务：　电话：
复核人：　职务：　电话：
（银行盖章）

说明：

1. 本询证函（包括回函）中所列信息应严格保密，仅用于注册会计师审计目的。

2. 注册会计师可根据审计的需要，从本函所列第 1～14 项中选择所需询证的项目，对于不适用的项目，应当将该项目中的表格用斜线划掉。

3. 本函应由被审计单位加盖骑缝章。

附件 2：

审计业务银行询证函（备选格式）

编号：

××（银行）：

本公司聘请的 ×× 会计师事务所正在对本公司_____年度（或期间）的财务报表进行审计，按照中国注册会计师审计准则的要求，应当询证截至_____年____月____日本公司与贵行相关的信息。请填写下列第 1～14 项中的表格，并签字和盖章。

本公司谨授权贵行将回函直接寄至××会计师事务所，地址及联系方式如下：

回函地址：

联系人：　　　　　电话：　　　　　传真：　　　　　邮编：

电子邮箱：

本公司谨授权贵行可从本公司××账户支取办理本询证函回函服务的费用。

（预留印鉴）

年　月　日

经办人：

职　务：

电　话：

——————————————以下由被询证银行填列——————————————

1. 银行存款

账户名称	银行账号	币种	利率	账户类型	余额	起止日期	是否用于担保或存在其他使用限制	备注

注："起止日期"一栏仅适用于定期存款，如为活期或保证金存款，可只填写"活期"或"保证金"字样；"账户类型"列明账户用途，如基本户、一般户等。

2. 银行借款

借款人名称	银行账号	币种	余额	借款日期	到期日期	利率	抵（质）押品/担保人	备注

注：如存在本金或利息逾期未付行为，在"备注"栏中予以说明。

3. 自_____年____月____日起至_____年____月____日期间内注销的账户

账户名称	银行账号	币种	注销账户日

4. 贵公司作为委托方的委托贷款

账户名称	银行账号	资金借入方	币种	利率	余额	贷款起止日期	备注

注：如资金借入方存在本金或利息逾期未付行为，在"备注"栏中予以说明。

5. 贵公司作为借款方的委托贷款

账户名称	银行账号	资金借出方	币种	利率	余额	贷款起止日期	备注

注：如存在本金或利息逾期未付行为，在"备注"栏中予以说明。

6. 担保（包括保函）

（1）贵公司为其他单位提供的、以本行为担保受益人的担保

被担保人	担保方式	担保余额	担保到期日	担保合同编号	备注

注：如采用抵押或质押方式提供担保的，应在"备注"栏中说明抵押或质押物情况；如被担保方存在本金或利息逾期未付行为，在"备注"栏中予以说明。

（2）本行向贵公司提供的担保

被担保人	担保方式	担保金额	担保到期日	担保合同编号	备注

7. 贵公司为出票人且由本行承兑而尚未支付的银行承兑汇票

银行承兑汇票号码	结算账户账号	票面金额	出票日	到期日

8. 贵公司向本行已贴现而尚未到期的商业汇票

商业汇票号码	付款人名称	承兑人名称	票面金额	出票日	到期日	贴现日	贴现率	贴现净额

9. 贵公司为持票人且由本行托收的商业汇票

商业汇票号码	承兑人名称	票面金额	出票日	到期日

10. 贵公司为申请人、由本行开具的、未履行完毕的不可撤销信用证

信用证号码	受益人	信用证金额	到期日	未使用金额

11. 本行与贵公司之间未履行完毕的外汇买卖合约

类别	合约号码	买卖币种	未履行的合约买卖金额	汇率	交收日期
本行卖予贵公司					
贵公司卖予本行					

12. 贵公司存放于本行托管的有价证券或其他产权文件

有价证券或其他产权文件名称	产权文件编号	数量	金额

13. 贵公司购买的由本行发行的未到期银行理财产品

产品名称	产品类型	认购金额	购买日	到期日	币种

14. 其他

注：此项应填列未在本函第 1~13 项列示的重要信息，包括欠银行的其他负债或者或有负债、除外汇买卖外的其他衍生交易、贵金属交易等。

银行确认
本行确认在上述第 1～14 项的表格中填列的金额和信息是正确、完整的。

年　月　日

经办人：　　职务：　　电话：

复核人：　　职务：　　电话：

（银行盖章）

说明：

1. 本询证函（包括回函）中所列信息应严格保密，仅用于注册会计师审计目的。

2. 本函应由被审计单位加盖骑缝章。

3. 如本函中的空白处不足，银行可另行添加附页列示相关信息，并在附页上签字和盖章。

附件 3：

验资业务银行询证函（通用格式）

编号：

××（银行）：

　　本公司［（＊筹）］聘请的××会计师事务所正在对本公司［（＊筹）］的注册资本实收（或注册资本、实收资本变更）情况进行审验。按照国家有关法规的规定和中国注册会计师审计准则的要求，应当询证本公司［（＊筹）］［出资者（股东）］［#外方股东］向贵行缴存的出资额。下列数据及事项［出自本公司账簿记录，］如与贵行记录相符，请在本函"结论"部分签字、签章；如有不符，请在本函"结论"部分列明不符项目及具体内容，并签字、签章。回函请直接寄至××会计师事务所。

　　回函地址：

　　联系人：　　　　电话：　　　　传真：　　　　邮编：

　　电子邮箱：

　　截至＿＿＿＿年＿＿月＿＿日止，本公司［（＊筹）］［出资者（股东）］［#外方股东］缴入的出资额列示如下：

缴款人	缴入日期	#[账户性质]	银行账号	币种	金额	款项用途	#[款项来源]		备注
							境内	境外	

××公司［（＊筹）］：（盖章）

［＊法定代表人或委托代理人：（签名并盖章）］

年　　月　　日

注1：＊适用于拟设立公司。

注2：#适用于外商投资企业（外方出资）。

_____以下由被询证银行填列_____

结论：

经本行核对，所函证项目与本行记载信息相符。特此函复。

年　　月　　日　　　经办人：　职务：　电话：
　　　　　　　　　　　　　　　复核人：　职务：　电话：
　　　　　　　　　　　　　　　　（银行盖章）

经本行核对，存在以下不符之处。

年　　月　　日　　　经办人：　职务：　电话：
　　　　　　　　　　　　　　　复核人：　职务：　电话：
　　　　　　　　　　　　　　　　（银行盖章）

说明：

1. 本询证函（包括回函）中所列信息应严格保密，仅用于注册会计师执行验资业务。

2. 本函应由被验资企业加盖骑缝章。

财政部关于印发《规范"三去一降一补"有关业务的会计处理规定》的通知

2016 年 9 月 22 日　财会〔2016〕17 号

国务院有关部委，有关中央管理企业，各省、自治区、直辖市、计划单列市财政厅（局），新疆生产建设兵团财务局，财政部驻各省、自治区、直辖市、计划单列市财政监察专员办事处：

为贯彻落实《国务院关于钢铁行业化解过剩产能实现脱困发展的意见》（国发〔2016〕6 号）和《国务院关于煤炭行业化解过剩产能实现脱困发展的意见》（国发〔2016〕7 号）等文件精神，推动"三去一降一补"工作，根据《中华人民共和国会计法》和国家统一的会计制度相关规定，我部制定了《规范"三去一降一补"有关业务的会计处理规定》，现予印发，请遵照执行。

附件：规范"三去一降一补"有关业务的会计处理规定

附件：

规范"三去一降一补"有关业务的会计处理规定

一、关于国有独资或全资企业之间无偿划拨子公司的会计处理

在"三去一降一补"工作中，有关企业集团出于深化国企改革或去产能、调结构等原因，按照国有资产监管部门（以下简称国资监管部门）有关规定，对所属的子公司的股权进行集团之间的无偿划拨。本规定所称的国有独资或全资企业，包括国有独资公司、非公司制国有独资企业、国有全资企业、事业单位投资设立的一人有限责任公司及其再投资设立的一人有限责任公司。国有独资或全资企业之间按有关规定无偿划拨子公司，导致对被划拨企业的控制权从划出企业转移到划入企业的，应当进行以下会计处理：

（一）划入企业的会计处理。

1. 个别财务报表。被划拨企业按照国有产权无偿划拨的有关规定开展审计等，上报国资监管部门作为无偿划拨依据的，划入企业在取得被划拨企业的控制权之日，编制个别财务报表时，应当根据国资监管部门批复的有关金额，借记"长期股权投资"科目，贷记"资本公积（资本溢价）"科目（若批复明确作为资本金投入的，记入"实收资本"科目，下同）。

2. 合并财务报表。划入企业在取得被划拨企业的控制权后编制合并财务报表，一般包括资产负债表、利润表、现金流量表和所有者权益变动表等：

（1）合并资产负债表。划入企业应当以被划拨企业经审计等确定并经国资监管部门批复的资产和负债的账面价值及其在被划拨企业控制权转移之前发生的变动为基础，对被划拨企业的资产负债表进行调整，调整后应享有的被划拨企业资产和负债之间的差额，计入资本公积（资本溢价）。

（2）合并利润表。划入企业编制取得被划拨企业的控制权当期的合并利润表时，应包含被划拨企业自国资监管部门批复的基准日起至控制权转移当期期末发生的净利润。

（3）合并现金流量表。划入企业编制取得被划拨企业的控制权当期的合并现金流量表时，应包含被划拨企业自国资监管部门批复的基准日起至控制权转移当期期末产生的现金流量。

（4）合并所有者权益变动表。划入企业编制当期的合并所有者权益变动表时，应包含被划拨企业自国

资监管部门批复的基准日起至控制权转移当期期末的所有者权益变动情况。合并所有者权益变动表可以根据合并资产负债表和合并利润表编制。

（二）划出企业的会计处理。

1. 个别财务报表。划出企业在丧失对被划拨企业的控制权之日，编制个别财务报表时，应当按照对被划拨企业的长期股权投资的账面价值，借记"资本公积（资本溢价）"科目（若批复明确冲减资本金的，应借记"实收资本"科目，下同），贷记"长期股权投资（被划拨企业）"科目；资本公积（资本溢价）不足冲减的，依次冲减盈余公积和未分配利润。

2. 合并财务报表。划出企业在丧失对被划拨企业的控制权之日，编制合并财务报表时，不应再将被划拨企业纳入合并财务报表范围，终止确认原在合并财务报表中反映的被划拨企业相关资产、负债、少数股东权益以及其他权益项目，相关差额冲减资本公积（资本溢价），资本公积（资本溢价）不足冲减的，依次冲减盈余公积和未分配利润。同时，划出企业与被划拨企业之间在控制权转移之前发生的未实现内部损益，应转入资本公积（资本溢价），资本公积（资本溢价）不足冲减的，依次冲减盈余公积和未分配利润。

二、关于即将关闭出清的"僵尸企业"的会计处理

（一）即将关闭出清的"僵尸企业"自身的会计处理。

根据《国务院关于钢铁行业化解过剩产能实现脱困发展的意见》（国发〔2016〕6号）和《国务院关于煤炭行业化解过剩产能实现脱困发展的意见》（国发〔2016〕7号）等文件规定，地方可以综合运用兼并重组、债务重组和破产清算等方式，加快处置"僵尸企业"，实现市场出清。

企业按照政府推动化解过剩产能的有关规定界定为"僵尸企业"且列入即将关闭出清的"僵尸企业"名单的（以下简称此类"僵尸企业"），应自被列为此类"僵尸企业"的当期期初开始，对资产改按清算价值计量、负债改按预计的结算金额计量，有关差额计入营业外支出（收入）。此类"僵尸企业"不应再对固定资产和无形资产计提折旧或摊销。

此类"僵尸企业"应在附注中披露财务报表的编制基础及其原因、财务报表上有关资产和负债的状况、清理的进展情况、是否会因资产变现以及负债清偿等原因需预计大额的损失或额外负债等重要信息。

此类"僵尸企业"进入破产清算程序且被法院指定的破产管理人接管的，应改按有关破产清算的会计处理规定进行会计处理。

（二）即将关闭出清的"僵尸企业"的母公司的会计处理。

此类"僵尸企业"的母公司（以下简称母公司）应当区分个别财务报表和合并财务报表进行会计处理：

1. 母公司在编制个别财务报表时，对该子公司长期股权投资，应当按照资产负债表日的可收回金额与账面价值孰低进行计量，前者低于后者的，其差额计入资产减值损失。

2. 母公司在编制合并财务报表时，应当以该子公司按本条规定编制的财务报表为基础，按与该子公司相同的基础对该子公司的资产、负债进行计量，计量金额与原在合并财务报表中反映的相关资产、负债以及商誉的金额之间的差额，应计入当期损益。母公司因其所属子公司进入破产清算程序且被法院指定的破产管理人接管等，丧失了对该子公司控制权的，不应再将其纳入合并财务报表范围。

3. 母公司应当在合并财务报表附注中披露子公司财务报表的编制基础及其原因、母公司计量基础的有关变化对其当期财务状况、经营成果、现金流量等方面的影响、子公司清理的进展情况、是否会因资产变现以及负债清偿等原因需预计大额的损失或额外负债等重要信息。

（三）即将关闭出清的"僵尸企业"的母公司以外的其他权益性投资方的会计处理。

本规定所称的其他权益性投资方，是指对此类"僵尸企业"具有共同控制或能够施加重大影响的投资企业。这些投资企业对该"僵尸企业"的长期股权投资，应当按照可收回金额与账面价值孰低进行计量，前者低于后者的，其差额计入资产减值损失。

三、关于中央企业对工业企业结构调整专项奖补资金的会计处理

根据《财政部关于印发〈工业企业结构调整专项奖补资金管理办法〉的通知》（财建〔2016〕253

号，以下简称253号文），中央财政将安排工业企业结构调整专项奖补资金（以下简称专项奖补资金），用于支持地方政府和中央企业推动钢铁、煤炭等行业化解过剩产能。

中央企业在收到预拨的专项奖补资金时，应当暂通过"专项应付款"科目核算，借记"银行存款"等科目，贷记"专项应付款"科目。中央企业按要求开展化解产能相关工作后，按照253号文规定的计算标准等，能够合理可靠地确定因完成任务所取得的专项奖补资金金额的，借记"专项应付款"科目，贷记有关损益科目；不能合理可靠地确定因完成任务所取得的专项奖补资金金额的，应当经财政部核查清算后，按照清算的有关金额，借记"专项应付款"科目，贷记有关损益科目；预拨的专项奖补资金小于企业估计应享有的金额的，不足部分的差额借记"其他应收款"；因未能完成有关任务而按规定向财政部缴回资金的，按缴回资金金额，借记"专项应付款"科目，贷记"银行存款"等科目。

四、本规定自发布之日起施行，不要求追溯调整

财政部关于印发《会计改革与发展"十三五"规划纲要》的通知

2016年10月8日　财会〔2016〕19号

各省、自治区、直辖市、计划单列市财政厅（局），新疆生产建设兵团财务局，中共中央直属机关事务管理局，国家机关事务管理局财务司，中央军委后勤保障部财务局、武警部队后勤部财务局，财政部驻各省、自治区、直辖市、计划单列市财政监察专员办事处：

为贯彻落实党的十八届五中全会精神，根据《中华人民共和国国民经济和社会发展第十三个五年规划纲要》和《国家财政"十三五"规划》的有关要求，在认真总结全国会计管理工作取得的成就和经验、深入分析"十三五"时期会计改革发展面临的形势和任务的基础上，我部制定了《会计改革与发展"十三五"规划纲要》（以下简称《规划纲要》）。现印发给你们，请认真贯彻执行。

各级财政部门和中央有关主管部门，要深刻认识发布实施《规划纲要》的重大意义，组织学习和大力宣传《规划纲要》的指导思想、基本原则、总体目标和任务措施，交流典型经验、做法和成效，为进一步加强会计管理、全面深化会计改革营造良好氛围和创造有利条件。要加强《规划纲要》实施的组织保障，紧密结合本地区、本部门实际，抓紧制定《规划纲要》的实施方案，积极落实有关重大政策措施。要建立监督检查机制，对《规划纲要》的实施情况进行跟踪了解和督促检查，针对实施过程中发现的新情况、新问题，及时采取有效措施，确保《规划纲要》的各项目标任务和政策措施落到实处，取得实效。

各地区、各部门在实施《规划纲要》中制定的实施方案及实施进展情况，请及时报我部会计司。

附件：会计改革与发展"十三五"规划纲要

附件：

会计改革与发展"十三五"规划纲要

"十三五"时期（2016年至2020年）是全面建成小康社会的决胜阶段，也是全面建成与社会主义市场经济相适应的会计体系的关键时期。为科学规划、全面指导未来五年我国会计改革与发展，更好地为经济社会发展和财政中心工作服务，根据《中华人民共和国国民经济和社会发展第十三个五年规划纲要》和

《国家财政"十三五"规划》的有关要求，制定本规划纲要。

一、"十三五"时期会计改革与发展面临的形势

"十二五"时期，会计行业紧紧围绕服务经济社会发展大局和财政中心工作，坚持解放思想，开拓创新，会计改革与发展取得了显著成绩。以《会计法》为中心的法律、法规和配套规章进一步完善，会计法制化建设得到加强；企业会计准则体系进一步完善并有效实施，与国际财务报告准则持续趋同；修订行政事业单位会计准则制度，根据国务院批准发布的《权责发生制政府综合财务报告制度改革方案》印发了《政府会计准则——基本准则》，在医院等事业单位会计制度中率先引入权责发生制，政府会计改革取得积极进展；全面加强管理会计体系建设，指导、推动管理会计有效应用；企业内部控制规范体系有效实施，发布实施行政事业单位内部控制规范，对行政事业单位加强内部控制建设和权力制约提出指导意见；发布实施企业会计信息化工作规范，企业会计准则通用分类标准稳步推行；以《会计行业中长期人才发展规划（2010～2020 年）》为指导，全面实施全国会计领军（后备）人才培养工程及其特殊支持计划、大中型企事业单位总会计师素质提升工程、会计名家工程等高端人才培养工程，稳步推进会计专业技术资格改革，大力开展会计人员继续教育和职业道德教育，会计队伍整体素质明显提高，职能作用进一步发挥；全面贯彻《关于加快发展我国注册会计师行业的若干意见》（国办发〔2009〕56 号），注册会计师行业较快发展并不断做强做大，注册会计师执业质量和社会公信力稳步提升；会计学会、会计行业自律组织建设得到加强，会计理论研究、会计教育工作取得积极进展；会计对外交流与合作进一步深化；会计管理体制进一步完善，会计管理工作不断加强。在肯定会计改革与发展取得成绩的同时，应当正视会计工作中存在的问题和不足，主要表现在：会计工作的转型升级仍不能适应经济管理要求，复合型、国际化高端会计人才相对缺乏，会计法治建设、内部控制建设、会计诚信建设和会计监管工作仍需进一步加强等等，这些问题都需要在"十三五"时期通过制度创新、机制创新、理论创新切实加以解决。

"十三五"时期，会计行业机遇与挑战并存，会计改革与发展任务艰巨而繁重，会计的服务对象、服务领域、工作职能、工作手段、工作体制和工作机制都面临着重大转型升级。党的十八届三中、四中、五中全会作出了一系列重大战略部署，对建立权责发生制政府综合财务报告制度、内部控制建设、加强现代服务业发展等提出了明确要求，指明了改革发展方向；我国经济发展方式的转变、供给侧结构性改革的推进、国有企业改革的深化和资本市场的发展，为企业会计准则完善和顺利实施、管理会计广泛应用提出了明确的要求；贯彻人才强国战略和完善人才评价激励机制，为加强会计人才队伍建设和健全会计人才评价制度提供了有力政策保障；国家大数据战略和"互联网＋"行动计划的实施，为信息技术在会计领域的深入应用奠定了坚实基础；我国积极参与全球经济治理以及"一带一路"战略的实施，为我国深入参与国际会计标准的制定，全方位开展会计对外交流与合作提供了有利条件。当然，"十三五"时期我国会计改革与发展也面临诸多挑战。随着我国经济结构调整和发展方式转变，会计工作面临许多新情况、新问题，要求会计法制、会计标准必须适应环境变化不断完善、强化实施，要求会计从业人员必须转变观念、开拓创新，要求会计监管和宏观管理必须改进监管方式、形成监管合力和牢固树立服务理念，在认真总结过去五年会计行业成绩经验基础上，科学引导会计行业在未来五年健康顺利发展。

二、"十三五"时期会计改革与发展的总体要求

（一）指导思想。

"十三五"时期，会计改革与发展的指导思想是：高举中国特色社会主义伟大旗帜，全面贯彻落实党的十八大和十八届三中、四中、五中全会精神，以马克思列宁主义、毛泽东思想、邓小平理论、"三个代表"重要思想、科学发展观为指导，深入贯彻习近平总书记系列重要讲话精神和中央决策部署，按照"五位一体"总体布局和"四个全面"战略布局，牢固树立和贯彻落实创新、协调、绿色、开放、共享的发展理念，紧紧围绕经济社会发展和财政中心工作，全面加强会计法制建设、会计标准建设、会计人才队伍建设、会计服务市场建设、会计理论建设，进一步健全完善会计管理体制和机制，全面推动会计转型升级，

为全面建成小康社会服务。

（二）基本原则。

——坚持创新引领。创新是会计改革与发展的源泉和动力。会计行业必须不断推进制度创新、机制创新和理论创新，更新发展理念，消除体制障碍，破解工作难题，为会计改革与发展提供持续动力。

——坚持强化法治。法治是会计改革与发展的可靠保障。会计行业必须按照科学民主立法要求，运用法治思维和法治方式，加强会计法律法规体系建设，把会计工作纳入法治化轨道，依法推进会计改革与发展，形成有法必依、执法必严、违法必究的良好氛围。

——坚持服务发展。突出服务理念是会计工作的必然要求。会计行业必须紧紧围绕"五位一体"总体布局和"四个全面"战略布局，强化服务理念，创新服务方式，努力为经济社会发展和财政中心工作服务，为市场主体和广大会计人员服务，在服务中转型升级，不断提高服务效能。

——坚持文化传承。继承和弘扬会计传统文化是推进会计改革与发展的内在要求。会计行业必须坚持中国特色社会主义道路自信、理论自信、制度自信、文化自信，认同与尊崇中国会计行业的传统文化、传统思想价值体系，正确处理好继承与发展、借鉴与创新、趋同与互动的关系，切实提高中国会计行业竞争软实力。

——坚持开放合作。对外开放与合作是会计改革与发展的必由之路。会计行业必须树立开放发展、合作共赢理念，以维护国家利益、促进会计行业发展为出发点，坚持企业会计准则国际趋同战略，积极参与国际会计组织治理改革，推进会计服务市场有序开放，深化会计国际交流与合作，在开放合作中不断提高我国会计的国际话语权和影响力。

（三）总体目标。

"十三五"期间会计改革与发展的总体目标是，建立健全与社会主义市场经济相适应的会计体系，深入推进会计工作法治化、信息化、现代化。

——会计法制和会计标准体系更加科学。修订《会计法》、《注册会计师法》及其配套法规、规章，完善会计监管、行政执法机制，切实落实单位负责人对本单位会计工作的主体责任，进一步规范会计秩序，提高会计信息质量和注册会计师审计质量；完善企业会计准则体系，建立政府会计准则制度体系，加强管理会计体系建设，全面推行内部控制规范体系，加强其他会计审计标准体系建设，大力推动各项会计审计标准体系的贯彻实施。

——会计工作转型升级取得实效。适应经济社会发展需要，进一步夯实会计基础工作，积极融合新技术、新手段，推动会计核算技术的优化升级；以建设管理会计体系为抓手，引导、推动管理会计广泛应用；探索会计信息资源有效利用机制，进一步推动各单位会计信息化水平不断提高；加强政策引导、经验交流，不断强化会计工作在信息利用、资本运营、价值管理、内部控制、风险防范等方面的职能作用。

——会计工作者执业能力明显增强。完善会计人员继续教育、会计人才评价等政策并发挥其导向作用，促进广大会计工作者知识结构进一步优化、职业道德素养进一步提高、执业能力和服务水平进一步提升，培育造就结构合理、素质优良的会计人才队伍。

——会计管理体制更加完善。按照依法行政要求，进一步理顺中央、地方、部门、行业组织（团体）在会计管理方面的权责关系，进一步健全、完善以间接管理为主，法律手段、经济手段与行政手段并用，有利于发挥各方面积极性和创造性的会计管理体制。

三、"十三五"时期会计改革与发展的主要任务

（一）加强会计法制建设。

1. 完善会计法律体系。修订《会计法》、《注册会计师法》及其配套法规、规章，提高会计法律法规的科学性、严肃性和可执行性，进一步规范会计审计行为，提高会计信息质量和审计执业质量。

2. 广泛开展会计普法教育。采取多种形式广泛宣传会计法律法规和准则制度，广泛宣传加强法制、依法理财、维护国家财经纪律的重要意义，引导单位负责人和社会各界重视、支持会计审计工作，引导广大

会计工作者学好用好会计法律知识、自觉树立诚信理念，努力构建学法、用法、守法长效机制。

3. 加强会计监督检查。认真开展对《会计法》及会计准则制度执行情况的监督检查，按照定期随机抽查与不定期专项检查相结合的方式，创新监管手段，主动公开检查结果，严肃查处违法会计行为，切实做到有法必依、执法必严、违法必究。研究建立会计诚信档案和会计"黑名单"制度，将会计人员、注册会计师的诚信记录和单位会计信用信息纳入全国信用信息共享平台。理顺会计监管机制，整合会计监管资源，形成会计监管合力。

（二）加快推进政府及非营利组织会计改革。

1. 建立政府会计准则制度体系。加快落实国务院批准发布的《权责发生制政府综合财务报告制度改革方案》，有序推进政府会计改革，在已发布的《政府会计准则——基本准则》基础上，加快制定政府会计具体准则及应用指南和政府会计制度，建立健全政府会计准则制度体系，为编制权责发生制政府财务报告和健全完善政府财务报告体系奠定基础。研究制定政府成本会计制度。抓好政府会计准则制度贯彻实施工作，完善信息化建设等相关配套措施，确保政府会计改革顺利进行。积极参与国际公共部门会计准则建设，不断提高我国在国际政府会计标准制定中的话语权。

2. 完善民间非营利组织会计制度。适应民间非营利组织发展要求，密切跟踪基金会、社会团体、民办医疗、民办教育等非营利组织财务管理、会计核算等情况，研究修订民间非营利组织会计制度，进一步规范民间非营利组织会计管理，促进社会事业健康发展。

3. 修订社会保险基金等基金（资金）类会计制度。积极配合社保、住房、土地等制度改革，适时修订社会保险基金、住房公积金、土地储备资金等基金（资金）类会计制度。

（三）健全企业会计准则体系。

1. 完善企业会计准则体系。根据经济社会发展要求，适时修订、完善相关企业会计准则，及时发布企业会计准则解释。研究制订我国金融市场、资本市场对外开放的相关会计政策。规范企业会计准则体系体例，清理企业会计准则制度类规范性文件，进一步完善企业会计准则体系。

2. 继续保持企业会计准则国际趋同。立足我国实际情况，适应国际财务报告准则发展，积极稳妥推进我国企业会计准则与国际财务报告准则持续全面趋同。积极参与国际财务报告准则基金会各层面事务和国际财务报告准则制定工作，不断提高我国在国际财务报告准则制定中的话语权和影响力。充分利用亚洲—大洋洲会计准则制定机构组、中日韩会计准则制定机构会议、国际会计准则理事会新兴经济体工作组等多边、双边交流机制，协调立场，争取支持，为我国企业会计准则建设和国际趋同创造有利的国际环境。深度参与国际综合报告委员会工作，提高我国对国际综合报告框架等规则制定的影响力，持续研究综合报告在我国的适用性和可行性。

3. 加强企业会计准则体系实施。加强企业会计准则宣传、培训和对其实施情况的监督检查，密切跟踪、分析上市公司年度财务报告，及时了解企业会计准则执行中的新情况、新问题，完善企业会计问题应急处理机制。健全沟通协调机制，定期与监管部门、有关企业及会计师事务所等沟通交流企业会计准则实施情况。加强企业会计准则与税收政策、监管政策的协调。做好小企业会计准则体系实施的监督、指导。

4. 完善企业会计准则外部咨询机制。发挥会计标准战略委员会在会计准则建设中研究咨询、决策支持的重要作用。发挥会计准则委员会在会计准则研究、起草、实施以及对外交流、组织联系咨询专家队伍等方面的作用，为企业会计准则建设提供重要支撑。健全企业会计准则咨询专家队伍，充实研究力量，改进咨询方式，提高咨询水平。

（四）推进管理会计广泛应用。

1. 加强管理会计指引体系建设。坚持经验总结和理论创新，加强政策指导，2018 年底前基本形成以管理会计基本指引为统领、以管理会计应用指引为具体指导、以管理会计案例示范为补充的管理会计指引体系。制定发布系列分行业产品成本核算制度，推动企业切实改进和加强成本管理。加强管理会计国际交流与合作，不断提高我国在国际管理会计界的地位和影响力。

2. 推进管理会计广泛应用。认真抓好管理会计指引体系实施，采取政策宣讲、经验交流、成果推广、人员培训、理论研讨等多种形式和措施，深入推动管理会计广泛应用。同时，加强管理会计理论研究、教学教材改革，支持管理会计创新中心建设。

3. 提升会计工作管理效能。以深入实施管理会计指引体系为抓手，积极推动企业和其他单位会计工作转型升级，进一步发挥会计工作在战略管理、预算管理、成本管理、营运管理、投融资管理、绩效管理、风险管理等方面的职能作用，促进企业提高管理水平和经济效益，促进行政事业单位提高理财水平和预算绩效，更好地为经济社会发展服务。

（五）完善内部控制规范体系。

1. 完善内部控制规范体系。按照党的十八届四中全会关于"对财政资金分配使用、国有资产管理、政府投资、政府采购、公共资源转让、公共工程建设等权力集中的部门和岗位实行分事行权、分岗设权、分级授权，定期轮岗，强化内部流程控制，防止权力滥用"的要求，研究制定政府内部控制规范和非营利组织内部控制规范，修订《行政事业单位内部控制规范（试行）》，将行政事业单位内部控制对象从经济活动层面拓展到全部业务活动和内部权力运行。制订行政事业单位内部控制量化指标体系。完善《企业内部控制基本规范》及其配套指引，研究制定《小企业内部控制规范》。积极开展内部控制对外交流与合作，深入参与国际内部控制与风险管理标准制定工作。

2. 加强内部控制规范实施。加强对中央企业执行内部控制规范的政策指导，推进地方国有大中型企业实施内部控制规范。密切跟踪上市公司执行内部控制规范情况，定期发布上市公司执行内部控制规范情况报告。会同监管部门制定中小板、创业板和新三板挂牌公司执行内部控制规范的政策措施。认真贯彻落实《财政部关于全面推进行政事业单位内部控制建设的指导意见》，加强对行政事业单位执行内部控制规范情况的监督检查，推动行政事业单位全面开展内部控制建设。

（六）加强会计信息化建设。

1. 推进企业会计准则通用分类标准有效实施。不断更新企业会计准则通用分类标准，推动监管部门在监管领域制定和实施监管扩展分类标准，形成各部门协调配合的财务报告数据交换标准体系，适时推动建立以披露财务报告数据为主的社会化会计信息公共服务平台。研究制定企业账户层面和交易层面会计数据以及相关业务数据交换标准，降低会计信息生产成本和企业内外部交易成本，促进企业数据的深度利用。积极参与可扩展商业报告语言（XBRL）等国际标准制定工作，全面提升我国在会计信息化领域的国际影响力。

2. 不断提高单位会计信息化水平。认真抓好《企业会计信息化工作规范》等制度的贯彻落实，在不断提高企业会计信息化水平的同时，积极探索推动行政事业单位会计信息化工作，推动基层单位会计信息系统与业务系统的有机融合，推动会计工作从传统核算型向现代管理型转变。引导企业以可扩展商业报告语言（XBRL）提升内部管理信息标准化，促进财务、业务数据的融合与互联。同时，密切关注大数据、"互联网＋"发展对会计工作的影响，及时完善相关规范，研究探索会计信息资源共享机制、会计资料无纸化管理制度。

（七）大力发展会计服务市场。

1. 促进注册会计师行业健康发展。不断拓展会计师事务所业务领域，研究建立公共部门注册会计师审计制度、政府购买注册会计师专业服务制度，支持会计师事务所拓展涉税服务、管理会计咨询、法务会计服务等新型业务。研究探索改进会计师事务所选聘方式和审计费用支付方式，着力增强独立性。推动大中型会计师事务所广泛采用特殊普通合伙组织形式，鼓励小型会计师事务所优先采用普通合伙组织形式，适当、适度限制有限责任会计师事务所从事关系公众利益的高风险业务。指导会计师事务所加强内部治理和总分所一体化管理，完善大中小会计师事务所合理布局，进一步推动大型会计师事务所做强做大，促进中小型会计师事务所健康、规范发展。

2. 推进代理记账业务不断发展。加强对代理记账业务的政策扶持和业务指导，促进小企业、个体工商户以及其他小型经济组织选择依法设立的代理记账机构代理记账，支持小微企业等的健康发展。探索建立政府购买代理记账服务制度。注重发挥各代理记账行业协会在行业自律方面的服务作用。积极支持其他会计咨询、会计培训等服务业务的大力发展。

3. 加强注册会计师行业和其他会计服务行业的行政监管。进一步完善注册会计师行业法规制度，落实行政审批制度改革和简政放权要求，简化会计师事务所设立审批和变更备案，健全会计师事务所退出机制。完善注册会计师考试、注册、职业责任保险等制度。改进中央企业审计轮换制度，探索大型企业集团"主审＋参审"审计模式。适应金融改革和多层次资本市场发展要求，完善会计师事务所从事证券期货审计业务管理制度。加强政策协调，研究解决对会计师事务所多头检查、重复检查等问题，探索联合监管机制，形成监管合力，提高监管效能。加强对代理记账机构的事中事后监管，完善代理记账管理信息化平台，建立代理记账机构信息公示制度。探索会计服务业信用体系建设。

4. 推进会计服务市场开放。坚持平等互利原则，抓好双边、多边会计服务市场开放谈判和跨境审计监管合作。鼓励会计中介服务机构开展跨境服务，规范会计师事务所跨境执业行为，发挥会计师事务所在中国企业、中国资本"走出去"过程中的积极作用。指导支持会计师事务所以成员所模式为主流构建国际网络、参与国际竞争，重点扶持大型会计师事务所创建民族品牌国际会计网络或在加盟的国际会计网络中日益发挥重要影响。

（八）实施会计人才战略。

1. 深化会计职称制度改革。以会计人员能力框架为指导，改革会计专业技术资格评价制度，改进选才评价标准，完善考试科目设置，加强考务管理，提高考试水平与实践能力的匹配度，推动增设正高级会计专业技术资格，形成初级、中级、高级（含副高级和正高级）等层次清晰、相互衔接、体系完整的会计专业技术职务资格评价制度，充分发挥会计专业技术职务资格评价对会计人才选拔、培养的导向作用。进一步完善会计人员结构，力争到 2020 年具备初级资格会计人员达到 500 万人左右，具备中级资格会计人员达到 200 万人左右，具备高级资格会计人员达到 18 万人左右。

2. 完善会计人员继续教育制度。完善会计人员继续教育制度，指导会计人员继续教育，不断提高会计人员专业胜任能力。加强继续教育教材、师资队伍建设，丰富继续教育方式、内容和手段，推广在线教育等现代化培训方式。加强对会计人员继续教育机构的管理，规范会计培训市场，坚决打击乱收费、假培训等违法行为。

3. 深化会计领军人才培养。研究制定《全国会计领军人才培养工程发展规划》，健全全国会计领军人才培养工程及其特殊支持计划长效机制。创新选拔、培养机制，完善考核、使用制度，不断充实全国会计领军人才队伍，到 2020 年，完成全国会计领军（后备）人才达到 2 000 名的培养目标。继续推进全国会计领军人才特殊支持计划。指导各地财政部门和中央有关主管单位开展的会计领军人才培养工作。

4. 加快行业急需紧缺专门人才培养。加快推进管理会计人才培养，力争到 2020 年培养 3 万名精于理财、善于管理和决策的管理会计人才。继续加强总会计师制度建设，推动在大中型企业、行政事业单位配备总会计师（财务总监），深入推进大中型企事业单位总会计师素质提升工程。适应我国政府职能转变和全面深化财税体制改革的要求，加大政府会计领域人才的培养力度，造就与政府会计改革要求相适应的会计人才队伍。积极推进高端会计人员和注册会计师国际化人才培养。

5. 指导会计专业学位研究生教育。加强与教育部门的协调，推动加速培养应用型高层次会计人才。研究完善会计硕士专业学位质量认证体系，加大案例研究和教学，创新会计专业学位研究生培养模式。积极推进设立会计博士专业学位，完善会计专业学位系列。积极推动会计专业学位研究生教育和会计专业技术资格考试"双向挂钩"。

6. 加强会计人员职业道德建设。制定会计人员职业道德规范，加强会计职业道德建设。大力弘扬会计诚信理念，探索建立会计诚信档案制度，加强督促检查和行业自律，不断提高会计人员的职业修养和素质，进一步提高会计社会公信力。

7. 加强会计从业资格管理。完善会计从业资格考试大纲，充实、更新无纸化考试题库，提高会计从业资格考试的公正性、科学性。加强会计人员信息化管理，建立统一的会计人员管理平台，促进会计人员基础数据的共享和利用。

8. 加强会计管理队伍建设。健全会计管理队伍的选拔、培养和使用机制，要将作风正派、责任心强、业务素质高的干部充实到各级会计管理队伍中来。加强对全国各级财政部门会计管理工作者的培训工作，指导、督促会计管理工作者不断更新观念、创新思维，改进工作作风，加强理论业务修养，进一步提高服务社会、服务会计人员的能力和水平。

（九）繁荣会计理论研究。

1. 加强对会计理论研究工作的指导。坚持理论创新和理论联系实际，指导会计理论工作者紧紧围绕经济社会发展和财政会计中心工作实际，深入开展会计学术研究和理论创新，加快建立具有中国特色、实现重大理论突破并彰显国际影响力的中国会计理论和方法体系。指导会计理论工作者深入改革实践一线，总结实践经验，形成理论指导，推动会计改革与发展。指导会计理论工作者进一步丰富会计理论研究方法，切实改进文风学风，不断净化学术环境。

2. 发挥会计学术人才高端引领作用。继续抓好会计名家培养工程等学术带头人培养；进一步完善《会计研究》、《中国会计研究》（英文版，CJAS）、优秀论文评选等会计学术成果评价机制，推出一批重大研究成果和高端会计学术人才，更好地推动中国会计理论研究走向国际。

3. 加强会计学术组织建设。加强对各级会计学会的业务指导，支持学会依法开展学术活动，规范学会内部管理，努力把学会建设成为服务会计改革与发展的重要智库。不断改进学会会员服务，进一步提高组织凝聚力、增强社会服务力。

四、组织保障

（一）加强组织领导。各级财政部门和中央有关主管部门要重视和加强会计管理工作，统筹规划，组织协调，确保规划纲要的有效落实，并指导、督促会计管理机构、会计行业组织、会计学会等加强协作、抓好落实，共同推进会计管理工作，促进本地区（部门）会计管理工作水平不断迈上新台阶。各地区（部门）应当积极推动将规划纲要中重大的会计改革与发展举措纳入本地区（部门）的国民经济和社会发展"十三五"规划中，充分发挥会计在推动经济社会发展中的基础性作用。有条件的地区（部门），可以结合实际研究制定本地区（部门）会计"十三五"规划或配套政策措施，确保有关重大会计改革任务如期完成、取得实效。各单位要结合实际认真抓好会计组织体系、会计核算体系、内部控制体系建设，进一步规范会计行为、提高会计信息质量和服务水平，更好地为加强经济管理、提高经济效益服务。

（二）健全会计管理机构。各级财政部门要高度重视会计管理机构和队伍建设，进一步健全会计管理机构，充实会计管理队伍，落实会计管理经费，为会计改革与发展提供重要的组织、人力资源和资金保障。各级会计管理机构要增强服务意识，探索建立会计工作联系点制度，并抓好窗口建设，充分利用信息化技术，完善会计管理工作服务平台，切实加强基层会计管理工作，进一步提升会计服务质量和效能，推动会计管理工作从管理型向服务型转变。

（三）积极营造规划纲要实施的良好社会氛围。各级财政部门和中央有关主管部门应当采取多种形式，广泛宣传规划纲要的基本内容，广泛宣传"十三五"时期会计改革与发展的目标任务，争取社会各界对会计改革与发展的理解、重视、支持，为全面深化会计改革、推进会计事业发展营造良好社会氛围。

（四）建立健全规划纲要实施的考核检查机制。财政部门和中央有关主管部门要对规划纲要确定的目标任务进行分解，并督促落实；要定期检查、评估规划纲要的落实情况，针对存在问题及时采取有效措施，确保规划纲要确定的各项目标任务落到实处、取得实效。

财政部关于印发《全国会计领军人才培养工程发展规划》的通知

2016 年 10 月 9 日　财会〔2016〕20 号

各省、自治区、直辖市、计划单列市财政厅（局），新疆生产建设兵团财务局，中共中央直属机关事务管理局，国家机关事务管理局，中央军委后勤保障部财务局、武警总部后勤部，北京、上海、厦门国家会计学院：

为贯彻落实国家人才强国战略，切实加强会计领军人才培养工作，进一步建立健全会计领军人才培养机制，实现会计领军人才培养的规范化、系统化、科学化，我部制定了《全国会计领军人才培养工程发展规划》（以下简称《规划》），现印发给你们。

该《规划》适用于财政部组织的全国会计领军人才培养工作。各省、自治区、直辖市、计划单列市财政厅（局），新疆生产建设兵团财务局，中共中央直属机关事务管理局，国家机关事务管理局，中央军委后勤保障部财务局、武警总部后勤部，可以参照全国会计领军人才培养的选拔方式、培养内容、培养方式等，因地制宜，实施本地区、本部门、本系统会计领军人才培养工程。

附件：全国会计领军人才培养工程发展规划

附件：

全国会计领军人才培养工程发展规划

会计人才是我国人才队伍的重要组成部分，是维护市场经济秩序、推动科学发展、促进社会和谐的重要力量。加强会计人才队伍建设，尤其是会计领军人才培养，不仅关系到提高会计行业核心竞争力、确保会计工作促进经济社会发展的职能作用有效发挥，而且关系到贯彻落实国家人才强国战略、加快建设会计人才强国的大局。

为支持实施企业"走出去"战略，实现会计审计标准国际趋同，加快高素质、复合型、国际化、管理型会计人才培养步伐，财政部在 2005 年正式启动了全国会计领军（后备）人才培养工程。经过有关各方的共同努力，培养工程取得了显著成效：项目规模有序扩张，截至 2015 年底已累计招收 1 422 名学员，毕业 507 人，招收全国会计领军人才培养工程特殊支持计划（以下简称特殊支持计划）学员 27 名；学员素质全面提升，职务、职称普遍晋升，取得各类资格资质数量显著增加，学术成果丰硕，广受各级嘉奖；社会认可更加广泛，党和国家人才主管部门、用人单位给予高度评价；学员担当意识普遍增强，积极参与行业发展各类活动、承担各类课题、开展多项公益活动；国际影响日益扩大，得到境外著名高校、国际媒体及国际组织的充分肯定；培养工程的品牌效应不断显现，培养的学员在会计行业改革与发展中发挥着越来越重要的作用。

当前和今后一个时期，贯彻落实创新、协调、绿色、开放、共享的发展理念，协调推进"四个全面"战略布局，实现"两个一百年"奋斗目标，必须全面深化会计领军人才培养工程体制机制，最大限度激发会计领军人才创新活力，推动会计改革发展事业更好地为经济社会发展和改革开放服务。

一、总体要求

（一）指导思想。

高举中国特色社会主义伟大旗帜，以邓小平理论、"三个代表"重要思想、科学发展观为指导，深入贯彻习近平总书记系列重要讲话精神，牢固树立科学人才观，扎实践行国家人才强国战略，以能力建设为核心，遵循社会主义市场经济规律和人才成长规律，着力破除束缚会计人才发展的思想观念和体制机制障碍，培养造就一批高层次会计人才，打造一支适应我国经济社会全面持续健康发展和会计改革发展事业战略要求的会计领军人才队伍，发挥引领辐射作用，带动我国会计人才队伍整体素质的全面提升，为推动我国经济社会又好又快发展和实现会计强国目标提供充足的人才储备和强大的智力支持。

（二）基本原则。

——坚持服务发展。服务发展是培养会计领军人才的根本目的。要主动把握并积极适应经济发展新常态，把服务经济社会发展作为会计领军人才队伍建设的出发点和落脚点，坚持科学发展以人为本，人才发展以用为本，把用好用活会计领军人才作为重要任务，积极为会计领军人才拓展事业和实现价值提供机会和条件，更好地发挥会计领军人才的作用。

——坚持改革创新。改革创新是会计领军人才培养工程持续发展的不竭动力。要进一步强化会计领军人才培养工程组织管理体制，创新会计领军人才选拔机制、培养机制、课程体系和考核评价机制，建立健全体现社会主义市场经济规律和会计人才成长规律，有利于科学发展的会计领军人才培养体制机制，营造会计领军人才发展的宽松环境，最大限度激发会计领军人才的创造活力。

——坚持高端引领。高端引领是对会计领军人才的主要定位。要以全国会计领军人才培养工程为重要平台，培养造就一批知识结构优化、实践经验丰富、创新能力突出、职业道德高尚、具有国际视野和战略思维的会计领军人才，切实担当会计行业领军重任，发挥引领辐射作用，积极参与财政会计改革，服务经济社会发展。

——坚持德才兼备。德才兼备是对会计领军人才的内在要求。要弘扬社会主义核心价值观，大力倡导会计诚信文化建设，加强会计职业道德培养，提升会计领军人才职业道德水平；要坚持德才兼备、以德为先的选拔培养标准，加大培训考核力度，牢固树立诚信为本、操守为重、坚持准则、不做假账的会计职业理念，塑造会计领军人才良好职业形象。

——坚持统筹推进。统筹推进是做好会计领军人才培养工作的重要方法。要进一步加大全国会计领军人才培养工程的统筹整合管理力度，兼顾不同层次、不同类别会计领军人才特点，适当统一选拔标准、培训机制和考核办法，按照分类培养、联合打造模式，搭建会计领军人才培养梯队，实现会计领军人才队伍的全面协调健康发展。

（三）培养目标。

到 2020 年，分别企业类、行政事业类、注册会计师类、学术类 4 类，再培养 600 名左右、累计培养 2 000 名左右全国会计领军人才，担当会计行业领军重任；再培养 20 名左右、累计培养 50 名左右特殊支持计划学员，打造会计行业高层次、复合型、标志性的尖端会计领军人才。到 2025 年，在 2020 年基础上，再培养 700 名左右全国会计领军人才，再培养 30 名左右特殊支持计划学员。

二、主要任务

全国会计领军人才培养工程由全国会计领军（后备）人才培养工程和全国会计领军人才培养工程特殊支持计划两部分组成。

（一）全国会计领军（后备）人才培养工程。

全国会计领军（后备）人才培养工程旨在选拔培养全国会计领军人才。通过选拔程序录取的学员，完成 6 年学业并通过考核，由财政部授予《全国会计领军人才证书》。根据全国会计领军（后备）人才培养工程的培养目标，结合不同领域的实际情况，具体任务如下：

1. 适应大中型企业和上市公司加快发展、强化管理对高层次财会人才的需求，带动全国企业会计人员整体素质的提高，每年选拔培养一批在大中型企业、上市公司或其他企业担任财会及相关部门负责人或其副职的企业类会计领军人才。积极发挥这些人才在深化企业治理机制改革，建立健全现代企业制度，增强企业核心竞争力和价值创造力，推动企业实施"走出去"战略，促进经济社会和谐发展等方面的重要作用。

2. 适应我国政府会计改革对高层次财会人才的迫切需要，加快推进行政事业单位会计工作，带动和引导行政事业单位加强管理工作，每两年选拔培养一批在行政事业单位或相关重要领域担任财会及相关部门负责人或其副职的行政事业类会计领军人才。积极发挥这些人才在深化财税体制改革，优化资源配置，建立实施政府会计准则体系，加强财政财务管理和预算绩效管理，推动依法行政、依法理财，提高财政资金使用效益等方面的重要作用。

3. 适应完善社会主义市场经济体制的要求,加快我国注册会计师行业的发展,促进注册会计师业务水平的全面提升,推动会计师事务所做强做大,每年选拔培养一批具备国际资本市场认可的专业资格、具有国际执业能力的注册会计师类会计领军人才。积极发挥这些人才在规范会计服务市场,增强行业竞争力,促进行业全面发展,打造行业民族品牌,推动行业实施"走出去"战略等方面的重要作用。

4. 适应建立有中国特色和国际影响会计理论体系的要求,充分发挥理论研究、学科建设对会计改革与发展的理论支撑作用,每两年选拔培养一批在会计学科具有较大发展潜力的学术类会计领军人才。积极发挥这些人才在加强会计理论研究,推动会计学术创新,凝练中国特色理论,贡献会计智库成果,打造学术研究团队,融入国际学术前沿,培养优秀会计人才,创新教育教学方法,提升会计学科地位等方面的重要作用。

(二)全国会计领军人才培养工程特殊支持计划。

特殊支持计划旨在助推优秀会计领军人才进一步提升能力素质。在已经完成全国会计领军(后备)人才培养工程6年学业、取得《全国会计领军人才证书》的学员中,原则上每年选拔若干人实施特殊支持计划。通过个性化培养方式持续提升学员各方面的能力和素质,将其培养打造成为引领会计事业发展的高层次、复合型、标志性的尖端会计领军人才,充分发挥这些人才在我国建设会计强国进程中的引领辐射作用。

三、组织分工

(一)全国会计领军人才培养工程统筹管理领导小组。

成立全国会计领军人才培养工程统筹管理领导小组(以下简称领导小组),组长由分管会计工作的部领导担任,副组长由财政部会计司司长担任,成员包括财政部会计司、中国注册会计师协会、中国会计学会,以及北京、上海、厦门国家会计学院等单位分管会计领军人才培养工作的单位领导,领导小组下设办公室(设在财政部会计司)。领导小组根据工作需要不定期召开会议,着重研究全国会计领军人才培养工程统筹管理的政策措施,指导相关单位在各自职责范围内贯彻落实,推动建立与组织、人社、国资管理等部门的沟通协调机制,为会计领军人才发挥引领辐射作用创造便利条件。

领导小组办公室具体负责指导全国会计领军人才培养工作,构建会计领军人才联合培养机制,建立各级各类会计领军人才培养沟通渠道,协调各级各类会计领军人才培养工作,加强对外宣传,督促、指导各单位贯彻落实领导小组的决议。

(二)全国会计领军人才培养工程实施单位。

全国会计领军人才培养工程实施单位包括财政部会计司、中国注册会计师协会、中国会计学会、北京国家会计学院、上海国家会计学院、厦门国家会计学院。

财政部会计司负责统筹管理全国会计领军人才培养工程,具体负责管理企业类、行政事业类全国会计领军(后备)人才培养工作,并牵头组织实施特殊支持计划。

中国注册会计师协会负责管理注册会计师类全国会计领军(后备)人才培养工作,并积极配合财政部会计司做好特殊支持计划相关工作。

中国会计学会负责管理学术类全国会计领军(后备)人才培养工作,并积极配合财政部会计司做好特殊支持计划相关工作。

北京、上海和厦门国家会计学院具体负责实施全国会计领军(后备)人才培养工作,并积极配合财政部会计司做好特殊支持计划相关工作。

四、全国会计领军(后备)人才培养工程的实施

(一)学员选拔。

按照"高起点、高标准、高质量"的要求,以公开、公平、公正的方式,从全国在职的高层次企业和行政事业单位会计人员、注册会计师、会计理论工作者中,分4类选拔诚实守信、年富力强、潜力较大的人员进行培养。学员选拔应当经过申报材料审核、选拔笔试、集中面试和社会公示等程序,重点考察申请

人的知识结构、专业素养、英语水平、分析创新能力、政策把握能力、组织协调能力、交际沟通能力、应变能力等素质。笔试环节采取"统一命题、统一考试、闭卷作答、统一评阅"的方式；面试环节采取结构化面试等方式。根据考生选拔成绩、用人单位意见，以及参与省级会计领军人才等财会后备人才培养等情况，按照择优录用原则录取全国会计领军（后备）人才培养工程学员。

最近 5 年内因执业活动违法、违纪受过行政处罚或刑事处罚，或因直接过失给本单位造成不利后果或不良影响的，不得参加选拔。本人所在单位最近 5 年内存在严重违反会计法及有关财经法律法规的行为，且与本人执业活动或职权范围有直接关系的，不得参加选拔。

（二）培养周期。

每期全国会计领军（后备）人才培养工程学员的培养周期为 6 年，分为两个考核周期。第一个考核周期为第 1 至 3 年，第二个考核周期为第 4 至 6 年。每个考核周期结束时，通过科学的考核评价机制，形成量化考核结果，实施考核淘汰。

第一个考核周期为知识拓展阶段。该周期以组织教学、跟踪管理为主，着重培养学员的专业素养，努力提高学员的理论水平、管理意识以及分析判断、沟通协调、团队精神等方面素质，提升学员的道德修养、职业使命感和社会责任感，为学员实现从执行者向管理者、领导者、决策者的转变夯实基础。

第二个考核周期为能力提升阶段。该周期以高层次论坛、大跨度交流、境外培训、工作实践为主，着重提高学员的综合素质。在持续打造学员各项能力的同时，强调对学员实际工作能力的考察，发挥优秀学员的带动作用，提升学员在行业中的知名度和影响力，帮助学员实现从执行者向管理者、领导者、决策者的角色转变。

（三）培养内容。

全国会计领军（后备）人才培养工程着眼于服务经济社会发展对高端会计人才的需求，重点培养学员灵活掌握运用财税金融、会计审计、公司治理、管理会计、风险管控、信息技术、英语等方面知识的能力，以及促进个人综合素养的提升。具体分基础知识、专业知识和综合素养等三方面设置课程模块，根据各课程模块的学习要求组织开展系列学习课程，并结合实际对课程内容进行持续完善更新。同时，根据各类别会计领军人才的特点，分别设置相应课程模块。

（四）培养方式。

培养期间实行集中培训与跟踪管理相结合的培养方式，通过建立学习、研究、实践、交流平台，系统学习知识，强化能力建设，不断完善学员知识结构，全面培养和提升学员的综合素质。

1. 集中培训。集中培训的地点为北京、上海、厦门国家会计学院，以课堂教学、专题讲座、专题研讨等方式为主。每年举办 1 次短期分类集中培训，每个培养周期的首次集中培训时间一般为半个月至 1 个月，以后各次集中培训时间为 1 周至 2 周。同时，每年举办 1 次跨类别的联合集中培训，培训时间为 1 周。集中培训结束即进入跟踪管理阶段。

2. 跟踪管理。跟踪管理以学员在职自学为主，由北京、上海、厦门国家会计学院分别负责。通过加强与学员所在单位的沟通，引导学员在集中培训结束后，持续进行在职学习，完成培训管理部门规定的自学任务，定期参与专属网络论坛的讨论，按时参加培训管理部门要求的各项活动，定期向培训组织部门报送学习心得体会、读书笔记、业绩报告、专业论文、分组课题报告、案例研究报告、调研报告、考察报告等，进一步提升学员理论联系实际、解决实际问题的能力。

（五）培养管理。

实行激励与约束相结合的培养管理机制，建立健全培养管理办法，引导学员按照培养方案完成培养任务，按照考核周期，对学员参加培训情况、完成指定自学任务情况、返校讲课情况、发表学术论文情况、参加论坛情况、参加网络交流情况、工作业绩、职务晋升情况、获奖情况、单位满意度等进行量化考核，结合学员的综合素质和发展潜力，实行考核淘汰机制。

在培养期间或培养结束后，因执业活动违法、违纪受过行政处罚或刑事处罚，或因直接过失给本单位造成不利后果或不良影响的，或本人所在单位存在严重违反会计法及有关财经法律法规的行为，且与本人执业活动或职权范围有直接关系的，或承担（参与）的全国会计领军（后备）人才培养工程科研课题没有通过评审的，予以淘汰或除名。

（六）知识更新。

为切实有效地推进全国会计领军（后备）人才培养工程毕业学员后续跟踪培养，持续提升全国会计领军人才的专业能力和综合素质，针对已经完成 6 年学业，取得《全国会计领军人才证书》的全体学员开展知识更新计划。通过高端论坛、名家讲座、领军论坛、交流活动等形式，促进不同类别会计领军人才之间的交流和碰撞，提升会计领军人才理论与实践相结合的能力。知识更新计划由北京、上海、厦门国家会计学院每年分别组织 1 次，每次培训时间为 1 至 2 天。

五、全国会计领军人才培养工程特殊支持计划的实施

（一）选拔对象。

着眼于加快培养会计行业高层次、复合型、标志性的尖端会计领军人才，在已经完成全国会计领军（后备）人才培养工程 6 年学业、取得《全国会计领军人才证书》并自愿提出申请的学员中进行选拔，实施特殊支持计划。选拔对象应当热爱社会主义祖国，遵纪守法，具有解放思想、实事求是、不断创新的科学精神和良好的职业道德；学风朴实严谨，有强烈的事业心、较高的学术造诣和较强的组织协调能力，学术技术水平在国内同行中具有一定的优势；具有国际化视野，能够站在全球视角研究和阐释中国会计问题，能够熟练运用英语进行工作交流。

最近 5 年内因执业活动违法、违纪受过行政处罚或刑事处罚，或因直接过失给本单位造成不利后果或不良影响的，不得参加选拔。本人所在单位最近 5 年内存在严重违反会计法及有关财经法律法规的行为，且与本人执业活动或职权范围有直接关系的，不得参加选拔。

（二）培养选拔。

培养对象采取专家综合评审方式产生。选拔应当经过本人自愿申请、拟定建议名单、专家综合评审、确定初选名单、社会公示、公布入选名单等程序。

符合条件的全国会计领军人才可根据个人意愿，经所在单位同意后，填写特殊支持计划申请表，并随同证明材料一并报送至原承担教学管理任务的相关单位。国家会计学院（或中国注册会计师协会）接到学员申请后，综合考虑学员综合素质、培养潜质、培养期间表现、用人单位意见等因素，拟定建议名单，报送至财政部会计司。财政部会计司会同中国注册会计师协会、中国会计学会，聘请在社会上具有一定影响力和公信度的业内专家、领导对建议名单人员的综合素质、培养潜质、团队领导力和国际化能力等进行综合量化评分。依据量化评分结果，按照择优录用原则初步确定年度培养对象入围初选名单，并在国家会计学院网站和候选人所在单位进行公示。在综合考虑专家评审、公示等情况的基础上，拟定最终入选名单，报部领导批准后公布。

（三）培养周期。

培养周期为 3 年，包括境外研习和课题研究两个阶段。其中，境外研习阶段为期 6 至 12 个月，课题研究阶段为期 24 至 30 个月。

（四）培养方式。

特殊支持计划采取个性化培养方式，按照"一人一方案"的原则，结合每一名学员的职业特点、专业特长，有针对性地设计培养方案，建立名家导师机制、境外研习机制、课题研究机制和联合培养机制，让学员在名家指导下学、到境外知名院校进行研习、在工作实践中锻炼，持续提升学员各方面的能力和素质。

（五）培养管理。

1. 建立动态考核机制。通过实地走访、电话访谈等方式，不定期了解学员学习、工作情况，征求培养导师、用人单位、培养单位等对学员的评价意见，综合考量学员的学习情况、工作业绩、研究成果价值、引领辐射作用发挥情况等，并以此为依据，进行动态考核。对于考核不合格的人员，将终止培养，以确保特殊支持计划的整体质量。

2. 建立研究成果评价机制。政策研究类的研究成果，应当能够被省部级以上政策制定部门采纳；或对推动行业向前发展发挥重大作用，得到行业主管部门或省级以上财政部门认可或推广；或获得省部级以上领导批示；或在国家级经济管理类核心专业期刊发表。

管理实务类的研究成果，应当能够显著降低本单位成本或提高本单位经济绩效，达到全国或同行业先进水平；或对解决单位重大会计管理问题形成可复制可推广的经验，得到主管部门或省级以上财政部门认可或推广；或获得省部级以上领导批示；或在国家级经济管理类核心专业期刊发表。

理论研究类的研究成果，应当在会计相关领域取得重大理论突破，得到会计理论界的广泛认可；或在会计相关领域取得重大实践创新，能够产生显著经济或社会效益；或得到行业主管部门或省级以上财政部门认可或推广；或获得省部级以上领导批示；或在国际知名经济管理类期刊发表；或获得省部级二等奖以上科研成果奖励。

3. 建立淘汰除名机制。在培养期间或培养结束后因执业活动违法、违纪受过行政处罚或刑事处罚，或因直接过失给本单位造成不利后果或不良影响的，或本人所在单位存在严重违反会计法及有关财经法律法规的行为，且与本人执业活动或职权范围有直接关系的，或承担的特殊支持计划科研课题没有通过评审的，予以淘汰或除名。

六、经费保障

全国会计领军人才培养工程经费由中央财政预算安排，列入财政部部门预算。项目经费管理遵循统一领导、分工协调、归口实施、厉行节约、专款专用的原则。项目经费资金支付按照财政国库管理制度有关规定执行。

全国会计领军人才培养工程经费包括选拔经费、分类培训经费、联合集中培训经费和特殊支持计划经费等。各项经费的使用按照现行相关经费管理办法执行。

七、学员使用

坚持"培养与使用相结合"的指导思想，积极服务经济社会发展和财政会计改革。建立与国家有关人才使用部门的沟通合作机制，加强与人才所在单位的沟通，积极向国有大中型企业、行政事业单位、国际组织、国家人才库推荐优秀学员，探索建立与会计专业技术资格、会计专业学位、注册会计师、资产评估师等资格资质衔接机制，推动建立与国家人才政策衔接相关机制。引导用人单位加大对会计领军人才的使用力度，以良好的机制激励人才，以完善的制度使用人才，以适当的待遇留住人才。充分发挥会计领军人才的引领辐射作用，鼓励会计领军人才通过公开授课、课题研究、研讨交流、担任指导老师等方式，带动我国会计人才队伍整体素质全面提升。

全国会计领军（后备）人才培养工程学员培养周期内和培养期满后，根据学员特点和所在单位实际情况，组织优秀学员参加财政部会计司、财政部会计准则委员会、财政部企业内部控制标准委员会、中国注册会计师协会、中国会计学会、国家会计学院等单位或机构的课题项目、政策制定、征求意见、学术研究、调查研究、出国考察、学术会议等活动，承担国家会计学院授课任务，给学员提供进一步施展才能的机会和平台。

入选特殊支持计划的学员，在顺利完成3年学业后，可优先被聘为财政部会计改革及政策制定咨询专家；可优先被推荐至国际会计组织任职；可优先被推荐为中国注册会计师协会、中国会计学会理事及专业（专门）委员会委员；可优先推荐获得中国注册会计师协会、中国会计学会资深会员资格；可优先申请财政部部级重点科研课题；可优先被聘为财政部各类会计资格考试、注册会计师考试命（审）题专家。

八、加强国际合作

牢固树立为大型企业集团、大型会计师事务所"走出去"战略服务、占领国际会计审计理论前沿阵地的战略意识，高度重视人才培养的国际合作，加强会计领军人才培养的国际间经验、技术、人员的交流与合作，推荐优秀学员赴境外考察、实习、研修。鼓励学员到世界知名院校、研究机构、企业、组织进行访问交流。创造条件促进学员取得国际资本市场认可的专业资格，不断提高行业的国际化水平。积极解决国内专业技术资格等职业资格、专业学位与国际专业资格的互认问题，为会计领军人才的成长、成才创造更加广阔的空间。

财政部关于印发《企业产品成本核算制度——煤炭行业》的通知

2016 年 9 月 30 日　财会〔2016〕21 号

国务院有关部委，有关中央管理企业，各省、自治区、直辖市、计划单列市财政厅（局），新疆生产建设兵团财务局，财政部驻各省、自治区、直辖市、计划单列市财政监察专员办事处：

为了深入贯彻落实《国务院关于煤炭行业化解过剩产能实现脱困发展的意见》（国发〔2016〕7 号），促进煤炭企业加强成本管理，提高经济效益，根据《中华人民共和国会计法》、企业会计准则、《企业产品成本核算制度（试行）》等有关规定，我部制定了《企业产品成本核算制度——煤炭行业》，现予印发，自2017 年 1 月 1 日起在大中型煤炭企业范围内施行，其他煤炭企业参照执行。

执行中有何问题，请及时反馈我部。

附件：企业产品成本核算制度——煤炭行业

附件：

企业产品成本核算制度——煤炭行业

目　　录

第一章　总　　则

一、为了规范煤炭行业产品成本核算，促进煤炭企业加强成本管理，提高经济效益，根据《中华人民共和国会计法》、企业会计准则和《企业产品成本核算制度（试行）》等有关规定，制定本制度。

二、本制度适用于大中型煤炭企业，其他煤炭企业参照本制度执行。

本制度所称的煤炭企业，是指主要从事煤炭开采或洗选加工的企业。

三、本制度所称的煤炭产品，是指煤炭企业生产经营活动中形成的原煤、洗选煤等。

四、煤炭产品成本核算的基本步骤包括：

（一）合理确定成本核算对象。

（二）根据实际管理需要，设置成本中心。

（三）以成本中心为基础，归集成本费用。

（四）对成本中心成本费用进行分配和结转，计算产品成本。

五、煤炭企业根据产品生产特点，通常设置"生产成本"等会计科目，按照成本费用要素进行明细核算。

六、煤炭企业应当设置或指定专门机构负责产品成本核算的组织和管理，根据本制度规定，确定产品成本核算流程和方法。

第二章　产品成本核算对象

煤炭企业产品成本核算应当以煤炭产品为核算对象，具体包括原煤、洗选煤等。

一、原煤，是指开采出的毛煤经过简单选矸（矸石直径 50mm 以上）后的煤炭，以及经过筛选分类后的筛选煤等。

毛煤，是指从地上或地下采掘出来的、未经任何加工处理的煤炭。

二、洗选煤，是指经过破碎、水洗、风洗等物理化学工艺，去灰去矸后的煤炭产品，包括精煤、中煤、煤泥等，不包括煤矸石。

精煤，是指经过分选获得的高质量煤炭产品。

中煤，是指在分选过程中获得的中间质量煤炭产品。

煤泥，是指在分选后获得的低质量煤炭产品。

煤矸石，是指在开采煤炭过程和洗选煤炭过程中排放出来的，在成煤过程中与煤伴生的一种含碳量较低、比煤坚硬的黑灰色岩石。其中，对外销售或自用的洗矸石作为洗选煤过程中的副产品。

第三章　产品成本核算项目和范围

一、产品成本项目

煤炭企业产品成本项目主要包括：

（一）直接材料，是指为生产产品直接投入的原料及主要材料、辅助材料。

原料及主要材料，是指为生产洗选煤产品投入的构成产品实体的物料。

辅助材料，是指为生产产品投入的不能构成产品实体，但有助于产品形成的物料。

（二）燃料和动力，是指生产过程中耗用的、成本归属对象明确、一次性耗费受益的各种燃料，以及电、风、水、气等动力。

（三）直接人工，是指直接从事产品生产人员的各种形式的报酬及各项附加费用。

（四）制造费用，是指以成本中心为基础，为组织和管理生产所发生的各项间接费用，主要包括车间管理人员的人工费、折旧费、折耗及摊销、安全生产费、维护及修理费、运输费、财产保险费、外委业务费、低值易耗品摊销、租赁费、机物料消耗、试验检验费、劳动保护费、排污费、信息系统维护费等。

二、产品成本费用要素

煤炭企业产品成本费用要素主要包括：

（一）原料及主要材料费，是指为生产洗选煤产品投入的入洗原煤等的成本。

（二）辅助材料费，是指为生产产品投入的辅助材料的成本。辅助材料费主要包括投入的木材、支护用品、火工产品、大型材料、配件、专用工具、自用煤、劳保用品、建工材料、油脂及乳化液、其他材料等成本。

（三）燃料和动力费，是指为生产产品耗用的、成本归属对象明确的各种燃料费用，以及电、风、水、气等动力费用。

（四）人工费，是指为生产产品向职工提供的各种形式的报酬及各项附加费用。人工费主要包括职工工资、奖金、津贴补贴、社会保险费、住房公积金、补充养老保险（含年金）和补充医疗费用、职工福利费、工会经费、职工教育经费、按规定支付的商业人身险及其他劳动保险费、劳务费等。

（五）折旧费，是指为生产产品使用的生产装置、厂房、附属机器设备等计提的折旧。

（六）折耗及摊销，是指予以资本化的矿区权益成本、煤炭勘探成本、煤炭开发成本和弃置义务成本等分摊至煤炭产品成本的折耗，以及其他长期资产的摊销。

（七）安全生产费，是指根据国家有关规定，按照一定标准提取并在生产成本中列支，专门用于完善和改进企业或者项目安全生产条件的费用。

（八）维护及修理费，是指为维持产品生产的正常运行，保证设施设备原有的生产能力，对设施设备进行维护、修理所发生的费用。维护及修理费主要包括材料费、修理工时费、备品备件费等。

（九）运输费，是指为生产产品提供运输服务发生的费用。

（十）财产保险费，是指为组织产品生产，向社会保险机构或其他机构投保的各项财产所支付的保险费用。

（十一）外委业务费，是指在产品生产过程中，委托外部单位提供服务发生的费用。

（十二）低值易耗品摊销，是指为组织产品生产，耗用的不能作为固定资产的各种用具物品的摊销。

（十三）租赁费，是指为组织产品生产，租入的各种资产，按照合同或协议的约定支付给出租方的租赁费用。

（十四）机物料消耗，是指在产品生产过程中耗用的未作为原材料、辅助材料或低值易耗品管理使用的一般性材料支出。

（十五）试验检验费，是指在产品生产过程中，对材料、产品进行的分析、试验、化验、检验、鉴定等所发生的费用。

（十六）劳动保护费，是指为从事产品生产的职工提供劳动保护、防护等发生的费用。

（十七）排污费，是指为生产产品负担的排污机构处理废气、废水、废渣等所发生的费用。

（十八）信息系统维护费，是指为组织产品生产投入使用的信息系统所发生的运行维护费用。

煤炭企业为生产产品实际发生的，不在上述范围的产品成本费用要素，应当作为其他成本费用要素进行明细核算。

第四章　产品成本归集、分配和结转

煤炭企业一般以成本中心为基础，分别成本项目，对产品成本进行归集、分配和结转，计算产品成本。

一、成本中心的设置

煤炭企业通常按照生产环节设置成本中心，也可以按照井区（或生产车间）、队组等生产管理单元设置成本中心。

二、产品成本的归集

（一）原料及主要材料成本的归集。

生产产品使用的原料及主要材料按照实际成本进行核算，采用移动加权平均等方法结转原料及主要材料成本。

（二）辅助材料成本的归集。

生产产品使用的辅助材料按照实际成本进行核算，根据生产中实际消耗量或预计可使用寿命计算其成本。

（三）燃料和动力成本的归集。

生产产品使用的外购或自产动力按照实际成本进行核算，根据相关数据确认其消耗量并计算其成本。

（四）直接人工成本的归集。

直接从事产品生产人员的人工成本，直接计入基本生产成本或辅助生产成本。

（五）制造费用的归集。

为组织和管理产品生产而发生的各项间接费用，计入制造费用。

三、产品成本的分配和结转

（一）辅助生产成本的分配和结转。

辅助生产成本费用归集后，应根据实际情况采用直接分配法、交互分配法、顺序分配法等将提供的产品和劳务分配到各受益单位。辅助部门之间相互提供产品或劳务的，应采用交互分配法进行分配；互相提供劳务不多的，可以不进行交互分配，采用直接分配法等进行分配。辅助生产成本的分配方法一经确定，不得随意变更。

直接分配法，是指不考虑各辅助生产车间之间相互提供劳务或产品的情况，而是将各种辅助生产费用直接分配给辅助生产以外的各受益单位的一种辅助生产成本分配方法。

交互分配法，是指对辅助生产车间的成本费用先后进行交互分配和直接分配两次分配的一种辅助生产成本分配方法。进行分配时，首先根据各辅助生产车间相互提供的产品或劳务的数量计算交互分配率，在各辅助生产车间之间进行一次交互分配；然后将各辅助生产车间交互分配后的实际费用（即交互分配前的费用加上分配转入的费用，减去交互分配转出的费用），再按提供劳务量在辅助生产车间以外的各受益单位之间进行分配。

顺序分配法，是指按照辅助生产车间受益多少的顺序分配费用，受益少的先分配，受益多的后分配，先分配的辅助生产车间不负担后分配的辅助生产车间的费用的一种辅助生产成本分配方法。

（二）制造费用的分配和结转。

成本中心发生的制造费用按照费用要素归集后，月末全部分配转入产品的生产成本。煤炭企业应当根据实际情况，一般采用生产工人工时、机器工时、耗用原材料的数量或成本、产品产量等为基础对制造费用进行分配。制造费用分配方法一经确定，不得随意变更。

（三）产成品成本的分配和结转。

根据煤炭企业生产特点，产品成本计算一般采用"品种法"。实际生产成本应当采用价格系数法等在各种煤炭产品品种之间分配。

采用价格系数法时，应当根据市场实际情况，将售价最高的品种折合系数确定为1，按照分品种的售价（不含增值税）计算折合系数，将各种产品的实际产量折合为标准产量。具体计算公式如下：

$$分品种折合系数 = \frac{某品种售价}{售价最高的品种售价};$$

$$分品种折合量 = 分品种当月实际生产量 \times 分品种折合系数;$$

$$折合单位生产成本 = \frac{当月实际生产成本总额}{分品种折合量总量};$$

$$分品种当月实际生产成本（结转数） = 分品种折合量 \times 折合单位生产成本;$$

$$分品种当月实际单位生产成本 = \frac{分品种当月实际生产成本}{分品种当月实际生产量}。$$

煤炭企业按照标准成本、计划成本等非实际成本结转产成品成本的，应当在每月末汇总实际成本与非实际成本的差异，按受益原则分配至相应产品成本。

期末，将产成品成本按照产品品种进行结转。

四、特殊项目成本的确认

（一）副产品成本。

副产品，是指煤炭企业在同一生产过程中，使用同种原料，在生产主产品的同时附带生产出来的非主要产品，如对外销售或加工利用的洗矸石和煤灰等。一般采用可变现净值、固定价格等方法确定成本，从总产品成本中扣除。

（二）停工损失。

停工损失，是指煤炭企业在停工期间发生的各种费用支出。季节性停工、修理期间的正常停工费用，应当计入煤炭产品成本；除上述正常停工费用以外的非正常停工费用，应当直接计入企业当期损益。

附录：

煤炭产品生产流程

一、煤炭开采生产流程

煤炭开采分为露天开采和井工开采两种方式，生产流程包括：煤炭资源勘探；采矿设计；生产准备；工作面开采作业；煤炭运输、提升；经洗选加工、储存、装运成为煤炭产品等主要流程。

（一）煤炭资源勘探，是指采用钻探、物探、调查和试验、分析，以查明地下煤炭资源情况的过程。

（二）采矿设计，是指根据井田的煤炭资源情况和开采条件，对选用露天或井工开采方式进行选择，对开采方案、工艺、采煤方法、运输、通风、供电、供风、供水、排水、安全设施等系统进行设计，并明确生产流程及劳动组织的过程。

（三）生产准备。

1. 开拓、掘进（井工矿）或表土剥离作业线开帮（露天矿）。

（1）开拓、掘进，是指在井工矿开采中，施工井筒、大巷、主要硐室等开拓井巷工程和掘进采区、采煤工作面等系统巷道的生产过程。

（2）表土剥离作业线开帮，是指在露天矿开采中，表土层剥离和采煤面的开帮过程。

2. 采掘设备安装。

3. 建立矿井运输、通风、供电、供风、排水、安全设施等系统工程的生产过程。

（四）采煤工作，是指根据矿井选用的采煤工艺，如长壁式、房柱式、急倾斜柔性支架等，使用机械、炮采、水采等方法在采煤工作面进行煤炭开采的生产过程。

（五）煤矿运输。

1. 煤炭运输，是指将采煤工作面开采的原煤输送到地面储煤场（仓）或选煤厂的过程。

2. 辅助运输，是指矿井材料、设备、工作人员的运输过程。

（六）煤矿通风，是指对煤矿采掘工作面、主要硐室及其他用风地点，采用全压通风、局部通风机供风等方式进行通风系统管理和作业的生产过程。

（七）煤矿供电，是指对煤矿机电设备供电进行的系统管理和作业的生产过程。

（八）煤矿供风，是指对煤矿需要供风的地点和设备进行的系统管理和作业的生产过程。

（九）煤矿供水，是指对煤矿需要用水的地点和设备进行的系统管理和作业的生产过程。

（十）煤矿排水，是指将煤矿涌水排到地面进行的系统管理和作业的生产过程。

（十一）煤矿监测监控，是指对煤矿安全环境和生产进行的各类监测监控系统管理和作业的生产过程。

二、洗选煤生产流程

原煤洗选工艺按用途分炼焦用煤洗选、动力用煤洗选两大类，按洗选介质分干法分选和湿法洗选两大类，一般来说，选煤厂由以下主要工艺组成，原煤准备、原煤分选、产品脱水、煤泥水处理、产品干燥。

（一）原煤准备。

原煤准备主要包括原煤入厂、储存、破碎和筛分。

1. 原煤入厂，是指根据矿井距选煤厂距离的不同由运输皮带、汽车、火车等不同方式将原煤运输进入选煤厂的过程。

2. 原煤储存，是指入厂的原煤由运输皮带、翻车机、矿车等不同方式进入存储仓的过程。

3. 原煤破碎，是指原煤在洗选前经过破碎机破碎至合适的粒度的过程。

4. 原煤筛分，是指破碎后的原煤经过分级筛进行筛选分级，一般以粒度100mm、50mm、13mm为分级标准，为之后的原煤分选做准备的过程。

（二）原煤分选。

目前，我国原煤的主要分选方法可分为湿法的重介质、跳汰、浮选以及干法选煤。

1. 重介质选煤，是指在以磁铁矿粉为加重质的重介质悬浮液中利用煤与矸石的不同的密度进行洗选的工艺，适用于分选300mm～25（13）mm的块煤。

2. 重介质旋流器选煤，是指在离心力场中的重介质悬浮液中利用煤与矸石的密度差别进行分选的工艺，适用于分选粒度为50（100）mm～0.5mm的难选煤、细粒级、脱除黄铁矿硫的原煤分选。

3. 跳汰选煤，是指利用压缩空气产生的脉动水流在跳汰机的筛板上实现煤与矸石按密度分选的工艺，适用于分选粒度为100mm～0.5mm的原煤。

4. 浮游选煤（简称浮选），是指根据煤与矸石表面不同的物理—化学性质（主要是湿润性）的差异进行分选的工艺，主要用于炼焦煤细颗粒物（0.5毫米以下）的分选。

5. 干法选煤，是指采用空气—煤粉（加重质微粒）为介质，用压缩空气和激振力使物料松散，在带床条的床面上实现煤和矸石按密度分选的工艺。

对于动力煤的分选，目前主要有两种方式：一是应用干法选煤，原煤（粒度100～13mm）由输送皮带送入干法选煤设备产出精煤、中煤和矸石等产品；二是应用浅槽刮板重介质分选机，准备好的块原煤（粒度100～13mm）由输送皮带送入浅槽刮板重介质分选机产出精煤、中煤和矸石等产品。

对于炼焦煤的分选，目前主要应用重介质旋流器选煤和浮选，原煤（粒度50mm以下）进入重介质旋流器，产出精煤、中煤和矸石等产品，产品进入脱介筛脱除介质，精煤、中煤脱除介质后筛上粒度较大的进入产品脱水环节，筛下粒度较小的经磁选机选出介质后进入浮选，产出浮选精煤进入产品脱水环节。

（三）产品脱水。

煤炭产品脱水主要包括湿法洗选后块煤和末煤产品的脱水、浮选精煤脱水、煤泥脱水。

煤炭经过湿法洗选后的产品不可避免的携带大量水分，特别是刚产生的浮选精煤和煤泥，由于粒度较小，水分特别大，必须经过脱水设备脱除携带水分，否则无法使用。通常使用离心脱水机对块煤和末煤进行脱水，加压过滤机对浮选精煤进行脱水，隔膜式压滤机对煤泥进行脱水，脱水后的滤液进入循环水系统进行处理。

（四）煤泥水处理。

浮选后的煤泥水进入浓缩机，沉淀后，清水循环使用，浓缩物进入脱水环节成为煤泥。

（五）产品干燥。

利用热能对产品进行干燥。

财政部关于印发《增值税会计处理规定》的通知

2016年12月3日　财会〔2016〕22号

国务院有关部委，有关中央管理企业，各省、自治区、直辖市、计划单列市财政厅（局），新疆生产建设兵团财务局，财政部驻各省、自治区、直辖市、计划单列市财政监察专员办事处：

为进一步规范增值税会计处理，促进《关于全面推开营业税改征增值税试点的通知》（财税〔2016〕36 号）的贯彻落实，我们制定了《增值税会计处理规定》，现印发给你们，请遵照执行。

附件：增值税会计处理规定

附件：

增值税会计处理规定

根据《中华人民共和国增值税暂行条例》和《关于全面推开营业税改征增值税试点的通知》（财税〔2016〕36 号）等有关规定，现对增值税有关会计处理规定如下：

一、会计科目及专栏设置

增值税一般纳税人应当在"应交税费"科目下设置"应交增值税"、"未交增值税"、"预交增值税"、"待抵扣进项税额"、"待认证进项税额"、"待转销项税额"、"增值税留抵税额"、"简易计税"、"转让金融商品应交增值税"、"代扣代交增值税"等明细科目。

（一）增值税一般纳税人应在"应交增值税"明细账内设置"进项税额"、"销项税额抵减"、"已交税金"、"转出未交增值税"、"减免税款"、"出口抵减内销产品应纳税额"、"销项税额"、"出口退税"、"进项税额转出"、"转出多交增值税"等专栏。其中：

1. "进项税额"专栏，记录一般纳税人购进货物、加工修理修配劳务、服务、无形资产或不动产而支付或负担的、准予从当期销项税额中抵扣的增值税额；

2. "销项税额抵减"专栏，记录一般纳税人按照现行增值税制度规定因扣减销售额而减少的销项税额；

3. "已交税金"专栏，记录一般纳税人当月已交纳的应交增值税额；

4. "转出未交增值税"和"转出多交增值税"专栏，分别记录一般纳税人月度终了转出当月应交未交或多交的增值税额；

5. "减免税款"专栏，记录一般纳税人按现行增值税制度规定准予减免的增值税额；

6. "出口抵减内销产品应纳税额"专栏，记录实行"免、抵、退"办法的一般纳税人按规定计算的出口货物的进项税抵减内销产品的应纳税额；

7. "销项税额"专栏，记录一般纳税人销售货物、加工修理修配劳务、服务、无形资产或不动产应收取的增值税额；

8. "出口退税"专栏，记录一般纳税人出口货物、加工修理修配劳务、服务、无形资产按规定退回的增值税额；

9. "进项税额转出"专栏，记录一般纳税人购进货物、加工修理修配劳务、服务、无形资产或不动产等发生非正常损失以及其他原因而不应从销项税额中抵扣、按规定转出的进项税额。

（二）"未交增值税"明细科目，核算一般纳税人月度终了从"应交增值税"或"预交增值税"明细科目转入当月应交未交、多交或预缴的增值税额，以及当月交纳以前期间未交的增值税额。

（三）"预交增值税"明细科目，核算一般纳税人转让不动产、提供不动产经营租赁服务、提供建筑服务、采用预收款方式销售自行开发的房地产项目等，以及其他按现行增值税制度规定应预缴的增值税额。

（四）"待抵扣进项税额"明细科目，核算一般纳税人已取得增值税扣税凭证并经税务机关认证，按照现行增值税制度规定准予以后期间从销项税额中抵扣的进项税额。包括：一般纳税人自 2016 年 5 月 1 日后取得并按固定资产核算的不动产或者 2016 年 5 月 1 日后取得的不动产在建工程，按现行增值税制度规定准予以后期间从销项税额中抵扣的进项税额；实行纳税辅导期管理的一般纳税人取得的尚未交叉稽核比对的增值税扣税凭证上注明或计算的进项税额。

（五）"待认证进项税额"明细科目，核算一般纳税人由于未经税务机关认证而不得从当期销项税额中抵扣的进项税额。包括：一般纳税人已取得增值税扣税凭证、按照现行增值税制度规定准予从销项税额中抵扣，但尚未经税务机关认证的进项税额；一般纳税人已申请稽核但尚未取得稽核相符结果的海关缴款书进项税额。

（六）"待转销项税额"明细科目，核算一般纳税人销售货物、加工修理修配劳务、服务、无形资产或不动产，已确认相关收入（或利得）但尚未发生增值税纳税义务而需于以后期间确认为销项税额的增值税额。

（七）"增值税留抵税额"明细科目，核算兼有销售服务、无形资产或者不动产的原增值税一般纳税人，截止到纳入营改增试点之日前的增值税期末留抵税额按照现行增值税制度规定不得从销售服务、无形资产或不动产的销项税额中抵扣的增值税留抵税额。

（八）"简易计税"明细科目，核算一般纳税人采用简易计税方法发生的增值税计提、扣减、预缴、缴纳等业务。

（九）"转让金融商品应交增值税"明细科目，核算增值税纳税人转让金融商品发生的增值税额。

（十）"代扣代交增值税"明细科目，核算纳税人购进在境内未设经营机构的境外单位或个人在境内的应税行为代扣代缴的增值税。

小规模纳税人只需在"应交税费"科目下设置"应交增值税"明细科目，不需要设置上述专栏及除"转让金融商品应交增值税"、"代扣代交增值税"外的明细科目。

二、账务处理

（一）取得资产或接受劳务等业务的账务处理。

1. 采购等业务进项税额允许抵扣的账务处理。一般纳税人购进货物、加工修理修配劳务、服务、无形资产或不动产，按应计入相关成本费用或资产的金额，借记"在途物资"或"原材料"、"库存商品"、"生产成本"、"无形资产"、"固定资产"、"管理费用"等科目，按当月已认证的可抵扣增值税额，借记"应交税费——应交增值税（进项税额）"科目，按当月未认证的可抵扣增值税额，借记"应交税费——待认证进项税额"科目，按应付或实际支付的金额，贷记"应付账款"、"应付票据"、"银行存款"等科目。发生退货的，如原增值税专用发票已做认证，应根据税务机关开具的红字增值税专用发票做相反的会计分录；如原增值税专用发票未做认证，应将发票退回并做相反的会计分录。

2. 采购等业务进项税额不得抵扣的账务处理。一般纳税人购进货物、加工修理修配劳务、服务、无形资产或不动产，用于简易计税方法计税项目、免征增值税项目、集体福利或个人消费等，其进项税额按照现行增值税制度规定不得从销项税额中抵扣的，取得增值税专用发票时，应借记相关成本费用或资产科目，借记"应交税费——待认证进项税额"科目，贷记"银行存款"、"应付账款"等科目，经税务机关认证后，应借记相关成本费用或资产科目，贷记"应交税费——应交增值税（进项税额转出）"科目。

3. 购进不动产或不动产在建工程按规定进项税额分年抵扣的账务处理。一般纳税人自 2016 年 5 月 1 日后取得并按固定资产核算的不动产或者 2016 年 5 月 1 日后取得的不动产在建工程，其进项税额按现行增值税制度规定自取得之日起分 2 年从销项税额中抵扣的，应当按取得成本，借记"固定资产"、"在建工程"等科目，按当期可抵扣的增值税额，借记"应交税费——应交增值税（进项税额）"科目，按以后期间可抵扣的增值税额，借记"应交税费——待抵扣进项税额"科目，按应付或实际支付的金额，贷记"应付账款"、"应付票据"、"银行存款"等科目。尚未抵扣的进项税额待以后期间允许抵扣时，按允许抵扣的金额，借记"应交税费——应交增值税（进项税额）"科目，贷记"应交税费——待抵扣进项税额"科目。

4. 货物等已验收入库但尚未取得增值税扣税凭证的账务处理。一般纳税人购进的货物等已到达并验收入库，但尚未收到增值税扣税凭证并未付款的，应在月末按货物清单或相关合同协议上的价格暂估入账，不需要将增值税的进项税额暂估入账。下月初，用红字冲销原暂估入账金额，待取得相关增值税扣税凭证并经认证后，按应计入相关成本费用或资产的金额，借记"原材料"、"库存商品"、"固定资产"、"无形资产"等科目，按可抵扣的增值税额，借记"应交税费——应交增值税（进项税额）"科目，按应付金额，贷记"应付账款"等科目。

5. 小规模纳税人采购等业务的账务处理。小规模纳税人购买物资、服务、无形资产或不动产，取得增值税专用发票上注明的增值税应计入相关成本费用或资产，不通过"应交税费——应交增值税"科目核算。

6. 购买方作为扣缴义务人的账务处理。按照现行增值税制度规定，境外单位或个人在境内发生应税行为，在境内未设有经营机构的，以购买方为增值税扣缴义务人。境内一般纳税人购进服务、无形资产或不动产，按应计入相关成本费用或资产的金额，借记"生产成本"、"无形资产"、"固定资产"、"管理费用"等科目，按可抵扣的增值税额，借记"应交税费——进项税额"科目（小规模纳税人应借记相关成本费用或资产科目），按应付或实际支付的金额，贷记"应付账款"等科目，按应代扣代缴的增值税额，贷记"应交税费——代扣代交增值税"科目。实际缴纳代扣代缴增值税时，按代扣代缴的增值税额，借记"应交税费——代扣代交增值税"科目，贷记"银行存款"科目。

（二）销售等业务的账务处理。

1. 销售业务的账务处理。企业销售货物、加工修理修配劳务、服务、无形资产或不动产，应当按应收或已收的金额，借记"应收账款"、"应收票据"、"银行存款"等科目，按取得的收入金额，贷记"主营业务收入"、"其他业务收入"、"固定资产清理"、"工程结算"等科目，按现行增值税制度规定计算的销项税额（或采用简易计税方法计算的应纳增值税额），贷记"应交税费——应交增值税（销项税额）"或"应交税费——简易计税"科目（小规模纳税人应贷记"应交税费——应交增值税"科目）。发生销售退回的，应根据按规定开具的红字增值税专用发票做相反的会计分录。

按照国家统一的会计制度确认收入或利得的时点早于按照增值税制度确认增值税纳税义务发生时点的，应将相关销项税额计入"应交税费——待转销项税额"科目，待实际发生纳税义务时再转入"应交税费——应交增值税（销项税额）"或"应交税费——简易计税"科目。

按照增值税制度确认增值税纳税义务发生时点早于按照国家统一的会计制度确认收入或利得的时点的，应将应纳增值税额，借记"应收账款"科目，贷记"应交税费——应交增值税（销项税额）"或"应交税费——简易计税"科目，按照国家统一的会计制度确认收入或利得时，应按扣除增值税销项税额后的金额确认收入。

2. 视同销售的账务处理。企业发生税法上视同销售的行为，应当按照企业会计准则制度相关规定进行相应的会计处理，并按照现行增值税制度规定计算的销项税额（或采用简易计税方法计算的应纳增值税额），借记"应付职工薪酬"、"利润分配"等科目，贷记"应交税费——应交增值税（销项税额）"或"应交税费——简易计税"科目（小规模纳税人应计入"应交税费——应交增值税"科目）。

3. 全面试行营业税改征增值税前已确认收入，此后产生增值税纳税义务的账务处理。企业营业税改征增值税前已确认收入，但因未产生营业税纳税义务而未计提营业税的，在达到增值税纳税义务时点时，企业应在确认应交增值税销项税额的同时冲减当期收入；已经计提营业税且未缴纳的，在达到增值税纳税义务时点时，应借记"应交税费——应交营业税"、"应交税费——应交城市维护建设税"、"应交税费——应交教育费附加"等科目，贷记"主营业务收入"科目，并根据调整后的收入计算确定计入"应交税费——待转销项税额"科目的金额，同时冲减收入。

全面试行营业税改征增值税后，"营业税金及附加"科目名称调整为"税金及附加"科目，该科目核算企业经营活动发生的消费税、城市维护建设税、资源税、教育费附加及房产税、土地使用税、车船使用税、印花税等相关税费；利润表中的"营业税金及附加"项目调整为"税金及附加"项目。

（三）差额征税的账务处理。

1. 企业发生相关成本费用允许扣减销售额的账务处理。按现行增值税制度规定企业发生相关成本费用允许扣减销售额的，发生成本费用时，按应付或实际支付的金额，借记"主营业务成本"、"存货"、"工程施工"等科目，贷记"应付账款"、"应付票据"、"银行存款"等科目。待取得合规增值税扣税凭证且纳税义务发生时，按照允许抵扣的税额，借记"应交税费——应交增值税（销项税额抵减）"或"应交税费——简易计税"科目（小规模纳税人应借记"应交税费——应交增值税"科目），贷记"主营业务成本"、"存货"、"工程施工"等科目。

2. 金融商品转让按规定以盈亏相抵后的余额作为销售额的账务处理。金融商品实际转让月末，如产生转让收益，则按应纳税额借记"投资收益"等科目，贷记"应交税费——转让金融商品应交增值税"科目；如产生转让损失，则按可结转下月抵扣税额，借记"应交税费——转让金融商品应交增值税"科目，贷记"投资收益"等科目。交纳增值税时，应借记"应交税费——转让金融商品应交增值税"科目，贷记"银行存款"科目。年末，本科目如有借方余额，则借记"投资收益"等科目，贷记"应交税费——转让金融商品应交增值税"科目。

（四）出口退税的账务处理。

为核算纳税人出口货物应收取的出口退税款，设置"应收出口退税款"科目，该科目借方反映销售出口货物按规定向税务机关申报应退回的增值税、消费税等，贷方反映实际收到的出口货物应退回的增值税、消费税等。期末借方余额，反映尚未收到的应退税额。

1. 未实行"免、抵、退"办法的一般纳税人出口货物按规定退税的，按规定计算的应收出口退税额，借记"应收出口退税款"科目，贷记"应交税费——应交增值税（出口退税）"科目，收到出口退税时，借记"银行存款"科目，贷记"应收出口退税款"科目；退税额低于购进时取得的增值税专用发票上的增值税额的差额，借记"主营业务成本"科目，贷记"应交税费——应交增值税（进项税额转出）"科目。

2. 实行"免、抵、退"办法的一般纳税人出口货物，在货物出口销售后结转产品销售成本时，按规定计算的退税额低于购进时取得的增值税专用发票上的增值税额的差额，借记"主营业务成本"科目，贷记"应交税费——应交增值税（进项税额转出）"科目；按规定计算的当期出口货物的进项税抵减内销产品的应纳税额，借记"应交税费——应交增值税（出口抵减内销产品应纳税额）"科目，贷记"应交税费——应交增值税（出口退税）"科目。在规定期限内，内销产品的应纳税额不足以抵减出口货物的进项税额，不足部分按有关税法规定给予退税的，应在实际收到退税款时，借记"银行存款"科目，贷记"应交税费——应交增值税（出口退税）"科目。

（五）进项税额抵扣情况发生改变的账务处理。

因发生非正常损失或改变用途等，原已计入进项税额、待抵扣进项税额或待认证进项税额，但按现行增值税制度规定不得从销项税额中抵扣的，借记"待处理财产损溢"、"应付职工薪酬"、"固定资产"、"无形资产"等科目，贷记"应交税费——应交增值税（进项税额转出）"、"应交税费——待抵扣进项税额"或"应交税费——待认证进项税额"科目；原不得抵扣且未抵扣进项税额的固定资产、无形资产等，因改变用途等用于允许抵扣进项税额的应税项目的，应按允许抵扣的进项税额，借记"应交税费——应交增值税（进项税额）"科目，贷记"固定资产"、"无形资产"等科目。固定资产、无形资产等经上述调整后，应按调整后的账面价值在剩余尚可使用寿命内计提折旧或摊销。

一般纳税人购进时已全额计提进项税额的货物或服务等转用于不动产在建工程的，对于结转以后期间的进项税额，应借记"应交税费——待抵扣进项税额"科目，贷记"应交税费——应交增值税（进项税额转出）"科目。

（六）月末转出多交增值税和未交增值税的账务处理。

月度终了，企业应当将当月应交未交或多交的增值税自"应交增值税"明细科目转入"未交增值税"明细科目。对于当月应交未交的增值税，借记"应交税费——应交增值税（转出未交增值税）"科目，贷记"应交税费——未交增值税"科目；对于当月多交的增值税，借记"应交税费——未交增值税"科目，贷记"应交税费——应交增值税（转出多交增值税）"科目。

（七）交纳增值税的账务处理。

1. 交纳当月应交增值税的账务处理。企业交纳当月应交的增值税，借记"应交税费——应交增值税（已交税金）"科目（小规模纳税人应借记"应交税费——应交增值税"科目），贷记"银行存款"科目。

2. 交纳以前期间未交增值税的账务处理。企业交纳以前期间未交的增值税，借记"应交税费——未交增值税"科目，贷记"银行存款"科目。

3. 预缴增值税的账务处理。企业预缴增值税时，借记"应交税费——预交增值税"科目，贷记"银行存款"科目。月末，企业应将"预交增值税"明细科目余额转入"未交增值税"明细科目，借记"应交税费——未交增值税"科目，贷记"应交税费——预交增值税"科目。房地产开发企业等在预缴增值税后，应直至纳税义务发生时方可从"应交税费——预交增值税"科目结转至"应交税费——未交增值税"科目。

4. 减免增值税的账务处理。对于当期直接减免的增值税，借记"应交税金——应交增值税（减免税款）"科目，贷记损益类相关科目。

（八）增值税期末留抵税额的账务处理。

纳入营改增试点当月月初，原增值税一般纳税人应按不得从销售服务、无形资产或不动产的销项税额中抵扣的增值税留抵税额，借记"应交税费——增值税留抵税额"科目，贷记"应交税费——应交增值税（进项税额转出）"科目。待以后期间允许抵扣时，按允许抵扣的金额，借记"应交税费——应交增值税（进项税额）"科目，贷记"应交税费——增值税留抵税额"科目。

（九）增值税税控系统专用设备和技术维护费用抵减增值税额的账务处理。

按现行增值税制度规定，企业初次购买增值税税控系统专用设备支付的费用以及缴纳的技术维护费允许在增值税应纳税额中全额抵减的，按规定抵减的增值税应纳税额，借记"应交税费——应交增值税（减免税款）"科目（小规模纳税人应借记"应交税费——应交增值税"科目），贷记"管理费用"等科目。

（十）关于小微企业免征增值税的会计处理规定。

小微企业在取得销售收入时，应当按照税法的规定计算应交增值税，并确认为应交税费，在达到增值税制度规定的免征增值税条件时，将有关应交增值税转入当期损益。

三、财务报表相关项目列示

"应交税费"科目下的"应交增值税"、"未交增值税"、"待抵扣进项税额"、"待认证进项税额"、"增值税留抵税额"等明细科目期末借方余额应根据情况，在资产负债表中的"其他流动资产"或"其他非流动资产"项目列示；"应交税费——待转销项税额"等科目期末贷方余额应根据情况，在资产负债表中的"其他流动负债"或"其他非流动负债"项目列示；"应交税费"科目下的"未交增值税"、"简易计税"、"转让金融商品应交增值税"、"代扣代交增值税"等科目期末贷方余额应在资产负债表中的"应交税费"项目列示。

四、附则

本规定自发布之日起施行，国家统一的会计制度中相关规定与本规定不一致的，应按本规定执行。2016 年 5 月 1 日至本规定施行之间发生的交易由于本规定而影响资产、负债等金额的，应按本规定调整。《营业税改征增值税试点有关企业会计处理规定》（财会〔2012〕13 号）及《关于小微企业免征增值税和营业税的会计处理规定》（财会〔2013〕24 号）等原有关增值税会计处理的规定同时废止。

省财政厅关于贯彻财政部《代理记账管理办法》有关要求的通知

2016 年 3 月 10 日　鲁财会〔2016〕11 号

各市财政局：

　　根据财政部《代理记账管理办法》（财政部令第 80 号，以下简称《办法》）有关要求，结合我省实际，现就有关事项通知如下。

一、积极抓好宣传学习和贯彻落实工作

　　（一）提高认识。要高度重视，提高认识，将贯彻落实《办法》要求作为认真贯彻《会计法》和《行政许可法》，加强代理记账资格管理，规范代理记账活动，促进代理记账行业健康发展的重要手段，不断提升代理记账管理水平。

　　（二）认真学习。要认真组织本部门及相关人员深入学习掌握《办法》基本精神和有关要求，熟知《办法》规定的审批、变更登记、备案、公示等有关事项，特别是《办法》修订前后的主要变化，为依法行政打好基础。

　　（三）广泛宣传。要采取多种形式，通过多种渠道，对《办法》具体内容、设立代理记账机构的条件、程序、代理记账机构依法执业、保证执业质量的义务和责任等进行广泛宣传，为全面贯彻实施《办法》营造良好氛围。

　　（四）抓好落实。要牢固树立依法行政的理念和高效便民的服务意识，对《办法》规定的审批、变更登记事项等制定具体的工作流程，并设计、印制相应的格式文本；在受理申请的办公场所公示行政许可事项的条件、应当提交的材料目录及要求、批准的程序和期限等，按规定进行公示。

二、严格执行代理记账机构审批检查权限的规定

　　（一）审批权限

　　结合我省取消下放行政审批事项的决定，在山东省内设立会计师事务所以外的机构从事代理记账业务，按属地管理原则，应经所在地的县级以上地方人民政府财政部门（以下简称审批机关）批准，具体审批机关由设区市财政部门确定。代理记账许可证书由省财政厅统一向各市财政局提供。

　　（二）检查权限

　　本着"谁审批、谁检查"的原则，各市、县审批机关应加强对代理记账机构及其从事代理记账业务情况的监督检查。会计师事务所及其分所依法从事代理记账业务的，其代理记账业务的检查随全省会计信息质量检查一并进行。

三、认真做好代理记账机构的材料报备工作

　　各地财政部门要严格按照规定，及时布置代理记账机构有关材料报备事宜。并严格审查报备材料，对审查中发现的问题，应督促有关代理记账机构限期整改。同时，要认真做好信息汇总分析工作，摸清机构基本情况，健全基础管理信息。

各市财政局应于每年 6 月 30 日前向省财政厅报送本地区代理记账机构有关情况报告，包括本地区代理记账机构基本情况、存在问题、改进措施和政策建议等。

四、其他事项

《山东省代理记账管理暂行办法》（鲁财会〔2005〕23 号）同时废止。各市财政部门对《办法》执行过程中存在的问题和社会各界的意见，请及时反馈我们。

附件：代理记账管理办法（《中华人民共和国财政部令第 80 号》）（略）

省财政厅转发财政部关于全面推进行政事业单位内部控制建设指导意见的通知

2016 年 3 月 22 日   鲁财会〔2016〕13 号

各市财政局，省直各部门：

现将《财政部关于全面推进行政事业单位内部控制建设的指导意见》（财会〔2015〕24 号）转发给你们，并提出以下意见，请一并遵照执行。

一、提高思想认识，加强组织领导

内部控制在提升行政事业单位内部治理水平、规范内部权力运行、促进依法行政、推进廉政建设等方面具有重要作用。各市和省直各部门要充分认识全面推进行政事业单位内部控制建设的重要意义，把制约内部权力运行、强化内部控制，作为当前和今后一个时期的重要任务来抓，加强对内部控制建设的组织领导，切实加快工作进度。各市要建立健全由审计、监察等部门参与的协调机制，协同推进内部控制建设和监督检查工作。

二、抓好贯彻落实，完成主要任务

省直各部门要按照《山东省贯彻〈行政事业单位内部控制规范〉实施意见》（鲁财会〔2014〕4 号）要求，结合单位特点和业务性质，研究制定切实可行的内控规范实施方案并严格落实。已经建立并实施内部控制的单位要确保有效实施；尚未建立或内控制度不健全的单位，必须于 2016 年底前完成内控的建立和实施工作。到 2020 年，基本建成与国家治理体系和治理能力现代化相适应的，权责一致、制衡有效、运行顺畅、执行有力、管理科学的内部控制体系。

各市要结合实际，指导和督促本地区内控规范实施工作，2016 年底前实现行政事业单位内部控制全覆盖。同时，应及时上报工作进度和实施情况，及时反馈内控规范实施过程中有关信息。

三、建立评价体系，强化督导检查

省财政厅将建立行政事业单位内部控制规范评价指标体系，完善行政事业单位内部控制体系建设的实施机制，指导全省行政事业单位内部控制自我评价，适时在省直行政事业单位开展监督检查工作。

各市也要对照省里制定的评价体系指标，加强对本地区行政事业单位内部控制建立与实施情况的指导和监督，并将监督检查结果、内部控制考核评价情况作为安排财政预算、实施预算绩效评价与中期财政规划的参考依据。同时，加强与审计、监察等部门的沟通协调和信息共享，形成监督合力，避免重复检查。

附件：财政部关于全面推进行政事业单位内部控制建设的指导意见（财会〔2015〕24 号）（略）

省财政厅　省档案局关于转发财政部
《会计档案管理办法》的通知

2016 年 3 月 25 日　鲁财会〔2016〕15 号

各市财政局、档案局，省直各部门：

现将财政部《会计档案管理办法》（财政部令第 79 号）（以下简称《办法》）和《关于新旧〈会计档案管理办法〉有关衔接规定的通知》（财会〔2016〕3 号）转发给你们，并结合我省实际，提出如下意见，请一并遵照执行。

一、广泛开展宣传，营造良好氛围

《办法》完善了会计档案定义、范围和管理规定，明确了电子会计档案管理相关要求，在推动互联网创新经济发展，促进形成绿色、低碳发展方式，推进国家治理能力现代化等方面具有重要作用。各市、省直各部门要充分认识《办法》修订的重要意义，把规范会计档案管理、有效保护和利用会计档案作为当前和今后一个时期的一项重要工作抓实抓好。各市要通过媒体报道、召开座谈会、印制宣传册、举办知识竞赛等多种形式，加大对《办法》内容的宣传力度，为全面贯彻实施《办法》营造良好氛围。

二、加强培训学习，夯实实施基础

各市要积极做好《办法》培训工作，面向本地区各单位的相关负责人和会计、档案人员，采用"纵横结合"的方式开展不同层次、不同范围的培训，做到"全覆盖"和"无死角"。同时，将《办法》纳入会计和档案人员继续教育内容。省直各部门也要组织相关职能部门人员进行专门学习，准确理解和把握《办法》的内容和要求，熟知会计档案的收集、整理、保管、利用、移交和鉴定销毁等具体规定，明确《办法》修订前后的主要变化，为全面贯彻实施《办法》打好基础。

三、做好新旧衔接，实现平稳过渡

各市、省直各部门要按照财政部、国家档案局《关于新旧〈会计档案管理办法〉有关衔接规定的通知》（财会〔2016〕3 号）规定，做好会计档案管理的新旧衔接工作，重点处理好不同类别会计档案的保管期限和电子会计资料归档问题的衔接，并及时修订会计档案管理、销毁制度和移交办法，实现新旧管理办法平稳过渡。

四、强化督导检查，确保落实到位

省财政厅、省档案局将设立专门邮箱，及时解决《办法》实施过程中的重点和难点问题；在门户网站开辟专栏，宣传推广各地好的经验、做法；适时召开座谈会，及时了解《办法》在全省贯彻实施情况；制定监督检查方案，择机联合开展会计档案管理工作检查。各市要加强对本地区贯彻实施《办法》情况的指导和监督，省直各部门也要适时开展自查，确保《办法》落实到位。

  附件：1.《会计档案管理办法》（财政部令第 79 号）
     2.《关于新旧〈会计档案管理办法〉有关衔接规定的通知》（财会〔2016〕3 号）

附件 1：

会计档案管理办法

2015 年 12 月 11 日　　财政部令第 79 号

  第一条　为了加强会计档案管理，有效保护和利用会计档案，根据《中华人民共和国会计法》《中华人民共和国档案法》等有关法律和行政法规，制定本办法。

  第二条　国家机关、社会团体、企业、事业单位和其他组织（以下统称单位）管理会计档案适用本办法。

  第三条　本办法所称会计档案是指单位在进行会计核算等过程中接收或形成的，记录和反映单位经济业务事项的，具有保存价值的文字、图表等各种形式的会计资料，包括通过计算机等电子设备形成、传输和存储的电子会计档案。

  第四条　财政部和国家档案局主管全国会计档案工作，共同制定全国统一的会计档案工作制度，对全国会计档案工作实行监督和指导。

  县级以上地方人民政府财政部门和档案行政管理部门管理本行政区域内的会计档案工作，并对本行政区域内会计档案工作实行监督和指导。

  第五条　单位应当加强会计档案管理工作，建立和完善会计档案的收集、整理、保管、利用和鉴定销毁等管理制度，采取可靠的安全防护技术和措施，保证会计档案的真实、完整、可用、安全。

  单位的档案机构或者档案工作人员所属机构（以下统称单位档案管理机构）负责管理本单位的会计档案。单位也可以委托具备档案管理条件的机构代为管理会计档案。

  第六条　下列会计资料应当进行归档：

  （一）会计凭证，包括原始凭证、记账凭证；

  （二）会计账簿，包括总账、明细账、日记账、固定资产卡片及其他辅助性账簿；

  （三）财务会计报告，包括月度、季度、半年度、年度财务会计报告；

  （四）其他会计资料，包括银行存款余额调节表、银行对账单、纳税申报表、会计档案移交清册、会计档案保管清册、会计档案销毁清册、会计档案鉴定意见书及其他具有保存价值的会计资料。

  第七条　单位可以利用计算机、网络通信等信息技术手段管理会计档案。

  第八条　同时满足下列条件的，单位内部形成的属于归档范围的电子会计资料可仅以电子形式保存，形成电子会计档案：

  （一）形成的电子会计资料来源真实有效，由计算机等电子设备形成和传输；

  （二）使用的会计核算系统能够准确、完整、有效接收和读取电子会计资料，能够输出符合国家标准归档格式的会计凭证、会计账簿、财务会计报表等资料，设定了经办、审核、审批等必要的审签程序；

  （三）使用的电子档案管理系统能够有效接收、管理、利用电子会计档案，符合电子档案的长期保管要求，并建立了电子会计档案与相关联的其他纸质会计档案的检索关系；

  （四）采取有效措施，防止电子会计档案被篡改；

  （五）建立电子会计档案备份制度，能够有效防范自然灾害、意外事故和人为破坏的影响；

（六）形成的电子会计资料不属于具有永久保存价值或者其他重要保存价值的会计档案。

第九条 满足本办法第八条规定条件，单位从外部接收的电子会计资料附有符合《中华人民共和国电子签名法》规定的电子签名的，可仅以电子形式归档保存，形成电子会计档案。

第十条 单位的会计机构或会计人员所属机构（以下统称单位会计管理机构）按照归档范围和归档要求，负责定期将应当归档的会计资料整理立卷，编制会计档案保管清册。

第十一条 当年形成的会计档案，在会计年度终了后，可由单位会计管理机构临时保管一年，再移交单位档案管理机构保管。因工作需要确需推迟移交的，应当经单位档案管理机构同意。

单位会计管理机构临时保管会计档案最长不超过三年。临时保管期间，会计档案的保管应当符合国家档案管理的有关规定，且出纳人员不得兼管会计档案。

第十二条 单位会计管理机构在办理会计档案移交时，应当编制会计档案移交清册，并按照国家档案管理的有关规定办理移交手续。

纸质会计档案移交时应当保持原卷的封装。电子会计档案移交时应当将电子会计档案及其元数据一并移交，且文件格式应当符合国家档案管理的有关规定。特殊格式的电子会计档案应当与其读取平台一并移交。

单位档案管理机构接收电子会计档案时，应当对电子会计档案的准确性、完整性、可用性、安全性进行检测，符合要求的才能接收。

第十三条 单位应当严格按照相关制度利用会计档案，在进行会计档案查阅、复制、借出时履行登记手续，严禁篡改和损坏。

单位保存的会计档案一般不得对外借出。确因工作需要且根据国家有关规定必须借出的，应当严格按照规定办理相关手续。

会计档案借用单位应当妥善保管和利用借入的会计档案，确保借入会计档案的安全完整，并在规定时间内归还。

第十四条 会计档案的保管期限分为永久、定期两类。定期保管期限一般分为 10 年和 30 年。

会计档案的保管期限，从会计年度终了后的第一天算起。

第十五条 各类会计档案的保管期限原则上应当按照本办法附表执行，本办法规定的会计档案保管期限为最低保管期限。

单位会计档案的具体名称如有同本办法附表所列档案名称不相符的，应当比照类似档案的保管期限办理。

第十六条 单位应当定期对已到保管期限的会计档案进行鉴定，并形成会计档案鉴定意见书。经鉴定，仍需继续保存的会计档案，应当重新划定保管期限；对保管期满，确无保存价值的会计档案，可以销毁。

第十七条 会计档案鉴定工作应当由单位档案管理机构牵头，组织单位会计、审计、纪检监察等机构或人员共同进行。

第十八条 经鉴定可以销毁的会计档案，应当按照以下程序销毁：

（一）单位档案管理机构编制会计档案销毁清册，列明拟销毁会计档案的名称、卷号、册数、起止年度、档案编号、应保管期限、已保管期限和销毁时间等内容。

（二）单位负责人、档案管理机构负责人、会计管理机构负责人、档案管理机构经办人、会计管理机构经办人在会计档案销毁清册上签署意见。

（三）单位档案管理机构负责组织会计档案销毁工作，并与会计管理机构共同派员监销。监销人在会计档案销毁前，应当按照会计档案销毁清册所列内容进行清点核对；在会计档案销毁后，应当在会计档案销毁清册上签名或盖章。

电子会计档案的销毁还应当符合国家有关电子档案的规定，并由单位档案管理机构、会计管理机构和信息系统管理机构共同派员监销。

第十九条 保管期满但未结清的债权债务会计凭证和涉及其他未了事项的会计凭证不得销毁，纸质会计档案应当单独抽出立卷，电子会计档案单独转存，保管到未了事项完结时为止。

单独抽出立卷或转存的会计档案，应当在会计档案鉴定意见书、会计档案销毁清册和会计档案保管清册中列明。

第二十条 单位因撤销、解散、破产或其他原因而终止的，在终止或办理注销登记手续之前形成的会计档案，按照国家档案管理的有关规定处置。

第二十一条 单位分立后原单位存续的，其会计档案应当由分立后的存续方统一保管，其他方可以查阅、复制与其业务相关的会计档案。

单位分立后原单位解散的，其会计档案应当经各方协商后由其中一方代管或按照国家档案管理的有关规定处置，各方可以查阅、复制与其业务相关的会计档案。

单位分立中未结清的会计事项所涉及的会计凭证，应当单独抽出由业务相关方保存，并按照规定办理交接手续。

单位因业务移交其他单位办理所涉及的会计档案，应当由原单位保管，承接业务单位可以查阅、复制与其业务相关的会计档案。对其中未结清的会计事项所涉及的会计凭证，应当单独抽出由承接业务单位保存，并按照规定办理交接手续。

第二十二条 单位合并后原各单位解散或者一方存续其他方解散的，原各单位的会计档案应当由合并后的单位统一保管。单位合并后原各单位仍存续的，其会计档案仍应当由原各单位保管。

第二十三条 建设单位在项目建设期间形成的会计档案，需要移交给建设项目接受单位的，应当在办理竣工财务决算后及时移交，并按照规定办理交接手续。

第二十四条 单位之间交接会计档案时，交接双方应当办理会计档案交接手续。

移交会计档案的单位，应当编制会计档案移交清册，列明应当移交的会计档案名称、卷号、册数、起止年度、档案编号、应保管期限和已保管期限等内容。

交接会计档案时，交接双方应当按照会计档案移交清册所列内容逐项交接，并由交接双方的单位有关负责人负责监督。交接完毕后，交接双方经办人和监督人应当在会计档案移交清册上签名或盖章。

电子会计档案应当与其元数据一并移交，特殊格式的电子会计档案应当与其读取平台一并移交。档案接受单位应当对保存电子会计档案的载体及其技术环境进行检验，确保所接收电子会计档案的准确、完整、可用和安全。

第二十五条 单位的会计档案及其复制件需要携带、寄运或者传输至境外的，应当按照国家有关规定执行。

第二十六条 单位委托中介机构代理记账的，应当在签订的书面委托合同中，明确会计档案的管理要求及相应责任。

第二十七条 违反本办法规定的单位和个人，由县级以上人民政府财政部门、档案行政管理部门依据《中华人民共和国会计法》《中华人民共和国档案法》等法律法规处理处罚。

第二十八条 预算、计划、制度等文件材料，应当执行文书档案管理规定，不适用本办法。

第二十九条 不具备设立档案机构或配备档案工作人员条件的单位和依法建账的个体工商户，其会计档案的收集、整理、保管、利用和鉴定销毁等参照本办法执行。

第三十条 各省、自治区、直辖市、计划单列市人民政府财政部门、档案行政管理部门，新疆生产建设兵团财务局、档案局，国务院各业务主管部门，中国人民解放军总后勤部，可以根据本办法制定具体实施办法。

第三十一条 本办法由财政部、国家档案局负责解释，自 2016 年 1 月 1 日起施行。1998 年 8 月 21 日财政部、国家档案局发布的《会计档案管理办法》（财会字〔1998〕32 号）同时废止。

附表：1. 企业和其他组织会计档案保管期限表

2. 财政总预算、行政单位、事业单位和税收会计档案保管期限表附表1：

企业和其他组织会计档案保管期限表

序号	档案名称	保管期限	备注
一	会计凭证		
1	原始凭证	30 年	
2	记账凭证	30 年	
二	会计账簿		
3	总账	30 年	
4	明细账	30 年	
5	日记账	30 年	
6	固定资产卡片		固定资产报废清理后保管 5 年
7	其他辅助性账簿	30 年	
三	财务会计报告		
8	月度、季度、半年度财务会计报告	10 年	
9	年度财务会计报告	永久	
四	其他会计资料		
10	银行存款余额调节表	10 年	
11	银行对账单	10 年	
12	纳税申报表	10 年	
13	会计档案移交清册	30 年	
14	会计档案保管清册	永久	
15	会计档案销毁清册	永久	
16	会计档案鉴定意见书	永久	

附表2：

财政总预算、行政单位、事业单位和税收会计档案保管期限表

序号	档案名称	保管期限			备注
		财政总预算	行政单位事业单位	税收会计	
一	会计凭证				
1	国家金库编送的各种报表及缴库退库凭证	10 年		10 年	
2	各收入机关编送的报表	10 年			
3	行政单位和事业单位的各种会计凭证		30 年		包括：原始凭证、记账凭证和传票汇总表
4	财政总预算拨款凭证和其他会计凭证	30 年			包括：拨款凭证和其他会计凭证
二	会计账簿				
5	日记账		30 年	30 年	
6	总账	30 年	30 年	30 年	
7	税收日记账（总账）			30 年	
8	明细分类、分户账或登记簿	30 年	30 年	30 年	
9	行政单位和事业单位固定资产卡片				固定资产报废清理后保管 5 年

续表

序号	档案名称	保管期限			备注
		财政总预算	行政单位事业单位	税收会计	
三	财务会计报告				
10	政府综合财务报告	永久			下级财政、本级部门和单位报送的保管 2 年
11	部门财务报告		永久		所属单位报送的保管 2 年
12	财政总决算	永久			下级财政、本级部门和单位报送的保管 2 年
13	部门决算		永久		所属单位报送的保管 2 年
14	税收年报（决算）			永久	
15	国家金库年报（决算）	10 年			
16	基本建设拨、贷款年报（决算）	10 年			
17	行政单位和事业单位会计月、季度报表		10 年		所属单位报送的保管 2 年
18	税收会计报表			10 年	所属税务机关报送的保管 2 年
四	其他会计资料				
19	银行存款余额调节表	10 年	10 年		
20	银行对账单	10 年	10 年	10 年	
21	会计档案移交清册	30 年	30 年	30 年	
22	会计档案保管清册	永久	永久	永久	
23	会计档案销毁清册	永久	永久	永久	
24	会计档案鉴定意见书	永久	永久	永久	

注：税务机关的税务经费会计档案保管期限，按行政单位会计档案保管期限规定办理。

附件 2：

财政部　国家档案局关于新旧《会计档案管理办法》有关衔接规定的通知

2016 年 3 月 8 日　财会〔2016〕3 号

党中央有关部门，国务院各部委、各直属机构，军委后勤保障部、武警总部，各省、自治区、直辖市、计划单列市财政厅（局）、档案局，新疆生产建设兵团财务局、档案局，有关中央管理企业：

　　财政部、国家档案局联合印发的《会计档案管理办法》（财政部　国家档案局令第 79 号，以下简称新《管理办法》）自 2016 年 1 月 1 日起施行，原《会计档案管理办法》（财会字〔1998〕32 号，以下简称原《管理办法》）同时废止。为确保新《管理办法》的有效贯彻实施，实现新旧管理办法平稳过渡，现就有关衔接规定通知如下。

一、关于保管期限的衔接规定

　　（一）新《管理办法》与原《管理办法》规定的最低保管期限不一致的，按照新《管理办法》的规定执行。

　　（二）已到原《管理办法》规定的最低保管期限，并已于 2015 年 12 月 31 日前鉴定可以销毁但尚未进行销毁的会计档案，应按照新《管理办法》的规定组织销毁；已到原《管理办法》规定的最低保管期限，并已于 2015 年 12 月 31 日前鉴定予以继续保管的会计档案，应按照新《管理办法》确定继续保管期限（最低继续保管期限等于新《管理办法》规定的最低保管期限减去已保管期限，下同）。

（三）已到原《管理办法》规定的最低保管期限，但 2015 年 12 月 31 日前尚未进行鉴定的会计档案，应按照新《管理办法》的规定进行鉴定，确定销毁或继续保管。确定销毁的，应按照新《管理办法》的规定组织销毁；确定继续保管的，应按照新《管理办法》确定继续保管期限。

（四）未到原《管理办法》规定的最低保管期限的会计档案，应按照新《管理办法》的规定重新划定保管期限。

二、关于电子会计资料归档的衔接规定

（一）单位如在新《管理办法》施行前已利用现代信息技术手段开展会计核算和会计档案管理，其有关工作符合《企业会计信息化工作规范》（财会〔2013〕20 号）的要求，所形成的、尚未移交本单位档案机构统一保管的会计资料符合新《管理办法》第八条、第九条规定的电子会计档案归档条件的，可仅以电子形式归档保管。2014 年以前形成的会计资料一律按照原《管理办法》的规定归档保管。

（二）各单位根据新《管理办法》仅以电子形式保存会计档案的，原则上应从一个完整会计年度的年初开始执行，以保证其年度会计档案保管形式的一致性。

资产管理类

国务院办公厅关于推动中央企业结构调整与重组的指导意见

2016 年 7 月 17 日　国办发〔2016〕56 号

各省、自治区、直辖市人民政府，国务院各部委、各直属机构：

近年来，中央企业积极推进结构调整与重组，布局结构不断优化，规模实力显著增强，发展质量明显提升，各项改革发展工作取得了积极成效。但总的来看，中央企业产业分布过广、企业层级过多等结构性问题仍然较为突出，资源配置效率亟待提高、企业创新能力亟待增强。为贯彻落实党中央、国务院关于深化国有企业改革的决策部署，进一步优化国有资本配置，促进中央企业转型升级，经国务院同意，现就推动中央企业结构调整与重组提出以下意见。

一、总体要求

（一）指导思想。

全面贯彻党的十八大和十八届三中、四中、五中全会精神，深入学习领会习近平总书记系列重要讲话精神，认真贯彻落实"四个全面"战略布局和党中央、国务院决策部署，牢固树立创新、协调、绿色、开放、共享的发展理念，推进供给侧结构性改革，坚持公有制主体地位，发挥国有经济主导作用，以优化国有资本配置为中心，着力深化改革，调整结构，加强科技创新，加快转型升级，加大国际化经营力度，提升中央企业发展质量和效益，推动中央企业在市场竞争中不断发展壮大，更好发挥中央企业在保障国民经济持续健康安全发展中的骨干中坚作用。

（二）基本原则。

——坚持服务国家战略。中央企业结构调整与重组，要服务国家发展目标，落实国家发展战略，贯彻国家产业政策，以管资本为主加强国资监管，不断推动国有资本优化配置。

——坚持尊重市场规律。遵循市场经济规律和企业发展规律，维护市场公平竞争秩序，以市场为导向，以企业为主体，以主业为主，因地制宜、因业制宜、因企制宜，有进有退、有所为有所不为，不断提升中央企业市场竞争力。

——坚持与改革相结合。在调整重组中深化企业内部改革，建立健全现代企业制度，形成崭新的体制机制，打造充满生机活力的新型企业。加强党的领导，确保党的建设与调整重组同步推进，实现体制、机制、制度和工作的有效对接。

——坚持严格依法规范。严格按照有关法律法规推进中央企业结构调整与重组，切实保护各类股东、债权人和职工等相关方的合法权益。加强国有资产交易监管，防止逃废金融债务，防范国有资产流失。

——坚持统筹协调推进。突出问题导向，处理好中央企业改革、发展、稳定的关系，把握好调整重组的重点、节奏与力度，统筹好巩固加强、创新发展、重组整合和清理退出等工作。

二、主要目标

到 2020 年，中央企业战略定位更加准确，功能作用有效发挥；总体结构更趋合理，国有资本配置效率显著提高；发展质量明显提升，形成一批具有创新能力和国际竞争力的世界一流跨国公司。具体目标是：

功能作用有效发挥。在国防、能源、交通、粮食、信息、生态等关系国家安全的领域保障能力显著提升；在重大基础设施、重要资源以及公共服务等关系国计民生和国民经济命脉的重要行业控制力明显增强；在重大装备、信息通信、生物医药、海洋工程、节能环保等行业的影响力进一步提高；在新能源、新材料、航空航天、智能制造等产业的带动力更加凸显。

资源配置更趋合理。通过兼并重组、创新合作、淘汰落后产能、化解过剩产能、处置低效无效资产等途径，形成国有资本有进有退、合理流动的机制。中央企业纵向调整加快推进，产业链上下游资源配置不断优化，从价值链中低端向中高端转变取得明显进展，整体竞争力大幅提升。中央企业间的横向整合基本完成，协同经营平台建设加快推进，同质化经营、重复建设、无序竞争等问题得到有效化解。

发展质量明显提升。企业发展战略更加明晰，主业优势更加突出，资产负债规模更趋合理，企业治理更加规范，经营机制更加灵活，创新驱动发展富有成效，国际化经营稳步推进，风险管控能力显著增强，国有资本效益明显提高，实现由注重规模扩张向注重提升质量效益转变，从国内经营为主向国内外经营并重转变。

三、重点工作

（一）巩固加强一批。

巩固安全保障功能。对主业处于关系国家安全、国民经济命脉的重要行业和关键领域、主要承担国家重大专项任务的中央企业，要保证国有资本投入，增强保障国家安全和国民经济运行能力，保持国有资本控股地位，支持非国有资本参股。对重要通信基础设施、重要江河流域控制性水利水电航电枢纽等领域，粮食、棉花、石油、天然气等国家战略物资储备领域，实行国有独资或控股。对战略性矿产资源开发利用，石油天然气主干管网、电网等自然垄断环节的管网，核电、重要公共技术平台、地质等基础数据采集利用领域，国防军工等特殊产业中从事战略武器装备科研生产、关系国家战略安全和涉及国家核心机密的核心军工能力领域，实行国有独资或绝对控股。对其他服务国家战略目标、重要前瞻性战略性产业、生态环境保护、共用技术平台等重要行业和关键领域，加大国有资本投资力度，发挥国有资本引导和带动作用。

（二）创新发展一批。

搭建调整重组平台。改组组建国有资本投资、运营公司，探索有效的运营模式，通过开展投资融资、产业培育、资本整合，推动产业集聚和转型升级，优化中央企业国有资本布局结构；通过股权运作、价值管理、有序进退，促进国有资本合理流动。将中央企业中的低效无效资产以及户数较多、规模较小、产业集中度低、产能严重过剩行业中的中央企业，适度集中至国有资本投资、运营公司，做好增量、盘活存量、主动减量。

搭建科技创新平台。强化科技研发平台建设，加强应用基础研究，完善研发体系，突破企业技术瓶颈，提升自主创新能力。构建行业协同创新平台，推进产业创新联盟建设，建立和完善开放高效的技术创新体系，突破产业发展短板，提升集成创新能力。建设"互联网＋"平台，推动产业互联网发展，促进跨界创新融合。建立支持创新的金融平台，充分用好各种创投基金支持中央企业创新发展，通过市场化方式设立各类中央企业科技创新投资基金，促进科技成果转化和新兴产业培育。把握世界科技发展趋势，搭建国际科技合作平台，积极融入全球创新网络。鼓励企业搭建创新创业孵化和服务平台，支持员工和社会创新创业，推动战略性新兴产业发展，加快形成新的经济增长点。鼓励优势产业集团与中央科研院所企业重组。

搭建国际化经营平台。以优势企业为核心，通过市场化运作方式，搭建优势产业上下游携手走出去平台、高效产能国际合作平台、商产融结合平台和跨国并购平台，增强中央企业联合参与国际市场竞争的能力。加快境外经济合作园区建设，形成走出去企业集群发展优势，降低国际化经营风险。充分发挥现有各类国际合作基金的作用，鼓励以市场化方式发起设立相关基金，组合引入非国有资本、优秀管理人才、先进管理机制和增值服务能力，提高中央企业国际化经营水平。

（三）重组整合一批。

推进强强联合。统筹走出去参与国际竞争和维护国内市场公平竞争的需要，稳妥推进装备制造、建筑工程、电力、钢铁、有色金属、航运、建材、旅游和航空服务等领域企业重组，集中资源形成合力，减少无序竞争和同质化经营，有效化解相关行业产能过剩。鼓励煤炭、电力、冶金等产业链上下游中央企业进行重组，打造全产业链竞争优势，更好发挥协同效应。

推动专业化整合。在国家产业政策和行业发展规划指导下，支持中央企业之间通过资产重组、股权合作、资产置换、无偿划转、战略联盟、联合开发等方式，将资源向优势企业和主业企业集中。鼓励通信、电力、汽车、新材料、新能源、油气管道、海工装备、航空货运等领域相关中央企业共同出资组建股份制专业化平台，加大新技术、新产品、新市场联合开发力度，减少无序竞争，提升资源配置效率。

加快推进企业内部资源整合。鼓励中央企业依托资本市场，通过培育注资、业务重组、吸收合并等方式，利用普通股、优先股、定向发行可转换债券等工具，推进专业化整合，增强持续发展能力。压缩企业管理层级，对五级以下企业进行清理整合，将投资决策权向三级以上企业集中，积极推进管控模式与组织架构调整、流程再造，构建功能定位明确、责权关系清晰、层级设置合理的管控体系。

积极稳妥开展并购重组。鼓励中央企业围绕发展战略，以获取关键技术、核心资源、知名品牌、市场渠道等为重点，积极开展并购重组，提高产业集中度，推动质量品牌提升。建立健全重组评估机制，加强并购后企业的联动与整合，推进管理、业务、技术、市场、文化和人力资源等方面的协同与融合，确保实现并购预期目标。并购重组中要充分发挥各企业的专业化优势和比较优势，尊重市场规律，加强沟通协调，防止无序竞争。

（四）清理退出一批。

大力化解过剩产能。严格按照国家能耗、环保、质量、安全等标准要求，以钢铁、煤炭行业为重点，大力压缩过剩产能，加快淘汰落后产能。对产能严重过剩行业，按照减量置换原则从严控制新项目投资。对高负债企业，以不推高资产负债率为原则严格控制投资规模。

加大清理长期亏损、扭亏无望企业和低效无效资产力度。通过资产重组、破产清算等方式，解决持续亏损三年以上且不符合布局结构调整方向的企业退出问题。通过产权转让、资产变现、无偿划转等方式，解决三年以上无效益且未来两年生产经营难以好转的低效无效资产处置问题。

下大力气退出一批不具有发展优势的非主营业务。梳理企业非主营业务和资产，对与主业无互补性、协同性的低效业务和资产，加大清理退出力度，实现国有资本形态转换。变现的国有资本除按有关要求用于安置职工、解决历史遗留问题外，集中投向国有资本更需要集中的领域和行业。

加快剥离企业办社会职能和解决历史遗留问题。稳步推进中央企业职工家属区"三供一业"分离移交，实现社会化管理。对中央企业所办医疗、教育、市政、消防、社区管理等公共服务机构，采取移交、撤并、改制或专业化管理、政府购买服务等多种方式分类进行剥离。加快推进厂办大集体改革。对中央企业退休人员统一实行社会化管理。

四、保障措施

（一）加强组织领导。

国务院国资委要会同有关部门根据国家战略要求，结合行业体制改革和产业政策，提出有关中央企业实施重组的具体方案，报国务院批准后稳步推进。中央企业结合实际制定本企业结构调整与重组的具体实施方案，报国务院国资委备案后组织实施，其中涉及国家安全领域的，须经相关行业主管部门审核同意。中央企业在结构调整与重组过程中要切实加强党的领导，建立责任清晰、分工明确的专项工作机制，由主要负责人负总责，加大组织协调力度，切实依法依规操作。同时发挥工会和有关社团组织的作用，做好干部职工的思想政治工作。

（二）加强行业指导。

各有关部门要根据实现"两个一百年"奋斗目标、国家重大战略布局以及统筹国内国际两个市场等需要，明确国有资本分行业、分区域布局的基本要求，作为中央企业布局结构调整的重要依据，同时结合各自职责，配套出台相关产业管理政策，保障国有资本投入规模科学合理，确保中央企业结构调整与重组有利于增强国有经济主导能力、维护市场公平竞争秩序。

（三）加大政策支持。

各有关部门要研究出台财政、金融、人才、科技、薪酬分配、业绩考核等支持政策，并切实落实相关税收优惠政策，为中央企业结构调整与重组创造良好环境。要充分发挥各类基金的作用，积极稳妥引入各类社会资本参与和支持中央企业结构调整与重组。

（四）完善配套措施。

健全企业退出机制，完善相关退出政策，依法妥善处理劳动关系调整、社会保险关系接续等问题，切实维护好企业职工合法权益。建立完善政府和企业合理分担成本的机制，多渠道筹措资金，妥善解决中央企业历史遗留问题，为中央企业公平参与市场竞争创造条件。

金融、文化等中央企业的结构调整与重组，中央另有规定的依其规定执行。

财政部关于印发《行政事业单位资产清查核实管理办法》的通知

2016 年 1 月 20 日　财资〔2016〕1 号

党中央有关部门，国务院各部委、各直属机构，全国人大常委会办公厅，全国政协办公厅，高法院，高检院，各民主党派中央，有关人民团体，有关中央管理企业，各省、自治区、直辖市、计划单列市财政厅（局），新疆生产建设兵团财务局：

为了加强行政事业单位国有资产监督管理，规范行政事业单位资产清查核实工作，我们制定了《行政事业单位资产清查核实管理办法》。现印发你们，请遵照执行。执行中有何问题，请及时向我部反映。

附件：行政事业单位资产清查核实管理办法

附件：

行政事业单位资产清查核实管理办法

第一章　总　　则

第一条　为了加强行政事业单位国有资产管理，规范行政事业单位资产清查核实工作（以下简称清查核实），真实反映行政事业单位的资产及财务状况，保障行政事业单位国有资产的安全完整，根据《行政单位国有资产管理暂行办法》（财政部令第 35 号）、《事业单位国有资产管理暂行办法》（财政部令第 36 号）和国家有关规定，制定本办法。

第二条 本办法所称行政事业单位资产清查，是指各级政府及其财政部门、主管部门和行政事业单位，根据专项工作要求或者特定经济行为需要，按照规定的政策、工作程序和方法，对行政事业单位进行账务清理、财产清查，依法认定各项资产损溢和资金挂账，真实反映行政事业单位国有资产占有使用状况的工作。

行政事业单位有下列情形之一的，应当进行资产清查：

（一）根据国家专项工作要求或者本级政府及其财政部门实际工作需要，被纳入统一组织的资产清查范围的。

（二）进行重大改革或者改制的。

（三）遭受重大自然灾害等不可抗力造成资产严重损失的。

（四）会计信息严重失真或者国有资产出现重大流失的。

（五）会计政策发生重大变更，涉及资产核算方法发生重要变化的。

（六）财政部门、主管部门认为应当进行资产清查的其他情形。

第三条 本办法所称行政事业单位资产核实，是指财政部门和主管部门根据国家资产清查核实政策和有关财务、会计制度，对行政事业单位资产清查工作中认定的资产盘盈、资产损失和资金挂账等进行认定批复，并对资产总额进行确认的工作。

第四条 执行行政或者事业单位财务、会计制度的各级各类行政事业单位和社会团体的清查核实适用本办法。

第五条 清查核实由财政部门、主管部门和行政事业单位按照"统一政策、分级管理"的原则组织实施。财政部门、主管部门和行政事业单位在规定权限内对资产盘盈、资产损失和资金挂账等事项进行处理，国家另有规定的，依照其规定。

第六条 清查核实应当依托行政事业单位资产管理信息系统（以下简称信息系统）开展。

第二章 管理职责

第七条 财政部的主要职责是：

（一）制定全国行政事业单位资产清查核实制度，并组织实施和监督检查。

（二）负责中央级行政事业单位资产清查立项申请的批复（备案）。

（三）负责审核中央级行政事业单位资产清查结果，并汇总全国（含本级）行政事业单位资产清查结果。

（四）按照规定权限审批中央级行政事业单位资产盘盈、资产损失和资金挂账等事项。

（五）指导地方财政部门开展行政事业单位清查核实工作。

第八条 地方各级财政部门的主要职责是：

（一）根据国家及上级财政部门有关行政事业单位资产清查核实的规定和工作需要，制定本地区和本级行政事业单位资产清查核实规章制度，组织开展本地区和本级行政事业单位资产清查核实工作，并负责监督检查。

（二）负责本级行政事业单位资产清查立项申请的批复（备案）。

（三）负责审核本级行政事业单位资产清查结果，并汇总本地区（含本级）行政事业单位资产清查结果，及时向上级财政部门报告工作情况。

（四）按照规定权限审批本级行政事业单位资产盘盈、资产损失和资金挂账等事项。

（五）指导下级财政部门开展行政事业单位清查核实工作。

第九条 主管部门的主要职责是：

（一）负责审批或者提出本部门所属行政事业单位的资产清查立项申请。

（二）负责指导本部门所属行政事业单位制定资产清查实施方案，并对所属行政事业单位资产清查工作进行监督检查。

（三）按照规定权限审核或者审批本部门行政事业单位资产盘盈、资产损失和资金挂账等事项。

（四）负责审核汇总本部门所属行政事业单位资产清查结果，并向同级财政部门报送资产清查报告。

（五）根据有关部门出具的资产核实批复文件，指导和监督本部门所属行政事业单位调整信息系统相关数据并进行账务处理。

第十条　行政事业单位的主要职责是：

（一）向主管部门提出资产清查立项申请。

（二）负责制定本单位资产清查实施方案，具体组织开展资产清查工作，并向主管部门报送资产清查结果。

（三）根据有关部门出具的资产核实批复文件，调整信息系统相关数据，进行账务处理，并报主管部门备案。

（四）负责办理相关资产管理手续。

第十一条　财政部门、主管部门或行政事业单位组织开展行政事业单位资产清查核实，应当明确内部工作机构。

第十二条　行政事业单位因自身工作需要，定期或者不定期对资产进行的清查盘点，不需要报经财政部门或者主管部门审批。

第三章　资产清查的程序、内容

第十三条　资产清查工作根据组织主体不同，分别按照以下程序进行：

（一）由各级政府及其财政部门组织开展的资产清查工作。由各级政府及其财政部门统一部署，明确清查范围、基准日等。行政事业单位在主管部门、同级财政部门的监督指导下明确本单位资产清查工作机构，制定资产清查工作实施方案，根据方案组织清查，必要时可委托社会中介机构对清查结果进行专项审计，并形成资产清查报告按规定逐级上报。财政部门和主管部门对报送的资产清查结果进行审核确认。

（二）由各主管部门组织开展的资产清查工作。主管部门应当向同级财政部门提出资产清查立项申请，说明资产清查的原因，明确清查范围和基准日等内容，经同级财政部门同意立项后按照本条第一项规定程序组织实施。

（三）由行政事业单位组织开展的资产清查工作。行政事业单位应当向主管部门提出资产清查立项申请，说明资产清查的原因，明确清查范围和基准日等内容，经主管部门同意立项后，在主管部门的监督指导下明确本单位资产清查工作机构，制定实施方案，根据方案组织清查，必要时可委托社会中介机构对清查结果进行专项审计，并形成资产清查报告按规定逐级上报至主管部门审核确认。

第十四条　行政事业单位可以委托依法设立的，具备与所承担工作相适应的专业人员和专业胜任能力的会计师事务所等社会中介机构对资产清查结果进行专项审计。财政部门或者主管部门认为必要时，可以直接委托社会中介机构对资产清查结果进行专项审计或复核。

资产清查工作专项审计费用，按照"谁委托，谁付费"的原则，由委托方承担。

涉密单位资产清查结果可由内审机构开展审计。如确需社会中介机构进行专项审计的，应当按照国家保密管理的规定做好保密工作。

第十五条　资产清查工作内容主要包括单位基本情况清理、账务清理、财产清查和完善制度等。

单位基本情况清理是指对应当纳入资产清查工作范围的所属单位户数、机构及人员状况等基本情况进行全面清理。

账务清理是指对行政事业单位的各种银行账户、各类库存现金、有价证券、各项资金往来和会计核算科目等基本账务情况进行全面核对和清理。

财产清查是指对行政事业单位的各项资产进行全面的清理、核对和查实。行政事业单位对清查出的各种资产盘盈、损失和资金挂账应当按照资产清查要求进行分类，提出相关处理建议。

完善制度是指针对资产清查工作中发现的问题，进行全面总结、认真分析，提出相应整改措施和实施计划，建立健全资产管理制度。

第十六条 行政事业单位资产清查报告主要包括下列内容：

（一）工作报告。主要反映本单位的资产清查工作基本情况和结果，应当包括本单位资产清查的基准日、范围、内容、结果，基准日资产及财务状况，对清查中发现的问题的整改措施和实施计划。

（二）清查报表。按照规定在信息系统中填报的资产清查报表及相关纸质报表。

（三）专项审计报告。社会中介机构对行政事业单位资产清查结果出具的经注册会计师签字的专项审计报告。

（四）证明材料。清查出的资产盘盈、资产损失和资金挂账等的相关凭证资料和具有法律效力的证明材料。

（五）其他需要提供的备查材料。

第四章　资　产　盘　盈

第十七条 资产盘盈是指行政事业单位在资产清查基准日无账面记载，但单位实际占有使用的能以货币计量的经济资源，包括货币资金盘盈、存货盘盈、对外投资盘盈、固定资产盘盈、无形资产盘盈、往来款项盘盈等。

第十八条 货币资金盘盈是指行政事业单位清查出的无账面记载或者反映的现金和各类存款等，具体按照以下方式认定：

（一）现金盘盈，根据现金保管人确认的现金盘点情况（包括倒推至基准日的记录）和现金保管人对于现金盘盈的说明等进行认定。

（二）存款盘盈，根据银行对账单和银行存款余额调节表进行认定。

第十九条 存货盘盈是指行政事业单位清查出的无账面记载或者反映的材料、燃料、包装物、低值易耗品及达不到固定资产标准的用具、装具、动植物等。

存货盘盈根据存货明细表和保管人对于盘盈的情况说明、价值确定依据等进行认定。

第二十条 对外投资盘盈是指行政事业单位清查出的无账面记载或者反映的单位对外投资。

对外投资盘盈，根据对外投资合同（协议）、价值确定依据、情况说明等进行认定。

第二十一条 固定资产盘盈是指行政事业单位清查出的无账面记载或者反映的固定资产。

固定资产盘盈根据固定资产盘点单、盘盈情况说明、盘盈价值确定依据（同类资产的市场价格、类似资产的购买合同、发票或竣工决算资料）等进行认定。

第二十二条 固定资产盘盈按照以下方式处理：

（一）行政事业单位清理出不属于纪检、监察部门规定清退范围的账外固定资产，且长期无偿占有使用的，若产权属于其他行政事业单位的，在当事双方协商一致的基础上，可以按照国家行政事业单位国有资产管理的相关规定办理无偿划拨；若产权属于其他国有企业的，在当事双方协商一致的基础上，可以按照国家国有企业资产管理的相关规定办理无偿划拨；若产权属于其他单位的，应当在尊重产权单位意见的基础上，由当事双方协商解决。如行政事业单位需要收购或租赁该资产的，应当按照市场价值签订转让或租赁合同，并按照规定程序上报。

（二）清查出的因历史原因而无法入账的无主财产，依法确认为国有资产的，应当及时入账，纳入国有资产管理范围。

（三）清查出的已投入使用但尚未办理决算手续的固定资产，按照估计价值入账，待确定实际成本后再进行调整。

第二十三条   无形资产盘盈是指行政事业单位清查出的无账面记载或者反映的无形资产。

无形资产盘盈根据无形资产盘点单、盘盈情况说明、盘盈价值确定依据（同类资产的市场价格、类似资产的购买合同、发票或自行开发资料）等进行认定。

第二十四条   应收票据、应收账款和预付账款等往来款项盘盈是指行政事业单位清查出的无账面记载或者反映的应收票据、应收账款和预付账款等往来款项。

应收票据、应收账款和预付账款等往来款项盘盈，根据清查明细表、盘盈情况说明、与对方单位的对账单或询证函等进行认定。

第二十五条   对于清查出来的缺乏价值确定依据的盘盈资产，可以委托具有专业胜任能力的资产评估机构进行资产评估，以评估值作为价值确定依据，没有相关凭据也未经评估的，应当按照名义金额（即人民币 1 元）入账。

第五章   资产损失

第二十六条   资产损失是指行政事业单位在资产清查基准日有账面记载，但实际发生的短少、毁损、被盗或者丧失使用价值的，能以货币计量的经济资源，包括货币资金损失、坏账损失、存货损失、对外投资损失、固定资产损失、无形资产损失等。

第二十七条   行政事业单位清查出的资产损失应当逐项清理，取得合法证据后，对损失项目及金额按照规定进行认定。对已取得具有法律效力的外部证据，而无法确定损失金额的，根据社会中介机构出具的经济鉴证证明进行认定。

第二十八条   货币资金损失是指行政事业单位清查出的现金短缺和各类存款损失等。

现金短缺，在扣除责任人赔偿后，根据现金盘点情况（包括倒推至基准日的记录）、社会中介机构出具的经济鉴证证明、短款说明及核准文件、赔偿责任认定及说明、司法涉案材料等进行认定。各类存款损失的认定比照执行。

第二十九条   坏账损失是指行政事业单位清查出的不能收回的各项应收款项造成的损失。清查出的各项坏账，应当分析原因，对有合法证据证明确实不能收回的应收款项，按照以下方式处理：

（一）因债务人被宣告破产、撤销注销工商登记或者被政府责令关闭等导致无法收回的应收款项，应当根据法院的破产公告、破产清算文件、工商部门的撤销注销证明、政府部门有关文件等进行认定。已经清算的，应当对扣除清偿部分后不能收回的款项认定为损失。

（二）债务人死亡或者依法被宣告失踪、死亡，其财产或者遗产不足清偿且没有继承人的应收款项，应当在取得相关法律文件后认定为损失。

（三）因不可抗力因素（自然灾害、意外事故）无法收回的应收款项，由单位做出专项说明，可以根据社会中介机构出具的经济鉴证证明认定损失。

（四）涉诉的应收款项，已生效的人民法院判决书、裁定书判定、裁定其败诉的，或者虽然胜诉但因无法执行被裁定终止执行的，认定为损失。

（五）逾期 3 年的应收款项，具有依法催收磋商记录，并且能够确认 3 年内没有任何业务往来的，应当根据社会中介机构出具的经济鉴证证明，在扣除应付该债务人的各种款项和有关责任人员的赔偿后的余额，认定为损失。

（六）逾期 3 年的应收款项，债务人在国外及我国香港、澳门、台湾地区的，经依法催收仍未收回，且在 3 年内没有任何业务往来的，在取得境外社会中介机构出具的终止收款意见书，或者取得我国驻外使（领）馆商务机构出具的债务人逃亡、破产证明后，认定为损失。

（七）逾期 3 年以上、单笔数额较小、不足以弥补清收成本的，由单位作出专项说明，根据社会中介机构出具的经济鉴证证明认定损失。

第三十条   存货损失是指行政事业单位材料、燃料、包装物、低值易耗品及达不到固定资产标准的用具、装具、动植物等因盘亏、毁损、报废、被盗等原因造成的损失。具体按以下方式认定：

（一）盘亏的存货，扣除责任人赔偿后的部分，可以根据存货盘点单、社会中介机构出具的经济鉴证证明、盘亏情况说明、盘亏的价值确定依据、赔偿责任认定说明和内部核批文件等认定损失。

（二）毁损、报废的存货，扣除残值及保险赔偿或责任人赔偿后的部分，可以根据国家有关技术鉴定部门或具有技术鉴定资格的社会中介机构出具的技术鉴定证明（涉及保险索赔的应当有保险公司理赔情况说明）、毁损报废说明、赔偿责任认定说明和内部核批文件等认定损失。

（三）被盗的存货，扣除保险理赔及责任人赔偿后的部分，可以根据公安机关案件受理证明或结案证明、责任认定及赔偿情况说明（涉及保险索赔的应当有保险公司理赔情况说明）认定损失。

第三十一条 对外投资损失，应当分析原因，有合法证据证明确实不能收回的，区分以下情况可以认定损失：

（一）因被投资单位已宣告破产、被撤销注销工商登记或者被政府责令关闭等情况造成难以收回的对外投资，可以根据法院的破产公告或者破产清算的清偿文件、工商部门的撤销注销文件、政府有关部门的行政决定等认定损失。

已经清算的，扣除清算资产清偿后的差额部分，可以认定为损失。

尚未清算的，被投资单位剩余资产确实不足清偿投资的差额部分，根据社会中介机构出具的经济鉴证证明，认定为损失。

（二）对事业单位参股投资、金额较小、不具有控制权的对外投资，被投资单位已资不抵债且连续停止经营3年以上的，根据社会中介机构出具的经济鉴证证明，对确实不能收回的部分，认定为损失。

（三）债券等短期投资，未进行交割或清理的，不能认定为损失。

第三十二条 固定资产损失是指行政事业单位房屋及构筑物、通用设备、专用设备、文物和陈列品、图书档案、家具用具装具及动植物等因盘亏、毁损、报废、被盗等原因造成的损失。具体按以下方式认定：

（一）盘亏的固定资产，扣除责任人赔偿后的差额部分，可以根据固定资产盘点单、盘亏情况说明、盘亏的价值确定依据、社会中介机构出具的经济鉴证证明、赔偿责任认定说明和内部核批文件等认定。

（二）毁损、报废的固定资产，扣除残值、保险赔偿和责任人赔偿后的差额部分，可以根据国家有关技术鉴定部门或具有技术鉴定资格的社会中介机构出具的技术鉴定证明（涉及保险索赔的应当有保险公司的出险调查单和理赔计算单、保险公司理赔情况说明）、毁损报废说明、赔偿责任认定说明和内部核批文件等认定。

因不可抗力因素（自然灾害、意外事故）造成固定资产毁损、报废的，应当依据相关部门出具的事故处理报告、车辆报损证明、房屋拆除证明、受灾证明等鉴定报告认定。

（三）被盗的固定资产，扣除保险理赔及责任人赔偿后的部分，可以根据公安机关案件受理证明或结案证明、责任认定及赔偿情况说明（涉及保险索赔的应当有保险公司的出险调查单和理赔计算单、保险公司理赔情况说明）认定。

第三十三条 无形资产损失是指无形资产因被其他新技术所代替或者已经超过了法律保护的期限、丧失了使用价值和转让价值等所造成的损失。

无形资产损失，可以根据有关技术部门的鉴定材料，或者已经超过了法律保护期限的证明文件等认定。

第六章 资金挂账

第三十四条 资金挂账是指行政事业单位在资产清查基准日应当按照损益、收支进行确认处理，但挂账未确认的资金（资产）数额。对于清查出的资金挂账，按照真实客观反映经济状况的原则进行认定。

第三十五条 特殊资金挂账按照以下方式处理：

（一）属于按照国家规定组织实施住房制度改革，职工住房账面价值、资产基金（非流动资产基金）

应当冲减而未冲减的挂账，在按照国家规定办理房改有关合法手续、移交产权后，按照规定核销。

（二）属于对外投资中由于所办企业按照国家要求脱钩等政策性因素造成的损失挂账，在取得国家关于企业脱钩的文件和产权划转文件后，可在办理资产核实手续时申报核销处理。

第七章　资产核实的程序、管理权限和申报内容

第三十六条　行政事业单位资产核实的一般程序：

（一）行政事业单位应当依据资产清查出的资产盘盈、资产损失和资金挂账等事项，搜集整理相关证明材料，提出处理意见并逐级向主管部门提出资产核实的申请报告。各单位应当对所报送材料的真实性、合规性和完整性负责。

（二）主管部门按照规定权限进行合规性和完整性审核（审批）同意后，报同级财政部门审批（备案）。

（三）财政部门按照规定权限进行审批（备案）。

（四）行政事业单位依据有关部门对资产盘盈、资产损失和资金挂账的批复，调整信息系统相关数据并进行账务处理。

（五）财政部门、主管部门和行政事业单位结合清查核实中发现的问题完善相关制度。

第三十七条　行政事业单位资产核实的管理权限按照本办法第三十八条、第三十九条规定执行。根据各级政府及其财政部门专项工作要求开展的资产清查工作，有关资产核实的审批权限，可以根据资产清查工作的实际需要另行确定。

第三十八条　中央级行政事业单位资产核实的管理权限：

（一）资产盘盈。单位应当按照财务、会计制度的有关规定确定价值，并在资产清查工作报告中予以说明，报经主管部门批准，并报财政部备案后调整有关账目。

（二）资产损失。货币性资产损失核销、对外投资损失，单位应当逐级上报，经财政部批准后调整有关账目。行政单位的固定资产、无形资产和存货损失，按照现行管理制度中规定的资产处置权限进行审批。事业单位房屋构筑物、土地和车辆损失，单位应当逐级上报，经财政部批准后核销。其他固定资产、无形资产和存货的损失，按照现行管理制度中规定的资产处置权限进行审批。

（三）资金挂账，单位应当逐级上报，经财政部批准后调整有关账目。

中央级行政事业单位申请的资产核实事项中，既包括财政部审批权限内资产的，也包括主管部门审批权限内资产的，应当统一报送财政部。

第三十九条　地方行政事业单位资产核实管理权限，由地方各级财政部门根据实际情况自行确定。

第四十条　行政事业单位的资产核实申报事项应当提交以下材料：

（一）资产损溢、资金挂账核实申请文件。

（二）信息系统生成打印的行政事业单位国有资产清查报表。

（三）信息系统生成打印的行政事业单位国有资产损溢、资金挂账核实申请表。

（四）申报处理资产盘盈、资产损失和资金挂账的专项说明，逐笔写明发生日期、损失原因、政策依据、处理方式，并分类列示。

（五）根据申报核实的事项，提供相应的具有法律效力的外部证据、社会中介机构出具的经济鉴证证明、特定事项的单位内部证据等证明材料。

具有法律效力的外部证据是指行政事业单位收集到的与本单位资产损溢相关的具有法律效力的书面文件，包括单位的撤销、合并公告及清偿文件；政府部门有关文件；司法机关的判决或者裁定；公安机关的案件受理证明或结案证明；工商行政管理部门的注销证明；专业技术部门的鉴定报告；保险公司的出险调查单和理赔计算单；企业的破产公告及破产清算的清偿文件；符合法律规定的其他证明等。

社会中介机构的经济鉴证证明是指具备与所承担工作相适应的专业人员和专业胜任能力的会计师

事务所、资产评估机构、律师事务所、专业鉴定机构等社会中介机构按照独立、客观、公正的原则，对单位的某项经济事项出具的专项经济鉴证证明或鉴证意见书。资产损失和资金挂账应当委托社会中介机构出具经济鉴证证明，涉及国家安全的特殊单位、特殊事项和已取得具有法律效力的外部证据的事项除外。

特定事项的单位内部证据是指行政事业单位对涉及资产盘盈、资产损失和资金挂账等情况的内部证明和内部鉴定意见书等，包括有关会计核算资料和原始凭证；行政事业单位的内部核批文件及情况说明；资产盘点单和明细表；行政事业单位内部鉴定技术小组或内部专业技术部门的鉴定文件或资料；因经营管理责任造成的损失的责任认定意见及赔偿情况说明；相关经济行为的业务合同等；符合法律规定的其他证明等。

（六）其他需要提供的材料。

第四十一条 行政事业单位经批准核销的不良债权、对外投资等损失，实行"账销案存"管理，相关资料、凭证应当专项登记，并继续进行清理和追索。经批准核销的实物资产损失应当分类清理，对有利用价值或残值的，应当积极处理，降低损失。

第四十二条 行政事业单位清查出的由于会计技术差错造成的资产不实，不属于资产盘盈、资产损失和资金挂账的认定范围，应当依据单位财务、会计制度有关规定处理。

第四十三条 申报不合规，证据不齐全、不真实，或者不符合相关制度规定的资产盘盈、资产损失、资金挂账事项，主管部门和财政部门不予核实。

第八章　账务处理

第四十四条 资产盘盈、资产损失和资金挂账批复前，行政事业单位应当按照以下原则进行账务处理：

（一）财政部门批复（备案）前的资产盘盈（含账外资产）可以按照财务、会计制度的有关规定暂行入账。待财政部门批复（备案）后，进行账务调整和处理。

（二）财政部门批复（备案）前的资产损失和资金挂账，单位不得自行进行账务处理。待财政部门批复（备案）后，进行账务处理。

第四十五条 资产盘盈、资产损失和资金挂账批复后，行政事业单位按照国家统一的财务、会计制度进行账务处理，并在批复之日起30个工作日内将账务处理结果报主管部门备案。未按照规定调账的，应当详细说明情况并附相关证明材料。

第四十六条 行政事业单位需要办理产权变动登记手续的，在资产核实审批后，按照有关规定办理相关手续。

第九章　监督和管理

第四十七条 财政部门、主管部门应当加强对行政事业单位清查核实的组织指导和监督检查，可以结合工作需要组织相关专业人员或委托社会中介机构，对单位资产清查核实结果进行检查或抽查。

第四十八条 财政部门、主管部门对行政事业单位有关资产清查结果的审核和资产损溢、资金挂账的认定，应当严格执行国家有关法律、法规、规章和有关财务、会计制度规定，依法办事，严格把关，严肃工作纪律。

第四十九条 主管部门应当对行政事业单位资产清查结果进行认真复核，保证资产清查结果的全面、准确和合规。

第五十条 行政事业单位进行资产清查，应当做到账表、账账、账卡、账实相符，不重不漏，查清资产来源、去向和管理情况，找出管理中存在的问题，完善制度、堵塞管理漏洞。

第五十一条 行政事业单位聘请社会中介机构参与清查核实，应当要求社会中介机构按照独立、客观、公正的原则，履行必要的程序，认真核实单位各项资产清查材料，并按照规定进行实物盘点和账务核对，对资产清查结果出具专项审计报告。对需要出具经济鉴证证明的资产核实事项，应当要求社会中介机构按照国家资产清查核实政策和有关财务、会计制度的相关规定，在充分调查论证的基础上进行职业推断和客观评判，出具鉴证意见。

社会中介机构应当对行政事业单位资产清查专项审计报告、经济鉴证证明的真实性、准确性、完整性承担责任，严格履行保密义务。

行政事业单位应当配合社会中介机构的工作，提供进行专项审计及相关工作必需的资料和线索。任何单位和个人不得干预社会中介机构的正常执业。

第五十二条　行政事业单位对在资产清查中新形成的资料，要分类整理形成档案，按照国家有关会计档案管理的规定进行管理，并接受国家有关部门的监督。

第五十三条　行政事业单位应当对资产清查中发现的资产盘盈、资产损失和资金挂账事项提供合法证据，单位主要负责人应当对申报的资产清查结果的真实性、完整性承担责任。

第五十四条　财政部门和主管部门工作人员在对单位清查核实进行审核过程中徇私舞弊，造成严重后果的，由有关部门依法给予行政处分或纪律处分。

第五十五条　行政事业单位和主管部门在清查核实中违反本办法规定程序的，不组织或不积极组织，未按照时限完成清查核实的，由财政部门责令其限期完成；对清查核实质量不符合规定要求的，由财政部门责令其重新组织开展清查核实；对清查出的问题不及时处理或者拒不完成清查核实的单位，财政部门予以通报。

第五十六条　行政事业单位在资产清查核实中有意瞒报、弄虚作假、提供虚假会计资料的，由财政部门责令其改正，并依据《中华人民共和国会计法》等法律、法规规定进行处理。

第五十七条　行政事业单位负责人和有关工作人员在资产清查核实中，采取私分、低价变卖、虚报损失等手段侵吞、转移国有资产的，由财政部门会同有关部门进行处理。

第五十八条　社会中介机构及有关当事人在清查核实中与单位相互串通，弄虚作假、提供虚假鉴证材料的，由财政部门会同有关部门依法查处。

第十章　附　　则

第五十九条　执行《民间非营利组织会计制度》的社会团体及民办非企业单位中占有、使用国有资产的，参照本制度执行。

行政单位所属未脱钩企业，实行企业化管理并执行企业财务和会计制度的事业单位，以及事业单位所办的全资企业和控股企业，其国有资产的清查核实工作按照企业清产核资的有关规定执行。

第六十条　事业单位代表政府管理的，未纳入本单位核算的政府储备物资、公共基础设施等资产的清查核实办法另行制定。

第六十一条　各省、自治区、直辖市和计划单列市财政部门可根据本办法，结合本地区实际，制定具体的实施办法，并报财政部备案。

第六十二条　本办法由财政部负责解释。

第六十三条　本办法自 2016 年 3 月 1 日起施行。《行政事业单位资产清查暂行办法》（财办〔2006〕52 号）、《行政事业单位资产核实暂行办法》（财办〔2007〕19 号）同时废止。

附：1. 行政事业单位国有资产损溢、资金挂账核实申请表
　　2. ××单位资产清查工作报告
　　3. ××地区/部门资产清查工作报告

附1：

行政事业单位国有资产损溢、资金挂账核实申请表

申报单位（盖章）：　　　　　　　　　　　申报单号：　　　　　　　　　　　　金额单位：万元

<table>
<tr><td rowspan="2" colspan="2"></td><td rowspan="2">项目</td><td colspan="3">资产盘盈</td><td colspan="3">资产损失</td><td colspan="3">资金挂账</td><td rowspan="2">说明</td></tr>
<tr><td>账面价值</td><td>清查价值</td><td>申报价值</td><td>账面价值</td><td>清查价值</td><td>申报价值</td><td>账面价值</td><td>清查价值</td><td>申报价值</td></tr>
<tr><td rowspan="7">申请核实资产</td><td colspan="2">资产总额</td><td></td><td></td><td></td><td></td><td></td><td></td><td></td><td></td><td></td><td></td></tr>
<tr><td colspan="2">流动资产</td><td></td><td></td><td></td><td></td><td></td><td></td><td></td><td></td><td></td><td></td></tr>
<tr><td colspan="2">其中：存货</td><td></td><td></td><td></td><td></td><td></td><td></td><td></td><td></td><td></td><td></td></tr>
<tr><td colspan="2">固定资产</td><td></td><td></td><td></td><td></td><td></td><td></td><td></td><td></td><td></td><td></td></tr>
<tr><td colspan="2">无形资产</td><td></td><td></td><td></td><td></td><td></td><td></td><td></td><td></td><td></td><td></td></tr>
<tr><td colspan="2">长期投资</td><td></td><td></td><td></td><td></td><td></td><td></td><td></td><td></td><td></td><td></td></tr>
<tr><td colspan="2">其他资产</td><td></td><td></td><td></td><td></td><td></td><td></td><td></td><td></td><td></td><td></td></tr>
<tr><td rowspan="2">行政事业单位意见</td><td colspan="5">资产管理部门意见：

（签章）　年　月　日</td><td colspan="4">预算（财务）管理部门意见：

（签章）　年　月　日</td><td colspan="3">单位负责人意见：

（签章）　年　月　日</td></tr>
<tr><td colspan="12"></td></tr>
<tr><td rowspan="2">主管部门审核意见</td><td colspan="6">资产管理部门意见：

（签章）　年　月　日</td><td colspan="6">预算（财务）管理部门意见：

（签章）　年　月　日</td></tr>
<tr><td colspan="12"></td></tr>
</table>

行政事业单位国有资产损溢、资金挂账核实申请表

附表

申报单位：　　　　　　　　　　　申报单号：　　　　　　　　　　　　金额单位：元

<table>
<tr><td rowspan="3">序号</td><td rowspan="3">损溢类型</td><td rowspan="3">资产编号</td><td rowspan="3">资产名称</td><td rowspan="3">科目分类</td><td rowspan="3">明细类别</td><td rowspan="3">资产来源</td><td colspan="2">数量/面积</td><td rowspan="3">购置（投资）日期</td><td rowspan="3">财务入账日期</td><td colspan="4">价值</td><td rowspan="3">证据索引编号</td><td rowspan="3">证据数量</td><td rowspan="3">备注</td></tr>
<tr><td rowspan="2">账面数量</td><td rowspan="2">清查数量</td><td rowspan="2">账面价值</td><td rowspan="2">清查价值</td><td rowspan="2">评估（鉴证）价值</td><td rowspan="2">申报价值</td></tr>
<tr></tr>
<tr><td>1</td><td></td><td></td><td></td><td></td><td></td><td></td><td></td><td></td><td></td><td></td><td></td><td></td><td></td><td></td><td></td><td></td><td></td></tr>
<tr><td>2</td><td></td><td></td><td></td><td></td><td></td><td></td><td></td><td></td><td></td><td></td><td></td><td></td><td></td><td></td><td></td><td></td><td></td></tr>
<tr><td>…</td><td></td><td></td><td></td><td></td><td></td><td></td><td></td><td></td><td></td><td></td><td></td><td></td><td></td><td></td><td></td><td></td><td></td></tr>
</table>

第 N 页

附2：

××单位资产清查工作报告

（单位参考格式）

　　根据《行政事业单位资产清查核实管理办法》等有关规定，我单位已按时完成资产清查的主体工作，并经主审计所××会计师事务所的资产清查专项审计，现将有关资产清查的工作情况报告如下：

一、单位基本情况

　　包括单位性质、财务隶属关系、资产管理部门或岗位设置情况、执行财务会计制度情况、单位人员情

况、预算收支情况等基本情况。

二、资产清查工作总体状况

（一）资产清查工作基准日。
（二）资产清查范围。
（三）资产清查工作组织实施情况。
1. 资产清查工作方案制定情况。
2. 资产清查工作方案实施情况。
3. 聘请中介审计情况。
（四）资产清查工作取得的成效及存在的问题。

三、资产清查工作结果

（一）单位清查出的资产盘盈、资产损失、资金挂账情况。
（二）资产盘盈、资产损失、资金挂账原因分析。
（三）资产盘盈、资产损失、资金挂账证明材料。
（四）经××会计师事务所审核后的资产盘盈、资产损失、资金挂账情况。
（五）单位申报核实资产盘盈、资产损失、资金挂账的处理预案。

四、对资产清查暴露出来的单位资产、财务管理中存在的问题、原因进行分析并提出改进措施等

（一）存在的实际问题。
（二）原因分析。
（三）改进措施。

五、单位资产管理情况

具体包括资产使用状况和国有资产收益情况等。

六、其他需要说明的事项

附 3：

××地区/部门资产清查工作报告
（地方财政部门/主管部门参考格式）

根据《行政单位国有资产管理暂行办法》（财政部令第 35 号）、《事业单位国有资产管理暂行办法》（财政部令第 36 号）和《行政事业单位资产清查核实管理办法》，我省（市、县、乡）/部门以　　　　为资产清查工作基准日开展了资产清查工作，现报告如下：

一、本地区、本部门基本情况

二、工作组织实施情况

（一）资产清查范围。
（二）资产清查工作具体实施情况。包括实施方案制定以及清查工作布置、培训、审核汇总情况等。

三、工作成效

（一）资产的基本情况。

1. 本地区、本部门所属行政事业单位资产账面数、负债账面数、资产清查数、负债清查数。

2. 清查出的资产盘盈、资产损失以及资金挂账等情况。

（二）资产使用状况。

主要包括与部门、单位履行职能和促进行政管理、事业发展相关的主要资产的使用状况。对资产报告中反映的单位资产、财务管理中存在的问题、原因等进行分析。

（三）国有资产收益情况。

主要包括本地区、本部门所属行政事业单位利用国有资产对外投资、出租出借等取得的收益情况。包括收益的金额，是否纳入单位预算管理或上缴的情况等。

（四）其他成效。

四、存在的问题及原因分析

（一）存在的实际问题。

（二）原因分析。

（三）改进措施。

五、加强行政事业资产管理工作的建议

（一）从管理体制、工作机制和工作流程等方面提出加强行政事业资产管理工作的建议。

（二）对本地区、本部门行政事业单位国有资产管理的工作思路和规划。

（三）其他意见建议。

六、其他需要报告的重要事项

财政部　科技部　国资委关于印发《国有科技型企业股权和分红激励暂行办法》的通知

2016 年 2 月 26 日　财资〔2016〕4 号

党中央有关部门，国务院各部委、各直属机构，各省、自治区、直辖市、计划单列市财政厅（局）、科技厅（委、局）、国资委，新疆生产建设兵团财务局、科技局、国资委，各中央管理企业：

为进一步激发广大技术和管理人员的积极性和创造性，促进国有科技型企业健康可持续发展，经国务院同意，我们在中关村国家自主创新示范区股权和分红激励试点办法的基础上，制定了《国有科技型企业股权和分红激励暂行办法》。现予印发，请遵照执行。

附件：国有科技型企业股权和分红激励暂行办法

附件：

国有科技型企业股权和分红激励暂行办法

第一章 总 则

第一条 为加快实施创新驱动发展战略，建立国有科技型企业自主创新和科技成果转化的激励分配机制，调动技术和管理人员的积极性和创造性，推动高新技术产业化和科技成果转化，依据《中华人民共和国促进科技成果转化法》、《中华人民共和国公司法》、《中华人民共和国企业国有资产法》等国家法律法规，制定本办法。

第二条 本办法所称国有科技型企业，是指中国境内具有公司法人资格的国有及国有控股未上市科技企业（含全国中小企业股份转让系统挂牌的国有企业），具体包括：

（一）转制院所企业、国家认定的高新技术企业。

（二）高等院校和科研院所投资的科技企业。

（三）国家和省级认定的科技服务机构。

第三条 本办法所称股权激励，是指国有科技型企业以本企业股权为标的，采取股权出售、股权奖励、股权期权等方式，对企业重要技术人员和经营管理人员实施激励的行为。

分红激励，是指国有科技型企业以科技成果转化收益为标的，采取项目收益分红方式；或者以企业经营收益为标的，采取岗位分红方式，对企业重要技术人员和经营管理人员实施激励的行为。

第四条 国有科技型企业实施股权和分红激励应当遵循以下原则：

（一）依法依规，公正透明。严格遵守国家法律法规和本办法的规定，有序开展激励工作，操作过程公开、公平、公正，坚决杜绝利益输送，防止国有资产流失。

（二）因企制宜，多措并举。统筹考虑企业规模、行业特点和发展阶段，采取一种或者多种激励方式，科学制定激励方案。建立合理激励、有序流转、动态调整的机制。

（三）利益共享，风险共担。激励对象按照自愿原则，获得股权和分红激励，应当诚实守信，勤勉尽责，自觉维护企业和全体股东利益，共享改革发展成果，共担市场竞争风险。

（四）落实责任，强化监督。建立健全企业内部监督机制，依法维护企业股东和员工的权益。履行国有资产监管职责单位及同级财政、科技部门要加强监管，依法追责。

第五条 国有科技型企业负责拟订股权和分红激励方案，履行内部审议和决策程序，报经履行出资人职责或国有资产监管职责的部门、机构、企业审核后，对符合条件的激励对象实施激励。

第二章 实 施 条 件

第六条 实施股权和分红激励的国有科技型企业应当产权明晰、发展战略明确、管理规范、内部治理结构健全并有效运转，同时具备以下条件：

（一）企业建立了规范的内部财务管理制度和员工绩效考核评价制度。年度财务会计报告经过中介机构依法审计，且激励方案制定近 3 年（以下简称近 3 年）没有因财务、税收等违法违规行为受到行政、刑事处罚。成立不满 3 年的企业，以实际经营年限计算。

（二）对于本办法第二条中的（一）、（二）类企业，近3年研发费用占当年企业营业收入均在3%以上，激励方案制定的上一年度企业研发人员占职工总数10%以上。成立不满3年的企业，以实际经营年限计算。

（三）对于本办法第二条中的（三）类企业，近3年科技服务性收入不低于当年企业营业收入的60%。

上款所称科技服务性收入是指国有科技服务机构营业收入中属于研究开发及其服务、技术转移服务、检验检测认证服务、创业孵化服务、知识产权服务、科技咨询服务、科技金融服务、科学技术普及服务等收入。

企业成立不满3年的，不得采取股权奖励和岗位分红的激励方式。

第七条　激励对象为与本企业签订劳动合同的重要技术人员和经营管理人员，具体包括：

（一）关键职务科技成果的主要完成人，重大开发项目的负责人，对主导产品或者核心技术、工艺流程做出重大创新或者改进的主要技术人员。

（二）主持企业全面生产经营工作的高级管理人员，负责企业主要产品（服务）生产经营的中、高级经营管理人员。

（三）通过省、部级及以上人才计划引进的重要技术人才和经营管理人才。

企业不得面向全体员工实施股权或者分红激励。

企业监事、独立董事不得参与企业股权或者分红激励。

第三章　股权激励

第八条　企业可以通过以下方式解决激励标的股权来源：

（一）向激励对象增发股份。

（二）向现有股东回购股份。

（三）现有股东依法向激励对象转让其持有的股权。

第九条　企业可以采取股权出售、股权奖励、股权期权等一种或多种方式对激励对象实施股权激励。

大、中型企业不得采取股权期权的激励方式。

企业的划型标准，按照国家统计局《关于印发统计上大中小微型企业划分办法的通知》（国统字〔2011〕75号）等有关规定执行。

第十条　大型企业的股权激励总额不超过企业总股本的5%；中型企业的股权激励总额不超过企业总股本的10%；小、微型企业的股权激励总额不超过企业总股本的30%，且单个激励对象获得的激励股权不得超过企业总股本的3%。

企业不能因实施股权激励而改变国有控股地位。

第十一条　企业实施股权出售，应按不低于资产评估结果的价格，以协议方式将企业股权有偿出售给激励对象。资产评估结果，应当根据国有资产评估的管理规定，报相关部门、机构或者企业核准或者备案。

第十二条　企业实施股权奖励，除满足本办法第六条规定外，近3年税后利润累计形成的净资产增值额应当占近3年年初净资产总额的20%以上，实施激励当年年初未分配利润为正数。

近3年税后利润累计形成的净资产增值额，是指激励方案制定上年末账面净资产相对于近3年首年初账面净资产的增加值，不包括财政及企业股东以各种方式投资或补助形成的净资产和已经向股东分配的利润。

第十三条　企业用于股权奖励的激励额不超过近3年税后利润累计形成的净资产增值额的15%。企业实施股权奖励，必须与股权出售相结合。

股权奖励的激励对象，仅限于在本企业连续工作3年以上的重要技术人员。单个获得股权奖励的激励对象，必须以不低于1:1的比例购买企业股权，且获得的股权奖励按激励实施时的评估价值折算，累计不超过 300 万元。

第十四条 企业用于股权奖励的激励额，应当依据经核准或者备案的资产评估结果折合股权，并确定向每个激励对象奖励的股权。

第十五条 企业股权出售或者股权奖励原则上应一次实施到位。

第十六条 小、微型企业采取股权期权方式实施激励的，应当在激励方案中明确规定激励对象的行权价格。

确定行权价格时，应当综合考虑科技成果成熟程度及其转化情况、企业未来至少 5 年的盈利能力、企业拟授予全部股权数量等因素，且不低于制定股权期权激励方案时经核准或者备案的每股评估价值。

第十七条 企业应当与激励对象约定股权期权授予和行权的业绩考核目标等条件。

业绩考核指标可以选取净资产收益率、主营业务收入增长率、现金营运指数等财务指标，但应当不低于企业近 3 年平均业绩水平及同行业平均业绩水平。成立不满 3 年的企业，以实际经营年限计算。

第十八条 企业应当在激励方案中明确股权期权的授权日、可行权日和行权有效期。

股权期权授权日与获授股权期权首次可行权日之间的间隔不得少于 1 年，股权期权行权的有效期不得超过 5 年。

企业应当规定激励对象在股权期权行权的有效期内分期行权。有效期过后，尚未行权的股权期权自动失效。

第十九条 企业以股权期权方式授予的股权，激励对象分期缴纳相应出资额的，以实际出资额对应的股权参与企业利润分配。

第二十条 企业不得为激励对象购买股权提供贷款以及其他形式的财务资助，包括为激励对象向其他单位或者个人贷款提供担保。企业要坚持同股同权，不得向激励对象承诺年度分红回报或设置托底回购条款。

第二十一条 激励对象可以采用直接或间接方式持有激励股权。采用间接方式的，持股单位不得与企业存在同业竞争关系或发生关联交易。

第二十二条 股权激励的激励对象，自取得股权之日起，5 年内不得转让、捐赠，特殊情形按以下规定处理：

（一）因本人提出离职或者个人原因被解聘、解除劳动合同，取得的股权应当在半年内全部退回企业，其个人出资部分由企业按上一年度审计后净资产计算退还本人。

（二）因公调离本企业的，取得的股权应当在半年内全部退回企业，其个人出资部分由企业按照上一年度审计后净资产计算与实际出资成本孰高的原则返还本人。

在职激励对象不得以任何理由要求企业收回激励股权。

第四章　分红激励

第二十三条 企业实施项目收益分红，应当依据《中华人民共和国促进科技成果转化法》，在职务科技成果完成、转化后，按照企业规定或者与重要技术人员约定的方式、数额和时限执行。企业制定相关规定，应当充分听取本企业技术人员的意见，并在本企业公开相关规定。

企业未规定、也未与重要技术人员约定的，按照下列标准执行：

（一）将该项职务科技成果转让、许可给他人实施的，从该项科技成果转让净收入或者许可净收入中提取不低于 50% 的比例；

（二）利用该项职务科技成果作价投资的，从该项科技成果形成的股份或者出资比例中提取不低于 50% 的比例；

（三）将该项职务科技成果自行实施或者与他人合作实施的，应当在实施转化成功投产后连续 3 至 5 年，每年从实施该项科技成果的营业利润中提取不低于 5% 的比例。

转让、许可净收入为企业取得的科技成果转让、许可收入扣除相关税费和企业为该项科技成果投入的全部研发费用及维护、维权费用后的金额。企业将同一项科技成果使用权向多个单位或者个人转让、许可的，转让、许可收入应当合并计算。

第二十四条 企业实施项目收益分红，应当按照具体项目实施财务管理，并按照国家统一的会计制度进行核算，反映具体项目收益分红情况。

第二十五条 企业实施岗位分红，除满足本办法第六条规定外，近3年税后利润累计形成的净资产增值额应当占企业近3年年初净资产总额的10%以上，且实施激励当年年初未分配利润为正数。

第二十六条 企业年度岗位分红激励总额不高于当年税后利润的15%。企业应当按照岗位在科技成果产业化中的重要性和贡献，确定不同岗位的分红标准。

第二十七条 激励对象应当在该岗位上连续工作1年以上，且原则上每次激励人数不超过企业在岗职工总数的30%。

激励对象获得的岗位分红所得不高于其薪酬总额的2/3。激励对象自离岗当年起，不再享有原岗位分红权。

第二十八条 岗位分红激励方案有效期原则上不超过3年。激励方案中应当明确年度业绩考核指标，原则上各年度净利润增长率应当高于企业实施岗位分红激励近3年平均增长水平。

企业未达到年度考核要求的，应当终止激励方案的实施，再次实施岗位分红激励需重新申报。

激励对象未达到年度考核要求的，应当按约定的条款扣减、暂缓或停止分红激励。

第二十九条 企业实施分红激励所需支出计入工资总额，但不受当年本单位工资总额限制、不纳入本单位工资总额基数，不作为企业职工教育经费、工会经费、社会保险费、补充养老及补充医疗保险费、住房公积金等的计提依据。

第五章　激励方案的管理

第三十条 企业总经理班子或者董事会（以下统称企业内部决策机构）负责拟订企业股权和分红激励方案（格式参见附件）。

第三十一条 对同一激励对象就同一职务科技成果或者产业化项目，企业只能采取一种激励方式、给予一次激励。对已按照本办法实施股权激励的激励对象，企业在5年内不得再对其实施股权激励。

第三十二条 激励方案涉及的财务数据和资产评估结果，应当经具有相关资质的会计师事务所审计和资产评估机构评估，并按有关规定办理核准或备案手续。

第三十三条 企业内部决策机构拟订激励方案时，应当通过职工代表大会或者其他形式充分听取职工的意见和建议。

第三十四条 企业内部决策机构应当将激励方案及听取职工意见情况，先行报履行出资人职责或国有资产监管职责的部门、机构、企业（以下简称审核单位）批准。

中央企业集团公司相关材料报履行出资人职责的部门或机构批准；中央企业集团公司所属子企业，相关材料报中央企业集团公司批准。履行出资人职责的国有资本投资、运营公司所属子企业，相关材料报国有资本投资、运营公司批准。

中央部门及事业单位所属企业，按国有资产管理权属，相关材料报中央主管部门或机构批准。

地方国有企业相关材料，按现行国有资产管理体制，报同级履行出资人职责的部门或机构批准。

第三十五条 审核单位应当严格审核企业申报的激励方案，必要时要求企业法律事务机构或者外聘律师对激励方案出具法律意见书，对以下事项发表专业意见：

（一）激励方案是否符合有关法律、法规和本办法的规定。

（二）激励方案是否存在明显损害企业及现有股东利益的情形。

（三）激励方案是否充分披露影响激励结果的重大信息。

（四）激励方案可能引发的法律纠纷等风险，以及应对风险的法律建议。

（五）其他重要事项。

审核单位自受理企业股权和分红激励方案之日起 20 个工作日内，提出书面审定意见。

第三十六条 审核单位批准企业实施股权和分红激励后，企业内部决策机构应将批准的激励方案提请股东（大）会审议。

在股东（大）会审议激励方案时，国有股东代表应当按照审批单位书面审定意见发表意见。

未设立股东（大）会的企业，按照审批单位批准的方案实施。

第三十七条 除国家另有规定外，企业应当在股东（大）会审议通过激励方案后 5 个工作日内，将以下材料报送审核单位备案：

（一）经股东（大）会审议通过的激励方案。

（二）相关批准文件、股东（大）会决议。

企业股东应当依法行使股东权利，督促企业内部决策机构严格按照激励方案实施激励。

第三十八条 在激励方案实施期间内，企业应于每年 1 月底前向审核单位报告上一年度激励方案实施情况：

（一）实施激励涉及的业绩条件、净收益等财务信息。

（二）激励对象在报告期内各自获得的激励情况。

（三）报告期内的股权激励数量及金额，引起的股本变动情况，以及截至报告期末的累计额。

（四）报告期内的分红激励金额，以及截至报告期末的累计额。

（五）激励支出的列支渠道和会计核算情况。

（六）其他应报告的事项。

中央主管部门、机构和中央企业集团公司，应当对所属企业年度股权和分红激励实施情况进行总结，包括实施股权和分红激励企业户数、激励方式、激励人数、激励落实情况、存在的突出问题以及有关政策建议等，并于 3 月底前将上一年度实施情况的总结报告报送财政部、科技部。

地方省级财政部门、科技部门，负责对本省地方国有企业年度股权和分红激励实施情况进行总结，并于 3 月底前将上一年度实施情况的总结报告报送财政部、科技部。

第三十九条 企业实施股权或者分红激励，应当按照《企业财务通则》（财政部令第 41 号）和国家统一会计制度的规定，规范财务管理和会计核算。

第四十条 企业实施激励导致注册资本规模、股权结构或者组织形式变动的，应当按照有关规定，根据相关批准文件、股东（大）会决议等，及时办理国有资产产权登记和工商变更登记手续。

第四十一条 因出现特殊情形需要调整激励方案的，企业应当重新履行内部审议和外部审核的程序。

因出现特殊情形需要终止实施激励的，企业内部决策机构应当向审核单位报告并向股东（大）会说明情况。

第四十二条 企业实施激励过程中，应当接受审核单位及财政、科技部门监督。对违反有关法律法规及本办法规定、损害国有资产合法权益的情形，审核单位应当责令企业中止方案实施，并追究相关人员的法律责任。

第六章 附 则

第四十三条 企业不符合本办法规定激励条件而向管理者转让国有产权的，应当通过产权交易市场公开进行，并按照国家关于产权交易监督管理的有关规定执行。

第四十四条 尚未实施公司制改革的全民所有制企业可参照本办法，实施项目收益分红和岗位分红激励政策。

第四十五条　本办法由财政部、科技部负责解释。各地方、部门可根据本办法制定具体实施细则。

第四十六条　本办法自 2016 年 3 月 1 日起施行。企业依据《财政部　科技部关于印发〈中关村国家自主创新示范区企业股权和分红激励实施办法〉的通知》（财企〔2010〕8 号）、《财政部　科技部关于〈中关村国家自主创新示范区企业股权和分红激励实施办法〉的补充通知》（财企〔2011〕1 号）制定并正在实施的激励方案，可继续执行，实施期满，新的激励方案统一按本办法执行。

附件："企业股权和分红激励方案"提纲

附件：

"企业股权和分红激励方案"提纲

企业拟定的激励方案应包括但不限于以下内容：

一、基本情况

（一）企业基本情况及其发展战略。

（二）企业近 3 年的业务发展和财务状况。

（三）企业产权是否清晰，目前的股权结构。

（四）激励方案拟订和实施的管理机构及其成员。

（五）企业未来三年技术创新规划，包括企业技术创新目标，以及为实现技术创新目标在体制机制、创新人才、创新投入、创新能力、创新管理等方面将采取的措施。

（六）其他重要事项。

二、激励方案

（一）企业符合本办法规定实施激励条件的情况说明。

（二）激励对象的确定依据、具体名单及其职位和主要贡献。

（三）激励方式的选择及考虑因素。

（四）实施股权激励的，说明所需股权来源、数量及其占企业实收资本（股本）总额的比例，与激励对象约定的业绩条件；拟分次实施的，说明每次拟授予股权的来源、数量及其占比。

（五）实施股权激励的，说明股权出售价格或者股权期权行权价格的确定依据。

（六）实施分红激励的，说明具体激励水平及考虑因素。

（七）每个激励对象预计可获得的股权数量、激励金额。

（八）企业与激励对象各自的权利、义务。

（九）激励对象通过其他方式间接持股的，说明必要性、直接持股单位的基本情况，必要时应当出具直接持股单位与企业不存在同业竞争关系或者不发生关联交易的书面承诺。

（十）发生企业控制权变更、合并、分立，激励对象职务变更、离职、被解聘、被解除劳动合同、死亡等特殊情形时的调整性规定。

（十一）激励方案的审批、变更、终止程序。

（十二）其他重要事项。

三、其他需说明的特殊事项说明

财政部关于实施《财政部关于加强行业协会商会与行政机关脱钩有关国有资产管理的意见（试行）》有关问题的补充通知

2016 年 3 月 21 日　财资〔2016〕6 号

党中央有关部门，国务院各部委、各直属机构，全国人大常委会办公厅，全国政协办公厅，高法院，高检院，各民主党派中央，有关人民团体，全国工商联，各省、自治区、直辖市、计划单列市财政厅（局），新疆生产建设兵团财务局：

《财政部关于加强行业协会商会与行政机关脱钩有关国有资产管理的意见（试行）》（财资〔2015〕44号，以下简称44号文件）印发后，一些行政机关和行业协会商会在实施过程中遇到了一些问题，要求进一步明确。经研究，现就44号文件实施的有关问题补充通知如下：

一、资产清查核实文件依据。资产清查核实依照44号文件第（五）、（八）条规定，依据《行政事业单位资产清查暂行办法》（财办〔2006〕52号）和《行政事业单位资产核实暂行办法》（财办〔2007〕19号）执行。资产清查核实工作在2016年3月1日以后组织实施的，按照新的《行政事业单位资产清查核实管理办法》（财资〔2016〕1号）、《财政部关于开展2016年全国行政事业单位国有资产清查工作的通知》（财资〔2016〕2号）等相关规定执行。

二、资产清查的范围。资产清查的范围44号文件第（六）条已有明确规定。其中纳入清查范围的各级各类资产包括国有和非国有资产。

三、资产清查报表的填报。脱钩协会商会应根据资产清查结果，认真填报资产清查报表（见附件）。清查报表的填报使用行业协会商会资产清查信息系统，该系统可在财政部资产管理司官方网站"在线服务"栏中下载使用。

四、资产清查报告主要内容。除财资〔2016〕1号文件第16条要求的内容外，还应重点上报以下内容：

（一）对协会商会的组织架构进行说明，同时绘制组织架构图。

（二）逐一说明协会商会本级以及其下属企业（不含参股企业）、事业单位、协会的资产负债情况，同时对参股企业进行详细说明。

（三）对未纳入清查范围，但协会商会确在使用的资产应进行说明。

（四）根据44号文件规定，明确说明协会商会资产权属。

五、资产清查报表和报告的报送程序。中央行政机关应按照财资〔2016〕1号文件第38条规定的资产核实权限对资产清查结果进行核实。中央行政机关完成资产核实后，将资产清查核实结果（报表和报告）报送财政部。财政部收到行政机关报送的资产清查核实报告后，组织开展资产核实相关工作。

地方资产清查报表和报告的报送程序由地方财政部门确定。

六、资产清查的付费问题。44号文件第（八）条规定，行政机关应当委托社会中介机构开展资产清查、专项审计和相关工作。按照"谁委托谁付费"的原则，资产清查应由行政机关付费。

七、过渡期资产使用管理。行业协会商会与行政机关资产脱钩过渡期原则上为2015年至2017年。根据44号文件第（四）条规定，行政机关与行业协会商会协商制定脱钩过渡期国有资产使用的具体方案。行政机关对行业协会商会清查核实的资产原则上继续由其使用，不再履行报批程序。如确需涉及国有资产变动或者使用方向的改变，相关具体事项按照行政事业单位国有资产管理规定权限报批，有关部门的批复结果作为使用方案的附件。

过渡期内，资产管理方式不变，原则上不划转产权关系，行政机关仍然承担国有资产主管部门职责，资产管理参照事业单位国有资产管理相关规定执行。特殊情况下需要将资产划转出行政机关（包括下属单位）的，应当按照规定报经同级财政部门或者机关事务主管部门批准。

八、过渡期结束后资产使用管理。

（一）过渡期结束后，行政机关会同行业协会商会依据 44 号文件第四部分要求，提出行业协会商会国有资产使用的具体方案，并报财政部门审批。

（二）在确定资产形成的资金来源时，对没有财政拨款的单位，资金来源原则上为单位会费或者服务收入；对有财政拨款的单位，资产形成的资金来源为会费和服务性收入的，需由单位举证（法律凭证）；如无法举证的，资金来源应确定为财政性拨款及其他方式。

九、资产使用具体方案涉及的审批问题。过渡期内的资产使用方案不涉及国有资产变动或者使用方式的改变，原则上不用报批。

过渡期结束后的资产使用方案报财政部审批。

附件：行业协会商会资产清查表（略）

财政部关于加快推进事业单位及事业单位所办企业国有资产产权登记与发证工作的通知

2016 年 6 月 13 日　　财资〔2016〕28 号

党中央有关部门，国务院各部委、各直属机构，全国人大常委会办公厅，全国政协办公厅，高法院，高检院，各民主党派中央，有关人民团体，有关中央管理企业，各省、自治区、直辖市、计划单列市财政厅（局），新疆生产建设兵团财务局：

根据《事业单位及事业单位所办企业国有资产产权登记管理办法》（财教〔2012〕242 号）、《关于开展中央级事业单位及事业单位所办企业国有资产产权登记与发证工作的通知》（财教〔2013〕241 号）和《关于开展事业单位及事业单位所办企业国有资产产权登记与发证工作的通知》（财教〔2013〕243 号），财政部部署开展了事业单位及事业单位所办企业国有资产产权登记与发证工作，有些地方和中央部门存在工作进展缓慢、报送材料质量不高等问题。为了全面完成事业单位及事业单位所办企业国有资产产权登记与发证工作，现将有关事项通知如下：

一、提高认识，加快推进

产权管理是资产管理的重要内容，产权登记是产权管理的重要手段。开展产权登记是落实党的十八届三中全会《决定》精神，建立健全"归属清晰、权责明确、保护严格、流转顺畅"的现代产权制度的重要手段，是理清单位资产产权关系，摸清单位资产家底，加强产权管理，完善产权保护制度的客观需要。加快推进产权登记，对于强化产权意识，丰富管理手段，夯实管理基础具有重要意义。本次集中办理产权登记与发证工作时间紧、任务重，各地方、各部门应当充分认识开展产权登记工作的重要意义，提高重视程度，克服困难，敢于担当，加快推进事业单位及事业单位所办企业国有资产产权登记与发证工作，确保工作任务顺利完成。

二、保证质量，按时报送

地方和中央部门应当认真做好产权登记工作，保证数据质量。为了保证数据的时效性，尚未开展此项工作的地方和中央部门以 2015 年 12 月 31 日为基准日开展产权登记工作，其产权登记的内容应当与资产清查结果相对应；已开展此项工作的地方和部门仍然按照原通知要求以 2013 年 12 月 31 日为基准日开展产权登记工作，2013 年至 2016 年的资产数据变动情况在 2016 年年检数据中予以体现。各省级财政部门应当于 2016 年 7 月 31 日前将全省产权登记工作完成情况、数据分析及相关工作建议形成报告报送至财政部资产管理司。中央部门应当于 2016 年 7 月 31 日前完成本部门所属事业单位及其所办企业产权登记审核工作，并将有关材料报送至财政部各部门预算管理司。已报送材料的地方和中央部门不需重复报送。

三、通报总结，完善工作

对于无故未完成办理产权登记的中央事业单位，在完成产权登记前，除按统一要求推进的改革外，财政部将暂停其新增资产配置、资产使用、资产处置和其他资产管理事项的办理。此次集中办理产权登记工作结束后，财政部将对工作情况进行通报。地方和中央部门应当认真总结工作中的经验做法和遇到的问题，及时向财政部反馈，以便进一步改进和完善相关工作。

财政部办公厅关于加强行政事业单位资产管理
信息系统安全保密工作的通知

2016 年 6 月 16 日   财办资〔2016〕30 号

各省、自治区、直辖市、计划单列市财政厅（局），新疆生产建设兵团财务局，党中央有关部门财务部门，国务院各部委、各直属机构财务部门，全国人大常委会办公厅机关事务管理局，全国政协办公厅机关事务管理局，最高人民法院行装局，最高人民检察院计财局，各民主党派中央财务部门，有关人民团体财务部门，有关中央管理企业财务部门：

为了全面加强行政事业单位国有资产管理，推进资产管理信息化工作，实现对资产的动态监管，财政部组织开发了行政事业单位资产管理信息系统（以下简称资产管理信息系统）。根据《财政部关于正式实施行政事业单位资产管理信息系统有关问题的通知》（财办〔2009〕39 号），该系统为非涉密系统，涉密资产信息不得进入资产管理信息系统。同时，《财政部关于印发〈行政事业单位国有资产管理信息系统管理规程〉的通知》（财办〔2013〕52 号）中再次规定，"涉密资产数据不得纳入非涉密资产管理信息系统进行管理，涉密资产业务不通过非涉密的资产系统进行网上办理"。资产管理信息系统实施以来，总体情况良好，大部分地方和中央部门能够按照保密管理的要求使用系统，但也有个别单位在管理中出现了一些问题。现就加强资产管理信息系统安全保密工作有关事项通知如下：

一、高度重视，加强领导

各地方、各部门应当高度重视资产管理信息系统安全保密工作，增强政治意识、大局意识、责任意识，加强领导，规范流程，明确责任，层层把关，切实按照保密管理的有关要求，加强对涉密资产数据及涉密文件的管理，严禁在资产管理信息系统中上传及操作涉密资产信息、涉密文件。

二、严格检查，立行立改

各地方、各部门应当自接到本通知之日起，立即组织自查。自查要全面完整、不留死角、不走过场，以查促管、以查促教、以查促防、以查促改，确保自查后资产管理信息系统中不包含涉密资产信息及涉密文件。对于检查出的问题，各地方、各部门应当立即整改，对于查出问题的单位和个人进行严肃批评教育，并追究相关人员责任。

三、认真总结，防止泄密

各地方、各部门应当结合自查及整改情况，完善制度，落实责任，进一步提高安全保密工作管理水平。同时，加强对资产管理信息系统使用人员的保密教育和管理，防止泄密事件发生，切实维护国家安全和利益。对于违反规定，将涉密资产信息及涉密文件上传至资产管理信息系统的部门、单位及其工作人员，要按照"谁上传，谁负责"的原则，根据《中华人民共和国保守国家秘密法》的规定进行处理。

财政部关于印发《中央下放企业职工家属区"三供一业"分离移交中央财政补助资金管理办法》的通知

2016 年 7 月 3 日　财资〔2016〕31 号

各省、自治区、直辖市、计划单列市财政厅（局），新疆生产建设兵团财务局，财政部驻各省、自治区、直辖市、计划单列市财政监察专员办事处：

"三供一业"是计划经济时期延续下来、由国有企业承办的供水、供电、供热（气）和物业管理等社会职能。长期以来，国有企业职工家属区"三供一业"等办社会职能负担沉重，已成为国有企业深化改革、持续健康发展的较大障碍。根据《国务院关于印发加快剥离国有企业办社会职能和解决历史遗留问题工作方案的通知》（国发〔2016〕19 号）和《国务院办公厅关于转发国务院国资委、财政部关于国有企业职工家属区"三供一业"分离移交工作指导意见的通知》（国办发〔2016〕45 号），中央财政对中央下放企业职工家属区"三供一业"分离移交给予适当补助。为规范中央财政补助资金管理，财政部制定了《中央下放企业职工家属区"三供一业"分离移交中央财政补助资金管理办法》，现印发给你们，请遵照执行。

附件：中央下放企业职工家属区"三供一业"分类移交中央财政补助资金管理办法

附件：

中央下放企业职工家属区"三供一业"分离移交中央财政补助资金管理办法

第一章　总　　则

第一条　为规范和加强中央下放企业职工家属区"三供一业"分离移交中央财政补助资金（以下简称补助资金）管理，根据《中华人民共和国预算法》、《国务院关于印发加快剥离国有企业办社会职能和解决历史遗留问题工作方案的通知》（国发〔2016〕19 号）和《国务院办公厅关于转发国务院国资委、财政部关于国有企业职工家属区"三供一业"分离移交工作指导意见的通知》（国办发〔2016〕45 号）等有关规定，制定本办法。

第二条 中央财政通过预算安排补助资金，用于支持中央下放企业职工家属区"三供一业"分离移交工作，对"三供一业"相关设备设施进行必要的维修改造，基本实现分户设表、按户收费，交由专业化的企业或其他机构实行市场化、社会化管理和服务，中央下放企业不再承担"三供一业"费用的目标。

第三条 本办法所称中央下放企业，是指 1998 年 1 月 1 日以后中央下放地方的煤炭、有色金属、军工等企业，包括中央下放政策性破产企业和中央下放其他企业。

本办法所称"三供一业"是指分离移交前中央下放企业实际承担的职工家属区供水、供电、供热（气）和物业管理项目。

第四条 补助资金分配遵循"分项核定、因素测算、分年预拨、据实清算"的原则。

第五条 财政部负责补助资金年度预算编制，依照本办法分配及下达资金和清算审核，对补助资金使用情况进行监督检查，配合相关部门指导监督各地加快推进中央下放企业职工家属区"三供一业"分离移交工作。

财政部驻各地财政监察专员办事处（以下简称专员办）负责按照财政部要求对补助资金使用情况进行监督管理，对清算申请报告进行审核，提出补助资金清算建议。

各省（区、市）财政厅（局）负责编制本地区"三供一业"补助资金预算，加强补助资金管理，配合相关部门组织实施"三供一业"分离移交工作，对补助资金使用情况进行监督检查。

第二章 补助范围和标准

第六条 补助范围包括：

（一）中央下放政策性破产企业在 2016 年 1 月 1 日以前已实现分离移交（以下简称先期移交）的"三供一业"，以及此后实施分离移交的"三供一业"。

（二）中央下放其他企业在 2016 年 1 月 1 日以后实施分离移交的"三供一业"。

中央下放其他企业在 2015 年 1 月 1 日至 2015 年 12 月 31 日之间，为贯彻落实《中共中央 国务院关于深化国有企业改革的指导意见》有关要求实施分离移交的"三供一业"，比照本办法执行。

第七条 补助资金按照"三供一业"分项目户均改造费用补助标准、改造居民户数、补助比例和财力补助调节系数等因素测算。补助资金计算公式如下：

某地区中央下放企业应分配补助资金总额 = $\sum$（"三供一业"分项目户均改造费用补助标准×改造居民户数×补助比例×财力补助调节系数）。

（一）分项目户均改造费用补助标准分别为：供水 0.58 万元、供电 0.92 万元、供热（气）0.95 万元、物业管理 0.75 万元。

（二）中央下放政策性破产企业改造居民户数按照实施政策性破产政策时核定的职工人数（含离退休人员）历史数据折算，中央下放其他企业改造居民户数按照实际情况核定。

（三）中央财政对中央下放政策性破产企业补助比例为 100%，中央下放其他企业补助比例为 50%。

（四）中央下放政策性破产企业财力补助调节系数为 1，中央下放其他企业财力补助调节系数按同期地方财政困难程度系数折算。

第三章 补助资金申请、预拨和清算

第八条 根据中央下放企业职工家属区"三供一业"分离移交工作进度，各省（区、市）财政厅（局）应于 2016 年 7 月底前向财政部报送当年补助资金申请文件，以后年度每年在 4 月底前报送当年补助资金申请文件。

补助资金申请文件主要包括"三供一业"分离移交工作总体方案、本年工作计划和资金安排，从2017年开始还应报送以前年度补助资金的使用情况和相关工作进展情况等内容，同时报送以下数据及资料：

（一）先期移交的中央下放政策性破产企业名单及涉及的"三供一业"分项项目（附表1）。

（二）列入当年"三供一业"分离移交工作计划的中央下放政策性破产企业名单、"三供一业"分项项目（附表2）。

（三）列入当年"三供一业"分离移交工作计划的中央下放其他企业名单、"三供一业"分项项目、改造居民户数等（附表3）。

（四）相关企业属于中央下放政策性破产企业或中央下放其他企业范围的证明材料。

第九条 各省（区、市）完成"三供一业"分离移交年度工作计划后，可以随同补助资金申请文件一并报送清算申请报告，同时报送以下数据及资料：

（一）年度工作计划完成情况。

（二）已完成分离移交的中央下放政策性破产企业名单及工作完成情况（附表4）。

（三）已完成分离移交的中央下放其他企业名单、工作完成情况、改造居民户数（附表5）。

清算申请报告应同时抄送当地专员办。

第十条 各省（区、市）申请文件是补助资金分配的依据，逾期不报的，中央财政当年不予安排补助资金。

第十一条 中央财政按照年度预算安排和地方申请情况按本办法第七条规定测算确定各省（区、市）年度补助金额，并视"三供一业"分离移交实施进度拨付。

为既保障相关工作顺利启动，又确保政策目标实现，在"三供一业"分离移交工作实施期内，中央财政每年按照当年应补助金额的90%予以预拨，并按规定经清算后拨付剩余补助资金。

第十二条 当地专员办应在收到清算申请报告后30个工作日内完成审核工作，并向财政部上报审核意见，重点核实以下情况：

（一）年度工作计划实施情况。

（二）中央下放政策性破产企业职工家属区"三供一业"分项项目是否实现分离移交。

（三）中央下放其他企业职工家属区"三供一业"分项项目是否实现分离移交、"三供一业"分项项目分离移交改造居民户数。

第十三条 根据专员办审核意见，中央财政以"三供一业"分离移交目标是否实现为标准清算补助资金，对完成分离移交任务的省（区、市）拨付剩余补助资金；对未完成任务的省（区、市），相应扣回预拨的补助资金。其中，对仅完成部分"三供一业"项目分离移交任务的，按照相应标准扣回未完成项目的补助资金。

第十四条 各省（区、市）财政厅（局）提交补助资金清算申请报告的最后截止时间为2020年4月底，逾期未提交的，财政部将组织当地专员办进行清算审核。

第四章 补助资金管理、使用和监督

第十五条 补助资金管理和使用应当严格执行国家有关法律法规、财务规章制度和本办法的规定。

第十六条 各省（区、市）财政部门可以将中央补助资金和地方自筹资金统筹使用，用于支持本省（区、市）国有企业职工家属区"三供一业"分离移交工作。

第十七条 各省（区、市）财政部门可以根据当地国有企业职工家属区"三供一业"分离移交的具体实施方式合理确定补助资金的分配方法和拨付方式。

第十八条 各省（区、市）财政部门收到中央财政补助资金后，应当在30日内按预算级次分解下达给下级财政部门或省属企业。

第十九条 补助资金年度如有结余，可按预算管理办法结转下年继续使用。

第二十条　各省（区、市）财政部门应当会同相关部门建立健全补助资金监管机制，明确职责，加强协作。

第二十一条　财政部对补助资金管理使用情况适时开展监督管理，并委托各地专员办开展补助资金管理使用情况的日常监管。对违反规定的行为，依照《预算法》、《财政违法行为处罚处分条例》等有关规定处理。

第五章　附　　则

第二十二条　各省（区、市）财政部门应当根据本办法商相关部门制定本省（区、市）补助资金管理办法，明确资金分配、管理和使用等要求。

第二十三条　独立工矿区、采煤沉陷区等中央下放企业职工家属区整体搬迁涉及"三供一业"分离移交的，按照本办法执行。

第二十四条　本办法自 2016 年 1 月 1 日起施行。

附表：

1. 先期移交中央下放政策性破产企业"三供一业"情况表
2. _____年中央下放政策性破产企业"三供一业"分离移交情况表
3. _____年中央下放其他企业"三供一业"分离移交情况表
4. _____年中央下放政策性破产企业"三供一业"分离移交补助资金清算申请表
5. _____年中央下放其他企业"三供一业"分离移交补助资金清算申请表

附表 1：

先期移交中央下放政策性破产企业"三供一业"情况表

填表单位：　　（省、区、市）财政厅（局）

企业名称	所属行业	隶属关系划转地方时间	当前主管企业或单位	"三供一业"分离移交项目情况				
				供水	供电	供热	供气	物业

注：1. 企业名称按照执行政策性破产政策的主体企业名称填列；

　　2. "三供一业"分离移交项目情况一列按照实际情况填写"涉及"或"不涉及"。

附表 2：

_____年中央下放政策性破产企业"三供一业"分离移交情况表

填表单位：　　（省、区、市）财政厅（局）

企业名称	所属行业	隶属关系划转地方时间	当前主管企业或单位	"三供一业"分离移交项目情况				
				供水	供电	供热	供气	物业

注：1. 企业名称按照执行政策性破产政策的主体企业名称填列；

　　2. "三供一业"分离移交项目情况一列按照实际情况填写"涉及"或"不涉及"。

附表3：

_____年中央下放其他企业"三供一业"分离移交情况表

填表单位：　（省、区、市）财政厅（局）　　　　　　　　　　　　　　　　　　　　　　单位：户

企业名称	所属行业	隶属关系划转地方时间	当前主管企业或单位	"三供一业"分离移交改造居民户数				
				供水	供电	供热	供气	物业

附表4：

_____年中央下放政策性破产企业"三供一业"分离移交补助资金清算申请表

填表单位：　（省、区、市）财政厅（局）

企业名称	所属行业	隶属关系划转地方时间	当前主管企业或单位	"三供一业"分离移交项目申请情况					"三供一业"分离移交项目清算情况				
				供水	供电	供热	供气	物业	供水	供电	供热	供气	物业

注：1. 企业名称按照执行政策性破产政策的主体企业名称填列；
2. "三供一业"分离移交项目申请情况按照预拨资金申请的情况填写"涉及"或"不涉及"。
3. "三供一业"分离移交项目清算情况按照是否完成分离移交填写"完成"或"未完成"。

附表5：

_____年中央下放其他企业"三供一业"分离移交补助资金清算申请表

填表单位：　（省、区、市）财政厅（局）　　　　　　　　　　　　　　　　　　　　　　单位：户

企业名称	所属行业	隶属关系划转地方时间	当前主管企业或单位	"三供一业"分离移交改造居民户数（申请数）					"三供一业"分离移交改造居民户数（清算数）				
				供水	供电	供热	供气	物业	供水	供电	供热	供气	物业

注：1. "三供一业"分离移交改造居民户数（申请数）按照预拨资金申请时的情况填写。
2. "三供一业"分离移交改造居民户数（清算数）按照实际分离移交情况填写。

财政部关于印发《资产评估行业随机抽查工作细则》的通知

2016 年 9 月 30 日　财资〔2016〕51 号

各省、自治区、直辖市、计划单列市财政厅（局）：

根据《国务院办公厅关于推广随机抽查规范事中事后监管的通知》（国办发〔2015〕58 号），为做好资产评估行业随机抽查工作，我们制定了《资产评估行业随机抽查工作细则》，现予以印发，请遵照执行。

附件：资产评估行业随机抽查工作细则

附件：

资产评估行业随机抽查工作细则

第一章 总 则

第一条 为了创新资产评估行业监管方式，全面推行"双随机、一公开"工作，根据《中华人民共和国资产评估法》、《国务院办公厅关于推广随机抽查规范事中事后监管的通知》（国办发〔2015〕58号）、《财政部门监督办法》（财政部令第69号）、《财政检查工作办法》（财政部令第32号）、《财政部随机抽查工作细则》（财监〔2016〕38号）等有关规定，制定本工作细则。

第二条 本细则所称"双随机、一公开"工作，是指财政部依据法律法规规章实施资产评估行业执法检查时，采取随机抽取检查对象、随机选派执法检查人员并及时公开抽查情况和查处结果的活动。

第三条 财政部依法对资产评估机构、资产评估专业人员和资产评估协会实施监督检查时，适用本细则。

第四条 资产评估行业随机抽查工作坚持规范监管、公正高效、公开透明的原则。

第二章 随机抽查事项清单

第五条 财政部依据《资产评估法》制定资产评估行业执法检查随机抽查事项清单。

第六条 抽查事项清单要明确抽查依据、抽查主体、抽查对象、抽查内容、抽查比例和频次、抽查方式等内容。

第七条 财政部根据资产评估行业执法检查工作需要，以及相关法律法规规章发生立、改、废等变化时，对随机抽查事项清单进行动态调整。

第三章 双随机抽查的实施

第八条 财政部建立统一的随机抽查信息平台，建立和维护检查对象名录库。

随机抽查监管对象名录库依据监管对象变动情况，动态调整。

第九条 财政部建立资产评估行业执法检查人员名录库。人员名录库根据人员变动和工作需要，动态调整。

第十条 每年开展资产评估行业执法检查前，应通过随机抽查信息平台的随机抽查功能，随机确定检查对象，随机选派检查人员。随机抽取过程应全程记录，实现责任可追溯。

第十一条 随机抽查可采取定向或不定向方式，并合理确定抽查比例和频次，对检查中发现问题的检查对象可增加抽查比例或频次。对一定时期内已被抽查过的检查对象，应避免重复抽查。

第十二条 随机选派执法检查人员时，如果存在应予回避的情形，或者因不可抗力等因素不能执行检查时，应重新选派执法检查人员。

第十三条 实施资产评估行业执法检查时，应严格遵守《资产评估法》、《财政部门监督办法》、《财政检查工作办法》和相关检查工作规则的要求。

第十四条 开展执法检查应当组成检查组，并指定检查组组长。检查组应至少有两名财政部门工作人员，检查组组长应由财政部门工作人员担任。检查组实行组长负责制。

第十五条 检查组在实施资产评估行业检查前，应当编制资产评估行业检查工作方案，一般应于3个工作日前向被检查对象送达检查通知书。

第十六条 实施资产评估行业检查时，检查人员应当将检查内容与事项予以记录和摘录，编制资产评估行业检查工作底稿，并由被检查对象签字或者盖章。

第十七条 检查工作结束前，检查组应当就检查工作的基本情况、被检查对象存在的问题等事项书面征求被检查对象的意见。被检查对象自收到书面征求意见函之日起 5 个工作日内，提出书面意见或说明；在规定期限内没有提出书面意见或说明的，视为无异议。

第十八条 检查组应于检查结束 10 个工作日内，向财政部资产管理司提交资产评估行业书面检查报告；特殊情况下，经批准提交资产评估行业检查报告的时间可以延长，但最长不得超过 30 个工作日。

检查组在提交资产评估行业检查报告时，还应当一并提交行政处理、处罚建议或者移送处理建议以及资产评估行业检查工作底稿等材料。

第十九条 资产评估行业检查应当建立健全复核制度，指定内部有关职能机构或者专门人员，对检查组提交的资产评估行业检查报告以及其他有关材料予以复核。

第二十条 财政部依法做出行政处理、处罚决定后，应当将行政处理、处罚决定书送达当事人。

第四章 随机抽查事项公开

第二十一条 资产评估行业检查随机抽查事项清单，应录入监管信息平台，并及时向社会公开。

第二十二条 随机确定的检查对象应录入监管信息平台；对不涉密的检查对象名单，及时向社会公开。

第二十三条 财政部对检查发现的违法违规行为，依法做出处理处罚；对不属于财政部门职权范围的事项，依法依纪移送其他部门处理；处理处罚及移送信息录入监管信息平台。

在不涉密的情况下，应将处理处罚结果，及时向社会公开。

第二十四条 监管信息平台中的抽查结果和处理处罚情况和各业务司局共享，建立健全市场主体诚信档案、失信联合惩戒和黑名单制度，让失信者一处违规、处处受限。

第五章 其 他

第二十五条 本细则自发布之日起施行。

财政部关于《中央下放企业职工家属区"三供一业"分离移交中央财政补助资金管理办法》的补充通知

2016 年 11 月 30 日 财资〔2016〕77 号

各省、自治区、直辖市、计划单列市财政厅（局），新疆生产建设兵团财务局，财政部驻各省、自治区、直辖市、计划单列市财政监察专员办事处：

为规范中央财政补助资金管理，根据《预算法》等有关规定，现就《中央下放企业职工家属区"三供一业"分离移交中央财政补助资金管理办法》（财资〔2016〕31 号）有关责任追究事项补充通知如下：

各级财政部门及其工作人员在资金审批工作中，存在违规分配资金，以及其他滥用职权、玩忽职守、徇私舞弊等违法违纪行为的，按照《预算法》、《公务员法》、《行政监察法》、《财政违法行为处罚处分条例》等国家有关规定追究相应责任；涉嫌犯罪的，移送司法机关处理。

财政部关于《中央财政解决国有企业职教幼教退休教师待遇专项补助资金管理办法》的补充通知

2016 年 11 月 30 日　财资〔2016〕78 号

各省、自治区、直辖市、计划单列市财政厅（局），新疆生产建设兵团财务局，有关中央管理企业：

为规范中央财政补助资金管理，根据《预算法》等有关规定，现就《中央财政解决国有企业职教幼教退休教师待遇专项补助资金管理办法》（财企〔2011〕255 号）有关责任追究事项补充通知如下：

各级财政部门及其工作人员在资金审批工作中，存在违规分配资金，以及其他滥用职权、玩忽职守、徇私舞弊等违法违纪行为的，按照《预算法》、《公务员法》、《行政监察法》、《财政违法行为处罚处分条例》等国家有关规定追究相应责任；涉嫌犯罪的，移送司法机关处理。

财政部关于厂办大集体改革中央财政专项补助资金管理问题的补充通知

2016 年 11 月 30 日　财资〔2016〕81 号

各省、自治区、直辖市、计划单列市财政厅（局），新疆生产建设兵团财务局，财政部驻各省、自治区、直辖市、计划单列市财政监察专员办事处：

为规范中央财政补助资金管理，根据《预算法》等有关规定，现就《财政部关于厂办大集体改革中央财政专项补助资金管理问题的通知》（财企〔2011〕114 号）有关责任追究事项补充通知如下：

各级财政部门及其工作人员在资金审批工作中，存在违规分配资金，以及其他滥用职权、玩忽职守、徇私舞弊等违法违纪行为的，按照《预算法》、《公务员法》、《行政监察法》、《财政违法行为处罚处分条例》等国家有关规定追究相应责任；涉嫌犯罪的，移送司法机关处理。

财政部关于贯彻实施《中华人民共和国资产评估法》的通知

2016 年 12 月 7 日　财资〔2016〕93 号

各省、自治区、直辖市、计划单列市财政厅（局），新疆生产建设兵团财务局：

2016 年 7 月 2 日，十二届全国人大常委会第二十一次会议审议通过了《中华人民共和国资产评估法》（以下简称资产评估法），自 2016 年 12 月 1 日起施行。各级财政部门和资产评估协会要高度重视并切实做好资产评估法的贯彻实施工作，要以贯彻实施资产评估法为契机，进一步加强和完善资产评估行业管理，不断提升资产评估行业服务水平，努力开创资产评估管理工作的新局面。现就贯彻实施资产评估法有关工作通知如下：

一、充分认识贯彻落实资产评估法的重要意义

资产评估法以党的十八大和十八届三中、四中、五中全会精神为指导，充分反映和体现了近年来我国经济体制改革和市场经济建设、国家行政体制改革和简政放权、资产评估行业发展和管理方式改革等多方面的经验和成果，对资产评估机构和资产评估人员开展资产评估业务、资产评估行业行政监管和行业自律管理、资产评估相关各方的权利义务责任等一系列重大问题做出了明确规定，全面确立了资产评估行业的法律地位，对促进资产评估行业发展具有重大历史和现实意义。各级财政部门和资产评估协会应深刻认识贯彻实施资产评估法对维护社会主义市场经济秩序、维护国有资本权益、防范国有资产流失、规范资本市场运作、防范金融系统风险、保障社会公众利益和国家经济安全、促进资产评估行业规范健康发展的重要作用，将贯彻落实资产评估法作为当前和今后一段时期内资产评估行业管理的重要工作来抓，充分发挥作用，切实取得成效。

二、深入开展资产评估法学习宣传活动

各级财政部门、资产评估协会和资产评估机构要切实提高对资产评估法学习宣传工作重要性的认识，形成学法、知法、尊法、守法的浓厚氛围。要统一思想，提高认识，持续全面引导全行业认真学习、深刻领会资产评估法。要有重点、有步骤、有秩序地组织开展资产评估法学习和培训工作，确保所有资产评估专业人员都能准确掌握资产评估法的精神实质和有关规定，并在工作中认真遵守执行。要积极通过多种渠道和形式，向社会广泛宣传和普及资产评估法知识，特别是要使资产评估委托方和资产评估报告使用方等各相关主体，全面了解和熟悉资产评估法，确保资产评估法顺利实施。

三、建立健全资产评估相关配套制度

根据资产评估法要求，财政部将加快出台《资产评估行业财政监督管理办法》和《资产评估基本准则》等相关管理制度，确保资产评估法落到实处。各级财政部门和资产评估协会要抓紧清理和修订与资产评估法不一致的规定，并按照资产评估法要求，建立新的管理规范和工作流程。中国资产评估协会要按照资产评估法要求，制定并不断完善资产评估执业具体准则和职业道德具体准则，指导和监督会员执业行为。

四、加强资产评估机构的监督管理

各级财政部门要贯彻简政放权、放管结合、优化服务的改革思路，按照依法行政的总体要求，规范和加强资产评估机构的行政监管。按照财政部的统一部署和要求，做好资产评估机构备案相关工作。要实行对资产评估机构的事前事中事后全过程监管，重点检查资产评估机构遵守法律、行政法规和资产评估准则情况以及资产评估机构开展法定资产评估业务情况，及时处理委托人针对有关评估机构或者评估专业人员违法开展业务的投诉、举报。要指导督促资产评估机构建立健全公司治理结构、质量控制、内部管理、风险防控等制度，建立健全责任追究机制，强化资产评估机构的责任意识，提高行政监管的主动性和有效性。

五、规范资产评估专业人员执业管理

各级财政部门、资产评估协会和资产评估机构要依法保障资产评估专业人员所享有的各项权利，保障资产评估专业人员依法独立、客观、公正执业。资产评估专业人员要按照资产评估法要求，认真履行法律规定的责任和义务，严格按照相关法律法规和资产评估准则的规定，开展业务活动；要严格履行资产评估

程序，勤勉尽责、诚实守信，不得签署和出具虚假资产评估报告；要自觉接受资产评估协会自律管理和所在资产评估机构的内部管理，完成规定的继续教育，保持和提高专业胜任能力。

六、强化资产评估协会自律监管

各级财政部门要按照资产评估法的规定，指导和监督资产评估协会依法履行职责，充分发挥资产评估协会的自律管理作用。资产评估协会要按照资产评估法要求，加强资产评估准则建设，完善会员管理体制，组织做好资产评估师资格考试和登记工作，建立会员信用档案和诚信信息公开制度，组织做好资产评估行业执业质量监督检查，加大自律惩戒力度。要切实加强对资产评估机构及资产评估专业人员的职业道德教育和服务能力培养，全面提升资产评估行业的服务水平和社会公信力。

各级财政部门和资产评估协会要及时跟踪掌握资产评估法贯彻实施情况，有效应对资产评估管理工作中出现的新情况、新问题，确保资产评估法得到有效贯彻落实。省级财政部门和中国资产评估协会要及时汇总分析资产评估法贯彻落实情况，并将有关情况和问题，及时报告财政部。

企业国有资产交易监督管理办法

2016 年 6 月 24 日　国务院国资委　财政部令第 32 号

第一章　总　　则

第一条　为规范企业国有资产交易行为，加强企业国有资产交易监督管理，防止国有资产流失，根据《中华人民共和国企业国有资产法》、《中华人民共和国公司法》、《企业国有资产监督管理暂行条例》等有关法律法规，制定本办法。

第二条　企业国有资产交易应当遵守国家法律法规和政策规定，有利于国有经济布局和结构调整优化，充分发挥市场配置资源作用，遵循等价有偿和公开公平公正的原则，在依法设立的产权交易机构中公开进行，国家法律法规另有规定的从其规定。

第三条　本办法所称企业国有资产交易行为包括：

（一）履行出资人职责的机构、国有及国有控股企业、国有实际控制企业转让其对企业各种形式出资所形成权益的行为（以下称企业产权转让）；

（二）国有及国有控股企业、国有实际控制企业增加资本的行为（以下称企业增资），政府以增加资本金方式对国家出资企业的投入除外；

（三）国有及国有控股企业、国有实际控制企业的重大资产转让行为（以下称企业资产转让）。

第四条　本办法所称国有及国有控股企业、国有实际控制企业包括：

（一）政府部门、机构、事业单位出资设立的国有独资企业（公司），以及上述单位、企业直接或间接合计持股为 100% 的国有全资企业；

（二）本条第（一）款所列单位、企业单独或共同出资，合计拥有产（股）权比例超过 50%，且其中之一为最大股东的企业；

（三）本条第（一）、（二）款所列企业对外出资，拥有股权比例超过 50% 的各级子企业；

（四）政府部门、机构、事业单位、单一国有及国有控股企业直接或间接持股比例未超过 50%，但为第一大股东，并且通过股东协议、公司章程、董事会决议或者其他协议安排能够对其实际支配的企业。

第五条 企业国有资产交易标的应当权属清晰，不存在法律法规禁止或限制交易的情形。已设定担保物权的国有资产交易，应当符合《中华人民共和国物权法》、《中华人民共和国担保法》等有关法律法规规定。涉及政府社会公共管理事项的，应当依法报政府有关部门审核。

第六条 国有资产监督管理机构（以下简称国资监管机构）负责所监管企业的国有资产交易监督管理；国家出资企业负责其各级子企业国有资产交易的管理，定期向同级国资监管机构报告本企业的国有资产交易情况。

第二章 企业产权转让

第七条 国资监管机构负责审核国家出资企业的产权转让事项。其中，因产权转让致使国家不再拥有所出资企业控股权的，须由国资监管机构报本级人民政府批准。

第八条 国家出资企业应当制定其子企业产权转让管理制度，确定审批管理权限。其中，对主业处于关系国家安全、国民经济命脉的重要行业和关键领域，主要承担重大专项任务子企业的产权转让，须由国家出资企业报同级国资监管机构批准。

转让方为多家国有股东共同持股的企业，由其中持股比例最大的国有股东负责履行相关批准程序；各国有股东持股比例相同的，由相关股东协商后确定其中一家股东负责履行相关批准程序。

第九条 产权转让应当由转让方按照企业章程和企业内部管理制度进行决策，形成书面决议。国有控股和国有实际控制企业中国有股东委派的股东代表，应当按照本办法规定和委派单位的指示发表意见、行使表决权，并将履职情况和结果及时报告委派单位。

第十条 转让方应当按照企业发展战略做好产权转让的可行性研究和方案论证。产权转让涉及职工安置事项的，安置方案应当经职工代表大会或职工大会审议通过；涉及债权债务处置事项的，应当符合国家相关法律法规的规定。

第十一条 产权转让事项经批准后，由转让方委托会计师事务所对转让标的企业进行审计。涉及参股权转让不宜单独进行专项审计的，转让方应当取得转让标的企业最近一期年度审计报告。

第十二条 对按照有关法律法规要求必须进行资产评估的产权转让事项，转让方应当委托具有相应资质的评估机构对转让标的进行资产评估，产权转让价格应以经核准或备案的评估结果为基础确定。

第十三条 产权转让原则上通过产权市场公开进行。转让方可以根据企业实际情况和工作进度安排，采取信息预披露和正式披露相结合的方式，通过产权交易机构网站分阶段对外披露产权转让信息，公开征集受让方。其中正式披露信息时间不得少于 20 个工作日。

因产权转让导致转让标的企业的实际控制权发生转移的，转让方应当在转让行为获批后 10 个工作日内，通过产权交易机构进行信息预披露，时间不得少于 20 个工作日。

第十四条 产权转让原则上不得针对受让方设置资格条件，确需设置的，不得有明确指向性或违反公平竞争原则，所设资格条件相关内容应当在信息披露前报同级国资监管机构备案，国资监管机构在 5 个工作日内未反馈意见的视为同意。

第十五条 转让方披露信息包括但不限于以下内容：

（一）转让标的基本情况；

（二）转让标的企业的股东结构；

（三）产权转让行为的决策及批准情况；

（四）转让标的企业最近一个年度审计报告和最近一期财务报表中的主要财务指标数据，包括但不限于资产总额、负债总额、所有者权益、营业收入、净利润等（转让参股权的，披露最近一个年度审计报告中的相应数据）；

（五）受让方资格条件（适用于对受让方有特殊要求的情形）；

（六）交易条件、转让底价；

（七）企业管理层是否参与受让，有限责任公司原股东是否放弃优先受让权；

（八）竞价方式，受让方选择的相关评判标准；

（九）其他需要披露的事项。

其中信息预披露应当包括但不限于以上（一）、（二）、（三）、（四）、（五）款内容。

第十六条 转让方应当按照要求向产权交易机构提供披露信息内容的纸质文档材料，并对披露内容和所提供材料的真实性、完整性、准确性负责。产权交易机构应当对信息披露的规范性负责。

第十七条 产权转让项目首次正式信息披露的转让底价，不得低于经核准或备案的转让标的评估结果。

第十八条 信息披露期满未征集到意向受让方的，可以延期或在降低转让底价、变更受让条件后重新进行信息披露。

降低转让底价或变更受让条件后重新披露信息的，披露时间不得少于 20 个工作日。新的转让底价低于评估结果的 90% 时，应当经转让行为批准单位书面同意。

第十九条 转让项目自首次正式披露信息之日起超过 12 个月未征集到合格受让方的，应当重新履行审计、资产评估以及信息披露等产权转让工作程序。

第二十条 在正式披露信息期间，转让方不得变更产权转让公告中公布的内容，由于非转让方原因或其他不可抗力因素导致可能对转让标的价值判断造成影响的，转让方应当及时调整补充披露信息内容，并相应延长信息披露时间。

第二十一条 产权交易机构负责意向受让方的登记工作，对意向受让方是否符合受让条件提出意见并反馈转让方。产权交易机构与转让方意见不一致的，由转让行为批准单位决定意向受让方是否符合受让条件。

第二十二条 产权转让信息披露期满、产生符合条件的意向受让方的，按照披露的竞价方式组织竞价。竞价可以采取拍卖、招投标、网络竞价以及其他竞价方式，且不得违反国家法律法规的规定。

第二十三条 受让方确定后，转让方与受让方应当签订产权交易合同，交易双方不得以交易期间企业经营性损益等理由对已达成的交易条件和交易价格进行调整。

第二十四条 产权转让导致国有股东持有上市公司股份间接转让的，应当同时遵守上市公司国有股权管理以及证券监管相关规定。

第二十五条 企业产权转让涉及交易主体资格审查、反垄断审查、特许经营权、国有划拨土地使用权、探矿权和采矿权等政府审批事项的，按照相关规定执行。

第二十六条 受让方为境外投资者的，应当符合外商投资产业指导目录和负面清单管理要求，以及外商投资安全审查有关规定。

第二十七条 交易价款应当以人民币计价，通过产权交易机构以货币进行结算。因特殊情况不能通过产权交易机构结算的，转让方应当向产权交易机构提供转让行为批准单位的书面意见以及受让方付款凭证。

第二十八条 交易价款原则上应当自合同生效之日起 5 个工作日内一次付清。

金额较大、一次付清确有困难的，可以采取分期付款方式。采用分期付款方式的，首期付款不得低于总价款的 30%，并在合同生效之日起 5 个工作日内支付；其余款项应当提供转让方认可的合法有效担保，并按同期银行贷款利率支付延期付款期间的利息，付款期限不得超过 1 年。

第二十九条 产权交易合同生效后，产权交易机构应当将交易结果通过交易机构网站对外公告，公告内容包括交易标的名称、转让标的评估结果、转让底价、交易价格，公告期不少于 5 个工作日。

第三十条 产权交易合同生效，并且受让方按照合同约定支付交易价款后，产权交易机构应当及时为交易双方出具交易凭证。

第三十一条 以下情形的产权转让可以采取非公开协议转让方式：

（一）涉及主业处于关系国家安全、国民经济命脉的重要行业和关键领域企业的重组整合，对受让方有特殊要求，企业产权需要在国有及国有控股企业之间转让的，经国资监管机构批准，可以采取非公开协议转让方式；

（二）同一国家出资企业及其各级控股企业或实际控制企业之间因实施内部重组整合进行产权转让的，经该国家出资企业审议决策，可以采取非公开协议转让方式。

第三十二条　采取非公开协议转让方式转让企业产权，转让价格不得低于经核准或备案的评估结果。

以下情形按照《中华人民共和国公司法》、企业章程履行决策程序后，转让价格可以资产评估报告或最近一期审计报告确认的净资产值为基础确定，且不得低于经评估或审计的净资产值：

（一）同一国家出资企业内部实施重组整合，转让方和受让方为该国家出资企业及其直接或间接全资拥有的子企业；

（二）同一国有控股企业或国有实际控制企业内部实施重组整合，转让方和受让方为该国有控股企业或国有实际控制企业及其直接、间接全资拥有的子企业。

第三十三条　国资监管机构批准、国家出资企业审议决策采取非公开协议方式的企业产权转让行为时，应当审核下列文件：

（一）产权转让的有关决议文件；

（二）产权转让方案；

（三）采取非公开协议方式转让产权的必要性以及受让方情况；

（四）转让标的企业审计报告、资产评估报告及其核准或备案文件。其中属于第三十二条（一）、（二）款情形的，可以仅提供企业审计报告；

（五）产权转让协议；

（六）转让方、受让方和转让标的企业的国家出资企业产权登记表（证）；

（七）产权转让行为的法律意见书；

（八）其他必要的文件。

第三章　企业增资

第三十四条　国资监管机构负责审核国家出资企业的增资行为。其中，因增资致使国家不再拥有所出资企业控股权的，须由国资监管机构报本级人民政府批准。

第三十五条　国家出资企业决定其子企业的增资行为。其中，对主业处于关系国家安全、国民经济命脉的重要行业和关键领域，主要承担重大专项任务的子企业的增资行为，须由国家出资企业报同级国资监管机构批准。

增资企业为多家国有股东共同持股的企业，由其中持股比例最大的国有股东负责履行相关批准程序；各国有股东持股比例相同的，由相关股东协商后确定其中一家股东负责履行相关批准程序。

第三十六条　企业增资应当符合国家出资企业的发展战略，做好可行性研究，制定增资方案，明确募集资金金额、用途、投资方应具备的条件、选择标准和遴选方式等。增资后企业的股东数量须符合国家相关法律法规的规定。

第三十七条　企业增资应当由增资企业按照企业章程和内部管理制度进行决策，形成书面决议。国有控股、国有实际控制企业中国有股东委派的股东代表，应当按照本办法规定和委派单位的指示发表意见、行使表决权，并将履职情况和结果及时报告委派单位。

第三十八条　企业增资在完成决策批准程序后，应当由增资企业委托具有相应资质的中介机构开展审计和资产评估。

以下情形按照《中华人民共和国公司法》、企业章程履行决策程序后，可以依据评估报告或最近一期审计报告确定企业资本及股权比例：

（一）增资企业原股东同比例增资的；

（二）履行出资人职责的机构对国家出资企业增资的；

（三）国有控股或国有实际控制企业对其独资子企业增资的；

（四）增资企业和投资方均为国有独资或国有全资企业的。

第三十九条 企业增资通过产权交易机构网站对外披露信息公开征集投资方，时间不得少于 40 个工作日。信息披露内容包括但不限于：

（一）企业的基本情况；

（二）企业目前的股权结构；

（三）企业增资行为的决策及批准情况；

（四）近三年企业审计报告中的主要财务指标；

（五）企业拟募集资金金额和增资后的企业股权结构；

（六）募集资金用途；

（七）投资方的资格条件，以及投资金额和持股比例要求等；

（八）投资方的遴选方式；

（九）增资终止的条件；

（十）其他需要披露的事项。

第四十条 企业增资涉及上市公司实际控制人发生变更的，应当同时遵守上市公司国有股权管理以及证券监管相关规定。

第四十一条 产权交易机构接受增资企业的委托提供项目推介服务，负责意向投资方的登记工作，协助企业开展投资方资格审查。

第四十二条 通过资格审查的意向投资方数量较多时，可以采用竞价、竞争性谈判、综合评议等方式进行多轮次遴选。产权交易机构负责统一接收意向投资方的投标和报价文件，协助企业开展投资方遴选有关工作。企业董事会或股东会以资产评估结果为基础，结合意向投资方的条件和报价等因素审议选定投资方。

第四十三条 投资方以非货币资产出资的，应当经增资企业董事会或股东会审议同意，并委托具有相应资质的评估机构进行评估，确认投资方的出资金额。

第四十四条 增资协议签订并生效后，产权交易机构应当出具交易凭证，通过交易机构网站对外公告结果，公告内容包括投资方名称、投资金额、持股比例等，公告期不少于 5 个工作日。

第四十五条 以下情形经同级国资监管机构批准，可以采取非公开协议方式进行增资：

（一）因国有资本布局结构调整需要，由特定的国有及国有控股企业或国有实际控制企业参与增资；

（二）因国家出资企业与特定投资方建立战略合作伙伴或利益共同体需要，由该投资方参与国家出资企业或其子企业增资。

第四十六条 以下情形经国家出资企业审议决策，可以采取非公开协议方式进行增资：

（一）国家出资企业直接或指定其控股、实际控制的其他子企业参与增资；

（二）企业债权转为股权；

（三）企业原股东增资。

第四十七条 国资监管机构批准、国家出资企业审议决策采取非公开协议方式的企业增资行为时，应当审核下列文件：

（一）增资的有关决议文件；

（二）增资方案；

（三）采取非公开协议方式增资的必要性以及投资方情况；

（四）增资企业审计报告、资产评估报告及其核准或备案文件。其中属于第三十八条（一）、（二）、（三）、（四）款情形的，可以仅提供企业审计报告；

（五）增资协议；

（六）增资企业的国家出资企业产权登记表（证）；

（七）增资行为的法律意见书；

（八）其他必要的文件。

第四章　企业资产转让

第四十八条　企业一定金额以上的生产设备、房产、在建工程以及土地使用权、债权、知识产权等资产对外转让，应当按照企业内部管理制度履行相应决策程序后，在产权交易机构公开进行。涉及国家出资企业内部或特定行业的资产转让，确需在国有及国有控股、国有实际控制企业之间非公开转让的，由转让方逐级报国家出资企业审核批准。

第四十九条　国家出资企业负责制定本企业不同类型资产转让行为的内部管理制度，明确责任部门、管理权限、决策程序、工作流程，对其中应当在产权交易机构公开转让的资产种类、金额标准等作出具体规定，并报同级国资监管机构备案。

第五十条　转让方应当根据转让标的情况合理确定转让底价和转让信息公告期：

（一）转让底价高于100万元、低于1 000万元的资产转让项目，信息公告期应不少于10个工作日；

（二）转让底价高于1 000万元的资产转让项目，信息公告期应不少于20个工作日。

企业资产转让的具体工作流程参照本办法关于企业产权转让的规定执行。

第五十一条　除国家法律法规或相关规定另有要求的外，资产转让不得对受让方设置资格条件。

第五十二条　资产转让价款原则上一次性付清。

第五章　监督管理

第五十三条　国资监管机构及其他履行出资人职责的机构对企业国有资产交易履行以下监管职责：

（一）根据国家有关法律法规，制定企业国有资产交易监管制度和办法；

（二）按照本办法规定，审核批准企业产权转让、增资等事项；

（三）选择从事企业国有资产交易业务的产权交易机构，并建立对交易机构的检查评审机制；

（四）对企业国有资产交易制度的贯彻落实情况进行监督检查；

（五）负责企业国有资产交易信息的收集、汇总、分析和上报工作；

（六）履行本级人民政府赋予的其他监管职责。

第五十四条　省级以上国资监管机构应当在全国范围选择开展企业国有资产交易业务的产权交易机构，并对外公布名单。选择的产权交易机构应当满足以下条件：

（一）严格遵守国家法律法规，未从事政府明令禁止开展的业务，未发生重大违法违规行为；

（二）交易管理制度、业务规则、收费标准等向社会公开，交易规则符合国有资产交易制度规定；

（三）拥有组织交易活动的场所、设施、信息发布渠道和专业人员，具备实施网络竞价的条件；

（四）具有较强的市场影响力，服务能力和水平能够满足企业国有资产交易的需要；

（五）信息化建设和管理水平满足国资监管机构对交易业务动态监测的要求；

（六）相关交易业务接受国资监管机构的监督检查。

第五十五条　国资监管机构应当对产权交易机构开展企业国有资产交易业务的情况进行动态监督。交易机构出现以下情形的，视情节轻重对其进行提醒、警告、通报、暂停直至停止委托从事相关业务：

（一）服务能力和服务水平较差，市场功能未得到充分发挥；

（二）在日常监管和定期检查评审中发现问题较多，且整改不及时或整改效果不明显；

（三）因违规操作、重大过失等导致企业国有资产在交易过程中出现损失；

（四）违反相关规定，被政府有关部门予以行政处罚而影响业务开展；

（五）拒绝接受国资监管机构对其相关业务开展监督检查；

（六）不能满足国资监管机构监管要求的其他情形。

第五十六条　国资监管机构发现转让方或增资企业未执行或违反相关规定、侵害国有权益的，应当责成其停止交易活动。

第五十七条　国资监管机构及其他履行出资人职责的机构应定期对国家出资企业及其控股和实际控制企业的国有资产交易情况进行检查和抽查，重点检查国家法律法规政策和企业内部管理制度的贯彻执行情况。

第六章　法律责任

第五十八条　企业国有资产交易过程中交易双方发生争议时，当事方可以向产权交易机构申请调解；调解无效时可以按照约定向仲裁机构申请仲裁或向人民法院提起诉讼。

第五十九条　企业国有资产交易应当严格执行"三重一大"决策机制。国资监管机构、国有及国有控股企业、国有实际控制企业的有关人员违反规定越权决策、批准相关交易事项，或者玩忽职守、以权谋私致使国有权益受到侵害的，由有关单位按照人事和干部管理权限给予相关责任人员相应处分；造成国有资产损失的，相关责任人员应当承担赔偿责任；构成犯罪的，依法追究其刑事责任。

第六十条　社会中介机构在为企业国有资产交易提供审计、资产评估和法律服务中存在违规执业行为的，有关国有企业应及时报告同级国资监管机构，国资监管机构可要求国有及国有控股企业、国有实际控制企业不得再委托其开展相关业务；情节严重的，由国资监管机构将有关情况通报其行业主管部门，建议给予其相应处罚。

第六十一条　产权交易机构在企业国有资产交易中弄虚作假或者玩忽职守、给企业造成损失的，应当承担赔偿责任，并依法追究直接责任人员的责任。

第七章　附　　则

第六十二条　政府部门、机构、事业单位持有的企业国有资产交易，按照现行监管体制，比照本办法管理。

第六十三条　金融、文化类国家出资企业的国有资产交易和上市公司的国有股权转让等行为，国家另有规定的，依照其规定。

第六十四条　国有资本投资、运营公司对各级子企业资产交易的监督管理，相应由各级人民政府或国资监管机构另行授权。

第六十五条　境外国有及国有控股企业、国有实际控制企业在境内投资企业的资产交易，比照本办法规定执行。

第六十六条　政府设立的各类股权投资基金投资形成企业产（股）权对外转让，按照有关法律法规规定执行。

第六十七条　本办法自发布之日起施行，现行企业国有资产交易监管相关规定与本办法不一致的，以本办法为准。

国有资产监督管理委员会　财政部　人力资源社会保障部
关于加快推进厂办大集体改革工作的指导意见

2016 年 8 月 16 日　国资发分配〔2016〕249 号

各省、自治区、直辖市和新疆生产建设兵团国资委、财政厅（局）、人力资源社会保障厅（局），各中央企业：

2011 年，国务院办公厅印发《关于在全国范围内开展厂办大集体改革工作的指导意见》（国办发〔2011〕18 号，以下简称 18 号文件），明确了厂办大集体改革的相关政策和工作要求。18 号文件印发以来，各地和中央企业积极推进改革工作，取得了一定进展。但由于厂办大集体历史情况复杂、改革成本缺口大等原因，实施进度总体较慢。近期，《中共中央　国务院关于深化国有企业改革的指导意见》（中发〔2015〕22 号）要求继续推进厂办大集体改革，《国务院关于印发加快剥离国有企业办社会职能和解决历史遗留问题实施方案的通知》（国发〔2016〕19 号，以下简称 19 号文件）进一步完善了厂办大集体改革政策。为贯彻落实党中央、国务院关于继续推进厂办大集体改革，为国有企业改革发展创造良好环境条件的要求，现提出以下意见：

一、总体要求

按照全面深化国有企业改革的战略部署和 19 号文件的具体工作要求，各地和中央企业要加快推进厂办大集体改革，实现厂办大集体与主办国有企业的彻底分离，促进国有企业轻装上阵、公平参与竞争。在组织实施改革过程中，要统筹兼顾厂办大集体、主办国有企业、地方财政和中央财政的承受能力，使集体职工得到妥善安置，切实维护企业和社会的稳定。

二、明确厂办大集体改革责任主体

厂办大集体改革涉及厂办大集体、主办国有企业、地方人民政府、中央企业等多个责任主体。其中，具体操作和成本承担的责任主体是厂办大集体，推进改革的责任主体是主办国有企业或主办国有企业的主管部门，组织协调的责任主体是地方人民政府和中央企业。各责任主体要认真贯彻落实 18 号文件和 19 号文件精神，各司其职、密切配合、互不推诿，共同推进改革工作。

厂办大集体实施改制、关闭或者依法破产，应当依法妥善处理与在职职工的劳动关系。支付解除、终止劳动合同的经济补偿，偿还拖欠职工的各类债务等改革成本应当由厂办大集体资产承担。

主办国有企业可以按照相关政策规定，通过无偿划拨厂办大集体长期使用的本企业固定资产、豁免厂办大集体欠本企业的债务、妥善处理已与本企业形成事实劳动关系的厂办大集体在职职工、适当补助厂办大集体职工安置费用等方式，支持厂办大集体改革。主办国有企业已关闭破产的，由其主管部门承担相关责任。

各地国资、财政、人力资源社会保障部门要在本级人民政府的领导下，从履行公共管理职能和维护企业、社会稳定出发，研究制定配套政策措施，对有关改革成本给予适当补助，督促地方国有企业加快推进厂办大集体改革，并做好与相关国有企业改革政策衔接工作。中央企业要加强对厂办大集体改革工作的组织领导，并按照厂办大集体改革政策的有关规定给予相关支持。

三、各地和中央企业要加强厂办大集体改革的统筹协调

各地与中央企业要建立统筹协调的沟通机制，确保地方与中央企业厂办大集体改革协同推进。中央企业组织制定厂办大集体改革方案时，应当与所在地人民政府及相关职能部门充分沟通，在改革基准时点、进度、职工安置标准等方面与地方厂办大集体改革相协调。各地要为中央企业在当地的厂办大集体改革创造有利环境，积极做好社保接续、人员档案移交管理等工作。

四、完善中央财政厂办大集体改革补助政策

为支持地方和中央企业加快推进厂办大集体改革，中央财政对厂办大集体改革继续给予补助，补助比

例按照 18 号文件规定不变，并对地方厂办大集体改革继续给予奖励，奖励比例统一确定为 30%。中央财政按照地方及中央企业厂办大集体改革方案规定的改革基准时点的在职职工人数、平均工龄、平均工资或者所在地最低工资标准等因素计算应支付的经济补偿金，并按照厂办大集体净资产不足以支付经济补偿金差额部分的规定比例确定补助金额，予以金额预拨。厂办大集体改革完成后，根据有关规定据实清算中央财政补助资金。

五、统筹使用中央财政补助资金

各地和中央企业可以将自筹资金和中央财政补助资金统筹用于接续职工社会保险关系、解除或终止劳动合同经济补偿等支出，具体范围由各地和中央企业根据实际情况合理确定。

六、落实各项社会保障政策

厂办大集体职工与企业解除劳动关系后，就业扶持政策按照国家有关规定执行，并按规定接续基本养老保险和医疗保险等各项社会保险关系，符合条件的，享受相应的社会保险待遇。各地要认真落实各项社会保障政策，切实保障困难职工的基本生活，维护社会稳定。因关闭破产厂办大集体基本养老保险欠费核销增加的养老保险基金缺口，由各地结合中央财政相关补助资金和自身财力状况统筹考虑。

七、按时报送厂办大集体改革进展情况

在厂办大集体改革任务完成之前，各省级厂办大集体改革领导小组（办公室）应于每年年底前将本地厂办大集体改革方案审批情况、改革实施进展情况（包括但不限于已经完成接续社会保险关系的职工人数、在职职工劳动关系处理进度、再就业情况、本年度中央财政资金使用情况等）和下一年度工作计划报送国务院国资委（一式 3 份）。国务院国资委会同财政部、人力资源社会保障部进行汇总分析，对厂办大集体改革进展缓慢的地区进行重点督导。

八、加强组织领导做好宣传解释工作

厂办大集体改革是全面深化国有企业改革的重要内容，是稳增长、惠民生、调结构的重要手段，也是振兴东北地区等老工业基地的重要举措，事关稳定和发展大局。各地和中央企业要统一思想，充分认识加快推进厂办大集体改革的重要性和迫切性，密切沟通协调、统筹规划，加强对改革工作的组织领导，指导有关企业严格履行职工民主管理程序，下大力气做好政策宣传解释工作，营造良好舆论氛围，争取广大职工的理解和支持，确保改革工作顺利推进。

中共中央组织部　财政部　教育部关于进一步规范和加强中央企业中长期经营管理培训工作的通知

2016 年 9 月 30 日　组通字〔2016〕46 号

各省、自治区、直辖市党委组织部、政府财政厅（局）、教育厅（教委），中央和国家机关各部委、各人民团体组织人事部门、财务部门，新疆生产建设兵团党委组织部、财务局、教育局，各中管金融企业党委，

各国有重要骨干企业党组（党委），各高等学校，中央党校、国家行政学院办公厅，中国浦东、井冈山、延安干部学院，中国大连高级经理学院：

为深入学习贯彻习近平总书记系列重要讲话精神，特别是关于国有企业改革的重要指示要求，全面贯彻落实党中央、国务院对国有企业改革发展的决策部署，提高中央企业经营管理人员综合素质和专业化能力，根据《干部教育培训工作条例》等有关法律法规，现就进一步规范和加强中央企业中长期经营管理培训工作有关事项通知如下。

一、严格执行《关于严格规范领导干部参加社会化培训有关事项的通知》（中组发〔2014〕18号）。各地区各部门要在前段工作的基础上，继续抓好文件精神的贯彻落实，严格执行党风廉政建设各项制度规定，坚决杜绝"天价培训""奢侈培训"和名为学习提高、实为交友联谊等现象反弹或变换方式出现。对违反上述规定的，要严肃追究单位负责人和相关人员的责任，并依照有关规定给予党纪政纪处分。

二、着眼于中央企业改革发展和管理骨干队伍建设需要，开展系统的中长期经营管理培训。适应经济发展新常态、供给侧结构性改革、经济全球化等对企业改革发展和领导班子、人才队伍建设提出的新要求，进一步提升中央企业管理水平和竞争力，努力造就一大批德才兼备、善于经营、充满活力的优秀企业家，借鉴工商管理硕士项目的相关做法，采取一次性集中脱产培训，或者多次短期集中、在一定年限内完成培训任务等方式，对企业中高级经营管理人员开展非学历学位教育的中长期经营管理培训（Executive Management Training，简称EMT），累计学习天数一般不超过100天。

三、突出问题导向，科学设计中长期经营管理培训内容。围绕协调推进"四个全面"战略布局，深入贯彻落实新发展理念，破解深化国有企业改革的重点难点问题，紧密结合加快建立现代企业制度、完善公司法人治理结构、推动企业转型升级、促进企业自主创新、扎实有效推进"引进来"和"走出去"、防止国有资产流失、加强和改进党对国有企业的领导等重点任务，明确培训目标，精心设计课程，周密组织教学，着力提高企业中高级经营管理人员综合素质和专业化能力，推动国有企业做强做优做大。

四、组织开展中长期经营管理培训，应当遵循以下工作要求：

（一）统一调训。按照干部管理权限，由中央企业主管部门或者中央企业党组（党委）及其组织人事部门统一组织企业发展急需的骨干管理人员参加培训。

（二）精心组织。突出企业改革发展需要和岗位需求，围绕事关企业长远发展的重点难点问题，科学设计实施，遴选优秀师资，严格管理和考核，提高培训的系统性、针对性和有效性。

（三）独立编班。对参加培训的国有企业中高级经营管理人员单独编班，不与其他人员混合编班。

（四）合理定价。在准确核算培训成本的基础上协商确定培训费用，杜绝高收费。培训机构不得以收取管理费、提成等名义，将与培训项目无直接关系的成本分摊到培训费用中。

五、中长期经营管理培训可以采取以下方式：

（一）主管部门培训。按照干部管理权限，由中央企业主管部门举办集中脱产培训的专题班次，选调中央企业中高级经营管理人员参加。

（二）企业自主培训。由中央企业党组（党委）及其组织人事部门委托培训机构或者依托企业大学等自有资源开展订单式培训，也可根据企业需要选派中高级经营管理人员参加培训机构仅面向国有企业举办的公共培训项目。

六、择优确定培训机构。举办单位应当按照公开、公平、公正原则，在有关国家级干部教育培训机构、具有工商管理硕士培养资格的办学单位、具备条件的企业大学等培训机构中，择优确定承担中长期经营管理培训的机构。

七、规范管理培训费用。中长期经营管理培训费用包括师资费、食宿费、场地费、资料费等培训相关成本，原则上由举办单位承担。其中：主管部门培训由调训部门承担经费，按照中央和国家机关培训费管理办法执行；企业自主培训费用由企业承担，最高不超过每人每天1500元，也可由企业为主承担、个人适当分担。举办单位应当根据培训对象、培训内容、培训师资等分类分档确定培训费用标准，直接与培训机构协商确定费用并签订协议，不得委托中介机构代为签订协议和支付费用。企业承担的培训费用应当从职工教育经费中列支，年度培训费用不得超过企业当年提取职工教育经费的40%。举办单位和培训机构应当加强培训费使用监督，提高经费使用效益。

八、加强管理、考核和监督。主管部门、中央企业、培训机构应当建立健全相关培训制度，强化师资选拔，强化学员管理和学风建设，强化过程监管和考核评估，提升培训质量，增强培训效果，确保培训健康有序开展。要按照"谁举办、谁监督"的原则，对于违反有关文件规定、扰乱培训秩序的行为予以通报和纠正。

有关主管部门、各中央企业和培训机构接到本通知后，要结合实际制定具体落实措施。地方国有及国有控股企业参照本通知执行，各地党委组织部门和政府财政、教育部门要加强工作指导。中央组织部、财政部、教育部将适时对本通知落实情况进行检查。

山东省人民政府办公厅关于印发进一步解决省属企业办社会职能和历史遗留问题工作方案的通知

2016 年 7 月 19 日　鲁政办发〔2016〕35 号

各市人民政府，各县（市、区）人民政府，省政府各部门、各直属机构，各大企业，各高等院校：

《进一步解决省属企业办社会职能和历史遗留问题工作方案》已经省政府同意，现印发给你们，请认真贯彻执行。

附件：进一步解决省属企业办社会职能和历史遗留问题工作方案

附件：

进一步解决省属企业办社会职能和历史遗留问题工作方案

目前，"企业办社会职能"包括离退休人员管理、社区管理、职工社会保险管理、市政、消防、医疗卫生、职业和幼儿教育，以及家属区的供水、供电、供暖、供气等。"企业历史遗留问题"包括退休人员统筹外负担、破产重组和改制退出企业的管理体制、厂办大集体等。加快解决企业办社会职能和历史遗留问题，是全面深化国有企业改革、推进政企分开的重要内容，是国有企业公平参与市场竞争、提质增效升级的内在要求，是健全社会基本公共服务体系、完善社会综合治理体制的客观需要，对于国有企业建立现代企业制度、发展混合所有制经济，对于政府统筹配置公共服务资源、改善民生，具有重要的促进作用。为加快解决省属企业办社会职能和历史遗留问题，根据《国务院关于印发加快剥离国有企业办社会职能和解决历史遗留问题工作方案的通知》（国发〔2016〕19 号）和《中共山东省委山东省人民政府关于深化省属国有企业改革完善国有资产管理体制的意见》（鲁发〔2014〕13 号）、《省委办公厅省政府办公厅关于深化省属国有企业改革几项重点工作的实施意见》（鲁办发〔2015〕10 号）要求，制定本工作方案。

一、改革目标

到 2020 年，彻底解决省属企业办社会职能和历史遗留问题，减轻企业负担，促进企业公平参与市场竞争，提高运营效率和发展质量，增强活力和竞争力。

二、基本原则

（一）坚持分类改革、稳妥实施。根据企业办社会职能和历史遗留问题的实际情况，按照公用事业类、市场化服务类，分别采取分离移交、改制重组、解散破产、属地管理等方式解决。改革思路清晰、条件成熟的，率先推进；情况复杂、难度大的，积极探索，稳步推进。

（二）坚持充分协调、合理分担。涉及政府和社会公共管理职能的改革成本，经企业与所在地政府协商一致，可采取企业与所在地政府合理分担、省财政适当补助、分年过渡的办法；对采取市场化方式的改革成本，主要由企业承担。

（三）坚持统一领导、分工负责。省政府统一组织领导，省有关部门分工研究制定具体政策措施并负责落实；有关市、县（市、区）成立工作班子，负责组织协调交接工作；省属企业负责推进市场化改革，配合政府做好移交工作。

三、改革路径和时间表

（一）企业职工家属区的社区管理服务。

1. 改革任务。推进企业职工家属区的社区管理服务移交所在地政府负责，社区管理机构与企业完全脱钩。需依托企业所办机构新建街道和社区管理服务组织的，由所在地政府负责推进实施。

2. 时间安排。2016年研究制定推进的政策措施，2017年全面推进，2018年基本完成。

3. 任务分工和措施。省国资委牵头负责，省委组织部、省编办、省公安厅、省民政厅、省财政厅、省人力资源社会保障厅、省住房城乡建设厅、省卫生计生委、省信访局、省统计局配合。主要职责是推进企业职工家属区社区管理和服务移交所在地政府负责工作，研究制定并落实移交的政策措施。

4. 主要政策。承担企业职工家属区社区管理和服务职能的机构成建制移交所在地政府，占用资产可分割的无偿划转。债权债务剥离并由主办企业承接；在岗职工经所在地政府组织考核后按有关规定接收。

（二）职工家属区"供水、供电、供热、供气"。

1. 改革任务。推进职工家属区"供水、供电、供热、供气"的分离移交。

2. 时间安排。2016年研究制定分离移交的政策措施，2017年全面推进，2019年基本完成。

3. 任务分工和措施。省住房城乡建设厅牵头负责，省财政厅、省信访局、省国资委、国网山东省电力公司配合。主要职责是统筹协调职工家属区"供水、供电、供热、供气"的分离移交工作，研究制定费用标准和分离移交的政策措施并组织落实。

4. 主要政策。对职工家属区"供水、供电、供热、供气"的设备管线设施进行必要维修改造，成建制分离移交给企业所在地供水、供电、供热、供气专业运营单位。职工家属区符合老旧小区改造条件的，纳入所在地老旧小区统一改造计划，其设备管线设施维修改造结合老旧小区改造工作开展，省级老旧小区改造奖补资金对省属国有企业困难工矿区较多的地区予以适当倾斜。分离移交费用由企业和政府共同承担，原中央下放的煤炭、有色金属、军工等企业（含政策性关闭破产企业）的分离移交费用争取中央财政补助。

（三）退休人员社会化管理。

1. 改革任务。推进企业管理的退休人员移交到街道和社区实行属地管理。

2. 时间安排。2016年研究制定政策措施，2018年全面完成移交任务。

3. 任务分工和措施。省人力资源社会保障厅牵头，省民政厅、省财政厅、省信访局、省国资委配合。主要职责是统筹协调企业退休人员移交街道和社区实行属地管理工作，研究制定费用标准，制定落实移交的政策措施。

（1）省人力资源社会保障厅会同有关部门研究制定省属企业退休人员移交街道和社区实行属地管理的指导意见（2016年年底前完成）。

（2）省民政厅负责加强社区建设，强化街道和社区的社会化管理服务保障能力。

4. 主要政策。

（1）企业退休人员移交街道和社区实行属地管理时，按照移交人员数量核定社区管理费并拨付到相关部门或单位。原中央下放的煤炭、有色金属、军工等企业（含政策性关闭破产企业）的管理费用争取中央财政补助。其他省属企业管理费用多渠道筹集。

（2）对目前企业发放的退休人员统筹项目外的各项补助、补贴，除国家和省有关政策明确应由企业继续发放的项目外，以企业为主体，根据企业经营和效益状况，依法依规进行规范清理。

（四）企业内部封闭运行的社会保险。

1. 改革任务。推进企业内部封闭运行的社会保险纳入地方统筹管理。

2. 时间安排。2017 年全面完成移交任务。

3. 任务分工和措施。省人力资源社会保障厅牵头负责，省财政厅、省审计厅、省国资委配合。主要职责是统筹协调企业内部封闭运行的社会保险移交政府管理工作，研究完善并落实政策措施。

（1）省人力资源社会保障厅负责统筹协调，会同有关部门指导和督促各地、各企业按要求进行移交。

（2）省审计厅负责组织力量或委托社会中介机构做好移交前的审计工作，为妥善处理历史欠费和结余资金提供依据。

4. 主要政策。按照《山东省人力资源社会保障厅山东省财政厅山东省审计厅山东省国资委关于将企业自行管理的社会保险纳入地方统筹管理的意见》（鲁人社发〔2014〕9 号）有关规定办理。建立政府和国有企业合理分担机制，省国资委、省财政厅等有关部门研究解决实施过程中的有关问题，多渠道筹措资金。

（五）技工、职业院校。

1. 改革任务。对技工、职业院校，根据企业人力资源开发、在职职工培训、企业技术研发等情况，可采取企业继续举办管理、移交或引进社会资本参与重组改制的办法实施改革。

2. 时间安排。2016 年研究制定企业办技工、职业院校改革的政策措施，2017 年全面推进，2019 年全面完成。

3. 任务分工和措施。省国资委牵头负责，省财政厅、省教育厅、省人力资源社会保障厅、省编办配合。主要职责是统筹协调企业办技工、职业院校的改革工作，研究制定并落实技工、职业院校改革的政策措施。

4. 主要政策。根据单位体制分别按照省属事业单位转制或按照省属国有企业改革的政策办理。实施移交的成建制移交。原中央下放的煤炭、有色金属、军工等企业（含政策性关闭破产企业）的教育机构改革过程中涉及的职工分流安置等费用争取中央财政补助。

（六）职工医院。

1. 改革任务。支持社会资本以联合、参股、兼并、收购、托管等形式，参与职工医院改革重组；企业与所在地政府协商一致的，移交政府管理；对运营困难、缺乏竞争优势的予以撤销并做好有关人员安置和资产处置工作。鼓励职工医院向康复医院、老年病专科医院、护理院、临终关怀等老年专业医疗服务机构转型。

2. 时间安排。2016 年研究制定推动企业职工医院改革的政策措施，2017 年全面推进，2019 年全面完成。

3. 任务分工和措施。省国资委牵头负责，省财政厅、省卫生计生委配合。主要职责是研究制定并落实政策措施。

4. 主要政策。纳入市场化改革的按照省属国有企业改革的政策办理。纳入移交政府管理的参照《山东省人民政府办公厅关于加快推进省属国有企业分离办社会职能工作的通知》（鲁政办发〔2005〕60 号）有关移交政策办理。原中央下放的煤炭、有色金属、军工等企业（含政策性关闭破产企业）的医疗机构改革过程中涉及的职工分流安置等费用争取中央财政补助。

（七）幼儿园托儿所。

1. 改革任务。幼儿园托儿所经与所在地政府协商一致的，移交政府管理；暂不具备移交条件的，积极引进社会资本参与幼儿园托儿所的市场化改革，实行社会化、专业化运营。

2. 时间安排。2016年研究制定幼儿园托儿所改革的政策措施，2017年全面推进，2019年全面完成。

3. 任务分工和措施。省国资委牵头负责，省编办、省教育厅、省财政厅、省人力资源社会保障厅配合。主要职责是研究制定并落实政策措施。

4. 主要政策。纳入市场化改革的按照省属国有企业改革的政策办理。纳入移交政府管理的参照《山东省人民政府办公厅关于加快推进省属国有企业分离办社会职能工作的通知》（鲁政办发〔2005〕60号）有关移交政策办理，其中在岗职工经接收地政府组织考核后按有关规定接收。原中央下放的煤炭、有色金属、军工等企业（含政策性关闭破产企业）的教育机构改革过程中涉及的职工分流安置等费用争取中央财政补助。

（八）厂办大集体。

1. 改革任务。按照国务院、省政府部署，实现厂办大集体与主办国有企业彻底分离，厂办大集体职工得到妥善安置。

2. 时间安排。2016年完善省属企业厂办大集体改革的政策措施，2017年全面推进，2019年完成。

3. 任务分工和措施。省国资委牵头负责，省财政厅、省人力资源社会保障厅、省国土资源厅、省住房城乡建设厅、省工商局配合。主要职责是完善政策措施，审核省属企业厂办大集体改革总体方案。

4. 主要政策。《国务院办公厅关于在全国范围内开展厂办大集体改革的指导意见》（国办发〔2011〕18号）、《山东省人民政府办公厅关于贯彻落实国办发〔2011〕18号文件开展厂办大集体改革的实施意见》（鲁政办发〔2012〕69号）。中央财政对厂办大集体改革继续给予补助和奖励，补助比例按国办发〔2011〕18号文件规定执行，奖励比例统一确定为30%。

（九）职工家属区物业管理。

1. 改革任务。积极引进社会资本参与职工家属区物业管理的改制重组，实行社会化、专业化运营。

2. 时间安排。2016年研究制定省属企业职工家属区物业管理市场化改革的政策措施，2017年全面推进，2019年全面完成。

3. 任务分工和措施。省国资委牵头负责，省财政厅、省人力资源社会保障厅、省住房城乡建设厅配合。主要职责是研究制定并落实政策措施。

4. 主要政策。按照省属国有企业改革的政策办理。

（十）改制退出和破产重组企业党工团关系。

1. 改革任务。理顺改制退出和破产重组企业的党工团关系，落实安全生产、信访稳定责任。

2. 时间安排。按照已经出台的办法全面推进，2017年全面完成。

3. 任务分工和措施。省委组织部负责统筹协调破产改制退出企业党工团关系的移交工作；省安监局负责配合相关行业（领域）主管部门，统筹协调破产改制退出企业安全生产责任的移交工作；省信访局负责统筹协调破产改制退出企业信访稳定责任的移交工作。

4. 主要政策。《中共山东省委组织部中共山东省委企业工作委员会关于印发〈在国有企业改革中加强党的建设的意见〉的通知》（鲁组发〔2003〕56号），省国资委、省委组织部、省安监局、省信访局《关于在当前国有企业改革改制中落实有关工作责任制的通知》（鲁国资办〔2006〕27号）。国有资本全部退出或退到参股地位的企业，其党（团、工会）组织关系改由所在地党（团、工会）组织领导，安全生产、信访稳定的责任主体改由所在地政府负责。

（十一）政策性关闭破产企业遗留问题。

目前，我省政策性关闭破产企业遗留问题主要有4个方面，一是重组企业党工团组织未移交属地管理，二是重组企业安全生产监督管理职能和信访维稳责任未移交属地政府，三是重组企业职工社会保险关系未理顺，四是破产项目的大部分企业办社会职能未移交。

1. 重组企业党工团组织关系、安全生产监督管理职能和信访维稳责任，按照本方案中确定的改革路径进行移交。

2. 社区管理服务职能移交。由破产项目所在地政府负责管理破产项目的离退休人员、工伤工残人员、工病亡遗属和退养家属等；接收计划生育和信访稳定工作；经办城镇居民养老保险和医疗保险业务；对供水、供电、供暖等交专业经营单位，实行专业化管理。

3. 理顺医院管理体制。资产属于国有性质的医院，成建制移交所在地政府。已改制为产权多元化的医院，其党工团组织关系、专业技术职称评定等职能移交所在地政府。医院纳入当地医疗规划范围，享受当地同类医院的各项政策。

4. 理顺幼儿园管理体制。资产属于国有性质的幼儿园，成建制移交所在地政府。对不具备政府规定办园条件的幼儿园，由所在矿业集团根据实际情况实行市场化改革。

5. 理顺重组企业职工社会保险关系。一是重组企业具备独立法人资格的，可以重组企业名义参加社会保险，按规定缴纳社会保险费。二是重组企业内部封闭运行的社会保险纳入地方统筹管理。

6. 移交过程中，破产项目社会职能资产无偿划拨所在地政府。供水、供电、供暖等设施不能正常运行的，由相关矿业集团进行必要维修后移交。现有供水、供电、供暖等机构在职职工经所在地政府组织考核后按有关规定接收。

以上任务，2017 年年底前完成。中央将来对政策性破产煤炭企业拨付的有关费用，直接拨付到承担相关任务的政府、企业。

四、组织保障和工作要求

（一）加强组织领导。省政府统一组织领导，建立工作协调机制，省国资委、省委组织部、省编办、省信访局、省公安厅、省教育厅、省民政厅、省财政厅、省人力资源社会保障厅、省国土资源厅、省住房城乡建设厅、省卫生计生委、省审计厅、省统计局、省工商局、省安监局、省机关事务局等部门密切配合，统一组织协调移交和改革工作。

（二）强化责任落实。各级、各部门和省属企业要统一思想，提高认识，有接收任务的市、县（市、区）和有关省属企业作为解决企业办社会职能和历史遗留问题的主体，要建立工作目标责任制，负责具体实施工作。要以担当精神和负责态度，抓紧行动、加强配合、积极对接、主动协商，确保改革任务顺利完成。要加强政策宣传和思想政治工作，切实维护社会和企业稳定。省有关部门要认真履行职责，研究制定好各项政策措施，做好风险评估，确保政策措施的可行性和可操作性，并组织落实。省国资委、省财政厅、省机关事务局等部门要指导监督有关企业和市、县（市、区）政府完善工作程序，核实资产账目，加强审计评估，防止国有资产流失。

（三）保障资金投入。国有资本经营预算优先用于支持国有企业剥离办社会职能和解决历史遗留问题。省财政厅商省国资委根据工作进度，千方百计保障改革资金需求。省财政厅统筹安排年度预算资金，将有关补助资金及时足额拨付到位。对省属企业职工家属区"供水、供电、供热、供气"分离移交以及技工和职业院校、职工医院、幼儿园托儿所改革中涉及的职工分流安置等费用，省财政主要结合国有资本经营预算等资金渠道给予适当补助。

山东省人民政府办公厅关于印发省属经营性国有资产统一监管实施计划的通知

2016 年 8 月 8 日   鲁政办发〔2016〕39 号

各市人民政府，各县（市、区）人民政府，省政府各部门、各直属机构，各大企业，各高等院校：

《省属经营性国有资产统一监管实施计划》已经省政府同意，现印发给你们，请认真组织实施。

附件：省属经营性国有资产统一监管实施计划

附件：

省属经营性国有资产统一监管实施计划

根据《山东省人民政府关于印发推进省属经营性国有资产统一监管工作方案的通知》（鲁政字〔2015〕146 号）要求，现制定实施计划如下：

一、实施范围

省属经营性国有资产统一监管范围是省国资委尚未履行出资人职责的省属企业国有资产，具体包括省直单位对国有独资企业、国有独资公司、国有资本控股公司、国有资本参股公司等各类国家出资企业以各种形式出资所形成的权益。省属从事生产经营活动事业单位转制为企业后，纳入统一监管范围。

经核实，44 个省直部门、单位共有所属一级企业 616 户，截至 2014 年 12 月 31 日，资产总额 842.96 亿元，所有者权益 336.61 亿元，2014 年度营业收入 330.00 亿元，净利润 13.16 亿元，企业职工 41 439 人。

二、实施意见

根据省属国有资本布局结构调整方向，结合省属企业实际，按照"分层分类、有序划转，因企制宜、分类监管"的原则实施统一监管。

（一）分层分类、有序划转。

根据企业不同情况，分别采取以下方式划转产权。

1. 产权划入省国资委和省社保基金理事会。对资产规模较大、资产质量较好的企业，以其为主体重组整合其他企业，组建或改建为省管一级企业，国有产权划入省国资委和省社保基金理事会，分别由省国资委持有 70%、省社保基金理事会持有 30%。

此类情况涉及省粮食局、省水利厅、省科学院、省农科院、省地矿局和省煤田地质局 6 个部门所属 221 户企业（具体名单见附件，下同），分别整合组建鲁粮集团（企业名称以工商注册登记为准，下同）、水发集团、山科集团、种业集团、地矿集团和泰山地勘集团 6 户省管一级企业。221 户企业的资产总额 276.86 亿元、所有者权益 80.07 亿元，分别占总数的 35.9%、32.8%、23.8%。

2. 产权划入省管一级企业。对具有一定资产和经营能力的企业，按照产业相近、业务相关、优势互补的原则，国有产权划入省管一级企业。省管一级企业因国有产权划入增加的权益，由省国资委和省社保基金理事会按出资比例分别享有。此类情况涉及省发展改革委等 31 个部门所属 184 户企业，分别划入 13 户省管一级企业。184 户企业的资产总额 335.91 亿元、所有者权益 138.99 亿元，分别占总数的 29.9%、39.9%、41.3%。

3. 产权暂不划转。省监狱管理局、省戒毒局所属企业，承担服刑人员劳动改造等任务，且享受税收优惠政策；省属高等院校所属企业，承担教学实训等任务，且资产少、分布广，暂不实施产权划转，仍维持现行管理体制。此类情况涉及省监狱管理局所属 2 户企业、省戒毒局所属 5 户企业，省属高等院校所属 106 户企业。113 户企业的资产总额 181.12 亿元、所有者权益 113.97 亿元，分别占总数的 18.3%、21.5%、33.9%。

此外，对严重资不抵债、停业停产、不具备正常经营条件的企业，产权不再划转，由原主管部门另行提出清理、注销、关闭的意见报省政府研究确定。涉及 25 个部门的所属 98 户企业，98 户企业的资产总额 49.07 亿元、所有者权益 3.58 亿元，分别占总数的 15.9%、5.8%、1.0%。

（二）因企制宜、分类监管。

对所有正常经营的企业，除划入省管一级企业的由省管一级企业依法管理外，其他企业按以下三类方式实施监管。

第一类：省国资委和省社保基金理事会履行全部出资人职责。

这类企业与市场经济融合较好，具有一定的经营基础，资产规模较大，适合组建省管一级企业。主要涉及省粮食局所属企业，整合组建鲁粮集团，形成储备、加工、流通为一体的全产业链型粮食产业集团，并承担粮食储备等任务。

对此类企业，由省国资委和省社保基金理事会履行全部出资人职责。省国资委负责业绩考核、薪酬管理等《公司法》《企业国有资产法》等法律法规规定的出资人对重大事项和资产的管理。省国资委党委负责领导班子建设和党的建设。

全省质监系统所属特检机构等单位整合组建的山东特检集团，承担特种设备的监督检验、认证、技术评审等任务，也按此类方式管理。

第二类：省国资委和省社保基金理事会履行部分出资人职责。

这类企业行业特点明显，普遍存在事企交叉重合、人员资产不分等问题，对主管部门的依存度较大，企业生产经营需要主管部门的支持和指导，安全生产管理由主管部门负责，且承担民生工程建设、科技成果转化、矿产资源勘查等功能性和公益性任务。

此类企业主要涉及省水利厅所属水发集团，承担全省水利民生工程建设任务，需要依托既有的财政资金渠道和省水利厅的行业扶持；省科学院、省农科院所属山科集团、种业集团，是科技成果转化的重要平台，也是调动科技人员积极性的有效载体，需要延续科研院所的成果及人才支撑；省地矿局和省煤田地质局所属地矿集团、泰山地勘集团，是矿产资源勘查的专业平台，经营资质和勘查技术主要依托事业单位，需要原主管部门的行业指导和技术支持。

对此类企业，设置 3 年过渡期，由省国资委和省社保基金理事会履行部分出资人职责。对于企业领导班子建设，在过渡期内由主管部门提名企业董事长和党委成员，报省国资委党委批准，主管部门负责董事会和党委会的日常管理。5 户企业其他出资人职责由省国资委和省社保基金理事会按第一类方式履行。企业经理层逐步推行职业经理人制度，员工推行全员劳动合同制。

第三类：省国资委履行国有资产基础管理职责。

这类企业承担特殊职能或公益性任务，政企、事企难以分开，主要涉及省监狱管理局、省戒毒局所属企业，分别承担服刑戒毒人员劳动改造、技能培训等特殊职能；省属高等院校所属企业承担高校学生实习、教学实训等公益性任务。

对此类企业，由省国资委履行国有资产基础管理职责。省国资委按照统一制度规范、统一工作体系的原则，建立完善企业国有资产台账，全面掌握企业国有资产状况；严格规范企业国有资产流转，动态监控企业国有资产变动；开展财务监督综合评价，切实维护企业国有资产安全。主管部门负责企业领导班子建设和党的建设，并明确专门机构做好企业国有资产的日常管理工作，落实企业国有资产保值增值责任。

三、政策措施

（一）统一监管过程中，产权划转的省属企业，职工劳动合同关系保持不变。对部分企业存在的与主管单位混岗使用的工作人员，主管部门要根据政策规定妥善安置。省属企业在产权划转前形成的信访稳定问题，由原主管部门负责解决。

（二）对省属企业长期实质性使用的省级行政事业性资产，划转为企业资产，经评估后列入企业国家资本金，由省财政厅会同省机关事务管理局等有关部门办理资产划转手续；因非独立使用等特殊原因无法随同划转的，设置 5 年过渡期，由企业按原使用方式及条件继续使用。

（三）统一监管后，为弥补相关事业单位经费不足，省财政在现有保障政策的基础上，加大对地矿集团、泰山地勘集团、山科集团和种业集团等 4 户新组建企业集团经营收益的统筹力度，支持相关事业单位发展。

四、工作安排和要求

推进省属经营性国有资产统一监管，是深化我省国有企业改革、促进国有企业持续健康发展的重大举措。各部门要充分认识统一监管工作的重大意义，切实增强责任感和紧迫感，加强沟通，积极配合，精心组织，协力推进。工作中要加强企业资产评估，严格规范国有资产流转，确保国有资产不流失。要加强企业党的建设和领导班子建设，健全完善各级党组织，进一步加强和改善党的领导。要做深做细职工思想政治工作，切实保障和维护职工合法权益，确保职工队伍稳定。

（一）整合组建省管一级企业的，由省国资委会同主管部门制定组建、改建方案，于2016年10月底前组织实施。

（二）划入省管一级企业的，由省管一级企业在尽职调查的基础上，根据企业发展战略和结构调整要求，进行重组整合或按市场化原则进行资本运营，于2016年10月底前制定具体方案。

（三）对暂不实施产权划转的省监狱管理局、省戒毒局和省属高等院校所属企业，省国资委要按照国家统一制度规定加强管理，主管部门要制定具体管理办法，做好日常管理工作，落实企业国有资产保值增值责任。

（四）对严重资不抵债、停业停产、吊销营业执照等不具备正常经营条件的企业，国有产权不再划转，由各主管部门提出清理关闭、注销清算的意见，于2016年10月底前报省政府研究确定，并做好后续组织实施工作。

（五）本《实施计划》印发1个月内，各主管部门要将所属企业整体移交省国资委或相关省管一级企业，办理企业领导班子和党组织关系等移交手续。其中，组建省管一级企业的领导班子和党组织关系，报省委组织部研究同意后办理移交。统一监管涉及的企业国有产权划转手续，依据本《实施计划》办理，划转基准日为2016年6月30日。

（六）对于省政府批准的79户事改企单位，其所属企业的统一监管工作要一并同步推进，纳入本次统一监管范围。

（七）省直各部门、单位所属企业改制应按照法律法规规定的程序规范推进，严格执行公开进场交易制度。2016年6月底之前未完成改制的，要按照统一监管要求划转给省管一级企业，由划入企业负责其改革重组工作。

本《实施计划》印发后，省直各部门、单位在工作中发现未纳入统一监管实施范围的其他企业，要按照鲁政字〔2015〕146号文件和本《实施计划》的要求，实施统一监管。

附件：省属经营性国有资产统一监管企业名单

附件：

省属经营性国有资产统一监管企业名单
（616户）

一、国有产权划入省国资委和省社保基金理事会的企业（221户）

（一）省粮食局所属企业（19户）

山东省粮油收储有限公司

山东齐河国家粮食储备库

山东鲁北国家粮食储备库

山东省军粮储备库

山东平原龙门粮食储备库

山东谷丰粮食储备库

山东省粮油交易中心

山东省粮油综合服务公司

山东省冠力粮油食品科技开发公司

山东坤华集团公司

山东省粮油集团总公司

山东省粮油购销储运公司

山东粮食大厦

山东省粮食贸易公司

山东省饲料公司

山东省粮油工业公司

山东省粮油工程设计院

山东省粮食局招待所

山东省粮食批发市场

（二）省水利厅所属企业（23 户）

山东水务发展集团有限公司

山东省基础工程公司

山东省水利水电建筑工程承包有限公司

山东省水利工程建设监理公司

山东省水利装饰园林总公司

山东省科源工程建设监理中心

山东水利岩土工程公司

山东省科苑水利勘察设计咨询中心

山东省水科院长清科源天然泉水开发中心

山东省科源节水技术开发中心

山东省淮河流域水利管理局规划设计院

山东淮海水利工程有限公司

山东省淮海工程建设监理有限公司

淄博先锋驾驶员培训有限责任公司

山东省水电设备厂

日照水源工程建设监理有限公司

山东华泰保尔水务农业装备工程有限公司

山东省调水工程技术研究中心

山东省引黄济青建筑安装总公司

潍坊鲁鸢水务有限公司

昌邑市龙珠实业总公司

青岛水工建设科技服务有限公司

平度市引黄济青建筑安装工程公司

（三）省科学院所属企业（32 户）

山东天力干燥股份有限公司

济南蓝动激光技术有限公司

济宁科力光电产业有限责任公司

山东科力光电技术有限公司

山东微感光电子有限公司

山东正中计算机网络技术咨询有限公司

山东久隆高分子材料有限公司

山东省海洋仪器仪表科技中心

山东瑞泰信息技术有限责任公司

山东省公共安全技术防范监理中心

山东经纬测试技术开发公司

山东省科创物业管理有限公司

山东省科信油品有限责任公司

山东重信通用软件有限责任公司

山东正方人合信息技术有限公司

山东天虹弧板有限公司

济南百奥能源环境科技有限公司

山东恒冠化工科技有限公司

山东双科智能技术有限公司

山东省科学院激光研究所济宁山科技术总公司

山东自动化系统工程公司

山东科星服务公司

山东省正元科技咨询评估事务所有限公司

山东山科国有资本运营有限公司

山东省海洋仪器仪表研究所青岛仪器仪表经营公司

青岛奥森海洋装备公司

青岛测控技术公司

青岛金象广告企划中心

济南天德科技发展有限公司

山东凯华电源有限责任公司

山东鸿达科技信息工程公司

山东桑乐太阳能有限公司

（四）省农科院所属企业（78户）

山东种业集团股份有限公司

山东奥克斯畜牧种业有限公司

山东省农业科学院农药研究开发中心

山东省农业科学院高效农药实验厂

山东农科实业公司

山东省健牧生物药业有限公司

山东省农科种业有限公司

山东农业科技开发总公司

山东鲁研农业良种有限公司

山东金禾农业科技开发有限公司

山东黎明种业科技有限公司

山东诺达农业科技有限公司

山东邦地生物科技有限责任公司

山东鲁保科技开发有限公司

山东鲁壹种业科技有限公司

临清鲁壹种业有限责任公司

山东鲁蔬种业有限责任公司

山东创新源农业技术开发有限公司

山东兴牛乳业有限公司

山东省农科苑畜牧发展中心

山东昊泰实验动物繁育有限公司

山东昊泰科技药业有限公司

济南新科物业有限公司

济宁瑞丰种业有限公司

山东泰丰生物制品有限公司

烟台神龙蚕用药业科技开发有限公司

山东高远花生科技有限公司

山东天地园艺科技有限公司

山东省轻工实业发展公司

山东佰斯葡萄酿酒公司

《中外葡萄与葡萄酒》杂志社

山东省九州食品生产力促进中心

天桥区鲁禽塑料制品厂

山东颜山电气股份有限公司

山东万全动物药业有限公司

山东双佳农装科技有限公司

山东双佳农牧机械科技有限公司

山东省装备制造业信息化技术发展中心

山东省水稻研究所试验农场经营部

山东省农用运输车总公司

山东省农业科学院作物所良种开发中心

山东省农业科学院植物医院

山东省农业科学院招待所

山东省农业科学院玉米研究所科技开发中心

山东省农业科学院寿光滨海盐碱土改良利用实验站有限公司

山东省农业科学院实验添加剂厂

山东省农业科学院实验兽药厂

山东省农业科学院实验面粉厂

山东省农业科学院劳动服务总公司

山东省农业科学院家禽研究所饲料添加剂厂

山东省农业科学院家禽研究所实验兽药厂

山东省农业科学院家禽研究所东郊禽病服务部

山东省农业机械科学研究院试制工厂

山东省农业机械工业公司

山东省农科院植保所新农药中试厂

山东省农科院原子能所科技服务部

山东省农科院畜牧兽医研究所畜产品加工试验厂

山东省鲁轻麦芽研究中心

山东省科信农业技术有限责任公司

山东省果树研究所病虫防治服务中心

山东省果树研究所《落叶果树》杂志社

山东省谷丰农业开发有限公司

山东省蚕业研究所烟台绿宝蚕用饲料厂

山东绿海牧业科技发展有限公司

山东鲁原种子有限公司

山东鲁研食品技术有限公司

山东鲁研农作物脱毒技术开发有限公司

山东科苑种植有限责任公司

山东科源畜牧良种繁育有限公司

山东科信生物化学有限公司

山东汇博农业机械展览有限公司

山东华创信息技术有限公司

山东冠丰种业科技有限公司

三高种业有限公司

济南双佳敏捷制造科技有限公司

济南鲁禽生物科技有限公司

济南科海有限公司

山东东方化工分析技术公司

（五）省地矿局所属企业（51户）

山东地矿集团有限公司

山东省地矿工程集团有限公司

山东省地矿宝玉石鉴定中心

山东地矿国际投资有限公司

山东地矿新能源有限公司

济南美得乐餐饮管理有限公司

山东松立仪表有限责任公司

山东地兴有限责任公司

山东省地质经济贸易公司

山东地矿置业有限公司

山东省深基建设工程总公司

山东省深基础工程勘察院

山东省鲁地深基础检测中心

山东省地质测绘院经济开发总公司

山东地质印刷厂

山东省地矿测绘院

山东省地矿工程勘察院

山东省地矿物资总公司

山东山水旅行社

山东省恒通地矿设备有限公司

山东临沂地矿实业总公司

山东省临沂地质矿产开发公司

山东地矿开元勘察施工总公司

山东省威海基础工程公司

威海地质工程勘察院

山东恒通黄金钻探机械厂

威海海虹精细化工有限责任公司

山东省日照基础工程公司

日照岩土工程勘察院

山东省华鲁工程总公司

山东省地质矿产局第二地质大队多种经营总公司

山东省鲁南地质工程勘察院

山东省济宁地质工程勘察院

山东省鲁岳资源勘查开发有限公司

泰安山水旅行社

山东省潍坊基础工程公司

山东省潍坊地矿经贸公司

山东岩土工程公司

山东省经纬工程测绘勘察院

山东省新特工程物探勘察院

山东鲁地海洋地质勘测院

山东新欣地质科贸公司

济南华地驾驶员培训中心

山东省烟台地质工程勘察院

山东烟台地质工程公司

烟台天元实业公司

烟台地矿勘查院服务公司

烟台金鲁铜业有限公司

山东省鲁北地质工程勘察院

青岛地矿岩土工程有限公司

青岛地矿置业有限公司

（六）省煤田地质局所属企业（18 户）

山东泰山地质勘查公司

济南大舜金华经贸有限公司

山东省煤田地质局第一机械厂

山东海洋资源勘查研究院

青岛经济技术开发区惠和工贸开发中心

青岛经济技术开发区惠和宾馆

青岛经济技术开发区惠和商贸公司

青岛经济技术开发区惠和基础工程公司

山东省煤田地质钻探工具厂

嘉祥工程地质勘查院

泰安市泰山大地钻探设备制造厂

潍坊鲁煤岩土工程勘查院

山东潍坊鲁煤工程机械厂

山东鲁潍矿业开发有限公司

山东坊子利翔实业总公司

山东中煤物探测量总公司

山东煤田地质机械厂

山东亚特尔集团股份有限公司

二、国有产权划入省管一级企业的企业（184 户）

（一）划入山东省鲁信投资控股集团有限公司的企业（3 户）

1. 团省委所属企业（2 户）

山东省山青世界青少年实践活动中心

山东省中国青年旅行社

2. 省旅游发展委所属企业（1 户）

山东省旅游工程设计院

（二）划入兖矿集团有限公司的企业（1 户）

省石油化工协会所属企业（1 户）

山东省安泰化工压力容器检验中心

（三）划入山东能源集团有限公司的企业（9 户）

山东省七五生建煤矿

山东省武所屯生建煤矿

山东省岱庄生建煤矿

山东里能里彦矿业有限公司

山东里能鲁西矿业有限公司

山东省三河口矿业有限责任公司

山东省郓城煤矿

山东省徐庄生建煤矿

山东省滕东生建煤矿

（四）划入华鲁控股集团有限公司的企业（8 户）

山东省环境保护科学研究设计院

山东省环科院环境工程有限公司

山东省中鲁环境工程评估中心

山东省波尔辐射环境技术中心

山东省国联环境保护对外合作中心

山东省环科院环境科技有限公司

山东科苑环境认证中心

山东绿源环保工程开发中心

（五）划入山东高速集团有限公司的企业（15 户）

1. 省发展改革委所属企业（3 户）

山东省资源总公司

山东省英泰公司

山东省集华贸易公司

2. 省住房城乡建设厅所属企业（7 户）

山东省对外建设工程总公司

山东鲁建城市规划设计研究院

山东省国际实业公司

山东省建设监理咨询有限公司

山东市政工程建设总公司

山东省建设监理服务中心

山东省勘察设计综合服务公司

3. 省林业厅所属企业（3 户）

山东鸿林工程技术有限公司

山东省林业科技开发公司

山东省森帝园林绿化工程有限公司

4. 省交通运输厅所属企业（1 户）

山东通远港航服务中心

5. 省人防办所属企业（1 户）

山东省三益工程建设监理有限公司

（六）划入山东省交通运输集团有限公司的企业（7 户）

1. 省妇联所属企业（1 户）

山东省妇女旅行社有限公司

2. 省林业厅所属企业（1 户）

山东森林旅行社有限责任公司

3. 省旅游发展委所属企业（1 户）

山东旅游信息展览总公司

4. 省侨办所属企业（1 户）

山东省中国旅行社

5. 省职教办所属企业（3 户）

山东省企业经理人才评价推荐中心

山东省人力资源管理有限公司

山东省企业考试培训中心

（七）划入山东发展投资控股集团有限公司的企业（1 户）

省发展改革委所属企业（1 户）

山东省经济发展总公司

（八）划入山东财金投资集团有限公司的企业（1 户）

省经济和信息化委所属企业（1 户）

山东融世华租赁有限公司

（九）划入齐鲁交通发展集团有限公司的企业（2 户）

1. 省交通运输厅所属企业（1 户）

山东省鲁达交通物业中心

2. 省机关事务管理局所属企业（1 户）

山东省直机关住宅建设发展有限责任公司

（十）划入山东产权交易中心的企业（4 户）

1. 省机械设备成套局所属企业（3 户）

山东省大成投资咨询中心

山东省机电设备成套公司

山东省设备成套招标中心

2. 省经济和信息化委所属企业（1 户）

山东招标股份有限公司

（十一）划入山东国惠投资有限公司的企业（14 户）

1. 省经济和信息化委所属企业（2 户）

山东拍卖总行

山东赛宝电子信息工程有限责任公司

2. 省科技厅所属企业（5 户）

山东索普招标有限公司

山东省科技融资担保有限公司

山东省现代农业科技创业投资有限公司

山东省科技评估中心

山东科合海洋高技术有限公司

3. 省住房城乡建设厅所属企业（3 户）

山东省城乡建设勘察设计研究院

山东省鲁建燃气公司

山东省建设厅招待所

4. 省海洋与渔业厅所属企业（3 户）

山东升索渔用饲料研究中心

山东海渔水产良种引进开发中心

东平湖河蟹育苗试验场

5. 省机关事务管理局所属企业（1 户）

山东鲁勤有限责任公司

（十二）纳入山东特种设备检验检测集团有限公司组建范围
的企业（2 户）

省质监局所属企业（2 户）

山东省特种设备检验研究院鲁特科技开发公司

山东鲁源节能认证中心

（十三）划入山东省国有资产投资控股有限公司的企业（117 户）

1. 团省委所属企业（2 户）

济南山青物业管理有限公司

山东省雏鹰少先队服务中心

2. 省发展改革委所属企业（3 户）

山东省节能环保总公司

山东省经科实业总公司

山东省重点工程服务中心

3. 省经济和信息化委所属企业（3 户）

山东天工企业策划咨询有限公司

山东省联合航空公司

山东永大工贸有限公司

山东省建材技术咨询公司

4. 省教育厅所属企业（4 户）

山东电化教育服务中心

山东省教学仪器设备公司

山东省教育装备中心

山东鲁育招标有限公司

5. 省科技厅所属企业（4 户）

山东省科技经济信息产业公司

山东专利工程总公司

山东宏达科技创业公司

山东省国际外事服务中心

6. 省人力资源社会保障厅所属企业（3 户）

山东东方大厦

山东培森人力资源开发有限责任公司

山东省劳务合作公司

7. 省住房城乡建设厅所属企业（15 户）

山东省城建工程集团公司

山东省房地产开发集团总公司

山东省工程造价咨询公司

山东省建鲁城乡发展中心

山东省建设投资发展有限公司

山东省城市车辆总公司

山东省建设执业师专业书店

山东淄博人和物业公司

山东省建筑工业图书音像总公司

山东省建设科技与产业化中心

山东省建成物业管理有限公司

山东省鲁班商店

山东省中鲁建筑集团总公司

山东省地产咨询总公司

山东省监协建设监理中心

8. 省农业厅所属企业（1 户）

山东省植物保护总站经营部

9. 省商务厅所属企业（2 户）

山东省外商投资服务公司

青岛联丰展览有限公司

10. 省统计局所属企业（2 户）

山东省鲁统市场调查中心

济南同吉宾舍商务酒店有限公司

11. 省质监局所属企业（11 户）

方圆标志认证集团山东有限公司

山东华鲁管理咨询培训中心

山东金质信息技术有限公司

山东方圆建筑工程检测中心

山东慧矩信息科技有限公司

山东星智技术交流中心

山东万泰质量技术监督培训中心

山东省社会公正计量行

山东省数字证书认证管理有限公司

中检华纳（北京）质量技术中心有限公司

山东齐鲁检测有限公司

12. 省机关事务管理局所属企业（6 户）

山东文惠物业管理有限公司

山东省省级机关服务中心

山东省安达汽车服务公司

山东省省级机关汽车队

山东文达经贸服务中心

济南东岳宾馆

13. 省纺织工业协会所属企业（12 户）

山东省纺织供销总公司

山东省锦瑞纺织商贸中心

山东省纺织品总公司

山东省纺织设计院

山东省纺织科技大厦

山东省服装鞋帽工业集团公司

山东省服装设计研究开发中心

山东省纺织实业总公司

山东省纺织电脑中心

山东省纺织工业办公室招待所

山东纺织工程承包公司

山东省纺织工业对外发展公司

14. 省建材协会所属企业（8 户）

山东省经纬项目管理咨询公司

山东省鲁源建材经贸公司

山东省建材房地产开发总公司

山东省建材劳动服务公司

山东省建材实业总公司

山东省建材贸易总公司

山东省建材供销总公司

山东省建材非金属工贸总公司

15. 省石油化工协会所属企业（8 户）

山东省化肥工业总公司

山东省橡胶工业总公司

山东省鲁化生产力促进中心

山东省化工装备总公司

山东省炼化公司

青岛东岳公司

山东化工宾馆

山东鲁华宾馆（山东省石化协会招待所）

16. 省轻工业协会所属企业（23 户）

山东天一化学股份有限公司

山东天维膜技术有限公司

潍坊天一投资有限公司

山东省轻工业办公室招待所

济南九州富得香料有限责任公司

济南高新开发区京鲁生物技术研究开发中心

山东省食品工业总公司

山东省第二轻工业机械厂

山东省包装印刷技术开发总公司

山东省一轻对外经济技术开发公司

山东银海盐业技术开发公司

山东纸业集团总公司

山东造纸工业技术开发公司

山东省日用机械总公司

山东省鲁轻酿酒原料总公司

山东轻工信息广告中心

济南鲁发科贸公司

山东《中华纸业》杂志社

山东鲁轻安全评价中心

山东恒信建设监理有限公司

山东鲁轻工程建设招标代理中心

山东省轻工业电子技术开发中心

山东省轻工业设计院

17. 省轻工联社所属企业（2 户）

山东省鲁轻软件开发有限公司

山东省第二轻工业设计院

18. 省畜牧局所属企业（1 户）

山东省畜牧业贸易服务中心

19. 省国防科工办所属企业（4 户）

核工业烟台同兴实业有限公司

核工业烟台建设工程公司

青岛核工实业公司

核工业青岛工程勘查院

20. 省医学科学院所属企业（2 户）

山东泰田新药开发有限公司

济南朋悦实验动物繁育有限公司

三、暂不实施产权划转的企业（113 户）

（一）省监狱管理局所属企业（2 户）

山东省齐鲁新航集团有限责任公司

山东里能集团有限公司

（二）省戒毒局所属企业（5 户）

山东八三炭素厂

山东省半导体研究所

山东八三碳化硅热件厂

山东八三特种耐火材料厂

山东省宝华企业集团总公司

（三）省属高等院校所属企业（106 户）

菏泽市科教实业有限公司

山东济大科技发展有限公司

聊城大学印务中心

山东省聊城农校劳动服务公司

聊城大学广告装饰艺术研究所

聊城市聊大传媒技术有限公司

聊城大学高新技术产业总公司

聊城聊大东湖宾馆

聊城市华安建筑安装工程处

聊城聊大机动车驾驶培训中心

山东聊大园林有限公司

烟台鲁大机动车驾驶培训学校

山东齐鲁工业大学机械厂

济南轻大科技有限公司

山东新世纪网络教育有限公司

山东鲁教卫视广告中心

青岛大学实业发展总公司

青岛大学科技教育开发总公司

青岛大学绿化工程公司

青岛青大海源集团有限公司

青岛科技大学科技公司

青岛高等学校技术装备服务总部

青岛科大方泰材料工程有限公司

青岛科技大学产学研协同开发有限公司

青岛科技大学科技开发公司

青岛科大都市科技园集团有限公司

青岛科技大学技术专修学院

青岛华鲁化学清洗防腐工程技术公司

青岛学苑宾馆

青岛理工大学工程机械厂

青岛理工大学建设工程咨询事务所

青岛理工大学科教设备公司

青岛理工大学科技发展总公司

青岛理工大学工程质量检测鉴定中心

青岛理工大学建设工程监理咨询公司

青岛理工大学建筑设计研究院

济南第六机床厂

济南第六机床实业公司

潍坊育才轻工科研厂

山东奥博汽车维修服务有限公司

曲阜师范大学机械厂

曲阜师范大学印刷厂

烟台顺泰资产管理中心

山东设计艺术中心

山东省建院建筑工程总公司

山东建筑大学科技开发公司

山东建筑大学环保工程设备中心

山东建筑大学精诚环境科技工程中心

山东建大工程监理中心

山东建大艺术工程公司

山东省建业工程公司

山东建大建筑规划设计研究院

山东建大工程鉴定加固研究所

山东建大工程质量鉴定检测有限公司

山东建大建筑工程鉴定检测中心

山东科英水暖空调设备开发中心

山东交院机械厂

济南北方交通工程咨询监理有限公司

山东交院机动车检测维修中心

山东交通学院加油站

泰安市机电实业公司

山东科技大学机械厂

山东科技大学科技开发公司

泰安市正信机电有限责任公司

山东科技大学印刷厂

山东科技大学培训中心

青岛科苑酒店有限公司

山东科技大学建筑设计研究院

山东科技大学旅游贸易公司

山东理工大学国际学术交流中心

山东理工大学机械厂

淄博理工物业管理有限公司

山东理工大奥星科技发展有限公司

泰安市山东农业大学劳动服务公司
山东农业大学勘察设计研究院
山东好媛出国留学服务中心
济南红又红商贸有限公司
山东翰林大酒店
山东师大书店
山东师范大学外事服务中心
山东师范大学实验厂
山东天平法律书店
济南鲁政苑汽车驾驶服务中心
济南铁道职业技术学院机械工厂
济南盛鑫源物业中心
济南山职招待所
烟台大学机械厂
烟台大学建筑设计研究院
烟台大学建设监理公司
烟台大学双得实业公司
枣庄联大密封材料有限公司
枣庄联大科技产业有限公司
枣庄泰祥建筑装修工程有限公司
青岛国家大学科技园有限责任公司
山东建固特种专业工程有限公司
山东安泰智能工程有限公司
山东建大教育置业有限公司
济南建大创业服务有限公司
山东达易利科技开发有限公司
北京三元农业有限公司
山东硅苑新材料科技股份有限公司
泰安市山农大药业有限公司
山东国润生物农药有限公司
泰安山农大科技开发有限公司
山东农大种业有限公司
山东农大肥业科技有限公司

四、主管部门清理注销关闭的企业（98户）

（一）省委党校所属企业（1户）
山东省恒业实业总公司
（二）团省委所属企业（2户）
山东省青少年艺术发展中心
山东省鲁青实业开发总公司
（三）省政协所属企业（1户）
山东政协大厦维景大酒店

（四）省残联所属企业（1 户）

山东省残联机关招待所

（五）省妇联所属企业（1 户）

山东半边天文化传媒有限公司

（六）省经济和信息化委所属企业（1 户）

山东省中星机电开发公司

（七）省教育厅所属企业（4 户）

山东舜华教育图书发行有限公司

山东省中小学教学服务中心

山东教育招生考试传媒中心

山东教育考试服务中心

（八）省科技厅所属企业（4 户）

山东省高新技术转移中心有限公司

青岛海洋宾馆

山东太极电子技术公司

山东省科技实业总公司

（九）省公安厅所属企业（3 户）

山东省锦绣山庄

山东特种证件科技开发有限公司

山东锦绣园林工程服务中心

（十）省人力资源社会保障厅所属企业（3 户）

山东省技工学校联合服务公司

山东省促进就业创业贷款担保中心

泰安延生堂药店

（十一）省水利厅所属企业（13 户）

山东省水利物资总公司

山东省海河流域水利管理局勘测设计研究院

山东龙润工程技术咨询有限公司

山东水利职业学院龙源开发总公司

山东水利职业学院劳动服务公司

曲阜市宝胜建筑安装工程有限责任公司

山东民升水利咨询有限公司

山东省胶东调水工程有限责任公司

潍坊龙润水务有限公司

青岛格瑞恩园林绿化工程有限公司

青岛城阳桃源加油站

青岛世纪文华酒店有限公司

山东江河科技咨询中心

（十二）省农业厅所属企业（10 户）

山东省农业技术推广开发站

山东省农业实业集团公司

山东省黄淮海农业开发公司

山东省新能源实业总公司

山东省时代农业技术研究院

山东长城房地产综合开发总公司

山东省棉花原原种场

山东仁和种业有限责任公司

山东省农业高新技术推广服务中心（原名山东省农垦技术推广服务中心）

山东省农工商联合企业公司

（十三）省海洋与渔业厅所属企业（7户）

烟台山水海产有限公司

山东水产外经总公司

山东天神饲料有限公司

青岛观海宾馆

青岛思可特生物技术有限公司

青岛鲁海水产技术发展公司

山东玉景矿泉水有限公司

（十四）省商务厅所属企业（10户）

山东省对外经济贸易服务公司

泰安市鲁安机动车驾驶培训有限公司

青岛金桥劳动服务中心

青岛金桥对外经贸交流专修学校

山东金茂置业有限公司

山东省对外经济贸易明达公司

山东省商务信息中心经营部

山东省国际商务中心

青岛华荣经济技术贸易公司

青岛隆裕经济贸易公司

（十五）省环保厅所属企业（1户）

山东创新环保仪器设备有限公司

（十六）省交通运输厅所属企业（5户）

山东交科公路养护技术有限公司

山东省德州市交通职业技能培训基地晓苑大酒店

山东航安救生设备有限公司

德州市志诚公路工程监理公司

石岛服务中心

（十七）省质监局所属企业（3户）

山东华质信息服务有限公司

山东省科信标准图书资料发行中心

山东条码新技术开发公司

（十八）省食品药品监管局所属企业（1户）

山东恒信检测技术开发中心

（十九）省旅游发展委所属企业（1户）

山东旅科集团总公司

（二十）省机关事务管理局所属企业（3户）

山东华鲁建筑工程公司

山东省华厦房地产开发公司

山东鲁兴汽车贸易公司

（二十一）省人防办所属企业（1 户）

山东省济南市地下工程开发公司

（二十二）省农机局所属企业（13 户）

山东省农业机械集团总公司

山东省农业机械集团潍坊公司

山东省农业机械集团兖州公司

山东省农业机械集团聊城公司

山东省农业机械集团淄博公司

山东省农业机械集团青岛公司

山东省农业机械集团滨州公司

山东省农业机械集团德州公司

山东省农业机械集团济南总公司

山东省农业机械集团周村区公司

山东省农业机械集团博山公司

山东省农业机械集团临沂公司（全资子公司临沂蓝天大厦）

山东省农机工程开发集团公司

（二十三）省轻工联社所属企业（5 户）

山东省兰博皮革有限公司

山东华科塑料有限公司

山东省皮革工业研究所革制品试验厂

山东装饰艺术开发公司

山东省鸿业建设监理有限公司

（二十四）省职教办所属企业（3 户）

山东省企业国际合作培训中心有限公司

山东省企业生产力促进中心

东岳学院

（二十五）省医学科学院所属企业（1 户）

山东华星生命科学开发公司

山东省人民政府办公厅关于印发山东省事业单位、社会团体及企业等组织利用国有资产举办事业单位登记管理办法（试行）的通知

2016 年 4 月 1 日　鲁政办字〔2016〕45 号

各市人民政府，各县（市、区）人民政府，省政府各部门、各直属机构，各大企业，各高等院校：

《山东省事业单位、社会团体及企业等组织利用国有资产举办事业单位登记管理办法（试行）》已经省政府同意，现印发给你们，请认真贯彻执行。

附件：山东省事业单位、社会团体及企业等组织利用国有资产举办事业单位登记管理办法（试行）

附件：

山东省事业单位、社会团体及企业等组织利用国有资产举办事业单位登记管理办法（试行）

第一章 总 则

第一条 为规范事业单位、社会团体及企业等组织利用国有资产举办的事业单位登记管理工作，根据《事业单位登记管理暂行条例》（以下简称《条例》）、《事业单位登记管理暂行条例实施细则》（以下简称《实施细则》）和《中央编办关于批转〈事业单位、社会团体及企业等组织利用国有资产举办事业单位设立登记办法（试行）〉的通知》（中央编办发〔2015〕132 号）等法规政策规定，制定本办法。

第二条 本办法适用于不纳入机构编制核定范围，由事业单位、社会团体及企业等组织为了社会公益目的，利用国有资产依法依规举办的，按照非营利性规则从事教育、科技、文化、卫生、体育、社会福利等面向社会提供公益服务的事业单位登记管理。

利用国有资产包括全部或者部分使用国有资产，资产形态包括有形资产和无形资产。有形资产是指流动资产、固定资产等具有实物形态的资产；无形资产是指不具有实物形态而能为使用者提供某种权利的资产，如名称权、专利权、商标权、著作权、土地使用权、非专利技术、特许权等。

第三条 事业单位、社会团体及企业等组织利用国有资产举办的事业单位登记管理工作由各级机构编制部门所属的事业单位监督管理机构（以下简称监督管理机构）负责，各级机构编制部门指导、监督本级事业单位登记管理工作。

第四条 举办单位为一个的，按举办单位的层级确定登记管辖；举办单位为多个的，按层级高的举办单位确定登记管辖；上级监督管理机构可以遵循方便事业单位的原则，授权下级监督管理机构实施登记管理。

第二章 登 记

第五条 申请事业单位法人登记，应当具备下列条件：

（一）经审批机关批准设立；

（二）有自己的名称、组织机构和场所；

（三）有与其业务活动相适应的从业人员；

（四）有与其业务活动相适应的经费来源；

（五）能够独立承担民事责任。

第六条 登记事项应当符合以下要求：

（一）名称。事业单位一般只使用一个具有唯一性的名称；经政府或者有关部门批准的教育、卫生等机构，以批复的名称申请登记；未经有关部门批准，事业单位名称不得冠国家机关、政党名称；冠行政区划或举办单位名称的，应当在行政区划或举办单位名称之后有单独字号；符合《实施细则》第十九、二十、二十一、二十二条规定。

（二）住所。申请登记的住所一般不能为住宅；符合《实施细则》第二十五、二十六条规定。

（三）宗旨和业务范围。事业单位宗旨应当简明反映举办事业单位的公益性、非营利性目的；符合《实施细则》第二十七、二十八条规定。

（四）法定代表人。应当是具有完全民事行为能力的中国公民，且为该单位主要负责人，年龄一般不超过 70 周岁，无不良信用记录。担任过其他机构法定代表人的，在任职期间，该机构无不良信用记录。

党政机关领导干部在职或退休后拟担任法定代表人的，需符合干部管理有关规定。

（五）经费来源。一般为非财政补助，登记为财政补助，需提供相关证明。除政府批准合作外，一般不得以境外资助作为日常经费来源。

（六）开办资金。实行确认登记制，申请登记时应当有 15% 以上的举办出资到位。无形资产通过资产评估机构评估计价后可以计入开办资金总额。

第七条　举办单位为多个的，按照举办单位承诺事项证明中明确的顺序刊载。

第八条　申请事业单位法人设立登记，应当向监督管理机构提交下列材料：

（一）事业单位法人设立（备案）登记申请书；

（二）事业单位法定代表人登记申请表；

（三）审批机关批准设立的文件；

（四）章程草案、举办单位法人资格证明和承诺事项证明文件；

（五）拟任法定代表人现任该单位主要负责人的任职文件；

（六）拟任法定代表人的居民身份证复印件或者其他身份证明文件；

（七）开办资金确认证明、利用国有资产的证明文件；

（八）住所证明；

（九）监督管理机构要求提交的其他相关材料。

业务范围有涉及资质认可事项或者执业许可事项的，需出示相应的资质认可证明或者执业许可证明，并提交复印件。

第九条　审批机关批准设立的文件，是指县级以上人民政府、相关行业主管部门等，以批复、通知、函等规范公文批准设立的文件，或者核发的教育、医疗等机构资质许可证明文件。

第十条　事业单位章程草案，应当符合事业单位章程示范文本规范，承诺诚实守信，坚守公益性宗旨，遵守非营利规则。主要内容包括：单位基本信息，举办单位权利，理事会（或其他形式的治理结构，以理事会为例）、管理层等组织架构，资产的管理和使用原则，章程修改程序，终止程序及资产处置办法等。

第十一条　开办资金确认证明，应当包括举办单位出具开办资金确认证明和不低于确认总出资额 15% 的银行存款证明或验资证明。

第十二条　举办单位承诺事项证明，应当包括以下内容：

（一）出资和组织筹资及资金到位时限；

（二）组建理事会，包括：组建第一届理事会、指派理事、提请任免或者任免理事长、批准理事会工作报告等；

（三）审查事业单位章程草案或修改草案；

（四）监督事业单位按照章程开展活动；

（五）法律法规规定的其他事项。

举办单位为多个的，还应当出具合作举办协议，明确举办单位排序、出资比例及资金到位时限、出具证明文件时签章方式。

第十三条　利用国有资产的证明文件，按照国有资产的性质由相应的监管部门出具，应当包括利用国有资产的形态，国有资产计入开办资金的，应当说明占开办资金的比例。

第十四条　住所证明。按照《实施细则》第四十条规定提交材料。

第十五条　事业单位的登记事项需要变更的，应当向监督管理机构申请变更登记，登记事项应当符合本办法有关规定。

变更名称、法定代表人、宗旨和业务范围、经费来源的，应当自出现依法应当申请变更登记的情况之日起 30 个工作日内，向监督管理机构提出申请。变更住所的，应当在迁入新住所前向监督管理机构提出申请。

开办资金比原登记的开办资金数额增加或者减少超过20%的，应当申请变更登记。

第十六条 事业单位申请变更登记，应当向监督管理机构提交法定代表人签署的事业单位法人变更登记申请书和《事业单位法人证书》副本复印件。

因变更事项的不同，还应当提交其他相应文件：

（一）变更名称的，提交审批机关批准文件；

（二）变更住所的，提交新住所证明文件；

（三）变更宗旨和业务范围且内容涉及资质认可或者执业许可的，出示相应的资质认可证明或者执业许可证明，并提交其复印件；

（四）变更法定代表人的，提交事业单位法定代表人登记申请表、现任法定代表人免职文件、拟任法定代表人任职文件和居民身份证复印件或者其他身份证明文件；

（五）变更经费来源的，提交经费来源改变的证明文件；

（六）变更开办资金的，提交开办资金确认证明。

第十七条 事业单位有下列情形之一的，应当申请注销登记：

（一）举办单位决定解散的；

（二）因合并、分立解散的；

（三）依照法律、法规和本单位章程，自行决定解散的；

（四）行政机关依照法律、行政法规责令撤销的；

（五）事业单位法人登记依法被撤销，或者事业单位法人证书依法被吊销的；

（六）法律、法规规定的应当注销登记的其他情形。

第十八条 事业单位应当自出现第十七条所列情形之一之日起10个工作日内成立清算组织，确定清算组织负责人，在申请注销登记前完成清算工作，形成清算报告。

清算组织应当自成立之日起10日内书面通知债权人，并于30日内至少发布三次拟申请注销登记的公告。债权人应当自第一次公告之日起90日内，向清算组织申报其债权。

第十九条 事业单位清算报告内容主要包括：事业单位概况、清算依据、清算组织组成、公告情况、资产负债情况、清算审计情况、资产评估情况、资产确认情况、债务清偿情况、完税情况及其他需要说明的情况。

第二十条 清算结束后，事业单位将清算报告报送举办单位审核，举办单位对清算报告及相关材料审核合格的，于5个工作日内予以批准，并报同级相应的国有资产监管部门备案，按照谁投入谁收回的原则，国有资产投入部门（单位）收回其投入的国有资产，相应的国有资产监管部门加强对国有资产收回情况的监管。自清算组织成立之日起至举办单位批准清算报告之日止，一般不得超出120日。

第二十一条 事业单位应当自举办单位批准清算报告之日起10个工作日内，向监督管理机构申请注销登记并提交下列材料：

（一）事业单位法人注销登记（备案）申请书；

（二）撤销或者解散的证明文件；

（三）举办单位批准的清算报告；

（四）发布该单位拟申请注销登记公告的凭证；

（五）《事业单位法人证书》正、副本及单位印章；

（六）监督管理机构要求提交的其他相关文件。

第二十二条 登记程序依次是申请、受理、审查、核准、发（缴）证（章）、公告。

（一）申请。申请人按照《条例》及其实施细则和本办法规定向监督管理机构提出登记申请，按照规定格式如实填写并提交有关申请材料，并对申请材料的真实性负责。

（二）受理。监督管理机构对申请人提交的申请材料进行初步审查，作出受理或者不予受理的决定。对属于本监督管理机构管辖范围，申请材料齐全且符合规定的，监督管理机构应当受理，并承诺办结时限。

（三）审查。监督管理机构对申请材料的具体内容是否有效合规进行审查。需要进行现场核实的，监督管理机构应当指派两名以上工作人员进行核查。

（四）核准。监督管理机构根据审查结果，在法定时限内对申请人作出准予登记或者不予登记的决定。

（五）发（缴）证（章）。监督管理机构向核准登记的事业单位发（缴）证（章）。

（六）公告。监督管理机构对核准登记的有关事项及时予以公告。

第三章　监督管理

第二十三条　每年 3 月 31 日前，事业单位应当依法向监督管理机构报送上一年度的年度报告，对年度报告内容的真实性、合法性负责，并通过"山东省事业单位监督管理网"向社会公示，接受社会监督。

第二十四条　年度报告内容主要包括：遵守法律法规和相关政策的情况、按规定履行变更登记手续情况、开展业务和履行公益职责的情况、资产损益情况、人员与机构变动情况、接受使用捐赠资助情况、涉及诉讼及社会投诉情况等。

第二十五条　事业单位应当按照相关规定和事业单位章程公开相关信息，确保公开信息合法、真实、及时、准确，保障社会公众的知情权，接受社会监督。

第二十六条　信息公开内容主要包括：单位名称、住所、宗旨和业务范围、法定代表人、开办资金、举办单位、章程、开展业务活动所要求的资质、变更登记情况、收费标准、接受社会捐赠和资助情况、违反相关规定受到处罚情况以及其他涉及人民群众切身利益、需要社会公众广泛知晓或者参与的重大信息等事项。

第二十七条　公开的形式包括：公开发行的报刊或互联网站，不具备条件的也可采取公开栏或其他便于公众知晓的方式。公开的程序按照我省事业单位登记管理信息公开办法的有关规定执行。

第二十八条　监督管理机构、事业单位监督管理工作联席会议成员单位要按照职责分工，健全监管制度、细化监管措施，切实加强对事业单位的监督管理，必要时可组成联合检查组对事业单位实施检查。检查内容主要包括：

（一）按照事业单位章程开展业务和履行公益职责情况；

（二）资产与资金使用管理情况，是否存在乱收费、抽逃资金或侵占、私分、挪用资产等行为；

（三）接受社会捐赠、资助的，是否根据捐赠人、资助人约定的期限、方式和合法用途使用；

（四）建立内部规章制度、考核机制和开展诚信建设情况；

（五）接到社会投诉、举报及媒体披露的相关事项处理情况；

（六）监督管理机构、事业单位监督管理工作联席会议成员单位在监管中发现的其他违法违规问题等。

第二十九条　事业单位存在违法违规问题的，由监督管理机构或相关部门依法依规进行处理，并列入异常信息管理；被依法撤销事业单位法人登记的，按照第二十条有关规定收回国有资产；涉嫌犯罪的，按照有关规定移交司法机关。

第四章　附　　则

第三十条　本办法中未明确规定的，按照《条例》《实施细则》及法律法规有关规定执行。

第三十一条　本办法由山东省机构编制委员会办公室负责解释。

第三十二条　本办法自 2016 年 5 月 1 日起施行，有效期至 2018 年 4 月 30 日。

省财政厅 省水利厅关于印发《山东省水文事业单位专用资产配置标准》的通知

2016 年 1 月 20 日 鲁财资〔2016〕6 号

省直有关单位：

为规范水文事业单位专用资产配置，加强水文部门资产管理，省财政厅、省水利厅在认真调研和充分论证的基础上，制定了《山东省水文事业单位专用资产配置标准》（以下简称《标准》），现印发给你们，并就有关事项通知如下，请认真执行。

一、资产配置标准是单位配置资产的数量、价格和使用年限的界限规定。本《标准》为水文事业单位业务用专用资产配置标准，共包含 11 项 74 种仪器设备，适用于我省水文事业单位配置水文测验、水质监测用资产。

二、本《标准》中规定的资产数量和价格，是单位可以配置资产的最高限额标准；最低使用年限，是指资产使用应该达到的年限，但不是资产必须更新的年限，到期如能使用应继续使用。各单位现有资产数量超过配置标准的或价格未达到配置标准的仍继续使用，待现有资产报废处置需新增资产时，按此标准执行。

三、本《标准》自印发之日起施行。按照动态调整原则，根据水文事业发展要求、财力状况、政府采购价格变化等因素，将适时予以调整和更新。

附件：山东省水文事业单位专用资产配置标准

附件：

山东省水文事业单位专用资产配置标准

序号	类别	设备名称	实物量最高配置标准	设备最低使用标准（年）	价格上限标准（万元）	备注
1	水文测验设备					
1.1	流量测验设备					
1.1.1		通用流速测算仪	国家级重要水文站 3 台，省级重要水文站 2 台，其他水文站 1 台	5	0.26	
1.1.2		转子式流速仪	国家级重要水文站 3 台，省级重要水文站 2 台，其他水文站 1 台	10	0.67	含信号接收、计时仪器、测杆等全套配件
1.1.3		直读式流速仪	省局、计量中心、市局应急监测队各 2 台	8	1.5	
1.1.4		电波流速仪	省局、计量中心、市局应急监测队各 2 台，每个桥测站 1 台	8	4.8	
1.1.5		走航式声学多普勒流速剖面仪（adcp）	省局、计量中心、市局应急监测队各 1 套	8	45	
1.1.6		在线雷达测流系统	每个山溪性河流水文站 1 套	8	15	
1.1.7		在线式声学多普勒测流系统	每个市局 1 套	8	25	

续表

序号	类别	设备名称	实物量最高配置标准	设备最低使用标准（年）	价格上限标准（万元）	备注
1.1.8		水文监测车	每个巡测队1辆	8	30	
1.1.9		悬索缆道	具备建设悬索缆道条件的测站配置（水库站、桥测站、现有测流缆道之外的基本水文站）1套	8	70	
1.1.10		水文测船	每个市局1艘	10	30	含冲锋舟系列
1.2	水位测验设备					
1.2.1		水位遥测设备	国家级重要水文站、省级重要水文站各1台	5	5.5	遥测水位计含供电系统、传感器、RTU、通信系统等
1.2.2		超声波测深仪	每个市局1台	8	15	
1.3	雨量测验设备					
1.3.1		普通雨量计	每个基本雨量站1套	5	0.088	含储水瓶、量杯等
1.3.2		遥测雨量计	每个基本雨量站1套	5	1.5	含供电系统、传感器、RTU、通信系统等
1.3.3		雨雪量计	每个全年观测雨量站1套	5	7	
1.3.4		前置通讯控制机（前置机）	每个基本雨量站1套	5	0.78	含供电系统、传感器、RTU、通信系统、避雷设备等
1.4	河流泥沙测验设备					
1.4.1		采样器	每个泥沙站1套	5	1.5	
1.4.2		泥沙处理分析仪器	每个墒情站1套	5	0.5	烘箱、天平等
1.5	蒸发和墒情测验设备					
1.5.1		自动蒸发设备	德州、潍坊、烟台、济宁、临沂局各1台	5	6.5	
1.5.2		水面蒸发器	每个蒸发站1套	5	0.429	
1.5.3		移动土壤水分测定仪	每个市局1套	5	0.8	
1.5.4		固定土壤墒情监测仪（含配套设备）	每个墒情站1套	5	3.1	包括土壤水分传感器、RTU终端、蓄电池、太阳能电池板、太阳能充电控制器等
1.5.5		田间持水量测定仪（含配套设备）	每个墒情站1套	5	0.25	包括环刀、土筛、削土小刀、小铁铲、铝盒、干燥器等
1.6	地下水监测设备					
1.6.1		遥测地下水位计	每处地下水位监测站1台	5	2	浮子式、压力式和激光式等
1.6.2		便携式地下水位计	每个市局2套	5	0.5	

944

续表

序号	类别	设备名称	实物量最高配置标准	设备最低使用标准（年）	价格上限标准（万元）	备注
1.6.3		便携式管道流量计	省局1套、每个市局1套	5	1.2	电磁式、超声波式等
1.7	测绘仪器					
1.7.1		测距仪	省局1套、每个市局4套	5	0.25	
1.7.2		全站仪	省局3套、每个市局4套	5	1.3	
1.7.3		水准仪	省局2套、每个市局2套，每个基本水文站1套	5	0.198	
1.7.4		GPS	省局2套、每个市局2套	8	27	
1.8	水土保持设备					
1.8.1		人工模拟降雨器	济南、威海各1套	5	10	含太阳能电池板
1.8.2		自动气象站	每个水保监测点1套	5	6.1	
1.8.3		风速仪	每个风蚀监测点2台	5	0.48	
1.8.4		便携式地表坡面径流测量仪	省局2台、每个市局2台	5	4.2	
1.8.5		水保泥沙自动监测仪	水保监测点每个控制站1台	5	3.8	
1.8.6		阶梯式积沙仪	每个风蚀监测点8台	5	0.45	
1.8.7		水保土壤水分速测仪	每个水保监测点2套	5	2	
1.8.8		浊度仪	每个水保监测点1台	5	7	
1.8.9		植被冠层盖度仪	每个水保监测点1套	5	4.8	
1.8.10		小区产流过程观测仪	水保监测点每个径流小区1套	5	2.6	
1.8.11		综合观测塔	每个风蚀监测点1台	5	2	
1.8.12		激光微地貌扫描仪	每个水保监测点1台	5	8	
1.8.13		无人飞机	省局1架	8	35	
2	水质监测设备					
2.1	固定实验室设备					
2.1.1		气相色谱–质谱仪	省中心1台	10	110	
2.1.2		气相色谱仪	省中心及每个分中心各1台	10	78	
2.1.3		液相色谱仪	省中心1台	10	64	
2.1.4		离子色谱仪	省中心及每个分中心各1台	10	26	
2.1.5		原子吸收分光光度计	省中心及每个分中心各1台	10	60	
2.1.6		紫外可见分光光度计	省中心及每个分中心各2台	10	5	
2.1.7		BOD快速测定仪	省中心及每个分中心各1台	10	12.5	
2.1.8		原子荧光分光光度计	省中心及每个分中心各1台	10	30	
2.1.9		生物显微镜	省中心及每个分中心各1台	10	10	
2.1.10		高速冷冻离心机	省中心及每个分中心各1台	10	12	
2.1.11		生物毒性分析仪	省中心及每个分中心各1台	10	18	

序号	类别	设备名称	实物量最高配置标准	设备最低使用标准（年）	价格上限标准（万元）	备注
2.1.12		连续流动分析仪	省中心及每个分中心各1台	10	100	
2.1.13		全自动化学分析仪	省中心及每个分中心各1台	10	25	
2.1.14		清洗消毒机	省中心及每个分中心各1台	10	13	
2.1.15		便携式多参数测定仪	省中心及每个分中心各1台	10	15	
2.2	移动实验室设备					
2.2.1		移动实验室运载工具（含水电系统、实验台）	每套移动实验室1辆	10	100	
2.2.2		全球卫星定位仪	每套移动实验室1台	10	25	
2.2.3		便携式手持测油仪	每套移动实验室1台	10	15	
2.2.4		车载式重金属测定仪	每套移动实验室1台	10	14	
2.2.5		便携式藻类分类检测仪	每套移动实验室1台	10	65	
2.2.6		便携式快速毒性测定仪	每套移动实验室1台	10	18	
2.2.7		便携式多参数测定仪	每套移动实验室1台	10	15	
2.3	自动监测站设备					
2.3.1		采样设施及水样处理系统	每个自动监测站1套	10	23	
2.3.2		水质五参数（酸度、浊度、电导率、溶解氧、温度）测定仪	每个自动监测站1套	10	28	
2.3.3		COD自动监测仪	每个自动监测站1套	10	25	
2.3.4		氨氮自动测定仪	每个自动监测站1套	10	18	
2.3.5		总磷自动测定仪	每个自动监测站1套	10	20	
2.3.6		总氮自动测定仪	每个自动监测站1套	10	20	
2.3.7		水质预警、通信传输系统	每个自动监测站1套	10	20	
2.3.8		在线式多参数分析仪	每个市局1套	5	12.5	
2.3.9		便携式多参数分析仪	每个市局1套	8	15	

备注：截止到2014年，山东省水文局下辖17个市局和1个计量中心，建有山东省水环境监测中心1处和分中心16处，另有莱芜分中心正在建设中；基本水文站150处（其中国家级重要水文站50处，省级重要水文站49处，一般水文站36处，专用水文站15处）；水位站210处（其中国家基本水位站17处，专用水位站193处）；雨量站2 027处（基本雨量站663处，专用雨量站1 364处），全年观测雨量站346处；应急监测队38个（其中省局3个，各市局2个，计量中心1个）；墒情站164处，水保监测点29处（其中有控制站的监测点共12处、径流小区共111处），风蚀监测点1处，水质站451处，地下水站2 670处（其中地下水位监测站1 970处，地下水开采量监测站340），泥沙站45处，蒸发站49处，水保站27处，桥测站26处，水库站37处，各类报讯站1 548处，山溪性河流水文站19处，辅助站181处，测流缆道46处，巡测队68个。全省现有自动水质监测站7处，规划2020年新建42个，2030年新建27个。

省财政厅关于转发财政部《行政事业单位资产清查核实管理办法》的通知

2016 年 3 月 18 日　鲁财资〔2016〕9 号

各市财政局、省财政直接管理县（市）财政局，省直各部门：

现将《财政部关于印发〈行政事业单位资产清查核实管理办法〉的通知》（财资〔2016〕1 号）转发给你们，并结合我省实际情况，提出以下意见，请一并贯彻执行。

行政事业单位资产核实的管理权限和具体程序由各级财政部门根据实际情况自行确定。省级行政事业单位按照下列规定执行：

一、单位清查出的资产盘盈，报经主管部门批准后调整有关账目。

二、单位清查出的固定资产、存货等实物资产损失，货币性资产（含货币资金及往来款项）、对外投资、无形资产等非实物资产损失，按照省级行政事业国有资产处置管理制度规定的权限和程序，分别报经省财政厅或主管部门批准后调整有关账目。

三、单位清查出的资金挂账，应逐级上报，经省财政厅批准后调整有关账目。

省财政厅关于印发《中央下放企业"三供一业"分离移交补助资金管理办法》的通知

2016 年 11 月 4 日　鲁财资〔2016〕63 号

各市财政局，省直各部门，各省属企业：

为加快推进我省中央下放企业职工家属区"三供一业"分离移交工作，根据财政部《中央下放企业职工家属区"三供一业"分离移交补助资金管理办法》（财资〔2016〕31 号），我们制定了《中央下放企业"三供一业"分离移交补助资金管理办法》，现印发给你们，请遵照执行。

附件：中央下放企业"三供一业"分离移交补助资金管理办法

附件：

中央下放企业"三供一业"分离移交补助资金管理办法

第一章　总　　则

第一条　为规范和加强中央下放企业职工家属区"三供一业"分离移交补助资金（以下简称补助资金）管理，根据《国务院关于印发加快剥离国有企业办社会职能和解决历史遗留问题工作方案的通知》（国发

〔2016〕19号）、《国务院办公厅转发国务院国资委、财政部关于国有企业职工家属区"三供一业"分离移交工作指导意见的通知》（国办发〔2016〕45号）和《财政部关于印发中央下放企业职工家属区"三供一业"分离移交中央财政补助资金管理办法的通知》（财资〔2016〕31号）等有关规定，制定本办法。

第二条　本办法所称"三供一业"分离移交补助资金是指中央财政通过预算安排，用于支持中央下放企业对职工家属区"三供一业"相关设备设施进行必要维修改造等方面支出的专项资金。通过财政资金扶持，基本实现分户设表、按户收费，交由专业化的企业或其他机构实行市场化、社会化管理和服务，中央下放企业不再承担"三供一业"费用。

第三条　本办法所称中央下放企业，是指1998年1月1日以后中央下放地方的煤炭、有色金属、军工等企业，包括中央下放政策性破产企业和中央下放其他企业。

本办法所称"三供一业"是指分离移交前中央下放企业实际承担的职工家属区供水、供电、供热（气）和物业管理项目。

第四条　补助资金分配遵循"分项核定、因素测算、分年预拨、据实清算"的原则。

第五条　省财政厅依照本办法分配、拨付和清算审核，对补助资金使用情况进行监督检查，配合相关部门指导监督各省属企业及地市加快推进中央下放企业职工家属区"三供一业"分离移交工作。

省国资委负责组织指导省管企业集团（公司）按要求做好"三供一业"分离移交工作并按时完成工作目标，审核企业集团（公司）汇总上报的补助资金申请，编制"三供一业"分离移交预算，督促企业集团（公司）合理使用补助资金，并对"三供一业"分离移交完成情况及补助资金使用情况进行监督检查。

省管企业集团（公司）负责制定本集团"三供一业"分离移交总体工作方案及年度工作计划，组织协调所属企业开展"三供一业"分离移交工作，审核汇总上报补助资金申报材料，并对申报材料的真实性负责，加强补助资金内部控制管理，接受省财政厅、省国资委对补助资金使用情况的监督检查。

各市财政部门负责组织指导本市内中央下放企业按要求做好"三供一业"分离移交工作并按时完成工作目标，审核并汇总企业上报的补助资金申请，编制"三供一业"分离移交预算，督促相关企业合理使用补助资金，并对"三供一业"分离移交完成情况及补助资金使用情况进行监督检查。

各中央下放企业是"三供一业"分离移交工作的责任主体，须确保按时完成分离移交工作任务，并接受相关部门的监督检查。

第二章　补助范围和标准

第六条　补助范围包括：

（一）中央下放政策性破产企业在2016年1月1日前已实现分离移交的"三供一业"，以及此后实施分离移交的"三供一业"。

（二）中央下放其他企业在2016年1月1日以后实施分离移交的"三供一业"。

中央下放其他企业在2015年1月1日至2015年12月31日期间，按照《中共中央、国务院关于深化国有企业改革的指导意见》有关要求，实施分离移交的"三供一业"，比照本办法执行。

第七条　对2016年10月1日后完成"三供一业"分离移交的补助资金使用范围限定用于"三供一业"分离移交费用，具体包括相关设施维修维护费用，基建和改造工程项目的科研费用、设计费用、旧设备设施拆除费用、施工费用、监理费等。"三供一业"供给保障水平和维修改造标准执行地市级以上人民政府出台的相关政策标准。

第八条　补助资金按照"三供一业"分项目户均改造费用补助标准、改造居民户数、补助比例等因素测算。补助资金计算公式如下：

某市（企业集团）分配补助资金总额＝"三供一业"分项目户均改造费用补助标准×改造居民户数
×补助比例×财力补助调节系数

（一）分项目户均改造费用补助标准分别为：供水0.58万元、供电0.92万元、供热（气）0.95万元、物业管理0.75万元。

（二）改造居民户数按照中央下放企业实际情况核定。

（三）中央下放政策性破产企业补助比例为100%，中央下放其他企业补助比例为50%。

（四）中央下放政策性破产企业财力补助调节系数＝中央补助我省政策性破产企业资金数额/$\sum$（下放政策性破产企业分项目分离移交户数×分项目户均改造费用补助标准）

中央下放其他企业财力补助调节系数根据中央补助我省中央下放其他企业"三供一业"分离移交补助资金进行测算。

第三章　补助资金、清算资金的申请和预拨

第九条　中央下放政策性破产企业"三供一业"分项目在2016年10月1日前已整体完成分离移交的，可分项目申请清算资金预拨；中央下放政策性破产企业"三供一业"分项目在2016年10月1日后完成分离移交的及中央下放其他企业完成分离移交年度计划的，可每年3月底前申请补助资金清算。清算资金预拨申请及补助资金清算申请文件主要包括"三供一业"分项目整体分离移交情况说明、费用支出情况。同时包括以下材料：

（一）移交时签署的分离移交协议，或具有相应资质的中介机构出具的项目（竣工结算）审计报告，或分离移交费用清单或资金支付凭证，或由相关接收单位、主管部门出具的承诺函等能够证明历史上发生过分离移交相关费用的证明材料。

（二）中央下放政策性破产企业清算资金预拨申请表（附件1）、中央下放政策性破产企业补助资金清算申请表（附件2）、中央下放其他企业补助资金清算申请表（附件3）。

（三）相关企业属于中央下放政策性破产企业或中央下放其他企业范围的证明材料。

第十条　中央下放政策性破产企业和中央下放企业"三供一业"分项目未完成分离移交的，可分项目申请补助资金。补助资金申请文件主要包括"三供一业"分离移交工作总体方案、本年工作计划和资金安排，从2017年开始还应报送以前年度补助资金的使用情况、相关工作进展情况、分离移交相关协议、分离移交费用预算金额说明及相关依据文件等材料。同时报送以下数据及材料：

（一）中央下放政策性破产企业当年"三供一业"分离移交工作计划情况表（附件4）。

（二）中央下放其他企业当年"三供一业"分离移交工作计划情况表（附件5）。

（三）相关企业属于中央下放政策性破产企业或中央下放其他企业范围的证明材料。

第十一条　各市财政局、各企业主管部门及各企业集团负责对中央下放企业报送的资金预拨和清算申请文件进行审核、汇总，并于每年3月底前将补助资金申请文件和审核意见报送省财政厅。

第十二条　省财政厅对各市、各企业主管部门的审核意见复核后，按照本办法第八条核定补助资金预拨数和清算资金的预拨数。

第四章　补助资金的清算

第十三条　每年4月份，省财政厅向财政部报送我省当年"三供一业"分离移交工作计划及补助资金预拨和清算申请文件。根据财政部审核意见，对我省完成"三供一业"分离移交任务的项目按相关办法进行清算资金拨付，同时对未完成任务的项目相应扣回预拨的补助资金。

第十四条　各市及各企业主管部门的申报材料是申请中央补助资金分配的依据，须按时提报；逾期不报的，当年不予安排补助资金。

补助资金清算申请报告截止时间为2020年3月20日，逾期未提交的，财政部专员办将进行清算审核。

第五章　补助资金的管理、使用和监督

第十五条　补助资金管理和使用应当严格执行国家有关法律法规、财务规章制度和本办法的规定。

第十六条 补助资金年度如有结余，可按预算管理办法结转下年继续使用。

第十七条 各市及各企业主管部门要建立健全补助资金资产监管工作机制，明确职责，加强协作。

第十八条 省财政厅对补助资金管理使用情况适时开展监督检查。对违反规定虚报冒领、挤占、挪用、违规使用补助资金等行为，依照《预算法》《财政违法行为处罚处分条例》等规定处理。

<h2 style="text-align:center">第六章 附　　则</h2>

第十九条 "三供一业"分离移交资产的财务处理，按照《财政部关于企业分离办社会职能有关财务管理问题的通知》（财企〔2005〕62 号）有关规定执行。

第二十条 本办法由省财政厅负责解释。执行中遇到的问题，请应及时向省财政厅反映。

第二十一条 本办法自 2016 年 12 月 5 日起施行，有效期至 2020 年 3 月 31 日。

附件：1. 申请清算金额预拨中央下放政策性破产企业清算资金预拨申请表（略）

2. 中央下放政策性破产企业当年"三供一业"分离移交补助资金清算申请表（略）

3. 中央下放其他企业当年"三供一业"分离移交补助资金清算申请表（略）

4. 中央下放政策性破产企业当年"三供一业"分离移交工作计划情况表（略）

5. 中央下放其他企业当年"三供一业"分离移交工作计划情况表（略）

<h1 style="text-align:center">省财政厅关于加强省管功能型国有资本投资运营公司
公共财政预算相关活动管理的意见</h1>

2016 年 11 月 4 日　鲁财资〔2016〕66 号

省直有关部门（单位），有关省属国有资本投资运营公司：

为加强省管功能型国有资本投资运营公司（以下简称公司）与公共财政预算相关活动的指导、管理和监督，规范企业投资运营行为，防范财政财务风险，实现国有资产保值增值，根据《公司法》《预算法》《企业财务通则》等法律法规，经省政府同意，现提出以下意见。

一、指导监管总体范围

省管功能型国有资本投资运营公司是增强省政府调控能力、具有一定政策性、公益性、专业性的投融资主体。省财政厅根据省政府授权，通过建立科学有效的监管机制，对公司与公共财政预算相关的下列活动进行指导、管理和监督。具体包括：

（一）专项资金类：指财政对公司的专项投资、投资补助、贷款贴息、奖励资金等专项资金业务。

（二）专项事务类：指公司接受政府或其相关部门单位委托承担的专项业务，如参与政府出资发起设立的基础设施建设基金、股权投资引导基金等。

（三）政策扶持类：指公司承接中央和省政策性、开发性贷款的使用、偿还等相关业务。

（四）财政收支类：指公司承担的需按规定上缴财政国库的收入收缴业务和专项工作成本支出相关业务。

（五）与公共财政预算相关的其他活动。

二、指导监管主要方式

省财政厅依据有关法律、法规和规章制度，按照加强服务指导和监督管理而不干预企业依法自主经营的原则，通过制定相关制度办法或拟定专项管理协议，建立健全资金管理、政策扶持、收入催缴、支出标准及费率核定等管理办法，对公司与公共财政预算相关的活动进行指导监管，严格规范其相关经济行为。

（一）制定专项资金预算管理办法。省财政厅会同出资人代表或省业务主管部门负责制定相关专项资金管理办法，对资金的分配、使用、管理、监督等作出详细规定，为规范专项资金管理、提高资金使用效益提供制度依据。出资人代表或省业务主管部门负责对公司申请资金项目或政策性、开发性贷款进行前期论证，提出资金申请建议；省财政厅着重从使用计划、支出方向、项目周期、投资规模等方面进行审议，提出审核意见和预算安排建议。

（二）研究制定相关财税激励扶持政策。按照中央和省委、省政府确定的宏观调控政策和产业政策，结合经济运行情况、资本市场形势等，考虑公司业务特点和功能定位，适时研究制定支持公司发展的财税激励扶持政策，促进全省经济转型升级和平稳增长。

（三）监督相关收益上缴。对公司经营过程中产生的需按规定上缴财政国库的相关收入，省财政厅负责审核收缴工作，并按规定纳入预算管理。

（四）确定特定项目的成本支出标准。对公司运营省政府委托特定事项所发生的管理费、运营费等成本性支出，省财政厅在综合权衡各项因素、充分测算绩效指标的基础上，制定科学合理的管理费比例或支出标准。

（五）指导公司建立健全相关规章制度。省财政厅负责监督公司执行企业财务规章制度，指导公司建立健全与公共财政预算相关的内部财务管理等相关内控制度。

三、指导监管配套制度

加强公司与公共财政预算相关活动的指导监管，必须完善相关配套制度办法，既保证公司的投资运营主体地位，调动公司开展相关业务的积极性和主动性，又充分发挥公共财政的指导监管作用，建立起纵横联动、配合顺畅的协作机制。

（一）建立财政资金运营绩效评价制度。出资人代表或省业务主管部门、省财政厅负责对财政资金使用情况进行跟踪问效。可通过政府购买服务方式委托第三方机构，根据专项资金的使用方向和政策目标，对财政资金的使用开展重点绩效评价，评价结果作为完善资金管理和以后年度预算安排的重要依据。

（二）建立投资运营情况报告制度。公司应当每半年向省财政厅报送与公共财政预算相关的投资运营情况分析报告，全面如实反映当期投资运营进展情况、经营状况、绩效成果等，深入分析存在的问题，有针对性地提出改进建议和思路等；每年年度终了后4个月内，向省财政厅报送经社会中介机构审计的年度财务报告，对与公共财政预算相关的各项经济活动作详细说明。对省委、省政府关注的重点事项，公司应按要求及时报送有关情况。

（三）健全风险防控制度。公司应按照加强内部控制的有关要求，完善风险防控制度，全面识别并清理与公共财政预算相关活动的风险隐患，有效防范和及时化解风险；定期或者不定期组织财务检查，及时发现和整改财务管理中的问题；加大对使用财政资金投资的经济社会效益较差或发展潜力不足项目的清理整顿力度，适时退出、收回投资，防止国有资本损失。

（四）严格监督检查制度。省财政厅按照有关规定对公司与公共财政预算相关活动所涉及的会计信息质量和财务管理工作进行重点检查，对检查发现的问题提出整改意见，同时作为实施绩效评价和受理有关申请事项的参考因素。公司应依法接受省财政厅的财务监督，未按照本意见有关规定制定决策和实施管理造成财政资金、国有资产损失的，按国家和省有关规定严肃追究责任。

省政府批复成立的其他国有全资公司，凡明确由省财政厅履行其与公共财政预算相关活动进行指导、管理和监督等职责的，按照本意见执行。现行法律法规规章等对公司与公共财政预算相关活动管理有明确规定的，从其规定。

省财政厅 省教育厅关于加强撤并中（小）学校国有资产管理的通知

2016 年 11 月 15 日 鲁财资〔2016〕71 号

各市财政局、教育局：

中（小）学校国有资产是国家国有资产的重要组成部分，按照行政隶属关系由各级政府进行管理。近年来，我省各级财政、教育部门高度重视国有资产管理工作，不断完善制度体系，创新管理机制，强化管理措施，取得了显著成效，维护了国有资产安全完整，充分发挥了资产使用效益，保障了学校正常教学工作开展。但从全省看，学校资产管理水平参差不齐，个别农村学校存在产权不清晰、资产处置不规范问题，国有资产有流失的隐患。为加强中（小）学校特别是撤并学校资产管理，现将有关事项通知如下：

一、明确工作责任，加强基础管理。部门、单位应落实国有资产管理责任，按照权责分工，各司其职，各负其责，共同管好、用好国有资产。财政部门主要负责政策制度制定、重大事项管理、监督检查和指导；教育主管部门根据统一的资产政策制度，制定本部门资产管理制度，按照职权分工负责本部门资产管理工作，对所属单位负有监管和指导责任；学校负责完善内部资产管理具体制度，将资产管理责任落实到岗到人。进一步规范学校资产的配置、使用、处置管理，明晰国有资产产权关系，推进资产管理与财务管理、实物管理与价值管理相结合，做到账账相符、账实相符。推进资产管理与预算管理相结合，管控总量、盘活存量、用好增量，促进资源配置合理化，提高资产使用效率。按照信息系统动态化管理要求，建立定期清查盘点制度，认真梳理、核实信息系统基础数据，规范、补充资产信息内容，及时将资产增减、变动等日常管理事项录入系统，按时报送资产信息数据，切实发挥好信息系统管理功能。

二、加强产权管理，理清产权关系。目前，部分农村小学的房产、土地权属不清晰，校产投入主体多元化，除财政投资外，还存在集体出资、共同出资、捐建等情况。有关学校要清理查实资产，按规定办理过户手续。对不存在产权纠纷，但因手续不全等原因，无法办理产权证书的房产、土地，由各级财政、教育等部门积极向当地政府反映，由政府协调解决。对确实存在权属争议的资产，协商不能解决的，按照司法程序处理。

三、加强资产处置管理，把好国有资产"出口"。我省撤并学校校舍土地等资产处置后主要用于三个方面：一是其他公益事业。二是出租或出售。三是复垦处置。对每一种处置方式，都要加大监管力度，规范处置行为，防止国有资产流失。同时，国有资产处置要按照有关规定程序进行资产评估，并通过拍卖、招投标等公开进场交易方式处置，严禁暗箱操作。应严格按照国家和财政部门有关规定，加强资产处置和出租收入管理，产权为非国有独资的学校校舍处置收入或出租收入，其资产收益按投资比例分配。对未按规定履行相关审批程序的，任何单位和个人不得擅自处置国有资产。

省财政厅关于进一步加强行政事业资产信息化管理的通知

2016 年 9 月 13 日 鲁财资函〔2016〕7 号

省直各部门、单位：

为落实审计整改要求，进一步强化行政事业单位国有资产监管，提高资产管理的科学化精细化水平，确保国有资产安全完整，根据省审计厅《关于省财政厅具体组织 2015 年度省级预算执行和其他财政收支情况的审计决定》（鲁审财决〔2016〕24 号）中提出的有关问题和审计整改建议，现就做好行政事业资产信息化管理工作有关问题通知如下：

一、认真核实资产信息系统户数，确保不重不漏

资产管理信息化建设是一项重大的基础性工程，各部门要高度重视、大力支持，确保按照统一要求规范系统应用，为提高资产管理质量和效率提供技术支撑。要将属于行政事业资产管理范围的本部门所属单位全部纳入资产信息系统，并与财政预决算核对一致，杜绝重复、遗漏现象。对新建、撤销、合并、分立、改制、隶属关系改变的单位，要按规定程序及时调整相关信息，确保资产信息系统内单位户数准确、完整。

二、积极完善资产卡片信息，切实提高数据质量

提高资产卡片数据质量是保障资产信息系统建设及应用水平的关键，各部门要结合 2016 年全国行政事业单位国有资产清查，进一步完善、充实资产卡片信息，确保资产卡片信息的完整性和准确性。要通过资产信息系统，记录每一项资产的详细信息，落实管理和使用责任人，达到细化管理、责任到人的目标。坚决杜绝不填资产卡片信息、资产变化不走流程、瞒报漏报资产、卡片数据与单位财务账不符等现象。

三、严格规范内控管理，努力实现资产全链条监管

要按照资产管理与价值管理相结合的原则，明确部门（单位）内部职责分工和工作流程，将资产管理纳入财务管理框架统筹考虑，逐步建立起预算管理、采购管理、资产管理有机结合的高效工作机制；依托资产信息系统，对资产实行从配置到使用、处置的全链条无缝监管。要按照国家财务会计制度规定，及时、规范、完整地进行资产账务处理，并定期或不定期进行清查核对，确保账实相符。

自本通知发布之日起，凡未纳入资产信息系统管理，以及未填报资产卡片信息或资产卡片信息不真实、不完整的资产审批事项，在按规定完成整改前，省财政厅将不予受理。

省国资委关于印发省属企业资产评估报告质量评价规则的通知

2016 年 8 月 9 日   鲁国资产权字〔2016〕33 号

各省属企业：

《省属企业资产评估报告质量评价规则》已经省国资委主任办公会研究通过，现予以印发，请结合实际，认真抓好贯彻落实。

执行中遇到的问题，请及时报告省国资委。

附件：省属企业资产评估报告质量评价规则

附件：

省属企业资产评估报告质量评价规则

第一条　为客观评价评估机构的执业质量，进一步加强省属企业资产评估管理工作，维护国有资产出资人合法权益，依据《企业国有资产评估管理暂行办法》（国务院国资委令第 12 号）、《企业国有资产评估报告指南》（中评协〔2008〕218 号）等评估管理规定及准则规范，制定本规则。

第二条　省属企业及其各级控制企业涉及的资产评估，评估机构所出具报告（以下简称评估报告）的质量评价工作，适用本规则。

第三条　省国资委、省属企业及其各级控制企业与评估机构签订评估业务约定书时，应明确约定评估报告将按照本规则进行评价。

第四条　省国资委核准或备案的评估报告由省国资委负责评价；省属企业备案的评估报告由省属企业负责评价。

第五条　评估报告质量评价内容主要包括：评估报告的完整性、规范性，评估结论的公允性，以及评估报告出具的及时性。

第六条　评估报告质量评价采用量化计分法，满分 100 分。符合各评价内容基本要求的，得基本分；达不到基本要求的，按照评分标准扣分（具体评价内容和评分标准见附件1）。

第七条　根据评估报告质量综合评价分数，将评估报告质量评价结果分为优秀、良好、一般和较差四个档次。

（一）评价得分达到 90 分以上（含 90 分）的为优秀；

（二）评价得分达到 80 分以上（含 80 分）不足 90 分的为良好；

（三）评价得分达到 70 分以上（含 70 分）不足 80 分的为一般；

（四）评价得分在 70 分以下的为较差。

第八条　评估报告质量评价一般于评估项目经核准或备案后 1 个月之内完成，也可根据工作需要随时开展。具体评价程序如下：

（一）根据评估报告审核情况，作出初步评价。

（二）将初步评价情况通过评估委托方反馈评估机构。评估机构须在 5 个工作日提交正式书面报告对有关问题作出说明，对特别复杂问题可延长至 10 个工作日，逾期视为自动放弃说明。

（三）对有关评估事项的性质、金额、影响程度等专业技术问题，必要时提交专家进行论证。参加论证的专家应具备专业胜任能力和良好的职业道德，并遵循回避原则。已设立专家库的，从专家库中选择。

（四）综合初步评价情况、评估机构说明和专家论证意见，形成最终评价意见。

（五）后续工作中发现相关评估报告存在其他问题的，应对评价意见进行追溯调整。

第九条　除综合评价得分 70 分以下的以外，评估机构存在下列情形之一的，出具的相关评估报告确定为较差档次：

（一）履行评估程序严重不到位的，造成国有资产权益重大损失的；

（二）与评估项目相关单位串通作弊，出具虚假评估报告、有重大遗漏评估报告或者具有误导性评估报告，造成国有资产权益重大损失的；

（三）不接受国资监管机构监督检查，或推诿扯皮、不配合相关工作，情节严重的；

（四）经相关部门依法认定，出具的评估结果严重偏离评估标的客观价值的；

（五）其他有违反评估管理规定和执业准则，造成国有资产权益遭受重大损失情形的。

第十条　评估报告质量评价结果作为省国资委、省属企业及其各级控制企业选聘评估机构的重要依据。

第十一条　评估报告质量评价结果为较差档次或累计两次评价结果为一般档次的，省国资委和省属企业按有关规定建议或直接取消评估机构备选库资格，按约定扣减或不再支付费用，也不再受理签字资产评估师签字的其他资产评估报告。签字资产评估师原聘为企业各类专家库成员的，取消其专家资格。

第十二条　省国资委每半年向省属企业通报一次评估报告的质量评价结果。各省属企业应于每年1月15日和7月15日前，将本企业评估报告质量评价结果报送省国资委（评价结果汇总表格式见附件2）。

省国资委对省属企业资产评估报告质量评价工作进行抽查，抽查结果在省属企业范围内通报。

第十三条　各省属企业可依据本规则，结合工作实际，制定本企业资产评估报告质量评价细则。

附件：1. 评估报告质量评价内容及评分标准

　　　 2. 评估报告质量评价结果汇总表

附件1：

评估报告质量评价内容及评分标准

项目	评价内容及基本要求	基本分	评分标准	得分	扣分说明
一、评估报告的完整性		10			
评估报告的完整性	评估报告由标题、文号、声明、摘要、正文、附件；评估说明；评估明细表（采用收益法时，应包括收益法计算表）组成。评估范围中存在需要单独评估的长期股权投资，评估报告应当包括长期股权投资的评估说明和评估明细表（采用收益法时，应包括收益法计算表）。其中： 　　1. 正文应包括绪言；委托方、被评估单位（或产权持有单位）和业务约定书约定的其他报告使用者概况；评估目的；评估对象和评估范围；价值类型及其定义；评估基准日；评估依据；评估方法；评估程序实施过程和情况；评估假设；评估结论；特别事项说明；评估报告使用限制说明；评估报告日；签字盖章。 　　2. 附件一般应包括与评估目的相对应的经济行为文件；被评估单位专项审计报告；委托方和被评估单位法人营业执照、产权登记证；评估对象涉及的主要权属证明资料；委托方和相关当事方的承诺函；资产评估师承诺函；评估机构资格证书；评估机构法人营业执照；签字资产评估师资格证书；重要取价依据（如合同、协议）；评估业务约定书；其他重要文件。如果引用其他机构出具的报告结论，所引用的报告应当经相关主管部门批准（备案）的，应当将相关批准（备案）文件作为评估报告的附件。 　　3. 评估说明应包括关于评估说明使用范围的声明；企业关于进行资产评估有关事项的说明；资产评估说明（具体包括评估对象与评估范围说明；资产核实情况总体说明；评估技术说明）；评估结论及分析。 　　4. 评估明细表一般应包括被评估资产负债项目的评估明细表、各级汇总表及以人民币万元为金额单位的评估结果汇总表。收益法计算表一般应包括评估结果计算表、营业收入预测表、营业成本预测表、费用预测表、折旧与摊销预测表、资本性支出预测表、营运资金计算与预测表、溢余资产及非经营性资产分析与评估表。	10	报告完整、符合要求的得基本分；报告不完整或不符合要求的，每缺一项扣3分，扣完为止。		

项目	评价内容及基本要求	基本分	评分标准	得分	扣分说明
二、评估报告的规范性		45			
1. 评估报告总体的规范性	评估报告应按照《企业国有资产评估报告指南》的要求出具，包括但不限于： 应装订完整，不存在缺页、多页、错页等错误； 应文字准确，不存在错字、缺字、多字等错误； 不得使用误导性的表述； 应说明评估目的及其所对应的经济行为，并说明该经济行为的批准情况； 应对评估对象进行具体描述，以文字、表格的方式说明评估范围； 应由两名（含两名）以上资产评估师签字盖章，并由评估机构盖章；有限责任公司制评估机构的法定代表人或者合伙制评估机构负责该评估业务的合伙人应当在评估报告上签字； 特别事项应说明评估程序受到的限制、评估特殊处理、评估结论瑕疵等及期后事项； 应以文字和数字形式清晰说明评估结论，企业价值评估一般需要同时说明是否考虑了控股权和少数股权等因素产生的溢价或者折价，以及流动性对评估对象价值的影响； 评估报告附件为复印件的，应当与原件一致；所有附件应与评估依据一致、相关。	10	报告出具规范、符合要求的得基本分；不规范或不符合要求的，每项扣 1 分，扣完为止。		
2. 评估明细表和收益法计算表规范性	单项资产或者资产组合评估、采用资产基础法进行企业价值评估时，应按照《企业国有资产评估报告指南》第五章的要求编制评估明细表。收益法计算表中一般应包括近三年的历史数据，各项收入、成本费用等收益法计算表（或预测表）中的数据之间勾稽关系正确。	15	评估明细表和收益法计算表出具规范、符合要求的得基本分；不规范或不符合要求的，每项扣1.5 分，扣完为止。采用两种以上评估方法的，每种方法分别打分，按照孰低原则确定此项最终得分。		
3. 评估说明的规范性	资产基础法评估说明应参照《企业国有资产评估报告指南》附件 3 的格式编写，包括但不限于： 各项资产及负债均应说明核算的内容和金额、清查核实方法、评估值确定的方法和结果； 存货、房屋建筑物、机器设备、在建工程、土地使用权等还应说明各项资产的数量、实际状态、评估参数的确定和评估计算过程； 长期股权投资应根据具体资产、盈利状况及其对评估对象价值的影响程度等因素说明对其单独评估的必要性。 收益法评估说明应参照《企业国有资产评估报告指南》附件 3 的格式编写。包括但不限于： 应分析被评估单位的资本结构、经营状况、历史业绩、发展前景； 应考虑宏观和区域经济因素、所在行业现状与发展前景及企业面临的竞争情况及企业战略（或对策）对企业价值的影响； 应分析企业的经营性资产、非经营性资产、溢余资产； 对委托方或相关当事方提供的未来收益预测进行必要的分析、判断和调整； 在考虑未来各种可能性及其影响的基础上合理确定评估假设； 当预测趋势与企业历史业绩和现实经营状况存在重大差异时，应予以披露，并对产生差异的原因及其合理性进行分析； 预期收益应与未来投资匹配； 折现率应与预期收益的口径保持一致。 市场法评估说明应参照《企业国有资产评估报告指南》附件 3 的格式编写。包括但不限于： 应根据所获取可比企业经营和财务数据的充分性和可靠性、可收集到的可比企业数量，分析市场法的适用性； 应分析所选择的可比企业与评估对象的可比性； 应分析可比企业与评估对象的差异因素并进行比较调整； 运用上市公司比较法时，评估结论应考虑流动性对评估对象价值的影响。	15	评估说明出具规范、符合要求的得基本分；不符合要求的，每项扣 1.5 分，扣完为止。采用两种以上评估方法的，每种方法分别打分，按照孰低原则确定此项最终得分。		

项目	评价内容及基本要求	基本分	评分标准	得分	扣分说明
4. 补充评估报告的规范性	补充评估报告一般应包括标题、文号、主送方、正文、签字盖章、报告日期以及附件；正文应根据审核意见作出真实、合理、完整、准确的说明，并明确最终评估结论；附件应提供充分的证据。补充评估报告与原评估报告一并使用，具有同等效力。	5	达到基本要求的得基本分；报告不规范、未能作出合理说明或未能提供充分依据的，每项扣1分，扣完为止。就同一问题，补充报告补充次数超过2次（含2次）的，每超1次扣1分，扣完为止。如评估报告经审核无需出具补充报告，该项评价得基本分。		
三、评估结论的公允性		40			
1. 评估方法的合理性	以持续经营为前提对企业价值进行评估时，资产基础法一般不应作为唯一使用的评估方法；评估报告应分析收益法、市场法和资产基础法三种评估基本方法的适用性，恰当选择一种或者多种评估基本方法并说明选择理由。单项资产或资产组合评估，以及选用资产基础法进行企业价值评估的，各类资产的评估方法应合理确定。	10	符合要求的得基本分；企业价值评估方法选择不恰当或选择理由不充分的，此项不得分；各类资产的评估方法选择不恰当的或选择理由不充分的，每项扣2分，扣完为止。		
2. 评估依据的充分性	评估报告利用数据应与专项审计报告审定数据一致；应用评估公式应当恰当；评估参数选取依据应当充分；评估结论确定的理由和依据应当充分。	10	符合要求的得基本分；不符合要求的，每项扣2分，扣完为止。		
3. 评估结果的准确性	评估方法和公式选择恰当，评估参数选取合理，评估计算过程正确，评估结果无差错。	20	评估结果无差错的得基本分；评估结果有差错，差错率不超过1%的，每上升0.1个百分点，扣0.5分；差错率超过1%的，每上升0.1个百分点，扣0.75分；扣完为止。评估结果差错率＝审核差错金额÷审计后资产总额（不需要进行专项审计的，按评估前资产账面价值计算）。审核差错金额＝∑│每项资产和负债审核差错金额│		
四、评估报告出具的及时性		5			
评估报告出具的及时性	评估报告应按照评估业务委托合同约定的时间出具。评估委托方在与评估机构签订评估业务委托合同时，应综合考虑经济行为实施的时间要求、评估报告上报申请核准或备案的时限要求以及评估项目的工作量和难易程度，合理确定评估报告的出具时间。补充评估报告应按照规定的时间出具，自收到审核意见之日起，原则上不超过10个工作日。	5	在要求的时间内出具评估报告的得基本分；出现延迟的，每延迟1个工作日扣1分，扣完为止。		
五、评估报告评价分数		100			

附件 2：

评估报告质量评价结果汇总表

省属企业：（盖章）

序号	评估项目名称	评估机构名称	报告质量评价分数	报告质量评价结果	业务约定书签订时间	评估报告出具时间	备案时间
1							
2							
…							

评价时间：　　年　　月至　　月　　　　　　　　　　报告时间：　　年　　月　　日

十六、

农村综合改革管理类

省财政厅关于印发《山东省扶持村级集体经济发展试点资金管理办法》的通知

2016 年 3 月 18 日 鲁财农改〔2016〕6 号

各市财政局、省财政直接管理县（市）财政局：

为规范扶持村级集体经济发展试点资金管理，充分发挥资金使用效益，根据《财政部关于印发〈扶持村级集体经济发展试点的指导意见〉的通知》（财农〔2015〕197 号）要求，我们研究制定了《山东省扶持村级集体经济发展试点资金管理办法》，现予印发，请遵照执行。执行中如有问题，请及时向我们反馈。

附件：山东省扶持村级集体经济发展试点资金管理办法

附件：

山东省扶持村级集体经济发展试点资金管理办法

第一条 为加强和规范扶持村级集体经济发展试点资金（以下简称"试点资金"）管理，充分发挥资金使用效益，扶持村级集体经济发展，根据《财政部关于印发〈扶持村级集体经济发展试点的指导意见〉的通知》（财农〔2015〕197 号）要求，以及财政资金管理的法律法规和有关规定，制定本办法。

第二条 本办法所称试点资金，是指根据中央扶持村级集体经济发展试点工作目标和任务，由中央和省级财政预算安排，用于扶持地方村级集体经济发展试点的一般性转移支付资金。

第三条 试点资金安排遵循"财政引导、以奖代补，专款专用、注重实效，上下联动、形成合力"的原则，鼓励和引导社会资金投入，逐步建立多元化、多渠道、多层次的投入机制。

第四条 试点市县要调整支出结构，加大对扶持村级集体经济发展试点的支持力度，创新资金使用方式，加强与担保、基金、银行等金融机构合作，引导和带动各类社会资金投入，共同推进村级集体经济试点工作。

第五条 试点资金只能用于中央确定的试点村和试点内容，不得用于项目配套、偿还乡村债务、建设楼堂馆所、购置交通通讯工具和发放个人补贴等方面。主要支持试点以下内容：

（一）探索以资源有效利用为主要内容的试点形式；

（二）探索以提供服务为主要内容的试点形式；

（三）探索以物业管理为主要内容的试点形式；

（四）探索以混合经营为主要内容的试点形式；

（五）经省财政厅审核同意的其他试点形式。

第六条 试点资金的使用要严格执行国家有关财政政策、财务规章制度、招投标管理、政府采购等规定，科学合理安排。

第七条 试点市县要将省级以上奖补资金、市和县级资金建立专账，实行专款专用。乡镇财政将上级奖补资金和本级预算安排资金一并纳入专账核算、专款专用，按行政村建立台账，明确到各村保障资金数额，确保用于扶持村级集体经济试点，防止挤占和挪用。有条件的地方要实行县级报账制。

第八条   试点市县财政部门应对试点资金使用情况和项目进展情况进行监督检查和跟踪问效，按照分级负责的原则，建立健全试点工作绩效评价机制，确保资金及时足额到位和试点按时完成。

第九条   试点县（市）至少选择 10 个以上的行政村，重点探索土地股份合作经营，努力推进行政区域内的土地股份合作联社发展。试点村要建立健全资金使用的村民民主决策机制，实行民主理财和财务公开，定期张榜公布，接受村民监督。

第十条   试点市县要立足实际制定绩效评价考评办法，主要围绕试点工作组织领导、制度建设、实施效果、台账建档、群众满意度等进行。

第十一条   省财政厅于每年 2 月底前对试点工作开展情况进行考核，对财政资金使用情况进行绩效评价和审查，考核评价结果将作为下一年度资金分配的依据。

第十二条   对弄虚作假，套取、截留、挤占、挪用试点资金等行为，省财政厅将按照《预算法》《财政违法行为处罚处分条例》等有关法律法规进行处罚、处理，情节严重的，将扣回补助资金，并取消其试点资格。

第十三条   本办法由省财政厅负责解释，各地可根据本办法制定具体实施细则。

第十四条   本办法自 2016 年 3 月 18 日起施行，有效期至 2019 年 3 月 17 日。

省财政厅关于印发《山东省农村改厕
省级奖励补助办法》的通知

2016 年 3 月 25 日   鲁财农改〔2016〕8 号

各市财政局、省财政直接管理县（市）财政局：

为规范农村改厕省级奖补资金管理，充分发挥资金使用效益，根据省委办公厅、省政府办公厅《关于深入推进农村改厕工作的实施意见》（鲁办发〔2015〕50 号）要求，我们研究制定了《山东省农村改厕省级奖励补助办法》，现予印发，请遵照执行。执行中如有问题，请及时向我们反馈。

附件：山东省农村改厕省级奖励补助办法

附件：

山东省农村改厕省级奖励补助办法

第一条   为加强和规范农村改厕省级奖补资金（以下简称"改厕资金"）管理，充分发挥资金使用效益，促进社会主义新农村建设，根据省委办公厅、省政府办公厅《关于深入推进农村改厕工作的实施意见》（鲁办发〔2015〕50 号）要求，以及财政资金管理的法律法规和有关规定，制定本办法。

第二条   本办法所称改厕资金，是根据省委省政府确定的农村改厕工作目标和任务，从省级村级公益事业建设一事一议奖补资金中统筹安排的一般性转移支付资金。

第三条   改厕资金安排遵循"财政引导、以奖促建，专款专用、注重实效，上下联动、形成合力"的原则，尊重农民主体地位，保障农民的决策权、参与权和监督权，广泛动员农民参与农村改厕工作。

第四条   改厕资金根据各地确定的改厕工作任务，省级按照平均每户 300 元的标准进行奖补，市、县要根据工作任务进度，原则上要分别按不低于省级资金同等规模进行奖补。同时结合扶贫脱贫工作，对省定贫困村中贫困户建设无害化厕所优先给予补助，省级补助标准在全省户均 300 元的基础上对贫困户再增加 100 元。奖补资金下达后，各地要结合实际统筹安排使用。

第五条 县（市、区）政府是改厕工作的责任主体，负责制定实施方案、年度计划，确保按期保质保量完成工作任务。各级农村改厕工作联席会议成员单位要根据职能分工，各负其责，做好调度、督导、考核和日常管理等工作。

第六条 各地在开展工作过程中，要尊重农民意愿，落实多元筹资机制。鉴于改厕项目的特殊性，在项目申报、审批、实施、验收等环节与常规性村级公益事业建设一事一议财政奖补项目区别对待。

第七条 改厕资金实行专款专用、专账核算，严禁挪作他用。

第八条 改厕资金的管理和使用要自觉接受社会和审计部门的监督。

第九条 省有关部门将于每年 1 月底前对各地改厕任务进行检查验收，对财政资金使用情况进行核查，考核评价结果将作为下一年度资金分配的依据。市县财政部门要按照绩效考评有关要求，从组织领导、制度建设、操作程序和遵纪守法等方面，对农村改厕财政奖补资金的管理使用情况进行绩效考评。

第十条 建立定期调度制度。各市要按时填报《2016 年农村改厕财政奖补资金安排使用情况调度表》（格式见附件），并于每季度结束后 5 日内报省财政厅。

第十一条 对弄虚作假，套取、截留、挤占、挪用改厕资金等行为，省财政厅将按照《预算法》《财政违法行为处罚处分条例》等有关法律法规进行处罚、处理。

第十二条 本办法由省财政厅负责解释，各地可根据本办法制定具体实施细则。

第十三条 本办法自 2016 年 5 月 1 日起施行，有效期至 2019 年 4 月 30 日。

省财政厅关于印发《农村综合改革工作考评试行办法》的通知

2016 年 7 月 11 日　鲁财农改〔2016〕15 号

各市财政局、省财政直接管理县（市）财政局：

为建立健全激励和约束并重的工作考评体系，进一步加强和改进全省财政农村综合改革工作管理，促进农村综合改革扎实深入推进，我们研究制定了《农村综合改革工作考评试行办法》。现予印发，请认真贯彻执行。

附件：农村综合改革工作考评试行办法

附件：

农村综合改革工作考评试行办法

第一章　总　则

第一条 为建立健全激励约束机制，加强农村综合改革工作考评管理，提高资金使用效益，促进农村综合改革工作制度化、规范化、科学化，根据《财政部关于印发农村综合改革考评试行办法的通知》（财农〔2015〕21 号）、《中央财政农村综合改革转移支付资金管理暂行办法》（财预〔2014〕90 号）等相关规定，制定本办法。

第二条　本办法所称农村综合改革工作考评（以下简称工作考评），是指农村综合改革部门（以下简称综改部门）运用一定的考评方法、科学的量化指标和统一的考评标准，对农村综合改革有关工作开展情况进行综合性的考核与评价。

第三条　工作考评遵循"公开、公平、公正"，定性与定量相结合，自我考评与抽查考评相结合，考评结果与资金分配相结合的原则。工作考评范围包括：村级公益事业一事一议财政奖补、村级组织运转经费保障、生态文明乡村建设、美丽乡村建设试点、农村公共服务运行维护机制试点、建制镇示范试点、扶持村级集体经济发展试点、农村改厕、支持传统村落保护，以及中央、省确定需要开展的农村综合改革相关工作。

第二章　工作考评的依据和内容

第四条　工作考评的依据包括下列内容：

（一）国家出台的相关法律法规和政策性文件；

（二）国务院农村综合改革工作小组、财政部等相关部门下发的有关政策性文件；

（三）预算管理制度、资金及财务管理办法、财务会计制度；

（四）省里出台的相关地方性法规、政策性文件，财政、审计等相关部门提供的有关评审意见、审计报告或委托中介机构出具的项目评审结论、意见等；

（五）通过国库系统和工作信息管理系统等渠道反映的有关预算安排、预算执行、资金项目管理、工作进展和实施效果等资料数据；

（六）其他相关资料。

第五条　工作考评包括以下内容：

（一）农村综合改革各项工作是否受到重视，工作机制是否健全，工作保障是否得力等；

（二）农村综合改革资金预算安排和执行情况等；

（三）各项工作基础管理制度是否健全有效，操作是否规范，包括资金管理制度、项目管理制度、后期管护制度、监督考评制度、信息管理系统、档案管理制度等；

（四）工作成效，主要针对农村综合改革工作职责范围所涉及的重点工作完成、资金落实、社会效益等情况，包括有关试点地区试点实施方案是否按时保质完成、年度项目计划完成情况、农民满意度、试点经验可推广价值等；

（五）调查研究和信息宣传，主要是各地农村综合改革工作调查研究水平以及信息宣传等情况；

（六）是否存在违规违纪问题，包括是否加重农民负担，是否存在截留挪用、虚报冒领补助资金等情况，是否存在因资金缺口造成垫资债务等问题，是否存在因政策落实不到位、操作程序不规范等引发上访等不良社会反映问题。

第三章　工作考评的组织实施

第六条　按照分级管理、分级负责要求，省财政厅农村综合改革办公室对各市本级、省财政直接管理县（市）（以下简称省直管县）农村综合改革工作开展情况进行考评；各市综改部门对市以下各级农村综合改革工作开展情况进行考评。

第七条　工作考评以自然年度为周期，采取自我考评与抽查考评相结合。每年在各市自评的基础上，省财政厅抽取部分市、省直管县进行重点考评，同时可根据具体情况，委托高等院校、科研院所等社会机构开展农民满意度调查。

第八条 每年年底由各市、省直管县对本年度工作进行自我考评，自评报告（连同评分表）于次年1月10日前报送省财政厅。各市、省直管县对本地区的自评报告真实性负责。

第九条 工作考评应广泛征求基层干部群众意见，全面真实地反映农村综合改革各项工作情况。

第四章 工作考评方法及结果运用

第十条 省财政厅对市、省直管县综改部门的工作考评实行百分制，计分采用量化指标，满分为100分（具体指标见附表，每年工作考评方案中，将根据改革试点情况分项细化量化评分表）。根据得分情况将考评结果划分为四个档次：总分在90分以上（含90分）为优秀，80~89分（含80分）为良好，60~79分（含60分）为合格，60分以下为不合格。

第十一条 坚持奖优罚劣原则，工作考评结果将作为省财政厅分配下一年度农村综合改革资金的因素，并采取适当方式予以公开。

第十二条 各级综改部门要根据工作考评结果，及时总结经验，发现问题，分析原因，完善资金、项目管理办法和程序，不断提高管理水平和资金使用效益。

第五章 附 则

第十三条 各市、省直管县综改部门应参照本试行办法，结合本地实际，分项制定实施细则，细化考评内容、考评指标和评分标准，研究制定切实可行的工作考评办法，并报省财政厅备案后组织实施。

第十四条 本办法自2016年7月1日起施行。

附件：农村综合改革工作考评量化评分表

附件：

农村综合改革工作考评量化评分表

考评内容	权重	考评指标	基础分值	指标量化评分标准	得分			备注
					基础分	加减分	综合分	
一、组织领导	10	领导重视	4	纳入党政主要工作部署，得3分。党政领导有一个正面批示，得1分，每增加一个正面批示加1分，最高加4分。				以党委政府领导批示件、会议纪要等相关文件为依据
		工作机制健全	4	有健全的综改机构，得2分；有专门人员负责综改相关工作，得1分；安排相应的工作经费，得1分。				
		工作保障得力	2	建立了与有关部门的协调机制，或充分调动了有关部门的积极性，形成良性互动，得2分。				
二、制度建设	20	资金管理制度	5	制订并及时修订相关资金管理办法，得5分。				以实施细则、相关制度办法为依据
		项目管理制度	5	项目管理办法健全合理，得5分。				
		监督考核制度	5	各项综改工作都有科学合理的考核办法，得3分，每年至少开展一次专项检查得2分。				
		信息管理系统	5	信息管理系统正常运转，得3分；按时录入并上报数据的，得2分。积极按需改进、完善系统，加2分。				

续表

考评内容	权重	考评指标	基础分值	指标量化评分标准	得分			备注
					基础分	加减分	综合分	
三、预算管理	20	预算安排	10	每年年初预算安排相关补助资金不少于上年，得3分；市本级预算安排资金达到省以上40%，得4分，每超过10%，加1分，最多加5分；市本级资金年终实际执行数不少于上年的，得3分。每增加1个百分点，加0.2分，最多加3分。				以政府预算报告、下拨资金的指标文件、国库执行数等为依据
		预算执行	10	建立预算执行分析及通报制度的，得2分；及时拨付省以上资金并抄报省财政厅的，得2分；9月份预算执行进度超过60%的，得2分；12月份预算执行进度达到100%的，得4分。				
四、操作规范	15	基础程序	3	及时制定相关工作实施方案并上报备案，得3分。				以方案、细则、办法、通知以及相关科目国库执行数、信息管理系统反映的数据、领导批示复印件等文件及宣传成果为依据
		申报审批	2	申报审批程序合理并严格执行的，得2分。				
		规划编制	4	制定下发项目规划指导性意见，得2分；制定相关工作中长期规划，得2分。				
		公开公示	2	有公开公示制度，并严格落实，得2分。				
		档案管理	2	档案管理制度健全，项目建设资料齐全、规范，易于查验，得2分。实现档案电子化管理的加2分。				
		业务培训	2	每年组织1次业务培训，得2分。				
五、调查研究与信息宣传	10	调查研究	4	省财政厅确定的重点课题每完成一篇，得2分；各市确定的重点课题每完成一篇，得2分，总分最高为4分。省财政厅《财政情况·调研版》采用一篇加5分；财政部、省委、省政府采用一篇加10分；中办、国办采用一篇加20分。省级正式报刊采用一篇加10分；国家级报刊采用一篇加20分。处领导批示一次加5分；厅领导批示一次加10分；财政部、省委、省政府领导批示一次加20分；中央、国务院领导批示一次加30分。				以最终报送、采用稿件篇数为依据
		信息	4	信息存厅内农村综合改革办公室网页采用一篇得1分，总分最高为4分。省财政厅《财政情况》采用一篇加2分；财政部、省委、省政府采用一篇加5分；中办、国办采用一篇加10分。省级正式报刊采用一篇加5分；国家级报刊采用一篇加10分；每年各类报刊满4篇加10分。处领导批示一次加5分；厅领导批示一次加10分；财政部、省委、省政府领导批示一次加20分；中央、国务院领导批示一次加30分。				
		宣传	2	摄制专题宣传片或制作画册，得1分；印制工作手册，得1分。				

续表

考评内容	权重	考评指标	基础分值	指标量化评分标准	得分			备注
					基础分	加减分	综合分	
六、工作成效	25	年度任务完成情况	5	全面完成年度综改工作任务的,得5分;未达到的酌情给分。				以年度总结、报告、领导批示、信息管理系统反映工作成果等为依据
		工作创新情况	15	创新工作思路、机制和制度办法取得明显成效并有推广价值的,得10分,试点地区群众满意度高于95%的,得5分。达到100%的,加2分。				
		遵规守纪情况	5	未发生违规违纪行为得5分,否则扣分:加重农民负担并引发严重影响1次及以上的,扣5分;违法一事一议规程的,扣5分;因政策落实不到位、操作程序不规范等引发信访、上访等不良社会反映2次及以下的扣2分,3次及以上的,扣5分;截留挪用、虚报冒领农村综合改革转移支付资金1次及以上的,扣5分;产生新的村级债务2次及以下的扣2分,3次及以上的,扣5分。				根据审计报告、专项检查报告、违纪情况自查结果等认定
合计			100					

省财政厅关于印发《扶持村级集体经济发展试点工作的意见》的通知

2016 年 12 月 22 日　鲁财农改〔2016〕22 号

各市财政局、省财政直接管理县(市)财政局:

2016 年,我省被财政部列为扶持村级集体经济发展试点省份,按财政部部署,2017 年我省将扩大试点范围,并启动发展农村经济新业态试点,探索村级集体经济发展的更高实现形式。为搞好试点工作,根据财政部《扶持村级集体经济发展试点的指导意见》(财农〔2015〕197 号)和《中共山东省委、山东省人民政府关于贯彻中发〔2016〕1 号文件精神加快农业现代化实现全面小康目标的实施意见》(鲁发〔2016〕5 号)及《省委办公厅、省政府办公厅关于印发〈山东省深化农村改革综合性实施方案〉的通知》(鲁办发〔2016〕31 号)精神,我厅制定了《扶持村级集体经济发展试点工作的意见》,现印发给你们,请结合实际贯彻执行。执行中出现的情况和问题,请及时反馈我厅。

为尽快启动 2017 年试点工作,请于 2017 年 3 月 15 日前将各试点县(市、区)实施方案报省财政厅备案。

附件:扶持村级集体经济发展试点工作的意见

附件：

扶持村级集体经济发展试点工作的意见

农村集体经济是社会主义公有制经济在农村的主要实现形式，是发展社会主义农村经济的引导力量，是农民共同富裕和农村社会和谐发展的根基。实行家庭承包经营责任制以来，村级集体经济组织发育不足，统分结合的双层经营体制不够完善，村级集体经济发展滞后，成为制约农民共同富裕和农村经济社会持续发展的瓶颈。通过财政资金引导，扶持发展村级集体经济，进一步完善"统分结合、双层经营"基本经营制度，优化资源配置，推进农业适度规模经营，培育农村经济新的增长点，是实现共同富裕、增强村级自我发展和自我保障能力、完善农村社会治理、巩固党在农村执政基础的重要举措，对推动城乡一体化发展、促进社会和谐、全面建成小康社会意义重大。

一、指导思想

扶持村级集体经济发展试点工作，以党的十八届三中、四中、五中、六中全会精神为指导，认真贯彻落实习近平总书记关于"三农"工作重要讲话和指示精神，坚持创新、协调、绿色、开放、共享"五大发展理念"，按照省委、省政府深化农村综合改革、扶持发展村级集体经济的决策部署，以推进社会主义新农村建设、全面建成小康社会为统领，以增加村级集体收入、实现农民共同富裕、推进农村经济持续发展、农村社会和谐稳定为目标，以村集体资产股份合作制改革为基础，以农村集体资产、资源、资金等要素有效利用为纽带，因地制宜探索多种集体经济发展形式，做大做强优势特色产业，加快培育"新六产"、新业态，壮大村级集体经济实力，增强村级自我发展、自我服务、自我保障能力，把农村集体经济培育发展成为党和政府领导农村和谐发展的压舱石、稳定器。

二、基本原则和试点目标

（一）基本原则

1. 以县为主，分级负责。县级党委政府是扶持村级集体经济发展试点工作的主导力量，乡镇（街道）党（工）委政府是试点工作具体落实责任人，试点村是项目实施单位。省、市财政部门负责统筹协调和工作指导。

2. 村为主导，民主决策。党委政府只指导不包办，让试点村唱主角，充分发挥村两委班子的主导作用，发挥全体村民的主体作用，调动农民参与积极性，运用好民主决策、民主管理和民主监督机制，发掘农民聪明才智，培养村级班子和广大农民发展集体经济、管理村级事务的能力，确保村级集体经济可持续发展。

3. 坚守底线，改革创新。要坚守不改变村集体产权性质、不损害村集体利益、不损害农民利益三条底线，巩固完善以家庭承包经营责任制为基础、统分结合的双层经营体制，坚持农村基本经营制度不动摇，坚持家庭经营基础地位不动摇，勇于实践、大胆创新，探索村级集体经济有效组织形式和集体资产保值增值增收增效经营管理模式，形成成熟高效可复制、可推广的村级集体经济发展模式。

4. 市场引导，政府指导。要以农业供给侧结构性改革为引领，以市场为导向，充分发挥市场在资源配置中的决定性作用，立足市场选产业、选项目、选合作伙伴，坚持开放式发展，做实产品、做精质量、做出品牌、做大市场，实现持续发展和持久增收。要发挥县乡党委、政府和有关职能部门的作用，因村施策，分类指导，科学制定村级集体经济发展规划和目标，坚持开发与保护相结合，既要用好当地资源优势，又要坚守生态环保底线，避免资源过度开发和环境污染，实现绿色发展，变绿水青山为金山银山。

5. 集体所有，成果共享。坚持集体资产集体所有，促进集体资产保值增值，保障农民集体收益分配权，把集体增实力、农民增收益、产业增效益有机统一，实现集体增收和农民家庭致富双赢，经济发展与村级公益事业和公共服务能力同步提升，农民群众的幸福感增强，确保集体经济发展成果惠及所有成员。

（二）试点目标

更新村级集体经济发展理念，在坚持家庭承包经营的基础上，恢复和发展村级集体经济，逐步建立完善以股份合作制为基础的村级集体经济组织，激活利用各类生产要素，建立以现代经营机制为基础的村级集体经济发展长效机制，推进农业农村生产经营规模化、产业化、现代化，促进集体资产资源保值增值，推进村级集体经济持续发展。通过发展村级集体经济，逐步形成村党支部、村委会、村集体经济组织共同管理村级事务的新型村级治理机制，增强集体实力，逐步消除村级集体经济困难村和收入"空壳村"，实现村级组织自给自足，不断提高自我保障水平，推动村级公益事业和公共服务水平、城乡一体化水平不断提升，实现农民共同富裕、农村宜居宜业和农村改革发展的第二次飞跃。

三、试点内容及主要经营模式

（一）清产核资，建立健全村级集体经济组织

对试点村所有资产进行全面清理核实，理清债权债务，摸清家底。对经营性资产、非经营性资产、资源类资产，分类登记造册。逐人界定集体经济组织成员身份，落实集体经济组织成员收益分配权。依法成立村级集体经济合作组织（或股份公司），设立股东（代表）大会、董事会（理事会）和监事会，统一持有、经营和管理集体资产。采取股权化管理方式，建立现代管理制度，激活村级集体经济组织活力。

（二）优化发展业态，创新经营模式

发展村级集体经济，要聚焦农业"新六产"、新业态，根据当地产业政策和发展规划，立足试点村资源资产优势和区位条件选择业态，宜农则农，宜工则工，宜商则商，因地制宜，多业并举。主要在资源有效利用、社会化综合服务、物业管理等方面选择业态，努力开发新业态。可采取自主经营、与其他主体联合经营或承包、租赁、托管、参股经营等多种经营方式，推进各产业发展，探索多种发展模式。

1. 有效开发利用各类资源。坚持资源开发与保护并重，充分发挥山、水、林、地等自然资源优势，挖掘增收潜力，把资源优势转化为经济优势。根据中央《关于完善农村土地所有权承包权经营权分置办法的意见》，支持村级集体经济组织领办土地股份合作社，按照入社自愿、退社自由、利益共享、风险共担的原则，鼓励和引导村集体成员以土地承包经营权折股入社，发展农业适度规模经营，提高劳动生产率和土地产出率，实现土地经营收益最大化。鼓励村集体利用村集体机动地、荒地和村庄整治、宅基地复垦等新增土地及其他可利用的集体资源，发展现代特色产业和生态循环农业。围绕特色主导产业，开展优质农产品品牌创建，建设农业生产、加工、经营、服务设施，开展农产品产地加工；完善农产品营销体系，发展农村电子商务，建立农产品网上交易平台；支持村级集体经济组织创办乡村旅游公司（合作社），利用本地生态资源、特色产业，发展观光体验农业和乡村休闲旅游，促进农业与旅游、文化、健康养生等产业深度融合，进一步拓展农业农村新功能，推动一二三产业融合协调发展。

2. 提供各类综合服务。支持村级集体经济组织创办农业生产经营服务公司（合作社）、劳务公司（合作社）等服务实体，发展农业生产服务业，为粮食生产大户、家庭农场、合作社等新型农业经营主体以及其他各类经营主体提供购销、加工、运输、仓储、劳务等有偿服务，开展代耕代种代收、统防统治、烘干储藏等综合性托管服务，促进农业由生产环节向产前、产后延伸。

3. 发展物业经济。鼓励村集体按照土地利用总体规划和城乡建设规划的要求，开发利用集体经营性建设用地等，量力而行建设物业项目，发展物业经济。盘活村集体闲置办公用房、学校、闲置厂房、仓库、礼堂等不动产，开展租赁经营。支持没有资产资源优势的村级集体经济组织异地置业，在区位优势明显地区或城镇规划区，按照统一规划、统筹建设的原则，通过异地兴建、联村共建等多种形式，增加村集体资产和物业经营收入，拓展村级集体经济发展空间。

4. 混合经营。支持村级集体经济组织以集体资产资源资金参股经营稳健的工商企业和农民专业合作社。鼓励采取强村带弱村、村企联手共建、政府定点帮扶、多村共建农业园区等多种形式，实现多元化经营。鼓励有条件的村级集体经济组织与其他经济主体发展混合所有制经济项目。积极采用"企业＋合作社＋村级集体经济组织"、"投资人＋合作社＋村级集体经济组织"、"村级集体经济组织＋合作社"等多种经营模式发展集体经济。

各试点村要结合自身实际，按照村集体土地产权归属层级，本着因地制宜、合作高效、就近就邻的原则，以村民小组（或自然村）为试点单元，重点探索土地股份合作制和农业生产经营股份合作制。要积极发展农村经济新业态，因村制宜，创新发展路径，培育村级集体经济新的增长点，让农民在产业升级、产业融合中分享更多的增值收益。

（三）统筹兼顾，合理分配使用集体收益

兼顾成员个人权益和集体经济组织公共、公益事业发展需要，坚持村集体与村级集体经济组织成员个人利益共享、风险共担，建立盈余分配使用长效机制。各试点县（市、区）、乡镇（街道）要指导帮助试点村建立健全村级财务管理和收入分配制度，完善劳动者工资报酬和管理者激励约束机制，加强内部经济核算，严格控制资产负债比例，激活集体经济组织内在发展动力。在保障集体经济组织成员收益分配权前提下，提倡村级集体投资形成的资产作为集体股权。规范村级集体经济收益分配和使用，加强村务公开，比照一事一议议事程序，坚持集体决策，确保集体和集体成员共享增值收益。集体收益应当按一定比例平等分配到每个集体经济组织成员，确保利益共享。建立健全集体经济积累机制，完善村集体公积金、公益金制度。村级集体分红公积金主要用于村集体经济组织扩大再生产；公益金部分主要用于村内公益事业建设与维护、扶贫济困、村级组织运转经费保障、村内公共服务以及文化建设、公共福利等支出。

四、组织实施

试点工作由各级财政部门负责，以县（市、区）为主，实行"省抓统筹、市抓协调、县抓组织、乡抓落实、村抓实施"的工作机制。

（一）择优选定试点县和试点村

省财政按照县级自愿申报、市级审核汇总、省级审批的方式，择优选定试点县（市、区）。由试点县（市、区）选定试点乡镇（含街道办事处，下同），并指导试点乡镇按照条件选定试点村，报市级审批，省级备案。

1. 试点县选定条件。县级党委、政府应高度重视村级集体经济发展，有开展试点工作的强烈愿望和积极性，工作基础好，组织协调能力及财政保障能力强，有发展村级集体经济的具体措施和长远规划，具备一定资源优势和产业基础。符合上述条件、愿意开展试点的县（市、区），由县（市、区）人民政府向市财政局提交试点申请报告，提出试点工作初步打算和拟采取的主要措施。

2. 试点村选定条件。优先选择村级党组织和村民委员会主要负责人政治素质过硬、村集体成员对发展村级集体经济有强烈意愿、村级财务管理规范、村集体有一定产业或资源优势、容易形成产业链条、具备实行股份合作制和土地适度规模经营基础和条件的村，并兼顾经济基础薄弱、集体收入较少的村和空壳村，由试点乡镇筛选试点村，报县级审批。

3. 试点村安排。省财政厅在各地预申报试点村数量的基础上，综合考虑各地经济发展水平、对村级集体经济发展重视程度、农村综合改革工作基础，以及资源条件和产业发展情况等因素，确定各市、省财政直接管理县（市）试点村控制指标。各市财政局根据省财政厅下达的控制指标，确定试点县的试点村数量。各县（市、区）组织各乡镇、村自愿申报，择优选定试点乡镇和试点村，经市财政局审定后，报省财政厅备案。每个试点县（市、区）应当根据不同区域类型，安排试点村探索多种类型集体经济发展模式。

（二）建立健全组织领导机制。各试点县（市、区）要成立扶持村级集体经济发展试点工作领导小组。党政主要负责同志要亲自抓，分管负责同志要具体抓，形成财政部门牵头推动、其他相关部门密切配合的工作机制。试点乡镇（街道）党（工）委政府主要负责同志要靠上抓，安排专人具体负责，组织指导试点村做好各项工作。试点县（市、区）、乡镇要组织专家团队，对试点村拟选择的业态、项目、经营模式、预期目标等进行评估论证，指导试点村制定试点实施方案，做好政策宣传、人员培训、招商引资、市场开拓、品牌推介等工作。村级要成立试点工作班子，村两委成员和部分群众代表参加，具体负责试点工作。

（三）科学编制试点工作方案，抓好项目实施。一是编制试点村试点方案。各试点村要按照统一制定的标准文本，根据试点内容要求和项目资金使用方向，科学编制试点工作方案。主要内容包括：试点村名称、地址、人口、村两委主要负责人、集体经济组织等基本信息；清产核资确定的村集体所有土地等资源情况、经营性和非经营性资产情况、村级财务及管理情况；村级产业特点、发展规模；村集体拟发展的主导产业、优势特色产业、经营组织管理方式、投资赢利模式及预期评估收益情况、经营收益分配机制等；村集体成员对项目发展意愿或一事一议决策机制议定情况；县级及村集体认为需要提供的其他重大信息或情况。二是试点县编制年度试点实施方案。明确试点的组织机构、目标任务和主要内容、拟采取的主要政策措施、资金安排情况、资金使用方向及绩效目标等。

各试点村试点方案经试点乡镇审核、试点县（市、区）审批，报市财政局备案；试点县（市、区）试点工作方案，经市财政局审批，报省财政厅备案。

试点项目筛选、立项、组织实施、竣工验收等工作，由各市财政局指导各试点县（市、区）具体负责。

（四）强化资金管理和风险防控机制。各级财政部门要高度重视，把支持发展集体经济作为"三农"工作的重要环节，作为培植财源、增强村级集体经济造血功能的重要举措，积极筹措资金，加大对试点村的投入。要按照"渠道不变、管理不乱、各负其责、各记其功"的原则，以县为主，统筹整合涉农部门到村的农业生产发展类专项资金，支持试点工作。各试点县（市、区）财政部门要制定资金管理办法，加强试点资金使用管理。试点资金主要扶持符合条件的村集体经济组织，用于零散土地整理、发展为农服务、物业经营等支出，不得用于项目配套、偿还乡村债务、建设楼堂馆所、购置交通通讯工具和发放个人补贴等，严禁挤占挪用。积极探索建立多元化投融资机制，鼓励各类资本共同参与村级集体经济发展。有条件的县（市、区）可以探索设立扶持村级集体经济发展基金，积极探索基金运作方式，实现集体资产保值增值。

要加强投资风险防控管理，建立投资经营风险分析评价机制，及时对经营内容、经营模式、发展预期目标及经营状况等进行分析评价，设置风险红线和退出机制，防范经营风险，保障村级集体及农民群众利益。

（五）建立健全民主议事和公开公示制度。建立公开议事机制，比照一事一议财政奖补政策做法，民主议定经营项目、经营模式、试点方案等，实行财务公开和项目公示，接受群众监督。要加强廉政教育和风险防控，杜绝贪污、私分、侵吞财政资金和集体收益等违法违纪行为。

五、绩效评价

省财政厅负责全省绩效评价工作，制定试点工作绩效考评办法，不定期对各地试点工作开展监督检查，对全省试点工作实施情况进行绩效考评，按时向财政部提交自评报告；根据绩效考评结果，建立试点激励约束机制，确保试点有成效，资金使用有效益。

各地对试点村试点工作要连续3年跟踪问效，持续总结工作经验。每个试点村都要明确试点绩效目标，并逐级汇总上报省财政厅。年度工作完成后，县级要对试点工作开展情况进行绩效评价，量化评分，向市级财政部门报送自评报告。市级财政部门在复评基础上，于每年1月20日前向省财政厅报送上年度绩效评价自评报告。

省财政厅关于印发《扶持村级集体经济发展试点工作绩效考评暂行办法》的通知

2016 年 12 月 27 日　鲁财农改〔2016〕23 号

各市财政局、省财政直接管理县（市）财政局：

为推进全省扶持村级集体经济发展试点工作，根据财政部《关于印发〈扶持村级集体经济发展试点的指导意见〉的通知》（财农〔2015〕197 号）、《财政部关于印发〈中央财政农村综合改革转移支付资金管理办法〉的通知》（财农〔2016〕177 号）和省财政厅《关于印发〈扶持村级集体经济发展试点工作的意见〉的通知》（鲁财农改〔2016〕22 号）有关规定，我们研究制定了《扶持村级集体经济发展试点工作绩效考评暂行办法》。现予印发，请认真贯彻执行。

附件：扶持村级集体经济发展试点工作绩效考评暂行办法

附件：

扶持村级集体经济发展试点工作绩效考评暂行办法

第一章　总　　则

第一条　为规范和加强扶持村级集体经济发展试点资金和项目管理，建立健全激励约束机制，切实提高资金使用效益，根据财政部《关于印发〈扶持村级集体经济发展试点的指导意见〉的通知》（财农〔2015〕197 号）、《财政部关于印发〈中央财政农村综合改革转移支付资金管理办法〉的通知》（财农〔2016〕177 号）和省财政厅《关于印发〈扶持村级集体经济发展试点工作的意见〉的通知》（鲁财农改〔2016〕22 号），制定本办法。

第二条　本办法所称扶持村级集体经济发展试点工作绩效考评（以下简称绩效考评），是指根据扶持村级集体经济发展试点有关政策规定及工作目标，运用一定的量化指标、考评标准和考评方法，对市县扶持村级集体经济发展试点工作开展情况、项目建设情况和绩效目标完成情况等，进行综合性的考核和评价。

第三条　绩效考评原则

（一）客观、公正、科学、规范原则。按照"公开、公平、公正"要求，采用科学、规范的绩效考评程序和操作方案，全面、准确地衡量工作开展情况、资金管理情况和试点项目绩效情况。

（二）定性与定量相结合原则。在对考评内容确定量化测定分值的基础上，突出试点项目实施效果，结合组织管理、资金管理、绩效目标的实现情况等，进行综合分析考评。

（三）奖优罚劣原则。注重对绩效考评结果的运用，建立绩效考评结果与资金分配相结合的激励约束机制。

第二章　绩效考评对象、依据和内容

第四条　绩效考评对象

全省开展扶持村级集体经济发展试点工作的市和县（市、区）。

第五条　绩效考评依据

（一）国家出台的相关法规和政策文件；

（二）国务院农村综合改革工作小组、财政部等下发的扶持村级集体经济发展试点工作的通知、指导意见、办法等有关政策文件；

（三）相关地方性法规及规章，省级及以下出台的扶持村集体经济发展试点工作方案、通知、意见、办法等政策文件，财政、审计等部门提供的有关评审意见、审计报告或委托中介机构出具的项目评审结论、意见等；

（四）扶持村级集体经济发展试点资金区域绩效目标和项目绩效目标；

（五）试点村试点项目建设方案等；

（六）其他相关资料。

第六条　绩效考评内容

绩效考评内容主要包括：组织领导、资金管理、项目管理、试点成效、档案管理和违规违纪等6个方面（详见附件）。

第七条　绩效考评指标

依据扶持村级集体经济发展试点工作绩效考评内容设定绩效考评指标，指标分为激励性指标（加分项指标）和约束性指标（减分项指标）。

第三章　绩效考评组织实施和工作程序

第八条　绩效考评工作由省财政厅统一组织，分级实施。

第九条　省财政厅主要工作职责

（一）研究制定全省绩效考评办法，明确考评指标、标准等内容；

（二）对市、县（市、区）扶持村级集体经济发展试点工作进行绩效考评；

（三）对市、县（市、区）绩效考评工作进行指导和监督；

（四）根据绩效考评结果，落实相关奖惩措施。

第十条　市级财政部门主要工作职责

（一）参照本办法制定具体绩效考评方案；

（二）组织指导县（市、区）开展自评，并对自评结果进行复评；

（三）开展绩效考评，按规定向省财政厅报送县（市、区）自评结果（含省财政直接管理县）和市级绩效考评结果；

（四）督促试点县（市、区）对省、市绩效考评中发现的问题做好整改。

第十一条　县级财政部门主要工作职责

（一）组织试点村自评。由乡镇负责，组织指导试点村对扶持村级集体经济发展试点情况进行自评，并提交自评报告。自评报告主要包括：项目基本概况；项目绩效目标及其设立依据和调整情况；管理措施及组织实施情况；项目绩效目标完成情况；存在问题及原因分析；下一步改进工作的意见及建议等。

（二）县级自评。对县域内扶持村级集体经济发展试点工作情况进行自评。自评报告主要包括：县、乡、村主体作用发挥等组织实施情况；资金管理使用及其创新情况；管理措施落实情况；区域绩效目标完成情况；经验总结及问题分析；下一步工作措施等。

（三）　及时向市级财政部门报送自评报告和有关证明材料；

（四）　配合上级部门对本级试点工作进行绩效考评；

（五）　对各级绩效考评中发现的问题及时进行整改。

第十二条　绩效考评以年度为周期。每年 2 月底前，各市、省财政直接管理县（市）财政部门向省财政厅报送扶持村级集体经济发展试点实施方案和预期目标等，作为绩效考评的依据。

县级财政部门按照附件的内容，对上年工作逐项进行自我评定、打分，并将自评结果及相关证明材料上报市级财政部门。次年 1 月 20 日前，市级财政部门将市域内考评结果、市级自评报告及试点县自评资料，一并上报省财政厅。

第十三条　绩效考评方法

主要采用成本效益分析法、比较法、因素分析法、最低成本法、公众评判法等。坚持简便高效原则，根据考评对象的具体情况，可采用一种或多种方法进行考评。

第十四条　绩效考评方式

绩效考评通过召开座谈会、查看档案资料、进村入户调查和现场察看项目等方式进行。

第十五条　绩效考评工作程序

（一）　确定绩效考评对象；

（二）　下达绩效考评通知；

（三）　确定绩效考评工作人员；

（四）　制订绩效考评工作方案；

（五）　进行实地核查考评；

（六）　综合分析并形成考评结论；

（七）　撰写并提交考评报告；

（八）　建立绩效考评档案。

第十六条　市级绩效考评报告主要包括：市、县域内试点村个数、试点组织、试点形式、区域绩效目标、项目绩效目标完成情况，试点工作中存在的主要问题，及下一步工作建议等（附县级自评报告）。

绩效考评报告应当依据充分、真实完整、数据准确、分析透彻、逻辑清晰、客观公正。

第十七条　建立绩效考评档案。按照"谁考评、谁保管"的原则，建立绩效考评档案，并按规定妥善保管。

第十八条　建立持续跟踪问效制度。试点市、县（市、区）自试点开始后，连续开展三年绩效考评工作。

第四章　绩效考评结果运用

第十九条　绩效考评实行百分制，市级考评和县级自评满分均为一百分，量化计分（详见附件）。

第二十条　绩效考评结果划分为四个等级：基础分≥85 分、综合分≥90 分为优秀；基础分≥80 分、综合分≥85 分为良好；基础分≥70 分、综合分≥75 分为合格；基础分在 70 分以下的为不合格。

第二十一条　绩效考评结果将作为省财政厅下一年度选择调整重点项目和分配奖补资金的重要依据。省财政厅将对绩效突出的县（市、区）采取适当方式予以奖励；对绩效考评不合格的，将视情况取消其下一年度扶持村级集体经济发展试点资格。

第二十二条　各市、县（市、区）对考评结果的真实性负责，对绩效考评过程中存在弄虚作假或违规违纪行为的，根据相关规定严肃处理，以适当方式予以通报。

第二十三条　各市、县（市、区）要根据绩效考评结果，及时总结经验，查找不足，完善项目、资金等管理制度和程序，不断提高项目管理水平和资金使用效益。

第五章　附　　则

第二十四条　各市、省财政直接管理县（市）财政部门可参照本办法，结合本地实际，细化考评内容、考评指标和评分标准，研究制定切实可行的绩效考评办法，并报省财政厅备案。

第二十五条　本办法由省财政厅负责解释。

第二十六条　本办法自 2017 年 2 月 1 日起施行，有效期至 2019 年 1 月 31 日。

附件：扶持村级集体经济发展试点工作绩效考评量化评分表

附件：

扶持村级集体经济发展试点工作绩效考评量化评分表

单位名称：

考评内容 （一级指标）	权重	考评指标 （二级指标）	考评分值	指标量化（三级指标） 评分标准	提供资料或 考评依据	考评得分		
						基础分	加减分	综合分
一、组织领导	16	1. 组织保障	8	1. 市级重视，专门安排部署和落实，得 2 分； 2. 试点县（市、区）成立试点工作领导小组，党政领导重视，纳入年度主要工作部署，得 3 分，否则不得分； 3. 试点乡（镇、街道）主要领导重视，有专人负责，得 3 分。	领导批示、会议纪要及相关文件等			
		2. 政策落实	8	1. 市、县（市、区）有具体明确的政策措施或发展规划，得 2 分，否则酌情扣分； 2. 市、县（市、区）制定了规范的项目管理办法得 2 分，否则不得分； 3. 市、县（市、区）每年各召开 1 次以上会议落实推进试点工作（培训会、座谈会等），得 2 分，否则不得分； 4. 市、县（市、区）每年各至少组织 1 次专项检查和政策调研得 2 分否则酌情扣分。	会议通知、会议材料、现场影像资料等；专项检查通知书、专项检查报告或调研报告等档案资料			
二、资金管理	22	1. 预算安排	6	市、县预算安排总额达到当年省以上补助资金规模的，得 6 分，达不到或超过的按比例得分，最多得 10 分。	年初预算安排文件、预算拨款单等			
		2. 预算执行	3	截至 11 月底，县级国库资金支出进度超过 90% 的，得 3 分，否则不得分。	下拨资金的文件、国库执行数等			
		3. 财务管理	4	1. 市县两级有健全的资金管理制度和财务管理制度得 1 分，否则不得分； 2. 财政资金实行国库集中支付或者报账制得 1 分，否则不得分； 3. 财政资金专账核算得 1 分，否则不得分； 4. 会计账簿、记账凭证齐全得 1 分，否则不得分。	财务档案资料，会计账簿、记账凭证；银行开户凭证、对账单、制度文件及文号等			
		4. 其他投入	5	有乡（镇、街道）、村集体、其他社会资本投入，达到省级以上补助资金规模的得 5 分。达不到或超过的按比例得分，最多得 10 分，否则不得分。	年初预算安排文件、预算拨款单等			
		5. 投资进度	4	截至 11 月底，项目总投资支出进度超过 90% 的，得 4 分，否则不得分。	下拨资金的文件、国库执行数等			

考评内容 （一级指标）	权重	考评指标 （二级指标）	考评分值	指标量化（三级指标） 评分标准	提供资料或 考评依据	考评得分		
						基础分	加减分	综合分
三、项目管理	15	1. 前期准备	8	1. 试点县（市、区）、乡（镇、街道）、试点村筛选规范得 2 分，否则不得分； 2. 试点县（市、区）、乡（镇、街道）制定科学的项目试点方案得 2 分，否则不得分； 3. 村级制定可行的试点实施方案得 2 分，否则不得分； 4. 试点村按照一事一议议事机制实行民主决策，得 2 分，否则不得分。	项目规划、实施方案、民主决策等有关资料			
		2. 组织实施	4	1. 项目申报、评审、审批、实施等环节，程序规范得 3 分，有一处不规范减 1 分； 2. 试点村项目资金公示、公开，得 1 分，否则不得分。	项目管理档案、公示影像资料等			
		3. 考核验收	3	对项目进行验收且验收合格得 3 分，否则不得分。	相关验收资料等			
四、试点成效	45	1. 清产核资	4	厘清债权债务，摸清家底，规范完成三资清理登记得 4 分，否则不得分。	有关章程、制度、凭证、文件、材料、调查问卷等			
		2. 组织建设	4	建立健全村级集体经济组织得 4 分，否则不得分。				
		3. 项目建设	4	截至 11 月底，试点项目完工率达 90% 以上得 4 分，否则不得分。				
		4. 盈余分配	4	建立健全村级集体收入分配制度，兼顾村集体成员个人权益和村级集体经济组织收益，完善村集体公积金、公益金制度并进行公示得 4 分，否则不得分。				
		5. 经济效益	20	1. 各试点村项目年投资收益率平均达到 8%，得 10 分，否则按实际比例加减分； 2. 各试点村加入村集体经济组织的村民纯收入较试点前一年平均增长 10%，得 10 分，否则按实际比例加减分。				
		6. 工作创新	4	积极创新组织机制和经营模式，形成可复制推广的经验做法得 4 分，否则不得分。				
		7. 群众满意度	5	试点村村（居）民满意度平均达 80%（含 80%）以上，得 5 分；70% ~ 80%（含 70%）得 2 分；低于 70% 不得分。				
五、档案管理	2		2	试点县（市、区）资金、项目等管理档案完整留存 20 年，得 2 分。	相关文件、资料等			
六、违规违纪				加重农民负担并引发严重影响的；截留挪用、虚报冒领财政资金的；媒体负面报道，造成严重影响的；因政策落实不到位、操作程序不规范、超范围实施项目等引发群体性上访事件等，发生上述情况之一的，一票否决，并给予通报批评。	根据审计报告、投资评审报告、专项检查报告、违纪情况自查结果等认定			
合计	100		100					
绩效考评等级评定				被考评单位：（负责人签字） （公章） 年　　月　　日				

备注：1. 绩效评价结果按照综合评定分值的大小，划分为优秀、良好、合格、不合格四个等级。2. 考评各项打分时，均须提供项目书面依据。3. 基础分相同时比较综合分。

省财政厅关于印发《山东省村级公益事业建设一事一议财政奖补资金和项目管理暂行办法》的通知

2016 年 12 月 30 日　鲁财农改〔2016〕24 号

各市财政局、省财政直接管理县（市）财政局：

为规范村级公益事业建设一事一议财政奖补资金和项目管理，保证资金安全高效和项目规范实施，省财政厅制定了《山东省村级公益事业建设一事一议财政奖补资金和项目管理暂行办法》，现予以印发，请认真贯彻执行。

附件：山东省村级公益事业建设一事一议财政奖补资金和项目管理暂行办法

附件：

山东省村级公益事业建设一事一议财政奖补资金和项目管理暂行办法

第一章　总　　则

第一条　为规范全省村级公益事业建设一事一议财政奖补（以下简称一事一议财政奖补）资金和项目管理，保证资金安全高效和项目规范实施，根据《中华人民共和国预算法》（以下简称预算法）、《中共中央、国务院关于深化投融资体制改革的意见》（中发〔2016〕18 号）、《财政部关于印发〈中央财政农村综合改革转移支付资金管理办法〉的通知》（财农〔2016〕177 号）等相关规定，制定本办法。

第二条　本办法所称一事一议财政奖补资金，是指对村民委员会按照一事一议民主议事机制确定并组织实施的村级公益事业建设项目，给予的财政奖补资金。

第三条　一事一议财政奖补资金支持的村级公益事业建设项目，包括普惠制项目和乡村连片治理项目。

普惠制项目，是在一个行政村范围内举办的群众最急需、最迫切的公益事业建设项目。

乡村连片治理项目，是在相邻几个行政村范围内，由乡镇〔街办〕（以下简称乡镇）统一组织实施的公益事业建设项目。

第四条　一事一议财政奖补项目，必须由村民按一事一议民主议事机制确定。充分尊重农民意愿和主体地位，发挥农民在项目规划设计、项目建设、质量管理、运行管护等工作中的作用。

第五条　一事一议财政奖补资金和项目管理遵循以下原则：

（一）民办公助，坚持一事一议；

（二）村为主体，尊重农民意愿；

（三）宜居宜业，彰显农村特色；

（四）城乡统筹，推进城乡均等；

（五）县乡主导，部门合力共建；

（六）财政引导，强化多元投入；

（七）公正公开，注重绩效监督；

（八）规范管理，确保持续发展。

第六条　一事一议财政奖补工作实行分级管理、以县为主。

省财政厅负责管理和指导全省一事一议财政奖补工作，制订政策和制度办法，汇总编制全省一事一议财政奖补三年滚动计划和年度计划，统筹安排和管理中央及省奖补资金，对全省资金和项目进行监督检查和绩效评价。

市级财政部门负责管理和指导本市一事一议财政奖补工作，制订本市政策、制度和办法；统筹安排和管理上级财政部门下达及本级预算安排的奖补资金；汇总编制全市一事一议财政奖补三年滚动计划和年度计划；负责乡村连片治理项目评审立项、监督检查、竣工验收和绩效评价等；负责普惠制项目的监督检查和绩效评价等；指导各县做好规划、计划、项目选报和组织实施等工作。

县级财政部门负责管理和组织本县一事一议财政奖补工作，制订具体制度办法；做好部门协作和对乡镇、村工作指导，明确乡镇、村工作任务与职责；统筹安排和管理上级财政部门下达及本级预算安排的奖补资金；编制全县一事一议财政奖补三年滚动计划和年度计划；负责普惠制项目的审核批复、监督检查、竣工验收和绩效评价等；负责乡村连片治理项目的申报、实施和项目验收等；指导全县建成项目运行管护等工作。

项目乡镇负责管理和组织本乡镇一事一议财政奖补工作，编制一事一议财政奖补三年滚动计划和年度计划；负责本乡镇一事一议财政奖补项目政策宣传；负责乡村连片治理项目的设计、申报、实施、竣工验收和运行管护等；指导组织村级做好普惠制项目的设计、申报、实施、竣工验收和运行管护等工作。

第七条　绩效目标。普惠制项目绩效目标，主要是满足农民在村内交通、照明、饮水、环卫、绿化、美化和文体娱乐等方面公益性基础设施建设最急需、最迫切的基本要求，改善农民的基本生活条件。

乡村连片治理项目绩效目标，是根据统筹城乡发展的战略要求，努力把农村建设成基础设施配套齐全，村容村貌整洁美观，村庄环境优美宜居，农民生活幸福安康的社会主义新农村，实现生态美、生活美、生产美，宜居、宜业、宜游，提升农村人居环境和农民生活品质，基本实现城乡基础设施建设一体化，让农村居民共享改革发展成果。

第二章　资金管理

第八条　一事一议财政奖补支出责任主要在地方，中央和省级财政结合工作需要和财力状况予以适当支持引导。

市、县一事一议财政奖补资金预算安排情况列入绩效考评重要指标。

第九条　一事一议财政奖补资金采用因素法分配。

资金分配因素包括基础资源因素、工作绩效因素和其他因素，以基础资源因素为主。

基础资源因素包括农村人口数、行政村数等基础数据；工作绩效因素主要是对资金管理、项目管理、工作创新和日常综合管理等方面的绩效评价结果；其他因素主要包括党政领导重视程度和现有农村基础设施建设完成情况等。

各级财政部门可以根据年度一事一议财政奖补工作重点，适时调整每年分配资金的具体因素和权重。

第十条　创新多元化投入机制。发挥一事一议财政奖补资金的引领撬动作用，采取政府与社会资本合作、以奖代补、民办公助等方式，吸引社会资本和民间资本参与村级公益事业建设。鼓励加大村集体投入，倡导社会各界自愿捐赠赞助。

第十一条　一事一议财政奖补资金使用范围：

（一）普惠制项目。主要是与农民生产生活密切相关的村级公益事业项目：

1. 村内小型水利设施。包括村内供排水系统以及与生活密切相关的塘坝河道整治等小型水利工程。

2. 村内道路。包括水泥路面、砖或块石路面等。

3. 桥涵。包括桥梁新建、防护设施及桥面整修加固等。

4. 村内环卫设施。包括垃圾收集点（池、站、桶）、公共厕所、公共浴室等。

5. 村容村貌亮化美化。包括节能路灯、墙体美化、村内绿化和其他美化亮化项目等。

6. 公共活动场所。包括村民开展休闲娱乐、文体活动等场所。

7. 村内新能源设施。包括村内多户使用的风能、沼气、太阳能等。

8. 省委、省政府确定实施的一事一议财政奖补资金使用范围内的其他重点项目。对于目前没有单独统计、具体反映的村内公共设施，如有必要，经县级人民政府批准，也可以纳入奖补范围。

（二）乡村连片治理项目。在普惠制项目基础上，增加邻村之间道路、景观链接等项建设内容。

第十二条　各级财政部门要根据实际需要在预算中单独安排必要的项目管理费，用于项目规划设计、专家评审、项目招标、公开公示、工作培训、监督检查和信息化建设等项支出，以及委托第三方机构进行工程监理、资金审计、竣工验收、决算审计和绩效评价等项支出。

第十三条　各级财政部门应当根据预算法规定，及时、足额拨付资金，不得滞留资金。

一事一议财政奖补资金实行专款专用、专账核算，严格执行有关财务和会计制度。

第十四条　一事一议财政奖补资金支付要严格按照国库集中支付制度有关规定执行。其中，乡村连片治理项目财政奖补资金支付实行县级报账制。县级财政部门应当根据已批准的年度项目实施计划和县乡村以及第三方共同核实的工程建设进度、质量与投资完成进度，及时、足额报账付款，根据项目竣工决算审计结果进行清算。除质量保证金外，经决算审计确认完成的投资，都应及时拨付给施工方或供货商，不得无故拖延。也可采取由中标商交纳履约保证金代替质量保证金，按合同约定返还的方式，避免财政资金跨年度结转。

各地也可采取工程全面竣工、验收合格后一次报账付款的资金支付方式。

第十五条　一事一议财政奖补资金支出在"对村级一事一议的补助"科目中反映。各级财政部门可按照"渠道不乱、用途不变、优势互补、各记其功"的原则，将一事一议财政奖补资金和用于村级公益事业建设的其他财政资金捆绑使用，但不得将其他资金列入"对村级一事一议的补助"科目。

第十六条　一事一议财政奖补项目结余资金收回同级财政，统筹用于下年度一事一议财政奖补项目。

第三章　项目管理

第十七条　本办法所称一事一议财政奖补项目管理，是指在现行一事一议财政奖补政策框架内，对一事一议财政奖补项目的规划、计划、申报、评审、审批、实施、验收、移交、管护、监督检查和绩效评价等环节的全过程管理。

第十八条　一事一议财政奖补项目前期准备工作，包括制定规划、建立项目库、编制项目建设方案等。前期准备工作应当做到常态化、规范化。

第十九条　五年内整体拆迁村、常年在外居住农户达到50%以上的村，只能安排农民最急需、最迫切的小型公益事业建设项目；积极性不高和村级班子不作为的村等，不得列入一事一议财政奖补范围。

第二十条　规划编制。市级财政部门根据一事一议财政奖补政策和本市农村经济社会发展中长期规划，指导县级财政部门科学编制一事一议财政奖补三年滚动计划，通过《农村综合改革工作管理信息系统》（以下简称信息系统）报市级财政部门备案，并汇总编制全市三年滚动计划，通过信息系统报省财政厅备案。

第二十一条　项目立项程序。普惠制项目由村民议定、村级申请，乡镇审核申报，县级审批，市级备案；乡村连片治理项目由村民议定、村级申请，乡镇统一编制项目建设方案报县级审核，市级评审立项，省级备案。

第二十二条　县级财政部门应当在三年滚动计划基础上建立一事一议财政奖补项目库。项目内容按照信息系统项目库要求填报。

第二十三条 各地年度一事一议财政奖补项目原则上从项目库中选取，优先选择群众急需、受益面大、村两委班子得力、群众积极性高的项目。

第二十四条 项目单位申报项目，应当提交包括项目设计、详细工程量和投资概算的项目建设方案，并对申报材料的真实性负责。

项目建设方案主要内容包括：申报单位基本情况，项目建设必要性，建设地点、现状与建设条件，建设内容与设计方案，投资概算与资金筹措，组织实施与运营管理，生态、社会、经济综合效益预测和项目绩效目标等。

第二十五条 普惠制项目由县级财政部门负责评审立项，评审结果应当公示，无异议的，择优列入年度计划，报市级财政部门审查备案。

市级财政部门负责评审、批复本市（包括直管县）乡村连片治理项目，评审结果应当公示。公示无异议的，市级财政部门根据资金额度，择优确定拟纳入奖补范围的项目，报省财政厅审查备案。

第二十六条 项目评审应当以有关法律法规、行业标准和一事一议财政奖补政策为依据，对申报项目建设方案合理性、可行性进行评估和审查，提出进一步完善优化建议。

第二十七条 乡村连片治理项目立项条件。项目乡镇党委、政府高度重视，建立党委主要负责同志挂帅的项目工作班子，工作措施扎实有力；群众对项目建设积极性高，一事一议民主议事程序规范，项目区90%以上农户（居民）支持实施项目；项目村有特色产业优势、旅游开发潜力、长期聚居优势，相对集中连片，规模为7~12个村，惠及人口不少于6000人；项目建设方案合理，项目概算和工程造价比较客观；乡镇有较强的资金筹集和整合能力，资金使用管理规范、运行高效，以往安排的一事一议财政奖补资金拨付及时、管理到位，未出现挤占、滞留、挪用等违纪违规问题；已建一事一议财政奖补项目运行良好，组织农民参与建设和承担建后管护的能力较强。

第二十八条 乡村连片治理项目应达到以下基础标准：

1. 村内道路全部硬化，基本实现户户通。桥涵全部配套。

2. 排水系统完整通畅。有条件的应建设污水生态处理系统。

3. 安装太阳能等新型能源节能路灯，主次街道、公共场所全部亮化，小巷胡同、宅间道路合理设置路灯，满足夜间出行要求。

4. 自来水普及率达到98%以上，水质符合饮用水标准。

5. 村庄建筑整齐完整，无残墙破屋，临街墙体洁净，合理美化。合理建造景观节点。

6. 村庄环境洁净卫生，河沟池塘洁净美观，垃圾收集设施配备齐全，秸秆、粪污、垃圾无乱堆乱倒现象。无害化厕所实现全覆盖。配套公共厕所、公共浴池。

7. 村庄绿化达到省定标准。以大型乔木、乡土树种、果树为绿化主体，适当配植花草点缀。

8. 文体广场规模适度，设施齐全。

9. 安全监控系统齐备，布设合理。

各市应根据当地经济社会发展状况和行业标准，制订具体标准，用于规范项目设计、工程测算、项目预决算、施工建设与验收考评等。

第二十九条 年度计划编报。市县财政部门根据评审确定的项目建设方案和资金规模，按照统一格式编制一事一议财政奖补年度项目实施计划，于每年3月10日前，正式行文报省财政厅备案。计划编报说明应包括立项工作开展情况、资金和项目安排情况、绩效目标等，并及时录入信息系统。

各级财政部门依据上报备案的年度项目实施计划，组织项目实施、考评验收和监督检查等工作。

第三十条 项目招标工作由乡镇政府负责（市、县另有规定的，从其规定）。

普惠制项目主要采用邀请招标、询价、议标方式，不要求公开招标。由乡镇政府以乡镇为单位统一聘请专业监理公司负责各村项目监理。

乡村连片治理项目采用公开招标方式，选择工程和货物承包商及专业监理公司。

第三十一条 项目乡镇、村应当按照上报备案的项目计划和建设方案组织项目实施。在项目现场适当位置公示项目建设内容和投资计划。

项目建设期一般为1年，当年计划当年完成，并达到项目建设标准。

乡村连片治理项目应统一规划设计、统一施工建设、统一竣工验收。

第三十二条 年度项目实施计划必须严格执行，不得擅自调整或终止。建设内容、建设地点和建设期限等发生变化确需进行调整或终止的，普惠制项目由县级财政部门负责批复，乡村连片治理项目由市级财政部门负责批复，并通过信息系统向省财政厅备案。

第三十三条 一事一议财政奖补项目竣工后，项目实施单位应当逐项检查计划和实施方案完成情况，及时编报项目竣工决算，委托第三方审计，报县级财政部门审批，并做好项目竣工验收的准备工作。

第三十四条 竣工验收。普惠制项目由县级财政部门组织验收，乡村连片治理项目由市级财政部门组织验收。

项目验收率应达到100%。

验收的主要内容包括项目计划完成情况、工程质量情况、资金到位和使用情况，项目前后变化及绩效目标实现情况，招投标、工程监理、国库集中支付、财务管理、公开公示等工作开展情况，工程运行管护和档案管理情况，组织保障和规章制度执行情况等。

验收应实地核查确认。

对验收合格的项目，应及时办理奖补资金清算。

普惠制项目竣工验收，由县级财政部门自主把握。乡村连片治理项目竣工验收，应委托第三方机构独立完成。市县财政部门应加强政策沟通，必要时应派人现场监督验收工作。

普惠制项目以乡镇为单位出具验收报告，报市财政局备案。

每个乡村连片治理项目都要出具验收报告，报省财政厅备案。验收报告内容包括：验收的组织、计划完成、效益情况、各项管理工作开展情况、问题及建议等。

第三十五条 绩效评价。省财政厅委托第三方机构对各市一事一议财政奖补工作进行绩效评价。市县级绩效评价工作可以结合竣工验收工作同时开展。绩效评价报告与竣工验收报告同时提交。绩效评价报告内容包括：绩效评价组织、计划完成、资金使用、项目绩效目标实现情况，存在的问题及意见建议等。

验收和绩效评价结果作为分配和兑现财政奖补资金的重要依据。

第三十六条 项目乡镇应当将一事一议财政奖补项目形成的资产，以正式文件及时确认、移交项目村村民委员会，记入村资产专账，由村民委员会持有、使用并负责运行管护，保证项目工程在设计使用期限内正常运行。

第三十七条 市县财政部门应当及时将资金和工程进度情况录入信息系统，按月汇总。每年7月10日前，各市财政局向省财政厅报送上半年工作报告，12月25日前向省财政厅报送全年工作报告。报告内容主要包括：工作开展、计划完成、工作创新、存在问题及建议、下步打算等。

第三十八条 档案管理。各级财政部门和项目乡镇应做好一事一议财政奖补项目档案管理工作，及时将村民一事一议民主议事记录、项目申报及建设实施、预决算、建设前后图片、影像等相关原始资料收集归档，规范管理，妥善保存。普惠制项目档案由县级财政部门或项目乡镇负责管理，乡村连片治理项目档案由县级财政部门负责管理。保存期限15年。

第四章 监 督 管 理

第三十九条 各级财政部门应当按照政府信息公开的要求，将一事一议财政奖补政策规定、实施办法和工作程序等以适当形式进行公开。

村委会依据村务公开的有关规定，对已建成一事一议财政奖补项目、项目前后变化对照等情况在村内公示。在醒目位置设置统一标识，接受社会监督。

第四十条 各级财政部门应当制定内部控制制度，对一事一议财政奖补资金和项目管理风险进行预防和控制。

第四十一条 各级财政部门应加强一事一议财政奖补资金和项目的监督检查，发现问题及时纠正，确保工程质量和奖补资金安全，加快项目建设进度。

监督检查结果作为分配一事一议财政奖补资金的重要依据。

第四十二条 各级财政部门应当积极配合审计和财政监督等部门做好审计和监督检查工作，对发现的问题及时整改。

第四十三条 对一事一议财政奖补资金管理中发生的违法违规行为，按照《预算法》和《财政违法行为处罚处分条例》等有关规定追究责任。

对未履行一事一议财政奖补程序，擅自变更项目地点、内容、标准和投资规模，挤占挪用项目资金等问题，视情节轻重，采取限期整改、通报批评、停止拨款、扣回奖补资金等措施，并纳入信用负面清单。

对存在严重违法违规问题的项目乡镇，市县财政部门应取消下年度项目申报资格，情节严重的，收回已下达的财政奖补资金。

第五章　附　　则

第四十四条 各市财政部门应当根据本办法，结合本地实际，制定具体实施办法，报省财政厅备案。

第四十五条 本办法自 2017 年 2 月 1 日起施行，有效期至 2019 年 1 月 31 日。之前有关文件规定与本办法不一致的，以本办法为准。

十七、

文化资产管理类

国务院办公厅转发文化部等部门关于推动
文化文物单位文化创意产品开发若干意见的通知

2016 年 5 月 11 日　　国办发〔2016〕36 号

各省、自治区、直辖市人民政府，国务院各部委、各直属机构：

文化部、国家发展改革委、财政部、国家文物局《关于推动文化文物单位文化创意产品开发的若干意见》已经国务院同意，现转发给你们，请结合实际，认真贯彻执行。

附件：文化部　国家发展改革委　财政部　国家文物局关于推动文化文物单位文化创意产品开发的若干意见

附件：

文化部　国家发展改革委　财政部　国家文物局关于
推动文化文物单位文化创意产品开发的若干意见

为深入发掘文化文物单位馆藏文化资源，发展文化创意产业，开发文化创意产品，弘扬中华优秀文化，传承中华文明，推进经济社会协调发展，提升国家软实力，根据《国务院关于进一步加强文物工作的指导意见》（国发〔2016〕17 号）有关要求，现提出以下意见。

一、总体要求

文化文物单位主要包括各级各类博物馆、美术馆、图书馆、文化馆、群众艺术馆、纪念馆、非物质文化遗产保护中心及其他文博单位等掌握各种形式文化资源的单位。文化文物单位馆藏的各类文化资源，是中华民族五千多年文明发展进程中创造的博大精深灿烂文化的重要组成部分。

依托文化文物单位馆藏文化资源，开发各类文化创意产品，是推动中华文化创造性转化和创新性发展、使中国梦和社会主义核心价值观更加深入人心的重要途径，是推动中华文化走向世界、提升国家文化软实力的重要渠道，是丰富人民群众精神文化生活、满足多样化消费需求的重要手段，是增强文化文物单位服务能力、提升服务水平、丰富服务内容的必然要求，对推动优秀传统文化与当代文化相适应、与现代社会相协调，推陈出新、以文化人，具有重要意义。

推动文化创意产品开发，要始终把社会效益放在首位，实现社会效益和经济效益相统一；要在履行好公益服务职能、确保文化资源保护传承的前提下，调动文化文物单位积极性，加强文化资源系统梳理和合理开发利用；要鼓励和引导社会力量参与，促进优秀文化资源实现传承、传播和共享；要充分运用创意和科技手段，注意与产业发展相结合，推动文化资源与现代生产生活相融合，既传播文化，又发展产业、增加效益，实现文化价值和实用价值的有机统一。力争到 2020 年，逐步形成形式多样、特色鲜明、富有创意、竞争力强的文化创意产品体系，满足广大人民群众日益增长、不断升级和个性化的物质和精神文化需求。

二、主要任务

（一）充分调动文化文物单位积极性。具备条件的文化文物单位应结合自身情况，依托馆藏资源、形象品牌、陈列展览、主题活动和人才队伍等要素，积极稳妥推进文化创意产品开发，促进优秀文化资源的传承传播与合理利用。鼓励文化文物单位与社会力量深度合作，建立优势互补、互利共赢的合作机制，拓宽文化创意产品开发投资、设计制作和营销渠道，加强文化资源开放，促进资源、创意、市场共享。

（二）发挥各类市场主体作用。鼓励众创、众包、众扶、众筹，以创新创意为动力，以文化创意设计企业为主体，开发文化创意产品，打造文化创意品牌，为社会力量广泛参与研发、生产、经营等活动提供便利条件。鼓励企业通过限量复制、加盟制造、委托代理等形式参与文化创意产品开发。鼓励和引导社会资本投入文化创意产品开发，努力形成多渠道投入机制。

（三）加强文化资源梳理与共享。推进文化文物单位各类文化资源的系统梳理、分类整理和数字化进程，明确可供开发资源。用好用活第三次全国文物普查和第一次全国可移动文物普查数据。鼓励依托高新技术创新文化资源展示方式，提升体验性和互动性。支持数字文化、文化信息资源库建设，用好各类已有文化资源共建共享平台，面向社会提供知识产权许可服务，促进文化资源社会共享和深度发掘利用。

（四）提升文化创意产品开发水平。深入挖掘文化资源的价值内涵和文化元素，广泛应用多种载体和表现形式，开发艺术性和实用性有机统一、适应现代生活需求的文化创意产品，满足多样化消费需求。结合构建中小学生利用博物馆学习的长效机制，开发符合青少年群体特点和教育需求的文化创意产品。鼓励开发兼具文化内涵、科技含量、实用价值的数字创意产品。推动文化文物单位、文化创意设计机构、高等院校、职业学校等开展合作，提升文化创意产品设计开发水平。

（五）完善文化创意产品营销体系。创新文化创意产品营销推广理念、方式和渠道，促进线上线下融合。支持有条件的文化文物单位在保证公益服务的前提下，将自有空间用于文化创意产品展示、销售，鼓励有条件的单位在国内外旅游景点、重点商圈、交通枢纽等开设专卖店或代售点。综合运用各类电子商务平台，积极发展社交电商等网络营销新模式，提升文化创意产品网络营销水平，鼓励开展跨境电子商务。配合优秀文化遗产进乡村、进社区、进校园、进军营、进企业，加强文化创意产品开发和推广。鼓励结合陈列展览、主题活动、馆际交流等开展相关产品推广营销。积极探索文化创意产品的体验式营销。

（六）加强文化创意品牌建设和保护。促进文化文物单位、文化创意设计企业提升品牌培育意识以及知识产权创造、运用、保护和管理能力，积极培育拥有较高知名度和美誉度的文化创意品牌。依托重点文化文物单位，培育一批文化创意领军单位和产品品牌。建立健全品牌授权机制，扩大优秀品牌产品生产销售。

（七）促进文化创意产品开发的跨界融合。支持文化资源与创意设计、旅游等相关产业跨界融合，提升文化旅游产品和服务的设计水平，开发具有地域特色、民族风情、文化品位的旅游商品和纪念品。推动优秀文化资源与新型城镇化紧密结合，更多融入公共空间、公共设施、公共艺术的规划设计，丰富城乡文化内涵，优化社区人文环境，使城市、村镇成为历史底蕴厚重、时代特色鲜明、文化气息浓郁的人文空间。将文化创意产品开发作为推动革命老区、民族地区、边疆地区、贫困地区文化遗产保护和文化发展、扩大就业、促进社会进步的重要措施。鼓励依托优秀演艺、影视等资源开发文化创意产品，延伸相关产业链条。

三、支持政策和保障措施

（一）推动体制机制创新。鼓励具备条件的文化文物单位在确保公益目标、保护好国家文物、做强主业的前提下，依托馆藏资源，结合自身情况，采取合作、授权、独立开发等方式开展文化创意产品开发。逐步将文化创意产品开发纳入文化文物单位评估定级标准和绩效考核范围。文化文物事业单位要严格按照分类推进事业单位改革的政策规定，坚持事企分开的原则，将文化创意产品开发与公益服务分开，原则上以企业为主体参与市场竞争；其文化创意产品开发取得的事业收入、经营收入和其他收入等按规定纳入本单位预算统一管理，可用于加强公益文化服务、藏品征集、继续投入文化创意产品开发、对符合规定的人员予以绩效奖励等。国有文化文物单位应积极探索文化创意产品开发收益在相关权利人间的合理分配机制。促进国有和非国有文化文物单位之间在馆藏资源展览展示、文化创意产品开发等方面的交流合作。鼓励具备条件的非国有文化文物单位充分发掘文化资源开发文化创意产品，同等享受相关政策支持。

（二）稳步推进试点工作。按照试点先行、逐步推进的原则，在国家级、部分省级和副省级博物馆、美术馆、图书馆中开展开办符合发展宗旨、以满足民众文化消费需求为目的的经营性企业试点，在开发模式、收入分配和激励机制等方面进行探索。试点名单由文化部、国家文物局确定，或者由省级人民政府文化文物部门确定并报文化部、国家文物局备案。允许试点单位通过知识产权作价入股等方式投资设立企业，从事文化创意产品开发经营。试点单位具备相关知识和技能的人员在履行岗位职责、完成本职工作的前提下，经单位批准，可以兼职到本单位附属企业或合作设立的企业从事文化创意产品开发经营活动；涉及的干部人事管理、收入分配等问题，严格按照有关政策规定执行。参照激励科技人员创新创业的有关政策完善引导扶持激励机制。探索将试点单位绩效工资总量核定与文化创意产品开发业绩挂钩，文化创意产品开发取得明显成效的单位可适当增加绩效工资总量，并可在绩效工资总量中对在开发设计、经营管理等方面作出重要贡献的人员按规定予以奖励。

（三）落实完善支持政策。中央和地方各级财政通过现有资金渠道，进一步完善资金投入方式，加大对文化创意产品开发工作的支持力度。研究论证将符合条件的文化创意产品开发项目纳入专项建设基金支持范围。认真落实推进文化创意和设计服务与相关产业融合发展、发展对外文化贸易等扶持文化产业发展的税收政策，支持文化创意产品开发。将文化创意产品开发纳入文化产业投融资服务体系支持和服务范围。面向从事文化创意产品开发的企事业单位，培育若干骨干文化创意产品开发示范单位，加强引领示范，形成可向全行业推广的经验。将文化创意产品开发经营企业纳入各级文化产业示范基地评选范围。强化文化市场监管和执法，加大侵权惩处力度，创造良好市场环境。鼓励各级地方政府创新文化创意产品开发机制，用机制创新干事。

（四）加强支撑平台建设。发挥国家级文化文物单位和骨干企业作用，支持实施一批具有示范引领作用的项目，搭建面向全行业的产品开发、营销推广、版权交易等平台。支持有条件的地方和企事业单位建设文化创意产品开发生产园区基地。实施"互联网＋中华文明"行动计划，遴选和培育一批"双创"空间，实施精品文物数字产品和精品展览数字产品推广项目。充分发挥重点文化产业、文物展会作用，促进优秀文化创意产品的展示推广和交易。规范和鼓励举办产品遴选推介、创意设计竞赛等活动，促进文化创意产品展示交易。借助海外中国文化中心、国际展览展示交易活动、文物进出境展览和交流等平台，促进优秀文化创意产品走出去。

（五）强化人才培养和扶持。以高端创意研发、经营管理、营销推广人才为重点，同旅游、教育结合起来，加强对文化创意产品开发经营人才的培养和扶持。将文化创意产品设计开发纳入各类文化文物人才扶持计划支持范围。文化文物单位和文化创意产品开发经营企业要积极参与各级各类学校相关专业人才培养，探索现代学徒制、产学研结合等人才培养模式，并为学生实习提供岗位，提高人才培养的针对性和适用性。通过馆校结合、馆企合作等方式大力培养文化文物单位的文化创意产品开发、经营人才。支持文化文物单位建设兼具文化文物素养和经营管理、设计开发能力的人才团队，并通过多种形式引进优秀专业人才，进一步畅通国有和民营、事业单位和企业之间人才流动渠道。鼓励开展中外文化创意产品设计开发、经营管理人才交流与合作，定期开展海外研习活动。

（六）加强组织实施。地方各级文化、发展改革、财政、文物等部门要按照本意见的要求，根据本地区实际情况，加强对推动文化创意产品开发工作的组织实施，做好宣传解读和相关统计监测工作。部门间、地区间要协同联动，确保各项任务措施落到实处。注意加强规范引导，因地制宜，突出特色，科学论证，确保质量，防止一哄而上、盲目发展。强化开发过程中的文物保护和资产管理，制定严格规程，健全财务制度，防止破坏文物，杜绝文物和其他国有资产流失。充分发挥各级各类行业协会、中介组织、研究机构等在行业研究、标准制定、交流合作等方面的作用。

国务院办公厅转发国务院国资委、财政部
关于国有企业职工家属区"三供一业"
分离移交工作指导意见的通知

2016 年 6 月 11 日　国办发〔2016〕45 号

各省、自治区、直辖市人民政府，国务院各部委、各直属机构：

国务院国资委、财政部《关于国有企业职工家属区"三供一业"分离移交工作的指导意见》已经国务院同意，现转发给你们，请认真贯彻执行。

附件：国务院国资委　财政部关于国有企业职工家属区"三供一业"分离移交工作的指导意见

附件：

国务院国资委　财政部关于国有企业职工家属区
"三供一业"分离移交工作的指导意见

国有企业职工家属区供水、供电、供热（供气）及物业管理（统称"三供一业"）分离移交是剥离国有企业办社会职能的重要内容，有利于国有企业减轻负担、集中精力发展主营业务，也有利于整合资源改造提升基础设施，进一步改善职工居住环境。2012 年以来，国务院国资委、财政部先后在黑龙江、河南、湖南、重庆、辽宁、吉林、广东、海南、四川、贵州等 10 省（市）开展了中央企业"三供一业"分离移交试点，取得了积极成效，为全面开展分离移交工作积累了经验。为贯彻落实党中央、国务院有关决策部署，推动国有企业职工家属区"三供一业"分离移交工作，现提出以下意见：

一、总体要求

（一）工作目标。2016 年开始，在全国全面推进国有企业（含中央企业和地方国有企业）职工家属区"三供一业"分离移交工作，对相关设备设施进行必要的维修改造，达到城市基础设施的平均水平，分户设表、按户收费，交由专业化企业或机构实行社会化管理，2018 年年底前基本完成。2019 年起国有企业不再以任何方式为职工家属区"三供一业"承担相关费用。

（二）工作要求。坚持政策引导与企业自主相结合，推进公共服务专业化运营，提高服务质量和运营效率，国有企业不再承担与主业发展方向不符的公共服务职能。国有企业不得在工资福利外对职工家属区"三供一业"进行补贴，切实减轻企业负担，保障国有企业轻装上阵、公平参与市场竞争。原则上先完成移交，再维修改造，按照技术合理、经济合算、运行可靠的要求，以维修为主、改造为辅，促进城市基础设施优化整合。分离移交工作执行地市级以上地方人民政府出台的相关标准和政策，保证分离移交后设备设施符合基本标准、正常运行。

二、主要任务

（三）明确责任主体。分离移交工作的责任主体是企业，移交企业和接收单位要根据"三供一业"设备设施的现状，共同协商维修改造标准及组织实施方案等事项，签订分离移交协议，明确双方责任，确保

工作有效衔接。

（四）规范审核程序。接收单位为国有企业或政府机构的，依据《财政部关于企业分离办社会职能有关财务管理问题的通知》（财企〔2005〕62号）的规定，对分离移交涉及的资产实行无偿划转，由企业集团公司审核批准，报主管财政部门、同级国有资产监督管理机构备案。

（五）严格移交程序。移交企业要做好移交资产清查、财务清理、审计评估、产权变更及登记等工作，并按照财企〔2005〕62号文件规定进行财务处理。多元股东的企业应当经该企业董事会或股东会同意后，按照持有股权的比例核减国有权益。

（六）明确财务规则。企业应按照《企业财务通则》《企业会计准则》等财务会计有关规定进行财务处理和会计核算，并将账务处理依据和方式作为重大财务事项报同级国有资产监督管理机构备案。分离移交事项对企业财务状况及经营成果造成的影响，应由中介机构出具专项鉴证意见，报同级国有资产监督管理机构备案。

（七）妥善安置人员。移交"三供一业"涉及的从业人员，原则上按照地市级以上地方人民政府制定的政策标准接收安置，按照有关政策无法接收的人员由移交企业妥善安置。企业集团公司及移交企业要做好相关工作衔接，深入细致开展思想政治工作，确保企业正常运转和职工队伍稳定。

（八）探索移交途径。国有企业职工家属区的物业管理可由国有物业管理公司接收，也可由当地政府指定有关单位接收，支持实力强、信誉好的国有物业管理公司跨地区接收移交企业的物业管理职能。已经进行过房改的职工家属区，也可在当地政府指导下，由业主大会市场化选聘物业管理机构，或者实行业主自我管理。

三、保障措施

（九）分离移交费用由企业和政府共同分担。分离移交"三供一业"的费用包括相关设施维修维护费用，基建和改造工程项目的可研费用、设计费用、旧设备设施拆除费用、施工费用、监理费等。

中央企业的分离移交费用由中央财政（国有资本经营预算）补助50%，中央企业集团公司及移交企业的主管企业承担比例不低于30%，其余部分由移交企业自身承担。原政策性破产中央企业的分离移交费用由中央财政（国有资本经营预算）全额承担。中央企业的分离移交费用要按照有关要求进行申请、预拨和清算，具体办法由相关部门另行制定。

地方国有企业分离移交费用由地方人民政府明确解决办法。其中1998年1月1日以后中央下放地方的煤炭、有色金属、军工等企业（含政策性破产企业）分离移交费用由中央财政给予适当补助，具体办法由财政部另行制定。

因"三供一业"分离移交工作对企业经营业绩考核指标产生较大影响的，进行经营业绩考核时可予以适当考虑。

四、组织领导

（十）发挥地方作用。地方各级人民政府要高度重视国有企业职工家属区"三供一业"分离移交工作，结合实际细化工作措施，分解目标任务，及时办理相关手续，建立绿色通道、简化程序、提高效率，创造便利工作环境。省级人民政府要明确责任分工，制定具体工作方案，协调推动本地区中央企业、地方国有企业开展工作。地市级人民政府要制定完善工作办法，协调落实接收单位，研究解决具体问题，对分离移交工作实行全过程管理。地方各级国有资产监督管理机构、财政部门要及时掌握工作进展情况，督促指导有关企业做好分离移交工作。

（十一）落实企业责任。国有企业集团公司要加强组织协调，积极推进所属企业做好"三供一业"分离移交工作。从事"三供一业"专业化运营的国有企业要树立大局意识、主动承担社会责任，积极参与分离移交工作。移交企业和接收单位要认真组织实施，严格按照有关规定，规范使用分离移交资金，对擅自挪用、违规使用的，要按照《财政违法行为处罚处分条例》的有关规定严肃处理。

财政部　新闻出版广电总局关于印发《中央级国家电影事业发展专项资金预算管理办法》的通知

2016 年 2 月 25 日　财教〔2016〕4 号

各省、自治区、直辖市财政厅（局）、新闻出版广电局：

为加强中央级国家电影事业发展专项资金管理，提高财政资金使用效益，我们制定了《中央级国家电影事业发展专项资金预算管理办法》，现印发给你们，请遵照执行。

附件：中央级国家电影事业发展专项资金预算管理办法

附件：

中央级国家电影事业发展专项资金预算管理办法

第一章　总　　则

第一条　为规范和加强中央级国家电影事业发展专项资金（以下简称中央级电影专项资金）预算管理，提高资金使用效益，根据国家有关法律法规和财政管理规定，结合电影发展实际，制定本办法。

第二条　本办法所称中央级电影专项资金，是指国家电影事业发展专项资金中按规定缴入中央国库的部分。

第三条　中央级电影专项资金纳入中央政府性基金预算管理，根据收入情况和实际支出需要编制预算，做到以收定支。

第四条　中央级电影专项资金的管理和使用应当严格执行国家法律法规和财政财务规章制度，并接受财政、审计等部门的监督和检查。

第二章　使用范围和资助标准

第五条　中央级电影专项资金资助影院建设和设备更新改造。

（一）对符合条件的新建影院予以一次性资助，支持其运营发展及放映设备更新。资助金额根据影院运营状况、票房情况核定，每家影院不高于 300 万元；资助范围为中部地区县（县级市），以及西部地区（含国务院规定全面比照享受西部开发政策的地区）省会城市以外的市、县（县级市）的新建影院。

（二）对数字节目卫星租赁、传输平台建设及运行维护予以资助。

（三）对影院按照有关规定安装市场监管设备等予以适当资助。

第六条　中央级电影专项资金资助少数民族语电影译制。

（一）对西藏、新疆、内蒙古、四川、云南、甘肃、青海、吉林延边、辽宁丹东等省份、地区的少数民族语电影译制项目，按照 7 万元/部的标准予以资助。

除上述少数民族语电影译制项目外，新闻出版广电总局委托实施的其他少数民族语电影译制项目，按照不高于 7 万元/部的标准予以资助。

（二）根器实际需求和财力可能，对少数民族语电影译制设备更新改造等予以适当资助，对少数民族语电影译制工作成绩突出的单位予以适当奖励。

第七条 中央级电影专项资金资助重点制片基地建设发展。

（一）根据重点制片基地业务增长率、设备使用率等考核结果，对其建设运营予以适当资助，支持其提高社会服务效能。

（二）对重点制片基地摄影棚建设及设备更新改造予以适当资助，资助金额根据实际需求和财力可能，并参考专家评估意见确定，最高不超过建设资金总量的 30%。

（三）对政府主管部门要求重点制片基地承担的重点影片项目、公益影片项目、艺术影片项目等予以适当资助，每个项目资助金额不高于 150 万元。

第八条 中央级电影专项资金奖励优秀国产影片制作、发行和放映。

（一）经评选确定，对票房排名靠前的社会效益和经济效益突出及制作技术突破创新的优秀国产影片出品单位予以奖励，每部影片奖励金额不高于 600 万元。

（二）对发行政府推荐的重点影片、工作成绩突出的单位予以奖励，每部影片奖励金额不高于 150 万元。

（三）对放映国产影片成绩达标的影院予以奖励，每家影院奖励金额不高于其因放映国产影片而上缴的国家电影事业发展专项资金的 40%。

（四）对在海外电影市场取得突出成绩的国产影片国内出品单位予以奖励，奖励金额最高不超过该片在海外市场取得收入的 1%。

第九条 中央级电影专项资金资助文化特色、艺术创新影片发行和放映。

对经专家推荐并经国家电影专项资金管理委员会（以下简称国家管委会）审定的传承中华文化、具有艺术创新价值的国产影片发行、放映单位予以适当资助，资助金额不高于发行、放映支出的 50%。

第十条 中央级电影专项资金可以用于全国电影票务综合信息管理系统建设和维护。

根据实际需求和财力可能安排全国电影票务综合信息管理系统建设和维护支出，具体包括全国影院票房数据上报及上缴国家电影事业发展专项资金申报系统、票房数据监控系统、票房结算系统、统计分析平台系统等的建设和维护支出。

第十一条 中央级电影专项资金可以用于经财政部批准的电影事业发展其他支出。

第十二条 国家管委会根据电影事业发展实际情况和本办法规定的资金使用范围，确定年度中央级电影专项资金使用方向、支持重点和扶持政策。

第十三条 国家管委会办公室征收管理工作所需经费，由中央财政预算统筹安排。

国家管委会办公室征收管理工作支出主要包括日常工作，项目管理、评审，票房监督检查，培训等支出。

第三章　预　算　管　理

第十四条 中央级电影专项资金预算分为中央本级支出预算和补助地方支出预算两部分。中央本级支出预算，纳入新闻出版广电总局部门预算管理；补助地方支出预算，纳入中央对地方转移支付预算管理。

第十五条 中央本级支出预算编制和审批，按照部门预算管理制度执行。

第十六条 补助地方支出预算申报和审批程序如下：

（一）省级财政部门会同省级电影行政主管部门，对省级管委会办公室提出的项目建议进行审核，并联合以省级财政部门文件形式，于当年 3 月 31 日前向财政部和新闻出版广电总局报送资金申请。

（二）根据各地资金申请情况，国家管委会办公室提出分配方案建议，新闻出版广电总局进行审核后，于 5 月 15 日前报财政部。

（三）财政部根据当年补助地方支出预算情况确定分配方案，并在全国人民代表大会批准预算后九十日内将中央对地方转移支付预算下达省级财政部门，同时抄送新闻出版广电总局。

第十七条　中央级电影专项资金预算一经批准，应当严格执行，不得擅自变更。如确需变更，应当按中央级电影专项资金预算管理有关规定，中央本级支出预算由新闻出版广电总局报财政部批准后执行；补助地方支出预算由省级电影行政主管部门报同级财政部门批准后执行，并报财政部和新闻出版广电总局备案。

第十八条　中央级电影专项资金的资金支付按照国库集中支付制度有关规定执行，各级财政应按规定及时拨付中央级电影专项资金。

中央级电影专项资金使用过程中涉及政府采购的，按照政府采购法律制度规定执行。

第十九条　中央级电影专项资金形成的结转结余资金，按照政府性基金结转结余资金管理有关规定执行。

第二十条　中央级电影专项资金使用部门和单位应当按照同级财政部门的规定，编制年度中央级电影专项资金决算，报同级财政部门审批。

第四章　监督检查

第二十一条　中央级电影专项资金使用单位应当加强资金使用管理，充分发挥资金使用效益。

第二十二条　各级财政和电影行政主管部门应当加强中央级电影专项资金绩效管理，制定符合中央级电影专项资金特点的绩效管理制度和绩效指标体系。合理设定绩效目标，实施绩效运行监控，开展绩效评价，并加强绩效评价结果应用，将绩效评价结果作为编制以后年度预算的重要依据。

第二十三条　各级财政和电影行政主管部门应当组织开展中央级电影专项资金管理使用的监督检查，对于检查发现的问题，依据有关规定处理。

第五章　附　　则

第二十四条　本办法由财政部、新闻出版广电总局负责解释。

第二十五条　本办法自 2016 年 3 月 1 日起施行。

财政部关于《中央补助地方博物馆纪念馆免费开放专项资金管理暂行办法》的补充通知

2016 年 4 月 14 日　财教〔2016〕49 号

各省、自治区、直辖市、计划单列市财政厅（局）：

根据《财政部关于完善政府预算体系有关问题的通知》（财预〔2014〕368 号），从 2015 年 1 月 1 日起，文化事业建设费从政府性基金预算转列一般公共预算。为保持支出政策的连续性，加强中央对地方转移支付的统筹管理，现对《中央补助地方博物馆纪念馆免费开放专项资金管理暂行办法》（财教〔2013〕97 号）有关调整事项通知如下：

一、原通过中央补助地方文化事业建设费安排的全国爱国主义教育示范基地陈列布展项目，纳入中央补助地方博物馆纪念馆免费开放资金陈列布展补助范围。地方财政部门申报全国爱国主义教育示范基地陈列布展项目补助资金时，应商省级宣传部门和精神文明办同意后上报。

二、按照《财政部关于印发〈中央补助地方公共文化服务体系建设专项资金管理暂行办法〉的通知》（财教〔2015〕527号）有关规定，对基本公共文化服务绩效评价结果优良的地方予以奖励。中央补助地方博物馆纪念馆免费开放资金不再安排奖励资金。

特此通知。

财政部 国家新闻出版广电总局关于做好中央级国家电影事业发展专项资金补助地方新旧政策衔接工作的通知

2016年5月17日 财教〔2016〕71号

各省、自治区、直辖市财政厅（局）、新闻出版广电局：

为适应中国电影发展的新形势和财政预算管理改革的新要求，财政部、新闻出版广电总局印发了《国家电影事业发展专项资金征收使用管理办法》（财税〔2015〕91号）、《中央级国家电影事业发展专项资金预算管理办法》（财教〔2016〕4号）。为做好与《财政部 新闻出版广电总局关于县城数字影院建设补贴资金申报和管理工作的通知》（财教〔2013〕249号）等涉及中央级国家电影事业发展专项资金对地方资助政策的衔接工作，现将有关事项通知如下：

一、关于县城数字影院建设补贴政策

根据财教〔2013〕249号文件等有关要求，中央级国家电影事业发展专项资金支持"十二五"时期符合条件的县城数字影院建设。自2016年起，财教〔2013〕249号文件停止执行。为使该项支持政策落实到位，"十二五"时期即2015年12月31日前新建并投入正常营业的县城数字影院，可继续按照财教〔2013〕249号文件规定，申请中央级图家电影事业发展专项资金资助，直至资助完成。

二、关于新建影院上缴票房收入返还政策

根据《关于调整电影专项资金对"新建影院先征后返"、"资助城市影院改造"政策的通知》（电专字〔2015〕1号）有关规定，2015年7月1日后新建的影院停止执行《关于对新建影院实行先征后返国家电影专项资金的通知》（电专字〔2004〕2号）、《关于"对新建影院实行先征后返政策"的补充通知》（电专字〔2012〕2号）等有关规定。为做好新旧政策衔接工作：

（一）电专字〔2004〕2号文件自2016年起停止执行。对于2015年6月30日前新建并投入正常营业、符合电专字〔2004〕2号文件有关要求的影院，继续按照电专字〔2004〕2号文件规定享受上缴电影专项资金返还致策，直至返还完成。

（二）电专字〔2012〕2号文件自2016年起停止执行。符合电专字〔2012〕2号文件规定条件的影院，其2015年上缴的电影专项资金，按照电专字〔2012〕2号文件规定享受返还政策。

（三）鉴于国家电影事业发展专项资金在中央和地方之间的分成比例已经由6∶4调整为4∶6，上述两项政策所需资金由地方使用缴入省级国库的电影专项资金增量资金等安排，中央财政将视情况予以适当补助。

三、关于国产影片放映奖励政策

对影院2015年放映国产影片的奖励，按照《关于返还放映国产影片上缴电影专项资金的通知》（电专

字〔2012〕3 号）执行。2016 年起，对影院放映国产影片的奖励，按照《关于奖励放映国产影片成绩突出影院的通知》（电专字〔2016〕3 号）执行。

四、其他事项

中央级国家电影事业发展专项资金补助地方预算的申报程序按照财教〔2016〕4 号文件执行。

中共中央宣传部等印发《关于深化国有文化企业分类改革的意见》的通知

2016 年 7 月 5 日　中宣发〔2016〕22 号

各省、自治区、直辖市党委宣传部、网信办、财政厅（局）、文化厅（局）、新闻出版广电局，中央宣传文化系统各单位：

现将《关于深化国有文化企业分类改革的意见》印发给你们，请认真贯彻执行。

附件：关于深化国有文化企业分类改革的意见

附件：

关于深化国有文化企业分类改革的意见

为贯彻落实《中共中央　国务院关于深化国有企业改革的指导意见》（中发〔2015〕22 号）、《中共中央办公厅　国务院办公厅印发〈关于推动国有文化企业把社会效益放在首位、实现社会效益和经济效益相统一的指导意见〉的通知》（中办发〔2015〕50 号），现就深化国有文化企业分类改革提出以下意见。

国有文化企业是繁荣发展文化产业、弘扬社会主义核心价值观、建设社会主义先进文化的重要力量。深化国有文化企业分类改革是新形势下建立有文化特色的现代企业制度、进一步增强国有文化企业实力活力竞争力的重要举措。要在国有企业改革大框架下，充分体现文化例外要求，与国有企业功能界定和分类相衔接，积极稳妥推进。依据不同国有文化企业的战略定位、功能作用、改革发展现状及其主营业务和核心业务范围，将国有文化企业分为新闻信息服务类、内容创作生产类、传播渠道类、投资运营类和综合经营类，区别对待，分类施策，确保国有文化资产保值增值，增强国有文化企业核心竞争力，更好实现社会效益和经济效益相统一。

一、新闻信息服务类

新闻信息服务类国有文化企业以新闻宣传为主业，主要从事新闻信息服务及相关业务，包括党报党刊、通讯社、广播电台、电视台等新闻单位所属的传媒企业和已按规定转制的非时政类报刊社、新闻网站等。

新闻信息服务承载着引导舆论、推动发展的特殊功能，对人们思想意识和社会生活有着重大影响。新闻信息服务类国有文化企业要始终坚持党性原则、树立阵地意识、把握正确导向，强化互联网思维和一体化发展要求，加快媒体融合发展，构建全方位、多层次、多声部的主流舆论矩阵，加快形成一批新型主流媒体和主流媒体集团，不断壮大新闻舆论主阵地，提高党的新闻舆论传播力引导力影响力公信力。

要突出导向性、时效性，强化内部管理，优化资源配置，健全坚持正确舆论导向的体制机制。推动将所有从事新闻信息服务、具有媒体属性和舆论动员功能的传播平台纳入管理范围，对所有新闻信息服务和相关业务从业人员实行准入管理。加大媒体结构调整力度，新建改建一批、重组整合一批，有效整合各种媒介资源、生产要素。适应融合发展要求，推动媒体内部组织结构和制度创新，实现由相"加"阶段向相"融"阶段转变，实现全面转型、一体化发展。实行事业体制的党报党刊、通讯社、广播电台、电视台等新闻单位要探索事业与企业分开，强化出资主体责任，加强和规范对所办传媒企业的管理，建立健全协调沟通机制，推动事业与企业良性互动、产业反哺主业。坚持采编和经营两分开、两加强，划定经营工作底线，规范经营活动，禁止采编播人员与经营人员混岗。鼓励以党报党刊所属的非时政类报刊社和实力雄厚的行业性报刊社为龙头整合本区域本行业报刊资源，鼓励党政部门主管主办的非时政类报刊社组建传媒集团。对长期经营困难、无法正常履行新闻宣传职责的国有传媒企业实行关、停、并、转。鼓励已转制新闻网站通过改制上市、并购重组等方式实现跨越式发展，打造新型互联网文化企业，抢占网络舆论制高点。

二、内容创作生产类

内容创作生产类国有文化企业以内容创作生产为主业，包括出版、影视、演艺、动漫等领域的国有及国有控股文化企业。

文化产业本质上属于内容产业，内容强、产业兴。内容创作生产类国有文化企业要紧紧扭住创作生产优秀作品这个中心环节，坚持以人民为中心的创作导向，坚持传播当代中国价值观念、体现中华文化精神、反映中国人民奋斗追求，坚持把作品质量放在第一位，加强原创和现实题材创作，推动文化表现形式和营销方式创新，着力打造一批文化内容提供商，推出更多思想性、艺术性、观赏性俱佳的精品力作。

要突出原创性、艺术性，完善内容把关程序，健全内部组织架构，推动形成有利于文化创新创造的激励约束机制。健全绩效考核办法，对企业内容生产部门和经营部门实行差异化考核，推动资源资金和收入分配向内容创作生产部门和岗位倾斜。支持符合条件的企业实现整体上市，鼓励已上市国有控股公司把符合条件的资产全部注入上市公司，优化治理结构，发展壮大主业。充分发挥面向社会化创作生产的服务平台作用，发现、挖掘和团结文化名家、网络作家、自由撰稿人、独立制片人、独立演员歌手等多方力量，在服务中实现引导功能，在引导中提升创新能力。探索国有文化企业以资本为纽带或项目合作模式，同民营文化工作室、民营文化经纪机构、网络文艺社群等新组织开展多种形式合作，引导和推动文化内容创作生产。顺应网络文化创作生产开放性和互动性新趋势，集成各种文化要素和技术要素，推动文化创作生产方式转变。推进"互联网＋"和"文化＋"，以自主知识产权为基础和核心，延伸产业链，建立体现自身独特优势、可持续发展的经营模式，打造知名文化品牌。

三、传播渠道类

传播渠道类国有文化企业以文化信息传播为主业，包括广电传输网络、出版物印刷发行、电影发行放映、文艺演出场所等领域的国有及国有控股文化企业。

渠道、终端是连接文化生产和消费的桥梁，是增强文化体验性和互动性、促进和引导文化消费的纽带。传播渠道类国有文化企业要以服务文化创新、传播先进文化为己任，确保信息传输播出安全和流通营销渠道安全，推动文化业态创新，加强农村、社区和学校等基层文化网点建设，构建贯通城乡、互联互通、传输便捷、双向互动的现代传播体系，不断扩大优秀文化产品和服务的覆盖面、影响力，满足人民群众的文化需求。

要突出安全性、先进性，创新经营管理机制，推进跨地区并购重组，提升运用数字化、网络化、智能化技术的能力和水平。广电传输网络企业要主动适应互联网快速发展、三网融合深入推进的新形势,发挥广电传输网络"防火墙"作用,加快网络整合和智能化建设,推动技术改造和业务升级,建立互联互通、安全可控的全国性数字化文化传播渠道。

出版物印刷发行、电影发行放映、文艺演出场所等企业要加快股份制改造,引入战略投资者,发展连锁经营等现代流通组织形式,加强实体书店等基层文化设施建设,加快各类文化体验场所发展,繁荣和活跃文化市场。图书发行企业要加强与电商企业的合作,文艺演出场所等可探索政府和社会资本合作模式(PPP)吸引社会资本参与建设。

四、投资运营类

投资运营类国有文化企业以投资、资产运营为主业,包括各类国有及国有控股的文化产业投资公司、投资基金管理公司、文化资产投资运营公司等。文化产权交易所可参照此类。

加强国有文化资本投资运营,是更好发挥市场积极作用和政府引导作用、优化文化领域资源配置的重要途径。投资运营类国有文化企业要坚持发展壮大文化主业,结合文化投融资体制改革和国有文化资产监管体制改革,优化国有资本投向,促进国有产权流转处置,推动国有文化企业布局战略性调整,培育发展新兴文化产业,推进文化产业供给侧结构性改革,努力增强国有资本的竞争力、控制力和影响力。

要突出战略性、前瞻性,规范操作流程,强化监督管理,提高国有文化资本运营效率。财政探索注入引导资金、吸引国有资本参与组建国有文化产业投资基金,对重点领域文化企业进行股权投资。创新基金投资模式,探索以创业投资、风险投资等方式,加大对战略性新兴文化产业以及社会效益显著但经济效益尚不确定的重大文化项目投资力度,发挥基金的引导和杠杆作用,推动文化企业跨地区、跨行业、跨所有制并购重组。探索以管资本为主加强国有文化资产监管,选择部分国有独资性质的文化企业集团公司,开展改组为国有资本投资运营公司的试点。组建国家文化投资控股公司,作为国有资本投资运营公司,对部分中央文化企业实施联合重组、资源整合。

五、综合经营类

主营业务涵盖新闻信息服务类、内容创作生产类、传播渠道类、投资运营类四个类别中两个及以上的,可归为综合经营类国有文化企业。

培育一批国有或国有控股大型文化企业或企业集团,培育文化产业领域战略投资者,是提高文化产业规模化集约化专业化水平的重要任务,是推进文化领域供给侧结构性改革的内在要求。综合经营类国有文化企业要着眼媒体融合、产业融合新趋势,着眼国际文化产业发展前沿,增强创新驱动发展能力,强化导向管理,全面提质增效,努力成为主业突出、有国际竞争力的文化产业发展旗舰。

要突出引领性、成长性,运用市场机制,加大并购重组力度,强化企业创新主体和主导作用。推进文化科技、文化金融创新,推动文化产业与相关产业融合,培育文化新业态,拓展发展新空间。理顺集团公司与其发起设立的上市公司的关系,合理限定法人层级,有效压缩管理层级。推动国有文化企事业单位资源整合,扩大与各方战略合作和业务合作,壮大宣传文化主业的经营规模和实力。鼓励开展对外文化投资和对外文化贸易,参与国际文化市场竞争。

加强对深化国有文化企业分类改革的组织实施。各地各有关部门要结合各自实际,科学划分国有文化企业类别,并根据企业改革发展情况,及时进行动态调整。宣传文化部门要会同有关部门共同组织对国有文化企业进行分类综合考核,各类别国有文化企业社会效益指标考核权重均应占50%以上,其中新闻信息服务类企业应占60%及以上。要加强统筹指导,根据国有文化企业功能界定与分类改革要求,不断完善国有文化企业有关业绩考核、领导人员管理、收入分配制度改革等具体方案,提出有针对性、差异化的政策措施,切实抓好落实。

中共中央宣传部等关于印发《国有文化企业进一步健全法人治理结构的若干规定（试行）》的通知

2016 年 8 月 1 日　中宣发〔2016〕27 号

各省、自治区、直辖市党委宣传部、网信办、财政厅（局）、文化厅（局）、新闻出版广电局，中央宣传文化系统各单位：

现将《国有文化企业进一步健全法人治理结构的若干规定（试行）》印发给你们，请认真贯彻执行。

附件：国有文化企业进一步健全法人治理结构的若干规定（试行）

附件：

国有文化企业进一步健全法人治理结构的若干规定（试行）

为贯彻落实《中共中央　国务院关于深化国有企业改革的指导意见》（中发〔2015〕22 号）、《中共中央办公厅　国务院办公厅印发〈关于推动国有文化企业把社会效益放在首位、实现社会效益和经济效益相统一的指导意见〉的通知》（中办发〔2015〕50 号），推动国有文化企业建立健全有文化特色的现代企业制度，根据《中华人民共和国公司法》等有关法律法规和相关规定，制定本规定。

一、已实现公司制改造的国有文化企业应依法设立股东会、董事会、监事会和经理层，建立健全权责对等、运转协调、有效制衡的决策执行监督机制，充分发挥董事会的决策作用、监事会的监督作用、经理层的经营管理作用。上市公司应当同时遵守证券监管的相关规定，规范各治理主体严格依法行权，依规则运行。

深化国有文化企业公司制股份制改革，把建立有文化特色的现代企业制度与健全党委和政府监管有机结合、宣传部门有效主导的国有文化资产监督管理机构结合起来，强化国有资产监管和综合效益考核，创新内容导向管理，完善经营运行机制，确保始终把社会效益放在首位、实现社会效益和经济效益相统一。

二、公司章程中应明确党建工作总体要求，把加强党的领导与完善公司治理统一起来，进一步巩固党组织在公司治理中的法定地位，充分发挥党组织政治核心作用。

公司应将党组织的机构设置、职责分工、工作任务纳入公司管理体制和制度规范，明确党组织在公司决策、执行、监督各环节的权责和工作方式以及与其他治理主体的关系。

三、公司股东依法享有资产收益、参与重大决策和选择管理者等权利，股东会是公司的权力机构。国有独资公司不设股东会，由国有文化资产监督管理机构行使股东会职权。

四、董事会由公司股东会选举产生，对公司的发展目标和重大经营活动作出决策，维护出资人的权益。

落实一人一票表决制度，董事对董事会会议承担责任。改进董事会和董事评价办法，强化对董事的考核评价和管理，对重大决策失误负有直接责任的要及时调整或解聘，并依法追究责任。对于国有股权董事，除了对本人追责外，还应对股权董事派出机构进行追责。

国有独资或全资公司董事会成员、国有控股或参股公司国有股权代表,通过法定程序进入董事会。国有独资或全资公司的董事会应有职工代表,职工代表由公司职工代表大会选举产生。国有独资或全资公司董事会成员中的外部董事应占多数,鼓励选聘符合条件的文化工作者担任外部董事。股东人数较少或者规模较小的有限责任公司,可以设一名执行董事,不设董事会。

公司党组织领导班子成员依法定程序,以双向进入、交叉任职的方式进入董事会,党委(党组)书记兼任董事长、为公司法定代表人,切实履行内容导向管理第一责任人职责。董事会成员中符合条件的党员应依照有关规定和程序进入党组织领导班子。公司党组织支持董事会依法履行职责。

公司党委(党组)会、董事会要依据各自的职责、权限和议事规则,讨论决定涉及内容导向管理的重大事项及公司运营与发展的重大决策、重要人事任免、重大项目安排、大额度资金使用等事项。董事会就上述事项正式决策之前,应事先与党委(党组)沟通听取意见,对涉及内容导向管理的重大事项,必须由党委(党组)集体讨论决定。进入董事会的党委(党组)成员应当贯彻党组织的意见或决定,并及时向党组织反馈董事会决策结果。

从事内容创作生产传播的公司,设董事会的,须设立编辑委员会或艺术委员会等专门委员会,作为董事会下设机构,为董事会有关内容导向管理的重大事项提供决策咨询。

五、经理层是公司的经营者、执行者,由董事会聘任。推行经理层成员任期制和契约化管理,明确责任、权利、义务,严格任期管理和目标考核。

不设董事会的公司,执行董事可兼任公司经理。

坚持党管干部原则与董事会依法选择经营管理者、经营管理者依法行使用人权相结合。有序推进董事会选聘经理层成员工作。集团公司下属的二级公司可开展职业经理人制度试点,按市场化方式选聘和管理职业经理人,合理增加市场化选聘比例。

从事内容创作生产传播的公司,须设立总编辑、艺术总监等专门岗位以及专门工作机构,承担内容导向把关日常工作职能。

六、监事会是公司的监督机构,对公司的财务和董事、经理层的行为履行监督职能。

加强公司内设监事会建设,监事会应包括股东代表和比例不低于三分之一的公司职工代表,适当提高专职监事比例。董事、经理和其他高级管理人员不得兼任监事。

股东人数较少或者规模较小的有限责任公司,可以设一名至二名监事,不设监事会。

对国有独资或全资以及控股公司,试行外派监事会制度,强化内容导向和文化安全监督,建立健全违法违规经营责任追究体系、重大决策失误和失职渎职责任追究倒查机制。

财政部关于印发《中央国有资本经营
预算管理暂行办法》的通知

2016 年 1 月 15 日　财预〔2016〕6 号

国务院有关部委、有关直属机构,有关中央企业和中央金融企业:

根据党的十八届三中全会提出的完善国有资本经营预算制度的要求,为加强和规范中央国有资本经营预算管理,优化国有资本配置,经国务院批准,现将《中央国有资本经营预算管理暂行办法》印发给你们,请遵照执行。对中央金融企业国有资本经营预算管理有具体规定的,按有关规定执行。

附件:中央国有资本经营预算管理暂行办法

附件：

中央国有资本经营预算管理暂行办法

第一章　总　则

第一条　为加强和规范中央国有资本经营预算管理，优化国有资本配置，根据《中华人民共和国预算法》、《中华人民共和国企业国有资产法》等法律和行政法规，制定本办法。

第二条　本办法适用于中央国有资本经营预算的编制、执行、决算、监督检查等预算管理活动。

第三条　中央国有资本经营预算保持完整独立，并与一般公共预算相衔接，应当按照收支平衡的原则编制，以收定支，不列赤字。

第四条　中央国有资本经营预算由预算收入和预算支出组成。

第五条　中央国有资本经营预算应当按照国家宏观经济政策及中期财政规划要求，实行滚动编制。

第六条　本办法适用对象包括纳入中央国有资本经营预算实施范围的中央部门及其监管（所属）的中央企业，以及直接向财政部报送国有资本经营预算的中央企业。直接向财政部报送国有资本经营预算的中央企业包括中国烟草总公司、中国铁路总公司、中国邮政集团公司，国务院及其授权机构代表国家履行出资人职责的国有独资、国有控股、国有参股金融企业（含中国投资有限责任公司）等。

第七条　经法定程序批准的中央国有资本经营预算、决算应当根据有关规定及时向社会公开，涉及国家秘密的除外。

第二章　预算收支范围

第八条　中央国有资本经营预算收入是中央部门及中央企业上交，并纳入国有资本经营预算管理的国有资本收益，主要包括：

（一）国有独资企业按照规定应当上交国家的利润；

（二）国有控股、参股企业国有股权（股份）获得的股利、股息收入；

（三）国有产权（含国有股份）转让收入；

（四）国有独资企业清算收入（扣除清算费用），国有控股、参股企业国有股权（股份）分享的公司清算收入（扣除清算费用）；

（五）其他国有资本经营收入。

第九条　中央国有资本经营预算支出应当服务于国家战略目标，除调入一般公共预算和补充全国社会保障基金外，主要用于以下用途：

（一）解决国有企业历史遗留问题及相关改革成本支出；

（二）关系国家安全、国民经济命脉的重要行业和关键领域国家资本注入，包括重点提供公共服务、发展重要前瞻性战略性产业、保护生态环境、支持科技进步、保障国家安全，保持国家对金融业控制力，推进国有经济布局和结构战略性调整，解决国有企业发展中的体制性、机制性问题；

（三）国有企业政策性补贴。

中央国有资本经营预算支出方向和重点，应当根据国家宏观经济政策需要以及不同时期国有企业改革发展任务适时进行调整。

第三章　预算编制和批复

第十条　中央国有资本经营预算按年度编制，并按照国家宏观政策及《国务院关于实行中期财政规划管理的意见》（国发〔2015〕3 号）等要求，编制中期中央国有资本经营预算收支规划。

编制年度中央国有资本经营预算草案的依据：

（一）《中华人民共和国预算法》及其实施条例；

（二）国务院关于国有资本经营预算的要求，国家宏观调控政策；

（三）国有资本布局规划，国家确定的中央国有资本经营预算支持的重点和方向；

（四）中期中央国有资本经营预算收支规划；

（五）财政部关于年度预算的安排；

（六）中央部门、中央企业有关绩效评价结果；

（七）存量资产和结余资金情况。

第十一条　中央国有资本经营预算收入由财政部根据中央企业年度盈利等情况和中央企业国有资本收益收取政策进行测算编制。

第十二条　中央国有资本经营预算支出按照下列程序进行编制：

（一）财政部按照国务院编制预算的统一要求，根据中央国有资本经营预算支出政策，布置编报年度中央国有资本经营预算；

（二）中央部门根据财政部的编报要求，向监管（所属）中央企业布置编报年度中央企业国有资本经营预算；

（三）中央部门监管（所属）中央企业根据有关编报要求，编制本企业年度国有资本经营预算支出计划建议报中央部门，并抄报财政部；

（四）中央部门对监管（所属）中央企业报送的年度国有资本经营预算支出计划建议进行初审后，编制本部门国有资本经营预算支出建议草案报财政部；

（五）直接向财政部报送国有资本经营预算的中央企业编制本企业国有资本经营预算支出建议草案报财政部；

（六）财政部根据当年预算收入规模、中央部门及中央企业报送的国有资本经营预算支出建议草案，进行统筹平衡后，编制中央国有资本经营预算草案。

第十三条　中央国有资本经营预算草案应当报国务院审定后，报送全国人民代表大会审查。

第十四条　中央国有资本经营预算经全国人民代表大会批准后，财政部应当在 20 日内向有关中央部门和直接向财政部报送国有资本经营预算的中央企业批复预算。

第十五条　中央国有资本经营预算支出，按其功能分类应当编制到项。

第四章　预　算　执　行

第十六条　中央国有资本经营预算收入由财政部驻各地财政监察专员办事处负责具体收缴，中央部门负责组织监管（所属）中央企业上交。中央企业按规定应上交的国有资本收益，应当及时、足额上交中央财政。任何部门和单位不得擅自减免中央国有资本经营预算收入。

第十七条　中央国有资本经营预算支出应当按照经批复的预算执行，未经批准不得擅自调剂。

第十八条　中央国有资本经营预算资金的收付按照财政国库集中收付制度有关规定执行。

第十九条　中央国有资本经营预算结余资金应当在下一年度预算编制中统筹考虑。

第五章 决 算

第二十条 财政部按照编制决算的统一要求，部署编制本年度中央国有资本经营决算草案工作，制发中央国有资本经营决算报表格式和编制说明。

第二十一条 中央部门根据其监管（所属）中央企业编制的国有资本经营支出决算，编制本部门中央国有资本经营决算草案报财政部。直接向财政部报送国有资本经营预算的中央企业编制本企业国有资本经营决算草案报财政部。

第二十二条 财政部根据当年国有资本经营预算执行情况和各中央部门、中央企业上报的决算草案，编制中央国有资本经营决算草案。

第二十三条 中央国有资本经营决算草案，经国务院审计部门审计后，报国务院审定，由国务院提请全国人民代表大会常务委员会审查。

第二十四条 中央国有资本经营决算草案经全国人民代表大会常务委员会批准后，财政部应当在20日内向有关中央部门和直接向财政部报送国有资本经营预算的中央企业批复决算。

第六章 绩效管理与监督检查

第二十五条 财政部应当对中央部门、中央企业的国有资本经营预算执行情况进行动态监控和监督检查。

第二十六条 中央国有资本经营预算应当实施绩效管理，科学设立绩效目标，积极开展绩效评价，切实加强评价结果应用，不断提升预算资金使用绩效。

第二十七条 财政、审计等部门依法对中央国有资本经营预算进行审计、监督和检查。

第二十八条 对中央国有资本经营预算管理中的违法行为，依照《中华人民共和国预算法》、《财政违法行为处罚处分条例》等法律法规予以处理。

第七章 附 则

第二十九条 财政部根据本办法制定和完善相关配套政策。

第三十条 本办法由财政部负责解释。

第三十一条 本办法自印发之日起施行。

财政部关于印发《中央国有资本经营预算支出管理暂行办法》的通知

2017年3月13日 财预〔2017〕32号

有关中央单位：

为落实党的十八届三中全会决定关于以管资本为主加强国有资产监管，促进国有资本投资运营服务于国家战略目标的决策部署，进一步加强和规范中央国有资本经营预算支出管理，支持国有企业改革发展和国有资本布局优化调整，我们制定了《中央国有资本经营预算支出管理暂行办法》，并已经国务院批准，现印发给你们，请遵照执行。

附件：中央国有资本经营预算支出管理暂行办法

附件：

中央国有资本经营预算支出管理暂行办法

第一章 总 则

第一条 为完善国有资本经营预算管理制度，规范和加强中央国有资本经营预算支出管理，根据《中华人民共和国预算法》、《中共中央 国务院关于深化国有企业改革的指导意见》（中发〔2015〕22号）、《国务院关于改革和完善国有资产管理体制的若干意见》（国发〔2015〕63号）、《国务院关于深化预算管理制度改革的决定》（国发〔2014〕45号）、《国务院关于试行国有资本经营预算的意见》（国发〔2007〕26号）、《中央国有资本经营预算管理暂行办法》（财预〔2016〕6号）等有关规定，制定本办法。

第二条 中央国有资本经营预算支出对象主要为国有资本投资、运营公司（以下简称投资运营公司）和中央企业集团（以下简称中央企业）。

中央国有资本经营预算支出应与一般公共预算相衔接，避免与一般公共预算和政府性基金预算安排的支出交叉重复。

第三条 财政部会同相关部门制定中央国有资本经营预算支出有关管理制度。

第四条 财政部负责确定中央国有资本经营预算支出方向和重点，布置预（决）算编制，审核中央单位（包括有关中央部门、国务院直接授权的投资运营公司和直接向财政部报送国有资本经营预算的中央企业，下同）预算建议草案，编制预（决）算草案，向中央单位批复预（决）算，组织实施绩效管理，对预算执行情况进行监督检查等。

第五条 中央单位负责提出中央国有资本经营预算支出方向和重点建议，组织其监管（所属）投资运营公司和中央企业编报支出计划建议并进行审核，编制本单位预算建议草案和决算草案，向其监管（所属）投资运营公司和中央企业批复预（决）算，组织预算执行，开展绩效管理，配合财政部对预算执行情况进行监督检查等。

第六条 投资运营公司和中央企业负责向中央单位申报支出计划建议，编制本公司（企业）支出决算，推动解决国有企业历史遗留问题，开展国有资本投资运营，组织实施相关事项，按照财政部、中央单位要求开展绩效管理等。

第二章 支出范围

第七条 中央国有资本经营预算支出除调入一般公共预算和补充全国社会保障基金外，主要用于以下方面：

（一）解决国有企业历史遗留问题及相关改革成本支出；

（二）国有企业资本金注入；

（三）其他支出。

中央国有资本经营预算支出方向和重点，应当根据国家宏观经济政策需要以及不同时期国有企业改革发展任务适时进行调整。

第八条 解决国有企业历史遗留问题及相关改革成本支出，是指用于支持投资运营公司和中央企业剥离国有企业办社会职能、解决国有企业存在的体制性机制性问题、弥补国有企业改革成本等方面的支出。

第九条 解决国有企业历史遗留问题及相关改革成本支出实行专项资金管理，相关专项资金管理办法由财政部商相关部门制定。

第十条　国有企业资本金注入，是指用于引导投资运营公司和中央企业更好地服务于国家战略，将国有资本更多投向关系国家安全和国民经济命脉的重要行业和关键领域的资本性支出。

第十一条　国有企业资本金注入采取向投资运营公司注资、向产业投资基金注资以及向中央企业注资三种方式。

（一）向投资运营公司注资，主要用于推动投资运营公司调整国有资本布局和结构，增强国有资本控制力。

（二）向产业投资基金注资，主要用于引导投资运营公司采取市场化方式发起设立产业投资基金，发挥财政资金的杠杆作用，引领社会资本更多投向重要前瞻性战略性产业、生态环境保护、科技进步、公共服务、国际化经营等领域，增强国有资本影响力。

（三）向中央企业注资，主要用于落实党中央、国务院有关决策部署精神，由中央企业具体实施的事项。

第三章　预算编制和批复

第十二条　财政部按照国务院编制预算的统一要求，根据中央国有资本经营预算支出政策，印发编制中央国有资本经营预算通知。

第十三条　财政部会同有关部门，对投资运营公司和中央企业盈利情况进行测算后，确定年度中央国有资本经营预算支出规模。

第十四条　中央单位根据财政部通知要求以及年度预算支出规模，组织其监管（所属）投资运营公司和中央企业编报支出计划建议。

第十五条　投资运营公司和中央企业根据有关编报要求，编制本公司（企业）国有资本经营预算支出计划建议报中央单位，并抄报财政部。其中：

（一）解决国有企业历史遗留问题及相关改革成本支出计划建议，根据相关专项资金管理办法编制。

（二）国有企业资本金注入计划建议，根据党中央、国务院有关要求，结合投资运营公司和中央企业章程、发展定位和战略、投资运营规划、投融资计划等编制。

第十六条　中央单位对其监管（所属）投资运营公司和中央企业编报的支出计划建议进行审核，编制预算建议草案报送财政部。

第十七条　财政部根据国家宏观调控目标，并结合国家重点发展战略、国有企业历史遗留问题解决进程、国有资本布局调整要求以及绩效目标审核意见、以前年度绩效评价结果等情况，在对中央单位申报的预算建议草案进行审核的基础上，按照"量入为出、收支平衡"的原则，向中央单位下达预算控制数。

第十八条　中央单位根据财政部下达的预算控制数，结合其监管（所属）投资运营公司和中央企业经营情况、历史遗留问题解决及改革发展进程等，对本单位预算建议草案进行调整后，再次报送财政部。

第十九条　财政部根据中央单位调整后的预算建议草案，编制中央本级国有资本经营预算草案。

第二十条　中央国有资本经营预算经全国人民代表大会审议批准后，财政部在20日内向中央单位批复预算。中央单位应当在接到财政部批复的本单位预算后15日内向其监管（所属）投资运营公司和中央企业批复预算。

第四章　预算执行

第二十一条　中央国有资本经营预算支出应当按照经批准的预算执行，未经批准不得擅自调剂。确需调剂使用的，按照财政部有关规定办理。

第二十二条　财政部按照国库集中支付管理的规定，将预算资金拨付至投资运营公司、产业投资基金和中央企业。

第二十三条 投资运营公司和中央企业应按规定用途使用资金。属于国有企业资本金注入的，应及时落实国有权益，并根据明确的支出投向和目标，及时开展国有资本投资运营活动，推进有关事项的实施。

第五章 转移支付

第二十四条 中央国有资本经营预算可根据国有企业改革发展需要，经国务院批准，设立对地方的专项转移支付项目。

第二十五条 财政部应当在每年 10 月 31 日前将下一年度专项转移支付预计数提前下达省级政府财政部门。

第二十六条 财政部会同相关部门按照规定组织专项转移支付项目资金的申报、审核和分配工作。

第二十七条 财政部应当在全国人民代表大会审查批准中央国有资本经营预算后 90 日内印发下达专项转移支付预算文件。

对据实结算等特殊项目的专项转移支付，可以分期下达预算，最后一期的下达时间一般不迟于 9 月 30 日。

第二十八条 省级人民政府财政部门接到中央国有资本经营预算专项转移支付后，应当在 30 日内正式分解下达，并将资金分配结果及时报送财政部。

第六章 决 算

第二十九条 财政部按照编制决算的统一要求，部署编制中央国有资本经营决算草案工作，制发中央国有资本经营决算报表格式和编制说明。

第三十条 投资运营公司和中央企业根据有关编报要求，编制本公司（企业）国有资本经营支出决算，报中央单位。

第三十一条 中央单位根据其监管（所属）投资运营公司和中央企业编制的国有资本经营支出决算，编制本单位中央国有资本经营决算草案报送财政部。

第三十二条 财政部根据当年国有资本经营预算执行情况和中央单位上报的决算草案，编制中央国有资本经营决算草案。

第三十三条 中央国有资本经营决算草案经国务院审计机关审计后，报国务院审定，由国务院提请全国人民代表大会常务委员会审查和批准。

第三十四条 中央国有资本经营决算草案经全国人民代表大会常务委员会批准后，财政部应当在 20 日内向中央单位批复决算。中央单位应当在接到财政部批复的本单位决算后 15 日内向其监管（所属）投资运营公司和中央企业批复决算。

第七章 绩 效 管 理

第三十五条 中央国有资本经营预算支出应当实施绩效管理，合理设定绩效目标及指标，实行绩效执行监控，开展绩效评价，加强评价结果应用，提升预算资金使用效益。

第三十六条 中央单位、投资运营公司和中央企业根据财政预算绩效管理的相关规定，开展国有资本经营预算支出绩效管理工作。

第三十七条 财政部将绩效评价结果作为加强预算管理及安排以后年度预算支出的重要依据。

第三十八条 对采取先建后补、以奖代补、据实结算等事后补助方式管理的专项转移支付项目，实行事后立项事后补助的，其绩效目标可以用相关工作或目标的完成情况代以体现。

第八章 监督检查

第三十九条 财政部、中央单位应当加强对中央国有资本经营预算支出事前、事中、事后的全过程管理，并按照政府信息公开有关规定向社会公开相关信息。

第四十条 投资运营公司和中央企业应当遵守国家财政、财务规章制度和财经纪律，自觉接受财政部门和中央单位的监督检查。审计机关要依法加强对财政部门、中央单位、投资运营公司和中央企业的审计监督。

第四十一条 对预算支出使用过程中的违法违规行为，依照《中华人民共和国预算法》、《财政违法行为处罚处分条例》（国务院令第 427 号）等有关规定追究责任。

第九章 附 则

第四十二条 地方国有资本经营预算支出管理办法由地方参照本办法制定。

第四十三条 本办法由财政部负责解释。

第四十四条 本办法自 2017 年 1 月 1 日起施行。

财政部关于《文化产业发展专项资金 管理暂行办法》的补充通知

2016 年 11 月 30 日 财文〔2016〕43 号

党中央有关部门，国务院各部委、各直属机构，各省、自治区、直辖市、计划单列市财政厅（局），新疆生产建设兵团财务局：

为进一步规范文化产业发展专项资金管理，强化审批责任追究，现就财政部《关于重新修订印发〈文化产业发展专项资金管理暂行办法〉的通知》（财文资〔2012〕4 号）下发的《文化产业发展专项资金管理暂行办法》补充通知如下：

财政部、负责资金分配的相关部门及其工作人员在文化产业发展专项资金审批、分配过程中，存在违反规定分配资金、向不符合条件的单位（或项目）分配资金、擅自超出规定的范围或标准分配专项资金等，以及存在滥用职权、玩忽职守、徇私舞弊等违法违纪行为的，按照《预算法》、《公务员法》、《行政监察法》、《财政违法行为处罚处分条例》等国家有关规定追究相应责任。涉嫌犯罪的，移送司法机关处理。

财政部关于进一步加强政府采购需求和 履约验收管理的指导意见

2016 年 11 月 25 日 财库〔2016〕205 号

党中央有关部门，国务院各部委、各直属机构，全国人大常委会办公厅，全国政协办公厅，高法院，高检院，各民主党派中央，有关人民团体，各省、自治区、直辖市、计划单列市财政厅（局），新疆生产建设兵团财务局：

近年来，各地区、各部门认真贯彻政府采购结果导向改革要求，落实《中华人民共和国政府采购法》及其实施条例有关规定，不断加强政府采购需求和履约验收管理，取得了初步成效。但从总体上看，政府采购需求和履约验收管理还存在认识不到位、责任不清晰、措施不细化等问题。为了进一步提高政府采购需求和履约验收管理的科学化、规范化水平，现就有关工作提出以下意见：

一、高度重视政府采购需求和履约验收管理

依法加强政府采购需求和履约验收管理，是深化政府采购制度改革、提高政府采购效率和质量的重要保证。科学合理确定采购需求是加强政府采购源头管理的重要内容，是执行政府采购预算、发挥采购政策功能、落实公平竞争交易规则的重要抓手，在采购活动整体流程中具有承上启下的重要作用。严格规范开展履约验收是加强政府采购结果管理的重要举措，是保证采购质量、开展绩效评价、形成闭环管理的重要环节，对实现采购与预算、资产及财务等管理工作协调联动具有重要意义。各地区、各部门要充分认识政府采购需求和履约验收管理的重要性和必要性，切实加强政府采购活动的源头和结果管理。

二、科学合理确定采购需求

（一）采购人负责确定采购需求。采购人负责组织确定本单位采购项目的采购需求。采购人委托采购代理机构编制采购需求的，应当在采购活动开始前对采购需求进行书面确认。

（二）采购需求应当合规、完整、明确。采购需求应当符合国家法律法规规定，执行国家相关标准、行业标准、地方标准等标准规范，落实政府采购支持节能环保、促进中小企业发展等政策要求。除因技术复杂或者性质特殊，不能确定详细规格或者具体要求外，采购需求应当完整、明确。必要时，应当就确定采购需求征求相关供应商、专家的意见。采购需求应当包括采购对象需实现的功能或者目标，满足项目需要的所有技术、服务、安全等要求，采购对象的数量、交付或实施的时间和地点，采购对象的验收标准等内容。采购需求描述应当清楚明了、规范表述、含义准确，能够通过客观指标量化的应当量化。

（三）加强需求论证和社会参与。采购人可以根据项目特点，结合预算编制、相关可行性论证和需求调研情况对采购需求进行论证。政府向社会公众提供的公共服务项目，采购人应当就确定采购需求征求社会公众的意见。需求复杂的采购项目可引入第三方专业机构和专家，吸纳社会力量参与采购需求编制及论证。

（四）严格依据采购需求编制采购文件及合同。采购文件及合同应当完整反映采购需求的有关内容。采购文件设定的评审因素应当与采购需求对应，采购需求相关指标有区间规定的，评审因素应当量化到相应区间。采购合同的具体条款应当包括项目的验收要求、与履约验收挂钩的资金支付条件及时间、争议处理规定、采购人及供应商各自权利义务等内容。采购需求、项目验收标准和程序应当作为采购合同的附件。

三、严格规范开展履约验收

（五）采购人应当依法组织履约验收工作。采购人应当根据采购项目的具体情况，自行组织项目验收或者委托采购代理机构验收。采购人委托采购代理机构进行履约验收的，应当对验收结果进行书面确认。

（六）完整细化编制验收方案。采购人或其委托的采购代理机构应当根据项目特点制定验收方案，明确履约验收的时间、方式、程序等内容。技术复杂、社会影响较大的货物类项目，可以根据需要设置出厂检验、到货检验、安装调试检验、配套服务检验等多重验收环节；服务类项目，可根据项目特点对服务期内的服务实施情况进行分期考核，结合考核情况和服务效果进行验收；工程类项目应当按照行业管理部门规定的标准、方法和内容进行验收。

（七）完善验收方式。对于采购人和使用人分离的采购项目，应当邀请实际使用人参与验收。采购人、采购代理机构可以邀请参加本项目的其他供应商或第三方专业机构及专家参与验收，相关验收意见作为验收书的参考资料。政府向社会公众提供的公共服务项目，验收时应当邀请服务对象参与并出具意见，验收

结果应当向社会公告。

（八）严格按照采购合同开展履约验收。采购人或者采购代理机构应当成立验收小组，按照采购合同的约定对供应商履约情况进行验收。验收时，应当按照采购合同的约定对每一项技术、服务、安全标准的履约情况进行确认。验收结束后，应当出具验收书，列明各项标准的验收情况及项目总体评价，由验收双方共同签署。验收结果应当与采购合同约定的资金支付及履约保证金返还条件挂钩。履约验收的各项资料应当存档备查。

（九）严格落实履约验收责任。验收合格的项目，采购人应当根据采购合同的约定及时向供应商支付采购资金、退还履约保证金。验收不合格的项目，采购人应当依法及时处理。采购合同的履行、违约责任和解决争议的方式等适用《中华人民共和国合同法》。供应商在履约过程中有政府采购法律法规规定的违法违规情形的，采购人应当及时报告本级财政部门。

四、工作要求

（十）强化采购人对采购需求和履约验收的主体责任。采购人应当切实做好需求编制和履约验收工作，完善内部机制、强化内部监督、细化内部流程，把采购需求和履约验收嵌入本单位内控管理流程，加强相关工作的组织、人员和经费保障。

（十一）加强采购需求和履约验收的业务指导。各级财政部门应当按照结果导向的改革要求，积极研究制定通用产品需求标准和采购文件标准文本，探索建立供应商履约评价制度，推动在政府采购评审中应用履约验收和绩效评价结果。

（十二）细化相关制度规定。各地区、各部门可根据本意见精神，研究制定符合本地区、本部门实际情况的具体办法和工作细则，切实加强政府采购活动中的需求和履约验收管理。

财政部 国家税务总局关于落实降低企业杠杆率税收支持政策的通知

2016 年 11 月 22 日 财税〔2016〕125 号

各省、自治区、直辖市、计划单列市财政厅（局）、国家税务局、地方税务局，新疆生产建设兵团财务局：

按照党中央、国务院决策部署，根据《国务院关于积极稳妥降低企业杠杆率的意见》（国发〔2016〕54 号，以下简称《意见》）有关精神，现就落实降低企业杠杆率税收政策工作通知如下：

一、充分认识贯彻落实降杠杆税收支持政策的重要意义

近年来，我国企业杠杆率高企，债务规模增长过快，企业债务负担不断加重。党中央、国务院从战略高度对降低企业杠杆率工作作出决策部署，把去杠杆列为供给侧结构性改革"三去一降一补"的五大任务之一。《意见》将"落实和完善降杠杆财税支持政策"作为重要任务。各级财税部门要充分认识积极稳妥降低企业杠杆率的重要性，坚决贯彻执行中央决策部署，严格按照《意见》要求认真落实好有关税收政策，充分发挥税收职能作用，切实减轻企业负担、降低企业成本，为企业降杠杆创造良好的外部环境。

二、落实好降杠杆相关税收支持政策

（一）企业符合税法规定条件的股权（资产）收购、合并、债务重组等重组行为，可按税法规定享受

企业所得税递延纳税优惠政策。

（二）企业以非货币性资产投资，可按规定享受 5 年内分期缴纳企业所得税政策。

（三）企业破产、注销，清算企业所得税时，可按规定在税前扣除有关清算费用及职工工资、社会保险费用、法定补偿金。

（四）企业符合税法规定条件的债权损失可按规定在计算企业所得税应纳税所得额时扣除。

（五）金融企业按照规定提取的贷款损失准备金，符合税法规定的，可以在企业所得税税前扣除。

（六）在企业重组过程中，企业通过合并、分立、出售、置换等方式，将全部或者部分实物资产以及与其相关联的债权、负债和劳动力，一并转让给其他单位和个人，其中涉及的货物、不动产、土地使用权转让行为，符合规定的，不征收增值税。

（七）企业重组改制涉及的土地增值税、契税、印花税，符合规定的，可享受相关优惠政策。

（八）符合信贷资产证券化政策条件的纳税人，可享受相关优惠政策。

三、工作要求

降杠杆相关税收政策涵盖交易多个环节，涉及面广，政策内容多。各级财税部门要高度重视，进一步加强学习培训，熟悉、掌握政策内容；要加强对纳税人的宣传辅导，跟踪税收政策执行情况和实施效应，加强调研反馈，及时了解执行中遇到的问题，研究提出调整和完善税收政策的建议。

特此通知。

文化部　财政部关于开展引导城乡居民扩大文化消费试点工作的通知

2016 年 4 月 28 日　文产发〔2016〕6 号

各省、自治区、直辖市文化厅（局）、财政厅（局），新疆生产建设兵团文化广播电视局、财务局：

为深入贯彻党的十八届五中全会关于扩大和引导文化消费的精神，在 2015 年"拉动城乡居民文化消费试点项目"取得成效的基础上，文化部、财政部决定在全国范围内开展引导城乡居民扩大文化消费试点工作（以下简称试点工作）。

随着我国全面建成小康社会进程不断加快，城乡居民收入水平持续提升，文化消费能力进一步增强，促进文化消费成为满足人民群众日益增长、不断升级和个性化精神文化需求的必然要求。尤其是在当前我国经济下行压力较大的情况下，培育文化消费成为新的经济增长点和经济转型升级新的支撑点，有利于加快文化体制机制改革创新，推动文化产业成为国民经济支柱性产业；有利于激活和释放文化需求，促进消费结构升级；有利于提高文化产品和服务的供给质量和效率，培育形成经济发展新动力，为稳增长、促改革、调结构、惠民生和推进供给侧结构性改革做出重要贡献。

试点工作是贯彻落实党中央、国务院扩大和引导文化消费工作部署的重要举措。按照"中央引导、地方为主、社会参与、互利共赢"的原则，确定一批试点城市，充分发挥典型示范和辐射作用，以点带面，形成若干行之有效、可持续和可复制推广的促进文化消费模式，推动我国文化消费总体规模持续增长，带动旅游、住宿、餐饮、交通、电子商务等相关领域消费，不断增强文化消费拉动经济增长的积极作用。

开展试点工作，要始终把社会效益放在首位，实现社会效益和经济效益有机统一；要正确处理政府与市场、社会的关系；要始终将促进文化消费贯穿于文化建设的各个领域，从扶持创作生产、扩大有效供给、激发市场活力、提高公共文化服务水平和效能等多方面着手，进一步完善政策环境，夯实文化消费基础，改善文化消费条件，培育文化消费习惯，提高文化消费的便利性，加速释放居民的文化消费需求。

各地文化、财政部门要高度重视试点工作，加强领导，密切配合，结合实际，积极推进，确保试点工作取得实效。请各省（区、市）文化厅（局）按照通知要求，根据《引导城乡居民扩大文化消费试点工作实施方案》认真组织试点工作，于 2016 年 5 月 30 日前将本省（区、市）人民政府出具的《国家文化消费试点城市推荐函》和试点工作方案报送至文化部，同时将电子版发送至邮箱。

联系人：王　娜　田　振
联系电话：010－59881406　59881784
传　　真：010－59881783
电子邮箱：chanyesifuwuchu@sina.com
地　　址：北京市东城区朝阳门北大街 10 号　　100020
特此通知。
附件：引导城乡居民扩大文化消费试点工作实施方案

附件：

引导城乡居民扩大文化消费试点工作实施方案

一、工作目标

根据党中央、国务院关于扩大和引导文化消费的重要部署，以满足人民群众日益增长、不断升级和个性化的精神文化需求为出发点，以弘扬和践行社会主义核心价值观为导向，确定一批试点城市，充分发挥典型示范和辐射作用，以点带面，形成若干行之有效、可持续和可复制推广的促进文化消费模式，培育文化消费成为新的经济增长点，推动我国文化消费总体规模持续增长，消费结构不断升级，带动旅游、住宿、餐饮、交通、电子商务等相关领域消费，不断增强文化消费拉动经济的积极作用，为稳增长、促改革、调结构、惠民生和推进供给侧结构性改革做出贡献。

二、基本要求

（一）申请试点范围
直辖市、计划单列市、省会（首府）城市及其他地市级城市。

（二）基本条件
1. 成立由政府主要领导牵头的工作小组，统筹协调当地文化、文物、财政、税务、金融、发改、商务、经信、旅游、统计等部门，保证试点工作顺利实施。
2. 落实试点工作所需资金，规范资金管理，提高资金使用效益。
3. 文化企业、商户参与试点的比例达到 60% 以上，文化产品和服务的有效供给种类齐、数量多、质量高。
4. 文化消费设施网络结构合理、功能健全，文化消费场所和设施数量排在全省（区、市）前三位，每千人拥有公共文化服务设施的面积达到全省（区、市）的先进水平。
5. 地区生产总值、居民人均可支配收入、居民文化娱乐占消费支出的比重均排在全省（区、市）前列。

（三）试点工作方案

试点城市应当在正确处理政府与市场、社会关系的前提下，根据当地文化消费实际，制定切实可行的试点工作方案。方案需目标明确、任务具体、措施有力，确保试点工作可落地实施，可评估检查，可总结推广。试点工作方案主要内容包括：

1. 试点城市文化消费基本情况及开展试点工作优势条件。

2. 试点工作总体设计，包括试点目标、试点模式、重点任务和具体举措。

其中试点模式应将巩固现有成果和探索新的模式有机结合，可以对当地现有文化消费政策措施进一步优化；也可以参考借鉴其他地区成熟经验，提出符合当地实际的创新举措。

3. 试点目标的可行性分析和工作任务的时间进度安排、预期效果测算、效果评估指标设置等。

4. 试点工作的保障措施，包括工作机制、资金保障、激励措施、宣传推广方式等。

5. 试点过程中文化消费数据采集、报送方式及试点工作效果反馈和评估机制。

三、工作任务

（一）紧密结合实际，制定并实施具有地区特色的试点工作方案。各省（区、市）根据当地经济、社会和文化发展状况，在分析优势条件和制约因素的基础上，确定推荐参加试点工作的城市。试点城市要因地制宜，探索创新，制定试点工作方案，提出带动当地文化消费总体规模持续增长的支持措施，形成有示范意义、可持续和可复制推广的促进文化消费的模式和研究成果。

（二）建立强有力的试点工作组织支撑体系。试点城市建立政府统一领导、相关部门分工负责、社会各界积极参与的工作机制。试点城市要积极发挥行业协会商会的作用，对参与试点的文化企业、商户在市场推介、创意转化、投资融资方面予以支持。试点城市的金融机构要创新抵质押贷款模式，创新信贷产品和服务，完善文化消费支付和信用体系。

（三）建立完善的文化产品和服务供给体系。试点城市要进一步简政放权、降低门槛，激发市场主体活力，丰富文化产品供给；要引导社会资本进入文化产业，引导文化企业创新文化产品和服务。各类文艺团体、文博单位、创意设计机构和人员积极创作生产适应市场需要、满足现代消费要求的优秀文艺作品、文化创意产品和服务。

（四）建立健全的文化消费数据采集报送机制。试点城市要积极利用大数据、云计算等技术手段做好文化消费数据的收集监测、分析应用和及时报送工作，确保数据真实准确，重点做好试点参与人次、资金投入、文化消费总体规模、分行业领域消费规模、消费者反馈意见、公共文化机构评价情况、公共文化机构创新服务和产品情况等方面的数据统计工作。

（五）建立试点工作绩效评估制度。各省（区、市）要建立省级文化、财政部门以及其他相关部门、试点城市、社会评估机构间的联动机制，按照文化部确定的试点工作考核内容和考核标准，对试点城市的试点效果定期进行评估，形成中央、地方、社会共同参与的考核评估体系。

（六）建立试点工作成果资源共享机制。各省（区、市）要及时总结试点工作成效和不足，形成典型经验和有效模式，并加以宣传和推广。试点城市要针对试点工作中典型经验和突出问题，形成课题研究成果，为国家制定有关政策提供参考，为同类地区发展提供借鉴。

四、试点时间

试点时间为 2 年。

五、确定程序

（一）申报。符合申报条件的市人民政府按照本实施方案的要求向省级文化行政部门申请并报送试点工作方案，试点工作方案经省级文化部门商财政部门审核，并报省级人民政府批准后，由各省（区、市）文化厅（局）向文化部报送以省级人民政府名义出具的《国家文化消费试点城市推荐函》和试点工作方案。

各省（区、市）可推荐直辖市、计划单列市、省会（首府）城市和其他 1 个地市级城市参加试点工作。

（二）审核。文化部文化产业专家委员会对试点工作方案提出专家评审意见，文化部文化产业司负责审核并提出试点城市建议名单。

（三）确定。文化部根据审核结果，综合考虑区域、结构、代表性等因素，商财政部确定国家文化消费试点城市名单，批准试点工作方案。

六、考核管理

文化部将对各试点城市试点情况进行考核评估。考核内容主要包括：是否按照试点工作方案开展工作；是否成立试点地区工作小组；资金、政策措施等保障工作是否到位；带动当地文化消费总体规模是否达到预期效果；试点模式是否可持续、可复制推广等。

文化部将建立动态管理机制，根据考核结果，对工作保障不力、在一定期限内未按照试点工作方案开展工作、未达到试点预期效果的城市，撤销试点资格。

七、职责分工

文化部统筹指导各省（区、市）开展试点工作，制定试点工作实施方案；批准各省（区、市）上报的试点工作方案；确定国家文化消费试点城市；检查、监督各地试点工作开展情况等。

文化部文化产业司负责试点工作的日常管理工作。

各地文化厅（局）负责牵头督促本省（区、市）试点工作。

文化部文化产业专家委员会受文化部委托对试点工作进行考核和实地考察；对试点工作进行咨询和技术指导等。

八、激励机制

（一）文化部对纳入试点工作的城市确定为"国家文化消费试点城市"。

（二）中央财政将通过中央补助地方公共文化服务体系建设专项资金，按照有关规定，对扩大文化消费试点工作统筹予以资金支持。

企业国有资产交易监督管理办法

2016 年 6 月 24 日　　国务院国资委　财政部令第 32 号

第一章　总　则

第一条　为规范企业国有资产交易行为，加强企业国有资产交易监督管理，防止国有资产流失，根据《中华人民共和国企业国有资产法》、《中华人民共和国公司法》、《企业国有资产监督管理暂行条例》等有关法律法规，制定本办法。

第二条　企业国有资产交易应当遵守国家法律法规和政策规定，有利于国有经济布局和结构调整优化，充分发挥市场配置资源作用，遵循等价有偿和公开公平公正的原则，在依法设立的产权交易机构中公开进行，国家法律法规另有规定的从其规定。

第三条　本办法所称企业国有资产交易行为包括：

（一）履行出资人职责的机构、国有及国有控股企业、国有实际控制企业转让其对企业各种形式出资所形成权益的行为（以下称企业产权转让）；

（二）国有及国有控股企业、国有实际控制企业增加资本的行为（以下称企业增资），政府以增加资本金方式对国家出资企业的投入除外；

（三）国有及国有控股企业、国有实际控制企业的重大资产转让行为（以下称企业资产转让）。

第四条 本办法所称国有及国有控股企业、国有实际控制企业包括：

（一）政府部门、机构、事业单位出资设立的国有独资企业（公司），以及上述单位、企业直接或间接合计持股为 100% 的国有全资企业；

（二）本条第（一）款所列单位、企业单独或共同出资，合计拥有产（股）权比例超过 50%，且其中之一为最大股东的企业；

（三）本条第（一）、（二）款所列企业对外出资，拥有股权比例超过 50% 的各级子企业；

（四）政府部门、机构、事业单位、单一国有及国有控股企业直接或间接持股比例未超过 50%，但为第一大股东，并且通过股东协议、公司章程、董事会决议或者其他协议安排能够对其实际支配的企业。

第五条 企业国有资产交易标的应当权属清晰，不存在法律法规禁止或限制交易的情形。已设定担保物权的国有资产交易，应当符合《中华人民共和国物权法》、《中华人民共和国担保法》等有关法律法规规定。涉及政府社会公共管理事项的，应当依法报政府有关部门审核。

第六条 国有资产监督管理机构（以下简称国资监管机构）负责所监管企业的国有资产交易监督管理；国家出资企业负责其各级子企业国有资产交易的管理，定期向同级国资监管机构报告本企业的国有资产交易情况。

第二章　企业产权转让

第七条 国资监管机构负责审核国家出资企业的产权转让事项。其中，因产权转让致使国家不再拥有所出资企业控股权的，须由国资监管机构报本级人民政府批准。

第八条 国家出资企业应当制定其子企业产权转让管理制度，确定审批管理权限。其中，对主业处于关系国家安全、国民经济命脉的重要行业和关键领域，主要承担重大专项任务子企业的产权转让，须由国家出资企业报同级国资监管机构批准。

转让方为多家国有股东共同持股的企业，由其中持股比例最大的国有股东负责履行相关批准程序；各国有股东持股比例相同的，由相关股东协商后确定其中一家股东负责履行相关批准程序。

第九条 产权转让应当由转让方按照企业章程和企业内部管理制度进行决策，形成书面决议。国有控股和国有实际控制企业中国有股东委派的股东代表，应当按照本办法规定和委派单位的指示发表意见、行使表决权，并将履职情况和结果及时报告委派单位。

第十条 转让方应当按照企业发展战略做好产权转让的可行性研究和方案论证。产权转让涉及职工安置事项的，安置方案应当经职工代表大会或职工大会审议通过；涉及债权债务处置事项的，应当符合国家相关法律法规的规定。

第十一条 产权转让事项经批准后，由转让方委托会计师事务所对转让标的企业进行审计。涉及参股权转让不宜单独进行专项审计的，转让方应当取得转让标的企业最近一期年度审计报告。

第十二条 对按照有关法律法规要求必须进行资产评估的产权转让事项，转让方应当委托具有相应资质的评估机构对转让标的进行资产评估，产权转让价格应以经核准或备案的评估结果为基础确定。

第十三条 产权转让原则上通过产权市场公开进行。转让方可以根据企业实际情况和工作进度安排，采取信息预披露和正式披露相结合的方式，通过产权交易机构网站分阶段对外披露产权转让信息，公开征集受让方。其中正式披露信息时间不得少于 20 个工作日。

因产权转让导致转让标的企业的实际控制权发生转移的，转让方应当在转让行为获批后 10 个工作日内，通过产权交易机构进行信息预披露，时间不得少于 20 个工作日。

第十四条 产权转让原则上不得针对受让方设置资格条件，确需设置的，不得有明确指向性或违反公平竞争原则，所设资格条件相关内容应当在信息披露前报同级国资监管机构备案，国资监管机构在 5 个工作日内未反馈意见的视为同意。

第十五条 转让方披露信息包括但不限于以下内容：

（一）转让标的基本情况；

（二）转让标的企业的股东结构；

（三）产权转让行为的决策及批准情况；

（四）转让标的企业最近一个年度审计报告和最近一期财务报表中的主要财务指标数据，包括但不限于资产总额、负债总额、所有者权益、营业收入、净利润等（转让参股权的，披露最近一个年度审计报告中的相应数据）；

（五）受让方资格条件（适用于对受让方有特殊要求的情形）；

（六）交易条件、转让底价；

（七）企业管理层是否参与受让，有限责任公司原股东是否放弃优先受让权；

（八）竞价方式，受让方选择的相关评判标准；

（九）其他需要披露的事项。

其中信息预披露应当包括但不限于以上（一）、（二）、（三）、（四）、（五）款内容。

第十六条 转让方应当按照要求向产权交易机构提供披露信息内容的纸质文档材料，并对披露内容和所提供材料的真实性、完整性、准确性负责。产权交易机构应当对信息披露的规范性负责。

第十七条 产权转让项目首次正式信息披露的转让底价，不得低于经核准或备案的转让标的评估结果。

第十八条 信息披露期满未征集到意向受让方的，可以延期或在降低转让底价、变更受让条件后重新进行信息披露。

降低转让底价或变更受让条件后重新披露信息的，披露时间不得少于 20 个工作日。新的转让底价低于评估结果的 90% 时，应当经转让行为批准单位书面同意。

第十九条 转让项目自首次正式披露信息之日起超过 12 个月未征集到合格受让方的，应当重新履行审计、资产评估以及信息披露等产权转让工作程序。

第二十条 在正式披露信息期间，转让方不得变更产权转让公告中公布的内容，由于非转让方原因或其他不可抗力因素导致可能对转让标的价值判断造成影响的，转让方应当及时调整补充披露信息内容，并相应延长信息披露时间。

第二十一条 产权交易机构负责意向受让方的登记工作，对意向受让方是否符合受让条件提出意见并反馈转让方。产权交易机构与转让方意见不一致的，由转让行为批准单位决定意向受让方是否符合受让条件。

第二十二条 产权转让信息披露期满、产生符合条件的意向受让方的，按照披露的竞价方式组织竞价。竞价可以采取拍卖、招投标、网络竞价以及其他竞价方式，且不得违反国家法律法规的规定。

第二十三条 受让方确定后，转让方与受让方应当签订产权交易合同，交易双方不得以交易期间企业经营性损益等理由对已达成的交易条件和交易价格进行调整。

第二十四条 产权转让导致国有股东持有上市公司股份间接转让的，应当同时遵守上市公司国有股权管理以及证券监管相关规定。

第二十五条 企业产权转让涉及交易主体资格审查、反垄断审查、特许经营权、国有划拨土地使用权、探矿权和采矿权等政府审批事项的，按照相关规定执行。

第二十六条 受让方为境外投资者的，应当符合外商投资产业指导目录和负面清单管理要求，以及外商投资安全审查有关规定。

第二十七条 交易价款应当以人民币计价，通过产权交易机构以货币进行结算。因特殊情况不能通过产权交易机构结算的，转让方应当向产权交易机构提供转让行为批准单位的书面意见以及受让方付款凭证。

第二十八条 交易价款原则上应当自合同生效之日起 5 个工作日内一次付清。

金额较大、一次付清确有困难的，可以采取分期付款方式。采用分期付款方式的，首期付款不得低于总价款的 30%，并在合同生效之日起 5 个工作日内支付；其余款项应当提供转让方认可的合法有效担保，并按同期银行贷款利率支付延期付款期间的利息，付款期限不得超过 1 年。

第二十九条 产权交易合同生效后，产权交易机构应当将交易结果通过交易机构网站对外公告，公告内容包括交易标的名称、转让标的评估结果、转让底价、交易价格，公告期不少于 5 个工作日。

第三十条 产权交易合同生效，并且受让方按照合同约定支付交易价款后，产权交易机构应当及时为交易双方出具交易凭证。

第三十一条 以下情形的产权转让可以采取非公开协议转让方式：

（一）涉及主业处于关系国家安全、国民经济命脉的重要行业和关键领域企业的重组整合，对受让方有特殊要求，企业产权需要在国有及国有控股企业之间转让的，经国资监管机构批准，可以采取非公开协议转让方式；

（二）同一国家出资企业及其各级控股企业或实际控制企业之间因实施内部重组整合进行产权转让的，经该国家出资企业审议决策，可以采取非公开协议转让方式。

第三十二条 采取非公开协议转让方式转让企业产权，转让价格不得低于经核准或备案的评估结果。

以下情形按照《中华人民共和国公司法》、企业章程履行决策程序后，转让价格可以资产评估报告或最近一期审计报告确认的净资产值为基础确定，且不得低于经评估或审计的净资产值：

（一）同一国家出资企业内部实施重组整合，转让方和受让方为该国家出资企业及其直接或间接全资拥有的子企业；

（二）同一国有控股企业或国有实际控制企业内部实施重组整合，转让方和受让方为该国有控股企业或国有实际控制企业及其直接、间接全资拥有的子企业。

第三十三条 国资监管机构批准、国家出资企业审议决策采取非公开协议方式的企业产权转让行为时，应当审核下列文件：

（一）产权转让的有关决议文件；

（二）产权转让方案；

（三）采取非公开协议方式转让产权的必要性以及受让方情况；

（四）转让标的企业审计报告、资产评估报告及其核准或备案文件。其中属于第三十二条（一）、（二）款情形的，可以仅提供企业审计报告；

（五）产权转让协议；

（六）转让方、受让方和转让标的企业的国家出资企业产权登记表（证）；

（七）产权转让行为的法律意见书；

（八）其他必要的文件。

第三章 企业增资

第三十四条 国资监管机构负责审核国家出资企业的增资行为。其中，因增资致使国家不再拥有所出资企业控股权的，须由国资监管机构报本级人民政府批准。

第三十五条 国家出资企业决定其子企业的增资行为。其中，对主业处于关系国家安全、国民经济命脉的重要行业和关键领域，主要承担重大专项任务的子企业的增资行为，须由国家出资企业报同级国资监管机构批准。

增资企业为多家国有股东共同持股的企业，由其中持股比例最大的国有股东负责履行相关批准程序；各国有股东持股比例相同的，由相关股东协商后确定其中一家股东负责履行相关批准程序。

第三十六条　企业增资应当符合国家出资企业的发展战略，做好可行性研究，制定增资方案，明确募集资金金额、用途、投资方应具备的条件、选择标准和遴选方式等。增资后企业的股东数量须符合国家相关法律法规的规定。

第三十七条　企业增资应当由增资企业按照企业章程和内部管理制度进行决策，形成书面决议。国有控股、国有实际控制企业中国有股东委派的股东代表，应当按照本办法规定和委派单位的指示发表意见、行使表决权，并将履职情况和结果及时报告委派单位。

第三十八条　企业增资在完成决策批准程序后，应当由增资企业委托具有相应资质的中介机构开展审计和资产评估。

以下情形按照《中华人民共和国公司法》、企业章程履行决策程序后，可以依据评估报告或最近一期审计报告确定企业资本及股权比例：

（一）增资企业原股东同比例增资的；

（二）履行出资人职责的机构对国家出资企业增资的；

（三）国有控股或国有实际控制企业对其独资子企业增资的；

（四）增资企业和投资方均为国有独资或国有全资企业的。

第三十九条　企业增资通过产权交易机构网站对外披露信息公开征集投资方，时间不得少于 40 个工作日。信息披露内容包括但不限于：

（一）企业的基本情况；

（二）企业目前的股权结构；

（三）企业增资行为的决策及批准情况；

（四）近三年企业审计报告中的主要财务指标；

（五）企业拟募集资金金额和增资后的企业股权结构；

（六）募集资金用途；

（七）投资方的资格条件，以及投资金额和持股比例要求等；

（八）投资方的遴选方式；

（九）增资终止的条件；

（十）其他需要披露的事项。

第四十条　企业增资涉及上市公司实际控制人发生变更的，应当同时遵守上市公司国有股权管理以及证券监管相关规定。

第四十一条　产权交易机构接受增资企业的委托提供项目推介服务，负责意向投资方的登记工作，协助企业开展投资方资格审查。

第四十二条　通过资格审查的意向投资方数量较多时，可以采用竞价、竞争性谈判、综合评议等方式进行多轮次遴选。产权交易机构负责统一接收意向投资方的投标和报价文件，协助企业开展投资方遴选有关工作。企业董事会或股东会以资产评估结果为基础，结合意向投资方的条件和报价等因素审议选定投资方。

第四十三条　投资方以非货币资产出资的，应当经增资企业董事会或股东会审议同意，并委托具有相应资质的评估机构进行评估，确认投资方的出资金额。

第四十四条　增资协议签订并生效后，产权交易机构应当出具交易凭证，通过交易机构网站对外公告结果，公告内容包括投资方名称、投资金额、持股比例等，公告期不少于 5 个工作日。

第四十五条　以下情形经同级国资监管机构批准，可以采取非公开协议方式进行增资：

（一）因国有资本布局结构调整需要，由特定的国有及国有控股企业或国有实际控制企业参与增资；

（二）因国家出资企业与特定投资方建立战略合作伙伴或利益共同体需要，由该投资方参与国家出资企业或其子企业增资。

第四十六条　以下情形经国家出资企业审议决策，可以采取非公开协议方式进行增资：

（一）国家出资企业直接或指定其控股、实际控制的其他子企业参与增资；

（二）企业债权转为股权；

（三）企业原股东增资。

第四十七条 国资监管机构批准、国家出资企业审议决策采取非公开协议方式的企业增资行为时，应当审核下列文件：

（一）增资的有关决议文件；

（二）增资方案；

（三）采取非公开协议方式增资的必要性以及投资方情况；

（四）增资企业审计报告、资产评估报告及其核准或备案文件。其中属于第三十八条（一）、（二）、（三）、（四）款情形的，可以仅提供企业审计报告；

（五）增资协议；

（六）增资企业的国家出资企业产权登记表（证）；

（七）增资行为的法律意见书；

（八）其他必要的文件。

第四章　企业资产转让

第四十八条 企业一定金额以上的生产设备、房产、在建工程以及土地使用权、债权、知识产权等资产对外转让，应当按照企业内部管理制度履行相应决策程序后，在产权交易机构公开进行。涉及国家出资企业内部或特定行业的资产转让，确需在国有及国有控股、国有实际控制企业之间非公开转让的，由转让方逐级报国家出资企业审核批准。

第四十九条 国家出资企业负责制定本企业不同类型资产转让行为的内部管理制度，明确责任部门、管理权限、决策程序、工作流程，对其中应当在产权交易机构公开转让的资产种类、金额标准等作出具体规定，并报同级国资监管机构备案。

第五十条 转让方应当根据转让标的情况合理确定转让底价和转让信息公告期：

（一）转让底价高于100万元、低于1 000万元的资产转让项目，信息公告期应不少于10个工作日；

（二）转让底价高于1 000万元的资产转让项目，信息公告期应不少于20个工作日。

企业资产转让的具体工作流程参照本办法关于企业产权转让的规定执行。

第五十一条 除国家法律法规或相关规定另有要求的外，资产转让不得对受让方设置资格条件。

第五十二条 资产转让价款原则上一次性付清。

第五章　监 督 管 理

第五十三条 国资监管机构及其他履行出资人职责的机构对企业国有资产交易履行以下监管职责：

（一）根据国家有关法律法规，制定企业国有资产交易监管制度和办法；

（二）按照本办法规定，审核批准企业产权转让、增资等事项；

（三）选择从事企业国有资产交易业务的产权交易机构，并建立对交易机构的检查评审机制；

（四）对企业国有资产交易制度的贯彻落实情况进行监督检查；

（五）负责企业国有资产交易信息的收集、汇总、分析和上报工作；

（六）履行本级人民政府赋予的其他监管职责。

第五十四条 省级以上国资监管机构应当在全国范围选择开展企业国有资产交易业务的产权交易机构，并对外公布名单。选择的产权交易机构应当满足以下条件：

（一）严格遵守国家法律法规，未从事政府明令禁止开展的业务，未发生重大违法违规行为；

（二）交易管理制度、业务规则、收费标准等向社会公开，交易规则符合国有资产交易制度规定；

（三）拥有组织交易活动的场所、设施、信息发布渠道和专业人员，具备实施网络竞价的条件；

（四）具有较强的市场影响力，服务能力和水平能够满足企业国有资产交易的需要；

（五）信息化建设和管理水平满足国资监管机构对交易业务动态监测的要求；

（六）相关交易业务接受国资监管机构的监督检查。

第五十五条 国资监管机构应当对产权交易机构开展企业国有资产交易业务的情况进行动态监督。交易机构出现以下情形的，视情节轻重对其进行提醒、警告、通报、暂停直至停止委托从事相关业务：

（一）服务能力和服务水平较差，市场功能未得到充分发挥；

（二）在日常监管和定期检查评审中发现问题较多，且整改不及时或整改效果不明显；

（三）因违规操作、重大过失等导致企业国有资产在交易过程中出现损失；

（四）违反相关规定，被政府有关部门予以行政处罚而影响业务开展；

（五）拒绝接受国资监管机构对其相关业务开展监督检查；

（六）不能满足国资监管机构监管要求的其他情形。

第五十六条 国资监管机构发现转让方或增资企业未执行或违反相关规定、侵害国有权益的，应当责成其停止交易活动。

第五十七条 国资监管机构及其他履行出资人职责的机构应定期对国家出资企业及其控股和实际控制企业的国有资产交易情况进行检查和抽查，重点检查国家法律法规政策和企业内部管理制度的贯彻执行情况。

第六章　法　律　责　任

第五十八条 企业国有资产交易过程中交易双方发生争议时，当事方可以向产权交易机构申请调解；调解无效时可以按照约定向仲裁机构申请仲裁或向人民法院提起诉讼。

第五十九条 企业国有资产交易应当严格执行"三重一大"决策机制。国资监管机构、国有及国有控股企业、国有实际控制企业的有关人员违反规定越权决策、批准相关交易事项，或者玩忽职守、以权谋私致使国有权益受到侵害的，由有关单位按照人事和干部管理权限给予相关责任人员相应处分；造成国有资产损失的，相关责任人员应当承担赔偿责任；构成犯罪的，依法追究其刑事责任。

第六十条 社会中介机构在为企业国有资产交易提供审计、资产评估和法律服务中存在违规执业行为的，有关国有企业应及时报告同级国资监管机构，国资监管机构可要求国有及国有控股企业、国有实际控制企业不得再委托其开展相关业务；情节严重的，由国资监管机构将有关情况通报其行业主管部门，建议给予其相应处罚。

第六十一条 产权交易机构在企业国有资产交易中弄虚作假或者玩忽职守、给企业造成损失的，应当承担赔偿责任，并依法追究直接责任人员的责任。

第七章　附　　　则

第六十二条 政府部门、机构、事业单位持有的企业国有资产交易，按照现行监管体制，比照本办法管理。

第六十三条 金融、文化类国家出资企业的国有资产交易和上市公司的国有股权转让等行为，国家另有规定的，依照其规定。

第六十四条 国有资本投资、运营公司对各级子企业资产交易的监督管理，相应由各级人民政府或国资监管机构另行授权。

第六十五条 境外国有及国有控股企业、国有实际控制企业在境内投资企业的资产交易，比照本办法规定执行。

第六十六条　政府设立的各类股权投资基金投资形成企业产（股）权对外转让，按照有关法律法规规定执行。

第六十七条　本办法自发布之日起施行，现行企业国有资产交易监管相关规定与本办法不一致的，以本办法为准。

深化国有企业负责人薪酬制度改革工作领导小组
关于印发《中央企业负责人基本年薪
基数认定暂行办法》的通知

2016 年 2 月 4 日　国企薪改发〔2016〕1 号

中央组织部、发展改革委、财政部、人力资源社会保障部、国资委：

《中央企业负责人基本年薪基数认定暂行办法》已经深化国有企业负责人薪酬制度改革工作领导小组审核同意，现印发给你们，请结合实际认真贯彻执行。

附件：中央企业负责人基本年薪基数认定暂行办法

附件：

中央企业负责人基本年薪基数认定暂行办法

为做好中央企业负责人基本年薪基数的审核认定工作，根据《中共中央　国务院关于深化中央管理企业负责人薪酬制度改革的意见》（中发〔2014〕12 号），制定本办法。

一、认定范围

中央企业在岗职工平均工资。

本办法所称中央企业是指由国务院代表国家履行出资人职责的国有独资或国有控股企业，包括根据企业国有资产法规定，由国资委和其他中央部门、机构按照国务院授权履行出资人职责的国有独资或国有控股企业。

二、认定原则

在对中央企业在岗职工平均工资进行统计的基础上，按照合理剔除、适当平衡、注意衔接的原则审核认定中央企业负责人基本年薪基数。

中央企业负责人基本年薪以此为基数按规定的倍数确定。

三、认定方法

（一）对中央企业在岗职工人数和工资总额进行统计。企业有关数据以法定劳动工资统计报表为准；无法定劳动工资统计报表的，以企业财务决算报表为准。

（二）汇总中央企业在岗职工人数和工资总额，计算中央企业在岗职工平均工资。

（三）剔除在岗职工平均工资高于中央企业在岗职工平均工资统计数 2 倍以上和 0.5 倍以下的企业后，重新计算中央企业在岗职工平均工资。

（四）统筹考虑当年城镇单位负责人、中央国家机关事业单位相关人员和城镇单位从业人员等群体工资收入，以及上年度中央企业在岗职工平均工资审核认定情况、中央企业经济效益增长情况，按照国家宏观调控要求合理确定。

四、认定程序

（一）中央企业在每年 5 月底前将本企业在岗职工人数和工资总额等数据直报人力资源社会保障部。国资委监管中央企业相关数据在 5 月底前由国资委汇总报人力资源社会保障部。

（二）人力资源社会保障部根据本办法，会同中央组织部、发展改革委、财政部、国资委等有关部门提出审核认定方案。

（三）由人力资源社会保障部在每年 6 月底前将审核认定方案报深化国有企业负责人薪酬制度改革工作领导小组审定。

五、数据发布

每年 7 月中旬前，由人力资源社会保障部将审核确定的中央企业负责人基本年薪基数印发各薪酬审核部门，并抄送中央有关部门、各省（自治区、直辖市）深化国有企业负责人薪酬制度改革工作领导小组办公室。

国家新闻出版广电总局　财政部关于印发《国家出版基金资助项目管理办法》的通知

2016 年 6 月 3 日　新广发〔2016〕51 号

各省、自治区、直辖市新闻出版广电局、新疆生产建设兵团新闻出版广电局，中央军委政治工作部宣传局，中央和国家机关各部委、各民主党派、各人民团体新闻出版主管部门，中国出版集团公司，中国教育出版传媒集团有限公司，中国科技出版传媒集团有限公司，各相关中央直属企业：

为规范和加强国家出版基金资助项目管理，提高国家出版基金使用效益，现将新修订的《国家出版基金资助项目管理办法》印发给你们，请遵照执行。

附件：国家出版基金资助项目管理办法

附件：

国家出版基金资助项目管理办法

第一章　总　　则

第一条　为规范和加强国家出版基金资助项目（以下简称"资助项目"）管理，提高国家出版基金使用效益，根据国家有关法律法规，制定本办法。

第二条 国家出版基金设立的宗旨是，体现国家意志，传承优秀文化，推动繁荣发展，增强文化软实力。

第三条 国家出版基金主要由中央财政拨款，并依法接受自然人、法人或其他组织的捐赠。

第四条 国家出版基金主要用于资助不能通过市场资源完全解决出版资金的优秀公益性出版项目。

本办法所指出版项目主要包括图书、音像制品和电子出版物等。

国家出版基金积极探索对传统出版与新兴出版融合发展等方面出版项目的资助。

第五条 国家出版基金年度资助项目的具体范围、重点、形式、出版介质以及申报数量、成稿率等要求，通过年度申报指南予以确定。申报指南在确定年度资助项目的具体范围、重点、申报数量等要求时，应充分考虑国家出版基金的规模，以及保持合理的资助比例和强度的需要。

第六条 资助项目的确定，遵循"自愿申请、公平竞争、专家评审、择优立项"的原则。

第七条 资助项目成果按规定标注"国家出版基金项目"标识。

第二章　机构与职责

第八条 由国家新闻出版广电总局、财政部组成"国家出版基金管理委员会"（以下简称"基金委"），负责审定国家出版基金管理规章制度、申报指南、资助项目及资助金额，决定与国家出版基金管理有关的其他重大事项等。

第九条 基金委下设"国家出版基金规划管理办公室"（以下简称"基金办"），负责起草相关管理制度及资助项目申报指南，管理出版基金专家库，组织资助项目申报、评审、检查、结项、绩效考评，开展国家出版基金相关预算管理工作，并监管资助项目经费使用，受理有关资助项目的投诉举报，完成基金委交办的其他工作事项。

第十条 中央和国家机关各部委、各直属机构、各直属事业单位，全国人大办公厅，全国政协办公厅，最高人民法院，最高人民检察院，各民主党派，各人民团体出版单位主管部门，中央军委政治工作部宣传局，各中央直属企业（以下简称"中央主管单位"）负责组织本部门、本系统出版单位申报资助项目的审核、汇总、报送，资助项目的质量进度监管、年度检查等工作，承担基金办委托的结项验收等其他工作事项。

第十一条 各省、自治区、直辖市、新疆生产建设兵团新闻出版广电行政部门（以下简称"省级行政管理部门"）负责组织本地区所辖出版单位申报资助项目的审核、汇总、报送，资助项目的质量进度监管、年度检查等工作，承担基金办委托的结项验收等其他工作事项。

第十二条 项目承担单位负责资助项目的具体实施，按规定管理和使用资助经费，确保项目质量进度和经费安全，并自觉接受主管单位（含中央主管单位和省级行政管理部门，下同）、基金办及国家有关部门的监督检查。项目承担单位法定代表人对资助项目的管理及资助经费的使用承担直接责任。

第三章　范围与重点

第十三条 国家出版基金资助的出版项目应当坚持党的出版方针、政策，坚持社会主义先进文化前进方向，服务党和国家工作大局，代表我国出版业发展水平，代表我国哲学社会科学、文学艺术、自然科学和工程技术发展水平，对推进社会主义文化强国建设、推动科学技术进步、实现"两个一百年"奋斗目标和中华民族伟大复兴中国梦具有重要意义。重点包括：

（一）深入研究阐释党中央治国理政新理念新思想新战略，推进中国特色社会主义理论创新、实践创新、制度创新，培育和践行社会主义核心价值观等弘扬主旋律的优秀出版项目。

（二）具有重要创新价值、思想价值、科学价值、文学艺术价值，反映我国现阶段哲学社会科学、文学艺术、自然科学和工程技术领域最新成果的优秀出版项目。

（三）具有重要历史文化价值，对传承和弘扬中华优秀传统文化，传播当代中国价值观念，体现中华文化精神具有重要作用的出版项目。

（四）对加快构建现代公共文化服务体系具有积极作用的优秀出版项目。

（五）国家重大年度主题出版项目。

（六）国家委托重点出版项目。

（七）其他优秀公益性出版项目。

第十四条　凡在出版环节已获得中央财政性资金资助的出版项目，国家出版基金不再重复资助。

第四章　专家选聘与管理

第十五条　遴选学术、出版、财务等方面专家，组建国家出版基金专家库。

第十六条　进入专家库的专家，须具有高级专业技术职称或相当于高级专业技术职称的行政职务、丰富工作经验和较高专业水平，能够客观公正、切实有效地履行工作职责。

第十七条　基金办根据资助项目管理工作需要，适时组织专家选聘。

第十八条　基金办负责维护、使用和管理国家出版基金专家库。

第五章　申报与立项

第十九条　基金办每年6月30日以前发布下一年度资助项目申报指南。出版单位按照申报指南要求，申报资助项目。

第二十条　申报条件和要求：

（一）申报单位须是经国务院新闻出版广电行政主管部门批准设立的出版机构。

（二）申报单位须具有良好的社会信誉、管理水平和出版业绩，具备完成资助项目的能力和水平。

（三）联合申报项目应当明确主申报单位和辅申报单位及各自承担的主要工作和责任。主申报单位是项目的主承担单位，辅申报单位须符合本条第一款的规定。

（四）申报项目须严格遵守《中华人民共和国著作权法》等有关知识产权法律规定，不存在违法侵权等问题。

（五）申报单位须严格按照申报指南要求编制项目申请书，并从实际出发，编制科学合理的项目总预算，结合预计发行收入，提出项目资助金额申请。

第二十一条　地方出版单位须通过所在地省级行政管理部门申报项目。中央在京出版单位可通过中央主管单位申报项目。

第二十二条　项目申报程序如下：

（一）初核。省级行政管理部门按照本办法第十九条和第二十条规定，对申报单位资质及申报材料进行审查，并于每年申报截止日期前将审查合格的申报材料报送基金办。中央在京出版单位通过中央主管单位申报项目的，比照办理。

（二）复核。基金办对通过初核的申报单位资质及报送材料的完整性、规范性、合理性等进行复核并报基金委审定。通过复核的项目，进入评审程序。

第二十三条　项目评审程序如下：

（一）初评。基金办按照申报项目的专业分类，从出版基金专家库中随机抽取若干名学术专家，组成初评专家组，对本专业申报项目进行评审，确定进入复评程序项目。

（二）复评。由初评专家组代表以及随机抽取的学术专家、出版专家和其他有关方面专家组成复评专家组，对进入复评程序的项目进行评审，确定进入终评程序项目。

（三）终评。基金办从出版基金专家库中随机抽取若干名出版专家、财务专家和其他有关方面专家组成终评专家组，对进入终评程序的项目进行综合评审，根据出版行业成本水平、预计发行量及其他有关规定，提出拟资助项目和资助金额的建议。

第二十四条　拟资助项目经基金委部门联系会议（特邀部分专家列席）集体审议，基金委成员单位会签后，通过媒体向社会公示。公示时间为 5 个工作日。

公示期满后，经基金委批准，通过媒体予以公告。

第二十五条　国家委托出版项目，基金办可按政府采购有关规定，确定项目承担单位。

第二十六条　基金办每年 12 月 31 日前组织完成下一年度资助项目专家评审工作。

第六章　拨款与支出

第二十七条　年度资助项目公告后，基金办应及时与主管单位、项目申报单位（联合申报的为主申报单位）共同签订《国家出版基金资助项目协议书》（以下简称"协议书"），明确各方权利义务。项目申报单位在规定时间内未完成协议书签订工作的，视为自动放弃基金资助。

协议书签订后，基金办应在 15 个工作日内，按照财政部有关管理规定办理拨款手续。

第二十八条　常规项目一般采取先补助、后出版的"事前补助"方式。当年应完成的资助项目，首次拨款不高于资助总额的 80%；跨年度完成的资助项目，首次拨款不高于资助总额的 30%；对年检合格的跨年度项目，依据项目进度、资金使用情况和年度工作计划等核定续拨款金额，于每年 6 月 30 日前办理拨款手续；资助项目一般须预留资助总额的 20%，待项目结项验收合格后拨付。

国家年度重大主题出版等特殊项目可采取先出版、后补助的"事后补助"方式，确定资助项目后一次拨付全部资助经费。

第二十九条　采取"事前补助"方式的资助项目，资助经费用于补助项目出版物的直接成本支出，包括稿费、版权费、翻译费、编校费、专家审稿费、录制费、制作费、排印装费、原辅材料费及其他费用。

采取"事后补助"方式的资助项目，资助经费由项目承担单位合理安排用于出版工作的直接成本支出。

第七章　实施与管理

第三十条　项目承担单位应严格按照国家相关法律法规和协议约定，制定国家出版基金资助项目质量进度、经费使用、绩效管理、廉洁监督等制度，依法、合规、有序地组织项目实施。

第三十一条　资助经费核算必须纳入项目承担单位会计核算体系，专款专用，单独核算，并完整保留与资助项目有关的会计资料。

第三十二条　有下列变更事项之一者，项目承担单位须提交书面申请，经主管单位审核后，报基金办办理。重大变更事项，报基金委批准后执行。变更期间，基金办暂停拨款。

（一）变更承担单位。

（二）变更项目名称。

（三）变更出版形式。

（四）变更著作责任者。

（五）变更文种。

（六）项目内容有重大变化。

（七）项目延期完成。

（八）终止项目。

（九）其他需要报批的重大变更事项。

第三十三条　跨年度资助项目实行年度检查制度，按以下程序执行：

（一）项目承担单位根据项目实际实施情况及下年度实施计划，填制《国家出版基金资助项目年度检查表》并按规定时间报送主管单位审核。

（二）主管单位依据本办法和《国家出版基金资助项目协议书》，对资助项目实施和经费管理使用情况进行审核，在《国家出版基金资助项目年度检查表》中填写审核意见，并对项目进行年检绩效考评后，于每年 3 月 31 日前将所辖（或本部门、本系统）出版单位承担资助项目的《国家出版基金资助项目年度检查表》和《国家出版基金资助项目年检绩效考评表》报送基金办。

（三）基金办负责组织、指导、核查年度检查工作，审核《国家出版基金资助项目年度检查表》和《国家出版基金资助项目年检绩效考评表》，组织对部分项目进行现场抽查，根据各个项目年检及绩效考评情况，拟定项目续拨款计划报基金委批准后执行，并适时发布年检绩效考评结果。

第三十四条　资助项目结项实行专家组验收制度，按以下程序执行：

（一）资助项目完成后，项目承担单位向主管单位报送《国家出版基金资助项目结项申请书》和项目成果各 3 份，申请结项验收。

（二）主管单位对结项验收申请进行审核，填写审核意见后，将《国家出版基金资助项目结项申请书》和项目成果各 2 份报送基金办。

（三）基金办收到结项验收申请后，在 20 个工作日内就验收组织形式（委托主管单位验收或基金办直接组织验收）函告主管单位。

（四）基金办或主管单位聘请有关专家，组成结项验收专家组，依据本办法、《国家出版基金资助项目协议书》等相关规定，对资助项目进行结项验收和考评，并出具结项验收报告和《国家出版基金资助项目结项绩效考评表》。

（五）主管单位应在所组织的验收工作结束后 15 个工作日内，将结项验收报告和《国家出版基金资助项目结项绩效考评表》报送基金办。

（六）验收合格项目经基金办审核并报基金委批准后，由基金办寄发结项通知并拨付尾款。不合格项目由基金办按照本办法第三十六条规定处理。

（七）基金办根据年检考评得分、结项考评得分，汇总确定资助项目实施情况绩效考评综合得分，经基金委审定后，对绩效考评结果为优秀项目的承担单位予以通报表扬，对其中部分特别优秀项目的承担单位给予适当增加下年度申报项目数量的奖励。

第三十五条　基金办每年抽查项目经费管理使用情况，并对部分资助项目进行期中或结项核查，项目承担单位应积极配合，如实反映情况。检查及核查结论作为续拨经费、评审新报资助项目的重要依据。

第三十六条　项目承担单位违反本办法及国家出版基金其他有关管理规定者，基金办给予批评、通报，或向有关部门提出追究责任人责任的建议。涉嫌违纪违法的，移交有关部门处理。

有下列情形之一者，报基金委批准后，追回已拨经费，并取消项目承担单位 1 至 5 年申请新资助项目资格。

（一）违反《著作权法》《出版管理条例》等法律法规及其他有关规定。

（二）项目存在严重质量问题。

（三）有严重弄虚作假行为。

（四）与获批的项目内容严重不符。

（五）项目规模大幅缩减。

（六）多次延期仍不能完成。

（七）严重违反财务会计制度规定。

（八）项目申报、评审、验收工作中有行贿行为。

（九）项目结项验收不合格。

（十）其他严重违纪违法事项。

第八章　项目成果使用

第三十七条　基金办和项目承担单位应充分利用媒体报道、网络宣传以及参加国内外展览会、展示会等多种方式，宣传推介资助项目成果。

第三十八条　基金办和项目承担单位应根据实际需要，积极开展形式多样、针对性强、受众面广的项目成果赠与活动，充分体现出版基金的公益性质以及项目成果的社会效益。

第三十九条　项目承担单位向基金办免费报送项目成果的数量，以及授权对项目成果进行公益传播等事宜，由《国家出版基金资助项目协议书》予以约定。

第九章　附　　则

第四十条　本办法适用于国家出版基金资助项目管理。国家出版基金财务管理、专家管理及项目绩效考评等办法另行制定。

第四十一条　本办法由国家新闻出版广电总局、财政部负责解释，自公布之日起施行。《国家出版基金资助项目管理办法》（新出联〔2008〕8 号）同时废止。

中央宣传部　国家新闻出版广电总局　国家发展和改革委员会 教育部　财政部　住房和城乡建设部　商务部　文化部 中国人民银行　国家税务总局　国家工商行政管理总局 关于印发《关于支持实体书店发展的指导意见》的通知

2016 年 5 月 26 日　新广出发〔2016〕46 号

各省、自治区、直辖市和新疆生产建设兵团党委宣传部、新闻出版广电局、发展和改革委员会、教育厅（教委）、财政厅、住房和城乡建设厅、商务厅、文化厅、国家税务局、地方税务局、工商局，中国人民银行副省级城市中心支行以上分支机构：

实体书店是城乡重要的文化设施和文明载体，在巩固先进文文化传播阵地、推动全民阅读、建设书香社会、提高全民族素质等方面具有重要作用。近年来，我国实体书店发展势头良好，总体销售规模扩大，较好地履行了社会服务功能，体现了社会效益和经济效益相统一。但区域发展不均衡，创新发展动力和能力不足，市场秩序不规范，信息化、标准化程度不高等问题仍然突出，互联网发展带来的数字阅读、网络购书等对实体书店经营带来较大冲击。为贯彻落实党中央、国务院有关部署要求，进一步促进实体书店发展，现提出以下意见。

一、总体要求

（一）指导思想。全面贯彻党的十八大和十八届二中、三中、四中、五中全会精神，深入贯彻习近平总书记系列重要讲话精神，牢固树立创新、协调、绿色、开放、共享的发展理念，坚持把社会效益放在首位、实现社会效益和经济效益相统一，充分发挥市场在资源配置中的决定性作用，加强政府引导，不断提升实体书店的创新力和竞争力，丰富产品和服务供给，更好适应人民群众日益增长的多样性文化需求，拉动文化消费。

（二）基本原则。

坚持改革创新。推动实体书店经营模式创新和转型升级，以改革激发市场活力，以创新增强经营能力，着力解决制约实体书店发展的关键问题。

发挥市场作用。遵循产业发展规律，顺应互联网时代发展趋势，积极培育壮大多元市场主体，鼓励吸引社会资本进入，充分调动发展实体书店的积极性和创造性。

加强政府引导。加快政府职能转变，进一步简政放权、放管结合、优化服务，营造竞争有序、公平参与的市场环境。完善政府宏观管理体制，明确重点、注重实效，加大规划、政策、标准等引导和支持力度。

注重统筹协调。充分发挥各地、各相关方面作用，统筹谋划、综合施策，形成推动实体书店发展的合力。积极推进实体书店与出版等相关产业的深层互动、融合发展。

（三）发展目标。按照全面建成小康社会的要求，推动实体书店与经济社会协调发展，到2020年，基本形成布局合理、功能完善、主业突出、多元经营的实体书店发展格局。

——布局体系更趋完善。按照城乡人口规模、流动趋势和区域功能，建立以大城市为中心、中小城市相配套、乡镇网点为延伸、贯通城乡的实体书店建设体系，形成大型书城、连锁书店、中小特色书店及社区便民书店、农村书店、校园书店等合理布局、协调发展的良性格局。

——市场主体更具活力。多种所有制并存、多元业态经营的市场主体确立，应对市场变化的能力显著增强，商业模式和服务形式创新更加适应新的消费需求。全国逐步形成一批品牌知名度高、创新发展能力强、主营业务突出、具有核心竞争力的实体书店。

——发展基础更加坚实。实体书店作为重要阅读场所的文化功能更加突出，在推动全民阅读、建设书香社会中发挥积极作用。全国人均图书消费水平不断提升，实体书店数量和图书销售额保持稳定增长。

——市场环境更加优化。加快形成统一开放、竞争有序的市场体系。图书价格管理逐步规范，资源配置效率进一步提高，侵权盗版和行业不正当竞争得到有效遏制，实体书店合法权益得到有效保护。

二、主要任务

（四）加强城乡实体书店网点建设。坚持城乡共同推进、协调发展。按照城市人口规模和实际需求，结合各级商业网点和公共服务设施，合理规划并推动建设一批与当地经济社会发展水平相适应的实体书店，包括大型书城、连锁书店、专业书店、社区便民书店、书报刊亭等。鼓励大型商贸、餐饮、服务连锁企业开展出版物经营业务。加强农村出版物发行网点建设，提高经营发展的适应性和管理服务水平。充分发挥新华书店等发行企业的骨干作用，推进农村出版物"小连锁"建设和经营；积极调动各方面力量，依托乡镇综合文化站、农家书屋、供销合作社、邮政局所、便民超市、电商服务站点等设立农村出版物代销点或网络代购点；支持实体书店深入乡镇农村开展流动售书。引导和推动高校加强校园书店建设，鼓励发行企业参与高校书店建设，各高校应至少有一所达到一定建设标准的校园书店，没有的应尽快补建。鼓励在中小学校及周边开办实体书店。

（五）创新实体书店经营发展模式。积极培育壮大市场主体，推动新华书店等国有实体书店大力发展新兴业态，支持大型书城升级改造，建设综合性文化体验消费中心；支持连锁书店扩大连锁经营范围，形成品牌优势，完善统一配送；支持知名民营书店做优做强，突出文化创意和品牌效应，营造优质阅读空间；鼓励中小书店向专业化、特色化方向发展，做精做大细分市场；鼓励开办24小时书店，设立自动售书机等。支持实体书店进一步融入文化旅游、创意设计、商贸物流等相关行业发展，努力建设成为集阅读学习、展示交流、聚会休闲、创意生活等功能于一体的复合式文化场所。

（六）推动实体书店与网络融合发展。强化"互联网＋"思维，充分利用互联网、物联网、云计算、大数据、数字印刷等新技术手段，实现实体书店由传统模式向新兴业态的转变。鼓励实体书店利用互联网技术推进数字化升级和改造，增强店面场景化、立体化、智能化展示功能，打造新一代"智慧书城"。支持实体书店拓展网络发行业务，开发移动互联网服务平台，完善信息推送、数据分析、移动支付、在线互动、个性订制等功能，推动线上营销与线下体验相结合，实现线上线下互动协同发展；推动实体书店与电商在区域配送、平台共享、网点共建等方面优势互补、合作共赢，探索"网订店取""网订店送"等经营方式。鼓励实体书店探索"按需印刷""前店后厂"等新的商业模式。

（七）提升实体书店信息化标准化水平。推动建立统一的实体书店可供图书信息标准，降低流通和各环节运营成本；运用大数据建立面向社会的信息共享平台，提高实体书店经营质量和效率。推动实体书店利用信息技术改造传统业务流程，逐步实现从传统管理模式向信息化管理模式转变。推动实体书店完善物流基础设施，以现代物流和信息技术为核心，促进资源优化配置，提高出版物流通配送能力，并积极拓展第三方物流业务。

（八）加大实体书店的优秀出版物供给。充分发挥实体书店传播先进文化的阵地作用，引导实体书店采购供应宣传党的理论和路线方针政策、弘扬社会主义核心价值观的重点出版物，有利于提高人民群众知识文化水平、满足人民群众精神文化需求的优秀出版物，有助于推动科学技术创新、促进经济社会持续健康发展的最新出版物，采取多种形式做好宣传推广和展示销售工作，在扩大市场销售的同时实现社会效益最大化。

（九）更好发挥实体书店的社会服务功能。鼓励实体书店积极参与公共文化服务，鼓励以实体书店为载体，开展多种形式的群众性读书文化活动。对引领全民阅读具有示范导向作用的实体书店，政府应按一定标准给予财政扶持。鼓励有条件的地方探索向城乡低收入困难群众发放购书券，或对困难群众购书给予一定补贴，保障基本文化民生，拉动实体书店消费。鼓励实体书店参与政府购买公共文化服务项目，拓展业务渠道。

三、政策措施

（十）完善规划和土地政策。将实体书店建设纳入国民经济和社会发展规划，纳入基层宣传思想文化工作考核评价体系，纳入文明城市、文明村镇、文明校园考核评价体系。落实中央城市工作会议精神，推动实体书店在城市文化功能区建设中发挥重要作用。根据《国务院关于深化流通体制改革加快流通产业发展的意见》，落实好城镇新建社区商业和综合服务设施面积占社区总建筑面积比例不低于 10% 的要求，合理规划，为实体书店预留经营场所。加强政府引导，鼓励房地产企业、综合性商业设施、公共服务设施等为具有较强经营发展能力和社会影响力的实体书店提供免租金或低租金的经营场所。加大对农村出版物发行网点建设的规划和财政支持力度，加快实现实体书店网点和出版物代销代购点覆盖全国所有乡镇，解决城乡不均衡的问题。将开办校园书店作为学校思想政治建设和文化建设的重要内容，教育部门要加强对高校校园书店的整体规划，各高校要从场地、租金等方面给予支持和优惠。

（十一）加强财税和金融扶持。进一步加大财政资金扶持实体书店的力度，完善标准，优化方法，更好发挥杠杆作用，对实体书店创新经营项目和特色中小书店转型发展通过奖励、贴息、项目补助等方式给予支持，重点扶持一批具有示范引领作用的品牌实体书店做优做强。加大对农村出版物发行网点建设的财政支持力度，通过中央和地方文化产业专项资金，对新华书店等发行企业的农村连锁网点建设项目和相关的物流、信息等配套项目给予补助；对长期坚持立足农村、服务农村的优秀实体书店给予奖励。落实图书批发、零售环节免增值税政策。引导银行业金融机构在风险可控、商业可持续的前提下，针对中小书店经营特点和融资需求，创新产品和服务。鼓励社会资本为中小书店发展提供资金支持。

（十二）提供创业和培训服务。落实好国务院关于做好新形势下就业创业工作的意见和大力推进大众创业万众创新的政策措施，对开办实体书店的创业重点群体给予支持。与引导大学生创业创新相结合，鼓励高校毕业生创办实体书店，纳入大学生创业引领计划，落实相关创业扶持政策。鼓励行业协会、中介服务组织搭建实体书店综合服务平台，提供注册登记、生产经营、社保、法律、税费、用工等咨询服务。支持有条件的发行企业成立专业化的书店管理机构，帮助进入市场的中小书店运营管理。鼓励开展多种形式的培训和业务交流，提高实体书店从业人员整体素质和服务水平。

（十三）简化行政审批管理。加快政府职能转变，进一步简政放权，切实落实单位和个人开办实体书店"先照后证"改革要求，减少审批项目，简化审批程序。对实体书店开展其他经营业务的，提供便利的工商登记注册服务。通过降低市场准入门槛，吸引更多社会资本开办书店。

（十四）规范出版物市场秩序。加大"扫黄打非"和出版物市场管理力度，加强对出版单位、印刷企业、出版物批发市场、实体书店、网络书店、游商摊贩等的执法检查，加强事中事后监管，坚决打击侵权盗版、制售非法出版物等违法违规行为。完善实体书店诚信体系建设，充分利用企业信用信息公示平台，及时对违规企业信息进行公示。规范图书市场秩序，完善图书市场价格管理机制，打击恶意打折、无序竞争行为，为实体书店发展营造公平有序的市场环境。

四、组织实施

（十五）形成工作合力。中央宣传部、新闻出版广电总局要会同发展改革委、教育部、财政部、住房城乡建设部、商务部、文化部、人民银行、税务总局、工商总局等部门，切实加强对支持实体书店发展工作的组织领导和统筹协调，并及时对落实情况进行监督检查。

（十六）落实主体责任。各地区各有关部门要高度重视，按照本意见的各项要求，结合实际情况明确任务分工，抓紧制定具体实施方案，完善和细化相关措施，加强宣传和引导，确保各项政策措施落到实处。

国家文物局　国家发展和改革委员会　科学技术部 工业和信息化部　财政部关于印发《"互联网 + 中华文明"三年行动计划》的通知

2016 年 11 月 29 日　文物博函〔2016〕1944 号

各省、自治区、直辖市、新疆生产建设兵团文物局（文化厅）、发展改革委、科技厅（委、局）、工业和信息化主管部门、财政厅（局）：

为贯彻落实国务院《关于进一步加强文物工作的指导意见》（国发〔2016〕17 号）和《关于积极推进"互联网 +"行动的指导意见》（国发〔2015〕40 号），国家文物局、国家发展和改革委员会、科学技术部、工业和信息化部、财政部共同编制了《"互联网 + 中华文明"三年行动计划》。现印发给你们，请结合实际，认真抓好贯彻落实。

附件："互联网 + 中华文明"三年行动计划

附件：

"互联网 + 中华文明"三年行动计划

文化遗产承载灿烂文明，传承历史文化，维系民族精神，是国家的"金色名片"。为贯彻习近平总书记关于文化遗产保护的系列重要论述精神，落实国务院《关于进一步加强文物工作的指导意见》（国发〔2016〕17 号）和《关于积极推进"互联网 +"行动的指导意见》（国发〔2015〕40 号），把互联网的创新成果与中华传统文化的传承、创新与发展深度融合，深入挖掘和拓展文物蕴含的历史、艺术、科学价值和时代精神，彰显中华文明的独特魅力，丰富文化供给，促进文化消费，特制定"互联网 + 中华文明"三年行动计划。

一、总体要求

（一）总体思路

深入贯彻落实习近平总书记系列重要讲话精神，牢固树立"创新、协调、绿色、开放、共享"发展理念，以有利于全社会参与文物保护、有利于提供多样化的文化产品与服务、有利于中华文明的传播与弘扬为原则，坚持政府积极引导、社会共同参与，充分发挥市场作用，通过观念创新、技术创新和模式创新，推动文物信息资源开放共享，推进文物信息资源、内容、产品、渠道、消费全链条设计，不断丰富文化产品和服务，进一步发挥文物在培育弘扬社会主义核心价值观、构建中华优秀传统文化传承体系和公共文化服务体系中的独特作用。

（二）发展目标

到 2019 年末，初步构建文物信息资源开放共享体系，基本形成授权经营、知识产权保护等规则规范；树立一批具有示范性、带动性和影响力的融合型文化产品和品牌；培养一批高素质人才，培育一批具有核心竞争力的文博单位和骨干企业；初步建立政府引导、社会参与、开放协作、创新活跃的业态环境，扩展文物资源的社会服务功能，为满足人民群众多层次、多形式、多样化的精神文化需求，促进文化繁荣和经济社会发展做出新的贡献。

二、主要任务

（一）推进文物信息资源开放共享

建立文物资源信息名录公开机制，首批向社会公开 1 万处文物保护单位和 100 万件（组）国有可移动文物名录和基础信息，并逐步推进文物资源信息公开的广度和深度。加强统筹协调，出台相关政策和标准规范，推进文物大数据平台建设，实现优质资源共享。

支持文物博物馆单位有序开放文物资源信息，将资源信息开放、信息内容挖掘创新、信息产品提供等纳入文物博物馆单位评估定级标准和绩效考核范围。

专 栏 1

文物大数据平台：优先整合全国不可移动文物普查、可移动文物普查，以及文物价值创新挖掘工程和文物数字化展示利用工程的成果，研究统筹建立文物大数据平台；逐步推动建设跨部门、跨区域、跨行业"物理分散、逻辑互联、全国一体、交互共享"的云平台。建立文物资源信息采集、加工、存储、传输、交换系列标准，对文物信息资源进行分级分类，实现文物信息资源科学化、规范化管理和应用。鼓励各类第三方服务提供商、"双创"企业（个人）与文物博物馆单位合作，参与平台建设或基于云平台提供各种应用服务，提供文物图形图像、音视频、三维模型等数字资源，丰富文物知识、创意设计素材库，创作基于文物资源的影视、游戏、音乐、出版、商标以及计算机软件等数字产品，从事文物实体的数字化发行与信息网络传播推广，以及基于知识产权技术保护手段与网络的授权交易技术平台，以实现文物信息资源共享、利用、挖掘、创新的云服务。

（二）调动文物博物馆单位用活文物资源的积极性

充分发挥文物博物馆单位在文物藏品资源、学术研究、人才队伍、形象品牌等方面的优势，加强与社会力量的合作，建立优势互补、互利共赢的合作机制，促进文物的合理利用和中华文明的传播弘扬。

加强文物基础价值挖掘工作。开展文物资源的知识挖掘和信息组织，确保专业性和科学性，为后续产品开发和领域融合提供基础支撑。

加强文物数字化展示利用。通过数据汇集、分析和加工，建立面向应用的文物信息资源库和陈列展览专题信息资源库，持续推动文物信息资源盘活存量，做优增量，做大总量。

依法建立文物博物馆单位文物信息资源和品牌资源的授权机制并在部分地区先行先试，通过总体授权、单独授权、专项授权等，将资源优势转变为市场优势。严格区分社会公益服务与商业授权委托。

依托文物博物馆单位场馆空间优势，重点关注公共文化服务领域需求，积极开发和引入与文物博物馆单位功能定位相适应的产品、技术、装备等，不断丰富产品供给渠道。

通过文化创意产品开发所取得的事业收入、经营收入和其他收入等按规定纳入本单位预算统一管理，可用于加强公益文化服务、藏品征集、继续投入文化创意产品开发、对符合规定的人员予以绩效奖励等。

专 栏 2

1. **文物价值挖掘创新**：支持文物博物馆单位与高等院校、科研院所和相关企业合作，针对体现中华文明独特魅力的典型性文物，开展多视角、多维度、多层次的价值挖掘，阐述文物背后的故事，突出文物的历史、艺术和科学价值，加强文物间关联性和系统性研究，为后续产品研发、领域融合等提供更具专业性和科学性的文物信息资源。鼓励社会力量与文物博物馆单位合作，开展文物价值挖掘创新，分类进行文博知识产权分析研究和应用前景的市场评估。

2. **文物数字化展示利用**：推进文物博物馆单位通过独立开展、项目合作或购买服务等方式，针对国家重点文物保护单位、馆藏珍贵文物、精品陈列展览，利用遥感测绘技术、三维扫描/建模技术、高清影像采集技术等，采集和整合数字化信息，搭建面向应用的文物资源数据库和陈列展览专题数据库，开发数字体验文化产品；鼓励有条件的文物博物馆开展智慧博物馆工作。鼓励大型互联网企业综合运用物联网、云计算、大数据和移动互联网等新技术手段，提供文物信息资源深度开发利用服务。

（三）激发企业创新主体活力

充分发挥企业在技术、人才、渠道、资金和体制机制灵活等方面的优势和创新主体作用，支持企业与文物博物馆单位通力合作，通过内容创新、技术创新、管理创新、模式创新和业态创新，发展融合型文化产品。

鼓励各类市场主体，以市场需求为导向，以互联网创新成果为支撑，依托文物信息资源，重点开展互联网＋文物教育、文物文创、文物素材再造、文物动漫游戏、文物旅游，以及渠道拓展与聚合等工作，形成一批具有广泛影响和普遍示范效应的优秀产品与服务，有力促进大众创新、万众创业。

形成"互联网＋中华文明"优秀产品。重点围绕文明源流、国学经典、传统美德、艺术欣赏、古代科技、古代建筑、乡土民俗、红色记忆、"一带一路"和文保知识等主题，以及人民群众喜闻乐见的其他题材，进行创作、创新、创造，让文物可见、可感、可亲，讲述好中国故事、传播好中国声音。

重点培育骨干型企业，丰富产品内容、完善产品形态、拓展产品渠道，形成一批有影响、有品牌、有竞争力的领军企业或企业集团；支持中小企业向"专、精、特、新"方向发展，强化特色产品、特色经营、特色服务，形成中小企业集群。

鼓励跨行业、跨领域的企业与文博单位间、企业间、文博单位间的合作，如专题研讨、培训、洽谈、会展、推介等活动，鼓励文物博物馆单位、企业、第三方服务机构等不同主体之间的信息互换、双向学习、观念更新，着力打破行业间的"竖井"，形成融合互动的"通渠"。充分发挥不同市场主体的自身优势，推动分领域组建"互联网＋中华文明"创新联盟，促进各类创新要素集聚，形成核心竞争力。引导技术创新、产品创新和渠道创新，鼓励技术入股、融资租赁和生产性服务等模式创新。

专 栏 3

1. **互联网＋文物教育**：针对不同年龄、不同区域青少年特点，研究提炼文物博物馆资源与教育的有机结合点，利用网络与多媒体技术表现形式丰富多样、信息获取方便快捷等优势，鼓励通过社会力量开发数字化、网络化的文物教育课程及其他教学资源。利用现有的远程教育终端系统、广播电视、互联网视频平台，以及学校与博物馆网站系统，增加中小学教育的文物博物馆音像录播教学和网络互动教学。

把博物馆历史实践、艺术欣赏教育引入学校，鼓励通过 VR/AR 技术虚拟历史场景和重要历史文物 3D 打印实践教学等新形式、新技术，激发学生对文物历史的兴趣爱好。开发系列文物博物馆教育教学专用 APP，提供文物全息欣赏、虚拟触摸和历史事件沉浸式体验，增强用户主体交互体验，直观感知文物的历史、艺术和科学价值。支持利用网络传播、社交媒体、VR 平台及其他主流网络平台，提供面向公众的历史文化教育内容。鼓励文物博物馆单位、学校、青少年活动中心与有实力的技术服务提供商共同实施。

2. 互联网＋文物文创产品：鼓励社会力量与文物博物馆单位深度合作，或通过网络众筹、众包等方式，针对文物博物馆单位具有代表性的文物与博物馆藏品资源，广泛应用多种载体和表现形式，开发兼具艺术性、趣味性和实用性，满足现代生活需求的文化创意系列产品，打造文化创意品牌。鼓励建立大数据分析系统，分析多样化的客户选题需求，进行文化创意产品个性化定制和定向销售。

3. 互联网＋文物素材创新：鼓励工业企业、设计机构、高等院校、科研院所与文博单位建立多种形式的合作机制。构建面向设计服务的文物素材库和知识库，实现开放式的远程虚拟设计服务和定向服务。在传统制造业、战略性新兴产业、现代服务业等重点领域，推进文物素材再造和相关设计服务产业化、专业化、集约化、品牌化发展。培育一批创意设计特色企业，研发一批选题创意新颖、特色突出、形式活泼的文物素材再造设计产品与服务，提高工业设计产业发展水平和服务水平。

4. 互联网＋文物动漫游戏：充分挖掘我国文物和优秀传统文化资源，深入对接网络创意和科技元素，结合国家重大战略、重点工作和社会公众需求，重点发展表达中国特色、中国风格、中国气派的原创动漫、游戏、影视产品及衍生产品开发和服务，推进内容创作、音乐创作、形象设计、节目制作、版权交易创新发展。借助国内大型互联网平台在用户资源、知识产权、运营能力和技术创新等方面的优势，引导传统动漫和游戏企业打破固有的"黑盒子"创作模式，形成连接文物信息资源授权单位、动漫游戏生产机构与网络用户三方的开放共创方式，吸引网民参与互动体验，促进形成比较完整的文物网络动漫游戏生产体系、市场体系和传播体系。鼓励举办基于文物和优秀传统文化内容为主题的网络原创动漫游戏作品大赛、动漫产品研发交流会、动漫读书会、动漫音乐节，扩大影响力和知名度。

5. 互联网＋文物旅游：促进文物与旅游相结合，以文化提升旅游的内涵，以旅游扩大中华文明的传播。积极培育以文物为内容、旅游为载体、线上与线下相结合的融合发展新模式，丰富游客多层次、多角度现场与非现场深度体验。鼓励具备条件的文物博物馆单位与相关机构合作，研究设立虚拟展厅和数字体验中心，利用 3S、3D/4D、VR/AR、激光成像和全息投影等技术，围绕文物本体及其历史环境等重要元素，开发以智能终端平台或现场展示平台为承载的文物旅游数字化产品系列。鼓励国内大型互联网企业与文物博物馆单位合作，提供基于地图服务的文物博物馆旅游线路规划、虚拟展示、智慧导览、参观预约及个性化服务，满足旅游参观前、中、后三阶段的不同体验要求；利用大数据挖掘分析手段，拓展游、购、娱、食、住、行等服务，优化文物旅游产品供给水平。

6. 渠道拓展与聚合：强化需求导向，科学分析文化消费需求，有针对性地拓展市场渠道，引领和培育新的文化消费。鼓励有条件的央地共建博物馆、国家一级博物馆、国家考古遗址公园、世界文化遗产地调动各方资源对商店、体验中心进行必要的改造升级，提升场景消费能力；鼓励有条件的单位在符合市场规律、进行科学规划和充分论证的前提下，在国内外旅游景点、重点商圈、城市大型综合体、交通枢纽等传统商业终端渠道开设专卖店或代售点，探索体验式交易模式；加强与大型电子商务平台合作，按地域和文化主题建立文化产品网络营销专区，支持文化产品提供商入驻，发展社交电商等网络营销新模式，提升产品网络营销水平，鼓励开展跨境电子商务。同时，积极探索文博行业既有渠道、传统商业渠道、线上渠道的有机聚合，发展线上线下融合营销（O2O），实现全渠道覆盖。

（四）完善业态发展支撑体系

重点加强新技术新装备应用支撑体系、授权经营体系、双创空间体系等 3 大支撑体系建设，突破一批文物资源数字化、数字展示、网络传播等领域的核心关键技术和装备；探索建立基于文物信息资源、创意、产品、渠道和品牌的多层级授权经营体系；构建一批创新与创业相结合的双创空间，为创新创业者提供低成本、便利化、全要素的工作空间、网络空间、社交空间和资源共享空间，整合和调动更多创新要素，支撑文物信息资源合理利用新模式、新业态健康可持续发展。

专 栏 4

1. 新技术新装备应用支撑体系：充分运用物联网、云计算、大数据、移动互联等现代信息技术，推动新技术与新装备的研发与应用示范。重点支持文物价值挖掘、文物数字化、现代展陈、网络传播、智慧博物馆等方面的科技攻关，突破一批共性、关键、核心技术，在此基础上重点研发（含升级改造或二次开发）一批新技术、新工具和新装备，提高装备的适用性、安全性、可靠性和智能化水平。重点培育一批骨干创新型技术装备研发生产服务企业。

2. 授权经营体系：开展"互联网＋中华文明"品牌经营与维护，探索建立基于文物信息资源、创意、产品、渠道和品牌的多层级授权体系。推动具备条件的文物博物馆单位依托本单位文物信息资源，结合自身实际情况，采取合作共建、授权委托、独立开发等方式开展文物信息资源的开发利用工作。鼓励有实力的社会机构参与品牌资源授权经营。

3. 双创空间体系：加强与地方政府合作，遴选和培育建立一批"互联网＋中华文明"双创空间，通过市场化机制、专业化服务和资本化运营途径构建服务平台，为"双创"企业（个人）与文博单位、科研机构、高校、社会团体等机构的对接牵线搭桥。鼓励有条件的地方采取相应政策措施，引导民间资本和社会力量参与，聚合优秀创意团队和创新人才，提供资金、技术、内容、渠道、金融等多方面支持，激发双创空间企业活力。

三、保障措施

（一）政策保障

注重原创价值、坚持创新驱动、突出示范引领，加快文物资源数字化进程，推进文物信息资源开放共享；充分挖掘文物信息资源价值，加强二次创作、创造，促进互联网应用创新，建立信息资源、文物知识、原创内容的产权保护政策，提升知识产权服务附加值；加大对创新创业团队支持力度，强化横向、纵向联合，形成协同育人、创业创新、成果转化、服务社会的"互联网＋"新机制。

（二）经费支持

统筹利用现有资金渠道，发挥引导作用，重点对文物数字化和创业创新人才培养等给予必要支持；吸引社会资金以众筹、众包等市场化运作形式支持创业创新团队发展；积极开展与投资基金等金融机构合作。

（三）人才保障

坚持"以用为本、人才优先、创新机制、服务发展"的人才保障机制，重点培育文物与相关领域融合发展的高端复合型人才，开展战略规划、创意设计、科技创新、项目管理、资本运作等专业型人才的引进和培养，加强创业创新指导培训。鼓励和吸引互联网相关研究机构、高等院校、高新技术企业、文博单位等各领域高水平业务人才开展广泛合作，推动人才结构调整、提高人才质量，形成一批懂专业、有创意、善管理、有国际视野的优秀人才团队。

（四）机构保障

建立部际会商机制，国家文物局牵头负责，加强部门间的沟通协调，推动部门与部门间、中央与地方间、文博单位与企业间的协同与合作。组建专家咨询委员会，提供专业知识技术支撑。

中共山东省委 山东省人民政府关于深入推进供给侧结构性改革的实施意见

2016 年 5 月 7 日 鲁发〔2016〕12 号

实施供给侧结构性改革，是适应和引领经济发展新常态的重大举措，是新形势下抢占发展先机、赢得战略主动的必由之路，对促进山东改革创新、走在前列具有重要意义。为深入推进供给侧结构性改革，提高供给体系质量水平，推动经济转型发展、提质增效，现结合我省实际，提出如下实施意见。

一、总体要求

（一）指导思想

全面贯彻党的十八大和十八届三中、四中、五中全会精神，深入学习贯彻习近平总书记系列重要讲话和视察山东重要讲话、重要批示精神，积极适应经济发展新常态，认真落实新发展理念，扎实推进"三去一降一补"五大任务，"加减乘除"并举，优化存量、引导增量、主动减量，促进经济增长从粗放低效向集约高效、从要素驱动向创新驱动转变，推动产业层次向中高端迈进、供需平衡向高水平跃升，为实现山东由大到强、走在前列提供坚强有力保障。

（二）基本原则

——供需结合、两端发力。着力化解过剩产能，去除低端无效供给；培育新动能，发展新产业，增加中高端有效供给。调整优化需求结构，增强投资精准度和有效性，挖掘和创造新的消费需求，实现供需互为支撑、互促共进。

——因势而谋、持续加力。坚持分类施策、顺势而为，对区域发展、创新驱动等重大战略，一张蓝图抓到底；对重点产业和领先领域强化支持，进一步拓展优势；对制约经济社会持续健康发展的关键领域和薄弱环节，着力补齐短板。

——因地制宜、精准用力。立足我省实际，强化问题导向，突出钢铁、煤炭等重点行业，在"去"上见实效；突出简政放权和减税降费，在"降"上下功夫；突出软硬基础设施建设，在"补"上出实招；融合做好促转型、扩需求等特色文章，全力打好供给侧结构性改革组合拳。

——改革创新、激发活力。聚焦重点领域，加大改革力度，完善体制机制，更好发挥企业主体作用。抢抓山东半岛国家自主创新示范区获批机遇，深入实施创新驱动发展战略，大力推动"双创"、智能制造、"互联网＋"等行动，加快实现发展动能转换。

——综合平衡、有序有力。统筹协调好稳增长、促改革、调结构、惠民生、防风险之间的平衡。着眼于"转"，加速腾笼换鸟，推动转型升级；致力于"改"，以改革破难题，以改革强动力；立足于"稳"，把握改革节奏力度，促进经济平稳增长，保持社会和谐稳定。

二、主要目标

打好供给侧结构性改革攻坚战，全面完成"去降补"任务，要素配置效率明显提升，市场主体活力持续增强，新的经济增长点不断生成，形成多层次、高质量的供给体系，实现更高质量、更有效率、更加公平、更可持续的发展。

去产能方面。2016～2018 年，"5＋4"产能过剩行业（钢铁、水泥、电解铝、平板玻璃、船舶、炼油、轮胎、煤炭、化工）产能利用率力争回升到 80% 以上，按时完成国家下达的化解过剩产能任务目标，其中钢铁、煤炭产能分别压减 1 000 万吨、4 500 万吨以上。

去库存方面。2016 年，工业品产销率达到 99% 左右。全省商品房去库存周期降低到 22 个月左右，各市商品住房去库存周期基本控制在 16 个月以内的合理区间；棚户区改造货币化安置比重达到 50% 以上。

去杠杆方面。2016 年，力争上市挂牌企业累计达到 2 000 家，新增直接融资额超过 5 000 亿元。2017 年年底，银行业金融机构不良贷款率低于全国平均水平，债转股在全国的份额不低于不良贷款在全国的占比。2018 年年底，直接融资占社会融资规模增量的比重超过 30%。通过知识产权入股、上市增发、兼并重组等多种方式，使企业自有资金的比重大幅提高。

降成本方面。2016 年，通过减税降费为企业减轻成本负担 500 亿元左右，各市企业职工基本养老保险单位缴费费率统一降至 18%。科技进步对经济增长的贡献率达到 56% 以上。到 2018 年年底，省定涉企行政事业性收费实现"零收费"，用电成本累计降低 300 亿元。

补短板方面。2016 年，服务业增加值占比提高 1.5 个百分点以上，超过第二产业。研发经费投入占生产总值的比重提高到 2.33% 左右，新增国家级和省级创新平台 200 个以上。新增高速公路通车里程 384 公里，在建铁路 2 423 公里（含城市轨道交通）；新建城市地下管廊 100 公里。减少贫困人口 120 万人。2016～2017 年改扩建学校 2 963 所，全面解决城镇普通中小学"大班额"问题。

三、重点任务

（一）分类施策化解过剩产能

1. 主动退出一批。建立"僵尸企业"分类数据库，制定针对性处置工作方案。对资不抵债、重组无望的企业，引导其市场化、规范化、法治化退出。加强财税、金融、价格、土地等政策的协调配合，促进企业主动压减过剩产能。鼓励钢铁产能较大的地区和企业承担更多压减任务，引导煤炭企业主动退出长期亏损、停产、欠税、欠费以及资源枯竭矿井。

2. 倒逼出清一批。严格执行环保、能耗、质量、安全、技术等法律法规、标准和产业政策，对不达标的企业（设备或生产线）限期整改，在规定期限内仍达不到要求的，依法依规强制关停退出。涉及重大事项要搞好风险评估，健全处置预案。支持省市县法院设立"僵尸企业"处置绿色通道，提高审理效率，加快市场出清。

3. 优化整合一批。坚持"多兼并重组、少破产清算"，尤其对民营企业要注重科学引导，善用市场手段、法治方式。鼓励各类资本参与企业兼并重组和破产清算整合，有效盘活存量资源；开展产能置换指标交易，促进钢铁、煤炭等行业跨地区、跨所有制减量化兼并重组和布局调整。积极稳妥推进济钢产能化解调整和山钢转型发展。

4. 转移消化一批。积极参与"一带一路"等国家战略，推动企业"走出去"和优势产能转移，建立境外产业集聚区，充分利用当地资源和先进经验，带动装备、产品、技术、标准、服务的全产业链输出。稳步实施省内产业梯度转移，推动东部沿海地区产业，特别是生产性环节向鲁西南、鲁西北地区梯度转移。

5. 改造提升一批。引导各类企业拉长产业链条，发展智能制造，提升品质，创建品牌。鼓励发展煤电一体化和煤炭洗选加工转化，建设一批煤炭特色突出的产业基地和园区。推进炼油、化工攻克生产关键技术，打造精细化工产业体系，大力发展化工新材料，促进产品高端化、资源循环化、排放无害化。

（二）多措并举减少库存

6. 加快新型城镇化进程。加大户籍制度改革力度，制定 1 000 万农业转移人口和其他常住人口市民化实施方案，稳步推进撤乡设镇、撤镇设市、乡镇合并、镇改街、村改居，大力推进外来务工人员、城中村和城边村原有居民、农村就地转移就业人口"三个市民化"，落实"人地钱"三挂钩机制，提高户籍人口城镇化率。进城落户农民的土地承包经营权、宅基地使用权、集体收益分配权保持不变，支持引导农户依法自愿有偿转让"三权"权益。

7. 深化住房制度改革。继续推进住房分配货币化、市场化和社会化。按照低门槛、广覆盖的原则，将与用人单位签订劳动合同、工作稳定的农民工和高校毕业生纳入住房公积金制度，逐步将符合条件的非户籍困难家庭纳入住房保障范围。发展房产租赁市场，支持租售并举，培育专业化、规模化的住房租赁企业；改革公共租赁住房保障方式，提高租赁补贴比重，降低实物配租比重；鼓励收购库存商品住房作为公租房。各市县要尽快制定出台深化住房制度改革方案。

8. 调整优化房地产供应。建立房地产去库存与房地产开发建设用地挂钩制度，实行差异化供地政策，适度调节相应类型土地供应规模。对房地产库存明显偏多的地区，暂停供应新增房地产开发用地。鼓励将符合条件的商品房、闲置厂房、仓库等转型利用，依法依规改造为电商用房、养老地产、旅游场所、中小学和幼儿园等专业设施。

9. 推进工业品产销模式创新。运用大数据分析目标市场，鼓励发展个性化定制，实现供给与消费高效互动。加快农村电商发展，积极推进"淘宝村"建设，实现"网货下乡"和"农产品进城"双向流通。优化钢材品种，推进钢结构使用，提高城乡建筑效率，增强建筑抗震强度，促进钢材、水泥等建筑产品消费。

（三）合理管控杠杆水平

10. 优化企业资产负债结构。完善企业资本金补充机制，提高非金融企业直接融资比重，鼓励金融和非金融企业在区域性股权交易市场、"新三板"挂牌，通过股权融资、改制上市等手段，实现股权多元化，降低企业资产负债率。积极争取投贷联动试点，拓宽抵质押范围，降低企业融资杠杆。鼓励企业综合利用企业债券、公司债券、中期票据等债券品种进行融资。

11. 强化企业金融服务。鼓励金融机构运用续贷展期、联合授信等手段，优化信贷服务，2016 年年底前至少推出一种续贷产品，确保小微企业续贷业务增速不低于贷款平均增速。推进保险资金参与政府设立的股权投资引导基金、城市发展基金、产业基金。支持地方法人金融机构降低利用再贷款资金发放的涉农、小微企业贷款利率水平，降低利用再贴现资金办理贴现的利率水平。

12. 加强政府资金引导。用足用好政府和社会资本合作（PPP）发展基金，加强项目推介、落地，引导和带动社会投资。充分发挥政府股权投资引导基金作用，积极争取国家中小企业发展基金、新兴产业创业投资基金和科技成果转化引导基金等。在国家批准的地方政府债务限额内，做好地方政府债券的筹备、发行、置换和到期债务偿还工作，逐步推进政府债务纳入预算管理。

13. 加大金融风险防控。加强对担保圈、互保链、贸易融资等领域金融风险的防范和化解，建立金融风险监测和信息通报机制。鼓励企业多发企业债，用长期债券置换短期债券，拆解担保圈，降低企业风险。增强金融资产管理公司资本实力，加快不良资产核销处置。加快推进社会信用体系建设，建立守信激励和失信惩戒机制，严厉打击恶意逃废债务、非法集资等违法犯罪活动，守住不发生系统性区域性金融风险的底线。

（四）综合施策降低成本

14. 引导企业内部挖潜。开展"对标挖潜、降本增效"活动，积极推进机器代工，大力发展智能制造，加大技术改造力度，提高全要素生产率；鼓励企业改变粗放式经营，加强精细化管理，优化生产流程，强化过程控制，降低物流、能源和原材料消耗，压缩管理、销售和财务费用。

15. 降低制度性交易成本。加快省市县三级政务服务平台互联互通，实行统一受理、统一办理、统一查询、统一监管，实现全省政务服务"一网通"。大力推行"一号通""一表通"等审批服务模式，以及一窗口受理、一站式办理、同城通办等公共服务模式，方便基层群众办事创业。

16. 降低税费成本。全面推开"营改增"试点扩围。落实小微企业、高新技术企业税收优惠政策；按规定减征、免征、缓征困难企业相关税收。清理、减免行政事业性收费，清理规范行政审批中介服务项目和收费。依法将资源、环境、房地产等领域具有税收性质的收费基金项目并入相应税种。

17. 降低社会保险费成本。优化社保险种结构，推进生育保险和基本医疗保险合并实施。逐步统一全省企业职工基本养老保险单位缴费费率。有条件的市适当降低职工基本医疗保险费率，完善工伤保险差别化费率政策，落实降低工伤和失业保险费率政策，降低公积金缴存比例。

18. 降低生产要素成本。积极稳妥推进电力体制改革，有效降低企业用电成本。推行工业用地弹性出让制度，降低一次性置地投入。建立与经济发展水平相适应的最低工资标准调整机制，最低工资标准增幅原则上不超过当地同期城镇单位就业人员平均工资增长幅度。引导金融机构完善信贷准入标准，合理控制贷款利率上浮空间，规范企业融资中介收费行为，清理不必要的资金"通道"和"过桥"环节。

（五）突出重点补齐短板

19. 增强创新驱动能力。深化科技体制改革，健全普惠性创新扶持政策，完善以企业为主体的产学研协同创新机制。实施"互联网＋"行动计划，推进企业创新百强工程和科技创新品牌培育工程，形成一批具有自主知识产权的创新成果。开展科技成果使用、处置和收益权管理改革试点，提升科技资源配置和创新效率。支持科研人员带着科研项目和成果、保留基本待遇离岗到企业开展创新工作或创办企业。研究出台加快推进人才国际化的意见，构筑国际化人才高地。推进创业孵化基地、创业园区建设，培育创业创新主体。

20. 提升产业发展水平。深入推动农业产业转型发展，实施粮改饲和农村一二三产业融合试点项目，构建新型农业经营体系；鼓励主产区粮食、水果、蔬菜、水产品等就地转化加工，化解库存、稳定价格。实施全国新增千亿斤粮食产能、小型农田水利重点县、农业综合开发高标准农田等基础设施工程建设，到2016年年底累计建成高标准农田4 000万亩。落实中国制造2025山东省行动纲要，加快工业行业转型升级，培育发展高档数控机床等10大装备制造业和新材料等10大特色制造业。实施高新技术产业"倍增工程"，建设一批重大科技创新平台，攻克一批核心关键技术，实施一批重大科技创新工程，壮大一批产业技术联盟。实施17个服务业行业转型升级方案，加快绿化和园艺、农业生产性服务业、环保、建筑设计和装修、邮政快递和电信网络等6个行业转型发展，尽快出台我省旅游产业发展总体规划。推动医疗卫生和养老服务业融合促进，建设一批医养结合综合体。开展便民惠民消费促进活动，大力发展家政养老、文化体育、法律会计等服务业。

21. 完善重大基础设施网络。能源网：围绕构建清洁低碳、安全高效的现代能源体系，推进"外电入鲁"、荣成核电、青岛LNG等项目建设。综合交通网：围绕构建现代综合交通运输体系，加快推动"市市通高铁、县县通高速"工程，抓好济青高铁、鲁南高铁、济青高速公路扩容、青岛新机场等项目规划建设，促进交通网络广覆盖、深通达、提品质。水利设施网：全面完成南水北调续建配套工程建设，实施引黄济青改扩建、雨洪资源利用和节水改造等重大水利工程，支持临沂建设水肥一体化示范基地，2016年，新增供水能力5亿立方米以上，发展高效节水灌溉面积100万亩左右。信息网：落实国家大数据战略，深入推进三网融合，加快农村互联网基础设施建设，推动农村宽带设施全覆盖，打通信息"最后一公里"，全省互联网普及率达到50％以上。

22. 改善城乡基础设施条件。城市要突出提升公用设施服务水平，重点建设"十个系统"：立体交通系统，推进济南、青岛、烟台、潍坊等城市轨道交通建设，加快城市高架和城市立交等快速通道建设；停车泊位系统，合理布局建设停车场和立体车库，支持社会化车位共用；地下管网系统，推进集供排水、中水、燃气、热力等管线为一体的城市综合管廊建设，开展省级综合管廊试点；雨污分流系统，支持济南、青岛推进国家海绵城市试点，开展省级海绵城市建设试点；智慧城市管理系统，加速光纤入户进程，建设综合性城市管理数据库，促进大数据、物联网、云计算等新一代信息技术与城市管理服务融合，积极建设智慧城市；住房保障系统，加快老旧小区、棚户区改造，改造老旧小区1 684个、棚户区48万户；集中供热系统，加快集中供热设施建设，力争集中供热普及率每年提高1个百分点左右；大气污染防治系统，加强建筑扬尘治理，加强散煤清洁燃烧综合治理，2016年治理散煤500万吨以上；污水处理系统，提升城镇污水集中处理标准和能力，逐步消除城镇建成区污臭水体；垃圾处理系统，推广绿色生活方式，大力发展垃圾处理和再生利用。

农村要突出提升便利化程度和环境宜居水平，重点推进"七改"：改路，大力加强公路隐患整治、危窄桥改造、老油路改造等公路防护工程建设，改造完成农村公路3 200公里；改电，实施配电网建设改造行动计划、新一轮农村电网改造升级工程，2016 年全面实现自然村动力电"村村通"，2017 年实现中心村电网"村村改"、机井电力"井井通"；改校，扎实推进"全面改薄"工作，两年投资 135 亿元，规划建设校舍 710 万平方米，解决好普通中小学"大班额"问题；改房，推行按最低 7 度抗震设防标准新建改建农村住房，2016 年改造农村危房 5 万户；改水，实施农村饮水巩固提升工程，推进农村新型社区集中供水，加快农村上下水设施建设，农村自来水普及率稳定在 95% 以上；改厕，全面改善农村居民入厕条件，2016 年完成 200 万户以上农村无害化卫生厕所改造；改暖，启动农村供暖改造工程，推广环保取暖设施，推动城镇集中供暖向农村延伸。

23. 培育新的消费热点。推进"山东标准"建设，实施质量品牌提升工程，培育国际国内名牌产品和名牌企业。健全完善"好品山东"网络平台功能，2016 年力争上线企业达到 5 万家。创新服务业态和商业模式，挖掘消费潜力，大力培育服务消费、信息消费、绿色消费、时尚消费、品质消费、农村消费，增加短缺服务，开发新型服务。加大新能源汽车推广力度，加快城市停车场和充电设施配套，2016～2017 年建成充电桩 15 万个。

24. 推动外贸优进优出。深度融入"一带一路"国家战略，大力推进中韩自贸区地方经济合作示范区建设。支持青岛高标准建设跨境电子商务综合试验区，打造一批外贸综合服务企业、跨境电商综合服务平台和公共海外仓。支持青岛、烟台创建国家服务外包示范城市，支持有条件的市、园区创建国家级特色服务出口基地。扩大拥有自主知识产权、自主品牌、自主营销渠道和高技术含量、高附加值的产品出口。加强先进技术、关键设备进口，建设一批省级进口商品展示展销中心。引导地炼企业集中采购进口原油，开展原油加工复出口业务。

25. 加强生态环境保护。深入实施大气、水、土壤污染防治行动计划，2017 年空气质量比 2013 年改善 35% 左右。深入推进资源性产品价格改革，健全排污权、碳排放权、用能权等交易制度。推进山水林田湖生态保护和修复、山岭薄地沙荒地退耕还果还林、绿色生态廊道等工程，增强生态产品供给能力。实施资源枯竭城市转型、独立工矿区改造搬迁、采煤沉陷区综合治理和城区老工业区搬迁改造重大工程。

26. 加快事业单位分类改革。积极推进承担行政职能事业单位改革，完成从事生产经营活动事业单位转企改制，开展事业单位法人治理结构试点，落实事业单位法人自主权。各级党政机关、群团组织所办的幼儿园、医院（卫生院）、培训中心等，要加快分离脱钩，委托专业化机构，进行承包经营管理，尽快实现市场化、社会化运作，提高经营效率，增加有效供给。

27. 大力发展社会事业。深化基础教育综合改革，加强职业教育基础能力建设，启动 100 所示范校、优质特色校建设工程，建设 25 所技能型高职（专科）名校。推进高等教育综合改革，实施一流大学和一流学科建设工程、应用型高水平高校建设工程，提高办学质量和水平。全面启动所有城市公立医院综合改革，加快建立职工大病保险制度，进一步扩大分级诊疗试点；积极鼓励社会办医，促进医疗卫生资源合理有序流动。建设多层次养老服务体系，2017 年每千名老人拥有养老床位 35 张以上。积极鼓励社会资本投资体育健身设施。新建居住区和社区按室内人均建筑面积不低于 0.1 平方米或室外人均用地不低于 0.3 平方米的标准，配套群众健身设施。全面落实精准扶贫措施，确保 2018 年完成脱贫攻坚任务。积极推进"食安山东"建设，开展食用农产品和食品生产加工示范创建。

四、政策措施

（一）去产能政策

1. 实施专项财政奖补。加大财政支持扶持力度，在积极争取国家工业企业结构调整专项奖补资金的同时，省财政统筹对化解过剩产能中人员分流安置给予奖补。加快剥离省属国有企业供水、供电、供热和物业管理等办社会职能，统筹解决历史遗留问题。综合运用政府和社会资本合作、股权投资引导基金等方式，引导社会资本支持产能过剩企业升级改造。

2. 落实税收减免政策。加快资源税从价计征改革，取消加工贸易项下进口钢材保税政策。支持煤炭企业按规定缓缴采矿权价款。利用工业生产过程中产生的余热、余压生产的电力、热力，符合条件的享受资源综合利用增值税优惠政策。企业在资产重组、债务重组中涉及的不动产、土地使用权转让，按规定不征收增值税。企业在资产重组、债务重组、破产清算中涉及的不动产、土地使用权转让，按规定减免契税。

3. 积极盘活土地资源。对钢铁、煤炭等行业化解过剩产能退出的划拨用地，可以依法转让，或由地方政府收回重新出让，土地出让收入可按规定通过预算安排支付产能退出企业职工安置费用。化解过剩产能退出的工业用地，在符合城乡规划的前提下，可用于转产发展第三产业，地方政府收取的土地出让收入，可按规定通过预算安排用于职工安置和债务处置；转产为国家鼓励行业的，可在 5 年内按原用途和土地权利类型使用土地。

4. 强化金融政策支持。鼓励商业银行加大对产能过剩行业企业兼并重组和转型升级的信贷支持。对整合过剩产能和并购困难企业的市场主体，积极稳妥开展并购贷款业务，合理确定贷款利率，贷款期限可适当延长。化解过剩产能和推进企业兼并重组、破产清算过程中，金融机构要基本保持融资政策连贯性和债权人委员会成员行动的一致性，防止因随意抽贷导致企业经营急剧恶化。

5. 加强项目投资监管。严格执行国家投资管理政策，地方各级政府和投资主管部门不得以任何名义核准、备案产能严重过剩行业新增产能项目，国土、环保等部门不得办理土地供应、环评审批等相关业务，金融机构不得提供任何形式的新增授信支持。

6. 妥善安置富余人员。对距离法定退休年龄 5 年以内的职工经自愿选择、企业同意并签订协议后，依法变更劳动合同，企业为其发放生活费并缴纳基本养老保险费和基本医疗保险费。规范企业裁员行为，妥善处理分流人员劳动关系和社保关系转移接续；企业确需与职工解除或终止劳动关系的，应依法支付经济补偿，偿还拖欠的职工在岗期间工资和补缴社会保险费用。

7. 加大价格调节力度。建立完善动态甄别制度，严格实施差别电价、惩罚性电价、阶梯式电价、超计划（定额）累进水价、差别化排污收费等政策，倒逼落后产能加快退出。从 2017 年 1 月 1 日起，将二氧化硫、氮氧化物排污费征收标准由 3 元/污染当量提高到 6 元/污染当量。对高于规定排放限值或者排放量高于规定排放总量指标，以及生产工艺装备或产品属于淘汰类产能的，加倍征收排污费。

（二）去库存政策

8. 明确公职人员住房政策。严禁党政机关、人民团体、事业单位以单位名义建设或团购住房，对未享受过房改政策的公职人员，根据职级按月发放住房补贴。允许农村中小学教师和乡镇卫生院医护人员购买周转住房，允许高等院校和科研院所为引进人才购租住房。

9. 提高住房公积金覆盖面和使用率。逐步将符合条件的农民工、个体工商户等纳入住房公积金体制，允许企业、个人均按5%下限缴费，连续足额缴存 6 个月（含）以上即可申请住房公积金个人贷款，连续足额缴存 3 个月（含）以上即可提取本人和配偶的住房公积金用以支付房租（无房租房的）。职工购买自住住房，未申请公积金贷款的，在取得有效购房凭证 3 年内，可一次性提取本人及配偶、父母、子女的住房公积金；申请贷款的，在取得首付款支付凭证 1 年内，可一次性提取本人和配偶的住房公积金，提取额不得超过首付款金额。缴存职工家庭可提取住房公积金，用以支付普通自住住房物业费、缴纳住宅专项维修资金，有条件的城市可开展装修提取住房公积金业务。

10. 扩大货币化安置比重。提高基础设施、重大项目建设拆迁、扶贫搬迁和棚户区改造货币化安置比重。各地新启动的棚改项目总体上货币化安置比例不得低于50%，商品房库存较多、消化周期较长的市县原则上应达到100%。棚户区改造省级奖补资金向货币化安置的项目倾斜。对库存商品房用于促进新兴产业发展的企业，各地财政给予房屋评估价格最高不超过3%的奖励。

11. 支持农民进城购房。农民进城购买首套住房可享受契税补贴、规费减免等优惠，商品房库存较多的县（市、区）可根据购房支出给予3%～10%的补贴。对自愿退出宅基地使用权及农房等地上附着物的农民，县（市、区）政府可参照当地城镇建设用地指标价格给予补偿，发放等额"房票"，在辖区内购买新建商品住房时抵作购房款。鼓励金融机构开展"农民安家贷"业务，支持住房置业担保机构或地方政府出资为主的担保机构打包担保，担保费用由市县财政承担。

12. 保障新市民各项权益。鼓励进城购房农民、新就业大学生将户口迁入城镇，在就业培训、子女入学、社会保障等方面，与城镇居民享有同等权利、履行同等义务。进城购房流动人口在购房所在地办理居住证的，其子女由住房所在县（市、区）教育部门按照就近原则，统筹安排到义务教育学校（幼儿园）就读，学校不得拒收、不得收取额外费用。

13. 支持房产租赁行业发展。选择有条件的城市开展房地产投资信托基金试点。对公共租赁住房免征房产税，建设占地按规定免征城镇土地使用税。对公共租赁住房经营管理单位购买住房作为公共租赁住房的，免征契税、印花税。对公共租赁住房经营管理单位出租公共租赁住房的，在 2018 年年底前免征增值税。对企事业单位、社会团体以及其他组织转让旧房作为公共租赁住房房源，且增值额未超过扣除项目金额 20% 的，免征土地增值税。对符合规定的低收入住房保障家庭从地方政府领取的住房租赁补贴，免征个人所得税。

14. 适当放宽房地产开发限制。对于新建房地产项目，取消 90 平方米以下住房面积所占比重必须达到开发建设总面积 70% 以上的强制要求。对于在建房地产项目，在不改变用地性质、容积率等必要规划条件的前提下，允许开发企业适当调整商品住房套型结构。

（三）去杠杆政策

15. 妥善化解企业债务。积极推行联合授信和银团贷款模式，对贷款余额 5 亿元以上且债权银行 3 家以上的客户，全部组建债权人委员会；以市场化的方式和途径，积极开展地方法人金融机构债转股试点，支持辖区内全国性银行分支机构扩大债转股规模。

16. 加大直接融资补贴力度。对我省已完成规范化公司制改制，申请在主板、中小板、创业板、境外资本市场首次公开发行股票（IPO）且已被正式受理的企业，按照不超过申请募集规模的 2‰给予一次性补助；对在新三板挂牌的企业，按照不超过募集资金的 2‰给予一次性补助，单户企业补助资金不低于 10 万元，不超过 100 万元；对我省在齐鲁股权交易中心挂牌且进行直接融资的企业，按 10 万元/户给予一次性补助。

17. 扩大保险资金运用规模。引导保险资金以债权、股权、基金等模式，支持新兴产业、基础设施和新型城镇化等项目建设，2016 年争取保险资金运用规模在现有基础上增长一倍。

18. 积极稳妥发展融资担保行业。发起设立省级融资性担保机构股权投资基金，以股权形式出资参股融资性担保公司。支持各地设立政策性和政府性融资担保机构。对合作银行小微企业贷款损失给予 30% 左右的补偿；对融资担保机构小微企业担保贷款代偿损失，由担保机构、省再担保集团、合作银行和代偿补偿资金，按照 40∶25∶20∶15 的比例共同承担。

19. 落实融资税收支持。居民企业以非货币性资产对外投资确认的非货币性资产转让所得，可在不超过 5 年期限内，分期均匀计入相应年度的应纳税所得额，按规定计算缴纳企业所得税。创业投资企业采取股权投资方式投资于未上市的中小高新技术企业 2 年以上的，可按其投资额的 70% 在股权持有满 2 年的当年抵扣该创业投资企业的应纳税所得额；当年不足抵扣的，可在以后纳税年度结转抵扣。

（四）降成本政策

20. 减免企业税收负担。自 2016 年 5 月 1 日起，将营改增试点范围扩大到建筑业、房地产业、金融业和生活服务业，新增试点行业的原营业税优惠政策原则上予以延续，确保所有行业税负只减不增。2017 年年底前，对月销售额或营业额不超过 3 万元（含 3 万元）的小微企业，免征增值税；对年应纳税所得额在 30 万元以下（含 30 万元）的小型微利企业，其所得减按 50% 计入应纳税所得，并按 20% 的税率缴纳企业所得税。

21. 降低公积金缴存比例。住房公积金缴存基数不得高于所在城市上年度月平均工资的 3 倍，缴存比例最高不得超过 12%，对确有困难的企业，经职工代表大会或工会讨论通过，可降低缴存比例或缓缴。经济效益下降、支付能力不足的困难企业，可下调住房补贴发放比例。

22. 调低社保综合费用。按规定为符合条件的困难企业办理社会保险费缓缴、延缴手续，缓缴、延缴期间免收滞纳金；对吸纳就业困难人员就业的企业，按规定落实社会保险补贴。2016~2018 年，将建筑企业养老保障金提取比例由 2.6% 下调为 1.3%。职工基本医疗保险基金累计结存规模超过 12 个月平均支付水平的统筹地区，2016 年可适当降低职工基本医疗保险单位缴费比例；工伤保险基金累计结存规模超过 18 个月的，按规定可适时调整行业基准费率具体标准或下调费率。对符合条件的企业，按不高于上年度实际缴纳失业保险费总额的 70% 给予稳岗补贴。

23. 扩大政府性基金收费优惠。对国家规定收费标准有浮动幅度的行政事业性收费项目，按标准下限执行。国内植物检疫费等 18 项涉企行政事业性收费的免征范围，由小微企业扩大到所有企业。对新型墙体材料专项基金按规定标准的 80% 征收。2017 年年底前，对符合条件的小微企业，免征教育费附加、地方教育附加、水利建设基金、文化事业建设费和残疾人就业保障金。

24. 降低企业用电成本。完善峰谷分时电价政策，推动企业参与电力移峰填谷。按照"管住中间、放开两头"的原则，加快推进电力体制改革，组建相对独立的电力交易机构，形成公平规范的市场交易平台。扩大直接交易试点电量规模和入选企业范围，有序放开发用电计划。按"准许成本加合理收益"原则，有序推进输配电价改革。加快向社会资本开放售电业务，扩大市场电量比例。

25. 减轻企业用地成本。各市、县政府可根据本地实际情况，在现行税额幅度内，提出降低城镇土地使用税适用税额标准的意见，报省政府批准执行。按规定对物流企业自有（包括自用和出租）的大宗商品仓储设施用地，2016 年年底前，减按所属土地等级适用税额标准的 50% 计征城镇土地使用税。鼓励企业综合开发利用地下空间，地下空间可与地上土地使用权一并出让，在出让价格上给予优惠。

26. 减少财务成本支出。分年度研究制定我省重点信贷支持企业名单，执行贷款优惠利率。安排财政金融互动资金，通过激励奖补、风险分担、融资贴息等多种方式，引导带动金融资本加大对实体经济投入。继续落实财政对社会资本投资教育、养老、医疗等公益性服务业的贷款贴息政策。鼓励金融机构对获得政府采购合同订单的中小微企业，给予政府采购信用贷款。对小微型服务企业（除银团贷款外），严禁收取承诺费、资金管理费等费用，杜绝附加不合理贷款条件和不合理收费。

27. 降低流通环节费用。取消不符合规定的公路收费项目，逐步取消普通公路收费站点，严格执行国家、省收费公路"绿色通道"政策。将高速公路收费标准和过桥过路费用由政府定价改为政府指导价管理，鼓励经营者降低通行费标准。取消港口速遣费、靠垫费、引航员滞留费和引航计划变更费。对进出口环节通过海关查验的外贸企业免除吊装移位仓储费用。

（五）补短板政策

28. 加大创新扶持力度。将"创新券"政策范围由小微企业扩大到中小微企业。对新升级为国家级的科技企业孵化器、工程实验室、企业技术中心、重点实验室、工程技术研究中心，择优一次性给予不超过 500 万元的资金奖励。企业发生的符合条件的研发费用可在依规据实扣除的基础上，按照本年度实际发生额的 50% 加计扣除；形成无形资产的，按照无形资产成本的 150% 在税前摊销。省属高校、科研院所等科技成果转化后，单位领导班子正职可以获得一定的现金奖励，副职和其他领导人员可以获得一定的现金奖励或股权激励。在政府设立并投资建设的高校、科研院所中，职务发明成果转化收益按不少于 70%、不超出 95% 的比例奖励科研负责人、骨干技术人员等重要贡献人员。

29. 支持高新技术产业倍增。建立产业升级示范"领跑者"制度，依托行业龙头企业，打造各类产业技术创新战略联盟。实施小微企业"小升高"助推计划，对首次通过高新技术企业认定的小微企业，给予 10 万元一次性申报费用补贴。对企业首次发明专利授权给予申请费、代理费全额补贴。

30. 扶持现代农业发展。对工商资本适度规模发展粮食生产的，同等条件下优先享受国家相关的优惠政策。新增农业补贴适当向种粮大户、家庭农场、农民合作社等新型主体倾斜。完善农产品产地初加工补助政策，初加工用电享受农用电政策。支持符合条件的农民合作社、家庭农场优先承担政府涉农项目，落实财政项目资金直接投向农民合作社、形成资产转交合作社成员持有和管护政策。探索制定农用地基准地价，为农户土地入股或流转提供参考依据。

31. 助推工业升级改造。统筹省级专项资金，支持机器代工、智能制造示范项目（基地、园区）及公共服务平台建设。实施"工业绿动力"计划，对新建、改造的高效煤粉锅炉示范项目，按照不超过 10 万元/蒸吨的标准，省财政给予一次性奖励。以政府购买服务方式向工业云平台购买基础软件服务，免费向线上企业提供研发设计、工程服务、生产保障等信息化集成服务。对在国内率先实现重大创新或能替代进口的首台（套）技术装备和关键核心零部件，企业购买的产品质量保证保险、产品责任保险、质量保证和产品责任综合险，按不高于 3% 的费率上限及实际投保年度保费的 80% 给予补贴。每年选派 100 名以上企业家到境外知名高校、培训机构免费实习培训，实施党员民营企业家和民营企业"创二代"培养工程。

32. 推动服务业跨越发展。适当增加省服务业发展引导资金规模。政府基本建设基金用于高校、医院的部分，改为贷款贴息基金，支持带动更多银行资金投入。在工业园区内建设的物流、研发和工业设计等生产性服务业项目，可参照执行工业用地政策。实行服务业用水电气热与工业同价政策，养老服务业机构享受居民生活类价格。允许非营利性养老机构出资者拥有对投入资产的所有权，并按不高于同期银行 1 年期贷款基准利率 2 倍的标准提取盈余收益。实施文化产业发展"金种子"计划，对小微文化企业免征管理类、登记类、证照类行政事业性收费。

33. 改善居民生活条件。对接管老旧小区的物业企业给予每月每平方米 0.2～0.4 元的专项补助。省级财政按每户 300 元标准给予农村改厕补助，市、县级财政原则上要分别按不低于省级资金同等规模进行奖补。农村低保户、贫困残疾人家庭重建房屋户均补助不低于 1.6 万元，其他贫困户重建房屋户均补助不低于 1.4 万元。对农村居民购买清洁煤，可按每吨补贴 200 元，每户每年最高补贴 1 吨。农村"煤改气"居民享受市政管网天然气同等价格。

34. 积极挖掘消费潜力。支持名牌创建，对获得国际知名品牌、国家级知名品牌称号的企业，分别给予 200 万元、100 万元奖励，奖励资金由同级财政列支。开展消费金融公司试点，引导金融机构创新消费信贷产品。加快推进公立教育、医疗、养老、文化等事业单位分类改革，尽快将生产经营类事业单位转为企业。事业单位改制为企业，原投资主体存续并在改制后企业中出资（股权、股份）比例超过 50% 的，对改制后企业承受原事业单位土地、房屋权属，免征契税。

35. 完善外贸支持政策。对列入省级《鼓励进口技术和产品目录》的，提高省级贴息补助标准。支持企业采取出口买方信贷、卖方信贷、混合贷款、项目融资等方式，推动装备制造业扩大出口。扩大短期出口信用保险规模，对企业出口信用保险保费财政补贴比例提高到 50%。

36. 强化资金保障支撑。设立 600 亿元铁路发展基金和 5 亿美元境外铁路投资基金；省财政对政府和社会资本合作（PPP）重点项目规划、论证等前期费用给予补贴。鼓励企业发行可转换票据、可续期债券、永续票据等产品，推动绿色债券、高收益债券等债券品种创新。

37. 改善项目管理服务。对实行核准制的项目，在相关政策修订完善后，只保留选址意见书、用地预审意见以及重特大项目环评审批作为前置条件。对非国有资金投资项目，由项目单位自主决定是否进行招标。新增建设用地指标和增减挂钩指标，优先支持保障性住房、教育、医疗、养老等民生项目和扶贫开发、易地扶贫搬迁，重点保障能源、交通、水利等基础设施建设。

38. 促进重点群体创业就业。对安排困难人员就业、签订 1 年以上劳动合同，并缴纳社会保险费的城镇各类用人单位，按规定给予岗位补贴和社会保险补贴。每年遴选不少于 10 个小微企业创业创新示范基地，每个基地给予不低于 800 万元的财政补助。

39. 拓宽金融支持精准扶贫渠道。设立扶贫再贷款，利率在正常支农再贷款利率基础上下调 1 个百分点；支持国家开发银行、农业发展银行通过发行金融债筹措信贷资金，按照保本或微利的原则发放低成本、长期的易地扶贫搬迁贷款，财政给予 90% 的贷款贴息。鼓励扩大农业保险密度和深度，省财政通过保费补贴等方式支持贫困地区发展特色农产品保险。

40. 加强民生事业建设。2016～2017 年，省级财政累计奖补 17 亿元以上用于解决"大班额"问题；采用多种方式定向培养一专多能乡村教师。将中等职业教育纳入基本公共服务体系和公共财政保障范围，免除在校生学费，对第三年级学生全额拨付公用经费。提高高校生均拨款定额标准，实施师范生免费教育。探索通过地方政府债券、高校贷款贴息、争取国家政策性银行低息专项贷款等方式，拓宽高校建设资金来源渠道。新增医疗资源优先考虑由社会资本举办或运营，取消对营利性医疗机构数量、规模、布局的限制。

深化医疗服务价格改革，研究实施促进医养结合的价格政策。支持体育产业发展引导基金与地方政府资金及省内外社会资本合作，设立或增资参股已成立的股权投资基金。采用政府购买服务方式，为特困老年人提供养老服务，提高困难失能老年人护理补贴标准。

五、组织保障

（一）加强组织领导。各级各部门要认清形势、提高认识，把思想和行动统一到中央和省委、省政府的决策部署上来，以高度的政治责任感，抓牢抓实抓出成效。省里成立由郭树清省长任组长、孙伟常务副省长任常务副组长、各分管副省长任副组长的领导小组，负责重大政策制定和重大问题研究；领导小组下设办公室，负责统筹协调和调度部署等具体工作。各市也要尽快成立领导机构，形成一级抓一级、层层抓落实的推进机制。

（二）明确责任分工。实施意见出台后，尽快制定分工落实方案。各部门立足自身职能，对照分工落实方案尽快出台任务清单或专项方案，构建1个实施意见、若干任务清单或专项方案组成的"1＋N"制度体系，确保各项工作有力有序开展。各级各部门主要负责人要带头深入一线、靠前指挥，推动形成齐抓共管的良好局面。

（三）强化宣传引导。创新宣传形式和载体，采用群众喜闻乐见的形式，广泛宣传供给侧结构性改革的重大意义、目标要求和政策措施。通过专题培训、专家讲座等形式，对实施意见和专项方案进行宣讲解读，使广大干部群众深入了解、推动落实。强化典型推介和舆论引领，及时报道各项工作进展情况和实际成效，正确引导社会预期，最大限度凝聚共识，营造良好氛围。

（四）严格督查考核。细化工作标准，严格工作要求，强化奖惩机制。建立台账、全程督导、定期通报，对工作落实不到位的，进行挂牌督办，按有关规定严肃问责，确保各项任务落到实处、见到实效。

山东省人民政府关于减轻企业税费
负担降低财务支出成本的意见

2016年4月13日　鲁政发〔2016〕10号

各市人民政府，各县（市、区）人民政府，省政府各部门、各直属机构，各大企业，各高等院校：

　　为深入贯彻中央和全省经济工作会议精神，加快推进供给侧结构性改革，进一步减轻企业税费负担，降低财务支出成本，促进实体经济发展，现提出以下意见：

一、降低企业税费负担

1. 全面实施营改增试点。根据国家统一部署，从5月1日起，将营改增试点范围扩大到建筑业、房地产业、金融业和生活服务业，并将企业新增不动产纳入增值税抵扣范围，全面推开营改增试点。新增试点行业的原营业税优惠政策原则上予以延续，对老合同、老项目以及特定行业采取过渡性措施，确保所有行业税负只减不增。

2. 全面落实小微企业税收优惠政策。2017年12月31日前，对月销售额或营业额不超过3万元（含3万元）的小微企业，免征增值税和营业税；对年应纳税所得额在30万元以下（含30万元）的小型微利企业，其所得减按50%计入应纳税所得，并按20%的税率缴纳企业所得税。

3. 适当降低纳税人城镇土地使用税负担。2016～2018年，各市政府可根据本地实际情况，在现行税额幅度内，提出降低城镇土地使用税适用税额标准的意见，报省政府批准后执行。对物流企业自有（包括自用和出租）的大宗商品仓储设施用地，2016 年 12 月 31 日前，减按所属土地等级适用税额标准的 50% 计征城镇土地使用税。

4. 加快出口退税进度。进一步简化审批流程，加强税务与海关信息互联共享，切实提高出口退税效率。支持金融机构开展出口退税账户托管贷款业务，2017 年 12 月 31 日前，对企业发生的出口退税账户托管贷款给予财政贴息。

5. 扩大收费基金优惠政策免征范围。按照国家统一部署，对国内植物检疫费等 18 项涉企行政事业性收费的免征范围，由小微企业扩大到所有企业。2017 年 12 月 31 日前，对符合条件的小微企业，免征教育费附加、地方教育附加、水利建设基金、文化事业建设费和残疾人就业保障金。

6. 停征、降低和整合部分政府性基金。从 2016 年 2 月 1 日起，将育林基金征收标准降为零，停征价格调节基金，将散装水泥专项资金并入新型墙体材料专项基金。从 2016 年 5 月 1 日起，对新型墙体材料专项基金按规定标准的 80% 征收。

7. 降低企业通关成本。深化区域通关一体化改革，加快推进山东电子口岸建设，实行国际贸易"单一窗口"受理，提高口岸通关效率。对进出口环节海关查验没有问题的外贸企业，免除吊装移位仓储费用，由财政负担。

二、降低企业社会保障性支出

8. 降低养老保险单位缴费费率。企业职工基本养老保险单位缴费比例高于 18% 的市，应逐步降至 18%。因单位缴费比例调整形成的基金收支缺口，通过企业职工基本养老保险省级调剂金给予适当补助。

9. 降低职工基本医疗保险费率。统筹基金累计结存规模超过 12 个月的地区，2016 年适当降低职工基本医疗保险单位缴费比例，具体由各统筹地区自行确定。按照国家统一部署，推进生育保险和基本医疗保险合并实施，并根据合并后基金运行情况，适时调整费率。

10. 适当调整企业住房保障政策。根据国家统一部署，结合我省实际，阶段性降低企业住房公积金缴存比例。凡是超出国家规定缴存比例的，必须按规定降下来。对缴存住房公积金确有困难的企业，可在一定幅度内适当降低缴存比例或者缓缴。经济效益下降、支付能力不足、现仍发放住房补贴的企业，应下调住房补贴发放比例。具体办法由省有关部门另行制定。

11. 减轻建筑行业用工缴费负担。2016 ~ 2018 年，将建筑企业养老保障金提取比例由 2.6% 下调为 1.3%。对大型或跨年度的工程，一次性缴纳建筑企业养老保障金确有困难的，可分期缴纳。对上一年从未拖欠工程款的建设单位、从未拖欠农民工工资的施工单位、建筑市场信用考核优秀的企业，可免予缴存建筑劳务工资保证金。

12. 建立家政服务从业人员意外伤害保险财政补助制度。从 2016 年起，建立家政服务从业人员意外伤害保险财政补助制度，对家政服务机构按照每人每年 120 元标准，为家政服务从业人员购买的意外伤害保险，注册地财政部门按每人每年不高于 60 元的标准给予补贴，所需资金从各地就业补助资金中列支。

三、降低企业创业创新成本

13. 扩大"创新券"覆盖范围。2016 ~ 2018 年，依托"山东省大型科学仪器设备协作共用网"，将"创新券"政策范围由小微企业扩大到中小微企业，对企业使用高校、科研院所及其他企事业单位科学仪器设备进行检测、试验、分析等活动发生的费用，省级按照西部经济隆起带 60%、其他地区 40% 的比例给予补助，每年最高补助 50 万元；对提供服务量大、用户评价高、综合效益突出的供给方会员，给予服务总额 10% ~ 30% 的后补助，每年最高补助 200 万元。

14. 降低企业研发设计成本。全面落实研发费用加计扣除政策。支持工业设计，在工业行业领域，以政府购买服务方式向"工业云平台"购买基础软件服务，免费向线上企业提供一年期的研发设计、数据管理、协同营销、工程服务、现状诊断、生产保障等信息化集成服务。

15. 降低企业技术设备引进成本。对企业以一般贸易方式进口列入国家和我省《鼓励进口技术和产品目录》范围内的先进技术、设备等，给予进口贴息扶持。其中，对列入省级《鼓励进口技术和产品目录》的，提高省级贴息补助标准，鼓励企业引进适合我省产业转型升级的关键技术和设备。

16. 扩大首台（套）等科技保险财政补偿政策实施范围。对企业购买的重大技术装备和关键核心零部件产品质量保证保险、产品责任保险、综合险，省财政继续按不高于3%的费率上限及实际投保年度保费的80%给予补贴，适当提高单户企业最高财政补贴数额。将高新技术企业购买的产品研发责任保险、关键研发设备保险等纳入保险补偿产品范围，进一步促进装备制造业技术创新和成果转化。

17. 加大对企业知识产权保护财政奖补力度。强化知识产权保护，对企业首次发明专利授权给予申请费、代理费全额补贴；对年授权发明专利达到10件以上的企业给予奖励；对维持5年以上及具有较好市场价值的有效发明专利和获得国外授权的发明专利给予资助；对高校、科研院所与企业通过委托开发、联合研发等形式开展合作并获得知识产权的给予资助。

18. 降低小微企业创业成本。加快小微企业创业创新示范基地建设，"十三五"期间每年遴选不少于10个示范基地，每个示范基地给予不低于800万元的财政补助，集聚各类要素资源，打造支持小微企业发展的集成化创业平台，不断完善公共服务体系。

19. 降低企业职业培训成本。自2016年起，提高"金蓝领"培训省级补助标准，大力实施新型学徒制试点，支持企业加大高技能人才培训力度。继续实施企业家免费培训计划，自2016年起，每年选派100名以上企业家到境外知名高校、培训机构实习研修，联合国内著名高校、知名专家等，举办转型升级能力培训班和专业管理能力短训班，进一步提高企业家管理水平。

四、降低企业融资成本

20. 建立创新融资风险补偿机制。设立省级知识产权质押融资风险补偿基金，对合作银行贷款期限不超过2年且余额不超过500万元的中小微企业知识产权质押贷款形成的呆账，按照实际贷款本金损失的40%给予补偿。建立科技成果转化贷款风险补偿机制，按照一定比例给予合作银行风险补偿，引导合作银行增加科技成果转化项目信贷投放。

21. 健全小微企业贷款风险分担和损失补偿机制。完善小微企业贷款风险补偿和信用担保代偿补偿政策，对合作银行小微企业贷款损失给予30%补偿；对融资担保机构小微企业担保贷款代偿损失，由担保机构、省再担保集团、合作银行和代偿补偿资金，按40:25:20:15比例共同承担。对小微企业、农业种养殖大户和农村各类生产经营性合作组织以及城乡创业者向保险公司申请的小额贷款保证保险保费，按照保费总额30%的标准给予补贴。

22. 培植壮大融资担保机构。省财政多渠道筹集资金，吸引社会资本共同发起设立总规模40亿元的省级融资性担保机构股权投资基金，以股权形式出资参股融资性担保公司，提高担保机构抗风险能力。支持省级农业信贷担保机构做大做强，形成全省政策性农业信贷担保体系，为农业龙头企业产业化经营、新型农业经营主体粮食生产等提供信贷担保服务。

23. 降低外贸企业收汇融资风险。2016年，进一步扩大短期出口信用保险规模，对企业出口信用保险保费财政补贴比例提高到50%，引导出口企业利用出口信用保险政策工具，有效规避出口收汇风险。完善贸易融资风险补偿机制，对贸易融资项下的担保风险，省级贸易融资风险补偿资金、市级财政、银行业金融机构和担保主体，按照1:2:2:5的比例共同承担。

24. 支持企业规范化公司制改制。对规模以上企业进行规范化公司制改制，聘请符合省有关部门规定条件的中介机构产生的审计费、评估费、律师费等，由同级财政按照实际发生额的50%给予补助，单户企业最高补助20万元。对财政困难县（市、区）所需支出，省财政给予适当补助。

25. 鼓励企业通过多层次资本市场融资。将企业改制上市事后奖励变为事前补助,对我省已完成规范化公司制改制,申请在主板、中小板、创业板、境外资本市场首次公开发行股票(IPO)且已被正式受理的企业,按照不超过申请募集规模的 2‰给予一次性补助;对在新三板挂牌的企业,按照不超过募集资金的 2‰给予一次性补助,单户企业补助资金不低于 10 万元,不超过 100 万元;对我省在齐鲁股权交易中心挂牌且进行直接融资的企业,按 10 万元/户给予一次性补助。

26. 降低参与政府采购企业的成本负担。取消政府采购合同预留尾款用作质保金的做法,全面推广政府采购信用担保业务,逐步以信用担保替代现金方式缴纳保证金,减轻中标(成交)企业负担。积极推广政府采购合同融资政策,引导各金融机构利用政府采购信用开发新型融资产品,拓宽企业融资渠道。

27. 加大政府工程款清偿力度。对经清理甄别列入政府债务的已逾期和年内到期的应付工程款,市县两级全部列入年度政府置换债券发行计划,确保逐笔及时清偿到位。健全防控拖欠工程款的长效机制,各类新建政府投资类项目在可行性论证阶段必须落实建设资金来源,切实防止发生新的拖欠。

五、降低企业优化产能支出

28. 支持重点行业化解过剩产能。根据省政府确定的钢铁、煤炭等行业化解过剩产能实施方案,综合考虑化解过剩产能任务完成情况、安置职工人数和市级财力状况,省财政结合中央财政奖补资金,统筹对化解过剩产能中的职工安置费用等进行奖补,并对推进速度快的省属企业和市加大支持力度,引导企业和地方政府综合运用兼并重组、债务重组和破产清算等方式,加快处置"僵尸企业",实现市场出清。

29. 全面落实企业重组改制税收优惠政策。企业通过合并、分立、出售、置换等方式,转让全部或者部分实物资产以及与其相关联的债权、负债和劳动力的,涉及的货物转让不征增值税,涉及的不动产、土地使用权转让不征营业税(营改增后,暂不征收增值税)。符合条件的股权和资产收购交易,在计算缴纳企业所得税时,可做特殊性税务处理,对股权支付部分暂不确认所得或损失。企业整体改制涉及的国有土地、房屋权属转移、变更的,可暂不征收土地增值税,承受方免征契税,符合条件的企业因改制签订的产权转移书据免征印花税。

30. 降低企业能源利用改造成本。在全省电力行业开展排污权有偿使用和交易试点,根据超低排放改造后的二氧化硫、氮氧化物以及烟粉尘的减排量等因素,以政府优先收储排污权形式,收储改造企业的"富余排污权",进一步降低大气污染物排放。实施"工业绿动力"计划,对新建、改造的高效煤粉锅炉示范项目,按照不超过 10 万元/蒸吨的标准,省级给予一次性奖励。对太阳能集热系统在工业领域的推广应用,按照日产热水 6 000 元/吨进行一次性补助。企业综合利用资源,生产符合国家产业政策规定的产品取得的应税收入,减按 90%计入收入总额计算缴纳企业所得税。

山东省人民政府关于贯彻国发〔2015〕43 号文件促进融资担保行业加快发展的意见

2016 年 4 月 18 日   鲁政发〔2016〕11 号

各市人民政府,各县(市、区)人民政府,省政府各部门、各直属机构,各大企业,各高等院校:

为贯彻落实《国务院关于促进融资担保行业加快发展的意见》(国发〔2015〕43 号),统筹发挥政府性融资担保、再担保和商业性担保、互助担保的协同作用,加快提升融资担保行业整体实力和服务水平,促进我省融资担保行业加快发展,现提出以下意见:

一、发挥政府引导作用，推动融资担保行业转型升级

（一）加快实施"四个一批"。坚持科学规划、合理布局，以大力发展政府支持的融资担保和再担保为基础，推进全省融资担保机构"减量增质"、做精做强，通过增资扩股做大一批、重组联合做强一批、提高标准改制一批、严格监管淘汰一批，力争到 2016 年年底前，每个设区市至少发展 1 家资本金 10 亿元以上的融资担保机构；2017 年年底前，每个县（市、区）至少发展 1 家资本金 3 亿元以上的融资担保机构，其中 GDP 总量达到 300 亿元以上的县（市、区）至少发展 1 家资本金 5 亿元以上的融资担保机构，形成数量适中、结构合理、竞争有序、稳健运行的新型融资担保机构体系。

（二）大力发展政府性融资担保机构。针对融资担保行业低收益、高风险特点，市、县（市、区）政府要持续加大投入，通过基金股权注入、引进民间资本参与、重组整合现有担保机构、争取专项资金扶持、利润积累转增资本等方式，建立资本金持续补充机制，通过新设、控股、参股等方式，发展一批政府出资为主、主业突出、经营规范、实力较强、信誉较好、影响力较大的政府性融资担保机构。加快推进省管政府性融资担保机构的资源整合工作，争取在省管机构层面组建一家资本实力雄厚、具有一定品牌影响力的大型融资担保机构，为构建全省统一的政策性融资担保体系创造条件。设立省级融资性担保机构股权投资基金，通过省级预算安排、争取中央资金支持和国有企业出资等方式，3 年筹集资金 10 亿元，吸引社会资本使基金规模逐步达到 40 亿元以上，以股权形式出资参股省内主要面向小微企业和"三农"提供融资担保的担保机构，对省、市、县（市、区）国有及国有控股融资担保机构优先给予支持。

（三）建立政策性农业信贷担保机构。从中央下达我省的支持粮食适度规模经营资金中安排资金，并适当吸收银行机构投资入股，成立省级农业信贷担保机构，专注支持粮食生产经营和现代农业发展。以建立健全省级农业信贷担保机构为重点，经批准有计划地在粮食主产县（市、区）或其所在市设立分支机构，允许有条件的地方建立市、县级农业信贷担保机构，逐步建成覆盖全省的农业信贷担保网络，为农业尤其是粮食适度规模经营的新型经营主体提供专业化、低成本的信贷担保服务，促进粮食持续稳定增产和现代农业发展。

（四）强化再担保服务功能。发挥政府主导作用，统筹推进全省再担保体系规划建设，争取国家融资担保基金支持，加快构建我省再担保机构、辖内融资担保机构双层组织体系，有效分散融资担保机构风险，更好地发挥再担保"稳定器"作用。按照政府主导、专业管理、市场运作的原则，推动再担保机构以股权投资、再担保业务和技术支持为纽带，完善再担保机制，逐步统一管理要求和服务标准，扩大服务小微企业和"三农"融资担保业务规模。省再担保集团要壮大资本实力，坚持政策性、专注性、特殊性原则，认真履行省政府赋予的政策性再担保职责，努力做到广覆盖、小额度、低费率，集中精力做好面向小微企业和"三农"的再担保业务，大力发展比例再担保、连带责任再担保等增信业务，完善公司法人治理结构，建立健全集团内部再担保与直保之间的风险防火墙，不断强化再担保服务功能。

（五）改进对政府性融资担保和再担保的考核机制。对政府性融资担保机构，市、县（市、区）政府要结合当地实际降低或取消盈利要求，重点考核小微企业和"三农"融资担保业务规模、服务情况；对省级再担保机构，坚持保本微利经营原则，不以盈利为目的，在可持续经营前提下，着力降低融资担保和再担保业务收费标准。

二、鼓励改革创新，努力探索融资担保可持续性商业模式

（一）加快发展主要为小微企业和"三农"服务的融资担保业务。融资担保机构是行业发展的基础和关键，要按照安全性、流动性、收益性原则，坚持以融资担保业务为核心主业，以服务小微企业和"三农"为立身之本，充分发挥其连接银行和客户的桥梁作用，确保服务小微企业和"三农"的融资担保业务实现较快增长，融资担保费率处于较低水平。政府性融资担保机构对小微企业和"三农"提供担保，要控

制单户贷款担保额度上限，执行优惠担保费率。力争到 2020 年，全省融资担保机构融资担保在保责任余额达到净资产的 2.5 倍以上，为小微企业和"三农"融资担保在保责任余额占全省融资担保在保责任余额的比例不低于 80％。

（二）积极支持重大工程建设。融资担保机构要按照中国银监会等六部委《关于融资担保机构支持重大工程建设的指导意见》（银监发〔2016〕1 号）要求，努力发挥担保增信作用，积极为小微企业提供重大工程建设项目投标保函、履约保函等非融资担保服务，缓解小微企业信用不足问题。小微企业凭重大工程建设项目招标文件向融资担保机构提出投标保函申请，中标后凭中标通知书向融资担保机构提出履约保函申请的，融资担保机构和合作银行要为符合条件的小微企业快速出具保函。小微企业签订重大工程建设项目合同的，融资担保机构要在风险可控的前提下，优化操作流程，提高担保审批效率，适当降低担保费率，为小微企业快速提供融资担保服务，合作银行要为小微企业担保融资业务提供审批绿色通道。鼓励融资担保机构为小微企业发债提供担保服务，支持其参与重大工程建设项目。

（三）加快融资担保体制机制和业务创新。发挥市场在资源配置中的决定性作用，鼓励民间资本和外资依法进入融资担保行业，鼓励有实力的融资担保机构发挥资本、人才、风险管理、业务经验、品牌等优势进行兼并重组，引领行业发展。允许规模较大、实力较强的融资担保机构在县域依法设立分支机构，允许融资担保机构之间采取股权、技术、管理或联保、分保、反担保等方式开展横向联合与协作。在有效控制风险的前提下，鼓励各类融资担保机构针对不同细分市场开发新产品、新业务，为客户提供多样化的增信服务和信息服务，提升客户价值。鼓励融资担保机构开展产业链担保、供应链担保和商圈担保等特色融资担保业务，支持开展"担保＋资产管理""担保＋融资租赁"等创新业务，增强核心竞争能力。有条件、有实力的融资担保机构要建立综合化服务平台，开发多元化担保业务，发展非融资担保业务，开展企业债券、集合票据、非金融企业债务融资和信托计划等直接融资担保业务，提供与担保业务有关的融资咨询、财务顾问等增值服务。支持保险机构与融资担保机构开展合作，通过"银行＋担保＋保险"的业务模式分散担保风险。要适应互联网金融等新型金融业态发展趋势，在风险可控的前提下，审慎探索开展互联网融资担保业务。

（四）加快提升审慎经营和内控管理水平。融资担保机构要积极探索建立符合自身特点、市场化运作的可持续审慎经营模式，坚守信用中介的本质属性，下功夫做精风险管理，经营好信用、管理好风险、承担好责任，依靠管理、信誉和实力赢得竞争优势。要加强公司法人治理建设，建立健全协调运作、有效制衡的法人治理结构，完善议事规则、决策程序和内部审查制度，探索引入市场化机制由专业团队负责具体经营管理。要建立符合审慎经营原则的担保评估、事后追偿、风险预警和风险事件应急管理制度，健全风险管理体系，规范业务操作流程。要重视人才储备和培养，发展企业文化，提高从业人员素质。

三、不断深化银担合作，促进互利共赢共同担当

（一）完善银担合作政策。银行业金融机构要根据政策导向，按照"自愿平等、互信互利、长期稳定、风险可控"的原则，主动对接参与全省融资担保体系建设，简化手续，降低门槛，积极扩大深化银担合作。银行业金融机构对以再担保为平台达成合作协议的融资担保机构，要提供风险分担、不收或少收保证金、提高放大倍数、控制贷款利率上浮幅度等优惠条件。对银行业金融机构不承担风险或者只承担部分风险的小微企业和"三农"融资担保贷款，可以适当下调风险权重。要改进绩效考核和风险问责机制，提高对小微企业和"三农"融资担保贷款的风险容忍度。

（二）优化银担合作模式。探索多样化的政银担合作机制，积极推动以再担保为平台扩大与银行业金融机构的合作，鼓励市、县（市、区）政府设立政府性担保基金，实现小微企业和"三农"融资担保风险在政府、银行业金融机构和融资担保机构之间的合理分担。建立银担合作风险分担机制，推进省内城市商业银行和农村合作金融机构等地方金融机构与融资担保机构开展风险分担试点，根据合作情况按比例承担

风险；鼓励政策性银行、国有商业银行和股份制银行省级分行积极向总行争取融资担保机构准入和风险分担政策，逐步在全省全面推开。地方金融监管部门会同银行业监管部门要建立推进银担合作的常态化工作机制，积极搭建政银担三方沟通平台，妥善解决银担合作中涉及的信息共享、合作准入、风险分担和担保机构资本金、客户保证金管理等问题。

四、创造良好的融资担保行业发展环境

（一）有效履行监管职责。按照属地管理原则，完善省、市、县三级监管体系，强化县（市、区）政府风险防范第一责任人的职责。各级政府要加强对融资担保机构监管工作的组织领导，加强人力、物力、财力等监管资源配备，处理好发展与监管的关系，一手抓发展，一手抓监管，把握好规范经营和创新发展的平衡，在严守风险底线的同时，为发展预留空间。要强化行业基础设施建设，建立全省融资担保机构监管信息系统，加强对重点地区和领域风险的监测和预警。加大融资担保机构客户保证金监管力度，及时查处变相收取、挪用或占用客户保证金等违规行为。完善融资担保机构分类监管制度，探索建立资本金限量托管制度，做好经营许可证集中换发工作。建立完善董事、监事和高级管理人员业务能力测试系统，支持山东商业职业技术学院建立融资担保行业从业人员培训基地和继续教育基地。

（二）落实财税扶持政策。对服务小微企业和"三农"等普惠领域、关系经济社会发展大局的融资担保业务，要尊重其准公共产品属性，持续加大政策扶持力度。健全完善省级融资担保代偿补偿机制，对融资担保机构发生的相关业务代偿损失，由担保机构、代偿补偿资金、贷款银行等合作各方共同承担。综合运用代偿风险补偿等多种措施，有效化解金融风险，提高融资担保机构抗风险能力。探索建立融资担保机构风险救助机制，防范化解巨额融资担保代偿风险。落实融资担保机构免征营业税和准备金税前扣除等相关政策，做好营业税改征增值税后免征增值税等工作。融资担保机构实际发生的代偿损失，符合相关规定的，可在企业所得税税前扣除。

（三）规范抵质押登记。对于融资担保机构开展担保业务涉及不动产和车辆、船舶、设备及其他动产、股权、商标专用权等抵押物登记和出质登记时，有关登记部门和产权管理部门应当依法办理相关登记手续。在办理有关抵质押物产权确认及登记过程中，融资担保机构可以与被担保企业协商确定抵质押物的价值，也可商请有关单位依法评估，不得指定评估机构对抵质押物进行强制性评估。融资担保机构要灵活运用排污权、收费权、特许经营权、购买服务协议预期收益以及列入中国人民银行试点地区的农村土地承包经营权、农民住房财产权等进行抵质押，探索运用仓单、应收账款、知识产权、蔬菜大棚等进行抵质押，不断创新反担保方式。

（四）发挥行业自律职能作用。省融资担保企业协会要充分发挥"自律、维权、协调、服务"职能，在行业统计、机构信用记录管理、行业人才培养和文化建设等方面发挥重要作用，为行业监管提供有效补充。要加强行业交流与协作，不定期举办由融资担保机构、银行和企业参加的项目推介活动，加大业务培训力度，提高行业自我发展能力。

（五）加强诚信机制建设。融资担保机构和合作银行、合作企业之间要自觉遵循诚实信用原则，不能损害对方及第三方合法权益。征信管理部门要逐步将符合条件的融资担保机构纳入征信系统，对失信、违法的要建立部门动态联合惩戒机制。加强法治建设，有关部门要依法为融资担保机构提供债权保护和追偿协助，维护其合法权益。

山东省人民政府关于印发山东省"互联网+"行动计划（2016～2018 年）的通知

2016 年 6 月 2 日　鲁政发〔2016〕14 号

各市人民政府，各县（市、区）人民政府，省政府各部门、各直属机构，各大企业，各高等院校：

现将《山东省"互联网+"行动计划（2016～2018 年）》印发给你们，请认真贯彻落实。

附件：山东省"互联网+"行动计划（2016～2018 年）

附件：

山东省"互联网+"行动计划
（2016～2018 年）

为贯彻落实《国务院关于积极推进"互联网+"行动的指导意见》（国发〔2015〕40 号），加快推动互联网与山东经济社会的深度融合和创新发展，培育互联网经济新的增长点，推动经济发展提质增效、社会服务便捷普惠，打造新常态下山东发展新优势，制定本行动计划。

一、总体目标

到 2018 年，我省"互联网+"发展环境更加优化，与经济社会融合发展更加深化，新产品、新模式、新业态不断涌现，驱动经济社会发展新动力不断增强。

——基础支撑更趋完善。固定宽带家庭普及率达到 65%，移动互联网用户普及率达到 70%，第三代移动通信（3G）以上用户普及率达到 65%。全省城区实现 100M 光纤接入能力全覆盖，主要城市的城区公共场所免费无线连接（WiFi）全覆盖，20 户以上自然村基本实现通光纤宽带，农村宽带接入能力超过 50M。云计算、物联网、大数据等新一代信息技术支撑能力进一步增强。信息技术产业主营业务收入年均增长 10% 以上，信息消费规模年均增长 15% 左右。

——经济发展提质增效。培育一批重点领域"互联网+"示范应用龙头企业，"互联网+"引领产业加速转型升级的示范作用显著。基本实现重点领域互联网公共服务平台全覆盖，两化融合发展水平指数达到 67，"互联网+"成为经济增长新动力。

——公共服务便捷普惠。就业、社会保障、健康医疗、教育、交通等民生领域互联网应用更加丰富，社会服务资源配置不断优化，公众享受到更加公平、高效、优质、便捷的服务。基本实现社会公共服务事项互联网业务全覆盖，社会治理和公共服务水平显著提升。

——发展环境更加优化。全社会对"互联网+"的认识进一步深化，互联网思维深入人心。"互联网+"创新发展面临的体制机制障碍得到有效破除，公共数据资源开放取得实质性进展，相关标准规范、信用体系和法律法规逐步完善。

二、重点行动

（一）互联网+制造。

1. 行动目标。到2018年，建成国家级和省级工业设计中心160个，数字化装备制造中心100个，两化融合管理体系试点企业100家，智能示范车间100个，形成一批新技术、新模式、新业态，制造业数字化、网络化、智能化水平显著提高。

2. 行动任务。

——推广开放式研发设计。建设完善山东省工业云公共服务平台，重点支持轻工、纺织、机械、化工、冶金、建材等6大传统优势行业，开展工业云示范应用。支持济南、青岛、淄博等市建设国家级和省级互联网型开放式工业设计中心，鼓励海尔、潍柴等大型企业牵头建设行业众包、众设等公共服务平台，推广在线交互研发设计、众包设计、虚拟仿真、增材制造（3D打印）等工业设计新模式。推动第三方平台向行业开放共享，支持中小型企业与行业专家、创客社区、设计企业等创新主体高效对接，降低研发设计成本。（省经济和信息化委、省发展改革委、省科技厅等负责，列第一位者为牵头部门，下同）

——发展大规模个性化定制。选择一批重点行业龙头企业，组织开展"个性化定制生产"试点示范。支持海尔、红领等大型企业建设在线个性化定制平台，建立客户大数据，开展用户消费特点和个性化需求分析，提升精确生产、精准营销、精细服务水平。结合"一行业一对策"，建设一批行业性开放式个性化定制平台，对接国家相关行业重点产品数据库，支持中小企业实施开放式个性化定制。支持互联网企业整合市场信息，挖掘技术趋势、市场需求、企业运营等价值链大数据，为制造企业拓展个性化定制提供决策支撑。（省经济和信息化委等负责）

——大力推进智能制造。建设一批全面感知、设备互联、数据集成、智能管控的行业智能工厂、智能车间。实施印染数字化车间、汽车用前置液压油缸数字化车间、智能化数码印刷车间等一批国家智能制造示范应用项目。推进康平纳、赛轮金宇、泰山玻纤等企业国家智能制造试点示范，加快制造单元、加工中心、生产线和车间的智能化改造。实施"机器代人"工程，重点在家电、服装、机械、汽车、建材等行业开展"机器代人"试点，培育智能制造生产模式。（省经济和信息化委、省发展改革委等负责）

——提升产业链协同水平。重点推动装备、汽车、家电等行业龙头企业，加快研发设计、智能装备、技术工艺、经营管理、市场营销的综合集成，实现全流程信息共享、实时交互和业务协同。支持大中小企业分工协作，开展上下游、跨区域网络协同、精准营销、品牌推广，共同建立国际化的全球产业链体系。组织实施"智慧园区"建设试点，建设烟台海洋装备、东营石化装备等一批智慧型制造业集聚区，推动园区产业链协同优化。（省经济和信息化委等负责）

——加速制造业服务化转型。支持工程机械、交通装备、电力、石化等行业企业，采用物联网技术开展现场数据采集传输、设备运行实时监控、故障预测与诊断、健康状态评价等远程主动运维服务，强化互联网对安全生产的保障支撑。推动企业建立覆盖产品全生命周期的网上质量追溯体系，保障食品、电子、汽车等与消费者息息相关产品的质量安全。支持工控系统制造企业联合产业链上下游企业共建工业设备运营平台，完善标准计量检测、无线射频识别（RFID）系统集成等支撑平台，为中小设备供应商和制造企业服务。（省经济和信息化委、省发展改革委等负责）

（二）互联网+农业。

1. 行动目标。到2018年，在粮油、果蔬、畜禽、林产品、水产等优势领域，打造100个规模化农业物联网和精细农业示范基地，扶持10个规模化农资和农产品电商平台，建设10个区域性大宗农产品电子交易平台，形成完善的"互联网+农业"生态圈，带动千万农民利用互联网致富。

2. 行动任务。

——推进农业生产精准化智能化。组织开展国家级和省级农业信息化市县试点，建设一批农业信息化示范服务村。组织产学研单位开展物联网、精准农业、智能决策等关键技术、标准、平台和产品研发，建设一批农业互联网技术研发与应用创新平台。依托农业产业化龙头企业、合作社示范社、家庭农场示范场等农业主体，建设完善一批农业物联网应用示范工程，推动物联网技术在粮食生产、畜牧养殖、渔业、特色林产品和高效经济作物等领域应用。建设一批农业物联网云服务平台、农业大数据管理平台，提高远程监控、数据分析、测土配方、农产品质量安全溯源保障支撑能力。依托省级农业信息化市县，组织开展农业大数据采集、智能化农业机械和装备应用示范，建设规模化推广应用集农业生产现场感知、传输、控制、作业为一体的精准化智能化农业生产系统，推动农业高效、精准和标准化生产。（省农业厅、省科技厅、省海洋与渔业厅、省林业厅、省质监局等负责）

——加快农业经营模式创新。支持一批家庭农（林）场、农业合作组织运用互联网技术进行管理，实现工厂化流程式运营。推进农村电子商务配套设施建设，扶持一批农资和农产品电商平台，推动农资和农产品生产经营主体与电商平台有效对接。打造一批大型农资、农产品集散中心大宗电子交易平台，完善农业大数据基础保障能力。开展生鲜农产品物流保鲜技术、运输过程品质动态监测与跟踪技术、物流装备与标准化技术研究与示范，扶持一批规模化、设施齐备、服务功能健全的配送中心和物流企业。支持地方政府和龙头企业打造农产品质量安全追溯平台，建立农产品质量安全保障体系。建设一批基于互联网的"透明农场"，实现农产品的全程透明、可追溯。支持优势农业企业结合自身特色，积极探索"互联网＋"盈利模式。（省农业厅、省海洋与渔业厅、省林业厅、省商务厅等负责）

——提升农业高效管理与服务水平。完善农业农村综合信息云服务平台、大数据公共服务平台，提供完善的农产品追溯、农产品质量监管、农村土地流转、精准扶贫、农情监测预警、农业气象等网络化服务。搭建一批专业化综合性技术服务平台，面向农业产业链全程开展信息技术服务，研发推广农业信息服务关键技术、系统、平台和设备。鼓励各类平台提供农业产前、产中、产后和农村生活综合服务，解决农民基本服务需求。加强对农民的创新创业培训，规划建设一批农业产业园、创业园、孵化器，培育形成一批懂生产、会经营、善网络的农民创客，推动传统农民转化为现代化职业农民。（省农业厅、省海洋与渔业厅、省林业厅等负责）

（三）互联网＋能源。

1. 行动目标。到2018年，全省智能化、扁平化的"能源互联网"逐步建成，能源生产、运输和消费环节实现远程动态调控，能源网络的开放共享和用电智能化服务水平大幅提升。

2. 行动任务。

——推进能源生产智能化。建立能源生产运行监测、管理调度信息公共服务网络，加强能源产业链上下游企业信息对接，促进节能减排和生产消费智能化，支撑电厂和电网协调运行。建立电力生产互联网调度平衡机制，促进非化石能源与化石能源协同发电，提高可再生能源占比。支持能源企业运用大数据技术对设备状态、电能负载等数据进行分析挖掘与预测，开展精准调度、故障判断和预测性维护，提高能源利用效率和安全稳定运行水平。（省发展改革委、省经济和信息化委等负责）

——加快坚强智能电网建设。优化发展输电网，侧重发展配电网，提升电网适应各类电源和用户接入能力。研究电力设备状态实时采集、故障预警和输电通道环境灾害智能检测预警新方法，提高在线检测可靠性、数据采集能力和设备故障识别率，提升电网状态实时管控能力。建设全省电力服务移动互联应用支撑平台，为智能电网管理和营销服务提供保障。建设全省电网移动互联建设管理体系，构建移动互联网标准规范和信息安全保障体系。（省经济和信息化委、省发展改革委等负责）

——促进分布式能源网络发展。建设山东省智慧能源微网，建立连接电网上层应用和终端用户的信息通道。面向智慧城市的智能电网园区，组织开展能源优化管理关键技术研究与应用。依托山东润峰等企业，加快推进"互联网＋"智慧储能系统产业化。广泛推广"智慧能源微网＋多源分布式能源＋节能减排"解决方案，借助蓄电池、电动汽车、抽水蓄能等存储形式，有效利用太阳能、风能、生物质能等清洁能源，适应多业态能源市场需求。（省发展改革委、省经济和信息化委等负责）

——强化智慧能源服务。依托国网山东省电力公司，开发建设营销、交易、客服等方面的智能用电应用，为居民客户提供家庭用电查询、在线交费、安全用电、节约用电、分布式电源等全方位用电服务。依托"车联网"平台，将全省电动汽车充换电设施纳入统一管理，构建统一、规范、高效的电动汽车充换电服务体系。建立互联网数据共享分析机制，在用电决策、负荷预测、行为分析等方面，为政府、用电企业、居民用户提供专业化建议。依托用电信息采集系统，开展城乡供电、城市燃气、城镇供水、城市热力等公共服务领域"四表合一"数据采集，为用能单位和城乡居民提供全面、丰富、专业的综合用能服务。（省

经济和信息化委、省发展改革委等负责）

（四）互联网＋金融。

1. 行动目标。到 2018 年，培育发展一批有影响力的互联网金融企业，构建一批互联网金融创新集聚区，引领创造一批互联网金融产品和服务模式，传统金融与互联网金融良性互动的新格局逐步形成。

2. 行动任务。

——支持金融机构开发互联网业务。鼓励金融机构新设或改造部分分支机构，专门从事互联网金融服务。支持农商行、村镇银行等小微金融机构，开展平台化、网络化运营模式创新。支持大型金融机构利用互联网、云计算等技术手段，开展产品和服务创新，在更广范围提供便利的存贷款、开户、支付结算、信用中介平台等金融服务。支持银行业金融机构借助互联网技术开展第三方资金托管、消费信贷等业务。抓住青岛国家财富中心建设契机，支持证券、基金、期货类机构加强与互联网金融企业合作，拓宽金融产品销售渠道，创新财富管理模式。支持中泰证券充分利用云计算和大数据技术，发展以互联网理财账户为核心的新型业务体系。争取设立专业互联网保险公司，鼓励保险公司开展符合互联网交易需要的履约保证保险业务和其他保险模式。支持金融租赁公司利用互联网技术开展金融租赁业务。推动省内银行机构和支付机构互联网支付服务创新，加快互联网支付、手机支付规模应用。（省金融办、人民银行济南分行、山东银监局、山东证监局、山东保监局等负责）

——加大互联网金融企业培育力度。支持符合条件的互联网金融企业参与地方商业银行改组改造，发起或参股设立小额贷款、融资租赁、典当行、股权投资、要素平台等新型金融组织。支持互联网企业、大型商贸企业利用互联网技术和线上线下资源优势，发起或参与设立众筹融资、电商金融等机构。建设完善临沂国际商城电商金融服务平台，构建从物流、支付到资金管理的金融生态链，鼓励支付机构为电子商务发展提供支付服务。积极推动互联网金融企业进行规范化公司制改制，并对其加强辅导培育，促进优质企业境内外挂牌融资。支持互联网金融企业利用资本市场并购重组，推动符合条件的互联网金融企业发行各类债券。支持有条件的互联网金融企业探索资产证券化。（省金融办、人民银行济南分行、山东银监局、山东证监局、山东保监局、省商务厅等负责）

——规范发展网络借贷服务。支持鼓励运作规范、资金实力较强、信誉度高的金融机构和大型企业设立个体网络借贷（P2P）平台。推动民间融资登记服务机构开展网络借贷服务试点。引导 P2P 平台发挥信息中介作用，依法为投融资双方提供信息交换、撮合、资信评估等中介服务。根据中央金融监管部门统一部署，建立完善省域内 P2P 监管工作机制和规章制度，以风险防控为出发点，加强对 P2P 平台的引导、规范和监管。（省金融办、人民银行济南分行、山东银监局、山东保监局、省通信管理局等负责）

——开展互联网私募股权融资试点。落实我省关于开展互联网私募股权融资试点的有关要求，建立完善设立流程、交易机制、监管制度。选择具备条件的市县及国家级高新区，重点围绕互联网、信息通信、文化创意、生物制药、节能环保、现代农业、先进制造业等企业或项目，开展互联网私募股权融资试点。支持具有投融资发行、交易背景的机构发起设立互联网私募股权融资平台。支持商业银行、证券公司、保险公司、股权投资基金管理公司、权益类交易市场、民间资本管理公司等在股权投融资服务方面具备优势的机构，发起设立互联网私募股权融资平台，依法开展互联网私募股权融资业务。支持在齐鲁股权交易中心、山东金融资产交易中心等依法批准的权益类交易市场设立子市场或业务板块，开展互联网私募股权融资交易试点。（山东证监局、省金融办、人民银行济南分行、山东银监局、山东保监局等负责）

——营造互联网金融良好发展环境。建立互联网金融行业协会，制定自律公约和行业标准。支持济南等有条件的市打造互联网金融产业园区，鼓励互联网金融企业合理集聚，发挥辐射带动作用。支持符合条件的互联网金融企业依法申请有关金融业务许可或进行有关金融业务备案，申请增值电信业务经营许可等经营资质。允许主要从事互联网金融业务的企业在名称中使用"互联网金融"或"网络金融"字样。探索建立行业风险监测、预警和应急处置机制。严厉打击假借互联网金融名义开展的非法吸收公众存款、非法经营证券、期货业务等金融违法犯罪活动。（省金融办、人民银行济南分行、山东银监局、山东证监局、山东保监局、省公安厅、省工商局、省通信管理局等负责）

（五）互联网＋民生。

1. 行动目标。到 2018 年，济南、青岛、潍坊、威海等 4 个城市完成国家信息惠民试点任务，全省基于互联网的就业、社会保障、医疗、教育、养老、旅游等新模式逐步形成，食品药品安全社会共治水平有效提升，民生消费成本显著下降，民生服务更加高效、便捷、普惠。

2. 行动任务。

——推广医疗卫生在线服务新模式。加强基础设施建设，构建省级和 17 个市级人口健康数据中心，逐步推进公共卫生、计划生育、医疗服务的信息共享和业务协同，提高服务效能。建设省级远程医学中心和 17 个市级分中心，构建省、市、县、乡（村）四级远程医学服务体系。组建全省远程医疗专家库，完善远程医疗预约、随访等服务平台，扩展远程医疗服务范围，提高基层医疗卫生机构诊疗水平和服务能力。推广预约挂号及其他互联网便民惠民服务应用，推动实施分级诊疗。依托青岛大学附属医院、海信医疗等单位，建设人类数字肝脏数据库合作平台，共同打造全球共享的公益性数字肝脏数据开放平台。强化人口健康大数据应用和信息共享，提高重大疾病和突发公共卫生事件防控能力。（省卫生计生委等负责）

——推进食品药品安全智慧监管。加强食品药品安全信息公共服务平台建设，建立健全药品全品种质量追溯体系。鼓励食品生产经营者率先在婴幼儿配方食品、肉制类、乳制品、食用植物油、白酒、葡萄酒、茶叶、阿胶糕、食品添加剂和保健食品等重点领域采用互联网实现产品追溯。加强互联网食品药品市场监测监管体系建设，规范网络经营行为，构建"食安山东"社会共治新局面。（省食品药品监管局等负责）

——构建智慧教育新模式。推广运用教育云服务、在线教育、翻转课堂、微课程等新型教育管理与服务模式，促进各类教育模式创新与变革，实现优质教育资源广泛共享。建设山东省教育云服务等平台，面向各级教育、人力资源社会保障部门，各类学校管理者、教师、学生、家长、专业技术人员和社会公众，提供一站式云服务。建设全省教育资源共建共享平台，汇集优质教育资源，开展教育大数据分析，提供个性化服务。建设覆盖全省各级教育行政部门和各类教育机构的教育管理信息化体系，进行教育教学管理和数据挖掘分析，优化教学策略、教学方式、教学过程。（省教育厅、省人力资源社会保障厅等负责）

——完善智慧健康养老服务体系。整合智慧健康养老服务资源，鼓励医疗卫生机构与养老服务融合发展，推动健康养老服务业转型升级。加快面向生理数据监测、老年心理、生活照料的科技服务产品研发与应用。建设智慧健康养老服务信息平台，提供护理看护、健康管理、康复照料、紧急呼叫、家政预约、物品代购、服务缴费等居家养老服务。建设山东省养老服务宣传网站，打造"孝润齐鲁·安养山东"品牌。（省民政厅、省卫生计生委、省人力资源社会保障厅、省科技厅等负责）

——创新旅游发展模式。建设完善集信息服务、产品展销、在线预订、行业管理等功能于一体的好客山东旅游产业网，为游客提供一站式服务。建设区域性旅游电商平台，推动全省旅游酒店、景区、乡村旅游点等企业开展线上产品直销。建设定制旅游平台，根据游客个性化需求提供智能化旅游产品设计。推动智慧旅游乡村发展，运用互联网不断提升乡村旅游的管理服务和宣传营销水平。加快旅游大数据工程建设，推动公安、交通运输等涉旅数据共享，有效提升产业监管、客流实时监测和运行服务质量。（省旅游发展委等负责）

（六）互联网＋物流。

1. 行动目标。到 2018 年，全省物流总额年均递增 7%，物流业增加值年均递增 6.5%，智能物流骨干网节点更加优化，建成国内重要的智能物流枢纽，实现全省 17 市共同配送全覆盖，区域间和行业内物流信息实现互联互通，物流智能化水平和运转效率明显提升，物流成本显著降低。

2. 行动任务。

——培育建设现代化智能物流中心。整合全省物流信息平台和物流企业信息系统，推进物流大数据应用。依托济南、青岛、潍坊、烟台、临沂等国内重要物流园区，优化布局一批智能物流骨干网节点，建设立体综合智能物流枢纽，推广线上线下相结合的智能物流发展模式。培育发展冷链物流，支持农产品加工企业、专业化冷链物流企业以及其他新型农业经营主体建立农产品产地预冷库和冷藏库，规划建设一批农产品低温配送中心，构建从干线冷链到支线冷链、仓储至家的"全程冷链运输"，最大限度减少生鲜农产

品产后损失。（省发展改革委、省经济和信息化委、省农业厅、省商务厅等共同负责）

——建设完善城乡共同配送体系。加快推进青岛、潍坊2个国家级和济南、淄博、烟台、济宁、临沂5个省级城市共同配送试点，构建17市城乡共同配送网络。建设工业品下乡和农产品进城双向物流体系，统筹利用"万村千乡"、交通、邮政、供销和商贸企业等现有农村渠道资源，完善县、乡、村三级配送网络。依托中心商务区、居民社区、高等院校、产业园区等商品投送公共设施和农村网络代购网点，建设提升一批城市社区快递投送场所和末端自提网点。（省商务厅、省经济和信息化委、省发展改革委、省农业厅、省交通运输厅、省邮政局等负责）

——建设智慧物流服务体系。加快物流节点内部信息化建设，提升作业过程全面感知和实时监控水平。整合通关信息、口岸信息、企业信用信息及跨省市联运信息，提高各物流节点之间信息传输和交换能力，打造具备中枢决策功能、资源协同利用、流程再造功能强大的供应链整合和决策服务平台。开展企业物流电子商务平台示范试点建设，引导物流企业建设个性化、专业化物流信息服务平台，促进产业互动发展。（省经济和信息化委、省商务厅、省交通运输厅、省发展改革委等负责）

——加强物流运输综合监管。建设物流运输综合监管平台，对监控车辆及产品的运行轨迹、运行状态进行动态监控、自动分析和预警，强化供应链全过程的定位、跟踪、监控和管理，为交通应急调度、突发事件在线指挥提供支持。建设覆盖全省的危险品运输监控平台，及时获取"人、车、货、路、天气"等安全要素信息，实现对危险品运输车辆的全天候、全覆盖、全方位实时管控。（省交通运输厅、省经济和信息化委、省发展改革委、省公安厅、省商务厅等负责）

（七）互联网＋商务。

1. 行动目标。到2018年，建设20个重点行业电子商务创新平台，培育电子商务示范企业120家、示范基地50个、示范县30个。电子商务示范城市成效显著，电商配套服务体系逐步完善，城市电商、农村电商、社区电商实现协同跨越发展。

2. 行动任务。

——加快建设重点行业电子商务平台。依托山东优势行业龙头骨干企业，建设机械、化工、轻工等一批行业垂直电子商务平台。推动纺织、家电、食品等企业利用电子商务平台快速占领终端消费市场。培育煤炭、石油、钢铁、有色、稀土等生产要素的大宗商品交易平台，支持大宗商品交易市场开展网上现货交易，扩大交易规模。推动工业企业自建自营电子商务直销平台，支持有条件的企业平台向行业平台转化。发展农资、农产品交易平台。培育民生领域线上线下相结合的网络零售和生活服务平台。实施行业电子商务平台创新工程，开展试点平台建设，推动平台整合资源、做大做强。推动与阿里巴巴、京东等大型电商合作，围绕"两区一圈一带"建设一批网上区域性特色产品馆，开展区域特色产品定制供应。提升山东易商中小企业电子商务平台服务功能，持续开展全省中小企业电商推进年活动，培育一批电商示范单位。（省经济和信息化委、省发展改革委、省商务厅、省中小企业局等负责）

——推进电子商务进农村和社区。建立完善一批县级电子商务服务中心和村级服务点，构建农村电子商务服务体系，支持国内优秀电商企业开发农村市场。大力培育农村电商经营主体，鼓励、支持各类商超、配送中心、商贸中心等发展电子商务，实现实体店与虚拟店融合发展。建设一批差异化、特色化的"电商村""电商镇"，开展农产品、手工艺品、特色旅游产品等网上销售。支持电子商务企业整合社区商业资源和便民服务设施，发展以社区生活服务为核心的电子商务服务。建设一批社区电子商务服务平台，提供居民日常消费、家政服务、远程缴费、健康医疗、紧急求助等服务。设立一批社区电子商务综合服务点，完善物流分拨、快件自提等便民服务。（省商务厅、省发展改革委、省经济和信息化委、省交通运输厅、省农业厅等负责）

——加快跨境电子商务发展。加快推进中韩自贸协定框架下跨境贸易电子商务的先行先试，积极支持济南、青岛、烟台、威海等城市探索跨境电子商务新模式，加快青岛跨境电子商务综合试验区建设。推动企业自建自营跨境电子商务平台，鼓励传统外贸企业、中小企业利用第三方平台开展跨境贸易。建设跨境电子商务平台和境外仓储物流服务网络，完善跨境电子商务通关、出入境检验检疫、结汇、出口退税等环节"单一窗口"综合服务体系,提高通关便利化水平。加快推进跨境电子商务产业园区建设,鼓励企业"走出去"建立海外营销渠道,在全球重点市场推进海外仓储设施建设。(省商务厅、省发展改革委、省经济和信息化委、人民银行济南分行、青岛海关、济南海关等负责)

——完善电子商务配套服务体系。完善山东省电子商务公共服务平台,开发电子商务统计监测系统,建立电子商务企业统计直报制度,推动建立信息共享和协同监督机制。完善农产品市场监测、预警和信息发布机制,及时发布农产品供求、质量、价格等信息。组建农产品市场监测预警专家分析小组,做好会商分析,提供预警信息。强化市场运行监测和调控。在"两区一圈一带"重要节点城市,完善提升一批区域性总部或转运分拨中心,围绕支柱行业、农业和跨境电子商务,构建电子商务物流配送体系。支持支付体系建设,为总部经济发展提供支付服务。培育和引进一批专业化电子商务服务企业,为电子商务发展提供软件开发、金融信贷、业务培训、专业咨询等服务。(省商务厅、省发展改革委、省经济和信息化委、省交通运输厅、省金融办等负责)

(八)互联网+交通。

1. 行动目标。到 2018 年,全省 40% 的交通基础设施实现智能感知覆盖,在省内 6~8 个城市开展定制公交、公共自行车等模式试点,2~3 个领域的交通大数据实现特色化应用,综合交通出行信息服务及生态系统更加完善。

2. 行动任务。

——推进高速公路智能化。鼓励高速公路运营管理单位开展高速公路智能化研究,依托山东 e 高速系统,建设智能基础能力平台、智能公众服务平台、电子商务平台、智能服务区平台和智能管理服务平台等五大高速公路智能云平台,构建融合公路管理和电子商务的商业服务平台及生态系统。围绕人、车、路、环境,整合公路运营、物流运输、交通监管等各方面资源,面向青银、京沪等高速公路山东段,推进全方位基于位置的精准服务应用,提供集成出行信息、保险、加油、商旅、车辆维护等多功能的高速公路服务。(省交通运输厅等负责)

——推进交通出行便利化。支持山东有条件的交通企业拓展互联网出行服务模式,引导软件企业利用政府开放的公共数据资源开发具有特色优势的智能应用程序(APP),提供线上约车和实时打车等多种便民高效的服务方式。总结推广济莱交通一体化经验,大力发展公共交通一卡通、移动支付、电子客票和电子检票,提升交通支付智能化水平,加快全省跨区域互联互通。加快推进线上线下(O2O)汽车维修服务或连锁经营等"互联网+汽修"模式创新,支持开展汽车维修配件追溯,建立全省开放共享的汽车数字健康档案。(省交通运输厅、各市人民政府等负责)

——完善城市交通体系。加快推进济南、青岛"公交都市"试点,推广潍坊公共自行车等运行模式,完善城市公共交通体系。加快建设智能化交通换乘枢纽,推进青岛、济南地铁规划建设,发展快速公交系统(BRT)、轻轨等多种公交,利用城市交通大数据不断优化线路,实时调节流量。大力发展定制公交,根据客流情况和出行需求设计线路、配备车辆,提供点到点大流量快速到达服务。建设完善一批城市公共交通智能化应用示范工程,为市民提供公交到站等实时信息。建立基于大数据的城市交通决策支持体系,加强对城市道路交通指数、公交车实时数据、出租车行车数据、道路事故数据等进行深入挖掘分析。(省交通运输厅、各市人民政府等负责)

(九)互联网+环保。

1. 行动目标。到 2018 年,实现对千家医院医疗废弃物、1 300 家省控以上危废排放企业、600 个重点放射源在线监控、实时监管。

2. 行动任务。

——提高环境监测智慧化水平。开展生态环境大数据建设与应用,建设覆盖大气、水、固体废弃物、机动车、噪声等污染源的全方位立体监测网络,实时分析发布空气和水质量指数,推进天地空监控一体化智能监控管理。建设山东省海洋牧场生态环境观测网络系统,加强海洋水质监测,实现海洋牧场海水各项水质参数实时在线监测和预报预警。建立核电站周边辐射环境自动监测系统,实时向社会发布自动监测信息。加强环境保护大数据应用，实时分析区域环境质量，准确核算区域环境资源容载能力，推进环境管理决策科学化。（省环保厅、省海洋与渔业厅等负责）

——加大环保监管力度。充分利用全省环境预警和风险监测网络，构建环境监管和应急管理体系，提升重金属、危险废物、危险化学品、放射源等重点风险防范水平和应急处理能力。建立排污许可证统一监管系统，推动环境影响评价、总量减排、污染防治、环境监测、环境监察、环境应急、排污收费（环境税）等业务协同和信息共享，开启"一证式"污染源管理新模式，加强环境预警和风险防控。推动建设一批行政监管手机 APP 开发应用，构建环保突发事件和辐射事故应急指挥体系。建立完善环境信用评价制度，定期在网站公开环境违法案件，将其列入"黑名单"向社会公开。鼓励社会组织、公民通过网站举报污染环境、破坏生态等损害公众环境权益的行为。实施"互联网＋"海洋生态文明行动计划，推动互联网与海洋生态文明建设融合创新发展。（省环保厅、省海洋与渔业厅等负责）

——推动废弃物回收再利用。建立回收及在线交易系统，开展废旧资源信息采集、数据分析、流向监测，构建网络化废旧资源回收利用体系，建设城市废弃物回收平台。推动现有再生资源交易市场向线上线下结合转型升级，推进行业性、区域性的产业废弃物和再生资源在线交易，建立面向循环经济的绿色发展新模式。建立工业固废及危化品从产生到处置的全流程数据，推动信息资源的统一交换和共享，重点推进工业固体废弃物交易。推进废弃物分类储存、收集运输、无害化处置、资源再生和循环利用等环节的信息资源共享和利用。（省环保厅、省发展改革委、省经济和信息化委等负责）

（十）互联网＋政务。

1. 行动目标。

到 2018 年，建成全省统一的政府网站技术平台，政务信息网上公开率达到 95% 以上，80% 以上的行政许可通过网上办理，山东政务服务网实现省市县三级互联互通，跨部门政务信息资源共享率达到 90% 以上。

2. 行动任务。

——加强政府网站建设与管理。进一步完善政府网站建设管理体系，建立信息内容建设协调机制，加强网站信息内容考核评价，规范网站服务外包。制定全省政府网站信息内容建设标准和技术规范，实现各级各类政府网站信息共用、服务互通、更新联动和回应协同。加快推进政府网站集约化建设，2017 年年底前建成全省统一的政府网站技术平台，逐步将全省各级各类政府网站纳入管理。（省政府办公厅等负责）

——加大政府信息和政务公开力度。加强政府网站、政务微博、微信和政务 APP 等的综合应用，拓宽公开渠道，提高信息发布和互动回应时效。完善各类信息发布平台的协调对接机制，实现平台载体联动。加强领导信箱、在线访谈、网友留言、意见征集、建言献策等互动渠道建设，畅通群众诉求反映和回应渠道，接受社会公众的监督。继续扩大网上信访等系统应用。（省政府办公厅、省信访局、省法制办等负责）

——提升在线政务服务水平。依托全省各级政务服务平台，梳理权力清单，强化权力全流程网上运行，有效规范和监督行使权力的主体、依据、程序，逐步形成网上服务与实体大厅服务、线上服务与线下服务相结合的一体化新型政府服务模式，切实提高行政服务效率和依法行政水平，提升政府网上公共服务能力。加强省级政务服务平台建设和管理，推动市县政务服务平台建设，2016 年年底前基本实现省市县三级政务服务互联互通，逐步将主要行政权力事项和公共服务事项纳入平台管理。（省政府办公厅、省编办、省法制办、省发展改革委、省经济和信息化委等负责）

——推动跨部门信息资源共享。依托山东省电子政务综合服务平台，完善信息资源共享交换功能，基本满足相关部门对共享平台各种共享交换需求。启动省市两级政务信息资源共享交换应用试点。加快推进信息资源共享目录体系建设，组织编制政务信息资源目录、交换目录和信息资源共享相关标准规范。建立省级信息资源共享绩效评价制度，推动部门信息资源按需共享。推进人口、法人信息的共享，扩大共享范围和深度，纳入更多部门和共享内容。建设完善人口、法人、空间地理、宏观经济、证照库等基础信息资源库，实现基础信息资源的共享共用。依托山东省卫星导航定位基准站网和地理信息公共服务平台，推动空间地理信息应用与共享。（省经济和信息化委、省发展改革委、省公安厅、省国土资源厅、省工商局等

负责）

三、保障措施

（一）完善基础支撑，提高服务能力。

1. 强化网络基础设施保障。协调推进"智慧城市""宽带山东"建设，加快推进青岛、淄博、临沂、威海、东营、济宁、德州"宽带中国"示范城市建设。实施光纤化改造专项工程，加快推进全省范围的宽带普及，做好"最后一公里"接入，实现 4G 网络在城市和农村 100% 覆盖。支持通信运营企业扩充建设基站 10 万个，推广采用基于 IP 数据传输技术的语音业务、载波聚合等先进技术。重点扩大车站、广场、写字楼、住宅小区、游客集散中心等公共场所免费 WiFi 的覆盖范围，济南、青岛等主要城市城区公共场所覆盖率达到 100%。加快广播电视网数字化和智能化改造，发展交互式网络电视和有线电视网宽带服务等融合性业务。（省经济和信息化委、省通信管理局、省新闻出版广电局等负责）

2. 强化大数据运用。制定山东省大数据发展战略，推进数据资源开放共享和开发利用。开展数据开放及社会利用机制研究，积极探索推动公共数据资源开放，支持大数据在各行各业广泛应用。依托浪潮集团等企业，建设云数据中心和云服务基地，为大数据应用提供技术和服务支撑。加快推进通信运营企业济南、青岛、枣庄云数据中心建设，2017 年年底前机架规模达到 2.5 万架。建立公共信息资源开发利用分级认证制度，促进人口、法人、空间地理、金融、征信、交通等基础信息资源的开放共享，提升社会化开发利用水平。鼓励电信运营商、广电运营商、互联网平台企业搭建公共信息资源开发平台，支持公众和小微企业充分挖掘公共信息资源的商业价值，促进互联网创新应用。（省发展改革委、省经济和信息化委、省通信管理局等负责）

3. 强化信息产业支撑。着力突破核心芯片、高端服务器、高端存储设备、数据库和中间件等产业重点环节的技术瓶颈，加快推进云操作系统、智能终端操作系统的研发和应用。积极发展云计算、智能制造等解决方案以及高端传感器、工控系统、人机交互等软硬件基础产品。运用互联网理念，构建以骨干企业为核心、产学研用高效整合的技术产业集群。大力推进北斗产业体系建设，增强北斗卫星服务能力，为构建天地一体化互联网络提供保障，催生信息技术产业新的增长点。（省经济和信息化委、省科技厅、省发展改革委等负责）

4. 强化网络和信息安全保障。优先使用国产软硬件产品和技术服务，加强数据灾备，确保网络基础设施、重要信息系统、关键数据资源及服务安全自主可控。提高"互联网＋"安全核心技术和产品水平，提升互联网安全管理、态势感知和风险防范能力。建立网络和信息安全应急联动机制，拓展应急支援服务范围，进一步提高信息安全应急保障能力。开展网络安全认证。推动信息安全风险评估、信息安全等级保护和安全保密检查制度化、规范化、常态化，依法打击网络违法犯罪活动。（省经济和信息化委、省公安厅、省通信管理局、省网信办等负责）

（二）强化政策扶持，营造发展环境。

1. 加大财政资金支持力度。优化财政专项资金使用方向，采取政府购买服务、补助、奖励、贴息等方式，加大倾斜支持力度。省新兴产业创投引导基金、省级股权投资引导基金、省创业投资引导基金等参股设立基金，要将"互联网＋"纳入重点投资领域，引导社会资本投入。（省财政厅、省发展改革委等负责）

2. 完善税收优惠政策。对符合高新技术企业条件的"互联网＋"企业，经认定，按规定享受高新技术企业税收优惠政策。对互联网企业发生的符合规定的研发费用，未形成无形资产计入当期损益的，在按照规定据实扣除基础上，按研发费用的 50% 加计扣除；形成无形资产的，按照无形资产成本的 150% 摊销。互联网企业委托省外或与省外合作开发先进技术的相关费用，按规定享受加计扣除税收优惠。（省财政厅、省地税局、省国税局、省科技厅等负责）

3. 构建信用支撑体系。建立覆盖全省的公共信用信息系统，实现各类信用信息平台无缝对接，构建山东省社会信用体系。加强网络信用体系和可信交易保障环境建设，建立健全网络主体信用档案。规范信用信息的公开和使用，加强信用记录、风险预警、违法失信行为等信息资源在线披露和共享，为经营者提供信用查询、企业网上身份认证等服务。依托国家企业信用信息公示系统（山东），积极参与企业信用信息公示"全国一张网"建设，加快推进全省企业信用信息统一归集、互联共享。（省发展改革委、人民银行济南分行、省工商局等负责）

（三）鼓励创新创业，增强发展动力。

1. 积极发展众创空间。组建"互联网＋"创新联盟，推动我省"互联网＋"创新发展。实施互联网＋中小企业创业创新培育行动，支持新型众创空间发展，鼓励发展混合所有制孵化机构。鼓励政府、高等院校和企业通过多种形式，利用多种资源，建设一批孵化条件好、承载能力强、融创业指导服务为一体的创业孵化基地、创业辅导基地和创业园区，完善中小企业公共服务平台，为创业者提供低成本、便利化、全要素的工作空间、网络空间、社交空间和资源共享空间。依托互联网建立统一的就业创业服务平台，实现众创互助、精准服务、监测预警等。（省科技厅、省发展改革委、省中小企业局、省人力资源社会保障厅等负责）

2. 加大知识产权保护力度。实行严格的知识产权保护制度，严厉打击互联网领域知识产权侵权假冒行为，并将侵权、假冒等行为纳入社会信用体系。加强知识产权行政执法队伍能力建设，提高知识产权维权水平。健全知识产权快速维权援助体系，简化维权程序，减轻权利人举证责任，有效保护知识产权不被侵犯。（省知识产权局等负责）

3. 放宽市场准入。落实工商注册制度便利化措施，支持互联网新兴行业、新兴业态市场主体发展，进一步优化登记程序，缩短办理时限，为互联网企业快速发展提供优质高效服务。（省工商局等负责）

（四）强化人才支撑，培育壮大队伍。

1. 建立健全人才流动机制。支持人才合理流动，为人才流动提供便利。经所在单位批准，高校、科研院所科研人员可保留基本待遇，带着科研项目和成果到企业开展创新工作或创办企业。在完成本单位任务前提下，允许科研人员兼职从事科技成果转化活动，兼职收入归个人所有。建立健全科研人员在事业单位与企业之间流动的社会保险关系转移接续办法，促进科研人员顺畅流动。（省教育厅、省科技厅、省人力资源社会保障厅共同负责）

2. 优化人才培养机制。深入推进"互联网＋"相关领域专业技术人才知识更新工程，鼓励省内高校设立"互联网＋"相关专业，鼓励高校探索校校、校企、校所以及国际合作的协同培养模式，建立跨学科、跨专业的交叉培养模式。鼓励互联网企业参与科技人才培养，建成一批教育联合培养基地。支持职业教育、各类培训机构增加"互联网＋"技能培训项目。认定一批"互联网＋"培养与实践基地，探索实训式"互联网＋"人才培养培训模式。（省教育厅、省人力资源社会保障厅等负责）

3. 完善人才引进激励机制。落实引进高层次高技能人才服务"绿色通道"规定，支持企业引进"互联网＋"国内外复合型高端人才、领军人才和优秀团队，完善"领军人才＋创新团队"人才引进模式，吸引海内外高层次高技能人才带领团队来鲁创新创业。深入实施"泰山学者""泰山产业领军人才"工程，培养引进"互联网＋"领域高层次创新人才，对高层人才取得的政府奖励，符合条件的免征个人所得税。（省委组织部、省发展改革委、省人力资源社会保障厅、省科技厅、省教育厅、省财政厅共同负责）

（五）加强统筹协调，形成发展合力。

1. 加强组织领导。建立山东省"互联网＋"行动计划工作协调机制，部署推进全省"互联网＋"行动，强化统筹，形成合力，协调推动行动计划落地实施。（省发展改革委等共同负责）

2. 发挥智库作用。建立跨领域、跨行业的"互联网＋"行动专家咨询委员会，提高企业专家比例，为政府决策提供支撑。（省发展改革委等负责）

3. 加快推进实施。各级、各部门要主动作为，加强引导，强化服务。有关部门要按照任务分工，加强统筹协调，提高服务和管理能力。各市要结合实际，因地制宜，务实有序推进"互联网＋"行动。（各市人民政府、省发展改革委等共同负责）

山东省人民政府关于加快发展服务贸易的实施意见

2016 年 7 月 7 日　鲁政发〔2016〕19 号

各市人民政府，各县（市、区）人民政府，省政府各部门、各直属机构，各大企业，各高等院校：

近年来，我省高度重视服务贸易发展。2010 ~ 2015 年，全省服务进出口额从 139.8 亿美元增长到 341.7 亿美元，年均增长 19.6%。总的看，结构不断优化，服务外包、文化贸易等领域取得了较快发展。但从全国看，我省服务贸易规模小、水平低亟待扩大规模、优化结构、加快发展，提升国际竞争力。为贯彻国家关于加快发展服务贸易的相关部署和要求，结合我省实际，提出以下实施意见：

一、总体思路和工作目标

（一）总体思路。深入贯彻党的十八大和十八届三中、四中、五中全会精神，全面落实习近平总书记视察山东重要讲话要求，提升服务贸易战略地位，以深化改革、扩大开放、鼓励创新为动力，坚持市场竞争与政府引导相结合、产业支撑与创新发展相结合、总量增长与结构优化相结合、"引进来"与"走出去"相结合，着力构建公平竞争的市场环境，促进服务领域相互投资，完善服务贸易政策支持体系，加快服务贸易自由化和便利化，逐步扩大服务贸易规模，优化服务贸易结构，增强服务出口能力，带动全省产业结构优化升级。

（二）工作目标。服务业开放水平进一步提高，服务业利用外资和对外投资范围逐步扩大，质量和水平逐步提升。服务贸易规模日益扩大，到 2020 年，全省服务贸易进出口额达到 600 亿美元，年均增长 15%；服务贸易占全省对外贸易总额的比重稳步提高，进出口平衡发展；贸易结构逐步优化，传统服务贸易总量稳步增长，新兴高附加值服务贸易占比进一步提升，特色服务贸易快速发展。

二、重点工作

（一）扩大服务贸易规模，率先突破重点领域。紧抓国家"一带一路"战略、全省重点区域发展战略以及中韩、中澳自贸协定签署机遇，稳步发展运输服务、旅游服务、劳务承包工程和建筑服务等传统服务贸易，重点发展信息技术服务、文化服务、金融服务等新兴服务贸易，加快发展教育和体育服务、专业服务、中医药服务等特色服务贸易。（省商务厅、省发展改革委、省经济和信息化委、省教育厅、省科技厅、省交通运输厅、省文化厅、省中医药局、省旅游发展委、省新闻出版广电局、省体育局、省金融办按职责分工负责）

（二）培育服务贸易市场主体，培植领军企业和知名品牌。分行业培育一批主业突出、具有较强国际竞争力的服务业企业，培育若干具有较强国际影响力的服务品牌；支持有特色、善创新的中小企业发展，引导中小企业融入全球供应链。鼓励规模以上服务业企业走国际化发展道路，积极开拓海外市场，力争规模以上服务业企业都有进出口实绩。支持服务贸易企业加强自主创新能力建设，鼓励服务领域技术引进和消化吸收再创新，树立行业标杆，逐步在各重点领域培植服务贸易领军企业和知名品牌群体。（省商务厅、省发展改革委、省经济信息化委、省教育厅、省科技厅、省文化厅、省旅游发展委、省新闻出版广电局按职责分工负责）

（三）规划建设服务贸易功能区，培育服务贸易示范城市和特色基地。根据城市服务业增加值及其所占城市 GDP 比重、服务贸易发展现状与特色等因素，选择济南、青岛和其他 5 个设区市、3 个县级市作为省级服务贸易发展示范城市先行试点，创新发展模式，发挥示范带动作用。依托各类开发区和专业园区，认定一批特色服务出口基地。拓展海关特殊监管区域和保税监管场所的服务出口功能，扩充国际物流、中转服务、研发、国际结算、分销、仓储等功能。按分期实施原则，推动济南、青岛、烟台、威海等城市实施境外游客购物离境退税、保税进口服务政策。积极争取成立跨境旅游合作区及边境旅游试验区。加快威海市国家服务贸易创新发展试点城市建设，推进服务贸易管理体制、发展模式、便利化等方面的制度建设，总结可复制推广经验。（省商务厅、省发展改革委、省经济和信息化委、省科技厅、省财政厅、省旅游发展委、济南海关、青岛海关按职责分工负责）

（四）顺应"互联网＋"趋势，创新服务贸易发展模式。鼓励发展生产性服务贸易，积极探索信息化背景下新的服务贸易发展模式，依托大数据、物联网、移动互联网、云计算等新技术推动服务贸易模式创新，打造服务贸易新型网络平台，促进制造业与服务业、各服务行业之间的融合发展。加快推进电子商务等新型贸易模式的应用，进一步丰富服务贸易交付方式；发挥青岛国家级跨境电子商务综合试验区作用，推动全省服务贸易加速发展。扩大技术出口，鼓励先进技术和国内亟须的生产性服务进口，提升我省服务贸易发展水平。（省商务厅、省发展改革委、省经济和信息化委、省科技厅、省财政厅、省金融办按职责分工负责）

（五）培育竞争新优势，加快发展服务外包产业。将承接服务外包作为提升我省服务水平和国际影响力的重要手段，扩大服务外包产业规模。根据国家《服务外包产业重点发展领域指导目录》，拓展服务外包业务领域，增加高技术含量、高附加值外包业务比重，提升服务跨境交付能力。推动离岸、在岸服务外包协调发展，在积极承接国际服务外包的同时，逐步扩大在岸市场规模。打造一批基础设施完善、产业承载能力强、国际化水平高、宜业宜居的服务外包专业园区。加快引进世界知名跨国公司和实力雄厚的全球服务供应商，提升成长型、骨干型、龙头型企业层次。鼓励企业开展国际认证，参加境内外展销活动。支持有条件的城市申报国家服务外包示范城市。（省商务厅、省发展改革委、省经济和信息化委、省科技厅、省财政厅、济南海关、人民银行济南分行、省外汇管理局按职责分工负责）

（六）坚持社会效益与经济效益相结合，创新发展文化贸易。鼓励和支持国有、民营、外资等各种所有制文化企业从事国家法律法规允许经营的对外文化贸易业务，并享有同等待遇。鼓励和引导文化企业加大内容创作力度，创作体现中华优秀文化、展示当代中国形象、面向国际市场的文化产品和服务。进一步拓展文化贸易领域，重点扩大创意设计、影视制作、出版发行、演艺娱乐、动漫和游戏等产品和服务出口。壮大主体队伍，支持省级重点文化产品和服务出口企业发展，建立完善我省重点文化产品和服务出口企业名录库。继续在日本、美国举办"孔子家乡山东文化贸易展"，并逐步向加拿大、澳大利亚及欧洲国家延伸，不断扩大山东重点文化企业及优势文化产品和服务的海外影响力。鼓励引进国际知名文化企业和机构在我省投资文化产业或设立分支机构，支持我省文化企业海外并购，提高文化产业的国际化水平。（省委宣传部、省财政厅、省商务厅、省文化厅、省旅游发展委、省新闻出版广电局按职责分工负责）

（七）发挥平台促进作用，积极开拓国际市场。强化"山东服务贸易指南网""齐鲁国际文贸网"和"山东省中小企业对外合作交流平台"等贸易促进平台的服务功能，完善语言服务、信息发布和交易功能，为服务贸易企业开拓国际市场提供全方位信息服务。组织我省企业参加"中国（北京）国际服务贸易交易会""中国（上海）国际技术进出口交易会""中国国际软件和信息服务交流会""中国（深圳）国际文化产业博览交易会"和"德国科隆游戏展""日本大阪出口商品展""东京电玩展"等国际性展会，积极参加国家统一组织的跨境双边旅游年活动，拓展日韩、欧美、港台、东盟及印度等重点市场。在我省组织参加的国际国内展览活动中，逐步增设、扩大服务贸易相关领域展区，对参展企业摊位费给予补贴。（省委宣传部、省财政厅、省商务厅、省旅游发展委按职责分工负责）

（八）扩大服务业开放，提高利用外资的质量和水平。落实国家扩大服务业开放的政策措施。加强对日韩、美加、欧盟及印度、澳大利亚等国家和地区的招商。依托中韩、中澳等自贸协定和港澳服务贸易自由化相关协定，积极吸引国际国内知名生产性服务业企业总部、地区总部、采购中心、研发中心、财务管理中心和结算中心等在山东落户。积极吸引全球维修中心、检测中心、分拨配送中心等功能性机构落户山东，大力发展维修、检测、保税展示交易和物流等服务贸易。（省发展改革委、省商务厅、省金融办、济

南海关、青岛海关、人民银行济南分行、省外汇管理局按职责分工负责)

（九）推动服务业对外投资，加快境外营销网络建设。支持各类服务业企业通过新设、并购、合作等方式，在境外开展投资合作，加快建设境外营销网络，增加境外商业存在。支持服务业企业参与投资、建设和管理境外经贸合作区。鼓励企业建设境外保税仓，积极构建跨境产业链，带动国内劳务输出和货物、服务、技术出口。支持知识产权境外登记注册，加强知识产权海外布局。（省商务厅、省发展改革委、省财政厅、省知识产权局按职责分工负责）

三、政策和服务体系保障

（一）强化组织协调。发挥省服务贸易发展联席会议制度作用，加强对服务贸易工作的宏观指导，统筹服务业对外开放，协调各部门服务出口工作，推进服务贸易便利化和自由化。将大力发展服务贸易作为稳定外贸增长和培育外贸竞争新优势的重要工作内容，纳入各级考核评价指标体系，完善考核机制。（省委组织部、省商务厅负责）

（二）加强规划引领。加快编制"十三五"服务贸易发展规划，确定发展目标、指导思想和重点发展领域，突破重点领域和关键环节，加强对重点领域的支持引导，建立不同层级的重点企业联系制度，推动我省服务贸易实现规模快速扩大、质量显著提升、结构不断优化、区域协调进一步加强。（省商务厅、各相关部门按职责分工负责）

（三）强化财税支持。进一步落实好国家鼓励服务贸易发展的政策措施，利用好支持外经贸发展和文化产业发展的扶持资金，加大对服务贸易发展的支持力度。鼓励国家级和省级服务贸易园区完善配套服务设施，增强聚集功能；引导服务贸易行业龙头重点企业开展品牌建设，树立品牌效应；加大对服务贸易公共技术、信息服务、人才培育等平台建设和国际市场开拓活动的支持。发挥省级股权投资引导基金作用，吸引社会资金加大对服务贸易企业的投入。落实国家对服务出口实行零税率或免税政策，鼓励扩大服务出口。加大多层次资本市场对服务贸易企业的支持力度，支持符合条件的服务贸易企业在交易所市场上市、在全国中小企业股份转让系统挂牌、发行公司债券等。（省财政厅、省商务厅、省国税局、省地税局、山东证监局按职责分工负责）

（四）提高便利化水平。继续推进登记注册便利化，为服务贸易小微企业提供低成本创业服务。简化境外投资备案核准程序，进一步提高生产性服务业境外投资便利化程度。建立和完善与服务贸易特点相适应的口岸通关管理模式。加强金融基础设施建设，便利跨境人民币结算，支持省内银行机构和支付机构扩大跨境支付服务范围。支持政策性金融机构在现有业务范围内加大对服务贸易企业开拓国际市场、开展国际并购等业务的支持力度，支持服务贸易重点项目建设。鼓励保险机构创新保险品种和保险业务，提升保险服务，扩大相关险种的规模和覆盖面，提高承保和理赔效率。加强人员流动服务与合作，为专业人才和专业服务"引进来"和"走出去"提供便利，完善户籍、收入分配、社会保险、配偶子女入学就业等鼓励政策。推动行业协会、商会等中介组织建设，发挥其在出口促进、行业自律、国际交流等方面的作用。（省商务厅、省公安厅、省民政厅、省人力资源社会保障厅、省工商局、省金融办、济南海关、青岛海关、人民银行济南分行、省外汇管理局、山东保监局、山东银监局按职责分工负责）

（五）加强知识产权保护和质量监管。优化服务贸易各类市场主体依法平等进入、公平竞争的营商环境，逐步建立和完善服务贸易各领域政策促进体系。加快推进知识产权快速维权中心建设，推广知识产权快速维权经验。研究开展知识产权价值评估、风险评估，及时提供海外知识产权预警等法律咨询，支持企业开展涉外知识产权维权工作。加强质量监管服务，进一步简化审批流程，创新监管模式，对出入境检验检疫全过程实施流程、模式的升级再造，探索对会展、拍卖、快递等服务企业所需通关的国际展品、艺术品、电子商务快件等特殊物品的监管模式创新，完善跨境电子商务通关服务。（省知识产权局、山东出入境检验检疫局、济南海关、青岛海关按职责分工负责）

（六）鼓励大众创业、万众创新。发挥就业创业扶持资金等作用，营造良好的服务贸易创新创业环境。

鼓励科技人员和大学生等个人投资创业，开展国际服务贸易业务。充分运用互联网和开源技术，促进服务贸易跨区域、跨国技术转移，整合利用全球创新资源。加强示范引导，在国家自主创新示范区、国家级经济技术开发区和高新技术产业开发区、小企业创业基地、大学科技园和其他有条件的地区开展服务贸易创业示范工程，促进更多创业者加入和集聚发展。（省发展改革委、省科技厅、省人力资源社会保障厅、省商务厅按职责分工负责）

（七）强化统计和人才工作。完善国际服务贸易统计监测、运行和分析体系，健全服务贸易统计指标体系，推进重点企业数据直报工作，定期发布服务贸易统计数据。加快培养服务贸易人才，加快形成政府部门、科研院所、高等院校、企业联合培养人才的机制。加大对核心人才、重点领域专门人才、高技能人才和国际化人才的培养、扶持和引进力度。鼓励创办各类国际学校，鼓励各类高等院校及培训机构增设服务贸易相关课程，鼓励各类市场主体加大人才培训力度，开展服务贸易经营管理和营销服务人员培训，建设一支高素质的专业人才队伍。建立服务贸易专家库，成立服务贸易专家委员会，开展专题研究，为服务贸易发展提供咨询和智力支持。（省商务厅、省教育厅、省公安厅、省人力资源社会保障厅、省旅游发展委、省统计局、省外汇管理局按职责分工负责）

山东省人民政府关于印发推动资本市场发展和重点产业转型升级财政政策措施的通知

2016 年 7 月 19 日　鲁政发〔2016〕20 号

各市人民政府，各县（市、区）人民政府，省政府各部门、各直属机构，各大企业，各高等院校：
　　现将《推动资本市场发展和重点产业转型升级财政政策措施》印发给你们，望认真贯彻执行。
　　附件：推动资本市场发展和重点产业转型升级财政政策措施

附件：

推动资本市场发展和重点产业转型升级财政政策措施

为进一步发挥财政政策的激励引导作用，推动经济平稳增长和供给侧结构性改革，现就推动资本市场发展、加快企业创新和促进重点产业转型升级补充制定以下政策措施。

一、完善引导基金投资激励机制

鼓励私募基金加大对科技型中小企业的投资力度，省级引导基金参股子基金对种子期企业单项投资额度由不超过 200 万元提高到 500 万元，对初创期企业单项投资额度由不超过 500 万元提高到 2 000 万元。自 2016 年 7 月 1 日起至 2017 年 12 月 31 日，省级引导基金参股子基金以股权投资方式（含债转股）投资于"新三板"以及齐鲁股权交易中心和蓝海股权交易中心挂牌或拟挂牌企业（以下简称挂牌企业）的，引导基金可将项目增值收益的 20% 让渡给基金管理机构。省级引导基金参股子基金全部出资应在 3 年内到位，其中首期到位资金不低于认缴出资总额的 30%。省级引导基金参股子基金年度投资进度超过 60% 的，给予基金管理机构 20 万元的一次性奖励；投资进度超过 80% 的，给予 50 万元的一次性奖励。

二、促进区域资本市场加快发展

省级引导基金设立直投基金，委托山东财金投资集团、山东发展投资控股集团采取股权投资方式运营，凡 2016 年 7 月 1 日至年底前在齐鲁股权交易中心新挂牌的企业，直投基金给予每户 300 万元支持。创新省级引导基金合作方式、放宽合作条件，积极吸引大型央企、实力雄厚的民营企业等投资机构以及高水平投资管理机构合作设立共同投资基金，重点投资齐鲁股权交易中心、蓝海股权交易中心（以下简称区域性股权市场）挂牌或拟挂牌企业。充分发挥私募基金市场化、专业化运作优势，省级引导基金参股子基金投资的挂牌企业，引导基金可根据企业需要跟进投资。积极支持区域性股权市场批量转板至"新三板"的企业。建立投资基金和银行信贷投贷联动机制，引导银行等金融机构放大倍数跟进省引导基金及参股子基金投资的挂牌企业项目，被投资挂牌企业不能按期偿还的银行贷款，引导基金可按 20% 的比例代偿，并可相应转为对项目企业的股权投资。

三、加快推进企业规范化公司制改制

加大规模企业规范化公司制改制财政支持力度，各级政府预算安排的产业发展、技术改造、技术研发等专项资金，同等条件下要优先安排改制企业。改制企业相关中介费用，继续由同级财政按 50% 比例给予补助。支持全省企业改制工作加快推进，规模企业规范化公司制改制工作成效好的市，由省财政给予奖补。省引导基金参股子基金投资的已完成规范化公司制改制的规模企业，可直接推荐到区域性股权市场挂牌。区域性股权市场要简化挂牌程序，降低挂牌成本，有效发挥市场功能作用。积极探索引导保险业为改制企业及创业创新企业发行公司债券、企业债券、中期票据以中小企业集合债、小微企业增信集合债等各类债券提供增信保险业务政策支持，拓宽企业直接融资渠道，提高融资效率，支持企业尽快做大做强，不断培育壮大我省后备上市企业资源。

四、加大新兴产业发展支持力度

充分发挥财税杠杆作用，创新财政支持产业发展政策和扶持方式，认真落实财税优惠政策，吸引更多社会资本支持产业转型升级和新兴产业发展。2016～2018 年，省级每年安排引导基金 5 亿元，加上争取中央相关基金支持以及市县配套，积极吸引高水平投资管理机构来鲁发起设立新兴产业发展基金，力争 3 年内募集基金规模达到 200 亿元以上，重点支持新材料、新一代信息技术、新能源和节能环保、新医药和生物、海洋开发、高端装备制造等领域的产业发展壮大；充分利用资本市场主渠道，推动我省战略性产业兼并重组、产业链整合，实现新兴产业重点突破和跨越发展。

五、实施科技投资风险补偿

设立省级科技投资风险补偿资金，建立健全鼓励创新、宽容失败的利益导向机制。省级引导基金参股子基金投资种子期、初创期高新技术企业的，如发生投资损失，省财政对社会资本出资人的实际投资损失，按一定比例给予补偿。单一项目补偿金额最高 300 万元，单一投资机构年度累计补偿金额最高 600 万元。其中，投资种子期企业发生的投资损失，按实际投资损失 60% 的比例给予补偿；投资初创期企业发生的投资损失，按实际投资损失 30% 的比例给予补偿。省级引导基金及参股子基金投资的种子期、初创期企业首贷出现的坏账项目，省财政按一定比例补偿贷款银行本金损失，单一项目最高补偿 200 万元。

六、鼓励企业发挥创新主体作用

改进财政科技投入方式，进一步激发企业自主创新的积极性。实施企业研发投入后补助政策，已建立企业研发准备金制度的企业，其符合国家重点支持的高新技术领域规定且经税务部门核准计入加计扣除的项目研发投入，由省、市财政按一定比例给予奖励，单个企业奖励金额最高 1 000 万元。其中，研发投入比上年增长且研发投入占销售收入比例达到 3% 以上的大型企业，按其新增投入部分的 10% 给予奖励；中小微企业研发投入占销售收入比例达到 5% 以上的，按其研发投入总额的 10% 给予奖励。

七、建立科技成果转化服务机构（科技经纪人）奖补制度

加大财政奖补力度，推动建设一批运营机制灵活、专业人才聚集、服务能力突出、国内具有较强影响力的科技成果转移转化专业服务机构。受托承担省重大科技成果转化任务、进入示范性国家技术转移机构范围的专业服务机构，省财政一次性给予最高 600 万元的奖励。在省内转化我省高校和科研院所科技成果、经认定登记的年技术合同成交额达 2 000 万元以上且促成不低于 5 项重大科技成果转化的机构，省财政给予最高 50 万元的经费补助。通过技术转移转化机构成交的技术成果项目，允许相关技术转移转化机构提取不低于 10% 的成果转化收益用于人员绩效奖励。

八、实施重点骨干行业贷款贴息政策

2016 年，对高端装备制造、新兴产业和消费品领域重点骨干行业结构调整遇到困难的投资项目贷款，以及存在某种市场失灵的特殊领域企业技术改造项目贷款，按银行一年期贷款基准利率的 50% 给予财政贴息。所需贴息资金，由省财政负担 70%，市、县财政负担 30%。其中，同一独立法人享受财政贴息支持的项目限定为 1 个，省级最高贴息限额为 1 000 万元。

九、完善小额贷款保证保险补助政策

将小额贷款保证保险保费财政补贴比例由 30% 提高到 50%，所需资金省级负担 70%，市、县负担 30%。推行"政银保"合作机制，加强小微企业贷款风险分担和小额贷款保证保险补贴政策结合，鼓励借款人在向银行申请流动性贷款时，由保险公司承保，当借款人未按合同履行还贷业务逾期认定为不良后，由财政、银行、保险公司按照 3∶2∶5 的比例承担贷款本金损失赔偿责任，进一步调动金融机构开展小微企业贷款的积极性。

十、支持企业开展"机器换人"技术改造

2016 年，在工业机器人用量大的汽车、机械、电子、家电、医药等行业和劳动强度大的轻工、纺织、食品、半导体、建材等行业，重点推广工业机器人替代换岗，提升工业智能制造水平。其中，企业购置的机器人和智能化制造系统符合条件的，省财政按企业购置款的 5% 至 10% 给予奖励，单个企业最高奖励 200 万元。鼓励企业加快高危关键岗位机器人应用，在危险程度高的化工、民爆、煤炭等行业重点推广应用安防、排爆、巡检、救援等特种机器人，省财政对符合条件企业给予一次性奖励，单个企业最高奖励 500 万元。

十一、支持新型技术装备、新材料和总集成总承包模式示范推广应用

完善首台（套）重大技术装备及关键核心零部件保险补偿政策，从 2016 年起，将首台（套）重大技术装备及关键核心零部件保险补偿上限由 200 万元提高到 500 万元。实施首批（次）新材料保险补偿，对企业购买的在国内率先实现重大创新或能替代进口的新材料产品质量保证保险、产品责任保险和产品综合险，省财政按不高于 3% 的费率及实际投保年度保费的 80% 给予补贴，进一步促进装备制造以及新材料技术创新和成果转化。支持高端生产性服务业企业发展，2016 年在装备制造和信息服务领域，实施总集成总承包示范项目奖励政策，单个项目最高奖励 200 万元，努力实现扶持一个企业，带动提升多个产业链的目标。

十二、支持实施"工业绿动力"提升工程

2016 年，在淄博市开展高效煤粉锅炉示范试点的基础上，从省内全国生态文明先行示范区、京津冀及周边地区大气污染联防联控重点城市和省会城市群经济圈中选取部分城市，开展"工业绿动力"计划试

点，省财政对纳入试点城市的高效环保煤粉锅炉相关示范项目给予一次性奖励。同时，扩大太阳能集热系统财政补贴政策实施范围，对纺织、食品加工、化工等热水量需求大的工业领域，推广应用太阳能集热系统进行奖励。

十三、支持重点行业化解过剩产能

结合中央专项补助，对钢铁、煤炭等行业化解过剩产能实施综合奖补，支持企业职工分流安置。其中，基础奖补资金按化解产能任务量、需安置职工人数两项因素，分别占 40% 和 60% 的权重确定；梯级奖补资金与超额完成化解产能任务情况挂钩。引导企业和地方政府综合运用兼并重组、债务重组和破产清算等方式，加快处置"僵尸企业"，实现市场出清。

十四、支持现代流通体系建设

推动实施"互联网＋消费""互联网＋流通"行动。支持"好品山东"网络营销平台建设，大力发展"农村电商＋实体店"新模式，推动工业品下乡和农产品进城，促进农村消费扩大升级。支持开展重要产品追溯体系示范省建设，推广应用先进适用追溯技术，建立健全肉类、蔬菜、中药材和乳制品等重点产品追溯体系，打造从生产、流通到消费的全过程信息化追溯链条，助力消费转型升级。支持交通运输综合网络服务体系建设。推动物流业创新发展，积极支持物流业全国性试点城市、示范园区和重点企业发展，加快弥补物流业短板。促进冷链物流业发展，支持淄博、临沂、德州等市开展物流标准化建设，加快发展现代物流。

十五、支持现代企业家队伍建设和"单项冠军"培育

省财政要加大企业家培训支持力度，支持省里统一选拔的高层次经营管理人才、优秀青年企业经营管理人才，到发达国家和地区的知名高校、专业机构、世界 500 强企业总部等学习交流、实践锻炼。采取市场化运作、企业化经营、政府适当补助的模式，支持建立"山东省企业家网络学院"，充分利用互联网优势加强企业家培训。对依托省内重点企业、知名企业家开展的全球性、地区性、产业性精英论坛、大省工匠、企业"小巨人"竞赛和企业家联盟等活动予以支持，进一步提高我省企业家队伍整体素质。加大对"单项冠军"企业培育力度，2016～2018 年对工信部认定的全国制造业单项冠军示范企业、单项冠军培育企业，给予一次性奖励，带动更多的企业走"专特优精"的单项冠军发展道路，促进我省制造业提质增效升级。

山东省人民政府关于加快推进品牌建设的意见

2016 年 9 月 18 日　鲁政发〔2016〕24 号

各市人民政府，各县（市、区）人民政府，省政府各部门、各直属机构，各大企业，各高等院校：

为深入贯彻落实《国务院办公厅关于发挥品牌引领作用推动供需结构升级的意见》（国办发〔2016〕44 号），大力实施品牌强省战略，推动供给侧结构性改革，加快转变经济发展方式，提高经济发展质量和效益，促进经济文化强省建设，现就加快推进全省品牌建设提出以下意见：

一、总体要求

（一）指导思想。

按照党中央、国务院关于加快推进供给侧结构性改革的总体要求，以党的十八大和十八届三中、四中、

五中全会精神为指导，深入贯彻习近平总书记系列重要讲话精神，落实创新、协调、绿色、开放、共享的发展理念，发挥品牌引领作用，推动供给结构和需求结构升级，以市场为导向，以企业为主体，以创新为动力，夯实质量基础，突出驰名商标，构筑品牌培育、保护机制，增强品牌建设能力，完善品牌建设环境，着力壮大品牌数量，优化品牌结构，提高品牌竞争力，提升品牌国际化水平，建设品牌强省，促进经济文化强省建设。

（二）基本原则。

——坚持市场主导与政府推动相结合。遵循市场规律，强化企业主体地位，弘扬企业家精神，增强企业品牌建设原动力，激发品牌创新活力，创造品牌发展动能。强化政府服务意识，加强战略规划与引导，完善法律法规和政策体系，提高公共服务水平，加大知识产权保护力度，形成建设品牌强省的强大合力。

——坚持品牌培育与结构调整相结合。把实施品牌战略作为推动转型升级的重要切入点，以品牌建设提升传统产业竞争力，促进新兴产业发展。充分发挥品牌引领作用，推动企业重组，整合产业链条，优化资源配置，提高产业发展质量和效益，通过品牌建设推动产业水平向中高端迈进。

——坚持优化供给与引导消费相结合。通过品牌引领，增加品种，提升品质，为市场提供更多优质优价高效供给。把握消费升级趋势，创造新需求，拓展市场空间，提倡优质消费，引导消费者提高对自主品牌的认知度和信任度，保障优质优价，为品牌发展创造良好消费环境。

——坚持质量为先与诚信至上相结合。弘扬精益求精的工匠精神，全面夯实产品质量基础，不断提高服务水平，走以质取胜的发展道路。注重用中华优秀传统文化资源培育品牌，引导企业增强以质量和诚信为核心的品牌意识，充分运用信用激励和约束手段，让守信者受益、失信者受限，在全社会形成褒扬诚信、惩戒失信的制度机制。

——坚持自主发展与对外开放相结合。注重发挥我省基础优势，大力培育自主品牌，同时扩大对外开放，引进国际国内知名品牌研发、设计、营销及其人才团队，增强自主发展能力。鼓励自主品牌"走出去"，创造更大发展空间。

（三）工作目标。

——市场环境明显优化。简政放权、放管结合、优化服务改革深入推进，相关法规、标准、政策措施进一步健全，市场监管力度不断加大，政府公共服务能力显著提高，市场竞争秩序和消费环境明显改善。

——品牌数量持续增加。到2020年，全省国内有效注册商标总量达到65万件，马德里国际注册商标达到2 000件，地理标志商标（地理标志保护产品）达到500件以上；全省拥有国家工商总局认定的驰名商标700件，培育山东名牌产品2 500个、山东省著名商标3 800件，中华老字号数量明显增加。

——品牌竞争力明显提升。到2020年，大中型企业研发强度增长10%以上。培育一批影响力大、竞争力强的世界知名品牌和一批国内一流品牌企业，进入世界品牌实验室（WBL）世界品牌价值500强的企业力争达到5家，进入中国品牌价值500强的企业力争达到60家。培育一批主营业务突出、竞争力强、成长性好、专注于细分市场的特色品牌。打造一批特色鲜明、市场信誉好的区域品牌。获得中国质量奖和提名奖企业达到10家以上。

——品牌经济贡献率显著提高。提高品牌企业产品附加值，到2020年，重点行业前十位品牌企业销售收入占同行业销售比重进一步提高，自主品牌产品出口占全省比重力争达到20%以上。

二、重大工程和专项行动

（一）品牌基础建设工程。

1. 坚持更高标准引领。推进"山东标准"建设，实施标准提升工程，提高相关产品和服务领域标准水平，引领质量提升。完善企业产品和服务标准自我声明公开和监督制度，鼓励企业制定高于国家标准或行业标准的企业标准，提升企业竞争力。支持具有核心竞争力的专利技术向标准转化，推动满足市场和创新需要的团体标准建设，扩大标准市场供给。鼓励企业积极承担国际标准化技术组织秘书处工作，加快"山东标准"国际化进程。加强产业标准体系建设及前沿技术研究，强化标准信息公共服务，通过科技创新，提升主导或参与国际、国内技术标准的话语权。完善标准化投入机制，各级应将研制强制性、社会公益类标准和参与国际标准化活动所需经费纳入同级财政保障。（省质监局牵头，省发展改革委、省经济和信息化委、省财政厅、省卫生计生委、省食品药品监管局、省知识产权局等部门按职责分工负责）

2. 实施精细化质量管理。引导企业强化质量为先的理念，推进万家中小企业引进先进的质量管理方法，提升计量、标准、认证和质量管理水平。针对全省大中型骨干企业，推动千家重点企业导入卓越绩效管理，开展标准提升和质量认证活动。（省质监局牵头，省发展改革委、省经济和信息化委、省工商局等部门按职责分工负责）

支持企业提高质量在线监测、在线控制和产品全生命周期质量追溯能力。组织开展重点行业工艺优化行动，提升关键工艺过程控制水平。开展质量现场诊断、质量标杆经验交流、质量管理小组、现场改进等群众性质量管理活动。（省经济和信息化委、省国资委、省质监局等部门按职责分工负责）

推动现有资源整合，鼓励检验检测、认证认可机构提升能力，提高权威性和公信力。（省质监局负责）

3. 全面实施商标品牌战略。深入普及商标知识，指导企业制定商标战略和商标管理制度。深化商标注册激励机制改革，加强行政指导，引导各类市场主体加强商标注册。鼓励支持市场主体充分运用商标，加快商标品牌化进程。支持企业注重品牌资产的管理，加强企业在并购、资产重组中的商标专用权价值评估，防止无形资产流失。鼓励企业运用商标权进行投资入股、质押融资、许可使用、转让等，提升商标品牌价值。建立长效机制，强化跨区域协作，提高商标注册、运用、保护和管理水平。（省工商局牵头，省财政厅、省金融办、省国资委、人民银行济南分行等部门按职责分工负责）

4. 提升品牌科技内涵。围绕重点产业和重点领域，提升科技创新综合实力，加大科技投入，采取产学研联合的方式，建设一批公共研发、设计和服务平台，支持制约行业质量提升的关键共性技术攻关，持续不断地取得突破。鼓励企业建设技术创新平台，增强企业创新能力，每年支持一批重大技术创新项目，开发一批新技术、新工艺、新产品，提高品牌技术含量，提升品牌价值。（省科技厅牵头，省发展改革委、省经济和信息化委、省财政厅按职责分工负责）

严格落实好企业研发费用加计扣除政策，降低企业技术研发成本。（省地税局、省国税局牵头，省经济和信息化委、省财政厅、省科技厅等部门按职责分工负责）

5. 促进知识产权保护与运用。进一步加大知识产权行政与司法保护力度，完善跨部门、跨区域知识产权执法协作机制，严厉打击侵犯知识产权行为。探索建立与知识产权保护有关的信用标准，将恶意侵权行为纳入社会信用评价体系。提高知识产权维权援助工作水平，有效降低知识产权维权成本。引导企业贯彻知识产权管理规范、体系，鼓励企业组建知识产权保护联盟和海外维权联盟，不断提高我省企业以知识产权为核心的品牌保护水平。鼓励企业围绕关键核心技术进行专利布局，支持以企业为主体对重点产业开展专利导航、知识产权分析评议和风险预警，充分运用知识产权运营和知识产权金融等促进手段，进一步挖掘并提升知识产权核心价值，对国际专利、发明专利申请给予补助，巩固并提高企业品牌竞争力。（省科技厅、省知识产权局牵头，省工商局、省新闻出版广电局按职责分工负责）

6. 培育示范标杆。组织做好并规范政府质量奖工作，积极争创全国社会信用体系建设示范城市、质量强市示范城市、产业集群区域品牌、食品安全示范城市（先进县）、知名品牌示范区、质量安全示范区，引导企业开展品牌培育试点，树立一批质量标杆、品牌培育示范，引领企业品牌培育。总结先进典型经验，引导区域、行业、企业开展对标活动。支持重点企业瞄准国际标杆开展对标。（省发展改革委、省经济和信息化委、省质监局、省工商局、省食品药品监管局等部门按职责分工负责）

7. 建设高层次人才队伍。实施企业管理人才素质提升工程，定期举办企业家培训、品牌经理专业培训，分批选拔优秀企业家和品牌管理人才出国培训。每年引进一批海内外高层次管理专家和高技能人才，培养造就一批具有国际视野的企业家和高水平品牌管理人才。支持高等院校开设相关课程，培养品牌创建、推广、维护等专业人才。加强职业教育，提高技能人才基础素质。组织实施一线技术工人职业技能提升计划，鼓励引导企业开展职业技能竞赛、岗位练兵、技术比武等活动，造就一支过硬的技术技能人才队伍。

培育一批"勇于创新、无私奉献、敢于担当"的"齐鲁工匠",树立一批"厚道、诚信、勤劳"的"品牌山东人"。支持品牌管理专家学者、领军人物和高级技能人才申报泰山学者、泰山产业领军人才工程、齐鲁首席技师。(省委组织部、省发展改革委、省经济和信息化委、省科技厅、省教育厅、省人力资源社会保障厅、省工商局、省质监局等部门按职责分工负责)

8.增强品牌建设软实力。培育具有国际影响力的品牌评价理论研究机构和品牌评价机构,开展品牌基础理论、价值评价、发展指数等研究,组织人员培训和国内外品牌学术交流活动等。组织研究制(修)订品牌基础、评价和管理标准,建立科学完善的品牌培育和管理标准体系,制定山东省品牌价值测算指标体系和发布机制,提升山东品牌影响力。发挥现有行业协会、中介机构作用,强化政策支持,建设一批区域性、行业性集品牌策划、咨询、评估、孵化、推广和人才培训于一体的综合服务平台。(省发展改革委、省经济和信息化委、省住房城乡建设厅、省交通运输厅、省农业厅、省林业厅、省旅游发展委、省工商局、省质监局、省食品药品监管局、山东出入境检验检疫局等部门按职责分工负责)

(二)供给结构提升工程。

1.打造农产品品牌。注重农耕文化资源挖掘,不断丰富农产品、农事景观、乡土文化、绿色生态等创意和设计,增加优质农产品供给,以"齐鲁灵秀地、品牌农产品"为主题打造山东农产品整体品牌形象。重点围绕粮食、油料(含木本粮油)、果品业、蔬菜、食用菌、花卉苗木、茶叶、中药材、畜牧业、渔业等十大产业培育一批知名农产品区域公用品牌和知名农产品企业品牌。建立完善品牌评价体系,推进全省知名农产品品牌目录制度建设。建立实体店与网店相结合的山东品牌农产品营销体系。积极发挥农业龙头企业、农民合作社、家庭农场等品牌创建主体作用,鼓励行业协会聚集品牌效应。规范引导地方特色农产品做好"三品一标"认证和标准制定工作。(省农业厅牵头,省发展改革委、省海洋与渔业厅、省林业厅、省工商局、省质监局等部门按职责分工负责)

2.提升制造业品牌。全面实施《中国制造2025山东行动纲要》,培育一批制造业精品。围绕转型升级22个重点行业,重点在装备制造、原材料加工和消费品生产等行业,加快技术升级,培育一批主要技术指标"领跑者"企业标准,提升一批在国内外有较强竞争力的知名品牌。围绕培育战略性新兴产业,在生物医药、电子信息、新能源和新材料等重点领域,加快培育一批掌握核心技术、形成规模优势的新品牌。实施"专精特新"工程,培育"单项冠军",打造一批行业领先的特色品牌。加快实施工业强基工程、智能制造工程和新一轮技术改造工程,加快工业设计产业发展,促进制造业升级,为提升制造业品牌奠定坚实基础。(省经济和信息化委牵头,省质监局等部门按职责分工负责)

3.壮大服务业品牌。实施服务业标准体系建设工程,积极培育服务业标准化工作技术队伍。重点围绕金融、现代物流、商贸、科技、互联网和信息服务等生产性服务业,培育形成一批品牌影响力大、质量竞争力强的大型服务企业(集团);在旅游、养老、健康、家政、文化、体育、大众餐饮等生活性服务业,培育形成一批精品服务项目和服务品牌。推动工程建设领域产业化、标准化、集成化发展,提高建设技术水平和质量,加快与国际接轨步伐,培育一批高端品牌。(省发展改革委牵头,省经济和信息化委、省商务厅、省住房城乡建设厅、省交通运输厅、省水利厅、省民政厅、省卫生计生委、省旅游发展委、省质监局、省工商局、省金融办等部门按职责分工负责)

4.打造国际自主品牌。积极引导品牌企业"走出去",推进商标海外注册,鼓励企业到海外投资设厂,开拓国际市场,支持企业在国外建立研发机构。推动品牌企业联手设立山东品牌常年展销中心或公共海外仓,优化海外市场布局。支持品牌企业以参股、换股、并购等形式与国际品牌企业合作,提高品牌国际化运营能力。综合运用跨境电商、外贸综合服务平台,设立山东品牌产品馆,打造面向海外推广山东品牌的线上公共服务平台。组织开展"山东品牌环球行"活动,集中办好日本大阪山东商品展、山东品牌产品中东欧展览会,打造山东品牌的海外展示平台。对我省品牌企业境外商标注册、专利注册申请、标准认定、设立境外研发中心和营销网络、兼并和收购境外品牌等,享受促进外经贸发展相关资金扶持。建立海外商标纠纷预警和危机管理机制,注重国际贸易和合资合作过程中品牌保护和管理,防止自主品牌被恶意抢注或收购。完善国际化品牌发展基础体系,提升重点领域国际标准转化率,推进计量、检验检测、认证认可结果国际采信、互认。(省商务厅牵头,省经济和信息化委、省工商局、省质监局、青岛海关、济南海关、山东出入境检验检疫局等部门按职责分工负责)

5. 铸造食品药品品牌。以"食安山东"建设为引领,以安全、放心作为核心价值诉求,坚持"打、建、创"相结合,坚持全域覆盖、全程管理、全员参与,重塑消费者信心,铸造山东食品药品整体形象。重点打造一批餐饮示范街区(集体食堂)、放心食品生产基地和示范流通单位(大型商超、农贸市场)。加强对示范品牌的后续监管,实施动态管理和跟踪评价,研究制定退出办法,对不能持续达标的单位及时进行淘汰。完善食品药品生产经营者企业信用档案,加快食品药品安全信用体系和信用信息管理系统建设,构建守信激励、失信联合惩戒机制。推动实施生产经营单位良好行为规范,建立食品和食用农产品生产经营单位良好行为规范,加大药品 GMP、GSP 实施力度,引导企业尚德守法,诚信经营。(省食品药品监管局牵头,省经济和信息化委、省农业厅、省海洋渔业厅、省林业厅按职责分工负责)

6. 培育区域品牌。加强高端策划论证,不断提升区域品牌的内涵,完善区域品牌培育机制,充分发挥地方资源、文化和产业优势,开展产业集群、优质产品生产基地、放心食品生产基地、标准化示范区创建和认定。开展质量强市、县(市、区)工作活动,策划举办区域品牌推介高端展会、论坛,推动名企、名园、名基地、名社区、名城市发展,促进区域生产要素优化整合和产业结构调整,引领形成一批处于产业高端、掌握核心技术、市场潜力大的龙头企业和产业集群,培育一批特色鲜明的区域品牌。(省发展改革委、省经济和信息化委、省农业厅、省林业厅、省工商局、省质监局、省食品药品监管局等部门按职责分工负责)

(三)需求结构升级工程。

1. 引领消费升级。建设有公信力的产品质量信息平台,全面、及时、准确发布产品质量信息,鼓励中介机构开展企业信用和社会责任评价,发布企业信用报告,提高信用水平,增强消费信心,扩大自主品牌消费。提高全民质量安全意识,树立科学观念,自觉抵制假冒伪劣产品。开展农村市场专项整治,清理"三无"产品。支持电商及连锁商业企业打造城乡一体的商贸物流体系,便捷农村消费品牌产品。扩大城镇消费群体,增加互动体验,打造旅游、养老、休闲体育等新兴产业特色品牌,满足高品质健康休闲消费和高消费群体升级需求。鼓励家电、家具、汽车、电子等耐用消费品更新换代,适应绿色环保、方便快捷的生活需求。(省发展改革委、省经济和信息化委、省农业厅、省商务厅、省旅游发展委、省工商局、省质监局、省食品药品监管局等部门按职责分工负责)

2. 强化品牌营销和推广。引导企业制定品牌战略规划,明确市场定位,强化品牌策划,积极开展营销推广。鼓励企业运用互联网创新商业模式,大力发展共享经济,提高品牌影响力。树立正确的品牌推广意识,进行差异化的品牌形象传播,打造独特的持续发展的品牌。加快线上线下融合,以用户体验为出发点再造企业业务流程和组织架构,拓展品牌营销渠道。搭建各类平台,给予适当补助,鼓励企业积极参加国内外知名展会以及大型商业活动。(省商务厅牵头,省发展改革委、省经济和信息化委、省农业厅、省旅游发展委、省工商局、省质监局、省食品药品监管局等部门按职责分工负责)

实施广告拉动战略,提升广告策划和创意水平,完善广告产业品牌体系,做大做强广告产业品牌,通过广告推介国内外知名品牌,提高我省品牌的美誉度和影响力。(省工商局牵头,省发展改革委、省经济和信息化委、省农业厅、省商务厅、省旅游发展委、省质监局、省食品药品监管局等部门按职责分工负责)

3. 完善品牌诚信体系建设。统筹利用现有资源,深化企业质量信用档案和产品质量信用信息平台建设,加快归集、整合产品质量等信用信息并全面、及时、准确发布,实现信用信息交换共享,通过市场实现优胜劣汰。探索建立质量信用评价和分级分类管理,将侵权行为纳入人民银行征信系统,推行"双随机一公开"监管,建立黑名单制度,大幅提高失信成本。建立商品质量惩罚性赔偿制度,对相关企业、责任人依法实行市场禁入。完善经营者对机动车、计算机、家电等耐用消费品或装饰装修等服务的举证责任倒置制度,降低消费者维权成本。加强公共信用信息管理,建立政府信用考评和监督机制。(省发展改革委、人民银行济南分行、省质监局牵头,省经济和信息化委、省住房城乡建设厅、省交通运输厅、省水利厅、

省商务厅、省旅游发展委、省工商局、省质监局、省食品药品监管局等部门按职责分工负责）

4. 优化营商环境。积极推动品牌保护立法工作，为品牌建设提供法制保障。加大执法力度，深入开展打击侵犯知识产权和制售假冒伪劣商品的违法活动，依法打击偷工减料、价格恶性竞争、虚假宣传、恶意诋毁、傍名牌等各类不正当竞争行为。建立电商质量监督机制，规范电商平台管理。支持利用大数据，建立企业自我保护、行政保护和司法保护三位一体的品牌保护体系。建立一批集快速审查、确权、维权于一体的快速维权中心，推动品牌保护跨区域合作机制的建设。（省商务厅牵头，省发展改革委、省经济和信息化委、省公安厅、省科技厅、省农业厅、省文化厅、省卫生计生委、省工商局、省物价局、省新闻出版广电局、省林业厅、省质监局、省食品药品监管局、省知识产权局、青岛海关、济南海关、山东出入境检验检疫局等部门按职责分工负责）

（四）消费品工业"三品"专项行动。

开展消费品工业"三品"专项行动，明确重点领域和发展方向，提升纺织、服装、食品等传统优势消费品供给，增加旅游装备、文化体育等中高端消费品供给，拓展智能、健康等新兴消费品供给。编制实施《消费品升级和创新指南》，积极引导生产企业开发新工艺、新技术、新产品。定期编制、发布《重大新产品推广目录》，积极引导消费者对中高端品牌消费品的认可和支持。建设一批产品质量控制和技术评价实验室，培育食品企业质量安全检测技术示范中心，支持企业加强质量安全检测能力建设，提升质量安全保障水平。在消费品工业树立一批质量标杆和品牌培育示范企业，发挥好"好品山东"平台作用，培育和推广一批消费品品牌。鼓励各市积极创建消费品"三品"战略示范试点城市。（省经济和信息化委牵头，省财政厅、省商务厅、省工商局、省质监局、省食品药品监管局等部门按职责分工负责）

三、强化品牌建设政策保障

（一）加强组织领导。加强品牌建设组织领导，制定发展规划，构建长效机制，研究解决重大问题，推动建立品牌建设社会组织，为企业的品牌建设和品牌提升提供咨询服务，开展品牌评价、发布、人员培训和国内外品牌学术交流活动等。加强对各级领导干部的品牌意识、品牌知识的培训，推进品牌建设。各市要完善品牌建设推进机制，明确部门分工，加强部门合作，推动落实各项重点任务。加快与品牌建设相关的产权制度、市场体系、市场准入和公用事业等方面改革，完善品牌建设配套制度，提供方便快捷服务。充分调动行业协会、科研机构、大专院校、消费者组织、新闻媒体等各方力量，形成推进品牌建设合力。（省直有关部门和单位按职责分工负责）

（二）强化政策支持。充分利用现有渠道，统筹品牌建设相关专项资金，积极支持推进品牌建设工作开展。对获得国际知名品牌、国家级知名品牌称号的企业，分别给予资金奖励，奖励资金由同级财政列支。省级相关专项资金在分配时，向品牌建设工作成效明显的市、县（市、区）以及获得国家和省质量品牌荣誉的企业倾斜。充分发挥省级股权投资引导基金作用，引导参股子基金加大力度支持品牌企业发展和重点项目建设。鼓励金融机构产品和服务创新，向企业提供以品牌为基础的商标权、专利权等质押融资。全面落实支持企业品牌发展的各类税收优惠政策。（省财政厅牵头，省发展改革委、省经济和信息化委、省科技厅、省人力资源社会保障厅、省农业厅、省海洋与渔业厅、省林业厅、省商务厅、省旅游发展委、省食品药品监管局、省地税局、省工商局、省质监局、省国税局、省金融办、人民银行济南分行、省知识产权局等部门按职责分工负责）

（三）加大品牌宣传。整合资源，加强对山东品牌宣传的总体策划和系统推进，对省内品牌进行分类、整合，支持品牌整体推广。每年定期举办"山东品牌日"活动，组织媒体开展主题宣传活动，讲好山东品牌故事。鼓励各级电视台、广播电台以及平面、网络等媒体，在重要时段、重要版面安排自主品牌公益宣传，鼓励、引导企业运用广告手段宣传品牌，提高产品知名度。支持各地和相关行业开展区域性、行业性品牌宣传展示活动，扩大自主品牌的社会影响。深入开展"质量月"、"3·15"国际消费者权益日、"4·26世界知识产权日"等活动，推动全社会形成品牌消费和绿色消费理念，创造人人爱护品牌、关心品牌、享受品牌的社会氛围。(省委宣传部、省发展和改革委、省经济和信息化委、省农业厅、省商务厅、省新闻出版广电局、省工商局、省质监局、省食品药品监管局等部门按职责分工负责)

(四) 加大考核力度。深入开展各级政府质量工作考核，完善考核指标体系，加大品牌建设工作在政府质量考核中比重，科学制定考核方案，明确部门责任和目标任务，进一步强化质量品牌考核内容，用好考核结果，抓好整改落实，确保品牌建设工作落到实处。(省质监局牵头，省直有关部门和单位按职责分工负责)

省委办公厅 省政府办公厅关于省属国有企业发展混合所有制经济的意见

2016 年 3 月 16 日 鲁办发〔2016〕10 号

为贯彻落实党的十八大和十八届三中、四中、五中全会精神，促进各种所有制资本取长补短、相互促进、共同发展，根据《中共中央、国务院关于深化国有企业改革的指导意见》(中发〔2015〕22 号)、《国务院关于国有企业发展混合所有制经济的意见》(国发〔2015〕54 号) 和《中共山东省委、山东省人民政府关于深化省属国有企业改革完善国有资产管理体制的意见》(鲁发〔2014〕13 号) 要求，经省委、省政府同意，现就省属国有企业发展混合所有制经济提出如下意见。

一、发展混合所有制经济的重要性

积极发展国有资本、集体资本、非公有资本交叉持股、相互融合的混合所有制经济，是党中央、国务院在全面推进经济社会各领域改革、坚持两个"毫不动摇"基本原则 (毫不动摇巩固和发展公有制经济，毫不动摇鼓励、支持、引导非公有制经济发展) 以及深刻总结三十多年国有企业改革发展经验基础上作出的重大决策，是当前深化国有企业改革的重要任务。

改革开放以来，我省国有企业体制机制发生了深刻变化，运行质量和经济效益显著提升，活力和竞争力明显增强，但国有企业决策效率不高、内部管理不规范、监督约束机制不健全等问题依然存在。发展混合所有制经济，实现国有资本与各类社会资本的有效融合、相互促进，将进一步放大国有资本功能，增强国有经济活力、控制力、影响力和抗风险能力，促进国有资本保值增值，更好地维护以公有制为主体、多种所有制经济共同发展的基本经济制度。发展混合所有制经济，有利于国有企业在决策、运营、管理等方面进行深层次的改革和调整，建立科学规范的决策运营机制，逐步形成资本管理与价值创造相结合的经营理念，促进国有资本的合理有序进退，切实提升国有企业活力和竞争力。

二、指导思想、基本原则和任务目标

(一) 指导思想。深入贯彻落实党的十八大和十八届三中、四中、五中全会精神，全面落实党中央、国务院关于国有企业改革的决策部署，以公有制为主体、多种所有制经济共同发展的基本经济制度为导向，以推进企业上市、引进各类社会资本参与国有企业改革、实施员工持股、投资参与非国有经济发展为主要实现形式，稳妥发展国有资本、集体资本、非公有资本等交叉持股、相互融合的混合所有制经济，进一步提升资本价值创造力，完善法人治理结构，激发国有企业活力，促进全省经济社会全面协调可持续发展。

(二) 基本原则。发展混合所有制经济应结合国有资本布局结构调整和企业发展战略，有组织、有计划、有步骤地推进，在保证企业生产经营稳定中实现体制机制创新。

1. 市场运作。充分发挥市场在配置资源中的决定性作用，尊重企业市场主体地位，通过市场化运作，实现各类资本相互融合、共同发展。

2. 依法规范。履行法定程序，规范操作流程，维护相关利益主体合法权益。

3. 增量优先。优先以增量方式融合各类社会资本，激发国有资本活力。

4. 一企一策。充分考虑企业实际，遵循市场规律和企业发展规律，宜改则改，成熟一个推进一个，稳妥推进。

（三）任务目标。除省政府根据国家规定和我省经济社会发展战略明确需要保持国有全资的省属国有企业外，其他省属国有企业稳妥有序发展混合所有制经济，切实转换经营机制，放大国有资本功能，提高国有资本配置和运行效率，实现各种所有制资本取长补短、相互促进、共同发展。

三、推进形式和实现路径

（一）积极推进省属国有企业上市。充分利用国内外多层次资本市场，发展公众公司。推动具备条件的企业采取首发、重组等方式，实现境内主板、中小板、创业板及境外上市；鼓励与现有上市公司业态无关联且经营业绩相对稳定的省属二级及以下企业在新三板、区域性股权交易市场挂牌。整合与上市公司业务相同或协同的资产，注入上市公司，推进省属国有企业整体上市或主业资产整体上市。

鼓励已完成整体上市或主业资产整体上市的公司，向公司管理层、核心技术人员和业务骨干实施股权激励。

（二）鼓励各类社会资本参与改革。按照有利于制衡机制有效形成、有利于资本运营水平提升、有利于产业转型升级的目标要求选择引入投资者。产业类企业，优先选择引入与企业产业布局、发展战略相匹配，产品有较强关联度，具有行业领先核心技术的战略投资者；资本运营类企业，优先选择引入拥有先进发展理念和管理模式，具有较强投融资能力和资本运营能力的战略投资者。

鼓励国有资本、民间资本、外商资本以及保险资金、股权（产业）投资基金、主权基金或政府引导基金等各类资本，按照市场规则，以出资入股、认购可转债、收购股权、股权置换等形式，参与省属国有企业改革。支持国有资本与社会资本共同设立股权投资基金、产业投资基金，投资符合战略规划、具有较好发展前景的新兴产业、现代服务业、高新技术产业等。

（三）稳妥实施员工持股。已完成或拟实施混合所有制改革的企业，允许经营管理层、核心技术人员和业务骨干出资入股；允许省属国有企业新上项目、新设企业与外部投资者、项目团队共同设立混合所有制企业，其中创投或投资类新上项目、新设企业可以实行员工持股；允许人才资本和技术要素贡献占比较高的转制科研院所、高新技术企业、科技服务型企业、现代服务企业和创投类企业员工持股。

国有资本控股企业员工原则上限于持有本企业股权，不得直接或通过他人代持等方式持有本企业所出资各级子企业股权。员工个人可以直接出资入股或以法律、法规允许的其他方式持股。员工持股的具体意见将根据国家出台的相关政策另行制定。

（四）积极推动国有资本参与非国有经济发展。按照全省国有资本功能定位和发展战略，发挥国有资本投资运营公司的资本运作平台作用，对符合发展战略、具备可持续发展预期、投资回报率高的非国有企业进行股权投资。鼓励国有资本围绕产业链、价值链，通过相关业务整合、产业链上下游业务互补等方式，参与非国有企业发展，形成具备较强竞争力的混合所有制企业。

四、制度设计和保障措施

（一）合理确定企业股权比例。根据省属国有企业不同功能定位，合理设置混合所有制企业国有股权比例。

1. 国有资本投资运营公司保持国有全资。

2. 枢纽型交通基础设施，战略性矿产资源，粮食、石油天然气等国家战略物资储备企业实行国有全资或控股。

3. 关系全省经济发展全局的装备制造、金融、石油天然气网络以及提供公共产品和服务的企业原则上实行国有控股。

4. 其他省属国有企业根据业务特点实现投资主体多元化，依据发展状况和市场规则有序进退，合理流动。

（二）完善法人治理结构。混合所有制企业应依法规范股东（大）会、董事会、监事会、经理层和党组织的权责关系，形成定位清晰、权责对等、协调运转、制衡有效的运行机制。

1. 依法设定股东（大）会职责。各股东应依法合理约定权利、义务和责任，共同制定混合所有制企业合资合作的合同、公司章程等基础性文件，构建规范顺畅、权责明确的股东合作机制和争议解决机制。混合所有制企业国有股东应委派国有股东代表出席股东（大）会，国有股东代表应按照国有股东的意见行使表决权。混合所有制企业的董事、监事、经理层以及持有企业股份的人员，原则上不能担任该企业国有股东代表。

2. 切实保障董事会、监事会、经理层依法履职。落实董事会聘任或解聘总经理，总经理提请聘任或解聘其他高管人员、财务负责人等方面的权利。大力推行职业经理人制度，对高级管理人员实行市场化选聘、契约化管理，允许实施股票期权、限制性股票等中长期激励政策。依法保证经理层在生产经营方面的管理权。落实监事会对公司董事、高级管理人员履职行为的监督等职权，充分发挥监事会监督作用。

3. 加强混合所有制企业党建工作。把建立党的组织、开展党的工作作为省属国有企业推进混合所有制改革的必要前提，坚持党的建设与企业改革同步谋划、同步开展，根据不同类型混合所有制企业特点，科学确定党组织的设置方式、职责定位和管理模式。发挥省属国有企业党组织政治优势，推动各类混合所有制企业党建工作。

（三）保护相关利益者的合法权益。遵守国家法律法规、国有资产监管制度，维护相关利益者的合法权益。

1. 依法保障中小股东权利。各股东依法、依章程对混合所有制企业行使权利和履行义务。按照公司章程自治原则，各股东经充分协商，可在公司章程中约定股东（大）会特别决议事项、决议程序和决议通过的比例，可就公司章程修改、董事提名等重大事项约定中小股东的特别表决权。适当增加中小股东董事、监事席位，探索推行董事选举累积投票制、董事限制表决权等制度。

2. 建立信息公开和质询制度。混合所有制企业应将企业的重大事项和经营成果及时向全体股东公开，对股东提出的质询事项及时答复。

3. 保障企业职工合法权益。充分保障企业职工对省属国有企业混合所有制改革的知情权和参与权，涉及职工切身利益的要做好评估工作，职工安置方案要经过职工代表大会或者职工大会审议通过。依法妥善解决混合所有制改革涉及的国有企业职工劳动关系调整、社会保险关系接续等问题，确保企业职工队伍稳定。

（四）规范审计评估。省属国有企业应严格依法规范实施混合所有制改革的清产核资、财务审计、资产评估、产权登记等工作，强化流程管理，防止国有资产流失。拟持股的管理层人员，不得参与改制方案的制定；改制为非国有控股公司的企业，须对企业法定代表人进行经济责任审计。企业价值评估结果按照规定公示并予以核准或备案。核准或备案的评估结果作为国有资本出资额或产权交易价格依据。

（五）实行公开交易。省属国有企业吸纳社会资本实施混合所有制改革，涉及国有企业产权和股权转让、增资扩股、上市公司增发等，应在产权、股权、证券市场公开披露信息，公开择优确定投资人，充分发现和合理确定资产价格，达成交易意向后应及时公示交易对象、交易价格、关联交易等信息，确保国有资产保值增值。

（六）创新混合所有制改革模式

1. 探索实行国有资本优先股制度，在保障优先股股东基本权利基础上，对具有一定优势的其他股东让渡部分决策管理权力。探索改制企业根据资产体量和合作方出资规模的大小，将资产评估增值部分设置为优先股。

2. 允许拥有先进技术、先进管理经验的战略投资者，在一定期限内采取合理的分期出资等方式，提前介入经营；支持投资者通过附带购买股权的资产租赁、承包经营等方式参与国有企业混合所有制改革。

3. 在少数特定领域探索建立国家特殊管理股制度，依照相关法律法规和公司章程规定，行使特定事项否决权，保证国有资本在特定领域的控制力。

（七）建立容错和责任追究机制。推进混合所有制改革，要鼓励探索，鼓励创新，充分尊重基层首创精神，对有关单位和个人依法依规决策、实施有关改革措施未能实现预期目标的，给予充分包容。

依据法律法规和公司章程建立混合所有制企业董事、监事的责任追究机制，董事、监事违反勤勉尽责义务或违反法律、法规或公司章程，损害股东利益或给公司造成损失的，应依法追究相关人员责任。国有股东、企业高级管理人员和其他有关人员违反国家有关规定以及企业章程制度，未履行或者未正确履行职责，造成企业直接或者间接资产及经济损失的，经调查核实和责任认定，依法依规追究国有企业和相关人员的责任，并按照损失与责任匹配的原则，追究赔偿责任，切实防止国有资产流失。

五、组织实施

（一）明确决策程序。省属国有企业实施混合所有制改革前，应依据本意见制定方案，报省级国有资产监管机构批准；重要省属国有企业改制后国有资本不再控股的，由省级国有资产监管机构审核后报省政府批准。上市公司按照国家有关规定执行。

（二）妥善解决历史遗留问题。省属国有企业混合所有制改革必须妥善解决好历史遗留问题，按照法律法规和国家政策解决国有企业办社会职能、离退休人员社会化管理、厂办大集体改革等问题。

（三）扎实有效推进改革。省属国有企业推进混合所有制改革涉及面广、政策性强，省直有关部门要切实转变职能，进一步提高服务效能，优化工作流程，加大政策支持。省属国有企业要进一步提高认识，统一思想，精心组织，统筹安排，增强改革实效；进一步规范工作程序，杜绝国有资产流失和损害非国有经济权益，推进混合所有制改革有序开展。大力加强推进混合所有制改革的舆论宣传，以坚持"两个毫不动摇"为导向，正确引导、积极营造有利于省属国有企业改革的舆论环境。

省属国有文化企业发展混合所有制经济，中央和省另有规定的依其规定执行。

省委办公厅　省政府办公厅印发《关于推动国有文化企业把社会效益放在首位、实现社会效益和经济效益相统一的实施意见》的通知

2016 年 3 月 15 日　鲁办发〔2016〕8 号

各市党委和人民政府，省委和省政府各部门（单位），各人民团体，各高等院校：

《关于推动国有文化企业把社会效益放在首位、实现社会效益和经济效益相统一的实施意见》已经省委、省政府领导同志同意，现印发给你们，请结合实际认真贯彻执行。

附件：关于推动国有文化企业把社会效益放在首位、实现社会效益和经济效益相统一的实施意见

附件：

关于推动国有文化企业把社会效益放在首位、 实现社会效益和经济效益相统一的实施意见

为深入贯彻落实《中共中央办公厅、国务院办公厅印发〈关于推动国有文化企业把社会效益放在首位、实现社会效益和经济效益相统一的指导意见〉的通知》（中办发〔2015〕50 号）精神，现结合我省实际，提出如下实施意见。

一、总体要求

1. 全面贯彻落实党的十八大和十八届三中、四中、五中全会精神，高举中国特色社会主义伟大旗帜，深入贯彻落实习近平总书记系列重要讲话和视察山东重要讲话、重要批示精神，紧紧围绕"四个全面"战略布局，坚持党的领导，坚持中国特色社会主义文化发展道路，坚持以人民为中心的创作生产导向，遵循社会主义市场经济规律，遵循精神文明建设要求，遵循文化产品生产传播规律，以社会主义核心价值观为引领，在国有企业改革大框架下，充分体现文化例外要求，积极推进国有文化企业改革。以建立有文化特色的现代企业制度为重点，以落实和完善文化经济政策、强化国有文化资产监管为保障，建立健全确保国有文化企业把社会效益放在首位、实现社会效益和经济效益相统一的体制机制，打造若干具有核心竞争力的骨干文化企业，推动社会主义文化大发展大繁荣，为加快建设经济文化强省作出积极贡献。

2. 正确处理社会效益和经济效益、社会价值和市场价值的关系，当两个效益、两种价值发生矛盾时，经济效益服从社会效益、市场价值服从社会价值，越是深化改革、创新发展，越要把社会效益放在首位。正确处理文化的意识形态属性与产业属性、文化企业特点和现代企业制度要求的关系，把加强党的领导与完善公司治理统一起来，加强分类指导，创新资产组织形式和经营管理模式，建立健全把社会效益放在首位、实现社会效益和经济效益相统一的考核评价标准。正确处理党委、政府与国有文化企业的关系，统筹制度设计和政策配套，明确谁主管谁负责和属地管理，尊重企业法人主体地位和自主经营权，强化政策引导，严格依法监管，注重道德调节，坚守社会责任，把社会效益和经济效益相统一的要求落到实处。

二、建立有文化特色的现代企业制度

3. 明确把社会效益第一、社会价值优先的经营理念体现到企业章程和各项规章制度中，推动党委领导与法人治理结构相结合、内部激励和约束相结合，形成体现文化企业特点、符合现代企业制度要求的资产组织形式和经营管理模式。

4. 科学设置企业内部组织结构，企业党委成员以双向进入、交叉任职的方式进入董事会、监事会和经营管理层，党委书记兼任董事长，切实履行内容导向管理第一责任人职责。党委、董事会、未设董事会的经理班子等决策机构要依据各自的职责、权限和议事规则，讨论决定涉及内容导向管理的重大事项及企业运营与发展的重大决策、重要人事任免、重大项目安排和大额度资金使用等事项。从事内容创作生产传播的文化企业，要建立和完善编辑委员会、艺术委员会等专门机构，强化总编辑等内容把关岗位的职责，对涉及内容导向问题的事项，具有否决权。党报党刊、电台电视台、时政类报刊出版单位，可以依法依规开展有关经营活动，但必须做到事业与企业分开、采编与经营分开，禁止采编播人员与经营人员混岗。

5. 深化企业内部劳动、人事和收入分配等制度改革。健全绩效考核办法，实行差异化考核，对直接涉及内容创作的部门和岗位，要以社会效益考核为主，收入分配和奖励也要适当予以倾斜。对市场化选聘的职业经理人，实行市场化分配机制、绩效考核机制和退出机制。

三、推动国有文化企业做强做优做大

6. 坚持立足主业发展，形成内容优势和传播优势，扩大市场占有率和话语权。国有文化企业要坚持正

确导向，更多地承担社会责任，在弘扬优秀传统文化、特别是齐鲁文化方面发挥独特作用。立足齐鲁文化资源优势，加强原创和现实题材创作，努力创作生产更多传播当代中国价值观念、弘扬中华优秀传统文化、体现齐鲁风格与山东气派、积极向上、群众喜闻乐见的优秀文化产品。强化精品意识，完善选题论证、资金扶持、引导孵化等工作机制，完善优秀文化产品评选奖励机制，大力实施出版、影视、舞台艺术等文化精品创作生产工程，进一步打造"鲁剧""鲁版图书""齐鲁戏曲""文学鲁军"等齐鲁文化品牌。

7. 推动国有文化企业加快公司制股份制改造，转变发展方式，强化导向管理，全面提质增效。明确股份制改造的范围、股权结构和管理要求。按规定已经转企的出版社、非时政类报刊出版单位、新闻网站等，实行国有独资或国有文化企业控股下的国有多元。在坚持出版权、播出权特许经营前提下，探索制作和出版、制作和播出分开。在影视制作企业探索实行股权激励和管理、专业技术等知识产权量化入股等改革举措，实行国有资本控股下的多元结构，积极探索实施混合所有制改革。新闻媒体中的广告、印刷、发行、传输网络部分，可剥离进行转企改制，由国有资本绝对控股，利用市场资源和社会力量，为发展壮大新闻宣传主业服务。整合省级广电经营性资源，组建山东广电集团有限公司。在新闻出版传媒领域探索实行特殊管理股制度，积极稳妥开展试点。强化政策措施，鼓励支持符合条件的国有文化企业上市、挂牌和发行债券，鼓励大型文化企业通过"借壳"等方式实现上市，对已上市、挂牌文化企业给予重点扶持。

8. 推进以资本为纽带进行联合、重组，打造若干核心竞争力强的国有或国有控股骨干文化企业，使之成为我省文化市场的主导力量和文化产业的战略投资者。推动出版、发行、影视、演艺集团交叉持股或进行跨地区跨行业跨所有制并购重组，尽快做大做强一批国有骨干文化企业。推动以党报党刊所属的非时政类报刊和实力雄厚的行业性报刊出版单位为龙头，整合本区域本行业报刊资源。推动党政部门逐步与所主管主办的出版社和非时政类报刊社等企业脱钩，可以划转给相应符合条件的企业来主管主办，推动政企分开。

9. 实施文化科技创新工程，加快国家级和省级示范基地建设，加大对重点文化科技创新项目的扶持力度。支持国有文化企业与高校、科研院所合作建立科研基地或研发中心，加大核心技术研发攻关力度，建立健全相关标准规范和管理制度，抢占文化科技融合发展制高点。鼓励支持引进国家级或国际性文化科技机构、实验室、平台、基地。

10. 支持国有文化企业与先进制造业、现代农业、科技、金融、旅游、体育、信息、建筑等相关产业融合发展，拓展发展空间，培育新的增长点。推动传统媒体与新兴媒体融合发展，实现跨媒体、全媒体发展。突出内容建设，强化技术支撑，以重点项目为抓手，建立重大主题全媒体报道机制和广播电视新闻出版信息数据库，建设山东新闻出版信息服务平台和移动互联网主流媒体传播平台，促进内容、技术、渠道、平台等资源共享，形成立体多样、融合发展的现代传播体系。推进广电网络转型跨越发展，加快智慧社区信息化平台建设和智慧城市建设。强化互联网思维，发挥国有文化企业的带动作用，实施"互联网＋文化产业"行动，推动文化产业转型升级、提质增效。

11. 健全传播网络，规范传播秩序，推动国有文化企业发展现代流通形式，加强市场营销，不断扩大优秀文化产品的覆盖面和影响力。参与实施促进文化消费计划，引导文化消费，培育文化市场，让人民群众共享文化改革发展成果。

12. 扩大对外文化贸易和文化投资，提升国际传播能力，讲好中国故事，传播好齐鲁文化。国有文化企业要抓住"一带一路"和中韩、中澳自贸协定正式实施和我省加快推动威海中韩自贸区地方经济合作示范区、中韩（烟台）产业园建设的机遇，充分利用海关特殊监管区域政策优势和区域内国际文化服务贸易平台，加强在出版、娱乐、演艺、广播影视、节目制作与传输等领域的合作，逐步扩大与有关国家和地区文化交流合作范围，推动齐鲁文化走出去。

四、完善国有文化资产监管运营和评价考核机制

13. 加强国有文化资产管理、有效行使出资人权利，加强国有文化企业干部管理、导向管理，确保对重大事项的决策权、资产配置的控制权、宣传业务的终审权、主要领导干部的任免权，确保国有文化企业正确履行社会文化责任，确保国有文化资产保值增值。

14. 建立完善党委和政府监管国有文化资产的管理机构。省国有文化资产管理理事会进一步完善管理体制和工作运行机制，切实发挥领导决策和综合协调作用，依法依规加强对国有文化资产的管理。各设区市要按要求探索建立党委和政府监管有机结合、宣传部门有效主导的国有文化资产管理体制和工作机制，推动实现管人管事管资产管导向相统一。推动主管主办制度与出资人制度的有机衔接，进一步理顺国有文化企业管理关系。

15. 建立健全社会效益和经济效益相统一的评价考核机制。制定完善文化企业国有资产监督管理配套制度，推动实现国有资产监管的制度化、规范化、科学化。充分考虑不同类型国有文化企业的功能作用，制定实施国有文化企业社会效益和经济效益相统一的考核评价办法，明确社会效益指标考核权重应占50%以上，并将社会效益考核细化量化到政治导向、文化创作生产和服务、受众反应、社会影响、内部制度和队伍建设等具体指标中，形成对社会效益的可量化、可核查要求；科学合理设置反映市场接受程度的经济考核指标，形成把社会效益放在首位、社会效益和经济效益相统一的考核评价体系，坚决防止和克服唯票房、唯收视率、唯发行量、唯点击率。在省国有文化资产管理理事会框架内，由宣传部门会同有关职能部门组织实施，以责任书为考核依据，实行年度考核与任期考核相结合。考核结果作为企业负责人薪酬分配、干部使用的重要依据。

16. 强化国有文化资产监管运营。在试点的基础上，推进国有文化资本授权经营，统筹考虑两个效益相统一要求，形成国有文化资本流动重组、布局调整的有效平台，优化资本资源配置，推动国有文化企业增强实力、活力、抗风险能力，更好地发挥控制力、影响力。充分体现文化特点，做好文化企业无形资产评估和清产核资工作，完善和落实文化企业国有资产指定入场交易的具体办法。建立健全文化企业国有资本审计监督制度和国有资产损失责任追究制度。

五、发挥文化经济政策引导、激励和保障作用

17. 进一步加大财政支持力度。结合现有各类财政支持文化产业发展资金，探索建立省属国有文化企业社会效益保障机制，对国有文化企业为担负重大政治任务、提供公共文化服务、确保社会效益而对经济效益有重大影响的项目，经宣传部门组织评审确认，可给予适当补偿。市、县级也要研究建立相应机制，引导国有文化企业把社会效益放在首位。

18. 完善政府购买服务和政府采购办法，积极有序推进政府向社会购买公共文化服务工作，进一步支持国有文化企业发展。政府向国有文化企业购买公共文化服务所需资金列入财政预算，从部门预算经费或经批准的专项资金等既有预算中统筹安排。承担提供公共文化服务职责的各级行政机关要加大我省公益性文化服务的政府购买服务力度。各级通过政府购买服务形式，积极支持党报党刊发行和党的重要理论读物、重要政治文献、干部学习类图书等出版发行，支持提供广播电视公共服务。对开展重大文化活动，面向基层和特殊人群的公益性文化活动、公共文化服务及文化扶贫项目，对特殊人才引进和重点剧目、精品出版项目等，通过政府购买等方式给予必要的资助。对党报、党刊、广播电视台、出版单位和重点新闻网站等媒体融合发展项目，作为财政支持的重点领域予以保障。

19. 完善各级文化产业发展专项资金、服务业发展专项资金和文化产业发展投资基金等资金的使用管理，加大对社会效益突出的文化产业项目扶持力度，鼓励国有文化企业生产更多精品力作，培育一批有影响力的传媒、出版、影视、戏曲、广告创意等重点品牌。

20. 加大现有支持文化产业发展资金的整合利用力度，探索以国有资本金注入的方式推动企业改制、兼并重组，培育在国内行业领域规模实力领先的龙头文化企业。省属国有文化企业自2016年起纳入省级国有资本经营预算编制范围，在2020年年底前免缴国有资本收益。市、县属国有文化企业，经同级政府批准，照此执行。

21. 创新财政资金使用方式。按照省委、省政府深化国有企业改革的有关部署要求，结合国有文化企业特点，逐步探索组建或改组国有文化资本投资公司，设立国有文化资本投资基金，发挥财政资金和国有资本的杠杆作用，进一步建立健全我省多元化、多层次、多渠道的文化产业投融资体系，推动银企、银文

合作，引导、鼓励社会资本投资文化产业项目，拓宽文化企业融资渠道，破解发展资金瓶颈，支持创新型企业和小微企业，更好地引导文化产业发展。

22. 落实文化产业税收优惠政策。经营性文化事业单位转制为企业，符合规定条件的，可按规定享受企业所得税、房产税、增值税、营业税、城市维护建设税、印花税、契税等税收优惠；符合条件的文化创意和设计服务企业，可按规定享受企业所得税、增值税等税收优惠；对出版、发行企业处置库存呆滞出版物形成的损失，允许按照税收法律法规的规定在企业所得税前扣除；对从事文化产业支撑技术等领域的文化企业，按规定认定为高新技术企业的，减按15%的税率征收企业所得税，开发新技术、新产品、新工艺发生的研究开发费用，按规定在计算应纳税所得额时加计扣除。按照财税体制改革的总体要求，研究争取我省国有文化企业发展的财税优惠政策，研究制定支持文化内容创意生产、非物质文化遗产项目经营等方面的政策措施。

六、健全企业干部人才管理制度

23. 加强企业干部人才管理。落实党管干部、党管人才原则，坚持德才兼备、以德为先的选人用人标准，强化担当意识、责任意识、奉献意识，着力打造讲政治、守纪律、会经营、善管理、有文化的国有文化企业干部人才队伍。统筹企业负责人管理、关键岗位管理、社会化人才管理，做好现行文化单位干部管理与现代企业制度有关要求的衔接，做好主管主办单位干部管理与出资人制度有关要求的衔接。逐步建立企业领导人员分类分层管理制度。省属文化企业省管干部，由省委宣传部会同省委组织部共同负责提名、考察与管理。市属文化企业市管干部，由市委宣传部会同市委组织部共同负责提名、考察与管理。加强对企业领导人员的日常管理，及时调整不胜任、不称职的领导人员。建立企业负责人述职述德述廉述法制度，合理确定并严格规范企业负责人履职待遇、业务支出，完善经济责任审计和离任审计制度。建立企业负责人履行社会效益责任追究制度，对工作不力的进行诫勉谈话、降低薪酬标准，直至解除职务。

24. 大力实施人才强企战略，加快建立健全国有文化企业集聚人才的体制机制。改革完善选人用人方式，健全有利于优秀干部脱颖而出的选人用人机制和"能上能下、能进能出"的人才流动机制。实施文化经营管理者素质提升工程，突出"高精尖缺"导向，着力发现、培养、集聚文化科技领军人才、企业家人才、高级专业技术人才队伍，建立健全山东省文化企业高端人才库。发挥政府投入引导作用，鼓励支持国有文化企业、高校、科研院所、社会组织、个人等有序参与文化产业人才资源开发和人才引进。国有文化企业要明确目标任务，强化措施，在培养大师级文化人才上下功夫、出成效。开展国有文化企业职业经理人和高端特殊人才选用制度试点，探索市场化选聘人才的办法。加强政策业务培训和人才培养，完善有关职业资格制度，提高从业人员素质。完善校企合作机制，加强与国内外高等院校和社会研究机构合作，培养文化产业发展所需的经营管理和创新创业人才。

25. 建立具有文化企业特点的干部人才评价考核制度。落实国有企业负责人薪酬制度改革的有关要求，建立健全国有文化企业负责人经营业绩考核与薪酬管理办法，统筹考核社会效益、经营业绩、管理责任，科学确定企业负责人薪酬标准。省管国有文化企业负责人两个效益相统一的考核评价与薪酬制度改革，自2016年起实施。完善人才激励机制和服务保障体系，营造有利于人人皆可成才和青年人才脱颖而出的社会环境。按照国家有关规定，积极开展国有控股上市文化公司股权激励试点。

七、切实加强企业党的建设和两个效益相统一工作的组织领导

26. 贯彻全面从严治党方针，加强和改进新形势下国有文化企业党建工作，充分发挥党组织的政治核心作用。加强企业党组织建设，将党建工作总体要求纳入国有文化企业章程，明确国有文化企业党组织在公司法人治理结构中的法定地位，创新国有文化企业党组织发挥政治核心作用的途径和方式。建立健全企业党建工作机构，大型企业应设立专门的工作机构，中小型企业根据实际情况设立党群综合工作部门，根据企业实际需要确定专职党务政工干部的数量，保证党组织工作机构健全、党务工作者队伍稳定、基层党组织战斗堡垒作用和共产党员先锋模范作用得到充分发挥。加强文化企业党员队伍建设，积极吸收各方面

人才特别是优秀青年入党，着力扩大党员在采编、创作等岗位的比例。加强企业党组织对群团工作的领导，发挥好工会、共青团等群团组织的作用。国有文化企业党组织要切实承担好、落实好从严管党治党责任，建立健全党建工作责任制，做到守土有责、守土负责、守土尽责。党组织书记要切实履行党建工作第一责任人职责，党组织班子其他成员切实履行"一岗双责"，结合业务分工抓好党建工作。加强企业党风廉政建设，落实党风廉政建设责任制，党委负主体责任，纪委负监督责任，严明纪律和规矩。经常性开展党风党纪教育，自觉践行"三严三实"要求，不断改进思想和工作作风，营造风清气正、干事创业的从业环境。

27. 加强企业文化建设。坚持把社会主义核心价值观的要求贯穿到企业生产经营管理各环节和全过程，内化为企业精神和发展理念，提升干部群众思想道德素质和科学文化素质，增强企业内生动力。认真贯彻执行党的路线方针政策，模范遵守国家法律法规，积极履行社会责任，依法经营、诚实守信，塑造国有文化企业良好形象。开展学习型企业建设，形成善于学习、勇于创新、乐于创业的企业文化。创新内容、形式和方法，提高思想政治工作实效。尊重职工主体地位，关注干部群众思想动态和利益诉求，帮助解决思想问题和实际问题。

28. 加强对两个效益相统一工作的组织领导。各级党委、政府和有关部门要高度重视，切实履行对深化国有文化企业改革的领导责任，强化政策保障措施，解决国有文化企业改革发展中的实际问题，推动国有文化企业始终坚持把社会效益放在首位、实现社会效益和经济效益相统一。结合实际抓紧制定具体实施方案，明确任务，落实责任，确保两个效益相统一的要求落到实处。

29. 进一步营造良好发展环境。加快推进文化法治建设，加强文化市场监管，加大知识产权保护力度，打击违法违规行为，抵制低俗之风。健全文化产品和服务评价体系，加快发展审计评估、效益评价、社会调查、法律服务等中介机构。建立健全严格的市场退出机制，对内容导向存在严重问题或经营不善、已不具备基本生产经营条件的国有文化企业，坚决依法吊销、撤销有关行政许可，予以关停。探索建立国有文化企业社会责任报告制度，开展社会评议，建立健全行业自律制度。及时总结推广社会效益和经济效益相统一的做法和经验。

30. 严格工作纪律和要求。认真执行国家现行有关政策法规和行业管理规定，重大问题要及时请示报告，重大改革举措要严格按照有关要求和程序报批。

山东省人民政府办公厅关于印发山东省"互联网 + 文化产业"行动方案的通知

2016 年 2 月 6 日   鲁政办发〔2016〕4 号

各市人民政府，各县（市、区）人民政府，省政府各部门、各直属机构，各大企业，各高等院校：

《山东省"互联网 + 文化产业"行动方案》已经省政府同意，现印发给你们，请认真贯彻执行。

附件：山东省"互联网 + 文化产业"行动方案

附件：

山东省"互联网 + 文化产业"行动方案

"互联网 + 文化产业"，主要是指运用移动互联网、云计算、大数据、物联网等信息技术，推动文化产业技术进步、效率提升和模式变革，提升文化创新力和发展力，形成更广泛的以互联网为基础设施和创新要素的文化产业发展新形态。为促进"互联网＋文化产业"融合发展，推动文化产业转型升级、提质增效，现制定山东省"互联网＋文化产业"行动方案如下：

一、总体思路

深入贯彻落实党的十八大和十八届三中、四中、五中全会精神，按照国家和我省关于"互联网＋"的工作部署，顺应"互联网＋"时代大融合、大变革趋势，充分发挥我省互联网的规模优势和应用优势，以"政策引领、创新驱动、协同推进、开放共享"为着力点，促进文化产业与互联网深度融合，推动文化产业领域大众创业、万众创新，加速提升文化产业发展水平，为加快建设经济文化强省发挥重要作用。

——坚持政策引领。积极转变政府职能，加强规划引导，完善配套政策，创造良好营商环境。坚持把社会效益放在首位，实现社会效益和经济效益相统一，充分发挥市场在文化资源配置中的积极作用，强化企业主体地位，激发企业发展活力和创造力。

——坚持创新驱动。充分发挥互联网对文化产业创新升级的平台作用，以文化与互联网融合创新为突破口，促进数字化、网络化、智能化，开发新工具、发展新模式、构筑新动能，推动文化产业生产方式和发展模式变革。

——坚持协同推进。积极运用互联网最新技术和创新成果，将互联网作为文化产业发展的关键性要素和重要平台，改造提升传统业态，催生培育新型业态，推动产业、网络、技术、应用的深度融合和良性互动。

——坚持开放共享。以开放的态度、共享的精神，最大限度优化资源配置，促进文化产业与科技、旅游、金融、制造、电子商务、国际贸易融合发展，拓展文化产业经营领域和商业模式，推动跨领域、跨行业协同创新发展。

二、行动目标

到2018年，全省"互联网＋文化产业"发展取得明显成效，互联网技术应用、创新成果与文化产业深度融合发展，互联网成为文化产业产品创新和业态创新的重要动力，有力促进产业结构转型升级，文化产业发展质量和效益全面提升。

（一）产业载体聚集水平整体提升。实施载体培育"123"工程，培育100家融合度高、成长性好、竞争力强的"互联网＋"文化企业，建设200个发展潜力大、市场前景好、比较优势明显的"互联网＋文化产业"项目，建成30个基础性、先导性强的文化产业大数据、云服务平台，形成特色鲜明、结构合理、富有活力的"互联网＋文化产业"载体集群。

（二）融合传统业态水平显著提升。互联网全面提升和改造文化产业各领域，智能制造、众创众设、云服务等新型生产方式和产业形态加快发展，广播影视、出版发行、文化演艺等领域基本实现数字化、网络化，"两化"融合发展水平指数达到88。

（三）衍生新型业态能力快速提升。新兴媒体、数字出版、网络视听、文化电商等新业态、新产品、新服务快速成长，新型业态增幅高于整个文化产业增幅，成为文化产业增长的主要动力和重要支撑。

（四）文化创新研发能力明显提升。文化原创能力和研发能力显著增强，文化企业装备水平和科技含量显著提高，数字化研发工具普及率达到65%，文化生产、传播、消费方式创新发展，以产学研用相结合的文化创新体系初步形成。

三、重点行动

（一）重点项目带动行动。围绕文化创意（及其衍生品）、新兴媒体、数字出版、网络视听、文化电商、文化贸易等重点业态，着力推进移动互联网、云计算、大数据、物联网等信息技术在文化产业领域的融合创新，加大引导力度，调动社会各方力量，加快建设一批在重点发展领域突破创新、形成新的商业模式、具有产业拉动作用和示范效应的重点项目。建立山东省"互联网＋文化产业"项目库，完善重点项目的征集、推介、培育、实施、跟踪评估与动态管理机制。加大政策资金支持力度，把"互联网＋文化产业"项目列入山东省文化产业发展专项资金重点扶持范围，优先给予支持，对经评估具有显著社会效益和经济效益的项目可连续给予扶持。充分发挥山东省文化发展投资基金、山东省文化产业发展引导基金作用，及时将符合条件的"互联网＋文化产业"项目纳入基金投资备选项目库，支持基金管理公司优先投资发展前景好的"互联网＋文化产业"项目。"互联网＋文化产业"项目优先列入山东省重点文化产业项目，每年不低于评选认定总数的 30%。

（二）公共平台建设行动。坚持政府引导、市场运作、共建共享，通过与国内外知名互联网企业合作、整合现有平台资源、鼓励企业兴建等方式，建设一批文化产业大数据平台、公共服务云平台、垂直细分领域专有云平台，推动已有文化公共平台进行数字化、网络化、智能化改造提升，充分发挥公共平台对文化产业发展的支撑作用。建设涵盖文学艺术、新闻出版、广播影视、广告创意等领域的版权公共服务及交易平台，强化数字化知识产权的使用、交易、保护。建设山东省文化产业信息服务云平台，提升公共服务水平。建设新媒体集成播控平台和多媒体综合服务平台，完善 IPTV 等新媒体平台的运营与管理。建设优秀齐鲁传统文化服务云平台，挖掘放大传统文化产业价值。依托广电网络，建设综合电子商务服务平台、全业务云媒体平台和新媒体业务分发平台。依托"山东 24 小时"等现有客户端，打造移动互联网智慧山东公共云平台、山东智慧养老文化服务云平台、移动互联网综合服务云平台、公益广告服务平台、户外广告监测综合服务平台。把公共平台建设纳入重点项目扶持范围，享受相应优惠政策。

（三）优势企业培育行动。优先扶持适应"互联网＋文化产业"融合发展趋势、具有产业链整合和辐射带动作用的骨干文化企业，支持跨区域、跨行业、跨所有制发展，促进文化领域资源整合和结构调整；积极培育一批主业突出、具有创新潜质和发展潜力的中小文化企业，加快向"专、精、特、新"方向发展，促进产业合理分工和资源优化配置；鼓励文化企业和知名互联网企业开展技术、业务、资本等多种形式合作，构建线上与线下相结合、品牌和投资相结合的发展模式。编制山东省"互联网＋"文化企业名录，把"互联网＋"文化企业列入"山东省文化企业 30 强"推荐认定的优先范围。支持"互联网＋文化产业"领域国有骨干文化企业实行混合所有制、特殊股权结构、股权激励改革试点。鼓励处于初创期、发展前景好的"互联网＋"文化企业进入全国中小企业股转系统、区域性股权交易市场等多层次资本市场。文化产业领域专项资金、金融创新引导资金对符合上市培育条件的"互联网＋"文化企业予以重点支持。

（四）人才培养集聚行动。坚持"引智"与"引资"并重，把培养和引进人才作为战略工程，创新引人用人机制，通过多种形式引进或使用高端人才及团队，加强创新型、科技型、复合型人才培养，健全符合"互联网＋文化产业"特点的人才使用、流动、分配、激励和保障体系，打造人才聚集高地。建立山东省"互联网＋文化产业"人才库，把"互联网＋文化产业"人才列入"齐鲁文化名家""齐鲁文化英才""齐鲁文化之星"工程支持重点。支持"互联网＋"文化企业开展科技成果和版权使用权、处置权、收益权管理改革试点，完善以技术、专利、品牌等知识产权为资本参股的措施，对企业高管和专业技术骨干提供股权、期权政策激励。支持企业、科研院所、高等院校等共建特色专业、共享研发平台、合作培养"互联网＋文化产业"人才。依托省内重点高校、研究机构和骨干"互联网＋"文化企业，建立 10 个省级"互联网＋文化产业"人才实训基地，纳入省级文化产业领域专项资金重点扶持范围。

（五）融资服务支持行动。创新投融资模式，引导更多社会资本进入"互联网＋文化产业"领域，形成多元化、多渠道的投入机制；支持文化企业依法合规运用互联网支付平台、网络借贷平台、股权众筹融资平台、互联网私募股权融资试点平台、网络金融产品销售平台，探索新兴融资方式；大力培育融资担保机构和知识产权专利评估机构，积极发展知识产权质押融资、信用保险保单融资增信等服务；支持符合条件的"互联网＋"文化企业发行债券融资。省级文化产业发展专项资金与金融机构、投资机构合作，设立文化企业贷款融资担保平台，重点用于"互联网＋文化产业"领域贷款保险、贴息扶持，重点支持"互联网＋"小微文化企业发展。省级文化产业发展引导基金与国有骨干文化企业、专业投资机构等，共同出资设立山东省"互联网＋文化产业"发展投资基金，为全省"互联网＋"文化企业提供多层次、多形式的投资支持。依托重点文化产权交易场所，打造文化产业领域互联网私募股权融资试点平台。

（六）创业创新孵化行动。充分发挥互联网的创新驱动作用，鼓励各类创新主体充分利用互联网，开展以文化需求为导向的文化创业创新。大力发展众创空间、孵化器、开放式创新等，推动各类文化要素资源聚集、开放和共享。推进产学研用合作，逐步形成以企业为主体、以市场为导向、产学研用相结合的文化创新创业体系。组织实施好"金种子"计划，在全省建设10个以上文化产业孵化器，优先吸纳"互联网＋"文化企业、创业创意团队入孵。启动实施"互联网＋文化产业"众创空间发展计划，大力发展线上和线下相结合、虚拟和实体相结合的创业创新平台。开办"齐鲁文化创意网"，建设网上创意征集推广平台，开展文化创意和广告设计大赛等活动，加快文化创意与产业、技术、产品（服务）、市场、资本的对接。鼓励有实力的信息技术企业、文化企业向创业创新主体开放技术、开发、营销、推广等资源，建立众包、用户参与设计、云设计等新型研发组织模式，推动跨领域的技术成果转移和协同创新。

（七）文化电商培育行动。积极发展文化电子商务平台，鼓励各地利用互联网开展文化产品（服务）信息发布、在线预订和交易支付。鼓励文化企业运用电子商务完善营销网络和售后服务体系，发展O2O（线上营销、线下成交，线上交易、线下体验）和C2B（个性化定制）等新型电商模式。支持文化企业加强与知名电商、门户网站、搜索引擎等合作，积极拓展经营范围，开展多层次、多样化、多领域的展示交易活动；鼓励文化电子商务企业创建自主品牌，建设网上商城，实施品牌化、规模化经营。加强与BAT（百度、阿里巴巴、腾讯）的合作，加快建设"淘宝山东特色馆"，推动特色文化产品集中上网交易。推动文化商贸企业、个体商户利用第三方平台设立网店，创建具有地域文化特色的网上零售品牌。在书画艺术品、特色工艺品、数字出版印刷、广告创意设计及推广等产业集中度高、比较优势明显的领域，培育若干自有行业垂直电商平台。组建山东文化产业电子商务联盟，建立集线上展示、体验、估价、销售、认证等功能于一体的区域性交易平台。

（八）文化贸易促进行动。创新"互联网＋产业集群"的营销模式，支持文化出口企业与跨境电子商务企业、外贸转型升级基地等产业集群对接，利用跨境电子商务服务平台、跨境电子商务公共海外仓，提升国际市场开拓能力。加快文化产品和服务出口信息平台以及海外营销渠道建设，鼓励文化企业运用跨境电子商务完善境外营销网络和售后服务体系，拓展境外营销渠道。支持省内文化电商企业与境外企业开展战略合作，在境外设立研发设计中心、海外营销渠道，完善物流仓储、客户服务体系，开展跨境业务。依托齐鲁国际文贸网，建设全省文化贸易领域集政策发布、资源展示、信息整合、专业咨询、国际交流功能于一体的综合性公共服务平台。建立山东文化品牌网上展示交流中心，增强品牌产品（服务）国际影响力。

（九）媒体融合发展行动。加快推进传统媒体和新兴媒体融合发展，积极运用大数据、云计算技术，改造提升内容生产、发行、传播方式，促进报网融合、台网融合，加快发展新闻网站、移动客户端、手机网站、手机报等新应用新业态，提高媒体"互联网＋"产业模式创新能力，实现各种媒介资源、生产要素的有效整合，培育现代传媒产业体系。加大省内各主要新闻网站及其他新媒体资源整合力度，以资本为纽带进行联合、重组，推动山东省互联网传媒集团实现跨区域、跨媒体、跨行业发展，打造社会效益和经济效益相统一、具有较强核心竞争力和品牌影响力的大型骨干网络文化传媒集团。积极推动符合条件的重点"互联网＋"文化传媒企业上市。进一步扶持"山东手机报""山东24小时"手机客户端，构建全省移动互联网主流媒体传播平台和产业运营主体。积极发展手机电视、互联网电视、IPTV等视听新媒体业务，抢占视听新媒体领域制高点。推进山东新媒体产业园、新媒体广告产业园建设，打造新媒体技术研发、创意孵化、视听产业、影音体验、会展演艺、广告交易等新媒体产业集群。

（十）"三网融合"推进行动。按照国务院和省政府关于全面推进"三网融合"的部署要求，加快广播电视网络基础设施建设和双向化改造，推动广电、电信业务双向进入，大力发展移动多媒体广播电视、手机电视、有线电视网宽带服务等融合性业务，加快发展数字出版、互动新媒体、移动多媒体等新兴文化产业，强化网络信息安全和文化安全监管，促进信息网络基础设施互联互通和资源共享。支持山东广电网络有限公司加快转型升级步伐，发展成为具有全业务运营能力的新型媒体集团。加快地面数字电视覆盖网协调发展和高清交互式电视网络建设，推进移动互联网和物联网建设，加强农村地区网络资源建设及"三网融合"相关业务的推广应用。组织实施"智慧城市""智慧社区"建设，大力开发贴近政府、民生和行业应用的各类网络信息资源、文化内容产品。加快双向进入业务许可审批，推动广播电视网络宽带接入、增值电信等业务的快速发展。

四、保障措施

（一）加强组织领导。省文化体制改革和发展工作领导小组统筹组织协调"互联网＋文化产业"行动相关工作，并抓好督促落实。省委宣传部会同省发展改革委、经济和信息化委、科技厅、财政厅、人力资源社会保障厅、商务厅、文化厅、新闻出版广电局、统计局、工商局、金融办等相关部门建立联合工作机制，加强部门协调、政策衔接和信息沟通。成立跨领域的"互联网＋文化产业"行动专家咨询委员会，为省政府决策提供重要支撑。将"互联网＋文化产业"发展纳入"十三五"时期文化改革发展规划，作为文化产业目标考核、文化强省建设先进市县评选的重要内容。各地要把"互联网＋文化产业"行动摆上重要工作日程，研究制定具体实施方案，建立健全工作推进机制，确保各项任务落到实处。

（二）加大政策扶持。落实《国务院关于积极推进"互联网＋"行动的指导意见》（国发〔2015〕40号）、《国务院办公厅关于印发三网融合推广方案的通知》（国办发〔2015〕65号）、《山东省人民政府关于加快发展文化产业的意见》（鲁政发〔2014〕15号）等文件要求，对涉及投资、财税、金融、土地、价格、人才等方面的优惠政策，按政策规定幅度的上限执行，确保用足用好。符合条件的"互联网＋文化产业"领域重点项目优先列入省重点建设项目。对符合条件的"互联网＋"文化企业，经认定享受高新技术企业相关优惠税收政策。围绕"互联网＋文化产业"发展需求，适时研究制定新的优惠政策，实施精准扶持。

（三）强化知识产权保护。创新知识产权保护办法，以现有的知识产权保护制度为基础，完善"互联网＋文化产业"领域的知识产权保护政策，加大对新业态、新模式等创新成果的保护力度。整合版权、知识产权、工商等部门监管力量，形成知识产权保护工作合力，提高知识产权管理效率。成立山东省"互联网＋文化产业"知识产权保护联盟，建立"互联网＋"文化企业诚信分类管理制度，完善信用评估机制，加强信用支撑体系建设。指导文化企业提高商标注册、运用、保护和管理能力。指导文化产品和服务企业申请商标国际注册，形成自有创新品牌。加大知识产权保护的执法监督和违法处罚力度，加强知识产权行政执法和司法保护的有效衔接，严厉打击各种违法侵权盗版行为，营造健康规范的互联网文化生态。

（四）推动信息共享。落实《山东省人民政府办公厅关于印发山东省政务信息资源共享管理办法的通知》（鲁政办发〔2015〕6号）、《山东省人民政府办公厅关于加快我省电子政务集约化发展的实施意见》（鲁政办发〔2015〕7号），推进政府和公共信息资源互联互通、开放共享。开发全省"互联网＋"文化企业备案登记服务系统，实现企业"一次备案、跨部门信息共享、全流程使用"。整合部门统计资料，探索建立"互联网＋文化产业"统计制度。完善"互联网＋文化产业"信息资源共享目录，鼓励公共信息资源的社会化开发利用，支持公众和小微文化企业充分挖掘信息资源的商业价值，促进互联网应用创新。

（五）营造浓厚氛围。加强"互联网＋文化产业"行动的新闻宣传和舆论引导，推动社会各界特别是政府相关部门、文化企事业单位突破传统观念和固有思维，树立新的互联网思维和发展观。加大政策宣传力度，在全省范围内广泛开展政策宣讲，让广大文化企业及时全面了解各项政策。组织省内主要新闻媒体开展系列报道、专题报道和典型报道，宣传"互联网＋文化产业"企业品牌、标杆案例、重点产品和服务，增强全社会对"互联网＋文化产业"行动的认知度、参与度，形成全省上下齐抓共管、各方主动参与、积极配合的良好局面。

山东省人民政府办公厅关于加快培育
国际自主品牌的实施意见

2016 年 3 月 22 日　鲁政办发〔2016〕9 号

各市人民政府，各县（市、区）人民政府，省政府各部门、各直属机构，各大企业，各高等院校：

当前，世界经济深刻变革，我国经济发展进入新常态，传统外贸竞争优势弱化，我省国际自主品牌产品市场占有率偏低，竞争力不强。为适应新形势新要求，加快培育我省国际自主品牌，经省政府同意，现提出以下实施意见：

一、总体要求和工作目标

（一）总体要求。坚持实施国际自主品牌发展战略，以打造自主品牌为引领，以强化自主创新为核心，以推行国际标准、国际认证为基础，搭建载体平台，完善政府推动、企业主导、社会服务的联动机制，积极营造有利于国际自主品牌发展的市场环境和政策环境，加快产业转型升级和产品质量档次提升，加快培育以品牌为核心的国际竞争新优势，促进外贸发展方式的根本转变，增强外贸可持续发展的新动力，提升我省出口产品在全球价值链中的地位。

（二）工作目标。用 3～5 年的时间，全省出口企业国际商标注册率由目前的不足 20% 提高到 40% 以上；重点培育 500 个山东省国际自主品牌，打造 50 个产业聚集度高、带动作用强的具有较高知名度和国际竞争力的地域品牌；加工贸易自主品牌产品出口占比由目前的不足 20% 提高到 30%，国际品牌产品出口占全省比重力争达到 20% 以上；提升"山东出口农产品安全示范省"品牌的国际影响力。

二、工作重点

（一）加快提升产品的科技含量和质量档次。引导企业走科技创新、商标运用与品牌提升的融合发展之路，加快推动创新成果向国际自主品牌转化。支持企业制定品牌管理体系，围绕研发创新、生产制造、质量管理和营销服务全过程，提升内在素质。支持企业在引进先进技术和关键设备的基础上，消化吸收再创新。运用现代技术改造传统产业，提升劳动密集型产品质量、档次和技术含量，推动传统产业向国际同行业的中高端迈进。支持企业开发拥有自主知识产权的新产品，提高与产品质量、安全、节能环保等相关的设计制造环节的自主知识产权或技术成果占有量。支持传统外贸产业利用资本市场收购兼并和重组改造，着力构建产学研贸相结合的技术创新平台，在机电、纺织服装、轻工、生物医药、石油化工及农产品等重点出口领域、地区和龙头企业建立实验室、研发中心、品牌孵化推广中心，夯实国际自主品牌发展的基础。（省科技厅、省发展改革委、省经济和信息化委、省商务厅、省质监局、省知识产权局按职责分工负责）

（二）大力推广国际标准和国际认证。主动适应出口目标市场行业及产品标准需求，努力研制开发一批关键技术指标达到国际先进水平的产品技术质量标准。支持企业主导或参与国际和国内先进标准的研发和制修订工作。在重点产业形成一系列国际先进、国内一流、拥有自主知识产权的产品标准，提升自主品牌的国际认可度。支持企业对标和接轨国际一流标准，开展马德里体系、欧共体协调局、比荷卢联盟等境外商标注册和专利申请，实行国际通行的质量管理体系、环境管理体系等国际标准认证。加大国际标准认证的推广力度，支持企业开展各类国际认证活动，获得地理标志保护和生态原产地产品保护，取得产品质量专项认证。鼓励企业开展个性化定制、柔性化生产，培育精益求精的工匠精神，增品种、提品质、创品牌。整合检测资源，引进第三方认证机构，提高企业国际认证的便利化水平。深入推进"中韩食品安全示范区"建设，推动鲁韩加强实验室合作，推进双方检测结果互认。（省科技厅、省农业厅、省商务厅、省工商局、省质监局、省知识产权局、省贸促会、山东出入境检验检疫局按职责分工负责）

（三）着力拓展品牌国际营销渠道。培育打造重点行业知名国际自主品牌，推动品牌企业联手在"一带一路"沿线国家、重要节点城市、非洲、拉美等新兴市场和自贸区市场设立山东品牌常年展销中心或公共海外仓，优化海外市场布局。集中办好日本大阪山东商品展、山东品牌产品中东欧展览会，打造我省自主国际品牌的海外展示平台。在国外举办的专业国际展会、中国品牌海外展中设立山东国际自主品牌专区，树立我省自主品牌形象。支持品牌企业参加广交会、华交会、东盟博览会等境内国际展会，提高在我省举办的国际性展会中品牌企业的参展比重。支持开展工贸联营，通过定牌生产、监制生产等形式，拓展自主品牌外销渠道。鼓励企业与国外渠道商合作，发展品牌连锁经营，建立多层次的出口销售体系。引导品牌装备制造企业开展境外加工贸易和国际产能合作，推动装备、技术、标准、服务走出去，打造中国制造金字品牌，带动技术、设备、半成品和原材料出口，提升品牌国际影响力。支持品牌企业通过自建、合资、合作等方式在目标市场建立销售、服务、配件供应、用户培训和信息反馈"五位一体"的营销网络，实现由一般贸易向本地化运营转变。（省商务厅、省发展改革委、省经济和信息化委、省农业厅、省外办、省贸促会按职责分工负责）

（四）支持企业开展品牌国际并购。引导品牌出口企业通过自创、收购、代理国际品牌等模式，打造国际知名品牌，加快向价值链高端延伸。支持骨干优势企业通过股权并购、合资合作等方式实施高端整体并购，获取国外高端品牌、核心技术、研发能力和销售渠道。鼓励有实力的企业并购拥有核心技术的欧美中小企业，取得其技术成果和知识产权，并实现消化吸收再创新，提升自主品牌的"含金量"。推动有条件企业与全球知名跨国公司深度合作，以信用许可方式租用或公用品牌，以国际一流标准为引领，倒逼自身技术、质量、管理和服务的不断提升。（省发展改革委、省经济和信息化委、省科技厅、省商务厅、省质监局按职责分工负责）

（五）创新"互联网＋品牌"等品牌营销新模式。综合运用跨境电商、外贸综合服务平台等新兴业态打造面向海外推广山东品牌的公共服务平台。加强与阿里巴巴、敦煌网等具有丰富国际客户资源的跨国电商企业合作，以我省跨境电子商务产业聚集区、外贸转型升级基地、农产品示范区为基础，设立山东品牌产品馆，打造具有山东整体特色的自主品牌产业集群，实现"线上产业链、线下产业园"国际营销模式。支持企业在欧美日韩等传统市场建立公共海外仓、产品分拨中心，通过实体店与B2B、B2C网络销售的结合、品牌虚拟经营、新型生活体验馆等多种方式，健全品牌产品海外营销渠道，融入境外零售体系。支持内外贸结合商品市场加强品牌建设，开展境外商标注册，打造"前店后厂"的出口产业链。（省商务厅、省工商局按职责分工负责）

（六）加强对国际自主品牌的宣传培训。新闻宣传、媒体等单位要主动参与策划，以论坛、讲座、经验交流等形式总结、宣传、推广各类市场主体的好做法和国内外的好经验，在全社会形成"对外有影响、对内有特色、月月有活动"的国际自主品牌宣传推广大格局。支持企业开展自主品牌的推介和传播，加强对重点自主品牌在质量、信誉和服务等领域的宣传力度，通过开设海外贸易窗口、建设产品展览展示中心、利用多种媒体加大宣传力度等手段，提高自主品牌产品的国际知名度和美誉度。借助和发挥驻外商务机构作用，为自主品牌企业海外推广提供更多的贸易投资和交流合作机会。加强对企业品牌设计、研发、商标注册、专利申请、国际认证、品牌推广、知识产权保护等的培训，提升品牌创建的整体水平。（省商务厅、省工商局、省知识产权局、省委外宣办按职责分工负责）

（七）强化知识产权的培育和保护。把创建国际自主品牌和自主知识产权有机结合起来。支持企业对知识产权的创造和运用，激发企业自主创新活力，形成一批拥有自主知识产权的新产品，构筑企业国际竞争新优势。完善知识产权行政管理体系，培育专利、商标、著作权等代理服务机构，提高知识产权的管理与服务水平。提升知识产权行政执法能力，加大行政执法力度。完善知识产权审判工作机制，加强知识产权司法保护。支持企业开展维权工作，加大对企业知识产权涉外维权援助力度。（省法院、省检察院、省

工商局、省知识产权局、省贸促会、济南海关、青岛海关按职责分工负责）

三、保障措施

（一）完善工作机制。完善"省级—市级—县级"自主品牌梯队培育机制，推动相关区域、产业的国际自主品牌建设发展。商务部门要会同相关部门建立国际自主品牌培育工作协调机制，各部门要按照"目标一致、集中投入、合力建设、渠道不变"的原则，整合促进国际自主品牌建设的各项扶持政策、措施及资金，形成国际自主品牌培育工作的合力。各级政府要加强组织领导，完善工作机制，结合本地实际，落实工作措施，积极为国际自主品牌培育工作营造良好的环境。（省有关部门按职责分工负责）

（二）健全公共服务。支持品牌运营、质量咨询、认证等专业机构，开展品牌管理咨询、市场推广等专业服务，帮助企业制定品牌国际化发展战略和品牌管理体系。发挥行业协会中介组织作用，建立健全国际自主品牌保护机制，完善海外市场信息和预警平台建设。加强自主品牌培育人才队伍建设，发挥高等院校、职业学校、技工院校、社会培训机构作用，推动校企合作，培养品牌策划、国际营销、设计、标准化管理等专业人才。（省教育厅、省人力资源社会保障厅、省工商局、省质监局、省知识产权局按职责分工负责）

（三）加大资金支持。统筹利用各级相关财政资金培育国际自主品牌，支持重点品牌企业开展境外商标、专利注册申请、标准认定、设立境外研发中心和营销网络、兼并和收购境外品牌等。支持品牌企业开展自主知识产权保护，加大对品牌企业的政策宣传和培训力度，对在境内外相关展会中开展的品牌推广、宣传等活动给予支持。金融机构在信贷、证券、保险等政策上向品牌企业倾斜，优先提供各项增值服务和融资便利。（省财政厅、省金融办、人民银行济南分行、山东保监局按职责分工负责）

（四）推动贸易便利化。对重点培育的国际自主品牌企业优先办理出口食品生产企业备案和原产地证书签证等手续。根据自主品牌企业及产品的实际情况，帮助优先获得中国出口质量安全示范企业和一类企业资质。支持自主品牌企业享受进出口货物通关便利措施，支持自主品牌企业享受进出口货物检验检疫通关一体化等优惠措施。针对自主品牌企业特点，"量身定做"适应其进出口和生产需要的监管和检验检疫模式。（省口岸办、省贸促会、青岛海关、济南海关、山东出入境检验检疫局按职责分工负责）

山东省人民政府办公厅关于金融支持实体经济发展的意见

2016 年 6 月 28 日　鲁政办发〔2016〕28 号

各市人民政府，各县（市、区）人民政府，省政府各部门、各直属机构，各大企业，各高等院校：

为积极适应和引领经济发展新常态，推动供给侧结构性改革，加强"去产能、去库存、去杠杆、降成本、补短板"金融服务，促进实体经济转型升级和持续健康发展，经省政府同意，现提出以下意见：

一、增强信贷服务有效性

各有关部门和金融管理部门要加强协调配合，积极引导推动银行业金融机构增强主动服务意识，制定精准度高、因企而异的信贷投放措施。对"5＋4"（钢铁、水泥、电解铝、平板玻璃、船舶、炼油、轮胎、煤炭、化工）等传统行业的优质企业特别是技术升级改造项目，要及时给予有力支持；对传统行业中有订单、有品牌、有效益、暂时出现流动性紧张的企业，要有针对性地运用收回再贷、续贷展期、资产置换等手段，帮助企业化解危机；对无市场无前途的"僵尸企业"，要逐户制定风险处置化解方案，避免"一刀切"式的信贷退出，除依法实施破产清算外，还应积极创造条件促进企业兼并重组，实现各方利益最大化。切实维护银行信贷资产权益，防止企业在重组改造中悬空逃废银行债权。

进一步完善和落实大额授信联合管理机制。贷款余额（贸易型企业授信额）5 亿元以上且债权银行 3 家以上的客户，以及界定额度以下的风险客户，要全部组建债权人委员会，实行分类管理。对违反债权人委员会决议，单方面采取抽贷、断贷、停贷措施的银行业金融机构，债权人委员会和银行业协会可给予同业谴责或同业制裁，造成恶劣影响或重大风险的，各市可会同有关部门探索建立特别名单制度。

（以上工作由山东银监局、人民银行济南分行、省发展改革委、省经济和信息化委、省国资委、省金融办和各市人民政府共同负责）

二、降低企业融资成本

深入落实《商业银行服务价格管理办法》，督促银行业金融机构认真查核收费项目及价格，列出清单在营业场所公布，并鼓励在公众信息网公布。加强对企业融资过程中担保、评估、登记、审计、保险等中介机构和有关部门收费行为的监督，取消贷款融资服务中的一切不合规收费。对以贷转存、存贷挂钩、借贷搭售、转嫁成本等变相提高利率、加重企业负担的行为，予以严肃查处。

保持财政政策连续性和稳定性。2016 年继续执行重点行业升级改造贷款贴息政策。强化政府性政策性融资担保机构准公益职能，扩大融资担保和风险补偿基金规模，在符合国家、省规定条件的贷款担保业务发生风险时，融资担保机构、风险补偿基金、贷款银行等要按合同约定合理分担损失。对诚实守信、风险控制能力强、经济社会效益好的融资担保机构，银行业金融机构应通过降低准入门槛、降低保证金比例、提高融资放大倍数等措施给予有力支持。

（以上工作由山东银监局、省发展改革委、省物价局、省经济和信息化委、省财政厅、省金融办、人民银行济南分行和各市人民政府共同负责）

三、完善企业转贷应急机制

积极帮助素质好但暂时遇到资金周转困难的企业度过续贷难关，2016 年 7 月底前，市县级均要建立符合本地实际的企业转贷应急机制。对确有困难的市、县，由省财政厅制定具体办法给予适当帮助。各级财政部门要会同有关单位，按照"专款专用、封闭运行"的原则，合理确定服务对象、申请条件、使用额度、周转期限、资金成本等，科学设置审核程序和资金划转流程，切实加强管理，严密防范风险。可以采用政府购买服务的方式，授权或委托专业机构对续贷过桥资金进行具体管理和运作。

银行业金融机构应与相关部门紧密配合，综合运用循环贷款、年审制贷款、展期续贷、分期还款等多样化手段，尽最大可能减少企业因先还后贷而发生的高息"过桥"融资。

（以上工作由各市人民政府和省财政厅、省经济和信息化委、省金融办、山东银监局、人民银行济南分行共同负责）

四、创新抵（质）押融资方式

完善不动产融资相关服务。对依法设立的银行、保险等金融机构和小额贷款、民间融资、融资担保等地方金融组织开展抵押融资业务，需要办理土地、房产等登记手续的，不动产登记机构要依法高效办理有关事项。支持符合条件的划拨土地改为出让土地，提高土地融资价值。对于企业未确权办证的土地，可探索由政府集中托管后提供贷款抵押或担保。积极稳妥地推进农村承包土地经营权、农民住房财产权抵押贷款试点。银行业金融机构要立足实际，在覆盖风险的前提下，努力提高土地、房产等固定资产抵

（质）押率。

大力发展动产抵（质）押贷款业务。探索建立以互联网为基础的集中统一的动产、权益抵（质）押登记平台。鼓励将作为抵（质）押物的资产在山东金融资产交易中心进行托管和处置流转。研究运用物联网技术解决动产融资中的信息不对称问题。更好发挥股权、农村产权、海洋产权、能源环境等交易市场的作用。加快建设统一高效的知识产权交易服务平台，鼓励发展以知识产权、股权、排放权和节能量等为抵（质）押物的新型融资方式。

（以上工作由省国土资源厅、省住房城乡建设厅、省农业厅、省科技厅、省海洋与渔业厅、省环保厅、省工商局、省金融办、人民银行济南分行、山东银监局、山东保监局和各市人民政府共同负责）

五、推动企业多渠道融资

加强工作督导，全面落实《山东省人民政府关于加快推动规模企业规范化公司制改制的意见》（鲁政发〔2015〕8号），为企业便利融资奠定扎实基础。本着从宽灵活处理的原则，妥善处理历史遗留问题，支持企业依法完善土地、房屋、规划等手续，最大限度地减免相关收费，并酌情对企业改制发生的中介费用给予一定补助。

深入拓展直接融资。各地对企业上市、挂牌融资的奖补政策要认真落实到位，鼓励对中小企业发行债券给予补贴或奖励。支持企业通过发行债券置换贷款或用长期债券置换短期债券。对政府设立的工业转型升级等股权投资引导基金以及各种产业基金，要切实加强管理，完善激励机制，搞好项目对接，吸引更多社会资本进入。进一步加大"险资入鲁"工作力度，建立健全保险资金运用信息平台和常态化项目对接机制，引导推动保险公司在我省设立不动产、基础设施、养老健康等专业保险资产管理机构。支持发展各类资产证券化业务。

政府融资平台在依法合规、有效防控风险的前提下，可以继续承接各类政策性贷款或发行各类债券，也可以探索开展股权投资或为其他企业提供融资担保、固定资产收储与处置等服务。

（以上工作由各市人民政府和省发展改革委、省经济和信息化委、省财政厅、省国土资源厅、省住房城乡建设厅、省国资委、省地税局、省金融办、人民银行济南分行、山东银监局、山东证监局、山东保监局共同负责）

六、鼓励企业并购重组

制定企业并购重组计划，重点支持和引导上市公司通过整体上市、定向增发、资产收购等形式开展并购重组，促进行业整合和产业升级。推动绩差上市公司通过引进战略投资者、注入优良资产、资产置换等方式实施重组。积极利用优先股、并购贷款、并购基金、可转债、永续债等融资手段，丰富并购方式，拓宽并购资金来源。鼓励证券公司、资产管理公司、股权投资基金以及产业投资基金等参与企业兼并重组。充分发挥政府股权投资引导基金和山东国惠改革发展基金作用，按照有利于制衡机制有效形成、有利于资本运营水平提升、有利于产业转型升级的目标要求，积极引入社会资本参与国有企业改革，鼓励发展非公有制资本控股的混合所有制企业。完善财税、职工安置等政策，简化审批手续，降低并购成本，定向精准支持企业并购重组。

（以上工作由各市人民政府和省国资委、省发展改革委、省经济和信息化委、省财政厅、省地税局、省金融办、山东银监局、山东证监局共同负责）

七、加强金融逆周期调节机制建设

积极配合金融宏观审慎管理，更好发挥定向降准、再贷款、再贴现等政策效应，有效扩大地方法人金融机构可用资金来源，为企业融资提供优惠和便利。引导银行业金融机构根据经济转型发展的客观需求，逐步调整客户准入、评级、授信等信贷标准，适当提高风险容忍度，提高实体企业信贷融资可得率。

推动银行业金融机构建立科学、细化、操作性强的尽职免责制度。对于非因银行工作人员道德风险、重大过失而形成不良的小微企业、"三农"及创新类贷款，应免于追究相关人员责任。

提高不良贷款处置效率。银行业金融机构要积极争取不良贷款核销规模指标，用足用好现有不良贷款核销和批量转让政策，做到应核尽核。落实好贷款损失税前扣除政策。充分发挥山东金融资产管理公司、山东金融资产交易中心在不良贷款处置中的功能作用，支持有条件的市依法依规搭建不良资产收储处置平台，并探索通过设立合资合作基金等模式，吸引民间资本和外资参与，采取灵活有效形式，进一步提高不良贷款处置效率。积极争取地方法人机构不良资产证券化试点资格。切实降低抵债资产变现成本，对金融机构和地方金融组织收回处置抵债资产过程中涉及的土地、产权、收费等问题，相关部门要依法简化手续并适当减免费用。

（以上工作由人民银行济南分行、山东银监局、省金融办、省国土资源厅、省住房城乡建设厅、省地税局和各市人民政府共同负责）

八、培育诚信守法金融文化

建立和完善全省公共信用信息平台，深入推进各领域信用信息互联共享。加强对青岛、潍坊、威海、德州、荣成等国家创建社会信用体系建设示范城市的工作指导，扎实开展我省社会信用体系建设试点工作，为建设更高水平的信用体系探索经验。建设地方金融组织信息综合服务平台。

认真落实国家对重大税收违法案件当事人、违法失信上市公司相关责任主体、失信企业、失信被执行人、安全生产领域失信主体等实施联合惩戒的系列合作备忘录，建立健全我省跨部门失信联合惩戒机制，严厉打击恶意逃废银行债权的违法犯罪行为，切实保护金融企业合法权益。继续深入开展信用红黑名单公示和媒体曝光工作。

探索建立区域金融生态环境监测评价体系。深入宣传贯彻《山东省地方金融条例》，加强地方金融监管队伍和能力建设，建立健全金融投资者和消费者权益保护机制。

（以上工作由各市人民政府和省法院、省编办、省发展改革委、省经济和信息化委、省人力资源社会保障厅、省公安厅、省地税局、省工商局、省法制办、省金融办、人民银行济南分行、山东银监局、山东证监局、山东保监局共同负责）

九、化解重点领域风险隐患

各级要建立健全金融风险监测和信息通报制度，加强重点领域金融风险预警，落实好金融风险突发事件应急预案，坚决守住不发生系统性区域性金融风险的底线。健全政银企合作机制，明确企业流动性风险防范处置责任、流程和措施。扎实开展互联网金融风险专项整治工作，严厉打击非法集资、金融诈骗等犯罪活动。

研究制定化解企业担保风险的一揽子政策措施。各级要全面摸排企业担保情况，坚持事前预防，实施动态监测，对重大担保圈（链）、关键节点企业实行"一圈一策""一企一策"，有序开展"破圈断链"工作，针对不同情况灵活采取担保公司替代、调整担保人、置换抵（质）押物等替代方式，逐步降低企业担保贷款占比，实现大圈化小、长链缩短，有效拆分担保圈（链），防止发生连锁反应。

（以上工作由各市人民政府和省公安厅、省工商局、省金融办、人民银行济南分行、山东银监局、山东证监局、山东保监局共同负责）

十、建立金融案件处置绿色通道

协调法院开辟金融案件快立、快审、快判、快执"一站式通道",实行审限内提速,解决"送达难"问题。统一金融纠纷案件法律适用标准。推行金融案件审判程序繁简分流,充分发挥小额诉讼程序作用,加大简易程序适用力度。

协调开展联合清理金融积案专项行动。对 2014 年以来立案的金融案件进行集中清理,尽快扭转金融案件处置周期长、受偿率低、执行难的局面,为化解金融风险、盘活信贷存量、促进实体经济平稳运行和转型发展提供有力保障。

(以上工作由省法院、省公安厅和各市人民政府共同负责)

山东省人民政府办公厅关于印发省属经营性
国有资产统一监管实施计划的通知

2016 年 8 月 8 日　鲁政办发〔2016〕39 号

各市人民政府,各县(市、区)人民政府,省政府各部门、各直属机构,各大企业,各高等院校:

《省属经营性国有资产统一监管实施计划》已经省政府同意,现印发给你们,请认真组织实施。

附件:省属经营性国有资产统一监管实施计划

附件:

省属经营性国有资产统一监管实施计划

根据《山东省人民政府关于印发推进省属经营性国有资产统一监管工作方案的通知》(鲁政字〔2015〕146 号)要求,现制定实施计划如下:

一、实施范围

省属经营性国有资产统一监管范围是省国资委尚未履行出资人职责的省属企业国有资产,具体包括省直单位对国有独资企业、国有独资公司、国有资本控股公司、国有资本参股公司等各类国家出资企业以各种形式出资所形成的权益。省属从事生产经营活动事业单位转制为企业后,纳入统一监管范围。

经核实,44 个省直部门、单位共有所属一级企业 616 户,截至 2014 年 12 月 31 日,资产总额 842.96 亿元,所有者权益 336.61 亿元,2014 年度营业收入 330.00 亿元,净利润 13.16 亿元,企业职工 41 439 人。

二、实施意见

根据省属国有资本布局结构调整方向,结合省属企业实际,按照"分层分类、有序划转,因企制宜、分类监管"的原则实施统一监管。

(一)分层分类、有序划转。

根据企业不同情况，分别采取以下方式划转产权。

1. 产权划入省国资委和省社保基金理事会。对资产规模较大、资产质量较好的企业，以其为主体重组整合其他企业，组建或改建为省管一级企业，国有产权划入省国资委和省社保基金理事会，分别由省国资委持有 70%、省社保基金理事会持有 30%。

此类情况涉及省粮食局、省水利厅、省科学院、省农科院、省地矿局和省煤田地质局 6 个部门所属 221 户企业（具体名单见附件，下同），分别整合组建鲁粮集团（企业名称以工商注册登记为准，下同）、水发集团、山科集团、种业集团、地矿集团和泰山地勘集团 6 户省管一级企业。221 户企业的资产总额 276.86 亿元、所有者权益 80.07 亿元，分别占总数的 35.9%、32.8%、23.8%。

2. 产权划入省管一级企业。对具有一定资产和经营能力的企业，按照产业相近、业务相关、优势互补的原则，国有产权划入省管一级企业。省管一级企业因国有产权划入增加的权益，由省国资委和省社保基金理事会按出资比例分别享有。此类情况涉及省发展改革委等 31 个部门所属 184 户企业，分别划入 13 户省管一级企业。184 户企业的资产总额 335.91 亿元、所有者权益 138.99 亿元，分别占总数的 29.9%、39.9%、41.3%。

3. 产权暂不划转。省监狱管理局、省戒毒局所属企业，承担服刑人员劳动改造等任务，且享受税收优惠政策；省属高等院校所属企业，承担教学实训等任务，且资产少、分布广，暂不实施产权划转，仍维持现行管理体制。此类情况涉及省监狱管理局所属 2 户企业、省戒毒局所属 5 户企业，省属高等院校所属 106 户企业。113 户企业的资产总额 181.12 亿元、所有者权益 113.97 亿元，分别占总数的 18.3%、21.5%、33.9%。

此外，对严重资不抵债、停业停产、不具备正常经营条件的企业，产权不再划转，由原主管部门另行提出清理、注销、关闭的意见报省政府研究确定。涉及 25 个部门的所属 98 户企业，98 户企业的资产总额 49.07 亿元、所有者权益 3.58 亿元，分别占总数的 15.9%、5.8%、1.0%。

（二）因企制宜、分类监管。

对所有正常经营的企业，除划入省管一级企业的由省管一级企业依法管理外，其他企业按以下三类方式实施监管。

第一类：省国资委和省社保基金理事会履行全部出资人职责。

这类企业与市场经济融合较好，具有一定的经营基础，资产规模较大，适合组建省管一级企业。主要涉及省粮食局所属企业，整合组建鲁粮集团，形成储备、加工、流通为一体的全产业链型粮食产业集团，并承担粮食储备等任务。

对此类企业，由省国资委和省社保基金理事会履行全部出资人职责。省国资委负责业绩考核、薪酬管理等《公司法》《企业国有资产法》等法律法规规定的出资人对重大事项和资产的管理。省国资委党委负责领导班子建设和党的建设。

全省质监系统所属特检机构等单位整合组建的山东特检集团，承担特种设备的监督检验、认证、技术评审等任务，也按此类方式管理。

第二类：省国资委和省社保基金理事会履行部分出资人职责。

这类企业行业特点明显，普遍存在事企交叉重合、人员资产不分等问题，对主管部门的依存度较大，企业生产经营需要主管部门的支持和指导，安全生产管理由主管部门负责，且承担民生工程建设、科技成果转化、矿产资源勘查等功能性和公益性任务。

此类企业主要涉及省水利厅所属水发集团，承担全省水利民生工程建设任务，需要依托既有的财政资金渠道和省水利厅的行业扶持；省科学院、省农科院所属山科集团、种业集团，是科技成果转化的重要平台，也是调动科技人员积极性的有效载体，需要延续科研院所的成果及人才支撑；省地矿局和省煤田地质局所属地矿集团、泰山地勘集团，是矿产资源勘查的专业平台，经营资质和勘查技术主要依托事业单位，需要原主管部门的行业指导和技术支持。

对此类企业，设置 3 年过渡期，由省国资委和省社保基金理事会履行部分出资人职责。对于企业领导班子建设，在过渡期内由主管部门提名企业董事长和党委成员，报省国资委党委批准，主管部门负责董事会和党委会的日常管理。5 户企业其他出资人职责由省国资委和省社保基金理事会按第一类方式履行。企业经理层逐步推行职业经理人制度，员工推行全员劳动合同制。

第三类：省国资委履行国有资产基础管理职责。

这类企业承担特殊职能或公益性任务，政企、事企难以分开，主要涉及省监狱管理局、省戒毒局所属企业，分别承担服刑戒毒人员劳动改造、技能培训等特殊职能；省属高等院校所属企业承担高校学生实习、教学实训等公益性任务。

对此类企业，由省国资委履行国有资产基础管理职责。省国资委按照统一制度规范、统一工作体系的原则，建立完善企业国有资产台账，全面掌握企业国有资产状况；严格规范企业国有资产流转，动态监控企业国有资产变动；开展财务监督综合评价，切实维护企业国有资产安全。主管部门负责企业领导班子建设和党的建设，并明确专门机构做好企业国有资产的日常管理工作，落实企业国有资产保值增值责任。

三、政策措施

（一）统一监管过程中，产权划转的省属企业，职工劳动合同关系保持不变。对部分企业存在的与主管单位混岗使用的工作人员，主管部门要根据政策规定妥善安置。省属企业在产权划转前形成的信访稳定问题，由原主管部门负责解决。

（二）对省属企业长期实质性使用的省级行政事业性资产，划转为企业资产，经评估后列入企业国家资本金，由省财政厅会同省机关事务管理局等有关部门办理资产划转手续；因非独立使用等特殊原因无法随同划转的，设置 5 年过渡期，由企业按原使用方式及条件继续使用。

（三）统一监管后，为弥补相关事业单位经费不足，省财政在现有保障政策的基础上，加大对地矿集团、泰山地勘集团、山科集团和种业集团等 4 户新组建企业集团经营收益的统筹力度，支持相关事业单位发展。

四、工作安排和要求

推进省属经营性国有资产统一监管，是深化我省国有企业改革、促进国有企业持续健康发展的重大举措。各部门要充分认识统一监管工作的重大意义，切实增强责任感和紧迫感，加强沟通，积极配合，精心组织，协力推进。工作中要加强企业资产评估，严格规范国有资产流转，确保国有资产不流失。要加强企业党的建设和领导班子建设，健全完善各级党组织，进一步加强和改善党的领导。要做深做细职工思想政治工作，切实保障和维护职工合法权益，确保职工队伍稳定。

（一）整合组建省管一级企业的，由省国资委会同主管部门制定组建、改建方案，于 2016 年 10 月底前组织实施。

（二）划入省管一级企业的，由省管一级企业在尽职调查的基础上，根据企业发展战略和结构调整要求，进行重组整合或按市场化原则进行资本运营，于 2016 年 10 月底前制定具体方案。

（三）对暂不实施产权划转的省监狱管理局、省戒毒局和省属高等院校所属企业，省国资委要按照国家统一制度规定加强管理，主管部门要制定具体管理办法，做好日常管理工作，落实企业国有资产保值增值责任。

（四）对严重资不抵债、停业停产、吊销营业执照等不具备正常经营条件的企业，国有产权不再划转，由各主管部门提出清理关闭、注销清算的意见，于 2016 年 10 月底前报省政府研究确定，并做好后续组织实施工作。

（五）本《实施计划》印发 1 个月内，各主管部门要将所属企业整体移交省国资委或相关省管一级企业，办理企业领导班子和党组织关系等移交手续。其中，组建省管一级企业的领导班子和党组织关系，报省委组织部研究同意后办理移交。统一监管涉及的企业国有产权划转手续，依据本《实施计划》办理，划转基准日为 2016 年 6 月 30 日。

（六）对于省政府批准的 79 户事改企单位，其所属企业的统一监管工作要一并同步推进，纳入本次统一监管范围。

（七）省直各部门、单位所属企业改制应按照法律法规规定的程序规范推进，严格执行公开进场交易制度。2016 年 6 月底之前未完成改制的，要按照统一监管要求划转给省管一级企业，由划入企业负责其改革重组工作。

本《实施计划》印发后，省直各部门、单位在工作中发现未纳入统一监管实施范围的其他企业，要按照鲁政字〔2015〕146 号文件和本《实施计划》的要求，实施统一监管。

附件：省属经营性国有资产统一监管企业名单

附件：

省属经营性国有资产统一监管企业名单
（616 户）

一、国有产权划入省国资委和省社保基金理事会的企业（221 户）

（一）省粮食局所属企业（19 户）
山东省粮油收储有限公司
山东齐河国家粮食储备库
山东鲁北国家粮食储备库
山东省军粮储备库
山东平原龙门粮食储备库
山东谷丰粮食储备库
山东省粮油交易中心
山东省粮油综合服务公司
山东省冠力粮油食品科技开发公司
山东坤华集团公司
山东省粮油集团总公司
山东省粮油购销储运公司
山东粮食大厦
山东省粮食贸易公司
山东省饲料公司
山东省粮油工业公司
山东省粮油工程设计院
山东省粮食局招待所
山东省粮食批发市场
（二）省水利厅所属企业（23 户）
山东水务发展集团有限公司
山东省基础工程公司
山东省水利水电建筑工程承包有限公司
山东省水利工程建设监理公司
山东省水利装饰园林总公司
山东省科源工程建设监理中心

山东水利岩土工程公司

山东省科苑水利勘察设计咨询中心

山东省水科院长清科源天然泉水开发中心

山东省科源节水技术开发中心

山东省淮河流域水利管理局规划设计院

山东淮海水利工程有限公司

山东省淮海工程建设监理有限公司

淄博先锋驾驶员培训有限责任公司

山东省水电设备厂

日照水源工程建设监理有限公司

山东华泰保尔水务农业装备工程有限公司

山东省调水工程技术研究中心

山东省引黄济青建筑安装总公司

潍坊鲁鸢水务有限公司

昌邑市龙珠实业总公司

青岛水工建设科技服务有限公司

平度市引黄济青建筑安装工程公司

（三）省科学院所属企业（32户）

山东天力干燥股份有限公司

济南蓝动激光技术有限公司

济宁科力光电产业有限责任公司

山东科力光电技术有限公司

山东微感光电子有限公司

山东正中计算机网络技术咨询有限公司

山东久隆高分子材料有限公司

山东省海洋仪器仪表科技中心

山东瑞泰信息技术有限责任公司

山东省公共安全技术防范监理中心

山东经纬测试技术开发公司

山东省科创物业管理有限公司

山东省科信油品有限责任公司

山东重信通用软件有限责任公司

山东正方人合信息技术有限公司

山东天虹弧板有限公司

济南百奥能源环境科技有限公司

山东恒冠化工科技有限公司

山东双科智能技术有限公司

山东省科学院激光研究所济宁山科技术总公司

山东自动化系统工程公司

山东科星服务公司

山东省正元科技咨询评估事务所有限公司

山东山科国有资本运营有限公司

山东省海洋仪器仪表研究所青岛仪器仪表经营公司

青岛奥森海洋装备公司
青岛测控技术公司
青岛金象广告企划中心
济南天德科技发展有限公司
山东凯华电源有限责任公司
山东鸿达科技信息工程公司
山东桑乐太阳能有限公司
（四）省农科院所属企业（78 户）
山东种业集团股份有限公司
山东奥克斯畜牧种业有限公司
山东省农业科学院农药研究开发中心
山东省农业科学院高效农药实验厂
山东农科实业公司
山东省健牧生物药业有限公司
山东省农科种业有限公司
山东农业科技开发总公司
山东鲁研农业良种有限公司
山东金禾农业科技开发有限公司
山东黎明种业科技有限公司
山东诺达农业科技有限公司
山东邦地生物科技有限责任公司
山东鲁保科技开发有限公司
山东鲁壹种业科技有限公司
临清鲁壹种业有限责任公司
山东鲁蔬种业有限责任公司
山东创新源农业技术开发有限公司
山东兴牛乳业有限公司
山东省农科苑畜牧发展中心
山东昊泰实验动物繁育有限公司
山东昊泰科技药业有限公司
济南新科物业有限公司
济宁瑞丰种业有限公司
山东泰丰生物制品有限公司
烟台神龙蚕用药业科技开发有限公司
山东高远花生科技有限公司
山东天地园艺科技有限公司
山东省轻工实业发展公司
山东佰斯葡萄酿酒公司
《中外葡萄与葡萄酒》杂志社
山东省九州食品生产力促进中心
天桥区鲁禽塑料制品厂
山东颜山电气股份有限公司
山东万全动物药业有限公司

山东双佳农装科技有限公司

山东双佳农牧机械科技有限公司

山东省装备制造业信息化技术发展中心

山东省水稻研究所试验农场经营部

山东省农用运输车总公司

山东省农业科学院作物所良种开发中心

山东省农业科学院植物医院

山东省农业科学院招待所

山东省农业科学院玉米研究所科技开发中心

山东省农业科学院寿光滨海盐碱土改良利用实验站有限公司

山东省农业科学院实验添加剂厂

山东省农业科学院实验兽药厂

山东省农业科学院实验面粉厂

山东省农业科学院劳动服务总公司

山东省农业科学院家禽研究所饲料添加剂厂

山东省农业科学院家禽研究所实验兽药厂

山东省农业科学院家禽研究所东郊禽病服务部

山东省农业机械科学研究院试制工厂

山东省农业机械工业公司

山东省农科院植保所新农药中试厂

山东省农科院原子能所科技服务部

山东省农科院畜牧兽医研究所畜产品加工试验厂

山东省鲁轻麦芽研究中心

山东省科信农业技术有限责任公司

山东省果树研究所病虫防治服务中心

山东省果树研究所《落叶果树》杂志社

山东省谷丰农业开发有限公司

山东省蚕业研究所烟台绿宝蚕用饲料厂

山东绿海牧业科技发展有限公司

山东鲁原种子有限公司

山东鲁研食品技术有限公司

山东鲁研农作物脱毒技术开发有限公司

山东科苑种植有限责任公司

山东科源畜牧良种繁育有限公司

山东科信生物化学有限公司

山东汇博农业机械展览有限公司

山东华创信息技术有限公司

山东冠丰种业科技有限公司

三高种业有限公司

济南双佳敏捷制造科技有限公司

济南鲁禽生物科技有限公司

济南科海有限公司

山东东方化工分析技术公司

（五）省地矿局所属企业（51 户）

山东地矿集团有限公司

山东省地矿工程集团有限公司

山东省地矿宝玉石鉴定中心

山东地矿国际投资有限公司

山东地矿新能源有限公司

济南美得乐餐饮管理有限公司

山东松立仪表有限责任公司

山东地兴有限责任公司

山东省地质经济贸易公司

山东地矿置业有限公司

山东省深基建设工程总公司

山东省深基础工程勘察院

山东省鲁地深基础检测中心

山东省地质测绘院经济开发总公司

山东地质印刷厂

山东省地矿测绘院

山东省地矿工程勘察院

山东省地矿物资总公司

山东山水旅行社

山东省恒通地矿设备有限公司

山东临沂地矿实业总公司

山东省临沂地质矿产开发公司

山东地矿开元勘察施工总公司

山东省威海基础工程公司

威海地质工程勘察院

山东恒通黄金钻探机械厂

威海海虹精细化工有限责任公司

山东省日照基础工程公司

日照岩土工程勘察院

山东省华鲁工程总公司

山东省地质矿产局第二地质大队多种经营总公司

山东省鲁南地质工程勘察院

山东省济宁地质工程勘察院

山东省鲁岳资源勘查开发有限公司

泰安山水旅行社

山东省潍坊基础工程公司

山东省潍坊地矿经贸公司

山东岩土工程公司

山东省经纬工程测绘勘察院

山东省新特工程物探勘察院

山东鲁地海洋地质勘测院

山东新欣地质科贸公司

济南华地驾驶员培训中心

山东省烟台地质工程勘察院

山东烟台地质工程公司

烟台天元实业公司

烟台地矿勘查院服务公司

烟台金鲁铜业有限公司

山东省鲁北地质工程勘察院

青岛地矿岩土工程有限公司

青岛地矿置业有限公司

（六）省煤田地质局所属企业（18户）

山东泰山地质勘查公司

济南大舜金华经贸有限公司

山东省煤田地质局第一机械厂

山东海洋资源勘查研究院

青岛经济技术开发区惠和工贸开发中心

青岛经济技术开发区惠和宾馆

青岛经济技术开发区惠和商贸公司

青岛经济技术开发区惠和基础工程公司

山东省煤田地质钻探工具厂

嘉祥工程地质勘查院

泰安市泰山大地钻探设备制造厂

潍坊鲁煤岩土工程勘查院

山东潍坊鲁煤工程机械厂

山东鲁潍矿业开发有限公司

山东坊子利翔实业总公司

山东中煤物探测量总公司

山东煤田地质机械厂

山东亚特尔集团股份有限公司

二、国有产权划入省管一级企业的企业（184户）

（一）划入山东省鲁信投资控股集团有限公司的企业（3户）

1. 团省委所属企业（2户）

山东省山青世界青少年实践活动中心

山东省中国青年旅行社

2. 省旅游发展委所属企业（1户）

山东省旅游工程设计院

（二）划入兖矿集团有限公司的企业（1户）

省石油化工协会所属企业（1户）

山东省安泰化工压力容器检验中心

（三）划入山东能源集团有限公司的企业（9户）

山东省七五生建煤矿

山东省武所屯生建煤矿

山东省岱庄生建煤矿

山东里能里彦矿业有限公司

山东里能鲁西矿业有限公司

山东省三河口矿业有限责任公司

山东省郓城煤矿

山东省徐庄生建煤矿

山东省滕东生建煤矿

（四）划入华鲁控股集团有限公司的企业（8 户）

山东省环境保护科学研究设计院

山东省环科院环境工程有限公司

山东省中鲁环境工程评估中心

山东省波尔辐射环境技术中心

山东省国联环境保护对外合作中心

山东省环科院环境科技有限公司

山东科苑环境认证中心

山东绿源环保工程开发中心

（五）划入山东高速集团有限公司的企业（15 户）

1. 省发展改革委所属企业（3 户）

山东省资源总公司

山东省英泰公司

山东省集华贸易公司

2. 省住房城乡建设厅所属企业（7 户）

山东省对外建设工程总公司

山东鲁建城市规划设计研究院

山东省国际实业公司

山东省建设监理咨询有限公司

山东市政工程建设总公司

山东省建设监理服务中心

山东省勘察设计综合服务公司

3. 省林业厅所属企业（3 户）

山东鸿林工程技术有限公司

山东省林业科技开发公司

山东省森帝园林绿化工程有限公司

4. 省交通运输厅所属企业（1 户）

山东通远港航服务中心

5. 省人防办所属企业（1 户）

山东省三益工程建设监理有限公司

（六）划入山东省交通运输集团有限公司的企业（7 户）

1. 省妇联所属企业（1 户）

山东省妇女旅行社有限公司

2. 省林业厅所属企业（1 户）

山东森林旅行社有限责任公司

3. 省旅游发展委所属企业（1 户）

山东旅游信息展览总公司

4. 省侨办所属企业（1 户）

山东省中国旅行社

5. 省职教办所属企业（3 户）

山东省企业经理人才评价推荐中心

山东省人力资源管理有限公司

山东省企业考试培训中心

（七）划入山东发展投资控股集团有限公司的企业（1 户）

省发展改革委所属企业（1 户）

山东省经济发展总公司

（八）划入山东财金投资集团有限公司的企业（1 户）

省经济和信息化委所属企业（1 户）

山东融世华租赁有限公司

（九）划入齐鲁交通发展集团有限公司的企业（2 户）

1. 省交通运输厅所属企业（1 户）

山东省鲁达交通物业中心

2. 省机关事务管理局所属企业（1 户）

山东省直机关住宅建设发展有限责任公司

（十）划入山东产权交易中心的企业（4 户）

1. 省机械设备成套局所属企业（3 户）

山东省大成投资咨询中心

山东省机电设备成套公司

山东省设备成套招标中心

2. 省经济和信息化委所属企业（1 户）

山东招标股份有限公司

（十一）划入山东国惠投资有限公司的企业（14 户）

1. 省经济和信息化委所属企业（2 户）

山东拍卖总行

山东赛宝电子信息工程有限责任公司

2. 省科技厅所属企业（5 户）

山东索普招标有限公司

山东省科技融资担保有限公司

山东省现代农业科技创业投资有限公司

山东省科技评估中心

山东科合海洋高技术有限公司

3. 省住房城乡建设厅所属企业（3 户）

山东省城乡建设勘察设计研究院

山东省鲁建燃气公司

山东省建设厅招待所

4. 省海洋与渔业厅所属企业（3 户）

山东升索渔用饲料研究中心

山东海渔水产良种引进开发中心

东平湖河蟹育苗试验场

5. 省机关事务管理局所属企业（1 户）

山东鲁勤有限责任公司

（十二）纳入山东特种设备检验检测集团有限公司组建范围的企业（2 户）

省质监局所属企业（2 户）

山东省特种设备检验研究院鲁特科技开发公司

山东鲁源节能认证中心

（十三）划入山东省国有资产投资控股有限公司的企业（117 户）

1. 团省委所属企业（2 户）

济南山青物业管理有限公司

山东省雏鹰少先队服务中心

2. 省发展改革委所属企业（3 户）

山东省节能环保总公司

山东省经科实业总公司

山东省重点工程服务中心

3. 省经济和信息化委所属企业（4 户）

山东天工企业策划咨询有限公司

山东省联合航空公司

山东永大工贸有限公司

山东省建材技术咨询公司

4. 省教育厅所属企业（4 户）

山东电化教育服务中心

山东省教学仪器设备公司

山东省教育装备中心

山东鲁育招标有限公司

5. 省科技厅所属企业（4 户）

山东省科技经济信息产业公司

山东专利工程总公司

山东宏达科技创业公司

山东省国际外事服务中心

6. 省人力资源社会保障厅所属企业（3 户）

山东东方大厦

山东培森人力资源开发有限责任公司

山东省劳务合作公司

7. 省住房城乡建设厅所属企业（15 户）

山东省城建工程集团公司

山东省房地产开发集团总公司

山东省工程造价咨询公司

山东省建鲁城乡发展中心

山东省建设投资发展有限公司

山东省城市车辆总公司

山东省建设执业师专业书店

山东淄博人和物业公司

山东省建筑工业图书音像总公司

山东省建设科技与产业化中心

山东省建成物业管理有限公司

山东省鲁班商店

山东省中鲁建筑集团总公司

山东省地产咨询总公司

山东省监协建设监理中心

8. 省农业厅所属企业（1 户）

山东省植物保护总站经营部

9. 省商务厅所属企业（2 户）

山东省外商投资服务公司

青岛联丰展览有限公司

10. 省统计局所属企业（2 户）

山东省鲁统市场调查中心

济南同吉宾舍商务酒店有限公司

11. 省质监局所属企业（11 户）

方圆标志认证集团山东有限公司

山东华鲁管理咨询培训中心

山东金质信息技术有限公司

山东方圆建筑工程检测中心

山东慧矩信息科技有限公司

山东星智技术交流中心

山东万泰质量技术监督培训中心

山东省社会公正计量行

山东省数字证书认证管理有限公司

中检华纳（北京）质量技术中心有限公司

山东齐鲁检测有限公司

12. 省机关事务管理局所属企业（6 户）

山东文惠物业管理有限公司

山东省省级机关服务中心

山东省安达汽车服务公司

山东省省级机关汽车队

山东文达经贸服务中心

济南东岳宾馆

13. 省纺织工业协会所属企业（12 户）

山东省纺织供销总公司

山东省锦瑞纺织商贸中心

山东省纺织品总公司

山东省纺织设计院

山东省纺织科技大厦

山东省服装鞋帽工业集团公司

山东省服装设计研究开发中心

山东省纺织实业总公司

山东省纺织电脑中心

山东省纺织工业办公室招待所

山东纺织工程承包公司

山东省纺织工业对外发展公司

14. 省建材协会所属企业（8 户）

山东省经纬项目管理咨询公司

山东省鲁源建材经贸公司

山东省建材房地产开发总公司

山东省建材劳动服务公司

山东省建材实业总公司

山东省建材贸易总公司

山东省建材供销总公司

山东省建材非金属工贸总公司

15. 省石油化工协会所属企业（8 户）

山东省化肥工业总公司

山东省橡胶工业总公司

山东省鲁化生产力促进中心

山东省化工装备总公司

山东省炼化公司

青岛东岳公司

山东化工宾馆

山东鲁华宾馆（山东省石化协会招待所）

16. 省轻工业协会所属企业（23 户）

山东天一化学股份有限公司

山东天维膜技术有限公司

潍坊天一投资有限公司

山东省轻工业办公室招待所

济南九州富得香料有限责任公司

济南高新开发区京鲁生物技术研究开发中心

山东省食品工业总公司

山东省第二轻工业机械厂

山东省包装印刷技术开发总公司

山东省一轻对外经济技术开发公司

山东银海盐业技术开发公司

山东纸业集团总公司

山东造纸工业技术开发公司

山东省日用机械总公司

山东省鲁轻酿酒原料总公司

山东轻工信息广告中心

济南鲁发科贸公司

山东《中华纸业》杂志社

山东鲁轻安全评价中心

山东恒信建设监理有限公司

山东鲁轻工程建设招标代理中心

山东省轻工业电子技术开发中心

山东省轻工业设计院

17. 省轻工联社所属企业（2户）

山东省鲁轻软件开发有限公司

山东省第二轻工业设计院

18. 省畜牧局所属企业（1户）

山东省畜牧业贸易服务中心

19. 省国防科工办所属企业（4户）

核工业烟台同兴实业有限公司

核工业烟台建设工程公司

青岛核工实业公司

核工业青岛工程勘查院

20. 省医学科学院所属企业（2户）

山东泰田新药开发有限公司

济南朋悦实验动物繁育有限公司

三、暂不实施产权划转的企业（113户）

（一）省监狱管理局所属企业（2户）

山东省齐鲁新航集团有限责任公司

山东里能集团有限公司

（二）省戒毒局所属企业（5户）

山东八三炭素厂

山东省半导体研究所

山东八三碳化硅热件厂

山东八三特种耐火材料厂

山东省宝华企业集团总公司

（三）省属高等院校所属企业（106户）

菏泽市科教实业有限公司

山东济大科技发展有限公司

聊城大学印务中心

山东省聊城农校劳动服务公司

聊城大学广告装饰艺术研究所

聊城市聊大传媒技术有限公司

聊城大学高新技术产业总公司

聊城聊大东湖宾馆

聊城市华安建筑安装工程处

聊城聊大机动车驾驶培训中心

山东聊大园林有限公司

烟台鲁大机动车驾驶培训学校

山东齐鲁工业大学机械厂

济南轻大科技有限公司

山东新世纪网络教育有限公司

山东鲁教卫视广告中心

青岛大学实业发展总公司

青岛大学科技教育开发总公司

青岛大学绿化工程公司

青岛青大海源集团有限公司

青岛科技大学科技公司

青岛高等学校技术装备服务总部

青岛科大方泰材料工程有限公司

青岛科技大学产学研协同开发有限公司

青岛科技大学科技开发公司

青岛科大都市科技园集团有限公司

青岛科技大学技术专修学院

青岛华鲁化学清洗防腐工程技术公司

青岛学苑宾馆

青岛理工大学工程机械厂

青岛理工大学建设工程咨询事务所

青岛理工大学科教设备公司

青岛理工大学科技发展总公司

青岛理工大学工程质量检测鉴定中心

青岛理工大学建设工程监理咨询公司

青岛理工大学建筑设计研究院

济南第六机床厂

济南第六机床实业公司

潍坊育才轻工科研厂

山东奥博汽车维修服务有限公司

曲阜师范大学机械厂

曲阜师范大学印刷厂

烟台顺泰资产管理中心

山东设计艺术中心

山东省建院建筑工程总公司

山东建筑大学科技开发公司

山东建筑大学环保工程设备中心

山东建筑大学精诚环境科技工程中心

山东建大工程监理中心

山东建大艺术工程公司

山东省建业工程公司

山东建大建筑规划设计研究院

山东建大工程鉴定加固研究所

山东建大工程质量鉴定检测有限公司

山东建大建筑工程鉴定检测中心

山东科英水暖空调设备开发中心

山东交院机械厂

济南北方交通工程咨询监理有限公司

山东交院机动车检测维修中心

山东交通学院加油站

泰安市机电实业公司

山东科技大学机械厂

山东科技大学科技开发公司

泰安市正信机电有限责任公司

山东科技大学印刷厂

山东科技大学培训中心

青岛科苑酒店有限公司

山东科技大学建筑设计研究院

山东科技大学旅游贸易公司

山东理工大学国际学术交流中心

山东理工大学机械厂

淄博理工物业管理有限公司

山东理工大奥星科技发展有限公司

泰安市山东农业大学劳动服务公司

山东农业大学勘察设计研究院

山东好媛出国留学服务中心

济南红又红商贸有限公司

山东翰林大酒店

山东师大书店

山东师范大学外事服务中心

山东师范大学实验厂

山东天平法律书店

济南鲁政苑汽车驾驶服务中心

济南铁道职业技术学院机械工厂

济南盛鑫源物业中心

济南山职招待所

烟台大学机械厂

烟台大学建筑设计研究院

烟台大学建设监理公司

烟台大学双得实业公司

枣庄联大密封材料有限公司

枣庄联大科技产业有限公司

枣庄泰祥建筑装修工程有限公司

青岛国家大学科技园有限责任公司

山东建固特种专业工程有限公司

山东安泰智能工程有限公司

山东建大教育置业有限公司

济南建大创业服务有限公司

山东达易利科技开发有限公司

北京三元农业有限公司

山东硅苑新材料科技股份有限公司

泰安市山农大药业有限公司

山东国润生物农药有限公司

泰安山农大科技开发有限公司

山东农大种业有限公司

山东农大肥业科技有限公司

四、主管部门清理注销关闭的企业（98 户）

（一）省委党校所属企业（1 户）

山东省恒业实业总公司

（二）团省委所属企业（2 户）

山东省青少年艺术发展中心

山东省鲁青实业开发总公司

（三）省政协所属企业（1 户）

山东政协大厦维景大酒店

（四）省残联所属企业（1 户）

山东省残联机关招待所

（五）省妇联所属企业（1 户）

山东半边天文化传媒有限公司

（六）省经济和信息化委所属企业（1 户）

山东省中星机电开发公司

（七）省教育厅所属企业（4 户）

山东舜华教育图书发行有限公司

山东省中小学教学服务中心

山东教育招生考试传媒中心

山东教育考试服务中心

（八）省科技厅所属企业（4 户）

山东省高新技术转移中心有限公司

青岛海洋宾馆

山东太极电子技术公司

山东省科技实业总公司

（九）省公安厅所属企业（3 户）

山东省锦绣山庄

山东特种证件科技开发有限公司

山东锦绣园林工程服务中心

（十）省人力资源社会保障厅所属企业（3 户）

山东省技工学校联合服务公司

山东省促进就业创业贷款担保中心

泰安延生堂药店

（十一）省水利厅所属企业（13 户）

山东省水利物资总公司

山东省海河流域水利管理局勘测设计研究院

山东龙润工程技术咨询有限公司

山东水利职业学院龙源开发总公司

山东水利职业学院劳动服务公司

曲阜市宝胜建筑安装工程有限责任公司

山东民升水利咨询有限公司

山东省胶东调水工程有限责任公司

潍坊龙润水务有限公司

青岛格瑞恩园林绿化工程有限公司

青岛城阳桃源加油站

青岛世纪文华酒店有限公司

山东江河科技咨询中心

（十二）省农业厅所属企业（10 户）

山东省农业技术推广开发站

山东省农业实业集团公司

山东省黄淮海农业开发公司

山东省新能源实业总公司

山东省时代农业技术研究院

山东长城房地产综合开发总公司

山东省棉花原原种场

山东仁和种业有限责任公司

山东省农业高新技术推广服务中心（原名山东省农垦技术推广服务中心）

山东省农工商联合企业公司

（十三）省海洋与渔业厅所属企业（7 户）

烟台山水海产有限公司

山东水产外经总公司

山东天神饲料有限公司

青岛观海宾馆

青岛思可特生物技术有限公司

青岛鲁海水产技术发展公司

山东玉景矿泉水有限公司

（十四）省商务厅所属企业（10 户）

山东省对外经济贸易服务公司

泰安市鲁安机动车驾驶培训有限公司

青岛金桥劳动服务中心

青岛金桥对外经贸交流专修学校

山东金茂置业有限公司

山东省对外经济贸易明达公司

山东省商务信息中心经营部

山东省国际商务中心

青岛华荣经济技术贸易公司

青岛隆裕经济贸易公司

（十五）省环保厅所属企业（1 户）

山东创新环保仪器设备有限公司

（十六）省交通运输厅所属企业（5 户）

山东交科公路养护技术有限公司

山东省德州市交通职业技能培训基地晓苑大酒店

山东航安救生设备有限公司

德州市志诚公路工程监理公司

石岛服务中心

（十七）省质监局所属企业（3 户）

山东华质信息服务有限公司

山东省科信标准图书资料发行中心

山东条码新技术开发公司

（十八）省食品药品监管局所属企业（1 户）

山东恒信检测技术开发中心

（十九）省旅游发展委所属企业（1 户）

山东旅科集团总公司

（二十）省机关事务管理局所属企业（3 户）

山东华鲁建筑工程公司

山东省华厦房地产开发公司

山东鲁兴汽车贸易公司

（二十一）省人防办所属企业（1 户）

山东省济南市地下工程开发公司

（二十二）省农机局所属企业（13 户）

山东省农业机械集团总公司

山东省农业机械集团潍坊公司

山东省农业机械集团兖州公司

山东省农业机械集团聊城公司

山东省农业机械集团淄博公司

山东省农业机械集团青岛公司

山东省农业机械集团滨州公司

山东省农业机械集团德州公司

山东省农业机械集团济南总公司

山东省农业机械集团周村区公司

山东省农业机械集团博山公司

山东省农业机械集团临沂公司（全资子公司临沂蓝天大厦）

山东省农机工程开发集团公司

（二十三）省轻工联社所属企业（5 户）

山东省兰博皮革有限公司

山东华科塑料有限公司

山东省皮革工业研究所革制品试验厂

山东装饰艺术开发公司

山东省鸿业建设监理有限公司

（二十四）省职教办所属企业（3 户）

山东省企业国际合作培训中心有限公司

山东省企业生产力促进中心

东岳学院

（二十五）省医学科学院所属企业（1 户）

山东华星生命科学开发公司

山东省人民政府办公厅关于印发加快省级政府引导基金投资运作若干政策措施的通知

2016 年 11 月 3 日　鲁政办字〔2016〕194 号

各市人民政府，各县（市、区）人民政府，省政府各部门、各直属机构，各大企业，各高等院校：

现将《加快省级政府引导基金投资运作若干政策措施》印发给你们，请认真贯彻执行。

附件：加快省级政府引导基金投资运作若干政策措施

附件：

加快省级政府引导基金投资运作若干政策措施

为进一步推进财政专项资金使用方式改革，吸引优秀基金管理机构落地山东，促进基金加快投资、提质增效，更好地支持产业发展和基础设施建设，现就加快省级政府引导基金投资运作制定以下政策措施。

一、完善引导基金管理体系

为解决引导基金数量较多、资源分散的情况，按照"资金渠道不乱、指导权限不变"的原则，整合功能相同、投资领域相近的引导基金，将现有引导基金优化为科技成果转化、资本市场发展、新兴产业发展、现代农业发展、工业转型升级、服务业创新、公共基础设施建设等若干投资方向。加快设立医疗健康、教育发展等方向引导基金，努力构建门类齐全、功能完善的省级政府引导基金框架体系。今后，新设立参股基金应本着做大做强原则，原则上单只基金规模由不低于 1.5 亿元提高到 5 亿元人民币。

二、提高基金运作专业化水平

申请省级政府引导基金，基金管理机构须在基金业协会完成登记备案、高级管理人员具有基金从业资格，且具备 3 个以上已完成投资准备的储备项目，其中基础设施等公益性建设项目应取得立项、用地、环评等前期手续，为加快基金投资创造条件。

三、推动基金加快出资

加快股权投资类参股基金出资进度，基金完成工商注册登记后，要在 3 个月内完成首期实缴出资，全部出资应在 36 个月内到位；首期实缴出资不低于认缴出资额的 30%，24 个月内实缴出资不低于认缴出资额的 80%。资金到位后、投资前，可利用间隙时间选择银行协议存款、购买大额存单和其他保本理财产品，增加基金收益。

四、实行引导基金先行出资

充分发挥政府引导基金的引导、示范、增信作用，调整引导基金出资顺序，在参股基金管理机构提出申请、普通合伙人出资到位以及确保资金安全的情况下，经省财政厅批准，省级政府引导基金可先于其他有限合伙人将引导基金拨付至参股基金监管账户，更好地为基金管理机构募资提供增信支持，增强基金市场竞争和项目获取能力。

五、鼓励引导基金交叉投资

本着"分工协作、有序竞争、推进投资"的原则，鼓励不同方向引导基金之间开展相互交叉投资，相互交叉投资原则上不超过引导基金规模的50%，拓宽基金投资领域，丰富项目选择，加快投资进程，解决部分基金投资范围窄、不同方向引导基金投资领域分割的问题。

六、灵活选择基金投资方式

丰富基金投资模式，可采取股权、债权或股债结合等方式，开展多样化投资，建立投贷联动机制，增强基金投资灵活性。允许基金投资我省风险可控、收益稳定的优质企业债券，参与基础设施项目融资，包括可转债、承诺回购资本金，进一步拓宽企业直接融资渠道。在基金创立初期，省政府可推荐战略性新兴产业项目，并给予风险缓释支持。扩大基金投资方向，对种子期、初创期、成长期和成熟期等各阶段项目实现全覆盖，提高投资效率和基金效益。

七、鼓励基金加快投资进度

完善基金加快投资激励机制，鼓励基金管理机构早投资、早见效。在基金投资期内，第一年投资进度超过年均投资水平的，除原有激励政策外，引导基金可再将当年投资项目增值收益的20%让渡给基金管理机构，调动基金管理机构投资积极性。

八、加大直投基金投资力度

切实用好直投基金，加快基金投资速度，着力支持区域性股权市场挂牌企业，推动我省资本市场快速发展。加强与大型央企、实力雄厚的民营企业、外资机构合作，建立共同投资基金，推动多层次资本市场建设。鼓励社会资本投资，企业引进新的战略投资者时，直投基金可以优惠价格转让股权，实现退出。

九、增强 PPP 基金投资竞争力

进一步发挥政府和社会资本合作（PPP）发展基金的引导作用，财政部 PPP 示范项目和省内各级政府重点推介的项目，同等条件下省级 PPP 基金应优先给予融资支持。构建更加灵活开放的 PPP 基金投资运作架构，对不同项目可由基金管理机构根据实际情况自主确定融资模式，降低融资成本，提升 PPP 基金竞争优势。鼓励国有控股、民营、混合所有制、外商投资等各类企业，按同等标准、同等待遇参与 PPP 项目。

十、完善基金投资备选项目库

省政府有关部门要充分发挥政策、信息等优势，借鉴专项资金项目申报做法和经验，主动加强与基金管理机构衔接，按市场化要求制定基金项目入库标准，建立专家评审制度，聘请基金管理机构高级管理人员参与评审，提高项目质量和可用性，切实增强项目供给能力，所需工作经费由省级财政预算安排。

十一、建立基金管理运作容错机制

探索引导基金管理运作新思路，鼓励大胆创新、勇于创新，丰富基金管理运作新模式，允许试错，宽容失败，形成政策纠偏机制。探索建立风险补偿机制，对符合国家产业政策导向、带动经济发展作用明显的领域，鼓励参股基金加大创新力度，加快投资速度。

十二、完善政府后续增资政策

对投资进度快、杠杆撬动作用大、政府调控意图体现好的参股基金，除按规定给予相关政策奖励外，引导基金可及时进行增资支持；对在规定期限内未能实现投资或实际投资比例较低的参股基金，引导基金将减少或不再对该基金给予滚动参股扶持，且一般不再与其基金管理团队进行合作。

十三、完善引导基金退出机制

进一步完善引导基金约束机制，规范引导基金管理运作。出现下列任一情形，引导基金将实行退出：子基金方案确认后超过半年未完成设立或增资手续的；子基金完成设立后 3 个月内未按规定缴足首期出资的；其他出资人未按协议约定出资的；引导基金拨付子基金账户超过半年未开展投资业务的；子基金设立后 12 个月投资进度低于 20% 的；有证据证明采取不法手段骗取引导基金的。

十四、加强引导基金宣传推介

利用多层次资本市场积极开展基金路演和宣传推介，通过新闻发布、专题研讨、投资沙龙等多种形式，大力宣传我省基金投资的资源优势、政策优势、环境优势，提升政府引导基金品牌和市场影响力。加强与实力强、业绩好的优秀投资机构对接，扩大与省内外沟通交流，吸引更多知名投资机构和优秀投资管理团队落户山东、扎根山东、投资山东，打造开放、包容、互利、共赢的全方位引导基金合作新格局。

十五、培养引导基金管理人才

充分发挥财政、金融等部门和引导基金管理公司的作用，强化各级政府引导基金管理人员的日常指导培训，进一步提高基金投资管理水平，提升专业服务能力。鼓励基金管理人员"走出去"，考察学习其他省市先进管理经验，积极参加具有影响力的投融资年会、专题研讨等活动，拓宽视野，活跃思维，提高能力。

十六、加大基金考核监管力度

建立完善信息报送、统计监测制度，为基金考核监管奠定基础。建立基金排名制度，定期根据基金出资、投资进度及业绩等情况，对参股基金进行排名，促进基金机构加强自律，督促其早投资、快投资。建立引导基金失信清单制度，对弄虚作假严重违反基金管理规定、或不按约定履行基金设立、出资、投资义务，导致引导基金退出的基金管理机构和基金团队，纳入政府引导基金失信清单，限制其今后进入政府引导基金市场。研究制定引导基金非正常退出和基金管理机构更换、改组工作规程，为促进基金健康发展提供制度保障。

省财政厅关于印发《山东省省属文化企业国有资产交易管理暂行办法》的通知

2016 年 11 月 17 日　鲁财文资〔2016〕26 号

省直有关文化主管部门，省属有关国有文化企业（集团）：

《山东省省属文化企业国有资产交易管理暂行办法》已经山东省国有文化资产管理理事会第四次会议审议通过，现予印发，请认真贯彻执行。执行中如有问题，请及时向我们反映。

附件：山东省省属文化企业国有资产交易管理暂行办法

附件：

山东省省属文化企业国有资产交易管理暂行办法

第一章　总　　则

第一条　为规范省属文化企业国有资产交易行为，加强文化国有资产管理，防止国有资产流失，根据《企业国有资产交易监督管理办法》（国资委、财政部令第 32 号）、《山东省省属文化企业国有资产监督管理办法（试行）》（鲁文资发〔2015〕3 号）等有关法律法规和制度规定，结合文化企业实际，制定本办法。

第二条　纳入省属文化企业国有资产监管范围的国有独资企业、国有独资公司、国有资本控股公司、国有资本实际控制公司（以下简称"省属文化企业"）的国有资产交易，适用本办法。

第三条　本办法所称国有资产交易包括省属文化企业产权转让、增资和资产转让。

产权转让是指履行省属文化企业出资人职责的部门、单位、省属文化企业转让其对企业各种形式出资所形成权益的行为。

增资是指省属文化企业增加资本的行为，政府以增加资本金方式对国家出资企业的投入除外。

资产转让是指省属文化企业一定金额以上的重大资产转让。

第四条　省属文化企业国有资产交易，应当遵守国家法律、行政法规和政策规定，有利于文化产业布局和结构的调整优化，充分发挥市场配置资源作用，遵循等价有偿和公开、公平、公正的原则，在依法设立的产权交易机构中公开进行，保护国家和其他各方合法权益。

第五条　省属文化企业交易标的应当权属清晰，不存在法律法规禁止或限制交易的情形。已设定担保物权的企业国有资产交易，应当符合《中华人民共和国物权法》《中华人民共和国担保法》及国家有关规定。

第六条　省属文化企业国有资产交易项目按照类别和交易范围不同实行批准制、核准制和备案制。

第七条　省属文化企业国有资产交易监督管理工作由省财政厅负责。企业国有资产交易需由省财政厅批准、核准或备案的事项，按下列程序办理：

（一）根据《山东省省属文化企业国有资产重大事项管理办法（试行）》规定，需由省委宣传部审查把关或备案的重大资产交易事项，应按程序报省委宣传部审查把关或备案。

（二）资产、财务单列的省属文化企业及其所属企业国有资产交易事项，直接报省财政厅。

（三）由省文化主管部门管理的省属文化企业国有资产交易事项，经主管部门审核后报省财政厅。

第二章　企业产权转让

第八条　省属文化企业国有产权转让应当依照法律、行政法规以及企业（公司）章程等规定履行相应决策程序，形成书面决议。国有控股企业国有股东委派的股东代表，应当按照委派单位的指示发表意见，行使表决权，并将履职情况和结果及时报告委派单位。

第九条　省属文化企业国有产权转让涉及职工权益的，应当听取转让标的企业职工代表大会的意见，对职工安置等事项应当经职工代表大会或职工大会审议通过。涉及债权债务处置事项的，应当符合国家有关法律法规。

第十条　省属文化企业国有产权转让应采取公开转让方式，并履行报批程序。产权转让不影响国有股东控股地位且转让给国有股东的，由省财政厅批准，报省委宣传部备案；转让给非国有股东的，须报省委宣传部审查把关后，再报省财政厅批准；省属重点文化企业国有产权转让致使国有股东不再拥有控股地位的，须经省委宣传部、省财政厅审查后，报请省人民政府批准。

第十一条 省属文化企业申请批准国有产权转让事项时，应当提供下列材料：

（一）股东会等决策机构同意转让的书面决议；

（二）产权转让方案（包括产权情况、拟采取的转让方式、职工安置计划、债权债务、转让收入使用等情况）；

（三）意向受让方基本情况和基本要求；

（四）企业法律意见书；

（五）其他需要上报的文件。

第十二条 省属文化企业国有产权转让事项经批准后，转让方案发生重大变化的，应当按照规定重新履行审批程序。

第十三条 产权转让事项经批准后，由转让方委托会计师事务所对转让标的企业进行审计。涉及参股权转让不宜单独进行专项审计的，转让方应当取得转让标的企业最近一期年度报告。

第十四条 对按照有关法律法规要求必须进行资产评估的产权转让事项，转让方应当委托具有相应资质的评估机构对转让标的进行资产评估，产权转让价格应以经核准或备案的评估结果为基础确定。

第十五条 省属文化企业产权转让原则上不得针对受让方设置资格条件，确需设置的，不得有明确指向性或违反公平竞争原则，所设资格条件相关内容应当在信息披露前报省财政厅备案。

第十六条 省属文化企业国有产权转让原则上通过产权市场公开进行。转让方可以根据企业实际情况和工作进度安排，采取信息预披露和正式披露相结合的方式，通过产权交易机构网站分阶段对外披露产权转让信息，公开征集受让方。其中正式披露信息时间不得少于 20 个工作日。

因产权转让导致转让标的企业实际控制权发生转移的，转让方应当在转让行为获批后 10 个工作日内，通过产权交易机构进行信息预披露，时间不得少于 20 个工作日。

第十七条 转让方披露信息的内容，应符合国家统一规定和产权交易机构的要求，不得随意减少披露的内容和事项。

第十八条 省属文化企业进行产权转让时，应当向产权交易机构提交转让公告所需相关材料，并对所提交材料的真实性、完整性、有效性负责。产权交易机构应当建立转让信息公告的审核制度，重点审核产权转让公告中涉及转让标的信息披露的真实性、完整性，交易条件和受让方资格条件设置的公平性和合理性，以及竞价方式的选择等内容，并对信息披露的规范性负责。

第十九条 省属文化企业首次信息公告时的挂牌价，不得低于经核准或者备案的转让标的的资产评估价值。如在规定的公告期限内未征集到意向受让方，转让方可以在不低于评估价值 90% 的范围内设定新的挂牌价再次进行公告。如新的挂牌价低于评估价值的 90%，转让方应当按照规定重新履行审批程序，再发布产权转让公告。

第二十条 转让项目自首次正式披露信息之日起超过 12 个月未征集到合格受让方的，应当重新履行审计、资产评估以及信息披露等产权转让工作程序。

第二十一条 在正式披露信息期间，转让方不得变更产权转让公告中公布的内容，由于非转让方原因或其他不可抗力因素导致可能对转让标的的价值判断造成影响的，转让方应当及时调整补充披露信息内容，并相应延长信息披露时间。

第二十二条 产权交易机构负责意向受让方的登记工作，对意向受让方是否符合受让条件提出意见并反馈转让方。产权交易机构与转让方意见不一致的，由转让行为批准单位决定意向受让方是否符合受让条件。

第二十三条 省属文化企业国有产权转让成交后，转让方和受让方应当签订产权交易合同。交易双方不得以交易期间企业经营性损益等理由，对达成的交易条件和交易价格进行调整。

第二十四条 省属文化企业国有产权转让的价款，受让方应当按照国家有关规定和产权转让合同的约定支付。

第二十五条　以下情形的产权转让，可以采取非公开协议转让方式：

（一）涉及主业关系文化安全、文化导向的省属文化企业重组整合及重大资产交易，对受让方有特殊要求，企业产权需要在省属文化企业与非文化国有及国有控股企业之间转让的，须报省委宣传部审查把关后，再报省财政厅批准。

（二）省属文化企业之间进行产权转让，转让方和受让方均为国有或国有控股企业的，由省财政厅批准，报省委宣传部备案。

（三）省属文化企业内部进行产权转让，转让方和受让方均为国有或国有控股企业的，由省属文化企业决定，报省财政厅备案。

第二十六条　采取非公开转让方式转让企业产权，转让价格以资产评估报告或最近一期审计报告确认的净资产为基础确定，且不得低于经评估或审计的净资产值。

第二十七条　采取非公开转让方式时，应报送以下文件资料：

（一）产权转让的有关决议文件；

（二）产权转让方案；

（三）采取非公开协议方式转让产权的必要性以及受让方情况；

（四）转让标的企业审计报告、资产评估报告及其核准或备案文件；

（五）产权转让协议；

（六）转让方、受让方和转让标的企业的国家出资企业产权登记表（证）；

（七）产权转让行为的法律意见书；

（八）其他必要的文件。

第三章　企业增资

第二十八条　省属文化企业及其所属企业增加注册资本的，由省财政厅批准。省属一级文化企业增资致使国家不再拥有所出资企业控股权的，须由省委宣传部、省财政厅审核后报省人民政府批准。

第二十九条　省属文化企业增资应当符合国家出资企业的发展战略，做好可行性研究，制定增资方案，明确募集资金金额、用途、投资方应具备的条件、选择标准和遴选方式等。增资后企业的股东数量须符合国家相关法律法规规定。

第三十条　企业增资应当由增资企业按照企业章程和内部管理制度进行决策，形成书面决议。其中国有控股企业中国有股东委派的股东代表，应当按照委派单位的指示发表意见、行使表决权，并将履职情况和结果及时报告委派单位。

第三十一条　增资的省属文化企业为多家国有股东共同持股的企业，由其中持股比例最大的国有股东负责履行相关批准程序；各国有股东持股比例相同的，由相关股东协商后确定其中一家股东负责履行相关批准程序。

第三十二条　省属文化企业申请批准增资事项时，应当提供下列材料：

（一）原出资人及增资企业的主体资格证明文件；

（二）股东会等决策机构同意增资的书面决议；

（三）增资方案；

（四）投资者应满足的基本情况或基本要求；

（五）企业法律意见书；

（六）其他需要上报的文件。

第三十三条　省属文化企业增资在完成决策批准程序后，应当由增资企业委托具有相应资质的中介机构开展审计和资产评估，并将审计和资产评估报告上报省财政厅。

以下情形按照《中华人民共和国公司法》、企业章程履行决策程序后，可依据评估报告或最近一期审计报告确定企业资本及股权比例：

（一）增资企业原股东同比例增资的；

（二）履行出资人职责的机构对国家出资企业增资的；

（三）国有控股企业对其独资子企业增资的；

（四）增资企业和投资方均为国有独资或国有全资企业的。

第三十四条 省属文化企业增资通过产权交易机构网站对外披露信息公开征集投资方，时间不得少于40个工作日。信息披露内容应符合国家统一规定和交易机构的要求，不得随意减少披露项目的事项，并对披露内容和提供材料的真实性、完整性、准确性负责。

第三十五条 省属文化企业增资涉及上市公司实际控制人发生变更的，应当同时遵守上市公司国有股权管理以及证券监管相关规定。

第三十六条 产权交易机构接受增资企业的委托提供项目推介服务，负责意向投资方的登记工作，协助企业开展投资方资格审查。

第三十七条 通过资格审查的意向投资方数量较多时，可以采用竞价、竞争性谈判、综合评议等方式进行多轮次遴选。产权交易机构负责统一接收意向投资方的投标和报价文件，协助企业开展投资方遴选有关工作。企业董事会或股东会以资产评估结果为基础，结合意向投资方的条件和报价等因素审议选定投资方。

第三十八条 投资方以非货币资产出资的，应当经增资企业董事会或股东会审议同意，并委托具有相应资质的评估机构进行评估，确认投资方的出资金额。

第三十九条 增资协议签订并生效后，产权交易机构应当出具交易凭证，通过交易机构网站对外公告结果，公告内容包括投资方名称、投资金额、持股比例等，公告期不少于5个工作日。

第四十条 以下情形经省财政厅批准，可以采取非公开协议方式进行增资：

（一）因国有资本布局结构调整需要，由特定的国有及国有控股企业参与增资；

（二）因国家出资企业与特定投资方建立战略合作伙伴或利益共同体需要，由该投资方参与国家出资企业或其子企业增资。

（三）企业原股东增资。

第四十一条 以下情形经省属文化企业审议决策，可以采取非公开协议方式进行增资，报省财政厅备案：

（一）企业直接或指定其合资或控股的其他子企业参与增资；

（二）企业债权转为股权。

第四十二条 省属文化企业采取非公开协议方式发生增资行为，需报省财政厅批准或备案时，应报送下列文件和资料：

（一）增资的有关决议文件；

（二）增资方案；

（三）采取非公开协议方式增资的必要性及投资方情况；

（四）增资企业审计报告、资产评估报告及其核准或备案文件。其中属于第三十三条（一）、（二）、（三）、（四）款情形的，可以仅提供企业审计报告；

（五）增资协议；

（六）增资企业的国家出资企业产权登记表（证）；

（七）增资行为的法律意见书；

（八）其他必要的文件。

第四章　企业资产转让

第四十三条 省属文化企业及其所属企业转让房产、设备、在建工程、土地使用权、版权等重大有形资产、无形资产，单位或批量账面价值在200万元及以上的，报省财政厅核准。

第四十四条 省属文化企业负责制定本企业不同类型资产转让行为的内部管理制度，明确责任部门、管理权限、决策程序、工作流程，对其中应当在产权交易机构公开转让的资产种类、金额标准等作出具体规定，并报省财政厅备案。

第四十五条 资产转让核准应当报送下列文件：

（一）资产转让的申请；

（二）董事会或决策机构同意转让的书面决议；

（三）转让资产的技术鉴定报告；

（四）转让资产的权属证明材料；

（五）其他需要上报的文件。

第四十六条 省属文化企业转让资产时应当根据转让标的情况合理确定转让底价和转让信息公告期：

（一）转让底价高于 100 万元（含）、低于 1 000 万元的资产转让项目，信息公告期应不少于 10 个工作日；

（二）转让底价高于 1 000 万元（含）的资产转让项目，信息公告期应不少于 20 个工作日。

企业资产转让的具体工作流程，参照本办法关于企业产权转让的规定执行。

第四十七条 除国家法律法规或相关规定另有要求外，资产转让不得对受让方设置资格条件。

第四十八条 资产转让价款原则上一次性付清。

第五章 监 督 管 理

第四十九条 省财政厅遵循"公开公正、规范选用、综合考评、动态调整"的原则，按照省属文化企业国有资产交易的需求，在省内外选择开展省属文化企业国有资产交易业务的产权交易机构，并公布名单。

第五十条 具有省级及省级以上政府或政府授权管理部门批准资质的产权交易机构，自愿承担省属文化企业国有资产交易业务的，应按规定程序向省财政厅提出书面申请，并提供相关资质材料和文件。省财政厅组织专家进行评审后确定产权交易机构。

第五十一条 承担省属文化企业产权交易的机构，应符合以下条件：

（一）依法设立，具有独立承担民事责任的能力；

（二）具有本办法规定的设立产权交易机构资质；

（三）严格遵守国家法律法规，未从事政府明令禁止开展的业务，近三年内无重大违法记录，通过年检或按要求履行年度报告公示义务，未被列入经营异常名录或者严重违法企业名单；

（四）交易管理制度、业务规则、收费标准等向社会公开，交易规则符合国有资产交易制度规定；

（五）拥有组织交易活动的场所、设施、信息发布渠道和专业人员，具备实施网络竞价的条件；具备提供服务所必需的设施、人员和专业技术能力，具有文化产业领域专业特长的人员；

（六）具有较强的市场影响力，服务能力和水平能够满足企业国有资产交易的需要；

（七）信息化建设的管理水平满足省财政厅对交易业务动态监测的要求；

（八）相关文化资产交易业务接受省财政厅的监督检查；

（九）近年实施产权交易，特别是文化企业产权交易的业绩突出。

第五十二条 省属文化企业选用产权交易机构，应遵循下列原则：

（一）专业特长与委托业务相适应，具有文化企业产权交易经验和实绩的优先选用；

（二）工作量与专业技术力量相匹配；

（三）质量、价格、信誉优先；

（四）同等条件随机选用、循环选用；

（五）服务地点就近优先。

第五十三条 省财政厅对产权交易机构开展文化企业国有资产交易业务的情况进行动态监督。交易机构出现违规、违法行为的，按照《企业国有资产交易监督管理办法》（国务院国有资产监督管理委员会、财政部令第 32 号）有关规定进行处理、处罚。

第五十四条 省财政厅发现转让方或增资企业未执行或违反相关规定、侵害国有权益的，应当责成其停止交易活动。

第五十五条 省财政厅、省委宣传部和文化主管部门应定期对文化出资企业及其控股企业的国有资产交易情况进行检查和抽查，重点检查国家法律法规政策和企业内部管理制度的贯彻执行情况。

第六章　法律责任

第五十六条 企业国有资产交易过程中交易双方发生争议时，当事方可以向产权交易机构申请调解；调解无效时可以按照约定向仲裁机构申请仲裁或向人民法院提起诉讼。

第五十七条 社会中介机构在为企业国有资产交易提供审计、资产评估和法律服务中存在违规执业行为的，省属文化企业不得再委托其开展相关业务；情节严重的，将有关情况通报其行业主管部门，建议给予相应处罚。

第五十八条 产权交易机构在企业国有资产交易中弄虚作假或者玩忽职守、给企业造成损失的，应当承担赔偿责任，并依法追究直接责任人员的责任。

第五十九条 省属文化企业有下列行为之一的，依法追究企业负责人的责任，因违法违规行为取得的收入，依法予以追缴。

（一）未按规定和程序擅自处置国有资产的；

（二）不如实向资产评估机构、会计师事务所等中介机构提供相关情况和资料，或者与资产评估机构、会计师事务所等中介机构串通出具虚假资产评估报告、审计报告的；

（三）违反法律、法规和章程规定的决策程序，造成国有资产损失的；

（四）其他违反法律、法规和章程等规定的。

第六十条 省属文化企业发生资产交易时，省文资监管部门、文化企业主管部门及文化企业有关人员违反规定越权决策、批准、核准相关交易事项，或者玩忽职守，以权谋私致使国家利益受到侵害的，由有关单位按照人事和干部管理权限给予相关责任人员处分，造成国有资产损失的，有关责任人员应当承担赔偿责任；构成犯罪的，依法移送司法机关追究刑事责任。

第七章　附　　则

第六十一条 各市可参照本办法规定，结合本地区实际，制定本市文化企业国有资产交易管理办法。

第六十二条 省属文化上市公司的国有股权转让行为，国家另有规定的，依照其规定。

第六十三条 本办法由省财政厅负责解释。

第六十四条 本办法自 2017 年 1 月 1 日起施行，有效期至 2018 年 12 月 31 日。

省财政厅关于印发《山东省省属文化企业国有资产评估管理暂行办法》的通知

2016 年 11 月 17 日　鲁财文资〔2016〕27 号

省直有关文化主管部门，省属有关国有文化企业（集团）：

《山东省省属文化企业国有资产评估管理暂行办法》已经山东省国有文化资产管理理事会第四次会议

审议通过，现予印发，请认真贯彻执行。执行中如有问题，请及时向我们反映。

附件：山东省省属文化企业国有资产评估管理暂行办法

附件：

山东省省属文化企业国有资产评估管理暂行办法

第一章 总 则

第一条 为加强省属文化企业国有资产监管，规范企业国有文化资产评估行为，维护国有资产出资人合法权益，防止国有资产流失，根据《中华人民共和国资产评估法》（中华人民共和国主席令第46号）、《国有资产评估管理办法》（国务院令第91号）、《山东省省属文化企业国有资产监督管理办法（试行）》（鲁文资发〔2015〕3号）等有关法律法规和制度规定，结合省属文化企业实际，制定本办法。

第二条 纳入省属文化企业国有资产监管范围的国有独资企业、国有独资公司、国有控股公司、国有实际控制公司（以下简称省属文化企业）的资产评估，适用本办法。

第三条 省财政厅负责省属文化企业国有资产评估监督管理工作，对各市文化企业国有资产评估工作进行指导。

第四条 省属文化企业国有资产评估项目实行核准制和备案制。

省政府批准经济行为事项涉及的资产评估项目，由省财政厅负责核准。其他资产评估项目实行备案制。

第五条 资产评估核准或备案实行分级管理。资产财务关系单列的省属文化企业资产评估项目，由企业直接报省财政厅核准或备案；由文化主管部门（单位）管理的省属文化企业资产评估项目，经文化主管部门（单位）审核后，报省财政厅核准或备案。

第二章 资产评估范围

第六条 省属文化企业有下列行为之一的，应当对相关资产进行评估：

（一）整体或者部分改建为有限责任公司或者股份有限公司；

（二）以非货币资产对外投资；

（三）合并、分立、破产、解散；

（四）非上市公司国有股东股权比例变动；

（五）产权转让；

（六）资产转让、置换、拍卖、抵押、质押；

（七）以非货币资产偿还债务；

（八）确定涉讼资产价值；

（九）收购非国有单位的资产；

（十）接受非国有单位以非货币资产出资、抵债；

（十一）法律、行政法规以及企业章程规定应当进行资产评估的其他情形。

第七条 省属文化企业有下列行为之一的，可以不对相关国有资产进行评估：

（一）经省政府及其授权部门批准，对企业整体或者部分资产实施无偿划转，且资产有关凭证完整有效；

（二）国有独资企业与其下属独资企业之间或者其下属独资企业之间合并、资产（产权）划转、置换和转让，且资产有关凭证完整有效；

（三）发生多次同类型经济行为时，同一资产在评估报告使用有效期内，并且资产、市场状况未发生重大变化的。

第八条　省属文化企业应当加强无形资产管理，对无形资产进行全面清查，完善权属证明材料，配合资产评估机构对纳入评估范围的无形资产进行全面、合理评估。

第九条　文化企业无形资产评估对象是指企业无形资产的财产权益，或者特定无形资产组合的财产权益。通常包括著作权、专利权、专有技术、商标专用权、销售网络、客户关系、特许经营权、合同权益、域名或商誉等。

第十条　文化企业无形资产评估范围应当服从评估对象的选择，最终决定权在于委托方。评估机构和资产评估师应当根据专业经验建议委托方合理确定评估范围，并在业务约定书中明确约定评估范围。

第十一条　资产评估师应当提醒委托方根据会计准则的相关要求，合理确定评估基准日。确定评估基准日应考虑评估目的及对应经济行为可能涉及的其他专业评估的基准日，法律法规、政府相关主管部门、相关单位有规定的从其规定。评估基准日应尽可能接近经济行为的实现日或交易结算日。

第三章　资产评估机构确定

第十二条　省属文化企业发生本办法第六条所列经济行为的，涉及的评估对象属于企业法人财产权的，资产评估由省属文化企业委托；属于企业出资人权利的，由出资人委托；属于接受非国有资产的，一般由接受方委托。

第十三条　省属文化企业应当依据国家有关法律法规的要求，结合企业具体情况，制订评估机构选聘工作程序，明确评估机构选聘条件。

第十四条　委托资产评估机构应集体决策，通过公开招标、邀请招标、竞争性谈判等方式确定。

第十五条　委托的资产评估机构除应符合《资产评估法》规定的从业资格要求外，还应重点考虑以下因素：

（一）严格履行法定职责，近3年内无违法、违规执业记录；

（二）具有与评估对象相适应的资质条件；

（三）具有与评估对象相适应的专业人员和专业特长；

（四）未向同一经济行为提供审计业务服务；

（五）与企业负责人无经济利益关系。

若因上市原因进行的资产评估，需聘请具有证券资质的资产评估机构进行评估。

第十六条　省属文化企业涉及无形资产评估，委托的资产评估机构应选派熟悉了解文化企业特点，具备文化企业无形资产评估相关的专业知识和经验，具有专业胜任能力的资产评估师执行业务。

第四章　资产评估核准

第十七条　省属文化企业对需要核准的资产评估项目，在确定评估基准日前，应当向省财政厅书面报告下列有关事项：

（一）经济行为的批准依据；

（二）评估基准日的选择理由；

（三）资产评估范围；

（四）资产评估机构的选聘条件、程序及拟选定机构的资质、专业特长情况；

（五）资产评估的时间进度安排。

第十八条 省属文化企业应当及时报告资产评估项目工作进展情况。必要时，省财政厅可以对该项目进行跟踪指导和现场检查。

第十九条 申请办理资产评估项目核准，应当报送下列文件和材料：

（一）资产评估项目核准申请报告；

（二）《国有资产评估项目核准申请表》；

（三）经济行为决策或者批准文件；

（四）资产评估报告及其主要引用报告；

（五）与经济行为相对应的审计报告；

（六）上一会计年度或本年度截至评估基准日的审计报告，拟上市项目或已上市公司的重大资产置换与收购项目，需提供最近三个会计年度和本年度截至评估基准日的审计报告；

（七）资产评估各当事方按照《资产评估准则》出具的相关承诺函；

（八）其他有关材料。

第二十条 资产评估项目的核准程序如下：

（一）企业自评估基准日起 8 个月内向省财政厅提出核准申请，并将有关文件和材料按规定程序上报；

（二）省财政厅对申请资料进行初审，合规的及时组织召开专家评审会议，经两名以上专家独立审核提出意见，被审核企业及相关中介机构应当予以解释和说明，或者对评估报告进行修改、补充；

（三）省财政厅对符合核准要求的项目，在 20 个工作日内予以核准，对不符合核准要求的，予以退回。

第二十一条 省属文化企业应当组织中介机构向专家评审会议报告下列事项：

（一）企业有关工作情况。经营及财务状况，涉及项目经济行为基本情况，企业的战略规划和赢利模式，企业股权架构及产权变动情况。

（二）资产评估工作情况。资产评估的组织及质量控制情况，著作权等主要无形资产情况，重要资产的运行或者使用情况，评估结论及增减值原因分析，评估报告的假设和特别事项说明。

（三）拟上市项目或已上市公司的重大资产置换与收购项目有关情况。相关战略规划和工作方案，对同行业上市公司财务指标的比较分析，就同类评估对象不同价值类型的估值差异分析。

（四）核准需要报告的其他重要事项。

第二十二条 专家评审会议重点审核下列事项：

（一）经济行为是否获得批准；

（二）评估基准日、价值类型的选择是否适当，评估报告的使用有效期是否明示；

（三）资产评估范围与经济行为批准文件是否一致；

（四）资产评估机构是否具备相应评估资质，评估人员是否具备相应执业资格；

（五）企业是否就所提供的资产权属证明文件、财务会计资料及生产经营管理资料的真实性、合法性和完整性作出承诺；

（六）评估程序是否符合相关《资产评估准则》的规定；

（七）评估方法是否合理，是否考虑了文化企业的经营和资产特点；

（八）评估依据是否适当；

（九）评估说明中是否分析了文化企业的经营特点、赢利模式，是否关注了无形资产的价值贡献等，收益法说明是否分析参数、依据及测算过程；

（十）评估报告是否符合《资产评估准则》的规定。

第二十三条 聘请的评审专家应当遵守国家有关法律、法规及省财政厅工作要求，签署保密承诺书，对企业提供事项保守秘密。

第五章　资产评估备案

第二十四条　申请办理资产评估项目备案，应当报送下列文件和材料：

（一）《国有资产评估项目备案表》；

（二）本办法第十九条第（三）项至第（七）项规定的有关文件和材料；

（三）其他有关材料。

第二十五条　资产评估项目备案程序如下：

（一）企业自评估基准日起8个月内将备案文件和材料按规定程序上报省财政厅。

（二）省财政厅对备案资料进行审核，必要时可以组织有关专家参与审核。涉及拟上市项目的资产评估由省财政厅组织专家进行评审。

（三）省财政厅对符合要求的，在20个工作日内予以备案。按照法律法规规定要求必须出具公函的可出具备案公函。

第六章　管理与监督

第二十六条　省属文化企业应当向资产评估机构如实提供有关情况和资料，并对所提供情况和资料的真实性、合法性和完整性负责。不得以任何形式干预评估机构正常执业行为。

第二十七条　资产评估机构应当遵守《资产评估法》以及《资产评估准则》的规定和执业规范，对评估报告的合法性、真实性负责，并承担相应的责任。

第二十八条　资产评估项目核准文件和备案表是省属文化企业办理产权登记、股权设置和产权转让等相关手续的必备文件。

省属文化企业和评估机构的责任不因省财政厅出具的核准文件或备案表而转移。

第二十九条　由两个（含两个）以上国有资本出资人共同出资的省属文化企业发生资产评估事项，按照国有资本出资额最大的出资人产权归属关系办理核准或者备案手续；国有资本出资额最大的出资人为多个的，由各出资人推举一个出资人办理核准或者备案手续，其余出资人出具资产评估事项委托书。

第三十条　经核准或者备案的资产评估报告使用有效期为自评估基准日起1年。评估结论的使用必须与所对应的经济行为保持一致。

第三十一条　省属文化企业发生与资产评估相应的经济行为时，应当以经核准或者备案的资产评估结论为作价参考依据。

第三十二条　省财政厅应当加强对省属文化企业国有资产评估工作的监督检查。省文化主管部门和资产、财务单列的省属文化企业，应当按照管理权限开展对相关企业资产评估的监督检查工作。

第三十三条　省财政厅负责汇总资产评估项目的检查结果及总体情况，并通报相关部门。

第七章　法律责任

第三十四条　省属文化企业违反本办法的规定，提供虚假情况和资料，或者与资产评估机构串通作弊，致使资产评估结果失实的，按照《资产评估法》（中华人民共和国主席令第46号）、《国有资产评估管理办法》（国务院令第91号）、《国有资产评估管理若干问题的规定》（财政部令〔2001〕第14号）等有关规定进行处理、处罚。

第三十五条　省属文化企业在国有资产评估中违反本办法规定，发生违法违规行为或者不正当使用评估报告的，对企业负责人和直接责任人员，依法依规给予处分。

第三十六条　受托资产评估机构在资产评估过程中违规执业、出具虚假评估报告或者对资产评估项目检查工作不予配合的，按照相关法律法规给予处理。

　　第三十七条　省财政厅、省文化主管部门在资产评估监管工作中，有关人员违反本办法，造成国有资产流失的，依法依规给予相应处分。

第八章　附　　则

　　第三十八条　各市财政部门可参照本办法规定，结合本地区实际，制定本市文化企业国有资产评估管理办法。

　　第三十九条　本办法由省财政厅负责解释。

　　第四十条　本办法自 2017 年 1 月 1 日起施行，有效期至 2018 年 12 月 31 日。

　　附件：1. 国有资产评估项目核准申请表

　　　　　2. 国有资产评估项目核准申请表填报说明

　　　　　3. 国有资产评估项目备案表

　　　　　4. 国有资产评估项目备案表填报说明

附件 1：

国有资产评估项目核准申请表

填表日期：　　年　　月　　日　　　　　　　　　　　　　　　　编号：

评估对象				
产权持有单位			企业管理级次	
资产评估委托方				
所出资企业（有关部门）				
经济行为				
评估报告编号			主要评估方法	
账面价值（万元）	资产		负债	净资产
评估价值（万元）				
评估机构名称			资质证书编号	
注册资产评估师姓名、编号			评估基准日	
企业盖章：　　　　　单位负责人签字：　　　　　　　年　月　日		上级主管部门盖章：　　　　　单位负责人签字：　　　　　　　年　月　日		

附件2：

国有资产评估项目核准申请表填报说明

根据《山东省省属文化企业国有资产评估监督管理办法（试行）》规定，省政府批准经济行为的事项涉及的资产评估项目，由省财政厅负责核准。核准申请单位在进行资产评估项目核准时，应按国有资产评估项目核准申请表的格式和内容填报办理。

一、如何填写、打印、上报

（一）填写：有关单位要严格按《国有资产评估项目核准申请表》规定的项目和内容如实填写，填写内容要准确、齐全、清晰，不得漏项、涂改。填报的评估报告数据以万元为单位，保留两位小数。

（二）打印：有关单位按印制的固定输出格式，用A4纸打印。

（三）上报：填写好的核准申请表按规定加盖公章并由单位负责人签字后上报。

二、如何填写《国有资产评估项目核准申请表》

省属文化企业进行资产评估项目核准，评估对象为国有资产，需填写《国有资产评估项目核准申请表》。

1. 产权持有单位：由评估对象的产权持有单位填写单位全称。

2. 企业管理级次：填写产权持有单位在所出资企业或有关部门中的产权隶属级次，产权持有单位为所出资企业或有关部门的直属企业单位时填写"一级"，产权持有单位为所出资企业的子公司或有关部门的直属企业下级单位时填写"二级"，依此类推。

3. 评估对象：如果评估对象为企业法人财产权范围内的资产，则填写相应资产名称，如：流动资产、固定资产、无形资产等；如果评估对象为企业所持产权（股权），则填写被评估企业的单位全称，如：×××有限责任公司、×××股份有限公司等。

4. 资产评估委托方：填写进行本次资产评估的委托方单位全称。

5. 所出资企业（有关部门）：填写产权持有单位所属所出资企业或有关部门的单位全称。

6. 经济行为：填写与评估目的一致的经济行为。

7. 评估报告编号：填写所待备案的资产评估报告编号。

8. 主要评估方法：根据评估的具体方法填写，最多可填写两种主要方法。

9. 账面价值：根据资产评估报告书中的资产评估结果汇总表填写，单位为万元，保留两位小数。当评估对象为企业产权（股权）时，分别按审计后的资产、负债和净资产总额填写。当评估对象为部分资产时，账面价值为资产的账面价值。

10. 评估价值：根据资产评估报告书中的资产评估结果汇总表填写，单位为万元，保留两位小数。评估对象为企业产权（股权）时，选用成本法评估值作为评估结果的，资产、负债和净资产要逐项填写；选用收益法或市场法评估值作为评估结果的，只填写净资产的评估价值。

11. 评估机构名称：填写委托的资产评估机构的单位全称。委托两家以上资产评估机构的，只填写出具总体报告、负主要责任的资产评估机构单位全称。

12. 资质证书编号：填写资产评估机构的资产评估资格证书编号。

13. 注册评估师姓名和编号：填写评估报告中两位签字注册资产评估师姓名、注册资产评估师资质证书编号。

14. 评估基准日：根据资产评估报告的评估基准日填写。

15. 申请核准签章处：由产权持有单位填写申请核准日期，加盖单位公章，并由产权持有单位法定代表人亲笔签名。

16. 主管部门同意申请签章处：由产权持有单位的主管部门单位填写同意申请日期，加盖单位公章，并由上主管部门法定代表人亲笔签名。

附件 3：

备案编号：_____

国有资产评估项目备案表

产权持有单位（盖章）：_____

法定代表人（签字）：_____

填　报　日　期：_____

山东省财政厅制

资产评估项目基本情况

评估对象				
产权持有单位			企业管理级次	
资产评估委托方				
所出资企业（有关部门）				
经济行为类型	□整体或者部分改建为有限责任公司或者股份有限公司　□以非货币资产对外投资 □合并、分立、破产、解散　□非上市公司国有股东股权比例变动　□产权转让 □资产转让、置换、拍卖、抵押、质押　□以非货币资产偿还债务　□确定涉讼资产价值 □收购非国有单位的资产　□接受非国有单位以非货币资产出资、抵债　□其他				
评估报告编号			主要评估方法	
评估机构名称			资质证书编号	
注册评估师姓名及签字			注册评估师编号	
产权持有单位联系人		电话	通讯地址	
所出资企业（有关部门）联系人		电话	通讯地址	
申报备案 产权持有单位盖章 法定代表人签字： 　　　　年 月 日		同意转报备案 文化企业主管部门盖章 单位负责人签字： 　　　　年 月 日	备　案 省财政厅 　　　　年 月 日	

资产评估结果

评 估 基 准 日：　　　年　　月　　日
评估结果使用有效期至：　　　年　　月　　日

金额单位：人民币万元

项目	账面价值	评估价值	增减值	增减率（％）
流动资产				
非流动资产				
其中：长期股权投资				
投资性房地产				
固定资产				
无形资产				
其中：				
著作权				
土地使用权				
资产总计				
流动负债				
非流动负债				
负债总计				
净资产				

备注：

1. 本备案表应与资产评估报告书同时使用，评估报告的使用各方应关注评估报告书中所揭示的特别事项和评估报告的法律效力等内容，合理使用评估结果。

2. 本项目所出具的资产评估报告的法律责任由受托评估机构和在评估报告中签字的具有相应执业资格的评估人员共同承担，不因本备案而转移其法律责任。

3. 本表一式三份。一份留存备案管理部门，一份送产权持有单位，一份送上级单位。

附件4：

国有资产评估项目备案表填报说明

为适应《山东省省属文化企业国有资产评估监督管理办法（试行）》第四条所列各类资产评估行为备案的需要，备案单位进行资产评估项目备案时，应按附件3的格式和内容填报办理。

一、如何填写、打印、上报

（一）填写：有关单位要严格按《国有资产评估项目备案表》规定的项目和内容如实填写，填写内容要准确、齐全、清晰，不得漏项、涂改。填报的评估数据以万元为单位，保留两位小数。

（二）打印：有关单位按印制的固定输出格式，用A3纸双面打印，不得分页。

（三）上报：填写好的备案表按规定加盖公章并由单位负责人签字后上报。

二、如何填写《国有资产评估项目备案表》

省属文化企业进行资产评估项目备案，评估对象为国有资产，需填写《国有资产评估项目备案表》。

《国有资产评估项目备案表》应由产权持有单位如实填写，上级单位核实同意后，签章转报备案管理部门。

《国有资产评估项目备案表》共四部分，分别为"国有资产评估项目备案表封面"、"资产评估项目基本情况"、"资产评估结果"、"备注"。

1. 国有资产评估项目备案表封面

（1）备案编号：由受理备案的备案管理部门存档时填写统一编号。

（2）产权持有单位（盖章）：由评估对象的产权持有单位填写单位全称并盖章。

（3）法定代表人（签字）：由产权持有单位法定代表人亲笔签名。

（4）填报日期：填写填报《国有资产评估项目备案表》的具体时间，如"2017 年 01 月 01 日"。

2. 资产评估项目基本情况

（1）评估对象：如果评估对象为企业法人财产权范围内的资产，则填写相应资产名称，如：流动资产、固定资产、无形资产等；如果评估对象为企业所持产权（股权），则填写被评估企业的单位全称，如：×××有限责任公司、×××股份有限公司等。

（2）产权持有单位：由评估对象的产权持有单位填写单位全称。

（3）企业管理级次：填写产权持有单位在所出资企业或有关部门中的产权隶属级次，产权持有单位为所出资企业或有关部门的直属企业单位时填写"一级"，产权持有单位为所出资企业的子公司或有关部门的直属企业下级单位时填写"二级"，依此类推。

（4）资产评估委托方：填写进行本次资产评估的委托方单位全称。

（5）所出资企业（有关部门）：填写产权持有单位所属所出资企业或有关部门的单位全称。

（6）经济行为类型：根据与评估目的一致的经济行为，按所列类型"手工"打勾，不得多选。若经济行为未包括在所列类型中，产权持有单位在"其他"项下填写经济行为类型。

（7）评估报告编号：填写所待备案的资产评估报告编号。

（8）主要评估方法：根据评估的具体方法填写，最多可填写两种主要方法。

（9）评估机构名称：填写委托的资产评估机构的单位全称。委托两家以上资产评估机构的，只填写出具总体报告、负主要责任的资产评估机构单位全称。

（10）资质证书编号：填写资产评估机构的资产评估资格证书编号。

（11）注册评估师姓名和编号：填写评估报告中两位签字注册资产评估师姓名、注册资产评估师资质证书编号。

（12）产权持有单位联系人/电话/通讯地址：填写产权持有单位具体负责评估工作人员的姓名、联系电话、通讯地址和邮编。

（13）所出资企业（有关部门）联系人/电话/通讯地址：填写所出资企业（有关部门）具体负责评估工作人员的姓名、联系电话、通讯地址和邮编。

（14）申报备案签章处：由产权持有单位填写申报备案日期，加盖单位公章，并由产权持有单位法定代表人亲笔签名。

（15）同意转报备案签章处：由产权持有单位的上级单位填写同意转报备案日期，加盖单位公章，并由上级单位法定代表人或资产评估主要负责人亲笔签名。产权持有单位为一级，可不用填写及签章。

（16）备案签章处：由受理备案的备案管理部门填写备案日期、盖章。

3. 资产评估结果

（1）评估基准日/评估结果使用有效期：根据资产评估报告的评估基准日和使用有效期填写。

（2）资产评估结果：根据资产评估报告书中的资产评估结果汇总表填写，单位为万元，保留两位小数。

账面价值：当评估对象为企业产权（股权）时，账面价值应为审计后账面值；当评估对象为部分资产时，账面价值为资产的账面价值。

评估价值：按照资产评估机构出具的资产评估报告的评估结果汇总表填写。评估对象为企业产权（股权）时，选用成本法评估值作为评估结果的，流动资产至净资产的评估价值要逐项填写；选用收益法或市场法评估值作为评估结果的，只填写净资产的评估价值。

增减值：增减值为评估价值与账面价值的差额。

增减率：增减率为增减值与账面价值的比率。

省财政厅 省文化厅关于印发《山东省文化艺术宣传推介专项资金管理办法》的通知

2016 年 3 月 22 日 鲁财教〔2016〕6 号

各有关单位:

为规范省级文化艺术宣传推介专项资金使用管理,提高资金使用效益,根据《预算法》等相关规定,结合工作实际,我们制定了《山东省文化艺术宣传推介专项资金管理办法》,现予印发,请认真贯彻执行。

附件:山东省文化艺术宣传推介专项资金管理办法

附件:

山东省文化艺术宣传推介专项资金管理办法

第一章 总 则

第一条 为营造文化强省建设良好舆论氛围,促进文化艺术事业繁荣发展,提升齐鲁文化软实力,打造"文化山东"品牌,省级财政设立山东省文化艺术宣传推介专项资金(以下简称"专项资金"),专项用于省级文化艺术宣传推介支出。为规范专项资金使用管理,提高资金使用效益,根据《预算法》及有关规定,结合我省实际,制定本办法。

第二条 专项资金由省文化厅按照专款专用、突出重点、规范管理、科学评估、注重绩效的原则分配、使用和管理。

第二章 开支范围

第三条 专项资金的开支范围:

(一)用于搭建中央和省内主流媒体、行业媒体、新兴媒体、涉外媒体及官方网站等文化宣传阵地;

(二)用于制作播出宣传片、印制相关宣传资料以及重大展演展示展览活动的宣传;

(三)用于全省重大文化活动、重要文化政策、重点文化项目以及重大惠民活动的新闻发布;

(四)用于组织重点涉外媒体、中央及省媒体的集中采访报道活动;

(五)用于组织专家委员会、委托第三方对资助对象工作绩效进行评审、评估,对优秀宣传成果进行评选;

(六)用于山东文化艺术宣传的设备购置;

(七)用于山东文化艺术宣传推广的其他事项。

第三章 管理使用

第四条 省文化厅组织成立由宣传、财政、审计等部门业务负责人及社科研究机构相关专家组成的评审委员会,对资助对象、资助标准进行评定。

第五条 按照相关规定要求,属于政府购买服务范围的项目,要编入政府购买服务预算,并按政府购买服务相关规定组织实施。

第四章 绩效与监督

第六条 省文化厅应在次年第一季度结束前,对上年度的宣传推介工作认真评估总结,写出绩效考评报告(样本见附件)报省财政厅。绩效评价结果作为以后年度预算安排和选择承接主体的重要依据。

第七条 专项资金的使用和管理接受审计等部门的监督、检查。

第五章 附 则

第八条 本办法由省财政厅、省文化厅负责解释。

第九条 本办法自 2016 年 5 月 1 日起施行,有效期至 2021 年 4 月 30 日。

附件:山东省文化艺术宣传推介专项资金绩效报告(样本)

附件:

山东省文化艺术宣传推介专项资金
绩效报告

(样本)

项目实施单位:＿＿＿＿＿＿＿＿

山东省文化艺术宣传推介专项资金绩效报告
（参考提纲）

一、项目概况

（一）项目基本情况

（二）宣传推介专项资金年度预算绩效目标，包括预期总目标及阶段性目标；项目基本性质、用途和主要内容、涉及范围。

二、宣传推介专项资金使用及管理情况

（一）专项资金安排情况

（二）专项资金使用情况

（三）专项资金管理情况（包括管理制度、办法的制订及执行情况）

三、宣传推介项目组织实施情况

（一）项目组织情况（包括组建评审委员会、评审程序、考核评估等）。

（二）项目管理、实施情况

四、宣传推介专项资金绩效情况

（一）项目绩效目标完成情况分析。将项目支出后的实际状况与申报的绩效目标对比，从项目的数量指标、时效指标、社会效益指标等方面进行量化、具体分析。

（二）绩效目标未完成原因分析

五、其他需要说明的问题

（一）后续工作计划（包括考评结果应用意见）

（二）主要经验及做法、存在问题和建议。（包括资金安排、使用过程中的经验、做法、存在问题、改进措施和有关建议等）

（三）项目评价工作情况。

年　　　月　　　日

省财政厅关于印发《山东省地方公共文化服务体系建设专项资金管理使用办法》的通知

2016 年 10 月 14 日　鲁财教〔2016〕49 号

各市、省财政直接管理县（市）财政局，省文化厅，省文物局，省新闻出版广电局，省体育局：

为加强地方公共文化服务体系建设专项资金管理，我们研究制定了《山东省地方公共文化服务体系建设专项资金管理使用办法》，现予印发，请遵照执行。

附件：山东省地方公共文化服务体系建设专项资金管理使用办法

附件：

山东省地方公共文化服务体系建设专项资金管理使用办法

第一章　总　　则

第一条　为规范山东省地方公共文化服务体系建设专项资金（以下简称"专项资金"）管理，提高资金使用效益，制定本办法。

第二条　专项资金是通过整合原文体传媒专项资金，农村文化建设专项资金，美术馆、纪念馆、博物馆、图书馆、文化馆、基层综合文化中心等免费开放奖励资金，广播电视无线覆盖专项资金，以及省图书馆、省美术馆、省博物馆藏品征集收藏和设备购置资金等，由省财政统筹中央资金和省级预算资金设立，用于落实我省基本公共文化服务实施标准，促进基本公共文化服务标准化均等化，保障群众基本文化权益。

第三条　专项资金管理和使用坚持省级引导、市县统筹、突出重点、注重绩效、专款专用的原则。

第四条　专项资金实行因素分配与项目管理相结合，重点向财政困难地区倾斜，对基本公共文化服务绩效评价结果优良的地方予以奖励。

第五条　专项资金管理和使用应当严格执行有关法律法规、财务规章制度和本办法规定，接受财政、审计、监察等部门监督检查。

第二章　支出范围

第六条　专项资金用于支持地方提供基本公共文化服务项目，改善基层公共文化体育设施条件（设施维修和设备购置），加强基层公共文化服务人才队伍建设和其他基本公共文化服务项目。

第七条　基本公共文化服务项目支出范围包括读书看报、收听广播、观看电视、观赏电影、送地方戏、设施开放服务以及开展文体活动等。

（一）读书看报服务支出范围包括公共图书馆、文化馆（中心）、乡镇和行政村（社区）基层综合文化服务中心（含农家书屋）等配备图书、报刊和电子书刊，并免费提供借阅服务；在城镇主要街道、公共场所、居民小区等人流密集地点设置阅报栏或电子阅报屏,提供时政、"三农"、科普、文化、生活等方面的信息服务。

(二)收听广播和观看电视服务支出范围包括为全民提供突发事件应急广播服务;纳入中央广播电视节目无线覆盖范围(含模拟信号覆盖和数字化覆盖)的发射机及附属系统购置和运行维护;广播电视直播卫星相关实施方案确定的家庭接收设备购置。

(三)观赏电影服务支出范围包括向农村群众提供数字电影等放映服务。

(四)送地方戏服务支出范围包括向农村和乡镇送戏曲等文艺演出。

(五)设施开放服务支出范围包括公共图书馆、文化馆(站)、美术馆、公共博物馆、纪念馆、公共电子阅览室等公共文化设施开展公共数字文化服务,以及购买藏书、收藏展品、文物征集等丰富馆藏作品支出。具体包括:

1. 公共数字文化软硬件平台建设,公共数字文化资源制作采集与加工整理,数字资源版权征集购买;

2. 公共数字文化服务宣传培训推广、文化监管平台建设维护等;

3. 购买藏书、收藏展品、文物征集等丰富馆藏作品方面。

(六)开展文体活动支出范围包括城乡居民依托行政村(社区)综合文化服务中心、文体广场、公园、健身路径等公共设施,参加各类文化体育活动,以及各级文化馆(站)等开展文化艺术知识普及和培训等。

第八条 公共文化体育设施维修和设备购置支出范围包括:

(一)公共图书馆、文化馆(中心)、博物馆、纪念馆、剧院(场)、体育场(馆)、广播电视发射(监测)台站、转播台站、卫星地球站、保留事业单位性质的广播电视播出机构等设施维修与设备购置。

(二)保留事业单位性质的文艺院团、新闻出版单位等设施维修与设备购置,省及省以下文物保护单位维修保护和设备购置,乡镇和村基层综合文化服务中心维修和设备购置。

(三)流动文化车、流动舞台车购置等。

城市街道(社区)文化中心维修购置通过中央集中彩票公益金安排。

第九条 基层公共文化服务人才队伍建设支出范围包括购买行政村(社区)公共文化服务中心的公益文化岗位,组织乡镇、街道和行政村(社区)文化专(兼)职人员的集中培训等。

第十条 其他公共文化项目是指国家和省基本公共文化服务实施意见和实施标准规定的基本公共文化服务项目,或者国家和省委、省政府及省级宣传、文化、新闻出版广电、体育、文物部门(以下简称"相关部门")与省财政厅共同实施的基本公共文化服务项目,以及国家和省级文化示范区(基地)规划编制和建设等。

第十一条 专项资金不得用于支付各种罚款、捐款、赞助、投资等支出,不得用于编制内在职人员工资性支出和离退休人员离退休费,不得用于偿还债务,不得用于国家规定禁止列支的其他支出。

第三章 分 配 办 法

第十二条 专项资金分为补助资金和奖励资金,具体数额由省财政厅根据年度专项资金规模等情况确定。

第十三条 补助资金分为一般项目补助资金和重点项目补助资金。对一般项目补助资金,省财政直接管理县(市)资金分配总额原则上按照当年一般项目补助资金总额的20%确定,各市县可按照本办法规定统筹使用。对重点项目补助资金,各市县和省直相关单位按照省财政厅文件确定项目安排使用。

第十四条 重点项目补助资金分为相关部门重点项目补助资金,以及市级财政部门申请的县级及县级以上重点公共文化体育设施维修和设备购置项目补助资金。相关部门重点项目是指有关部门根据基本公共文化服务指导标准确定、由其牵头申请、评审,用于支持地方加快构建现代公共文化服务体系的基本公共文化服务项目。

第十五条　一般项目补助资金实行因素分配法，包括基本因素、业务因素和财力因素。按照基本因素和业务因素（权重各占 50%）计算综合得分，再根据各设区市和省财政直接管理县（市）财力情况分档明确财力因素后，确定补助数额。

第十六条　基本因素及权重

（一）常住人口数（权重 10%）按照省统计局提供数据测算。

（二）国土面积数（权重 10%）按照省统计局提供数据测算。

（三）乡镇（含街道）数（权重 15%）按照省统计局或省民政厅提供数据测算。

（四）行政村数（权重 15%）按照省统计局或省民政厅提供数据测算。

第十七条　业务因素及权重

（一）公共文化体育服务设施个数（权重 25%）按照相关行政主管部门提供的各市县文化、文物、体育、广播电视、新闻出版等公共文体设施个数，乡镇、街道和村（社区）基层综合文化服务中心个数，以及省、市、县级文物保护单位个数或文物藏品数量测算。

（二）公共文化体育服务设施建筑面积（权重 25%）按照相关行政主管部门提供的公共文体设施数据测算。

（三）对个别数量规模明显偏大或者区域分布过于集中的业务因素进行当量处理。

第十八条　一般项目补助资金计算分配公式如下：

某市〔省财政直接管理县（市）〕一般项目补助资金数额 = ¦某市〔省财政直接管理县（市）〕分配因素得分 × 某市〔省财政直接管理县（市）〕财力因素¦ / ∑ ¦各市〔省财政直接管理县（市）〕分配因素得分 × 市〔省财政直接管理县（市）〕财力因素¦ × 专项资金一般项目补助资金总额。

某市〔省财政直接管理县（市）〕分配因素得分 = ¦某市〔省财政直接管理县（市）〕基本因素和业务因素得分 × 相应权重（当量）¦ / ∑ ¦某市〔省财政直接管理县（市）〕基本因素和业务因素得分¦。

第十九条　国家重点项目补助资金依据财政部文件确定；省级重点项目补助资金，依据各市相关部门和财政部门申请，由省级相关部门组织评审提出意见后，报省财政厅结合当年资金规模确定。

第二十条　奖励资金由省财政厅根据各市县和省级相关公共文化服务场馆基本公共文化服务绩效评价结果分配，用于支持提升公共文化服务质量和服务效果，引导群众文化消费。具体支持范围包括：

（一）国家和省基本公共文化服务指导标准确定的公共文化服务项目与内容。

（二）各市、县（市、区）基本公共文化服务实施标准确定的公共文化服务项目与内容。

（三）引导群众文化消费，包括发放文化惠民卡、实行公益演出补贴等。

第四章　申报与审批

第二十一条　市级财政部门按照职责分工，商同级相关部门，于每年 3 月 15 日前，将本年度县级及县级以上重点公共文化体育设施维修和设备购置项目的资金申请及评审报告，以及上年度本市公共文化服务体系建设情况，专项资金分项目、分级次的分配使用及成效情况报送省财政厅。省直单位申请重点公共文化体育设施维修和设备购置项目补助的，于每年 3 月 15 日前，向省财政厅报送申报材料、项目评审报告和上年度专项资金使用情况报告。省财政直接管理县（市）相关材料由各市负责汇总上报。原则上每市申报 1 个重点公共文化体育设施维修和设备购置项目。

第二十二条　一般项目补助资金和奖励资金不需报送申请。

第二十三条　省级相关部门按国家相关部委要求，负责组织国家和省级重点项目补助资金申报评审工作。在中央专项资金下达 15 日内，将省级重点项目补助资金申请和评审情况，以及国家重点项目分省级和市县明细表报送省财政厅。对省级重点项目的申请个数，原则上省文化厅 2 个、省文物局 2 个、省新闻出版广电局 2 个、省体育局 2 个。

第二十四条　每年 4 月 30 日前，省级相关部门向省财政厅提供相关测算基础数据。其中：

（一）省文化厅提供各市和省财政直接管理县（市）美术馆、图书馆、文化馆等公共文化设施个数、乡镇、街道和村（社区）基层综合文化服务中心个数，以及公共文化服务设施建筑面积等数据。

（二）省文物局提供各市和省财政直接管理县（市）博物馆、纪念馆个数，省、市、县三级文物保护单位个数，或者文物藏品个数等数据。

（三）省新闻出版广电局提供各市和省财政直接管理县（市）广播电视、新闻出版等公共文化设施个数、建筑面积等数据。

（四）省体育局提供各市和省财政直接管理县（市）体育场馆等公共文化设施个数、建筑面积等数据。

第二十五条　省财政厅在中央专项资金下达1个月内，根据本办法将中央和省级专项资金下达相关省直单位、各市和省财政直接管理县（市）财政部门。对提前下达的专项资金，按照国家和省级相关规定执行。

第五章　管理与使用

第二十六条　市级财政部门收到专项资金后，应当及时商同级相关部门，制定专项资金分配使用方案，于30日内将资金按照规定程序下达到本级有关单位和县级财政部门。其中：

（一）一般项目补助资金用于县级的部分，原则上按照因素分配法下达到县级财政部门。

（二）重点项目补助资金按照省财政厅文件下达。

（三）奖励资金由市财政局商同级相关部门统筹安排下达。

第二十七条　专项资金分配和使用应当符合本办法规定，做到分配合理、使用规范，不得用于平衡预算，不得挤占、截留和挪用。

第二十八条　市县财政部门应当会同同级相关部门制定专项资金管理和使用细则，建立群众文化需求反馈机制，结合地方实际情况，统筹安排一般项目补助资金和奖励资金，切实提高专项资金使用效益，避免资金闲置和浪费。

第二十九条　专项资金支付应当按照国库集中支付制度有关规定执行，结转结余资金按照财政部、省财政厅和同级财政部门规定执行。

第三十条　专项资金使用中属于政府采购范围的，按照政府采购有关法律制度规定执行。鼓励市县财政部门安排部分专项资金，根据政府向社会力量购买公共文化服务指导性意见和目录，采取政府购买服务方式引导社会力量参与提供公共文化服务。

第三十一条　专项资金购置形成的固定资产属于国有资产的，应当按照国家国有资产管理有关规定管理，防止国有资产流失。

第六章　资金监管与绩效评价

第三十二条　省财政厅会同省直相关部门对专项资金实施监管，对专项资金管理使用情况组织开展绩效评价，监管和评价结果作为以后年度分配专项资金的重要参考依据。其中，省直相关部门负责重点项目绩效评价工作。

第三十三条　市县财政部门应当会同同级相关部门建立健全专项资金监管和绩效评价机制。

第三十四条　对专项资金管理使用过程中出现违法违规行为的，将严格按照《中华人民共和国预算法》《财政违法行为处罚处分条例》（国务院令第427号）等有关规定进行处理处罚，并依法追究有关单位及相关人员责任。

第七章　附　　则

第三十五条　本办法由省财政厅负责解释。

第三十六条　本办法自2016年11月15日起施行，有效期至2021年11月14日。

省财政厅关于明确山东省国家电影事业
发展专项资金执收单位的通知

2016 年 10 月 15 日 鲁财教〔2016〕55 号

省新闻出版广电局，国家电影事业发展专项资金山东省管理委员会（以下简称省管委会）：

省新闻出版广电局、省管委会《关于申请变更电影专项资金执收单位的函》收悉。根据非税收入征缴管理有关规定，为确保我省国家电影事业发展专项资金及时征缴入库，同意将山东省国家电影事业发展专项资金执收单位变更为省新闻出版广电局。省新闻出版广电局应到省财政厅申请国家电影事业发展专项资金执收编码，向取得《电影放映经营许可证》的经营性电影放映单位开具省财政厅统一印制的山东省财政票据，由缴款人到非税收入代收银行缴款，通过"山东省非税收入征收与财政票据管理系统"全额缴入省级国库。具体征收范围、标准等按照《山东省国家电影事业发展专项资金征收使用管理办法》（鲁财教〔2016〕35 号）有关规定执行。

省财政厅　省体育局关于印发《省级体育发展资金（综合性
运动会备战资金）管理使用办法》的通知

2016 年 10 月 17 日 鲁财教〔2016〕56 号

各市财政局、体育局，各省财政直接管理县（市）财政局、体育局：

为规范省级综合性运动会备战资金管理，我们制定了《省级体育发展资金（综合性运动会备战资金）管理使用办法》，现予印发，请遵照执行。

附件：省级体育发展资金（综合性运动会备战资金）管理使用办法

附件：

省级体育发展资金（综合性运动会备战资金）管理使用办法

第一章　总　　则

第一条　为规范省级综合性运动会备战资金（以下简称"备战资金"）管理，做好优秀运动队备战保障工作，提高全省竞技体育水平，制定本办法。

第二条　省级综合性运动会备战资金是通过省级体育发展专项资金安排，统筹一般公共预算资金和体彩公益金，专项用于我省优秀运动队备战国际奥林匹克运动会（包括夏季、冬季奥林匹克运动会）、青年奥林匹克运动会、亚洲运动会，全国运动会、全国冬季运动会、全国青年运动会等综合性运动会的备战资金。

第三条 本办法所称省优秀运动队是指省体育局依据省编办下达的运动员编制组建的运动员队伍（含试训、集训运动员），以及省体育局通过政府购买服务方式，与高等院校、社会团体、企事业单位等社会力量联办共建并承担备战综合性运动会任务的运动队。

第四条 备战资金管理使用严格执行国家法律法规和财务规章制度，遵循备战全国运动会以四年为周期的特点，坚持厉行节约、统筹规划、系统安排、公开透明的原则进行管理使用，接受财政、审计等部门的监督和检查。

第二章 使用范围

第五条 备战资金主要用于保障省优秀运动队备战综合性运动会发生的训练参赛、科研医务、教育培训、日常管理、后勤服务等方面相关支出。主要包括：

（一）购置和维护费：训练比赛设施设备、器材装备、运动服装等购置、维护，以及场地场馆修缮等相关费用。

（二）外训和参赛费：运动队及管理保障工作团队国内外训练、参赛发生的食宿、差旅交通、注册参赛、保险医疗，以及场地器材租赁、运输等相关费用。

（三）科训和康复费：科学训练、运动康复、伤病防治等科研医务设备设施购置、维护维修，以及重点实验室与奥运全运科技服务站建设运行等相关费用，保障运动员伤病防治、疲劳恢复、康复训练等训练医务耗材购置，重点运动员按摩医生聘用等相关费用。

（四）营养和补给费：运动员体能技能恢复提高所需食补、滋补、药补等各类运动营养品购置。

（五）反兴奋剂及检测费：反兴奋剂工作保障，以及食品安全检测、兴奋剂检测、生理生化机能指标检测等相关费用。

（六）培训费：运动员及复合型训练团队组成人员因提高备战能力所发生的各类培训、学术交流等相关费用。

（七）人才引进费：引进、外聘高水平运动员、教练员，以及运动训练科研、医务、教育、管理等方面专家等发生的食宿差旅、薪酬劳务等相关费用。

（八）联合培养费：我省与国家体育总局项目管理中心（协会）共建国家队、与我省社会力量联办运动队、与其他省市联合培养运动员等相关费用。

（九）综合保障费：运动队一二三线队伍备战体系规划与建设，训练比赛督导调研、联络协调，训练研究创新与科技攻关，运动队思想文化建设，以及因满足备战需要承办举办的国际国内赛事、会议、培训等活动，提高食宿、训练等优秀运动队综合保障标准等发生的其他费用。

（十）其他支出：除上述内容外，因项目特点不同而发生的与训练参赛相关的运动饮料、音乐编排、马匹饲养、防晒护理、模拟比赛等其他备战支出。

第六条 备战资金具体项目的支出标准应当严格执行国家、省里有关规定。没有相关规定的，由省体育局研究确定具体标准，并向社会公开。

第三章 预算管理

第七条 省体育局依据我省备战周期任务目标、经济社会发展水平等情况，在每届全运会结束当年编制下一个全运周期备战资金预算计划，经省政府批准后，按照程序纳入部门中期财政规划管理，作为全运周期内年度预算安排的基本依据。

第八条 省体育局每年在编制年度预算时，根据全运周期预算计划和部门中期财政规划，按照"总量控制、分项实施，保障重点、统筹兼顾"原则，细化年度备战资金项目预算。

第九条 省体育局负责按照省财政厅批复的部门预算，严格管理使用备战资金，原则上不得在项目间或二级单位间进行调整。因冬训夏训督导要求或训练条件变化等原因，确需调整的，由省体育局领导班子集体研究后，备战资金可在项目间适当调剂使用，并报省财政厅备案；将备战资金用于年初预算未提报项目，或者在二级单位间调整的，必须报省财政厅批准。

第十条　备战资金应严格执行财政国库资金管理、资产管理有关规定。凡纳入政府采购目录的支出项目，要严格按照有关规定实行政府采购。

第十一条　备战资金的结余结转，要严格按照省财政厅有关财政拨款结余与结转资金管理的规定执行。

第四章　绩效管理与检查监督

第十二条　省体育局负责制定绩效评价办法、训练质量建设目标管理考核实施办法和周期任务目标责任书，组织开展年度绩效考核和周期绩效考核。省财政厅配合省体育局制定绩效评价办法，并将绩效考评结果作为以后年度分配备战资金的重要参考。

第十三条　资金使用单位应当按照预算绩效管理工作要求，强化支出责任，明确绩效目标，按规定开展绩效自评，不断提高财务管理水平，切实发挥备战资金作用。

第十四条　任何单位不得套取、截留、挤占、挪用备战资金。省财政厅、省体育局将适时组织监督检查。对检查发现的违规问题，将按照《预算法》《财政违法行为处罚处分条例》有关规定进行处理。

第五章　附　　则

第十五条　本办法由省财政厅、省体育局负责解释。

第十六条　本办法自 2016 年 11 月 18 日起施行，有效期至 2021 年 11 月 17 日。

省国资委关于印发省属企业资产评估报告质量评价规则的通知

2016 年 8 月 9 日　鲁国资产权字〔2016〕33 号

各省属企业：

《省属企业资产评估报告质量评价规则》已经省国资委主任办公会研究通过，现予以印发，请结合实际，认真抓好贯彻落实。

执行中遇到的问题，请及时报告省国资委。

附件：省属企业资产评估报告质量评价规则

附件：

省属企业资产评估报告质量评价规则

第一条　为客观评价评估机构的执业质量，进一步加强省属企业资产评估管理工作，维护国有资产出资人合法权益，依据《企业国有资产评估管理暂行办法》（国务院国资委令第 12 号）、《企业国有资产评估报告指南》（中评协〔2008〕218 号）等评估管理规定及准则规范，制定本规则。

第二条 省属企业及其各级控制企业涉及的资产评估，评估机构所出具报告（以下简称评估报告）的质量评价工作，适用本规则。

第三条 省国资委、省属企业及其各级控制企业与评估机构签订评估业务约定书时，应明确约定评估报告将按照本规则进行评价。

第四条 省国资委核准或备案的评估报告由省国资委负责评价；省属企业备案的评估报告由省属企业负责评价。

第五条 评估报告质量评价内容主要包括：评估报告的完整性、规范性，评估结论的公允性，以及评估报告出具的及时性。

第六条 评估报告质量评价采用量化计分法，满分100分。符合各评价内容基本要求的，得基本分；达不到基本要求的，按照评分标准扣分（具体评价内容和评分标准见附件1）。

第七条 根据评估报告质量综合评价分数，将评估报告质量评价结果分为优秀、良好、一般和较差四个档次。

（一）评价得分达到90分以上（含90分）的为优秀；

（二）评价得分达到80分以上（含80分）不足90分的为良好；

（三）评价得分达到70分以上（含70分）不足80分的为一般；

（四）评价得分在70分以下的为较差。

第八条 评估报告质量评价一般于评估项目经核准或备案后1个月之内完成，也可根据工作需要随时开展。具体评价程序如下：

（一）根据评估报告审核情况，作出初步评价。

（二）将初步评价情况通过评估委托方反馈评估机构。评估机构须在5个工作日提交正式书面报告对有关问题作出说明，对特别复杂问题可延长至10个工作日，逾期视为自动放弃说明。

（三）对有关评估事项的性质、金额、影响程度等专业技术问题，必要时提交专家进行论证。参加论证的专家应具备专业胜任能力和良好的职业道德，并遵循回避原则。已设立专家库的，从专家库中选择。

（四）综合初步评价情况、评估机构说明和专家论证意见，形成最终评价意见。

（五）后续工作中发现相关评估报告存在其他问题的，应对评价意见进行追溯调整。

第九条 除综合评价得分70分以下的以外，评估机构存在下列情形之一的，出具的相关评估报告确定为较差档次：

（一）履行评估程序严重不到位的，造成国有资产权益重大损失的；

（二）与评估项目相关单位串通作弊，出具虚假评估报告、有重大遗漏评估报告或者具有误导性评估报告，造成国有资产权益重大损失的；

（三）不接受国资监管机构监督检查，或推诿扯皮、不配合相关工作，情节严重的；

（四）经相关部门依法认定，出具的评估结果严重偏离评估标的客观价值的；

（五）其他有违反评估管理规定和执业准则，造成国有资产权益遭受重大损失情形的。

第十条 评估报告质量评价结果作为省国资委、省属企业及其各级控制企业选聘评估机构的重要依据。

第十一条 评估报告质量评价结果为较差档次或累计两次评价结果为一般档次的，省国资委和省属企业按有关规定建议或直接取消评估机构备选库资格，按约定扣减或不再支付费用，也不再受理签字资产评估师签字的其他资产评估报告。签字资产评估师原聘为企业各类专家库成员的，取消其专家资格。

第十二条 省国资委每半年向省属企业通报一次评估报告的质量评价结果。各省属企业应于每年1月15日和7月15日前，将本企业评估报告质量评价结果报送省国资委（评价结果汇总表格式见附件2）。

省国资委对省属企业资产评估报告质量评价工作进行抽查，抽查结果在省属企业范围内通报。

第十三条 各省属企业可依据本规则，结合工作实际，制定本企业资产评估报告质量评价细则。

附件：1. 评估报告质量评价内容及评分标准

　　　2. 评估报告质量评价结果汇总表

附件 1：

评估报告质量评价内容及评分标准

项目	评价内容及基本要求	基本分	评分标准	得分	扣分说明
一、评估报告的完整性		10			
评估报告的完整性	评估报告由标题、文号、声明、摘要、正文、附件；评估说明；评估明细表（采用收益法时，应包括收益法计算表）组成。评估范围中存在需要单独评估的长期股权投资，评估报告应当包括长期股权投资的评估说明和评估明细表（采用收益法时，应包括收益法计算表）。其中： 1. 正文应包括绪言：委托方、被评估单位（或产权持有单位）和业务约定书约定的其他报告使用者概况；评估目的；评估对象和评估范围；价值类型及其定义；评估基准日；评估依据；评估方法；评估程序实施过程和情况；评估假设；评估结论；特别事项说明；评估报告使用限制说明；评估报告日；签字盖章。 2. 附件一般应包括与评估目的相对应的经济行为文件；被评估单位专项审计报告；委托方和被评估单位法人营业执照、产权登记证；评估对象涉及的主要权属证明资料；委托方和相关当事方的承诺函；资产评估师承诺函；评估机构资格证书；评估机构法人营业执照；签字资产评估师资格证书；重要取价依据（如合同、协议）；评估业务约定书；其他重要文件。如果引用其他机构出具的报告结论，所引用的报告应当经相应主管部门批准（备案）的，应当将相关批准（备案）文件作为评估报告的附件。 3. 评估说明应包括关于评估说明使用范围的声明；企业关于进行资产评估有关事项的说明；资产评估说明（具体包括评估对象与评估范围说明；资产核实情况总体说明；评估技术说明）；评估结论及分析。 4. 评估明细表一般应包括被评估资产负债项目的评估明细表、各级汇总表及以人民币万元为金额单位的评估结果汇总表。收益法计算表一般应包括评估结果计算表、营业收入预测表、营业成本预测表、费用预测表、折旧与摊销预测表、资本性支出预测表、营运资金计算与预测表、溢余资产及非经营性资产分析与评估表。	10	报告完整、符合要求的得基本分；报告不完整或不符合要求的，每缺一项扣3分，扣完为止。		
二、评估报告的规范性		45			
1. 评估报告总体的规范性	评估报告应按照《企业国有资产评估报告指南》的要求出具，包括但不限于： 应装订完整，不存在缺页、多页、错页等错误； 应文字准确，不存在错字、缺字、多字等错误； 不得使用误导性的表述； 应说明评估目的及其所对应的经济行为，并说明该经济行为的批准情况； 应对评估对象进行具体描述，以文字、表格的方式说明评估范围； 应由两名（含两名）以上资产评估师签字盖章，并由评估机构盖章；有限责任公司制评估机构的法定代表人或者合伙制评估机构负责该评估业务的合伙人应当在评估报告上签字； 特别事项应说明评估程序受到的限制、评估特殊处理、评估结论瑕疵等及期后事项； 应以文字和数字形式清晰说明评估结论，企业价值评估一般需要同时说明是否考虑了控股权和少数股权等因素产生的溢价或者折价，以及流动性对评估对象价值的影响； 评估报告附件为复印件的，应当与原件一致；所有附件应与评估依据一致、相关。	10	报告出具规范、符合要求的得基本分；不规范或不符合要求的，每项扣1分，扣完为止。		
2. 评估明细表和收益法计算表规范性	单项资产或者资产组合评估、采用资产基础法进行企业价值评估时，应按照《企业国有资产评估报告指南》第五章的要求编制评估明细表。收益法计算表中一般应包括近三年的历史数据，各项收入、成本费用等收益法计算表（或预测表）中的数据之间勾稽关系正确。	15	评估明细表和收益法计算表出具规范、符合要求的得基本分；不规范或不符合要求的，每项扣1.5分，扣完为止。采用两种以上评估方法的，每种方法分别打分，按就低原则确定此项最终得分。		

项目	评价内容及基本要求	基本分	评分标准	得分	扣分说明
3. 评估说明的规范性	资产基础法评估说明应参照《企业国有资产评估报告指南》附件3的格式编写，包括但不限于： 　　各项资产及负债均应说明核算的内容和金额、清查核实方法、评估值确定的方法和结果； 　　存货、房屋建筑物、机器设备、在建工程、土地使用权等还应说明各项资产的数量、实际状态、评估参数的确定和评估计算过程； 　　长期股权投资应根据具体资产、盈利状况及其对评估对象价值的影响程度等因素说明对其单独评估的必要性。 　　收益法评估说明应参照《企业国有资产评估报告指南》附件3的格式编写。包括但不限于： 　　应分析被评估单位的资本结构、经营状况、历史业绩、发展前景； 　　应考虑宏观和区域经济因素、所在行业现状与发展前景及企业面临的竞争情况及企业战略（或对策）对企业价值的影响； 　　应分析企业的经营性资产、非经营性资产、溢余资产； 　　对委托方或相关当事方提供的未来收益预测进行必要的分析、判断和调整； 　　在考虑未来各种可能性及其影响的基础上合理确定评估假设； 　　当预测趋势与企业历史业绩和现实经营状况存在重大差异时，应予以披露，并对产生差异的原因及其合理性进行分析； 　　预期收益应与未来投资匹配； 　　折现率应与预期收益的口径保持一致。 　　市场法评估说明应参照《企业国有资产评估报告指南》附件3的格式编写。包括但不限于： 　　应根据所获取可比企业经营和财务数据的充分性和可靠性、可收集到的可比企业数量，分析市场法的适用性； 　　应分析所选择的可比企业与评估对象的可比性； 　　应分析可比企业与评估对象的差异因素并进行比较调整； 　　运用上市公司比较法时，评估结论应考虑流动性对评估对象价值的影响。	15	评估说明出具规范、符合要求的得基本分；不符合要求的，每项扣1.5分，扣完为止。采用两种以上评估方法的，每种方法分别打分，按照孰低原则确定此项最终得分。		
4. 补充评估报告的规范性	补充评估报告一般应包括标题、文号、主送方、正文、签字盖章、报告日期以及附件；正文应根据审核意见作出真实、合理、完整、准确的说明，并明确最终评估结论；附件应提供充分的证据。补充评估报告与原评估报告一并使用，具有同等效力。	5	达到基本要求的得基本分；报告不规范、未能作出合理说明或未能提供充分依据的，每项扣1分，扣完为止。就同一问题，补充报告补充次数超过2次（含2次）的，每超1次扣1分，扣完为止。如评估报告经审核无需出具补充报告，该项评价得基本分。		
三、评估结论的公允性		40			
1. 评估方法的合理性	以持续经营为前提对企业价值进行评估时，资产基础法一般不应作为唯一使用的评估方法；评估报告应分析收益法、市场法和资产基础法三种评估基本方法的适用性，恰当选择一种或者多种评估基本方法并说明选择理由。单项资产或资产组合评估，以及选用资产基础法进行企业价值评估的，各类资产的评估方法应合理确定。	10	符合要求的得基本分；企业价值评估方法选择不恰当或选择理由不充分的，此项不得分；各类资产的评估方法选择不恰当的或选择理由不充分的，每项扣2分，扣完为止。		
2. 评估依据的充分性	评估报告利用数据应与专项审计报告审定数据一致；应用评估公式应当恰当；评估参数选取依据应当充分；评估结论确定的理由和依据应当充分。	10	符合要求的得基本分；不符合要求的，每项扣2分，扣完为止。		

续表

项目	评价内容及基本要求	基本分	评分标准	得分	扣分说明
3. 评估结果的准确性	评估方法和公式选择恰当，评估参数选取合理，评估计算过程正确，评估结果无差错。	20	评估结果无差错的得基本分；评估结果有差错，差错率不超过1%的，每上升0.1个百分点，扣0.5分；差错率超过1%的，每上升0.1个百分点，扣0.75分；扣完为止。评估结果差错率＝审核差错金额÷审计后资产总额（不需要进行专项审计的，按评估前资产账面价值计算）。审核差错金额＝∑│每项资产和负债审核差错金额│		
四、评估报告出具的及时性		5			
评估报告出具的及时性	评估报告应按照评估业务委托合同约定的时间出具。评估委托方在与评估机构签订评估业务委托合同时，应综合考虑经济行为实施的时间要求、评估报告上报申请核准或备案的时限要求以及评估项目的工作量和难易程度，合理确定评估报告的出具时间。补充评估报告应按照规定的时间出具，自收到审核意见之日起，原则上不超过10个工作日。	5	在要求的时间内出具评估报告的得基本分；出现延迟的，每延迟1个工作日扣1分，扣完为止。		
五、评估报告评价分数		100			

附件 2：

评估报告质量评价结果汇总表

省属企业：（盖章）

序号	评估项目名称	评估机构名称	报告质量评价分数	报告质量评价结果	业务约定书签订时间	评估报告出具时间	备案时间
1							
2							
…							

评价期间：　　年　　月至　　月　　　　　　　　报告时间：　　年　　月　　日

山东省省管国有文化企业"对标超越"活动实施意见

2016 年 5 月 4 日　鲁文资发〔2016〕4 号

为深入贯彻落实省委、省政府"一个定位、三个提升"总体要求，推动我省国有文化企业高点定位，明确发展目标，强化发展措施，比学赶超全国同行业先进企业，尽快做强做优做大，经研究决定，在省管国有文化企业中开展"对标超越"活动。现提出如下实施意见。

一、指导思想

全面贯彻党的十八大和十八届三中、四中、五中全会精神，深入贯彻落实习近平总书记系列重要讲话和视察山东重要讲话、重要批示精神，牢固树立创新、协调、绿色、开放、共享发展理念，坚持以人民为中心的工作导向，坚持社会主义先进文化前进方向，坚持把社会效益放在首位、实现社会效益和经济效益相统一，以"走在前列"高点定位，强化发展措施，加快发展步伐，尽快做强做优做大，为加快建设经济文化强省作出积极贡献。

二、目标要求

主要目标：争取利用 3 年左右时间，推动省管国有文化企业建立健全有文化特色的现代企业制度，企业创新能力和发展活力显著增强，总体规模实力、核心竞争力、品牌影响力显著增强，引领支撑文化产业发展的作用显著增强，成为我省文化产业布局和结构战略性调整的主导力量，报业、出版、广电、网络、影视等领域的龙头骨干文化企业总体实力进入全国前列。

总体要求：深入贯彻落实创新、协调、绿色、开放、共享发展理念，适应经济发展新常态，加强供给侧结构性改革，提升发展标杆，提升工作标准，提升精神境界，瞄准国内行业标杆、龙头，积极追赶，努力超越。

1. 瞄准行业标杆，定位高点目标。密切跟踪文化产业发展变化，瞄准国内同行业、同类型综合实力位居前列的优秀企业，选取标杆，对照标杆找出差距，查准原因，制定"赶超"的思路、规划和具体措施。

2. 提升工作标准，争创一流业绩。对照先进企业的发展理念、管理制度、运营机制、工作标准等，坚持高标准、严要求，健全内部管理制度，明确岗位职责，量化工作标准，细化工作要求，加强考核管理，形成各司其职、干事创业、争创一流的浓厚氛围。

3. 坚持问题导向，务求活动实效。对照标杆企业，认真研究查摆，分析标杆企业比我们强在哪里，我们差在哪些方面，原因是什么，我们自己有什么优势，针对自身的差距、问题和优势条件，谋划发展思路，提出赶超措施，开展"对标超越"活动，在企业发展理念、管理体制、工作机制、创新能力、发展速度和质量、社会效益和经济效益等方面实现全面提升。

三、组织实施

"对标超越"活动分为寻标、对标、达标、超越、评估五个阶段进行。

（一）寻标阶段（2016 年第 2 季度）

1. 分析现状。对企业发展理念、战略规划、运营机制、核心资产、核心竞争力以及所处行业发展现状进行全面、详尽、深入地分析研究，查找企业经营发展中存在的主要问题及制约发展的薄弱环节，找出企业自身的优势条件，明确开展"对标超越"活动要解决的主要问题。

2. 寻找标杆。在全国范围内选取同行业或相近行业在经营管理和科学发展上领先的企业，作为超越标杆。在标杆企业的选择上要遵循两个原则：第一，标杆企业所处的行业或者领域应与本企业有相似的特点，发展程度、发展状况具有可比性，确保相关工作经验可借鉴、可操作；第二，标杆企业应具有先进的管理和卓越的业绩，在业内得到一致认可，尤其是对标超越的有关方面应在行业中领先。

各企业确定"对标超越"的标杆企业，报省委宣传部备案。

（二）对标阶段（2016 年第 2 季度）

1. 研究标杆企业。利用各种途径，收集对标企业的相关数据、资料，对标杆企业进行全面、深入、细致的分析研究。有条件的，可以采取实地参观考察、邀请标杆企业介绍经验、建立友好合作关系等多种形式，全方位接触标杆、走进标杆，把标杆企业研究透，充分了解标杆企业的管理经验、体制优势、核心竞争力、产品与服务的特点等，找准其在国内领先的关键要素。

2. 明确超越内容。通过学习考察和对比分析，系统查找与标杆企业存在的差距，在经营理念、发展思路、工作措施、管理体制等方面分析原因，明确标杆企业的哪些经验做法可以学习借鉴。在此基础上，理清向标杆企业学习的具体内容，在社会效益保障、品牌影响力、营业收入、利润总额、净资产等社会效益和经济效益指标方面明确"对标超越"的目标要求，制定"对标超越"的具体措施、步骤。少设置定性目标，多设置定量目标，以便于量化评估。

（三）达标阶段（2016 年第 3 季度~2017 年第 4 季度）

1. 制定方案。各企业结合中长期发展战略，制定"对标超越"活动实施方案，将活动开展与企业既定发展规划有机结合起来。明确阶段计划、具体任务、工作标准和各阶段时间节点，充分学习借鉴标杆企业的经验做法，增强实施方案的可操作性。

2. 组织实施。通过目标分解，落实岗位责任，确保目标清晰、节点分明、责任到位。组织开展相关教育、培训，强化对标超越活动必要性的认识，提高员工对标超越的积极性。加强督促检查，层层传导压力，管理层要带头推动方案落实，以上率下、示范引领。定期分析研究活动进展、成果，及时发现和解决苗头性问题。对于活动中出现的问题，及时研究对策，根据实际情况对活动方案进行动态调整，确保各项工作有序推进，按期完成各阶段的目标任务。通过召开经验交流会等形式，总结推广活动经验。

（四）超越阶段（2018 年第 1 季度~2019 年第 1 季度）

在前期达标的基础上，深入查找与标杆企业的差距，进一步激发奋勇争先、追求卓越的内生动力，敏锐把握行业发展趋势，强化发展措施，加大创新力度，加快发展步伐，不断超越自我，力争在主要指标方面实现对标杆企业的超越。

（五）评估阶段（2019 年第 2 季度）

对企业的"对标超越"活动开展及各项任务完成情况进行评估、评价。活动整体结束后，各企业写出开展"对标超越"活动整体报告，各级成立考评组，对照企业制定的实施方案及赶超目标任务进行评估评价，省文资管理理事会组织进行全面评估评价和总结表彰。

四、组织领导

（一）明确工作责任。有关部门要积极采取措施支持企业开展"对标超越"活动，形成宣传部门牵头组织、相关部门大力支持、文化企业积极参与的工作格局。各企业要明确活动"第一责任人"和直接责任人，安排专门机构负责企业"对标超越"活动，切实加强对这项活动的组织领导，从组织、人力、经费各方面确保活动的顺利实施。

（二）强化督促检查。省文资管理理事会各成员单位要高度重视，积极支持和推动国有文化企业"对标超越"活动的开展，加强工作指导。理事会日常工作办公室要切实加强工作协调和情况调度，及时了解掌握活动进展，发现问题及时研究、协调解决。活动开展期间，实行"对标超越"活动季报制度，各企业按季度将活动开展情况报送省文资管理理事会日常工作办公室。同时，每个阶段都要对取得的成效进行认真总结，提交阶段总结报告。

（三）加强活动宣传。充分利用党报党刊、广播电视、新闻网站等媒体，广泛宣传、深入发动，在全省国有文化企业中形成"对标超越"的浓厚氛围。及时发现总结、宣传推广活动中的好经验、好做法，发挥典型示范作用，推动活动深入开展。

各市、省直有关部门单位要参照本意见，制定实施所属国有文化企业"对标超越"活动实施意见。

山东省省管国有文化企业"双效"考核评价办法（试行）

2016 年 11 月 14 日　鲁文资发〔2016〕5 号

第一章　总　则

第一条　为切实加强省管国有文化企业管理，建立有效的激励与约束机制，充分调动企业负责人的积极性，确保文化安全和国有资产保值增值，根据《关于推动国有文化企业把社会效益放在首位、实现社会效益和经济效益相统一的实施意见》（鲁办发〔2016〕8 号）精神，结合我省省管国有文化企业实际，制定本办法。

第二条　本办法所称的省管国有文化企业，是指省委管理和省委委托省委宣传部管理领导班子成员的国有文化企业。

第三条　省管国有文化企业"双效"考核评价，即由省文资管理理事会对省管国有文化企业社会效益和经济效益进行统一考核评价。

第四条　省管国有文化企业"双效"考核评价的基本原则

（一）"双效"统一原则。坚持把社会效益放在首位、实现社会效益和经济效益相统一，正确处理社会价值和市场价值之间的关系，综合考核企业的社会效益和经济效益，确保企业内容导向正确和国有资产保值增值，实现持续健康快速发展。

（二）差异化考核原则。按照企业的不同分类、经营范围、资产规模和主营业务不同特点，实事求是科学制定考评标准，实行差异化考核。

（三）激励与约束相结合原则。按照权利、义务和责任相统一的要求，建立企业社会效益、经济效益与激励、约束机制相结合的考核评价制度，建立健全科学合理、可追溯的资产经营责任制。

（四）客观、公开、公正原则。"双效"考核评价以企业社会效益和经济效益实绩为依据，客观、公正地进行评价。对考核内容、标准、程序和结果以适当形式公开，确保标准公平、评价客观、过程公开、结果公正。

第二章　任期和年度考核评价

第五条　任期考核评价以三年为考核期，年度考核评价以公历年为考核期。

第六条　"双效"考核评价目标应按照下列程序确定

（一）提报目标考核建议

企业应根据省委、省政府对宣传文化工作的总体部署，综合考虑其主业定位、承担社会责任和监管部门的要求，结合企业发展规划、发展目标、宏观经济形势和行业平均水平等因素，提出任期考核期内社会效益考核评价的基本目标内容和经济效益目标值。其中，社会效益目标包括政治导向、文化创作生产和服务、受众反应、社会影响、内部制度和队伍建设等六项内容，考核任期内不同年度，可根据宣传文化工作重点具体细化。经济效益目标包括营业总收入、利润总额、国有资本保值增值率和净资产收益率等四项指标，目标值以企业前三年（或上一任期）实际完成数的平均值为基础，适当考虑增长幅度以及企业发展战略、履行社会职责和各年度实际经营情况，提出考核期完成总目标的建议值。根据考核任期的建议目标，每年 4 月底前提出年度考核的目标值，各年度考核目标值一般不低于上年实际完成数，同时综合考虑政策等客观变动因素确定。

各企业确定任期考核目标和年度考核目标建议值，并经企业内部决策程序审议后，由主要负责人签署，以正式文件报省委宣传部、省财政厅。

（二）确定考核目标。省委宣传部、省财政厅根据全省经济社会发展规划、文化产业发展目标及企业运营环境等因素，对企业提报的任期考核总目标和年度目标建议值进行审核，并就考核的内容和目标值与企业进行充分协商提出考核目标方案，报省文资管理理事会审核确认。

（三）下达考核目标。任期和年度"双效"考核基本目标经省文资管理理事会审定后下达。目标下达后，除受国家或省重大政策、战略规划调整、资产重组和不可抗力因素影响外，一般不作调整。

第七条　省管国有文化企业"双效"考核评价由省文资管理理事会组织实施，省委宣传部会同理事会成员单位，成立省管国有文化企业"双效"考核评价工作组（以下简称考核工作组）负责考核评价具体工作。

第八条　任期、年度考核评价程序

（一）省管文化企业于负责人任期期满 3 个月内、年度考核评价于每年度结束后 3 个月内，提交"双效"业绩自评报告，并依据考核评价指标体系逐项提供证明材料，经企业主要负责人签署后，报考核工作组。

（二）考核工作组依据考核标准进行审核评分，填写《省管国有文化企业"双效"基本目标考核评价表》、年度社会效益考核评价表、年度经济效益考核评价表，并以适当形式反馈被考核企业征求意见。

（三）考核工作组对企业反馈意见进行研究，形成"双效"考核评价意见，报省文资管理理事会审定。

第九条　省委宣传部、省财政厅对任期"双效"目标责任的执行情况进行跟踪检查，并定期向省文资管理理事会报告。

第三章　考核评价内容及指标

第十条　社会效益考核评价指标包括政治导向、文化创作生产和服务、受众反应、社会影响、内部制度和队伍建设六项指标，总分 100 分。社会效益考核各项目赋分以权威部门、第三方机构正式发布的公告、公文等为依据。

第十一条　经济效益考核评价指标包括营业总收入、利润总额、国有资本保值增值率、净资产收益率四项指标，总分 100 分。经济效益考核各指标值以经审计的上年度财务会计报告为依据。

第十二条　年度和任期"双效"考核评价由社会效益考核和经济效益考核两部分组成。按照《关于深化国有文化企业分类改革的意见》（中宣发〔2016〕22 号）要求，新闻信息服务类企业的社会效益考核权重为 60%、经济效益考核权重为 40%；内容创作生产类、传播渠道类、投资运营类和综合经营类的社会效益考核权重为 50%，经济效益考核权重为 50%。

第四章　考核评价结果及运用

第十三条　"双效"考核评价结果由社会效益考核得分和经济效益考核得分结合各自权重计算后得出。

年度"双效"考核评价得分＝年度社会效益考核评价得分×社会效益考核权重＋
年度经济效益考核评价得分×经济效益考核权重

任期"双效"考核评价得分＝任期三年每年度"双效"考核评价得分之和/3

第十四条　年度和任期"双效"考核评价结果可作为企业综合评价、负责人薪酬核定、负责人使用管理以及工资总额管理等方面的重要参考依据。

第十五条　对于超额完成"双效"目标，社会效益突出，经济效益增长较快，在重大改革中取得显著成绩的企业负责人，经省文资管理理事会同意，报省委、省政府批准，给予特别奖励。

第十六条　考核期内，企业发生经营决策重大失误，在考核报送材料中弄虚作假、业绩不实，违反法律法规和有关规定的，视情扣减得分，并对相关负责人作出处理。

第五章　附　　则

第十七条　未纳入本《办法》考评范围的其他省属国有文化企业的"双效"考核评价，参照本办法实行，按现行管理体制，由相关部门、单位组织实施，并将考核评价结果报省文资管理理事会备案。各市可参照本办法制定适合本地实际的具体管理办法。

第十八条　本办法由省委宣传部、省财政厅负责解释。

第十九条　本办法自 2016 年 1 月 1 日起实施。

山东省省管国有文化企业负责人薪酬管理办法（试行）

2016 年 11 月 14 日　鲁文资发〔2016〕6 号

第一章　总　　则

第一条　为贯彻落实中央和省委、省政府关于合理确定并严格规范国有企业管理人员薪酬水平的部署要求，综合考虑企业负责人的经营业绩和承担的政治责任、社会责任，建立符合国有文化企业负责人特点的薪酬制度，促进企业持续健康发展，推动形成合理有序的收入分配格局，根据国家有关法律法规和《山东省省管企业负责人薪酬制度改革实施方案》（鲁发〔2015〕12 号），结合省管国有文化企业实际，制定本办法。

第二条　本办法所称的省管国有文化企业负责人，是由省委管理和省委委托省委宣传部管理的国有文化企业领导班子成员。国有文化企业名单见《关于明确实施薪酬制度改革范围的通知》（鲁文资通〔2016〕1 号）。

第三条　省管国有文化企业负责人薪酬由省委宣传部会同省财政厅提出意见，报山东省国有文化资产管理理事会（以下简称省文资管理理事会）审定。

第四条　省管国有文化企业负责人薪酬管理应遵循以下原则：

（一）坚持"双效"统一。在国有企业改革大框架下，充分体现文化例外要求，推动国有文化企业正确处理社会效益和经济效益、社会价值和市场价值的关系，牢固树立社会效益第一、社会价值优先的理念，坚持把社会效益放在首位，实现社会效益和经济效益相统一。

（二）坚持激励和约束相结合。健全国有文化企业负责人薪酬分配的激励和约束机制，将物质激励与精神激励相结合，强化企业负责人责任，增强文化企业发展活力。

（三）坚持分类分级管理。建立与国有文化企业负责人选任方式相匹配、与企业功能定位相适应的差异化薪酬分配办法。严格规范组织任命管理的国有文化企业负责人薪酬分配，实行契约化管理的高级经营管理人员实行市场化薪酬分配机制。

（四）坚持统筹兼顾、促进公平。合理调节不同行业企业负责人之间的薪酬差距，形成国有文化企业负责人与企业职工之间的合理工资收入分配关系，维护职工劳动报酬权益，促进社会公平正义。

（五）坚持政府监管、社会监督与企业自律相结合。完善国有文化企业薪酬监管体制机制，规范收入分配秩序。省管国有文化企业负责人薪酬信息按规定公开，接受职工和社会监督。

第二章　薪酬结构和水平

第五条　省管国有文化企业负责人薪酬由基本年薪、绩效年薪、任期激励收入三部分构成。

第六条　基本年薪是指省管国有文化企业负责人的年度基本收入，主要负责人基本年薪根据省管企业负责人基本年薪基数的 2 倍确定，每年核定一次。其他负责人的基本年薪依据其岗位职责和承担风险等因素，合理拉开差距。其中，其他正职按照主要负责人基本年薪的 0.9 ~ 1 倍确定；副职按照主要负责人基本年薪的 0.6 ~ 0.9 倍确定。

第七条　绩效年薪是指与省管国有文化企业负责人年度考核评价结果相联系的收入，以基本年薪为基数，根据年度"双效"考核结果并结合绩效年薪调节系数确定。

$$绩效年薪 = 基本年薪 \times 年度"双效"考核评价系数 \times 绩效年薪调节系数$$

第八条　省管国有文化企业负责人年度综合考核结果决定是否可以领取绩效年薪，年度综合考核评价为胜任的，年度"双效"考核评价系数由"双效"考核评价结果确定，最高不超过 2；年度"双效"考核评价得分为 60 分及以下或年度综合考核评价为不胜任的，不得领取绩效年薪。当年本企业在岗职工平均工资未增长的，省管国有文化企业负责人的绩效年薪不得增长。具体按照以下方法确定。

（一）年度"双效"考核评价得分为 80 分以下时：

年度"双效"考核评价系数 = 1.6 ×（年度"双效"考核评价得分 − 60）/20，分布区间为 0 ~ 1.6。

（二）年度"双效"考核评价得分为 80 分及以上时：

年度"双效"考核评价系数 = 1.6 + 0.4 ×（年度"双效"考核评价得分 − 80）/（年度最高"双效"考核评价激励起点分数 − 80），分布区间为 1.6 ~ 2。

年度最高"双效"考核评价激励起点分数由省委宣传部和省财政厅根据年度"双效"完成的总体情况和年度考核分数分布情况提出意见。

第九条　绩效年薪调节系数主要根据企业功能性质以及企业总资产、净资产、营业总收入、利润总额、归属母公司净利润等规模因素确定，最高不超过 1.5。绩效年薪调节系数每年由省委宣传部核算，省人力资源社会保障厅会同有关部门统筹协调。

$$绩效年薪调节系数 = 功能性质系数 \times 企业规模系数$$

第十条　功能性质系数根据经批准的国有文化企业类别确定，按社会效益考核权重，在 1.0 ~ 1.2 之间取值。

第十一条　企业规模系数根据上三年平均资产总额、平均净资产、平均营业总收入、平均利润总额和平均归属母公司净利润确定，在 0.5 ~ 1.5 之间取值。所需数据以经省财政厅审核后的财务决算数据为准。

第十二条　任期激励收入是指与省管国有文化企业负责人任期考核评价结果相联系的收入，根据任期"双效"考核评价结果，在不超过企业负责人任期内年薪总水平的 30% 以内确定。

任期"双效"考核评价得分为80分及以下或任期综合考核评价为不胜任的，不得领取任期激励收入。因本人原因任期未满的，不得实行任期激励；非本人原因任期未满的，根据任期考核评价结果并结合本人在企业负责人岗位实际任职时间及贡献发放相应任期激励收入。任期激励收入系数分布区间为0～1。

$$任期激励收入 = 任期内年薪总水平 \times 30\% \times (任期"双效"考核评价得分 - 80) /$$
$$(最高任期"双效"考核评价激励起点分数 - 80)$$

最高任期"双效"考核评价激励起点分数由省委宣传部和省财政厅根据任期"双效"完成的总体情况和任期考核分数分布情况提出意见。

第十三条 省管国有文化企业负责人的年度和任期综合考核按照领导班子和领导干部年度考核程序进行。年度和任期"双效"考核评价得分使用《山东省省管国有文化企业"双效"考核评价办法（试行）》的考核结果。

第三章 薪酬支付和管理

第十四条 省管国有文化企业负责人基本年薪由省文资管理理事会每年核定一次，按月支付，当年基本年薪核定前按上年标准考虑适当增幅予以支付。经核定后，对前期支付金额进行调整，多退少补。

第十五条 省管国有文化企业负责人当期绩效年薪，年初可按照预计完成"双效"考核目标能够所得绩效年薪的一定比例进行预发。核定年度绩效年薪后，再进行清算，多退少补。

第十六条 任期激励收入实行延期支付办法，省管国有文化企业负责人3年一个任期，在任期"双效"业绩考核后，按5∶5的比例分2个年度兑现。

第十七条 对任期内出现重大失误、给企业造成重大损失的，根据省管国有文化企业负责人承担的责任，追索扣回部分或全部已发绩效年薪和任期激励收入。追索扣回办法适用于已离职或退休的省管国有文化企业负责人。

第十八条 省管国有文化企业负责人经组织同意在下属全资、控股、参股企业兼职或在本企业外的其他单位兼职的，不得在兼职企业（单位）领取工资、奖金、津贴等任何形式的报酬。省管国有文化企业负责人不得在国家和省规定之外领取由各级政府或有关部门发放的奖金及实物奖励。

第十九条 省管国有文化企业负责人因岗位变动调离企业的，自任免机关下发职务调整通知文件次月起，除按当年在企业负责人岗位实际工作月数计提的绩效年薪和应发任期激励收入外，不得继续在原企业领取薪酬，工资关系不得保留在原企业。

第二十条 省管国有文化企业负责人因工作变动离开原岗位但工资关系按规定保留在原企业的，自任免机关下发任免通知文件次月起，其工资收入参考本企业同岗位负责人的基本年薪确定，除按当年在企业负责人岗位实际工作月数计提的绩效年薪和应发任期激励收入外，不得继续领取绩效年薪和任期激励收入。

第二十一条 省管国有文化企业负责人达到法定退休年龄退休，按规定领取养老金的，除按当年在企业负责人岗位实际工作月数计提的绩效年薪和应发任期激励收入外，不得继续在原企业领取薪酬。

第二十二条 省管国有文化企业负责人的薪酬为税前收入，应当缴纳的个人所得税由企业依法代扣代缴。

第二十三条 省管国有文化企业负责人的薪酬在财务统计中单列科目，单独核算并设置明细账目，计入企业工资总额，在企业成本中列支，在工资统计中单列。企业负责人离任后，其薪酬方案和考核兑现个人收入的原始资料至少保存15年。

第四章 福利性待遇

第二十四条 省管国有文化企业负责人按照国家和省有关规定参加基本养老保险和基本医疗保险等社

会保险。

第二十五条　省管国有文化企业负责人所在企业按国家和省有关规定建立企业年金的，其缴费比例不得超过国家统一规定的标准，企业当期缴费计入企业负责人年金个人账户的最高额不得超过国家有关规定。

第二十六条　省管国有文化企业负责人所在企业按国家和省有关规定建立补充医疗保险的，其缴费比例不得超过国家统一规定的标准，企业负责人补充医疗保险待遇按规定执行。

第二十七条　省管国有文化企业为企业负责人缴存住房公积金比例最高不得超过 12%，缴存基数最高不得超过企业负责人工作所在地设区城市统计部门公布的上一年度职工月平均工资的 3 倍。

第二十八条　省管国有文化企业负责人的住房公积金和各项社会保险费，应由个人承担的部分，由企业从其基本年薪中代扣代缴；应由企业承担部分，由企业支付。

第二十九条　省管国有文化企业负责人享受的符合国家和省规定的企业年金、补充医疗保险和住房公积金等福利性待遇，应一并纳入薪酬体系统筹管理，不得在企业领取其他福利性货币收入。

第五章　管理与监督

第三十条　在省文资管理理事会框架下，省委宣传部负责省管国有文化企业负责人薪酬分配基本原则的宏观指导，会同省委组织部按规定程序对企业负责人进行综合考核。

第三十一条　省管国有文化企业负责人薪酬核定程序：

（一）省委宣传部会同省财政厅依据经审定的省管国有文化企业年度综合考核结果、年度"双效"考核和任期"双效"考核评价结果、省管企业负责人基本年薪基数和经审计的企业财务决算报表等情况，提出省管国有文化企业主要负责人薪酬发放意见。

（二）省文资管理理事会对省管国有文化企业主要负责人薪酬发放标准进行审核确定。

（三）省管国有文化企业主要负责人薪酬核定后，企业其他负责人的薪酬分配方案和福利性待遇情况由企业按照本办法的有关规定确定，在 20 个工作日内报省委宣传部核准，报省财政厅备案。

（四）省委宣传部将企业负责人薪酬审核结果及福利性待遇等情况报省人力资源社会保障厅备案。

（五）企业负责人薪酬经核准、备案后，由省管国有文化企业组织兑现。

第三十二条　省管国有文化企业中实施契约化管理的高级管理人员薪酬结构和水平，由企业董事会按照市场化薪酬分配机制确定，报省文资管理理事会备案。同时加强和完善业绩考核，建立退出机制。

第三十三条　深化国有文化企业内部管理人员能上能下、员工能进能出、收入能增能减的制度改革，健全反映劳动力市场供求关系和企业经济效益的工资决定及正常增长机制，规范企业内部分配行为，合理拉开内部工资分配差距。

第三十四条　健全企业内部监督制度。将企业负责人薪酬制度、薪酬水平、补充保险等纳入司务公开范围，接受职工监督。发挥公司制企业股东大会、董事会、监事会等对企业负责人薪酬分配的监督作用。

第三十五条　建立健全薪酬信息公开制度。上市公司的企业负责人薪酬水平、福利性收入等薪酬信息，按照上市公司信息披露管理办法向社会披露；未上市企业的负责人薪酬信息，参照上市公司信息披露管理办法向社会披露。省委宣传部按年度将审核的省管国有文化企业负责人薪酬信息通过官方网站等渠道向社会公开披露，接受社会公众监督。

第三十六条　省委宣传部会同有关部门对企业负责人薪酬制度实施过程和结果进行监督检查。企业负责人存在违反规定自定薪酬、兼职取酬、享受福利性待遇等行为的，依照有关规定给予纪律处分、组织处理和经济处罚，并追回违规所得收入。企业负责人因违纪违规受到处理，发生严重政治导向错误，经营业绩弄虚作假，减发或者全部扣发绩效年薪和任期激励收入。

第三十七条　薪酬审核部门在审核省管国有文化企业负责人薪酬时违反相关规定的，依照有关规定给予相关责任人纪律处分和组织处理。

第三十八条　省管国有文化企业因生产经营困难、正在改制等暂不具备条件进行企业负责人薪酬制度改革的，由企业提出申请，经省文资管理理事会同意后，报省深化国有企业负责人薪酬制度改革工作领导小组批准，可执行符合本企业实际的薪酬制度。

第六章　附　　则

第三十九条　本办法由省委宣传部负责解释。

第四十条　本办法自 2016 年 1 月 1 日起实施。

十八、

预算绩效管理类

省财政厅关于印发《山东省省级专项转移支付绩效目标管理暂行办法》的通知

2016 年 9 月 2 日　鲁财绩〔2016〕3 号

省直各部门，各市财政局，省财政直接管理县（市）财政局：

为进一步规范省级专项转移支付绩效目标管理，提高资金使用效益，根据《财政部关于印发〈中央对地方专项转移支付绩效目标管理暂行办法〉的通知》（财预〔2015〕163 号）和《山东省人民政府关于贯彻国发〔2014〕71 号文件改革和完善省对市县转移支付制度的意见》（鲁政发〔2015〕18 号）等有关规定，结合我省实际，我们制定了《山东省省级专项转移支付绩效目标管理暂行办法》。现予以印发，请遵照执行。

附件：山东省省级专项转移支付绩效目标管理暂行办法

附件：

山东省省级专项转移支付绩效目标管理暂行办法

第一章　总　　则

第一条　为规范省级专项转移支付绩效目标管理，提高财政资金使用效益，根据《中华人民共和国预算法》、《财政部关于印发〈中央对地方专项转移支付绩效目标管理暂行办法〉的通知》（财预〔2015〕163 号）、《山东省人民政府关于深化预算管理制度改革的实施意见》（鲁政发〔2014〕20 号）和《山东省人民政府关于贯彻国发〔2014〕71 号文件改革和完善省对市县转移支付制度的意见》（鲁政发〔2015〕18 号）等有关规定，制定本办法。

第二条　省级专项转移支付（以下简称专项转移支付）的绩效目标管理活动，适用本办法。省级专项转移支付包括省级立项的专项转移支付和中央立项由省级配套的专项转移支付。

第三条　专项转移支付绩效目标是指省级财政设立的专项转移支付资金在一定期限内预期达到的产出和效果。

专项转移支付绩效目标是编制和分配专项转移支付预算、开展专项转移支付绩效监控和绩效评价的重要基础和依据。

第四条　专项转移支付绩效目标管理是指以专项转移支付绩效目标为对象，以绩效目标的设定、审核、下达、调整和应用等为主要内容所开展的预算管理活动。

第五条　本办法所称绩效目标：

（一）按照专项转移支付的涉及范围划分，可分为整体绩效目标、区域绩效目标和项目绩效目标。

整体绩效目标是指某项专项转移支付的全部资金在全省范围和一定期限内预期达到的总体产出和效果。

区域绩效目标是指在市级行政区域内，某项专项转移支付的全部资金在一定期限内预期达到的产出和效果。

项目绩效目标是指通过专项转移支付预算安排的某个具体项目资金在一定期限内预期达到的产出和效果。

（二）按照时效性划分，可分为长期绩效目标和年度绩效目标。

长期绩效目标是指某项专项转移支付资金在确定的期限内预期达到的总体产出和效果。年度绩效目标是指某项专项转移支付资金在一个预算年度内预期达到的产出和效果。

第六条 各有关部门（单位）按照各自职责，分工协作，做好专项转移支付绩效目标管理工作：

（一）省财政厅：负责专项转移支付绩效目标管理的总体组织指导工作；制定总体管理办法，会同相关部门制定具体管理办法；确定绩效目标管理工作规划，提出年度工作要求；审核省级主管部门或市级财政部门报送的绩效目标；确定或下达有关绩效目标；指导、督促有关部门和单位依据绩效目标开展绩效监控、绩效评价等相关绩效管理工作；依据绩效目标管理情况，确定绩效目标应用方式。

（二）省级主管部门：负责本部门所涉专项转移支付绩效目标管理工作；会同省财政厅制定具体管理办法；按要求设定并向省财政厅提交绩效目标；审核市级主管部门报送的绩效目标；督促落实绩效目标；依据绩效目标开展相应的绩效管理工作；提出绩效目标具体应用建议；指导市级主管部门绩效目标管理工作。

（三）市级财政部门：负责本市区域内专项转移支付绩效目标的总体管理工作；会同市级主管部门，按要求设定绩效目标、审核下级财政部门报送的绩效目标并上报省财政厅；下达绩效目标并督促落实；依据绩效目标开展相应的绩效管理工作；提出绩效目标具体应用建议；指导下级财政部门绩效目标管理工作。

（四）市级主管部门：负责本部门所涉专项转移支付绩效目标的具体管理工作；会同市级财政部门，按要求设定绩效目标、审核下级主管部门报送的绩效目标并上报省级主管部门；督促落实绩效目标；依据绩效目标开展相应的绩效管理工作；提出绩效目标具体应用建议；指导下级主管部门绩效目标管理工作。

（五）市以下财政部门、主管部门及具体实施单位等在绩效目标管理中的职责，由各市按照绩效目标管理要求，结合本市预算管理体制及实际工作需要，参照本办法提出具体要求。

第二章 绩效目标的设定

第七条 绩效目标设定是指有关部门（单位）按要求编制并报送专项转移支付绩效目标的过程。

专项转移支付都应当按要求设定绩效目标。未按要求设定绩效目标或绩效目标设定不合理且不按要求调整的，不得进入专项转移支付预算安排和资金分配流程。

第八条 绩效目标要能清晰反映专项转移支付的预期产出和效果，并以相应的绩效指标予以细化、量化描述。主要包括：

（一）预期产出，是指预期提供的公共产品和公共服务的数量和质量等。

（二）预期效果，是指预期产出的社会效益、经济效益、生态效益、可持续发展影响、服务对象或受益者满意程度等。

第九条 绩效指标是绩效目标的细化和量化描述，一般分为产出指标、效益指标和满意度指标等。

（一）产出指标，是指业务主管部门和项目单位根据既定目标计划预期完成的产品和服务情况而设定的指标，可细化为数量指标、质量指标、时效指标和成本指标等。

（二）效益指标，是指业务主管部门和项目单位根据既定目标计划预期实现的程度和影响情况而设定的指标，可细化为经济效益指标、社会效益指标、生态效益指标、可持续影响指标等。

（三）满意度指标，是反映服务对象或受益人的认可程度的指标。

上述相关指标的解释及说明，详见"省级专项转移支付绩效目标申报表填报说明"（附件4）。

第十条 绩效标准是设定绩效指标值时所依据或参考的标准。一般包括：

（一）历史标准，是指同类指标的历史数据等。

（二）行业标准，是指国家公布的行业指标数据等。

（三）计划标准，是指预先制定的目标、计划、预算、定额等数据。

（四）财政部、省财政厅和行业主管部门认可的其他标准。

第十一条 绩效目标设定的依据包括：

（一）国家相关法律、法规和规章制度，国民经济和社会发展规划，国家宏观调控总体要求等。

（二）省级和省以下事权与支出责任划分的有关规定，专项转移支付管理办法，设立专项转移支付的特定政策目标和相关的事业发展规划，各专项的资金管理办法及其实施细则、项目申报指南等。

（三）财政部门中期财政规划和年度预算管理要求，专项转移支付中期规划和年度预算。

（四）相关历史数据、行业标准、计划标准等。

（五）符合财政部、省财政厅和省级主管部门要求的其他依据。

第十二条 设定的绩效目标应当符合以下要求：

（一）客观且可测量。客观且可测量是绩效目标的根本属性，要以专项转移支付的特定政策目标、用途、适用范围、支出内容等为客观依据，做到目标可测量、可判定，避免模棱两可和主观臆断。

（二）细化量化。细化量化是绩效目标客观且可测量的具体表现，绩效目标编制要从数量目标、质量目标、进度目标、社会效益、经济效益、生态效益、可持续发展影响、满意程度和预期成本等方面对支出的成效分别细化分解，将复合、笼统的总目标分解为若干个细化、具体的子目标，并尽可能用定量形式表述。不能定量表述的，应当采用分级分档的形式定性表述。

（三）合理可行。设定绩效目标要经过调查研究和科学论证，目标既要符合客观实际，也要充分考虑财力可能等现实支撑条件，确保目标合理可行。

（四）相应匹配。绩效目标要紧扣发展规划，与财政支出的范围和方向紧密相关，与年度工作任务、计划数及发展目标相对应，与预算确定的投资额相匹配。对稳定且连续的专项转移支付，既要编制年度绩效目标，也要着重编制长期绩效目标。

（五）重点突出。编制绩效目标，要突出专项转移支付支出范围、执行期限、工作计划、实施步骤等内容，要把预算执行进度、结转结余情况等作为重要内容纳入目标编制范围。

第十三条 专项转移支付的绩效目标由相关部门（单位）按要求分别设定。

（一）整体绩效目标由省级主管部门设定。相关省级主管部门在申请设立专项转移支付和编制年度专项转移支付预算时，须按照省财政厅和部门预算"二上二下"编审流程要求，填写"省级专项转移支付整体绩效目标申报表"（附件1），并按预算管理程序报送省财政厅。

（二）实行因素法管理的专项转移支付应当设定区域绩效目标。在分配下达专项转移支付时，省级主管部门应将年初确定的省级专项转移支付整体绩效目标，分解为各市区域绩效目标予以下达，或在分配下达时，明确绩效目标相关要求，由各市级主管部门会同同级财政部门按要求填写"省级专项转移支付区域绩效目标申报表"（附件2），并按预算管理程序报送省财政厅和省级主管部门。同时，各市应明确要求下级部门或基层项目单位编报具体项目绩效目标，并按照实际工作需要或相关工作要求，将设定的绩效目标报送省财政厅和省级主管部门备案。

（三）实行项目法管理的专项转移支付应当设定项目绩效目标。项目绩效目标由专项转移支付的具体实施单位设定，按要求填写"省级专项转移支付项目绩效目标申报表"（附件3），并按规定程序由相应财政部门和主管部门审核后，报送市级财政部门和主管部门。市级财政部门和主管部门进行审核后，按预算管理程序报送省财政厅和省级主管部门。

第十四条 中央立项省级配套的专项转移支付应与中央专项转移支付一并设定整体绩效目标、区域绩效目标和项目绩效目标，并与上报中央部门和财政部的绩效目标相衔接。

采取贴息、担保补贴等间接补助方式管理的专项转移支付区域和项目绩效目标，可结合实际工作并参考第十三条第（二）、（三）款执行。

对采取先建后补、以奖代补、据实结算等事后补助方式管理的专项转移支付，实行事前立项事后补助的，应在立项时按照第十三条有关规定设定绩效目标；实行事后立项事后补助的，其绩效目标可以用相关工作或目标的完成情况来取代，具体格式参考"省级专项转移支付绩效自评表"（附件5）。

第三章　绩效目标的审核

第十五条　绩效目标审核是指有关部门对报送的专项转移支付绩效目标进行审查核实，并将审核意见反馈相关部门或单位，指导其修改完善绩效目标的过程。

第十六条　绩效目标审核是专项转移支付预算审核的重要组成部分和必要环节，其审核结果作为专项转移支付预算安排和资金分配的重要依据。

第十七条　省级主管部门设定并提交的专项转移支付整体绩效目标，由省财政厅审核并提出意见。

第十八条　市级主管部门会同同级财政部门设定并报送的专项转移支付区域绩效目标，由省级主管部门提出审核意见后，报省财政厅审核。

第十九条　专项转移支付项目绩效目标由相关基层财政部门和主管部门进行审核，按程序上报市级财政部门和主管部门并经其审核通过后，由主管部门和市级财政部门参照第十八条的要求和程序办理。

第二十条　绩效目标审核的主要内容：

（一）完整性审核。绩效目标填报是否完整，是否细化量化，明确清晰。

（二）相关性审核。项目绩效目标是否与单位职责任务紧密相关，是否设定了相关联的绩效指标，是否与资金预算安排相匹配。

（三）可行性审核。项目绩效目标是否符合国家及省法律法规及相关规划，是否符合省委省政府决策部署及经济社会发展需要，是否经过充分论证和合理测算，是否符合成本效益最优原则等。

（四）其他审核。

第二十一条　绩效目标编报不符合要求的，要对绩效目标进行完善后，进入下一步预算安排流程，否则不得进入下一步预算安排流程。

第二十二条　对预算金额较大、专业技术性较强、社会关注度高，对经济社会发展有较大影响的项目，财政部门、业务主管部门可根据需要，组织包括高等院校、科研院所、行业协会、中介机构等相关行业领域专家对申报的项目绩效目标进行第三方评审，提高审核的客观性、权威性和公信度。

第四章　绩效目标的下达、调整与应用

第二十三条　省财政厅在确定专项转移支付预算时，同步确定整体绩效目标；省财政厅在下达专项转移支付预算时，同步下达区域、项目绩效目标或者要求各市在规定时间内上报绩效目标。市级财政部门在下达预算时，同步下达相应的绩效目标或者要求下级部门在规定时间内上报绩效目标。

第二十四条　绩效目标确定后，一般不予调整和变更。预算执行中因特殊原因确需调整或变更的，应按照绩效目标管理要求，经项目主管部门批准后，报省财政厅备案。

第二十五条　各级财政部门、主管部门和实施单位应按照下达的绩效目标组织预算执行，并依据绩效目标开展绩效监控、绩效自评和绩效评价。

（一）绩效监控。预算执行中，各级财政部门和主管部门应根据工作需要对资金运行状况和绩效目标预期实现程度开展绩效监控，及时发现并纠正绩效运行中存在的问题，力保绩效目标如期实现。

（二）绩效自评。预算执行结束后，各级主管部门以及项目实施单位应对照确定的绩效目标开展绩效自评，填写《省级专项转移支付绩效自评表》（附件5），并根据工作要求和实际需要形成自评报告，报同级财政部门，同时报上级主管部门。自评情况应作为专项转移支付预算执行情况的重要内容予以反映，并作为绩效评价的重要基础和以后年度预算申请、安排、分配的前置条件和重要因素。

（三）绩效评价。各级主管部门应按要求及时开展专项转移支付绩效评价，形成绩效评价报告报财政部门，各级财政部门也应根据工作需要，选择部分重点项目组织开展绩效评价。绩效评价结果作为完善相关专项转移支付政策和以后年度预算申请、安排、分配的重要依据。

第二十六条 结合绩效目标审核、绩效自评和绩效评价等情况，建立专项转移支付保留、整合、调整和退出机制。对符合绩效目标预期、有必要继续执行的专项转移支付，可继续保留；对绩效目标相近或雷同的，应予以整合；对绩效目标发生变动或实际绩效与目标差距较大的，应予以调整；对绩效目标已经实现或取消的，应予以退出。

第二十七条 专项转移支付绩效目标应按照有关法律、法规规定逐步予以公开，接受各方监督。

第五章 附 则

第二十八条 各省级主管部门、市级财政部门和主管部门可根据本办法，结合实际制定具体绩效目标管理办法或实施细则，报省财政厅备案。

第二十九条 本办法由省财政厅负责解释。

第三十条 本办法自 2016 年 10 月 2 日起施行，有效期至 2018 年 10 月 1 日。

附件：1. 省级专项转移支付整体绩效目标申报表

2. 省级专项转移支付区域绩效目标申报表

3. 省级专项转移支付项目绩效目标申报表

4. 省级专项转移支付绩效目标申报表填报说明

5. 省级专项转移支付绩效自评表

6. 省级专项转移支付绩效目标管理流程图

附件 1：

省级专项转移支付整体绩效目标申报表

(年度)

填报单位：（盖章） 填报日期：

项目名称			项目类别	投资类项目□ 发展类项目□	
主管部门			主管部门编码		
项目实施单位		项目负责人		联系电话	
项目类型	上年原有项目□	新增固定项目□	新增一次性项目□	其他项目□	
项目期限		年 月 至 年 月			
项目资金申请（万元）	资金总额：				
	财政拨款：				
	事业收入：				
	经营性收入：				
	其他：				
测算依据及说明					
项目单位职能概述					
项目概况、主要内容及用途					
项目立项情况	项目立项的依据				
	项目申报的可行性和必要性				
项目实施进度计划	项目实施内容		开始时间	完成时间	
	1.				
	2.				
	3.				
	……				
项目绩效目标	长期目标			年度目标	

续表

	一级指标	二级指标	指标内容	指标值	备注
长期绩效指标	产出指标	数量指标			
		质量指标			
		时效指标			
		成本指标			
		……			
	效益指标	经济效益指标			
		社会效益指标			
		生态效益指标			
		可持续影响指标			
		……			
	社会公众或服务对象满意度指标	具体指标			
	……	……			
年度绩效指标	产出指标	数量指标			
		质量指标			
		时效指标			
		成本指标			
		……			
	效益指标	经济效益指标			
		社会效益指标			
		生态效益指标			
		可持续影响指标			
		……			
	社会公众或服务对象满意度指标	具体指标			
	……	……			
其他需要说明的问题					

附件2：

省级专项转移支付区域绩效目标申报表

（　　　　年度）

填报单位：（盖章）

填报日期：

项目名称						
市级主管部门				省级主管部门		
项目实施单位		项目负责人			联系电话	
项目类型	上年原有项目□　　新增固定项目□　　新增一次性项目□　　其他项目□					
项目期限	年　　月　　至　　　年　　月					
项目资金申请 （万元）	资金总额：					
	省级补助：					
	地方资金：					
	其他：					
测算依据及说明						
项目概况、主要 内容及用途						
项目实施进度计划	项目实施内容		开始时间		完成时间	
	1.					
	2.					
	3.					
	……					
项目绩效目标	长期目标			年度目标		
长期绩效指标	一级指标	二级指标	指标内容		指标值	备注
	产出指标	数量指标				
		质量指标				
		时效指标				
		成本指标				
		……				
	效益指标	经济效益指标				
		社会效益指标				
		生态效益指标				
		可持续影响指标				
		……				
	社会公众或服务对象 满意度指标	具体指标				
	……	……				

续表

一级指标	二级指标	指标内容	指标值	备注
年度绩效指标	产出指标	数量指标			
		质量指标			
		时效指标			
		成本指标			
		……			
	效益指标	经济效益指标			
		社会效益指标			
		生态效益指标			
		可持续影响指标			
		……			
	社会公众或服务对象满意度指标	具体指标			
	……	……			
其他需要说明的问题				

附件3：

省级专项转移支付项目绩效目标申报表

（　　　　年度）

填报单位：（盖章）　　　　　　　　　　　　　　　　　　　　　　　　填报日期：

项目名称			所属专项	
市级主管部门			省级主管部门编码	
项目实施单位		项目负责人		联系电话	
项目类型	上年原有项目□　　　新增固定项目□　　　新增一次性项目□　　　其他项目□			
项目期限	年　　月　至　　　年　　月			
项目资金申请（万元）	资金总额：			
	省级补助：			
	地方资金：			
	其他：			
测算依据及说明				
项目单位职能概述				
项目概况、主要内容及用途				
项目立项情况	项目立项的依据			
	项目申报的可行性和必要性			
项目实施进度计划	项目实施内容	开始时间		完成时间
	1.			
	2.			
	3.			
	……			

项目绩效目标	长期目标				年度目标
	一级指标	二级指标	指标内容	指标值	备注
长期绩效指标	产出指标	数量指标			
		质量指标			
		时效指标			
		成本指标			
		……			
	效益指标	经济效益指标			
		社会效益指标			
		生态效益指标			
		可持续影响指标			
		……			
	社会公众或服务对象满意度指标	具体指标			
	……	……			
年度绩效指标	产出指标	数量指标			
		质量指标			
		时效指标			
		成本指标			
		……			
	效益指标	经济效益指标			
		社会效益指标			
		生态效益指标			
		可持续影响指标			
		……			
	社会公众或服务对象满意度指标	具体指标			
	……	……			
其他需要说明的问题					

附件 4：

省级转移支付绩效目标申报表填报说明

省级专项转移支付绩效目标申报表分为整体绩效目标申报表、区域绩效目标申报表和项目绩效目标申报表 3 张报表，分别在设定专项转移支付整体绩效目标、区域绩效目标和项目绩效目标时填报，作为编制和分配专项转移支付预算、开展专项转移支付绩效监控和绩效评价的重要基础和依据。

一、省级专项转移支付整体绩效目标申报表

（一）年度：填写编制预算所属年份或申请使用专项资金的年份。如：2014 年编报 2015 年部门预算，填写"2015 年"。

（二）项目基本情况

1. 填报单位（盖章）：填写单位全称并加盖填报单位公章。

2. 项目名称：按规范的专项转移资金名称内容填报，填写某项专项转移支付全称。

3. 项目类别：按照专项转移支付资金性质不同，分为业务类项目、投资类项目、发展类项目。此处只选择投资类项目和发展类项目，在所属选项"□"中划"√"。

4. 主管部门：填写某项专项转移支付资金省级主管部门（一级单位）全称。

5. 主管部门编码：按省财政厅规定的预算编码填列。

6. 项目实施单位：填写用款单位。

7. 项目负责人：填写用款单位负责人。

8. 联系电话：填写用款单位负责人联系电话。

9. 项目类型：在所属选项"□"中划"√"。

10. 项目期限：填写某项专项转移支付在设立时所确定的实施期限。

11. 项目资金申请：填写某项专项转移支付资金总额，并按资金来源不同分别填写，包括财政拨款、事业收入、经营性收入、其他等。

12. 测算依据及说明：按专项转移支付支出内容分别填写申请资金的测算依据，包括政府出台的政策性文件或相关决议、补助标准、范围、数量及资金配套要求等，用以说明资金测算的合理性。

13. 项目单位职能概述：简要描述项目实施单位的职能。

14. 项目概况、主要内容及用途：简要描述某项专项转移支付的内容、目的、范围、期限、用途等基本情况；属于跨年度的延续项目，需对上年度绩效目标实现情况进行说明。

15. 项目立项情况：分别描述某项转移支付立项的依据、申报的可行性和必要性分析等。

16. 项目实施进度计划：描述本年度专项转移支付实施的进度，根据具体细化的实施内容，分别填写计划开始时间和计划完成时间。

（三）项目绩效目标

项目绩效目标：描述实施某项专项转移支付计划在一定期限内达到的产出和效果，分为长期目标和年度目标。

1. 长期目标：概括描述某项专项转移支付整个计划期内的总体产出和效果（跨年度的延续项目）。需要明确总体的计划、时间点、需要的资源及结果。如：国家中长期教育改革和发展规划纲要（2010～2020年）中对战略目标（部分）的表述为："到 2020 年，基本实现教育现代化，基本形成学习型社会，进入人力资源强国行列。实现更高水平的普及教育。基本普及学前教育；巩固提高九年义务教育水平；普及高中阶段教育，毛入学率达到 90%；高等教育大众化水平进一步提高，毛入学率达到 40%"等。

2. 年度目标：概括描述某项专项转移支付在本年度所计划达到的产出和效果。

（四）长期绩效指标

长期绩效指标是对某项专项转移支付长期绩效目标的细化和量化，一般包括：

1. 产出指标：反映预算部门根据既定目标计划完成的产品和服务情况。可进一步细分为：

数量指标，反映预算部门计划完成的产品或服务数量；如：完成 1 000 人的专业教师培训，修建 200 公里农村公路，发放 1 000 户低保家庭补贴等。

质量指标，反映预算部门计划提供产品或服务达到的标准、水平和效果；如：教师培训合格率达到 90% 以上，公路建设技术状况指数达到 90%，低保户补贴覆盖比例达到 95% 等。

时效指标，反映预算部门计划提供产品或服务的及时程度和效率情况；如：结束培训后高级教师资格达标率达到 60%，计划在 12 月份之前完成道路修建，按时间进度每月发放到低保户等。

成本指标，反映预算部门计划提供产品或服务所需成本，分单位成本和总成本等。如：租用大型会议室费用 50 万元、印刷培训材料费用 30 万元，水资源重点监控成本 8 000 元/户（比去年下降 500 元/户），水泥、建材、石料价格等。

（1）指标内容：根据实际工作需要将细分的绩效指标确定为具体内容。如：专业教师培训人数、合格率、达标率，粮油物资达产量，购置专业设备台组数等。

（2）指标值：对指标内容确定具体值，其中，可量化的用数值描述，不可量化的以定性描述。对应以上指标内容，如：培训 1 000 人、90%、60%，2 000 万吨，100 台精密仪器等。

（3）备注：其他说明事项。

2. 效益指标：反映与既定绩效目标相关的、财政支出预期结果的实现程度，包括经济效益指标、社会效益指标、生态效益指标、可持续影响指标等。

经济效益指标，指项目支出产生的经济效益。如：实现出口创汇 5 000 万元，农贸市场交易额比改造前同比增长 20% 等。

社会效益指标，指项目支出产生的社会效益。如：下岗职工再就业率达到 60%，适龄儿童入学率达到 98% 以上，农贸物资产品供需稳定，新修公路缩短了通行时间、提高了运输效率等。

生态效益指标，指项目支出带来的环境效益。如：污水排放量减排 1 000 吨，植被覆盖率达到 60%，饮用水源重金属含量下降 70% 等。

可持续影响指标，指项目支出带来的可持续影响。如：万元 GDP 能耗下降 5%，高级职称占研发人员比重提高 5%，水土流失现象得到控制、雾霾天气减少，水质得到明显改善、化学耗氧量 COD 值降低等。

（1）指标内容：根据实际工作需要将细分的绩效指标确定为具体内容。如：下岗职工再就业率，水质等级等。

（2）指标值：对指标内容确定具体值，其中，可量化的用数值描述，不可量化的以定性描述。对应以上指标内容，如：就业率大于 90%，水质改善达到四级。

（3）备注：其他说明事项。

3. 社会公众或服务对象满意度指标：反映社会公众或服务对象对财政支出效果的满意程度，根据实际细化为具体指标。如：参与培训人员满意度达到 90%，人们对政府提供服务的满意率达 95%。

（1）指标内容：根据实际工作需要将细分的绩效指标确定为具体内容。

（2）指标值：对指标内容确定具体值，其中，可量化的用数值描述，不可量化的以定性描述。

（3）备注：其他说明事项。

4. 实际操作中确定的长期绩效指标具体内容，可由各部门根据预算绩效管理工作的需要，在上述指标中选取或做另行补充。

（五）年度绩效指标。是对某项专项转移支付资金本年度绩效目标的细化和量化。具体内容填写参照"长期绩效指标"。

（六）其他需要说明的问题：反映某项专项转移支付资金绩效目标申请中其他需补充说明的内容。

二、省级专项转移支付区域绩效目标申报表

（一）年度：填写编制预算所属年份或申请使用专项转移支付的年份。如：2014 年编报 2015 年部门预算，填写"2015 年"。

（二）专项转移支付基本情况

1. 填报单位（盖章）：填写单位全称并加盖填报单位公章。

2. 项目名称：填写所申请的具体项目全称。

3. 市级主管部门：填写负责本市域内专项转移支付管理工作的市级主管部门全称。

4. 省级主管部门：填写负责本项专项转移支付管理工作的省级主管部门全称。

5. 项目实施单位：填写专项转移支付用款单位。

6. 项目负责人：填写用款单位负责人。

7. 联系电话：填写用款单位负责人联系电话。

8. 项目类型：在所属选项"□"中划"√"。

9. 项目期限：填写某项专项转移支付在设立时所确定的实施期限。

10. 项目资金申请：填写本市区域内专项转移支付的年度资金总额，包括省级财政补助资金、地方财政分担部分、其他等。

11. 测算依据及说明：按资金支出内容分别填写申请资金的测算依据，包括政府出台的政策性文件或相关决议、补助标准、范围、数量及资金配套要求等，用以说明资金测算的合理性。

12. 项目单位职能概述：简要描述项目实施单位的职能。

13. 项目概况、主要内容及用途：简要描述某项专项转移支付的内容、目的、范围、期限、用途等基本情况；属于跨年度的延续项目，需对上年度绩效目标实现情况进行说明。

14. 项目立项情况：分别描述项目立项的依据、申报的可行性和必要性分析等。

15. 项目实施进度计划：描述本年度资金实施的进度，根据具体细化的实施内容，分别填写计划开始时间和计划完成时间。

（三）项目绩效目标

项目绩效目标：描述实施某项专项转移支付计划在一定期限内达到的产出和效果，分为长期目标和年度目标。具体可参照"整体绩效目标申报表"的有关说明。

（四）长期绩效指标

长期绩效指标是对某项专项转移支付长期绩效目标的细化和量化，具体可参照"整体绩效目标申报表"的有关说明。

（五）年度绩效指标

是对某项专项转移支付本年度绩效目标的细化和量化，具体可参照"整体绩效目标申报表"的有关说明。

（六）其他需要说明的问题：反映某项专项转移支付绩效目标申请中其他需补充说明的内容。

三、省级专项转移支付项目绩效目标申报表

（一）年度：填写编制预算所属年份或申请使用专项转移支付的年份。如：2014 年编报 2015 年部门预算，填写"2015 年"。

（二）专项转移支付基本情况

1. 填报单位（盖章）：填写单位全称并加盖填报单位公章。

2. 项目名称：填写所申请的具体项目全称。

3. 所属专项：填写所申请的专项转移支付全称。

4. 市级主管部门：填写负责本市专项转移支付管理工作的市级主管部门全称。

5. 省级主管部门：填写负责本项资金管理工作的省级主管部门全称。

6. 项目实施单位：填写专项转移支付用款单位。

7. 项目负责人：填写用款单位负责人。

8. 联系电话：填写用款单位负责人联系电话。

9. 项目类型：在所属选项"□"中划"√"。

10. 项目期限：填写某项专项转移支付在设立时所确定的实施期限。

11. 项目资金申请：填写本市专项转移支付的年度资金总额，包括省级财政补助资金、地方财政分担部分、其他等。

12. 测算依据及说明：按资金支出内容分别填写申请资金的测算依据，包括政府出台的政策性文件或相关决议、补助标准、范围、数量及资金配套要求等，用以说明资金测算的合理性。

13. 项目单位职能概述：简要描述项目实施单位的职能。

14. 项目概况、主要内容及用途：简要描述项目的内容、目的、范围、期限、用途等基本情况；属于跨年度的延续项目，需对上年度绩效目标实现情况进行说明。

15. 项目立项情况：分别描述项目立项的依据、申报的可行性和必要性分析等。

16. 项目实施进度计划：描述本年度项目实施的进度，根据具体细化的实施内容，分别填写计划开始时间和计划完成时间。

（三）项目绩效目标

项目绩效目标：描述实施项目计划在一定期限内达到的产出和效果，分为长期目标和年度目标。具体可参照"整体绩效目标申报表"的有关说明。

（四）长期绩效指标

长期绩效指标是对项目长期绩效目标的细化和量化，具体可参照"整体绩效目标申报表"的有关说明。

（五）年度绩效指标

是对项目年度绩效目标的细化和量化，具体可参照"整体绩效目标申报表"的有关说明。

（六）其他需要说明的问题：反映某项专项转移支付资金绩效目标申请中其他需补充说明的内容。

以上内容为专项转移支付绩效目标设定的基本框架，有关部门和单位在设定绩效目标时，可结合本专项的特点制定具体的个性指标体系，并结合实际填报具体指标。

附件5：

省级专项转移支付绩效自评表

（　　年度）

填报单位：（盖章）　　　　　　　　填报日期：　　　　　　填报类型：整体□　区域□　项目□

项目（专项）名称		所属专项		项目类别	投资类项目□ 发展类项目□
市级主管部门		省级主管部门		省级主管 部门编码	
项目实施单位		项目负责人		联系电话	
项目类型		上年原有项目□　　新增固定项目□　　新增一次性项目□　　其他项目□			
项目期限		年　月　至　年　月			
预算执行情况（万元） （根据专项资金实际情况选择填写）	预算数：		执行数：		
	财政拨款：		财政拨款：		
	事业收入：		事业收入：		
	经营性收入：		经营性收入：		
	其他：		其他：		
	省级补助：		省级补助：		
	地方资金：		地方资金：		
项目绩效目标完成情况	长期目标完成情况			年度目标完成情况	

续表

一级指标	二级指标	指标内容	预期指标值	实际完成指标值
年度绩效指标完成情况 / 产出指标	数量指标			
	质量指标			
	时效指标			
	成本指标			
	……			
效益指标	经济效益指标			
	社会效益指标			
	生态效益指标			
	可持续影响指标			
	……			
社会公众或服务对象满意度指标	具体指标			
……	……			
其他需要说明的问题				

附件6：

省级专项转移支付绩效目标管理流程图

整体绩效目标管理

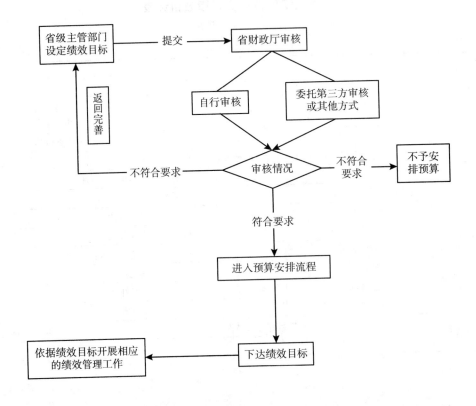

区域绩效目标管理

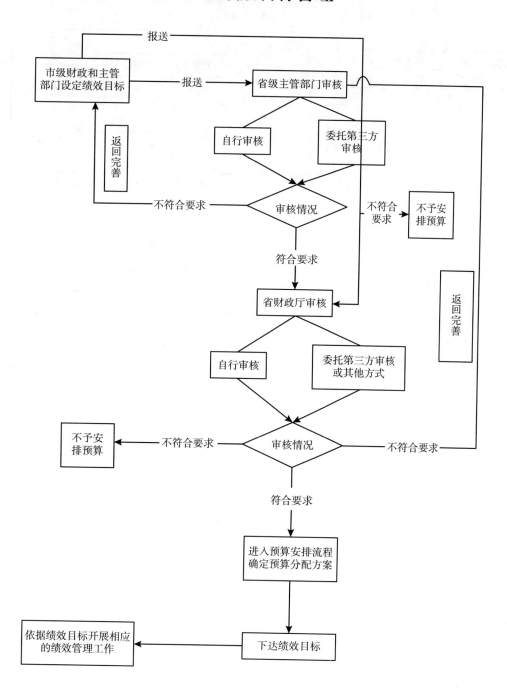

项目绩效目标管理

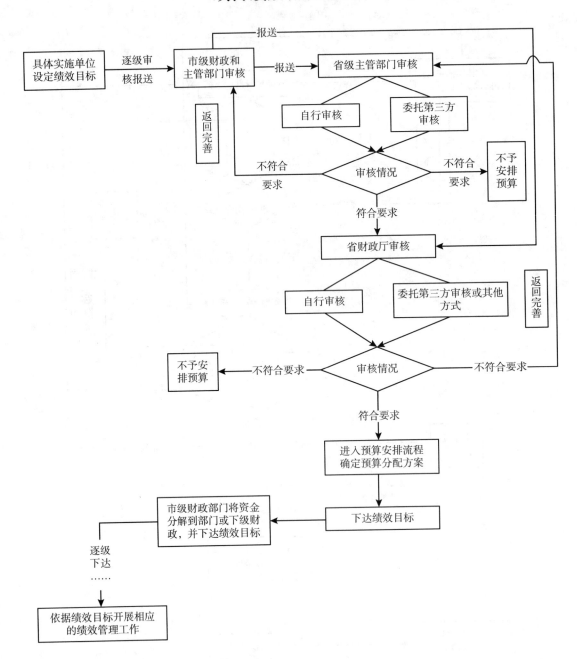

省财政厅关于印发《山东省水利部门项目支出 绩效评价指标体系框架》的通知

2016 年 10 月 10 日 鲁财绩〔2016〕4 号

各市财政局、水利局：

为贯彻落实《财政部关于印发〈预算绩效评价共性指标体系框架〉的通知》（财预〔2013〕53 号）和

《山东省人民政府关于深化预算管理制度改革的实施意见》（鲁政发〔2014〕20号）有关要求，进一步推进我省水利项目预算绩效管理工作，提高财政资金使用效益，省财政厅、省水利厅共同研究制定了《山东省水利部门项目支出绩效评价指标体系框架》（以下简称指标体系框架），现印发给你们，主要用于在设置水利项目支出绩效评价指标体系时参考。

　　指标体系框架共分为4个层级、25个大类、195个指标，其中1、2、3级指标根据财政部文件设定，3级指标略有增删，并根据3级指标内容延伸设置了4级指标中的共性指标（投入和过程指标）。4级指标中的个性指标（产出和效果指标），主要根据国家水利部、省水利厅有关文件和工作要求，在参考、借鉴外省市经验的基础上设定。25个项目大类，是根据省水利厅职责任务，从支出功能和支出经济两个侧面进行分类，其中，按支出功能分为水利水务类项目、水利设计与科学研究类项目、资源利用类项目、防汛抗旱类项目、水保及生态保护类项目、农田水利类项目、水利工程运行与维护类项目、水利开发与利用类项目、水利安全监测类项目、非常规水资源利用类项目、库区移民类项目、滩涂治理及围垦工程类项目共12类，按支出经济分为水利工程建设类、水利工程运行与维护类、会议及培训类、宣传及大型活动类、科学研究类、信息化建设与改造类、配套与修缮改造类、购置类、人才队伍建设类、监测类、监察类、课题及规划类、其他运行维护类共13类。每项专项资金，分别对应一个支出功能和支出经济分类。本指标体系框架实行动态管理，根据工作职责任务调整变化和工作实际情况适时修订完善。

　　各专项资金项目组织实施单位，应参照本指标体系框架，从中选取符合工作实际，针对性和有效性强的指标，研究制定具体项目的绩效评价指标体系和评价方案，并赋予各类指标科学合理的权重分值，明确具体的评价标准，为全面客观地做好绩效评价工作奠定基础。

　　各市财政局、水利局可参照本指标体系框架，结合区域特点和客观实际，研究制定本地区指标体系框架，并完善具体项目的绩效评价指标体系和方案。工作中如有意见建议，请及时向省财政厅、省水利厅反馈。

　　附件：山东省水利部门项目支出绩效评价指标体系框架

附件：

山东省水利部门项目支出绩效评价指标体系框架

一级指标	二级指标	三级指标	四级指标	指标说明	适用类型
投入	项目立项	项目立项规范性	项目立项的必需性	对项目是否符合公共财政支出范围、是否经济社会发展所必须安排、是否可由社会资金替代投入等进行评价。	全部项目类型
			项目立项程序的合规性	对项目立项过程是否经过必要的可行性研究、专家论证、风险评估、集体决策等进行评价。	
			项目立项文件合理性	对项目立项文件内容是否完善，与相关立项办法是否一致进行评价。	
		绩效目标合理性	绩效目标依据的政策相符性	对项目所设定的绩效目标是否符合国家相关法律法规、国民经济发展规划、部门发展政策与规划进行评价。	
			绩效目标与项目单位职责的相关性	对绩效目标与部门职责、承担单位职责是否紧密相关进行评价。	
			绩效目标的业绩水平合理性	对项目预期产出和效果是否符合正常业绩水平进行评价。	
		绩效指标明确性	绩效目标细化和量化程度	对项目绩效目标（长期目标或年度目标）是否在数量、质量、成本、时效、效益等方面设置了细化、量化的绩效指标，以及指标内容是否清晰合理进行评价。	
			绩效目标与任务计划的相符性	对项目绩效目标是否与项目年度实施计划、资金额度相匹配进行评价。	

一级指标	二级指标	三级指标	四级指标	指标说明	适用类型
投入	资金落实	资金到位率	上级财政资金到位率	对上级财政资金的实际到位情况进行评价（实际到位资金/计划投入资金×100%）。实际到位资金：一定时期内（本年度或项目期）内实际落实到具体项目的资金。计划投入资金：一定时期内（本年度或项目期）内计划投入到具体项目的资金。（下同）	全部项目类型
			地方（单位）资金到位率	对地方（单位）资金的实际到位情况进行评价（实际到位资金/计划投入资金×100%）	
		到位及时率	上级财政资金到位及时率	对上级财政资金是否在规定时间内及时到位进行评价（及时到位资金/应到位资金×100%）。及时到位资金：截止到规定时点实际落实到具体项目的资金。应到位资金：按照合同或项目进度要求截止到规定时点应落实到具体项目的资金。（下同）	
			地方（单位）资金到位及时率	对地方（单位）资金在是否在规定时间内及时到位进行评价（及时到位资金/应到位资金×100%）	
过程	业务管理	管理机制健全性	业务管理制度的健全性	对项目业务管理制度是否健全，且内容合法、合规、完整进行评价。	全部项目类型
			责任机制的健全性	对项目是否建立健全的责任机制进行评价。	
		管理机制运转有效性	实施条件的完备性	对项目实施过程中人员、场地、设施设备等条件是否落实，是否满足要求进行评价。	
			进度管理有效性	对项目是否建立完善的进度控制计划和措施，且执行有效进行评价。	
			调整手续规范性	对项目调整是否按照权限履行规定程序进行评价。	
			资产管护情况	对项目实施形成的资产管理是否符合相关规定，管护人员是否到位，权责是否清晰进行评价。	
			档案管理情况	对项目档案是否有专人管理、保存是否符合要求、档案资料是否齐全进行评价。	
		项目质量可控性	项目质量或标准的健全性	对项目是否具有完备的质量与标准要求进行评价。	
			项目质量检查、验收等的控制情况	对项目单位是否对项目开展质量检查、验收等管理控制情况进行评价。	
	财务管理	管理制度健全性	资金管理办法的健全性	对项目资金管理制度是否健全进行评价。	
			资金管理办法与财务会计制度的相符性	对项目资金管理办法是否符合现行财务会计制度的相关规定进行评价。	
			资金管理办法的可行性	对资金管理办法内容是否全面，且具有针对性、可行性进行评价。	
		资金使用合规性	资金使用合法合规性	对项目资金是否严格按照规定使用，是否存在截留、挤占、挪用、虚列支出等情况进行评价（若项目20%以上资金存在问题，则二级指标整体不得分）。	
			资金拨付的合规性	对项目资金拨付手续是否合法合规进行评价（若项目20%以上资金存在问题，则二级指标整体不得分）。	
			政府采购的合规性	对项目采购是否经过政府采购程序，符合招标法的相关规定，程序是否合规进行评价（若项目20%以上资金存在问题，则二级指标整体不得分）。	
			项目支出与预算的符合性	对项目支出是否符合预算的要求，调整是否有完备的手续进行评价。	
			预算执行率	对项目支出是否符合项目预算执行进度要求进行评价（若预算执行率低于80%，则二级指标整体不得分）。	
		财务监控有效性	财务监控机制的健全性	对财务监管措施和监管制度是否完善进行评价。	
			财务监控机制运转的有效性	对财务监控措施与制度的执行是否有效进行评价。	

续表

一级指标	二级指标	三级指标	四级指标	指标说明	适用类型
产出	项目产出	实际完成情况	水利建设工程完成率	实际完成工程（数）量/计划完成工程（数）量×100%	水利工程建设类
			水利配套工程完成率	实际完成工程（数）量/计划完成工程（数）量×100%	
			水利其他工程完成率	实际完成工程（数）量/计划完成工程（数）量×100%	
		实际完成情况	配套设施改造内容完成情况	实际完成（数）量/计划完成（数）量×100%	配套与修缮改造类
			加固类项目内容完成情况	实际完成（数）量/计划完成（数）量×100%	
			修缮及改造内容的完成情况	实际完成（数）量/计划完成（数）量×100%	
		实际完成情况	功能实现情况	实际功能实现（数）量/预期功能计划（数）量×100%	信息化建设与改造类
			软件和数据库改造完成情况	实际完成情况/计划完成情况×100%	
			通信服务完成情况	实际完成情况/计划完成情况×100%	
			监测站点（含移动）完成情况	实际完成（数）量/计划完成（数）量×100%	
			业务系统集成率	实际完成情况/计划完成情况×100%	
			电子政务平台建立情况	实际完成情况/计划完成情况×100%	
		实际完成情况	水利工程维护率	实际完成情况/计划完成情况×100%	水利工程运行与维护
			工程维护检查完成情况	实际完成情况/计划完成情况×100%	
			工程勘测次数	实际完成情况/计划完成情况×100%	
			正常运行完成情况	实际完成情况/计划完成情况×100%	
		实际完成情况	设备采购任务完成率（包括数量金额等）	实际完成情况/计划完成情况×100%	购置类
			采购设备安装、调试情况	实际完成情况/计划完成情况×100%	
		实际完成情况	培养人才数量	实际培养数量/计划培养数量×100%	人才队伍建设类
			引进（或外聘）人才数量	实际数量/计划数量×100%	
			人才培养次数	实际完成情况/计划完成情况×100%	
		实际完成情况	课题（规划）调研/研究完成情况	实际完成情况/计划完成情况×100%	课题及规划类
			课题（规划）资料归档情况	实际完成情况/计划完成情况×100%	
			课题（规划）验收的完成情况	实际完成情况/计划完成情况×100%	
		实际完成情况	监测站建设	实际完成（数）量/计划完成（数）量×100%	监测类
			监测完成率	实际完成监测数/计划完成监测数×100%	
			监测覆盖面积	实际完成面积/计划完成面积×100%	
			加固措施实施数	实际完成情况/计划完成情况×100%	
			督导次数	实际完成情况/计划完成情况×100%	
			保障人员配置数	实际完成情况/计划完成情况×100%	
		实际完成情况	加固措施实施数	实际完成情况/计划完成情况×100%	监察类
			督导次数	实际完成情况/计划完成情况×100%	
			保障人员配置数	实际完成情况/计划完成情况×100%	
		实际完成情况	人员培训任务完成率	人员培训实际数/计划数×100%	会议及培训类
			会议、培训的次数	对实际组织次数进行统计	
			会议、培训的天数	对实际天数进行统计	
			会议、培训的参加人数	对实际参加人数进行统计	

续表

一级指标	二级指标	三级指标	四级指标	指标说明	适用类型
产出	项目产出	实际完成情况	宣传、活动开展次数	对实际开展次数进行统计	宣传及大型活动类
			宣传、活动开展天数	对实际开展天数进行统计	
			宣传、活动参加人数	对实际参加人数进行统计	
			开展宣传、活动的地点数	对开展的宣传活动地点数进行统计	
			宣传、活动的相关报导完成率	对相关有效媒体的报道次数进行统计	
		质量达标情况	项目实施前期准备工作的质量	前期准备工作是否满足实施中的需要	水利工程建设类项目
			工程达标率	检验合格工程数（量）/应检验工程数（量）×100%	
			工程运行寿命指数	现状预期寿命/立项时预期寿命×100%	
			工程完好率	工作运行状态良好工程数（量）/总工程数（量）×100%	
			项目验收合格率	验收合格项目数/总工程数×100%	
		质量达标情况	功能实现率	实际功能实现是否满足需求	信息化建设与改造类
			性能提升情况	性能提升情况是否达到预期要求	
			系统质量、稳定性	系统的安全稳定运行情况	
		质量达标情况	设备性能情况	设备购置价格与性能情况	购置类
			设备安装调试结果	设备安装调试的运行情况	
			设备使用寿命指数	设备预期寿命/计划使用年限×100%	
			运转能力饱和率	设备运转能力是否满足需要，设备使用是否饱和	
		质量达标情况	勘测合格率	勘测合格数/勘测总数×100%	水利工程运行与维护类
			运行和维护的程序规范性	运行维护是否按照质量控制程序进行	
			工程运行故障次数	纵向、横向比较	
			水利工程维护率	维护数量/需维护工程总数×100%	
		质量达标情况	研究（调研、规划）内容结构合理性	设置不同层级、赋予相应分值进行评价	课题及规划类
			研究（调研、规划）报告的实用性	设置不同层级、赋予相应分值进行评价	
			研究（调研、规划）报告的先进性	设置不同层级、赋予相应分值进行评价	
		质量达标情况	人才队伍的稳定性	人才队伍是否满足需要，流失率是否影响工作运行	人才队伍建设类
			人才学历（或职称）结构	人才学历（职称）占比情况	
			培养人才考核合格率	考核合格数/培养数×100%	
			项目实施后人才能力的提高	问卷调查、电话调查、网络调查	
			引进（或外聘）人才与岗位需求相符情况	引进（或外聘）人才是否能满足岗位工作需要	
			外聘人员工作完成情况	外聘人员工作完成率：实际完成工作量/计划完成工作量×100%	
			人才梯队建设是否合理	人才梯队占比是否符合工作需要	
		质量达标情况	培训人员获得相关技能考试证书的情况	获得证书人数/培训人数×100%	会议及培训类
			学员对相关知识、技能的掌握程度	相关测试通过数/学员数×100%	
			学员对培训中所学知识和技能的应用熟练程度	实际应用测试合格情况	
			培训合格（优秀）率	培训考试合格和优秀的比率	
			会后跟踪服务质量	会议后跟踪服务问卷满意度	
			会议培训资料及相关档案管理情况	会议资料的完整性与档案归档及时性及档案管理情况	

一级指标	二级指标	三级指标	四级指标	指标说明	适用类型
产出	项目产出	质量达标情况	服务对象对宣传的相关知识、技能等的掌握程度	问卷调查、电话调查、网络调查	宣传及大型活动类
			宣传、活动资料及相关档案管理情况	宣传资料的完整性与档案归档及时性及档案管理情况	
			宣传品质量	宣传品的使用寿命与材质质量	
			宣传、活动后期跟踪服务质量	后期服务问卷满意度	
		完成及时情况	项目实施的及时性	进度控制日完成率：实际完成情况/计划完成情况×100%	全部项目类型
			项目整体进度实施的合理性	项目整体进度与计划进度的相符情况	
		成本控制情况	实际成本与工作内容的匹配程度	纵向、横向数据比较	
			产出成本控制措施的有效性	确保项目支出不超合理预算	
			设备性价比	设备购置价格与性能情况	
效果	项目效益	经济效益	水利工程建设与水资源利用产生的经济效益	水利工程与水资源利用产生的直接收入	全部项目类型
			控制和降低水域自然灾害所产生的损失	工程能够达到的防洪水平较以往提高情况	
			水力发电与供水收益	水力发电与供水收入情况	
			提高农业生产的间接经济效益	水利投入资金/覆盖区域农业收入×100%	
			降低水利工程运行成本效益	实际成本/计划运行成本×100%	
		社会效益	流域防洪保安预期效果	抵挡多少年一遇洪水的能力	全部项目类型
			水资源调度能力	年度水资源调度能力	
		社会效益	供水保障率	实际供水数/需求供水数×100%	水利水务类
			水务建设情况	年度水务建设投入情况	
			解决供水人口数量	较上年度增长情况	
			灌溉覆盖	有效灌溉面积覆盖情况	
			灌溉面积增长情况	新增灌溉面积	
			灌溉预期实现情况	是否可以达到预期标准	
			除涝预期实现情况	是否可以达到预期标准	
		社会效益	国际论文发表篇数	发表篇数/计划发表数×100%	水利设计与科学研究类
			水利设计论文数量	实际数/计划数×100%	
			国家核心期刊论文发表篇数	实际数/计划数×100%	
			成果获奖情况	实际数/计划数×100%	
			标准制修订情况	实际数/计划数×100%	
			人才培养情况	实际数/计划数×100%	
			科技成果转化数	实际数/计划数×100%，或纵向、横向比较	
		社会效益	水利资源利用率	已利用水资源/可利用水资源×100%	资源利用类
			雨洪资源开发利用情况	实际数/计划数×100%	

续表

一级指标	二级指标	三级指标	四级指标	指标说明	适用类型
效果	项目效益	社会效益	水利突发事件报告及时率	及时报告数/突发事件数×100%	防汛抗旱类
			洪区应急预案体系完整性	洪区应急预案是否完整，是否满足应急需求	
			洪区模拟演练次数	模拟演练次数是否能满足实际需求	
			应急物品储备齐全率	应急物品储备数量/应储备数量×100%	
			突发事件处置的有效性	是否达到预期目标	
		社会效益	水域纳污率	是否达到预期目标	水保及生态保护类
			排污总量控制率	排污量/排污控制量×100%	
			入河排污口管理情况	实际排污数量/监控管理排污口数量×100%	
			水源保护、地下水开发管理情况	实际开采利用数/登记管理开采利用数×100%	
		社会效益	农田水利利用情况	是否达到设计指标	农田水利类
			农田治理产值保持率	当年度产值/前三年度产值平均值×100%	
			新增受益人口数量	是否达到设计指标	
			新增灌溉面积	是否达到设计指标	
			恢复改善灌溉面积	是否达到设计指标	
			年新增节水能力	是否达到预期目标	
			年新增供水能力	是否达到预期目标	
			灌溉保证率	是否达到设计指标	
		生态效益	水利工程生态保护情况	水利工程对生态环境保护的影响情况	全部项目类型
			河流、湖泊、水库的水功能区保护情况	水功能区的持续保护与恢复情况	
			城市污水处理回用率	污水处理回用数/污水处理数×100%	
			水环境保护效果	当年水源环境报告较去年的改善情况	
			水资源承载能力提高情况	较上年度水资源承载能力提高量	
			环境供水保证率	是否达到预期目标，纵向、横向比较	
			水土流失治理率	是否达到预期目标，纵向、横向比较	
			清污分流情况	是否达到预期目标，纵向、横向比较	
		可持续影响	对流域的防洪抗旱减灾的长期作用	项目预期长期效果是否能满足当地抗旱减灾的需求	水利工程运行与维护类
			对当地相关农业发展的促进作用	项目对农业发展促进作用的显著性	
			对水资源利用和水资源承载力的可持续影响	设置不同层级、赋予相应分值进行评价	
			对供水区域的长期影响	项目对供水区域长期影响情况	
			流域防洪的中长期效果	设置不同层级、赋予相应分值进行评价	
			水务服务的长效机制及效果	项目是否制定长效运行机制，能否满足当地水务需求	
			灌溉区域的长效影响	设置不同层级、赋予相应分值进行评价	
			除涝排涝的长效影响	设置不同层级、赋予相应分值进行评价	
		可持续影响	对水利发展的促进作用	问卷调查、电话调查、网络调查	水利设计和科学研究
			水资源利用的先导作用	问卷调查、电话调查、网络调查	
			研究与设计成果转化情况	纵向、横向数据比较	
			标准制定对水利发展的影响	设置不同层级、赋予相应分值进行评价	

一级指标	二级指标	三级指标	四级指标	指标说明	适用类型
效果	项目效益	可持续影响	对水利利用水平提高的可持续影响	设置不同层级、赋予相应分值进行评价	水利开发与利用类
			对提高水利开发水平的促进作用	设置不同层级、赋予相应分值进行评价	
			对水利项目管理水平的支撑作用	设置不同层级、赋予相应分值进行评价	
		可持续影响	对解决自然灾害和确保工程安全的保障作用	设置不同层级、赋予相应分值进行评价	水利安全监测类
			对污水处理回用水平提高的可持续影响	设置不同层级、赋予相应分值进行评价	非常规水资源利用
			对非常规水资源利用整体水平的促进作用	设置不同层级、赋予相应分值进行评价	
			雨洪资源利用开发的促进作用	设置不同层级、赋予相应分值进行评价	
		可持续影响	对地上与地下水源保护的作用	设置不同层级、赋予相应分值进行评价	水保及生态保护类
			生态环境保护的长期影响	设置不同层级、赋予相应分值进行评价	
			对提高流域水质的保障作用	设置不同层级、赋予相应分值进行评价	
		可持续影响	库区移民安置长效机制情况	设置不同层级、赋予相应分值进行评价	库区移民类
			库区移民后期扶持情况	设置不同层级、赋予相应分值进行评价	
		可持续影响	滩涂治理率	实际治理数/应治理数×100%	滩涂治理及围垦工程类
			围垦项目的长远影响	设置不同层级、赋予相应分值进行评价	
		服务对象满意度	服务对象满意度	问卷调查、电话调查、网络调查	全部项目类型
			公众满意度	问卷调查、电话调查、网络调查	
			客户满意度	问卷调查、电话调查、网络调查	
			基层水利相关部门满意度	问卷调查、电话调查、网络调查	
			任务布置部门满意度	问卷调查、电话调查、网络调查	
			其他相关部门机构满意度	问卷调查、电话调查、网络调查	
			流域群众满意度	问卷调查、电话调查、网络调查	

省财政厅关于印发《山东省卫生计生部门项目支出绩效评价指标体系框架》的通知

2016 年 10 月 12 日 鲁财绩〔2016〕5 号

各市财政局、卫生计生委：

为贯彻落实《财政部关于印发〈预算绩效评价共性指标体系框架〉的通知》（财预〔2013〕53 号）和

《山东省人民政府关于深化预算管理制度改革的实施意见》（鲁政发〔2014〕20 号）有关要求，进一步推进我省卫生计生项目预算绩效管理工作，提高财政资金使用效益，省财政厅、省卫生计生委共同研究制定了《山东省卫生计生部门项目支出绩效评价指标体系框架》（以下简称指标体系框架），现印发给你们，主要用于在设置卫生计生项目支出绩效评价指标体系时参考。

指标体系框架共分为 4 个层级、24 个大类、207 个指标，其中 1、2、3 级指标根据财政部文件设定，3 级指标略有增删，并根据 3 级指标内容延伸设置了 4 级指标中的共性指标（投入和过程指标）。4 级指标中的个性指标（产出和效果指标），主要根据国家卫生计生委、省卫生计生委有关文件和工作要求，在参考、借鉴外省市经验的基础上设定。24 个项目大类，是根据省卫生计生委职责任务，从支出功能和支出经济用途两个侧面进行分类，其中，按支出功能分为基层卫生服务类项目、医疗服务类项目、医疗保障类项目、医学教育与培训类项目、医学科学研究类项目、疾病预防控制类项目、卫生监督执法类项目、突发公共卫生事件处置类项目、妇幼保健管理类项目、卫生行政管理类项目、采供血管理类项目、计划生育事务类项目、中医药类项目、食品安全风险监测类项目和其他共 15 类，按支出经济用途分为会议及培训类、宣传及大型活动类、信息化建设与改造类、修缮及改造类、购置类、人才队伍建设类、课题及规划类、其他重要综合经济支出类和其他共 9 类。每项专项资金，分别对应一个支出功能和支出经济用途分类。本指标体系框架实行动态管理，根据工作职责任务调整变化和工作实际情况适时修订完善。

各专项资金项目组织实施单位，应参照本指标体系框架，从中选取符合工作实际，针对性和有效性强的指标，研究制定具体项目的绩效评价指标体系和评价方案，并赋予各类指标科学合理的权重分值，明确具体的评价标准，为全面客观地做好绩效评价工作奠定基础。

各市财政局、卫生计生委可参照本指标体系框架，结合区域特点和客观实际，研究制定本地区指标体系框架，并完善具体项目的绩效评价指标体系和方案。工作中如有意见建议，请及时向省财政厅、省卫生计生委反馈。

附件：山东省卫生计生部门项目支出绩效评价指标体系框架

附件：

山东省卫生计生部门项目支出绩效评价指标体系框架

一级指标	二级指标	三级指标	四级指标	指标说明	适用类型
投入	项目立项	项目立项规范性	项目立项必要性	对项目是否符合公共财政支出范围、是否为经济社会发展所必须、是否可由社会资金替代投入等进行评价。	全部项目类型
			立项程序合规性	对项目立项过程是否经过必要的可行性研究、专家论证、风险评估、集体决策等进行评价。	
			立项文件合理性	对项目立项文件内容是否完善，与相关立项办法是否一致进行评价。	
		绩效目标合理性	绩效目标依据的政策相符性	对项目所设定的绩效目标是否符合国家相关法律法规、国民经济发展规划、部门发展政策与规划进行评价。	
			绩效目标与项目单位职责的相关性	对绩效目标与部门职责、承担单位职责是否紧密相关进行评价。	
			绩效目标的业绩水平合理性	对项目预期产出和效果是否符合正常业绩水平进行评价。	
		绩效指标明确性	绩效目标细化和量化程度	对项目绩效目标（长期目标或年度目标）是否在数量、质量、成本、时效、效益等方面设置了细化、量化的绩效指标，以及指标内容是否清晰合理进行评价。	
			绩效目标与任务计划相符性	对项目绩效目标是否与项目年度实施计划、资金额度相匹配进行评价。	

一级指标	二级指标	三级指标	四级指标	指标说明	适用类型
投入	资金落实	资金到位率	上级财政资金到位率	对上级财政资金的实际到位情况进行评价（实际到位资金/计划投入资金×100%）。实际到位资金：一定时期内（本年度或项目期）内实际落实到具体项目的资金。计划投入资金：一定时期内（本年度或项目期）内计划投入到具体项目的资金（下同）	全部项目类型
			地方（单位）资金到位率	对地方（单位）资金的实际到位情况进行评价（实际到位资金/计划投入资金×100%）	
		到位及时率	上级财政资金到位及时率	对上级财政资金在是否在规定时间内及时到位进行评价（及时到位资金/应到位资金×100%）。及时到位资金：截止到规定时点实际落实到具体项目的资金。应到位资金：按照合同或项目进度要求截止到规定时点应落实到具体项目的资金（下同）	
			地方（单位）资金到位及时率	对地方（单位）资金在是否在规定时间内及时到位进行评价（及时到位资金/应到位资金×100%）	
过程	业务管理	管理机制健全性	业务管理制度健全性	对项目业务管理制度是否健全，内容是否合法、合规、完整进行评价。	
			责任机制健全性	对项目是否建立健全责任机制进行评价。	
		管理机制运转有效性	实施条件完备性	对项目实施过程中人员、场地、设施设备等条件是否落实，是否满足要求进行评价。	
			进度管理有效性	对项目是否建立完善的进度控制计划和措施，以及执行是否有效进行评价。	
			调整手续规范性	对项目调整是否按照权限履行规定程序进行评价。	
			资产管护情况	对项目实施形成的资产管理是否符合相关规定，管护人员是否到位，权责是否清晰进行评价。	
			档案管理情况	对项目档案是否有专人管理、保存是否符合要求、档案资料是否齐全进行评价。	
		项目质量可控性	项目质量或标准健全性	对项目是否具有完备的质量与标准要求进行评价。	
			项目质量检查、验收等控制情况	对项目单位是否对项目开展质量检查、验收等管控情况进行评价。	
	财务管理	管理制度健全性	资金管理办法健全性	对项目资金管理制度是否健全进行评价。	
			资金管理办法与财务会计制度相符性	对项目资金管理办法是否符合现行财务会计制度规定进行评价。	
			资金管理办法可行性	对资金管理办法内容是否全面，是否具有针对性、可行性进行评价。	
		资金使用合规性	资金使用合法合规性	对项目资金是否严格按照规定使用，是否存在截留、挤占、挪用、虚列支出等情况进行评价（若20%以上资金存在问题，则二级指标整体不得分）。	
			资金拨付合规性	对项目资金拨付手续是否合法合规进行评价（若20%以上资金存在问题，则二级指标整体不得分）。	
			政府采购合规性	对项目采购是否经过政府采购程序，符合招标法的相关规定，程序是否合规进行评价（若20%以上资金存在问题，则二级指标整体不得分）。	
			项目支出与预算的符合性	对项目支出是否符合预算的要求，调整是否有完备的手续进行评价。	
			预算执行率	对项目支出进度进行评价（若预算执行率低于80%，则二级指标整体不得分）。	
		财务监控有效性	财务监控机制健全性	对财务监管措施和监管制度是否完善进行评价。	
			财务监控机制运转有效性	对财务监控措施与制度的执行是否有效进行评价。	

续表

一级指标	二级指标	三级指标	四级指标	指标说明	适用类型
产出	项目产出	实际完成情况	人员培训任务完成情况	人员培训实际数/计划数×100%	会议及培训类
			会议、培训完成情况	会议、培训实际数/计划数×100%	
			会议、培训天数完成情况	会议、培训实际天数/计划天数×100%	
			会议、培训参加人数完成情况	会议、培训实际参加人数/计划参加人数×100%	
		实际完成情况	宣传、活动开展完成情况	宣传、活动实际开展次数/计划开展次数×100%	宣传及大型活动类
			宣传、活动开展天数完成情况	宣传、活动实际开展天数/计划开展天数×100%	
			宣传、活动参加人数完成情况	宣传、活动实际参加人数/计划参加人数×100%	
			广播、影视、网络媒体收听、收看人/次、转发量完成情况	实际完成数/计划完成数×100%	
			开展宣传、活动地点完成情况	对开展宣传、活动地点数进行统计	
			宣传活动中的宣传品完成情况	对宣传品的有效消耗数量进行统计	
			宣传、活动等相关报道完成情况	实际报道数/计划报道数×100%	
		实际完成情况	修缮及改造内容完成情况	实际完成数/计划完成数×100%	修缮及改造类
		实际完成情况	功能实现情况	实际功能实现数/预期功能计划数×100%	信息化建设与改造类
			软件和数据库改造完成情况	实际完成数/计划完成数×100%	
			通信服务完成情况	实际完成数/计划完成数×100%	
			电子政务平台建立情况	实际完成数/计划完成数×100%	
		实际完成情况	设备采购任务完成情况（包括数量、金额等）	实际完成数/计划完成数×100%	购置类
			采购设备安装、调试情况	实际完成数/计划完成数×100%	
		实际完成情况	人才培养完成情况	实际培养数量/计划培养数量×100%	人才队伍建设类
			人才引进（或外聘）完成情况	实际完成数/计划完成数×100%	
			人才培养次数完成情况	实际完成数/计划完成数×100%	
		实际完成情况	课题（规划）调研完成情况	实际完成数/计划完成数×100%	课题及规划类
			课题（规划）研究/实验完成情况	实际完成数/计划完成数×100%	
			课题（规划）报告完成情况	实际完成数/计划完成数×100%	
			课题（规划）验收完成情况	实际完成数/计划完成数×100%	
		实际完成情况	监测覆盖人口数完成情况	实际完成数/计划完成数×100%	其他重要综合经济支出类型
			初筛人数完成情况	实际完成数/计划完成数×100%	
			筛查人数完成情况	实际完成数/计划完成数×100%	
			干预人/次数完成情况	实际完成数/计划完成数×100%	
			监测例数完成情况	实际完成数/计划完成数×100%	
			干预措施实施次数完成情况	实际完成数/计划完成数×100%	
			监测覆盖单位（村、场所等）数的完成情况	实际完成数/计划完成数×100%	
			采集样本数完成情况	实际完成数/计划完成数×100%	
			检测样本数完成情况	实际完成数/计划完成数×100%	
			创建示范单位数完成情况	实际完成数/计划完成数×100%	
			督导人/次数完成情况	实际完成数/计划完成数×100%	
			督导单位数完成情况	实际完成数/计划完成数×100%	
			应急保障人员配置数完成情况	实际完成数/计划完成数×100%	
			奖励扶助人数完成情况	实际完成数/计划完成数×100%	

一级指标	二级指标	三级指标	四级指标	指标说明	适用类型
产出	项目产出	完成及时情况	项目实施的及时性	进度控制日完成率：实际完成数/计划完成数×100%	全部项目类型
			项目整体进度实施的合理性	项目整体进度与计划进度的相符情况	
		质量达标情况	会后跟踪服务质量	会议后跟踪服务问卷满意度	会议及培训类
			会议培训资料及相关档案管理情况	会议资料完整性与档案归档及时性及档案管理情况	
		质量达标情况	服务对象对宣传的相关知识、技能等掌握程度	抽样调查	宣传及大型活动类
			宣传、活动资料及相关档案管理情况	宣传资料的完整性与档案归档及时性及档案管理情况	
			宣传文案制作、设计质量	宣传文案内容表达清晰、主题鲜明、易传播	
		质量达标情况	项目实施前期准备工作质量	前期准备工作是否满足实施中的需要	修缮及改造类
			工程实施质量	工程质量检查情况	
			项目验收结果	项目验收合格通过率	
		质量达标情况	功能实现完成情况	实际功能实现是否满足需求	信息化建设与改造类
			性能提升情况	性能提升情况是否达到预期需求	
			系统质量、稳定性	系统的安全稳定运行情况	
		质量达标情况	设备安装调试结果	设备安装调试的运行情况	购置类
			运转能力饱和率	设备运转能力是否满足需要，设备使用是否饱和	
		质量达标情况	人才队伍稳定性	人才队伍是否满足需要，流失率是否影响工作运行	人才队伍建设类
			人才学历（或职称）结构	人才学历（职称）占比情况	
			培养人才考核合格率	考核合格数/培养数×100%	
			项目实施后人才能力提高情况	问卷调查、电话调查、网络调查	
			引进（或外聘）人才与岗位需求相符情况	引进（或外聘）人才是否能满足岗位工作需要	
			外聘人员工作完成情况	外聘人员工作完成率：实际完成工作量/计划完成工作量×100%	
			人才梯队建设是否合理	人才梯队占比是否符合工作需要	
		质量达标情况	研究（调研、规划）内容结构合理性	设置不同层级、赋予相应分值进行评价	课题及规划类
			研究（调研、规划）报告实用性	设置不同层级、赋予相应分值进行评价	
			研究（调研、规划）报告先进性	设置不同层级、赋予相应分值进行评价	
		成本管理情况	项目实际成本与产出内容匹配度	纵向、横向数据比较	全部项目类型
			产出成本控制措施有效性	确保项目支出不超合理预算	
效果	项目效果	社会效益	慢性疾病患者规范管理率	慢性疾病患者管理的规范程度	基层卫生服务类
			居民健康档案建档率	实际建档数/常住人口×100%	
			重点人群体检率	实际体检人数/重点人群目标人数×100%	
			有效服务率	实际服务数/签约数×100%	
		社会效益	有效服务率	实际服务数/签约数×100%	医疗服务类
			预约就诊率/复诊预约率	预约成功数/预约数×100%	
			确诊率	确诊数/就诊数×100%	
			治愈好转率	治愈数/就诊数×100%＋好转数/就诊数×100%	
			危重病人抢救成功率	抢救成功数/抢救数×100%	
			平均住院日	出院者占用床日数/年出院总人数×100%	
			医疗废弃物处置合格率	医疗废弃物合格处置数/医疗废弃物总数×100%	
			突发事件紧急医学救援及时率	突发事件紧急医学救援及时数/突发事件数×100%	
			突发事件紧急医学救援的有效性	是否能降低突发事件的影响	

续表

一级指标	二级指标	三级指标	四级指标	指标说明	适用类型
效果	项目效果	社会效益	任职教师合格率	合格数/教师总数×100%	医学教育与培训类
			高级教师比重	高级教师/教师总数×100%	
			优秀教师比重	优秀教师/教师总数×100%	
			教师教学、科研成果人均获奖率	获奖总数/教师总数×100%	
			毕业生合格率	毕业生合格数/毕业生数×100%	
			毕业生就业率	毕业生就业数/（毕业生数–毕业生升学数）×100%	
			学生获奖情况	学生获奖总数/在校学生数×100%	
			对人才成长的促进作用	抽样调查	
		社会效益	国家核心期刊论文发表篇数	发表篇数/计划发表数×100%	医学科学研究类
			成果获奖情况	实际数/计划数×100%	
			知识产权情况	实际数/计划数×100%	
			标准制、修订情况	设置不同层级、赋予相应分值进行评价	
			人才培养情况	实际数/计划数×100%	
			科技成果转化数	实际数/计划数×100%，或纵向、横向比较	
			SCI 国际论文发表篇数	发表篇数/计划发表数×100%	
			项目的可延续性	设置不同层级、赋予相应分值进行评价	
		社会效益	传染病疫情报告及时率	及时报告数/发现数×100%	疾病预防控制类
			传染病疫情规范调查处置率	规范处置数/处置数×100%	
			目标人群国家免疫规划疫苗接种率	接种人数/应接人数×100%	
			重点疾病患者管理率	重点疾病患者的监控、管理情况	
			重点疾病患者治疗率	重点疾病患者的治疗情况	
			重点疾病患者治疗有效（病情稳定）率	重点疾病患者的治疗效果	
			重点疾病死亡率下降（中、长期）	纵向、同期数据比较	
			职业病监测合格率	发病人数/监测人数×100%	
			居民饮用水安全检测率	实测数/应测数×100%	
		社会效益	通过行政手段干预产生的社会效益	通过抽样调查或设置不同层级、赋予相应分值进行评价	卫生监督执法类
		社会效益	突发公共卫生事件相关信息网络直报率	突发公共卫生事件信息报告数/突发事件数×100%	突发公共卫生事件处置类
			突发公共卫生事件网络直报及时率	突发公共卫生事件网络直报及时数/突发事件数×100%	
			应急预案体系完整性	设置不同层级、赋予相应分值进行评价	
			模拟演练次数	设置不同层级、赋予相应分值进行评价	
			应急物品储备齐全率	1. 应急物品储备种类数/应急物品齐全种类数×100%；2. 应急物品各类数量/应急物品所需数量×100%	
		社会效益	孕产妇系统管理率	孕产妇系统管理人数/孕产妇人数×100%	妇幼保健管理类
			高危孕产妇管理情况	高危孕产妇系统化管理数/高危孕产妇数×100%	
			孕产妇死亡率（5 年考核一次）	孕产妇死亡数/孕产妇人数×10 000‰	
			婴儿死亡率（5 年考核一次）	婴儿死亡人数/活产数×1 000‰（评价基准：2010 ～ 2014 年 5‰，2017 年 4.5‰，2020 年 4‰）	
			围产儿出生缺陷检出率（5 年考核一次）	围产儿出生缺陷例数/围产数×10 000‰	

一级指标	二级指标	三级指标	四级指标	指标说明	适用类型
效果	项目效果	社会效益	乳腺癌、宫颈癌筛查率	乳腺癌、宫颈癌检查数/目标人群数×100%	妇幼保健管理类
			5岁以下儿童死亡率（5年考核一次）	当年5岁以下儿童死亡数/当年活产数×1 000‰	
			新生儿遗传代谢疾病筛查率	新生儿遗传代谢疾病筛查人数/活产数×100%	
			新生儿听力筛查率	新生儿听力筛查人数/活产数×100%	
			妇女常见病筛查率	妇女常见病实际筛查人数/应查人数×100%	
			艾滋病、梅毒、乙肝等母婴传播疾病检测率	实际检测数/应检测数×100%	
			农村妇女住院分娩率	农村妇女住院分娩活产数/农村活产数×100%	
			农村妇女叶酸补服率	实际叶酸补服数/应补服数×100%	
		社会效益	提高监督管理水平	设置不同层级、赋予相应分值进行评价	卫生行政管理类
			对下属医疗机构的支持力度	设置不同层级、赋予相应分值进行评价	
			组织再培训次数	设置不同层级、赋予相应分值进行评价	
		社会效益	无偿献血率	无偿献血人数/适龄人口总数×100%	采供血管理类
			年固定献血者占年献血总人数比率	年固定献血者/年献血总人数×100%	
			献血者采血前健康检查率	献血者检查人次/献血者总人次×100%	
			检测不合格及报废血液处理率	不合格及报废血液数/血液监测数×100%	
			献血、检测、供血原始记录十年保存率	献血、检测、供血原始记录十年保存数/献血、检测、供血原始记录十年总数×100%	
			无偿献血知识知晓率	被调查居民回答正确题数/总问题数×100%	
		社会效益	计划生育基本技术服务落实率	实际服务人数/应服务人数×100%	计划生育事务类
			已婚育龄妇女建档情况	设置不同层级、赋予相应分值进行评价	
			合法生育率	纵向数据比较	
		社会效益	中医传承	设置不同层级、赋予相应分值进行评价	中医药类
			中医人才培养	实际培养人才数/计划培养人才数×100%	
			基层医疗机构中医药综合服务区（国医堂）达标率	实际达标数/计划数×100%	
		社会效益	对人才梯队建设的促进作用	是否能有效促进人才梯队的建设	全部项目类型
			对设备及时更新、升级、改造的保障作用	设置不同层级、赋予相应分值进行评价	
			对配套基础设施建设的推动作用	是否能有效促进配套基础设施的完善	
		社会效益	创建国家和省级卫生城市数	纵向、横向数据比较	其他
			创建卫生县城（乡镇）数	纵向、横向数据比较	
			创建卫生村、卫生单位数	纵向、横向数据比较	
		可持续影响	对公众的教育引导作用	纵向、横向数据比较	疾病预防控制类
			对提高疾病防控和管理水平的促进作用	设置不同层级、赋予相应分值进行评价	
			对解决突发公共卫生事件的保障作用	设置不同层级、赋予相应分值进行评价	
			对规范疾病预防控制处置规范化生产的可持续影响	设置不同层级、赋予相应分值进行评价	
		可持续影响	对食品安全和生命健康的预防保障作用	设置不同层级、赋予相应分值进行评价	食品安全风险监测类

一级指标	二级指标	三级指标	四级指标	指标说明	适用类型
效果	项目效果	可持续影响	对妇女儿童健康水平提高的可持续影响	设置不同层级、赋予相应分值进行评价	妇幼保健管理类
			对提高妇幼卫生整体水平的促进作用	设置不同层级、赋予相应分值进行评价	
			对规范妇幼保健服务管理水平的保障作用	设置不同层级、赋予相应分值进行评价	
		可持续影响	对提高政府行政管理绩效水平的促进作用	设置不同层级、赋予相应分值进行评价	卫生行政管理类
			对提高政府形象的支撑作用	设置不同层级、赋予相应分值进行评价	
			对提高行政管理透明度的保障作用	设置不同层级、赋予相应分值进行评价	
		可持续影响	医疗废物处置率	实际处置数/应处置数×100%	采供血管理类
			供血补给的保障情况	设置不同层级、赋予相应分值进行评价	
			对供血补给范围扩大、数量提高的促进作用	设置不同层级、赋予相应分值进行评价	
		可持续影响	对计划生育整体规划的保障情况	设置不同层级、赋予相应分值进行评价	计划生育事务类
			对出生人口性别比平衡的促进作用	设置不同层级、赋予相应分值进行评价	
			对优生优育和提高出生人口素质的推动作用	设置不同层级、赋予相应分值进行评价	
			出生人口性别比	纵向、横向数据比较	
		社会公众或服务对象满意度	服务对象满意度	问卷调查、电话调查、网络调查	全部项目类型
			公众满意度	问卷调查、电话调查、网络调查	
			基础医疗机构满意度	问卷调查、电话调查、网络调查	
			任务布置部门满意度	问卷调查、电话调查、网络调查	
			其他相关部门机构满意度	问卷调查、电话调查、网络调查	
		社会公众或服务对象满意度	患者对临床治疗工作满意度	问卷调查、电话调查、网络调查	医疗服务类
			患者对护理工作满意度	问卷调查、电话调查、网络调查	
			患者对医院综合服务水平满意度	问卷调查、电话调查、网络调查	
		社会公众或服务对象满意度	师生满意度	问卷调查、电话调查、网络调查	医学教育与培训类
		社会公众或服务对象满意度	受众人群对同级妇幼保健机构的满意度	问卷调查、电话调查、网络调查	妇幼保健管理类
		社会公众或服务对象满意度	献血者的满意度	问卷调查、电话调查、网络调查	采供血管理类
			用血单位的满意度	问卷调查、电话调查、网络调查	
		社会公众或服务对象满意度	群众满意度	问卷调查、电话调查、网络调查	医疗保障类
			医务人员满意度	问卷调查、电话调查、网络调查	

省财政厅关于印发《项目支出绩效目标模板及样表》的通知

2016 年 7 月 26 日　鲁财绩函〔2016〕1 号

省直各部门：

　　为进一步做好预算绩效管理工作，提升绩效目标编报质量，加强部门（单位）间相互学习借鉴，我们在对省级 2016 年预算项目支出绩效目标编报情况进行全面梳理的基础上，选择了部分共性项目制作了项目支出绩效目标模板，并选取部分省直部门编报的优秀项目制作了样表，整理汇编成《项目支出绩效目标模板及样表》，现予以印发，供参考使用。

　　附件：项目支出绩效目标模板及样表（样表略）

附件：

项目支出绩效目标
模板及样表

（样表略）

山东省财政厅预算绩效管理处汇编
2016 年 7 月

项目支出绩效目标模板及样表制作说明

　　预算绩效管理包括绩效目标设定、绩效监控、绩效评价和评价结果运用等多个环节，其中绩效目标设定起着基础和导向作用，是绩效监控和绩效评价的重要依据。我省自开展绩效目标编报工作以来，在省直各部门、厅内各相关处室的大力支持、密切协助下，编报质量逐年提升，编报范围逐年扩大，取得了一定成效，但也存在覆盖面不够全，编报的统一规范性有待完善和编报质量有待进一步提高等问题。

　　为进一步做好预算绩效管理工作，提升绩效目标编报质量，减轻各相关方面的工作量，我们借鉴财政部《项目支出绩效目标模板及样表》，在对省级 2016 年预算项目支出绩效目标编报情况进行全面梳理的基础上，选择了部分共性项目制作了项目支出绩效目标模板，并选取了部分省直部门编报的优秀项目制作了样表，整理汇编成《项目支出绩效目标模板及样表》，现予以印发，供各相关方面参考使用。

　　考虑到工作职责范围等原因，我们在整理《项目支出绩效目标模板及样表》过程中，省略了项目预算金额、具体目标的产出和效果等指标数值，请各方面在编报绩效目标时，根据各自工作实际和相关规定要求，予以补充完善。

　　由于各种原因，此模板及样表尚不能涵盖所有相关项目类型，并难免有疏漏之处，敬请各部门、厅内各处室、各市财政局提出宝贵意见，以便我们进一步改进。

预算绩效管理处

2016 年 7 月

目　　录

6. 山东省省长质量奖——省质量技术监督局

7. 行政许可事中事后监管经费——省质量技术监督局

8. 乡村旅游教育培训——省旅游局

9. 大学生志愿服务西部计划山东项目——共青团山东省委员会

10. 全省妇女儿童事业发展——省妇联

教科文处

1. 数字化教学支撑平台建设——省教育厅

2. 高等教育内涵提升（高水平大学和学科建设工程）——省教育厅

3. 师资培训（高校教师培训）——省教育厅

4. 国际学校资助项目——省教育厅

5. 基础教育改善条件（校园足球发展资金）——省教育厅

6. 高等教育内涵提升（高校优势学科人才团队培育计划）——省教育厅

7. 自然科学基金——自然科学基金——省科学技术厅

8. 引导基金——科技成果转化引导基金——省科学技术厅

9. 量子保密通信"京沪干线"配套——省科学技术厅

10. 基地建设资金——科技公共服务平台专项资金——省科学技术厅

11. 山东博物馆免费开放补助——省文化厅

12. 图书配套设备购置经费——省文化厅

13. 文化艺术人才引进与培养工程——省文化厅

14. 山东文化艺术宣传推介专项资金——省文化厅

15. 省级艺术创作专项资金——省文化厅

16. 山东对外文化交流专项资金——省文化厅

17. 曲阜优秀传统文化传承发展示范区规划编制——省文化厅

18. 对 2015 年度全国、国际文化艺术比赛获奖集体和个人进行奖励——省文化厅

19. 文物征集——省文化厅

20. 省图书馆购书经费——省文化厅

21. 全国可移动文物普查——省文物局

22. 山东数字化博物馆数据采集项目——省文物局

23. 大型体育场馆免费低收费开放补助省级配套——省体育局

24. 篮排足三大球青少年发展专项——省体育局

25. 山东省签约文艺评论家——省作家协会

26. 校园流动科技馆和全省流动科技馆建设经费——省科学技术协会

27. 职业病防治能力建设项目补助资金——省医学科学院

28. 省医科院实施科技创新工程补助经费——省医学科学院

经济建设处

1. 省级服务业发展引导资金——省发展和改革委员会

2. 节能和新能源汽车发展资金——省级建筑节能与绿色建筑发展——省住房和城乡建设厅

3. 农村公路建设养护——省交通运输厅

4. 节能与新能源公交车推广补贴——省交通运输厅

5. 港航建设养护资金——省交通运输厅

6. 客运场站建设资金——省交通运输厅

7. 安全生命防护工程——省残疾人联合会、省交通运输厅

8. 山东环境监测系统运行费——省环保厅

9. 省级环境污染防治资金——省环保厅

10. 服务业发展专项资金（省级粮油发展资金）——省粮食局

11. 发展农村现代流通服务体系专项资金——供销合作社联合社

农业处

1. 水文设施维修养护费——省水利厅

2. 省财政水土保持综合治理项目——省水利厅

3. 地下水超采区综合整治补助——省水利厅

4. 水利信息化（"金水工程"）——省水利厅

5. 山东省中小河流水文监测系统——省水利厅

6. 山东省 2015 年度、2016 年度山洪灾害防治项目——省水利厅

7. 大型灌区续建配套和节水改造项目——省水利厅

8. 引黄济青改扩建——省水利厅

9. 水资源配置工程——省水利厅

10. 抗旱应急水源工程——省水利厅

11. 山东省农业病虫害专业化统防统治能力建设示范项目——省农业厅

12. 农民培训专项资金——省农业厅

13. 出口农产品质量安全产业集群示范项目——省农业厅

14. 林业有害生物防治经费——省林业厅

15. 耕地质量提升计划——省农业厅

16. 山东省玉米"一防双减"补助项目——省农业厅

17. 省级重大动物疫病强制免疫疫苗经费——省畜牧兽医局

18. 水产品质量安全监督抽检和风险监测——省海洋与渔业厅

19. "海上粮仓"建设发展资金——省海洋与渔业厅

20. 森林资源保护与管理（航空森林防火）——省林业厅

21. 国有林场扶贫资金——省林业厅

22. 山东现代种业发展基金——省农业科学院

23. 山东省农业科学院"农业科技创新工程"——省农业科学院

24. 山东省农业科学院试验示范基地建设项目一期工程——省农业科学院

25. 黄河三角洲现代农业研究院试验示范基地——省农业科学院

26. 气象事业发展资金——省气象局

社会保障处

1. 省级创业带动就业扶持资金——省人力资源和社会保障厅

2. 国家重大公共卫生服务项目（两癌、叶酸、住院分娩、艾滋病防治）——省卫生和
   计划生育委员会

3. 2016 年度艾滋病综合防治示范区——省卫生和计划生育委员会

4. 公立医院改革——省卫生和计划生育委员会

5. 国家基本公共卫生服务项目——省卫生和计划生育委员会

6. 食品安全风险监测——省卫生和计划生育委员会

7. 中医药服务能力提升（国医堂项目）——省卫生和计划生育委员会

8. 山东省五级中医药师承教育项目——省卫生和计划生育委员会

9. 药品监督抽检和风险监测——省食品药品监管局

10. 品牌创建——省食品药品监管局

11. 省食品药品检验研究院食品检验实验室项目基本建设——省食品药品监督管理局

12. 食品安全监督抽检和风险监测——省食品药品监督管理局

13. 0~6 岁残疾儿童康复救助——省残疾人联合会

14. "十三五"康复工作任务年度匹配经费——省残疾人联合会

15. 共享阳光——百千万残疾人就业创业扶贫工程——省残疾人联合会

工业贸易处

1. 企业家教育培训经费——省经济和信息化委员会

2. 能源节约资金（省政府节能奖励）——省经济和信息化委员会

3. 信息消费试点——省经济和信息化委员会

4. 企校合作共建工科专业和企业实训基地——省经济和信息化委员会

5. 能源节约金（电力需求侧管理）——省经济和信息化委员会

6. 能源节约资金（能效"领跑者"）——省经济和信息化委员会

7. 能源节约资金（合同能源管理）——省经济和信息化委员会

8. 能源节约资金（工业绿动力——高效煤粉锅炉推广工程）——省经济和信息化委员会

9. 省级安全生产专项资金——省安监局

10. 中小企业创业补助创新奖励专项资金——中小企业创业补助创新奖励专项资金——省科技厅、山东省中小企业局（山东省乡镇企业局）

11. 服务业发展专项资金（招商展览和市场开拓活动）——省商务厅

12. 服务业发展专项资金（外经贸和商贸流通发展）——省商务厅

13. 济南国际航线发展扶持资金——济南市人民政府口岸办公室

金融与国际合作处

1. 农业保险保费补贴资金——省财政厅

2. 政府和社会资本合作项目奖补资金——省财政厅

农村综合改革办公室

村级公益事业建设"一事一议"奖补资金——村级公益事业（含农村改厕资金）——省财政厅

国有文化企业资产处

1. 文化产业发展引导基金——省委宣传部

2. 文化产业发展专项资金——省委宣传部

省农发办资金处

农业综合开发专项资金——省财政厅

第一部分

项目支出绩效目标申报表模板

项目支出绩效目标申报表

（2016 年度）

项目名称	会议及培训		项目类别	投资类项目□ 发展类项目□		
主管部门			主管部门编码			
项目实施单位		项目负责人		联系电话		
项目类型	上年原有项目□ 新增固定项目□ 新增一次性项目□ 其他项目□					
项目期限	2016 年 月 至 2016 年 月					
项目资金申请 （万元）	资金总额：					
	财政拨款：					
	事业收入：					
	经营性收入：					
	其他：					
测算依据及说明	依据＊，按＊标准测算出的申请金额，统筹、调研，考虑＊不确定因素，上浮＊％					
项目单位职能概述						
项目概况、主要 内容及用途						
项目立项情况	项目立项的依据		相关文件			
	项目申报的可行性和必要性					
项目实施进度计划	项目实施内容		开始时间		完成时间	
项目绩效目标	长期目标			年度目标		

年度绩效指标	一级指标	二级指标	指标内容	指标值	备注
	产出指标	数量指标	培训、会议班次	＊＊ 次	
			培训、会议人数	＊＊ 人	
			培训、会议天数	＊ 天	
			培训、会议人数增长率	≥ ＊＊ ％	
			课程数量	＊＊ 门	
			教学模式创新数量	＊＊ 门	
		质量指标	培训参与度	≥ ＊＊ ％	
			培训覆盖率	≥ ＊＊ ％	
			培训合格率	≥ ＊＊ ％	
			培训计划按期完成率	≥ ＊＊ ％	
			会议培训资料及相关档案管理情况		
		成本指标	会议培训是否超出预算标准		
			会议培训标准		
		可持续影响指标	相关方面影响		
		社会公众或服务 对象满意度指标	上级主管部门满意度	＊＊ ％	
			受益人员满意度	＊＊ ％	
其他需要说明的问题					

项目支出绩效目标申报表

(2016 年度)

项目名称	对个人和家庭的补助		项目类别		投资类项目□　　发展类项目□	
主管部门			主管部门编码			
项目实施单位		项目负责人			联系电话	
项目类型	上年原有项目□　　新增固定项目□　　新增一次性项目□　　其他项目□					
项目期限		2016 年　　月　　至　　2016　　年　　月				

项目资金申请	资金总额：	
	财政拨款：	
	事业收入：	
	经营性收入：	
	其他：	
测算依据及说明	按＊标准，＊原则，统筹、调研，考虑＊不确定因素，上浮＊％，测算出的申请金额。	
项目单位职能概述		
项目概况、主要内容及用途		
项目立项情况	项目立项的依据	
	项目申报的可行性和必要性	

项目实施内容	开始时间	完成时间

项目绩效目标	长期目标	年度目标

年度绩效指标	一级指标	二级指标	指标内容	指标值	备注
	投入	资金到位率	上级财政资金到位率	＊％	
			地方资金到位率	＊％	
		到位及时率	上级财政资金到位及时率	＊％	
			地方资金到位及时率	＊％	
	过程	业务管理	管理制度健全性		
			档案管理	是否实行动态管理等	
		项目质量可控性	检查、验收等的控制情况		
		资金使用合规性	资金审批的合规性		
			资金使用的合规性		
			资金拨付的合规性		
	产出指标	数量指标	发放情况	准确、足额发放＊人/个……	
			补助标准		
		质量指标	按要求发放补助		
		时效指标	拨付结算情况	及时审批并是否按时足额发放补助	
	效益指标	社会效益指标	保障情况		
			带动相关及行业效益水平提高		
			相关水平水平达到＊		
		经济效益	带动消费情况		
	社会公众或服务对象满意度指标	具体指标	受益人员满意度情况	受益群体比较满意度达＊％以上。	
其他需要说明的问题					

项目支出绩效目标申报表

(2016 年度)

项目名称	债务利息支出			项目类别		投资类项目□ 发展类项目□	
主管部门				主管部门编码			
项目实施单位			项目负责人			联系电话	
项目类型		上年原有项目□ 新增固定项目□ 新增一次性项目□ 其他项目□					
项目期限		2016 年 月 至 2016 年 月					
项目资金申请 （万元）	资金总额：						
	财政拨款：						
	事业收入：						
	经营性收入：						
	其他：						
测算依据及说明	购置＊设备＊数量，依据＊，按＊标准测算出的申请金额，统筹、调研，考虑＊不确定因素，上浮＊%						
项目单位职能概述							
项目概况、主要 内容及用途							
项目立项情况	项目立项的依据		相关文件				
	项目申报的可行性和必要性						
项目实施进度计划	项目实施内容		开始时间			完成时间	
	组织申报						
	项目评审						
	下达资金						

项目绩效目标	长期目标				年度目标	

年度绩效指标	一级指标	二级指标	指标内容	指标值	备注
	产出指标	数量指标	归还贷款利息、贷款……		
		质量指标	依利率调整履行合同		
			不良贷款率	＊%	
			违约比率	＊%	
		社会公众或服务 对象满意度指标	金融机构满意率	＊%	

其他需要说明的问题	

项目支出绩效目标申报表

(2016 年度)

项目名称	房屋建筑物购建、基础设施建设、大型修缮		项目类别	投资类项目□　　发展类项目□	
主管部门			主管部门编码		
项目实施单位		项目负责人		联系电话	
项目类型	上年原有项目□　　新增固定项目□　　新增一次性项目□　　其他项目□				
项目期限	2016 年　　月　　至　　2016　　年　　月				
项目资金申请 （万元）	资金总额：				
	财政拨款：				
	事业收入：				
	经营性收入：				
	其他：				
测算依据及说明	经测算＊建造，＊维修，＊更换＊改造……约需经费＊万元。详见附表。				
项目单位职能概述					
项目概况、主要 内容及用途					
项目立项情况	项目立项的依据				
	项目申报的可行性和必要性				

	项目实施内容	开始时间	完成时间
项目实施进度计划	＊维修		
	＊建造		
	＊改造		
	……		

	长期目标		年度目标
项目绩效目标			

	一级指标	二级指标	指标内容	指标值	备注
年度绩效指标	投入	资金到位率	上级财政资金到位率	＊%	
			地方资金到位率	＊%	
		到位及时率	上级财政资金到位及时率	＊%	
			地方资金到位及时率	＊%	
	过程	业务管理	管理制度健全性		
			档案管理	是否实行动态管理等	
		财务管理	管理制度健全性		
			资金使用高合规性		
		项目质量可控性	检查、验收等的控制情况		

续表

	一级指标	二级指标	指标内容	指标值	备注
年度绩效指标	产出指标	数量指标	更换…	*米/个/……	
			建造…	*个……	
			…处理	*平方米……	
			*覆盖率		
		质量指标	按照政府采购合同验收中标商工程施工合格率	*%	
			对工程的监管要求		
		时效指标	按项目实施进度按时完成	按项目实施进度按时完成	
			按政采合同要求，每*天检查一次施工质量和进度	发现问题24小时内解决	
		成本指标	人均用电成本下降率	*%	
			人均用水成本下降率	*%	
	效益指标	经济效益指标	能源消耗逐步降低，为单位节约电费	年均减少*%	
			减少水资源浪费，为单位节约水费	年均减少*%	
			节约*开支	*元/月	
			增加经济收入	*万元	
		社会效益指标	提高工作效率或服务水平		
			解决*问题		
			*方面的意义		
			周边环境带来的效益		
		生态效益指标	节能减排	节水*方/月、节电*度/月……	
			辐射污染		
		可持续影响指标	持续使用时间	*年	
	社会公众或服务对象满意度指标		受益人员满意度	≥*%	
			上级主管部门满意度	≥*%	
其他需要说明的问题					

项目支出绩效目标申报表

（2016 年度）

项目名称	办公设备、专用设备购置		项目类别		投资类项目□　　发展类项目□	
主管部门			主管部门编码			
项目实施单位		项目负责人			联系电话	
项目类型		上年原有项目□　　新增固定项目□　　新增一次性项目□　　其他项目□				
项目期限						
项目资金申请（万元）	资金总额：					
	财政拨款：					
	事业收入：					
	经营性收入：					
	其他：					
测算依据及说明	购置＊设备＊数量，依据＊，按＊标准测算出的申请金额，统筹、调研，考虑＊不确定因素，上浮＊%					
项目单位职能概述						
项目概况、主要内容及用途						
项目立项情况	项目立项的依据		相关文件			
	项目申报的可行性和必要性					
项目实施进度计划	项目实施内容		开始时间		完成时间	
	1. 采购程序					
	2. 及时支付资金					
	3. 验收使用设备					
项目绩效目标	长期目标				年度目标	

年度绩效指标	一级指标	二级指标	指标内容	指标值	备注
	产出指标	数量指标	采购＊	＊台/套/件……	
		质量指标	采购质量合格情况	采购正规厂家产品 符合国家＊认证产品	
			质量合格率	≥＊%	
			购置方式		
			政府采购率	≥＊%	
			国家或其他检查验收率	≥＊%	
		时效指标	按项目实施进度按时完成购置		
		成本指标	设备购置成本	≤＊万元	
			资金节约率（%）	≥＊%	
			占房面积		
			配备人员		

	一级指标	二级指标	指标内容	指标值	备注
年度绩效指标	效益指标	经济效益指标	结余资金	比普通市场采购节约＊%以上	
			增加的收入	≥＊万元	
			投资回收期	≤＊年	
		社会效益指标	年检查/使用情况	≥＊人次	
			满足＊需求		
			改善＊环境		
			增加国内采购		
			提高使用单位＊方面能力/影响		
			工作效率		
			工作质量		
			取得＊科研成果/＊数据	＊项	
		生态效益指标	节能减排	节水＊方/月、节电＊度/月……	
			辐射污染		
		可持续影响指标	持续使用时间	＊年	
		社会公众或服务对象满意度指标	上级主管部门满意度	＊%	
			受益人员满意度	＊%	
其他需要说明的问题					

项目支出绩效目标申报表

（2016 年度）

项目名称	信息网络购建		项目类别	投资类项目□　发展类项目□	
主管部门			主管部门编码		
项目实施单位		项目负责人		联系电话	
项目类型	上年原有项目□　新增固定项目□　新增一次性项目□　其他项目□				
项目期限	2016 年　　月　至　2016　年　　月				
项目资金申请（万元）	资金总额：				
	财政拨款：				
	事业收入：				
	经营性收入：				
	其他：				
测算依据及说明	按＊标准测算出的申请金额，统筹、调研，考虑＊不确定因素，上浮＊%，完成＊＊＊＊系统建设开发，软、硬件采购、线路租用等。				
项目单位职能概述					
项目概况、主要内容及用途					

续表

项目立项情况	项目立项的依据	相关文件		
	项目申报的可行性和必要性			
项目实施进度计划	项目实施内容	开始时间		完成时间
	1. 项目设计方案及标准规范编制			
	2. 采购程序			
	3. 支付资金			
	4. ＊系统建设			
	5. ＊系统建设			
项目绩效目标	长期目标			年度目标

	一级指标	二级指标	指标内容	指标值	备注
年度绩效指标	产出指标	数量指标	硬件采购/维护数量	＊＊台/套	
			软件采购/维护数量	＊＊套	
			对接＊平台	＊个	
			系统开发数量	＊＊个/套	
		质量指标	采购质量合格情况	采购正规厂家产品，符合国家＊认证产品	
			系统验收合格率	≥＊%	
			政府采购率	≥＊%	
			系统运行维护响应时间	≤＊＊分钟	
			系统故障修复响应时间	≤＊＊小时	
			系统正常运行率	≥＊%	
		时效指标	按项目实施进度按时完成购置		
		成本指标	设备购置成本	≤＊万元	
			资金节约率（%）	≥＊%	
			数据整合成本		
			配备人员		
			线路租用成本	＊＊万元	
			数据采购成本	＊＊万元	
			年度维护成本增长率	≤＊＊%	
	效益指标	经济效益指标	结余资金	比普通市场采购节约＊%以上	
			增加的收入	≥＊万元	
			投资回收期	≤年	
		社会效益指标	公共主页点击率	≥＊人次	
			满足＊需求		
			改善＊环境		
			增加国内采购		
			提高使用单位＊方面能力/影响		
			工作效率		
			工作质量		
			信息系统/平台共享情况		
			取得＊科研成果/＊数据	＊项	

	一级指标	二级指标	指标内容	指标值	备注
年度绩效指标	效益指标	生态效益指标	节能减排		
			辐射污染		
		可持续影响指标	系统正常使用年限	*年	
		社会公众或服务对象满意度指标	上级主管部门满意度	*%	
			公众知晓率	*%	
			公众认可率	*%	
			受益人员满意度	*%	
其他需要说明的问题					

项目支出绩效目标申报表

（2016 年度）

项目名称	课题、政策研究			项目类别	投资类项目□　　发展类项目□	
主管部门				主管部门编码		
项目实施单位		项目负责人			联系电话	
项目类型	上年原有项目□　　新增固定项目□　　新增一次性项目□　　其他项目□					
项目期限	2016 年　　月　　至　　2016　　年　　月					
项目资金申请（万元）	资金总额：					
	财政拨款：					
	事业收入：					
	经营性收入：					
	其他：					
测算依据及说明	1. 重点课题*个，每个经费约*万元，合计*万元； 2. 一般课题*个，每个经费约*万元，合计*万元；……					
项目单位职能概述						
项目概况、主要内容及用途						
项目立项情况	项目立项的依据		相关文件			
	项目申报的可行性和必要性					
项目实施进度计划	项目实施内容		开始时间		完成时间	
	1. 课题、报告拟定					
	2. 课题、报告申报					
	3. 课题、报告评选					
	4. 课题、报告研究					
	5. 课题、报告评审					
	……					
项目绩效目标	长期目标			年度目标		

	一级指标	二级指标	指标内容	指标值	备注
年度绩效指标	产出指标	数量指标	完成 *** 调研报告	≥ ** 篇	
			完成 *** 专题研究报告	≥ ** 篇	
			完成 *** 专著	≥ ** 篇	
			上报建议、意见	≥ ** 篇	
		质量指标	课题中期评估率	≥ ** %	
			研究课题评审合格率	≥ ** %	
			领导批示或圈阅次数/率	≥ ** 次/ ** %	
			研究课题按时结题率	** %	
			相关政策、建议被采纳次数	≥ ** 次	
			成果刊发、媒体报道次数	≥ ** 篇/ ** 次	
			研究成果被其他学术论文、刊物引用次数	≥ ** 次	
			研究内容、结构的合理性		
			研究报告的实用性		
			研究报告的先进性		
	效益指标	社会效益指标	对 * 方面的指导意义		
			满足 * 需求		
			提高使用单位 * 方面能力/影响		
			研究成果共享情况		
		社会公众或服务对象满意度指标	上级主管部门满意度	* %	
			受益人员满意度	* %	
其他需要说明的问题					

项目支出绩效目标申报表

（2016 年度）

项目名称	宣传及大型活动类项目		项目类别	投资类项目□　　发展类项目□	
主管部门			主管部门编码		
项目实施单位		项目负责人		联系电话	
项目类型	上年原有项目□　　新增固定项目□　　新增一次性项目□　　其他项目□				
项目期限	2016 年　　月　　至　　2016　　年　　月				
项目资金申请（万元）	资金总额：				
	财政拨款：				
	事业收入：				
	经营性收入：				
	其他：				
测算依据及说明	依据 * ，按 * 标准测算出的申请金额，统筹、调研，考虑 * 不确定因素，上浮 * %				
项目单位职能概述					

续表

项目概况、主要内容及用途					
项目立项情况	项目立项的依据		相关文件		
	项目申报的可行性和必要性				
项目实施进度计划	项目实施内容		开始时间		完成时间
项目绩效目标	长期目标				年度目标

年度绩效指标	一级指标	二级指标	指标内容	指标值	备注
	产出指标	数量指标	宣传、活动开展次数		
			宣传、活动开展天数		
			宣传、活动参加人数		
			***发稿量	≥**篇	
			***报道次数	≥**篇	
			日均发行量	≥**份	
			**设备采购数量	**台/套	
			印点数量	≥**个	
			报刊杂志公益赠阅数量	≥**万份	
			纪念品和宣传品的有效消耗数量		
			微博、微信……转发量		
		质量指标	工作人员对相关知识的掌握程度		
			宣传文案制作质量		
			相关档案管理情况		
			稿件自采自编率	≥**%	
			****区域覆盖率	≥**%	
			报纸平均传阅率	≥**人次	
			设备政府采购率	≥**%	
			领导批示、圈阅	≥**次/条	
	效益指标	时效指标	报道首发率	≥**%	
			重大事件报道时间	≤**小时	
		成本指标	***设备租赁成本	**万元	
			***场地租赁成本	**万元	
			***线路租用成本	**万元	
		经济效益	业务收入增长率	≥**%	
			利润增长率	≥**%	
		社会效益指标	***影响力	有所提升	
			***报刊、杂志续订率		
		生态效益指标	节能减排		
			辐射污染		
		社会公众或服务对象满意度指标	上级主管部门满意度		
			受益人员满意度	*%	

其他需要说明的问题					

项目支出绩效目标申报表

（2016 年度）

项目名称	企事业单位经费			项目类别		投资类项目□　发展类项目□	
主管部门				主管部门编码			
项目实施单位			项目负责人			联系电话	
项目类型		上年原有项目□　新增固定项目□　新增一次性项目□　其他项目□					
项目期限		2016 年　　月　至　　2016　　年　　月					
项目资金申请（万元）	资金总额：						
	财政拨款：						
	事业收入：						
	经营性收入：						
	其他：						
测算依据及说明	依据∗，按∗标准测算出的申请金额						
项目单位职能概述							
项目概况、主要内容及用途							
项目立项情况	项目立项的依据		相关文件				
	项目申报的可行性和必要性						
项目实施进度计划	项目实施内容		开始时间		完成时间		
项目绩效目标	长期目标				年度目标		
年度绩效指标		一级指标	二级指标	指标内容		指标值	备注
		产出指标	数量指标	离退休人员经费			
				在职人员工资支出			
				离退休及在职人员医疗保险			
				在职人员公用经费			
		效益指标	社会效益指标	职工队伍情绪是否稳定			
				是否有上访情况发生			
				职工安置是否妥当			
			社会公众或服务对象满意度指标	职工满意率			
其他需要说明的问题							

十九、

政府购买服务管理类

山东省人民政府办公厅关于进一步推行政府购买服务加快政府采购改革的意见

2016 年 11 月 22 日　鲁政办字〔2016〕207 号

各市人民政府，各县（市、区）人民政府，省政府各部门、各直属机构，各大企业，各高等院校：

为进一步深化政府购买服务和政府采购改革，创新公共服务供给方式，提高政府采购质量和效率，根据国务院和省委、省政府关于"放管服"改革有关要求，经省政府同意，现提出以下意见。

一、深入推进政府购买服务改革

（一）扩大政府购买服务改革范围。适应加快转变政府职能、深化社会领域改革的需要，加快推进政府购买服务改革，2017 年实现省直部门全覆盖。各级、各部门要全面梳理承担的社会管理和公共服务职能，理清事权，切实将不该管的事项剥离出来，放给市场；将适合市场化方式提供、社会力量能够承担的事项，全部纳入政府购买服务范围，切实扩大政府购买服务支出规模。逐步开放公共服务市场，引导和鼓励社会组织、事业单位、企业和机构等社会力量广泛参与公共服务提供，促进公共服务的社会化、专业化和规范化，为社会提供更多更好的公共服务，增加人民群众的获得感和满意度。

（二）拓展政府购买服务目录。在准确把握公众需要和社会力量承接能力的基础上，定期调整、修订省级《政府向社会力量购买服务指导目录》，将符合条件的社会管理和公共服务项目全部纳入指导目录。省直各部门要结合职责分工，分别编制本部门政府购买服务目录，明确政府购买服务的种类、性质和内容，为扎实推进政府购买服务夯实基础。各地要根据经济社会发展水平、政府职能转变要求等因素，及时修订本级政府购买服务指导目录。对应当由政府直接提供、不适合社会力量承担的公共服务，以及不属于政府职能范围的服务项目，不得列入指导目录。凡列入指导目录并已安排财政资金的事项，均要推行政府购买服务。对暂时未纳入目录但确需购买服务的事项，报同级财政、机构编制部门核准后实施。

（三）大力支持事业单位改革。统筹推进政府购买服务和事业单位改革，把政府购买服务作为推动事业单位改革发展的重要举措，通过深化事业单位改革为政府购买服务提供基础支撑。改进事业单位经费保障政策，探索对具备条件单位的财政拨款方式逐步转为政府购买服务支出。健全事业单位的政府购买服务、财政经费保障与机构编制管理协调约束机制，推动事业单位与主管部门理顺关系和去行政化，促进有条件的事业单位转为企业或社会组织。对新增的公共服务事项，适合采取政府购买服务的，尽量采取政府购买服务方式提供，原则上不再新增事业单位和事业编制。

（四）积极培育社会组织发展。完善政府向社会组织购买服务的政策措施，不断扩大向社会组织购买服务的范围。加大财政扶持力度，支持社会组织发展和社会组织服务平台建设，重点培育和优先发展行业协会商会类、科技类、公益慈善类、城乡社区服务类社会组织，提升其承接服务的能力和水平，加快形成一批社会需求度高、影响力大、品牌效果好的社会组织。

（五）加强政府购买服务计划管理。各部门要根据政府购买服务目录，结合事业单位改革、行业协会商会脱钩等要求，规范编制年度政府购买服务计划，确保政府购买服务事项"应编尽编、应买尽买"。财政部门要建立激励约束机制，在预算安排上加大对政府购买服务工作成效突出部门（单位）的支持力度。对部门（单位）主动采取政府购买服务方式实施的新增公共服务事项，预算优先予以保障；对适合由社会力量承担，不采取政府购买服务方式实施的项目，原则上不安排增量资金。

（六）健全政府购买服务制度体系。财政部门要发挥好牵头作用，及时总结、推广可复制的政府购买服务模式。制定政府购买服务竞争性评审和定向委托确定承接主体办法、事业单位政府购买服务实施意见、政府向社会组织购买服务实施办法，不断完善政府购买服务配套制度。各部门要建立健全内部管理制度，具备条件的要尽快制定本部门（本行业）的政府购买服务改革实施办法。

（七）规范政府购买服务行为。各部门要积极运用市场竞争机制，扩大政府购买服务通过市场和竞争方式确定承接主体的范围和规模，鼓励各类社会力量平等竞争、优中选优。结合行业特点，区分智力型、专业型、技术型和服务型等不同购买服务内容，发挥行业组织和专业咨询机构、专家等专业优势，综合物价、工资、税费等因素，合理制定购买服务的标准和质量控制措施。加强合同管理，明确细化合同条款，严格履行购买服务的监督检查和绩效评价主体责任。制定政府购买服务风险管控和应急预案，健全责任追究机制，完善违约补救措施，确保公共服务规范、正常供给。

二、改革创新政府采购执行方式

（一）优化政府集中采购目录。按照简单优化、方便实用、利于执行的原则，定期梳理并动态管理政府集中采购目录。简化集中采购目录的品目设置，保留通用性强的品目，删除具有特殊性、使用率不高的品目，省级政府集中采购目录由 806 项压减为 509 项，进一步突出管理重点，方便采购人编制和执行政府采购预算。

（二）适当提高采购限额标准。按照抓大放小、效率优先的原则，进一步提高采购限额标准和公开招标数额标准。省级采购限额标准在货物类项目提高到 50 万元、服务类项目提高到 100 万元的基础上，将工程类项目采购限额标准由 50 万元提高到 100 万元。公开招标数额标准在工程类项目提高到 200 万元的基础上，将货物和服务类项目由 160 万元提高到 200 万元，切实提高采购效率。

（三）合理选择采购方式。采购人可根据项目特点选择适宜的采购方式，充分发挥不同采购方式的优势。对列入集中采购目录、适合按量归集需求的通用类货物，实行批量集中采购方式；对采购需求明确、标准统一且适合省市联动的通用性货物，实行省级统一采购、各市分签合同的方式；对通用性强、标准统一的服务项目，实行定点采购的方式。

（四）灵活运用采购组织形式。按照方便、高效的原则，赋予采购人更多自主权。对紧急采购、涉密采购以及水电暖气等不具有竞争性的采购项目，经批准后采购人可依法自行组织采购。对采购需求具有相对固定性、延续性且价格变化幅度小的服务项目，在年度预算能保障的前提下，可一次签订不超过 3 年履行期限的政府采购合同。对履约延续性强、频繁更换服务商成本高或对正常工作开展存在较大影响的服务项目，可经设区的市以上人民政府财政部门核准后，续签原则上不超过 5 年的服务合同。

（五）探索实践"互联网 + 政府采购"模式。按照服务优化、成本降低、信息透明、数据共享的原则，建立符合国家规定标准的统一、规范、高效、便捷的政府采购电子商务平台，鼓励电商和其他市场供应主体积极参与。将预算金额小、标准化程度高的货物和服务纳入电商平台，多方式、多渠道满足采购人的采购需求。

（六）赋予高等院校、科研院所更多采购自主权。高等院校、科研院所可自行组织科研仪器设备的采购活动，并自主选择科研仪器设备类评审专家。在政府采购预算内，高等院校、科研院所可根据需要自主调整采购项目。高等院校、科研院所采购进口科研仪器设备，实行备案制。

（七）充分发挥政府采购政策功能。采购人和采购代理机构要积极落实政府采购扶持中小企业发展的政策，扩大中小企业市场份额；贯彻落实节能产品和环境标志产品强制采购和优先采购政策，促进实现节约能源、保护环境、友好发展的目标；严格执行采购进口产品报批制度，支持国内产业发展。研究制定我省扶持创新的政府采购首购、订购制度，支持创新产品和服务加快走向市场。结合政府购买服务改革，推动传统文化的保护、传承与发展。

三、着力提高政府采购管理服务效能

（一）强化采购人主导地位。采购人要依法编制、执行政府采购预算，实现"应编尽编、应采尽采"。加强需求管理和前期论证工作，确保采购需求合规、完整、明确。按照注重业绩、诚实信用、竞争择优的原则，科学编制采购文件，不断提高采购结果的综合性价比。建立健全内部控制制度，形成分工有序、权责明确、运行规范的工作机制。强化风险防控意识，制定责任明晰、措施有力、机制完善的应急预案。全面公开政府采购信息，主动接受社会监督。更加注重结果导向，依法履行履约验收、资金支付、结果评价等责任。

（二）促进采购代理机构规范发展。坚持集中采购机构专业化发展定位，引导社会代理机构根据自身特点实行差异化发展。加强对代理机构从业人员的培训，提高执业水平。建立代理机构综合评价机制，促进代理机构诚信执业。加强集中采购机构年度考核和社会代理机构年度监督检查，提高其依法、规范、高效组织政府采购活动的能力。

（三）建立评审专家库动态管理机制。加强源头管理，严格按照标准和条件把好评审专家库入口关。加强培训指导，多渠道开展培训活动，提高评审专家的整体素质。加强使用管理，政府采购项目原则上应当从省公共资源交易综合评标评审专家库评审专家分库中随机抽取评审专家，实现系统随机抽取、自动语音通知、名单加密保存。加强评价管理，建立评审专家多方评价机制，引导专家自律。加强出库管理，及时将出现违法违规行为和不能胜任评审工作的专家清理出库，提升评审专家库整体质量水平。

（四）优化政府采购监管服务。加强政府采购信息化建设，进一步完善政府采购电子监管交易系统，将监管要求、制度规定、服务措施嵌入系统中，各政府采购参与主体同平台办理业务，以信息化促进政府采购活动标准化、规范化、便捷化。畅通供应商救济渠道，采购人、采购代理机构不得以任何理由拒绝供应商依法提出的质疑。财政部门要按照依法依规和公平公正原则，及时处理供应商依法提起的投诉，维护公共利益和各方当事人合法权益。

四、切实完善工作保障机制

（一）健全工作推进机制。建立推进政府购买服务改革协调机制，统筹协调全省政府购买服务改革，研究拟订政府购买服务改革目标、政策措施和制度办法，研究解决政府购买服务改革推进过程中出现的困难和矛盾，以及跨部门、跨领域的改革重点难点问题，推动政府购买服务改革扎实开展。各级要按照"政府主导、部门负责、社会参与、共同监督"的要求，完善组织领导体系，明确部门职责分工，凝聚改革共识和工作推进合力，为政府采购和政府购买服务改革规范有序开展提供有力保障。

（二）加强法规制度建设。有关部门要根据国家关于政府购买服务和政府采购改革工作的顶层设计及法制建设进程，结合我省实际，认真总结政府购买服务和政府采购经验，科学规划设计我省政府购买服务和政府采购法制建设，注意将一些成熟的制度上升为地方性法规和政府规章，为深入推进政府购买服务和政府采购改革提供法治保障。

（三）加大信息公开力度。按照信息准确、内容规范、渠道统一、告知广泛、利于查询、合法有效的要求，建立全省统一的信息公开机制，增强政府购买服务和政府采购透明度及公信力，保障当事人和社会公众的知情权、参与权、监督权。县级以上人民政府财政部门要加强对政府采购和政府购买服务信息公开的监督、检查、考核、评价。

（四）推进信用体系建设。建立政府采购信用信息记录、查询和使用制度。对政府采购供应商、代理机构和评审专家的不良行为予以记录，纳入省公共信用信息平台管理。在政府采购活动中，要查询市场主体信用记录或要求其提供信用报告，优先选择信用状况良好的市场主体。依法限制失信主体参与政府采购活动，积极推进政府采购领域联合奖惩工作。

（五）强化政策宣传。各级要充分运用广播、电视、报刊及网络、移动终端等各种媒体，广泛宣传有关法律法规、改革经验、热点信息等，正面回应社会关切，避免因信息不对称带来的负面影响，努力为政府采购和政府购买服务改革营造良好舆论环境。

财政部关于做好政府购买服务指导性
目录编制管理工作的通知

2016 年 3 月 23 日　财综〔2016〕10 号

党中央有关部门，国务院各部委、各直属机构，全国人大常委会办公厅，全国政协办公厅，高法院，高检院，各民主党派中央，有关人民团体，全国工商联，各省、自治区、直辖市、计划单列市财政厅（局），新疆生产建设兵团财务局：

为加快推进政府购买服务改革，落实党的十八届三中、五中全会有关精神和《国务院办公厅关于政府向社会力量购买服务的指导意见》（国办发〔2013〕96 号）的要求，根据财政部、民政部、工商总局《关于印发〈政府购买服务管理办法（暂行）〉的通知》（财综〔2014〕96 号），现就政府购买服务指导性目录（以下简称指导性目录）编制管理有关事项通知如下。

一、指导性目录根据部门职责及政府购买服务相关规定等确定，是政府购买服务种类、性质和内容的集中反映，是部门填报政府购买服务相关支出预算需求、组织实施政府购买服务的依据和参考。

二、各级各部门应当按照需要与可能、尊重地区差异的原则，将应当由政府举办并适合采取市场化方式提供、社会力量能够承担的服务事项纳入指导性目录。纳入部门指导性目录的事项主要包括以下三个方面：

（一）目前财政预算已经安排资金的项目；

（二）法律法规或党中央、国务院明确的公共服务重点支出领域或项目；

（三）随着经济社会发展变化，本地区、本部门急需且同级财政具有相应保障能力的公共公益服务项目。

三、指导性目录一般分三级。其中，一级目录可分为基本公共服务、社会管理性服务、行业管理与协调服务、技术性服务、政府履职所需辅助性服务以及其他事项等六大类。二级目录是在一级目录基础上，结合本部门的行业特点，对有关服务类型的分类和细化。三级目录是在二级目录基础上，结合本部门的具体支出项目特点，对有关具体服务项目的归纳和提炼。

四、指导性目录实行分级管理、分部门编制。财政部门要推动落实分级、分部门建立指导性目录。中央各部门负责会同财政部制定本部门（垂直管理系统包含各级派出或分支机构）指导性目录。省级各部门负责会同省级财政厅（局）制定本部门或本系统指导性目录，省以下是否分部门制定指导性目录由省级财政部门根据本地情况确定。

五、根据政府职能转变和工作实际需要，部门可提出申请，并会同同级财政部门对指导性目录进行调整。未经财政部门同意，部门不得自行调整和修改指导性目录。

六、各部门按照本通知附件 2 的样式和要求，分别编制本部门的指导性目录建议，报送同级财政部门；财政部门对口部门预算管理机构会同预算和牵头负责政府购买服务改革工作的机构依据本通知第二条，对部门报送的指导性目录建议进行审核后，会同部门联合发文（使用财政部门对口部门预算管理机构文号）确定该部门指导性目录。中央部门指导性目录编制工作应于 2016 年 8 月底前完成。

七、按照政府信息公开的相关规定，各部门负责在本部门官方网站公布本部门指导性目录，财政部门对口部门预算管理机构负责在财政部门官方网站相应公布该部门指导性目录。

八、各级财政部门应根据指导性目录所规定的政府购买服务范围和内容，推动和监督政府购买服务工作的开展，不断提高政府公共服务效率。凡列入指导性目录并已安排财政资金的事项，应逐步推行政府购买服务；对暂时未纳入又确需购买服务的事项，可报财政部门审核备案后调整实施。

九、财政部门牵头负责政府购买服务改革工作的机构应当组织对部门指导性目录制定、调整、公开以及实施情况进行检查。

十、党的机关、政府机关、人大机关、政协机关、审判机关、检察机关、民主党派以及纳入行政编制管理且经费由财政负担的群团组织，其指导性目录编制管理按照本通知规定执行。

附件：1. 实施政府购买服务的 115 个中央部门及其代码
2. _____政府购买服务指导性目录

附件 1：

实施政府购买服务的 115 个中央部门及其代码

代　码	部　门	代　码	部　门
101	国务院办公厅	102	发展改革委
105	教育部	106	科技部
107	国防科工局	108	国家民委
109	体育总局	111	公安部
113	司法部	114	外交部
117	人力资源社会保障部	118	民政部
119	财政部	120	住房城乡建设部
121	国土资源部	122	铁路局
123	交通运输部	124	工业和信息化部
125	农业部	126	水利部
127	社保基金会	128	商务部
129	文化部	130	新闻出版广电总局
131	卫生计生委	133	安全监管总局
137	审计署	138	邮政局
139	税务总局	140	民航局
141	气象局	142	国管局
143	统计局	144	环境保护部
145	旅游局	146	测绘地信局
147	质检总局	148	知识产权局
149	能源局	150	工商总局
151	海洋局	152	地震局
154	文物局	155	档案局
156	保密局	158	外专局
159	食品药品监管总局	160	中医药局
161	法制办	162	宗教局
163	中国外文出版发行事业局	164	粮食局
165	国家物资储备局	167	海关总署
169	林业局	170	侨办

续表

代　码	部　门	代　码	部　门
171	港澳办	173	中科院
174	社科院	176	行政学院
177	发展研究中心	178	证监会
179	国务院三峡工程建设委员会办公室	184	中华全国供销合作总社
186	工程院	187	国家互联网信息办公室
188	中共中央组织部	189	中共中央宣传部
190	中共中央统一战线工作部	191	中共中央对外联络部
192	共青团中央	196	中共中央台湾工作办公室
197	中共中央党校	198	中共中央直属机关事务管理局
199	全国人大常委会办公厅	200	全国政协办公厅
201	中华全国总工会	203	最高人民检察院
204	最高人民法院	206	中国文学艺术界联合会
207	中华全国妇女联合会	208	中华全国台湾同胞联谊会
209	中华全国归国华侨联合会	210	中国残疾人联合会
211	中华全国新闻工作者协会	212	中国作家协会
213	中国科学技术协会	214	中国人民对外友好协会
215	中国国际贸易促进委员会	216	中国宋庆龄基金会
220	中国计划生育协会	251	人民银行
253	中共中央纪律检查委员会	258	国务院南水北调工程建设委员会办公室
260	参事室	261	中国法学会
262	中共中央国家机关工作委员会	263	中央机构编制委员会办公室
265	中国红十字会总会	269	保监会
272	中国国民党革命委员会中央委员会	273	中国民主同盟中央委员会
274	中国民主建国会中央委员会	275	中国民主促进会中央委员会
276	中国农工民主党中央委员会	277	中国致公党中央委员会
278	九三学社中央委员会	279	台湾民主自治同盟中央委员会
280	自然科学基金会	281	全国哲学社会科学规划办公室
283	中华全国工商业联合会	285	国务院扶贫开发领导小组办公室
292	信访局	295	国资委
296	银监会		

附件 2：

　　　　　政府购买服务指导性目录

代　码	一级目录	二级目录	三级目录
×××A	基本公共服务		
×××A01			
×××A0101			
×××A0102			
……			

续表

代　码	一级目录	二级目录	三级目录
×××A02			
×××A0201			
×××A0202			
……			
×××B	社会管理性服务		
×××B01			
×××B0101			
×××B0102			
……			
×××B02			
×××B0201			
×××B0202			
……			
×××C	行业管理与协调服务		
×××C01			
×××C0101			
×××C0102			
……			
×××C02			
×××C0201			
×××C0202			
……			
×××D	技术性服务		
×××D01			
×××D0101			
×××D0102			
……			
×××D02			
×××D0201			
×××D0202			
……			
×××E	政府履职所需辅助性服务		
×××E01			
×××E0101			
×××E0102			
……			
×××E02			
×××E0201			

续表

代　码	一级目录	二级目录	三级目录
×××E0202			
……			
×××F	其他		
×××F01			
×××F0101			
×××F0102			
……			
×××F02			
×××F0201			
×××F0202			
……			

注：

1. 各部门指导性目录一般分为三级。其中：

一级目录共分六大类，分别为：基本公共服务、社会管理性服务、行业管理与协调服务、技术性服务、政府履职所需辅助性服务以及其他服务事项。

在一级目录基本公共服务下，二级目录分为：教育、就业、人才服务、社会保险、社会救助、养老服务、扶贫济困、优抚安置、残疾人福利、医疗、公共卫生、人口和计划生育、食品药品、文化、体育、公共安全、科技推广、住房保障、环境治理、农业、水利、生态保护、公共信息、城市维护、交通运输、其他等领域适宜由社会力量承担的服务事项。

在一级目录社会管理性服务下，二级目录分为：社区建设、社会组织建设与管理、社会工作服务、法律援助、防灾救灾、人民调解、社区矫正、流动人口管理、安置帮教、志愿服务运营管理、公共公益宣传、其他等领域适宜由社会力量承担的服务事项。

在一级目录行业管理与协调性服务下，二级目录分为：行业职业资格和水平测试管理、行业规范、行业投诉处理、行业规划、行业调查、行业统计分析、行业标准制修订、其他等领域适宜由社会力量承担的服务事项。

在一级目录技术性服务下，二级目录分为：技术评审鉴定评估、检验检疫检测、监测服务、其他等领域适宜由社会力量承担的服务事项。

在一级目录政府履职所需辅助性事项下，二级目录分为：法律服务、课题研究和社会调查、财务会计审计服务、会议和展览、监督检查、工程服务、项目评审评估、绩效评价、咨询、技术业务培训、机关信息系统建设与维护、后勤服务、其他等领域中适宜由社会力量承担的服务事项。其中，在二级目录后勤服务下，三级目录统一规定为：办公设备维修保养服务、物业服务、安全服务、印刷服务、餐饮服务、其他。

2. 各部门要对照部门预算收支科目和支出项目，对支出项目进行系统全面梳理，对于当前和今后一个时期适合采取政府购买服务方式实施的事项，按照本表中的目录分类、分级方法，一级目录按六大类填入；二级目录要对照参考上面所列二级目录类型，充分体现本部门本单位部门特色、行业特色、专业特色，对本部门本单位业务服务进行归类和细化；三级目录要体现本部门部门预算支出类型、支出科目和具体支出项目等特点，同类型的支出项目要进行适当的合并抽象提炼后填列。

各部门可根据需要酌情增加四级目录。

3. 本表中的"×××"代表部门预算代码，中央部门根据附件1填列，各地根据当地实际情况填列。

财政部　中央编办关于做好事业单位
政府购买服务改革工作的意见

2016 年 11 月 30 日　财综〔2016〕53 号

各省、自治区、直辖市人民政府，国务院各部委、各直属机构：

推广政府购买服务是党中央、国务院作出的重要决策，对于创新公共服务提供方式，促进政府职能转变，提高公共服务质量和效率具有重要意义。事业单位是提供公共服务的重要力量，在促进经济社会发展、改善人民群众生活等方面发挥着重要作用，但也存在一些事业单位政事不分、事企不分，服务质量和效率不高等问题。为做好事业单位政府购买服务改革工作，通过政府购买服务改革支持事业单位分类改革和转型发展，增强事业单位提供公共服务能力，经国务院同意，现提出如下意见。

一、总体要求

（一）指导思想。全面贯彻党的十八大、十八届三中、四中、五中、六中全会和习近平总书记系列重要讲话精神，认真落实党中央、国务院决策部署，通过推进事业单位政府购买服务改革，推动政府职能转变，深化简政放权、放管结合、优化服务改革，改进政府提供公共服务方式，支持事业单位改革，促进公益事业发展，切实提高公共服务质量和水平。

（二）基本原则。一是坚持分类施策。依据现行政策，事业单位分为承担行政职能事业单位、公益一类事业单位、公益二类事业单位、生产经营类事业单位四类，按其类别及职能，合理定位参与政府购买服务的角色作用，明确相应要求。二是坚持问题导向。针对事业单位存在的问题，加快转变政府职能，创新财政支持方式，将政府购买服务作为推动事业单位改革发展的重要措施，强化事业单位公益属性，增强服务意识，激发内在活力。三是坚持公开透明。遵循公开、公平、公正原则推进事业单位政府购买服务改革，注重规范操作，鼓励竞争择优，营造良好的改革环境。四是坚持统筹协调。做好政府购买服务改革与事业单位分类改革有关经费保障、机构编制、人事制度、收入分配、养老保险等方面政策的衔接，形成改革合力。五是坚持稳妥推进。充分考虑事业单位改革的复杂性和艰巨性，对事业单位政府购买服务改革给予必要的支持政策，妥善处理改革发展稳定的关系，确保事业单位政府购买服务改革工作顺利推进。

（三）总体目标。到2020年底，事业单位政府购买服务改革工作全面推开，事业单位提供公共服务的能力和水平明显提升；现由公益二类事业单位承担并且适宜由社会力量提供的服务事项，全部转为通过政府购买服务方式提供；通过政府购买服务，促进建立公益二类事业单位财政经费保障与人员编制管理的协调约束机制。

二、分类定位

（一）完全或主要承担行政职能的事业单位可以比照政府行政部门，作为政府购买服务的购买主体。部分承担行政职能的事业单位完成剥离行政职能改革后，应当根据新的分类情况执行相应的政府购买服务政策。不承担行政职能的事业单位不属于政府购买服务的购买主体，因履职需要购买辅助性服务的，应当按照政府采购法律制度有关规定执行。

（二）承担义务教育、基础性科研、公共文化、公共卫生及基层的基本医疗服务等基本公益服务，不能或不宜由市场配置资源的公益一类事业单位，既不属于政府购买服务的购买主体，也不属于承接主体，不得参与承接政府购买服务。有关行政主管部门应当加强对所属公益一类事业单位的经费保障和管理，强化公益属性，有效发挥政府举办事业单位提供基本公共服务的职能作用。

（三）承担高等教育、非营利医疗等公益服务，可部分由市场配置资源的公益二类事业单位，可以作为政府购买服务的承接主体。现由公益二类事业单位承担并且适宜由社会力量提供的服务事项，应当纳入政府购买服务指导性目录，并根据条件逐步转为通过政府购买服务方式提供。有关行政主管部门应当创造条件积极支持公益二类事业单位与其他社会力量公平竞争参与承接政府购买服务，激发事业单位活力，增强提供公共服务能力。

（四）生产经营类事业单位可以作为政府购买服务的承接主体，在参与承接政府购买服务时，应当与社会力量平等竞争。

（五）尚未分类的事业单位，待明确分类后按上述定位实施改革。

三、主要措施

(一)推行政府向公益二类事业单位购买服务。2020 年底前,凡是公益二类事业单位承担并且适宜由社会力量提供的服务事项,应当将财政拨款改为政府购买服务,可以由其行政主管部门直接委托给事业单位并实行合同化管理。其中,采取直接委托购买服务项目,属于政府采购集中采购目录以内或者采购限额标准以上的,通过单一来源采购方式实施;已经采用竞争性购买方式的,应当继续实行。政府新增用于公益二类事业单位的支出,应当优先通过政府购买服务方式安排。积极推进采用竞争择优方式向事业单位购买服务,逐步减少向公益二类事业单位直接委托的购买服务事项。

(二)探索建立与政府购买服务制度相适应的财政支持和人员编制管理制度。实施政府向事业单位购买服务的行政主管部门,应当将相关经费预算由事业单位调整至部门本级管理。积极探索建立事业单位财政经费与人员编制协调约束机制,创新事业单位财政经费与人员编制管理,推动事业单位改革逐步深入。

(三)将现由事业单位承担并且适宜由社会力量提供的服务事项纳入政府购买服务指导性目录。各行政主管部门要结合政府购买服务指导性目录编制工作,细化由本部门事业单位承担并且适宜由社会力量提供的服务事项,报经同级财政、机构编制等部门审核后纳入部门指导性目录,作为政府向事业单位购买服务的依据。

(四)落实税收等相关优惠政策。购买主体应当结合政府向事业单位购买服务项目特点和相关经费预算,综合物价、工资、税费等因素,合理测算安排项目所需支出。事业单位承接政府购买服务取得的收入,应当纳入事业单位预算统一核算,依法纳税并享受相关税收优惠等政策。税后收入由事业单位按相关政策规定进行支配。

(五)加强合同履约管理。购买主体应当做好对项目执行情况的跟踪,及时了解掌握购买项目实施进度及资金运作情况,督促承接服务的事业单位严格履行合同,确保服务质量,提高服务对象满意度。承接服务的事业单位履行合同约定后,购买主体应当及时组织对合同履行情况进行检查验收。购买主体向承接主体支付购买服务资金,应当根据合同约定和国库集中支付制度规定办理。

(六)推进绩效管理。购买主体应当会同财政部门建立全过程预算绩效管理机制,依据确定的绩效目标开展绩效管理。购买主体要结合购买服务合同履行情况,推进政府购买事业单位服务绩效评价工作,将绩效评价结果作为确定事业单位后续年度参与承接政府购买服务的考量因素,健全对事业单位的激励约束机制,提高财政资金使用效益和公共服务提供质量及效率。积极探索推进第三方评价。

(七)强化监督管理。各级财政部门要将政府向事业单位购买服务工作纳入财政监督范围,加强监督检查与绩效评价相结合,加大监督力度,保障政府购买服务工作规范开展。参与承接政府购买服务的事业单位应当自觉接受财政、审计和社会监督。

(八)做好信息公开。各级政府部门向事业单位购买服务,应当按照《中华人民共和国政府采购法》、《中华人民共和国政府信息公开条例》等相关规定,及时公开政府购买服务项目实施全过程相关信息,自觉接受社会监督。凡通过单一来源采购方式实施的政府向事业单位购买服务项目,要严格履行审批程序,需要事前公示的要按要求做好公示。积极推进政府向事业单位购买服务绩效信息公开。

四、工作要求

(一)落实工作责任。各省(区、市)财政、机构编制等部门要按照本意见要求,结合本地区实际制定事业单位政府购买服务改革工作实施方案,周密部署,认真组织做好本地区改革工作。各省(区、市)实施方案应于 2016 年 12 月底前送财政部、中央编办备案。各有关部门要做好本部门事业单位政府购买服务改革工作,指导推进本系统事业单位政府购买服务改革。

(二)扎实有效推进。2016 年,财政部、中央编办将会同教育部、食品药品监管总局、中国残联在抓好典型项目政府购买服务改革试点工作中，认真探索政府向事业单位购买服务的有效做法和经验，及时研究完善相关政策；其他部门和地方要积极做好事业单位政府购买服务改革相关准备工作。2017 年开始，各有关部门要根据本部门所属事业单位实际情况，推进事业单位政府购买服务改革，逐步增加公益二类事业单位实行政府购买服务的项目和金额；各省（区、市）要按照本地区改革实施方案，扎实推进事业单位政府购买服务改革，及时总结经验，完善政策，确保 2020 年底前完成本意见确定的事业单位政府购买服务改革目标任务。

（三）加强调研督导。事业单位政府购买服务改革涉及面广、政策性强，社会普遍关注，直接关系事业单位人员切身利益，各地区、各部门要切实加强对改革工作的领导，深入基层调研指导，及时研究并妥善处理改革中遇到的矛盾和问题。财政、机构编制部门要加强改革工作沟通协调，组织做好改革工作督导、专题调研、政策培训和经验推广，确保改革工作平稳有序推进。

财政部　民政部关于通过政府购买服务支持社会组织培育发展的指导意见

2016 年 12 月 1 日　财综〔2016〕54 号

各省、自治区、直辖市人民政府，国务院各部委、各直属机构：

为落实党中央、国务院的决策部署，加快转变政府职能，创新社会治理体制，促进社会组织健康有序发展，提升社会组织能力和专业化水平，改善公共服务供给，根据《国务院办公厅关于政府向社会力量购买服务的指导意见》（国办发〔2013〕96 号）精神，经国务院同意，现就通过政府购买服务支持社会组织培育发展提出如下意见。

一、总体要求

（一）指导思想。全面贯彻党的十八大、十八届三中、四中、五中、六中全会和习近平总书记系列重要讲话精神，围绕供给侧结构性改革，结合"放管服"改革、事业单位改革和行业协会商会脱钩改革，充分发挥市场机制作用，大力推进政府向社会组织购买服务，引导社会组织专业化发展，促进提供公共服务能力持续提升，发挥社会组织的独特优势，优化公共服务供给，有效满足人民群众日益增长的公共服务需求。

（二）基本原则。一是坚持深化改革。加快转变政府职能，正确处理政府和社会的关系，推进政社分开，完善相关政策，为社会组织发展创造良好环境，凡适合社会组织提供的公共服务，尽可能交由社会组织承担。二是注重能力建设。通过政府向社会组织购买服务引导社会组织加强自身能力建设，优化内部管理，提升社会组织服务能力和水平，充分发挥社会组织提供公共服务的专业和成本优势，提高公共服务质量和效率。三是坚持公开择优。通过公开公平、竞争择优方式选择社会组织承接政府购买服务，促进优胜劣汰，激发社会组织内在活力，实现健康发展。四是注重分类指导。遵循社会组织发展规律，区分社会组织功能类别、发展程度，结合政府购买服务需求，因地制宜，分类施策，积极推进政府向社会组织购买服务。

（三）主要目标。"十三五"时期，政府向社会组织购买服务相关政策制度进一步完善，购买服务范围不断扩大，形成一批运作规范、公信力强、服务优质的社会组织，公共服务提供质量和效率显著提升。

二、主要政策

（四）切实改善准入环境。社会组织参与承接政府购买服务应当符合有关资质要求，但不应对社会组织成立年限做硬性规定。对成立未满三年，在遵守相关法律法规、按规定缴纳税收和社会保障资金、年检等方面无不良记录的社会组织，应当允许参与承接政府购买服务。积极探索建立公共服务需求征集机制，充分发挥社会组织在发现新增公共服务需求、促进供需衔接方面的积极作用。有条件的地方可以探索由行业协会商会搭建行业主管部门、相关职能部门与行业企业沟通交流平台，邀请社会组织参与社区及社会公益服务洽谈会等形式，及时收集、汇总公共服务需求信息，并向相关行业主管部门反馈。有关部门应当结合实际，按规定程序适时将新增公共服务需求纳入政府购买服务指导性目录并加强管理，在实践中逐步明确适宜由社会组织承接的具体服务项目，鼓励和支持社会组织参与承接。

（五）加强分类指导和重点支持。按照党的十八届三中全会关于重点培育、优先发展行业协会商会类、科技类、公益慈善类、城乡社区服务类社会组织的要求，各地方和有关部门应结合政府购买服务需求和社会组织专业化优势，明确政府向社会组织购买服务的支持重点。鼓励各级政府部门同等条件下优先向社会组织购买民生保障、社会治理、行业管理、公益慈善等领域的公共服务。各地可以结合本地区实际，具体确定向社会组织购买服务的重点领域或重点项目。要采取切实措施加大政府向社会组织购买服务的力度，逐步提高政府向社会组织购买服务的份额或比例。政府新增公共服务支出通过政府购买服务安排的部分，向社会组织购买的比例原则上不低于30%。有条件的地方和部门，可以制定政府购买服务操作指南并向社会公开，为社会组织等各类承接主体参与承接政府购买服务项目提供指导。

（六）完善采购环节管理。实施购买服务的各级政府部门（购买主体）应充分考虑公共服务项目特点，优化政府购买服务项目申报、预算编制、组织采购、项目监管、绩效评价等工作流程，提高工作效率。要综合考虑社会组织参与承接政府购买服务的质量标准和价格水平等因素，合理确定承接主体。研究适当提高服务项目采购限额标准和公开招标数额标准，简化政府购买服务采购方式变更的审核程序和申请材料要求，鼓励购买主体根据服务项目需求特点选择合理的采购方式。对购买内容相对固定、连续性强、经费来源稳定、价格变化较小的公共服务项目，购买主体与提供服务的社会组织签订的政府购买服务合同可适当延长履行期限，最长可以设定为3年。对有服务区域范围要求、市场竞争不充分的服务项目，购买主体可以按规定采取将大额项目拆分采购、新增项目向不同的社会组织采购等措施，促进建立良性的市场竞争关系。对市场竞争较为充分、服务内容具有排他性并可收费的项目，鼓励在依法确定多个承接主体的前提下采取凭单制形式购买服务，购买主体向符合条件的服务对象发放购买凭单，由领受者自主选择承接主体为其提供服务并以凭单支付。

（七）加强绩效管理。购买主体应当督促社会组织严格履行政府购买服务合同，及时掌握服务提供状况和服务对象满意度，发现并研究解决服务提供中遇到的问题，增强服务对象的获得感。加强绩效目标管理，合理设定绩效目标及指标，开展绩效目标执行监控。畅通社会反馈渠道，将服务对象满意度作为一项主要的绩效指标，务实开展绩效评价，尽量避免增加社会组织额外负担。鼓励运用新媒体、新技术辅助开展绩效评价。积极探索推进第三方评价，充分发挥专业机构在绩效评价中的作用。积极探索将绩效评价结果与合同资金支付挂钩，建立社会组织承接政府购买服务的激励约束机制。

（八）推进社会组织能力建设。加强社会组织承接政府购买服务培训和示范平台建设，采取孵化培育、人员培训、项目指导、公益创投等多种途径和方式，进一步支持社会组织培育发展。建立社会组织负责人培训制度，将社会组织人才纳入专业技术人才知识更新工程。推动社会组织以承接政府购买服务为契机专业化发展，完善内部治理，做好社会资源动员和整合，扩大社会影响，加强品牌建设，发展人才队伍，不断提升公共服务提供能力。鼓励在街道（乡镇）成立社区社会组织联合会，联合业务范围内的社区社会组织承接政府购买服务，带动社区社会组织健康有序发展。

（九）加强社会组织承接政府购买服务信用信息记录、使用和管理。民政部门要结合法人库和全国及各地信用信息共享平台建设，及时收录社会组织承接政府购买服务信用信息，推进信用信息记录公开和共享。购买主体向社会组织购买服务时，要提高大数据运用能力，通过有关平台查询并使用社会组织的信用信息，将其信用状况作为确定承接主体的重要依据。有关购买主体要依法依规对政府购买服务活动中的失信社会组织追究责任，并及时将其失信行为通报社会组织登记管理机关，有条件的要及时在信用中国网站公开。

三、保障措施

（十）加强组织领导。各级财政、民政部门要把政府向社会组织购买服务工作列入重要议事日程，会同有关部门加强统筹协调，扎实推进。加强政府向社会组织购买服务工作的指导、督促和检查，及时总结推广成功经验。充分利用报纸、杂志、广播、电视、网络等各类媒体，大力宣传通过政府购买服务支持社会组织培育发展的有关政策要求，营造良好的改革环境。

（十一）健全支持机制。民政部门要会同财政等部门推进社会组织承接政府购买服务的培训、反馈、示范等相关支持机制建设，鼓励购买主体结合绩效评价开展项目指导。财政部门要加强政府购买服务预算管理，结合经济社会发展和政府财力状况，科学、合理安排相关支出预算。购买主体应当结合政府向社会组织购买服务项目特点和相关经费预算，综合物价、工资、税费等因素，合理测算安排项目所需支出。中央财政将继续安排专项资金，有条件的地方可参照安排专项资金，通过政府购买服务等方式支持社会组织参与社会服务。

（十二）强化监督管理。有关购买主体应当按照《中华人民共和国政府采购法》、《中华人民共和国政府信息公开条例》等相关规定，及时公开政府购买服务项目相关信息，方便社会组织查询，自觉接受社会监督。凡通过单一来源采购方式实施的政府购买服务项目，要严格履行审批程序，该公示的要做好事前公示，加强项目成本核查和收益评估工作。民政等部门要按照职责分工将社会组织承接政府购买服务信用记录纳入年度检查（年度报告）、抽查审计、评估等监管体系。财政部门要加强对政府向社会组织购买服务的资金管理，确保购买服务资金规范管理和合理使用。有关部门要加强政府向社会组织购买服务的全过程监督，防止暗箱操作、层层转包等问题；加大政府向社会组织购买服务项目审计力度，及时处理涉及政府向社会组织购买服务的投诉举报，严肃查处借政府购买服务之名进行利益输送的各种违法违规行为。

省财政厅关于印发《进一步推进政府购买服务
改革试点工作实施方案》的通知

2016 年 4 月 29 日　鲁财购〔2016〕8 号

各市财政局，省直有关部门：

根据财政部要求，我们研究制定了《进一步推进政府购买服务改革试点工作实施方案》。现印发给你们，请结合本地本部门实际，切实加强组织领导，认真研究推进措施，扎实做好政府购买服务改革试点工作。

附件：进一步推进政府购买服务改革试点工作实施方案

附件:

进一步推进政府购买服务改革
试点工作实施方案

我省是财政部明确的推进政府购买服务改革试点省份之一。根据财政部要求,结合我省实际,现就推进我省政府购买服务改革试点工作,制定如下实施方案。

一、试点目标

通过试点,全面贯彻落实党的十八届三中全会及中央、省有关文件精神,进一步健全我省政府购买服务制度,完善政府购买服务操作流程,建立常态下的政府购买服务工作机制和模式。积极引导社会力量参与提供公共服务,培育多元化的公共服务承接主体。大力促进政府职能转变,推动事业单位改革和行业协会商会脱钩改革。进一步提高我省政府购买服务资金占公共服务支出的比例,提升公共服务水平和效率。

二、试点行业

结合我省当前政府购买服务工作开展情况,将已经出台政府购买服务实施意见(办法)的养老服务、残疾人服务、公共文化服务、棚改服务、社会工作服务、中小企业服务、就业培训服务、基本公共卫生服务、食品检验检测服务和拟于2016年出台政府购买服务实施意见(办法)的政务云服务、公共旅游服务、水文监测服务等12个行业确定为试点行业。

试点行业行政主管部门为试点部门,包括省民政厅、省残联、省文化厅、省体育局、省新闻出版广电局、省住房城乡建设厅、省中小企业局、省人力资源社会保障厅、省卫生计生委、省食安办、省经济和信息化委、省旅游局、省水利厅等13个部门。财政部门会同试点部门根据我省经济社会发展水平和财政保障能力,结合财政"十三五"规划、部门三年滚动财政规划和年度预算安排情况,研究确定2016年度政府购买服务试点项目,加大新增公共服务项目的购买力度,推进既有公共服务项目采取政府购买服务方式。

省财政厅将对济南、东营、潍坊、德州、莱芜等市政府购买服务改革试点工作进行重点跟踪督导。

三、试点任务

(一)修订指导目录。根据政府购买服务相关制度规定和财政部《关于做好政府购买服务指导性目录编制管理工作的通知》要求,在充分听取部门单位、专家学者和社会公众意见基础上,对我省《政府向社会力量购买服务指导目录》进行修订完善,进一步扩大政府购买服务范围,为部门单位开展政府购买服务提供依据。试点部门会同财政部门制定本部门、行业的购买服务指导目录。

(二)完善工作流程。根据不同行业公共服务项目的特性、特点,按照"方式灵活、程序简便、公开透明、竞争有序、结果评价"的原则,进一步完善工作流程,增强科学性、合理性和合规性,提高政府购买服务效率。

(三)严格计划编制。对适合采取市场化方式提供、社会力量能够承担的服务项目,各部门单位编制部门预算时,要一并编报政府购买服务计划。预算执行中,对已经安排资金但未编入购买服务计划的项目,根据工作需要调转为通过政府购买服务方式实施的,部门单位要及时补报政府购买服务计划。

(四)健全购买方式。结合试点行业和项目开展情况,研究创新不属于政府采购法适用范围的政府购买服务项目的方式方法,制定《山东省政府购买服务竞争性评审和定向委托确定承接主体方式暂行办法》,规范实施不属于政府采购法适用范围的政府购买服务项目。

(五)突出合同管理。试点部门根据试点项目特点和公共服务的实际需求,研究制定统一明确、操作性强、便于考核的政府购买服务标准和规范，逐步完善公共服务项目标准体系。购买主体和承接主体按照平等的契约关系，签订政府购买服务合同，明确政府购买服务需求和标准、双方的权利义务、违约责任等有关内容。试点部门会同财政部门研究制定本行业政府购买服务合同范本。

（六）强化绩效管理。根据试点项目特点，将试点项目中涉及民生、社会公众关注度较高或金额较大的公共服务项目，纳入预算绩效评价范围。建立由购买主体、服务对象和第三方专业机构组成的综合评价机制。根据购买需求和合同约定，对试点项目的实际产出（数量、质量、实效、成本）和实际效果（社会效益、经济效益、服务对象满意度等）开展绩效评价，探索评价结果应用。

（七）加强监督管理。试点部门加强对试点项目执行情况的跟踪和监管，督促承接主体严格履行合同，保证服务数量、质量和效果。按照有关规定及时公开政府购买服务相关信息，自觉接受社会监督。财政部门会同审计、民政、工商管理等相关部门认真履行监管职责，建立政府购买服务事前、事中和事后监管体系。

（八）配合事业单位改革。研究事业单位承接试点项目的具体措施，探索政府购买服务支持事业单位改革的具体办法，调整规范主管部门作为购买主体与事业单位作为承接主体之间的财政财务关系，调动事业单位作为政府购买服务承接主体的积极性，促进事业单位改革。

（九）培育社会组织发展。坚持推进政府购买服务与培育发展社会组织相结合，落实行业协会商会脱钩改革以及社会组织管理制度改革的有关政策，加大对社会组织的支持力度，鼓励符合条件的社会组织参与政府购买服务项目，培育多元化的公共服务承接主体。

四、保障措施

各市财政部门和试点部门要高度重视，把推进改革试点工作作为重要改革任务，明确保障措施，统筹推进试点实施，确保相关工作顺利开展。

（一）建立协同工作机制。按照建立健全"政府统一领导，财政部门牵头，民政、工商管理以及行业主管部门协同，职能部门履职，监督部门保障"工作机制的要求，财政部门要协调建立政府购买服务工作联席会议制度，明确联席会议议题范围和参加部门，形成相关职能部门各负其责、齐抓共管的工作格局和氛围。

（二）组织开展业务培训。组织省级部门政府购买服务业务培训班和全省政府购买服务系统业务培训班，对政府购买服务改革的背景知识、政策措施和业务操作流程进行系统培训，确保政府购买服务负责人、工作人员熟悉和掌握相关政策措施和改革试点要求。各市财政部门和试点部门也要切实加大培训力度，确保改革试点工作顺利推进。

〔三）定期报送试点情况。按照《关于做好政府购买服务信息统计报送工作的通知》（鲁财购〔2015〕3号）要求，进一步落实我省政府购买服务信息报送机制，及时报送政府购买服务改革工作进展情况。试点部门要做好试点项目跟踪，了解掌握试点工作进展情况，总结分析取得的成效和存在的问题。各级财政部门要及时总结试点经验，梳理典型案例，形成推广模式。

（四）实行重点跟踪督导。省财政厅重点跟踪督导试点部门和试点市制度建设和购买服务实施情况，通过实地调研、召开座谈会等形式，了解掌握试点工作中遇到的困难和问题，研究相应措施办法。年底，省财政厅将对全省试点工作开展情况进行全面总结，并对态度认真、措施有力、工作扎实、成效显著的试点市和省直部门进行通报表彰。

省财政厅 省民政厅关于印发《山东省社会组织发展资金使用管理暂行办法》的通知

2016 年 7 月 15 日 鲁财购〔2016〕12 号

各市（不含青岛）财政局、民政局，省财政直接管理县（市）财政局、民政局：

为规范和加强山东省社会组织发展资金管理，我们研究制定了《山东省社会组织发展资金使用管理暂行办法》，现印发给你们，请认真贯彻执行。执行中如有问题，请及时向我们反映。

附件：山东省社会组织发展资金使用管理暂行办法

附件：

山东省社会组织发展资金使用管理暂行办法

第一章 总 则

第一条 为规范和加强社会组织发展资金管理，提高财政资金使用效益，根据《财政部、民政部关于支持和规范社会组织承接政府购买服务的通知》（财综〔2014〕87 号）、《山东省人民政府办公厅关于发挥财税政策导向加快公益慈善事业发展的通知》（鲁政办字〔2015〕192 号）、《关于培育发展社会组织的意见》（鲁财购〔2015〕12 号）等规定，制定本办法。

第二条 本办法所称社会组织发展资金（以下简称"专项资金"），是指由省级财政预算统筹安排，专项用于支持社会组织发展的资金。

本办法所称社会组织是指在我省各级民政部门登记成立的社会团体、基金会和社会服务机构以及在县级民政部门备案的城乡社区社会组织。

第三条 专项资金使用管理突出公共财政导向，坚持"引导激励、突出重点、公开透明、注重绩效"原则，符合国家、省、市培育发展社会组织规划及政策要求，有利于促进我省社会组织健康有序发展。

第四条 专项资金由省财政厅、省民政厅按照职责分工共同管理。

省财政厅负责专项资金预算管理，制定专项资金管理制度，确定年度预算，会同省民政厅制定资金分配方案，拨付专项资金，履行财政监督检查职责，参与绩效管理等工作。

省民政厅参与制定专项资金管理制度，负责全省性社会组织资金扶持项目日常管理，组织项目申报、审批和公示，对专项资金进行绩效管理，按规定公开有关信息，对项目实施进行全过程监管，保障专项资金安全高效使用。

第二章 扶持范围和重点

第五条 申请专项资金的社会组织应当具备以下条件：具有独立承担民事责任的能力；具备开展工作所必需的条件，有固定的办公场所，有必要的专职工作人员；具有健全的法人治理结构，完善的内部管理、信息公开和民主监督制度；有完善的财务核算和资产管理制度，有依法缴纳税收、社会保险费的良好记录，近三年内无重大违法记录，社会信誉良好；法律、行政法规规定的其他条件。

相同条件下，优先支持获得 3A 评估等级以上，获得公益性捐赠税前扣除资格，有开展与所申报项目同类型服务案例的社会组织。

申请专项资金的备案城乡社区社会组织应当具备以下条件：负责人具有完全民事行为能力；有相对固定的活动场所或服务场所；有相对规范的内部管理制度、财务管理制度、信息公开制度和民主监督制度；近三年内无重大违法记录，且年度检查合格；法律、行政法规规定的其他条件。

第六条　专项资金重点扶持服务经济社会发展、管理运作规范、社会效益突出的社会组织。具体包括：

（一）社会组织综合服务平台建设。支持省、市、县三级社会组织综合服务平台（包括社会组织服务发展中心、孵化基地、创业园、创新园等）建设，资助其运营（办公场所租金、物业管理费、水电暖等公用事业费）及开展社会组织培育孵化、交流合作、人员培训等活动。

（二）公益慈善类社会组织参与社会服务。支持公益慈善类社会组织开展扶贫济困、扶老救孤、关爱儿童、扶残助残、恤病助医、救援救灾等社会服务。

（三）行业协会商会类社会组织服务地方经济社会发展。支持行业协会商会开展行业规范、行业评价、行业统计、行业标准、职业评价、等级评定等行业管理与协调性服务，技术推广、行业规划、行业调查、行业发展与管理政策及重大事项决策咨询等技术性服务，以及一些专业性较强的社会管理服务等。

（四）科技类社会组织推动科技创新。支持科技类社会组织开展科技项目研发、科技成果转化、产学研合作、科技产业发展和科技创新体系建设等。

（五）城乡社区服务类社会组织参与社区治理和服务。支持城乡社区服务类社会组织依托社区开展为民服务、养老照护、邻里互助、调解纠纷、文体娱乐、农村生产技术服务等活动。

（六）社会组织能力建设。对社会组织负责人、业务工作人员开展法律法规、财务管理、技术技能、专业知识等方面的培训，加强社会组织自身能力建设和人才队伍建设。

同一社会组织原则上不得连续扶持两年。同年度已获得其他财政资金资助的项目，专项资金不再给予资助。

第七条　专项资金不得用于以下支出：

（一）购买或修建楼堂馆所、购置交通工具和通讯设备；

（二）社会组织从业人员工资、奖金、津贴、福利补助；

（三）对外投资、弥补亏损、偿还债务、缴纳罚款罚金；

（四）其他与本办法规定不相符的支出。

第三章　资金分配和拨付

第八条　专项资金采取因素法与项目法相结合的分配方式。其中，扶持全省性社会组织的资金采取项目法分配，扶持市县社会组织的资金采取因素法对下切块分配。

第九条　按项目法分配的资金，由省民政厅会同省财政厅研究确定专项资金年度扶持重点、支持方向和工作要求等，制发项目申报通知。省民政厅负责组织项目申报审查、专家评审论证、评审结果公示，并向省财政厅提出资金分配建议，由省财政厅审核确认后下达资金。

第十条　按因素法分配的资金，主要根据省级扶持政策、年度工作重点、上年度资金绩效评价结果等因素测算确定。由省民政厅提出对下补助资金分配挂钩因素、指标值和资金分配公式，并结合当年预算规模和上年度预算执行情况，在测算论证基础上提出年度资金分配方案。省财政厅和省民政厅协商确定专项资金分配方案后，由省财政厅下达。

第十一条　各市民政、财政部门收到资金指标文件后，应根据省里确定的资金规模、支持重点、支持范围等有关要求，研究确定资金分配意见，在 30 日内将资金明确到具体项目，并将资金分配指标文件报省财政厅、省民政厅备案。其中，每年对初创期符合一定条件的公益性组织，给予不超过 5 万元的一次性扶持资金，支持其改善办公条件、人才培养、交流学习等，提升公益慈善服务能力；每市每年至少遴选 1 家社会组织综合服务平台，根据入驻社会组织个数和吸纳就业人数，给予每处不超过 10 万元的一次性奖补资金。

第十二条　资金拨付按照财政国库管理制度的有关规定执行。各级财政部门要加强专项资金拨付管理，确保拨付及时、使用安全。

第四章　资金管理和监督

第十三条　获得专项资金扶持的社会组织（以下简称"项目实施单位"）应加强专项资金管理，建立健全内控制度，严格按规定用途使用，单独建账管理，加快预算执行进度，提高资金使用效益。资金使用管理和项目实施效果要定期报同级民政部门。

第十四条　省民政厅要探索开展社会组织业绩考核，逐步建立量化考核指标体系，强化量化考核管理，为加强社会组织专项资金管理提供支撑。

第十五条　专项资金实行绩效管理。省民政厅负责建立完善绩效评价指标体系，科学设置评价指标和分值，提高绩效评价的有效性、针对性和可操作性。评价指标根据年度工作重点适当调整。

第十六条　各级民政部门和项目实施单位是专项资金绩效评价的责任主体。年度预算执行完毕后，市级民政、财政部门应联合行文将本年度项目绩效考评情况分别报省民政厅、财政厅，省民政厅汇总全省情况形成自评报告后送省财政厅。

第十七条　省民政厅会同省财政厅根据工作实际情况，委托第三方机构对专项资金使用管理情况、项目实施效果等实施独立评价。绩效评价结果作为以后年度确定专项资金分配规模和使用方向的重要依据。

第十八条　按照政府信息公开规定，建立专项资金信息公开机制，自觉接受社会监督。

民政部门负责公开除涉密内容外的专项资金管理制度、申报指南、分配结果、绩效评价结果等。财政部门对民政部门资金信息公开进行督促指导。

第十九条　各级民政、财政部门要对专项资金申报材料进行审核把关，对其真实性、合法性进行审查。同时，负责对项目实施全过程监督，对资金使用进行跟踪监管。

第二十条　项目实施单位要切实加强财务管理，按规定用途使用专项资金，不得挪作他用，并自觉接受社会监督，积极配合有关部门做好审计、稽查等工作。

第二十一条　各级财政、民政部门要加强对专项资金使用管理的监督检查。专项资金实行信用负面清单制度，对单位或个人弄虚作假、冒领骗取专项资金等失信、失范行为进行记录和惩戒。对专项资金申报、使用和管理过程中出现的违法违纪行为，按照《中华人民共和国预算法》《财政违法行为处罚处分条例》（国务院令第 427 号）等规定处理。

第五章　附　　则

第二十二条　各市可根据本办法，结合当地实际情况，研究制定管理细则，并报省财政厅、省民政厅备案。

第二十三条　本办法由省财政厅、省民政厅负责解释。

第二十四条　本办法自 2016 年 8 月 15 日起施行，有效期至 2018 年 8 月 14 日。

省财政厅关于编报 2017 年省级政府
购买服务计划的通知

2016 年 12 月 23 日　鲁财购〔2016〕19 号

省直各部门、单位：

　　按照《省政府办公厅关于进一步推行政府购买服务加快政府采购改革的意见》（鲁政办字〔2016〕207号）、《山东省政府购买服务管理实施办法》（鲁财购〔2015〕11 号，以下简称《实施办法》）和《关于编制 2017 年省级部门预算和 2017～2019 年部门中期财政规划的通知》（鲁财预〔2016〕43 号）有关规定和要求，现将编报 2017 年政府购买服务计划有关事项通知如下：

一、编报部门单位

　　编报部门单位为《实施办法》中规定的具备购买主体资格的党政机关、承担行政管理职能的事业单位、纳入机构编制管理且经费由财政负担的群团组织。

二、编报事项范围

　　山东省《政府向社会力量购买服务指导目录》（以下简称《指导目录》）内的服务事项，应纳入政府购买服务计划编报范围。资金来源包括省财政拨款资金和中央转移支付资金。编报部门、单位要根据履职需要和 2017 年部门预算建议，对照《指导目录》，认真梳理部门预算中的公共服务项目和自身履职所需服务项目，对已列入《指导目录》的，均应编报政府购买服务计划，实行政府购买服务。

　　对暂时未纳入《指导目录》但确需通过政府购买服务方式提供的服务事项，也可编报政府购买服务计划建议。

　　对 2017 年因职责任务调整变化以及新增的或临时性、阶段性公共服务事项需要购买服务的，应在预算追加后及时报送政府购买服务计划。预算执行中，对已经安排资金但未明确实行政府购买服务的项目，可根据工作需要调转为通过政府购买服务方式实施，并及时通过预算管理一体化系统补报政府购买服务计划。

三、计划填报内容

　　对应当通过政府购买服务方式实施的省级预算资金和中央转移支付资金，各部门、单位要按项目逐一编报《2017 年省级政府购买服务项目计划表》（以下简称《计划表》，见附件）。具体填报内容包括：单位名称、资金类别及名称、服务项目名称、预算金额、服务事项类别、项目内容摘要、承接主体类别、直接受益对象、绩效目标、计划实施时间、其他说明事项等。其中，单位名称、资金类别及名称、服务事项类别、承接主体类别、直接受益对象、计划实施时间等内容由系统自动导入，填报部门只需选择填列。

　　对预算"二上"环节"未细化支出"的专项资金，在省直部门预算批复前，省财政厅部门预算管理处或资金管理处应会同省直部门、单位，明确其中的政府购买服务金额，并填列《计划表》中的服务项目名称、资金类别及名称、预算金额、服务事项类别。

四、计划编报程序

政府购买服务计划与 2017 年省级部门预算同步编制、同步报送。编报部门通过预算管理一体化系统，按照自下而上的顺序，从基层预算单位开始编制，逐级汇总，形成部门的政府购买服务计划建议。预算"二上"环节，各部门、单位要在填报《支出项目录入表》时选择"政府购买服务"，并对需要通过政府购买服务方式实施的项目填报《计划表》。

对年中调转为政府购买服务方式实施的项目，部门应通过预算管理一体化系统，进入"预算编审录入"，选择"政府购买服务执行进度表"，点击"新增记录"，补报政府购买服务计划。其中，年初已有预算安排的，"数据来源"项选择"执行追加—预算调整"；年中追加预算的，"数据来源"项选择"执行追加—新增预算"，并填写预算指标文号。

省财政厅部门预算管理处会同政府购买服务办公室对部门单位编报的政府购买服务计划建议进行审核。对部门预算建议中已列入《指导目录》但未选择政府购买服务方式实施的项目，应当要求部门单位重新编报，务必实现 2017 年政府购买服务工作在省直部门全面推开。对应当由政府直接提供、不适合社会力量承担的公共服务以及不属于政府职能范围的服务项目，不得核准其购买服务计划。

五、确定承接主体的方式

购买属于政府采购范畴的服务项目，即购买政府采购集中采购目录以内或者采购限额标准（100 万元）以上的服务项目，购买主体应按照政府采购法律法规规定，采用公开招标、邀请招标、竞争性谈判、竞争性磋商、单一来源采购等方式确定承接主体。购买不属于政府采购范畴的服务项目，即购买政府采购集中采购目录以外且采购限额标准（100 万元）以下的服务项目，购买主体可采用定向委托、竞争性评审等方式自行购买或委托采购代理机构组织实施。

六、落实政府购买服务激励约束机制

省财政在预算安排上进一步加大对政府购买服务工作成效突出部门（单位）的支持力度。对适合社会力量承担的新增或临时性、阶段性公共服务事项，选择政府购买服务方式实施的，所需资金按照预算管理要求优先列入财政预算。对适合社会力量承担但未选择政府购买服务方式的项目，原则上不安排增量资金。

七、有关要求

科学编报购买服务计划是顺利推行政府购买服务工作的基础和必备环节，也是部门预算编制工作的重要组成部分。省直各部门、单位务必高度重视，适应加快转变政府职能、深化社会领域改革的需要，从改革发展大局出发，认真理解和把握相关政策规定，按照省政府要求，全面准确编报购买服务计划，扎实推进政府购买服务工作。

（一）大幅度提高计划编报资金比例。对已经安排财政资金的指导目录内服务事项，都应当编报政府购买服务计划，通过政府购买服务方式提供，确保政府购买服务事项"应编尽编、应买尽买"。实现 2017 年各部门、单位政府购买服务全覆盖，省直部门购买服务支出规模有较大幅度增加。

（二）做好项目需求标准和可行性论证。各部门、单位要加强公众需求调研、市场行情了解、项目资金测算、服务标准制定、合同条款设定以及履约监督和绩效评价等方面工作，必要时可通过公开征求社会公众意见或开展项目投资评审等方式，科学确定公共服务项目，合理编报购买服务计划，确保购买服务项目的科学性和可行性。

（三）大力支持事业单位改革。统筹推进政府购买服务和事业单位改革，把政府购买服务作为推动事业单位改革发展的重要举措，通过深化事业单位改革为政府购买服务提供基础支撑。改进事业单位经费保障政策，探索对具备条件单位的财政拨款方式逐步转为政府购买服务支出。《实施办法》明确了事业单位在改革过渡期内继续承担政府购买服务项目的政策措施，各部门、单位要本着推进政府购买服务与促进事业单位改革相结合的原则，合理运用相关政策。同时，要严格审核把关，避免出现一边花钱养人，一边又花钱买服务的"两头占"现象。

附件：2017年省级政府购买服务项目计划表

附件：

2017 年省级政府购买服务项目计划表

单位：万元

序号	部门（单位）名称	资金类别	资金项目名称	购买服务预算资金	购买服务项目名称	服务事项类别	项目内容摘要	承接主体类别	直接受益对象	绩效目标	计划实施时间	其他说明事项

填表说明：1. 部门（单位）单位名称、资金类别、资金项目名称栏目，由系统自动导入；
2. 服务事项类别、承接主体类别、直接受益对象、计划实施时间栏目，从下拉菜单中选择；
3. 购买服务预算资金、购买服务项目名称、项目内容摘要、绩效目标、其他说明事项栏目，由手工填录；
4. 购买服务项目名称请参考《政府向社会力量购买服务指导目录》确定。

省财政厅 省机构编制委员会办公室 省卫生和计划生育委员会省科学技术厅关于印发《省属实行法人治理结构事业单位外部理事（董事）外部监事报酬管理暂行办法》的通知

2016 年 12 月 28 日 鲁财购〔2016〕20 号

省直有关部门，省政府直属事业单位：

为推进省属事业单位法人治理结构建设，我们研究制定了《省属实行法人治理结构事业单位外部理事（董事）外部监事报酬管理暂行办法》，现印发给你们，请结合实际抓好落实。

附件：省属实行法人治理结构事业单位外部理事（董事）外部监事报酬管理暂行办法

附件：

省属实行法人治理结构事业单位外部理事（董事）外部监事报酬管理暂行办法

第一章 总 则

第一条 为进一步推进省属事业单位法人治理结构建设，规范实行法人治理结构事业单位外部理事（董事）、外部监事报酬管理，调动外部理事（董事）、外部监事履职尽责的积极性，根据《省委办公厅、省政府办公厅关于印发分类推进事业单位改革配套文件的通知》（鲁办发〔2014〕31号）、《山东省省属实行法人治理结构事业单位外部理事（董事）管理办法（试行）》（鲁编办发〔2016〕12号）、《山东省省属实行法人治理结构事业单位外部监事管理办法（试行）》（鲁编办发〔2016〕13号）、《山东省公立医院法人治理结构建设实施方案》（鲁卫办发〔2016〕9号）、《山东省科研院所法人治理结构建设实施方案》（鲁科字〔2016〕147号）等相关规定，制定本办法。

第二条 本办法适用对象为按照《山东省省属实行法人治理结构事业单位外部理事（董事）管理办法（试行）》（鲁编办发〔2016〕12号）、《山东省省属实行法人治理结构事业单位外部监事管理办法（试行）》（鲁编办发〔2016〕13号）等规定程序选聘，在省属实行法人治理结构事业单位中担任外部理事（董事）、外部监事的人员。

第三条 本办法所称外部理事（董事）、外部监事报酬是指外部理事（董事）、外部监事在省属实行法人治理结构事业单位履行职责应获取的资金回报。

第二章 报 酬

第四条 外部理事（董事）、外部监事报酬，按照任职单位管理层副职领导基本工资平均水平确定。

第五条 兼任两个及两个以上事业单位外部理事（董事）、外部监事职务的，只能获取一份报酬。

第六条 外部理事（董事）、外部监事任职时间（任期）发生变化的，按实际在职时间计算报酬。

第七条 外部理事（董事）、外部监事获取报酬，不得违背国家和省有关机关事业单位、国有企业正式工作人员及离退休人员兼职并获取收入的规定。

第八条 外部理事（董事）、外部监事不得在任职单位获取其他任何报酬或福利。

第三章 经 费 来 源

第九条 外部理事（董事）报酬由任职单位的举办单位负责确定和支付，省政府直属事业单位的外部理事（董事）报酬由本单位确定和支付；外部监事报酬由选派单位负责确定和支付。

第十条 相关单位支付的外部理事（董事）、外部监事报酬资金，纳入单位预算管理，省财政按照综合预算原则对外部理事（董事）、外部监事报酬资金予以保障。

第十一条 支付外部理事（董事）、外部监事报酬，执行省属机关事业单位财政资金及国库管理相关规定。

第十二条 相关单位列支外部理事（董事）、外部监事报酬，计入"商品和服务支出——劳务费"支出经济分类科目。

第四章　绩 效 管 理

第十三条　支付外部理事（董事）、外部监事报酬，需经相关部门单位对其进行履职考核并认定为"基本称职"及以上等次后方可办理，考核认定为"不称职"等次的不得支付。

第十四条　报酬的具体支付标准根据履职考核情况上下浮动，基本称职的按照80%的比例支付，称职的按90%，优秀的按100%。

第十五条　向外部理事（董事）、外部监事支付的报酬资金，按照财政资金管理相关规定实行绩效管理。

第五章　其　　　他

第十六条　外部理事（董事）、外部监事所获报酬为税前收入，应依法缴纳个人所得税。

第十七条　外部理事（董事）、外部监事由任职单位提供必要的办公条件，因履职发生的差旅费等公务支出由任职单位承担，执行任职单位财务管理相关规定。

第六章　附　　　则

第十八条　省属实行法人治理结构的事业单位及其举办单位、行业主管部门及外部监事选派单位可结合实际制定具体办法。

第十九条　本办法自2017年2月1日起施行，有效期至2019年1月31日。

二十、

政府引导基金管理类

山东省人民政府办公厅关于印发加快省级政府引导基金投资运作若干政策措施的通知

2016 年 11 月 3 日　　鲁政办字〔2016〕194 号

各市人民政府，各县（市、区）人民政府，省政府各部门、各直属机构，各大企业，各高等院校：

现将《加快省级政府引导基金投资运作若干政策措施》印发给你们，请认真贯彻执行。

附件：加快省级政府引导基金投资运作若干政策措施

附件：

加快省级政府引导基金投资运作若干政策措施

为进一步推进财政专项资金使用方式改革，吸引优秀基金管理机构落地山东，促进基金加快投资、提质增效，更好地支持产业发展和基础设施建设，现就加快省级政府引导基金投资运作制定以下政策措施。

一、完善引导基金管理体系

为解决引导基金数量较多、资源分散的情况，按照"资金渠道不乱、指导权限不变"的原则，整合功能相同、投资领域相近的引导基金，将现有引导基金优化为科技成果转化、资本市场发展、新兴产业发展、现代农业发展、工业转型升级、服务业创新、公共基础设施建设等若干投资方向。加快设立医疗健康、教育发展等方向引导基金，努力构建门类齐全、功能完善的省级政府引导基金框架体系。今后，新设立参股基金应本着做大做强原则，原则上单只基金规模由不低于 1.5 亿元提高到 5 亿元人民币。

二、提高基金运作专业化水平

申请省级政府引导基金，基金管理机构须在基金业协会完成登记备案、高级管理人员具有基金从业资格，且具备 3 个以上已完成投资准备的储备项目，其中基础设施等公益性建设项目应取得立项、用地、环评等前期手续，为加快基金投资创造条件。

三、推动基金加快出资

加快股权投资类参股基金出资进度，基金完成工商注册登记后，要在 3 个月内完成首期实缴出资，全部出资应在 36 个月内到位；首期实缴出资不低于认缴出资额的 30%，24 个月内实缴出资不低于认缴出资额的 80%。资金到位后、投资前，可利用间隙时间选择银行协议存款、购买大额存单和其他保本理财产品，增加基金收益。

四、实行引导基金先行出资

充分发挥政府引导基金的引导、示范、增信作用，调整引导基金出资顺序，在参股基金管理机构提出申请、普通合伙人出资到位以及确保资金安全的情况下，经省财政厅批准，省级政府引导基金可先于其他有限合伙人将引导基金拨付至参股基金监管账户，更好地为基金管理机构募资提供增信支持，增强基金市场竞争和项目获取能力。

五、鼓励引导基金交叉投资

本着"分工协作、有序竞争、推进投资"的原则，鼓励不同方向引导基金之间开展相互交叉投资，相互交叉投资原则上不超过引导基金规模的50%，拓宽基金投资领域，丰富项目选择，加快投资进程，解决部分基金投资范围窄、不同方向引导基金投资领域分割的问题。

六、灵活选择基金投资方式

丰富基金投资模式，可采取股权、债权或股债结合等方式，开展多样化投资，建立投贷联动机制，增强基金投资灵活性。允许基金投资我省风险可控、收益稳定的优质企业债券，参与基础设施项目融资，包括可转债、承诺回购资本金，进一步拓宽企业直接融资渠道。在基金创立初期，省政府可推荐战略性新兴产业项目，并给予风险缓释支持。扩大基金投资方向，对种子期、初创期、成长期和成熟期等各阶段项目实现全覆盖，提高投资效率和基金效益。

七、鼓励基金加快投资进度

完善基金加快投资激励机制，鼓励基金管理机构早投资、早见效。在基金投资期内，第一年投资进度超过年均投资水平的，除原有激励政策外，引导基金可再将当年投资项目增值收益的20%让渡给基金管理机构，调动基金管理机构投资积极性。

八、加大直投基金投资力度

切实用好直投基金，加快基金投资速度，着力支持区域性股权市场挂牌企业，推动我省资本市场快速发展。加强与大型央企、实力雄厚的民营企业、外资机构合作，建立共同投资基金，推动多层次资本市场建设。鼓励社会资本投资，企业引进新的战略投资者时，直投基金可以优惠价格转让股权，实现退出。

九、增强 PPP 基金投资竞争力

进一步发挥政府和社会资本合作（PPP）发展基金的引导作用，财政部 PPP 示范项目和省内各级政府重点推介的项目，同等条件下省级 PPP 基金应优先给予融资支持。构建更加灵活开放的 PPP 基金投资运作架构，对不同项目可由基金管理机构根据实际情况自主确定融资模式，降低融资成本，提升 PPP 基金竞争优势。鼓励国有控股、民营、混合所有制、外商投资等各类企业，按同等标准、同等待遇参与 PPP 项目。

十、完善基金投资备选项目库

省政府有关部门要充分发挥政策、信息等优势，借鉴专项资金项目申报做法和经验，主动加强与基金管理机构衔接，按市场化要求制定基金项目入库标准，建立专家评审制度，聘请基金管理机构高级管理人员参与评审，提高项目质量和可用性，切实增强项目供给能力，所需工作经费由省级财政预算安排。

十一、建立基金管理运作容错机制

探索引导基金管理运作新思路，鼓励大胆创新、勇于创新，丰富基金管理运作新模式，允许试错，宽容失败，形成政策纠偏机制。探索建立风险补偿机制，对符合国家产业政策导向、带动经济发展作用明显的领域，鼓励参股基金加大创新力度，加快投资速度。

十二、完善政府后续增资政策

对投资进度快、杠杆撬动作用大、政府调控意图体现好的参股基金，除按规定给予相关政策奖励外，

引导基金可及时进行增资支持；对在规定期限内未能实现投资或实际投资比例较低的参股基金，引导基金将减少或不再对该基金给予滚动参股扶持，且一般不再与其基金管理团队进行合作。

十三、完善引导基金退出机制

进一步完善引导基金约束机制，规范引导基金管理运作。出现下列任一情形，引导基金将实行退出：子基金方案确认后超过半年未完成设立或增资手续的；子基金完成设立后3个月内未按规定缴足首期出资的；其他出资人未按协议约定出资的；引导基金拨付子基金账户超过半年未开展投资业务的；子基金设立后12个月投资进度低于20%的；有证据证明采取不法手段骗取引导基金的。

十四、加强引导基金宣传推介

利用多层次资本市场积极开展基金路演和宣传推介，通过新闻发布、专题研讨、投资沙龙等多种形式，大力宣传我省基金投资的资源优势、政策优势、环境优势，提升政府引导基金品牌和市场影响力。加强与实力强、业绩好的优秀投资机构对接，扩大与省内外沟通交流，吸引更多知名投资机构和优秀投资管理团队落户山东、扎根山东、投资山东，打造开放、包容、互利、共赢的全方位引导基金合作新格局。

十五、培养引导基金管理人才

充分发挥财政、金融等部门和引导基金管理公司的作用，强化各级政府引导基金管理人员的日常指导培训，进一步提高基金投资管理水平，提升专业服务能力。鼓励基金管理人员"走出去"，考察学习其他省市先进管理经验，积极参加具有影响力的投融资年会、专题研讨等活动，拓宽视野，活跃思维，提高能力。

十六、加大基金考核监管力度

建立完善信息报送、统计监测制度，为基金考核监管奠定基础。建立基金排名制度，定期根据基金出资、投资进度及业绩等情况，对参股基金进行排名，促进基金机构加强自律，督促其早投资、快投资。建立引导基金失信清单制度，对弄虚作假严重违反基金管理规定、或不按约定履行基金设立、出资、投资义务，导致引导基金退出的基金管理机构和基金团队，纳入政府引导基金失信清单，限制其今后进入政府引导基金市场。研究制定引导基金非正常退出和基金管理机构更换、改组工作规程，为促进基金健康发展提供制度保障。

省财政厅 省金融工作办公室关于印发《山东省省级政府引导基金直投基金管理暂行办法》的通知

2016年8月22日 鲁财基金〔2016〕2号

省直有关部门，省财金投资集团有限公司，山东发展投资控股集团有限公司，齐鲁股权交易中心：

为推进我省区域性资本市场加快发展，促进资本市场供给侧结构性改革，引导金融和社会资本积极支持实体经济发展，缓解企业融资困境，我们研究制定了《山东省省级政府引导基金直投基金管理暂行办法》，现印发给你们，请认真遵照执行。执行中如有意见和建议，请及时反映。

附件：山东省省级政府引导基金直投基金管理暂行办法

附件：

山东省省级政府引导基金直投基金管理暂行办法

第一条 为进一步发挥省级政府引导基金作用，推进区域性资本市场加快发展，引导金融和社会资本加大对挂牌企业的支持力度，根据《山东省人民政府关于推动资本市场发展和重点产业转型升级财政政策措施的通知》（鲁政发〔2016〕20 号）和省政府有关要求，制定本办法。

第二条 本办法所称直投基金，是指由省财政出资设立，以股权投资方式运营，投资于齐鲁股权交易中心挂牌企业的政策性基金，重点支持科技型、创新型企业。

第三条 直投基金投资遵循"企业自愿、市场运作、规范透明、风险共担"的原则。

第四条 直投基金资金由省级政府引导基金安排。

第五条 直投及代偿标准。2016 年 7 月 1 日至 12 月 31 日在齐鲁股权交易中心挂牌的企业，直投基金给予每户企业平均 300 万元的股权投资支持。此前已在齐鲁股权交易中心挂牌的企业，2016 年 12 月 31 日前也可享受直投基金政策，重点支持科技型和创新型企业。直投基金投资的挂牌企业不能按期偿还的银行贷款本金，省级政府引导基金可按 20% 的比例代偿，并相应转为对项目企业的股权投资。

第六条 直投基金投资单一企业（包括代偿银行贷款）所持股比例不超过 30%。

第七条 直投基金不得进行承担无限连带责任的对外投资。

第八条 职责划分。

（一）省财政厅代表省政府履行直投基金出资人职责，负责直投基金投资运行市场监管，协调各部门、单位直投基金工作；

（二）省金融工作办公室负责指导齐鲁股权交易中心筛选股权清晰、产权明确、法人治理结构规范、内部控制制度健全、成长性好的企业挂牌；

（三）山东省财金投资集团有限公司与山东发展投资控股集团有限公司作为受托投资管理机构（以下简称直投机构），根据授权代行出资人职责，行使省财政厅在投资决策等方面的授权；

（四）齐鲁股权交易中心负责企业挂牌工作，并将挂牌企业名单函报省财政厅和省金融工作办公室，同时向直投机构提供掌握的挂牌企业相关资讯。

第九条 按照普惠和均衡原则，省财政厅将挂牌企业名单分别交由直投机构实施投资。为加快投资进度，两直投机构实施投资不同步时，可对直投机构投资挂牌企业名单予以调整。

第十条 直投基金投资入股价格原则上按具有证券资格会计师事务所审计的每股净资产确定，个别企业也可协商确定。

第十一条 直投基金操作流程。

（一）省财政厅将挂牌企业名单发送给直投机构。

（二）齐鲁股权交易中心根据划分名单，向直投机构提供其需要的挂牌企业资讯。

（三）直投机构与拟投资挂牌企业对接开展入股谈判，与符合条件的挂牌企业签订投资协议。

（四）直投机构按协议约定进行投资，同时将投资协议书报省财政厅备案。

第十二条 直投基金代偿银行贷款流程。直投基金投资的挂牌企业发生不能按期偿还银行贷款本金的，可通过直投机构提出申请，由直投机构审核后统一报送省财政厅。

第十三条 申请直投基金代偿银行贷款本金的企业应提供以下材料：

（一）直投基金代偿银行贷款申请书，包括所报文件材料目录、对所报材料真实性承担法律责任的声明；

（二）企业营业执照复印件；

（三）企业与银行签订的贷款合同及贷款发放原始凭证复印件；

（四）由发放贷款银行确认的企业贷款坏账证明材料；

（五）其他必要材料。

第十四条　对具有以下情况之一的挂牌企业，直投机构可不予投资：

（一）挂牌企业申报、尽职调查材料等弄虚作假的；

（二）挂牌企业生产经营处于停滞状态或濒临倒闭的；

（三）挂牌企业突发重大事项，包括实际控制人、董事、监事及高级管理人员违法犯罪，对正常生产经营产生重大不利影响的。

第十五条　对具有以下情况之一的挂牌企业，直投机构可不予代偿银行贷款：

（一）符合第十四条中任一条款的；

（二）直投基金持股比例已达到30%的；

（三）具有其他不予代偿情形的。

第十六条　直投基金投资单个项目存续期限原则上不超过5年，经各方同意后可再延长2年。

第十七条　基金收益包括投资项目的股权分红及股权转让增值收益，应全额上缴省级国库。为鼓励直投机构加强直投基金运行管理，省财政暂将项目收益的30%让渡给直投机构。

第十八条　直投机构要本着"忠于职守、勤勉尽责"的原则，对已投项目进行监管，密切跟踪其经营和财务状况，防范财务风险，并定期向省财政厅报送投资运行情况。

第十九条　对弄虚作假骗取直投基金代偿资金的企业和个人，按照《预算法》、《财政违法行为处罚处分条例》规定的权限，由省级财政、金融、审计、监察机关进行处理，构成犯罪的依法移交司法机关处理。

第二十条　恶意逃避债务造成直投基金损失的企业，将纳入省财政信用负面清单并对社会公布。

第二十一条　建立直投基金与省级政府引导基金参股基金联投机制，鼓励省级政府引导基金参股基金投资齐鲁股权交易中心挂牌企业，对直投基金投资的挂牌企业也可进行跟投。

第二十二条　鼓励实力强、水平高的资本运营机构和投资管理机构与直投基金联动，投资齐鲁股权交易中心挂牌或拟挂牌企业。

第二十三条　建立直投基金和银行信贷投贷联动机制，引导银行等金融机构放大倍数跟进直投基金投资的挂牌企业项目。

第二十四条　本办法由省财政厅会同省金融工作办公室负责解释。

第二十五条　本办法自2016年7月1日起施行，有效期至2017年6月30日。

省财政厅关于印发《山东省新兴产业发展
引导基金管理实施细则》的通知

2016年12月10日　鲁财基金〔2016〕9号

各市财政局、省财政直接管理县（市）财政局，省财金投资集团，有关投资机构：

《山东省新兴产业发展引导基金设立方案》已经省引导基金决策委员会研究同意。为加强基金管理，我们研究制订了《山东省新兴产业发展引导基金管理实施细则》，现予印发，请遵照执行。

附件：山东省新兴产业发展引导基金管理实施细则

附件：

山东省新兴产业发展引导基金管理实施细则

第一章 总 则

第一条 为更好地发挥财政资金引导放大作用和市场在资源配置中的决定性作用，推动全省产业转型升级和新兴产业加速发展，根据省政府《关于印发推动资本市场发展和重点产业转型升级财政政策措施的通知》（鲁政发〔2016〕20 号）和省政府办公厅《关于印发加快省级政府引导基金投资运作若干政策措施的通知》（鲁政办字〔2016〕194 号）等有关规定，设立山东省新兴产业发展引导基金，并制定本实施细则。

第二条 本细则所称山东省新兴产业发展引导基金（以下简称"引导基金"），是由省政府出资设立，不以营利为目的，按市场化方式募集运作的政策性基金。

第三条 引导基金通过参股方式，与社会资本、国有企业以及地方政府等共同发起设立或以增资方式参股新兴产业发展基金（以下简称"参股基金"），也可视情况采取跟进投资方式，共同推动我省新兴产业发展。

第四条 按照"规范管理、分步实施、倍数放大"的思路，设立总规模为 500 亿元的省级新兴产业发展基金，引导基金按不超过基金总规模 10% 筹集。单只参股基金规模在 100 亿元左右，原则上不超过 5 家合作机构。同时，充分发挥参股基金增信作用，通过投贷联动机制吸引金融机构放大倍数，给予投资项目贷款支持。

第五条 引导基金实行决策与管理相分离的管理体制，遵循"政府引导、市场运作、防范风险、滚动发展"的原则进行投资管理。

第二章 管理机构及职责

第六条 省财政厅代表省政府履行引导基金出资人职责，负责引导基金管理。省财金投资集团根据授权代行引导基金出资人职责，具体职责主要包括：

（一）根据省财政厅提出的支持重点、申报要求，对外公开征集或招标选择拟参股基金；

（二）对拟参股基金开展尽职调查、入股谈判，签订参股基金章程或合伙协议；

（三）对引导基金实行专户管理，专账核算。根据参股基金章程或合伙协议约定，将引导基金及时拨付参股基金托管银行账户；

（四）代表引导基金以出资额为限，对参股基金行使出资人权利并承担相应义务，向参股基金派遣代表，监督参股基金投向；

（五）定期向省财政厅及有关部门报告引导基金和参股基金投资运作及其他重大情况。

第七条 引导基金的分红、退出等资金（含本金及收益）应由省财金投资集团拨入引导基金托管银行专户，并按规定将引导基金收益上缴省级国库，由省财政统筹安排或用于扩大引导基金规模。

第八条 省财政厅向省财金投资集团支付管理费。管理费支付标准和方式按照有关文件规定执行。

第九条 参股基金主要采取所有权、管理权、托管权相分离的管理体制。省财金投资集团与社会投资人、基金管理机构签订公司章程或合伙协议，确定各方的权利、义务、责任。基金管理机构依据公司章程、合伙协议，按照市场规则负责基金投资项目决策和投后管理。

第十条　参股基金资金应委托符合条件的金融机构进行托管，基金托管业务与银行配资进行绑定。

第三章　投 资 运 作

第十一条　在中国大陆境内注册的投资企业或拟设立参股基金管理机构可以作为申请者，向新兴产业发展引导基金申请设立参股基金。多家投资机构拟共同发起设立参股基金的，应推举一家机构作为申请者。

第十二条　基金管理机构具体负责参股基金的日常投资和管理，应符合以下条件：

（一）在中国大陆注册，且注册资本不低于 1 亿元人民币，有较强资金募集能力，有固定的营业场所和与其业务相适应的软硬件设施；

（二）有健全的股权投资管理和风险控制流程、规范的项目遴选机制和投资决策机制，能够为被投资企业提供管理咨询等增值服务；

（三）已设立基金管理机构须在基金业协会完成登记备案，新设立基金管理机构须承诺在基金设立方案确认后 2 个月内完成登记备案工作，且具备 3 个以上已完成投资准备的储备项目，其中基础设施等公益性建设项目应取得立项、用地、环评等前期手续；

（四）管理团队中至少有 3 名具备 3 年以上基金管理工作经验的高级管理人员，具有基金从业资格，至少主导过 5 个以上股权投资的成功案例，具备良好的管理业绩；

（五）对参股基金认缴出资额达到基金规模的 2% 以上；

（六）同等条件下，优先选择累计管理基金规模超过 100 亿元或管理单只基金规模超过 50 亿元的基金管理机构；

（七）机构及其工作人员无行政主管机关或司法机关处罚的不良记录。

第十三条　新设参股基金，申请引导基金出资的，除符合第十二条参股基金管理机构规定条件外，还应符合以下条件：

（一）在山东省境内注册，单只参股基金募集资金总额为 100 亿元左右；

（二）主要发起人（合伙人）、参股基金管理机构、托管金融机构已基本确定，并草签参股基金章程（合伙协议）、资金托管协议；

（三）其他出资人（合伙人）已落实，并保证资金按约定及时足额到位。

第十四条　申请引导基金对现有股权投资基金进行增资的，除满足第十三条规定条件外，还应满足以下条件：

（一）参股基金已按有关法律、法规设立，开始投资运作，并按规定在有关部门备案；

（二）参股基金全体出资人首期出资或首期认缴出资已经到位，且不低于注册资本或承诺出资额的30%；

（三）参股基金全体出资人同意引导基金入股（或入伙），且增资价格在不高于基金评估值的基础上协商确定。

第十五条　参股基金投资领域主要为山东省境内的新兴产业，对省外资金占参股基金注册资本或承诺出资额比例为 50% 及以上的，投资于山东境内企业的资金比例一般不低于参股基金注册资本或承诺出资额的 60%；对省外资金占参股基金注册资本或承诺出资额比例低于 50% 的，投资于山东境内企业的资金比例一般不低于参股基金注册资本或承诺出资额的 70%。基金管理机构如从省外或境外引入重大科技成果或优秀技术团队，对我省新兴产业发展具有较强带动作用的，或与我省相关产业链实现资源整合的，或引进省外资本对项目进行联合投资的，也可适当降低或置换投资山东比例。

第十六条　参股基金重点投向新材料、新一代信息技术、新能源和节能环保、新医药和生物、海洋开发、高端装备制造、创新服务业等新兴产业，以及通过"互联网 +"等新技术、新模式改造的传统产业，充分利用资本市场主渠道，推动我省战略性新兴产业兼并重组、产业链整合，实现新兴产业重点突破和跨越发展。

第十七条 参股基金不按行业进行细分，只要纳入引导基金扶持领域的，各参股基金均可平等投资、合作竞争。

第十八条 意向机构可根据省财金投资集团征集公告提出参股申请，省财金投资集团通过公开征集与竞争性谈判相结合的方式，加大与意向机构对接力度，争取与高水平机构合作，实现强强联合。

第十九条 出资期限上，申请机构可提出 3 年出资计划，对考核认定为管理水平高、投资进度快、投资业绩好的参股基金，下一年度引导基金可直接对其增资；对投资进度慢、综合效益差的基金，相应减少基金规模及引导基金出资额度。

第二十条 基金申请方案中提报的管理团队核心成员应与基金设立后管理机构实际团队核心成员一致，如核心成员发生变化，须提前报省财金投资集团同意，并报省财政厅审批。

第二十一条 省财金投资集团统一受理申请材料，并对上报方案进行初审。省财政厅会同省财金投资集团组织投资、会计、法律等相关领域专家和有关部门代表组成评审委员会，对上报方案进行评审。对通过评审的基金方案，由省财金投资集团组织开展尽职调查和入股谈判，并将尽职调查报告和引导基金出资建议报省财政厅。省财政厅提出引导基金出资计划草案，按程序报引导基金决策委员会进行投资决策。

第二十二条 对引导基金决策委员会研究通过的引导基金出资方案，由省财政厅、省财金投资集团在各自门户网站对拟参股基金有关情况进行公示，公示期 5 个工作日。对公示期内有异议的项目，由省财金投资集团及时进行调查核实，提出处理意见报省财政厅审定。

第二十三条 对经公示无异议的项目，由省财政厅批复引导基金出资额度并将资金拨付引导基金专户。省财金投资集团按照章程或合伙协议约定将资金拨付至参股基金账户。

第二十四条 参股基金按照市场化方式独立运作，依据章程或合伙协议约定进行股权投资、管理和退出。参股基金的投资存续期限一般不超过 10 年，其中投资期原则上为 3 年。引导基金一般通过到期清算、社会股东回购、股权转让等方式实施退出。确需延长存续期的，须经省财政厅批准。

第二十五条 参股基金完成工商注册登记后，要在 3 个月内完成首期实缴出资，首期实缴出资不低于认缴出资额的 30%。

第二十六条 参股基金投资阶段不作具体限制，既可投种子期、初创期，也可投成长期和成熟期；既可设立创业投资（VC）、私募股权投资（PE）基金，也可设立上市前（Pre–IPO）、产业并购基金。

第二十七条 参股基金可采取股权、债权、股债结合、投贷联动等多种方式开展投资；可投资我省风险可控、收益稳定的优质企业债券，参与基础设施项目融资，包括可转债、承诺回购资本金等。参股基金在资金到位后、投资前，可利用间隙时间选择银行协议存款、购买大额存单和其他保本理财产品，增加基金收益。在基金创立初期，省政府可推荐战略性新兴产业项目，并给予风险缓释支持。

第二十八条 省财金投资集团应与其他出资人在参股基金章程或合伙协议中约定，有下列情况之一的，引导基金可无需其他出资人同意，选择退出：

（一）参股基金方案确认后超过 6 个月，基金未按规定程序和时间要求完成设立或增资手续的；

（二）参股基金完成设立或增资手续后超过 3 个月，未按规定缴足首期出资的；

（三）引导基金拨付参股基金账户超过 6 个月，基金未开展投资业务的；

（四）参股基金设立后 12 个月投资进度低于基金规模 20% 的；

（五）其他出资人未按章程或合伙协议约定出资的；

（六）参股基金未按章程或合伙协议约定投资的；

（七）参股基金管理机构发生实质性变化的；

（八）参股基金或基金管理机构违反相关法律法规或政策规定的。

第四章　收　益　分　配

第二十九条 基金收益分配原则为："先回本后分利，先有限合伙人（LP）后普通合伙人（GP）"；参照出资时中国人民银行公布的一年期贷款基准利率，设定基金门槛收益率。门槛收益率以下部分由全体合伙人按照实缴出资比例进行分配，收益率达到门槛收益率之上部分，由GP与其他合伙人按2:8的比例分配。

第三十条 参股基金按公司章程或合伙协议约定向参股基金管理机构支付管理费用。年度管理费用一般不超过基金实缴资本或实缴出资额的2%，具体比例在章程或合伙协议中约定。

第三十一条 引导基金对基金管理机构实施以下激励政策：

（一）对政府重点扶持或鼓励的特定产业企业，或创业早期企业等风险较高的项目，适当提高让利幅度；对投资风险小、利润率较高的行业领域，或投资于成熟期项目的，适当降低让利幅度或同股同权同利；

（二）参股基金的年平均收益率不低于引导基金出资时中国人民银行公布的一年期贷款基准利率的，引导基金可将其应享有基金增值收益的20%奖励基金管理机构；

（三）参股基金设立后第一年投资进度超过年均投资水平的，引导基金可将当年投资项目增值收益的20%让渡给基金管理机构；

（四）鼓励基金出资人或其他投资者购买引导基金所持基金的股权或份额。在基金注册之日起2年内（含2年）购买的，以引导基金原始出资额转让；2年以上、3年内（含3年）购买的，以引导基金原始出资额及从第2年起按照转让时中国人民银行公布的1年期贷款基准利率计算的利息之和转让；设立3年以后，引导基金与其他出资人同股同权在存续期满后清算退出。

第三十二条 省财金投资集团应与其他出资人在参股基金章程或合伙协议中约定，引导基金以出资额为限对参股基金债务承担责任。当参股基金清算出现亏损时，首先由基金管理机构以其对基金的出资额承担亏损，剩余部分由引导基金和其他出资人按出资比例承担。

第五章　风险控制与监督管理

第三十三条 参股基金托管金融机构应符合以下条件：

（一）成立时间在5年以上的全国性国有或股份制商业银行以及总部在山东省境内的商业银行等金融机构；

（二）具有股权投资基金托管经验，具备安全保管和办理托管业务的设施设备及信息技术系统；

（三）有完善的托管业务流程制度和内部稽核监控及风险控制制度；

（四）最近3年无重大过失及行政主管部门或司法机关处罚的不良记录；

（五）优先考虑资金实力强、利率条件优惠的金融机构，特别是能够按不低于3倍的杠杆比例给予投资项目贷款支持的金融机构。

第三十四条 引导基金托管金融机构应于每季度结束后10日内向省财政厅、省财金投资集团报送季度引导基金资金托管报告，并于每个会计年度结束后1个月内报送上一年度的资金托管报告。发现引导基金资金出现异常流动现象时应随时报告。

第三十五条 参股基金不得从事以下业务：

（一）从事担保、抵押、委托贷款（债转股和夹层类投资除外）、房地产（包括购买自用房地产）等业务；

（二）投资于二级市场股票、期货、评级AAA级以下的企业债券、信托产品、非保本型理财产品、保险计划及其他金融衍生品；

（三）进行承担无限连带责任的对外投资；

（四）向任何第三方提供资金拆借（债转股、夹层类投资除外）、赞助、捐赠等；

（五）法律、法规禁止从事的业务。

第三十六条 基金管理机构团队核心成员在完成对参股基金的70%资金投资之前，不得参与募集或参与管理其他股权投资基金。

第三十七条　参股基金管理机构要严格落实月报制度，每月及时向省财政厅、省财金投资集团报送基金运行情况的有关数据，定期向省财金投资集团提交《基金运行报告》和季度会计报表，并于每个会计年度结束后 4 个月内向省财金投资集团提交经注册会计师审计的《基金年度会计报告》和《基金年度运行情况报告》。

第三十八条　省财金投资集团要加强对参股基金的监管，密切跟踪其经营和财务状况，防范财务风险，但不干预参股基金的日常运作，应每月向省财政厅报送引导基金及参股基金的运行情况，并于每个会计年度结束后 5 个月内报送经注册会计师审计的《引导基金年度会计报告》和《引导基金年度运行情况报告》。当参股基金的使用出现违法违规或偏离政策导向等情况时，省财金投资集团应及时向省财政厅报告，并按协议终止合作。

第三十九条　省财政厅定期组织参股基金开展绩效评价。

第四十条　引导基金接受审计、财政部门的监督检查。对省财金投资集团、参股基金、参股基金管理机构、个人以及政府部门在管理中出现涉及财政资金的违法违纪行为，依照《财政违法行为处罚处分条例》等有关规定进行严肃处理，并追究相应的民事责任、行政责任。涉嫌犯罪的，移交司法部门依法追究刑事责任。

第六章　附　　则

第四十一条　引导基金与中央财政资金共同参股发起设立基金的，按照国家有关规定执行。

第四十二条　本细则有效期自 2017 年 1 月 12 日起，至 2019 年 1 月 11 日止。

第四十三条　本细则由省财政厅负责解释。

二十一、

预算评审类

省财政厅关于印发《山东省省直部门办公业务用房维修改造项目支出预算标准（试行）》的通知

2016 年 10 月 28 日　鲁财预〔2016〕59 号

省直各部门：

　　根据省委、省政府《山东省实施〈党政机关厉行节约反对浪费条例〉办法》（鲁发〔2014〕5 号）、省政府《关于深化预算管理制度改革的实施意见》（鲁政发〔2014〕20 号）以及发展改革委、住房城乡建设部《党政机关办公用房建设标准》（发改投资〔2014〕2674 号）等有关规定，我们在深入调研和充分论证的基础上，制定了《山东省省直部门办公业务用房维修改造项目支出预算标准（试行）》（以下简称《标准》），现印发给你们，并就有关事项通知如下：

　　一、《标准》供我省纳入省级部门预算管理的行政机关和事业单位（以下统称省直部门）申报办公业务用房维修改造项目预算使用。

　　二、省直部门办公业务用房维修改造应当本着厉行节约、反对浪费的原则，以消除安全隐患、恢复和完善使用功能、降低能源资源消耗为重点，做到经济、适用、简朴。《标准》综合单价为省直部门办公业务用房维修改造项目支出预算编制、审核和评审的最高限额，不是必须达到的标准。

　　三、《标准》中的综合单价包括人工费、材料费、机械费、管理费、利润及相应发生的措施费、维修产生的建筑垃圾清运费等。设备购置费应当通过市场询价方式另行计核；按规定应当缴纳的规费和税金，在综合单价之外另行计核。

　　四、省直部门应当确保申报资料真实、准确、完整。《标准》中未包含的维修改造内容，可根据需要，并结合市场行情据实申报，并在申报预算时予以说明。

　　五、办公业务用房在保修范围和保修期限内发生的工程质量问题，应当按照国家有关规定和合同约定，由相关施工单位履行保修义务，不在维修改造预算范围。办公业务用房共用部位、共用设施等的维修改造，按照合同约定应当由物业管理企业负责，且维修费用应当由物业管理费负担的，不在维修改造预算范围。

　　六、《标准》自印发之日起施行。执行过程中，将根据社会经济发展、市场行情变化和预算管理需要，适时予以调整。

　　附件：山东省省直部门办公业务用房维修改造项目支出预算标准（试行）

附件：

山东省省直部门办公业务用房维修改造项目支出预算标准（试行）

金额单位：元

一、建筑安装工程						
序号	编号	项目名称	综合单价	计量单位	实施内容	备注
（一）拆除工程						
拆－1		混凝土、钢筋混凝土构件等拆除	600	m³	1. 混凝土、钢筋混凝土构件拆除；2. 人工、机械综合考虑；3. 垃圾清理及外运（外运距离综合考虑）；4. 包括相应的措施费；5. 按体积以立方米计算	
拆－2		屋面拆除	60	m²	1. 刚性屋面、带泥背瓦等屋面基层、面层、防水及保温拆除；2. 垃圾清理及外运（外运距离综合考虑）；3. 包括相应的措施费；4. 按面积以平方米计算	如只拆除面层、防水层或保温层，按照 30 元/m² 计核

续表

序号	编号	项目名称	综合单价	计量单位	实施内容	备注
	拆-3	块料面层拆除	60	m²	1. 铲除各种块料面层及基层拆除；2. 垃圾清理及外运（外运距离综合考虑）；3. 包括相应的措施费；4. 按面积以平方米计算	
					（二）建筑工程	
1		主体结构工程				
	建1-1	挖土方	45	m³	1. 挖、填、弃土方及外运土方（外运距离、挖深综合考虑）；2. 综合考虑基底钎探和因场地狭小而发生的场内倒土、运土等因素，以及相应的措施费；3. 按实挖体积以立方米计算	
	建1-2	挖石方	120	m³	1. 破碎石方、清运、集中挖装、外运（破碎机械、外运距离、挖深综合考虑）；2. 包括相应的措施费；3. 按实挖体积以立方米计算	
	建1-3	砌筑	650	m³	1. 砌筑砖砌块基础、墙体、零星项目等；2. 包括墙面钢丝网、砌体加固筋等内容，以及相应的措施费；3. 按实砌体积以立方米计算	
	建1-4	钢筋混凝土浇筑	2 500	m³	1. 浇筑基础、柱、梁、板、墙、楼梯等混凝土项目；2. 包括钢筋制作、运输、加工、安装等内容，以及相应的措施费；3. 按混凝土体积以立方米计算	
2		保温防水工程				
	建2-1	保温层	125	m²	1. 屋面保温层厚度及材质综合考虑；2. 包括基层找平处理、珍珠岩找坡等内容，以及相应的措施费；3. 按实际面积以平方米计算	
	建2-2	防水层	110	m²	1. 防水层按不上人屋面卷材（两遍）、涂膜（两遍）、刚性防水等材质综合考虑；2. 包括基层找平处理等工作内容，以及相应的措施费；3. 按实际面积以平方米计算	
3		白铁工程及其他				
	建3-1	雨水排水管	85	m	1. 各种管材材质综合考虑；2. 包括漏斗及雨水口等工作内容，以及相应的措施费；3. 按实际长度以米计算	
4		构筑物及其他工程				
	建4-1	道路（水泥、沥青等）	220	m²	1. 道路路面基层、垫层、面层等所有施工内容；2. 包括挖、填、弃土方及外运土方（外运距离、挖深综合考虑）、路沿石、原有道路拆除等工作内容，以及相应的措施费；3. 按实际面积以平方米计算	
	建4-2	检查井、雨水井等	2 200	座	1. 检查井砌筑、井盖制作安装、抹灰等所有施工内容；2. 包括挖、填、弃土方及外运土方（外运距离、挖深综合考虑）等工作内容，以及相应的措施费；3. 按座计算	
	建4-3	室外围墙	1 200	m	1. 砌筑基础及基层处理、贴装饰面、安装围栏等所有施工内容；2. 包含挖、填、弃基础土方及外运土方（外运距离综合考虑，挖深综合考虑）等工作内容，以及相应的措施费；3. 按实际长度以米计算	
	建4-4	绿化工程		m²	1. 施工现场清理，场地平整，苗木购置、移植、栽植、养护，排灌设施设置，草皮种植；2. 按绿化面积以平方米计算	通过市场询价方式计核
					（三）装饰装修工程	
1		楼地面工程				
	装1-1	基本装修	160	m²	1. 根据发展改革委、住房城乡建设部制定的《党政机关办公用房建设标准》（发改投资〔2014〕2674 号，下同）规定，楼地面可选用普通 PVC 地材、地砖、水泥砂浆等；2. 包括地面基层处理及相应材质踢脚线等工作内容，以及相应的措施费；3. 按实际面积以平方米计算	

续表

序号	编号	项目名称	综合单价	计量单位	实施内容	备注
	装1-2	中级装修	200	m²	1. 楼地面可选用中档复合木地板、PVC地材、石材、地砖等；2. 包括地面基层处理及相应材质踢脚线等工作内容，以及相应的措施费；3. 按实际面积以平方米计算	
	装1-3	中高级装修	270	m²	1. 楼地面可选用中高档石材、木材、普通化纤地毯；2. 包括地面基层处理及相应材质踢脚线等工作内容，以及相应的措施费；3. 按实际面积以平方米计算	
2		墙柱面工程				
	装2-1	基本装修	45	m²	1. 墙、柱面、顶棚选用普通涂料；2. 包括墙面基层处理、旧墙面铲除及外运等工作内容，以及相应的措施费；3. 按实际面积以平方米计算	
	装2-2	中级装修	115	m²	1. 墙、柱面可选用中档饰面板、涂料或壁纸；2. 包括墙面基层处理、旧墙面铲除及外运等工作内容，以及相应的措施费；3. 按实际面积以平方米计算	
	装2-3	中高级装修	200	m²	1. 墙、柱面可选用中档饰面板或涂料；2. 包括墙面基层处理、旧墙面铲除及外运等工作内容，以及相应的措施费；3. 按实际面积以平方米计算	
	装2-4	石材墙面	470	m²	1. 含墙面基层处理；2. 按中等材质、施工方式等综合考虑；3. 包括相应的措施费；4. 按实际面积以平方米计算	
	装2-5	轻质隔墙、成品隔断等	225	m²	1. 轻质隔墙、成品隔断等；2. 包括墙龙骨制作安装、成品隔断制作安装等工作内容，以及相应的措施费；3. 按实际隔墙隔断面积以平方米计算	
3		天棚吊顶工程				
	装3-1	基本装修（涂料）	45	m²	1. 天棚刷普通涂料；2. 包括相应的措施费；3. 按天棚吊顶投影面积以平方米计算	
	装3-2	基本装修（饰面板）	100	m²	1. 天棚选用普通饰面板吊顶；2. 包括旧工程拆除及清理外运、吊顶龙骨、各种面层板安装及灯孔开孔制作等工作内容，以及相应的措施费；3. 按天棚吊顶投影面积以平方米计算	
	装3-3	中级装修	140	m²	1. 天棚可做中档饰面板吊顶；2. 包括旧工程拆除及清理外运、吊顶龙骨、各种面层板安装及灯孔开孔制作等工作内容，以及相应的措施费；3. 按天棚吊顶投影面积以平方米计算	
	装3-4	中高级装修	230	m²	1. 天棚可做中高档饰面板吊顶；2. 包括旧工程拆除及清理外运、吊顶龙骨、各种面层板安装及灯孔开孔制作等工作内容，以及相应的措施费；3. 按天棚吊顶投影面积以平方米计算	
4		门窗工程				
	装4-1	普通木门	600	m²	1. 选用普通复合木门；2. 包括装饰门及门套线制作安装、五金件、门吸等安装，旧门拆除和清理外运，及相应的措施费；3. 按洞口面积以平方米计算	
	装4-2	中档木门、玻璃门	1 100	m²	1. 选用中档复合木门或玻璃门；2. 包括装饰门及门套线制作安装、五金件、门吸等安装，旧门拆除和清理外运，及相应的措施费；3. 按洞口面积以平方米计算	
	装4-3	中高档木门或玻璃门	1 800	m²	1. 选用中高档复合木门或玻璃门；2. 包括装饰门及门套线制作安装、五金件、门吸等安装，旧门拆除和清理外运，及相应的措施费；3. 按洞口面积以平方米计算	
	装4-4	防火、防盗门	1 000	m²	1. 防火门及防盗门制作安装；2. 包括门套线制作安装、五金件等安装，旧门拆除和清理外运，及相应的措施费；3. 按洞口面积以平方米计算	

续表

序号	编号	项目名称	综合单价	计量单位	实施内容	备注
	装 4 – 5	铝合金窗	700	m²	1. 按隔热断桥铝合金窗框、中空玻璃制作安装考虑；2. 包括纱扇制作安装、五金件等安装，旧窗户拆除和清理外运，及相应的措施费；3. 按洞口面积以平方米计算	
5		外墙面装饰工程				
	装 5 – 1	外墙面装饰涂料	100	m²	1. 真石漆、外墙涂料等装饰综合考虑，含旧墙面铲除和清理外运；2. 包括相应的措施费；3. 按实际外装面积以平方米计算	
	装 5 – 2	外墙面装饰幕墙	1 000	m²	1. 石材、金属、玻璃等幕墙的所有施工内容，含旧墙面拆除和清理外运；2. 按中等饰面材质考虑；3. 包括相应的措施费；4. 按实际外装面积以平方米计算	
		（四）给排水安装工程				
	给 – 1	给水安装	20	m²	1. 给水、热水管道、阀门、水表等安装、保温、套管等；2. 包括旧工程拆除和清理外运，以及相应的措施费；3. 按实际改造办公用房建筑面积以平方米计算	
	给 – 2	排水安装	20	m²	1. 排水管道、地漏、清扫口等实施内容；2. 包括旧工程拆除和清理外运，以及相应的措施费；3. 按实际改造办公用房建筑面积以平方米计算	
	给 – 3	卫生器具安装	15	m²	1. 坐便器、洗面盆、洗涤槽、拖布池、水龙头等实施内容；2. 包括旧工程拆除和清理外运，以及相应的措施费；3. 按实际改造办公用房建筑面积以平方米计算	
	给 – 4	其他	10	m²	1. 墙面切割及打墙、板洞；2. 包括旧工程拆除和清理外运，以及相应的措施费；3. 按实际改造办公用房建筑面积以平方米计算	
		（五）电气安装工程				
	电 – 1	普通办公室电气安装	65	m²	1. 采用普通照明灯具或高效节能光源，包括插座安装、管线敷设、配电箱安装；2. 包括旧工程拆除和清理外运，以及相应的措施费；3. 按建筑面积以平方米计算	不含配电箱等设备价格
	电 – 2	会议室、接待室电气安装	270	m²	1. 采用装饰性灯具和高效节能型光源，包括插座安装、管线敷设、配电箱安装；2. 包括旧工程拆除和清理外运，以及相应的措施费；3. 按建筑面积以平方米计算	不含配电箱等设备价格
	电 – 3	弱电及智能化安装	15	m²	1. 弱电及智能化系统的插座安装、管线敷设、分弱电箱等实施内容；2. 包括旧工程拆除和清理外运，以及相应的措施费；3. 按建筑面积以平方米计算	不含机房设备价格
		（六）采暖制冷安装工程				
	采 – 1	采暖工程（非中央空调）安装	90	m²	1. 管道、阀门、暖气片、保温设施等实施内容；2. 选用铜铝、钢制等散热器，地暖盘管等综合考虑；3. 按中档材质考虑；4. 包括旧工程拆除和清理外运，以及相应的措施费；5. 按实际改造采暖供热建筑面积以平方米计算	
	采 – 2	中央空调系统管道及末端设备安装	320	m²	1. 风机盘管、管道、阀门、风管、风阀、控制线路、保温设施等安装；2. 按中档偏上材质考虑；3. 包括旧工程拆除和清理外运，以及相应的措施费；4. 按空调实际制冷采暖面积以平方米计算；5. 部分空调设施维修改造、局部零星维修改造，在综合单价以内据实计核	
	采 – 3	中央空调机房系统安装			1. 机房和冷却塔设备、管道、阀门、控制线路、电气、保温设施等安装；2. 按中档材质考虑；3. 包括旧设备设施拆除和清理外运，以及相应的措施费	根据选用空调规格、型号和参数等，通过市场询价方式计核

续表

序号	编号	项目名称	综合单价	计量单位	实施内容	备注
					（七）消防安装工程	
	消－1	消防栓系统安装	30	m²	1. 管道、管件、阀门安装，管道冲洗、试压、调试及刷漆、保温等处理，墙体开洞、堵洞，套管制作安装，消防箱安放，墙体恢复及处理，栓体、枪、水带、消火栓等配置安装；2. 包括原有管道、阀门、消火栓等拆除和清理外运，以及相应的措施费；3. 按建筑面积以平方米计算	不含消防设备价格
	消－2	喷淋系统安装	70	m²	1. 管道、管件、阀门安装，管道冲洗、试压、调试及刷漆、保温等处理，墙体开洞、堵洞，套管制作安装，喷头、水流指示器、信号蝶阀、湿式报警阀等配置安装，消防水系统调试等；2. 包括原有管道、阀门、喷头等拆除和清理外运，以及相应的措施费；3. 按建筑面积以平方米计算	不含消防设备价格
	消－3	消防电系统安装	20	m²	1. 桥架、桥架支撑架、防火堵洞安装，配管敷设、墙体剔槽、墙体恢复处理、接线盒埋设，线缆敷设、与原有线缆的结合，消防端子箱、新模块、按钮、烟感、温感、消防广播等配置安装及与原有消防系统的融合，新软件及消防控制系统和硬件安装调试，消防电梯、防火门、排烟口及整个消防系统调试；2. 包括原有桥架、消防端子箱、硬件、配管、线缆、模块、按钮、消防广播、元器件等部件拆除和清理外运，以及相应的措施费；3. 按建筑面积以平方米计算	不含消防设备价格
	消－4	防火卷帘安装	500	m²	1. 防火卷帘购置、安装，与消防系统的对接，防火卷帘控制箱接线，墙体开洞、堵洞，以及系统调试等；2. 包括旧工程拆除和清理外运，以及相应的措施费；3. 按洞口尺寸以平方米计算	
					......	
					（八）规费和税金	
	规费				根据山东省住房和城乡建设厅《印发〈建筑业营改增建设工程计价依据调整实施意见〉的通知》（鲁建办字〔2016〕20号）和济南市城乡建设委员会实施意见（济建标字〔2016〕2号）规定，规费包括安全文明施工费（4.52％）、工程排污费（0.28％）、社会保障费（1.52％）、住房公积金（0.22％）、危险作业意外伤害保险（0.16％），计费基数为本《标准》建筑安装工程造价（不含设备购置费、工程建设其他费用、可抵扣进项税额增值税）	
	税金				根据山东省住房和城乡建设厅《印发〈建筑业营改增建设工程计价依据调整实施意见〉的通知》（鲁建办字〔2016〕20号）规定，本《标准》中的税金指按国家税法规定应计入建设工程造价内的增值税（11％），计税基数为本《标准》建筑安装工程造价（不含设备购置费、工程建设其他费用、可抵扣进项税额增值税）与规费之和	
					二、设备购置	

序号	编号	项目名称	单价	计量单位	规格、型号、参数等	备注
					（九）电气设备购置	
	电购－1					通过市场询价方式计核
	......	......				通过市场询价方式计核
					（十）消防设备购置	
	消购－1					通过市场询价方式计核
	......	......				通过市场询价方式计核

续表

序号	编号	项目名称	单价	计量单位	规格、型号、参数等	备注
					（十一）中央空调设备购置	
	空购-1					通过市场询价方式计核
	……	……				通过市场询价方式计核
					（十二）电梯购置	
	梯-1	电梯购置（含免费安装）		部		通过市场询价方式计核
					……	

三、工程建设其他费用

序号	项目名称	金额	计取基数	计核标准	备注
（一）	工程设计费			根据《关于进一步放开建设项目专业服务价格的通知》（发改价格〔2015〕299号）规定，实行市场调节价，按照市场行情计核	根据实际需要确定是否计取
（二）	招标代理费			根据《关于进一步放开建设项目专业服务价格的通知》（发改价格〔2015〕299号）规定，实行市场调节价。根据《招标代理服务收费管理暂行办法》（计价格〔2002〕1980号）"招标代理服务费用应由招标人支付，招标人、招标代理机构与投标人另有约定的，从其约定"的规定和当前通行做法，招标代理服务费由中标人支付	不予计取
（三）	工程监理费			根据《关于进一步放开建设项目专业服务价格的通知》（发改价格〔2015〕299号）规定，实行市场调节价，按照市场行情计核	根据实际需要确定是否计取
（四）	工程造价咨询费			根据《工程造价咨询服务收费管理暂行办法》（建标造函〔2007〕8号）规定，实行政府指导价，结合当前通行做法和市场行情计核	根据实际需要确定是否计取
（五）	项目建设管理费			在《基本建设项目建设成本管理规定》（财建〔2016〕504号）规定的额度内，实行总额控制	根据实际需要确定是否计取
				……	

省财政厅关于印发《山东省省直部门办公业务用房维修改造项目支出预算编制规范》的通知

2016 年 10 月 9 日　鲁财预审〔2016〕2 号

省直各部门：

现将《山东省省直部门办公业务用房维修改造项目支出预算编制规范》印发给你们，请遵照执行。执行过程中如有问题，请及时函告我厅。

附件：山东省省直部门办公业务用房维修改造项目支出预算编制规范

附件：

山东省省直部门办公业务用房维修
改造项目支出预算编制规范

一、基本情况

（一）项目单位基本情况

项目单位名称、机构属性、主要职能、内设机构及所属单位数量、在职总人数及各行政级别人数、部门预算管理等。

（二）拟维修改造办公业务用房情况

办公业务用房具体地址、建筑面积、产权权属、财务核算、资产管理、使用维护状况等。

（三）省机关事务主管部门审批情况

省机关事务主管部门对办公业务用房维修改造审核和批复文件。

二、必要性和可行性

（一）必要性

主要阐述办公业务用房建设时间、安全隐患、功能缺失及设备设施毁损老化情况，最近一次改造时间以及政府政策调整（如集中供暖系统"汽改水"改造）等方面情况。其中，设备设施毁损老化情况应当附图片资料。危房加固工程应当附专业机构出具的鉴定报告。

（二）可行性

主要阐述通过维修改造消除安全隐患、恢复和完善使用功能、降低能源资源消耗等方面的情况。不具有维修改造价值的危房，不应当进行维修改造。

三、维修改造内容

主要阐述维修改造的具体内容，包括维修改造工程名称、施工工艺、材料、设备规格、型号、参数、施工组织方案、计划开竣工日期等，原则上应当附专业设计机构出具的设计方案和施工图纸，做到图纸齐全、工程量计算准确。

维修改造内容不得超出省机关事务主管部门批复范围。维修改造标准应当严格执行《党政机关办公用房建设标准》（发改投资〔2014〕2674号）规定，不得进行超标准维修改造。

四、项目支出预算及资金来源

（一）项目支出预算

1. 建筑安装工程费。建筑安装工程费包括拆除工程、建筑工程、装饰装修工程、给排水安装工程、电气安装工程、采暖制冷安装工程、消防安装工程和其他工程所需的费用。办公家具、窗帘、饰物等物品购置费用不得列入办公业务用房维修改造支出范围。

2. 设备购置费。设备购置费包括购置电气设备、消防设备、中央空调设备、电梯及其他设备所需的费用。拟购置各类设备型号、规格、参数等应当与设计方案一致。

3. 其他费用。其他费用包括工程设计、工程监理、工程造价咨询和项目建设管理等所需的费用。

以上3部分费用按照省直部门办公业务用房维修改造项目支出预算相关标准和《山东省省直部门办公业务用房维修改造项目支出预算表》（见附件）格式填报。

（二）资金来源

主要对项目资金来源进行说明，并按照综合预算原则，提出经费拨款预算申请。

附件：山东省省直部门办公业务用房维修改造项目支出预算表

附件：

山东省省直部门办公业务用房维修改造项目支出预算表

金额单位：万元

序号	项目名称	合计	规格、型号、参数等	计量单位	工程量/设备数量	综合单价
	总计		—	—	—	—
一	建筑安装工程费		—	—	—	—
（一）	拆除工程		—	—	—	—
1	混凝土、钢筋混凝土构件等拆除			m^3		
2	屋面拆除			m^2		
3	块料面层拆除			m^2		
（二）	建筑工程		—	—	—	—
1	主体结构		—	—	—	—
1－1	挖土方		—	m^3		
1－2	挖石方		—	m^3		
1－3	砌筑		—	m^3		
1－4	钢筋混凝土浇筑		—	m^3		
2	保温防水		—	—	—	—
2－1	保温层		—	m^2		
2－2	防水层		—	m^2		
3	白铁工程及其他		—	—	—	—
3－1	雨水排水管		—	m		
4	构筑物及其他工程		—	—	—	—
4－1	道路		—	m^2		
4－2	检查井、雨水井等		—	座		
4－3	室外围墙		—	m		
4－4	绿化工程		—	m^2		
5	……					
（三）	装饰装修工程		—	—	—	—
1	楼地面		—	—	—	—
1－1	基本装修		—	m^2		
1－2	中级装修		—	m^2		
1－3	中高级装修		—	m^2		
2	墙柱面		—	—	—	—
2－1	基本装修		—	m^2		
2－2	中级装修		—	m^2		
2－3	中高级装修		—	m^2		

续表

序号	项目名称	合计	规格、型号、参数等	计量单位	工程量/设备数量	综合单价
2-4	石材墙面		—	m²		
2-5	轻质隔墙、成品隔断等		—	m²		
3	天棚吊顶		—	—	—	—
3-1	基本装修（涂料）		—	m²		
3-2	基本装修（饰面板）		—	m²		
3-3	中级装修		—	m²		
3-4	中高级装修		—	m²		
4	门窗工程		—	—	—	—
4-1	普通木门		—	m²		
4-2	中档木门、玻璃门		—	m²		
4-3	中高档木门或玻璃门		—	m²		
4-4	防火、防盗门		—	m²		
4-5	铝合金窗		—	m²		
5	外墙装饰工程		—	—	—	—
5-1	外墙面装饰涂料		—	m²		
5-2	外墙面装饰幕墙		—	m²		
6	……					
（四）	给排水安装工程		—	—	—	—
1	给水安装		—	m²		
2	排水安装		—	m²		
3	卫生器具安装		—	m²		
4	其他		—	m²		
5	……		—			
（五）	电气安装工程		—	—	—	—
1	普通办公室电气安装		—	m²		
2	会议室、接待室电气安装		—	m²		
3	弱电及智能化安装		—	m²		
4	……		—			
（六）	采暖制冷安装工程		—	—	—	—
1	采暖工程（非中央空调）安装		—	m²		
2	中央空调系统管道及末端设备安装		—	m²		
3	中央空调机房系统安装		—			
4	……		—			
（七）	消防安装工程		—	—	—	—
1	消防栓系统安装		—	m²		
2	喷淋系统安装		—	m²		
3	消防电系统安装		—	m²		
4	防火卷帘安装		—	m²		

续表

序号	项目名称	合计	规格、型号、参数等	计量单位	工程量/设备数量	综合单价
5	……		—			
(八)	规费和税金		—	—	—	—
1	规费					
2	税金					
	……		—			
二	设备购置费					
(一)	电气设备购置					
	……					
(二)	消防设备购置					
	……					
(三)	中央空调设备购置		—	—	—	—
	……					
(四)	电梯购置		—	—	—	—
1	电梯购置（含免费安装）			部		
	……					
三	工程建设其他费用		—	—	—	—
(一)	工程设计费		—	—	—	—
(二)	招标代理费		—	—	—	—
(三)	工程监理费		—	—	—	—
(四)	工程造价咨询费		—	—	—	—
(五)	项目建设管理费		—	—	—	—
(六)	……		—	—	—	—

省财政厅关于印发《山东省省直部门政务信息化项目支出预算编制规范》的通知

2016 年 10 月 9 日　鲁财预审〔2016〕3 号

省直各部门：

现将《山东省省直部门政务信息化项目支出预算编制规范》印发给你们，请遵照执行。执行过程中如有问题，请及时函告我厅。

附件：山东省省直部门政务信息化项目支出预算编制规范

附件：

山东省省直部门政务信息化
项目支出预算编制规范

一、部门或全省行业信息化现状

包括现有基础环境、网络系统、业务应用、业务数据、软硬件设备和运行维护情况；属于规划期内分期建设的，描述前后期建设情况（说明各期关系）、应用情况。

二、建设目标

详细描述项目建设要达到的具体目标。

三、建设依据

在需求分析和技术方案中适当摘录文件名称、文号和主要内容，另行提供纸制文件。主要包括指令性规定和业务管理规定两类：

（一）指令性规定。指中办、国办、国家部委和省委、省政府颁布的信息化建设项目管理必须执行的通用性规定，是项目审核、评审、施工、验收、测试的强制性标准。

1. 通用性的政策规定：《关于进一步加强国家电子政务网络建设和应用工作的通知》（发改高技〔2012〕1986 号）、《关于运用大数据加强对市场主体服务和监管的若干意见》（国办发〔2015〕51 号）及《关于加快我省电子政务集约化发展的实施意见》（鲁政办发〔2015〕7 号）；

2. 通用性规范标准：《信息安全等级保护管理办法》（公通字〔2007〕43 号）、《涉及国家秘密的信息系统分级保护管理办法》（国保发〔2005〕16 号）、《电子信息系统机房设计规范》（GB50174－2008）、《智能建筑设计标准》（GB50314－2006）及《视频安防监控系统设计规范》（GB50395－2007）等。

（二）业务管理规定。包括中办、国办、国家部委、省委、省政府和省直有关部门颁布的政务信息化行业管理规定。

1. 中办、国办或国家部委要求建设的信息化项目，需提供信息化建设长期规划或五年发展规划、国家发展改革委立项批复文件、资金申请文件、行业管理文件及技术标准规范等；

2. 省级财政安排资金建设的信息化项目，需提供信息化建设长期规划或五年发展规划、省委省政府会议纪要、省经济和信息化委出具的项目审核意见、资金申请文件或部门预算计划文件、行业管理文件及技术标准规范等。

四、需求分析

包括业务描述、流程描述、数据分析、数据量大小、访问量分析以及服务对象等内容，以业务需求为主导，通过对业务应用要求进行分析，制定软硬件平台建设方案。

五、技术方案

涉及整体设计、基础环境、运行环境、应用系统、标准规范和安全体系等若干方面。应根据业务需求分析搭建硬件和系统软件运行环境，编制应用系统开发方案，构建安全体系。业务处室多、二级单位多、位置分布广泛的省直部门须画出组织结构图。

（一）基础环境。包括智能化建筑、机房、机要室、指挥中心、视频会议室、动力环境监控、基础布线等，需提供项目现场平面图和布局图。

（二）运行环境。包括软硬件环境建设依据分析、总体架构、网络结构、系统拓扑、软硬件环境平台，需体现原有软硬件的合理利用。

（三）应用系统。包括系统部署模式、应用方式、技术路线、数据库设计、数据中心、技术平台、业务功能及性能、部门内及部门间共享共用方式、建设后成果等。

（四）标准规范。包括引用标准整理，编制管理规范、技术规范和数据规范等，需清晰划分属于自身业务职能内和需要外部力量完成的工作范围。

（五）安全体系。包括安全要求、分级或等级保护规定、整体安全架构、安全产品选择依据和部署方式等。

六、实施方案

根据建设方案提出工程实施要求和具体计划、措施，包括建设周期、分期实施方案和内容。

七、保障措施

需要采取的相关技术、人才、制度及监理、检测等措施，包括采购、测试、系统切换、运行维护等拟采用方式或做法等。

八、项目经费预算

（一）经费预算申报表。根据建设方案中的技术架构、技术路线、各种数据量和其他指标因素确定设备档次和数量，参照主流产品技术参数确定系统软硬件价格；按业务需求、功能、加权系数、复用因素等测算业务软件开发工作量并确定业务软件开发费用；合理考虑系统集成、工程监理、软件测试、安全测评、等级保护、购买服务等费用。

（二）既有软硬件清单。包括基础设施设备、运行环境硬件和系统软件、开发软件，需列明硬件名称、品牌、技术参数或软件开发内容、购置年份、使用期限、用途、数量、单价等。

附件：1. 山东省省直部门政务信息化项目支出预算汇总表
　　　　2. 山东省省直部门政务信息化项目支出预算明细表
　　　　3. 既有软硬件和业务系统明细表

附件 1：

山东省省直部门政务信息化项目支出预算汇总表

单位：万元

序号	项目名称	申报值	备　注
	合计		
一			
二			
三			
四			
五			
六			
七			
八			

附件2：

山东省省直部门政务信息化项目支出预算明细表

序号	项目名称	技术参数或功能说明	单位	参考品牌	申报			备注
					数量	单价	金额	
合　计								
一								
1								
2								
……								
二								
1								
2								
……								
三								
1								
2								
……								

附件3：

既有软硬件和业务系统明细表

序号	项目名称	品牌型号、技术参数或功能说明	购置或开发时间	维保期限（年月）	用途	运行状况	单价	数量	金额	备注
合　计										
一、硬件设备										
1										
2										
……										
二、系统软件										
1										
2										
……										
三、软件开发										
1										
2										
……										

二十二、

农业综合开发管理类

国家农业综合开发资金和项目管理办法

2016 年 9 月 6 日　财政部令第 84 号

第一章　总　　则

第一条　为了规范国家农业综合开发资金和项目管理，保证资金安全有效和项目顺利实施，根据《中华人民共和国预算法》（以下简称预算法）等法律、行政法规和国家有关规定，制定本办法。

第二条　本办法所称农业综合开发是指中央政府为支持农业发展，改善农业生产基本条件，优化农业和农村经济结构，提高农业综合生产能力和综合效益，设立专项资金对农业资源进行综合开发利用和保护的活动。

第三条　农业综合开发的主要任务是加强农业基础设施和生态建设，转变农业发展方式，推进农村一、二、三产业融合发展，提高农业综合生产能力，保障国家粮食安全，带动农民增收，促进农业可持续发展和农业现代化。

第四条　农业综合开发项目包括土地治理项目和产业化发展项目。

土地治理项目包括高标准农田建设，生态综合治理，中型灌区节水配套改造等。

产业化发展项目包括经济林及设施农业种植基地、养殖基地建设，农产品加工，农产品流通设施建设，农业社会化服务体系建设等。

第五条　农业综合开发实行国家引导、民办公助的多元投入机制，发挥市场在资源配置中的决定性作用，资金和项目管理应当遵循以下原则：

（一）因地制宜，统筹规划；

（二）集约开发，注重效益；

（三）产业主导，突出重点；

（四）公平公开，奖优罚劣。

第六条　依照统一组织、分级管理的原则，合理划分国家农业综合开发办公室（以下简称国家农发办）和省、自治区、直辖市、计划单列市、新疆生产建设兵团、黑龙江省农垦总局、广东省农垦总局（以下统称省）农业综合开发机构（以下简称农发机构）的管理权限和职责。

国家农发办负责管理和指导全国农业综合开发工作，拟订农业综合开发政策制度和发展规划，管理和统筹安排中央财政农业综合开发资金，对农业综合开发资金和项目进行监管。

省级农发机构负责管理和指导本地区农业综合开发工作，拟定本地区农业综合开发具体政策和发展规划，分配本地区农业综合开发资金，组织开展农业综合开发项目管理，确定本地区各级农发机构的管理职责，对本地区农业综合开发资金和项目进行监管。

第七条　农业综合开发主要扶持农业主产区，重点扶持粮食主产区。非农业主产区的省应当确定本地区重点扶持的农业主产县（包括自治县、不设区的市、市辖区、旗及农场，下同）。

第八条　农业综合开发应当以促进农业可持续发展为主线，优化开发布局。对资源环境承载能力强、能够永续利用的区域实行重点开发；对资源环境承载能力有限，但有一定恢复潜力、能够达到生态平衡和环境再生的区域实行保护性开发，以生态综合治理和保护为主，适度开展高标准农田建设；对资源环境承载能力较差、生态比较脆弱的区域实行限制开发，以生态环境恢复为主。

第九条　农业综合开发以农民为受益主体，扶持对象包括专业大户、家庭农场、农民合作组织、农村集体经济组织以及涉农企业与单位等。

第十条 农业综合开发实行开发县管理。土地治理项目应当安排在开发县。

开发县实行总量控制、分级管理、定期评估、奖优罚劣的管理方式。

国家农发办根据总体资金规模、各省资源禀赋、开发政策等核定各省的开发县总数量，省级农发机构在总数量以内根据耕地面积、产业优势、工作基础等确定本省具体开发县。

第二章 资 金 管 理

第十一条 中央财政与地方财政分别承担农业综合开发支出责任。

中央财政根据农业综合开发工作的目标和任务在年度预算中安排必要的资金用于农业综合开发。

地方各级财政投入资金应当列入同级政府年度预算。

第十二条 中央财政农业综合开发资金分配主要采取因素法，分配因素包括基础资源因素、工作绩效因素和其他因素，其中以基础资源因素为主。

基础资源因素包括耕地面积、高标准农田建设规划任务、粮食及棉花糖料等大宗农产品产量、水资源等基础数据；工作绩效因素包括资金管理、项目管理、综合管理、监督管理等工作情况；其他因素主要包括特定的农业发展战略要求、政策创新情况等。

财政部可以根据年度农业综合开发工作任务重点，适当调整每年分配资金选择的具体因素和权重。

第十三条 农业综合开发可以采取补助、贴息等多种形式，吸引社会资金，增加农业综合开发投入。

第十四条 国家农发办根据农业综合开发项目的类型和扶持对象规定项目自筹资金的投入比例。

鼓励土地治理项目所在地的农村集体和农民以筹资投劳的形式进行投入。

第十五条 农业综合开发财政资金投入以土地治理项目为重点。省级农发机构根据国家农发办的规定和本省资源状况和经济发展要求确定本省土地治理项目和产业化发展项目的投入比例。

第十六条 农业综合开发财政资金应当用于以下建设内容：

（一）农田水利工程建设；

（二）土地平整、土壤改良；

（三）田间道路建设；

（四）防护林营造；

（五）牧区草场改良；

（六）优良品种、先进技术推广；

（七）种植、养殖基地建设；

（八）农业生产、农产品加工设备购置和厂房建设；

（九）农产品储运保鲜、批发市场等流通设施建设；

（十）农业社会化服务体系建设；

（十一）国家农发办规定的其他内容。

第十七条 农业综合开发财政资金的支出范围包括：

（一）项目建设所需的材料、设备购置及施工支出；

（二）项目可行性研究、初步设计（实施方案）编制、环境影响评价、勘察设计、工程预决算审计等支出；

（三）工程监理费；

（四）科技推广费；

（五）项目管理费；

（六）土地治理项目工程管护费；

（七）贷款贴息；

（八）国家农发办规定的其他费用。

第十八条 本办法第十七条中规定的项目管理费由县级农发机构按土地治理项目财政投入资金一定比例提取使用，财政投入资金 1 500 万元以下的按不高于 3% 提取；超过 1 500 万元的，其超过部分按不高于 1% 提取。

项目管理费主要用于农业综合开发项目实地考察、评审、检查验收、宣传培训、工程招标、信息化建设、工程实施监管、绩效评价、资金和项目公示等项目管理方面的支出。

省级、设区的市级农发机构项目管理经费由本级政府预算安排，不得另外提取。

第十九条 农业综合开发财政资金应当严格执行国家有关农业综合开发财务、会计制度，实行专人管理、专账核算、专款专用。

第二十条 各级财政部门应当根据法律、行政法规和财政部的有关规定，及时、足额地拨付资金，加强管理和监督。

第二十一条 农业综合开发项目财政资金支付实行县级报账制，按照国库集中支付制度的有关规定执行。

土地治理项目实施单位要严格按照规定的程序和要求办理报账。县级财政部门应当根据已批准的年度项目实施计划和工程建设进度情况，及时、足额地予以报账，并根据批复的项目竣工财务决算进行清算。

产业化发展项目，县级财政部门应当在项目完成至少过半后根据项目完成情况办理报账，并在项目完工验收后根据验收确认意见及时、足额支付财政资金。

第二十二条 农业综合开发项目结余资金应当按照规定收回同级财政。

第三章 项目管理

第二十三条 农业综合开发项目的前期准备是指项目申报前的准备工作，包括制定开发规划、建立项目库、编制项目可行性研究报告等。前期准备工作应当做到常态化、规范化。

第二十四条 地方各级农发机构应当根据国家农业综合开发政策和本地区经济社会发展中长期规划，编制农业综合开发规划及阶段性开发方案。

第二十五条 国家农发办应当适时公布下一年度农业综合开发扶持政策和重点。

第二十六条 地方各级农发机构根据国家农业综合开发扶持政策、扶持重点和本地区农业综合开发规划及阶段性开发方案，建立项目库，并实行动态管理。

第二十七条 纳入项目库的项目应当有项目建议书。项目建议书的主要内容包括项目建设的必要性、建设单位基本情况、建设地点、建设条件、建设方案、投资估算及来源、效益预测等。

第二十八条 项目申报单位向当地农发机构申报下一年度项目时，应当提交项目申请和项目可行性研究报告等材料，并对申报材料的真实性负责。

可行性研究报告应当根据项目类型的要求编制，其主要内容包括：项目建设背景和必要性，申报单位基本情况，建设地点、现状与建设条件，产品方案、建设规模与工艺技术方案，建设布局与建设内容，组织实施与运营管理，投资估算与资金筹措，环境影响分析，综合效益评价以及必要的附件等。

产业化发展项目申报单位可以将可行性研究报告与项目建议书合并编制，并向当地农发机构提交。

第二十九条 项目申报单位申报的项目应当满足以下条件：

（一）土地治理项目应当符合相关规划，有明确的区域范围，水源有保证，灌排骨干工程建设条件基本具备；地块相对集中连片，治理后能有效改善生产条件或生态环境；当地政府和农民群众积极性高。

（二）产业化发展项目应当符合产业政策和行业发展规划；资源优势突出，区域特色明显；市场潜力大、示范带动作用强、预期效益好；项目建设符合生态环境保护和资源节约利用要求。

第三十条 省级农发机构负责组织评审本地区申报的农业综合开发项目。

省级农发机构根据本地区实际情况可以下放项目评审权限。

项目评审应当以有关法律法规、行业标准和农业综合开发政策为依据，对申报项目建设必要性、技术可行性和经济合理性进行评估和审查，为项目确立提供决策依据。

第三十一条 在评审可行的基础上，由负责组织评审的农发机构根据资金额度，择优确定拟扶持项目和资金数额。项目原则上一年一定。

负责组织评审的农发机构应当将拟扶持的项目及资金数额通过互联网等媒介向社会公示，涉及国家秘密的内容除外。公示期一般不少于 7 日。

第三十二条 拟扶持项目确定后，项目实施单位应当组织编制初步设计（实施方案），主要内容包括：项目总体设计，主要建筑物设计，机械、设备及仪器购置计划，配套设施设计，工程概算，项目建设组织与管理，项目区现状图和工程设计图等。

土地治理项目初步设计（实施方案）由省级或者设区的市级农发机构负责组织审定。

产业化发展项目初步设计（实施方案）由项目实施单位自行审定后报县级农发机构备案。对于不涉及工程建设内容的产业化发展项目，初步设计（实施方案）可根据具体情况由评审通过的可行性研究报告或者项目建议书替代。

第三十三条 地方各级农发机构应当根据拟扶持项目初步设计（实施方案）的审定或者备案情况，编制、汇总农业综合开发年度项目实施计划。

省级农发机构负责批复本地区农业综合开发年度项目实施计划，并报国家农发办备案，同时抄送财政部驻当地财政监察专员办事处（以下简称专员办）。

地方各级农发机构应当按照年度项目实施计划开展项目实施、检查验收工作。

第三十四条 农业综合开发项目应当推行项目法人制。土地治理项目按照国家有关招标投标、政府采购、工程监理、资金和项目公示等规定执行；产业化发展项目由项目实施单位自行实施，并实行资金和项目公示制。

第三十五条 项目实施单位应当按照初步设计（实施方案）组织实施项目，按期建成并达到项目的建设标准。

农业综合开发项目建设期一般为 1~2 年。

第三十六条 年度项目实施计划必须严格执行，不得擅自调整或终止。确需进行调整或终止的，由省级农发机构负责批复，省级农发机构可以适当下放项目调整的批复权限。

前款所称项目调整是指项目建设内容、建设地点和建设期限发生变化。

终止项目和省级农发机构批复调整的项目应当报国家农发办备案。

第三十七条 土地治理项目竣工后，项目实施单位应当逐项检查初步设计（实施方案）完成情况，及时编报项目竣工财务决算，做好项目竣工验收前的准备工作。

项目竣工决算审批管理职责和程序要求，由省级财政部门确定。

第三十八条 土地治理项目由省级或者设区的市级农发机构组织验收。验收的主要内容包括执行国家农业综合开发规章制度情况，项目建设任务与主要经济技术指标完成情况，主要工程建设的质量情况，资金到位和使用情况，工程运行管理和文档管理情况等。

产业化发展项目由县级农发机构组织验收。验收时，县级农发机构应当进行实地核查，确认项目完成情况。

第三十九条 土地治理项目实施单位应当依照《基本建设财务规则》（财政部令第 81 号）有关资产交付管理的规定及时办理资产交付，并根据资产交付情况明确管护主体。

土地治理项目管护主体应当建立健全各项运行管护制度，明确管护责任、管护内容和管护要求，保证项目工程在设计使用期限内正常运行。

第四十条 省级农发机构应当按规定时限向国家农发办报送上年度项目实施计划完成情况，同时抄送财政部驻当地专员办。

第四十一条 对财政投入较少的项目和贴息项目，省级农发机构可以简化有关项目申报、初步设计

（实施方案）、项目调整、项目验收、资金报账等方面的程序和要求。

第四章　监督管理

第四十二条　各级农发机构应当按照预算法、《中华人民共和国政府信息公开条例》等有关规定，公开农业综合开发项目立项政策、申请条件、提交申请材料目录、评审标准、程序和结果等情况，接受社会监督。

第四十三条　各级农发机构应当制定、实施内部控制制度，对农业综合开发资金和项目管理风险进行预防和控制。

第四十四条　各级财政部门和各级农发机构应当加强对农业综合开发资金和项目的预算绩效管理。

国家农发办采取直接组织或委托第三方的方式，对各省的农业综合开发资金和项目开展绩效评价和进行监督检查。

地方各级农发机构应当定期对本地区农业综合开发资金和项目开展绩效评价，加强事前、事中、事后的监督检查，发现问题及时纠正。

第四十五条　财政部驻各地专员办应当按照工作职责和财政部要求，开展农业综合开发资金有关预算监管工作。

第四十六条　监督检查、绩效评价和预算执行监管结果应当作为分配农业综合开发资金的重要参考。

第四十七条　农业综合开发资金使用中存在违法违规行为的，各级财政部门应当按照预算法和《财政违法行为处罚处分条例》等国家有关规定追究法律责任。

农业综合开发项目实施过程中发现存在严重违法违规问题的，地方各级农发机构应当及时终止项目。

第四十八条　对存在严重违规违纪问题的农业综合开发县，省级以上农发机构应当暂停或取消其开发县资格。

第四十九条　各级农发机构应当积极配合审计部门、财政部门的审计和监督检查，对发现的问题及时整改。

第五章　附　　则

第五十条　省级农发机构应当根据本办法，结合本地区的实际情况，制订具体实施办法，报财政部备案，并抄送财政部驻当地专员办。

第五十一条　中央有关部门农业综合开发资金和项目管理参照本办法执行。

农业综合开发利用国际金融组织及外国政府贷款赠款项目管理办法另行制定。

国家对涉农资金统筹整合使用另有规定的，依照其规定。

第五十二条　本办法自 2017 年 1 月 1 日起施行。财政部发布的《国家农业综合开发资金和项目管理办法》（财政部令第 29 号）和《财政部关于修改〈国家农业综合开发资金和项目管理办法〉的决定》（财政部令第 60 号）同时废止。